5th Edition

Gujarati의 계량경제학

Basic Econometrics

Damodar N. Gujarati
Dawn C. Porter
박완규 · 홍성표 역

McGraw-Hill Korea

MEDIA JIPHIL
(주)지필미디어

The McGraw-Hill Companies

Basic Econometrics, 5th Edition.

1 2 3 4 5 6 7 8 9 10 JP 20 09

Original: Basic Econometrics, 5th Edition.
By Damodar Gujarati, Dawn Porter.
ISBN 978-0-07-337577-9

This book is exclusively distributed in Jiphil Publishing Co.

When ordering this title, please use ISBN 978-89-954973-4-0

Printed in Korea

Gujarati의

계량경제학 5/E

(Basic Econometrics 5/E)

저 자 Damodar N. Gujarati · Dawn C. Porter
역 자 박완규 · 홍성표
발행처 도서출판 (주)지필미디어
주 소 서울시 서대문구 미근동 72-3호 미근 B/D 101호
전 화 (02)362-4504, 070-7583-6283
팩 스 (02)393-4509
이메일 book@jiphil.co.kr
홈페이지 www.jiphil.co.kr
발행인 고현희

발행일 2009년 8월 20일 초판인쇄
등록번호 제 312-1997-000043호 (1997년 07월 16일)

ISBN: 978-89-9549-734-0 92320
가 격 34,000원

저자 소개

Damodar N. Gujarati

Gujarati 박사는 25년 이상을 City University of New York에서 강의하고 17년간 뉴욕에 소재한 웨스트 포인트의 미국 육군사관학교 사회과학 학과에서 강의한 후 현재는 사관학교의 경제학 명예교수이다. Gujarati 박사는 1960년 University of Bombay에서 M.Com. 학위를 받고 1963년에 University of Chicago에서 M.B.A. 학위를 받았으며, 1965년에 University of Chicago에서 Ph.D. 학위를 받았다. Gujarati 박사는 Review of Economics and Statistics, the Economic Journal, the Journal of Financial and Quantitative Analysis, 그리고 the Journal of Business와 같이 인정받는 미국 내 및 국제 학술지에 광범위하게 논문을 발표하였다. Gujarati 박사는 인도 계량경제학회의 공식 학술지인 Journal of Quantitative Economics의 편집위원이었다. 또한 Gujarati 박사는 Pensions and the New York City Fiscal Crisis (the American Enterprise Institute, 1978), Government and Business (McGraw-Hill, 1984), 그리고 Essentials of Econometrics (McGraw-Hill, 3d ed., 2006) 등의 저자이다. Gujarati 박사의 계량경제학 저서는 몇 나라의 언어로 번역되었다.

Gujarati 박사는 영국의 University of Sheffield(1970-1971)에 방문교수, 인도에 Fulbright 방문교수(1981-1982), 싱가포르의 National University of Singapore의 경영대학 방문교수(1985-1986), 호주의 University of New South Wales에 계량경제학 방문교수(1988년 여름)로 활동하였다. Gujarati 박사는 호주, 중국, 방글라데시, 독일, 인도, 이스라엘, 모리셔스, 대한민국과 같은 나라에서 미시 및 거시경제학 논제에 대해 폭 넓게 강의하였다.

Dawn C. Porter

Dawn Porter는 2006년 가을부터 University of Southern California의 Marshall 경영대학에 있는 Information and Operations Management학과의 조교수이다. 그녀는 현재 경영대학에서 초급 학부 통계학과 MBA 통계학을 가르치고 있다. USC의 교수가 되기 전에는 2001년부터 2006년까지 Dawn은 Georgetown University의 McDonough 경영대학의 조교수이었다. 그 이전에는 NYU의 Graduate School of Arts and Sciences의 심리학과 방문교수이었다. NYU에서 그녀는 다수의 고급 통계학 과목을 가르쳤고 Stern 경영대학의 강사이기도 했다. 그녀는 통계학 박사 학위를 Stern 경영대학에서 받았다.

Dawn의 연구 관심분야는 범주 분석, 부합 척도, 다변량 모형설정, 심리학 분야에의 적용 등이다. 현재 그녀의 연구는 통계적 관점에서 온라인 경매 모형을 조사하는 것이다. 그녀는 연구결과를 Joint Statistical Meetings, Decision Science Institute Meetings, International Conference on Information Systems 및 London School of Economics, NYU를 포함한 몇몇 대학들, 다양한 e-commerce와 통계학 세미나 시리즈에서 발표하였다. 또한 Dawn은 Essentials of Business Statistics, 2nd edition, McGraw-Hill Irwin, 2008의 공동저자이다. 대학 밖에서는 Dawn은 KMPG, Inc에 통계 컨설턴트로 일해 왔다. 그녀는 또한 Ginnie Mae, Inc., Toys R Us Corporation, IBM, Cosmaire, Inc., 그리고 New York University (NYU) 병원 등 많은 다른 회사에서 통계 컨설턴트로 일해 왔다.

차례

서문

저술의 목적

Basic Econometrics의 첫 판은 30년 전에 출판되었다. 그 동안 계량경제학의 이론과 실행 측면에서 중요한 발전이 있었다. 이어진 각 판에서 나는 이 분야의 주요 발전사항들을 포함하려고 노력하였다.

그러나 이 동안 변하지 않은 것은 초급 수준을 넘어서는 행렬대수, 미분, 통계학에 의존하지 않고서도 초학자에게 직관적이고 교육적인 방법으로 계량경제학을 가르칠 수 있다는 굳은 신념이다. 어떤 대상의 내용은 본질적으로 전문적이다. 그 경우 나는 그 내용을 적절한 부록에 넣거나 독자에게 적절한 출처를 언급하였다. 그 때에도 나는 전문적인 내용을 단순화해서 독자가 이 내용을 직관적으로 이해할 수 있도록 시도하였다.

나는 이 책의 오랜 수명 뿐만 아니라 이 책이 경제학과 재무관리 학생은 물론 정치학, 국제관계, 농업, 건강학 학생 및 연구자들에 의해서도 널리 사용된다는 데 즐겁게 놀라고 있다. 이 모든 학생들은 새 판의 확장된 논제들과 구체적 적용 예가 매우 유익하다는 것을 알게 될 것이다. 이 판에서 나는 교재에 사용되는 실제 자료의 관련성과 시의 적절성에 더 많은 주의를 기울였다. 사실 나는 약 15개의 새로운 예시와 30개 이상의 장 뒤 연습문제를 추가하였다. 또한 나는 이전 판에 있는 예 중 약 24개, 그리고 20개 이상의 연습문제에 대한 자료를 업데이트하였다.

비록 나는 내 생애의 8번째 10년 중에 있지만 계량경제학에 대한 나의 애정을 잃지 않았고 이 분야의 주요 발전과 보조를 맞추려고 노력하고 있다. 이러한 나의 노력을 돕기 위해 로스앤젤레스에 있는 University of Southern California의 Marshall 경영대학 통계학과 조교수인 Dawn Porter 박사가 나의 공동 저자인데 대해 기쁘다. 우리 둘은 Basic Econometrics 5판이 결실을 맺게 하기 위해 깊이 몰두해 왔다.

5판의 주요 특징

여러 장에서의 구체적 변동을 논의하기 전에 새 판의 다음 특징들은 주목할 가치가 있다.

1. 예시에서 사용되는 모든 자료들은 실제로 업데이트되었다.
2. 몇몇 새로운 예들이 추가되었다.

3. 몇몇 장에서는 본문에서 제시된 다양한 요점들을 예시하기 위해 결론적 예를 확장하였다.
4. 몇 가지 예에 대한 구체적 컴퓨터 출력물이 교재에 포함되었다. 이 결과의 대부분은 MINITAB(version 15) 뿐만 아니라 EViews(version 6)와 STATA(version 10)에 기초하고 있다.
5. 여러 장에서 새로운 도표와 그래프들이 포함되었다.
6. 여러 장에 새로운 자료에 기초한 연습문제들이 포함되었다.
7. 작은 규모의 자료가 교재에 포함되었으나 대표본 자료는 책의 웹사이트에 올려놓아서 책의 분량을 극소화하였다. 웹사이트는 책에서 이용되는 모든 자료들을 발표하고 정기적으로 업데이트될 것이다.
8. 몇 개의 장에서 우리는 학생들 자신이 자료를 구해 책에서 논의된 다양한 기법들을 수행하도록 권장하는 학급 연습문제들을 포함시켰다. 책에는 몇몇 몬테칼로 모의실험도 포함되었다.

5판에서의 구체적 변화

몇 가지 장별 구체적 변화는 다음과 같다.

1. 3장에 소개된 고전적 선형회귀모형(CLRM)에 내재하는 가정들은 이제 고정된 회귀변수(설명변수)와 확률적 회귀변수 간 조심스럽게 구별을 한다. 우리는 이 구별의 중요성을 논의한다.
2. 6장의 부록에는 로그의 속성, Box-Cox 변환, 그리고 다양한 성장 공식들에 대해 논의된다.
3. 7장에서는 종속변수에 대한 단일 회귀변수의 한계효과에 대해서는 물론 종속변수에 대한 모든 설명변수들의 동시적 변동의 효과에 대해서도 논의한다. 이 장도 3장에서의 가정들과 동일한 구조로 재구성되었다.
4. 11장에서는 이분산에 대한 다양한 검정방법들이 비교된다.
5. 12장에서는 자기상관에 대한 구조적 단절의 영향에 대한 새로운 논의가 존재한다.
6. 13장에는 결측 자료, 비정규 오차항, 확률적 또는 무작위 추출 회귀변수 등 새로운 논제들이 포함되었다.
7. 14장에서 논의되는 비선형 회귀모형에는 Box-Cox 변환을 구체적으로 적용한다.
8. 15장에는 다양한 분야에서 로지트와 프로비트 모형을 사용하는 몇몇 새로운 예들이 포함되었다.
9. 패널 자료 회귀모형에 관한 16장은 전적으로 개정되었고 몇 가지 응용 예를 제

시하였다.

10. 17장에는 Sims 및 Granger 인과관계 검정에 대한 확장된 논의가 포함되었다.
11. 정상성에 대한 다양한 검정과 관련된 문제뿐만 아니라 정상적 및 비정상적 시계열이 21장에서 철저하게 논의되었다.
12. 22장에는 정상적으로 만들기 위한 목적으로 시계열을 1차 차분하는 것이 어떤 상황에서는 왜 적절한 전략이 안 될 수도 있는지에 대한 논의가 포함되었다.

이러한 구체적 변화 외에도 이전 판에서의 실수와 오식들이 교정되었고 여러 장에서 몇몇 논제에 대한 논의가 간소화되었다.

구성과 선택

이 판에서의 광범위한 취급 분야로 인해 교수는 예정된 청중에 적절한 논제를 선택하는 데 상당한 융통성을 가질 수 있다. 이 책이 어떻게 사용될 수 있는지에 대해 여기 제안을 한다.

비전공자를 위한 한 학기 강의: 부록 A, 1~9장, 10~12장의 개관(모든 증명 생략).

경제학 전공자를 위한 한 학기 강의: 부록 A, 1~13장

경제학 전공자를 위한 두 학기 강의: 부록 A, B, C, 1~22장, 14장과 16장은 경우에 따라 선택할 수 있음. 부록의 전문적 내용 중 일부는 생략될 수 있음.

대학원 학생과 연구자들: 이 책은 계량경제학의 주요 주제에 대한 간편한 참고서임.

보충

포괄적인 웹사이트는 다음과 같은 추가 내용들을 포함하고 있다.

- 책에서 인용된 추가적 대표본 자료는 물론 책에 나온 자료; 자료는 저자에 의해 정기적으로 업데이트될 것임.
- Dawn Porter가 저술한 해답집은 교재의 모든 질문과 연습문제에 대한 답을 제공함.
- 책에 나오는 모든 그래프와 그림을 포함한 디지털 영상 도서관

추가적 정보에 대해서는 www.mhhe.com/gujarati5e로 가 볼 것.

감사의 말

이 책의 첫 판이 1978년에 발간된 이래 우리는 다양한 사람들로부터 소중한 조언, 논평, 비판, 제안을 받았다. 특히 우리는 University of Western Australia의 Michael McAleer, 캐나다 Simon Frazer University의 Peter Kennedy, University of British Columbia의 Kenneth White, Christopher Newport University의 George K. Zestos, 와싱톤 D.C. 소재 Georgetown University의 Virginia Offner와 Paul Offner 등으로부터 받은 도움에 감사하고 싶다.

또한 그들의 학문으로 인해 우리에게 영향을 준 몇몇 사람들에게 감사한다. 우리는 특히 University of Wisconsin의 Arthur Goldberger, New York University의 William Greene, 고 G. S. Maddala에게 감사하고 싶다. 또한 이 책의 이전 판에 대해 소중한 직관, 비판, 제안을 해 준 다음 검토자들에게도 계속 감사하고 싶다. University of Oregon의 Michael A. Grove, Brown University의 Harumi Ito, South Dakoda University의 Han Kim, Middlebury College의 Phanindra V. Wunnava, City University of New York의 Andrew Paizis 등이다.

몇몇 저자들은 이 책의 집필에 영향을 주었다. 특히 다음 저자들에게 감사한다. 인도 Trivandrum의 director of the Center for Development Studies인 Chandan Mukherjee, 네델란드의 Institute of Social Studies에서 근무하는 Howard White와 Marc Wuyts, Texas A&M University의 Badi H. Baltagi, 호주 University of New South Wales의 B. Bhaskara Rao, Louisiana University의 R. Carter Hill, University of New England의 William E. Griffiths, University of California at Berkeley의 Geroge G. Judge, KU Leuven의 Center for Economic Studies의 Marno Verbeek, Michigan State University의 Jeffrey Wooldridge, 영국 University of Reading의 Kerry Patterson, University of Pennsylvania의 Wharton School의 Francis X. Diebold, 영국 University of Leicester의 Wojciech W. Charemza와 Derek F. Deadman, University of Glasgow의 Gary Koop 등이다.

4판의 검토자들이 한 다수의 매우 소중한 논평과 제안들은 이 판을 크게 개선시켰다. 다음 사람들에게 감사를 표한다.

Valerie Bencivenga
University of Texas–Austin

Andrew Economopoulos
Ursinus College

Gary Krueger
Macalester College

Subal Kumbhakar
Binghamton University

Eric Eide
Brigham Young University
Gary Ferrier
University of Arkansas–Fayetteville
David Garman
Tufts University
David Harris
Benedictine College
Don Holley
Boise State University
George Jakubson
Cornell University
Bruce Johnson
Centre College of Kentucky
Duke Kao
Syracuse University
Tae-Hwy Lee
University of California–Riverside
Solaiman Miah
West Virginia State University
Fabio Milani
University of California–Irvine
Helen Naughton
University of Oregon
Solomon Smith
Langston University
Kay Strong
Bowling Green State University
Derek Tittle
Georgia Institute of Technology
Tiemen Woutersen
Johns Hopkins University

우리는 이 책을 사용하였을 뿐만 아니라 이 책의 다양한 측면에 대해 우리와 의사소통을 한 전 세계의 학생들과 선생님께 감사한다.

McGraw-Hill의 무대 뒤에서의 도움에 대해 Douglas Reiner, Noelle Fox, Anne Hilbert 등에게 감사한다.

마지막으로 그러나 결코 덜 중요한 것은 아닌데 Gujarati 박사는 이 판과 이전 판을 준비할 때 계속적인 지지와 격려를 해 준 딸 Joan과 Diane에게 감사한다.

Damodar N. Gujarati
Dawn C. Porter

역자 서문

본서는 미국을 위시하여 세계 많은 나라에서 학부 및 대학원의 기초계량경제학의 교재로 널리 사용되고 있는 D. Gujarati 교수의 Basic Econometrics의 제 5판을 완역한 것이다.

Basic Econometrics의 초판은 1978년에 출판되었다. 그 후 독자들의 끊임없는 요청을 수용하고 새로운 이론을 담기 위하여 지속적으로 개정판이 발간되어 오다가 이번에 D. Porter 교수와 공동으로 제 5판을 출판하게 되었다.

D. Gujarati교수는 현재 뉴욕 시립대에서 경제학 및 재무관리를 강의하고 있으며 국제적인 학술지에 많은 논문을 발표하였을 뿐만 아니라 세계적 전문학술지의 심사위원으로 활약하여 국제적 명성을 얻고 있다. 그리고 5판의 공동저자로 참여한 D. Porter 교수는 현재 University of Southern California에서 학부와 대학원의 통계학을 강의하고 있다.

이번에 출판된 5판은 기존의 내용을 거의 전면적으로 수정하여 새로운 교과서라고 하여도 과언이 아니다. 당초 Basic Econometrics는 통계학의 기초과정 정도를 이수한 독자들을 염두에 두고 집필되었기 때문에 이해하기 쉽다는 장점이 있었다. 특히 본서는 매 주제별로 현실경제의 사례들을 연습문제로 수록하였기 때문에 흔히 난해하다는 계량경제학의 기초개념을 흥미롭게 공부하고 이해할 수 있게 하는 장점을 지니고 있었다. 제 5판은 이러한 본서의 특징을 유지하면서 최근 빠르게 발전하는 계량경제학의 새로운 내용을 추가하였고 주제에 더 적합하도록 많은 예제를 교체하였으며 분석자료를 최신 자료로 개선하였다. 그 결과 난해하고 빠르게 변화하는 계량경제학을 쉽게 다루면서 학생들의 다양한 욕구들을 충족할 수 있게 되었다.

본 역서는 2인의 역자가 주제별로 번역을 한 이후 수정 및 보완을 하는 방식을 취하였다. 역서에 나타나는 보통용어는 일반적 통념에 따랐고 전문통계용어는 한국통계학회편 「統計用語辭典」을 참조하였으며 그것으로 미진할 경우 기존의 학자들이 사용하는 용어를 사용하였는데 부득이한 경우 역자들이 자의적으로 번역하였음을 지적해 두고자 한다. 가급적 원문에 충실하면서 독자들에게 뜻이 잘 전달되도록 노력하였으나 미흡한 점이 많은 것으로 사료된다.

본서의 번역에 도움을 준 충남대학교 대학원의 백민희, 곽지훈, 신동욱, 윤한별, 중앙대학교 대학원의 이현철, 장재열 등에게 고마움을 표하며 번역판의 출판을 주선한 도서출판 지필의 김성남 사장에게 감사를 드린다.

역자 약력

박 완 규

- 연세대학교 경제학과 졸업
- University of Wisconsin-Madison 대학원 졸업(경제학 박사)
- Fulbright Visiting Professor(University of North Carolina at Chapel Hill)
- 한국재정학회 회장 역임
- 정부투자기관 경영평가단 단장 역임
- 중앙대학교 사회과학대학장 역임
- 현 중앙대학교 사회과학대학 경제학부 교수

홍 성 표

- 서울대학교 경제학 학사
- State University of New York, Stony Brook 경제학 박사
- UC, Santa Barbara Acting Assist. Professor
- York University Assistant Professor
- 현 충남대학교 교수
- 현 충청하나은행 경제자문 교수
- 현 한국은행 대전충청지역본부 경제자문 교수

서론

1.1 계량경제학이란?

문자 그대로 해석하면 **계량경제학(econometrics)**이란 "경제의 측정(economic measurement)"을 의미한다. 비록 측정(measurement)이 계량경제학의 중요부분이지만 다음의 인용문에서 볼 수 있듯이 계량경제학의 범위는 이보다 훨씬 넓다.

> 경제학의 역할에 대한 하나의 장래 전망으로서의 계량경제학은 수리통계학을 응용하여 경제자료를 분석함으로써 수리경제학이 구성한 모형에 실증적 기초를 제공하고 수치적 결과를 구하는 것으로 구성되어 있다.[1]
>
> …계량경제학이란 적절한 추론방법과 관련되어 있으며 이론과 관측의 동시적 발달에 기초한 실제 경제 현상의 수량적 분석이라 정의할 수 있다.[2]
>
> 계량 경제학은 경제이론, 수학 그리고 통계적 추론 등의 분석도구를 실제 현상을 분석하는데 응용하는 사회과학으로 정의 할 수 있다.[3]
>
> 계량경제학은 경제법칙(economic laws)을 경험적으로 결정하는데 관심이 있다.[4]
>
> 계량경제학의 기술(art)은 계량경제학자에게 주어진 자료를 최대한으로 잘 이용할 수 있는 충분히 정교하고 충분히 현실적인 가정들(assumptions)을 찾는데 있다.[5]
>
> 일반 사람들이 지니고 있는 경제학의 이미지는 다음과 같다. 여기에 내용이 텅 빈 깡통이 1개 있다고 하자. 실제로 존재하지 않는 깡통따개로 열었다고 가정한 후

1. Gerhard Tintner. *Methodology of Mathematical Economics and Econometrics*. The University of Chicago Press. Chicago, 1968, p. 74.
2. P. A. Samuelson, T. C. Koopmans, and J. R. N. Stone, "Report of the Evaluative Committee for *Econometrica*," *Econometrica*, Vol. 22, no. 2, April 1954, pp. 141–146.
3. Arthur S. Goldberger, *Econometric Theory*, John Wiley & Sons, inc., New York, 1964, p.1.
4. H. Theil, *Principles of Econometrics*, John Wiley & Sons, inc., New York, 1971, p.1.
5. E. Malinvaud, *Statistical Methods of Econometrics*, Rand McNally & Co., Chicago, 1966. p.514.

> 그 내용물에 대해 10명의 경제학자들이 11가지 해석을 하는 것이 경제학이라는 것이다. 이와 같이 사람들은 경제학을(수량적이건 아니건) 공허한 학문이라고 간주하게 되는데 계량경제학자들은 이러한 잘못된 견해를 불식시키는데 적극적인 역할을 하고 있는 사람들이다.[6]

> 계량경제학의 방법은 통계적 추론의 이론과 기법을 가교로 사용하여 본질적으로 경제이론과 실제 측정을 연결시키고자 한다.[7]

1.2 왜 계량경제학이 독립된 학문인가?

앞에서 계량경제학에 대해 정의 한 것처럼 계량경제학은 경제이론, 수리경제학, 경제통계학, 수리통계학의 혼합물이다. 그러나 계량경제학은 다음과 같은 이유 때문에 하나의 독립된 분야로 연구할 가치가 있다.

경제이론은 그 성격상 대부분 질적인(qualitative) 주장이나 가설을 설정한다. 예를 들어, 미시경제학에서는 다른 조건이 불변일 때 한 재화의 가격이 하락하면 그 재화의 수요량이 증가하리라고 설명한다. 그러므로 경제이론은 한 재화의 가격과 수요량 사이에 음(陰)의 또는 역의 관계가 존재한다고 상정하고 있다. 그러나 경제이론 그 자체는 가격과 수요량 사이의 관계가 얼마나 큰지에 대한 수치상의 측정치를 제시하지 않는다 : 즉, 재화의 가격에 일정한 변화가 생겼을 때 수요량이 얼마나 증가 또는 감소할 지를 말해주지는 않는다. 그러한 수치상의 추정치를 제공하는 것이 바로 계량경제학자의 임무이다. 다른 말로 표현하면 대부분의 경제이론에 실증적인 내용을 제공하는 것이 계량경제학이다.

수리경제학의 주요관심은 경제이론의 측정가능성(measurability) 또는 경험적 증명(empirical verification)과 관계없이 경제이론을 수학적 형태(방정식)로 표현하는 것이다. 앞에서 설명한 바와 같이 계량경제학은 주로 경제이론을 실증적으로 입증하는데 관심이 있다. 곧 알게 되겠지만 계량경제학자들은 수리경제학자들이 제안한 수리방정식을 사용하지만 이 수리방정식을 실증적으로 검증할 수 있도록 식을 변형시킨다. 그리고 이와 같이 수리방정식을 계량분석에 적절하도록 변환시키는데 이는 대단한 재간과 기술을 필요로 한다.

경제통계학은 주로 경제자료를 수집하고 처리하여 차트나 도표의 형태로 제시하는 일들을 하는데 이러한 일들이 경제통계학자들의 임무이다. 예를 들어 GNP, 고용, 실업, 물가 등의 자료를 수집할 책임이 있는 사람이 경제통계학자들이다. 수집된 자료는 계량경제학의 작업에 원자료(raw data)로서 이용된다. 그러

6. Adrian C. Darnell and J. Lynne Evans, *The Limits of Econometrics*, Edward Elgar Pulishing, England, 1990, p54.
7. T. Haavelmo, "The Probability Approach in Econometrics," Supplement to *Econometrica*, Vol.12, 1944, Prepace p.iii.

나 경제통계학자들의 작업은 여기에서 끝나며, 수집된 자료를 사용하여 경제이론을 검증하는 일을 다루지 않는다. 물론, 검증까지 행하게 되면 계량경제학자가 되는 것이다.

수리통계학이 분석에 이용되는 많은 분석도구를 제공하지만 대부분의 경제자료 고유의 성격, 즉 자료자체가 통제된 실험의 결과가 아니라는 성격 때문에 계량경제학자들은 자료를 분석하는데 특별한 방법이 필요하게 된다. 계량경제학자는 기상학자들처럼 직접적으로 통제할 수 없는 자료에 일반적으로 의존하게 된다. Spanos가 정확히 관측하듯이:

> 계량경제학에서 모형을 만드는 사람은 실험적 자료와 다른 관측적 자료를 자주 다루게 된다. 이는 계량경제학에서 실증적 모형작업에 두가지 중요한 의미를 갖는다. 첫째, 모형을 만드는 사람은 실험적 자료를 분석하는데 필요한 기법과는 매우 다른 기법을 완벽하게 통달할 수 있어야 한다. .... 둘째, 자료를 수집하는 사람과 이를 분석하는 사람이 다르므로 모형을 만드는 사람은 문제시되는 자료의 성격과 구조를 완전하게 파악하고 있어야 한다.[8]

I.3 계량경제학의 방법론

계량경제학자들은 경제문제의 분석을 어떻게 진행하는가? 다시 말해서 계량경제학 방법론은 무엇인가? 계량경제학 방법론에 관해 여러 학파가 존재함에도 불구하고, 이 책에서는 전통적인 또는 고전적인 방법론을 소개한다. 이 방법들은 경제학 및 관련분야의 실증연구에 주로 사용되는 방법들인데, 이 방법들은 지금도 경제학과 여타 사회과학분야에서의 실증연구에서 압도적으로 사용되고 있다.[9]

대략적으로 말해서 계량경제학의 분석은 다음의 순서에 따라 이루어진다.

1. 이론 또는 가설의 설정
2. 경제이론에 대한 수리모형의 설정
3. 경제이론에 대한 계량경제모형의 설정
4. 자료의 수집
5. 계량모형의 모수(parameter)의 추정
6. 가설검정
7. 예측(Forecasting or Prediction)
8. 통제 혹은 정책목적을 위한 모형의 활용

8. Aris Spanos, Probability *Theory and Statistical Inference: Econometric Modeling with Observational Data,* Cambridge University Press, United Kingdom, 1999, p.21.
9. 계량경제학 방법론에 관한 논의는 David F. Henry, *Dynamic Econometrics,* Oxford University Press, New York, 1995를 참조할 것. 아울러 Aris Spanos, 전개서를 참조할 것.

계량경제 방법론을 설명하기 위해 케인지안 소비이론을 예로 들어보자.

1. 이론 또는 가설의 설정

케인즈는 다음과 같이 서술하고 있다.

> 사람들은 소득이 증가함에 따라 규칙처럼 그리고 평균적으로 소비를 증가시키지만 소득이 증가한 만큼 소비를 증대시키지 않는 다는 것은 기본적인 심리법칙이다.[10]

간단히 말하면, 케인즈는 한계소비성향(MPC), 즉 소비 1단위 변화에 대한 소비의 변화율이 0보다 크지만 1보다 작다는 것을 상정하고 있다.

2. 소비에 관한 수리적 모형의 설정

비록 케인즈가 소비와 소득간의 양의 관계를 가정하지만 그는 두 변수간의 함수관계가 어떤 특정한 형태를 갖는지 구체적으로 설명하지 않았다. 단순화를 위해 수리경제학자는 케인즈 소비함수를 다음의 형태로 표현할 수 있다 :

$$Y = \beta_1 + \beta_2 X \qquad 0 < \beta_2 < 1 \tag{I.3.1}$$

단, Y = 소비지출, X = 소득 그리고 β_1과 β_2는 모형의 모수로서 각각 절편과 기울기 계수이다.

기울기계수 β_2는 한계소비성향(MPC)을 나타낸다. 식 I.3.1을 그림으로 나타내면 그림 I.1과 같다.

그림 I.1
케인즈 소비함수

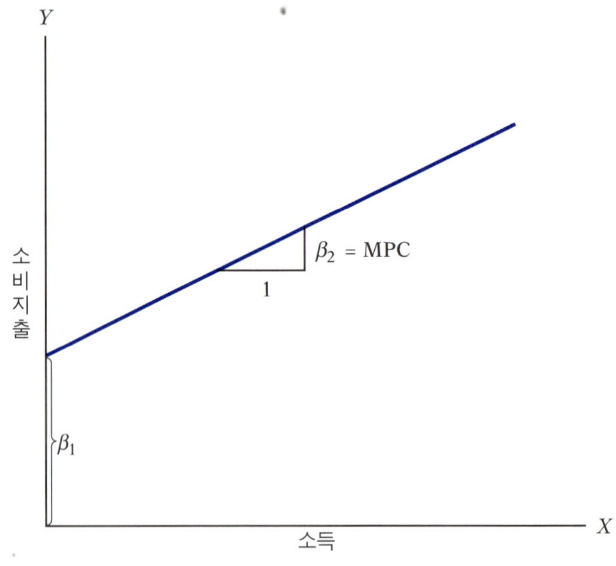

10. John Maynard Keynes, *The General Theory of Employment, Interest and Money,* Harcourt Brace Jovanovich, inc., New York, 1936, p.96.

소비가 소득과 선형관계에 있다는 식 (I.3.1)은 소비와 소득간의 관계를 나타내는 소비함수라고 부르는 수리적 모형의 한 예이다. 모형이란 단순하게 말해서 수리방정식들의 집합이다. 앞의 예와 같이 모형이 단지 하나의 방정식으로 이루어져 있다면 이를 단일방정식모형(single-equation model)이라 하고, 두 개 이상의 방정식을 포함하고 있으면 다중방정식모형(multi-equation model)이라 부른다(다중방정식 모형은 이 책의 후반부에 논의될 것이다).

식 (I.3.1)에서 등호(=)의 좌측에 있는 변수를 종속변수, 우측에 있는 변수를 독립변수 또는 설명변수라고 부른다. 따라서 케인즈 소비함수, 식 (I.3.1)에서는 소비(지출)가 종속변수이고 소득이 설명변수이다.

3. 소비에 관한 계량경제 모형의 설정

식 (I.3.1)과 같이 순수하게 수리적인 소비함수 모형은 계량경제학자의 관심을 크게 끌지 못한다. 왜냐하면 수리적 모형은 소비와 소득간의 정확한(exact) 또는 확정적(deterministic) 관계가 존재한다고 가정하기 때문이다. 그러나 경제변수들간의 관계는 일반적으로 정확한 것이 아니다. 예를 들어 500개의 미국인 가구를 표본으로 하여 소비지출지출과 가처분(납세후)소득에 대한 자료를 수집한 후 소비지출을 종축으로 소득을 횡축으로 하는 그림표에 이들 자료를 점으로 나타내면 500개의 모든 관측치들이 식 (I.3.1)의 직선위에 정확히 놓여지리라고 기대하기 어렵다. 왜냐하면 소득과는 별도로 소비지출에 영향을 미치는 다른 변수 들이 있기 때문이다. 예를 들어 가족의 수, 가족 내 구성원의 연령, 종교 등은 소비에 어느 정도 영향을 미칠 것이다.

경제변수들간의 정확하지 않은 관계를 허용하고자 계량경제학자는 (I.3.1)의 확정적 소비함수를 다음과 같이 수정한다 :

$$Y = \beta_1 + \beta_2 X + u \tag{I.3.2}$$

단, 교란항(disturbance term) 또는 오차항(error term)이라고 알려진 u는 잘 정의된 확률 분포를 갖는 확률 변수이다. 오차항 u는 소비에 영향은 미치나 명시적으로 고려되지 않는 모든 요인들을 대표하고 있다.

식 (I.3.2)는 계량경제모형의 예제이다. 보다 기술적으로 표현하면 방정식 (I.3.2)는 이 책의 주된 관심인 선형회귀모형(linear regression model)의 한 예인 것이다. 계량경제학적인 소비함수 종속변수 Y(소비)가 설명변수 X(소득)에 선형으로 관계되어 있으나 두 변수간의 관계가 정확하지 않다는 것–즉, 개인에 따라 두 변수의 관계가 다르다는 것–을 가정하고 있다. 소비함수의 계량경제모형을 그림 I.2에 나타내었다.

그림 1-2
케인지안 소비함수의 계량경제모형

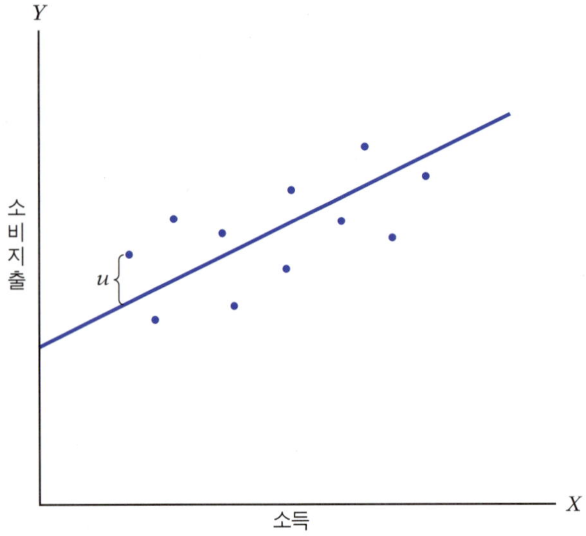

4. 자료수집

식 (I.3.2)의 계량경제모형을 추정하기 위해서는 즉 β_1과 β_2의 수치를 구하기 위해서는 자료가 필요하다. 다음 장에서 경제분석을 위한 자료의 결정적 중요성에 관해 언급할 것이지만 여기에서 잠시 1960–2005 기간 동안 미국 경제에 관한 자료를 살펴보자(표 I.1). 이 표에서는 Y변수는 **총체적**(경제전체에 걸친) 개인소비지출이고 X변수는 총소득의 측정지표로서 국내총생산(GDP)인데, 두 변수 모두 2007년 달러기준으로 10억 달러단위로 측정되어 있다. 그러므로 자료는 "실질"변수인데, 즉 변수들이 2000년 불변가격으로 측정되어 있다는 것이다. 이 자료는 그림 I.3(그림 I.2)와 비교할 것)에 나타나 있다. 잠시동안 그림에 그려져 있는 선은 무시하자.

5. 계량경제 모형의 추정

자료를 수집했으므로 다음에 해야 할 일은 소비함수의 모수를 측정하는 것이다. 모수의 수치적 측정은 소비함수의 실증적 내용을 전달해 준다. 모수를 추정하는 방법은 3장에서 설명될 것이다. 지금으로서는 회귀분석이라는 통계적 기법이 추정치를 구하는데 사용되는 주된 도구라는 사실만 명심하면 된다. 이 기법과 표 I.1의 자료를 사용하여 β_1과 β_2의 추정치, −299.5913과 0.7218를 각각 얻었다. 따라서 추정된 소비함수는 다음과 같다

$$\hat{Y}_t = -299.5913 + 0.7218X_t \qquad \textbf{(I.3.3)}$$

여기에서 Y위의 ^은 추정치임을 알려주는 것이다.[11] 추정된 소비함수(즉, 회귀선)은 그림 I.3에 나타나 있다.

11. 관행상 변수나 모수위의 ^(hat)은 그것이 추정치임을 의미한다.

표 I.1 *Y*(개인소비지출)와 *X*(국내총생산)의 자료, 1965-2005, 2000년 기준 10억달러로 측정된 자료

Year	PCE(*Y*)	GDP(*X*)
1960	1597.4	2501.8
1961	1630.3	2560.0
1962	1711.1	2715.2
1963	1781.6	2834.0
1964	1888.4	2998.6
1965	2007.7	3191.1
1966	2121.8	3399.1
1967	2185.0	3484.6
1968	2310.5	3652.7
1969	2396.4	3765.4
1970	2451.9	3771.9
1971	2545.5	3898.6
1972	2701.3	4105.0
1973	2833.8	4341.5
1974	2812.3	4319.6
1975	2876.9	4311.2
1976	3035.5	4540.9
1977	3164.1	4750.5
1978	3303.1	5015.0
1979	3383.4	5173.4
1980	3374.1	5161.7
1981	3422.2	5291.7
1982	3470.3	5189.3
1983	3668.6	5423.8
1984	3863.3	5813.6
1985	4064.0	6053.7
1986	4228.9	6263.6
1987	4369.8	6475.1
1988	4546.9	6742.7
1989	4675.0	6981.4
1990	4770.3	7112.5
1991	4778.4	7100.5
1992	4934.8	7336.6
1993	5099.8	7532.7
1994	5290.7	7835.5
1995	5433.5	8031.7
1996	5619.4	8328.9
1997	5831.8	8703.5
1998	6125.8	9066.9
1999	6438.6	9470.3
2000	6739.4	9817.0
2001	6910.4	9890.7
2002	7099.3	10048.8
2003	7295.3	10301.0
2004	7577.1	10703.5
2005	7841.2	11048.6

그림 I.3이 보여주듯이, 자료점들이 회귀선에 매우 가깝기 때문에 회귀선이 자료에 잘 들어맞는다고 할 수 있다. 이 그림으로부터 1960–2005년 기간 동안 기울기계수(즉, MPC)가 0.72임을 알 수 있는데, 이는 표본기간 동안 1달러 크기의 소비지출 증가는 **평균적으로** 72센트의 실질소비지출 증가를 초래했다는 것을 알려주고 있다.[12] 소비와 소득 사이의 관계가 정확한 것이 아니기 때문에 **평균**

12. 이 값들을 어떻게 구했는지 이 시점에서 걱정할 필요는 없다 ; 3장에서 공부하겠지만 최소자승법을 사용하면 이 추정치들을 구할 수 있다. 또한 절편항이 음의 값을 갖는 것은 현재로서 걱정할 필요도 없다.

그림 I-3
Y(개인소비지출)와
X (국내총생산)의
관계
1960-2005,
2000년 10억 달러

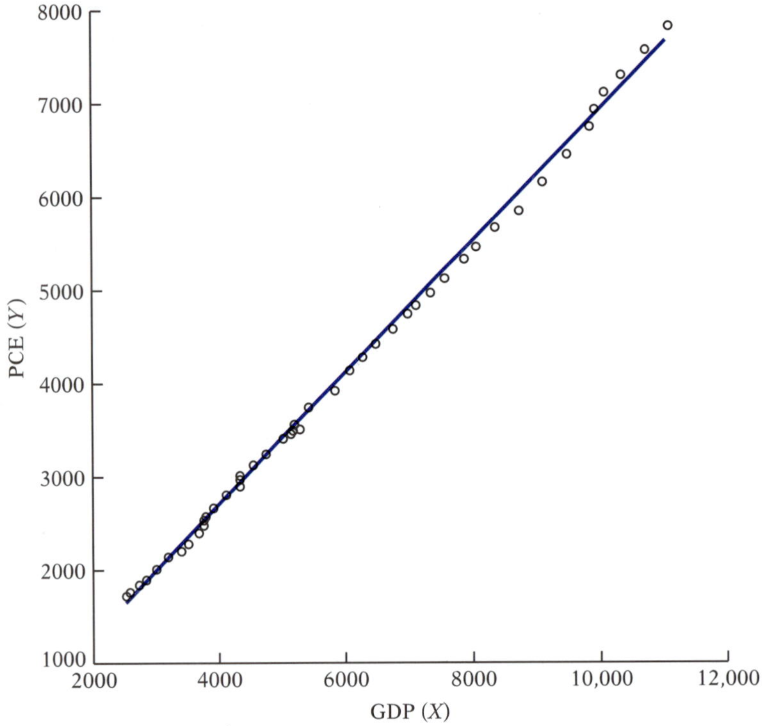

적으로 라는 용어를 사용한다; 그림 I.3에서 명확하듯이, 모든 자료점들이 정확하게 회귀선 위에 놓여있는 것은 아니다. 단순하게 말해서 우리의 자료에 관하여 실질소득이 1달러 증가했을 때 **평균** 소비지출이 약 72센트 증가했다고 말할 수 있다.

6. 가설 검정

추정된 모형이 진정한 구조에 대한 훌륭한 근사치라고 가정한다면 식 I.3.3에서 구한 추정치가 검정하고자 하는 경제이론과 잘 조화되는지 여부를 확인할 적절한 기준을 개발해야 한다. Milton Friedman과 같은 "실증적" 경제학자들에 의하면 실증적 증거에 의해 입증되지 않은 이론이나 가설은 과학적 지식의 일부로서 받아들여질 수 없다고 주장하고 있다.[12]

앞에서 지적한 바와 같이 케인즈는 MPC가 0과 1사이의 값을 가질 것으로 기대했다. 이 책의 예제에서 MPC는 약 0.72였다. 그러나 이 추정결과가 케인즈 소비이론을 입증 해주는 것이라고 하기 전에 이 결과가 우연히 발생한 결과가 아닐 정도로 또는 우리가 사용한 특정자료로 인한 결과가 아닐 정도로 이 추정치가 1보다 충분히 작은지의 여부를 확인해 한다. 다시 말해서 **0.72가 통계적으로 1보**

13. Milton Friedman. "The Methodology of Positive Economics", *Essays in Positive Economics*, University of Chicago Press, Chicago, 1953을 참조할 것.

다 작은가? 만약 1보다 작다면 케인즈 이론을 뒷받침하는 것이 된다.

이와 같이 표본증거에 근거해서 경제이론을 확인하거나 부인하는 것은 통계적 추론(가설검정)이라고 부르는 통계이론의 한 부분이다. 이 책을 통해 이러한 추론과정이 실제로 어떻게 운용되는지 살펴볼 것이다.

7. 예 측

선택된 모형이 고려중인 가설이나 이론을 확인하는 경우, 설명변수 X의 특정값 또는 미래값이 주어졌을 때 이 모형을 사용해 종속변수 Y의 미래값을 예측할 수 있다.

예를 들기 위해 2006년의 평균소비지출을 예측하고자 한다. 2006년 실질 GDP가 11319.4(단위:10억)이었다.[14] 이 GDP값을 식 (I.3.3)의 우측에 대입하면 다음과 같이 구할 수 있다:

$$\begin{aligned} \hat{Y}_{2006} &= -299.5913 + 0.7218\,(11319.4) \\ &= 7870.7516 \end{aligned} \tag{I.3.4}$$

또는 약 7870 (단위 : 10억 달러)이 될 것이다. 따라서, GDP의 값이 주어졌을 때, 평균 소비지출 예측치가 약 7870 십억달러가 된다. 2006년에 보고된 소비지출의 실제 값은 8044 십억달러였다. 그러므로 추정된 모형 식 (I.3.3)은 실제 소비지출을 약 174 십억달러만큼 과소예측한 것이다. 그리고 예측오차가 약 174 십억달러라고 부르는데, 이는 2006년도 실제 GDP의 약 1.5 %에 해당한다. 다음 여러 장에서 선형회귀모형을 설명할 때 이러한 오차가 "큰지" 혹은 "작은지" 확인할 것이다. 그러나 현재로서 중요한 것은 그러한 예측오차가 분석의 통계적 특성으로 인하여 불가피하다는 것이다.

추정모형 (I.3.3)을 사용하는 또 다른 경우가 있다. 가령 대통령이 소득세 감축을 제안하려고 한다고 하자. 이러한 정책이 소득에 미치는 영향은 얼마나 될 것이고, 궁극적으로 소비지출과 고용에 미치는 영향은 얼마나 될 것인가?

가령 이 정책 변화로 인해 투자지출이 감소했다고 하자. 경제에 미치는 효과는 무엇인가? 거시경제이론이 지적하는 바와 같이 투자지출 1달러만큼의 변화로 인한 소득변화는 소득승수(M)로 다음과 같이 표현된다.

(I.3.3)에서 얻은 MPC값 0.72를 사용하면 승수는 $M = 3.57$이 된다. 즉 투자

$$M = \frac{1}{1 - \text{MPC}} \tag{I.3.5}$$

14. 2006년도 PCE와 GDP 자료도 구할 수 있었으나 이 절에서 논의될 주제의 예로 들기 위하여 의도적으로 이들 자료들을 분석에서 배제하였다. 다음 장에서 논의될 것인데, 추정된 모형이 표본구간의 관측치를 얼마나 잘 예측하는지 확인하기 위하여 자료의 공간을 비워두는 것이 좋은 방법이다.

가 1달러 감소(증가)하면 **결국** 소득이 약 4배 정도 감소(증가)하게 된다는 것이다. 승수가 충분히 작동하는 데에는 시간이 걸린다는 것을 유념하자.

위 계산에 있어 결정적인 값은 MPC인데, 그 이유는 *M*이 MPC에 의존하기 때문이다. 그리고 MPC의 추정치는 (I.3.3)과 같은 회귀모형에서 얻은 것이다. 따라서 MPC에 대한 수량적 추정치는 정책목적상 귀중한 정보를 제공하고 있다. MPC를 알면 정부 재정정책이 변화하는 경우 미리 소득과 소비지출이 어떠할 것인가를 예측할 수 있다.

8. 통제 혹은 정책목적을 위한 모형의 활용

식(I.3.3)과 같이 소비함수를 추정하였다고 하자. 나아가 약 8750(단위 2000년 10억 달러)의 지출수준이 실업률을 현재수준인 약 4.2% (2006년 초)정도로 유지할 수 있다고 정부가 믿고 있다고 하자. 소득이 얼마가 되어야 목적했던 소비지출수준을 보장할 것인가?

$$8750 = -299.5913 + 0.7218(GDP_{2006}) \qquad \textbf{(I.3.6)}$$

식(I.3.3)의 회귀결과가 의미가 있다면 단순한 계산과정만으로
이고 대략 $X = 12537$임을 보일 수 있다. 즉 MPC가 약 0.72로 주어진 상태에서 소득수준이 12537(단위 : 10억 달러)이면 지출수준이 8750(단위 : 10억 달러)이 될 것이다.

이 계산과정이 보여주듯이 추정된 모형을 통제 또는 정책목적으로 사용할 수 있다. 재정정책과 통화정책을 적절히 혼합하여 정부는 목적변수(target variable) *Y*가 바람직 한 수준이 되도록 통제변수(control variable) *X*를 조정할 수 있다.

그림 I.4는 고전적 계량경제 모형화의 해부도를 요약하여 보여주고 있다.

경합하고 있는 모형 중에서의 선택

미국 상무성과 같은 정부기관이 표 I.1과 같은 경제자료를 수집할 때, 아무런 경제학 이론을 염두에 둘 필요가 없다. 그렇다면 이 자료가 실질적으로 케인즈 소비이론을 지지하는지 어떻게 알 수 있는가? 그림 I.3의 케인즈 소비함수(즉, 회귀선)가 실제 자료 점들에 극히 가깝기 때문인가? 다른 소비모형(이론)도 자료에 똑같이 잘 들어맞는 것이 가능한가? 예를 들어, Milton Friedman은 **영구소득가설(Permanent Income Hypothesis)**이라 불리는 모형을 개발하였고[15], Robert

15. Milton Friedman, *A Theory of Consumption Function,* Princeton University Press, Princeton, N.J., 1957.

그림 I-4
계량경제 모형화의 해부도

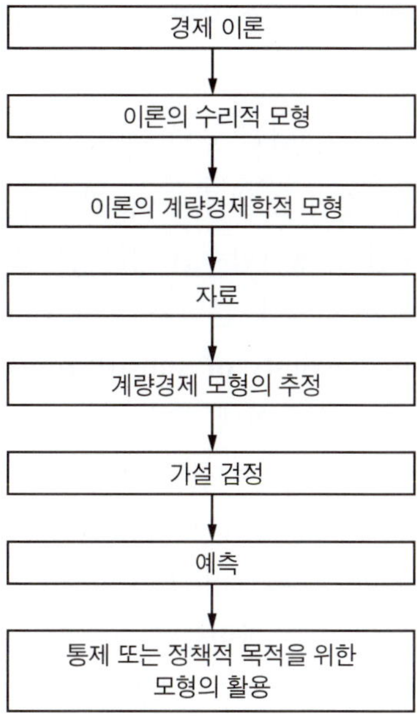

Hall은 **평생주기 영구소득가설(life-cycle Permanent Income Hypothesis)**을 개발하였다.[16] 이 두 모형 중 어느 하나 혹은 모두가 표 I.1의 자료와 부합될 수 있는가?

간단히 말해서, 실제에 있어서 연구자들이 맞닥뜨리는 문제는 소비-소득관계와 같이 주어진 현상에 대하여 경합되는 가설이나 모형들 가운데 어떤 것을 선택하는가 하는 것이다. Miller는 이에 대하여 다음과 같이 말하고 있다[17]:

> 한 가설이 다른 경쟁 가설에 비하여 자료를 더 잘 처리하지 않는다면 자료와 충돌하지 않아야 진정한 확신으로 한걸음 나아가게 된다. … 한 가설을 강하게 만드는 것은 승리이면서 동시에 그럴듯한 경쟁가설의 패배이다.

그렇다면 여러 경합모형이나 가설 가운데 하나를 어떻게 선택할 것인가? 이에 대하여 Clive Granger의 충고[18]를 가슴속에 새겨둘 필요가 있다:

> 미래에 새로운 이론이나 실증모형을 보게 되었을 때, 다음과 같은 질문을 하기를 권하고 싶다:
>
> (i) 목적이 무엇인가? 어떤 경제적 결정을 내리는데 도움이 되는가?
>
> (ii) 다른 경제이론이나 모형과 비교하여 그 질적 수준을 평가할 수 있도록 어떤 증거가 제시될 수 있는가?

16. R. Hall, "Stochastic Implication of the Life Cycle Permanent Income Hypothesis: Theory and Evidence," *Journal of Political Economy,* vol.86, 1978, pp.971–987.
17. R. W. Miller, *Fact and Method: Explanation, Confirmation, ad Reality in Natural and Social Sciences,* Princeton University Press, Princeton, N.J.,1978,p.176.
18. Clive W.J.Granger, *Empirical Modeling in Economics,* Cambridge Unversity Press, U.K., 1999, p.58.

나는 이러한 질문에 대하여 관심을 기울이는 것이 경제학 연구나 토론을 강하게 만든다고 생각한다.

이 책을 공부하는 동안 다양한 경제현상을 설명하고자 노력하는 경합 가설을 보게 될 것이다. 예를 들어, 경제학을 공부하는 학생들은 생산함수의 개념에 매우 친숙한데, 생산함수란 기본적으로 생산과 투입요소(예컨대, 자본과 노동)의 관계에 관한 것이다. 문헌을 보면, **Cobb-Douglas 생산함수**와 **불변대체탄력성(constant elasticity of substitution)** 생산함수의 두 가지 생산함수가 잘 알려져 있다. 산출과 투입에 관한 자료가 있을 때, 두 생산함수 중 어느 것이 자료와 더 잘 맞는지 확인해야 한다.

앞에서 논의한 8-단계의 고전적인 계량경제학 방법론은 이 경합적인 가설들을 검정하는데 모두 사용될 수 있다는 의미에서 중립적이다.

경합하고 있는 가설들을 포함할 수 있을 정도로 포괄적인 방법론을 개발하는 것이 가능한가? 이는 매우 수준이 높고 논쟁의 여지가 있는 주제이다. 이에 관하여 필요한 계량경제학 이론을 배운 후 13장에서 논의할 것이다.

I.4 계량경제학의 형태

위의 분류에서 볼 수 있듯이 계량경제학은 크게 이론계량경제와 응용계량경제로 구분 할 수 있다. 이론적 측면과 응용측면 모두 고전적인(classical) 전통이나 베이지안(Bayesian) 전통을 따라 문제에 접근할 수 있다. 이 책은 고전적 접근을 강조하고 있다. 베이지안 접근법을 알고자 하는 학생은 이 장의 끝에 실린 참고문헌을 참고하면 된다.

이론계량경제학은 계량경제모형에 의해 구체화된 경제변수간의 관계를 측정하기 위한 적절한 방법을 개발하는 문제에 관심을 두고 있다. 이점에서 계량경제학은 수리통계학에 크게 의존하고 있다. 예를 들어, 이 책에서 광범위하게 사용되는 분석도구 중 하나가 최소자승법이다. 이 방법의 가정들, 성격, 그리고 가정 중의 일부가 충족되지 않았을 때 어떤 문제가 발생할지를 설명하는 것이 이론계량경제학의 관심사항이다.

응용계량경제학에서는 생산함수, 소비함수, 투자함수, 수요함수, 공급함수, 자산선택이론 등 경제학 및 경영학의 여러 영역을 분석하기 위해 이론계량경제

그림 I-5
계량경제학의 범주

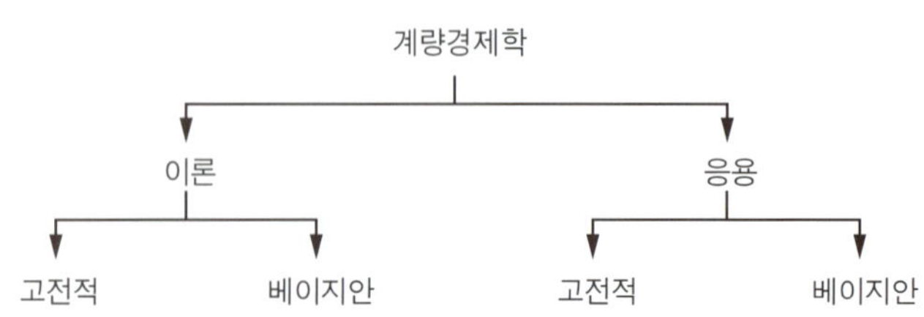

학의 분석도구를 사용한다.

이 책은 계량경제방법의 개발, 여러 가정, 이용, 그리고 제한 등을 넓게 다루고 있다. 이들 방법들은 다양한 분야의 경제학과 경영학에서의 적절한 예를 통해 설명되고 있다. 그러나 이 책은 응용계량경제학의 교과서는 아니다. 왜냐하면 응용계량경제의 책은 경제학적 응용의 특수한 분야를 깊게 취급하기 때문이다. 이러한 응용은 특별히 이런 목적으로 저술된 책들에서 다루어질 것이고 이러한 책들 중 일부가 본 교과서의 뒷부분 참고문헌에 잘 정리되어 있다.

1.5 수학과 통계학에 대한 사전지식

비록 이 책이 초보적 단계에서 기술되었지만 학생들이 초급통계학, 특히 추정과 가설 검정의 기본 개념에 익숙한 것을 전제로 하고 있다. 그러나 통계학 지식을 다시 상기시키고자 하는 학생들을 위해 이 책에서 사용되는 통계적 개념을 부록 A에서 넓게 정리하여 놓았다. 수학지식에 관한한 미분학의 개념에 대한 이해가 바람직하지만 필수적인 것은 아니다. 대부분의 대학원 수준의 계량경제학 책들은 행렬대수를 많이 사용하고 있으나 이 책을 공부하는 데는 행렬대수가 필요없다는 점을 강조하고 싶다. 행렬대수를 사용하지 않더라도 계량경제학의 기본지식을 이해할 수 있다고 나는 굳게 믿고 있다. 그러나 수학적으로 이해하는 것이 더 쉬운 학생들을 위해 부록 C에서 기초적 회귀이론을 행렬의 부호를 사용하여 요약하고 있다. 이러한 학생들을 위해 행렬대수로 얻은 주요결과를 간결하게 요약해서 부록 B에 요약하였다.

1.6 컴퓨터의 역할

계량경제학의 핵심인 회귀분석은 컴퓨터와 통계팩키지 없이는 상상조차 할 수 없다(믿기지 않겠지만 저자는 컴퓨터세대가 아닌 계산자 세대로 자랐다). 다행이도 대형컴퓨터와 소형컴퓨터를 위한 여러 개의 훌륭한 회귀분석 팩키지가 시중에 나와 있고, 그 숫자는 나날이 늘어나고 있다. ET, LIMDEP, SHAZAM, MICRO TSP, MINITAB, EVIEWS, SAS, SPSS, STATA, Microfit, PcGive, BMD 같은 회귀 소프트웨어 팩키지들은 이 책에서 설명하는 대부분의 계량경제 기법과 검정방법을 포함하고 있다.

이 책에서는 때때로 하나 또는 그 이상의 통계팩키지를 이용하여 학생들로 하여금 몬테칼로(Monte Carlo) 실험을 하게 요구한다. 몬테칼로 실험은 이 책에서 소개된 몇몇 통계방법의 특성을 이해시키는 흥미진진한 연습방법이다. 몬테칼로 실험의 상세한 내용은 적절한 부분에서 설명될 것이다.

1.7 추가적인 참고문헌에 대한 제안

계량경제학 방법론이라는 주제는 매우 광범위하면서 논쟁의 여지가 많다. 이 주제에 관심이 있는 학생들에게 다음의 책들이 도움이 될 것이다.

Neil de Marci and Christopher Gilbert, eds., *History and Methodology of Econometrics*, Oxford University Press, New York, 1989. 여러 논문을 수록한 이 책은 초기 계량경제학 분야의 브리티쉬 접근법에 대해 심도있게 논의 하고 있다.

Wojciech W. Charemza and Derek F. Deadman, *New Direction in Econometric Practice : General to Specific Modelling, Cointegration and Vector Autoregression*, Edward Elgar Publishing Ltd., Hants. England. 1997. 이 책의 저자들은 계량경제학의 전통적 접근법을 비판하고, 계량경제 방법론의 세로운 접근법을 상세히 소개하고 있다.

Adrian C. Darnell and J. Lynne Evans. *The Limits of Econometrics*, Edward Elgar Publishing Ltd., Hants, England, 1990. 이 책은 전통적인 계량경제방법론에 충실하면서도 계량경제학의 다양한 방법론적 접근법들을 어느 정도 균형있게 다루고 있다.

Mary S. Morgan, *The History of Econometrics Ideas*. Cambridge Univ–ersity Press, New York, 1990. 저자는 Haavelmo(1990년 노벨경제학상 수상자)가 초기에 계량경제학에 기여한 바를 상세히 설명하는 가운데, 계량경제학의 이론과 실제에 관해 역사적으로 조명하고 있다. 동일한 생각으로 David F. Hendry and Mary SMorgan, *The Foundation of Econometric Analysis*, Cambridge University Press, U. K., 1995는 시간의 흐름에 따른 계량경제학적 사고의 진화를 보여줄 수 있는 계량경제학에서의 독창적 논문들을 담고있다.

David Colander and Reuven Brenner. eds., *Educating Economics*, University of Michigan Press, Ann Arbor, Michigan, 1992. 이 책은 경제학교육과 실제에 대한 비판적인 시각을 제공하고 있다.

베이지안 통계학과 계량경제학을 이해하기 위한 초보단계의 책으로는 John H. Dey, Data in Doubt, Basil Blackwell Ltd., Oxford, England, 1985; Peter M. Lee, *Bayesian Statistics : An Introduction*, Oxford University Press, England, 1989; 그리고 Dale J. Porier, *Intermediate Statistics and Econometrics: A Comparative Aproach*, MIT Press, Cambridge, Massachusetts, 1995. 가 있다. 고급수준의 참고서적으로 Arnold Zellner, *An Introduction to Bayesian Inference in Econometrics*, John Wiley & Sons, New York, 1971이 있다. 또 다른 고급수준의 참고서적으로 *the Palgrave Handbook of Econometrics*: Volume 1: *Econometric Theory*, edited by Terence C. Mills and Kerry Patterson, Palgrave Macmillan,

New York, 2007.이 있다.

단일방정식 회귀모형 1부

이 책의 제 I 부에서는 단일방정식 회귀모형(single-equation regression models)을 소개한다. 단일방정식 회귀모형에서는 **종속변수(dependent variables)**라고 부르는 하나의 변수를 **설명변수(explanatory variables)**라고 부르는 한 개 이상의 다른 변수들의 선형 함수로 표현한다. 이러한 모형에서는 종속변수와 설명변수들간의 인과관계가 단지 한쪽 방향 즉 설명변수들로부터 종속변수로의 방향으로만 성립되어 있다고 암묵적으로 가정하고 있다

제1장에서는 **회귀(regression)**라는 용어의 역사적 그리고 현대적 해석을 논의하고 경제학과 다른 여러 분야에 걸친 다양한 예제를 통해 두 가지 해석의 차이점을 설명한다.

제2장에서는 2-변수 선형회귀모형을 가지고 회귀분석의 몇 가지 기초적인 개념을 소개하게 되는데, 2-변수 선형회귀모형이란 종속변수를 단지 한 개의 설명변수의 선형함수로 나타내는 모형을 말한다.

제3장에서는 계속해서 2-변수 모형을 다루는데, 특히 몇 가지 단순화 가정들을 기초로 한 **고전적 선형회귀모형**을 소개한다. 이러한 가정위에서, 2-변수 회귀모형의 모수(parameter)들을 추정하기 위한 **통상최소자승법(Ordinary Least Squares : OLS)**을 소개한다. OLS추정법은 사용하기 쉽고 몇 가지 매우 바람직한 통계적 특성을 지니고 있다.

제4장에서는 회귀모형의 확률적 종속변수가 정규분포를 따른다고 가정한 (2-변수) 고전적 정규선형회귀모형을 소개한다. 이 가정을 추가함으로써 3장에서 이미 얻은 OLS추정량은 비정규선형회귀모형의 경우보다 더욱 강력한 통계적 특성-통계적 추론, 즉 가설 검정을 가능케 하는 특성을 갖게 된다.

제5장에서는 가설검정을 주로 다룬다. 추정된 회귀계수가 이론이나 기존의 실증연구에 의해 가상적으로 설정된 계수 값과 상응하는지를 분석한다.

제6장에서는 2-변수 회귀모형을 몇 가지 측면에서 확장시켰다. 중요한 내용으로서 : (1) 원점을 통과하는 회귀, (2) 축척과 측정단위, 그리고 (3) 이중-로그, 반로그, 그리고 역변환 모형과 같은 다양한 회귀모형의 함수형태를 논의하게 된다.

제7장에서는 두개 이상의 설명변수를 포함한 다중회귀모형을 논의하고, 이러한 모형의 모수들을 추정하는데 OLS추정법을 어떻게 확장할 것인가를 보여준다.

제8장에서는 5장에서 소개된 개념들을 다중회귀모형의 경우로 확장시키고 여러 개의 설명변수를 포함함으로써 초래되는 복잡한 문제들을 지적한다.

제9장에서는 가변수 또는 질적 설명변수를 다루면서 이 책의 I부를 마감한다. 이 장에서는 모든 설명변수가 양적(즉, 비율척도) 변수일 필요가 없음을 강조한다. 성별, 인종, 종교, 민족, 그리고 거주지역과 같은 변수들은 쉽게 수량화될 수 없지만 많은 경제현상을 설명하는데 소중한 역할을 하고 있다.

1장

회귀분석의 성격

서론에서 언급했듯이 회귀는 계량경제학의 주요 분석도구이다. 이 장에서는 이 분석도구의 성격을 고려할 것이다.

1.1 "회귀(regression)" 라는 용어의 역사적 원천

회귀라는 용어는 Galton에 의해 시작되었다. 그의 유명한 논문에서 Galton은 다음과 같은 것을 주장하였다. 비록 키가 큰 부모의 아이들이 크고 키가 작은 부모들의 아이들이 작은 경향이 있지만 일정한 키의 부모들에게서 태어난 아이들의 평균 신장은 전반적으로 전체 인구의 평균신장을 향해 움직이거나 "회귀(regression)"하는 경향이 있다는 것이다.[1] 다시 말하면 비정상적으로 크거나 작은 부모들의 아이들의 키는 전체인구의 평균 신장을 향해 움직이는 경향이 있다는 것이다. 이러한 Galton의 **보편적 회귀의 법칙(law of universal regression)**은 그의 친구 Pearson에 의해 확인되었다.[2]

Pearson은 가족집단들의 구성원들의 키에 관한 1000개 이상의 기록을 수집하여 다음과 같은 사실을 발견하였다. 키가 큰 아버지들 집단의 아들들의 평균 신장이 아버지들의 키보다 작았고, 키가 작은 아버지들의 집단의 아들들의 평균 신장은 아버지들의 키보다 컸다. 즉 키가 크고 작은 아들들 모두 똑같이 전체 남자들의 평균 신장을 향해 "회귀"한다는 것이다. Galton의 표현에 의하면 이는 "평범으로의 회귀(regression to mediocrity)"이다.

1.2 회귀의 현대적 해석

그러나 회귀에 대한 현대적 해석은 매우 다르다. 넓게 설명하면

회귀분석이란 한 변수, 즉 **종속변수**가 하나 이상의 다른 변수, 즉 **설명변수**에 어

1. Francis Galton, "Family Likeness in Stature," *Proceedings of Royal Society, London,* vol. 40, 1886, pp. 42–72.
2. K. Pearson and A. Lee, "On the Laws of Inheritance," *Biometrika,* vol. 2, Nov. 1903, pp. 357–462.

떻게 의존하고 있는가에만 관심이 있다. 여기에서 주요 관점은 종속변수의 (모집단)평균을 (반복적인 표본추출에서) 이미 알려져 있거나 조정된 설명변수를 가지고 추정하고 예측하는 것이다.

이와 같이 회귀분석의 견해에 대한 완전한 의미는 앞으로 점차 명확해지겠지만 우선 다음에 설명하는 예제를 통해 그 기본개념을 명백히 이해할 수 있을 것이다.

예제

1. Galton의 보편적 회귀의 원리를 다시 고려해 보자. Galton은 국민의 신장의 분포가 어째서 안정적인가를 규명하는데 관심이 있었다. 그러나 현대적 견해로는 이러한 설명보다는 오히려 아버지들의 키가 주어졌을 때 아들들의 평균 신장이 어떻게 변화하는지를 규명하는데 더 관심이 있다. 다른 말로 해서, 우리의 관심은 아버지들의 키를 알고 있을 때 아들들의 평균 신장을 예측하는 것이다. 이것을 어떻게 할 수 있는지 알기 위해 그림 1.1의 산포도를 살펴보자.

   그림1.1은 가상적인 모집단에서 아버지들의 키가 주어졌거나 **고정**되었을 때, 그 고정된 키에 상응하는 아들들의 신장의 분포를 보여주고 있다. 아버지의 키가 임의로 주어졌을 때 각 신장에 대응하여 아들들의 신장이 일정한 **범위** 내에서(또는 분포를 가지고) 나타나고 있음을 발견할 수 있다. 그러나, 아버지의 신장이 주어졌을 때 아들들의 신장이 다양하게 나타남에도 불구하고, 아버지의 신장이 커짐에 따라 아들들의 **평균** 신장도 일반적으로 상승하고 있다는 것을 주목하라. 이를 명확히 보여주기 위하여 그림 안에 십자 마크를 한 동그라미는 아버지의 신장이 주어졌을 때 이에 해당하는 아들들의 평균 신장을 나

그림 1.1
아버지의 신장에 상응하는 아들 신장의 가상적 분포

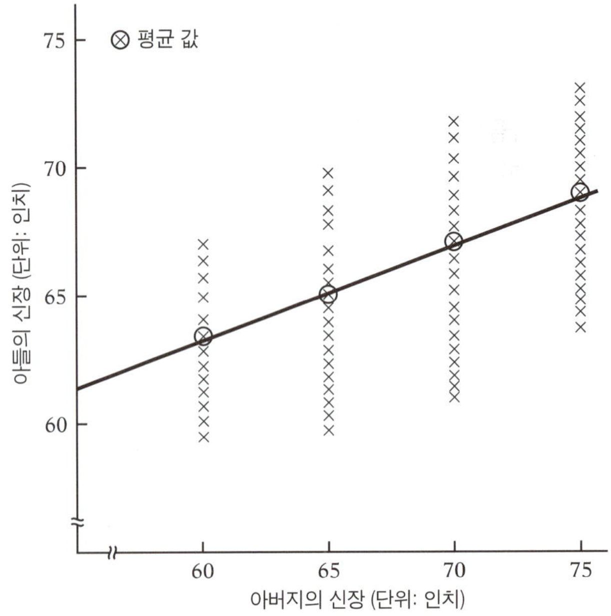

그림 1.2
선택된 나이에 상응하는 키의 가상적 분포

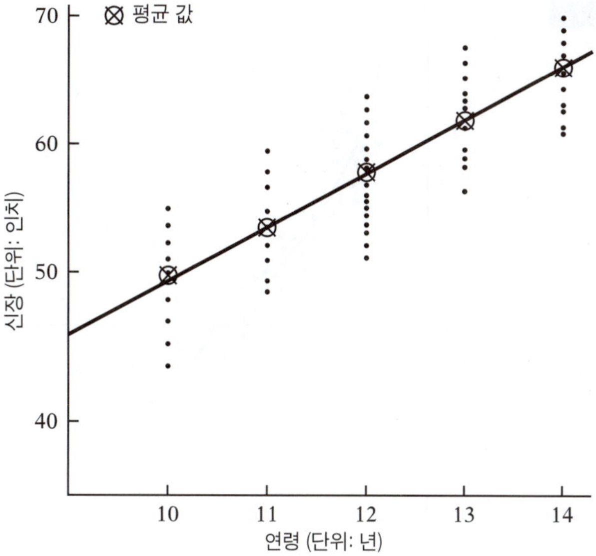

타내고 있다. 이 평균들을 이으면, 그림에서 보듯이 직선을 얻게 된다. 앞으로 보게 되듯이, 이 선은 회귀선(regression line)이라고 한다. 이 선은 아버지의 신장의 변화에 따라 아들들의 평균 신장이 어떻게 상승하고 있는지 보여준다.[3]

2. 그림 1.2의 산포도를 고려하여 보자. 이 그림은 가상적 모집단의 **고정된** 연령층에서 측정한 소년들의 신장의 분포를 나타내고 있다.

   주어진 각 연령에 대하여 신장이 일정범위 내에서 나타남을 그림으로부터 알 수 있다. 분명히 일정연령에 있어 모든 소년들의 키가 동일한 것 같지는 않다. 그러나 연령이 높아지면(물론 일정연령까지만) **평균**키가 증가하는데, 주어진 연령에 있어 평균 키를 대표하는 동그라미 점을 지나는 선(회귀선)을 그릴 수 있는지 이 그림에서 명확히 알 수 있다. 그러므로 연령을 알고 나면 그 연령에 해당하는 평균키를 예측할 수 있다.
3. 경제학적 예제를 들어보자. 경제학자가 개인소비지출이 가처분 개인소득에 어떻게 의존하는지를 분석하는데 관심이 있다 하자. 그러한 분석은 한계소비성향(MPC), 즉 1달러어치의 실질소득 변화에 대한 소비지출의 평균변화를 추정하는데 도움이 될 것이다.
4. 가격이나 생산(그러나 두 가지 모두는 아님)을 결정하는 독점기업은 가격상승에 대한 생산물 수요의 반응을 알고자 한다. 그러한 시행을 통해 그 재화수요의 가격탄력성을 추정할 수 있고 가장 이윤을 많이 낼 수 있는 가격을 결정할 수 있다.
5. 노동경제학자는 화폐임금 변화율과 실업률의 관계를 분석하고자 한다. 역사적

3. 논의 주제의 전개과정상, 현재 단계에서는 이 회귀선을 주어진 설명변수(아버지의 신장)에 상응하는 종속변수(아들의 신장)의 평균값을 이은 선이라고 부를 것이다. 이 선의 기울기가 양이지만 1 보다 작다는 것을 주목하라. 이는 Galton의 회귀원리와 일치하는 것이다.(그 이유는?)

그림 1.3
가상적인 Phillips 곡선

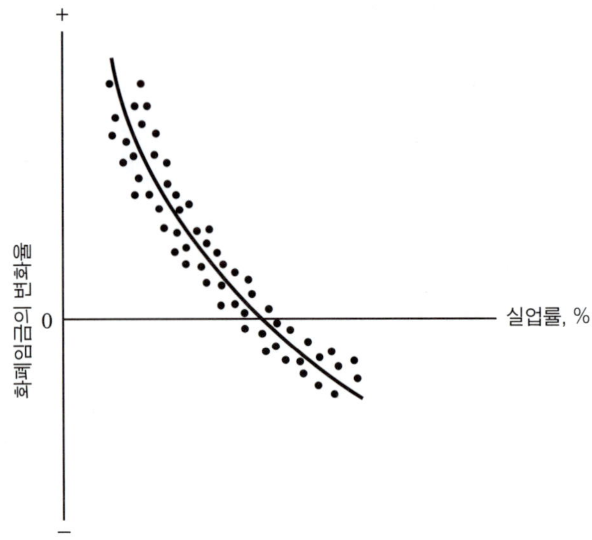

그림 1.4
화폐보유와 인플레이션율

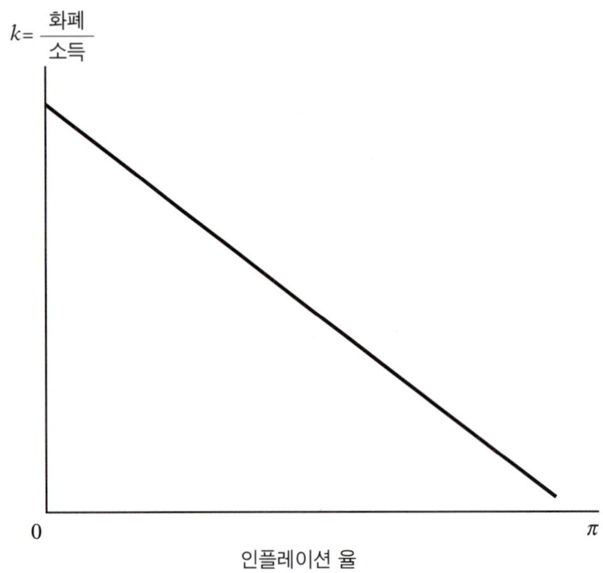

인 자료는 그림 1.3의 산포도에 나타나 있다. 그림 1.3에 있는 곡선은 명목임금과 실업률을 연결시키는 유명한 **필립스 곡선**이다. 이러한 산포도를 통해 노동경제학들은 일정한 실업률이 주어졌을 때 화폐임금의 평균 변화율을 예측할 수 있고, 이러한 지식을 통해 경제의 인플레이션 과정에 대해 무엇인가 논할 수 있다. 왜냐하면 명목임금의 증가는 물가상승에 반영되기 쉽기 때문이다.

6. 화폐금융론으로부터 다른 상황이 불변일 때 그림 1.4에서 보듯이 인플레이션율(π)이 높을수록 화폐의 형태로 보유하고자 하는 소득의 비율(k)이 낮아질 것이라는 것을 알고 있다.

이 직선의 기울기는 인플레이션율의 변화에 대한 k의 변화를 나타낸다. 이 관계를 수량적으로 분석함으로써 화폐경제학자는 다양한 인플레이션율에 대해 사람들이 보유하고자 하는 화폐의 양을 소득의 비율로서 예측할 수 있다.

7. 한 회사의 마케팅 부장은 그 회사의 제품의 수요가 광고지출에 어떻게 관련되어 있는지를 알고 싶어한다. 그러한 분석이 1달러어치의 광고예산 증가에 대한 수요의 평균적 반응 즉, 수요의 광고지출 탄력성을 알아내는데 도움이 된다. 이러한 지식은 "최적" 광고예산을 결정하는데 도움이 될 것이다.
8. 끝으로 농업경제학자는 밀과 같은 농산물 수확이 기온, 강우량, 일조량, 땅의 비옥함 등에 어떻게 의존하는가를 알고 싶어한다. 이러한 의존관계를 분석함으로써, 설명변수에 관한 정보를 가지고 있는 경우 평균 농산물 수확을 예측할 수 있게 된다.

이 책을 읽는 학생들은 한 변수가 다른 변수에 의존하게 되는 수십가지의 위와 같은 예를 들 수 있다. 이러한 변수사이의 의존관계를 분석할 수 있는 회귀분석기법이 이 책에 설명되어 있다.

1.3 통계적(statistical) 대 확정적(deterministic) 관계

1.2절에서 인용된 예제로부터 회귀분석에서는 고전물리학에서 사용되는 변수와 같이 변수사이의 **함수적(functional)** 또는 **확정적** 의존성(deterministic dependence)보다는 소위 **통계적** 의존성(statistical dependence)에 우리가 관심을 두고 있다는 것을 학생들이 알아차렸을 것이다. 변수간의 통계적 관계에서 우리는 본질적으로 확률변수(random variable or stochastic variable)[4], 즉 확률분포를 가진 변수를 다룬다. 이에 반해서 함수적 또는 비확률적 종속관계에서는 확률적이 아닌 변수들을 다루게 된다.

농산물 수확이 기온, 강우량, 일조량 등에 의존하는 것은 성격상 통계적 의존관계인데 그 의미는 다음과 같다. 이러한 설명변수들이 비록 매우 중요하지만 이 변수들만 가지고는 농업경제학자들이 수확량을 정확히 예측할 수 없다. 왜냐하면, 이 변수들을 측정하는데 오류가 따르고, 복합적으로는 영향을 미치나 개별적으로 식별해 낼 수 없는 여러 다른 변수들이 있기 때문이다.

한편, 확정적 현상의 예로서, Newton의 법칙은 우주에 있는 모든 분자는 질량에 비례하고 분자간 거리의 제곱에 반비례한다는 것이다. 수식으로 표현하면 $F = k(m_1 m_2 / r^2)$인데, F = 힘, m_1과 m_2는 두 분자의 질량, r = 거리, k = 비례상수이다. 또 다른 예로서, 오옴(Ohm)의 법칙을 들 수 있다. 오옴의 법칙이란, 제한된 기온의 범위 내에 있는 금속전도체에 대하여 전류 C는 전압 V에 비례한다. 즉

4. 확률적(stochastic)이라는 용어는 "과녁의 중앙"을 의미하는 그리스어 stokhos에서 유래하였다. 다트를 다트 판에 던져서 나오는 결과는 과녁을 계속 못 맞추는 과정, 즉 확률적 과정이다.

$C=(\frac{1}{\kappa})V$ 인데 $\frac{1}{\kappa}$는 비례상수이다. 이러한 확정적 관계의 다른 예로서, 보일의 법칙, 커치호프의 전기법칙, 그리고 뉴톤의 법칙 들을 들 수 있다.

이 책에서는 위와 같은 확정적 관계에는 관심이 없다. 물론 예를 들어 뉴톤의 중력법칙의 k를 측정하는데 오류가 있다면, 일련의 모든 확정적 관계는 통계적 관계가 되어 버린다. 이러한 상황에서는 k(그리고 m_1, m_2, r)의 주어진 값으로부터 단지 근사적으로만 힘(force)을 예측할 수 있을 뿐이고, 오류를 포함하게 된다. 이 경우 변수 F는 확률변수가 된다.

1.4 회귀(regression) 대 인과관계(causation)

회귀분석이 한 변수가 다른 변수들에 어떻게 의존하는가를 다룬다고 하지만, 필연적으로 인과관계를 의미하는 것이 아니다. Kendall과 Stuart의 표현에 의하면, "통계적 관계가 아무리 강하고 아무리 무엇인가를 제시하고 있다 해도, 통계적 관계가 인관관계의 관계를 만들어 낼 수는 없다: 인과관계에 대한 판단은 통계학 밖에서 이루어져야 하고, 궁극적으로 이론이나 기타의 것에서 성립되어야 한다."[5]

앞에서 인용한 농산물 수확의 예제에서 , 강우량이 농산물 수확에 의존하지 않는다고 가정할 아무런 **통계적 이유는 없다.** 그러나 우리가 농산물 수확을(다른 요인들 가운데서도) 강우량에 의존하는 것으로 취급하는 이유는 비통계적인 판단 때문이다. 왜냐하면 상식적으로 농산물 수확을 변화시키는 것에 의해 강우량은 조절할 수는 없기 때문이다.

1.2절에서 인용된 모든 예제에서 주의해야 할 점은 통계적 관계가 있다고 해서 논리적 인과관계를 언급하려면, 선험적인(a priori) 또는 이론적인 고려가 먼저 선행되어야 한다. 그러므로, 앞의 세 번째 예제에서 소비지출이 실질임금에 의존한다고 말할 때에는 경제이론을 원용하여야 한다.[6]

1.5 회귀 대 상관

회귀분석과 밀접한, 그러나 개념적으로 매우 다른 것으로 상관분석(correlation analysis)이 있다. 상관분석의 주요 목적은 두 변수 사이의 선형관련(linear association)의 힘 또는 정도를 측정하는 것이다. 3장에서 상세히 공부할 상관계수(correlation coefficient)가 이 (선형)관련의 강도를 측정해 준다. 예를 들어 흡연과 폐암, 통계학 시험점수와 수학 시험점수, 고등학교 성적과 대학교 성적 등 변수

5. M. G. Kendall and A. Stuart, *The Advanced Theory of Statistics,* Charles Griffin Publishers, New York, vol. 2, 1961, chap. 26, p. 279

6. 그러나 앞으로 3장에서 보게 되듯이, 고전적 회귀분석은 분석에 사용되는 모형이 정확한 모형이라는 가정에 기초하고 있다. 따라서, 인과관계의 방향을 모형 내에 이미 묵시적으로 내재하고 있다 하겠다.

간의 상관(계수)를 구하는데 사용될 수 있다. 이미 지적했듯이 회귀분석에서는 그러한 척도에 일차적으로 관심이 없다. 그 대신 다른 변수들의 값이 고정되었을 때 한 변수의 평균값을 추정 또는 예측하고자 한다. 그러므로 한 학생의 수학 시험점수를 알 때 통계학 시험 평균점수를 예측할 수 있는지 없는지를 알고자 하는 것이다.

회귀와 상관의 두 방법은 몇 가지 기본적 차이가 있다. 회귀분석에서는 종속변수와 설명변수를 다루는 방법이 같지 않다. 종속변수는 통계적 또는 확률적이라고 가정한다. 즉, 확률분포를 갖게 된다는 것이다. 그 반면 설명변수는 (반복표본추출에서)[7] 고정된 값을 갖는다고 가정하는데 이는 1.2절의 회귀의 정의에 명백히 밝혀져 있다. 그러므로 그림 1.2에서 연령이라는 변수가 일정수준으로 고정되어 있다고 가정하고, 그 수준에서의 신장을 측정했다고 가정하였다. 한편, 상관분석에서는 임의의 (두)변수들을 대칭적으로 취급하기로 한다. 종속변수와 설명변수의 구별이 없다. 더구나 두 변수 모두 확률적이라고 가정한다. 앞으로 논의하겠지만 대부분의 상관이론은 변수가 확률적이라는 가정에 기초하고 있는 반면 이 책에서 설명한 대부분의 회귀이론은 종속변수가 확률적이나 설명변수는 고정된 또는 비확률적 변수라는 가정을 전제로 하고 있다.[8]

1.6 용어와 부호

회귀이론을 정식으로 공부하기 앞서 간단히 용어와 부호를 정리하자. 문헌에서 나타나는 **종속변수**와 **설명변수** 용어는 다양하게 기술된다. 그중 대표적인 용어들은 다음과 같다.

종속변수(Dependent variable)	설명변수(Explanatory variable)
⇕	⇕
설명된 변수(Explained variable)	독립변수(Independent variable)
⇕	⇕
예측된 변수(Predictand)	예측변수(Predictor)
⇕	⇕
피회귀변수(Regressand)	**회귀변수**(Regressor)
⇕	⇕
반응변수(Response)	자극변수(Stimulus)
⇕	⇕
내생변수(Endogenous)	외생변수(Exogenous)
⇕	⇕
결과(Outcome)	공변변수(Covariate)
⇕	⇕
통제된변수(Controlled variable)	통제변수(Control variable)

7. 설명변수는 본질적으로 확률적 변수일 수 있으나, 회귀분석의 목적상 반복되는 반복추출에서 설명변수의 값이 고정되었다고 가정(즉, 추출된 모든 표본에 걸쳐서 X는 동일한 값을 갖는다고 가정)하고 이으므로, 실제에 있어서는 설명변수들을 비확률적 변수로 만들고 있음에 유의하여야 한다. 보다 상세한 설명은 3장의 3.2절을 참조할 것.
8. 고급계량경제학에서는 설명변수가 비확률적이라는 가정을 완화시킬 수 있다.(2부의 서문을 참조할 것)

어떤 명칭을 사용하는가는 개인적인 기호와 습관의 문제이나, 이 책에서는 종속변수와 설명변수, 또는 조금 더 중립적으로 피회귀변수와 회귀변수의 용어를 쓰기로 한다.

소비지출이 실질소득에 의존하는 것과 같이 하나의 종속변수가 단지 설명변수에만 의존되어 있는 것을 분석할 경우 그러한 분석을 단순회귀분석(Simple regression analysis) 또는 2-변수 회귀분석(two-variable regression analysis)이라고 부른다. 그러나 농산물 수확, 강우량, 기온, 일조량, 비옥함의 관계를 분석한 예제에서와 같이 한 변수가 둘 이상의 설명변수에 의존하는 관계를 분석한다면 이를 다중회귀분석(multiple regression analysis)이라 부른다. 다시 말해서 2-변수 회귀모형에서는 1개의 설명변수만 모형에 포함되고, 다중회귀분석에서는 1개보다 많은 설명변수가 존재한다.

임의적(random)이라는 용어는 확률적(stochastic)이라는 동의어이고 그 의미 자체가 확률(probability)과 동의어이다. 앞에서 지적했듯이 확률변수(random or stochastic variable)란 주어진 확률하에서 양이든, 음이든 어떤 값들의 집합을 취하는 변수이다.[9]

달리 설명하지 않는 한 Y는 종속변수를, X들은 (X_1, X_2, ⋯, X_k) 설명변수를 나타낸다. X_{ki}(또는 X_{kt})는 X_k변수의 i번째(또는 t번째) 관측치이다. N(또는 T)는 경우에 따라 모집단의 총관측치의 개수 또는 표본의 총관측치의 개수를 나타낸다. 관행상 관측치를 나타내는 아래첨자 중 i는 횡단면 자료(즉, 일정 시점에서 수집된 자료)를 아래 첨자 t는 시계열 자료(즉, 일정기간동안 시간 흐름에 따라 수집한 자료)를 의미한다. 횡단면자료와 시계열자료의 성격, 그리고 경험적 분석에서의 자료의 성격과 관해 다음 절에서 논의해 보자.

1.7 계량경제분석을 위한 자료의 성격과 원천[10]

계량분석의 성공여부는 궁극적으로 적절한 자료의 사용이 가능한가에 달려있다. 그러므로 실증분석에서 사용되게 될 자료의 성격, 원천 그리고 한계에 대해 논의하는 것은 매우 중요하다.

자료의 형태

실증분석을 하는데 사용되는 자료의 형태는 크게 3가지로 나눌 수 있다 : 시계열자료, 횡단면 자료, 합동자료(시계열자료와 횡단면 자료의 결합)

9. 공식적인 정의(definition)와 상세한 내용은 부록 A를 참조할 것.

10. Michael D. Intriligator, *Econometric Models, Techniques, and Application,* Prentice Hall, Englewood Cliffs, N. J., 1978, chap. 3을 참조할 것.

시계열 자료(Time Series Data)

이 책 서론에서 사용된 표 1.1의 자료가 시계열 자료의 예이다. 시계열이란 한 변수가 여러 시점에 취할 수 있는 값들에 대한 관측치의 집합이다. 이러한 자료는 매일(예:주식가격), 주별(예:연방준비이사회에서 결정한 통화공급), 월별(예:실업률, 소비자 물가지수), 분기별(예:GNP), 연간(예:정부예산), 5년마다의 자료(예:제조업조사), 10년마다의 자료(예:인구조사) 등과 같은 일정한 시간 간격으로 수집된다. 때로는 GDP와 소비지출 자료와 같이 연간 자료형태 뿐만 아니라 분기별 자료로도 수집 가능한 경우도 있다. 빠른 속도의 컴퓨터가 개발됨에 따라 주식가격자료와 같이 문자 그대로 연속적으로(소위 **실시간 시세**라고 할 수 있는) 수집할 수 있는 아주 짧은 시간주기의 자료가 수집될 수 있다.

시계열자료가 많은 계량경제학 연구에서 사용되고 있음에도 불구하고 시계열 자료는 계량경제학자들에게 몇 가지 특수한 문제를 야기시키고 있다. 시계열 계량경제학(Time Series Econometrics)으로 이름을 붙인 제5부에서 차차 배우겠지만 시계열 자료에 기초한 대부분의 실증분석들은 기저에 깔린 시계열(Underlying time series)이 안정적(stationary)라는 것을 가정하고 있다. 비록 안정성의 세세한 기술적 의미를 현시점에서 소개하는 것이 너무 이르다 해도, **대략 설명하자면 시계열의 평균과 분산이 시간에 따라 체계적으로 변화하는 것이 아니라면 이 시계열은 안정적이다.** 이것이 의미하는 것을 보기 위하여 그림 1.5를 보자. 이 그림은 1959년 1월 1일부터 1999년 9월까지 미국의 M1 통화공급의 행태를 보여주고 있다. (실제 자료는 연습문제 1.4에 있다) 이 그림에서 보듯이, M1 통화공급은 해가 지날수록 변동성이 커질 뿐만 아니라 서서히 증가하는 상승추

그림 1.5
M1 통화공급; 미국, 1951: 01-1999: 09

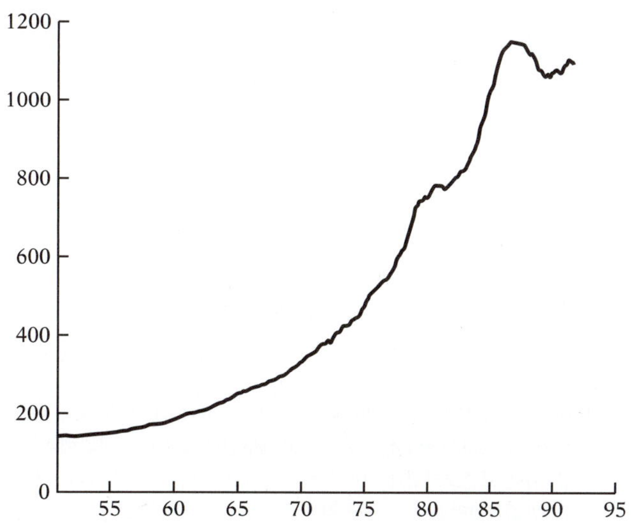

세를 보이는데, 이는 M1 시계열이 안정적이 아니라는 것을 나타낸다.[11] 우리는 이 주제를 21장에서 충분히 다룰 것이다.

횡단면 자료(Cross-Sectional Data)

횡단면 자료는 매 10년마다 통계청(Census Bureau)에서 시행하는 인구센서스, 미시간대학교에서 조사하는 소비자지출 설문조사, 갤럽과 다른 여러 기관에서 시행하는 여론조사와 같이 **일정시점**에서 하나 이상의 변수에 대해 수집하는 자료이다. 횡단면 자료의 구체적 예는 표 1.1에서 찾을 수 있다. 이 표는 1990년과 1991년에 있어 미국 50개주의 계란생산조합이 집계한 계란생산과 가격에 대한 자료이다. 각 연도에 있어 50개 주의 자료는 횡단면 자료가 된다. 따라서 표 1.1은 2개의 횡단면 표본을 요약하고 있다.

안정성의 문제가 시계열자료 분석에 독특한 문제를 야기하고 있는 것처럼 횡단면자료도 **이질성(heterogeneity)**이라는 고유의 문제를 안고 있다. 표 1.1의 자료에서 보듯이, 어떤 주(예:펜실바니아)는 계란의 생산량이 매우 많은 반면, 어떤 주(예:알라스카)는 소량의 계란을 생산할 수 있다. 통계분석을 할 때 이질적 단위를 포함하는 경우 사과와 오렌지가 섞이지 않도록 크기 또는 척도효과를 고려하여야 한다.이를 명확히 보기 위하여, 1990년에 50개주에서 생산된 계란의 양과 가격 자료를 그림 1.6의 산포도에 나타내었다. 11장에서 경제변수간 관계를 평가하는데 있어 척도효과가 중요한 요소임을 배우게된다.

합동자료(Pooled Data)

합동자료에는 시계열자료와 횡단면자료의 요소들이 동시에 들어 있다. 표 1.1의 자료가 합동자료의 예이다. 계란생산량과 가격에 대해 매년 50개의 관측치가 있고 각 주에 대해 2개의 시계열 관측치가 있으므로 총 100개의 합동관측치를 지니고 있다. 연습문제 1.1의 자료도 합동자료이다. 이 자료는 1980−2005의 기간 동안 각 국가의 소비자물가지수(CPI)자료로서 시계열자료이지만, 다른 한편으로는 각 년도에 대하여 7 개 국가의 CPI 자료가 횡단면 형태로 되어 있다. 따라서 합동자료로 보면 7개 국가에 대해 각 국가별로 21개씩의 연간 관측치를 가지고 있으므로 182개의 관측치를 갖게 된다.

패널자료(Panel data), 경도자료(Longitudinal data) 또는 미시패널자료 (micropanel data)

동일한 횡단면 단위(가족 또는 기업)에 기준을 두고 시간의 흐름에 따라 수집한

11. 이를 더 명확히 보기 위하여 시계열을 1951:01~1962:12, 1963:01~1974:12, 1975:01~1986:12, 1987:01~1999:09의 4개 구간으로 나누었다. 4개의 부구간에 대하여 통화공급의 평균값(괄호안의 값은 해당 표준오차임)은 10억 달러로 표시하여 각각 165.88(23.27), 323.20(72.66), 788.12(195.43), 1099(27.84)이었다. 이는 통화공급이 전 구간에 걸쳐 안정적이 아니라는 사실을 대략적으로 보여주는 지표라 하겠다.

자료들인 특별한 형태의 합동 자료가 있다. 예를 들어, 미국 상무성에서는 일정한 기간별로 가계조사를 실시하고 있다. 매 주기의 조사에 있어서 같은 가계(또는 동일한 주소에 사는 사람들)와 인터뷰를 하여, 지난번 조사이후 그 가계의 거주환경이나 재정형편에 어떤 변화가 있었는지를 알아낸다. 같은 가계에 대하여

그림 1.6
계란의 생산량과 가격간의 관계, 1990

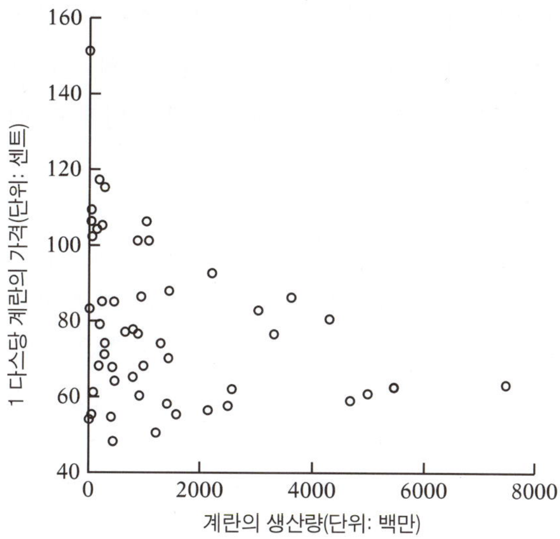

표 1.1 미국 계란 생산

State	Y_1	Y_2	X_1	X_2	State	Y_1	Y_2	X_1	X_2
AL	2,206	2,186	92.7	91.4	MT	172	164	68.0	66.0
AK	0.7	0.7	151.0	149.0	NE	1,202	1,400	50.3	48.9
AZ	73	74	61.0	56.0	NV	2.2	1.8	53.9	52.7
AR	3,620	3,737	86.3	91.8	NH	43	49	109.0	104.0
CA	7,472	7,444	63.4	58.4	NJ	442	491	85.0	83.0
CO	788	873	77.8	73.0	NM	283	302	74.0	70.0
CT	1,029	948	106.0	104.0	NY	975	987	68.1	64.0
DE	168	164	117.0	113.0	NC	3,033	3,045	82.8	78.7
FL	2,586	2,537	62.0	57.2	ND	51	45	55.2	48.0
GA	4,302	4,301	80.6	80.8	OH	4,667	4,637	59.1	54.7
HI	227.5	224.5	85.0	85.5	OK	869	830	101.0	100.0
ID	187	203	79.1	72.9	OR	652	686	77.0	74.6
IL	793	809	65.0	70.5	PA	4,976	5,130	61.0	52.0
IN	5,445	5,290	62.7	60.1	RI	53	50	102.0	99.0
IA	2,151	2,247	56.5	53.0	SC	1,422	1,420	70.1	65.9
KS	404	389	54.5	47.8	SD	435	602	48.0	45.8
KY	412	483	67.7	73.5	TN	277	279	71.0	80.7
LA	273	254	115.0	115.0	TX	3,317	3,356	76.7	72.6
ME	1,069	1,070	101.0	97.0	UT	456	486	64.0	59.0
MD	885	898	76.6	75.4	VT	31	30	106.0	102.0
MA	235	237	105.0	102.0	VA	943	988	86.3	81.2
MI	1,406	1,396	58.0	53.8	WA	1,287	1,313	74.1	71.5
MN	2,499	2,697	57.7	54.0	WV	136	174	104.0	109.0
MS	1,434	1,468	87.8	86.7	WI	910	873	60.1	54.0
MO	1,580	1,622	55.4	51.5	WY	1.7	1.7	83.0	83.0

주: Y_1 = 1990년도 계란 생산량(단위: 백만개)
Y_2 = 1991년도 계란 생산량(단위: 백만개)
X_1 = 1990년도 계란 1 더즌 당 가격 (단위:센트)
X_2 = 1991년도 계산 1 더즌 당 가격(단위:센트)

매시점마다 면접을 반복하면, 패널자료는 가계 행위의 움직임에 대해 매우 유용한 정보를 제공할 수 있는데, 16장에서 이를 공부할 것이다.

구체적인 예제로서, 표 1.2의 자료를 고려해보자. 표의 자료는 본래 Y.Grunfeld가 소집한 자료인데 General Electric(GE), U.S. Steel(US), General Motors(GM), Westinghouse(WEST) 등 4개의 미국 기업의 실질투자, 기업의 실질가치, 그리고 실질자본저량을 나타내는데 기간은 1935-1954년이다.[12] 이 자료는 여러 해에 걸쳐 여러 개의 기업에 대한 자료이기 때문에 전형적인 패널자료의 예라고 할 수있다. 이 표에서는 각 기업에 대하여 관측치의 개수가 동일하지만 모든 경우의 패널자료에서 동일한 것은 아니다. 모든 기업들이 동일한 관측치 개수를 가지고 있을 때 균형패널이라고 하고 관측치 개수가 동일하지 않을 때 불균형 패널이라고 부른다. 16장에서 패널자료 회귀모형을 다룰 때 그러한 자료를 조사하고 그러한 모형을 어떻게 추정하는지 보여줄 것이다.

이러한 자료를 수집한 Grunfeld의 목적은 어떻게 실질 총투자(I)가 1년 전의 기업의 실질가치(F)와 1년 전의 실질자본저량에 의존하는가를 알고자 함이었다. 표본에 포함된 기업들이 동일한 자본시장에서 운용하였기 때문에 Grunfeld 는 그들 기업을 함께 분석함으로써 그들이 유사한 투자함수를 지니고 있는지 여부를 확인해보고자 했던 것이다.

자료의 원천[13]

실증 분석에서 사용되는 자료는 정부기관(예:상무성), 국제기관(예:IMF 또는 세계은행), 개인조직(예:the Standard & Poor' s Corporation) 또는 개인에 의해 수집한다. 한두 가지 목적을 위해 수천개의 조직에서 자료를 수집하고 있다고 해도 과언이 아니다.

인터넷

인터넷은 자료수집을 문자그대로 혁명적으로 바꾸어왔다. 핵심단어(예를 들어, 환율)를 입력하여 단순히 "인터넷 망을 훑으면", 모든 종류의 자료 원 속에서 허우적거리게 될 것이다. 모든 종류의 경제 및 재무 자료를 제공해주기 때문에 자주 방문하게 되는 web 주소를 부록 E에서 알려줄 것이다. 대부분의 자료들은 큰 비용부담없이 내려받을 수 있다. 학생들에게 유용한 경제자료를 제공하는 다양한 주소는 책갈피로 처리하면 편할 것이다.

다양한 기관들이 수집한 자료는 그 성격상 실험적(experimental)일 수도 비

12. Grunfeld, "The Determinants of Corporate Investment," unpublished PhD thesis, Department of Economics, University of Chicago, 1958. 이 자료는 패널자료 회귀모형의 사례를 다루는 좋은 자료가 되어왔다.

13. Albert T. Somers, *The U.S. Economy Demystified: What the Major Economic Statistics Mean and their Significance for Business*, D.C. Heath, Lexington, Mass., 1985를 참조할 것.

실험적(nonexperimental)일 수도 있다. 자연과학에서 수집하는 실험적 자료에서 연구자들은 어떤 특정요소들이 주어진 현상에 미치는 영향을 평가하기 위해 다른

표 1.2 4개 회사의 투자 자료, 1935-1954

Observation	I	F_{-1}	C_{-1}	Observation	I	F_{-1}	C_{-1}
GE				US			
1935	33.1	1170.6	97.8	1935	209.9	1362.4	53.8
1936	45.0	2015.8	104.4	1936	355.3	1807.1	50.5
1937	77.2	2803.3	118.0	1937	469.9	2673.3	118.1
1938	44.6	2039.7	156.2	1938	262.3	1801.9	260.2
1939	48.1	2256.2	172.6	1939	230.4	1957.3	312.7
1940	74.4	2132.2	186.6	1940	361.6	2202.9	254.2
1941	113.0	1834.1	220.9	1941	472.8	2380.5	261.4
1942	91.9	1588.0	287.8	1942	445.6	2168.6	298.7
1943	61.3	1749.4	319.9	1943	361.6	1985.1	301.8
1944	56.8	1687.2	321.3	1944	288.2	1813.9	279.1
1945	93.6	2007.7	319.6	1945	258.7	1850.2	213.8
1946	159.9	2208.3	346.0	1946	420.3	2067.7	232.6
1947	147.2	1656.7	456.4	1947	420.5	1796.7	264.8
1948	146.3	1604.4	543.4	1948	494.5	1625.8	306.9
1949	98.3	1431.8	618.3	1949	405.1	1667.0	351.1
1950	93.5	1610.5	647.4	1950	418.8	1677.4	357.8
1951	135.2	1819.4	671.3	1951	588.2	2289.5	341.1
1952	157.3	2079.7	726.1	1952	645.2	2159.4	444.2
1953	179.5	2371.6	800.3	1953	641.0	2031.3	623.6
1954	189.6	2759.9	888.9	1954	459.3	2115.5	669.7
GM				WEST			
1935	317.6	3078.5	2.8	1935	12.93	191.5	1.8
1936	391.8	4661.7	52.6	1936	25.90	516.0	0.8
1937	410.6	5387.1	156.9	1937	35.05	729.0	7.4
1938	257.7	2792.2	209.2	1938	22.89	560.4	18.1
1939	330.8	4313.2	203.4	1939	18.84	519.9	23.5
1940	461.2	4643.9	207.2	1940	28.57	628.5	26.5
1941	512.0	4551.2	255.2	1941	48.51	537.1	36.2
1942	448.0	3244.1	303.7	1942	43.34	561.2	60.8
1943	499.6	4053.7	264.1	1943	37.02	617.2	84.4
1944	547.5	4379.3	201.6	1944	37.81	626.7	91.2
1945	561.2	4840.9	265.0	1945	39.27	737.2	92.4
1946	688.1	4900.0	402.2	1946	53.46	760.5	86.0
1947	568.9	3526.5	761.5	1947	55.56	581.4	111.1
1948	529.2	3245.7	922.4	1948	49.56	662.3	130.6
1949	555.1	3700.2	1020.1	1949	32.04	583.8	141.8
1950	642.9	3755.6	1099.0	1950	32.24	635.2	136.7
1951	755.9	4833.0	1207.7	1951	54.38	732.8	129.7
1952	891.2	4924.9	1430.5	1952	71.78	864.1	145.5
1953	1304.4	6241.7	1777.3	1953	90.08	1193.5	174.8
1954	1486.7	5593.6	2226.3	1954	68.60	1188.9	213.5

주: $Y=I=$ 총투자 = 시설 및 장비의 증가와 유지 및 보수의 합, P_1으로 실질화됨.(단위: 백만 달러)

$X_2=F=$ 기업가치=12월 31일 기준 보통주 및 우선주의 가격(혹은 12월 31일과 1월 1일의 평균가격)과 주식 수량의 곱 +12월 31일의 총 장부가치. P_2로 실질화됨.(단위: 백만 달러)

$X_3=C=$ 시설 및 장비 저량=시설 및 장비의 순 증가의 누적합−감가상각, P_3로 실질화됨.(단위: 백만 달러)

P_1 = 생산자 내구장비의 디플레이터(1947=100).

P_2 = GNP 디플레이터(1947=100).

P_3 = 감가상각 디플레이터=금속 및 금속제품의 도매가격지수의 10년간 이동평균(1947=100).

출처 : H. D. Vinod and Aman Ullah, Recent Advances in Regression Methods, Marcel Dekker, New York, 1981, pp. 259–261

요소들을 불변으로 유지한 채 자료를 수집하고자 할 수 있다. 예를 들어, 비만이 혈압에 미치는 영향을 평가하는데, 식습관, 흡연, 음주습관 등이 혈압에 미치는 영향을 최소화하기 위하여 이러한 변수들을 불변으로 유지하고자 할 것이다.

사회과학에서는 일반적으로 자료가 성격상 비실험적이다. 즉 연구자들이 통제할 수 없는 자료들이다.[14] 예를 들어 GDP, 실업, 주식가격 등에 관한 자료는 직접적으로 통제할 수 없다. 앞으로 보겠지만 특정 상황에 영향을 미치는 정확한 원인을 밝혀내는데 어려움이 따르는 것도 이 때문이라 할 수 있다. 예를 들어 GDP(명목)를 결정하는 것이 통화공급인가? 아니면 통화공급을 결정하는 것이 GDP인가?

자료의 정확성[15]

비록 경제분석에 사용 가능한 수많은 자료가 있으나 자료의 질이 그리 좋지 않을 경우가 있다. 여기에는 몇 가지 이유가 있다.

1. 사회과학의 자료는 성격상 비실험적이다. 그러므로 생략하거나 덧붙이는 등의 관측오류가 있을 수 있다.
2. 실험에 의해 수집된 자료라 해도 근사치를 구하거나 4사5입하는 과정에서 관측의 오류가 존재하게 된다.
3. 설문형태의 조사에서 무응답의 경우는 심각한 문제가 될 수 있다. 설문지의 경우 40%정도 회수율을 보이면 연구자는 매우 운이 좋은 셈인데, 그러한 부분 회수에 기초한 분석은 회수되지 않은 60%의 행위를 정확히 반영하지 않을 수 있고, 따라서 소위 (표본) 추출의 편의(sample selectivity bias)를 불러일으킨다. 게다가 설문에 응했다 해도 금전적으로 민감한 성격의 질문에는 답하지 않는 등, 모든 질문에 답하지 않기 때문에 추출의 편이가 더욱 심각해진다.
4. 자료를 얻기 위해 사용된 표본추출의 방법이 각양각색이어서 이러한 다양한 표본으로부터 얻은 결과를 비교할 수 없게 된다.
5. 경제자료는 매우 높은 정도로 통합된 상태로 정리되어 있다. 예를 들어, 대부분의 거시경제 변수(예:GNP, 고용, 인플레이션, 실업)들은 경제전반이나 혹은 넓은 지역을 대상으로 수집되어 있다. 이렇게 심하게 통합된 자료를 분석하여서는 연구의 궁극적 목적일 수 있는 개인 또는 작은 경제단위의 행위에 대해 얻는 바가 적을 수 있다.
6. 비밀의 유지 때문에 어떤 자료들은 심하게 통합된 형태로만 발표되고 있다. 예를 들어 국세청(IRS) 개인세금 납부자료를 발표할 수 없도록 법으로 제한을 받는다. 단지 대충적인 요약자료만이 발표될 수 있다. 그러므로 일정 소득수준

14. 사회과학에서도 가금 통제된 실험을 할 수 있다. 연습문제1.6에 그 예가 실려있다.
15. 비판적 견해에 대하여, O. Morgenstern, The Accuracy of Economic Observations, 2d ed., Princeton University Press, Princeton, N.J., 1963을 참조할 것.

의 개인들이 의료비에 얼마나 지출하는가를 알고자 한다면 매우 통합된 수준에서 분석하지 않을 수 없게 된다. 그러나 그러한 거시분석으로는 미시적 경제단위행위의 움직임을 알아낼 수 없을 수도 있다. 한편 매 5년마다 기업조사(Census of Business)를 수행하는 상무성은 생산, 고용, 에너지 소비, 연구개발비 등을 기업수준에서 발표 할 수 없다. 그러므로 이러한 항목에 관한 기업간 차이를 분석하기가 어려울 실정이다.

이와 같은 그리고 그 외의 여러 이유 때문에 연구결과는 자료의 질만큼만 좋다라는 것을 연구자들은 항상 명심해야 한다. 그러므로 어느 상황에서 연구결과가 "불만족스럽다"는 결론을 얻었다면 그 이유가 틀린 모형을 사용해서가 아니라 자료의 질이 나쁘기 때문일 수도 있다. 불행하게도 사회과학에서 사용되는 자료의 비실험적 성격 때문에 연구자들은 기존의 가용한 자료에 의지하는 수밖에 없다. 그러나 사용된 자료가 최상은 아니라는 것을 항상 명심해야 하고, 나아가서 자료의 질이 의심스러울 경우에는 연구분석 결과에 대해 너무 독단적이어서는 안된다.

변수 측정단위에 대한 주의사항[16]

우리가 일반적으로 보게되는 변수들은 4가지 큰 범주로 구분할 수 있다: **비율척도, 구간척도, 순서 척도 그리고 명목척도** 등 이 그것인데 각 형태를 이해하는 것이 중요하다.

비율척도(Ratio Scale)

X_1과 X_2라는 두 가지 값을 갖는 X 변수에 대하여, 비율 X_1/X_2 그리고 거리 $(X_1 - X_2)$는 의미있는 값이다. 또한 척도에 따라 각 값의 자연 순서(올림 순서 또는 내림순서)도 있으므로 $X_2 \leq X_1$ 또는 $X_2 \geq X_1$와 같은 비교도 의미가 있게된다. 대부분의 경제변수들은 이 범주에 들어가 있다. 따라서 올해의 GDP가 작년의 GDP에 비하여 얼마나 큰가를 묻는 것이 의미가 있다. 달러로 측정된 개인소득도 비율변수이다: $100,000을 버는 어떤 사람은 $50,000을 버는 다른 사람에 비해 2배 만큼 벌고 있다(물론 세금을 부과하기 전임).

구간척도(Interval Scale)

구간척도 변수는 비율척도변수가 가진 특성 중 뒤의 두 가지는 만족시키지만 처음의 특성을 만족시키지 못한다. 따라서, 두 기간 사이의 거리, 예를 들어 (2000–1995)는 의미가 있지만 구 시점간 비율 (2000/1995)는 의미가 없다. 2007년 8

16. 이 논의는 Aris Spanos, *Probability Theory and Statistical Inference: Econometric Modeling with Observational Data*, Cambridge University Press, New York, 1999, p. 24.의 내용에 크게 의존하고 있음.

월 11일 태평양 표준시 오전 11:00시에 Oregon주 Portland의 기온이 화씨 60도라고 보고할 때 Texas주 Tallahassee의 기온이 90도 이었다. Tallahassee가 Portland보다 50% 더 덥다고 말하는 것이 이치에 맞지 않기 때문에 기온은 비율척도로 측정되지 않는다. 그 이유는 주로 화씨로 재는 기온척도가 기준값으로 0도를 사용하지 않기 때문이다.

순서척도(Ordinal Scale)

비율척도의 세 번째 특성(자연 순서)만을 만족시킨다면 그 변수는 순서척도의 범주에 포함된다. 예를 들어, 학점 체계(A, B, C 학점) 또는 소득계층(상위, 중간, 하위) 등이 그것이다. 이러한 변수들에 대하여 순서는 존재하나 범주간 거리는 수량화될 수 없다. 경제학을 배우는 학생들은 두 재화 간의 무차별곡선을 연상할 것이다. 더 높은 데 위치한 무차별 곡선을 효용이 더 크다는 것을 가리키지만, 한 무차별 곡선이 다른 무차별곡선보다 얼마나 더 높이 있는지 수량화할 수는 없다.

명목척도(Nominal Scale)

이 범주에 속하는 변수들은 비율척도의 특성 중 어떠한 것도 만족시키지 못한다. 가령 성별(남, 녀), 결혼상태(혈혼, 미혼, 이혼, 별거) 등과 같은 변수들은 단순히 범주를 표시할 뿐이다. 질문: 이러한 변수들은 왜 비율, 구간, 또는 순서척도로 나태낼 수 없을까?

앞으로 보겠지만, 비율척도에 적합한 계량경제학 기법은 명목척도변수에 적합하지 않을 수 있다. 그러므로 위에서 논의한 4가지 형태의 측정척도간 차이를 명심하는 것이 중요하다.

요약과 결론

1. 회귀분석의 핵심내용은 1개 이상의 설명변수에 대한 종속변수의 통계적 의존성이다.
2. 그러한 분석의 목적은 설명변수의 값이 알려져 있거나 고정되어 있을 때 종속변수의 평균값을 추정하고 예측하는 것이다.
3. 실제에 있어 회귀분석의 성공여부는 적절한 자료를 얻을 수 있는가에 달려 있다. 이 장에서는 특히 사회과학의 연구에 일반적으로 사용되는 자료의 성격, 자료원, 그리고 한계를 논의하였다.
4. 어느 연구에서나 연구자들은 분석에 사용된 자료에 대하여 자료원, 자료의 정의, 수집방법, 자료의 누락 또는 괴리, 자료에 대한 모든 수정 들을 명백히 밝혀야 한다. 정부가 발간한 거시경제자료가 가끔 수정되어 있는 자료임을 명심하여야 한다.

5. 논문을 읽는 독자들은 자료를 추적할 만한 시간, 에너지 또는 자원이 충분치 않기 때문에 독자들은 논문에 사용된 자료가 적절히 구해졌고 계산 및 분석이 정확하다고 가정할 권리가 있다 하겠다.

연습문제

1.1 표1.3에는 몇 개 국가에 대하여 지표기준으로 1982–1984기간을 100으로 정한 소비자물가지수(CPI)가 정리되어 있다.

a. 주어진 자료로부터, 각 국가의 인플레이션율을 계산하여라.[17]

b. 각 국가의 인플레이션율을 시간축에 대하여 그림을 그려라.(즉, 시간을 횡축에, 인플레이션율을 종축에 놓을 것)

c. 7개 국가의 인플레이션 경험에 대하여 대략적으로라도 어떤 결론을 끌어 낼 수 있는가?

d. 어느 국가의 인플레이션율이 가장 변동적인 것처럼 보이는가? 이에 대하여 어떤 설명을 할 수 있는가?

1.2 a. 표 1.3을 사용하여 카나다, 프랑스, 이태리, 일본, 영국의 인플레이션율을 미국 인플레이션율에 대하여 그림을 그려라.

표 1.3
기간 7개 선진국의 CPI, 1980-2005 (1982-1984 = 100)

Year	U.S.	Canada	Japan	France	Germany	Italy	U.K.
1980	82.4	76.1	91.0	72.2	86.7	63.9	78.5
1981	90.9	85.6	95.3	81.8	92.2	75.5	87.9
1982	96.5	94.9	98.1	91.7	97.0	87.8	95.4
1983	99.6	100.4	99.8	100.3	100.3	100.8	99.8
1984	103.9	104.7	102.1	108.0	102.7	111.4	104.8
1985	107.6	109.0	104.2	114.3	104.8	121.7	111.1
1986	109.6	113.5	104.9	117.2	104.6	128.9	114.9
1987	113.6	118.4	104.9	121.1	104.9	135.1	119.7
1988	118.3	123.2	105.6	124.3	106.3	141.9	125.6
1989	124.0	129.3	108.0	128.7	109.2	150.7	135.4
1990	130.7	135.5	111.4	132.9	112.2	160.4	148.2
1991	136.2	143.1	115.0	137.2	116.3	170.5	156.9
1992	140.3	145.3	117.0	140.4	122.2	179.5	162.7
1993	144.5	147.9	118.5	143.4	127.6	187.7	165.3
1994	148.2	148.2	119.3	145.8	131.1	195.3	169.3
1995	152.4	151.4	119.2	148.4	133.3	205.6	175.2
1996	156.9	153.8	119.3	151.4	135.3	213.8	179.4
1997	160.5	156.3	121.5	153.2	137.8	218.2	185.1
1998	163.0	157.8	122.2	154.2	139.1	222.5	191.4
1999	166.6	160.5	121.8	155.0	140.0	226.2	194.3
2000	172.2	164.9	121.0	157.6	142.0	231.9	200.1
2001	177.1	169.1	120.1	160.2	144.8	238.3	203.6
2002	179.9	172.9	119.0	163.3	146.7	244.3	207.0
2003	184.0	177.7	118.7	166.7	148.3	250.8	213.0
2004	188.9	181.0	118.7	170.3	150.8	256.3	219.4
2005	195.3	184.9	118.3	173.2	153.7	261.3	225.6

자료출처 : Economic Report of the President, 2007, 표 108, p.354.

17. 지난 해의 CPI에서 금년의 CPI를 빼고, 이를 지난 해의 CPI로 나눈 후 100을 곱해주면 된다. 따라서, 1981년 Canada의 인플레이션율은 [(85.6–76.1)/76.1] × 100 = 12.48%(대략적으로) 이다.

b. 미국 인플레이션율과 맞비교하여 6개 국가의 인플레이션율의 행태를 일반적으로 논평하여라.

c. 6개 국가의 인플레이션과 미국의 인플레이션율이 동일한 방향으로 움직이는 것을 발견했다면 미국의 인플레이션이 다른 나라의 인플레이션을 "야기했다"고 말할 수 있는가? 왜 그런가? 혹은 왜 아닌가?

1.3 표 1.4는 1985-2006년 동안 9개 선진산업국가의 환율을 보여주고 있다. 영국을 제외하고는 환율이 미화 1달러에 대한 외환단위로 정의되어 있고, 영국의 경우 영국의 파운드화에 대한 미국 달러의 크기로 정의되어 있다.

a. 시간축에 대하여 환율을 그림으로 그리고 주어진 시간동안 환율의 일반적 행태에 대하여 논평하여라.

b. 달러로 더 많은 외환을 살 수 있다면 달러가 **평가절상**되었다고 한다. 그 반대로 적은 외환을 살 수 밖에 없다면 **평가절하**되었다고 한다. 1985-2006기간동안 미국 달러의 일반적 행태는 무엇인가? 덧붙여 말하자면, 어떤 요소들이 화폐의 평가절상 또는 평가절하를 결정하는지 알아내기 위하여 거시경제학 교과서나 국제경제학 교과서를 찾아보시오.

1.4 그림 1.5의 M1 화폐공급 자료가 표1.5에 제시되어 있다. 왜 화폐공급이 시간

표 1.4 9개 국가의 환율: 1985-2006

Year	Australia	Canada	China P. R.	Japan	Mexico	South Korea	Sweden	Switzerland	United Kingdom
1985	0.7003	1.3659	2.9434	238.47	0.257	872.45	8.6032	2.4552	1.2974
1986	0.6709	1.3896	3.4616	168.35	0.612	884.60	7.1273	1.7979	1.4677
1987	0.7014	1.3259	3.7314	144.60	1.378	826.16	6.3469	1.4918	1.6398
1988	0.7841	1.2306	3.7314	128.17	2.273	734.52	6.1370	1.4643	1.7813
1989	0.7919	1.1842	3.7673	138.07	2.461	674.13	6.4559	1.6369	1.6382
1990	0.7807	1.1668	4.7921	145.00	2.813	710.64	5.9231	1.3901	1.7841
1991	0.7787	1.1460	5.3337	134.59	3.018	736.73	6.0521	1.4356	1.7674
1992	0.7352	1.2085	5.5206	126.78	3.095	784.66	5.8258	1.4064	1.7663
1993	0.6799	1.2902	5.7795	111.08	3.116	805.75	7.7956	1.4781	1.5016
1994	0.7316	1.3664	8.6397	102.18	3.385	806.93	7.7161	1.3667	1.5319
1995	0.7407	1.3725	8.3700	93.96	6.447	772.69	7.1406	1.1812	1.5785
1996	0.7828	1.3638	8.3389	108.78	7.600	805.00	6.7082	1.2361	1.5607
1997	0.7437	1.3849	8.3193	121.06	7.918	953.19	7.6446	1.4514	1.6376
1998	0.6291	1.4836	8.3008	130.99	9.152	1,400.40	7.9522	1.4506	1.6573
1999	0.6454	1.4858	8.2783	113.73	9.553	1,189.84	8.2740	1.5045	1.6172
2000	0.5815	1.4855	8.2784	107.80	9.459	1,130.90	9.1735	1.6904	1.5156
2001	0.5169	1.5487	8.2770	121.57	9.337	1,292.02	10.3425	1.6891	1.4396
2002	0.5437	1.5704	8.2771	125.22	9.663	1,250.31	9.7233	1.5567	1.5025
2003	0.6524	1.4008	8.2772	115.94	10.793	1,192.08	8.0787	1.3450	1.6347
2004	0.7365	1.3017	8.2768	108.15	11.290	1,145.24	7.3480	1.2428	1.8330
2005	0.7627	1.2115	8.1936	110.11	10.894	1,023.75	7.4710	1.2459	1.8204
2006	0.7535	1.1340	7.9723	116.31	10.906	954.32	7.3718	1.2532	1.8434

출처 : Economic Report of the President, 2007, 표 B-110, p.356.

표 1.5 계절 조절된 M1 공급 : 1959:1-1999:07 (단위: 10억 달러)

1959:01	138.8900	139.3900	139.7400	139.6900	140.6800	141.1700
1959:07	141.7000	141.9000	141.0100	140.4700	140.3800	139.9500
1960:01	139.9800	139.8700	139.7500	139.5600	139.6100	139.5800
1960:07	140.1800	141.3100	141.1800	140.9200	140.8600	140.6900
1961:01	141.0600	141.6000	141.8700	142.1300	142.6600	142.8800
1961:07	142.9200	143.4900	143.7800	144.1400	144.7600	145.2000
1962:01	145.2400	145.6600	145.9600	146.4000	146.8400	146.5800
1962:07	146.4600	146.5700	146.3000	146.7100	147.2900	147.8200
1963:01	148.2600	148.9000	149.1700	149.7000	150.3900	150.4300
1963:07	151.3400	151.7800	151.9800	152.5500	153.6500	153.2900
1964:01	153.7400	154.3100	154.4800	154.7700	155.3300	155.6200
1964:07	156.8000	157.8200	158.7500	159.2400	159.9600	160.3000
1965:01	160.7100	160.9400	161.4700	162.0300	161.7000	162.1900
1965:07	163.0500	163.6800	164.8500	165.9700	166.7100	167.8500
1966:01	169.0800	169.6200	170.5100	171.8100	171.3300	171.5700
1966:07	170.3100	170.8100	171.9700	171.1600	171.3800	172.0300
1967:01	171.8600	172.9900	174.8100	174.1700	175.6800	177.0200
1967:07	178.1300	179.7100	180.6800	181.6400	182.3800	183.2600
1968:01	184.3300	184.7100	185.4700	186.6000	187.9900	189.4200
1968:07	190.4900	191.8400	192.7400	194.0200	196.0200	197.4100
1969:01	198.6900	199.3500	200.0200	200.7100	200.8100	201.2700
1969:07	201.6600	201.7300	202.1000	202.9000	203.5700	203.8800
1970:01	206.2200	205.0000	205.7500	206.7200	207.2200	207.5400
1970:07	207.9800	209.9300	211.8000	212.8800	213.6600	214.4100
1971:01	215.5400	217.4200	218.7700	220.0000	222.0200	223.4500
1971:07	224.8500	225.5800	226.4700	227.1600	227.7600	228.3200
1972:01	230.0900	232.3200	234.3000	235.5800	235.8900	236.6200
1972:07	238.7900	240.9300	243.1800	245.0200	246.4100	249.2500
1973:01	251.4700	252.1500	251.6700	252.7400	254.8900	256.6900
1973:07	257.5400	257.7600	257.8600	259.0400	260.9800	262.8800
1974:01	263.7600	265.3100	266.6800	267.2000	267.5600	268.4400
1974:07	269.2700	270.1200	271.0500	272.3500	273.7100	274.2000
1975:01	273.9000	275.0000	276.4200	276.1700	279.2000	282.4300
1975:07	283.6800	284.1500	285.6900	285.3900	286.8300	287.0700
1976:01	288.4200	290.7600	292.7000	294.6600	295.9300	296.1600
1976:07	297.2000	299.0500	299.6700	302.0400	303.5900	306.2500
1977:01	308.2600	311.5400	313.9400	316.0200	317.1900	318.7100
1977:07	320.1900	322.2700	324.4800	326.4000	328.6400	330.8700
1978:01	334.4000	335.3000	336.9600	339.9200	344.8600	346.8000
1978:07	347.6300	349.6600	352.2600	353.3500	355.4100	357.2800
1979:01	358.6000	359.9100	362.4500	368.0500	369.5900	373.3400
1979:07	377.2100	378.8200	379.2800	380.8700	380.8100	381.7700
1980:01	385.8500	389.7000	388.1300	383.4400	384.6000	389.4600
1980:07	394.9100	400.0600	405.3600	409.0600	410.3700	408.0600
1981:01	410.8300	414.3800	418.6900	427.0600	424.4300	425.5000
1981:07	427.9000	427.8500	427.4600	428.4500	430.8800	436.1700
1982:01	442.1300	441.4900	442.3700	446.7800	446.5300	447.8900
1982:07	449.0900	452.4900	457.5000	464.5700	471.1200	474.3000
1983:01	476.6800	483.8500	490.1800	492.7700	499.7800	504.3500
1983:07	508.9600	511.6000	513.4100	517.2100	518.5300	520.7900
1984:01	524.4000	526.9900	530.7800	534.0300	536.5900	540.5400
1984:07	542.1300	542.3900	543.8600	543.8700	547.3200	551.1900
1985:01	555.6600	562.4800	565.7400	569.5500	575.0700	583.1700
1985:07	590.8200	598.0600	604.4700	607.9100	611.8300	619.3600
1986:01	620.4000	624.1400	632.8100	640.3500	652.0100	661.5200
1986:07	672.2000	680.7700	688.5100	695.2600	705.2400	724.2800
1987:01	729.3400	729.8400	733.0100	743.3900	746.0000	743.7200
1987:07	744.9600	746.9600	748.6600	756.5000	752.8300	749.6800
1988:01	755.5500	757.0700	761.1800	767.5700	771.6800	779.1000
1988:07	783.4000	785.0800	784.8200	783.6300	784.4600	786.2600
1989:01	784.9200	783.4000	782.7400	778.8200	774.7900	774.2200
1989:07	779.7100	781.1400	782.2000	787.0500	787.9500	792.5700
1990:01	794.9300	797.6500	801.2500	806.2400	804.3600	810.3300

표 1.5
계절 조절된 M1 공급
: 1959:1-1999: 07
(단위: 10억 달러)

1990:07	811.8000	817.8500	821.8300	820.3000	822.0600	824.5600
1991:01	826.7300	832.4000	838.6200	842.7300	848.9600	858.3300
1991:07	862.9500	868.6500	871.5600	878.4000	887.9500	896.7000
1992:01	910.4900	925.1300	936.0000	943.8900	950.7800	954.7100
1992:07	964.6000	975.7100	988.8400	1004.340	1016.040	1024.450
1993:01	1030.900	1033.150	1037.990	1047.470	1066.220	1075.610
1993:07	1085.880	1095.560	1105.430	1113.800	1123.900	1129.310
1994:01	1132.200	1136.130	1139.910	1141.420	1142.850	1145.650
1994:07	1151.490	1151.390	1152.440	1150.410	1150.440	1149.750
1995:01	1150.640	1146.740	1146.520	1149.480	1144.650	1144.240
1995:07	1146.500	1146.100	1142.270	1136.430	1133.550	1126.730
1996:01	1122.580	1117.530	1122.590	1124.520	1116.300	1115.470
1996:07	1112.340	1102.180	1095.610	1082.560	1080.490	1081.340
1997:01	1080.520	1076.200	1072.420	1067.450	1063.370	1065.990
1997:07	1067.570	1072.080	1064.820	1062.060	1067.530	1074.870
1998:01	1073.810	1076.020	1080.650	1082.090	1078.170	1077.780
1998:07	1075.370	1072.210	1074.650	1080.400	1088.960	1093.350
1999:01	1091.000	1092.650	1102.010	1108.400	1104.750	1101.110
1999:07	1099.530	1102.400	1093.460			

출처 : FRB 이사회, 미국

이 지남에 따라 증가하는지 이유를 말할 수 있는가?

1.5 범죄활동, 구체적으로, 범죄활동(예: 마약의 판매)에 소요된 시간에 관한 경제모형을 개발하려고 한다고 하자. 그러한 모형을 개발하는데 어떤 변수를 고려하여야 하는가? 학생이 개발한 모형이 노벨경제학상 수상자 Gary Becker가 개발한 모형[18]과 일치하는지 살펴보아라.

1.6 **경제학에 있어서의 통제된 실험** : 2000년 4월 7일, Clinton 대통령은 미 양원에서 통과된 법안–사회보장 수혜자에 대한 근로소득한계를 상향시키는 법안에 서명하였다. 그때까지는, 한해에 $17,000 이상을 버는 65세~69세의 수혜자들은 $17,000을 초과하는 근로소득 $3 당 $1 씩 사회보장연금을 덜 받도록되어 있었다. 학생은 이러한 법의 변화가 미칠 영향을 측정할 연구를 어떻게 설계하겠는가? 주: 개정 전의 법하에서 70세 이상의 수혜자에 대하여는 그러한 소득한계가 없었음.

1.7 표1.6의 자료는 **Wall Street Journal** 1984년 3월 1일자에 발표된 자료이다. 이 자료는 1983년 21개 기업의 광고비 예산(단위: 백만 달러)과 기업제품을 보는 사람들이 지니고 있는 제품에 대한 인상(단위: 백만)을 정리한 것이다. 이 자료는 4000명의 설문응답자에 기초하고 있는데 설문응답자들은 지난 한 주 동안 봤던 제품범주에 대한 상업광고를 인용해보라는 요구를 받았다.

a. 인상을 종축에, 광고지출을 횡축에 놓고 그림을 그리시오.

b. 두 변수간에 관계에 대하여 무엇이라 말할 수 있는가?

c. 그림을 봤을 때, 광고가 손해 보았다고 생각하는가? Super Bowl 일요일 또

18. G. S. Becker, "Crime and Punishment: An Economic Approach," *Journal of Political Economy*, vol. 76, 1968, pp. 169–217.

표 1.6
광고비 지출의 영향

출처:
http://lib.stat.cmu.edu/DASL/Datafiles/tradsdat.html.

기업	인상, 백만	지출, 1983년 백만달러
1. Miller Lite	32.1	50.1
2. Pepsi	99.6	74.1
3. Stroh's	11.7	19.3
4. Fed'l Express	21.9	22.9
5. Burger King	60.8	82.4
6. Coca-Cola	78.6	40.1
7. McDonald's	92.4	185.9
8. MCl	50.7	26.9
9. Diet Cola	21.4	20.4
10. Ford	40.1	166.2
11. Levi's	40.8	27.0
12. Bud Lite	10.4	45.6
13. ATT/Bell	88.9	154.9
14. Calvin Klein	12.0	5.0
15. Wendy's	29.2	49.7
16. Polaroid	38.0	26.9
17. Shasta	10.0	5.7
18. Meow Mix	12.3	7.6
19. Oscar Meyer	23.4	9.2
20. Crest	71.1	32.4
21. Kibbles 'N Bits	4.4	6.1

는 World Series 기간 동안 볼 수 있는 모든 광고를 생각해보아라.
주: 표1.6의 자료를 다음 장에서 조금 더 분석할 것이다.

2장

2-변수 회귀분석: 기본개념

제 1장에서 다소 일반적인 개념으로 회귀분석을 논의하였다. 본장에서는 좀더 구체적으로 회귀분석의 개념에 접근하고자 한다. 상술하자면 2장부터 5장까지 회귀분석의 가장 단순한 회귀분석으로서 종속변수가 1 개의 설명변수와 연결되어 있는 **2-변수 회귀모형**과 이를 뒷받침하고 있는 이론을 소개한다. 2-변수모형을 우선적으로 고려하는 이유는 무엇보다도 가장 간단한 상태에서 회귀분석의 기본개념을 쉽게 이해할 수 있고 이러한 개념들을 2-차원 평면상의 그림으로 나타낼 수 있기 때문이다. 더구나 앞으로 명확해지겠지만 종속변수가 1개 이상의 설명변수에 연결되어 있는 일반적인 형태의 다변량 회귀분석은 많은 점에 있어서 2-변수 경우의 확장에 불과할 뿐이기 때문이다.

2.1 가상적 예제[1]

앞의 절 1.2에서 지적한 바와 같이 회귀분석이란 설명변수의 값이 주어졌을 때 종속변수(모집단)평균 또는 평균치를 추정하거나 예측하는 것이다[2]. 이를 이해하기 위하여 표2.1에 있는 자료를 고려하여 보자. 표에 주어진 자료는 가구 수가 총 60개 가구인 가상적인 사회를 상정하고 있는데 달러로 표시된 가구의 주당 소득(X)과 주당 소비지출(Y)가 나타나 있다. 60개 가구를 10개의 소득 집단($80에서 $260까지)로 나눈 후 다양한 집단내 각 가구의 주당 지출을 정리하였다. 그러므로, X의 10개의 **고정된** 값과 각 X에 해당되는 각 Y값을 갖게된다; 다시 말해서, 10개의 부 모집단이 존재하게 되는 것이다.

각 소득집단에서는 가구들의 주당 소비지출수준이 상당히 다양하고 이는 그림2.1에 잘 나타나 있다. 그러나 일반적인 현상은 각각의 소득집단 내에서 주당 소비지출의 다양함에도 불구하고 소득이 증가함에 따라 주당 소비지출도 **평균적으로** 증가하고 있다는 것이다. 이를 명확히 보기 위하여 표 2.1에 각 10개의 소득집

1. 통계학을 배운지가 오래된 학생은 이 장을 배우기 전에 통계학 관련 부록인 **부록 A**를 미리 공부하여 통계학 지식을 새롭게 하는 것이 필요할 수도 있음

2. 확률변수 Y의 기대치 혹은 모집단 평균은 $E(Y)$로 표기된다. 다른 한편으로 Y 모집단에서 추출된 표본에서 계산된 표본평균값은 $\bar{Y}$ 라고 표기하고 Y bar라고 읽는다.

표 2.1
주당 가구소득 *X*, $

Y↓ \ X→	80	100	120	140	160	180	200	220	240	260
주당 가구소비 지출 Y, $	55	65	79	80	102	110	120	135	137	150
	60	70	84	93	107	115	136	137	145	152
	65	74	90	95	110	120	140	140	155	175
	70	80	94	103	116	130	144	152	165	178
	75	85	98	108	118	135	145	157	175	180
	–	88	–	113	125	140	–	160	189	185
	–	–	–	115	–	–	–	162	–	191
계	325	462	445	707	678	750	685	1043	966	1211
Y의 조건부 평균 $E(Y\|X)$	65	77	89	101	113	125	137	149	161	173

단의 평균 소비지출을 표시하였다. 즉, 주당 소득수준이 $80인 집단의 평균소비지출은 $65이고, $200인 집단의 평균소비지출은 $137이다. 결과적으로 10개의 부모집단(subpopulation)에 대하여 Y의 10개 평균 값을 갖게된다. 이러한 평균값을 조건부 기대치라고 부르는데, 그 이유는 이 값들이 (조건이 되는) X변수의 주어진 값에 의존하기 때문이다. 부호를 사용하자면, 이 값을 $E(Y|X)$라고 표기하는데, 이를 X의 값이 주어졌을 때 Y의 기대치라고 읽는다(표2.2를 함께 볼 것).

이러한 조건부 기대치를 무조건적 기대치, $E(Y)$와 구별하는 것은 매우 중요하다. 만약 모집단내 60개 가구의 주당 소비지출을 모두 더한 후 이를 60으로 나누면 $121.20이라는 값($7272/60)을 얻게되는데, 이 값이 바로 주당 소비지출의 무조건적 기대치, $E(Y)$이다; 이 값을 구하는데 다양한 가구들의 소득수준을 무시하였다는 의미에서 무조건적이라고 하는 것이다[3]. 명백히, 표2.1에 있듯이, 다양한 Y의 조건부 기대치는 Y의 무조건적 기대치 $121.20과 다르다. "한 가구

그림 2.1
다양한 소득수준에 대한 지출의 조건부 분포(표 2.1의 자료)

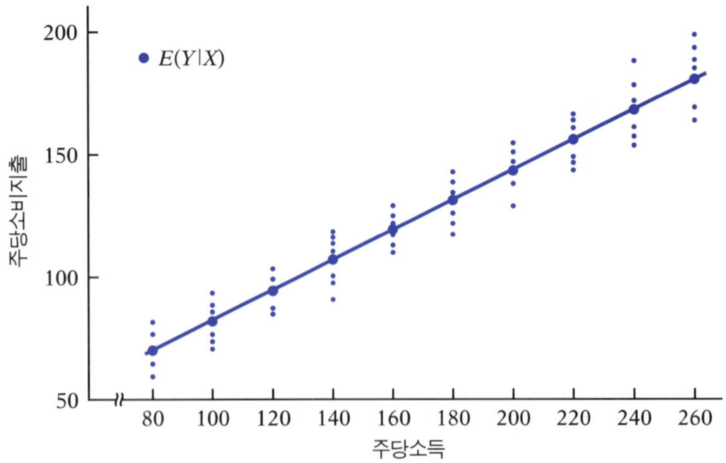

3. Appendix A에서 보듯이, 일반적으로 조건부 기대치와 무조건적 기대치는 다르다.

표 2.2
표 2.1의 자료에 대한 조건부 확률 $p(Y|X_i)$

$p(Y \mid X_i)$ ↓ \ X→	80	100	120	140	160	180	200	220	240	260
조건부 확률 $p(Y \mid X_i)$	$\frac{1}{5}$	$\frac{1}{6}$	$\frac{1}{5}$	$\frac{1}{7}$	$\frac{1}{6}$	$\frac{1}{6}$	$\frac{1}{5}$	$\frac{1}{7}$	$\frac{1}{6}$	$\frac{1}{7}$
	$\frac{1}{5}$	$\frac{1}{6}$	$\frac{1}{5}$	$\frac{1}{7}$	$\frac{1}{6}$	$\frac{1}{6}$	$\frac{1}{5}$	$\frac{1}{7}$	$\frac{1}{6}$	$\frac{1}{7}$
	$\frac{1}{5}$	$\frac{1}{6}$	$\frac{1}{5}$	$\frac{1}{7}$	$\frac{1}{6}$	$\frac{1}{6}$	$\frac{1}{5}$	$\frac{1}{7}$	$\frac{1}{6}$	$\frac{1}{7}$
	$\frac{1}{5}$	$\frac{1}{6}$	$\frac{1}{5}$	$\frac{1}{7}$	$\frac{1}{6}$	$\frac{1}{6}$	$\frac{1}{5}$	$\frac{1}{7}$	$\frac{1}{6}$	$\frac{1}{7}$
	$\frac{1}{5}$	$\frac{1}{6}$	$\frac{1}{5}$	$\frac{1}{7}$	$\frac{1}{6}$	$\frac{1}{6}$	$\frac{1}{5}$	$\frac{1}{7}$	$\frac{1}{6}$	$\frac{1}{7}$
	–	$\frac{1}{6}$	–	$\frac{1}{7}$	$\frac{1}{6}$	$\frac{1}{6}$	–	$\frac{1}{7}$	$\frac{1}{6}$	$\frac{1}{7}$
	–	–	–	$\frac{1}{7}$	–	–	–	$\frac{1}{7}$	–	$\frac{1}{7}$
Y의 조건부 평균	65	77	89	101	113	125	137	149	161	173

의 주당 소비지출의 기대치가 얼마인가? 라는 물음에 대한 답은(무조건적 기대치) \$121.20이다. 그러나, 예를 들어 주당 소득이 \$140인 한 가구의 주당 소비지출의 기대치가 얼마인가?"라고 묻는다면 이에 대한 답은(조건부 기대치) \$101이 될 것이다. 다시 말해서, "주당 소득이 \$140인 가구들의 주당 소비지출에 대한 최선의 (평균) 예측치는 얼마인가?"라는 질문에 대한 답은 \$101이 된다. 따라서, 소득수준을 아는 경우에는 모를 때보다 주당 소비지출의 평균값을 더 잘 예측할 수 있다[4]. 그리고 이것이야말로 아마도 회귀분석의 핵심일 것이고 우리는 이 책 전체를 통해 이를 알아나갈 것이다.

그림 2.1에서 동그랗게 표시된 검은 점들은 다양한 X값에서 Y의 조건부 기

그림 2.2
모집단 회귀선 (표 2.1의 자료)

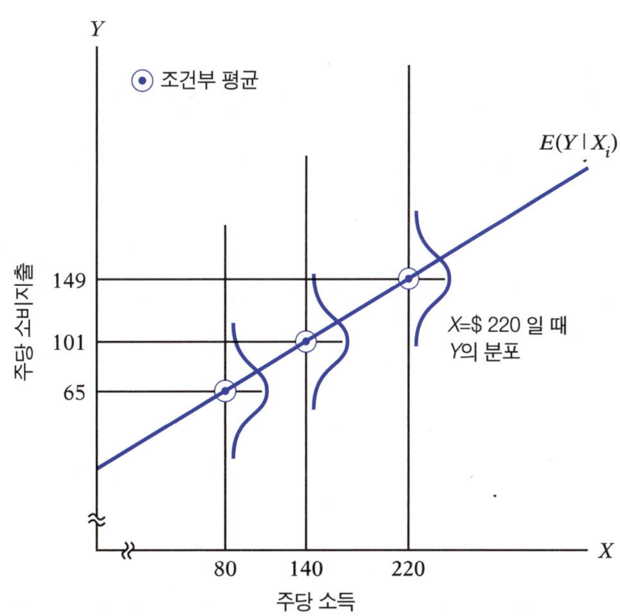

4. 이러한 견해에 대하여 James Davidson에게 도움을 받았다. James Davidson, *Econometric Theory*, Blackwell Publishers, Oxford, U.K., 2000, p. 11을 참조할 것.

대치이다. 이러한 조건부 기대치를 연결하면 모집단 회귀선(PRL), 또는 보다 일반적으로 모집단 회귀곡선이라고 부르는 선을 얻게된다.[5] 더 단순하게 표현하자면, 이는 X에 대한 Y의 회귀이다. "모집단"이라는 명칭은 우리가 현재 총 60개 가구로 이루어진 모집단 전체를 다루고 있기 때문이다. 물론 실제에 있어 모집단은 더 많은 가구를 포함할 것이다.

기하학적으로, 모집단 회귀곡선은 단순히 설명변수의 고정된 값에 대하여 종속변수의 조건부 평균의 연결일 뿐이다. 더 단순하게 설명하자면 회귀자 X의 주어진 값으로 구분된 각 부 모집단에 있어서 Y의 평균을 연결한 곡선이다. 이는 그림 2.2에 잘 표현되어 있다.

이 그림은 각 X(소득수준)에 대하여 Y의 (조건부)기대치 주변에 퍼져있는 모집단 Y(평균 소비지출)를 보여주고 있다. 단순화를 위하여, 이 Y 값들이 각각의 (조건부) 평균값주위에 대칭적으로 분포하고 있다고 가정한다. 그리고 회귀선(또는 곡선)이 이 (조건부) 평균값을 통과하고 있다고 하자.

이 책을 읽는 학생들은 이러한 사전 지식을 지니고 1.2절에서 제시된 회귀의 정의를 다시 읽어본다면 많은 도움이 될 것이다.

2.2 모집단 회귀함수(population Regression Function: PRF)의 개념

그림 2.1과 그림 2.2 그리고 여러 가지 설명을 통해 살펴본 바와 같이 각각의 조건부 평균 $E(Y|X_i)$는 X_i의 함수인데, 여기에서 X_i는 X의 고정된 값이다. 수식으로 나타내면

$$E(Y \mid X_i) = f(X_i) \tag{2.2.1}$$

단, $f(X_i)$는 설명변수 X_i의 어떤 함수를 의미한다. 앞에서 논의한 가상적 예제에서 $E(Y|X_i)$는 X_i의 선형함수이다. 우리는 식 2.2.1을 조건부 기대함수(conditional expectation function), 또는 모집단 회귀함수(Population Regression Function: PRF)라고 부르는데 줄여서 모집단 회귀(Population Regression:PR)이라고 부르기도 한다. 이는 주어진 X_i에 대한 Y의 분포의 기대치가 X_i에 함수적으로 관련되어 있음을 설명하고 있는 것이다. 단순한 용어로 말하자면, PRF는 Y의 평균 반응이 X에 따라 어떻게 변화하는가를 보여주는 것이다.

그렇다면 함수 $f(X_i)$는 어떤 형태를 갖는가? 실제 상황에 있어서 모집단 전체를 구할 수가 없으므로 이는 중요한 문제이다. 특수한 경우에는 모집단 회귀함수의 형태를 경제이론이 결정하는 수도 있지만 대개 함수 형태에 관한 질문은 경험적인 질문에 귀속된다. 예를 들어, 소비지출은 소득수준에 선형으로 의존한다

5. 이 예제에서 PRL은 직선이나, 곡선이 될 수도 있다.(그림 2.3을 볼 것)

고 한 경제학자가 가정하였다고 하자. 우선적으로 또는 실험적 가설로서 모집단 회귀함수 $E(Y|X_i)$가 X_i의 선형함수라고 가정하면,

$$E(Y \mid X_i) = \beta_1 + \beta_2 X_i \qquad \textbf{(2.2.2)}$$

의 형태로 나타난다. 단 β_1과 β_2는 미지의 고정된 상수로서 회귀계수(Regression Coefficients)라고 부른다. β_1은 절편, β_2는 기울기라고 부르기도 한다. 식 2.2.1는 선형 모집단 회귀함수(linear population function)로 알려져 있다. 문헌에서는 가끔 선형 모집단 회귀모형 또는 간단히 **선형모집단** 회귀라고 사용되기도 한다. 이 책에서는 회귀, 회귀방정식, 회귀모형의 용어가 동의어로 사용될 것이다.

회귀분석에서의 주된 관심사항은 식 2.2.2와 같은 모집단 회귀함수를 추정하는 것인데, 이는 Y와 X에 관한 자료를 가지고 β_1과 β_2의 값을 추정하는 것을 말한다. 이 주제는 3장에서 상세하게 다룰 것이다.

2.3 "선형(Linear)" 이라는 용어의 의미

이 책은 주로 식 (2.2.2)같은 선형모형을 다루고 있다. 그런데 **선형**이라는 용어는 통상 두 가지 의미로 쓰이기 때문에 선형의 개념을 명확히 하여야 할 필요가 있다.

변수(variables)에 관한 선형

선형이라고 하면 가장 먼저 그리고 자연스럽게 식 (2.2.2)[6]와 같이 Y의 조건부 기대치가 X_i에 관하여 선형함수인 것을 의미한다. 기하학적으로 이 경우 회귀함수가 직선으로 나타난다. 이와 같이 선형의 의미를 변수를 중심으로 이해하면 $E(Y|X_i) = \beta_1 + \beta_2 X_i^2$와 같은 회귀함수는 X가 제곱형태로 포함되어 있기 때문에 선형이 아니다.

모수(parameters)에 관한 선형

두 번째 선형의 의미는 Y의 조건부 기대치 $E(Y|X_i)$가 모수, β들에 관하여 선형이라는 것이다; 이 경우 변수에 관해서는 선형이 아닐 수도 있다.[7] 따라서 이 정

6. X의 승지수(power index)가 1이고 (즉, X^2나 $\sqrt{X}$ 등은 제외됨) X가 다른 어떤 변수에 의하여 곱해지거나 나누어지지 않을 때 (예를 들어 $X \cdot Z$ 또는 X/Z의 경우는 제외, 단 Z는 다른 변수임) 함수 $f(X)$는 X에 관하여 선형이라고 한다. Y가 단지 X에만 의존한다면, Y가 X에 선형으로 연결되어 있다는 것을 다르게 말하는 방법은 X에 관한 Y의 변화율(즉, X에 관한 Y의 기울기 혹은 미분값)이 X값과 독립적이라는 것이다. 따라서, $Y=4X$이면, $dY/dX=4$, 즉 X의 값과 독립적이다. 그러나 $Y=4X^2$이면, $dY/dX=8X$로서 X의 값과 독립적이 아니다. 따라서 이 함수는 X에 대하여 선형이 아니다.

7. 모수β_1의 승지수(power index)가 1이고 다른 모수에 의하여 곱해지거나 나누어 지지 않을때(예를 들어, $\beta_1\beta_2$, β_2/β_1등을 제외) 모수 β_1에 대하여 선형이라고 한다.

의를 따르면 $E(Y|X_i) = \beta_1 + \beta_2 X_i^2$은 (모수에 관하여) 선형회귀함수이다. 이를 상세히 보기 위하여, X가 3이라는 값이라고 했을 때를 생각해보자. 이때 $E(Y|X=3) = \beta_1 + 9\beta_2$가 되는데 명백히 β_1과 β_2에 관하여 선형임을 알 수 있다. 따라서 그림 2.3에 보이는 모든 모형들이 선형회귀모형, 즉 모수에 관하여 선형인 모형들이다.

이제 $E(Y|X_i) = \beta_1 + \beta_2^2 X_i$모형을 고려하여보자. 다시 $X = 3$이라고 하자; 그러면 $E(Y|X_i) = \beta_1 + 3\beta_2^2$를 얻게 되는데 이는 모수 β_2에 관하여 비선형이다. 이러한 모형은 (모수에 관하여) 비선형 회귀모형의 예제이다. 우리는 이러한 모형들을 14장에서 공부할 것이다.

선형의 두가지 정의중 이 책에서 다룰 회귀이론에는 모수에 관하여 선형이라는 정의가 보다 적합하다. 그러므로, **앞으로 이 책에서 "선형"회귀라고 하면, 나는 항상 모수 즉 β들에 관하여 선형인 경우를 의미하는데(즉, 모수의 승지수가 1인 경우), 이러한 경우 모형이 설명변수 X에 관하여 선형이 아닐 수도 있다.** 이러한 관계가 표 2.3에 요약되어 있다. 그러므로 $E(Y|X_i) = \beta_1 + \beta_2 X_i$와 같이 모

그림 2.3
모수-선형 함수들

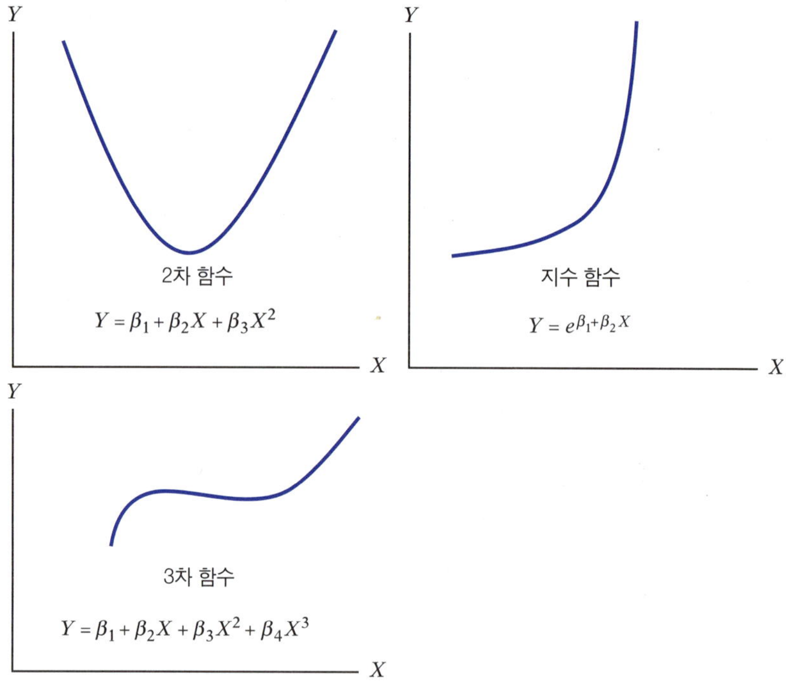

표 2.3 선형회귀 모형들

모수에 대하여 선형인가?	변수에 대하여 선형인가?	
	Yes	**No**
Yes	LRM	LRM
No	NLRM	NLRM

주: LRM = 선형회귀 모형
NLRM = 비선형회귀 모형

수와 변수 모두에 대해 선형인 경우뿐만 아니라, $E(Y|X_i)=\beta_1+\beta_2 X_i^2$와 같이 모수에 대해서 선형이지만 변수 X에 대하여는 비선형인 모형도 역시 LRM이다.

2.4 모집단 회귀함수(PRF)의 확률적 성격에 관한 설명

그림 2.1을 보면 가계 소득이 증가하면 가계소비지출도 역시 평균적으로 증가함을 알 수 있다. 그렇다면, 개별가계의 소비지출은 어떻게 되는가? 표 2.1에서 명백히 알 수 있듯이, 소득수준이 증가함에 따라 개별가계의 소비지출이 꼭 증가하는 것은 아니다.

표 2.1의 예를 들어보자. 소득수준이 \$100인 가계들 중 소비지출이 \$65인 가계가 있는 반면, 주당소득이 \$80이면서도 소비지축이 \$65보다 많은 가계가 2가구 있다. 그런, 주당소득이 \$100인 가계집단의 소비지출은 주당소득 \$80인 가계집단의 평균소득 지출보다 크다(\$77대 \$65).

그렇다면, 주어진 소득수준에 대한 개별가계의 소비지출간의 관계에 대하여 어떻게 설명할 수 있는가? 그림 2.1에서 보듯이, 소득수준이 X_i로 주어졌을 때, 개별가계의 소비지출은 X_i에 있어서의 모든 가계의 평균 소비지출 즉, 조건부 기대치 주위에 모여 있음을 알 수 있다. 그러므로 각 Y_i가 기대치로부터 떨어져 있는 **편차(deviation)**를 다음과 같이 나타낼 수 있다.

$$u_i = Y_i - E(Y \mid X_i)$$

$$Y_i = E(Y \mid X_i) + u_i \qquad \textbf{(2.4.1)}$$

단, 편차 u_i는 관측되지 않는 확률변수로서 양의 값이나 음의 값 모두를 가질 수 있다. 기술적으로는 u_i를 확률적 교란항(stochastic disturbance) 또는 확률적 오차항(stochastic error term)이라고 부른다.

식 2.4.1을 어떻게 해석할 것인가? 한 개별가계의 지출은 소득이 주어졌을 때 다음의 두 요소의 합으로 표현될 수 있다고 할 수 있다 : (1) $E(Y|X_i)$, 이는 동일 소득수준을 가진 가계들의 평균 소비지출이다. 이 부분은 체계적(systematic) 혹은 확정적(deterministic) 요소라고 부른다. 그리고 두 번째 요소로서 (2) u_i인데, 이는 확률적(random) 혹은 비체계적(nonsystematic) 요소이다. 잠시 후에 확률적 오차항의 성격을 공부할 것이지만, 이를 Y에 영향을 미치기는 하지만 회귀모형에 포함되지 않는(혹은 포함시킬 수 없는) 모든 생략되거나 무시된 변수들 대신하고 있다고 당분간 가정하자.

$E(Y|X_i)$가 식 (2.2.2)와 같이 X_i에 대해서 선형이라면, 식 (2.4.1)은 다음과 같이 나타내진다.

$$\begin{aligned} Y_i &= E(Y \mid X_i) + u_i \\ &= \beta_1 + \beta_2 X_i + u_i \end{aligned} \qquad \textbf{(2.4.2)}$$

식 2.4.2는 한 가계의 조건부 소비지출이 소득과 교란항에 대해 선형의 관계를 갖고 있음을 나타낸다. 따라서 $X=\$80$(표 2.1참조)로 주어졌을 때 개별 소비지출은 다음과 같다.

$$
\begin{aligned}
Y_1 &= 55 = \beta_1 + \beta_2(80) + u_1 \\
Y_2 &= 60 = \beta_1 + \beta_2(80) + u_2 \\
Y_3 &= 65 = \beta_1 + \beta_2(80) + u_3 \\
Y_4 &= 70 = \beta_1 + \beta_2(80) + u_4 \\
Y_5 &= 75 = \beta_1 + \beta_2(80) + u_5
\end{aligned} \tag{2.4.3}
$$

식(2.4.1)의 등호 양쪽에 기대치를 취하면 다음과 같은 식을 얻을 수 있다.

$$
\begin{aligned}
E(Y_i \mid X_i) &= E[E(Y \mid X_i)] + E(u_i \mid X_i) \\
&= E(Y \mid X_i) + E(u_i \mid X_i)
\end{aligned} \tag{2.4.4}
$$

단, 위 식에서 상수의 기대치는 상수 그 자체라는 사실을 사용하였다[8]. 또한 식 2.4.4에서는 X가 주어졌을 때의 조건부 기대치를 구하였음을 유의하여라.

$E(Y_i|X_i)$가 $E(Y|X_i)$와 같으므로 식 (2.4.4)는 바로

$$
E(u_i \mid X_i) = 0 \tag{2.4.5}
$$

를 의미한다. 그러므로 회귀선이 Y의 조건부 평균을 지닌다는 가정은 (그림 2.2를 참조) u_i의 조건부 기대치(X들의 값이 주어졌다는 조건하에서)가 0이라는 것을 의미한다.

지금까지 논의로부터 만약 $E(u_i|X_i)=0$이면 두 식 (2.2.2)와 (2.4.2)는 서로 동일하다는 것이 확실해졌다[9]. 그러나 확률적인 항을 포함하고 있는 식(2.4.2)는 식(2.2.2)에 대하여 다음과 같은 장점이 있다. 즉, 소비지출에 영향을 미치는 변수들이 소득이외에 더 있고 개별가계의 소비지출은 회귀모형에 포함된 변수(들)에 의해서만 완전히 설명될 수는 없다는 것을 식(2.4.2)는 확실히 보여주고 있다.

2.5 확률적 교란항의 중요성

앞절에서 이미 설명했듯이 오차항 u_i는 모형에서 생략되었으나, 집단적으로 Y의 영향을 주는 모든 변수들을 대신하고 있다. 그렇다면, 즉각적으로 다음과 같이

8. 기대 연산자(Expectation operator)인 E의 성격은 부록 A에 간단히 설명되어 있다. 또한 X_i의 값이 고정되었을 때 $E(Y|X_i)$는 상수임을 유의하여야 한다.

9. 사실 3장에서 소개 될 최소자승추정법은 $E(u_i|X_i)=0$을 명시적으로 가정하고 있다.(3.2절을 참조)

질문할 수 있다 : 이러한 변수들을 왜 명시적으로 모형내에 포함시키지 않는가? 다른 말로 하면, 최대한 많은 변수들을 포함한 다중회귀모형을 왜 개발하지 않는가? 그 이유는 다음과 같이 여러 가지로 설명될 수 있다.

1. **이론의 모호성** : Y변수의 행위를 결정하는 이론(만약 있다면)이 완전하지 않을 수가 있다. 주당 소득 X가 주당 소비지출 Y에 영향을 준다는 것은 확실히 알 수 있으나, Y에 영향을 미치는 다른 변수들에 대해서는 전혀 모르거나 또는 확신할 수 없을 수 있다. 그러므로 u_i는 생략되거나 배제된 모든 변수들을 대신하기 위해 사용된다.
2. **자료확보의 어려움** : 모형으로부터 배제된 변수를 알기 때문에 단순형태의 회귀가 아니라 다중회귀를 고려한다고 하자. 그러나, 이 경우에도 우리는 그러한 변수들에 대한 정량적인(Quantitative) 크기를 알 수 없을 때가 있다. 자료를 분석하는 실증적 분석에서는 이상적인 자료를 구할 수 없는 경우가 대단히 많다. 예를 들어, 소비지출을 설명하려면 소득수준뿐만 아니라 가계의 富(Wealth)를 함께 고려하는 것이 원칙적으로 더 타당할 것이다. 그러나, 불행히도 가계의 富에 대한 정량화된 자료는 통상 존재하지 않는다. 따라서, 소비지출을 설명하는데 이론적으로 굉장히 중요함에도 불구하고 모형으로부터 富라는 변수를 생략할 수밖에 없다.
3. **핵심변수 대 주변 변수** : 앞에서 살펴본 소비-소득의 예에서 소득 이외의 다른 변수들을 고려하여 보자. 즉, 소득 X_1이외에도 아이들의 수 X_2, 성별 X_3, 종교 X_4, 교육수준 X_5, 지리적 위치 X_6 등이 소비지출에 영향을 미친다고 가정하자. 이들 변수들 전체 또는 일부를 결합하더라도 그 결합된 영향력이 매우 작거나 기껏해야 비체계적(nonsystematic) 또는 무작위적(random)일 수가 있다. 이러한 경우에는 그 변수들을 모형내에 명시적으로 고려하지 않고 결합된 영향력을 확률변수 u_i로 취급하는 것이 보다 현명하다.[10]
4. **인간행위 고유의 무작위성** : Y에 영향을 주는 모든 적절한 변수들을 모형내에 성공적으로 포함시켰다고 하자. 그러나, 각각의 Y에는 우리가 아무리 노력해도 설명할 수 없는 고유의 무작위성(randomness)이 존재할 수밖에 없다. 오차항 u는 이러한 고유의 무작위성을 잘 반영하고 있다고 하겠다.
5. **적절하지 않는 대리변수** : 고전적 회귀모형(3장에서 논의될 것임)에서 비록 Y와 X도 변수가 정확히 측정되었다고 가정한다고 해도 실제에 있어서는 자료자체가 측정이 잘못될 수도 있다. 예를 들어, Friedman의 유명한 영구소득 가설을 고려하여 보자.[11] Friedman은 영구소비(Y^p)는 영구소

10. 또 다른 어려움을 들자면, 성별, 교육수준, 종교 등의 변수들은 수량화 하기 어렵다는 것이다.

11. Milton Friedman, *A Theory of the Consumption Function,* Princeton University Press, Princeton, N.J., 1957

득(X^p)의 함수라고 간주하였다. 그러나, 영구소득과 영구소비에 관한 자료를 관측할 수 없으므로 실제에 있어서는 관측 가능한 현재소득(X), 현재소비 (Y)와 같은 대리변수를 사용한다. 관측된 Y와 X가 Y^p나 X^p와는 다르기 때문에 여기에 자료측정오류의 문제가 발생한다. 그러므로, 이 경우 오차항 u는 측정오류를 나타낸다. 이 책의 뒷부분에서 다시 논의할 것으로서, 만약 측정오류가 존재한다면, 회귀계수 β들을 추정하는데 심각한 문제가 발생하게 된다.

6. **절약성의 원칙** : 소위 Occam의 면도날이론[12]에 따라 우리는 회귀모형을 최대한 간단하게 유지하고자 한다. 만약 두개 또는 세 개의 설명변수 만으로도 Y의 행위를 "대부분"(3장에서 논의 할 결정 계수 R^2의 의미에서) 설명할 수 있다면, 그리고 다른 특정변수들이 포함되어야한다고 경제이론이 강력하게 뒷받침하지 않는다면 더 많은 설명변수를 고려할 필요가 없다. 따라서, u_i는 모든 다른 변수들을 대표하게 된다. 물론 회귀모형을 단지 단순하게 하기 위한 목적만으로 적절하고 중요한 변수들을 제외시켜서는 안될 것이다. 지금부터 설명된 이유 때문에 확률적 오차항 u_i는 회귀분석에서 중요한 역할을 담당하게 되는데, 자세한 내용은 진도를 나감에 따라 서서히 다뤄질 것이다.
7. **함수형태의 오류** : 어떤 현상을 설명하는 이론적으로 정확한 변수를 가지고 있다고 해도 그리고 이 변수들에 대한 자료를 구했다고 해도 회귀식에서 설명변수와 피설명변수간에 함수관계의 형태를 알 수 없을 수가 있다. 소비지출이 소득에 대해 (변수의 관점에서)선형함수인가 또는 소득에 대해(변수의 관점에서)비선형함수인가? 만약 선형함수라면, $Y_i = \beta_1 + \beta_2 X_i + u_i$가 Y와 X간의 적절한 함수관계이지만, 만약 선형함수가 아니라면 $Y_i = \beta_1 + \beta_2 X_i + \beta_3 X_i^2 + u_i$가 정확한 함수형태일 수 있다. 2-변수모형에서는 변수간 함수관계를 산포도를 통해 판단할 수 있다. 그러나 다중회귀모형에서는 다차원에서의 산포도를 그림으로 나타낼 수 없기 때문에 적절한 함수형태를 쉽게 결정할 수 없다. 지금까지 설명된 이유 때문에 확률적 오차항 u_i는 회귀분석에서 극히 중요한 역할을 담당하게 되는데, 자세한 내용은 진도를 나감에 따라 서서히 다뤄질 것이다.

12. "모형의 포기는 부적절하다고 입증될 때까지 가능한 단순하게 이루어져야 한다." *The World of Mathematics,* vol. 2, J. R. Newman (ed.), Simon & Schuster, New York, 1956, p. 1247, 또는 "필요이상으로 본질에 다른 것을 곱해서는 안된다." Donald F. Morrison, *Applied Linear Statistical Methods,* Prentice Hall, Englewood Cliffs, N.J., 1983, p. 58.

2.6 표본 회귀함수(Sample Regression Function : SRF)

지금까지 우리는 주어진 X에 대응한 Y의 모집단만을 논의하여 왔다. 즉, 표본의 개념을 의도적으로 회피하여 왔다(표 2.1의 자료는 표본이 아니라 모집단임을 유의할 것). 대부분의 실제 분석에 있어서 사용 가능한 자료란 Y값의 표본이기 때문에 이 절에서는 표본의 문제를 다루고자 한다. 다시 말해서, 주어진 표본을 기초로 하여 PRF를 추정하는 문제를 논의할 것이다.

한 예로서, 모집단인 표 2.1이 알려져 있지 않고 단지 표 2.4와 같이 고정된 X에 대해서 Y값을 무작위적으로 추출한 표본만을 알고 있다고 하자. 표 2.1과는 달리 주어진 각각의 X값에 대해 단지 1개의 Y값만을 알고 있다; 표 2.4에 있는 각각의 Y는(X_i가 주어졌을 때) 해당되는 X_i에 대하여 표 2.1의 모집단의 몇 개의 Y값 중에서 무작위적으로 선택한 것이다.

표 2.4
표 2.1의 모집단에서 추출한 확률표본

Y	X
70	80
65	100
90	120
95	140
110	160
115	180
120	200
140	220
155	240
150	260

표 2.5
표 2.1의 모집단에서 추출한 다른 확률표본

Y	X
55	80
88	100
90	120
80	140
118	160
120	180
145	200
135	220
145	240
175	260

그림 2.4
두개의 상이한 표본들에 기초한 회귀선들

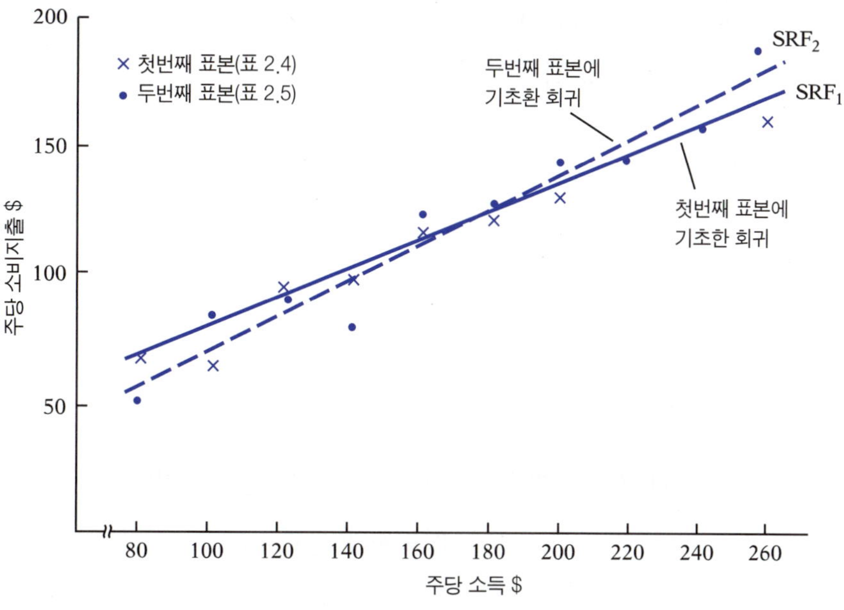

이때, 다음과 같은 질문을 고려해 보자. 고정된 X에 대하여 표 2.4의 표본을 가지고 모집단의 주당 평균소비지출 Y를 예측할 수 있는가? 다른 말로 하면, 표본을 사용하여 PRF를 추정할 수 있는가? 학생들이 쉽게 짐작할 수 있듯이, 표본추출의 변동으로 인해 PRF를 "정확히" 추정할 수는 없다. 이를 보기 위하여 표 2.1의 모집단에서 다른 확률표본을 추출하여 표 2.5에 정리하였다.

표 2.4와 표 2.5를 동시에 산포도에 나타내었다(그림 2.4). 그림 2.4의 산포도에는 추출된 표본을 비교적 잘 설명하게끔 두 표본회귀선을 나타냈다. 즉, SRF_1은 첫 번째 표본(표 2.4)에 해당되고 SRF_2는 두 번째 표본(표 2.5)에 해당된다. 이때 두 회귀선 중 어느 선이 "진정한" 모집단회귀선을 나타내는가? 모집단회귀선이 나타나 있는 그림 2.1을 보지 않는다면 SRF_1과 SRF_2중 어느 것이 진정한 모집단회귀선을 나타내는지 확실히 알 수 있는 방법은 없다고 하겠다. 이러한 그림 2.4의 회귀선들을 표본회귀선(sample regression line)이라고 부르는데, 표본회귀선들이 모집단 회귀선을 나타내고 있다고 상정하나 실은 표본 추출의 변동 때문에 기껏해야 모집단회귀선의 근사값에 지나지 않는다. 일반적으로, N개의 상이한 표본으로부터 N개의 표본회귀함수들을 얻을 수 있는데, 이들 표본회귀함수는 서로 같지 않을 것이다.

모집단회귀선과 모집단회귀함수(PRF)의 관계처럼 표본에 대하여도 표본회귀선에 상응한 표본회귀함수(sample regression function : SRF)의 개념을 고려하여 보자. 식 (2.2.2)에 대응하는 표본식을 다음과 같이 쓸 수 있다.

$$\hat{Y}_i = \hat{\beta}_1 + \hat{\beta}_2 X_i \tag{2.6.1}$$

단, ^은 통상 "해트" 또는 "캡"으로 읽는다. 그리고

$\hat{Y}_i = E(Y \mid X_i)$의 추정량
$\hat{\beta}_1 = \beta_1$ 의 추정량
$\hat{\beta}_2 = \beta_2$ 의 추정량

을 나타낸다.

여기서, 추정량 또는 (표본)통계량이라 하는 것은 가능한 표본으로부터의 정보를 사용하여 모집단 모수를 추정하는 규칙, 또는 공식, 또는 방법을 의미한다. 그리고 실제로 응용할 때 추정량을 적용하여 얻은 수치를 추정치하고 한다.[13] 추정량은 확률변수이나 추정치는 확률변수가 아니라는 것에 주의하여야 한다.(그 이유는?)

앞에서 PRF를 (2.2.2)와 (2.4.2)의 두 가지 형태로 나타냈던 것처럼 SRF(2.6.1)을 확률적 형태로 다음과 같이 쓸 수 있다.

$$Y_i = \hat{\beta}_1 + \hat{\beta}_2 X_i + \hat{u}_i \tag{2.6.2}$$

13. 서문에서 지적했듯이, 변수위의 해트는 해당되는 모집단 값의 추정량을 의미한다.

단, $\hat{u}_i$는 잔차항(residual term)을 나타낸다. 잔차는 개념적으로 확률적 오차항인 u_i와 유사한데, $\hat{u}_i$를 u_i의 추정치로 이해할 수 있다. 그런데, 이러한 $\hat{u}_i$는 PRF에 u_i가 포함된 이유와 동일한 이유로 SRF에 포함된다. 요약하자면 회귀분석에서 우리의 주된 목적은 SRF를 기초로 하여 모집단의 PRF를 추정하는 것인데,

$$Y_i = \beta_1 + \beta_2 X_i + u_i \tag{2.4.2}$$

$$Y_i = \hat{\beta}_1 + \hat{\beta} x_i + \hat{u}_i \tag{2.6.2}$$

그 이유는 계량경제학에서 다루는 자료가 어떤 모집단으로부터 얻은 하나의 표본이기 때문이다. 그러나 위에서 언급한 바와 같이 SRF를 기초로 한 PRF의 추정치는 기껏해야 근사치에 불과하다. 이 근사치가 그림 2.5에 잘 나타나 있다.

$X = X_i$일 때 하나의 관측치 $Y = Y_i$가 대응된다. 이를 SRF의 관점에서 표기하면

$$Y_i = \hat{Y}_i + \hat{u}_i \tag{2.6.3}$$

가 되나, PRF의 관점에서는

$$Y_i = E(Y \mid X_i) + u_i \tag{2.6.4}$$

그림 2.5에서 명백히 나타나 있듯이, A점의 우측에서는 $\hat{Y}_i$이 진정한 $E(Y|X_i)$를 **과대 추정(overestimate)**하고 A의 좌측에서는 **과소추정(underestimate)**하고 있다. 그러나 이러한 과대 또는 과소추정은 표본을 추출할 때마다 표본이 달라지

그림 2-5
표 2-1의 모집단으로부터의 확률분포

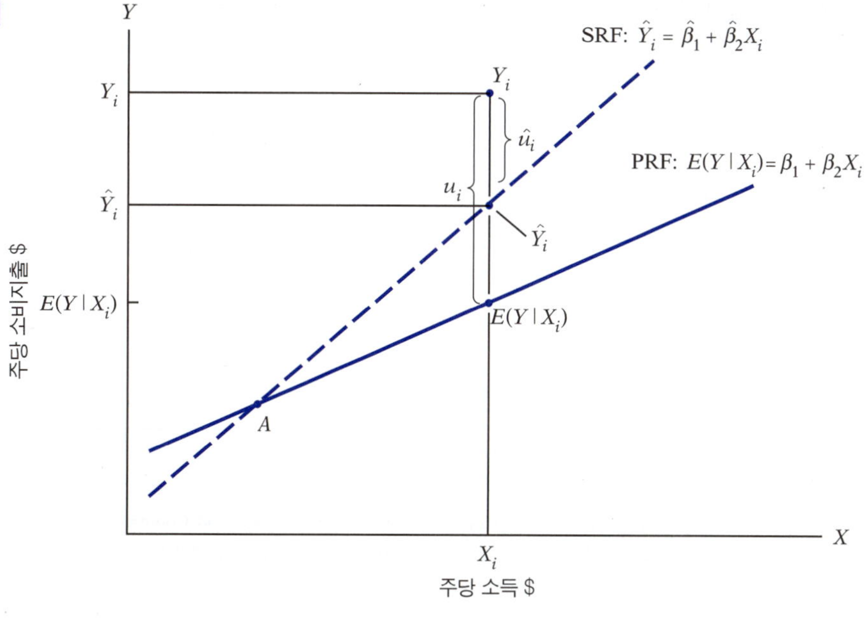

기 때문에 발생하는 부득이한 현상이라 할 수 있다. 그렇다면, SRF가 단지 PRF의 근사치라 한다면, 이 근사치를 진정한 모집단에 가능한 가깝게 하는 방법이 있는가? 다시 말하면, 비록 모수 β_1과 β_2의 참값을 모르지만 $\hat{\beta}_1$을 β_1에 그리고 $\hat{\beta}_2$를 β_2에 가장 가깝게 하는 SRF를 찾을 수 있는가? 위의 질문에 대한 해답은 다음의 3장에서 집중적으로 논의될 것이므로, 본 장에서는 PRF에 충분히 가까운 SRF를 찾는 방법을 개발할 수 있다는 정도로 논의를 그치도록 한다. 사실 PRF 자체를 모르면서도 PRF의 아주 유사한 SRF를 찾는다는 것은 흥미있는 작업이라 할 수 있다.

2.7 설명 예제

다음의 두 예제를 설명함으로써 이 장을 마치고자 한다.

예제 2.1

교육에 따른 평균 시간당 임금

표 2.6에는 교육수준(취학년수로 측정한), 각 교육수준에서 사람들이 버는 평균 시간당 임금, 그리고 각 교육수준에 속한 사람들의 수가 나타나있다. 이 자료는 본래 Ernst Berndt가 수집한 것인데 그는 1985년 5월에 실시된 인구조사에서 이 자료들을 추출하였다[14].

교육을 횡축에 놓고 (조건부) 평균임금을 그린 그림이 그림 2.6에 나타나있다. 그림의 회귀곡선은 교육수준에 변함에 따라 어떻게 평균임금이 변화하는지 보여주고 있다; 평균임금은 교육수준이 증가함에 따라 전반적으로 증가하고 있는데, 사실 크게 놀랄 일은 아니다. 뒤의 장에서 교육 외에 다른 변수들이 평균임금에 어떻게 영향을 미치는지 공부할 것이다.

표 2.6 교육에 따른 평균 시간당 임금

출처 : Arthur S. Goldberger, *Introductory Econometrics,* Harvard University, Cambridge, Mass., 1998, Table 1.1, p.5(인용)

교육년수	평균임금, $	사람 수
6	4.4567	3
7	5.7700	5
8	5.9787	15
9	7.3317	12
10	7.3182	17
11	6.5844	27
12	7.8182	218
13	7.8351	37
14	11.0223	56
15	10.6738	13
16	10.8361	70
17	13.6150	24
18	13.5310	31
	Total	528

14. Ernst Berndt, *The Practice of Econometrics*: Classic and Contemporary, Addison Wesley, Reading, Mass., 1991. 이 책이야말로 학생들이 연구를 함에 있어 계량경제학자가 어떻게 해야 하는지 알 수 있게 하는 아주 우수한 책이다.

그림 2.6
평균임금과 교육의 관계

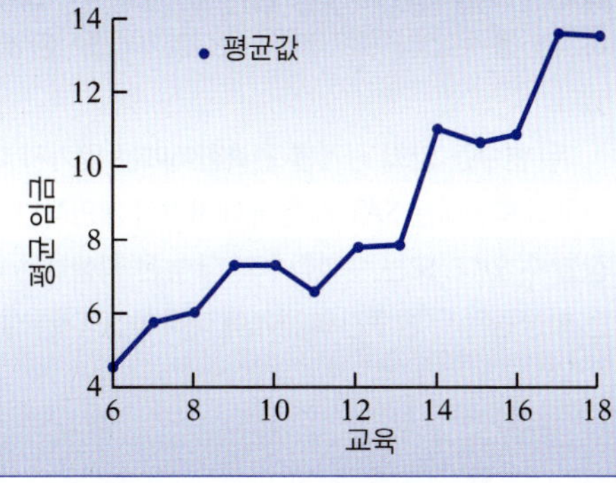

예제 2.2

가구 소득에 따른 수학 SAT점수

연습문제 2.17의 표2.10는 대학에 진학하고자 2007년에 SAT(Scholastic Aptitude Test) 시험을 본 947,347명의 3학년 학생들의 독해, 수학, 그리고 작문영역의 SAT평균 점수를 보여주고 있다. 평균 가구소득에 대하여 평균 수학점수를 그린 결과 그림2.7을 그림을 구했다.

주: 표 2.10에 보이듯이 첫 번째와 마지막의 소득집단에 대하여는 한쪽의 범위가 열려 있기 때문에 최저 평균가구소득이 $5,000이고 최고 평균가구소득이 $150,000이라고 가정한다.

그림 2.7
평균수학 SAT 점수와 평균 가구소득

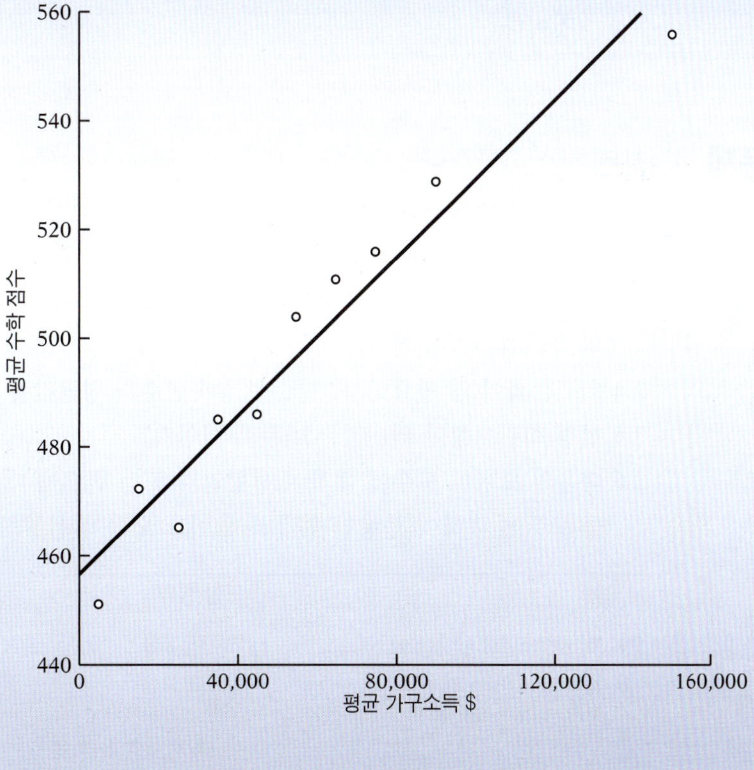

그림2.7이 보여주듯이, 평균수학점수는 평균가구소득이 증가할수록 상승한다. SAT시

예제 2.2 (계속)

험을 치룬 학생들의 수가 아주 크기 때문에 시험을 치룬 전체 3학년학생의 모집단을 대표하고 있을 수 있다. 그러므로, 그림2.7에 표시된 회귀선은 아마 모집단 회귀선을 대표할 수 있다.

두 변수간 양의 관계를 관측한데에는 몇가지 이유가 있다. 예를 들어, 소득이 더 많은 가구의 학생들은 SAT 시험에 대비하여 개인적인 교습을 받을 경제적 여유가 더 있다고 주장할 수 있다. 또는 수학점수가 더 높은 학생들은 더 좋은 학교 출신일 수 있다. 이 책을 읽는 학생들은 두 변수간의 관계에 대하여 또 다른 설명을 할 수 있을 것이다.

요약 및 결론

1. 회귀분석의 밑바탕이 되는 핵심개념은 모집단 회귀함수(PRF)의 개념이다.
2. 이 책은 선형 PRF, 즉 미지의 모수에 대해 선형인 회귀함수를 다룬다. 그러나 종속변수 Y와 설명변수 X간에는 선형일수도 있고 아닐 수도 있다.
3. 실증분석목적상 중요한 것은 확률적 PRF이다. 확률적 오차항 u_i는 PRF를 추정하는데 결정적인 역할을 한다.
4. PRF는 이상적인 개념이다. 왜냐하면 실제에 있어 분석하고자하는 전체 모집단에 접근할 수 없기 때문이다. 일반적으로 우리는 모집단으로부터 추출된 표본을 가지고 있다. 그러므로 PRF를 추정하기 위해 확률적 표본 회귀함수(SRF)를 사용한다. 어떻게 추정하는가는 다음 3장에서 다루어질 것이다.

연습문제

질문

2.1 조건부 기대함수 또는 모집단 회귀함수란 무엇인가?

2.2 모집단 회귀함수와 표본회귀함수의 차이는 무엇인가?

2.3 회귀분석에서 확률적 오차항 u_i의 역할은 무엇인가? 확률적 오차항과 잔차 $\hat{u}_i$의 차이점은 무엇인가?

2.4 회귀분석이 왜 필요한가? 단순히 종속변수의 평균값을 사용하면 안되는가?

2.5 **선형** 회귀모형이 의미하는 바는 무엇인가?

2.6 다음의 모형이 모수에 대하여 선형인지 또는 변수에 대하여 선형인지 아니면 둘 모두에 대하여 선형인지 밝혀라. 어느 모형이 선형회귀모형인가?

모형	모형 설명
a. $Y_i = \beta_1 + \beta_2 \left(\frac{1}{X_i}\right) + u_i$	반비례 모형
b. $Y_i = \beta_1 + \beta_2 \ln X_i + u_i$	반로그 모형
c. $\ln Y_i = \beta_1 + \beta_2 X_i + u_i$	역반로그 모형
d. $\ln Y_i = \ln \beta_1 + \beta_2 \ln X_i + u_i$	로그함수 또는 이중 로그 모형
e. $\ln Y_i = \beta_1 - \beta_2 \left(\frac{1}{X_i}\right) + u_i$	로그-반비례 모형

주: ln = 자연 log(즉, 밑이 e 인 로그); u_i는 확률적 교란항임. 이 모형들을 6장에서 공부할 것임.

2.7 다음의 모형이 선형회귀모형인가? 그 이유는?

a. $Y_i = e^{\beta_1 + \beta_2 X_i + u_i}$

b. $Y_i = \dfrac{1}{1 + e^{\beta_1 + \beta_2 X_i + u_i}}$

c. $\ln Y_i = \beta_1 + \beta_2 \left(\dfrac{1}{X_i}\right) + u_i$

d. $Y_i = \beta_1 + (0.75 - \beta_1) e^{-\beta_2 (X_i - 2)} + u_i$

e. $Y_i = \beta_1 + \beta_2^3 X_i + u_i$

2.8 **본질적으로 선형**회귀모형이란 무슨 의미인가? 연습문제 2.7d 의 β_2값이 0.8 이라면, 이는 선형회귀모형인가? 혹은 비선형 회귀모형인가?

2.9 다음의 비확률적 모형(즉, 확률적 오차항이 없는 모형)들을 고려하여 보자. 이 모형들이 선형회귀모형인가? 아니라면, 적절한 수학적 조작에 의하여 선형모형으로 변환시킬 수 있는가?

a. $Y_i = \dfrac{1}{\beta_1 + \beta_2 X_i}$

b. $Y_i = \dfrac{X_i}{\beta_1 + \beta_2 X_i}$

c. $Y_i = \dfrac{1}{1 + \exp(-\beta_1 - \beta_2 X_i)}$

2.10 그림 2.8은 회귀선을 따라서 산포도를 보여주고 있다. 이 그림으로부터 어떠한 일반적 결론을 도출할 수 있는가? 그림에 있는 회귀선이 모집단 회귀선인가 아니면 표본회귀선인가?

그림 2.8

실질제조업 임금과 수출의 성장률. 이 자료는 1970-90 동안 50개 개발도상국 자료임.

자료 출처: The World Bank, World *Development Report 1995*, p.55. 본래의 자료는 Wolrd Bank data의 UNIDO 자료임.

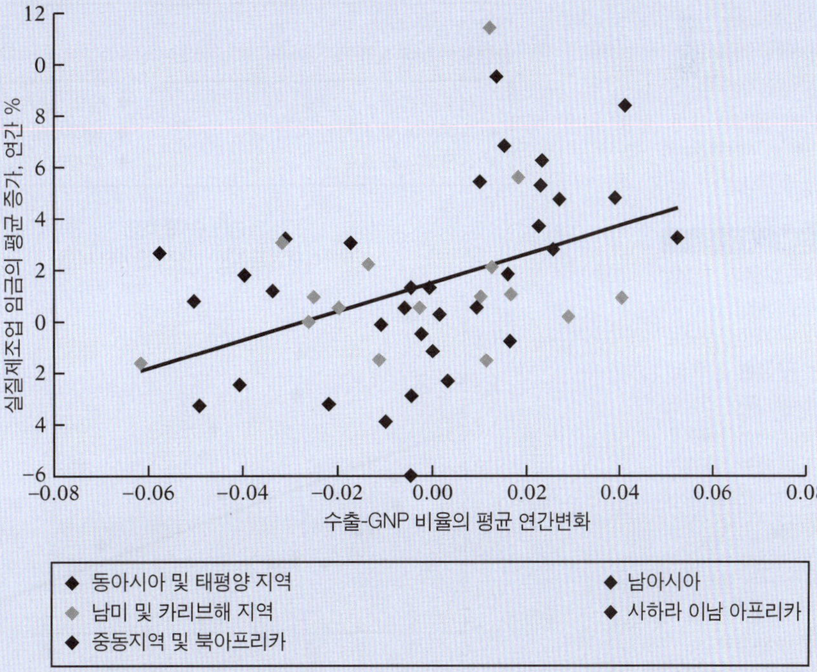

2.11 그림 2.9의 산포도로부터 어떤 일반적 결론을 도출할 수 있는가? 이 산포도에 깔려있는 경제이론은 무엇인가?(힌트: 국제경제학 교과서에서 무역에 관한 Heckscher–Ohlin 모형을 참조할 것)

2.12 그림2.10의 산포도는 무엇을 보여주고 있는가? 이 그림에 기초할 때 최저임금법이 경제적 후생에 좋은 정책이라고 주장하겠는가?

2.13 서론에서 소개된 그림 I.3의 회귀선이 PRF인가? 혹은 SRF인가? 판단의 이유는? 회귀선 주변에 산포되어있는 점들을 어떻게 해석하겠는가? GDP외에 개인소비지출에 영향을 미치는 다른 요소나 변수는 무엇이 있겠는가?

그림 2.9

수출품의 기술집약도와 인적자본 부존량

자료는 선진국과 개발도상국을 포함한 총 126개국의 자료임. 횡축은 국가의 영토면적에 비한 평균교육달성도 비율의 로그값임; 종축은 1차 상품 수출에 대한 제조업상품 비율의 로그값임.

출처: The World Bank, *World Development Report 1995*.
최초 출처: 수출자료는 United Nations Statistical Office COMTRADE database 이고 국토자료는 World Bank가 출처임

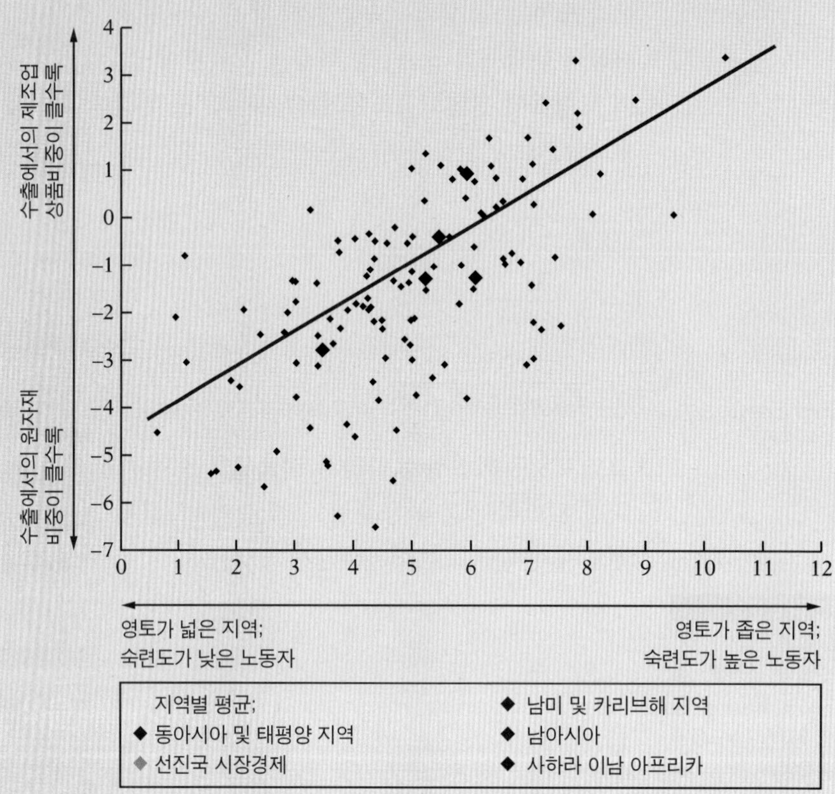

그림 2.10

최저임금과 1인당 국민소득.

17개 개발도상국으로 구성된 자료임. 국가에 따라 연도는 1988에서 1992까지 다양함. 자료는 국제가격으로 환산되었음

출처 : *The World Bank, World Development Report 1995,* p.75.

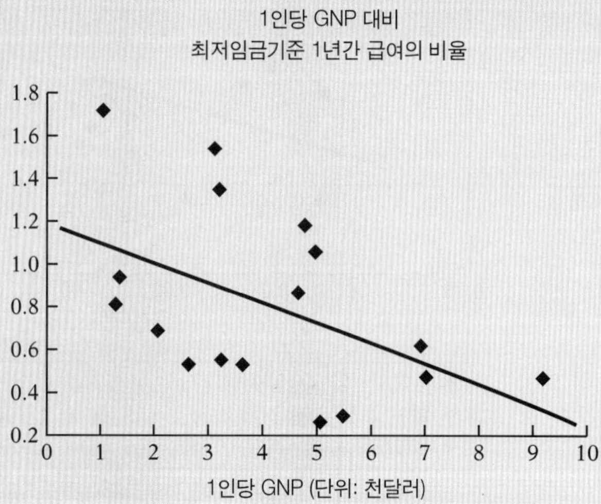

실증문제

2.14 표2.7에 1980–2006 기간 동안 미국에 관한 자료가 담겨있다.

a. 횡축에 남성 민간 실업률을 놓고 남성 민간노동력 참여율의 산포도를 그려라. 산포도의 점들을 통과하는 회귀선을 상정해보아라. 선험적으로, 두 변수간의 관계가 어떠하리라 예상하는가? 이와 관련된 경제이론은 무엇인가? 그리고 산포도는 경제이론과 부합되는가?

b. 위 (a)의 문제를 여성에 대하여 반복하여라.

c. 횡축에 평균 시간당 근로소득(1982 달러기준)을 놓고 남성과 여성의 노동력 참여율 산포도를 그려라(별개의 그림을 사용해야 함). 어떤 현상을 발견하였는가? 이 발견에 대하여 어떻게 합리화시키겠는가?

d. 실업률과 평균 시간당 근로소득에 대한 노동력 참여율의 산포도를 동시에 그릴 수 있는가? 그릴 수 없다면 3 변수간의 관계를 어떻게 말로 설명하겠는가?

표 2.7 1980-2006 동안 미국의 노동력 참여 자료

출처 : *Economic Report of the President, 2007.*

Year	CLFPRM[1]	CLFPRF[2]	UNRM[3]	UNRF[4]	AHE82[5]	AHE[6]
1980	77.40000	51.50000	6.900000	7.400000	7.990000	6.840000
1981	77.00000	52.10000	7.400000	7.900000	7.880000	7.430000
1982	76.60000	52.60000	9.900000	9.400000	7.860000	7.860000
1983	76.40000	52.90000	9.900000	9.200000	7.950000	8.190000
1984	76.40000	53.60000	7.400000	7.600000	7.950000	8.480000
1985	76.30000	54.50000	7.000000	7.400000	7.910000	8.730000
1986	76.30000	55.30000	6.900000	7.100000	7.960000	8.920000
1987	76.20000	56.00000	6.200000	6.200000	7.860000	9.130000
1988	76.20000	56.60000	5.500000	5.600000	7.810000	9.430000
1989	76.40000	57.40000	5.200000	5.400000	7.750000	9.800000
1990	76.40000	57.50000	5.700000	5.500000	7.660000	10.190000
1991	75.80000	57.40000	7.200000	6.400000	7.580000	10.500000
1992	75.80000	57.80000	7.900000	7.000000	7.550000	10.760000
1993	75.40000	57.90000	7.200000	6.600000	7.520000	11.030000
1994	75.10000	58.80000	6.200000	6.000000	7.530000	11.320000
1995	75.00000	58.90000	5.600000	5.600000	7.530000	11.640000
1996	74.90000	59.30000	5.400000	5.400000	7.570000	12.030000
1997	75.00000	59.80000	4.900000	5.000000	7.680000	12.490000
1998	74.90000	59.80000	4.400000	4.600000	7.890000	13.000000
1999	74.70000	60.00000	4.100000	4.300000	8.000000	13.470000
2000	74.80000	59.90000	3.900000	4.100000	8.030000	14.000000
2001	74.40000	59.80000	4.800000	4.700000	8.110000	14.530000
2002	74.10000	59.60000	5.900000	5.600000	8.240000	14.950000
2003	73.50000	59.50000	6.300000	5.700000	8.270000	15.350000
2004	73.30000	59.20000	5.600000	5.400000	8.230000	15.670000
2005	73.30000	59.30000	5.100000	5.100000	8.170000	16.110000
2006	73.50000	59.40000	4.600000	4.600000	8.230000	16.730000

다음의 표 인용은 출처자료를 말한다.
[1]CLFPRM, 민간노동참여비율, 남성(%), 표 B–39, p.277.
[2]CLFPRF, 민간노동참여비율, 여성(%), 표 B–39, p.277.
[3]UNRM, 민간실업률, 남성(%), 표 B–42, p.280.
[4]UNRF, 민간실업률, 여성(%), 표 B–42, p.280.
[5]AHE82, 평균시간당 근로소득(1982년 불변가격), 표 B–47, 286.
[6]AHE, 평균시간당 근로소득(경상가격), 표 B–47, 286.

표 2.8 식료품 지출과 총 지출 (단위: 루페)

관측치	식료품 지출	총지출	관측치	식료품 지출	총지출
1	217.0000	382.0000	29	390.0000	655.0000
2	196.0000	388.0000	30	385.0000	662.0000
3	303.0000	391.0000	31	470.0000	663.0000
4	270.0000	415.0000	32	322.0000	677.0000
5	325.0000	456.0000	33	540.0000	680.0000
6	260.0000	460.0000	34	433.0000	690.0000
7	300.0000	472.0000	35	295.0000	695.0000
8	325.0000	478.0000	36	340.0000	695.0000
9	336.0000	494.0000	37	500.0000	695.0000
10	345.0000	516.0000	38	450.0000	720.0000
11	325.0000	525.0000	39	415.0000	721.0000
12	362.0000	554.0000	40	540.0000	730.0000
13	315.0000	575.0000	41	360.0000	731.0000
14	355.0000	579.0000	42	450.0000	733.0000
15	325.0000	585.0000	43	395.0000	745.0000
16	370.0000	586.0000	44	430.0000	751.0000
17	390.0000	590.0000	45	332.0000	752.0000
18	420.0000	608.0000	46	397.0000	752.0000
19	410.0000	610.0000	47	446.0000	769.0000
20	383.0000	616.0000	48	480.0000	773.0000
21	315.0000	618.0000	49	352.0000	773.0000
22	267.0000	623.0000	50	410.0000	775.0000
23	420.0000	627.0000	51	380.0000	785.0000
24	300.0000	630.0000	52	610.0000	788.0000
25	410.0000	635.0000	53	530.0000	790.0000
26	220.0000	640.0000	54	360.0000	795.0000
27	403.0000	648.0000	55	305.0000	801.0000
28	350.0000	650.0000			

출처: Chandan Mukherjee, Howard White, and Marc Wuyts, *Econometrics and Data Analysis for Developing Countries,* Routledge, New York, 1998, p. ·

2.15 표2.8의 자료는 인도의 55개 농촌가계의 식료품지출과 총 지출에 관한 자료를 루페로 측정한 자료이다(200년 초, 1 U.S. 달러는 약 40 인도루페에 해당됨)

a. 종축에 식료품지출을, 횡축에 총지출자료를 놓고 산포도를 그리고 산포도를 지나는 회귀선을 그리시오.

b. 이 예제로부터 어떠한 포괄적 결론을 내릴 수 있는가?

c. 선험적으로, 총지출수준과 관계없이 총지출이 증가할수록 식료품지출이 증가하리라 예상하는가? 그렇다면 이유는? 아니라면 그 이유는? 이 질문에 대하여 총 지출을 총소득의 대리변수로 사용하여도 된다.

2.16 표2.9에는 1972–2007기간 동안 대학에 진학하고자 하는 3학년들의 SAT 평균점수가 정리되어있다. 이 자료는 남학생과 여학생들의 독해, 수학점수를 보여주고 있다. 작문영역은 2006년에 시험과목으로 추가되었기 때문에 이 자료에는 포함되지 않았다.

a. 횡축에는 연도를, 종축에는 SAT 점수를 설정하여 남학생과 여학생 각각 독해점수와 수학점수의 산포도를 그리시오.

표 2.9 전체 집단 평균 SAT reasoning 시험점수: 대학진학 예정자, 1972-2007.

연도	독해			수학		
	남성	여성	계	남성	여성	계
1972	531	529	530	527	489	509
1973	523	521	523	525	489	506
1974	524	520	521	524	488	505
1975	515	509	512	518	479	498
1976	511	508	509	520	475	497
1977	509	505	507	520	474	496
1978	511	503	507	517	474	494
1979	509	501	505	516	473	493
1980	506	498	502	515	473	492
1981	508	496	502	516	473	492
1982	509	499	504	516	473	493
1983	508	498	503	516	474	494
1984	511	498	504	518	478	497
1985	514	503	509	522	480	500
1986	515	504	509	523	479	500
1987	512	502	507	523	481	501
1988	512	499	505	521	483	501
1989	510	498	504	523	482	502
1990	505	496	500	521	483	501
1991	503	495	499	520	482	500
1992	504	496	500	521	484	501
1993	504	497	500	524	484	503
1994	501	497	499	523	487	504
1995	505	502	504	525	490	506
1996	507	503	505	527	492	508
1997	507	503	505	530	494	511
1998	509	502	505	531	496	512
1999	509	502	505	531	495	511
2000	507	504	505	533	498	514
2001	509	502	506	533	498	514
2002	507	502	504	534	500	516
2003	512	503	507	537	503	519
2004	512	504	508	537	501	518
2005	513	505	508	538	504	520
2006	505	502	503	536	502	518
2007	504	502	502	533	499	515

출처: College Board, 2007.

b. 이 그림들로부터 어떠한 일반적 결론을 도출할 수 있는가?

c. 남학생과 여학생의 독해점수를 안다고 할 때, 그들의 수학점수를 어떻게 예측하겠는가?

d. 남학생 수학점수에 대하여 여학생 수학점수 산포도를 그리시오. 무엇을 관측할 수 있는가?

2.17 표 2.10은 독해, 수학, 작문의 세 가지 영역시험에 대하여 소득수준별로 구분한 SAT 평균점수를 보여주고 있다. 예제 2.2에서 이미 그림2.7을 그렸었는데 그림 2.7에서는 평균 가구소득에 대하여 평균 수학점수를 산포도로 나타냈었다.

a. 그림2.7을 참고로 하여 평균 가구소득에 대하여 평균 독해점수의 산포도를 그리시오. 이 결과를 그림2.7과 비교하여라.

표 2.10
가구소득별 SAT 시험결과

출처: College Board, 2007 College-Bound Seniors, Table 11.

가구 소득($)	응시자 수	독해		수학		작문	
		평균	표준 편차	평균	표준 편차	평균	표준 편차
<10,000	40610	427	107	451	122	423	104
10000–20000	72745	453	106	472	113	446	102
20000–30000	61244	454	102	465	107	444	97
30000–40000	83685	476	103	485	106	466	98
40000–50000	75836	489	103	486	105	477	99
50000–60000	80060	497	102	504	104	486	98
60000–70000	75763	504	102	511	103	493	98
70000–80000	81627	508	101	516	103	498	98
80000–100000	130752	520	102	529	104	510	100
>100000	245025	544	105	556	107	537	103

b. 평균 가구소득과 평균 작문점수를 가지고 (a)를 반복하여라. 이 결과를 위의 두 그림과 비교하여라.

c. 3 개의 그림을 보면서 어떤 일반적 결론을 도출할 수 있는가?

3장

2-변수 회귀모형: 추정의 문제

제 2장에서 논의되었듯이, 우리의 일차적 작업은 표본회귀함수(SRF)를 기초로 하여 모집단함수(SRF)를 가능한 정확히 추정하는 것이다. **부록 A**에서 이미 두 가지의 일반적으로 사용되는 다음의 추정방법을 소개한 바 있다: (1) **통상최소자승(OLS)**과 (2) **최우추정(ML)**. 대개, 주로 널리 사용되는 추정법은 OLS 추정법인데 그 이유는 이 방법이 직관적으로 끌릴 뿐만 아니라 수학적으로도 최우추정법에 비하여 훨씬 더 단순하기 때문이다. 그 외에도, 나중에 다시 보여주겠지만, 선형회귀 범위에서 2 가지 방법은 일반적으로 비슷한 추정결과를 보이기 때문이다.

3.1 통상최소자승법

통상최소자승법은 독일의 수학자인 Gauss에 의해 개발되었다.(3.2절에서 논의될) 특정 조건하에서 통상최소자승법은 몇 가지 매우 바람직한 통계적 특성을 갖는다. 후에 상세히 다루어질 이러한 특성 때문에 통상최소자승법이 회귀분석에서 가장 강력하고 자주 쓰이는 방법 중의 하나가 되었다. 이 방법을 이해하기 위하여 먼저 최소자승원칙을 설명하자.

2-변수 PRF를 고려하자:

$$Y_i = \beta_1 + \beta_2 X_i + u_i \tag{2.4.2}$$

그러나 2장에서 보았듯이, PRF는 직접적으로 관측가능하지 않다. 따라서 이를 다음의 SRF에서 추정하여야 한다:

$$\begin{aligned} Y_i &= \hat{\beta}_1 + \hat{\beta}_2 X_i + \hat{u}_i & \text{(2.6.2)} \\ &= \hat{Y}_i + \hat{u}_i & \text{(2.6.3)} \end{aligned}$$

여기서 $\hat{Y}_i$가 Y_i의 추정치 또는 추정된 조건부기대치를 나타냄은 2장과 같다. 그러나 SRF를 어떻게 결정하는가? SRF를 결정하는 과정을 상세히 살펴보기로 하자. 우선, 식 2.6.3을

$$\begin{aligned}\hat{u}_i &= Y_i - \hat{Y}_i \\ &= Y_i - \hat{\beta}_1 - \hat{\beta}_2 X_i\end{aligned} \tag{3.1.1}$$

로 쓸 수 있는데 잔차 $\hat{u}_i$가 단순히 Y의 실제 값과 추정치의 차이임을 보여주고 있다.

Y와 X에 관한 n쌍이 관측치가 주어졌을 때 Y의 추정치가 Y의 실제 값에 최대한 가깝게 되도록 SRF를 결정하고자 한다. 이를 위하여 우리는 다음의 기준을 채택한다: 잔차의 합 $\sum\hat{u}_i = \sum(Y_i - \hat{Y}_i)$이 최소가 되도록 SRF를 선택하도록 하자. 그러나 이 기준이 의미에 있어서는 적절하나 가상적 산포도인 그림 3.1에서 보듯이 사실 그다지 좋은 기준이 될 수는 없다.

우리가 $\sum\hat{u}_i$을 최소화하려 한다고 하자. 그림3.1의 잔차를 고려하면, 이는 $(\hat{u}_1 + \hat{u}_2 + \hat{u}_3 + \hat{u}_4)$를 최소화 하는 것이다. 그런데, $\sum\hat{u}_i$를 최소화 한다면 가까운 잔차인 $\hat{u}_2$와 $\hat{u}_3$가 멀리 떨어진 $\hat{u}_1$과 $\hat{u}_4$와 동일한 가중치를 받게 된다. 다시 말해서 개별관측치가 SRF로부터 가깝든지 관계없이 모든 잔차들이 동등한 중요성을 부여받는다는 것이다. 이 결과 $\hat{u}_1$가 SRF주변에 멀리 흩어져 있어도 $\hat{u}_i$의 합은 작게(심지어는 0이 될 수도 있음) 나타날 수 있게 된다. 예를 들어 그림 3.1의 $\hat{u}_1$, $\hat{u}_2$, $\hat{u}_3$, $\hat{u}_4$의 값이 10, −2, +2, −10이라고 하자. $\hat{u}_1$과 $\hat{u}_4$가 $\hat{u}_2$와 $\hat{u}_3$ 보다 SRF로부터 멀리 떨어져 있음에도 불구하고 잔차들의 합 $\sum\hat{u}_i$는 0이 된다. 이러한 문제점을 회피하기 위하여 우리는 **최소자승기준**을 도입한다. 최소자승기준이란,

그림 3.1
최소자승기준

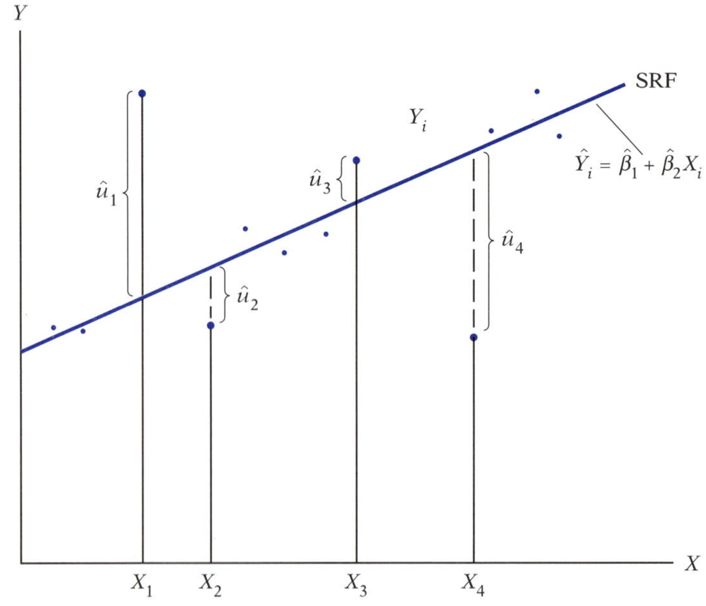

$$\sum \hat{u}_i^2 = \sum (Y_i - \hat{Y}_i)^2$$
$$= \sum (Y_i - \hat{\beta}_1 - \hat{\beta}_2 X_i)^2 \qquad \textbf{(3.1.2)}$$

이 최소가 되도록 SRF를 결정하는 것을 의미한다. 여기서 $\hat{u}_i^2$을 우리는 잔차자승이라 부르는데 $\hat{u}_i$를 제곱함으로써 최소자승기준은 가까운 $\hat{u}_2$와 $\hat{u}_3$보다 $\hat{u}_1$과 $\hat{u}_4$ 같이 멀리 떨어져 있는 잔차에 더 큰 가중치를 주게 된다. 위에서 살펴보았듯이 $\sum \hat{u}_i$를 최소화하는 기준을 따르면 $\hat{u}_i$가 SRF주변에 넓게 흩어져 있어도 $\sum \hat{u}_i$가 작게 되는 오류를 범할 수가 있다. 그러나 최소자승기준을 따르게 되면 $\hat{u}_i$의 절대 값이 크면 클수록 $\sum \hat{u}_i^2$도 더 커지므로 $\sum \hat{u}_i$의 최소화의 경우와 같은 오류를 범하지 않게 된다. 그밖에 최소자승법을 사용하여야 하는 이유로는 앞으로 다루겠지만 최소자승법에 의한 추정량들이 매우 바람직한 통계적 특성을 지니게 되기 때문이다. 식 3.1.2로부터

$$\sum \hat{u}_i^2 = f(\hat{\beta}_1, \hat{\beta}_2) \qquad \textbf{(3.1.3)}$$

임을 알 수 있다. 다시 말해서 잔차자승합은 추정량 $\hat{\beta}_1$과 $\hat{\beta}_2$의 함수임을 명백히 알 수 있다. 즉, 주어진 자료에 대하여 $\hat{\beta}_1$과 $\hat{\beta}_2$를 구하면 잔차 $\hat{u}$가 결정되고 $\sum \hat{u}_i^2$가 결정된다. 다시 말해서 $\hat{\beta}_1$과 $\hat{\beta}_2$가 어떠한 값을 취하는가에 따라 $\sum \hat{u}_i^2$의 값이 결정된다. 이 관계를 명확히 살피기 위해 다음의 가상적 경우를 상정하여 보다. Y와 X에 관한 한 가상적 Data를 표 3.1의 첫 번째 시행에서 $\hat{\beta}_1 = 1.572$, $\hat{\beta}_2 = 1.357$의 값을 선택하였다(이러한 수치를 얻는 방법에 대하여는 추후 논의될 것임)[1]. 이 $\hat{\beta}$들의 값과 주어진 X_i(표 3.1의 두 번째 열)를 사용하여 Y_i의 추정치 $\hat{Y}_{1i}$을 계산한 후 이를 표 3.1의 세 번째 열에 정리하였다. ($\hat{Y}_{1i}$의 아래 글자 1은 첫 번째 시행임을 나타내고 있다). $\hat{\beta}_1 = 3$, $\hat{\beta}_2 = 1$로 정한 후 이제 다른 실험을 해보자. 이 실험으로부터 $\hat{Y}_i$의 추정치는 표 3.1의 여섯번째 열에 정리되어 있다. 두 번의 실험에서 $\hat{\beta}$들의 값이 다르기 때문에 서로 다른 잔차를 얻게 된다. 표 3.1에서 $\hat{u}_{1i}$는 첫 번째 시행으로부터의 잔차이고 $\hat{u}_{2i}$는 두 번째 시행으로부터의 잔차이다. 이들의 자승합이 표 3.1의 5번째 열과 8번째 열에 나타나 있다. 식 3.1.3으로부터 예상했듯이 두 번의 시행에서 $\hat{\beta}$의 값들이 서로 다르기 때문에 이 오차자승합들은 서로 다를 수 밖에 없다.

그렇다면 어떤 $\hat{\beta}$값을 선택해야 하는가? 첫 번째 시행의 $\hat{\beta}$값들을 적용했을 때 두 번째 시행으로 얻은 오차자승합($\sum \hat{u}_{2i}^2 = 14$) 보다 더 작은 오차자승합($\sum \hat{u}_1^2 = 12.214$)을 얻을 수 있으므로 첫 번째 시행에서 적용한 $\hat{\beta}$값들이 "최량(Best)"이라고 할 수 있다. 그러나, 과연 다양한 $\hat{\beta}$값 중에서 첫 번째 시행이 가

1. 이 수치에 대해 궁금해 하는 학생들을 위해 이 값들은 잠시 후에 논의될 최소자승법으로 구한 값들임을 밝힌다. 식(3.1.6)과 (3.1.7)을 참조할 것

표 3.1 시행방법에 의한 SRF의 결정

Y_i (1)	X_t (2)	$\hat{Y}_{1i}$ (3)	$\hat{u}_{1i}$ (4)	$\hat{u}_{1i}^2$ (5)	$\hat{Y}_{2i}$ (6)	$\hat{u}_{2i}$ (7)	$\hat{u}_{2i}^2$ (8)
4	1	2.929	1.071	1.147	4	0	0
5	4	7.000	−2.000	4.000	7	−2	4
7	5	8.357	−1.357	1.841	8	−1	1
12	6	9.714	2.286	5.226	9	3	9
합: 28	16		0.0	12.214		0	14

주: $\hat{Y}_{1i} = 1.572 + 1.357X_i$ (즉., $\hat{\beta}_1 = 1.572$ 그리고 $\hat{\beta}_2 = 1.357$)
$\hat{Y}_{2i} = 3.0 + 1.0X_i$ (즉., $\hat{\beta}_1 = 3$ 그리고 $\hat{\beta}_2 = 1.0$)
$\hat{u}_{1i} = (Y_i - \hat{Y}_{1i})$
$\hat{u}_{2i} = (Y_i - \hat{Y}_{2i})$

장 적절한 값인지를 어떻게 알 수 있는가? 만약 시간이 무한히 많고 지치지 않고 시행할 수 있다면, 위와 같은 시행을 무수히 반복하여 각각의 상이한 $\hat{\beta}$들로부터 $\sum \hat{u}_i^2$을 구한 후, 이중 가장 작은 $\sum \hat{u}_i^2$을 얻게 하는 $\hat{\beta}$값들을 선택한다면 그러한 $\hat{\beta}_1$값과 $\hat{\beta}_2$이 최량의 값이 될 것이다. 그러나, 시간이 현실적으로 충분치 않고 오랜 시행을 할 만큼 끈기도 없으므로 무수한 반복시행의 시행착오를 거치지 않아도 되는 지름길을 고려하여야 한다. 다행이 최소자승법을 사용하면 그러한 지름길로 통하게 된다. 최소자승법의 기본 원리는 표본이 주어졌을 때 $\sum \hat{u}_i^2$를 가능한 한 최소로 만드는 $\hat{\beta}_1$과 $\hat{\beta}_2$를 선택하는 것이다. 다시 말해서, 주어진 표본에 대하여 $\sum \hat{u}_i^2$를 가능한 한 최소로 만드는 $\hat{\beta}_1$과 $\hat{\beta}_2$의 유일한 추정치를 찾게 해주는 방법이다. 어떻게 하여야 하는가? 이는 미분을 사용하면 되는 간단한 문제이다. 부록 3A의 3A.1에 설명되어 있듯이, 미분을 하여 정리하면 $\hat{\beta}_1$과 $\hat{\beta}_2$을 추정하기 위한 다음의 식을 구할 수 있다.

$$\sum Y_i = n\hat{\beta}_1 + \hat{\beta}_2 \sum X_i \tag{3.1.4}$$

$$\sum Y_i X_i = \hat{\beta}_1 \sum X_i + \hat{\beta}_2 \sum X_i^2 \tag{3.1.5}$$

여기서, n은 표본의 크기를 나타내는데 위의 연립방정식을 정규방정식(Normal Equation)이라 부른다.

정규방정식을 연립하여 풀면,

$$\begin{aligned}\hat{\beta}_2 &= \frac{n\sum X_i Y_i - \sum X_i \sum Y_i}{n\sum X_i^2 - \left(\sum X_i\right)^2} \\ &= \frac{\sum (X_i - \bar{X})(Y_i - \bar{Y})}{\sum (X_i - \bar{X})^2} \\ &= \frac{\sum x_i y_i}{\sum x_i^2}\end{aligned} \tag{3.1.6}$$

을 얻는다. 여기에서, $\bar{X}$와 $\bar{Y}$는 X와 Y의 표본평균을 나타내고 소문자 x_i와 y_i는 $x_i = (X_i - \bar{X})$ 그리고 $y_i = (Y_1 - \bar{Y})$를 의미한다. **이와 같이 계량경제학에서 일반적으로 소문자로 표기된 변수는 평균값으로부터의 편차를 의미하는데, 이 책에서도 소문자 표기의 관행을 따르기로 한다.** 또한,

$$\begin{aligned}\hat{\beta}_1 &= \frac{\sum X_i^2 \sum Y_i - \sum X_i \sum X_i Y_i}{n\sum X_i^2 - \left(\sum X_i\right)^2} \\ &= \bar{Y} - \hat{\beta}_2 \bar{X}\end{aligned} \tag{3.1.7}$$

을 얻는데 식 3.1.7의 마지막 단계는 식 3.1.4를 수학적으로 변형하여 얻은 것이다.

한편, 간단한 항등식을 사용하면 공식 (3.1.6)을 다음과 같이 쓸 수 있다.

$$\begin{aligned}\hat{\beta}_2 &= \frac{\sum x_i y_i}{\sum x_i^2} \\ &= \frac{\sum x_i Y_i}{\sum X_i^2 - n\bar{X}^2} \\ &= \frac{\sum X_i y_i}{\sum X_i^2 - n\bar{X}^2}\end{aligned} \qquad (3.1.8)^2$$

OLS 방법에 의해 구한 추정량의 다음과 같은 수치적 성격을 주목할 필요가 있다. "수치적 특성은 통상최소자승법을 사용한 결과로서 자료가 어떻게 생성되었는지에 관계없이 유지되는 것이다"[3]. 이와 아울러 잠시 후에 OLS추정량의 통계적 특성, 즉, "자료가 생성된 방법에 관한 일정 가정하에서만 유지되는" 특성을 함께 고려할 것이다.[4](3.2절에 있는 고전적 선형회귀모형을 참조할 것)

Ⅰ. OLS 추정량은 단지 관측가능한 (표본) 수량(즉, X와 Y)만으로 표현될 수 있다. 그러므로 OLS추정량을 쉽게 계산할 수 있다.

Ⅱ. OLS추정량은 점추정량이다. 즉, 표본이 주어졌을 때 각 추정량은 해당 모수에 대해 단지 하나의 값을 제시해 준다(제5장에서 소위 구간추정량

2. 주 1: $\Sigma x_i^2 = \Sigma(X_i - \bar{X})^2 = \Sigma X_i^2 - 2\Sigma X_i \bar{X} + \Sigma \bar{X}^2 = \Sigma X_i^2 - 2\bar{X}\Sigma X_i + \Sigma\bar{X}^2$, 왜냐하면 $\bar{X}$는 상수이기 때문이다. 나아가, $\bar{X}$가 상수이기 때문에 $\Sigma X_i = n\bar{X}$, $\Sigma\bar{X}^2 = n\bar{X}^2$이어서, 최종적으로 $\Sigma x_i^2 = \Sigma X_i^2 - n\bar{X}^2$을 얻게된다.

주 2: $\Sigma x_i y_i = \Sigma x_i(Y_i - \bar{Y}) = \Sigma x_i Y_i - \bar{Y}\Sigma(X_i - \bar{X}) = \Sigma x_i Y_i$이다. 왜냐하면 $\bar{Y}$가 상수이고 어떤 변수의 평균값으로부터의 편차의 합[즉, $\Sigma(X_i - \bar{X})$]은 항상 0이기 때문이다. 같은 논리로, $\Sigma y_i = \Sigma(Y_i - \bar{Y}) = 0$이다.

3. Russel Davidson and James G. Mackinnon, *Estimation and Inference in Econometrics,* Oxford University Press, New York, 1993, p.3

4. 전게서

그림 3.2
표본회귀선이 Y와 X의 표본평균값을 지난다는 것을 보여주는 그림

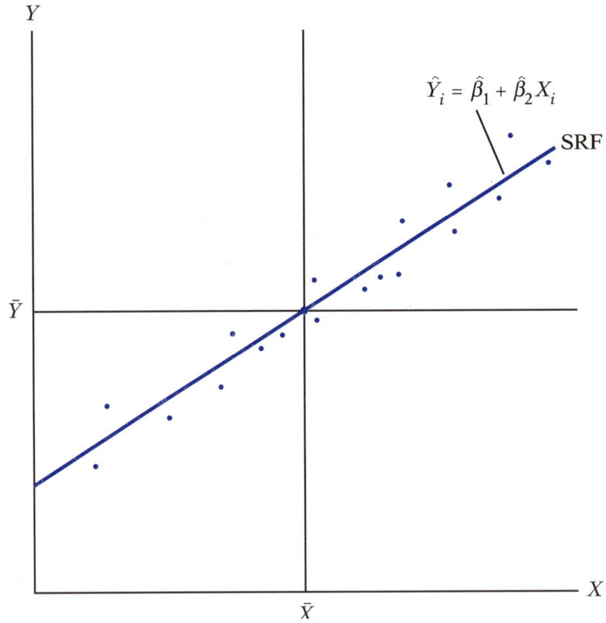

이라고 부르는 추정량을 공부할 것이다. 구간추정량은 미지의 모수에 대해 가능한 값의 범위를 제시한다).

Ⅲ. 표본자료로부터 OLS추정량을 구하고 나면, 표본회귀선(그림 3.1)을 쉽게 구할수 있다. 따라서 구해진 회귀선은 다음과 같은 특성을 지닌다:

1. 표본회귀선은 X와 Y의 표본평균을 통과하는데, 이는 식 3.1.7로부터 자명해진다. 즉, 식 3.1.7을 다시 쓰면 $\bar{Y} = \hat{\beta}_1 + \hat{\beta}_2 \bar{X}$가 되고 이 관계는 그림 3.2에 나타나 있다.
2. Y의 추정치 $\hat{Y}_i$의 평균값은 실제 Y의 평균값과 같다. 왜냐하면,

$$\begin{aligned}\hat{Y}_i &= \hat{\beta}_1 + \hat{\beta}_2 X_i \\ &= (\bar{Y} - \hat{\beta}_2 \bar{X}) + \hat{\beta}_2 X_i \\ &= \bar{Y} + \hat{\beta}_2 (X_i - \bar{X})\end{aligned} \quad \textbf{(3.1.9)}$$

이 되고, 등호의 양쪽을 표본전체에 대하여 합한 후 표본의 크기 n으로 나누면

$$\bar{\hat{Y}} = \bar{Y} \quad \textbf{(3.1.10)}^5$$

이 된다. 여기에서 $\sum(X_i - \bar{X}) = 0$을 사용하였다. (그 이유는?)

3. 잔차 $\hat{u}_i$의 평균값은 0 이다. 부록 3A의 3A.1에서 첫 번째 방정식은

5. 이 결과는 회귀선의 절편 β_1이 있는 경우에만 성립함을 유념하여야 한다. 부록 6A의 6A.1이 보여주듯이 β_1이 없으면 이 결과는 성립할 수 없다.

$$-2\sum(Y_i - \hat{\beta}_1 - \hat{\beta}_2 X_i) = 0$$

이다. 그러나 $\hat{u}_i = Y_i - \hat{\beta}_1 - \hat{\beta}_2 X_i$이므로, 위의 식은 $-2\sum\hat{u}_i = 0$이 된다. 따라서 $\bar{\hat{u}} = 0$이다[6].

위의 특성을 사용하여 표본회귀함수

$$Y_i = \hat{\beta}_1 + \hat{\beta}_2 X_i + \hat{u}_i \tag{2.6.2}$$

를 편차형태(deviation form)로 표현할 수 있다. 편차형태란 Y와 X를 각각의 평균으로부터의 편차로 표시하는 것을 말한다. 즉, 식 2.6.2의 양쪽을 합하면

$$\begin{aligned} \sum Y_i &= n\hat{\beta}_1 + \hat{\beta}_2 \sum X_i + \sum \hat{u}_i \\ &= n\hat{\beta}_1 + \hat{\beta}_2 \sum X_i \qquad \text{since} \sum \hat{u}_i = 0 \end{aligned} \tag{3.1.11}$$

이 되고 식 3.1.11의 양쪽을 n으로 나누면

$$\bar{Y} = \hat{\beta}_1 + \hat{\beta}_2 \bar{X} \tag{3.1.12}$$

이다. 식 2.6.2에서 3.1.12를 빼면

$$Y_i - \bar{Y} = \hat{\beta}_2 (X_i - \bar{X}) + \hat{u}_i$$

또는

$$y_i = \hat{\beta}_2 x_i + \hat{u}_i \tag{3.1.13}$$

을 얻는다. 여기에서 소문자 y_i와 x_i는 앞에서 규정한 바와 같이 각각의 표본평균으로부터의 편차를 나타낸다.

식 3.1.13의 형태를 편차형태라고 부른다. 식 3.1.13에는 절편 $\hat{\beta}_1$이 없으나 $\hat{\beta}_1$을 식 3.1.7을 이용하여, 즉 표본회귀선이 Y와 X의 표본평균을 지난다는 사실로부터 항상 추정할 수 있다. 편차형태로 회귀선을 나타내면 계산이 간단해지는 유리한 점이 있다.

한편, SRF를 편차형태로 다음과 같이 쓸 수 있는데

$$\hat{y}_i = \hat{\beta}_2 x_i \tag{3.1.14}$$

6. 이 결과도 역시 절편 β_1이 모형에 존재하여야 성립한다(부록 6A의 6A.1 참조)

본래의 형태는 식 (2.6.1)에서 보듯이 $\hat{Y}_i = \hat{\beta}_1 + \hat{\beta}_2 X_i$이다.

4. 잔차 $\hat{u}_i$와 y_i의 예측치간 상관관계는 없다. 편차형태를 이용하여 증명하면 다음과 같다.

$$\begin{aligned}\sum \hat{y}_i \hat{u}_i &= \hat{\beta}_2 \sum x_i \hat{u}_i \\ &= \hat{\beta}_2 \sum x_i (y_i - \hat{\beta}_2 x_i) \\ &= \hat{\beta}_2 \sum x_i y_i - \hat{\beta}_2^2 \sum x_i^2 \\ &= \hat{\beta}_2^2 \sum x_i^2 - \hat{\beta}_2^2 \sum x_i^2 \\ &= 0\end{aligned} \tag{3.1.15}$$

위에서 $\hat{\beta}_2 = \sum x_i y_i / \sum x_i^2$을 이용하였다.

5. 잔차 $\hat{u}_i$와 X_i 간 상관관계는 없다. 즉, $\sum \hat{u}_i X_i = 0$이다. 이 특성은 부록 3A의 3A.1에 있는 식(2)에서 얻을 수 있다.

3.2 고전적 선형회귀모형: 최소자승법을 위한 가정

계량경제학에서의 목적이 단지 모수 β_1과 β_2를 추정하는 것이라면 앞의 절에서 설명한 OLS방법만으로도 충분하다. 그러나, 2장에서 논의된 바와 같이 우리의 목적은 $\hat{\beta}_1$과 $\hat{\beta}_2$을 구하고 또한 참값 $\hat{\beta}_1$과 $\hat{\beta}_2$에 대한 통계적 추론을 끌어내는 것이다. 예를 들어, $\hat{\beta}_1$과 $\hat{\beta}_2$이 모집단의 모수와 얼마나 가까운 값인지 또는 $\hat{Y}_i$이 $E[Y|X_i]$에 얼마나 가까운 값인지를 알고자 한다. 이러한 통계적 추론을 얻으려면 모형의 함수적 형태 (예를 들어 식(2.4.2))를 분명히 해야하지만, 아울러 X_i와 u_i가 어떠한 통계적 성질을 가지고 있는지 알지 못하면 Y_i, β_1, β_2에 관한 어떤 통계적 추론도 할 수 없다. 그러므로 회귀결과를 올바르게 해석하기 위해서는 X_i와 교란항에 대한 가정이 꼭 필요하다.

대부분의 계량경제이론의 초석 역할을 하는 Guassian, 표준적 또는 고전적 선형회귀모형(CLRM)은 7개의 가정을 한다[7]. 우선 2-변수 모형의 범주에서 이 가정들을 설명하고, 7장에서 1개 이상의 설명변수를 포함하는 다중회귀모형에서 이 가정들을 확대할 것이다.

7. 이를 고전적이라고 부르는 이유는 Gauss가 1821년에 처음으로 개발하였기 때문이고, Gaussian 가정을 만족시키지 않은 회귀모형과 비교할 때 사용되는 잣대의 역할을 하기 때문이다.

가정 1 **선형회귀모형**: 회귀모형은 변수에 대하여 선형일수도 아닐수도 있지만 **모수에 대하여 선형**이다. 즉, 식 2.4.2의 모형과 같다.

$$Y_i = \beta_1 + \beta_2 X_i + u_i \qquad \textbf{(2.4.2)}$$

7 장에서 보겠지만, 이 모형을 다수의 설명변수로 확대할 것이다.

2장에서 모형 2.4.2을 논의한바 있다. 모수-선형 회귀모형이 CLRM의 출발점이기 때문에 이 책의 대부분 이 가정을 유지할 것이다[8]. 2장에서 설명했듯이 종속변수 Y와 설명변수 X는 비선형일 수 있음을 명심하여야 한다.

가정 2 **고정된 *X* 값 또는 오차항과 독립인 *X* 값**: 설명변수 X가 갖는 값은 반복된 표본추출에서 고정된 것으로 고려할 수 있거나(고정된 설명변수의 경우) 또는 종속변수 Y와 함께 추출될 수도 있다(확률적인 설명변수의 경우). 뒤의 경우에는 X 변수(들)과 오차항이 독립, 즉 $\text{cov}(X_i, u_i)=0$ 이라고 가정한다.

이는 표 2.1의 예제를 가지고 설명할 수 있다. 표에 있는 바와 같이, 소득수준에 대응하는 다양한 모집단 Y를 고려하여 보자. X의 값을 예를 들어 80달러로 고정한 채, 한 가구를 임의로 추출해서 주당 가계소비지출을 관측한 결과 그 값이 60달러라고 하자. X의 값을 여전히 80달러로 유지한 채, 다른 가구를 임의로 추출해서 Y값을 관측하였는데 그 값이 75달러라고 하자. 이러한 추출과정에서(즉, 반복추출과정에서) X의 값은 80달러로 고정되어 있다. 표 2.1에서 보는 바와 같이 이 과정을 모든 X값에 대해 반복할 수 있다. 사실, 표 2.4와 2.5의 표본자료는 이러한 방식으로 추출된 것이다.

X 값들이 비확률적이라고 왜 가정하는가? 대부분의 사회과학에서 통상적으로 Y변수와 X변수가 임의로 추출되는 바, 정반대-즉 Y 변수와 같이 X 변수도 확률적-를 가정해야 자연스러운 것처럼 보인다. 그러나 다음과 같은 이유 때문에 X 변수가 비확률적이라고 가정한다.

첫째, 이 가정은 애초에 분석을 단순하게 만들고 학생들이 복잡한 회귀분석을 서서히 접하게 하고자 만들었다. **둘째**, 실험적 상황에서는 X 값이 고정되었다고 가정하는 것이 아주 비현실적인 것은 아니다. 예를 들자면, 농부는 자신의 경작지를 여러 개의 구역으로 나눈 후 서로 다른 양의 비료를 뿌려봄으로써 수확량에 미치는 비료의 효과를 알아볼 수 있다. 마찬가지로, 백화점은 할인율이 소비자에 미치는 영향을 특정하고자 다양한 할인율을 제품에 적용할 수도 있다. 어떤 경우에는 특정한 목적 때문에 X 값을 고정시킬 수도 있다. 가령, 표 2.6의 자

8. 그러나, 상급의 학생들을 위하여 14장에서 모수-비선형 모형을 간략하게 설명할 것이다.

료처럼, 다양한 교육수준(X)에 대하여 평균 주당 근로소득(Y)이 어떤지 알고자 한다고 하자. 이 경우에는 X 변수가 고정되었거나 비확률적이라고 고려할 수 있다. **셋째**, 13장에서 보게 되듯이, X 변수가 확률적이라고 해도 고정된 설명변수의 경우에 기초한 선형회귀분석의 통계적 결과는 X 변수가 확률적인 경우에 일정 조건만 충족된다면 여전히 유효하다. 그 조건이란 회귀자(regressor) X와 오차항 u_i가 독립이라는 것이다. James Davidson이 지적하기를 "... 이 모형[즉, 확률적 회귀자]이 고정된 회귀자 모형과 '유사하고', ... 고정된 회귀자 모형에서의 최소자승의 통계적 특성은 여전히 성립한다"[9]

이러한 이유 때문에 우리는 (고정된 회귀자) CLRM을 상당히 구체적으로 다룰 것이다. 그러나 13장에서 확률적 회귀자의 경우를 일정부분 구체적으로 다룰 것이고 확률적 회귀자 모형을 고려할 필요가 있는 경우를 지적할 것이다. 부수적으로, X 변수들이 고정되었거나 비확률적으로 취급되는 CLRM 모형에 대비하여, X 변수(들)이 확률적일 때 그 모형을 신고전적 선형회귀모형(neo-classical linear regression model: NLRM)이라고 부른다[10]. 한편, 전자를 고정 회귀자 모형(fixed regressor model), 후자를 확률적 회귀자모형(stochastic regressor model)이라고 부른다.

가정 3 **교란항 u_i의 평균이 0임**: X_i의 값이 주어졌을 때, 확률적 교란항 u_i의 평균 또는 기대치가 0이다. 수식으로 표현하면,

$$E(u_i | X_i) = 0 \tag{3.2.1}$$

인데, 만약 X_i가 비확률적이라면

$$E(u_i) = 0$$

가정3이 의미하는 바는 X_i가 주어졌을 때 u_i의 평균값은 0이라는 것이다. 이 가정의 가하학적 의미는 그림 3.3에 나타나 있다. 그림3.3에서 보듯이 주어진 X에 대한 모든 집단 Y값들이 몇 개는 평균값보다 위에, 나머지는 아래쪽에 위치하는 등 평균(PRF상에 원으로 두른 점들)을 중심으로 분포되어 있다. 평균값으로부터 각 점까지의 거리는 u_i인데 식 3.2.1이 요구하는 바는 X가 주어졌을 때 거리의 평균값이 0이어야 한다는 것이다.

앞의 절 2.4(식 [2.4.5])에서 다루어진 내용에 초점을 두면 이 가정을 쉽게 이해할 수 있다. 가정 3 은 모형에 명시적으로 포함하지 않고 u_i로 묶어진 요소들은

9. James Davidson, *Econometric Theory,* Blackwell Publishers, U.K., 2000, p. 10.

10. 이 용어는 Arthur S. Goldberger, *A Course in Economerics,* Harvard University Press, Cambridge, MA, 1991, p. 264에서 기인한다.

그림 3.3
오차항 u_i의 조건부 분포

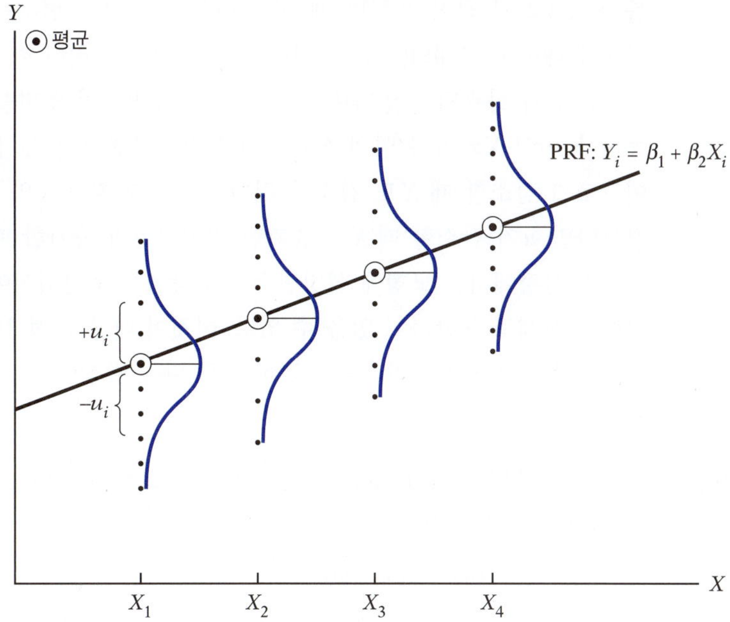

Y의 평균치에 체계적으로 영향을 미치지 않는다는 것을 의미할 뿐이다. 즉 양의 u_i값들과 음의 u_i는 서로 상쇄되어서 Y에 미치는 u_i의 평균 효과가 0이라는 것을 의미한다.[11]

또한 추가적으로 $E(u_i|X_i)=0$의 가정은 바로 $E(u_i|X_i)=\beta_1+\beta_2 X_i$를 의미하는 것임을 알 수 있고, 따라서 두 가정은 서로 동일한 내용이다.

실증분석에 사용되는 모형에서 표기편의 또는 표기오차가 없다는 것을 가정 3이 의미하고 있음을 포착하는 것이 중요하다. 다른 말로 말해서, 회귀모형이 정확하게 표기되었다는 것이다. 중요한 설명변수를 빠뜨렸거나 불필요한 변수를 포함하였거나 혹은 Y 변수와 X 변수의 관계에 대하여 잘못된 함수형태를 선택하는 것 등이 표기오차의 예들이다. 우리는 이 주제를 13장에서 상세하게 논의할 것이다.

아울러 어떤 다른 확률변수가 주어졌을 때 한 확률변수의 조건부 평균이 0이라면 두 변수간 공분산이 0이고 따라서 두 변수가 무상관임을 주목하여야 한다. 그러므로 가정 3은 X_i와 u_i가 무상관임을 의미한다[12].

오차항 u와 설명변수(들) X가 무상관이라고 가정하는 이유는 단순하다. PRF

11. 가정 3이 왜 필요한가에 대해 더 기술적인 부분을 알고 싶으면 다음의 책을 참고할 것. E Mailvand, Statistical Method of Econometrics, Rand Mcnally & Co., Chicago, 1966 p.75. 또 이장의 연습문제 3.3을 참고할 것

12. 그러나 이 논리의 역은 성립하지 않는데, 그 이유는 상관관계가 선형관계만을 재는 척도이기 때문이다. 즉, X_i와 u_i가 무상관이라고 해도 X_i가 주어졌을 때 u_i의 조건부 평균이 0 이 아닐 수 있다. 그러나, X_i와 u_i가 상관되어있다면 $E(u_i|X_i)$는 0이 아니어야 하는데 이는 가정 3을 위반하는 것이다. 이러한 부분은 Stock과 Watson의 저서에서 도움을 받았다. 이를 위하여 James H. Stock and Mark W. Watson, Introduction to Econometrics, Addison-Wesley, Boston, 2003, pp.104-105 를 참조할 것.

를 식(2.4.2)와 같이 표현할 때, X와 u(모든 생략된 변수들의 영향을 반영하는)가 Y에 대하여 별개의(그리고 더하기의) 영향을 미친다고 가정하였다. 그러나 만약 X와 u가 상관되어 있다면, Y에 미치는 개별적인 영향을 평가하는 것이 불가능하다. 만약 X와 u가 양의 상관관계를 갖은다면 u가 증가할 때 X도 증가할 것이고 u가 감소할 때 X도 감소할 것이다. 마찬가지로 X와 u가 음의 상관관계를 갖는다면, u가 감소할 때 X는 증가할 것이고 u가 증가할 때 X는 감소할 것이다. 이러한 상황에서는 모형에 설명변수로서 당연히 포함되어야할 몇몇 변수들을 오차항이 실제로 포함하고 있을 수 있다. 이것이 바로 가정 3이 선택된 회귀모형에 표기오차가 존재하지 않음을 주장하는 또 다른 방식이라는 이유이다.

가정 4

동분산 또능 일정한 u_i분산: 오차항 또는 교란항의 분산이 X의 값에 관계없이 동일하다. 수식으로 표현하면,

$$\begin{aligned} \text{var}(u_i) &= E[u_i - E(u_i | X_i)]^2 \\ &= E(u_i^2 | X_i), \text{ 가정 3으로 인하여} \\ &= E(u_i^2), \text{ 만약 } X_i \text{ 비확률적이라면} \\ &= \sigma^2 \end{aligned} \tag{3.2.2}$$

여기서 var는 분산을 의미한다.

식 3.2.2가 의미하는 바는 각각의 X_i에 대한 u_i의 분산(즉 u_i의 조건부 분산)이 어떤 양의 상수 σ^2으로서 i에 관계없이 같다는 것이다. 기술적인 용어로 식 (3.2.2)는 동분산(Homoscedasticity), **균등 확산**(equal spread), 또는 **동일분산**의 가정이라고 한다. 이 용어는 퍼짐 또는 산포를 의미하는 그리스 동사 **skedanime**에서 유래하였다. 이를 달리 서술하자면 식 (3.2.2)는 다양한 X값에 대응한 모집단 Y가 동일분산을 갖는다는 것을 의미한다. 간단하게 말하면, 회귀선(Y와 X의 평균적 관계를 나타내는 선) 주변의 변동이 모든 X 값에 걸쳐 동일하다는 것이다; X가 변화할 때 커지지도 않고 작아지지도 않는다. 그림 3.4에 이 가정의 의미를 나타내었다.

이와는 반대로, 그림 3.5와 같이 X가 증가할수록 모집단 Y의 조건부분산도 같이 증가하는 경우를 상정할 수 있는데, 이와 같은 경우를 이분산(Heteroscedasticity ; 異分散), **불균등 확산(unequal spread)** 또는 **불균등 분산**이라 한다. 수학적으로 식 3.2.2를 다음과 같이 표현할 수 있다.

$$\text{var}(u_i | X_i) = \sigma_i^2 \tag{3.2.3}$$

식 (3.2.3)에서 σ^2의 첨자를 주목하되 이는 모집단 Y의 분산이 더 이상 동일하지 않음을 나타낸다.

공통분산과 이분산의 차이를 좀더 확실히 이해하기 위해, 앞에서의 예와 마찬가지로 Y를 주당 소비지출, X를 주당 소득이라 하자. 이때, 소득이 증가할수록 소비도 따라서 증가하는 현상을 그림 3.4와 그림 3.5 모두 보여주고 있다. 그러나, 두 그림의 차이점은 그림 3.4에서는 소득이 증가해도 소비의 분산이 증가하지 않는 반면, 그림 3.5에서는 소비의 분산이 따라서 증가하고 있다. 소위, 부유한 가족이 가난한 가족보다 평균적으로 소비를 많이 하고 아울러, 소비지출의 변동이 훨씬 심하다는 것을 보여준다.

이 가정의 논리적 근거를 그림 3.5를 통해 살펴보자. 그림에서는 $var(u \mid X_1) < var(u \mid X_2) < \cdots < var(u \mid X_i)$로 나타나 있다. 그러므로 $X = X_1$일 때 모집단으로부터 추출한 관측치 Y가 $X = X_2$, $X = X_3$, …일 때 추출한 관측치보다는 PRF에 더 가까울 것이다. Y가 평균, 즉 PRF상의 점들로부터 얼마나 가깝게 또는 멀리 분포되어 있는가를 신뢰성(reliability)이라 정의한다면, 다양한 X값들에 해당하는 모든 경우 Y값들이 갖는 신뢰성이 모두 같다고 할 수는 없다.

그림 3.4
동분산

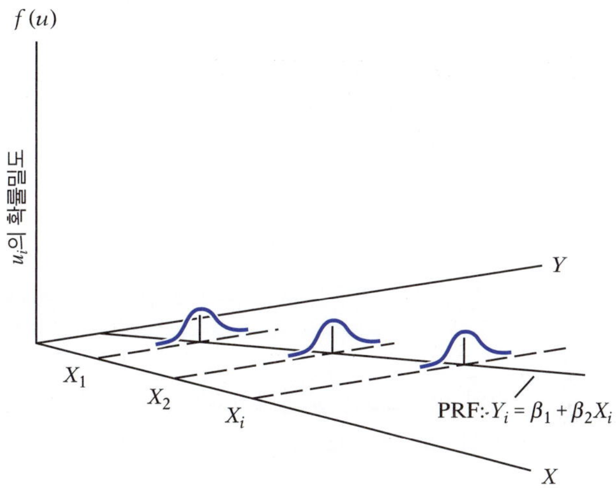

그림 3.5
이분산

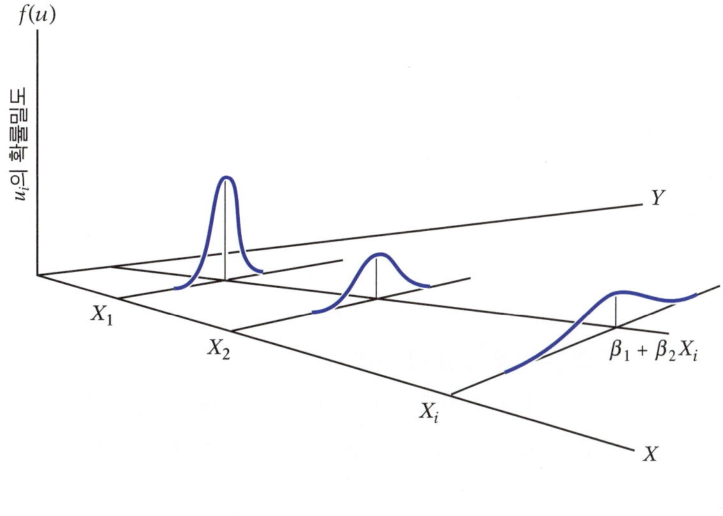

만약 실제현상이 이분산의 경우라면 우리는 평균에서 가까운 Y모집단으로부터의 표본을 그렇지 않은 표본보다 더 선호할 것이고, 따라서 우리가 선택할 수 있는 폭을 크게 제약할 것이다.

가정 4에 근거하여, 현 단계에서 다양한 X 값에 대응되는 모든 Y 값들이 동일하게 중요하게 된다. 11장에서 이렇지 않은 경우, 즉 이분산이 존재할 경우 어떤 일이 발생하는지 보게될 것이다.

부수적으로, Y_i의 조건부 분산 또한 동분산이라는 것을 가정 4가 의미하고 있다. 즉,

$$\text{var}\,(Y_i|X_i) = \sigma^2 \tag{3.2.4}$$

물론, Y의 무조건적 분산은 σ_Y^2이다. 이후 Y의 조건부 분산과 무조건 분산의 구별이 중요하다는 것을 공부할 것이다(조건부 분산과 무조건 분산의 상세한 설명은 부록 A를 참조할 것)

가정 5 **교란항 간에 자기상관이 존재하지 않음:** X_i와 X_j와 같이 2개의 X 값이 주어졌을 때, 두 교란항 u_i과 u_j, $(i \neq j)$간 상관관계는 0이다. 간략하게, 관측치들이 독립적으로 추출되었다. 수학적으로,

$$\text{cov}(u_i, u_j|X_i, X_j) = 0 \tag{3.2.5}$$
$$\text{cov}(u_i, u_j) = 0, \text{ 만약 } X\text{가 비확률적이라면}$$

인데, 여기서 i와 j는 서로 다른 관측치를 나타내며 cov는 공분산을 의미한다.

위의 식 3.2.5는 교란항 u_i와 u_j가 무상관이라는 것을 의미한다. 기술적으로 표현하면, 계열상관(serial correlation)이 없음 또는 자기상관(autocorrelation)의 가정이다. 이는, X_i의 값이 주어졌을 때, 두 개의 Y값의 평균으로부터의 편차들은 그림 3.6(a)와 그림 3.6(b)와 같은 유형을 유지하지 않는다는 것이다. 그림 3.6(a)는 u들이 양의 상관관계, 즉 u값도 양의 값을 가지면 다음 u값도 양이고 u가 음의 값을 가지면 다음 u값도 음이 되는 관계를 보여주고 있다. 반면, 그림 3.6(b)는 u들이 음의 상관관계를 갖는 것, 즉 u가 양의 값을 가지면 다음 u값은 음의 값을 갖는 관계를 보여준다.

만약 교란항(또는 편차)들이 유형에 따라 움직인다면 우리는 자기 상관 또는 계열상관이 있다고 하는데 가정 5는 바로 이러한 관계 또는 체계적 형태가 없다는 것을 의미한다. 그림 3.6(c)는 u들간에 체계적 형태가 없고 따라서 상관관계가 없는 경우를 보여주고 있다.

이 가정의 전반적인 성격은 12장에서 충분히 다뤄질 것이지만 가정의 의미는 다음과 같이 설명할 수 있다. 가령 PRF가 $Y_t = \beta_1 + \beta_2 X_t + u_t$이고 u_t와 u_{t-1}이

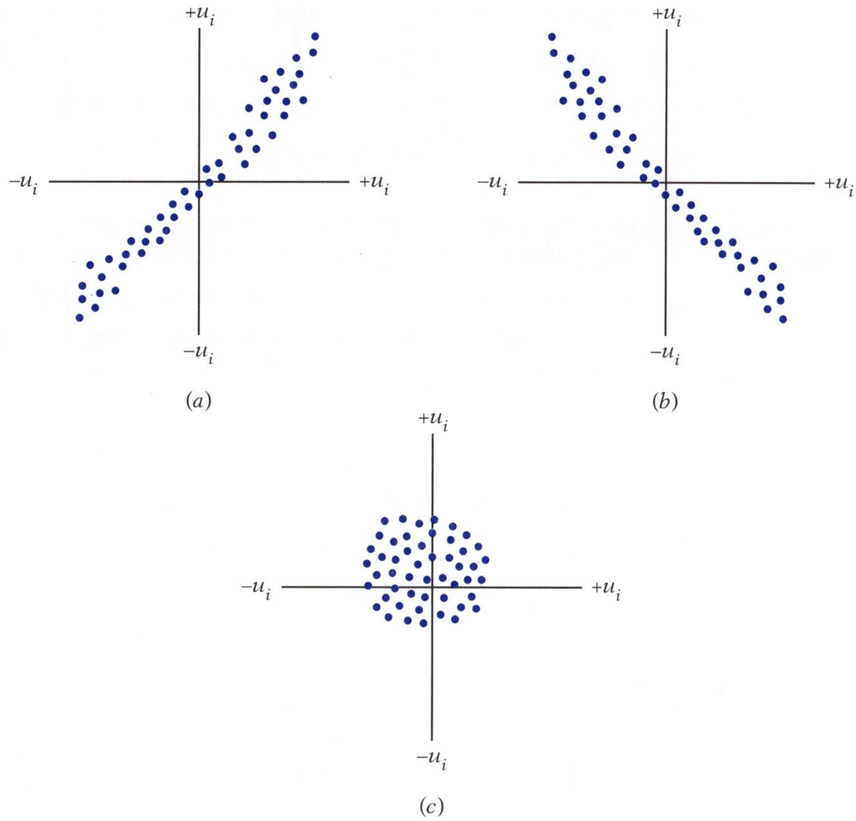

그림 3.6
교란 사이의 상관관계
(a) 양의 계열상관;
(b) 음의 계열상관;
(c) 0의 상관.

양의 상관관계를 갖는다고 하자. 그러면 Y_t는 u_{t-1}이 u_t에 미치는 영향 때문에 결국 X_t뿐만 아니라 u_{t-1}에 의해 결정된다. 이 단계에서 더 이상 상세한 설명을 할 수는 없으나 가정 5를 채택하게 되면 X_t가 Y_t에 미치는 체계적 효과(systematic effect)만을 집중적으로 분석할 수 있고, 그 이외에 교란항간의 상관관계 때문에 Y에 미치는 다른 효과들은 무시해 버릴 수 있게 된다. 그러나, 앞에서 지적했듯이 교란항간의 상관관계가 분석방법과 분석결과에 어떤 영향을 미치는지는 12장에서 심도있게 다뤄질 것이다.

그러나 이 가정의 합리화 여부는 분석에 사용되는 자료의 형태에 달려있다는 것을 지적하여야 한다. 만약 자료가 횡단면자료이고 모집단으로부터 얻은 확률표본이라면 이 가정은 합리화될 수 있다. 그러나 만약 자료가 시계열자료라면 독립성에 관한 가정은 유지하기가 어렵다. 왜냐하면 GDP와 같은 시계열의 연속적 관측치는 아주 밀접하게 상관되어 있다. 그러나 이 책의 말미에서 시계열 계량경제학을 설명할 때 이와 같은 상황을 다룰 것이다.

가정 6 **관측치의 개수가 추정될 모수의 개수보다 많아야 한다**: 다른 말로 표현하면, 관측치 개수 n이 설명변수의 개수보다 많아야 한다.

이 가정은 보이는 것처럼 제한적은 아니다. 표 3.1에서의 가상적 예제에서 Y

와 X에 관한 관측치가 첫 번째 한 쌍의 관측치(4와 1)만 있다고 상상해 보자. 이 한 쌍의 관측치로는 미지의 2개의 모수 β_1과 β_2를 추정할 방법이 없다. 두 개의 모수를 추정하는 데는 적어도 두 쌍의 관측치가 있어야 한다. 이후의 장에서 이 가정의 결정적 중요성을 보게 될 것이다.

가정 7 **X값의 가변성(variability)**: 주어진 표본에서 X값이 모두 같아서는 안 된다. 기술적으로 표현하면 var(X)는 양수이어야 한다. 더구나, X변수의 값에 **이상점(outliers)**이 있으면 안된다는 것이다. 이상점이란 다른 관측치들에 비하여 매우 큰 값을 말한다.

X 값에 변동성이 있어야 한다는 이 가정 역시 보이는 것처럼 제한적은 아니다. 식 (3.1.6)을 고려하자. 만약 모든 X값이 동일하다면, $X_i = \bar{X}$이고, (그 이유는?) 그 식의 분모는 모두 0이 되기 때문에 β_2를 추정할 수 없고 따라서 β_1을 추정할 수 없게 된다. 의미를 짚어볼 때 이 가정이 중요한 이유를 쉽게 알 수 있다. 2장에서 고려한 가계소비지출 예제를 고려해 보면, 가계소득의 변화가 별로 없다면, 소비지출 변화의 상당부분을 설명할 수 없게 될 것이다. 학생들은 X와 Y두 변수의 변화가 회귀분석을 사용하는데 있어 필수적이라는 것을 명심하여야 한다. 간략하게 말해서 변수는 변해야 한다.

X 값에 이상점(outlier)이 없어야 한다고 요구하는 것은 회귀결과가 그러한 이상점들에 의하여 좌지우지되는 경우를 회피하고자 함이다. 만약 평균 X 값의 약 20배 정도인 몇 개의 이상점이 있다고 할 때, 이러한 비정상적인 관측치가 있는 경우와 없는 경우의 추정된 회귀선은 서로 크게 다르게 된다. 그러한 이상점들은 많은 경우에 있어 수식계산의 잘못이거나 또는 서로 다른 모집단에서 표본을 섞어서 추출하였기 때문이다. 13장에서 이 주제를 더 다룰 것이다.

지금까지 고전적 선형회귀모형에 내재하는 가정들을 살펴보았다. 이러한 가정들은 단지 모집단의 PRF에만 해당하는 것이고 표본의 SRF에는 적용되지 않는다. 그러나 앞에서 논의할 최소자승법은 위의 가정들과 유사한 특성을 지니게 됨을 알 수 있다: 예를 들어, $\sum \hat{u}_i = 0$, 그리고 결과적으로 $\bar{\hat{u}} = 0$은 $E(u_i | X_i) = 0$ 가정과 유사하다. 또한 $\sum \hat{u}_i X_i = 0$의 경우는 $\text{cov}(u_i, X_i) = 0$의 가정과 비슷하다. 최소자승법이 PRF의 가정들의 일부를 그대로 "복사"하려고 한다는 것은 매우 고무적이라 하겠다.

물론, SRF가 CLRM의 모든 가정을 그대로 복사하고 있지는 않다. 다음에 보이겠지만, 가정에 의해 $\text{cov}(u_i, u_j) = 0 (i \neq j)$이라 해도 표본 $\text{cov}(\hat{u}_i, \hat{u}_j) = 0 (i \neq j)$은 아니다. 사실, 잔차가 자기 상관을 지닐 뿐만 아니라 이분산을 가짐을 뒤에서 보일 것이다.(12장을 참조할 것)

이러한 가정들에 대한 추가 논의

백만불짜리 질문: 이 모든 가정이 얼마나 현실적인가? "가정의 현실성"의 문제는 과학철학에 있어서 해묵은 질문이라 하겠다. 어떤 학자들은 가정이 현실적인가 아닌가는 그리 중요하지 않다고 주장하고 있다. 중요한 것은 이 가정들에 근거한 예측이라는 것이다. 이러한 "가정의 비현실성 주제"를 옹호하는 사람들 중에는 주목할 만한 학자로서 Milton Friedman를 들 수 있다. 그에게 있어 가정의 비현실성은 일종의 긍정적인 장점이라고 주장한다.: "중요한 것은 … 가설은 반드시 그 가정안에서 서술적으로 잘못되어야 한다는 것이다.[13]

연구에서도 일정한 가정을 세우기 마련인데 가정을 만드는 이유는 그 가정이 현실을 정확히 복제하고 있다는 의미에서 필수적으로 현실적이기 때문이 아니라 오히려 연구내용을 단계적으로 발전시키기 위해서라는 것을 염두에 두어야 한다. 어쩐 저자가 지적했듯이, "…만약에 단순성이 좋은 이론의 바람직한 기준이라면, 모든 좋은 이론들은 이상화되고 극단적으로 단순화될 것이다."[14]

우리의 계획은 우선 학생들로 하여금 CLRM의 특성을 전반적으로 살펴보게 하고 나서 그 후에 책의 후반부에서 CLRM의 가정이 충족되지 않는 경우 어떠한 문제가 발생하는가를 심도있게 조사할 것이다. 특정 가정이 만족되지 않는 경우 CLRM에 발생할 수 있는 문제를 정리해 놓은 표 3.4를 이 장의 말미에 제시하고 있다.

나의 한 동료가 내게 지적한 바 있듯이, 다른 사람들이 한 연구결과를 검토할 때 연구자들이 설정한 가정이 과연 자료와 문제에 대해 적절한 것인지를 고려할 필요가 있다. 모든 발표된 연구들을 살펴보면 접근하고 있는 문제와 자료에 관해 암묵적 가정에 기초하고 있으나 이러한 가정들이 매우 자주 옳지 않은 것처럼 보이는데 이 연구들은 이 가정들에 근거한 추정치를 구하고 있게 된다. 이러한 문제를 알고 있다면 지식을 갖춘 독자들은 연구결과에 대해 회의적인 자세를 명백하게 취할 것이다. 표 3.4에 나열된 가정들은 우리의 연구를 옳은 방향으로 인도하고 다른 사람들의 연구를 평가하는데 있어 훌륭한 점검표가 될 것이다.

이러한 배경을 이해한다면, 이제 CLRM을 공부할 준비가 되어 있다 하겠다. 특히 앞에서 언급한 OLS의 순수히 수치적인 특성과 비교한 OLS의 통계적 특성을 알아볼 것이다. OLS의 통계적 특성은 이미 논의한 CLRM의 가정들에 기초하고 있는데, 그 유명한 가우스-마코프정리(Gauss-Markov Theorem)로 요약된다. 그러나 OLS가 폭넓게 사용되는 것에 대한 이론적 정당성을 부여하는 이 정리를 다루기 전에 최소자승추정치의 정확도 혹은 표준오차를 고려하여야 할 필요가 있다.

---

13. Milton Friedman , *Essays in Positive Economics*, University of Chicago Press, Chicago, 1953, p.14
14. Mark Blaug, *The Methodology of Economics: Or How Economists Explain,* 2d ed., Cambridge University Press, New York, 1992, p, 92.

3.3 최소자승추정치의 정확도 또는 표준오차

식(3.1.6)과 (3.1.7)에서 보듯이 최소자승추정치는 표본 자료의 함수이다, 그러나 자료라는 것을 표본에 따라 변하기 때문에 이에 따라 추정치도 역시 변하게 된다. 그러므로, 우리는 추정량 $\hat{\beta}_1$과 $\hat{\beta}_2$이 얼마나 믿을 만한가를 측정할 척도가 필요하다. 통계학에서는 추정치의 정교함을 추정치와 표준오차(앞으로 se라고 씀)로 측정한다.[15] 앞에서 열거한 Gauss적 가정들이 성립한다고 할 때 OLS추정치의 표준오차는 다음과 같이 유도 할 수 있다.(부록 3A의 3A, 3에 유도과정이 설명되어 있음)

$$\operatorname{var}(\hat{\beta}_2) = \frac{\sigma^2}{\sum x_i^2} \tag{3.3.1}$$

$$\operatorname{se}(\hat{\beta}_2) = \frac{\sigma}{\sqrt{\sum x_i^2}} \tag{3.3.2}$$

$$\operatorname{var}(\hat{\beta}_1) = \frac{\sum X_i^2}{n\sum x_i^2}\sigma^2 \tag{3.3.3}$$

$$\operatorname{se}(\hat{\beta}_1) = \sqrt{\frac{\sum X_i^2}{n\sum x_i^2}}\sigma \tag{3.3.4}$$

여기서 var=분산 , se=표준오차 그리고 σ^2는 u_i의 공통분산을 나타낸다.

위의 식에 나타나 수량들은 σ^2을 제외하고는 자료로부터 구할 수 있다. 그런데 σ^2은 부록 3A의 3A.5에서 설명되었듯이 다음의 공식으로 추정된다:

$$\hat{\sigma}^2 = \frac{\sum \hat{u}_i^2}{n-2} \tag{3.3.5}$$

단, $\hat{\sigma}^2$는 모르는 그러나 진정한 값 σ^2의 OLS추정량이고 n−2 는 소위 말하는 자유도(degree of freedom: df)를 나타내며 $\sum \hat{u}_i^2$은 잔차 자승의 합 또는 오차자승합(the residual sum of squares: RSS)을 의미한다[16].

일단 $\sum \hat{u}_i^2$을 알면 $\hat{\sigma}^2$을 쉽게 구할 수 있다. $\sum \hat{u}_i^2$은 식 (3.1.2) 또는 다음의 식으로부터(이에 관한 증명은 3.5절을 볼 것) 계산할수 있다.

---

15. **표준오차**는 바로 추정량의 표본분포에서의 표준편차를 말하는 것인데 여기서 추정량의 표본분포란 추정량의 확률분포 또는 도수분포를 말한다. 특히, 추정량의 표본분포를 좀 더 쉽게 설명하면 주어진 모집단에서 추출 가능한 동일한 크기의 모든 표본을 추출했을 때 각각의 표본으로부터 얻는 추정량 값의 집합이 보여주는 표본을 말한다. 이때 표본으로부터 계산한 추정량을 근거로 하여 무집단의 모수에 대하여 추론(Inference)을 할 때 표본분포를 사용하게 된다.(상세한 내용은 부록A에 설명되어 있음)

$$\sum \hat{u}_i^2 = \sum y_i^2 - \hat{\beta}_2^2 \sum x_i^2 \qquad (3.3.6)$$

식(3.1.2)와 비교할 때 식 3.3.6의 경우 각각의 관측치에 대해 $\hat{u}_i$를 계산할 필요가 없다(물론 11장과 12장에서 보듯이 $\hat{u}_i$계산은 나름대로 유용함).

또한

$$\hat{\beta}_2 = \frac{\sum x_i y_i}{\sum x_i^2}$$

을 이용하여 $\sum \hat{u}_i^2$ 계산을 다음과 같이 쓸 수 있다.

$$\sum \hat{u}_i^2 = \sum y_i^2 - \frac{\left(\sum x_i y_i\right)^2}{\sum x_i^2} \qquad (3.3.7)$$

여기서, $\hat{\sigma}^2$ 의 양의 자승근

$$\hat{\sigma} = \sqrt{\frac{\sum \hat{u}_i^2}{n-2}} \qquad (3.3.8)$$

을 추정치의 오차(standard error of the estimate) 또는 회귀의 표준오차라고 하고 se로 표기한다. 이는 추정된 회귀선을 중심으로 Y값의 표준오차로서 회귀선을 추정하고 나서 추정된 회귀선이 자료와 얼마나 잘 들어맞는지 "적합도(goodness of fit)"를 측정하는 기준으로 쓰인다.(이에 관한 논의는 3.5절에서 다뤄질 것임)

X_i가 주어졌을 때 σ^2은 u_i와 Y의 조건부 분산임을 앞에서 주목한 바 있다. 그러므로, 앞에서 추정치의 표준오차를 u_i와 Y의 (조건부)표준편차라고 부를 수 있다. 물론, 늘 그렇듯이 σ_Y^2과 σ_Y는 각각 Y의 무조건부 분산및 무조건부 표준편차를 의미한다.

$\hat{\beta}_1$과 $\hat{\beta}_2$의 분산 그리고 표준오차의 특성은 다음과 같다.

1. $\hat{\beta}_2$의 분산은 σ^2에 정비례하나 $\sum x_i^2$에는 역비례한다. 즉, σ^2이 주어졌을 때 X값의 변화가 크면 클수록 $\hat{\beta}_2$의 분산은 작아지고 따라서 β_2를 추정하는데 따른 정확도가 높아진다. 간단히 말해서, σ^2이 주어졌을 때 X

16. **"자유도"**라는 용어는 총관측치의 개수(n)에서 관측치들에게 가해지는 독립인 선형 제약의 개수를 뺀 나머지를 의미한다. 다시 말해서, 총 n개의 관측치중 독립인 관측치의 개수를 나타낸다. 예를 들어 RSS(3.1.2)를 계산하기 전에 먼저 $\hat{\beta}_1$과 $\hat{\beta}_2$을 구해야 한다. 따라서 이두개의 추정치가 RSS에 가해지는 제약인 셈이다. 그 결과 n개가 아닌 $n-2$개의 관측치가 RSS를 구하는데 사용된다. 동일한 논리로서 3-변수 회귀에서는 RSS의 자유도가 $n-3$이다. 일반적으로 df=$n-$추정치의 개수를 의미한다.

값이 상당한 정도로 변한다면 X값이 소폭으로 변할 때보다 β_2를 더 정확히 측정할 수 있다. 또한, $\sum x_i^2$이 주어졌을 때 분산 σ^2이 크면 클수록 $\hat{\beta}_2$의 분산도 커진다. 표본의 크기 n이 증가할수록, $\sum x_i^2$의 합을 계산하는데 포함되는 항의 개수가 증가할 것이다. n이 증가함에 따라 β_2를 추정하는 추정량의 정확도 또한 증가할 것이다.(그 이유는?)

2. $\hat{\beta}_1$의 분산은 σ^2과 $\sum X_i^2$에 정비례하나 $\sum x_i^2$과 표본의 크기 n에는 역비례한다.
3. $\hat{\beta}_1$과 $\hat{\beta}_2$이 추정량이기 때문에 표본에 따라 변할 뿐만 아니라 하나의 표본 내에서도 $\hat{\beta}_1$과 $\hat{\beta}_2$은 서로 의존하는데 이 의존관계는 공분산으로 측정된다. 공분산은 부록 3.A의 3A.4에 나타나 있듯이

$$\begin{aligned}\operatorname{cov}(\hat{\beta}_1,\ \hat{\beta}_2) &= -\bar{X}\operatorname{var}(\hat{\beta}_2)\\ &= -\bar{X}\left(\frac{\sigma^2}{\sum x_i^2}\right)\end{aligned} \tag{3.3.9}$$

이다. 다른 어떤 변수의 분산과 마찬가지로 var($\hat{\beta}_2$)은 항상 양이므로 $\hat{\beta}_2$과 $\hat{\beta}_1$의 공분산의 성격은 $\bar{X}$의 부호에 의존하게 된다. 만약 $\bar{X}$가 양이면 공분산은 음이 된다. 따라서 기울기계수 β_2가 과잉추정(즉, 기울기가 너무 가파른 것으로 추정)된다면 절편계수 β_1은 과소추정 (즉, 절편이 너무 작게 추정) 될 것이다. 10장에서 다중공선성을 논의할 때 추정된 회귀계수간의 공분산을 상세히 공부할 것이다.

한편, 추정된 회귀계수의 분산과 오차로부터 이들 추정치들의 신뢰성을 어떻게 측정할 것인가의 문제는 통계적 추론의 문제로서 4장과 5장에서 집중적으로 설명할 것이다.

3.4 최소자승추정량의 성격: 가우스-마코프(Gauss-Markov)정리[17]

앞에서 지적한 바와 같이, 고전적 선형회귀모형의 가정이 적합하다면 최소자승추정치는 여러 가지 이상적인 또는 최적의 특성을 지니고 있게 된다. 이러한 특성을 서술한 것이 Gauss-Markov정리인데, 이 정리를 이해하기 위해 최량선형불편추정량의 개념을 소개하자[18]. 부록A에서 설명되었듯이 OLS추정량 $\hat{\beta}_2$가 다음의 조건을 만족시키는 경우 β_2의 최량선형불편추정량(Best Linear Unbiased Estimator : BLUE)이라 부른다.

17. 이 정리는 가우스-마코프 정리라고 알려져 있지만 가우스의 최소자승접근법(1821)이 마코프의 최소분산접근법(1900)보다 앞선다.
18. 선형추정량의 중요성과 일반적인 추정량의 바람직한 특성을 이해하려면 부록 A를 참고하여라.

1. 추정량이 회귀모형내의 (종속변수 Y와 같은) 확률변수의 선형함수이고
2. $\hat{\beta}_2$의 기대치 $E(\hat{\beta}_2)=\beta_2$가 성립하는 불편성을 갖추고
3. 모든 선형불편추정량 중에서 최소의 분산을 가져야 한다. 최소의 분산을 가진 불편추정량을 효율적 추정량(an efficient estimator)이라 한다.

회귀분석의 맥락에서 OLS추정량이 BLUE임을 증명할 수 있는데 이를 서술적으로 요약해 다음과 같다.

가우스-마코프정리 (Gauss-Markov Theorem) 고전적 선형회귀모형의 가정이 주어졌을 때 선형불편추정량 중에서 최소자승추정량의 분산이 가장 작다. 즉, OLS추정량은 BLUE이다.

이 정리의 증명은 부록 3A의 3A.6에 설명되어 있다. 계량경제학을 배워 나가는 과정에서 정리의 의미가 보다 명백해질 것이다. 이 단계에서 정리의 이론적 그리고 실제에 있어서의 중요성을 주목해야 할 필요가 있다[19]

가우스-마코프정리의 의미를 그림 3.7을 통해 살펴보자.

그림 3.7 (a)에는 OLS추정량 $\hat{\beta}_2$의 값들이 표본분포, 즉 반복 표본추출 시행에서 $\hat{\beta}_2$이 취하는 값의 분포가 그려져 있다 (표3.1을 참조할 것) 설명의 편의상 $\hat{\beta}_2$의 표본분포가 대칭적이라 가정하자(이에 관한 논의는 4장에서 본격적으로 다루어 짐). 그림에서 보듯이 $\hat{\beta}_2$의 기대치 $E(\hat{\beta}_2)$가 진정한 β_2와 같다. 즉, $\hat{\beta}_2$은 β_2의 **불편추정량(unbiased estimator)**이다. 그림 3.7(b)에 최소자승법이 아닌 다른 방법에 의해 구한 추정량 β_2^*의 표본분포가 나타나 있다. 편의상 β_2^*도 $\hat{\beta}_2$과 같이 불편추정량, 즉 기대치가 β_2같다고 가정한다. 나아가 $\hat{\beta}_2$과 β_2^* 모두 선형추정량, 즉 Y에 관하여 선형함수라 가정하자. 그렇다면, $\hat{\beta}_2$과 β_2^* 중 어느 추정량을 선택할 것인가?

위의 질문에 답하기 위해 그림(a)와 (b)를 겹쳐서 그림(c)에 그렸다. 그림 (c)에서 명확히 알 수 있는 것은 $\hat{\beta}_2$과 β_2^* 모두 불편추정량이나 β_2^* 의 분포가 $\hat{\beta}_2$보다 평균을 중심으로 더 넓게 퍼져있다는 것이다. 다른 말로해서 β_2^* 의 분산은 $\hat{\beta}_2$의 분산보다 크다. 만약 두가지의 추정량이 모두 불편이고 선형이라면 분산이 작은 추정량이 더 바람직한 것이다. 왜냐하면, 분산이 작은 추정량일수록 β_2에 가까운 값을 취할 것이기 때문이다. 간단히 말해서 우리는 BLUE추정량을 선택할 것이다.

19. 예를 들어, β들로 이루어진 임의의 선형결합, 즉 예를 들어 $(\beta_1 - 2\beta_2)$의 추정량 $(\hat{\beta}_1 - 2\hat{\beta}_2)$은 BLUE이다. 자세한 설명은 Henri Theil의 Introduction to Econometrics, Prentice-Hall, Inc. Englewood Cliffs, N, J. 1978. pp401-402에 요약되어 있음. 가우스-마코프 정리의 기술적인 사항을 수용할 것: 이는 OLS가 효율적 추정량이 될 충분 조건일 뿐이다(필요조건은 아님). 이 점에 관심을 갖게 해준 University of Western Australia의 Michael McAleer에게 사의를 표한다.

그림 3.7
OLS 추정량 $\hat{\beta}_2$과 다른 추정량 $\hat{\beta}_2^*$의 표본분포

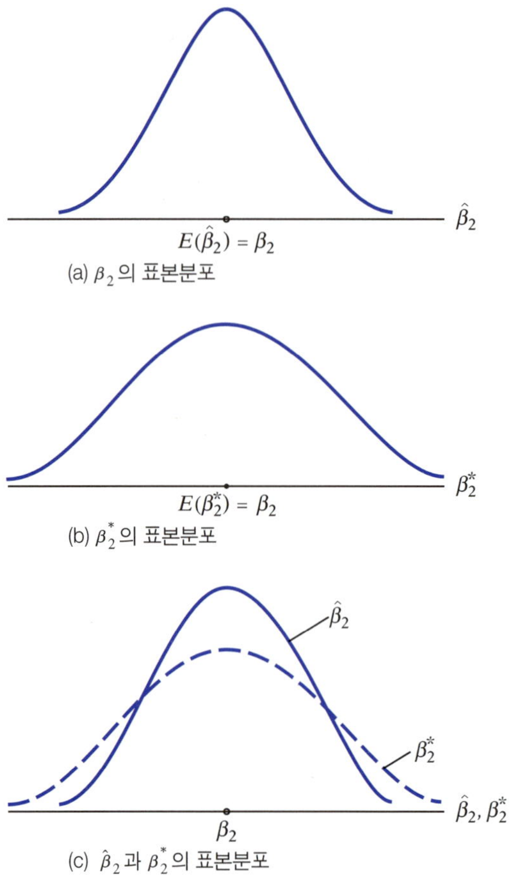

Gauss–Markov 정리는 그 안에 확률변수 u_i와 Y_i의 확률분포에 관한 아무런 가정도 하지 않았다는 점에서 획기적이다(다음 장에서 이 주제를 다룰 것이다). CLRM의 가정들이 충족되는한, 이 정리는 성립된다. OLS 추정량의 분산보다 작은 분산을 가진 선형불편추정량을 찾을 수 없기 때문에 다른 선형불편추정량을 모색할 필요가 없어졌다. 물론, 이 가정들중에서 하나 또는 일부가 충족되지 않는다면 이 정리는 성립하지 않는다. 예를 들어 모수에 대하여 비선형인 회귀모형을 고려한다면(이는 14장에서 다룰 것임) OLS 추정량보다 더 우수한 추정량을 구할 수 있을 것이다. 또한, 이분산을 다루는 장에서 보게 되듯이, 동분산의 가정이 충족되지 않는 경우 아무리 OLS 추정량이 불편이고 일치성을 지니고 있다고 해도 OLS 추정량이 더 이상 선형 추정량 중에서 최소분산 추정량이 아니다.

지금까지 논의한 통계적 특성은 유한표본특성(finite sample properties)으로 알려져 있다: 이 특성들은 표본의 크기에 관계없이 성립한다. 추후에 점근적 특성(asymptotic properties), 즉 표본의 크기가 매우 클 경우(기술적으로, 무한대)에만 성립하는 특성에 관하여 고려할 기회가 있을 것이다. 추정량의 유한 표본 특성 및 대표본 특성에 관하여 일반적인 논의는 부록 A에서 다루어진다.

3.5 결정계수 r^2: 적합성의 측정

지금까지 회귀계수, 표준오차 추정과 그 특성을 고려하였다. 이 절에서 추정된 회귀선이 관측된 표본에 얼마나 잘 들어 맞는가 즉, 적합성(goodness of fit)의 문제를 분석하자. 그림 3.1에서 보듯이 모든 관측치가 회귀 직선상에 놓여있었다면 이를 '완벽한' 적합(perfect fit)이라 하는데 사실 이러한 경우는 거의 없다 하겠다. 일반적으로 관측치들이 회귀선에서 벗어나 있어 잔차가 양이 될 수도 있고 음이 될 수도 있는데 회귀선을 중심으로 이러한 잔차들이 가능한 한 작아야 하겠다. 결정계수(cofficient of determination) r^2(2-변수회귀모형의 경우) 또는 R^2 (다중회귀모형의 경우)은 표본 회귀선이 관측치를 얼마나 잘 설명하는지를 측정하는 척도의 역할을 한다.

결정계수 r^2를 어떻게 계산하는가를 공부하기 전에 r^2의 의미를 그림 3.8의 벤다이아그램(Venn Diagram) 또는 발렌타인(Ballentine)의 방법으로 살펴보자[20].

이 그림에서 원 Y는 종속변수 Y의 변동, 원 X는 설명변수 X의 변동을 나타낸다[21]. 두 원이 중복된 부분은(검게 칠한 부분) Y의 변동 중 X의 변동에 의해 설명되는 정도로서, 중복된 정도가 크면 클수록 X가 Y의 변동을 더 많이 설명한다는 것을 의미한다. 이때, r^2은 단순히 중복된 정도를 수치로서 측정하는 척도이다. 그림에서 보듯이 왼쪽의 경우에서 오른쪽으로 옮겨갈수록 중복된 면적은 점점 커지는데 이는 X에 의해 설명되는 Y의 변동량이 점점 더 커지는 것, 즉 r^2이 점점 커지고 있는 것을 보여주고 있다. 중복된 부분이 전혀 없다면 $r^2=0$이 되고,

그림 3.8
r^2의 발렌타인 그림:
(a) $r^2=0$;
$(f)\ r^2=1$

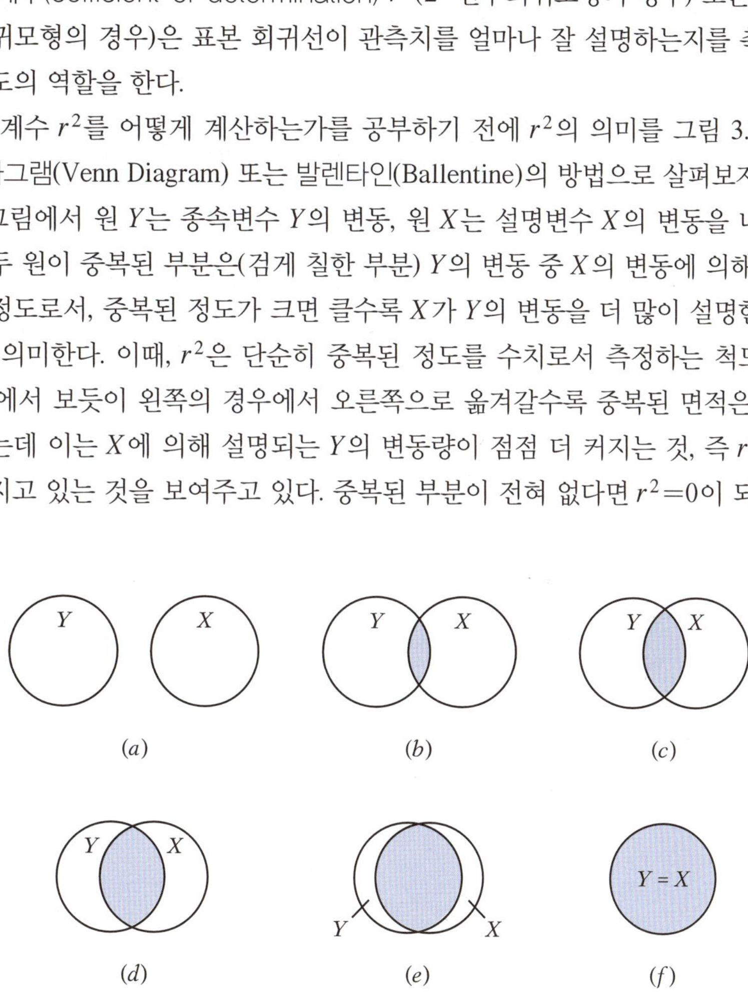

20. Peter Kennedy의 논문 "Ballentine: A Graphical Aid for Econometrics" *Austalian Economics Papers*. vol. 20. 1981. pp. 414–416을 참조할 것. 발렌타인이라는 이름은 유명한 Ballentine 맥주의 원형상표에서 유래한다.
21. 변동(Variation)과 분산(Variance)의 개념은 서로 다르다. 변동이란 한 변수 평균으로 부터의 편차를 자승하여 합한 것이고, 분산은 변동을 적절한 자유도(degree of freedom)로 나누어 준 것이다. 즉 분산=변동/df.

완전히 중복된다면 $r^2=1$이 된다. 아래에서 설명되겠지만, r^2은 0과1사이의 값을 취한다.

r^2은 다음과 같이 계산한다. 식 (3.1.13)과 (3.1.14)를 이용하면

$$Y_i = \hat{Y}_i + \hat{u}_i \tag{2.6.3}$$

또는 편차형태로

$$y_i = \hat{y}_i + \hat{u}_i \tag{3.5.1}$$

임을 앞에서 설명한 바 있다. 이 된다. 식 3.5.1의 양측을 제곱한 후 이를 모두 더해 주면

$$\begin{aligned}\sum y_i^2 &= \sum \hat{y}_i^2 + \sum \hat{u}_i^2 + 2\sum \hat{y}_i \hat{u}_i \\ &= \sum \hat{y}_i^2 + \sum \hat{u}_i^2 \\ &= \hat{\beta}_2^2 \sum x_i^2 + \sum \hat{u}_i^2\end{aligned} \tag{3.5.2}$$

으로 쓸 수 있는데, 위의 과정에서 $\sum \hat{y}_i \hat{u}_i = 0$과 $\hat{y}_i = \hat{\beta}_2 x_i$를 사용하였다.

식 3.5.2에 나타나 있는 다양한 형태의 자승합은 다음과 같이 설명할 수 있다. $\sum y_i^2 = \sum (Y_i - \bar{Y})^2$는 Y의 표본평균으로부터의 총 변동으로서 총 자승합(total sum of squares: TSS)이라 한다. $\sum \hat{y}_i^2 = \sum (\hat{y}_i - \bar{\hat{Y}})^2 = \sum (\hat{Y}_i - \bar{Y})^2 = \hat{\beta}_2^2 \sum x_i^2$은 Y의 추정치 $\hat{Y}$의 평균$((\bar{\hat{Y}} = \bar{Y})$으로 부터의 변동인데, 회귀때문에 [즉, 설명변수 때문에] 발생하는 자승합 또는 회귀에 의해 설명되는 것으로서 이를 설명된 자승합(explained sum of squares: ESS)라 부른다. 그리고 $\sum \hat{u}_i^2$은 회귀선의 추정으로는 설명되지 않는 Y의 변동 또는 간단히 줄여 잔차자승합(residual sum of squares: RSS)이라 부른다. 따라서, 식(3.5.2)를

$$\text{TSS} = \text{ESS} + \text{RSS} \tag{3.5.3}$$

로 쓸 수 있는데, 이는 Y의 총변동(TSS)은 회귀선에 의해 설명되는 부분(ESS)과 그 이외의 무작위적 요소에 의한 부호(RSS)의 두 부분으로 나눌 수 있다. 이러한 관계는 그림 3.9에 나타나 있다.

한편, 식 3.5.3의 양쪽을 TSS로 나누면,

$$\begin{aligned}1 &= \frac{\text{ESS}}{\text{TSS}} + \frac{\text{RSS}}{\text{TSS}} \\ &= \frac{\sum (\hat{Y}_i - \bar{Y})^2}{\sum (Y_i - \bar{Y})^2} + \frac{\sum \hat{u}_i^2}{\sum (Y_i - \bar{Y})^2}\end{aligned} \tag{3.5.4}$$

그림 3.9
$\hat{Y}_i = Y_i$의 변동을 두 요소로 분해

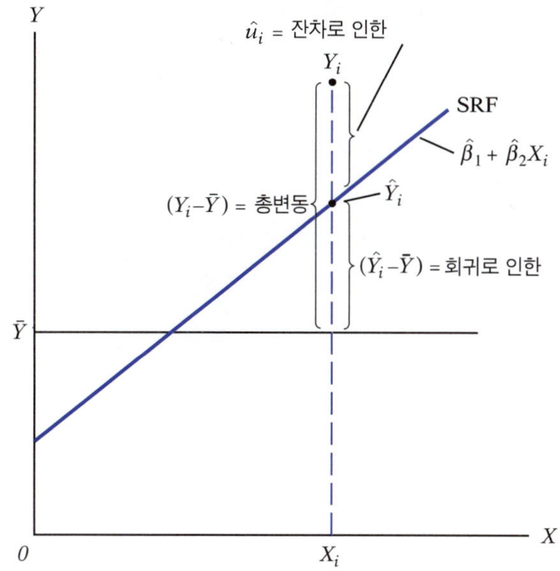

을 얻게 된다. 이제 r^2을 다음과 같이 정의하거나

$$r^2 = \frac{\sum(\hat{Y}_i - \bar{Y})^2}{\sum(Y_i - \bar{Y})^2} = \frac{\text{ESS}}{\text{TSS}} \tag{3.5.5}$$

또는

$$\begin{aligned} r^2 &= 1 - \frac{\sum \hat{u}_i^2}{\sum(Y_i - \bar{Y})^2} \\ &= 1 - \frac{\text{RSS}}{\text{TSS}} \end{aligned} \tag{3.5.5a}$$

과 같이 정의한다. 따라서 회귀선이 얼마나 관측치에 적합한가를 측정하는데 가장 많이 쓰이는 (표본)결정계수 r^2은 Y의 총변량 중 회귀모형에 의해 설명되는 비율을 나타낸다. 말로 설명하자면, r^2은 회귀모형에 의하여 설명되는 Y의 총변동 비율을 측정하는 것이다.

r^2에 관한 두 가지의 중요한 특성은:

1. r^2은 음의 값을 가질 수 없다.(그 이유는?)
2. $0 \leq r^2 \leq 1$이다. $r^2 = 1$인 경우 완벽한 적합, 즉 모든 i에 대하여 $\hat{Y}_i = Y_i$을 의미하고, $r^2 = 0$이면 설명변수와 종속변수 간 관계가 없는 것 (즉, $\hat{\beta}_2 = 0$)을 나타낸다. 이 경우, 식 3.1.9가 보여주듯이, $\hat{Y}_i = \hat{\beta}_1 = \overline{Y}$로서 Y값에

대한 최선의 예측은 단순히 평균값이다. 그리고 회귀선은 X 축에 수평이 된다.

식 3.5.5의 정의에 따라 직접 r^2을 계산할 수도 있지만 다음의 공식을 사용하면 더 빨리 r^2을 구할 수 있다:

$$\begin{aligned} r^2 &= \frac{\text{ESS}}{\text{TSS}} \\ &= \frac{\sum \hat{y}_i^2}{\sum y_i^2} \\ &= \frac{\hat{\beta}_2^2 \sum x_i^2}{\sum y_i^2} \\ &= \hat{\beta}_2^2 \left(\frac{\sum x_i^2}{\sum y_i^2} \right) \end{aligned} \tag{3.5.6}$$

식 3.5.6의 분모와 분자를 표본의 크기 n(또는 표본이 작은 경우 $n-1$)으로 나누면,

$$r^2 = \hat{\beta}_2^2 \left(\frac{S_x^2}{S_y^2} \right) \tag{3.5.7}$$

을 얻는다. 여기에서, S_Y^2과 S_X^2은 각각 Y와 X의 표본분산이다.

$\hat{\beta}_2 = \sum x_i y_i / \sum x_i^2$이므로 식 (3.5.6)은 다음과 같이 표현할 수 있는데

$$r^2 = \frac{\left(\sum x_i y_i\right)^2}{\sum x_i^2 \sum y_i^2} \tag{3.5.8}$$

이 표현은 쉽게 계산하여 구할 수 있다.

r^2의 정의가 주어졌을 때, 앞에서 설명한 ESS와 RSS를 다음과 같이 표현할 수 있다.

$$\begin{aligned} \text{ESS} &= r^2 \cdot \text{TSS} \\ &= r^2 \sum y_i^2 \end{aligned} \tag{3.5.9}$$

$$\begin{aligned} \text{RSS} &= \text{TSS} - \text{ESS} \\ &= \text{TSS}(1 - \text{ESS}/\text{TSS}) \\ &= \sum y_i^2 \cdot (1 - r^2) \end{aligned} \tag{3.5.10}$$

그러므로 이를 다음과 같이 표현할 수 있다.

$$\begin{gathered} \text{TSS} = \text{ESS} + \text{RSS} \\ \sum y_i^2 = r^2 \sum y_i^2 + (1 - r^2) \sum y_i^2 \end{gathered} \tag{3.5.11}$$

이 표현은 이후 매우 유용하게 사용된다.

상관계수 r은 결정계수 r^2과 매우 관계가 깊지만 의미에 있어서는 아주 다른 성격의 수량이다. 즉, 상관관계는 1장에서 언급되었듯이 두 변수간의 관계를 측정하는 척도로서 다음과 같이 계산된다.

$$r = \pm\sqrt{r^2} \tag{3.5.12}$$

또는 상관계수의 정의로부터

$$\begin{aligned} r &= \frac{\sum x_i y_i}{\sqrt{(\sum x_i^2)(\sum y_i^2)}} \\ &= \frac{n \sum X_i Y_i - (\sum X_i)(\sum Y_i)}{\sqrt{[n \sum X_i^2 - (\sum X_i)^2][n \sum Y_i^2 - (\sum Y_i)^2]}} \end{aligned} \tag{3.5.13}$$

인데, 이는 표본상관계수라고 부른다[22].

상관계수 r의 특성은 다음과 같다(그림3.10을 아울러 볼 것):

1. 상관계수는 양(positive) 또는 음(negative)의 값을 가질 수 있는데, 식 3.5.13의 분자, 즉 두 변수간의 표본 공분산의 부호에 따라 r의 부호가 결정된다.
2. r은 -1과 1사이의 놓여 있다. 즉 $-1 \le r \le 1$이다.
3. 이는 특성상 대칭적이다; 즉, X와 Y간의 상관계수(r_{XY})는 Y와 X와의 상관계수(r_{YX})와 같다.
4. 원점과 축척에 관계없다; 즉, $X_i^* = aX_i + C$, $Y_i^* = bY_i + d$라고 정의한다면 (단, $a > 0$, $b > 0$, c와 d는 상수), X^*와 Y^*간 r은 본래의 변수 X와 Y 간 r과 같다.
5. 만약 X와 Y가 통계적으로 독립이라면(독립의 정의는 부록 A를 참조할 것), 두 변수간 상관계수는 0 이다; 그러나 만약 $r = 0$이라면 두 변수가 독립이라는 것을 의미하지 않는다. 다른 말로 하면, 0의 상관이 필연적으로 독립을 의미하지는 않는다.[그림 3.10(h)를 참조할 것]

22. ρ로 표기되는 모집단 상관계수는 부록 A에 정의되어 있다.

그림 3.10
상관관계 유형
(출처: Henri Theil, *Introduction to Econometrics,* Prentice-Hall, Englewood Cliffs, NJ, 1978, p. 86)

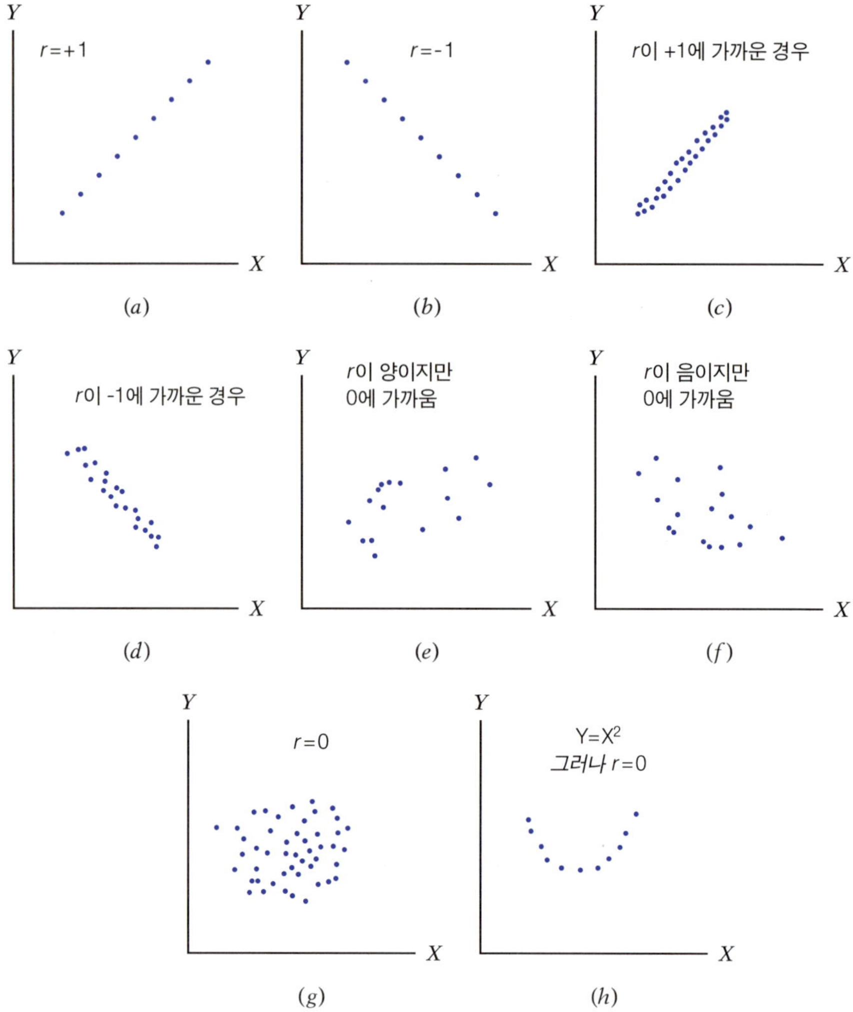

6. 상관계수는 **선형관계 혹은 선형종속만을 측정하는 척도**이다; 비선형관계를 나타내주는 척도가 아니다. 그러므로 그림 3.10(h)에서 $Y = X^2$이나 r은 0이다.(그 이유는?)
7. 비록 상관계수가 두 변수사이의 선형관계를 재는 척도이나, 1장에서 지적한 바와 같이 두 변수간 인과관계를 필연적으로 의미하지는 않는다.

회귀분석의 맥락에서, r^2는 r보다 더 의미있는 척도이다. 왜냐하면 r^2는 설명변수에 의하여 설명되는 종속변수 변동의 비율을 알려주고 그 결과 한 변수의 변동이 다른 변수의 변동을 결정짓는 정도에 대한 전반적 척도이기 때문이다. 반면에 상관계수 r은 그러한 값을 가지지 않는다[23]. 게다가, 앞으로 보겠지만, 다중

23. 경제이론을 담고 있는 회귀모형은 Y와 X 사이의 인과관계, 일반적으로 단일방정식모형에서 X에서 Y로 진행하는 인과관계를 보여준다.

회귀모형에서의 $r(=R)$에 대한 해석은 명확하지 않다. 그러나, 7장에서 r^2에 관하여 좀더 설명할 것이다.

부수적으로, 실제 Y_i와 추정된 Y_i, 즉 $\hat{Y}_i$ 간의 상관계수를 제곱함으로서 위에서 정의된 r^2를 구할 수 있다. 다시 말해서, 식 3.5.13을 사용하면

$$r^2 = \frac{\left[\sum(Y_i - \bar{Y})(\hat{Y}_i - \bar{Y})\right]^2}{\sum(Y_i - \bar{Y})^2 \sum(\hat{Y}_i - \bar{Y})^2}$$

과 같이 표현할 수 있다.

$$r^2 = \frac{\left(\sum y_i \hat{y}_i\right)^2}{\left(\sum y_i^2\right)\left(\sum \hat{y}_i^2\right)} \tag{3.5.14}$$

여기에서 Y_i=실제의 Y, $\hat{Y}_i$=추정된 Y, 그리고 $\bar{Y}_i$와 $\bar{\hat{Y}}$=Y의 평균이다. 증명은 연습문제 3.15를 참조하면 된다. 3.5.14의 표현은 r^2를 적합성의 척도로 사용하는 것에 대하여 합리화를 시켜준다. 왜냐하면 추정된 Y 값이 실제 값에 얼마나 가까운지를 알려주기 때문이다.

3.6 설명을 위한 예제

다음의 표 2.6의 자료를 가지고 예제를 통하여 지금까지 배운 계량경제학 이론을 고려하여보자. 표의 자료는 평균 시간당 임금(Y)와 교육년수(X)에 관한 자료이다. 기초적인 노동경제학 이론에 의하면 다른 여러 변수 중에서 교육은 임금의 중요한 결정요인이다.

표 3.2에 임금에 미치는 교육의 양적인 영향을 측정하는데 필수적인 자료가 정리되어 있다.

이 표에 있는 자료로부터 다음과 같은 추정된 회귀선을 구할 수 있다:

$$\hat{Y}_i = -0.0144 + 0.7240X_i \tag{3.6.1}$$

기하학적으로 추정된 회귀선은 그림 3.11에 나타나 있다.

주지하는 바와 같이, 회귀선 위의 모든 점은 해당 X에 대한 Y 평균값의 추정치, 즉 $E(Y|X_i)$의 추정치 $\hat{Y}_i$이다. 이 선의 기울기로서 $\hat{\beta}_1$=0.7240은 교육년수 6과 18 사이의 범위 내에서 X가 1단위 증가할 때 평균 시간당 임금이 약 72센트 증가할 것으로 추정된다는 것이다. 즉, 추가되는 교육년수 1년 당 시간당 임금의 평균증가가 72센트이다.

표 3.2 표 2.6의 임금-교육자료에 대한 추정된 회귀선

Obs	Y	X	x	y	x_i^2	y_ix_i
1	4.4567	6	−6	−4.218	36	25.308
2	5.77	7	−5	−2.9047	25	14.5235
3	5.9787	8	−4	−2.696	16	10.784
4	7.3317	9	−3	−1.343	9	4.029
5	7.3182	10	−2	−1.3565	4	2.713
6	6.5844	11	−1	−2.0903	1	2.0903
7	7.8182	12	0	−0.8565	0	0
8	7.8351	13	1	−0.8396	1	−0.8396
9	11.0223	14	2	2.3476	4	4.6952
10	10.6738	15	3	1.9991	9	5.9973
11	10.8361	16	4	2.1614	16	8.6456
12	13.615	17	5	4.9403	25	24.7015
13	13.531	18	6	4.8563	36	29.1378
Sum	112.7712	156	0	0	182	131.7856

Obs	X_i^2	Y_i^2	$\hat{Y}_i$	$\hat{u}_i = Y_i - \hat{Y}$	$\hat{u}_i^2$
1	36	19.86217	4.165294	0.291406	0.084917
2	49	33.2929	4.916863	0.853137	0.727843
3	64	35.74485	5.668432	0.310268	0.096266
4	81	53.75382	6.420001	0.911699	0.831195
5	100	53.55605	7.17157	0.14663	0.0215
6	121	43.35432	7.923139	−1.33874	1.792222
7	144	61.12425	8.674708	−0.85651	0.733606
8	169	61.38879	9.426277	−1.59118	2.531844
9	196	121.4911	10.17785	0.844454	0.713103
10	225	113.93	10.92941	−0.25562	0.065339
11	256	117.4211	11.68098	−0.84488	0.713829
12	289	185.3682	12.43255	1.182447	1.398181
13	324	183.088	13.18412	0.346878	0.120324
Sum	2054	1083.376	112.7712	≈0	9.83017

주:

$$x_i = X_i - \bar{X};\ y_i = Y_i = \bar{Y}$$

$$\hat{\beta}_2 = \frac{\Sigma y_i x_i}{\Sigma x_i^2} = \frac{131.7856}{182.0} = 0.7240967$$

$$\hat{\beta}_1 = \bar{Y} - \hat{\beta}_2\bar{X} = 8.674708 - 0.7240967x12 = -0.01445$$

$$\hat{\sigma}^2 = \frac{\Sigma\hat{u}_i^2}{n-2} = \frac{9.83017}{11} = 0.893652;\ \hat{\sigma} = 0.945332$$

$$\text{var}(\hat{\beta}_2) = \frac{\hat{\sigma}^2}{\Sigma x_i^2} = \frac{0.893652}{182.0} = 0.004910;\ \text{se}(\hat{\beta}_2) = \sqrt{0.00490} = 0.070072$$

$$r^2 = 1 - \frac{\Sigma\hat{u}_i^2}{\Sigma(Y_i - \bar{Y})^2} = 1 - \frac{9.83017}{105.1188} = 0.9065$$

$$r = \sqrt{r^2} = 0.9521$$

$$\text{var}(\hat{\beta}_1) = \frac{\Sigma x_i^2}{n\Sigma x_i^2} = \frac{2054}{13(182)} = 0.868132;$$

$$\text{se}(\hat{\beta}_1) = \sqrt{0.868132} = 0.9317359$$

이 선의 절편으로서 $\hat{\beta}_1$=−0.0144라는 값은 교육년수가 0일 때 임금의 평균 수준을 보여준다. 이 경우에 있어서 이와 같이 절편을 글자그대로 해석하는 것은 사실 별 의미는 없다. 어떻게 음의 임금이 있을 수 있는가? 앞으로 이 책을 배우

그림 3.11
표 2.6의 임금-교육 자료에 대한 추정 회귀선

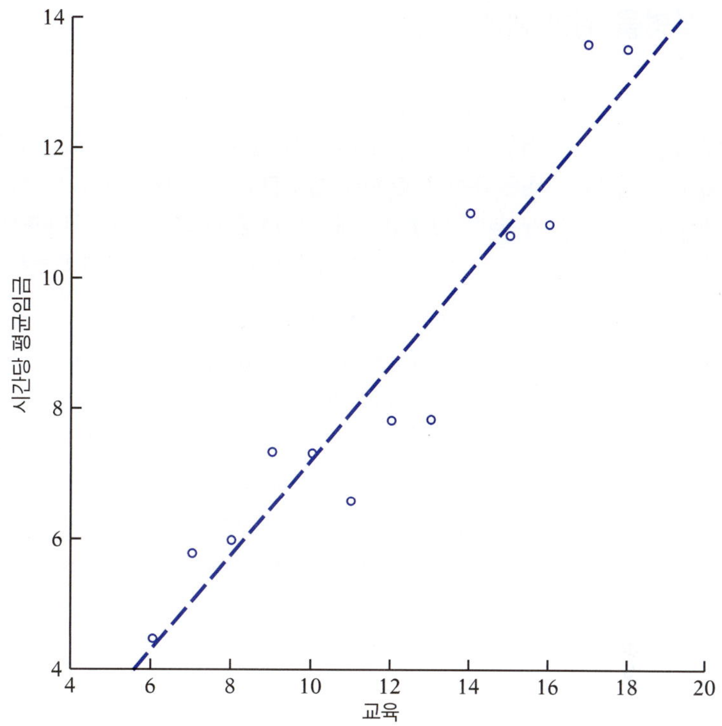

는 과정에서 절편이 실제적으로 별 의미가 없는 경우를 자주 보게 될 것이다. 게다가 0의 교육년수라는 것은 우리 표본에서 관측할 수 없는 것이다. 앞으로, 절편의 관측치는 통계적으로 0과 유의하게 다르지 않다는 것을 5장에서 보게 될 것이다.

0.90이라는 결정계수 r^2 값은 시간당 임금의 변동 중 90% 정도를 교육이 설명하고 있음을 말해준다. r^2가 기껏해야 1이라는 것을 감안할 때, 회귀선이 자료에 잘 부합되고 있음을 알 수 있다. 상관계수 $r = 0.9521$은 임금과 교육이 매우 강하게 양의 상관관계가 있음을 말해준다.

이 예제를 마치기 전에, 이 모형이 극단적으로 단순하다는 것을 주의하여야 한다. 노동경제학 이론에 의하면, 교육 이외에도 성별, 인종, 지역, 노동조합, 언어 등과 같은 변수들이 시간당 임금에 대한 중요한 결정요소이다. 우리가 7장과 8장에서 다중회귀를 배운 후에 임금결정에 관한 보다 확장된 모형을 고려할 것이다.

3.7 설명을 위한 예제

예제 3.1

미국 1960-2005 기간동안 소비-소득 관계

서론의 표 I.1의 소비-소득자료를 다시 고려하여보자. 이미 그림 I.3에서 식(I.3.3)의 추정된 회귀선과 함께 자료를 살펴보았다. 이제 EViews 6으로 구한 OLS 회귀결과는 아래에 제시되어 있다. Y = 개인소비지출(PCE)이고 X = 국내총생산(GDP)이며 두 변수 모두 2000년 기준이고 10억 달러 단위이다. 이 예제의 자료는 시계열자료이다.

$$\hat{Y}_t = -299.5913 + 0.7218X_t \tag{3.7.1}$$

$$\begin{aligned} \text{var}(\hat{\beta}_1) &= 827.4195 \qquad & \text{se}(\hat{\beta}_1) &= 28.7649 \\ \text{var}(\hat{\beta}_2) &= 0.0000195 \qquad & \text{se}(\hat{\beta}_2) &= 0.004423 \\ r^2 &= 0.9983 \qquad & \hat{\sigma}^2 &= 73.56689 \end{aligned}$$

식 3.7.1은 거시적 케인즈 소비함수이다. 이 식이 보여주듯이 **한계소비성향(MPC)**는 약 0.72인데, 이는 실질소득이 1 달러만큼 증가하면 평균 개인소비지출은 약 72센트 증가하는 것을 의미한다. 케인즈 이론에 따르면, MPC가 0과 1 사이에 놓여 있을 것이다.

이 예제에서 절편값은 음인데, 어떤 뚜렷한 경제적 해석을 부여하기 어렵다. 문자그대도 해석하자면 GDP가 0이라면 개인소비지출의 평균 수준이 약 299 십억 달러의 음의 값이 될 것이다.

r^2 값이 0.9983인데 이는 개인소비지출의 변동 중 대략적으로 99퍼센트가 GDP의 변동에 의하여 설명된다는 것을 의미한다. r^2가 최대로 커야 1이라는 것을 감안할 때 이 값은 매우 크다할 수 있다. 이 책을 두루 공부할 때 보겠지만, 시계열자료를 다루는 회귀분석에서는 일반적으로 높은 r^2값을 얻게된다. 이렇게 되는 이유를 자기상관을 다루는 장에서 공부할 것이고 동시에 시계열 계량경제학을 다루는 장에서도 논의할 것이다.

예제 3.2

인도의 식료품 지출

연습문제 2.15의 표2.8 자료를 참고로 하자. 그 자료는 인도의 55개 농촌가구에 관한 표본이다. 이 예제에서 종속변수는 식료품 지출이고, 본래 설명변수인 소득의 대리변수로서 총지출인데, 두 변수 모두 루페단위이다. 이 예제에서의 자료는 횡단면 자료이다.

이 자료에 기초하여 다음과 같은 회귀결과를 얻었다:

$$\widehat{\text{FoodExp}}_i = 94.2087 + 0.4368\ \text{TotalExp}_i \tag{3.7.2}$$

$$\begin{aligned} \text{var}(\hat{\beta}_1) &= 2560.9401 \qquad & \text{se}(\hat{\beta}_1) &= 50.8563 \\ \text{var}(\hat{\beta}_2) &= 0.0061 \qquad & \text{se}(\hat{\beta}_2) &= 0.0783 \\ r^2 &= 0.3698 \qquad & \hat{\sigma}^2 &= 4469.6913 \end{aligned}$$

식3.7.2로부터 만약 총지출이 2 루페만큼 증가하면 식료품 지출이 평균적으로 약 44 페이스(1 루페 = 100 페이스)만큼 증가한다. 만약 총지출이 0 이라면, 식료품 평균지출이 약 94루페가 되는데 절편항에 관한 이러한 기계적인 해석은 별로 의미가 없다. 그러나 이 예제에서, 총지출이 0 (즉, 실직 때문에) 이라 해도, 사람들은 돈을 빌어 오거나 예금을 인출하여 최소한의 식료품지출을 유지하는 것을 의미한다고 주장할 수도 있다.

r^2 값은 약 0.37인데 이는 식료품 지출의 변동 중 단지 37퍼센트만 총 지출에 의하여 설명되고 있다는 것을 의미한다. 이 값은 작은 것처럼 보일 수도 있지만, 이 책의 여기저기

예제 3.2

(계속)

에서 보게 되듯이 횡단면 자료에서는 전형적으로 r^2가 낮게 나온다. 이렇게 되는 이유는 아마도 표본에서의 측정단위가 다양하기 때문일 것이다. 우리는 이 주제을 이분산을 다루는 장(11장)에서 논의할 것이다.

예제 3.3

1인당 개인소득에 대한 휴대전화와 PC 수요

표 3.3은 34개국의 휴대전화 가입자 수와 PC 대수 (두 변수 측정단위는 모두 100명임), 그리고 구매력으로 조정된 1인당 달러 소득에 관한 자료를 담고 있다. 따라서 이는 횡단면 자료이다. 이 자료는 2003년도에 대한 것인데 출처는 *the Statitical Abstract of the United States, 2006* 이다.

비록 휴대전화와 PC가 미국에서 아주 광범위하게 사용되고 있지만 다른 국가에서도 그런 것은 아니다. 1인당 소득이 휴대전화와 PC의 사용을 결정하는 요인인지 여부를 확인하기 위하여 34개국 자료로 개인소득에 대하여 각 통신수단을 회귀하였고 다음의 결과를 얻었다:

표 3.3
2003년도 일부 국가의 100명 당 휴대전화 가입자 및 100명당 PC 수, 1인당 소득

출처: *Ststistical Abstract of the United States*, 2006 로서 휴대전화와 PC 자료는 Table 1364, 1인당 소득으로 조정된 구매력은 Table 1327에서 가가가 추출하였음.

국가	휴대전화	PC	1인당 소득
Argentina	17.76	8.2	11410
Australia	71.95	60.18	28780
Belgium	79.28	31.81	28920
Brazil	26.36	7.48	7510
Bulgaria	46.64	5.19	75.4
Canada	41.9	48.7	30040
China	21.48	2.76	4980
Colombia	14.13	4.93	6410
Czech Republic	96.46	17.74	15600
Ecuador	18.92	3.24	3940
Egypt	8.45	2.91	3940
France	69.59	34.71	27640
Germany	78.52	48.47	27610
Greece	90.23	8.17	19900
Guatemala	13.15	1.44	4090
Hungary	76.88	10.84	13840
India	2.47	0.72	2880
Indonesia	8.74	1.19	3210
Italy	101.76	23.07	26,830
Japan	67.9	38.22	28450
Mexico	29.47	8.3	8980
Netherlands	76.76	46.66	28560
Pakistan	1.75	0.42	2040
Poland	45.09	14.2	11210
Russia	24.93	8.87	8950
Saudia Arabia	32.11	13.67	13230
South Africa	36.36	7.26	10130
Spain	91.61	19.6	22150
Sweden	98.05	62.13	26710
Switzerland	84.34	70.87	32220
Thailand	39.42	3.98	7450
U.K.	91.17	40.57	27690
U.S.	54.58	65.98	37750
Venezuela	27.3	6.09	4750

주: 휴대전화와 PC자료는 100명당 기준임.

예제 3.3

(계속)

휴대전화에 대한 수요. Y= 휴대전화 가입자 수, X= 구매력으로 조정된 1인당 소득이라고 하자.

$$\hat{Y}_i = 14.4773 + 0.0022X_i \tag{3.7.3}$$

$$\text{se}(\hat{\beta}_1) = 6.1523; \quad \text{se}(\hat{\beta}_2) = 0.00032$$

$$r^2 = 0.6023$$

기울기계수는 1인당 소득이 $1,000만큼 증가할 때 휴대전화 가입자수는 평균적으로 100명당 2.2명 증가한다는 것을 의미한다. 약 14.47이라는 절편값은 만약 개인소득이 0 이라해도휴대전화 가입자 수는 평균적으로 100명당 약 14명이라는 것을 의미한다. 다시 한번 말하지만, 이러한 해석은 큰 의미가 없다. 왜냐하면, 이 표본에서 1인당 소득이 0인 국가는 없기 때문이다. r^2 값은 중간정도로 높은 편이다. 그러나 이 표본이 다양한 소득수준을 지닌 여러 국가들을 포함하고 있다는 것을 감안한다면, 아주 높은 r^2 값을 기대하기 어렵다.

우리가 앞으로 5장을 공부한 후에 식 3.7.3에 보고된 표준오차들의 추정치가 추정계수의 통계적 유의성 평가에 어떻게 사용되는지 알아볼 것이다.

PC에 대한 수요. 수년간 PC의 가격이 상당히 하락하였음에도 불구하고 PC는 여전히 여기저기 쉽게 접할 수 있지는 않다. PC 수요에 대한 중요한 결정요인은 개인소득이다. 또다른 결정요인은 가격인데 이 표본에서 각 국가들의 비교가능한 PC가격 자료는 없다.

Y= PC 대수이고, X= 1인당 소득이라고 할 때, 다음과 같은 PC에 대한 "부분적" 수요를 얻게 된다 (여기에서 부분적이라는 것은 비교가능한 가격자료 또는 PC의 수요에 영향을 미칠 수 있는 다른 변수 자료가 없기 때문임).

$$\hat{Y}_i = -6.5833 + 0.0018X_i \tag{3.7.4}$$

$$\text{se}(\hat{\beta}_1) = 2.7437; \quad \text{se}(\hat{\beta}_2) = 0.00014$$

$$r^2 = 0.8290$$

이 결과들이 의미하는 것은, 1인당 개인소득은 PC 수요에 양의 관계를 갖는다는 것이다. 1인당 개인소득이 PC 수요에 있어 통계적으로 중요한 결정요인임을 5장을 공부한 후에 알게될 것이다. 여기에서 절편항이 음의 값을 갖는 것은 실제로 중요하지 않다. 표본이 다양한 국가를 포함하고 있음에도, 추정된 r^2 값은 매우 높다. 기울기 계수를 해석하자면, 1인당 소득이 $1,000 증가할 때 PC 수요는 평균적으로 100명당 약 2 대 정도 증가한다는 것이다.

PC의 사용이 빠르게 퍼져가고 있음에도 불구하고 아직도 대형컴퓨터를 사용하는 많은 국가들이 있다. 그러므로 그러한 국가에서 컴퓨터의 총사용 정도는 PC 판매에 의하여 포착되는 수준보다는 높을 것이다.

3.8 몬테 칼로 실험(Monte Carlo Experiment)에 대한 Note

이 장에서 CLRM의 가정하에서 최소자승추정량의 BLUE특성으로 요약되는 바람직한 통계적 특성을 지니는 것을 보여 주었다. 이 장에 딸린 부록에서 이 특성을 보다 형식적으로 증명하였다. 그러나 실제에 있어 BLUE특성이 성립한다는 것을 어떻게 알 수 있는가? 예를 들어, OLS추정량이 불편추정량인지 어떻게 알 수 있는가? 해답은 소위 몬테칼로 실험이라는 것에 의해 보여질 수 있는데, 이는 근본적으로 컴퓨터 의태분석(simulation)실험 또는 표본추출실험이다.

기본개념을 소개하기 위해 2-변수 PRF를 고려하여 보자.

$$Y_i = \beta_1 + \beta_2 X_i + u_i \tag{3.8.1}$$

몬테칼로 실험은 다음과 같이 진행된다 :

1. 가령 모수의 진정한 값이 다음과 같다고 하자: $\beta_1 = 20$, 그리고 $\beta_2 = 0.6$
2. 표본의 크기를 결정한다. 여기에서는 $n = 25$로 하자.
3. 각 관측치에 대한 X의 값을 고정시킨다. 전체적으로 25개의 X값을 갖게 된다.
4. 난수표(a random number table)를 사용하여 25개의 값을 고른 후 이를 u_i라고 부른다(요즘에는 대부분의 통계 팩키지가 난수표를 내장하고 있다)[24].
5. β_1, β_2, X_i 그리고 u_i를 알고 있으므로, 식 3.8.1을 사용하여 25개의 Y_i 값을 구한다.
6. 바로 위에서 만들어진 Y_i를 3단계에서 선택한 25개의 X 값에 회귀하여 최소자승추정량인 $\hat{\beta}_1$, $\hat{\beta}_2$를 구한다.
7. 같은 β_1, β_2 그리고 X를 사용하여 이 실험을 99번 반복해서 시행한다고 하자. 물론 u_i값은 실험할 때마다 달라진다. 그러므로 모두 합해서 100번의 실험을 하게 되는 것이고, 그 결과 β_1과 β_2의 값을 각각 100개씩 갖게 된다(실제로, 이러한 실험이 많이 시행되고 있고, 또 어떤 때는 1000번에서 2000번 까지 시행하고 있다).
8. 100개의 추정치의 평균을 취하고 이들을 $\overline{\hat{\beta}}_1$, $\overline{\hat{\beta}}_2$라고 부르자.
9. 이 평균값이 1단계에서 설정한 β_1과 β_2의 진정한 값과 거의 같다면, 이 몬테칼로 실험은 최소자승추정량이 진정으로 불편추정량임을 "입증"하는 것이다. CLRM의 가정하에서 $E(\hat{\beta}_1) = \beta_1$ 그리고 $E(\hat{\beta}_2) = \beta_2$임을 되새겨 보자.

이러한 단계들은 몬테칼로 실험의 일반적인 성격을 특징지워 준다. 그러한 실험은 가끔 모집단 모수를 추정하는 다양한 방법들의 통계적 특성을 연구하는데 사용되기도 한다. 이 실험들은 소표본 혹은 유한표본에서의 추정량의 행위를 연구하는데 특히 유용하다. 이러한 실험들은 또한 대부분의 고전적인 통계적 추론의 기초가 되는 반복추출의 개념을 납득시키는 탁월한 수단이기도 한데, 이를 5장에서 논의할 것이다. 몬테칼로 실험을 연습하기 위해 연습문제를 줄 것이다(연습문제 3.27을 참조할 것).

24. 실제에 있어서 u_i가 일정한 모수(즉, 평균과 분산)를 가진 특정한 분포, 예를 들어 정규분포,를 따른다고 가정한다. 모수의 값이 구체화되면, 통계 팩키지를 이용하여 쉽게 u_i를 만들어낼 수 있다.

요약 및 결론

이 장에서 개발된 중요한 주제를 다음과 같이 요약할 수 있다.

1. 회귀분석의 기본적인 틀은 CLRM이다.
2. CLRM은 가정의 집합에 기초하고 있다.
3. 이 가정에 기초하여, 최소자승추정량은 가우스–마코프 정리로 요약되는 특성을 지니게 된다. 가우스–마코프 정리는 최소자승추정량이 선형 불편 추정량중에서 가장 작은 분산을 갖는다는 것이다. 간략하게 말해서, 추정량이 BLUE이다.
4. OLS 추정량의 **정확도**는 추정량의 표준오차로서 측정한다. 다음의 4장과 5장에서 표준오차를 사용하여 이렇게 모집단 모수, β 계수들에 대한 추론을 유도하는 지를 공부할 것이다.
5. 회귀모형의 전반적 적합도는 결정계수 r^2에 의해 측정한다. 결정계수는 종속변수 Y의 변화 중에서 설명변수 X에 의해 설명되는 비율이 얼마나 되는지를 보여준다. 이 r^2는 0과 1사이의 값을 갖는다 ; 1에 가까울수록 적합도는 더 나아지는 것이다.
6. 결정계수와 관련된 개념으로서 상관계수 r이 있다. 이는 두 변수간의 **선형 관계(linear association)**를 측정하게 되는데 , −1과 1 사이의 값을 갖는다.
7. CLRM은 이론적인 구조물 혹은 추상적 개념이다. 왜냐하면 이는 엄격한 혹은 "비현실적인" 가정에 기초하고 있기 때문이다. 그러나 그러한 추상적 개념은 어떠한 영역의 지식을 습득하는 초기단계에서 가끔 필수적이다. 일단 CLRM을 완전하게 이해하고 나면 그 가정들의 일부가 충족되지 않을 때 어떠한 문제가 발생하는지를 쉽게 알아낼 수 있다. 이 책의 제1부에서는 CLRM을 공부하는데 집중되어 있고, 나머지 부분에서는 CLRM을 보다 적절하게 변형하는데 치중하고 있다. 표 3.4는 이를 위한 전반적인 내용을 담고 있다.

표 3.4 CLRM의 가정들에 위배되는 경우 어떤 일이 발생하는가?

가정의 번호	위배의 형태	다루는 곳
1	모수에 대하여 비선형	14장
2	확률적인 설명변수(회귀자)	13장
3	u_i의 평균이 0 이 아님	II부의 서론
4	이분산	11장
5	자기상관 교란항	12장
6	회귀자의 개수보다 표본의 개수가 작은 경우	10장
7	회귀자의 불충분한 변동성	10장
8	다중공선성*	10장
9	표기오차*	13,14 장
10**	교란항의 비 정규분포	13장

*이 가정은 다중회귀모형을 논의하는 7장에서 소개될 것이다.

**주: 교란항 u_i가 정규분포를 따른다는 가정이 CLRM의 일부는 아니다. 이 논의는 4장에서 다루어진다.

연습문제 질문

3.1 다음 표 (1)열의 가정이 주어졌을 때, (2)열의 가정이 (1)열의 가정들과 동일한 것임을 보여라.

고전적 모형의 가정

(1)	**(2)**
$E(u_i \mid X_i) = 0$	$E(Y_i \mid X_i) = \beta_2 + \beta_2 X$
$\text{cov}\,(u_i, u_j) = 0\ i \neq j$	$\text{cov}\,(Y_i, Y_j) = 0\ i \neq j$
$\text{var}\,(u_i \mid X_i) = \sigma^2$	$\text{var}\,(Y_i \mid X_i) = \sigma^2$

3.2 표 3.1의 첫 번째 시행에서 사용된 추정치 $\hat{\beta}_1=1.572$와 $\hat{\beta}_2=1.357$이 정말로 OLS추정량인 것을 증명하라.

3.3 Malinvaud(각주 11을 참조할 것)에 의하면, $E(u_i|X_i)=0$의 가정은 매우 중요하다. 이를 확인하기 위해 PRF를 고려해보자: $Y=\beta_1+\beta_2 X_i+u_i$일 때 다음의 두 상황을 고려하자: (i) $\beta_1=0$, $\beta_2=1$ 그리고 $E(u_i)=0$, (ii) $\beta_1=1$, $\beta_2=0$ 그리고 $E(u_i)$ ¡ º(X_i-1). 위의 두 경우에 대해, X를 조건으로 하는 PRF조건부 기대치를 구하여 $E(u_i|X_i)=0$의 가정의 중요성에 관해 Malinvaud와 동의하는지 확인하라.

3.4 다음의 표본회귀를 고려해 보자.

$$Y_i = \hat{\beta}_1 + \hat{\beta}_2 X_i + \hat{u}_i$$

(i) $\sum \hat{u}_i=0$, (ii) $\sum \hat{u}_i X_i=0$의 제약을 가하여 추정량 $\hat{\beta}_1$과 $\hat{\beta}_2$를 구하고 이들이 식 (3.1.6)과 (3.1.7)의 식에서 주어진 최소자승추정량과 동일함을 보여라. 이렇게 추정량을 구하는 방법을 유사성 원칙(analogy principle)이라 부르는데, 위와 같이 (a)와 (b)의 제약을 가하는 것의 의미를 정당화시키는 논리를 전개하여 보라. (힌트: u_i에 관한 CLRM가정을 염두에 둘 것). 이와 아울러, 미지의 모수를 추정하는 유사성 원칙은 표본적률(예를 들어 표본평균)을 사용하여 모집단 적률(예를 들어 모집단 평균)을 추정하는 적률방법(method of moment)이라고 하기도 한다. 부록 A에서 보겠지만, 적률이란 기대치나 분산과 같이 확률분포를 요약하는 통계량이다.

3.5 식 (3.5.5)에서 정의한 r^2이 0과 1사이의 값을 갖는 것을 증명하라. 이의 증명을 위해, 임의의 확률변수 X와 Y에 대하여 다음의 관계가 성립된다는 Cauchy-Schwarz 부등식을 이용하라.

$$[E(XY)]^2 \leq E(X^2)E(Y^2)$$

3.6 $\hat{\beta}_{YX}$와 $\hat{\beta}_{XY}$는 각각 Y를 X에, X를 Y에 회귀했을 때 기울기를 나타낸다. 이때

$$\hat{\beta}_{YX}\hat{\beta}_{XY} = r^2$$

임을 증명하여라. 단, r은 X와 Y의 상관계수이다.

3.7 위 문제 3.6에서 $\hat{\beta}_{YX}\hat{\beta}_{XY}=1$이라고 하자. 이러한 경우에는 Y를 X에 회귀시키는 것과 X를 Y에 회귀시키는 것이 문제가 되는가? 조심스럽게 설명하라.

3.8 Spearman의 순위상관계수는 다음과 같이 정의된다.

$$r_s = 1 - \frac{6\sum d^2}{n(n^2-1)}$$

단, d=동일한 개인 또는 현상에 부여된 순위의 차이, n=순위가 매겨진 개인들 또는 현상의 개수이다. 식 (3.5.13)에서 정의된 r로부터 r_s를 유도하라.

힌트: X와 Y에 대해 1부터 n까지의 순위를 매긴다. X와 Y순위의 합은 각각 $n(n+1)/2$이므로 각각의 평균이 $(n+1)/2$이다.

3.9 다음의 2-변수 PRF들을 고려하여 보자.

$$\text{Model I:} \quad Y_i = \beta_1 + \beta_2 X_i + u_i$$

$$\text{Model II:} \quad Y_i = \alpha_1 + \alpha_2(X_i - \bar{X}) + u_i$$

a. β_1과 α_1의 추정량을 구하라. 두 추정량이 서로 같은가? 두 추정량의 분산이 서로 같은가?

b. β_2와 α_2의 추정량을 구하라. 두 추정량은 서로 같은가? 두 추정량의 분산은 서로 같은가?

c. 모형 Ⅱ가 모형 Ⅰ보다 나은가?

3.10 귀하가 다음의 회귀를 시행한다고 하자.

$$y_i = \hat{\beta}_1 + \hat{\beta}_2 x_i + \hat{u}_i$$

여기에서 y_i와 x_i는 일상대로 각각의 평균값으로부터의 편차를 의미한다. $\hat{\beta}_1$값의 의미는 무엇인가? 그 이유는? $\hat{\beta}_1$가 (3.1.6)에서 얻은 것과 동일한 것인가? 그 이유는?

3.11 r_1을 n쌍의 (X_i, Y_i) 사이의 상관계수라 하고, r를 n쌍의 (aX_i+b, cY_i+d)값 사이의 상관계수라 하자. 단, a, b, c, d는 상수이다. $r_1=r_2$ 즉 **상관계수는 축척(scale)과 원점이 변화해도 변함이 없음**을 증명하라.

힌트: (3.5.13)에서 주어진 r의 정의를 적용하라.

주: aX_i, X_i+b, aX_i+b를 각각 **축척의 변화**, **원점의 변화**, **축척과 원점의 변화**라고 한다.

3.12 n쌍의 (X_i, Y_i)값 사이의 상관계수 r이 양이라고 할 때, 다음의 각 주장이 옳은지 틀린지는 결정하여라.

a. $(-X_i, -Y_i)$의 r이 또한 양이다.

b. $(-X_i, Y_i)$사이의 r, $(X_i, -Y_i)$사이의 r이 양이거나 음이 될 수 있다.

c. 기울기 계수 β_{yx}, β_{xy} 모두 양이다. 단 β_{yx}는 X를 Y에 회귀할 때의 기울기계수이고 β_{xy}는 Y를 X에 회귀할 때의 기울기계수이다.

3.13 X_1, X_2, X_3가 서로 상관관계가 없는 변수들이고 표준편차가 같다면, X_1+X_2와 X_2+X_3 사이의 상관계수가 1/2임을 증명하여라. 왜 상관계수가 0이 아닌가?

3.14 회귀 $Y_i= \beta_1+\beta_2 X_i+u_i$에서 X값에 상수를(예를 들어 2) 곱해준다고 하자. 그 결과 잔차와 Y의 추정값이 달라지는가? 설명하여라. 각 X값에 상수(예를 들어 2)를 더해주면 어떻게 되겠는가?

3.15 (3.5.14)가 사실 결정계수를 나타내고 있음을 보여라. 힌트: (3.5.13)에 주어진 r의 정의를 적용할 것. 그리고 $\sum y_i \hat{y}_i = \sum(\hat{y}_i+\hat{u}_i)\hat{y}_i = \sum \hat{y}_i^2$, 그리고 (3.5.6)을 상기할 것.

3.16. 다음의 주장이 맞는지, 틀렸는지, 또는 불분명한지 **이유**를 밝히면서 설명하여라.

a. X와 Y 두 변수간 상관관계가 -1에서 $+1$ 까지의 값을 가지므로, $cov(X,Y)$도 이 범위안의 값을 갖는다.

b. 두 변수간 상관관계가 0이라면, 이는 어떠한 형태로든 두 변수간 관계가 없다는 것을 의미한다.

c. Y_i를 $\hat{Y}_i$에 회귀하면(즉 실제 Y를 추정된 Y에 회귀), 절편과 기울기 값이 각각 0과 1일 것이다.

3.17. **설명변수가 없는 회귀**. 다음의 모형을 분석하고자 한다: $Y_i=\beta_1+u_i$. OLS를 사용하여 β_1의 추정량을 구하여라. 그 분산은 얼마이고, RSS값은 얼마인가? 추정된 β_1이 어떤 직관적 의미를 가지고 있는가? 이제 2-변수모형 $Y_i=\beta_1+\beta_2 X_i+u_i$를 고려하여 보자. X_i를 모형에 추가할 만한가? 만약 그렇지 않다면 왜 회귀분석을 힘들게 하는가?

실증문제

3.18 다음의 표에 10명의 학생들의 중간고사와 기말고사 성적순위를 매겨놓았다. 순위상관의 Spearman 계수를 구하고 의미를 해석하라.

표 3.5

	학생									
순위	A	B	C	D	E	F	G	H	I	J
중간고사	1	3	7	10	9	5	4	8	2	6
학기말 고사	3	2	8	7	9	6	5	10	1	4

3.19. 명목환율과 상대가격의 관계. 1985년부터 2005년까지 연간 관측치를 사용하여 다음의 회귀결과를 얻었다. 단, Y=미국 달러에 대한 캐나다 달러의 환율(CD/$)이고 X=캐나다 소비자물가지수에 대한 미국 소비자물가지수의 비율로서 두 나라사이의 상대가격을 나타낸다:

$$\hat{Y}_t = -0.912 + 2.250X_t \qquad r^2 = 0.440$$
$$\text{se} = \qquad\qquad 0.096$$

a. 이 회귀결과를 해석하여라. r^2를 어떻게 해석하겠는가?

b. X_t의 값이 양의 값이라는 것이 경제학적으로 일리가 있는가? 여기에 대응되는 경제이론은 무엇인가?

c. X 변수를 미국 CPI에 대한 캐나다 CPI의 비율이라고 다시 설정한다고 하자. X의 부호가 바뀔 것인가? 그렇다면 그 이유는?

3.20. 표3.6은 1960~2005 동안 미국의 기업부문과 비농가 기업부문의 시간당 생산지수(X)와 시간당 실질보수(Y)에 관한 자료이다. 지수의 기준년도는 1992=100이고 지수는 계절적으로 조성되었다.

a. X에 대한 Y의 산포도를 각 부문에 대하여 따로 그리시오.

b. 두 변수간의 관계에 대한 경제이론은 무엇인가? 산포도가 이론에 부합되는가?

c. Y를 X에 OLS로 회귀하여라. 5장을 공부한 후에 다시 분석할 수 있도록 그 결과를 저장하여 두어라.

3.21 10개의 관측치를 가지고 다음의 결과를 얻었다.

$$\sum Y_i = 1,110 \qquad \sum X_i = 1,700 \qquad \sum X_i Y_i = 205,500$$
$$\sum X_i^2 = 322,000 \qquad \sum Y_i^2 = 132,100$$

그리고, 상관관계 $r = 0.9758$이다. 그러나 위의 값을 계산하는데 다음의 두 쌍의 관측치가 잘못 기재되었다.

Y	X		Y	X
80	110	대신	90	120
150	210		140	220

이 실수가 r에 미치는 영향은? 정확한 r을 구하라.

3.22 표 3.7은 1974~2006 기간 동안 미국의 금가격, 소비자물가지수(CPI), 그리고 뉴욕증시주가(NYSE)지수이다. NYSE지수는 NYSE에 등재된 대부분의 주식을 포함하고 있는데 약 1500개를 상회하고 있다.

a. 금의 가격, CPI, NYSE 지수를 하나의 산포도에 그려라.

b. 금의 가격과 주식수익률이 적어도 인플레이션과 같은 보조를 유지하

표 3.6 생산성 및 관련 자료, 기업부분 1960-2005 (지수의 경우 1992=100; 계절조정된 분기자료)

출처 : *Economic Report of the President*, 2007, Table 49

	시간당 산출물[1]		시간당 실질보수[2,3]	
연도	기업 부분	비농가 기업부분	기업 부분	비농가 기업부분
1960	48.9	51.9	60.8	63.3
1961	50.6	53.5	62.5	64.8
1962	52.9	55.9	64.6	66.7
1963	55.0	57.8	66.1	68.1
1964	56.8	59.6	67.7	69.3
1965	58.8	61.4	69.1	70.5
1966	61.2	63.6	71.7	72.6
1967	62.5	64.7	73.5	74.5
1968	64.7	66.9	76.2	77.1
1969	65.0	67.0	77.3	78.1
1970	66.3	68.0	78.8	79.2
1971	69.0	70.7	80.2	80.7
1972	71.2	73.1	82.6	83.2
1973	73.4	75.3	84.3	84.7
1974	72.3	74.2	83.3	83.8
1975	74.8	76.2	84.1	84.5
1976	77.1	78.7	86.4	86.6
1977	78.5	80.0	87.6	88.0
1978	79.3	81.0	89.1	89.6
1979	79.3	80.7	89.3	89.7
1980	79.2	80.6	89.1	89.6
1981	80.8	81.7	89.3	89.8
1982	80.1	80.8	90.4	90.8
1983	83.0	84.5	90.3	90.9
1984	85.2	86.1	90.7	91.1
1985	87.1	87.5	92.0	92.2
1986	89.7	90.2	94.9	95.2
1987	90.1	90.6	95.2	95.5
1988	91.5	92.1	96.5	96.7
1989	92.4	92.8	95.0	95.1
1990	94.4	94.5	96.2	96.1
1991	95.9	96.1	97.4	97.4
1992	100.0	100.0	100.0	100.0
1993	100.4	100.4	99.7	99.5
1994	101.3	101.5	99.0	99.1
1995	101.5	102.0	98.7	98.8
1996	104.5	104.7	99.4	99.4
1997	106.5	106.4	100.5	100.3
1998	109.5	109.4	105.2	104.9
1999	112.8	112.5	108.0	107.5
2000	116.1	115.7	112.0	111.5
2001	119.1	118.6	113.5	112.8
2002	124.0	123.5	115.7	115.1
2003	128.7	128.0	117.7	117.1
2004	132.7	131.8	119.0	118.2
2005	135.7	134.9	120.2	119.3

1. 산출물이란 해당부문의 GDP를 말함
2. 비고용자의 임금 및 급여와 고용에 대한 사회보장 고용자의 기여분의 합 및 사적 연금
3. 최근 몇 분기동안의 모든 도시소비자 CPI로 나눈 시간당 보수

표 3.7 금의 가격, New York 주가지수, 미국소비자 물가지수, 1974-2006

연도	금 가격	뉴욕주가지수	소비자 물가지수
1974	159.2600	463.5400	49.30000
1975	161.0200	483.5500	53.80000
1976	124.8400	575.8500	56.90000
1977	157.7100	567.6600	60.60000
1978	193.2200	567.8100	65.20000
1979	306.6800	616.6800	72.60000
1980	612.5600	720.1500	82.40000
1981	460.0300	782.6200	90.90000
1982	375.6700	728.8400	96.50000
1983	424.3500	979.5200	99.60000
1984	360.4800	977.3300	103.9000
1985	317.2600	1142.970	107.6000
1986	367.6600	1438.020	109.6000
1987	446.4600	1709.790	113.6000
1988	436.9400	1585.140	118.3000
1989	381.4400	1903.360	124.0000
1990	383.5100	1939.470	130.7000
1991	362.1100	2181.720	136.2000
1992	343.8200	2421.510	140.3000
1993	359.7700	2638.960	144.5000
1994	384.0000	2687.020	148.2000
1995	384.1700	3078.560	152.4000
1996	387.7700	3787.200	156.9000
1997	331.0200	4827.350	160.5000
1998	294.2400	5818.260	163.0000
1999	278.8800	6546.810	166.6000
2000	279.1100	6805.890	172.2000
2001	274.0400	6397.850	177.1000
2002	309.7300	5578.890	179.9000
2003	363.3800	5447.460	184.0000
2004	409.7200	6612.620	188.9000
2005	444.7400	7349.000	195.3000
2006	603.4600	8357.990	201.6000

고 있다면 금이나 주식에 대한 투자가 인플레이션의 회피수단(hedge)이 될 것이다. 이 가설을 검정하기 위해 (a)의 산포도의 결과 다음의 모형을 회귀하기로 하였다고 하자:

$$\text{Gold price}_t = \beta_1 + \beta_2 \,\text{CPI}_t + u_t$$
$$\text{NYSE index}_t = \beta_1 + \beta_2 \,\text{CPI}_t + u_t$$

가설이 맞다면 β_2값이 어떠하리라 기대하는가?

c. 금과 주식시장 중 어느 것이 더 좋은 인플레이션 회피수단인가?

3.23 표 3.8은 1959~2005기간동안 미국 국내총생산(GDP) 자료이다.

a. 경상가격 GDP와 불변가격(2000년) GDP를 시간에 대해 산포도로 그려라.

b. 다음의 식에서 Y를 GDP라 하고, X를 시간이라 하자(연대순으로 측정한 시간, 즉 1959를 1, 1960을 2, 2005를 47로 정함). 이때, GDP 자료를 사용해 다음의 모형을 추정해 보자:

$$Y_t = \beta_1 + \beta_2 X_t + u_t$$

표 3.8 명목 GDP (NGDP)와 실질 GDP (RGDP), 1959-2005 (10억달러, 연율로 계절조정된 분기별 자료; RGDP는 2000년 기준 10억 달러 단위)

연도	NGDP	RGDP	연도	NGDP	RGDP
1959	506.6	2,441.3	1983	3,536.7	5,423.8
1960	526.4	2,501.8	1984	3,933.2	5,813.6
1961	544.7	2,560.0	1985	4,220.3	6,053.7
1962	585.6	2,715.2	1986	4,462.8	6,263.6
1963	617.7	2,834.0	1987	4,739.5	6,475.1
1964	663.6	2,998.6	1988	5,103.8	6,742.7
1965	719.1	3,191.1	1989	5,484.4	6,981.4
1966	787.8	3,399.1	1990	5,803.1	7,112.5
1967	832.6	3,484.6	1991	5,995.9	7,100.5
1968	910.0	3,652.7	1992	6,337.7	7,336.6
1969	984.6	3,765.4	1993	6,657.4	7,532.7
1970	1,038.5	3,771.9	1994	7,072.2	7,835.5
1971	1,127.1	3,898.6	1995	7,397.7	8,031.7
1972	1,238.3	4,105.0	1996	7,816.9	8,328.9
1973	1,382.7	4,341.5	1997	8,304.3	8,703.5
1974	1,500.0	4,319.6	1998	8,747.0	9,066.9
1975	1,638.3	4,311.2	1999	9,268.4	9,470.3
1976	1,825.3	4,540.9	2000	9,817.0	9,817.0
1977	2,030.9	4,750.5	2001	10,128.0	9,890.7
1978	2,294.7	5,015.0	2002	10,469.6	10,048.8
1979	2,563.3	5,173.4	2003	10,960.8	10,301.0
1980	2,789.5	5,161.7	2004	11,712.5	10,703.5
1981	3,128.4	5,291.7	2005	12,455.8	11,048.6
1982	3,255.0	5,189.3			

출처: *Economic Report of the President*, 2007. Table B-1 and B-2

경상가격과 불변가격 GDP에 대해 이 모형을 추정하여라.

c. β_2의 의미는?

d. 경상GDP에 대한 추정한 β_2와 불변가격 GNP에 대한 추정한 β_2가 서로 다르다면, 그 차이를 어떻게 설명할 수 있는가?

e. 위의 결과로부터 표본기간 미국의 인플레이션의 성격을 무엇이라 설명할 수 있는가?

3.24 서론의 표 I.1의 자료를 사용하여 식 (3.7.1)를 입증하여라.

3.25 연습문제 2.16의 SAT 예제를 사용하여 다음의 문제를 풀어라.

a. 여학생 어학점수를 남학생 어학점수에 대해 산포도를 그려라.

b. 두 변수간에 선형관계가 적절한 것으로 산포도가 뒷받침하고 있다면, 여학생 어학점수를 남학생 어학점수에 회귀하여라.

c. 두 어학점수간에 관계가 존재한다면, 그 관계는 인과적인가?

3.26 어학점수를 수학점수로 대체하여 연습문제 3.25를 반복하여라.

3.27 **몬테칼로 학습에 대한 과제물**:

표 2.4에 주어진 10개의 X값을 참고하자. $\beta_1 = 25$ 그리고 $\beta_2 = 0.5$라 하자.

$u_i \sim N(0, 9)$, 즉, u_i가 평균이 0이고 분산이 9인 정규분포를 따른다고 가정하자. 이 값들을 사용하여 100개의 표본을 추출하고 β_1과 β_2에 대한 100개의 추정치를 구하여라. 이 추정치를 그림으로 나타내어라.

몬테칼로 연구로부터 어떠한 결론을 추출할 수 있는가?
(주: 대부분의 통계팩키지는 대부분의 잘 알려진 확률분포로부터 확률변수를 만들어 낼 수 있다. 그러한 변수를 만드는데 어려움이 있는 경우 담당교수님께 도움을 구할 것.)

3.28. 표3.3의 자료를 사용하여, PC사용 대수에 대한 휴대전화 가입자 수를 산포도로 나타내어라. 이 그림으로부터 어떤 관계를 끌어낼 수 있는가? 그렇다면, 이 관계를 어떻게 합리화할 수 있는가?

부록 3A

3A.1 최소자승추정치의 유도

(3.1.2)를 $\hat{\beta}_1$과 $\hat{\beta}_2$에 관해 편미분하면

$$\frac{\partial\left(\sum \hat{u}_i^2\right)}{\partial \hat{\beta}_1} = -2\sum(Y_i - \hat{\beta}_1 - \hat{\beta}_2 X_i) = -2\sum \hat{u}_i \tag{1}$$

$$\frac{\partial\left(\sum \hat{u}_i^2\right)}{\partial \hat{\beta}_2} = -2\sum(Y_i - \hat{\beta}_1 - \hat{\beta}_2 X_i)X_i = -2\sum \hat{u}_i X_i \tag{2}$$

을 얻는데, 이 식들을 0으로 놓고 대수적으로 단순화시키면 (3.1.6)과 (3.1.7)의 추정량을 구할 수 있다.

3A.2 최소자승 추정량의 선형과 불편성 성격

(3.1.8)로부터

$$\hat{\beta}_2 = \frac{\sum x_i Y_i}{\sum x_i^2} = \sum k_i Y_i \tag{3}$$

여기에서

$$k_i = \frac{x_i}{\left(\sum x_i^2\right)}$$

위 식은 $\hat{\beta}_2$가 Y_i의 선형함수이기 때문에 $\hat{\beta}_2$이 선형 추정량임을 보이고 있다; $\hat{\beta}_2$은 사실 Y_i의 가중평균인데 k_i가 가중의 역할을 하고 있다. 유사하게 $\hat{\beta}_1$도 역시 선형추정량임을 보일 수 있다. 부가적으로 가중치 k_i의 성질을 주의하여 보자:

(i) X_i가 비확률적이라고 가정했기 때문에 k_i도 역시 비확률적이다 ;
(ii) $\sum k_i = 0$;
(iii) $\sum k_i = 1/\sum x_i^2$;

(iv) $\sum k_i x_i = \sum k_i X_i = 1$, 이 성질은 k_i의 정의로부터 직접적으로 유도할 수 있다.

예를 들어,

$$\sum k_i = \sum \left(\frac{x_i}{\sum x_i^2} \right) = \frac{1}{\sum x_i^2} \sum x_i, \qquad \begin{array}{l} \sum x_i,\ \text{즉 평균으로부터의 편차합은 항상 0이고,} \\ \text{주어진 표본에 대해 } \sum x_i^2 \text{은 이미 알려진 값이므로} \end{array}$$
$$= 0,$$

이 때 PRF $Yi = \beta_1 + \beta_2 Xi + ui$ 를 (3)에 대입하면

$$\begin{aligned} \hat{\beta}_2 &= \sum k_i(\beta_1 + \beta_2 X_i + u_i) \\ &= \beta_1 \sum k_i + \beta_2 \sum k_i X_i + \sum k_i u_i \\ &= \beta_2 + \sum k_i u_i \end{aligned} \tag{4}$$

여기에서 앞에서 논의한 k_i가 비확률적이라는 것을 주의하면,

$$\begin{aligned} E(\hat{\beta}_2) &= \beta_2 + \sum k_i E(u_i) \\ &= \beta_2 \end{aligned} \tag{5}$$

이다. 왜냐하면 가정에 의해 $E(ui) = 0$이기 때문이다. 그러므로, $\hat{\beta}_2$은 β_2의 불편추정량이다. 같은 논리에 의해 $\hat{\beta}_1$도 β_1의 불편추정량이다.

3A.3 최소자승추정량의 분산과 표준오차

분산의 정의에 의해

$$\begin{aligned} \operatorname{var}(\hat{\beta}_2) &= E[\hat{\beta}_2 - E(\hat{\beta}_2)]^2 \\ &= E(\hat{\beta}_2 - \beta_2)^2 \qquad\qquad E(\hat{\beta}_2) = \beta_2 \\ &= E\left(\sum k_i u_i\right)^2 \\ &= E\left(k_1^2 u_1^2 + k_2^2 u_2^2 + \cdots + k_n^2 u_n^2 + 2k_1 k_2 u_1 u_2 + \cdots + 2k_{n-1} k_n u_{n-1} u_n\right) \end{aligned} \tag{6}$$

가정에 의해 모든 i에 대해 $E(u_i^2) = \sigma^2$이고, $i \neq j$ 이면 $E(u_i u_j) = 0$이므로

$$\begin{aligned} \operatorname{var}(\hat{\beta}_2) &= \sigma^2 \sum k_i^2 \\ &= \frac{\sigma^2}{\sum x_i^2} \qquad (k_i^2\text{의 정의를 이용하여}) \\ &= \text{Eq. (3.3.1)} \end{aligned} \tag{7}$$

$\hat{\beta}_1$의 분산도 위와 같은 논리를 따라 구할 수 있다. 일단 $\hat{\beta}_1$과 $\hat{\beta}_2$의 분산을 구하고나면, 분산의 제곱은 표준오차이다.

3A.4 $\hat{\beta}_1$과 $\hat{\beta}_2$의 공분산

정의에 의해

$$\operatorname{cov}(\hat{\beta}_1, \hat{\beta}_2) = E\{[\hat{\beta}_1 - E(\hat{\beta}_1)][\hat{\beta}_2 - E(\hat{\beta}_2)]\}$$

$$
\begin{aligned}
&= E(\hat{\beta}_1 - \beta_1)(\hat{\beta}_2 - \beta_2) \qquad \text{(Why?)} \\
&= -\bar{X}E(\hat{\beta}_2 - \beta_2)^2 \\
&= -\bar{X}\,\text{var}\,(\hat{\beta}_2) \\
&= \text{Eq. (3.3.9)}
\end{aligned} \tag{8}
$$

여기에서는 $\hat{\beta}_1 = \overline{Y} - \hat{\beta}_2\overline{X}$, $E(\hat{\beta}_1) = \overline{Y} - \beta_2\overline{X}$를 사용하여 $\hat{\beta}_1 - E(\hat{\beta}_1) = -\overline{X}(\hat{\beta}_2 - \beta_2)$를 구하였다. 주: $\text{var}(\hat{\beta}_2)$는 식 (3.3.1)에 있음.

3A.5 σ^2의 최소자승추정량

$$Y_i = \beta_1 + \beta_2 X_i + u_i \tag{9}$$

를 상기하여 보자. 그러므로

$$\bar{Y} = \beta_1 + \beta_2\bar{X} + \bar{u} \tag{10}$$

이므로 (9)에서 (10)을 빼면

$$y_i = \beta_2 x_i + (u_i - \bar{u}) \tag{11}$$

이다.

또한

$$\hat{u}_i = y_i - \hat{\beta}_2 x_i \tag{12}$$

를 이용하자. (11)을 (12)에 대입한 후

$$\hat{u}_i = \beta_2 x_i + (u_i - \bar{u}) - \hat{\beta}_2 x_i \tag{13}$$

양측을 제곱하고 더하면,

$$\sum \hat{u}_i^2 = (\hat{\beta}_2 - \beta_2)^2 \sum x_i^2 + \sum (u_i - \bar{u})^2 - 2(\hat{\beta}_2 - \beta_2)\sum x_i(u_i - \bar{u}) \tag{14}$$

양쪽에 기대치를 취하면,

$$
\begin{aligned}
E\left(\sum \hat{u}_i^2\right) &= \sum x_i^2 E(\hat{\beta}_2 - \beta_2)^2 + E\left[\sum (u_i - \bar{u})^2\right] - 2E\left[(\hat{\beta}_2 - \beta_2)\sum x_i(u_i - \bar{u})\right] \\
&= \sum x_i^2\,\text{var}\,(\hat{\beta}_2) + (n-1)\,\text{var}\,(u_i) - 2E\left[\sum k_i u_i (x_i u_i)\right] \\
&= \sigma^2 + (n-1)\,\sigma^2 - 2E\left[\sum k_i x_i u_i^2\right] \\
&= \sigma^2 + (n-1)\,\sigma^2 - 2\sigma^2 \\
&= (n-2)\sigma^2
\end{aligned} \tag{15}
$$

위의 단계에서 식 (3)의 k_i 정의와 식 (4)의 관계식을 사용하였다. 아울러

$$
\begin{aligned}
E\sum (u_i - \bar{u})^2 &= E\left[\sum u_i^2 - n\bar{u}^2\right] \\
&= E\left[\sum u_i^2 - n\left(\frac{\sum u_i}{n}\right)^2\right] \\
&= E\left[\sum u_i^2 - \frac{1}{n}\sum \left(u_i^2\right)\right]
\end{aligned}
$$

$$= n\sigma^2 - \frac{n}{n}\sigma^2 = (n-1)\sigma^2$$

임을 알 수 있다. 여기에서 u_i 무상관이고 각 u_i의 분산이 σ^2이라는 사실을 사용하였다. 따라서,

$$E\left(\sum \hat{u}_i^2\right) = (n-2)\sigma^2 \tag{16}$$

을 얻을 수 있다.

$$\hat{\sigma}^2 = \frac{\sum \hat{u}_i^2}{n-2} \tag{17}$$

로 정의하면 그 기대치로서

$$E(\hat{\sigma}^2) = \frac{1}{n-2}E\left(\sum \hat{u}_i^2\right) = \sigma^2 \quad \text{식 (16)을 이용하면} \tag{18}$$

$\hat{\sigma}^2$은 σ^2의 불편추정량이다.

3A.6 최소자승추정량의 최소분산 특성

부록 3A의 3A.2에서 최소자승추정량 $\hat{\beta}_2$이 선형이며 불편임을 보인바 있다(이러한 성격은 $\hat{\beta}_1$에도 성립한다). 이 추정량들이 모든 선형불편 추정량중에서 최소의 분산을 갖는 것을 보이기 위해 최소자승추정량 $\hat{\beta}_2$을 고려해 보자:

$$\hat{\beta}_2 = \sum k_i Y_i$$

단,

$$k_i = \frac{X_i - \bar{X}}{\sum(X_i - \bar{X})^2} = \frac{x_i}{\sum x_i^2} \qquad \text{(Appendix 3A.2 참조)} \tag{19}$$

인데, 위식은 $\hat{\beta}_2$이 k_i를 가중치로 사용하는 Y의 가중평균임을 보여준다.

β_2의 다른 임의의 선형추정량을 다음과 같이 정의하자

$$\beta_2^* = \sum w_i Y_i \tag{20}$$

단, w_i도 역시 가중치이지만 k_i와 같은 값일 필요는 없다. 이때

$$\begin{aligned} E(\beta_2^*) &= \sum w_i E(Y_i) \\ &= \sum w_i(\beta_1 + \beta_2 X_i) \\ &= \beta_1 \sum w_i + \beta_2 \sum w_i X_i \end{aligned} \tag{21}$$

그러므로, β_2^*가 불편추정량이면,

$$\sum w_i = 0 \tag{22}$$

이고,

$$\sum w_i X_i = 1 \tag{23}$$

을 만족시켜야 한다.

또한,

$$
\begin{aligned}
\operatorname{var}(\beta_2^*) &= \operatorname{var}\sum w_i Y_i \\
&= \sum w_i^2 \operatorname{var} Y_i \qquad [\text{주: } \operatorname{var} Y_i = \operatorname{var} u_i = \sigma^2] \\
&= \sigma^2 \sum w_i^2 \qquad [\text{주: } \operatorname{cov}(Y_i, Y_j) = 0\,(i \neq j)] \\
&= \sigma^2 \sum \left(w_i - \frac{x_i}{\sum x_i^2} + \frac{x_i}{\sum x_i^2} \right)^2 \qquad (\text{수학적 조작을 주의할 것}) \\
&= \sigma^2 \sum \left(w_i - \frac{x_i}{\sum x_i^2} \right)^2 + \sigma^2 \frac{\sum x_i^2}{\left(\sum x_i^2\right)^2} + 2\sigma^2 \sum \left(w_i - \frac{x_i}{\sum x_i^2} \right)\left(\frac{x_i}{\sum x_i^2} \right) \\
&= \sigma^2 \sum \left(w_i - \frac{x_i}{\sum x_i^2} \right)^2 + \sigma^2 \left(\frac{1}{\sum x_i^2} \right) \qquad \textbf{(24)}
\end{aligned}
$$

이 된다. 왜냐하면, 마지막 전단계에서 끝항은 값이 0이기 때문에 식 (24)의 마지막 항이 상수이므로, β_2^*의 분산은 첫 번째 항만을 조작함으로써 최소화시킬 수 있다. 만약,

$$
w_i = \frac{x_i}{\sum x_i^2}
$$

이라면, 식 (24)는

$$
\begin{aligned}
\operatorname{var}(\beta_2^*) &= \frac{\sigma^2}{\sum x_i^2} \qquad \textbf{(25)} \\
&= \operatorname{var}(\hat{\beta}_2)
\end{aligned}
$$

으로 된다. 말로 설명하면, 가중치 $w_i = k_i$ 즉 최소자승가중치인 경우 선형추정량 β_2^*의 분산이 최소자승추정량 β_2^*의 분산과 같다. 그렇지 않으면 $var(\beta_2^*) > var(\hat{\beta}_2)$이다. 다시 말해서, 만약 β_2^*의 최소분산 선형불편추정량이 존재한다면, 그 추정량은 최소자승추정량이어야 한다. 같은 방법으로 $\hat{\beta}_1$이 β_1의 최소분산 선형불편추정량임을 보일 수 있다.

3A.7 최소자승추정량의 일치성

고전적 선형회귀모형에서 표본의 크기가 작든 크든 표본의 크기에 상관없이 최소자승추정량이 불편추정량 (그리고 효율적 추정량)이라는 것을 보여준바 있다. 그러나 부록 A에서 논의되었듯이, 가끔 추정량이 소표본에서는 하나 또는 여러 개의 바람직한 통계적 특성을 충족시키지 못할 때가 있다. 이러한 특성을 대표본 특성, 혹은 점근적 특성이라고 부른다. 여기에서는, 부록 A에서 충분히 논의될 대표본 특성, 즉, 일치성 특성에 관하여 논의하고자 한다. 2-변수 모형에서 OLS 추정량 $\hat{\beta}_2$가 진정한 β_2에 대한 불편추정량임을 보여준 바 있다. 이제 $\hat{\beta}_2$가 β_2에 대한 일치추정량임을 보이고자 한다. 부록 A에서 보여준 것처럼, 일치성을 위한 충분조건은 $\hat{\beta}_2$가 불편추정량이고 표본의 크기 n이 무한대로 접근함에 따라 추정량의 분산이 0으로 접근하면 된다.

이미 불편성에 관한 특성을 증명하였기 때문에, n이 무한대로 증가함에 따라 $\hat{\beta}_2$의 분산이 0으로 접근한다는 것만 보여주면 된다. 다음의 관계가 알려져 있다.

$$\text{var}(\hat{\beta}_2) = \frac{\sigma^2}{\sum x_i^2} = \frac{\sigma^2/n}{\sum x_i^2/n} \tag{26}$$

분모와 분자를 n으로 나누어주면 위 식에 변화가 없게 된다.

이제

$$\underbrace{\lim \text{var}(\hat{\beta}_2)}_{n \to \infty} = \underbrace{\lim \left(\frac{\sigma^2/n}{\sum x_i^2/n} \right)}_{n \to \infty} = 0 \tag{27}$$

이 되는데, 여기에서 (1) 비율값의 극한은 분모의 극한에 대한 분자의 극한과 같다(미분 교과서를 참조할 것)는 사실과 (2) σ^2이 유한수이기 때문에 n이 무한대로 접근할 수록 σ^2/n은 0으로 접근하한다는 사실을 이용하였다; 그리고 CLRM의 가정 7 때문에 X의 분산은 유한 극한을 갖기 때문에 $[\Sigma x_i^2/n] \neq 0$이다.

위 논의의 결론은 OLS 추정량 $\hat{\beta}_2$가 진정한 β_2에 대한 일치추정량이라는 것이다. 동일한 방식으로 $\hat{\beta}_1$ 역시 일치추정량임을 보일 수 있다. 따라서, 반복추출되는 (소)표본에 일치성을 지닌다. 다음에 보게 되듯이 CLRM의 몇몇 가정이 충족되지 않아도 어떤 경우에는 회귀계수의 일치추정량을 구할 수 있는 경우도 있다.

4장

고전적 정규선형 회귀모형

통계적 추론의 고전적 이론은 크게 두 부분으로 구성되어 있다. 즉, **추정**과 **가설검정**이 그것이다. 지금까지 (2-변수) 선형회귀모형의 모수에 대한 추정 주제를 다루었다. OLS 방법을 사용하여 모수 β_1, β_2, σ^2을 추정할 수 있었다. *고전적 선형회귀모형(CLRM)*의 가정 하에서 추정량 $\hat{\beta}_1$, $\hat{\beta}_2$, $\hat{\sigma}^2$들이 불편성, 최소분산 등 몇 가지 바람직한 통계적 특성을 만족시킨다는 것을 보일 수 있었다(BLUE 특성을 돌이켜볼 것). 이들이 추정량이기 때문에 그 값들은 표본에 따라 변할 것이다. 그러므로, 이 추정량들은 *확률변수*이다.

그러나 추정의 문제가 절반의 작업이고 가설검정은 나머지 절반이 된다. 회귀분석에서 우리의 목적이 표본회귀함수(SRF)를 추정할 뿐만 아니라 , 모집단 회귀함수(PRF)에 관한 추론을 하는 것임을 2 장에서 강조한 바 있다. 그러므로 $\hat{\beta}_1$이 진정한 β_1에 얼마나 가까운지 또는 $\hat{\sigma}^2$이 진정한 σ^2에 얼마나 가까운지 확인하고자 한다. 예를 들어, 예제 3.2에서 식(3.7.2)의 SRF를 추정하였다. 그런데 이 회귀가 55개 가구로 이루어진 표본에 기초하고 있기 때문에 0.4368이하는 추정된 MPC가 모집단에서 (진정한) MPC를 대체로 반영하고 있는지 어떻게 알 수 있는가?

$\hat{\beta}_1$, $\hat{\beta}_2$, $\hat{\sigma}^2$가 확률변수이기 때문에 이들의 확률분포를 알아야할 필요가 있다. 왜냐하면 분포를 모르면 추정량을 진정한 값에 연결시킬 수 없기 때문이다.

4.1 교란항 u_i의 확률분포

OLS 추정량의 확률분포를 알기 위하여 다음과 같이 절차를 밟자. 우선 $\hat{\beta}_2$을 고려하자. 부록 3A.2에 있듯이,

$$\hat{\beta}_2 = \sum k_i Y_i \tag{4.1.1}$$

이고, 여기에서 $k_i = x_i / \sum x_i^2$이다. 그러나 X들이 고정되었다고 또는 비확률적이라고 가정하기 때문에 X_i의 고정된 값에 조건을 두는 조건부회귀분석이 되고 식 4.1.1은 $\hat{\beta}_2$가 확률변수라고 가정된 Y_i의 **선형**함수가 된다. $Y_i = \beta_1 + \beta_2 X_i + u_i$이기 때문에 식(4.1.1)을

$$\hat{\beta}_2 = \sum k_i(\beta_1 + \beta_2 X_i + u_i) \quad \textbf{(4.1.2)}$$

과 같이 나타낼 수 있다. k_i와 β들, 그리고 X_i가 모두 고정되었기 때문에, $\hat{\beta}_2$는 궁극적으로 확률변수 u_i의 선형함수가 된다. 그러므로 $\hat{\beta}_2$(또한 $\hat{\beta}_1$도 마찬가지임)의 확률분포는 u_i의 확률분포에 관한 가정에 의존하게 된다. 모집단 값에 관한 추론을 끌어내는데 OLS 추정량의 확률분포에 관한 지식이 필요하기 때문에 u_i의 확률분포의 특성은 가설검정에 극히 중요한 역할을 할 것이다.

OLS 추정법이 u_i의 확률적 성격에 관하여 아무런 가정을 하고 있지 않기 때문에 가우스-마코프 정리에도 불구하고 SRF로부터 PRF에 관한 추론을 이끌어 내는데 OLS가 별 도움을 줄 수 없다. 이 공백은 u가 어떤 확률분포를 따른다고 가정하면 쉽게 메꿔질 수 있다. 앞으로 짧게 설명하게 될 이유 때문에, 회귀분석의 맥락에서 u가 정규분포를 따른다고 통상적으로 가정하게 된다. 3장에서 논의한 고전적 선형회귀모형(CLRM)에 필요한 가정들에 u_i에 관한 정규성 가정을 덧붙이면 소위 고전적 정규 선형모형(CNLRM)을 얻게된다.

4.2 u_i에 관한 정규분포 가정

고전적 정규선형모형은 각 u_i가 다음의 특성을 지닌 정규분포를 따른다고 가정한다.

평균 $\quad E(u_i) = 0 \quad$ **(4.2.1)**

분산 $\quad E[u_i - E(u_i)]^2 = E(u_i^2) = \sigma^2 \quad$ **(4.2.2)**

cov (u_i, u_j): $\quad E\{[(u_i - E(u_i)][u_j - E(u_j)]\} = E(u_i\, u_j) = 0 \quad i \neq j \quad$ **(4.2.3)**

또는 간단히 줄여서

$$u_i \sim N(0, \sigma^2) \quad \textbf{(4.2.4)}$$

로 쓸 수 있는데, 여기서 ~는 "분포를 따른다"는 뜻이고 N은 정규분포를 나타내며 괄호 안에 있는 두 상수는 정규분포의 두 모수, 즉 평균과 분산을 의미한다.

부록 A에서 볼 수 있듯이 위의 가정과 관련하여 정규분포를 따르는 두 개의 확률변수가 서로 상관관계가 없다면 이는 두 변수가 독립임을 의미한다는 것을 주의하여야 한다. 그러므로 정규성 가정아래 식 (4.2.3)은 바로 u_i와 u_j가 서로 상관관계가 없을 뿐만 아니라 독립임을 의미한다. 그러므로 (4.2.4)를 다음과 같이 나타낼 수 있다.

$$u_i \sim \text{NID}(0, \sigma^2) \quad \textbf{(4.2.5)}$$

여기에서 NID는 정규분포를 따르되 독립적(normally and independently distributed)이라는 것을 의미한다.

그렇다면 정규분포를 가정하는 이유는 무엇인가?

왜 정규성 가정을 사용하는가? 여기에는 다음과 같은 이유가 있다:

1. 2장의 절 2.5에서 지적한 바와 같이 u_i는 비록 회귀모형내에 명시적으로 포함되지는 않지만 종속변수 Y에 영향을 미칠 수도 있는 많은 수의 독립변수들의 영향을 대표하고 있다. 물론 이러한 변수들의 영향은 미미하고 무작위적으로 나타난다. 이 때, 중심극한정리(central limit theorem: CLT)에 의하면(상세한 내용은 부록 A를 참조할 것), 다수의 상호독립이며 같은 분포를 갖는 확률변수들의 합은 그러한 변수의 수가 무한히 많아질 때 정규분포를 따르게 된다[1].
2. 중심극한정리의 여러 가지 변형된 형태중 하나는 변수의 숫자가 많지 않다고 해도, 또는 그 변수들이 완전히 독립이 아니라 해도 그 합은 여전히 정규분포를 따를 수 있다는 것을 설명하고 있다.[2]
3. 정규분포의 가정 하에서는 OLS추정량의 분포를 쉽게 유도할 수 있다(부록 A를 참조할 것). 이는 정규분포의 특성 때문인데, 정규분포를 하는 확률변수들의 어떠한 선형결합도 역시 정규분포를 하기 때문이다. 앞에서 논의했듯이 OLS 추정량 $\hat{\beta}_1$과 $\hat{\beta}_2$은 u_i의 선형함수이다. 그러므로 u_i가 정규분포를 따른다면 $\hat{\beta}_1$과 $\hat{\beta}_2$도 정규분포를 따른다.
4. 정규분포가 두 개의 모수(평균과 분산)에 의해 결정되고, 더욱이 정규분포의 특성은 수리통계학에서 집중적으로 논의되어 온 상대적으로 단순한 분포이기 때문이다. 게다가, 많은 현상들이 정규분포를 따르는 것처럼 보인다.
5. 다루고 있는 자료가 소규모, 또는 유한의 표본크기라면-예를 들어, 100개의 관측치 보다 작은 규모의 자료-정규성 가정은 치명적인 역할을 하게된다. OLS 추정량의 정확한 확률분포를 도출할 수도 있게 해줄 뿐만 아니라, 회귀모형에 대한 t, F, 그리고 χ^2 검정을 사용할 수 있도록 해준다. t, F, 그리고 χ^2분포의 통계적 특성은 부록 A에 설명되어 있다. 앞으로 계속 보

1. 중심극한정리를 비교적 간단히 설명한 것은 Sheldon M. Ross, *Introduction to Probability and Statistics for Engineers and Scientists*, 2nd ed., Harcourt Academic Press, New York, 2000, pp. 193–194.를 참조할 것. 이 정리의 예외적인 경우는 확률변수가 Cauchy분포를 따를 때이다. 이에 관한 상세한 설명은 M.G.Kendall and A.Stuart, *The Advanced Theory of Statistics*, Charles Griffin & Co., London, 1960, vol.1, pp.248–249
2. CLT의 다양한 형태에 관하여 Harald Cramer, *Mathematical Methods of Statistics*, Princeton University Press, Princeton, NJ, 1946, Chap. 17.을 참조할 것.

겠지만, 표본의 크기가 적절히 크다면 정규성 가정을 완화시킬 수도 있다.

6. 마지막으로, **대표본**에서 t와 F 통계량이 점근적으로 t와 F 확률분포를 따르므로 오차항이 정규분포를 따른다는 가정에 기초한 t와 F 검정은 여전히 유효하게 된다[3]. 요즈음에는 많은 횡단면자료와 시계열자료가 충분히 많은 수의 관측치를 포함하고 있다. 그러므로 정규성 가정은 대규모 자료에서 그리 치명적이 아닐 수도 있다.

주의: 정규성 가정을 "부과"하였기 때문에, 소표본 자료를 포함한 실제 응용에서 정규성 가정이 적절한지 확인해볼 필요가 있다. 추후에 이를 검정하기 위한 검정방법을 논의할 것이다. 또한, 추후에 정규성 가정이 부적절한 상황에 부딪히게 될 것이다. 그러나 그때까지 앞에서 설명한 이유 때문에 정규성 가정을 유지하고 논의를 진행할 것이다.

4.3 정규분포 가정 하에서 OLS추정량의 특성

식 4.2.5에 있는 바와 같이 u_i가 정규분포를 따른다는 가정을 함으로써 OLS 추정량은 다음과 같은 특성을 지닌다(부록 A는 추정량의 바람직한 통계적 특성에 관한 일반적인 논의를 다루고 있다).

1. 불편추정량이다.
2. 최소의 분산을 갖는다. 이는 위 불편추정량의 특성과 어울려, OLS추정량이 최소분산 불편추정량 또는 효율적 추정량임을 의미한다.
3. 일치성을 갖는다; 즉, 표본의 크기가 무한히 커지면 추정량은 진정한 모수값에 접근한다.
4. $\hat{\beta}_1$(u_i의 선형함수)은 **정규분포**를 따르는데,

$$\text{Mean:} \quad E(\hat{\beta}_1) = \beta_1 \tag{4.3.1}$$

$$\text{var}(\hat{\beta}_1): \quad \sigma^2_{\hat{\beta}_1} = \frac{\sum X_i^2}{n \sum x_i^2}\sigma^2 \quad = (3.3.3) \tag{4.3.2}$$

이 되고, 또는 좀 더 간단히 표기하면 다음과 같다.

$$\hat{\beta}_1 \sim N\left(\beta_1, \sigma^2_{\hat{\beta}_1}\right)$$

3. 이 점에 대한 기술적 논의를 보려면, Christiaan Heji et.al., *Econometric Methods with Applications in Business and Economics*, Oxford, 2004, p. 197.을 참조할 것

정규분포의 특성에 의해 확률변수 Z를 다음과 같이 정의하면

$$Z = \frac{\hat{\beta}_1 - \beta_1}{\sigma_{\hat{\beta}_1}} \tag{4.3.3}$$

Z는 표준정규분포(standard normal distribution), 즉 평균이 0이고 분산이 1인 정규분포를 따르게 되는데, 이를 간단히

$$Z \sim N(0, 1)$$

로 나타낸다.

5. $\hat{\beta}_2$(u_i의 선형함수)도 **다음**의 정규분포를 따른다.

$$\text{평균:} \qquad E(\hat{\beta}_2) = \beta_2 \tag{4.3.4}$$

$$\hat{\beta}_2 \text{ 의 분산:} \quad \sigma^2_{\hat{\beta}_2} = \frac{\sigma^2}{\sum x_i^2} \qquad = (3.3.1) \tag{4.3.5}$$

또는 간단히 줄여쓰면

$$\hat{\beta}_2 \sim N\left(\beta_2, \sigma^2_{\hat{\beta}_2}\right)$$

이 된다. 이를 식(4.3.3)과 같이 변환하면,

$$Z = \frac{\hat{\beta}_2 - \beta_2}{\sigma_{\hat{\beta}_2}} \tag{4.3.6}$$

인데, Z는 표준정규분포를 따른다. $\hat{\beta}_1$, $\hat{\beta}_2$에 대한 분포는 그림 4.1에 나타나 있다.

6. $(N-2)\hat{\sigma}^2/\sigma^2$은 자유도가 $N-2$인 카이자승(χ^2)분포를 따른다[4]. 이를 이해하면 추정된 σ^2으로부터 진정한 σ^2에 관한 추론을 도출하는 것을 이해하기 쉬울 것인데, 이는 앞으로 5장에서 다루게 된다.
7. ($\hat{\beta}_1$과 $\hat{\beta}_2$)의 분포는 $\hat{\sigma}^2$과 독립적이다. 이 특성의 중요함은 다음 장에서 설명될 것이다.
8. $\hat{\beta}_1$과 $\hat{\beta}_2$은 선형이건 아니건 **전체 불편추정량 중에서 최소의 분산**을 갖는다. Rao가 증명한 것으로서, 선형추정량만을 고려한 가우스–마코프 정리

4. 이에 관한 증명은 약간 난이도가 높다. 증명을 이해하기 위하여 Robert V. Hogg and Allen T. Craig, *Introduction to Mathematical Statistics*, 2d., Macmillan, New York, 1965, p. 258.를 참조할 것.

그림 4.1 $\hat{\beta}_1$과 $\hat{\beta}_2$의 확률분포

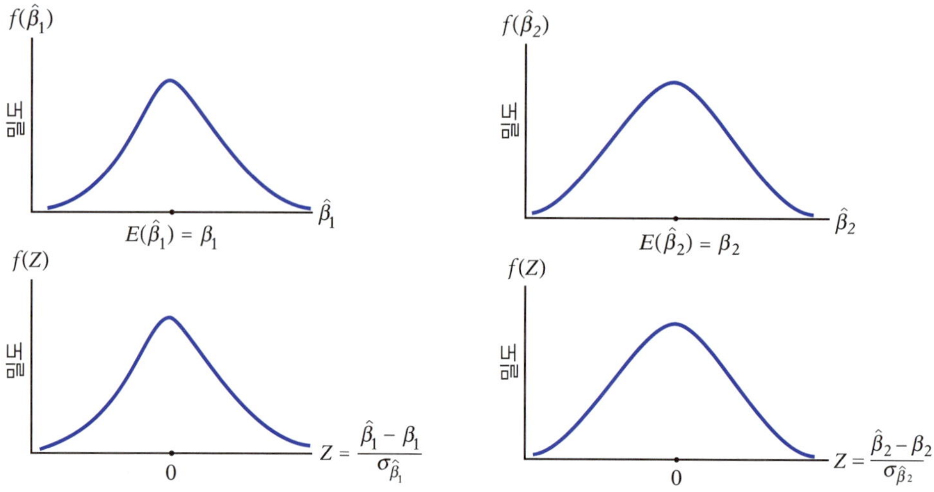

와는 달리 비선형추정량까지 고려한 강력한 결과라 하겠다[5]. 그러므로 최소자승추정량을 최량불편추정량(BUE)이라고 부른다; 즉, 불편추정량 전체에서 최소분산을 지닌다.

요약: 지금까지 논의 중 가장 중요한 사항은 정규분포 가정을 도입함으로써 $\hat{\beta}_1$(정규분포), $\hat{\beta}_2$(정규분포), $\hat{\sigma}^2$(카이자승분포와 관련됨)의 확률분포, 또는 표본분포를 유도할 수 있게 되었다는 것이다. 5장에서 다시 논의하겠지만, 확률분포를 유도함으로써 신뢰구간을 구축하고 가설검정을 쉽게 할 수 있게 된다.

주의할 것은 만약 $u_i \sim N(0, \sigma^2)$이면, u_i의 선형함수인 Y_i도 역시 다음과 같이 결정되는 평균과 분산을 가진 정규분포를 따르게 된다.

$$E(Y_i) = \beta_1 + \beta_2 X_i \tag{4.3.7}$$

$$\text{var}(Y_i) = \sigma^2 \tag{4.3.8}$$

간단히 줄여서

$$Y_i \sim N(\beta_1 + \beta_2 X_i, \sigma^2) \tag{4.3.9}$$

4.4 최우추정법(最尤推定法: The Method of Maximum Likelihood ; ML)

최우추정법은 여러 가지 면에서 OLS추정법보다 우월한 이론적 특성을 갖고 있다. 이 추정법은 다소 복잡하기 때문에 상세한 설명은 이 장의 부록에서 다루기로 한다. 최우추정법의 중요한 특성은 다음과 같다. 만약 u_i가 정규분포를 따르기만 하면 2-변수모형이든 다변량 모형이든 β를 추정하기 위한 최우추정법과 OLS추

5. C.R. Rao, *Linear Statistical Inference and Its Applications*, John Wiley and Sons, New York, 1965, p.258.

정량이 서로 동일하다는 것에 유의해야 한다. 단 σ^2의 최우추정량은 $\sum \hat{u}_i^2/n$이다. 그런데, σ^2의 OLS추정량$=\sum \hat{u}_i^2/(n-2)$가 이미 설명한 바와 같이 불편 추정량이므로 σ^2의 최우추정량은 불편추정량이 아니다. 그러나 이 두 추정량을 비교해 볼 때 표본크기 n이 커지면 커질수록 σ^2을 추정하기 위한 두 추정량은 서로 가까워지게 된다. 따라서, σ^2 최우추정량은 점근적으로(즉, n이 무한히 커질수록) 불편추정량이다.

u_i의 정규성 가정 하에서 최소자승법은 선형회귀모형을 추정하고 가설검정하는데 있어 필요한 모든 도구를 가능하게 하므로, 수학적 어려움 때문에 최우추정법을 추구하기를 원하지 않는 학생들에게 큰 손실은 없을 것이다.

요약 및 결론

1. 이 장에서 고전적 **정규** 선형회귀모형(CNLRM)을 배웠다.
2. 이 모형은 회귀모형에 있는 교란항 u_i가 정규분포를 따른다고 가정한 점에서 기존의 고전적 선형회귀모형(CLRM)과 다르다. CLRM은 u_i의 분포에 관하여 어떠한 가정도 필요로 하지 않는다; 단지, u_i의 평균이 0이고 분산이 일정하다는 것만을 가정하고 있을 뿐이다.
3. 정규분포 가정의 이론적 정당성은 중심극한정리에 있다.
4. 정규분포 가정없이, 3장에서 논의된 여러 가정하에서 가우스-마코프 정리는 OLS 추정량이 BLUE임을 보였다.
5. 정규분포 가정을 추가하면, OLS 추정량은 최량불편추정량(BUE)가 될 뿐만 아니라 잘 알려진 확률분포를 따른다. 절편과 기울기의 OLS 추정량은 정규분포를 따르고, u_i의 분산의 OLS 추정량($=\hat{\sigma}^2$)은 카이자승 분포와 관련되어 있다.
6. 분포에 관한 이러한 지식이 모집단 모수의 값에 관한 추론을 도출하는데 얼마나 유용하게 사용될 것인가를 5장과 8장에서 보일 것이다.
7. 최소자승법에 대한 대안으로서 최우추정법(ML)을 들 수 있다. 그러나, 이 방법을 사용하기 위하여 확률적 교란항 u_i의 확률분포에 관하여 가정을 하여야 한다. 회귀의 맥락에서 가장 널리 사용되는 가정은 u_i가 정규분포를 따른다는 것이다.
8. 정규분포의 가정하에서 회귀모형의 절편과 기울기 모수의 ML추정량과 OLS 추정량은 동일하다. 그러나 u_i의 분산의 ML 추정량과 OLS 추정량은 서로 다르다. 그러나 대표본에서 이 두 추정량은 접근하게 된다.
9. 따라서 ML방법은 일반적으로 **대표본 방법**이라고 부른다. 최우추정량은 모수에 대하여 비선형인 모형에도 적용될 수 있다는 점에서 폭넓게 사용되고 있다. 모수에 대하여 비선형인 모형의 경우 OLS는 일반적으로 사용되지 않는다. 이에 관하여 14장에서 추가적으로 다룰 것이다.

10. 이 교과서에서는 다음과 같은 실용적인 이유 때문에 대부분 OLS 방법에 의존한다: (a) ML에 비해 OLS가 적용하기 쉽다 (b) β_1과 β_2에 대한 ML 추정량과 OLS 추정량은 동일하다(이는 다중회귀분석에서도 성립한다). (c) 적절히 큰 표본에서도 σ^2에 대한 OLS 추정량과 ML 추정량는 크게 다르지 않다.

그러나, 수학적으로 관심이 있는 학생들을 위하여 이 장의 부록과 부록 A에 ML의 기초적 내용이 실려있다.

부록 4A

4A.1 2-변수 회귀모형의 최우추정

$Y_i = \beta_1 + \beta_2 X_i + u_i$의 2-변수 모형에서 Y_i가 평균$=\beta_1 + \beta_2 X_i$, 분산$=\sigma^2$인 서로 독립이고 정규분포를 따르는 확률변수라고 가정하자. (식 [4.3.9] 참조) 결과적으로, 위의 평균과 분산이 주어졌을 때 $Y_1, Y_2, \ldots, Y_n$의 결합확률밀도함수는 다음과 같다.

$$f(Y_1, Y_2, \ldots, Y_n \mid \beta_1 + \beta_2 X_i, \sigma^2)$$

그러나, Y들의 독립이면 이 결합확률밀도함수는 n개의 개별 밀도함수의 곱으로 표현할 수 있다.

$$\begin{aligned} &f(Y_1, Y_2, \ldots, Y_n \mid \beta_1 + \beta_2 X_i, \sigma^2) \\ &\quad = f(Y_1 \mid \beta_1 + \beta_2 X_i, \sigma^2) f(Y_2 \mid \beta_1 + \beta_2 X_i, \sigma^2) \cdots f(Y_n \mid \beta_1 + \beta_2 X_i, \sigma^2) \end{aligned} \tag{1}$$

여기에서

$$f(Y_i) = \frac{1}{\sigma\sqrt{2\pi}} \exp\left\{-\frac{1}{2}\frac{(Y_i - \beta_1 - \beta_2 X_i)^2}{\sigma^2}\right\} \tag{2}$$

인데, 이는 평균과 분산이 위와 같이 주어졌을 때의 정규분포를 따르는 확률변수의 밀도함수이다(주:exp는 지수함수의 e를 나타내고 {}안의 내용이 지수함수 e의 승이다.)

각 Y_i에 대하여 식(2)를 식(1)에 대입하면

$$f(Y_i, Y_2, \ldots, Y_n \mid \beta_1 + \beta_2 X_i, \sigma^2) = \frac{1}{\sigma^n\left(\sqrt{2\pi}\right)^n} \exp\left\{-\frac{1}{2}\sum\frac{(Y_i - \beta_1 - \beta_2 X_i)^2}{\sigma^2}\right\} \tag{3}$$

을 얻는다

$Y_1 Y_2 \cdots Y_n$이 알려져 있거나 주어져 있는데 β_1, β_2, σ^2이 미지의 상수일 때 (3)의 함수를 우도함수(likelihood function)이라 부르고 LF(β_1, β_2, σ^2)으로 표기하는 데 이를 구체적으로[6]으로 나타낸다.

6. 물론 β_1, β_2, σ^2을 알고 Y_i를 모른다면 (4)는 바로 결합확률밀도함수 즉, Y_i를 결합적으로 관측할 확률이 된다.

$$\mathrm{LF}(\beta_1, \beta_2, \sigma^2) = \frac{1}{\sigma^n\left(\sqrt{2\pi}\right)^n} \exp\left\{-\frac{1}{2}\sum \frac{(Y_i - \beta_1 - \beta_2 X_i)^2}{\sigma^2}\right\} \tag{4}$$

최우추정법이란 그 명칭이 가리키듯이 주어진 Y값들을 관측할 확률을 최대로 하게 하는 (미지의) 모수를 추정하는 방법이다. 따라서, 이를 위하여는 함수(4)의 최대값을 찾아야 한다. 함수(4)의 미분값을 간단히 구하기 위해 식(4)를 로그형태로 다시 쓰면[7](단 ln =자연대수)

$$\begin{aligned}\ln \mathrm{LF} &= -n \ln \sigma - \frac{n}{2}\ln(2\pi) - \frac{1}{2}\sum \frac{(Y_i - \beta_1 - \beta_2 X_i)^2}{\sigma^2} \\ &= -\frac{n}{2}\ln \sigma^2 - \frac{n}{2}\ln(2\pi) - \frac{1}{2}\sum \frac{(Y_i - \beta_1 - \beta_2 X_i)^2}{\sigma^2}\end{aligned} \tag{5}$$

이 된다. 식(5)를 β_1, β_2, σ^2에 관해 편미분을 하면

$$\frac{\partial \ln \mathrm{LF}}{\partial \beta_1} = -\frac{1}{\sigma^2}\sum (Y_i - \beta_1 - \beta_2 X_i)(-1) \tag{6}$$

$$\frac{\partial \ln \mathrm{LF}}{\partial \beta_2} = -\frac{1}{\sigma^2}\sum (Y_i - \beta_1 - \beta_2 X_i)(-X_i) \tag{7}$$

$$\frac{\partial \ln \mathrm{LF}}{\partial \sigma^2} = -\frac{n}{2\sigma^2} + \frac{1}{2\sigma^4}\sum (Y_i - \beta_1 - \beta_2 X_i)^2 \tag{8}$$

을 얻는다. 위 식들의 값을 0으로 하고 (최적화를 위한 1계조건), ML추정량을 $\tilde{\beta}_1$, $\tilde{\beta}_2$, $\tilde{\sigma}^2$로 표기하면[8]

$$\frac{1}{\tilde{\sigma}^2}\sum (Y_i - \tilde{\beta}_1 - \tilde{\beta}_2 X_i) = 0 \tag{9}$$

$$\frac{1}{\tilde{\sigma}^2}\sum (Y_i - \tilde{\beta}_1 - \tilde{\beta}_2 X_i)X_i = 0 \tag{10}$$

$$-\frac{n}{2\tilde{\sigma}^2} + \frac{1}{2\tilde{\sigma}^4}\sum (Y_i - \tilde{\beta}_1 - \tilde{\beta}_2 X_i)^2 = 0 \tag{11}$$

이 된다. 간단히 정리하면 식(9)와 (10)으로부터

$$\sum Y_i = n\tilde{\beta}_1 + \tilde{\beta}_2 \sum X_i \tag{12}$$

$$\sum Y_i X_i = \tilde{\beta}_1 \sum X_i + \tilde{\beta}_2 \sum X_i^2 \tag{13}$$

을 얻을 수 있는데, 식 (12), (13)은 3장의 (3.1.4)와 (3.1.5)에서 구한 최소자승이론의 **정규방정식**임을 알 수 있다. 그러므로, 최우추정량 $\tilde{\beta}$는 식 (3.1.6)과 (3.1.7)에서 주어진 최소자승 추정량 $\hat{\beta}$들과 같다. 이렇게 두 추정량이 같아지는 것이 놀랄 일이 아니다. 우도함수 (5)를 살펴보면 마지막 항에 −부호가 붙어있음을 볼 수 있다. 그러므로 식 (5)의 극대화는 마지막 항의 극소화에 해당하는 바, 이는 바로 식 (3.1.2)에서 나타난 바와 같이 최소자승접근법이다.

7. 지수함수는 단순증가함수이기 때문에 LF의 극대값이 이루어지는 값에서 lnLF가 극대화 될 것이다.
8. ML 추정량에 대하여 ~(tilde)를 사용하고 OLS 추정량에 대하여 ^(cap 또는 hat)을 사용한다.

최우추정량(=OLS)을 식(11)에 대입하여 간략히 하면, $\tilde{\sigma}^2$의 최우추정량을 다음과 같이 얻게 된다.

$$\begin{aligned}\tilde{\sigma}^2 &= \frac{1}{n}\sum(Y_i - \tilde{\beta}_1 - \tilde{\beta}_2 X_i)^2 \\ &= \frac{1}{n}\sum(Y_i - \hat{\beta}_1 - \hat{\beta}_2 X_i)^2 \\ &= \frac{1}{n}\sum\hat{u}_i^2\end{aligned} \tag{14}$$

식 (14)에서 알 수 있듯이 최우추정량 $\tilde{\sigma}^2$은 OLS추정량 $\hat{\sigma}^2 = \sum u_i^2/(n-2)$와 다른 값을 갖는다. 그런데, 부록 3A의 3A.4에서 밝힌 바와 같이 OLS추정량은 σ^2의 불편추정량이므로 최우추정량 $\tilde{\sigma}^2$은 σ^2의 불편추정량이 아니다. 이때, 편의(偏倚)의 크기를 다음과 같이 측정하여 보자.

즉 식 (14)의 수학적 기대치를 등호의 양쪽에 취하면

$$\begin{aligned}E(\tilde{\sigma}^2) &= \frac{1}{n}E\left(\sum\hat{u}_i^2\right) \\ &= \left(\frac{n-2}{n}\right)\sigma^2 \qquad \text{부록 3A, 3A.5절의 식 (16)을 사용하면} \\ &= \sigma^2 - \frac{2}{n}\sigma^2\end{aligned} \tag{15}$$

이 되고, 소규모의 표본에서 $\tilde{\alpha}^2$이 하향 편의되어 있음을(즉, 진정한 $\tilde{\sigma}^2$을 과소추정하고 있음) 보여준다. 그러나 표본의 크기 n이 무한히 커지면서 식 (15)의 두 번째 항인 편의가 0에 가까워진다. 따라서 점근적으로(즉, 표본의 크기가 매우 클 때) $\tilde{\sigma}^2$은 불편추정량이 되고, 이를 간단히 $\lim_{n\to\infty} E(\tilde{\sigma}^2)$으로 쓸 수 있다. 나아가 $\tilde{\sigma}^2$은 또한 **일치**추정량임을 증명할 수 있는데[9] 이는 n이 무한히 커질 때 $\tilde{\sigma}^2$이 진정한 σ^2에 접근한다는 것이다.

4A.2 인도 식료품 지출에 관한 최우추정

인도의 55개 농가에 있어, 총지출에 대하여 식료품지출을 회귀한 예제 3.2와 식 3.7.2를 다시 돌아보자. 정규성 가정 하에서 회귀계수에 대한 OLS 추정량과 ML 추정량이 같기 때문에 $\tilde{\beta}_1 = \hat{\beta}_1 = 94.2087$과 $\tilde{\beta}_2 = \hat{\beta}_2 = 0.4368$과 같이 ML 추정량을 구할 수 있다. $\hat{\sigma}^2$에 관한 OLS추정량이 $\hat{\sigma}^2 = 4469.6913$인데, ML 추정량은 $\tilde{\sigma}^2 = 4407.1563$으로서 OLS 추정량보다 작다. 앞에서 지적한 바와 같이, 소표본에서 ML 추정량이 하향 편의되어 있다; 즉, 진정한 분산 σ^2를 평균적으로 과소추정한다는 것이다. 물론, 예상한대로, 표본의

9. 최우추정량의 성격과 아울러 점근적 불편성과 일치성의 차이는 **부록 A**에 설명되어 있다. 점근적 불편성과 일치성의 차이를 개략적으로 설명하면, 점근적 불편성은 n이 무한히 커졌을 때 $\lim E(\tilde{\sigma}_n^2$을 찾는 것인 반면, 일치성이란 n이 무한히 증가할 때, $\tilde{\sigma}_n^2$이 어떻게 움직이는 가를 찾는 것이다. 다시 말하여, 불편성이란 표본의 크기가 주어졌을 때, 표본추출을 무한히 반복하여 얻는 통계량의 특성이고, 일치성이란 표본의 크기가 무한대로 증가함에 따라 통계량이 갖게 되는 특성이다.

크기가 커질수록 두 추정량의 차이는 작아진다. 추정량의 값을 로그 우도함수에 대입하면 −308.1625라는 값을 얻게된다. 만약 LF의 최대값을 구하려면 간단하게 −308.1625의 역 로그를 취하면 된다. 다른 어떤 모수값도 분석에 사용된 표본을 얻을 수 있은 더 높은 확률을 주지 못한다.

부록 4A 연습문제

4.1 "두 확률변수가 확률적으로 독립이라면 두 변수 사이의 상관계수는 0이다. 그러나 그 역은 항상 성립하지 않는다; 즉, 0의 상관이 확률적 독립을 의미하지는 않는다. 그러나, 만약 두 변수가 정규분포를 따른다면 0의 상관이 항상 확률적 독립을 의미한다." 정규분포를 따르는 두 확률변수의 다음과 같은 결합밀도함수에 대하여 이 논의를 입증하여라.(이러한 결합확률밀도함수를 2 변수 정규확률밀도함수라고 한다)

$$f(Y_1, Y_2) = \frac{1}{2\pi\sigma_1\sigma_2\sqrt{1-\rho^2}} \exp\left\{-\frac{1}{2(1-\rho^2)}\right.$$

$$\left.\times\left[\left(\frac{Y_1-\mu_1}{\sigma_1}\right)^2 - 2\rho\frac{(Y_1-\mu_1)(Y_2-\mu_2)}{\sigma_1\sigma_2} + \left(\frac{Y_2-\mu_2}{\sigma^2}\right)^2\right]\right\}$$

단, $\mu_1 = Y_1$의 평균

$\mu_2 = Y_2$의 평균

$\sigma_1 = Y_1$의 표준편차

$\sigma_2 = Y_2$의 표준편차

$\rho = Y_1$과 Y_2의 상관계수

4.2 최적화 2계 조건(즉 2차 미분)을 적용함으로써, 식 (9), (10), (11)을 풀어서 구한 β_1, β_2, $\tilde{\sigma}^2$의 ML 추정량이 식(4)의 우도함수를 극대화한다는 것을 보여라.

4.3 확률변수 X가 다음의 확률밀도함수(PDF)를 가지면 지수분포를 따른다고 한다 :

$$f(X) = (1/\theta)e^{-X/\theta} \qquad X > 0 \text{ 인 경우}$$
$$= 0 \qquad \text{이외의 경우}$$

여기에서 $\theta > 0$은 분포의 모수이다. ML 방법을 사용하여 θ의 ML 추정량이 $\hat{\theta} = \sum X_i/n$임을 보여라. 단, n은 표본의 크기이다. 다시 말해서, θ의 ML추정량은 산술평균 $\bar{X}$이다.

4.4 어떤 실험의 결과가 성공 또는 실패로 구분된다고 하자. 결과가 성공일 때 X=1이라고 표기하고 실패일 때 X=0라고 표기하면 X의 확률밀도함수는 다음과 같다.

$$p(X=0) = 1-p$$
$$p(X=1) = p, 0 \le p \le 1$$

성공확률인 p의 최우추정량을 구하여라.

5장

2-변수 회귀: 구간추정과 가설검정

너무 많은 가설을 검정하는 것을 조심할 것: 자료를 더 많이 괴롭히면 자료가 수긍할 가능성을 더 커질 것이나 강제 하에서 얻어진 고백은 과학적 의견이라는 법정에서 받아들여지지 않을 수 있다.[1]

4장에서 논의된 바와 같이 고전적 통계이론은 크게 추정이론과 가설감정의 문제로 나누어진다. 그 중 추정이론은 다시 점추정(point estimation)과 구간추정(interval estimation)으로 구분되는데 앞의 두 장에서 이미 OLS추정이나 최우추정과 같은 점추정을 공부하였다. 이 장에서는 우선 구간추정을 고려하고, 구간추정과 직접적으로 연관되어 있는 가설검정을 논의하기로 하자.

5.1 통계적 사전지식

신뢰구간을 설정하고 통계적 가설을 검정하는 내용을 설명하기 전에 이전에 학생들이 확률론과 통계학의 기본적 개념을 숙지하고 있다고 전제한다. 통계학 기초과정에 대해 전반적으로 다루고 있지는 않지만 부록 A에서는 학생들이 완전히 숙지해야 할 통계학의 골자를 제공하고 있다. 확률, 확률분포, 제1종 오류와 제2종 오류, 유의수준, 통계적 검정력, 신뢰구간 등과 같은 핵심 개념은 이 장과 다음 장에서 다루어질 내용을 이해하는데 결정적인 내용들이다.

5.2 구간추정의 기본 개념

구간추정의 이해를 돕기 위해 3장에서 예로 들은 임금-교육 모형을 고려하자. (3.6.1)의 추정결과에 의하면, 교육년수 1년 증가에 대한 평균 시간당 임금의 평균적인 증가($\hat{\beta}_2$)가 0.7240이었는데, 이는 미지의 모수 값 β_2에 대한 하나의 (점) 추정치이다. 이때, 이 추정치가 얼마나 믿을 만한가 하는 질문에 봉착하게 된다. 3장에서 논의한 바와 같이, 표본을 반복적으로 추출할 때 추정량의 기대치가 진

1. Sthephen M. Stigler, "Testing Hypothesis or fitting Models? Another Look at Mass Extinctions," in Matthew H. Nitecki and Antoni Hoffman, eds., *Neutral Models in Biology*, Oxford University Press, Oxford, 1987, p.148.

정한 값과 일치할지라도(즉, $E(\hat{\beta}_2) = \beta_2$) 표본추출의 변동 때문에 각 개별 추정치는 모수값과 달라지게 된다. 통계학에서는 점추정량의 신뢰성 정도를 표준오차 또는 분산을 통해서 측정한다는 것은 이미 잘 알려져 있다. 그러므로, 점추정치에만 의존하는 대신, 점추정량 주변의 일정범위 또는 (예를 들어, 점추정량의 어느 한쪽으로 표준오차의 2배 또는 3배의 크기) 구간에 진정한 모수가 포함될 확률, 즉 이 구간이 진정한 모수값을 포함할, 예를 들어, 95% 확률을 명확히 할 필요가 있다. 이것이 바로 신뢰구간의 기본개념이라 할 수 있다.

좀더 상세히 신뢰구간의 개념을 살펴보자. 예를 들어 $\hat{\beta}_2$이 β_2에 얼마나 근사한 값인지 알고자 한다. 이와 같이 얼마나 가까운 값인지를 알기 위해서 일정한 형태의 척도가 필요한데, 이 척도는 다음과 같이 찾는다. 즉, 확률구간($\hat{\beta}_2 - \delta$, $\hat{\beta}_2 - \delta$)가 진정한 값 β_2를 포함할 확률이 $(1 - \alpha)$가 되게 하는 양수 δ와 α(단, $0 < \alpha < 1$)를 찾고, 이러한 α와 δ에 의해 가까운 정도를 측정한다. 위의 개념을 수식으로 나타내면

$$\Pr(\hat{\beta}_2 - \delta \leq \beta_2 \leq \hat{\beta}_2 + \delta) = 1 - \alpha \tag{5.2.1}$$

이 된다. 이러한 구간이 존재한다면 이를 신뢰구간(confidence interval)이라 하고, $1 - \alpha$를 신뢰계수(confidence coefficient), 그리고 α를 유의수준(level of significance)이라 한다.[2] 신뢰구간의 양끝은 신뢰극한(confidence limit) 또는 임계치(critical values)라고 부르고, $\hat{\beta}_1 - \delta$는 하부 신뢰극한, $\hat{\beta}_2 + \delta$는 상부 신뢰극한이라 한다. 주의할 것은 실제에 있어 α와 $1 - \alpha$를 100α 또는 $100(1 - \alpha)$퍼센트 식으로 쓰기도 한다.

식 5.2.1을 살펴보면 다음의 사실을 알 수 있다. 즉, 점추정과 달리 구간추정은 모수의 진정한 값을 포함할 확률이 $(1 - \alpha)$가 되도록 설정된 구간을 의미한다. 예를 들어 $\alpha = 0.05$ 또는 5퍼센트라면, 식 (5.2.1)은 다음과 같이 읽는다: 위의 확률구간이 진정한 β_2값을 포함할 확률이 0.95 또는 95퍼센트이다. 따라서, 구간추정량은 진정한 β_2값이 놓이게 될 범위를 정해주는 것이다.

구간추정과 관련하여 다음의 특성을 이해하는 것이 매우 중요하다.

1. 식 (5.2.1)의 의미를 이해하는데 오류를 범해서는 안된다. 즉, β_2가 주어진 구간에 포함될 확률이 $1 - \alpha$라는 것을 식 (5.2.1)이 의미하고 있지는 않다는 것이다. 왜냐하면, 비록 모르는 값이지만 β_2는 어떤 고정된 값으로서, β_2는 어느 구간에 포함되거나 안되거나 둘 중의 하나이다. 따라서, 식 (5.2.1)이 말하는 바는 β_2를 포함할 구간을 설정할 확률이 $1 - \alpha$라는 것이다.

2. 또는 α를 제1종 오류를 범할 확률이라 부른다. 제1종 오류란 옳은 가설을 기각하는 것을 말하며, 반면 제2종 오류는 틀린 가설을 채택하는 것을 의미한다(이에 관하여는 부록 A에서 충분히 논의되어 있으니 참조할 것). 부호 α는 (통계적)검정의 크기라고 알려져 있기도 하다.

2. 구간(5.2.1)은 바로 확률구간이다. 즉, 구간자체가 확률변수인 $\hat{\beta}_2$에 의해 결정되므로 표본에 따라 구간이 변화하게 된다.
3. 신뢰구간이 확률변수이므로 구간에 부여되는 확률적 설명은 표본의 반복 추출이라는 장기적 의미에서 이해하여야 한다. 이를 좀더 상세히 설명하자면 다음과 같다. 표본을 반복해서 추출할 때, 매번마다 $1-\alpha$의 확률에 기초하여 식 (5.2.1)과 같은 신뢰구간을 수없이 설정하게 되는데, 장기에 있어 평균적으로 총 회수의 $(1-\alpha)$비율만큼 모수의 참값이 (5.2.1)의 구간 내에 포함될 것이다.
4. 앞에서 지적했듯이, $\hat{\beta}_2$의 값을 모르는 한 (5.2.1)의 구간은 확률변수이다. 그러나, 특정의 표본을 추출하여 $\hat{\beta}_2$의 값을 구했으면 (5.2.1)의 구간은 더 이상 확률변수가 아니다. 즉, 구간이 고정되어 버린다. 이러한 때에는 (5.2.1)의 확률적 진술을 할 수가 없다; 즉 주어진 구간이 진정한 β_2를 포함할 확률이 $1-\alpha$ 라고 말해서는 안된다. 이러한 상황에서는 주어진 그리고 고정된 구간이 β_2의 진정한 값은 고정된 구간내에 있거나 있지 않거나 둘 중의 하나일 뿐이기 때문이다. 그러므로 확률은 1 아니면 0이 된다. 예를 들어, 앞의 임금-교육 예제에서 식 (5.3.9)에서 계산하겠지만 95% 신뢰구간이 $(0.5700 \le \beta_2 \le 0.8780)$이라면 진정한 β_2값이 이 구간에 포함될 확률이 95%라고 말할 수 없고 이 때의 확률은 단지 0 아니면 1일 뿐이다.

그렇다면, 신뢰구간은 어떻게 설정하는가? 위의 논의로부터 쉽게 짐작할 수 있듯이 추정량의 표본분포 또는 확률분포를 알고 있다면 신뢰구간에 관하여 (5.2.1)과 같이 설명할 수 있을 것이다. 그런데, 4장에서 u_i가 정규분포를 따른다고 가정했기 때문에 OLS추정량 $\hat{\beta}_1$과 $\hat{\beta}_2$이 정규분포를 하고 $\hat{\sigma}^2$이 카이자승분포에 밀접하게 연관되어 있다. 따라서, 이제 신뢰구간을 설정하는 것 자체는 매우 간단한 일이다.

5.3 회귀계수 β_1과 β_2의 신뢰구간

β_2의 신뢰구간

u_i가 정규분포를 하면 OLS추정량 $\hat{\beta}_1$과 $\hat{\beta}_2$도 정규분포를 따른다는 것을 4장의 4.3절에서 논의하였다. 그러므로, 다음의 확률변수는

$$
\begin{aligned}
Z &= \frac{\hat{\beta}_2 - \beta_2}{\mathrm{se}(\hat{\beta}_2)} \\
&= \frac{(\hat{\beta}_2 - \beta_2)\sqrt{\sum x_i^2}}{\sigma}
\end{aligned}
\tag{5.3.1}
$$

식 (4.3.6)에서 본 바와 같이 표준정규분포를 따른다. 그러므로 진정한 모집단 분산 σ^2을 안다는 전제하에서 β_2에 관한 확률적 논의를 하는데 정규분포를 이용할 수 있다. σ^2을 알고 있다면, 평균이 μ이고 분산이 σ^2인 정규분포는 $(\mu \pm \sigma)$ 구간내의 면적이 68%, $(\mu \pm 2\sigma)$ 구간내의 면적이 95%, 끝으로 $(\mu \pm 3\sigma)$ 구간내의 면적이 약 99.7%가 된다는 특성을 지니고 있다.

그러나, σ^2은 일반적으로 미지의 모수이므로, 불편추정량 $\hat{\sigma}^2$으로 결정하게 된다. σ^2 대신 $\hat{\sigma}^2$을 식 (5.3.1)에 사용하면

$$\begin{aligned} t &= \frac{\hat{\beta}_2 - \beta_2}{\operatorname{se}(\hat{\beta}_2)} = \frac{\text{추정량}-\text{모수}}{\text{추정량의 추정된 표준오차}} \\ &= \frac{(\hat{\beta}_2 - \beta_2)\sqrt{\sum x_i^2}}{\hat{\sigma}} \end{aligned} \tag{5.3.2}$$

이 된다. 여기서, $\operatorname{se}(\hat{\beta}_2)$은 추정된 표준오차를 의미한다. 이 때, 변수 t는 자유도가 $n-2$인 t분포를 따른다.(부록 5A의 5A.2를 참조할 것)〔식 (5.3.1)과 식 (5.3.2)간의 차이를 주의할 필요가 있다.〕그러므로, β_2의 신뢰구간을 설정하는데 정규분포 대신 t분포를 사용할 수 있다. 즉,

$$\Pr(-t_{\alpha/2} \le t \le t_{\alpha/2}) = 1 - \alpha \tag{5.3.3}$$

으로 표기할 수 있다. 단, 두 부등호 사이의 t 값은 식 (5.3.2)에 의해 구한 t 값이고, $t_{\alpha/2}$는 유의수준 $\alpha/2$와 자유도 $n-2$에서 t 분포로부터 구한 t값이다; 이를 유의수준 $\alpha/2$에서 t 임계치라고 부른다. 다시 식(5.3.2)를 식 (5.3.3)에 대입하면

$$\Pr\left[-t_{\alpha/2} \le \frac{\hat{\beta}_2 - \beta_2}{\operatorname{se}(\hat{\beta}_2)} \le t_{\alpha/2}\right] = 1 - \alpha \tag{5.3.4}$$

가 되는데, 식 5.3.4를 다시 정리하면 다음의 (5.3.5)를 얻는다.

$$\Pr[\beta_2 - t_{\alpha/2}\operatorname{se}(\hat{\beta}_2) \le \beta_2 \le \hat{\beta}_2 + t_{\alpha/2}\operatorname{se}(\hat{\beta}_2)] = 1 - \alpha \tag{5.3.5}$$ [3]

이때, 식 (5.3.5)는 β_2의 $100(1-\alpha)$퍼센트 신뢰구간인데 이를 다시 압축하여 쓰면

3. 어떤 저자들은 식 (5.3.5)를 표기하는데 자유도를 명확히 나타내어 쓰고자 하여 다음과 같이 표기한다.

$$\Pr[\hat{\beta}_2 - t_{(n-2),\alpha/2}\, se(\hat{\beta}_2) \le \hat{\beta}_2 \le \hat{\beta}_2 + t_{(n-2)\,\alpha/2}\, se(\hat{\beta}_2)] = 1 - \alpha$$

그러나 단순화를 위하여 이 책에서는 우리의 표기방식을 따른다; 적절한 자유도 *df*는 책 내용에 밝혀서 설명된다.

β_2의 $100(1-\alpha)$퍼센트 신뢰구간 :

$$\hat{\beta}_2 \pm t_{\alpha/2}\,\text{se}\,(\hat{\beta}_2) \tag{5.3.6}$$

으로 쓸 수 있다.

유사한 논리에 의하여 식 (4.3.1)과 식 (4.3.2)을 이용하여 다음과 같이 쓸 수 있다.

$$\Pr\,[\hat{\beta}_1 - t_{\alpha/2}\,\text{se}\,(\hat{\beta}_1) \leq \beta_1 \leq \hat{\beta}_1 + t_{\alpha/2}\,\text{se}\,(\hat{\beta}_1)] = 1-\alpha \tag{5.3.7}$$

또는 압축적으로,

β_1의 $100(1-\alpha)$퍼센트 신뢰구간 :

$$\hat{\beta}_1 \pm t_{\alpha/2}\,\text{se}\,(\hat{\beta}_1) \tag{5.3.8}$$

이 된다.

식 5.3.6과 식 5.3.8에 주어진 신뢰구간의 중요한 특성을 살펴보자: 두 경우 **모두 신뢰구간의 폭은 추정량의 표준오차에 비례한다**. 즉, 표준오차가 클수록 신뢰구간의 폭도 커진다. 다른 말로 표현하면, 추정량의 표준오차가 크면 클수록 미지의 모수의 진정한 값을 추정하는데 있어서의 불확실성이 더 커진다는 것이다. 따라서 추정량의 표준오차를 추정량의 정확도(즉 추정량이 진정한 모수값을 얼마나 정확하게 측정하는가)를 재는 척도라고도 부른다.

이해를 돕기 위하여 3장 (3.6 절)에서 다룬 평균 시간당 임금(Y)의 교육(X)에 대한 회귀 예제를 고려해 보자. 예제에서 $\hat{\beta}_2 = 0.7240$, se$(\hat{\beta}_2) = 0.0700$임을 이미 알고 있다. 13개의 관측치가 있기 때문에 자유도(df)는 11이 된다. 이 때, 유의수준 $\alpha = 5\%$ 즉 신뢰계수를 95%로 가정하고, 책 뒤의 t표를 보면 자유도가 8일 때 임계치는 $t_{\alpha/2} = 2.201$이 됨을 알 수 있다. 이 값을 (5.3.5)에 대입하면 β_2의 95% 신뢰구간이 된다[4].

$$0.5700 \leq \beta_2 \leq 0.8780 \tag{5.3.9}$$

또, 식 (5.3.6)을 사용하여

$$0.7240 \pm 2.201(0.0700)$$

4. 표 3.2에 소숫점 처리에 따른 오차가 존재하기 때문에 위 값은 통계 package에서 계산하는 값과 정확히 일치하지 않을 수 있다.

으로 신뢰구간을 쓸 수 있는데, 이는

$$0.7240 \pm 0.1540 \quad \textbf{(5.3.10)}$$

이다

이때, 신뢰구간의 의미는 다음과 같이 해석할 수 있다. 신뢰계수가 95%로 주어졌을 때, 장기에 있어 100번의 시행을 하면 그중 95번은 식 5.3.9와 같은 구간 내에 β_2를 포함할 것이다. 그러나, 앞에서 경고한 바와 같이 식 5.3.9와 같은 특정구간은 이미 고정된 값으로서 확률변수가 아니기 때문에 이 구간이 진정한 β_2를 포함한 확률이 95%라는 설명은 할 수 없다. 어느 특정구간이 진정한 β_2를 포함할 확률은 1 아니면 0일 뿐이다.

표 3.2의 자료에 대하여 식(5.3.7)을 β_1의 경우에 적용하면, 예제에서 β_1의 95% 신뢰구간은 (5.3.11)과 같이 구할 수 있다 :

$$-1.8871 \le \beta_1 \le 1.8583 \quad \textbf{(5.3.11)}$$

다시 한번 이 신뢰구간을 해석하는데 주의를 기울여야 한다. 장기에 있어서, 100번의 경우 중 95번은 식 (5.3.11)같은 신뢰구간이 진정한 β_1을 포함할 것이다; 그러나, 이 특정구간이 β_1을 포함할 확률은 1 아니면 0이 된다.

β_1과 β_2의 결합신뢰구간

β_1과 β_2를 동시에 고려하는 **결합신뢰구간**을 고려해야 할 경우가 있다. 즉 β_1과 β_2를 동시에 포함할 확률이, 예를 들어 95%인 구간을 설정하는 것을 말하는데, 결합신뢰구간에 관한 논의는 이 책의 수준을 벗어나므로, 특별히 관심이 있는 학생은 참고 문헌을 참조하기 바란다[5]. 이 주제에 관하여 8장과 10장에서 간략하게 다룰 것이다.

5.4 σ^2의 신뢰구간

4장 4.3절에서 살펴보았듯이, 정규분포의 가정하에서

$$\chi^2 = (n-2)\frac{\hat{\sigma}^2}{\sigma^2} \quad \textbf{(5.4.1)}$$

5. John Neter, William Wasserman, and Michael H. Kutner, *Applied Linear Regression Models*, Richard D. Irwin, Inc., Homewood, Ill., 1983, chap.5

그림 5.1
χ^2(11df)의 95% 신뢰구간

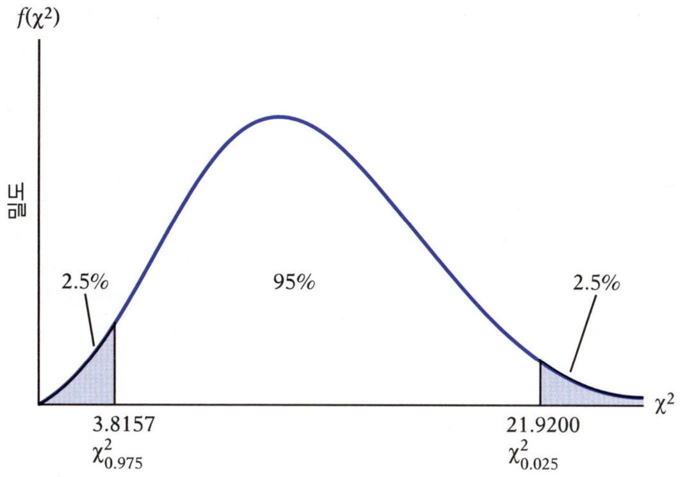

은 자유도 $n-2$인 카이자승 (χ^2)분포를 따른다.[6] 그러므로 σ^2의 신뢰구간을 설정하기 위해 χ^2 분포를 사용할 수 있다.

$$\Pr\left(\chi^2_{1-\alpha/2} \leq \chi^2 \leq \chi^2_{\alpha/2}\right) = 1-\alpha \tag{5.4.2}$$

이 된다. 여기서 부등호 사이의 χ^2값은 식 (5.4.1)에 의해 주어진 값이고, $\chi^2_{1-\alpha/2}$와 $\chi^2_{\alpha/2}$는 그림 5.1에서 보듯이 $100(\alpha/2)$퍼센트 부분을 χ^2 분포의 양끝으로 잘라내는 χ^2값(χ^2 임계치) 이다.

식 (5.4.1)의 χ^2을 5.4.2에 대입하여 정리하면

$$\Pr\left[(n-2)\frac{\hat{\sigma}^2}{\chi^2_{\alpha/2}} \leq \sigma^2 \leq (n-2)\frac{\hat{\sigma}^2}{\chi^2_{1-\alpha/2}}\right] = 1-\alpha \tag{5.4.3}$$

을 얻을 수 있고, 이로부터 σ^2의 $100(1-\alpha)$퍼센트 신뢰구간을 구한다.

앞에서 다룬 임금–교육 예제를 통해 살펴보면, 표 3.2에서 $\hat{\sigma}^2$=0.8936임을 이미 알고 있다. 만약, α를 5%로 할 때 자유도가 11인 카이자승표를 보면 임계치 $x^2_{0.025} = 21.9200$, $x^2_{0.975} = 3.8257$이 된다. 이 임계치가 말하는 바는 카이자승값이 21.9200보다 클 확률은 2.5%이고, 3.8257보다 클 확률은 97.5% 신뢰구간이 된다(카이자승분포가 한 쪽으로 치우쳐 있는 특성을 주의할 것).

위 값들을 식 (5.4.3)에 대입하면 σ^2의 95% 신뢰구간은 다음과 같다.

$$0.4484 \leq \sigma^2 \leq 2.5760 \tag{5.4.4}$$

6. Robert V. Hogg and Allen T. Craig의 *Introduction to Mathematical Statistics*, 2nd ed., The Macmillan Company, New York, 1965, p.144의 증명을 참조할 것.

이 구간의 해석: σ^2에 대한 95% 신뢰구간을 구축하고 이 구간이 σ^2을 포함한다고 선험적으로 주장하면 장기에 있어서 우리의 믿음이 95% 정도 맞다.

5.5 가설검정: 일반적인 설명

앞에서 점추정과 구간추정을 살펴 보았으므로, 이제 추론의 마지막 단계인 가설검정을 고려하자. 이 절에서는 가설 검정의 일반적인 특성을 간단히 설명할 것인데, 보다 상세한 내용은 부록 A에 설명되어 있다.

통계적 가설 검정의 문제는 다음과 같이 간단히 말할 수 있다 ; **주어진 관측치 또는 통계적 분석결과가 어떤 특정의 가설과 일치하는가**? 여기에서 "일치한다"라는 용어는 주어진 가설을 채택할 수 있도록 가설로 설정된 값에 "충분히" 가깝다는 뜻으로 해석하여야 한다. 그러므로, 앞에서 예로 들은 소비-소득 예제에서 기울기 계수 β_2의 진정한 값의 경우를 살펴보자. 이때, 어떤 경제이론 또는 사전적 경험상 β_2의 진정한 값이 1이어야 한다고 가정을 세웠다 하자. 그렇다면, 표 3.2의 표본으로부터 구한 $\hat{\beta}_2 = 0.5091$이 가설과 일치하는가? 만약 일치한다면 가설을 채택할 수 있지만, 그렇지 않다면 가설을 기각할 수 있다.

통계학 용어를 사용하여 다시 정리하면, 기술된 가설을 귀무가설(null hypothesis)이라 하고 H_0라고 쓴다. 귀무가설을 통상 H_1으로 표기하는 대립가설(alternative hypothesis)에 대비하여 검정하는데 위의 경우 β_2의 진정한 값이 1이 아니다 라는 것을 대립가설 H_1으로 설정한다. 대립가설의 내용은 단순가설(simple hypothesis)일 수도 있고 복합가설(composite hypothesis)일 수도 있다[7]. 예를 들어 $H_1 : \beta_2 = 1.5$는 단순가설이고 $H_1 : \beta_2 \neq 1.5$는 복합가설에 속한다.

가설검정이론이란 귀무가설을 채택할 것인가 기각할 것인가를 결정하는 규칙 또는 절차에 관한 이론이다. 가설검정의 규칙을 정하는데 상호 보완적인 두 가지의 접근법이 있는데, 신뢰구간을 이용한 검정과 유의도 검정이 그것이다. 두 가지 접근법 모두 관심있는 변수(통계량 혹은 추정량)가 어떤 확률분포를 지니고 있고 확률분포의 모수가 특정한 값이라는 가설로 세우게 된다. 예를 들어, 정규분포의 가정하에서 $\hat{\beta}_2$의 평균이 β_2이고 분산이 식 (4.3.5)의 분산을 지닌 정규분포를 따른다는 것을 알고 있다. 이때, 귀무가설을 β_2=1으로 설정한다는 것은 정규분포의 모수, 즉 평균에 대하여 가설을 내세우는 것이다. 이 책에서 공부할 대부분의 가설은 이와 같은 형태-정규분포, F분포, t분포, 또는 χ^2분포같은 확률분포의 모수(들)가 특정값(들)을 갖는다고 가설을 세우는 것-를 갖게 되는

7. 하나의 가설이 확률밀도함수의 모수에 대해 특정한 값을 지칭하는 것이면 단순가설이 되고, 그 외의 경우는 복합가설이다. 정규분포의 예 $(1/\sigma\sqrt{2\pi})\exp\left\{-\frac{1}{2}[(X-\mu)/\sigma]^2\right\}$를 들어보자. 이때, 대립가설 $H_1 : \mu = 15$ 그리고 $\sigma = 2$은 단순가설인 반면 $H_1 : \mu = 15$ 그리고 $\sigma > 15$의 가설은 σ의 값을 일정한 값으로 명시하지 않았으므로 복합가설이다.

데, 어떤 검정절차를 따르는가는 다음의 절에서 설명될 것이다.

5.6 가설검정: 신뢰구간 접근

양측검정(Two-sided or Two-tailed Test)

신뢰구간을 이용한 가설검정의 과정을 임금-교육 예제를 이용하여 설명하자. 식 3.6.1과 같이 얻은 회귀결과 기울기계수가 이 0.7240이었는데, 다음의 가설을 검정하고자 한다.

$$H_0: \beta_2 = 0.5$$
$$H_1: \beta_2 \neq 0.5$$

즉, 귀무가설 하에서 진정한 기울기 계수가 0.5인 반면, 대립가설 하에서는 0.5보다 작거나 크다는 것이다. 위에서 보듯이 귀무가설은 단순가설이고 대립가설은 복합가설인데, 사실 위와 같이 설정된 대립가설을 양측가설이라고 한다. 위의 대립가설의 내용을 보면 막연히 귀무가설의 모수값과 다르다는 것으로 나타나 있는데, 이는 귀무가설의 모수값보다 큰 값을 택할지 작은 값을 택할지가 확실하지 않을 때 즉 귀무가설과 달리 대립가설이 가져야 하는 모수값에 대한 강한 선험적 또는 이론적 기대가 없을 때 양측가설을 설정한다.

그렇다면, 관측된 $\hat{\beta}_2$이 귀무가설 H_0와 부합되는가? 이 질문에 답하기 위해 식 (5.3.9)에서 구했던 신뢰구간을 예로 들어보자. 식(5.3.9)의 신뢰구간이 의미하는 바는 장기에 있어서 (0.5700, 0.8780) 같은 구간이 95%의 확률을 가지고 β_2의 진정한 값을 포함한다는 것이다. 결과적으로 장기에 있어서 (즉, 표본을 반복해서 추출할 때) 위와 같은 구간은 95%의 신뢰계수로 β_2의 진정한 값을 포함할 범위를 설정해주는 것이다. 따라서, 귀무가설 하에서의 β_2가 $100(1-\alpha)$퍼센트 신뢰구간 내에 포함하게 되면, 귀무가설을 채택하게 된다. 만약 귀무가설하의

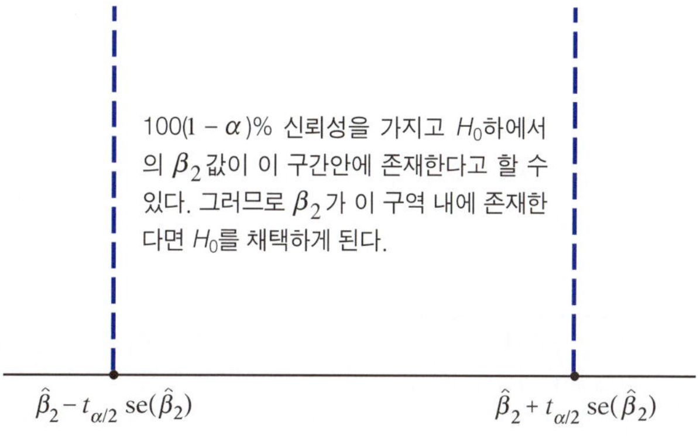

그림 5.2
β_2의 $100(1-\alpha)\%$ 신뢰구간

β_2가 구간 밖에 위치하면, 귀무가설을 기각하게 된다[8]. 이러한 관계를 그림 5.2가 상세히 보여주고 있다.

결정규칙 β_2의 100(1 − α)퍼센트 신뢰구간을 설정한다. 만약 H_0하의 귀무가설이 이 신뢰구간 내에 위치하면 H_0를 채택하고, 구간밖에 위치하면 H_0를 기각한다.

위 규칙을 따라서 가상적 예제에서의 귀무가설 H_0:$\beta_2 = 0.5$은 명백히 식 (5.3.9)에서 계산된 β_2의 95% 신뢰구간 밖에 위치한다. 그러므로 진정한 기울기가 0.5이라는 가설을 95% 신뢰도를 가지고 기각할 수 있다. 귀무가설이 참이라면, 어쩌다 0.7240이라는 기울기 값을 얻게될 확률은 기껏해야 아주 작은 확률인 약 5퍼센트 정도에 불과하다.

통계학에서는 귀무가설을 기각할 때 통계결과가 통계적으로 유의하다고 말한다. 반면, 귀무가설을 기각하지 않을 때, 결과가 통계적으로 유의하지 않다고 말한다.

어떤 학자들은 "통계적으로 극히 유의하다"(highly statistically significant)라는 용어를 사용하는데, 이 용어는 귀무가설을 기각함에 있어 제1종 오류를 저지를 확률(즉, α이 아주 작다는 것(통상적으로 1%)을 의미한다. 그러나 p값에 대해 설명할 5.8절에서 볼 수 있듯이, 통계적 관측결과가 "유의하다"인지 "적당히 유의하다"(moderately significant)인지 아니면 "극히 유의하다"(highly significant)인지를 결정하는 것은 분석하는 사람에게 전적으로 일임하는 것이 더 낫다.

단측검정 또는 편측검정

어떤 경우에는 모수가 일정한 성격을 가지리라고 선험적 또는 이론적으로 강하게 기대하는 (또는 기존의 실증분석에 기초하는) 경우가 있다. 즉, 대립가설을 양측이 아닌 편측가설로서 구성할 수 있다. 위의 임금–교육 예제에서 편측가설을

$$H_0\text{: } \beta_2 \leq 0.5 \quad \text{그리고} \quad H_1\text{: } \beta_2 > 0.5$$

로 세울 수 있다. 가설을 이와 같이 세울 수 있는 것은, 경제이론이나 실증분석 결과가 기울기 계수가 0.5보다 크다고 뒷받침하기 때문이다. 이 가설을 검정하는 절차를 식 (5.3.5)로부터 간단하게 유도할 수 있으나, 유의도 검정을 사용하는 경

8. 가설이 옳음에도 불구하고 신뢰구간이 귀무가설하에서의 H_0하의 β_2를 포함하지 않을 가능성이 100α임을 항상 명심하여야 한다. 간단히 말하자면, 제1종 오류를 저지를 가능성이 100α라는 것이다. 따라서 만약 α=0.05라면 귀무가설이 참임에도 불구하고 귀무가설을 기각할 가능성이 5퍼센트라는 것이다.

우 더 쉽게 설명할 수 있으므로 이에 대한 설명은 다음 절에서 다루기로 한다[9].

5.7 가설검정: 유의도 접근

회귀계수의 유의도 검정: t 검정

통계적 가설을 검정하는 방법으로서 신뢰구간 접근법에 대한 **대체적이나 보완적인 접근법**인 유의도 검정이 R.A.Fisher에 의해, 그리고 한편으로는 Neyman과 Pearson의 공동연구에 의해 발전되었다[10]. 광의로 말하자면, 유의도 검정이란 귀무가설의 옳고 그름을 가리는데 표본으로부터의 결과를 이용하는 것으로서 그 기본개념을 귀무가설 하에서 검정통계량의 표본분포에 두고 있다. 그러므로, H_0를 채택할지는 자료로부터 얻은 검정통계량의 값에 따라 결정하게 된다.

예를 들어 보자. 정규분포 가정 하에서 다음의 변수

$$\begin{aligned} t &= \frac{\hat{\beta}_2 - \beta_2}{\text{se}(\hat{\beta}_2)} \\ &= \frac{(\hat{\beta}_2 - \beta_2)\sqrt{\sum x_i^2}}{\hat{\sigma}} \end{aligned} \tag{5.3.2}$$

가 자유도 $n-2$인 t분포를 따른다는 것을 이미 알고 있다. 만약 귀무가설에서 진정한 β_2의 값을 명시해 준다면 식 (5.3.2)의 t 값을 계산할 수 있고, 따라서 변수 t는 검정통계량의 역할을 할 수 있다. 이 검정통계량이 t분포를 따르므로 다음과 같이 신뢰구간 형태로 쓸 수 있다.

$$\Pr\left[-t_{\alpha/2} \le \frac{\hat{\beta}_2 - \beta_2^*}{\text{se}(\hat{\beta}_2)} \le t_{\alpha/2}\right] = 1 - \alpha \tag{5.7.1}$$

단 β_2^*는 H_0하에서의 β_2값이고, $-t_{\alpha/2}$와 $t_{\alpha/2}$는 $\alpha/2$의 유의도와 $n-2$의 자유도에 해당하는 t값(t 임계치)인데 책 뒤의 t 분포 표에 의해 얻을 수 있다(식 (5.3.4)와 비교할 것). t 분포 표는 부록 D에 있다.

식 5.7.1을 다시 정리하면

$$\Pr[\beta_2^* - t_{\alpha/2}\,\text{se}(\hat{\beta}_2) \le \hat{\beta}_2 \le \beta_2^* + t_{\alpha/2}\,\text{se}(\hat{\beta}_2)] = 1 - \alpha \tag{5.7.2}$$

이 되는데, 식 (5.7.2)에 의해서 $\beta_a = \beta_2^*$일 때 $\hat{\beta}_2$이 포함될 확률이 $1-\alpha$인 구간을

9. 신뢰구간 접근을 사용하기 위하여는 β_2의 $100(1-\alpha)$퍼센트 편측구간을 설정하여야 한다. 그 이유는?
10. E.L.Lehman, *Testing Statistical Hypothesis*, John Wiley & Sons, New York, 1959.를 참조할 것.

구할 수 있다. 가설검정의 용어를 사용하면, 식(5.7.2)에 의한 $100(1-\alpha)$퍼센트 신뢰구간은 (귀무가설의) 수락영역 혹은 채택영역(region of acceptance)이라 하고 신뢰구간 밖의 영역을 (귀무가설의) 기각영역(region of rejection) 혹은 임계영역(critical region)이라 부른다. 앞에서도 지적한 바와 같이 신뢰구간의 양쪽 끝을 임계치(critical values)라고 부른다.

가설검정을 위한 신뢰구간 접근법과 유의도 검정 접근법간의 관계는 식(5.3.5)와 식(5.7.2)를 비교하면 쉽게 파악할 수 있다. 신뢰구간 접근법에서는 진정한 그러나 미지의 β_2를 포함할 구간을 설정하는 것인 반면, 유의도 검정에서는 β_2의 값을 가상적으로 결정하고, β_2의 값이 가상적 $\hat{\beta}_2$값 주변의 신뢰성 범위 내에 포함되는가를 결정하는 것이다.

다시 한번, 임금-교육 예제를 들어보자. 앞의 추정결과로부터 $\hat{\beta}_2 = 0.7240$, $\text{se}(\hat{\beta}_2) = 0.0700$ 그리고 자유도(df)$= 11$임을 알고 있다. 만약 α=5%라면 $t_{\alpha/2} = 2.201$이 된다.

귀무가설 $H_0{:}\beta_2 = \beta_2^* = 0.5$ 그리고 $H_1{:}\beta_2 \neq 0.5$이므로 식(5.7.2)는 그림 5.3에서 보이는 것처럼

$$\Pr(0.3460 \le \hat{\beta}_2 \le 0.6540) \qquad \textbf{(5.7.3)}^{11}$$

으로 다시 쓸 수 있다.

사실 식 (5.7.2)를 명시적으로 계산할 필요는 없다. 좀 더 쉬운 검정법은 식(5.7.1)에서 부등호의 가운데 있는 t값을 계산한 후 그 값이 t분포의 임계치 사이에 존재하는지를 판단하면 된다. 예를 들어 우리의 예제에서 t값을 계산하면

$$t = \frac{0.7240 - 0.5}{0.0700} = 3.2 \qquad \textbf{(5.7.4)}$$

그림 5.3
β_2=0.5라는 가설 하에서 $\hat{\beta}_2$의 95% 신뢰구간

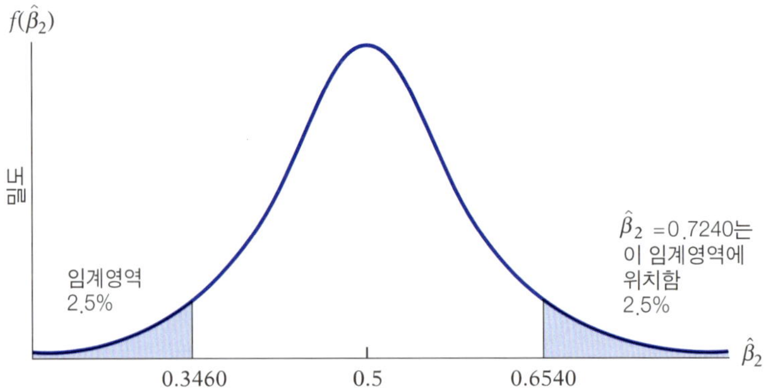

11. 5.2절 4항에서 고정된 구간(0.5700, 0.8780)이 진정한 β_2값을 포함할 확률이 95%라고 말할 수 없음을 밝힌바 있다. 그러나 추정량 $\hat{\beta}_2$이 확률변수이기 때문에 식 (5.7.3)에 있는 확률적 설명을 할 수는 있다.

그림 5.4
t (11df)의
95% 신뢰구간

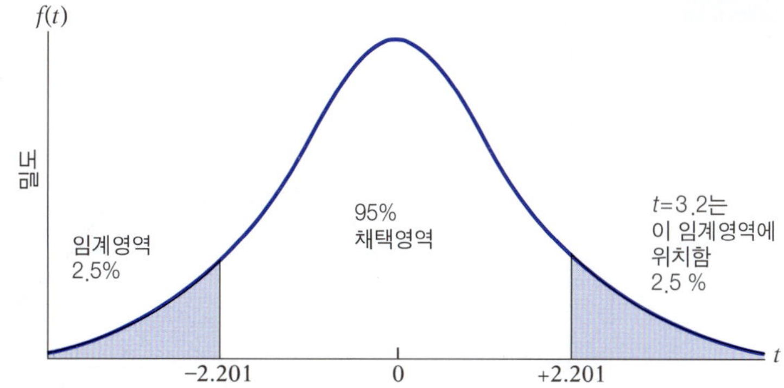

는 분명히 그림 5.4의 기각역에 위치한다. 따라서, 이 방법을 쓰더라도 결론은 동일하다. 즉 H_0를 기각한다.

추정된 $\beta_2(=\hat{\beta}_2)$가 가설에서의 β_2와 같다면 식 (5.7.4)의 t값은 0이 될 것이다. 그러나, 추정된 β_2값이 가설에서의 β_2값과 다르면 다를수록 $|t|$(즉, t의 절대값 ; 주의: t는 양의 값이 될 수도 있고 음의 값이 될 수도 있다)이 점점 더 커질 것이다. **그러므로, "큰" $|t|$값은 귀무가설에 대치되는 증거자료가 될 수 있다**. 물론, t값이 큰지 혹은 작은지 여부를 판정하기 위해 항상 t표를 사용할 수 있다 ; 우리가 알다시피 판정은 제1종 오류의 확률뿐만 아니라 자유도에 따라 달라진다. 부록 D(표 D.2)에 있는 t표를 살펴보면, 임의의 df값에 대해 점차 커지는 $|t|$값을 얻을 확률은 현저하게 작아진다는 것을 알 수 있다. 따라서, 자유도가 20인 경우 1.725보다 크거나 같은 $|t|$값을 얻을 확률은 0.10 또는 10퍼센트이지만 동일한 자유도에 대해 3.552보다 크거나 같은 $|t|$값을 얻을 확률은 단지 0.002 혹은 0.2퍼센트에 지나지 않는다.

위의 검정방법에서 t분포를 사용하기 때문에 이를 t검정이라 한다. 유의도 검정의 언어를 사용하자면 검정통계량의 값이 기각역에 포함되면 통계적으로 유의하다고 하고 귀무가설을 기각하게 된다. 동일한 논리에 의해 검정통계량의 값이 수락역에 위치하면 통계적으로 유의하지 않다고 하고 이 경우 귀무가설을 채택할 수 있다. 앞의 예제에서는 t값이 유의하고 따라서 귀무가설을 기각한다.

지금까지 β_1과 β_2에 관한 가설검정을 논의하였는데, 여기에서 한 가지 주의할 점이 있는데, 이는 검정절차가 양측검정이라는 것이다. 양측검정이란 확률분포의 양쪽 끝부분 즉 기각역을 고려하여, 귀무가설의 β값이 이 기각역 안에 포함되면 귀무가설을 기각하는 것을 말한다. 이때, H_1의 가설은 양측의 복합가설이 된다. 즉 $\beta_2 \neq 0.5$가 0.5보다 크거나 작은 경우 모두를 의미한다. 그러나, 가령 사전적인 경험에 비추어 볼 때 기울기가 0.5보다 클 것으로 기대한다고 하자. 그렇다면, 검정을 위한 가설은 $H_0 : \beta \leq 0.5$, $H_1 : \beta_2 > 0.5$이 될 것이다. H_1의 가설이 여전히 복합가설이지만 이젠 편측가설이 되었다. 편측가설의 검정을 위하여는

그림 5.5
편측 유의도 검정

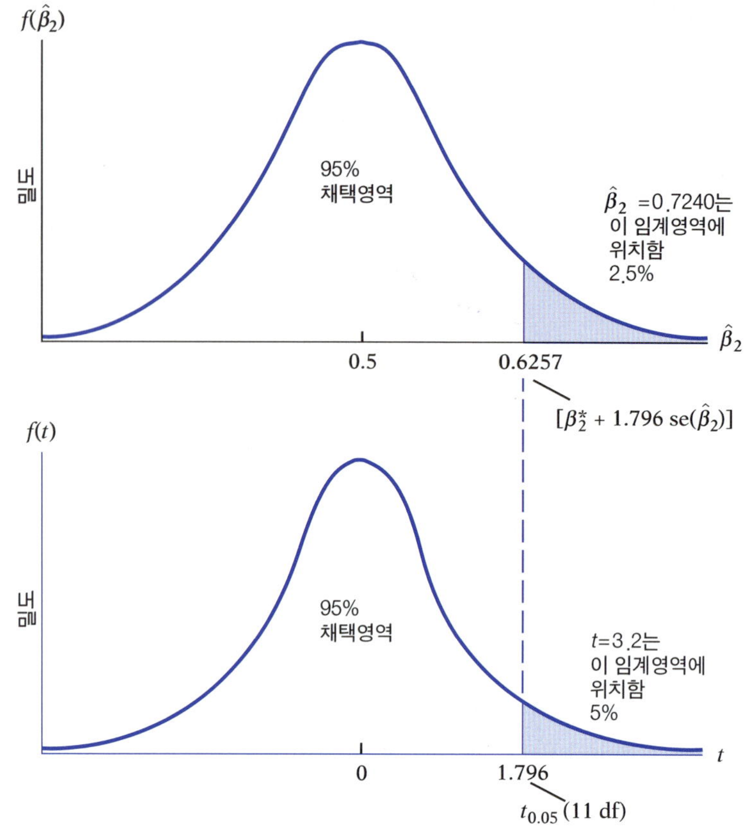

편측검정을 사용하여야 하는데, 이는 그림 5.5에 잘 나타나 있다(5.6절을 참조할 것).

편측검정일 경우에도 검정의 절차는 양측검정과 동일하다. 단지, 임계치가 $t_\alpha = t_{0.05}$ 즉 5% 수준에 해당한다는 것만 다를 뿐이다. 즉, 그림 5.5에서 볼 수 있듯이 t분포의 왼쪽 기각역은 이제 고려할 필요가 없다. 편측검정을 사용할지 양측검정을 사용할지는 대립가설을 어떻게 설정하느냐에 달렸고, 이는 다시 선험적 지식이나 사전적인 실증경험에 의존하게 된다(이에 대한 논의는 5.8절에서 좀더 상세히 논의할 것임).

t 검정을 이용한 유의도 접근법이 표 5.1에 요약되어 있다.

표 5.1
t 유의도검정: 의사결정 법칙

가설의 형태	H_0:귀무가설	H_1:대립가설	결정규칙:다음의 경우 H_0를 기각함
양측	$\beta_2 = \beta_2^*$	$\beta_2 \neq \beta_2^*$	$\|t\| > t_{\alpha/2,\text{df}}$
우측	$\beta_2 \leq \beta_2^*$	$\beta_2 > \beta_2^*$	$t > t_{\alpha,\text{df}}$
좌측	$\beta_2 \geq \beta_2^*$	$\beta_2 < \beta_2^*$	$t < -t_{\alpha,\text{df}}$

주: β_2^*는 가상적인 β_2값
$|t|$는 t의 절대 값임
t_α 또는 $t_{\alpha/2}$는 α 또는 $\alpha/2$ 유의수준에서의 임계치
df: 자유도, 2-변수 모형의 경우 $(n-2)$, 3-변수 모형의 경우 $(n-3)$
β_1에 대한 가설 검정도 동일한 규칙이 적용됨

표 5.2 χ^2검정의 요약

H_0:귀무가설	H_1:대립가설	결정규칙:다음의 경우 H_0를 기각함
$\sigma^2=\sigma_0^2$	$\sigma^2>\sigma_0^2$	$\frac{\text{df}(\hat{\sigma}^2)}{\sigma_0^2}>\chi^2_{\alpha,\text{df}}$
$\sigma^2=\sigma_0^2$	$\sigma^2<\sigma_0^2$	$\frac{\text{df}(\hat{\sigma}^2)}{\sigma_0^2}<\chi^2_{(1-\alpha),\text{df}}$
$\sigma^2=\sigma_0^2$	$\sigma^2\neq\sigma_0^2$	$\frac{\text{df}(\hat{\sigma}^2)}{\sigma_0^2}>\chi^2_{\alpha/2,\text{df}}$ or $<\chi^2_{(1-\alpha/2),\text{df}}$

주: σ_0^2은 귀무가설 하에서의 σ^2값이다. 마지막 열에 있어서의 χ^2에 첨부된 첫번째 하첨자는 유의수준이고, 두번째 하첨자는 자유도이다. 마지막 열의 χ^2들은 임계치를 나타낸다. 2-변수 회귀모형에서는 df가 $(n-2)$이고, 3-변수 모형에서는 $(n-3)$이며, 이하 같은 방식으로 df가 결정된다.

σ^2의 유의도 검정: χ^2검정

유의도 검정의 또 하나의 예를 들어보자. 다음과 같이 정의된 변수 χ^2은

$$\chi^2=(n-2)\frac{\hat{\sigma}^2}{\sigma^2} \tag{5.4.1}$$

앞에서 지적한 바와 같이 자유도가 $n-2$인 χ^2분포를 따른다. 앞의 예제에서 $\hat{\sigma}^2=0.8937$, 자유도(df) $=11$을 얻은 바 있는데, 만약 $H_0:\sigma^2=0.6$ vs $H_1:\sigma^2\neq 0.6$의 가설을 검정하고자 한다면 (5.4.1)의 식이 H_0를 검정하기 위한 검정통계량이 된다. $\hat{\sigma}^2$의 값과 $n-2$의 값을 (5.4.1)에 대입했을 때 H_0하에서 χ^2=16.3845이다. 유의수준 $\alpha=0.05$를 가정하면 χ^2의 임계치는 3.81575와 21.9200이다. 계산된 χ^2의 값이 두 임계치 사이에 놓이므로 귀무가설을 기각하지 않는다(그림 5.1을 볼 것). 이러한 검정과정은 카이자승 유의도 검정이라고 부른다. 가설검정에 있어서 χ^2검정의 유의도 접근은 표 5.2에 요약되어 있다.

5.8 가설검정: 실용적인 측면

가설의 "채택" 또는 "기각"의 의미

예를 들어 t검정과 같은 유의도 검정의 귀무가설을 채택한다고 하자. 이때, 채택의 의미는 표본에 근거했을 때 귀무가설을 기각할 이유가 없다는 뜻일 뿐이고, 귀무가설이 의심할 바 없이 옳다는 뜻은 아니다. 그 이유는? 이를 좀더 상세히 논의하기 위해 앞의 임금-교육 예제를 다시 고려해보자. 귀무가설이 $H_0:\beta_2=0.70$라고 가정하자. 이때 추정된 기울기계수가 $\hat{\beta}_2=0.7241$이고 $\text{se}(\hat{\beta}_2)=0.0701$이므로 t 검정을 하고자 값을 계산하면 $t=\frac{(0.7241-0.7)}{0.0701}=0.3438$으로서 유의하지 않다. 그러므로 H_0를 "채택"하게 된다. 이번에는 새로운 귀무가설

$H_0 : \beta_2 = 0.6$을 검정하고자 새로운 귀무가설 하에서의 t값을 계산하였더니 $t = \frac{(0.7241 - 0.60)}{0.0701} = 1.7703$이므로 역시 H_0를 "채택"하게 된다. 그렇다면, 어느 귀무가설이 정말로 옳은 귀무가설인가? 이 질문에 대한 대답은 "우리도 모른다"는 것이다. 그러므로 어떤 귀무가설을 "채택"할 때는 다른 귀무가설도 역시 동등하게 자료와 상응할 수 있다는 것을 잊어서는 안된다. 따라서, '귀무가설을 채택한다' 라는 단언적 서술보다 '귀무가설을 채택할 수 있다' 라고 표현하는 것이 보다 적절할 것이다. 사실 다음의 표현을 따르는 것이 더욱 바람직하다.

> …법정에서 '무죄' 라고 하지 않고 '유죄가 아니다' 라고 판결하는 것처럼, 검정의 결론도 "채택"보다 "기각하지 않는다"로 표현한다[12].

"영(Zero)" 귀무가설과 "2-t" 법칙

실증분석에서 자주 검정하는 귀무가설은 $H_0 : \beta_2 = 0$으로서 기울기 계수가 0("영")인지 아닌지를 검정하는 것이다. 이 "영"가설의 목적은 Y가 X에 조금이라도 관계가 있는지의 여부를 검정하는 것이다. 만약 Y와 X가 관계가 없다면 $\beta_2 = 0.3$과 같은 가설의 검정은 의미가 없게 된다.

이러한 귀무가설은 앞에서 설명한 신뢰구간 접근법이나 t검정 접근법에 의해 쉽게 검정할 수 있지만, 더욱 손쉽게 검정하는 방법은 유의도의 "2-t" 법칙을 적용하는 것이다. 이는 다음과 같이 설명할 수 있다.

"영(Zero)" 귀무가설과 "2-t" 법칙	"2-t" 법칙: 자유도가 20 이상이고 유의수준 α가 0.05라면 식 (5.3.2)로 구한 t값$(=\hat{\beta}_2/\mathrm{se}(\hat{\beta}_2))$의 절대값이 2보다 크면 $\beta_2 \neq 0$의 대립가설의 편에서 귀무가설 $\beta_2 = 0$을 기각한다.

이 법칙의 논리는 다음과 같다. 식 (5.7.1)에 의하면,

$$t = \hat{\beta}_2/\mathrm{se}(\hat{\beta}_2) > t_{\alpha/2} \qquad \hat{\beta}_2 > 0 \text{ 일 때}$$

일 때, 또는 위 두 가지를 묶어서

$$t = \hat{\beta}_2/\mathrm{se}(\hat{\beta}_2) < -t_{\alpha/2} \qquad \hat{\beta}_2 < 0 \text{ 일 때}$$

일 때 적절한 자유도에 대하여 $H_0 : \beta_2 = 0$을 기각한다.

12. Jan Kmenta, *Elements of Econometrics*, Macmillan, New York. 1971. p.114.

$$|t| = \left|\frac{\hat{\beta}_2}{\mathrm{se}(\hat{\beta}_2)}\right| > t_{\alpha/2} \tag{5.8.1}$$

이때, 책 뒤의 부록 D에 있는 t 분포 표를 찾아보면 자유도가 20 이상일 때 계산한 t값의 절대값이 2보다 크면(예를 들어 2.1) 5%의 유의수준에서 통계적으로 유의한 것을 알 수 있다. 즉, 귀무가설을 기각한다. 그러므로, 자유도가 20 이상일 때 계산된 t값이 예를 들어 2.5 또는 3이라면 추정된 β_2가 유의한지 여부를 알기 위해 구태여 t 분포 표를 찾아볼 필요가 없다. 물론 정확한 유의수준을 알기 위해 t 분포 표를 참고할 수도 있고 그밖에 자유도가 20보다 작은 경우에는 t 분포 표를 참고하여야 한다.
만약 양측검정이 아닌 편측검정을 한다면 $H_0 : \beta_2 = 0$, $H_1 : \beta_2 > 0$ 또는 $H_1 : \beta_2 < 0$

$$|t| = \left|\frac{\hat{\beta}_2}{\mathrm{se}(\hat{\beta}_2)}\right| > t_{\alpha} \tag{5.8.2}$$

일 때 귀무가설을 기각한다.

이때, α를 0.05로 정하면, 자유도가 20이상일 때 t 분포 표를 보면 1.73보다 큰 t값이 편측검정의 경우 유의수준 5%에서 통계적으로 유의하다. 따라서, 자유도가 20 이상인 경우 t값의 절대값이 1.8보다 크면 추정된 계수의 유의여부를 알기 위해 t분포표를 참고할 필요가 없다. 물론 유의수준 α를 0.01이나 다른 값으로 정하면 그에 해당하는 적당한 t값의 기준을 정해야 한다.

귀무가설과 대립가설의 설정[13]

귀무가설과 대립가설이 주어졌을 때 이를 검정하는 방법은 위에서 공부한 바와 같다. 그러나, 귀무가설과 대립가설은 어떻게 정하는가? 이 질문에 대하여는 일정한 그리고 손쉬운 규칙이 있는 것은 아니다. 어떤 경우에는 분석하고 있는 경제현상에서 귀무가설과 대립가설의 특성을 얻을 수 있다. 예를 들어, 자산선택이론의 자본시장선(capital market line)을 고려해보자. 자본시장선은 $E_i = \beta_1 + \beta_2 \sigma_i$의 형태를 갖는다고 가정하자. 단, 여기서 E = 자산으로부터의 기대수익, σ =위험 정도를 측정할 수 있는 수익의 표준편차를 나타낸다. 일반적으로 위험이 높을수록 수익이 높아지는 등 수익과 위험이 서로 양의 관계를 갖는 것으로 기대되기 때문에 귀무가설 $\beta_2 = 0$에 대한 대립가설은 자연히 $\beta_2 > 0$이 될 것이다. 즉, β_2가 0보다 작은 경우는 고려할 필요가 없어진다.

그러나, 화폐수요의 경우를 고려하여 보자. 주지하는 바와 같이 화폐수요를

13. 가설의 설정에 관해서는 J. Bradford De Long and Kevin Lang, "Are All Economic Hypotheses False?" *Journal of Political Economy*, vol.100, no.6, 1992, pp.1257–1272를 참조할 것.

결정하는 중요한 요인 중의 하나가 바로 소득수준이다. 화폐수요 함수를 분석한 기존의 연구로부터 화폐수요의 소득탄력성(1% 소득변화에 대한 화폐수요의 변화율)이 대체로 0.7과 1.3 사이의 값을 취한다는 것을 알고 있다. 그러므로, 화폐수요를 분석할 때 소득탄력성 계수 β_2가 1인지의 여부를 검정한다면 대립가설은 $\beta_2 \neq 1$, 즉 양측가설이 될 것이다.

그러므로, 가설의 설정은 이론적 기대 또는 기존의 실증연구 또는 두 가지의 종합적인 관측에 의존하게 된다. 그러나, **가설이 어떻게 설정되든지 실증분석을 하기 전에 가설을 설정해야 한다는 것이 매우 중요하다.** 그렇지 않으면 즉 실증결과를 얻고 나서 가설을 설정하게 되면 자신의 결과를 타당하게 하기 위한 가설을 설정하게 될 유혹에 빠질 수 있다. 적어도 과학적 객관성을 위한다면 이러한 가설검정방식을 결코 시도해서는 안된다. 이 장의 첫 부분에서 언급한 Stigler의 인용문을 유념하여야 한다.

유의수준 α의 선택

지금까지의 가설검정의 논의에서 귀무가설을 채택하느냐 또는 기각하느냐의 여부는 유의수준 또는 제1종 오류를 범할 확률(옳은 가설을 기각할 확률)인 a에 결정적으로 의존한다는 것을 알았다. 제1종 오류의 성격, 제2종 오류(틀린 가설을 채택할 확률)와의 관계, 그리고 왜 일반적으로 제1종 오류에 관심이 집중되는가 등이 부록 A에 상세히 설명되어 있다. 그렇다면, a를 통상적으로 1%, 5% 또는 10% 수준으로 고정시키는 이유는 무엇인가? 사실 이러한 값들에 특별한 의미는 없으며 다른 어떤 값도 a값으로 선택될 수 있다.

이 책과 같은 계량경제학의 입문서에서 유의수준을 1%, 5% 또는 10%로 고정시키는 이유를 깊이 있게 설명한다는 것은 불가능하다. 왜냐하면 이를 설명하자면 이 책의 수준을 넘는 통계적 의사결정이론을 설명해야 하기 때문이다. 그러나, 간단히 요약하자면 다음과 같다. 부록 A에 설명되어 있듯이, 표본의 크기가 주어졌을 때 **제1종 오류**를 감소시키려하면 **제2종 오류**가 증가하게 되고, 그 역의 관계도 성립한다. 즉, 표본의 크기가 정해졌을 때 옳은 가설을 기각할 확률을 낮추려고 하면 그와 동시에 틀린 가설을 채택할 확률이 높아지게 된다. 따라서, 표본의 크기가 주어졌을 때 두 가지 오류 사이에는 상충관계가 존재한다. 이 상충관계를 결정할 때 고려하여야 하는 것은 두 가지 종류의 오류의 상대적 비용이 어느 것이 더 큰 가를 먼저 알아야 한다. 즉,

> 만약 옳은 가설을 기각하는 오류(제1종 오류)가 틀린 가설을 기각하지 않는 오류(제2종 오류)에 비해 더 비싼 대가를 지불한다면 제1종 오류를 낮게 정하는 것이 합리적이다. 한편 제1종 오류를 범하는 것이 제 2종 오류를 저지르는 것보다 비용이 적게 든다면 제1종 오류를 범할 확률을 크게(즉 제2종 오류를 범할 확률을 작

게)하는 것이 이롭다[14].

물론, 일반적으로 제1종이든 2종이든 오류를 범하는 데에 따른 비용을 알 수는 없다. 따라서 응용 경제학자들은 일반적으로 α값을 1%나 5%, 혹은 기껏해야 10%로 설정하고 제2종 오류를 저지를 확률을 최대한 작게 만드는 검정통계량을 선택하는 절차를 밟게 된다. 1에서 제2종 오류의 확률을 뺀 것이 검정력(power of the test)이기 때문에 이와 같은 절차는 검정력을 극대화하는 과정에 해당된다(검정력에 관한 논의는 부록 A를 참조할 것).

그러나 검정통계량의 p값으로 알려진 개념을 사용하면 적절한 α값의 선택에 관련된 모든 문제를 걱정할 필요가 없는데 이 개념은 아래에서 논의될 것이다.

정확한 유의수준: p값

앞에서 지적한 바와 같이 가설검정을 위한 고전적 접근의 치명적인 약점은 a를 선택하는데 있어서 원칙이 없다는데(arbitrariness) 있다. 주어진 표본에서 검정통계량(예를 들어 t 통계량)이 일단 구해지면, 왜 단순하게 적절한 통계표를 찾아 주어진 표본에서 얻은 통계량값보다 같거나 큰 통계량을 얻을 실제 확률을 계산하지 않는가? 이러한 확률을 p값(즉, 확률값)이라고 부르는데, 이 확률은 관측된 또는 정확한 유의수준(observed or exact level of significance)로 불리기도 하고, 또는 제1종 오류를 저지를 정확한 확률이라고 불리운다. 조금 더 기술적으로 표현하면, p값을 귀무가설이 기각될 수 있는 가장 낮은 유의수준으로 정의할 수 있다.

예를 들기 위해 임금-교육 예제를 다시 고려하여 보자. 진정한 기울기 계수가 0.5이라는 귀무가설이 주어졌을 때, 식(5.7.4)에서 이미 t값이 3.2임을 구한 바 있다. 3.2와 같거나 큰 t값을 얻을 수 있는 p 값은 얼마인가? 부록 D에 있는 t표에 의하면 자유도가 11인 경우 그러한 t값을 구할 확률은 0.005보다 작거나(편측검정일 경우) 0.010보다 작다(양측검정의 경우).

학생들이 Stata 또는 EViews와 같은 팩키지을 사용한다면 3.2 혹은 그보다 큰 t 값을 얻게될 p 값이 약 0.00001임을 확인할 것인데, 이는 매우 작은 값이다. 이 값이 관측된 t 통계량의 p 값이다. 이 t 통계량의 정확한 유의수준은 예컨대 1, 5, 또는 10퍼센트와 같이 관행적으로 그리고 자의적으로 고정된 유의수준보다 훨씬 작은 값이다. 사실, 계산된 p 값을 사용하고 교육의 진정한 계수가 0.5라는 귀무가설을 기각한다면 제 1종 오류를 저지를 확률은 대략적으로 고작 100,000번 중에 1번에 불과할 것이다.

앞에서 지적한 바와 같이, 자료가 귀무가설을 뒷받침해 주지 못하면 귀무가

14. Jan Kmenta, *Elements of Econometrics*, Macmillan, New York, 1971, pp.126–127.

설 하에서 구한 $|t|$가 "클"것이고 그러므로 그러한 $|t|$가 커질수록 p값이 감소하고 그 결과 신뢰성이 더 커진 상태에서 귀무가설을 기각할 수 있게 된다.

p값과 유의수준 α의 관계는 무엇인가? 만약 검정통계량(예를 들어 t통계량)을 습관적으로 α에 고정시킨다면 두 값 사이에 어떠한 갈등도 존재하지 않는다. 다른 표현을 사용하면, α를 임의적으로 고정시키는 방법을 포기하고 검정통계량의 p값을 선택하는 것이 더 나은 방법이다. 주어진 p값에서 귀무가설을 기각할 지 아닐지의 여부를 결정하는 것은 학생들에게 맡기는 편이 바람직하다는 것이다. 어떤 응용에서 검정통계량의 p값이 0.145 혹은 14.5퍼센트로 나왔다면, 그리고 학생이 이 유의수준에서 귀무가설을 기각하고자 한다면, 기각하면 된다. 옳은 귀무가설을 기각하는 경우 14.5퍼센트의 틀린 가능성을 감수한다고 해서 잘못된 것은 없다. 유사하게, 앞의 소득–소비 예제에서 연구자가 p값을 0.02퍼센트로 선택하고 10,000번 중 2번 이상 틀릴 가능성을 감수한다고 해서 잘못된 것은 없다 하겠다. 결국, 어떤 연구자들은 위험을 즐기는 사람들이고 어떤 이들은 위험을 꺼리는 사람들이라는 점이 차이가 날 뿐이다.

이 책의 나머지 부분에서는 일반적으로 검정통계량의 p값을 인용할 것이다. 어떤 학생들은 α를 일정수준으로 고정시킨 상태에서 p값이 α보다 작으면 귀무가설을 기각하는 방법을 택할 수도 있다. 이러한 결정은 순전히 학생 자신들의 선택일 뿐이다.

통계적 유의성과 실제에 있어서의 유의성

예제 3.1와 식(3.7.1)의 회귀결과를 다시 고려하자. 이 회귀는 1960~2005 기간동안 미국의 개인소비지출(PCE)과 국내총생산(GDP)의 관계를 분석한 것으로서 두 변수 모두 2000년 기준 10억달러 단위로 측정되었다.

이 회귀에서 한계소비성향(MPC), 즉 추가적인 소득 1 달러에 대한 추가적인 소비가 약 0.72 또는 72센트로 추정되었다. 식 (3.7.1)의 자료를 사용하여 학생들은 MPC의 95퍼센트 신뢰구간이 (0.7129, 0.7306)임을 보일 있다. (주: 이 문제에서 df가 44이므로 이 특정 df에 대한 정확한 t 임계치를 구할 수는 없다. 따라서 95퍼센트 신뢰구간을 계산하는데 $2-t$ 경험법칙을 사용할 수 있다.)

가령 어떤 사람이 진정한 MPC가 0.74라고 주장한다고 하자. 이 수치가 0.72와 다른가? 만약 위에서 계산한 신뢰구간에 엄격하게 집착한다면, 다르다 할 수 있다.

그러나 우리가 찾아낸 결과가 실제로 또는 실질적으로 의미가 있는가? 즉, MPC에 대하여 0.72대신 0.74라는 값을 취하는 무슨 차이가 있을 것인가? 두 MPC값 사이의 0.02가 실제로 중요한 의미를 지니고 있는가?

이러한 질문에 대한 답은, 추정치를 사용하여 어떤 분석을 하는가에 따라 달라질 수 있다. 예를 들어, 거시경제학에서의 승수가 1/(1−MPC)라는 것은 이미 잘 알려져 있다. 만약 MPC가 0.72이면 승수는 3.57이 되나 MPC가 0.74이라면 승수는 3.84가 된다. 다시 말해서, 불황으로부터 경제를 회복시키기 위해 정부지출을 $1만큼 증가시키면 MPC가 0.72인 경우 소득이 $3.57 증가할 것이지만, MPC가 0.74라면 소득이 $3.84만큼 증가할 것이다. 그리고 이러한 차이는 경제를 회복시키는데 매우 중요할 수도 있고 중요하지 않을 수도 있다.

위 설명의 요점은 가설검정 시 통계적 유의성과 실제에 있어서의 또는 경제적 유의성을 혼동해서는 안된다는 것이다. Goldberger가 지적했듯이 :

> 귀무가설이 예를 들어 $\beta_j = 1$이라고 설정되었을 때, β_j가 1에 가까운 값을 갖는다고 판정하여, 모든 응용에 있어 실제로 1인 것처럼 취급될 수 있다. 그러나 1.1이 1.0과 "사실상 동일한"지의 여부는 경제학의 문제이지 통계학의 문제는 아니다. 가설검정에 의존해서 이 문제를 해결할 수는 없는데, 그 이유는 통계량 [t =]$(b_j - 1)/\hat{\sigma}_{bj}$이 추정된 계수를 표준오차 단위로 측정하는 것인데, 이러한 측정단위는 경제적 모수 $\beta_j - 1$를 측정하는데 적절한 단위가 아니기 때문이다. 따라서 "유의성"이라는 용어는 통계적 개념으로 사용하고, 경제적 개념을 위해서는 "상당한"이라는 용어를 사용하는 것이 좋은 방법일 것이다[15].

Goldberger가 지적한 점은 매우 중요하다. 표본의 크기가 클수록 통계적 유의성의 주제는 덜 중요해지고, 경제적 유의성의 주제가 결정적이 된다. 실제로, 매우 큰 표본에서는 거의 대부분의 가설이 기각될 것이기 때문에, 점추정치의 크기만을 유일한 이슈로 다루는 연구들이 있다.

가설검정을 위한 신뢰구간 접근방법과 유의성 접근방법간의 선택

대부분의 응용경제분석에서는 귀무가설을 허수아비처럼 세워 놓은 후 귀무가설을 쓰러뜨리는 것, 즉, 귀무가설을 기각하는 것이 실증작업의 목적이 된다. 따라서 소비−소득 예제에서 MPC $\beta_2 = 0$이라는 귀무가설이 명백히 불합리하지만 실증분석 결과를 극적으로 하기 위해 가끔 이러한 귀무가설을 사용하기도 한다. 분명한 것은 유명학술잡지의 편집자들은 논문의 내용에 있어 귀무가설을 기각하지 않는 경우 이러한 실증분석결과를 논문으로 게재하는데 시큰둥하다는 것이다. 아무튼, MPC가 0과 유의하게 다르다는 발견이 MPC가 예를 들어 0.7이라는 발견보다는 더 보도가치가 있는 법이다!

15. Arther S. Goldberger, A Course in Econometrics, Havard University Press, Cambridge, Massachusetts, 1991, p. 240.를 참조할 것. 단, b_j는 β_j의 OLS 추정량이고, $\hat{\sigma}_{bj}$는 표준오차이다. 아울러 D.N.McClosky, "The Loss function Has Been Mislaid: The Rhetoric of Significance Tests," American Economic Review, vol. 75, 1985, pp.201−205.와 D.N.McClosky and S.T.Ziliak,"The Standard Error of Regression," *Journal of Economic Literature*, vol.37, 1996, pp.97−114.를 참조할 것.

그러므로, J. Bradford De Long과 Kevin Lang은 경제학자들이 다음과 같이 하는 것이 더 낫다고 주장한다.

> …계수의 크기에 집중해서 유의수준을 보고하는데 그치고 유의도 검정은 하지 않는 것이 더 낫다. 모든 또는 대부분의 귀무가설이 참이 아니라면 귀무가설 하에서의 예측치와 추정치가 구분되는지 아닌지에 집중하는 것은 의미가 없다. 그 대신, 어떤 모형이 훌륭한 설정인지에 초점을 맞추는 것이 바람직할 것인데, 이는 실증적 추정치에 의해 배제될 모수값의 범위를 아는 것을 필요로 한다[16].

간단히 말하면, 이 저자들은 유의도 접근보다는 신뢰구간 접근을 더 선호하고 있다. 학생들은 이 충고를 유념할 필요가 있다[17].

5.9 회귀분석과 분산분석(analysis of variance)

이 절에서는 분산분석의 관점에서 회귀분석을 재조명하고, 통계적 추론의 문제를 보완적으로 접근하는 방법을 설명한다.

3장의 3.5절에서 다음의 항등식을 소개한 바 있다.

$$\sum y_i^2 = \sum \hat{y}_i^2 + \sum \hat{u}_i^2 = \hat{\beta}_2^2 \sum x_i^2 + \sum \hat{u}_i^2 \tag{3.5.2}$$

즉 TSS = ESS + RSS로서 총자승합(TSS)을 설명된 자승합(ESS)과 오차자승합(RSS)로 나눈다는 것이다. TSS를 이와 같이 분해하여 각 분해 요소에 대해 분석하는 것을 회귀분석의 관점에서 분산분석(analysis of variance;ANOVA)이라 한다.

각 자승합에 자유도, 즉 독립인 관측치의 개수를 연관지어 보자. TSS의 경우 $\bar{Y}$를 계산할 때 자유도 1개를 잃으므로 TSS의 자유도는 $n-1$이 되고 RSS의 경우에는 그 자유도가 $n-2$이다(자유도가 $n-2$는 절편항 β_1이 있는 2-변수회귀모형의 경우에만 성립한다). ESS의 자유도는 1인데(자유도가 1인 것은 2-변수 모형의 경우에만 성립함) 왜냐하면 ESS = $\hat{\beta}_2^2 \sum x_i^2$에서 $\sum x_i^2$이 알고 있는 상수이므로 $\hat{\beta}_2^2$만의 함수이기 때문이다.

다양한 자승합 SS와 자유도 *df*를 재정리하여 표 5.3과 같은 ANOVA표를 만들어 보자. 이 때 표 5.3의 항목을 이용한 다음의 변수를 고려하여 보자.

---

16. 각주 13에 인용된 그들의 논문 중 p.1271을 참조할 것.
17. 어느 정도 다른 견해를 참고하려면 Carter Hill, William Griffiths, and George Judge, Undergraduate Econometrics, Wiley&Sons, New York, 2001, p.108.을 참조할 것.

표 5.3 2-변수 회귀 모형의 ANOVA 표

변동의 원천	SS*	df	MSS†
회귀로 인한 부분	$\sum \hat{y}_i^2 = \hat{\beta}_2^2 \sum x_i^2$	1	$\hat{\beta}_2^2 \sum x_i^2$
잔차로 인한 부분	$\sum \hat{u}_i^2$	$n-2$	$\frac{\sum \hat{u}_i^2}{n-2} = \hat{\sigma}^2$
TSS	$\sum y_i^2$	$n-1$	

*SS는 자승합을 의미한다.
† 평균자승합(MSS)은 SS를 자유도로 나누어 구한다.

$$F = \frac{\text{MSS of ESS}}{\text{MSS of RSS}} = \frac{\hat{\beta}_2^2 \sum x_i^2}{\sum \hat{u}_i^2/(n-2)} = \frac{\hat{\beta}_2^2 \sum x_i^2}{\hat{\sigma}^2} \tag{5.9.1}$$

교란항 u_i가 정규분포를 한다고 가정(CNLRM 하에서)하고 귀무가설 H_0이 $\beta_2 = 0$이라 하면, 식 (5.9.1)의 변수 F는 분자 자유도가 1, 분모 자유도가 $n-2$인 F분포를 따른다(이에 대한 증명은 부록 5A의 5A.2를 참조할 것. F 분포의 일반적 특성은 부록 A에서 논의됨).

그렇다면, 위의 F 비율을 가설검정을 위해 어떻게 사용할 것인가? 다음의 관계식을

$$E\left(\hat{\beta}_2^2 \sum x_i^2\right) = \sigma^2 + \beta_2^2 \sum x_i^2 \tag{5.9.2}$$

그리고

$$E\frac{\sum \hat{u}_i^2}{n-2} = E(\hat{\sigma}^2) = \sigma^2 \tag{5.9.3}$$

보일 수 있다[18].
(주: 위의 두식 의 등호 오른쪽에 나타난 β_2와 σ^2은 추정량이 아닌 모수이다). 그러므로 만약 β_2가 정말로 0이면 식(5.9.2)와 식(5.9.3)로부터 동일한 σ^2의 추정치를 구할 수 있다. 이러한 경우, 설명변수 X는 Y에 대해 아무런 선형 영향력이 없고, 따라서 Y의 총변동은 확률적 교란항 u_i에 의해 설명됨을 알 수 있다. 한편 β_2가 0이 아니라면 식(5.9.2)와 식(5.9.3)은 서로 달라지고, Y의 변동 중 일부분이 X에 의해 설명된다 하겠다. 그러므로 식(5.9.1)의 F비율은 귀무가설 $H_0 : \beta_2 = 0$을 검정하기 위한 검정통계량이 된다. 따라서 $H_0 : \beta_2 = 0$의 귀무가설을 검

18. 상세한 증명은 K. A. Brownlee, *Statisical Theory and Methodology in Science and Engineering*, John Wiley and Sons, Inc., New York, 1960, pp. 278–280을 참조할 것.

표 5.4 임금-교육 예제에 대한 ANOVA 표

변동의 원천	SS	df	MSS	
회귀로 인한 부분	95.4255	1	95.4255	$F = \frac{95.4255}{0.8811}$
잔차로 인한 부분	9.6928	11	0.8811	$= 108.3026$
TSS	105.1183	12		

정하기 위하여 F비율을 계산하고 계산된 F비율을 F분포표로부터 얻은 임계치와 비교하면 되거나, 또는 계산된 F통계량의 p값을 구하면 된다.

예를 들기 위해 설명 예제를 계속 살펴보자. 이 예제에 대한 ANOVA표가 표 5.4에 나타나 있다. 계산된 F값은 108.3026이다. 자유도 1과 11인 경우 이 F통계량의 p값이 부록 D에 있는 F표에는 나와 있지 않지만 전자 통계표를 사용하면 p값이 0.0000001인데, 이는 극히 작은 확률이다. 가설검정을 위한 신뢰구간 접근을 선택하고 α를 0.01 또는 1% 수준에 고정시키면, 계산된 F값이 108.3026로서 분명히 유의하다는 것을 알 수 있다. 그러므로 $\beta_2 = 0$이라는 귀무가설을 기각한다 해도 제1종 오류를 저지를 확률은 매우 작게 된다. 실용적인 목적에 비추어 보면, 현재 고려하고 있는 표본은 β_2가 0인 모집단에서 추출된 것일 수 없고, 그리고 X변수, 즉 교육이 Y변수, 즉 임금에 영향을 주고 있다는 것을 큰 신뢰를 가지고 결론 내릴 수 있다.

자유도가 k인 t값의 제곱은 분자의 자유도가 1이고 분모의 자유도가 k인 F값과 같다는 부록 5A.1의 정리 5.7을 다시 고려하여보자. 우리의 예제에서 $H_0 : \beta_2 = 0$이라고 가정하면, 추정된 t값이 10.41임을 식(5.3.2)로부터 쉽게 보일 수 있다. 이 t값의 자유도는 11이다. 동일한 귀무가설하에서 F값은 108.3026으로서 자유도 1과 11이다. 그러므로 소숫점 이하 오차를 제외하고 $(10.3428)^2 = F$값이다.

그러므로 $\beta_2=0$의 귀무가설을 검정하는데 t검정과 F검정은 서로 같은 결과를 얻는 대체적이고 보완적인 방법이다. 그렇다면 t검정만 사용하면 충분할 텐데, F검정과 ANOVA는 왜 분석하는가? 사실 2-변수 모형에서는 F검정을 사용할 필요는 없다. 그러나, 3변수 이상을 포함한 다중회귀모형에서는 F검정이 통계적 가설을 검정하는 매우 유용하고 강력한 방법이다.

5.10 회귀분석의 응용: 예측의 문제

표 3.2의 표본을 사용하여 다음과 같은 표본회귀선을 얻은 바 있다.

$$\hat{Y}_i = -0.0144 + 0.7240X_i \quad \textbf{(3.6.1)}$$

단, $\hat{Y}_i$은 X가 주어졌을 때 $E(Y_i)$의 추정량을 의미한다. 이러한 역사적 회귀결과를 어디에 쓸 것인가? 여러 활용방법 중 하나의 활용으로서 교육수준 X가 일정 수준

으로 주어졌을 때 이에 상응하는 미래의 평균임금 Y를 "예측"하는데 사용된다. 특히, 예측에서 두 가지 종류가 있는데, (1) X가 X_0일 때의 Y의 조건부 기대치 즉 모집단회귀선 위의 점을 예측하는 것과(그림 2.2를 참조할 것) (2) X_0에 대응하는 개별 Y값을 예측하는 것이 그것이다. 첫 번째 경우의 예측을 평균예측(mean prediction), 두 번째 예측은 개별예측(individual prediction)이라 한다.

평균 예측[19]

기본 개념을 소개하기 위해 $X_0 = 20$이고 $E(Y|X_0 = 100)$을 예측하는 경우를 고려하여 보자. 식 (3.6.1)의 회귀결과를 사용하면 평균예측의 점 추정치는 다음과 같다.

$$\begin{aligned}\hat{Y}_0 &= \hat{\beta}_1 + \hat{\beta}_2 X_0 \\ &= -0.0144 + 0.7240(20) \\ &= 14.4656\end{aligned} \tag{5.10.1}$$

단, $\hat{Y}_0$는 $E(Y|X_0)$의 추정량을 나타내는데, 이 추정량은 최량선형불편추정량(BLUE)의 특성을 갖는다는 것을 증명할 수 있다.

$\hat{Y}_0$는 추정량이므로 진정한 값과 다를 것이다. 두 값의 차이는 예측오차에 대한 판단을 하게 한다. 이 예측오차를 측정하기 위해서는 $\hat{Y}_0$의 표본분포를 알아야 한다. 부록 5A의 5A.4절에 식 5.10.1의 $\hat{Y}_0$은 평균이 $(\beta_1 + \beta_2 X_0)$, 분산이 다음과 같은 정규분포를 따른다는 것이 정리되어 있다:

$$\operatorname{var}(\hat{Y}_0) = \sigma^2 \left[\frac{1}{n} + \frac{(X_0 - \bar{X})^2}{\sum x_i^2} \right] \tag{5.10.2}$$

미지의 σ^2을 불편추정량 $\hat{\sigma}^2$으로 교체하면, 다음의 변수는

$$t = \frac{\hat{Y}_0 - (\beta_1 + \beta_2 X_0)}{\operatorname{se}(\hat{Y}_0)} \tag{5.10.3}$$

자유도가 $n-2$인 t분포를 따른다. 그러므로 진정한 $E(Y_0|X_0)$의 신뢰구간을 유도하고 가설을 검정하는데 t분포를 사용할 수 있다. 즉

$$\Pr[\hat{\beta}_1 + \hat{\beta}_2 X_0 - t_{\alpha/2} \operatorname{se}(\hat{Y}_0) \le \beta_1 + \beta_2 X_0 \le \hat{\beta}_1 + \hat{\beta}_2 X_0 + t_{\alpha/2} \operatorname{se}(\hat{Y}_0)] = 1 - \alpha \tag{5.10.4}$$

19. 다양한 내용에 대한 증명은 부록 5A의 5A.4를 참조할 것.

여기서 $\text{se}(\hat{Y}_0)$는 식(5.10.2)로부터 얻을 수 있다.

우리의 자료 (표 3.2 참조)에 대하여

$$\text{var}\,(\hat{Y}_0) = 0.8936\left[\frac{1}{13} + \frac{(20-12)^2}{182}\right]$$
$$= 0.3826$$

과

$$\text{se}(\hat{Y}_0) = 0.6185$$

를 얻는다. 그러므로, 진정한 $E(Y|X_0) = \beta_1 + \beta_2 X_0$ 의 95% 신뢰구간은

$$14.4656 - 2.201(.6185) \le E(Y_0 \mid X = 20) \le 14.4656 + 2.20(0.6185)$$

즉,

$$13.1043 \le E(Y \mid X = 20) \le 15.8260 \qquad \textbf{(5.10.5)}$$

따라서 $X_0 = 100$일 때 표본추출을 반복적으로 하면 100번 중 95번은 식 (5.10.5)와 같은 구간이 진정한 평균치를 포함할 것이다. 진정한 평균의 추정치는 물론 14.4656이다.

그림 5.6 평균 Y와 개별 Y값에 대한 신뢰구간(대)

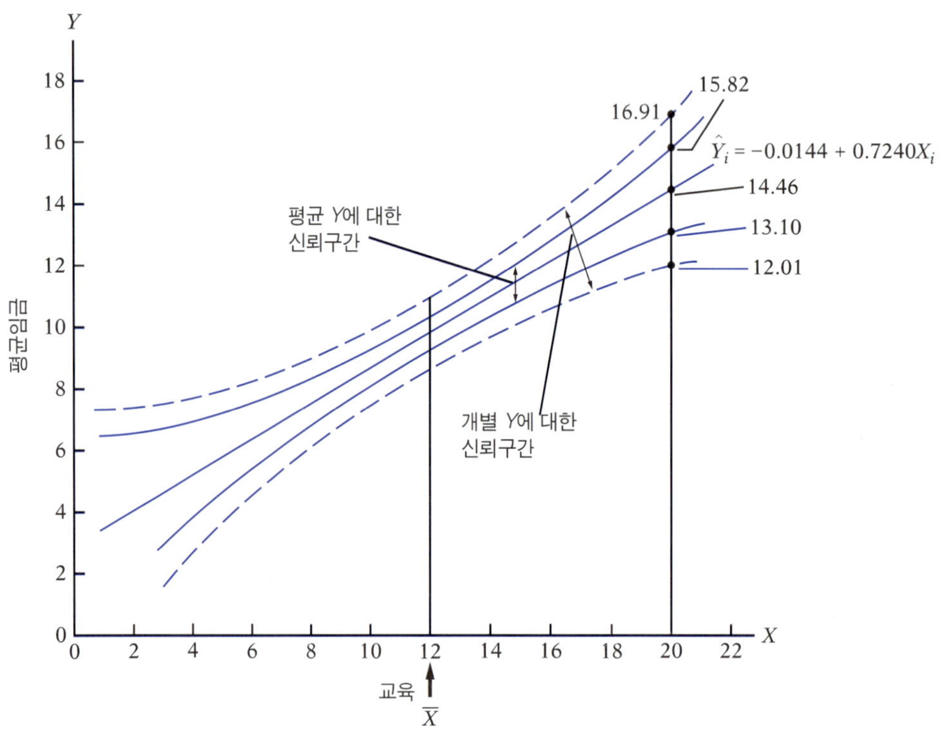

식(5.10.5)와 같은 95% 신뢰구간을 표 3.2에 주어진 모든 X값에 대해 얻는다면 그림 5.6에 나타나 있듯이 모집단 회귀함수에 대한 신뢰구간 또는 신뢰대(confidence band)를 구할 수 있다.

개별예측

X값이 가령 X_0로 주어졌을 때 개별적인 Y값인 Y_0를 예측하고자 한다. 이 때, 부록 5A의 5A.4절에서 볼 수 있듯이 Y_0의 최량선형불편추정량도 식(5.10.1)과 같이 주어지나 분산은 다르게 나타난다. 즉,

$$\operatorname{var}(Y_0 - \hat{Y}_0) = E[Y_0 - \hat{Y}_0]^2 = \sigma^2\left[1 + \frac{1}{n} + \frac{(X_0 - \bar{X})^2}{\sum x_i^2}\right] \tag{5.10.6}$$

이다. 나아가서, Y_0가 평균이 식(5.10.1), 분산이 식(5.10.6)인 정규분포를 따르는 것도 증명할 수 있다. 이때, 미지의 모수 σ^2을 $\hat{\sigma}^2$으로 교체하면

$$t = \frac{Y_0 - \hat{Y}_0}{\operatorname{se}(Y_0 - \hat{Y}_0)}$$

는 t분포를 따르게 된다. 따라서 진정한 값 Y_0에 대한 통계적 추론을 이끌어 내는데 t분포를 사용할 수 있다. 계속해서 위의 예제를 인용하면, Y_0의 점추정은 $\hat{Y}_0$의 경우와 같이 14.4656이나 Y_0의 분산은 1.2357으로 계산된다(학생들은 이 값을 확인할 것). 그러므로 $X_0 = 100$일 때 Y_0의 95% 신뢰구간은

$$(12.0190 \le Y_0 \mid X_0 = 20 \le 16.9122) \tag{5.10.7}$$

이 됨을 알 수 있다.

이 신뢰구간은 식(5.10.5)의 구간과 비교하여 보면 개별적인 Y_0의 신뢰구간이 Y_0평균치에 대한 신뢰구간보다 더 넓다는 것을 즉시 알 수 있다. (그 이유는?) 표 3.2에 있는 모든 X에 대해서 식 (5.10.7)과 같은 신뢰구간을 계산하면 95% 신뢰구간(신뢰대)을 얻을 수 있는데, 그림 5.6에 $\hat{Y}_0$의 신뢰구간과 같이 그려져 있다.

그림 5.6으로부터 신뢰대의 중요한 특성을 알 수 있는데 이는 $X_0 = \bar{X}$일 때 신뢰대의 폭이 가장 작다는 것이다. 그러나, X_0가 $\bar{X}$로부터 멀어질수록 신뢰대의 폭은 급격히 넓어지고 있다. 이러한 사실로부터 X_0가 $\bar{X}$로부터 멀어질 때 표본회귀함수의 예측력은 현저하게 감소한다는 것을 알 수 있다. 그러므로, 표본평균 $\bar{X}$로부터 멀리 떨어져 있는 X_0에 대하여 $\hat{Y}_0$ 또는 Y_0를 예측하고자 회귀선은 사용하여 "외삽(extrapolation)"을 하는 경우 매우 주의해야 한다.

5.11 회귀분석의 결과를 보고하는 형식

일반적으로 회귀분석의 결과를 보고하는 데에는 다양한 방식이 있으나 이 책에서는 다음과 같은 형식을 사용한다. 계속해서 3 장의 임금-교육 예제를 인용하면

$$\begin{aligned} \hat{Y}_i &= -0.0144 && + \quad 0.7240X_i \\ \text{se} &= (0.9317) && \quad\;\; (0.0700) && r^2 = 0.9065 \\ t &= (-0.0154) && \quad\;\; (10.3428) && \text{df} = 11 \\ p &= (0.987) && \quad\;\; (0.000) && \text{F}_{1,11} = 108.30 \end{aligned} \tag{5.11.1}$$

식 (5.11.1)에서 첫 번째의 괄호안의 숫자는 회귀계수의 표준오차이고 두 번째의 괄호안의 숫자는 각 개별 회귀계수의 모집단 값 0이라는 귀무가설을 검정하기 위한 t값(식 (5.3.2)에 의해 계산하였다. (즉, $10.34288 = \frac{0.7240}{0.0700}$)을 나타낸다. 그리고 세 번째의 괄호 안 숫자는 추정된 p값이다. 따라서 자유도가 11일 때 10.3428보다 크거나 같은 t값을 얻을 확률은 0.00009인데, 이는 실질적으로 0이라 할 수 있다.

추정된 t계수의 p값을 제시함으로써 각 추정된 t값의 정확한 유의수준을 즉시 알 수 있다. 따라서 진정한 모집단 기울기 값이 0이라는 귀무가설(즉, 교육이 평균임금에 영향을 미치지 않는다) 하에서 10.3428보다 크거나 같은 t값을 얻게 될 정확한 확률(즉 p값)은 실제로 0이다. 우리가 귀무가설을 기각할 때 p 값이 작을수록 오류를 저지를 확률은 작아진다는 것을 다시 명심하여야 한다.

앞에서 F통계량과 t통계량간의 관계, 즉 $F_{1,k} = t_k^2$임을 보인 바 있다. 진정한 $\beta_2 = 0$이라는 귀무가설하에서 F값이 108.30(분자 자유도가 1, 분모자유도가 11인 경우)이고 t값은 약 10.34(자유도 11)임을 식(5.11.1)은 보여주고 있다 ; 기대한 바와 같이, F통계치는 t통계치의 제곱이다. 이 문제에 대한 ANOVA표는 이미 논의되었다.

5.12 회귀분석의 결과평가

서론의 그림 Ⅰ.4에서 계량경제 모형화의 해부도를 제시한 바 있다. 임금-교육 예제에 있어서 회귀분석의 결과를 식 (5.11.1)과 같이 보고하고 나면, 회귀분석의 결과가 얼마나 "좋은가"를 판정해야 한다. 이 판정을 위해서 몇 가지 기준이 필요하게 된다.

첫째, 추정된 계수의 부호가 경제이론 또는 선험적 기대와 부합하는가? 임금-교육예제에서 β_2는 선험적으로 양의 값이어야 한다. 현재의 예제에서는 β_2가 양의 값을 갖는다. 둘째, 경제이론에 비추어 볼 때 변수 사이의 관계가 양의

관계일 뿐만 아니라 통계적으로 유의하여야 한다면, 현재의 응용에서 과연 이러한 관계가 성립하는가? 5.11절에서 논의했듯이, 교육 계수는 양의 값일 뿐만 아니라 통계적으로 유의하다 ; 추정된 t값의 p값이 극히 작다. 유의성에 관한 논평은 절편계수에도 적용될 수 있다. 셋째, 우리의 예제에서 회귀모형이 변동을 얼마나 잘 설명할 수 있는가? 이 질문에 답하기 위해 r^2을 사용할 수 있다. 현재의 예에서 r^2은 약 0.90인데, 이 값은 r^2가 기껏해야 1이 가장 큰 값이라는 것을 고려할 때 매우 높은 값이다.

따라서, 평균 임금을 설명하기 위해 선택한 우리의 모형이 아주 좋은 것으로 보인다. 그러나 끝내기 전에 우리의 모형이 CNLRM의 가정을 만족시키는지 그 여부를 확인하고자 한다. 여러 가지 가정을 여기에서 모두 조사하지는 않을 것인데 그 이유는 모형이 너무 단순하기 때문이다. 그러나 오차항 u_i의 정규성에 대해서는 확인을 하고자 한다. 앞에서 사용된 F검정과 t검정은 오차항이 정규분포를 따른다는 것을 전제로 하고 있다. 만약 정규분포를 따르지 않는다면 소표본 혹은 유한 표본의 경우 검정절차가 유효하지 않게 된다.

정규성 검정

비록 정규성의 검정에 관해 다양한 검정이 여러 문헌에 소개되고 있으나, 이 책에서는 세 가지만을 고려하고자 한다: (1) 잔차의 막대그래프, (2) 정규확률 산포도(normal probability plot; NPP)와 (3) Jarque–Bera 검정이 그것이다.

잔차의 막대그래프

잔차를 막대그래프로 그리는 것은 확률변수의 확률밀도함수(PDF)의 형태에 관하여 무엇인가를 알기위하여 사용되는 단순한 수단이다. 횡축에 관심있는 확률변수(예를 들어, OLS 잔차)의 값을 적절한 구간에 나누고, 각 구간에 해당 구간에 속한 관측치의 수(즉, 빈도)만큼 막대기를 높게 올린다. 종 형태의 정규분포곡선을 막대그래프의 형태로 마음속에 상정하고 있다면 정규(PDF)분포의 근사치가 적절한지 여부에 관하여 뭔가 답을 얻을 수 있을 것이다. 임금–교육 회귀에 있어 잔차의 막대그래프는 그림5.7에 나타나 있다.

이 그림은 잔차가 완전하게 정규분포를 하고 있지 않다는 것을 보여준다; 정규분포를 따르는 확률변수의 왜도(대칭성에 대한 측정척도)가 0 이어야 하고 첨도(정규분포가 얼마나 높은지 또는 굵고 짧은지를 재는 척도)가 3이어야 한다.

그러나 어떤 회귀를 하던지 정규성 가정을 검정하는 대략적이나 쉬운 방법으로서 잔차의 막대그래프를 그리는 것은 언제나 훌륭한 작업이다.

그림 5.7
임금-교육자료에 대한 잔차의 막대그래프

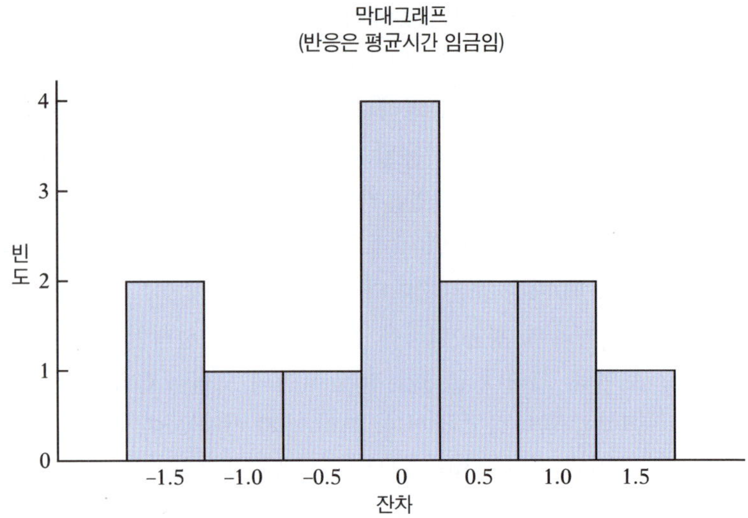

정규확률 산포도(Normal Probability Plot; NPP)

그래프를 이용하여 어떤 확률변수의 정규밀도함수(PDF) 형태를 알아보는 단순한 수단으로서 정규확률 산포도(NPP)가 있는데, 이 방법은 특별히 제작된 그래프 종이인 정규분포지를 이용하는 것이다. 횡축 또는 X축에 관심있는 변수(즉, OLS 잔차, $\hat{u}_i$) 의 값을 그리고, 종축 또는 Y 축에 이 변수가 정규분포를 따른다고 가정할 때의 이 변수의 기대치를 그린다. 따라서, 이 변수가 실제로 정규분포를 하는 모집단에서 도출된 것이라면, NPP가 근사적으로 직선의 형태를 할 것이다. 임금-교육 회귀에서 MINITAB 버전 15 라는 소프트웨어 팩키지로 구한 잔차의 NPP가 그림 5.8에 보인다. 앞에서 지적했듯이, 만약 NPP에 그려진 선이 근사적으로 직선이라면 관심있는 변수가 정규분포를 따른다고 결론지을 수 있다. 이번 예제에서의 자료와 직선이 잘 부합되는 것처럼 그림 5.8에서 보이기 때문에 얻은 잔차가 대략 정규분포를 따르는 것을 알 수 있다.

MINITAB는 A^2통계량이라고 부르는 Anderson-Darling 정규성검정을 제공해준다. 이 검정의 귀무가설은 관심있는 변수가 정규분포를 따른다는 것이다. 그림 5.8이 보여주듯이, 계산된 A^2이 0.289이다. 그러한 A^2값을 얻을 p 값은 0.558로서 상당히 높은 값이다. 그러므로 이 예제에서의 잔차가 정규분포를 따른다는 가설를 기각할 수 없다. 우연히 그림5.8은 (정규)분포의 모수값들을 보여주는데 평균이 대략 0이고 표준편차가 약 0.8987이다.

정규분포에 대한 Jarque-Bera(JB)검정[20]

정규분포에 대한 JB검정은 점근적 혹은 대표본 검정이다. 이 검정 또한 OLS잔차

20. C.M. Jarque and A.K.Bera, “A Test for Normality of Observations and Regression Residuals”, *International Statistical Review*, vol.55, 1987, pp. 163-172를 참조할 것.

그림 5.8
임금-교육 회귀로부터의 잔차

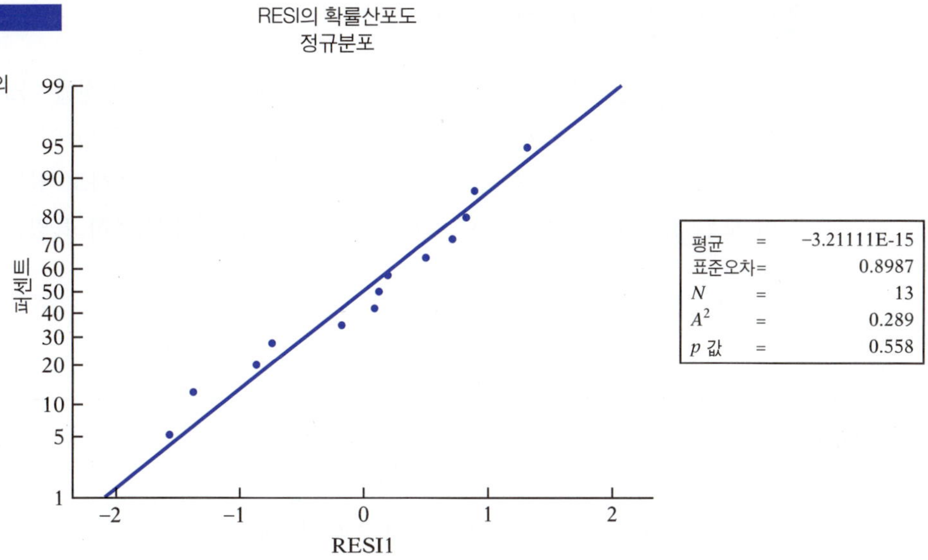

를 사용한다. 이 검정은 우선 OLS잔차의 비대칭도(skewness)와 첨도(kurtosis)(상세한 내용은 부록 A를 참조할 것)를 구하고 다음의 검정통계량을 사용한다 :

$$\mathrm{JB} = n\left[\frac{S^2}{6} + \frac{(K-3)^2}{24}\right] \qquad \textbf{(5.12.1)}$$

여기에서 $n=$ 표본크기, $S=$ 비대칭도 계수, 그리고 $K=$ 첨도 계수를 나타낸다. 정규분포의 경우 S=0이고 $K=3$이다. 그러므로 정규성을 검정하는 JB검정은 S와 K가 각각 0과 3이라는 결합가설의 검정이다. 이 경우 JB 통계량의 값이 0 일 것이라 기대된다.

잔차가 정규분포를 한다는 귀무가설 하에서 식 (5.12.2)의 JB통계량이 **점근적으로**(즉, **대표본**에서) **자유도가 2인 카이자승분포를 따른다는 것**을 Jarque와 Bera가 보였다. 실제 응용에서 통계량의 값이 0과 매우 달라서 계산된 카이자승 통계량의 p값이 충분히 작다면, 잔차가 정규분포를 한다는 귀무가설을 기각할 수 있다. 그러나 만약 통계량의 값이 0에 가까워서 p값이 적당히 크다면 정규분포가정을 기각할 수 없다.

임금–교육 예제에서 추정된 JB값이 0.8286임을 보일 수 있다. 이 예제에서 잔차가 정규분포를 따른다는 귀무가설을 기각할 수 없다. 왜냐하면 0.8286과 동일하거나 더 큰 JB 통계량을 얻을 수 있는 p 값이 약 0.66 또는 66퍼센트이기 때문이다. 이 확률은 매우 높다. 우리의 회귀가 13개의 관측치를 기초로 하였으나, 이들 관측치들은 상당히 큰 규모인 총 528개의 표본으로부터 얻은 것임을 주의하여야 한다.

모형적합성에 관한 여타 검정

CNLRM모형은 오차항의 정규분포 가정 이외에 다른 많은 가정을 하고 있다. 앞으로 계량경제이론을 더 배워가는 과정에서 모형적합성에 관한 여러 다른 가정을 고려할 것이다(13장을 참조할 것). 그때까지 우리가 고려하고 있는 회귀모형이 모든 경우에 들어맞을 수는 없는 여러 단순화가정에 기초하고 있음을 유념하면 된다.

최종예제

인도의 식료품 지출에 관한 예제 3.2로 돌아가자. 식 (3.7.2)의 자료를 사용하고 식 (5.11.1)의 형태를 취하면 다음의 지출 방정식을 얻게된다:

$$
\begin{aligned}
\widehat{\text{FoodExp}}_i &= 94.2087 \quad + \quad 0.4368\ \text{TotalExp}_i \\
\text{se} &= (50.8563) \qquad (0.0783) \\
t &= (1.8524) \qquad (5.5770) \\
p &= (0.0695) \qquad (0.0000)^* \\
r^2 &= 0.3698; \qquad \text{df} = 53 \\
F_{1,53} &= 31.1034 \qquad (p\,\text{값} = 0.0000)^*
\end{aligned}
\tag{5.12.2}
$$

여기에서 * 는 극히 작다는 것을 의미한다.

우선, 이 회귀결과를 해석하자. 예상한대로, 식료품 지출과 총지출 사이에 양의 관계가 존재한다. 만약 총지출이 1 루페만큼 증가한다면 식료품 지출은 평균적으로 약 44 페이즈만큼 증가한다. 만약 총지출이 0이라면 평균 식료품 지출은 은 약 94 루페일 것이다. 물론, 절편에 대하여 이렇게 기계적으로 해석하는 것이 경제학적으로 별 큰 의미는 없다. 약 0.37정도의 r_2 값은 식료품지출의 변동 중 37퍼센트가 소득의 대리변수인 총지출에 의하여 설명된다는 것을 의미한다.

식료품 지출과 총지출 간에 관계가 없다는 귀무가설, 다시 말해서 진정한 기울기계수 β_2가 0이라는 귀무가설 을 검정하려고 한다고 하자. β_2의 추정치는 0.4368이다. 만약 귀무가설이 옳다면, 0.4368이라는 값을 얻게 될 확률은 얼마인가? 귀무가설 하에서 t 값은 5.5770이고 그러한 t 값을 얻게 될 p 값이 실질적으로 0이라는 것을 식(5.12.2)에서 볼 수 있다. 다르게 말하자면, 귀무가설을 철저하게 기각할 수 있다. 그러나 귀무가설이 $\beta_2 = 0.5$라고 하자. 무엇이 달라질까? t 검정을 이용하면

$$t = \frac{0.4368 - 0.5}{0.0783} = -0.8071$$

을 얻게된다. 0.8071이라는 $|t|$를 얻게 될 확률은 20 퍼센트보다 크다. 그러므로 진정한 β_2가 0.5라는 귀무가설을 기각할 수 없다.

기울기계수가 0이라는 귀무가설하에서 F 값은 식(5.12.2)에서 보듯이 31.1034이다. 동일한 귀무가설하에서 t 값이 5.5770이었다. 이 값을 제곱하면 31.1029가 되는데, 이로서 t 통계량과 F 통계량 사이에 아주 밀접한 관계가 있음을 다시 한번 확인할 수 있다.(주: 이 경우 F 통계량의 분자 df 가 반드시 1이어야 한다)

그림 5.9 식료품 지출회귀에서의 잔차

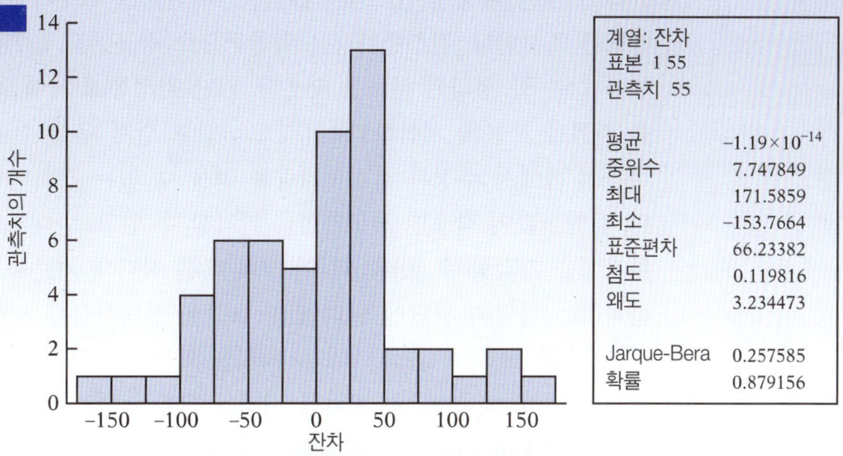

회귀로부터 얻은 추정된 잔차를 사용하여 오차항의 확률분포에 대하여 어떤 얘기를 할 수 있는가? 이에 대한 정보는 그림 5.9에 나타나있다. 그림에서 보듯이, 식료품 지출회귀에서의 잔차는 좌우 대칭적인 분포로 보인다. Jarque-Bera 검정을 적용하는 경우, JB통계량은 대략 0.2576이고 정규분포 가정하에서 그러한 통계량을 얻게 될 확률은 약 88퍼센트이다. 그러므로, 오차항이 정규분포라는 가정을 기각할 수 없다. 그러나 55개의 관측치로 이루어진 표본의 크기가 충분히 크지 않다는 것을 명심할 필요가 있다.

두 회귀계수에 대한 신뢰구간을 설정하고, 정규확률 산포도를 그리며 평균예측과 개별예측을 하는 것은 모두 학생들의 연습으로 남겨둔다.

요약 및 결론

1. 추정과 가설검정은 고전적 통계학의 두 중요한 부분을 이루고 있다. 3장과 4장에서 추정의 문제를 논의하였고, 이 장에서는 가설검정의 문제를 논의하였다.
2. 가설검정은 다음의 질문에 답하고자 한다: 주어진 통계적 관측이 기술된 가설과 부합되는가?
3. 앞의 질문에 대답하는데 있어 두 가지 상호 보완적인 접근방법이 있다: 신뢰구간과 유의도 검정
4. 신뢰구간 접근법의 밑바탕에는 구간추정의 개념이 깔려 있다. 구간추정량이란 미지의 모수를 구간 내에 포함할 확률을 구하는 방법으로 구축된 구간 또는 범위이다. 이와 같이 구축된 구간은 신뢰구간이라고 알려져 있는데, 90퍼센트 혹은 95퍼센트 등과 같은 퍼센트 형태로 표현한다. 신뢰구간은 미지의 모수의 값에 관해 받아들일 수 있는 가설을 제시하고 귀무가설로 설정된 값이 신뢰구간 내에 있으면 가설을 기각할 수 없고, 이 구간밖에 위치하면 귀무가설을 기각할 수 있다.

5. 유의도 검정 과정에서는 검정통계량을 계산하고 귀무가설 하에서의 표본분포를 조사한다. 검정통계량은 일반적으로 정규분포, t, F 혹은 카이자승 등과 같은 잘 정의된 분포를 따른다. 일단 검정통계량(예를 들어 t통계량)을 자료를 사용해 계산하고 나면, 그 p값도 쉽게 구할 수 있다. p값은 귀무가설 하에서 추정된 검정통계량을 얻을 수 있는 정확한 확률을 알려준다. 만약 p값이 작으면 귀무가설을 기각할 수 있고, 반대로 p값이 크면 귀무가설을 기각할 수 없다. p값이 크다 혹은 작다의 기준을 설정하는 것은 분석하는 사람의 판단에 달려 있다. p값을 선택하는데 있어 분석하는 사람은 제1종 오류와 제2종 오류를 저지를 확률을 명심하여야 한다.
6. 실제에 있어, α 즉 제1종 오류를 저지를 확률을 임의적 수치인 1, 5, 10퍼센트로 고정하는데 있어 주의를 기울여야 한다. 오히려 p값을 인용하는 것이 더 나을 것이다. 또한 통계적 유의성을 실제에 있어서의 유의성과 혼동하여서는 안된다.
7. 물론 고전적 정규선형회귀모형이 바탕에 깔고 있는 여러 가정들을 실증분석에 사용된 모형이 위반하지 않는다는 것을 가설검정을 전제로 하고 있다. 그러므로 모형적합성에 관한 검정은 가설검정에 우선하는 것이다. 이 장에서는 그러한 검정 중의 한 방법으로 오차항이 정규분포를 따르는지를 검정하는 정규성 검정을 소개하였다. 소표본 혹은 유한표본에서 t, F, 카이자승 검정은 정규분포가정을 필요로 하기 때문에 이 가정을 공식적으로 점검하는 것은 중요한 작업이다.
8. 모형이 실제에 있어 적절한 것으로 판단되면 이 모형을 예측목적으로 사용할 수 있다. 그러나 종속변수의 미래값을 예측하는데 있어 설명변수의 표본범위 밖으로 너무 멀리 나가면 안된다. 너무 멀어지면 예측오차는 매우 빠른 속도로 증가할 것이다.

연습문제

질문

5.1 다음의 서술이 참인지, 거짓인지, 아니면 불확실한지 여부를 밝히고 그 이유를 상세히 설명하여라.

a. 이 장에서 논의한 t검정은 $\hat{\beta}_1$과 $\hat{\beta}_2$의 표본분포가 정규분포를 따른다는 것을 요구하고 있다.

b. CLRM의 오차항이 비록 정규분포를 따르지 않는다 하더라고 OLS추정량은 여전히 불편추정량이다.

c. 회귀모형에 절편항이 없다면 추정된 u_i $(=\hat{u}_i)$의 합이 0이 아닐 것이다.

d. 검정통계량의 p값과 통계량의 크기는 같다.

e. 절편항을 포함한 회귀모형에서 잔차의 합은 언제나 0이다.

f. 귀무가설이 기각되지 않으면 그 가설은 진실이다.

g. σ^2의 값이 크면 클수록 (3.3.1)의 $\hat{\beta}_2$의 분산은 더 커진다.

h. 확률변수의 조건부 평균과 무조건부 평균은 같다.

i. 2-변수 PRF에서 기울기 계수 β_2가 0이면 절편 β_1은 표본평균 $\bar{Y}$에 의해 추정될 수 있다.

j. Y의 조건부 분산, $\text{var}(Y_i|X_i)=\sigma^2$과 Y의 무조건부 분산 $\text{var}(Y)=\sigma_Y^2$은 X가 Y에 영향이 없다면 서로 같을 것이다.

5.2 식 (3.7.2)의 회귀모형에 대해 표 5.4와 같은 방식으로 ANOVA표를 만들어라. 그리고 인도에서 식료품 지출과 총 지출 사이에 아무런 관계가 없다는 귀무가설을 검정하여라.

5.3. 식(3.7.3)의 휴대전화수요에 대한 회귀로 돌아가자.

a. 추정된 절편계수가 유의수준 5퍼센트에서 유의한가? 이 검정에서의 귀무가설은 무엇인가?

b. 추정된 기울기계수가 유의수준 5퍼센트에서 유의한가? 이 검정에서의 귀무가설은 무엇인가?

c. 진정한 기울기계수에 대하여 95퍼센트 신뢰구간을 설정하여라.

d. 1인당 소득이 $9,000이라면 휴대전화 수요에 대한 평균 예측치는 얼마인가? 예측치에 대한 95퍼센트 신뢰구간은 무엇인가?

5.4 ρ^2가 진정한 모집단 결정계수를 나타낸다고 하자. 이때 $\rho^2=0$이라는 가설을 검정한다고 하자. 이 가설을 검정하는 방법을 말로서 설명하여 보아라(힌트: 식 (3.5.11)을 사용하여라). 또한 연습문제 5.7을 참조할 것.

5.5 현대 투자분석에서 소위 특성선(characteristic line)이라고 불리는 것은 단순히 다음의 모형으로부터 얻은 회귀선을 가리킨다.

$$r_{it}=\alpha_i+\beta_i r_{mt}+u_t$$

여기서 $r_{i_t}=$ 시점 t에 있어서 i째 증권수익률

$r_{mt}=$ 시점 t에 있어서 시장포트폴리오의 수익률

$u_t=$ 확률적 교란항

이 모형에서 β_i를 i번째 증권의 베타계수라고 부르는데, 이를 통해 증권a의 시장(또는 체계적) 위험을 측정한다*.

1956~1976 동안 240개 월 수익률을 분석한 결과 Fogler와 Ganapathy는 시카고대학에서 개발된 시장 자산지수와 관계하여 IBM주식의 특성선

*. Haim Levy and Marshall Sarnat, *Portfolio and Investment Selection*: Theory and Practice, Prentice-Hall International, Englewood Cliffs, N.J., 1984, ch.12.

을 구하였다*.

$$\hat{r}_{it} = 0.7264 + 1.0598 r_{mt} \qquad r^2 = 0.4710$$
$$\text{se} = (0.3001)\,(0.0728) \qquad \text{df} = 238$$
$$F_{1,238} = 211.896$$

a. 베타계수가 1보다 큰 주식은 활동적인 또는 공격적 주식이라 한다. 위에서 고려한 기간동안 IBM의 주식은 활동적인 주식이었는가?

b. 절편계수가 유의하게 0과 다른가? 만약 0과 다르다면, 실용적인 견지에서 의미가 무엇인가?

5.6 식 (5.3.5)을 다음과 같이 쓸 수 있다.

$$\Pr[\hat{\beta}_2 - t_{\alpha/2}\text{se}(\hat{\beta}_2) < \beta_2 < \hat{\beta}_2 + t_{\alpha/2}\text{se}(\hat{\beta}_2)] = 1 - \alpha$$

즉, 약한 부등호(≤)를 강한 부등호(<)로 대체하였다. 그 이유는 무엇인가?

5.7 Fisher는 (3.5.13)에서 정의한 상관계수의 표본분포를 유도한 바 있다. 만약 두 확률변수 X와 Y가 결합적 정규분포를 따른다면, 즉 X와 Y를 2-변수 정규분포에서 얻었다면(부록 4A의 4A.1, 그리고 연습문제 4.1을 참조할 것), 모집단 상관계수 ρ가 0이라는 가정하에서 다음의 변수 $t = r\sqrt{n-2}/\sqrt{1-r^2}$이 자유도가 $n-2$인 t분포를 따른다는 것이다**.

이때의 t값이 $\beta_2 = 0$이라는 가정하에서 식(5.3.2)와 같이 주어진 t값과 같음을 보여라. 따라서 동일한 귀무가설 하에서 $F = t^2$임을 보여라(5.9절을 참조할 것).

5.8. 다음의 회귀결과 출력물을 보자†.

$$\hat{Y}_i = 0.2033 + 0.6560 X_t$$
$$\text{se} = (0.0976)\ (0.1961)$$
$$r^2 = 0.397 \qquad \text{RSS} = 0.0544 \qquad \text{ESS} = 0.0358$$

여기에서 Y= 1972년 여성 노동력 참가율(LFPR), X= 1968년 여성 LFPR이다. 이 회귀결과는 미국의 19개 시를 상대로한 표본에서 얻었다.

a. 이 회귀결과를 어떻게 해석하겠는가?

b. 가설 $H_0: \beta_2 = 1$ vs $H_1: \beta_2 > 1$을 검정하여라. 어떤 검정방법을 사용하는가? 그 이유는? 사용하는 검정에 뒷받침이 되는 가정은 무엇인가?

c. 가령 1968년도 LFPR이 0.58 (58 퍼센트)이라고 하자. 위 회귀결과에 비추어볼 때, 1972년의 평균 LFPR은 얼마인가? 이 평균예측에 대한 95퍼센트 신뢰구간을 설정하여라.

d. 모집단 회귀에서 오차항이 정규분포를 따른다는 가설을 어떻게 검정하려는가? 필요한 계산과정을 보여라.

---

* H. Russell Fogler and Sundaram Ganapathy, *Financial Econometrics*, Prentice-Hall, Englewood Cliffs, N. J., 1982, p.13.

** 만약 ρ가 정말로 0이면 X 또는 Y중의 한 변수가 정규분포를 한다는 가정하에서 r도 역시 같은 t분포를 따르는 것을 Fisher가 증명하였다. 그러나 ρ가 0이 아니라면 X와 Y모두 정규분포를 따라야 한다.

† Samprit Chatterjee, Ali S. Hadi, and Bertram Price, *Regression Analysis by Example*, 3d ed., Wiley Interscience, New York, 2000, pp.46–47에서 발췌하였음.

표 5.5
평균연봉과 학생 1인당 지출 (단위; 달러), 1985

출처: National Education Association, as reported by *Albuquerque Tribune*, 1986. 11.7자로 보도된 내용임

관측치	연봉	지출	관측치	연봉	지출
1	19,583	3346	27	22,795	3366
2	20,263	3114	28	21,570	2920
3	20,325	3554	29	22,080	2980
4	26,800	4642	30	22,250	3731
5	29,470	4669	31	20,940	2853
6	26,610	4888	32	21,800	2533
7	30,678	5710	33	22,934	2729
8	27,170	5536	34	18,443	2305
9	25,853	4168	35	19,538	2642
10	24,500	3547	36	20,460	3124
11	24,274	3159	37	21,419	2752
12	27,170	3621	38	25,160	3429
13	30,168	3782	39	22,482	3947
14	26,525	4247	40	20,969	2509
15	27,360	3982	41	27,224	5440
16	21,690	3568	42	25,892	4042
17	21,974	3155	43	22,644	3402
18	20,816	3059	44	24,640	2829
19	18,095	2967	45	22,341	2297
20	20,939	3285	46	25,610	2932
21	22,644	3914	47	26,015	3705
22	24,624	4517	48	25,788	4123
23	27,186	4349	49	29,132	3608
24	33,990	5020	50	41,480	8349
25	23,382	3594	51	25,845	3766
26	20,627	2821			

실증문제

5.9. 표5.5는 1985년도 50개 주와 콜롬비아 특별구의 공립학교 교사 평균 급여(달러로 표시한 연봉)와 공립학교에 대한 학생 1인당 지출(단위:달러)에 관한 자료이다.

공립학교에서 교사 급여와 학생 1인당 지출 사이에 어떤 관계가 있는지 확인하기 위하여 다음의 모형을 설정하였다: $Pay_i = \beta_1 + \beta_2 Spend_i + u_i$. 여기에서 Pay란 교사 급여를, Spend는 학생 1인당 지출을 나타낸다.

a. 자료의 산포도를 그린 후 회귀선을 찾아보아라.

b. (a)의 결과에 기초하여 앞에서 제시한 회귀모형을 추정하기로 했다고 하자. 모수의 추정치, 추정치의 표준오차, r^2, RSS, 그리고 ESS 를 구하여라.

c. 회귀결과를 해석하여라. 경제적으로 의미가 있는가?

d. β_2에 대한 95퍼센트 신뢰구간을 구축하여라. 진정한 기울기계수가 3.0이라는 가설을 기각하려는가?

e. 학생 1인당 지출이 $5,000일 때 Pay의 평균 예측치와 개별 예측치를 구하여라. 또한, 위의 지출값이 주어졌을때 Pay의 진정한 평균값과 개별값에 대한 95퍼센트 신뢰구간을 구축하여라.

f. 오차항의 정규성 가정을 어떻게 검정할 수 있는가? 이때 사용하는 검정(들)을 보여라.

5.10. 연습문제 3.20을 다시 고려하자. ANOVA 표를 작성하고 생산성과 실질임금 사이에 아무런 관계가 없다는 가설을 검정하여라. 이를 기업부문과 비농가 기업부문에 대하여 실시하여라.

5.11. 연습문제 1.7을 고려하자.

a. 인상을 종축에, 광고비 지출을 횡축에 두고 자료의 산포도를 그려라. 어떤 관계를 관측할 수 있는가?

b. 이 자료에 2-변수 선형회귀모형을 적용하는 것이 적절한가? 그렇다면 그 이유는? 아니라면 그 이유는? 만약 아니라면, 어떤 모형이 자료에 부합되겠는가? 그러한 모형이 부합되는지 알 수 있는 필요 분석도구가 있는가?

c. 가령 산포도를 그려보지 않고 단순히 2-변수 회귀모형을 자료에 적용하였다고 하자. 통상적인 회귀결과를 구하여라. 후에 이 문제를 분석하기 위하여 이 결과를 저장해 놓아라.

5.12. 연습문제 1.1을 다시 고려하자.

a. 미국의 소비자물가지수(CPI)를 캐나다의 CPI에 대하여 산포도를 그려라. 산포도가 무엇을 보여주는가?

b. 캐나다의 CPI를 기초로 하여 미국 CPI를 예측하고자 한다고 하자. 적절한 모형을 개발하여라.

c. 두 CPI 사이에 아무런 관계가 없다는 가설을 검정하여라. 이때 유의수준 α=5%로 설정하여라. 만약 귀무가설을 기각한다면 이 결과가 캐나다의 CPI가 미국 CPI의 "원인"이 된다고 하는 것인가? 그 이유는? 그렇지 않다면 그 이유는?

5.13. 문제 3.22.를 고려하자.

a. 문제에서 주어진 두 가지 회귀모형을 추정하고 표준오차를 위시한 일상적인 회귀결과를 구하여라.

b. 두 회귀모형에서의 교란항이 정규분포를 따른다는 가설을 검정하여라.

c. 금 가격 회귀에서, $\beta_2 = 1$ 즉 금가격과 CPI 사이에 1 대 1 관계(즉, 금이 완전한 회피수단임)라는 가설을 검정하여라. 추정된 검정통계량의 p 값이 얼마인가?

d. NYSE 지수 회귀에 대하여 위 (c)를 반복하여라. 주식시장에서의 투자가 인플레이션에 대한 완전한 회피수단인가? 검정하고자 하는 귀무가설이 무엇인가? p 값은 얼마인가?

e. 금과 주식 사이에, 어떤 투자수단을 선택하려는가? 결정의 원인은?

표 5.6
GNP와 4가지 측정기준에 의한 화폐저량

연도	GNP 10억 달러	화폐저량 측정, 10억 달러			
		M_1	M_2	M_3	L
1970	992.70	216.6	628.2	677.5	816.3
1971	1,077.6	230.8	712.8	776.2	903.1
1972	1,185.9	252.0	805.2	886.0	1,023.0
1973	1,326.4	265.9	861.0	985.0	1,141.7
1974	1,434.2	277.6	908.5	1,070.5	1,249.3
1975	1,549.2	291.2	1,023.3	1,174.2	1,367.9
1976	1,718.0	310.4	1,163.6	1,311.9	1,516.6
1977	1,918.3	335.4	1,286.7	1,472.9	1,704.7
1978	2,163.9	363.1	1,389.1	1,647.1	1,910.6
1979	2,417.8	389.1	1,498.5	1,804.8	2,117.1
1980	2,631.7	414.9	1,632.6	1,990.0	2,326.2
1981	2,957.8	441.9	1,796.6	2,238.2	2,599.8
1982	3,069.3	480.5	1,965.4	2,462.5	2,870.8
1983	3,304.8	525.4	2,196.3	2,710.4	3,183.1

정의: M_1=현금+요구불예금+여행자 수표 및 기타 수표화 가능예금
M_2=M_1+초단기 환매채+단기 금융시장 투자신탁잔고+소규모 저축예금
M_3=M_2+대규모 정기예금+중장기 환매체
L=M_3+기타−유동자산

표 5.7
GNP-화폐저량 회귀, 1970-1983

1) $\widehat{GNP}_t = -787.4723 + 8.0863\, M_{1t}$ $\quad r^2 = 0.9912$
$\qquad (77.9664) \quad (0.2197)$

2) $\widehat{GNP}_t = -44.0626 + 1.5875\, M_{2t}$ $\quad r^2 = 0.9905$
$\qquad (61.0134) \quad (0.0448)$

3) $\widehat{GNP}_t = 159.1366 + 1.2034\, M_{3t}$ $\quad r^2 = 0.9943$
$\qquad (42.9882) \quad (0.0262)$

4) $\widehat{GNP}_t = 164.2071 + 1.0290\, L_t$ $\quad r^2 = 0.9938$
$\qquad (44.7658) \quad (0.0234)$

주: 괄호안의 숫자는 표준오차의 추정치임

표 5.8

X재의 소비	: 1	2	3	4	5
Y재의 소비	: 4	3.5	2.8	1.9	0.8

5.14. 표5.6의 자료는 1970−1983동안 미국의 GNP와 4 가지 정의에 의한 화폐저량 자료이다. GNP를 다양한 화폐정의에 대하여 회귀하여 표 5.7의 결과를 얻었다.
통화론자 또는 화폐수량설을 신봉하는 경제학자들은 비록 화폐의 '정확한' 정의에 대해서는 이견이 있으나, 명목소득(즉 명목 GNP)은 주로 통화량의 변화에 의해 결정된다는 것을 주장하고 있다. 위의 회귀분석 결과에 입각하여

a. 어떤 정의에 의한 화폐가 명목 GNP와 밀접하게 연관되어 있는가?
b. 중앙은행이 통화공급을 조절하고자 한다면, 이 목적을 달성하는데 위 화폐의 정의중 어느 정의를 따르는 것이 더 바람직한가?
c. 이를 위한 회귀분석의 결과로부터 알아낼 수 있는가?

5.15 두 재화간의 무차별 곡선을 나타내는 방정식이 다음과 같다고 하자.

$$X_i Y_i = \beta_1 + \beta_2 X_i$$

이 모형의 모수 β_1과 β_2를 어떻게 추정할 것인가를 설명하라, 위의 모형을 다음의 자료에 적용하여 보고 그 결과에 대해 설명하라.

5.16 1986년 이후 Economist잡지는 구매력 평가설에 의해 평가되는 것처럼 국제통화가 "정확한" 환율을 가볍게 잴 수 있는 측정기준으로서 Big Mac지수를 공표하고 있다. 구매력 평가설이 성립한다면 세계의 모든 나라에서 각 나라의 한 단위의 화폐로서 동일한 재화를 구매할 수 있어야 한다. 구매력 평가설의 옹호자들은 장기적으로 화폐가 구매력 평가설이 성립하는 방향으로 이동하는 경향이 있다고 가정한다. Economist지는 대표적 재화로서 맥도날드 빅맥 햄버거를 선정하여 표 5.9의 정보를 제공하고 있다.

다음의 회귀모형을 고려하자.

$$Y_i = \beta_1 + \beta_2 X_i + u_i$$

여기에서 Y = 실제 환율, 그리고 X = 달러화의 PPP

a. 만약 PPP가 성립한다면, 선험적으로 β_1과 β_2의 값이 어떠하리라 예상하는가?

b. 회귀결과가 앞에서 한 기대와 부합되는가? 이 가설을 검정하기 위해 어떠한 검정을 사용하는가?

c. Economist가 Big Mac지수를 계속 발표해야 하는가? 그 이유는?

5.17 연습문제 2.16의 SAT를 다시 고려하여 보자. 다음의 회귀를 함으로써 여학생 수학점수(X)를 기초로 남학생 수학점수(Y)를 예측하고자 한다고 하자.

$$Y_t = \beta_1 + \beta_2 X_t + u_t$$

a. 위의 모형을 추정하여라.

b. 추정된 잔차를 사용하여 정규분포가정이 유지될 수 있는지 검정하여라.

c. $\beta_2 = 1$, 즉 남학생 성적과 여학생 성적 간에 1-대-1관계가 존재하는지를 검정하여라.

d. 이 문제에 대하여 ANOVA 표를 작성하여라.

5.18 Y는 남학생 독해점수, X는 여학생 독해점수라 할 때 위의 문제를 반복하여라.

5.19. 표 5.10은 1980~2006 동안 미국의 소비자물가지수(CPI)와 도매물가지수(WPI), 생산자물가지수(PPI)에 관한 연간자료를 보여주고 있다.

a. CPI를 종축에, WPI를 횡축에 놓은 산포도를 그려라. 선험적으로, 두 지수 사이에 어떠한 종류의 관계를 기대하는가?

표 5.9

햄버거 표준

출처: McDonald's; *The Economist*, February 1, 2007.

	빅맥 가격			실제	달러대비 과소(−)
	자국화폐 기준	달러 기준	달러화의 PPP*	달러 환율, 1월 31일	과대(+) 평가된 자국 화폐 가치(%)
United States†	$3.22	3.22			
Argentina	Peso 8.25	2.65	2.56	3.11	−18
Australia	A$3.45	2.67	1.07	1.29	−17
Brazil	Real 6.4	3.01	1.99	2.13	−6
Britain	£1.99	3.90	1.62‡	1.96‡	+21
Canada	C$3.63	3.08	1.13	1.18	−4
Chile	Peso 1,670	3.07	519	544	−5
China	Yuan 11.0	1.41	3.42	7.77	−56
Colombia	Peso 6,900	3.06	2,143	2,254	−5
Costa Rica	Colones 1,130	2.18	351	519	−32
Czech Republic	Koruna 52.1	2.41	16.2	21.6	−25
Denmark	DKr27.75	4.84	8.62	5.74	+50
Egypt	Pound 9.09	1.60	2.82	5.70	−50
Estonia	Kroon 30	2.49	9.32	12.0	−23
Euro area§	€2.94	3.82	1.10**	1.30**	+19
Hong Kong	HK$12.0	1.54	3.73	7.81	−52
Hungary	Forint 590	3.00	183	197	−7
Iceland	Kronur 509	7.44	158	68.4	+131
Indonesia	Rupiah 15,900	1.75	4,938	9,100	−46
Japan	¥280	2.31	87.0	121	−28
Latvia	Lats 1.35	2.52	0.42	0.54	−22
Lithuania	Litas 6.50	2.45	2.02	2.66	−24
Malaysia	Ringgit 5.50	1.57	1.71	3.50	−51
Mexico	Peso 29.0	2.66	9.01	10.9	−17
New Zealand	NZ$4.60	3.16	1.43	1.45	−2
Norway	Kroner 41.5	6.63	12.9	6.26	+106
Pakistan	Rupee 140	2.31	43.5	60.7	−28
Paraguay	Guarani 10,000	1.90	3,106	5,250	−41
Peru	New Sol 9.50	2.97	2.95	3.20	−8
Philippines	Peso 85.0	1.74	26.4	48.9	−46
Poland	Zloty 6.90	2.29	2.14	3.01	−29
Russia	Rouble 49.0	1.85	15.2	26.5	−43
Saudi Arabia	Riyal 9.00	2.40	2.80	3.75	−25
Singapore	S$3.60	2.34	1.12	1.54	−27
Slovakia	Crown 57.98	2.13	18.0	27.2	−34
South Africa	Rand 15.5	2.14	4.81	7.25	−34
South Korea	Won 2,900	3.08	901	942	−4
Sri Lanka	Rupee 190	1.75	59.0	109	−46
Sweden	SKr32.0	4.59	9.94	6.97	+43
Switzerland	SFr6.30	5.05	1.96	1.25	+57
Taiwan	NT$75.0	2.28	23.3	32.9	−29
Thailand	Baht 62.0	1.78	19.3	34.7	−45
Turkey	Lire 4.55	3.22	1.41	1.41	nil
UAE	Dirhams 10.0	2.72	3.11	3.67	−15
Ukraine	Hryvnia 9.00	1.71	2.80	5.27	−47
Uruguay	Peso 55.0	2.17	17.1	25.3	−33
Venezuela	Bolivar 6,800	1.58	2,112	4,307	−51

*구매력 평가(PPP): 각 지역의 가격/미국에서의 가격

**1 유로당 달러

†뉴욕, 시카고, 샌프란시스코, 애틀랜타의 평균

‡유로지역에서의 가중평균가격

§파운드 당 달러

표 5.10
CPI와 PPI, USA, 1980-2006

출처: *Economic Report of the President*, 2007, Tables B−62 and B−65.

연도	CPI	PPI (모든 완성재화)
1980	82.4	88.0
1981	90.9	96.1
1982	96.5	100.0
1983	99.6	101.6
1984	103.9	103.7
1985	107.6	104.7
1986	109.6	103.2
1987	113.6	105.4
1988	118.3	108.0
1989	124.0	113.6
1990	130.7	119.2
1991	136.2	121.7
1992	140.3	123.2
1993	144.5	124.7
1994	148.2	125.5
1995	152.4	127.9
1996	156.9	131.3
1997	160.5	131.8
1998	163.0	130.7
1999	166.6	133.0
2000	172.2	138.0
2001	177.1	140.7
2002	179.9	138.9
2003	184.0	143.3
2004	188.9	148.5
2005	195.3	155.7
2006	201.6	160.3

b. 다른 지수에 기초하여 한 지수를 예측한다고 하자. 어떤 지수를 종속변수로 하고, 어떤 지수를 설명변수로 하겠는가? 그 이유는?

c. 위 (b)에서 결정한 회귀를 실시하여라. 일반적인 회귀결과를 구하여라. 두 지수 간에 1 대 1 관계가 존재한다는 가설을 검정하여라.

d. 위 (c)의 회귀에서 얻은 잔차로부터, 진정한 오차항이 정규분포를 따른다는 가설을 받아들일수 있는가? 사용하는 검정을 설명하여라.

5.20. 표 5.11은 25개 직업군의 폐암사망 지수(100= 평균)와 흡연 지수(100 = 평균)을 보여주고 있다.

a. 암 사망지수를 흡연지수에 대하여 산포도를 그려라. 어떤 일반적 형태를 볼 수 있는가?

b. Y= 암 사망 지수, X= 흡연지수라고 할 때, 선형회귀모형을 추정하고 일상적인 회귀 통계량들을 구하여라.

c. 흡연이 폐암에 어떤 영향도 미치지 못한다는 가설을 유의수준 α= 5%에서 검정하여라.

d. 폐암 사망 관점에서 위험한 직업은 무엇인가? 왜 그렇게 판단했는지 이유를 댈 수 있는가?

e. 직업군을 명시적으로 회귀분석에 포함할 방안이 있는가?

표 5.11
흡연과 폐암

출처: http://lib.stat.cmu.edu/DASL/Datafiles/SmokingandCancer.html.

직업	흡연	암
농업, 임업, 어업	77	84
광업	137	116
가스 및 화학제품 제조업	117	123
유리 및 요업	94	128
제련, 제철 및 주물업	116	155
전기전자업	102	101
공정 및 관련업	111	118
목재업	93	113
피혁업	88	104
섬유업	102	88
의류산업	91	104
음식 및 담배업	104	129
종이 및 인쇄업	107	86
기타 제조업	112	96
건설업	113	144
도장 및 장식업	110	139
중장비운전업	125	113
기타 근로자	113	146
운송 및 통신업	115	128
창고업	105	115
사무직업	87	79
판매업	91	85
서비스, 스포츠, 여가업	100	120
관리 및 행정업	76	60
예술 및 전문직	66	51

부록 5A

5A.1 정규분포와 관련된 확률분포

각각의 독특한 특성은 부록 A에서 논의되지만, t, 카이자승(χ^2) 그리고 F분포는 정규분포와 밀접하게 관련되어 있다. 다음의 장에서 이들 확률분포를 엄청나게 사용할 것이기 때문에 다음의 정리에서 정규분포와의 관계를 요약한다; 이 책의 수준을 벗어나는 정리의 증명은 참고문헌에서 찾아볼 수 있다[1].

정리 5.1. 만약 $Z_1, Z_2, \ldots, Z_n$ 이 정규분포를 따르고 서로 독립인 확률변수들이어서 $Z_i \sim N(\mu_i, \sigma_i^2)$라면, 그 합 $Z = \sum k_i Z_i$도 역시 정규분포를 따르되, 평균은 $\sum k_i \mu_i$이고 분산은 $\sum k_i^2 \sigma_i^2$이다. 단, k_i는 모두 0이 아닌 상수이다; 다시 말해서, $Z \sim N(\sum k_i \mu_i, \sum k_i^2 \sigma_i^2)$이다. Note: μ는 평균을 의미한다.

간략하게 말하면, 정규분포를 따르는 확률변수들의 선형결합은 정규분포를 따른다. 예를 들어, 만약 Z_1과 Z_2이 $Z_1 \sim N(10, 2)$, $Z_2 \sim N(8, 1.5)$와 같이 정규분포를 하고 서로 독립이라면, 선형결합 $Z = 0.8Z_1 + 0.2Z_2$ 도 역시 평균$= 0.8(10) + 0.2(8) = 9.6$이고 분산

1. 다양한 정리에 대한 증명은 다음의 책을 참조할 것. Alexander M. Mood, Franklin A. Graybill, and Duane C. Bose *Introduction to the Theory of Statistics*, 3d ed., McGraw-Hill, New York, 1974, pp. 239–249.

$= 0.64(2) + 0.04(1.5) = 1.34$ 인 정규분포, 즉 $Z \sim N(9.6, 1.34)$이다.

정리 5.2. 만약 $Z_1, Z_2, \ldots, Z_n$이 정규분포를 따르지만 서로 독립이 아니라면, 그 합 Z $= \sigma k_i Z_i$ 도 역시 평균이 $\sigma k_i \mu_i$, 분산이 $[\sum k_i^2 \sigma_i^2 + 2\sum k_i k_j \text{cov}(Z_i, Z_j), i \neq j]$인 정규분포를 따른다.

따라서, 만약 $Z_1 \sim N(6, 2)$, $Z_2 \sim N(7, 3)$ 그리고 $\text{cov}(Z_1, Z_2) = 0.8$이라면, 선형결합 $0.6Z_1 + 0.4Z_2$ 도 역시 평균 $= 0.6(6) + 0.4(7) = 6.4$, 분산 $= [0.36(2) + 0.16(3) + 2(0.6)(0.4)(0.8) = 1.584$인 정규분포를 따른다.

정리 5.3. 만약 $Z_1, Z_2, \ldots, Z_n$가 정규분포이고 서로 독립인 확률변수, $Z_i \sim N(0, 1)$, 즉 표준정규분포라면, $\sum Z_i^2 = Z_1^2 + Z_2^2 + \ldots + Z_n^2$는 자유도가 n인 카이자승분포를 따른다. 부호로 표현하면 $\sum Z_i^2 \sim \chi_n^2$인데, n은 자유도 df 이다.

간단히 말해서, "서로 독립인 표준정규 확률변수의 제곱합은 합에 포함된 변수의 개수가 자유도인 카이자승분포를 따른다"라고 한다[2].

정리 5.4. 만약 $Z_1, Z_2, \ldots, Z_n$가 각각 자유도가 k_i인 카이자승분포를 따르는 서로 독립인 확률변수들이라면, 그 합 $\sum Z_i = Z_1 + Z_2 + \ldots + Z_n$ 도 역시 자유도가 $k = \sum k_i$인 카이자승분포를 따른다.

따라서, 만약 Z_1과 Z_2가 서로 독립이고 자유도가 각각 k_1, k_2인 χ^2분포를 따른다면 $Z = Z_1 + Z_2$ 도 역시 자유도가 $(k_1 + k_2)$인 카이자승 분포를 따르는 확률변수이다. 이러한 특성을 χ^2 분포의 재생적 특성이라고 부른다.

정리 5.5. Z_1이 표준정규분포를 따르는 변수이고 $[Z_1 \sim N(0, 1)]$, 다른 변수 Z_2가 자유도 k인 카이자승분포를 따르고 Z_1과 독립이면, 다음과 같이 정의된 변수

$$t = \frac{Z_1}{\sqrt{Z_2}/\sqrt{k}} = \frac{Z_1\sqrt{k}}{\sqrt{Z_2}} = \frac{\text{표준정규분포 변수}}{\sqrt{\text{독립인 카이자승변수}}} \sim t_k$$

는 자유도가 k인 (학생의) t 분포를 따른다. 주: 이 분포는 부록 A에 설명되어 있고 5장에서 예를 들어보인 바 있다.

이와 아울러, 자유도 k가 무한대로 커지면(즉, $k \to \infty$), t 분포는 표준정규분포에 접근한다[3].

관행적으로, t_k 라는 표기는 자유도가 k인 t 분포나 확률변수를 의미한다.

정리 5.6. 만약 Z_1과 Z_2가 각각 자유도가 k_1과 k_2인 카이자승분포를 따르며 서로 독립이라면, 다음의 변수

$$F = \frac{Z_1/k_1}{Z_2/k_2} \sim F_{k_1, k_2}$$

2. ibid., p.243.
3. 증명에 대하여 Henri Theil, *Introduction to Econometrics*, Prentice Hall, Englewood Cliffs, NJ, 1978, pp. 237 –245를 참조할 것.

는 자유도가 k_1과 k_2 인 F 분포를 따른다. 단, k_1은 분자의 자유도이고, k_2는 분모의 자유도이다.

관행적으로 F_{k_1, k_2}의 표기는 자유도가 k_1과 k_2 인 F 확률변수를 의미하는데, 앞에 놓이는 자유도는 분자의 자유도이다.

다시 말해서, 정리 5.6은 F 변수가 단순히 각각의 자유도로 나눈 두 개의 서로 독립인 카이자승분포 확률변수의 비율이라는 것을 서술하고 있다.

정리 5.7. 자유도가 k 인 t 확률변수의 자승은 분자 자유도 $k_1 = 1$, 분모 자유도 $k_2 = k$ 인 F 분포를 갖는다[4].

즉,

$$F_{1,k} = t_k^2$$

이 등식이 성립하려면 F 변수의 분자 자유도가 1이어야 함을 명심하여라. 따라서, $F_{1,4} = t_4^2$ 또는 $F_{1,23} = t_{23}^2$ 등이 된다.

앞에서 지적했듯이, 위의 정리들의 쓰임새는 이 책을 진행하면서 확인할 것이다.

정리 5.8. 자유도가 충분히 큰 경우, 카이자승 분포는 다음과 같이 표준정규분포에 근사해진다:

$$m\,F_{m,n} = \chi_m^2 \qquad \text{as } n \to \infty$$

여기에서 k는 자유도를 의미한다.

정리 5.9. 충분히 큰 df에 대하여, 카이자승분포는 다음과 같이 표준정규분포로 근사해질 수(approximated) 있다:

$$Z = \sqrt{2\chi^2} - \sqrt{2k-1} \sim N(0, 1)$$

단, k는 df를 의미한다.

5.A.2 식 (5.3.2)의 유도

그리고

$$Z_1 = \frac{\hat{\beta}_2 - \beta_2}{\text{se}\,(\hat{\beta}_2)} = \frac{(\hat{\beta}_2 - \beta_2)\sqrt{x_i^2}}{\sigma} \qquad (1)$$

$$Z_2 = (n-2)\frac{\hat{\sigma}^2}{\sigma^2} \qquad (2)$$

라고 하자.

4. 증명에 대하여 식(5.3.2)와 (5.9.1)을 참조할 것.

σ를 알고 있다고 할때, Z_1는표준정규분포를 따른다; 즉, $Z_1 \sim N(0, 1)$. (그 이유는?) Z_2는 df가 $(n-2)$인 χ^2분포를 따른다.[5] 나아가서, Z_2가 Z_1과 독립이라는 것을 보일 수 있다.[6] 그러므로 정리 5.5에 의하여 다음의 변수는

$$t = \frac{Z_1\sqrt{n-2}}{\sqrt{Z_2}} \tag{3}$$

df가 $(n-2)$인 t 분포를 따른다. 식 (1)을 (3)에 대입하면 식 (5.3.2)를 구한다.

5.A.3 식(5.9.1)의 유도

식(1)은 $Z_1 \sim N(0, 1)$을 보여준다. 그러므로 정리 5.3에 의하여 위의 식

$$Z_1^2 = \frac{(\hat{\beta}_2 - \beta_2)^2 \sum x_i^2}{\sigma^2}$$

df가 1인 χ^2분포를 따른다. 5A.1 절에서 지적했듯이,

$$Z_2 = (n-2)\frac{\hat{\sigma}^2}{\sigma^2} = \frac{\sum \hat{u}_i^2}{\sigma^2}$$

도 df가 $n-2$인 χ^2분포를 따른다. 더구나 4.3절에서 지적했듯이 Z_2는 Z_1과 독립적인 분포이다. 따라서 정리 5.6으로부터

$$F = \frac{Z_1^2/1}{Z_2/(n-2)} = \frac{(\hat{\beta}_2 - \beta_2)^2\left(\sum x_i^2\right)}{\sum \hat{u}_i^2/(n-2)}$$

이 df 1과 $n-2$인 F 분포를 따른다는 것을 보일 수 있다. 귀무가설 $H_0: \beta_2 = 0$ 하에서 위의 F 비율은 식(5.9.1)이 된다.

5A.4 식(5.10.2)와 (5.10.6)의 유도

평균예측의 분산

$X_i = X_0$일 때, 진정한 평균예측 $E(Y_0 | X_0)$은

$$E(Y_0 | X_0) = \beta_1 + \beta_2 X_0 \tag{1}$$

과 같다.

식(1)의 추정은 다음과 같은데

$$\hat{Y}_0 = \hat{\beta}_1 + \hat{\beta}_2 X_0 \tag{2}$$

5. 증명을 위하여 Robert V. Hogg and Allen T. Craig, *Introduction to Mathematical Statistics*, 2d ed., Macmillan, New York, 1965, p.144를 참조할 것

6. 증명을 위하여 J. Johnston, *Econometric Methods*, 3d ed., McGraw-Hill, New York, 1984, pp.181-182를 참조할 것.(행렬대수에 관한 지식이 증명을 위하여 요구됨)

식(2)에 대하여 기대치를 취하면

$$E(\hat{Y}_0) = E(\hat{\beta}_1) + E(\hat{\beta}_2)X_0$$
$$= \beta_1 + \beta_2 X_0$$

이 된다. 왜냐하면 $\hat{\beta}_1$과 $\hat{\beta}_2$는 불편추정량이기 때문이다. 그러므로

$$E(\hat{Y}_0) = E(Y_0 \mid X_0) = \beta_1 + \beta_2 X_0 \quad (3)$$

즉, $\hat{Y}_0$은 $E(Y_0 \mid X_0)$의 불편추정량이다.

이제 $\text{var}(a+b) = \text{var}(a) + \text{var}(b) + 2\text{cov}(a,b)$의 성질을 이용하면,

$$\text{var}(\hat{Y}_0) = \text{var}(\hat{\beta}_1) + \text{var}(\hat{\beta}_2)X_0^2 + 2\,\text{cov}(\hat{\beta}_1\hat{\beta}_2)X_0 \quad (4)$$

을 얻는다. $\hat{\beta}_1$과 $\hat{\beta}_2$의 분산과 공분산에 대한 식(3.3.1), (3.3.3), 그리고 (3.3.9)에 있는 공식을 이용한 후, 항들을 조정하면

$$\text{var}(\hat{Y}_0) = \sigma^2\left[\frac{1}{n} + \frac{(X_0 - \bar{X})^2}{\sum x_i^2}\right] \quad = (5.10.2)$$

을 얻게된다.

개별예측의 분산

$X = X_0$일 때 이에 해당하는 개별 Y를 예측하고자 한다; 즉,

$$Y_0 = \beta_1 + \beta_2 X_0 + u_0 \quad (5)$$

을 얻고자 한다. 이를 다음과 같이 예측하는데

$$\hat{Y}_0 = \hat{\beta}_1 + \hat{\beta}_2 X_0 \quad (6)$$

예측오차, $Y_0 - \hat{Y}_0$,는

$$Y_0 - \hat{Y}_0 = \beta_1 + \beta_2 X_0 + u_0 - (\hat{\beta}_1 + \hat{\beta}_2 X_0)$$
$$= (\beta_1 - \hat{\beta}_1) + (\beta_2 - \hat{\beta}_2)X_0 + u_0 \quad (7)$$

이 된다. 그러므로,

$$E(Y_0 - \hat{Y}_0) = E(\beta_1 - \hat{\beta}_1) + E(\beta_2 - \hat{\beta}_2)X_0 - E(u_0)$$
$$= 0$$

왜냐하면 $\hat{\beta}_1$과 $\hat{\beta}_2$ 불편추정량이고, X_0는 고정된 숫자이며, $E(u_0)$는 가정에 의하여 0 이기 때문이다.

식(7)의 양쪽을 제곱한 후 기대치를 취하면 $\text{var}(Y_0 - \hat{Y}_0) = \text{var}(\hat{\beta}_1) + X_0^2\,\text{var}(\hat{\beta}_2) + 2X_0\,\text{cov}(\beta_1, \beta_2) + \text{var}(u_0)$이 된다. 앞에서 주어진 $\hat{\beta}_1$과 $\hat{\beta}_2$의 분산과 공분산 공식을 이용하면 그리고 $\text{var}(u_0) = \sigma^2$임을 주의하면

$$\text{var}(Y_0 - \hat{Y}_0) = \sigma^2\left[1 + \frac{1}{n} + \frac{(X_0 - \bar{X})^2}{\sum x_i^2}\right] \quad = (5.10.6)$$

를 얻게 된다.

6장

2-변수 선형회귀모형의 확장

지금까지 논의한 2-변수 선형회귀모형의 틀 안에서 다음과 같은 측면의 선형회귀모형도 쉽게 도입할 수 있다. 첫째, **원점을 지나는 회귀**의 경우, 즉 절편항 β_1이 없는 경우를 고려하여 보자. 둘째, **측정단위(units of measurement)**의 문제, 즉 Y와 X가 어떠한 단위로 측정되어 있는가, 그리고 측정단위가 변하면 회귀결과에 영향을 미치는지의 여부를 분석한다. 끝으로, 선형회귀모형의 **함수형태** 문제를 검토한다. 지금까지는 모수와 변수 모두에 대해 선형인 모형만을 고려했으나, 사실 모수만이 선형이면 5장까지의 회귀이론은 모두 성립한다. 즉, 변수가 선형의 형태로 포함되든 비선형의 형태로 포함되든 별 문제가 없다. 이 장에서는 모수에 대해서는 선형이지만 변수에 대해서는 선형이 아닌 모형을 고려하여 2-변수모형으로 몇 가지 흥미있고 실용적인 문제를 어떻게 다룰 수 있는지를 논의하여 보자.

이 장에서 소개된 개념을 이해하고 나면, 다변수 모형으로의 확장은 7장과 8장에서 볼 수 있듯이 매우 간단하다.

6.1 원점을 통과하는 회귀

2-변수 PRF가 다음의 형태를 갖는다고 가정하는 경우가 있다.

$$Y_i = \beta_2 X_i + u_i \tag{6.1.1}$$

이 모형에서 절편항은 없거나 0인데, 이러한 경우를 원점을 통과하는 회귀(regression through the origin)라고 부른다. 이러한 경우를 예제를 통하여 살펴보자. 현대 자산 이론에서의 자본자산가격모형(Capital Asset Pricing Model:CAPM)을 위험 할증금(risk-premium)형태로 다음과 같이 쓸 수 있다.[1]

$$(\text{ER}_i - r_f) = \beta_i(\text{ER}_m - r_f) \tag{6.1.2}$$

1. Haim Levy and Marshall Sarnat, *Portfolio and Investment Selection*: Theory and Practice, Prentice-Hall International, Englewood Cliffs, NJ, 1984, Chap. 14.

여기서 ER_i = 주식 i로부터의 예상수익률

ER_m = 예를 들어 S&P 복합주가지수로 나타내는 시장자산의 예상수익률

r_f = 위험이 없는 수익률. 예를 들어 90일 만기 국공채 수익률

β_i = 베타계수로서 주식분상에 의해서도 없앨 수 없는 체계적 또는 조직적 위험을 측정한다. 또한, i번째 주식의 수익률이 시장수익률과 같이 변화하는 정도를 측정하고 있다. $\beta_i < 1$은 수비적인 주식을 나타낸다(주:이 β_i를 2-변수 모형의 기울기 계수 β_2와 혼동하지 말 것).

자본시장이 효율적인 경우, CAPM은 i주식의 예상 위험할증금($=ER_i - r_f$)이 주식의 베타계수와 예상 시장위험할증금($=ER_m - r_f$)의 곱과 같다는 것을 상정한다. 만약 CAPM이 성립한다면, 바로 그림 6.1과 같은 상황이 될 것이다. 이때, 그림 6.1의 선을 주식시장선(security market line: SML)이라 한다.

실증분석을 위해 6.1.2를 다음과 같이 쓰기도 한다.

$$R_i - r_f = \beta_i(R_m - r_f) + u_i \tag{6.1.3}$$

또는

$$R_i - r_f = \alpha_i + \beta_i(R_m - r_f) + u_i \tag{6.1.4}$$

6.1.4의 모형을 시장모형(market model)이라 부르는데,[2] 만약 CAPM이 옳다면 α_i는 0이 될 것이다(그림 6.2 참조).

그림 6.1
체계적 위험

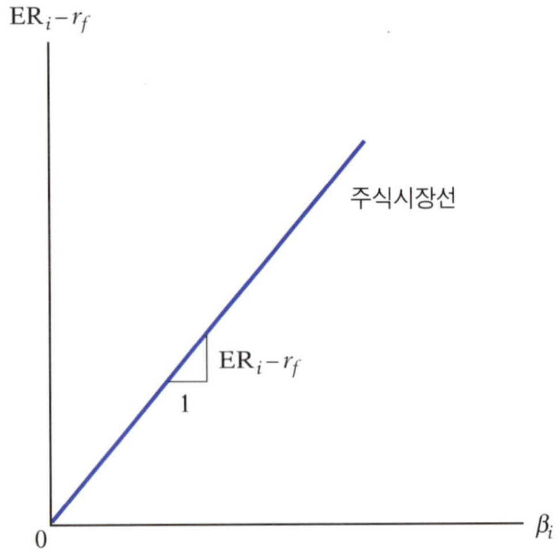

2. Diana R. Harrington, Modern Portfolio Theory and the Capital Asset Pricing Model:A User's Guide,. Prentice-Hall, Englewood Cliffs, N.J., 1983, p.71.

그림 6.2
포트폴리오
이론의 시장모형
(α_i=0을 가정)

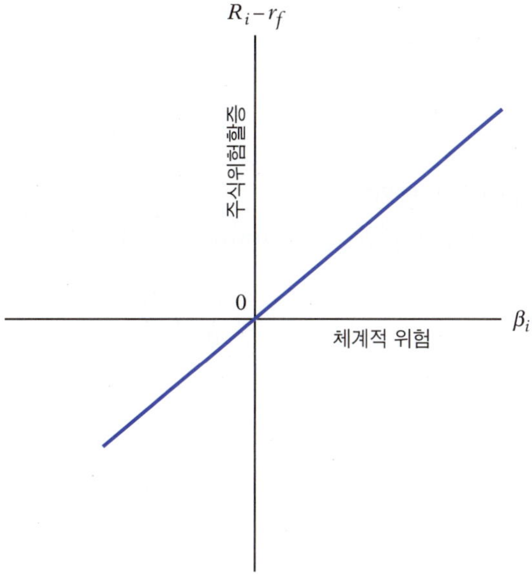

식 6.1.4에서 종속변수 Y는 $(R_i - r_f)$이고 설명변수 X는 주식의 활동성을 나타내는 계수 β_i이지 $(R_m - r_f)$가 아니라는 점을 유의하여야 한다. 그러므로 6.1.4의 회귀분석을 위하여는 먼저 β_i를 추정해야 하는데, β_i는 통상 연습문제 5.5에서 소개된 특성선으로 추정된다(보다 상세한 설명은 연습문제 8.28을 참조할 것).

이 예제가 보여 주고 있는 것은 어떤 경우에는 절편항의 없어야 한다는 것을 결제이론이 결정하고 있다는 것이다. 절편항이 없는 경우로는 우선 Milton Friedman의 영구소득가설(permanent income hypothesis)을 들 수 있다. 영구소득가설이란 영구소비(permanent consumption)는 영구소득(permanent income)에 비례한다는 것을 설명하는 이론이다. 다른 예로서는 가변생산비용이 산출량이 비례한다는 비용분석이론, 인플레이션율이 통화공급의 변화율에 비례한다는 화폐이론 등을 들 수 있다.

(6.1.1)과 같은 모형을 어떻게 추정하고 어떠한 문제를 제기하는가? 이러한 문제들을 고려하기 위해 (6.1.1)에 대응하는 SRF를 나타내면

$$Y_i = \hat{\beta}_2 X_i + \hat{u}_i \tag{6.1.5}$$

가된다. (6.1.5)를 통상최소자승(OLS)방법으로 추정하면 $\hat{\beta}_2$과 그 분산을 다음과 같이 구할 수 있다(부록 6A의 6A.1에 증명되어 있음).

$$\hat{\beta}_2 = \frac{\sum X_i Y_i}{\sum X_i^2} \tag{6.1.6}$$

$$\operatorname{var}(\hat{\beta}_2) = \frac{\sigma^2}{\sum X_i^2} \tag{6.1.7}$$

단, σ^2은

$$\hat{\sigma}^2 = \frac{\sum \hat{u}_i^2}{n-1} \tag{6.1.8}$$

에 의해 추정된다.

위의 추정량들은 절편항이 포함된 경우와 비교하여 보자.

$$\hat{\beta}_2 = \frac{\sum x_i y_i}{\sum x_i^2} \tag{3.1.6}$$

$$\operatorname{var}(\hat{\beta}_2) = \frac{\sigma^2}{\sum x_i^2} \tag{3.3.1}$$

$$\hat{\sigma}^2 = \frac{\sum \hat{u}_i^2}{n-2} \tag{3.3.5}$$

두 경우의 차이점은 대단히 명백하다. 절편항이 없는 경우에는 자승합($\sum X_i^2$)과 교차곱($\sum X_i Y_i$)를 사용하지만, 절편항이 있는 경우에는 평균으로부터의 편차로 나타낸 자승합($\sum x_i^2$)과 교차곱($\sum x_i\ y_i$)을 사용하고 있음을 알 수 있다. 둘째, $\hat{\sigma}^2$을 계산하는데 절편항이 없는 첫 번째 경우에는 자유도가 $(n-1)$인데 비해 두 번째 경우에는 자유도가 $(n-2)$이다.

경우에 따라서는 절편이 없는 모형이 적절하지만 이러한 모형에는 몇 가지 주의할 점들이 있다. 첫째, $\sum \hat{u}_i$은 절편이 있는 모형(일반적인 모형이라고도 함)에서는 항상 0이었으나, 절편이 없는 경우에는 꼭 0일 필요가 없다. 둘째, 절편이 있는 모형을 가정하고 정의한 결정계수 r^2(3장에서 소개되었음)은 통상적인 모형에서 음의 값이 될 수 없으나, 절편항이 없는 모형에서는 음의 값이 되기도 한다. 그러므로, 일반적인 방법에 의해 구한 r^2이 원점을 통과하는 회귀분석에 적합하지 않을 수도 있다.[3]

원점을 통과하는 회귀에 있어서의 r^2

앞에서 논의한 바와 같이, 그리고 부록 6A, 6A.1에서 논의할 내용과 같이 3장에서 소개한 일반적인 r^2은 절편이 없는 회귀의 경우에는 적당하지 않다. 그러나 이러한 모형에 대해서는 소위 raw r^2로 알려진 값을 적용하면 된다.

$$\text{raw } r^2 = \frac{\left(\sum X_i Y_i\right)^2}{\sum X_i^2 \sum Y_i^2} \tag{6.1.9}$$

3. Dennis J.Aigner, *Basic Econometirics*, Prenrice–Hall, Englewood Cliffs, N. J., 1971, pp 85~88.을 참조할 것.

주: 값의 각 부분을 보면 평균에서 수정되지 않은 본래(raw, 즉 평균-수정되지 않은) 자승합이고 교차곱이다.

비록 이 raw r^2이 $0 < r^2 < 1$이라는 관계를 만족시키지만 일반적인 r^2값과 직접 비교하는 것은 적당하지 않다. 이러한 이유 때문에 어떤 저자들은 절편이 없는 회귀모형의 경우 r^2값을 보고하지 않는다.

원점을 통과하는 모형의 이런한 특성 때문에 절편이 없는 모형을 회귀 분석하는데 매우 주의를 기울여야 한다. **즉, 모형에 대한 강력한 선험적 믿음이 없다면, 절편이 있는 일반적인 모형을 설정하는 것이 보다 안전하고, 이와 같이 함으로써 다음과 같은 양면의 장점이 있다**. 첫째, 절편항을 모형에 포함시켰으나 절편항이 통계적으로 유의하지 않다면(즉, 통계적으로 0이라면), 실용적인 측면에 있어서 원점을 통과는 회귀분석을 한 셈이 된다.[4] 둘째로 그리고 더욱 중요한 사항으로 실제로 모형에 절편이 있으나 절편을 무시한 채 원점을 통과하는 회귀모형을 설정하는 경우 표기오차를 범하게 된다. 이에 관하여 7장에서 상세히 논의할 것이다.

예제 6.1

표 6.1은 영국에 있어 주기적 소비재 부문의 104개 주식지수에 대한 초과수익 Y_t(%)과 전체적인 주식시장 지수에 대한 초과수익 X_t(%)에 관한 자료를 보여주고 있다. 이 자료는 1980~1999기간 동안 월별자료로서 총 240개 관측치이다[5]. 우선 모형 (6.1.3)을 추정하였다. EViews6을 사용하여 다음의 회귀 결과를 얻었고 이를 표준 EViews 형태로 정리하였다.

종속변수: *Y*
방법: 최소자승
표본: 1980M01 1999M12
관측치: 240개

	계수	표준오차		t-통계량	확률
X	1.155512	0.074396		15.53200	0.0000
R^2	0.500309	종속변수의 평균			0.499826
조정된 $R^{2\dagger}$	0.500309	종속변수의 표준오차			7.849594
회귀의 표준오차	5.548786	Durbin-Watson 통계량*			1.972853
잔차자승합	7358.578				

*12장에서 이 통계량을 다룰 것임
†7장을 볼 것

4. Henri Theil 은 만약 모형에 절편이 없는 것이 옳은 모형이면 원점을 통과하는 회귀가 절편이 있는 경우보다 훨씬 더 정교하게 기울기 계수를 추정할 수 있다고 지적하였다. 상세한 논의는 Theil이 쓴 *Introduction to Economerics*, Prenrice-Hall, Englewood, Dliffs, N.J., 1978. p.76을 참조하고, 아울러 이 책에서 제시하는 예제를 참조할 것.
5. 이 자료는 본래 DataStream databank에서 추출한 것인데 Chrisiaan Heji et. al., Econometrics Methods with Applications in Business and Economics, Oxford University Press, Oxford, U.K., 2004.가 재생하였다.

표 6.1

관측치	*Y*	*X*	관측치	*Y*	*X*
1980:01	6.08022852	7.263448404	1984:12	3.52786616	3.191554763
1980:02	−0.924185461	6.339895504	1985:01	4.554587707	3.907838688
1980:03	−3.286174252	−9.285216834	1985:02	5.365478677	−1.708567484
1980:04	5.211976571	0.793290771	1985:03	4.525231564	0.435218492
1980:05	−16.16421111	−2.902420985	1985:04	2.944654344	0.958067845
1980:06	−1.054703649	8.613150875	1985:05	−0.268599528	1.095477375
1980:07	11.17237699	3.982062848	1985:06	−3.661040481	−6.816108909
1980:08	−11.06327551	−1.150170907	1985:07	−4.540505062	2.785054354
1980:09	−16.77699609	3.486125868	1985:08	9.195292816	3.900209023
1980:10	−7.021834032	4.329850278	1985:09	−1.894817019	−4.203004414
1980:11	−9.71684668	0.936875279	1985:10	12.00661274	5.60179802
1980:12	5.215705717	−5.202455846	1985:11	1.233987382	1.570093976
1981:01	−6.612000956	−2.082757509	1985:12	−1.446329607	−1.084427121
1981:02	4.264498443	2.728522893	1986:01	6.023618851	0.778669473
1981:03	4.916710821	0.653397106	1986:02	10.51235756	6.470651262
1981:04	22.20495946	6.436071962	1986:03	13.40071024	8.953781192
1981:05	−11.29868524	−4.259197932	1986:04	−7.796262998	−2.387761685
1981:06	−5.770507783	0.543909707	1986:05	0.211540446	−2.873838588
1981:07	−5.217764717	−0.486845933	1986:06	6.471111064	3.440269098
1981:08	16.19620175	2.843999508	1986:07	−9.037475168	−5.891053375
1981:09	−17.16995395	−16.4572142	1986:08	−5.47838091	6.375582004
1981:10	1.105334728	4.468938171	1986:09	−6.756881852	−5.734839396
1981:11	11.6853367	5.885519658	1986:10	−2.564960223	3.63088408
1981:12	−2.301451728	−0.390698164	1986:11	2.456599468	−1.31606687
1982:01	8.643728679	2.499567896	1986:12	1.476421303	3.521601216
1982:02	−11.12907503	−4.033607075	1987:01	17.0694004	8.673412896
1982:03	1.724627956	3.042525777	1987:02	7.565726727	6.914361923
1982:04	0.157879967	0.734564665	1987:03	−3.239325817	−0.460660854
1982:05	−1.875202616	2.779732288	1987:04	3.662578335	4.295976077
1982:06	−10.62481767	−5.900116576	1987:05	7.157455113	7.719692529
1982:07	−5.761135416	3.005344385	1987:06	4.774901623	3.039887622
1982:08	5.481432596	3.954990619	1987:07	4.23770166	2.510223804
1982:09	−17.02207459	2.547127067	1987:08	−0.881352219	−3.039443563
1982:10	7.625420708	4.329008106	1987:09	11.49688416	3.787092018
1982:11	−6.575721646	0.191940594	1987:10	−35.56617624	−27.86969311
1982:12	−2.372829861	−0.92167555	1987:11	−14.59137369	−9.956367094
1983:01	17.52374936	3.394682577	1987:12	14.87271664	7.975865948
1983:02	1.354655809	0.758714353	1988:01	1.748599294	3.936938398
1983:03	16.26861049	1.862073664	1988:02	−0.606016446	−0.32797064
1983:04	−6.074547158	6.797751341	1988:03	−6.078095523	−2.161544202
1983:05	−0.826650702	−1.699253628	1988:04	3.976153828	2.721787842
1983:06	3.807881996	4.092592402	1988:05	−1.050910058	−0.514825422
1983:07	0.57570091	−2.926299262	1988:06	3.317856956	3.128796482
1983:08	3.755563441	1.773424306	1988:07	0.407100105	0.181502075
1983:09	−5.365927271	−2.800815667	1988:08	−11.87932524	−7.892363786
1983:10	−3.750302815	−1.505394995	1988:09	−8.801026046	3.347081899
1983:11	4.898751703	4.18696284	1988:10	6.784211277	3.158592144
1983:12	4.379256151	1.201416981	1988:11	−10.20578119	−4.816470363
1984:01	16.56016188	6.769320788	1988:12	−6.73805381	−0.008549997
1984:02	1.523127464	−1.686027417	1989:01	12.83903643	13.46098219
1984:03	1.0206078	5.245806105	1989:02	3.302860922	−0.764474692
1984:04	−3.899307684	1.728710264	1989:03	−0.155918301	2.298491097
1984:05	−14.32501615	−7.279075595	1989:04	3.623090767	0.762074588
1984:06	3.056627177	−0.77947067	1989:05	−1.167680873	−0.495796117
1984:07	−0.02153592	−2.439634487	1989:06	−1.221603303	1.206636013
1984:08	3.355102212	8.445977813	1989:07	5.262902744	4.637026116
1984:09	0.100006778	1.221080129	1989:08	4.845013219	2.680874116
1984:10	1.691250318	2.733386772	1989:09	−5.069564838	−5.303858035
1984:11	8.20075301	5.12753329	1989:10	−13.57963526	−7.210655599

(계속)

관측치	Y	X	관측치	Y	X
1989:11	1.100607603	5.350185944	1994:12	−4.225370964	0.264280259
1989:12	4.925083189	4.106245855	1995:01	−6.302392617	−2.420388431
1990:01	−2.532068851	−3.629547374	1995:02	1.27867637	0.138795213
1990:02	−6.601872876	−5.205804299	1995:03	10.90890516	3.231656585
1990:03	−1.023768943	−2.183244863	1995:04	2.497849434	2.215804682
1990:04	−7.097917266	−5.408563794	1995:05	2.891526594	3.856813589
1990:05	6.376626925	10.57599169	1995:06	−3.773000069	−0.952204306
1990:06	1.861974711	−0.338612099	1995:07	8.776288715	4.020036363
1990:07	−5.591527585	−2.21316202	1995:08	2.88256097	1.423600345
1990:08	−15.31758975	−8.476177427	1995:09	2.14691333	−0.037912571
1990:09	−10.17227358	−7.45941471	1995:10	−4.590104662	−1.17655329
1990:10	−2.217396045	−0.085887763	1995:11	−1.293255187	3.760277356
1990:11	5.974205798	5.034770534	1995:12	−4.244101531	0.434626357
1990:12	−0.857289036	−1.767714908	1996:01	6.647088904	1.906345103
1991:01	−3.780184589	0.189108456	1996:02	1.635900742	0.301898961
1991:02	20.64721437	10.38741504	1996:03	7.8581899	−0.314132324
1991:03	10.94068018	2.921913827	1996:04	0.789544896	3.034331741
1991:04	−3.145639589	0.971720188	1996:05	−0.907725397	−1.497346299
1991:05	−3.142887645	−0.4317819	1996:06	−0.392246948	−0.894676854
1991:06	−1.960866141	−3.342924986	1996:07	−1.035896351	−0.532816274
1991:07	7.330964031	5.242811509	1996:08	2.556816005	3.863737088
1991:08	7.854387926	2.880654691	1996:09	3.131830038	2.118254897
1991:09	2.539177843	−1.121472224	1996:10	−0.020947358	−0.853553262
1991:10	−1.233244642	−3.969577956	1996:11	−5.312287782	1.770340939
1991:11	−11.7460404	−5.707995062	1996:12	−5.196176326	1.702551635
1991:12	1.078226286	1.502567049	1997:01	−0.753247124	3.465753348
1992:01	5.937904622	2.599565094	1997:02	−2.474343938	1.115253221
1992:02	4.113184542	0.135881087	1997:03	2.47647802	−2.057818461
1992:03	−0.655199392	−6.146138064	1997:04	−1.119104196	3.57089955
1992:04	15.28430278	10.45736831	1997:05	3.352076269	1.953480438
1992:05	3.994517585	1.415987046	1997:06	−1.910172239	2.458700404
1992:06	−11.94450998	−8.261109424	1997:07	0.142814607	2.992341297
1992:07	−2.530701327	−3.778812167	1997:08	10.50199263	−0.457968038
1992:08	−9.842366221	−5.386818488	1997:09	12.98501943	8.111278967
1992:09	18.11573724	11.19436372	1997:10	−4.134761655	−6.967124504
1992:10	0.200950206	3.999870038	1997:11	−4.148579856	−0.155924791
1992:11	1.125853097	3.620674752	1997:12	−1.752478236	3.853283433
1992:12	7.639180786	2.887222251	1998:01	−3.349121498	7.379466014
1993:01	2.919569408	1.336746091	1998:02	14.07471304	4.299097886
1993:02	−1.062404105	1.240273846	1998:03	7.791650968	3.410780517
1993:03	1.292641409	0.407144312	1998:04	5.154679109	−0.081494993
1993:04	0.420241384	−1.734930047	1998:05	3.293686179	−1.613131159
1993:05	−2.514080553	1.111533687	1998:06	−13.25461802	−0.397288954
1993:06	0.419362276	1.354127742	1998:07	−7.714205916	−2.237365283
1993:07	4.374024535	1.943061568	1998:08	−15.26340483	−12.4631993
1993:08	1.733528075	4.961979827	1998:09	−15.22865141	−5.170734985
1993:09	−3.659808969	−1.618729936	1998:10	15.96218038	11.70544788
1993:10	5.85690764	4.215408608	1998:11	−8.684089113	−0.380200223
1993:11	−1.365550294	1.880360165	1998:12	17.13842369	4.986705187
1993:12	−1.346979017	5.826352413	1999:01	−1.468448611	2.493727994
1994:01	12.89578758	2.973540693	1999:02	8.5036	0.937105259
1994:02	−5.346700561	−5.479858563	1999:03	10.8943073	4.280082506
1994:03	−7.614726564	−5.784547088	1999:04	13.03497394	3.960824402
1994:04	10.22042923	1.157083438	1999:05	−5.654671597	−4.499198079
1994:05	−6.928422261	−6.356199493	1999:06	8.321969316	3.656745699
1994:06	−5.065919037	−0.843583888	1999:07	0.507652273	−2.503971473
1994:07	7.483498556	5.779953224	1999:08	−5.022980561	−0.121901923
1994:08	1.828762662	3.298130184	1999:09	−2.305448839	−5.388032432
1994:09	−5.69293279	−7.110010085	1999:10	−1.876879466	4.010989716
1994:10	−2.426962489	2.968005597	1999:11	1.348824769	6.265312975
1994:11	2.125100668	−1.531245158	1999:12	−2.64164938	4.045658427

예제 6.1
(계속)

이 결과가 보여주듯이, Beta 계수인 기울기계수는 p 값이 극히 작아 매우 유의함을 알 수 있다. 이에 대하여, 초과시장 수익률이 1% 포인트 상승하면 소비재부문 지수에 대한 초과 수익이 약 1.15% 포인트정도 상승한다. 이 기울기계수가 통계적으로 유의할 뿐만 아니라 유의하게 1 보다 큰 값을 갖는다(이를 입증할 수 있는가?). 만약 Beta 계수가 1보다 크다면 그러한 자산(여기에서는 104개 주식의 포트폴리오)을 변동적(volitile)이라고 부른다; 전체 주식시장 지수에 비해 비례적보다 더 많이 변한다. 그러나 이러한 관측이 놀랄 만한 것은 아니다. 왜냐하면 이 예제에서 내구소비재, 자동차, 섬유류, 그리고 운동장비와 같은 주기적 소비재 부문의 주식을 고려하고 있기 때문이다.

모형 (6.1.4)를 추정하면 다음의 결과를 얻는다:

종속변수: Y
방법: 최소자승
표본: 1980M01 1999M12
관측치: 240개

	계수	표준오차	t-통계량	확률
C	−0.447481	0.362943	−1.232924	0.2188
X	1.171128	0.075386	15.53500	0.0000

R^2	0.503480	종속변수의 평균	0.499826
조정된 $R^{2\dagger}$	0.501394	종속변수의 표준오차	7.849594
회귀의 표준오차	5.542759	Durbin-Watson 통계량*	1.984746
잔차자승합	7311.877	Prob. (F-statistic)	0.000000
F-통계량	241.3363		

*12장에서 이 통계량을 다룰 것임
†7장을 볼 것

추정결과로부터 비록 기울기 계수(Beta 계수)는 통계적으로 매우 유의하지만 절편은 0의 값과 유의하게 다르지 않다는 것을 볼 수 있다. 이 결과는 원점-통과-회귀모형이 자료에 잘 맞는다는 것을 의미한다. 게다가, 두 모형에 있어 기울기 계수 값에 통계적으로 차이가 없다. 원점-통과-회귀모형의 기울기 계수의 표준오차가 절편이 있는 모형보다 약간 낮게 나타난다. 따라서 각주 4에 있는 Theil의 주장을 뒷받침하는 결과라 하겠다. 그렇다 해도, 기울기 계수는 통계적으로 1보다 큰데, 주기적 소비재 부문의 주식에 대한 수익이 변동적이라는 것을 확인할 수 있다.

그런데, 원점-통과-회귀 모형에 대하여 주어진 r^2 값은 조심스럽게 다루어야 한다. 왜냐하면, 통상적인 r^2 공식이 그러한 모형에 적용될 수 없기 때문이다. 그러나 EViews는 그러한 모형에 대하여도 표준적인 r^2 값을 관행적으로 제공하고 있다.

6.2 축척과 측정단위(Scaling and Units of Measurement)

측정 단위와 관련되어 다루어질 문제의 이해를 돕기 위해, 표 6.2의 자료를 고려해 보자. 표 6~2의 자료는 2000년 가격기준 미국의 총 민간국내투자(GPDI)와 국내총생산(GDP)을 보여주고 있다.

표 6.2
국내 총 민간투자와 GDP, 미국, 1990-2005
(2000년 달러 기준, 10억 달러 단위이나 예외적인 경우 포기함; 계절조정된 분기별 자료의 연간 자료)

연도	GPDIBL	GPDIM	GDPB	GDPM
1990	886.6	886,600.0	7,112.5	7,112,500.0
1991	829.1	829,100.0	7,100.5	7,100,500.0
1992	878.3	878,300.0	7,336.6	7,336,600.0
1993	953.5	953,500.0	7,532.7	7,532,700.0
1994	1,042.3	1,042,300.0	7,835.5	7,835,500.0
1995	1,109.6	1,109,600.0	8,031.7	8,031,700.0
1996	1,209.2	1,209,200.0	8,328.9	8,328,900.0
1997	1,320.6	1,320,600.0	8,703.5	8,703,500.0
1998	1,455.0	1,455,000.0	9,066.9	9,066,900.0
1999	1,576.3	1,576,300.0	9,470.3	9,470,300.0
2000	1,679.0	1,679,000.0	9,817.0	9,817,000.0
2001	1,629.4	1,629,400.0	9,890.7	9,890,700.0
2002	1,544.6	1,544,600.0	10,048.8	10,048,800.0
2003	1,596.9	1,596,900.0	10,301.0	10,301,000.0
2004	1,713.9	1,713,900.0	10,703.5	10,703,500.0
2005	1,842.0	1,842,000.0	11,048.6	11,048,600.0

주: GPDIBL = 국내총민간투자, 2000년 가격 기준, 단위:백억달러
GPDIM = 국내총민간투자, 2000년 가격 기준, 단위:백만달러
GDPB = GDP, 2000년 가격 기준, 단위: 10억 달러
GDPM = GDP, 2000년 가격 기준, 단위: 백만달러

GPDI를 GDP에 회귀시킬 때 한 연구자는 10억달러 단위로 측정한 자료를 사용하였고 다른 연구자는 백만달러로 측정된 변수들을 사용하였다 하자. 그렇다면, 두 경우의 회귀결과는 서로 같을 것인가? 같지 않다면 어떤 결과를 사용하여야 하는가? 다른 말로 하면 Y와 X의 측정단위가 회귀결과에 어떤 영향을 주는가? 영향을 준다면 측정단위를 선택하는데 어떤 납득할 만한 기준이 있는가? 이러한 질문들의 답을 찾기 위해 체계적으로 문제에 접근해 보자. 다음의 2-변수 회귀모형에서

$$Y_i = \hat{\beta}_1 + \hat{\beta}_2 X_i + \hat{u}_i \tag{6.2.1}$$

라고 정의하자. 여기서 $Y=$GPDI, $X=$GDP이다. 그리고

$$Y_i^* = w_1 Y_i \tag{6.2.2}$$

$$X_i^* = w_2 X_i \tag{6.2.3}$$

w_1과 w_2는 축척요소(scaling factors)라고 부르는 상수인데 w_1과 w_2는 서로 같을 수도 다를 수도 있다.

식 6.2.2와 식 6.2.3으로부터 Y_i^*와 X_i^*가 Y_i와 X_i를 측정단위만 다르게 나타냈음을 알 수 있다. 따라서 Y_i와 X_i가 10억달러 단위로 측정된 것이어서 이를 백만 단위로 **재측정하려** 한다면 $Y_i^* = 1000Y_i$, $X_i^* = 1000X_i$가 되고, 이 경우 $w_1 = w_2 = 1000$이 된다. 그러면, Y_i^*와 X_i^*변수를 사용한 회귀모형을 고려하여 보자.

$$Y_i^* = \hat{\beta}_1^* + \hat{\beta}_2^* X_i^* + \hat{u}_i^* \tag{6.2.4}$$

여기서 $Y_i^* = w_1 Y_i$, $X_i^* = w_2 X_i$, $\hat{u}_i^* = w_1 \hat{u}_i$이 된다. (그 이유는?)

이때 추정치들 사이의 관계를 살펴보자.

1. $\hat{\beta}_1$과 $\hat{\beta}_1^*$
2. $\hat{\beta}_2$과 $\hat{\beta}_2^*$
3. $\text{var}(\hat{\beta}_1)$과 $\text{var}(\hat{\beta}_1^*)$
4. $\text{var}(\hat{\beta}_2)$과 $\text{var}(\hat{\beta}_2^*)$
5. $\hat{\sigma}^2$ 과 $\hat{\sigma}^{*2}$
6. r_{xy}^2과 $r_{x^*y^*}^2$

3장의 최소자승이론에서 이미 논의한 바와 같이

$$\hat{\beta}_1 = \bar{Y} - \hat{\beta}_2 \bar{X} \tag{6.2.5}$$

$$\hat{\beta}_2 = \frac{\sum x_i y_i}{\sum x_i^2} \tag{6.2.6}$$

$$\text{var}(\hat{\beta}_1) = \frac{\sum X_i^2}{n \sum x_i^2} \cdot \sigma^2 \tag{6.2.7}$$

$$\text{var}(\hat{\beta}_2) = \frac{\sigma^2}{\sum x_i^2} \tag{6.2.8}$$

$$\hat{\sigma}^2 = \frac{\sum \hat{u}_i^2}{n-2} \tag{6.2.9}$$

이 된다.

OLS방법을 6.2.4에 적용하면 다음 결과를 얻는다.

$$\hat{\beta}_1^* = \bar{Y}^* - \hat{\beta}_2^* \bar{X}^* \tag{6.2.10}$$

$$\hat{\beta}_2^* = \frac{\sum x_i^* y_i^*}{\sum x_i^{*2}} \tag{6.2.11}$$

$$\text{var}(\hat{\beta}_1^*) = \frac{\sum X_i^{*2}}{n \sum x_i^{*2}} \cdot \sigma^{*2} \tag{6.2.12}$$

$$\text{var}(\hat{\beta}_2^*) = \frac{\sigma^{*2}}{\sum x_i^{*2}} \tag{6.2.13}$$

$$\hat{\sigma}^{*2} = \frac{\sum \hat{u}_i^{*2}}{(n-2)} \tag{6.2.14}$$

위의 결과로부터 모수 추정치간의 관계를 손쉽게 찾을 수 있다. 두 추정치들 간의 관계는 측정단위를 달리하는 두 변수간의 정의만을 염두에 두고 있으면 된다. 즉, $Y_i^* = w_1 Y_i$ (또는 $y_i^* = w_1 y_i$); $X_i^* = w_2 X_i$(또는 $x_i^* = w_2 x_i$); $\hat{u}_i^* = w_1 \hat{u}_i$; $\bar{Y}^* = w_1 \bar{Y}$; $\bar{X}_i^* = w_2 \bar{X}$의 정의를 이용하면,

$$\hat{\beta}_2^* = \left(\frac{w_1}{w_2}\right)\hat{\beta}_2 \quad \textbf{(6.2.15)}$$

$$\hat{\beta}_1^* = w_1 \hat{\beta}_1 \quad \textbf{(6.2.16)}$$

$$\hat{\sigma}^{*2} = w_1^2 \hat{\sigma}^2 \quad \textbf{(6.2.17)}$$

$$\operatorname{var}(\hat{\beta}_1^*) = w_1^2 \operatorname{var}(\hat{\beta}_1) \quad \textbf{(6.2.18)}$$

$$\operatorname{var}(\hat{\beta}_2^*) = \left(\frac{w_1}{w_2}\right)^2 \operatorname{var}(\hat{\beta}_2) \quad \textbf{(6.2.19)}$$

$$r_{xy}^2 = r_{x^* y^*}^2 \quad \textbf{(6.2.20)}$$

임을 알 수 있다.

그러므로 한 측정단위로 측정한 변수를 사용하여 회귀결과를 얻었을 때, 축척요소 w들을 알기만 하면 측정단위를 어떤 형태로 변경한다 해도 그때의 회귀결과를 유도할 수 있다. 그러나, 실제에 있어서는 측정단위를 현명하게 선택하여야 한다. 백만달러 단위 또는 10억달러 단위로 측정하는데 있어 여러 개의 0들을 숫자의 끝에 붙이고 회귀분석을 한다는 것은 별로 의미가 없기 때문이다.

(6.2.15)에서 (6.2.20)까지의 결과로부터 몇 가지 특별한 경우를 쉽게 유도할 수 있다. 예를 들어, $w_1 = w_2$로 두 축척요소가 같다면, (Y_i, X_i) 측정단위를 (Y_i^*, X_i^*)의 측정단위로 바꾼다 해도 기울기 계수의 추정치 $\hat{\beta}_1$과 $\hat{\beta}_2$의 표준오차는 영향을 받지 않는다. 그러나, 절편과 그 표준오차는 모두 w_1을 곱한 만큼 변하게 된다. 그러나 X의 측정단위는 변하지 않고($w_2 = 1$) Y의 측정단위만 w_1만큼 변화하였다면 기울기계수 뿐만 아니라 절편계수, 그리고 각각의 표준오차가 모두 w_1을 곱한 만큼 변하게 된다. 끝으로, Y측정단위는 변하지 않고($w_1 = 1$) X의 측정단위만 w_2에 의해 변하였을 때 기울기계수 $\hat{\beta}_1$과 $\hat{\beta}_2$의 표준오차는 ($1/w_2$)를 곱한 만큼 변화하나 절편계수 $\hat{\beta}_1$과 $\hat{\beta}_2$의 표준오차는 변하지 않는다.

그러나 중요한 사항은 측정단위의 변경으로 (Y, X)에서 (Y^*, X^*)로 바뀐다 해도 앞에서 논의한 OLS추정량의 특성은 영향을 받지 않는다는 것이다.

예제 6.2

미국의 GPDI와 GPD간의 관계, 1990-2005

앞에서 소개한 이론적 결과를 구체적으로 살펴보기 위해 표 **6.2**의 자료를 사용하여 회귀분석을 한 결과 다음의 회귀결과를 얻었다(괄호안의 숫자는 추정된 표준오차를 나타냄).

GPDI와 GDP모두 10억달러 단위 :

예제 6.2

(계속)

$$\widehat{\text{GPDI}}_t = -926.090 + 0.2535\ \text{GDP}_t$$
$$\text{se} = (116.358)\ \ (0.0129) \qquad r^2 = 0.9648 \qquad \textbf{(6.2.21)}$$

GPDI와 GDP모두 백만달러 단위 :

$$\widehat{\text{GPDI}}_t = -926{,}090 + 0.2535\ \text{GDP}_t$$
$$\text{se} = (116{,}358)\ \ (0.0129) \qquad r^2 = 0.9648 \qquad \textbf{(6.2.22)}$$

절편과 절편항의 표준오차는 (6.2.21)회귀 결과의 1000배(즉, 10억 단위에서 백만달러 단위로 측정단위를 변경할 때 $w_1=1000$임)로 변하나 기울기계수와 그 표준편차는 두 경우 모두 같게 나타나 이론과 부합된다.

GPDI는 10억달러 단위, GDP는 백만달러 단위:

$$\widehat{\text{GPDI}}_t = -926.090 + 0.0002535\ \text{GDP}_t$$
$$\text{se} = (116.358)\ \ (0.0000129) \qquad r^2 = 0.9648 \qquad \textbf{(6.2.23)}$$

이론에서 이미 논의하였듯이 X 또는 GDP의 측정단위만 변하였으므로 기울기계수와 그 표준오차만이 식(6.2.21)의 값의 (1/1000)이 된다.

GPDI는 백만달러 단위, GDP는 10억 달러 단위 :

$$\widehat{\text{GPDI}}_t = -926{,}090 + 253.524\ \text{GDP}_t$$
$$\text{se} = (116{,}358.7)\ (12.9465) \qquad r^2 = 0.9648 \qquad \textbf{(6.2.24)}$$

다시 한번, 절편과 기울기계수, 그리고 각각의 표준오차가 식(6.2.21)의 값들의 1000배가 됨을 알 수 있다.

모든 회귀에서 r^2값은 불변인데, 이는 r^2가 단위와 관계없는 순수한 숫자이기 때문에 변수들의 측정단위의 변화에도 불구하고 변화가 없게 된다.

해석에 대한 설명

기울기계수 β_2란 단순히 변화율이므로 그 단위가 다음과 같은 비율

$$\frac{\text{종속변수의 단위}}{\text{설명변수의 단위}}$$

임을 알 수 있다. 따라서 (6.2.21)의 회귀에서 구한 기울기계수 추정치 0.2535는 다음과 같은 의미를 갖는다. GDP가 1단위 변화하면, 이 경우 1단위란 10억 달러를 의미하는데, GPDI는 평균적으로 10억 달러의 0.2535만큼 변화한다는 것이다. 한편, (6.2.23)의 회귀에서는 GDP가 1단위(백만달러) 변화하면 GPDI가 평균적으로 10억달러의 0.0002535만큼 변화하게 된다. 그러므로 GDP가 GPDI에 미치는 효과의 측면에서는 두 결과가 서로 동일하다는 것을 알 수 있다.

6.3 표준화된 변수에 대한 회귀

종속변수와 설명변수의 측정단위가 회귀계수의 해석에 영향을 미친다는 것을 앞의 절에서 살펴보았다. 그런데 만약 종속변수와 설명변수를 **표준화된 변수**로 표현하면 이러한 문제를 회피할 수 있다. 한 변수의 평균으로부터 그 변수를 뺀 후 이를 다시 그 변수의 표준편차로 나누면 변수가 표준화되었다고 한다.

그러므로 Y를 X에 회귀하는 경우 변수들을 다음과 같이 재정의할 수 있다.

$$Y_i^* = \frac{Y_i - \bar{Y}}{S_Y} \tag{6.3.1}$$

$$X_i^* = \frac{X_i - \bar{X}}{S_X} \tag{6.3.2}$$

여기에서 $\bar{Y} = Y$의 표본평균, $S_Y = Y$의 표본표준편차, $\bar{X} = X$의 표본평균, $S_X = X$의 표본표준편차이다; Y_i^*와 X_i^*는 표준화된 변수이다.

표준화된 변수의 흥미있는 특성은 그 평균값이 항상 0이고 표준편차는 항상 1이라는 것이다.(부록 6A의 6A.2 절의 증명을 참조할 것)

결과적으로, 종속변수와 설명변수를 어떤 단위로 측정하는가 하는 것은 문제가 되지 않는다. 그러므로 통상적인 (2 변수) 회귀를 시행하는 대신

$$Y_i = \beta_1 + \beta_2 X_i + u_i \tag{6.3.3}$$

표준화된 변수를 사용하여 다음과 같이 회귀할 수 있다.

$$Y_i^* = \beta_1^* + \beta_2^* X_i^* + u_i^* \tag{6.3.4}$$

$$= \beta_2^* X_i^* + u_i^* \tag{6.3.5}$$

표준화된 종속변수와 설명변수를 포함하는 회귀분석에서 절편항이 항상 0이라는 것을 보이는 것은 쉽다.[6] 표준화된 변수의 회귀계수 β_1^*, β_2^*는 베타계수(beta coefficients)라고 부른다.[7] 부수적으로, (6.3.5)는 원점을 지나는 회귀이다.

베타계수를 어떻게 해석해야 하는가? 만약 (표준화된) 설명변수가 1 표준편차만큼 증가하면 (표준화된) 종속변수가 평균적으로 β_2^* 표준편차만큼 증가한다고 해석한다. 그러므로 식 (6.3.3)의 전통적인 모형과는 달리, Y와 X가 표현된 본래의 단위로 영향을 측정하는 것이 아니라 표준편차 단위로 영향을 측정하게 된다.

식 (6.3.3)과 (6.3.5)의 차이를 보이기 위하여 앞 절에서 다룬 GPDI와 GDP 예제를 다시 검토하자. (6.2.21)의 결과는 편의상 다음과 같이 정리될 수 있다.

---

6. 식(3.1.7)에서 절편=종속변수의 평균값−기울기×설명변수의 평균값이라는 것을 보았다. 그러나 표준화된 변수에 대하여 종속변수와 설명변수의 평균값이 0 은 아니다. 그러므로 절편값은 0이다.
7. 이 베타계수를 재무이론에서의 베타계수와 혼동해서는 안된다.

$$\widehat{\text{GPDI}}_t = -926.090 + 0.2535\ \text{GDP}_t$$
$$\text{se} = (116.358) \quad (0.0129) \qquad r^2 = 0.9648 \tag{6.3.6}$$

여기에서 GPDI 와 GDP는 10억 달러 단위로 측정되어 있다.

식(6.3.5)에 상응하는 결과는 다음과 같은데 *가 붙어있는 변수는 표준화된 변수이다:

$$\widehat{\text{GPDI}}_t^* = 0.9822\ \text{GDP}_t^*$$
$$\text{se} = (0.0485) \tag{6.3.7}$$

우리는 식(6.3.6)을 해석하는 법을 알고있다: 만약 GDP가 1달러만큼 증가하면 GPDI는 평균적으로 약 25센트만큼 증가한다. 식(6.3.7)의 해석은? 만약 (표준화된) GDP가 1 표준편차만큼 증가하면 (표준화된) GPDI는 평균적으로 0.98 표준편차만큼 증가한다.

그렇다면 전통적인 모형에 비하여 표준화된 모형을 사용하는 장점은 무엇인가? 이는 설명변수가 2개 이상으로 많아진다면(7장에서 다룰 내용임) 장점은 훨씬 명확해진다. 모든 설명변수를 표준화함으로써 설명변수를 동일한 기반위에 놓고 직접적으로 그들을 비교할 수 있게 된다. 만약 모형에 포함된 표준화된 설명변수의 계수가 다른 표준화된 설명변수의 계수보다 크다면 전자의 변수보다 후자의 변수가 종속변수를 설명하는데 더 기여하는 것이다. 다른 말로 해서, 베타계수를 다양한 설명변수의 상대적 영향강도의 척도로 사용할 수 있다. 그러나 이에 대하여 다음 두 장에서 설명할 것이다.

이 주제를 마감하기 전에 두가지 점을 주목하여야 한다. 첫째, 식(6.3.7)의 표준화된 회귀에 대하여 r^2값을 제시하지 않았는데 그 이유는 6.1절에서 논의했듯이 원점을 지나는 회귀에서 일상적인 r^2는 적용될 수 없기 때문이다. 둘째, 통상적인 모형에서의 β계수와 베타계수 사이에 흥미로운 관계가 존재한다. 2 변수의 경우, 그 관계는 다음과 같다:

$$\hat{\beta}_2^* = \hat{\beta}_2 \left(\frac{S_x}{S_y} \right) \tag{6.3.8}$$

여기에서 S_X = 설명변수 X의 표본표준편차, S_Y = 종속변수 Y의 표본표준편차이다. 그러므로 설명변수와 종속변수의 (표본)표준편차를 안다면 β와 베타계수 사이를 왔다갔다 할 수 있다. 이 관계가 다중회귀분석에서도 성립한다는 것을 다음 장에서 보일 것이다. 설명을 위한 예제로 삼기위하여 학생들은 식(6.3.8)을 증명하는 연습을 하여야 한다.

6.4 회귀모형의 함수형태

2장에서 지적한 바와 같이, 이 책은 모수에 대하여 선형인 모형들만 주로 다루고 있다. 그러나, 이러한 모형들이 변수에 대하여는 선형일 수도 아닐 수도 있다.

다음의 절에서는 변수에 대해 비선형이나 모수의 대해서는 선형인 회귀모형 혹은 적절한 변수의 변환으로 선형화시킬 수 있는 회귀모형을 다룰 것이다. 특히, 다음의 회귀모형을 논의할 것이다 :

1. 로그−선형(log−linear)모형
2. 반로그(semilog)모형
3. 반비례함수(reciprocal) 모형
4. 로그취한 반비례함수(logarithmic reciprocal) 모형

언제 사용되는지 그리고 어떻게 추정되는지 각 모형의 특별한 형태를 설명할 것이다. 각 모형은 적절한 예제로 설명될 것이다.

6.5 탄력성의 측정: 로그-선형모형

다음의 모형을 고려해 보자. 이 모형은 지수회귀모형(exponential regression model)로 알려져 있다.

$$Y_i = \beta_1 X_i^{\beta_2} e^{u_i} \tag{6.5.1}$$

또는 이를 log를 취하여 다른 형태로 변형시키면[8]

$$\ln Y_i = \ln \beta_1 + \beta_2 \ln X_i + u_i \tag{6.5.2}$$

여기서 ln=자연 로그(즉 log의 밑이 e인 함수인데 e=2.718이다.)[9]

식 (6.5.2)를 다음과 같이

$$\ln Y_i = \alpha + \beta_2 \ln X_i + u_i \tag{6.5.3}$$

8. 자연 로그 함수의 다음의 성격을 사용하였다. A와 B는 양이고, k는 상수라는 가정하에서 (1) $\ln(AB) = \ln A + \ln B$, (2) $\ln(A/B) = \ln A - \ln B$, (3) $\ln(A^k) = k \ln A$.

9. 실제에 있어서 밑을 10으로 하는 상용 log를 사용할 수도 있다. 자연 log와 상용 log의 관계는 $\ln_e X = 2.3026 \log_{10} X$이다. 관행적으로, ln은 자연 log를 의미하고 log는 상용 log를 의미한다. 그러므로, log함수를 쓰는데 밑을 e 또는 10으로 명시할 필요는 없다 하겠다.

그림 6.3
불변탄력성 모형

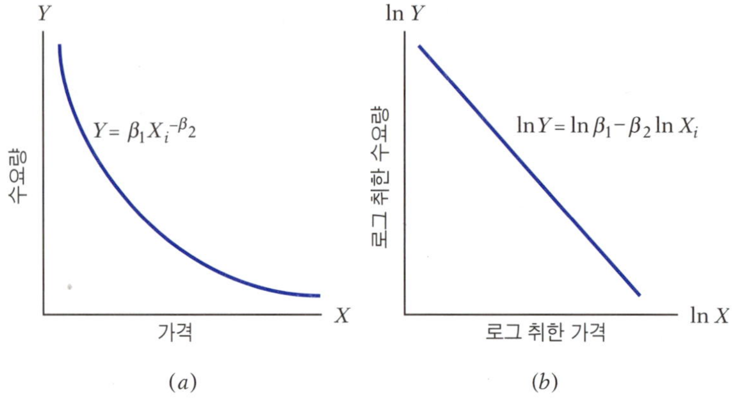

로 표현할 수 있다. 단, $\alpha = \ln\beta_1$인데, 이 모형은 모수 α와 β_2에 대하여 선형이고 $\ln Y_i$, $\ln X_i$에 대하여도 선형임을 알 수 있고, 따라서 OLS회귀에 의해 추정할 수 있다. 이러한 선형형태로 인하여, 위와 같은 모형을 로그–로그(log–log), 이중로그(double–log), 로그–선형(log–linear)모형이라 부른다. 로그의 특성에 관하여 부록 6A.3을 참조하면 된다.

만약 고전적 선형회귀모형에 관한 가정들이 성립한다면 식 (6.5.3)의 모수를 OLS방법으로 추정할 수 있다.

$$Y_i^* = \alpha + \beta_2 X_i^* + u_i \qquad \textbf{(6.5.4)}$$

여기서 $Y_i^* = \ln Y_i$, $X_i^* = \ln X_i$이다. 그리고 OLS 추정량 $\hat{\alpha}$과 $\hat{\beta}_2$은 각각 α와 β_2에 대한 최량 선형불편추정량(BLUE)이 될 것이다.

로그–로그모형을 실제 응용에서 자주 사용하게 되는데, 이 모형의 장점은 기울기 계수 β_2가 바로 X에 관한 Y의 탄력성, 즉 X의 변화율에 대한 Y의 변화율을 나타낸다는 것이다.[10]

따라서 Y가 재화의 수요량, X가 단위가격을 나타낸다면 β_2는 경제학적으로 관심이 큰 수요의 가격탄력성을 의미한다. 수요량과 가격간의 관계는 그림 6.3a에 나타난 것 같다면, 가격탄력성계수의 추정치 $(-\beta_2)$는 이중로그를 사용한 함수변형에서 쉽게 얻을 수 있다.

---

10. 탄력성 계수는 수식으로 $(dY/Y)/(dX/X) = (dY/dX)\cdot(X/Y)$인데, 미분 개념에 익숙한 학생들은 β_2가 탄력성 계수임을 즉시 알 수 있을 것이다.
수학적인 설명: 미적분학에서 논의되는 바와 같이 $d(\ln X)/dX = 1/X$ 또는 $d(\ln X) = dX/X$, 즉 $\ln X$의 미세한 변화=X의 상대적 또는 비례적 변화가 된다. 실제에 있어서 X의 변화가 적당히 작다면 $\ln X$의 변화 $\doteq X$의 상대적 변화가 되는데, $\doteq$의 부호는 근사적이란 의미이다. 따라서, 작은 변화에 대하여 $(\ln X_t - \ln X_{t-1}) \doteq (X_t - X_{t-1})/X_{t-1} = X$의 상대적 변화이다.
그러므로, $X_t - X_{t-1}$은 절대적 변화, $((X_t - X_{t-1})/X_{t-1} = (X_t/X_{t-1} - 1)$은 상대적 또는 비례적 변화, 그리고 $[(X_t - X_{t-1})/X_{t-1}]100$은 퍼센트 변화 또는 성장률이라 한다. 여기서, X_t와 X_{t-1}은 각각 X 변수의 현재의 값과 전기의 값을 나타낸다.

로그-선형 모형의 두 가지 특성을 살펴보자. 우선, 로그-선형 모형은 Y와 X 간의 탄력성계수 β_2가 전 구간에 걸쳐 불변이라고 가정하므로 불변탄력성 모형이라고 부르기도 한다.[11] 다시 말하여 그림 6.3b에서 보듯이, 어떤 $\ln X$ 수준에서 탄력성을 측정하든 $\ln X$ 단위당 변화에 대한 $\ln Y$의 변화는 불변이라는 것이다. 둘째로 $\hat{\alpha}$과 $\hat{\beta}_2$이 α와 β_2에 대한 불편 추정량이나 본래의 모형에서의 모수 β_1의 추정량 $\hat{\beta}_1 = \text{antilog}(\hat{\alpha})$*은 불편 추정량이 아니다. 그러나, 대부분의 실용적인 모형에서 절편항은 단지 부차적인 중요성만을 가질 뿐이므로, β_1의 불편추정량을 얻는 것에 관하여 우려하지 않아도 된다.[12]

2-변수모형에서 로그-선형 모형이 자료에 적절한 지의 여부를 알기 위한 가장 간단한 방법을 $\ln X_i$와 $\ln Y_i$를 대응하여 산포도를 그린 후 산포도의 점들이 그림 6.3b에서 보듯이 근사하게 직선위에 놓여 있는지를 점검하는 것이다.

주의: 학생들은 퍼센트 변화(percent change)와 퍼센트 포인트 변화(percent point change) 사이의 구별을 알고 있어야 한다. 예를 들어 실업률은 6%와 같이 자주 퍼센트 형태로 표현된다. 만약 실업률이 8%로 상승한다면 실업률의 퍼센트 포인트 변화가 2%라고 말하지만 실업률의 퍼센트 변화는 (8−6)/6, 즉 약 33%이다. 그러므로 두 용어는 매우 다른 개념이기 때문에 퍼센트 변화와 퍼센트 포인트 변화를 다룰 때 조심하여야 한다.

예제 6.3

총 개인소비지출과 관련된 내구재 지출

표 6.3은 총 개인소비지출(PCEXP), 내구재 지출(EXPDUR), 비내구재 지출(EXPNONDUR), 그리고 서비스 지출(EXPSERVICES)에 관한 자료를 담고 있다. 모든 변수는 2000년 불변가격이고 단위는 10억달러이다.[13]

가령 총 개인소비지출에 관하여 내구재 지출의 탄력성을 구하고자 한다고 하자. 로그 취한 총 개인소비지출에 대하여 로그 취한 내구재 지출의 산포도를 그리면 두 변수 사이의 관계가 선형임을 알 수 있다. 따라서, 이중 로그모형이 적절할 것이다. 회귀 결과는 다음과 같다.

$$\begin{aligned} \widehat{\ln \text{EXDUR}_t} &= -7.5417 + 1.6266 \ln \text{PCEX}_t \\ \text{se} &= \quad (0.7161) \qquad (0.0800) \\ t &= (-10.5309)^* \quad (20.3152)^* \qquad r^2 = 0.9695 \end{aligned} \tag{6.5.5}$$

여기에서 * 는 p 값이 극히 작다는 것을 나타낸다.

11. 불변탄력성 모형의 경우, 가격수준의 높낮이에 관계없이 가격의 변화율에 대한 총 수입의 변화가 불변이다. 이러한 특성을 간단한 선형회귀 모형 $Y_i = \beta_i + \beta_2 X_i + u_i$에서의 탄력성 조건과 비교하여 보라. 간단한 선형회귀함수의 경우 가격이 1단위 변화했을 때 수량의 변화가 고정적이 되는데, 이 결과를 로그-선형 모형에서 가격이 1달러만큼 변화했을 때의 결과와 비교하라.

*(역자 주) antilog는 log의 역함수, 즉 지수함수를 의미한다.

12. 이러한 경우의 편의의 성격에 관련하여 어떻게 처리하여야 하는가에 관하여는 Athur S. Goldberger, Topics in Regression Analysis, The Macmillan Company, New York, 1978, p.120을 참조할 것.

13. 내구재에는 자동차 및 부품, 가전제품을 포함한다; 비내구재는 식료품, 의류, 휘발류 및 석탄을 포함한다; 서비스업은 건축, 전기 및 가스, 운송, 그리고 의료서비스를 포함한다.

표 6.3 총개인지출과 항목별 지출 (2000년 기준, 단위: 10억달러, 연율 계절조정된 분기별 자료)

연도 및 분기	EXPSERVICES	EXPDUR	EXPNONDUR	PCEXP
2003-I	4,143.3	971.4	2,072.5	7,184.9
2003-II	4,161.3	1,009.8	2,084.2	7,249.3
2003-III	4,190.7	1,049.6	2,123.0	7,352.9
2003-IV	4,220.2	1,051.4	2,132.5	7,394.3
2004-I	4,268.2	1,067.0	2,155.3	7,479.8
2004-II	4,308.4	1,071.4	2,164.3	7,534.4
2004-III	4,341.5	1,093.9	2,184.0	7,607.1
2004-IV	4,377.4	1,110.3	2,213.1	7,687.1
2005-I	4,395.3	1,116.8	2,241.5	7,739.4
2005-II	4,420.0	1,150.8	2,268.4	7,819.8
2005-III	4,454.5	1,175.9	2,287.6	7,895.3
2005-IV	4,476.7	1,137.9	2,309.6	7,910.2
2006-I	4,494.5	1,190.5	2,342.8	8,003.8
2006-II	4,535.4	1,190.3	2,351.1	8,055.0
2006-III	4,566.6	1,208.8	2,360.1	8,111.2

주: 1959–1989기간에 대한 총 개인 소비지출자료는 표 B–2를 참조할 것.
EXPSERVICES = 서비스 지출, 2000년 기준, 단위: 10억달러
EXDUR = 내구재소비지출, 2000년 기준, 단위: 10억달러
EXPNONDUR = 비내구재소비지출, 2000년 기준, 단위; 10억달러
PCEXP = 총개인소비지출, 2000년 기준, 단위: 10억달러

이 추정결과가 보여주듯이, PCEX에 관한 EXPDUR의 탄력성은 약 1.63인데, 총 개인 지출이 1 퍼센트 증가하면 내구재 지출이 평균적으로 약 1.63퍼센트 증가한다는 것이다. 따라서, 내구재 지출은 총 소비지출의 변화에 매우 민감하다. 그렇기 때문에, 내구재 생산자들은 개인소득과 개인소비지출의 변화를 예의주시하게된다. 연습문제 6.18에 학생들은 비내구재 지출에 대하여 유사한 분석을 하게 될 것이다.

6.6 반로그 모형: LOG-LIN 그리고 LIN-LOG모형

성장률의 측정: Log-Lin모형

경제학자, 기업가 그리고 정부에서는 가끔 인구, GNP, 통화공급, 고용, 생산성, 무역적자 등과 같은 경제변수들이 성장률을 구하고자 한다.

표 6.3의 자료를 사용하여 서비스 부문에 대한 개인소비지출의 성장률을 확인하고자 한다고 하자. Y_t는 시점 t에 있어서 서비스부문에 대한 실질지출을 나타내고, Y_0는 초기시점에서 서비스부문에 대한 소비지출(즉, 2002년 4분기 말의 값)이다. 경제학의 입문에서 배운 유명한 복리계산공식을 다시 상기하여 보자.

$$Y_t = Y_0(1 + r)^t \tag{6.6.1}$$

여기에서 r은 Y의 복합(즉, 시간에 걸친) 성장률이다. 식 6.6.1에 자연로그를 취하면,

$$\ln Y_t = \ln Y_0 + t \ln(1+r) \tag{6.6.2}$$

을 얻는다. 이제

$$\beta_1 = \ln Y_0 \tag{6.6.3}$$

$$\beta_2 = \ln(1+r) \tag{6.6.4}$$

이라고 표현하면, 식 6.6.2를 다음과 같이 표현할 수 있다.

$$\ln Y_t = \beta_1 + \beta_2 t \tag{6.6.5}$$

식 6.6.5에 교란항을 추가하면[14]

$$\ln Y_t = \beta_1 + \beta_2 t + u_t \tag{6.6.6}$$

을 구하게된다. 이 모형은 모수 β_1과 β_2에 대해 선형이라는 점에서 여타 회귀모형과 같다. 유일한 차이점이라면 이 회귀식에서 종속변수는 로그 취한 Y이며 설명변수가 "시간"이라는 점인데, 여기에서 시간은 1,2,3 등의 값을 갖게 된다.

(6.6.6)과 같은 모형들은 반로그모형(semilog models)이라고 부르는데, 그 이유는 단지 한 변수(이 경우에는 종속변수)만이 로그형태를 갖기 때문이다. 표현목적으로 종속변수가 로그를 취한 경우 log–lin모형이라고 부른다.

회귀결과를 설명하기 전에 모형(6.6.5)의 특성을 조사해 보자. 이러한 모형에서 **기울기계수는 설명변수(이 경우 시간변수 t)값의 절대변화에 대한 Y의 불변적인 비례적 혹은 상대적 변화를 측정**해 주는데, 다시 말해서[15]

$$\beta_2 = \frac{\text{피회귀자의 상대적 변화}}{\text{회귀자의 절대적 변화}} \tag{6.6.7}$$

만약 Y의 상대적 변화에 100을 곱하면 (6.6.7)은 설명변수 X의 절대적 변화에 대한 Y의 퍼센트변화 혹은 상대적 변화를 나타내게 된다.즉, β_2에 100을 곱하면 Y의 성장률을 나타내게된다; β_2에 100을 곱한 값은 X에 관한 Y의 반탄력성(semielasticity)이라고 알려져 있다(질문: 탄력성을 얻으려면 어떤 것이 필요한가?)[16]

---

14. 교란항을 추가하는 이유는 복리공식이 항상 정확히 성립하는 것은 아니기 때문이다. 로그 변환을 한 후에 오차를 추가하는 이유는 절 6.8에서 설명된다.

15. 미분방정식의 개념을 이용하면 $\beta_2 = d(\ln Y)/dx = (1/Y)/(dY/dX) = (dY/Y)/dX$인데 이 결과는 바로 (6.5.7)이다. Y와 X의 미세한 변화에 대해 이 관계는 다음과 같이 근사적으로 쓸 수 있다.

$$\frac{(Y_t - Y_{t-1})/Y_{t-1}}{(X_t - X_{t-1})}$$

16. 다양한 성장률 공식에 대하여 부록 6A.4를 참조할 것.

예제 6.4

서비스 지출의 증가율

모형 (6.6.6)의 예제로서, 표 6.3의 서비스지출에 관한 자료를 고려하여 보자. 시간 (t)에 걸친 회귀결과는 다음과 같다:

$$\begin{aligned}\widehat{\ln \text{EXS}_t} &= 8.3226 + 0.00705t \\ \text{se} &= (0.0016) \quad (0.00018) \qquad r^2 = 0.9919 \\ t &= (5201.625)^* \quad (39.1667)^*\end{aligned} \qquad \textbf{(6.6.8)}$$

주의: EXS는 서비스 지출을 의미하고, * 는 p 값이 극히 작은 것을 나타낸다.

식 6.6.8의 결과를 보면, 2003-Ⅰ분기부터 2006-Ⅲ분기까지 소비지출이 0.705 퍼센트의 (전기 대비) 증가율로 증가했음을 알 수 있다. 대략적으로 보면, 연간 성장률이 2.82라는 것과 동일하다. 이 분석기간의 초기에 EXS의 로그값 = 8.3226이었기 때문에 역로그(antilog)를 취하면 EXS의 초기값이 4115.96이 된다(즉, 2003년 시작할 때의 값). 식 (6.6.8)에서 구한 회귀선은 그림 6.4에 그려져 있다.

그림 6.4

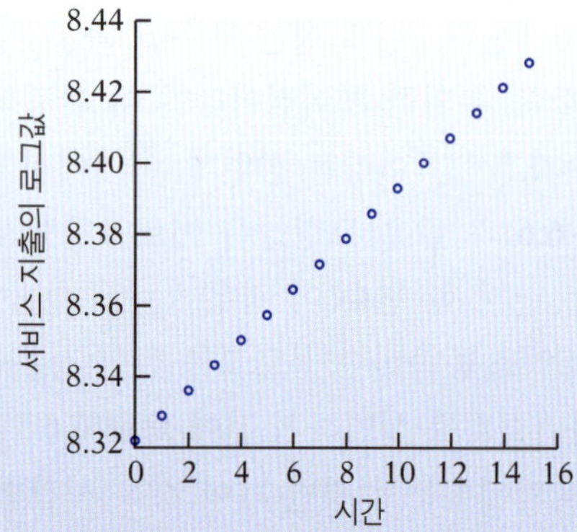

매기의 성장률 대 복리식 성장률

성장모형 (6.6.6)에서 얻은 추세변수의 기울기 β_2는 한 시점에서의 성장률을 나타내는 것이지 기간에 걸친 복리식 성장률을 나타내지는 않는다. 그러나 후자의 성장률은 식 (6.6.4)에 있어 β_2 추정치에 대하여 역로그를 취하고 1을 뺀 후 100을 곱하면 쉽게 구할 수 있다. 예제에서 추정된 기울기 계수가 0.00705이다. 그러므로 [역로그(0.00705) − 1] = 0.00708 또는 약 0.708퍼센트이다. 즉, 예제에서 서비스 지출의 복리식 성장률은 분기당 약 0.708퍼센트인데 이 성장률은 매기마다 측정하는 성장률 0.705퍼센트보다 약간 높게 나타난다. 이러한 현상의 이유는 복리계산 효과 때문이다.

선형추세모형

모형 (6.6.6)을 추정하는 대신 연구자들은 다음의 모형을 추정할 수 있다.

$$Y_t = \beta_1 + \beta_2 t + u_t \qquad \textbf{(6.6.9)}$$

즉, Y의 로그값을 시간에 회귀하는 대신 Y를 시간에 회귀하는데 Y가 관심있는 종속변수이다. 이러한 모형을 선형 추세모형이라고 하고 시간변수 t는 추세변수로 알려져 있다. 만약 (6.6.9)의 기울기계수가 양이라면, Y에 상향추세가 있고, 음이라면 Y에 하향추세가 있다.

앞에서 고려한 서비스지출에 관하여 선형추세모형 (6.6.9)를 추정한 결과는 다음과 같다:

$$\begin{aligned}\widehat{\text{EXS}}_t &= 4111.545 \quad + \quad 30.674t \\ t &= (655.5628) \quad (44.4671) \qquad r^2 = 0.9935\end{aligned} \tag{6.6.10}$$

(6.6.8)과는 대조적으로 식 (6.6.10)의 회귀결과의 해석은 다음과 같다. 2003-Ⅰ분기에서 2006-Ⅲ분기 기간동안 서비스지출은 평균적으로 분기 당 약 30 십억 달러정도의 절대적(**주의**: 상대적인 값이 아님) 비율로 성장하였다. 즉, 서비스지출에 상향 추세가 존재하였다.

성장모형 (6.6.8)과 선형추세모형 (6.6.10)간의 선택은 (비록 비교를 목적으로 하는 경우 상대적 변화가 더 적절하지만) 우리의 관심이 서비스지출의 상대적 변화냐 절대적 변화냐 하는데 달려 있다. **아울러 (6.6.8)과 (6.6.10)간의 r^2를 비교해서는 안된다. 왜냐하면 두 모형의 종속변수가 다른 형태이기 때문이다.** (6.6.8)과 (6.6.10)과 같은 모형의 r^2를 비교하는 방법을 7 장에서 보여줄 것이다.

Lin-Log 모형

방금 논의한 성장모형에서 우리는 X의 절대적 변화에 대한 Y의 퍼센트 증가에 관심이 있었는데 이와는 달리 X의 퍼센트 변화에 대한 Y의 절대적 변화를 알고자 한다고 하자. 이 목적을 위한 모형은 다음과 같다.

$$Y_i = \beta_1 + \beta_2 \ln X_i + u_i \tag{6.6.11}$$

이 모형은 lin-log모형이라고 한다. 이 기울기 계수는 β_2를 해석하여 보자.[17] 그러므로 통상적으로

$$\begin{aligned}\beta_2 &= \frac{Y\text{의 변화}}{\ln X\text{의 변화}} \\ &= \frac{Y\text{의 변화}}{X\text{의 상대적 변화}}\end{aligned}$$

17. 미분방정식을 이용하여 보면

$$\frac{dY}{dX} = \beta_2\left(\frac{1}{X}\right)$$

왜냐하면,

$$\beta_2 = \frac{dY}{\frac{dX}{X}} = (6.6.12)$$

이다. 두 번째 단계의 표현은 **어떤 숫자에 로그를 취한 후의 변화는 상대적 변화**라는 사실에 근거하고 있다.

수식으로 표현하면

$$\beta_2 = \frac{\Delta Y}{\Delta X/X} \tag{6.6.12}$$

여기에서 통상적으로 Δ는 소량의 변화를 의미한다. 식 (6.6.12)를 다음과 같이 쓸 수도 있다.

$$\Delta Y = \beta_2(\Delta X/X) \tag{6.6.13}$$

이 방정식은 Y의 절대적 변화($=\Delta Y$)는 β_2와 X의 상대적 변화의 곱과 같다는 것이다. 만약 후자에 100을 곱하면, (6.6.13)은 X의 퍼센트 변화에 대한 Y의 절대적 변화를 의미한다. 따라서 만약 $\Delta X/X$가 0.01단위(또는 1퍼센트)만큼 변화하였다면, Y의 절대적 변화는 $0.01(\beta_2)$이다. 본 예제에서 $\beta_2 = 500$이라면 Y의 절대적 변화는 (0.01)(500), 또는 5.0이다. 그러므로 (6.6.11)과 같은 회귀식을 OLS로 추정할 때 추정된 회귀계수 β_2의 값을 0.01로 곱하거나(동일한 내용이지만) 100으로 나누어야 한다는 것을 명심하여야 한다. 이를 명심하지 않으면 결과의 해석이 매우 왜곡될 것이다.

실제에 있어서의 질문: 식 (6.6.11)과같은 lin–log 모형은 유용한가? 독일의 통계학자 Ernst Engel (1821~1896)의 이름을 따라 소위 엥겔 지출모형이라 부르는 하는 모형에서 재미있는 응용을 발견할 수 있다. (연습문제 6.10을 참조할 것) Engel은 "총 지출은 기하급수적으로 증가하는데 음식물 총 지출은 산술적으로 증가한다"라고 주장하였다.[18]

예제 6.5 lin-log 모형의 예로서, 인도의 식료품 지출에 관한 예제 3.2를 다시 한번 고려하자. 1차 근사모형으로서 변수-선형모형을 추정하였다. 그러나 자료의 산포도를 그려보면 그림 6.5를 얻는다. 이 그림이 의미하는 바는, 식료품지출은 총지출이 증가함에 따라 더 서서히 증가한다는 것으로서 Engel의 법칙에 부합되는 것처럼 보인다. lin–log 모형의 추정결과는 다음과 같다:

$$\widehat{\text{FoodExp}}_i = -1283.912 \quad + 257.2700 \ln \text{TotalExp}_i$$
$$t = \quad (-4.3848)^* \qquad (5.6625)^* \qquad r^2 = 0.3769 \tag{6.6.14}$$

주의: *는 p값이 극히 작은 경우이다.

18. Chandan Mukherjee, Howard White, and Mark Wuyts, *Econometrics and Data Analysis for Developing Countries*, Routledge, London, 1998, p.158을 참조할 것. 본문인용의 출처는 H.Working, "Statistical Laws of Family Expenditure," *Journal of the Americal Statistical Association*, col.38, 1943, pp.43~56임.

예제 6.5

(계속)

그림 6.5

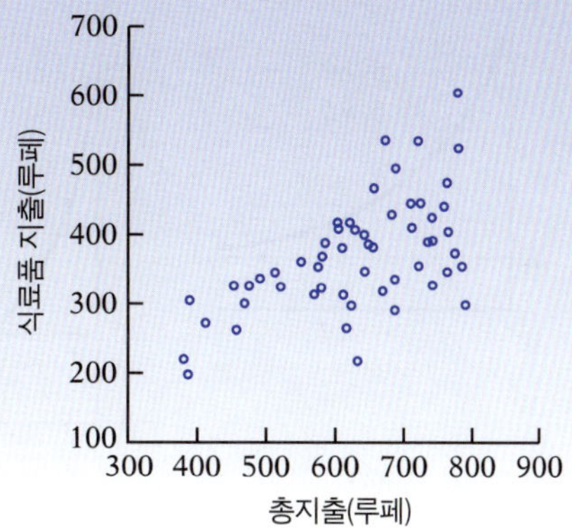

전과 동일한 방식으로 해석하면, 약 257인 기울기계수는 총 지출 1퍼센트 증가에 대하여 표본에 포함된 55가구의 식료품 지출이 평균적으로 약 2.57루페 증가한다는 것이다.(주: 추정된 기울기 계수를 100으로 나누었음.)

더 나아가기 전에, log–lin 모형이나 lin–log 모형에 있어 탄력성계수를 계산하려면 다음과 같은 탄력성계수의 정의를 사용하면 된다. 즉,

$$\text{Elasticity} = \frac{dY}{dX}\frac{X}{Y}$$

사실, 어떤 모형의 함수형태를 알고 있으면, 위의 정의를 적용하여 탄력성을 구할 수 있다.(후에 제시될 표 6.6에 다양한 모형의 탄력성 계수를 요약하였다.)

때때로 로그변환이 왜도를 줄이는 것뿐만 아니라 이분산을 줄이는데도 사용될 수 있다는 것을 유념하자. (11장을 참조할 것) 많은 경제변수들의 통상적인 특성은 양의 방향으로 치우쳐있고(예컨대, 기업규모의 분포, 소득 또는 부의 분포) 이분산구조를 지닌다. 이러한 변수들에 대한 로그변환은 왜도와 이분산 모두 줄여준다. 이렇기 때문에 노동경제학자들은 임금을 (교육년수로 측정하는) 학력에 회귀할 때 로그 취한 임금변수를 사용하는 것이다.

6.7 반비례 변환(Reciprocal Transformation)

다음과 같은 형태의 모형을 반비례 모형(reciprocal model)이라 한다.

$$Y_i = \beta_1 + \beta_2\left(\frac{1}{X_i}\right) + u_i \qquad (6.7.1)$$

설명변수 X가 반비례의 형태 혹은 분수형태로 모형에 포함되어 있어, 이 모형은 X에 대해서 비선형이지만 모수 β_1과 β_2에 대하여는 선형이기 때문에 명백

그림 6.6
반비례 모형:
$Y = \beta_1 + \beta_2\left(\frac{1}{X}\right)$

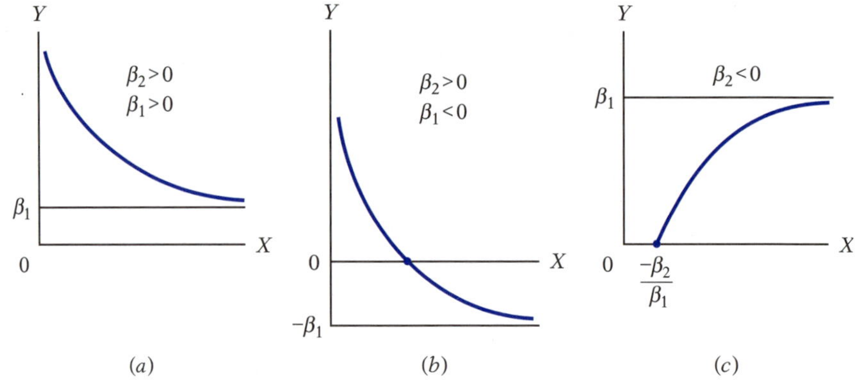

히 선형 모형이다.[19]

이러한 모형은 다음과 같은 특징을 가지고 있다: X가 무한히 증가할 때 $\beta_2(1/X)$항은 0으로 접근하고(주: β_2는 상수임), Y는 극한값 혹은 **점근적** 값인 β_1에 접근해간다. 그러므로, (6.3.12)와 같은 모형은 X변수의 값이 무한히 증가할 때 종속변수가 취할 수 있는 극한값 또는 점근적 값을 모형내에 가지고 있다.[20] 식(6.7.1)에 상응하는 곡선의 형태는 그림 6.6에 나타나 있다.

예제 6.6

그림 6.6a의 예제로서, 표 6.4의 자료를 고려하자. 이 자료는 유아사망과 다른 변수에 대하여 64개 국가의 횡단면 자료이다. 우선 유아사망 변수(CM)와 1인당 GNP에 초점을 맞추고 분석하자. 그림 6.7에 산포도가 그려져 있다.

그림에서 볼수 있듯이, 이 산포도는 그림 6.6a와 유사하다: 1인당 GNP가 증가할수록, 유아사망은 감소할 것이라 기대한다. 왜냐하면 다른 변수가 일정할 때 소득이 증가할수록

그림 6.7
66개국의 유아사망과 1인당 GNP 관계

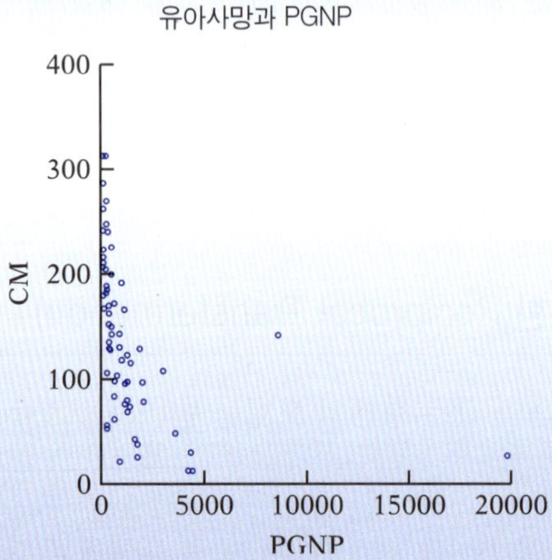

(계속)

19. $X_i^* = 1/X_i$로 하면, 식 (6.3.12)는 모수뿐만 아니라 변수 Y_i와 X_i에 대하여도 선형이 된다.
20. (6.7.1)의 기울기는 $dY/dX = -\beta_2(1/X^2)$이다. 즉, β_2가 0보다 크면 기울기는 전 구간에 걸쳐 음이고, β_2가 음이면 기울기는 전 구간에 걸쳐 양의 값을 갖는다. 각각의 경우는 그림 6.6a와 그림 6.6c에 나타나 있다.

예제 6.6

(계속)

표 6.4 66개국의 유아사망과 1인당 GNP의 관계

관측치	CM	FLFP	PGNP	TFR	관측치	CM	FLFP	PGNP	TFR
1	128	37	1870	6.66	33	142	50	8640	7.17
2	204	22	130	6.15	34	104	62	350	6.60
3	202	16	310	7.00	35	287	31	230	7.00
4	197	65	570	6.25	36	41	66	1620	3.91
5	96	76	2050	3.81	37	312	11	190	6.70
6	209	26	200	6.44	38	77	88	2090	4.20
7	170	45	670	6.19	39	142	22	900	5.43
8	240	29	300	5.89	40	262	22	230	6.50
9	241	11	120	5.89	41	215	12	140	6.25
10	55	55	290	2.36	42	246	9	330	7.10
11	75	87	1180	3.93	43	191	31	1010	7.10
12	129	55	900	5.99	44	182	19	300	7.00
13	24	93	1730	3.50	45	37	88	1730	3.46
14	165	31	1150	7.41	46	103	35	780	5.66
15	94	77	1160	4.21	47	67	85	1300	4.82
16	96	80	1270	5.00	48	143	78	930	5.00
17	148	30	580	5.27	49	83	85	690	4.74
18	98	69	660	5.21	50	223	33	200	8.49
19	161	43	420	6.50	51	240	19	450	6.50
20	118	47	1080	6.12	52	312	21	280	6.50
21	269	17	290	6.19	53	12	79	4430	1.69
22	189	35	270	5.05	54	52	83	270	3.25
23	126	58	560	6.16	55	79	43	1340	7.17
24	12	81	4240	1.80	56	61	88	670	3.52
25	167	29	240	4.75	57	168	28	410	6.09
26	135	65	430	4.10	58	28	95	4370	2.86
27	107	87	3020	6.66	59	121	41	1310	4.88
28	72	63	1420	7.28	60	115	62	1470	3.89
29	128	49	420	8.12	61	186	45	300	6.90
30	27	63	19830	5.23	62	47	85	3630	4.10
31	152	84	420	5.79	63	178	45	220	6.09
32	224	23	530	6.50	64	142	67	560	7.20

주: CM = 유아사망, 매년 1000명 출생당 5세 이하 유아사망 숫자
FLFP = 여성 문해율(文解率; literacy rate), 퍼센트
PGNP = 1980년 1인당 GNP
TFR = 총출산율, 1980–1985, 각 년도의 출산율의 평균

출처: Chandan Mukherjee, Howard White, and Marc Whyte, *Econometrics and Data Analysis for Developing Countries*, Routledge, London, 1998, p. 456.

건강관리에 더 많은 지출을 할 수 있기 때문이다. 그러나 그 관계가 직선은 아니다: 1인당 GNP가 증가할수록 CM은 초기에 극적으로 감소하나 1인당 GNP가 지속적으로 증가함에 따라 그 감소는 서서히 사그러져간다.

만약 반비례 모형 (6.7.1)을 추정하면, 다음의 회귀모형을 얻는다:

$$\widehat{\text{CM}}_i = 81.79436 + 27{,}237.17\left(\frac{1}{\text{PGNP}_i}\right) \quad \textbf{(6.7.2)}$$
$$\text{se} = (10.8321) \qquad (3759.999)$$
$$t = (7.5511) \qquad (7.2535) \qquad r^2 = 0.4590$$

1인당 GNP가 무한히 증가할수록 유아사망은 1000명당 약 82명이라는 점근적 값에 접근한다. 각주 20에 설명했듯이, $1/\text{PGNP}_t$의 계수가 양의 값이라는 것은 PGNP에 관한 CM의 변화율이 음이라는 것을 의미한다.

예제 6.6

(계속)

그림 6.8 필립스 곡선

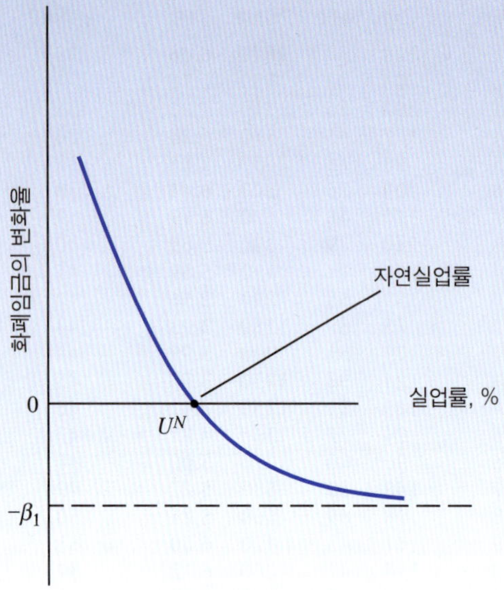

그림 6.6b를 적용하는 중요한 예로서 거시경제학의 유명한 필립스곡선을 들 수 있다. 1861년부터 1957년까지 영국경제의 명목임금 변화율(Y)과 실업률(X)을 분석한 결과 필립스는 그림 6.6b를 닮은 곡선을 얻었다(그림 6.7)[21]

그림 6.8이 보여주듯이 임금변화는 실업률 수준에 비대칭적으로 반응하고 있다: 실업률이 자연 실업률[임금] 인플레이션을 불변으로 유지하는데 요구되는 실업률로 정의함) U^N보다 낮은 경우에는 실업률 1%변화에 대해 임금이 더 빠르게 상승한다. 그리고 실업률이 자연실업률보다 높은 경우에는 실업률 1% 변화에 대하여 임금이 서서히 떨어진다. 이때 $-\beta_1$은 임금변화가 점근적 최소값을 나타내고 있다. 필립스 곡선의 이러한 특성은 노조의 협상력, 최저임금제, 실업수당 등의 제도적 요인 때문이다.

필립스의 논문발표 이후로 이론적 및 실증적 수준에서 필립스곡선에 관한 방대한 연구가 진행되어 왔다. 이 책에서는 필립스곡선을 둘러싼 논쟁을 구체적으로 열거하는 것은 지면관계상 어렵다. 필립스곡선 자체는 몇가지 형태를 지니고 있다. 비교적 최근에 형태를 제시한 연구는 Olivier Blanchard에 의해서 이루어졌다.[22] 만약 시점 t에서의 인플레이션(여기에서는 소비자물가지수와 같은 대표적인 물가지수에 의해 측정된 물가지수의 퍼센트 변화로 정의함)을 π_t, t에서의 실업률을 UN_t라고 하면 현대판 필립스 곡선은 다음의 형태로 표현될 수 있다:

$$\pi_t - \pi_t^e = \beta_2(\text{UN}_t - U^N) + u_t \tag{6.7.3}$$

여기에서 π_t = 시점 t에서의 실제 인플레이션 율

π_t^e=(t-1)연도에 형성된 시점 t에서의 기대인플레이션 율

21. A.W.Phillips. "The Relation between Unemployment and the Rate of Change of Money Wages in the United Kingdom. 1861~1957." *Economica*, November 1958, vol. 25, pp283~299. 본래의 곡선은 1861년부터 1913년까지의 자료를 사용하였는데 이 곡선은 실업률 축을 교차하지 않았다. 그러므로, 그림 6.7은 필립스 곡선의 최근 형태를 나타낸다 하겠다.

22. Olivier Blanchard, *Macroeconomics*, Prentice-Hall, Englewood Cliffs, NJ, 1997, Chap. 17을 참조할 것.

예제 6.6

(계속)

UN_t = 시점 t에서의 실제 실업률

U^N = 자연실업률

u_t = 확률적 오차항[23]이다.

π_t^e 직접 관측할 수 없기 때문에 $\pi_t^e = \pi_{t-1}$라고 쉬운 단순화 가정을 할 수 있다: 즉, 금년의 인플레이션 율에 대한 예측은 작년의 실제 인플레이션이다; 물론, 기대 형성에 관하여 더 복잡한 가정을 할 수도 있는데, 이를 17장에서 분포시차모형을 다룰 때 논의한다.

이 가정을 식(6.7.3)에 대입하고 회귀식을 표준적인 형태로 쓰면, 다음의 추정방정식을 얻게 된다:

$$\pi_t - \pi_{t-1} = \beta_1 + \beta_2 \mathrm{UN}_t + u_t \tag{6.7.4}$$

여기에서 $\beta_1 = -\beta_2$이다. 식 6.7.4는 2 기간 사이의 인플레이션율 변화가 현재의 실업률에 선형으로 관련된다는 것을 말해주고 있다. 선험적으로, β_2는 음의 값일 것이라 예상되고(그 이유는?) β_1은 양의 값을 가질 것이라 예측된다.

부수적으로, 식 (6.7.3)의 필립스 관계는 경제학 문헌에서 **변형된 필립스곡선** 또는 **기대가 추가된 필립스곡선**(π_{t-1}이 예측된 인플레이션을 의미한다는 것을 가리킴), 또는 **가속주의자 필립스 곡선**(accelerationist Phillips curve)이라고 부른다(낮은 실업률이 인플레이션율의 상승, 즉 물가수준의 *가속*을 유도한다는 것을 의미함).

예제 6.7

변형된 필립스곡선의 예로서, 1960~2006 기간 동안 소비자물가지수(CPI)의 연간 퍼센트 변화로 측정한 인플레이션율과 실업률에 관한 자료를 표 6.5에 제시하였다. 여기에서 제시된 실업률은 민간 실업률이다. 이 자료를 이용하여 인플레이션율의 변화(π_t-π_{t-1})를 구한 후 민간 실업률에 대하여 산포도를 그려 그림6.9에 나타냈다.

예상한대로, 인플레이션율 변화와 실업률 사이의 관계는 음의 관계이다-낮은 실업률은 인플레이션율의 증가를 야기하고 결과적으로 물가수준의 가속화가 이루어지며 소위 가속주의자 필립스곡선을 의미한다.

그림 6.9를 보면, 선형(직선) 회귀모형과 반비례 모형 가운데 어느 것이 자료에 잘 맞는지 명확하지 않다; 두 변수 사이에 곡선의 관계가 있을 수도 있다. 아래에서 두 모형에 기초한 회귀결과를 제시하였다. 그러나 각주 20에서 지적했듯이 반비례 모형에 대하여 절편항이 음으로, 기울기 항은 양으로 예상되는 것을 명심하여라.

선형 모형:
$$\widehat{(\pi_t - \pi_{t-1})} = 3.7844 - 0.6385\ \mathrm{UN}_t \tag{6.7.5}$$
$$t = (4.1912) \quad (-4.2756) \qquad r^2 = 0.2935$$

반비례 모형:
$$\widehat{(\pi_t - \pi_{t-1})} = -3.0684 + 17.2077\left(\frac{1}{\mathrm{UN}_t}\right) \tag{6.7.6}$$
$$t = (-3.1635) \quad (3.2886) \qquad r^2 = 0.1973$$

두 모형에서 모든 추정계수는 p 값이 0.005 수준보다 낮아 개별적으로 통계적으로 유의하다.

23. 경제학자들은 이 오차항이 1973과 1979의 OPEC의 석유수출금지와 같은 일종의 공급충격을 대표한다고 믿는다.

표 6.5
미국의 인플레이션율과 실업률, 1960-2006(모든 도시 소비자; 예외적인 경우를 제외하고 1982-1984=100)

출처: *Economic Report of the President*, 2007, Table B-60, p. 399(CPI 변화) Table B-42, p. 376(실업률)

연도	INFLRATE	UNRATE	연도	INFLRATE	UNRATE
1960	1.718	5.5	1984	4.317	7.5
1961	1.014	6.7	1985	3.561	7.2
1962	1.003	5.5	1986	1.859	7.0
1963	1.325	5.7	1987	3.650	6.2
1964	1.307	5.2	1988	4.137	5.5
1965	1.613	4.5	1989	4.818	5.3
1966	2.857	3.8	1990	5.403	5.6
1967	3.086	3.8	1991	4.208	6.8
1968	4.192	3.6	1992	3.010	7.5
1969	5.460	3.5	1993	2.994	6.9
1970	5.722	4.9	1994	2.561	6.1
1971	4.381	5.9	1995	2.834	5.6
1972	3.210	5.6	1996	2.953	5.4
1973	6.220	4.9	1997	2.294	4.9
1974	11.036	5.6	1998	1.558	4.5
1975	9.128	8.5	1999	2.209	4.2
1976	5.762	7.7	2000	3.361	4.0
1977	6.503	7.1	2001	2.846	4.7
1978	7.591	6.1	2002	1.581	5.8
1979	11.350	5.8	2003	2.279	6.0
1980	13.499	7.1	2004	2.663	5.5
1981	10.316	7.6	2005	3.388	5.1
1982	6.161	9.7	2006	3.226	4.6
1983	3.212	9.6			

주: 인플레이션율은 CPI의 전년대비 퍼센트 변화임. 실업률은 민간실업률임

그림 6.9
변형된 필립스 곡선

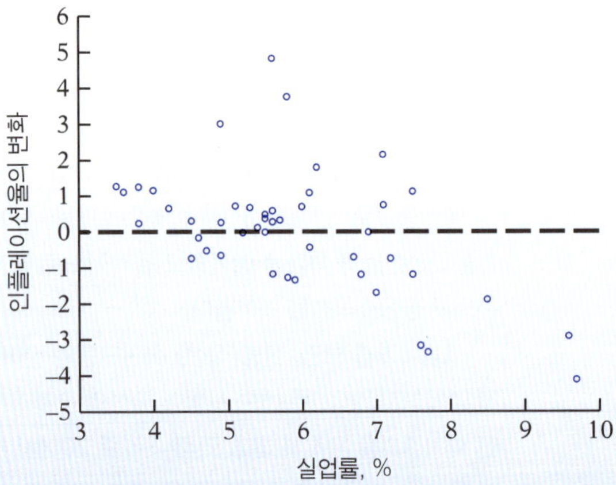

모형 (6.7.5)는 만약 실업률이 1 퍼센트 포인트 상승하면 인플레이션율의 변화가 평균적으로 약 0.64 퍼센트 포인트 상승하고 그 역도 성립한다는 것을 보여준다. 모형(6.7.6)은 비록 실업률이 무한히 증가한다고 해도 인플레이션율의 변화는 기껏해야 약 3.07퍼센트 포인트 정도 상승할 것이라는 것을 보여준다. 부수적으로, 식(6.7.5)로부터 내재되어 있는 자연실업률을 다음과 같이 계산할 수 있다:

$$U^N = \frac{\hat{\beta}_1}{-\hat{\beta}_2} = \frac{3.7844}{0.6385} = 5.9270 \qquad \textbf{(6.7.7)}$$

즉, 자연실업률은 약 5.93%이다. 비록 미국의 최근 상황에 의하면 훨씬 낮게 유지되어 왔지만 경제학자들은 자연실업률이 5 내지 6% 라고 주장한다.

그림 6.10
로그 반비례 모형

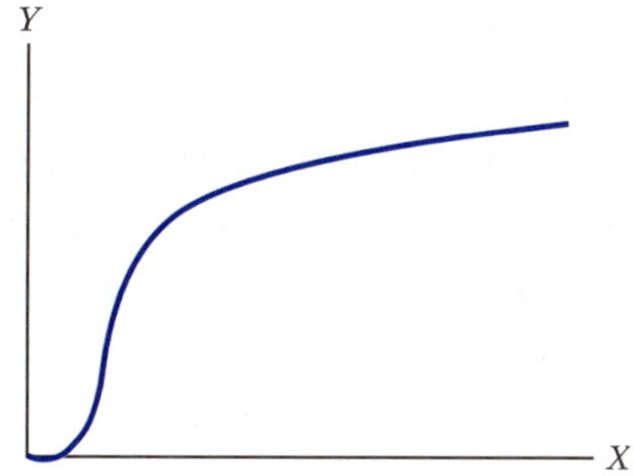

로그 쌍곡선 또는 로그 반비례모형

다음과 같은 형태를 가지고 있는 로그 반비례모형을 고려함으로써 반비례모형에 관한 논의를 마치려고 한다:

$$\ln Y_i = \beta_1 - \beta_2 \left(\frac{1}{X_i}\right) + u_i \tag{6.7.8}$$

이 모형의 형태는 그림 6.10에 그려져있다. 이 그림이 보여주듯이, 초기에 Y가 증가하면서 증가하지만(즉 곡선이 초기에는 오목하다(convex)), 후반에는 감소하면서 증가한다(즉, 곡선이 볼록하다(concave)).[24] 이러한 모형을 단기 생산함수를 모형화하는데 적절할 수 있다. 만약에 노동과 자본이 생산함수에서 투입이면 그리고 자본투입을 일정하게 유지하고 노동투입을 증가시키면 단기 산출–노동 관계는 그림 6.10과 비슷하다는 미시경제학이론을 떠올리면 된다.(7장의 예제 7.3을 참고할 것)

6.8 함수형태의 선택

이 장에서는 변수–선형 회귀모형의 범주 안에서 실증모형이 가정할 수 있는 몇 가지 함수형태를 공부하였다. 특정한 함수형태를 선택하는 것은 2–변수 경우 상

24. 미분학에서 다음을 보여줄 수 있다.

$$\frac{d}{dX}(\ln Y) = -\beta_2\left(-\frac{1}{X^2}\right) = \beta_2\left(\frac{1}{X^2}\right)$$

그러나

$$\frac{d}{dX}(\ln Y) = \frac{1}{Y}\frac{dY}{dX}$$

이기 때문에 이를 대입하면

$$\frac{dY}{dX} = \beta_2 \frac{Y}{X^2}$$

을 얻게되는데 이는 X에 관한 Y의 기울기이다.

대적으로 쉬울 수 있다. 왜냐하면, 변수의 산포도를 그린 후 적절한 모형에 대한 대략적인 판단을 할 수 있기 때문이다. 1개 이상의 설명변수를 포함하는 다중회귀모형에서는 함수형태의 선택이 훨씬 더 어려워지는데, 우리는 이 주제를 다음의 두 장에서 고려할 때 더 논의할 것이다. 실증분석에서 적절한 모형을 선택하는데 아주 많은 기법과 경험이 필요하다는 것을 부인할 수 없다. 그러나 몇 가지 지침은 다음과 같다.

1. 기반이 되는 이론(예를 들어, 필립스 곡선)이 특정한 함수형태를 추천해줄 수 있다.
2. 설명변수에 관하여 종속변수의 탄력성 뿐만 아니라 설명변수에 관하여 종속변수의 변화율(즉, 기울기)을 확인하는 것이 좋은 시도(practice)이다. 이 장에서 고려된 다양한 모형에 대하여 표6.6에 다양한 모형의 기울기 계수와 탄력성 계수의 필요공식을 정리하였다. 이러한 공식을 알면 다양한 모형을 비교하는데 도움이 될 것이다.
3. 선택된 모형의 계수는 일정한 선험적 기대를 충족시켜야 한다. 예를 들어, 자동차 가격과 몇 몇 다른 변수의 함수로서 자동차 수요함수를 고려한다면 가격변수에 대하여 음의 계수값을 기대하여야 한다.
4. 때때로 1개 이상의 모형이 주어진 자료에 잘 맞는 경우가 있다. 변형된 필립스곡선에 있어 동일한 자료에 대하여 선형모형과 반비례모형을 적용하였다. 두 경우 모두 계수는 사전적 기대를 충족시키고 모두 통계적으로 유의하였다. 가장 큰 차이점은 선형모형의 r^2값이 반비례모형보다 크다는 것이다. 그러므로 반비례모형에 비하여 선형모형에 더 우위를 부여할 수도 있다. **그러나 두 r^2을 비교하는데 있어 두 모형의 종속변수가 같아야**

표 6.6

모형	방정식	기울기 $\left(=\frac{dY}{dX}\right)$	탄력성 $\left(=\frac{dY}{dX}\frac{X}{Y}\right)$
선형	$Y=\beta_1+\beta_2 X$	β_2	$\beta_2\left(\frac{X}{Y}\right)^*$
로그-선형	$\ln Y=\beta_1+\beta_2 \ln X$	$\beta_2\left(\frac{Y}{X}\right)$	β_2
Log-lin	$\ln Y=\beta_1+\beta_2 X$	$\beta_2\,(Y)$	$\beta_2\,(X)^*$
Lin-log	$Y=\beta_1+\beta_2 \ln X$	$\beta_2\left(\frac{1}{X}\right)$	$\beta_2\left(\frac{1}{Y}\right)^*$
반비례	$Y=\beta_1+\beta_2\left(\frac{1}{X}\right)$	$-\beta_2\left(\frac{1}{X^2}\right)$	$-\beta_2\left(\frac{1}{XY}\right)^*$
로그-반비례	$\ln Y=\beta_1-\beta_2\left(\frac{1}{X}\right)$	$\beta_2\left(\frac{Y}{X^2}\right)$	$\beta_2\left(\frac{1}{X}\right)^*$

주: *은 X의 값, 또는 Y의 값, 또는 두 변수 모두의 값에 따라 탄력성이 변화하는 경우를 나타낸다. 특정한 X와 Y의 값이 정해지지 않으면 실제 활용에서는 X와 Y의 평균값($\bar{X}$ 와$\bar{Y}$)으로 탄력성을 측정한다.

함을 명심하여야 한다; 설명변수는 어떤 형태를 취해도 된다. 이에 대하여 이유를 다음 장에서 설명할 것이다.

5. 일반적으로 r^2가 크면 클수록 더 좋은 모형이라는 의미에서 r^2 척도를 **과다하게 강조해서는 안된다.** 다음 장에서 논의할 것이지만 모형에 설명변수를 추가할수록 r^2는 증가한다. 이보다는 선택된 모형에 대한 이론적인 기반, 추정계수의 부호와 통계적 유의성 등이 더 중요하다. 어떤 모형이 이들 기준에서 볼 때 양호하다면, r^2이 낮다고 해도 매우 채택가능한 모형이다. 이 중요한 주제를 13장에서 더 심도있게 논의할 것이다 .
6. 어떤 경우에는 특정 함수형태를 설정하는 것이 쉽지않을 때가 있다. 이러한 경우에는 소위 Box–Cox 변환이라는 것을 사용해도 된다. 이 주제가 다소 기술적이기 때문에 부록 6A.5에서 Box–Cox 과정을 설명한다.

*6.9 확률적 오차항의 성격에 관한 설명: 더하기 형태 대 곱하기 형태

다음의 회귀모형을 고려하여 보자. 이 모형은 오차항을 제외하고는 (6.5.1)과 같다:

$$Y_i = \beta_1 X_i^{\beta_2} \tag{6.9.1}$$

추정을 위하여 이 모형을 다음의 세가지 형태로 표현할 수 있다:

$$Y_i = \beta_1 X_i^{\beta_2} u_i \tag{6.9.2}$$

$$Y_i = \beta_1 X_i^{\beta_2} e^{u_i} \tag{6.9.3}$$

$$Y_i = \beta_1 X_i^{\beta_2} + u_i \tag{6.9.4}$$

이 식들의 양쪽에 로그를 취하면

$$\ln Y_i = \alpha + \beta_2 \ln X_i + \ln u_i \tag{6.9.2a}$$

$$\ln Y_i = \alpha + \beta_2 \ln X_i + u_i \tag{6.9.3a}$$

$$\ln Y_i = \ln\left(\beta_1 X_i^{\beta_2} + u_i\right) \tag{6.9.4a}$$

을 얻는데, 여기에서 $\alpha = \ln\beta_1$이다.

(6.9.2)와 같은 모형들의 경우 적절한 로그변환을 통해 모수 α와 β_2에 대해 선형인 모형으로 바꿀 수 있다는 의미에서 이들 모형들을 본질적으로(**모수에 대해) 선형인** 회귀모형이라고 부른다 (주: 이 모형들은 β_1에 대해서는 비선형이다). 그러나 (6.9.4)와 같은 모형들은 본질적으로 모수에 대해 비선형이다. 이 모형들

*수학적 내용이므로 공부 여부를 선택적으로 결정할 것.

의 경우 $\ln(A+B) \neq \ln A + \ln B$이기 때문에 쉽게 로그 변환을 할 방법이 없다.

(6.9.2)와 (6.9.3)이 비록 선형회귀모형이고 통상최소자승(OLS)이나 최우추정(ML)으로 추정할 수 있다고 하여도 이 모형들에 포함된 확률적 오차항의 특성에 대해 조심하여야 한다. OLS 추정량의 BLUE특성은 u_i의 평균값이 0이고, 동일한 분산을 가지며 자기상관이 없다는 것을 요구하고 있음을 기억하자. 가설검정을 위해 우리는 u_i가 방금 지적한 평균과 분산을 갖는 정규분포를 따른다는 것을 가정하고 있다. 간단히 말해서 우리는 $u_i \sim N(0, \sigma^2)$을 가정해 왔다.

이제 (6.9.2)를 고려하여 보자. 이 모형의 통계적 변형은 (6.9.2a)에 주어져 있다. 고전적 정규선형 회귀(CNLRM)를 사용하기 위해서는 다음의 사항을 가정해야 한다.

$$\ln u_i \sim N(0, \sigma^2) \tag{6.9.5}$$

그러므로 (6.9.2a)의 회귀를 할 때 이 회귀로부터 얻은 잔차에 대해 5장에서 논의한 정규성 검정을 하여야 한다. 부수적으로 만약에 $\ln u_i$가 평균이 0이고 동일한 분산을 가진 정규분포를 따른다면 u_i는 평균이 $e^{\sigma^2/2}$, 분산이 $e^{\sigma^2}(e^{\sigma^2}-1)$인 로그-정규분포(log-normal distribution)를 따르게 된다.

앞에서의 분석이 보여준 바와 같이, 회귀분석을 위해 모형을 변환하는데 있어 오차항에 세심한 주의를 기울여야 한다. (6.9.4)에 관한 한, 이 모형은 모수에 대해 비선형이고, 적절한 컴퓨터 프로그램에 의해 추정되어야 한다. 모형(6.9.3)은 추정에 있어 어떠한 문제도 유발시키지 않는다.

요약하면, 회귀분석을 위해 모형을 변환할 때 오차항에 주의를 기울여야한다. 주의를 기울이지 않으면 변형된 모형에 대해 OLS을 무작정 적용하다고 해서 바람직한 통계적 특성을 지닌 모형을 얻을 수 없을 것이다.

요약 및 결론

이 장에서 고전적 선형회귀모형(CLRM)의 세밀한 부분을 소개하였다.

1. 때때로 회귀모형이 절편항을 포함하지 않을 수 있다. 그러한 모형을 원점을 통과하는 회귀라고 한다. 비록 그러한 모형을 추정하는데 있어서의 수학적 내용은 매우 간단하나, 그러한 모형을 조심스럽게 사용하여야 한다. 그러한 모형에서 잔차자승합 $\sum \hat{u}_i$은 0이 아니다: 추가적으로 통상적으로 계산된 r^2는 의미가 없을 수도 있다. 강한 이론적 근거가 없다면 모형에 명시적으로 절편을 포함하는 것이 바람직하다.
2. 설명변수와 종속변수를 어떻게 표현하는가에 해당하는 측정단위는 매우 중요한데 그 이유는 회귀계수의 해석이 측정단위에 결정적으로 의존하기 때문이다. 실증분석에서 연구자들은 자료의 출처뿐만 아니라 변수들을 어

떻게 측정하였는지 명백히 기술하여야 한다.

3. 종속변수와 설명변수간의 관계에 대한 함수형태도 동일하게 중요하다. 이 장에서 논의된 몇몇 중요한 함수형태는 (a)로그–선형 또는 불변탄력성 모형, (b) 반로그 회귀모형, (c) 반비례 모형 등이다.
4. 로그–선형모형에서는 종속변수와 설명변수 모두 로그형태로 표현되어 있다. 로그가 취해진 설명변수 앞에 놓인 회귀계수는 설명변수에 관한 종소변수의 탄력성으로 해석되어진다.
5. 반로그 모형에서는 종속변수나 설명변수 중 어느 하나가 로그형태를 취하고 있다. 종속변수가 로그형태를 취하고 있는 설명변수 X가 시간인 반로그 모형에서는 추정된 기울기계수(100을 곱한 후)가 종속변수의 (즉각적인)성장률을 측정한다. 그러한 모형은 많은 경제현상의 성장률을 측정하는데 자주 사용된다. 설명변수가 로그형태를 한 반로그 모형에서의 계수는 설면변수 값의 주어진 퍼센트 변화에 대한 종속변수의 절대적 변화율을 의미한다.
6. 반비례 모형에서는 경제변수들 간의 비선형관계(예를 들어 필립스곡선)를 포착하기 위해 종속변수 혹은 설명변수 중 한 변수가 역함수 형태로 나타난다.
7. 다양한 함수형태를 선택하는데 있어 확률적 오차항에 대해 매우 세심한 주의를 기울여야 한다. 5장에서 지적한 바와 같이 CLRM은 오차항의 평균값이 0, 동일한 분산(공통분산)을 가지고 자기상관이 없으며 설명변수와 상관관계가 없다는 것을 명백히 가정하고 있다. OLS추정량이 BLUE라는 것은 이들 가정 하에서 성립하는 것이다. 나아가서, CNLRM 하에서는 OLS추정량이 정규분포를 한다. 그러므로 회귀분석을 위해 선택된 함수형태에서 이 가정들이 성립하는지의 여부를 확인하여야 한다. 회귀를 한 후 연구자들은 5장에서 논의된 정규성 검정과 같은 진단적 점검을 하여야 한다. 이 점은 아무리 강조하여도 지나치지 않다. 왜냐하면, 가설검정을 위한 고전적 검정, 예를 들어 t, F, 그리고 x^2 검정은 오차항이 정규분포를 따른다는 가정에 근거하고 있기 때문이다. 이러한 사항은 표본의 크기가 작을 때 특히 중요하다 하겠다.
8. 지금까지의 논의가 2–변수 회귀에 국한되어 있다고 해도 대부분의 경우 다중회귀분석으로 확장하는 것은 꼭 추가적인 함수형태를 포함하지 않고 단순히 추가적으로 수학적인 내용만을 좀 더 다루면 된다는 것을 다음 장에서 보여줄 것이다. 이것이 바로 학생들이 2–변수회귀모형에 대해 확실하게 이해하는 것이 왜 중요한가 하는 이유이다.

연습문제 질문

6.1 다음의 회귀모형을 고려하여 보자.

$$y_i = \beta_1 + \beta_2 x_i + u_i$$

여기에서 $y_i = (Y_i - \bar{Y})$ 그리고 $x_i = (X_i - \bar{X})$이다. 이 경우 회귀선이 원점을 통과하여야 한다. 이 말이 사실인가 아닌가? 계산과정을 보여라.

6.2 1978년 1월부터 1987년 12월까지의 기간에 걸쳐 월별 자료에 기초하여 다음의 회귀결과를 얻었다.

$$\begin{aligned} \hat{Y}_t &= 0.00681 \qquad + 0.75815X_t \\ \text{se} &= (0.02596) \qquad (0.27009) \\ t &= (0.26229) \qquad (2.80700) \\ p\text{값} &= (0.7984) \qquad (0.0186) \qquad r^2 = 0.4406 \\ \hat{Y}_t &= 0.76214X_t \\ \text{se} &= (0.265799) \\ t &= (2.95408) \\ p\text{값} &= (0.0131) \qquad\qquad r^2 = 0.43684 \end{aligned}$$

여기에서 Y = TEXACO 주식의 월 수익률, %, X = 월 시장수익률, %*

a. 두 회귀모형간의 차이는 무엇인가?

b. 앞의 결과에 기초하면, 첫 번째 모형에 있어 절편항을 포함하겠는가?

c. 두 모형의 기울기계수를 어떻게 해석하겠는가?

d. 두 모형에 깔려있는 이론은 무엇인가?

e. 두 모형의 r^2 항을 비교할 수 있는가?

f. 이 문제의 첫 번째 모형에 대한 Jarque–Bera 정규성 통계량은 1.167이고 두 번째 모형에 대해서는 1.1170이다. 이 통계량으로부터 어떠한 결론을 이끌어 낼 수 있는가?

g. 절편항이 없는 모형에서의 기울기 계수의 t값이 약 2.95인데 반해, 절편항이 있는 모형은 약 2.81이다. 이 결과를 합리화할 수 있는가?

6.3 다음의 회귀모형을 고려하자 :

$$\frac{1}{Y_i} = \beta_1 + \beta_2\left(\frac{1}{X_i}\right) + u_i$$

주: Y, X 모두 0은 아니다.

a. 이 모형이 선형 회귀모형인가?

---

* 이 문제를 위한 자료는 Ernst R. Berndt, The Practice of Econometrics: Classic and Cintemporary, Addison–Wesley, Reading, Mass., 1991에 포함된 자료 디스켓에서 구하였다.

b. 이 모형을 어떻게 추정하려는가?

c. X가 무한대로 접근할 때 Y는 어떻게 움직이는가?

d. 이러한 모형에 적절한 예제를 들 수 있는가?

6.4 다음의 로그–선형 모형을 고려하여 보자 :

$$\ln Y_i = \beta_1 + \beta_2 \ln X_i + u_i$$

Y를 종축에, X를 횡축에 놓고 산포도를 그려라. $\beta_2 = 1$인 경우, $\beta_2 > 1$인 경우, 그리고 $\beta_2 < 1$인 경우에 대해 Y와 X 간의 관계를 나타내는 곡선을 각각 그려라.

6.5 다음의 모형을 고려하여 보자.

$$\text{Model I:} \quad Y_i = \beta_1 + \beta_2 X_i + u_i$$
$$\text{Model II:} \quad Y_i^* = \alpha_1 + \alpha_2 X_i^* + u_i$$

여기서 Y^*와 X^*는 표준화 변수들이다. $\hat{\alpha}_2 = \hat{\beta}_2 (S_X / S_Y)$임을 증명하고, **회귀계수가 원점의 변화에는 영향을 받지 않으나 척도의 변화에는 영향을 받는 것을 증명하라.**

6.6 다음의 모형을 고려하자.

$$\ln Y_i^* = \alpha_1 + \alpha_2 \ln X_i^* + u_i^*$$
$$\ln Y_i = \beta_1 + \beta_2 \ln X_i + u_i$$

여기에서 $Y_i^* = w_1 Y_i$, $X_i^* = w_2 X_i$, 단 w는 상수이다.

a. 두 모형의 회귀계수들간의 관계와 회귀계수들의 표준오차간의 관계를 구하라.

b. 두 모형간의 r^2은 서로 다른가?

6.7 (6.6.8)의 모형과 (6.6.10)의 모형 중 어느 것이 더 바람직하다고 생각하는가?

6.8 (6.6.8)의 회귀에 대하여 기울기 계수가 0.005와 유의하게 다르지 않다는 가설을 검정하라.

6.9 (6.7.3)의 필립스 곡선 추정 결과로부터 자연 실업율을 추정할 수 있는가? 있다면 그 방법은?

6.10 엥겔지출곡선은 한 재화에 대한 소비자의 지출과 총소득간의관계를 나타낸 것이다. $Y=$ 한 재화에 대한 소비지출, $X=$ 소비자의 소득이라고 할 때 다음의 모형들을 고려해 보자.

$$Y_i = \beta_1 + \beta_2 X_i + u_i$$
$$Y_i = \beta_1 + \beta_2 (1/X_i) + u_i$$
$$\ln Y_i = \ln \beta_1 + \beta_2 \ln X_i + u_i$$
$$\ln Y_i = \ln \beta_1 + \beta_2 (1/X_i) + u_i$$
$$Y_i = \beta_1 + \beta_2 \ln X_i + u_i$$

위 모형 중 엥겔지출곡선에 적합한 모형은 무엇이며 그 모형을 선택한 이유는 무엇인가?

(힌트: 각각의 경우에 대해 기울기 계수를 해석해 보고, 또 지출의 소득탄력성 식을 구해보시오.)

6.11. 다음의 모형을 고려하여라.

$$Y_i = \frac{e^{\beta_1+\beta_2 X_i}}{1+e^{\beta_1+\beta_2 X_i}}$$

있는 그대로 이 모형이 선형회귀모형인가? 아니라면, 선형회귀모형으로 변환하기 위하여 어떤 "기교"를 부려야 하는가? 변환된 모형을 어떻게 해석하려는가? 어떤 환경에서 그러한 모형이 적절해지는가?

6.12 다음의 모형을 그림으로 그려라(표현을 쉽게 하려고 관측치 첨자 i를 생략하였다):

a. $Y = \beta_1 X^{\beta_2}$, for $\beta_2 > 1, \beta_2 = 1, 0 < \beta_2 < 1, \ldots.$
b. $Y = \beta_1 e^{\beta_2 X}$, for $\beta_2 > 0$ and $\beta_2 < 0$.

이 모형들이 적절한 경우를 논의하여라.

6.13. 다음의 회귀를 고려하자*.

$$\text{SPI}_i = -17.8 + 33.2\ \text{Gini}_i$$
$$\text{se} = \quad (4.9) \quad (11.8) \qquad r^2 = 0.16$$

여기에서 SPI = 1960~1985 동안 사회정치적 불안정지수의 평균, Gini = 1975년 혹은 1970~1980 기간 내에서 가장 가깝게 가용한 연도의 지니계수이다. 표본은 40개 국가로 구성되어 있다

지니계수는 소득불평등에 대한 척도인데 0과 1 사이의 값을 갖는다. 0에 가까울수록 소득평등이 개선되고 1에 가까울수록 소득불평등이 심화되는 것이다.

a. 이 회귀결과를 어떻게 해석하는가?

b. 지니계수가 0.25에서 0.55로 증가하였다고 하자. SPI가 얼마나 증가하는가? 이것이 실제에 있어 의미하는 바는 무엇인가?

c. 추정된 기울기계수가 유의수준 5%에서 통계적으로 유의한가? 필요한 계산과정을 보여라.

d. 위의 회귀결과를 볼 때, 소득불평등이 심한 국가들이 정치적으로 불안하다고 주장할 수 있는가?

* David N. Weil, Economic Growth, Addison Wesley, Boston, 2005, p.392.

실증문제

6.14 표 6.7의 자료가 주어져 있다.* 위 자료를 이용하여 다음의 모형을 추정하고, 통상적인 회귀통계량을 구한 후 해석하여라.

$$\frac{100}{100 - Y_i} = \beta_1 + \beta_2\left(\frac{1}{X_i}\right)$$

표 6.7

Y_i	86	79	76	69	65	62	52	51	51	48
X_i	3	7	12	17	25	35	45	55	70	120

6.15 투자율(GDP의 비중으로서 투자지출)과 저축률(GDP의 비중으로서 저축) 사이의 관계를 공부하기 위하여 Martin Feldstein과 Charles Horoika는 21개 국가의 자료를 구하였다. (표 6.8 참조) 각 국가의 투자율은 1960~1974 동안의 평균 비율이고 저축률은 같은 기간동안 평균 저축률이다. 변수 Invrate는 투자율을 나타내고 변수 Savrate는 저축률을 나타낸다.

a. 저축률에 대하여 투자율의 산포도를 그려라.

b. 산포도에 기초하여, 다음의 모형들이 자료에 모두 잘 맞는다고 생각하는가?

$$\text{Invrate}_i = \beta_1 + \beta_2 \text{Savrate}_i + u_i$$
$$\ln \text{Invrate}_i = \alpha_1 + \alpha_2 \ln \text{Savrate}_i + u_i$$

표 6.8

	SAVRATE	INVRATE
Australia	0.250	0.270
Austria	0.285	0.282
Belgium	0.235	0.224
Canada	0.219	0.231
Denmark	0.202	0.224
Finland	0.288	0.305
France	0.254	0.260
Germany	0.271	0.264
Greece	0.219	0.248
Ireland	0.190	0.218
Italy	0.235	0.224
Japan	0.372	0.368
Luxembourg	0.313	0.277
Netherlands	0.273	0.266
New Zealand	0.232	0.249
Norway	0.278	0.299
Spain	0.235	0.241
Sweden	0.241	0.242
Switzerland	0.297	0.297
U.K.	0.184	0.192
U.S.	0.186	0.186

주: SAVRATE=GDP에 대한 비율로 측정한 저축
INVRATE=GDP에 대한 비율로 측정한 투자 지출

* J.Johnston, Econometric Methods, 3d ed., McGraw-Hill, New York, 1984, p.87에서 발췌하였음. 그러나 실제로 이 자료는 1975년 Oxford University의 계량경제학 시험문제이었음.

c. 이 모형 중에서 두 모형을 추정하고 통상적인 통계량을 구하여라.

d. 선형모형에서 기울기 계수를 어떻게 해석하겠는가? 로그-선형모형에서는? 이 두 모형에서의 계수를 해석하는데 차이가 있는가?

e. 두 모형에서의 절편을 어떻게 해석하려는가? 해석에 있어 두 모형의 차이가 있는가?

f. 두 모형의 r^2를 비교할 것인가? 그 이유는?

g. 저축률에 관하여 투자율의 탄력성을 계산하고자 한다. 선형모형에서 이 탄력성을 어떻게 구할 수 있는가? 로그-선형모형에서는? 여기에서 탄력성이란 저축률의 퍼센트 변화에 대한 투자율의 퍼센트 변화임을 유념하여야 한다.

h. 두 회귀모형의 결과를 볼 때, 어느 모형을 선호하는가? 이유는?

6.16 표6.9*는 1980~1982 동안 British Family Expenditure Surveys에서 발췌한 1,519 가구 표본에 대하여 다양한 종류의 지출, 총 지출, 소득, 가구의 연령, 그리고 자녀 수에 대한 변수 정의를 보여준다.

표 6.9

변수 목록

wfood = 음식물 지출을 위한 예산 비중
wfuel = 연료 지출을 위한 예산 비중
wcloth = 의류 지출을 위한 예산 비중
walc = 주류 지출을 위한 예산 비중
wtrans = 교통비 지출을 위한 예산 비중
wother = 기타 지출을 위한 예산 비중
totexp = 총 가구 지출 (10 U.K. 파운드 스털링 단위에서 사사오입)
income = 총 순 가구소득(10 U.K. 파운드 스털링 단위에서 사사오입)
age = 가구주의 연령
nk = 자녀의 수

재화의 예산비중(예를 들어 식품)은 다음과 같이 정의되었다:

$$wfood = \frac{\text{식품지출}}{\text{총지출}}$$

실제 자료는 이 책의 website에서 찾을 수 있다. 자료는 단지 Greater London에 사는 1명 또는 2명의 자녀를 둔 가구만을 대상으로 한다. 표본은 자영업이나 은퇴한 가구를 대상으로 하지는 않았다.

a. 총 지출과 음식물 지출에 관한 자료를 사용할 때, 표 6.6에 요약된 모형 중 어느 것이 자료에 적합한지 결정하여라.

b. 위 (a)에서 구한 회귀결과에기초하여, 현 시점에서 어느 모형이 적합한 것처럼 보이는가?

* 이 자료는 Richard Blundell and Krishna Pendakur, "Semiparametric Estimation and Consumer Demand," *Journal of Applied Econometrics*, col.13, no.5, 1998,pp.435~462에서 발췌되었음. 이 자료는 R.Carter Hill, William E. Griffiths, and George G. Judge, *Undergraduate Econometrics*, 2d ed., John Wiley & Sons, New York, 2001에 재생되었음.

표 6.10 영국 29개 생산품 항목에 대한 광고지출과 총지출

관측치 번호	ADEXP	CONEXP	RATIO
1	87957.00	13599.00	0.006468
2	23578.00	4699.000	0.005018
3	16345.00	5473.000	0.002986
4	6550.000	6119.000	0.001070
5	10230.00	8811.000	0.001161
6	9127.000	1142.000	0.007992
7	1675.000	143.0000	0.011713
8	1110.000	138.0000	0.008043
9	3351.000	85.00000	0.039424
10	1140.000	108.0000	0.010556
11	6376.000	307.0000	0.020769
12	4500.000	1545.000	0.002913
13	1899.000	943.0000	0.002014
14	10101.00	369.0000	0.027374
15	3831.000	285.0000	0.013442
16	99528.00	1052.000	0.094608
17	15855.00	862.0000	0.018393
18	8827.000	84.00000	0.105083
19	54517.00	1174.000	0.046437
20	49593.00	2531.000	0.019594
21	39664.00	408.0000	0.097216
22	327.0000	295.0000	0.001108
23	22549.00	488.0000	0.046207
24	416422.0	19200.00	0.021689
25	14212.00	94.00000	0.151191
26	54174.00	5320.000	0.010183
27	20218.00	357.0000	0.056633
28	11041.00	159.0000	0.069440
29	22542.00	244.0000	0.092385

주: ADEXP = 광고지출(단위: 백만파운드)
CONEXP = 총 소비지출(단위: 백만파운드)

Note: 이 자료는 다중회귀를 다루는 다음 장에서 사용되므로 저장해 놓을 것.

6.17. 표 6.3을 보자. 내구재 지출의 증가율을 확인하여라. 반탄력성의 추정치는 얼마인가? 회귀결과를 해석하여라. 내구재 지출을 종속변수로, 시간을 설명변수로 선정한 후 이중 로그모형을 추정하는 것이 의미가 있는가? 이 경우 기울기 계수를 어떻게 해석하려는가?

6.18. 표 6.3의 자료로부터, 비내구재 지출의 증가율을 구하고 그 결과를 연습문제 6.17의 결과와 비교하여라.

6.19. 표 6.10은 29개 생산물 부문에 대하여 영국의 총 소비지출(단위:백만 £)과 광고비 지출(단위:백만 £)에 관한 자료이다.*

a. 이 장에서 논의한 다양한 함수형태를 고려할 때, 어느 함수형태가 표 6.10의 자료에 잘 맞는가?

b. 선택한 모형의 모수를 추정하고 해석하여라.

c. 총 소비지출에 대한 광고비 지출의 비율을 고려한다면, 무엇을 관측할 수

* 이 자료의 출처는 Advertising Statistics, 1996이고, http://www.Economicswebinstitute.org/ecdata.htm 에서 재생되었음.

있는가? 이 비율이 비정상적으로 높은 생산물 부문이 있는가? 상대적으로 높은 광고비 지출을 설명하는 어떤 특별한 것이 이 생산물 부문에 있는가?

6.20 3장에서의 예제 3.3을 참조하여 다음의 질문에 답하여라:

a. 개인당 소득으로 조정된 구매력(PP)에 대하여 휴대전화 수요의 산포도를 그려라.

b. 개인당 소득으로 조정된 로그취한 구매력(PP)에 대하여 로그취한 휴대전화 수요의 산포도를 그려라.

c. 두 그림 사이의 차이가 무엇인가?

d. 이 그림들로부터 이중-로그모형이 선형모형보다 자료에 더 잘 맞는다고 생각하는가? 이중-로그모형을 추정하여라.

e. 이중-로그모형에서 기울기 계수를 어떻게 해석하려는가?

f. 이중-로그모형에서 추정된 기울기 계수가 유의수준 5%에서 통계적으로 유의한가?

g. 식(3.7.3)의 선형모형에 대하여, PP-조정된 소득에 관한 휴대전화 수요 탄력성을 어떻게 추정하려는가? 있다면, 어떤 추가적인 정보가 필요한가? 추정된 탄력성을 **소득탄력성**이라고 부른다.

h. 이중-로그모형에서 구한 추정된 소득탄력성과 선형모형에서 구한 추정된 소득탄력성에 차이가 있는가? 그렇다면, 어떤 모형을 선택하려는가?

6.21. 연습문제 6.20을 반복하되, 식 (3.7.4)의 PC 수요를 고려하자. 휴대전화와 PC 의 추정된 소득 탄력성 사이에 차이가 있는가? 있다면 어떤 요소 때문인가?

6.22. 표 3.3의 자료를 살펴보자. PC를 가지고 있는 사람들이 휴대전화도 역시 소유하고 있는지 확인하기 위하여 다음의 회귀분석을 하였다:

$$\text{CellPhone}_i = \beta_1 + \beta_2 \text{PCs}_i + u_i$$

a. 이 회귀의 모수를 추정하여라.

b. 추정된 기울기 계수가 통계적으로 유의한가?

c. 다음의 회귀분석을 해도 되는가?

$$\text{PCs}_i = \alpha_1 + \alpha_2 \text{Cellphone}_i + u_i$$

d. 위의 회귀모형을 추정하고 추정된 기울기 계수의 통계적 유의성을 검정하여라.

e. 첫 번째 모형과 두 번째 모형 가운데 어떻게 결정하려는가?

부록 6A

6A.1 원점을 지나는 회귀에서 최소자승 추정량의 도출

다음의 식을

$$\sum \hat{u}_i^2 = \sum (Y_i - \hat{\beta}_2 X_i)^2 \quad (1)$$

$\hat{\beta}_2$에 관하여 최소화하고자 한다.

(1)을 $\hat{\beta}_2$에 관하여 미분하면

$$\frac{d\sum \hat{u}_i^2}{d\hat{\beta}_2} = 2\sum (Y_i - \hat{\beta}_2 X_i)(-X_i) \quad (2)$$

을 구한다. 식(2)를 0으로 놓고 단순화하면

$$\hat{\beta}_2 = \frac{\sum X_i Y_i}{\sum X_i^2} \quad (6.1.6) = (3)$$

을 얻게 된다. 이제 PRF: $Y_i = \beta_2 X_i + u_i$를 이 식에 대입하면

$$\begin{aligned} \hat{\beta}_2 &= \frac{\sum X_i(\beta_2 X_i + u_i)}{\sum X_i^2} \\ &= \beta_2 + \frac{\sum X_i u_i}{\sum X_i^2} \end{aligned} \quad (4)$$

을 얻는다[Note: $E(\beta_2) = \beta_2$] 그러므로

$$E(\hat{\beta}_2 - \beta_2)^2 = E\left[\frac{\sum X_i u_i}{\sum X_i^2}\right]^2 \quad (5)$$

이다. 식(5)의 오른쪽을 전개하면서, X_i가 비확률적이고 u_i가 동분산이며 상관관계가 없다는 것을 주의하면,

$$\text{var}(\hat{\beta}_2) = E(\hat{\beta}_2 - \beta_2)^2 = \frac{\sigma^2}{\sum X_i^2} \quad (6.1.7) = (6)$$

을 얻는다. 부수적으로, 식(2)를 0으로 놓으면

$$\sum \hat{u}_i X_i = 0 \quad (7)$$

을 얻는다. 부록 3A의 3A.1 절에서 모형에 절편항이 있을 때 식(7)에 추가하여 $\sum \hat{u}_i = 0$임을 얻은바 있다. 위의 수학을 통하여 원점을 지나는 회귀모형이 오차항의 합 $\sum \hat{u}_i$이 0이 아닐 수도 있음이 명백해진다.

가령 $\sum \hat{u}_i = 0$라는 조건을 부과한다고 하자. 이 경우,

$$\begin{aligned} \sum Y_i &= \hat{\beta}_2 \sum X_i + \sum \hat{u}_i \\ &= \hat{\beta}_2 \sum X_i, \quad \text{왜냐하면 제약에 의하여 } \sum \hat{u}_i = 0 \text{ 이기 때문에} \end{aligned} \quad (8)$$

이 된다. 이 표현은

$$\hat{\beta}_2 = \frac{\sum Y_i}{\sum X_i} = \frac{\bar{Y}}{\bar{X}} = \frac{Y\text{의 평균값}}{X\text{의 평균값}} \tag{9}$$

로 정리된다. 그러나 이 추정량은 위 식(3) 또는 식(6.1.6)과 같지 않다. 그리고 식(3)의 $\hat{\beta}_2$는 불편추정량이기 때문에 식(9)의 $\hat{\beta}_2$는 불편추정량이 될 수 없다.

결론적으로, 원점을 지나는 회귀에서 $\sum \hat{u}_i X_i = 0$와 $\sum \hat{u}_i = 0$가 모두 성립될 수 없다. 유일하게 충족되는 조건은 $\sum \hat{u}_i X_i = 0$이다.

다음의 식을 돌이켜보자.

$$Y_i = \hat{Y}_i + \hat{u}_i \tag{2.6.3}$$

이 식의 양쪽을 합한 후 표본크기, N으로 나누면,

$$\bar{Y} = \bar{\hat{Y}} + \bar{\hat{u}} \tag{10}$$

을 얻는다. 절편항이 0 인 모형에서 $\sum \hat{u}_i$, 즉 $\bar{\hat{u}}$가 0 이 아니기 때문에

$$\bar{Y} \neq \bar{\hat{Y}} \tag{11}$$

가 된다. 다시 말해서, 실제 Y값의 평균이 추정된 Y값의 평균과 같아질 필요가 없다; 두 평균값은 절편항이 있는 모형에서는 같았는데, 이를 식 (3.1.10)에서 확인할 수 있다.

통상적인 모형에서는 r^2가 절대로 음의 값을 가질 수 없으나 절편항이 0인 모형에서는 음의 값을 가질 수 있음을 논의한 바 있다. 이 조건은 다음과 같이 정리된다.

식(3.5.5a)를 사용하여

$$r^2 = 1 - \frac{\text{RSS}}{\text{TSS}} = 1 - \frac{\sum \hat{u}_i^2}{\sum y_i^2} \tag{12}$$

과 같이 표현할 수 있다. 이제 일반적인 또는 절편이 있는 모형에서 식(3.3.6)은 $\hat{\beta}_2$이 0이 아닌 한(즉, X가 Y에 영향을 미치지 않는 한)

$$\text{RSS} = \sum \hat{u}_i^2 = \sum y_i^2 - \hat{\beta}_2^2 \sum x_i^2 \leq \sum y_i^2 \tag{13}$$

을 보여준다. 즉, 일반적인 모형에 대하여 RSS ≤ TSS이어야 하거나 또는 r^2가 음이 될 수 없다.

0의 절편 모형에서 유사한 방법으로

$$\text{RSS} = \sum \hat{u}_i^2 = \sum Y_i^2 - \hat{\beta}_2^2 \sum X_i^2 \tag{14}$$

임을 보일 수 있다.

(주: Y와 X의 자승합이 평균−조정되지 않았다) 이 RSS가 $\sum y_i^2 = \sum Y_i^2 - N\bar{Y}^2$(즉, TSS)보다 항상 작다는 것을 보장할 수 없는데, 이는 RSS가 TSS보다 클 수 있고 따라서 일반적으로 정의된 r^2가 음이 될 수 있다는 것을 의미한다. 부수적으로, 이 경우 만약 $\hat{\beta}_2^2 \sum X_i^2 < N\bar{Y}^2$이면 RSS가 TSS보다 크다는 것을 주목하여야 한다.

6A.2 표준화된 변수의 평균이 0이고 분산이 1임을 증명

(표본)평균이 $\bar{Y}$이고, (표본)표준편차가 S_Y인 확률변수(r.v.) Y를 고려하자. Y_i^*를

$$Y_i^* = \frac{Y_i - \bar{Y}}{S_y} \tag{15}$$

과 같이 정의하자. 이때 Y_i^*는 표준화된 변수인데, 표준화는 두 가지 과정을 포함하고 있다: (1) 원점의 변화, 즉 식(15)의 분자, (2) 축척의 변화, 즉 식(15)의 분자가 그것이다. 따라서, 표준화는 원점과 축척의 변화를 모두 포함하는 것이다.

이때,

$$\bar{Y}_i^* = \frac{1}{S_y}\frac{\sum(Y_i - \bar{Y})}{n} = 0 \tag{16}$$

이 된다. 왜냐하면, 한 변수의 평균으로 부터의 편차를 합하면 항상 0이 되기 때문이다. 그러므로 표준화된 변수의 평균은 0이다.(주: S_Y의 값을 이미 알고 있기 때문에 이 값을 합하는 부호 $\sum$ 밖으로 뽑아낼 수 있다)

이제

$$\begin{aligned} S_{y^*}^2 &= \sum \frac{(Y_i - \bar{Y})^2/(n-1)}{S_y^2} \\ &= \frac{1}{(n-1)S_y^2}\sum(Y_i - \bar{Y})^2 \\ &= \frac{(n-1)S_y^2}{(n-1)S_y^2} = 1 \end{aligned} \tag{17}$$

이 된다. 그리고

$$S_y^2 = \frac{\sum(Y_i - \bar{Y})^2}{n-1}$$

임을 주의하여야 하는데, 이는 결국 Y의 표본분산이다.

6A.3 Logarithms

5와 25라는 숫자를 고려하자. 우리는

$$25 = 5^2 \tag{18}$$

임을 알고 있다. 로그의 **밑**을 5로 정하면 25의 **로그값**은 2 라고 부른다. 보다 형식적으로, 주어진 밑(예를 들어, 5)에 대한 어떤 숫자(예를 들어, 25)의 로그는 승(乘, power; 이 경우 2)이 되는데, 밑(5)은 주어진 숫자(25)를 얻기 위하여 위에서 구한 승(2)을 해주어야 한다.

보다 일반적으로, 만약

$$Y = b^X \ (b > 0) \tag{19}$$

이면,

$$\log_b Y = X \tag{20}$$

이다. 수학에서는 함수(19)를 지수함수라고 부르고, 함수 (20)을 **로그함수**라고 부른다. 식 (19)와 (20)에 나타나듯이, 한 함수는 다른 함수의 역함수이다.

임의의 (양의) 밑이 사용될 수 있으나, 실제에 있어서 10과 수학적 숫자 e= 2.71828...의 두 가지의 숫자가 통상적으로 사용된다.

밑 10을 사용하는 로그를 상용로그라고 부른다. 따라서

$$\log_{10} 100 = 2 \quad \text{그리고} \quad \log_{10} 30 \approx 1.48$$

이다. 즉, 첫 번째의 경우 $100 = 10^2$이고 뒤의 경우는 $\log_{10} 30 \approx 1.48$이다.

e를 밑으로 사용하는 경우 자연로그라고 부른다. 따라서

$$\log_e 100 \approx 4.6051 \quad \text{그리고} \quad \log_e 30 \approx 3.4012$$

이다. 이러한 모든 계산을 탁상계산기로 쉽게 계산할 수 있다.

관행적으로, 밑이 10인 경우 log라고 쓰고 밑이 e인 경우 ln이라고 쓴다. 따라서 앞의 예제에서 log100, log30, ln100, ln30이라고 표현한다.

상용로그와 자연로그 사이에 고정된 관계가 존재한다.

$$\ln X = 2.3026 \log X \tag{21}$$

즉, 숫자 X의 자연로그는 상용로그 X에 2.3026을 곱한 것과 같다. 따라서

$$\ln 30 = 2.3026 \log 30 = 2.3026(1.48) = 3.4012 \ (\text{근사값으로})$$

가 된다. 그러므로 상용로그를 사용하든 자연로그를 사용하든 상관이 없다. 그러나 수학에서는 자연로그를 더 선호한다. 따라서 이 책에서는 명백하게 밑이 10이라고 하지 않는 이상 모든 로그는 자연로그이다. 물론, 식(21)을 사용하여 하나의 로그에서 다른 형태의 로그로 쉽게 전환할 수 있다.

물론 음수의 로그값은 정의되지 않음을 명심하여야 한다. 따라서, log(−5) 또는 ln(−5)는 정의되지 않는다.

로그의 몇가지 특성은 다음과 같다: 만약 A와 B가 임의의 양수라면

1. $$\ln (A \times B) = \ln A + \ln B \tag{22}$$

   즉, 두 양수 A와 B의 곱의 로그는 각 로그의 합과 같다.

2. $$\ln (A/B) = \ln A - \ln B \tag{23}$$

   즉, A의 B에 대한 비율의 로그는 A와 B의 로그의 차이와 같다.

3. $$\ln (A \pm B) \neq \ln A \pm \ln B \tag{24}$$

   즉, A와 B의 합 또는 차에 대한 로그는 각 로그값의 합 또는 차와 같지 않다.

4. $$\ln (A^k) = k \ln A \tag{25}$$

   즉, A의 k 승에 대한 로그는 A의 로그에 k를 곱한 것과 같다.

5. $$\ln e = 1 \tag{26}$$

즉, e의 자연로그는 1이다(동일하게, 10의 상용로그도 1임)

6. $$\ln 1 = 0 \tag{27}$$

즉, 숫자 1의 자연로그는 0이다(동일하게, 1의 상용로그도 0임)

7. 만약 $Y = \ln X$이면

$$\frac{dY}{dX} = \frac{1}{X} \tag{28}$$

즉, X에 관한 Y의 변화율(즉, 미분값)은 $\frac{1}{X}$이다. 지수함수와 (자연)로그함수가 그림 6A.1에 그려져 있다.

비록 로그를 취하는 숫자는 항상 양이어야 하지만, 로그결과는 양의 값일 수도 있고 음의 값일 수도 있다. 이는 다음과 같이 쉽게 보일 수 있다.

$$0 < Y < 1 \text{ 이면 } \ln Y < 0$$
$$Y = 1 \text{ 이면 } \ln Y = 0$$
$$Y > 1 \text{ 이면 } \ln Y > 0$$

또한 그림 6A.1(b)의 로그곡선이 양의 기울기를 갖는다 해도, 즉, 숫자가 크면 클수록 로그값도 커지지만, 곡선은 감소하면서 증가하는 형태이다(수학적으로 함수의 2차 미분이 음이다). 따라서 ln(10) = 2.3026(대략적으로), 그리고 ln(20)=2.9957(대략적으로). 즉, 만약 숫자가 두 배가 된다 해도 로그값은 두 배가 되지 않는다.
이렇기 때문에 로그변환을 비선형 변환이라고 부른다. 이러한 관계를 식(28)에서 볼 수 있는데, 만약 $Y = \ln X$라면 $dY/dX = 1/X$이다. 이는 로그함수의 기울기가 X의 값에 의존한다는 것을 의미한다; 즉, 기울기가 상수가 아니라는 것이다(변수–선형의 정의를 돌이켜볼 것).

로그와 퍼센트: $\frac{d(\ln x)}{dX} = \frac{1}{X}$ 또는 $d(\ln X) = \frac{dX}{X}$이기 때문에, 아주 작은 변화에 대하여 $\ln X$의 변화는 X의 상대적 또는 비례적 변화와 같다. 실제로, X의 변화가 적당히 작다면 이 관계는 "$\ln X$의 변화 $\approx$ X의 상대적 변화"로 쓸 수 있는데, 여기에서 $\approx$는 근사적으로 라는 의미이다.

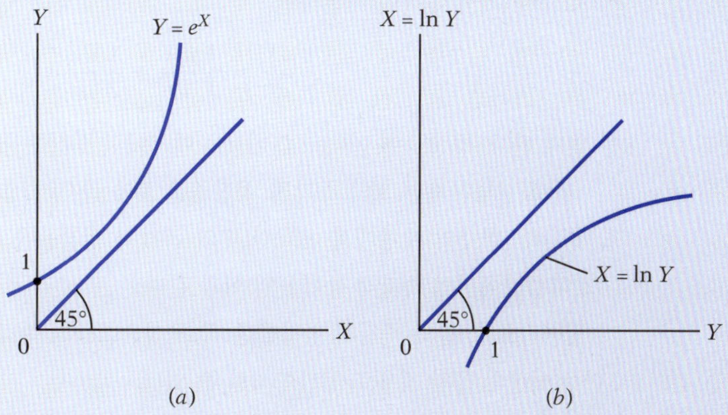

그림 6A.1
지수함수 및 로그함수:
(a) 지수함수;
(b) 로그함수

따라서 작은 변화에 대하여

$$(\ln X_t - \ln X_{t-1}) \approx \frac{(X_t - X_{t-1})}{X_{t-1}} = \text{relative change in } X$$

가 성립한다.

6A.4 성장률 공식

변수 Y를 시간의 함수, $Y = f(t)$라고 하자(단, $t =$ 시간). Y의 즉각적인(즉, 한 시점에서의) 성장률, g_Y는 다음과 같이 정의된다.

$$g_Y = \frac{dY/dt}{Y} = \frac{1}{Y}\frac{dY}{dt} \tag{29}$$

g_Y에 100을 곱하면 퍼센트로 표시한 성장률을 얻게 된다. 여기에서 $\frac{dY}{dt}$는 시간에 대한 Y의 변화율이다.

ln을 자연로그라고 하고 $\ln Y = \ln f(t)$라면,

$$\frac{d \ln Y}{dt} = \frac{1}{Y}\frac{dY}{dt} \tag{30}$$

이 된다. 이 표현은 식(29)와 동일하다.

그러므로, 로그변환은 성장률을 계산하는데 매우 쓸모가 있는데 특히 다음의 예와 같이 Y가 시간에 의존하는 다른 변수의 함수일 때 더욱 그렇다.

$$Y = X \cdot Z \tag{31}$$

여기에서 Y는 명목 GDP, X는 실질 GDP, 그리고 Z는 (GDP) 디플레이터이다. 말로 표현하면, 명목 GDP는 실질 GDP와 GDP 디플레이터를 곱한 것이다. 이 모든 변수들은 시간 흐름에 따라 변화하는 시간의 함수이다.

이제 식(31)의 양쪽에 로그를 취하면

$$\ln Y = \ln X + \ln Z \tag{32}$$

를 얻는다.

식(32)를 시간에 관하여 미분하면

$$\frac{1}{Y}\frac{dY}{dt} = \frac{1}{X}\frac{dX}{dt} + \frac{1}{Z}\frac{dZ}{dt} \tag{33}$$

를 얻게 된다. 즉, $g_Y = g_X + g_Z$ 인데 g는 여기에서 성장률을 의미한다.

말로 설명하자면, Y의 즉각적 성장률은 X의 즉각적 성장률과 Z의 즉각적 성장률의 합과 같다. 현재의 예제에서, 명목GDP의 즉각적 성장률은 실질GDP의 즉각적 성장률과 GDP디플레이터의 즉각적 증가율의 합과 같다.

더 일반적으로, 곱의 즉각적 성장률은 각 구성요소들의 즉각적 성장률의 합과 같다. 이는 3변수 이상의 곱의 경우로 일반화시킬 수 있다.

유사한 방식으로, 다음의 경우에는

$$Y = \frac{X}{Z} \tag{34}$$

$$\frac{1}{Y}\frac{dY}{dt} = \frac{1}{X}\frac{dX}{dt} - \frac{1}{Z}\frac{dZ}{dt} \tag{35}$$

과 같다. 즉, $g_Y = g_X - g_Z$이 된다. 다른 말로 하자면, Y의 즉각적 성장률은 X의 즉각적 성장률에서 Z의 즉각적 성장률을 뺀 것과 같다. 따라서 만약 $Y=$ 1인당 소득, X=GDP, Z=인구라면, 1인당 소득의 즉각적 증가율은 GDP의 즉각적 성장률에서 인구의 즉각적 증가율을 뺀 것과 같다.

이제 $Y=X+Z$ 라고 하자. Y의 증가율은 얼마인가? $Y=$ 총고용, $X=$ 육체노동자 고용, $Z=$ 사무직노동자 고용이라고 하자. 그런데

$$\ln(X+Z) \neq \ln X + \ln Y,$$

이기 때문에 Y의 증가율을 계산하기가 쉽지는 않다. 그러나 약간의 수학적 조작후에

$$g_Y = \frac{X}{X+Z}g_X + \frac{Z}{X+Z}g_Z \tag{36}$$

임을 보일 수 있다. 즉, 합의 증가율은 구성요소들의 증가율의 가중평균이다. 이 예제에서, 총고용의 증가율은 사무직노동자 고용의 증가율과 육체노동자 고용의 증가율의 가중평균인데, 여기에서 가중치는 총고용에서의 각 요소의 비중이다.

6A.5 Box-Cox 회귀모형

다음의 회귀모형을 고려하자.

$$Y_i^{\lambda} = \beta_1 + \beta_2 X_i + u_i \quad Y > 0 \tag{37}$$

여기에서 λ(그리스문자)는 모수인데 음의 값을 가질수도, 0일수도, 또는 양의 값을 가질수도 있다. Y의 λ승으로 나타나 있기 때문에 λ의 값에 따라서 Y에 관한 여러 가지 변환을 시도할 수 있다.

식(37)은 소위 Box-Cox 회귀모형으로 알려져 있는데 이 이름은 통계학자 Box와 Cox의 이름을 따서 만들어졌다.[1] λ의값에 따라서, 다음의 표에 보이는 회귀모형을 얻을 수 있다:

위에서 볼 수 있듯이 선형모형과 로그-선형모형도 Box-Cox 변환모형의 특별한 경우이다.

물론, 그러한 변환을 X 변수(들)에게도 적용할 수 있다. λ가 0일때 Y의 로그-변환을 얻게되는 것을 주목할 필요가 있다. 이에 대한 증명은 약간 수준이 높기 때문에 참고문헌

1. G.E.P.Box and D.R.Cox, "An Analysis of Transformations," *Journal of the Royal Statistical Society*, B26, 1964, pp.211–243.

λ의 값	회귀 모형
1	$Y_i = \beta_1 + \beta_2 X_i + u_i$
2	$Y_i^2 = \beta_1 + \beta_2 X_i + u_i$
0.5	$\sqrt{Y_i} = \beta_1 + \beta_2 X_i + u_i$
0	$\ln Y_i = \beta_1 + \beta_2 X_i + u_i$
−0.5	$\dfrac{1}{\sqrt{Y_i}} = \beta_1 + \beta_2 X_i + u_i$
−1.0	$\dfrac{1}{Y_i} = \beta_1 + \beta_2 X_i + u_i$

으로 미루는 것이 최선일 것이다. (미분에 자신있는 학생들은 l' Hopital Rule을 참고할 것)

그러나 어떤 주어진 상황에서 적절한 λ값을 어떻게 결정할 것인가? 우리는 식(37)을 직접 추정할 수는 없다. 왜냐하면, 이 모형이 회귀모수로서 β_1과 β_2뿐만 아니라 λ도 포 함하고 있는데, 이것이 비선형이기 때문이다. 그러나 이러한 모수들을 추정하는데 최우추정법을 사용할 수 있다는 것을 보일 수 있다. 오직 이것만을 하는 회귀팩키지도 존재한다.

다만, 그 과정이 약간 수준높기 때문에 이 책에서는 이 주제를 더 이상 다루지 않는다.

그러나 시행착오를 거쳐서 진행을 할 수는 있다. 여러 가지 λ값을 선택하여, 이에 따라 Y를 변환한 후 (37)의 회귀를 시행하고 각 변환회귀에서의 RSS를 구한다. 그리고 최소 RSS를 만들어내는 λ값을 선택하면 된다.[2]

2. 이해가능한 논의를 보려면, John Neter, Michael Kutner, Christopher Nachtsheim, and William Wasserman, *Applied Linear Regression Models*, 3d ed., Richard D. Irwin, Chicago, 1996.을 참조할 것.

7장

다중회귀분석 : 추정의 문제

지금까지 광범위하게 공부한 2-변수 모형은 실제에 있어 부적절한 경우가 많다. 예를 들어, 소비-소득 예제(예제 3.1)에서 단지 소득 *X*만이 소비 *Y*에 영향을 미친다고 암묵적으로 가정하였다. 그러나, 경제이론은 이처럼 간단하지는 않다. 왜냐하면 소득이외에 많은 변수들이 소비지출에 영향을 미칠 것이기 때문이다. 그 예로서 소비자의 富가 소비지출에 영향이 있다고 고려할 수 있다. 다른 예로서, 한 재화의 수요는 그 재화의 가격뿐만 아니라 대체재 또는 보완재의 가격, 소비자의 소득, 사회적 지위 등에 의존할 것이다. 그러므로, 지금까지의 간단한 2-변수 회귀모형에서 벗어나 둘 이상의 변수를 포함하는 모형으로 분석을 확장하여야 한다. 다시 말하여 종속변수 *Y*가 2개 또는 그 이상의 설명변수에 의존하는 다중회귀모형(multiple regression model)을 공부하여야 한다.

가장 간단한 다중회귀모형은 1개의 종속변수와 2개의 설명변수로 이루어진 3-변수 회귀분석 모형이다. 이 장과 다음 장에서는 3-변수 모형을 공부할 것이다. 2-변수 모형과 마찬가지로 모수에 대하여 선형인 다중선형회귀모형만을 고려한다. 즉, 변수에 대하여는 선형이 아닐 수도 있다.

7.1 3-변수 모형 : 표기방식과 가정

식 (2.4.2)의 2-변수 모집단 회귀함수(PRF)를 일반화시켜 3-변수 PRF를 다음과 같이 쓸 수 있다.

$$Y_i = \beta_1 + \beta_2 X_{2i} + \beta_3 X_{3i} + u_i \qquad \textbf{(7.1.1)}$$

여기서, Y는 종속변수, X_2와 X_3는 설명변수, u는 확률적 교란항, 그리고 i는 i 번째 관측치를 나타낸다; 자료가 시계열 자료이면, 아래첨자 t는 t 번째 관측치를 의미한다.[1]

1. 첨자를 일관성 있게 쓰기 위해 식 (7.1.1)을 다음과 같이 표현할 수 있다.
$Y_i = \beta_1 X_{1i} + \beta_2 X_{2i} + \beta_3 X_{3i} + u_i$,
단, 모든 i에 대하여 $X_{1i} = 1$

식 (7.1.1)의 β_1은 절편항을 나타낸다. β_1의 값을 X_2와 X_3가 0일 때 Y의 평균값을 나타낸다고 단순히 기계적으로 해석하지만, 모형에서 제외된 모든 변수들이 Y에 미치는 평균효과를 나타낸다고 해석하는 것이 통상적인 의미이다. 계수 β_2와 β_3는 편회귀계수(partial regression coefficients)라고 부르는데, 그 의미는 뒤에서 설명될 것이다.

모든 분석을 3장에서 소개된 고전적 선형회귀모형의 골격 내에서 계속 유지한다. 상세히 설명하면 모형에 대하여 다음과 같이 가정한다.

가정

1. 선형회귀모형, 또는 **모수에 대하여 선형** **(7.1.2)**
2. 고정된 X 혹은 오차항과 독립인 X 값. 따라서 이는 u_i와 각 X 변수 사이에 0의 공분산을 요구한다는 것을 의미한다.

$$\text{cov}(u_i, X_{2i}) = \text{cov}(u_i, X_{3i}) = 0 \qquad \textbf{(7.1.3)}^2$$

3. 교란항 u_i의 평균이 0 임

$$E(u_i | X_{2i}, X_{3i}) = 0 \qquad \text{for each } i \qquad \textbf{(7.1.4)}$$

4. u_i의 분산이 일정함. 또는 동분산임

$$\text{var}(u_i) = \sigma^2 \qquad \textbf{(7.1.5)}$$

5. 교란항 사이에 자기상관 또는 계열상관이 없음

$$\text{cov}(u_i, u_j) = 0 \qquad i \neq j \qquad \textbf{(7.1.6)}$$

6. 관측치의 수 n은 추정될 모수의 개수(이 경우 3)보다 커야한다. **(7.1.7)**
7. X변수의 값에 변동이 있어야 한다. **(7.1.8)**
8. X변수들 사이에 정확한 공선성이 존재하지 않음.

   X_2와 X_3 사이에 **정확한 공선성**이 존재하지 않음. **(7.1.9)**

7.7절에서 마지막 가정을 논의할 것이다.

9. 표기편의가 없다.

   모형이 정확히 표기되어 있다. **(7.1.10)**

(7.1.2)부터 (7.1.10)까지의 가정에 대한 근본적 이유는 3장의 3.2절에서 논의한 것과 같다. 가정(7.1.9) 즉, X_2와 X_3간에 정확한 선형 관계가 존재하지 않는다는 가정은 기술적으로는 공선성(collinearity)이 없다, 또는 3개 이상의 변수가 얽혀있을 때 다중공선성(multicollinearity)이 없다 라고 부른다.

대략적으로 말하자면, 공선성이 없다는 것은 설명변수 중 어느 것도 모형내 남아있는 다른 설명변수들의 정확한 선형조합으로 나타낼 수 없다는 것을 의미한다.

2. X_2와 X_3가 비확률적이고 식(7.1.4)가 성립하면 이 가정은 자동적으로 충족된다.

정확하게 말하자면 공선성이 없다는 것은 다음의 조건을 만족시키는 0이 아닌 λ_2와 λ_3 집합이 존재하지 않는다는 것을 의미한다.

$$\lambda_2 X_{2i} + \lambda_3 X_{3i} = 0 \tag{7.1.11}$$

만약, 위와 같은 선형관계가 존재하면, X_2와 X_3는 공선적 또는 선형종속이라고 한다. 다른 말로 표현하면, $\lambda_2 = \lambda_3 = 0$일 때에만 (7.1.11)이 성립한다면 X_2와 X_3는 선형독립이라고 한다.

$$X_{2i} = -4X_{3i} \quad \text{또는} \quad X_{2i} + 4X_{3i} = 0 \tag{7.1.12}$$

이라면 두 변수는 선형종속이고 두 변수가 회귀모형 내에 모두 포함되어 있다면 두 회귀변수간에 완전한 공선성 또는 정확한 선형관계가 있게 된다.

다중공선성의 문제는 10장에서 심도있게 다루어질 것이지만, 다중공선성이 없다는 가정의 뒤에 깔려있는 논리를 이해하는 것은 어렵지 않다. 가령, (7.1.1)에서 Y, X_2, X_3가 소비지출, 소득, 그리고 소비자의 富를 각각 나타낸다고 하자. 소비지출이 소득과 부에 선형으로 관계되어 있다고 상정하였을 때, 경제이론은 부와 소득이 소비에 어느 정도 독립된 영향을 미친다고 가정하고 있다. 만약에 영향이 없다면 소득과 부를 모두 모형에 포함시킬 필요가 없을 것이다. 극단적인 경우로서, 소득과 부 사이에 정확한 선형관계가 존재한다면, 소득과 경제적 부 두 설명 변수를 포함해도 사실상 2개가 아닌 1개의 설명변수만을 포함하는 경우와 같게 되어, 소득과 부가 소비에 미치는 개별적인 영향을 판단할 수 없게 된다. 이러한 관계를 명확히 설명하기 위해 소비–소득–부의 회귀분석에서 $X_{3i} = 2X_{2i}$라 하자. 이때 회귀식 (7.1.1)을

$$\begin{aligned} Y_i &= \beta_1 + \beta_2 X_{2i} + \beta_3(2X_{2i}) + u_i \\ &= \beta_1 + (\beta_2 + 2\beta_3)X_{2i} + u_i \\ &= \beta_1 + \alpha X_{2i} + u_i \end{aligned} \tag{7.1.13}$$

으로 나타낼 수 있다. 단, $\alpha = (\beta_2 + 2\beta_3)$이다. 즉, 3–변수 모형이 아닌 2–변수 모형에 불과하다. 더구나, (7.1.13)의 회귀분석을 하여 α를 얻으면 α가 X_2와 X_3가 Y에 미치는 결합된 영향을 의미하기 때문에, X_2와 X_3가 Y에 독립적으로 미치는 영향(β_2와 β_3)을 개별적으로 추정할 수 없다.[3]

간단히 말해서, 다중공선성이 없다는 가정은 모형내에서 다른 몇몇 변수들의 선형함수로 표시되지 않는 변수들만 모형내에 포함한다는 것을 의미한다. 이 문제는 10장에서 포괄적으로 다루어질 것이지만 여기에서 다음과 같은 몇가지

3. 수학적으로 설명하면 $\alpha = (\beta_2 + 2\beta_3)$는 1개의 방정식에 2개의 미지수를 포함하고 있어, α의 추정치로부터 β_2와 β_3을 추정하는 유일한 방법은 없다.

점을 주목할 수 있다.

첫째, 다중공선성이 없다는 가정은 우리의 이론적 모형(예를 들어, PRF)에 적합한 가정이다. 실제에 있어, 실증분석을 위한 자료를 수집할 때 설명변수들 사이에 상관관계가 없다는 것을 보장할 수 없다. 사실, 많은 실증분석에서 어느 정도 상관관계를 지니지 않은 2개 이상의 (경제)변수를 찾는다는 것은 거의 불가능하다. 이에 관하여 이 장의 후반부의 예제에서 논의할 것이다. 우리에게 필요한 것은 설명변수들 사이에 식(7.1.12)와 같은 정확한 선형관계가 없다는 것이다.

둘째, 우리는 2개 혹은 그 이상의 변수들 사이의 완벽한 선형관계만을 논의하였다는 것을 명심하여야 한다. 다중공선성은 변수들 사이의 비선형 관계를 제외하지 않는다. 가령 $X_{3i}=X_{2i}^2$라고 하자. 두 변수 사이의 관계가 비선형이므로 이는 완벽한 다중공선성이 없다는 가정을 위배하지는 않는다.

7.2 다중회귀함수의 해석

고전적 회귀모형의 가정하에서, 식 (7.1.1)의 등호 양쪽에 Y의 조건부 기대치를 취하면

$$E(Y_i \mid X_{2i}, X_{3i}) = \beta_1 + \beta_2 X_{2i} + \beta_{3i} X_{3i} \qquad \textbf{(7.2.1)}$$

을 얻는다. (7.2.1)은 X_2와 X_3의 값이 고정되었을 때 Y의 조건부 기대치 또는 평균을 보여주고 있다. 그러므로, 2-변수 모형에서와 같이 다중회귀분석은 설명변수의 고정된 값을 조건부로 한 회귀분석이고, 따라서 X변수들의 고정된 값에 대한 Y의 평균값 또는 평균반응을 얻을 수 있다.

7.3 편회귀계수의 의미

앞에서 언급했듯이, 회귀계수 β_2와 β_3는 편회귀계수(partial regression coefficient) 또는 편기울기계수로 알려져 있다. 편회귀계수의 의미는 다음과 같다 : β_2는 X_3를 불변으로 유지할 때, X_2 1단위 변화에 대하여 Y의 평균값, $E(Y)$가 얼마나 변화하는가를 나타낸다. 다른 말로 설명하면, X_3가 Y의 평균에 미칠 수 있는 모든 영향을 제거했을 때 X_2 1단위 변화가 Y의 평균값에 미치는 '직접적'(direct) 또는 '순'(net) 효과를 나타낸다. 같은 방식으로 β_3는 X_2를 불변으로 유지했을 때(holding X_2 constant) X_3의 1단위 변화가 Y의 평균값에 미치는 영향을 측정하여 준다.[4] 즉, X_2가 Y의 평균에 미칠 수 있는 모든 영향을 제

4. 수학의 기초가 있는 학생은 β_2와 β_3가 각각 X_2와 X_3에 관한 $E(Y \mid X_2, X_3)$의 편미분임을 즉시 알 수 있을 것이다.

거했을 때 X_3의 1단위 변화가 Y의 평균값에 미치는 '직접적'(direct) 또는 '순'(net) 효과를 나타낸다.[5]

어떻게 어떤 설명변수의 영향을 불변으로 유지할 수 있는가? 이를 설명하기 위하여 앞에서 논의한 유아사망 예제(예제 6.6)를 다시 보자. 이 예제에서 $Y=$ 유아사망(CM), $X_2=$1인당 GNP(PGNP), $X_3=$ 어머니의 문해율(FLR)*이다. 이제 FLR의 영향을 불변으로 유지하고자 한다고 하자. 어떠한 주어진 자료에 있어서도 FLR이 CM과 PGNP 모두에 어느 정도의 영향을 미치고 있기 때문에, CM을 FLR에, 그리고 PGNP를 FLR에 각각 회귀하고 각 회귀로부터의 잔차를 분석함으로써 이들 영향을 제거할 수 있다. 표 6.4의 자료를 이용하면, 다음의 회귀를 얻을 수 있다.

$$\begin{aligned} \widehat{\text{CM}}_i &= 263.8635 \;-\; 2.3905\ \text{FLR}_i + \hat{u}_{1i} \\ \text{se} &= (12.2249) \quad (0.2133) \qquad\qquad r^2 = 0.6695 \end{aligned} \tag{7.3.1}$$

여기에서 $\hat{u}_{1i}$은 이 회귀로부터의 잔차이다.

$$\begin{aligned} \widehat{\text{PGNP}}_i &= -39.3033 \;+\; 28.1427\ \text{FLR}_i + \hat{u}_{2i} \\ \text{se} &= (734.9526) \quad (12.8211) \qquad r^2 = 0.0721 \end{aligned} \tag{7.3.2}$$

여기에서 $\hat{u}_{2i}$은 이 회귀로부터의 잔차이다.

이제

$$\hat{u}_{1i} = (\text{CM}_i - 263.8635 + 2.3905\ \text{FLR}_i) \tag{7.3.3}$$

은 FLR의 (선형) 영향력을 제거한 후 남은 CM의 부분을 대표하고 있다. 동일한 논리로,

$$\hat{u}_{2i} = (\text{PGNP}_i + 39.3033 - 28.1427\ \text{FLR}_i) \tag{7.3.4}$$

은 FLR의 (선형) 영향력을 제거한 후 남은 PGNP의 부분을 대표하고 있다.

그러므로 $\hat{u}_{1i}$을 $\hat{u}_{2i}$에 회귀하면, FLR의 (선형) 영향력이 정화되었기 때문에 PGNP가 CM에 미치는 순 효과를 얻을 수 있다. 이것이 부록7A의 7A.2에서 논의되는 내용이다. 회귀결과는 다음과 같다:

$$\begin{aligned} \hat{\hat{u}}_{1i} &= -0.0056\hat{u}_{2i} \\ \text{se} &= \ (0.0019) \qquad r^2 = 0.1152 \end{aligned} \tag{7.3.5}$$

5. 통제한다, 불변으로 유지한다, 영향을 고려해 넣는다. 그리고 영향을 수정한다 등의 용어는 모두 동의어로서 이 책에서는 구별없이 섞어 쓴다.

*(역자 주): 문해(文解, literacy)는 문자를 읽고 쓸 수 있는 능력을 의미하며, 문맹의 반대되는 개념임.

주: 이 회귀는 절편항이 없다. 왜냐하면, OLS 잔차인 $\hat{u}_{1i}$과 $\hat{u}_{2i}$의 평균값은 0이기 때문이다.(그 이유는?)

기울기 계수 −0.0056은 PGNP 1단위 변화가 CM에 미치는 "진정한" 효과 혹은 순효과인데 이는 PGNP에 관하여 CM의 진정한 기울기라고 할 수 있다. 다시 말해서, PGNP에 관하여 CM의 편회귀계수 β_2를 제시해준다.

FLR에 관하여 CM의 편회귀계수를 구하고자 하는 학생은 위 과정을 반복하면 되는데, 다만 첫 번째 단계로서 CM을 PGNP에 회귀하여 잔차($\hat{u}_{1i}$)를 구하고 두 번째 단계로서 PGNP에 FLR을 회귀하여 잔차($\hat{u}_{2i}$)를 구한 후 최종적으로 $\hat{u}_{1i}$을 $\hat{u}_{2i}$에 회귀하면 된다.

진정한 편회귀계수를 구하고자 할 때마다 이러한 다단계 과정을 거쳐야하는가? 다행히도 이렇게 할 필요는 없다. 왜냐하면, 다음 절에서 논의될 OLS 과정에 의하여 아주 빠르고 관행적으로 이러한 일들이 이루어지기 때문이다. 위에서 논의된 다단계 과정은 "편"회귀계수라는 의미를 깨우치게 하려는 단순히 교육적 목적에서 열거된 것이다.

7.4 편회귀계수의 OLS추정과 최우추정

(7.1.1)의 3−변수 회귀모형의 모수를 추정하기 위하여 먼저 3장에서 소개된 통상최소자승법(OLS)을 고려해 보고, 4장에서 논의한 최우추정법(ML)을 고려하여 보자.

OLS추정량

OLS추정량을 구하기 위해, (7.1.1)의 PRF에 해당하는 표본회귀함수(SRF)를 다음과 같이 표현하자 :

$$Y_i = \hat{\beta}_1 + \hat{\beta}_2 X_{2i} + \hat{\beta}_3 X_{3i} + \hat{u}_i \qquad \textbf{(7.4.1)}$$

단, $\hat{u}_i$는 확률적 교란항, u_i에 대응되는 표본의 잔차항이다.

3장에서 살펴보았듯이, OLS과정은 잔차자승합(RSS) $\sum \hat{u}_i^2$을 가능한 한 작게 만드는 미지의 모수값을 고르는 것이다. 식으로 표현하면

$$\min \sum \hat{u}_i^2 = \sum (Y_i - \hat{\beta}_1 - \hat{\beta}_2 X_{2i} - \hat{\beta}_3 X_{3i})^2 \qquad \textbf{(7.4.2)}$$

인데, RSS의 표현식은 (7.4.1)를 단순히 대수적으로 조작한 것이다.

식 (7.4.2)를 최소화시키는 추정량을 구하는 과정은 미지의 변수에 관하여 미분하고 0으로 놓은 후 연립으로 풀면 된다. 부록 7A의 7A.1에서 보듯이, 이 과

정은 다음의 정규방정식을 얻는다(식 (3.1.4), (3.1.5)와 비교할 것) :

$$\bar{Y} = \hat{\beta}_1 + \hat{\beta}_2\bar{X}_2 + \hat{\beta}_3\bar{X}_3 \tag{7.4.3}$$

$$\sum Y_i X_{2i} = \hat{\beta}_1 \sum X_{2i} + \hat{\beta}_2 \sum X_{2i}^2 + \hat{\beta}_3 \sum X_{2i}X_{3i} \tag{7.4.4}$$

$$\sum Y_i X_{3i} = \hat{\beta}_1 \sum X_{3i} + \hat{\beta}_2 \sum X_{2i}X_{3i} + \hat{\beta}_3 \sum X_{3i}^2 \tag{7.4.5}$$

식(7.4.3)으로부터

$$\hat{\beta}_1 = \bar{Y} - \hat{\beta}_2\bar{X}_2 - \hat{\beta}_3\bar{X}_3 \tag{7.4.6}$$

를 즉시 구할 수 있는데, 이는 모집단 절편 β_1의 OLS추정량이다.

소문자가 산술평균으로부터의 편차를 나타내는 기존의 방식을 따르면, 식 (7.4.3)부터 (7.4.5)까지의 정규방정식으로부터 다음의 공식을 유도할 수 있다:

$$\hat{\beta}_2 = \frac{\left(\sum y_i x_{2i}\right)\left(\sum x_{3i}^2\right) - \left(\sum y_i x_{3i}\right)\left(\sum x_{2i}x_{3i}\right)}{\left(\sum x_{2i}^2\right)\left(\sum x_{3i}^2\right) - \left(\sum x_{2i}x_{3i}\right)^2} \qquad (7.4.7)^6$$

$$\hat{\beta}_3 = \frac{\left(\sum y_i x_{3i}\right)\left(\sum x_{2i}^2\right) - \left(\sum y_i x_{2i}\right)\left(\sum x_{2i}x_{3i}\right)}{\left(\sum x_{2i}^2\right)\left(\sum x_{3i}^2\right) - \left(\sum x_{2i}x_{3i}\right)^2} \tag{7.4.8}$$

위 공식은 각각 β_2와 β_3의 모집단 편회귀계수의 OLS추정량이다.

또한, 다음의 사항을 눈여겨 볼 필요가 있다 : (1) 식 (7.4.7)과 (7.4.8)은 대칭적이다. 왜냐하면 X_2와 X_3의 역할을 서로 바꾸면, 한 공식으로부터 다른 공식을 얻을 수 있기 때문이다. (2) 두 식의 분모가 동일하다 : 그리고 (3) 3-변수의 경우는 2-변수 경우를 자연스럽게 확장한 것이다.

OLS추정량의 분산과 표준오차

편회귀계수의 OLS추정량을 얻으면, 부록 3.3에서 지적한 방식으로 이 추정량들의 분산과 표준오차를 유도할 수 있다. 2-변수 경우와 마찬가지로, 2가지 중요한 목적 때문에 표준오차를 알아야 한다 : 신뢰구간을 정하고 통계적 가설을 검증하는 것이 그것이다. 각각의 경우에 해당하는 공식은 다음과 같다.[7]

6. 이 추정량은 부록 7A의 7A.2절에서 보듯이 식(7.3.5)의 추정량과 동일하다.

7. 이 공식을 유도하는 데에는 행렬의 표기방식을 사용하는 것이 더 쉽다. 수학적으로 준비된 학생들은 부록 C를 참조할 것.

$$\operatorname{var}(\hat{\beta}_1) = \left[\frac{1}{n} + \frac{\bar{X}_2^2 \sum x_{3i}^2 + \bar{X}_3^2 \sum x_{2i}^2 - 2\bar{X}_2\bar{X}_3 \sum x_{2i}x_{3i}}{\sum x_{2i}^2 \sum x_{3i}^2 - \left(\sum x_{2i}x_{3i}\right)^2}\right] \cdot \sigma^2 \tag{7.4.9}$$

$$\operatorname{se}(\hat{\beta}_1) = +\sqrt{\operatorname{var}(\hat{\beta}_1)} \tag{7.4.10}$$

$$\operatorname{var}(\hat{\beta}_2) = \frac{\sum x_{3i}^2}{\left(\sum x_{2i}^2\right)\left(\sum x_{3i}^2\right) - \left(\sum x_{2i}x_{3i}\right)^2}\sigma^2 \tag{7.4.11}$$

임을 쉽게 증명할 수 있다. 또는 같은 내용을

$$\operatorname{var}(\hat{\beta}_2) = \frac{\sigma^2}{\sum x_{2i}^2 \left(1 - r_{23}^2\right)} \tag{7.4.12}$$

와 같이 표현할 수 있다. 여기에서 r_{23}는 3장에서 정의된 것처럼 X_2와 X_3 사이의 표본상관계수이다.[8]

$$\operatorname{se}(\hat{\beta}_2) = +\sqrt{\operatorname{var}(\hat{\beta}_2)} \tag{7.4.13}$$

$$\operatorname{var}(\hat{\beta}_3) = \frac{\sum x_{2i}^2}{\left(\sum x_{2i}^2\right)\left(\sum x_{3i}^2\right) - \left(\sum x_{2i}x_{3i}\right)^2}\sigma^2 \tag{7.4.14}$$

또는 동일한 내용을

$$\operatorname{var}(\hat{\beta}_3) = \frac{\sigma^2}{\sum x_{3i}^2 \left(1 - r_{23}^2\right)} \tag{7.4.15}$$

$$\operatorname{se}(\hat{\beta}_3) = +\sqrt{\operatorname{var}(\hat{\beta}_3)} \tag{7.4.16}$$

$$\operatorname{cov}(\hat{\beta}_2, \hat{\beta}_3) = \frac{-r_{23}\sigma^2}{\left(1 - r_{23}^2\right)\sqrt{\sum x_{2i}^2}\sqrt{\sum x_{3i}^2}} \tag{7.4.17}$$

로 쓸 수 있다. 위의 모든 공식에서 σ^2은 모집단 교란항 u_i의 (일정한) 분산이다.

부록 3A의 3A.5절의 설명에 따라서, 학생들은 σ^2의 불편추정량이 다음과 같다는 것을 증명할 수 있을 것이다.

---

8. 3장의 정의를 사용하면

$$r_{23}^2 = \frac{\left(\sum x_{2i}x_{3i}\right)^2}{\sum x_{2i}^2 \sum x_{3i}^2}$$

을 얻을 수 있다.

$$\hat{\sigma}^2 = \frac{\sum \hat{u}_i^2}{n-3} \tag{7.4.18}$$

여기에서, σ^2에 대한 위 추정량과 2-변수 모형에서의 σ^2추정량 $[\hat{\sigma}^2 = (\sum \hat{u}_i^2)/(n-2)]$의 유사함을 주목할 필요가 있다. 여기에서는 $\sum \hat{u}_i^2$을 추정하는데, 먼저 $\beta_1, \beta_2, \beta_3$를 추정해야 하고, 따라서 자유도 3개를 잃어버려서 자유도는 $n-3$이 된다(이 논리는 아주 일반적이어서, 4-변수의 경우에는 자유도가 $n-4$가 될 것이다).

잔차가 구해지기만 하면 (7.4.18)으로부터 추정량 $\hat{\sigma}^2$을 계산할 수 있으나, 다음의 관계식을 이용하면 매우 쉽게 얻을 수 있다(증명은 부록 7A의 7A.3 절에 정리되어 있음):

$$\sum \hat{u}_i^2 = \sum y_i^2 - \hat{\beta}_2 \sum y_i x_{2i} - \hat{\beta}_3 \sum y_i x_{3i} \tag{7.4.19}$$

이는 식 (3.3.6)의 관계에 대한 3-변수 대응표현이다.

OLS추정량의 성격

다중회귀모형에 OLS추정량의 특성은 2-변수모형과 거의 동일하다. 이를 자세히 살펴보면:

1. 3-변수 회귀선(표면)은 평균 $\bar{Y}, \bar{X}_2, \bar{X}_3$를 지나는데, 이는 식(7.4.3)에서 명백하게 나타난다(2-변수모형의 식[3.1.7]을 참조할 것). 이 특성은 일반적으로 성립한다. 따라서 k-변수 선형회귀모형에서(종속변수가 1개이고 설명변수가 $[k-1]$개의 모형)

$$Y_i = \beta_1 + \beta_2 X_{2i} + \beta_3 X_{3i} + \cdots + \beta_k X_{ki} + u_i \tag{7.4.20}$$

이고

$$\hat{\beta}_1 = \bar{Y} - \beta_2 \bar{X}_2 - \beta_3 \bar{X}_3 - \cdots - \beta_k \bar{X}_k \tag{7.4.21}$$

임을 알 수 있다.

2. 추정된 $Y_i(=\hat{Y}_i)$의 평균은 실제 Y_i의 평균값과 같은데, 이를 쉽게 증명할 수 있다:

$$\begin{aligned} \hat{Y}_i &= \hat{\beta}_1 + \hat{\beta}_2 X_{2i} + \hat{\beta}_3 X_{3i} \\ &= (\bar{Y} - \hat{\beta}_2 \bar{X}_2 - \hat{\beta}_3 \bar{X}_3) + \hat{\beta}_2 X_{2i} + \hat{\beta}_3 X_{3i} \qquad \text{(이유는?)} \\ &= \bar{Y} + \hat{\beta}_2 (X_{2i} - \bar{X}_2) + \hat{\beta}_3 (X_{3i} - \bar{X}_3) \\ &= \bar{Y} + \hat{\beta}_2 x_{2i} + \hat{\beta}_3 x_{3i} \end{aligned} \tag{7.4.22}$$

여기에서 통상적으로 소문자가 각 변수의 평균으로부터의 편차로서 변수의 값을 나타낸다.

식(7.4.22)의 양쪽을 표본에 대하여 합하고, 표본의 크기 n으로 나누면 $\bar{\hat{Y}} = \bar{Y}$를 얻는다. (Note: $\sum x_{2i} = \sum x_{3i} = 0$이다. 이유는?) 식(7.4.22)에 의하여

$$\hat{y}_i = \hat{\beta}_2 x_{2i} + \hat{\beta}_3 x_{3i} \tag{7.4.23}$$

로 표현할 수 있음을 주목하여야 한다. 여기에서 $\hat{y}_i = (\hat{Y}_i - \bar{Y})$이다.

그러므로 SRF (7.4.1)을 **편차형태**로

$$y_i = \hat{y}_i + \hat{u}_i = \hat{\beta}_2 x_{2i} + \hat{\beta}_3 x_{3i} + \hat{u}_i \tag{7.4.24}$$

와 같이 표현할 수 있다.

3. $\sum \hat{u}_i = \bar{\hat{u}} = 0$인데 이를 식(7.4.24)로부터 증명할 수 있다. (힌트: 식[7.4.24]의 양쪽을 표본 값 전체에 대하여 합하여라.)
4. 잔차 $\hat{u}_i$는 X_{2i}와 X_{3i}와 상관관계가 없다. 즉, $\sum \hat{u}_i X_{2i} = \sum \hat{u}_i X_{3i} = 0$이다.(증명하고자 하면 부록 7A.1 을 참조할 것)
5. 잔차 $\hat{u}_i$는 $\hat{Y}_i$와 상관관계가 없다; 즉, $\sum \hat{u}_i \hat{Y}_i = 0$이다. 이유는? (힌트: 식[7.4.23]의 양쪽을 $\hat{u}_i$로 곱한 후 표본전체에 대하여 합하여라)
6. 식(7.4.12)와 (7.4.15)로부터 다음의 특성을 발견할 수 있다. σ^2, $\sum x_{2i}^2$, $\sum x_{3i}^2$의 값이 주어졌을 때, r_{23}, 즉 X_2와 X_3 사이의 상관계수가 1에 가까워질수록 $\hat{\beta}_2$와 $\hat{\beta}_3$의 분산이 커진다. 극한적인 경우 $r_{23}=1$일 때 (즉, 완전한 공선성이 있을 때), $\hat{\beta}_2$와 $\hat{\beta}_3$의 분산은 무한대가 된다. 이러한 특성의 의미는 10장에서 자세히 다루어질 것이나 r_{23}가 커질수록 진정한 β_2와 β_3의 값이 얼마인지 아는 것이 점점 더 어려워진다는 것이다. (다음 장에서 보다 상세한 내용을 다룰 것이나, 식[7.1.13]을 참조하면 됨)
7. σ^2, $\sum x_{2i}^2$, $\sum x_{3i}^2$의 값이 주어졌을 때, 식(7.4.12)와 (7.4.15)로부터 OLS추정량의 분산은 직접적으로 σ^2에 비례함을 명확히 알 수 있다; 즉, σ^2이 증가할수록 분산은 증가한다. 유사한 방식으로, σ^2와 r_{23} 값이 주어졌을 때, $\hat{\beta}_2$의 분산은 $\sum x_{2i}^2$에 반비례한다. 즉, X_2의 표본값이 다양할수록 $\hat{\beta}_2$의 분산은 작아지고, 따라서 β_2를 더 정교하게 추정할 수 있다. $\hat{\beta}_3$의 분산에 대해서도 비슷한 논리를 적용시킬 수 있다.
8. 7.1 절에서 상세히 설명된 고전적 선형회귀모형의 가정 하에서 편회귀계수의 OLS추정량이 선형이고 불편일 뿐만 아니라 모든 선형불편추정량 중에서 가장 작은 분산을 갖는다는 것을 증명할 수 있다. 간단히 말해서, **OLS추정량은 BLUE이다**. 다른 방식으로 말하자면, 가우스-마코프 정리

를 충족시킨다.(부록 3A의 3A.6 절의 2-변수의 경우 증명방식과 동일하게 증명하면 되고 부록 C의 행렬 부호를 사용하여 더 간결하게 증명되어 있다)

최우추정량

4장에서 지적했듯이, 확률적 교란항 u_i의 평균이 0이고, 분산이 항상 σ^2으로 일정한 정규분포를 따른다고 가정하면 2-변수 모형의 최우추정량(MLE)과 OLS추정량은 서로 같다. 이러한 특성은 변수가 많은 모형에도 적용될 수 있다(부록 7A의 7A.4에 있는 증명을 참조할 것). 그러나, 이 특성은 σ^2의 추정량에 대하여 적용되지 않는다. σ^2의 최우추정량은 모형내 변수의 숫자에 상관없이 $\sum\hat{u}_i^2/n$이나, σ^2의 OLS추정량은 2-변수 경우에 $\sum\hat{u}_i^2/(n-2)$, 3-변수 경우에 $\sum\hat{u}_i^2/(n-3)$, 그리고 모형 (7.4.18)의 k-변수 경우에 $\sum\hat{u}_i^2/(n-k)$라는 것을 쉽게 증명할 수 있다. 간단히 말해서, σ^2의 OLS추정량은 자유도를 고려하나 최우추정량은 고려하지 않는다. 물론, n이 매우 크면, σ^2의 ML추정량과 OLS추정량이 서로 가까워질 것이다(그 이유는?).

7.5 다중결정계수 R^2와 다중상관계수 R

2-변수의 경우 (3.5.5)와 같이 정의된 r^2은 종속변수 Y의 총변동 중 (1개의) 설명변수에 의해 설명되는 비율을 나타내 준다. 이러한 r^2의 개념은 2개의 변수보다 많은 변수를 포함하는 회귀모형에도 쉽게 확장될 수 있다. 그러므로, 3-변수 모형에서 Y의 총변동중 변수 X_2와 X_3에 의해 설명되는 비율을 알고자 할 때, 다중결정계수를 구해야 하는데, 이를 R^2으로 표기하되 그 의미는 r^2과 동일하다.

R^2을 유도하기 위해 3.5절에서의 r^2유도과정을 그대로 따라보자.

$$\begin{aligned} Y_i &= \hat{\beta}_1 + \hat{\beta}_2 X_{2i} + \hat{\beta}_3 X_{3i} + \hat{u}_i \\ &= \hat{Y}_i + \hat{u}_i \end{aligned} \tag{7.5.1}$$

인데, 여기서, $\hat{Y}_i$은 추정된 회귀선에서 구한 Y_i의 추정치로서 $E(Y_i|X_{2i}, X_{3i})$의 추정량이다. 소문자로 표기된 문자가 평균으로부터의 편차를 나타내므로, 식 (7.5.1)을 다음과 같이 나타낼 수 있다.

$$\begin{aligned} y_i &= \hat{\beta}_2 x_{2i} + \hat{\beta}_3 x_{3i} + \hat{u}_i \\ &= \hat{y}_i + \hat{u}_i \end{aligned} \tag{7.5.2}$$

식(7.5.2)의 양쪽을 제곱하고 표본에 대하여 합하면,

$$\begin{aligned}\sum y_i^2 &= \sum \hat{y}_i^2 + \sum \hat{u}_i^2 + 2\sum \hat{y}_i \hat{u}_i \\ &= \sum \hat{y}_i^2 + \sum \hat{u}_i^2 \quad \text{(이유는?)}\end{aligned} \tag{7.5.3}$$

을 얻는다. 서술적으로 풀어 쓰면, 식 (7.5.3)은 총자승합(TSS)이 설명된 자승합(ESS)과 오차자승합(RSS)을 합한 것과 같다는 것을 나타내고 있다. 이때, 식 (7.4.19)를 $\sum \hat{u}_i^2$ 대신 대입하면

$$\sum y_i^2 = \sum \hat{y}_i^2 + \sum y_i^2 - \hat{\beta}_2 \sum y_i x_{2i} - \hat{\beta}_3 \sum y_i x_{3i}$$

이다. 이를 재정리하면

$$\text{ESS} = \sum \hat{y}_i^2 = \hat{\beta}_2 \sum y_i x_{2i} + \hat{\beta}_3 \sum y_i x_{3i} \tag{7.5.4}$$

인데, 정의에 의하여

$$\begin{aligned}R^2 &= \frac{\text{ESS}}{\text{TSS}} \\ &= \frac{\hat{\beta}_2 \sum y_i x_{2i} + \hat{\beta}_3 \sum y_i x_{3i}}{\sum y_i^2}\end{aligned} \tag{7.5.5}$$[9]

이 된다(식[7.5.5]와 [3.5.6]을 비교해 볼 것).

(7.5.5)내의 수식들은 일반적으로 기계적인 계산이므로 R^2을 쉽게 계산할 수 있다. r^2과 같이 R^2도 0과 1사이의 값을 취한다. 만약 R^2이 1이면 추정된 회귀선이 Y의 변동을 100% 설명하고 있음을 의미한다. 반면, R^2이 0이면 모형이 Y의 변동을 조금도 설명하지 않는다. 일반적으로 R^2은 두 극단적인 값 사이에 놓여 있다. R^2이 1에 가까울수록 모형이 자료에 더 잘 적합하다고 한다.

2-변수 경우에 r을 상관계수라 정의했고, r이 두 변수간의 (선형)연관의 정도를 측정해준다고 지적하였음을 상기하자. 3-변수 또는 그 이상의 변수의 경우 r과 동일한 것이 다중상관계수인데, 이를 R이라 표기한다. R은 Y와 모든 설명변수간의 결합의 정도를 동시에 측정하는 것이다. r은 양의 값일수도 음일수도 있지만 R은 항상 양의 값을 갖는다. 사실, R은 그리 중요하지 않고, 더 중요한 수량이 R^2이다.

더 앞으로 나아가기 전에, 식(7.4.20)의 k-변수 다중회귀분석모형의 편회귀계수 분산과 결정계수 R^2 간의 관계를 살펴보자.

---

9. R^2을 다음과 같이 계산할 수도 있음을 주목하여라.

$$R^2 = 1 - \frac{\text{RSS}}{\text{TSS}} = 1 - \frac{\sum \hat{u}_i^2}{\sum y_i^2} = 1 - \frac{(n-3)\hat{\sigma}^2}{(n-1)S_y^2}$$

$$\text{var}(\hat{\beta}_j) = \frac{\sigma^2}{\sum x_j^2}\left(\frac{1}{1-R_j^2}\right) \tag{7.5.6}$$

여기에서 $\hat{\beta}_j$는 설명변수 X_j의 편회귀계수이고, R_j^2은 X_j를 나머지 $(k-2)$설명변수에 회귀했을 때의 R^2이다(주 : k−변수 회귀모형에는 $(k-1)$개의 설명변수만 존재한다). 식 (7.5.6)의 유용함이 10장에서 다중공선성을 논의할 때 확연해질 것이지만, 이 시점에서는 이 식이 1개의 종속변수와 2개의 설명변수를 지닌 3−변수 회귀모형의 식 (7.4.12)와 식 (7.4.15)의 공식을 일반화시킨 것임을 주목할 필요가 있다.

7.6 설명예제

예제 7.1

1인당 GNP와 여성문해율과 관련된 유아사망

6장에서 1인당 GNP(PGNP)와 관련된 유아사망(CM) 행위를 고려하였다. 그 결과, 예측한 대로 PGNP는 CM에 음의 영향을 미치고 있음을 발견하였다. 이제 여성 문해율(FLR)로 측정된 여성의 교육수준을 분석에 포함하자. 선험적으로, FLR이 CM에 음의 영향을 미칠 것으로 기대한다. 두 변수를 모두 모형에 포함했을 때, 각 설명변수의 순 영향을 추려낼 필요가 있다. 즉, 각 설명변수의 (편)회귀계수를 추정할 필요가 있다. 따라서, 우리가 분석할 모형은:

$$\text{CM}_i = \beta_1 + \beta_2\text{PGNP}_i + \beta_3\text{FLR}_i + u_i \tag{7.6.1}$$

분석에 필요한 자료는 표 6.4에 있다. CM은 출생 1000명 당 5세 이하의 유아사망자 수이고, PGNP는 1980년도 1인당 GNP, 그리고 FLR은 퍼센트로 측정되어 있다. 이 표본은 64개 국가로 구성되어 있다.

EViews6 통계팩키지를 사용하여 다음의 결과를 얻었다:

$$\begin{aligned}\widehat{\text{CM}}_i &= 263.6416 \;-\; 0.0056\,\text{PGNP}_i - \;2.2316\,\text{FLR}_i \qquad (7.6.2)\\ \text{se} &= (11.5932) \quad (0.0019) \qquad\quad (0.2099) \qquad R^2 = 0.7077\\ &\qquad\qquad\qquad\qquad\qquad\qquad\qquad\qquad\quad \bar{R}^2 = 0.6981^*\end{aligned}$$

여기에서 괄호안의 숫자는 추정된 표준오차이다. 이 회귀결과를 해석하기 전에 PGNP의 편기울기계수, 즉 −0.0056을 주목하자. 앞의 절에서 설명한 3단계 과정으로 구한 값과 대략 일치한다(식[7.3.5]를 참조). 그러나 이 사실이 학생들을 놀라게 할 일인가? 그 뿐만 아니라, 두 표준오차는 정확하게 일치하는데, 이것 역시 놀라게 할 만한 일은 아니다. 귀찮은 3-단계 과정을 겪지 않고도 이 회귀를 할 수 있었다.

이제 이 회귀계수를 해석하자: −0.0056은 PGNP의 편회귀계수인데, FLR의 영향을 고정으로 묶어둔 상태에서 PGNP가 1달러 증가함에 따라 유아 사망이 평균적으로 0.0056 단위 줄어든다는 것을 의미한다. 이 결과를 더 경제학적으로 이해할 수 있도록 하려면, PGNP가 1000 달러 증가한다면 5세 이하 유아들의 사망이 1000명 출생 당 5.6명

* 이 값에 대하여 7.8절을 참조할 것.

예제 7.1
(계속)

감소한다는 것이다. 계수 −2.2316이 의미하는 것은, PGNP의 영향을 불변으로 고정시켜 둔 상태에서 여성 문해율이 1 퍼센트 포인트 상승함에 따라 1000명 출생 당 5세 이하 유아사망자 수가 약 2.23명이 감소한다는 것이다. 약 263 정도인 절편 값을 기계적으로 해석하자면 PGNP와 FLR이 모두 0으로 고정된다면 평균 유아사망률이 1000명 출생 당 263명 사망일 것을 의미한다. 물론, 이러한 해석은 대충 에누리하여 들어야 한다. 우리가 할 수 있는 함의는 두 회귀계수가 0으로 고정되었다면 유아사망은 아주 높을 것이라는 정도이고 이것이 실질적인 의미가 있다 하겠다. R^2값이 약 0.71인데 유아사망의 변동 중에서 약 71퍼센트가 PGNP와 FLR에 의하여 설명이 된다는 것을 의미하는데, R^2의 최대값이 1이라는 것을 감안할 때 매우 높다고 하겠다. 모든 결과를 설명했는데, 이 회귀결과는 상당히 일리가 있다 하겠다.

추정된 계수의 통계적 유의성은 어떠한가? 이 주제를 다음 8장에서 논의할 것이다. 8장에서 보게 되듯이, 여러 면에서 이 장은 2-변수 모형을 다룬 5장의 확장 선상에 있다. 이와 아울러 우리가 보일 것으로서, 2-변수 모형과 다중 회귀모형 사이에 통계적 추론(예를 들어, 가설검정)에 중요한 차이가 존재한다는 것이다.

표준화된 변수의 회귀

앞의 장에서 표준화된 변수의 회귀라는 주제를 소개하였는데 논의가 다중회귀로 확장될 수 있다고 언급한 바 있다. 한 변수의 평균으로부터 편차를 해당 변수의 표준편차로 나눈 형태로 표현되면 그 변수가 표준화되었다고 말한다.

우리의 유아 사망 예제에 대하여 그 결과는 다음과 같다:

$$\widehat{\text{CM}}^* = -\ 0.2026\ \text{PGNP}_i^* - 0.7639\ \text{FLR}_i^* \qquad (7.6.3)$$
$$\text{se} = \quad (0.0713) \qquad\qquad (0.0713) \qquad r^2 = 0.7077$$

주: *를 붙인 변수는 표준화된 변수들이다. 또한 앞의 장에서 이미 논의된 이유 때문에 이 모형에는 절편항이 없다는 것도 유의하여야한다.

이 회귀에서 볼 수 있듯이, FLR이 불변으로 고정된 상태에서 PGNP의 1표준편차 증가로 인하여 평균적으로 약 0.2026표준편차의 CM이 감소하였다. 유사한 방식으로, PGNP이 불변으로 고정된 상태에서 FLR의 1표준편차 증가로 인하여 평균적으로 약 0.7639 표준편차이 CM이 감소하였다. 여기에서 표준화된 변수를 사용하는데 따른 장점을 보게된다. 즉, 모든 표준화된 변수들이 평균 0 과 분산 1을 가지고 있기 때문에 표준화는 모든 변수를 동일한 자격으로 만든다는 것이다.

한 개 이상의 설명변수들의 1 단위 변화가 종속변수에 미치는 영향

더 진도를 나가기 전에, PGNP와 FLR이 동시에 증가한다면 유아 사망에 어떠한 일이 발생할 지 알고자 한다고 하자. 가령 1인당 GNP가 1 달러 만큼 증가하고 동시에 여성문해율이 1 퍼센트 포인트 상승한다고 하자. 이러한 동시발생의 변화가 유아 사망률에 미치는 영향은 얼마일까? 이를 확인하기 위하여, 우리는 PGNP와 FLR의 계수들에 제안된 변화를 곱하고 그 결과를 더하기만 하면 된다. 우리의 예제에서 결과는

$$-0.0056(1) - 2.2316(1) = 2.2372$$

과 같다. 즉, 이 동시적 변화의 결과로서 5세 이하 유아사망은 약 2.24명 정도 하락할 것이다.

더 일반적으로, 한 개 이상의 설명변수들의 1 단위 변화가 종속변수에 미치는 총 영향을 알고자 한다면 설명변수들의 계수에 제안된 변화를 곱한 후 그 결과를 모두 더하면 된다. 이 계산에 절편항은 포함되지 않는다는 것을 주의하여야 한다(그 이유는?).

7.7 다중회귀모형에서의 단순한 회귀분석 : 모형표기 편의의 개략적 설명

고전적 선형회귀모형에 대한 가정 중 (7.1.10)은 회귀모형이 "정확하게" 표기되어 있다는 것을 설명하고 있다; 즉, 모형표기의 편의 또는 오차가 없다는 것이다 (3장에 있는 개괄적 설명을 참조할 것). 모형표기에 관하여는 13장에서 충분히 논의된 것이지만, 앞 절에서 논의한 예제를 통해 이를 간단히 살펴봄으로써 가정 (7.1.10)의 중요성을 이해하고, 편회귀계수의 의미를 다시 한번 음미하여 모형표기 편의에 대한 논의를 어느 정도 정식으로 소개하고자 한다.

(7.6.1)의 모형이 1인당 GNP와 여성 문해율(GLR)과 관련하여 유아사망을 설명하는 "진정한" 모형이라고 가정하자. 그러나, FLR을 무시하고 다음의 단순한 회귀모형을 추정한다고 하자:

$$Y_i = \alpha_1 + \alpha_2 X_{2i} + u_{1i} \qquad \textbf{(7.7.1)}$$

여기에서 $Y = \text{CM}$, $X_2 = \text{PGNP}$ 이다.

(7.6.1)이 정확한 모형이기 때문에 (7.7.1)은 모형 표기오차의 경우에 해당된다; 여기서 오차란 모형에서 여성문해율 X_3를 생략했다는 것이다. 식(7.6.1)의 진정한 모수(β들)과 구별하기 위하여 식(7.7.1)에서 다른 모수 부호(α들)을 사용하고 있음을 주의하여야 한다.

이제 α_2가 PGNP의 진정한 영향에 대한 불편추정량(모형(7.6.1)에서 β_2이었음)이 될 것인가? $\hat{\alpha}_2$를 α_2의 추정량이라 할 때 $E(\hat{\alpha}_2) = \beta_2$인가? 다른 말로 해서, 변수 X_3(FLR)를 모형에서 생략했다는 것을 알고 있는 상태에서, 식(7.7.1)의 PGNP 계수가 CM에 대한 PGNP의 진정한 영향의 불편추정치를 가능하게 하는

가? 이미 의심하고 있듯이, 일반적으로 $\hat{\alpha}_2$는 진정한 β_2에 대한 불편추정량이 아니다. 이 편의에 대하여 간략하게 살펴보기 위하여 (7.7.1)의 회귀를 시행한 결과 다음의 결과를 얻었다:

$$\begin{aligned} \widehat{\text{CM}}_i &= 157.4244 \quad - \quad 0.0114\ \text{PGNP}_i \\ \text{se} &= \quad (9.8455) \qquad (0.0032) \qquad r^2 = 0.1662 \end{aligned} \tag{7.7.2}$$

"진정한" 다중회귀(7.6.1)와 비교하여, 이 회귀에 관한 몇가지 사항을 살펴보자.

1. 절대값으로 볼 때(즉, 부호를 무시하고), PGNP 계수가 0.0056에서 0.0114로 두 배 정도 커졌다.
2. 표준오차가 다르다.
3. 절편 값이 다르다.
4. 설명변수의 개수가 늘어날수록 r^2가 증가하는 것이 일반적 현상임에도 불구하고 r^2가 극적으로 다르다.

이제 PGNP가 유아 사망에 미치는 영향을 무시하고 여성문해율에 유아사망을 회귀한다고 하자. 그 결과 다음의 결과를 얻었다:

$$\begin{aligned} \widehat{\text{CM}}_i &= 263.8635 \quad - \quad 2.3905\ \text{FLR}_i \\ \text{se} &= (21.2249) \quad (0.2133) \qquad r^2 = 0.6696 \end{aligned} \tag{7.7.3}$$

다시 한번, 이 (표기가 잘못된) 회귀결과를 "진정한" 다중회귀결과와 비교하면, 비록 그 차이가 (7.7.2)의 회귀만큼 뚜렷하지는 않다하더라도 두 결과가 다르다는 것을 발견할 것이다.

중요하게 주목할 점은 모형을 잘못 설정하면 심각한 결과가 발생할 수도 있다는 것이다. 우리는 표기오차를 다루게 될 13장에서 더 상세히 논의할 것이다.

7.8 결정계수 R^2과 조정된 결정계수(Adjusted R^2)

결정계수 R^2의 중요한 특성중 하나는, 추가되는 변수가 모형 내 다른 설명변수와 완벽한 공선관계를 갖지 않는다면, R^2이 모형내의 설명변수 개수의 비감소(非減少)함수라는 것이다. 설명변수의 개수가 늘어남에 따라 R^2은 거의 반드시 증가하고 절대로 감소하지는 않는다. 다른 말로 설명하면, X변수를 추가하면 R^2은 감소하지 않는다. 예를 들어, 회귀 (7.7.2) 또는 (7.7.3)을 (7.6.2)와 비교하면 된다. 이러한 관계를 보기 위해 결정계수의 정의를 다시 살펴보자:

$$
\begin{aligned}
R^2 &= \frac{\text{ESS}}{\text{TSS}} \\
&= 1 - \frac{\text{RSS}}{\text{TSS}} \\
&= 1 - \frac{\sum \hat{u}_i^2}{\sum y_i^2}
\end{aligned} \tag{7.8.1}
$$

$\sum y_i^2$은 단순히 $\sum(Y_i - \bar{Y})^2$이기 때문에 모형내 X변수 등의 개수와 무관하다. 그러나 RSS인 $\sum \hat{u}_i^2$은 모형내의 설명변수의 개수에 의존한다. 의미상으로 보면 X변수들의 개수가 늘어날 때 $\sum \hat{u}_i^2$이 감소하게 된다(적어도 증가하지 않는다)는 것은 매우 명백하다. 따라서 식(7.8.1)에서 정의된 R^2은 증가할 것이다. 이러한 R^2의 특성을 고려하면, 동일한 종속변수를 가지고 있으나 X변수의 숫자가 서로 다른 두 개의 모형을 비교할 때 R^2이 더 높은 모형을 더 나은 모형으로 선택하는데 매우 조심해야 한다.

두 개의 R^2을 비교하기 위해서는 모형내의 변수의 개수를 꼭 고려하여야 하는데, 이는 다음의 조정된 결정계수를 사용함으로써 쉽게 이루어질 수 있다:

$$
\bar{R}^2 = 1 - \frac{\sum \hat{u}_i^2/(n-k)}{\sum y_i^2/(n-1)} \tag{7.8.2}
$$

단, k = 절편항을 포함하여 모형 내 모수의 개수이다.(3-변수 회귀에서 k=3이다. 그 이유는?). (7.8.2)와 같이 정의된 결정계수 R^2을 조정된 결정계수(adjusted R^2)라고하고 $\bar{R}^2$으로 표기한다. '조정된' 이라는 용어는 (7.8.1)의 자승합들을 각각의 자유도로 조정했다는 의미이다 : $\sum \hat{u}_i^2$은 절편항을 포함하여 k개의 모수를 지닌 모형에서 $n-k$의 자유도를 갖고, $\sum y_i^2$은 $n-1$의 자유도를 갖는다(그 이유는?). 3-변수의 경우에 $\sum \hat{u}_i^2$이 $n-3$자유도를 갖는 것은 알고 있다.

식(7.8.2)를

$$
\bar{R}^2 = 1 - \frac{\hat{\sigma}^2}{S_Y^2} \tag{7.8.3}
$$

으로 표현할 수 있는데 $\hat{\sigma}^2$은 잔차의 분산으로 진정한 σ^2의 불편추정량이고, S_y^2은 y의 표본분산이다.

$\bar{R}^2$과 R^2이 서로 관계되어 있는 것을 쉽게 파악할 수 있다. 왜냐하면 (7.8.1)을 (7.8.2)에 대체하면

$$
\bar{R}^2 = 1 - (1 - R^2)\frac{n-1}{n-k} \tag{7.8.4}
$$

이기 때문이다. (7.8.4)에서 즉각적으로 명백한 것은 (1) $k=1$일 때 $\bar{R}^2 < R^2$이다. 이는 X변수의 개수가 증가할수록 조정된 R^2이 단순한 R^2보다 덜 증가한다는 것을 의미한다. (2) R^2은 음의 값을 가져서는 안되나 $\bar{R}^2$은 음의 값을 가질 수 있다.[10] 실제응용에서 $\bar{R}^2$이 음이 되는 경우 그 값은 0으로 취급된다(학생들은 앞의 예제에서 $\bar{R}^2$이 0.8519로서 R^2값 0.8766보다 작다는 것을 증명할 수 있어야 한다).

실제에 있어 어떤 결정계수를 사용하여야 하는가? 이에 대해 Theil은

> ... R^2보다 $\bar{R}^2$을 사용하는 것이 좋은 방안이다. 왜냐하면 R^2은 회귀의 적합도에 대하여 전반적으로 낙관적인 해석을 가져오는 경향이 있기 때문이다. 그리고 특히 이러한 현상은 설명변수의 개수가 관측치의 개수에 비하여 아주 작지 않을 때 심하게 나타난다.[11]

이라고 지적하였다.

그러나 Theil의 견해가 통일된 시각은 아니다. 왜냐하면 그가 $\bar{R}^2$의 "우월성"에 대한 일반적인 이론적 정당성을 제시하지 않았기 때문이다. 예를 들어 Goldberger는 변형된(modified) R^2라고 부르는 다음의 R^2가 $\bar{R}^2$만큼 쓸 만하다고 주장하고 있다:[12]

$$\text{변형된 } R^2 = (1 - k/n)R^2 \tag{7.8.5}$$

그의 충고는 R^2, n, k를 보고만 하고 독자로 하여금 n과 k를 감안하여 R^2를 조정하는 방법을 결정하게 하여야 한다는 것이다.

이러한 충고에도 불구하고 대부분의 통계팩키지에서는 전통적인 R^2과 아울러 (7.8.4)의 조정된 R^2를 보고하고 있다. 학생들은 $\bar{R}^2$를 하나의 요약통계량 정도로 취급하는 것이 바람직하다.

부수적으로, 유아사망 회귀 (7.6.2)의 경우 학생들은 $(n-1)=63$, 그리고 $(n-k)=60$임을 명심하여 $\bar{R}^2=0.6981$을 보일 수 있어야 한다.

적합도 측정의 기준으로서 R^2와 조정된 R^2뿐만 사용되는 것이 아니라 다른 기준이 회귀모형의 적절성을 판단하는데 가끔 사용되기도 한다. 이중 Akaike의 정보기준(Akaike's Information criterion)과 Amemiya의 예측기준(Amemiya's Predication criteria)을 들 수 있는데 이들은 경합 가능한 여러 모형 가운데서 적합한 모형을 선택하는데 사용된다. 뒷 장에서(13장) 모형선택의

10. 그러나 $R^2=1$이며, $\bar{R}^2=R^2=1$임을 주의하라.

11. Henri Theil, *Introduction to Econometrics*, Harvard University Press, Cambridge, Mass.,1991.

12. Arther S. Goldberger, *A Course in Econometrics*, Harvard University Press, Cambridge, Massachusetts, 1991, p.178. R^2에 대한 비판적인 견해를 더 참조하려면, S. Cameron, "Why is the R Squared Adjusted Reported?", *Journal of Quantitative Economics*, vol.9, no. 1, Jonuary 1993, pp. 183~186을 참고할 것. 그는 이 논문에서 "R^2은 검정통계량이 아니다. 그리고 기술통계량으로서 이를 사용하는 데에 대한 명백한 개념적 정당성이 없는 것으로 판단된다. 끝으로 R^2이 자료채굴의 문제를 방지하기 위한 효과적인 도구가 아니라는 것을 명백히 하여야 한다."(p.186)

문제를 상세히 고려할 때 이 기준들을 논의할 것이다.

두 R^2 값의 비교

결정계수를 기초로 하여 두 모형을 비교할 때, **R^2이 조정되었든 아니든 종속변수가 같아야 함**은 매우 중요하다. 단, 설명변수는 어떤 형태라도 취할 수 있다. 그러므로, 다음의 모형들에 대해

$$\ln Y_i = \beta_1 + \beta_2 X_{2i} + \beta_3 X_{3i} + u_i \tag{7.8.6}$$

$$Y_i = \alpha_1 + \alpha_2 X_{2i} + \alpha_3 X_{3i} + u_i \tag{7.8.7}$$

R^2 값들은 비교할 수 없다. 그 이유는 다음과 같다. 정의에 의해 R^2은 종속변수의 변동중에서 설명변수에 의해 설명되는 비율을 나타낸다. 그러므로, (7.8.6)에서 R^2은 $\ln Y$의 변동중 X_2와 X_3에 의해 설명되는 비율을 측정하는데 반해, (7.8.7)에서는 Y의 변동 비율을 측정하기 때문에 두 값은 서로 다르게 된다. 6장에서 이미 논의했듯이 ln의 변화는 Y에 있어서의 상대적 또는 비율 변화를 의미하는데 반해, Y의 변화는 절대적 변화를 의미한다. 그러므로, $\text{var}\hat{Y}_i/\text{var}Y_i$는 $\text{var}(\widehat{\ln Y_i})/\text{var}(\ln Y_i)$와 다르다. 즉, 두 결정계수는 서로 다르다.[13]

그렇다면, 종속변수가 다른 형태일 때 두 모형의 R^2들을 어떻게 비교할 것인가? 이 질문에 답하기 위하여 다음의 예제를 고려해보자.

예제 7.2

미국의 커피소비, 1970~1980

표 7.1의 자료를 고려하자. 이 자료에는 1970~1980 기간 동안 미국의 1일 커피 소비 컵수(Y)와 실질 커피도매가격(X)이 정리되어 있다. OLS를 자료에 적용하여 다음의 결과를 얻었다:

$$\begin{aligned}\hat{Y}_t &= 2.6911 - 0.4795X_t \\ \text{se} &= (0.1216)\quad (0.1140) \qquad \text{RSS} = 0.1491;\ r^2 = 0.6628\end{aligned} \tag{7.8.8}$$

이 결과는 경제적으로 일리가 있다: 커피 가격이 오를수록, 커피 소비는 평균적으로 1일 당

---

13. R^2의 정의로부터 선형모형인 경우

$$1 - R^2 = \frac{\text{RSS}}{\text{TSS}} = \frac{\sum \hat{u}_i^2}{\sum (Y_i - \bar{Y})^2}$$

이고, 로그 모형인 경우에는

$$1 - R^2 = \frac{\sum \hat{u}_i^2}{\sum (\ln Y_i - \overline{\ln Y})^2}$$

이 된다. 두 개의 식을 비교해 보면, 등호 오른쪽의 분모가 서로 다르기 때문에 R^2을 직접적으로 비교할 수는 없다.

예제 7.2에서 보듯이 선형표기에 대하여 RSS=0.1491(커피소비의 잔차자승합)이고, 로그-선형 표기에 대하여 RSS=0.0226(로그 취한 커피소비의 잔차자승합)이다. 이 잔차들은 다른 크기 순서이므로 직접적인 비교가 불가능하다.

예제 7.2
(계속)

약 반잔정도 감소한다. 약 0.6628인 r^2값은 커피소비 변동의 약 66퍼센트를 커피가격이 설명한다는 것을 의미한다. 학생들은 기울기계수가 통계적으로 유의하다는 것을 입증할 수 있어야 한다.

동일한 자료를 사용해 다음의 이중 로그모형, 또는 불변탄력성모형을 추정할 수 있다:

$$\widehat{\ln Y_t} = 0.7774 - 0.2530 \ln X_t$$
$$se = (0.0152) \quad (0.0494) \qquad RSS = 0.0226;\ r^2 = 0.7448 \tag{7.8.9}$$

이 모형이 로그-로그모형이기 때문에 기울기 계수는 가격탄력성 계수 추정치이다. 현재로서는 파운드 당 커피가격이 1 퍼센트 상승하면 커피 1일 소비량이 평균적으로 약 0.25 퍼센트 감소한다. (7.8.8)의 선형모형에서 기울기 계수는 단지 가격에 관하여 커피 소비의 변화율만을 알려줄 뿐이라는 것을 명심하여야 한다. (선형모형에서 가격탄력성을 어떻게 추정할 것인가?) 약 0.74인 r^2값은 로그취한 커피소비 변동의 약 74퍼센트를 로그취한 커피가격 변동이 설명한다는 것을 의미한다

선형모형의 r^2값이 0.6628인데 이는 로그–선형모형의 0.7448보다 작기 때문에 학생들은 후자 모형을 선택하려고 할 수도 있다. 그러나 다음에 설명할 이유 때문에 그렇게 하면 안된다. 그러나 두 r^2를 비교하려면 다음과 같은 절차를 밟아야 할 것이다.

1. 식 (7.8.9)로부터 각 관측치에 대하여 $\widehat{\ln Y_t}$를 구한다; 즉, 이 모형으로부터 각 관측치의 추정된 로그값을 구한다. 이 값들에 대하여 역로그(antilog)를 취하고 이 역로그값과 실제 $\hat{Y}_t$ 사이의 r^2를 식(3.5.14)에서 알려준 방식을 따라 계산한다. 이 r^2값을 선형모형(7.8.8)의 r^2값과 비교한다.
2. 다른 방식도 가능하다. 모든 Y값이 양이라고 가정하면, Y값에 로그를 취하여 $\ln Y$를 구한다. 선형모형(7.8.8)로부터 추정된 Y값, 즉 $\hat{Y}_t$를 구하고 이 추정된 Y값에 로그를 취하여 $\ln \hat{Y}_t$를 만든 후 $(\ln Y_t)$와 $(\ln \hat{Y}_t)$ 사이의 r^2를 식(3.5.14)에서 알려준 방식을 따라 구한다. 이 r^2값을 식(7.8.9)에서 구한 r^2값과 비교한다.

커피 예제에 대하여, r^2들을 비교하는데 필요한 원자료를 표 7.2에 제시하였다. 선형모형(7.8.8)의 r^2값과 (7.8.9)의 값을 비교하기 위하여 우선 $\hat{Y}_t$의 로그값을 구한다(이는 표 7.2의 [6]번째 열에 있음), 실제 Y 값의 로그를 구한 후(표의 [5]번째 열) 식 (3.5.14)를

표 7.1
미국의 커피소비(Y)와 평균실질소매가격(X),*1970-1980

출처: Y 자료의 출처는 *Summary of National Coffee Drinking Study*, Data Group, Elkins Park, Penn., 1981; 명목 X자료의 출처는 *Nielsen Food Index*, A. C. Nielsen, New York, 1981임. 이자료를 수집하는데 Scott E. Sandberg의 도움을 받았음

연도	*Y*, 1인당 1일 커피 소비컵수	*X*, 파운드 당 $ 가격
1970	2.57	0.77
1971	2.50	0.74
1972	2.35	0.72
1973	2.30	0.73
1974	2.25	0.76
1975	2.20	0.75
1976	2.11	1.08
1977	1.94	1.81
1978	1.97	1.39
1979	2.06	1.20
1980	2.02	1.17

주: 식음료의 소비자 물가지수(CPI)로 명목가격을 나눈 가격임, 1967=100.

예제 7.2

(계속)

이용하여 이 두 값 사이의 r^2를 구한다. 그 결과 r^2값은 0.6779인데 이를 로그-선형모형의 0.7448과 비교하여야 한다. 이 두 r^2값의 차이는 약 0.07이다.

다른 한편으로, 로그-선형모형의 r^2값을 선형모형의 r^2과 비교하기를 원한다면 각 관측치에 대하여 $\widehat{\ln Y_t}$를 구하고(표의 [3]번째 열), 그 값의 역로그값을 계산한 후(표의 [4]번째 열), 최종적으로 공식 (3.5.14)을 이용하여 역로그함수값과 실제 Y간의 R^2를 구한다. 그 r^2값이 0.7187인데, 이는 선형모형 (7.8.8)에서 얻은 r^2값인 0.6628보다 높다.

어느 방법을 사용하건 로그-선형모형이 약간 나은 적합도를 보임을 알 수 있다.

표 7.2 두 R^2 값을 비교하기 위한 원자료

연도	Y_t (1)	$\hat{Y}_t$ (2)	$\widehat{\ln Y_t}$ (3)	$\widehat{\ln Y_t}$의 역로그 (4)	$\ln Y_t$ (5)	$\ln(\hat{Y}_t)$ (6)
1970	2.57	2.321887	0.843555	2.324616	0.943906	0.842380
1971	2.50	2.336272	0.853611	2.348111	0.916291	0.848557
1972	2.35	2.345863	0.860544	2.364447	0.854415	0.852653
1973	2.30	2.341068	0.857054	2.356209	0.832909	0.850607
1974	2.25	2.326682	0.846863	2.332318	0.810930	0.844443
1975	2.20	2.331477	0.850214	2.340149	0.788457	0.846502
1976	2.11	2.173233	0.757943	2.133882	0.746688	0.776216
1977	1.94	1.823176	0.627279	1.872508	0.662688	0.600580
1978	1.97	2.024579	0.694089	2.001884	0.678034	0.705362
1979	2.06	2.115689	0.731282	2.077742	0.722706	0.749381
1980	2.02	2.130075	0.737688	2.091096	0.703098	0.756157

Note: (1)열: 표 7.1에서 구한 실제 Y값
(2)열: 선형모형(7.8.8)에서 구한 추정된 Y값
(3)열: 이중-로그모형(7.8.9)에서 구한 추정된 log Y값
(4)열: (3)열의 값에 대한 역로그 값
(5)열: (1)열의 Y의 로그값
(6)열: (2)열의 $\hat{Y}_t$의 로그값

설명변수 가운데 R^2를 배분

다시 유아사망 예제로 돌아가자. 식(7.6.2)에서 두 설명변수 PGNP와 FLR이 유아사망 변동의 0.7077 또는 70.77퍼센트를 설명하고 있음을 확인하였다. 그러나 FLR 변수를 생략한 회귀(7.7.2)를 고려하면, r^2값이 0.1662로 떨어진다. 그렇다면 r^2의 차이인 0.5415 (0.7077−0.1662)가 생략된 변수 FLR에서 기인된 것이라 할 수 있는가? 다른 한편으로, PGNP를 생략한 회귀(7.7.3)을 고려하면 r^2값이 0.6696으로 하락한다. 두 r^2값의 차이 0.0381 (0.7077−0.6696)은 생략된 변수 PGNP에서 기인된 것이라 할 수 있는가?

이제 질문은 다음과 같다: 이러한 방식으로 두 회귀변수 PGNP와 FLR 사이에 다중 R^2값 0.7077을 배분할 수 있는가? 불행히도 그럴 수는 없다. 왜냐하면, 방금 보여준 바와 같이 배분의 크기는 설명변수가 모형에 포함되는 순서에 의존하기 때문이다. 이 문제를 일으키는 원인 중 일부의 원인은 두 설명변수가 상관되어 있기 때문인데, 두 변수 사이의 상관계수는 0.2685이다(표 6.4의 자료를 사

용하여 이를 입증하여라). 몇 개의 설명변수를 포함하고 있는 대부분의 응용작업에 있어서 그 변수들 사이의 상관관계는 일상적인 문제이다. 물론 설명변수들 사이에 완벽한 공선성이 존재한다면 이 문제는 매우 심각해진다.

실제에 있어 가장 좋은 충고는 연결되어 있는 설명변수에 R^2를 배분하려고 하는 것은 별로 의미가 없다는 것이다.

R^2을 최대화 하려는 "게임"

이 절을 마치면서 한 가지 주의해야 한다. 연구를 하는 사람들은 가끔 $\bar{R}^2$을 최대화하려고 장난을 치는 수가 종종 있다. 즉, 가장 큰 결정계수를 갖는 모형을 선택하고자 한다. 그러나, 이러한 모형선택은 위험할 수가 있다. 회귀분석에서 우리의 목적은 높은 $\bar{R}^2$ 자체를 얻는 것이 아니라 믿을 만한 모집단 회귀계수의 추정치를 얻고 그 추정치에 대해 통계적 추론을 끌어내는 것이다. 경험적 분석에서 매우 높은 $\bar{R}^2$을 얻되 몇몇 회귀계수가 통계적으로 유의하지 않거나 선험적으로 기대한 것에 반대되는 부호를 갖는 경우가 자주 나온다. 그러므로, 연구하는 사람들은 종속변수에 대한 설명변수들의 논리적 또는 이론적 적합성 등과 통계적 유의성에 더 관심을 기울여야 한다. 이러한 과정에서 높은 $\bar{R}^2$을 얻으면 금상첨화의 격이지만, $\bar{R}^2$이 낮은 경우라도 모형이 꼭 나쁘다고 할 수는 없다.[14]

실제 Goldberg는 R^2의 역할에 대해 매우 비판적이서 다음과 같이 지적하고 있다 :

> 우리의 관점에서 보면, R^2는 회귀분석에서 매우 적당한 정도의 역할을 하고 있는데, 그 역할이라는 것은 주어진 자료에서 표본 최소자승선형회귀의 적합도를 측정하는 것이다. CR(CLRM)모형의 어느 부분도 R^2이 높아야함을 요구하지 않는다. 따라서 높은 R^2는 모형이 적절하다는 증거가 될 수 없고, 낮은 R^2가 모형이 부적절하다는 증거가 될 수 없다.
>
> 실제로 R^2에 관하여 가장 중요한 것은 CR모형에서 결정계수가 중요하지 않다는 점이다. CR모형은 모집단에서의 모수에 관한 것이지 표본에서의 적합도에 관한 것이 아니다. ... 만약 예측성공의 척도를 고집한다면(혹은 예측의 실패정도) σ^2이면 충분할 것이다: 결국, 모수 σ^2은 모집단 CEF(PRF)가 예측도구로서 사용될 때 예측오차자승의 기대치이다. 또는 **x**[설명변수]의 해당되는 값에서의 예측 표준오차자승

14. 어떤 저자들은 적합도 측정으로서 R^2을 사용하는 것도 중요하지 않고, 두 개 이상의 R^2을 비교하기 위해 R^2을 사용하는 것도 역시 별로 중요하다고 여기지 않는다. Christopher H. Achen, *Interpreting and Using Regression*, Sage Publications, Beverley Hills, Calif., 1982, pp. 58~67과 C. Granger and p. Newbold, "R^2 and the Transformation variables," *Journal of Econometrics*, 1976. vol, 4, pp.205~210. 을 참조할 것. 덧붙여서 말하면, 가장 큰 R^2에 기초하여 모형을 선택하는 방법은 일종의 자료 채굴(Data Mining)행위로서 소위 사전검정 편의(pre-test bias)라는 것을 유발하는데, 이 때문에 고전적 선형회귀모형의 OLS추정량의 일부 특성이 파괴될 수 있다. 이에 관해서는 George G. Judge, Carter R. Hill, William E. Griffiths, Helmut Lütkepohl and Tsoung-Chao Lee, *Introduction to the Theory and Practice of Econometrics*, John Willey & Sons, Inc., New York, 1982,Chap.21을 참조할 것.

이 정보를 전달할 수도 있다.[15]

7.9 콥-더글러스 생산함수 : 함수형태에 대한 추가 논의

6.4절에서 함수형태를 적절히 변환시키면 비선형관계를 선형형태로 변환시킬 수 있고, 그리하여 고전적 선형회귀 모형의 테두리에서 분석을 할 수 있음을 보여주었다. 2-변수모형의 맥락에서 논의한 다양한 변환방법은 다중회귀모형의 경우에도 쉽게 적용될 수 있다. 이 절에서는 2-변수 로그-선형 모형을 다중의 경우로 확장시켜 분석하고자 한다. 그 외의 변환방식에 관한 확장적용은 연습문제와 이 책의 곳곳에서 예제를 통해 다루어질 것이다. 이 절에서 다루어질 예제는 생산이론에서 유명한 콥-더글러스 생산함수에 관한 것이다.

확률적 형태로 콥-더글러스(Cobb-Douglas) 생산함수를 다음과 같이 표현할 수 있다.

$$Y_i = \beta_1 X_{2i}^{\beta_2} X_{3i}^{\beta_3} e^{u_i} \tag{7.9.1}$$

여기에서, Y = 산출

X_2 = 노동투입

X_3 = 자본투입

u = 확률적 교란항

e = 자연로그의 밑(base)

위의 식(7.9.1)에서 보듯이 산출량과 두 생산요소간의 관계는 비선형관계이다. 그러나, 로그-변환(log-transformation)을 통해 위식을 변환하면

$$\begin{aligned} \ln Y_i &= \ln \beta_1 + \beta_2 \ln X_{2i} + \beta_3 \ln X_{3i} + u_i \\ &= \beta_0 + \beta_2 \ln X_{2i} + \beta_3 \ln X_{3i} + u_i \end{aligned} \tag{7.9.2}$$

를 얻는데, 여기서 $\beta_0 = \ln \beta_1$이다.

이와 같이 변환시키면, 이 모형은 모수 β_0, β_2, β_3에 대하여 선형이고, 따라서 선형회귀모형이 된다. 그러나 변수 Y와 X들에 대하여는 비선형이되 이 로그 취한 변수에 대하여 선형임을 유의하라. 즉, (7.9.2)의 모형은 **로그-로그, 이중-로그**, 또는 **로그-선형모형**으로서 2-변수 로그-선형모형 (6.5.3)을 다중회귀모형의 형태로 확장시킨 것이다.

15. Arther S. Goldberger, op.cit., pp.177~178.

콥–더글러스 생산함수의 다음과 같은 특성은 이미 잘 알려져 있다 :

1. β_2는 노동투입에 관한 산출의 (편)탄력성이다. 즉, 이는 자본투입을 불변으로 유지했을 때 노동투입의 1 퍼센트 변화에 대한 산출의 변화율을 의미한다(연습문제 7.9를 참조).
2. 동일하게, β_3는 노동투입을 불변으로 유지했을 때 자본투입에 관한 산출의 (편)탄력성이다.
3. 합($\beta_2 + \beta_3$)는 투입요소들의 비례적 변화에 대한 산출의 반응, 즉, **규모에 대한 수확(returns to scale)**의 정도를 알려 준다. 이 합의 값이 1이면 **수확불변(constant returns to scale)**인데, 즉, 투입을 두 배하면 산출도 두 배가 되고, 투입을 세 배로 증가시키면 산출도 세배가 된다. 이 합이 1보다 작으면 **수확체감(decreasing returns to scale)**인데, 투입을 두 배로 증가시키는 경우 산출은 두 배보다 적게 증가하게 된다. 끝으로 합이 1보다 크면 이를 **수확체증(increasing returns to scale)**이라고 하는데, 투입을 두 배로 증가시키면 산출이 두 배보다 많이 증가하는 것을 의미한다.

더 논의를 진행하기 전에 아무리 많은 변수를 포함하고 있더라도 모형이 로그–선형회귀모형이면 각 X변수의 계수는 해당 X변수에 관한 종속변수 Y의 (편)탄력성을 나타내고 있음을 유의하라. 그러므로 다음의 k–변수 로그–선형모형이라면:

$$\ln Y_i = \beta_0 + \beta_2 \ln X_{2i} + \beta_3 \ln X_{3i} + \cdots + \beta_k \ln X_{ki} + u_i \qquad \textbf{(7.9.3)}$$

β_2에서 β_k까지 각 (편)회귀계수는 변수 X_2부터 X_k에 관한 Y의 (편)탄력성이다.[16]

예제 7.3

제조업부문에서 부가가치, 노동시간 그리고 자본투입

콥-더글러스 생산함수의 예를 들기 위해 표 7.3의 자료를 구했다; 이 자료는 2005년도 미국 50개 주와 Washington, D.C.의 제조업부문에 관한 것이다.

모형(7.9.2)가 고전적 선형회귀모형의 제반 가정들을 만족시킨다고 가정하고 OLS[17] 추정방법에 의해 다음 회귀결과를 얻었다(7A의 7A.5에 컴퓨터 출력을 참조할 것).

16. 이러한 관계를 상세히 보기 위해 (7.9.3)을 로그를 취한 각 X변수에 대해 미분하여 보자. $\partial \ln Y / \partial \ln X_2 = (\partial Y / \partial X_2)(X_2 / Y) = \beta_2$, 즉, 정의에 의해 X_2에 관한 Y의 탄력성임을 쉽게 알 수 있고, 같은 방법으로 $\partial \ln Y / \partial \ln X_3 = (\partial Y / \partial X_3)(X_3 / Y)$인데 이는 바로 X_3에 관한 Y의 탄력성에 대한 정의이다.
17. (7.9.1)의 콥–더글러스 생산함수에서 확률적 오차항을 지수형태로 포함시켰기 때문에 로그변환을 하였을 때 오차항이 일반적인 선형으로 포함되었다. 이에 관하여 6.9절을 참조할 것.

표 7.3
부가가치, 노동시간, 자본투입 (2005년도 미국 제조업 분야)

출처: 2005 *Annual Survey of Manufacturers*, Sector 31: Supplemental Statistics for U.S

지역	산출물 부가가치 (단위: 천$) Y	노동투입 근로시간 (단위: 천) X2	자본투입 자본지출 (단위: 천$) X3
Alabama	38,372,840	424,471	2,689,076
Alaska	1,805,427	19,895	57,997
Arizona	23,736,129	206,893	2,308,272
Arkansas	26,981,983	304,055	1,376,235
California	217,546,032	1,809,756	13,554,116
Colorado	19,462,751	180,366	1,790,751
Connecticut	28,972,772	224,267	1,210,229
Delaware	14,313,157	54,455	421,064
District of Columbia	159,921	2,029	7,188
Florida	47,289,846	471,211	2,761,281
Georgia	63,015,125	659,379	3,540,475
Hawaii	1,809,052	17,528	146,371
Idaho	10,511,786	75,414	848,220
Illinois	105,324,866	963,156	5,870,409
Indiana	90,120,459	835,083	5,832,503
Iowa	39,079,550	336,159	1,795,976
Kansas	22,826,760	246,144	1,595,118
Kentucky	38,686,340	384,484	2,503,693
Louisiana	69,910,555	216,149	4,726,625
Maine	7,856,947	82,021	415,131
Maryland	21,352,966	174,855	1,729,116
Massachusetts	46,044,292	355,701	2,706,065
Michigan	92,335,528	943,298	5,294,356
Minnesota	48,304,274	456,553	2,833,525
Mississippi	17,207,903	267,806	1,212,281
Missouri	47,340,157	439,427	2,404,122
Montana	2,644,567	24,167	334,008
Nebraska	14,650,080	163,637	627,806
Nevada	7,290,360	59,737	522,335
New Hampshire	9,188,322	96,106	507,488
New Jersey	51,298,516	407,076	3,295,056
New Mexico	20,401,410	43,079	404,749
New York	87,756,129	727,177	4,260,353
North Carolina	101,268,432	820,013	4,086,558
North Dakota	3,556,025	34,723	184,700
Ohio	124,986,166	1,174,540	6,301,421
Oklahoma	20,451,196	201,284	1,327,353
Oregon	34,808,109	257,820	1,456,683
Pennsylvania	104,858,322	944,998	5,896,392
Rhode Island	6,541,356	68,987	297,618
South Carolina	37,668,126	400,317	2,500,071
South Dakota	4,988,905	56,524	311,251
Tennessee	62,828,100	582,241	4,126,465
Texas	172,960,157	1,120,382	11,588,283
Utah	15,702,637	150,030	762,671
Vermont	5,418,786	48,134	276,293
Virginia	49,166,991	425,346	2,731,669
Washington	46,164,427	313,279	1,945,860
West Virginia	9,185,967	89,639	685,587
Wisconsin	66,964,978	694,628	3,902,823
Wyoming	2,979,475	15,221	361,536

예제 7.3
(계속)

$$
\begin{aligned}
\widehat{\ln Y_i} &= 3.8876 + 0.4683\ln X_{2i} + 0.5213\ln X_{3i} \\
&\quad\ (0.3962)\quad (0.0989)\qquad (0.0969) \\
t &= (9.8115)\quad (4.7342)\qquad (5.3803)
\end{aligned}
\tag{7.9.4}
$$

$$R^2 = 0.9642 \qquad df = 48$$
$$\bar{R}^2 = 0.9627$$

식 (7.9.4)에서 보듯이, 2005년도 미국 제조업부문에 있어 노동과 자본의 생산탄력성이 각각 0.4683과 0.5213이었음을 알 수 있다. 다른 말로 해서 50개 주와 D.C에 대하여, 자본 투입을 일정하게 유지할 때 노동투입을 1% 증가시키면 생산이 평균적으로 약 0.47% 증가하게 된다. 같은 방법으로 노동투입을 일정하게 유지할 때 자본투입을 1% 증가시키면 생산은 평균적으로 0.52% 증가하게 된다. 두 생산탄력성을 합하면 값이 0.99인데, 이로부터 규모에 대한 수확의 정도를 알아볼 수 있다. 위 결과에서 보듯이, 50개 주와 D.C의 제조업부문은 수확이 불변인 특성을 지니고 있었다.

순수하게 통계적인 측면에서는 추정된 회귀선이 자료에 매우 적합한 것으로 나타났다. R^2값 0.9642는 생산(의 로그값) 변동의 약 96%가 노동(의 로그값)과 자본(의 로그값)에 의하여 설명되고 있음을 의미하고 있다. 8장에서는 미국 제조업 부문에대하여 콥-더글러스 생산함수의 모수의 "진정한" 값에 대한 가설을 검정하는데 표준오차의 추정치를 어떻게 사용하는지 설명할 것이다.

7.10 다항회귀모형(Polynomial Regression Model)

이 절에서는 다중회귀모형의 한 형태로서 다항회귀모형을 고려하여 보자. 다항회귀모형은 비용함수와 생산함수에 관한 계량경제 연구에 광범위하게 사용되고 있다. 이러한 모형들을 소개함에 있어, 고전적 선형회귀 모형을 쉽게 응용할 수 있는 모형의 범위를 확장할 것이다.

기본적인 개념을 정리하기 위해 한 재화의 생산(Y)에 따른 단기 한계비용(MC)을 산출량 수준(X)에 연관시켜 나타낸 그림 7.1을 고려하여 보자. 그림에서 볼 수 있듯이 시각적으로 그림 MC곡선은 U자형 곡선으로서 MC와 산출량의 관계가 비선형임을 보여주고 있다. 만약 그림의 산포점으로부터 두 변수간의 관계를 수량화하려 한다면 어떻게 해야 하는가? 다시 말해서, MC가 처음에는 하락했다가 상승하는 특성을 어떤 형태의 계량모형이 과연 반영할 수 있을까?

기하학적으로 그림 7.1의 MC곡선은 **포물선**을 나타내고 있다. 수학적으로는 이 포물선을 다음 식에 의해 나타낸다:

$$Y = \beta_0 + \beta_1 X + \beta_2 X^2 \tag{7.10.1}$$

위 식을 2**차함수**라고 부르는데, 더 일반적으로 X에 관한 **2차의 다항식**–여기서, X의 승수 중 가장 큰 값이 다항식의 차수를 나타낸다(만약 위 식에 X^3을 추가하면 3–차의 다항식이 될 것이다)–이라 부른다.

그림 7.1
U-형태의 한계비용 곡선

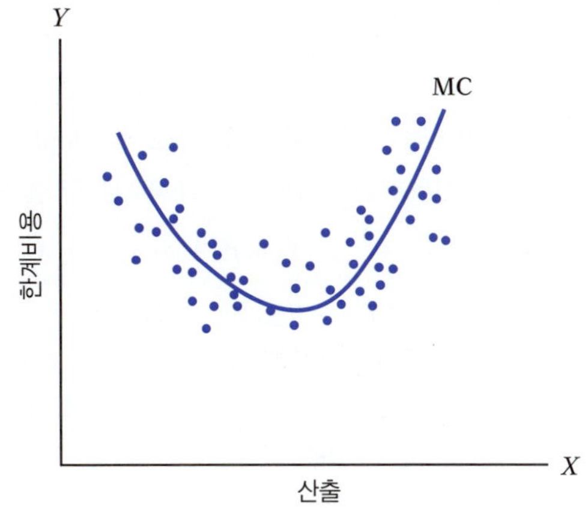

(7.10.1)을 확률적 형태로 다음과 같이 쓸 수 있다 :

$$Y_i = \beta_0 + \beta_1 X_i + \beta_2 X_i^2 + u_i \qquad \textbf{(7.10.2)}$$

이를 **2차 다항회귀**라고 부른다.

일반적인 k**차 다항회귀**는

$$Y_i = \beta_0 + \beta_1 X_i + \beta_2 X_i^2 + \cdots + \beta_k X_i^k + u_i \qquad \textbf{(7.10.3)}$$

로 표현할 수 있다. 이러한 형태의 다항회귀에서는 등호의 우측에 단지 1개의 설명변수만 있으나 이들이 다양한 승수를 갖게 되어 결국 다중회귀모형이 된다. 만약 X_i가 고정된 또는 비확률적 변수라면 X_i에 몇 승을 하더라도 그 항들은 모두 고정되거나 비확률적이 된다.

이러한 모형이 특별한 추정문제를 야기하는가? (7.10.2)의 2차 다항이나 (7.10.3)의 k차의 다항은 모두 모수 β들에 대해 선형이기 때문에 통상적인 OLS나 최우추정방법에 의해 추정할 수 있을 것이다. 그러나 공선성의 문제는 어떻게 해결해야 하는가? 여러 가지 형태의 X들이 모두 X의 승수로 나타나기 때문에 X들이 매우 크게 상관되어 있지 않는가? 상관되어 있기는 하다. 그러나 X^2, X^3, X^4와 같은 항들은 모두 X의 비선형 함수이므로 엄밀히 말해서 '다중공선성이 없다'는 가정에 위배되지 않는다. 간단히 말하면 다항회귀모형의 경우 이 장에서 논의한 방법으로 추정할 수 있고, 별도의 새로운 추정의 문제가 야기되지는 않는다.

예제 7.4

총비용 함수의 추정

다항회귀의 예로서 다음의 표에 주어진 한 재화의 산출과 단기 총생산비용에 관한 자료를 고려하여 보자. 표 7.4의 자료에는 어떤 형태의 회귀모형이 적합하겠는가? 이에 대한 해답을 찾기 위해 그림 7.2와 같이 산포도를 그렸다.

예제 7.4

(계속)

총비용과 산출의 관계는 잡아 늘린 S곡선의 형태를 닮은 것을 그림이 명백히 보여주고 있다. 총비용곡선이 초기에는 서서히 증가하다가 급격히 증가하기 시작하는 점을 유의하여 보면 이것이 바로 수확체감의 법칙과 일치하는 것을 알 수 있다. 이러한 S형태의 총비용곡선은 3차 다항식에 의해 그 형태를 포착할 수 있다.

$$Y_i = \beta_0 + \beta_1 X_i + \beta_2 X_i^2 + \beta_3 X_i^3 + u_i \tag{7.10.4}$$

여기에서 $Y=$ 총비용, $X=$ 산출이다.

표 7.4와 같이 자료가 주어졌을 때, 식 (7.10.4)의 모수들은 OLS방법을 적용하여 추정할 수 있다. 그러나, 추정을 하기 전에, 3차함수 형태의 단기 비용에 관련되어 경제이론이 의미하는 바를 살펴보자. 초보적인 가격이론에 의하면, 생산의 한계비용(MC)곡선과 평균비용(AC)곡선은 전형적으로 U자 형태를 지닌다. 즉, 초기에는 생산량이 증가함에 따라 MC와 AC 모두 감소하지만, 생산량 수준이 일정 수준을 초과하면 MC와 AC모두 상승하게 되어 다시 수확체감의 법칙이 적용되게 된다. 이러한 현상은 그림 7.3(동시에 그림 7.1을 참조할 것)에 나타나 있다. 그리고 MC와 AC곡선 모두 총비용곡선으로부터 유도하므로, U자형태의 곡선을 갖기 위해서는 총비용곡선 (7.10.4)의 모수에 약간의 제약을 가해야 한다. 구체적으로 U자 형태의 단기 MC곡선과 AC 곡선을 유도하기 위하여는 (7.10.4)의 모수들이 다음의 조건을 만족시켜야 한다:[18]

1. β_0, β_1, 그리고 $\beta_3 > 0$
2. $\beta_2 < 0$ **(7.10.5)**
3. $\beta_2^2 < 3\beta_1\beta_3$

표 7.4 총비용(Y)과 산출(X)

산출	총비용 $
1	193
2	226
3	240
4	244
5	257
6	260
7	274
8	297
9	350
10	420

그림 7.2 총비용곡선

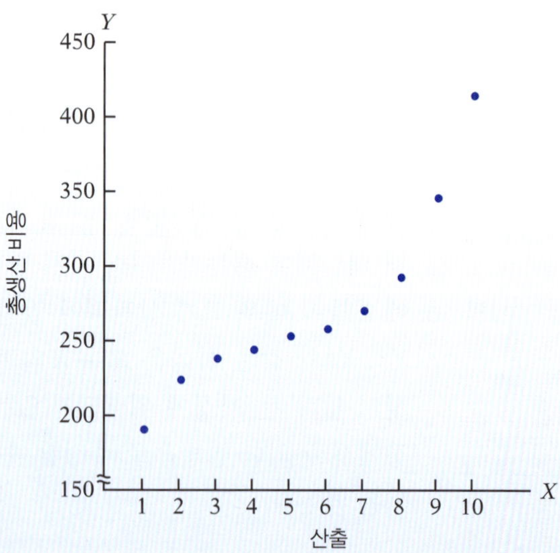

(계속)

18. Alpha C. Chiang, *Fundamenal Methods of Mathematical Economics*. 3rd ed., McGraw-Hill Book Co. New York. 1984, pp 250~252를 참조할 것.

예제 7.4

(계속)

그림 7.3 단기비용함수

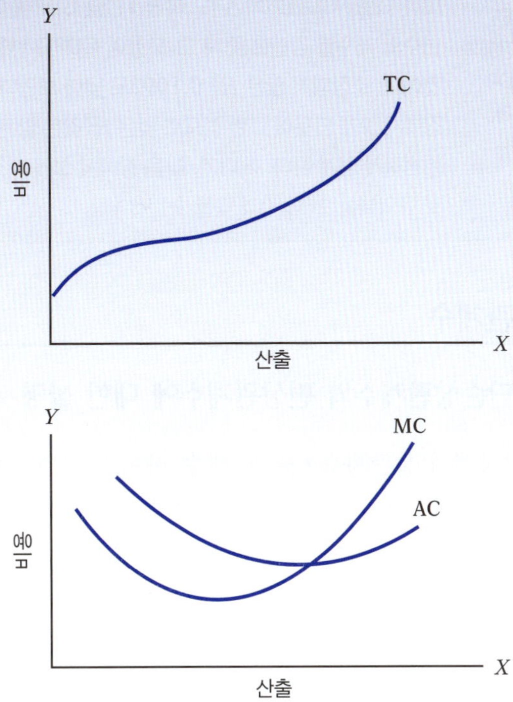

이러한 모든 이론적 논의가 일견 지루해 보일 수 있다. 그러나, 이러한 지식은 실제 계량분석을 하는데 있어 극히 유용한 것들이다. 왜냐하면, 모형설정의 오류를 범하지 않았다고 가정할 때 만약 계량분석의 결과가 사전적 기대와 부합되지 않는다면, 이론을 조정하거나 새로운 이론을 찾고 경험적 조사를 처음부터 다시 하여야 할 것이다. 그러나 이 책의 서론 부분에서 지적한 바와 같이 이러한 현상은 모든 경험적 분석의 속성이기도 한 것이다.

추정결과 표 7.4의 자료를 사용하여 3차 다항회귀를 추정한 후 다음의 결과를 얻었다:

$$\hat{Y}_i = 141.7667 + 63.4776X_i - 12.9615X_i^2 + 0.9396X_i^3 \qquad \textbf{(7.10.6)}$$
$$(6.3753) \quad (4.7786) \quad (0.9857) \quad (0.0591) \qquad R^2 = 0.9983$$

(주: 괄호안의 숫자는 추정된 표준오차이다) 다음 장에서 이 추정결과의 통계적 유의도를 검정할 것이지만, 학생들은 일단 추정 결과가 (7.10.5)의 이론적 예상값들과 일치하는지를 조사할 수 있을 것이다. 회귀 (7.10.6)의 추정결과를 이론적으로 해석해 보는 것을 학생들에게 과제로 남겨둔다.

예제 7.5

2007년도 190개 국가의 GDP 성장률과 상대적 1인당 GDP (2000년 불변가격, 단위: 10억 달러)

추가적으로 다항회귀모형에 관한 경제적 예제로서 다음의 회귀결과를 고려하자:

$$\widehat{GDPG}_i = 5.5347 - 5.5788\ \text{RGDP} + 2.8378\ \text{RGDP}^2$$
$$\text{se} = (0.2435) \quad (1.5995) \quad (1.4391) \qquad \textbf{(7.10.7)}$$
$$R^2 = 0.1092 \qquad \text{adj } R^2 = 0.0996$$

예제 7.5
2007년도 190개 국가의 GDP 성장률과 상대적 1인당 GDP (2000년 불변가격, 단위: 10억 달러)

여기에서 GDPG = 2007년의 GDP성장률(단위: 퍼센트), 그리고 RGDP = 2007년의 상대적 1인당 GDP(2007년도 미국 1인당 GDP에 대한 비율). 조정된 R^2(adj R^2)는 설명변수의 개수를 감안했을 때 그 모형이 GDPG 변동의 단지 9.96%만을 설명하고 있다는 것이다. 조정되지 않은 R^2 0.1092도 낮아 보인다. 이는 실망스러운 값처럼 보이나, 다음 장에서 보게 되듯이 그런 정도로 낮은 R^2값은 많은 수의 관측치를 포함한 횡단면 자료에서 빈번하게 얻게 된다. 게다가, 다음 장에서 보게 되겠지만 명확하게 낮은 R^2조차 통계적으로 유의해질 수(즉, 0과 다를 수) 있다.

*7.11 편상관계수

단순상관계수와 편상관계수에 대한 설명

3장에서 상관계수 r을 두 변수 사이의 선형관계의 척도로서 소개한 바 있다. 3-변수 회귀모형에 대해서는 3개의 상관계수를 계산할 수 있다. r_{12}(Y와 X_2의 상관), r_{13}(Y와 X_3의 상관계수), 그리고 r_{23}(Y_2와 X_3의 상관계수)가 그것이다. 여기에서 아래 첨자 1은 편의상 위해 Y를 나타낸다고 하자. 이러한 상관계수는 총(gross)상관계수, 또는 단순 상관계수(simple correlation coefficient)혹은 0차의 상관계수(correlation coefficients of zero order)라고 부르는데 (3.5.13)의 상관계수 정의에 따라 계산할 수 있다.

그러나 이러한 문제를 살펴보자 : X_3가 Y와 X_2 모두에 연결되어 있을지도 모르는데, r_{12}가 실제로 Y와 X_2의 "진정한"(선형) 연관정도를 측정해 주는가? 이 질문은 다음의 질문과 동의어이다. 진정한 회귀모형이 (7.1.1)이라 한자. 그러나 모형에서 변수 X_3를 생략하고 단순히 Y를 X_2에 회귀시켜 기울기 b_{12}를 얻었다 하자. 이 계수가 처음부터 (7.1.1)의 모형을 추정하는 경우의 진정한 계수 β_2와 같겠는가? 그 해답은 7.7절의 논의에서 이미 명백해진 바 있다. 일반적으로 r_{12}는 X_3가 존재할 때 Y와 β_2의 연관정도를 "옳게"반영하지 못한다. 사실, 다음에 간단히 보여 주듯이 r_{12}는 Y와 X_2의 연관에 대해 "잘못된" 인상을 주게 된다. 그러므로, 우리가 필요로 하는 것은 X_3가 X_2와 Y에 미치는 영향과 독립적인 상관계수이다. 이러한 상관계수는 쉽게 얻을 수 있는데, 이를 편상관계수(partial correlation coefficient)라 한다. 개념상으로 편상관계수는 편회귀계수와 유사하다. 편상관계수에 대해 다음과 같이 정의하자.

$r_{12.3}$ = X_3를 불변으로 유지한 상태에서, Y와 X_2사이의 편상관계수
$r_{13.2}$ = X_2를 불변으로 유지한 상태에서, Y와 X_3 사이의 편상관계수
$r_{23.1}$ = Y를 불변으로 유지한 상태에서, X_2와 X_3 사이의 편상관계수

* 선택적인 절임

위의 편상관계수를 단순 혹은 0-차의 상관계수에서 다음과 같이 쉽게 계산할 수 있다:[19]

$$r_{12.3} = \frac{r_{12} - r_{13}r_{23}}{\sqrt{(1 - r_{13}^2)(1 - r_{23}^2)}} \tag{7.11.1}$$

$$r_{13.2} = \frac{r_{13} - r_{12}r_{23}}{\sqrt{(1 - r_{12}^2)(1 - r_{23}^2)}} \tag{7.11.2}$$

$$r_{23.1} = \frac{r_{23} - r_{12}r_{13}}{\sqrt{(1 - r_{12}^2)(1 - r_{13}^2)}} \tag{7.11.3}$$

식 (7.11.1)부터 (7.11.3)에 주어진 편상관계수를 1차의 상관계수(first-order correlation cofficient)라 한다. '여기에서 次(order)' 라 함은 부차적인 아래첨자의 개수를 의미한다. 따라서 $r_{12.34}$는 2차의 상관계수, $r_{12.345}$는 3차의 상관계수 등이 될 것이다. 앞에서 지적한 바와 같이, r_{12}, r_{13} 등은 **단순** 또는 **0차의 상관**이라 불리운다. 예를 들어 $r_{12.34}$는 X_3과 X_4 불변으로 유지할 때 Y와 X_2의 상관계수라고 해석할 수 있다.

단순상관계수와 편상관계수에 대한 해석

2-변수 경우에서는 단순 상관계수 r은 간단 명료한 의미를 지니고 있었다. r은 종속변수 Y와 1개의 설명변수 X간의 (선형)연관-그러나 인과관계는 아닌-의 정도를 측정해 주고 있다. 그러나, 2-변수 경우보다 모형이 복잡해지면 단순 상관계수를 해석하는데 주의를 기울여야 한다. 예를 들어 식 (7.11.1)로부터 다음의 사항을 알 수 있다.

1. $r_{12}=0$라고 해도, r_{13}가 0 이 아니거나 또는 r_{23}이 0이 아니거나 또는 둘 모두 0이 아니라면 $r_{12.3}$는 0이 아니다.
2. $r_{12}=0$이고, r_{13}와 r_{23}이 0이면서 같은 부호라면 $r_{12.3}$는 음의 값이고, 만약 다른 부호라면 양의 값을 갖는다. 예를 들어 설명하면 깨끗이 설명이 될 것이다. $Y=$ 농작물 수확량, $X_2=$ 강우량, $X_3=$ 기온이라고 하자. 이때 $r_{12}=0$, 즉 농작물 수확량과 강우량 사이에 아무런 연관이 없다고 하자. 또 r_{13}는 양이고 r_{23}는 음의 값이라 하자. 이때 식(7.11.1)에 의하면 $r_{12.3}$은 양이 될 것이다. 다시 말해서, 기온을 불변으로 고정시켜 놓으면 수확량과 강우량 사이에 양의 관계가 존재한다. 얼핏 역설적일 것 같지만 이 결과는 결코 놀랄 만한 것은 아니다. 기온 X_3가 수확량 Y와 강우량 X_2 모두에게

19. 다중회귀분석을 하는 대부분의 통계프로그램은 관행적으로 이 단순한 상관계수를 계산해준다; 따라서 편상관계수는 즉시 계산가능하다.

영향을 미치기 때문에 수확량과 강우량 사이의 순수한 관계를 구하려면 '성가신(nuisance)' 변수인 기온의 영향을 제거하여야 한다. 그러므로 이 예제는 단순상관계수가 잘못된 결론을 유도할 수 있음을 보여주고 있다.

3. $r_{12.3}$과 r_{12}(그리고 이러한 방식으로 단순 상관계수와 편상관계수의 대등되는 쌍을 비교하였을 때)는 같은 부호를 가질 필요가 없다.
4. 2-변수의 경우에 r^2은 0과 1 사이의 값을 갖는다. 이 특성은 편상관계수의 제곱에서도 역시 성립한다. 이러한 사실을 이용하여 식(7.11.1)로부터 다음의 표현을 얻을 수 있음을 학생들은 입증할 수 있어야 한다:

$$0 \le r_{12}^2 + r_{13}^2 + r_{23}^2 - 2r_{12}r_{13}r_{23} \le 1 \qquad \textbf{(7.11.4)}$$

이 표현은 3개의 0차 상관계수들 사이의 상호관계를 보여주는 것인데, 비슷한 형태의 표현들을 식(7.11.2)와 (7.11.3)로부터 유도할 수 있다.

5. 가령 $r_{13} = r_{23} = 0$이라고 하자. 이는 r_{12}도 0이라는 것을 의미하는가? 이 질문에 대한 답은 식(7.11.4)로부터 명백히 알 수 있다. 즉, Y와 X_3가, 그리고 X_2와 X_3가 상관관계가 없다는 사실이 Y와 X_2사이에 상관관계가 없다는 것을 의미하지는 않는다.

여기에서 $r_{12.3}^2$를 편결정계수(coefficient of partial determination)이라고 부르기도 하고 이를 X_3에 의하여 설명되지 않는 Y 변동 중 모형에 X_2를 포함시킴으로써 설명되는 부분으로 해석할 수 있다(연습문제 7.5를 참조할 것). 개념적으로는 R^2와 유사하다.

진도를 더 나아가기 전에 R^2, 단순상관계수 그리고 편상관계수간의 관계를 다음과 같이 요약해 보자.

$$R^2 = \frac{r_{12}^2 + r_{13}^2 - 2r_{12}r_{13}r_{23}}{1 - r_{23}^2} \qquad \textbf{(7.11.5)}$$

$$R^2 = r_{12}^2 + \left(1 - r_{12}^2\right) r_{13.2}^2 \qquad \textbf{(7.11.6)}$$

$$R^2 = r_{13}^2 + \left(1 - r_{13}^2\right) r_{12.3}^2 \qquad \textbf{(7.11.7)}$$

이 절을 마감하면서 다음의 사항에 유의하길 바란다. 식 (7.11.6)에서 나타난 바와 같이 모형 내에 설명변수를 추가시키면 R^2은 감소하지 않는다. 이 식이 의미하는 것은 X_2와 X_3에 의해 결합적으로 설명되는 Y변동 비율은 두 가지 부분의 합이라는 것이다. 첫째, X_2만에 의해 설명되는 부분($= r_{12}^2$)과 둘째, X_2에 의해 설명되지 않는 부분($1 - r_{12}^2$)과 X_2의 영향을 불변으로 유지하고 나서 X_3에 의해 설명되는 부분의 곱의 합으로 나타난다. 이때 $r_{13.2}^2 > 0$인 한 $R^2 > r_{12}^2$가 된다. 최악의 경우 $r_{13.2}^2 = 0$일 것이고 이 경우에는 $R^2 = r_{12}^2$이 된다.

요약 및 결론

1. 이 장에서는 가장 간단한 다중선형회귀모형, 즉, 3-변수 회귀모형을 소개하였다. 선형이라는 용어는 모수에 있어서 선형을 의미하는 것이지 변수에 대해서도 꼭 선형이어야 한다는 것이 아님은 주지의 사실이다.
2. 비록 3-변수 회귀모형이 여러 측면에서 2-변수 모형의 확장이지만 **편회귀계수, 편상관계수, 다중상관계수, 조정된** R^2**과 (자유도로) 조정되지 않은** R^2, **다중공선성** 그리고 **표기편의** 등과 같은 여러 새로운 개념이 포함되어 있다.
3. 이 장은 또한 **콥-더글러스 생산함수**와 **다항회귀모형**과 같은 다중회귀모형의 함수형태도 고려하였다.
4. 비록 R^2과 조정된 R^2이 선택된 모형이 자료과 얼마나 부합되는지를 측정하는 전반적인 척도라 하여도 그 중요성이 너무 과장되어서는 안된다. 정작 중요한 것은 모형에 포함된 변수들의 계수의 추정치가 선험적 부호와 일치하는지, 그리고 다음 장에서 설명하겠지만 그 계수들이 통계적으로 유의한지 등과 같은 사항들이다.
5. 이 장에서 소개된 결과들은 임의의 개수의 설명변수들을 포함한 다중선형회귀 모형으로 쉽게 일반화될 수 있다. 그러나 다만 대수가 매우 지루하게 느껴질 것이다. 이러한 지루함은 행렬대수에 의존하여 해결할 수 있다. 관심이 있는 학생들을 위해 행렬대수를 이용한 k-변수회귀모형으로의 확장이 부록 C에 소개되어 있는데, 이 장의 내용은 선택적이다. 그러나 일반적인 학생들은 행렬대수를 잘 모른다고 하여도 이 교과서의 나머지 부분들을 쉽게 이해할 수 있다.

연습문제

질문

7.1 다음의 자료를 고려하여 보자.

표 7.5

Y	X_2	X_3
1	1	2
3	2	1
8	3	−3

이 자료에 기초하여 다음의 회귀식들을 추정하여라.

$$Y_i = \alpha_1 + \alpha_2 X_{2i} + u_{1i} \quad (1)$$
$$Y_i = \lambda_1 + \lambda_3 X_{3i} + u_{2i} \quad (2)$$
$$Y_i = \beta_1 + \beta_2 X_{2i} + \beta_3 X_{3i} + u_i \quad (3)$$

(주:표준오차는 추정하지 말고 단지 계수만을 추정하여라.)

a. $a_2 = \beta_2$ 인가? 그 이유는?

b. $\lambda_3 = \beta_3$ 인가? 그 이유는?

이 연습문제로부터 어떠한 중요한 결론을 유도해 낼 수 있는가?

7.2 다음의 자료를 사용하여 편회귀계수와 계수들의 표준오차를 추정하고 조정된 결정계수와 단순 결정계수를 구하라.

$$\bar{Y} = 367.693 \qquad \bar{X}_2 = 402.760 \qquad \bar{X}_3 = 8.0$$
$$\sum(Y_i - \bar{Y})^2 = 66042.269 \qquad \sum(X_{2i} - \bar{X}_2)^2 = 84855.096$$
$$\sum(X_{3i} - \bar{X}_3)^2 = 280.000 \qquad \sum(Y_i - \bar{Y})(X_{2i} - \bar{X}_2) = 74778.346$$
$$\sum(Y_i - \bar{Y})(X_{3i} - \bar{X}_3) = 4250.900 \qquad \sum(X_{2i} - \bar{X}_2)(X_{3i} - \bar{X}_3) = 4796.000$$
$$n = 15$$

7.3 식 (7.4.7)을 다음과 같이 표현할 수 있음을 증명하라.

$$\hat{\beta}_2 = \frac{\sum y_i(x_{2i} - b_{23}x_{3i})}{\sum(x_{2i} - b_{23}x_{3i})^2}$$
$$= \frac{y\text{와 } x_2\text{의 순}(x_3\text{ 영향이 배제된) 공분산}}{x_2\text{의 순}(x_3\text{ 영향이 배제된) 변동}}$$

단, b_{23}는 (7.3.2)같이 X_2를 X_3에 회귀했을 때의 기울기 계수임.

(힌트 : $b_{23} = \sum x_{2i}x_{3i} / \sum x_{3i}^2$ 임을 상기할 것.)

7.4 다중회귀모형에서 오차항 u_i가 다음의 확률분포, 즉 $u_i \sim N(0, 4)$를 따른다고 하자. 진정한 분산이 실제로 4라는 것을 입증하기 위하여 어떻게 몬테칼로 실험을 설계하겠는가?

7.5 $r_{12.3}^2 = (R^2 - r_{13}^2)/(1 - r_{13}^2)$임을 보이고 이 식의 의미를 설명하라.

7.6 X_1, X_2, X_3의 모든 값에 대하여 $\alpha_1 X_1 + \alpha_2 X_2 + \alpha_3 X_3 = 0$이 성립한다고 할 때 3개의 편상관계수를 구하라.

7.7 하나의 자료로부터 다음의 값들을 얻는 것이 가능한가?

a. $r_{23} = 0.9, r_{13} = -0.2, r_{12} = 0.8$

b. $r_{12} = 0.6, r_{23} = -0.9, r_{31} = -0.5$

c. $r_{21} = 0.01, r_{13} = 0.66, r_{23} = -0.7$

7.8 다음의 모형을 고려하자:

$Y_i = \beta_1 + \beta_2 \text{ Education}_i + \beta_2 \text{ Years of experience} + u_i$

가령 경력년수(Years of experience)를 제외한다고 하자. 어떤 문제 혹은 편의가 발생할 것이라 예상하는가? 말로 설명하여라.

7.9 식(7.9.2)의 β_2와 β_3가 실제로 노동과 자본의 생산탄력성을 나타내는 것을 증명하여라(수학에 의존하지 않고도 이 질문에 답할 수 있다. 탄력성계수의 정의를 염두에 두고, 한 변수의 로그값의 변화는 그 변화가 아주 작다는 가

정 하에, 상대적인 변화라는 것을 고려할 것).

7.10 이 장에서 논의된 3-변수 선형회귀모형을 고려하자.

a. X_2 변수에 2를 곱한다고 하자. 이 변환이 모수의 추정치와 그 표준오차에, 만약 있다면, 어떠한 영향을 미칠 것인가?

b. (a) 대신에 Y 변수에 2를 곱한다고 하자. 이 변환이 모수의 추정치와 그 표준오차에, 만약 있다면, 어떠한 영향을 미칠 것인가?

7.11 일반적으로 $R^2 \neq r_{12}^2 + r_{13}^2$이나 만약 $r_{23} = 0$이면 $R^2 = r_{12}^2 + r_{13}^2$이다. 이 결과의 의미를 해석하라(Hint: 식 (7.11.5)를 참조할 것).

7.12 다음의 모형을 고려하여 보자.*

$$\text{모형 A:} \quad Y_t = \alpha_1 + \alpha_2 X_{2t} + \alpha_3 X_{3t} + u_{1t}$$
$$\text{모형 B:} \quad (Y_t - X_{2t}) = \beta_1 + \beta_2 X_{2t} + \beta_3 X_{3t} + u_{2t}$$

a. a_1과 β_1의 OLS 추정치가 같을 것인가? 그 이유는?

b. a_3과 β_3의 OLS 추정치가 같을 것인가? 그 이유는?

c. a_2과 β_2의 관계는 무엇인가?

d. 두 모형의 R^2 항을 비교할 수 있는가 그 이유는?

7.13 다음의 소비함수와 저축함수를**

$$Y_i = \alpha_1 + \alpha_2 X_i + u_{1i}$$

추정한다고 하자.

$$Z_i = \beta_1 + \beta_2 X_i + u_{2i}$$

여기에서 Y= 소비, Z= 저축, X= 소득이고 $X = Y+Z$, 즉, 소득은 소비와 저축의 합이다.

a. 만약 있다면, α_2와 β_2의 관계는 무엇인가? 계산과정을 보여라.

b. 두 모형에 있어 잔차자승합, RSS가 같을 것인가? 설명하여라.

c. 두 모형에 있어 R^2 항을 비교할 수 있는가? 그 이유는?

7.14 (7.9.1)의 콥-더글러스 모형을 다음과 같이 표현하였다고 하자.

$$Y_i = \beta_1 X_{2i}^{\beta_2} X_{3i}^{\beta_3} u_i$$

만약 이 모형의 로그-변형을 취한다면 오차항이 $\ln u_i$가 될 것이다.

a. 고전적 선형회귀모형(CLRM)을 적용하기 위해서 $\ln u_i$에 관하여 어떤 확률적 가정을 해야 하는가? 표 7.3의 자료를 이용하여 어떻게 이를 검정하려는가?

---

* Wojciech W. Charemza and Derek F. Deadman, *Econometric Practice: General to Specific Modelling, Cointegration and Vector Autoregression*, Edward Elgar, Brookfield, Vermont, 1992, p.18.에서 발췌하였음.

** Peter Kennedy, *A Guide to Econometrics*, 3d ed., The MIT Press, Cambridge, Massachusetts, 1992, p.308, Question #9에서 발췌하였음.

b. 동일한 가정이 u_i에도 적용될 수 있는가? 그 이유는?

7.15 **원점을 지나는 회귀**. 다음의 원점을 지나는 회귀를 고려하여 보자.

$$Y_i = \hat{\beta}_2 X_{2i} + \hat{\beta}_3 X_{3i} + \hat{u}_i$$

a. 미지의 모수를 어떻게 추정해야 하는가?

b. 이 모형에 대해 $\sum \hat{u}_i$가 0인가? 그 이유는?

c. 이 모형에 대해 $\sum \hat{u}_i X_{2i} = \sum \hat{u}_i X_{3i} = 0$인가?

d. 이러한 모형을 언제 사용하는가?

e. 위에서 얻은 결과들을 k−변수 모형으로 일반화시킬 수 있는가?
(Hint: 6장에서 논의한 2−변수 경우의 논의를 따를 것)

실증문제

7.16 **장미의 수요**.* 다음 표는 여러 변수들의 분기별 자료를 나타내고 있다.

Y = 장미 판매량

X_2 = 장미의 평균도매가격

X_3 = 카네이션의 평균도매가격

X_4 = 가계의 평균 주당 가처분 소득

X_5 = 디트로이트 도심지역의 1971년 3분기부터 1975년 2분기에 대해 1, 2, 3과 같은 일련의 값을 취하는 추세치

장미수요에 대하여 다음과 같은 수요함수를 고려하여 보자.

$$Y_t = \alpha_1 + \alpha_2 X_{2t} + \alpha_3 X_{3t} + \alpha_4 X_{4t} + \alpha_5 X_{5t} + u_t$$

$$\ln Y_t = \beta_1 + \beta_2 \ln X_{2t} + \beta_3 \ln X_{3t} + \beta_4 \ln X_{4t} + \beta_5 X_{5t} + u_t$$

표 7.6
디트로이트 도심 지역의 분기별 장미 수요, 1971-Ⅲ to 1975-Ⅱ

연도 및 분기	Y	X_2	X_3	X_4	X_5
1971–III	11,484	2.26	3.49	158.11	1
–IV	9,348	2.54	2.85	173.36	2
1972–I	8,429	3.07	4.06	165.26	3
–II	10,079	2.91	3.64	172.92	4
–III	9,240	2.73	3.21	178.46	5
–IV	8,862	2.77	3.66	198.62	6
1973–I	6,216	3.59	3.76	186.28	7
–II	8,253	3.23	3.49	188.98	8
–III	8,038	2.60	3.13	180.49	9
–IV	7,476	2.89	3.20	183.33	10
1974–I	5,911	3.77	3.65	181.87	11
–II	7,950	3.64	3.60	185.00	12
–III	6,134	2.82	2.94	184.00	13
–IV	5,868	2.96	3.12	188.20	14
1975–I	3,160	4.24	3.58	175.67	15
–II	5,872	3.69	3.53	188.00	16

* 저자는 Detroit 대도시지역의 주요 도매상으로부터 이 자료를 수집 · 처리하는데 Joe Walsh의 도움을 받았다.

a. 선형모형의 모수를 추정하고 그 결과의 의미를 설명하라.

b. 로그-선형모형의 모수를 추정하고 그 결과의 의미를 설명하라.

c. β_2, β_3, β_4는 각각 수요의 **가격 탄력성**, **교차가격 탄력성**, 그리고 **소득 탄력성**을 나타내는데 이들의 부호는 선험적으로 무엇이라 예측하는가? 위의 회귀결과에 의한 이들 모수의 부호가 선험적 예상과 일치하는가?

d. 선형모형에 대하여 가격 탄력성, 교차가격 탄력성 그리고 소득 탄력성을 어떻게 계산해야 하는가?

e. 위의 분석결과들에 기초할 때, 어떤 모형을 선택하겠는가? 선택의 이유는 무엇인가?

7.17 **시굴정(試掘井)행위**. 시굴정이란, 가능성이 있는 지역에서 석유나 가스를 발견하고 생산하기위해 또는 이미 알려진 석유나 가스의 매장지의 범위를 넓히기 위해 또는 이미 석유와 가스의 생산성이 있는 것으로 판정된 지역에서 새로운 매장지를 발견하기 위해 구멍을 뚫는 유정(油井)을 말한다.*

Y =시굴정의 개수

X_2 = 전기의 유정원의 가격(1972= 100의 불변가격)

X_3 = 국내 생산

X_4 = 불변가격 GNP(1972 = 100)

X_5 = 추세변수, 1948 = 1, 1949 = 2,⋯, 1978 = 31

에 관한 자료를 담고 있다.

이때, 다음의 모형이 자료에 적합한지 살펴보자.

$$Y_t = \beta_1 + \beta_2 X_{2t} + \beta_3 \ln X_{3t} + \beta_4 X_{4t} + \beta_5 X_{5t} + u_t$$

a. 이 모형에 대한 선험적 이론적 근거를 제시할 수 있는가?

b. 모형이 적절하다고 가정하였을 때, 모형의 모수와 그 표준오차를 추정하고, R^2과 $\bar{R}^2$을 구하라.

c. 선험적 예상에 비추어서 추정결과를 평가하라.

d. 시굴정 행위를 설명하기 위해 다른 어떤 모형설정이 필요한지 설명하고 그 이유를 밝혀라.

7.18 **1962~1981 기간의 미국 국방예산지출**, 미국의 국방예산을 설명하기 위해 다음의 모형을 고려하여 보자.

$$Y_t = \beta_1 + \beta_2 X_{2t} + \beta_3 X_{3t} + \beta_4 X_{4t} + \beta_5 X_{5t} + u_t$$

여기서, Y_t = 년도의 국방예산지출(10억 달러)

X_{2t} = 년도 GNP(10억 달러)

X_{3t} = 년도 미국 군사판매보조(10억 달러)

X_{4t} = 항공우주산업 판매(10억 달러)

* 저자는 이 자료를 수집하고 처리하는데 Raymond Savino의 도움을 받았다.

X_{5t} = 100,000 병력 이상이 개입된 군사적 분쟁. 100,000명 이상이면 1로 하고, 100,000보다 작으면 0으로 함.

a. 이 모형의 모수와 그 표준오차를 추정하고 R^2과 $\bar{R}^2$을 구하라.

b. Y와 다양한 변수들간의 관계에 대해 지닌 선험적 예상을 고려하여 추정결과를 평가하라.

c. 다른 어떤 변수를 모형내에 포함하고자 하는가? 그 이유는?

7.19 **1960~1982기간의 미국의 닭고기 수요.** 미국의 1인당 닭고기 소비를 연구하기 위하여 다음의 자료를 사용하였다.

여기서, Y = 1인당 닭고기 소비(파운드

X_2 = 1인당 실질 가처분 소득($)

X_3 = 파운드당 닭고기 실질소매가격($)

X_4 = 파운드당 돼지고기 실질소매가격($)

X_5 = 파운드당 소고기 실질소매가격($)

X_6 = 파운드당 닭고기 대체재의 결합실질가격, 즉, 돼지고기와

표 7.7
시굴정 행위

출처: Energy Information Administration, 1978 Report to Congress

시굴정 (천개) (Y)	배럴당 가격 (불변 $) ($X_2$)	국내 산출량 (백만배럴/일) (X_3)	GNP (불변 10억$) ($X_4$)	시간 (X_5)
8.01	4.89	5.52	487.67	1948 = 1
9.06	4.83	5.05	490.59	1949 = 2
10.31	4.68	5.41	533.55	1950 = 3
11.76	4.42	6.16	576.57	1951 = 4
12.43	4.36	6.26	598.62	1952 = 5
13.31	4.55	6.34	621.77	1953 = 6
13.10	4.66	6.81	613.67	1954 = 7
14.94	4.54	7.15	654.80	1955 = 8
16.17	4.44	7.17	668.84	1956 = 9
14.71	4.75	6.71	681.02	1957 = 10
13.20	4.56	7.05	679.53	1958 = 11
13.19	4.29	7.04	720.53	1959 = 12
11.70	4.19	7.18	736.86	1960 = 13
10.99	4.17	7.33	755.34	1961 = 14
10.80	4.11	7.54	799.15	1962 = 15
10.66	4.04	7.61	830.70	1963 = 16
10.75	3.96	7.80	874.29	1964 = 17
9.47	3.85	8.30	925.86	1965 = 18
10.31	3.75	8.81	980.98	1966 = 19
8.88	3.69	8.66	1,007.72	1967 = 20
8.88	3.56	8.78	1,051.83	1968 = 21
9.70	3.56	9.18	1,078.76	1969 = 22
7.69	3.48	9.03	1,075.31	1970 = 23
6.92	3.53	9.00	1,107.48	1971 = 24
7.54	3.39	8.78	1,171.10	1972 = 25
7.47	3.68	8.38	1,234.97	1973 = 26
8.63	5.92	8.01	1,217.81	1974 = 27
9.21	6.03	7.78	1,202.36	1975 = 28
9.23	6.12	7.88	1,271.01	1976 = 29
9.96	6.05	7.88	1,332.67	1977 = 30
10.78	5.89	8.67	1,385.10	1978 = 31

소고기의 파운드당 실질소매가격의 가중 평균이다. 여기서 총 소고기 소비와 돼지고기 소비에서의 소고기와 돼지고기의 상대적 소비량을 가중치로 사용하였다.

표 7.8
미국 방위비예산, 1962-1981

출처: 다양한 정부 자료에서 Albert Lucchino가 수집하였음

연도	방위비 예산 (Y)	GNP (X_2)	미국군사판매 /보조 (X_3)	항공우주 산업판매 (X_4)	분쟁 100,000+ (X_5)
1962	51.1	560.3	0.6	16.0	0
1963	52.3	590.5	0.9	16.4	0
1964	53.6	632.4	1.1	16.7	0
1965	49.6	684.9	1.4	17.0	1
1966	56.8	749.9	1.6	20.2	1
1967	70.1	793.9	1.0	23.4	1
1968	80.5	865.0	0.8	25.6	1
1969	81.2	931.4	1.5	24.6	1
1970	80.3	992.7	1.0	24.8	1
1971	77.7	1,077.6	1.5	21.7	1
1972	78.3	1,185.9	2.95	21.5	1
1973	74.5	1,326.4	4.8	24.3	0
1974	77.8	1,434.2	10.3	26.8	0
1975	85.6	1,549.2	16.0	29.5	0
1976	89.4	1,718.0	14.7	30.4	0
1977	97.5	1,918.3	8.3	33.3	0
1978	105.2	2,163.9	11.0	38.0	0
1979	117.7	2,417.8	13.0	46.2	0
1980	135.9	2,633.1	15.3	57.6	0
1981	162.1	2,937.7	18.0	68.9	0

표 7.9
미국 닭고기 수요, 1960-1982

출처: Y자료는 Citibase, X_2에서 X_6까지의 자료는 농무성에서 추출함.자료 수집과 통계분석에 Robert J. Fisher의 도움을 받았음.

연도	Y	X_2	X_3	X_4	X_5	X_6
1960	27.8	397.5	42.2	50.7	78.3	65.8
1961	29.9	413.3	38.1	52.0	79.2	66.9
1962	29.8	439.2	40.3	54.0	79.2	67.8
1963	30.8	459.7	39.5	55.3	79.2	69.6
1964	31.2	492.9	37.3	54.7	77.4	68.7
1965	33.3	528.6	38.1	63.7	80.2	73.6
1966	35.6	560.3	39.3	69.8	80.4	76.3
1967	36.4	624.6	37.8	65.9	83.9	77.2
1968	36.7	666.4	38.4	64.5	85.5	78.1
1969	38.4	717.8	40.1	70.0	93.7	84.7
1970	40.4	768.2	38.6	73.2	106.1	93.3
1971	40.3	843.3	39.8	67.8	104.8	89.7
1972	41.8	911.6	39.7	79.1	114.0	100.7
1973	40.4	931.1	52.1	95.4	124.1	113.5
1974	40.7	1,021.5	48.9	94.2	127.6	115.3
1975	40.1	1,165.9	58.3	123.5	142.9	136.7
1976	42.7	1,349.6	57.9	129.9	143.6	139.2
1977	44.1	1,449.4	56.5	117.6	139.2	132.0
1978	46.7	1,575.5	63.7	130.9	165.5	132.1
1979	50.6	1,759.1	61.6	129.8	203.3	154.4
1980	50.1	1,994.2	58.9	128.0	219.6	174.9
1981	51.7	2,258.1	66.4	141.0	221.6	180.8
1982	52.9	2,478.7	70.4	168.2	232.6	189.4

주: 명목가격을 식품 소비자 물가지수로 나누어서 실질가격을 구하였음.

이때 다음의 수요 함수들을 고려하여 보자.

$$\ln Y_t = \alpha_1 + \alpha_2 \ln X_{2t} + \alpha_3 \ln X_{3t} + u_t \quad (1)$$
$$\ln Y_t = \gamma_1 + \gamma_2 \ln X_{2t} + \gamma_3 \ln X_{3t} + \gamma_4 \ln X_{4t} + u_t \quad (2)$$
$$\ln Y_t = \lambda_1 + \lambda_2 \ln X_{2t} + \lambda_3 \ln X_{3t} + \lambda_4 \ln X_{5t} + u_t \quad (3)$$
$$\ln Y_t = \theta_1 + \theta_2 \ln X_{2t} + \theta_3 \ln X_{3t} + \theta_4 \ln X_{4t} + \theta_5 \ln X_{5t} + u_t \quad (4)$$
$$\ln Y_t = \beta_1 + \beta_2 \ln X_{2t} + \beta_3 \ln X_{3t} + \beta_4 \ln X_{6t} + u_t \quad (5)$$

미시경제학에 의하면, 재화의 수요는 일반적으로 소비자의 실질소득, 재화의 실질가격, 대체재 또는 보완재의 실질가격에 의존하게 된다. 이러한 측면에서 볼 때

a. 위의 수요함수 중 어느 것을 선택하는가? 그 이유는?

b. 위 모형들에서 $\ln X_{2t}$와 $\ln X_{3t}$의 계수들의 의미는 무엇인가?

c. (2)의 모형과 (4)의 모형의 차이점은 무엇인가?

d. (4)의 모형을 선택할 경우 어떤 문제에 봉착하겠는가?(Hint : 닭고기의 가격과 함께 돼지고기와 소고기의 가격이 모두 포함되어 있음)

e. (5)의 모형은 소고기와 돼지고기의 혼합가격을 포함하고 있는데, 이 때문에 (5)의 모형을 (4)의 모형보다 선호하는가? 그 이유는?

f. 돼지고기와 소고기는 닭고기의 대체재인가? 보완재인가? 이를 어떻게 알 수 있는가?

g. (5)의 함수가 "진정한" 모형이라고 가정하자. 이 모형의 모수를 추정하고, 추정치의 표준오차, R^2, $\bar{R}^2$을 구하라. 그리고 그 결과의 의미를 설명하라.

h. 가령 "부정확한" 모형인 (2)를 회귀했다고 하자. γ_2와 γ_3의 값을 각각 β_2, β_3와 비교하여 모형설정 오류의 결과를 설명하여라(Hint:7.7절에서의 논의에 초점을 맞출 것).

7.20 노동시장의 이직을 연구하는데 있어 James F.Rangan.Jr은 1950-Ⅰ부터 1979-Ⅳ까지 기간동안 미국경제에 대하여 다음과 같은 결과를 얻었다*. (괄호안의 숫자는 t통계량의 추정치임)

$$\widehat{\ln Y_t} = \underset{(4.28)}{4.47} - \underset{(-5.31)}{0.34} \ln X_{2t} + \underset{(3.64)}{1.22} \ln X_{3t} + \underset{(3.10)}{1.22} \ln X_{4t}$$
$$+ \underset{(1.10)}{0.80} \ln X_{5t} - \underset{(-3.09)}{0.0055} X_{6t} \qquad \bar{R}^2 = 0.5370$$

(주: t통계량은 다음 장에서 다루어질 것임.)

단, Y = 제조업 부문 이직률, 근로자 100명당 자발적으로 이직을 한 근로자의 수

* 자료: Ragan의 연구논문, "Turnover in the Labor Market A Study of Quit and Layoff Rate," *Economic Review*, Federal Reserve Bank of Kansas City, May 1981, pp, 13~22

여기서, X_2 = 성인 남자 실업률에 대한 도구 혹은 대리 변수

X_3 = 25세 미만의 피고용자 비율

$X_4 = X_{t-1}/X_{t-4}$ = $(t-1)$분기의 제조업부문고용과$(t-4)$분기의 고용비율

X_5 = 여성고용비율

X_6 = 시간추세치(1950- I = 1)

a. 위의 결과의 의미를 해석하라.

b. 위에서 관측 $\ln Y$ 와 $\ln X_2$ 간에 음의 관계를 선험적으로 정당화할 수 있는가?

c. $\ln X_3$ 의 계수는 왜 양인가?

d. 시간추세치의 계수가 음이므로, 이직률 비율에 순환적인 감소추세가 있다 할 수 있는데, 그 원인은 무엇인가?

e. $\bar{R}^2$ 이 "너무" 낮은가?

f. 위의 자료로부터 회귀계수의 표준오차를 추정할 수 있는가? 그 이유는 무엇인가?

7.21 1980~1998 기간에 대하여 미국의 다음의 간단한 화폐수요함수를 고려하여 보자.

$$M_t = \beta_1 Y_t^{\beta_2} r_t^{\beta_3} e^{u_t}$$

여기서, M = 화폐의 M2 정의에 따른 실질 화폐수요,

Y = 실질GDP,

r = 이자율이다.

이 화폐수요모형을 추정하기 위하여 표 7.10의 자료를 구했다.

주: 명목변수를 실질변수로 전환시키려면 명목변수를 암묵적 물가 디플레이터로 나누면 된다. 이자율을 CPI로 나눌 필요는 없다. 또한 선행 실증분석에서 해왔던 것처럼 단기 이자율과 장기 이자율의 두 가지 이자율 자료를 가지고 있는데 단기 이자율은 3-개월 재무성 어음률(3-month treasury bill rate)로 측정하고 장기 이자율은 30년 재무성 공채 수익률(yield on the 30-year treasury bond)로 측정한다.)

a. 주어진 자료를 사용하여 화폐수요함수를 추정하여라. 화폐수요의 소득탄력성과 이자율탄력성은 얼마인가?

b. 위와 같은 화폐수요함수 대신 $(M/Y)_t = \alpha_1 r_t^{\alpha_2} e^{u_t}$를 추정하고자 한다. 추정결과의 의미를 어떻게 해석해야 하는가? 필요한 계산과정을 보여라.

c. 어떤 모형이 더 좋은 표기인지 어떻게 결정하겠는가?(주: 형식적인 통계적 검정은 8장에 있음)

7.22 표 7.11은 1961~1987기간 동안 그리스 경제의 제조업 부문을 정리한 것이다.

표 7.10
미국 화폐수요, 1980-1998

출처: *Economic Report of the President*, 2000, Tables B-1, B-58, B-67, B-71

관측	GDP	M2	CPI	LTRATE	TBRATE
1980	2795.6	1600.4	82.4	11.27	11.506
1981	3131.3	1756.1	90.9	13.45	14.029
1982	3259.2	1911.2	96.5	12.76	10.686
1983	3534.9	2127.8	99.6	11.18	8.630
1984	3932.7	2311.7	103.9	12.41	9.580
1985	4213.0	2497.4	107.6	10.79	7.480
1986	4452.9	2734.0	109.6	7.78	5.980
1987	4742.5	2832.8	113.6	8.59	5.820
1988	5108.3	2995.8	118.3	8.96	6.690
1989	5489.1	3159.9	124.0	8.45	8.120
1990	5803.2	3279.1	130.7	8.61	7.510
1991	5986.2	3379.8	136.2	8.14	5.420
1992	6318.9	3434.1	140.3	7.67	3.450
1993	6642.3	3487.5	144.5	6.59	3.020
1994	7054.3	3502.2	148.2	7.37	4.290
1995	7400.5	3649.3	152.4	6.88	5.510
1996	7813.2	3824.2	156.9	6.71	5.020
1997	8300.8	4046.7	160.5	6.61	5.070
1998	8759.9	4401.4	163.0	5.58	4.810

주: GDP: 국내총생산량(10억 $)
M_2: M_2 통화공급
CPI: 소비자물가지수(1982−1984=100)
LTRATE: 장기이자율(30년 재무성공채)
TBRATE: 3개월 재무성 공제수익률(연간 %)

표 7.11
그리스 산업부분

출처: Christopher Newport University, Viginia의 George K. Zestos에게 도움을 받았음.

관측	산출*	자본	노동†	자본−노동 비율
1961	35.858	59.600	637.0	0.0936
1962	37.504	64.200	643.2	0.0998
1963	40.378	68.800	651.0	0.1057
1964	46.147	75.500	685.7	0.1101
1965	51.047	84.400	710.7	0.1188
1966	53.871	91.800	724.3	0.1267
1967	56.834	99.900	735.2	0.1359
1968	65.439	109.100	760.3	0.1435
1969	74.939	120.700	777.6	0.1552
1970	80.976	132.000	780.8	0.1691
1971	90.802	146.600	825.8	0.1775
1972	101.955	162.700	864.1	0.1883
1973	114.367	180.600	894.2	0.2020
1974	101.823	197.100	891.2	0.2212
1975	107.572	209.600	887.5	0.2362
1976	117.600	221.900	892.3	0.2487
1977	123.224	232.500	930.1	0.2500
1978	130.971	243.500	969.9	0.2511
1979	138.842	257.700	1006.9	0.2559
1980	135.486	274.400	1020.9	0.2688
1981	133.441	289.500	1017.1	0.2846
1982	130.388	301.900	1016.1	0.2971
1983	130.615	314.900	1008.1	0.3124
1984	132.244	327.700	985.1	0.3327
1985	137.318	339.400	977.1	0.3474
1986	137.468	349.492	1007.2	0.3470
1987	135.750	358.231	1000.0	0.3582

*1970년 불변, 10억 Drachmas
†단위:천명/년

a. 콥-더글러스 생산함수가 자료와 잘 맞는지 확인하여라. 어떤 일반적인 결론이 나오는가?

b. 다음의 모형을 고려하자:

$$\text{Output/labor} = A(K/L)^{\beta} e^{u}$$

여기에서 종속변수는 노동생산성을 나타내고, 설명변수는 자본-노동 비율이다. 만약 있다면, 이러한 관계의 경제학적 중요성은 무엇인가? 이 모형의 모수를 추정하고 결과를 해석하여라.

7.23 **몬테칼로 실험** : 다음의 모형을 고려하자:

$$Y_i = \beta_1 + \beta_2 X_{2i} + \beta_3 X_{3i} + u_i$$

$\beta_1 = 262$, $\beta_2 = -0.006$, $\beta_3 = -2.4$, $\sigma^2 = 42$, $u_i \sim N(0, 42)$ 라고 하자. 주어진 정규분포로부터 64개의 u_i 관측치로 된 표본을 10개 세트 추출하고, $Y = \text{CM}$, $X_2 = \text{PGNP}$, $X_3 = \text{FLR}$ 등 표6.4에 있는 관측치 64개를 사용하여 10개 세트의 추정된 β 계수들을 생성하여라. 추정된 각각의 β계수의 평균을 구한 후 이들을 진정한 계수값과 연계시켜라. 어떤 결론을 얻을 수 있는가?

7.24 표 7.12는 1947~2000 기간 동안 미국의 실질소비지출, 실질소득, 실질 부(wealth), 그리고 실질이자율 자료를 담고 있다. 이 자료는 연습문제 8.35에서도 사용될 것이다.

a. 자료를 사용하여, 소득, 부, 그리고 이자율이 설명변수인 선형 소비함수를 추정하여라.

b. 소비지출에 대한 각 변수의 관계에 관하여 추정된 계수가 무엇을 알려주는가?

표 7.12
미국 실질소비지출, 실질소득, 실질 부, 실질이자율, 1947-2000

출처: C. Yd: Bureau of Economic Analysis, U.S. Department of Commerce(http://www.bea.doc.gov/bea/dn1/htm).
3개월 재무성 공채에 대한 명목 이자율:Economic Report of the President, 2002.
명목 부=가계부문과 비영리부문의 년말 명목 순자산(Federal Reserve flow of funds data:(http://www.federalreserve.gov)

연도	C	Yd	부	이자율
1947	976.4	1035.2	5166.8	−10.351
1948	998.1	1090.0	5280.8	−4.720
1949	1025.3	1095.6	5607.4	1.044
1950	1090.9	1192.7	5759.5	0.407
1951	1107.1	1227.0	6086.1	−5.283
1952	1142.4	1266.8	6243.9	−0.277
1953	1197.2	1327.5	6355.6	0.561
1954	1221.9	1344.0	6797.0	−0.138
1955	1310.4	1433.8	7172.2	0.262
1956	1348.8	1502.3	7375.2	−0.736
1957	1381.8	1539.5	7315.3	−0.261
1958	1393.0	1553.7	7870.0	−0.575
1959	1470.7	1623.8	8188.1	2.296
1960	1510.8	1664.8	8351.8	1.511
1961	1541.2	1720.0	8971.9	1.296
1962	1617.3	1803.5	9091.5	1.396
1963	1684.0	1871.5	9436.1	2.058
1964	1784.8	2006.9	10003.4	2.027
1965	1897.6	2131.0	10562.8	2.112
1966	2006.1	2244.6	10522.0	2.020

표 7.12 (계속)

1967	2066.2	2340.5	11312.1	1.213
1968	2184.2	2448.2	12145.4	1.055
1969	2264.8	2524.3	11672.3	1.732
1970	2314.5	2630.0	11650.0	1.166
1971	2405.2	2745.3	12312.9	−0.712
1972	2550.5	2874.3	13499.9	−0.156
1973	2675.9	3072.3	13081.0	1.414
1974	2653.7	3051.9	11868.8	−1.043
1975	2710.9	3108.5	12634.4	−3.534
1976	2868.9	3243.5	13456.8	−0.657
1977	2992.1	3360.7	13786.3	−1.190
1978	3124.7	3527.5	14450.5	0.113
1979	3203.2	3628.6	15340.0	1.704
1980	3193.0	3658.0	15965.0	2.298
1981	3236.0	3741.1	15965.0	4.704
1982	3275.5	3791.7	16312.5	4.449
1983	3454.3	3906.9	16944.8	4.691
1984	3640.6	4207.6	17526.7	5.848
1985	3820.9	4347.8	19068.3	4.331
1986	3981.2	4486.6	20530.0	3.768
1987	4113.4	4582.5	21235.7	2.819
1988	4279.5	4784.1	22332.0	3.287
1989	4393.7	4906.5	23659.8	4.318
1990	4474.5	5014.2	23105.1	3.595
1991	4466.6	5033.0	24050.2	1.803
1992	4594.5	5189.3	24418.2	1.007
1993	4748.9	5261.3	25092.3	0.625
1994	4928.1	5397.2	25218.6	2.206
1995	5075.6	5539.1	27439.7	3.333
1996	5237.5	5677.7	29448.2	3.083
1997	5423.9	5854.5	32664.1	3.120
1998	5683.7	6168.6	35587.0	3.584
1999	5968.4	6320.0	39591.3	3.245
2000	6257.8	6539.2	38167.7	3.576

주: 연도 = 실제 연도
C = 실질소비지출(단위:1996년 10억 달러)
Yd = 실질 개인 가처분소득(단위:1996년 10억 달러)
Wealth = 실질 부(단위:1996년 10억 달러)
이자율 = 3개월 재무성 공채에 대한 명목 년수익률−인플레이션율(물가지수의 연간 % 변화율로 측정)
명목 실질 부 변수는 Federal Reserve Board의 가계부문과 비영리부문의 년말 명목 순자산 흐름에서 구하였다. 명목 부를 실질 부로 변환하는데 사용된 물가지수는 해당연도의 4분기 물가와 다음 연도 1분기 물가에서 구한 관련물가지수의 평균이다.

7.25 퀄컴 주식가격의 추정. 다항회귀의 예제로서, 1995~2000년에 걸친 기간 동안 디지털 무선통신회사인 퀄컴의 주간 주식가격 자료를 고려하여 보자. 전체 자료는 표 7.13에 있는 이 책의 website에 있다. 1990년대 후반 특히 기술주의 수익성이 좋았는데 어떤 종류의 회귀모형이 이러한 자료에 가장 잘 맞을 것인가? 그림 7.4은 그 기간에 대하여 자료의 기초적인 산포도를 보여준다.

이 산포도가 길게 늘린 S 곡선을 닮은 것처럼 보인다; 평균주식가격이 조금씩 증가하는 것처럼 보이다가 그림의 오른쪽 끝부분으로 갈수록 극적으로 증가하고 있다. 더 특화된 전화기 수요가 극적으로 증가하고 기술주에 대

그림 7.4
시간흐름에 따른 퀄컴사 주식가격

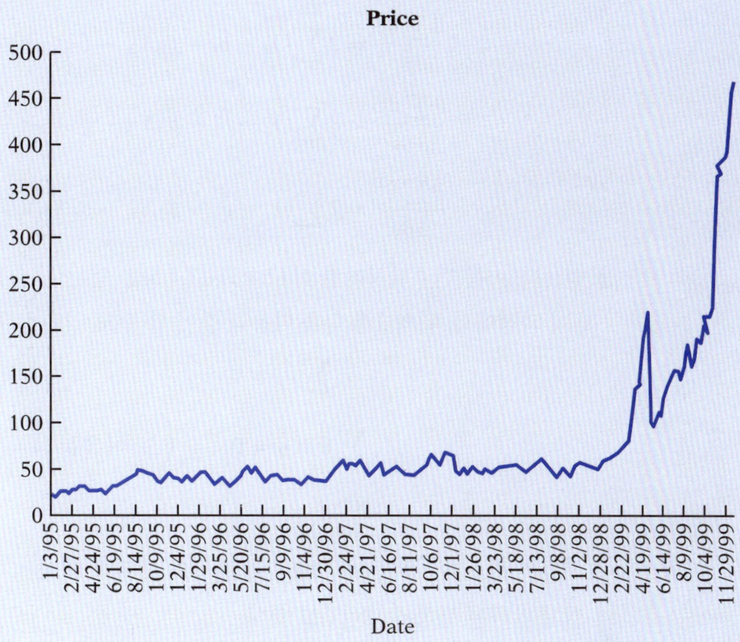

한 붐이 진행됨에 따라 주식 가격은 동반상승하면서 아주 빠른 속도로 상승하였다.

a. 시간에 대하여 최종 주식가격을 예측하기 위하여 선형모형을 추정하여라. 이 모형이 자료에 잘 맞는가?

b. 시간과 시간의 제곱을 설명변수로 하는 2차함수 모형을 추정하여라. 이 모형이 (a)의 모형보다 잘 맞는가?

c. 끝으로 다음의 3차 다항 모형을 추정하여라.

$$Y_i = \beta_0 + \beta_1 X_i + \beta_2 X_i^2 + \beta_3 X_i^3 + u_i$$

여기에서 Y= 주식 가격, X= 시간이다. 어느 모형이 주식가격에 대하여 가장 좋은 추정량처럼 보이는가?

부록 7A

7A.1 식(7.4.3)과 (7.4.5)에 주어진 OLS 추정량의 유도

다음의 식을

$$\sum \hat{u}_i^2 = \sum (Y_i - \hat{\beta}_1 - \hat{\beta}_2 X_{2i} - \hat{\beta}_3 X_{3i})^2 \qquad \textbf{(7.4.2)}$$

3개의 미지수에 관하여 편미분하고 그 결과 식을 0이라고 설정하면

$$\frac{\partial \sum \hat{u}_i^2}{\partial \hat{\beta}_1} = 2\sum(Y_i - \hat{\beta}_1 - \hat{\beta}_2 X_{2i} - \hat{\beta}_3 X_{3i})(-1) = 0$$
$$\frac{\partial \sum \hat{u}_i^2}{\partial \hat{\beta}_2} = 2\sum(Y_i - \hat{\beta}_1 - \hat{\beta}_2 X_{2i} - \hat{\beta}_3 X_{3i})(-X_{2i}) = 0$$
$$\frac{\partial \sum \hat{u}_i^2}{\partial \hat{\beta}_3} = 2\sum(Y_i - \hat{\beta}_1 - \hat{\beta}_2 X_{2i} - \hat{\beta}_3 X_{3i})(-X_{3i}) = 0$$

을 얻는다. 이를 단순화시키면 식 (7.4.3)~(7.4.5)를 얻는다.

이 과정에서, 위의 3개 식을 다음과 같이 쓸 수도 있음을 주목하여라.

$$\sum \hat{u}_i = 0$$

$$\sum \hat{u}_i X_{2i} = 0 \qquad \text{(그 이유는?)}$$

$$\sum \hat{u}_i X_{3i} = 0$$

이 식들은 최소자승추정량의 특성, 즉 잔차의 합은 0, 잔차는 설명변수 X_2, X_3와 상관되어 있지 않다는 특성을 보여주고 있다.

부수적으로, (7.4.20)의 k-변수 선형회귀모형의 OLS 추정량을 얻기 위하여 비슷하게 설명할 수 있다. 따라서 우선

$$\sum \hat{u}_i^2 = \sum(Y_i - \hat{\beta}_1 - \hat{\beta}_2 X_{2i} - \cdots - \hat{\beta}_k X_{ki})^2$$

라고 쓴다. 이 표현을 각 k개의 미지수에 대하여 편미분한 후 그 결과를 0으로 설정하고, 이를 재정리하면 다음의 k 미지수에 대한 k개의 정규방정식을 얻는다:

$$\sum Y_i = n\hat{\beta}_1 + \hat{\beta}_2 \sum X_{2i} + \hat{\beta}_3 \sum X_{3i} + \cdots + \hat{\beta}_k \sum X_{ki}$$

$$\sum Y_i X_{2i} = \hat{\beta}_1 \sum X_{2i} + \hat{\beta}_2 \sum X_{2i}^2 + \hat{\beta}_3 \sum X_{2i} X_{3i} + \cdots + \hat{\beta}_k \sum X_{2i} X_{ki}$$

$$\sum Y_i X_{3i} = \hat{\beta}_1 \sum X_{3i} + \hat{\beta}_2 \sum X_{2i} X_{3i} + \hat{\beta}_3 \sum X_{3i}^2 + \cdots + \hat{\beta}_k \sum X_{3i} X_{ki}$$

$$\cdots\cdots\cdots\cdots\cdots\cdots\cdots\cdots\cdots\cdots\cdots\cdots$$

$$\sum Y_i X_{ki} = \hat{\beta}_1 \sum X_{ki} + \hat{\beta}_2 \sum X_{2i} X_{ki} + \hat{\beta}_3 \sum X_{3i} X_{ki} + \cdots + \hat{\beta}_k \sum X_{ki}^2$$

또는 소문자로 바꿔쓰면 이 식들은 다음과 같다.

$$\sum y_i x_{2i} = \hat{\beta}_2 \sum x_{2i}^2 + \hat{\beta}_3 \sum x_{2i} x_{3i} + \cdots + \hat{\beta}_k \sum x_{2i} x_{ki}$$

$$\sum y_i x_{3i} = \hat{\beta}_2 \sum x_{2i} x_{3i} + \hat{\beta}_3 \sum x_{3i}^2 + \cdots + \hat{\beta}_k \sum x_{3i} x_{ki}$$

$$\cdots\cdots\cdots\cdots\cdots\cdots\cdots\cdots\cdots\cdots$$

$$\sum y_i x_{ki} = \hat{\beta}_2 \sum x_{2i} x_{ki} + \hat{\beta}_3 \sum x_{3i} x_{ki} + \cdots + \hat{\beta}_k \sum x_{ki}^2$$

k-변수 모형도 다음의 식을 만족시킨다는 것을 주의하여야 한다.

$$\sum \hat{u}_i = 0$$

$$\sum \hat{u}_i X_{2i} = \sum \hat{u}_i X_{3i} = \cdots = \sum \hat{u}_i X_{ki} = 0$$

7A.2 식(7.3.5)와 (7.6.2)에서 PGNP의 계수들이 동일함

$Y=\text{CM}$, $X_2=\text{PGNP}$, $X_3=\text{FLR}$이라고 하고 편차형태를 이용하면

$$y_i = b_{13}x_{3i} + \hat{u}_{1i} \tag{1}$$

$$x_{2i} = b_{23}x_{3i} + \hat{u}_{2i} \tag{2}$$

라고 쓸 수 있다. 이제 $\hat{u}_1$을 $\hat{u}_2$에 회귀하면 다음을 얻는다:

$$a_1 = \frac{\sum \hat{u}_{1i}\hat{u}_{2i}}{\hat{u}_{2i}^2} = -0.0056 \qquad \text{(우리의 예제에 대하여)} \tag{3}$$

$\hat{u}$ 들이 잔차이기 때문에 평균이 0이라는 것을 주목하자. (1)과 (2)을 사용하면 (3)을 다음과 같이 쓸 수 있다

$$a_1 = \frac{\sum(y_i - b_{13}x_{3i})(x_{2i} - b_{23}x_{3i})}{\sum(x_{2i} - b_{23}x_{3i})^2} \tag{4}$$

이 표현을 전개하고 다음의 관계식을 주목하여

$$b_{23} = \frac{\sum x_{2i}x_{3i}}{\sum x_{3i}^2} \tag{5}$$

그리고

$$b_{13} = \frac{\sum y_i x_{3i}}{\sum x_{3i}^2} \tag{6}$$

이들 관계식을 (4)에 대입하여

$$\hat{\beta}_2 = \frac{\left(\sum y_i x_{2i}\right)\left(\sum x_{3i}^2\right) - \left(\sum y_i x_{3i}\right)\left(\sum x_{2i}x_{3i}\right)}{\left(\sum x_{2i}^2\right)\left(\sum x_{3i}^2\right) - \left(\sum x_{2i}x_{3i}\right)^2} \tag{7.4.7}$$

$$= -0.0056 \qquad \text{(우리의 예제에 대하여)}$$

을 얻는다.

7A.3 식(7.4.19)의 유도

다음의 관계를 떠올리자.

$$\hat{u}_i = Y_i - \hat{\beta}_1 - \hat{\beta}_2 X_{2i} - \hat{\beta}_3 X_{3i}$$

이를 다음과 같이 표현할 수 있는데

$$\hat{u}_i = y_i - \hat{\beta}_2 x_{2i} - \hat{\beta}_3 x_{3i}$$

여기에서 소문자는 늘 그렇듯이 평균으로부터의 편차를 나타낸다.

이때

$$\begin{aligned}\sum \hat{u}_i^2 &= \sum(\hat{u}_i\hat{u}_i)\\ &= \sum \hat{u}_i(y_i - \hat{\beta}_2 x_{2i} - \hat{\beta}_3 x_{3i})\\ &= \sum \hat{u}_i y_i\end{aligned}$$

인데 여기에서 $\sum \hat{u}_i x_{2i} = \sum \hat{u}_i x_{3i} = 0$(이유는?)을 이용하였다. 또한

$$\sum \hat{u}_i y_i = \sum y_i \hat{u}_i = \sum y_i(y_i - \hat{\beta}_2 x_{2i} - \hat{\beta}_3 x_{3i})$$

즉

$$\sum \hat{u}_i^2 = \sum y_i^2 - \hat{\beta}_2 \sum y_i x_{2i} - \hat{\beta}_3 \sum y_i x_{3i} \tag{7.4.19}$$

로서 우리가 얻고자 하는 결과이다.

7A.4 다중회귀모형의 최우추정

4장의 부록 4A에서 소개된 개념을 확장하여 k-변수 선형회귀모형 (7.4.20)의 로그 우도함수를 다음과 같이 쓸 수 있다.

$$\ln L = -\frac{n}{2}\ln\sigma^2 - \frac{n}{2}\ln(2\pi) - \frac{1}{2}\sum\frac{(Y_i - \beta_1 - \beta_2 X_{2i} - \cdots - \beta_k X_{ki})^2}{\sigma^2}$$

이 함수를 $\beta_1, \beta_2, \cdots, \beta_k, \sigma^2$에 대하여 편미분하면 다음의 (k+1)개의 식을 얻는다:

$$\frac{\partial \ln L}{\partial \beta_1} = -\frac{1}{\sigma^2}\sum(Y_i - \beta_1 - \beta_2 X_{2i} - \cdots - \beta_k X_{ki})(-1) \tag{1}$$

$$\frac{\partial \ln L}{\partial \beta_2} = -\frac{1}{\sigma^2}\sum(Y_i - \beta_1 - \beta_2 X_{2i} - \cdots - \beta_k X_{ki})(-X_{2i}) \tag{2}$$

$$\cdots\cdots\cdots\cdots\cdots\cdots\cdots\cdots\cdots\cdots\cdots\cdots$$

$$\frac{\partial \ln L}{\partial \beta_k} = -\frac{1}{\sigma^2}\sum(Y_i - \beta_1 - \beta_2 X_{2i} - \cdots - \beta_k X_{ki})(-X_{ki}) \tag{K}$$

$$\frac{\partial \ln L}{\partial \sigma^2} = -\frac{n}{2\sigma^2} + \frac{1}{2\sigma^4}\sum(Y_i - \beta_1 - \beta_2 X_{2i} - \cdots - \beta_k X_{ki})^2 \tag{K+1}$$

이 식들을 0으로 놓고(최적화 1-계 조건), $\tilde{\beta}_1, \tilde{\beta}_2, \cdots, \tilde{\beta}_k$, $\tilde{\sigma}^2$를 ML 추정량이라고 하면 간단한 수학적 조작을 거쳐 다음을 얻는다.

$$\begin{aligned}\sum Y_i &= n\tilde{\beta}_1 + \tilde{\beta}_2\sum X_{2i} + \cdots + \tilde{\beta}_k\sum X_{ki}\\ \sum Y_i X_{2i} &= \tilde{\beta}_1\sum X_{2i} + \tilde{\beta}_2\sum X_{2i}^2 + \cdots + \tilde{\beta}_k\sum X_{2i}X_{ki}\\ &\cdots\cdots\cdots\cdots\cdots\cdots\cdots\cdots\\ \sum Y_i X_{ki} &= \tilde{\beta}_1\sum X_{ki} + \tilde{\beta}_2\sum X_{2i}X_{ki} + \cdots + \tilde{\beta}_k\sum X_{ki}^2\end{aligned}$$

이는 부록 7A의 7A.1에서 본 것과 같은 최소자승이론의 정규방정식하고 정확하게 일치한다. 그러므로, ML 추정량, $\tilde{\beta}$들은 OLS 추정량과 동일하다. 그러나 4장의 4A에서 본 바와 같이 이렇게 동일하게 된 것이 우연히 발생한 것은 아니다.

ML(= OLS) 추정량을 $(k+1)$번째 식에 대입하면, 단순화 과정 후 σ^2의 ML추정량을

다음과 같이 얻게 된다.

$$\tilde{\sigma}^2 = \frac{1}{n}\sum(Y_i - \tilde{\beta}_1 - \tilde{\beta}_2 X_{2i} - \cdots - \tilde{\beta}_k X_{ki})^2$$
$$= \frac{1}{n}\sum \hat{u}_i^2$$

이 책에서 봤듯이, 이 추정량은 OLS 추정량 $\hat{\sigma}^2 = \sum \hat{u}_i^2/(n-k)$와 다르다. 그리고 OLS 추정량이 σ^2의 불편추정량이므로 ML 추정량 $\hat{\sigma}^2$은 편의된 추정량이다. 그러나 바로 증명할 수 있듯이, 점근적으로 $\tilde{\sigma}^2$도 불편추정량이다.

7A.5 식 (7.9.4)에서 콥-더글러스 생산함수에 대한 EViews 출력물

Dependent Variable: Y1
Method: Least Squares
Included observations: 51

	Coefficient	Std. Error	*t*-Statistic	Prob.
C	3.887600	0.396228	9.811514	0.0000
Y2	0.468332	0.098926	4.734170	0.0000
Y3	0.521279	0.096887	5.380274	0.0000

R-squared	0.964175	Mean dependent var.	16.94139
Adjusted R-squared	0.962683	S.D. dependent var.	1.380870
S.E. of regression	0.266752	Akaike info criterion	0.252028
Sum squared resid.	3.415520	Schwarz criterion	0.365665
Log likelihood	−3.426721	Hannan-Quinn criterion	0.295452
F-statistic	645.9311	Durbin-Watson stat.	1.946387
Prob. (*F*-statistic)	0.000000		

Covariance of Estimates

	C	Y2	Y3
C	0.156997	0.010364	−0.020014
Y2	0.010364	0.009786	−0.009205
Y3	−0.020014	−0.009205	0.009387

Y	X2	X3	Y1	Y2	Y3	Y1HAT	Y1RESID
38,372,840	424,471	2,689,076	17.4629	12.9586	14.8047	17.6739	−0.2110
1,805,427	19,895	57,997	14.4063	9.8982	10.9681	14.2407	0.1656
23,736,129	206,893	2,308,272	16.9825	12.2400	14.6520	17.2577	−0.2752
26,981,983	304,055	1,376,235	17.1107	12.6250	14.1349	17.1685	−0.0578
217,546,032	1,809,756	13,554,116	19.1979	14.4087	16.4222	19.1962	0.0017
19,462,751	180,366	1,790,751	16.7840	12.1027	14.3981	17.0612	−0.2771
28,972,772	224,267	1,210,229	17.1819	12.3206	14.0063	16.9589	0.2229
14,313,157	54,455	421,064	16.4767	10.9051	12.9505	15.7457	0.7310
159,921	2,029	7,188	11.9824	7.6153	8.8802	12.0831	−0.1007
47,289,846	471,211	2,761,281	17.6718	13.0631	14.8312	17.7366	−0.0648
63,015,125	659,379	3,540,475	17.9589	13.3991	15.0798	18.0236	−0.0647
1,809,052	17,528	146,371	14.4083	9.7716	11.8939	14.6640	−0.2557
10,511,786	75,414	848,220	16.1680	11.2307	13.6509	16.2632	−0.0952
105,324,866	963,156	5,870,409	18.4726	13.7780	15.5854	18.4646	0.0079
90,120,459	835,083	5,832,503	18.3167	13.6353	15.5790	18.3944	−0.0778
39,079,550	336,159	1,795,976	17.4811	12.7253	14.4011	17.3543	0.1269
22,826,760	246,144	1,595,118	16.9434	12.4137	14.2825	17.1465	−0.2030
38,686,340	384,484	2,503,693	17.4710	12.8597	14.7333	17.5903	−0.1193
69,910,555	216,149	4,726,625	18.0627	12.2837	15.3687	17.6519	0.4109
7,856,947	82,021	415,131	15.8769	11.3147	12.9363	15.9301	−0.0532
21,352,966	174,855	1,729,116	16.8767	12.0717	14.3631	17.0284	−0.1517
46,044,292	355,701	2,706,065	17.6451	12.7818	14.8110	17.5944	0.0507

Y	X2	X3	Y1	Y2	Y3	Y1HAT	Y1RESID
92,335,528	943,298	5,294,356	18.3409	13.7571	15.4822	18.4010	−0.0601
48,304,274	456,553	2,833,525	17.6930	13.0315	14.8570	17.7353	−0.0423
17,207,903	267,806	1,212,281	16.6609	12.4980	14.0080	17.0429	−0.3820
47,340,157	439,427	2,404,122	17.6729	12.9932	14.6927	17.6317	0.0411
2,644,567	24,167	334,008	14.7880	10.0927	12.7189	15.2445	−0.4564
14,650,080	163,637	627,806	16.5000	12.0054	13.3500	16.4692	0.0308
7,290,360	59,737	522,335	15.8021	10.9977	13.1661	15.9014	−0.0993
9,188,322	96,106	507,488	16.0334	11.4732	13.1372	16.1090	−0.0756
51,298,516	407,076	3,295,056	17.7532	12.9168	15.0079	17.7603	−0.0071
20,401,410	43,079	404,749	16.8311	10.6708	12.9110	15.6153	1.2158
87,756,129	727,177	4,260,353	18.2901	13.4969	15.2649	18.1659	0.1242
101,268,432	820,013	4,086,558	18.4333	13.6171	15.2232	18.2005	0.2328
3,556,025	34,723	184,700	15.0842	10.4552	12.1265	15.1054	−0.0212
124,986,166	1,174,540	6,301,421	18.6437	13.9764	15.6563	18.5945	0.0492
20,451,196	201,284	1,327,353	16.8336	12.2125	14.0987	16.9564	−0.1229
34,808,109	257,820	1,456,683	17.3654	12.4600	14.1917	17.1208	0.2445
104,858,322	944,998	5,896,392	18.4681	13.7589	15.5899	18.4580	0.0101
6,541,356	68,987	297,618	15.6937	11.1417	12.6036	15.6756	0.0181
37,668,126	400,317	2,500,071	17.4443	12.9000	14.7318	17.6085	−0.1642
4,988,905	56,524	311,251	15.4227	10.9424	12.6484	15.6056	−0.1829
62,828,100	582,241	4,126,465	17.9559	13.2746	15.2329	18.0451	−0.0892
172,960,157	1,120,382	11,588,283	18.9686	13.9292	16.2655	18.8899	0.0786
15,702,637	150,030	762,671	16.5693	11.9186	13.5446	16.5300	0.0394
5,418,786	48,134	276,293	15.5054	10.7817	12.5292	15.4683	0.0371
49,166,991	425,346	2,731,669	17.7107	12.9607	14.8204	17.6831	0.0277
46,164,427	313,279	1,945,860	17.6477	12.6548	14.4812	17.3630	0.2847
9,185,967	89,639	685,587	16.0332	11.4035	13.4380	16.2332	−0.2000
66,964,978	694,628	3,902,823	18.0197	13.4511	15.1772	18.0988	−0.0791
2,979,475	15,221	361,536	14.9073	9.6304	12.7981	15.0692	−0.1620

주: Y1=ln Y;Y2=ln X2;Y3=ln X3
eigenvalues는 3.7861과 187,5296인데, 10장에서 이 값들을 사용할 것이다.

8장

다중회귀분석 : 추론의 문제

이 장은 5장의 연속으로서 소개된 구간추정과 가설검정의 개념을 3변수 이상을 포함하는 모형으로서 확장시킨다. 5장에서 소개된 개념들이 많은 면에서 다중회귀모형에 직접적으로 적용될 수 있지만, 다중회귀모형에 독특한 몇 가지 추가적인 특성들이 있으므로 이 장에서는 이러한 특성들에 대해 더 관심을 기울일 것이다.

8.1 정규분포 가정의 재음미

계량경제학의 유일한 목적이 회귀모형의 모수를 측정하는 것이라면, 확률적 오차량 u_i의 분포에 대해 어떠한 가정도 하지 않은 통상최소자승법(OLS)이면 충분하다는 것을 지금까지의 논의를 통해 알고 있다. 그러나 우리의 목적이 추정과 아울러 추론에 있다면, 4장과 5장에서 논의한 바와 같이 u_i가 일정한 확률분포를 따른다고 가정할 필요가 있다.

이미 앞에서 명백히 언급한 이유 때문에 u_i가 평균이 0이고 분산이 σ^2인 정규분포를 따른다고 가정하였다. 다중회귀모형에 대하여도 동일한 가정을 유지하기로 한다. 정규분포의 가정과 4장과 7장의 논의에 의하여, 최우추정량과 동일한 편회귀계수의 OLS추정량은 최량선형불편추정량(BLUE)[1]이다. 더구나 추정량 $\hat{\beta}_2$, $\hat{\beta}_3$, 그리고 $\hat{\beta}_1$은 각각 평균이 진정한 모수 β_2, β_3, 그리고 β_1과 같고 7장에서 구한 분산을 갖는 정규분포를 따른다. 그리고 $(n-3)\hat{\sigma}^2/\sigma^2$은 자유도가 $n-3$인 χ^2분포를 따르고, 3개의 OLS추정량은 $\hat{\sigma}^2$와 독립적으로 분포되어 있다. 이에 대한 증명은 부록 3A에서 설명한 2-변수의 경우를 따르면 된다. 결과적으로, 그리고 5장의 설명을 따라 추정량의 표준오차를 계산하는데 모수 σ^2 대신 불편추정량 $\hat{\sigma}^2$으로 대체하면 다음의 변수들은

1. 정규분포를 가정하는 경우, OLS추정량 $\hat{\beta}_2$, $\hat{\beta}_3$ 그리고 $\hat{\beta}_1$은 모든 불편추정량 중에서 추정량이 선형이든 아니든 가장 작은 분산을 갖는다. 이에 관하여는 C.R.RAO *Linear Statistical Inference and Its Application* , John Wiley & Sons, New York, 1965, pp.258을 참조 할 것.

$$t = \frac{\hat{\beta}_1 - \beta_1}{\text{se}\,(\hat{\beta}_1)} \tag{8.1.1}$$

$$t = \frac{\hat{\beta}_2 - \beta_2}{\text{se}\,(\hat{\beta}_2)} \tag{8.1.2}$$

$$t = \frac{\hat{\beta}_3 - \beta_3}{\text{se}\,(\hat{\beta}_3)} \tag{8.1.3}$$

각각 자유도가 $n-3$인 t분포를 따른다.

여기에서, 자유도가 $n-3$인 것을 주목하길 바란다. 그 이유는 $\sum \hat{u}_i^2$, 나아가 $\hat{\sigma}^2$을 계산하는데 먼저 3개의 편회귀계수를 추정하여야 한다. 이는 잔차자승합(RSS)에 3개의 제약을 가하는 것이고, 따라서 3개의 자유도를 잃어버리게 된다(동일한 논리에 따라 4-변수의 경우에는 자유도가 $n-4$가 될 것이다). 그러므로, 모집단 편회귀계수에 관하여 신뢰구간을 세우고 가설검정을 하는데 이 t분포를 사용할 수 있다. 마찬가지로 진정한 σ^2에 관해 가설을 검정하는데 χ^2분포를 사용할 수 있다. 실제의 상세한 내용을 다음의 예제를 통해 살펴보자.

예제 8.1

유아사망 예제 재논의

7장에서 64개 국가에 대하여 유아사망(CM)을 1인당 GNP(PGNP)와 여성문해율(FLR)에 회귀하였다. 식(7.6.2)의 회귀결과에 몇 가지 추가정보를 더 담아서 다음과 같이 정리하였다:

$$\begin{aligned}
\widehat{\text{CM}}_i &= 263.6416 \quad - \quad 0.0056\ \text{PGNP}_i \quad - \quad 2.2316\ \text{FLR}_i \\
\text{se} &= (11.5932) \qquad (0.0019) \qquad (0.2099) \\
t &= (22.7411) \qquad (-2.8187) \qquad (-10.6293) \\
p\ \text{value} &= (0.0000)^* \qquad (0.0065) \qquad (0.0000)^* \\
& \qquad R^2 = 0.7077 \qquad \bar{R}^2 = 0.6981
\end{aligned} \tag{8.1.4}$$

여기에서 *는 극히 작은 값을 나타낸다.

식(8.1.4)은 앞에서 다룬 식(5.11.1)에서 처음 소개된 양식을 그대로 따랐다. 여기에서 첫 번째 괄호들 안의 값은 추정된 표준오차들이고, 두 번째 괄호들 안의 값은 해당 모집단 계수의 값이 0이라는 귀무가설 하에서의 t값이고, 마지막 세 번째 괄호들 안의 값은 추정된 p값이다. 이와 아울러 R^2과 조정된 R^2도 보고되어 있다. 이 회귀결과는 예제 7.1에서 해석한 바 있다.

관측된 결과들의 통계적 유의성은 어떠한가? 예를 들어, PGNP의 계수 −0.0056를 고려하자. 이 계수가 통계적으로 유의한가, 즉, 유의하게 0과 다른가? 비슷하게, FLR의 계수 −2.2316이 통계적으로 유의한가? 두 계수 모두 통계적으로 유의한가? 이러한 질문들에 답하기 위하여 다중회귀모형에서 만날 수 있는 종류의 귀무가설을 우선 고려하자.

8.2 다중회귀에서의 귀무가설 : 일반적인 논의

2-변수 선형회귀모형의 단순한 세계를 벗어나면, 가설검정은 다음과 같은 여러 흥미있는 형태를 상정하게 된다.

1. 개별적 편회귀계수에 대한 가설검정(8.3절을 참고 할 것)
2. 추정된 다중회귀모형의 전반적 유의성 검정, 즉 , 모든 편회귀계수가 동시에 0인지 아닌지의 확인(8.4절)
3. 하나 이상의 계수들이 서로 같은지에 대한 검정(8.5절)
4. 편회귀계수들이 일정한 계약을 만족하는지를 검정(8.6절)
5. 추정된 회귀모형이 시간에 흐름에 따라 혹은 서로 다른 횡단면 단위사이에 안정성이 있는지를 검정(8.7절)
6. 회귀모형의 함수형태를 검정(8.8절)

이러한 형태의 검정이 실증분석에서 매우 통상적으로 발생하기 때문에 각 형태의 검정에 대해 하나의 절을 배정하여 다루고자 한다.

8.3 개별 회귀계수에 관한 가설검정

u_i~N(0, σ^2)이라는 가정을 이용하면 8.1절에서 지적한 바와 같이 어떠한 개별 편회귀계수에 대한 가설을 검정하는 데에도 t검정을 사용할 수 있다. 그 내용을 설명하기 위해 위의 유아사망의 예제 식(8.1.4)를 다시 고려하자. 다음의 귀무가설을 상정한다고 하자.

$$H_0: \beta_2 = 0 \qquad \text{그리고} \qquad H_1: \beta_2 \neq 0$$

귀무가설이 설명하는 바는 X_3(여성 문해율)을 일정하게 유지했을 때 X_2(PGNP)는 Y(유아사망)에 아무런 (선형의) 영향을 미치지 않는다는 것이다.[2] 이러한 귀무가설을 검정하기 위해 (8.1.2)의 t검정을 사용한다. 5장에서 설명한 바와 같이 계산된 t값이 일정한 유의수준에서 t의 임계치보다 크다면 가설을 기각한다. 그렇지 않으면 가설을 채택할 수 있다. 앞의 예제에서, (8.1.2)와 귀무가설하에서 β_2 =0이라는 사실을 이용하면

$$t = \frac{-0.0056}{0.0020} = -2.8187 \qquad \textbf{(8.3.1)}$$

2. 대부분의 경험적 분석에서 귀무가설은 이러한 형태로 만들어진다. 즉, 종속변수와 관심있는 설명변수 간에 관계가 없다는 극단적인 형태(일종의 허수아비라 할 수 있음)를 취한다. 두 변수사이의 관계가 의미가 있는 것인지 아닌지의 여부를 우선 알아보자는 것이 귀무가설의 기본 생각이다.

그림 8.1
(df가 60인) t의 95% 신뢰구간

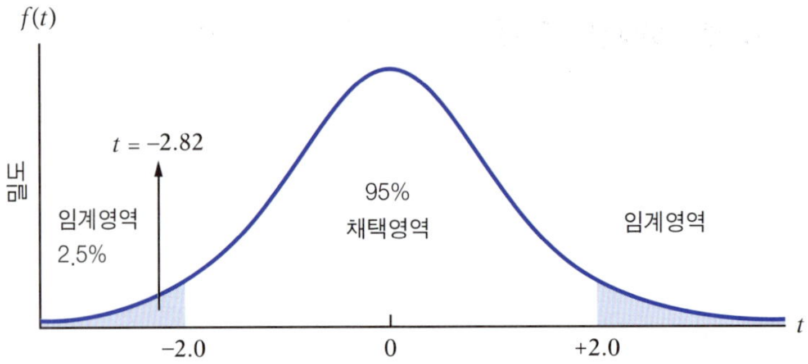

을 얻는데 이는 식(8.1.4)에 나타나 있다.

이 예제에서 표본 수가 64개인 것에 주목하라. 그러므로 이 예제의 자유도(df)는 61이다(그 이유는?). 부록 D에 있는 t 표를 참조하면, df 61에 해당하는 값을 얻을 수 없다. 가장 가까운 값이라야 df 60에 해당하는 값이다. 이 df를 사용하고 유의수준(즉, 제 1종 오류를 저지를 확률), α를 5%로 가정하면 양측검정의 경우(60 df에 대하여 $t_{\alpha/2}$를 찾아볼 것) 2.0이고 편측검정의 경우(60 df에 대한 $t_{\alpha/2}$를 찾아볼 것) 1.671이다.

이 예제에서 대립가설이 양측검정이다. 그러므로 우리는 양측 t 값을 사용한다. 계산된 t 값(절대값으로) 2.8187이 임계치 2.0보다 크기 때문에 PGNP가 유아사망에 영향을 미치지 않는다는 귀무가설을 기각할 수 있다. 이를 더 적극적으로 표현하면, 여성문해율을 불변으로 유지하였을 때, 1인당 GNP는 유아사망에 유의한 (음의) 영향을 미치는데, 이는 선험적으로 예상할 수 있는 결과이다. 이 상황은 그림 8.1에 나타나 있다.

실제에 있어서, 가설검정을 하기 위하여 특정한 α값을 가정할 필요는 없다. 단순히 식(8.1.4)의 p 값을 사용하면 되는데, 이 경우 0.0065이다. 이 p 값(정확한 유의수준)의 해석은 다음과 같다. 만약 귀무가설이 참이라면 (절대값으로) 2.8187이나 그 이상의 t 값을 얻게 될 확률이 단지 0.0065 또는 0.65퍼센트라는 것이다. 사실 이 값은 매우 작은 확률로서 인위적으로 설정한 값 $\alpha = 5\%$ 보다 훨씬 작은 값이다.

이 예제에서는 양측검정을 할 지 또는 편측검정을 할 지 우리가 결정할 수 있는 기회가 있다. 선험적으로 유아사망과 1인당 GNP는 음의 관계일 것이라 예상되므로(그 이유는?), 편측검정을 사용하여야 한다. 즉, 귀무가설과 대립가설은 다음과 같아야한다:

$$H_0: \beta_2 < 0 \quad \text{그리고} \quad H_1: \beta_2 \geq 0$$

학생들이 이제는 알고 있듯이, 이 경우에 있어서 편측 t 검정에 기초하여 귀무가설을 기각할 수 있다. 통계량이 이 검정과 같이 동일한 방향인 한, 양측검정에서 귀무가설을 기각한다면 편측검정의 귀무가설을 기각할만한 충분한 증거가 있게 된다.

5장에서 가설검정과 신뢰구간 추정간의 밀접한 관계를 설명한 바 있다. 이 예제에서 β_2의 95%신뢰구간은

$$\hat{\beta}_2 - t_{\alpha/2}\,\mathrm{se}\,(\hat{\beta}_2) \le \beta_2 \le \hat{\beta}_2 + t_{\alpha/2}\,\mathrm{se}\,(\hat{\beta}_2)$$

인데, 각 통계치를 대입하면

$$-0.0056 - 2(0.0020) \le \beta_2 \le -0.0056 + 2(0.0020)$$

즉

$$-0.0096 \le \beta_2 \le -0.0016 \tag{8.3.2}$$

이다. 따라서 95%신뢰계수에서 −0.0096과 −0.0016 사이의 구간이 진정한 β_2를 포함한다. 이는 크기가 64인 표본을 100번 추출했을 때 식(8.3.2)와 같은 신뢰구간을 100번 설정할 수 있는데, 그중 95번은 진정한 모수 β_2를 포함할 것이라는 의미를 갖는다. 식(8.3.2)의 구간이 0으로 설정한 귀무가설 하에서의 모수값을 포함하고 있지 않으므로 $\beta_2 = 0$이라는 가설을 95%신뢰계수로 기각할 수 있다.

그러므로 식(8.3.1)의 t유의도 검정을 사용하든지 (8.3.2)의 신뢰구간추정을 사용하든지 동일한 결론에 도달하게 된다. 그러나 이러한 결과는 신뢰구간추정과 가설검정의 밀접한 관계를 고려해 보면 전혀 놀라운 일은 아니다.

위에서 방금 설명한 절차를 따라 유아사망모형의 다른 모수들에 대하여도 검정할 수 있다. 이에 필요한 자료는 식(8.1.4)에 이미 제공되어 있다. 예를 들어, PGNP의 영향을 불변으로 고정시켰을 때, 여성 문해율이 유아사망에 아무런 영향을 미치지 않는다는 귀무가설을 검정한다고 하자. 이 가설을 자신있게 기각할 수 있다. 왜냐하면, 이 귀무가설 하에서 절대값으로 10.6과 같거나 큰 t 값을 얻을 확률이 실제로 0이기 때문이다.

다음 주제로 이동하기 전에, 꼭 유념할 것은, t 검정은 오차항 u_i가 정규분포를 따른다는 가정에 기초하고 있다는 것이다. 비록 u_i를 직접적으로 관측할 수는 없다해도, 이의 대리변수인 잔차, $\hat{u}_i$를 관측할 수는 있다. 이 유아사망회귀에서 잔차의 막대그래프를 그림 8.2에 그렸다.

이 막대그래프를 보면 잔차가 정규분포를 따르는 것처럼 보인다. 또한 식(5.12.1)과 같이 정규성에 관한 Jarque–Bera(JB) 검정을 계산할 수도 있다. 이 경우에 JB 값은 0.5594이고 p 값은 0.76이다.[3] 그러므로 예제에서의 오차항이 정규분포를 따르는 것처럼 보인다. 물론 JB검정은 대표본 검정인데, 64개의 관측치

3. 이 예제에서, 첨도값은 0.2276이고 왜도값은 2.9488이다. 정규분포를 따르는 변수에 대하여 첨도와 왜도값이 각각 0과 3이라는 것을 유념하자.

그림 8.2
회귀(8.1.4)로부터 구한 잔차의 막대 그래프

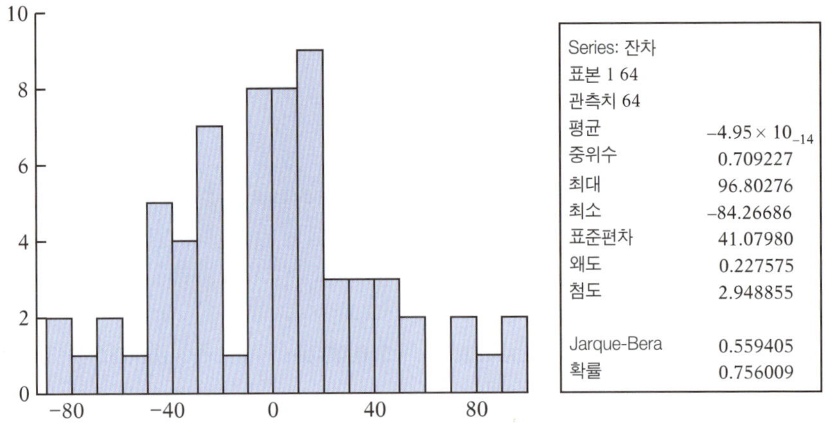

로 구성된 이 예제의 표본은 충분히 크지 않다는 것을 명심하여라.

8.4 표본회귀의 전반적 유의도(Overall Significance) 검정

앞 절에서 추정된 편회귀계수가 개별적으로 유의한지 여부 즉, 각 모집단 편회귀계수의 진정한 값이 0이라는 분리된 가설을 검정하였다. 그러나 이제 다음의 가설을 고려해 보자.

$$H_0: \beta_2 = \beta_3 = 0 \tag{8.4.1}$$

이 귀무가설은 β_2와 β_3가 결합적으로 (jointly) 또는 동시에(simultaneously) 0이라는 결합가설이다. 이러한 형태의 가설을 검정하는 것을 추정된 회귀선의 전반적 유의도(Overall Significance) 검정이라 부르는데, Y가 과연 X_2와 X_3 모두와 선형으로 연결되어 있는지의 여부를 검정하는 것이다.

그렇다면, 8.3절과 같이 β_2와 β_3위 유의도를 각각 검정함으로써 (8.4.1)의 결합가설을 검정할 수 있는가? 그 답은 "검정할 수 없다" 이고 그 이유는 다음과 같이 설명할 수 있다.

8.3절에서 추정된 편회귀계수의 유의도를 개별적으로 검정하는데, 각각의 유의도검정은 서로 다른(즉, 독립적인) 표본에 기초하고 있다고 암묵적으로 가정하였다. 그러므로, $\beta_2=0$이라는 가설 하에서 β_2의 유의도 검정은 $\beta_2=0$의 귀무가설 하에서 β_3의 유의도를 검정하는데 사용한 표본과 다른 표본을 사용한다는 것을 묵시적으로 가정하고 있는 것이다. 그러나 (8.4.1)의 결합가설을 검정하기 위해 같은 표본을 사용한다면 검정절차에 깔려있는 가정을 위배하게 된다.[4] 이 내용을 달리 설명하면 다음과 같다. 식(8.3.2)에서 β_2에 대한 95% 신뢰구간을

4. 임의의 주어진 표본에서 $\hat{\beta}_2$과 $\hat{\beta}_3$의 공분산 cov($\hat{\beta}_2$, $\hat{\beta}_3$)은 0이 아닐 수 있다. 다시 말해서, $\hat{\beta}_2$과 $\hat{\beta}_3$이 상관관계를 가질 수 있다. 식 (7.4.17)을 참조할 것

설정한 바 있다. 그러나 β_3의 95%신뢰구간을 설정하기 위해 동일한 자료를 사용한다면, β_2와 β_3 모두 $(1-\alpha)(1-\alpha)=(0.95)(0.95)$의 확률로 각각의 신뢰구간 내에 위치한다고 주장할 수는 없다.

다시 말해서

$$\Pr[\hat{\beta}_2 - t_{\alpha/2}\,\text{se}(\hat{\beta}_2) \le \beta_2 \le \hat{\beta}_2 + t_{\alpha/2}\,\text{se}(\hat{\beta}_2)] = 1-\alpha$$
$$\Pr[\hat{\beta}_3 - t_{\alpha/2}\,\text{se}(\hat{\beta}_3) \le \beta_3 \le \hat{\beta}_3 + t_{\alpha/2}\,\text{se}(\hat{\beta}_3)] = 1-\alpha$$

는 각각 옳다고 하더라도 다음의 구간이

$$[\hat{\beta}_2 \pm t_{\alpha/2}\,\text{se}(\hat{\beta}_2),\ \hat{\beta}_3 \pm t_{\alpha/2}\,\text{se}(\hat{\beta}_3)]$$

동시에 β_2와 β_3를 포함할 확률이 $(1-\alpha)^2$이라고 말하는 것은 명백히 틀린 내용이다. 왜냐하면 신뢰구간을 유도하는데 우리가 동일한 자료를 사용한다면 구간이 상호 독립적이 아닐 수 있기 때문이다. 다른 말로 설명하자면,

> …(개별적인) 단일 가설들을 연속적으로 검정하는 것과 그러한 가설들을 결합적으로 동시에 검정하는 것은 서로 다르다. 그 이유를 개념적으로 이해하자면, 여러 개의 가설들을 결합적으로 검정하는 경우 어떤 단일가설도 다른 가설들에 포함된 정보에 의해 "영향"을 받기 때문이다.[5]

위에서 논의된 내용을 요약하자면, 표본이 일정하게 주어졌을 때에는 단지 하나의 신뢰구간 또는 단지 하나의 유의도 검정만을 얻을 수 있을 뿐이라는 것이다. 그렇다면 $\beta_2=\beta_3=0$이라는 연립적 귀무가설은 검정할 수 있는가? 이 질문에 대한 해답은 다음 절에 설명되어 있다.

다중회귀의 전반적 유의도 검정을 위한 분산분석 접근 : *F*검정

앞에서 설명한 이유 때문에 진정한 편회귀계수들이 동시에 0이라는 결합가설을 검정하는데 일상적인 t검정을 사용할 수는 없다. 그러나, 앞의 5.9절에서 소개된 바 있는 분산분석(ANOVA)기법에 의해 이러한 결합가설을 검정할 수 있다.

다음의 항등식을 다시 고려하여 보자.

$$\begin{aligned}\sum y_i^2 &= \hat{\beta}_2 \sum y_i x_{2i} + \hat{\beta}_3 \sum y_i x_{3i} + \sum \hat{u}_i^2 \\ \text{TSS} &= \text{ESS} + \text{RSS}\end{aligned} \tag{8.4.2}$$

5. Thomas B. Fomby, R. Carter Hill, and Stanley R.Johnson, *Advanced Econometric Methods*, Springer-Verlag, New york, 1984, p.37.

표 8.1 3-변수 회귀에서의 ANOVA표

변동의 원천	SS	df	MSS
회귀에 기인한 부분(ESS)	$\hat{\beta}_2 \sum y_i x_{2i} + \hat{\beta}_3 \sum y_i x_{3i}$	2	$\dfrac{\hat{\beta}_2 \sum y_i x_{2i} + \hat{\beta}_3 \sum y_i x_{3i}}{2}$
잔차에 기인한 부분(RSS)	$\sum \hat{u}_i^2$	$n-3$	$\hat{\sigma}^2 = \dfrac{\sum \hat{u}_i^2}{n-3}$
계	$\sum y_i^2$	$n-1$	

TSS는 $n-1$의 자유도를 , RSS는 앞에서 이미 논의한 이유 때문에 $n-3$의 자유도를 갖는다. ESS는 $\hat{\beta}_2$과 $\hat{\beta}_3$의 함수이기 때문에 자유도가 2가 된다. 그러므로 5.9절에서 논의된 ANOVA절차에 따라 표 8.1을 구성할 수 있다.

이때, u_i가 정규분포를 따른다는 가정과 $\beta_2 = \beta_3 = 0$의 귀무가설 하에서 다음의 변수는[6]

$$F = \frac{\left(\hat{\beta}_2 \sum y_i x_{2i} + \hat{\beta}_3 \sum y_i x_{3i}\right)/2}{\sum \hat{u}_i^2/(n-3)} = \frac{\text{ESS/df}}{\text{RSS/df}} \tag{8.4.3}$$

자유도 2와 $n-3$의 F분포를 따른다는 것을 증명할 수 있다.[7] 위의 F비율을 어떻게 사용하는가? $u_i \sim N(0, \sigma^2)$의 가정 하에서

$$E\frac{\sum \hat{u}_i^2}{n-3} = E(\hat{\sigma}^2) = \sigma^2 \tag{8.4.4}$$

임을 증명할 수 있다. 그리고 $\beta_2 = \beta_3 = 0$이라는 추가적인 가정 하에서

$$\frac{E\left(\hat{\beta}_2 \sum y_i x_{2i} + \hat{\beta}_3 \sum y_i x_{3i}\right)}{2} = \sigma^2 \tag{8.4.5}$$

가 성립함을 보일 수 있다. 그러므로 귀무가설이 참이라면 식(8.4.4)와 (8.4.5) 모두 σ^2의 진정한 값에 대한 동일한 추정치임을 알 수 있다. 이러한 사실은 그리 놀랄 일은 아니다. 왜냐하면, Y와 X_2, X_3의 관계가 미미하다면 Y의 변동의 유일한 원인은 u_i에 의해 대표되는 확률적 요인이기 때문이다. 그러나 귀무가설이 참이 아니라면, 즉, X_2와 X_3가 확정적으로 Y에 영향을 미친다면 (8.4.4)과 (8.4.5)의 등식은 성립하지 않을 것이다. 이 경우에 각각의 자유도를 정확히 감안하면 ESS가 RSS보다 상대적으로 클 것이다. 그러므로 (8.4.3)의 F값은 진정한 기울기 계수가 모두 0이라는 귀무가설에 대한 검정의 역할을 수행한다. (8.4.3)로부터

6. K.A.Brownlee, *Statistical Theory and Methology in Science and Engineering*, John Wiley & Sons, New York, 1960, pp. 278–280

7. K.A.Brownlee, *Statistical Theory and Methology in Science and Engineering* , John Wiley & Sons, New York, 1960, pp. 278–280

표 8.2
F통계량에 대한 요약

귀무가설 H_0	대립가설 H_1	임계영역– 다음의 경우 H_0를 기각
$\sigma_1^2 = \sigma_2^2$	$\sigma_1^2 > \sigma_2^2$	$\frac{S_1^2}{S_2^2} > F_{\alpha,ndf,ddf}$
$\sigma_1^2 = \sigma_2^2$	$\sigma_1^2 \neq \sigma_2^2$	$\frac{S_1^2}{S_2^2} > F_{\alpha/2,ndf,ddf}$ or $< F_{(1-\alpha/2),ndf,ddf}$

주:
1. σ_1^2과 σ_2^2은 모집단 분산이다.
2. S_1^2과 S_2^2은 표본 분산이다.
3. ndf와 ddf는 각각 분자와 분모의 df를 의미한다.
4. F 비율을 계산할 때 더 큰 S^2을 분자에 놓는다.
5. F의 임계치를 마지막 열에 정리하였다. F의 첫번째 하첨자는 유의수준, 두번째 하첨자는 분자와 분모 df이다.
6. $F_{(1-\alpha/2)}$ ndf, ddf $=1/F_{\alpha/2}$ ddf, ndf.

계산한 F값이 α%의 유의수준에서 F분포표의 임계치보다 크면 H_0를 기각하고 그렇지 않은 경우에는 H_0를 기각하지 않는다. 다른 방식으로는, 만약 관측된 F의 p값이 충분히 작으면 H_0를 기각할 수 있다.

표 8.2는 F검정을 요약해 놓았는데, 우리의 예제에 적용한 ANOVA 결과를 표 8.3에 정리하였다.

표 8.3
유아사망 예제에 대한 ANOVA표

변동의 원천	SS	df	MSS
회귀에 기인한 부분	257,362.4	2	128,681.2
잔차에 기인한 부분	106,315.6	61	1742.88
계	363,678	63	

이때 (8.4.3)를 사용하여

$$F = \frac{128,681.2}{1742.88} = 73.8325 \tag{8.4.6}$$

을 구한다.

73.8325이나 이보다 큰 F값을 얻게 될 p값은 거의 0이어서, PGNP와 FLR이 모두 유아사망에 영향을 미치지 않는다는 가설을 기각하게된다. 만약 통상적인 5% 유의수준 값을 사용하면 분자의 df가 2, 분모의 df가 60(실제 df는 61임)인 F의 임계치는 3.15이고 1% 유의수준을 사용한다면 4.98이다. 명백히 약 74로 계산된 F값은 이 임계치들을 훨씬 초과한다.

지금까지 논의한 F–검정 절차를 다음과 같이 일반화시킬 수 있다.

다중 회귀에서의 전반적 유의도 검정 : F-검정

결정규칙 k –변수 회귀모형이 주어졌을 때:

$$Y_i = \beta_1 + \beta_2 X_{2i} + \beta_3 X_{3i} + \cdots + \beta_k X_{ki} + u_i$$

다음의 가설을 검정하기 위해

$$H_0: \beta_2 = \beta_3 = \cdots = \beta_k = 0$$

(즉, 모든 기울기 계수가 동시에 0이다) : 對

H_1 : 모든 기울기 계수가 동시에 0은 아니다.

다음의 F값을 계산한다.

$$F = \frac{\text{ESS/df}}{\text{RSS/df}} = \frac{\text{ESS}/(k-1)}{\text{RSS}/(n-k)} \tag{8.4.7}$$

만약, $F > F_\alpha(k-1, n-k)$이면 H_0을 기각한다. 그렇지 않으면 H_0을 기각하지 않는다. 여기에서 $F_\alpha(k-1, n-k)$는 $(k-1)$이 분자의 자유도, $(n-k)$가 분모의 자유도인 유의수준 α에서의 F 임계치이다. 다른 말로 하면, (8.4.7)에서 얻은 F의 p값이 충분히 낮다면, H_0을 기각할 수 있다.

말할 필요도 없이, 3–변수 모형의 경우(Y, X_2, X_3), k는 3이고, 4–변수 모형의 경우 k는 4가 된다.

대부분의 회귀분석용 컴퓨터 패키지는 추정계수치, 표준오차, t값 등과 같은 일상적인 회귀분석 결과와 아울러 (분산분석표에서 나타난 것과 같은) F값을 계산해 준다. 그리고 t값의 계산은 일상적으로 $\beta_i = 0$의 귀무가설을 대상으로 하고 있다.

개별적 가설검정 대 결합 가설검정

8.3절에서 회귀계수 1개에 대한 유의도 검정을 논의하였고 8.4절에서는 추정된 회귀의 전반적 유의도 검정(즉, 모든 기울기 계수가 동시에 0이다)을 설명하였다. 이 두가지 종류의 검정은 서로 다르다는 것을 재차 강조하고자 한다. 다시 한번 반복하건데, 이 두 검정은 상이한 것이다. 그러므로 t검정 또는 8.3절의 신뢰구간에 기초하여 각각의 개별적인 기울기계수 β_k가 0이라는 가설을 채택하면서도 동시에 모든 기울기 계수가 0이라는 결합가설을 기각할 수도 있다.

> 명심해야 할 것은 개별적 신뢰구간이 전해주는 결합적 "의미"가 결합가설을 검정하고 결합신뢰도를 설명하는 데에 따른 (F검정 내용의) 결합신뢰구간을 대신할 수 없다는 점이다.[8]

8. Fomby et al ., op cit p.42

R^2과 F의 중요한 관계

결정계수 R^2과 분산분석에 사용된 F검정 사이에는 밀접한 관계가 있다. 오차항 u_i가 정규분포를 따른다고 가정하면 귀무가설 $\beta_2 = \beta_3 = 0$하에서

$$F = \frac{\text{ESS}/2}{\text{RSS}/(n-3)} \tag{8.4.8}$$

이 자유도 2, $n-3$의 F분포를 따른다는 것은 이미 논의한 바 있다.

보다 일반적으로 k－변수의 경우로 확장할 경우(절편항을 포함시킴), 만약 교란항이 정규분포를 한다면 귀무가설

$$H_0: \beta_2 = \beta_3 = \cdots = \beta_k = 0 \tag{8.4.9}$$

하에서

$$F = \frac{\text{ESS}/(k-1)}{\text{RSS}/(n-k)} \qquad \text{(8.4.7)} = \text{(8.4.10)}$$

이 자유도 $k-1$과 $n-k$의 F분포를 따른다 (주 : 절편항을 포함하여 추정할 총 모수의 수는 k개다.)

(8.4.10) 을 다음과 같이 표현하자.

$$\begin{aligned} F &= \frac{n-k}{k-1}\frac{\text{ESS}}{\text{RSS}} \\ &= \frac{n-k}{k-1}\frac{\text{ESS}}{\text{TSS}-\text{ESS}} \\ &= \frac{n-k}{k-1}\frac{\text{ESS}/\text{TSS}}{1-(\text{ESS}/\text{TSS})} \\ &= \frac{n-k}{k-1}\frac{R^2}{1-R^2} \\ &= \frac{R^2/(k-1)}{(1-R^2)/(n-k)} \end{aligned} \tag{8.4.11}$$

위의 유도과정에서 $R^2 = \text{ESS}/\text{TSS}$라는 정의를 사용하였음을 유의하라. 식(8.4.11)은 F와 R^2이 어떻게 관련이 되는지를 보여주고 있다. 이 두 통계량은 직접적으로 관계를 가지면서 변화한다. $R^2 = 0$일때 $F = 0$이 된다. R^2이 크면 클수록 F값은 커지고, R^2의 가장 큰 값으로서 $R^2 = 1$일 때 F는 무한대가 된다. **따라서 추정된 회귀의 전반적 유의도를 측정하는 F검정은 R^2의 유의도 역시 검정할 수 있다.** 다른 말로 설명하면, (8.4.9)의 귀무가설을 검정하는 것은 (모집단)R^2이

표 8.4 R^2으로 표시한 ANOVA표

변동의 원천	SS	df	MSS*
회귀에 기인한 부분	$R^2(\sum y_i^2)$	2	$R^2(\sum y_i^2)/2$
잔차에 기인한 부분	$(1-R^2)(\sum y_i^2)$	$n-3$	$(1-R^2)(\sum y_i^2)/(n-3)$
계	$\sum y_i^2$	$n-1$	

*F값을 계산할 때 R^2과 $(1-R^2)$에 $\sum y_i^2$을 곱할 필요가 없다. 왜냐하면 $\sum y_i^2$은 식 (8.4.12)에서 보는 바와 같이 떨어져나가기 때문이다.

0이라는 귀무가설을 검정하는 것과 동일하다.

3-변수 모형의 경우 (8.4.11)는

$$F = \frac{R^2/2}{(1-R^2)/(n-3)} \tag{8.4.12}$$

가 됨을 쉽게 알 수가 있다. F와 R^2의 밀접한 관계를 이용하여 표 8.1의 ANOVA 표를 표 8.4와 같이 재구성할 수 있다.

앞에서 논의한 예제에 대하여, (8.4.12)로

$$F = \frac{0.7077/2}{(1-0.7077)/61} = 73.8726$$

을 계산할 수 있는데, 이는 앞에서 구한 값과 근사적으로 동일하다. 없다.

R^2로 표현한 F검정의 장점은 계산이 쉽다는 것이다. F값을 계산하기 위해 필요한 것이라고는 R^2값뿐이기 때문이다. 그러므로 식(8.4.7)처럼 전반적 유의도를 검정하는 F검정을 표 8.4와 같이 R^2을 사용하여 재구성할 수 있다.

다중회귀의 전반적 유의도를 R^2을 사용하여 검정 :

결정규칙 회귀의 전반적 유의도를 R^2으로 검정함 : (8.5.7)을 대체할 수 있는, 그러나 사실상 동일한 검정이 다음과 같이 주어졌을 때

k-변수 회귀모형 :

$$Y_i = \beta_i + \beta_2 X_{2i} + \beta_3 X_{3i} + \cdots + \beta_x X_{ki} + u_i$$

다음의 가설을 검정하기 위해 :

$$H_0: \beta_2 = \beta_3 = \cdots = \beta_k = 0$$

對

H_1: 모든 기울기 계수가 동시에 0은 아니다.

다음의 F값을 계산한다.

$$F = \frac{R^2/(k-1)}{(1-R^2)/(n-k)} \tag{8.4.13}$$

만약, $F > F_\alpha(k-1, n-k)$이면 H_0을 기각한다 : 그렇지 않으면 H_0를 채택할 수 있다. 여기에서 $F > F_\alpha(k-1, n-k)$는 $(k-1)$이 분자의 자유도, $(n-k)$가 분모의 자유도인 유의수준 0에서의 F임계치이다. 대안으로서, (8.5.13)에서 얻은 F의 p값이 충분히 작으면, H_0을 기각한다.

더 나가기전에, 7장의 예제 7.5로 돌아가보자. 190개 국가를 표본으로 하여 회귀(7.10.7)에서 RGDP(상대적인 1인당 GDP)와 RGDP의 제곱항이 GDPG (GDP 성장률) 변동의 단지 10.92% 만을 설명하고 있음을 관측하였다. 0.1092라는 R^2는 "낮은" 값처럼 보인다. 그런데 이 값이 정말 통계적으로 0과 다른가? 어떻게 확인할 수 있는가?

2개 설명변수의 특정한 경우에 대하여 식(8.4.11)과 (8.4.12)로 표현된 R^2과 F의 중요한 관계에 관하여 앞의 "R^2과 F의 중요한 관계"에서 이루어진 논의를 돌이켜보자. 지적했듯이, R^2가 0이면 F도 0인데, 이는 설명변수들이 종속변수에 대하여 어떠한 영향도 미치지 못하는 경우이다. 그러므로 식 (8.4.12)에 $R^2 = 0.1092$를 대입하면

$$F = \frac{0.1092/2}{(1-0.1092)/187} = 11.4618 \tag{8.4.13}$$

를 얻는다. $r^2 = 0$이라는 귀무가설 하에서 위의 F 값이 자유도가 각각 분자 2, 분모 187인 F분표를 따른다.(Note: 190개의 관측치가 있고 설명변수가 2개임을 주목하라). F 표로부터 F값이 유의수준 5%에서 유의하다는 것을 알 수 있다; 실제로 p 값은 0.00002이다. 그러므로 R^2이 단지 0.1092라는 사실에도 불구하고 두 개의 설명변수가 종속변수에 모두 영향이 없다는 귀무가설을 기각할 수 있다.

이 예제는 여러 개의 관측치를 포함하고 있는 횡단면자료에서는 횡단면 단위들의 다양함 때문에 일반적으로 낮은 R^2를 얻게 된다는 실증분석의 중요한 현상을 보여주고 있다. 그러므로 횡단면 회귀에서 낮은 R^2가 나타난다고 해도 놀라서는 안된다. 정말로 중요한 것은 모형이 정확히 표기되어 있고, 설명변수가 (이론적으로 예상한) 정확한 부호를 지니며, (희망하기를) 회귀계수가 통계적으로 유의하여야 한다는 것이다. 학생들은 식(7.10.7)의 설명변수 모두가 각각 개별적으로 5% 또는 더 나은 유의수준(즉 5%보다 낮은)에서 통계적으로 유의한지 점검하여야 한다.

설명변수의 "추가적" 또는 "한계적" 기여

7장에서 일반적으로 R^2값을 다양한 설명변수에 대하여 배분할 수 없다는 것을 논의하였다. 우리의 유아사망 예제에서 R^2값이 0.7077이었지만 표본에 있는

PGNP와 여성문해율(FLR) 사이의 가능한 상관관계 때문에 이 값 중 설명변수 PGNP에 기인한 부분이 얼마인지, 그리고 여성문해율(FLR)에 기인한 부분이 얼마인지 말할 수 없다. 우리는 분산분석의 기법을 이용하여 이 주제에 대하여 조금 더 조명을 밝히고자 한다.

우리의 예제에서 각각 개별적으로 X_2(PGNP)와 X_3(FLR)이 통계적으로 유의하다는 것을 (**별개의**) t 검정을 통해 관측한 바 있다. 또한 F검정을 통하여 두 설명변수가 종속변수(유아 사망)에 집합적으로 유의한 영향을 미치고 있음을 관측하였다.

이제 PGNP와 FLR을 **순차적으로** 포함시킨다고 하자; 즉, 우선 유아사망을 PGNP에 회귀하여 유의성을 평가하고 나서 FLR이 기여하는 바가 조금이라도 있는지 확인하기 위하여 모형에 FLR을 추가한다. (물론 PGNP와 FLR이 모형에 포함되는 순서는 반대가 될 수도 있다) 여기에서 기여라 함은 한 변수를 모형에 추가한 결과 ESS(결국 R^2)가 RSS에 비하여 상대적으로 "유의하게" 증가했는지를 의미한다. 이러한 기여를 설명변수의 추가적 기여(incremental contribution) 또는 한계적 기여(marginal contribution)라고 부르는 것이 적절한 표현일 수 있다.

추가적 기여에 관한 논의는 실제 응용에서 중요한 사항이다. 대부분의 경험적 분석에서 여러 개의 X변수들이 이미 모형에 포함되어 있다는 것을 알면서 모형에 다른 X 변수 한 개를 추가할 가치가 있는지의 여부를 연구자들이 완전히 확신하지 못할 수도 있다. 연구자들은 ESS에 대한 기여가 아주 작은 변수(들)을 포함하기를 원치 않을 것이고, 똑같은 논리에 의해 ESS를 상당히 추가시키는 변수(들)을 제외하기를 원치 않을 것이다. 그러나, 어떤 X 변수가 RSS를 유의하게 감소시킬 것인지의 여부를 어떻게 결정해야 하는가? 분산분석(ANOVA)기법을 쉽게 확장하여 이 질문의 해답을 구할 수 있다.

가령, 유아사망을 PGNP에 우선 회귀하여 다음의 회귀를 얻었다고 하자.

$$\begin{aligned} \widehat{\text{CM}}_i &= 157.4244 \quad - \quad 0.0114\ \text{PGNP} && \\ t &= (15.9894) \quad (-3.5156) && r^2 = 0.1662 \\ p \text{ value} &= \quad (0.0000) \qquad (0.0008) && \text{adj } r^2 = 0.1528 \end{aligned} \tag{8.4.14}$$

이 결과가 보여주듯이, PGNP는 CM에 유의한 영향을 미치고 있다. 위의 회귀에 해당하는 ANOVA 표가 표 8.5에 제시되어 있다.

교란항 u_i가 정규분포를 따른다고 가정할 때 PGNP가 CM에 영향을 미치지 않는다는 가설 하에서 다음의 F값을

$$F = \frac{60{,}449.5}{4890.7822} = 12.3598 \tag{8.4.15}$$

표 8.5 식(8.4.14) 회귀에 대한 ANOVA표

변동의 원천	SS	df	MSS
ESS(PGNP에 기인한)	60,449.5	1	60,449.5
RSS	303,228.5	62	4890.7822
계	363,678	63	

얻는데, 이는 df가 1과 62인 F분포를 따른다. 계산된 p값이 0.0008이므로 이 F값은 매우 유의하다. 따라서, 전과 마찬가지로, PGNP가 CM에 영향을 미치지 못한다는 가설을 기각한다. 부수적으로 위 식(8.4.15)에서 얻은 t값을 주목하면 $t^2 = (-3.5156)^2 = 12.3594$인데, 이는 식 (8.4.15)의 F값과 동일한 값이다. 그러나, 5장에서 이미 설명했듯이 df가 n인 t 통계량의 제곱은 분자 df가 1, 분모 df가 n인 F 값과 동일하다는 사실에 비추어 볼 때 이러한 사실은 그리 놀랄 만한 일은 아니다.

(8.4.14)의 회귀를 수행하고 나서, FLR을 모형에 추가하여 (8.1.4)의 다중회귀식을 얻었다 하자. 이때 우리가 갖는 질문은 다음과 같다:

1. PGNP가 이미 모형에 포함되어 있고, CM에 유의하게 관련되어 있다는 것을 알 때, FLR의 추가적 또는 한계적 기여는 얼마인가?
2. FLR의 추가적 기여는 통계적으로 유의한가?
3. 변수들을 모형에 추가할지를 결정하는 기준은 무엇인가?

이 질문들을 ANOVA기법으로 답할 수 있다. 이를 살펴보기 위해 표 8.6을 구성하여 보자. 이 표에서 X_2는 PGNP를, X_3는 FLR을 의미한다.

X_2의 기여를 고려한 후 X_3의 **추가적** 기여를 평가하기 위해 다음의 통계량을 고려하여 보자.

$$F = \frac{Q_2/\text{df}}{Q_4/\text{df}}$$

$$= \frac{(\text{ESS}_{\text{new}} - \text{ESS}_{\text{old}})/\text{새 회귀자의 갯수}}{\text{RSS}_{\text{new}}/\text{df}(= n - \text{새 모형 내 모수의 갯수})}$$

$$= \frac{Q_2/1}{Q_4/61}, \quad \text{이 예제에 대하여} \qquad \textbf{(8.4.16)}$$

여기서 ESS_{new} = 새로운 설명변수를 추가한 후의 새로운 모형 $(=Q_3)$, ESS_{old} = 새로운 설명변수를 추가하기 전의 모형$(=Q_1)$, ESS_{new} = 모든 설명변수를 고려한 후의 새로운 모형에서 RSS$(=Q_4)$를 나타낸다. 우리의 예제에 대하여 그 결과는 표 8.7에 정리되어 있다.

이제 식(8.4.16)을 적용하면,

표 8.6
변수(들)의 추가적 기여를 평가하는 ANOVA 표

변동의 원천	SS	df	MSS
X_2에 기인한 ESS	$Q_1 = \hat{\beta}_{12}^2 \sum x_2^2$	1	$\frac{Q_1}{1}$
X_3의 추가에 기인한 ESS	$Q_2 = Q_3 - Q_1$	1	$\frac{Q_2}{1}$
X_2와 X_3모두에 기인한 ESS	$Q_3 = \hat{\beta}_2 \sum y_i x_{2i} + \hat{\beta}_3 \sum y_i x_{3i}$	2	$\frac{Q_3}{2}$
RSS	$Q_4 = Q_5 - Q_3$	$n-3$	$\frac{Q_4}{n-3}$
계	$Q_5 = \sum y_i^2$	$n-1$	

$$F = \frac{196{,}912.9}{1742.8786} = 112.9814 \tag{8.4.17}$$

을 얻는다. 통상적인 가정 하에서 이 F 값은 df가 1과 62인 F 분포를 따른다. 학생들은 이 F값이 매우 유의한지 점검하여야 하고 FLR을 모형에 추가하는 것이 ESS와 R^2를 유의하게 증가시키는 것을 제안하여야 한다. 다시 한번, 다중회귀 (8.1.4)에서 FLR 계수의 t 통계량 값을 제곱하면$(= -10.6293^2)$, 근사치 오차를 감안한 식(8.4.17)의 F값을 얻게 될 것이다.

부수적으로 식(8.4.16)의 F비율은 (8.4.13)에서 보인 바와 같이, R^2값만을 사용하여 계산할 수 있다. 연습문제 8.2.에서 보듯이 (8.4.16)의 F비율은 다음의 F 비율과 **동일하다**:[9]

$$\begin{aligned} F &= \frac{(R^2_{\text{new}} - R^2_{\text{old}})/\text{df}}{(1 - R^2_{\text{new}})/\text{df}} \\ &= \frac{(R^2_{\text{new}} - R^2_{\text{old}})/\text{ 새 회귀자의 갯수}}{(1 - R^2_{\text{new}})/\text{df}(= n - \text{ 새 모형 내 모수의 갯수 })} \end{aligned} \tag{8.4.18}$$

이 F 비율은 적절한 df 1과 62를 가진 F 분포를 따른다.

우리의 예제에서 $R^2_{\text{new}} = 0.7077$(식(8.2.2)로부터). 그리고 $R^2_{\text{old}} = 0.1662$(식(8.4.14)로부터)이었다. 그러므로

표 8.7
예제에 대한 ANOVA표: 추가적 기여 분석

변동의 원천	SS	df	MSS
PGNP에 기인한 ESS	60,449.5	1	60,449.5
FLR의 추가에 기인한 ESS	196,912.9	1	196,912.9
PGNP와 FLR에 기인한 ESS	257,362.4	2	128,681.2
RSS	106,315.6	61	1742.8786
계	363,678	63	

9. 다음의 F검정은 (8.6.9) 또는 (8.6.10)에서의 보다 일반적인 F검정의 특별한 경우이다.

$$F = \frac{(0.7077 - 0.1662)/1}{(1 - 0.7077)/61} = 113.05 \quad \textbf{(8.4.19)}$$

로 구한 F값은 (8.4.17)의 F값과 근사치 오차를 제외하면 대략적으로 동일하다. 이 F는 매우 유의한데, 변수 FLR이 모형에 포함된다는 것을 찾아낸 앞의 결과를 더 뒷받침해주고 있다.

주의사항 식(8.4.11)과 같이 F검정의 R^2 방식을 사용한다면, 새로운 모형과 과거의 모형의 종속변수가 동일하다는 것을 확인해야 한다. 만약 다르다면, 식(8.4.16)의 F검정을 사용하여라.

언제 새로운 변수를 추가할 것인가

앞에서 개략적으로 살펴본 F-검정 절차는 한 변수를 회귀모형에 포함시켜야 하는지를 결정하는 논리적인 방법이다. 연구자들은 동일한 종속변수에 그러나 상이한 설명변수를 포함하고 있는 몇 개의 모형을 상정할 수 있고, 그 중에서 적합하다고 판단되는 모형을 선택하여야 하는 경우가 있다. 연구자의 자의적인 선택으로서(왜냐하면 분석의 이론적 기초가 미약한 경우가 많기 때문에) 조정된 R^2이 가장 높은 모형을 자주 선택하게 된다. 그러므로 한 변수를 포함하여 $\bar{R}^2$이 증가하였다면, 비록 그 변수가 통계적 의미에서 RSS를 유의하게 감소시키지 않았다고 해도 그 변수를 모형에 포함시키게 된다. 그렇다면 조정된 R^2는 언제 증가하는가? 새롭게 추가된 변수의 계수의 t값을 그 변수의 모수가 0이라는 가정 하에서 계산했을 때(즉, 진정한 β값이 0이라는 귀무가설 하에서 식[5.3.2]를 사용하여 t값을 계산했을 때) 그 t값의 절대값이 1보다 크다면 $\bar{R}^2$이 증가한다는 것을 증명할 수 있다.[10] 앞에서 언급한 기준을 달리 표현하면 다음과 같다. 추가되는 설명변수의 $F = (t^2)$값이 1보다 크면 그 변수를 추가함에 따라 $\bar{R}^2$은 증가한다.

어느 기준을 적용하든지, t값이 −10.6293 또는 F값이 112.9814인 유아사망 예제의 FLR변수는 $\bar{R}^2$을 증가시켜야 하고, 실제로 증가 시킨다–FLR변수를 추가했을 때 $\bar{R}^2$은 0.1528에서 0.6981로 증가한다.

변수집단을 언제 추가할 것인가

모형에 변수집단을 추가할 만한(혹은 삭제할 만한) 가치가 있는지의 여부를 결정하는 유사한 법칙을 개발할 수 있는가? 그 답은 (8.4.18)에 명백하게 나타나 있다 : 모형에 변수들을 추가하는 것(혹은 변수들을 삭제하는 것)이 1보다 큰(혹은 작은) F값을 유발한다면 R^2이 증가(감소)할 것이다. 물론, (8.4.18)로부터 변수들의 추가(삭제)가 회귀모형의 설명력을 현저하게 증가(감소)시키는지의 여부를 쉽게 확인할 수 있다.

10. 증명에 관하여 Dennis J. Aigner, *Basic Econometrics*, Prentice Hall, Englewood Cliffs, NJ, 1971, pp.91~92.

8.5 두 회귀계수의 동일여부 검정

아래의 다중회귀 모형에서

$$Y_i = \beta_1 + \beta_2 X_{2i} + \beta_3 X_{3i} + \beta_4 X_{4i} + u_i \tag{8.5.1}$$

다음과 같은 가설을 검정하고자 한다.

$$\begin{aligned} H_0&: \beta_3 = \beta_4 \quad \text{또는} \quad (\beta_3 - \beta_4) = 0 \\ H_1&: \beta_3 \neq \beta_4 \quad \text{또는} \quad (\beta_3 - \beta_4) \neq 0 \end{aligned} \tag{8.5.2}$$

즉, 두 기울기 계수가 같다는 가설을 검정하는 것이다.

이러한 귀무가설은 실용적으로 중요하다. 예를 들어, 식 (8.5.1)이 한 재화의 수요함수를 나타낸다고 하자. 여기서, Y = 재화의 수요량, X_2 = 재화의 가격, X_3 = 소비자의 소득, X_4 = 소비자의 부를 의미한다고 하자. 이 경우에 귀무가설은 소득과 부의 계수가 같다는 것을 의미한다. 또는 Y_i와 X 들이 log 형태로 되어 있다면, 식 (8.5.2)의 귀무가설은 소득 탄력성과 부 탄력성이 같다는 것을 의미한다 (그 이유는?).

이러한 귀무가설을 어떻게 검정하는가? 고전적인 가정하에서,

$$t = \frac{(\hat{\beta}_3 - \hat{\beta}_4) - (\beta_3 - \beta_4)}{\text{se}\,(\hat{\beta}_3 - \hat{\beta}_4)} \tag{8.5.3}$$

이 자유도$(n-4)$인 t분포를 따른다는 것을 증명할 수 있다. 여기에서 자유도가 $(n-4)$인 이유는 (8.5.1)의 식이 4-변수모형이기 때문이다. 또는 좀더 일반적으로 표현하면 상수항을 포함해 추정해야 할 모수의 총 갯수가 k 이면 자유도는 $(n-k)$가 된다. se$(\hat{\beta}_3 - \hat{\beta}_4)$은 다음의 잘 알려진 공식을 사용하여 구할 수 있다(자세한 내용은 부록 A를 참고할 것).

$$\text{se}\,(\hat{\beta}_3 - \hat{\beta}_4) = \sqrt{\text{var}\,(\hat{\beta}_3) + \text{var}\,(\hat{\beta}_4) - 2\,\text{cov}\,(\hat{\beta}_3, \hat{\beta}_4)} \tag{8.5.4}$$

귀무가설과 se$(\hat{\beta}_3 - \hat{\beta}_4)$의 표현을 식(8.5.3) 대신 대입하면 검정통계량은

$$t = \frac{\hat{\beta}_3 - \hat{\beta}_4}{\sqrt{\text{var}\,(\hat{\beta}_3) + \text{var}\,(\hat{\beta}_4) - 2\,\text{cov}\,(\hat{\beta}_3, \hat{\beta}_4)}} \tag{8.5.5}$$

이 된다. 이 때 검정절차는 다음의 단계를 포함한다:

1. $\hat{\beta}_3$과 $\hat{\beta}_4$를 추정한다. 일상적인 컴퓨터 패키지를 사용하면 쉽게 추정할 수 있다.
2. 대부분의 컴퓨터 패키지는 추정된 모수의 분산과 공분산을 통상적으로 계산해 준다.[11] 이러한 추정치들로부터 (8.5.5)의 분모에 있는 표준오차를 쉽게 구할 수 있다.
3. (8.5.5)를 사용하여 t비율을 구한다. 물론 여기에서 귀무가설은 $(\beta_3 - \beta_4) = 0$임을 주의하여야 한다.
4. (8.5.5)로부터 계산된 t값이 일정한 자유도에 대한, 그리고 정해진 유의수준에서 t의 임계치보다 크면 귀무가설을 기각할 수 있고, 그렇지 않다면 기각할 수 없다. 대안으로서 (8.5.5)에서 구한 t통계량의 p값이 충분히 작으면 귀무가설을 기각할 수 있다. p값이 낮을수록 귀무가설에 반대되는 증거가 더 커지는 것임을 주목하여야 한다. 그러므로 p값이 낮거나 혹은 상당히 낮다고 말할 때는 10%, 5% 또는 1% 등의 유의수준보다 작다는 것을 의미한다. 이 의사결정에 약간의 개인적 판단이 개입된다.

예제 8.2

3차 비용함수 재음미

7.10절의 예제 7.4에서 추정한 3차의 총비용함수를 다시 살펴보자.

$$\begin{aligned} \hat{Y}_i &= 141.7667 \quad + 63.4777X_i - 12.9615X_i^2 + 0.9396X_i^3 \\ \text{se} &= \quad (6.3753) \quad\; (4.7786) \quad\; (0.9857) \quad\; (0.0591) \\ &\quad \text{cov}(\hat{\beta}_3, \hat{\beta}_4) = -0.0576; \qquad R^2 = 0.9983 \end{aligned} \tag{7.10.6}$$

여기서, Y= 총비용, X= 생산량, 그리고 괄호안의 숫자는 추정된 표준오차이다.

예를 들어 3차의 비용함수의 X^2와 X^3의 계수가 같다는 가설, 즉 $\beta_3 = \beta_4$ 또는 $\beta_3 - \beta_4 = 0$의 가설을 검정하려 한다고 하자. (7.10.6)의 회귀 결과에 (8.5.5)의 t-검정을 하기 위한 모든 필요정보가 나타나 있다. 실제의 t 계산은 아래와 같다.

$$\begin{aligned} t &= \frac{\hat{\beta}_3 - \hat{\beta}_4}{\sqrt{\text{var}(\hat{\beta}_3) + \text{var}(\hat{\beta}_4) - 2\,\text{cov}(\hat{\beta}_3, \hat{\beta}_4)}} \\ &= \frac{-12.9615 - 0.9396}{\sqrt{(0.9867)^2 + (0.0591)^2 - 2(-0.0576)}} \\ &= \frac{-13.9011}{1.0442} = -13.3130 \end{aligned} \tag{8.5.6}$$

이 책으로 공부하는 학생들은 자유도 6에 대하여 계산된 t값이(양측검정인 경우) 유의수준 0.002(또는 0.2%)에서도 t의 임계치보다 크다는 것을 쉽게 입증할 수 있어야 한다. 따라서 3차 생산함수에서 X^2와 X^3의 계수가 같다는 가설을 기각할 수 있다.

11. 공분산 공식을 수식으로 표현하는 것은 매우 복잡하다. 그러나 부록 C에서 행렬 기호를 사용하여 이를 간단하게 나타낼 것이다.

8.6 제약최소자승 : 선형등식제약

경제이론에 의하면 회귀모형에서의 계수들이 일정한 선형등식제약을 만족해야 하는 경우가 있다. 예를 들어, 콥-더글러스 생산함수를 고려하여 보자.

$$Y_i = \beta_1 X_{2i}^{\beta_2} X_{3i}^{\beta_3} e^{u_i} \qquad \textbf{(7.9.1) = (8.6.1)}$$

여기서, Y = 산출, X_2 = 노동요소, X_3 = 자본요소를 나타낸다. 로그형태로 다시 쓰면 위 식은

$$\ln Y_i = \beta_0 + \beta_2 \ln X_{2i} + \beta_3 \ln X_{3i} + u_i \qquad \textbf{(8.6.2)}$$

가 되는데, 여기서 $\beta_0 = \ln \beta_1$이다.

이때, 규모에 대한 수익불변(생산요소들을 동일한 비율로 증가시키면 산출도 동일한 비율로 증가)이라면, 경제이론에 의해

$$\beta_2 + \beta_3 = 1 \qquad \textbf{(8.6.3)}$$

이어야 하는데, 이는 선형등식제약의 한 예라고 하겠다.[12]

이때, 규모에 대한 수익불변이 존재하는지, 즉 (8.6.3)의 제약이 유효한지의 여부를 어떻게 찾아낼 것인가? 해답을 구하는데 2가지 접근법이 있다.

t – 검정 접근

가장 간단한 검정절차는 (8.6.2)의 제약을 명시적으로 고려하지 않고 일상적인 방법으로 (8.6.3)을 추정하는 것이다. 이를 제약받지 않는 회귀라고 한다. β_2와 β_3를 추정하고 나서(예를 들어 OLS방법에 의해), 식(8.5.3)의 t-검정에 의해 가설 또는 제약 (8.6.3)을 검정하면 된다. 말하자면,

$$\begin{aligned} t &= \frac{(\hat{\beta}_2 + \hat{\beta}_3) - (\beta_2 + \beta_3)}{\text{se}\,(\hat{\beta}_2 + \hat{\beta}_3)} \\ &= \frac{(\hat{\beta}_2 + \hat{\beta}_3) - 1}{\sqrt{\text{var}\,(\hat{\beta}_2) + \text{var}\,(\hat{\beta}_3) + 2\,\text{cov}\,(\hat{\beta}_2, \hat{\beta}_3)}} \end{aligned} \qquad \textbf{(8.6.4)}$$

단, 귀무가설하에서 $(\beta_2 + \beta_3) = 1$임을 사용하였고, 분모는 바로 $(\hat{\beta}_2 + \hat{\beta}_3)$의 표준오차이다. 그리고 나서, 8.5절의 내용을 따라서, (8.6.4)와 같이 계산한 t값이 일정한 유의수준에서 t임계치보다 크다면 규모에 대한 수익불변의 가설을 기각

12. 만약 $(\beta_2 + \beta_3) < 1$인 경우라면, 이는 선형 부등식 제약의 예이다. 이러한 제약을 다루기 위해서는 수학적 계획기법(mathematical programming techniques)을 사용할 필요가 있다.

할 수 있고, 그렇지 않으면 기각할 수 없다.

F-검정 접근 : 제약최소자승(Restricted Least Squares)

앞에서 논의한 t-검정은 일종의 사후검사라고 할 수 있는데, 왜냐하면 일단 "제약받지 않는" 모형을 추정한 후 선형제약이 만족하는지 여부를 알아내려 하기 때문이다. 직접적인 접근법은 처음부터 (8.6.3)의 제약을 모형에 포함시키는 것이다. 위의 생산함수 예제에서 이를 쉽게 할 수 있다.(8.6.3)에서

$$\beta_2 = 1 - \beta_3 \tag{8.6.5}$$

또는

$$\beta_3 = 1 - \beta_2 \tag{8.6.6}$$

이 된다. 그러므로 이 두 등식중 어느 하나를 사용하면 (8.6.2)의 β 계수중 하나를 제거할 수 있고, 그 결과 얻은 방정식을 추정할 수 있다. 따라서, (8.6.5)를 사용한다면 콥–더글러스 생산함수를 다음과 같이 표현할 수 있다.

$$\begin{aligned}\ln Y_i &= \beta_0 + (1 - \beta_3)\ln X_{2i} + \beta_3 \ln X_{3i} + u_i \\ &= \beta_0 + \ln X_{2i} + \beta_3(\ln X_{3i} - \ln X_{2i}) + u_i\end{aligned}$$

또는

$$(\ln Y_i - \ln X_{2i}) = \beta_0 + \beta_3(\ln X_{3i} - \ln X_{2i}) + u_i \tag{8.6.7}$$

또는

$$\ln(Y_i/X_{2i}) = \beta_0 + \beta_3 \ln(X_{3i}/X_{2i}) + u_i \tag{8.6.8}$$

여기서 (Y_i/X_{2i}) = 산출–노동비율이고, (X_{3i}/X_{2i}) = 자본–노동 비율인데 이들 두 변량은 경제학적으로 매우 중요한 변수들이다.

원래의 식(8.6.2)가 어떻게 변형되었는지 주의깊게 살펴보자. (8.6.7)또는 (8.6.8)로부터 β_3를 추정하기만 하면 (8.6.5)의 관계로부터 β_2의 추정치를 쉽게 구할 수 있다. 언급할 필요도 없이, 이 절차는 두 생산요소의 계수의 합이 1이라는 것을 보장해 준다. (8.6.7)또는 (8.6.8)에 서술된 과정을 제약최소자승이라고 한다. 이 과정을 설명변수가 더 많이 포함된, 그리고 1개 이상의 선형등식제약을 포함한 모형의 경우로 일반화시킬수 있다. 이러한 일반화 과정을 상세하게 알기 위하여는 Theil의 저서를 참조하면 된다[13] (또한 다음에 논의할 일반적 F검정을 참조할 것).

13. Henri Theil, *Principle of Econometrics*, John Wiley & Sons, New York, 1971. pp.43–45

그렇다면, 제약받지 않는 최소자승회귀와 제약받는 최소자승회귀를 어떻게 비교할 것인가? 다시 말해서, (8.6.3)의 제약이 옳은지를 어떻게 알 수 있는가?이는 F 검정을 사용하여 아래와 같이 검정할 수 있다.

$\sum \hat{u}_{\mathrm{UR}}^2 =$ 제약받지 않는 회귀 (8.6.2)의 RSS
$\sum \hat{u}_{\mathrm{R}}^2 =$ 제약받는 회귀 (8.6.7)의 RSS
$m =$ 선형제약의 갯수(현재의 예제에서 1)
$k =$ 제약받지 않는 회귀에서 모수의 갯수
$n =$ 관측치의 수

라고 표기하면

$$F = \frac{(\mathrm{RSS_R} - \mathrm{RSS_{UR}})/m}{\mathrm{RSS_{UR}}/(n-k)} = \frac{\left(\sum \hat{u}_{\mathrm{R}}^2 - \sum \hat{u}_{\mathrm{UR}}^2\right)/m}{\sum \hat{u}_{\mathrm{UR}}^2/(n-k)} \tag{8.6.9}$$

가 자유도 m, $(n-k)$인 F분포를 따른다.(UR과 R은 각각 "제약받지 않는" (unrestricted) 그리고 "제약받는"(restricted)을 나타냄을 주의하라).

위의 F 검정은 R^2로 표현될 수 있다.

$$F = \frac{\left(R_{\mathrm{UR}}^2 - R_{\mathrm{R}}^2\right)/m}{\left(1 - R_{\mathrm{UR}}^2\right)/(n-k)} \tag{8.6.10}$$

여기에서 R_{UR}^2과 R_{R}^2은 각각 제약받지 않는 회귀(8.6.2)와 제약받는 회귀(8.6.7)로부터 얻은 R^2값을 나타낸다. 여기에서

$$R_{\mathrm{UR}}^2 \geq R_{\mathrm{R}}^2 \tag{8.6.11}$$

그리고

$$\sum \hat{u}_{\mathrm{UR}}^2 \leq \sum \hat{u}_{\mathrm{R}}^2 \tag{8.6.12}$$

임을 주의하여야 한다. 연습문제 8.4에서 위 두 부등호를 증명할 것이다.

주의사항 (8.6.10)을 사용하는데 있어 제약된 모형과 제약받지 않는 모형에서의 종속변수가 서로 다르다면 R_{UR}^2과 R_{R}^2이 서로 직접적으로 비교가능하지 않다. 그러한 경우 두 R^2을 비교가능하게 하기 위해서는 7장에서 서술된 과정을 사용하거나(아래 예제 8.3 참조) 또는 식(8.6.9)의 F 검정을 사용한다.

예제 8.3

멕시코 경제에 대한 콥- 더글러스 생산함수, 1955~1974

앞에서 논의한 내용의 예제로써 표 8.8의 자료를 다시 고려하여 보자. 이 자료로 콥-더글러스 생산함수를 추정하면 다음의 결과를 얻는다:

$$\widehat{\ln \text{GDP}}_t = -1.6524 + 0.3397 \ln \text{Labor}_t + 0.8460 \ln \text{Capital}_t \qquad \textbf{(8.6.13)}$$
$$t = (-2.7259) \quad (1.8295) \quad (9.0625)$$
$$p \text{ value} = (0.0144) \quad (0.0849) \quad (0.0000)$$
$$R^2 = 0.9951 \qquad \text{RSS}_{\text{UR}} = 0.0136$$

여기에서 식(8.6.13)을 추정하는데 어떠한 제약도 가하지 않았기 때문에 RSS_{UR}은 제약받지 않는 RSS이다.

우리는 이미 7장에서 콥-더글러스 생산함수의 계수를 어떻게 해석해야 하는지 논의한 바 있다. 추정결과에서 볼 수 있듯이 생산의 노동탄력성이 약 0.34, 그리고 생산의 자본탄력성이 약 0.85이다. 이 계수들을 합하면, 1.19라는 값을 얻게 되는데, 이는 아마도 분석기간 중 멕시코경제가 규모에 대한 보수증가를 경험했다는 것을 의미할 수도 있다. 물론 1.19라는 값이 통계적으로 1과 다른지의 여부는 모른다.

과연 그런지를 확인하기 위하여 규모에 대한 보수불변이라는 제약을 가해보자. 이 제약을 가하고 나면 다음의 결과를 얻는다:

$$\widehat{\ln (\text{GDP}/\text{Labor})}_t = -0.4947 + 1.0153 \ln (\text{Capital}/\text{Labor})_t \qquad \textbf{(8.6.14)}$$
$$t = (-4.0612) \quad (28.1056)$$
$$p \text{ value} = (0.0007) \quad (0.0000)$$
$$R^2_{\text{R}} = 0.9777 \qquad \text{RSS}_{\text{R}} = 0.0166$$

표 8.8
실질 GDP, 고용, 실질고정 자본-멕시코

출처: Victor J. Elias, *Sources of Growth: A Study of Seven Latin American Economies*, International Center for Economic Growth, ICS Press, San Francisco, 1992. Tables E5, E12, and E14.

Year	GDP*	Employment†	Fixed Capital‡
1955	114043	8310	182113
1956	120410	8529	193749
1957	129187	8738	205192
1958	134705	8952	215130
1959	139960	9171	225021
1960	150511	9569	237026
1961	157897	9527	248897
1962	165286	9662	260661
1963	178491	10334	275466
1964	199457	10981	295378
1965	212323	11746	315715
1966	226977	11521	337642
1967	241194	11540	363599
1968	260881	12066	391847
1969	277498	12297	422382
1970	296530	12955	455049
1971	306712	13338	484677
1972	329030	13738	520553
1973	354057	15924	561531
1974	374977	14154	609825

*백만 1960 페소
†인구천명
‡백만 1960 페소

예제 8.3 (계속)

여기에서 RSS_R은 제약받는 RSS인데, 왜냐하면 규모에 대한 보수불변이라는 제약을 가했기 때문이다.

앞의 두 회귀에서 종속변수가 서로 다르기 때문에 식(8.6.9)의 *F* 검정을 사용하여야 한다. *F*값을 구하는데 필요한 자료를 가지고 있다.

$$F = \frac{(RSS_R - RSS_{UR})/m}{RSS_{UR}/(n-k)}$$

$$= \frac{(0.0166 - 0.0136)/1}{(0.0136)/(20-3)}$$

$$= 3.75$$

이 경우 하나의 제약을 가했기 때문에 $m = 1$이고 20개의 관측치와 제약받지 않는 모형에서의 모수가 3 개이므로 $(n-k)$는 17임을 주목하여야 한다.

이 *F* 값은 분자 자유도가 1, 분모자유도가 17인 *F* 분포를 따른다. 학생들은 이 *F*값이 5% 유의수준에서 유의하지 않음을 쉽게 확인할 수 있을 것이다. (부록 D의 표 D.3을 확인할 것)

결론적으로, 멕시코 경제는 표본기간동안 규모에 대한 보수불변(CRS)인 것으로 판단되고, 따라서 식(8.6.14)의 제약받는 회귀를 사용해도 문제가 없을 것이다. 이 회귀결과가 보여주듯이, 자본/노동비율이 1% 증가하면 노동생산성은 약 1% 정도 상승한다.

일반적인 *F*검정[14]

(8.6.10)에 주어진 *F*검정 또는 이와 동일한 (8.6.9)는 k-변수 회귀모형의 하나 또는 그 이상의 모수에 관한 가설 검정의 일반적인 방법을 제시하고 있다.

$$Y_i = \beta_1 + \beta_2 X_{2i} + \beta_3 X_{3i} + \cdots + \beta_k X_{ki} + u_i \qquad \textbf{(8.6.15)}$$

(8.4.16)의 *F*검정 또는 (8.5.3)의 *t*검정은 (8.6.10)의 특별한 응용에 불과하다. 그러므로 다음과 같이 k-변수모형의 모수에 대한 선형제약을 포함한 가설들

$$H_0: \beta_2 = \beta_3 \qquad \textbf{(8.6.16)}$$

$$H_0: \beta_3 + \beta_4 + \beta_5 = 3 \qquad \textbf{(8.6.17)}$$

또는, 몇몇 설명변수가 모형에서 없어야 한다는 다음과 같은 가설

$$H_0: \beta_3 = \beta_4 = \beta_5 = \beta_6 = 0 \qquad \textbf{(8.6.18)}$$

들을 모두 (8.6.10)의 *F*검정으로 검정할 수 있다.

8.4절과 8.6절의 논의로부터 *F*검정의 일반적인 전략이 다음과 같음을 알 수

14. 만약 추정단계에서 최우 접근법을 사용하면, 아래에서 설명할 검정방법과 유사한 최우도비검정(maximum-likehood ratio test)이라 하는데, 수학적으로 다소 복잡하다. 이 주제에 관하여 읽을 만한 참고서적으로서 Theil. op. cit. pp. 179~184를 참고할 것

있다. 규모가 큰 모형, 즉 (8.6.15)의 **제약받지 않는 모형**과, **제약받는 모형인 규모가 작은 모형**이 있다고 하자. 여기에서 제약받는 모형이란 (8.6.18)과 같이 규모가 큰 모형에서 몇몇 변수를 제외시킴으로써 얻을 수 있거나 (8.6.16)또는 (8.6.17)과 같이 대규모 모형의 계수들에 일정한 선형제약을 가함으로써 얻어지는 모형을 말한다.

그리고 나서, 제약받지 않는 모형과 제약모형을 추정하여 각각의 결정계수, 즉 R^2_{UR}과 R^2_{R}을 얻는다. 여기에서, 제약받지 않는 모형의 df$(=n-k)$와 제약모형의 df$(=m)$를 유의하여야 한다. 단 , m은 선형제약의 개수(즉, 식 [8.6.16] 또는 식 [8.6.17]에서 $m=1$) 또는 모형에서 생략된 설명변수의 개수(즉, 만약 식 [8.6.18]이 성립한다면 4개의 설명변수가 모형에서 빠진다고 가정하기 때문에 $m=4$)이다. 우리는 식(8.6.9) 또는 식(8.6.10)에서 지시하는 바와 같이 F비율을 계산할 수 있는데, 다음의 의사결정규칙을 사용한다: **계산된 F가 $F_\alpha(m,n-k)$, 즉 유의수준 α에서의 임계치보다 크면 귀무가설을 기각할 수 있다 : 그렇지 않은 경우, 귀무가설을 기각하지 않는다.**

예제 8.4

미국의 닭고기 수요, 1960~1982

연습문제 7.19에서 다음의 닭고기 수요함수를 고려하였다:

$$\ln Y_t = \beta_1 + \beta_2 \ln X_{2t} + \beta_3 \ln X_{3t} + \beta_4 \ln X_{4t} + \beta_5 \ln X_{5t} + u_i \qquad \textbf{(8.6.19)}$$

여기에서, $Y=1$인당 닭고기 소비(단위: 파운드), $X_2=1$인당 실질가처분소득($), X_3 = 파운드당 닭고기 실질도매가격($), X_4 = 파운드당 돼지고기 실질도매가격($), 그리고 X_5 = 파운드당 소고기 실질도매가격($)이다.

위의 모형에서 β_2, β_3, β_4, β_5는 각각 소득탄력성, 가격탄력성, 교차가격(돼지고기)탄력성, 교차가격(소고기)탄력성을 나타낸다. (그 이유는?) 경제이론에 의하면 :

$$\begin{aligned}
&\beta_2 > 0 \\
&\beta_3 < 0 \\
&\beta_4 > 0, && \text{닭고기와 돼지고기가 대체재 이면} \\
&\quad\;\; < 0, && \text{닭고기와 돼지고기가 보완재이면} \\
&\quad\;\; = 0, && \text{닭고기와 돼지고기가 관계없는 재화이면} \\
&\beta_5 > 0, && \text{닭고기와 소고기가 대체재이면} \\
&\quad\;\; < 0, && \text{닭고기와 소고기가 보완재이면} \\
&\quad\;\; = 0, && \text{닭고기와 소고기가 관계없는 재화라면}
\end{aligned} \qquad \textbf{(8.6.20)}$$

이때, 어떤 사람이 닭고기 소비는 돼지고기 가격과 소고기 가격에 의해 영향을 받지 않는다는 의미에서 닭고기, 돼지고기, 그리고 소고기가 서로 관련이 없는 재화라고 주장하였다. 간단히 말하면

$$H_0\colon \beta_4 = \beta_5 = 0 \qquad \textbf{(8.6.21)}$$

이라는 것이다. 그러므로 제약회귀는

$$\ln Y_t = \beta_1 + \beta_2 \ln X_{2t} + \beta_3 \ln X_{3t} + u_t \qquad \textbf{(8.6.22)}$$

예제 8.4
(계속)

이 된다. 물론 식(8.6.19)는 제약받지 않는 모형이다.

연습문제 7.19의 자료를 사용하여, 다음과 같은 결과를 얻었다.

제약받지 않는 회귀:

$$\widehat{\ln Y_t} = 2.1898 + 0.3425 \ln X_{2t} - 0.5046 \ln X_{3t} + 0.1485 \ln X_{4t} + 0.0911 \ln X_{5t}$$
$$(0.1557) \quad (0.0833) \qquad (0.1109) \qquad (0.0997) \qquad (0.1007)$$
$$R^2_{UR} = 0.9823 \qquad \textbf{(8.6.23)}$$

제약받는 회귀:

$$\widehat{\ln Y_t} = 2.0328 + 0.4515 \ln X_{2t} - 0.3772 \ln X_{3t}$$
$$(0.1162) \quad (0.0247) \qquad (0.0635) \qquad \textbf{(8.6.24)}$$
$$R^2_R = 0.9801$$

단, 괄호 안에 숫자는 추정된 표준오차이다(주: 식(8.6.23)과 (8.6.24)의 R^2값은 서로 비교가능한데, 그 이유는 두 모형의 종속변수가 동일하기 때문이다).

가설 (8.6.21)을 검정하기 위한 F비율은 :

$$F = \frac{(R^2_{UR} - R^2_R)/m}{(1 - R^2_{UR})/(n-k)} \qquad \textbf{(8.6.10)}$$

이 예제에서 $\beta_4 = 0$ 그리고 $\beta_5 = 0$의 두 제약을 포함하고 있으므로 m값은 2이다. $n = 23$, $k = 5$(5개의 β계수) 이므로 분모의 자유도($n-k$)는 18이다.

그러므로, F비율은

$$F = \frac{(0.9823 - 0.9801)/2}{(1 - 0.9823)/18} = 1.1224 \qquad \textbf{(8.6.25)}$$

은 자유도가 2와 18인 F분포를 따른다.

유의수준 5%에서 명백히 이 F값은 통계적으로 유의하지 않다($F_{0.5}(2,18) = 3.55$).그리고 P값은 0.3472이다. 그러므로, 닭고기 수요가 돼지고기 가격과 소고기 가격에 의존하지 않는다는 귀무가설을 기각할 수 없다. 간단히 말하면, 제약회귀(8.6.24)가 닭고기 수요함수를 나타내고 있다는 것을 채택할 수 있다.

수요함수가 가격탄력성이 음이고, 소득탄력성이 양이라는 선험적인 경제학적 기대를 만족시키고 있음을 알 수 있다. 그러나, 가격탄력성의 추정치 절대값이 통계적으로 1이 아닌데, 이는 닭고기 수요가 가격 비탄력적임을 나타낸다.(그 이유는?) , 또는 소득탄력성도 – 비록, 그 값은 양이지만-통계적으로 1보다 작은데, 이는 닭고기가 사치재가 아님을 의미한다. 통상적으로 소득탄력성이 1보다 크면 그 재화를 사치재라고 한다.

8.7 회귀모형의 구조적 또는 모수 안정성 검정 : Chow검정

시계열 자료를 포함한 회귀모형을 사용할 때, 종속변수 Y와 설명변수 X사이의 관계에 구조적 변화가 발생하는 경우를 분석할 수 있다. 여기에서 구조적 변화란, 전체 시계열 기간에 있어 모형의 모수값이 변화하는 것을 말한다. 어떤 경우에는 외부의 힘(예를 들어, 1973년과 1979년에 발생한 OPEC 석유 카르텔에 의

표 8.9 미국의 저축과 개인가처분 소득(10억 달러), 1970-1995

출처: *Economic Report of the President*, 1997, 표 B-28, p. 332.

관측년도	저축	소득	관측년도	저축	소득
1970	61.0	727.1	1983	167.0	2522.4
1971	68.6	790.2	1984	235.7	2810.0
1972	63.6	855.3	1985	206.2	3002.0
1973	89.6	965.0	1986	196.5	3187.6
1974	97.6	1054.2	1987	168.4	3363.1
1975	104.4	1159.2	1988	189.1	3640.8
1976	96.4	1273.0	1989	187.8	3894.5
1977	92.5	1401.4	1990	208.7	4166.8
1978	112.6	1580.1	1991	246.4	4343.7
1979	130.1	1769.5	1992	272.6	4613.7
1980	161.8	1973.3	1993	214.4	4790.2
1981	199.1	2200.2	1994	189.4	5021.7
1982	205.5	2347.3	1995	249.3	5320.8

한 석유수출금지, 또는 1990~1991 기간의 Gulf전쟁), 정책변화(1973년에 있었던 고정환율제로부터 변동환율제로의 정책전환), 의회의 결정(연임기간 동안 레이건 대통령이 주도한 세금변화, 혹은 최저임금률의 변화), 또는 매우 다양한 요인에 의해 구조적 변화가 발생하기도 한다.

그렇다면 구조적 변화가 실제로 발생했는지 어떻게 알 수 있는가? 구체적으로 말하기 위해 표 8.9의 자료를 고려하자. 이 표는 1970~1995 동안 미국의 개인가처분소득과 개인저축에 관한 자료인데, 10억달러 단위이다. 가령 저축(Y)을 개인가처분소득 DPI(X)에 연결시키는 단순한 저축함수를 추정한다고 하자. 자료가 확보되었기 때문에 Y를 X에 회귀시키는 OLS추정을 할 수 있다. 그러나 만약 그렇게 한다면, 저축과 DPI 사이의 관계가 26년의 구간동안 변화하지 않았다고 주장하는 셈이다. 이는 상당히 강한 가정일 수 있다. 예를 들어, 1982년에 미국은 전후 최악의 불황으로 고통을 겪었다. 그 해 민간실업률이 9.7%에 달했는데, 이는 1948 이후 가장 높은 실업률이었다. 이와 같은 상황이 저축과 PDI사이의 관계를 흔들어 놓았을 수도 있다. 과연 그랬는지 확인하기 위하여, 표본자료를 두 기간으로 나눈다 : 1970~1981과 1982~1995와 같이 나누는데, 각 기간은 1982 불황 전기와 1982 불황 후기에 해당된다.

이제 3개의 회귀가 가능해진다 :

$$\text{기간 1970–1981:}\quad Y_t = \lambda_1 + \lambda_2 X_t + u_{1t} \qquad n_1 = 12 \tag{8.7.1}$$

$$\text{기간 1982–1995:}\quad Y_t = \gamma_1 + \gamma_2 X_t + u_{2t} \qquad n_2 = 14 \tag{8.7.2}$$

$$\text{기간 1970–1995:}\quad Y_t = \alpha_1 + \alpha_2 X_t + u_t \qquad n = (n_1 + n_2) = 26 \tag{8.7.3}$$

회귀 (8.7.3)은 두 기간에 있어서 차이가 없다는 것을 가정하고 있는데 26개 관측치로 구성된 전체 기간에 대하여 저축과 DPI관계를 추정하게 된다. 다른 말로 해서, 절편 및 기울기 계수 모두 전 기간에 걸쳐 불변이라고 가정하는 것이다; 즉, 구조적 변화가 없다. 이런 것이 실제의 상황이라면, $\alpha_1 = \lambda_1 = \gamma_1$ 그리고 $\alpha_2 = \lambda_2 = \gamma_2$가 된다.

(8.7.1)과 (8.7.2)의 회귀는 두 기간에 있어 회귀가 다르다는 것을 가정하고 있다; 즉, 하첨자 붙은 모수가 말해주듯이 절편과 기울기 계수들이 다르다는 것이다. 위의 회귀모형에서 u들은 오차항을, n은 관측치 수를 나타낸다.

표 8.9의 자료를 사용하여 추정한 위 세 회귀식의 추정결과는 다음과 같다 :

$$\begin{aligned} \hat{Y}_t &= \ \ 1.0161 \ + \ 0.0803\,X_t \\ t &= (0.0873) \quad (9.6015) \\ R^2 = 0.9021 & \qquad \text{RSS}_1 = 1785.032 \qquad \text{df} = 10 \end{aligned} \tag{8.7.1a}$$

$$\begin{aligned} \hat{Y}_t &= 153.4947 \ + \ 0.0148X_t \\ t &= \ (4.6922) \quad (1.7707) \\ R^2 = 0.2971 & \qquad \text{RSS}_2 = 10{,}005.22 \qquad \text{df} = 12 \end{aligned} \tag{8.7.2a}$$

$$\begin{aligned} \hat{Y}_t &= 62.4226 \ + \ 0.0376\,X_t + \cdots \\ t &= (4.8917) \quad (8.8937) + \cdots \\ R^2 = 0.7672 & \qquad \text{RSS}_3 = 23{,}248.30 \qquad \text{df} = 24 \end{aligned} \tag{8.7.3a}$$

위 회귀결과에서 RSS는 잔차자승합, 그리고 괄호 안의 숫자는 t값을 말한다.

추정된 회귀식을 얼핏보면, 두 기간에 있어 저축과 DPI의 관계가 동일하지 않다는 것을 알려준다. 저축–소득 회귀에서 기울기는 한계저축성향(MPS), 즉 개인가처분소득 1달러 증가의 결과로서 저축의 (평균)변화이다. 1970~1981 기간동안 MPS는 약 0.08인데 비하여 1982–1995 기간동안 약 0.02이었다. 이러한 변화가 레이건 대통령이 추구한 경제정책 때문이었는지 말하기는 어렵다. 나아가 이 결과는 26개 관측치를 하나로 묶어 두 기간 사이의 가능한 차이를 무시한 채 하나의 회귀를 시도한 합동(pooled) 회귀가 적절하지 않을 수 있다는 것을 제시한다. 물론, 지금의 서술내용은 적절한 통계적 검정으로 확인해볼 필요가 있다. 부수적으로, 산포도와 추정된 회귀선이 그림 8.3에 나타나 있다.

그림 8.3

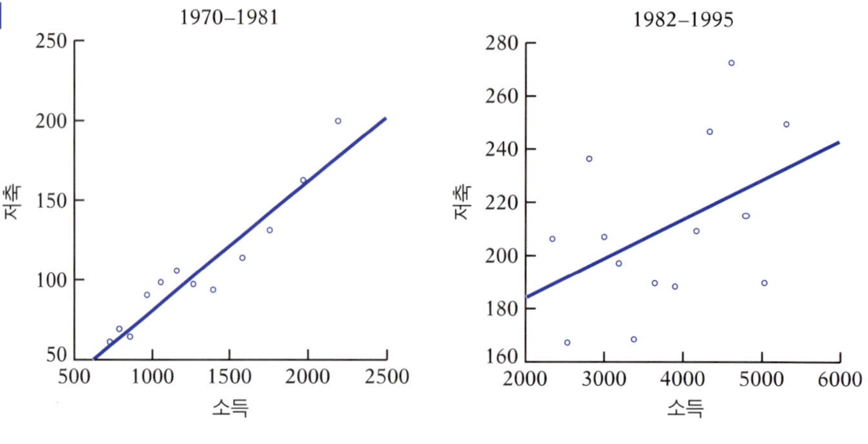

그런데 가능한 차이, 즉, 구조적 변화는 절편의 변화, 기울기 계수의 변화 혹은 절편 및 기울기 모두의 변화에 의한 발생할 수 있다. 이를 어떻게 확인하는가? 그림 8.3이 이에 관한 시각적 느낌을 보여주고 있다. 그러나 공식적인 검정을 사용하는 것이 유용할 것이다.

이를 위한 손쉬운 검정법이 Chow 검정이다.[15] 이 검정은 다음과 같은 가정을 한다 :

1. $u_{1t} \sim N(0, \sigma^2)$이고 $u_{2t} \sim N(0, \sigma^2)$이다. 즉, 각 기간에 대한 회귀식의 오차항들이 동일한(동분산의) 분산 σ^2을 가진 정규분포를 따른다.
2. 두 오차항 u_{1t}와 u_{2t}가 독립적으로 분포되어 있다.

Chow 검정의 기법은 다음과 같다 :

1. 모수불안정성이 없을 때 적절한 회귀식 (8.7.3)을 추정하여 RSS_3을 구하는데, RSS_3의 df는 $(n_1 + n_2 - k)$이다. 단, k는 추정된 모수의 개수를 의미하는데, 이 경우 2이다. 우리의 예제에서 $RSS_3 = 23,248.30$이다. 우리는 RSS_3를 제약받는 잔차자승합 RSS_R이라 부르는데, 그 이유는 두 기간의 회귀가 같다는 제약, 즉, $\lambda_1 = \gamma_1$과 $\lambda_2 = \gamma_2$의 제약을 가한 상태에서 구한 잔차자승합이기 때문이다.
2. 식 (8.7.1)을 추정하여 잔차자승합 RSS_1을 구하는데, 이때 df는 $(n_1 - k)$이다. 이 예제에서 $RSS_1 = 1785.032$이고 $df = 10$이다.
3. 식 (8.7.2)를 추정하여 잔차자승합 RSS_2를 구하는데, 이때 df는 $(n_2 - k)$이다. 이 예제에서 $RSS_2 = 10,005.22$이고 $df = 12$이다.
4. 두 개의 표본이 독립이라고 간주하기 때문에 RSS_1과 RSS_2를 더하여 소위 제약받지 않는 잔차자승합 RSS_{UR}이라고 부르는 잔차자승합을 구한다. 즉,

$$\mathrm{RSS_{UR}} = \mathrm{RSS_1} + \mathrm{RSS_2} \qquad \text{with df} = (n_1 + n_2 - 2k)$$

   이 예제에서,

$$\mathrm{RSS_{UR}} = (1785.032 + 10,005.22) = 11,790.252$$

5. 실제로 구조적 변화가 없다면(즉, [8.7.1]과 [8.7.2]의 회귀가 기본적으로 동일하다면) RSS_R과 RSS_{UR}이 통계적으로 다를 수가 없다는 것이 Chow 검정의 기본개념이다. 그러므로 다음의 비율을 만들면 :

$$F = \frac{(\mathrm{RSS_R} - \mathrm{RSS_{UR}})/k}{(\mathrm{RSS_{UR}})/(n_1 + n_2 - 2k)} \sim F_{[k,(n_1+n_2-2k)]} \qquad \textbf{(8.7.4)}$$

15. Gregory C. Chow, "Tests of Equality Between Sets of Coefficients in Two Linear Models", *Econometrica*, Vol.28, no.3, 1960, pp.591~605

Chow는 (8.7.1)과 (8.7.2)의 회귀가 (통계적으로)같다는(즉, 구조적 변화가 없음) 귀무가설 하에서 위의 F비율이 분자 자유도와 분모 자유도가 각각 k와 (n_1+n_2-2k)인 F분포를 따른다는 것을 보였다.

6. 그러므로, 만약 계산된 F값이 정해진 유의수준(혹은 P값)에서 F분포로부터 구한 F임계치보다 크지 않다면, **모수안정**(즉, 구조적 변화가 없음)의 귀무가설을 기각하지 않는다. 이 경우 (8.7.3)의 합동(제약된?) 회귀를 사용하는 것이 정당화될 수 있다. 이와 반대로, 계산된 F값이 F임계치 보다 크다면, 모수안정의 가설을 기각하고 (8.7.1)과 (8.7.2)의 회귀가 다르다고 결론을 내린다. 이 경우 합동회귀 (8.7.3)의 결과는 의심스러운 값이 될 것이다.

우리의 예제로 돌아와서, 우리는

$$\begin{aligned} F &= \frac{(23{,}248.30 - 11{,}790.252)/2}{(11{,}790.252)/22} \\ &= 10.69 \end{aligned} \tag{8.7.5}$$

을 얻는다. F분포 표에서, 자유도가 2와 22일 때 1%의 F임계치는 5.72이다. 그러므로 10.69 또는 이보다 큰 F값을 얻을 확률은 1%보다 아주 작다; 실제로 P값은 단지 0.00057에 불과하다.

그러므로 Chow 검정의 가정들이 충족되었다고 가정했을 때, 1970–1995 기간에 걸쳐 미국의 저축–소득관계가 구조적 변화를 겪었다는 초기의 예감을 지지하는 것처럼 보인다. 이에 관하여 나중에 더 논의할 것이다.

부수적으로, Chow 검정은 1개 이상의 구조적 단절의 경우를 쉽게 일반화시킬 수 있다. 예를 들어, 만약 저축–소득관계가 1992년 1월에 클린턴 대통령의 취임 후 변화하였다면, 표본을 3개의 기간, 1970–1981, 1981–1991, 1992–1995로 나누어서 Chow 검정을 실행할 수 있을 것이다. 물론, 4개의 RSS항을 다루게 될 것이다(각 기간에 대하여 각 1개의 RSS, 합동자료에 대하여 1개의 RSS). 그러나 검정의 논리는 변함이 없다. 2007년까지의 자료를 구할 수 있으므로 마지막 기간을 2007로 연장할 수 있다.

Chow 검정에 관한 몇 가지 단서조항을 기억하여야 한다 :

1. 검정의 기초가 되는 가정들은 충족되어야 한다. 예를 들어, (8.7.1)과 (8.7.2)의 회귀에서 오차항의 분산이 동일한지 확인하여야 한다. 이 점을 다시 논의할 것이다.
2. Chow 검정은 2개의 회귀 (8.7.1)과 (8.7.2)가 서로 다른지 말해줄 뿐이고, 다른 부분이 절편인지, 기울기인지 아니면 둘 모두인지에 관하여 알려주지 않는다. 9장에서 가변수를 다룰 때 이 질문에 어떻게 답해야 하는지를

보여줄 것이다.

3. Chow 검정은 우리가 구조적 단절의 시점을 알고 있다고 가정한다. 이 예제에서, 구조적 단절시기가 1982였다고 가정하였다. 그러나 실제로 구조적 변화가 언제 발생했는지 결정하는 것이 불가능하다면, 다른 방법을 사용해야 한다.[16]

Chow 검정과 저축–소득 회귀를 마감하기 전에 Chow 검정에 깔려있는 가정들 중 하나의 가정, 즉, 오차항의 분산이 두 기간에 있어 동일하다는 가정을 조사해 보자. 진정한 분산을 관측할 수 없기 때문에, (8.7.1a)와 (8.7.2a)의 회귀에서 얻은 RSS를 이용하여 분산을 추정할 수 있다. 즉,

$$\hat{\sigma}_1^2 = \frac{\text{RSS}_1}{n_1 - 2} = \frac{1785.032}{10} = 178.5032 \tag{8.7.6}$$

$$\hat{\sigma}_2^2 = \frac{\text{RSS}_2}{n_2 - 2} = \frac{10{,}005.22}{14 - 2} = 833.7683 \tag{8.7.7}$$

이다. 각 식에서 추정된 모수가 2개이기 때문에 df를 구하기 위하여 관측치의 개수에서 2를 뺐음을 주의하여야 한다. Chow 검정에 깔려있는 가정 하에서 $\hat{\sigma}_1^2$과 $\hat{\sigma}_2^2$은 두 기간의 진정한 분산에 대한 불편추정량이다. 그 결과 $\sigma_1^2 = \sigma_2^2$, 즉, 두 기간의 분산이 같다면(Chow 검정이 가정했듯이)

$$\frac{(\hat{\sigma}_1^2/\sigma_1^2)}{(\hat{\sigma}_2^2/\sigma_2^2)} \sim F_{(n_1-k),(n_2-k)} \tag{8.7.8}$$

이 분자자유도와 분모자유도가 각각 $(n_1 - k)$, $(n_2 - k)$인 F분포를 따르는 것을 보일 수 있다. 여기에서 각 회귀에서 단지 두 개의 모수만 있으므로 $k = 2$이다.

물론, $\sigma_1^2 = \sigma_2^2$이면, 위의 F검정은

$$F = \frac{\hat{\sigma}_1^2}{\hat{\sigma}_2^2} \tag{8.7.9}$$

을 계산하는 것으로 간단해진다.

주: 관행적으로 두 추정된 분산 중 큰 분산을 분자에 놓는다. (F분포와 다른 확률분포에 관한 상세한 내용은 부록A에서 참조할 것)

실제로 활용할 때, 이 F값을 계산하고, 적절한 df를 지닌 F임계치와 비교하면 두개의 부 모집단(subpopulation)에서 분산들이 같다는 귀무가설을 기각하거나 기각하지 않거나 결정할 수 있다. 만약 귀무가설을 기각하지 않는다면, Chow

16. 상세한 논의는, William H. Greene, *Econometric Analysis*, 4th. ed., Prentice Hall, Englewood Cliffs, NJ, 2000, pp.293–297을 참조할 것.

검정을 사용할 수 있다.

다시 저축–소득회귀로 돌아와서, 다음의 결과를 얻는다 :

$$F = \frac{833.7683}{178.5032} = 4.6701 \tag{8.7.10}$$

두개의 부 모집단(subpopulation)에서의 분산들이 같다는 귀무가설 하에서 F값은 분자와 분모 df가 각각 10과 12인 F분포를 따른다.(주 : 두 추정된 분산 중 큰 값을 분자에 놓았다) 부록D에 있는 F분포표로부터 자유도가 12와 10인 경우 5%임계치와 1%임계치는 각각 2.91과 4.71이다. 계산된 F값은 5%수준에서 유의하고 1%수준에서는 거의 유의하다. 따라서 결론적으로 두개의 부 모집단(subpopulation) 분산은 같지 않고 엄격히 말해서 Chow 검정을 사용하면 안된다는 것이다.

우리의 목적은 응용분석에서 폭넓게 사용되는 Chow검정의 기법을 보여주는데 있어왔다. 만약 두개의 부 모집단(subpopulation)의 오차 분산들이 이분산이라면, Chow검정을 변형시킬 수 있다. 그러나 이 과정은 이 책의 수준을 넘는다.[17] 일찍이 우리가 지적했던 것으로서, Chow검정을 회귀모수가 변화하는 시점의 선택에 민감하다. 이 예제에서, 변화시점이 1982년 불황년도였다고 가정하였다. 만약 레이건대통령이 대통령직을 시작했던 1981년이었다고 가정했다면, 계산된 F값이 달라졌을 것이다. 연습문제 8.34에서 이러한 문제를 다룰 것이다.

내재하는 관계의 단절이 발생한 시점을 선택하고자 원하지 않는다면, 축차적 잔차검정(recursive residual test)과 같은 대안을 선택할 수 있다. 이 주제를 모형 표기 분석을 다루는 13장에서 논의 할 것이다.

8.8 다중회귀를 이용한 예측

5.10절에서 설명변수의 값이$X = X_0$ 즉 X가 일정한 값 X_0로 주어졌을 때, (1) 평균예측, 즉, 모집단 회귀함수(PRF) 상의 점을 예측하는 것과 (2) 개별예측, 즉, Y의 개별적인 값을 예측하는데 추정된 2–변수 회귀모형을 어떻게 사용하는지를 논의하였다.

추정된 다중회귀 역시 유사한 목적으로 사용할 수 있고 그 절차는 2–변수 경우를 단순히 확장시킨 것이다. 단, 예측치의 분산과 표준오차를 추정하는 공식들이(2–변수모형의 [5.10.2]와 [5.10.6]에 비교하여) 수학적으로 다소 복잡하기 때문에 부록 C에서 논의될 행렬방법으로 표현하는 것이 더 용이하다. 물론 대부

17. 이분산하에서의 Chow검정을 위하여, William H. Greene, *Econometric Analysis*, 4th ed.,Prentice Hall, Englewood Cliffs, NJ, 2000, pp.292~293과 Adrian C. Darnell, *A Dictionary of Econometrics*, Edward Elgar, U.K., 1994, p.51을 참조할 것

분의 표준적인 회귀팩키지는 이를 관행적으로 하고 있어서, 행렬형식을 찾아 볼 필요가 없다. 수학적으로 치중하고 있는 학생들은 부록 C를 참조하면 된다. 또한 이 부록은 완전하게 다듬어진 예를 포함하고 있다.

*8.9 3가지 핵심적인 가설검정 : 우도비(Likelihood Ratio; LR) 검정, 왈드(Wald; W) 검정, 라그랑지 승수(Lagrange Multiplier : LM) 검정[18]

이 장과 앞의 장에서 선형(모수에 대해)회귀모형의 맥락에서 다양한 가설을 검정하는데 있어 대부분 t검정, F검정, 그리고 카이자승 검정을 사용하였다. 그러나 선형회귀모형이라는 편안한 세계를 벗어나면, 회귀모형이 선형이든 아니든 가설을 검정할수 있는 방법이 필요하게 된다.

우도비검정, 왈드검정, 라그랑지 승수검정은 세 가지 핵심적이고 널리 알려진 검정방식으로서 이 목적을 달성하는데 사용되는 검정방법이다. 한 가지 흥미있는 사항은 이 세가지 검정의 각 검정통계량이 카이자승 분포를 따른다는 점에서 **점근적으로** 동일하다는 것이다.

이 장에 딸린 부록에서 우도비검정에 대해 논의할 것이지만 대부분의 연구자들이 다루는 소표본 혹은 한정적인 규모의 표본에서 지금까지 사용해 온 F검정이 충분하기 때문에, 일반적으로 이 책에서는 이들 검정법들을 사용하지 않는다.

> Davidson과 Mackinnon이 지적했듯이 선형회귀모형에 대해 오차항이 정규분포이든 아니든 LM, W, LR검정을 살펴볼 이유가 전혀 없다 하겠다. 그 이유는 F에 이미 포함된 것 이상을 다룸으로써 얻어질 추가적 정보가 더 이상 없기 때문이다.[19]

**8.10 회귀의 함수형태 검정 : 선형모형과 로그-선형회귀모형의 선택

선형회귀모형(종속변수가 설명변수의 선형모형) 또는 로그– 선형모형(로그를 취한 종속변수가 로그를 위한 설명변수의 함수)인지의 선택은 실증분석에서 지속적으로 제기되는 의문이다. 두 모형중 어떤 모형을 선택할 것인가를 검정하기 위해 McKinnon White, Davison이 제작한 검정을 사용할 수 있다. 이 검정방법을 간략히 줄여 MWD검정이라고 부른다.[20]

이 검정을 설명하기 위해 다음의 사항을 가정하자.

---

* 본절은 선택적인 절임

18. A Buse, "The Likeliod Ratio Wald and Lagrange Multiplier Tests An Expository Note," *American Statistician*, vo1. 36, 1982, pp.153~157

19. Rusell Davidson and James G. Mckinnon, *Estimation and Inference in Econometrics*, Oxford University Press, New York, 1993, p.456.

**본절은 선택적인 절임

H_0: 선형모형 : Y는 설명변수 X들의 선형함수이다.

H_1: 로그- 선형모형 : $\ln Y$는 로그를 취한 설명변수들의 선형함수이다.

여기에서 H_0, H_1은 귀무설과 대립가설을 의미한다.

MWD검정은 다음과 같은 단계를 밟는다.[21]

단계 I : 선형모형을 추정하여 Y값을 추정한다. 이를 Yf(즉, $\hat{Y}$) 라고 부르자.

단계 II : 로그-선형모형을 추정하여 $\ln Y$를 구하고 이를 $\ln f$(즉, $\widehat{\ln Y}$)라고 부르자.

단계 III : $Z_1 = (\ln Yf - \ln f)$를 구한다.

단계 IV : Y를 X들과 단계 Ⅲ에서 구한 Z_1에 회귀한다. 통상적인 t검정에 의해 만약 Z_1의 계수가 통계적으로 유의하다면 귀무가설 H_0을 기각한다.

단계 V : $Z_2 = (\ln f - Yf)$의 로그역함수값을 구한다.

단계 VI : $\ln Y$를 로그를 취한 $X(\ln X)$들과 Z_2에 대해 회귀한다. 통상적인 t 검정에 의해 만약 Z_2의 계수가 통계적으로 유의하다면 귀무가설 H_1을 기각한다.

MWD검정이 복잡해 보이기는 하지만 검정의 논리는 매우 단순하다. 선형모형이 실제로 정확한 모형이라면 만들어진 변수 Z_1은 단계 Ⅳ에서 통계적으로 유의하지 않아야 한다. 왜냐하면 그러한 경우에는 선형모형으로부터 추정된 Y값과 로그-선형모형으로부터 추정된 Y값(비교를 위해 역로그를 위한 값)은 서로 달라서는 안된다. 동일한 설명이 대립가설 H_1의 경우에도 적용된다.

예제 8.5

장미에 대한 수요

연습문제 7.16을 참조하자. 그 예제에서 1971-II부터 1975-II 기간 동안 디트로이트 시내지역에서의 장미수요 자료를 제시한 바 있다. 설명목적상 잠정적으로 소득변수를 제외하고 장미수요를 단지 장미가격과 카네이션 가격만의 함수로서 고려하자.

선형모형: $$Y_t = \alpha_1 + \alpha_2 X_{2t} + \alpha_3 X_{3t} + u_t \quad \textbf{(8.10.1)}$$

로그-선형모형: $$\ln Y_t = \beta_1 + \beta_2 \ln X_{2t} + \beta_3 \ln X_{3t} + u_t \quad \textbf{(8.10.2)}$$

여기에서 Y는 장미수량(단위 : 더즌), X_2는 장미도매가격(단위:$/더즌), X_3는 카네이션 도매가격(단위: $/더즌)이다. 선험적으로 α_2와 β_2는 음의 값을 가질 것으로 예상되며(그 이유는?), α_3와 β_3은 양의 값을 가질 것으로 예상된다(그 이유는?). 우리가 알다시피, 로

20. J.Mackinnon H. White and Davidson "Tests for Model Specification in the Presence of Alternative Hypotheisis : Some Further Results," *Journal of Econometrics*, vol.21, 1983, pp.53–70. 유사한 검정 방법이 다음 논문에 설명되어 있음. A.K Bera and C. M Jarque, "Model Specification Tests. A Simultaneous Approach, "Jounal of Econometrics, vo1. 20, 1982, pp.59~82.

21. 이 설명은 Wiliam H.Greene, *ET. The Econometrics Toolkit Version 3*, Econometric Software Bellport, New York, 1992, pp.245–246에 근거하고 있다.

예제 8.5
(계속)

그-선형모형에서 기울기 계수는 탄력성 계수이다.

회귀결과는 다음과 같다.

$$\hat{Y}_t = 9734.2176 - 3782.1956X_{2t} + 2815.2515X_{3t}$$
$$t = \quad (3.3705) \quad (-6.6069) \quad (2.9712) \qquad \textbf{(8.10.3)}$$
$$F = 21.84 \qquad R^2 = 0.77096$$

$$\widehat{\ln Y_t} = 9.2278 - 1.7607 \ln X_{2t} + 1.3398 \ln X_{3t}$$
$$t = (16.2349) \quad (-5.9044) \quad (2.5407) \qquad \textbf{(8.10.4)}$$
$$F = 17.50 \qquad R^2 = 0.7292$$

이 결과가 보여주는 바와 같이, 선형모형이나 로그–선형모형 모두 자료에 적절히 잘 들어맞는 것처럼 보인다 : 모수가 예상했던 부호를 갖고 t와 R^2값이 통계적으로 유의하다.

MWD검정에 기초하여 두 모형중 하나를 결정하기 위해서는 먼저 진정한 모형이 선형모형이라는 가설을 검정한다. 검정의 단계 IV를 따라 다음의 회귀결과를 얻었다.

$$\hat{Y}_t = 9727.5685 - 3783.0623X_{2t} + 2817.7157X_{3t} + 85.2319Z_{1t}$$
$$t = \quad (3.2178) \quad (-6.3337) \quad (2.8366) \quad (0.0207) \qquad \textbf{(8.10.5)}$$
$$F = 13.44 \qquad R^2 = 0.7707$$

Z_1의 계수가 통계적으로 유의하지 않기 때문에 (추정된 t의 p값이 0.89임), 진정한 모형이 선형이라는 가설을 기각한다.

이제, 방향을 바꾸어서 진정한 모형이 로그–선형이라고 가정하자. MWD검정의 단계 IV를 따라서 다음의 회귀결과를 얻었다.

$$\widehat{\ln Y}_t = 9.1486 - 1.9699 \ln X_t + 1.5891 \ln X_{2t} - 0.0013Z_{2t}$$
$$t = (17.0825) \quad (-6.4189) \quad (3.0728) \quad (-1.6612) \qquad \textbf{(8.10.6)}$$
$$F = 14.17 \qquad R^2 = 0.7798$$

Z_2의 계수가 약 12%수준에서 통계적으로 유의하다. (p값이 0.1225) 그러므로 진정한 모형이 로그-선형모형이라는 가설을 이 정도의 유의수준에서 기각할 수 있다. 물론, 관행적으로 사용되는 1% 혹은 5% 유의수준을 고집한다면 진정한 모형이 로그-선형모형이라는 가설을 기각할 수 없다. 이 예제가 보여주듯이, 어떤 상황에서는 두 가지 모형표기 모두를 기각할 수 없는 경우가 발생할 수 있다.

요약 및 결론

1. 이 장에서는 5장에서 2–변수 선형회귀모형의 맥락에서 소개했던 구간추정과 가설검정의 개념을 확장하고 더 상세히 다루었다.
2. 다중회귀분석에서 각 편회귀계수의 **개별적 유의성**을 검정하는 것 (t검정을 사용)과 회귀의 **전반적 유의성**을 검정하는 것(즉, H_0: 모든 편회귀계수가 모두 0이다. 또는 $R^2 = 0$)은 서로 다르다.
3. 특히, 개별적 t검정에 기초해서 하나 혹은 그 이상의 편회귀계수가 통계적으로 유의하지 않다는 것을 발견했다고 해서 이 발견이 모든 편회귀계수

가(집단적으로) 또한 통계적으로 유의하지 않다는 것을 의미하지는 않는다. 후자의 가설은 F검정으로 검정하여야 한다.

4. F검정은 다양한 가설을 검정할 수 있다는 점에서 다방면에서 사용되는데, 예를 들면 (1) 각 개별적 회귀가 통계적으로 유의한 지의 여부, (2)모든 편기울기 계수가 0인지의 여부, (3) 2개 이상의 계수가 통계적으로 동일한지의 여부, (4) 계수들이 어떠한 선형제약을 만족하는 지의 여부, 그리고 (5) 회귀모형에 구조적 안정성이 있는지의 여부 들이 그것이다.
5. 2-변수 경우와 마찬가지로, 다중회귀모형을 평균예측과 개별예측의 목적으로 사용할 수 있다.

연습문제

질문

8.1 일정재화, 예를 들어 자동차의 수년간에 걸친 판매행위를 분석하고자 다음의 모형들을 고려하여 보았다 하자.

$$Y_t = \beta_0 + \beta_1 t$$
$$Y_t = \alpha_0 + \alpha_1 t + \alpha_2 t^2$$

단, $Y_t =$ 시간 t에서의 판매, $t =$ 년도로 측정한 시간을 나타낸다. 첫 번째 모형은 판매가 기간의 선형함수임을 상정하고 두 번째 모형은 판매가 2차함수임을 나타내고 있다.

a 이 모형들의 성격들을 논하라.

b 두 모형중에서 어떻게 결정하겠는가?

c 어떤 상황에서 2차함수 모형이 유용한가?

d 지난 20년간 미국에서의 자동차 판매자료를 구하여, 어느 모형이 자료에 더 적합한지 알아보라.

8.2 (8.4.16)의 F비율이 (8.4.18)의 F비율과 같음을 증명하라(힌트: ESS/TSS $= R^2$).

8.3 (8.4.18)와 (8.6.10)의 F검정이 같음을 증명하라.

8.4 식 (8.6.11)과 (8.6.12)를 증명하라.

8.5 콥-더글러스 생산함수를 고려하여 보자.

$$Y = \beta_1 L^{\beta_2} K^{\beta_3} \quad (1)$$

단, $Y =$ 산출, $L =$ 노동, $K =$ 자본이다. (1)식을 K로 나누면

$$(Y/K) = \beta_1 (L/K)^{\beta_2} K^{\beta_2+\beta_3-1} \quad (2)$$

을 얻는다. 식(2)에 로그를 취하고, 오차항을 추가하면

$$\ln(Y/K) = \beta_0 + \beta_2 \ln(L/K) + (\beta_2 + \beta_3 - 1)\ln K + u_i \quad (3)$$

를 얻는데, 단 $\beta_0 = \ln \beta_1$이다.

a. 만약, 식 (3)을 회귀분석할 자료를 가지고 있다면, 규모에 대한 수익불변, 즉 $(\beta_2 + \beta_3) = 1$의 가설을 어떻게 검정하겠는가?

b. 규모에 대한 수익불변이 성립한다면, 회귀식(3)의 의미를 어떻게 해석하겠는가?

c. 식 (1)을 K 대신 L로 나누면 결과에 영향을 미치겠는가?

8.6 진정한 R^2=0일 때 R^2의 임계치. 식 (8.4.11)은 모든 편회귀계수가 동시에 0이라는 가설(즉, $R^2 = 0$)이라는 가설 하에서 F와 R^2 간의 관계를 보여주고 있다. F분포로부터 유의수준 α에서의 F임계치를 찾아볼 수 있는 것처럼 다음의 관계로부터 R^2을 찾을 수 있다 :

$$R^2 = \frac{(k-1)F}{(k-1)F + (n-k)}$$

여기에서, k는 절편항을 포함한 회귀모형에서의 모수의 개수이고, F는 유의수준 α에서 F임계치이다. 만약, 관측된 R^2가 앞의 공식에서 얻은 R^2임계치보다 크다면 진정한 R^2이 0이라는 가설을 기각할 수 있다.

회귀(8.1.4)에 대해 위 공식을 사용하여 R^2임계치를 찾아라.(유의수준 $\alpha = 5\%$)

8.7 1968-1987기간에 걸친 연간자료에 기초하여 다음의 회귀결과를 얻었다.

$$\hat{Y}_t = -859.92 + 0.6470X_{2t} - 23.195X_{3t} \qquad R^2 = 0.9776 \qquad (1)$$

$$\hat{Y}_t = -261.09 + 0.2452X_{2t} \qquad R^2 = 0.9388 \qquad (2)$$

여기에서, Y = 수입재에 대한 미국의 지출(단위 : 1982년 불변가격 10억 달러), X_2 = 개인가처분소득(단위 :1982년 불변가격 10억 달러), X_3의 표준오차가 4.2750이다. 계산과정을 보여라.(Hint : R^2, F, t 간의 관계를 사용하여라)

8.8 다음의 회귀에서

$$\ln(Y_i / X_{2i}) = \alpha_1 + \alpha_2 \ln X_{2i} + \alpha_3 \ln X_{3i} + u_i$$

회귀계수의 값과 표준오차를 알고 있다고 하자.*
이때, 다음의 회귀모형의 모수와 표준오차를 어떻게 추정하려는가?

$$\ln Y_i = \beta_1 + \beta_2 \ln X_{2i} + \beta_3 \ln X_{3i} + u_i$$

8.9 다음의 모형을 가정하자.

$$Y_i = \beta_1 + \beta_2 X_{2i} + \beta_3 X_{3i} + \beta_4 X_{2i} X_{3i} + u_i$$

여기에서, Y는 개인소비지출, X_2는 개인소득, X_3은 개인의 부이다.† $(X_{2i} X_{3i})$항은 교호 항(Interaction term)으로 알려져 있다. 이 표현의 의미는

* Peter Kennedy, *A Guide to Econometrics*, the MIT Press, 3d ed., Cambridge, Massachusetts. 1992, p 310에서 발췌하였음

† Ibid p.327

무엇인가? 한계소비성향 (즉 β_2)이 소비자의 부와는 독립이라는 가설을 어떻게 검정하려는가?

8.10 다음의 회귀결과가 주어져 있다.

$$\begin{aligned}
\hat{Y}_t &= 16{,}899 \quad - 2978.5X_{2t} & R^2 = 0.6149 \\
t &= \quad (8.5152) \quad (-4.7280) & \\
\hat{Y}_t &= \;9734.2 \quad - 3782.2X_{2t} + 2815X_{3t} & R^2 = 0.7706 \\
t &= \quad (3.3705) \quad (-6.6070) \quad (2.9712) &
\end{aligned}$$

이 결과를 얻는데 사용된 개수를 찾아낼 수 있는가? (R^2, F, t 간의 관계를 이용하여라)

8.11 t검정과 F검정에 기초하여 각각 **개별가설과 결합가설**의 검정을 하게 되는데, 다음의 상황중 어떤 것이 옳은가?

1. F통계량에 기초하여 결합귀무가설을 기각하나, 개별적인 t검정에 기초하여 각 분리된 귀무가설을 기각하지 않는다.
2. F통계량에 기초하여 다른 개별적인 귀무가설을 기각하지 않는다.
3. F통계량에 기초하여 결합귀무가설을 기각하고, 개별적 t검정에 기초하여 각 분리된 귀무가설을 기각한다.
4. F통계량에 기초하여 결합귀무가설을 기각하지 않고, t검정에 기초하여 각 분리된 귀무가설을 기각하지 않는다.
5. F통계량에 기초하여 결합귀무가설을 기각하지 않고, t검정에 기초하여 한 개별적인 귀무가설을 기각하고, t검정에 기초하여 다른 개별적인 귀무가설을 기각하지 않는다.
6. F통계량에 기초하여 결합귀무가설을 기각하지 않으나, 개별적 t검정에 기초하여 분리된 귀무가설을 기각한다.*

실증문제

8.12 연습문제 7.21을 참조하자.

a. 실질현금잔고의 실질소득 탄력성과 이자율 탄력성은?
b. (a)에 구한 탄력성들이 개별적으로 통계적으로 유의한가?
c. 추정된 회귀의 전반적 유의도를 검정하라.
d. 실질현금잔고수요의 소득탄력성이 유의하게 1과 다른가?
e. 이자율변수를 모형에 포함시켜야 하는가? 그 이유는?

8.13 1992년 미국 46개 주의 자료를 사용하여 Baltagi는 아래와 같은 회귀결과를 얻었다:†

---

*Ernst R. Berndt, *The Practice of Econometrics* : Classic and Contemporary, Addison-Wesley, Reading, Mass., 1991. p.79에서 인용하였음.

† Badi H. Baltagi, *Econometrics*, Springer-Verlag, New York, 1998, p.111을 참조할 것.

$$\widehat{\log C} = 4.30 - 1.34 \log P + 0.17 \log Y$$
$$\text{se} = (0.91) \quad (0.32) \qquad (0.20) \qquad \bar{R}^2 = 0.27$$

여기에서 C = 담배소비량(단위: 팩/년)

P = 담배 1팩당 실질 가격

Y = 1인당 실질 가처분소득

a. 담배 수요의 가격탄력성은? 통계적으로 유의한가? 그렇다면, 통계적으로 1과 다른가?

b. 담배의 소득탄력성은? 통계적으로 유의한가? 유의하지 않다면, 그 이유는 무엇일까?

c. 위에서 주어진 **조정된** R^2 에서 R^2 를 어떻게 유도할 수 있는가?

8.14 209개 기업자료에서 Woolldridge는 다음과 같은 회귀결과를 얻었다:*

$$\log(\widehat{\text{salary}}) = 4.32 + 0.280 \log(\text{sales}) + 0.0174\,\text{roe} + 0.00024\,\text{ros}$$
$$\text{se} = (0.32) \quad (0.035) \qquad (0.0041) \qquad (0.00054)$$
$$R^2 = 0.283$$

여기에서 salary = CEO의 급여

sales = 연간 기업 판매량

roe = 자산에 대한 수익(단위: %)

ros = 기업 주식에 대한 수익

그리고 괄호 안의 숫자는 추정된 표준오차이다.

a. 다양한 계수에 관하여 생각할 수 있는 모든 선험적 기대를 고려하여, 위의 회귀결과를 해석하여라.

b. 어느 계수가 5% 수준에서 통계적으로 유의한가?

c. 회귀의 전반적 유의도는? 어떤 검정을 사용하는가? 그리고 그 이유는?

d. roe 와 ros의 계수를 탄력성 계수로 해석할 수 있는가? 그 이유는?

8.15 Y와 $X_2, X_3, \cdots, X_k$가 결합정규분포를 따르고 모집단 편상관계수가 각각 0이라는 귀무가설이 성립한다고 가정하면

$$t = \frac{r_{12.34\ldots k}\sqrt{n-k-2}}{\sqrt{1-r^2_{12.34\ldots k}}}$$

가 자유도 $n-k-2$인 t분포를 따른다는 것을 Fisher가 증명하였다. 여기에서 k는 k차 편상관계수, 그리고 n은 총관측치를 나타낸다.(주 : $r_{12.3}$은 1차 편상관계수, $r_{12.34}$는 2차 편상관계수를 나타낸다). 연습문제 7.2를 참조하여 보자. Y와 X_2, X_3가 결합정규분포를 따른다고 가정할 때 3개의 편상관 $r_{12.3}, r_{13.2}, r_{23.1}$을 계산하고 각각의 상관계수가 개별적으로 0이라는 가설하에서 그 유의도를 검정하라.

* Jeffrey M. Wooldridge, *Introductory Econometrics*, South-Wester Publishing Co., 2000, pp.154~155.

8.16 Griliches는 1921–1941 그리고 1948–1957년 동안 미국에서의 트랙터 수요를 분석하여 다음의 결과를 얻었다.*

$$\widehat{\log Y_t} = \text{constant} - \underset{(0.231)}{0.519} \log X_{2t} - \underset{(0.477)}{4.933} \log X_{3t} \qquad R^2 = 0.793$$

단, Y_t= 트랙터 주식의 가치, $X_2 = t-1$기의 모든 곡물을 고려한 가격지수로 나눈 트랙터 가격지수, $X_3 = t-1$기의 이자율, 그리고 괄호안의 숫자는 표준오차이다.

a. 위의 회귀결과를 해석하라.

b. 추정된 기울기 계수는 각각 통계적으로 유의한가? 또 1과 유의하게 다른가?

c. 분산분석기법을 사용하여, 전반적 회귀의 유의도를 검정하라(힌트: ANOVA 기법의 R^2 형태를 사용하라).

d. 트랙터 수요의 이자율 탄력성을 어떻게 계산하겠는가?

e. 추정된 R^2 의 유의도를 어떻게 계산하겠는가?

8.17 1950~1969 기간동안 영국경제에 대한 다음의 임금결정방식을 고려하여 보자.**

$$\hat{W}_t = \underset{(1.129)}{8.582} + \underset{(0.080)}{0.364}(\text{PF})_t + \underset{(0.072)}{0.004}(\text{PF})_{t-1} - \underset{(0.658)}{2.560}U_t$$

$$R^2 = 0.873 \qquad \text{df} = 15$$

여기에서 W = 고용 1인당 임금 .

PF = 요소비용으로 측정한 최종산출물 가격.

U = 영국의 실업(영국의 총고용인에 대한 비율),

t = 시간이다

(괄호 안에 있는 숫자는 추정된 표준오차이다.)

a. 앞의 식을 해석하여라.

b. 추정된 계수는 개별적으로 유의한가?

c. $(\text{PF})_{t-1}$을 도입하는 이유는 무엇인가?

d. $(\text{PF})_{t-1}$ 변수를 모형에서 배제하여야 하는가? 그 이유는?

e. 실업율 U에 관한 임금탄력성을 어떻게 계산할 수 있는가?

---

* Z.Griliches, "The Damand for a Durable Input : Farm Tracter in the United States, 1921–1957, in *The Demand for Durable Goods*, Arnold C Harberger(ed.), The University of Chicago Press, Chicago, 1960, Table, p.192

** Price and Earnings in 1951– 1969 : *An Econometric Assessment*, Dept of Employment, HMSO, 1971, Eg(19). p.35에서 발췌

8.18 연습문제 8.17에서의 임금결정 방정식을 다음과 같이 변형시켰다.†

$$\hat{W}_t = 1.073 + 5.288V_t - 0.116X_t + 0.054M_t + 0.046M_{t-1}$$
$$(0.797) \quad (0.812) \quad (0.111) \quad (0.022) \quad (0.019)$$
$$R^2 = 0.934 \quad df = 14$$

단 W = 고용 1인당 임금,
V = 영국의 구인율
X = 고용 1인당 국내총생산
M = 수입가격
M_{t-1} = 전년도의 수입가격이다
(추정된 표준오차는 괄호안에 주어져 있음).

a. 위의 식의 의미를 해석하라.
b. 추정된 계수들이 각각 통계적으로 유의한가?
c. 변수 X를 포함시킨 논리적 근거는? X의 부호가 음의 값을 가지리라 선험적으로 예상하는가?
d. 모형 내에 M_t와 M_{t-1} 모두를 포함시킨 목적은 무엇인가?
e. 어느 변수를 모형에서 제외시킬 수 있는가? 그 이유는?
f. 관측된 회귀의 전반적 유의도를 검정하라.

8.19 (8.6.24)에서 추정한 닭고기 수요함수에 대하여 추정된 소득탄력성이 1과 같은가? 가격탄력성이 −1과 같은가?

8.20 (8.6.24)의 수요함수에 대하여, 소득탄력성의 값이 수요의 가격탄력성의 값과 같으나 부호만 반대라는 가설을 어떻게 검정하려는가? 필요한 계산과정을 보여라. (주: $\text{cov}(\hat{\beta}_2, \hat{\beta}_3) = 0.00142$)

8.21 연습문제 7.16에서 다룬 장미의 수요함수를 참조하자. 로그형태를 사용한 모형설정에 한하여

a. 추정된 수요의 자체가격탄력성(즉 장미가격에 관한 탄력성)은 얼마인가?
b. 이 탄력성은 통계적으로 유의한가?
c. 유의하다면, 1과 유의하게 다른가?
d. 선험적으로, X_3(카네이션 가격)와 X_4(소득)의 부호가 어떠하리라 예상하는가? 경험적인 결과가 이 기대에 부합되는가?
e. X_3와 X_4의 계수가 통계적으로 유의하다면 그 이유는 무엇이겠는가?

8.22 연습문제 7.17을 참조하자.

a. 추정된 기울기계수는 5% 수준에서 개별적으로 각각 유의한가?
b. $R^2 = 0$이라는 가설을 기각할 것인가?
c. 1948~1978의 기간 동안 시굴정활동의 즉각적 증가율은 얼마인가? 그

† Ibid,eg(67) p.37

리고 대응되는 복합적 증가율은?

8.23 연습문제 7.18에서 추정한 미국 방위예산지출회귀를 참조하자.

a. 추정된 회귀결과에 대하여 일반적으로 논하라.

b. ANOVA표를 만들고 모든 편기울기 계수가 0이라는 가설을 검정하라.

8.24 다음의 모형은 초월적 생산함수(transcendental production function; TRF), 즉 유명한 콥– 더글러스 생산함수의 일반화된 형태로 알려져 있다.

$$Y_i = \beta_1 L^{\beta_2} k^{\beta_3} e^{\beta_4 L + \beta_5 K}$$

단, Y = 산출, L = 노동요소, k = 자본요소이다.

로그를 취하고 확률적 교란항을 추가하면, 다음과 같은 확률적 TPF를 얻는다.

$$\ln Y_i = \beta_0 + \beta_2 \ln L_i + \beta_3 \ln K_i + \beta_4 L_i + \beta_5 K_i + u_i$$

단, $\beta_0 = \ln \beta_3$이다.

a. 이 함수의 특성은 무엇인가?

b. TPF가 콥–더글러스 생산함수가 되기 위해서는 β_4, β_5의 값은 무엇이어야 하는가?

c. 자료를 가지고 있다면 TPF가 콥–더글러스 생산함수가 되는지를 어떻게 알아낼 수 있는가? 어떤 검정절차가 사용될 것인가?

d. 표 8.8의 자료가 TPF와 부합되는지를 밝히고, 그 계산과정을 보여라.

8.25 **에너지가격과 자본형성**: 1948~1978의 미국. 산출물의 가격에 비해 에너지 가격이 상승하면 현재의 자본과 노동의 생산성이 감소한다는 가설을 검정하기 위하여 John A. Tatom은 1948–I에서 1978–II까지의 미국의 분기별 자료를 사용하여 다음의 생산함수를 추정하였다.*

$$\begin{aligned}\widehat{\ln(y/k)} = \ & \underset{(16.33)}{1.5492} + \underset{(21.69)}{0.7135} \ln(h/k) - \underset{(-6.42)}{0.1081} \ln(P_e/P) \\ & + \underset{(15.86)}{0.0045t} \qquad R^2 = 0.98\end{aligned}$$

단, y = 민간기업의 실질산출,
k = 자본서비스의 흐름의 척도,
h = 민간기업의 노동시간,
P_e = 연료나 관련 상품들의 생산자 물가지수,
P = 민간기업부문의 가격 디플레이터,
t = 시간을 나타낸다. 괄호안의 숫자는 t통계량이다.

a. 회귀결과가 논문저자의 가설과 부합되는가?

* 그의 논문 "Energy Prices and Capital Formation: 1972–1977," *Review*, Federal Reserve Bank of St. Louis, vol.61, no. 5, May 1979, p.4.

표 8.10 회귀변수

연도	X_2, GNP	X_3, 주택건설 착공	X_4, 실업 %	X_5, 6개월 시차의 우량이자율	X_6, 고객가입자 이익, %	Y, 연간판매량 (MPF)
1968	1051.8	1503.6	3.6	5.8	5.9	5873
1969	1078.8	1486.7	3.5	6.7	4.5	7852
1970	1075.3	1434.8	5.0	8.4	4.2	8189
1971	1107.5	2035.6	6.0	6.2	4.2	7497
1972	1171.1	2360.8	5.6	5.4	4.9	8534
1973	1235.0	2043.9	4.9	5.9	5.0	8688
1974	1217.8	1331.9	5.6	9.4	4.1	7270
1975	1202.3	1160.0	8.5	9.4	3.4	5020
1976	1271.0	1535.0	7.7	7.2	4.2	6035
1977	1332.7	1961.8	7.0	6.6	4.5	7425
1978	1399.2	2009.3	6.0	7.6	3.9	9400
1979	1431.6	1721.9	6.0	10.6	4.4	9350
1980	1480.7	1298.0	7.2	14.9	3.9	6540
1981	1510.3	1100.0	7.6	16.6	3.1	7675
1982	1492.2	1039.0	9.2	17.5	0.6	7419
1983	1535.4	1200.0	8.8	16.0	1.5	7923

b. 1972년부터 1977년까지의 에너지의 상대가격, (P_e/P)이 60% 상승하였다. 추정된 회귀에 의하면 생산업의 손실은 얼마인가?

c. (h/k)와 (P_e/P)의 변화를 감안한 후 같은 기간 동안 생산성의 추세증가율은 얼마인가?

d. 계수값 0.7135의 의미를 어떻게 해석할 것인가?

e. 각 추정된 편기울기계수가 개별적으로 유의하다는 사실로부터 $R^2=0$의 가설을 기각할수 있는가? 그 이유는?

8.26 전화선에 대한 수요. 다음의 표는 주요 소비자에 대한 판매를 예측하기 위해 전화선 생산자들이 사용할 1968~1983년 동안의 자료를 요약한 것이다.*
표의 변수들은 아래와 같이 정의되어 있다.

Y = 총 전화선 판매량(백만피트)
X_2 = GNP(10억$)
X_3 = 주택건설착공 (1000단위)
X_4 = 실업률(%)
X_5 = 6개월 시차의 우량 이자율(%)
X_6 = 가입자 이익(%)

다음의 모형을 고려한다고 하자.

$$Y_i = \beta_1 + \beta_2 X_{2t} + \beta_3 X_{3t} + \beta_4 X_{4t} + \beta_5 X_{5t} + \beta_6 X_{6t} + u_t$$

a. 위의 모형을 추정하라.

b. 이 모형의 계수의 부호가 어떠하리라 기대하는가?

* 자료를 수집/처리하는데 Daniel J. Reardon의 도움을 받았다.

c. 부호에 관하여 회귀결과와 사전적 기대가 서로 일치하는가?

d. 추정된 편회귀계수가 5% 유의수준에서 각각 통계적으로 유의한가?

e. 가령 처음에는 Y를 X_2, X_3, X_4에만 회귀하고, 그 다음에 X_5, X_6을 추가했다고 하자. X_5, X_6을 포함시킬 가치가 있는지 어떻게 알 수 있는가? 어떤 검정을 사용하겠는가? 계산과정을 보여라.

8.27 Marc Nerlove는 전력생산에 대해서 다음의 비용함수를 추정하였다.*

$$Y = AX^{\beta} P^{\alpha_1} P^{\alpha_2} P^{\alpha_3} u \qquad (1)$$

여기에서 Y =총생산비용,

X =Kw시간으로 측정한 산출,

P_1 = 노동투입의 가격,

P_2 = 자본투입의 가격,

P_3 = 연료가격, 그리고

u = 오차항이다.

이론적으로 가격탄력성의 합은 1, 즉 $(\alpha_1+\alpha_2+\alpha_3)=1$이라고 예상된다. 이 제약을 가함으로써 앞의 비용함수는 다음과 같이 쓸 수 있다.

$$(Y/P_3) = AX^{\beta}(P_1/P_3)^{\alpha_1}(P_2/P_3)^{\alpha_2}u \qquad (2)$$

다른 말로 표현하면, (1)은 제약이 없는 형태이고 (2)는 제약이 가해진 비용함수이다.

29개의 중간규모 기업으로 구성된 표본에 기초하여, 그리고 로그변환을 한 후에 Nerolve는 다음의 회귀결과를 얻었다.

$$\begin{aligned} \widehat{\ln Y_i} &= -4.93 \quad + 0.94 \ln X_i + 0.31 \ln P_1 \\ \text{se} &= \ (1.96) \qquad (0.11) \qquad (0.23) \\ &\quad -0.26 \ln P_2 + 0.44 \ln P_3 \\ &\quad\ (0.29) \qquad (0.07) \qquad \text{RSS} = 0.336 \end{aligned} \qquad (3)$$

$$\begin{aligned} \widehat{\ln(Y/P_3)} &= -6.55 + 0.91 \ln X + 0.51 \ln(P_1/P_3) + 0.09 \ln(P_2/P_3) \\ \text{se} &= \ (0.16) \quad (0.11) \qquad (0.19) \qquad (0.16) \quad \text{RSS} = 0.364 \end{aligned} \qquad (4)$$

a. 식(3)과 (4)를 해석하여라,

b. $(\alpha_1+\alpha_2+\alpha_3)=1$이라는 제약이 유효한지를 어떻게 알 수 있는가? 계산과정을 보여라.

8.28 **자본자산가격모형(Capital Asset Pricing Model : CAPM)**의 추정. 6.1절에서 현대 자산이론인 자본자산가격모형을 고려하였다. 경험적 분석에서 CAPM은 2단계로 나누어진다.

* Marc Nerlove, "Returns to Scale in Electric Supply," in Carl Christ, ed., Measurement in Economics, Stanford University Press, Palo Alto, Calif., 1963. 이 책에서는 부호를 다르게 사용하였다.

1단계(시계열 회귀). 표본에 포함된 n개의 주식들이 각각에 대하여 다음의 회귀식을 시간에 걸쳐 회귀한다.

$$R_{it} = \hat{\alpha}_i + \hat{\beta}_i R_{mt} + e_{it} \tag{1}$$

단, R_{it}와 R_{mt}는 t년도의 주식의 수익률과 시장자산(예를 들어 S&P 500)의 수익률이다. β_i는 이미 설명한 바와 같이 i번째 주식의 배타 또는 시장 변동성계수이고, e_{it}는 잔차이다. 모두 합해서 N개의 주식에 대해 N개의 회귀식이 있고, 따라서 N개의 β_i 추정치를 얻는다.

2단계(횡단면 회귀). 이 단계에서는 다음의 모형을 N개의 주식에 대해 회귀시킨다.

$$\bar{R}_i = \hat{\gamma}_1 + \hat{\gamma}_2 \hat{\beta}_i + u_i \tag{2}$$

단, $\bar{R}_i$는 1단계에서 고려한 기간에 걸쳐 계산된 주식 i의 평균수익률 $\hat{\beta}_i$은 첫 번째 단계에서 구한 추정된 배타계수 u_i는 잔차항이다.

그 단계의 회귀식 (2)와 다음과 같이 표현된 CAPM식 (6.1.2)를 비교하면

$$\text{ER}_i = r_f + \beta_i(\text{ER}_m - r_f) \tag{3}$$

단, r_f는 위험이 없는 주식의 수익률(risk-free rate of return)이다. $\hat{\gamma}_1$은 i의 추정치이고, 그리고 γ_2은 시장위험할증(market risk premium)인 $(\text{ER}_m - r_f)$의 추정치임을 알 수 있다.

따라서, CAPM의 경험적 검정에서는 $\bar{R}_i$와 $\hat{\beta}_i$가 각각 ER_i와 β_i의 추정량으로 쓰인다.

이때 CAPM이 성립한다면, 통계적으로

$$\hat{\gamma}_1 = r_f$$

$$\hat{\gamma}_2 = R_m - r_f,\ (\text{ER}_m - r_f)\text{ 의 추정량}$$

다음으로 대체 모형을 고려하자.

$$\bar{R}_i = \hat{\gamma}_1 + \hat{\gamma}_2 \hat{\beta}_i + \hat{\gamma}_3 s^2_{e_i} + u_i \tag{4}$$

여기에서, s^2_{ei}은 첫단계 회귀로부터 얻은 i번째 주식의 잔차의 분산이다. 만약 CAPM이 유효하다면 $\hat{\gamma}_3$은 0과 유의하게 달라서는 안된다.

CAPM을 검정하기 위해 Levy는 1948~1968 기간 동안의 101개의 주식에 대해 (2)와 (4)의 회귀를 하여 다음의 결과를 얻었다.*

$$\begin{aligned} \hat{\bar{R}}_i = &\quad 0.109 \quad + \quad 0.037\beta_i \\ &\ (0.009) \qquad (0.008) \\ t = &\ (12.0) \qquad\ \ (5.1) \qquad\qquad R^2 = 0.21 \end{aligned} \tag{2$'$}$$

*H. Levy, "Equilibrium in an Imperfect Market: Aconstraint on the Number of Securities in the Portfolio," *American Economic Review*, vol. 68, no. 4, September 1978, pp. 643–658.

$$\hat{\bar{R}}_i = 0.106 + 0.0024\hat{\beta}_i + 0.201 s_{ei}^2$$
$$(0.008) \quad (0.007) \quad (0.038) \qquad (4)'$$
$$t = (13.2) \quad (3.3) \quad (5.3) \qquad R^2 = 0.39$$

a. 위 결과들은 CAPM과 부합되는가?
b. 변수 s_{ei}^2를 모형에 포함시킬 가치가 있는가? 어떻게 알 수 있는가?
c. CAPM이 성립한다면 (2)' 식의 $\hat{\gamma}_1$은 위험없는 수익률 i의 평균값의 근사치이어야 한다. 추정치는 10.9%인데, 이 값이 1948–1968동안의 위험없는 수익률의 적절한 추정치라고 생각하는가?(국공채 수익률 또는 다른 경쟁적인 위험없는 자산(risk-free asset)에 대한 수익률을 고려하여 보면 도움이 될 것임)
d. CAPM이 성립한다면 (2)' 에서 얻은 시장위험할증$(\bar{R}_m - r_f)$이 약 3.7%이다. 만약 i가 10.9%라고 가정한다면 이는 표본기간 동안 $\bar{R}_m$가 약 14.6%라는 것을 의미한다. 이것이 적절한 추정치라고 생각하는가?
e. CAPM에 대해 일반적으로 무엇이라 논평하겠는가?

8.29 연습문제 7.21c를 참고하자. 이제 필요한 방법을 알고 있는데, 두 모형 중에서 하나를 선택하는데 어떤 검정을 사용하려는가? 필요한 계산과정을 보여라. 두 모형의 종속변수가 다르다는 사실에 주목하여라.

8.30 예제 8.3을 참고하자. 식 (8.6.4)의 t검정을 사용하여 이 책에서 다른 기간 동안 멕시코 경제가 CRS(Constant Return to Scale)인지 확인하여라.

8.31 이미 여러 차례 논의한 바 있는 유아사망 예제를 다시 고려하자. (7.6.2.)의 회귀에서, 유아사망(CM)을 1인당 GNP(PGNP)와 여성문해율(FLR)에 회귀하였다. 이제 모형에 총 사망률(TFR)을 포함하고자 한다. 이 모든 변수들에 대한 자료는 표 6.4에 있다. (7.6.2.)의 회귀결과와 TFR을 포함한 회귀식 (7.6.2.)의 추정 결과는 다음과 같다.

1. $$\widehat{CM}_i = 263.6416 - 0.0056\ \text{PGNP}_i - 2.2316\ \text{FLR}_i \qquad (7.6.2)$$
$$\text{se} = (11.5932) \quad (0.0019) \quad (0.2099) \qquad R^2 = 0.7077$$

2. $$\widehat{CM}_i = 168.3067 - 0.0055\ \text{PGNP}_i - 1.7680\ \text{FLR}_i + 12.8686\text{TFR}_i$$
$$\text{se} = (32.8916) \quad (0.0018) \quad (0.2480) \quad (?)$$
$$R^2 = 0.7474$$

a. TFR의 계수를 어떻게 해석해야하는가? 선험적으로, CM과 TFR 사이에 양의 관계 혹은 음의 관계를 기대하였는가? 기대 이유를 설명하여라.
b. 두 식에 있어 PGNP와 FLR 계수 값이 달라졌는가? 달라졌다면, 그 이유는 무엇일까? 계수 값의 차이가 통계적으로 유의한가? 어떤 검정을 이용하겠는가? 이용하는 이유는?

c. 모형 1과 2중에서 한 모형을 어떻게 선택하려는가? 이 질문에 답하기 위하여 어떤 통계적 검정을 사용하려고 하는가? 필요한 계산과정을 보여라

d. TFR 계수의 표준오차가 위 회귀결과에 빠졌다. 이를 찾아낼 수 있는가? (힌트: t와 F분포 사이의 관계를 이용할 것)

8.32 연습문제 1.7로 돌아가자. 이 연습문제에는 21개 기업에 대한 광고비 지출과 광고 이미지 유지효과의 자료가 정리되어 있었다. 연습문제 5.11에서 이 자료의 산포도를 그리고 이미지와 광고지출 사이의 관계에 적절한 모형을 결정한 바 있다. Y는 이미지, X는 광고비 지출이라 할 때, 다음의 결과를 얻었다.

모형I: $Y_i = 22.163 + 0.3631X_i$

$\text{se} = (7.089) \quad (0.0971) \qquad r^2 = 0.424$

모형 II: $\hat{Y}_i = 7.059 + 1.0847X_i - 0.0040X_i^2$

$\text{se} = (9.986) \quad (0.3699) \quad (0.0019) \qquad R^2 = 0.53$

a. 두 모형을 해석하라

b. 어느 모형이 더 나은가? 판단의 이유는?

c. 두 모형 중 한 모형을 선택하였는데 어떤 통계적 검정을 이용하겠는가?

d. 광고비 지출에 수확체감이 존재하는가? 즉, 일정 수준의 광고비 지출 포만수준을 초과하는 경우 광고비 지출을 할 가치가 있는가? 그러한 지출 수준을 찾아낼 수 있는가? 필요한 계산과정을 보여라

8.33 (7.9.4)의 회귀에서, 2005년도 미국 50개 주와 Washington D.C의 제조업 부문에 콥-더글라스 생산함수를 적용하여 회귀한 결과를 제시하였다. 이 회귀에 기초하여, 이 부문에 규모에 대한 보수불변(CRS)이 존재하는지 다음의 방법으로 확인하여라.

a. 식 (8.6.4)의 t검정을 사용하여라. 두 기울기 계수 추정치의 공분산이 -0.03843이다.

b. 식 (8.6.9)의 F검정을 사용하라

c. 두 검정결과에 차이가 있는가? 전체 표본기간에 걸쳐, 50개 주와 Washington D.C 제조업부문의 규모에 대한 보수(returns to scale)에 관하여 어떤 결론을 내릴 수 있는가?

8.34 8.7절의 저축-소득 회귀를 다시 고려하자. 가령 전체 표본을 1970-1982와 1983-1995의 두 기간으로 구분하였다고 하자. Chow 검정을 사용하여 두 기간 사이에 저축-소득회귀의 구조적 변화가 있는지 검정하여라. 8.7절의 결과와 비교하여라. 그리고 전체 표본을 두 개의 기간으로 나누는 단절점(break point)의 선택에 대한 Chow검정의 민감성에 관하여 어떤 결론을 도

출할 수 있는가?

8.35 연습문제 7.24와 1947–2000동안 미국의 4개 경제변수를 담고 있는 표 7.12를 참고하자.

a. 소비지출을 실질소득, 실질 부(wealth), 실질 이자율에 회귀하여, 어느 회귀계수가 개별적으로 5% 유의 수준에서 통계적으로 유의한지 확인하여라. 추정된 계수들의 부호가 경제이론과 부합되는가?

b. (a)의 결과에 기초하여, 소득탄력성, 부 탄력성, 이자율탄력성을 어떻게 추정할 수 있는가? 만약 필요하다면, 이 탄력성들을 계산하는데 어떤 추가적 정보가 필요한가?

c. 소득탄력성과 부 탄력성이 동일하다는 가설을 어떻게 검정할 것인가? 필요한 계산과정을 보여라.

d. (a)에서 추정한 선형소비함수 대신에, 로그취한 소비지출을 로그취한 소득, 로그취한 부, 그리고 이자율에 회귀한다고 하자. 회귀결과를 보이시오. 이 결과를 어떻게 해석하겠는가?

e. (d)에서 추정된 소득탄력성과 부탄력성은 얼마인가? (d)에서 추정된 이자율의 계수를 어떻게 해석하겠는가?

f. (d)의 회귀에서 이자율 대신에 로그취한 이자율을 사용할 수 있었던 것인가? 그렇다면 그 이유는? 사용할 수 없는 것이었다면 그 이유는?

g. (b)와 (d)에서 추정된 탄력성을 어떻게 비교하겠는가?

h. (a)와 (d)의 회귀모형 중에서 어느 모형을 선호하는가? 이유는?

i. (d)의 모형을 추정하는 대신, 로그취한 소비지출을 로그취한 소득에만 회귀하였다고 하자. 로그취한 부(wealth)를 모형에 포함할 가치가 있는지를 어떻게 결정하려는가? 아울러, 로그취한 부와 로그취한 이자율 변수 모두를 모형에 포함할 가치가 있는지 어떻게 결정할 것인가? 필요한 계산과정을 보이시오.

8.36 8.8절과 표 8.9에 있는 1970–1995동안 개인 가처분소득과 개인저축에 관한 자료를 참고하자. 8.8절에서 두 기간 사이에 구조변화가 발생했는지를 알기위해서 Chow검정을 도입하였다. 표 8.11은 1970–2005로 확장된 새로운 값들을 포함하고 있다. NBER에 의하면 가장 최근의 미국경제가 수축기가 2001년 말에 종료되었다는 것이다. 자료를 다음의 3기간으로 나누어라 : (1)1970–1981, (2)1982–2001, (3)2002–2005

a. 전체 기간(1970~2005의 연간)과 세 번째 기간 (2002년 이후)에 대하여 모형을 추정하여라. Chow 검정을 사용하며, 세 번째 기간과 전체 기간 사이에 유의한 단절이 존재하는지 결정하여라.

b. 표 8.11의 새로운 자료로, 첫 번째 기간과 전체 기간사이에 유의한 차이가 있는지 결정하여라.

표 8.11
미국의 저축과 개인 가처분 소득(100억 달러), 1970-2005
(별도 표기한 경우를 제외하고는 10억 달러 단위; 연율로 계절 조정된 분기별 자료)

출처: Department of Commerce, Bureau of Economic Analysis.

연도	저축	소득
1970	69.5	735.7
1971	80.6	801.8
1972	77.2	869.1
1973	102.7	978.3
1974	113.6	1,071.6
1975	125.6	1,187.4
1976	122.3	1,302.5
1977	125.3	1,435.7
1978	142.5	1,608.3
1979	159.1	1,793.5
1980	201.4	2,009.0
1981	244.3	2,246.1
1982	270.8	2,421.2
1983	233.6	2,608.4
1984	314.8	2,912.0
1985	280.0	3,109.3
1986	268.4	3,285.1
1987	241.4	3,458.3
1988	272.9	3,748.7
1989	287.1	4,021.7
1990	299.4	4,285.8
1991	324.2	4,464.3
1992	366.0	4,751.4
1993	284.0	4,911.9
1994	249.5	5,151.8
1995	250.9	5,408.2
1996	228.4	5,688.5
1997	218.3	5,988.8
1998	276.8	6,395.9
1999	158.6	6,695.0
2000	168.5	7,194.0
2001	132.3	7,486.8
2002	184.7	7,830.1
2003	174.9	8,162.5
2004	174.3	8,681.6
2005	34.8	9,036.1

c. 가운데 기간(1982~2001) 대(versus) 전체기간에 대하여 유의한 차이가 존재하는지 Chow검정을 실시하여라.

부록 8A.2

우도비(Likelihood Ratio: LR) 검정*

부록 4A에서 2-변수 회귀모형의 최우추정량을 어떻게 구하는지를 보여주었는데 LR검정은 이러한 최우(Maximum Likelihood)원칙에 기초하고 있다. 그 원칙은 다중회귀분석의 경우로 직접 확장될 수 있다. 오차항이 정규분포를 따른다고 가정하에서 2-변수회귀모형의 경우 회귀 계수의 OLS추정량과 ML추정량이 서로 동일하다는 것을 보인 바 있다.

* 선택적 내용임

그러나 추정된 오차분산은 서로 다르게 나타났다. 즉, σ^2의 OLS추정량은 ML추정량이 아니다. 전자는 불편추정량이나 후자는 불편추정량이 아니다. 다만, 최우추정량의 편의는 대표본에서는 사라져 버리게 된다.

동일한 원리가 다중회귀분석에도 적용된다. 예를 들기 위해, 식 (8.9.1)의 장미에 대한 선형수요함수를 고려하여 보자.

$$Y_i = \beta_1 + \beta_2 X_{2i} + \beta_3 X_{3i} + u_i \tag{1}$$

부록 4A의 식 (5)에 대응하여 (8.9.1)에 대한 로그-우도함수를 다음과 같이 쓸 수 있다.

$$\ln \mathrm{LF} = -\frac{n}{2}\ln(\sigma^2) - \frac{n}{2}\ln(2\pi) - \frac{1}{2\sigma^2}\sum(Y_i - \beta_1 - \beta_2 X_{2i} - \beta_3 X_{3i})^2 \tag{2}$$

부록 4A에서 볼 수 있듯이, 이 함수를 $\alpha_1, \alpha_2, \alpha_3, \sigma^2$에 관한 미분한 후 그 결과를 0으로 놓고 이를 풀면, 모수들의 ML추정량을 구하게 된다 ; $\alpha_1, \alpha_2, \alpha_3$의 ML추정량은 잔차자승합(RSS)을 $(n-3)$으로 나누는데 반해, 최우추정량은 n으로 나누기 때문에 서로 다르다.

이제 카네이션 가격변수 X_3의 계수, α_3가 0이라는 귀무가설 H_0를 검정하고자 한다고 하자. 이 경우에 (1)의 로그-우도함수는 다음과 같이 변한다.

$$\ln \mathrm{LF} = -\frac{n}{2}\ln(\sigma^2) - \frac{n}{2}\ln(2\pi) - \frac{1}{2\sigma^2}\sum(Y_i - \beta_1 - \beta_2 X_{2i})^2 \tag{3}$$

식 (3)를 제약받는 로그-우도함수(restricted log-likelihood Function : RLLF)라고 하는데, 그 이유는 선험적으로 α_3가 0이라는 제약하에서 추정되기 때문이다. 반면, 식 (1)을 제약받지 않는 로그-우도함수(unrestricted log-likelihood Function : ULLF)라고 하는데, 그 이유는 모수에 대한 아무런 선험적 제약이 없기 때문이다. β_3가 0이라는 선험적 제약의 타당성을 검정하기 위해 LR검정은 다음과 같은 검정통계량에 기초하고 있다.

$$\lambda = 2(\mathrm{ULLF} - \mathrm{RLLF}) \tag{4}$$
*

여기에서 ULLF와 RLLF는 각각 제약받지 않는 로그-우도함수(식 [2])와 제약받는 로그-우도함수(식 [3])를 나타낸다. 만약 표본의 크기가 충분히 크다면, (4)의 검정통계량 λ가 카이자승분포를 따른다는 것을 보일 수 있다. 이때의 자유도는 귀무가설에 의해 가해진 제약의 개수와 일치하는데 이 경우에는 1이다.

LR검정에 깔린 기본 개념은 단순하다 : 만약 선험적인 제약이 유효하다면 제약받는 로그-우도함수와 제약받지 않는 로그-우도함수가 서로 달라서는 안되고, 따라서 λ는 0이 될 것이다. 그러나 그렇지 않은 경우에는 두 우도함수가 차이가 날 것이다. 그리고 표본이 클 때, λ가 카이자승분포를 따르기 때문에 1%나 5% 유의수준에서 두 우도함수간의 차이가 통계적으로 유의한지 여부를 확인할 수 있다. 또는 추정된 λ의 p값을 알아낼 수 있다.

유아사망 예제를 사용하여 LR검정의 예를 들어보자. 식 (8.1.4)에서 했던 것처럼, 유아사망(CM)을 1인당 GNP(PGNP)와 여성문해율(FLR)에 회귀한다면, ULLF값이 −328.1012

*이 식은 −2(RLLF−ULF) 또는 −2 ln(RLLF/ULF)로 표현할 수 있다.

이 된다. 그러나 CM을 단지 PGNP에만 회귀한다면 RLLF값이 −361.6396이다. 절대값으로(즉, 부호를 무시하면), 전자는 후자보다 작은데, 이는 앞의 모형에 변수를 추가하였기 때문에 일리가 있다 하겠다. 이제 FLR변수를 추가할 가치가 있는가? 가치가 없다면, 제약받는 LLF와 제약받지 않는 LLF가 다르지 않을 것이지만, 가치가 있다면 LLF들이 달라질 것이다. 이 차이가 통계적으로 유의한지를 보기위하여, 식(4)의 LR검정을 사용하면 :

$$\lambda = 2[-328.1012 - (-361.6396)] = 67.0768$$

점근적으로, 이는 df가 1(전체모형에서 FLR변수를 생략했을 때 단지 1개의 제약만을 가하는 것이기 때문에 df가 1임)인 카이자승분포를 따른다. df가 1인 경우 위의 카이자승 값을 얻을 p값이 거의 0이고, 이는 결과적으로 모형에서 FLR변수를 모형에서 배제해서는 안 된다는 것이다. 다른 말로 표현하자면, 현재의 경우 제약된 모형은 유효하지 않다.

RRSS와 URSS이 각각 제약받는 오차자승합, 제약받지 않는 오차자승합을 나타낸다면, 식 (4)는 다음과 같이 쓸 수도 있다;

$$-2\ln\lambda = n(\ln \text{RRSS} - \ln \text{URSS}) \tag{5}$$

위의 통계량은 자유도가 γ인 χ^2분포를 따른다. 여기에서 γ은 모형에 가해진 제약의 개수(즉, 본 해의 모형에서 생략된 계수의 개수)이다. 비록 Wald검정과 LM검정을 더 상세히 다루지 않을 것임에도 불구하고, 이 검정들이 실행되는 형태가 다음과 같다는 정도만 소개한다:

$$\text{Wald 통계량 (W)} = \frac{(n-k)(\text{RRSS} - \text{URSS})}{\text{URSS}} \sim \chi_r^2 \tag{6}$$

$$\text{라그랑지 승수 통계량 (LM)} = \frac{(n-k+r)(\text{RRSS} - \text{URSS})}{\text{RRSS}} \sim \chi_r^2 \tag{7}$$

여기에서 k는 제약받는 모형에서 설명변수의 개수이고, r은 제약의 개수이다. 위의 식들에서 볼 수 있듯이, 세 가지 검정은 점근적으로(즉, 대표본에서) 동등하다. 즉, 유사한 검정결과를 보여준다. 그러나, 소표본에서는 검정결과가 달라질 수 있다. 이 세 가지 검정사이에는 다음과 같은 흥미로운 관계가 존재한다:

$$\text{W} \geq \text{LR} \geq \text{LM}$$

그러므로, 소표본에서 한 가설이 wald 통계량에 의하여 기각되지만 LM통계량에 의해서는 기각되지 않을 수가 있다.*

책에서 지적했듯이. 대부분의 우리의 목적에는 t검정과 F검정이면 충분하다. 그러나 위에서 논의한 3가지 검정은 일반적으로 활용가능성이 크다. 예를 들어, 선형모형에서의 비선형 가설의 감정이나 분산-공분산 행렬에 대한 제약의 검정 등을 들 수 있다. 또한 이 검정법들은 오차항들이 정규분포를 따른다는 가정이 유지될 수 없다고 가정하는 상황에 적용될 수 있다.

* G.S Maddala, *Introduction to Econometrics*, 3d ed., John Wiley & Sons, New York, 2001, p. 177.

Wald검정과 LM검정의 수학적 복잡함 때문에, 더 이상 상세히 다루지 않는다. 그러나 앞에서 지적했듯이, 점근적으로 LR, Wald, LM이 동질적인 해답. 즉 계산의 편리함에 의존한 검정법의 선택에 대한 해답을 제시할 것이다.

9장

가변수 회귀모형

1장에서 우리는 실증분석에서 대개 접하게 되는 네가지 유형의 변수에 대해 간략하게 논의하였다. 이들은 비율 척도, 구간 척도, 서수 척도, 명목 척도(nominal scale) 등이다. 지금까지 우리가 접한 변수의 형태는 주로 비율척도였다. 그러나 회귀모형이 비율 척도만을 다룰 수 있다는 것은 아니다. 이 장에서는 비율 척도 변수뿐만 아니라 명목 척도 변수도 들어가는 모형을 보기로 한다. 그러한 변수들은 지표 변수, 범주 변수, 정성적 변수 또는 가변수 등으로 알려져 있다.[1]

9.1 가변수의 본질

회귀분석에서 종속변수는 종종 비율 척도 변수(예를 들어, 소득, 산출량, 가격, 비용, 높이, 온도)에 의해 영향을 받을 뿐만 아니라 성, 인종, 피부색, 종교, 국적, 지리적 위치, 정치적 격변, 정당 가입 등과 같이 본질상 질적 또는 명목 척도인 변수들에 의해서도 영향을 받는다. 예를 들어 모든 다른 요소들은 변하지 않는다고 하면 여성 근로자들은 남성 근로자들보다 임금이 더 적은 것으로 나타나고, 유색인종 근로자들은 백인 근로자들보다 임금이 더 적은 것으로 나타난다.[2] 이러한 결과는 성차별이나 인종차별의 결과일 수 있지만 그 이유가 무엇이든 성이나 인종과 같은 정성적 변수들이 종속변수에 영향을 미칠 것으로 생각되므로 이들은 설명변수에 포함되어야 한다.

대개 그러한 변수들은 "특성"의 존재나 부재 또는 남성/여성, 흑인/백인, 카톨릭신자/비카톨릭신자, 민주당원/공화당원과 같은 속성을 나타내기 때문에 이것들은 본질적으로 명목 척도(nominal scale) 변수들이다. 그 같은 속성을 "정량화"할 수 있는 유일한 방법은 1 또는 0의 값을 갖는 인위적 변수를 만들어 1은 그 속성의 존재(또는 소유)를, 0은 그 속성의 부재를 나타내도록 하는 것이다. 예를 들어, 1은 어떤 사람이 여성이라는 것을 의미하고, 0은 남성이라는 것을 의미할 수 있고, 1은 어떤 사람이 대학 졸업자라는 것을 의미하고 0은 대학 졸업자가

1.15장에서 서수 척도 변수에 대해 다루기로 한다.

2. 이 주제에 대한 실증분석을 검토하기 위해서는 Bruce E. Kaufman & Julie L. Hotchkiss, *The Economics of Labor Markets*, 5th ed., Dryden Press, New York, 2000 참조.

아니라는 것을 의미할 수 있다. 이와 같이 0과 1의 값이 부여되는 변수를 가변수라고 부른다.[3] **따라서 그러한 변수들은 본질적으로 남성 또는 여성과 같이 자료를 상호배타적 범주로 분류하는 도구이다.**

가변수는 정량 변수처럼 쉽게 회귀모형에 포함될 수 있다. 실제로 어떤 회귀모형은 성격상 모두 가변수 또는 정성적 변수인 설명변수들만 포함하고 있을 수도 있다. 그러한 모형을 우리는 분산분석(ANOVA) 모형이라 부른다.[4]

9.2 ANOVA 모형

ANOVA 모형을 설명하기 위해 다음의 예를 보기로 한다.

예제 9.1

지역별 공립학교 교사의 봉급

표 9.1은 2005~6학년도에 50개 주 및 D.C.에 소재한 공립학교 교사들의 평균봉급(달러로 표기)에 대한 자료를 보여주고 있다. 51개 지역은 다시 (1) 북동부와 북중부(21개 주), (2) 남부(17개 주), (3) 서부(13개 주) 등 세 개의 광역으로 분류된다. 당분간은 표의 형태나 표 안에 있는 다른 자료에 대해서는 신경 쓰지 말기 바란다.

가령 우리는 공립학교 교사들의 평균 연봉이 세 광역간 상이한지 여부를 알고 싶다고 하자. 만일 세 광역에 대해 교사들의 평균연봉에 대한 평균을 계산해 보면 세 광역의 평균값들은 각각 $49,538.71(북동부와 북중부), $46,293.59(남부), $48,104.62(서부) 등으로 나온다. 이 수치들은 서로 다르게 보이기는 하지만 이들은 과연 통계적으로 서로 다른가? 둘 또는 그 이상의 평균값들을 비교하는 다양한 통계기법들이 존재하는데 대개 분산분석이라는 이름으로 불린다.[5] 그러나 동일한 작업을 회귀분석의 틀 내에서도 수행할 수 있다.

이를 보기 위해 다음과 같은 모형을 보자.

$$Y_i = \beta_1 + \beta_2 D_{2i} + \beta_{3i} D_{3i} + u_i \tag{9.2.1}$$

여기서 Y_i =주 i의 공립학교 교사의 (평균)연봉

D_{2i} =만일 해당 주가 북동부나 북중부에 소재하면 1,
그렇지 않으면(즉, 다른 지역에 소재하면) 0

D_{3i} =만일 해당 주가 남부에 소재하면 1,
그렇지 않으면 (즉, 다른 지역에 소재하면) 0

3. 가변수가 0과 1의 값을 취하는 것이 절대적인 것은 아니다. (0,1)의 쌍은 $Z = a + bD$ $(b \neq 0)$와 같은 선형함수에 의해 다른 쌍으로 변환될 수 있다. 여기서 a와 b는 상수이고, D는 1 또는 0이다. $D = 1$일 때 $Z = a+b$이고, $D = 0$일 때 $Z = a$이다. 따라서 초기의 쌍 (0,1)은 $(a, a+b)$가 된다. 예를 들어 만일 $a = 1$, $b = 2$이면 가변수는 (1,3)이 된다. 이 같은 사실로부터 정성적 변수 또는 가변수는 그 크기를 측정하는 일관된 척도를 가지고 있지 않다는 것을 알 수 있다. 이것이 바로 명목 척도 변수라고 불리는 이유이다.
4. ANOVA 모형은 정량적 피회귀변수(regressand)와 정성적 또는 가변수 회귀변수간 관계의 통계적 유의성을 평가하는 데 사용된다. 이 모형은 종종 둘 또는 그 이상의 집단 또는 범주의 평균값의 차이를 비교하는 데 이용되므로, 단지 두 집단 또는 범주만의 평균을 비교하는 데 사용되는 t 검정보다 더 보편적이다.
5. 응용방법에 대해서는 John Fox, *Applied Regression Analysis, Linear Models, and Related Methods*, Sage Publications, 1997, 8장 참조.

표 9.1 주별 공립학교 교사들의 평균연봉, 2005~6

주	연봉	지출	D_2	D_3	주	연봉	지출	D_2	D_3
코넥티커트	60,822	12,436	1	0	조지아	49,905	8,534	0	1
일리노이	58,246	9,275	1	0	켄터키	43,646	8,300	0	1
인디애나	47,831	8,935	1	0	루이지애너	42,816	8,519	0	1
아이오와	43,130	7,807	1	0	메릴랜드	56,927	9,771	0	1
캔사스	43,334	8,373	1	0	미시시피	40,182	7,215	0	1
매인	41,596	11,285	1	0	노스캐롤라이나	46,410	7,675	0	1
매사츄세츠	58,624	12,596	1	0	오클라호마	42,379	6,944	0	1
미시간	54,895	9,880	1	0	사우스캐롤라이나	44,133	8,377	0	1
미네소타	49,634	9,675	1	0	테네시	43,816	6,979	0	1
미주리	41,839	7,840	1	0	텍사스	44,897	7,547	0	1
네브라스카	42,044	7,900	1	0	버지니아	44,727	9,275	0	1
뉴햄프셔	46,527	10,206	1	0	웨스트버지니아	40,531	9,886	0	1
뉴저지	59,920	13,781	1	0	앨라스카	54,658	10,171	0	0
뉴욕	58,537	13,551	1	0	아리조나	45,941	5,585	0	0
노스다코다	38,822	7,807	1	0	캘리포니아	63,640	8,486	0	0
오하이오	51,937	10,034	1	0	콜로라도	45,833	8,861	0	0
펜실배니아	54,970	10,711	1	0	하와이	51,922	9,879	0	0
로드아일랜드	55,956	11,089	1	0	아이다호	42,798	7,042	0	0
사우스다코다	35,378	7,911	1	0	몬태너	41,225	8,361	0	0
버몬트	48,370	12,475	1	0	네바다	45,342	6,755	0	0
위스컨신	47,901	9,965	1	0	뉴멕시코	42,780	8,622	0	0
앨라바마	43,389	7,706	0	1	오레곤	50,911	8,649	0	0
아칸사	44,245	8,402	0	1	유타	40,566	5,347	0	0
델라웨어	54,680	12,036	0	1	워싱턴D.C.	47,882	7,958	0	0
	59,000	15,508	0	1	와이오밍	50,692	11,596	0	0
플로리다	45,308	7,762	0	1					

주: D_2 =1 북동부와 북중부에 소재한 주인 경우; 그렇지 않으면 0

D_3 =1 남부에 소재한 주인 경우; 그렇지 않으면 0

출처: National Educational Association, 2007.

식 (9.2.1)은 앞에서 본 보통의 다중회귀모형과 유사한데 다만 정량적 회귀변수 대신 관찰치가 특정 범주에 속하면 1의 값을 취하고, 그 범주 또는 집단에 속하지 않으면 0의 값을 취하는 정성적 변수 또는 가변수들만을 회귀변수로 갖는 모형이다. 지금부터 모든 가변수들은 문자 D로 표기하기로 한다. 표 9.1은 위와 같이 만들어진 가변수들을 보여주고 있다.

모형 (9.2.1)은 무엇을 설명하고 있나? 오차항이 통상적인 OLS 가정들을 만족시킨다고 가정하고 식 (9.2.1)의 양변에 대해 기대치를 취하면 다음을 얻게 된다.

북동부와 북중부에 소재한 공립학교 교사들의 평균연봉:

$$E(Y_i \mid D_{2i} = 1, D_{3i} = 0) = \beta_1 + \beta_2 \tag{9.2.2}$$

남부에 소재한 공립학교 교사들의 평균연봉:

$$E(Y_i \mid D_{2i} = 0, D_{3i} = 1) = \beta_1 + \beta_3 \tag{9.2.3}$$

여러분은 서부에 소재한 교사들의 평균연봉은 어떻게 구하는지 궁금해 할지 모른다. 만일 여러분이 그 값은 β_1이라고 추측한다면 정답이다. 왜냐하면

서부에 소재한 공립학교 교사들의 평균연봉:

예제 9.1 (계속)

$$E(Y_i \mid D_{2i} = 0,\ D_{3i} = 0) = \beta_1 \qquad \textbf{(9.2.4)}$$

다시 말하면 서부에 소재한 공립학교 교사들의 평균 연봉은 다중회귀식 (9.2.1)에서 절편 β_1이 되고, "기울기" 계수인 β_2와 β_3은 각각 북동부와 북중부, 그리고 남부에 소재한 교사들의 평균 연봉이 서부에 소재한 교사들의 연봉과 얼마나 다른지를 알려 준다. 그러나 이들 차이가 통계적으로 유의한지 여부는 어떻게 알 수 있나? 이 질문에 대한 답을 하기 전에 회귀식 (9.2.1)의 분석 결과를 보자. 표 9.1에 주어진 자료를 이용하면 다음과 같은 분석 결과를 얻는다.

$$\begin{aligned}
\hat{Y}_i &= 48{,}014.615 \quad + 1{,}524.099D_{2i} - 1{,}721.027D_{3i} \\
\text{se} &= (1857.204) \qquad (2363.139) \qquad (2467.151) \qquad \textbf{(9.2.5)} \\
t &= (25.853) \qquad (0.645) \qquad (-0.698) \\
&\quad (0.0000)^* \qquad (0.5220)^* \qquad (0.4888)^* \qquad R^2 = 0.0440
\end{aligned}$$

여기서 *는 p값을 나타낸다.

이 회귀분석 결과가 보여 주듯이 서부지역 교사들의 평균연봉은 약 $48,015이고, 북동부와 북중부의 경우에는 약 $1,524 정도 더 많으며, 남부의 경우 약 $1,721 정도 더 적다. 이들 두 지역에서의 실제 평균 연봉은, 식 (9.2.3)과 (9.2.4)에서 보는 바와 같이 서부지역 교사들의 평균 연봉에 위의 연봉 차이를 더해 주면 쉽게 구할 수 있다. 이렇게 하면 이 두 지역의 평균 연봉은 약 $49,539와 $46,294가 된다.

그러나 이들 평균 연봉이 비교 대상 범주인 서부지역 교사들의 평균 연봉과 통계적으로 상이하다는 것을 어떻게 알 수 있나? 그것은 아주 쉽다. 식 (9.2.5)에서의 각 "기울기" 계수가 통계적으로 유의한지 보면 된다. 위의 식에서 볼 수 있듯이 북동부와 북중부에 대해 추정된 기울기 계수는 p값이 52%로 통계적으로 유의하지 않고, 남부에 대해 추정된 기울기 계수도 p값이 49%로 통계적으로 유의하지 않다. 따라서 전반적인 결론은 서부지역, 북동부와 북중부, 그리고 남부에 소재한 공립학교 교사들의 평균 연봉은 거의 똑같다는 것이다. 그림으로 보면, 상황은 그림 9.1과 같다.

이들 차이를 해석할 때 주의할 점이 있다. 만일 차이가 존재한다면 가변수들은 단지 그 차이만 나타낼 뿐이지 차이가 나는 이유를 제시해 주지는 못 한다. 교육 수준, 생계비 지수, 성, 인종 등의 차이가 관찰되는 연봉 차이에 어느 정도 영향을 미칠 수 있다. 따라서 교사의 연봉에 영향을 미칠 수 있는 기타 변수들을 함께 고려하지 않는다면 연봉 차이의 원인을 정확히 파악할 수 없다.

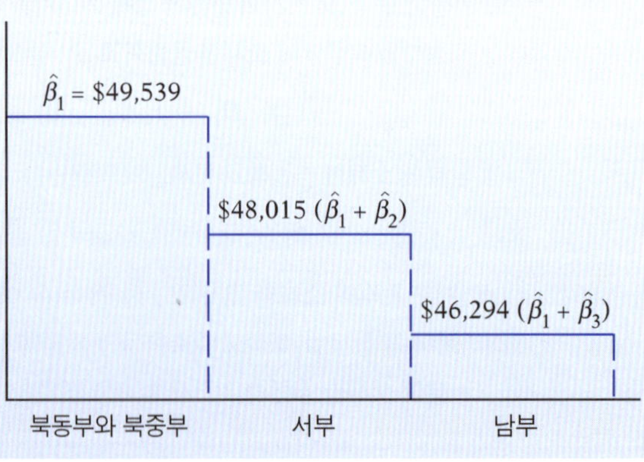

그림 9.1 세 지역에 소재한 공립학교 교사들의 평균 연봉(달러)

지금까지의 논의로부터 다양한 가변수들 앞에 위치한 계수들이 개별적으로 통계적으로 유의한지 살피는 것이 중요하다. 지금의 예는 회귀모형에 정성적 또는 가변수 회귀변수들이 얼마나 용이하게 포함될 수 있는가를 보여주고 있다.

가변수 사용시 주의할 점

비록 가변수는 회귀모형에 쉽게 포함시킬 수 있지만 조심해서 사용해야만 한다. 특히 다음과 같은 측면을 생각해 보자.

1. 예 9.1에서 세 지역을 구분하기 위해 우리는 D_2와 D_3 등 단지 두 개의 가변수를 사용하였다. 왜 우리는 세 지역을 구분하기 위해 세 개의 가변수를 사용하지 않았나? 가령 우리가 다음과 같이 세 개의 가변수를 썼다고 하자.

$$Y_i = \alpha + \beta_1 D_{1i} + \beta_2 D_{2i} + \beta_3 D_{3i} + u_i \tag{9.2.6}$$

여기서 D_{1i}는 서부에 소재한 주의 경우 1, 그렇지 않으면 0이다. 그러면 세 지역 각각에 대해 하나의 가변수가 존재하게 된다. 표 9.1의 자료를 사용하여 식 (9.2.6)을 회귀분석하려 하면 컴퓨터는 실행을 "거부"할 것이다 (한번 시도해 보라).[6] 왜? 그 이유는 식 (9.2.6)과 같이 각 범주 또는 집단에 대해 하나의 가변수를 가지고 있고, 절편이 존재하는 형태의 식은 완전 공선성(perfect collinearity), 즉 변수들간에 정확한 선형 관계가 된다. 왜? 표 9.1에 서부지역에 소재한 주이면 1의 값을 갖고, 그렇지 않으면 0의 값을 갖는 가변수 D_1을 새로운 열로 포함시킨다고 하자. 이제 세 열로 된 D를 수평으로 더해 주면 51개의 1로 된 열을 얻게 된다. 그런데 각 관찰치에 대해 절편 α의 값은 (암묵적으로) 1이므로 51개의 1로 된 열이 또 하나 존재하는 것이 된다. 다시 말하면 세 열로 된 D의 합계는 단지 절편인 열을 재생하는 것이 되어 완전 공선성에 이르게 된다. 이 경우 모형 (9.2.6)의 추정은 불가능하다.

이로부터 다음 사항이 중요하다. 만일 정성적 변수가 m개의 범주를 가지고 있다면, 단지 $(m-1)$개의 가변수만 포함시켜야 한다. 우리의 예에서 정성적 변수인 "지역"은 세 개의 범주로 되어 있으므로 단지 두 개의 가변수만 포함시켰다. 만일 이 규칙을 따르지 않게 되면 완전 공선성이나 또는 변수들간에 하나 이상의 정확한 관계가 존재하는 완전 다중공선성 상태가 되는 소위 가변수 함정(dummy variable trap)에 빠지게 된다. 나중에 한가지 예를 보겠지만 모형 안에 하나 이상의 정성적 변수가 존재할 때에도 이 규

6. 실제로 자료행렬이 특이행렬(singular matrix)이라는 메시지가 나올 것이다.

칙은 적용된다. 따라서 앞의 규칙은 다음과 같이 다시 써야 한다. 각각의 정성적 회귀변수에 대해 모형에 포함되는 가변수의 수는 그 변수의 범주의 수보다 하나 작아야 한다. 따라서 만일 예 9.1에서 우리가 교사의 성별에 대한 정보를 가지고 있다면 남성의 경우 1, 여성의 경우 0 또는 그 반대의 값을 갖는 추가적 가변수 하나(둘이 아님)를 사용하게 된다.

2. 아무 가변수도 지정되지 않은 범주를 기준(base), 벤치마크(benchmark), 통제(control), 비교(comparison), 참조(reference), 또는 생략된 범주(omitted category) 등으로 부르기도 한다. 그리고 모든 비교는 벤치마크 범주와의 관계가 된다.
3. 절편값(β_1)은 벤치마크 범주의 **평균값**을 나타낸다. 예 9.1에서 벤치마크 범주는 서부 지역이다. 따라서 식 (9.2.5)에서 약 48,015의 절편값은 서부 지역 교사들의 평균 연봉을 나타낸다.
4. 식 (9.2.1)에서 가변수 앞에 위치한 계수들은 차이를 나타내는 절편 계수(differential intercept coefficients)로 알려져 있는데 그 이유는 이들은 1의 값을 갖는 범주의 값이 벤치마크 범주의 절편 계수와 얼마나 차이가 나는지를 알려 주기 때문이다. 예를 들어 식 (9.2.5)에서 1,524라는 값은 북동부 또는 북중부 교사들의 평균 연봉이 벤치마크 범주인 서부 교사들의 평균 연봉인 \$48,015보다 약 \$1,524 더 많다는 것을 말한다.
5. 앞에서 본 예와 같이 만일 정성적 변수가 하나 이상의 범주를 가지고 있다면 벤치마크 범주의 선택은 전적으로 연구자에게 달려 있다. 종종 벤치마크의 선택이 당면한 특정 문제에 의해 좌우되기도 한다. 앞의 예에서 남부 지역이 벤치마크로 선택될 수도 있었다. 그 경우 식 (9.2.5)의 회귀분석 결과는 달라지는데 이유는 모든 비교가 남부와의 관계로 이루어지기 때문이다. 물론 이로 인해 우리 예의 전반적 결론이 바뀌지는 않는다(그 이유는?). 이 경우 절편값은 약 \$46,294가 되는데, 이것은 남부 지역 교사의 평균 연봉이다.
6. 앞에서 가변수 함정에 대해 경고하였다. 해당 변수의 범주 수만큼 가변수를 포함시키면서도 이 함정을 피할 수 있는 방법이 있는데 그것은 절편항을 포함시키지 않는 것이다. 식 (9.2.6)에서 절편항을 생략한 다음 모형을 보자.

$$Y_i = \beta_1 D_{1i} + \beta_2 D_{2i} + \beta_3 D_{3i} + u_i \qquad \textbf{(9.2.7)}$$

더 이상 완전 공선성이 존재하지 않기 때문에 가변수 함정에 빠지지 않는다. **그러나 명심할 것은 이 모형을 회귀분석할 때 컴퓨터에서 반드시 절편항을 포함시키지 말라는 명령을 해야 한다.**

회귀식 (9.2.7)을 어떻게 해석하나? 식 (9.2.7)에 기대치를 취하면 다음을 얻게 된다.

β_1= 서부 지역 교사들의 평균 연봉
β_2= 북동부와 북중부 지역 교사들의 평균 연봉
β_3= 남부 지역 교사들의 평균 연봉

다시 말하면 **절편항이 없는 경우 각 범주에 대한 가변수로부터 다양한 범주의 평균값을 얻는다.** 우리의 예에 대한 식 (9.2.7)의 회귀분석 결과는 다음과 같다.

$$
\begin{aligned}
\hat{Y}_i &= 48{,}014.62D_{1i} + 49{,}538.71D_{2i} + 46{,}293.59D_{3i} \\
\text{se} &= (1857.204) \quad (1461.240) \quad (1624.077) \qquad \textbf{(9.2.8)} \\
t &= (25.853)^* \quad (33.902)^* \quad (28.505)^* \\
& \qquad R^2 = 0.044
\end{aligned}
$$

여기서 *는 이들 t값에 대한 p값들이 매우 작은 것을 시사한다.

위의 식에서 보다시피 가변수 계수들은 서부, 북동부와 북중부, 남부 등 세 지역의 평균 (연봉) 값을 직접 나타낸다.

7. 가변수를 포함시키는 다음 두 방법 가운데 어느 것이 더 나은가? (1) 모든 범주에 대해 가변수를 포함시키고, 절편항을 생략하는 것, (2) 절편항을 포함시키고, 가변수가 가지고 있는 m개의 범주에 대해 단지 $(m-1)$개의 가변수를 포함시키는 것. Kennedy는 다음과 같이 서술하였다.

> 대부분의 연구자들은 절편항이 있는 회귀식이 더 편리하다고 여기는데 그 이유는 그들의 가장 큰 관심사인 범주간 차이가 존재하는지 여부, 그리고 차이가 존재한다면 얼마나 존재하는지 여부를 보다 더 용이하게 식에서 파악할 수 있기 때문이다. 만일 범주간 차이가 존재한다면 그 크기는 가변수 계수의 추정치에 의해 직접 측정된다. 범주의 구별이 적절한지 여부에 대한 가설검정은 가변수 계수가 0이라는 데 대한 t검정(또는 보다 일반적으로는 가변수 계수 추정치들의 집합에 대한 F 검정)으로 가능하다.[7]

9.3 두 개의 정성적 변수를 갖는 ANOVA 모형

앞에서는 3개의 범주를 가진 하나의 정성적 변수를 갖는 ANOVA 모형을 보았다. 이 절에서는 두 개의 정성적 변수를 가진 또 다른 ANOVA 모형을 통해 가변수에 대한 추가적 설명을 하기로 한다.

7. Peter Kennedy, *A Guide to Econometrics*, 4th ed., MIT Press, Cambridge, Mass., 1998, p.223.

예제 9.2

결혼 여부와 거주 지역에 따른 시간당 임금

1985년 5월 528명의 표본에 대해 다음과 같은 회귀식을 구하였다.[8]

$$\begin{aligned}\hat{Y}_i &= \underset{(0.4015)}{8.8148} + \underset{(0.4642)}{1.0997}D_{2i} - \underset{(0.4854)}{1.6729}D_{3i}\\ t &= (21.9528) \quad (2.3688) \quad (-3.4462)\\ &\quad\ (0.0000)^* \quad (0.0182)^* \quad (0.0006)^*\\ &\qquad\qquad R^2 = 0.0322\end{aligned} \tag{9.3.1}$$

여기서 Y = 시간당 임금($)

D_2 = 결혼여부; 1 = 결혼, 0 = 그렇지 않으면

D_3 = 거주지역: 1 = 남부, 0 = 그렇지 않으면

*는 p값을 나타낸다.

이 예에는 각각 두 개의 범주를 가진 두 정성적 변수들이 존재한다. 따라서 각 범주에 대해 하나씩의 가변수가 포함되었다.

여기서 벤치마크 범주는 어느 것인가? 물론 결혼하지 않고, 남부 이외의 지역에 거주하는 사람이다. 다시 말하면 남부에 살지 않는 결혼하지 않은 사람들이 생략된 범주가 된다. 그러므로 이 집단을 대상으로 모든 비교가 이루어진다. 이 벤치마크가 되는 사람들의 시간당 평균 임금은 약 **$8.81**이다. 이들과 비교할 때 결혼한 사람들의 시간당 평균 임금은 약 **$1.10** 정도 더 높아서 실제 평균 임금은 **$9.91(=8.81+1.10)**가 된다. 이와 대조적으로 남부에 사는 사람들의 경우 시간당 평균 임금은 약 **$1.67** 정도 더 낮아서 실제 평균 임금은 **$7.14**가 된다.

이 같은 시간당 평균 임금이 기준 범주와 비교할 때 통계적으로 상이한가? 모든 p값들이 매우 낮으므로 차이를 나타내는 절편들 모두가 통계적으로 유의하기 때문에 통계적으로 상이하다고 말할 수 있다.

이 예에서 주목할 점은 다음과 같다. 하나 이상의 정성적 변수들이 존재하는 경우 기준 범주로 취급되는 범주에 특히 주의를 기울여야 한다. 그 이유는 이 범주를 대상으로 모든 비교가 이루어지기 때문이다. 특히 각각 여러 범주를 가지는 여러 개의 정성적 변수들이 존재할 때 이 점은 더욱 중요하다. 그러나 여러 개의 정량적 변수들을 포함시키는 방법은 이제 분명해졌다.

9.4 회귀변수로 정량적 변수와 정성적 변수가 섞여 있는 경우의 회귀: ANCOVA 모형

앞의 두 절에서 논의된 ANOVA 모형은 사회학, 심리학, 교육, 그리고 시장조사와 같은 분야에서는 흔히 사용되지만 경제학에서는 그리 흔하지 않다. 일반적으로 대부분의 경제학 연구에서는 회귀모형에 설명변수로 일부는 정성적 변수, 또 일부는 정량적 변수들이 포함된다. 정량적 변수와 정성적 변수가 모두 섞여있는

8. 자료의 출처는 Arthur S. Goldberger, *Introductory Econometrics*, Harvard University Press, Cambridge, Mass., 1998. 2장에서도 이 자료를 이용한 적이 있다.

회귀모형을 공분산 분석(ANCOVA) 모형이라 부른다. ANCOVA 모형은 정량적 변수와 정성적 변수 또는 가변수가 모두 포함된 모형에서 공변량(covariates) 또는 통제변수(control variables)라 불리는 정량적 회귀변수의 영향을 통계적으로 제어하는 방법을 제시한다는 점에서 ANOVA 모형의 확장이라 할 수 있다. 이제 ANCOVA 모형의 예를 보기로 하자.

예제 9.3

지역과 학생 1인당 공공교육 지출에 따른 교사 연봉

앞의 예 9.1을 다시 보기로 하자. 공립교육이 주로 지역의 문제이므로 지방 교육당국의 공공교육 지출이라는 변수를 생각해 보기로 하자. 이 변수가 교사의 평균 연봉에 영향을 미치는지를 보기 위하여 다음과 같은 모형을 설정하였다.

$$Y_i = \beta_1 + \beta_2 D_{2i} + \beta_3 D_{3i} + \beta_4 X_i + u_i \tag{9.4.1}$$

여기서 Y_i = 각 주에 소재한 공립학교 교사의 평균 연봉($)

X_i = 학생 1인당 공공교육 지출($)

D_{2i} = 1, 북동부나 북중부에 소재한 주인 경우
= 0, 그렇지 않으면

D_{3i} = 1, 남부에 소재한 주인 경우
= 0, 그렇지 않으면

X에 대한 자료는 표 9.1에 정리되어 있다. 우리는 서부지역을 벤치마크 범주로 취급하고 있다는 것을 명심하라. 또한 두 개의 정성적 회귀변수 외에 앞에서 언급한 것처럼 ANCOVA 모형에서 **공변량**(covariate)이라고 불리는 정량적 변수 X도 모형에 포함되어 있다.

표 9.1의 자료를 이용하여 구한 모형 (9.4.1)의 회귀분석 결과는 다음과 같다.

$$\begin{aligned}
\hat{Y}_i &= 28{,}694.918 \quad - 2{,}954.127D_{2i} - 3{,}112.194D_{3i} + 2.3404X_i \qquad (9.4.2)\\
\text{se} &= \quad (3262.521) \qquad (1862.576) \qquad (1819.873) \qquad (0.3592)\\
t &= \quad (8.795)^{*} \qquad (-1.586)^{**} \qquad (-1.710)^{**} \qquad (6.515)^{*}\\
& \qquad\qquad\qquad\qquad\qquad\qquad\qquad\qquad R^2 = 0.4977
\end{aligned}$$

여기서 *는 5% 이하의 p값, **는 5% 이상의 p값을 나타낸다.

이 결과가 보여주는 것은 다른 조건이 동일하다면, 공공교육 지출이 1달러 증가하면 평균적으로 공립학교 교사의 연봉은 약 $2.34 증가한다. 공공교육지출을 통제하면 남부에 비해 북동부와 북중부의 차이가 나는 절편 계수 등은 유의하지 않은 것을 알 수 있다. 이 같은 결과는 식 (9.2.5)의 결과와 다르다. 그러나 이것은 놀라운 일이 아닌데 왜냐하면 식 (9.2.5)에서는 학생 1인당 공공 교육지출의 차이인 공변수를 포함시키지 않았었다. 분석 결과가 그림 9.2에 그려져 있다.

비록 세 지역에 대해 세 개의 회귀선이 그려져 있다 하더라도 통계적으로 회귀선은 세 지역 모두에 대해 동일하다는 점과 세 회귀선은 평행하게 그려진다는 점에 유의하라.(그 이유는?)

그림 9.2
학생 1인당 교육지출(X)에 따른 공립학교 교사 연봉(Y)

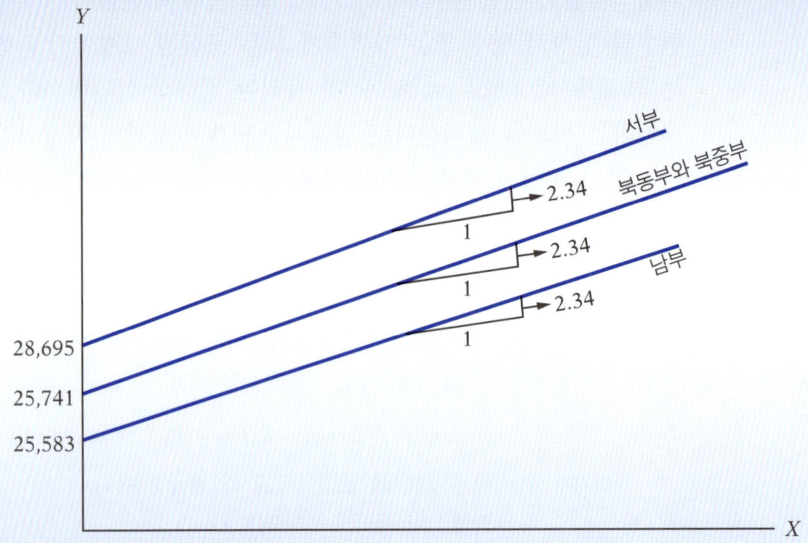

9.5 Chow 검정에 대한 가변수 대안[9]

8.7절에서 우리는 회귀모형의 구조적 안정성을 검토하기 위한 Chow 검정을 살펴보았다. 그 때 검토한 예는 1970~1995년간 미국의 저축과 투자간의 관계였다. 우리는 표본기간을 1970~1981년과 1982~1995년의 둘로 나누어 Chow 검정에 기초하여 두 기간간 소득에 대한 저축의 회귀에 차이가 존재한다는 것을 보였다.

그러나 우리는 두 회귀의 차이가 절편항의 차이 때문인지 아니면 기울기 계수의 차이 때문인지 또는 둘 다의 차이 때문인지 알 수 없었다. 종종 이것에 대해 아는 것이 매우 유용하다.

식 (8.7.1)과 (8.7.2)에 근거할 때 다음의 네 가지 가능성이 존재하는데, 그림 9.3에 그려져 있다.

1. 두 회귀에서 절편과 기울기 계수들이 모두 동일하다. 이 일치하는 회귀(coincident regressions)가 그림 9.3a에 해당된다.
2. 두 회귀에서 절편은 다르지만 기울기는 동일하다. 이 평행한 회귀(pararell regressions)가 그림 9.3b에 해당된다.
3. 두 회귀에서 절편은 동일하지만 기울기가 다르다. 이것은 공점적 회귀(concurrent regressions) 상황이다(그림 9.3c).
4. 두 회귀에서 절편과 기울기가 모두 다르다. 이것은 닮지 않은 회귀(dissimilar regressions)의 경우인데, 그림 9.3d에 나와 있다.

9. 이 절의 내용은 저자의 논문인 "Use of Dummy Variables in Testing for Equality between Sets of Coefficients in Two Linear Regressions: A Note,"와 "Use of Dummy Variables ... A Generalization," *American Statistician*, vol.24 nos. 1 and 5, 1970, pp.50~52, 18−21에서 인용하였다.

그림 9.3
저축-소득 회귀의 다양한 가능성

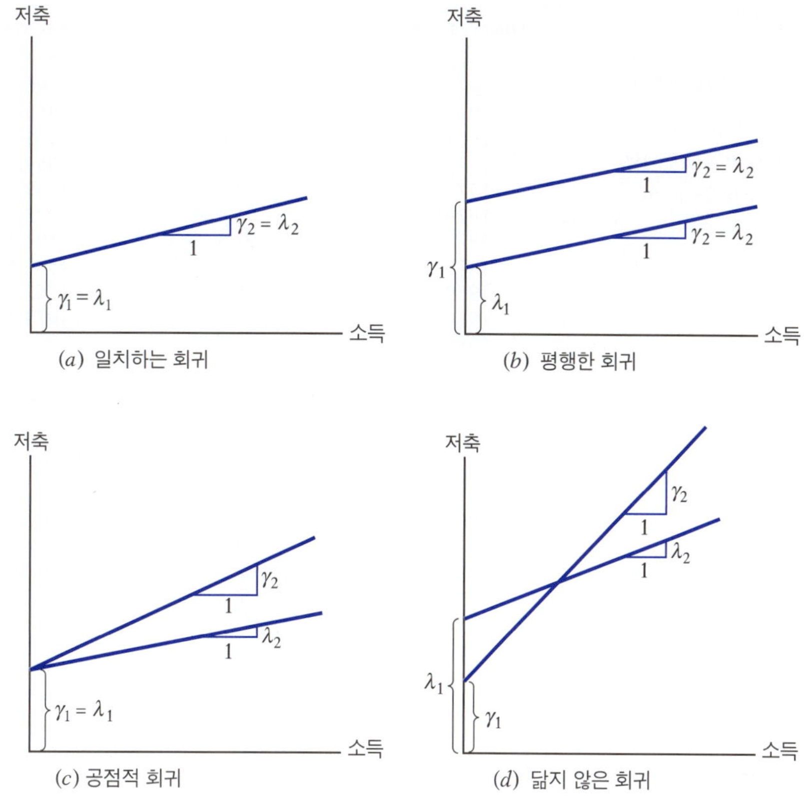

이미 언급하였듯이 8.7절에서 살펴본 다단계 Chow 검정 절차는 차이의 원천에 대해서는 정보를 주지 못한 채 단지 두(또는 그 이상) 회귀가 상이한지 여부에 대해서만 알려 준다. 만일 차이가 존재한다면 그 차이의 원천은 모든 관찰치(26개)들을 합쳐서 다음과 같이 다중회귀를 수행하기만 하면 정확히 파악할 수 있다.[10]

$$Y_t = \alpha_1 + \alpha_2 D_t + \beta_1 X_t + \beta_2(D_t X_t) + u_t \qquad \textbf{(9.5.1)}$$

여기서 $Y=$ 저축

$X=$ 소득

$t=$ 시간

$D=1$, 1982~1995년간의 관찰치인 경우

$=0$, 그렇지 않은 경우(즉, 1970~1981년간의 관찰치인 경우)

표 9.2는 자료행렬의 구조를 보여주고 있다.

식 (9.5.1)의 의미를 보기 위해 통상적으로 $E(u_t)=0$을 가정하면 다음 식을 얻게 된다.

10. Chow 검정에서와 같이 자료를 통합하는 경우에도 동분산을 가정한다. 즉 $\sigma_1^2 = \sigma_2^2 = \sigma^2$..

표 9.2
저축과 소득 자료, 미국, 1970-1995

출처: *Economic Report of the President*, 1997, Table B–28, p.332.

Observation	Savings	Income	Dum
1970	61	727.1	0
1971	68.6	790.2	0
1972	63.6	855.3	0
1973	89.6	965	0
1974	97.6	1054.2	0
1975	104.4	1159.2	0
1976	96.4	1273	0
1977	92.5	1401.4	0
1978	112.6	1580.1	0
1979	130.1	1769.5	0
1980	161.8	1973.3	0
1981	199.1	2200.2	0
1982	205.5	2347.3	1
1983	167	2522.4	1
1984	235.7	2810	1
1985	206.2	3002	1
1986	196.5	3187.6	1
1987	168.4	3363.1	1
1988	189.1	3640.8	1
1989	187.8	3894.5	1
1990	208.7	4166.8	1
1991	246.4	4343.7	1
1992	272.6	4613.7	1
1993	214.4	4790.2	1
1994	189.4	5021.7	1
1995	249.3	5320.8	1

주: Dum = 1, 1982년 자료부터; 0, 그렇지 않으면. 저축과 소득의 단위는 10억 달러

1970~1981년간 평균저축함수:

$$E(Y_t \mid D_t = 0, X_t) = \alpha_1 + \beta_1 X_t \tag{9.5.2}$$

1982~1995년간 평균저축함수:

$$E(Y_t \mid D_t = 1, X_t) = (\alpha_1 + \alpha_2) + (\beta_1 + \beta_2) X_t \tag{9.5.3}$$

독자들은 이 식들이 $\lambda_1 = \alpha_1$, $\lambda_2 = \beta_1$, $\gamma_1 = (\alpha_1 + \alpha_2)$, $\gamma_2 = (\beta_1 + \beta_2)$이면 식 (8.7.1)과 (8.7.2)와 같다는 것을 알았을 것이다. 따라서 식 (9.5.1)을 추정하는 것은 식 (8.7.1)과 (8.7.2) 등 두 개의 개별 저축함수를 추정하는 것과 동일하다.

식 (9.5.1)에서 α_2는 전과 마찬가지로 차이를 나타내는 절편(differential intercept)이고, β_2는 차이를 나타내는 기울기 계수(differential slope coefficient)(또는 기울기 편차(slope drifter))인데, 이것은 두 번째 기간(가변수 값이 1이 되는 기간) 저축함수의 기울기 계수가 첫 번째 기간의 그것과 얼마나 차이가 나는지를 보여준다. 더하기 형태(additive form)로 가변수가 포함되면 두 기간의 절편을 구별할 수 있게 되는 것과 같이, 곱하기 형태(interactive or multiplicative form)로 가변수 D가 포함되면(D 곱하기 X) 두 기간의 기울기를 구별할 수 있다는 점을 주목하기 바란다.

예제 9.4

미국의 저축-소득 회귀에서의 구조적 차이, 가변수 접근법

더 진도가 나아가기 전에 우선 모형 (9.5.1)을 미국의 저축-소득 자료에 적용했을 때의 결과를 보기로 하자.

$$\begin{aligned} \hat{Y}_t &= \quad 1.0161 \quad + 152.4786D_t + \ 0.0803X_t - \ 0.0655(D_tX_t) \\ \text{se} &= (20.1648) \qquad (33.0824) \qquad (0.0144) \qquad (0.0159) \\ t &= \ (0.0504)^{**} \qquad (4.6090)^{*} \qquad (5.5413)^{*} \ (-4.0963)^{*} \\ & \qquad\qquad\qquad\qquad\qquad\qquad\qquad\qquad R^2 = 0.8819 \end{aligned} \tag{9.5.4}$$

여기서 *는 5% 이하의 p값, **는 5% 이상의 p값을 나타낸다.

이 회귀분석 결과가 보여 주듯이 차이를 나타내는 절편 계수와 기울기 계수는 모두 통계적으로 유의하여 그림 9.3d에서와 같이 두 기간의 저축-소득 회귀는 상이하다는 것을 강하게 시사하고 있다.

식 (9.5.4)로부터 우리는 식 (9.5.2)와 (9.5.3)을 다음과 같이 도출할 수 있다.

저축-소득 회귀, 1970~1981:

$$\hat{Y}_t = 1.0161 + 0.0803X_t \tag{9.5.5}$$

저축-소득 회귀, 1982~1995:

$$\begin{aligned} \hat{Y}_t &= \ (1.0161 + 152.4786) + (0.0803 - 0.0655)X_t \\ &= 153.4947 + \ \ 0.0148X_t \end{aligned} \tag{9.5.6}$$

이것들은 우리가 식 (8.7.1a)와 (8.7.2a)에서 얻은 결과와 동일한데 놀랄 일이 못 된다. 이들 회귀는 이미 그림 8.3에 나타나 있다.

Chow 검정(즉 (8.7.1), (8.7.2), (8.7.3) 등 세 식을 추정)과 비교할 때 가변수 기법(식 (9.5.1)을 추정)이 갖는 이점은 다음과 같다.

1. 단지 하나의 회귀식만 구하면 되는데 그 이유는 개별 회귀식들은 식 (9.5.2)와 (9.5.3)에서 본 방법으로 쉽게 도출될 수 있기 때문이다.
2. 단일 회귀식 (9.5.1)은 다양한 가설 검정에 이용될 수 있다. 만일 차이를 나타내는 절편 계수 α_2가 통계적으로 유의하지 않다면 우리는 두 회귀식이 동일한 절편을 가지고 있다는, 즉 두 회귀가 공점적이라는(그림 9.3c 참조) 가설을 채택할 수 있다. 이와 유사하게 만일 차이를 나타내는 기울기 계수 β_2가 통계적으로 유의하지 않지만 α_2는 유의하다면 우리는 두 회귀식이 동일한 기울기를 갖는다는, 즉 두 회귀선이 평행이라는(그림 9.3b 참조) 가설을 기각할 수 없다. 전체 회귀의 안정성에 대한 검정(즉 $\alpha_2 = \beta_2 = 0$)은 통상적인 F 검정(제약 최소자승 F검정을 상기할 것)으로 가능하다. 만일 이 가설이 기각되지 않는다면 두 회귀선은 그림 9.3a에서와 같이 일치한다.
3. Chow 검정으로는 절편이나 기울기 가운데 어느 계수 또는 (지금의 예와 같이) 두 계수 모두 두 기간간 상이한지 여부에 대해 정확히 알 수 없다. 즉 기울기만 상이하거나, 절편만 상이하거나 또는 둘 다 상이하게 되면 유의적인 Chow 검정 결과를 얻게 된다. 다시 말하면 Chow 검정을 통해서는 그림 9.3에 있는 네 가지 가능성 가운데 어디에 해당하는지를 알 수 없다. 이러한 점에서 가변수 접근법은 분명히 이점을 가지고 있는데 그 이유는 이 검정으로 두 회귀가 상이한지 여부 뿐 아니라 그 차이가 절편에 기인하는지 아니면 기울기에 기인하는지 또는 둘 다 인지 여부 등 차이의 원천을 정확히 파악할 수 있

예제 9.4
(계속)

기 때문이다. 실제로 두 회귀식이 상이하다는 단순한 정보 못지않게 어느 계수가 상이한지를 아는 것이 매우 중요하다.

4. 마지막으로 자료의 통합(즉 하나의 회귀에 모든 관찰치를 포함하는 것)으로 인해 자유도가 증가하기 때문에 추정된 모수의 상대적 정확성을 증진시킬 수 있다. 물론 가변수가 추가될 때마다 자유도를 하나씩 소모한다는 점을 명심하기 바란다.

9.6 가변수를 이용한 상호작용 효과

가변수는 다양한 흥미로운 문제들을 다룰 수 있는 신축적인 도구이다. 이를 살펴보기 위해 다음 모형을 검토하자.

$$Y_i = \alpha_1 + \alpha_2 D_{2i} + \alpha_3 D_{3i} + \beta X_i + u_i \qquad \textbf{(9.6.1)}$$

여기서 Y = 시간당 임금(달러)
X = 교육(학교교육 연수)
D_2 = 1 여성이면, 0 그렇지 않으면
D_3 = 1 백인도 아니고 스페인계도 아니면, 0 그렇지 않으면

이 모형에서는 성별과 인종이 정성적 회귀변수이고, 교육은 정량적 회귀변수이다.[11] 이 모형에서는 암묵적으로 성별 가변수 D_2의 인종에 대한 두 범주간 차별적 효과는 일정하고, 인종 가변수 D_3의 성별간 차별적 효과도 일정하다고 가정하고 있다. 다시 말하면, 만일 여성보다 남성의 평균 임금이 더 높다면 이 현상은 비백인/비스페인계이든 아니든 똑같다는 것이다. 이와 유사하게 만일 비백인/비스페인계가 평균 임금이 낮다면 이 현상은 여성이든 남성이든 마찬가지라는 것이다.

실제로 여러 경우에 그 같은 가정은 맞지 않을 수 있다. 비백인/비스페인계 여성이 비백인/비스페인계 남성보다 임금이 더 낮을 수 있다. 다시 말하면 두 정성적 변수 D_2, D_3 간에 상호작용(interaction)이 있을 수 있다. 그러므로 Y의 평균에 대한 그 변수들의 영향은 식 (9.6.1)과 같이 단지 더하기(additive) 형태일 뿐만 아니라 다음 모형과 같이 곱하기(multiplicative) 형태가 될 수도 있다.

$$Y_i = \alpha_1 + \alpha_2 D_{2i} + \alpha_3 D_{3i} + \alpha_4 (D_{2i} D_{3i}) + \beta X_i + u_i \qquad \textbf{(9.6.2)}$$

여기서 변수들은 모형 (9.6.1)에서 정의된 바와 같다.

식 (9.6.2)로부터 다음 식이 도출된다.

11. 만일 우리가 교육을 고등학교 졸업 미만, 고등학교 졸업, 고졸 이상 등으로 정의한다면, 세 범주를 나타내기 위해 두 개의 가변수를 사용할 수 있다.

$$E(Y_i \mid D_{2i}=1, D_{3i}=1, X_i) = (\alpha_1+\alpha_2+\alpha_3+\alpha_4)+\beta X_i \qquad \textbf{(9.6.3)}$$

위의 식은 비백인/비스페인계 여성 근로자의 평균 시간당 임금함수이다.

α_2 =여성인데 따른 차별적 효과
α_3 =비백인/비스페인계인데 따른 차별적 효과
α_4 =여성이고 비백인/비스페인계인데 따른 차별적 효과

이로부터 비백인/비스페인계 여성의 평균 시간당 임금은 여성이나 비백인/비스페인계 근로자의 평균 시간당 임금과 (α_4만큼) 다르다는 것을 보여주고 있다. 예를 들어, 만일 위의 세가지 차별적 가변수들이 모두 음수이면, 비백인/비스페인계 여성 근로자는, 현재의 예에서 기본 범주인 백인 또는 스페인계 남자와 비교되는 여성 또는 비백인/비스페인계 근로자보다 훨씬 낮은 시간당 평균 임금을 받는다는 것을 의미한다.

이제 독자들은 상호작용 가변수(interaction dummy)(즉, 두 정성적 또는 가변수의 곱)가 개별적으로(즉, 더하기 형태로) 검토되는 두 속성의 영향을 어떻게 변화시키는지를 잘 볼 수 있다.

예제 9.5

교육, 성별, 인종에 따른 시간당 평균 임금

우선 모형 (9.6.1)에 기초한 회귀분석 결과를 보자. 회귀식 (9.3.1)을 추정할 때 사용된 자료를 이용하면 다음과 같은 결과를 얻는다.

$$\begin{aligned}\hat{Y}_i &= -0.2610 - 2.3606D_{2i} - 1.7327D_{3i} + 0.8028X_i \\ t &= (-0.2357)^{**} \quad (-5.4873)^{*} \quad (-2.1803)^{*} \quad (9.9094)^{*} \\ & R^2 = 0.2032 \qquad n = 528\end{aligned} \qquad \textbf{(9.6.4)}$$

여기서 *는 5% 미만의 p값을 나타내고, **는 5% 이상의 p값을 나타낸다.

독자들은 차이를 나타내는 절편 계수들이 통계적으로 유의하고, 예상된 부호를 가지며(그 이유는?), 교육이 시간당 임금에 강한 양(+)의 효과를 갖는다는 놀랄 것이 없는 결과를 확인할 수 있을 것이다.

식 (9.6.4)가 보여 주듯이 **다른 조건이 일정하면**(ceteris paribus), 여성의 시간당 평균 임금은 약 \$2.36 낮고, 비백인/비스페인계 근로자의 시간당 평균 임금은 약 \$1.73 정도 낮다.

이제 상호작용 가변수를 포함시킨 모형 (9.6.2)의 회귀분석 결과를 보자.

$$\begin{aligned}\hat{Y}_i &= -0.26100 - 2.3606D_{2i} - 1.7327D_{3i} + 2.1289D_{2i}D_{3i} + 0.8028X_i \\ t &= (-0.2357)^{**} \quad (-5.4873)^{*} \quad (-2.1803)^{*} \quad (1.7420)^{**} \quad (9.9095)^{*} \\ & R^2 = 0.2032 \qquad n = 528\end{aligned} \qquad \textbf{(9.6.5)}$$

여기서 *는 5% 미만의 p값, **는 5% 이상의 p값을 의미한다.

위의 식에서 볼 수 있듯이 더하기 형태의 두 가변수들은 계속 통계적으로 유의하지만 상호작용 가변수는 전형적인 5% 수준에서 유의하지 않고, 이 가변수의 실제 p값은 약 8% 수준이다. 만일 당신이 이 값은 충분히 낮은 확률이라고 생각한다면 식 (9.6.5)는 다

예제 9.5 (계속)

음과 같이 해석될 수 있다. 교육 수준을 일정하게 고정시키고, 세 가변수의 추정된 계수들을 더하면 −1.964(=−2.3606-1.7327+2.1289)가 되는데, 이것은 비백인/비스페인계 여성 근로자의 시간당 평균 임금이 약 $1.96 낮은 것을 의미하는데, 이 값은 −2.3605(성별 차이만 고려)와 −1.7327(인종 차이만 고려) 사이의 값이다.

앞의 예에서는 둘 또는 그 이상의 회귀변수들이 모형에 포함되어 있을 때 상호작용 가변수의 역할을 보여주고 있다. 모형 (9.6.5)에서 성별과 인종에 대해 교육에 의한 시간당 임금 증가율(교육기간 1년 증가할 때 약 80센트)은 일정하다고 가정한 것을 주목할 필요가 있다. 만일 이것에 대한 검정을 원한다면 차이를 나타내는 기울기 계수를 모형에 포함시켜야 한다(연습문제 9.25 참조).

9.7 계절분석에서의 가변수의 이용

월별 또는 분기별 자료로 되어 있는 많은 경제 시계열들이 계절 양상(규칙적으로 진동하는 움직임)을 보인다. 예를 들면 크리스마스와 기타 주요 공휴일 시기의 백화점 매상, 공휴일 시기의 가계의 통화 수요(또는 현금 잔고), 하절기 동안의 아이스크림과 음료수에 대한 수요, 수확기 직후의 농작물 가격, 항공기 여행에 대한 수요 등등이다. 종종 시계열로부터 계절적 요인 또는 요소(component)를 제거하여 추세와 같은 다른 요소에 초점을 맞추는 것이 바람직할 수 있다.[12] 시계열로부터 계절적 요소를 제거하는 과정은 비계절화(deseasonalization) 또는 계절 조정(seasonal adjustment)이라 하고, 그렇게 하여 얻은 시계열을 비계절화된(deseasonalized) 또는 계절 조정된(seasonally adjusted) 시계열이라 한다. 실업률, 소비자 물가지수(CPI), 생산자 물가지수(PPI), 산업생산지수 등과 같이 중요한 경제 시계열들은 대개 계절 조정된 형태로 발표된다.

시계열을 비계절화하는 데에는 몇 가지 방법이 있지만 우리는 **가변수 방법**(method of dummy variables)이라 불리는 한 가지만 보도록 한다.[13] 어떻게 가변수들이 경제 시계열을 비계절화하는 데 이용될 수 있는지를 보기 위해 표 9.3에 주어진 자료를 보자. 이 표는 1978~1995년간 식기청소기, 쓰레기 분쇄기, 냉장고, 세탁기 등 네 가지 주요 가전제품의 매출에 대한 분기별 자료를 보여주고 있다.

가변수 방법을 설명하기 위해 동일 기간 동안 냉장고 매출에 대해서만 살펴보기로 한다. 우선 그림 9.4에 그려진 자료를 보자. 이 그림을 보면 자료에 계절

12. 시계열은 (1) **계절적(seasonal)**, (2) **주기적(cyclical)**, (3) **추세(trend)**, (4) 전적으로 임의적(random) 등 세 요소로 구성되어 있다.

13. 계절 조정을 위한 다양한 방법에 대해서는 하나만 예를 들면 Francis X. Diebold, *Elements of Forecasting*, 2nd ed., South-Western Publishing, 2001, 5장 참조.

표 9.3
가전제품 매출(단위: 천개)과 내구재에 대한 지출의 분기별 자료(1978-I-1985-IV)

출처: *Business Statistics and Survey of Current Business, Department* of Commerce (various issues)

DISH	DISP	FRIG	WASH	DUR	DISH	DISP	FRIG	WASH	DUR
841	798	1317	1271	252.6	480	706	943	1036	247.7
957	837	1615	1295	272.4	530	582	1175	1019	249.1
999	821	1662	1313	270.9	557	659	1269	1047	251.8
960	858	1295	1150	273.9	602	837	973	918	262
894	837	1271	1289	268.9	658	867	1102	1137	263.3
851	838	1555	1245	262.9	749	860	1344	1167	280
863	832	1639	1270	270.9	827	918	1641	1230	288.5
878	818	1238	1103	263.4	858	1017	1225	1081	300.5
792	868	1277	1273	260.6	808	1063	1429	1326	312.6
589	623	1258	1031	231.9	840	955	1699	1228	322.5
657	662	1417	1143	242.7	893	973	1749	1297	324.3
699	822	1185	1101	248.6	950	1096	1117	1198	333.1
675	871	1196	1181	258.7	838	1086	1242	1292	344.8
652	791	1410	1116	248.4	884	990	1684	1342	350.3
628	759	1417	1190	255.5	905	1028	1764	1323	369.1
529	734	919	1125	240.4	909	1003	1328	1274	356.4

주: DISH = 식기청소기; DISP = 쓰레기 분쇄기; FRIG = 냉장고; WASH = 세탁기; DUR = 내구재에 대한 지출, 1982년도 기준가격, 10억달러

적 양상이 존재할 수 있다는 것을 시사하고 있다. 과연 그런지를 검토하기 위해 다음 모형을 보기로 하자.

$$Y_t = \alpha_1 D_{1t} + \alpha_2 D_{2t} + \alpha_{3t} D_{3t} + \alpha_4 D_{4t} + u_t \qquad \textbf{(9.7.1)}$$

여기서 Y_t= 냉장고 매출(천대)이고 D들은 해당 사분기일 때 1, 그렇지 않을 때 0의 값을 갖는 가변수들이다. **가변수 함정을 피하기 위해 매 분기별로 가변수를 부여하였지만 절편항을 생략한 것에 주목하기 바란다.** 만일 특정 분기에 계절 효과가 존재한다면 그 분기에 해당하는 가변수 계수가 통계적으로 유의한 t값을 가질 것이다.[14]

그림 9.4
냉장고 매출 1978-1985 (분기별)

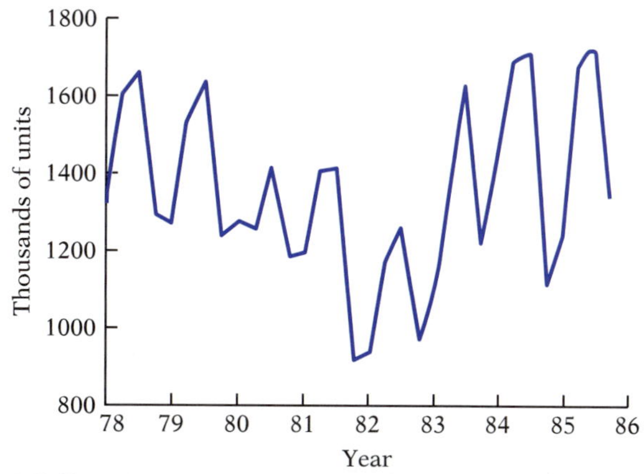

14. 한가지 기술적 문제에 주목하기 바란다. 매 분기마다 가변수를 부여하는 지금의 방법은 계절적 요인이 존재하는 경우 그것은 확률적이 아니라 결정적이라고 가정하고 있다. 이 주제에 대해서는 이 책의 5부에 있는 시계열 계량경제학을 논의할 때 다시 다루기로 한다.

식 (9.7.1)에서 우리는 각 계절(즉, 사분기)에 대해 상이한 절편을 부여한다는 점을 제외하면 Y를 사실상 하나의 절편에 대해 회귀분석한다는 점을 주목하기 바란다. 그 결과 각 사분기의 가변수 계수는 매 사분기 또는 계절의 평균 냉장고 매출을 나타낸다(그 이유는?).

예제 9.6

냉장고 매출의 계절성

표 9.4에 주어진 냉장고 매출에 대한 자료로부터 다음과 같은 회귀분석 결과를 얻게 된다.

$$\hat{Y}_t = 1{,}222.125D_{1t} + 1{,}467.500D_{2t} + 1{,}569.750D_{3t} + 1{,}160.000D_{4t}$$
$$t = \quad (20.3720) \qquad (24.4622) \qquad (26.1666) \qquad (19.3364)$$
$$R^2 = 0.5317 \tag{9.7.2}$$

주: 모든 가변수들이 1 또는 0의 값을 갖기 때문에 추정된 계수의 표준편차는 모두 59.9904이므로 위의 식에는 기입하지 않았다.

식 (9.7.2)에서 추정된 α 계수들은 각 계절(즉, 분기)의 냉장고 평균 매출(단위는 천대)을 의미한다. 따라서 1 사분기의 냉장고 평균 매출은 약 1,222,000대이고, 2 사분기에는 약 1,468,000대, 그리고 3 사분기에는 약 1,579,000대 4 사분기에는 1,160,000대 등이다.

가변수 함정을 피하기 위해 각 분기에 대해 가변수를 부여하고 절편항을 포함시키지 않는 대신 단지 세 가변수와 절편항을 포함시킬 수도 있다. 가령 우리가 1 사분기를 참조 분기로 취급하고 2 사분기, 3 사분기, 4 사분기에 대해 가변수를 부여한다고 하자. 이로부터 다음과 같은 회귀분석 결과가 나온다(자료 구성에 대해서는 표 9.4 참조).

표 9.4 미국의 냉장고 매출(천대), 1978-1985 (분기)

출처: *Business Statistics and Survey of Current Business,* Department of Commerce (various issues)

FRIG	DUR	D_2	D_3	D_4	FRIG	DUR	D_2	D_3	D_4
1317	252.6	0	0	0	943	247.7	0	0	0
1615	272.4	1	0	0	1175	249.1	1	0	0
1662	270.9	0	1	0	1269	251.8	0	1	0
1295	273.9	0	0	1	973	262.0	0	0	1
1271	268.9	0	0	0	1102	263.3	0	0	0
1555	262.9	1	0	0	1344	280.0	1	0	0
1639	270.9	0	1	0	1641	288.5	0	1	0
1238	263.4	0	0	1	1225	300.5	0	0	1
1277	260.6	0	0	0	1429	312.6	0	0	0
1258	231.9	1	0	0	1699	322.5	1	0	0
1417	242.7	0	1	0	1749	324.3	0	1	0
1185	248.6	0	0	1	1117	333.1	0	0	1
1196	258.7	0	0	0	1242	344.8	0	0	0
1410	248.4	1	0	0	1684	350.3	1	0	0
1417	255.5	0	1	0	1764	369.1	0	1	0
919	240.4	0	0	1	1328	356.4	0	0	1

주: FRIG=냉장고 매출(천대),
DUR=내구재에 대한 지출, 1982년도 기준가격, 10억 달러
D_2= 2분기이면 1, 그렇지 않으면 0
D_3= 3분기이면 1, 그렇지 않으면 0
D_4= 4분기이면 1, 그렇지 않으면 0

예제 9.6
(계속)

$$\hat{Y}_t = 1{,}222.1250 + 245.3750D_{2t} + 347.6250D_{3t} - 62.1250D_{4t}$$
$$t = \quad (20.3720)^* \quad (2.8922)^* \quad (4.0974)^* \quad (-0.7322)^{**}$$
$$R^2 = 0.5318 \qquad \textbf{(9.7.3)}$$

여기서 *는 5% 미만의 P값, **는 5% 이상의 p값이다.

1 사분기를 벤치마크로 취급하고 있기 때문에 다양한 가변수 앞에 있는 계수들은 가변수 값 1을 갖는 사분기의 Y의 **평균값**이 벤치마크 사분기의 평균과 얼마나 다른지를 나타내는 **차이를 나타내는 절편**이다. 달리 표현하면 계절 가변수의 계수들은 기준이 되는 계절과 비교하여 Y의 평균값의 계절별 증가 또는 감소를 보여준다. 다양한 차이를 나타내는 절편값을 벤치마크 평균값인 1,222.125에 더해 주면 여러 사분기에 대한 평균값을 얻게 된다. 그렇게 하면 반올림할 때 생기는 오차를 제외하면 정확히 식 (9.7.2)를 다시 만드는 것이 된다.

식 (9.7.3)에서 4 사분기에 대한 가변수 계수가 통계적으로 유의하지 않으므로 4 사분기에 대한 Y의 평균값은 1 사분기에 대한 평균값과 통계적으로 상이하지 않다는 것을 알 수 있다. 물론 어느 사분기를 벤치마크 사분기로 취급하느냐에 따라 해석은 달라지지만 전반적인 결론은 변하지 않을 것이다.

우리는 어떻게 냉장고 매출에 대한 비계절화된 시계열을 얻을 수 있나? 이것은 쉽게 구해질 수 있다. 우리는 모형 (9.7.2)(또는 (9.7.3))로부터 각 관찰치에 대한 Y의 값을 추정하여 이것을 실제의 Y값에서 빼 주면, 단순히 식 (9.7.2) 회귀로부터의 잔차인 $(Y_t - \hat{Y}_t)$를 얻는다. 표 9.5에서는 이것을 보여주고 있다.[15] 우리는 예측값을 얻기 위해 이 잔차에 Y 계열의 평균을 더해 주어야 한다.

이 잔차들은 무엇을 나타내나? 그것들은 냉장고 시계열의 남아 있는 구성요소, 즉 추세, 주기, 그리고 확률적 요소들을 나타낸다(그러나 각주 15의 주의사항 참조).

모형 (9.7.2)와 (9.7.3)은 어떠한 공변량도 포함하고 있지 않으므로 만일 우리가 모형에 정량적 회귀변수를 포함시키면 그림이 달라질까? 내구재에 대한 지출은 냉장고에 대한 수요에 중요한 영향을 미치기 때문에 이 변수를 집어넣어서 모형 (9.7.3)을 확장하자. 1982년도 기준가격 10억달러 단위로 된 내구재 지출에 대한 자료는 이미 표 9.3에 주어져 있다. 이것이 모형에서 (정량적) X 변수이다. 회귀분석 결과는 다음과 같다.

$$\hat{Y}_t = 456.2440 + 242.4976D_{2t} + 325.2643D_{3t} - 86.0804D_{4t} + 2.7734X_t$$
$$t = \quad (2.5593)^* \quad (3.6951)^* \quad (4.9421)^* \quad (-1.3073)^{**} \quad (4.4496)^*$$
$$R^2 = 0.7298 \qquad \textbf{(9.7.4)}$$

여기서 *는 5% 미만의 p값이고, **는 5% 이상의 p값을 나나낸다.

15. 물론 이것은 가변수 기법이 시계열을 비계절화하는 적절한 방법이고, 시계열(TS)은 TS $= s+c+t+u$로 표현될 수 있다고 가정한다. 여기서 s는 계절적 요소, t는 추세 요소, c는 주기적 요소, u는 확률적 요소를 나타낸다. 그러나 만일 시계열이 TS$=(s)(c)(t)(u)$의 형태, 즉 네 요소가 곱하기의 형태로 되어 있다면 앞에서의 비계절화 방법은 부적절한데, 그 이유는 앞에서의 방법은 시계열의 네 구성요소가 더하기 형태라고 가정하기 때문이다. 그러나 이와 관련해서는 시계열 계량경제학을 다루는 부분에서 더 검토하기로 한다.

예제 9.6

(계속)

표 9.5 냉장고 매출 회귀: 실제값, 예측값, 잔차값(식 9.7.3)

	Actual	Fitted	Residuals
1978–I	1317	1222.12	94.875
1978–II	1615	1467.50	147.500
1978–III	1662	1569.75	92.250
1978–IV	1295	1160.00	135.000
1979–I	1271	1222.12	48.875
1979–II	1555	1467.50	87.500
1979–III	1639	1569.75	69.250
1979–IV	1238	1160.00	78.000
1980–I	1277	1222.12	54.875
1980–II	1258	1467.50	−209.500
1980–III	1417	1569.75	−152.750
1980–IV	1185	1160.00	25.000
1981–I	1196	1222.12	−26.125
1981–II	1410	1467.50	−57.500
1981–III	1417	1569.75	−152.750
1981–IV	919	1160.00	−241.000
1982–I	943	1222.12	−279.125
1982–II	1175	1467.50	−292.500
1982–III	1269	1569.75	−300.750
1982–IV	973	1160.00	−187.000
1983–I	1102	1222.12	−120.125
1983–II	1344	1467.50	−123.500
1983–III	1641	1569.75	71.250
1983–IV	1225	1160.00	65.000
1984–I	1429	1222.12	206.875
1984–II	1699	1467.50	231.500
1984–III	1749	1569.75	179.250
1984–IV	1117	1160.00	−43.000
1985–I	1242	1222.12	19.875
1985–II	1684	1467.50	216.500
1985–III	1764	1569.75	194.250
1985–IV	1328	1160.00	168.000

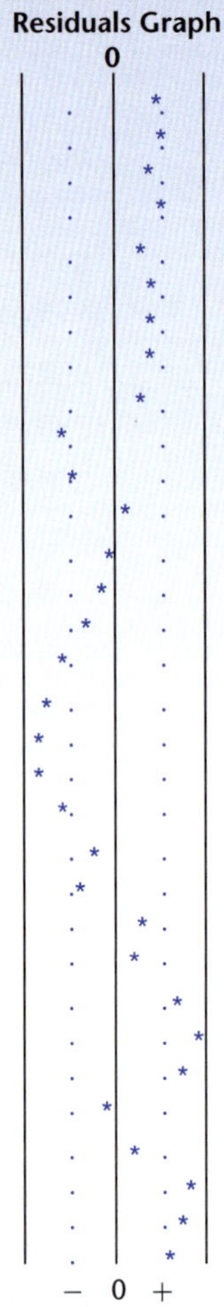

다시 한번 우리는 1 사분기를 기준으로 취급하고 있다는 점을 상기하기 바란다. 식 (9.7.3)에서와 같이 2 사분기와 3 사분기의 차이를 나타내는 절편 계수들이 1 사분기의 절편 계수와 통계적으로 상이하지만 4 사분기와 1 사분기의 절편들은 통계적으로 거의 동일한 것을 알 수 있다. *X*(내구재에 대한 지출)의 계수가 약 2.77이라는 것은 계절 영향을 감안할 때 만일 내구재에 대한 지출이 1달러 증가하면 평균적으로 냉장고 매출은 약 2.77 단위, 약 3단위만큼 증가한다는 것을 말한다. 여기서 냉장고의 단위는 천대이고, *X*는 1982년 기준가격 10억 달러 단위라는 것을 상기하기 바란다.

한 가지 흥미로운 질문은, 냉장고 매출이 계절적 양상을 보이듯이 내구재에 대한 지출도 역시 계절적 양상을 보이지 않는지 하는 것이다. 그러면 우리는 어떻게 *X*의 계절성을 다룰 것인가? 식 (9.7.4)에서 흥미로운 것은 그 모형에서의 가변수들은 *Y* 안의 계절성만 제거할 뿐 아니라 만일 존재한다면 *X* 안의 계절성도 제거한다는 점이다. (이것은 **Frisch-Waugh 정리**로 알려진 통계학에서의 유명한 정리에 기인한다.[16]) 말하자면 우리는 돌 하나(가변수 기법)로 새 두 마리(두 시계열)를 죽이는(비계절화) 것이다.

예제 9.6 (계속)

만일 앞의 내용에 대한 약식의 증명을 원한다면 다음 단계를 따르면 된다. (1) 식 (9.7.2)나 식 (9.7.3)에서와 같이 가변수들에 대해 Y를 회귀분석하여 잔차(S_1)를 저장한다. 이 잔차들은 비계절화된 Y를 나타낸다. (2) X에 대해서도 유사한 회귀분석을 하여 이 식으로부터 잔차(S_2)를 얻는다. 이 잔차들은 비계절화된 X를 나타낸다. (3) S_2에 대해 S_1을 회귀분석한다. 이 회귀식에서 기울기 계수는 정확하게 회귀식 (9.7.4)에서 X의 계수라는 것을 발견할 것이다.

9.8 구분적 선형 회귀

가변수가 이용되는 또 다른 경우를 보기 위해 그림 9.5를 보자. 그 그림에는 가상적인 회사가 판매 대행자들에게 어떻게 보상하는지를 보여주고 있다. 회사는 위탁자들에게 어떤 수준, 즉 목표 또는 임계 수준 X^*까지는 하나의 (확률적인) 수수료 구조를 갖고 그 수준을 넘어서는 또 다른 구조를 갖는 방법으로 판매에 기초한 수수료를 지불한다. (주: 판매 이외에 다른 요인들도 판매 수수료에 영향을 미친다. 이러한 다른 요인들은 확률적 오차항에 나타난다고 가정한다.) 보다 구체적으로 판매 수수료는 임계 수준 X^*에 도달할 때까지 매출이 증가함에 따라 선형으로 증가하다가 그 이후에는 매출이 증가함에 따라 선형으로 증가하되 훨씬 더 가파른 비율로 증가한다. 이리하여 그림 9.5에서 I, II로 기호가 붙여진 두 개의 선형 구분 또는 구획으로 이루어진 구분적 선형 회귀(piecewise linear

그림 9.5

판매 수수료와 매출량과의 가상적 관계 (주: Y 축의 절편은 최소보장 수수료를 나타냄)

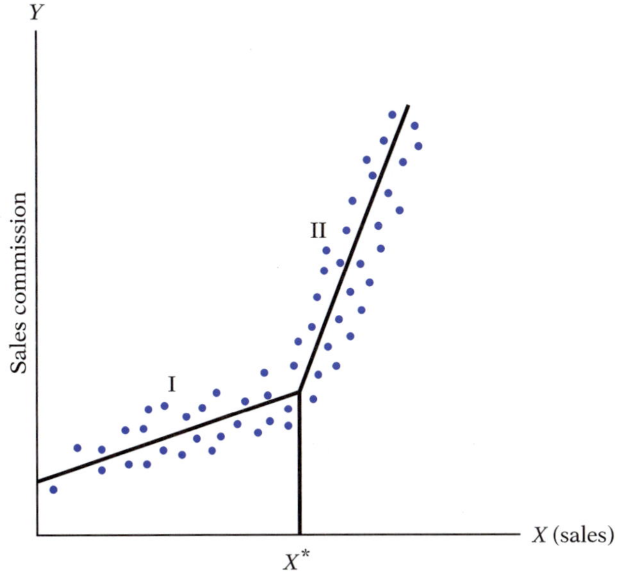

16. 증명은 Adrian C. Darnell, *A Dictionary of Econometrics*, Edward Elgar, Lyme, U.K., 1995, pp.150–152 참조.

regression)를 갖게 되고 수수료 함수는 임계치에서 그 기울기가 변한다. 수수료, 매출, 그리고 임계치 수준 X^*에 대한 자료가 주어지면 그림 9.5에서 보는 바와 같은 구분적 선형 회귀의 두 구획의 (상이한) 기울기를 추정하기 위해 가변수 기법이 사용될 수 있다. 그 절차는 다음과 같다.

$$Y_i = \alpha_1 + \beta_1 X_i + \beta_2(X_i - X^*)D_i + u_i \tag{9.8.1}$$

여기서 Y_i = 판매 수수료

X_i = 판매원이 달성한 매출량

X^* = 결절(knot)이라 불리는 매출의 임계치(미리 알려짐)[17]

D = 1 만일 $X_i > X^*$이면

= 0 만일 $X_i < X^*$이면

$E(u_i) = 0$이라 가정하면 다음이 성립한다.

$$E(Y_i \mid D_i = 0, X_i, X^*) = \alpha_1 + \beta_1 X_i \tag{9.8.2}$$

이것은 목표 수준 X^*까지의 평균 판매 수수료이다.

$$E(Y_i \mid D_i = 1, X_i, X^*) = \alpha_1 - \beta_2 X^* + (\beta_1 + \beta_2)X_i \tag{9.8.3}$$

이것은 목표 수준 X^* 이상일 때의 평균 판매 수수료이다.

따라서 β_1은 그림 9.5에 그려진 구분적 선형 회귀의 구획 I에서의 회귀선의 기울기이고, $\beta_1+\beta_2$는 구획 II에서의 회귀선의 기울기이다. 임계치 X^*에서 회귀에 변환점이 없다는 가설에 대한 검정은 추정된 차이를 나타내는 기울기 계수 $\hat{\beta}_2$(그림 9.6 참조)의 통계적 유의성을 검토하면 된다.

추가적으로 우리가 지금까지 살펴본 구분적 선형 회귀는 스플라인 함수(spline function)라고 불리는 보다 보편적인 함수 종류의 한 가지 예이다.[18]

17. 그러나 임계치가 항상 명백한 것은 아닐 수도 있다. 임의적 접근법은 종속변수를 설명변수(들)에 대해 좌표에 표시한 다음 그 관계에서 어떤 특정 X의 값(즉 X^*) 이후에 급격한 변화가 있는지를 살피는 것이다. 구분점을 찾기 위한 분석적 접근법은 소위 **교체회귀모형(switching regression models)**에서 찾을 수 있다. 그러나 이것은 상급 주제인데, 교재로는 Thomas Fomby, R. Carter Hill, and Stanley Johnson, *Advanced Econometric Methods*, Springer-Verlag, New York, 1984, 14장 참조.

18. 스플라인(구분적 k차 다항회귀)에 대해 이해하기 쉬운 설명을 위해 Douglas C. Montgomery, Elizabeth A. Peck, and G. Geoffrey Vining, *Introduction to Linear Regression Analysis*, John Wiley & Sons, 3rd ed., New York, 2001, pp.228–230 참조.

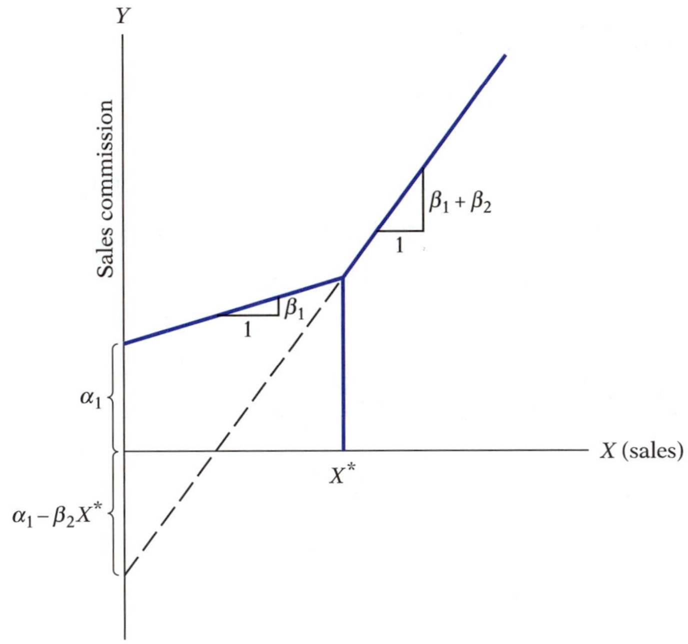

그림 9.6
구분적 선형 회귀의 모수

예제 9.7

생산량에 대한 총비용

구분적 선형 회귀 적용의 한 예로서 표 9.6에 주어진 가상적인 총비용-총생산량 자료를 보자. 총비용은 생산량 5,500개에서 그 기울기가 변하는 것으로 알고 있다고 하자.

식 (9.8.4)에서 Y는 총비용, X는 총생산량이라고 할 때 다음과 같은 회귀분석 결과를 얻는다.

$$
\begin{aligned}
\hat{Y}_i &= -145.72 \quad + \quad 0.2791X_i + \quad 0.0945(X_i - X_i^*)D_i \\
t &= \quad (-0.8245) \quad (6.0669) \qquad (1.1447) \\
& \qquad R^2 = 0.9737 \qquad X^* = 5{,}500
\end{aligned}
\tag{9.8.4}
$$

이 분석결과가 보여 주듯이 생산의 한계비용은 단위당 약 28센트이고, 생산량이 5,500개 이상인 경우에는 한계비용이 약 37(＝28＋9)센트이지만, 이들 간의 차이는 통계적으로 유의하지 않은데 그 이유는 가변수가 예를 들면 5% 수준에서 유의하지 않기 때문이다. 그리하여 실제로는 가변수를 제외시키고 총생산량에 대해 총비용을 회귀분석할 수 있다.

표 9.6
생산량과 총비용에 대한 가상적 자료

Total Cost, Dollars	Output, Units
256	1,000
414	2,000
634	3,000
778	4,000
1,003	5,000
1,839	6,000
2,081	7,000
2,423	8,000
2,734	9,000
2,914	10,000

9.9 패널 자료 회귀 모형

1장에서 우리는 **횡단면자료, 시계열자료, 합동자료**(시계열과 횡단면 자료의 결합), 그리고 패널자료와 같이 실증분석에 이용가능한 다양한 자료에 대해 논의하였다. 가변수 기법은 용이하게 합동자료와 패널자료로 확대 적용될 수 있다. 패널 자료의 이용이 응용면에서 점점 더 보편화되고 있기 때문에 우리는 이 주제를 16장에서 좀 더 자세히 다루기로 한다.

9.10 가변수 기법의 몇가지 기술적 측면

반로그 회귀에서의 가변수에 대한 해석

6장에서 피회귀변수가 로그함수이고, 회귀변수들이 선형인 로그-선형 모형에 대해 살펴 보았다. 그러한 모형에서는 회귀변수의 기울기 계수들은 준탄력성, 즉 회귀변수의 한 단위 변동에 대한 피회귀변수의 백분비 변동을 나타낸다. 그러나 이것은 회귀변수가 정량적일 때에만 해당된다. 만일 회귀변수가 가변수이면 어떻게 되나? 좀 더 구체적으로 다음 모형을 보기로 하자.

$$\ln Y_i = \beta_1 + \beta_2 D_i + u_i \quad \textbf{(9.10.1)}$$

여기서 Y= 시간당 임금율($), D는 여성이면 1, 남성이면 0이다.

우리는 이러한 모형을 어떻게 해석해야 하나? $E(u_i) = 0$을 가정하면 다음이 성립한다.

남성 근로자의 임금함수:

$$E(\ln Y_i \mid D_i = 0) = \beta_1 \quad \textbf{(9.10.2)}$$

여성 근로자의 임금함수:

$$E(\ln Y_i \mid D_i = 1) = \beta_1 + \beta_2 \quad \textbf{(9.10.3)}$$

따라서 절편 β_1은 평균 로그 시간당 임금이고, "기울기" 계수는 여성과 남성의 평균 로그 시간당 임금의 차이를 나타낸다. 이것은 좀 어색한 표현 방법이다. 그러나 만일 우리가 β_1의 역로그를 취하면 우리가 얻는 것은 남성 근로자의 평균 시간당 임금이 아니라 그들의 중앙값(median) 시간당 임금이 된다. 알다시피 평균, 중앙값, 최빈값 등은 확률변수의 중심 경향성에 대한 세 척도들이다. 우리가 $(\beta_1+\beta_2)$의 역로그를 취하면 여성 근로자의 중앙값 시간당 임금을 얻게 된다.

예제 9.8

성에 따른 로그 시간당 임금

식 (9.10.1)을 구체적으로 설명하기 위해 예 9.2에 적용되고 있는 자료를 이용하기로 한다. 528개의 표본에 기초한 회귀분석 결과는 다음과 같다.

$$\begin{aligned} \widehat{\ln Y_i} &= 2.1763 \quad - \quad 0.2437 D_i \\ t &= (72.2943)^* \qquad (-5.5048)^* \\ & \qquad R^2 = 0.0544 \end{aligned} \tag{9.10.4}$$

여기서 *는 p값이 사실상 0이라는 것을 나타낸다.

2.1763의 역로그를 취하면 8.8136($)이 되는데 이 값은 남성 근로자의 중앙값 시간당 임금이고, 1.92857(=2.1763−0.2437)의 역로그를 취하면 6.8796($)이 되는데 이 값은 여성 근로자의 중앙값 시간당 임금이다. 따라서 여성 근로자의 중앙값 시간당 임금은 남성의 그것과 비교할 때 약 21.94%(=(8.8136−6.8796)/8.8136) 정도 낮다.

흥미롭게도 우리는 Halvorsen과 Palmquist가 제안한 방법으로 가변수 회귀변수에 대한 준탄력성을 직접 구할 수 있다.[19] **추정된 가변수 계수에 (밑이 e인) 역로그를 취하여 이 값에서 1을 빼준 다음 그 결과에 100을 곱해준다.** (내재하는 논리에 대해서는 부록 9.A.1. 참조) 따라서 −0.2437에 역로그를 취하면 0.78366이 되고, 이 값에서 1을 빼주면 −0.2163이 된다. 이 값에 100을 곱해 주면 21.63%가 되어, 여성 근로자($D=1$)의 중앙값 시간당 임금이 남성의 그것보다 약 21.63% 낮다는 것을 의미하게 되는데 이 값은 반올림 오차를 제외하면 우리가 이전에 얻은 값과 동일하다.

가변수와 이분산성

1970~1981년, 1982~1995년, 그리고 1970~1995년의 전 기간에 대한 미국의 저축–소득 회귀를 다시 보기로 하자. 가변수 기법을 이용하여 구조적 안정성을 검정하는데 있어서 우리는 $\text{var}(u_{1i}) = \text{var}(u_{2i}) = \sigma^2$, 즉 두 기간의 오차 분산이 동일하다고 가정하였다. 이것은 또한 Chow 검정에 내재하는 가정이었다. 만일 이 가정이 타당하지 않다면, 즉 두 하부기간의 오차 분산이 상이하다면, 잘못된 결론이 도출될 가능성이 있다. 그러므로 적절한 통계 기법을 사용하여 하부기간의 분산의 동일성에 대해 점검해야만 한다. 비록 우리는 이 주제를 이분산에 대한 장에서 더 자세히 논의하겠지만 8장에서 우리는 이 목적을 위해 F검정이 이용될 수 있다는 것을 보았다.[20] (8장에서의 초우 검정에 대한 논의 참조) 그때 보았듯이 두 기간의 오차 분산은 동일하지 않은 것으로 보인다. 이리하여 초우 검정과 전에 제시한 가변수 기법의 결과는 모두 전적으로 신뢰하지 못할 수도 있다. 물론 여기서의 우리의 목적은 문제(예를 들어 구조적 안정성 문제)를 다루기 위해 사용할 수 있는 다양한 기법을 보여주는 것이다. 어떠한 적용에 대해서도 이 기법들은 타당하지 않을 수도 있다. 그러나 대부분의 통계 기법들도 마찬가지이다. 물론 우리가 나중에 이분산에 대한 장에서 하는 것과 같이 문제를 해결하

19. Robert Halvorsen and Raymond Palmquist, "The Interpretation of Dummy Variables in Semilogarithmic Equations," *American Economic Review*, vol.70, no.3, pp.474–475.

기 위해 적절한 교정 조치를 취할 수 있다 (그러나 연습문제 9.28 참조).

가변수와 자기상관

이분산 외에 고전적 선형 회귀모형은 회귀모형의 오차항이 상관되지 않는다고 가정한다. 그러나 특히 가변수를 회귀변수로 포함하고 있는 모형에서 그렇지 않으면 어떻게 되나? 우리는 자기상관 주제를 해당 장에서 심도 있게 논의할 것이므로 이 질문에 대한 답변은 그때까지 미루기로 한다.

만일 종속변수가 가변수이면 어떻게 되나?

지금까지 우리는 피회귀변수는 정량적이고, 회귀변수가 정량적이거나 정성적이거나 또는 둘 다 포함된 모형을 검토하였다. 그러나 피회귀변수도 정성적이거나 가변수가 될 수 있는 경우가 존재한다. 예를 들어 가령 한 근로자가 경제활동인구에 참여하는 결정을 생각해 보자. 그가 참여하기로 결정하면 '예' 이고, 그렇지 않으면 '아니오' 인 '예' 또는 '아니오' 의 형태가 된다. 따라서 경제활동 참여 변수는 가변수이다. 물론 경제활동에 참여하는 결정은 초임, 교육, (실업률로 측정된) 노동시장의 조건 등과 같은 여러 요인들에 달려 있다.

피회귀변수가 가변수인 회귀모형을 추정하기 위해서 우리는 계속 최소자승법(OLS)을 이용할 수 있나? 그렇다. 기계적으로 우리는 그렇게 할 수 있다. 그러나 그러한 모형에서 직면하게 되는 몇몇 통계적 문제들이 있다. 그리고 그러한 문제들이 발생하지 않는 OLS의 대안들이 존재하므로 우리는 나중에 이 주제에 대해 논의하고자 한다(로지트와 프로비트 모형에 대해서는 15장 참조). 그 때 우리는 예를 들어 자동차로 통근하거나 버스로 통근하거나 기차로 통근하는지에 대한 결정, 상근으로 일할 것인지 비상근으로 일할 것인지, 아니면 아예 일하지 않을 것인지에 대한 결정 등과 같이 피회귀변수가 둘 이상의 범주를 갖는 모형도 논의할 것이다. 그러한 모형들은 종속변수가 단지 두 범주만 갖는 양분 종속변수 모형(dichotomous dependent variable models)과 대비하여 다분 종속변수(polytomous dependent variable) 모형이라 불린다.

9.11 추가 학습 주제

문헌에서 논의되는 좀 수준이 높은 가변수 관련 주제로는 (1) 확률적(random) 또는 가변적 모수 모형(varying parameters models), (2) 교체회귀 모형(switching

20. Chow 검정 절차는 이분산이 존재하는 경우에도 수행될 수 있지만 이때에는 Wald 검정(Wald test)을 이용해야만 한다. 검정에 내재된 수학은 다소 복잡하다. 그러나 이분산에 대한 장에서 이 주제를 다시 다룰 것이다.

regression models), (3) 불균형 모형(disequilibrium models) 등이 있다.

이 교재에서 논의되는 회귀모형들의 경우 모수들, 즉 β들은 알지 못하지만 고정된 존재로 가정한다. 확률계수 모형–그리고 관련된 여러 변형들–은 β들도 역시 확률적이라고 가정한다. 이 분야의 주된 참고 자료는 Swamy의 저서이다.[21]

차이를 나타내는 절편과 기울기를 모두 사용하는 가변수 모형에서는 암묵적으로 우리가 전환점을 안다고 가정하고 있다. 이리하여 1970~1995년의 저축–소득 예에서 우리는 1982년의 경기침체가 저축과 소득간의 관계를 변화시켰다는 생각으로 전체 기간을 경기침체 전과 경기침체 후, 즉 1970~1981년과 1982~1995년의 두 기간으로 나누었다. 종종 언제 전환이 발생했는지를 정확히 지정하는 것이 쉽지는 않다. 교체회귀 모형(switching regression models(SRM)) 기법은 그러한 상황에 대응하여 발전되어 왔다. SRM은 전환점을 확률변수로 취급하여 반복 과정을 거쳐 언제 실제로 전환이 발생하였을지를 결정한다. 이 분야에 대한 독창적 연구는 Goldfeld and Quandt를 참조하기 바란다.[22]

불균형 상태(disequilibrium situations), 즉 시장이 청산되지 않은 상태(다시 말하면, 수요가 공급과 같지 않은),로 알려진 상태를 다루기 위해서는 특수한 추정 기법이 요구된다. 고전적인 예가 한 재화에 대한 수요와 공급의 예이다. 한 재화에 대한 수요는 그 재화의 가격과 다른 변수들의 함수이고, 그 재화의 공급은 그 재화의 가격과 다른 변수들의 함수인데, 이 다른 변수 중에는 수요함수에 포함되지 않는 변수들이 존재한다. 이제 실제로 매매되는 수량은 수요와 공급을 일치시키는 양과 동일하지 않을 수가 있으므로 불균형에 이르게 된다. 불균형 모형(disequilibrium models)에 대한 상세한 논의는 Quandt를 참조하기 바란다.[23]

9.12 결론적 예

우리는 이 장에서 다루어진 몇가지 내용들을 구체적으로 설명하는 예를 들면서 이 장을 끝내도록 하겠다. 표 9.7에는 1990년에 남부 인도에 위치한 한 산업도시의 261명의 근로자들에 대한 자료가 정리되어 있다.

변수들은 다음과 같이 정의된다.

WI = 주급(단위:루피)

Age = 연령

D_{sex} = 남성 근로자이면 1, 여성 근로자이면 0

DE_2 = 초등학교 교육까지 받은 근로자이면 1

21. P.A.V.B. Swamy, *Statistical Inference in Random Coefficient Regression Models*, Springer–Verlag, Berlin, 1971.

22. S. Goldfeld and R. Quandt, *Nonlinear Methods in Econometrics*, North Holland, Amsterdam, 1972.

23. Richard E. Quandt, *The Econometrics of Disequilibrium*, Basil Blackwell, New York, 1988.

표 9.7 인도의 임금 소득자, 1990

WI	AGE	DE_2	DE_3	DE_4	DPT	D_{SEX}	WI	AGE	DE_2	DE_3	DE_4	DPT	D_{SEX}
120	57	0	0	0	0	0	120	21	0	0	0	0	0
224	48	0	0	1	1	0	25	18	0	0	0	0	1
132	38	0	0	0	0	0	25	11	0	0	0	0	1
75	27	0	1	0	0	0	30	38	0	0	0	1	1
111	23	0	1	0	0	1	30	17	0	0	0	1	1
127	22	0	1	0	0	0	122	20	0	0	0	0	0
30	18	0	0	0	0	0	288	50	0	1	0	1	0
24	12	0	0	0	0	0	75	45	0	0	0	0	1
119	38	0	0	0	1	0	79	60	0	0	0	0	0
75	55	0	0	0	0	0	85.3	26	1	0	0	0	1
324	26	0	1	0	0	0	350	42	0	1	0	1	0
42	18	0	0	0	0	0	54	62	0	0	0	1	0
100	32	0	0	0	0	0	110	23	0	0	0	0	0
136	41	0	0	0	0	0	342	56	0	0	0	1	0
107	48	0	0	0	0	0	77.5	19	0	0	0	1	0
50	16	1	0	0	0	1	370	46	0	0	0	0	0
90	45	0	0	0	0	0	156	26	0	0	0	1	0
377	46	0	0	0	1	0	261	23	0	0	0	0	0
150	30	0	1	0	0	0	54	16	0	1	0	0	0
162	40	0	0	0	0	0	130	33	0	0	0	0	0
18	19	1	0	0	0	0	112	27	1	0	0	0	0
128	25	1	0	0	0	0	82	22	1	0	0	0	0
47.5	46	0	0	0	0	1	385	30	0	1	0	1	0
135	25	0	1	0	0	0	94.3	22	0	0	1	1	1
400	57	0	0	0	1	0	350	57	0	0	0	1	0
91.8	35	0	0	1	1	0	108	26	0	0	0	0	0
140	44	0	0	0	1	0	20	14	0	0	0	0	0
49.2	22	0	0	0	0	0	53.8	14	0	0	0	0	1
30	19	1	0	0	0	0	427	55	0	0	0	1	0
40.5	37	0	0	0	0	1	18	12	0	0	0	0	0
81	20	0	0	0	0	0	120	38	0	0	0	0	0
105	40	0	0	0	0	0	40.5	17	0	0	0	0	0
200	30	0	0	0	0	0	375	42	1	0	0	1	0
140	30	0	0	0	1	0	120	34	0	0	0	0	0
80	26	0	0	0	0	0	175	33	1	0	0	1	0
47	41	0	0	0	0	1	50	26	0	0	0	0	1
125	22	0	0	0	0	0	100	33	1	0	0	1	0
500	21	0	0	0	0	0	25	22	0	0	0	1	1
100	19	0	0	0	0	0	40	15	0	0	0	1	0
105	35	0	0	0	0	0	65	14	0	0	0	1	0
300	35	0	1	0	1	0	47.5	25	0	0	0	1	1
115	33	0	1	0	1	1	163	25	0	0	0	1	0
103	27	0	0	1	1	1	175	50	0	0	0	1	1
190	62	1	0	0	0	0	150	24	0	0	0	1	1
62.5	18	0	1	0	0	0	163	28	0	0	0	1	0
50	25	1	0	0	0	0	163	30	1	0	0	1	0
273	43	0	0	1	1	1	50	25	0	0	0	1	1
175	40	0	1	0	1	0	395	45	0	1	0	1	0
117	26	1	0	0	1	0	175	40	0	0	0	1	1
950	47	0	0	1	0	0	87.5	25	1	0	0	0	0
100	30	0	0	0	0	0	75	18	0	0	0	0	0
140	30	0	0	0	0	0	163	24	0	0	0	1	0
97	25	0	1	0	0	0	325	55	0	0	0	1	0
150	36	0	0	0	0	0	121	27	0	1	0	0	0
25	28	0	0	0	0	1	600	35	1	0	0	0	0
15	13	0	0	0	0	1	52	19	0	0	0	0	0
131	55	0	0	0	0	0	117	28	1	0	0	0	0

DE_3 = 중등교육까지 받은 근로자이면 1
DE_4 = 중등교육 이상을 받은 근로자이면 1
DPT = 정규직에서 일하는 근로자이면 1, 임시직 근로자이면 0

참조 범주는 초등교육도 받지 않고, 임시직 일을 하는 남성 근로자이다. 우리의 관심은 주급이 연령, 성별, 교육 수준, 직장의 안정성과 어떻게 연관되는지를 알아내는 것이다. 이를 위해 우리는 다음과 같은 회귀모형을 추정한다.

$$\ln \mathrm{WI}_i = \beta_1 + \beta_2 \mathrm{AGE}_i + \beta_3 D_{\mathrm{SEX}} + \beta_4 DE_2 + \beta_5 DE_3 + \beta_6 DE_4 + \beta_7 DPT + u_i$$

노동경제학 문헌을 참고하여 우리는 임금의 (자연)대수를 설명변수들의 함수로 표현하고 있다. 6장에서 언급되었듯이 임금과 같은 변수의 인구분포는 한편으로 기울어지는 경향이 있어서 그러한 변수를 로그 변환하면 왜도(skewness)와 이분산을 둘 다 줄여준다.

EViews 6을 사용하면 다음과 같은 회귀분석 결과를 얻는다.

Dependent Variable: Ln(WI)
Method: Least Squares
Sample: 1 261
Included observations: 261

	Coefficient	Std. Error	*t*-Statistic	Prob.
C	3.706872	0.113845	32.56055	0.0000
AGE	0.026549	0.003117	8.516848	0.0000
D_{SEX}	-0.656338	0.088796	-7.391529	0.0000
DE_2	0.113862	0.098542	1.155473	0.2490
DE_3	0.412589	0.096383	4.280732	0.0000
DE_4	0.554129	0.155224	3.569862	0.0004
DPT	0.558348	0.079990	6.980248	0.0000

R-squared	0.534969	Mean dependent var.	4.793390
Adjusted R-squared	0.523984	S.D. dependent var.	0.834277
S.E. of regression	0.575600	Akaike info criterion	1.759648
Sum squared resid.	84.15421	Schwarz criterion	1.855248
Log likelihood	-222.6340	Hannan-Quinn criter.	1.798076
F-statistic	48.70008	Durbin-Watson stat.	1.853361
Prob(*F*-statistic)	0.000000		

이 결과는 임금의 자연대수가 연령, 교육, 직장의 안정성과는 양(+)의 관계가 존재하고, 성별에 대해서는 음(−)의 관계가 존재한다는 것을 보여주고 있는데, 놀랍지 않은 결과이다. 초등교육을 받은 근로자들과 그 이하의 교육을 받은 근로자들간에는 주급의 실제적 차이가 없는 것으로 보이지만 중등교육을 받은 근로자들은 더 높은 것으로 나타나고, 고등교육의 경우에는 훨씬 더 높은 것으로 나타났다.

가변수의 계수들은 참조 범주로부터의 차이값으로 해석된다. 이리하여 DPT 변수의 계수는 정규직 직장을 갖고 있는 근로자들은 평균적으로 임시직을 가진 근로자들보다 더 많이 받는 것을 의미한다.

6장에서 보았듯이 로그-선형 모형(종속변수는 로그 형태이고 설명변수는 선형)에서 설명변수의 기울기 계수는 준탄력성, 즉 그것은 설명변수 값 1단위 변동에 대한 종속변수의 상대적 또는 백분비 변동을 나타낸다. 그러나 교재에서 언급하였듯이 설명변수가 가변수일 때에는 우리는 매우 조심해야 한다. 이 때 우리는 추정된 가변수계수에 역로그를 취하고, 그 값에서 1을 뺀 다음 100을 곱해 주어야 한다. 따라서 임시직을 가진 근로자들과 대비해서 정규직을 가진 근로자들의 주급의 백분비 변동을 알아내기 위해서는 DPT 계수인 0.558348에 역로그를 취한 다음, 그 값에서 1을 뺀 뒤 거기에 100을 곱해준다. 우리의 예에서, 이것은 $(e^{0.558348} - 1) = (1.74778 - 1) = 0.74778$, 또는 약 75%가 된다. 독자들은 모형에 포함된 다른 가변수들에 대해서도 이와 같이 백분비 변동을 계산해 보기 바란다.

분석 결과를 보면 성별과 교육은 주급에 차이를 나타내는 영향을 미치고 있다. 성별과 교육수준간 상호작용이 존재하는 것이 가능할까? 고등교육을 받은 남성 근로자들이 고등교육을 받은 여성 근로자들보다 더 높은 주급을 받나? 이 가능성을 검토하기 위해서 우리는 위의 임금 회귀식에 성별과 교육의 상호작용 항을 포함시켜 확장할 수 있다. 회귀분석 결과는 다음과 같다.

Dependent Variable: Ln(WI)
Method: Least Squares
Sample: 1 261
Included observations: 261

	Coefficient	Std. Error	*t*-Statistic	Prob.
C	3.717540	0.114536	32.45734	0.0000
AGE	0.027051	0.003133	8.634553	0.0000
D_{SEX}	-0.758975	0.110410	-6.874148	0.0000
DE_2	0.088923	0.106827	0.832402	0.4060
DE_3	0.350574	0.104309	3.360913	0.0009
DE_4	0.438673	0.186996	2.345898	0.0198
$D_{SEX}*DE_2$	0.114908	0.275039	0.417788	0.6765
$D_{SEX}*DE_3$	0.391052	0.259261	1.508337	0.1327
$D_{SEX}*DE_4$	0.369520	0.313503	1.178681	0.2396
DPT	0.551658	0.080076	6.889198	0.0000

R-squared	0.540810	Mean dependent var.	4.793390
Adjusted R-squared	0.524345	S.D. dependent var.	0.834277
S.E. of regression	0.575382	Akaike info criterion	1.769997
Sum squared resid.	83.09731	Schwarz criterion	1.906569
Log likelihood	-220.9847	Hannan-Quinn criter.	1.824895
F-statistic	32.84603	Durbin-Watson stat.	1.856488
Prob (*F*-statistic)	0.000000		

비록 상호작용 가변수들을 보면 성별과 교육수준간에 약간의 상호작용이 있는 것으로 보이지만 그 효과는 통계적으로 유의하지 않은데, 그 이유는 모든 상호작용 계수들이 개별적으로 통계적으로 유의하지 않기 때문이다.

흥미롭게도 만일 우리가 교육 가변수를 제외하는 한편 상호작용 가변수들을 그대로 두면 다음과 같은 결과를 얻게 된다.

```
Dependent Variable: LOG(WI)
Method: Least Squares
Sample: 1 261
Included observations: 261
```

	Coefficient	Std. Error	*t*-Statistic	Prob.
C	3.836483	0.106785	35.92725	0.0000
AGE	0.025990	0.003170	8.197991	0.0000
D_{SEX}	-0.868617	0.106429	-8.161508	0.0000
$D_{SEX}*DE_2$	0.200823	0.259511	0.773851	0.4397
$D_{SEX}*DE_3$	0.716722	0.245021	2.925140	0.0038
$D_{SEX}*DE_4$	0.752652	0.265975	2.829789	0.0050
DPT	0.627272	0.078869	7.953332	0.0000

R-squared	0.514449	Mean dependent var.	4.793390
Adjusted R-squared	0.502979	S.D. dependent var.	0.834277
S.E. of regression	0.588163	Akaike info criterion	1.802828
Sum squared resid.	87.86766	Schwarz criterion	1.898429
Log likelihood	-228.2691	Hannan-Quinn criter.	1.841257
F-statistic	44.85284	Durbin-Watson stat.	1.873421
Prob (*F*-statistic)	0.000000		

이제 상호작용 가변수들은 주급에 영향을 미치는 것으로 보인다. 이 예가 보여주듯이 가변수를 사용할 때에는 주의를 기울여야 한다. 교육 가변수가 DPT와 상호작용을 하는지 여부에 대해서는 독자들에게 연습문제로 남겨 둔다.

요약 및 결론

1. 1과 0의 값(또는 이 값의 선형 변환)을 취하는 가변수는 회귀모형에 정성적 회귀변수를 포함시키는 수단이다.
2. 가변수는 표본을 성질이나 속성(성별, 결혼여부, 인종, 종교 등등)에 기초하여 여러 소집단으로 나누는 자료 분류 도구이고, **암묵적으로** 각 소집단에 대한 개별 회귀를 가능토록 한다. 만일 다양한 소집단 내의 정성적 변수의 변동에 대한 피회귀변수의 반응이 상이하다면 다양한 소집단 회귀의 절편 또는 기울기 계수 또는 둘 다의 차이로 반영된다.
3. 비록 가변수 기법이 용도가 다양한 도구라 할지라도 조심해서 다룰 필요가 있다. **첫째**, 만일 회귀에 상수항이 포함되어 있다면 가변수의 수는 각 정성적 변수의 분류 수보다 하나 작아야 한다. **둘째**, 가변수 앞에 붙은 계수는 **항상** 기준 또는 참조 집단, 즉 0의 값이 부여된 집단과 대비하여 해석되어야 한다. 선택되는 기준은 그 당시 연구의 목적에 부합하도록 결정된다. **마지막으로** 만일 모형에 여러 분류를 갖는 복수의 정성적 변수들이 포함된다면 가변수의 도입으로 인해 다수의 자유도를 소모할 수 있다. 그러므로 항상 분석에 포함될 가변수의 수와 이용 가능한 관찰치의 수를 비교 검토해야 한다.

4. 이 장에서는 가변수 기법의 다양한 적용 대상 가운데 일부만 살펴 보았다. 우리가 살펴본 것은 (1) 두(또는 그 이상의) 회귀의 비교, (2) 시계열 자료의 비계절화, (3) 상호작용 가변수, (4) 반로그 모형에서의 가변수의 해석, (5) 구분적 선형 회귀 모형 등이다.
5. 우리는 또한 이분산과 자기상관이 존재하는 상황에서 가변수 사용시 주의해야 한다는 점을 언급하였다. 그러나 이들 주제에 대해서는 나중에 충분히 다룰 것이므로 그때 이 주제로 돌아올 것이다.

연습문제

질문

9.1. 수년간의 월별 자료를 가지고 있다고 할 때 다음과 같은 가설을 검정하기 위해 가변수를 몇 개나 모형에 포함시켜야 하나?

a. 12개월 모두 계절적 양상을 보이고 있다.

b. 단지 2월, 4월, 6월, 8월, 10월, 12월만 계절적 양상을 보인다.

9.2. 다음의 회귀분석 결과를 보자(괄호 안은 t값).*

$$
\begin{aligned}
\hat{Y}_i = {} & 1286 + 104.97X_{2i} - 0.026X_{3i} + 1.20X_{4i} + 0.69X_{5i} \\
t = {} & (4.67) \quad (3.70) \quad (-3.80) \quad (0.24) \quad (0.08) \\
& -19.47X_{6i} + 266.06X_{7i} - 118.64X_{8i} - 110.61X_{9i} \\
& (-0.40) \quad (6.94) \quad (-3.04) \quad (-6.14) \\
& R^2 = 0.383 \qquad n = 1543
\end{aligned}
$$

여기서 $Y =$ 1년당 통상적 근로시간 더하기 구직기간으로 계산된 아내의 연간 희망 근로시간

$X_2 =$ 아내의 납세후 실질 평균 시간당 임금

$X_3 =$ 남편의 납세후 실질 평균 연간 임금

$X_4 =$ 아내의 나이(년)

$X_5 =$ 아내가 수료한 교육년수

$X_6 =$ 태도 변수, 만일 응답자가 생각하기에 여성이 원하고, 그녀의 남편도 동의한다면 여성이 일을 해도 괜찮다고 여기면 1, 그렇지 않으면 0

$X_7 =$ 태도 변수, 만일 응답자의 남편이 그의 아내가 일을 하는 것에 찬성하면 1, 그렇지 않으면 0

$X_8 =$ 6세 미만 자녀의 수

$X_9 =$ 6세부터 13세까지의 자녀의 수

---

* Jane Leuthold, "The Effect of Taxation on the Hours Worked by Married Women," *Industrial and Labor Relations Review*, no.4, July 1978, pp.520–526(교재에서의 표현 방식에 맞도록 기호가 바뀌었음).

표 9.8
연습문제 9.3에서의 회귀를 위한 자료 행렬

Year and Quarter	Unem-ployment Rate UN, %	Job Vacancy Rate *V*, %	*D*	*DV*
1958–IV	1.915	0.510	0	0
1959–I	1.876	0.541	0	0
–II	1.842	0.541	0	0
–III	1.750	0.690	0	0
–IV	1.648	0.771	0	0
1960–I	1.450	0.836	0	0
–II	1.393	0.908	0	0
–III	1.322	0.968	0	0
–IV	1.260	0.998	0	0
1961–I	1.171	0.968	0	0
–II	1.182	0.964	0	0
–III	1.221	0.952	0	0
–IV	1.340	0.849	0	0
1962–I	1.411	0.748	0	0
–II	1.600	0.658	0	0
–III	1.780	0.562	0	0
–IV	1.941	0.510	0	0
1963–I	2.178	0.510	0	0
–II	2.067	0.544	0	0
–III	1.942	0.568	0	0
–IV	1.764	0.677	0	0
1964–I	1.532	0.794	0	0
–II	1.455	0.838	0	0
–III	1.409	0.885	0	0
–IV	1.296	0.978	0	0
1965–I	1.201	0.997	0	0
–II	1.192	1.035	0	0
–III	1.259	1.040	0	0
–IV	1.192	1.086	0	0
1966–I	1.089	1.101	0	0
–II	1.101	1.058	0	0
–III	1.243	0.987	0	0
–IV	1.623	0.819	1	0.819
1967–I	1.821	0.740	1	0.740
–II	1.990	0.661	1	0.661
–III	2.114	0.660	1	0.660
–IV	2.115	0.698	1	0.698
1968–I	2.150	0.695	1	0.695
–II	2.141	0.732	1	0.732
–III	2.167	0.749	1	0.749
–IV	2.107	0.800	1	0.800
1969–I	2.104	0.783	1	0.783
–II	2.056	0.800	1	0.800
–III	2.170	0.794	1	0.794
–IV	2.161	0.790	1	0.790
1970–I	2.225	0.757	1	0.757
–II	2.241	0.746	1	0.746
–III	2.366	0.739	1	0.739
–IV	2.324	0.707	1	0.707
1971–I	2.516*	0.583*	1	0.583*
–II	2.909*	0.524*	1	0.524*

* 임시 추정치임

a. 가변수가 아닌 회귀변수의 계수들의 부호가 경제학적으로 이치에 맞나? 당신의 답변의 근거를 제시하라.

b. 가변수 X_6, X_7을 어떻게 해석할 것인가? 이 가변수들은 통계적으로 유의한가? 표본의 규모가 꽤 크기 때문에 이 질문에 답하기 위해 임의적인 "2-t" 규칙을 사용할 수 있다.

c. 이 연구에서 왜 당신은 연령과 교육 변수가 여성의 노동력 참가 의사 결정에 중요한 요인이 아니라고 생각하나?

9.3. 다음 회귀분석 결과를 보자.* (실제 자료는 표 9.8에 있음)

$$\widehat{\text{UN}}_t = 2.7491 + 1.1507D_t - 1.5294V_t - 0.8511(D_tV_t)$$
$$t = (26.896) \quad (3.6288) \quad (-12.5552) \quad (-1.9819)$$
$$R^2 = 0.9128$$

여기서 UN = 실업률,%

V = 인력 부족률, %

D = 1966년 4 사분기 이후이면 1

* Damodar Gujarati, "The Behaviour of Unemployment and Unfilled Vacancies: Great Britain, 1958–1971," *The Economic Journal*, vol.82, March 1972, p.202.

= 1966년 4 사분기 이전이면 0

t = 시간, 사분기로 측정

주: 1966년 4 사분기에 (그 당시의) 노동당 정부는 고정 금액 체제인 단기 실업 급부금을 고정 금액과 (이전의) 소득과 연계된 급부금이 혼합된 형태로 대체하는 방식으로 국가보험법을 개정하였다. 이로 인해 실업 급부금 규모가 증가하였다.

a. 실업과 인력 부족률과는 선험적으로 어떤 관계가 있을 것으로 예상되나?
b. 인력 부족률을 일정하게 유지한 채, 1966년 4 사분기 이후 평균 실업률은 얼마인가? 이 값은 1966년 4 사분기 이전의 값과 통계적으로 상이한가? 어떻게 알 수 있나?
c. 1966년 4 사분기 이전과 이후의 기울기는 통계적으로 상이한가? 어떻게 알 수 있나?
d. 이 연구로부터 관대한 실업 급부금 제도로 인해 실업률이 높아졌다고 결론짓는 것이 안전한가? 이것은 경제학적으로 이치에 맞나?

9.4. 1972~1979년의 연간 자료로부터 William Nordhaus는 OPEC의 원유 가격 행태를 설명하기 위해 다음 모형을 추정하였다(괄호 안은 표준오차).*

$$\hat{y}_t = 0.3x_{1t} + 5.22x_{2t}$$
$$\text{se} = (0.03) \quad (0.50)$$

여기서 y = 당해 연도와 이전 연도 가격의 차이(배럴당 달러)

x_1 = 당해 연도의 현물가격과 전년도 OPEC 가격의 차이

x_2 = 1974년의 경우는 1, 그렇지 않으면 0

이 결과를 해석하고 이를 그래프로 표현하라. 이 결과가 OPEC의 독점력에 대해 시사하는 것은 무엇인가?

9.5. 다음 모형을 보자.

$$Y_i = \alpha_1 + \alpha_2 D_i + \beta X_i + u_i$$

여기서 Y = 대학교수의 연봉

X = 근속년수

D = 성별에 대한 가변수

다음과 같이 가변수를 정의하는 세 가지 방법을 보자.

a. D = 남성이면 1, 여성이면 0
b. D = 여성이면 1, 남성이면 2

* "Oil and Economic Performance in Industrial Countries," *Brookings Papers on Economic Activity*, 1980, pp.341–388

c. $D=$ 여성이면 1, 남성이면 -1

각각의 경우에 대해 위의 회귀모형을 해석하라. 상대적으로 더 나은 모형이 있나? 당신의 답변의 근거를 제시하라.

9.6. 회귀식 (9.7.3)을 보자. D_2와 D_3의 계수가 동일하다는 가설을 어떻게 검정하나? D_2와 D_4의 계수가 동일하다는 가설은 어떻게 검정하나? 만일 D_3의 계수가 D_2의 계수와 통계적으로 상이하고, D_4의 계수가 D_2의 계수와 통계적으로 상이하다면 이것은 D_3와 D_4의 계수가 상이하다는 것을 의미하나?

힌트: $\text{var}(A \pm B) = \text{var}(A) + \text{var}(B) \pm 2\,\text{cov}(A, B)$

9.7. 9장 5절(Section 9.5)에서 논의된 미국의 저축-소득 예를 참조하자.

a. 통합 회귀 (9.5.4)로부터 얻은 식 (9.5.5)와 (9.5.6)에서 회귀계수들의 표준오차는 어떻게 구하나?

b. 숫자로 된 답을 얻기 위해 어떤 추가적 정보가 필요한가?

9.8. 91개 은행의 조사에 대해 FDIC(연방예금보험회사)가 사용한 노동시간에 대한 연구에서 R. J. Miller는 다음과 같이 추정하였다.*

$$\begin{aligned}\widehat{\ln Y} = {} & 2.41 + \underset{(0.0477)}{0.3674} \ln X_1 + \underset{(0.0628)}{0.2217} \ln X_2 + \underset{(0.0287)}{0.0803} \ln X_3 \\ & \underset{(0.2905)}{-0.1755 D_1} + \underset{(0.1044)}{0.2799 D_2} + \underset{(0.1657)}{0.5634 D_3} - \underset{(0.0787)}{0.2572 D} \\ & R^2 = 0.766\end{aligned}$$

여기서 $Y=$ FDIC 조사관의 노동시간

$X_1=$ 은행의 총자산

$X_2=$ 은행의 총 점포수

$X_3=$ 은행의 총대여금 중 선별 채무가 차지하는 비율

$D_1=$ 만일 경영평가가 "우량(good)"이면 1

$D_2=$ 만일 경영평가가 "어지간하다(fair)"이면 1

$D_3=$ 만일 경영평가가 "양호(satisfactory)"이면 1

$D_4=$ 만일 조사가 주와 함께 집행되었으면 1

괄호 안의 숫자는 추정된 표준오차이다.

a. 위의 결과를 해석하라.

b. 모형에서 Y가 로그 형태이기 때문에 가변수를 해석하는 데 있어서 무슨 문제가 있나?

c. 가변수 계수들을 어떻게 해석할 것인가?

---

* "Examination of Man-Hour Cost for Independent, joint, and Divided Examination Programs," *Journal of Bank Research*, vol.11, 1980, pp.28-35. 주: 교재에서의 표현 방식에 맞도록 기호가 바뀌었음.

9.9. 1979년 7월부터 시작된 연방은행의 이자율 규제 해제 정책의 효과를 평가하기 위해 내 학생 중 한명인 Sidney Langer는 1975년 3 사분기부터 1983년 2 사분기까지의 자료를 이용하여 다음 모형을 추정하였다.*

$$\begin{aligned}\hat{Y}_t = &\ 8.5871 - 0.1328P_t - 0.7102\text{Un}_t - 0.2389M_t \\ \text{se} = &\ (1.9563) \quad (0.0992) \quad (0.1909) \quad (0.0727) \\ &+ 0.6592Y_{t-1} + 2.5831\text{Dum}_t \quad R^2 = 0.9156 \\ &\quad (0.1036) \quad (0.7549)\end{aligned}$$

여기서 Y = 3개월 만기의 재무성 증권수익률

P = 예상 물가상승률

Un = 계절조정된 실업률

M = 본원통화 변동

Dum = 1979년 7월 1일 이후의 관찰치는 1의 값을 취하는 가변수

a. 이 결과를 해석하라.

b. 이자율 규제 해제의 효과는 무엇인가? 여기서의 결과가 경제학적으로 이치에 맞나?

c. P_t, Un_t, M_t 의 계수들은 모두 음(−)이다. 경제학적으로 설명할 수 있나?

9.10. 본문에서 논의된 구분적 선형회귀에서 가령 그림 9.7에서와 같이 X^*에서 기울기 계수가 변할 뿐만 아니라 회귀선이 위로 이동한다고 하자. X^*에서의 이같은 상향 이동을 반영하기 위해서는 식 (9.8.1)이 어떻게 수정되어야 하나?

9.11. **콜라 1온스당 가격의 결정인자.** 저자의 학생 가운데 한명인 Cathy Schaefer는 77개의 횡단면 관찰치를 토대로 다음의 회귀식을 추정하였다.*

그림 9.7
불연속적인
구분적 선형회귀

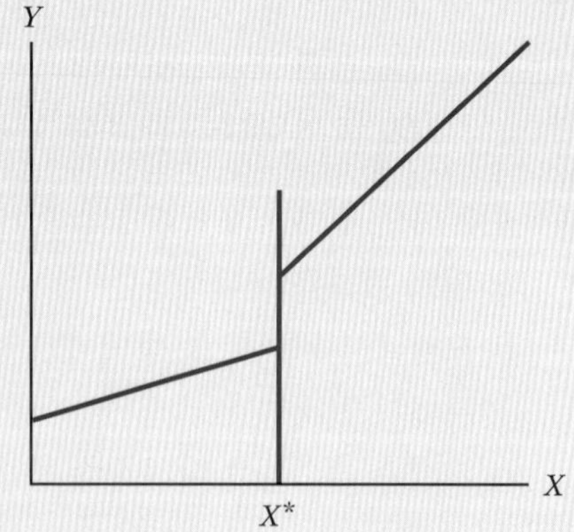

* Sidney Langer, "Interest Rate Deregulation and Short-Term Interest Rates," 미발표 과제물.

* Cathy Schaefer, "Price Per Ounce of Cola Beverage as a Function of Place of Purchase, Size of Container, and Branded or Unbranded Product," 미발표 과제물.

$$P_i = \beta_0 + \beta_1 D_{1i} + \beta_2 D_{2i} + \beta_3 D_{3i} + \mu_i$$

여기서 P_i = 콜라 온스당 가격

D_{1i} = 001 만일 할인판매점이면

= 010 만일 연쇄점이면

= 100 만일 편의점이면

D_{2i} = 10 만일 상표가 있는 제품이면

= 01 만일 상표가 없는 제품이면

D_{3i} = 0001 만일 67.6온스(2리터)들이 병이면

= 0010 만일 28−33.8온스 병이면(주: 33.8온스=1리터)

= 0100 만일 16온스 병이면

= 1000 만일 12온스 캔이면

회귀결과는 다음과 같다.

$$\hat{P}_i = 0.0143 - 0.000004D_{1i} + 0.0090D_{2i} + 0.00001D_{3i}$$

se = (0.00001) (0.00011) (0.00000)

t = (−0.3837) (8.3927) (5.8125)

$R^2 = 0.6033$

주: 표준오차는 소수점 이하 다섯 자리까지만 나와 있다.

a. 가변수들이 모형에 도입된 방법에 대해 논하라.

b. 가변수의 설정이 수용할 만 하다고 가정할 때 결과를 어떻게 해석할 것인가?

c. D_3의 계수는 양(+)이고 통계적으로 유의하다. 이 결과를 어떻게 합리적으로 설명할 수 있나?

9.12. 1970년대 초기에 101개 국가의 달러화 표시 1인당 소득(X)과 기대수명년수(Y)에 관한 자료를 분석하여 Sen과 Srivastava는 다음과 같은 회귀결과를 얻었다.*

$$\hat{Y}_i = -2.40 + 9.39 \ln X_i - 3.36\,[D_i(\ln X_i - 7)]$$

se = (4.73) (0.859) (2.42) $R^2 = 0.752$

여기서 $\ln X_i > 7$이면 $D_i = 1$이고, 그렇지 않으면 $D_i = 0$이다. 주: $\ln X_i = 7$일 때 X = \$1.097(대략적으로)이다.

a. 소득 변수를 로그 형태로 포함시킨 이유는 무엇이라 생각하는가?

b. $\ln X_i$의 계수인 9.39를 어떻게 해석할 것인가?

c. $D_i(\ln X_i - 7)$을 설명변수로 포함시킨 이유는 무엇인가? 이 회귀변수를 말로 어떻게 설명해야 하나? 이 회귀변수의 계수인 −3.36을 어떻게 해

* Ashish Sen and Muni Srivastava, *Regression Analysis: Theory, Methods, and Applications*, Springer-Verlag, New York, 1990, p.92. 표기가 바뀌었음.

석할 것인가(힌트: 구분적 선형회귀)?

d. 빈곤층과 부유층의 구분이 1인당 소득 $1,097이라고 가정할 때 1인당 소득이 $1,097보다 작은 국가들에 대한 회귀와 1인당 소득이 $1,097보다 큰 국가들에 대한 회귀를 어떻게 이끌어내나?

e. 이 문제에서 주어진 회귀결과로부터 어떤 일반적 결론을 도출할 수 있나?

9.13. 다음 모형을 보자.

$$Y_i = \beta_1 + \beta_2 D_i + u_i$$

여기서 처음 20개 관찰치의 경우 $D_i = 0$이고, 나머지 30개의 관찰치에 대해서는 $D_i = 1$이다. $\text{var}(u_i^2) = 300$으로 알려져 있다.

a. β_1과 β_2를 어떻게 해석할 것인가?

b. 두 집단의 평균값은 얼마인가?

c. $(\hat{\beta}_1 + \hat{\beta}_2)$의 분산은 어떻게 구하나? 주: $\text{cov}(\hat{\beta}_1, \hat{\beta}_2) = -15$로 주어졌다.

9.14. 주의 노동권법(조합에 가입하는 것이 고용의 전제조건이 아니다)이 조합가입에 미치는 영향을 평가하기 위해 1982년 미국의 50개 주의 자료를 이용하여 다음과 같은 회귀분석 결과를 얻었다.*

$$\begin{aligned} \widehat{\text{PVT}}_i &= 19.8066 - 9.3917\ \text{RTW}_i \\ t &= (17.0352) \quad (-5.1086) \\ & \qquad\qquad r^2 = 0.3522 \end{aligned}$$

여기서 PVT = 조합원 중 민간부문 고용인의 비율(1982년), 노동권법이 존재하면 RTW = 1, 그렇지 않으면 0이다. 주: 1982년에 20개 주가 노동권법을 가지고 있었다.

a. 선험적으로 PVT와 RTW간에는 어떤 관계가 예상되나?

b. 회귀분석 결과가 선험적 예상을 지지하나?

c. 회귀분석 결과를 해석하라.

d. 노동권법을 제정하지 않은 주에서 민간부문 고용인 중 조합원의 평균 비율은 얼마인가?

9.15. 다음 회귀모형을 보자.

$$Y_i = \beta_1 + \beta_2 D_i + u_i$$

Y는 시간당 임금(달러)을 나타내고, D는 가변수로서 대학 졸업자인 경우 1, 고등학교 졸업자인 경우에는 0의 값을 갖는다. 3장에 제시된 OLS 공식을 이용하여 $\hat{\beta}_1 = \bar{Y}_{hg}$, $\hat{\beta}_2 = \bar{Y}_{cg} - \bar{Y}_{hg}$를 증명하라. 여기서 하첨자들은 다음의 의미이다. hg = 고등학교 졸업자, cg = 대학교 졸업자. 모두 n_1명의 고등학교 졸업자와 n_2명의 대학교 졸업자가 있어서 총 표본의 크기는 $n = n_1 + n_2$이다.

* 회귀분석 결과에 이용된 자료의 출처는 N. M. Meltz, "Interstate and Interprovincial Differences in Union Density," *Industrial Relations*, Vol.28, no.2, 1989, pp.142–158.

9.16. 1970~1992년간 벨리즈의 인구성장률을 연구하기 위해 Mukherjee 등은 다음 모형을 추정하였다.*

모형 I: $\widehat{\ln(\text{Pop})_t} = 4.73 + 0.024t$
$t = (781.25) \quad (54.71)$

모형 II: $\widehat{\ln(\text{Pop})_t} = 4.77 + 0.015t - 0.075D_t + 0.011(D_t t)$
$t = (2477.92) \quad (34.01) \quad (-17.03) \quad (25.54)$

여기서 Pop = 인구(백만명), t = 추세 변수, 1978년부터 그 이후의 관찰치들의 경우 $D_t = 1$이고, 1978년 이전의 경우는 0이며, ln은 자연대수를 의미한다.

a. 모형 I에서 표본기간 동안 벨리즈의 인구성장률은 얼마인가?
b. 인구성장률은 1978년 이전과 이후가 통계적으로 상이한가? 어떻게 알 수 있나? 만일 서로 다르다면 1972~1977년과 1978~1992년의 성장률은 각각 얼마인가?

실증문제

9.17. 표 9.8에 주어진 자료를 이용하여 1958–IV로부터 1966–III까지와 1966–IV로부터 1971–II까지의 두 하부기간의 오차분산이 동일하다는 가설을 검정하라.

9.18. 8장에서 논의된 방법을 사용하여 비제약회귀 (9.7.3)과 제약회귀 (9.7.4)를 비교하라. 즉 부과된 제약의 유효성을 검정하라.

9.19. 9장에서 논의된 미국의 저축–소득 회귀식 (9.5.4)에서 가변수 D_i에 대해 1과 0의 값을 사용하는 대신 $Z_i = a + bD_i$를 사용하는데 여기서 $D_i = 1$과 0이고, $a = 2$, $b = 3$이라고 하자. 두 결과를 비교하라.

9.20. 저축–소득 회귀식 (9.5.4)에서 두 번째 기간의 관찰치에 대해 $D_i = 1$의 값을 부여하고, 첫 번째 기간의 관찰치에 대해서 $D_i = 0$을 부여했다고 하자. 식 (9.5.4)의 결과가 어떻게 변할 것인가?

9.21. 표 9.2에 주어진 자료를 이용하여 다음 모형을 보기로 하자.

$$\ln \text{Savings}_i = \beta_1 + \beta_2 \ln \text{Income}_i + \beta_3 \ln D_i + u_i$$

여기서 ln은 자연대수를 의미하고 1970~1981년에 대해서는 $D_i = 1$이고, 1982~1995년에 대해서는 10이다.

a. 제시한 것처럼 가변수의 값을 부여한 논리적 근거는 무엇인가?
b. 위의 모형을 추정하고 결과를 해석하라.
c. 두 하부기간의 저축함수의 절편값은 얼마이고, 이것을 어떻게 해석해야 하나?

---

* Chandan Mukherjee, Howard White, and Marc Wuyts, *Econometrics and Data Analysis for Developing Countries*, London, 1998, pp.372–375. 표기가 바뀌었음.

9.22. 표 9.3에 주어진 분기별 가전제품 매출 자료를 가지고 다음 모형을 보자.

$$\text{Sales}_i = \alpha_1 + \alpha_2 D_{2i} + \alpha_3 D_{3i} + \alpha_4 D_{4i} + u_i$$

여기서 D들은 2 사분기부터 4 사분기까지 1 또는 0의 값을 취하는 가변수들이다.

a. 식기청소기, 쓰레기분쇄기, 세탁기에 대해 개별적으로 위의 모형을 추정하라.

b. 추정된 기울기 계수들을 어떻게 해석해야 하나?

c. 개별 가전제품에 대한 매출 자료를 비계절화하기 위해 추정된 α들을 어떻게 이용할 것인가?

9.23. 문제 9.22를 또 하나의 회귀변수인 내구재에 대한 지출을 추가하여 재추정하라.

a. 문제 9.22에서 얻은 회귀분석 결과와 차이가 있나? 만일 그렇다면 그 차이는 무엇을 의미하나?

표 9.9 미국의 대통령 선거, 1916-2004

Obs.	Year	*V*	*W*	*D*	*G*	*I*	*N*	*P*
1	1916	0.5168	0	1	2.229	1	3	4.252
2	1920	0.3612	1	0	−11.46	1	5	16.535
3	1924	0.4176	0	−1	−3.872	−1	10	5.161
4	1928	0.4118	0	0	4.623	−1	7	0.183
5	1932	0.5916	0	−1	−14.9	−1	4	7.069
6	1936	0.6246	0	1	11.921	1	9	2.362
7	1940	0.55	0	1	3.708	1	8	0.028
8	1944	0.5377	1	1	4.119	1	14	5.678
9	1948	0.5237	1	1	1.849	1	5	8.722
10	1952	0.446	0	0	0.627	1	6	2.288
11	1956	0.4224	0	−1	−1.527	−1	5	1.936
12	1960	0.5009	0	0	0.114	−1	5	1.932
13	1964	0.6134	0	1	5.054	1	10	1.247
14	1968	0.496	0	0	4.836	1	7	3.215
15	1972	0.3821	0	−1	6.278	−1	4	4.766
16	1976	0.5105	0	0	3.663	−1	4	7.657
17	1980	0.447	0	1	−3.789	1	5	8.093
18	1984	0.4083	0	−1	5.387	−1	7	5.403
19	1988	0.461	0	0	2.068	−1	6	3.272
20	1992	0.5345	0	−1	2.293	−1	1	3.692
21	1996	0.5474	0	1	2.918	1	3	2.268
22	2000	0.50265	0	0	1.219	1	8	1.605
23	2004	0.51233	0	1	2.69	−1	1	2.325

주:

Year 선거년도

V 양 정당 대통령 투표에서 현직이 차지한 비중

W 지수 변수(1920년, 1944년, 1948년의 선거이면 1, 그렇지 않으면 0)

D 지수 변수(민주당 현직 대통령이 출마하면 1, 공화당 현직 대통령이 출마하면 −1, 그렇지 않으면 0)

G 선거년도 초기 3분기 동안의 실질 1인당 GDP 성장률

I 지수 변수(선거 당시 민주당 현직 대통령이면 1, 공화당 현직 대통령이면 −1)

N 행정부의 15 사분기 가운데 실질 1인당 GDP 성장률이 3.2% 이상인 사분기의 수)

P 행정부의 초기 15개 사분기 동안의 GDP 디플레이터 성장률의 절대값

b. 만일 내구재 지출 자료에 계절성이 존재한다면 어떻게 처리해야 하나?

9.24. 표 9.9는 1916년부터 2004년까지 4년마다 있는 미국의 대통령 선거에 대한 자료를 보여주고 있다.*

a. 표 9.9에 주어진 자료를 이용하여 양 정당 대통령 투표에서 민주당의 비중을 예측할 수 있는 적절한 모형을 개발하라.

b. 당신은 대통령 선거 결과를 예측하기 위해 이 모형을 어떻게 이용할 것인가?

c. Chatterjee 등은 대통령 선거를 예측하기 위해 다음 모형을 예비 모형으로 고려해 볼 것을 제안하였다.

$$V = \beta_0 + \beta_1 I + \beta_2 D + \beta_3 W + \beta_4(GI) + \beta_5 P + \beta_6 N + u$$

이 모형을 추정하고 당신이 선택한 모형의 결과와 대비하여 논평하라.

9.25. 회귀식 (9.6.4)를 참고하여 교육에 관하여 평균 시간당 임금의 증가율이 성별과 인종에 따라 상이하다는 가설을 검정하라. (힌트: 곱하기 형태의 가변수를 이용할 것.)

9.26. 회귀식 (9.3.1)을 참고하라. 성별과 거주지역간 상호작용이 존재하는지를 알아내기 위해 모형을 어떻게 수정해야 하나? 이 모형에 따른 결과를 제시하고 식 (9.3.1)의 결과와 비교하라.

9.27. 모형 $Y_i = \beta_1 + \beta_2 D_i + u_i$에서 처음 40개 관찰치에 대해서는 $D_i = 0$이고, 나머지 60개 관찰치에 대해서는 $D_i = 0$을 부여한다고 하자. u_i는 평균이 0이고, 분산이 100으로 알려져 있다고 하자. 두 집단의 평균값과 분산은 얼마인가?**

9.28. 9장에서 논의된 미국의 저축–소득 회귀를 참고하라. 식 (9.5.1)의 대안으로 다음 모형을 생각해 보자.

$$\ln Y_t = \beta_1 + \beta_2 D_t + \beta_3 X_t + \beta_4(D_t X_t) + u_t$$

여기서 Y는 저축이고, X는 소득이다.

a. 위의 모형을 추정하고 그 결과를 식 (9.5.4)의 결과와 비교하라. 어느 것이 더 나은가?

b. 이 모형에서 가변수 계수를 어떻게 해석해야 하나?

c. 이분산을 공부할 때 보겠지만 종종 종속변수의 로그 변환으로 자료의 이분산이 감소한다. 두 기간에 대해 X를 log Y에 대해 회귀분석함으로써

---

* 이 자료는 원래 예일 대학교의 Ray Fair가 수집하여 몇 년간 대통령 선거 결과를 예측하여 왔다. 이 자료가 재생산된 출처는 Samprit Chatterjee, Ali S. Hadi, and Bertram Price, *Regression Analysis by Example*, 3rd ed., John Wiley & Sons, New York, 2000, pp.150–151이고, http://fairmodel.econ.yale.edu/rayfair/pdf/2006CHTM.HTM으로부터 갱신되었다.

** 이 예는 Peter Kennedy, *A Guide to Econometrics*, 4th ed., MIT Press, Cambridge, Mass., 1998, p.347에서 인용하였다.

현재의 예에서 이것이 사실인지를 검토하고, 두 기간의 추정된 오차분산이 통계적으로 동일한지 여부를 검토하라. 만일 동일하다면 본문에서 언급한 것과 같은 방법으로 자료를 통합하기 위해 Chow 검정이 사용될 수 있다.

9.29. 인도의 임금 소득자 예(9.12절)와 표 9.7의 자료를 참고하라.* 상기시키는 의미에서 변수들은 다음과 같이 정의된다.

WI = 주당 임금 소득(루피)

Age = 연령(년)

D_{sex} =남성 근로자이면 1, 여성 근로자이면 0

DE_2 =초등교육까지 받은 근로자이면 1의 값을 취하는 가변수

DE_3 =중등교육까지 받은 근로자이면 1의 값을 취하는 가변수

DE_4 =고등교육을 받은 근로자이면 1의 값을 취하는 가변수

DPT =정규직 근로자이면 1, 비정규직이면 0의 값을 취하는 가변수

참조 범주는 아무 교육도 받지 않고 비정규직인 남성 근로자들이다. 9.12절에서 교육변수들(DE_2, DE_3, DE_4)과 성별 변수(D_{sex})간에 상호작용 항들이 만들어졌다. 만일 우리가 교육 가변수들과 정규직 근로자 가변수(DPT) 간에 상호작용 항들을 만들면 어떻게 되나?

a. 연령, 성별, 교육 가변수들, 그리고 새로운 세 개의 상호작용 항, $DE_2 \times DPT$, $DE_3 \times DPT$, $DE_4 \times DPT$를 포함하여 ln WI를 예측하는 모형을 추정하라. 새로운 항들간에 유의한 상호작용 효과가 나타나나?

b. 초등교육까지 받은 근로자들과 아무 교육도 받지 않은 근로자들간 차이는 어떻게 되나? 이를 교육 가변수와 상호작용 항에 대해 평가하고 그 결과를 설명하라. 중등교육까지 받은 근로자들과 아무 교육도 받지 않은 근로자들간 차이는 어떻게 되나? 고등교육까지 받은 근로자들과 아무 교육도 받지 않은 근로자들간 차이는 어떻게 되나?

c. 모형으로부터 교육 가변수들을 제외한 결과를 평가하라. 유의성 면에서 상호작용 항들은 변하나?

부록 9A

가변수 회귀변수에 대한 반로그 회귀

9.10절에서 다음 형태의 모형을 보았다.

* 자료의 출처는 Chandan Mukherjee, Howard White, and Marc Wuyts, *Econometrics and Data Analysis for Developing Countries*, Routledge Press, London, 1998의 부록임.

$$\ln Y_i = \beta_1 + \beta_2 D_i \qquad \textbf{(1)}$$

이때 1 또는 0의 값을 취하는 가변수 회귀변수에 대한 Y의 상대적 변화(즉 준탄력성)는 (추정된 β_2의 역로그)−1에 100을 곱해주면 구할 수 있다. 즉

$$(e^{\hat{\beta}_2} - 1) \times 100 \qquad \textbf{(2)}$$

그 증명은 다음과 같다. ln과 exp($= e$)는 역함수이므로 식 (1)은 다음과 같이 쓸 수 있다.

$$\ln Y_i = \beta_1 + \ln(e^{\beta_2 D_i}) \qquad \textbf{(3)}$$

이제 $D = 0$일 때 $e^{\beta_2 D_i} = 1$이고, $D = 1$일 때 $e^{\beta_2 D_i} = e^{\beta_2}$이다. 따라서 상태 0에서 상태 1로 가면 $\ln Y_i$는 $(e^{\beta_2} - 1)$만큼 변한다. 그런데 어떤 변수의 로그의 변동은 상대적 변동이고 여기에 100을 곱해주면 백분비 변동이다. 따라서 백분비 변동은 $(e^{\beta_2} - 1)$ 100이다. (주: $\ln_e e = 1$, 즉 밑수가 e인 e의 로그는 1이다. 이는 밑수가 10인 10의 로그가 1인 것과 같다. 밑수가 e인 로그를 자연로그라 부르고 밑수가 10인 로그를 상용로그라 부른다.)

고전적 모형에서의 가정의 완화

2부

제1부에서는 고전적 정규선형회귀모형을 오랫동안 살펴보았고, 이 모형이 예측은 물론 통계적 추론의 중요한 두 문제인 추정과 가설검정에 어떻게 사용되는지를 보았다. 그러나 이 모형은 다음과 같은 단순 가정들에 기초하고 있다는 점을 잊어서는 안 된다.

가정 1. 회귀모형이 모수에 대해 선형이다.

가정 2. 회귀변수들, X들의 값이 고정되어 있거나 X값들은 오차항과 독립적이다. 여기서 이것은 u_i와 각 X 변수간의 공분산이 0이 되는 것을 요구한다.

가정 3. 주어진 X에 대해 교란항 u_i의 평균값은 0이다.

가정 4. 주어진 X에 대해 u_i의 분산이 일정하거나 동분산이다.

가정 5. 주어진 X에 대해 교란항 간 자기상관 또는 계열상관이 없다.

가정 6. 관찰치의 수 n은 추정할 모수의 수보다 커야 한다.

가정 7. X 변수의 값은 충분한 정도로 변화폭이 커야 한다.

우리는 여기서 다음의 세 가정들을 포함시키고 있다.

가정 8. X 변수 간에는 완전 공선성이 존재하지 않는다.

가정 9. 모형이 올바르게 표기되어 있어서 표기편의가 없다.

가정 10. 확률적 (교란)항 u_i는 정규분포한다.

더 나아가기 전에 대부분의 교과서들은 10개의 가정보다 적은 수의 가정을 열거하고 있다는 것을 주목하기 바란다. 예를 들어 가정 6과 7은 명백히 기술되기 보다는 당연한 것으로 받아들여지고 있는 것이다. 그러나 이 책에서는 이러한 가정들을 명백히 기술하였는데 그 이유는 OLS 추정량이 바람직한 통계적 속성(예를 들어 BLUE)을 갖는데 요구되는 가정들과 OLS가 유용한 추정량이 되는데 요구되는 조건들을 구분하는 것이 의미가 있기 때문이다. 예를 들어 OLS 추정량은 가정 7이 충족되지 않는다 해도 BLUE가 된다. 그러나 이 경우 OLS 추정량의 표준오차가 계수들에 비해 더 커지기 때문에(즉, t비율이 작아짐), 하나 또는 그 이상의 회귀변수들이 설명된 자승합(ESS)에 얼마나 기여하는지를 평가하는 것이 어렵게 된다.

Wetherill이 지적하듯이 실제로 고전적 선형회귀모형을 적용하는 데에는 두 가지 주요한 문제가 발생한다: (1) 모형의 표기에 관한 가정과 교란항 u_i에 관한 가정 때문에 발생하는 문제들과, (2) 자료에 관한 가정 때문에 발생하는 문제들이 그것이다.[1]

첫 번째 범주에 해당하는 것이 가정 1, 2, 3, 4, 5, 9, 10이고, 두 번째 범주에 포함되는 것이 가정 6, 7, 8이다. 추가적으로 자료의 문제, 예를 들어 자료에 있어서의 이상점(통상적이 아닌 혹은 비전형적인 관찰치)과 측정오차 등과 같은 문제들 또한 두 번째 범주에 포함된다.

교란항과 표기에 관한 가정으로부터 발생하는 문제에 관하여 세 가지 중요한 문제가 제기된다. (1) 특정 가정으로부터 이탈하는 경우 그 이탈이 실제로 문제가 되지 않는 범위 내에서 얼마나 심각한 것인가? 예를 들어 u_i가 정확히 정규분포를 따르지 않는다면 OLS 추정량의 BLUE 특성이 무너지지 않는 범위 내에서 정규분포 가정으로부터 얼마나 이탈하는 것까지 용인할 수 있는 것인가? (2) 특정 가정이 구체적인 경우에 실제로 위반되는지의 여부를 어떻게 알 수 있는가? 따라서, 모형을 적용하는 경우 교란항이 정규분포를 따르는지의 여부를 어떻게 알 수 있는가? 정규분포에 대해서는 이미 Anderson-Darling의 A^2통계량과 Jarque-Bera검정을 논의한 바 있다. (3) 하나 또는 그 이상의 가정들이 위배되는 경우 어떻게 이를 보정할 수 있는가? 예를 들어, 동분산의 가정이 틀렸다는 것을 확인한 경우에는 무엇을 해야 하는가?

자료에 관한 가정으로 인해 발생하는 문제에 관해서는 다음과 같은 유사한 문제에 봉착하게 된다. (1) 특정 문제가 발생한다면 그것은 얼마나 심각한 것인가? 예를 들어 다중공선성이 있는 경우 추정과 추론 자체를 어렵게 할 정도로 심각한가? (2) 자료문제의 심각 정도를 어떻게 알 수 있는가? 예를 들어 하나 또는 그 이상의 관찰치들이 이상점인 경우 이들을 포함하느냐 혹은 배제하느냐가 분석에 막대한 영향을 줄 때 이들 관찰치들을 포함할 것인가 배제할 것인가를 어떻게 결정할 것인가? (3) 자료문제가 쉽게 고쳐질 수 있는 것인가? 예를 들어 자료상의 측정오차의 근원을 찾아내고자 할 때 원자료를 구할 수 있는가?

불행하게도 이 모든 문제에 대한 만족스러운 답을 구할 수 없다. 2부의 나머지 부분에서 우리가 할 일은 가정 중의 일부를 (비록 완벽할 정도로 모든 분석대상 가

1. G. Barrie Wetherill, *Regression Analysis with Applications,* Chapman and Hall, New York, 1986, pp.14–15.

정을 분석하지는 않아도) 면밀하게 들여다보는 것이다. 특히 가정 2, 3, 10에 대해서는 심도 있게 논의하지 않을 것인데 그 이유는 다음과 같다.

가정 2: 고정된 회귀변수 대 확률적 회귀변수

지금까지 다룬 회귀분석은 회귀변수들이 비확률적이고 연속적인 표본추출에서도 고정된 값을 갖는다는 가정에 기초하고 있다. 이와 같은 가정에는 그럴만한 이유가 있다. 1장에서 언급했던 것처럼 자연과학을 전공하는 과학자들과는 달리 경제학자들은 일반적으로 그들이 사용하는 자료를 통제할 수가 없다. 종종 경제학자들은 2차적 자료, 즉 다른 누군가(정부나 민간기관과 같은)에 의해 수집된 자료에 의존하게 된다. 따라서 비록 변수들 그 자체는 본질적으로 확률적이라고 하더라도 실제적인 전략은 설명변수들의 값이 주어진 것으로 가정하는 것이다. 따라서 이와 같이 주어진 값들에 조건부인 회귀분석의 결과가 나오게 된다.

그러나 가령 X를 비확률적 또는 고정된 값으로 간주할 수가 없다고 하자. 이것이 확률적 회귀변수의 경우이다. 이제 상황은 좀 복잡해진다. u_i는 가정에 의해 확률적이다. 만일 X들도 역시 확률적이면 X들과 u_i가 어떻게 분포되는지 명시되어야 한다. 만일 가정 2(즉, X들은 비록 확률변수이기는 하지만 u_i와 독립적으로 분포하든지 아니면 적어도 상관되어 있지 않다)가 맞는다면 실제 모든 용도에서 우리는 X들이 비확률적인 것으로 간주할 수 있다. Kmenta에 따르면

> 이리하여, X가 비확률적이라는 가정을 완화하는 대신 X가 확률적이지만 [u]와 독립적이라는 가정으로 대체하더라도 최소자승추정의 바람직한 속성들과 타당성에는 변화가 없다.[2]

그러므로, 4부에서 연립방정식 모형을 다룰 때까지는 가정 2를 계속 존속시키도록 한다.[3]

가정 3: u_i의 평균값 0

k 변수 선형회귀모형을 보자.

$$Y_i = \beta_1 + \beta_2 X_{2i} + \beta_3 X_{3i} + \cdots + \beta_k X_{ki} + u_i \qquad (1)$$

---

2. Jan Kmenta, *Elements of Econometrics*, 2nd ed., Macmillan, New York, 1986, p. 338. (원본에 강조되어 있음)

3. 기술적인 사항을 짚고 넘어갈 필요가 있다. X들과 u가 독립이라는 강한 가정 대신에 X 변수의 값과 u가 같은 시점에서 상관되지 않는다는 약한 가정을 사용할 수도 있다. 이러한 경우 OLS 추정량은 편의추정량이 되지만, 일치추정량이다. 즉, 표본의 크기가 무한히 커짐에 따라 추정량은 진정한 값으로 점근해 간다. 그러나 만일 X들과 u가 같은 시점에서 상관된다면 OLS 추정량은 편의추정량일 뿐만 아니라 일치추정량도 아니다. 이 경우 일치추정량을 얻기 위해 종종 도구변수 방법이 어떻게 사용되는지 17장에서 설명할 것이다.

이제 다음과 같이 가정한다.

$$E(u_i|X_{2i}, X_{3i}, \ldots, X_{ki}) = w \tag{2}$$

여기서 w는 상수이다. 표준적인 모형에서 $w = 0$이나, 여기서는 어떠한 상수도 된다고 하자.

식 (1)의 조건부 기대치를 구하면

$$\begin{aligned} E(Y_i|X_{2i}, X_{3i}, \ldots, X_{ki}) &= \beta_1 + \beta_2 X_{2i} + \beta_3 X_{3i} + \cdots + \beta_k X_{ki} + w \\ &= (\beta_1 + w) + \beta_2 X_{2i} + \beta_3 X_{3i} + \cdots + \beta_k X_{ki} \\ &= \alpha + \beta_2 X_{2i} + \beta_3 X_{3i} + \cdots + \beta_k X_{ki} \end{aligned} \tag{3}$$

여기서 $\alpha = (\beta_1 + w)$이고 기대치를 취할 때 X들은 상수로 취급된다.(그 이유는?)

따라서 만일 가정 3이 만족되지 않는다면 원래의 절편항 β_1을 추정할 수 없다. 우리가 추정하는 것은 α인데, 이것은 β_1과 $E(u_i) = w$의 합이다. 간단히 말해 우리는 β_1의 편의추정량을 얻게 된다.

의미 있는 수치는 기울기 계수인데 이 값은 가정 3이 위배되더라도 변하지 않는다.[4] 그 외에 대부분의 적용 예에서 절편항은 별 의미를 갖고 있지 않다.

가정 10: u_i의 정규분포

만일 회귀분석의 목적이 모수의 추정만이라면 이 가정은 그리 중요하지 않다. 3장에서 언급했듯이 u_i가 정규분포를 하든 안 하든 OLS 추정량은 BLUE이다. 그러나 정규분포 가정으로 인해 회귀계수의 OLS 추정량이 정규분포를 따르고 $(N - k)\hat{\sigma}^2/\sigma^2$이 χ^2분포를 하고 표본 수에 관계없이 t검정과 F검정을 이용하여 다양한 통계적 가설검정을 할 수 있게 된다.

그러나 만일 u_i가 정규분포를 하지 않으면 어떻게 되나? 그러면 우리는 다음과 같이 확장된 중심극한정리에 의존할 수 있다. 우리가 애당초 정규분포가정을 합리화시키는데 불러낸 것이 중심극한정리라는 사실을 상기하기 바란다.

> 만일 오차항 $[u_i]$의 평균이 0, (일정한) 분산이 σ^2이고 독립적이고 동일한 분포를 한다면, 그리고 설명변수들이 계속적인 표본 추출에 있어서 일정하다면 [O]LS 계수 추정량은 그에 상응하는 모수 β들이 평균인 점근적인 정규분포를 한다.[5]

---

4. 이와 같은 기술은 모든 i에 대해 $E(u_i) = w$인 경우에만 성립한다는 것에 유의하라. 그러나 만일 $E(u_i) = w_i$, 즉 각 i에 대해 상이한 상수이면 편기울기 계수는 일치추정량이 안 될 뿐만 아니라 편의추정량이 될 수 있다. 이와 같은 경우에는 가정 3의 위반이 치명적일 것이다. 이에 대한 증명과 보다 자세한 내용은 Peter Schmidt, *Econometrics,* Marcel Dekker, New York, 1976, pp. 36–39 참조.
5. Henri Theil, *Introduction to Econometrics,* Prentice–Hall, Englewood Cliffs, NJ, 198, p. 240 참조. 명심할 것은 이와 같은 결과가 나오기 위해서는 고정된 X들과 일정한 σ^2의 가정이 필수적이다.

따라서 통상적인 검정절차–t검정과 F검정–는 점근적으로, 즉 유한 또는 소표본이 아닌 대표본에서 계속 타당하다.

교란항이 정규분포를 하지 않더라도 OLS 추정량은 계속 점근적으로 정규분포를 한다는 사실(동일 분산과 고정된 X들의 가정 하에서)은 대부분의 경우에 대표본을 갖고 있지 않은 경제학자들에게는 별 도움이 안 된다. 따라서 가설검정과 예측을 위해서는 정규분포 가정은 극히 중요하다. 그러므로 추정과 가설검정이라는 두 가지 문제를 염두에 두고 대부분의 경제분석에서 소표본은 예외라기 보다는 관례라는 사실을 감안하면 정규분포 가정을 계속 채택할 필요가 있다.[6] (그러나 13장의 13.12절을 참조)

물론 이는 유한 표본을 다룰 때 정규분포 가정이 옳은지를 명확히 검정하여야 한다는 것을 의미한다. 정규성을 검정하는 방법으로 이미 Anderson–Darling과 Jarque–Bera 검정을 살펴본 바 있다. 이러한 검정 혹은 다른 검정을 회귀잔차에 대해 적용하도록 독자들에게 강력하게 권고한다. 유한 표본에서 정규성 가정이 없다면 통상적인 t통계량과 F통계량이 실제로 t분포와 F분포를 따르지 않을 수도 있음을 명심하여야 한다.

가정 1, 4, 5, 6, 7, 8, 9에 대해서는 아직 언급하지 않았다. 가정 6, 7, 8은 서로 긴밀하게 관련되어 있고 다중공선성을 다룰 10장에서 논의될 것이다. 가정 4는 이분산을 다룰 11장에서 논의될 것이다. 가정 5는 자기상관을 다룰 12장에서 논의될 것이다. 가정 9는 모형표기와 진단검사를 다룰 13장에서 논의된다. 가정 1은 전문화된 성격과 수학적 필요에 의해 3부의 14장에서 특별 토픽으로 논의된다.

이해를 돕기 위해 각 장은 동일한 구성으로 전개된다. 즉 (1) 문제의 본질을 알아보고, (2) 그 결과를 조사하며, (3) 그것을 탐지하는 방법을 제시하고, (4) 이 추정량들이 1부에서 논의된 통계적으로 바람직한 속성을 갖는 추정량이 될 수 있도록 하는 교정수단들을 살펴본다.

주의를 요하는 사항이 있다 : 앞에서 지적했듯이 CLRM 가정을 위반함으로써 발생하는 모든 문제들에 대해 만족스런 답변은 존재하지 않는다. 게다가 특정 문제에 대해 하나 이상의 해답이 존재할 수 있지만, 종종 어느 방법이 최선인지 분명하지 않은 경우도 있다. 그 밖에 어떤 적용 대상의 경우에는 CLRM 가정이 하나 이상 위배될 수도 있다. 그러므로 표기편의, 다중공선성, 그리고 이분산이 한 적용 대상에 공존할 수도 있으므로 모든 문제를 한가지 방법으로 동시에 해결할 전능한 검정방법은 존재하지 않는다.[7] 나아가 한 때에는 널리 사용되었던 검정방법이 훗날에

6. 정규분포로부터 이탈할 때의 효과와 그와 관련된 논의는 로버스트 추정(robust estimation)이라는 제목으로 다루어지고 있는데, 이는 이 책의 범주를 벗어난다.

7. 이것은 시도가 부족하기 때문이 아니다. A. K. Bera and C. M. Jarque, "Efficient Tests for Normality, Homoscedasticity and Serial Independence of Regression Residuals: Monte Carlo Evidence," *Economic Letters*, vol. 7, 1981, pp. 313–318 참조.

는 별로 사용되지 않는 수가 있는데 그 이유는 과거에 사용되었던 검정에서 문제점이 발견되었기 때문이다. 그러나 이것은 과학이 발전하는 과정으로서 계량경제학에서만 나타나는 현상은 아니다.

10장

다중공선성: 만일 회귀변수들이 상관되어 있다면 어떻게 되나?

> 계량경제학과 응용경제 문헌 모두에서 "다중공선성 문제"라는 용어보다 더 잘못 사용되고 있는 용어는 없다. 실제로 많은 설명변수들은 매우 공선적이다. 그리고 자연적 실험이 제공해 주는 설계(즉, 가까이에 있는 표본)보다 더 선호되는 실험설계 $X'X$(즉, 자료행렬)가 확실히 존재한다. 그러나 자연현상에 대한 불만은 전혀 건설적이 아니고, 잘못된 설계를 고치기 위해 시도되는 단계식 회귀(srepwise regression) 혹은 능형회귀(ridge regression) 등의 자의적 처방도 엄청나게 부적절할 수 있다. 오히려, 우리의 비실험(즉, 자료가 실험설계에 의해 수집된 것이 아니다)이 모수에 관한 정보를 주지 않을 때가 있을 수 있다는 사실을 인정해야 한다.[1]

고전적 선형회귀모형(CLRM)의 가정 8은 회귀모형에 포함된 회귀변수들간에는 다중공선성(multicollinearity)이 없다는 것이다. 이 장에서는 다음의 질문에 답하면서 다중공선성이 없다는 가정을 면밀히 살펴보고자 한다.

1. 다중공선성의 본질은 무엇인가?
2. 다중공선성은 실제로 문제가 되는가?
3. 실제로 어떠한 결과를 초래하나?
4. 다중공선성을 어떻게 찾아내는가?
5. 다중공선성 문제를 완화시키기 위해 어떠한 처방을 취할 수 있나?

이 장에서는 또한 CLRM의 가정 6, 즉 표본의 관찰치의 수는 회귀변수의 수보다 커야 한다는 것과 가정 7, 즉 회귀변수의 값에 충분한 다양성이 있어야 한다는 것에 대해서도 논의할텐데 왜냐하면 이것들은 모두 다중공선성이 없다는 가정과 밀접하게 연관되기 때문이다. Arthur Goldberger는 가정 6을 과소표본(micronumerosity)의 문제라고 명명하였는데, 이는 단지 소규모 표본규모를 의

---

1. Edward E. Leamer, "Model Choice and Specification Analysis," in Zvi Griliches and Michael D. Intriligator, eds., *Handbook of Econometrics*, vo. 1, North Holland Publishing Company, Amsterdam, 1983, pp. 300–301.

미한다.[2]

10.1 다중공선성의 본질

이 **다중공선성**이란 용어는 Frisch가 사용했다.[3] 원래 이것은 회귀모형에서의 일부 또는 전체 설명변수들 간의 "완전한" 또는 정확한 선형관계가 존재하는 것을 의미했다.[4] 설명변수들이 $X_1, X_2, ..., X_k$(절편항을 모형에 포함시키기 위해 모든 관찰치에 대해 $X_1 = 1$로 한다)인 k-변수 회귀모형에서 다음 조건이 만족되면 정확한 선형관계가 존재한다고 한다.

$$\lambda_1 X_1 + \lambda_2 X_2 + \cdots + \lambda_k X_k = 0 \tag{10.1.1}$$

여기서 $\lambda_1, \lambda_2, \cdots, \lambda_k$는 모두가 동시에 0이 아닌 상수이다.[5]

그러나 오늘날에는 다중공선성이란 용어가 식 (10.1.1)에서와 같이 완전 다중공선성의 경우뿐만 아니라 다음과 같이 X변수들이 불완전하게 상관되어 있는 경우도 포함하는 광범위한 개념으로 사용되고 있다.[6]

$$\lambda_1 X_1 + \lambda_2 X_2 + \cdots + \lambda_2 X_k + v_i = 0 \tag{10.1.2}$$

여기서 v_i는 확률적 오차항이다.

완전 다중공선성과 **불완전** 다중공선성 간의 차이를 보기 위해 우선 예를 들어 $\lambda_2 \neq 0$이라고 가정하면 식 (10.1.1)은 다음과 같이 쓸 수 있다.

$$X_{2i} = -\frac{\lambda_1}{\lambda_2} X_{1i} - \frac{\lambda_3}{\lambda_2} X_{3i} - \cdots - \frac{\lambda_k}{\lambda_2} X_{ki} \tag{10.1.3}$$

이 식은 X_2가 다른 변수들과 정확하게 선형으로 연관되어 있다는 것을 보여주고 있는데, 이는 또 X_2가 다른 X변수들의 선형 조합으로 도출될 수 있다는 것을 뜻하기도 한다. 이 경우에 변수 X_2와 식 (10.1.3)의 우변의 선형조합 간의 상관계수는 1이 될 수밖에 없다.

---

2. 그의 저서인 *A Course in Econometrics*, Harvard University Press, Cambridge, Mass., 1991, p. 249 참조.
3. Ragnar Frisch, *Statistical Confluence Analysis by Means of Complete Regression Systems*, Institute of Economics, Oslo University, publ. no. 5, 1934.
4. 엄밀히 말해 다중공선성이란 용어는 하나 이상의 정확한 선형관계의 존재를 뜻하고, 공선성이란 단일 선형관계의 존재를 뜻하나 실제로 이와 같은 구별은 거의 하지 않고 다중공선성이 두 경우를 모두 뜻한다.
5. 회귀변수들이 이와 같은 형태로 연관되는 표본값들을 실제로 얻게 되는 경우는 상당히 적은데, 예외적으로 관찰치의 수가 회귀변수의 수보다 작다거나 또는 9장에서 논의되었듯이 "가변수 함정"이 존재할 때 이와 같은 상황이 발생한다. 연습문제 10.2 참조.
6. 설명변수가 둘 뿐이라면 상관정도는 0차 또는 단순 상관계수에 의해 측정될 수 있다. 그러나 둘 이상의 X변수들인 경우에는 상관정도는 부분상관계수나 또는 X변수 하나와 다른 모든 X변수 묶음 간의 다중상관계수 R로 측정될 수 있다.

이와 유사하게 만일 $\lambda_2 \neq 0$이면 식 (10.1.2)는 다음과 같이 쓸 수 있다.

$$X_{2i} = -\frac{\lambda_1}{\lambda_2}X_{1i} - \frac{\lambda_3}{\lambda_2}X_{3i} - \cdots - \frac{\lambda_k}{\lambda_2}X_{ki} - \frac{1}{\lambda_2}v_i \qquad \textbf{(10.1.4)}$$

이 식에서 X_2는 확률적 오차항 v_i에 의해서도 영향을 받기 때문에 X_2는 다른 X들의 정확한 선형 조합이 아니다.

한 예로서 다음과 같은 가상적 자료를 생각해 보자.

X_2	X_3	X_3^*
10	50	52
15	75	75
18	90	97
24	120	129
30	150	152

$X_{3i} = 5X_{2i}$가 된다. 따라서 상관계수 r_{23}은 1이므로 X_2와 X_3간에는 완전공선성이 존재한다. 변수 X_3^*는 X_3에다 난수표로부터 얻은 2, 0, 7, 9, 2와 같은 숫자를 더해서 만들었다. 이제 X_2와 X_3^*간에는 더 이상 완전공선성이 존재하지는 않지만 상관계수가 0.9959로 여전히 높은 상관관계를 갖고 있다.

다중공선성에 대한 지금까지의 수치적 분석은 발렌타인(그림 10.1에 재생된 그림 3.8을 상기할 것)에 의해 간명하게 묘사될 수 있다. 이 그림에서 원 Y, X_2, X_3는 각각 Y(종속변수)와 X_2와 X_3(설명변수들)의 변동을 나타낸다. 공선성의 정도는 원 X_2와 X_3의 중복되는 정도(빗금친 면적)에 의해 측정될 수 있다. 그림 10.1a에서는 X_2와 X_3간에 중복되는 부분이 없으므로 공선성은 존재하지 않는다. 그림 10.1b에서 그림 10.1e까지는 공선성 정도가 “작은” 것부터 “큰” 것 순으로 그려져 있다. 즉 X_2와 X_3간에 중복되는 부분이 클수록(빗금친 면적이 클수록) 공선성 정도는 더 높다. 극단적으로 만일 X_2와 X_3이 완전히 중복된다면(또는 만일 X_2가 완전히 X_3 안에 있든지 그 반대가 되면) 완전공선성이 존재하게 된다.

주의할 점은 다중공선성은 이미 정의한 바와 같이 X변수들 간의 선형관계만을 나타내고 있고, 그들 간의 비선형관계는 배제할 수 없다는 것이다. 예를 들어 다음 회귀모형을 보자.

$$Y_i = \beta_0 + \beta_1 X_i + \beta_2 X_i^2 + \beta_3 X_i^3 + u_i \qquad \textbf{(10.1.5)}$$

여기서 $Y=$ 총생산비용, $X=$ 산출량이라고 하자. 변수 X_i^2과 X_i^3은 X_i와 분명히 함수관계에 있지만 그 관계는 비선형이다. 따라서 식 (10.1.5)와 같은 모형은 다중공선성이 없어야 한다는 가정에 위배되지 않는다. 그러나 구체적 적용을 하는 경우 X_i, X_i^2, X_i^3 간의 상관계수가 높게 나와서 뒤에 설명되듯이 식 (10.1.5)의

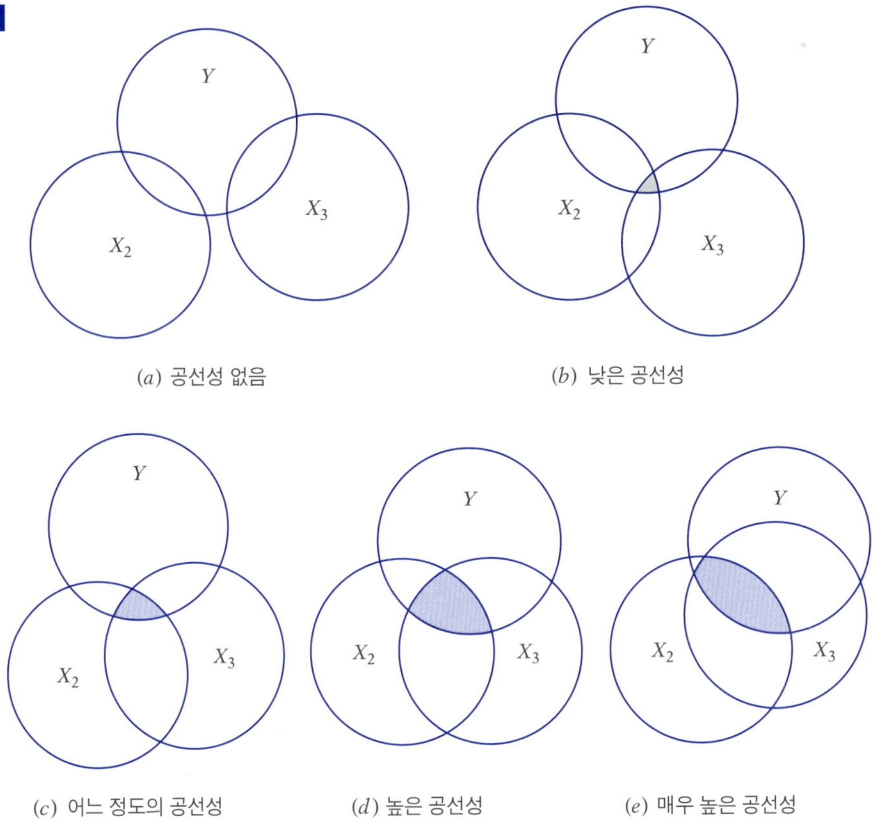

그림 10.1 r_{23}의 함수로서의 var $(\hat{\beta}_2)$의 반응

모수들은 정확히(즉, 표준오차 값이 작게) 측정하기가 어려워진다.

왜 고전적 선형회귀모형에서는 X들 간에 다중공선성이 없다고 가정하나? 그 이유는 이렇다. **만일 식 (10.1.1)과 같이 다중공선성이 완전하다면 X변수들의 회귀계수들은 불확정적이 되고 그것들의 표준오차는 무한대가 된다. 만일 식 (10.1.2)에서와 같이 다중공선성이 불완전하면 회귀계수들은 비록 확정적이기는 하나 (계수 자체에 비하여) 큰 표준오차를 갖게 되는데 이는 계수들이 정확히 측정될 수 없다는 것을 뜻한다.** 이 내용에 대한 증명은 다음 절에서 다루어진다.

다중공선성을 일으키는 여러 원천들이 있다. Montgomery와 Peck이 지적했듯이 다중공선성은 다음의 요인들 때문이다.[7]

1. 채택되는 자료수집 방법. 예를 들어 모집단에서 회귀변수의 값으로 제한된 범위에 대해서만 추출하는 것.
2. 모형 또는 표본이 추출되는 모집단에 대한 제약. 예를 들어 소득(X_2)과 집

7. Douglas Montgomery and Elizabeth Peck, *Introduction to Linear Regression Analysis*, John Wiley & Sons, New York, 1982, pp. 289–290. 또한 R. L. Mason, R. F. Gunst, and J. T. Webster, "Regression Analysis and Problems of Multicollinearity," *Communications in Statistics A*, vol. 4, no. 3, 1975, pp. 277–292; R. F. Gunst, and R. L. Mason, "Advantages of Examining Multicollinearities in Regression Analysis," *Biometrics*, vol. 33, 1977, pp. 249–260.

규모(X_3)에 대한 전기소비의 회귀에서 고소득 가구가 일반적으로 저소득 가구에 비해 더 큰 집을 갖고 있다는 현실적 제약이 존재한다.

3. 모형표기. 특히 X변수의 값의 범위가 크지 않을 때 회귀모형에 다항식 항들을 추가하는 것.
4. 과대결정된 모형. 이것은 관찰치의 수보다 설명변수가 더 많을 때 일어난다. 이와 같은 상황은 의학연구에서 정보를 수집할 수 있는 환자의 수는 적고 변수들은 많을 때 나타날 수 있다.

특히 시계열 자료에서 다중공선성이 일어나는 추가적인 이유는 모형에 포함된 회귀변수들이 **공동 추세**, 즉 그것들이 시간이 흐름에 따라 함께 증가하거나 감소한다,를 보일 수 있다는 것이다. 이리하여 소득, 부, 인구 등에 대한 소비지출의 회귀에서 소득, 부와 인구 등 회귀변수들은 모두 시간이 흐름에 따라 대강 동일한 비율로 증가할 수 있어서 이들 변수간에 공선성을 일으킨다.

10.2 완전 다중공선성이 존재할 때의 추정

완전 다중공선성이 존재할 때 회귀계수들을 구할 수 없게 되고, 그것들의 표준오차들은 무한대가 된다는 것은 이미 언급하였다. 이와 같은 현상을 세 변수 회귀모형으로 설명하기로 한다. 모든 변수들이 각각의 표본평균으로부터의 편차로 표현되는 편차형을 사용하여 세 변수 모형을 다음과 같이 표기하기로 한다.

$$y_i = \hat{\beta}_2 x_{2i} + \hat{\beta}_3 x_{3i} + \hat{u}_i \tag{10.2.1}$$

7장에서 우리는 다음과 같은 공식을 얻었다.

$$\hat{\beta}_2 = \frac{\left(\sum y_i x_{2i}\right)\left(\sum x_{3i}^2\right) - \left(\sum y_i x_{3i}\right)\left(\sum x_{2i} x_{3i}\right)}{\left(\sum x_{2i}^2\right)\left(\sum x_{3i}^2\right) - \left(\sum x_{2i} x_{3i}\right)^2} \tag{7.4.7}$$

$$\hat{\beta}_3 = \frac{\left(\sum y_i x_{3i}\right)\left(\sum x_{2i}^2\right) - \left(\sum y_i x_{2i}\right)\left(\sum x_{2i} x_{3i}\right)}{\left(\sum x_{2i}^2\right)\left(\sum x_{3i}^2\right) - \left(\sum x_{2i} x_{3i}\right)^2} \tag{7.4.8}$$

λ가 0이 아닌 상수(예를 들어 2, 4, 1.8 등등)일 때 $X_{3i} = \lambda X_{2i}$라 가정하자. 이것을 식 (7.4.7)에 대입하면 다음과 같은 결과를 얻게 된다.

$$\begin{aligned}\hat{\beta}_2 &= \frac{\left(\sum y_i x_{2i}\right)\left(\lambda^2 \sum x_{2i}^2\right) - \left(\lambda \sum y_i x_{2i}\right)\left(\lambda \sum x_{2i}^2\right)}{\left(\sum x_{2i}^2\right)\left(\lambda^2 \sum x_{2i}^2\right) - \lambda^2 \left(\sum x_{2i}^2\right)^2} \\ &= \frac{0}{0}\end{aligned} \tag{10.2.2}$$

이 식은 부정이다. $\hat{\beta}_3$도 부정이라는 것이 증명될 수 있다.[8]

왜 우리는 식 (10.2.2)에서와 같은 결과를 얻게 되나? $\hat{\beta}_2$의 의미를 생각해 보자. 이것은 X_3를 일정하게 유지한 채로 X_2를 한 단위 변화시킬 때 Y의 평균값의 변화율을 나타낸다. 그러나 만일 X_2와 X_3가 완전한 공선성 관계라고 하면 X_3를 일정하게 유지할 방법이 없다. 즉 X_2가 변하면 X_3도 λ배만큼 변한다. 이것이 의미하는 바는 주어진 표본으로부터 X_2와 X_3의 각각의 영향을 분리시킬 수 없다는 것이다. 즉 실제로는 X_2와 X_3가 구별 불가능하다. 계량경제학의 응용에 있어서는 이와 같은 것이 가장 해로운 문제인데, 그 이유는 종속변수에 대한 각 X의 부분적 효과를 분리하는 것이 계량경제학 적용의 주된 목적이기 때문이다.

이것을 다른 각도에서 보기 위해 식 (10.2.1)에 $X_{3i} = \lambda X_{2i}$를 대입하면 다음과 같은 식을 얻게 된다(식 (7.1.12) 참조).

$$\begin{aligned} y_i &= \hat{\beta}_2 x_{2i} + \hat{\beta}_3(\lambda x_{2i}) + \hat{u}_i \\ &= (\hat{\beta}_2 + \lambda\hat{\beta}_3)x_{2i} + \hat{u}_i \\ &= \hat{\alpha} x_{2i} + \hat{u}_i \end{aligned} \tag{10.2.3}$$

여기서

$$\hat{\alpha} = (\hat{\beta}_2 + \lambda\hat{\beta}_3) \tag{10.2.4}$$

식 (10.2.3)에 통상적인 OLS 공식을 적용하면 다음 식을 얻게 된다.

$$\hat{\alpha} = (\hat{\beta}_2 + \lambda\hat{\beta}_3) = \frac{\sum x_{2i} y_i}{\sum x_{2i}^2} \tag{10.2.5}$$

따라서 우리는 α를 하나의 값으로 추정할 수는 있으나 β_2와 β_3를 따로 추정할 방법은 없다.

$$\hat{\alpha} = \hat{\beta}_2 + \lambda\hat{\beta}_3 \tag{10.2.6}$$

수학적으로 식 (10.2.6)에는 두 개의 미지수(λ는 주어진 값)가 있지만 식은 하나이므로 $\hat{\alpha}$과 λ의 값이 주어졌을 때 위 식에 대한 해는 무한히 많게 된다. 좀 더 구체적으로 $\hat{\alpha} = 0.8$, $\lambda = 2$라 하면

$$0.8 = \hat{\beta}_2 + 2\hat{\beta}_3 \tag{10.2.7}$$

8. 이를 다음과 같이 해석할 수 있다. 정의에 의해 X_2와 X_3간의 상관계수 r_{23}은 $\Sigma x_{2i} x_{3i} / \sqrt{\Sigma x_{2i}^2 \Sigma x_{3i}^2}$이다. 만일 $r_{23}^2 = 1$, 즉 X_2와 X_3 사이에 완전한 공선성이 존재한다면 식 (7.4.7)의 분모가 0이 되어 β_2(또는 β_3)의 추정이 불가능해진다.

또는

$$\hat{\beta}_2 = 0.8 - 2\hat{\beta}_3 \tag{10.2.8}$$

이제 $\hat{\beta}_3$의 값 하나를 임의로 선택하면 $\hat{\beta}_2$에 대한 해 하나를 얻게 된다. $\hat{\beta}_3$의 또 다른 값을 선택하면 또 다른 $\hat{\beta}_2$에 대한 해를 얻는다. 아무리 열심히 시도해도 $\hat{\beta}_3$의 값은 유일하게 존재하지 않는다. 이제까지의 논의의 결론은 완전 다중공선성의 경우 개별 회귀계수에 대한 유일한 해를 구할 수 없다는 것이다. 그러나 주의할 점은 이 계수들의 선형조합에 대한 유일한 해는 구할 수 있다. λ의 값이 주어졌을 때 선형 조합$(\beta_2+\lambda\beta_3)$는 α로 유일하게 추정된다.[9]

아울러 완전 다중공선성의 경우에는 $\hat{\beta}_2$과 $\hat{\beta}_3$의 분산과 표준오차가 각각 무한대가 된다는 것을 명심할 필요가 있다.

10.3 "높지만 불완전한" 다중공선성이 존재하는 경우의 추정

완전 다중공선성 상황은 극단적인 경우이다. 보편적으로 X변수들 사이, 특히 경제 시계열 자료들 사이에 있어서는 완전한 선형관계는 존재하지 않는다. 따라서 식 (10.2.1)의 편차형으로 된 세 변수 모형으로 돌아가서 완전 다중공선성 대신 다음과 같은 식을 고려해 볼 수 있다.

$$x_{3i} = \lambda x_{2i} + v_i \tag{10.3.1}$$

여기서 $\lambda \neq 0$이고, v_i는 $\sum x_{2i}v_i = 0$이 만족되는 확률적 오차항이다.(그 이유는?)

부수적으로 그림 10.1(b)에서부터 10.1(e)까지에서 보이고 있는 발렌타인은 불완전한 공선성의 경우를 나타내고 있다.

이 경우 회귀계수 β_2와 β_3의 추정은 가능할 것이다. 예를 들어 식 (10.3.1)을 식 (7.4.7)에 대입하면 다음 식을 얻게 된다.

$$\hat{\beta}_2 = \frac{\sum(y_i x_{2i})\left(\lambda^2\sum x_{2i}^2 + \sum v_i^2\right) - \left(\lambda\sum y_i x_{2i} + \sum y_i v_i\right)\left(\lambda\sum x_{2i}^2\right)}{\sum x_{2i}^2\left(\lambda^2\sum x_{2i}^2 + \sum v_i^2\right) - \left(\lambda\sum x_{2i}^2\right)^2} \tag{10.3.2}$$

여기서 $\sum x_{2i}v_i = 0$이다. $\hat{\beta}_3$에 대해서도 이와 유사하게 도출될 수 있다.

이제 식 (10.2.2)에서와는 달리 식 (10.3.2)가 추정될 수 없다고 미리 단정할 이유가 없다. 물론 만일 v_i가 매우 작아서 0에 가까워지면 식 (10.3.1)은 거의 완전 다중공선성에 가까워지게 되어서 식 (10.2.2)의 부정의 경우로 돌아가게 된다.

9. 계량경제학 문헌에서 $(\beta_2+\lambda\beta_3)$와 같은 함수는 **추정가능한 함수**로 알려져 있다.

10.4 다중공선성: 헛소동? 다중공선성의 이론적 결과

만일 고전적 모형의 가정들이 충족된다면 회귀계수들의 OLS 추정량들은 BLUE(또는 정규분포 가정을 더하게 되면 BUE)가 된다는 것을 상기하라. 이제 근사적 다중공선성의 경우와 같이 다중공선성이 매우 높더라도 OLS 추정량이 BLUE의 속성을 계속 유지한다는 것을 증명할 수 있다.[10] 그러면 다중공선성은 무엇이 문제인가? 다음과 같이 Achen의 글을 인용해 보자(이 장의 시작에서 인용한 Leamer의 글도 주목할 것).

> 방법론을 처음 배우는 학생들은 종종 독립변수들이 상관되어 있다는 소위 다중공선성 문제를 걱정한다. 그러나 다중공선성으로 인해 아무 회귀상의 가정도 위배되지 않는다. 불편, 일치 추정량을 구할 수 있고 그것들의 표준오차도 올바르게 추정된다. 다중공선성의 유일한 영향은 표준오차가 작은 계수 추정치를 얻기가 어렵다는 것이다. 그러나 관찰치의 수가 작을 때나 독립변수들의 분산이 작을 때에도 동일한 결과가 나타난다(사실 이론적 수준에서 다중공선성, 적은 관찰치수, 독립변수들의 작은 분산 등은 본질적으로 동일한 문제이다). 따라서 "다중공선성에 대해 내가 무엇을 해야 하나?"하는 질문은 "관찰치를 많이 갖고 있지 않다면 내가 무엇을 해야 하나?"하는 질문과 같다. 아무 통계적 해답도 얻을 수 없다.[11]

표본크기의 중요성을 강조하기 위해 Goldberger는 과소표본(micronumerosity)이라는 용어를 새로 만들었는데 이 용어는 외래풍의 다음절 용어인 **다중공선성(multicollinearity)**에 대응되는 것이다. Goldberger에 따르면 정확한 과소표본(정확한 다중공선성의 대응적 용어)은 표본의 크기, n이 0일 때 발생하는데 이러한 경우 어떠한 형태의 추정도 불가능해진다. 근사적 다중공선성과 개념이 유사한 **근사적 과소표본**은 관찰치의 개수가 추정할 모수의 개수를 겨우 초과하는 경우 발생한다.

표본크기의 문제와 다중공선성의 문제에 적절한 관심을 기울이지 않는 현상을 개탄한 점에서 Leamer, Achen, 그리고 Goldberger가 옳았다고 할 수 있다. 불행히도 이차적 자료(즉, 정부가 수집한 GNP 자료와 같이 특정 대행인이 수집한 자료)를 포함한 응용연구에서 개별 연구자들은 표본의 크기에 대해 별로 할 수 있는 일이 없을 수도 있고, "다중공선성 문제를 CLR(고전적 선형회귀)모형의 위반으로서만 취급할 수밖에 없을 수도 있다."[12]

---

10. 다중공선성에 가깝다는 것 자체는 7장에서 언급된 다른 가정들을 위배하는 것이 아니므로 OLS 추정량은 거기에서 지적한 대로 BLUE이다.
11. Christopher H. Achen, *Interpreting and Using Regression*, Sage Publications, Beverly Hills, Calif., 1982, pp. 82–83.
12. Peter Kennedy, *A Guide to Econometrics*, 3rd ed., The MIT Press, Cambridge, Mass., 1992, p. 177.

첫째, 근사적 다중공선성의 경우일지라도 OLS 추정량은 불편추정량이다. 그러나 불편성은 다표본 또는 반복표본추출 속성이다. 즉 X변수들의 값을 고정시킨 채로 반복적으로 표본을 추출해서 이 표본들에 대한 각각의 OLS 추정량을 계산하면 표본의 수가 커짐에 따라 표본값의 평균이 추정량의 실제 모집단 값에 수렴할 것이다. 그러나 이 사실은 어떤 주어진 표본에서의 추정량의 속성에 대해서는 아무 것도 시사하지 못 한다.

둘째, 공선성으로 최소분산성이 파괴되지 않는다는 것 역시 사실이다. 모든 선형불편추정량 가운데 OLS 추정량의 분산이 최소이다. 즉 그것들은 효율적이다. 그러나 이것은 우리가 곧 보겠지만 한 주어진 표본에서 OLS 추정량의 분산이 (추정량의 값과 비교하여) 반드시 작다는 것을 의미하지는 않는다.

셋째, 비록 모집단에서 *X*변수들이 선형으로 연관되지 않는다 하더라도 특정 표본에서는 그렇게 될 수 있기 때문에 다중공선성은 본질적으로 표본(회귀) 현상이다. 이론적인 또는 모집단 회귀함수(PRF)를 가정하게 되면 우리는 모형 안에 포함된 모든 *X*변수들이 종속변수 *Y*에 대해 별개의 또는 독립적인 영향을 미친다고 믿는다. 그러나 PRF를 검정하는 데 사용되는 주어진 표본에서 몇몇 또는 모든 X변수들이 매우 높게 상관되어서 그들 각각의 *Y*에 대한 영향을 분리시킬 수 없는 경우가 생길 수 있다. 말하자면 이론적으로는 모든 *X*들이 중요하다고 할지라도 표본이 이를 충족시키지 못할 수가 있다. 간단히 말해 분석에 이용가능한 표본이 이론적으로 중요한 모든 *X*변수들을 수용할 수 있을 만큼 충분치 못할 수 있다.

한 예로 3장의 소비-소득 예(예 3.1)를 다시 보자. 경제학자들은 소득뿐만 아니라 소비자의 부도 소비 지출의 중요한 결정인자로 가설을 설정한다. 따라서 다음과 같이 쓸 수 있다.

$$\text{소비}_i = \beta_1 + \beta_2\ \text{소득}_i + \beta_3\ \text{부}_i + u_i$$

소득과 부에 대한 자료를 얻어서 보면 두 변수들은 완전히는 아니더라도 매우 높게 상관될 수 있다. 즉 더 부유한 사람이 보편적으로 소득이 더 많은 경향이 있다. 따라서 이론상으로는 소득과 부가 소비지출의 행태를 설명하는 필연적 후보일지라도 실제로는(즉 표본에서는) 소득과 부의 소비지출에 대한 영향을 분리하는 것이 어려울 수 있다.

이상적으로는 소득과 부의 소비지출에 대한 개별 영향을 평가하기 위해서 필요한 것은 소득이 낮지만 부유한 사람들, 부유하지 않지만 소득이 높은 사람들에 대한 충분한 표본 관찰치를 보유하는 것이다(가정 7을 상기할 것). 횡단면 자료를 이용한 연구에서는 이와 같은 것이 가능할 수 있지만(표본크기를 늘림으로써) 거시적 시계열 분석에서는 이를 달성하는 것이 쉽지 않을 것으로 생각된다.

이와 같은 여러 가지 이유로 다중공선성이 존재함에도 불구하고 OLS 추정량이 BLUE라는 사실은 실제로 그리 큰 도움이 못 된다. 우리는 주어진 표본에서 무엇이 발생하는가 또는 무엇이 발생할 것 같은가 하는 것을 알아내야 하는데 이에 대해서는 곧 이어 다루게 된다.

10.5 다중공선성의 실질적 결과

근사 다중공선성 또는 다중공선성의 정도가 높은 경우에 다음과 같은 결과가 나타날 가능성이 높아진다.

1. BLUE에도 불구하고, OLS 추정량의 분산과 공분산이 크기 때문에 정교한 추정을 어렵게 만든다.
2. 위 1의 결과 때문에 신뢰구간이 넓어지는 경향이 있고, 그 결과 "0 귀무가설"(즉, 진정한 모집단 계수가 0이다)의 채택을 훨씬 더 쉽게 만들게 된다.
3. 또한 위 1의 결과 때문에 하나 또는 그 이상의 계수에 대한 t비율이 통계적으로 유의하지 않게 되는 경향이 있다.
4. 비록 하나 또는 그 이상의 계수에 대한 t비율이 통계적으로 유의하지 않을지라도 총체적 적합도 척도인 R^2는 매우 높을 수 있다.
5. OLS 추정량과 추정량의 표준오차는 자료의 작은 변화에도 민감해질 수 있다.

위의 결과들은 다음과 같이 설명될 수 있다.

OLS 추정량의 분산 및 공분산이 커진다

이를 보기 위해 우선 모형 (10.2.1)에서 $\hat{\beta}_2$과 $\hat{\beta}_3$의 분산, 공분산은 다음과 같다.

$$\operatorname{var}(\hat{\beta}_2) = \frac{\sigma^2}{\sum x_{2i}^2 (1 - r_{23}^2)} \tag{7.4.12}$$

$$\operatorname{var}(\hat{\beta}_3) = \frac{\sigma^2}{\sum x_{3i}^2 (1 - r_{23}^2)} \tag{7.4.15}$$

$$\operatorname{cov}(\hat{\beta}_2, \hat{\beta}_3) = \frac{-r_{23}\sigma^2}{(1 - r_{23}^2)\sqrt{\sum x_{2i}^2 \sum x_{3i}^2}} \tag{7.4.17}$$

여기서 r_{23}은 X_2와 X_3간의 상관계수이다.

식 (7.4.12)와 (7.4.15)로부터 r_{23}이 1에 접근함에 따라, 즉 공선성 정도가 증가함에 따라 두 추정량의 분산은 증가하고 극한적으로 $r_{23} = 1$이면 그들 분산은 무한대가 된다. 또한 식 (7.4.17)로부터 r_{23}이 1에 접근함에 따라 두 추정량의 공분산 역시 그 절대값이 증가한다[주: $\text{cov}(\hat{\beta}_2, \hat{\beta}_3) \equiv \text{cov}(\hat{\beta}_3, \hat{\beta}_2)$].

분산과 공분산이 증가하는 속도를 분산-팽창요소(variance-inflating factor: VIF)로서 측정할 수 있는데 이는 다음과 같이 정의된다.

$$\text{VIF} = \frac{1}{(1 - r_{23}^2)} \tag{10.5.1}$$

VIF는 다중공선성이 존재하는 경우 추정량의 분산이 어떻게 팽창하는지를 보여준다. r_{23}^2이 1에 접근할수록 VIF는 무한대에 접근한다. 다시 말해서, 공선성의 정도가 커질수록 추정량의 분산이 커지고 극한에 이르러서는 무한대가 된다는 것이다. 쉽게 볼 수 있는 것처럼 X_2와 X_3간에 공선성이 없다면 VIF는 1이 될 것이다.

이 정의를 사용하면 식 (7.4.12)와 (7.4.15)는 다음과 같이 나타낼 수 있다.

$$\text{var}(\hat{\beta}_2) = \frac{\sigma^2}{\sum x_{2i}^2}\text{VIF} \tag{10.5.2}$$

$$\text{var}(\hat{\beta}_3) = \frac{\sigma^2}{\sum x_{3i}^2}\text{VIF} \tag{10.5.3}$$

위 식은 $\hat{\beta}_2$과 $\hat{\beta}_3$의 분산이 직접적으로 VIF에 비례하고 있다는 것을 보여주고 있다.

r_{23}이 증가함에 따라 분산과 공분산이 얼마나 빠르게 증가하는가에 대한 이해를 위해 다음의 표 10.1을 보도록 하자. 그 표에는 선택된 r_{23}의 값에 대한 분산과 공분산의 값이 나와 있다. 이 표에서 볼 수 있듯이 r_{23}의 증가가 OLS 추정량의 추정된 분산과 공분산에 미치는 영향은 매우 크다. $r_{23} = 0.5$일 때 $\text{var}(\hat{\beta}_2)$는 $r_{23} = 0$일 때보다 1.33배가 되지만 r_{23}이 0.95에 도달하면 공선성이 존재하지 않을 때에 비해 분산이 10배나 된다. 더욱 놀라운 것은 r_{23}이 0.95에서 0.995로 증가하면 추정된 분산은 공선성이 없을 때보다 무려 100배나 된다. 추정된 공분산의 경우에도 그 효과는 역시 매우 크다. 이와 같은 사실들을 그림 10.2에서 명확히 볼 수 있다.

지금까지 논의된 결론들은 k변수 모형으로도 쉽게 확장될 수 있다. 그 모형에서 식 (7.5.6)에 언급된 바와 같이 k번째 계수의 분산은 다음과 같이 표현될 수 있다.

$$\text{var}(\hat{\beta}_j) = \frac{\sigma^2}{\sum x_j^2}\left(\frac{1}{1 - R_j^2}\right) \tag{7.5.6}$$

표 10.1
r_{23}의 증가가 var($\hat{\beta}_2$)와 cov($\hat{\beta}_2$, $\hat{\beta}_3$)에 미치는 영향

Value of r_{23} (1)	VIF (2)	var ($\hat{\beta}_2$) (3)*	$\frac{\text{var}(\hat{\beta}_2)(r_{23} \neq 0)}{\text{var}(\hat{\beta}_2)(r_{23} = 0)}$ (4)	cov ($\hat{\beta}_2$, $\hat{\beta}_3$) (5)
0.00	1.00	$\frac{\sigma^2}{\sum x_{2i}^2} = A$	—	0
0.50	1.33	1.33 × A	1.33	0.67 × B
0.70	1.96	1.96 × A	1.96	1.37 × B
0.80	2.78	2.78 × A	2.78	2.22 × B
0.90	5.76	5.26 × A	5.26	4.73 × B
0.95	10.26	10.26 × A	10.26	9.74 × B
0.97	16.92	16.92 × A	16.92	16.41 × B
0.99	50.25	50.25 × A	50.25	49.75 × B
0.995	100.00	100.00 × A	100.00	99.50 × B
0.999	500.00	500.00 × A	500.00	499.50 × B

주: $A = \frac{\sigma^2}{\sum x_{2i}^2}$

$B = \frac{-\sigma^2}{\sqrt{\sum x_{2i}^2 \sum x_{3i}^3}}$

× =곱하기

*r_{23}의 증가가 var($\hat{\beta}_3$)에 미치는 영향을 구하기 위해 $r_{23} = 0$일 때 $A = \sigma^2 / \sum x_{3i}^2$라는 것을 주목하라. 그러나 분산과 공분산을 확대시키는 요소들은 계속 동일하다.

그림 10.2
r_{23}의 함수로서의 var ($\hat{\beta}_2$)의 반응

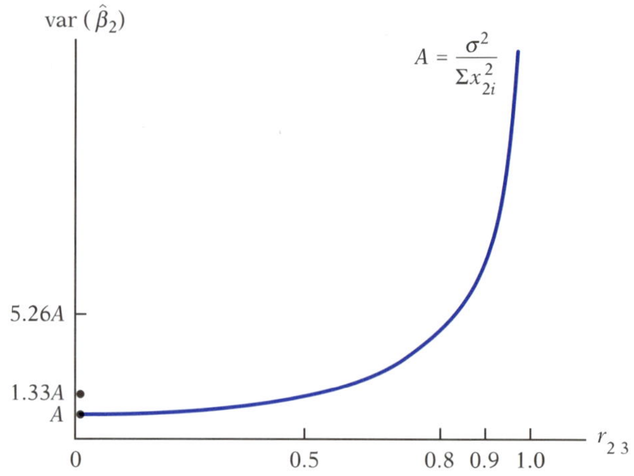

여기서 $\hat{\beta}_j$ =회귀변수 X_j의 (추정된) 부분회귀계수

R_j^2 = 남아있는 (k−2) 회귀변수들에 대한 X_j 회귀의 R^2 (주: k변수 회귀모형에는 (k − 1)개의 회귀변수들이 존재한다.)

$\sum x_j^2 = \sum (X_j - \bar{X}_j)^2$

우리는 또한 식 (7.5.6)을 다음과 같이 쓸 수 있다.

$$\text{var}(\hat{\beta}_j) = \frac{\sigma^2}{\sum x_j^2} \text{VIF}_j \qquad \textbf{(10.5.4)}$$

이 식에서 볼 수 있듯이 var($\hat{\beta}_j$)는 σ^2과 VIF에 비례하지만 $\sum x_j^2$에 반비례한다. 따라서 var($\hat{\beta}_j$)의 크기는 (1) σ^2, (2) VIF, (3) $\sum x_j^2$ 등 세 구성요소에 달려 있다.

표 10.2
β_2의 95% 신뢰구간 $(\hat{\beta}_2 \pm 1.96\ se(\hat{\beta}_2))$에 대한 공선성 증가의 효과

Value of r_{23}	95% Confidence Interval for β_2
0.00	$\hat{\beta}_2 \pm 1.96\sqrt{\dfrac{\sigma^2}{\sum x_{2i}^2}}$
0.50	$\hat{\beta}_2 \pm 1.96\sqrt{(1.33)}\sqrt{\dfrac{\sigma^2}{\sum x_{2i}^2}}$
0.95	$\hat{\beta}_2 \pm 1.96\sqrt{(10.26)}\sqrt{\dfrac{\sigma^2}{\sum x_{2i}^2}}$
0.995	$\hat{\beta}_2 \pm 1.96\sqrt{(100)}\sqrt{\dfrac{\sigma^2}{\sum x_{2i}^2}}$
0.999	$\hat{\beta}_2 \pm 1.96\sqrt{(500)}\sqrt{\dfrac{\sigma^2}{\sum x_{2i}^2}}$

주: 편의상 σ^2을 알고 있는 것으로 가정하고 있기 때문에 우리는 정규분포를 사용하고 있다. 따라서 정규분포로부터의 95% 신뢰인자인 1.96을 사용하고 있다.
다양한 r_{23}값에 따른 표준오차는 표 10.1로부터 얻어진 값이다.

마지막 요소는 고전적 모형의 가정 8과 연관되는데 이는 다른 두 요소들이 일정하다고 가정할 때 한 회귀변수의 변동성이 클수록 그 회귀변수 계수의 분산은 작아지므로 그 계수가 더 정확하게 추정될 수 있다는 의미이다.

더 진도가 나아가기 전에 VIF의 역수는 공차(tolerance)라고 불린다. 즉

$$\text{TOL}_j = \frac{1}{\text{VIF}_j} = \left(1 - R_j^2\right) \qquad \textbf{(10.5.5)}$$

$R_j^2 = 1$(즉 완전 공선성)일 때 $TOL_j = 0$이고 $R_j^2 = 0$(공선성이 존재하지 않음)일 때 $TOL_j = 1$이다. VIF와 TOL이 밀접하게 관련되어 있기 때문에 이들을 호환해서 쓸 수 있다.

신뢰구간이 넓어진다

표준오차가 커지기 때문에 모수에 대한 신뢰구간은 표 10.2에서 볼 수 있는 바와 같이 커지는 경향이 있다. 예를 들어 $r_{23} = 0.95$일 때 β_2에 대한 신뢰구간은 $r_{23} = 0$일 때보다 $\sqrt{10.26}$배, 즉 약 3배만큼 더 크다.

따라서 다중공선성 정도가 높은 경우에는 표본 자료가 다양한 가설과 부합될 수 있다. 이리하여 그릇된 가설을 채택할 확률(즉 제2종 오류)이 증가한다.

"비유의적인" t값

예를 들어 $\beta_2 = 0$과 같은 귀무가설을 검정하기 위해 우리는 t값, 즉 $\hat{\beta}_2/\text{se}(\hat{\beta}_2)$을 사용하여 추정된 t값과 t분포로부터의 임계치 t값을 비교한다. 그러나 앞에서 본 바와 같이 다중공선성의 정도가 높은 경우에는 추정된 표준오차가 극적으로 증가하기 때문에 t값을 작게 만든다. 따라서 그와 같은 경우에는 실제 모수의 값이 0이라고 하는 귀무가설을 채택할 가능성이 점점 커진다.[13]

R^2 값은 높지만 통계적으로 유의한 t값은 거의 없다

다음과 같은 k변수 선형회귀 모형을 생각해 보자.

$$Y_i = \beta_1 + \beta_2 X_{2i} + \beta_3 X_{3i} + \cdots + \beta_k X_{ki} + u_i$$

다중공선성이 높은 경우에는 t검정에 의하면 하나 또는 그 이상의 편기울기 계수가 개별적으로 통계적으로 유의하지 않을 가능성이 존재한다. 그러나 이와 같은 경우에도 R^2의 값은 예를 들어 0.9가 넘는 높은 값이 나올 수 있어서 F검정을 하게 되면 자신있게 가설 $\beta_2 = \beta_3 = \ldots = \beta_k = 0$을 기각할 수 있게 된다. 이것이−통계적으로 유의적이 아닌 t값 그러나 높은 R^2(그리고 유의한 F값)−바로 다중공선성의 징후 가운데 하나이다.

우리는 다음 절에서 이와 같은 징후를 예시하고자 한다. 하지만 이러한 결과는 8장에서의 개별 검정 대 결합 검정에 대한 논의에 비추어 보면 그리 놀라운 것이 아니다. 우리가 이미 배운 바와 같이 여기서 정말로 문제가 되는 것은 추정량간의 공분산인데 이것은 식 (7.4.17)이 보여주듯이 회귀변수간의 상관과 관련된다.

자료의 작은 변동에 대해 OLS 추정량과 그 표준오차가 민감하게 반응한다

다중공선성이 완전하지 않은 한 회귀계수의 추정이 가능하지만 추정치와 그 표준오차들은 자료의 미세한 변화에도 매우 민감해진다.

이를 보기 위해 표 10.3을 보자. 이 자료에 기초하여 다음과 같은 다중회귀 결과를 얻는다.

$$\begin{aligned}\hat{Y}_i = \ & 1.1939 \ + \ 0.4463X_{2i} + \ 0.0030X_{3i}\\ & (0.7737) \quad (0.1848) \qquad (0.0851)\end{aligned}$$

13. 신뢰구간의 관점에서 보면 $\beta_2 = 0$은 공선성 정도가 증가함에 따라 채택영역 내에 놓이게 될 가능성이 점점 커진다.

$$t = (1.5431) \quad (2.4151) \quad (0.0358) \qquad (10.5.6)$$
$$R^2 = 0.8101 \quad r_{23} = 0.5523$$
$$\text{cov}(\hat{\beta}_2, \hat{\beta}_3) = -0.00868 \quad \text{df} = 2$$

회귀 (10.5.6)에 의하면 단측 t검정에 따를 때 비록 $\hat{\beta}_2$은 10%에서 유의하지만 다른 회귀계수들은 전형적인 1% 또는 5% 유의수준에서 유의하지 않다.

이제 표 10.4를 보자. 표 10.3과의 유일한 차이는 X_3의 세 번째와 네 번째 값이 서로 바뀌었다는 것이다. 표 10.4의 자료를 이용하여 다음과 같은 회귀결과를 얻게 된다.

$$\hat{Y}_i = 1.2108 + 0.4014X_{2i} + 0.0270X_{3i}$$
$$(0.7480) \quad (0.2721) \quad (0.1252)$$
$$t = (1.6187) \quad (1.4752) \quad (0.2158) \qquad (10.5.7)$$
$$R^2 = 0.8143 \quad r_{23} = 0.8285$$
$$\text{cov}(\hat{\beta}_2, \hat{\beta}_3) = -0.0282 \quad \text{df} = 2$$

자료에 있어서의 미세한 변화로 인해 이전에는 10% 수준에서 통계적으로 유의했던 $\hat{\beta}_2$도 동일 수준에서 더 이상 유의적이 못 된다. 또한 식 (10.5.6)에서는 cov $(\hat{\beta}_2, \hat{\beta}_3) = -0.00868$이었으나 식 (10.5.7)에서는 cov $(\hat{\beta}_2, \hat{\beta}_3) = -0.0282$로 세배 이상이나 증가하고 있다. 이와 같은 모든 변화는 다중공선성이 증가하는 데 기인한다고 할 수 있다. 즉 식 (10.5.6)에서는 $r_{23} = 0.5523$인데 비해 식 (10.5.7)에서는 그 값이 0.8285이다. 이와 유사하게 $\hat{\beta}_2$과 $\hat{\beta}_3$의 표준오차도 두 번째 식에서 증가하고 있는데 이것 또한 공선성의 보편적 징후이다.

앞에서 언급되었지만 공선성이 높은 경우에는 우리는 개별 회귀계수를 정확히 측정할 수는 없지만, 이 회귀계수들의 선형결합은 보다 정확하게 측정될 수 있다. 이와 같은 사실이 식 (10.5.6)과 식 (10.5.7)로부터 입증될 수 있다. 첫 번째 회귀식에서 두 편기울기 계수의 합은 0.4493이고 두 번째 식에서는 0.4284로 거의 같다고 할 수 있다. 또한 그들의 표준오차도 거의 같아서 0.1550과 0.1823이 된다.[14] 그러나 X_3의 계수가 0.003에서 0.027로 크게 변하였다는데 주목하라.

표 10.3 Y, X_2, X_3에 대한 가상적 자료

Y	X_2	X_3
1	2	4
2	0	2
3	4	12
4	6	0
5	8	16

표 10.4 Y, X_2, X_3에 대한 가상적 자료

Y	X_2	X_3
1	2	4
2	0	2
3	4	0
4	6	12
5	8	16

과소표본의 결과

다중공선성의 결과를 모방하는 방법으로 그리고 빈정대며 말하는 자세로서 Goldberger는 과소표본, 즉 표본의 크기가 작은 경우의 분석의 결과를 정확히 인용하고 있다.[15] 왜 Goldberger가 과소표본의 문제를 다중공선성만큼 중요하다고 여기는지를 알기 위해서는 Goldberger의 논문을 읽도록 학생들에게 권하는 바이다.

10.6 설명 예

예제 10.1

소득과 부에 따른 소비지출

여지껏 논의된 여러 측면을 살펴보기 위해 3장에서의 소비-소득 예를 서론부터 다시 생각해 보자. 표 10.5는 소비, 소득, 부에 대한 가상적 자료이다. 만일 소비지출이 소득 및 부와 선형으로 연관된다고 가정하면 표 10.5에 기초하여 다음과 같은 회귀식을 얻게 된다.

$$\begin{aligned} \hat{Y}_i &= 24.7747 + 0.9415X_{2i} - 0.0424X_{3i} \\ &\quad\ (6.7525) \quad\ (0.8229) \qquad (0.0807) \\ t &= \ (3.6690) \quad\ (1.1442) \qquad (-0.5261) \\ R^2 &= 0.9635 \qquad \bar{R}^2 = 0.9531 \qquad df = 7 \end{aligned} \tag{10.6.1}$$

식 (10.6.1)로부터 소득과 부가 함께 소비지출 변동의 약 96%를 설명한다는 것을 알 수 있지만, 어느 개별 기울기계수도 통계적으로 유의적이 못 된다. 더욱이 변수 부는 통계적으로 의미가 없을 뿐만 아니라 부호도 잘못 되어 있다. 선험적으로 우리는 소비와 부간에 양(+)의 관계를 예상하기 때문이다. 비록 $\hat{\beta}_2$과 $\hat{\beta}_3$가 개별적으로는 통계적으로 의미가 없더라도 만일 우리가 가설 $\hat{\beta}_2 = \hat{\beta}_3 = 0$을 동시에 검정하면 이 가설은 표 10.6에서 볼 수 있는 바와 같이 기각된다. 통상적인 가정 하에 우리는 다음의 통계량 값을 얻게 된다.

표 10.5 소비지출 Y, 소득 X_2, 부 X_3에 대한 가상적 자료

Y, \$	X_2, \$	X_3, \$
70	80	810
65	100	1009
90	120	1273
95	140	1425
110	160	1633
115	180	1876
120	200	2052
140	220	2201
155	240	2435
150	260	2686

14. 이와 같은 표준오차는 다음과 같은 공식으로 계산된다.

$$se(\hat{\beta}_2 + \hat{\beta}_3) = \sqrt{var(\hat{\beta}_2) + var(\hat{\beta}_3) + 2\,cov(\hat{\beta}_2, \hat{\beta}_3)}$$

주의할 점은 공선성이 증가하면 $\hat{\beta}_2$과 $\hat{\beta}_3$의 분산은 증가하나 만일 두 계수간에 음의 높은 공분산이 존재하게 되면 본문의 결과에서처럼 분산증가의 효과가 상쇄될 수 있다.

15. Goldberger, op. cit., pp. 248–250.

표 10.6
소비-소득-부 예의 ANOVA 표

변동의 원천	SS	df	MSS
회귀로 인한 부분	8,565.5541	2	4,282.7770
잔차에 의한 부분	324.4459	7	46.3494

$$F = \frac{4282.7770}{46.3494} = 92.4019 \qquad \textbf{(10.6.2)}$$

이 F값은 통계적으로 명백히 유의하다.

이 결과를 그림으로 보면 흥미롭다(그림 10.3 참조). 회귀식 (10.6.1)에 기초하여 우리는 8장에서 논의된 통상적 절차에 따라 $\hat{\beta}_2$와 $\hat{\beta}_3$에 대한 각각의 95% 신뢰구간을 설정할 수 있다. 이 구간에서 보여주듯이 각각은 0의 값을 포함하고 있다. 그러므로 우리는 개별적으로 두 편기울기들이 0이라는 가설을 채택할 수 있다. 그러나 우리가 가설 $\hat{\beta}_2=\hat{\beta}_3=0$을 검정하기 위해 결합 신뢰구간을 설정하면 그 구간, 실제로는 타원이 원점을 포함하고 있지 않기 때문에 이 가설은 채택될 수 없다.[16] 이미 지적했듯이 공선성이 높을 때에는 개별 회귀변수들에 대한 검정은 신뢰할 수 없다. 그러한 경우에 Y가 여러 회귀변수들과 전반적으로 관련이 있는지를 보여주는 것이 F검정이다.

우리의 예는 다중공선성이 어떤 결과를 가져오는지를 단적으로 보여주고 있다. F검정은 유의하지만 X_2와 X_3의 개별적인 t값은 통계적으로 의미가 없다는 사실은 두 변수가 매우 높게 상관되어서 소비에 대한 소득 또는 부의 개별효과를 분리시키는 것이 불가능하다

그림 10.3 β_2와 β_3에 대한 개별신뢰구간과 β_2와 β_3에 대한 결합신뢰구간(타원)

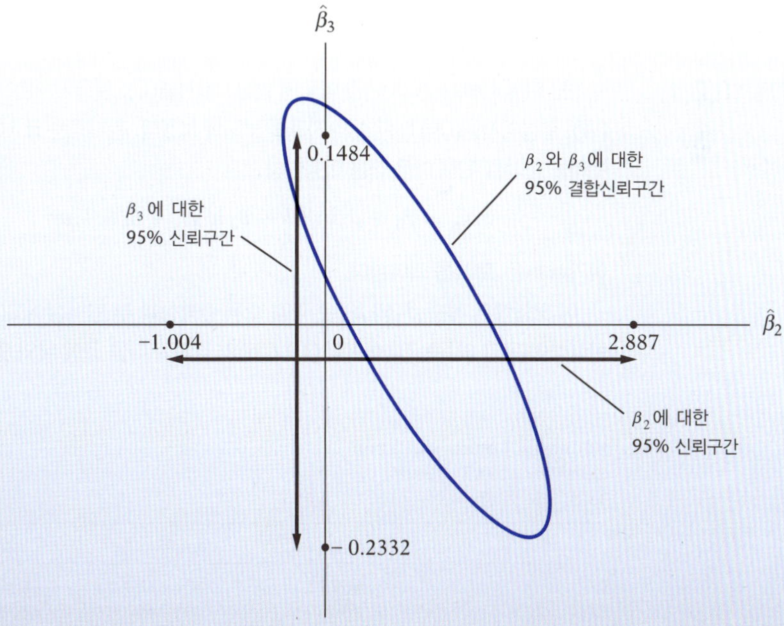

16. 5.3절에서 언급되었듯이 결합신뢰구간 문제는 좀 복잡하다. 관심 있는 독자는 거기에 인용된 참고문헌을 참조하기 바란다.

예제 10.1 (계속)

는 것을 의미한다. 사실상 우리가 X_2와 X_3에 대해 회귀하면 다음 식을 얻게 된다.

$$\begin{aligned} \hat{X}_{3i} &= 7.5454 + 10.1909X_{2i} \\ &\quad\ (29.4758) \quad (0.1643) \\ t &= (0.2560) \quad (62.0405) \qquad R^2 = 0.9979 \end{aligned} \tag{10.6.3}$$

이 식은 X_2와 X_3사이에 거의 완전한 공선성이 존재한다는 것을 보여주고 있다.

이제 Y를 X_2에 대해서만 회귀하면 어떻게 되나 보자.

$$\begin{aligned} \hat{Y}_i &= 24.4545 + 0.5091X_{2i} \\ &\quad\ (6.4138) \quad (0.0357) \\ t &= (3.8128) \quad (14.2432) \qquad R^2 = 0.9621 \end{aligned} \tag{10.6.4}$$

식 (10.6.1)에서 설명변수인 소득은 통계적으로 의미가 없었으나 이제는 매우 유의하다. 만일 우리가 Y를 X_2에 대해 회귀하는 대신 X_3에 대해 회귀하면 다음과 같은 식을 얻게 된다.

$$\begin{aligned} \hat{Y}_i &= 24.411 + 0.0498X_{3i} \\ &\quad\ (6.874) \quad (0.0037) \\ t &= (3.551) \quad (13.29) \qquad R^2 = 0.9567 \end{aligned} \tag{10.6.5}$$

식 (10.6.1)에서는 소비지출에 대해 아무 효과도 없었던 부가 이제는 통계적으로 유의한 효과를 갖고 있는 것을 볼 수 있다.

회귀식 (10.6.4)와 (10.6.5)로부터 알 수 있는 것은 극단적인 다중공선성의 경우에 종종 공선성이 높은 변수를 제거함으로써 남아 있는 다른 X변수들이 통계적으로 유의하게 된다는 것이다. 이로부터 극단적인 공선성에서 벗어나는 한 방법이 공선적인 변수를 식에서 제거하는 것이라고 생각되나 이에 대해서는 10.8절에서 좀 더 논의가 필요하다.

예제 10.2

우리는 이제 1947~2000년간 미국의 실질소비지출(C), 실질가처분개인소득(Yd), 실질 부(W), 실질이자율(I)에 대한 실제 자료를 보도록 하겠다. 원자료는 표 10.7에 주어져 있다. 우리는 분석을 위해 다음 식을 이용한다.

$$\ln C_t = \beta_1 + \beta_2 \ln Yd_t + \beta_3 \ln W_t + \beta_4 I_t + u_t \tag{10.6.6}$$

여기서 ln은 로그를 의미한다.

이 모형에서 계수 β_2와 β_3은 각각 소득 탄력성과 부 탄력성이고(그 이유는?) β_4는 준탄력성이다(그 이유는?). 회귀식 (10.6.6)의 결과가 다음 표에 나와 있다.

```
Dependent Variable: LOG (C)
Method: Least Squares
Sample: 1947-2000
Included observations: 54
```

	Coefficient	Std. Error	t-Statistic	Prob.
C	-0.467711	0.042778	-10.93343	0.0000
LOG (YD)	0.804873	0.017498	45.99836	0.0000
LOG (WEALTH)	0.201270	0.017593	11.44060	0.0000
INTEREST	-0.002689	0.000762	-3.529265	0.0009

(계속)

예제 10.2

(계속)

R-squared	0.999560	Mean dependent var.	7.826093
Adjusted R-squared	0.999533	S.D. dependent var.	0.552368
S.E. of regression	0.011934	Akaike info criterion	-5.947703
Sum squared resid.	0.007121	Schwarz criterion	-5.800371
Log likelihood	164.5880	Hannan-Quinn cariter.	-5.890883
F-statistic	37832.59	Durbin-Watson stat.	1.289219
Prob(F-statistic)	0.000000		

Note: LOG stands for natural log.

표 10.7 1947~2000년간 미국의 소비지출

Year	C	Yd	W	I
1947	976.4	1035.2	5166.815	−10.35094
1948	998.1	1090	5280.757	−4.719804
1949	1025.3	1095.6	5607.351	1.044063
1950	1090.9	1192.7	5759.515	0.407346
1951	1107.1	1227	6086.056	−5.283152
1952	1142.4	1266.8	6243.864	−0.277011
1953	1197.2	1327.5	6355.613	0.561137
1954	1221.9	1344	6797.027	−0.138476
1955	1310.4	1433.8	7172.242	0.261997
1956	1348.8	1502.3	7375.18	−0.736124
1957	1381.8	1539.5	7315.286	−0.260683
1958	1393	1553.7	7869.975	−0.57463
1959	1470.7	1623.8	8188.054	2.295943
1960	1510.8	1664.8	8351.757	1.511181
1961	1541.2	1720	8971.872	1.296432
1962	1617.3	1803.5	9091.545	1.395922
1963	1684	1871.5	9436.097	2.057616
1964	1784.8	2006.9	10003.4	2.026599
1965	1897.6	2131	10562.81	2.111669
1966	2006.1	2244.6	10522.04	2.020251
1967	2066.2	2340.5	11312.07	1.212616
1968	2184.2	2448.2	12145.41	1.054986
1969	2264.8	2524.3	11672.25	1.732154
1970	2317.5	2630	11650.04	1.166228
1971	2405.2	2745.3	12312.92	−0.712241
1972	2550.5	2874.3	13499.92	−0.155737
1973	2675.9	3072.3	13080.96	1.413839
1974	2653.7	3051.9	11868.79	−1.042571
1975	2710.9	3108.5	12634.36	−3.533585
1976	2868.9	3243.5	13456.78	−0.656766
1977	2992.1	3360.7	13786.31	−1.190427
1978	3124.7	3527.5	14450.5	0.113048
1979	3203.2	3628.6	15340	1.70421
1980	3193	3658	15964.95	2.298496
1981	3236	3741.1	15964.99	4.703847
1982	3275.5	3791.7	16312.51	4.449027
1983	3454.3	3906.9	16944.85	4.690972
1984	3640.6	4207.6	17526.75	5.848332
1985	3820.9	4347.8	19068.35	4.330504
1986	3981.2	4486.6	20530.04	3.768031
1987	4113.4	4582.5	21235.69	2.819469
1988	4279.5	4784.1	22331.99	3.287061

예제 10.2

(계속)

표 10.7 (계속)

Year	C	Yd	W	I
1989	4393.7	4906.5	23659.8	4.317956
1990	4474.5	5014.2	23105.13	3.595025
1991	4466.6	5033	24050.21	1.802757
1992	4594.5	5189.3	24418.2	1.007439
1993	4748.9	5261.3	25092.33	0.62479
1994	4928.1	5397.2	25218.6	2.206002
1995	5075.6	5539.1	27439.73	3.333143
1996	5237.5	5677.7	29448.19	3.083201
1997	5423.9	5854.5	32664.07	3.12
1998	5683.7	6168.6	35587.02	3.583909
1999	5968.4	6320	39591.26	3.245271
2000	6257.8	6539.2	38167.72	3.57597

그 결과를 보면 추정된 모든 계수들의 p값이 매우 작기 때문에 통계적으로 매우 유의한 것을 알 수 있다. 추정된 계수들은 다음과 같이 해석된다. 소득 탄력성은 약 0.8인데, 이는 다른 변수들이 일정할 때 만일 소득이 1% 증가하면 평균 소비지출이 약 0.8% 증가하는 것을 의미한다. 부의 계수는 약 0.2인데, 이는 다른 변수들이 일정할 때 만일 부가 1% 증가하면 평균소비는 약 0.2% 증가하는 것을 뜻한다. 이자율 변수의 계수의 경우 만일 이자율이 1%p 증가하면 다른 조건이 일정하다면 소비지출은 0.26% 하락하는 것을 말한다.

모든 회귀변수들은 선험적인 예상과 일치하는 부호를 갖는다. 즉 소득과 부는 모두 소비에 양의 영향을 미치지만 이자율은 음의 영향을 미친다.

현재의 경우 우리는 다중공선성 문제에 대해 걱정해야 하나? 분명히 아닌데 왜냐하면 모든 계수들이 올바른 부호를 갖고, 각 계수는 개별적으로 통계적으로 유의하며 *F*값 역시 통계적으로 매우 유의하여 집합적으로 모든 변수들은 소비지출에 상당한 영향을 미친다는 것을 시사한다. R^2 값도 역시 매우 높다.

물론 경제변수들 간에는 대개 어느 정도의 공선성이 존재한다. 정확한 관계가 아닌 한 우리는 계속 모형의 모수들을 추정할 수 있다. 지금으로서는 우리는 현재의 예에서 공선성이 존재하더라도 그리 심한 것 같지 않다고만 말할 수 있다. 그러나 10.7절에서 우리는 공선성을 탐지하기 위한 몇몇 진단적 검정방법들을 살펴보고 미국의 소비함수가 공선성 문제로 애로가 있는지 여부를 결정하기 위해 재검토하기로 한다.

10.7 다중공선성의 탐지

다중공선성의 본질과 결과에 대해 공부한 후에 생기는 자연스런 질문은 다음과 같은 것이다. 어떤 주어진 상황 특히 설명변수가 둘 이상인 모형에서 공선성이 존재하는지를 어떻게 알 수 있는가? 여기서 Kmenta의 다음과 같은 경고를 명심할 필요가 있다.

1. 다중공선성은 본질의 문제가 아니라 정도의 문제이다. 다중공선성의 존재 여부에 대한 구별보다는 다양한 공선성 정도에 대한 구별이 더 의미있다.
2. 다중공선성은 비확률적인 것으로 가정되고 있는 설명변수들의 조건과 관

련되기 때문에 표본의 특징이지 모집단의 특징이 아니다.

따라서 우리는 "다중공선성에 대한 검정"을 하는 것이 아니라 원한다면 어떤 주어진 표본에서 그 정도를 측정할 수 있다.[17]

다중공선성이 본질적으로 대부분의 사회과학 분야에서 수집되는 주로 비실험적 자료로부터 나타나는 표본 현상이기 때문에 우리에게는 이것을 탐지한다든가 또는 그 강도를 측정하는 유일한 방법이 없다. 몇몇 경험적 방법들이 있는데 그중 어떤 것은 공식적이고 또 다른 것은 비공식적이나 모두 주먹구구식이다. 이제 이러한 방안 가운데 몇 가지를 검토해 보자.

1. 높은 R^2 그러나 통계적으로 유의한 t 값은 거의 없다. 이미 언급한 바와 같이 이와 같은 것은 다중공선성의 "고전적" 징후이다. 만일 R^2이 높아서 예를 들어 0.8을 능가하면 대부분의 경우에 편기울기 계수가 동시에 0이 된다는 가설은 F검정으로 기각될 것이나 개별 t검정으로는 거의 모든 편기울기 계수가 통계적으로 0과 상이하지 않을 것이다. 이것은 앞의 소비-소득-부 예를 통해 분명히 볼 수 있었다.

비록 이 진단법이 합리적이기는 하나 약점은 "Y에 대한 설명변수들의 모든 영향이 따로 분리될 수 없을 때에만 다중공선성이 해로운 것으로 간주된다는 점에서 너무 그 뜻하는 바가 강하다"는 것이다.[18]

2. 회귀변수들 간의 높은 상관관계 또 다른 경험적 방안으로 만일 두 회귀변수들 간의 0차 상관계수가 높아서 예를 들어 0.8이상이 되면 다중공선성은 심각한 문제가 된다는 것이다. 이 기준의 문제점은 비록 0차 상관계수가 높으면 공선성이 존재한다는 것을 시사할 수 있지만 어느 경우에나 그것이 높다고 꼭 공선성이 있다고 할 수는 없다는 것이다. 좀 더 구체적으로 표현하면 **0차 상관계수가 높다는 것은 다중공선성이 존재하기 위한 충분조건이지 필요조건이 아닌데 그 이유는 다중공선성은 0차 또는 단순상관계수가 상대적으로 낮을 때에도**(예를 들면 0.50 이하) **존재할 수 있기 때문이다**. 이를 보기 위해 다음과 같은 4변수 모형을 생각해 보자.

$$Y_i = \beta_1 + \beta_2 X_{2i} + \beta_3 X_{3i} + \beta_4 X_{4i} + u_i$$

그리고 가령 다음 관계가 성립한다고 하자.

$$X_{4i} = \lambda_2 X_{2i} + \lambda_3 X_{3i}$$

여기서 λ_2와 λ_3은 모두 0은 아닌 상수이다. 명백히 X_4는 정확하게 X_2와 X_3의 선형결합이어서 X_2와 X_3에 대한 X_4의 회귀에서의 결정계수인 $R^2_{4.23} = 1$이 된다.

17. Jan Kmenta, *Elements of Econometrics*, 2d ed., Macmillan, New York, 1986, p.431.

18. Ibid., p.439.

이제 7장에서의 공식 (7.11.5)를 상기하면 다음과 같은 관계를 알 수 있다.

$$R^2_{4.23} = \frac{r^2_{42} + r^2_{43} - 2r_{42}r_{43}r_{23}}{1 - r^2_{23}} \tag{10.7.1}$$

그러나 완전한 공선성에 의해 $R^2_{4.23} = 1$이므로 다음이 성립한다.

$$1 = \frac{r^2_{42} + r^2_{43} - 2r_{42}r_{43}r_{23}}{1 - r^2_{23}} \tag{10.7.2}$$

이제 그리 높지 않은 값들인 $r_{42} = 0.5$, $r_{43} = 0.5$, $r_{23} = -0.5$를 대입하면 식 (10.7.2)가 만족되는 것을 알 수 있다.

따라서 설명변수가 둘 이상인 모형에서 단순 또는 0차 상관계수는 다중공선성의 존재에 대한 완벽한 지침이 될 수 없다. 물론 설명변수가 둘뿐이면 0차 상관계수로 충분할 것이다.

3. 편상관계수의 조사 바로 전에 언급한 바와 같이 0차 상관계수에 의존하는데 있어서의 문제점 때문에 Farrar와 Glauber는 편상관계수를 조사해야 한다고 제안하였다.[19] X_2, X_3, X_4에 대한 Y의 회귀에서 만일 $R^2_{1.234}$이 매우 높지만 $r^2_{12.34}$, $r^2_{13.24}$, $r^2_{14.23}$은 상대적으로 낮은 것으로 드러난다면 이는 변수 X_2, X_3, X_4는 서로 높게 상관되고 따라서 이들 가운데 적어도 하나는 불필요하다는 것을 시사한다.

비록 편상관계수에 대한 조사가 유용하기는 하지만 다중공선성에 대한 완벽한 지침이 된다는 보장은 없는데 그 이유는 R^2과 모든 편상관계수가 모두 높게 나올 수 있기 때문이다. 그러나 보다 중요한 점은 C. Robert Wichers가 입증하였듯이 Farrar–Glauber 편상관검정은 주어진 편상관계수가 상이한 다중공선성 형태와 양립될 수 있다는 점에서 무기력하다는 것이다.[20] Farrar–Glauber 검정은 또한 T. Krishna Kumar와[21] John O' Hagan과 Brendan McCabe[22]에 의해 비판되었다.

4. 보조회귀 하나 또는 그 이상의 회귀변수들이 다른 회귀변수들과 정확한 또는 근사적인 선형결합 관계를 갖기 때문에 다중공선성이 발생하므로 어떤 X 변수가 다른 X 변수와 연관이 되는지를 알아내는 한 방법으로서 각 X_i를 나머지

19. D. E. Farrar and R. R. Glauber, "Multicollinearity in Regression Analysis: The Problem Revisited," *Review of Economics and Statistics*, vol. 49, 1967, pp.92–107.

20. "The Detection of Multicollinearity: A Comment," *Review of Economics and Statistics*, vol. 57, 1975, pp.365–366.

21. "Multicollinearity in Regression Analysis," *Review of Economics and Statistics*, Vol.57, 1975, pp.366–368.

22. "Tests for the Severity of Multicollinearity in Regression Analysis: A Comment," *Review of Economics and Statistics*, vol.57, 1975, pp.368–370.

X변수들에 대해 회귀하고 그에 따른 R^2을 계산하는 것인데 각각을 R_i^2이라고 하면 이와 같은 각각의 회귀를 보조회귀라 부르는데 이는 X 전체에 대한 Y의 회귀에 대해 보조적이라는 뜻이다. 그러면 식 (8.4.11)에 나와있는 F와 R^2과의 관계에 의해 다음 변수는 자유도 $k-2$와 $N-k+1$의 F분포를 따른다.

$$F_i = \frac{R^2_{x_i \cdot x_2 x_3 \cdots x_k}/(k-2)}{\left(1 - R^2_{x_i \cdot x_2 x_3 \cdots x_k}\right)/(n-k+1)} \qquad \textbf{(10.7.3)}$$

식 (10.7.3)에서 n은 표본크기, k는 절편항을 포함한 설명변수의 수, 그리고 $R^2_{x_i . x_2 x_3 \cdots x_k}$은 변수 X_i의 나머지 X변수들에 대한 회귀의 결정계수이다.[23]

만일 계산된 F_i값이 선택된 유의수준에서의 임계치 F보다 크다면 이는 X_i가 다른 X들과 공선관계라는 것을 뜻하고, 만일 그것이 임계치보다 작으면 X_i는 다른 X들과 공선관계에 있지 않고 따라서 그 변수를 그대로 존속시킬 수 있다. 만일 F_i가 통계적으로 유의하면 X_i를 모형에서 제거할 것인지 여부를 결정해야 한다. 이 문제는 10.8절에서 다루어진다. 그러나 이 방법도 결점이 없는 것은 아닌데 그 이유는

> ...만일 다중공선성이 소수의 변수들에만 존재하여 보조회귀가 광범위한 다중공선성을 보이지 않는다면 추정된 계수는 회귀변수들 사이의 선형종속성의 본질을 드러낼 수 있다. 불행히도 만일 복잡한 선형연관이 여럿 존재한다면 각각의 상호연관관계를 식별하기가 어렵기 때문에 이와 같은 방법은 그다지 큰 가치가 없게 된다.[24]

모든 보조 R^2값을 검정하는 대신 Klein의 경험칙을 적용할 수 있다. 이 방법은 보조회귀로부터 얻은 R^2이 Y를 모든 설명변수에 회귀하는 경우 얻는 전반적 R^2보다 큰 경우에만 다중공선성이 곤란한 문제가 될 수 있다는 것이다.[25] 물론 모든 다른 경험칙과 마찬가지로 이 방법은 현명하게 사용되어야 한다.

5. 고유값과 조건지수 **EViews**와 **Stata**를 보면 다중공선성을 진단하기 위해 고유값과 조건지수를 이용하는 것을 볼 수 있다. 여기서는 고유값에 대해서는 논의하지 않을 것인데 그 이유는 이 책의 영역을 벗어나는 행렬대수를 사용해야 하기 때문이다. 이제 고유값들로부터 다음과 같이 정의되는 조건수 k라고 알려진 값을 도출할 수 있다.

$$k = \frac{\text{최대 고유값}}{\text{최소 고유값}}$$

---

23. 예를 들어 $R^2_{x_2}$은 다음과 같이 X_{2i}를 회귀함으로써 얻을 수 있다.
$X_{2i} = a_1 + a_3 X_{3i} + a_4 X_{4i} + \cdots + a_k X_{ki} + \hat{u}_i$
24. George G. Judge, R. Carter Hill, William E. Griffiths, Helmut Lütkepohl, and Tsoung-Chao Lee, *Introduction to the Theory and Practice of Econometrics*, John Wiley & Sons, New York, 1982, p.621.
25. Lawrance R. Klein, *An Introduction to Econometrics*, Prentice-Hall, Englewood Cliffs, NJ, 1962, p.101.

그리고 조건지수(CI)는 다음과 같이 정의된다.

$$\text{CI} = \sqrt{\frac{\text{최대 고유값}}{\text{최소 고유값}}} = \sqrt{k}$$

이제 경험칙은 다음과 같다. 즉 만일 k의 값이 100과 1000 사이이면 보통으로부터 강한 정도까지의 다중공선성이 존재하는 것이고, 만일 1000을 넘으면 극심한 다중공선성이 존재하는 것이다. 이 대신 만일 CI($=\sqrt{k}$)가 10과 30 사이이면 보통으로부터 강한 정도까지의 다중공선성이, 30을 넘으면 극심한 다중공선성이 존재하는 것으로 간주한다.

부록 7A.5의 예를 보면 가장 작은 고유값은 3.786이고 가장 큰 고유값은 187.5269이므로 $k = 187.5269/3.786$, 약 49.53이다. 따라서 $\text{CI} = \sqrt{49.53} = 7.0377$. k와 CI의 값에 의하면 심각한 공선성 문제는 없는 것을 시사한다. 부수적으로, 낮은 고유값은(최대 고유값에 비해) 일반적으로 자료 내의 약한 선형종속 관계의 징후이다.

일부 학자들은 조건 지수가 이용가능한 것 가운데 최선의 다중공선성 진단법이라고 하지만 이와 같은 견해가 널리 지지받는 것은 아니다. CI는 단지 약간 더 정교한 하나의 경험칙일 따름이다. 더 자세한 것은 참고문헌을 참조하라.[26]

6. 공차와 분산팽창요소 우리는 이미 TOL과 VIF를 설명하였다. 회귀변수 X_j를 모형 내의 나머지 다른 회귀변수들에 대해 회귀하여 구한 결정계수인 R_j^2이 1을 향해 증가함에 따라, 즉 X_j와 다른 회귀변수들과의 공선성이 증가함에 따라 VIF 역시 증가하고 극한적으로 그 값은 무한대가 될 수 있다.

그러므로 어떤 저자들은 VIF를 다중공선성의 척도로 사용하고 있다. VIF_j의 값이 커지면 커질수록 변수 X_j가 더 "문제가 되거나" 더 공선적이 된다는 것이다. 그러나 설명변수가 문제를 야기하는 것으로 인정되려면 VIF가 얼마나 커야 하는가? 경험칙상 만일 한 변수의 VIF가 10을 초과한다면, 즉 R_j^2이 0.90보다 크면 그 변수는 공선성이 아주 심하다고 한다.[27]

물론 TOL_j가 VIF_j와 밀접한 관계를 가지고 있다는 점에서 TOL_j를 다중공선성의 척도로 사용할 수도 있을 것이다. TOL_j가 0에 접근할수록 그 변수와 다른 회귀변수들 간의 공선성 정도는 더 커진다. 한편 TOL_j이 1에 가까워질수록 X_j가 다른 회귀변수들과 공선적이 아니라는 증거는 더 커진다.

공선성의 척도로서 VIF(또는 공차)도 비판으로부터 자유로울 수 없다. 식 (10.5.4)가 보여주듯이 $\text{var}(\hat{\beta}_j)$는 σ^2, $\sum x_j^2$, 그리고 VIF_j 등 세 요소에 의존한다.

26. 특히 다음을 참조할 것이나 이 책은 초학자를 위한 것이 아니다. D. A. Belsley, E. Kuh, and R. E. Welsch, *Regression Diagnostics: Identifying Influential Data and Sources of Collinearity*, John Wiley & Sons, New York, 1980, Chapter 3.

27. David G. Kleinbaum, Lawrence L. Kupper, and Keith E. Muller, *Applied Regression Analysis and Other Multivariate Methods*, 2d ed., PWS-Kent, Boston, Mass., 1988, p.210 참조.

그림 10.4 예 10.2의 자료에 대한 산포도

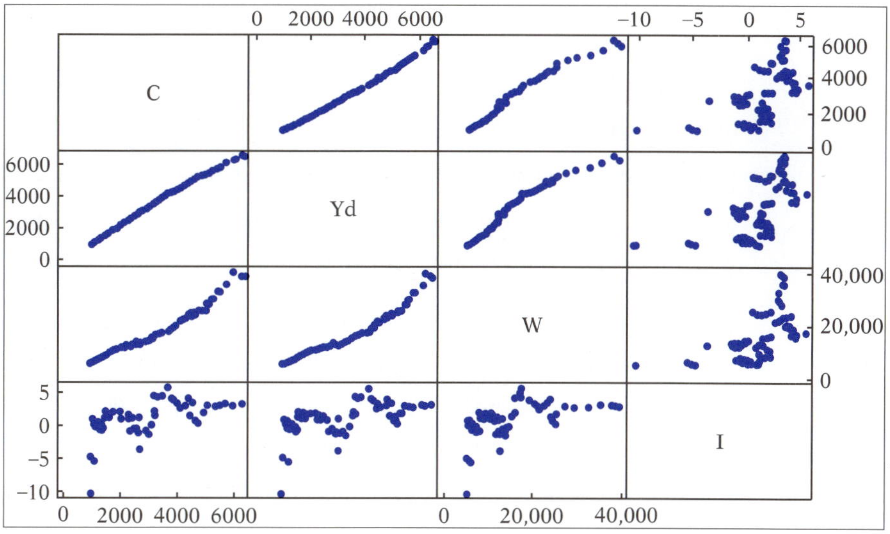

큰 VIF_j는 작은 σ^2이나 큰 $\sum x_j^2$에 의해 상쇄될 수 있다. 다른 말로 표현해서 큰 분산과 큰 표준오차를 얻는데 큰 VIF가 필요조건도 충분조건도 아니다. 그러므로 큰 VIF에 의해 측정되는 것처럼 큰 다중공선성이 필연적으로 큰 표준오차를 초래하지도 않는다. 이 모든 논의에서 크다는 말과 작다는 말은 상대적 의미로 사용되고 있다.

7. 산포도 산포도를 사용해서 회귀모형 내의 다양한 변수들이 어떻게 연관되는지를 보는 것은 좋은 경험이다. 그림 10.4는 앞 절에서 논의된 미국의 소비 예(예 10.2)에 대한 산포도를 보여준다.
이것은 가로, 세로 4개씩의 상자그림인데 그 이유는 모형 안에 종속변수(C)와 실질가처분 개인소득(Yd), 실질 부(W), 실질이자율(I) 등 세 설명변수 등 모두 네 개의 변수들이 있기 때문이다.

우선 왼쪽 꼭대기부터 오른쪽 바닥까지 내려오는 주대각선을 보자. 주대각선 상의 상자에는 산포도가 없다. 만일 있다면 그것은 상관계수 1일 것인데 그 이유는 주어진 변수와 그 자체에 대한 산포도일 것이기 때문이다. 비대각 방향의 상자들은 변수들 간의 상호관계를 보여준다. 예를 들어 부(W) 상자를 보자. 부와 소득은 매우 높게 상관되어 있다는 것을 보여주지만(이들 간의 상관계수는 0.97), 완전한 상관은 아니다. 만일 그것들이 완전 상관되었다면(즉 이들 간의 상관계수는 1) 우리는 식 (10.6.6)을 추정할 수 없었을 것인데 그 이유는 부와 소득 간 정확한 선형관계를 가질 것이기 때문이다. 산포도에 의하면 이자율은 다른 세 변수들과 높게 상관되지 않고 있다는 것을 알 수 있다.

오늘날 산포도 함수가 몇몇 통계 패키지에 포함되어 있으므로 앞에서 논의된 방법들과 함께 이 진단도 고려되어야 한다. 그러나 명심할 점은 앞에서 지적하였듯이 한 쌍의 변수 간의 단순상관은 공선성에 대한 확정적 지표가 될 수 없다는 것이다.

다중공선성을 탐지하는 데 대한 논의를 결론지으면 여지껏 논의된 다양한 방법들은 본질적으로 "이것저것 시도해 보는 것"의 성격을 갖고 있다고 말할 수 있는데, 그 이유는 어떤 특정의 적용사례에서 이 방법 가운데 어느 것이 제 기능을 할지 알 수 없기 때문이다. 불행하게도 우리가 할 수 있는 것은 별로 없는데 그 이유는 다중공선성은 연구자가 그다지 통제할 수 없는 자료, 특히 본질적으로 비실험적인 자료–사회과학 연구자들의 보편적 숙명–에 특유한 현상이기 때문이다.

다시 한번 다중공선성의 모방적 개념으로서 Goldberger는 과소표본을 알아내는 수많은 방법에 대해 언급하고 있다. 예를 들어, 실제 표본크기가 n^*라는 특정 표본개수보다 작은 경우 과소표본이 문제가 되는 표본크기인 임계치 n^*를 개발하는 등의 방법을 들 수 있다. Goldberger의 요점은 표본의 크기가 작고 설명변수의 변화가 크지 않을 경우도 다중공선성이 야기하는 것만큼의 문제를 야기할 수 있다는 것이다.

10.8 교정수단

다중공선성이 극심한 경우에 우리는 무엇을 할 수 있는가? 우리는 (1) 아무 것도 안 하든지 또는 (2) 어떤 경험칙을 따르든지 두 가지 선택이 있다.

아무 것도 안 하기

Blanchard가 "아무 것도 안 하기"학파를 다음과 같이 표현하고 있다.[28]

> 학생들이 처음으로 통상최소자승(OLS) 회귀를 돌릴 때 그들이 대개 당면하게 되는 첫 번째 문제는 다중공선성 문제이다. 그들 중 다수는 OLS에 무엇인가 문제가 있다고 결론내린다. 그래서 몇몇은 그 문제를 이겨내기 위해 새롭고 종종 창조적인 기법에 의지한다. 그러나 우리는 그들에게 이것이 틀렸다고 말한다. 다중공선성은 OLS로 인한 문제나 일반적인 통계기법의 문제가 아니라 하나님의 뜻이다.

Blanchard가 말하고 있는 것은 다중공선성은 본질적으로 자료 부족의 문제(다시, 과소표본임)인데 종종 우리는 실증분석을 위해 이용 가능한 자료에 대해 선택의 여지가 없다.

또한 회귀모형에서 모든 계수들이 통계적으로 비유의적인 것은 아니다. 더욱

28. O. J. Blanchard, Comment, *Journal of Business and Economic Statistics*, vol.5, 1967, pp.449–451. 인용문은 Peter Kennedy, *A Guide to Econometrics*, 4th ed., MIT Press, Cambridge, Mass., 1998, p.190에서 전재되었다.

이 설령 우리가 하나 또는 그 이상의 회귀계수들을 정확하게 추정할 수 없다 하더라도 그것들의 선형결합(즉 추정가능한 함수)은 비교적 효율적으로 추정할 수 없다. 식 (10.2.3)에서 보았듯이 설령 우리가 두 요소는 개별적으로 추정할 수 없더라도 α는 유일하게 추정할 수 있다. 때로는 이것이 주어진 자료 집합을 가지고 우리가 할 수 있는 최선이다.[29]

경험칙 절차

다중공선성 문제를 상세히 다루기 위해 다음과 같은 경험칙들을 시도할 수 있는데 그들의 성공여부는 공선성 문제의 심각성에 달려 있다.

1. 선험적 정보 다음과 같은 모형을 보자.

$$Y_i = \beta_1 + \beta_2 X_{2i} + \beta_3 X_{3i} + u_i$$

여기서 $Y=$ 소비, $X_2=$ 소득, $X_3=$ 부이다. 앞에서 언급되었듯이 소득과 부는 매우 공선적이다. 그러나 가령 선험적으로 $\beta_3 = 0.10\,\beta_2$, 즉 부에 대한 소비변화율이 소득에 대한 변화율의 1/10이라고 믿는다고 하자. 그러면 다음과 같은 회귀식을 추정할 수 있다.

$$\begin{aligned} Y_i &= \beta_1 + \beta_2 X_{2i} + 0.10\,\beta_2 X_{3i} + u_i \\ &= \beta_1 + \beta_2 X_i + u_i \end{aligned}$$

여기서 $X_i = X_{2i} + 0.1X_{3i}$. 일단 $\hat{\beta}_2$을 얻게 되면 가정된 β_2와 β_3의 관계로부터 $\hat{\beta}_3$을 추정할 수 있다.

그렇다면 어떻게 선험적 정보를 얻는가? 관련 분야 내의 적절한 이론 또는 공선성 문제가 덜 심각한 이전의 실증분석 등으로부터 정보를 얻을 수 있다. 예를 들어 식 (7.9.1)과 같은 콥-더글러스 형 생산함수에서 규모에 대한 보수가 일정한 것으로 예상된다면 $(\beta_2 + \beta_3) = 1$이 되어 식 (8.6.14)에서처럼 산출액-노동 비율을 자본-노동 비율에 대해 회귀하면 된다. 대부분의 표본자료에서 그러하듯이 노동과 자본간에 공선성이 존재한다면 이와 같은 식의 변환으로 인해 공선성 문제는 줄어들든지 또는 제거된다. 그러나 이러한 선험적 제약을 부과하는 것과 관련된 경고로 "...자료에 대해 맞지 않을 수도 있는 제약을 부과하기 보다는 일반적으로 경제이론에 따른 선험적 예측을 검정하기를 원한다는 것이다."[30] 그러나 그러한 제약들의 타당성에 대하여 명확하게 검정하는 법을 이미 8.6절에서 보았다.

---

29. 이에 대한 흥미로운 논의에 대해서는 J. Conlisk, "When Collinearity Is Desirable," *Western Economic Journal,* vol. 9, 1971, pp.393-407 참조.

30. Mark B. Stewart and Kenneth F. Wallis, *Introductory Econometrics*, 2d ed., John Wiley & Sons, A Halstead Press Book, New York, 1981, p.154.

2. 횡단면 자료와 시계열 자료의 결합 외부로부터의 또는 선험적인 정보기법의 한 변형이 자료 합동으로 알려진 횡단면 자료와 시계열 자료의 통합이다. 가령 미국 내의 자동차에 대한 수요를 연구하고자 하는데 자동차 판매량, 자동차의 평균가격, 그리고 소비자 소득에 대한 시계열 자료를 가지고 있다고 하자. 또한 다음과 같은 모형을 설정한다고 하자.

$$\ln Y_t = \beta_1 + \beta_2 \ln P_t + \beta_3 \ln I_t + u_t$$

여기서 $Y=$ 자동차 판매량, $P=$ 평균가격, $I=$ 소득, $t=$ 시간이다. 우리의 목표는 가격 탄력성 β_2와 소득 탄력성 β_3을 추정하는 것이다.

시계열 자료에서 가격과 소득 변수는 보편적으로 매우 공선성이 높은 경향이 있다. 따라서 이 회귀식을 추정하고자 하면 통상적인 다중공선성 문제에 직면하게 될 것이다. Tobin은 이로부터 벗어나는 한 방법을 다음과 같이 제시하고 있다.[31] 만일 횡단면 자료(예를 들어 소비자 조사원에 의해 만들어졌거나 또는 민간과 정부기관에 의해 수행된 생활비 연구에 의해 만들어진 자료)가 이용 가능하다면 소득 탄력성 β_3의 믿을만한 추정치를 얻을 수 있는데, 그 이유는 한 시점에서의 자료이므로 가격이 그리 크게 변하지 않기 때문이다. 이 추정치를 이용하면 이전의 회귀식은 다음과 같이 쓸 수 있다.

$$Y_t^* = \beta_1 + \beta_2 \ln P_t + u_t$$

여기서 $Y^* = \ln Y - \hat{\beta}_3 \ln I$인데, 이것은 소득의 효과를 제거한 연후의 Y의 값을 뜻한다. 이 식으로부터 우리는 가격 탄력성 β_2를 얻을 수 있다.

비록 이것이 흥미로운 기법이긴 하지만 여기서 제안된 방법으로 횡단면 자료와 시계열 자료를 결합하면 해석상의 문제를 초래할 수 있다. 왜냐하면 암묵적으로 횡단면 자료로부터 추정된 소득 탄력성이 순수한 시계열 자료로부터 얻어지는 추정치와 동일하다고 가정되고 있기 때문이다.[32] 그럼에도 불구하고 이 기법은 많이 적용되어 왔고 한 횡단면 자료에 의한 추정치가 다른 횡단면 자료에 의한 추정치와 크게 상이하지 않은 경우에는 고려해 볼 만한 가치가 있다. 이 기법의 예가 연습문제 10.26에 나와 있다.

3. 변수(들)의 생략과 표기편의 극심한 다중공선성에 직면하게 되었을 때 할 수 있는 가장 "손 쉬운" 것 가운데 하나가 공선적인 변수들 가운데 하나를 생략하는 것이다. 따라서 앞의 소비-소득-부 예에서 부 변수를 생략하면 회귀식 (10.6.4)를 얻게 되는데 원래의 모형에서는 소득 변수가 통계적으로 유의하지 않

31. J. Tobin, "A Statistical Demand Function for Food in the U.S.A.," *Journal of the Royal Statistical Society*, Ser. A, 1950, pp.113–141.
32. 자료 합동에 대한 상세한 논의와 적용에 관해서는 Edwin Kuh, *Capital Stock Growth: A Micro-Econometric Approach*, North-Holland Publishing Company, Amsterdam, 1963, Chapters 5 & 6 참조.

은 것으로 나왔으나 새 모형에서는 "매우" 유의한 것으로 나타난다.

그러나 모형으로부터 변수를 생략하게 되면 표기편의 또는 표기오차를 범할 수 있다. 표기편의는 분석에 사용되는 모형의 잘못된 표기로부터 발생한다. 만일 경제이론에 의하면 소비 지출을 설명하는 모형에 소득과 부가 모두 포함되어야 한다면 부 변수를 생략하게 되면 표기편의를 초래하게 된다.

표기편의 문제는 13장에서 다루게 되겠지만 7.7절에서 약간 살펴보았다. 예를 들어 만일 맞는 모형이 다음과 같다고 하자.

$$Y_i = \beta_1 + \beta_2 X_{2i} + \beta_3 X_{3i} + u_i$$

그러나 실수로 다음과 같이 모형을 설정하였다고 하자.

$$Y_i = b_1 + b_{12} X_{2i} + \hat{u}_i \quad \textbf{(10.8.1)}$$

그러면 다음이 성립한다(부록 13A.1 참조).

$$E(b_{12}) = \beta_2 + \beta_3 b_{32} \quad \textbf{(10.8.2)}$$

여기서 $b_{32} = X_2$에 대한 X_3의 회귀에서의 기울기 계수. 따라서 식 (10.8.2)로부터 명백한 것은 b_{32}가 0이 아닌 한(β_3는 0이 아닌 것으로 가정한다. 그렇지 않으면 원래 모형에 X_3를 포함시킬 아무 이유가 없다) b_{12}는 β_2의 편의추정량이 될 것이다.[33] 물론 만일 b_{32}가 0이면 처음부터 다중공선성 문제가 존재하지 않는다. 또한 식 (10.8.2)로부터 만일 b_{32}와 β_3가 모두 양수이면(또는 둘 다 음수이면) $E(b_{12})$는 β_2보다 크게 되어 평균적으로 b_{12}는 β_2를 과대추정하게 되어 양(+)의 편의가 발생하게 된다. 이와 유사하게 만일 $b_{32}\beta_3$가 음수이면 평균적으로 b_{12}는 β_2를 과소추정하게 되어 음(−)의 편의가 발생한다.

여지껏의 논의로부터 명백해진 것은 다중공선성 문제를 완화시키기 위하여 모형으로부터 변수를 생략하게 되면 표기편의가 발생할 수 있다는 것이다. 이리하여 치료가 병 자체보다 더 나쁠 수 있는데 그 이유는 다중공선성으로는 모형내 모수에 대한 정확한 추정이 불가능해 질 수 있으나 변수생략으로는 모수의 진정한 값을 극심하게 왜곡시킬 수 있기 때문이다. 불완전한 공선성에도 불구하고 OLS 추정량은 BLUE라는 것을 상기하라.

4. 변수들의 변환 가령 소비지출, 소득, 부에 대한 시계열 자료가 있다고 하자. 그와 같은 자료에서 소득과 부 사이에 높은 다중공선성이 존재하는 이유는 시간이 흐름에 따라 두 변수들이 같은 방향으로 움직이는 경향이 있기 때문이다. 이러한 종속성을 극소화시키는 하나의 방법이 다음과 같다. 만일 다음과 같은 관계가 시점 t에 성립한다고 하자.

---

33. 표본크기가 무한히 증가함에 따라 b_{32}가 0에 접근하지 않으면 b_{32}는 편의추정량일 뿐만 아니라 불일치 추정량이다.

이 식은

$$Y_t = \beta_1 + \beta_2 X_{2t} + \beta_3 X_{3t} + u_t \quad \textbf{(10.8.3)}$$

시점 $t-1$에서도 또한 성립해야 하는데 그 이유는 기준시기라는 것은 자의적이기 때문이다. 따라서 다음 식이 성립된다.

$$Y_{t-1} = \beta_1 + \beta_2 X_{2,t-1} + \beta_3 X_{3,t-1} + u_{t-1} \quad \textbf{(10.8.4)}$$

식 (10.8.3)에서 식 (10.8.4)를 빼면 다음 식이 얻어진다.

$$Y_t - Y_{t-1} = \beta_2(X_{2t} - X_{2,t-1}) + \beta_3(X_{3t} - X_{3,t-1}) + v_t \quad \textbf{(10.8.5)}$$

여기서 $v_t = u_t - u_{t-1}$. 식 (10.8.5)는 1차 차분형이라 불리는데, 그 이유는 원래의 변수들에 대해 회귀하는 것이 아니라 변수들의 계속적인 값의 차이에 대해 회귀하기 때문이다.

1차 차분 회귀모형은 종종 극심한 다중공선성을 감소시키는데 그 이유는 비록 X_2와 X_3의 값은 매우 높게 상관될지라도 그것들의 차이가 또한 높게 상관되리라고 믿을 만한 아무 선험적 이유가 존재하지 않기 때문이다.

우리가 시계열 계량경제학을 다룬 장에서 보겠지만 1차 차분 변환의 부수적 이점은 이로 인해 비정상적 시계열을 정상적 시계열로 만들 수도 있다는 것이다. 그것을 다룰 때 우리는 정상적 시계열의 중요성을 배울 것이다. 대충 말하면, 1장에서 언급하였듯이 예를 들어 어떤 시계열 Y_t는 시간이 흐름에 따라 평균과 분산이 체계적으로 변하지 않으면 정상적이다.

실제로 흔히 사용되는 또 다른 변환방법은 비율 변환이다. 다음 모형을 보자.

$$Y_t = \beta_1 + \beta_2 X_{2t} + \beta_3 X_{3t} + u_t \quad \textbf{(10.8.6)}$$

여기서 Y는 실질소비지출, X_2는 GDP, X_3는 총인구이다. GDP와 인구는 시간이 흐름에 따라 성장하기 때문에 상관되어 있기 쉽다. 이 문제에 대한 한 가지 "해법"은, 식 (10.8.4)를 X_3로 나누어서 모형을 1인당 기준으로 표현하는 것인데 다음과 같이 된다.

$$\frac{Y_t}{X_{3t}} = \beta_1\left(\frac{1}{X_{3t}}\right) + \beta_2\left(\frac{X_{2t}}{X_{3t}}\right) + \beta_3 + \left(\frac{u_t}{X_{3t}}\right) \quad \textbf{(10.8.7)}$$

그와 같은 변환으로 원래 변수에서의 공선성을 줄일 수 있다.

그러나 1차 차분 또는 비율 변환에는 몇 가지 문제점이 있다. 예를 들어 식 (10.8.5)에 나타나는 오차항 v_t는 고전적 선형회귀모형의 가정들 가운데 하나, 즉 오차항이 계열상관되지 않는다는 것을 만족시키지 못할 수 있다. 12장에서 보게 되겠지만 만일 원래의 u_t가 계열상관되지 않는다면 위의 식에 나오는 v_t는 대개의 경우 계열상관된다. 따라서 여기서도 치료가 병보다 더 나쁠 수 있다. 더군다나 차분절차에 의해 관찰치 하나의 손실이 발생하고 이는 다시 자유도가 1만큼 감소하는 것을 뜻한다. 표본의 수가 작은 경우에는 이것이 참작할 필요가 있는 한 가지 요인이 될 수 있다. 또한 1차 차분절차는 관찰치의 순서에 아무 논리성이 없는 횡단면 자료에서는 적절치 않을 수 있다.

이와 유사하게 11장에서 볼 수 있듯이 원래의 오차항 u_t가 동분산이면 비율모형 (10.8.7)에서

$$\left(\frac{u_t}{X_{3t}}\right)$$

오차항 (u_t/X_{3t})는 이분산적이다. 여기서도 치료가 공선성이라는 병보다 더 나쁠 수 있다.

간단히 말해 우리는 다중공선성 문제를 해결하기 위해 1차 차분 또는 비율변환법을 사용할 때 조심해야 한다.

5. 추가적 또는 새로운 자료 다중공선성이 표본의 특징이기 때문에 동일한 변수를 포함하고 있는 상이한 표본에서는 원래의 표본에 비해 다중공선성이 그리 심각하지 않을 수도 있다. 때로는 (가능하다면) 단지 표본수를 늘리는 것만으로도 공선성 문제를 완화시킬 수 있다. 예를 들면 3변수 모형에서 다음 식이 성립한다.

$$\operatorname{var}(\hat{\beta}_2) = \frac{\sigma^2}{\sum x_{2i}^2\left(1 - r_{23}^2\right)}$$

표본크기가 커짐에 따라 $\sum x_{2i}^2$은 일반적으로 증가할 것이다(그 이유는?). 따라서 r_{23}이 일정할 때 $\hat{\beta}_2$의 분산과 표준오차는 줄어들게 되어 우리는 β_2를 보다 정확하게 추정할 수 있게 된다.

예를 들어 관찰치 10개를 가지고 소비지출 Y를 소득 X_2와 부 X_3에 회귀한 다음의 결과를 보자.[34]

$$\begin{aligned}\hat{Y}_i &= 24.377 \;+\; 0.8716X_{2i} - \;\; 0.0349X_{3i}\\ t &= (3.875) \quad (2.7726) \qquad (-1.1595) \qquad\qquad R^2 = 0.9682\end{aligned} \tag{10.8.8}$$

이 회귀에서 부의 계수가 틀린 부호를 보일 뿐만 아니라 5% 유의수준에서 통계적으로 유의하지 않게 나타난다. 그러나 표본의 크기가 40개로 증가하면(과소표본의 문제?) 다음의 결과를 얻는다.

34. 다음의 회귀결과를 제공하는데 있어 고 Albert Zucker의 도움을 받았다.

$$\begin{aligned} \hat{Y}_i &= 2.0907 + 0.7299X_{2i} + 0.0605X_{3i} \\ t &= (0.8713) \quad (6.0014) \quad (2.0014) \qquad R^2 = 0.9672 \end{aligned} \tag{10.8.9}$$

이제 부의 계수가 올바른 부호를 갖고 5% 유의수준에서 통계적으로 유의하게 나타난다.

Judge 등이 다음과 같이 지적했듯이 추가적인 또는 "더 나은" 자료를 얻는다는 것이 항상 쉬운 일이 아니다.

> 불행히도 경제학자들은 그들이 원하는 설명변수의 값을 선택할 수 없는 것은 말할 것도 없으려니와 큰 대가를 지불하지 않고서는 추가적인 자료를 얻기도 힘들다. 이에 덧붙여서 통제되지 않고 있는 상황에서는 새로운 변수들을 추가할 때 새로운 관찰치들이 원래의 자료집합과 관련된 절차가 아닌 다른 방법에 의해 생성된 것이 아닌지에 유의해야 한다. 즉 새로운 관찰치들과 관련된 경제구조가 원래의 구조와 동일한지를 확인해야만 한다.[35]

6. 다항 회귀식에서의 공선성 축소 7.10절에서 다항회귀모형이 다루어졌다. 이 모형의 특징은 설명변수들이 다양한 지수 형태로 나타난다는 것이다. 따라서 식 (7.10.4)에서와 같이 산출량, (산출량)^2, (산출량)^{3}에 대한 총비용의 회귀에서처럼 다양한 산출량 항들은 서로 상관되어 다양한 기울기 계수들을 정확히 추정하는 것이 어려워진다.[36] 실제로 설명변수들이 편차형(즉, 평균값으로부터의 편차)으로 표현되면 다중공선성이 상당히 줄어든다는 것은 이미 알았다. 그러나 그때에도 문제가 존속할 수 있는데,[37] 이 경우에는 직교다항식과 같은 기법을 고려해 볼 수 있다.[38]

7. 다중공선성을 교정하는 기타 방법들 인자분석과 주성분과 같은 다변량 통계기법이나 능형회귀와 같은 기법들이 다중공선성 문제를 "해결하기" 위해 종종 사용된다. 불행히도 이 기법들은 이 책의 범주를 벗어나는데, 그 이유는 행렬대수를 사용하지 않고서는 적절히 논의될 수 없기 때문이다.[39]

---

35. Judge et al., op. cit., p.625. 또한 10.9절 참조.
36. 이미 언급했듯이 X, X^2, 그리고 X^3간의 관계는 비선형이므로 엄밀하게 말하면 다항 회귀식은 고전적 모형에서 다중공선성이 없어야 한다는 가정에 위배되지 않는다.
37. R. A. Bradley and S. S. Srinivastava, "Correlation and Polynomial Regression," *American Statistician,* vol.33, 1979, pp.11–14 참조.
38. Norman Draper and Harry Smith, *Applied Regression Analysis*, 2d ed., John Wiley & Sons, New York, 1981, pp.266–274 참조.
39. 응용 측면에서 이 기법들에 대해 읽을 만한 것으로는 다음을 참조할 것. Samprit Chatterjee and Bertram Price, *Regression Analysis by Example*, John Wiley & Sons, New York, 1977, Chapters 7 and 8. 또한 H. D. Vinod, "A Survey of Ridge Regression and Related Techniques for Improvements over Ordinary Least Squares," *Review of Economics and Statistics*, vol.60, February 1978, pp.121–131 참조.

10.9 다중공선성이 꼭 나쁜가? 만일 목표가 예측만을 위한 것이라면 아닐 수도 있다.

만일 예측이 회귀분석을 하는 유일한 목적이라고 하면 R^2이 높을수록 예측은 더 나아지기 때문에 다중공선성은 심각한 문제가 아니라고들 한다.[40] 그러나 "...예측에 사용되는 설명변수들의 값이 원래의 고안[자료]행렬 X와 거의 정확한 선형 종속관계를 따르는 한"[41] 이 진술은 맞을 수 있다. 따라서 만일 추정된 회귀식에서 대략 $X_2 = 2X_3$ 인 것을 알아냈다면 Y를 예측하기 위해서 사용되는 미래의 표본에서는 X_2가 대략 $2X_3$와 같아야 되나 실제로는 만족되기 어려운 조건(각주 35 참조)이고, 이와 같은 경우 예측은 점점 더 불확실해진다.[42] 더욱이 분석의 목적이 예측뿐만 아니라 모수의 믿을만한 추정이라고 하면 극심한 다중공선성은 문제가 되는데 그 이유는 이로 인해 추정량의 표준오차가 커지기 때문이다.

그러나 다중공선성이 심각한 문제를 야기시키지 않는 경우도 있는데 그것은 R^2이 높고 회귀계수가 각각 높은 t값을 갖는 것으로 나타나서 통계적으로 유의한 경우이다. 그러나 다중공선성 진단법, 예를 들면 조건 지수에 따르면 자료 내에 극심한 공선관계가 존재하는 것을 시사한다. 그와 같은 상황이 언제 발생할 수 있는가? Johnston은 다음과 같이 기술하고 있다.

> 이와 같은 현상은 개별 계수들이 실제 값보다 숫자상 커서 다중공선성으로 인해 커진 표준오차에도 불구하고 t값이 크게 나타나거나 또는 실제 값 그 자체가 커서 그것보다 작은 값을 갖는 추정량도 통계적으로 유의한 것으로 나타나는 경우에 볼 수 있다.[43]

10.10 확장 예: Longley 자료

우리는 이 장을 Longley가 수집한 자료를 분석하면서 마무리하고자 한다.[44] 원래 Longley 자료는 몇몇 컴퓨터 프로그램들에서 최소자승 추정치의 계산상 정확성을 평가하기 위해 수집되었지만, 이 자료는 이제 다중공선성을 포함한 여러 계량경제학적 문제를 예시하기 위한 꾸준한 일꾼이 되었다. 이 자료는 표 10.8에 재생되어 있다. 자료는 1947~1962년간의 시계열 자료이고, $Y=$ 고용인 수(천명), $X_1=$ GNP 잠재가격 디플레이터, $X_2=$ GNP(백만 달러), $X_3=$ 실업자 수(천명), $X_4=$ 군인 수, $X_5=$ 14세 이상의 자립할 능력이 있는 인구 수, $X_6=$ 연도인데

40. R. C. Geary, "Some Results about Relations between Stochastic Variables: A Discussion Document," *Review of International Statistical Institute*, vol.31, 1963, pp.163–181 참조.

41. Judge et. al., op. cit., p.619. 이 책에는 또한 만일 현재 존재하는 공선구조가 미래 표본에도 계속된다면 공선성에도 불구하고 더 나은 평균 예측치를 얻는다는 데 대한 증명이 기술되어 있다.

42. 이에 대한 훌륭한 논의는 E. Malinvaud, *Statistical Methods of Econometrics*, 2d ed., North-Holland Publishing Company, Amsterdam, 1970, pp.220–221 참조.

43. J. Johnston, *Econometric Methods*, 3d ed., McGraw-Hill, New York, 1984, p.249.

표 10.8
Longley 자료

출처: J. Longley, "An Appraisal of Least-Squares Programs from the Point of User," *Journal of the American Statistical Association*, vol.62, 1967, pp.819~841.

관찰치	Y	X_1	X_2	X_3	X_4	X_5	시간
1947	60,323	830	234,289	2,356	1,590	107,608	1
1948	61,122	885	259,426	2,325	1,456	108,632	2
1949	60,171	882	258,054	3,682	1,616	109,773	3
1950	61,187	895	284,599	3,351	1,650	110,929	4
1951	63,221	962	328,975	2,099	3,099	112,075	5
1952	63,639	981	346,999	1,932	3,594	113,270	6
1953	64,989	990	365,385	1,870	3,547	115,094	7
1954	63,761	1,000	363,112	3,578	3,350	116,219	8
1955	66,019	1,012	397,469	2,904	3,048	117,388	9
1956	67,857	1,046	419,180	2,822	2,857	118,734	10
1957	68,169	1,084	442,769	2,936	2,798	120,445	11
1958	66,513	1,108	444,546	4,681	2,637	121,950	12
1959	68,655	1,126	482,704	3,813	2,552	123,366	13
1960	69,564	1,142	502,601	3,931	2,514	125,368	14
1961	69,331	1,157	518,173	4,806	2,572	127,852	15
1962	70,551	1,169	554,894	4,007	2,827	130,081	16

1947년은 1, 1948년은 2, 그리고 1962년은 16이다.

우리의 목표가 6개의 X변수들을 토대로 Y를 예측하는 것이라고 가정한다. EViews 6를 이용하면 다음의 회귀 결과를 얻는다.

Dependent Variable: Y
Sample: 1947-1962

Variable	Coefficient	Std. Error	t-Statistic	Prob.
C	-3482259.	890420.4	-3.910803	0.0036
X_1	15.06187	84.91493	0.177376	0.8631
X_2	-0.035819	0.033491	-1.069516	0.3127
X_3	-2.020230	0.488400	-4.136427	0.0025
X_4	-1.033227	0.214274	-4.821985	0.0009
X_5	-0.051104	0.226073	-0.226051	0.8262
X_6	1829.151	455.4785	4.015890	0.0030

R-squared	0.995479	Mean dependent var.	65317.00
Adjusted R-squared	0.992465	S.D. dependent var.	3511.968
S.E. of regression	304.8541	Akaike info criterion	14.57718
Sum squared resid.	836424.1	Schwarz criterion	14.91519
Log likelihood	-109.6174	F-statistic	330.2853
Durbin-Watson stat.	2.559488	Prob(F-statistic)	0.000000

이 결과는 공선성 문제가 존재한다는 것을 시사하는데 왜냐하면 R^2의 값이 매우 높지만 꽤 많은 변수들(X_1, X_2와 X_5)이 통계적으로 유의하지 않아 전형적인 다중공선성 징후를 보이기 때문이다. 좀 더 자세히 보기 위해 표 10.9에는 6개 회귀변수들 간의 상관계수가 나와 있다.

이 표는 상관행렬이라 불린다. 이 표에서 주대각원소(왼쪽 위로부터 오른쪽 아래로의 값)들은 한 변수와 자기 자신과의 상관을 말하는데 정의상 항상 1이고,

44. J. Longley, "An Appraisal of Least-Squares Programs from the Point of User," *Journal of the American Statistical Association*, vol.62, 1967, pp.819-841.

표 10.9
변수간 상관

	X_1	X_2	X_3	X_4	X_5	X_6
X_1	1.000000	0.991589	0.620633	0.464744	0.979163	0.991149
X_2	0.991589	1.000000	0.604261	0.446437	0.991090	0.995273
X_3	0.620633	0.604261	1.000000	−0.177421	0.686552	0.668257
X_4	0.464744	0.446437	−0.177421	1.000000	0.364416	0.417245
X_5	0.979163	0.991090	0.686552	0.364416	1.000000	0.993953
X_6	0.991149	0.995273	0.668257	0.417245	0.993953	1.000000

주대각원소 이외의 값들은 X변수 한 쌍의 변수간의 상관계수이다. 이 표의 첫 번째 줄은 X_1과 다른 X변수들과의 상관계수이다.
예를 들어 0.991589는 X_1과 X_2 간의 상관계수이고, 0.620633은 X_1과 X_3 간의 상관계수이다.

표에서 볼 수 있듯이 한 쌍의 변수 간 상관계수 중 몇몇은 매우 높아서 심한 공선성 문제가 존재할 수 있다는 것을 시사한다. 물론 이러한 한 쌍의 변수 간 상관은 다중공선성이 존재하기 위한 충분조건은 될 수 있어도 필요조건은 아니라는 앞에서의 경고를 기억하라.

다중공선성 문제의 본질을 보다 더 심도 있게 파악하기 위해 보조회귀, 즉 각 X 변수의 나머지 X 변수들에 대한 회귀,를 수행하자. 지면을 절약하기 위해 우리는 이러한 회귀로부터 구한 R^2값들만 제시하기로 하는데 표 10.10에 정리되어 있다. 보조회귀의 R^2값들이 매우 높기 때문에(X_4에 대한 회귀를 예외로 하면) 우리는 심각한 공선성 문제를 갖고 있는 것으로 보인다. 동일한 정보가 공차요소로부터도 얻어질 수 있다. 앞에서 언급하였듯이 공차요소가 0에 가까워질수록 공선성의 증거는 점점 커진다.

Klein의 경험칙을 적용하게 되면 보조회귀로부터 얻은 R^2값은 6개의 보조회귀 가운데 3개에서 전체적 R^2(즉 모든 X 변수들에 대한 Y의 회귀로부터 얻은 값)인 0.9954를 능가해서 Longley 자료가 역시 정말로 다중공선성 문제를 가지고 있다는 것을 시사하고 있다. 부수적으로 식 (10.7.3)에 주어진 F검정을 실시하면 표에 있는 R^2의 값들이 모두 통계적으로 0과 다르다는 것을 독자들은 입증해야 한다.

우리는 앞에서 OLS 추정량과 그 표준오차들은 자료의 작은 변동에 민감하다고 언급하였다. 연습문제 10.32에서 여러분들은 6개의 모든 X 변수들에 대해 Y를 회귀하되 마지막 관찰치를 뺀 채 회귀하도록, 즉 1947~1961년에 대해 회귀

표 10.10
보조회귀에 따른 R^2값

종속변수	R^2값	공차 (TOL) = 1 − R^2
X_1	0.9926	0.0074
X_2	0.9994	0.0006
X_3	0.9702	0.0298
X_4	0.7213	0.2787
X_5	0.9970	0.0030
X_6	0.9986	0.0014

하도록 요구된다. 1년의 관찰치만 뺐는데도 회귀결과가 달라지는 것을 보게 될 것이다.

이제 우리는 다중공선성 문제를 가지고 있다는 것을 알게 되었는데 그러면 우리는 어떤 "교정적" 행동을 취할 수 있나? 우리의 원래 모형을 다시 보도록 하자. 우선 우리는 GNP를 명목가격이 아닌 실질가격으로 표현할 수 있는데, 이는 명목 GNP를 잠재가격 디플레이터로 나누면 된다. 둘째, 시간이 흐름에 따라 자연적 인구성장으로 인해 14세 이상 자립할 능력이 있는 인구는 증가하기 때문에 이 변수는 시간, 우리 모형에서 X_6과 매우 높게 상관될 것이다. 따라서 이 두 변수를 그대로 두는 대신 변수 X_5는 그대로 놔두고 X_6을 뺀다. 셋째, 실업자 수를 나타내는 X_3을 모형에 포함시킬만한 강력한 이유가 없다. 아마 실업률이 노동시장 조건의 더 나은 척도가 될 수 있을 것이다. 그러나 우리는 후자에 대한 자료가 없다. 그래서 우리는 변수 X_3을 뺄 것이다. 이러한 변화 후에 우리는 다음의 회귀 결과를 얻는다(RGNP = 실질 GNP).[45]

```
Dependent Variable: Y
Sample: 1947-1962
```

Variable	Coefficient	Std. Error	t-Statistic	Prob.
C	65720.37	10624.81	6.185558	0.0000
RGNP	9.736496	1.791552	5.434671	0.0002
X_4	-0.687966	0.322238	-2.134965	0.0541
X_5	-0.299537	0.141761	-2.112965	0.0562

R-squared	0.981404	Mean dependent var.	65317.00
Adjusted R-squared	0.976755	S.D. dependent var.	3511.968
S.E. of regression	535.4492	Akaike info criterion	15.61641
Sum squared resid.	3440470.	Schwarz criterion	15.80955
Log likelihood	-120.9313	F-statistic	211.0972
Durbin-Watson stat.	1.654069	Prob(F-statistic)	0.000000

비록 R^2값은 원래의 R^2과 비교하여 약간 하락하였으나 아직도 매우 높다. 이제 모든 추정된 계수들은 유의하고 부호도 경제학적으로 이치에 부합된다.

또 다른 모형을 고안하여 결과가 어떻게 변하는지를 검토하는 것은 독자의 몫으로 남겨 두겠다. 또한 공선성 문제를 완화하기 위해서 자료의 비율 변환법을 사용하는 것에 대해 앞에서 언급한 경고도 명심하기 바란다.

요약 및 결론

1. 고전적 선형회귀모형의 가정들 가운데 하나가 설명변수들, X들, 사이에 다중공선성이 없다는 것이다. 광의로 해석하면 다중공선성은 X 변수들 사이에 정확한 또는 대략적으로 정확한 선형관계가 존재하는 상황을 말한다.

45. X_5와 X_6 간의 상관계수는 약 0.9939로 매우 높은 상관관계를 보이고 있다.

2. 다중공선성의 결과는 다음과 같다. 만일 X들 간에 완전한 공선성이 존재하면 회귀계수들은 구할 수 없게 되고, 그것들의 표준오차는 부정이 된다. 만일 공선성이 높기는 하지만 완전하지는 않다면 회귀계수의 추정은 가능하지만 그것들의 표준오차는 커지는 경향이 있다. 그 결과 계수의 모집단 값이 정확히 추정될 수 없다. 그러나 만일 이러한 계수들의 선형결합, 추정 가능한 함수,을 추정하는 것이 목적이라고 하면 완전한 다중공선성이 존재하는 경우에도 이 목적은 달성된다.
3. 비록 공선성을 탐지하는 확실한 방법은 없지만 다음과 같은 몇몇 지표들이 존재한다.
   (a) 다중공선성의 가장 명확한 징후는 R^2은 높지만 전형적인 검정에 기초할 때 아무 회귀계수도 통계적으로 유의하지 않은 것이다. 이것은 물론 극단적인 경우이다.
   (b) 설명변수가 단지 둘 뿐인 모형에서는 두 변수들 간의 0차, 또는 단순 상관계수를 조사해 보면 공선성에 대한 다소 정확한 정보를 얻을 수 있다. 만일 이 상관계수가 높다면 대개 다중공선성이 주요인이다.
   (c) 그러나 X 변수들이 셋 이상인 모형의 경우에는 0차 상관계수에 의존하면 잘못 될 수 있는데 그 이유는 0차 상관계수의 값이 낮으면서 다중공선성이 높은 경우가 있을 수 있기 때문이다. 이와 같은 경우에는 편상관계수를 조사할 필요가 있다.
   (d) R^2은 높으나 편상관이 낮은 경우 다중공선성이 존재할 가능성이 있다. 이 때 하나 또는 그 이상의 변수들은 불필요할 수 있다. 그러나 R^2도 높고 편상관도 높으면 다중공선성은 쉽게 탐지되지 않는다. 또한 C. Robert Wichers, Krishna Kumar, John O' Hagan, 그리고 Brendan McCabe 등이 지적하였듯이 Farrar와 Glauber가 제시한 편상관검정에는 통계적 문제점들이 존재한다.
   (e) 따라서 각 X_i 변수를 모형 내에 있는 나머지 X 변수들에 대해 회귀하여 각각에 대한 결정계수 R_i^2을 찾아낼 수 있다. R_i^2이 높다는 것은 X_i가 나머지 X들과 상관관계가 높다는 것을 암시하므로 만일 극심한 표기편의를 초래하지 않는다면 그 X_i를 모형에서 생략할 수 있다.
4. 다중공선성을 탐지하면 절반은 성공한 셈이다. 나머지 절반은 그 문제를 어떻게 제거하느냐에 관한 것이다. 여기에서도 역시 확실한 방법은 없고 단지 몇 가지 경험적 방안들이 있을 따름이다. 그 중에 (1) 외부로부터의 또는 선험적 정보의 사용, (2) 횡단면 자료와 시계열 자료의 결합, (3) 매우 공선적인 변수의 생략, (4) 자료의 변환, (5) 추가적인 또는 새로운 자료의 획득 등이 있다. 물론 이것들 가운데 어느 것이 실제로 적합한가 여부는 자료의 특성과 공선성의 심각성 정도에 달려 있다.

5. 예측에 있어서의 다중공선성의 역할에 대해 언급하였고, 공선 구조가 미래 표본에 대해서도 존속되지 않는 한 다중공선성이 존재하는 회귀식을 이용하여 예측하는 것은 위험하다는 것을 지적하였다.
6. 비록 다중공선성에 대해 문헌에서 광범위하게 주의를 기울이고 있기는 하나(어떤 학자들은 너무 지나치다고도 한다), 실증연구에서 봉착하게 되는 동등한 정도로 중요한 문제가 과소표본의 문제, 즉 표본이 작다는 문제이다. Goldberger에 의하면, 연구논문이 다중공선성의 문제를 지적하고 있다면 논문을 읽는 사람들은 "다중공선성" 대신 "과소표본"의 문제로 초점을 바꾸는 경우 그러한 지적들이 여전히 성립하는지 확인하려고 한다.[46] 공선성 문제가 심각하다는 것을 판정하기 위해서는 보조회귀에서 R^2이 얼마가 되어야 하는지를 결정해야 하는 것처럼 소표본 문제가 존재한다고 판정하기 위해서는 관찰치의 개수인 n이 얼마나 작아야 하는지를 결정하여야 한다고 그는 제안하고 있다.

연습문제

질문

10.1. k 변수 선형회귀모형에서 k개의 미지수를 추정하기 위한 k개의 정규방정식이 있다. 이 정규방정식은 부록 C에 주어져 있다. X_k가 나머지 X 변수들의 완전한 선형결합이라고 가정하자. 이 경우에 k개의 회귀계수들을 추정하는 것이 불가능하다는 것을 보여라.

10.2. 표 10.11의 가상적 자료를 보자. 이 자료를 이용하여 다음과 같은 모형을 추정하려 한다.

$$Y_i = \beta_1 + \beta_2 X_{2i} + \beta_3 X_{3i} + u_i$$

a. 세 미지수를 추정할 수 있는가? 그 이유는?

표 10.11

Y	X_2	X_3
−10	1	1
−8	2	3
−6	3	5
−4	4	7
−2	5	9
0	6	11
2	7	13
4	8	15
6	9	17
8	10	19
10	11	21

46. Goldberger, op. cit., p.250.

b. 만일 못 한다면 어떤 형태의 모수들의 선형함수, 즉 추정가능함수가 추정될 수 있나? 필요한 계산을 보여라.

10.3. 8장에서 다룬 유아사망 예(예 8.1)를 보자. 그 예에서는 1인당 GNP(PGNP)와 여성의 식자율(FLR)에 대해 유아사망(CM)율을 회귀하였다. 가령 우리가 변수 출산율(TFR)을 추가한다고 하자. 회귀분석 결과는 다음과 같다.

Dependent Variable: CM

Variable	Coefficient	Std. Error	*t*-Statistic	Prob.
C	168.3067	32.89165	5.117003	0.0000
PGNP	-0.005511	0.001878	-2.934275	0.0047
FLR	-1.768029	0.248017	-7.128663	0.0000
TFR	12.86864	4.190533	3.070883	0.0032

R-squared	0.747372	Mean dependent var.	141.5000
Adjusted *R*-squared	0.734740	S.D. dependent var.	75.97807
S.E. of regression	39.13127	Akaike info criterion	10.23218
Sum squared resid.	91875.38	Schwarz criterion	10.36711
Log likelihood	-323.4298	*F*-statistic	59.16767
Durbin-Watson stat.	2.170318	Prob(*F*-statistic)	0.000000

a. 이 회귀분석 결과와 식 (8.1.4)를 비교하라. 어떤 변화가 있나? 이 변화를 어떻게 설명할 수 있나?

b. 모형에 변수 TFR을 추가하는 것이 가치가 있나? 그 이유는?

c. 모든 개별 t계수들이 통계적으로 유의하므로 현재의 경우에 공선성 문제가 없다고 말할 수 있나?

10.4. $\lambda_1, \lambda_2, \lambda_3$의 모든 값에 대해 식 $\lambda_1 X_{1i} + \lambda_2 X_{2i} + \lambda_3 X_3 i = 0$이 성립한다고 할 때 $r_{12.3}$, $r_{13.2}$, $r_{23.1}$을 구하라. 또한 $R^2_{1.23}$, $R^2_{2.13}$, $R^2_{3.12}$도 구하라. 이 경우에 다중공선성은 어느 정도 존재하나? 주: $R^2_{1.23}$은 X_2와 X_3에 대한 Y의 회귀의 결정계수이고 다른 R^2도 유사하게 해석된다.

10.5. 다음과 같은 모형을 보자.

$$Y_t = \beta_1 + \beta_2 X_t + \beta_3 X_{t-1} + \beta_4 X_{t-2} + \beta_5 X_{t-3} + \beta_6 X_{t-4} + u_t$$

여기서 Y= 소비, X= 소득, t= 시간이다. 이 모형은 t기의 소비지출이 t기의 소득뿐만 아니라 그 이전 기의 소득의 함수라고 가정하고 있다. 따라서 2000년 제1분기의 소비지출은 그 분기의 소득뿐만 아니라 1999년 1~4분기 소득의 함수가 된다. 이와 같은 모형을 분포시차모형이라 하는데, 이에 대해서는 나중에 논의하기로 한다.

a. 이와 같은 모형에서 다중공선성이 예상되나? 그 이유는?

b. 공선성이 예상된다면 그 문제를 어떻게 해결할 것인가?

10.6. 10.6절에서의 예를 생각해 보자(예 10.1). 식 (10.6.1)과 식 (10.6.4)에서의 한계소비성향의 차이를 어떻게 설명할 것인가?

10.7. GNP, 통화공급, 물가, 소득, 실업 등과 같은 경제 시계열 자료에서는 대개 다중공선성이 존재하지 않나 의심하게 된다. 그 이유는?

10.8. 다음과 같은 모형이 있다.

$$Y_i = \beta_1 + \beta_2 X_{2i} + \beta_3 X_{3i} + u_i$$

이때 X_2와 X_3간의 상관계수인 $r_{23} = 0$이라 하자. 따라서 어떤 사람이 다음과 같은 식들을 회귀하라고 제안하였다.

$$Y_i = \alpha_1 + \alpha_2 X_{2i} + u_{1i}$$

$$Y_i = \gamma_1 + \gamma_3 X_{3i} + u_{2i}$$

a. $\hat{\beta}_2 = \hat{\beta}_2, \hat{\gamma}_3 = \hat{\beta}_3$가 성립할 것인가? 그 이유는?

b. $\hat{\beta}_1$이 $\hat{\alpha}_1$ 또는 $\hat{\gamma}_1$ 또는 이들의 선형결합과 동일할 것인가?

c. $\text{var}(\hat{\beta}_2) = \text{var}(\hat{\beta}_2)$, $\text{var}(\hat{\beta}_3) = \text{var}(\hat{\gamma}_3)$가 성립하나?

10.9. 우리가 2005년의 미국 50개 주 및 DC의 제조업 부문에 Cobb–Douglas 생산함수를 적용시킨 7장에서의 예를 보자. 식 (7.9.4)에 주어진 회귀분석 결과에서는 노동과 자본 계수들이 모두 개별적으로 통계적으로 유의한 것으로 나타났다.

a. 노동과 자본 변수들이 높게 상관되어 있는지를 판정하라.

b. 만일 (a)에서의 답변이 긍정적이라면 모형으로부터 노동변수를 생략하고 자본투입에 대해서만 산출 변수를 회귀할 것인가?

c. 만일 그렇게 한다면 어떤 종류의 표기편의를 범하게 되나? 이 편의의 속성을 찾아내라.

10.10. 예 7.4를 보자. 이 문제에서 상관행렬은 다음과 같다.

	X_i	X_i^2	X_i^3
X_i	1	0.9742	0.9284
X_i^2		1.0	0.9872
X_i^3			1.0

a. "0차 상관들이 매우 높기 때문에 극심한 다중공선성이 필히 존재한다." 이를 논평하라.

b. 모형으로부터 변수 X_i^2, X_i^3을 제거할 것인가?

c. 만일 그것들을 제거한다면 X_i의 계수 값에 어떤 현상이 발생하나?

10.11. 단계별 회귀. 회귀모형에서 "최상의" 설명변수 집합을 찾아내는데 연구자들은 종종 단계별 회귀방법을 이용한다. 이 방법에서는 한 번에 하나의 X 변수를 집어넣든지(단계별 전방회귀) 또는 다중회귀에서 가능한 모든 X 변수들을 포함시킨 다음 하나씩 제거하는(단계별 후방회귀) 절차를 사용한다. 한 변수를 보태거나 제거하는 결정은 F검정에 의해 판단되는 ESS에의 기여 정도에 기초하게 된다. 다중공선성에 대해 배운 지금 둘 가운데

어느 절차를 권하겠는가? 그 이유는?*

10.12. 다음의 내용이 참인지, 거짓인지, 혹은 불명확한지 밝히고 그 이유를 적어라.

a. 완벽한 다중공선성에도 불구하고 OLS 추정량은 BLUE이다.

b. 다중공선성이 높은 경우에 하나 또는 그 이상의 편회귀계수의 개별적 유의성을 평가하는 것이 불가능하다.

c. 보조회귀 결과 해당 R_i^2이 높게 나타난다면, 이는 높은 공선성에 대한 결정적 증거가 된다.

d. 한 쌍의 변수들 간의 상관관계가 높다는 것이 다중공선성을 의미하는 것은 아니다.

e. 분석의 목적이 예측에만 있다면 다중공선성은 해롭지 않다.

f. 다른 조건이 동일하다면 VIF가 높을수록 OLS 추정량의 분산이 더 커진다.

g. 공차(TOL)는 VIF보다 더 나은 다중공선성 척도이다.

h. 통상적으로 t검정에 기초하여 모든 편기울기계수가 개별적으로 통계적으로 유의하지 않다면 다중회귀에서 높은 R^2을 얻을 수 있다.

i. Y를 X_2와 X_3에 회귀하는 경우 X_3의 값에 거의 변화가 없다고 하자. 이는 $\text{var}(\hat{\beta}_3)$을 증가시킬 것이다. 극단적으로, 모든 X_3가 동일한 경우로서 이때 $\text{var}(\hat{\beta}_3)$는 무한대가 된다.

10.13. a. 만일 $r_{1i}=0$, $i=2, 3, \ldots, k$이면 $R_{1.23\ldots k}=0$임을 증명하라.

b. 변수 $X_1(=Y)$을 $X_2, X_3, \ldots, X_k$에 대해 회귀할 때 위의 결과는 어떤 중요성을 갖고 있나?

10.14. 가령 $X_1(=\text{Y}), X_2, X_3, \ldots, X_k$의 0차 상관계수가 모두 r이라 하자.

a. $R_{1.23\ldots k}$의 값은?

b. 1차 상관계수들의 값을 구하라.

10.15.** 행렬로 표시한 다음과 같은 식을 보자(부록 C 참조).

$$\hat{\boldsymbol{\beta}} = (\mathbf{X}'\mathbf{X})^{-1}\mathbf{X}'\mathbf{y}$$

a. X간에 완전한 공선성이 존재할 때 $\hat{\beta}$은 어떻게 되나?

b. 완전한 공선성이 존재한다는 것을 어떻게 알 수 있나?

---

* 당신의 논리가 다음 논문에서 일치하는지를 검토해 보라. Arthur S. Goldberger and D. B. Jochems, "Note on Stepwise Least-Squares," *Journal of the American Statistical Association,* vol.56, March 1961, pp.105–110.

** 본 문제는 선택과제이다.

10.16.* 행렬로 표시된 다음 식을 보자.

$$\text{var–cov}\,(\hat{\boldsymbol{\beta}}) = \sigma^2(\mathbf{X}'\mathbf{X})^{-1}$$

a. 완전한 다중공선성이 존재할 때 위의 분산–공분산 행렬은 어떻게 되나?

b. 공선성 정도가 높긴 하나 완전하지는 않을 때 위의 분산–공분산 행렬은 어떻게 되나?

10.17.** 다음과 같은 상관행렬을 보자.

$$\mathbf{R} = \begin{array}{c} \\ X_2 \\ X_3 \\ \\ X_k \end{array} \begin{array}{c} \begin{array}{cccc} X_2 & X_3 & \cdots & X_k \end{array} \\ \begin{bmatrix} 1 & r_{23} & \cdots & r_{2k} \\ r_{32} & 1 & \cdots & r_{3k} \\ \cdots & \cdots & \cdots & \\ r_{k2} & r_{k3} & \cdots & 1 \end{bmatrix} \end{array}$$

이 상관행렬로부터 (a) 완전한 공선성이 존재하는지 (b) 불완전한 다중공선성이 존재하는지 (c) X들은 상관되지 않는지를 어떻게 알아낼 수 있는가?

Hint: $|\boldsymbol{R}|$이 R의 행렬식일 때 위의 문제들의 답을 구하기 위해 $|\boldsymbol{R}|$을 이용할 것.

10.18.*** **직교설명변수**. 가령 다음과 같은 모형에서

$$Y_i = \beta_1 + \beta_2 X_{2i} + \beta_3 X_{3i} + \cdots + \beta_k X_{ki} + u_i$$

X_2에서 X_k까지는 모두 상관되지 않는다. 그와 같은 변수들을 직교변수라고 부른다. 이와 같은 경우에

a. 행렬 $(X'X)$의 구조는 어떻게 되나?

b. $\hat{\beta} = (X'X)^{-1}X'y$는 어떻게 얻게 되나?

c. $\hat{\beta}$의 분산–공분산 행렬의 속성은 어떻게 되나?

d. 가령 연구자가 위 모형을 회귀한 후에 또 다른 직교변수 X_{k+1}을 모형에 추가하려 한다고 하자. 그는 이전의 계수 $\hat{\beta}_1$에서 $\hat{\beta}_k$까지를 모두 다시 계산해야만 하나? 그 이유는?

10.19. 다음과 같은 모형을 보자.

$$\text{GNP}_t = \beta_1 + \beta_2 \text{M}_t + \beta_3 \text{M}_{t-1} + \beta_4(\text{M}_t - \text{M}_{t-1}) + u_t$$

여기서 $\text{GNP}_t = t$기의 GNP, $M_t = t$기의 통화공급, $M_{t-1} = (t-1)$기의 통화공급, $(M_t - M_{t-1}) = t$기와 $(t-1)$기 간의 통화공급 변동이다. 따라서 이 모형은 t기의 GNP 수준이 t기와 $(t-1)$기의 통화공급 뿐만 아니라 두 기간 사이의 통화공급의 변동의 함수라고 가정하고 있다.

a. 위의 모형을 추정할 자료를 가지고 있다고 할 때 이 모형 내의 모든 계수들을 성공적으로 추정할 수 있나? 그 이유는?

* 본 문제는 선택과제이다.

** 본 문제는 선택과제이다.

*** 본 문제는 선택과제이다.

b. 만일 그렇게 안 된다면 어떤 계수들이 추정 가능한가?

c. 가령 $\beta_3 M_{t-1}$항이 모형에 없다고 하자. 문제 (a)에 대한 답이 동일할 것인가?

d. $\beta_2 M_t$항이 없다고 가정할 때 문제 (a)에 대한 답이 동일할 것인가?

10.20. 식 (7.4.7)과 (7.4.8)이 다음과 같이 표현될 수도 있다는 것을 보여라.

$$\hat{\beta}_2 = \frac{\left(\sum y_i x_{2i}\right)\left(\sum x_{3i}^2\right) - \left(\sum y_i x_{3i}\right)\left(\sum x_{2i} x_{3i}\right)}{\left(\sum x_{2i}^2\right)\left(\sum x_{3i}^2\right)\left(1 - r_{23}^2\right)}$$

$$\hat{\beta}_3 = \frac{\left(\sum y_i x_{3i}\right)\left(\sum x_{2i}^2\right) - \left(\sum y_i x_{2i}\right)\left(\sum x_{2i} x_{3i}\right)}{\left(\sum x_{2i}^2\right)\left(\sum x_{3i}^2\right)\left(1 - r_{23}^2\right)}$$

여기서 r_{23}은 X_2와 X_3간의 상관계수이다.

10.21. 식 (7.4.12)와 (7.4.15)를 이용하여 완전한 공선성이 존재할 때 $\hat{\beta}_2$과 $\hat{\beta}_3$의 분산이 무한대가 되는 것을 보여라.

10.22. 식 (10.5.6)과 (10.5.7)로부터 추정된 기울기 계수의 합계의 표준오차가 각각 0.1549와 0.1825가 되는 것을 증명하라(10.5절 참조).

10.23. k변수회귀모형에서 식 (7.5.6)에 주어진 k번째($k = 2,3,...,k$) 편회귀계수의 분산은 다음과 같다.*

$$\operatorname{var}(\hat{\beta}_k) = \frac{1}{n-k}\frac{\sigma_y}{\sigma_k^2}\left(\frac{1-R^2}{1-R_k^2}\right)$$

여기서 $\sigma_y^2 = Y$의 분산, $\sigma_k^2 = k$번째 설명변수의 분산, $R_k^2 =$ 나머지 X 변수들에 대한 X_k의 회귀로부터의 R^2, $R^2 =$ 다중회귀, 즉 모든 X 변수들에 대한 Y의 회귀로부터의 결정계수이다.

a. 다른 모든 것이 동일할 때 만일 σ_k^2이 증가하면 var $(\hat{\beta}_k)$는 어떻게 되나? 다중공선성 문제에 대해서는 어떤 함축성을 갖고 있나?

b. 공선성이 완전할 때 위의 공식은 어떻게 되나?

c. "R^2이 증가함에 따라 $\hat{\beta}_k$의 분산은 감소하기 때문에 높은 R_k^2은 높은 R^2에 의해 그 효과가 상쇄될 수 있다." 맞나? 틀리나?

10.24. 다음은 1899~1992년간 미국 제조업부문에 대한 연간자료를 사용하여 Dougherty가 얻은 회귀결과이다.**

$$\widehat{\log Y} = 2.81 - 0.53 \log K + 0.91 \log L + 0.047t$$
$$\text{se} = (1.38) \quad (0.34) \quad (0.14) \quad (0.021) \qquad \textbf{(1)}$$
$$R^2 = 0.97 \qquad F = 189.8$$

* 이 공식은 R. Stone, "The Analysis of Market Demand," *Journal of the Royal Statistical Society*, vo.87, 1945, p.297에 도출되어 있다. 또한 식 (7.5.6)을 상기하라. 추가적 논의는 Peter Kennedy, *A Guide to Econometrics,* 2d ed., The MIT Press, Cambridge, Mass., 1985, p.156 참조.

** Christopher Dougherty, *Introduction to Econometrics,* Oxford University Press, New York, 1992, pp.159–160.

여기서 $Y=$ 실질산출지수, $K=$ 실질자본투입지수, $L=$ 실질노동투입지수, $t=$ 시간 또는 추세이다. 동일한 자료를 사용하여 그는 다음과 같은 결과를 얻었다.

$$\widehat{\log(Y/L)} = -0.11 + 0.11 \log(K/L) + 0.006t$$
$$\text{se} = (0.03) \quad (0.15) \quad (0.006) \qquad \textbf{(2)}$$
$$R^2 = 0.65 \qquad F = 19.5$$

a. 회귀 (1)에 다중공선성이 존재하나? 어떻게 알 수 있나?

b. 회귀 (1)에서 $\log K$의 계수 부호가 선험적으로 무엇이라 생각하나? 회귀 결과가 이러한 예상과 일치하는가? 그 이유는?

c. 회귀 (1)에서 함수형태를 어떻게 정당화시킬 수 있나? (힌트: Cobb-Douglas 생산함수)

d. 회귀 (1)을 해석하라. 이 회귀에서 추세변수의 역할은 무엇인가?

e. 회귀 (2)를 추정하는 데에 내재된 논리는 무엇인가?

f. 회귀 (1)에 다중공선성이 존재한다면 회귀 (2)에서는 그 정도가 줄어들었는가? 이를 어떻게 알 수 있나?

g. 회귀 (2)가 회귀 (1)에 대한 제약된 형태라면, 어떠한 제약이 저자에 의해 가해져야 하는가? (힌트: 규모에 대한 보수) 이 제약이 타당한 것인지 어떻게 알 수 있나? 계산과정을 보여라.

h. 두 회귀의 R^2값은 비교 가능한가? 그 이유는? 현재 형태로는 비교가 불가능하다면 어떻게 하면 비교가 가능하도록 만들 수 있는가?

10.25. 다음 기술을 비판적으로 평가하라.

a. "사실 다중공선성은 모형설정상의 오차가 아니다. 그것은 결핍된 자료의 사정이다."*

b. "만일 추가적 자료를 얻는 것이 불가능하다면 가지고 있는 자료는 제한된 양의 정보를 가지고 있다는 사실을 인정하고 이에 따라 모형을 단순화해야 한다. 너무 복잡한 모형을 추정하려고 하는 것은 경험이 없는 응용계량경제학자들이 저지르는 가장 흔한 실수 가운데 하나이다."**

c. "연구자들은 회귀분석 결과 가정된 부호를 발견할 수 없을 때, 그들이 선험적으로 중요한 것으로 알고 있는 변수들이 비유의적인 t값을 가지거나 설명변수가 제외될 때마다 다양한 회귀분석 결과가 크게 변할 때 그들은 보편적으로 다중공선성이 존재한다고 주장한다. 불행히도, 이들 가운데 어느 하나도 공선성이 존재하기 위한 필요조건이나 충분조

* Samprit Chatterjee, Ali S. Hadi, and Bertram Price, *Regression Analysis by Example*, 3d ed., John Wiley & Sons, New York, 2000, p.226.

** Russel Davidson and James G. MacKinnon, *Estimation and Inference in Econometrics*, Oxford University Press, New York, 1993, p.186.

건이 아니다. 더욱이 위의 어느 것도 현재의 추정 문제를 해결하기 위해 어떤 종류의 추가적 정보가 필요한지에 대해 유용한 시사점을 제공하지 못한다."*

d. "...네개 이상의 독립변수들을 가지고 있는 어떤 시계열 회귀도 쓰레기로 끝난다."**

실증문제

10.26. Klein과 Goldberger는 미국 경제에 다음과 같은 회귀모형을 적용시키고자 하였다.

$$Y_i = \beta_1 + \beta_2 X_{2i} + \beta_3 X_{3i} + \beta_4 X_{4i} + u_i$$

여기서 Y= 소비, X_2= 임금소득, X_3= 비임금, 비농업소득, X_4= 농업소득이다. X_2, X_3, X_4간에는 매우 공선적일 것으로 예상되므로 그들은 횡단면 분석을 통해 다음과 같이 β_3와 β_4의 추정치를 얻었다. 즉 $\beta_3 = 0.75\beta_2$, $\beta_4 = 0.625\beta_2$. 이 추정치들을 사용하여 그들은 소비함수를 다음과 같이 재구성하였다.

$$Y_i = \beta_1 + \beta_2(X_{2i} + 0.75X_{3i} + 0.625X_{4i}) + u_i = \beta_1 + \beta_2 Z_i + u_i$$

여기서 $Z_i = X_{2i} + 0.75X_{3i} + 0.625X_{4i}$.

a. 표 10.12의 자료를 이용하여 수정된 모형을 회귀하고 β_1에서 β_4까지의 추정치를 구하라.

b. 변수 Z를 어떻게 해석할 것인가?

10.27. 표 10.13은 1975년부터 2005년까지의 미국의 수입, GDP, 소비자 물가지수(CPI)에 대한 자료를 보여주고 있다. 다음과 같은 모형을 생각해 보자.

$$\ln \text{Imports}_t = \beta_1 + \beta_2 \ln \text{GDP}_t + \beta_3 \ln \text{CPI}_t + u_t$$

a. 표에 주어진 자료를 이용하여 이 모형의 모수들을 추정하라.

b. 자료 내에 다중공선성이 존재하는 것으로 의심되나?

표 10.12

출처: L. R. Klein and A. S. Goldberger, *An Economic Model of the United States, 1929–1952*, North Holland Publishing Company, Amsterdam, 1964, p.131.

연도	Y	X_2	X_3	X_4	연도	Y	X_2	X_3	X_4
1936	62.8	43.41	17.10	3.96	1946	95.7	76.73	28.26	9.76
1937	65.0	46.44	18.65	5.48	1947	98.3	75.91	27.91	9.31
1938	63.9	44.35	17.09	4.37	1948	100.3	77.62	32.30	9.85
1939	67.5	47.82	19.28	4.51	1949	103.2	78.01	31.39	7.21
1940	71.3	51.02	23.24	4.88	1950	108.9	83.57	35.61	7.39
1941	76.6	58.71	28.11	6.37	1951	108.5	90.59	37.58	7.98
1945*	86.3	87.69	30.29	8.96	1952	111.4	95.47	35.17	7.42

*1942–1944년간은 자료가 없음. 다른 연도의 자료는 1939년도 기준 10억 달러임.

* Peter Kennedy, *A Guide to Econometrics*, 4th ed., MIT Press, Cambridge, Mass., 1998, p.187.

** 계량경제학자인 고 Zvi Griliches의 이 인용의 출처는 Ernst R. Berndt, *The Practice of Econometrics: Classic and Contemporary*, Addison Wesley, Reading, Mass., 1991, p.224.

표 10.13 미국의 수입, GDP, CPI, 1975~2005 (도시 소비자들: 1982~84 = 100)

연도	CPI	GDP	Imports	연도	CPI	GDP	Imports
1975	53.8	1,638.3	98185	1991	136.2	5,995.9	491020
1976	56.9	1,825.3	124228	1992	140.3	6,337.7	536528
1977	60.6	2,030.9	151907	1993	144.5	6,657.4	589394
1978	65.2	2,294.7	176002	1994	148.2	7,072.2	668690
1979	72.6	2,563.3	212007	1995	152.4	7,397.7	749374
1980	82.4	2,789.5	249750	1996	156.9	7,816.9	803113
1981	90.9	3,128.4	265067	1997	160.5	8,304.3	876470
1982	96.5	3,225.0	247642	1998	163.0	8,747.0	917103
1983	99.6	3,536.7	268901	1999	166.6	9,268.4	1029980
1984	103.9	3,933.2	332418	2000	172.2	9,817.0	1224408
1985	107.6	4,220.3	338088	2001	177.1	10,128.0	1145900
1986	109.6	4,462.8	368425	2002	179.9	10,469.6	1164720
1987	113.6	4,739.5	409765	2003	184.0	10,960.8	1260717
1988	118.3	5,103.8	447189	2004	188.9	11,712.5	1472926
1989	124.0	5,484.4	477665	2005	195.3	12,455.8	1677371
1990	130.7	5,803.1	498438				

c. 다음 식들을 회귀하라.

(1) $\ln \text{Imports}_t = A_1 + A_2 \ln \text{GDP}_t$
(2) $\ln \text{Imports}_t = B_1 + B_2 \ln \text{CPI}_t$
(3) $\ln \text{GDP}_t = C_1 + C_2 \ln \text{CPI}_t$

이들 회귀에 기초하여 자료 내의 다중공선성의 속성에 대해 무엇을 말할 수 있나?

d. 가령 자료 내에 다중공선성이 존재하지만 $\hat{\beta}_2$과 $\hat{\beta}_3$은 각각 5%에서 모두 유의하고 전반적인 F검정도 또한 유의하다고 하자. 이 경우에 공선성 문제를 우려할 필요가 있는가?

10.28. 미국에서의 닭고기 수요함수에 관한 연습문제 7.19를 다시 보자.

a. 로그-선형, 로그-로그 모형을 사용하여 다양한 보조회귀들을 추정하라. 그 수는 얼마나 되나?

b. 보조회귀로부터 어느 설명변수가 강하게 공선관계를 가지고 있는지 어떻게 결정하는가? 어떤 검정을 사용하는가? 계산과정을 상세히 밝혀라.

c. 자료에 중대한 공선성이 존재한다면 문제의 심각성을 덜기 위해 어떤 변수를 생략하여야 하는가? 변수를 생략하는 경우 어떠한 계량경제학적 문제에 봉착하는가?

d. 공선성 문제를 개선하기 위해 변수생략 이외의 다른 방법을 권할 수 있는가? 설명하라.

10.29. 표 10.14는 미국에서 판매되는 새 승용차와 그와 관련된 변수들에 대한 자료이다.

a. 미국의 자동차 수요함수를 추정하기 위한 적절한 로그-선형모형을 개발하라.

b. 표에 주어진 모든 회귀변수들을 설명변수로서 모형에 포함한다면 다

표 10.14
승용차 자료

출처: *Business Statistics, 1986*. A Supplement to the *Current Survey of Business*, U.S. Department of Commerce.

연도	Y	X_2	X_3	X_4	X_5	X_6
1971	10,227	112.0	121.3	776.8	4.89	79,367
1972	10,872	111.0	125.3	839.6	4.55	82,153
1973	11,350	111.1	133.1	949.8	7.38	85,064
1974	8,775	117.5	147.7	1,038.4	8.61	86,794
1975	8,539	127.6	161.2	1,142.8	6.16	85,846
1976	9,994	135.7	170.5	1,252.6	5.22	88,752
1977	11,046	142.9	181.5	1,379.3	5.50	92,017
1978	11,164	153.8	195.3	1,551.2	7.78	96,048
1979	10,559	166.0	217.7	1,729.3	10.25	98,824
1980	8,979	179.3	247.0	1,918.0	11.28	99,303
1981	8,535	190.2	272.3	2,127.6	13.73	100,397
1982	7,980	197.6	286.6	2,261.4	11.20	99,526
1983	9,179	202.6	297.4	2,428.1	8.69	100,834
1984	10,394	208.5	307.6	2,670.6	9.65	105,005
1985	11,039	215.2	318.5	2,841.1	7.75	107,150
1986	11,450	224.4	323.4	3,022.1	6.31	109,597

Y=새 승용차 판매량(천대), 계절조정 되었음.
X_2 =새 차에 대한 소비자물가지수, 1967=100. 계절조정 되었음.
X_3 =모든 품목, 모든 도시소비자에 대한 소비자물가지수, 1967=100. 계절조정 되었음.
X_4 =개인가처분소득(PDI). 10억 달러. 계절변동에 대해 조정되지 않았음.
X_5 =이자율(%), 회사채 수익률
X_6 =고용된 민간부문 노동력(천명), 계절변동에 대해 조정되지 않았음.

중공선성 문제에 봉착하리라 예상하는가? 그 이유는?

c. 만약 그렇다면 문제를 해결하기 위해 어떻게 해야 하는가? 이에 필요한 가정을 명확히 서술하고 모든 계산을 명백히 보여라.

10.30. 보장된 연간 임금(부의 소득세)의 실행 가능성을 평가하기 위해 Rand Corporation은 시간당 임금 증가에 대한 노동공급(평균 근로시간)의 반응을 평가하는 연구를 수행하였다.* 이 연구를 위한 자료는 매년 15,000달러 이하의 소득을 버는 남성이 가장인 나라 전체의 6,000가구로부터 추출되었다. 자료는 분석을 위해 39개의 인구통계적 집단으로 나뉘어졌다. 이 자료가 표 10.15에 정리되어 있다. 4개 인구통계적 집단의 경우 몇몇 변수들의 자료가 누락되었으므로 표에 나와있는 자료는 35개 집단에 대한 것뿐이다. 분석에 사용된 다양한 변수들에 대한 정의는 표 밑에 정리되어 있다.

a. 표에 주어진 변수들에 대해 연간 평균 근로시간을 회귀하고 그 결과를 해석하라.

b. 자료에 다중공선성의 증거가 있나? 어떻게 알 수 있나?

c. 다양한 회귀변수들에 대한 분산팽창인자(VIF)와 TOL 척도를 비교하라.

d. 만일 다중공선성 문제가 존재한다면 교정을 위해 어떤 행동을 취할 것인가?

* D. H. Greenberg and M. Kosters, *Income Guarantees and the Working Poor*, Rand Corporation, R-579-OEO, December 1970.

표 10.15
35개 집단의 근로시간과 기타 자료

출처: D. H. Greenberg and M. Kosters, *Income Guarantees and the Working Poor,* Rand Corporation, R-579-OEO, December 1970.

Observation	Hours	Rate	ERSP	ERNO	NEIN	Assets	Age	DEP	School
1	2157	2.905	1121	291	380	7250	38.5	2.340	10.5
2	2174	2.970	1128	301	398	7744	39.3	2.335	10.5
3	2062	2.350	1214	326	185	3068	40.1	2.851	8.9
4	2111	2.511	1203	49	117	1632	22.4	1.159	11.5
5	2134	2.791	1013	594	730	12710	57.7	1.229	8.8
6	2185	3.040	1135	287	382	7706	38.6	2.602	10.7
7	2210	3.222	1100	295	474	9338	39.0	2.187	11.2
8	2105	2.493	1180	310	255	4730	39.9	2.616	9.3
9	2267	2.838	1298	252	431	8317	38.9	2.024	11.1
10	2205	2.356	885	264	373	6789	38.8	2.662	9.5
11	2121	2.922	1251	328	312	5907	39.8	2.287	10.3
12	2109	2.499	1207	347	271	5069	39.7	3.193	8.9
13	2108	2.796	1036	300	259	4614	38.2	2.040	9.2
14	2047	2.453	1213	297	139	1987	40.3	2.545	9.1
15	2174	3.582	1141	414	498	10239	40.0	2.064	11.7
16	2067	2.909	1805	290	239	4439	39.1	2.301	10.5
17	2159	2.511	1075	289	308	5621	39.3	2.486	9.5
18	2257	2.516	1093	176	392	7293	37.9	2.042	10.1
19	1985	1.423	553	381	146	1866	40.6	3.833	6.6
20	2184	3.636	1091	291	560	11240	39.1	2.328	11.6
21	2084	2.983	1327	331	296	5653	39.8	2.208	10.2
22	2051	2.573	1194	279	172	2806	40.0	2.362	9.1
23	2127	3.262	1226	314	408	8042	39.5	2.259	10.8
24	2102	3.234	1188	414	352	7557	39.8	2.019	10.7
25	2098	2.280	973	364	272	4400	40.6	2.661	8.4
26	2042	2.304	1085	328	140	1739	41.8	2.444	8.2
27	2181	2.912	1072	304	383	7340	39.0	2.337	10.2
28	2186	3.015	1122	30	352	7292	37.2	2.046	10.9
29	2188	3.010	990	366	374	7325	38.4	2.847	10.6
30	2077	1.901	350	209	95	1370	37.4	4.158	8.2
31	2196	3.009	947	294	342	6888	37.5	3.047	10.6
32	2093	1.899	342	311	120	1425	37.5	4.512	8.1
33	2173	2.959	1116	296	387	7625	39.2	2.342	10.5
34	2179	2.971	1128	312	397	7779	39.4	2.341	10.5
35	2200	2.980	1126	204	393	7885	39.2	2.341	10.6

주: Hours = 연간 평균 근로시간
Rate = 시간당 평균 임금(달러)
ERSP = 배우자의 연간 평균 근로소득(달러)
ERNO = 다른 가구 구성원의 연간 평균 근로소득(달러)
NEIN = 연간 평균 비근로소득
Assets = 가구의 평균 자산보유액(은행 계정 등)(달러)
Age = 응답자의 평균 연령
Dep = 평균 부양가족 수
School = 평균 교육수료 학년

e. 이 연구는 부의 소득세의 실행 가능성에 대해 무엇을 시사하는가?

10.31. 표 10.16에는 1960년 미국 47개 주의 범죄율에 대한 자료가 정리되어 있다. 표에 주어진 14개 사회경제적 변수와 연관시켜 범죄율을 설명할 수 있는 적절한 모형을 개발하라. 모형을 개발할 때 특히 공선성 문제에 주의를 기울여라.

10.32. 10.10절에 주어진 Longley 자료를 보자. 1962년의 자료를 생략하고 표에 주어진 회귀를 반복하라. 즉 1947~1961년에 대해 회귀분석하라. 이 작업을 통해 당신은 어떤 일반적 결론을 도출할 수 있나?

표 10.16 1960년 미국 47개 주의 범죄율

Observation	R	Age	S	ED	EX_0	EX_1	LF	M	N	NW	U_1	U_2	W	X
1	79.1	151	1	91	58	56	510	950	33	301	108	41	394	261
2	163.5	143	0	113	103	95	583	1012	13	102	96	36	557	194
3	57.8	142	1	89	45	44	533	969	18	219	94	33	318	250
4	196.9	136	0	121	149	141	577	994	157	80	102	39	673	167
5	123.4	141	0	121	109	101	591	985	18	30	91	20	578	174
6	68.2	121	0	110	118	115	547	964	25	44	84	29	689	126
7	96.3	127	1	111	82	79	519	982	4	139	97	38	620	168
8	155.5	131	1	109	115	109	542	969	50	179	79	35	472	206
9	85.6	157	1	90	65	62	553	955	39	286	81	28	421	239
10	70.5	140	0	118	71	68	632	1029	7	15	100	24	526	174
11	167.4	124	0	105	121	116	580	966	101	106	77	35	657	170
12	84.9	134	0	108	75	71	595	972	47	59	83	31	580	172
13	51.1	128	0	113	67	60	624	972	28	10	77	25	507	206
14	66.4	135	0	117	62	61	595	986	22	46	77	27	529	190
15	79.8	152	1	87	57	53	530	986	30	72	92	43	405	264
16	94.6	142	1	88	81	77	497	956	33	321	116	47	427	247
17	53.9	143	0	110	66	63	537	977	10	6	114	35	487	166
18	92.9	135	1	104	123	115	537	978	31	170	89	34	631	165
19	75.0	130	0	116	128	128	536	934	51	24	78	34	627	135
20	122.5	125	0	108	113	105	567	985	78	94	130	58	626	166
21	74.2	126	0	108	74	67	602	984	34	12	102	33	557	195
22	43.9	157	1	89	47	44	512	962	22	423	97	34	288	276
23	121.6	132	0	96	87	83	564	953	43	92	83	32	513	227
24	96.8	131	0	116	78	73	574	1038	7	36	142	42	540	176
25	52.3	130	0	116	63	57	641	984	14	26	70	21	486	196
26	199.3	131	0	121	160	143	631	1071	3	77	102	41	674	152
27	34.2	135	0	109	69	71	540	965	6	4	80	22	564	139
28	121.6	152	0	112	82	76	571	1018	10	79	103	28	537	215
29	104.3	119	0	107	166	157	521	938	168	89	92	36	637	154
30	69.6	166	1	89	58	54	521	973	46	254	72	26	396	237
31	37.3	140	0	93	55	54	535	1045	6	20	135	40	453	200
32	75.4	125	0	109	90	81	586	964	97	82	105	43	617	163
33	107.2	147	1	104	63	64	560	972	23	95	76	24	462	233
34	92.3	126	0	118	97	97	542	990	18	21	102	35	589	166
35	65.3	123	0	102	97	87	526	948	113	76	124	50	572	158
36	127.2	150	0	100	109	98	531	964	9	24	87	38	559	153
37	83.1	177	1	87	58	56	638	974	24	349	76	28	382	254
38	56.6	133	0	104	51	47	599	1024	7	40	99	27	425	225
39	82.6	149	1	88	61	54	515	953	36	165	86	35	395	251
40	115.1	145	1	104	82	74	560	981	96	126	88	31	488	228
41	88.0	148	0	122	72	66	601	998	9	19	84	20	590	144
42	54.2	141	0	109	56	54	523	968	4	2	107	37	489	170
43	82.3	162	1	99	75	70	522	996	40	208	73	27	496	224
44	103.0	136	0	121	95	96	574	1012	29	36	111	37	622	162
45	45.5	139	1	88	46	41	480	968	19	49	135	53	457	249
46	50.8	126	0	104	106	97	599	989	40	24	78	25	593	171
47	84.9	130	0	121	90	91	623	1049	3	22	113	40	588	160

출처: W. Vandaele, "Participation in Illegitimate Activities: Erlich Revisited," in A. Blumstein, J. Cohen, and D. Nagin, eds., *Deterrence and Incapacitation*, National Academy of Sciences, 1978, pp.270–335.

변수의 정의:

R＝범죄율, 인구 100만명당 경찰에 보고된 범죄 수
Age＝인구 1,000명당 14–24세의 남성 수
S＝남부 소재 주에 대한 지표 변수(0＝아니다, 1＝그렇다)
ED＝25세 이상 인구의 평균 교육연수 10
EX0＝주정부와 지방정부의 인구 1인당 경찰에 대한 지출(1960년)
EX1＝주정부와 지방정부의 인구 1인당 경찰에 대한 지출(1959년)
LF＝14–24세의 민간 도시 남성 1,000명당 경제활동 참가율
M＝여성 1,000명당 남성의 수
N＝주의 인구 규모(10만명)
NW＝인구 1,000명당 비백인의 수
U1＝14–24세의 도시 남성 1,000명당 실업률
U2＝35–39세의 도시 남성 1,000명당 실업률
W＝이전가능한 재화와 자산 또는 가구소득의 중위값(10달러)
X＝인구 1,000명당 중위소득의 절반 이하를 버는 가구의 수
Observation＝주(1960년에 47개 주)

10.33. **최신의 Longley 자료.** 우리는 10.10절에 나와 있는 자료를 1959~2005년의 자료를 포함하도록 확장하였다. 새로운 자료가 표 10.17에 정리되어 있다. 자료에서 Y= 고용인 수(천명), X_1= GNP 잠재가격 디플레이터, X_2 = GNP(100만 달러), X_3 = 실업자 수(천명), X_4 = 군인 수(천명), X_5 = 16세 이상 자립할 능력이 있는 인구 수, X_6= 연도, 1959년은 1, 1960년은 2, 2005년은 47.

a. 독립변수들 간의 관계를 평가하기 위해 본문에서 제시한 것처럼 산점도

표 10.17
최신의 Longley 자료, 1959~2005

출처: Department of Labor, Bureau of Labor Statistics and http://siadapp.dmdc.osd.mil/personnel/MILITARY/Miltop.htm

Observation	Y	X_1	X_2	X_3	X_4	X_5	X_6
1959	64,630	82.908	509,300	3,740	2552	120,287	1
1960	65,778	84.074	529,500	3,852	2514	121,836	2
1961	65,746	85.015	548,200	4,714	2573	123,404	3
1962	66,702	86.186	589,700	3,911	2827	124,864	4
1963	67,762	87.103	622,200	4,070	2737	127,274	5
1964	69,305	88.438	668,500	3,786	2738	129,427	6
1965	71,088	90.055	724,400	3,366	2722	131,541	7
1966	72,895	92.624	792,900	2,875	3123	133,650	8
1967	74,372	95.491	838,000	2,975	3446	135,905	9
1968	75,920	99.56	916,100	2,817	3535	138,171	10
1969	77,902	104.504	990,700	2,832	3506	140,461	11
1970	78,678	110.046	1,044,900	4,093	3188	143,070	12
1971	79,367	115.549	1,134,700	5,016	2816	145,826	13
1972	82,153	120.556	1,246,800	4,882	2449	148,592	14
1973	85,064	127.307	1,395,300	4,365	2327	151,476	15
1974	86,794	138.82	1,515,500	5,156	2229	154,378	16
1975	85,846	151.857	1,651,300	7,929	2180	157,344	17
1976	88,752	160.68	1,842,100	7,406	2144	160,319	18
1977	92,017	170.884	2,051,200	6,991	2133	163,377	19
1978	96,048	182.863	2,316,300	6,202	2117	166,422	20
1979	98,824	198.077	2,595,300	6,137	2088	169,440	21
1980	99,303	216.073	2,823,700	7,637	2102	172,437	22
1981	100,397	236.385	3,161,400	8,273	2142	174,929	23
1982	99,526	250.798	3,291,500	10,678	2179	177,176	24
1983	100,834	260.68	3,573,800	10,717	2199	179,234	25
1984	105,005	270.496	3,969,500	8,539	2219	181,192	26
1985	107,150	278.759	4,246,800	8,312	2234	183,174	27
1986	109,597	284.895	4,480,600	8,237	2244	185,284	28
1987	112,440	292.691	4,757,400	7,425	2257	187,419	29
1988	114,968	302.68	5,127,400	6,701	2224	189,233	30
1989	117,342	314.179	5,510,600	6,528	2208	190,862	31
1990	118,793	326.357	5,837,900	7,047	2167	192,644	32
1991	117,718	337.747	6,026,300	8,628	2118	194,936	33
1992	118,492	345.477	6,367,400	9,613	1966	197,205	34
1993	120,259	353.516	6,689,300	8,940	1760	199,622	35
1994	123,060	361.026	7,098,400	7,996	1673	201,970	36
1995	124,900	368.444	7,433,400	7,404	1579	204,420	37
1996	126,708	375.429	7,851,900	7,236	1502	207,087	38
1997	129,558	381.663	8,337,300	6,739	1457	209,846	39
1998	131,463	385.881	8,768,300	6,210	1423	212,638	40
1999	133,488	391.452	9,302,200	5,880	1380	215,404	41
2000	136,891	399.986	9,855,900	5,692	1405	218,061	42
2001	136,933	409.582	10,171,600	6,801	1412	220,800	43
2002	136,485	416.704	10,500,200	8,378	1425	223,532	44
2003	137,736	425.553	11,017,600	8,774	1423	226,223	45
2004	139,252	437.795	11,762,100	8,149	1411	228,892	46
2005	141,730	451.946	12,502,400	7,591	1378	231,552	47

를 작성하라. 강한 관계가 존재하는가? 관계가 선형인 것처럼 보이나?

b. 상관행렬을 작성하라. 종속변수는 포함시키지 않을 때 어떤 변수들이 가장 서로 연관되는 것으로 보이나?

c. 고용인 수를 예측하기 위해 표준적인 OLS 회귀분석을 하라. 독립변수의 계수들이 당신이 예상한 것과 같은 양상을 보이나?

d. 위의 결과에 기초할 때 이 자료들에 다중공선성이 존재한다고 믿는가?

10.34. * 치즈가 오래됨에 따라 최종 제품의 맛을 결정하는 몇몇 화학 작용이 일어난다. 표 10.18에 주어진 자료는 30개의 숙성된 체다 치즈에서의 다양한 화학물질의 농축과 각 표본에 대한 주관적 맛의 척도에 관한 것이다. 변수 acetic과 H_2S는 각각 초산과 황화 수소 농축량의 자연대수이다. 변수 lactic은 로그 변환되지 않았다.

a. 네 변수의 산점도를 작성하라.

b. acetic과 H_2S에 대한 맛의 2변수 회귀분석을 수행하고, 그 결과를 해석하라.

표 10.18
치즈의 화학물질

출처: http://lib.stat.cmu.edu/DASL/Datafiles/Cheese.html

Obs.	Taste	Acetic	H_2S	Lactic
1	12.30000	4.543000	3.135000	0.860000
2	20.90000	5.159000	5.043000	1.530000
3	39.00000	5.366000	5.438000	1.570000
4	47.90000	5.759000	7.496000	1.810000
5	5.600000	4.663000	3.807000	0.990000
6	25.90000	5.697000	7.601000	1.090000
7	37.30000	5.892000	8.726000	1.290000
8	21.90000	6.078000	7.966000	1.780000
9	18.10000	4.898000	3.850000	1.290000
10	21.00000	5.242000	4.174000	1.580000
11	34.90000	5.740000	6.142000	1.680000
12	57.20000	6.446000	7.908000	1.900000
13	0.700000	4.477000	2.996000	1.060000
14	25.90000	5.236000	4.942000	1.300000
15	54.90000	6.151000	6.752000	1.520000
16	40.90000	3.365000	9.588000	1.740000
17	15.90000	4.787000	3.912000	1.160000
18	6.400000	5.142000	4.700000	1.490000
19	18.00000	5.247000	6.174000	1.630000
20	38.90000	5.438000	9.064000	1.990000
21	14.00000	4.564000	4.949000	1.150000
22	15.20000	5.298000	5.220000	1.330000
23	32.00000	5.455000	9.242000	1.440000
24	56.70000	5.855000	10.19900	2.010000
25	16.80000	5.366000	3.664000	1.310000
26	11.60000	6.043000	3.219000	1.460000
27	26.50000	6.458000	6.962000	1.720000
28	0.700000	5.328000	3.912000	1.250000
29	13.40000	5.802000	6.685000	1.080000
30	5.500000	6.176000	4.787000	1.250000

* 본 문제는 선택과제이다.

c. lactic과 H_2S에 대한 맛의 2변수 회귀분석을 수행하고, 그 결과를 해석하라.

d. acetic, lactic과 H_2S에 대한 맛의 다중회귀분석을 수행하고, 그 결과를 해석하라.

e. 당신이 다중공선성에 대해 알고 있을 때 이 회귀들 가운데에서 어떻게 결정하나?

f. 이 분석으로부터 어떤 전반적 결론이 도출될 수 있나?

11장

이분산: 만일 오차분산이 일정하지 않으면 어떻게 되나?

고전적 선형회귀모형의 중요한 가정 가운데 하나(가정 4)가 모집단 회귀함수에 나타나는 교란항 u_i가 동분산, 즉 그것들은 모두 동일한 분산을 갖는다, 이라는 것이다. 이 장에서는 이 가정의 타당성을 조사하고 이 가정이 만족되지 않을 때 어떻게 되는지를 고찰해 보도록 한다. 10장에서와 마찬가지로 다음과 같은 문제에 대한 해답을 구해 보기로 한다.

1. 이분산의 본질은 무엇인가?
2. 이분산으로 인해 어떤 결과가 초래되나?
3. 어떻게 이분산을 탐지할 것인가?
4. 이분산의 교정수단에는 어떠한 것이 있나?

11.1 이분산의 본질

3장에서 언급되었듯이 고전적 선형회귀모형의 중요한 가정 가운데 하나가 설명변수의 선택된 값들을 조건으로 한 각 교란항 u_i의 분산이 σ^2이라는 어떤 일정한 값이라는 것이다. 이것이 동분산(homoscedasticity) 또는 동일한(homo) 퍼짐(scedasticity), 즉 동일 분산(equal variance) 가정이다. 기호로 표시하면

$$E\left(u_i^2\right) = \sigma^2 \qquad i = 1, 2, \ldots, n \tag{11.1.1}$$

2변수 회귀모형의 경우에서 동분산을 그림으로 보면 그림 3.4와 같은데 편의상 그림 11.1로 다시 나타내고 있다. 그림 11.1에서와 같이 주어진 X_i를 조건으로 한 Y_i의 조건부 분산(이것은 u_i의 분산과 동일)은 변수 X가 취하는 값에 관계없이 일정하다.

이와 대조적으로 그림 11.2를 보면 X가 증가함에 따라 Y_i의 조건부 분산은 증가하고 있다. 즉 Y_i의 분산이 동일하지 않다. 따라서 이분산이 존재한다. 기호로 표시하면

그림 11.1
동분산인 교란항

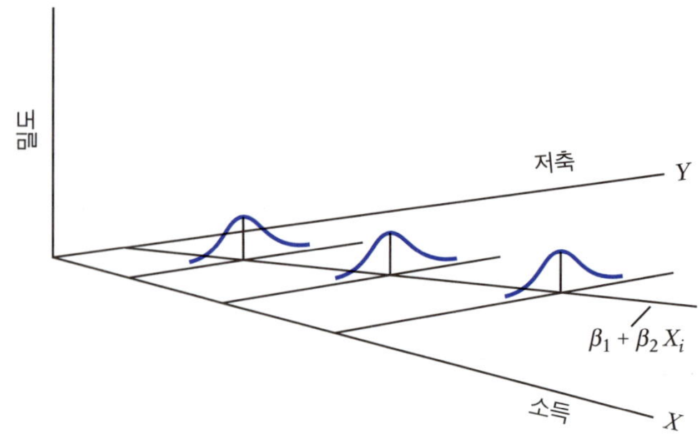

그림 11.2
이분산인 교란항

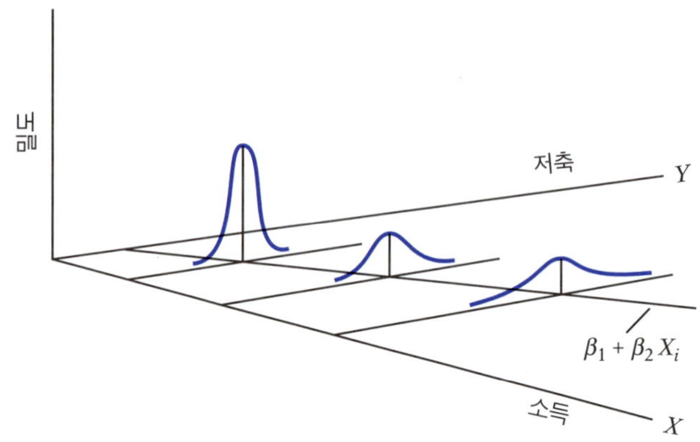

$$E(u_i^2) = \sigma_i^2 \tag{11.1.2}$$

σ^2의 하첨자를 주목하라. 이것은 u_i의 조건부 분산(=Y_i의 조건부 분산)이 더 이상 일정하지 않다는 것을 나타낸다.

동분산과 이분산의 차이를 명백히 하기 위해서 2변수 모형 $Y_i = \beta_1 + \beta_2 X_i + u_i$에서 Y는 저축, X는 소득을 뜻하는 것으로 가정하자. 그림 11.1과 그림 11.2에서 알 수 있듯이 소득이 증가함에 따라 저축도 평균적으로 증가하고 있다. 그러나 그림 11.1에서는 소득 수준에 관계없이 저축의 분산이 동일한데 반하여 그림 11.2에서는 소득이 증가함에 따라 저축의 분산이 증가하고 있다. 그림 11.2에 따르면 고소득 가구가 저소득 가구보다 평균적으로 더 많이 저축하는 것으로 보이지만 또한 그들의 저축에는 변동의 정도도 더욱 크다.

u_i의 분산이 가변적이 될 수 있는 이유가 몇 가지 있는데 이들은 다음과 같다.[1]

1. **오차학습모형**에 따르면 사람들이 배워감에 따라 그들 행위의 착오는 시간이 흐를수록 감소한다. 이와 같은 경우에 σ_i^2은 줄어들 것으로 예상된다. 예로 그림 11.3을 보면 타자시험에서 주어진 시간 동안 발생하는 오타의

1. Stefan Valavanis, *Econometrics*, McGraw-Hill, New York, 1959, p.48 참조.

그림 11.3
이분산의 예

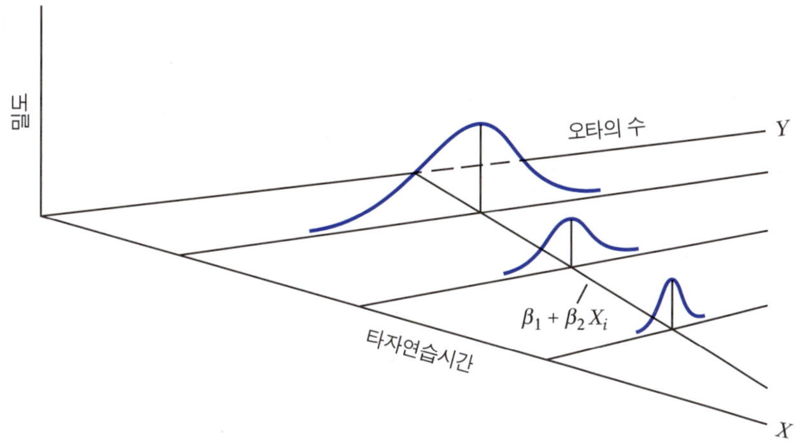

수와 타자연습에 투입된 시간을 연관시키고 있다. 그림 11.3에서 볼 수 있듯이 타자연습시간이 늘어나면 오타수의 분산뿐만 아니라 평균 오타수도 줄어든다.

2. 소득이 증가함에 따라 사람들은 재량적 소득[2]도 더 많이 갖게 되고 소득의 처분에 있어서 선택의 폭도 더 넓어진다. 그러면 σ_i^2은 소득의 증가에 따라 증가할 것 같다. 이리하여 소득에 대한 저축의 회귀에서 σ_i^2이 (그림 11.2에서와 같이) 소득이 증가함에 따라 증가할 가능성이 큰데 그 이유는 사람들은 그들의 저축행태에 대한 선택대상이 보다 더 많아지기 때문이다. 이와 유사하게 이윤이 많은 회사들이 그렇지 않은 회사들에 비해 그들의 배당금 정책에 보다 더 큰 가변성을 보일 것으로 예상된다. 또한 성장지향적인 회사는 그렇지 않은 회사에 비해 그들의 배당금 지급률에서 더 큰 가변성을 보일 것으로 예상된다.
3. 자료수집기법이 개선됨에 따라 σ_i^2은 줄어들 것이다. 따라서 정교한 자료처리 장비를 보유한 은행들이 그렇지 않은 은행에 비해 고객들의 월별 또는 분기별 명세서를 작성하는 데 더 적은 오류를 범할 것으로 예상된다.
4. 이분산은 또한 이상점이 존재하기 때문에 발생하기도 한다. 이상 관찰치 혹은 이상점이란 표본의 다른 관찰치와 비교하여 매우 다른(매우 작거나 매우 커서) 관찰치를 말한다. 보다 정확하게 말하면 이상점은 그 밖의 표본 관찰치들이 생성된 것과는 다른 모집단으로부터 생성된 관찰치이다.[3] 그러한 관찰치를 포함하거나 배제하는 것은 특히 표본의 크기가 작은 경우 회귀분석의 결과를 상당히 변경시킬 수 있다.

   예를 들어 그림 11.4에 그려진 산점도를 보자. 연습문제 11.22의 표 11.9에 있는 자료를 토대로 이 그림은 2차 대전 후부터 1969년까지 20개

2. Valavanis의 말을 인용하면 "소득이 증가하면 전에는 10센트도 의식하던 사람들이 이제는 달러도 별로 의식하지 않는다." ibid., p.48.
3. 고맙게도 Michael McAleer가 이 점을 저자에게 지적해 주었다.

그림 11.4
주식가격과 소비자 물가 간의 관계

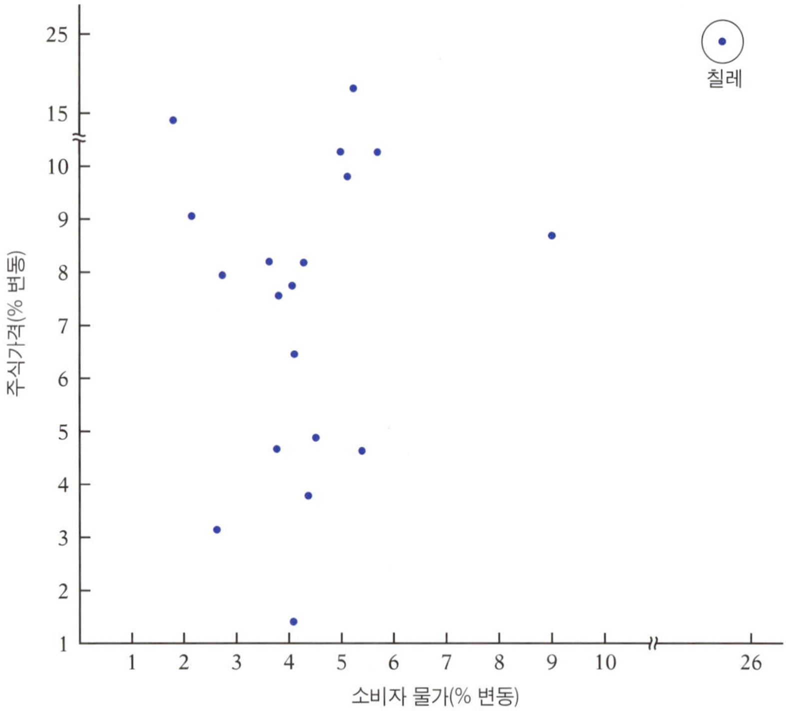

국가 주식가격의 백분비 변화율(Y)과 소비자 물가지수(X)를 산점도로 나타낸 것이다. 이 그림에는 칠레의 Y와 X 관찰치가 이상점으로 간주될 수 있다. 왜냐하면 칠레의 Y값과 X값이 여타의 국가들에 비해 월등히 크기 때문이다. 이와 같은 상황에서 동분산의 가정을 유지하기란 어렵다. 칠레의 해당 관찰치를 삭제하였을 때 회귀결과에 어떠한 일이 발생하는지를 찾아내는 문제를 연습문제 11.22에서 풀게 될 것이다.

5. 또 다른 이분산의 원천은 고전적 선형회귀모형(CLRM)의 가정 9, 즉 회귀모형은 올바르게 표기되어야 한다, 를 위배하는 것이다. 비록 우리는 13장에서 표기오차라는 과제에 대해 보다 전반적으로 다룬다 하더라도 이분산이 몇몇 중요한 변수들이 모형에서 생략된다는 사실에 기인할 수 있다. 따라서 한 재화에 대한 수요함수에서 우리가 당해 재화와 보완적이거나 대체적인 재화의 가격을 포함시키지 않는다면(생략된 변수 편의), 회귀로부터 얻는 잔차는 오차분산이 일정하지 않을 수 있다는 뚜렷한 느낌을 줄 수 있다. 그러나 만일 생략된 변수가 모형에 포함된다면 그 느낌은 사라질 것이다.

   구체적 예로, 광고비 지출(X)에 대한 광고에 대해 지속되는 느낌(Y)의 연구를 상기하라(연습문제 8.32 참조). 만일 Y를 X에 대해서만 회귀하여, 이 회귀로부터의 잔차를 조사하면 한 가지 패턴을 보게 될 것이나, 만일 Y를 X와 X^2에 대해 회귀하면 또 다른 패턴을 보게 되는데 그림 11.5에 잘

그림 11.5 (a) 광고비 지출의 느낌에 대한 회귀와, (b) Adexp와 Adexp²의 느낌에 대한 회귀로부터의 잔차

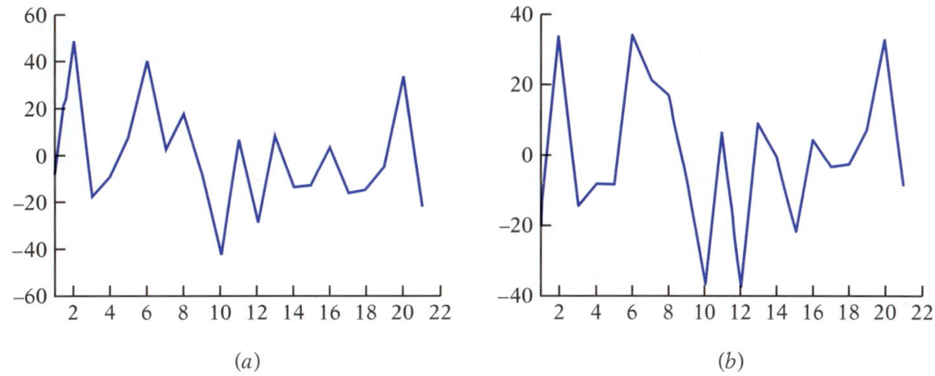

나타나 있다. 우리는 이미 X^2이 모형에 속한다는 것을 보았다.(연습문제 8.32. 참조)

6. 이분산의 또 다른 원천은 모형에 포함된 하나 또는 그 이상의 회귀변수들의 분포에 존재하는 왜도(skewness)이다. 예로는 소득, 부와 같은 경제변수, 교육 등이다. 대부분의 사회에서 소득과 부의 분포는, 대부분을 상위에 있는 소수가 소유하고 있어 균형이 맞지 않는 것으로 잘 알려져 있다.
7. 또 다른 이분산의 원천: David Hendry가 언급하듯이 이분산은 또한 다음의 이유로 발생할 수 있다. (1) 부적당한 자료 변환(예를 들면 비율 또는 1차 차분 변환), (2) 부적당한 함수 형태(예를 들어 선형 대 로그-선형 모형).[4]

명심할 것은 이분산 문제는 시계열 자료에서 보다는 횡단면 자료에서 보다 더 흔히 있는 현상이라는 것이다. 횡단면 자료에서는 주로 어떤 주어진 시점에서 개별 소비자나 개별 가구, 기업, 산업 등과 같은 모집단이나 주, 국가, 시 등과 같은 지리적 분류를 취급한다. 더욱이, 이들 구성요소들은 중소기업 또는 대기업, 저소득, 중간소득, 고소득 등과 같이 그 규모가 상이할 수 있다. 한편 시계열 자료에서는 변수들이 비슷한 크기 순서로 되어 있는 경향이 있는데 그 이유는 시간에 걸쳐 동일한 실체에 대한 자료를 수집하기 때문이다. 예로는 GNP, 소비지출, 저축, 1955년부터 2005년까지 미국의 고용 등을 들 수 있다.

횡단면 자료에서 생길 수 있는 이분산의 한 예로 표 11.1을 보자. 이 표는 1958년 현재 기업의 고용규모에 따라 분류된 10개 비내구재 산업에서의 근로자 1인당 급료에 대한 자료를 보여주고 있다. 또한 이 표에는 9개의 고용규모 구간에 대한 평균 생산성이 나와 있다.

비록 이 산업들의 산출물들은 상이하지만 표 11.1에서 알 수 있는 것은 평균적으로 대기업들이 소기업들에 비해 급료를 더 지불한다는 것이다. 한 예로 한명

4. Davis F. Hendry, *Dynamic Econometrics*, Oxford University Press, 1995, p.45.

표 11.1 고용규모에 따른 비내구재 산업에서의 근로자 1인당 급료($), 1958

	고용규모(평균 근로자수)								
산업	1–4	5–9	10–19	20–49	50–99	100–249	250–499	500–999	1,000–2,499
식품류	2,994	3,295	3,565	3,907	4,189	4,486	4,676	4,968	5,342
담배	1,721	2,057	3,336	3,320	2,980	2,848	3,072	2,969	3,822
방직	3,600	3,657	3,674	3,437	3,340	3,334	3,225	3,163	3,168
의상	3,494	3,787	3,533	3,215	3,030	2,834	2,750	2,967	3,453
종이류	3,498	3,847	3,913	4,135	4,445	4,885	5,132	5,342	5,326
인쇄 및 출판	3,611	4,206	4,695	5,083	5,301	5,269	5,182	5,395	5,552
화학제품	3,875	4,660	4,930	5,005	5,114	5,248	5,630	5,870	5,876
석유와 석탄	4,616	5,181	5,317	5,337	5,421	5,710	6,316	6,455	6,347
고무와 플라스틱	3,538	3,984	4,014	4,287	4,221	4,539	4,721	4,905	5,481
가죽류	3,016	3,196	3,149	3,317	3,414	3,254	3,177	3,346	4,067
평균 급료	3,396	3,787	4,013	4,104	4,146	4,241	4,388	4,538	4,843
표준편차	742.2	851.4	727.8	805.06	929.9	1,080.6	1,241.2	1,307.7	1,110.7
평균 생산성	9,355	8,584	7,962	8,275	8,389	9,418	9,795	10,281	11,750

출처: *The Census of Manufacturers*, U.S. Department of Commerce, 1958(저자에 의해 계산되었음)

그림 11.6
급료의 표준편차와
평균 급료

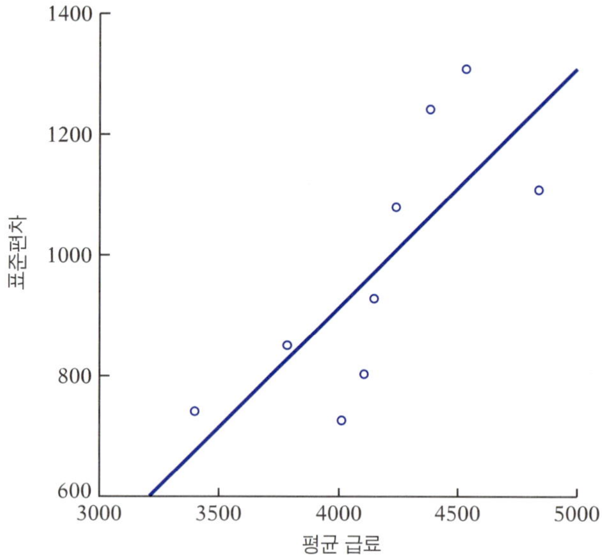

에서 네명의 근로자를 고용하는 기업들은 평균적으로 $3,396의 급료를 지불하는데 반해 1,000명에서 2,499명 사이의 근로자들을 고용하는 기업들은 평균적으로 $4,843을 지불하고 있다. 그러나 소득의 추정된 표준편차 값이 시사하고 있듯이 다양한 고용구간 사이에 상당한 소득의 변동이 존재하는 것에 주의하라. 이것은 그림 11.6으로도 볼 수 있는데, 각 고용 구간에 대해 급료의 표준편차와 평균 급료간의 관계를 표시한 것이다. 분명히 볼 수 있듯이 평균적으로 급료의 표준편차는 급료의 평균값에 따라 증가한다.

11.2 이분산이 존재할 때의 OLS 추정

고전적 모형의 다른 모든 가정들은 존속시키면서 $E(u_i^2) = \sigma_i^2$으로 이분산을 도입한다면 OLS 추정량과 그 분산은 어떻게 되나? 이 문제에 대한 답을 구하기 위해 2변수 모형으로 다시 돌아가자.

$$Y_i = \beta_1 + \beta_2 X_i + u_i$$

통상적인 공식에 의해 β_2의 OLS 추정량은

$$\begin{aligned}\hat{\beta}_2 &= \frac{\sum x_i y_i}{\sum x_i^2} \\ &= \frac{n \sum X_i Y_i - \sum X_i \sum Y_i}{n \sum X_i^2 - (\sum X_i)^2}\end{aligned} \tag{11.2.1}$$

그러나 이것의 분산은 다음과 같다(부록 11A의 11A.1절 참조).

$$\operatorname{var}(\hat{\beta}_2) = \frac{\sum x_i^2 \sigma_i^2}{\left(\sum x_i^2\right)^2} \tag{11.2.2}$$

이것은 동분산 가정 하에서 도출되는 다음과 같은 통상적인 분산과 상이하다.

$$\operatorname{var}(\hat{\beta}_2) = \frac{\sigma^2}{\sum x_i^2} \tag{11.2.3}$$

물론 각 i에 대해 $\sigma_i^2 = \sigma^2$이면 두 공식은 동일해진다(그 이유는?).

동분산을 포함한 고전적 모형의 가정들이 만족되면 $\hat{\beta}_2$은 최량선형불편추정량(BLUE)이라는 것을 상기하라. 동분산 가정 대신 이분산 가정으로 대체하여도 계속 BLUE인가? $\hat{\beta}_2$이 계속 선형불편추정량이라는 것은 쉽게 증명할 수 있다. 부록 3A의 3A.2절에서 우리는 고전적 선형회귀모형의 가정 하에 $\hat{\beta}_2$이 일치추정량이라는 것을 증명한 사실을 상기하라. 비록 우리가 증명을 하지는 않겠지만 이분산 가정에도 불구하고 $\hat{\beta}_2$이 일치추정량이라는 것, 즉 표본크기가 무한히 증가하면 추정된 β_2는 그것의 진정한 값에 수렴한다, 을 증명할 수 있다. 더욱이 특정 조건(정칙조건이라 부름) 하에서 $\hat{\beta}_2$은 점근적으로 정규분포하는 것도 증명할 수 있다. 물론 우리가 $\hat{\beta}_2$에 대해 말하고 있는 내용은 다중회귀모형에서 다른 모수들에게도 동일하게 적용된다.

$\hat{\beta}_2$이 계속 선형불편일치추정량이라고 하더라도 그것이 "효율적" 또는 "최량", 즉 불편추정량들 가운데에서 최소분산을 갖는가? 식 (11.2.2)의 분산이 최소

분산인가? 이 두 질문에 대한 답은 모두 "아니오"이다. $\hat{\beta}_2$은 더 이상 최량이 아니고 식 (11.2.2)는 최소분산이 아니다. 그렇다면 이분산이 존재할 때 BLUE는 어느 것인가? 이에 대한 답이 다음 절에 바로 이어진다.

11.3 일반화 최소자승법(Generalized Least Squares: GLS)

왜 식 (11.2.1)의 $\hat{\beta}_2$에 대한 통상적인 OLS 추정량이 계속 불편추정량이긴 해도 최량추정량이 안 되는가? 직관적으로 그 이유를 표 11.1로부터 알 수 있다. 이 표에서 알 수 있듯이 고용구간 간의 소득에는 상당한 가변성이 존재한다. 만일 근로자 1인당 급료를 고용규모에 대해 회귀한다면 구간 간 상당한 소득차이가 존재한다는 사실을 활용하고자 할 것이다. 이상적으로는 상당히 가변적인 모집단으로부터 나온 관찰치에 대해서는 그렇지 않은 모집단으로부터 나온 관찰치보다 작은 "가중치"를 주는 방법의 추정법을 고안하고자 할 것이다. 표 11.1을 조사해 보면 고용구간 10–19와 20–49로부터 나온 관찰치들에 대해서는 구간 5–9와 250–499로부터 나온 관찰치들보다 더 큰 가중치를 주고자 할 것이다. 왜냐하면 전자가 후자보다 더 평균값 주위에 밀집해 있어서 모집단 회귀함수(PRF)를 더 정확히 추정할 수 있게 하기 때문이다.

불행히도 통상적인 OLS 방법은 이와 같은 전략을 따르지 않아 종속변수 Y, 예를 들어 표 11.1에서의 근로자 급료의 불균등한 변동에 내재하는 "정보"를 활용하지 못한다. 즉 그것은 각 관찰치에 대해 동일한 가중치 또는 중요성을 부여한다. 그러나 일반화 최소자승법(GLS)으로 알려진 방법은 그와 같은 정보를 명시적으로 고려하여서 BLUE인 추정량을 도출해 낼 수 있다. 어떻게 이와 같이 되는가를 보기 위해 2변수 모형을 계속 생각해 보기로 하자.

$$Y_i = \beta_1 + \beta_2 X_i + u_i \tag{11.3.1}$$

수학적 조작을 쉽게 하기 위해 위 식을 다음과 같이 쓰기로 한다.

$$Y_i = \beta_1 X_{0i} + \beta_2 X_i + u_i \tag{11.3.2}$$

여기서 각 i에 대해 $X_{0i} = 1$. 이 두 식은 동일하다.

이제 이분산 σ_i^2을 **알고 있다**고 하자. 식 (11.3.2)를 σ_i로 나누어 주면

$$\frac{Y_i}{\sigma_i} = \beta_1\left(\frac{X_{0i}}{\sigma_i}\right) + \beta_2\left(\frac{X_i}{\sigma_i}\right) + \left(\frac{u_i}{\sigma_i}\right) \tag{11.3.3}$$

간략하게 표현하기 위해 다음과 같이 다시 쓰기로 한다.

$$Y_i^* = \beta_1^* X_{0i}^* + \beta_2^* X_i^* + u_i^* \tag{11.3.4}$$

여기서 별표가 붙은 또는 변환된 변수들은 원래의 변수를 (우리가 알고 있는) σ_i로 나누어 준 것이다. 여기서 변환된 모형의 모수를 통상적인 OLS 모수 β_1, β_2와 구별하기 위해 β_1^*, β_2^*로 표기하기로 한다.

원래의 모형을 변환한 목적이 무엇인가? 이를 보기 위해 우선 변환된 오차항 u_i^*의 다음과 같은 속성을 주목할 필요가 있다.

$$\begin{aligned} \text{var}(u_i^*) = E(u_i^*)^2 &= E\left(\frac{u_i}{\sigma_i}\right)^2 && E(u_i^*) = 0\text{이므로} \\ &= \frac{1}{\sigma_i^2}E\left(u_i^2\right) && \sigma_i^2\text{을 알고 있으므로} \\ &= \frac{1}{\sigma_i^2}\left(\sigma_i^2\right) && E(u_i^2) = \sigma_i^2\text{이므로} \\ &= 1 \end{aligned} \tag{11.3.5}$$

따라서 분산은 상수가 된다. 즉 변환된 교란항 u_i^*의 분산은 이제 동분산이다. 고전적 모형의 다른 가정들은 계속 성립하므로 u_i^*가 동분산이라는 것은 변환된 모형 (11.3.3)에 OLS를 적용하면 BLUE가 된다는 것을 뜻한다. 간략히 말해 OLS 추정량인 $\hat{\beta}_1$, $\hat{\beta}_2$가 아니라 추정된 β_1^*, β_2^*가 BLUE이다.

변환된 변수가 고전적 모형의 가정을 만족시키도록 원래의 변수들을 변환하고 나서 OLS를 적용하는 절차를 일반화 최소자승법이라 부른다. 간략히 말해 GLS는 표준적인 최소자승법에서의 가정을 만족시키도록 변환된 변수에 대한 OLS이다. 따라서 이와 같이 구한 추정량은 GLS 추정량이고 이것은 BLUE이다.

β_1^*와 β_2^*를 추정하는 실제 기법은 다음과 같다. 우선 식 (11.3.3)의 표본회귀함수(SRF)를 쓰면

$$\frac{Y_i}{\sigma_i} = \hat{\beta}_1^*\left(\frac{X_{0i}}{\sigma_i}\right) + \hat{\beta}_2^*\left(\frac{X_i}{\sigma_i}\right) + \left(\frac{\hat{u}_i}{\sigma_i}\right)$$

또는

$$Y_i^* = \hat{\beta}_1^* X_{0i}^* + \hat{\beta}_2^* X_i^* + \hat{u}_i^* \tag{11.3.6}$$

이제 GLS 추정량을 얻기 위해서는 다음 식을 극소화한다.

$$\sum \hat{u}_i^{2*} = \sum (Y_i^* - \hat{\beta}_1^* X_{0i}^* - \hat{\beta}_2^* X_i^*)^2$$

즉,

$$\sum\left(\frac{\hat{u}_i}{\sigma_i}\right)^2 = \sum\left[\left(\frac{Y_i}{\sigma_i}\right) - \hat{\beta}_1^*\left(\frac{X_{0i}}{\sigma_i}\right) - \hat{\beta}_2^*\left(\frac{X_i}{\sigma_i}\right)\right]^2 \tag{11.3.7}$$

식 (11.3.7)을 극소화시키는 것은 표준적인 계산법에 따르는데 부록 11A의 11A.2절에 나와 있다. β_2^*의 GLS 추정량은

$$\hat{\beta}_2^* = \frac{\left(\sum w_i\right)\left(\sum w_i X_i Y_i\right) - \left(\sum w_i X_i\right)\left(\sum w_i Y_i\right)}{\left(\sum w_i\right)\left(\sum w_i X_i^2\right) - \left(\sum w_i X_i\right)^2} \tag{11.3.8}$$

또한, 그 분산은 다음과 같다.

$$\text{var}\,(\hat{\beta}_2^*) = \frac{\sum w_i}{\left(\sum w_i\right)\left(\sum w_i X_i^2\right) - \left(\sum w_i X_i\right)^2} \tag{11.3.9}$$

여기서 $w_i = 1/\sigma_i^2$이다.

OLS와 GLS의 차이

3장에서 살펴보았듯이 OLS에서는 다음 식을 극소화한다.

$$\sum \hat{u}_i^2 = \sum (Y_i - \hat{\beta}_1 - \hat{\beta}_2 X_i)^2 \tag{11.3.10}$$

그러나 GLS에서는 식 (11.3.7)을 극소화하는데 이 식은 다음과 같이 쓸 수 있다.

$$\sum w_i \hat{u}_i^2 = \sum w_i (Y_i - \hat{\beta}_1^* X_{0i} - \hat{\beta}_2^* X_i)^2 \tag{11.3.11}$$

여기서 $w_i = 1/\sigma_i^2$(식 (11.3.11)과 (11.3.7)이 동일하다는 것을 증명해 보라)이다.

따라서 GLS에서는 **잔차자승의 가중합계**를 극소화하는데, 이때 $w_i = 1/\sigma_i^2$가 가중치의 역할을 한다. 그러나 OLS에서는 가중되지 않은 또는 (결국은 마찬가지인) 동일하게 가중된 잔차자승합계(RSS)를 극소화한다. 식 (11.3.7)에서 볼 수 있듯이 GLS에서는 각 관찰치에 부여되는 가중치는 그 관찰치의 σ_i에 반비례한다. 즉 RSS (11.3.11)을 극소화시키는데 있어서 σ_i가 큰 모집단으로부터 나온 관찰치들은 상대적으로 작은 가중치가 부여되고 σ_i가 작은 모집단으로부터 나온 관찰치들은 상대적으로 큰 가중치가 부여된다. OLS와 GLS의 차이를 좀더 명확히 보기 위해서 그림 11.7과 같은 가상적 산포도를 보자.

(가중되지 않은) OLS에서는 점 A, B, C에서의 각 $\hat{u}_i^2$은 RSS를 극소화시키는데 있어서 동일한 가중치가 부여된다. 명백히 이 경우에는 점 C에서의 $\hat{u}_i^2$이 RSS를 지배할 것이다. 그러나 GLS에서는 극단적인 관찰치 C는 다른 두 관찰치보다 상대적으로 작은 가중치를 부여받게 된다. 이미 언급했듯이 이것이 올바른 전략

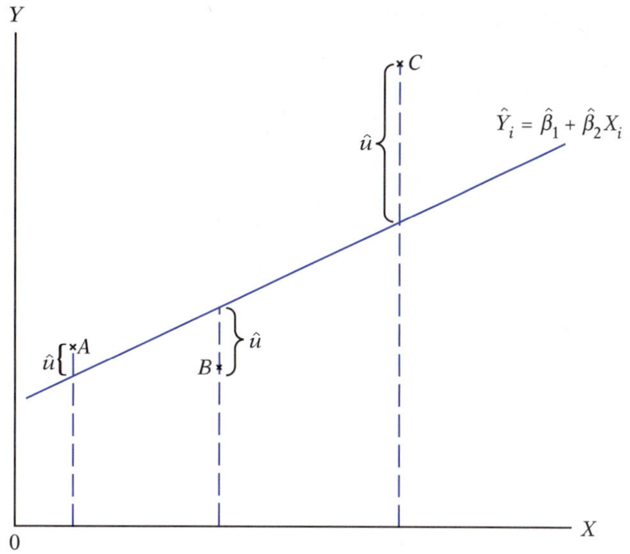

그림 11.7
가상적 산포도.

인데 그 이유는 모집단 회귀함수(PRF)를 보다 신뢰성 있게 추정하기 위해서는 널리 퍼져있는 관찰치들에 대해서 보다는 (모집단) 평균에 가까이 밀집되어 있는 관찰치들에 더 큰 가중치를 주어야 할 것으로 생각되기 때문이다.

식 (11.3.11)은 가중된 RSS를 극소화시키므로 가중최소자승법(weighted least squares: WLS)으로 알려져 있고, 식 (11.3.8)과 (11.3.9)에서와 같이 구해진 추정량을 WLS 추정량이라 한다. 그러나 WLS는 보다 일반적인 추정기법인 GLS의 특수한 경우에 해당된다. 이분산의 맥락에서는 WLS와 GLS의 용어를 호환적으로 사용할 수 있다. 나중에 이와는 다른 GLS의 경우들을 다루게 될 것이다.

만일 모든 i에 대해 $w_i = w$(상수)이면 $\hat{\beta}_2^*$은 $\hat{\beta}_2$와 같게 되고, $var(\hat{\beta}_2^*)$는 식 (11.2.3)과 같은 통상적인(동분산의) $var\ (\hat{\beta}_2)$과 같게 되는데 이는 그리 놀라운 일이 아니다(그 이유는?)(연습문제 11.8. 참조).

11.4 이분산 존재시 OLS 사용의 결과

이미 보았듯이 $\hat{\beta}_2^*$이나 $\hat{\beta}_2$은 모두 (선형)불편추정량이다. 계속적인 표본추출에 대해 평균적으로 $\hat{\beta}_2^*$와 $\hat{\beta}_2$은 모수 β_2와 같게 될 것이다. 즉 그들은 모두 불편추정량이다. 한편 $\hat{\beta}_2^*$은 효율적, 즉 최소분산을 갖는다는 것을 알고 있다. 만일 우리가 계속 OLS 추정량인 $\hat{\beta}_2$을 사용한다면 신뢰구간, 가설검정 등의 절차는 어떻게 될 것인가? 다음의 두 경우를 구별해 보기로 한다.

이분산을 감안한 OLS 추정

가령 $\hat{\beta}_2$을 사용하고 이분산을 명시적으로 고려한 분산 공식 (11.2.2)를 사용한다고 하자. σ_i^2을 알고 있다고 가정하고 위의 분산공식을 사용할 때 신뢰구간을 설정하고 통상적인 t검정과 F검정으로 가설검정을 할 수 있을 것인가? 이에 대한 답은 일반적으로 부정적인데 그 이유는 $var\ (\hat{\beta}_2^*) \leq var\ (\hat{\beta}_2)$이기 때문인데,[5] 이로 인해 후자에 기초한 신뢰구간들이 불필요하게 커진다. 그 결과 $var(\hat{\beta}_2)$이 지나치게 크게 되어 통계적으로 유의하지 않은 것으로 여겨지는 계수도(t값이 원래의 정확한 값보다 작아지기 때문에) GLS절차에 기초한 정확한 신뢰구간이 설정된다면 사실상 통계적으로 유의해질 수 있다는 점에서 t검정과 F검정은 부정확한 결과를 초래할 수 있다.

이분산을 무시한 OLS 추정

만일 이분산이 존재하든가 또는 존재하는 것으로 의심이 될 때 $\hat{\beta}_2$뿐만 아니라 식 (11.2.3)에 주어진 통상적인 (동분산의) 분산공식을 사용한다면 상황은 매우 심각해진다. 이것이 우리가 논의하고 있는 두 가지 경우중 보다 더 흔한 경우인데, 그 이유는 이분산을 무시하고(또는 알아채지 못하고) 표준적인 OLS 회귀를 하게 되면 식 (11.2.3)과 같은 $\hat{\beta}_2$의 분산을 얻게 되기 때문이다. 우선 식 (11.2.3)의 $var(\hat{\beta}_2)$는 식 (11.2.2)에 주어진 $var(\hat{\beta}_2)$의 편의추정량이다. 즉 평균적으로 전자는 후자를 과대 또는 과소 추정하는데 일반적으로 그 편의가 양인지 (과대추정) 또는 음인지 (과소추정) 알 수 없는데, 그 이유는 식 (11.2.2)에서 볼 수 있듯이 편의는 σ_i^2과 X가 취하는 값 사이의 관계의 속성에 달려 있다(연습문제 11.9 참조). 이분산이 존재할 때 σ^2의 전형적인 추정량인 $\hat{\sigma}^2$, 즉 $\sum \hat{u}_i^2/(N-2)$이 더 이상 불편추정량이 아니기 때문에 편의가 발생하는 것이다(부록 11A.3 참조). 그 결과 우리는 전형적으로 계산된 신뢰구간과 전형적으로 사용되는 t검정, F검정을 더 이상 신뢰할 수 없게 된다.[6] 간략히 말해 이분산의 존재에도 불구하고 통상적인 검정절차를 계속 사용한다면 그로부터 도출되는 결론이나 통계적 추론은 매우 그릇되기 쉽다.

이러한 논의를 강조하기 위해 Davidson과 MacKinnon이 수행한 몬테칼로 분석을 소개하고자 한다.[7] 그들은 다음의 단순한 모형을 고려하였는데 이 책에서의

5. 이에 대한 정식 증명은 Phoebus J. Dhrymes, *Introductory Econometrics,* Springer-Verlag, New York, 1978, pp.110–111 참조. $\hat{\beta}_2$의 효율성의 상실(즉 얼마나 $var(\hat{\beta}_2)$가 $\text{var}(\hat{\beta}_2^*)$보다 큰가)은 X변수들의 표본값과 σ_i^2의 값에 달려 있다.

6. 식 (5.3.6)으로부터 β_2에 대한 $100(1-\alpha)$%의 신뢰구간은 $[\hat{\beta}_2 \ +-\ t_{\alpha/2}\ \text{se}(\hat{\beta}_2)]$이다. 그러나 만일 $\text{se}(\hat{\beta}_2)$의 추정에 편의가 존재한다면 전형적으로 계산된 신뢰구간을 어떻게 믿을 수 있는가?

7. Russell Davidson and James G. MacKinnon, *Estimation and Inference in Econometrics*, Oxford University Press, New York, 1993, pp.549–550.

표기에 따르면 다음과 같다.

$$Y_i = \beta_1 + \beta_2 X_i + u_i \tag{11.4.1}$$

그들은 $\beta_1 = 1$, $\beta_2 = 1$ 그리고 $u_i \sim N(0, X_i^{\alpha})$라고 가정하였다. 마지막 표현이 말해 주듯이 그들은 오차분산이 이분산 구조이고 설명변수 X의 값에 α승으로 관련되어 있다고 가정하였다. 예를 들어 $\alpha = 1$이면 오차분산은 X의 값에 비례하고, $\alpha = 2$이면 오차분산은 X값의 제곱에 비례한다. 11.6절에서 이러한 절차에 내재하는 논리를 살펴볼 것이다. 다양한 α값을 허용하였을 때 각 α값에 대해 20,000회의 복제를 한 후 그들은 OLS(식 (11.2.3) 참조), 이분산을 고려한 OLS(식 (11.2.2) 참조), 그리고 GLS(식 (11.3.9) 참조)를 이용한 두 회귀계수의 표준오차를 얻었다. 우리는 그들의 다양한 α값에 대한 결과를 인용하였다.

	$\hat{\beta}_1$의 표준오차			$\hat{\beta}_2$의 표준오차		
α값	OLS	OLS_{het}	GLS	OLS	OLS_{het}	GLS
0.5	0.164	0.134	0.110	0.285	0.277	0.243
1.0	0.142	0.101	0.048	0.246	0.247	0.173
2.0	0.116	0.074	0.0073	0.200	0.220	0.109
3.0	0.100	0.064	0.0013	0.173	0.206	0.056
4.0	0.089	0.059	0.0003	0.154	0.195	0.017

주: OLS_{het}은 이분산을 고려한 OLS를 의미함

이 결과로부터 가장 현저한 특징은 OLS는 이분산을 고려하든 하지 않든 (정확한) GLS 과정에 의해 얻은 진정한 표준오차를 일관되게 과대추정하고 있다는 것이다. 이러한 현상은 α값이 커질수록 더해진다. 따라서 이 결과는 GLS의 우월성을 입증하고 있다 하겠다. 이 결과들은 또한 GLS를 사용하지 않고 OLS에 의존한다면–이분산을 고려하든 안 하든–결과가 왜곡되어 버린다는 것을 보여준다. 이분산을 고려한 OLS로 얻은 표준오차에 비해 통상적인 OLS의 표준오차는 너무 크거나(절편의 경우) 또는 일반적으로 너무 작다(기울기 계수의 경우). 따라서 이 결과가 주는 메시지는 명확하다: 이분산이 있는 경우 GLS를 사용하라. 그러나 이 장의 후반부에 설명할 이유로 인해 GLS를 적용한다는 것이 항상 쉬운 일은 아니다. 또한 나중에 논의하겠지만 이분산이 그다지 심각하지 않다면 GLS 또는 WLS를 위해 OLS를 포기해야 하지 않을 수도 있다.

지금까지의 논의로부터 이분산은 잠재적으로 심각한 문제가 되고 연구자는 주어진 상황에서 그것이 존재하는지를 알 필요가 있다는 것이 명백해졌다. 만일 그것이 존재한다는 것이 탐지되면 가중 최소자승회귀를 사용한다든가 아니면 기타의 방법과 같은 교정조치를 취할 수 있다. 다양한 교정절차를 알아보기 전에 우선 주어진 상황에서 이분산이 존재하는지 또는 존재할 것 같은지를 알아내는 법을 보기로 한다. 이것이 바로 다음부터 논의될 내용이다.

전문적 주석

이분산이 존재하는 경우 BLUE가 되는 것은 OLS가 아니라 GLS라고 언급했지만, 이분산이 존재하는데도 불구하고 OLS가 BLUE가 되는 경우가 있다.[8] 그러나 그러한 예는 실제로 드물다.

11.5 이분산의 탐지

다중공선성에서와 마찬가지로 실제로 중요한 문제는 구체적 상황에서 이분산이 존재하는지를 어떻게 아느냐 하는 것이다. 역시 다중공선성에서와 같이 이분산을 탐지하는 확고하고 신속한 규칙은 존재하지 않고 단지 몇몇의 경험적 방법들이 존재할 따름이다. 그러나 이같은 것은 불가피한데 그 이유는 선택된 X에 상응하는 표 2.1에서나 표 11.1에서와 같은 전체 Y 모집단을 알아야만 σ_i^2을 알 수 있기 때문이다. 그러나 그와 같은 자료는 대부분의 경제조사에서 관례라기보다는 예외적이다. 이러한 점에서 계량경제학자들은 농업이나 생물학 분야의 학자들과 다른데 후자의 경우 그들이 다루는 대상에 대해 상당한 통제력을 가지고 있다. 때때로 경제관련 연구에서는 특정 X값에 상응하는 Y의 표본값이 단 하나 존재한다. 그리고 단지 하나의 Y 관찰치로부터 σ_i^2을 알아낼 방법은 없다. 그러므로 계량경제적 조사가 필요한 대부분의 경우에 이분산은 직관, 지식을 바탕으로 한 어림짐작, 이전의 실증적 경험, 단순한 추측의 문제일지 모른다.

이상의 단서를 염두에 두면서 이분산을 탐지하는 비공식적, 공식적 방법들을 몇 가지 조사해 보자. 다음에 나오겠지만 대부분의 방법들은 OLS 잔차 $\hat{u}_i$의 조사에 기초하고 있는데, 그 이유는 교란항 u_i가 아니라 $\hat{u}_i$이 관찰되는 것이기 때문이다. 표본크기가 꽤 커지면 $\hat{u}_i$이 u_i의 훌륭한 추정치가 될 수 있다.

비공식적 방법

문제의 본질

종종 고려되고 있는 문제의 본질은 이분산이 발생할 것인가 하는 것이다. 예를 들면 가구 생활비 연구에 대한 Prais와 Houthakker의 선도적 연구에서 그들은 소득에 대한 소비의 회귀로부터의 잔차분산이 소득과 함께 증가한다는 것을 알아

8. 그 이유는 Gauss–Markov정리가 OLS가 효율추정량이 되는 충분(필요가 아니라)조건을 제공하기 때문이다. OLS가 BLUE가 되는 필요충분조건은 **Kruskal정리**에 의해 주어진다. 그러나 이 주제는 이 책의 범위를 넘어선다. 고맙게도 Michael McAleer가 이러한 정보를 제공해 주었다. 더 자세한 내용은 Denzil G. Fiebig, Michael McAleer, and Robert Bartels, "Properties of Ordinary Least Squares Estimators in Regression Models with Nonspherical Disturbances," *Journal of Econometrics*, vol.54, No. 1–3, Oct.–Dec., 1992, pp.321–334 참조. 수학에 조예가 있는 학생을 위해 부록 C에서 이 주제에 대해 행렬대수를 사용하여 더 논의하고 있다.

낸 이래 이와 유사한 조사에서 교란항들 사이에 상이한 분산이 존재하리라고 일반적으로 가정한다.[9] 사실상 상이한 개체를 포괄하는 횡단면 자료에서는 이분산이 예외라기보다는 관례일 수 있다. 이리하여 투자지출이 판매액, 이자율 등과 어떻게 관련되는지를 알아보고자 횡단면 분석을 수행하는 경우 만일 소규모, 중규모, 대규모 기업들이 한꺼번에 추출된다면 일반적으로 이분산이 예상된다.

사실 우리는 이미 이러한 예를 만났다. 2장에서 미국에서 교육기간과 관련하여 시간당 평균 임금 간의 관계를 논의했다. 또한 그 장에서 우리는 인도의 55가구에 대해 총지출과 식품에 대한 지출 간의 관계에 대해 논의하였다.

그림에 의한 방법

만일 이분산에 관한 사전적 또는 실증적 정보가 없다면 실제로 할 수 있는 일은 이분산이 없다는 가정 하에서 회귀분석을 하고 추정된 잔차자승 $\hat{u}_i^2$이 어떤 체계적 양상을 보이는지를 사후적으로 조사하는 것이다. 비록 $\hat{u}_i^2$이 u_i^2과 동일하지는 않지만 표본 크기가 상당히 클 때에는 전자는 후자의 대리변수로 사용될 수 있다.[10] $\hat{u}_i^2$을 조사하면 그림 11.8에서와 같은 양상을 보일 수 있다.

그림 11.8
추정된 잔차자승의 가상적 형태

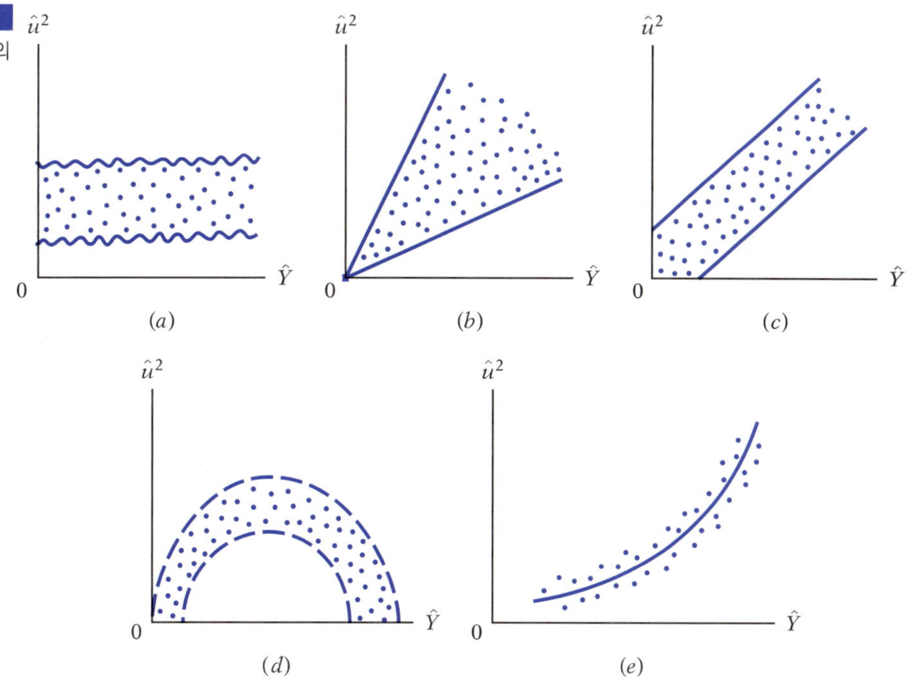

9. S. J. Prais and H. S. Houthakker, *The Analysis of Family Budgets*, Cambridge University Press, New York, 1955.

10. $\hat{u}_i$과 u_i의 관계에 대해서는 E. Malinvaud, *Statistical Methods of Econometrics*, North-Holland Publishing Company, Amsterdam, 1970, pp.88-89 참조.

그림 11.8에서 $\hat{u}_i^2$은 회귀선으로부터 추정된 Y_i인 $\hat{Y}_i$에 대해 그려졌는데 그 취지는 추정된 Y의 평균값이 잔차자승과 체계적으로 연관되고 있는지 여부를 찾아내고자 하는 것이다. 그림 11.8a에서 두 변수 간에는 아무 체계적 양상을 보이지 않고 있는데 이는 자료 내에 이분산이 존재하지 않는다는 것을 시사한다고 볼 수 있다. 그러나 그림 11.8b에서 e까지는 뚜렷한 양상을 보여주고 있다. 예를 들면 그림 11.8c는 선형관계를 시사하는 한편 그림 11.8d와 e는 $\hat{u}_i^2$과 $\hat{Y}_i$ 사이에 2차 방정식 관계를 시사하고 있다. 비록 비공식적일지라도 이와 같은 정보를 이용하여 변환된 자료가 이분산을 나타내지 않도록 원래의 자료를 변환할 수 있다. 11.6절에서 우리는 그러한 변환 몇 가지를 살펴볼 것이다.

$\hat{u}_i^2$을 $\hat{Y}_i$에 대해 그렸을 때의 양상이 그림 11.8a와 같을 때에는 $\hat{Y}_i$ 대신 설명변수 가운데 하나에 대해 그릴 수 있다. 그와 같은 것이 그림 11.9에 나와 있는데 그림 11.8에서와 유사한 양상을 보이고 있다(2변수 모형에서는 $\hat{u}_i^2$을 $\hat{Y}_i$에 대해 그리는 것이나 X_i에 대해 그리는 것이나 동일하므로 그림 11.9는 그림 11.8과 유사하다. 그러나 X변수가 둘 이상인 모형에서는 상황이 달라 이 경우에는 $\hat{u}_i^2$이 모형 안에 포함된 어떤 X변수에 대해서도 그려질 수 있다).

예를 들어 그림 11.9c에서와 같은 양상은 교란항의 분산이 X변수와 선형으로 연관된다는 것을 암시하고 있다. 이리하여 저축을 소득에 대해 회귀하면 그림 11.9c와 같은 양상이 나타나서 이분산은 소득변수의 값에 비례적이라는 것을 시사한다. 이와 같은 정보를 이용하여 변환된 자료의 회귀에서는 교란항의 분산이 동분산이 되도록 자료를 변환할 수 있다. 이 문제는 다음 절에서 다루기로 한다.

그림 11.9
추정된 잔차자승의 X에 대한 산포도

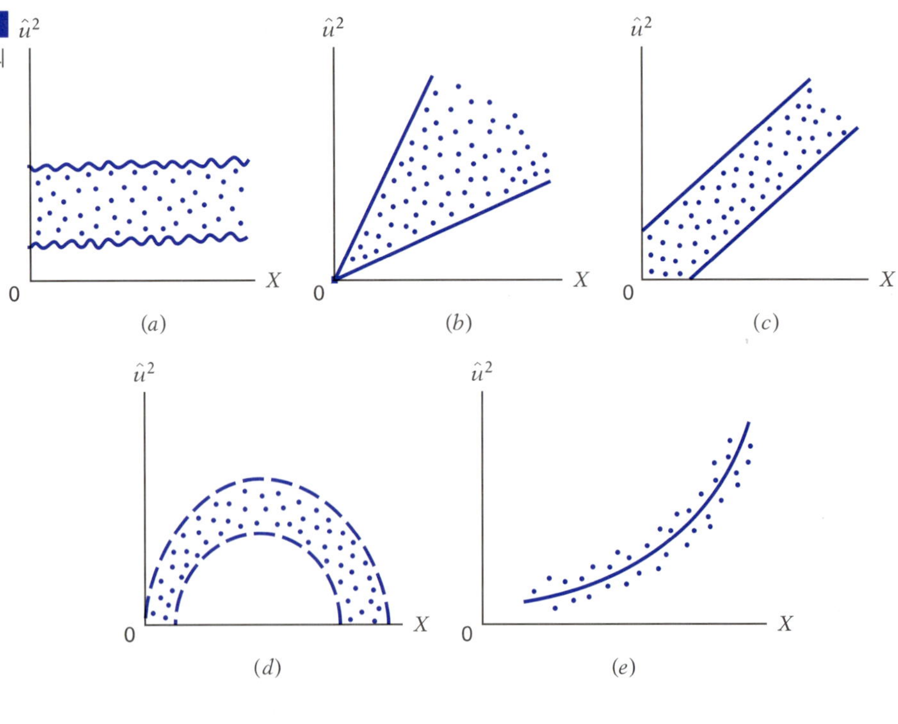

공식적 방법

Park 검정[11]

Park는 σ_i^2이 설명변수 X_i와 함수관계를 갖는다고 제안함으로써 그림에 의한 방법을 공식화하였다. 그가 제안한 함수형태는

$$\sigma_i^2 = \sigma^2 X_i^{\beta} e^{vi}$$

또는

$$\ln \sigma_i^2 = \ln \sigma^2 + \beta \ln X_i + v_i \tag{11.5.1}$$

여기서 v_i는 확률적 교란항이다.

일반적으로 σ_i^2을 알지 못하므로 Park은 대리변수로 $\hat{u}_i^2$을 사용하여 다음과 같은 회귀식을 추정할 것을 제안하고 있다.

$$\begin{aligned} \ln \hat{u}_i^2 &= \ln \sigma^2 + \beta \ln X_i + v_i \\ &= \alpha + \beta \ln X_i + v_i \end{aligned} \tag{11.5.2}$$

만일 β가 통계적으로 유의한 것으로 나타나면 자료 내에 이분산이 존재한다는 것을 시사하는 것이다. 만일 그것이 유의적이 아니면 동분산 가정을 받아들일 수 있다. 따라서 Park검정은 2단계 절차이다. 첫 번째 단계에서는 이분산 문제를 무시하고 OLS 회귀를 수행한다. 이 회귀로부터 $\hat{u}_i$을 얻은 다음 두 번째 단계에서 식 (11.5.2)를 회귀한다.

비록 실증적으로는 흥미를 끌지만 Park 검정은 몇 가지 문제를 가지고 있다. Goldfeld와 Quandt가 주장하듯이 식 (11.5.2)에 들어가는 오차항 v_i가 OLS 가정을 충족시키지 못하고 그 자체가 이분산일 수 있다는 것이다.[12] 그럼에도 불구하고 순전히 잠정적 방법으로서 Park 검정이 사용될 수 있다.

예제 11.1

급료와 생산성간의 관계

Park의 방법을 예시하기 위해 표 11.1에 있는 자료를 이용하여 다음 식을 회귀하기로 한다.

$$Y_i = \beta_1 + \beta_2 X_i + u_i$$

여기서 Y = 평균 급료(천달러), X = 평균 생산성(천달러), i = i번째 고용규모이다. 회귀결과는 다음과 같다.

---

11. R. E. Park, "Estimation with Heteroscedastic Error Tems," *Econometrica*, vol.34, no.4, October 1966, p.888. Park검정은 "Estimating Regression Models with Multipllcative Heteroscedasticity," *Econometrica*, vol.44, no.3, pp.461–465에서 A. C. Harvey가 제안한 일반적 검정의 특수한 경우이다.
12. Stephen M. Goldfeld and Richard E. Quandt, *Nonlinear Methods in Econometrics*, North-Holland Publishing Company, Amsterdam, 1972, pp.93–94 참조.

예제 11.1
(계속)

$$\hat{Y}_i = 1992.3452 + 0.2329X_i$$
$$\text{se} = (936.4791) \quad (0.0998) \qquad \textbf{(11.5.3)}$$
$$t = (2.1275) \quad (2.333) \qquad R^2 = 0.4375$$

이 결과를 보면 단측 t검정에 기초하면 추정된 기울기 계수는 5%의 수준에서 유의한 것으로 나타난다. 위 식은 노동 생산성이 1달러만큼 증가하면 노동에 대한 급료는 평균적으로 23센트만큼 증가한다는 것을 보여주고 있다.

식 (11.5.3)으로부터 얻은 잔차를 식 (11.5.2)에서 제안하고 있는 것처럼 X_i에 대해 회귀한 결과가 다음과 같다.

$$\widehat{\ln \hat{u}_i^2} = 35.817 - 2.8099 \ln X_i$$
$$\text{se} = (38.319) \quad (4.216) \qquad \textbf{(11.5.4)}$$
$$t = (0.934) \quad (-0.667) \qquad R^2 = 0.0595$$

명백하게 두 변수 사이에는 통계적으로 유의한 관계가 존재하지 않는다. Park 검정에 따르면 오차분산에 이분산이 없는 것으로 결론내릴 수 있다.[13]

Glejser 검정[14]

Glejser 검정은 성격상 Park 검정과 유사하다. 그는 OLS 회귀로부터 잔차 $\hat{u}_i$를 얻은 다음 $\hat{u}_i$의 절대값, $|\hat{u}_i|$을 σ_i^2과 밀접하게 연관될 것으로 생각되는 X변수에 대해 회귀할 것을 제안하고 있다. Glejser는 그의 실험에서 다음과 같은 형태의 함수들을 사용하였다.

$$|\hat{u}_i| = \beta_1 + \beta_2 X_i + v_i$$
$$|\hat{u}_i| = \beta_1 + \beta_2 \sqrt{X_i} + v_i$$
$$|\hat{u}_i| = \beta_1 + \beta_2 \frac{1}{X_i} + v_i$$
$$|\hat{u}_i| = \beta_1 + \beta_2 \frac{1}{\sqrt{X_i}} + v_i$$
$$|\hat{u}_i| = \sqrt{\beta_1 + \beta_2 X_i} + v_i$$
$$|\hat{u}_i| = \sqrt{\beta_1 + \beta_2 X_i^2} + v_i$$

여기서 v_i는 오차항이다.

실제로 이 Glejser 검정을 사용할 수 있지만 Goldfeld와 Quandt는 오차항 v_i

13. Park이 선택한 특정 함수형태는 단지 시사적이다. 상이한 함수 형태로는 유의한 관계를 드러낼 수도 있다. 예를 들어 종속변수로 $\ln \hat{u}_i^2$ 대신 $\hat{u}_i^2$을 쓸 수도 있다.

14. H. Glejser, "A New Test for Heteroscedasticity," *Journal of the American Statistical Association*, vol.64, 1969, pp.316–323.

의 기대치가 0이 아니고 계열상관되고 있으며(12장 참조), 그 자체가 이분산이라는 점에서 문제가 있다는 지적을 하고 있다.[15] Glejser 검정의 또 다른 어려운 점은 다음과 같은 모형들이 모수에 대해 비선형이라 통상적인 OLS 절차로는 추정될 수 없다는 것이다.

$$|\hat{u}_i| = \sqrt{\beta_1 + \beta_2 X_i} + v_i$$

와

$$|\hat{u}_i| = \sqrt{\beta_1 + \beta_2 X_i^2} + v_i$$

Glejser는 대표본의 경우 앞의 여러 모형 중에서 처음 네 모형은 이분산을 탐지하는 데 비교적 성공적이라는 것을 알아냈다. 따라서 실제로는 대표본의 경우 Glejser 기법이 사용될 수 있고 소표본에서도 순전히 이분산에 대해 무엇인가를 알아내기 위한 정성적 도구로서 이 방법이 사용될 수 있다.

예제 11.2

급료와 생산성간의 관계: Glejser 검정

예 11.1을 계속하면 회귀 (11.5.3)으로부터 얻은 잔차의 절대값을 평균 생산성(X)에 대해 회귀하면 다음 결과를 얻는다.

$$\begin{aligned} \widehat{|\hat{u}_i|} &= 407.2783 - 0.0203X_i \\ \text{se} &= (633.1621) \quad (0.0675) \qquad r^2 = 0.0127 \\ t &= (0.6432) \quad (-0.3012) \end{aligned} \tag{11.5.5}$$

이 회귀에서 볼 수 있듯이 잔차의 절대값과 회귀변수인 평균 생산성 간에는 아무 관계도 없다. 이는 Park 검정에 의한 결론을 한층 강력하게 하고 있다.

Spearman의 순위상관 검정

연습문제 3.8에서 우리는 Spearman의 순위상관계수를 다음과 같이 정의하였다.

$$r_s = 1 - 6\left[\frac{\sum d_i^2}{n(n^2-1)}\right] \tag{11.5.6}$$

여기서 $d_i = i$번째 개인이나 현상의 상이한 두 특성에 부여된 순위의 차이, $n =$ 순위가 매겨지는 개인이나 현상의 수이다. 다음과 같이 이 순위상관계수가 이분산을 탐지하는 데 사용될 수 있다. $Y_i = \beta_0 + \beta_1 X_i + u_i$라 가정하자.

단계 1. X와 Y에 대한 자료를 회귀분석하여 잔차 $\hat{u}_i$을 얻는다.

단계 2. $\hat{u}_i$의 부호를 무시한 절대값 $|\hat{u}_i|$과 X_i(또는 $\hat{Y}_i$)를 작은 것에서 큰 것

15. 자세한 내용은 Goldfeld and Quandt, op. cit., 3장 참조.

순, 또는 큰 것에서 작은 순으로 정렬하여 이미 주어진 Spearman의 순위상관계수를 계산한다.

단계 3. 모집단 순위상관계수 ρ_s가 0이고 $n > 8$이라 가정하면 표본 r_s의 유의성은 다음과 같이 t검정으로 행해질 수 있다.[16]

$$t = \frac{r_s\sqrt{n-2}}{\sqrt{1-r_s^2}} \tag{11.5.7}$$

이때 df $= n - 2$.

만일 계산된 t값이 임계치 t값을 능가하면 이분산이 존재한다는 가설을 채택할 수 있고 그렇지 않으면 그 가설을 기각할 수 있다. 만일 회귀모형에서 X변수가 하나 이상이면 $|\hat{u}_i|$과 각 X변수에 대해서 따로 r_s가 계산된 다음 식 (11.5.7)의 t검정에 의해 통계적 유의성이 검정될 수 있다.

예제 11.3

순위상관검정의 예시

순위상관검정을 예로 보기 위해 표 11.2의 자료를 보자. 자료는 10개 상호투자신탁의 연간 평균수익(E, %)과 연간수익의 표준편차(σ_i, %)에 대한 것이다.

표 11.2 이분산의 순위상관검정

상호투자신탁의 이름	E_i, 연간평균 수익, %	σ_i, 연간수익의 표준편차, %	$\hat{E}_i$†	$\lvert\hat{u}_i\rvert$‡ 잔차, $\lvert(E_i - \hat{E}_i)\rvert$	$\lvert\hat{u}_i\rvert$ 의 순위	σ_i 의 순위	d, 두 순위간의 차이	d^2
Boston Fund	12.4	12.1	11.37	1.03	9	4	5	25
Delaware Fund	14.4	21.4	15.64	1.24	10	9	1	1
Equity Fund	14.6	18.7	14.40	0.20	4	7	−3	9
Fundamental Investors	16.0	21.7	15.78	0.22	5	10	−5	25
Investors Mutual	11.3	12.5	11.56	0.26	6	5	1	1
Loomis-Sales Mutual Fund	10.0	10.4	10.59	0.59	7	2	5	25
Massachusetts Investors Trust	16.2	20.8	15.37	0.83	8	8	0	0
New England Fund	10.4	10.2	10.50	0.10	3	1	2	4
Putnam Fund of Boston	13.1	16.0	13.16	0.06	2	6	−4	16
Wellington Fund	11.3	12.0	11.33	0.03	1	3	−2	4
Total							0	110

† 회귀식 $\hat{E}_i = 5.8194 + 0.4590\,\sigma_i$로부터 구함

‡ 잔차의 절대값

주: 순위는 값이 증가하는 순서임.

자산선택이론에서의 자본시장선(CML)은 다음과 같이 자산선택에 따른 예상수익(E_i)과 (표준편차 σ로 측정된) 위험간의 선형관계를 가정한다.

16. G. Udny Yule and M. G. Kendall, *An Introduction to the Theory of Statistics*, Charles Griffin & Company, London, 1953, p.455 참조.

예제 11.3
(계속)

$$E_i = \beta_i + \beta_2 \sigma_i$$

표 11.2의 자료를 사용하여 위의 모형이 추정되고, 이 모형으로부터 잔차가 계산된다. 이 자료는 상이한 규모와 투자목표를 가진 10개의 상호투자신탁에 대한 자료이기 때문에 선험적으로 이분산이 예상된다. 이 가설을 검정하기 위해 순위상관기법을 적용해 보자. 이에 필요한 계산도 모두 표 11.2에 나와 있다.

공식 (11.5.6)을 적용하면

$$r_s = 1 - 6\frac{110}{10(100-1)} = 0.3333 \tag{11.5.8}$$

식 (11.5.7)의 t검정을 적용하면

$$t = \frac{(0.3333)(\sqrt{8})}{\sqrt{1-0.1110}} = 0.9998 \tag{11.5.9}$$

자유도 8에서 이 t값은 10% 수준에서도 유의하지 않다. 즉 p값은 0.17이다. 따라서 설명변수와 잔차의 절대값 사이에는 어떤 체계적 관계가 존재한다는 증거가 없고, 이는 이분산이 없다는 것을 시사한다고 볼 수 있다.

Goldfeld-Quandt 검정[17]

이분산 σ_i^2이 회귀모형 내의 설명변수들 가운데 하나와 양의 관계를 갖는다고 가정하면 이 유명한 방법이 적용될 수 있다. 논의를 간단하게 하기 위해 통상적인 2변수 모형을 생각해 보자.

$$Y_i = \beta_1 + \beta_2 X_i + u_i$$

가령 σ_i^2이 다음과 같이 X_i와 양의 관계를 갖고 있다고 하자.

$$\sigma_i^2 = \sigma^2 X_i^2 \tag{11.5.10}$$

여기서 σ^2은 상수이다.[18]

가정 (11.5.10)은 σ_i^2이 X변수의 자승에 비례한다고 가정하고 있다. 그와 같은 가정은 Prais와 Houthakker의 가구 생활비에 대한 연구에서 매우 유용한 것으로 나타났다.(11.5절의 비공식적 방법 참조)

만일 식 (11.5.10)이 적절하다면 X_i의 값이 커짐에 따라 σ_i^2도 점차 커진다는 것을 의미한다. 이와 같은 경우가 되면 모형 내에 이분산이 존재할 가능성이 높아진다. 이를 명시적으로 검정하기 위해 Goldfeld와 Quandt는 다음과 같은 단계

17. Goldfeld and Quandt, op. cit., 3장.
18. 이것은 단지 그럴듯한 하나의 가정이다. 실제로 필요한 것은 σ_i^2이 X_i와 단조적으로 연관된다는 것이다.

를 제안하고 있다.

단계 1. 가장 작은 X값부터 시작해서 X_i의 값에 따라 관찰치들을 정렬시킨다.

단계 2. 가운데에 위치하는 c개의 관찰치들을 제외하는데 이 c는 선험적으로 정해진다. 그리고 나머지 $(n-c)$ 관찰치들을 각 관찰치의 수가 $(n-c)/2$가 되도록 두 집단으로 나눈다.

단계 3. 처음의 $(n-c)/2$개의 관찰치와 나중의 $(n-c)/2$ 관찰치에 대해서 각각 회귀한 후 각각의 잔차자승합 RSS_1과 RSS_2를 얻게 되는데 RSS_1은 작은 X_i값에 상응하는 (소분산 집단) 회귀로부터의 RSS이고, RSS_2는 큰 X_i값에 상응하는 (대분산 집단) 회귀로부터의 RSS이다. 각 RSS의 자유도는

$$\frac{(n-c)}{2}-k \quad \text{또는} \quad \left(\frac{n-c-2k}{2}\right) \text{df}$$

여기서 k는 절편을 포함한 추정되는 모수의 수이다(그 이유는?). 2변수의 경우에 k는 물론 2이다.

단계 4. 다음 비율을 계산한다.

$$\lambda = \frac{\text{RSS}_2/\text{df}}{\text{RSS}_1/\text{df}} \tag{11.5.11}$$

(통상적으로 그랬던 것처럼) **u_i가 정규분포를 한다고 가정하고 동분산 가정이 타당하다면** 식 (11.5.10)의 λ는 분자와 분모의 자유도가 각각 $(n-c-2k)/2$인 F분포를 따른다.

만일 이것을 적용할 때 계산된 $\lambda(=F)$가 선택된 유의수준에서의 F 임계치보다 크다면 동분산 가설을 기각할 수 있다. 즉 이분산이 존재할 가능성이 높다고 할 수 있다.

이 검정을 예를 통해 보기 전에 중앙의 c개의 관찰치를 생략하는 것에 관해 언급하고자 한다. 이와 같은 관찰치의 생략은 소분산 집단(즉 RSS_1)과 대분산 집단(즉 RSS_2)간의 차이를 확연하게 보이기 위해서이다. 그러나 Goldfeld–Quandt 검정이 성공적으로 수행되느냐의 여부는 어떻게 c가 선택되느냐에 달려 있다.[19] 2변수 모형에서는 Goldfeld–Quandt에 의해 행해진 몬테칼로 실험결과 표본크기

19. 기술적으로 검정의 힘은 그 가설이 옳지 않을 때 귀무가설을 기각하는 확률(1−Prob(제2종 오류))로 측정된다. 여기서 귀무가설은 두 집단의 분산이 같다, 즉 동분산이라는 것이다. 보다 상세한 논의는 다음 문헌을 참조할 것. M. M. Ali and C. Giaccotto, "A Study of Several New and Existing Tests for Heteroscedasticity in the General Linear Model," *Journal of Econometrics*, vol.26, 1984, pp.355–373.

가 30정도면 c는 약 8이고, 표본크기가 60정도면 c는 16정도를 제안하고 있다. 그러나 Judge 등은 실제로 $n=30$이면 $c=4$, $n=60$이면 $c=10$일 때 만족스러운 결과가 나오는 것을 알아냈다.[20]

논의가 더 진행되기 전에 한 가지 언급할 것은 모형 내의 X변수가 하나 이상인 경우 검정에서의 첫 번째 단계인 관찰치들의 정렬은 이 중 어느 것에 의해서도 행해질 수 있다. 따라서 모형 $Y_i=\beta_1+\beta_2X_{2i}+\beta_3X_{3i}+\beta_4X_{4i}+u_i$에서 이 세 X 가운데에서 어느 것에 의해서도 순서를 정렬시킬 수 있다. 만일 어떤 X가 적절한지를 선험적으로 알지 못한다면 각 X변수에 대해 검정을 시도할 수도 있고 또는 Park 검정으로 각 X에 대한 검정을 실시할 수도 있다.

예제 11.4
Goldfeld-Quandt 검정

Goldfeld-Quandt 검정의 예를 보기 위해 소득과 연관된 소비지출에 대한 30가구의 횡단면 자료가 표 11.3에 나타나 있다. 가령 소비지출이 소득과 선형으로 연관되나 자료 내에 이분산이 존재한다고 하자. 또한 이분산의 속성이 식 (11.5.10)과 같다고 가정하자. 검정을 실시하기 위해 필요한 자료의 재배열 역시 표 11.3에 나와 있다.

중간의 네 관찰치들을 제거한 다음 첫 번째 13개 관찰치와 두 번째 13개 관찰치에 대한 회귀 결과와 그에 따른 잔차자승합계가 다음과 같다(괄호 안의 숫자는 표준오차).

처음의 13개 관찰치에 대한 회귀결과는

$$\hat{Y}_i = 3.4094 + 0.6968X_i$$
$$(8.7049) \quad (0.0744) \qquad r^2 = 0.8887 \qquad \text{RSS}_1 = 377.17 \qquad \text{df} = 11$$

나중의 13개 관찰치에 대한 회귀결과는

$$\hat{Y}_i = -28.0272 + 0.7941X_i$$
$$(30.6421) \quad (0.1319) \qquad r^2 = 0.7681 \qquad \text{RSS}_2 = 1536.8 \qquad \text{df} = 11$$

이와 같은 결과로부터

$$\lambda = \frac{\text{RSS}_2/\text{df}}{\text{RSS}_1/\text{df}} = \frac{1536.8/11}{377.17/11}$$
$$\lambda = 4.07$$

5% 수준에서 분자와 분모의 자유도가 모두 11인 경우의 F 임계치는 2.82이다. 추정된 $F(=\lambda)$값이 임계치를 능가하므로 오차분산에 이분산이 존재한다고 결론지을 수 있다. 그러나 유의수준이 1%로 정해지면 동분산 가정을 기각할 수 없게 된다(그 이유는?). 관찰된 λ의 p값은 0.014라는 것을 주목하라.

20. George G. Judge, R. Carter Hill, William E. Griffiths, Helmut Lükepohl, and Tsoung-Chao Lee, *Introduction to the Theory and Practice of Econometrics*, John Wiley & Sons, New York, 1982, p.422.

예제 11.4 (계속)

표 11.3 Goldfeld-Quandt 검정을 예시하기 위한 소비지출 Y($)와 소득 X($)에 대한 가상적 자료

		X값에 의해 정렬된 자료		
Y	*X*	*Y*	*X*	
55	80	55	80	
65	100	70	85	
70	85	75	90	
80	110	65	100	
79	120	74	105	
84	115	80	110	
98	130	84	115	
95	140	79	120	
90	125	90	125	
75	90	98	130	
74	105	95	140	
110	160	108	145	
113	150	113	150	
125	165	110	160	중간의 네 관찰치
108	145	125	165	중간의 네 관찰치
115	180	115	180	중간의 네 관찰치
140	225	130	185	중간의 네 관찰치
120	200	135	190	
145	240	120	200	
130	185	140	205	
152	220	144	210	
144	210	152	220	
175	245	140	225	
180	260	137	230	
135	190	145	240	
140	205	175	245	
178	265	189	250	
191	270	180	260	
137	230	178	265	
189	250	191	270	

Breusch-Pagan-Godfrey 검정[21]

Goldfeld-Quandt 검정은 c(생략될 가운데 관찰치의 수)뿐만 아니라 관찰치 배열의 기준이 되는 정확한 X변수의 식별에 의존한다. 이 검정의 이러한 한계는 Breusch-Pagan-Godfrey(BPG) 검정에 의해 극복될 수 있다.

이 검정을 설명하기 위해 k-변수 선형회귀모형을 보자.

$$Y_i = \beta_1 + \beta_2 X_{2i} + \cdots + \beta_k X_{ki} + u_i \tag{11.5.12}$$

오차분산 σ_i^2은 다음과 같이 표현된다고 가정한다.

$$\sigma_i^2 = f(\alpha_1 + \alpha_2 Z_{2i} + \cdots + \alpha_m Z_{mi}) \tag{11.5.13}$$

21. T. Breusch and A. Pagan, "A Simple Test for Heteroscedasticity and Random Coefficient Variation," *Econometrica*, vol.47, 1979, pp.1287–1294. 또한 L. Godfrey, "Testing for Multiplicative Heteroscedasticity," *Journal of Econometrics*, vol.8, 1978, pp.227–236을 참조할 것. 검정방법이 유사하기 때문에 이들 검정법을 총칭하여 이분산 검정을 위한 Breusch-Pagan-Godfrey 검정이라고 부른다.

즉, σ_i^2은 비확률적 변수 Z의 함수이다. X 변수들 중 일부 혹은 전부가 Z의 역할을 할 수 있다. 함수형태에 대해 다음과 같이 가정한다.

$$\sigma_i^2 = \alpha_1 + \alpha_2 Z_{2i} + \cdots + \alpha_m Z_{mi} \qquad \textbf{(11.5.14)}$$

다시 말해서 σ_i^2은 Z의 선형함수이다. 만일 $\alpha_2 = \alpha_3 = \ldots = \alpha_m = 0$이면 $\sigma_i^2 = \alpha_1$, 즉 상수이다. 그러므로 σ_i^2이 동분산인지를 검정하려면 $\alpha_2 = \alpha_3 = \ldots = \alpha_m = 0$이라는 귀무가설을 검정하면 된다. 이것이 Breusch–Pagan–Godfrey 검정의 기본 개념이다. 실제 검정절차는 다음과 같다.

단계 1. 식 (11.5.12)를 OLS로 추정하여 잔차 $\hat{u}_1, \hat{u}_2, \ldots, \hat{u}_n$을 얻는다.

단계 2. $\tilde{\sigma}^2 = \sum \hat{u}_i^2 / n$을 구한다. 4장에서 보았듯이 이것은 σ^2의 최우(ML) 추정량이다.(주: OLS 추정량은 $\sum \hat{u}_i^2 / (n-k)$.)

단계 3. 다음과 같이 정의되는 변수 p_i를 만든다.

$$p_i = \hat{u}_i^2 / \tilde{\sigma}^2$$

이것은 단지 각 잔차자승을 $\tilde{\sigma}^2$으로 나누어 준 것이다.

단계 4. 이렇게 얻은 p_i를 Z들에 대해 회귀한다.

$$p_i = \alpha_1 + \alpha_2 Z_{2i} + \cdots + \alpha_m Z_{mi} + v_i \qquad \textbf{(11.5.15)}$$

여기서 v_i는 이 회귀식의 잔차항이다.

단계 5. 식 (11.5.15)로부터 ESS(설명되는 잔차자승)를 구하여 다음과 같이 정의한다.

$$\Theta = \frac{1}{2}(\text{ESS}) \qquad \textbf{(11.5.16)}$$

u_i가 정규분포라고 가정할 때 만일 동분산이 존재하고 표본크기 n이 무한히 증가하면

$$\Theta \underset{\text{asy}}{\sim} \chi^2_{m-1} \qquad \textbf{(11.5.17)}$$

즉 Θ는 자유도 $(m-1)$인 χ^2분포를 따른다.(주: asy는 점근적이라는 의미임.)

따라서 만일 실제 적용에서 계산된 $\Theta(=\chi^2)$가 선택된 유의수준에서의 임계치 χ^2값을 능가하면 동분산 가설을 기각할 수 있고 그렇지 않으면 가설을 채택할 수 있다.

독자들은 왜 BPG가 검정 통계량으로 $\frac{1}{2}$ESS를 선택했는지 궁금해 할지 모른

다. 그 논리는 약간 복잡하여 참고문헌을 소개하는 것으로 남겨둔다.[22]

예제 11.5

Breusch-Pagan-Godfrey(BPG) 검정

한 예로 Goldfeld-Quandt 이분산 검정을 설명하기 위해 사용했던 자료(표 11.3)를 다시 보자. Y를 X에 회귀하면 다음과 같은 결과를 얻는다.

단계 1.

$$\hat{Y}_i = 9.2903 + 0.6378X_i$$
$$\text{se} = (5.2314) \quad (0.0286) \qquad \text{RSS} = 2361.153 \qquad R^2 = 0.9466 \tag{11.5.18}$$

단계 2.

$$\tilde{\sigma}^2 = \sum \hat{u}_i^2/30 = 2361.153/30 = 78.7051$$

단계 3. 변수 p_i를 만들기 위해 (11.5.18)의 회귀에서 얻은 잔차 $\hat{u}_i$을 78.7051로 나눈다.

단계 4. (11.5.14)와 같이 p_i가 $X_i(=Z_i)$에 선형으로 연관되어 있다고 가정하여 다음의 회귀를 얻었다.

$$\hat{p}_i = -0.7426 + 0.0101X_i$$
$$\text{se} = (0.7529) \quad (0.0041) \qquad \text{ESS} = 10.4280 \qquad R^2 = 0.18 \tag{11.5.19}$$

단계 5.

$$\Theta = \frac{1}{2}(\text{ESS}) = 5.2140 \tag{11.5.20}$$

BPG 검정의 가정 하에서 식 (11.5.20)에서의 Θ는 점근적으로 자유도가 1인 카이자승분포를 따른다(주: 식 (11.5.19)에는 회귀변수가 1개밖에 없다). 카이자승표로부터 자유도가 1인 경우 5% 카이자승 임계치는 3.8414이고, 1% 카이자승 임계치는 6.6349이다. 따라서 관찰된 카이자승값 5.2140은 5% 유의수준에서는 유의하나 1% 수준에서는 유의하지 않다. 그러나 엄격히 말해서 BPG 검정은 점근적 검정 혹은 대표본 검정인데 현재 예의 표본 개수 30개는 대표본이 아니라는 점을 주목해야 한다. 또한 이 검정은 소표본의 경우 교란항 u_i가 정규분포를 따른다는 가정에 민감해진다는 것을 지적해야 한다. 물론 정규성에 대한 가정은 5장에서 논의된 방법에 의해 검정할 수 있다.[23]

White의 일반적 이분산 검정

Goldfeld-Quandt검정은 이분산을 야기하는 것처럼 생각되는 X 변수에 관해 관측치를 재배열하여야 하고 BPG검정은 정규분포 가정에 민감하다. 이러한 검정

22. Adrian C. Darnell, *A Dictionary of Econometrics,* Edward Elgar, Cheltenham, U.K., 1994, pp.178–179 참조.

23. 이에 대해서는 R. Koenker, "A Note on Studentizing a Test for Heteroscedasticity," *Journal of Econometrics*, vol.17, 1981, pp.1180–1200 참조.

들과는 달리 White가 제시한 일반적 이분산 검정은 정규성 검정에 의존하지 않고 쉽게 시행할 수 있다.[24] 기본적 개념에 대한 설명으로서 다음의 3-변수 회귀모형(k-변수 모형으로의 일반화는 간단한 작업이다)을 고려하여 보자.

$$Y_i = \beta_1 + \beta_2 X_{2i} + \beta_3 X_{3i} + u_i \qquad \textbf{(11.5.21)}$$

White 절차는 다음과 같다.

단계 1. 주어진 자료로 (11.5.21)을 추정하고 잔차 $\hat{u}_i$를 얻는다.

단계 2. 다음의 (보조) 회귀를 시행한다.

$$\hat{u}_i^2 = \alpha_1 + \alpha_2 X_{2i} + \alpha_3 X_{3i} + \alpha_4 X_{2i}^2 + \alpha_5 X_{3i}^2 + \alpha_6 X_{2i} X_{3i} + v_i$$

(11.5.22)[25]

즉, 원래의 회귀로 얻은 잔차자승을 원래의 X 변수들, 설명변수의 제곱합, 그리고 회귀변수들의 교차곱(cross proudcts)에 회귀한다. 더 높은 차수의 회귀변수들도 포함될 수도 있다. 본래의 회귀에 상수항이 포함될 수도 있고 포함되지 않을 수도 있지만, 이 회귀방정식에는 상수항이 포함된다. 이(보조) 회귀로부터 R^2를 구한다.

단계 3. 이분산이 없다는 귀무가설에서 표본의 크기(n)와 앞의 보조회귀에서 얻은 R^2 간의 곱은 자유도가 보조회귀에서의(상수항을 제외한) 회귀변수의 개수인 카이자승 분포를 점근적으로 따른다는 것을 보일 수 있다. 다시 말해서

$$n \cdot R^2 \underset{\text{asy}}{\sim} \chi^2_{\text{df}} \qquad \textbf{(11.5.23)}$$

여기에서 df는 앞에서 정의한 바와 같다. 우리의 예에서 보조회귀에서 회귀변수가 5이므로 df는 5이다.

단계 4. 식 (11.5.23)에서 얻은 카이자승 값이 선택한 유의수준에서 카이자승 임계치보다 크다면 결론은 이분산이 있다는 것이다. 만약 카이자승 임계치보다 크지 않다면, 이분산이 없다는 것으로서 이는 보조회귀 (11.5.22)에서 $\alpha_2 = \alpha_3 = \alpha_4 = \alpha_5 = \alpha_6 = 0$임을 의미한다(각주 25를 참조할 것).

---

24. H. White, "A Hetroscedastisity Consistant Corvariance Matrix Estimator and a Direct Test of Heteroscedastisity," *Econometrica*, vol. 48, 1980, pp.817–818.

25. 이 절차에는 다음의 가정을 함축하고 있다. u_i의 오차분산인 σ_i^2이 설명변수, 설명변수 제곱, 그리고 설명변수간의 교차곱(cross proudcts)에 함수적으로 연관되어 있다. 이 회귀의 모든 편회귀계수가 동시에 0이라면 오차분산은 동분산으로서 그 값은 α_1이다.

예제 11.6

White의 이분산 검정

41개 국가에 대한 횡단면 자료에서 Stephen Lewis는 다음의 회귀모형을 추정하였다.[26]

$$\ln Y_i = \beta_1 + \beta_2 \ln X_{2i} + \beta_3 \ln X_{3i} + u_i \tag{11.5.24}$$

여기에서 Y = 총정부수입에 대한 교역세(수입세 및 수출세)의 비율, X_2 = GNP에 대한 수출과 수입의 합의 비율, 그리고 X_3 = 1인당 GNP; 그리고 ln은 자연로그를 가리킨다. 그가 세운 가설은 Y와 X_2가 양의 관계를 가질 것이고(즉, 교역량이 많아질수록 교역세 수입이 많아짐), Y와 X_3가 음의 관계를 가진다는 것이다(소득이 증가할수록, 정부는 교역세보다 직접세-예를 들어 소득세-를 더 쉽게 거둘 수 있다).

실증분석 결과는 가설을 지지하는 것으로 나타났다. 우리의 목적상, 중요한 점은 자료에 이분산이 존재하는지의 여부이다. 자료가 이질적인 국가들을 포함하고 있는 횡단면자료이기 때문에 선험적으로 오차분산에 이분산이 있을 것으로 예상할 수 있다. White의 이분산 검정을 (11.5.24)의 회귀에서 얻은 잔차에 적용하면 다음의 결과를 얻게 된다.[27]

$$\begin{aligned}\widehat{u_i^2} = &-5.8417 + 2.5629 \ln \text{Trade}_i + 0.6918 \ln \text{GNP}_i \\ &-0.4081(\ln \text{Trade}_i)^2 - 0.0491(\ln \text{GNP}_i)^2 \\ &+0.0015(\ln \text{Trade}_i)(\ln \text{GNP}_i) \qquad R^2 = 0.1148\end{aligned} \tag{11.5.25}$$

주: 표준오차는 주어지지 않았다. 왜냐하면 여기에서의 목적에 꼭 들어맞지 않기 때문이다.

이제 $n \cdot R^2 = 41(0.1148) = 4.0768$로서 df가 5인 카이자승분포를 점근적으로 따른다(그 이유는?). df가 5일 때 5% 카이자승 임계치는 11.0705이고, 10% 임계치는 9.2363이며, 25%임계치는 6.62568이다. 모든 실용적인 목적상 White 검정에 기초해 이분산이 없다고 결론을 내릴 수 있다.

White 검정에 관하여 논평이 준비되어 있다. 모형에 여러 개의 회귀변수들이 있는 경우, 그 설명변수 전체, 설명변수들의 제곱항(또는 더 높은 차수의 항), 그리고 그들의 교차곱을 모두 포함하면 자유도를 매우 빠르게 소모시킨다. 그러므로 이 검정을 사용하는 데 주의를 기울여야 한다.[28]

식 (11.5.25)에 주어진 White 검정통계량이 통계적으로 유의한 경우에는 이분산이 그 필연적 원인이 아닐 수도 있고 오히려 표기오차(13장에서 논의될 것임)가 원인이 될 수도 있다.(11.1절의 요점 5를 상기할 것). 다른 말로 해서, White 검정은 (순수한) 이분산 혹은 표기오차, 혹은 두가지 모두에 대한 검정이다. 만일 White 검정절차에서 교차곱 항이 없다면 그것은 순수한 이분산에 대한 검정이라고 주장되어 왔다. 만일 교차곱 항이 존재한다면 그것은 이분산과 표기편의 모두에 대한 검정이다.[29]

26. Stephen R. Lewis, "Government Revenue from Foreign Trade," *Manchester School of Econometrics and Social Studies*, vol.31, pp. 39–47.

27. 이 결과들은 부호를 바꾸었지만, William F. Lott and Subhash C. Ray, *Applied Econometrics : Problems With Data Sets*, Instructor' s Manual, Chap. 22. pp.137–140에서 인용한 것이다.

28. 종종 자유도를 보조하기 위해 검정이 수정될 수 있다. 연습문제 11.18 참조.

이분산에 대한 기타 검정

이분산에 대한 기타 검정방법들이 몇 개 존재하는데 이들 각각은 특정 가정에 기초하고 있다. 관심 있는 독자는 참고문헌을 보기 바란다.[30] 여기서는 단순한 한 가지만 언급하도록 한다. 그것은 Koenker-Bassett(KB) 검정이다. Park, Breusch-Pagan-Godfrey, White의 이분산 검정과 마찬가지로 KB검정은 잔차자승 $\hat{u}_i^2$에 기초하고 있으나 하나 이상의 회귀변수에 대해 회귀하는 대신 잔차자승은 피회귀변수의 추정된 값의 자승에 대해 회귀된다. 구체적으로 만일 원래 모형이 다음과 같다고 하자.

$$Y_i = \beta_1 + \beta_2 X_{2i} + \beta_3 X_{3i} + \cdots + \beta_k X_{ki} + u_i \qquad \textbf{(11.5.26)}$$

이 모형을 추정하여 $\hat{u}_i$을 얻은 다음 다음 식을 추정한다.

$$\hat{u}_i^2 = \alpha_1 + \alpha_2 (\hat{Y}_i)^2 + v_i \qquad \textbf{(11.5.27)}$$

여기서 $\hat{Y}_i$은 모형 (11.5.26)으로부터 추정된 값이다. 귀무가설은 $\alpha_2 = 0$이다. 만일 이 가설이 기각되지 않는다면 이분산이 없다고 결론내릴 수 있다. 귀무가설은 통상적인 t검정이나 F검정으로 검정될 수 있다. ($F_{1,k} = t_k^2$임을 명심할 것.) 만일 모형 (11.5.26)이 이중 로그라면 잔차 자승은 $(\log \hat{Y}_i)^2$에 회귀된다. KB검정의 또 하나 이점은 설령 원래 모형 (11.5.26)의 오차항이 정규분포가 아니더라도 이 검정을 적용할 수 있다는 것이다. 만일 KB검정을 예 11.1에 적용한다면 식 (11.5.3)으로부터 구한 잔차 자승의 추정된 $\hat{Y}_i^2$에 대한 회귀식에서 기울기 계수가 통계적으로 0과 다르지 않아 Park 검정을 강화해 주는 것을 알아낼 것이다. 이 결과는 놀랄만한 것이 못 되는데 그 이유는 현재의 경우에 단 한 개의 회귀변수가 존재하기 때문이다. 그러나 KB검정은 회귀변수가 하나 이상일 때에도 적용가능하다.

이분산 검정에 관한 주석

이 절에서 우리는 이분산에 대한 여러 검정방법에 대해 살펴보았다. 어느 것이 가장 좋은 검정인지 어떻게 결정해야 하나? 이것은 답변하기 쉬운 문제는 아닌데 그 이유는 이들 검정방법들이 다양한 가정에 기초하고 있기 때문이다. 검정방

29. Richard Harris, *Using Cointegration Analysis in Econometrics Modelling*, Prentice Hall & Harvester Wheatsheaf, U.K., 1995, p.68 참조.

30. M. J. Harrison and B. P. McCabe, "A Test for Heteroscedasticity Based on Ordinary Least Squares Residuals," *Journal of the American Statistical Association*, vol.74, 1979, pp.494-499; J. Szroeter, "A Class of Parametric Tests for Heteroscedasticity in Linear Econometric Models," *Econometrica*, vol.46, 1978, pp.1311-1327; M. A. Evans and M. L. King, "A Further Class of Tests for Heteroscedasticity," *Journal of Econometrics*, vol.37, 1988, pp.265-276; R. Koenker and G. Bassett, "Robust Tests for Heteroscedasticity Based on Regression Quantiles," *Econometrica*, vol.50, 1982, pp.43-61 참조.

법들을 비교할 때에는 그것의 규모(또는 신뢰수준), 검정력(그릇된 가설을 기각할 확률), 이상점에 대한 민감성 등에 주의할 필요가 있다.

우리는 이미 잘 알려져 있고 쉽게 적용할 수 있는 White의 이분산 검정의 한계점들을 지적하였다. 이러한 한계로 인해 그것은 대안들에 비해 낮은 검정력을 가지고 있을 수 있다. 이 외에 그 검정은 이분산을 야기하는 요소나 변수를 식별하는 데 있어 거의 도움이 안 된다.

이와 유사하게 Breusch–Pagan–Godfrey검정은 정규분포 가정에 민감하다. 이와 대조적으로 Koenker–Bassett검정은 정규분포 가정에 기초하지 않아서 더 강력할 수 있다.[31] Goldfeld–Quandt검정에서는 만일 너무 많은 관찰치들이 생략된다면 검정력을 감소시킬 수 있다.

다양한 이분산 검정방법에 대해 비교분석을 하는 것은 이 책의 범위를 벗어난다. 그러나 관심 있는 독자는 다양한 이분산 검정방법의 강점과 약점에 대해 이해하기 위해 John Lyon and Chin–Ling Tsai의 논문을 참조할 수 있다.[32]

11.6 교정수단

여지껏 살펴본 바와 같이 이분산으로 인해 OLS 추정량의 불편성과 일치성은 위배되지 않지만 그것들은 효율적이 아니고 심지어 점근적으로도(즉 대표본 경우) 더 이상 효율적이 못된다. 이와 같은 효율성의 결핍으로 통상적인 가설 검정 절차가 의심스럽게 된다. 따라서 교정수단이 요청된다. 교정에는 두 가지 접근법이 있는데 σ_i^2을 알고 있을 때와 σ_i^2을 모르고 있을 때가 이에 해당된다.

σ_i^2을 알고 있을 때 : 가중최소자승법

11.3절에서 보았듯이 σ_i^2을 알고 있다면 이분산을 교정하는 가장 직접적인 방법은 가중최소자승에 의한 것인데 이와 같은 방법으로 얻게 되는 추정량은 BLUE가 된다.

예제 11.7
가중최소자승법의 예

이 방법을 예시하기 위해 가령 우리는 표 11.1에 나타난 자료에서와 같이 급료와 고용규모 사이의 관계를 알고자 한다고 하자. 모형을 단순하게 만들기 위해 고용규모를 1(1–4인), 2(5–9인), ..., 9(1,000–2,499인)로 측정하기로 한다. 물론 표에 주어진 고용구간 내의 중간값으로 측정할 수도 있다.

31. 자세한 내용은 William H. Greene, *Econometric Analysis*, 6th ed., Pearson/Prentice–Hall, New Jersey, 2008, pp.165–167 참조.

32. 그들의 논문인 "A Comparison of Tests of Heteroscedasticity," *The Statistician*, vol.45, no.3, 1996, pp.337–349 참조.

예제 11.7

(계속)

이제 Y는 근로자 1인당 평균급료($), X는 고용규모라 하고 다음과 같은 식을 회귀한다.(식 [11.3.6] 참조)

$$Y_i/\sigma_i = \hat{\beta}_1^*(1/\sigma_i) + \hat{\beta}_2^*(X_i/\sigma_i) + (\hat{u}_i/\sigma_i) \tag{11.6.1}$$

여기서 σ_i는 표 11.1에 나와 있는 임금의 표준편차이다. 이 회귀를 행하는데 필요한 자료는 표 11.4에 나와 있다.

회귀분석 결과를 보기 전에 한가지 주의할 것은 식 (11.6.1)에는 절편항이 없다는 것이다(그 이유는?). 그러므로 β_1^*와 β_2^*를 추정하기 위해서는 6장에서 논의된 "원점을 통과하는 회귀" 방법을 사용해야 한다. 그러나 오늘날 대부분의 통계패키지에는 절편항을 생략할 수 있는 선택기능이 있다(예를 들어 **Minitab** 또는 **EViews** 참조). 식 (11.6.1)의 또 다른 특성은 설명변수가 $(1/\sigma_i)$와 (X_i/σ_i) 두 개라는 것인데 우리가 OLS를 사용하여 고용규모에 대해 급료를 회귀하는 경우에는 단 하나의 설명변수 X_i가 존재할 것이다(그 이유는?).

WLS의 회귀 결과는

$$\begin{aligned} \widehat{(Y_i/\sigma_i)} &= 3406.639(1/\sigma_i) + 154.153(X_i/\sigma_i) \\ &\quad\ (80.983) \qquad\qquad (16.959) \\ t &= (42.066) \qquad\qquad (9.090) \\ &\quad R^2 = 0.9993 \end{aligned} \tag{11.6.2}$$

[33]

비교를 위해 통상적인 또는 가중되지 않은 OLS 회귀결과는 다음과 같다.

$$\begin{aligned} \hat{Y}_i &= 3417.833 + 148.767\,X_i \\ &\quad\ (81.136) \qquad (14.418) \\ t &= (42.125) \qquad (10.318) \qquad R^2 = 0.9383 \end{aligned} \tag{11.6.3}$$

이 두 회귀를 비교하는 것이 연습문제 11.7에 나와 있다.

표 11.4
가중최소자승회귀의 예

출처 : Y와 σ_i(급료의 표준편차)에 대한 자료는 표 11.1을 재정리한 것이다. 고용규모 : 1=근로자 1-4명, 2=근로자 5-9명, 고용규모 자료도 표 11.1에서 얻었다.

급료 Y	고용규모 X	σ_i	Y_i/σ_i	X_i/σ_i
3,396	1	742.2	4.5664	0.0013
3,787	2	851.4	4.4480	0.0023
4,013	3	727.8	5.5139	0.0041
4,104	4	805.06	5.0978	0.0050
4,146	5	929.9	4.4585	0.0054
4,241	6	1,080.6	3.9247	0.0055
4,387	7	1,241.2	3.5288	0.0056
4,538	8	1,307.7	3.4702	0.0061
4,843	9	1,110.7	4.3532	0.0081

주: 회귀식 (11.6.2)에서 종속변수는 (Y_i/σ_i)이고, 독립변수는 $(1/\sigma_i)$와 (X_i/σ_i)이다.

33. 6장의 각주 3에서 언급했듯이 원점을 통과하는 회귀에서의 R^2은 절편이 존재하는 모형에서의 R^2과 직접적으로 비교할 수는 없다. 따라서 여기 제시된 숫자 0.9993에는 이러한 점이 감안되고 있다(절편항이 없는 경우를 감안하기 위해 어떻게 R^2이 수정되는지에 대한 상세한 내용에 대해서는 다양한 통계패키지 참조. 또한 부록 6A의 6A.1참조).

σ_i^2을 알 수 없을 때

앞에서 지적한 바와 같이, 진정한 σ_i^2을 알고 있다면 BLUE추정량을 구하기 위해 WLS를 사용할 수 있다. 진정한 σ_i^2을 거의 모르므로 이 값을 구해야 하는데, 이 분산이 존재하더라도 OLS추정량의 분산과 공분산에 대한 일치(통계적 의미에서)추정량을 구할 수 있는 방법은 있는가? 이에 대한 답은 "그렇다"이다.

White의 이분산-일치 분산(Heteroscedasticity-Consistant Variance) 및 표준오차

White는 그가 개발한 추정치가 진정한 모수에 대해 점근적으로(즉 대표본에서) 유효한 통계적 추론을 이끌어낼 수 있다는 것을 보였다.[34] 이 책에서는 구체적인 수학과정이 이 책의 수준을 넘기 때문에 이를 보여주지는 않겠다. 그러나 부록 11A.4에는 White의 절차의 개요가 설명되고 있다. 오늘날 다양한 컴퓨터 패키지들이 통상적인 OLS분산과 표준오차와 아울러 White의 이분산이 교정된 분산과 표준오차를 출력해 준다.[35] 부수적으로 White의 이분산 교정 표준오차는 로버스트 표준오차(robust standard errors)라고도 한다.

예제 11.8

White 절차의 예

예를 들기 위해 Greene이 도출한 다음의 결과를 인용한다.[36]

$$
\begin{aligned}
\hat{Y}_i &= 832.91 - 1834.2\,(\text{Income}) + 1587.04\,(\text{Income})^2 \\
\text{OLS se} &= (327.3) \quad (829.0) \quad (519.1) \\
t &= (2.54) \quad (2.21) \quad (3.06) \\
\text{White se} &= (460.9) \quad (1243.0) \quad (830.0) \\
t &= (1.81) \quad (-1.48) \quad (1.91)
\end{aligned}
\tag{11.6.4}
$$

여기에서 Y = 1979년도 공립학교 대한 주별(state) 1인당 지출, Income = 1979년도의 주별 1인당 소득이다. 표본은 50개주와 Washington. D.C로 구성되어 있다.

위의 결과가 보여주듯이, (White) 이분산 교정 표준오차가 OLS 표준오차보다 현격히 큰 것을 알 수 있고, 그 결과 추정된 t값이 OLS로 구한 t값보다 훨씬 작다. OLS에 의하면 두 회귀변수가 모두 5% 수준에서 통계적으로 유의하나, White의 추정량에 근거하면 통계적으로 유의하지 않다. 그러나 지적해야 할 사항은 White의 이분산 교정 표준오차는 교정되지 않은 표준오차보다 클 수도, 작을 수도 있다는 것이다.

White의 이분산-일치 추정량은 대부분의 회귀패키지에서 출력해 주기 때문에 학생들은 그 값을 보고하도록 충고하는 바이다. 이에 대해 Wallace와 Silver

34. H.White, op, cit. 참조

35. 보다 기술적으로는 이들을 이분산-일치 공분산 행렬 추정량이라고 부른다.

36. William H. Greene, *Econometric Analysis,* 2d ed., Macmillan, New York, 1993, p.385.

는 다음과 같이 요약하였다.

> 일반적으로 말해서 습관적으로 WHITE옵션(회귀프로그램에서 사용가능함)을 사용하는 것이 좋지 않을까 생각한다. 그리고 특정 자료에 이분산의 문제가 심각한지의 여부를 확인하기 위해 그 결과를 OLS결과와 비교하면 좋을 것이다.[37]

이분산 형태에 관한 그럴 듯한 가정들

대표본하에서 사용할 수 있는 방법이라는 약점 외에도 White절차의 약점은 구체적 형태의 이분산을 반영하기 위해 자료를 변환하는 방법으로 구한 추정량만큼 효율적이 아닐 수 있다는 것이다. 이를 예로 보기 위해 2-변수 회귀모형을 다시 고려한다.

$$Y_i = \beta_1 + \beta_2 X_i + u_i$$

이제 이분산의 형태에 관하여 여러 가지 가정을 고려하여 보자.

가정 1 오차분산이 X_i^2에 비례한다.

$$E(u_i^2) = \sigma^2 X_i^2 \qquad \textbf{(11.6.5)}^{38}$$

만일 "추측"으로든 그림에 의한 것이든 또는 Park나 Glejser접근법에 의한 것이든 u_i의 분산이 설명변수 X의 자승에 비례한다고 믿는다면(그림 11.10 참조) 원래의 모형을 다음과 같이 변환할 수 있다. 원래의 모형을 X_i로 나누어 주면

$$\begin{aligned}\frac{Y_i}{X_i} &= \frac{\beta_1}{X_i} + \beta_2 + \frac{u_i}{X_i} \\ &= \beta_1 \frac{1}{X_i} + \beta_2 + v_i\end{aligned} \qquad (11.6.6)$$

여기서 v_i는 변환된 오차항으로 u_i/X_i이다. 따라서

$$\begin{aligned}E(v_i^2) &= E\left(\frac{u_i}{X_i}\right)^2 = \frac{1}{X_i^2} E(u_i^2) \\ &= \sigma^2 \qquad \text{(11.6.5) 로 부터}\end{aligned}$$

이제 v_i의 분산이 동분산이므로 변환된 식 (11.6.6)에서 $1/X_i$에 대한 Y_i/X_i의 OLS 회귀를 적용할 수 있다.

---

37. T. Dudley Wallace and J. Lew Silver, *Econometrics : An Introduction*, Addison-Wesley Reading, Mass., 1988, p.265.
38. 우리는 Goldfeld-Quandt검정에서 이 가정을 이미 논의한 바 있다는 것을 상기하라.

그림 11.10
X^2에 비례적인 오차분산

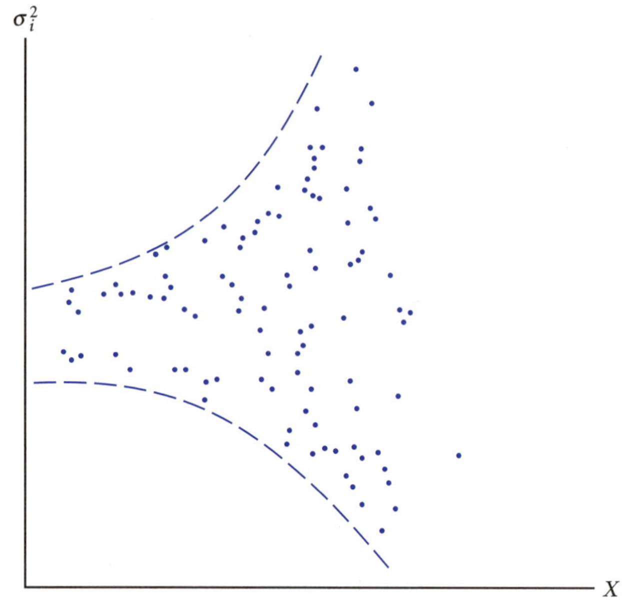

주목할 것은 변환된 회귀에서 절편항 β_2는 원래의 식에서 기울기 계수이고, 기울기 계수 β_1은 원래의 모형에서 절편항이다. 따라서 원래의 모형으로 되돌아가기 위해서는 추정된 식 (11.6.6)에 X_i를 곱해 주어야 한다. 이 변환의 적용 예가 연습문제 11.20에 나와 있다.

가정 2 오차분산이 X_i에 비례적이다. 제곱근 변환.

$$E\left(u_i^2\right) = \sigma^2 X_i \tag{11.6.7}$$

u_i의 분산이 X_i^2에 비례하는 대신 X_i에 비례한다고 믿는다면 원래의 모형은 다음과 같이 변환 될 수 있다(그림 11.11 참조).

$$\begin{aligned}\frac{Y_i}{\sqrt{X_i}} &= \frac{\beta_1}{\sqrt{X_i}} + \beta_2\sqrt{X_i} + \frac{u_i}{\sqrt{X_i}} \\ &= \beta_1\frac{1}{\sqrt{X_i}} + \beta_2\sqrt{X_i} + v_i\end{aligned} \tag{11.6.8}$$

여기서 $v_i = u_i/\sqrt{X_i}$, $X_i > 0$이다.

가정 2가 주어졌을 때 $E(v_i^2) = \sigma^2$, 즉 동분산이라는 것은 쉽게 증명될 수 있다. 따라서 식 (11.6.8)에 OLS를 적용하여 $1/\sqrt{X_i}$와 $\sqrt{X_i}$에 대해 $Y_i/\sqrt{X_i}$를 회귀할 수 있다.

이 변환된 모형의 중요한 특성은 절편항이 없다는 것이라는 데 주목하라. 따

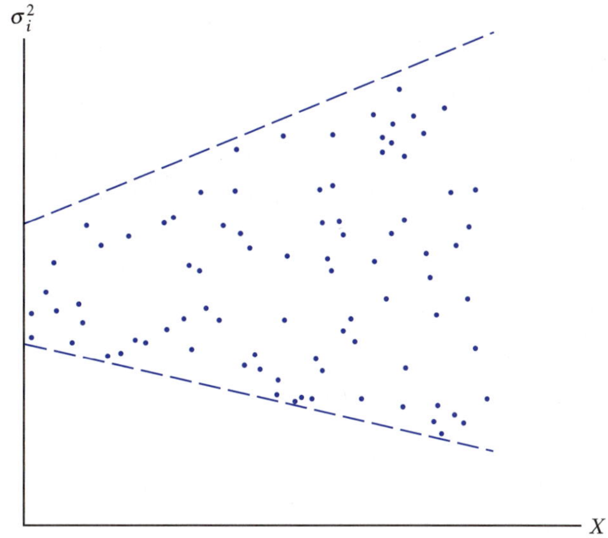

그림 11.11
X에 비례적인 오차분산

라서 β_1과 β_2를 추정하기 위해서는 "원점을 통과하는 회귀"모형을 사용해야 한다. 식 (11.6.8)을 회귀한 후 이 식에 $\sqrt{X_i}$를 곱해 줌으로써 원래의 모형으로 돌아갈 수 있다.

재미있는 경우는 절편이 0인 모형, 즉 $Y_i = \beta_2 X_i + u_i$이다. 이 경우 식 (11.6.8)은 다음과 같다.

$$\frac{Y_i}{\sqrt{X_i}} = \beta_2\sqrt{X_i} + \frac{u_i}{\sqrt{X_i}} \qquad \textbf{(11.6.8a)}$$

그리고 다음이 성립한다.

$$\hat{\beta}_2 = \frac{\bar{Y}}{\bar{X}} \qquad \textbf{(11.6.8b)}$$

즉 가중최소자승 추정량은 단지 종속변수와 설명변수 평균들의 비율이다. (식 [11.6.8b]를 증명하기 위해서는 단지 식 [6.1.6]에 주어진 원점을 통과하는 회귀 공식을 적용하기만 하면 된다.)

가정 3 오차분산이 Y평균의 제곱에 비례한다.

$$E\left(u_i^2\right) = \sigma^2[E(Y_i)]^2 \qquad \textbf{(11.6.9)}$$

식 (11.6.9)는 u_i의 분산이 Y의 기대치의 제곱에 비례하는 것으로 가정하고 있다(그림 11.8e 참조).

$$E(Y_i) = \beta_1 + \beta_2 X_i$$

따라서 원래의 모형을 다음과 같이 변환하면

$$\begin{aligned}\frac{Y_i}{E(Y_i)} &= \frac{\beta_1}{E(Y_i)} + \beta_2 \frac{X_i}{E(Y_i)} + \frac{u_i}{E(Y_i)} \\ &= \beta_1 \left(\frac{1}{E(Y_i)} \right) + \beta_2 \frac{X_i}{E(Y_i)} + v_i\end{aligned} \tag{11.6.10}$$

$E(v_i^2) = \sigma^2$, 즉 교란항 v_i가 동분산이 되는 것을 알 수 있다. 여기서 $v_i = u_i / E(Y_i)$이다. 따라서 식 (11.6.10)은 고전적 선형회귀모형의 동분산 가정을 만족시킨다.

그러나 식 (11.6.10)은 실행할 수 없는데 그 이유는 $E(Y_i)$가 미지의 β_1과 β_2에 의존하기 때문이다. 물론 우리는 $E(Y_i)$의 추정량인 $\hat{Y}_i = \hat{\beta}_1 + \hat{\beta}_2 X_i$는 알고 있다. 따라서 다음과 같이 두 단계로 진행할 수 있다. 첫째 이분산 문제를 무시하고 통상적인 OLS회귀를 수행하여 $\hat{Y}_i$을 사용하여 원래의 모형을 다음과 같이 변환한다.

$$\frac{Y_i}{\hat{Y}_i} = \beta_1 \left(\frac{1}{\hat{Y}_i} \right) + \beta_2 \left(\frac{X_i}{\hat{Y}_i} \right) + v_i \tag{11.6.11}$$

여기서 $v_i = (u_i / \hat{Y}_i)$이다. 2단계에서는 식 (11.6.11)을 회귀한다. 비록 $\hat{Y}_i$은 정확히 $E(Y_i)$는 아니지만 일치추정량이다. 즉 표본크기가 무한히 증가함에 따라 $\hat{Y}_i$은 진정한 $E(Y_i)$에 수렴한다. 이리하여 표본규모가 꽤 큰 경우에는 변환 (11.6.11)이 실제 제 구실을 할 것이다.

가정 4 로그변환

$$\ln Y_i = \beta_1 + \beta_2 \ln X_i + u_i \tag{11.6.12}$$

종종 식 $Y_i = \beta_1 + \beta_2 X_i + u_i$ 대신 위의 식을 회귀하면 이분산이 줄어든다.

그 이유는 로그 변환으로 인해 변수들의 측정단위가 축소됨으로써 두 값 사이에 10배 차이를 2배 차이로 줄이기 때문이다. 한 예로 숫자 80은 숫자 8의 10배이지만 ln 80(= 4.3820)은 ln 8(= 2.0794)의 약 2배이다.

로그 변환의 또 다른 이점은 기울기 계수 β_2가 X에 대한 Y의 탄력성, 즉 X의 백분비 변화에 대한 Y의 백분비 변화를 나타낸다는 것이다. 예를 들면 식 (11.6.12)에서 Y가 소비이고 X가 소득이면 β_2는 소득탄력성을 의미하는데 반해, 원래의 모형에서의 β_2는 소득 1단위 변화에 대한 평균 소비의 변화율을 뜻한다. 이것이 실증 계량경제학에서 로그 모형이 널리 쓰이는 이유 가운데 하나이다(로그 변환과 연관된 문제로는 연습문제 11.4 참조).

교정수단에 대한 논의를 결론 맺기 위하여 다시 강조할 것은 여지껏 논의된 모든 변환은 자의적이라는 것이다. 즉 본질적으로 우리는 σ_i^2의 속성에 대해 추측할 따름이다. 어느 변환이 적절한가의 여부는 문제의 본질과 이분산의 정도에 달려 있다. 변환과 관련해서 염두해 두어야 할 추가적 문제들로 다음과 같은 것이 있다.

1. 2변수 이상의 모형에서는 자료를 변환하기 위해 어떤 X 변수가 선택되어야 할지 선험적으로 모를 수가 있다.[39]
2. 가정 4에서 논의된 로그변환은 Y와 X가 취하는 값 가운데 0이나 음의 값이 있으면 적용할 수 없다.[40]
3. 허위상관 문제가 존재한다. Karl Pearson으로부터 유래하는 이 용어는 비록 원래의 변수들은 상관되지 않음에도 불구하고 변수의 비율간에 상관관계가 존재하는 것으로 나타나는 경우를 가리킨다.[41] 따라서 모형 $Y_i = \beta_1 + \beta_2 X_i + u_i$에서 Y와 X가 상관되지 않더라도 변환된 모형 $Y_i/X_i = \beta_1(1/X_i) + \beta_2$에서는 Y_i/X_i가 $1/X_i$와 종종 상관되는 것으로 나타날 수 있다.
4. σ_i^2을 직접적으로 알 수 없고 앞에서 논의된 변환 가운데 하나를 이용하여 추정될 때 t, F검정 등을 이용한 모든 검정절차는 엄밀하게 말해 대표본에서만 유효하다. 따라서 소표본 또는 유한표본에서 다양한 변환에 기초한 결과를 해석할 때 주의를 요한다.[42]

11.7 결론적 예

이분산에 대한 논의를 마감하면서 이 장에서 논의된 주요 요점들을 예시하는 세 가지 예를 보기로 한다.

39. 그러나 실제로는 $\hat{u}_i^2$을 각 변수에 대해 그림 그려서 어떤 X 변수가 자료를 변환하는 데 사용될 것인가를 결정할 수 있다(그림 11.9 참조).

40. 때때로 $\ln(Y_i + k)$ 또는 $\ln(X_i + k)$를 사용할 수 있는데 여기서 k는 모든 Y와 X값들이 양이 되게 하는 (+)의 상수이다.

41. 예를 들어 만일 X_1, X_2, X_3이 서로 상관되지 않아 $r_{12} = r_{13} = r_{23} = 0$인데 X_1/X_3와 X_2/X_3의 비율(의 값)이 상관되고 있다면 허위상관이 존재한다. "보다 일반적으로 만일 상관관계가 원래의 자료에 존재하는 것이 아니라 자료 취급방법에 의해 초래된 것이라면 그와 같은 상관은 허위라 할 수 있다." M. G. Kendall and W. R. Buckland, *A Dictionary of Statistical Terms,* Hafner Publishing Company, Inc., New York, 1972, p.143.

42. 상세한 내용은 George G Judge, et al., op. cit., 14.4절, pp. 415–420 참조.

예제 11.9

아동 사망에 대한 재검토

이전에 여러 번 보았던 아동 사망의 예로 돌아가자. 64개 국가의 자료로부터 식 (8.1.4)와 같은 회귀결과를 얻었다. 자료가 상이한 아동 사망 경험을 갖고 있는 다양한 나라들이 포함된 횡단면 자료이므로 이분산에 직면할 가능성이 있다. 이를 알아내기 위해 먼저 식 (8.1.4)로부터 얻은 잔차를 살펴보자. 이 잔차는 그림 11.12에 그려져 있다. 이 그림을 보면 잔차는 이분산을 시사하는 어떤 뚜렷한 양상도 보이지 않는다. 그럼에도 불구하고 겉보기는 믿을 수 없다. 그러므로 이분산의 증거가 존재하는지를 알아보기 위해 Park, Glejser, White 검정을 시도해 보기로 한다.

Park 검정. 회귀변수가 GNP와 FLR 등 두 개 있으므로 우리는 회귀식 (8.1.4)에서 얻은 잔차 자승을 이들 중 한 변수에 회귀할 수 있다. 또는 우리는 잔차 자승을 회귀식 (8.1.4)로부터 추정된 CM값($=\widehat{CM}$)에 회귀할 수 있다. 후자를 이용하여 다음의 결과를 얻었다.

$$\begin{aligned}\widehat{u_i^2} &= 854.4006 + 5.7016\,\widehat{CM}_i \\ t &= \quad (1.2010) \quad (1.2428) \qquad r^2 = 0.024\end{aligned} \tag{11.7.1}$$

주: $\hat{u}_i$은 회귀식 (8.1.4)로부터 얻은 잔차이고, $\widehat{CM}$은 식 (8.1.4)로부터의 CM의 추정값이다.

이 회귀식이 보여 주듯이 잔차 자승과 추정된 CM값 간에는 아무 체계적 관계가 존재하지 않아(그 이유는?) 동분산 가정이 타당할 수 있다는 것을 시사한다. 또한 $\widehat{CM}$의 로그값에 잔차 자승의 로그값을 회귀하여도 결론은 변하지 않는다.

Glejser 검정. 식 (8.1.4)로부터 얻은 잔차의 절대값을 동일한 회귀로부터 얻은 추정된 CM값에 대해 회귀한 결과가 다음과 같다.

$$\begin{aligned}\widehat{|\hat{u}_i|} &= 22.3127 + 0.0646\,\widehat{CM}_i \\ t &= (2.8086) \quad (1.2622) \qquad r^2 = 0.0250\end{aligned} \tag{11.7.2}$$

역시 기울기 계수의 t값이 통계적으로 유의하지 않으므로 잔차의 절대값과 추정된 CM값 간에는 그다지 체계적 관계가 없다.

White 검정. 교차곱 항이 있는 것과 없는 것에 대해 White의 이분산 검정을 실시한 결과 이분산이 존재한다는 어떤 증거도 찾지 못했다. 또한 White의 이분산 일치 표준오차와 t값을 얻기 위해 식 (8.1.4)를 재추정하였으나 결과가 식 (8.1.4)의 결과와 매우 유사하였

그림 11.12
회귀식 (8.1.4)로부터의 잔차

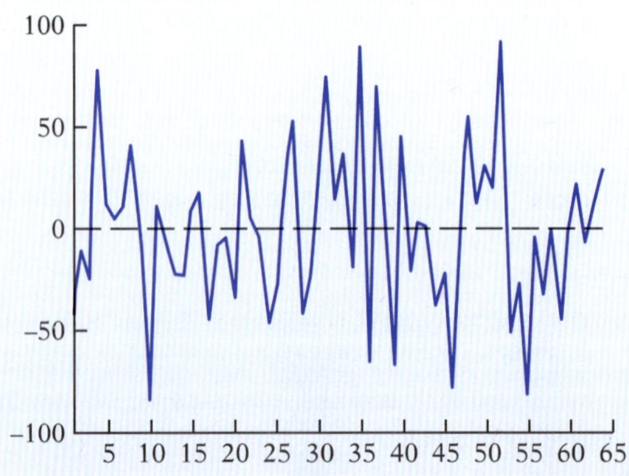

예제 11.9 (계속)

는데 이는 우리가 앞에서 행한 다양한 이분산 검정에 비추어 볼 때 놀랄 것이 없다.

종합하면 아동 사망 회귀 (8.1.4)는 이분산이 존재하지 않는 것으로 보인다.

예제 11.10

미국의 14개 산업분류에서의 R&D 지출, 매상, 이윤(2005년)

표 11.5는 미국의 14개 산업분류에 대한 연구개발(R&D) 지출, 매상, 이윤에 대한 자료를 보여주고 있다(모든 수치는 100만 달러). 이 표에 나타난 횡단면 자료는 꽤 이질적이므로 매상에 대한 R&D의 회귀에서 이분산이 존재할 가능성이 있다. 회귀결과는 다음과 같다.

$$\begin{aligned}\widehat{\text{R\&D}}_i &= 1338 \quad + \quad 0.0437\ \text{Sales}_i \\ \text{se} &= (5015) \qquad (0.0277) \\ t &= (0.27) \qquad (1.58) \qquad r^2 = 0.172\end{aligned} \tag{11.7.3}$$

놀랄 것도 없이 비록 전통적 수준에서는 통계적으로 유의하지 않지만 R&D와 매상 간에는 양의 관계가 존재한다.

회귀식 (11.7.3)에 이분산이 존재하는지를 검토하기 위해 모형으로부터 잔차 $\hat{u}_i$과 잔차 자승 $\hat{u}_i^2$을 구해 그림 11.13에서와 같이 매상에 대해 점으로 표시한다. 이 그림으로부터 잔차와 잔차 자승과 매상 간에는 체계적 양상이 존재하여 이분산이 존재하는 것을 시사한다. 이를 공식적으로 검정하기 위해 Park, Glejser, White 검정을 하였는데 그 결과는 다음과 같다.

표 11.5
미국의 14개 산업분류에서의 R&D 지출, 매상, 이윤(2005년) (100만 달러)

출처: National Science Foundation, Division of Science Resources Statistics, Survey of Industrial Research and Development: 2005와 the U.S. Census Bureau Annual Survey of Manufacturers, 2005.

	산업	매상	R&D	이윤
1	식품	374,342	2,716	234,662
2	직물, 의복, 가죽제품	51,639	816	53,510
3	염기성 화학제품	109,899	2,277	75,168
4	수지, 합성고무, 섬유, 홑 섬유	132,934	2,294	34,645
5	의약품	273,377	34,839	127,639
6	플래스틱 및 고무제품	90,176	1,760	96,162
7	조립금속제품	174,165	1,375	155,801
8	기계	230,941	8,531	143,472
9	컴퓨터와 주변기기	91,010	4,955	34,004
10	반도체와 기타 전자부품	176,054	18,724	81,317
11	운항, 측정, 전자의료 장비	118,648	15,204	73,258
12	전기제품과 부품	101,398	2,424	54,742
13	항공우주제품과 부품	227,271	15,005	72,090
14	의료장비	56,661	4,374	52,443

Park 검정

$$\begin{aligned}\widehat{u_i^2} &= -72{,}493{,}719 \quad + \quad 916.1\ \text{Sales}_i \\ \text{se} &= (54{,}940{,}238) \qquad (303.9) \\ t &= (-1.32) \qquad (3.01) \qquad r^2 = 0.431\end{aligned} \tag{11.7.4}$$

Park 검정 결과 잔차 자승과 매상 간에는 통계적으로 유의한 양의 관계가 존재한다는 것을 시사한다.

예제 11.10

(계속)

그림 11.13 매상에 대한 (a) 잔차와 (b) 잔차 자승

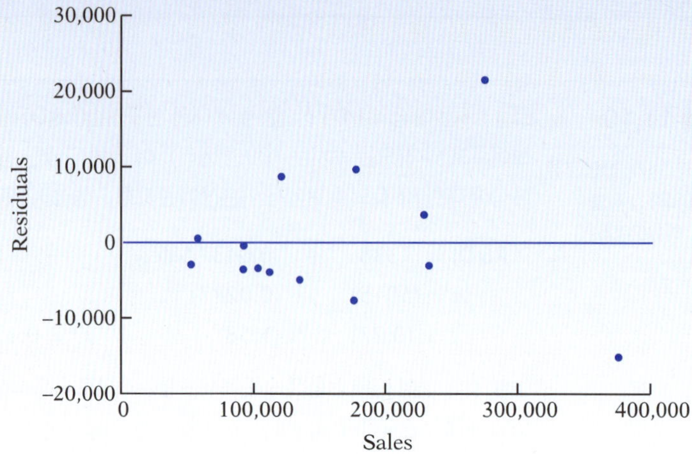

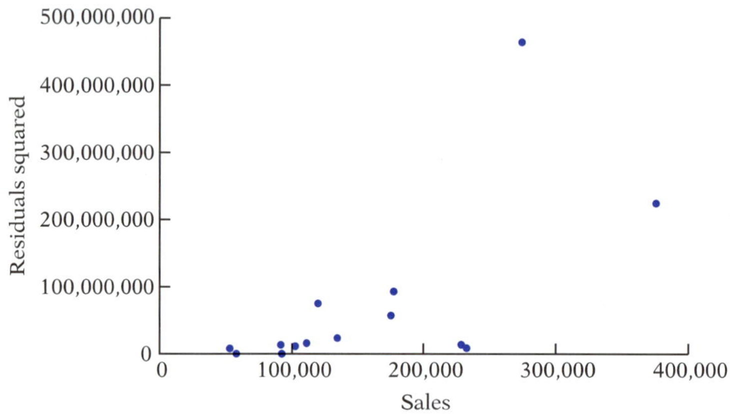

Glejser 검정

$$\begin{aligned} \widehat{|\hat{u}_i|} &= -1003 + 0.04639\ \text{Sales}_i \\ \text{se} &= \quad (2316) \qquad (0.0128) \\ t &= (-0.43) \qquad (3.62) \qquad r^2 = 0.522 \end{aligned} \tag{11.7.5}$$

Glejser 검정 결과 역시 잔차의 절대값과 매상 간에는 체계적인 관계가 존재하는 것을 시사하여 회귀식 (11.7.3)에 이분산이 존재할 가능성을 제기하고 있다.

White 검정

$$\begin{aligned} \widehat{\hat{u}_i^2} &= -46{,}746{,}325 + 578\ \text{Sales}_i + 0.000846\ \text{Sales}_i^2 \\ \text{se} &= (112{,}224{,}348) \qquad (1308) \qquad (0.003171) \\ t &= \qquad (-0.42) \qquad (0.44) \qquad (0.27) \\ & \qquad\qquad R^2 = 0.435 \end{aligned} \tag{11.7.6}$$

R^2값과 n=14를 이용하여 $nR^2 = 6.090$을 얻게 된다. 이분산이 존재하지 않는다는 귀무가설 하에서 이것은 자유도가 2(왜냐하면 식 (11.7.6)에는 두 개의 회귀변수가 있다)인 카

예제 11.10 (계속)

이 자승 분포를 따른다. 카이 자승의 값이 6.090 이상을 얻게 되는 p값은 약 0.0476이다. 이 값은 낮은 값이므로 White 검정 역시 이분산이 존재한다는 것을 시사한다.

요컨대 잔차 그래프와 Park, Glejser, White 검정에 근거할 때 R&D 회귀 (11.7.3)은 이분산이 존재하는 것으로 보인다. 진정한 오차분산은 모르기 때문에 이분산 교정 표준오차와 t값을 구하기 위해 가중최소자승법을 사용할 수가 없다. 따라서 오차분산의 본질에 대해 근거 있는 추측을 해야만 한다.

우리의 예를 끝마치기 위해 11.6절에서 논의된 바와 같이 White의 이분산 교정 표준오차를 제시하고 있다.

$$
\begin{aligned}
\widehat{\text{R \& D}}_i &= \quad 1337.87 \quad + \; 0.0437\ \text{Sales}_i \\
\text{se} &= (4892.447) \quad (0.0411) \\
t &= \quad (0.27) \qquad (1.06) \qquad\qquad r^2 = 0.172
\end{aligned}
\tag{11.7.7}
$$

식 (11.7.7)과 식 (11.7.3)(후자는 이분산에 대해 교정되지 않은 것임)을 비교해 보면 (우리가 예상하였듯이) 모수 추정치는 변하지 않았고, 절편 계수의 표준오차는 약간 감소하였으며 기울기 계수의 표준오차는 약간 증가하였다. 그러나 White 절차는 엄격히 말해 대표본 절차인데 반해 우리의 경우 단지 14개 관찰치 밖에 없다는 것을 기억하라.

예제 11.11

교재의 website에 있는 표 11.6에는 북서부 오하이오 주에 있는 94개 교육구의 봉급과 연관 자료가 제공되고 있다. 처음에 이 자료로부터 다음 회귀식이 추정되었다.

$$\ln(\text{Salary})_i = \beta_1 + \beta_2 \ln(\text{Famincome}) + \beta_3 \ln(\text{Propvalue}) + u_i$$

여기서 Salary = 교사들의 평균 봉급($), famincome = 교육구의 평균 가구소득($), propvalue = 교육구의 평균 재산가치($)이다.

이것은 이중 로그모형이므로 모든 기울기 계수들은 탄력성을 나타낸다. 교과서에서 논의된 다양한 이분산 검정에 기초할 때 앞의 모형은 이분산이 존재하는 것으로 나타났다. 다음의 표는 로버스트 표준오차가 존재할 때와 존재하지 않을 때의 회귀결과이다.

변수	계수	OLS se	로버스트 se
절편	7.0198	0.8053	0.7721
		(8.7171)	(9.0908)
ln(famincome)	0.2575	0.0799	0.1009
		(3.2230)	(2.5516)
ln(propvalue)	0.0704	0.0207	0.0460
		(3.3976)	(1.5311)
R^2	0.2198		

주: 괄호 안의 숫자는 추정된 t값임.

OLS를 사용하든 White의 방법을 사용하든 계수값과 R^2은 동일하더라도 표준오차는 달라졌다. 가장 극적인 변동은 ln(propvalue) 계수의 표준오차이다. 통상적인 OLS 결과 이 변수의 추정된 계수는 통계적으로 매우 유의한 것으로 나타나는 반면 White의 로버스트 표준오차에 의하면 이 계수는 10% 수준에서도 유의하지 않은 것으로 나타난다. 이 예의 요점은 만일 이분산이 존재한다면 모형을 추정할 때 이를 감안해야 한다는 것이다.

11.8 이분산에 대한 과다반응에 대한 주의

전절에서 논의된 R&D 예로 돌아가서 원래의 모형 (11.7.3)에서 이분산을 교정하기 위해 제곱근 변환을 사용하였을 때 기울기 계수의 표준오차는 감소하고, 그것의 t값은 증가하는 것을 보았다. 이 변동은 매우 중요하므로 실제로 그것에 대해 걱정을 해야 하나? 달리 표현하면 우리는 정말로 이분산 문제에 대해 걱정해야만 하는가? 한 학자는 다음과 같이 주장한다. "이분산으로 인해 훌륭한 모형을 내버려서는 안 된다."[43]

여기 John Fox가 전한 주의사항을 염두에 두면 유익할 수 있다.

> ... 동일하지 않은 오차분산은 문제가 심각할 때에만 교정할 가치가 있다.
> 일정하지 않은 오차분산이 통상최소자승 추정량과 최소자승 추론의 타당성에 미치는 영향은 표본크기, σ_i^2의 변동의 정도, X(즉 회귀변수) 값의 형태, 오차분산과 X들과의 관계 등의 요소에 달려 있다. 따라서 이분산에 의해 발생하는 안 좋은 점들에 대해 전적으로 일반적인 결론을 도출하는 것은 불가능하다.[44]

모형 (11.3.1)로 돌아가서 기울기 추정량의 분산 $var(\hat{\beta}_2)$는 식 (11.2.3)의 통상적인 공식에 의해 구해지는 것을 보았다. GLS 하에서는 기울기 추정량의 분산 $var(\hat{\beta}_2^*)$은 식 (11.3.9)에 의해 구해진다. 우리는 후자가 전자보다 더 효율적이라는 것을 알고 있다. 그러나 전자(즉 OLS)의 분산이 GLS 분산에 비해 얼마나 커야 우리가 정말로 걱정해야 하나? 경험칙으로 Fox는 "...가장 큰 오차분산이 가장 작은 것의 10배가 넘을 때"[45] 이 문제에 대해 걱정해야 한다고 말하고 있다. 따라서 11.4절에 있는 Davidson과 MacKinnon의 몬테칼로 모의실험으로 돌아가서 $\alpha = 2$의 경우를 보자. OLS 하에서는 추정된 β_2의 분산이 0.04이고, GLS 하에서는 0.012로 후자에 대한 전자의 비율은 약 3.33이다.[46] Fox 규칙에 따르면 이 경우 이분산의 심각성은 걱정할 정도로 크지 않다.

또한 이분산에도 불구하고 OLS 추정량은 (일반적 조건 하에서) 점근적으로 (즉 대표본에서) 정규분포를 한다는 것을 기억하라.

우리가 고전적 선형회귀모형 가정 중 위배가 되는 다른 경우를 논의할 때 보겠지만 이 절에서 언급된 주의사항은 일반적 규칙으로서 적절하다. 그렇지 않으면 극단으로 갈 수도 있다.

---

43. N. Gregory Mankiw, "A Quick Refresher Course in Macroeconomics," *Journal of Economic Literature*, vol. XXVIII, December 1990, p.1648.
44. John Fox, *Applied Regression Analysis, Linear Models, and Related Methods*, Sage Publications, California, 1997, p.306.
45. Ibid., p.307.
46. 분산을 구하기 위해 표준오차를 자승한다는 것에 유의할 것.

요약 및 결론

1. 고전적 선형회귀모형의 중요한 가정 가운데 하나가 교란항 u_i가 모두 동일한 분산, σ^2을 갖는다는 것이다. 만일 이 가정이 만족되지 않는다면 이분산이 존재하게 된다.
2. 이분산으로 인해 통상적인 OLS 추정량의 불편성과 일치성은 손상되지 않는다.
3. 그러나 이 추정량은 더 이상 최소분산적, 또는 효율적이 아니다. 환언하면 이들은 더 이상 BLUE가 아니다.
4. BLUE 추정량은 이분산 오차분산 σ_i^2이 알려져 있다는 가정하에서 가중최소자승법으로 구할 수 있다.
5. 이분산이 있는 경우 OLS 추정량의 분산은 통상적인 OLS 공식으로 구할 수 없다. 그러나 통상적인 OLS 공식을 사용하면 이에 기초한 t검정과 F검정은 매우 오도된 결과를 초래하고 그 결과 잘못된 결론을 이끌어내게 된다.
6. 이분산의 이론적 귀결을 열거하는 것은 비교적 용이하지만 이분산을 탐지하는 것은 그리 쉽지 않다. 사용가능한 여러 가지 진단적 검정방법이 있지만, 주어진 상황에서 어느 방법이 잘 들어맞는지를 확신적으로 말할 수는 없다.
7. 이분산이 의심스럽고 이를 탐지했다 해도, 이분산 문제를 교정하는 것은 쉽지 않다. 표본의 크기가 크다면 OLS 추정량에 대한 White의 이분산이 교정된 표준오차를 구할 수 있고 이 표준오차에 기초한 통계적 추론을 수행할 수 있다.
8. 그렇지 않은 경우, OLS 잔차에 기초하여 이분산의 그럴듯한 형태에 대해 짐작을 할 수있고 이분산이 없도록 자료를 변형할 수 있다.

연습문제

질문

11.1. 다음의 내용이 참인지, 거짓인지, 아니면 불확실한지 밝히고, 간략하게 이유를 적어라

a. 이분산이 존재하는 경우 OLS 추정량은 편의되어 있고 비효율적이다.

b. 이분산이 있는 경우 전형적인 t검정과 F검정은 유효하지 않다.

c. 이분산이 있는 경우 통상적인 OLS 방법은 항상 추정량의 표준오차를 과대 추정한다.

d. OLS 회귀로 추정한 잔차가 체계적 형태를 보인다면 이 자료에 이분산이 존재한다는 것을 의미한다.

e. 오차항과 어떤 변수가 관련되어 있는지에 관한 가정으로부터 자유로울 수 있는 일반적인 이분산 검정은 존재하지 않는다.

f. 회귀모형이 오표기되어 있다면(예를 들어, 중요변수 하나가 생략되어 있다) OLS 잔차는 특징적인 형태를 보이게 된다.

g. 상수가 아닌 분산을 가진 회귀변수가 (잘못되게)모형에서 생략되어 있다면, (OLS)잔차는 이분산이다.

11.2. 30개 기업의 확률표본에 대해 평균임금(W)을 고용자의 수(N)에 회귀하여, 다음의 회귀결과를 얻었다.*

$$\begin{aligned}\widehat{W} &= 7.5 + \quad 0.009N \\ t &= \text{n.a.} \quad (16.10) \qquad R^2 = 0.90\end{aligned} \tag{1}$$

$$\begin{aligned}\widehat{W}/N &= \quad 0.008 + \quad 7.8(1/N) \\ t &= (14.43) \quad (76.58) \qquad R^2 = 0.99\end{aligned} \tag{2}$$

a. 두 회귀결과를 어떻게 해석할 수 있는가?

b. 식 (1)에서 식 (2)로 가는데 저자는 어떠한 가정을 하였는가? 저자가 이분산을 우려하였는가? 이를 어떻게 알 수 있는가?

c. 두 모형의 기울기와 절편을 관련지을 수 있는가?

d. 두 모형의 R^2을 비교할 수 있는가? 그 이유는?

11.3. a. OLS에 의해 다음 모형의 모수들을 추정할 수 있는가? 그 이유는?

$$|\hat{u}_i| = \sqrt{\beta_1 + \beta_2 X_i} + v_i$$

$$|\hat{u}_i| = \sqrt{\beta_1 + \beta_2 X_i^2} + v_i$$

b. 만일 할 수 없다면 그와 같은 모형의 모수를 추정하는 비공식적이나 공식적인 방법을 제시할 수 있는가?(14장 참조)

11.4. 식 (11.6.12)과 같은 로그 모형은 종종 이분산을 감소시키지만 그와 같은 모형의 교란항의 속성에 유의해야 한다. 예를 들어

$$Y_i = \beta_1 X_i^{\beta_2} u_i \tag{1}$$

는 다음과 같이 쓸 수 있다.

$$\ln Y_i = \ln \beta_1 + \beta_2 \ln X_i + \ln u_i \tag{2}$$

a. $\ln u_i$ 의 기대치가 0이기 위해서는 u_i의 분포는 어떻게 되어야 하나?

b. 만일 $E(u_i) = 1$이면 $E(u_i) = 0$인가? 그 이유는?

c. 만일 $E(\ln u_i)$가 0이 아니라면 어떻게 하면 0이 되게 할 수 있나?

11.5. 식 (11.3.8)의 β_2^*를 다음과 같이 쓸 수 있음을 보이고

* Dominick Salvatore, *Managerial Economics*, McGraw-Hill, New York, 1989, p.157 참조.

$$\beta_2^* = \frac{\sum w_i y_i^* x_i^*}{\sum w_i x_i^{2*}}$$

식 (11.3.9)의 $var(\beta_2^*)$은 다음과 같이 쓸 수 있음을 증명하라.

$$\text{var}\,(\beta_2^*) = \frac{1}{\sum w_i x_i^{2*}}$$

여기서 $y_i^* = Y_i - \bar{Y}^*$, $x_i^* = X_i - \bar{X}^*$는 다음과 같이 정의되는 가중평균 $\bar{Y}^*$와 $\bar{X}^*$으로부터의 편차이다.

$$\bar{Y}^* = \sum w_i Y_i \Big/ \sum w_i$$

$$\bar{X}^* = \sum w_i X_i \Big/ \sum w_i$$

11.6. Hanushek과 Jackson은 다음과 같은 모형을 추정하고 있다.

$$C_t = \beta_1 + \beta_2 \text{GNP}_t + \beta_3 D_t + u_i \qquad \textbf{(1)}$$

여기서 C_t= 연도 t의 민간소비지출, GNP_t = 연도 t의 국민총생산, D_t = 연도 t의 국방비 지출이다. 연구목적은 경제내의 다른 지출에 대한 국방비지출의 효과를 분석하는 것이다.

$\sigma_t^2 = \sigma^2(\text{GNP}_t)^2$이라는 가정 하에 식 (1)을 변환하여 다음 식을 추정하였다.

$$C_t/\text{GNP}_t = \beta_1\,(1/\text{GNP}_t) + \beta_2 + \beta_3\,(D_t/\text{GNP}_t) + u_t/\text{GNP}_t \qquad \textbf{(2)}$$

1946~1975년의 자료에 기초한 분석결과는 다음과 같다.(괄호 안의 숫자는 표준오차).*

$$\begin{aligned}
\hat{C}_t &= 26.19 \quad + 0.6248\,\text{GNP}_t - 0.4398\,D_t \\
&\quad (2.73) \qquad (0.0060) \qquad (0.0736) \qquad R^2 = 0.999 \\
\widehat{C_t/\text{GNP}_t} &= 25.92\,(1/\text{GNP}_t) + 0.6246 - 0.4315\,(D_t/\text{GNP}_t) \\
&\quad (2.22) \qquad (0.0068) \qquad (0.0597) \qquad R^2 = 0.875
\end{aligned}$$

a. 이분산의 속성에 대해 이들은 어떤 가정을 하고 있나? 그것에 대한 근거를 제시할 수 있는가?

b. 두 회귀식의 결과를 비교하라. 원래의 모형을 변환시킴으로써 결과가 개선되었나? 즉 추정된 표준오차가 감소했나? 그 이유는?

c. 두 R^2값을 비교할 수 있나? 그 이유는?(Hint: 종속변수들을 조사하라)

11.7. 추정된 회귀식 (11.6.2)와 (11.6.3)에 따르면 회귀결과가 매우 유사하다. 이 결과를 어떻게 설명할 수 있을까?

11.8. 각 i에 대하여 $w_i = w$(상수)이면 $\beta_2^* = \hat{\beta}_2$일 뿐만 아니라 그것들의 분산도

* Eric A. Hanushek and John E. Jackson, *Statistical Methods for Social Scientists*, Academic Press, New York, 1977, p.160.

동일해지는 것을 증명하라.

11.9. 공식 (11.2.2)와 (11.2.3)을 상기하면서 다음과 같이 가정한다.

$$\sigma_i^2 = \sigma^2 k_i$$

여기서 σ^2은 상수이고, k_i는 알고 있는 가중치인데 모두 같을 필요는 없다.
이 가정을 이용하여 식 (11.2.2)의 분산이 다음과 같이 됨을 증명하라.

$$\text{var}(\hat{\beta}_2) = \frac{\sigma^2}{\sum x_i^2} \cdot \frac{\sum x_i^2 k_i}{\sum x_i^2}$$

우변의 첫번째 항은 (11.2.3)의 분산공식, 즉 동분산하에서의 $var(\hat{\beta}_2)$이다. 이분산과 동분산 하에서의 $var(\hat{\beta}_2)$은 본질적으로 어떠한 관계인가? (Hint: 앞의 공식의 우변의 두 번째 항을 조사하라) 식 (11.2.2)와 (11.2.3)간의 관계에 대하여 보편적인 결론을 도출할 수 있나?

11.10. 다음 모형에서

$$Y_i = \beta_2 X_i + u_i \text{ (주: 절편이 없음)}$$

$var(u_i) = \sigma^2 X_i^2$라고 알려져 있다. 이 때 다음을 증명하여라.

$$\text{var}(\hat{\beta}_2) = \frac{\sigma^2 \sum X_i^4}{\left(\sum X_i^2\right)^2}$$

실증문제

11.11. 표 11.1에 있는 자료에서 고용규모를 관찰치 단위로 취급하고 평균 생산성 X에 대한 평균급료 Y를 회귀하고 그 결과를 해석하며 그 결과가 식 (11.5.3)과 일치하는지를 검토하라.

a. 이 회귀로부터 잔차 $\ln \hat{u}_i$를 구하라.

b. Park검정에 따라 $\ln \hat{u}_i^2$을 $\ln X_i$에 대해 회귀하고 식(11.5.4)가 나오는지를 확인하라.

c. Glejser 접근법에 따라 $|\hat{u}_i|$를 X_i에 대해, 그리고 $|\hat{u}_i|$를 $\sqrt{X_i}$에 대해 회귀하고 그 결과를 논평하라.

d. $|\hat{u}_i|$와 X_i간의 순위상관을 구하고 만일 자료내에 이분산이 존재한다면 이 이분산의 속성에 대해 논평하라.

11.12. 표 11.6은 1971년 1사분기부터 1973년 4사분기까지 자산규모에 의해 분류된 미국 제조업에서의 판매액/현금 비율에 관한 자료이다(자료는 분기별 자료). 이 판매액/현금 비율은 기업 부문에서의 소득 회전속도, 즉 1달러의 회전수의 척도로 간주될 수 있다.

a. 각 자산규모에 대하여 판매액/현금 비율의 평균과 표준편차를 계산하라.

b. 자산규모를 관찰치 단위로 사용하여 (a)에서 계산된 평균값을 표준편차에 대해 그림으로 표시하라.

표 11.6
자산규모
(백만달러)

연도와 분기	1–10	10–25	25–50	50–100	100–250	250–1,000	1,000 +
1971–I	6.696	6.929	6.858	6.966	7.819	7.557	7.860
–II	6.826	7.311	7.299	7.081	7.907	7.685	7.351
–III	6.338	7.035	7.082	7.145	7.691	7.309	7.088
–IV	6.272	6.265	6.874	6.485	6.778	7.120	6.765
1972–I	6.692	6.236	7.101	7.060	7.104	7.584	6.717
–II	6.818	7.010	7.719	7.009	8.064	7.457	7.280
–III	6.783	6.934	7.182	6.923	7.784	7.142	6.619
–IV	6.779	6.988	6.531	7.146	7.279	6.928	6.919
1973–I	7.291	7.428	7.272	7.571	7.583	7.053	6.630
–II	7.766	9.071	7.818	8.692	8.608	7.571	6.805
–III	7.733	8.357	8.090	8.357	7.680	7.654	6.772
–IV	8.316	7.621	7.766	7.867	7.666	7.380	7.072

출처 : *Quarterly Financial Report for Manufacturing Corporations,* Federal Trade Commission and Securities and Exchange Commission, U.S. government, 각년도(계산됨).

c. 적절한 회귀모형을 이용하여 비율의 표준편차가 평균값에 따라 증가하는지를 판정하라. 만일 그렇지 않다면 결과를 어떻게 해석하는 것이 합리적인가?

d. 만일 둘 사이에 통계적으로 유의한 관계가 존재한다면 이분산이 없도록 어떻게 자료를 변환시킬 수 있나?

11.13. **Bartlett의 분산의 동질성 검정.*** 가령 각각 평균이 μ이고 분산이 σ_i^2인 정규분포 모집단으로부터 자유도 $f_1, f_2, \cdots, f_k$인 k개의 독립적인 표본분산 $s_1^2, s_2^2, \cdots, s_k^2$이 존재한다고 하자. 또한 귀무가설을 H_0: $\sigma_1^2 = \sigma_2^2 = \cdots = \sigma_k^2 = \sigma^2$, 즉 각 표본분산은 동일한 모분산 σ^2추정치라는 것을 검정하고자 한다. 만일 귀무가설이 맞다면 다음 식은 모분산 σ^2의 공동(합동) 추정치를 나타낸다.

$$s^2 = \frac{\sum_{i=1}^{k} f_i s_i^2}{\sum f_i} = \frac{\sum f_i s_i^2}{f}$$

여기서 $f_i = (n_i - 1)$, n_i는 i번째 집단내의 관찰치수, $f = \sum_{i=1}^{k} f_i$.

Bartlett은 귀무가설이 비율 A/B로 검정될 수 있음을 입증했는데, 이 비율은 대략적으로 자유도 $k-1$의 χ^2분포를 한다. 이때 A와 B는 다음과 같다.

$$A = f \ln s^2 - \sum (f_i \ln s_i^2)$$

그리고

$$B = 1 + \frac{1}{3(k-1)} \left[\sum \left(\frac{1}{f_i} \right) - \frac{1}{f} \right]$$

표 11.1의 자료에 Bartlett검정을 적용하고 근로자 급료의 모분산이 각 고

* "Properties of Sufficiency and Statistical Tests," *Proceedings of the Royal Society of London A*, 160, 1937, p.268 참조.

용규모에 대해 일정하다는 가설이 5%의 유의수준에서 기각될 수 없다는 것을 입증하라.

주: 각 표본(즉 고용구간)에 대한 n_i는 10이므로 각 표본분산에 대한 자유도 f_i는 9이다.

11.14. 다음과 같이 원점을 통과하는 회귀모형을 보자.

$$Y_i = \beta X_i + u_i, \qquad i = 1, 2$$

$u_1 \sim N(0, \sigma^2), u_2 \sim N(0, 2\sigma^2)$이고 이것들은 통계적으로 독립이라고 하자. $X_1 = +1, X_2 = -1$일 때 β의 가중최소자승(WLS) 추정치와 그것의 분산을 구하라. 이 경우 두 오차분산이 동일(예를 들어 모두 σ^2)하다고 잘못 가정하였다면 β의 OLS 추정량은 어떻게 되나? 이 추정치와 WLS 방법으로 구한 추정치를 비교하라. 어떤 일반적 결론을 도출할 수 있나?*

11.15. 표 11.7은 81대 자동차의 MPG(1갤론당 평균 주행 마일), HP(엔진 마력), VOL(내부공간 크기, 입방피트), SP(최고 속도, 시간당 마일), WT(차 무게, 100파운드) 등에 대한 자료를 보여주고 있다.

a. 다음 모형을 보자.

$$\text{MPG}_i = \beta_1 + \beta_2 \text{SP}_i + \beta_3 \text{HP}_i + \beta_4 \text{WT}_i + u_i$$

이 모형의 모수들을 추정하고 결과를 해석하라. 경제학적으로 이치에 맞나?

b. 이 모형에서 오차분산이 이분산적이라고 예상되나? 그 이유는?

c. 오차분산이 이분산인지 여부를 찾아내기 위해 White 검정을 이용하라.

d. White의 이분산 일치 표준오차와 t값을 구하고 OLS로 구한 값과 비교하라.

e. 만일 이분산이 존재한다면 변환된 자료에서 오차분산이 동분산이 되도록 하기 위해서는 자료를 어떻게 변환할 것인가? 필요한 계산을 보여라.

11.16. **인도에서의 식품에 대한 지출.** 표 2.8에는 인도의 55가구의 식품에 대한 지출과 총지출에 대한 자료가 정리되어 있다.

a. 총지출에 대해 식품에 대한 지출을 회귀하고, 이 회귀로부터 얻은 잔차를 조사하라.

b. 총지출에 대해 (a)에서 얻은 잔차를 점으로 표시하고, 어떤 체계적 양상이 보이는지를 검토하라.

c. 만일 (b)에서의 산포도가 이분산이 존재하는 것을 시사한다면 Park, Glejser, White 검정을 적용하여, (b)에서 관찰된 이분산의 낌새가 이들 검정에 의해 지지되는지를 알아내라.

d. White의 이분산 일치 표준오차를 구하고, 이것을 OLS 표준오차와 비

* F. A. F. Seber, *Linear Regression Analysis*, John Wiley & Sons, New York, 1977, p.64로부터 개조되었음.

표 11.7 승용차 주행거리 자료

Observation	MPG	SP	HP	VOL	WT	Observation	MPG	SP	HP	VOL	WT
1	65.4	96	49	89	17.5	42	32.2	106	95	106	30.0
2	56.0	97	55	92	20.0	43	32.2	109	102	92	30.0
3	55.9	97	55	92	20.0	44	32.2	106	95	88	30.0
4	49.0	105	70	92	20.0	45	31.5	105	93	102	30.0
5	46.5	96	53	92	20.0	46	31.5	108	100	99	30.0
6	46.2	105	70	89	20.0	47	31.4	108	100	111	30.0
7	45.4	97	55	92	20.0	48	31.4	107	98	103	30.0
8	59.2	98	62	50	22.5	49	31.2	120	130	86	30.0
9	53.3	98	62	50	22.5	50	33.7	109	115	101	35.0
10	43.4	107	80	94	22.5	51	32.6	109	115	101	35.0
11	41.1	103	73	89	22.5	52	31.3	109	115	101	35.0
12	40.9	113	92	50	22.5	53	31.3	109	115	124	35.0
13	40.9	113	92	99	22.5	54	30.4	133	180	113	35.0
14	40.4	103	73	89	22.5	55	28.9	125	160	113	35.0
15	39.6	100	66	89	22.5	56	28.0	115	130	124	35.0
16	39.3	103	73	89	22.5	57	28.0	102	96	92	35.0
17	38.9	106	78	91	22.5	58	28.0	109	115	101	35.0
18	38.8	113	92	50	22.5	59	28.0	104	100	94	35.0
19	38.2	106	78	91	22.5	60	28.0	105	100	115	35.0
20	42.2	109	90	103	25.0	61	27.7	120	145	111	35.0
21	40.9	110	92	99	25.0	62	25.6	107	120	116	40.0
22	40.7	101	74	107	25.0	63	25.3	114	140	131	40.0
23	40.0	111	95	101	25.0	64	23.9	114	140	123	40.0
24	39.3	105	81	96	25.0	65	23.6	117	150	121	40.0
25	38.8	111	95	89	25.0	66	23.6	122	165	50	40.0
26	38.4	110	92	50	25.0	67	23.6	122	165	114	40.0
27	38.4	110	92	117	25.0	68	23.6	122	165	127	40.0
28	38.4	110	92	99	25.0	69	23.6	122	165	123	40.0
29	46.9	90	52	104	27.5	70	23.5	148	245	112	40.0
30	36.3	112	103	107	27.5	71	23.4	160	280	50	40.0
31	36.1	103	84	114	27.5	72	23.4	121	162	135	40.0
32	36.1	103	84	101	27.5	73	23.1	121	162	132	40.0
33	35.4	111	102	97	27.5	74	22.9	110	140	160	45.0
34	35.3	111	102	113	27.5	75	22.9	110	140	129	45.0
35	35.1	102	81	101	27.5	76	19.5	121	175	129	45.0
36	35.1	106	90	98	27.5	77	18.1	165	322	50	45.0
37	35.0	106	90	88	27.5	78	17.2	140	238	115	45.0
38	33.2	109	102	86	30.0	79	17.0	147	263	50	45.0
39	32.9	109	102	86	30.0	80	16.7	157	295	119	45.0
40	32.3	120	130	92	30.0	81	13.2	130	236	107	55.0
41	32.2	106	95	113	30.0						

주: VOL = 내부공간의 입방피트,
HP = 엔진 마력,
MPG = 1갤론당 평균 주행마일,
SP = 최고 속도, 시간당 마일,
WT = 차 무게, 100파운드,
Observation = 관찰된 차량 수(자동차의 명칭은 발표 안 됨).

출처: U.S. Environmental Protection Agency, 1991, Report EPA/AA/CTAB/91-02

교하라. 이 예에서 이분산을 교정할 가치가 있는지를 결정하라.

11.17. 연습문제 11.16을 반복하되, 이번에는 총지출의 로그에 대해 식품에 대한 지출의 로그를 회귀하라. 연습문제 11.16의 선형 모형에서는 이분산을 탐지했으나 로그-선형모형에서는 그렇지 않다면 어떤 결론을 이끌어낼 수

있나? 모든 필요한 계산을 보여라.

11.18. **White 검정의 지름길.** 교과서에 쓰여 있듯이 만일 몇몇 회귀변수들이 존재할 때 우리가 모든 회귀변수들과 그것들의 자승항, 그것들의 교차곱 항들을 포함시키게 되면 White 검정은 자유도를 소모할 수 있다. 그러므로 식 (11.5.22)와 같은 회귀식을 추정하는 대신 단지 다음과 같은 모형을 회귀하면 안 되나?

$$\hat{u}_i^2 = \alpha_1 + \alpha_2 \hat{Y}_i + \alpha_2 \hat{Y}_i^2 + \nu_i$$

여기서 $\hat{Y}_i$은 추정하는 모형이 무엇이든 추정된 Y(즉 피회귀변수) 값이다. 결국 $\hat{Y}_i$은 단지 회귀변수들의 가중평균인데, 이때 추정된 회귀계수들이 가중치의 대용이 된다.

앞의 회귀식으로부터 R^2의 값을 구하고 식 (11.5.22)를 이용하여 이분산이 존재하지 않는다는 가설을 검정하라.

이 검정방법을 연습문제 11.16의 식품에 대한 지출 예에 적용하라.

11.19. 11.7절에서 논의된 R&D 예(연습문제 11.10)로 돌아가자. 이윤을 회귀변수로 사용하여 그 예를 반복하라. 선험적으로 이 결과가 매상을 회귀변수로 사용해서 구한 결과와 상이할 것으로 예상되나? 그 이유는?

11.20. 표 11.8은 2007 학년도에 미국 대학교 통계학과 정교수의 연봉 중위값에 대한 자료이다.

a. 연봉 중위값을 (경험년도의 척도로서) 정교수인 기간에 대해 산포도를 작성하라. 산포도 작성을 위해 연봉의 중위값은 정교수인 기간의 중간점을 언급하는 것으로 가정한다. 따라서 범위 4−5에서 연봉 \$124,578은 정교수인 기간이 4.5년이라는 것을 의미한다. 마지막 집단에 대해서는 범위가 31−33으로 가정한다.

b. 다음 회귀식을 보자.

$$Y_i = \alpha_1 + \alpha_2 X_i + u_i \quad (1)$$

$$Y_i = \beta_1 + \beta_2 X_i + \beta_3 X_i^2 + \nu_i \quad (2)$$

표 11.8
통계학과 정교수 연봉의 중위값, 2007년

출처: American Statistical Association, "2007 Salary Report."

정교수인 기간	총수	중위값
0 to 1	40	\$101,478
2 to 3	24	102,400
4 to 5	35	124,578
6 to 7	34	122,850
8 to 9	33	116,900
10 to 14	73	119,465
15 to 19	69	114,900
20 to 24	54	129,072
25 to 30	44	131,704
31 or more	25	143,000

여기서 Y=연봉의 중위값, X=(범위의 중간점으로 측정된) 정교수인 기간, 그리고 u와 v는 오차항이다. 왜 모형 (2)가 모형 (1)보다 선호되는지를 입증할 수 있나? 주어진 자료로 두 모형을 추정하라.

c. 모형 (1)에서는 이분산을 탐지하였으나 모형 (2)에서는 그렇지 않다면 어떤 결론을 도출할 수 있나? 필요한 계산을 보여라.

d. 모형 (2)에서 이분산이 탐지된다면 변환된 모형에서는 이분산이 존재하지 않도록 모형을 어떻게 변환할 것인가?

11.21. 다음과 같은 자료가 주어져 있다.

처음의 30개의 관찰치에 기초한 $RSS_1 = 55$, $df = 25$

나중의 30개의 관찰치에 기초한 $RSS_2 = 140$, $df = 25$

5%의 유의수준에서 이분산에 대한 Goldfeld–Quandt검정을 실시하라.

11.22. 표 11.9는 20개 국가 주식가격의 1년간 백분비 변동(Y)과 소비자 가격(X)에 대한 횡단면 자료이다.

a. 자료의 산포도를 그려라.

b. X에 대해 Y를 회귀하고 이 회귀로부터의 잔차를 조사하라. 무엇을 관찰할 수 있나?

c. 칠레에 대한 자료는 틀을 벗어난 것처럼 보이므로(이상점?) 칠레에 대한 자료를 빼고 (b)의 회귀를 반복하라. 이제 이 회귀로부터의 잔차를 조사하라. 무엇을 관찰할 수 있나?

표 11.9
주식가격과 소비자가격, 2차 대전 이후 기간 (1969년까지)

출처: Phillip Cagan, *Common Stock Values and Inflation: The Historical Record of Many Countries*, National Bureau of Economic Research, Suppl., March 1974, Table 1, p.4.

	변화율, 1년당 %	
	주식가격	소비자가격
국가	Y	X
1. Australia	5.0	4.3
2. Austria	11.1	4.6
3. Belgium	3.2	2.4
4. Canada	7.9	2.4
5. Chile	25.5	26.4
6. Denmark	3.8	4.2
7. Finland	11.1	5.5
8. France	9.9	4.7
9. Germany	13.3	2.2
10. India	1.5	4.0
11. Ireland	6.4	4.0
12. Israel	8.9	8.4
13. Italy	8.1	3.3
14. Japan	13.5	4.7
15. Mexico	4.7	5.2
16. Netherlands	7.5	3.6
17. New Zealand	4.7	3.6
18. Sweden	8.0	4.0
19. United Kingdom	7.5	3.9
20. United States	9.0	2.1

d. 당신은 (b)에서의 결과를 토대로 오차분산에 이분산이 존재하였다고 결론을 내리고, (c)에서의 결과를 토대로 당신의 결론을 뒤집는다면 당신이 도출하는 보편적 결론은 무엇인가?

11.23. 웹사이트로부터 표 11.10은 Fortune 500개 기업 447명의 사장들의 연봉과 관련 자료를 보여주고 있다. 자료에는 salary = 1999년 연봉과 보너스, totcomp = 1999년 CEO 총보수, tenure = CEO로서 근무기간(6개월 미만이면 0), age = CEO의 연령, sales = 기업의 1998년도 총매출수입, profits = 기업의 1998년도 이윤, assets = 기업의 1998년도 총자산 등이 포함되어 있다.

a. 이 자료로부터 다음 회귀식을 추정하고 이분산을 점검하기 위해 Breusch–Pagan–Godfrey 통계량을 구하라.

$$\text{salary}_i = \beta_1 + \beta_2\text{tenure}_i + \beta_3\text{age}_i + \beta_4\text{sales}_i + \beta_5\text{profits}_i + \beta_6\text{assets}_i + u_i$$

이분산으로 인해 문제가 있는 것으로 보이나?

b. 이제 ln(salary)를 종속변수로 하는 두 번째 모형을 만들어라. 이분산에 있어서 개선이 있는 것으로 보이나?

c. 연봉과 각 독립변수에 대한 산포도를 그려라. 어떤 변수(들)가 이 이슈에 기여하고 있는지 구별할 수 있나? 이제 이것을 역점을 두어 다루기 위해 어떤 제안을 하겠나? 최종 모형은 어떤 것인가?

부록 11A

11A.1 식(11.2.2)의 증명

부록 3A의 3A. 3절로부터

$$\begin{aligned}\operatorname{var}(\hat{\beta}_2) &= E\left(k_1^2u_1^2 + k_2^2u_2^2 + \cdots + k_n^2u_n^2 + 2 \text{ 교차항의 곱 }\right)\\ &= E\left(k_1^2u_1^2 + k_2^2u_2^2 + \cdots + k_n^2u_n^2\right)\end{aligned}$$

계열상관이 없다는 가정으로 인해 교차항의 곱의 기대치는 0이 된다.

$$\operatorname{var}(\hat{\beta}_2) = k_1^2E\left(u_1^2\right) + k_2^2E\left(u_2^2\right) + \cdots + k_n^2E\left(u_n^2\right)$$

또한 k_i를 알고 있으므로(그 이유는?)

$$\operatorname{var}(\hat{\beta}_2) = k_1^2\sigma_1^2 + k_2^2\sigma_2^2 + \cdots + k_n^2\sigma_n^2$$

$E(u_i^2) = \sigma_i^2$이므로

$$\begin{aligned} \text{var}(\hat{\beta}_2) &= \sum k_i^2 \sigma_i^2 \\ &= \sum \left[\left(\frac{x_i}{\sum x_i^2} \right)^2 \sigma_i^2 \right] \qquad k_i = \frac{x_i}{\sum x_i^2} \text{ 이므로} \qquad \textbf{(11.2.2)} \\ &= \frac{\sum x_i^2 \sigma_i^2}{\left(\sum x_i^2\right)^2} \end{aligned}$$

11A.2 가중최소자승법

이 방법을 예시하기 위해 2변수 모형 $Y_i = \beta_1 + \beta_2 X_i + u$를 보자. 가중되지 않은 최소자승법에 따르면 추정치를 구하기 위해 다음 식을 극소화한다.

$$\sum \hat{u}_i^2 = \sum (Y_i - \hat{\beta}_1 - \hat{\beta}_2 X_i)^2 \tag{1}$$

한편 가중최소자승법에서는 가중된 잔차자승합계를 극소화한다.

$$\sum w_i \hat{u}_i^2 = \sum w_i (Y_i - \hat{\beta}_1^* - \hat{\beta}_2^* X_i)^2 \tag{2}$$

여기서 β_1^*와 β_2^*는 가중최소자승추정량인데 가중치 w_i는 다음과 같다.

$$w_i = \frac{1}{\sigma_i^2} \tag{3}$$

즉, 가중치는 주어진 X_i를 조건으로 한 u_i 또는 Y_i의 분산, $\text{var}(u_i | X_i) = \text{var}(Y_i | X_i) = \sigma_i^2$에 반비례한다.

식 (2)를 $\hat{\beta}_1^*$와 $\hat{\beta}_2^*$에 대해 미분하면

$$\frac{\partial \sum w_i \hat{u}_i^2}{\partial \beta_1^*} = 2 \sum w_i (Y_i - \hat{\beta}_1^* - \hat{\beta}_2^* X_i)(-1)$$

$$\frac{\partial \sum w_i \hat{u}_i^2}{\partial \beta_2^*} = 2 \sum w_i (Y_i - \hat{\beta}_1^* - \hat{\beta}_2^* X_i)(-X_i)$$

위의 두 식을 0으로 놓고 정리하면 다음과 같은 두 정규방정식을 얻게 된다.

$$\sum w_i Y_i = \hat{\beta}_1^* \sum w_i + \hat{\beta}_2^* \sum w_i X_i \tag{4}$$

$$\sum w_i X_i Y_i = \hat{\beta}_1^* \sum w_i X_i + \hat{\beta}_2^* \sum w_i X_i^2 \tag{5}$$

이 정규방정식과 가중되지 않은 최소자승법의 정규방정식이 유사한 것을 알 수 있다.

이 연립방정식을 풀면

$$\hat{\beta}_1^* = \bar{Y}^* - \hat{\beta}_2^* \bar{X}^* \tag{6}$$

그리고

$$\hat{\beta}_2^* = \frac{\left(\sum w_i\right)\left(\sum w_i X_i Y_i\right) - \left(\sum w_i X_i\right)\left(\sum w_i Y_i\right)}{\left(\sum w_i\right)\left(\sum w_i X_i^2\right) - \left(\sum w_i X_i\right)^2} \qquad \textbf{(11.3.8) = (7)}$$

식 (11.3.9)의 $\hat{\beta}_2^*$의 분산은 부록 3A의 3A.3절에서 $\hat{\beta}_2$의 분산을 구한 것과 같은 방법으로 구할 수 있다.

주: $\bar{Y}^* = \sum w_i Y_i / \sum w_i$, $\bar{X}^* = \sum w_i X_i / \sum w_i$이다. 모든 i에 대해 $w_i = w$일 때 이 가중평균들은 통상적인 또는 가중되지 않은 평균 $\bar{Y}$, $\bar{X}$와 같아진다는 것은 쉽게 증명될 수 있다.

11A.3 이분산 존재시 $E(\hat{\sigma}^2) \neq \sigma^2$의 증명

다음의 2변수 모형을 보자.

$$Y_i = \beta_1 + \beta_2 X_i + u_i \tag{1}$$

여기서 $\text{var}(u_i) = \sigma_i^2$이다.

이제

$$\begin{aligned}\hat{\sigma}^2 &= \frac{\sum \hat{u}_i^2}{n-2} = \frac{\sum (Y_i - \hat{Y}_i)^2}{n-2} = \frac{\sum [\beta_1 + \beta_2 X_i + u_i - \hat{\beta}_1 - \hat{\beta}_2 X_i]^2}{n-2} \\ &= \frac{\sum [-(\hat{\beta}_1 - \beta_1) - (\hat{\beta}_2 - \beta_2) X_i + u_i]^2}{n-2}\end{aligned} \tag{2}$$

$(\hat{\beta}_1 - \beta_1) = -(\hat{\beta}_2 - \beta_2)\bar{X} + \bar{u}$이므로 이것을 식 (2)에 대입하고 양변에 기대치를 취하면 다음과 같다.

$$\begin{aligned}E(\hat{\sigma}^2) &= \frac{1}{n-2}\left\{-\sum x_i^2 \,\text{var}(\hat{\beta}_2) + E\left[\sum (u_i - \bar{u})^2\right]\right\} \\ &= \frac{1}{n-2}\left[-\frac{\sum x_i^2 \sigma_i^2}{\sum x_i^2} + \frac{(n-1)\sum \sigma_i^2}{n}\right]\end{aligned} \tag{3}$$

여기서는 식 (11.2.2)가 이용되었다.

식 (3)에서 볼 수 있듯이 만일 동분산이 존재한다면, 즉 각 i에 대해 $\sigma_i^2 = \sigma^2$이면 $E(\hat{\sigma}^2) = \sigma^2$이다. 따라서 전형적으로 계산되는 $\hat{\sigma}^2 = \sum \hat{u}^2/(n-2)$ 의 기대치는 이분산이 존재할 때의 진정한 σ^2과 같지 않다.*

11A.4 White의 로버스트 표준오차

White의 이분산을 교정한 표준오차에 대해 약간 알기 위해 다음과 같이 2변수 회귀모형을 보자.

$$Y_i = \beta_1 + \beta_2 X_i + u_i \qquad \text{var}(u_i) = \sigma_i^2 \tag{1}$$

식 (11.2.2)에서 볼 수 있듯이

* 더 상세한 내용은 Jan Kmenta, *Elements of Econometrics*, 2d. ed., Macmillan, New York, 1986, pp.276–278 참조.

$$\text{var}(\hat{\beta}_2) = \frac{\sum x_i^2 \sigma_i^2}{\left(\sum x_i^2\right)^2} \tag{2}$$

σ_i^2은 직접 관찰할 수 없으므로 White는 σ_i^2 대신 각 i에 대한 잔차 자승인 $\hat{u}_i^2$을 이용하여 다음과 같이 $\text{var}(\hat{\beta}_2)$을 추정할 것을 제시한다.

$$\text{var}(\hat{\beta}_2) = \frac{\sum x_i^2 \hat{u}_i^2}{\left(\sum x_i^2\right)^2} \tag{3}$$

White는 식 (3)이 식 (2)의 일치추정량, 즉 표본크기가 무한히 증가함에 따라 식 (3)이 식 (2)에 수렴한다, 이라는 것을 증명하였다.*

부수적으로 만일 소지하고 있는 소프트웨어 패키지가 White의 로버스트 표준오차 절차를 포함하고 있지 않다면 할 수 있는 방법은 식 (3)에서 볼 수 있는 것처럼 우선 통상적인 OLS 회귀를 하여 이 회귀로부터 잔차를 얻은 다음 공식 (3)을 이용한다.

White의 절차는 k-변수 회귀모형으로 일반화될 수 있다.

$$Y_i = \beta_1 + \beta_2 X_{2i} + \beta_3 X_{3i} + \cdots + \beta_k X_{ki} + u_i \tag{4}$$

어떤 부분회귀계수, 예를 들어 $\hat{\beta}_j$의 분산도 다음과 같이 구할 수 있다.

$$\text{var}(\hat{\beta}_j) = \frac{\sum \hat{w}_{ji}^2 \hat{u}_i^2}{\left(\sum \hat{w}_{ji}^2\right)^2} \tag{5}$$

여기서 $\hat{u}_i$은 (원래의) 회귀 (4)로부터 구한 잔차이고, $\hat{w}_j$은 회귀변수 X_j의 식 (4)의 나머지 회귀변수들에 대한 (보조)회귀로부터 구한 잔차이다.

분명히 이것은 많은 시간이 걸리는 절차인데 왜냐하면 X 변수 각각에 대해 식 (5)를 추정해야 하기 때문이다. 물론 이러한 루틴을 수행하는 통계 패키지가 있다면 이러한 모든 노력을 피할 수 있다. PC-GIVE, EViews, MICROFIT, SHAZAM, STATA, LIMDEP과 같은 패키지들로 White의 이분산-로버스트 표준오차를 매우 쉽게 구할 수 있다.

* 보다 정확히 말하면 n 곱하기 식 (3)은 확률적으로 $E[(X_i - \mu_X)^2 u_i^2]/(\sigma_X^2)^2$에 수렴하는데 이것은 n 곱하기 식 (2)의 확률극한이다. 여기서 n은 표본크기, μ_X는 X의 기대치, σ_X^2은 X의 (모집단) 분산이다. 더 자세한 내용은 Jeffrey M. Wooldridge, *Introductory Econometrics: A Modern Approach*, South-Western Publishing, 2000, p.250 참조.

12장

자기상관: 오차항이 상관되어 있으면 어떻게 되나?

독자들은 실증분석을 위해 이용할 수 있는 자료가 대개 세 가지 유형, 즉 (1) 횡단면, (2) 시계열, (3) 횡단면과 시계열의 조합으로 합동자료로도 알려져 있음, 이 있다는 것을 기억할 것이다. 1부에서 고전적 선형회귀모형(CLRM)을 설명할 때 몇 가지 가정들을 했었는데 이것들은 7.1절에서 논의되었다. 그러나 모든 유형의 자료에서 이들 가정들이 전부 충족되지는 않는다는 것을 언급하였다. 사실 우리는 바로 앞장에서 횡단면 자료에서는 동분산 또는 동일한 오차분산 가정이 항상 유지될 수는 없다는 것을 보았다. 환언하면 횡단면 자료는 종종 이분산 문제를 갖게 된다.

그러나 횡단면 연구에서 자료는 종종 가구(소비함수 분석에서) 또는 기업(투자연구 분석에서)과 같이 횡단면 단위에 대한 확률표본을 토대로 수집되므로 한 가구나 기업에 해당되는 오차항이 다른 가구나 기업의 오차항과 상관되어 있다고 믿을 선험적 이유가 없다. 만일 우연히 횡단면 단위에서 그러한 상관관계가 탐지된다면 그것은 공간 자기상관이라 불리는데, 이는 시간에 걸친 것이 아니라 공간에서의 상관이다. 그러나 중요한 것은 횡단면 분석에서 (공간) 자기상관이 존재하는지 여부를 결정하는 것이 의미가 있기 위해서는 자료의 배열에 어떤 논리나 경제적 관계가 존재해야 한다.

그러나 만일 우리가 시계열자료를 다루고 있다면 상황은 매우 달라질 것이다. 왜냐하면 그러한 자료에서의 관찰치들은 시간에 걸쳐 자연스런 배열을 따르므로 연속적인 관찰치들은 변수간 상관을 보일 가능성이 존재하고, 특히 연속적 관찰치들 간의 시간 간격이 1년이 아니라 일, 주 또는 월과 같이 짧은 경우에는 더욱 그렇다. 만일 연속적인 날짜로 Dow Jones나 S&P 500과 같은 주가지수를 관찰한다면 이 지수들은 며칠 연속으로 오르거나 내리는 것을 발견하는 것은 이상한 일이 아니다. 분명히 이러한 상황에서는 CLRM에 내재하는 오차항에 자기상관이나 계열상관이 없다는 가정은 위배될 것이다.

이 장에서는 다음과 같은 의문에 대한 답을 구하는 견지에서 이 가정을 고찰하도록 한다.

1. 자기상관의 본질은 무엇인가?
2. 자기상관으로 인한 이론적, 실제적 결과는 어떤 것인가?
3. 자기상관이 없다는 가정은 관찰할 수 없는 교란항 u_i와 연관되는 것인데 주어진 상황에서 자기상관이 존재하는지 어떻게 알 수 있나? 이제 우리는 시계열자료를 다루고 있다는 것을 강조하기 위해 하첨자 t를 사용한다는 것을 명심하라.
4. 자기상관 문제를 어떻게 교정할 것인가?

독자들은 이 장의 내용이 다음과 같은 측면에서 이전의 이분산에 대한 내용과 많은 점에서 유사하다는 것을 발견하게 될 것이다. 즉 자기상관과 이분산 하에서는 통상적인 OLS 추정량은 선형이고 불편이며 점근적으로(즉 대표본에서) 정규분포를 하지만[1] 모든 선형불편추정량들 가운데에서 최소분산은 아니다. 간략히 말해 다른 선형불편추정량에 비해 효율적이 아니다. 달리 표현하면 그것들은 최량선형불편추정량(BLUE)이 아닐 수도 있다. 그 결과 통상적인 t, F, χ^2 등이 타당하지 않을 수 있다.

12.1 문제의 본질

자기상관이라는 용어는 "시간이나(시계열 자료에서) 공간(횡단면 자료에서)에 따라 배열된 일련의 관찰치들간의 상관관계"라고 정의할 수 있다.[2] 회귀 측면에서 고전적 선형회귀모형에서는 교란항 u_i에는 그와 같은 자기상관이 존재하지 않는 것으로 가정하고 있다. 이를 표기하면

$$\text{cov}(u_i, u_j|x_i, x_j) = E(u_i u_j) = 0 \qquad i \neq j \tag{3.2.5}$$

간단히 말해 고전적 모형에서는 어떤 특정 관찰치와 연관되는 교란항은 또 다른 관찰치와 연관되는 교란항에 의해 영향받지 않는다고 가정하고 있다. 예를 들어, 노동 투입물과 자본 투입물에 대한 산출량의 회귀를 분기별 시계열 자료를 이용하여 수행하려 할 때 어느 한 분기에 산출량에 영향을 미칠 파업이 있다고 해서 그 다음 분기에도 그 영향이 이어지리라고 믿을 이유가 없다는 것이다. 즉 이번 분기에 산출량이 작아진다고 해서 다음 분기에도 낮아지리라고 예상할 이유가 없다는 것이다. 이와 유사하게 횡단면 자료를 이용하여 가구소득에 대한 가구 소비지출의 회귀를 할 때 한 가구의 소득증가가 그 가구의 소비 지출에 미치는 효

1. 이것에 대해서는 William H. Greene, *Econometric Analysis*, 4th ed., Prentice Hall, NJ, 2000, 11장과 Paul A. Rudd, *An Introduction to Classical Econometric Theory*, Oxford University Press, 2000, 19장 참조.

2. Maurice G. Kendall and William R. Buckland, *A Dictionary of Statistical Terms*, Hafner Publishing Company, Inc., New York, 1971. p.8.

과가 다른 가구의 소비지출에 영향을 미치리라고는 생각되지 않는다.

그러나 만일 그와 같은 의존관계가 있다면 자기상관이 존재하는 것이다. 이를 식으로 표기하면

$$E(u_i u_j) \neq 0 \qquad i \neq j \tag{12.1.1}$$

이 경우 이번 분기의 파업으로 인한 혼란은 다음 분기의 산출량에 영향을 미칠 것이고 또한 한 가구의 소비지출 증가로 경쟁심리가 작용한다면 다른 가구의 소비지출도 촉진될 것이다.

자기상관이 존재하는 이유를 보기 전에 몇 가지 용어상의 문제를 명확히 할 필요가 있다. 요즈음은 자기상관과 계열상관을 동의어로 취급하는 일이 다반사가 되고 있지만 어떤 학자들은 이 두 용어를 구별하기도 한다. 예를 들면, Tintner는 자기상관을 "주어진 자료 자체의 시차 상관관계"로 정의하는 반면, 계열 상관은 "두 상이한 자료간의 시차 상관관계"로 보고 있다.[3] 이리하여 $u_2, u_3, \ldots, u_{11}$과 이보다 시점이 하나씩 앞당겨진 동일 자료인 $u_1, u_2, \ldots, u_{10}$과 같은 두 시계열 자료간의 상관관계는 **자기상관**인데 반해, $u_1, u_2, \ldots, u_{10}$과 $v_2, v_3, \ldots, v_{11}$과 같은 시계열 자료간의 상관관계는 계열상관이라 불리운다. 이와 같은 두 용어의 구분이 유용할 수도 있겠지만 이 책에서는 이들을 동의어로 취급할 것이다.

그림 12.1에서는 자기상관과 비자기상관의 형태를 눈으로 볼 수 있게 표시하고 있다. 그림 12.1a에서 d까지는 u들 간의 눈에 띄는 양상이 존재한다. 그림 12.1a는 주기적 형태를 나타내고 있고 그림 12.1b와 그림 12.1c는 교란항들 간에 상향 또는 하향 선형추세를 나타내고 있는 반면, 그림 12.1d에서는 교란항이 선형과 2차식형 추세를 모두 가지고 있다는 것을 시사한다. 체계적 양상이 존재하지 않아 고전적 선형회귀모형의 비자기상관 가정이 충족되는 것은 그림 12.1e의 경우뿐이다.

자연스럽게 왜 계열상관이 발생하는가 하는 의문이 생길 것이다. 몇 가지 이유를 들어 보면 다음과 같다.

관성

대부분의 경제 시계열에서 볼 수 있는 두드러진 특징은 관성이다. 잘 알려진 바와 같이 GNP, 물가지수, 생산, 고용, 실업 등과 같은 경제 시계열은 주기를 갖고 있다. 최악의 경기침체에서 시작하여 경제가 회복되기 시작하면 대부분의 이러한 시계열은 위쪽으로 이동하기 시작한다. 이와 같은 상승기에 한 시점에서의 변수의 값은 그 이전 시점에서의 값보다 크다. 이리하여 "모멘트"가 형성되어 이 힘이 지속되다가 어떤 일이 발생하면(예를 들면 이자율 인상이나 조세 인상 또는 양자 모두) 그 힘이 늦추어질 수 있다. 그러므로 시계열 자료를 이용한 회귀에

3. Gerhard Tintner, *Econometrics*, John Wiley & Sons, New York, 1965.

그림 12.1
자기상관과 비자기상관의 양상

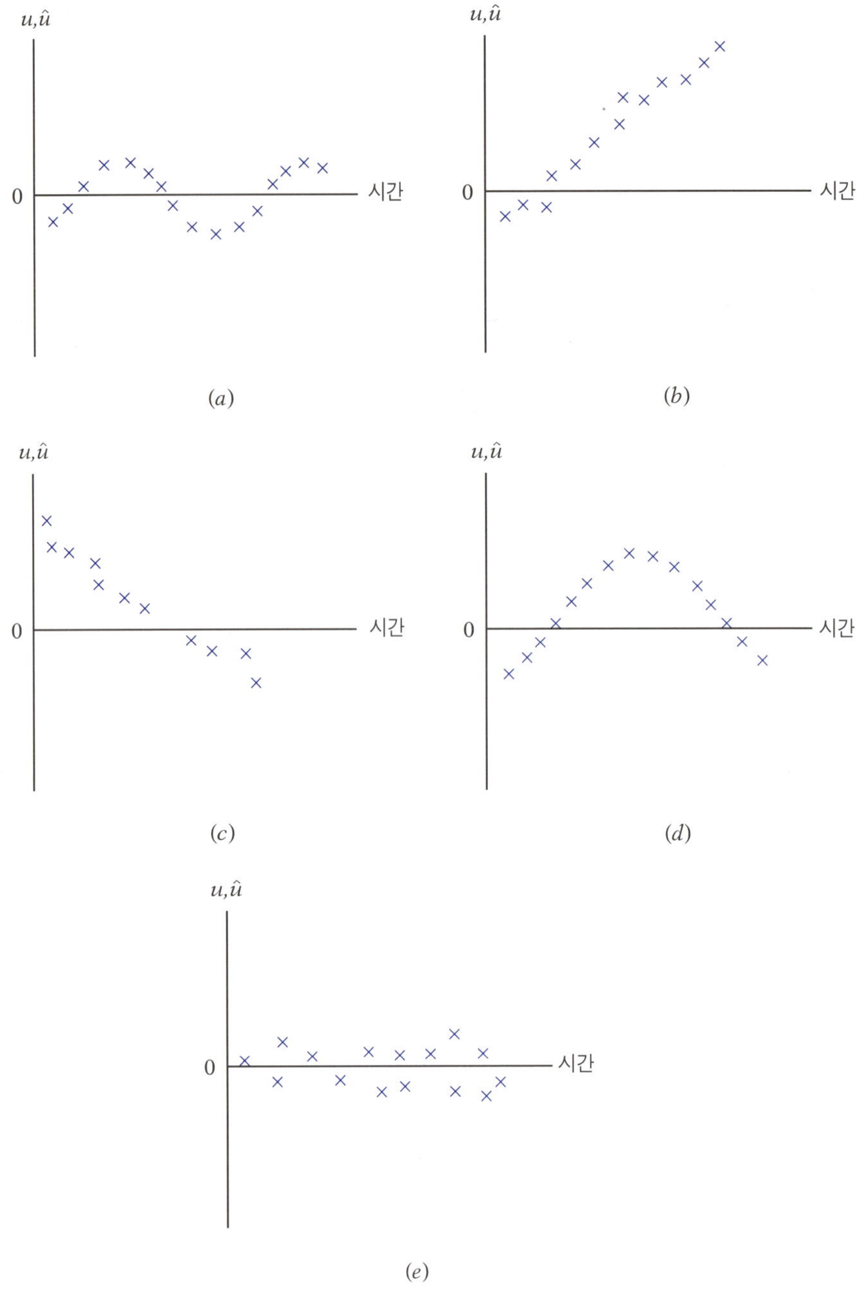

서는 계속적인 관찰치들은 상호의존적이 되기 쉽다.

표기편의: 변수 생략의 경우

실증분석을 할 때 연구자들은 가장 "완벽하지는" 않지만 그럴듯한 회귀모형으로 시작한다. 회귀분석 후에 연구자들은 그 결과가 선험적 예상과 일치하는지를 사후적으로 조사한다. 만일 그렇지 않다면 수술이 시작된다. 예를 들어 회귀로부터 얻은 잔차 $\hat{u}_i$의 그림을 그려 그림 12.1a에서 d까지와 같은 양상을 볼 수 있을지 모른다. 이 잔차들은 (u_i에 대한 대리변수들) 원래는 포함되어야 하지만 여러 가지 이유로 실제 모형에 포함되지 않은 몇몇 변수들이 포함되어야 한다는 것을 시사할 수 있다. 이것이 변수생략 표기편의인 경우이다. 이때는 종종 그와 같이 생략된 변수들을 포함시킴으로써 잔차 간에 관찰되는 상관관계 양상이 사라진다. 예를 들어 다음과 같은 수요모형을 보자.

$$Y_t = \beta_1 + \beta_2 X_{2t} + \beta_3 X_{3t} + \beta_4 X_{4t} + u_t \qquad \textbf{(12.1.2)}$$

여기서 $Y =$ 소고기 수요량, $X_2 =$ 소고기 가격, $X_3 =$ 소비자 소득, $X_4 =$ 돼지고기 가격, $t =$ 시간이다.[4] 그러나 어떤 이유로 다음 식을 회귀한다고 하자.

$$Y_t = \beta_1 + \beta_2 X_{2t} + \beta_3 X_{3t} + v_t \qquad \textbf{(12.1.3)}$$

만일 식 (12.1.2)가 "진정한" 모형 또는 "참" 또는 참된 관계라면 식 (12.1.3)을 회귀한다는 것은 $v_t = \beta_4 X_{4t} + u_t$라 하는 것과 같다. 돼지고기 가격이 소고기 소비에 영향을 미치는 한 교란항 v는 체계적 양상을 나타내어 (그릇된) 자기상관을 초래하게 될 것이다. 이를 간단히 검정하는 방법은 식 (12.1.2)와 식 (12.1.3)을 모두 회귀한 후 모형 (12.1.3)에서 (만일 존재한다면) 관찰되는 자기상관이 식 (12.1.2)를 회귀할 때에는 사라지는지를 검토하면 된다.[5] 자기상관을 탐지하는 실제기법은 12.6절에서 다루어지게 되는데 거기에서 회귀식 (12.1.2)와 (12.1.3)으로부터 얻게 되는 잔차를 그리면 종종 계열상관에 대한 상당한 정보를 얻을 수 있게 된다는 것을 보게 된다.

표기편의: 잘못된 함수형태

가령 비용—산출 연구에서 "진정한" 또는 올바른 모형이 다음과 같다고 하자.

$$\text{한계비용}_i = \beta_1 + \beta_2\,\text{산출량}_i + \beta_3\,\text{산출량}_i^2 + u_i \qquad \textbf{(12.1.4)}$$

그러나 다음 식을 회귀한다고 하자.

$$\text{한계비용}_i = \alpha_1 + \alpha_2\,\text{산출량}_i + v_i \qquad \textbf{(12.1.5)}$$

"진정한" 모형에 상응하는 한계비용곡선이 "틀린" 선형비용곡선과 함께 그림 12.2에 나타나 있다.

그림 12.2를 보면 점 A와 B사이에서는 선형 한계비용곡선은 한계비용을 일관되게 과대 추정하는 한편, 이 구간 밖에서는 일관되게 과소추정하고 있다. 이것

4. 관행에 따라 시계열 자료에 대해서는 하첨자 t를, 횡단면 자료에 대해서는 i를 쓰도록 한다.
5. 실제문제가 자기상관이 아니라 표기편의로 판명되면 13장에서 볼 수 있듯이 식 (12.1.3)의 모수의 OLS 추정량은 일치 추정량이 아닐 뿐만 아니라 편의추정량이 될 수 있다.

그림 12.2
표기편의: 잘못된 함수형태

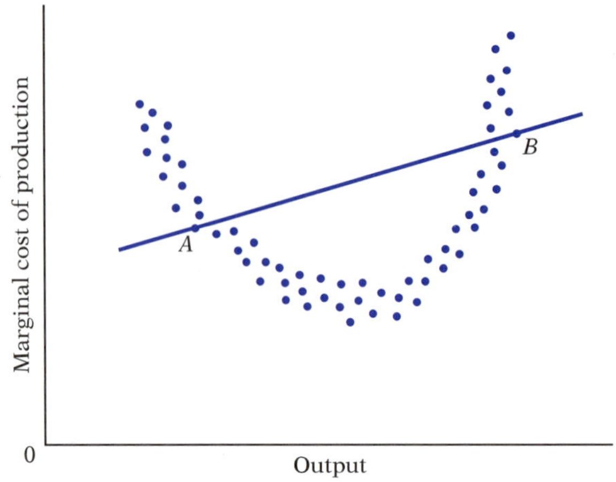

은 이미 예상되는 것인데, 그 이유는 교란항 v_i는 사실은 (산출량)^2+u_i와 같아서 이 교란항이 한계비용에 대한 (산출량)^{2}의 체계적 영향을 포착하기 때문이다. 이 경우에 v_i는 잘못된 함수형태의 사용으로 인한 자기상관을 반영할 것이다. 13장에는 표기편의를 탐지하는 몇 가지 방법들을 검토할 것이다.

거미집 현상

대다수 농산물의 공급은 소위 거미집 현상을 나타내는데 이는 공급에 대한 의사결정을 이행하는데 시간(성장기간)이 걸리기 때문에 공급은 1시차를 두고 가격에 반응한다는 것이다. 이리하여 올 해 초에 농부가 농작물을 파종할 때 그는 작년의 가격에 영향을 받아서 공급함수는 다음과 같이 된다.

$$\text{공급량}_t = \beta_1 + \beta_2 P_{t-1} + u_t \qquad \textbf{(12.1.6)}$$

가령 t기 말에 가격 P_t가 P_{t-1}보다 낮다고 하자. 이제 농부는 $t+1$기에는 t기보다 덜 생산하고자 할 것이다. 명백히 이 경우에는 교란항 u_t가 확률적이 아닌데 그 이유는 만일 연도 t에 농부들이 과대 생산한다면 십중팔구 연도 $t+1$에는 그들의 생산을 줄이게 되어 거미집 현상이 초래되기 때문이다.

시차

소득에 대한 소비지출의 시계열 회귀에서 현재의 소비지출이 그중에서도 특히 그 이전의 소비지출에 의존하는 것을 흔히 볼 수 있다. 즉

$$\text{소비}_t = \beta_1 + \beta_2 \text{소득}_t + \beta_3 \text{소비}_{t-1} + u_t \qquad \textbf{(12.1.7)}$$

식 (12.1.7)과 같은 것을 자기회귀라 부르는데 그 이유는 설명변수 가운데 하나가 종속변수의 시차 값이기 때문이다(17장에서 이와 같은 모형들을 다루게 된다). 식 (12.1.7)과 같은 모형에 대한 이론적 근거는 간단하다. 소비자들은 심리

적, 기술적, 제도적 이유 등으로 그들의 소비습관을 자주 바꾸지 않는다. 이제 만일 식 (12.1.7)에서 시차항을 빠뜨리게 되면 현재 소비에 대한 과거 소비의 영향으로 인해 오차항은 체계적 양상을 나타내게 된다.

자료의 "가공"

실증분석에서 종종 원래의 자료가 "가공된다". 예를 들어, 분기별 자료에 의한 시계열 회귀에서 그와 같은 자료는 통상적으로 월별 자료에서 3개월의 값을 더해 그 합을 3으로 나누어서 구한다. 이와 같은 평균화로 월별 자료내의 변동 정도가 완화된 형태로 나타난다. 그러므로 월별 자료를 그림으로 표시할 때보다 분기별 자료를 그림으로 표시할 때가 훨씬 부드러운 형태로 나타난다. 그리고 이러한 평평한 형태 자체는 교란항의 체계적 양상을 나타내어 자기상관을 시사한다. 또 다른 가공의 원천은 자료의 보간 또는 외삽이다. 예를 들면 미국에서 인구조사가 매 10년마다 행해지는데 가장 최근에 2000년과 그 이전에 1990년에 있었다. 만일 조사 사이의 기간 1990~2000년의 특정연도에 대한 자료를 얻고자 한다면 흔히 쓰는 방법은 어떤 자의적 가정에 기초하여 보간하는 것이다. 이러한 자료 "마사지"기법들로 인해 원래의 자료에는 존재하지 않을 수 있는 체계적 양상이 자료에 부과될 수도 있다.[6]

자료의 변환

이것에 대한 예로 다음 모형을 보자.

$$Y_t = \beta_1 + \beta_2 X_t + u_t \qquad \textbf{(12.1.8)}$$

여기서 Y= 소비지출, X= 소득이라 하자. 식 (12.1.8)은 어느 기간에나 성립하므로 이전의 기간 $(t-1)$에도 역시 성립한다. 따라서 식 (12.1.8)은 다음과 같이 쓸 수 있다.

$$Y_{t-1} = \beta_1 + \beta_2 X_{t-1} + u_{t-1} \qquad \textbf{(12.1.9)}$$

Y_{t-1}, X_{t-1}과 u_{t-1}은 각각 Y, X, u의 시차변수라 하는데 여기서는 한 기간의 시차가 존재한다. 우리는 시차값의 중요성을 이 장의 뒷부분에서 뿐만 아니라 이 교과서의 여러 곳에서 보게 될 것이다.

만일 식 (12.1.8)에서 식 (12.1.9)를 빼면 다음과 같이 된다.

$$\Delta Y_t = \beta_2 \Delta X_t + \Delta u_t \qquad \textbf{(12.1.10)}$$

여기서 1차 차분연산자로 알려진 Δ는 해당 변수의 연속적인 차이를 나타낸다. 따라서 $\Delta Y_t = (Y_t - Y_{t-1})$, $\Delta X_t = (X_t - X_{t-1})$, $\Delta u_t = (u_t - u_{t-1})$이다. 실증분석

6. 이에 대해서는 William H. Greene, op. cit., p.526

을 위해 식 (12.1.10)을 다음과 같이 표현한다.

$$\Delta Y_t = \beta_2 \Delta X_t + v_t \tag{12.1.11}$$

여기서 $v_t = \Delta u_t = (u_t - u_{t-1})$이다.

식 (12.1.9)는 본래의 형태(level form)라 하고, 식 (12.1.10)은 (1차)차분형태라 한다. 두 형태 모두 실증분석에서 자주 사용된다. 예를 들어 만일 식 (12.1.9)에서 Y와 X는 소비지출과 소득의 자연대수를 나타낸다면 식 (12.1.10)에서는 ΔY와 ΔX는 소비지출과 소득 자연대수의 변동을 나타낸다. 그러나 우리가 알고 있듯이 한 변수의 자연대수의 변동은 상대적 변동 또는 그 값에 100을 곱해주면 백분비 변동이다. 그래서 본래의 형태로 변수 간의 관계를 연구하는 대신 성장 형태로 관계를 분석하는 데 관심이 있을 수 있다.

이제 만일 식 (12.1.8)의 오차항이 표준적인 OLS 가정들, 특히 자기상관이 없다는 가정, 을 충족시킨다면 식 (12.1.11)에서 오차항 v_t는 자기상관된다는 것을 증명할 수 있다. (이에 대한 증명은 부록 12A의 12A.1절에 나와 있음) 여기서 식 (12.1.11)과 같은 모형을 동태회귀모형, 즉 시차 피회귀변수들이 포함된 모형, 이라 한다. 17장에서 그러한 모형들을 자세히 다루게 될 것이다.

앞의 예의 요점은 종종 자기상관이 원래 모형을 변환한 결과로 초래될 수 있다는 것이다.

비정상성(Nonstationarity)

시계열자료를 다룰 때 주어진 시계열이 정상적인지를 확인해야 할지 모른다고 1장에서 언급하였다. 비록 우리가 비정상적 시계열이라는 주제를 교재의 5부 시계열 계량경제학에 대한 장들에서 보다 자세히 논의하더라도 대략적으로 말하면 시계열은 그 특징들(예를 들어 평균, 분산, 공분산)이 시간에 걸쳐 불변이면, 즉 시간이 감에 따라 변하지 않으면, 정상적이다. 만일 그렇지 않다면 시계열은 비정상적이다.

5부에서 논의하겠지만 식 (12.1.8)과 같은 회귀모형에서는 Y와 X가 모두 비정상적이 될 수 있고 따라서 오차 u도 또한 비정상적이 될 수 있다.[7] 이 경우 오차항은 자기상관을 나타낸다.

요약하면 회귀모형에서 오차항이 자기상관될 다양한 이유들이 존재한다. 이 장의 나머지 부분에서는 자기상관으로 인한 문제점과 그것에 대해 무엇을 할 수 있는지를 자세히 다룰 것이다.

대부분의 경제 시계열이 상당한 기간동안 위로 또는 아래로 움직이고 그림 12.3b에서와 같이 부단한 상하 운동을 하지는 않더라도 자기상관은 양(+)(그림

7. 역시 **5부**에서 보겠지만 비록 Y와 X가 비정상적이더라도 u가 정상적일 수 있다. 우리는 나중에 이것의 의미를 살펴볼 것이다.

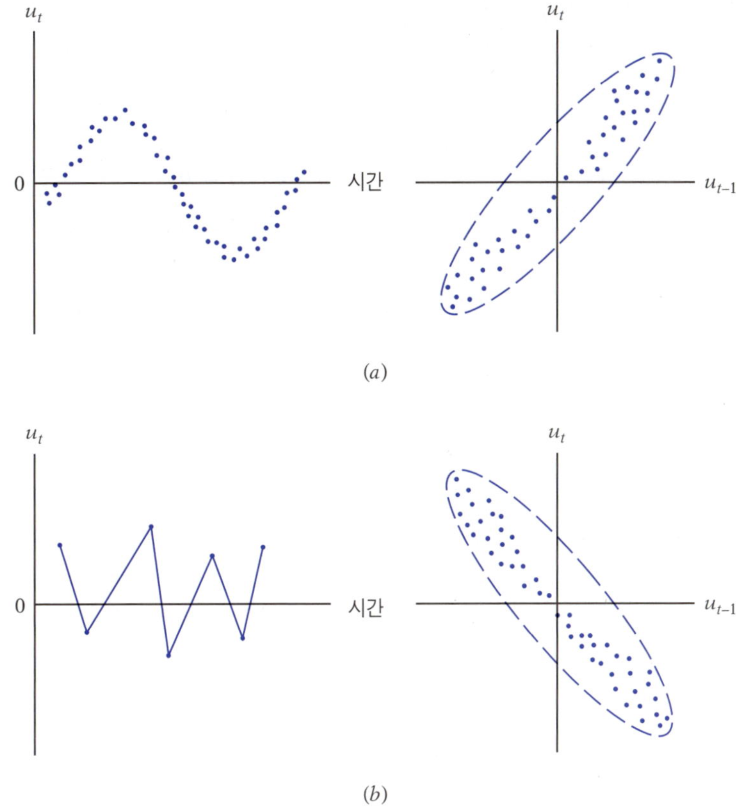

그림 12.3
(a) 양(+)의 (b) 음(-)의 자기 상관

12.3a)은 물론 음(−)도 될 수 있다는 것을 명심해야 한다.

12.2 자기상관이 존재할 때의 OLS 추정

만일 $E(u_i u_{t+s}) \neq 0\ (s \neq 0)$을 가정하여 교란항에 자기상관이 있으나 고전적 모형의 여타 가정들은 계속 충족될 때 OLS 추정량과 그 분산은 어떻게 되나?[8] 우리는 지금 시계열자료를 다루고 있다는 것을 강조하기 위해 교란항에 하첨자 t를 사용하고 있다는 것을 다시 주목하라.

2변수 회귀모형, $Y_t = \beta_1 + \beta_2 X_t + u_t$으로 기본 취지를 설명해 보기로 한다. 진도가 나아가기 위해서는 u_t가 생성되는 구조를 가정해야 하는데, 그 이유는 $E(u_t u_{t+s}) \neq 0\ (s \neq 0)$이 너무 보편적인 가정이라 실제로 이용하기 어렵기 때문이다. 하나의 출발점 또는 첫 번째 근사로 오차항이 다음과 같은 구조로 생성된다고 가정할 수 있다.

$$u_t = \rho u_{t-1} + \varepsilon_t \qquad -1 < \rho < 1 \tag{12.2.1}$$

8. 만일 $s = 0$이면 $E(u_t^2)$을 얻는다. 가정상 $E(u_t) = 0$이므로 $E(u_t^2)$은 오차항의 분산을 나타내는데, 이것은 분명히 0이 아니다(그 이유는?).

여기서 ρ는 자기공분산 계수로 알려져 있고, ε_t는 표준적인 OLS 가정들을 충족시키는 확률적 교란항이다. 즉

$$
\begin{aligned}
E(\varepsilon_t) &= 0 \\
\operatorname{var}(\varepsilon_t) &= \sigma_\varepsilon^2 \\
\operatorname{cov}(\varepsilon_t, \varepsilon_{t+s}) &= 0 \qquad s \neq 0
\end{aligned}
\tag{12.2.2}
$$

공학 문헌에서는 앞의 속성들을 갖는 오차항을 종종 백색잡음 오차항(white noise error term)이라 부른다. 식 (12.2.1)이 가정하고 있는 것은 기간 t의 교란항의 값은 그 전기의 그것의 값에 ρ를 곱해준 것에 순전히 확률적 오차항을 더해준 것과 같다는 것이다.

식 (12.2.1)과 같은 구조를 마코프 1차 자기회귀 구조 또는 단순히 1차 자기회귀 구조라 부르고 대개 AR(1)로 표기된다. 자기회귀라는 명칭은 적절한데 그 이유는 식 (12.2.1)은 한 기 앞선 자기값에 대한 u_t의 회귀로 해석될 수 있기 때문이다. 1차가 되는 이유는 u_t와 그것의 바로 한 기 앞선 값만이 연관되기 때문이다. 즉 최대시차가 1이다. 만일 모형이 $u_t = \rho_1 u_{t-1} + \rho_2 u_{t-2} + \varepsilon_t$이면 이것은 AR(2), 또는 2차 자기회귀 구조가 된다. 우리는 5부의 시계열 계량경제학에 대한 장들에서 그와 같은 고차 구조를 살펴볼 것이다.

이와 연관하여 식 (12.2.1)의 자기공분산 계수인 ρ는 1차 자기상관계수 또는 보다 정확하게 시차 1인 자기상관계수로 해석될 수 있다.[9]

AR(1) 구조가 주어졌을 때 다음을 증명할 수 있다(부록 12A의 12A.2절 참조).

$$
\operatorname{var}(u_t) = E\left(u_t^2\right) = \frac{\sigma_\varepsilon^2}{1-\rho^2} \tag{12.2.3}
$$

$$
\operatorname{cov}(u_t, u_{t+s}) = E(u_t u_{t-s}) = \rho^s \frac{\sigma_\varepsilon^2}{1-\rho^2} \tag{12.2.4}
$$

$$
\operatorname{cor}(u_t, u_{t+s}) = \rho^s \tag{12.2.5}
$$

여기서 $\operatorname{cov}(u_t, u_{t+s})$는 s 기간 떨어진 오차항들 간의 공분산을 의미하고, $\operatorname{cor}(u_t, u_{t+s})$는 s 기간 떨어진 오차항들 간의 상관관계를 의미한다. 공분산과 상관관계의 대칭성 속성으로 인해 $\operatorname{cov}(u_t, u_{t+s}) = \operatorname{cov}(u_t, u_{t-s})$, $\operatorname{cor}(u_t, u_{t+s}) =$

9. 이 명칭이 붙은 연유는 쉽게 설명될 수 있다. 정의상 u_t와 u_{t-1}간의 (모집단) 상관계수는

$$
\begin{aligned}
\rho &= \frac{E\{[u_t - E(u_t)][u_{t-1} - E(u_{t-1})]\}}{\sqrt{\operatorname{var}(u_t)}\sqrt{\operatorname{var}(u_{t-1})}} \\
&= \frac{E(u_t u_{t-1})}{\operatorname{var}(u_{t-1})}
\end{aligned}
$$

각 t에 대해 $E(u_t) = 0$이고 동분산 가정이 계속 충족되므로 $\operatorname{var}(u_t) = \operatorname{var}(u_{t-1})$이다. ρ는 또한 u_{t-1}에 대한 u_t의 회귀에서 기울기 계수이기도 하다.

$\text{cor}(u_t, u_{t-s})$임을 주목하라.

ρ는 −1과 +1 사이의 상수이므로, 식 (12.2.3)은 AR(1) 구조 하에서 u_t의 분산이 계속 동분산이지만, u_t는 바로 전기의 값뿐만 아니라 과거 몇 기간의 값들과도 상관된다는 것을 보여준다. $|\rho| < 1$, 즉 ρ의 절대값이 1보다 작다는 것은 중요하다. 예를 들어 만일 ρ가 1이라면 앞에 열거된 분산과 공분산은 정의되지 않는다. 만일 $|\rho| < 1$이면 식 (12.2.1)에 주어진 AR(1) 과정은 정상적, 즉 u_t의 평균, 분산, 공분산은 시간에 걸쳐 변하지 않는다, 이라고 한다. 만일 $|\rho|$이 1보다 작으면 식 (12.2.4)로부터 먼 과거로 갈수록 공분산의 값은 감소하는 것이 명백하다. 이러한 결과의 유용성을 곧 보게 될 것이다.

우리가 AR(1) 과정을 사용하는 이유는 고차 AR구조와 비교해서 단순하기 때문일 뿐만 아니라 많은 적용 예에서 그것이 꽤 유용한 것으로 입증되었기 때문이다. 추가적으로 AR(1) 구조에 대해 많은 이론적 및 실증적 작업이 이루어졌다.

이제 2변수 회귀모형 $Y_t = \beta_1 + \beta_2 X_t + u_t$로 돌아가자. 3장으로부터 기울기 계수의 OLS 추정량은 다음과 같다.

$$\hat{\beta}_2 = \frac{\sum x_t y_t}{\sum x_t^2} \tag{12.2.6}$$

그리고 분산은 다음과 같다.

$$\text{var}(\hat{\beta}_2) = \frac{\sigma^2}{\sum x_i^2} \tag{12.2.7}$$

여기서 소문자는 전과 마찬가지로 평균값으로부터의 편차를 나타낸다.

이제 AR(1) 구조에서 이 추정량의 분산은

$$\text{var}(\hat{\beta}_2)_{\text{AR1}} = \frac{\sigma^2}{\sum x_t^2}\left[1 + 2\rho\frac{\sum x_t x_{t-1}}{\sum x_t^2} + 2\rho^2\frac{\sum x_t x_{t-2}}{\sum x_t^2} + \cdots + 2\rho^{n-1}\frac{x_1 x_n}{\sum x_t^2}\right] \tag{12.2.8}$$

여기서 $\text{var}(\hat{\beta}_2)_{\text{AR1}}$은 1차 자기회귀 구조하에서의 β_2의 분산을 뜻한다.

식 (12.2.8)과 (12.2.7)을 비교해 보면 전자는 후자에다가 X가 취하는 값들 사이의 표본자기상관 뿐만 아니라 ρ에 의존하는 항을 곱해준 것이 된다.[10] 일반적으로 $\text{var}(\hat{\beta}_2)$과 $\text{var}(\hat{\beta}_2)_{\text{AR1}}$의 대소관계는 미리 알 수가 없다(그러나 다음의 식 (12.4.1) 참조). 물론 ρ가 0이면 당연히 두 공식은 일치한다.(그 이유는?). 또한 만일 회귀변수의 연속적 값들 간의 상관계수가 매우 작다면 기울기 추정량의 통상적인 OLS 분산의 편의가 심하지 않을 것이지만 일반 원리상 두 분산은 동일하지

10. $r = \sum x_t x_{t+1} / \sum x_t^2$ 항은 X_t와 X_{t+1}(또는 X_{t-1}, 왜냐하면 상관계수는 대칭적이므로) 간의 상관계수이고, $r^2 = \sum x_t x_{t+2} / \sum x_t^2$은 두 기간 시차 X들 간의 상관계수라는 것을 명심하라.

않을 것이다.

식 (12.2.7)과 식 (12.2.8)의 분산 간 차이에 대해 이해하기 위해 회귀변수 X도 역시 자기상관계수가 r인 1차 자기회귀 구조를 따른다고 가정하자. 그러면 식 (12.2.8)은 다음과 같이 될 수 있다.

$$\operatorname{var}(\hat{\beta}_2)_{\text{AR(1)}} = \frac{\sigma^2}{\sum x_t^2}\left(\frac{1+r\rho}{1-r\rho}\right) = \operatorname{var}(\hat{\beta}_2)_{\text{OLS}}\left(\frac{1+r\rho}{1-r\rho}\right) \quad \textbf{(12.2.9)}$$

예를 들어 만일 $r = 0.6$, $\rho = 0.8$이면 식 (12.2.9)를 이용하여 $\operatorname{var}(\hat{\beta}_2)_{\text{AR1}} = 2.8461 \operatorname{var}(\hat{\beta}_2)_{\text{OLS}}$라는 것을 확인할 수 있다. 달리 표현하면 $\operatorname{var}(\hat{\beta}_2)_{\text{OLS}} = \frac{1}{2.8461} \operatorname{var}(\hat{\beta}_2)_{\text{AR1}} = 0.3513 \operatorname{var}(\hat{\beta}_2)_{\text{AR1}}$이다. 즉 통상적인 OLS 공식(즉 식 (12.2.7))은 $(\hat{\beta}_2)_{\text{AR1}}$의 분산을 약 65% 과소추정한다. 물론 이 답변은 r과 ρ의 주어진 값에 의존한다. 그러나 이 연습의 요점은 OLS 추정량의 분산과 표준오차를 계산하기 위해 통상적인 OLS 공식을 맹목적으로 적용하게 되면 매우 잘못된 결론에 도달할 수도 있다고 경고하는 것이다.

가령 $\hat{\beta}_2$의 OLS 추정량은 계속 사용하면서 AR(1) 구조를 참작하여 통상적인 분산공식을 조정한다고 하자. 즉, 식 (12.2.6)의 $\hat{\beta}_2$을 사용하되 분산공식은 식 (12.2.8)을 사용한다고 하자. 이제 $\hat{\beta}_2$의 속성은 어떻게 될 것인가? $\hat{\beta}_2$이 계속 선형불편추정량이라는 것은 쉽게 증명될 수 있다. 사실상 부록 3A의 3A.2절에서 보았듯이 계열상관이 없다는 가정은 이분산이 없다는 가정과 마찬가지로 $\hat{\beta}_2$의 불편성을 증명하는 데 필요치 않다. $\hat{\beta}_2$은 계속 BLUE인가? 불행히도 그렇지 않다. 선형불편추정량들 가운데에서 그것은 최소분산을 갖고 있지 않다. 간략히 말해 $\hat{\beta}_2$은 선형불편이기는 하나 효율추정량(물론 상대적인 의미에서)은 아니다. 이와 같은 사실은 이분산이 존재할 때 $\hat{\beta}_2$이 덜 효율적이라는 것과 매우 유사하다. 이분산의 경우에 효율적인 추정량은 일반화 최소자승(GLS)추정량의 특수한 경우인 가중최소자승추정량인 식 (11.3.8)의 가중최소자승추정량 $\hat{\beta}_2^*$인 것을 보았다. 자기상관의 경우에도 BLUE인 추정량을 구할 수 있나? 이에 대한 답은 "예"이고 다음 절에 바로 나온다.

12.3 자기상관이 존재할 때의 BLUE 추정량

2변수 모형에서 AR(1) 구조를 가정할 때 β_2의 BLUE 추정량은 다음과 같다.[11]

11. 이에 대한 증명은 Jan Kmenta, *Elements of Econometrics,* Macmillan, New York, 1971, pp. 274–275 참조. 수정인자 C는 첫 번째 관찰치 $(Y_1,\ X_1)$와 연관된다. 이것에 관해서는 연습문제 12.18참조

$$\hat{\beta}_2^{\text{GLS}} = \frac{\sum_{t=2}^{n}(x_t - \rho x_{t-1})(y_t - \rho y_{t-1})}{\sum_{t=2}^{n}(x_t - \rho x_{t-1})^2} + C \tag{12.3.1}$$

여기서 C는 수정인자인데, 실제 적용할 때에는 무시될 수 있다. 이제 하첨자 t는 $t=2$에서 $t=n$까지 성립한다. 이 추정량의 분산은

$$\text{var}\,\hat{\beta}_2^{\text{GLS}} = \frac{\sigma^2}{\sum_{t=2}^{n}(x_t - \rho x_{t-1})^2} + D \tag{12.3.2}$$

D 역시 수정인자로 실제로는 무시할 수 있다(연습문제 12.18 참조).

추정량 $\hat{\beta}_2^{\text{GLS}}$는 상첨자가 암시하듯 GLS 방법으로 구해진다. 11장에서 언급했듯이 GLS에서는 우리가 갖고 있는 추가적인 정보(예를 들어 이분산이나 자기상관의 속성 등)를 변수변환에 의해 추정절차에 직접적으로 반영시키는데 반해, OLS에서는 그와 같은 부수적 정보가 직접적으로 감안되지 않는다. 직관적으로 이와 같이 GLS 추정량이 이용가능한 모든 정보를 활용한다는 것이 바로 OLS 추정량이 아닌 GLS 추정량이 BLUE가 되는 이유이다.[12] 만일 $\rho=0$이면 참작될 만한 추가적인 정보가 없기 때문에 GLS와 OLS 추정량이 같아지는 것을 말할 필요가 없다.

간략히 말해 자기상관하에서는 식 (12.3.1)의 GLS 추정량이 BLUE이고 최소분산은 식 (12.2.8)이나 (12.2.7)이 아니라 (12.3.2)의 분산이다.

전문적 주석

앞장에서 지적하였듯이 Gauss-Markov정리는 OLS가 BLUE가 되기 위한 충분조건일 따름이다. OLS가 BLUE가 되기 위한 필요충분조건은 앞장에서 언급된 Kruskal정리이다. 그러므로 어떤 경우에는 자기상관이 존재하는데도 불구하고 OLS가 BLUE일 수 있다. 그러나 실제로 그런 경우는 드물다.

만일 자기상관이 존재하는데도 불구하고 부주의하게 통상적인 OLS 절차로 계속 작업한다면 어떻게 되나? 다음 절에 이에 대한 답이 제공된다.

12.4 자기상관 존재시 OLS 사용의 결과

이분산의 경우에서와 같이 자기상관이 존재하는데도 불구하고 통상적인 OLS 추정량은 일치추정량이면서 계속 선형불편추정량이며 점근적으로 정규분포를 하

12. $\hat{\beta}_2^{\text{GLS}}$가 BLUE인 것에 대한 공식적인 증명은 Kmenta. ibid. 참조. 복잡한 수학적 증명은 행렬표기를 이용하면 상당히 간단하게 될 수 있다. 이에 대해서는 J. Johnston. *Econometric Methods,* 3d. ed. McGraw-Hill, New York, 1984, pp. 291-293 참조

그림 12.4
GLS와 OLS의
95% 신뢰구간

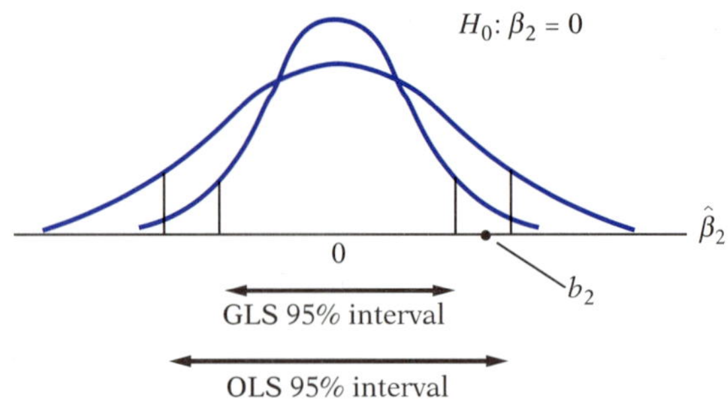

지만 효율(즉 최소분산)추정량은 아니다. 계속 OLS 추정량을 사용하는 경우 통상적인 가설검정 절차는 어떻게 되나? 여기서도 이분산 경우에서와 같이 두 가지 경우로 나누어 보기로 한다. 다음의 논의는 큰 무리 없이 다중회귀로 확장될 수 있지만[13] 여기서는 편의상 2변수 모형으로 설명하도록 한다.

자기상관을 감안한 OLS 추정

이미 언급했듯이 $\hat{\beta}_2$은 BLUE가 아니고 var($\hat{\beta}_2$)$_{AR1}$을 사용한다 하더라도 그로부터 도출되는 신뢰구간은 GLS 절차에 기초한 구간보다 넓어질 것이다. Kmenta가 증명하였듯이 표본크기가 무한히 증가하더라도 이 상황은 계속될 것이다.[14] 즉 $\hat{\beta}_2$은 점근적으로 비효율적이다. 이로 인해 가설검정에 미치는 영향은 명백하다. 실제로는 (즉 올바른 GLS 절차에 기초하여서는) 유의적인 계수도 통계적으로 무의미한 것으로(즉 0과 상이하지 않은 것으로) 판단할 가능성이 높다. 그림 12.4를 통해 이와 같은 차이를 명확히 볼 수 있다. 이 그림에서는 진정한 $\beta_2 = 0$이라 가정하여 OLS(AR(1))과 GLS의 95% 신뢰구간이 나타나 있다. β의 어느 한 추정치인 b_2를 생각해 보자. b_2가 OLS 신뢰구간 내에 있기 때문에 진정한 β_2가 0이라는 가설을 95%수준에서 채택할 수 있다. 그러나 (올바른) GLS 신뢰구간을 사용하면 b_2가 기각영역 내에 있으므로 진정한 β_2가 0이라는 가설은 기각될 수 있다.

따라서 비록 OLS에 의한 추정량이 불편이면서 일치추정량이라 하더라도 신뢰구간을 설정하여 가설검정을 하기 위해서는 GLS를 사용해야만 한다.(그러나 12.11절 참조)

자기상관을 무시한 OLS추정

만일 고전적 모형의 통상적인 가정들이 충족되는 것으로 잘못 알고 자기상관 문제를 전적으로 무시하여 $\hat{\beta}_2$뿐만 아니라 var($\hat{\beta}_2$)$=\sigma^2/\sum x_i^2$을 계속 이용하면 상당히 심각한 상황이 될 수 있다. 다음과 같은 이유 때문에 오류가 발생한다.

13. 그러나 복잡한 수학적 조작을 피하기 위해서는 행렬대수의 사용이 불가피하다.

14. Kmenta, op. cit. pp.277–278 참조.

1. 잔차분산 $\hat{\sigma}^2 = \sum \hat{u}_i^2 / (n-2)$는 진정한 σ^2을 과소추정하게 될 것이다.
2. 그 결과 R^2을 과대추정하게 된다.
3. σ^2이 과소추정되지 않더라도 $\text{var}(\hat{\beta}_2)_{\text{AR1}}$은 비록 $\hat{\beta}_2^{\text{GLS}}$에 비해 비효율적이기는 하지만 $\text{var}(\hat{\beta}_2)$은 (1차)자기상관하에서의 분산인 $\text{var}(\hat{\beta}_2)_{\text{AR1}}$(식 (12.2.8))를 과소추정하기 쉽다.
4. 따라서 통상적인 t와 F검정과 같은 유의성 검정은 더 이상 타당하지 않고, 만일 그대로 적용하게 되면 추정된 회귀계수의 통계적 유의성에 관해 매우 잘못된 결론을 초래할 수 있다.

이와 같은 명제들을 증명하기 위해 2변수 모형으로 되돌아 가자. 3장에서 배운 바와 같이 고전적 가정 하에서는 $\hat{\sigma}^2 = \sum \hat{u}_i^2 / (n-2)$는 σ^2의 불편추정량이다.

$$\hat{\sigma}^2 = \frac{\sum \hat{u}_i^2}{(n-2)}$$

즉 $E(\hat{\sigma}^2) = \sigma^2$. 그러나 AR(1)과 같은 자기상관이 존재하게 되면

$$E(\hat{\sigma}^2) = \frac{\sigma^2\{n - [2/(1-\rho)] - 2\rho r\}}{n-2} \tag{12.4.1}$$

여기서 $r = \sum_{t=1}^{n-1} x_t x_{t-1} / \sum_{t=1}^{n} x_t^2$인데 x의 연속적인 값들 사이의 (표본)상관계수로 해석될 수 있다.[15] 만일 ρ와 r이 모두 양이라면 (이것은 대부분의 경제 시계열에서 있음직한 가정임), 식 (12.4.1)로부터 $E(\hat{\sigma}^2) < \sigma^2$, 즉 통상적인 잔차분산 공식은 평균적으로 진정한 σ^2을 과소 추정하게 된다. 환언하면 $\hat{\sigma}^2$은 하향편의가 존재한다. 이 $\hat{\sigma}^2$의 편의는 $\text{var}(\hat{\beta}_2)$으로 이어지는데, 그 이유는 실제로 후자는 공식 $\hat{\sigma}^2 / \sum x_i^2$으로 추정되기 때문이다.

그러나 설령 σ^2이 과소 추정되지 않는다고 하더라도 $\text{var}(\hat{\beta}_2)$은 $\text{var}(\hat{\beta}_2)_{\text{AR1}}$의 편의추정량이라는 것을 식 (12.2.7)과 (12.2.8)을 비교해 보면 쉽게 알 수 있는데[16] 그 이유는 두 공식이 동일하지 않기 때문이다. 사실상 만일 ρ가 양이고(대부분의 경제 시계열에서 맞다) X들이 양의 상관관계를 가지면(이 역시 대부분의 경제 시계열에서 맞다) 다음 관계가 성립한다.

$$\text{var}(\hat{\beta}_2) < \text{var}(\hat{\beta}_2)_{\text{AR1}} \tag{12.4.2}$$

즉 $\hat{\beta}_2$의 통상적인 OLS 분산은 AR(1)하에서의 분산(식 [12.2.9] 참조)을 과소 추

15. S. M. Goldfeld and R. E. Quandt, *Nonlinear Method in Econometrics*, North-Holland Publishing Company, Amsterdam, 1972, p.183 참조. 만일 오차항들이 양의 자기상관을 하게 되면 R^2값은 상향편의-즉 그러한 상관관계가 없을 때의 R^2보다 더 커진다-를 갖게 된다.

16. 공식적인 증명은 Kmenta, op. cit. pp. 281 참조.

정한다. 그러므로 var($\hat{\beta}_2$)을 사용하면 추정량 $\hat{\beta}_2$의 정확성을 과장하게(즉 표준오차를 과소추정하게) 된다. 그 결과 t값을 $t = \beta_2 / se(\hat{\beta}_2)$로 계산할 때(가설 $\beta_2 = 0$하에서) t 값이 과대 계산되고, 따라서 추정된 β_2의 통계적 유의성도 과대 평가된다. 만일 추가적으로 σ^2이 과소 추정되면 이전에 언급하였듯이 상황은 더욱 악화된다.

이렇게 OLS가 σ^2과 $\hat{\beta}_2$의 분산을 과소 추정하게 되는가를 보기 위해 다음과 같은 몬테칼로 실험을 행하기로 한다. 가령 2변수 모형에서 모수의 진정한 값들이 $\beta_1 = 1$, $\beta_2 = 0.8$이라는 것을 "알고 있다"고 하자. 따라서 확률적 PRF는

$$Y_t = 1.0 + 0.8X_t + u_t \tag{12.4.3}$$

따라서

$$E(Y_t \mid X_t) = 1.0 + 0.8X_t \tag{12.4.4}$$

이것은 진정한 모집단 회귀선이다. u_t는 다음과 같이 1차 자기회귀 구조에 의해 생성된다고 가정하자.

$$u_t = 0.7u_{t-1} + \varepsilon_t \tag{12.4.5}$$

여기서 ε_t는 모든 OLS 가정들을 충족시킨다. 또한 편의상 ε_t가 평균이 0이고 분산이 1인 정규분포를 한다고 가정한다. 식 (12.4.5)는 연속적인 교란항들이 자기상관계수가 비교적 높은 의존관계를 나타내는 + 0.7인 양의 상관관계를 갖는다는 것을 가정하고 있다.

이제 평균이 0이고 분산이 1인 정규분포표로부터 (12.4.5)의 구조를 갖는 10개의 무작위 추출값들이 표 12.1에 나와있다. 이 구조를 시작하기 위해서는 u_t의 초기값을 규정할 필요가 있는데 $u_0 = 5$로 하자.

표 12.1에서 생성된 u_t를 그리면 그림 12.5와 같은데 초기에는 연속적인 u_t

표 12.1
양의 자기상관을 갖는 오차항의 가상적 예

	ε_t	$u_t = 0.7u_{t-1} + \varepsilon_t$
0	0	$u_0 = 5$ (가정)
1	0.464	$u_1 = 0.7(5) + 0.464 = 3.964$
2	2.026	$u_2 = 0.7(3.964) + 2.0262 = 4.8008$
3	2.455	$u_3 = 0.7(4.8010) + 2.455 = 5.8157$
4	−0.323	$u_4 = 0.7(5.8157) - 0.323 = 3.7480$
5	−0.068	$u_5 = 0.7(3.7480) - 0.068 = 2.5556$
6	0.296	$u_6 = 0.7(2.5556) + 0.296 = 2.0849$
7	−0.288	$u_7 = 0.7(2.0849) - 0.288 = 1.1714$
8	1.298	$u_8 = 0.7(1.1714) + 1.298 = 2.1180$
9	0.241	$u_9 = 0.7(2.1180) + 0.241 = 1.7236$
10	−0.957	$u_{10} = 0.7(1.7236) - 0.957 = 0.2495$

주: ε_t는 *A Million Random Digits and One Hundred Thousand Deviates*, Rand Corporation, Santa Monica, 1950으로부터 얻었다.

그림 12.5
$u_t = 0.7u_t - 1 + \varepsilon_t$에 의해 생성된 상관관계표 (표 12.1)

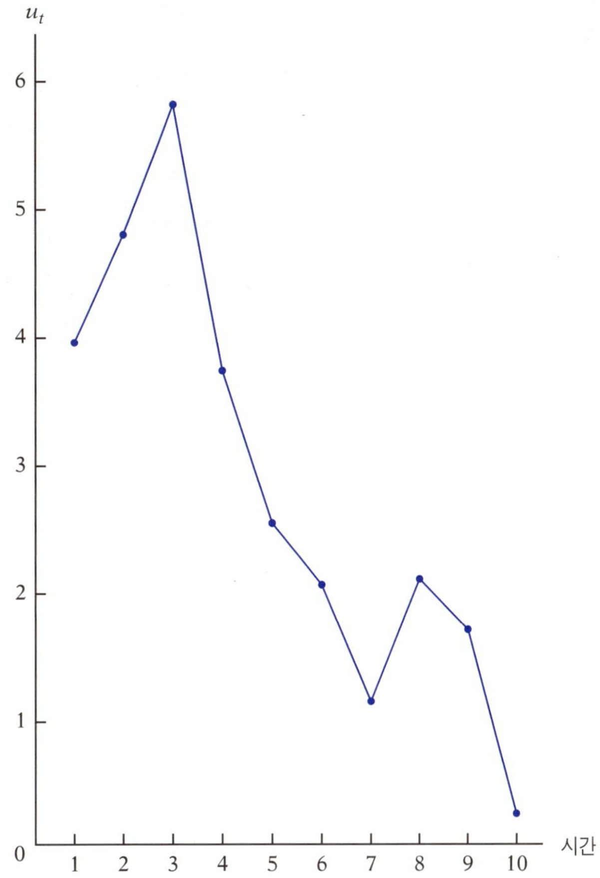

가 그 이전의 값보다 크고 그 후에는 연속적인 값들이 그 이전의 값보다 작은 보편적인 양의 상관을 나타내고 있다.

이제 X의 값들이 1, 2, 3 ⋯ 10에 고정되어 있다고 하자. 이 X값들이 주어졌을 때 식 (12.4.3)과 표 12.1에 주어진 u_t값을 가지고 10개의 Y값 표본을 생성시킬 수 있다 구체적 값은 표 12.2에 나와 있다. 표 12.2의 자료를 이용하여 X에 대해 Y를 회귀하면 다음과 같은 (표본)회귀를 얻게 된다.

$$
\begin{aligned}
\hat{Y}_t = &\quad 6.5452 \;+\; 0.3051X_t \\
&\quad (0.6153) \quad (0.0992) \\
t = &\;(10.6366) \quad (3.0763) \\
&\qquad\qquad r^2 = 0.5419 \qquad \hat{\sigma}^2 = 0.8114
\end{aligned}
\tag{12.4.6}
$$

한편 진정한 회귀선은 식 (12.4.4)에 주어져 있다. 그림 12.6에는 두 회귀선이 그려지고 있는데 이로부터 추정된 회귀선이 진정한 회귀선을 얼마나 왜곡시키는지 알 수 있다. 구체적으로 추정된 회귀선은 진정한 기울기계수를 과소 추정하는 반

표 12.2
생성된 Y 표본값

X_t	u_t	$Y_t = 1.0 + 0.8X_t + u_t$
1	3.9640	$Y_1 = 1.0 + 0.8(1) \quad + 3.9640 = 5.7640$
2	4.8010	$Y_2 = 1.0 + 0.8(2) \quad + 4.8008 = 7.4008$
3	5.8157	$Y_3 = 1.0 + 0.8(3) \quad + 5.8157 = 9.2157$
4	3.7480	$Y_4 = 1.0 + 0.8(4) \quad + 3.7480 = 7.9480$
5	2.5556	$Y_5 = 1.0 + 0.8(5) \quad + 2.5556 = 7.5556$
6	2.0849	$Y_6 = 1.0 + 0.8(6) \quad + 2.0849 = 7.8849$
7	1.1714	$Y_7 = 1.0 + 0.8(7) \quad + 1.1714 = 7.7714$
8	2.1180	$Y_8 = 1.0 + 0.8(8) \quad + 2.1180 = 9.5180$
9	1.7236	$Y_9 = 1.0 + 0.8(9) \quad + 1.7236 = 9.9236$
10	0.2495	$Y_{10} = 1.0 + 0.8(10) + 0.2495 = 9.2495$

주: u_t 자료는 표 12.1로부터 구했다.

그림 12.6
진정한 PRF과
표 12.2의 자료에 따라
추정된 회귀선

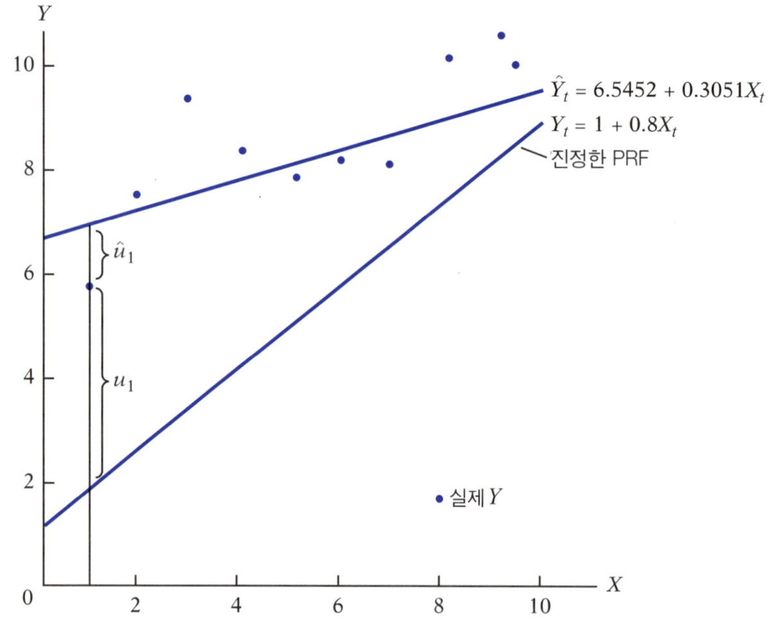

면 진정한 절편값을 과대 추정하고 있다.(그러나 OLS 추정량은 계속 불편추정량이다.)

그림 12.6을 보면 u_t의 참된 분산이 $\hat{u}_i$로부터 계산된 추정량 σ^2에 의해 과소 추정되는 이유를 알아낼 수 있다. 일반적으로 $\hat{u}_i$는 추정된 회귀선에 가깝지만 (OLS 절차의 속성에 의해) 진정한 PRF로부터는 상당히 떨어져있다. 이리하여 $\hat{u}_i$는 u_i를 올바로 나타내지 못한다. 참된 σ^2을 과소 추정하는 정도에 대한 지식을 얻기 위해 또 다른 표본추출 실험을 실시하기로 한다. 표 12.1과 표 12.2의 X_t와 ε_t를 그대로 유지하면서 $\rho = 0$–즉 상관이 없다–라고 가정하자. 이렇게 해서 생성된 Y 값의 새로운 표본이 표 12.3에 나와 있다.

표 12.3에 기초한 회귀결과는 다음과 같다.

표 12.3
계열상관이 없을 때의 Y 표본값

X_t	$\varepsilon_t = u_t$	$Y_t = 1.0 + 0.8X_t + \varepsilon_t$
1	0.464	2.264
2	2.026	4.626
3	2.455	5.855
4	−0.323	3.877
5	−0.068	4.932
6	0.296	6.096
7	−0.288	6.312
8	1.298	8.698
9	0.241	8.441
10	−0.957	8.043

주: 자기상관이 없기 때문에 u_t와 ε_t는 같다. ε_t는 표 12.1에서 전재

$$
\begin{aligned}
\hat{Y}_t &= 2.5345 + 0.6145X_t \\
&\quad\ (0.6796) \quad (0.1087) \\
t &= (3.7910) \quad (5.6541) \\
&\qquad r^2 = 0.7997 \qquad \hat{\sigma}^2 = 0.9752
\end{aligned}
\tag{12.4.7}
$$

이 회귀는 "진정한" 회귀선에 훨씬 가까운데 그 이유는 Y들은 이제 본질적으로 무작위적이기 때문이다. σ^2이 0.8114($\rho = 0.7$)에서 0.9752($\rho = 0$)로 증가한 것에 주목하라. 또한 $\hat{\beta}_1$와 $\hat{\beta}_2$의 표준오차가 증가한 것에 주목하라. 이와 같은 결과는 앞에서 검토한 이론적 결과와 일치하고 있다.

12.5 미국 기업부문에서의 임금과 생산성 간의 관계, 1960~2005년

이제 자기상관의 결과에 대해 논의했으므로 분명한 질문은 어떻게 그것을 탐지하고 어떻게 교정하는가이다. 이 주제로 전환하기 전에 구체적 예를 살펴보는 것이 유익하다. 표 12.4는 1960~2005년간 미국 경제의 기업부문에서의 시간당 실질 보수 Y(RCOMPB)와 시간당 산출 X(PRODB)의 지수에 대한 자료를 보여주고 있다. 이때 지수의 기준인 1992년의 값이 100이다.

우선 Y와 X에 대한 자료를 점으로 표시하여 그림 12.7을 얻는다. 실질보수와 노동생산성 간의 관계는 양(+)일 것으로 예상되므로 두 변수들이 양(+)으로 연관되는 것은 당연하다. 놀랄 일은 비록 생산성의 값이 큰 경우에는 둘 간의 관계가 약간 비선형적이라는 징후가 있기는 하지만 둘 간의 관계가 거의 선형이라는 것이다. 따라서 로그 선형모형 뿐만 아니라 선형모형을 추정하여 다음과 같은 결과를 얻었다.

표 12.4
미국의 실질보수와 생산성의 지수, 1960-2005년 (지수, 1992=100, 계절조정된 분기별 자료)

출처: Economic Report of the President, 2007, Table B-49.

Year	Y	X	Year	Y	X
1960	60.8	48.9	1983	90.3	83.0
1961	62.5	50.6	1984	90.7	85.2
1962	64.6	52.9	1985	92.0	87.1
1963	66.1	55.0	1986	94.9	89.7
1964	67.7	56.8	1987	95.2	90.1
1965	69.1	58.8	1988	96.5	91.5
1966	71.7	61.2	1989	95.0	92.4
1967	73.5	62.5	1990	96.2	94.4
1968	76.2	64.7	1991	97.4	95.9
1969	77.3	65.0	1992	100.0	100.0
1970	78.8	66.3	1993	99.7	100.4
1971	80.2	69.0	1994	99.0	101.3
1972	82.6	71.2	1995	98.7	101.5
1973	84.3	73.4	1996	99.4	104.5
1974	83.3	72.3	1997	100.5	106.5
1975	84.1	74.8	1998	105.2	109.5
1976	86.4	77.1	1999	108.0	112.8
1977	87.6	78.5	2000	112.0	116.1
1978	89.1	79.3	2001	113.5	119.1
1979	89.3	79.3	2002	115.7	124.0
1980	89.1	79.2	2003	117.7	128.7
1981	89.3	80.8	2004	119.0	132.7
1982	90.4	80.1	2005	120.2	135.7

주: Y = 시간당 실질보수의 지수, 기업부문(1992 = 100).
X = 산출지수, 기업부문(1992 = 100).

그림 12.7
보수지수(Y)와 생산성지수(X), 미국, 1960-2005년

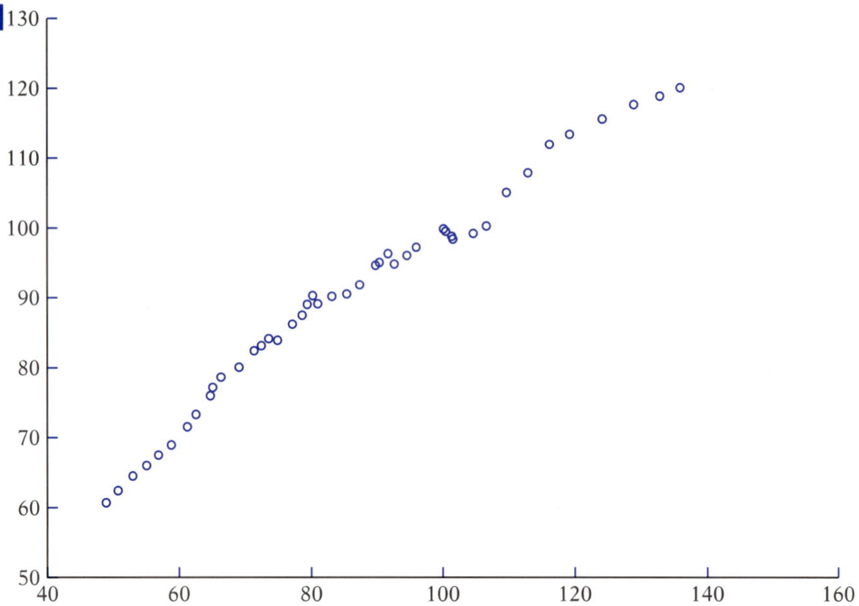

$$\begin{aligned}
\hat{Y}_t &= 32.7419 + 0.6704X_t \\
\text{se} &= (1.3940) \quad (0.0157) \\
t &= (23.4874) \quad (42.7813) \\
& r^2 = 0.9765 \quad d = 0.1739 \quad \hat{\sigma} = 2.3845
\end{aligned} \tag{12.5.1}$$

여기서 d는 Durbin-Watson통계량인데, 이에 대해서는 곧 논의될 것이다.

$$\begin{aligned}
\widehat{\ln Y_t} &= 1.6067 + 0.6522 \ln X_t \\
\text{se} &= (0.0547) \quad (0.0124) \\
t &= (29.3680) \quad (52.7996) \\
& r^2 = 0.9845 \quad d = 0.2176 \quad \hat{\sigma} = 0.0221
\end{aligned} \tag{12.5.2}$$

위의 모형은 이중 로그모형이므로 기울기 계수는 탄력성을 나타낸다. 현재의 경우에 만일 노동생산성이 1% 증가하면 평균보수는 약 0.65% 증가하는 것을 알 수 있다.

정성적으로 두 모형은 유사한 결과를 가져온다. 두 경우 모두 높은 t값이 의미하듯이 추정된 계수들은 "매우" 유의하다. 선형모형에서 만일 생산성지수가 1 단위만큼 증가하면 보수지수는 약 0.67단위만큼 증가한다. 로그 선형모형에서 기울기 계수는 탄력성이므로(그 이유는?) 만일 생산성지수가 1% 증가하면 실질 보수지수는 평균적으로 약 0.65% 증가한다.

만일 자기상관이 존재한다면 식 (12.5.1)과 (12.5.2)의 결과를 얼마나 신뢰할 수 있나? 앞에서 언급하였듯이 만일 자기상관이 존재한다면 추정된 표준오차는 편의가 존재하고 그 결과 추정된 t값은 신뢰할 수 없으므로 자료에 자기상관이 존재하는지를 분명히 알아낼 필요가 있다. 다음 절에서는 자기상관을 탐지하는 몇 가지 방법들이 논의된다. 우리는 이들을 로그 선형모형 (12.5.2)로 설명할 것이다.

12.6 자기상관의 탐지

I. 그림에 의한 방법

고전적 모형의 자기상관이 없다는 가정은 직접적으로 관찰될 수 없는 모집단 교란항 u_t와 연관된다는 것을 상기하라. 우리가 관찰할 수 있는 것은 그 대리변수인 $\hat{u}_t$로 이것은 통상적인 OLS 절차로부터 구할 수 있다. 비록 $\hat{u}_t$은 u_t와 같지는 않지만[17] 종종 $\hat{u}_t$를 조사함으로써 u 내의 자기상관 존재 가능성에 관한 단서를 얻을 수 있다. 실제로 $\hat{u}_t$(또는 $\hat{u}_t^2$)를 눈으로 조사함으로써 자기상관 뿐만 아니라 이

그림 12.8 임금-생산성의 회귀(로그형태: 모형 12.5.2) 로부터의 잔차(100배 확대)와 표준화 잔차

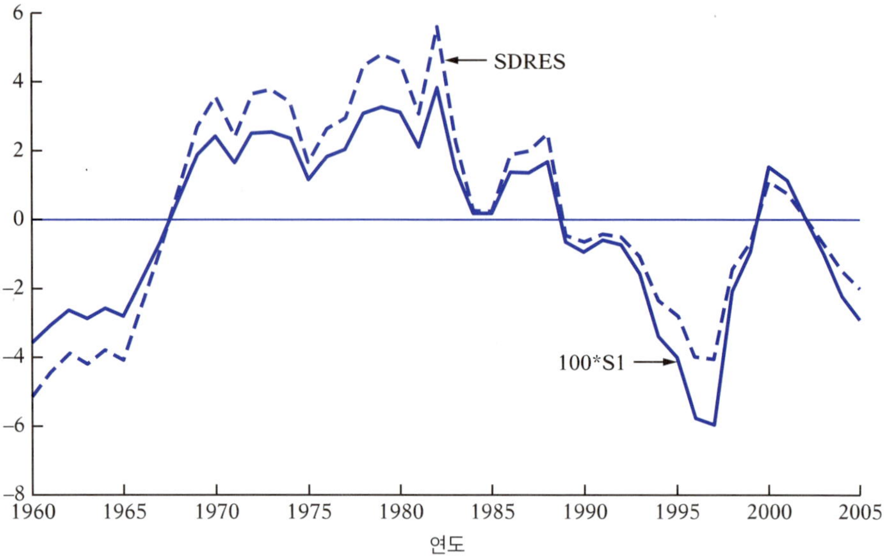

분산(11장에서 보았듯이), 모형의 부적합성, 다음 장에서 다룰 표기 편의에 관한 유용한 정보를 얻을 수 있다. 한 저자는 다음과 같이 기술하고 있다.

> 표준적인 통계분석의 일부로서 [잔차의] 그림을 그리고 이를 분석하는 것에 대한 중요성을 강조할 필요가 있다. 때때로 복잡한 문제에 대한 요약을 이해하기 쉽게 제공하기도 하고 개별적인 경우의 형태를 명백히 나타내기도 할 뿐만 아니라 자료의 총체적 조사도 이 잔차의 분석을 통해 가능해진다.[18]

잔차를 조사하는 방법에는 여러 가지가 있다. 로그 임금–생산성 회귀(12.5.2)로부터 구한 잔차를 보여주는 그림 12.8에서와 같이 이것들을 단순히 시간에 대해 그릴 수 있는데 이를 시간연속 플롯(time sequence plot)이라고 한다. 이 잔차값들은 다른 자료와 함께 표 12.5에 정리되어 있다.

이 대신 시간에 대해 표준화 잔차를 그릴 수 있는데, 이것도 역시 그림 12.8과 표 12.5에 나와 있다. 표준화 잔차는 단지 잔차($\hat{u}_t$)를 회귀표준오차($\sqrt{\hat{\sigma}^2}$)로 나누어 준 것이다. 즉 ($\hat{u}_t/\hat{\sigma}$)이다. 주목할 것은 $\hat{\sigma}$ 뿐만 아니라 $\hat{u}_t$도 종속변수 Y가 측정되는 단위로 측정된다는 것이었다. 따라서 표준화 잔차의 값은 (측정단위가 없는) 순수한 숫자이기 때문에 다른 회귀의 표준화 잔차와 직접적으로 비교될 수 있다.

17. 교란항 u_t가 동분산이고 자기상관이 없다 해도, 그 추정량인 잔차 $\hat{u}_t$은 이분산이며, 자기상관되어 있을 수가 있다. 이에 대해 G.S. Maddala, *Introduction to Econometrics*, 2d ed., Macmillan New York, 1992, pp.480–481 참조할 것. 그러나 표본크기가 무한히 증가함에 따라 잔차들은 그것의 실제값인 u_t로 수렴하는 경향이 있다는 것을 증명할 수 있다. 이에 대해서는 E. Malinvaud, *Statistical Methods of Econometrics*, 2d ed., North–Holland Publishers, Amsterdam, 1970, p.88 참조.

18. Stanford Weisberg, *Applied Linear Regression*, John Wiley & Sons, New York, 1980, p.120.

그림 12.9
현재의 잔차 대 시차 잔차

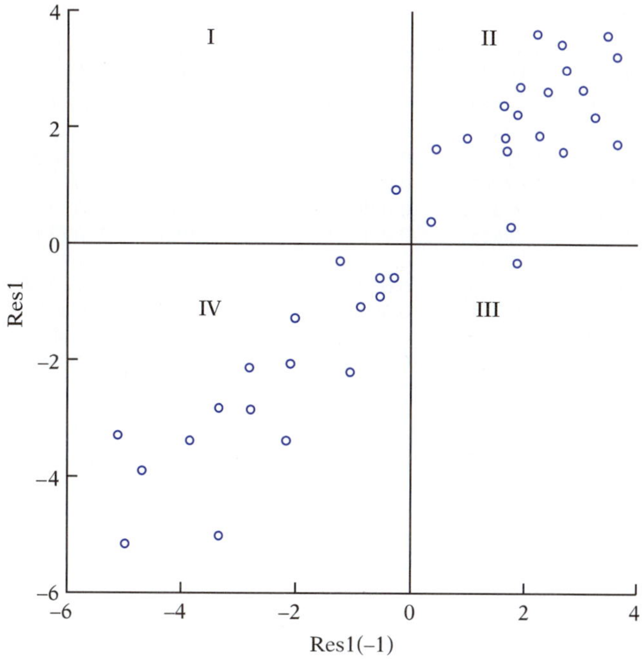

더욱이 표준화 잔차는 $\hat{u}_t$와 마찬가지로 평균이 0이고(그 이유는?) 분산이 근사적으로 1이다.[19] 대표본에서는 $(\hat{u}_t/\hat{\sigma})$는 근사적으로 평균이 0이고 분산이 1인 정규분포를 한다. 우리의 예에서 $\hat{\sigma} = 2.6755$이다.

그림 12.8과 같은 시간 배열 그림을 조사하면 $\hat{u}_t$와 표준화 $\hat{u}_t$ 모두 그림 12.1d와 같은 양상을 보여 u_t가 확률적이 아니라는 것을 시사한다.

이를 다른 관점에서 보기 위해 t기의 잔차 $\hat{u}_t$를 $(t-1)$기의 값인 $\hat{u}_{t-1}$에 대해 그리면 이는 AR(1) 구조에 대한 일종의 실증적 검정이 된다. 만일 잔차들이 확률적이 아니라면 그림 12.3과 같은 형태가 나타날 것이다. 로그 임금–생산성 회귀에 대해 그리면 그림 12.9를 얻게 되는데 그 자료는 표 12.5에 정리되어 있다. 이 그림에서 알 수 있듯이 대부분의 잔차들이 제 2(북동)와 제 4(남서) 상한에 몰려 있어서 잔차 사이에 양의 상관관계가 존재한다는 것을 강력히 시사하고 있다.

여지껏 논의된 그림에 의한 방법은 비록 강력하고 시사적이지만 본질적으로는 주관적이거나 정성적이다. 그러나 순수한 정성적인 방법을 보완하는데 사용될 수 있는 정량적 검정방법들이 존재하는데 이제 이것들을 살펴보기로 한다.

19. 실제로 분산이 1인 경우는 **스투덴트화된** 잔차라고 불리운다. 그러나 실제로 표준화 잔차는 스투덴트화된 잔차와 대개 동일하게 된다. 따라서 우리는 그것들을 사용할 수 있다. 이에 대하여는 Norman Draper and Harry Smith, *Applied Regression Analysis*, 3d ed., John Wiley & Sons, New York, 1998, pp.207–208 참조.

표 12.5 잔차: 실제, 표준화, 시차

Obs.	S1	SDRES	S1(−1)	Obs.	S1	SDRES	S1(−1)
1960	−0.036068	−1.639433	NA	1983	0.014416	0.655291	0.038719
1961	−0.030780	−1.399078	−0.036068	1984	0.001774	0.080626	0.014416
1962	−0.026724	−1.214729	−0.030780	1985	0.001620	0.073640	0.001774
1963	−0.029160	−1.325472	−0.026724	1986	0.013471	0.612317	0.001620
1964	−0.026246	−1.193017	−0.029160	1987	0.013725	0.623875	0.013471
1965	−0.028348	−1.288551	−0.026246	1988	0.017232	0.783269	0.013725
1966	−0.017504	−0.795647	−0.028348	1989	−0.004818	−0.219005	0.017232
1967	−0.006419	−0.291762	−0.017504	1990	−0.006232	−0.283285	−0.004818
1968	0.007094	0.322459	−0.006419	1991	−0.004118	−0.187161	−0.006232
1969	0.018409	0.836791	0.007094	1992	−0.005078	−0.230822	−0.004118
1970	0.024713	1.123311	0.018409	1993	−0.010686	−0.485739	−0.005078
1971	0.016289	0.740413	0.024713	1994	−0.023553	−1.070573	−0.010686
1972	0.025305	1.150208	0.016289	1995	−0.027874	−1.266997	−0.023553
1973	0.025829	1.174049	0.025305	1996	−0.039805	−1.809304	−0.027874
1974	0.023744	1.079278	0.025829	1997	−0.041164	−1.871079	−0.039805
1975	0.011131	0.505948	0.023744	1998	−0.013576	−0.617112	−0.041164
1976	0.018359	0.834515	0.011131	1999	−0.006674	−0.303364	−0.013576
1977	0.020416	0.927990	0.018359	2000	0.010887	0.494846	−0.006674
1978	0.030781	1.399135	0.020416	2001	0.007551	0.343250	0.010887
1979	0.033023	1.501051	0.030781	2002	0.000453	0.020599	0.007551
1980	0.031604	1.436543	0.033023	2003	−0.006673	−0.303298	0.000453
1981	0.020801	0.945516	0.031604	2004	−0.015650	−0.711380	−0.006673
1982	0.038719	1.759960	0.020801	2005	−0.020198	−0.918070	−0.015650

주: S1 = 임금–생산성 회귀(로그 형태)로부터의 잔차
S1(−1) = 1기간 시차를 둔 잔차
SDRES = 표준화잔차 = 추정치의 잔차/표준오차

II. 연속부호 검정

그림 12.8을 조심스레 살펴보면 한 가지 특징을 발견할 수 있는데 처음에는 음의 값을 갖는 잔차가 여러 개 존재하고 그 다음에는 양의 잔차들이 이어지며, 그 후 다시 음의 잔차들이 이어지고 있다. 만일 잔차들이 완전히 확률적이라면 그와 같은 양상을 관찰할 수 있을까? 직관적으로는 그럴 것 같지 않다. 이러한 직관은 비모수검정의 하나로 때로는 Geary검정이라고도 불리는 소위 연속부호 검정으로 검토될 수 있다.[20]

이 방법을 설명하기 위해 표 12.5의 1열에 있는 임금–생산성 회귀로부터 구해지는 잔차들의 부호 (+ 또는 −) 를 적어보자

$$(--------)(+++++++++++++++++++++)(-----------)(+++)(---) \tag{12.6.1}$$

처음에 음의 잔차가 8개 나오고 그 다음으로 21개의 양의 잔차, 11개의 음의 잔

20. **비모수**검정에서는 관찰치들이 어떤 분포로부터 추출되는지에 대한 가정을 하지 않는다. Geary검정에 대해서는 R.C. Geary, "Relative Efficiency of Count of Sign Changes for Assessing Residual Autoregression in Least Squares Regression," *Biometrika*, vol.57, 1970, pp.123–127 참조.

차, 3개의 양의 잔차, 3개의 음의 잔차 등 총 46개의 잔차가 나오고 있다.

연속부호를 +나 − 같이 한 기호 또는 속성의 끊임없는 연속이라 정의하자. 또한 연속부호의 길이를 연속부호내의 구성요소의 수라고 정의하자. 식 (12.6.1)을 보면 5개의 연속부호가 존재하는데 구체적으로 8개의 음의 연속부호(즉 길이 8), 13개의 양의 연속부호(즉 길이 13), 11개의 음의 연속부호(즉 길이 11), 3개의 양의 연속부호(즉 길이 3), 3개의 음의 연속부호(즉 길이 3) 등으로 시각적 효과를 높이기 위해 같은 부호끼리 괄호로 묶었다.

연속부호가 완전히 확률적인 일련의 관찰치에서 어떤 형태를 보이는가를 조사함으로써 연속부호의 무작위성에 대한 검정방법을 도출할 수 있다. 우리는 이렇게 질문한다. 46개의 관찰치들로 구성된 우리의 예에서 관찰되는 5개의 연속부호는 같은 수의 관찰치를 갖는 완전히 확률적인 수의 연속에서 예상되는 연속부호의 수에 비해 지나치게 많은 것인가 또는 지나치게 적은 것인가? 만일 연속부호가 지나치게 많은 것이라면 예에서는 잔차의 부호가 지나치게 자주 바뀌어 음의 계열상관이 존재한다는 것을 의미하게 될 것이다(그림 12.3b를 참조). 이와 유사하게 만일 연속부호의 수가 너무 적다면 이것은 그림 12.3a에서와 같이 양의 자기상관을 시사한다. 따라서 그림 12.8은 선험적으로 잔차 내의 양의 상관관계를 보여주고 있다.

이제

N = 전체 관찰치의 수 $= N_1 + N_2$
N_1 = +부호(즉 +잔차)의 수
N_2 = −부호 (즉 −잔차)의 수
R = 연속 부호의 수

연속적인 결과(여기서는 잔차)들이 독립이라는 귀무가설 하에서 $N_1 > 10$, $N_2 > 10$을 가정하면 연속부호의 수는 (점근적으로) 다음과 같은 평균과 분산을 갖는 정규분포를 한다.

$$\text{평균:} \quad E(R) = \frac{2N_1N_2}{N} + 1$$
$$\text{분산:} \quad \sigma_R^2 = \frac{2N_1N_2(2N_1N_2 - N)}{(N)^2(N-1)} \qquad \textbf{(12.6.2)}$$

주: $N = N_1 + N_2$

무작위성이라는 귀무가설이 충족된다면 정규분포의 속성에 따라 다음이 성립한다.

$$\text{Prob}\,[E(R) - 1.96\sigma_R \le R \le E(R) + 1.96\sigma_R] = 0.95 \qquad \textbf{(12.6.3)}$$

즉 앞의 구간이 R을 포함할 확률은 95%이다. 따라서 우리는 다음의 규칙을 갖게 된다.

결정방식 만일 연속부호의 수인 *R*이 위의 신뢰구간 내에 놓이면 95% 신뢰수준에서 확률적이라는 귀무가설을 기각하지 마라. 만일 추정된 *R*이 이 구간 밖에 위치하면 귀무가설을 기각하라. (주: 어떠한 신뢰수준도 선택할 수 있다.)

이 예제에서 +의 수는 $N_1 = 24$ 그리고 −의 수는 $N_2 = 22$이고, $R = 5$이다. 식 (12.6.2)의 공식을 이용하면

$$\begin{aligned} E(R) &= 24 \\ \sigma_R^2 &= 11 \\ \sigma_R &= 3.32 \end{aligned} \tag{12.6.4}$$

따라서 우리의 예에서 *R*에 대한 95% 신뢰구간은

$$[24 \pm 1.96(3.32)] = (17.5, 30.5)$$

분명히 이 구간은 5를 포함하지 않는다. 따라서 우리의 임금-생산성회귀에서 잔차는 무작위적이라는 가설은 95%신뢰수준에서 **기각**될 수 있다. 환언하면 잔차는 자기상관을 나타낸다. 일반적 규칙으로서, 만일 양의 자기상관이 존재한다면 연속부호의 수는 적은 반면 음의 자기상관이 존재하는 경우 연속부호의 수는 많을 것이다. 물론 식 (12.6.2)로부터 연속부호의 수가 너무 많은지, 너무 적은지 여부를 알아낼 수 있다.

만일 N_1이나 N_2가 20보다 작을 경우에는 N개의 무작위적 연속에 예상되는 연속부호의 수에 대한 임계치를 알려주는 특별한 표가 Swed와 Eisenhart에 의해 개발되었다. 이 표는 부록 D의 표 D.6에 나와 있다. 이 표를 사용하여 독자는 우리의 임금-생산성 회귀에서의 잔차가 진정 비확률적인지를 입증할 수 있다. 실제로 그것들은 양의 상관관계를 갖고 있다.

III. Durbin-Watson *d* 검정[21]

계열상관을 탐지하는 방법 가운데 가장 유명한 검정 방법은 통계학자인 Durbin과 Watson에 의해 개발되어서 더빈-왓슨 *d*통계량이라 불리는 것으로 다음과 같이 정의된다.

21. J. Durbin and G. S. Watson, "Testing for Serial Correlation in Least-Squares Regression," *Biometrika*, vol. 38, 1951, pp.159-177 참조.

$$d = \frac{\sum_{t=2}^{t=n}(\hat{u}_t - \hat{u}_{t-1})^2}{\sum_{t=1}^{t=n}\hat{u}_t^2} \tag{12.6.5}$$

이것은 단지 RSS에 대한 연속적인 잔차 차이 자승 합계의 비율이다. 주목할 것은 d 통계량의 분자에서 연속적인 차이를 구하는 과정에서 관찰치 하나를 상실했기 때문에 관찰치의 수는 $n-1$개다.

d 통계량의 가장 큰 장점은 그것이 회귀분석에서 기계적으로 계산되는 잔차에 기초하고 있다는 것이다. 이러한 이점 때문에 R^2이나 조정된 R^2, t, F 값 등 요약척도들과 함께 더빈-왓슨 d 통계량이 제시되는 것이 관례가 되고 있다. 비록 이것이 일상적으로 사용되고 있기는 하지만 d 통계량에 내재하는 가정들에 주의할 필요가 있다.

1. 회귀모형은 절편항을 포함하고 있다. 만일 원점을 통과하는 회귀에서와 같이 절편항이 없다면 절편항을 포함시킨 회귀를 다시 행하여 RSS를 구해야 한다.[22]
2. 설명변수인 X들은 비확률적이든가 계속적인 표본추출에서 고정된 값이다.
3. 교란항 u_t는 1차 자기 회귀구조인 $u_t = \rho u_{t-1} + \varepsilon_t$로부터 생성된다. 따라서 고차 자기회귀구조를 탐지하는 데에는 이용될 수 없다.
4. 오차항 u_t는 정규분포하는 것으로 가정된다.
5. 회귀모형의 설명변수 가운데에는 종속변수 시차값(들)이 존재하지 않는다. 따라서 다음과 같은 모형에서는 이 검정이 적용되지 않는다.

$$Y_t = \beta_1 + \beta_2 X_{2t} + \beta_3 X_{3t} + \cdots + \beta_k X_{kt} + \gamma Y_{t-1} + u_t \tag{12.6.6}$$

   여기서 Y_{t-1}은 Y의 1기 시차값이다. 이와 같은 모형을 자기회귀 모형이라 부르는데 17장에서 자세히 다루어진다.
6. 자료 내에 누락된 관찰치가 없다. 1960~2005년간 임금-생산성 회귀에서 만일 어떤 이유로 1978년과 1982년의 자료가 누락되었다면 d 통계량에서는 그와 같은 누락된 관찰치가 참작되지 않는다.[23]

식 (12.6.5)의 d 통계량의 정확한 표본 또는 확률분표의 도출은 어려운데 그 이유는 Durbin과 Watson이 입증하였듯이 이 분포가 복잡한 형태로 표본내의 X 값에 의존하기 때문이다.[24] 이 같은 어려움은 d가 주어진 X들에 의존하는 $\hat{u}_t$로

22. 그러나 최근에 Farebrother는 절편항이 없는 모형에서 d 값을 계산하였다. R.W. Farebrother, "The Durbin–Watson Test for Serial Correlation When There Is No Intercept in the Regression," *Econometrica,* vol. 48, pp.1553–1563, 1980 참조.
23. 더 상세한 논의는 Gabor Korosi, Laszlo Matyas, and Istvan P. Szekely, *Practical Econometrics*, Avebury Press, England, 1992, pp.88–89 참조.

부터 계산되기 때문으로 이해된다. 따라서 t, F, χ^2 검정들과는 달리 교란항 u_i에 1차 계열상관이 존재하지 않는다는 귀무가설을 검정하는데 있어서 임계치가 유일하게 존재하지 않는다. 그러나 Durbin과 Watson은 하한 d_L과 상한 d_U를 도출하는데 성공했는데 식 (12.6.5)로부터 계산된 d가 이들 임계치 밖에 놓이게 되면 양의 또는 음의 계열상관이 존재하는지 여부를 결정할 수 있게 된다. 더군다가 이들 임계치는 설명변수가 취하는 값에는 의존하지 않고, 다만 관찰치의 수 n과 설명변수의 수에만 의존한다. Durbin과 Watson은 n이 6에서 200까지 그리고 설명변수가 20개까지에 대한 임계치들을 도표로 만들었는데 이것이 부록 D의 표 D.5에 나와 있다(20개 설명변수까지).

실제 검정절차는 그림 12.10을 보면 쉽게 이해가 되는데 d의 범위는 0에서 4까지이다. 이것은 다음과 같이 입증된다. 식 (12.6.5)를 다시 정리하면

$$d = \frac{\sum \hat{u}_t^2 + \sum \hat{u}_{t-1}^2 - 2\sum \hat{u}_t \hat{u}_{t-1}}{\sum \hat{u}_t^2} \qquad \textbf{(12.6.7)}$$

$\sum \hat{u}_t^2$과 $\sum \hat{u}_{t-1}^2$은 단지 한 관찰치만 상이하므로 이들은 근사적으로 같다고 할 수 있다. 그러므로 $\sum \hat{u}_{t-1}^2 \approx \sum \hat{u}_t^2$으로 놓으면 식 (12.6.7)은 다음과 같이 쓸 수 있다.

$$d \approx 2\left(1 - \frac{\sum \hat{u}_t \hat{u}_{t-1}}{\sum \hat{u}_t^2}\right) \qquad \textbf{(12.6.8)}$$

여기서 $\approx$은 근사치를 의미한다.

이제 다음과 같이

그림 12.10
더빈-왓슨 d 통계량

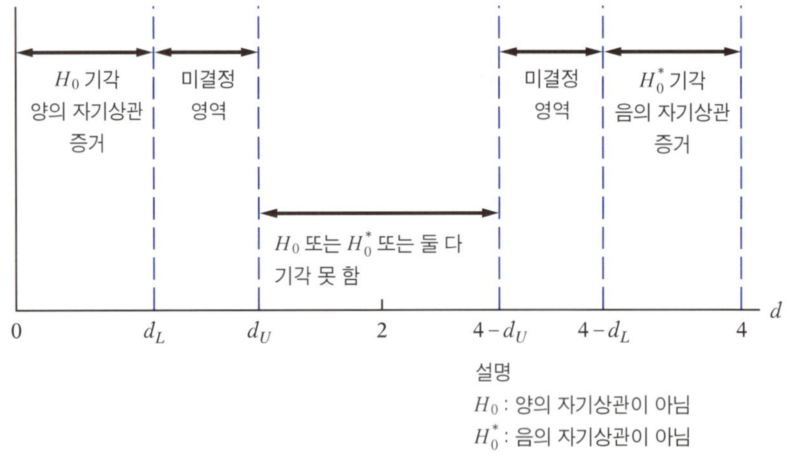

24. 그러나 이 절의 후반부에 논의되는 "정확한" Durbin-Watson검정을 참조할 것.

$$\hat{\rho} = \frac{\sum \hat{u}_t \hat{u}_{t-1}}{\sum \hat{u}_t^2} \tag{12.6.9}$$

ρ의 추정량인 표본 1차 자기상관계수를 정의하기로 하자.(각주 9 참조) 식 (12.6.9)를 이용하면 식 (12.6.8)은 다음과 같이 쓸 수 있다.

$$d \approx 2(1 - \hat{\rho}) \tag{12.6.10}$$

그러나 $-1 \leq \rho \leq 1$이므로 식 (12.6.10)에서

$$0 \leq d \leq 4 \tag{12.6.11}$$

이것이 d의 범위이다. 모든 추정된 d값은 이 범위 내에 있어야 한다.

식 (12.6.10)으로부터 만일 $\hat{\rho} = 0$이면 $d = 2$, 즉 만일 (1차) 계열상관이 없다면 d는 약 2가 될 것이다. **따라서 대략적 방법으로서 만일 d가 실제로 2이면 1차 자기상관이 양이든 음이든 존재하지 않는 것으로 가정할 수 있다.** 만일 $\hat{\rho} = +1$이면 이는 잔차에서의 완전한 양의 상관을 나타내고 $d \approx 0$이 된다. 따라서 d가 0에 가까울수록 양의 계열상관 존재가능성이 더 커진다. 이 같은 관계는 식 (12.6.5)로부터 명백해지는데 그 이유는 만일 양의 자기상관이 존재한다면 $\hat{u}_t$들은 한데 몰려 있게 될 것이고 따라서 그들 간의 차이는 작을 것이다. 그 결과 회귀에서 일정한 값을 갖는 분모의 자승합계에 비해 분자의 자승합계가 작아질 것이다.

만일 $\hat{\rho} = -1$, 즉 계속적인 잔차들 간에 완전한 음의 상관이 존재한다면 $d \approx 4$가 된다. 이리하여 d가 4에 가까울수록 음의 계열상관 존재 가능성이 더 커진다. 이것 역시 식 (12.6.5)를 살펴보면 이해할 수 있다. 왜냐하면 만일 음의 자기상관이 존재한다면 양의 $\hat{u}_t$ 다음에는 음의 $\hat{u}_t$가 나타나거나 또는 반대로 되는 경향이 있어 $|\hat{u}_t - \hat{u}_{t-1}|$이 대개 $|\hat{u}_t|$보다 크게 될 것이다. 그러므로 d의 분자는 분모보다 상대적으로 크게 된다.

검정에 내재하는 가정들이 충족된다고 가정할 때 Durbin-Watson 검정기법은 다음과 같다.

1. OLS회귀를 행하여 잔차를 얻는다.
2. 식 (12.6.5)로부터 d를 계산한다. (오늘날 대부분의 컴퓨터 프로그램은 이것을 기계적으로 하고 있다.)
3. 표본수와 설명변수의 수에 의해 임계치 d_L과 d_U의 값을 찾아낸다.
4. 표 12.6의 결정규칙에 따른다. 참고의 편의를 위해 이 규칙은 그림 12.10에 나타나 있다.

표 12.6
더빈-왓슨 d 검정 : 결정규칙

귀무가설	결정	조건
양의 자기상관이 없다.	기 각	$0 < d < d_L$
양의 자기상관이 없다.	미결정	$d_L \le d \le d_U$
음의 자기상관이 없다.	기 각	$4 - d_L < d < 4$
음의 자기상관이 없다.	미결정	$4 - d_U \le d \le 4 - d_L$
양이든 음이든 자기상관이 없다.	채 택	$d_U < d < 4 - d_U$

이 기법을 예시하기 위해 임금 생산성 회귀로 되돌아가자. 표 12.5의 자료를 사용하여 추정된 d의 값은 0.2175로서, 잔차에 양의 계열상관이 존재한다는 것을 시사하고 있다. Durbin-Watson 표로부터 관찰치가 46개이고 설명변수가 1개일 때 5% 유의수준에서 $d_L = 1.475$, $d_U = 1.566$이다. 계산된 d의 값 0.2175는 d_L보다 작기 때문에 잔차에 양의 계열상관이 존재한다는 가설을 기각할 수 없다.

비록 d 검정이 매우 유명하기는 하지만 가장 큰 약점은 그 값이 미결정 영역 내에 있게 되면 (1차) 자기상관 존재여부에 대해 결론을 내릴 수 없다는 것이다. 이 문제를 해결하기 위해 일부 학자들이 d 검정의 수정을 제시하였는데 이것들은 꽤 복잡하여 이 책의 범위를 벗어난다.[25] 그러나 많은 경우에 상한 d_U가 근사적으로 올바른 임계치가 되므로 추정된 d값이 미결정 영역 내에 있을 경우에는 유의수준 α하에서 다음과 같이 수정된 d 검정 절차를 이용할 수 있다.

1. $H_0: \rho = 0$ vs. $H_1: \rho > 0$. 만일 $d < d_u$이면 유의수준 α에서 H_0기각. 즉 통계적으로 유의한 양의 상관관계가 존재한다.
2. $H_0: \rho = 0$ vs. $H_1: \rho < 0$. 만일 $(4 - d) < d_U$이면 유의수준 α에서 H_0기각. 즉 통계적으로 유의한 음의 자기상관이 존재한다.
3. $H_0: \rho = 0$ vs. $H_1: \rho > 0$. 만일 $d < d_U$ 또는 $4 - d < d_U$이면 유의수준 2α에서 H_0 기각. 즉 양이든 음이든 통계적으로 유의한 자기상관이 존재한다.

지적할 사항은 Durbin-Watson 표에서 분명히 볼 수 있듯이 표본크기가 증가함에 따라 미결정영역이 줄어든다는 것이다. 예를 들어 4개의 회귀변수와 20개의 관찰치가 있는 경우 d값의 5% 하한과 상한은 각각 0.894와 1.828이지만 표본크기가 75이면 이 값들은 1.515와 1.739가 된다.

컴퓨터 프로그램인 SHAZAM은 정확한 d검정, 즉 계산된 d값의 정확한 확률인 p값을 제시한다. 현대의 컴퓨터 설비로 계산된 d통계량의 p값을 찾아내는 것은 더 이상 어렵지 않다. 우리의 임금-생산성 회귀에 대해 SHAZAM(version 9)을 이용하면 계산된 d의 p값은 0.2176이어서 사실상 0이므로 Durbin-Watson 표에 기초한 앞에서의 결론을 재확인하게 된다.

Durbin-Watson d검정은 매우 오래되었기 때문에 사용자들은 종종 그 검정

25. 자세한 내용은 Tomas B. Fomby, R. Carter Hill and Stanley R. Johnson. *Advanced Econometric Methods*, Springer Verlag, New York. 1984, pp. 225–228 참조.

에 내재하는 가정들을 잊는다. 특히 d검정을 적용하기 위해서는 (1) 설명변수 또는 회귀변수들이 비확률적이고, (2) 오차항은 정규분포를 따라야 하며, (3) 회귀모형은 피회귀변수의 시차값(들)을 포함하지 않고, (4) 단지 1차 계열상관만 고려된다는 가정들이 매우 중요하다. 또한 유의한 d 통계량이 반드시 자기상관을 나타내는 것은 아니라는 점이 추가되어야 한다. 오히려 그것은 모형으로부터 적절한 변수가 생략되었다는 것을 나타낼 수도 있다.

만일 회귀모형에 피회귀변수의 시차값(들)이 포함되었다면 그 같은 경우의 d값은 종종 2와 가까운데, 이는 모형에 (1차) 자기상관이 없다는 것을 시사한다. 따라서 그러한 모형에서 (1차) 자기상관을 찾아내는 것을 방해하는 뿌리 깊은 편의가 존재한다. 이것은 자기회귀모형에는 자기상관 문제가 없다는 의미는 아니다. 사실 Durbin은 그러한 모형에서 계열상관을 검정하기 위해 소위 h검정을 고안해냈다. 그러나 이 검정은 곧 보게 될 Breusch–Godfrey검정만큼 통계적 의미에서 강력하지는 않아서 h검정을 사용할 필요가 없다. 그러나 그것의 역사적 중요성으로 인해 연습문제 12.36에서 논의될 것이다.

또한 만일 오차항 u_t가 NIID가 아니라면 기계적으로 사용되는 d검정은 신뢰하지 못할 수 있다.[26] 이러한 점에서 앞에서 논의된 연속부호 검정은 오차항에 대해 어떠한 (확률)분포 가정도 하지 않는다는 점에서 이점을 가지고 있다. 그러나 표본이 크면 (기술적으로 무한대) 우리는 Durbin–Watson d를 사용할 수 있는데 그 이유는 다음 식이 증명될 수 있기 때문이다.[27]

$$\sqrt{n}\left(1-\frac{1}{2}d\right) \approx N(0,1) \qquad \textbf{(12.6.12)}$$

즉 대표본에서 식 (12.6.12)와 같이 변환된 d 통계량은 표준정규분포를 따른다. 부수적으로 d와 식 (12.6.10)의 추정된 1차 자기상관계수인 $\hat{\rho}$ 간의 관계에 비추어 다음 식이 성립한다.

$$\sqrt{n}\hat{\rho} \approx N(0,1) \qquad \textbf{(12.6.13)}$$

즉 대표본에서 표본크기의 제곱근에 추정된 1차 자기상관계수를 곱해준 것도 표준정규분포를 따른다.

우리의 임금–생산성 예에 대한 검정을 예로 보자. $d=0.2176$, $n=46$이다. 따라서 식 (12.6.12)로부터 다음이 성립한다.

$$\sqrt{46}\left(1-\frac{0.2176}{2}\right) \approx 6.0447$$

26. 수준 높은 논의를 위해서는 Ron C. Mittelhammer, George G. Judge, and Douglas J. Miller, *Econometric Foundations*, Cambridge University Press, New York, 2000, p.550 참조.

27. James Davidson, *Econometric Theory*, Blackwell Publishers, New York, 2000, p.161 참조.

점근적으로 만일 (1차) 자기상관이 0이라는 귀무가설이 참이라면 Z값(즉 표준화 정규변수) 6.0447 이상을 얻을 확률은 극히 작다. 표준정규분포에서 (양측검정의) 5% Z값 임계치는 불과 1.96이고 1% Z값 임계치는 2.58이라는 것을 상기하라. 비록 우리의 표본크기가 46개에 불과하지만 실제로는 정규분포 근사를 사용하기에 충분한 크기이다. 임금-생산성 회귀로부터의 잔차에는 자기상관이 존재한다는 결론은 계속 동일하다.

그러나 d검정의 가장 심각한 문제는 회귀변수들이 비확률적, 즉 그것들의 값은 반복 표본추출을 할 때 고정되어 있다, 이라는 가정이다. 만일 이것이 아니라면 d검정은 유한 또는 소표본일 때나 대표본일 때 모두 타당하지 않다.[28] 그리고 이 가정은 시계열자료를 포함하고 있는 경제모형에서는 대개 유지되기 어려우므로 어떤 저자는 Durbin-Watson 통계량이 시계열자료를 포함하고 있는 계량경제학에서는 유용하지 않다고 주장한다.[29] 그의 견해에 의하면 더 유용한 자기상관 검정방법이 이용 가능하지만 그것들은 모두 대표본에 기초하고 있다. 우리는 그러한 검정 중 하나인 Breusch-Godfrey검정을 곧 다룰 것이다.

IV. 자기상관에 대한 일반적 검정: Breusch-Godfrey(BG) 검정[30]

자기상관에 대한 Durbin-Watson d검정의 몇몇 함정을 피하기 위해 통계학자들인 Breusch와 Godfrey는 (1) 피회귀변수의 시차값과 같은 비확률적 회귀변수, (2) AR(1), AR(2) 등과 같은 고차 자기회귀구조, (3) 식 (12.2.1)의 ε_t와 같이 백색잡음 오차항의 단순 또는 고차 이동평균 등을 허용한다는 점에서 보편적인 자기상관 검정법을 개발하였다.[31]

참고문헌에서 볼 수 있는 수학적으로 상세한 부분까지는 가지 않고 LM검정이라고도 알려진 BG검정은 다음과 같이 진행된다.[32] 비록 많은 회귀변수들이 모형에 추가될 수 있지만 이 검정을 예시하기 위해 2변수 회귀모형을 사용하도록 한다. 또한 피회귀변수의 시차값이 모형에 추가될 수 있다. 다음과 같은 모형을 보자.

$$Y_t = \beta_1 + \beta_2 X_t + u_t \tag{12.6.14}$$

28. Ibid., p.161.
29. Fumio Hayashi, *Econometrics*, Princeton University Press, Princeton, NJ, 2000, p.45.
30. L. G. Godfrey, "Testing Against General Autoregressive and Moving Average Error Models When the Regressor Includes Lagged Dependent Variables," *Econometrica,* vol.46, 1978, pp.1293-1302와 T. S. Breusch, "Testing for Autocorrelation in Dynamic Linear Models," *Australian Economic Papers*, vol.17, 1978, pp.334-355 참조.
31. 예를 들어 회귀식 $Y_t = \beta_1 + \beta_2 X_t + u_t$에서 오차항은 $u_t = \varepsilon_t + \lambda_1 \varepsilon_{t-1} + \lambda_2 \varepsilon_{t-2}$로 표현될 수 있는데, 이는 백색잡음 오차항 ε_t의 3기간 이동평균을 나타낸다.
32. **라그랑지 승수 원리**에 기초한 검정은 8장에서 간략하게 언급되었다.

가령, 오차항 u_t가 다음과 같이 p차의 자기상관, $AR(p)$, 구조에 의해 생성되었다고 하자.

$$u_t = \rho_1 u_{t-1} + \rho_2 u_{t-2} + \cdots + \rho_p u_{t-p} + \varepsilon_t \qquad \textbf{(12.6.15)}$$

여기에서 ε_t는 이전에 논의된 것과 같은 백색잡음 오차항이다. 곧 알게 되겠지만 이것은 단지 AR(1) 구조의 연장일 따름이다.

검정될 귀무가설 H_0는 다음과 같다.

$$H_0: \rho_1 = \rho_2 = \cdots = \rho_p = 0 \qquad \textbf{(12.6.16)}$$

다시 말해서 어떠한 차수의 자기상관도 없다는 것이다. BG 검정은 다음과 같은 단계를 따른다.

1. 통상적인 OLS 절차를 사용하여 식(12.6.14)를 추정하고 잔차 $\hat{u}_t$를 구한다.
2. $\hat{u}_t$를 원래의 X_t(만일 원래의 모형에 X변수가 하나 이상 있다면 그것들도 모두 포함)와 $\hat{u}_{t-1}$, $\hat{u}_{t-2}$, ..., $\hat{u}_{t-p}$에 회귀하는데, 후자들은 1단계에서 구한 잔차의 시차변수들이다. 따라서 만약 $p = 4$라면, 이 모형에 잔차의 시차변수 4개를 설명변수로서 추가로 모형에 포함하게 된다. 이 회귀를 시행하기 위한 관찰치는 단지 $(n-p)$개에 불과하게 된다(그 이유는?). 간략히 말해 다음 회귀를 수행한다.

$$\hat{u}_t = \alpha_1 + \alpha_2 X_t + \hat{\rho}_1 \hat{u}_{t-1} + \hat{\rho}_2 \hat{u}_{t-2} + \cdots + \hat{\rho}_p \hat{u}_{t-p} + \varepsilon_t \qquad \textbf{(12.6.17)}$$

   그리고 이 (보조)회귀로부터 R^2을 구한다.[33]
3. 표본의 크기가 클 때 (기술적으로 무한대) Breusch와 Godfrey는 다음을 증명하였다.

$$(n-p)R^2 \sim \chi^2_p \qquad \textbf{(12.6.18)}$$

다시 말해서, $(n-p)$와 보조회귀 (12.6.17)에서 구한 R^2의 곱은 점근적으로 자유도가 p인 카이자승분포를 따른다는 것이다. 어떤 응용에서 $(n-p)R^2$이 선택한 유의수준에서 카이자승 임계치보다 크다면 귀무가설 즉, 식 (12.6.15)에서 적어도 하나의 ρ는 0과 유의하게 다르다는 가설을 기각하게 된다.

다음의 BG 검정에 관한 **실제 요점**들을 주목할 필요가 있다.

1. 이 회귀모형에 포함된 설명변수로서 종속변수 Y의 시차변수, Y_{t-1}, Y_{t-2}

33. 원래의 회귀변수 X가 모형에 포함된 이유는 X가 엄격히 비확률적이 아닐 수도 있다는 사실을 허용하기 위해서이다. 그러나 만일 그것이 엄격히 비확률적이면 모형에서 생략될 수도 있다. 이에 관해서는 Jeffrey M. Wooldridge, *Introductory Econometrics: A Modern Approach*, South-Western Publishing Co., 2003, p.386 참조.

등이 포함될 수 있다. 이 모형은 설명변수로서 종속변수의 시차변수를 포함하지 않는 Durbin-Watson검정의 제약과 대조적이다.

2. 교란항이 p차의 이동평균(MA) 과정을 따른다고 하자. 즉 u_t가 다음과 같이 생성되었다고 하자.

$$u_t = \varepsilon_t + \lambda_1\varepsilon_{t-1} + \lambda_2\varepsilon_{t-2} + \cdots + \lambda_p\varepsilon_{t-p} \qquad \textbf{(12.6.19)}$$

여기에서 ε_t은 백색잡음 오차항, 즉 모든 고전적 가정들을 충족시키는 오차항이다. 이 경우에도 BG 검정은 적용가능하다.

시계열 계량경제학에 대한 장에서 우리는 좀더 상세하게 p차 자기회귀 및 이동평균 과정을 살펴볼 것이다.

3. 식 (12.6.15)에서 만약 $p=1$, 즉 1차의 자기상관이라면, BG 검정은 Durbin의 M검정으로 불린다.
4. BG 검정의 단점은 시차의 길이인 p의 값이 선험적으로 결정되지 않는다는 것이다. p값에 대해서 여러 번의 실험이 불가피하게 된다. 종종 시차 길이를 선정하기 위해 소위 Akaike 및 Schwarz 정보기준을 사용할 수 있다. 13장과 나중에 시계열 계량경제학에 대한 장에서 이 기준들을 논의할 것이다.
5. X 변수(들)의 값과 u의 시차값들이 주어졌을 때 검정은 식 (12.6.15)의 u의 분산이 동분산이라고 가정한다.

BG 검정의 예: 임금-생산성 관계

검정을 예로 보기 위해 우리의 예를 다시 적용하여 보자. AR(6) 구조를 이용하여 연습문제 12.25에서 보는 결과를 얻었다. 거기에 주어진 회귀결과로부터 $(n-p)=40$, $R^2=0.7498$이라는 것을 알 수 있다. 따라서 이들 두 값을 곱하면 29.992라는 카이 자승값을 얻는다. 자유도 6에서(그 이유는?) 카이 자승값이 29.992 이상일 확률은 매우 작다. 부록 D.4의 카이 자승표를 보면 카이 자승값이 18.5476 이상일 확률은 단지 0.005이다. 따라서 동일한 자유도에서 카이 자승값이 약 30이상일 확률은 극히 작다. 사실상 실제 p값은 거의 0이다.

따라서 우리의 예에서 결론은 6개의 자기상관 중 적어도 하나는 0이 아님에 틀림없다.

시차 길이를 1에서 6까지 바꾸면서 시도하면 단지 AR(1) 계수만 유의하여 시차 1이상을 고려할 필요가 없다는 것을 시사한다. 본질상 이 경우의 BG검정은 **Durbin의 m검정**으로 판명된다.

왜 자기상관 검정방법이 그리 많은가?

이 질문에 대한 답변은 "어떤 검정법도 명백하게 최선(즉 통계적 측면에서 보다 강력한)이라고 판단되지 않고, 따라서 분석자들은 아직 자기상관의 존재 또는 구조 또는 둘 다를 탐지하는데 있어서 다양한 검정절차를 고려해 보는 입장에 처해 있다."[34] 물론 앞장에서 논의된 이분산의 다양한 검정법에 대해서도 유사한 주장이 있을 수 있다.

12.7 자기상관을 찾았을 때 해야 할 일: 교정 척도

만일 전절에서 논의된 자기상관의 하나 또는 그 이상의 진단적 검정법을 적용한 후 자기상관이 존재하는 것을 알았다면 그 다음은? 우리에게는 4가지 선택대안이 있다.

1. 자기상관이 모형의 오표기 결과가 아니라 순수한 자기상관인지를 알아내도록 시도한다. 12.1절에 논의되었듯이 종종 모형이 오표기, 즉 중요한 변수들이 생략되었거나 함수형태가 잘못 되어서 잔차의 양상이 관찰된다.
2. 만일 그것이 순수한 자기상관이라면 원래의 모형을 적절히 변환하여 변환된 모형에서는 (순수한) 자기상관 문제가 없도록 할 수 있다. 이분산의 경우에서와 같이 우리는 일종의 일반화 최소자승(GLS) 방법을 사용해야 할 것이다.
3. 대표본일 때 자기상관에 대해 교정된 OLS 추정량의 표준오차를 구하기 위해 **Newey-West** 방법을 사용할 수 있다. 이 방법은 실제로 우리가 앞장에서 본 White의 이분산 일치 표준오차방법의 연장이다.
4. 몇몇 경우에는 우리는 OLS 방법을 계속 사용할 수 있다.

12.8 모형 오표기 대 순수 자기상관

식 (12.5.2)에 주어진 임금-생산성 회귀로 돌아가자. 거기서 우리는 d값이 0.2176이어서 Durbin-Watson d검정에 기초할 때 오차항에 양의 상관이 존재한다고 결론 내렸다. 우리 모형이 올바르게 표기되지 않아서 이 상관이 발생할 수 있었나? 회귀식 (12.5.1)에 내재하는 자료는 시계열자료이므로 임금과 생산성 모두 추세를 보일 수 있다. 만일 이것이 사실이라면 우리는 두 변수에서 추세를 빼고 임금과 생산성 간의 관계를 보기 위해 시간 또는 추세인 t 변수를 모형에 포함할 필요가 있다.

이를 검정하기 위해 식 (12.5.2)에 추세 변수를 포함하여 다음과 같은 결과를 얻었다.

34. Ron C. Mittelhammer et al., op. cit., p.547. 통계적 검정력은 1에서 제2종 오류를 범할 확률, 즉 그릇된 가설을 채택할 확률, 을 뺀 것이라는 것을 상기하라. 최대 검정력은 1이고 최소 검정력은 0이다. 검정력이 0에 가까울수록 검정은 점점 나빠지고, 이것이 1에 가까울수록 검정은 더욱 강력해진다. 이 저자들이 본질적으로 말하고 있는 것은 자기상관에 대한 유일한 가장 강력한 검정방법은 없다는 것이다.

$$\begin{aligned}\hat{Y}_t &= 0.1209 + 1.0283X_t - 0.0075t \\ \text{se} &= (0.3070) \quad (0.0776) \quad (0.0015) \\ t &= (0.3939) \quad (13.2594) \quad (-4.8903) \\ & R^2 = 0.9900; \quad d = 0.4497\end{aligned} \tag{12.8.1}$$

이 모형의 해석은 간단하다. 시간이 흐름에 따라 실질임금지수는 1년에 약 0.75 단위만큼 감소하였다. 이를 감안한 후 만일 생산성지수가 1단위만큼 증가했다면 평균적으로 실질보수는 약 1단위만큼 증가했다. 흥미 있는 주목할 사항은 추세변수를 감안하더라도 d값은 계속 낮아서 식 (12.8.1)이 꼭 표기오차는 아니고 순수 자기상관에 시달린다는 것을 시사한다는 것이다.

식 (12.8.1)이 올바른 표기라는 것을 어떻게 아나? 이를 검정하기 위해 실질임금지수가 생산성지수에 비선형으로 연관될 수 있다는 가능성에 대해 검정하기 위해 Y를 X와 X^2에 대해 회귀한다. 이 회귀결과는 다음과 같다.

$$\begin{aligned}\hat{Y}_t &= -1.7843 + 2.1963X_t - 0.1752X_t^2 \\ t &= (-2.7713) \quad (7.5040) \quad (-5.2785) \\ & R^2 = 0.9906 \quad d = 0.3561\end{aligned} \tag{12.8.2}$$

이 결과의 해석은 독자에게 맡긴다. 현재의 목적을 위해 Durbin-Watson 값을 보면 꽤 낮아서 잔차에 계속 양의 계열상관이 존재하는 것을 시사한다.

지금까지의 분석으로부터 우리의 임금-생산성 회귀는 반드시 표기편의는 아니지만 아마도 순수 자기상관에 시달린다고 결론내리는 것이 안전할 것이다. 자기상관의 결과를 알고 있으므로 교정적 행동을 취하기를 원할 것이다. 이것을 곧 할 것이다.

부수적으로 위에서 제시한 모든 임금-생산성 회귀에 대해 우리는 정규분포에 대한 Jarque-Bera검정을 적용하여 잔차가 정규분포를 한다는 것을 알아냈는데 이것은 위안이 된다. 왜냐하면 d검정은 오차항이 정규분포를 한다고 가정하기 때문이다.

12.9 (순수) 자기상관의 교정: 일반화 최소자승법(GLS)

자기상관의 결과, 특히 OLS 추정량의 효율성의 결핍, 를 알고 있으므로 문제를 치료할 필요가 있다. 치료는 교란항 간의 상호의존성의 본질에 대한 지식, 즉 자기상관 구조에 대한 지식,에 달려 있다.

우선 먼저 2변수 회귀모형을 보자.

$$Y_t = \beta_1 + \beta_2 X_t + u_t \tag{12.9.1}$$

그리고 오차항이 AR(1) 구조를 따른다고 가정한다. 즉

$$u_t = \rho u_{t-1} + \varepsilon_t \quad -1 < \rho < 1 \tag{12.9.2}$$

이제 두가지 경우를 보기로 한다. 즉 (1) ρ를 알고 있을 때와 (2) ρ를 몰라 추정해야 할 때이다.

ρ를 알고 있을 때

만일 1차 자기상관계수를 알고 있다면 자기상관 문제는 쉽게 해결될 수 있다. 만일 t기에 식 (12.9.1)이 타당하다면 $t-1$기에도 역시 타당할 것이다. 따라서

$$Y_{t-1} = \beta_1 + \beta_2 X_{t-1} + u_{t-1} \tag{12.9.3}$$

식 (12.9.3)의 양변에 ρ를 곱해주면

$$\rho Y_{t-1} = \rho\beta_1 + \rho\beta_2 X_{t-1} + \rho u_{t-1} \tag{12.9.4}$$

식 (12.9.1)에서 식 (12.9.4)를 빼면

$$(Y_t - \rho Y_{t-1}) = \beta_1(1-\rho) + \beta_2(X_t - \rho X_{t-1}) + \varepsilon_t \tag{12.9.5}$$

여기서 $\varepsilon_t = (u_t - \rho u_{t-1})$이다.

식 (12.9.5)는 다음과 같이 쓸 수 있다.

$$Y_t^* = \beta_1^* + \beta_2^* X_t^* + \varepsilon_t \tag{12.9.6}$$

여기서 $\beta_1^* = \beta_1(1-\rho)$, $Y_t^* = (Y_t - \rho Y_{t-1})$, $X_t^* = (X_t - \rho X_{t-1})$, $\beta_2^* = \beta_2$.

식 (12.9.6)의 오차항은 통상적인 OLS 가정들을 충족시키므로 변환된 변수 Y^*와 X^*에 OLS를 적용하여 모든 최적 속성들을 만족시키는 추정량, 즉 BLUE를 구할 수 있다. 실제로 식 (12.9.6)을 회귀하는 것은 전절에서 논의된 일반화 최소자승법(GLS)을 사용하는 것과 같다. GLS는 단지 고전적 가정들을 충족시키는 변환된 모형에 대한 OLS 적용이라는 것을 상기하라.

식 (12.9.5)는 일반화 또는 준차분방정식으로 알려져있다. 이 식에서는 원래의 형태가 아닌 차분형태로 X에 대한 Y의 회귀를 하는데 이 차분은 현재의 값에서 전기의 변수 값의 일정 비율 ($=\rho$)을 공제해서 구한다. 이 차분 절차에서 관찰치 하나가 상실되는데, 그 이유는 첫 번째 관찰치보다 선행하는 관찰치가 없기 때문이다. 이와 같이 한 관찰치의 손실을 막기 위해 Y와 X에 대한 첫 번째 관찰치가 다음과 같이 변환된다.[35] 즉 $Y_1\sqrt{1-\rho^2}$과 $X_1\sqrt{1-\rho^2}$ 이와 같은 변환을 Prais-Winsten변환이라 한다.

ρ를 모르고 있을 때

비록 개념적으로는 적용하는 것이 간단하지만 실제로 ρ는 거의 모르기 때문에 식 (12.9.5)와 같이 일반화 차분회귀를 적용하는 것은 쉽지 않다. 따라서 ρ를 추정하는 방법을 찾을 필요가 있는데 이들 중 몇 가지를 소개하면 다음과 같다.

1차 차분방법

ρ는 0과 ±1사이의 값을 가지므로 극단적인 경우에서 출발할 수 있다. 즉 $\rho = 0$ –(1차)계열상관이없다–으로 가정할 수 있고, 또 다른 극단적 경우인 $\rho = \pm 1$, 즉 완전한 양 또는 음의 자기상관을 갖는 것으로 가정할 수도 있다. 사실상 회귀분석을 할 때 대개 자기상관이 없다고 가정하고, 이 가정이 타당한지를 Durbin–Watson 또는 기타 검정을 통해 확인한다. 그러나 만일 $\rho = \pm 1$이면 일반화 차분방정식 (12.9.5)는 다음과 같은 1차 차분방정식이 된다.

$$Y_t - Y_{t-1} = \beta_2(X_t - X_{t-1}) + (u_t - u_{t-1})$$

또는

$$\Delta Y_t = \beta_2 \Delta X_t + \varepsilon_t \qquad \textbf{(12.9.7)}$$

여기서 Δ는 식 (12.1.10)에 도입된 1차 차분연산자이다.

식 (12.9.7)에 있는 오차항은 (1차)계열 상관이 없기 때문에 (그 이유는?) 식 (12.9.7)을 회귀하기 위해서는 종속변수와 설명변수의 1차 차분을 구하여 이것을 이용하여 회귀하면 된다.

만일 자기상관계수가 매우 높아서 예를 들어 0.8을 능가하거나 Durbin–Watson d가 매우 낮다면 1차 차분변환은 적절할 수 있다. Maddala는 이 대략적인 경험칙을 제안하였다. **즉 $d < R^2$일 때에는 언제나 1차 차분 형태를 사용하라.**[36] 우리의 임금–생산성 회귀 (12.5.2)가 여기에 해당되는데, $d = 0.2176$이고, $r^2 = 0.9845$이다. 우리의 예에서 1차 차분회귀는 곧 제시될 것이다.

1차 차분모형 (12.9.7)의 재미있는 특징은 거기에는 절편항이 없다는 것이다. 따라서 식 (12.9.7)을 회귀하기 위해서는 원점을 통과하는 회귀모형이 사용되어야 한다(즉 절편항을 감춘다). 이것은 오늘날 대부분의 소프트웨어 패키지에서 이용 가능하다. 그러나 만일 모형에서 절편항을 제외하는 것을 잊고 절편항을 포

35. 대표본에서는 관찰치 하나의 상실이 그리 심각하지 않을 수도 있으나 소표본에서는 결과에 상당한 차이를 초래할 수 있다. 제시된 것과 같이 첫 번째 관찰치를 변환하지 않게 되면 오차분산은 동분산이 안 된다. 이에 관해서는 Jeffrey Wooldridge, op. cit., p.388 참조. 첫 번째 관찰치의 중요성에 대한 몬테칼로 결과에 대해서는 Russell Davidson and James G. MacKinnon, *Estimation and Inference in Econometrics*, Oxford University Press, New York, 1993, Table 10.1, p.349 참조.

36. Maddala, op. cit., p.232.

함한 다음 모형을 추정하였다고 하자.

$$\Delta Y_t = \beta_1 + \beta_2 \Delta X_t + \varepsilon_t \qquad \textbf{(12.9.8)}$$

그러면 원래의 모형은 그 안에 **추세**를 포함해야 하고 β_1은 추세변수의 계수를 나타낸다.[37] 따라서 1차 차분모형에 절편을 포함시킨 데 따른 "뜻밖의" 이득은 원래 모형에서 추세 변수의 존재에 대해 검정한다는 것이다.

임금–생산성 회귀 (12.5.2)로 돌아가서 AR(1) 구조와 r^2에 비해 낮은 d값이 주어진 상황에서 절편항이 없는 1차 차분형태로 식 (12.5.2)를 다시 추정한다. 식 (12.5.2)는 원래의 형태라는 것을 기억하라. 그 결과는 다음과 같다.[38]

$$\begin{aligned} \widehat{\Delta Y_t} &= \ 0.6539 \Delta X_t \\ t &= (11.4042) \qquad r^2 = 0.4264 \qquad d = 1.7442 \end{aligned} \qquad \textbf{(12.9.9)}$$

원래 형태의 회귀 (12.5.2)와 비교할 때 기울기계수는 많이 변하지 않았으나 r^2 값은 상당히 하락하였다. 이것이 일반적인 경우인데 그 이유는 1차 차분을 하게 되면 본질적으로 (선형) 추세값 주위에서의 변수의 행태를 보게 되기 때문이다. 물론 식 (12.5.2)의 r^2과 식 (12.9.9)의 r^2을 직접 비교할 수는 없는데 왜냐하면 두 모형의 종속변수들이 다르기 때문이다.[39] 또한 원래의 회귀와 비교할 때 d값이 크게 증가해서 1차 차분회귀에는 자기상관이 거의 없다는 것을 시사한다고 볼 수 있다.[40]

1차 차분변환의 또 다른 흥미로운 측면은 시계열에 내재하는 **정상성** 속성과 관련이 있다. AR(1) 구조를 묘사하는 식 (12.2.1)로 돌아가자. 이제 만일 $\rho=1$이라면 식 (12.2.3)과 (12.2.4)로부터 계열 u_t는 **비정상적**이라는 것이 명백한데 그 이유는 분산과 공분산이 무한대가 되기 때문이다. 이것이 바로 우리가 이 주제를 논의할 때 $|\rho|< 1$이라는 제약을 준 이유이다. 그러나 식 (12.2.1)로부터 만일 자기상관계수가 사실상 1이라면 식 (12.2.1)은 다음과 같이 된다.

$$u_t = u_{t-1} + \varepsilon_t$$

또는

---

37. 이것은 쉽게 알 수 있다. $Y_t = \alpha_1 + \beta_1 t + \beta_2 X_t + u_t$라 하자. 그러면 $Y_{t-1} = \alpha_1 + \beta_1 (t-1) + \beta_2 X_{t-1} + u_{t-1}$이다. 첫 번째 식에서 두 번째 식을 빼면 $\Delta Y_t = \beta_1 + \beta_2 \Delta X_t + \varepsilon_t$인데 이 식에서 절편항은 원래 모형에서 추세 변수의 계수이다. 우리는 $\rho = 1$로 가정하고 있다는 것을 기억하라.

38. 연습문제 12.38에서 상수항을 포함시킨 이 모형을 회귀하게 된다.

39. 원래의 형태와 1차 차분형태에서 r^2을 비교하는 것은 약간 복잡하다. 이에 대한 확장 논의는 Maddala, op. cit., 6장 참조.

40. 1차 차분회귀에서 계산된 d값이 원래의 회귀에서와 같은 방법으로 해석될 수 있는지 여부는 분명하지 않다. 그러나 연속부호 검정을 적용하면 1차 차분회귀의 잔차에 자기상관의 증거가 없는 것을 볼 수 있다.

$$(u_t - u_{t-1}) = \Delta u_t = \varepsilon_t \tag{12.9.10}$$

즉 정상적이 되는 것은 1차 차분된 u_t 인데 왜냐하면 그것은 백색잡음 오차항인 ε_t와 같기 때문이다.

지금까지의 논의의 요점은 만일 원래의 시계열이 비정상적이라면 종종 그것의 1차 차분은 정상적이 된다는 것이다. 그러므로 1차 차분변환은 (1차) 자기상관을 제거할 수도 있고 시계열을 정상적으로 바꿀 수도 있다는 점에서 두 가지 용도에 이바지한다. 우리는 5부에서 이 주제를 다시 다룰 것인데 거기서는 시계열 분석의 계량경제학을 심도 있게 논의한다.

만일 ρ가 크거나 d가 작은 경우 1차 차분변환이 적절할 수 있다고 하였다. 엄밀히 말해 $\rho = 1$일 때만 1차 차분변환이 타당하다. 사실상 $\rho = 1$이라는 가설을 검정하기 위해 Berenblutt-Webb검정이라 불리는 검정방법이 존재한다.[41] 그들이 사용한 통계량은 g 통계량이라 부르는데 다음과 같이 정의된다.

$$g = \frac{\sum_2^n \hat{e}_t^2}{\sum_1^n \hat{u}_t^2} \tag{12.9.11}$$

여기에서 $\hat{u}_t$는 원래의(즉, 수준형태) 회귀에서 구한 OLS 잔차이고 e_t는 1차 차분 회귀에서 구한 OLS 잔차이다. 1차 차분형태에는 절편이 없다는 점을 유의하라.

g 통계량의 유의성을 검정하기 위하여 원래의 모형이 상수항을 포함하고 있다고 가정하면 우리는 Durbin–Watson 표를 사용할 수 있다. 단, Durbin–Watson의 가설이 $\rho = 0$이었던 것에 비해, 이 경우 귀무가설이 $\rho = 1$이라는 점이 다르다.

임금–생산성 회귀로 다시 돌아가서 원래의 회귀 (12.5.2)에 대해 $\sum \hat{u}_t^2 = 0.0214$, $\sum \hat{e}_t^2 = 0.0046$을 얻는다. 이 값들을 식 (12.9.11)의 g 통계량에 대입하면 다음을 얻는다.

$$g = \frac{0.0046}{0.0214} = 0.2149 \tag{12.9.12}$$

관측치가 45개 관찰치에 가장 가까운 숫자이고 설명변수가 1개인 경우 Durbin–Watson 표를 찾아보면 (부록 D, 표 D.5) $d_L = 1.288$이고 $d_U = 1.376$(5% 유의수준)이다. 관측된 g값이 d의 하한값보다 작기 때문에 진정한 $\rho = 1$이라는 귀무가설을 기각하지 못 한다. **비록 우리가 동일한 Durbin–Watson 표를 이용하더라도 귀무가설은 $\rho = 0$이 아니라 $\rho = 1$이라는 것을 명심하여야 한다.** 이러한 사실에 비추어 볼 때 식 (12.9.9)에 주어진 결과는 수용할 수 있다.

41. I. I. Berenblutt and G. I. Webb, "A New Test for Autocorrelated Errors in the Linear Regression Model," *Journal of the Royal Statistical Society*, Series B, vol.35, no.1, 1973, pp.33–50.

Durbin-Watson d 통계량에 기초한 ρ

ρ가 충분히 1에 가깝지 않아서 1차 차분변환을 사용할 수 없다면 식 (12.6.10)에서 본 d와 ρ간의 관계로부터 그것을 쉽게 추정할 수 있는 방법이 있는데 다음과 같이 추정하면 된다.

$$\hat{\rho} \approx 1 - \frac{d}{2} \qquad \textbf{(12.9.13)}$$

따라서 상당히 큰 표본에서는 식 (12.9.13)으로부터 ρ를 구해 일반화 차분 방정식 (12.9.5)에서 볼 수 있는 것과 같이 자료를 변환하는 데 이용할 수 있다. 주의할 것은 식 (12.9.13)에 주어진 ρ와 d간의 관계는 소표본에서는 맞지 않을 수 있다. 소표본에서는 Theil과 Nagar가 제안한 수정된 형태를 사용할 수 있는데 연습문제 12.6에 나와 있다.

임금–생산성 회귀 (12.5.2)에서 $d = 0.2176$이다. 이 값을 식 (12.9.13)에 사용하면 $\hat{\rho} \approx 0.8912$가 된다. 이 추정된 ρ값을 사용하여 회귀식 (12.9.5)를 추정할 수 있다. Y의 현재값에서 Y의 전기 값에 0.8912를 곱해준 값을 빼주고, 이와 유사하게 X의 현재값에서 X의 전기 값에 0.8912를 곱해준 값을 빼 준 다음 식 (12.9.6)에서와 같이 변환된 변수들에 대해 OLS 회귀를 하기만 하면 된다. 식 (12.9.6)에서 $Y_t^* = (Y_t - 0.8912Y_{t-1})$, $X_t^* = (X_t - 0.8912X_{t-1})$이다.

잔차로부터 추정된 ρ

만일 AR(1) 구조 $u_t = \rho u_{t-1} + \varepsilon_t$가 타당하다면 ρ를 추정하는 간단한 방법은 잔차 $\hat{u}_{t-1}$에 대해 $\hat{u}_t$를 회귀하는 것인데 그 이유는 앞에서 지적하였듯이 $\hat{u}_t$은 진정한 u_t의 일치추정량이기 때문이다. 즉 다음 회귀를 수행한다.

$$\hat{u}_t = \rho \cdot \hat{u}_{t-1} + v_t \qquad \textbf{(12.9.14)}$$

여기서 $\hat{u}_t$은 원래의 회귀로부터 얻은 잔차이고 v_t는 이 회귀의 오차항이다. 식 (12.9.14)에 절편항을 포함할 필요는 없는데 왜냐하면 OLS 잔차의 합은 0이라는 것을 우리는 알고 있기 때문이다.

식 (12.5.1)의 임금–생산성 회귀로부터의 잔차는 이미 표 12.5에 나와 있다. 이 잔차를 사용하면 다음의 회귀결과를 얻는다.

$$\begin{aligned} \widehat{\hat{u}_t} &= 0.8678\hat{u}_{t-1} \\ t &= (12.7359) \qquad r^2 = 0.7863 \end{aligned} \qquad \textbf{(12.9.15)}$$

이 회귀식이 보여주듯이 $\hat{\rho} = 0.8678$이다. 이 추정치를 사용하여 식 (12.9.6)에서와 같이 원래 모형을 변환할 수 있다. 이 절차에 의해 추정된 ρ는 Durbin–

Watson d로부터 구한 값과 거의 같으므로 식 (12.9.15)의 ρ를 사용한 회귀 결과는 Durbin–Watson d로부터 추정된 ρ로부터 얻은 결과와 그리 상이해서는 안 된다. 이에 대한 입증을 독자에게 맡긴다.

ρ 추정의 반복법

앞에서 논의된 ρ를 추정하는 모든 방법들은 ρ에 대한 하나의 추정치만을 제공해 준다. 그러나 ρ를 추정하는 소위 반복법, 즉 ρ의 어떤 초기값에서 시작하여 연속적으로 근사하는 방법,들이 존재한다. 이들 가운데 다음과 같은 것들이 있다. 즉 Cochrane–Orcutt 반복절차, Cochrane–Orcutt 2단계 절차, Durbin 2단계 절차, Hildreth–Lu 탐색절차 등이다. 이 가운데 가장 유명한 것이 Cochran–Orcutt 반복법이다. 지면을 절약하기 위해 반복법들은 연습문제들을 통해 논의된다. 이 방법들의 궁극적 목적은 모수들의 GLS 추정치들을 얻기 위해 사용될 수 있는 ρ의 추정치를 제공하는 것이다. Cochrane–Orcutt 반복법이 가지고 있는 하나의 이점은 AR(1) 구조뿐만 아니라 AR(2)인 $\hat{u}_t = \hat{\rho}_1 \hat{u}_{t-1} + \hat{\rho}_2 \hat{u}_{t-2} + v_t$와 같이 고차 자기회귀 구조를 추정하는 데에도 이용될 수 있다는 것이다. 두 개의 ρ를 얻고 나면 일반화 차분방정식 (12.9.6)을 쉽게 연장할 수 있다. 물론 요즈음은 컴퓨터가 이 모든 것을 할 수 있다.

임금–생산성 회귀로 돌아가서 AR(1) 구조를 가정하고 Cochrane–Orcutt 반복법을 사용하면 다음과 같은 ρ의 추정치들을 얻게 된다. 즉 0.8876, 0.9944, 0.8827 등이다. 이제 마지막 값인 0.8827이 식 (12.9.6)에서와 같이 원래 모형을 변환하여 이를 OLS로 추정하기 위해 사용될 수 있다. 물론 변환된 모형에 대한 OLS는 GLS이다. 그 결과는 다음과 같다.

STATA는 ρ와 함께 모형의 계수들을 추정할 수 있다. 예를 들어 만일 우리가 AR(1)을 가정한다면 STATA는 다음 결과를 도출한다.

$$
\begin{aligned}
\hat{Y}_t^* &= 43.1042 + 0.5712X_t \\
\text{se} &= (4.3722) \quad (0.0415) \\
t &= (9.8586) \quad (13.7638) \qquad r^2 = 0.8146
\end{aligned}
\tag{12.9.16}
$$

이 결과로부터 추정된 $\rho(\hat{\rho})$은 약 0.8827인데 이것은 식 (12.9.15)에서의 $\hat{\rho}$과 크게 다르지 않다.

전에도 언급하였듯이 일반화 차분방정식 (12.9.6)에서 우리는 관찰치 한 개의 손실이 있는데 그 이유는 첫 번째 관찰치는 선행값이 없기 때문이다. 첫 번째 관찰치의 손실을 피하기 위해 **Prais-Winsten 변환**을 이용할 수 있다. 이 변환을 이용하고 STATA(version #10)을 사용하면 임금–생산성 회귀에 대해 다음과 같은 결과를 얻게 된다.

$$\text{Rcompb}_t = 32.0434 + 0.6628\ \text{Prodb}_t$$
$$\text{se} = (3.7182)\quad (0.0386) \qquad r^2 = 0.8799 \qquad \textbf{(12.9.17)}$$

이 변환에서 ρ값은 0.9193인데, 이것은 13회 반복 후에 얻은 값이다. **만일 우리가 Prais–Winsten에 따라 첫 번째 관찰치를 변환하지 않고 이 관찰치를 버린다면 특히 소표본의 경우에 종종 결과가 상당히 다르다는 것을 지적해야 한다.** 여기서 얻은 ρ는 식 (12.9.15)에서 얻은 것과 크게 다르지 않다는 것을 주목하라.

보편적 해설

앞에서 논의된 다양한 방법을 이용하여 자기상관을 교정하는 데 대해 몇 가지 요점들이 존재한다.

첫째, 대표본일 때 OLS 추정량은 자기상관이 존재하더라도 일치추정량이기 때문에 Durbin–Watson d로부터 ρ를 추정하든 또는 전기의 잔차에 대한 현재 기의 잔차의 회귀로부터 구하든 또는 Cochrane–Orcutt 반복절차로부터 구하든 별 차이가 없는데 그 이유는 그것들은 모두 진정한 ρ의 일치추정치들이기 때문이다.

둘째, 앞에서 논의된 다양한 방법들은 기본적으로 2단계 방법이다. 단계 1에서는 미지의 ρ에 대한 추정치를 구하고, 2단계에서는 일반화 차분방정식을 추정, 이것은 근본적으로 GLS, 하기 위해 변수들을 변환하는 데 그 추정치를 사용한다. 그러나 진정한 ρ 대신 $\hat{\rho}$을 사용하므로 이러한 모든 추정방법을 문헌에서는 실행가능한 GLS(FGLS) 또는 추정된 GLS(EGLS)방법이라 부른다.

셋째, 변환된 모형의 모수를 추정하기 위해 FGLS나 EGLS방법을 사용할 때에는 언제나 특히 소표본인 경우 추정된 계수들이 BLUE와 같이 고전 모형의 통상적인 최적 속성들을 반드시 가지고 있지는 않다는 것을 주목할 필요가 있다. 복잡한 전문 영역으로 들어가지 않더라도 **보편적 원리로서 진정한 값 대신 추정량을 사용할 때에는 언제나 추정된 OLS 계수들은 점근적으로, 즉 대표본에서, 통상적인 최적 속성들을 가질 수 있다고 할 수 있다.** 또한 전형적인 가설 검정 절차들은 엄밀히 말해 점근적으로 타당하다. 따라서 소표본에서는 추정된 결과를 해석하는 데 주의해야 한다.

넷째, EGLS를 사용할 때 (원래 Cochrane–Orcutt 절차의 경우 그러했듯이) 만일 첫 번째 관찰치를 포함시키지 않는다면 특히 표본크기가 작고 회귀변수들이 엄밀히 말해 비확률적이 아닌 경우 수치 값뿐만 아니라 추정량의 효율성도 역으로 영향 받을 수 있다.[42] 따라서 소표본에서는 Prais–Winsten에 따라 첫 번째 관찰치를 유지하는 것이 중요하다. 물론 표본크기가 꽤 크다면 첫 번째 관찰치가 있든 없든 EGLS는 유사한 결과를 가져온다. 부수적으로 문헌에서는 Prais–Winsten변환을 한 EGLS를 간단히 완전한 EGLS 또는 FEGLS라 부른다.

42. 만일 회귀변수들이 추세를 보이는 경우 특히 그러한데, 이와 같은 것은 경제자료에서는 꽤 흔한 일이다.

12.10 OLS 표준오차를 교정하기 위한 Newey-West 방법

전절에서 논의된 FGLS방법을 이용하는 대신 Newey와 West에 의해 개발된 절차에 의해 자기상관에 대해 표준오차를 수정한 OLS를 계속 이용할 수 있다.[43] 이것은 앞장에서 논의된 White의 이분산 일치 표준오차의 연장이다. 교정된 표준오차는 HAC(heteroscedasticity-and autocorrelation-consistent) 표준오차 또는 단순히 Newey-West 표준오차라고 불린다. 여기서는 Newey-West절차 뒤의 수학은 제시하지 않을텐데 그 이유는 그것이 복잡하기 때문이다.[44] 그러나 대부분의 현대 컴퓨터 패키지들은 오늘날 Newey-West 표준오차를 계산하고 있다. Newey-West 절차는 **엄밀히 말해 대표본에서 타당하고** 소표본에서는 적절치 않을 수도 있다. 그러나 대표본에서 자기상관이 교정된 표준오차를 도출하는 방법을 가지고 있으므로 전절에서 논의된 EGLS 변환에 대해 걱정할 필요가 없다. 따라서 만일 표본이 꽤 크다면 자기상관이 존재하는 경우뿐만 아니라 이분산이 존재하는 경우에도 OLS 표준오차를 교정하기 위해 Newey-West 절차를 사용해야 한다. 왜냐하면 HAC 방법은 특별히 이분산에 대해서만 고안된 White 방법과는 달리 둘 다 처리할 수 있기 때문이다.

다시 한번 임금-생산성 회귀 (12.5.1)로 돌아가자. 우리는 이 회귀가 자기상관에 시달린다는 것을 알고 있다. 우리의 관찰치인 46개 표본은 꽤 크므로 HAC 절차를 이용할 수 있다. *EViews 4*를 이용하여 다음 회귀결과를 얻었다.

$$\begin{aligned}\hat{Y}_t &= 32.7419 \;+\; 0.6704X_t \\ \text{se} &= (2.9162)^* \quad (0.0302)^* \\ & \qquad\qquad r^2 = 0.9765 \qquad d = 0.1719\end{aligned} \tag{12.10.1}$$

여기서 *는 HAC 표준오차를 나타낸다.

이 회귀와 식 (12.5.1)을 비교하면 두 식 모두에서 추정된 계수들과 r^2의 값이 동일한 것을 알 수 있다. 그러나 HAC 표준오차가 OLS 표준오차보다 훨씬 크고 따라서 HAC t값은 OLS t값보다 훨씬 적은 것을 주목하라. 이것은 사실상 OLS가 진정한 표준오차를 과소추정하였다는 것을 보여준다. 이상하게도 식 (12.5.1)과 (12.10.1) 모두에서 d 통계량은 동일하다. 그러나 걱정하지 마라. 왜냐하면 HAC 절차는 OLS 표준오차를 교정하는 과정에서 이것을 이미 감안하였기 때문이다.

---

43. W. K. Newey and K. West, "A Simple Positive Semi-Definite Heteroscedasticity and Autocorrelation Consistent Covariance Matrix," *Econometrica*, vol.55, 1987, pp.703-708.

44. 만일 행렬대수를 잘 다룰 수 있으면 그 방법은 Greene, op. cit., 4th ed., pp.462-463에 논의되고 있다.

12.11 OLS 대 FGLS와 HAC

연구자가 직면하는 실제 문제는 이러하다. 자기상관이 존재하는 경우 OLS 추정량은 비록 불편이고 일치추정량이며 점근적으로 정규분포를 하지만 효율 추정량은 아니다. 따라서 t, F, χ^2 검정에 기초한 통상적인 추론 절차는 더 이상 적절치 않다. 한편 FGLS와 HAC은 효율추정량을 도출하지만 이 추정량의 유한 또는 소표본 속성은 잘 기록되어 있지 않다. 이는 소표본에서는 FGLS와 HAC이 실제로 OLS보다 더 나쁠 수 있다는 것을 의미한다. 사실 몬테 칼로 연구에서 Griliches와 Rao는 표본이 비교적 작고 자기상관계수 ρ가 0.3이하이면 OLS가 FGLS와 같거나 더 낫다는 것을 알아냈다.[45] 실제 문제로 추정된 ρ가 0.3이하인 소표본에서 OLS를 사용할 수 있는데 어떤 것이 대표본이고 어떤 것이 소표본인지는 상대적 문제로 어떤 실질적 판단을 이용해야 한다. 단지 15에서 20개의 관찰치들만 있는 경우 표본은 작지만 예를 들어 50개 이상의 관찰치를 가지고 있다면 꽤 크다고 할 수 있다.

12.12 자기상관의 추가적 측면

가변수와 자기상관

9장에서 가변수 회귀모형을 살펴보았다. 특히 식 (9.5.1)에 나타난 1970~1995년간 미국의 저축–소득 회귀모형을 상기하는데 편의상 아래에 다시 제시되었다.

$$Y_t = \alpha_1 + \alpha_2 D_t + \beta_1 X_t + \beta_2 (D_t X_t) + u_t \qquad \textbf{(12.12.1)}$$

여기서 Y = 저축
X = 소득
D = 1982~1995년의 관찰치이면 1, 1970~1981년의 관찰치이면 0

이 모형에 기초한 회귀결과는 식 (9.5.4)에 나와 있다. 물론 이 모형은 통상적인 OLS 가정으로 추정되었다.

이제 u_t는 1차 자기회귀, AR(1), 구조를 따른다고 하자. 즉 $u_t = \rho u_{t-1} + \varepsilon_t$이다. 대개 만일 ρ를 알거나 앞에서 논의된 방법 중 하나로 추정될 수 있다면 (1차) 자기상관이 없는 모형의 모수들을 추정하기 위해 일반화 차분방법을 이용할 수 있다. 그러나 가변수 D의 존재로 특별한 문제가 생긴다. 즉 가변수는 한 관찰치가 첫 번째 기간에 속하는지 두 번째 기간에 속하는지를 구분할 따름이다. 우리

45. Z. Griliches and P. Rao, "Small Sample Properties of Several Two-stage Regression Methods in the Context of Autocorrelated Errors," *Journal of the American Statistical Association,* vol.64, 1969, pp.253–272.

는 그것을 어떻게 변환할 것인가? 다음의 절차를 따를 수 있다.[46]

1. 식 (12.12.1)에서 첫 번째 기간에 모든 관찰치에 대해 D의 값은 0이고, 두 번째 기간에는 첫 번째 관찰치의 D의 값은 1이 아니라 $1/(1-\rho)$이고, 나머지 관찰치의 경우 1이다.
2. 변수 X_t는 $(X_t - \rho X_{t-1})$로 변환된다. 앞에서 언급된 바와 같이 Prais-Winsten 변환에 의지하지 않으면 이 변환으로 관찰치 하나를 잃게 된다는 것에 주목하라.
3. 첫 번째 기간에는 모든 관찰치에 대해 $D_t X_t$의 값은 0이다(주: 첫 번째 기간에 D_t는 0). 두 번째 기간에는 첫 번째 관찰치의 값은 $D_t X_t = X_t$이고 나머지 관찰치들의 경우 $(D_t X_t - D_t \rho X_{t-1}) = (X_t - \rho X_{t-1})$.(주: 두 번째 기간에 D_t의 값은 1이다.)

지금까지의 논의에서 지적하고 있듯이 **결정적 관찰치**는 두 번째 기간에서 첫 번째 관찰치이다. 만일 이것이 바로 전에 제안된 방법으로 감안된다면 AR(1) 자기상관 하에서 식 (12.12.1)과 같은 회귀식을 추정하는 데 아무 문제가 없다. 연습문제 12.37에서는 9장에서 주어진 미국의 저축과 소득에 대한 자료에 대해 그러한 변환을 수행하도록 요구하고 있다.

ARCH와 GARCH 모형

시점 t에 오차항 u가 AR(1) 구조에서 시점 $(t-1)$의 오차항이나 일반적인 AR(p) 구조에서 다양한 시차의 오차항들과 상관될 수 있듯이 시점 t에서의 분산 σ^2이 하나 또는 그 이상의 시차를 둔 그것의 값들과 자기상관될 수 있나? 그러한 자기상관은 주가, 물가상승률, 환율 등과 같은 재무 시계열을 예측하는 데 종사하는 연구자들에 의해 관찰되어 왔다. 만일 오차분산이 전기 항의 오차항 자승과 연관된다면 그러한 자기상관은 좀 움찔하게 하는 이름인 자기회귀 조건부 이분산(autoregressive conditional heteroscedasticity(ARCH))이라 불리고 만일 오차분산이 과거 몇 개 기간의 오차항 자승들과 연관된다면 일반화 자기회귀 조건부 이분산(generalized autoregressive conditional heteroscedasticity(GARCH))이라 불린다. 이 주제는 시계열 계량경제학의 일반 분야에 속하므로 시계열 계량경제학에 대한 장에서 심도 있게 논의될 것이다. 여기서 우리의 목적은 자기상관이 현재와 과거 오차항들간의 관계에만 국한되는 것이 아니라 현재와 과거 오차분산간의 관계도 있다는 것을 지적하는 것이다.

46. Maddala, op. cit., pp.321–322 참조.

자기상관과 이분산의 공존

만일 회귀모형이 이분산과 자기상관 모두로 인해 시달린다면 어떻게 되나? 우리는 문제를 연속적으로, 즉 우선 이분산을 해결하고 나중에 자기상관을, 해결할 수 있나? 사실상 한 저자는 주장하기를 "이분산이 통제된 후에나 자기회귀가 탐지될 수 있다."[47] 그러나 우리는 이런 문제들과 다른 문제들(예를 들어 모형표기)을 동시에 해결할 수 있는 전능한 검정방법을 개발할 수 있나? 그렇다. 그런 검정방법은 존재하지만 그것에 대한 논의는 길을 헤매게 할 수 있다. 따라서 참고문헌에 남겨두는 것이 더 낫다.[48] 그러나 앞에서 언급하였듯이 우리는 HAC 표준오차를 이용할 수 있는데 왜냐하면 표본이 꽤 크다는 전제 하에 그것은 자기상관과 이분산을 모두 감안하기 때문이다.

12.13 결론적 예

예 10.2에는 미국의 소비, 소득, 부, 이자율에 대한 자료(모두 실질값)가 제시되었다. 이 자료에 기초하여 1947~2000년간 미국에 대한 다음의 소비함수를 추정하였는데 소득과 부의 로그값에 대해 소비의 로그값을 회귀하였다. 실질이자율 값 중 몇몇이 음수이었으므로 이자율은 로그로 표현하지 않았다.

```
Dependent Variable: ln(CONSUMPTION)
Method: Least Squares
Sample: 1947-2000
Included observations: 54
```

	Coefficient	Std. Error	*t*-Statistic	Prob.
C	-0.467711	0.042778	-10.93343	0.0000
ln(INCOME)	0.804873	0.017498	45.99836	0.0000
ln(WEALTH)	0.201270	0.017593	11.44060	0.0000
INTEREST	-0.002689	0.000762	-3.529265	0.0009

R-squared	0.999560	Mean dependent var.	7.826093
Adjusted R-squared	0.999533	S.D. dependent var.	0.552368
S.E. of regression	0.011934	*F*-statistic	37832.59
Sum squared resid.	0.007121	Prob. (*F*-statistic)	0.000000
Log likelihood	164.5880	Durbin-Watson stat.	1.289219

예상한대로 소득과 부의 탄력성은 양수이고 이자율 준탄력성은 음수이다. 비록 추정된 계수들이 개별적으로는 통계적으로 매우 유의한 것으로 보이지만 오차항

47. Lois W. Sayrs, *Pooled Time Series Analysis*, Sage Publications, California, 1989, p.19.

48. Jeffrey M. Wooldridge, op. cit., pp.402–403과 A. K. Bera and C. M. Jarque, "Efficient Tests for Normality, Homoscedasticity and Serial Independence of Regression Residuals: Monte Carlo Evidence," *Economic Letters*, vol.7, 1981, pp.313–318 참조.

의 자기상관 가능성을 점검할 필요가 있다. 우리가 알고 있는 것처럼 자기상관이 존재할 때 추정된 표준오차는 과소추정될 수 있다. Durbin–Watson d통계량을 조사한 결과 소비함수의 오차항은 (1차) 자기상관에 시달리는 것으로 보인다(이를 점검해 보라).

이를 확인하기 위해 AR(1) 자기상관을 허용하는 소비함수를 추정하였다. 그 결과는 다음과 같다.

Dependent Variable: lnCONSUMPTION
Method: Least Squares
Sample (adjusted): 1948-2000
Included observations: 53 after adjustments
Convergence achieved after 11 iterations

	Coefficient	Std. Error	*t*-Statistic	Prob.
C	-0.399833	0.070954	-5.635112	0.0000
lnINCOME	0.845854	0.029275	28.89313	0.0000
lnWEALTH	0.159131	0.027462	5.794501	0.0000
INTEREST	0.001214	0.000925	1.312986	0.1954
AR(1)	0.612443	0.100591	6.088462	0.0000

R-squared	0.999688	Mean dependent var.	7.843871
Adjusted R-squared	0.999662	S.D. dependent var.	0.541833
S.E. of regression	0.009954	*F*-statistic	38503.91
Sum squared resid.	0.004756	Prob. (*F*-statistic)	0.00000
Log likelihood	171.7381	Durbin-Watson stat.	1.874724

이 결과는 우리의 회귀가 자기상관에 시달린다는 것을 분명히 보여주고 있다. 이 장에서 논의된 변환방법을 이용하여 자기상관을 제거하는 것은 독자에게 맡겨 둔다. 변환을 위해 추정된 ρ의 값 0.6124를 사용할 수 있다. 아래에는 자기상관을 감안한 Newey–West(HAC) 표준오차에 기초한 결과를 나타내고 있다.

Dependent Variable: LCONSUMPTION
Method: Least Squares
Sample: 1947-2000
Included observations: 54
Newey-West HAC Standard Errors & Convariance (lag truncation = 3)

	Coefficient	Std. Error	*t*-Statistic	Prob.
C	-0.467714	0.043937	-10.64516	0.0000
LINCOME	0.804871	0.017117	47.02132	0.0000
LWEALTH	0.201272	0.015447	13.02988	0.0000
INTEREST	-0.002689	0.000880	-3.056306	0.0036

R-squared	0.999560	Mean dependent var.	7.826093
Adjusted R-squared	0.999533	S.D. dependent var.	0.552368
S.E. of regression	0.011934	*F*-statistic	37832.71
Sum squared resid.	0.007121	Prob. (*F*-statistic)	0.000000
		Durbin-Watson stat.′	1.289237

위에 있는 첫 번째와 마지막 회귀 간의 주요 차이점은 추정된 계수들의 표준오차가 크게 변했다는 것이다. 이런 변동에도 불구하고 추정된 기울기계수는 계속 통계적으로 매우 유의하다. 그러나 항상 이와 같을 것이라는 보장은 없다.

요약 및 결론

1. 고전적 선형회귀모형의 중요한 가정인 모집단 회귀함수(PRF)에 들어가는 오차항 또는 교란항 u_i가 확률적 또는 상관되지 않는다는 것이 충족되지 않으면 계열상관 또는 자기상관 문제가 발생한다.
2. 자기상관은 몇 가지 이유로 발생할 수 있다. 예로는 대부분의 경제 시계열의 관성, 적절한 변수가 모형에 생략된다든가 틀린 함수형태를 사용하는 데서 초래되는 표기편의, 거미집 현상, 자료 변환, 자료 조작 등이 있다.
3. 비록 자기상관이 존재하더라도 OLS 추정량은 계속 일치추정량이자 불편추정량이고 점근적으로 정규분포하지만 더 이상 효율추정량은 아니다. 그 결과 통상적인 t, F, χ^2 등의 유의성 검정은 올바로 적용될 수 없다. 이리하여 교정수단이 필요하다.
4. 교정수단은 교란항 u_t 사이의 상호의존적 속성에 달려 있다. 그러나 교란항은 관찰되지 않기 때문에 통상적으로 이들이 어떤 구조에 의해 생성되는 것으로 가정한다.
5. 일반적으로 가정되는 구조가 Markov 1차 자기회귀 구조인데 이것은 현재의 오차항이 전기의 오차항과 선형으로 연관되고 자기상관계수 ρ는 상호의존 정도를 나타내게 된다. 이것을 AR(1) 구조라 한다.
6. 만일 AR(1) 구조가 타당하고 자기상관계수를 알고 있다면 일반화 차분절차에 따라 자료를 변환함으로써 계열상관 문제는 쉽게 해결될 수 있다. AR(1)구조는 AR(p) 구조로 쉽게 일반화될 수 있다. 또한 이동평균(MA) 구조나 AR 구조와 MA 구조의 혼합형인 ARMA 구조를 가정할 수도 있다. 이 주제는 시계열 계량경제학에 대한 장에서 논의될 것이다.
7. 비록 AR(1) 구조를 사용하더라도 자기상관계수는 선험적으로 알려져 있지 않다. Durbin–Watson d, Theil–Nagar의 수정된 d, Cochrane–Orcutt(C–O) 2–단계절차, C–O반복절차, Durbin의 2단계 방법 등 ρ를 추정하기 위한 여러 가지 방법을 살펴보았다. 비록 표본이 작을 경우 이 추정법들이 다른 결과를 초래하지만 대표본인 경우 이러한 방법들을 사용하면 일반적으로 유사한 ρ의 추정치를 얻게 된다. 실제에 있어서는 C–O 반복절차가 매우 널리 사용되는 방법이라 하겠다.
8. 방금 논의된 어떤 방법을 사용할 때에도 OLS에 의해 변환된 모형의 모수들을 추정하기 위해 일반화 차분법을 이용할 수 있는데 이것은 본질적으로 GLS가 된다. 그러나 우리는 ρ를 추정($\hat{\rho}$)하므로 추정방법을 실행가능

한 또는 추정된 GLS, 또는 줄여서 FGLS 또는 EGLS라고 부른다.

9. EGLS를 이용할 때 첫 번째 관찰치를 제거하는 데 조심해야 한다. 왜냐하면 소표본에서 첫 번째 관찰치의 포함이나 제외는 결과에 극적인 차이를 가져올 수 있기 때문이다. 그러므로 소표본에서 Prais-Winsten 절차에 따라 첫 번째 관찰치를 변환하는 것이 현명하다. 그러나 대표본에서는 첫 번째 관찰치가 포함되든 안 되든 거의 차이가 없다.
10. EGLS 방법은 대표본에서만 통상적인 적정 통계적 속성을 가지고 있다는 것에 주의하는 것은 매우 중요하다. 소표본에서는 특히 $\rho < 0.3$인 경우 실제로 OLS가 EGLS보다 더 나을 수도 있다.
11. EGLS를 이용하는 대신 Newey-West HAC 절차에 의해 자기상관에 대한 표준오차를 교정한 OLS를 계속 이용할 수 있다. 엄밀히 말해 이 절차는 대표본에서 타당하다. HAC 절차의 한가지 이점은 자기상관을 교정할 뿐만 아니라 만일 존재한다면 이분산도 교정한다는 것이다.
12. 물론 교정에 앞서 자기상관의 탐지가 필요하다. 공식적 및 비공식적 탐지 방법들이 존재한다. 비공식적 방법 가운데는 단지 실제 잔차 또는 표준화 잔차를 점으로 표시하거나 과거 잔차에 대해 현재 잔차를 점으로 표시할 수 있다. 공식적 방법 중에서는 연속부호 검정, Durbin-Watson d검정, 점근적 정규분포 검정, Berenblutt-Webb 검정, Breusch-Godfrey(BG) 검정 등이 있다. 이 가운데에서 가장 유명하여 자동적으로 사용되는 것은 Durbin-Watson d검정이다. 이것의 고색창연한 역사에도 불구하고 이 검정은 심각한 한계를 가지고 있다. BG 검정을 이용하는 것이 더 나은데 왜냐하면 이것은 설명변수로 시차 피회귀변수의 존재는 물론 AR이나 MA 오차구조를 허용한다는 점에서 훨씬 더 보편적이기 때문이다.
13. 이 장에서는 가변수인 회귀변수가 존재할 때의 자기상관의 탐지에 대해서도 매우 간략하게 논의하였다.

연습문제

질문

12.1. 다음의 진술이 참인지, 거짓인지 밝히고, 그 이유를 간략하게 설명하여라.

a. 자기상관이 있을때 OLS 추정량은 불편추정량도 아니고 효율추정량도 아니다.

b. Durbin-Watson d 검정은 오차항 u_t의 분산이 동분산이라는 것을 가정하고 있다.

c. 자기상관을 없애기 위해 1차 차분 변환을 하는 것은 자기상관계수 ρ가 −1이라는 것을 가정하고 있는 것이다.

d. 한 모형의 경우 1차 차분형태에서 회귀한 것이고, 다른 모형의 경우 수준변수형태에서 회귀한 것인 경우, 두 모형의 R^2값은 직접적으로 비교 불가능하다.

e. Durbin-Watson d가 유의하게 나왔다고 해서 꼭 1차 자기상관이 존재한다는 것을 의미하지 않는다.

f. 자기상관이 존재하는 경우 관행적으로 계산된 예측치의 분산과 표준오차는 효율적이 아니다.

g. 회귀모형에서 중요한 변수를 제외하는 경우 유의한 d값이 나올 수 있다.

h. AR(1) 구조에서 Berenblutt-Webb g통계량과 Durbin-Watson d통계량 모두 $\rho = 1$이라는 가설을 검정할 수 있다.

i. Y의 1차 차분을 X의 1차 차분에 회귀하는 경우 상수항이 있고 선형추세항이 존재한다면 이는 본래의 모형에 선형추세 및 2차식의 추세항이 존재한다는 것을 의미한다.

12.2. 50개의 관찰치와 4개의 설명변수가 있을 때 다음과 같은 경우에 자기상관에 관해 어떤 결론을 내릴 수 있나?

(a) $d = 1.05$ (b) $d = 1.40$ (c) $d = 2.50$ (d) $d = 3.97$

12.3. 부가가치에서 근로자들의 몫(즉 노동분배몫)의 변동을 연구하기 위해 Gujarati는 다음과 같이 모형을 설정하였다.*

모형 A : $Y_t = \beta_0 + \beta_1 t + u_t$

모형 B : $X_t = \alpha_0 + \alpha_1 t + \alpha_2 t^2 + u_t$

여기서 Y = 노동분배몫, t = 시간. 1949~1964년간의 연간자료에 기초하여 주요 금속 산업에 대해 다음과 같은 결과를 얻었다.

모형 A : $\hat{Y}_t = 0.4529 - 0.0041t$ $R^2 = 0.5284$ $d = 0.8252$

(−3.9608)

모형 B : $\hat{Y}_t = 0.4786 - 0.0127t + 0.0005t^2$

(−3.2724) (2.7777)

$R^2 = 0.6629$ $d = 1.82$

여기서 괄호 안의 숫자는 t값이다.

a. 모형 A에 계열상관이 존재하는가? 모형 B에는 어떤가?

b. 무엇이 계열상관에 대한 정보를 제공해주나?

c. “순수한” 계열상관과 표기편의를 어떻게 구별할 것인가?

* Damoder Gujarati, “Labor’s Share in Manufacturing Industries.” *Industrial and Labor Relations Review*, vo1.23, no.1, October 1969 pp.65–75.

12.4. **자기상관의 탐지:von Neumann** 비율 검정.* 잔차 $\hat{u}_t$가 정규분포로부터의 무작위 추출이라고 가정할 때 von Neumann은 n이 클 때 다음 비율, von Neumann 비율이라고 부른다.

$$\frac{\delta^2}{s^2} = \frac{\sum(\hat{u}_i - \hat{u}_{i-1})^2/(n-1)}{\sum(\hat{u}_i - \bar{\hat{u}})^2/n} \qquad \text{주: OLS에서 } \bar{\hat{u}} = 0$$

이 근사적으로 정규분포를 하는 것을 증명하였다.

이것의 평균과 분산은 다음과 같다.

$$E\frac{\delta^2}{s^2} = \frac{2n}{n-1}$$

$$\text{var}\,\frac{\delta^2}{s^2} = 4n^2\frac{n-2}{(n+1)(n-1)^3}$$

a. 만일 n이 상당히 크다면 자기상관을 검정하기 위해 von Neumann비율을 어떻게 사용할 것인가?

b. Durbin–Watson d와 이 비율과는 어떤 관계인가?

c. d 통계량은 0과 4사이의 값을 갖는다. von Neumann비율의 상한과 하한은 어떻게 되나?

d. 이 비율은 $\hat{u}$들이 정규분포로부터의 무작위 추출이라는 가정에 의존하는데 OLS 잔차에 대해서는 이 가정이 얼마나 타당한가?

e. 관찰치가 100개인 경우 이 비율이 2.88로 나왔다고 하자. 자료내에 계열상관이 없다는 가설을 검정하라.

주: B. I. Hart는 표본규모 60까지의 von Neumann비율에 대한 임계치를 표로 만들었다.†

12.5. 연속적인 17개의 잔차를 조사하니 양의 값이 11개 음의 값이 6개이고 연속부호의 수는 3이다. 자기상관이 존재하나? 연속부호가 14개이면 답이 달라질 것인가?

12.6. d 통계량에 기초한 *Theil–Nagar*의 ρ추정치. Theil과 Nagar는 소표본에서 ρ를 $(1-d/2)$로 추정하는 대신 다음과 같이 추정할 것을 제안하였다.

$$\hat{\rho} = \frac{n^2(1-d/2)+k^2}{n^2-k^2}$$

여기서 $n =$ 관찰치의 수, $d =$ Durbin–Watson d, $k =$ 추정될 계수(절편포함)의 수.

n이 클 때 ρ에 대한 이 추정치가 보다 간편한 공식 $(1-d/2)$로 구한 것

* J. von Neumann,"Distribution of the Ratio of the Mean Square Successive Difference to the Variance," *Annals of Mathematical Statistics*, vo1.12, 1941 pp.367–395.

† 이 표는 Johnston, op. cit., 3d ed., p.559에 실려 있다.

과 같음을 증명하라.

12.7. **ρ 의 추정 : Hildreth-Lu 탐색절차.*** 1차 자기회귀 구조, $u_t = \rho u_{t-1} + \varepsilon_t$ 에서 ρ는 −1과 +1사이에 있으므로 Hildreth와 Lu는 그것을 찾아내는 데 체계적인 탐색절차를 제안하고 있다. 그들은 −1과 +1사이에서 ρ의 값을 골라, 예를 들면 0.1단위 간격으로, 일반화 차분방정식 (12.6.5)에 의해 자료를 변환할 것을 권하고 있다. 이리하여 ρ의 값으로 −0.9에서 시작하여 −0.8, …, 0.8, 0.9로 선택할 수 있다. 선택된 각 ρ의 값에 대해 일반화하는(즉 R^2을 극대화하는) ρ를 선택할 것을 제안하고 있다. 보다 더 정밀한 것을 요한다면 단위구간을 더 작게 하여, 예를 들면 0.01단위로. −0.99, −0.98, …, 0.90, 0.91 등의 값을 택할 수 있다.

a. Hildreth-Lu 절차의 장점은 무엇인가?

b. 자료를 변환하기 위해 궁극적으로 선택된 ρ의 값이 $\sum \hat{u}_t^2$을 실제로 극소화시키는지 어떻게 알 수 있나?

12.8. **ρ 의 추정: Cochrane-Orcutt(C-O) 반복절차.**** 이 절차의 예시로 2변수 모형을 보자.

$$Y_t = \beta_1 + \beta_2 X_t + u_t \tag{1}$$

그리고 다음과 같이 AR(1) 구조이다.

$$u_t = \rho u_{t-1} + \varepsilon_t, -1 < \rho < 1 \tag{2}$$

Cochrane과 Orcutt는 ρ를 추정하기 위해 다음과 같은 단계를 권하고 있다.

1. 통상적인 OLS로 식 (1)을 추정하고 잔차 $\hat{u}_t$을 얻는다. 부수적으로 모형에 하나 이상의 X 변수를 포함할 수 있다는 것을 주목하라.
2. 단계 1에서 얻은 잔차를 사용하여 다음 회귀를 한다.

$$\hat{u}_t = \hat{\rho}\hat{u}_{t-1} + v_t \tag{3}$$

이것은 식 (2)의 실증적 대응식이다.

3. 식 (3)에서 구한 $\hat{\rho}$을 사용하여 일반화 차분방정식 (12.9.6)을 추정한다.
4. 선험적으로 식 (3)에서 구한 $\hat{\rho}$이 ρ의 최량추정치인지 모르기 때문에 단계 (3)에서 구한 $\hat{\beta}_1^*$, $\hat{\beta}_2^*$의 값을 원래의 회귀식 (1)에 대입하여 다음과 같이 새로운 잔차 $\hat{u}_t^*$를 얻는다.

$$\hat{u}_t^* = Y_t - \hat{\beta}_1^* - \hat{\beta}_2^* X_t \tag{4}$$

* G. Hildreth and J.Y. Lu "Demand Relations with Autocorrelated Disturbances," Michigan State University, *Agricultural Experiment Station*, Tech. Bull. 276. November 1960.

** D. Cochrane and G. H. Orcutt, "Applications of Least-Squares Regressions to Relationships Containing Autocorrelated Error Terms," *Journal of the American Statistical Association*, vol.44, 1949, pp.32-61.

위의 식은 쉽게 계산되는데 왜냐하면 Y_t, X_t, $\hat{\beta}_1^*$, $\hat{\beta}_2^*$를 모두 알고 있기 때문이다.

5. 이제 다음 식을 추정한다.

$$\hat{u}_t^* = \hat{\rho}^* \hat{u}_{t-1}^* + w_t \tag{5}$$

이것은 식 (3)과 유사하여 ρ의 두 번째 추정치를 제공해 준다.

이 ρ의 두 번째 추정치가 진정한 ρ의 최량추정치인지 알지 못하므로 세 번째, 네 번 째 추정치를 구한다. 이것이 바로 C–O 절차를 반복절차라고 부르는 이유이다. 그러나 얼마나 오랫동안 이 절차를 반복해야 하나? 일반적 권고는 ρ의 연속적 추정치의 값이 아주 작은 값만큼 차이가 날 때, 예를 들어 0.01 또는 0.005 미만, 반복을 멈추라는 것이다. 우리의 임금–생산성 예에서는 3번 반복하고 멈추었다.

a. 임금–생산성 회귀 (12.5.2)에 대해 ρ를 추정하기 위해 Cochrane–Orcutt 반복절차를 이용하라. ρ의 "최종" 추정치를 얻기 위해 얼마나 많은 반복을 행했나?

b. (a)에서 얻은 ρ의 최종 추정치를 이용하여 첫 번째 관찰치를 유지한 채로와 제외한 채로 임금–생산성 회귀식을 추정하라. 결과에 어떤 차이를 볼 수 있나?

c. 자기상관 문제를 해결하기 위해 자료를 변환하는 데 있어서 첫 번째 관찰치를 유지하는 것이 중요하다고 생각하나?

12.9. **ρ의 추정: Cochrane–Orcutt 2단계절차.** 이것은 C–O 반복절차의 단축판이다. 단계 1에서는 첫 번째 반복으로부터, 즉 앞의 연습문제에서 식 (3)으로부터, ρ를 추정한다. 그리고 단계 2에서는 ρ의 추정치를 이용하여 앞의 문제 식 (4)에서와 같이 일반화 차분방정식을 회귀한다. 실제로 종종 이 2단계 방법은 보다 정교한 C–O 반복절차로부터 구한 것과 매우 유사한 결과를 가져온다.

이 장에 제시된 임금–생산성 회귀 (12.5.1)에 C–O 2단계 방법을 적용하고 이 결과를 반복법으로부터 구한 결과와 비교하라. 변환할 때 첫 번째 관찰치에 대해 특별히 주의하라.

12.10. **ρ의 추정: Durbin의 2단계 방법.*** 이 방법을 설명하기 위해 일반화 차분방정식 (12.9.5)를 동일하게 다음과 같이 쓸 수 있다.

$$Y_t = \beta_1(1-\rho) + \beta_2 X_t - \beta_2 \rho X_{t-1} + \rho Y_{t-1} + \varepsilon_t \tag{1}$$

Durbin은 다음과 같이 ρ를 추정하는 2단계 절차를 제안한다. 첫째, 식 (1)을 다중회귀모형으로 취급하여 X_t, X_{t-1}, Y_{t-1}에 대해 Y_t를 회귀하여 Y_{t-1}

* J. Durbin, "Estimation of Parameters in Time–Series Regression Models," *Journal of the Royal Statistical Society*, series B, vol.22, 1960, pp.139–153.

의 회귀계수의 추정값 $Y_{t-1}(=\hat{\rho})$을 ρ의 추정치로 취급한다. 둘째, $\hat{\rho}$을 얻은 후 일반화 차분방정식 (12.9.5) 또는 이와 동일한 식 (12.9.6)의 모수들을 추정하기 위해 그것을 이용한다.

a. 이 장에서 논의된 임금–생산성 예에 Durbin의 2단계 방법을 적용하고 이 결과를 Cochrane–Orcutt 반복절차와 C–O 2단계 방법으로 구한 결과와 비교하라. 결과의 "질"에 대해 논평하라.

b. 만일 위의 식 (1)을 조사한다면 X_{t-1}의 계수$(=-\rho\beta_2)$가 −1에 X_t의 계수$(=\beta_2)$와 Y_{t-1}의 계수$(=\rho)$를 곱해준 것과 같다는 것을 알 것이다. 계수들이 위의 제약을 따르는지를 어떻게 검정하나?

12.11. 전기 공급에 있어서의 규모에 대한 수익을 측정하기 위해 Nerlove는 1955년 현재 미국내의 145개 민간 기업의 횡단면 자료를 이용하여 생산량, 임금율, 자본가격, 연료가격 등의 자연대수에 대해 총비용의 자연대수를 회귀하였는데 Durbin–Watson d로 판단한 결과 이 회귀로부터 추정된 잔차에 "계열"상관이 존재하는 것으로 나타났다. 교정수단을 찾아내기 위해 생산량의 자연대수에 대해 추정된 잔차를 그리니 그림 12.11과 같았다.

a. 그림 12.11로부터 무엇을 알 수 있나?

b. 어떻게 "계열"상관을 제거할 수 있나?

12.12. 회귀로부터 얻은 잔차를 시간에 대해 그렸더니 그림 12.12와 같은 산포도를 얻었다. 원으로 둘러싸인 "극단적인" 잔차는 이상점이라 부른다. 이상점은 그 값이 표본 내의 다른 관찰치의 값보다 훨씬 큰, 모든 관찰치의 평균값으로부터 3배 내지 4배의 표준편차 만큼 떨어진 관찰치를 말한다.

a. 이상점(들)은 왜 존재하나?

b. 만일 이상점(들)이 존재한다면 그와 같은 관찰치들이 제거되고 나머지 관찰치 만으로 회귀되어야 하나?

c. 이상점(들)이 존재할 때 Durbin–Watson d가 적용될 수 있나?

그림 12.11
Nerlove 연구로부터의 회귀잔차(Marc Nerlove, "Returns to Scale in Electric Supply," in Carl F. Christ et al., *Measurement in Economics*, Stanford University Press, Stanford, Calif., 1963에서 얻음)

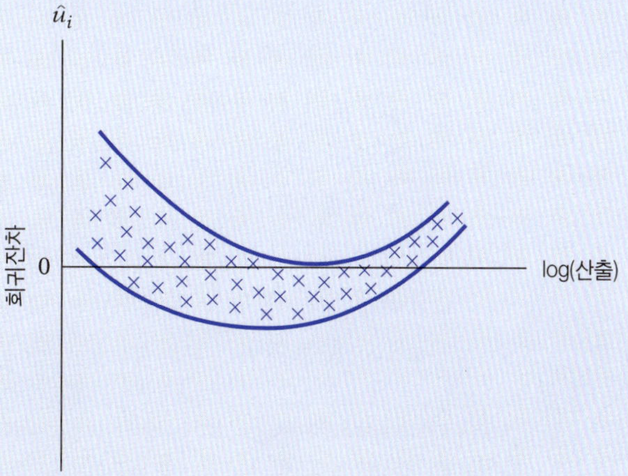

그림 12.12
시간에 대해 그려진 가상적 회귀잔차

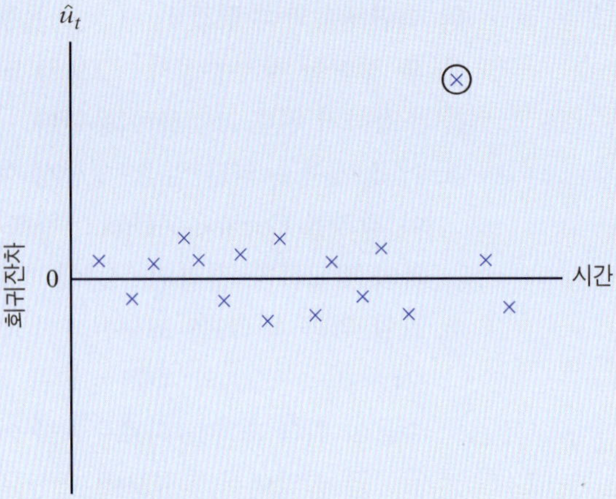

12.13. Durbin–Watson d통계량을 토대로 "순수한" 자기상관과 표기편의를 어떻게 구별할 수 있나?

12.14. 다음과 같은 모형이 있다.

$$Y_t = \beta_1 + \beta_2 X_t + u_t$$

여기서 u는 계열상관되지 않는다. 이 경우 만일 $u_t = \rho u_{t-1} + \varepsilon_t$로 가정하여 다음과 같은 일반화 차분회귀식을 사용하면 어떻게 되나?

$$Y_t - \rho Y_{t-1} = \beta_1(1-\rho) + \beta_2 X_t - \rho\beta_2 X_{t-1} + \varepsilon_t$$

특히 교란항 ε_t속성에 대해 검토하라.

12.15. 영국에서의 요소비용에 따른 최종생산물의 가격결정에 대한 연구에서 1951~1969년의 연간자료를 이용하여 다음과 같은 결과를 얻었다.

$$\begin{aligned}\widehat{\text{PF}}_t = {} & 2.033 + 0.273W_t - 0.521X_t + 0.256M_t + 0.028M_{t-1} + 0.121PF_{t-1}\\ \text{se} = {} & (0.992) \quad (0.127) \quad (0.099) \quad (0.024) \quad (0.039) \quad (0.119)\\ & R^2 = 0.984 \qquad d = 2.54\end{aligned}$$

여기서 PF = 요소비용에 따른 최종생산물의 가격, W = 근로자 1인당 임금, X = 근로자 1인당 국내총생산, M = 수입품가격, M_{t-1} = 1년 전의 요소 비용에 따른 최종생산물 가격.*

"관찰치 18개와 5개의 설명변수일 때 5% 수준에서 $d_L = 0.71$, $d_U = 2.06$인데 추정된 d값이 2.54이므로 양의 자기 상관이 존재하지 않는다." 이를 논평하라.

12.16. 다음과 같이 1차 자기상관계수 ρ를 추정하는 방법들 가운데 각 방법이 타당하게 되는 상황을 기술하라.

a. 1차 차분회귀

* 출처 : *Prices and Earnings in 1951–1969: An Econometric Assessment*, Department of Employment, Her Majesty's Stationery Office. 1971, 표 C, p.37. 식 63.

b. 이동평균 회귀

c. Theil-Nagar 변환

d. Cochrane-Orcutt 반복절차

e. Hildreth-Lu 탐색절차

f. Durbin 2단계 절차

12.17. 다음 모형을 보자.

$$Y_t = \beta_1 + \beta_2 X_t + u_t$$

여기서

$$u_t = \rho_1 u_{t-1} + \rho_2 u_{t-2} + \varepsilon_t$$

즉 오차항은 AR(2) 구조를 따르고 ε_t는 백색잡음 오차항이다. 2차 자기회귀를 감안하여 모형을 추정할 단계를 대략 설명하라.

12.18. 수정인자 C를 포함하면 식 (12.3.1)의 $\hat{\beta}_2^{\text{GLS}}$에 대한 공식은 다음과 같다.

$$\hat{\beta}_2^{\text{GLS}} = \frac{(1-\rho^2)x_1 y_1 + \sum_{t=2}^{n}(x_t - \rho x_{t-1})(y_t - \rho y_{t-1})}{(1-\rho^2)x_1^2 + \sum_{t=2}^{n}(x_t - \rho x_{t-1})^2}$$

이 식과 식 (12.3.1)을 이용하여 수정인자 C를 구하라

12.19. 식 (12.9.5)를 추정하는 것은 12.3절에서 논의된 바와 같이 Y와 X에 대한 첫 번째 관찰치를 빼고 GLS를 추정한 것과 동일함을 보여라.

12.20. 회귀식 (12.9.9)에서 추정된 잔차의 부호는 다음과 같다.

(++++)(−)(++++++++)(−)(++++)(−−)(+)(−−)(+)(−−)(++)(−)
(+)(−−−−−−−−−−)(+)

연속부호검정에 기초하여 이 잔차에 자기상관이 없다는 가설을 기각할 수 있나?

*12.21. **고차 계열상관에 대한 검정.** 가령 분기별 시계열 자료가 있다고 하자. 이 자료를 이용한 회귀모형에서는 식 (12.2.1)의 AR(1) 구조보다는 다음과 같이 AR(4) 구조를 가정하는 것이 더 적합할 것이다.

$$u_t = \rho_4 u_{t-4} + \varepsilon_t$$

즉 현재의 교란항은 바로 직전의 분기보다는 전년도 동분기와 상관되어 있다고 가정하는 것이다. $\rho_4 = 0$이라는 가설을 검정하기 위해 Wallis†는 다음과 같이 수정된 Durbin-Watson d 검정을 제안하고 있다.

$$d_4 = \frac{\sum_{t=5}^{n}(\hat{u}_t - \hat{u}_{t-4})^2}{\sum_{t=1}^{n}\hat{u}_t^2}$$

* 본 문제는 선택과제임.

† Kenneth Wallis, "Testing for Fourth Order Autocorrelation in Quarterly Regression Equations" *Econometrica*, vo1.40. 1972, pp.617–636. d_4 표는 J. Johnston, op. cit., 3d ed., p.558에도 나와 있다.

검정절차는 통상적인 d 검정방법을 따른다. Wallis는 그의 논문에서 d_4표를 제시하고 있다. 가령, 이제 월별자료를 가지고 있다고 하자. 이 경우 Durbin–Watson검정이 일반화될 수 있나? 만일 그렇다면 적절한 d_{12}공식을 기술하라.

12.22. 다음의 회귀를 추정한다고 한다.

$$\Delta \ln Y_t = \beta_1 + \beta_2 \Delta \ln L_t + \beta_3 \Delta \ln K_t + u_t$$

여기서 Y는 산출, L은 노동투입, K는 자본투입이며, Δ는 차분연산자이다. 이 모형에서 β_1은 어떻게 해석되는가? 이것을 기술변동의 추정치로 취급할 수 있는가? 설명에 대한 논리는 무엇인가?

12.23. Durbin–Watson d가 R^2보다 작다면 1차 차분형태로 회귀를 해야 한다고 Maddala는 제안하였다. 이 제안의 배경에 깔린 논리는 무엇인가?*

12.24. 식 (12.4.1)을 보자. $r = 0$이지만 $\rho \neq 0$이라고 가정한다. 만일 (a) $0 < \rho < 1$일 때와, (b) $-1 < \rho < 0$일 때 $E(\hat{\sigma}^2)$에 미치는 영향은 무엇인가? 언제 $\hat{\sigma}^2$의 편의가 꽤 작아지나?

12.25. 식 (12.5.2)에 주어진 임금–생산성 회귀로부터의 잔차가 6기까지의 시차잔차(즉 AR(6))에 대해 회귀되어 다음과 같은 결과를 가져왔다.

```
Dependent Variable: S1
Method: Least Squares
Sample (adjusted): 1966-2005
Included observations: 40 after adjustments
```

	Coefficient	Std. Error	*t*-Statistic	Prob.
S1(-1)	1.019716	0.170999	5.963275	0.0000
S1(-2)	-0.029679	0.244152	-0.121560	0.9040
S1(-3)	-0.286782	0.241975	-1.185171	0.2442
S1(-4)	0.149212	0.242076	0.616386	0.5417
S1(-5)	-0.071371	0.243386	-0.293240	0.7711
S1(-6)	0.034362	0.167077	0.205663	0.8383

R-squared	0.749857	Mean dependent var.	0.004433
Adjusted R-squared	0.713071	S.D. dependent var.	0.019843
S.E. of regression	0.010629	Durbin-Waston stat.	1.956818
Sum squared resid.	0.003841		

a. 위의 결과로부터 로그 임금–생산성 자료에 있는 자기상관의 본질에 대해 무엇이라 말할 수 있나?

b. 만일 AR(1) 구조가 우리 자료의 자기상관을 특징짓는다고 생각한다면 자기상관을 제거하기 위해 1차 차분변환을 이용할 것인가? 답변을 정당화하라.

* G. S. Maddala, op. cit., p. 232.

실증문제

12.26. 표 12.7에 주어진 구리산업에 대한 자료를 참고로 다음 물음에 답하라.

a. 이 자료를 토대로 다음 회귀모형을 추정하고 결과를 해석하라.

$$\ln C_t = \beta_1 + \beta_2 \ln I_t + \beta_3 \ln L_t + \beta_4 \ln H_t + \beta_5 \ln A_t + u_t$$

b. 앞의 회귀로부터 잔차와 표준화 잔차를 구하고 이를 그림으로 표시하라. 이 잔차에 자기상관이 존재하는 것으로 생각할 수 있나?

c. Durbin–Watson d 통계량을 추정하고 자료내의 자기상관의 속성에 대해 논평하라.

d. 연속부호 검정을 실시하고 (c)에서의 답과 틀리는지를 검토하라.

e. 만일 AR(1) 과정보다 AR(p) 과정이 자기상관을 더 잘 묘사하는지를 어떻게 알아내나?

주: 이후의 분석을 위해 자료를 보관할 것.(연습문제 12.28 참조)

표 12.7 미국내 구리 가격의 결정인자, 1951-1980

연도	*C*	*G*	*I*	*L*	*H*	*A*
1951	21.89	330.2	45.1	220.4	1,491.0	19.00
52	22.29	347.2	50.9	259.5	1,504.0	19.41
53	19.63	366.1	53.3	256.3	1,438.0	20.93
54	22.85	366.3	53.6	249.3	1,551.0	21.78
55	33.77	399.3	54.6	352.3	1,646.0	23.68
56	39.18	420.7	61.1	329.1	1,349.0	26.01
57	30.58	442.0	61.9	219.6	1,224.0	27.52
58	26.30	447.0	57.9	234.8	1,382.0	26.89
59	30.70	483.0	64.8	237.4	1,553.7	26.85
60	32.10	506.0	66.2	245.8	1,296.1	27.23
61	30.00	523.3	66.7	229.2	1,365.0	25.46
62	30.80	563.8	72.2	233.9	1,492.5	23.88
63	30.80	594.7	76.5	234.2	1,634.9	22.62
64	32.60	635.7	81.7	347.0	1,561.0	23.72
65	35.40	688.1	89.8	468.1	1,509.7	24.50
66	36.60	753.0	97.8	555.0	1,195.8	24.50
67	38.60	796.3	100.0	418.0	1,321.9	24.98
68	42.20	868.5	106.3	525.2	1,545.4	25.58
69	47.90	935.5	111.1	620.7	1,499.5	27.18
70	58.20	982.4	107.8	588.6	1,469.0	28.72
71	52.00	1,063.4	109.6	444.4	2,084.5	29.00
72	51.20	1,171.1	119.7	427.8	2,378.5	26.67
73	59.50	1,306.6	129.8	727.1	2,057.5	25.33
74	77.30	1,412.9	129.3	877.6	1,352.5	34.06
75	64.20	1,528.8	117.8	556.6	1,171.4	39.79
76	69.60	1,700.1	129.8	780.6	1,547.6	44.49
77	66.80	1,887.2	137.1	750.7	1,989.8	51.23
78	66.50	2,127.6	145.2	709.8	2,023.3	54.42
79	98.30	2,628.8	152.5	935.7	1,749.2	61.01
80	101.40	2,633.1	147.1	940.9	1,298.5	70.87

주: 자료는 *American Metal Market, Metals Weeks*, 미 상무성 간행물 등으로부터 Gary R. Smith가 수집함.

C = 미국 국내 구리가격의 12개월 평균(파운드당 센트)

G = 연간 GNP (10억달러)

I = 12개월 평균 산업생산지수

L = 런던 금속거래소에서의 구리가격의 12개월 평균(파운드)

H = 연간 주택 건축 시공수(천채)

A = 알루미늄 가격의 12개월 평균(파운드 당 센트)

표 12.8

Y, 개인소비지출 (10억달러, 1958년 불변가격)	X, 시간	$\hat{Y}$, 추정된 Y	$\hat{u}$, 잔차
281.4	1 (= 1956)	261.4208	19.9791
288.1	2	276.6026	11.4973
290.0	3	291.7844	−1.7844
307.3	4	306.9661	0.3338
316.1	5	322.1479	−6.0479
322.5	6	337.3297	−14.8297
338.4	7	352.5115	−14.1115
353.3	8	367.6933	−14.3933
373.7	9	382.8751	−9.1751
397.7	10	398.0569	−0.3569
418.1	11	413.2386	4.8613
430.1	12	428.4206	1.6795
452.7	13	443.6022	9.0977
469.1	14	458.7840	10.3159
476.9	15 (= 1970)	473.9658	2.9341

주: $\hat{Y}$ 는 회귀식 $Y_t = \beta_0 + \beta_1 X_t + u_t$ 로부터 구함.

12.27. 표 12.8과 같은 자료가 주어졌다.

a. Durbin–Watson $d = 0.4148$임을 입증하라.

b. 교란항에 양의 계열상관이 존재하나?

c. 만일 그렇다면 다음 각 방법에 의해 ρ를 추정하라.

i. Theil–Nagar 방법

ii. Durbin 2단계 절차

iii. Cochrane–Orcutt 방법

d. Theil–Nagar 방법을 이용하여 자료를 변환하고 변환된 자료를 회귀하라.

e. (d)에서 추정된 회귀식에 자기상관이 존재하나? 만일 그렇다면 어떻게 이것을 없앨 수 있나?

12.28. 연습문제 12.26과 표12.7에 주어진 자료에 입각하여 만일 회귀결과 계열상관을 나타내고 있다면

a. Cochrane–Orcutt 2단계 절차를 이용하여 실행가능한 GLS 또는 일반화 차분 회귀식의 추정치를 구하고 이전의 결과와 비교하라.

b. 만일 (a)에서와 같이 Cochrane–Orcutt 방법으로 추정된 ρ와 d 통계량으로부터 추정된 ρ가 매우 상이하다면 어느 방법을 선택할 것인가? 그 이유는?

12.29. 예 7.4에서 변수 X^2, X^3을 생략하고 회귀하여 "계열"상관이 있는지 잔차를 조사하라. 만일 계열상관이 있다면 그것을 어떻게 이론적으로 설명할 것인가? 어떤 교정수단이 제시될 수 있나?

12.30. 연습문제 7.21에서와 같은 자료에서는 선험적으로 자기상관이 예상된다. 그러므로 실질 국민소득과 장기 이자율의 자연대수에 대해 실질 통화공급의 자연대수를 1차 차분형태로 회귀하고 또 원래의 형태로 회귀하라. 1차

차분변환 하에서는 가정이 충족되나? 만일 그렇지 않다면 그와 같은 변환으로 인해 어떤 종류의 편의가 발생할 수 있나? 여기서의 자료를 가지고 예시하라.

12.31. **비선형성 검정을 위한 Durbin-Watson d 의 이용.** 연습문제 12.29에서 회귀결과 얻은 잔차들을 X 값이 증가하는 순으로 배열한다. 식 (12.6.5)의 공식을 이용하여 재배열된 잔차로부터 d 를 추정한다. 만일 계산된 d 값이 자기상관의 존재를 알려주면 이는 선형모형이 틀리고 완전한 모형은 X_i^2 과 X_i^3항을 포함시켜야 한다는 것을 뜻한다. 이러한 절차를 직관적으로 어떻게 설명할 수 있나? 해답이 Theil의 답과 일치하는지 검토하라.*

12.32. 연습문제 11.22를 다시 보자. 잔차를 구하고 잔차에 자기상관이 있는지 여부를 확인하여라. 자기상관이 탐지된다면 자료를 어떻게 변환하겠는가? 이 경우 자기상관의 의미는 무엇인가?

12.33. **Monte Carlo실험.** 표 12.1과 12.2를 보자. 그 표에 주어진 ε_t와 X_t의 자료를 사용하여 다음의 모형으로부터 10개의 Y 값 표본을 생성하여라.

$$Y_t = 3.0 + 0.5X_t + u_t$$

여기서 $u_t = 0.9u_{t-1} + \varepsilon_t$이다. $u_0 = 10$이라고 가정하자.

a. 결과에 대해 논평하라.

b. 이제 $u_0 = 17$이라 가정한다. 이 절차를 10회 반복하고 그 결과에 대해 논평하라.

c. 위의 모형을 그대로 유지한 상태에서 $\rho = 0.9$ 대신 $\rho = 0.3$만 바꾸자. (b)문제에 다시 답하고 그 결과를 (b)와 비교하라.

12.34. 표 12.9에 있는 자료를 이용하여 다음의 모형을 추정하라.

$$Y_t = \beta_1 + \beta_2 X_t + u_t$$

여기에서 Y = 재고, X = 판매인데, 두 변수는 모두 10억 달러로 측정되어 있다.

a. 위의 회귀를 추정하라.

b. 추정된 잔차로부터 (i) Durbin-Watson 검정과 (ii) (12.6.13)에 설명된 대표본 정규성 검정에 의해 양의 자기상관이 있는지를 검토하라.

c. 만약 ρ가 양이면 Berenblutt-Webb의 검정을 이용하여 $\rho = 1$의 가설을 검정하라.

d. 오차항의 자기회귀구조가 p차일 것이라고 의심한다면 이를 입증하는데 Breusch-Godfrey검정을 사용하라. 차수 p를 어떻게 선택하려는가?

e. 이 검정의 결과에 기초하여 자기상관을 없애기 위해 자료를 어떻게 변환하여야 하는가? 계산과정을 밝혀라.

---

* Henri Theil, *Introduction to Econometrics,* Prentice Hall, Englewood Cliffs, 1978, pp.307-308

표 12.9 미국 제조업의 재고와 매상(백만달러)

연도	매상*	재고†	비율	연도	매상*	재고†	비율
1950	46,486	84,646	1.82	1971	224,619	369,374	1.57
1951	50,229	90,560	1.80	1972	236,698	391,212	1.63
1952	53,501	98,145	1.83	1973	242,686	405,073	1.65
1953	52,805	101,599	1.92	1974	239,847	390,950	1.65
1954	55,906	102,567	1.83	1975	250,394	382,510	1.54
1955	63,027	108,121	1.72	1976	242,002	378,762	1.57
1956	72,931	124,499	1.71	1977	251,708	379,706	1.50
1957	84,790	157,625	1.86	1978	269,843	399,970	1.44
1958	86,589	159,708	1.84	1979	289,973	424,843	1.44
1959	98,797	174,636	1.77	1980	299,766	430,518	1.43
1960	113,201	188,378	1.66	1981	319,558	443,622	1.37
1961	126,905	211,691	1.67	1982	324,984	449,083	1.38
1962	143,936	242,157	1.68	1983	335,991	463,563	1.35
1963	154,391	265,215	1.72	1984	350,715	481,633	1.35
1964	168,129	283,413	1.69	1985	330,875	428,108	1.38
1965	163,351	311,852	1.95	1986	326,227	423,082	1.29
1966	172,547	312,379	1.78	1987	334,616	408,226	1.24
1967	190,682	339,516	1.73	1988	359,081	439,821	1.18
1968	194,538	334,749	1.73	1989	394,615	479,106	1.17
1969	194,657	322,654	1.68	1990	411,663	509,902	1.21
1970	206,326	338,109	1.59				

* 연간 자료는 계절조정되지 않은 월별자료의 평균임.
† 계절조정되었고 1982년부터 시작하는 기말 수치들은 이전 기와 비교할 수 없음.
출처: *Economic Report of the President*, 1993, Table B–53,p.408.

f. 다음의 모형을 이용하여 앞의 단계들을 반복하라.

$$\ln Y_t = \beta_1 + \beta_2 \ln X_t + u_t$$

g. 선형표기와 로그–선형표기중 어떠한 모형을 선택하려는가? 이를 위해 사용한 검정을 명백히 보여라.

12.35. 표 12.10은 1954~1981년간 미국의 t기의 보통주의 실질 수익률(RR_t), (t+1)기의 산출성장(OG_{t+1}), t기의 인플레이션(Inf_t)에 대한 자료를 보여주는데 모두 백분비 형태이다.

a. 인플레이션에 대해 RR_t를 회귀하라.

b. OG_{t+1}과 Inf_t에 대해 RR_t를 회귀하라.

c. "실질 주식 수익과 인플레이션간의 음의 단순상관은 허위인데 그 이유는 현재의 실질 주식 수익과 (OGt_{+1}으로 측정된) 예상 산출 성장간의 양의 관계와 예상 산출 성장과 현재의 인플레이션간의 음의 관계 등 두 구조적 관계의 결과이기 때문이다."라는 Eugene Fama 의견의 입장에서 두 회귀결과를 논평하라.

d. (a)나 (b)의 회귀에서 자기상관이 예상되나? 그 이유는? 만일 예상된다면 적절한 교정 행동을 취하고 수정된 결과를 제시하라.

표 12.10 미국의 수익률, 산출 성장과 인플레이션, 1954-1981년

관찰치	RR	성장	인플레이션
1954	53.0	6.7	−0.4
1955	31.2	2.1	0.4
1956	3.7	1.8	2.9
1957	−13.8	−0.4	3.0
1958	41.7	6.0	1.7
1959	10.5	2.1	1.5
1960	−1.3	2.6	1.8
1961	26.1	5.8	0.8
1962	−10.5	4.0	1.8
1963	21.2	5.3	1.6
1964	15.5	6.0	1.0
1965	10.2	6.0	2.3
1966	−13.3	2.7	3.2
1967	21.3	4.6	2.7
1968	6.8	2.8	4.3
1969	−13.5	−0.2	5.0
1970	−0.4	3.4	4.4
1971	10.5	5.7	3.8
1972	15.4	5.8	3.6
1973	−22.6	−0.6	7.9
1974	−37.3	−1.2	10.8
1975	31.2	5.4	6.0
1976	19.1	5.5	4.7
1977	−13.1	5.0	5.9
1978	−1.3	2.8	7.9
1979	8.6	−0.3	9.8
1980	−22.2	2.6	10.2
1981	−12.2	−1.9	7.3

12.36. *Durbin*의 h 통계량. 임금 결정에 대한 다음 모형을 보자.

$$Y_t = \beta_1 + \beta_2 X_t + \beta_3 Y_{t-1} + u_t$$

여기서 Y = 임금 = 시간당 실질보수지수

X = 생산성 = 시간당 산출지수

a. 표 12.4에 있는 자료를 이용하여 위의 모형을 추정하고, 그 결과를 해석하라.

b. 모형은 회귀변수로 시차 피회귀변수를 포함하고 있으므로 자료에 계열상관이 존재하는지를 알아내는데 Durbin–Watson d는 적절치 못하다. 자기회귀모형이라고 불리는 이런 모형에 대해 Durbin은 1차 자기상관을 검정하기 위해 소위 h 통계량을 개발하였는데 다음과 같이 정의된다.*

$$h = \hat{\rho}\sqrt{\frac{n}{1 - n[\text{var}(\hat{\beta}_3)]}}$$

* J. Durbin, "Testing for Serial Correlation in Least–squares Regression When Some of the Regressors Are Lagged Dependent Variables," *Econometrica*, vol.38, pp.410–421.

여기서 n = 표본크기, $\text{var}(\hat{\beta}_3)$ = 시차 Y_{t-1}의 계수의 분산, $\hat{\rho}$ = 1차 계열상관의 추정치이다.

대표본의 경우 (기술적으로, 점근적), 귀무가설 $\rho = 0$하에서 Durbin은 다음을 증명하였다.

$$h \sim N(0, 1)$$

즉, h 통계량은 표준정규분포를 따른다. 정규분포의 속성으로부터 $|h| > 1.96$인 확률은 약 5%라는 것을 알고 있다. 따라서 만일 우리가 이를 적용하였을 때 $|h| > 1.96$이면 우리는 $\rho = 0$이라는 귀무가설을 기각, 즉 위에 주어진 자기회귀모형에서 1차 자기상관의 증거가 존재한다,할 수 있다.

이 검정을 적용하기 위해서 다음과 같이 진행한다. 첫째, 위의 모형을 OLS로 추정한다 (이 단계에서는 어떤 추정문제에 대해서도 걱정하지 마라). 둘째, 기계적으로 계산된 d 통계량뿐만 아니라 이 모형의 $var(\hat{\beta}_3)$에 주목하라. 셋째, d값을 이용하여 $\hat{\rho} \approx (1 - d/2)$를 구한다. 이 모형에서 계열상관에 대한 검정을 위해 d값을 사용할 수는 없지만 ρ의 추정치를 얻기 위해 이 값을 이용할 수 있다는 것은 재미있다. 넷째, 이제 h 통계량을 계산한다. 다섯째, 만일 표본크기가 꽤 크다면 그리고 계산된 $|h|$가 1.96을 능가한다면 1차 자기상관의 증거가 존재한다고 결론내릴 수 있다. 물론 어떤 유의수준도 사용할 수 있다.

앞에 주어진 자기회귀 임금결정모형에 대해 h 검정을 실시하여 적절한 결론을 도출하고 이 결과를 회귀식 (12.5.1)에 주어진 것과 비교하라.

12.37. **가변수와 자기상관.** 9장에서 논의된 저축–소득 회귀를 보자. 표 9.2에 주어진 자료를 이용하고 AR(1) 구조를 가정하여 자기상관을 감안한 저축–소득 회귀를 재추정하라. 가변수의 변환에 세심한 주의를 기울여라. 이 결과와 9장에 나온 것을 비교하라.

12.38. 표 12.4에 주어진 임금–생산성 자료를 이용하여 모형 (12.9.8)을 추정하고 회귀 (12.9.9)에 주어진 것과 비교하라. 어떤 결론을 도출할 수 있나?

부록 12A

12A.1 식 (12.1.11)의 오차항 v_t가 자기상관되어 있다는 것에 대한 증명

$v_t = u_t - u_{t-1}$이므로 $E(v_t) = E(u_t - u_{t-1}) = E(u_t) - E(u_{t-1}) = 0$인데 왜냐하면 각 t에 대해 $E(u) = 0$이기 때문이다. 이제 각 u_t의 분산은 σ^2이고 u들은 독립적으로 분포하므로 $\text{var}(v_t) = \text{var}(u_t - u_{t-1}) = \text{var}(u_t) + \text{var}(u_{t-1}) = 2\sigma^2$이다. 따라서 v_t는 동분산이다. 그러나

$$\begin{aligned}\operatorname{cov}(v_t, v_{t-1}) &= E(v_t v_{t-1}) = E[(u_t - u_{t-1})(u_{t-1} - u_{t-2})] \\ &= -\sigma^2\end{aligned}$$

이것은 분명히 0이 아니다. 따라서 u들은 자기상관되어 있지 않더라도 v는 자기상관되어 있다.

12A.2 식 (12.2.3), (12.2.4), (12.2.5)의 증명

AR(1) 하에서

$$u_t = \rho u_{t-1} + \varepsilon_t \tag{1}$$

따라서

$$E(u_t) = \rho E(u_{t-1}) + E(\varepsilon_t) = 0 \tag{2}$$

그래서

$$\operatorname{var}(u_t) = \rho^2 \operatorname{var}(u_{t-1}) + \operatorname{var}(\varepsilon_t) \tag{3}$$

왜냐하면 u와 ε이 상관되지 않기 때문이다.

$\operatorname{var}(u_t)=\operatorname{var}(u_{t-1})=\sigma^2$이고 $\operatorname{var}(\varepsilon_t) = \sigma_\varepsilon^2$이므로 다음이 성립한다.

$$\operatorname{var}(u_t) = \frac{\sigma_\varepsilon^2}{1-\rho^2} \tag{4}$$

이제 식 (1)에 u_{t-1}을 곱하고 양변에 기대치를 취하면 다음이 성립한다.

$$\operatorname{cov}(u_t, u_{t-1}) = E(u_t u_{t-1}) = E\left[\rho u_{t-1}^2 + u_{t-1}\varepsilon_t\right] = \rho E\left(u_{t-1}^2\right)$$

u_{t-1}과 ε_t 간의 공분산이 0이고(그 이유는?) $\operatorname{var}(u_t)=\operatorname{var}(u_{t-1})=\sigma_\varepsilon^2/(1-\rho^2)$이라는 것에 유의하면 다음이 성립한다.

$$\operatorname{cov}(u_t, u_{t-1}) = \rho \frac{\sigma_\varepsilon^2}{(1-\rho^2)} \tag{5}$$

이러한 식으로 계속하면

$$\operatorname{cov}(u_t, u_{t-2}) = \rho^2 \frac{\sigma_\varepsilon^2}{(1-\rho^2)}$$

$$\operatorname{cov}(u_t, u_{t-3}) = \rho^3 \frac{\sigma_\varepsilon^2}{(1-\rho^2)}$$

이제 상관계수는 분산에 대한 공분산의 비율이므로 다음이 성립한다.

$$\operatorname{cor}(u_t, u_{t-1}) = \rho \qquad \operatorname{cov}(u_t, u_{t-2}) = \rho^2$$

13장

계량경제학 모형 설정: 모형표기 및 진단적 검정

응용계량경제학은 기계적으로 될 수가 없다. 그것은 이해와 직관과 기술이 필요하다.[1]

...우리는 대개 다리가 견고하게 건설되었는지에 대해 걱정하지 않은 채 다리를 건너는데 그 이유는 누군가가 철저하게 공학원리와 그 실행을 점검하였다고 상당히 확신하기 때문이다. 경제학자들도 모형에 대해 이와 유사하게 하든지 아니면 "시도된 이용으로 인해 붕괴된다면 책임지지 않는다"는 경고를 부착해야 한다.[2]

오랜 기간동안 경제학자들의 "진실"에 대한 탐색은 경제학자들이란 암실에서 존재하지도 않는 검은 고양이를 찾아 헤매는 사람들이란 견해를 낳게 했다. 계량경제학자들이란 그러한 고양이를 찾는 행위 때문에 비난받고 있다.[3]

고전적 회귀모형(CLRM)의 가정 9는 실증분석에 사용되는 회귀모형이 "올바르게" 표기되어 있다는 것이다. 만일 모형이 "올바르게" 표기되지 않는다면 우리는 모형표기오차 또는 모형표기편의에 직면하게 된다. 이 장에서는 이 가정에 대해 자세하고 비판적으로 살펴볼 것인데 왜냐하면 올바른 모형의 탐색은 성배를 찾는 것과 같다. 특히 우리는 다음 질문들을 고찰한다.

1. "올바른" 모형을 어떻게 끊임없이 찾나? 환언하면 실증분석을 위한 모형을 선택하는 기준은 무엇인가?
2. 실제로 어떤 유형의 모형표기오차를 직면할 가능성이 있나?
3. 표기오차의 결과는 어떤가?
4. 어떻게 표기오차를 탐지하나? 환언하면 이용할 수 있는 진단 도구는 무엇인가?

1. Keith Cuthbertson, Stephen G. Hall, and Mark P. Taylor, *Applied Econometrics Techniques*, Michigan University Press, 1992, p. X.
2. David F. Henry, *Dynamic Econometrics*, Oxford University Press, U.K., 1995, p.68.
3. Peter Kennedy, *A Guide to Econometrics*, 3d ed., The MIT Press, Cambridge, Mass., 1992, p.82.

5. 표기오차를 탐지하고 나면 어떤 교정수단을 채택할 수 있고 어떤 이득이 있나?
6. 경쟁적 모형의 성과를 어떻게 평가하나?

모형표기와 평가라는 주제는 광범위하여 이 분야에 대해 매우 다양한 실증 연구가 진행되어 왔다. 그 뿐만 아니라 이 주제에 대해서는 철학적 차이가 존재한다. 한 개의 장에서 이 주제에 대해 완전히 정당한 평가를 할 수는 없지만 모형표기와 모형평가에 포함된 몇몇 중요 이슈들을 제시하기를 희망한다.

13.1 모형표기 기준

Hendry와 Richard에 의하면 실증분석을 위해 선택되는 모형은 다음 기준들을 충족시켜야 한다.[4]

1. **자료가 인정될 수 있어야 한다**. 즉 모형으로부터 이루어지는 예측은 논리적으로 가능해야 한다.
2. **이론과 부합해야 한다**. 즉 경제학적으로 잘 납득이 가야 한다. 예를 들어 만일 Milton Friedman의 영구소득가설이 지지된다면 영구소득에 대한 영구소비 회귀의 절편값은 0으로 예상된다.
3. **회귀변수들은 약하게 외생적이어야 한다**. 즉 설명변수 또는 회귀변수들은 오차항과 상관되지 않아야 한다. 몇몇 경우에는 외생적인 회귀변수들이 엄격하게 외생적일 수 있다는 것을 추가할 수 있다. 엄격하게 외생적인 변수는 오차항의 현재, 과거, 미래값들과 독립이다.
4. **모수의 값이 일정해야 한다**. 즉 모수의 값은 안정적이어야 한다. 그렇지 않으면 예측은 어려워질 것이다. Friedman이 언급하였듯이 "가설(모형)의 타당성에 대한 유일한 적절한 검정방법은 그것의 예측과 체험을 비교하는 것이다."[5] 모수가 일정하지 않으면 그러한 예측은 신뢰할 수 없다.
5. **자료가 일관되어야 한다**. 즉 모형으로부터 추정된 잔차들은 순수하게 확률적(전문적으로, 백색잡음)이어야 한다. 환언하면 만일 회귀모형이 적절하다면 이 모형으로부터의 잔차는 백색잡음이어야 한다. 만일 그렇지 않다면 모형에 어떤 표기오차가 존재한다. 멀지 않아 우리는 표기오차의 본질에 대해 살펴볼 것이다.
6. **포괄적이어야 한다**. 즉 모형은 다른 경쟁적 모형들의 결과를 설명할 수 있

4. D. F. Hendry and J. F. Richard, "The Econometric Analysis of Economic Time Series," *International Statistical Review*, vol.51, 1983, pp.3–33.
5. Milton Friedman, "The Methodology of Positive Economics," in *Essays in Positive Economics*, University of Chicago Press, 1953, p.7.

다는 점에서 모든 경쟁적 모형들을 포괄 또는 포함해야 한다.

"좋은" 모형의 기준을 열거하는 것과 실제로 그것을 개발하는 것은 별개인데 그 이유는 실제로는 우리가 다양한 모형표기오차를 범할 수 있기 때문인데 이에 대해서는 다음 절에서 논의하기로 한다.

13.2 표기오차의 유형

앞에서 나열된 기준에 기초하여 다음과 같은 모형이 좋은 것으로 판단되었다고 하자.

$$Y_i = \beta_1 + \beta_2 X_i + \beta_3 X_i^2 + \beta_4 X_i^3 + u_{1i} \tag{13.2.1}$$

여기서 Y = 총생산비, X = 생산량. 식 (13.2.1)은 잘 알려진 3차 총비용함수의 예이다.

그러나 가령 어떤 이유로(예를 들면 게으름 때문에 산포도를 그려보지 않아서) 연구자는 다음 모형을 사용하기로 결정하였다고 하자.

$$Y_i = \alpha_1 + \alpha_2 X_i + \alpha_3 X_i^2 + u_{2i} \tag{13.2.2}$$

주의할 것은 이 모형과 올바른 모형을 구별하기 위해 다른 기호를 사용하고 있다.

식 (13.2.1)이 올바른 것으로 가정하였기 때문에 식 (13.2.2)를 채택하게 되면 적절한 변수 (X_i^3)를 생략한데 따른 표기오차가 발생한다. 그러므로 식 (13.2.2)의 오차항 u_{2i}는 사실상 다음과 같다.

$$u_{2i} = u_{1i} + \beta_4 X_i^3 \tag{13.2.3}$$

이 관계의 중요성을 곧 살펴볼 것이다.

이제 또 다른 연구자는 다음과 같은 모형을 사용한다고 하자.

$$Y_i = \lambda_1 + \lambda_2 X_i + \lambda_3 X_i^2 + \lambda_4 X_i^3 + \lambda_5 X_i^4 + u_{3i} \tag{13.2.4}$$

만일 식 (13.2.1)이 "올바른" 것이라면 식 (13.2.4)에서는 올바른 모형이 λ_5를 0으로 가정하고 있다는 점에서 불필요한 또는 부적절한 변수가 포함된데 따른 표기오차가 발생한다. 새로운 오차항은 사실상 다음과 같다.

$$\begin{aligned} u_{3i} &= u_{1i} - \lambda_5 X_i^4 \\ &= u_{1i} \quad \text{왜냐하면 올바른 모형에서 } \lambda_5 = 0 \ \text{(그 이유는?)} \end{aligned} \tag{13.2.5}$$

이제 또 다른 연구자가 다음 모형을 가정했다고 하자.

$$\ln Y_i = \gamma_1 + \gamma_2 X_i + \gamma_3 X_i^2 + \gamma_4 X_i^3 + u_{4i} \qquad \textbf{(13.2.6)}$$

올바른 모형과 비교할 때 식 (13.2.6)에서는 그릇된 함수형태를 사용한데 따른 표기오차가 발생하게 된다. 식 (13.2.1)에서는 Y가 선형으로 나타나는데 반해, 식 (13.2.6)에서는 자연대수 형태로 나타나고 있다.

마지막으로 다음 모형을 사용하는 경우를 생각해 보자

$$Y_i^* = \beta_1^* + \beta_2^* X_i^* + \beta_3^* X_i^{*2} + \beta_4^* X_i^{*3} + u_i^* \qquad \textbf{(13.2.7)}$$

여기서 $Y_i^* = Y_i + \varepsilon_i$, $X_i^* = X_i + w_i$이고, ε_i와 w_i는 측정오차이다. 식 (13.2.7)이 의미하는 것은 올바른 Y_i와 X_i를 사용하는 대신, 측정오차를 포함하고 있는 대리변수인 Y_i^*와 X_i^*를 사용한다는 것이다. 따라서 식 (13.2.7)에서는 측정오차 편의를 범하고 있다. 실제 적용 작업을 할 때 자료 내에는 근사에서 오는 오차, 불완전한 적용범위에서 오는 오차, 또는 단지 관찰치 몇 개를 빠뜨린 데서 오는 오차 등이 들어가 있기 쉽다. 사회과학에서는 흔히 2차 자료에 의존하게 되는데 대개는 1차 자료 수집기관이 범하는 오차의 유형에 대한 정보를 갖고 있지 않다.

또 다른 형태의 표기오차는 확률적 오차 u_i(또는 u_t)가 회귀모형에 들어가는 방식과 연관된다. 예를 들어 다음과 같이 절편항이 없는 2변량 회귀모형을 보자.

$$Y_i = \beta X_i u_i \qquad \textbf{(13.2.8)}$$

여기서 확률적 오차항은 곱하기 형태로 들어가는데 $\ln u_i$가 CLRM의 가정들을 충족시킨다는 속성을 가지고 있다. 반면 다음 모형의 경우

$$Y_i = \alpha X_i + u_i \qquad \textbf{(13.2.9)}$$

오차항은 더하기 형태로 들어간다. 비록 두 모형에서 변수들은 동일하지만 식 (13.2.8)에서는 기울기계수를 β로 표기하였고, 식 (13.2.9)에서는 기울기계수를 α로 표기하였다. 이제 만일 식 (13.2.8)이 "올바른" 또는 "진정한" 모형이라면 추정된 α는 진정한 β의 불편추정치인가? 즉 $E(\hat{\alpha}) = \beta$인가? 만일 아니라면 오차항에 대한 부적절한 확률적 표기가 또 다른 표기오차의 원천이 된다.

종종 간과되는 표기오차가 회귀변수들 간의 상호작용, 즉 피회귀변수에 대한 하나 이상의 회귀변수들의 배수효과이다. 이를 예시하기 위해 다음과 같이 단순한 임금함수를 보자.

$$\begin{aligned}\ln W_i = \beta_1 + \beta_2 \text{Education}_i + \beta_3 \text{Gender}_i \\ + \beta_4 (\text{Education})(\text{Gender}) + u\end{aligned} \quad \textbf{(13.2.10)}$$

이 모형에서 교육에 대한 상대적 임금의 변동은 교육뿐만 아니라 성별에도 의존한다($\frac{\partial \ln W}{\partial Education} = \beta_2 + \beta_4 \text{Gender}$). 이와 유사하게 성별에 대한 상대적 임금의 변동은 성별뿐만 아니라 교육에도 의존한다.

요약하면 실증모형을 개발할 때 다음과 같은 표기오차 가운데 하나를 범할 가능성이 존재한다.

1. 적절한 변수(들)의 생략
2. 불필요한 변수(들)의 포함
3. 그릇된 함수 형태의 채택
4. 측정오차
5. 확률적 오차항의 틀린 표기
6. 오차항이 정규분포를 한다는 가정

이 표기오차를 자세히 검토하기 전에 모형 표기오차와 모형 오표기오차를 구분하는 것이 효과적일 것이다. 위에서 논의된 처음 네가지 유형은, 우리가 "진정한" 모형을 의도하고 있으나 어찌되었든 올바른 모형을 추정하지 못한다는 점에서 본질적으로 모형 표기오차의 성격이다. 모형 오표기오차에서는 처음부터 진정한 모형이 무엇인지를 모른다. 이런 맥락에서 케인즈학파와 통화주의학파 간의 논쟁을 상기할 수 있다. 통화주의학파는 GDP의 변동을 설명하는 데 통화를 최우선으로 여긴 반면 케인즈학파는 GDP의 변동을 설명하는 데 정부지출의 역할을 강조하였다. 말하자면 두 개의 경쟁적 모형들이 존재한다.

다음에는 우선 모형 표기오차를 살펴보고 나서 모형 오표기오차를 검토할 것이다.

13.3 모형 표기오차의 결과

표기오차의 근원이 무엇이든 간에 표기오차로 인해 어떤 결과가 초래되나? 논의를 단순히 하기 위해 이에 대한 답을 3변수 모형을 가지고 처음 두 가지 종류의 표기오차 즉 (1) 모형의 과소적합, 즉 적절한 변수의 생략과 (2) 모형의 과대적합, 즉 불필요한 변수의 추가에 대해 살펴보도록 한다. 물론 여기서의 논의는 k 변수의 경우로 일반화될 수 있지만 수학적으로 복잡한 절차를 요한다.[6] 3변수 이상의 경우로 가면 행렬대수의 사용이 필수적이다.

6. 그러나 연습문제 13.32 참조.

모형의 과소적합 (적절한 변수의 생략)

가령 올바른 모형이 다음과 같다고 하자.

$$Y_i = \beta_1 + \beta_2 X_{2i} + \beta_3 X_{3i} + u_i \quad (13.3.1)$$

그러나 어떤 이유로 다음과 같은 모형을 사용한다고 하자.

$$Y_i = \alpha_1 + \alpha_2 X_{2i} + v_i \quad (13.3.2)$$

X_3가 생략된 결과는 다음과 같다

1. 만일 생략된 변수 X_3가 모형에 포함된 변수 X_2와 상관되어 있다면, 즉 두 변수 간의 상관계수인 r_{23}가 **0이 아니면,** $\hat{\alpha}_1$과 $\hat{\alpha}_2$는 **불일치추정량일 뿐만 아니라 편의추정량**이다. 즉 $E(\hat{\alpha}_1) \neq \beta_1$, $E(\hat{\alpha}_2) \neq \beta_2$이고 표본크기가 증가해도 이 편의는 없어지지 않는다.
2. X_2와 X_3가 상관되지 않는다고 하더라도 $\hat{\alpha}_2$는 불편추정량이 되지만 $\hat{\alpha}_1$은 편의추정량이다.
3. 오차분산 σ^2은 잘못 측정된다.
4. 전형적인 방법으로 측정되는 $\hat{\alpha}_2$의 분산$(=\sigma^2 / \sum x_{2i}^2)$은 진정한 추정량 $\hat{\beta}_2$의 분산의 편의추정량이다.
5. 그 결과, 통상적인 신뢰구간과 가설검정 절차로는 추정된 모수의 통계적 유의성에 대해 잘못 판단하기 쉽다.
6. 또 다른 결과로서 틀린 모형에 기초한 예측치와 예측 (신뢰)구간은 믿을 수 없다.

상기한 각각의 사실에 대한 공식적 증명은 여기서 생략하겠지만[7] 부록 13A의 13A. 1절에서 이 문제의 본질에 대해 설명되고 있는데 구체적으로

$$E(\hat{\alpha}_2) = \beta_2 + \beta_3 b_{32} \quad (13.3.3)$$

여기서 b_{32}는 모형에 포함된 변수 X_2에 대한 생략된 변수 X_3의 회귀에 있어서의 기울기이다$(b_{32} = \sum x_{3i} x_{2i} / \sum x_{2i}^2)$. 식 (13.3.3)에서 알 수 있듯이 β_3 또는 b_{32} 또는 둘 다 0이 아닌 한 $\hat{\alpha}_2$는 편의추정량이다. 우리는 β_3가 0이 되는 것을 배제하는데 그 이유는 그 경우 처음부터 표기오차가 존재하지 않기 때문이다. 만일 X_2와 X_3가 상관되지 않는다면 계수 b_{32}는 0일 것인데, 이 같은 일은 대부분의

7. 수리적 설명에 대해서는 Jan Kmenta, *Elements of Econometrics*, Macmilan, New York, 1971, pp.391–399 참조. 행렬대수에 익숙한 독자들은 J. Johnston, *Econometric Methods*, 4th ed., McGraw-Hill, New York, 1997, pp. 119–121 참조.

경제자료에서 있을 것 같지 않다.

그러나 일반적으로 편의의 정도는 편의항 $\beta_3 b_{32}$에 달려 있다. 예를 들어 β_3가 양이고(즉 X_3가 Y에 대해 양의 효과를 갖고 있고) b_{32}가 양이면(즉 X_2와 X_3가 양의 상관관계이면) $\hat{\alpha}_2$는 평균적으로 진정한 β_2를 과대추정(즉, 양의 편의)한다. 그러나 이와 같은 결과는 그리 놀랄만 한 것은 아닌데, 그 이유는 X_2가 Y에 대한 직접적 효과뿐만 아니라 (X_3를 통한) 간접적 효과도 나타내기 때문이다. 간단히 말해 X_2는 정당하게 X_3에 기인하는 영향을 미치는데 후자는 모형에 포함되는 것이 "허용되지" 않기 때문에 명시적으로 그 영향을 보여줄 수 없다. 구체적 예로 7장에서 논의된 예(예 7.1)를 보자.

예제 13.1

예시적 예: 유아사망에 대한 재고찰

1인당 GNP(PGNP)와 여성 식자율(FLR)에 대해 유아사망(CM)을 회귀하면 식 (7.6.2)에 있는 회귀결과를 얻는데 두 변수들의 편기울기계수들은 각각 −0.0056과 −2.2316이다. 그러나 만일 FLR 변수를 제외하면 식 (7.7.2)의 결과를 얻게 된다. 만일 식 (7.6.2)를 올바른 모형으로 여긴다면 식 (7.7.2)는 적절한 변수 FLR을 생략했다는 점에서 오표기 모형이다. 이제 올바른 모형에서 PGNP 변수의 계수는 −0.0056인 반면 "틀린" 모형 (7.7.2)에서는 −0.0114이다.

절대값으로 볼 때 이제 PGNP는 진정한 모형과 비교할 때 CM에 대해 더 큰 영향을 미치고 있다. 그러나 만일 PGNP에 대해 FLR을 회귀하면 (포함된 변수에 대한 제외된 변수의 회귀) 이 회귀의 기울기계수(식 (13.3.3)에서 b_{32})는 0.00256이다.[8] 이것은 PGNP가 1단위 증가하면 평균적으로 FLR은 0.00256단위 증가한다는 것을 의미한다. 그러나 만일 FLR이 이만큼 증가하면 CM에 대한 그것의 효과는 $(-2.2316)(0.00256)=\hat{\beta}_3\ b_{32} = -0.00543$이다.

따라서 식 (13.3.3)으로부터 $(\hat{\beta}_2+\hat{\beta}_3\ b_{32})=[-0.0056+(-2.2316)(0.00256)] \approx -0.0111$인데 이것은 대략 틀린 모형 (7.7.2)에서 구한 PGNP 계수의 값과 같다.[9] 이 예가 보여주고 있듯이 CM에 대한 PGNP의 진정한 영향은 틀린 모형 (7.7.2)에 의해 제시되는 값인 −0.0114보다 훨씬 작다(−0.0056).

이제 $\hat{\alpha}_2$와 $\hat{\beta}_2$의 분산을 보면

$$\operatorname{var}(\hat{\alpha}_2) = \frac{\sigma^2}{\sum x_{2i}^2} \tag{13.3.4}$$

$$\operatorname{var}(\hat{\beta}_2) = \frac{\sigma^2}{\sum x_{2i}^2\left(1 - r_{23}^2\right)} = \frac{\sigma^2}{\sum x_{2i}^2}\text{VIF} \tag{13.3.5}$$

8. 회귀결과는 다음과 같다.

$$\widehat{\text{FLR}} = 47.5971 + 0.00256\text{PGNP}$$
$$\text{se} = (3.5553) \quad (0.0011) \qquad r^2 = 0.0721$$

9. 진정한 모형에서 $\hat{\beta}_2$과 $\hat{\beta}_3$은 그들의 진정한 값의 불편추정치라는 것을 주목하라.

여기서 (공선성의 척도인) VIF는 10장에서 논의된 분산팽창인자[$=1/(1-r_{23}^2)$]이고 r_{23}은 변수 X_2와 X_3 간의 상관계수이다. 식 (13.3.4)와 (13.3.5)는 3장과 7장에 의해 우리에게 익숙한 식들이다.

식 (13.3.4)와 (13.3.5)는 대개 상이하므로 var($\hat{\alpha}_2$)와 var($\hat{\beta}_2$)는 상이하다. 그러나 var($\hat{\beta}_2$)는 불편추정량이다(그 이유는?). 따라서 var($\hat{\alpha}_2$)는 편의추정량이고, 앞의 4에서 언급했던 내용을 입증하고 있다. $0 < r_{23}^2 < 1$이므로 현재의 경우 var($\hat{\alpha}_2$)이 var($\hat{\beta}_2$)보다 작은 것처럼 보인다. 이제 우리는 딜레마에 직면하게 된다. 즉 $\hat{\alpha}_2$은 편의추정량이지만 그것의 분산은 불편추정량 $\hat{\beta}_2$의 분산보다 작다(물론 우리는 $r_{23}=0$인 경우는 제외하고 있는데 그 이유는 실제로 회귀변수들 간에는 어느 정도 상관관계가 존재하기 때문이다). 그래서 여기에는 상충관계가 내재되어 있다.[10]

그러나 이야기는 아직 전부가 아닌데 왜냐하면 모형 (13.3.2)로부터 추정된 σ^2이 두 모형으로부터의 잔차자승합계(RSS)와 자유도가 다르기 때문에 서로 같지 않다는 것이다. σ^2의 추정치로 $\hat{\sigma}^2=$ RSS/df를 얻었는데 그것은 df($=n$, 추정되는 모수의 수)뿐만 아니라 모형에 포함된 회귀변수의 수에도 의존한다는 것을 기억할 수 있을 것이다. 이제 만일 모형에 변수들을 추가한다면 일반적으로 RSS는 감소하나(모형에 더 많은 변수들이 추가됨에 따라 R^2은 증가한다), 더 많은 모수들이 추정되므로 자유도도 감소한다. 순 성과는 회귀변수 추가에 따른 자유도의 손실을 상쇄할 정도로 충분히 RSS가 감소하느냐에 달려 있다. 만일 한 회귀변수가 피회귀변수에 강력한 영향을 미친다면–예를 들어 모형에 그것을 추가한 결과 자유도의 손실보다 더 크게 RSS를 감소시킬 수 있다–그러한 변수를 포함하는 경우 편의를 줄일 뿐만 아니라 추정량의 정확성(즉 표준오차의 감소)을 증가시킬 것이다.

한편 만일 관련된 변수들이 피회귀변수에 대해 단지 한계적 영향만 가지고 있고 그것들이 대단히 상관되어 있다면(즉 VIF가 크다면) 이미 모형에 포함되어 있는 변수들의 계수에 존재하는 편의를 줄일 수도 있겠지만 그것들의 표준오차는 증가할 것이다(즉 덜 효율적이 되게 한다). 이 상황에서 편의와 정확성 간의 상충관계는 실로 대단할 수 있다. 이 논의에서 볼 수 있듯이 상충관계는 다양한 회귀변수들의 상대적 중요성에 달려 있다.

이 논의를 결론짓기 위해 $r_{23}=0$인, 즉 X_2와 X_3는 상관되지 않는 특수한 경우를 생각해 보자. 이 경우에 $b_{32}=0$이 된다(그 이유는?). 따라서 식 (13.3.3)으로부터 $\hat{\alpha}_2$는 불편추정량이다.[11] 또한 식 (13.3.4)와 (13.3.5)로부터 $\hat{\alpha}_2$와 $\hat{\beta}_2$의 분산은 같게 된다. 그렇다면 X_3가 이론적으로 적절한데도 불구하고 모형에서 이

10. 편의와 효율성 간의 상충관계를 우회하기 위해서 평균자승오차(MSE)를 극소화하는 것을 선택할 수 있는데 왜냐하면 그것은 편의와 효율성 모두를 감안하기 때문이다. MSE에 대해서는 통계학 부록인 부록 A를 참조할 것. 또한 연습문제 13.6 참조.

변수를 생략해도 아무 문제가 없는가? 일반적으로 그렇지가 않다. 왜냐하면 이 경우에 앞에서 언급했듯이 식 (13.3.4)로부터 추정된 var($\hat{\alpha}_2$)는 계속 편의추정량이고 따라서 가설검정 절차도 신뢰할 수 없게 되기 때문이다.[12] 그밖에도 대부분의 경제문제에서 X_2와 X_3는 상관될 가능성이 높아서 앞에서 언급된 문제를 일으키게 된다. 요점은 다음과 같이 명백하다. 일단 모형이 적절한 이론을 토대로 만들어지면 그 모형으로부터 변수를 생략하는 것은 바람직하지 않다.

부적절한 변수의 포함(모형의 과대적합)

올바른 모형이 다음과 같다고 가정하자.

$$Y_i = \beta_1 + \beta_2 X_{2i} + u_i \tag{13.3.6}$$

그러나 다음과 같은 모형을 사용한다고 하자.

$$Y_i = \alpha_1 + \alpha_2 X_{2i} + \alpha_3 X_{3i} + v_i \tag{13.3.7}$$

따라서 모형에 불필요한 변수를 포함시키는 표기오차를 초래하고 있다.

이 표기오차의 결과는 다음과 같다.

1. "틀린"모형의 모수의 OLS추정량은 **불편추정량**이고 **일치추정량**이다. 즉 $E(\hat{\alpha}_1) = \beta_1$, $E(\hat{\alpha}_2) = \beta_2$, $E(\hat{\alpha}_3) = \beta_3 = 0$
2. 오차분산 σ^2은 올바로 추정된다.
3. 통상적인 신뢰구간과 가설검정 절차는 계속 타당하다.
4. 그러나 추정된 α들은 일반적으로 비효율적이다. 즉 그 분산은 올바른 모형에서의 $\hat{\beta}$들의 분산보다 크다. 이에 대한 증명은 부록 13A의 13A.2절 참조. 여기서의 관심의 초점은 $\hat{\alpha}$들의 상대적인 비효율성이다. 이것은 쉽게 증명될 수 있다.

통상적인 OLS 공식으로부터

$$\operatorname{var}(\hat{\beta}_2) = \frac{\sigma^2}{\sum x_{2i}^2} \tag{13.3.8}$$

그리고

11. $\hat{\alpha}_1$은 계속 편의추정량이라는 것은 다음에서 알 수 있다. $\hat{\beta}_1 = \bar{Y} - \hat{\beta}_2 \bar{X}_2 - \hat{\beta}_3 \bar{X}_3$이고 $\hat{\alpha}_1 = \bar{Y} - \hat{\alpha}_2 \bar{X}_2$인데 비록 $\hat{\alpha}_2 = \hat{\beta}_2$이더라도 두 절편 추정량은 상이할 것이다.
12. 자세한 내용은 Adrian C. Darnell, *A Dictionary of Econometrics,* Edward Elgar Publisher, 1994, pp.371–372 참조.

$$\operatorname{var}(\hat{\alpha}_2) = \frac{\sigma^2}{\sum x_{2i}^2 \left(1 - r_{23}^2\right)} \tag{13.3.9}$$

따라서

$$\frac{\operatorname{var}(\hat{\alpha}_2)}{\operatorname{var}(\hat{\beta}_2)} = \frac{1}{1 - r_{23}^2} \tag{13.3.10}$$

$0 \leq r_{23}^2 \leq 1$이므로 $\operatorname{var}(\hat{\alpha}_2) \leq \operatorname{var}(\hat{\beta}_2)$, 즉 평균적으로 $\hat{\alpha}_2 = \beta_2$(즉 $E(\hat{\alpha}_2) = \beta_2$) 이더라도 $\hat{\alpha}_2$의 분산은 일반적으로 $\hat{\beta}_2$의 분산보다 크다.

이 같은 사실로 인해 불필요한 변수 X_3를 포함시키면 $\hat{\alpha}_2$의 분산이 필요이상으로 커져 그만큼 $\hat{\alpha}_2$이 부정확해진다. $\hat{\alpha}_1$에 있어서도 마찬가지이다.

우리가 논의한 두 형태의 표기오차의 비대칭성에 주목하라. 적절한 변수가 생략되면 모형에 남아 있는 변수들의 계수들은 대개 편의를 가질 뿐만 아니라 불일치추정량이 되고 오차분산도 잘못 추정되고 통상적인 가설검정 절차는 근거 없게 된다. 반면에 모형 안에 부적절한 변수를 포함시킨 경우에는 올바른 모형에서의 계수들에 대한 불편, 일치추정치를 얻을 수 있고 오차분산도 올바로 추정되며 전형적인 가설 검정방법은 계속 유효하다. 단지 이 경우에 치루어야 할 댓가는 계수의 추정된 분산이 크게 되어 모수에 대한 확률추론이 덜 정확해진다는 것이다. 따라서, 그리 탐탁하지는 않지만 그래도 여기서의 결론은 부적절한 변수를 포함시키는 것이 적절한 변수를 생략하는 것보다는 낫다는 것이다. 그러나 이 말을 과신해서는 안 되는데 그것은 불필요한 변수의 추가로 자유도의 손실은 물론 추정량의 효율성 상실이 야기되며 다중공선성 문제를 야기시킬 수도 있기 때문이다(그 이유는?). 그러므로

> 일반적으로 최상의 방법은 다른 포함된 변수들에 의해 설명되지 않으면서 종속변수에 **직접적으로** 영향을 주는 설명변수들만 포함시키는 것이다.[13]

13.4 표기오차의 검정

표기오차의 결과를 안다는 것과 그러한 오차를 범하였는지를 알아내는 것은 별개인데, 그 이유는 우리가 의도적으로 그러한 오차를 범하는 것이 아니기 때문이다. 종종 이론 자체가 불분명하다든가, 또는 모형을 검정할 수 있는 적절한 자료가 없다든가 하는 이유로 모형이 부정확하게 되어 표기오차가 발생한다. Davidson은 다음과 같이 언급하였다. "경제학의 비실험적 성격으로 인해 관찰된

13. Michael D. Intriligator, *Econometric Models, Techniques and Applications*, Prentice Hall, Inc., Englewood Cliffs, NJ, 1978, p.189. Occam의 면도날 원리(Occam' s razor principle)를 상기할 것.

자료가 어떻게 생성되었는지 우리는 결코 확신할 수 없다. 경제학에서의 어떤 가설의 검정도 항상 상당히 인색한 모형을 명시하는 데 필요한 추가적 가정들에 의존하는 것으로 판명되는데 그것은 정당화될 수도, 안 될 수도 있다."[14]

실질적인 문제는 왜 표기오차가 발생하는가가 아닌데 그 이유는 그것들이 대개 발생하기 때문이다. 그보다는 그러한 오차를 어떻게 탐지하는가 하는 것이다. 일단 표기오차가 있다는 것을 알게 되면 그로부터 이에 대한 처방이 나오게 된다. 예를 들어, 가령 한 변수가 모형으로부터 불합리하게 생략된 것을 알았다면 이에 대한 분명한 처방은 그 변수에 대한 자료가 존재한다는 가정 아래 그 변수를 분석에 포함시키는 것이다.

이 절에서는 표기오차를 탐지하는 데 사용될 수 있는 몇 가지 검정방법을 살펴보기로 한다.

불필요한 변수존재의 탐지(모형의 과대적합)

다음과 같은 k−변수 모형을 보자.

$$Y_i = \beta_1 + \beta_2 X_{2i} + \cdots + \beta_k X_{ki} + u_i \tag{13.4.1}$$

그런데 변수 X_k가 꼭 포함되어야만 하는지가 확실하지 않다고 하자. 이를 알아보는 단순한 방법은 통상적인 t검정 $(t = \hat{\beta}_k / se(\hat{\beta}_k))$을 통해 추정된 β_k의 유의성을 검정하는 것이다. 그러나 가령 변수 X_3와 X_4가 이론적으로 모형에 포함되어야 하는지가 확실하지 않다고 하자. 이것은 8장에서 논의된 F검정에 의해 쉽게 해결될 것이다. 따라서 불필요한 변수(들)의 존재를 탐지하는 일은 어려운 것이 아니다.

그러나 기억해야 할 것은 이 유의성 검정을 하는 과정에서 조사자는 구체적 모형을 염두에 두고 있다. 조사자는 한 모형을 잠정적일지라도 대립가설 또는 올바른 것으로 상정하고 있는 것이다. 그 모형이 주어졌을 때 하나 또는 그 이상의 회귀변수들이 적절한지 여부를 통상적인 t와 F검정으로 알아볼 수 있다. 그러나 주의할 것은 모형을 반복적으로 설정하기 위해서 t나 F검정을 사용할 수는 없다는 것이다. 즉 단지 $\hat{\beta}_2$이 통계적으로 유의하다는 것만으로 처음에 Y가 X_2와 관련된다고 말하고, 이제 모형을 확장하여 X_3를 포함시켰을 때 $\hat{\beta}_3$이 통계적으로 유의하다고 하여 그 변수를 모형에 포함시켜야 한다고 말할 수는 없는 것이다. 이 모형설정 전략을 상향식 접근법(작은 모형에서 출발하여 점차 확대시켜 나가는 것) 또는 다소 가치를 떨어뜨리는 용어로 자료 캐기(또 다른 이름들은 회귀 찾기, 자료 찾기, 자료 기웃거리기, 수치 처리)라 한다.

자료 캐기의 주요 목적은 몇 가지 진단적 검정 후에 "최량의" 모형을 개발하

14. James Davidson, *Econometric Theory*, Blackwell Publishers, Oxford, U.K., 2000, p.153.

여 최종적으로 선택된 모형이 모든 추정된 계수들이 "올바른" 부호를 갖고, t와 F검정에 기초할 때 모두 통계적으로 유의하며, R^2값이 꽤 높고, Durbin-Watson d 통계량이 수용할만한 값(2 주위)을 갖는 등의 측면에서 "좋은" 모형이 되는 것이다. 이 직종에서의 순수주의자들은 자료 캐기 실시를 멸시한다. William Pool의 말을 빌리면 "...경제이론의 함축성이 아니라 실증적 정칙성을 기초로 삼는 것은 항상 위험하다."[15] 잘 캐기를 "비난하는" 한 가지 이유가 다음과 같다.

자료 탐색을 하는 경우 명목적 유의수준과 진정한 유의수준

부주의한 연구자들이 직면하는 자료탐색의 위험은 1%, 5%, 또는 10% 같은 전형적 유의수준(α)이 진정한 유의수준이 아니라는 점이다. 만약 c개의 회귀변수 후보들 중에서 자료탐색에 기초해서 최종적으로 k개를 선택하였다면 ($k \leq c$) 진정한 유의수준 (α^*)는 명목적 유의수준 (α)에 다음과 같이 관련되어 있다고 Lovell은 제안하고 있다.[16]

$$\alpha^* = 1 - (1 - \alpha)^{c/k} \tag{13.4.2}$$

또는 근사적으로

$$\alpha^* \approx (c/k)\alpha \tag{13.4.3}$$

예를 들어, 만약 $c = 15$, $k = 5$ 그리고 $\alpha = 5\%$라면 식 (13.4.3)으로부터 진정한 유의수준은 (15/5)(5) = 15%이다. 그러므로 만약 연구자가 자료 탐색중인 가운데 15개의 회귀변수 중 5개를 선택하였으며 5%의 명목적 유의수준에서의 결과만을 보고하며 그 결과가 통계적으로 유의하다고 공표한다면, 이 결론을 크게 에누리하여 받아들여야 한다. 왜냐하면 사실상 (진정한) 유의수준이 15%라는 것을 알고 있다. 만일 $c = k$이면, 즉 자료 캐기가 없다면, 진정한 유의수준과 명목적 유의수준은 동일하다는 것을 주목해야 한다. 물론, 실제 대부분의 연구자들은 그들이 상당한 자료탐색 또는 사전적 검정을 거쳐 결과를 얻었음을 말하지 않고 "최종" 회귀결과만 발표한다.[17]

명백한 몇몇 결점에도 불구하고 특히 응용계량경제학자들 사이에 모형설정에 대한 순수주의자(즉 자료 캐기를 안 하는) 접근은 지지할 수 없다는 인식이 확산되고 있다. Zaman은 다음과 같이 언급하였다.

15. William Pool, "Is Inflation Too Low?" *the Cato Journal*, vol.18, no.3, Winter 1999, p.456.

16. M. Lovell, "Data Mining," *Review of Economics and Statistics*, vol. 65, 1983, pp.1–12.

17. 사전적 검정과 그로 인해 초래될 수 있는 편의에 관한 상세한 논의는 T. D. Wallace, "Pretest Estimation in Regression: A Survey," *American Journal of Agricultural Economics*, vol.59, 1977, pp.431–443 참조.

불행히도 실제 자료집합을 가지고 경험한 바에 의하면 그러한 순수주의자 접근은 실행 가능하지도 않고 바람직하지도 않다. 실행 가능하지 않은 이유는 유일한 모형에 도달하게 하는 경제이론은 드물기 때문이다. 바람직하지 않은 이유는 자료로부터 배우는 결정적 측면은 어느 유형의 모형이 자료에 의해 지지되고 지지되지 않는지를 아는 것이다. 드문 행운에 의해 처음의 모형이 잘 적합되는 것으로 보이더라도 종종 자료와 부합되거나 부합되지 않는 모형의 유형을 조사하고 배우는 것은 중요하다.[18]

Kerry Patterson도 유사한 견해를 피력했는데 다음과 같이 주장하였다.

이 (자료 캐기) 접근법은 경제이론과 실증적 구체화가 분리된 구획으로 유지되기보다는 상호작용해야 한다는 것을 시사한다.[19]

모형설정 논쟁에서 자료 캐기 대 순수주의자 접근법에 말려드는 대신 Peter Kennedy가 표현한 다음과 같은 견해에 찬성할 수 있다.

[그 모형표기]는 이론과 자료의 면밀한 조합을 필요로 하고, 표기 탐색에 이용되는 검정 절차는 자료 캐기의 비용을 극소화하도록 고안되어야 한다. 그러한 절차의 예로는 표본외 예측검정을 위해 자료의 챙겨두기, [Lovell에 따른] 신뢰수준의 조정, R^2의 극대화와 같이 의심되는 기준의 회피 등이 있다.[20]

만일 우리가 자료 캐기를 (기존의) 이론 모형에서의 오차 또는 생략을 시사하는 실증적 정칙성을 발견하는 과정으로 광범위한 견해로 바라보면 그것은 매우 유익한 역할을 수행한다. Kenndy의 말을 다시 인용하면 " 응용계량경제학자들의 기술은 자료 캐기에 내재하는 상당한 위험을 피하면서 자료에 의거하여 처리하는 이론을 허용하는 것이다.[21]

생략된 변수와 틀린 함수형태에 대한 검정

실제로 실증분석을 위해 채택된 모형이 올바른 것인지 결코 확신할 수 없다. 우리는 흔히 이론이나 이전의 실증연구에 기초하여 연구 주제의 핵심을 포착하는 것으로 믿는 모형을 설정한다. 그리고 나서 그 모형을 실증분석하게 된다. 결과를 얻은 후에 앞에서 논의된 좋은 모형의 기준을 염두에 두면서 사후검토를 시작한다. 선택된 모형이 적절한지 여부를 알게 되는 것은 이 단계이다. 모형의 적합성을 결정하는데 있어서 $\bar{R}^2$값, 추정된 t값, 추정된 계수의 부호, Durbin–Watson 통계량 등 결과의 광범위한 특성들을 살펴본다. 만일 이와 같은 진단결과가 괜찮

18. Asad Zaman, *Statistical Foundations for Econometric Techniques*, Academic Press, New York, 1996, p.226.
19. Kerry Patterson, *An Introduction to Applied Econometrics*, St. Martin' s Press, New York, 2000, p.10.
20. Peter Kennedy, "Sinning in the Basement: What Are the Rules? The Ten Commandments of Applied Econometrics," 미발표 논문.
21. Kennedy, op. cit., p.13.

게 나오면 선택된 모형이 현실을 잘 반영한다고 주장할 수 있다. 똑같은 이유로 만일 $\bar{R}^2$값이 너무 낮다거나 통계적으로 유의성이 있는 계수들이 별로 없다거나 올바른 부호를 갖는 계수들이 거의 없다거나 Durbin–Watson의 d가 너무 낮게 나온다면 이제 모형의 적합성에 대해 걱정하여 그 처방을 찾게 된다. 중요한 변수를 생략했을 수도 있고, 틀린 함수형태를 채택했을 수도 있으며 (계열상관을 없애기 위해) 시계열자료의 1차 차분을 구하지 않았을 수도 있다. 모형 적합성이 이들 문제 중 하나 또는 그 이상 때문인지를 결정하는 데 도움을 주기 위해 다음과 같은 방법들을 사용할 수 있다.

잔차의 조사

12장에서 언급되었듯이 잔차의 조사는 자기상관이나 이분산을 탐지하는 훌륭한 시각적 방법이 된다. 그러나 이 잔차들은 특히 횡단면자료에서 주요한 변수의 생략이나 잘못된 함수형태와 같은 모형표기오차를 파악하기 위해 조사될 수도 있다. 만일 그러한 오차들이 있으면 잔차의 그림은 독특한 양상을 띠게 된다.

예를 보기 위해 7장에서 제일 처음 고려된 3차식으로 된 생산의 총비용함수를 다시 고려해 보자. 올바른 총비용 함수가 다음과 같다고 가정하자. 여기서 Y = 총비용, X = 생산량이다.

$$Y_i = \beta_1 + \beta_2 X_i + \beta_3 X_i^2 + \beta_4 X_i^3 + u_i \qquad \textbf{(13.4.4)}$$

그러나 한 연구자는 다음과 같이 2차함수를 선택하였다.

$$Y_i = \alpha_1 + \alpha_2 X_i + \alpha_3 X_i^2 + u_{2i} \qquad \textbf{(13.4.5)}$$

또 다른 연구자는 다음과 같은 선형함수를 선택하였다.

$$Y_i = \lambda_1 + \lambda_2 X_i + u_{3i} \qquad \textbf{(13.4.6)}$$

비록 두 연구자 모두 표기오차를 범하였다는 것을 알고 있지만 이 세 모형의 추정된 잔차가 어떤지 조사해 보도록 한다(비용–생산량 자료는 표 7.4에 주어져 있다.) 그림 13.1이 이를 보여준다. 왼쪽에서 오른쪽으로 감에 따라 즉 올바른 모형에 접근할수록 잔차들은(그 절대값이) 작아질 뿐만 아니라 잘못된 모형과 연관된 주기적 기복도 보이지 않는다.

잔차 그림을 조사하는 실익은 이제 명백하다. 만일 표기오차가 존재한다면 잔차가 눈에 띌만한 양상을 보일 것이다.

그림 13.2
선형비용함수
$Y_i = \lambda_1 + \lambda_2 X_i + u_i$
로부터의 잔차 $\hat{u}_i$와
추정된 Y

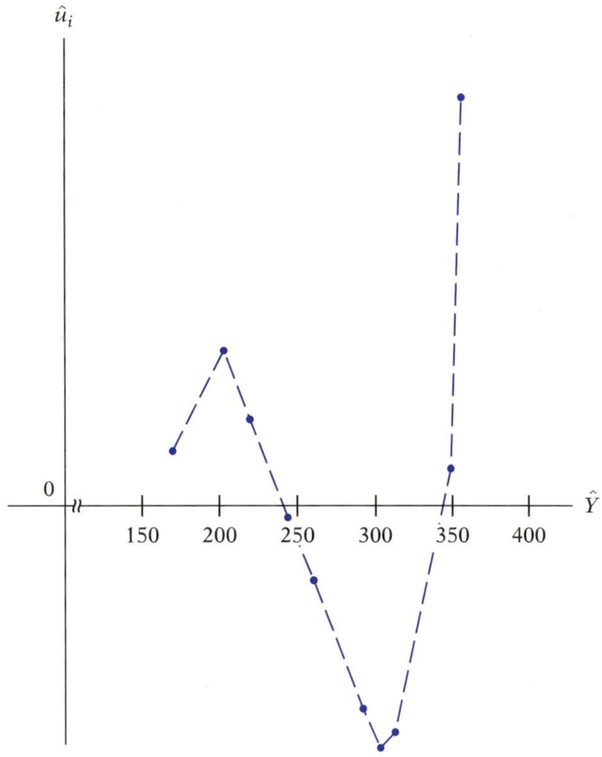

을 제안하였다.[24] 여기서는 가장 단순한 형태의 방법만을 예시해 보기로 한다. 앞의 비용–생산량 예를 가지고 비용함수가 다음과 같이 생산량에 대해 선형이라고 가정하자.

$$Y_i = \lambda_1 + \lambda_2 X_i + u_{3i} \tag{13.4.6}$$

여기서 Y = 총비용, X = 생산량이다. 회귀로부터 구한 잔차 $\hat{u}_i$를 모형으로부터 추정된 Y_i인 $\hat{Y}_i$에 대해 그리면 그림 13.2를 얻게 된다. 비록 $\sum \hat{u}_i$와 $\sum \hat{u}_i \hat{Y}_i$은 0이지만(그 이유에 대해서는 3장 참조). 이 그림에서의 잔차는 그 평균이 $\hat{Y}_i$에 대해 체계적으로 변하는 양상을 보이고 있다. 이것이 뜻하는 바는 식 (13.4.6)에 $\hat{Y}_i$을 회귀변수로 도입하게 되면 R^2이 증가한다는 것이다. 그리고 이 R^2의 증가가 통계적으로 유의하면(8장에서 논의된 F검정에 기초하여) 선형비용함수 (13.4.6)은 잘못 표기되었다는 것을 시사하게 된다. 이것이 바로 RESET의 기본 개념이다. RESET에서의 절차는 다음과 같다.

1. 식 (13.4.6)과 같이 선택된 모형으로부터 추정된 Y_i, 즉 $\hat{Y}_i$을 구한다.
2. $\hat{Y}_i$을 새로운 회귀변수로 추가하여 식 (13.4.6)을 다시 회귀한다. 그림13.2

24. J. B. Ramsey, "Tests for Specification Errors in Classical Linear Least Squares Regression Analysis," *Journal of the Royal Statistical Society*, series B, vol. 31, 1969, pp.350–371.

로부터 $\hat{u}_i$와 $\hat{Y}_i$ 간에 곡선 관계가 있다는 것을 발견하게 되는데 이는 추가적인 회귀변수로 $\hat{Y}_i^2$과 $\hat{Y}_i^3$을 도입할 수 있다는 것을 시사한다. 따라서 다음 식을 회귀한다.

$$Y_i = \beta_1 + \beta_2 X_i + \beta_3 \hat{Y}_i^2 + \beta_4 \hat{Y}_i^3 + u_i \tag{13.4.7}$$

3. 식 (13.4.7)로부터 구한 R^2을 R^2_{new}이라 하고 식 (13.4.6)으로부터 구한 것을 R^2_{old}이라 하자. 그러면 식 (8.4.18)에서 처음으로 도입되었던 F검정을 이용하여 식 (13.4.7)을 이용하는데 따른 R^2의 증가가 통계적으로 유의한지를 알아낼 수 있다.

$$F = \frac{\left(R^2_{\text{new}} - R^2_{\text{old}}\right)/\text{ 새로운 회귀변수의 수}}{\left(1 - R^2_{\text{new}}\right)/(n - \text{새 모형에서의 모수의 수 })} \tag{8.4.18}$$

4. 예를 들어 계산된 F값이 5%수준에서 통계적으로 유의하면 모형 (13.4.6)이 잘못 표기되었다는 가설을 채택할 수 있다.

이전의 예로 돌아가서 보면 다음과 같은 결과가 나온다(괄호 안은 표준오차).

$$\begin{aligned} \hat{Y}_i &= 166.467 \quad + 19.933X_i \\ &\quad (19.021) \qquad (3.066) \qquad R^2 = 0.8409 \end{aligned} \tag{13.4.8}$$

$$\begin{aligned} \hat{Y}_i = 2140.7223 &+ 476.6557X_i - 0.09187\hat{Y}_i^2 + 0.000119\hat{Y}_i^3 \\ (132.0044) &\quad (33.3951) \qquad (0.00620) \qquad (0.0000074) \\ & \qquad\qquad\qquad\qquad R^2 = 0.9983 \end{aligned} \tag{13.4.9}$$

주: 식 (13.4.9)에서의 $\hat{Y}_i^2$과 $\hat{Y}_i^3$은 식 (13.4.8)로부터 구한 것이다.

F 검정을 실시한 결과

$$\begin{aligned} F &= \frac{(0.9983 - 0.8409)/2}{(1 - 0.9983)/(10 - 4)} \\ &= 284.4035 \end{aligned} \tag{13.4.10}$$

독자들은 쉽게 알 수 있듯이 이 F값은 통계적으로 매우 유의하여서 모형 (13.4.8)이 잘못 표기되었다는 것을 시사한다. 물론, Durbin-Watson d 값에 기초하든 잔차 그림의 조사에 기초하든 여기서의 결론과 동일하다. $\hat{Y}_i$는 추정되므로 그것은 확률변수이고, 따라서 만일 표본이 꽤 크면 통상적인 유의성 검정이 적용된다는 것을 덧붙여야 한다.

RESET의 한 가지 이점은 적용하기가 쉽다는 것인데, 그 이유는 본래의 모형과 상이한 모형을 규정할 필요가 없기 때문이다. 그러나 바로 이점이 또한 결함이기도 한데, 그 이유는 어떤 모형이 잘못 표기되었다는 것을 안다고 해서 더 나은 모형을 선택하는데 꼭 도움이 되지는 않기 때문이다.

한 저자가 다음과 같이 언급하였다.

> 실제로 RESET 검정이 제안된 모형에 대한 어떤 구체적 대안을 탐지하는 데 특별히 좋다고 할 수는 없고 그것의 유용성은 무엇인가 잘못 되었다는 일반적 지표로 작동하는 데 있다. 이러한 이유로 RESET과 같은 검정은 종종 표기에 대한 검정과는 반대로 **오표기**에 대한 검정으로 표현된다. 이러한 구별은 좀 미묘하지만 기본 인식에 의하면 표기 검정은 분명한 귀무가설과 대립가설을 염두에 두면서 주어진 식의 특정 측면을 살펴보는 것이다. 한편 오표기 검정은 대안의 범위를 탐지할 수 있고 어떤 대립가설이 적절한지에 대한 분명한 지침을 꼭 주지 않으면서 귀무가설 하에서 무엇인가 잘못 되었다는 것을 지적한다.[25]

변수추가에 대한 라그랑지 승수(LM)검정

이 검정은 Ramsey의 RESET검정에 대한 하나의 대안이다. 이 검정을 설명하기 위해 앞에서의 예를 다시 들자.

선형비용함수 (13.4.6)을 3차식으로 된 비용함수 (13.4.4)와 비교하면, 전자는 후자의 모형에 제약을 가한 형태이다(8장에서 제약된 최소자승에 관한 논의를 돌이켜 볼것). (13.4.6)의 제약된 회귀는 2차식의 산출항과 3차식의 산출항의 계수들이 0이라는 것을 가정하고 있다. 이를 검정하기 위한 LM검정은 다음과 같이 진행된다.

1. OLS에 의해 제약된 회귀 (13.4.6)을 추정하고 잔차 $\hat{u}_i$을 구한다.
2. 만약 제약된 회귀 (13.4.4)가 진정한 회귀라면 (13.4.6)에서 얻은 잔차는 2차식의 산출항과 3차식의 산출항, 즉 X_i^2, X_i^3에 관련되어 있어야 한다.
3. 이는 우리가 1단계에서 구한 $\hat{u}_i$를 모든 설명변수(제약된 회귀에 포함된 설명변수까지 포함하여)에 회귀해야 한다는 것을 제안하고 있다. 현재의 경우는 다음과 같다.

$$\hat{u}_i = \alpha_1 + \alpha_2 X_i + \alpha_3 X_i^2 + \alpha_4 X_i^3 + v_i \tag{13.4.11}$$

   여기에서 v는 통상적인 속성을 지닌 오차항이다.
4. 대표본일 때 Engle은 n(표본크기)과 (보조)회귀 (13.4.11)로부터 추정한 R^2의 곱은 제약된 회귀에 의해 가해진 제약의 개수와 동일한 자유도(이 예제에서 X_i^2과 X_i^3항이 모형에서 생략되었기 때문에 2임)의 카이자승 분포를 따른다.[26] 기호로 표기하면 다음과 같다.

25. Jon Stewart and Len Gill, *Econometrics*, 2d ed., Prentice-Hall Europe, 1998, p.69.

$$nR^2 \underset{\text{asy}}{\sim} \chi^2_{(\text{제약의 개수})} \tag{13.4.12}$$

여기에서 asy는 점근적, 즉 표본이 클 때라는 것을 의미하고 있다.

5. 식 (13.4.12)에서 구한 카이자승 값이 선택된 유의수준에서 카이자승 임계치보다 크다면 제약된 회귀를 기각한다. 그렇지 않으면 가설을 기각하지 않는다.

이 예제에서 회귀결과는 다음과 같다.

$$\hat{Y}_i = 166.467 + 19.333X_i \tag{13.4.13}$$

여기에서 Y는 총비용이고, X는 산출량이다. 이 회귀의 표준오차는 표 13.1에 이미 주어져있다.

식 (13.4.13)으로 부터의 잔차를 단계 3에서 제시한대로 회귀하면 다음의 결과를 얻는다.

$$\begin{aligned} \widehat{u}_i &= -24.7 \quad + 43.5443X_i - 12.9615X_i^2 + 0.9396X_i^3 \\ \text{se} &= \quad (6.375) \quad (4.779) \quad (0.986) \quad (0.059) \\ & \qquad R^2 = 0.9896 \end{aligned} \tag{13.4.14}$$

표본의 크기가 10개로서 전혀 크다고 할 수 없어도, 단지 LM 검정의 예를 단순히 보여주기 위해 계산해 보면 $nR^2 = (10)(0.98996) = 9.896$을 얻는다. 카이 자승 표로부터 자유도가 2일 때 1% 카이자승 임계값은 약 9.21로 나온다. 그러므로 관측치 9.896은 1% 유의수준에서 유의하고 그리고 제약된 회기(즉, 선형 비용함수)를 기각하는 것으로 결론을 내릴 수 있다. Ramsey의 RESET검정을 사용해도 유사한 결론에 도달한 바 있다.

13.5 측정오차

지금까지는 종속변수 Y와 설명변수 X들은 오차없이 측정되는 것으로 가정하여 왔다. 따라서 가구의 소득과 부에 대한 소비지출 회귀에서 이 변수들에 대한 자료는 "정확하여" 추측하거나 외삽되거나 보간되거나 체계적으로 반올림하거나 한 것이 아니라고 가정해 왔다. 그러나 불행히도 이 현상은 무응답 오차, 기록 오차, 계산 오차 등과 같은 다양한 이유로 인해 현실과는 다르다. 그 원천이 무엇이

26. R. F. Engle, "A General Approach to Lagrangian Multiplier Model Diagnostics," *Journal of Econometrics*, vol. 20, 1982, pp.83–104.

든 측정오차는 잠재적으로 문제가 될 수 있는데, 그 이유는 다음과 같은 결과를 야기시키는 표기편의의 한 예가 되기 때문이다.

종속변수 Y의 측정오차

다음의 모형을 보자.

$$Y_i^* = \alpha + \beta X_i + u_i \tag{13.5.1}$$

여기서 Y_i^* = 영구 소비지출[27]

X_i = 현재의 소득

u_i = 확률적 교란항

Y_i^*는 직접적으로 측정될 수 없으므로 다음과 같이 관찰 가능한 지출변수 Y_i를 사용할 수 있다.

$$Y_i = Y_i^* + \varepsilon_i \tag{13.5.2}$$

여기서 ε_i는 Y_i^*의 측정오차이다. 따라서 식 (13.5.1)대신 다음 식이 추정된다.

$$\begin{aligned} Y_i &= (\alpha + \beta X_i + u_i) + \varepsilon_i \\ &= \alpha + \beta X_i + (u_i + \varepsilon_i) \\ &= \alpha + \beta X_i + v_i \end{aligned} \tag{13.5.3}$$

여기서 $v_i = u_i + \varepsilon_i$는 모집단 교란항(방정식 오차항이라 불릴 수도 있다)과 측정오차항이 모두 포함된 복합 오차항이다.

분석을 단순화하기 위해 $E(u_i) = E(\varepsilon_i) = 0$, $\text{cov}(X_i, u_i) = 0$(고전적 선형회귀의 가정), $\text{cov}(X_i, \varepsilon_i) = 0$, 즉 Y_i^*의 측정오차는 X_i와 상관되지 않는다. $\text{cov}(u_i, \varepsilon_i) = 0$, 즉 방정식 오차와 측정오차는 상관되지 않는다고 가정한다. 이와 같은 가정하에서 식 (13.5.1) 또는 (13.5.3)으로부터 추정된 β는 진정한 β의 불편추정량이 된다(연습문제 13.7참조). 즉 종속변수 Y에서의 측정오차는 OLS 추정량의 불편성을 파괴시키지 않는다. 그러나 식 (13.5.1)과 (13.5.3)으로부터 추정된 분산과 표준오차는 상이할 것인데, 그 이유는 통상적인 공식에 따라(3장 참조) 다음과 같이 구해지기 때문이다.

$$\text{모형 (13.5.1):} \qquad \text{var}(\hat{\beta}) = \frac{\sigma_u^2}{\sum x_i^2} \tag{13.5.4}$$

27. 이 용어는 Milton Friedman으로부터 유래되었다. 연습문제 13.8 참조.

$$\text{모형 (13.5.3):}\qquad \operatorname{var}(\hat{\beta}) = \frac{\sigma_v^2}{\sum x_i^2} = \frac{\sigma_u^2 + \sigma_\varepsilon^2}{\sum x_i^2} \tag{13.5.5}$$

분명히 뒤의 분산이 앞의 분산보다 크다.[28] 따라서 비록 종속변수 내에 측정오차가 있어도 모수와 그 분산의 추정치는 불편성을 유지하지만, 추정된 분산은 측정오차가 없는 경우에 비해 커지게 된다.

설명변수 *X*의 측정오차

이제 식 (13.5.1) 대신 다음 모형을 생각해 보자.

$$Y_i = \alpha + \beta X_i^* + u_i \tag{13.5.6}$$

여기서 Y_i = 경상소비지출
X_i^* = 영구소득
u_i = 교란항(방정식 오차)

가령 X_i^*는 관찰되지 않고 다음을 관찰할 수 있다고 하자.

$$X_i = X_i^* + w_i \tag{13.5.7}$$

여기서 w_i는 X_i^*의 측정오차를 나타낸다. 따라서 식 (13.5.6)을 추정하는 대신 다음 식을 추정하게 된다.

$$\begin{aligned} Y_i &= \alpha + \beta(X_i - w_i) + u_i \\ &= \alpha + \beta X_i + (u_i - \beta w_i) \\ &= \alpha + \beta X_i + z_i \end{aligned} \tag{13.5.8}$$

여기서 $z_i = u_i - \beta w_i$, 즉 방정식 오차와 측정오차의 혼합이다.

비록 w_i의 평균이 0이고 계열상관이 존재하지 않고 u_i와 상관되지 않는다고 가정하더라도 더 이상 혼합오차항 z_i가 설명변수 X_i와 독립이라고 가정할 수 없다. 왜냐하면 ($E[z_i]=0$으로 가정)

28. 그러나 이 분산은 계속 불편성을 유지하는데 그 이유는 이미 기술된 조건하에서 복합 오차항 $v_i = u_i + \varepsilon_i$는 계속 최소자승법에 내재하는 가정들을 만족시키기 때문이다.

$$\begin{aligned}\operatorname{cov}(z_i, X_i) &= E[z_i - E(z_i)][X_i - E(X_i)] \\ &= E(u_i - \beta w_i)(w_i) \qquad (13.5.7) \text{ 이용} \\ &= E\left(-\beta w_i^2\right) \\ &= -\beta\sigma_w^2\end{aligned} \tag{13.5.9}$$

이와 같이 식 (13.5.8)의 오차항과 설명변수는 상관되어서 설명변수와 확률적 교란항은 상관되지 않는다는 고전적 선형회귀모형의 결정적인 가정에 위배된다. 만일 이 가정이 위반되면 OLS **추정량은 편의가 존재할 뿐만 아니라 불일치추정량이 된다. 즉 표본크기 n이 무한히 커져도 편의가 계속 존재하게 된다.**[29]

모형 (13.5.8)에 대해 부록 13A의 13A.2절에서 다음이 성립한다.

$$\operatorname{plim}\hat{\beta} = \beta\left[\frac{1}{1 + \sigma_w^2/\sigma_{X^*}^2}\right] \tag{13.5.10}$$

여기서 σ_w^2과 $\sigma_{X^*}^2$은 w_i와 X^*의 분산이고 $\operatorname{plim}\hat{\beta}$은 β의 확률극한을 뜻한다.

괄호 안에 있는 항이 1보다 작을 것으로 예상되므로(그 이유는?) 식 (13.5.10)으로부터 표본크기가 무한히 커지더라도 $\hat{\beta}$은 β에 수렴하지 않는다는 것을 알 수 있다. 실제로 만일 β가 양이라고 가정하면 $\hat{\beta}$은 β를 과소 추정하게 된다. 즉 이것은 0 쪽으로 편의가 존재한다. 물론 만일 X에 측정오차가 없다면 (즉 $\sigma_w^2 = 0$) $\hat{\beta}$은 β의 일치추정량이 될 것이다.

따라서 설명변수에 측정오차가 존재하면 모수의 일치추정량을 구하는 것이 불가능하기 때문에 심각한 문제가 발생한다. 물론 측정오차가 종속변수에만 존재하면 모수들은 불편성이 유지되고 또한 일치추정량이기도 하다. 측정오차가 설명변수에 존재할 때 그 해결방법은 무엇이 있나? 이것은 쉽지가 않다. 한 가지 극단적인 경우로 만일 이 σ_w^2이 $\sigma_{X^*}^2$에 비해 작다면 문제가 심각하지 않은 것으로 가정하여 통상적인 OLS 추정을 진행할 수 있다. 물론 여기서의 문제는 σ_w^2이나 $\sigma_{X^*}^2$을 관찰하거나 측정할 수 없으므로 그것들의 상대적 크기를 판단할 방법이 없다는 것이다.

또 다른 처방은 원래의 X 변수와는 높게 상관되면서 방정식 오차와 측정오차항과는 (즉 u_i와 w_i) 상관되지 않는 도구 또는 대리변수(instrumental or proxy variables)를 사용하는 것이다. 만일 그러한 대리변수를 찾을 수 있다면 β의 일치추정치를 구할 수 있다. 그러나 이것을 실제로 행하는 것은 그리 쉽지가 않다. 실

29. **부록 A**에서 볼 수 있듯이 만일 n이 무한히 증가함에 따라 $\hat{\beta}$의 표본분포가 궁극적으로 진정한 β로 수렴하면 $\hat{\beta}$은 β의 일치추정량이다. 전문용어로는 이를 $\operatorname{plim}_{n\to\infty}\hat{\beta} = \hat{\beta}$로 쓴다. **부록 A**에서 언급하였듯이 일치성은 대표본 속성이어서 이는 유한 또는 소표본 속성(예를 들면 불편성)이 결정될 수 없는 경우 추정량의 행태를 연구하는 데 종종 사용된다.

제로 좋은 대리변수를 찾는 것이 용이하지 않다. 즉 우리는 종종 날씨에 대해 할 수 있는 것이 별로 없으면서 나쁜 날씨를 불평하는 상황에 처하게 된다. 또한 선택된 도구변수가 정말로 오차항 u_i와 w_i와 독립인지 여부도 쉽게 알 수 없다.

문헌에는 또 다른 해결방법이 제시되고 있기도 하다.[30] 그러나 대부분은 특정상황에만 적용될 수 있고 제한적 가정에 기초하고 있다. 따라서 측정오차 문제에는 만족스러운 해결책이 존재하지 않는다. 이 점이 바로 자료를 가능한 한 정확히 측정해야 하는 이유가 되는 것이다.

예제 13.2

예

우리는 앞에서의 요점을 강조하기 위해 만들어진 예로 이 절을 끝내고자 한다.

표 13.2에서는 진정한 소비지출 Y^*, 진정한 소득수준 X^*, 측정된 소비 Y와 측정된 소득, 측정된 소득 X에 대한 가상적 자료가 나와 있다. 또한 이 표는 이 변수들이 어떻게 측정되었는지를 보여주고 있다.[31]

종속변수 Y만의 측정오차 주어진 자료를 토대로 올바른 소비함수는 다음과 같다.

$$\begin{aligned} \hat{Y}_i^* &= 25.00 \quad + \quad 0.6000X_i^* \\ &\quad (10.477) \qquad (0.0584) \\ t &= (2.3861) \quad (10.276) \\ & \qquad\qquad R^2 = 0.9296 \end{aligned} \tag{13.5.11}$$

한편 Y_i^* 대신 Y_i를 사용하면 다음과 같다.

$$\begin{aligned} \hat{Y}_i &= 25.00 \quad + \quad 0.6000X_i^* \\ &\quad (12.218) \qquad (0.0681) \\ t &= (2.0461) \quad (8.8118) \\ & \qquad\qquad R^2 = 0.9066 \end{aligned} \tag{13.5.12}$$

이 결과나 이론에서 보았듯이 추정된 계수는 동일하다. 종속변수의 측정오차의 유일한 영향은 계수들의 추정된 표준오차가 커지는 경향이 있다는 것이다(식 (13.5.5)와 (13.5.12)참조). 또한 식 (13.5.11)과 (13.5.12)에서의 회귀계수들은 동일한데 그 이유는 표본이 측정오차 모형의 가정과 부합되도록 생성되었기 때문이다.

X의 측정오차 우리는 올바른 회귀가 (13.5.11)이라는 것을 알고 있다. 가령 X_i^* 대신 X_i

30. Thomas B. Fomby, R. Carter Hill, and Stanley R. Johnson, *Advanced Econometric Methods*, Springer-Verlag, New York, 1984, pp.273–277을 참조할 것. 아울러 도구변수 뿐만 아니라 가중회귀에 대하여는 Kennedy, op. cit., pp.138–140도 참조할 것. 또한 G. S. Maddala, *Introduction to Econometrics*, 3d ed., John Wiley & Sons, New York, 2001, pp.437–462와 Quirino Paris, "Robust Estimators of Error-in-Variables Models: Part I," Working Paper No.04–007, 200, Department of Agricultural and Resource Economics, University of California at Davis, August 2004 참조.

31. Kenneth J. White의 도움으로 이 예가 만들어졌다. 그의 *Computer Handbook Using SHAZAM*, for use with Damodar Gujarati, *Basic Econometrics*, September 1985, pp.117–121 참조.

예제 13.2

(계속)

표 13.2 Y^*(진정한 소비지출), X^*(진정한 소득수준), Y(측정된 소비지출), X(측정된 소득)에 대한 가상적 자료(단위는 달러).

Y^*	X^*	Y	X	ε	w	u
75.4666	80.00	67.6011	80.0940	−7.8655	0.0940	2.4666
74.9801	100.00	75.4438	91.5721	0.4636	−8.4279	−10.0199
102.8242	120.00	109.6956	112.1406	6.8714	2.1406	5.8242
125.7651	140.00	129.4159	145.5969	3.6509	5.5969	16.7651
106.5035	160.00	104.2388	168.5579	−2.2647	8.5579	−14.4965
131.4318	180.00	125.8319	171.4793	−5.5999	−8.5207	−1.5682
149.3693	200.00	153.9926	203.5366	4.6233	3.5366	4.3693
143.8628	220.00	152.9208	222.8533	9.0579	2.8533	−13.1372
177.5218	240.00	176.3344	232.9879	−1.1874	−7.0120	8.5218
182.2748	260.00	174.5252	261.1813	−7.7496	1.1813	1.2748

주: X*에 대한 자료는 주어진 것으로 가정한다. 다른 변수들을 도출하는데 있어서 다음과 같은 가정이 사용되었다.

(1) $E(u_i) = E(\varepsilon_i) = E(w_i) = 0$;

(2) $\text{cov}(X,\ u) = \text{cov}(X,\ \varepsilon) = \text{cov}(u,\ \varepsilon) = \text{cov}(w,\ u) = \text{cov}(\varepsilon,\ w) = 0$;

(3) $\delta_u^2 = 100,\ \delta_\varepsilon^2 = 36,\ \delta_w^2 = 36$;

(4) $Y_i^* = 25 + 0.6X_i^* + u_i\,;\ Y_i = Y_i^* + \varepsilon_i\,,\ X_i = X_i^* + w_i$

를 사용한다고 하자(주: 현실적으로 X_i^*는 관찰이 거의 불가능하다). 회귀분석 결과는 다음과 같다.

$$
\begin{aligned}
\hat{Y}_i^* &= 25.992 \quad + \ 0.5942X_i \\
&\quad (11.0810) \quad (0.0617) \\
t &= \ (2.3457) \quad (9.6270) \\
&\qquad\qquad R^2 = 0.9205
\end{aligned}
\tag{13.5.13}
$$

이 결과는 설명변수에 측정오차가 존재하면 추정된 계수는 편의가 있다는 이론과 부합된다. 다행스럽게도 이 예에서는 편의가 작은 편이다. 즉 식 (13.5.10)으로부터 편의는 $\sigma_w^2/\sigma_{x^*}^2$에 의존하는데 자료생성과정에서 $\sigma_w^2=36$, $\sigma_{x^*}^2=3667$로 가정하였기 때문에 편의요인이 작아서 약 0.98%(=36/3667)이다.

Y와 X에 모두 측정오차가 있는 경우, 즉 X_i^*에 대한 Y_i^*의 회귀가 아니라 X_i에 대한 Y_i의 회귀인 경우에는 어떻게 되는지 독자가 알아내 볼 것(연습문제 13.23참조).

13.6 확률적 오차항의 틀린 표기

연구자가 직면하는 흔한 문제는 회귀모형에 들어가는 오차항 u_i의 표기이다. 오차항은 직접 관찰할 수 없으므로 그것이 모형에 들어가는 형태를 결정할 쉬운 방법이 없다. 이를 보기 위해 식 (13.2.8)과 (13.2.9)에 주어진 모형으로 돌아가자. 설명을 단순히 하기 위해 모형에 절편이 없다고 가정하였다. 또한 식 (13.2.8)의 u_i는, $\ln u_i$가 통상적인 OLS 가정들을 충족시킨다고 가정한다.

만일 식 (13.2.8)이 "올바른" 모형인데 식 (13.2.9)를 추정한다고 가정하면 그 결과는 어떻게 되나? 부록 13.A의 13A.4절에는 만일 $\ln u_i \sim N(0, \sigma^2)$이면 다음이 성립하는 것이 증명되고 있다.

$$u_i \sim \text{log normal}\left[e^{\sigma^2/2},\ e^{\sigma^2}\left(e^{\sigma^2}-1\right)\right] \tag{13.6.1}$$

그 결과

$$E(\hat{\alpha}) = \beta e^{\sigma^2/2} \tag{13.6.2}$$

여기서 e는 자연대수의 밑수이다.

$\hat{\alpha}$은 그것의 평균값이 진정한 β와 같지 않으므로 편의추정량이다.

모수에 대해 비선형인 회귀모형을 다룰 장에서 확률적 오차항의 표기에 대해 더 논의할 것이다.

13.7 내포모형 대 비내포모형

표기검정을 수행할 때 내포모형과 비내포모형을 구별하는 것이 유용하다. 이들을 구별하기 위해 다음 모형을 보자.

모형 A: $Y_i = \beta_1 + \beta_2 X_{2i} + \beta_3 X_{3i} + \beta_4 X_{4i} + \beta_5 X_{5i} + u_i$

모형 B: $Y_i = \beta_1 + \beta_2 X_{2i} + \beta_3 X_{3i} + u_i$

우리는 모형 B가 모형 A에 내포되었다고 말하는데 그 이유는 모형 B는 모형 A의 특별한 경우이기 때문이다. 즉 우리가 모형 A를 추정하고 가설 $\beta_4 = \beta_5 = 0$을 검정하여 예를 들어 F검정에 기초하여 기각하지 못한다면,[32] 모형 A는 모형 B가 된다. 만일 모형 B에 변수 X_4를 추가하였는데 $\beta_5 = 0$이라면 모형 A는 모형 B가 된다. 여기서 X_5의 계수가 0이라는 가설을 검정하기 위해 t검정을 이용한다.

앞에서 논의된 표기오차 검정과 8장에서 논의된 제약된 F검정들은 본질적으로 내포가설의 검정이다.

이제 다음 모형들을 보자.

모형 C: $Y_i = \alpha_1 + \alpha_2 X_{2i} + \alpha_3 X_{3i} + u_i$

모형 D: $Y_i = \beta_1 + \beta_2 Z_{2i} + \beta_3 Z_{3i} + v_i$

여기서 X들과 Z들은 다른 변수들이다. 우리는 모형 C와 D를 비내포적이라 말하

32. 보다 일반적으로 우도비 검정이나 Wald 검정 또는 Lagrange 승수 검정 등을 이용할 수 있는데 이것들은 8장에서 간략하게 논의되었다.

는데 그 이유는 하나는 다른 하나의 특수한 경우로 도출될 수 없기 때문이다. 다른 학문에서와 마찬가지로 경제학에서는 하나 이상의 경쟁적 이론이 한 현상을 설명할 수 있다. 이리하여 통화주의학파는 GDP의 변동을 설명하는 데 통화의 역할을 강조하는 반면 케인즈학파는 그 변동을 정부지출의 변동으로 설명할 수 있다.

여기서 주목할 것은 우리는 양 모형에 모두 공통적인 회귀변수들을 모형 C와 D가 포함하도록 할 수 있다는 것이다. 예를 들어 X_3이 모형 D에 포함될 수 있고, Z_2가 모형 C에 포함될 수도 있다. 심지어 그 때에도 이것들은 비내포모형인데 왜냐하면 모형 C는 Z_3을 포함하고 있지 않고 모형 D는 X_2를 포함하고 있지 않기 때문이다.

설령 동일한 변수들이 모형에 포함된다 하더라도 함수의 형태가 두 모형을 비내포적으로 만들 수 있다. 예를 들어 다음 모형을 보자.

모형E: $$Y_i = \beta_1 + \beta_2 \ln Z_{2i} + \beta_3 \ln Z_{3i} + w_i$$

하나가 다른 하나의 특수한 경우로 도출될 수 없기 때문에 모형 D와 E는 비내포적이다.

우리는 이미 내포모형의 검정(t와 F검정)을 보았으므로 다음 절에서는 비내포모형의 몇 가지 검정을 논의하겠는데, 우리는 이전에 이것을 모형 오표기오차라 불렀다.

13.8 비내포가설의 검정

Harvey에 의하면,[33] 다음과 같이 비내포가설을 검정하는 두가지 방법이 있다. 즉 (1) 차별 접근법은 둘 이상의 경쟁적 모형들이 주어졌을 때 어떤 적합도 기준에 기초하여 모형을 선택하고, (2) 식별 접근법은 한 모형을 조사할 때 다른 모형들에 의해 제공되는 정보를 감안한다. 곧 이 두 접근법들을 살펴보기로 한다.

차별 접근법

13.7절에 있는 모형 C와 D를 보자. 두 모형 모두 동일한 종속변수를 가지고 있으므로 이미 논의된 R^2 또는 조정된 R^2과 같은 어떤 적합도 기준에 기초하여 두 (또는 그 이상의) 모형 중에 선택을 할 수 있다. 그러나 둘 또는 그 이상의 모형을 비교할 때 피회귀변수는 동일해야만 한다는 것을 명심하라. 이들 기준 외에 사용되는 다른 기준들도 있다. 이 중에는 Akaike의 정보기준(AIC), Schwarz의 정보기준(SIC), Mallows의 C_p기준 등이 있다. 우리는 이 기준들을 13.9절에서 살펴볼

33. Andrew Harvey, *The Econometric Analysis of Time Series*, 2d ed., The MIT Press, Cambridge, Mass., 1990, 5장.

것이다. 대부분의 현대 통계 소프트웨어 패키지들에는 회귀 루틴 안에 하나 또는 그 이상의 이런 기준들을 가지고 있다. 이 장의 마지막 절에서는 확장 예를 이용하여 이 기준들을 예시할 것이다. 하나 또는 그 이상의 이러한 기준에 기초하여 가장 높은 $\bar{R}^2$ 또는 가장 적은 AIC 또는 SIC 값 등등을 갖는 모형이 최종적으로 선정된다.

식별 접근법

비내포 F검정 또는 포괄적 F검정

3.7절에 소개된 모형 C와 D를 보자. 두 모형 중에서 어떻게 선택을 하나? 이 목적을 위해 다음의 내포 또는 혼성 모형을 추정한다.

$$\text{모형 F:} \qquad Y_i = \lambda_1 + \lambda_2 X_{2i} + \lambda_3 X_{3i} + \lambda_4 Z_{2i} + \lambda_5 Z_{3i} + u_i$$

모형 F는 모형 C와 D를 내포 또는 포괄한다는 것에 주목하라. 그러나 C는 D에 내포되지 않고, D는 C에 내포되지 않으므로 그것들은 비내포모형이라는 점을 주목하라.

만일 모형 C가 올바르다면 $\lambda_4 = \lambda_5 = 0$인 반면 만일 $\lambda_2 = \lambda_3 = 0$이면 모형 D가 올바르다. 이 검정은 통상적인 F검정으로 가능하므로 비내포적 F검정이라 부른다.

그러나 이 검정절차에는 문제들이 존재한다. **첫째**, 만일 X들과 Z들이 매우 상관되어 있다면 다중공선성에 관한 장에서 언급하였듯이 비록 F검정에 기초해서 모든 기울기계수들이 동시에 0이라는 가설을 기각할 수 있더라도 λ들 중 하나 이상은 개별적으로 통계적으로 유의하지 않을 가능성이 높다. 이 경우 모형 C나 모형 D가 올바른 모형인지 결정할 방법이 없다. **둘째**, 또 다른 문제가 존재한다. 가령 모형 C를 참조 범주 또는 모형으로 선택하였고 그것의 모든 계수들이 유의한 것으로 나왔다고 하자. 이제 모형에 Z_2나 Z_3 또는 둘 다 추가하였을 때 F검정을 이용하여 그것들의 설명된 자승합(ESS)에 대한 기여의 증가분이 통계적으로 유의하지 않은 것을 알았다. 따라서 모형 C를 선택하기로 결정하였다.

그러나 가령 우리가 모형 D를 참조 모형으로 선택하여 그것들의 모든 계수들이 통계적으로 유의한 것을 알았다고 하자. 그러나 이 모형에 X_2나 X_3 또는 둘 다 추가하였을 때 F검정을 이용하여 그것들의 ESS에 대한 기여의 증가분이 통계적으로 유의하지 않은 것을 알았다. 따라서 모형 D를 올바른 모형으로 선택할 것이다. 이리하여 “참조 가설의 선택이 선택 모형의 결과를 결정할 수 있고,”[34] 특히 만일 경쟁적 회귀변수들에서 심한 다중공선성이 존재하는 경우 더욱 그러하다.

34. Thomas B. Fomby, R. Carter Hill, and Stanley R. Johnson, *Advanced Econometric Methods*, Springer Verlag, New York, 1984, p.416.

예제 13.3

예시: St. Louis 모형

명목 GNP의 변동이 통화공급의 변동(통화주의) 또는 정부지출의 변동(케인즈주의)에 의해 설명될 수 있는지 여부를 결정하기 위해 다음 모형을 보자.

$$\dot{Y}_t = \alpha + \beta_0 \dot{M}_t + \beta_1 \dot{M}_{t-1} + \beta_2 \dot{M}_{t-2} + \beta_3 \dot{M}_{t-3} + \beta_4 \dot{M}_{t-4} + u_{1t}$$
$$= \alpha + \sum_{i=0}^{4} \beta_i \dot{M}_{t-i} + u_{1t} \quad \textbf{(13.8.1)}$$

$$\dot{Y}_t = \gamma + \lambda_0 \dot{E}_t + \lambda_1 \dot{E}_{t-1} + \lambda_2 \dot{E}_{t-2} + \lambda_3 \dot{E}_{t-3} + \lambda_4 \dot{E}_{t-4} + u_{2t}$$
$$= \gamma + \sum_{i=0}^{4} \lambda_i \dot{E}_{t-i} + u_{2t} \quad \textbf{(13.8.2)}$$

여기서 $\dot{Y}_t$ =기간 t에서의 명목 GNP의 성장률

$\dot{M}_t$ =기간 t에서의 통화공급(M_1)의 성장률

$\dot{E}_t$ =기간 t에서의 완전 또는 고고용 정부지출의 성장률

추가적으로 식 (13.8.1)과 (13.8.2)는 **분포시차 모형**의 예인데, 이 주제는 17장에서 세밀하게 논의될 것이다. 당분간은 그저 GNP에 대한 통화공급이나 정부지출 1단위 변동의 효과는 시간에 걸쳐 분포되며 즉각적인 것이 아니라는 점을 주목하라.

선험적으로는 두 경쟁적 모형 가운데 결정하는 것이 어려울 것이므로 아래에서 보는 것처럼 두 모형을 합치도록 한다.

$$\dot{Y}_t = \text{constant} + \sum_{i=0}^{4} \beta_i \dot{M}_{t-i} + \sum_{i=0}^{4} \lambda_i \dot{E}_{t-i} + u_{3t} \quad \textbf{(13.8.3)}$$

이 내포모형은 친통화주의학파 은행인 유명한 St. Louis (연방은행) 모형에서 설정되고 추정된 형태의 하나이다. 1953년 1사분기부터 1976년 4사분기까지 미국의 자료에 대한 이 모형의 결과는 다음과 같다(괄호 안은 t값).[35]

계수	추정치		계수	추정치		
β_0	0.40	(2.96)	λ_0	0.08	(2.26)	
β_1	0.41	(5.26)	λ_1	0.06	(2.52)	
β_2	0.25	(2.14)	λ_2	0.00	(0.02)	
β_3	0.06	(0.71)	λ_3	−0.06	(−2.20)	**(13.8.4)**
β_4	−0.05	(−0.37)	λ_4	−0.07	(−1.83)	
$\sum_{i=0}^{4}\beta_i$	1.06	(5.59)	$\sum_{i=0}^{4}\lambda_i$	0.03	(0.40)	
						$R^2 = 0.40$
						$d = 1.78$

한 모형의 다른 모형에 대한 상대적 우월성에 대해 이 결과는 무엇을 시사하나? 만일 $\dot{Y}$에 대한 $\dot{M}$과 $\dot{E}$ 1단위 변동의 누적효과를 보면 각각 $\sum_{i=0}^{4}\beta_i = 1.06$과 $\sum_{i=0}^{4}\lambda_i = 0.03$이 되는데 전자는 통계적으로 유의하나 후자는 그렇지 않다. 이 비교 결과는 (명목)GNP의 변동을 결정하는 것은 통화공급의 변동이라는 통화주의학파의 주장을 지지하는 경향이 있다. 이 주장을 비판적으로 평가하는 것을 독자의 연습문제로 남겨 둔다.

35. Keith M. Carlson, "Does the St. Louis Equation Now Believe in Fiscal Policy?" *Review,* Federal Reserve Bank of St. Louis, vol.60, no.2, February 1978, p.17, table IV 참조.

Davidson-MacKinnon J 검정[36]

조금 전에 열거된 비내포적 F검정절차의 문제점으로 인해 대안들이 제시되었다. 그 중 하나가 Davidson-MacKinnon J 검정이다. 이 검정을 예시하기 위하여 가령 우리가 가설 또는 모형 C와 가설 또는 모형 D를 비교하고자 한다고 하자. J 검정은 다음과 같이 수행된다.

1. 모형 D를 추정하고 이로부터 추정된 Y값 $\hat{Y}_i^D$를 얻는다.
2. 단계 1에서 예측된 Y값을 모형 C에 추가적 회귀변수로 포함시켜 다음 모형을 추정한다.

$$Y_i = \alpha_1 + \alpha_2 X_{2i} + \alpha_3 X_{3i} + \alpha_4 \hat{Y}_i^D + u_i \tag{13.8.5}$$

   여기서 $\hat{Y}_i^D$값은 단계 1에서 얻은 것이다. 이 모형은 Hendry의 방법론에서와 같이 포괄원리의 한 예이다.
3. t검정을 이용하여 가설 $\alpha_4 = 0$을 검정한다.
4. 가설 $\alpha_4 = 0$이 기각되지 않는다면 우리는 모형 C를 진정한 모형으로 채택할(즉, 기각하지 않을) 수 있는데 왜냐하면 식 (13.8.5)에 포함된 $\hat{Y}_i^D$(이것은 모형 C에 포함되지 않은 변수의 영향을 나타냄)가 모형 C에 의해 기여되는 것 이상의 추가적 설명력을 가지고 있지 않기 때문이다. 환언하면 모형 D가 모형 C의 성능을 능가하여 개선시킬 어떤 추가적 정보도 가지고 있지 않다는 점에서 모형 C는 모형 D를 **포괄하고 있다**. 동일한 맥락에서 만일 귀무가설이 기각된다면 모형 C는 진정한 모형이 될 수 없다(그 이유는?).
5. 이제 가설의 역할 또는 모형 C와 D를 바꾼다. 이제는 먼저 모형 C를 추정하고 이 모형으로부터 추정된 Y값을 식 (13.8.5)에 회귀변수로 이용하여 단계 4를 반복하고 모형 C 대신 모형 D를 채택할 수 있는지를 결정한다. 보다 구체적으로 다음 모형을 추정한다.

$$Y_i = \beta_1 + \beta_2 Z_{2i} + \beta_3 Z_{3i} + \beta_4 \hat{Y}_i^C + u_i \tag{13.8.6}$$

   여기서 $\hat{Y}_i^C$는 모형 C로부터 추정된 Y값이다. 이제 가설 $\beta_4 = 0$을 검정한다. 만일 이 가설이 기각되지 않는다면 우리는 모형 C 대신 모형 D를 선택한다. 만일 가설 $\beta_4 = 0$이 기각된다면 우리는 D 대신 C를 선택하는데 왜냐하면 전자가 C의 성능을 능가하여 개선시키지 못하기 때문이다.

36. R. Davidson and J. G. MacKinnon, "Several Tests for Model Specification in the Presence of Alternative Hypotheses," *Econometrica*, vol.49, 1981, pp.781–793.

비록 직관적으로는 흥미를 끌지만 J 검정은 몇 가지 문제점을 가지고 있다. 식 (13.8.5)와 (13.8.6)에 주어진 검정이 독립적으로 수행되므로 다음과 같은 결과가 가능하다.

	가설: $\alpha_4 = 0$	
가설: $\beta_4 = 0$	기각하지 못함	기각
기각하지 못함	C와 D를 모두 채택	D 채택, C 기각
기각	C 채택, D 기각	C와 D를 모두 기각

이 표가 보여 주듯이 만일 J 검정절차가 두 모형을 모두 채택하거나 기각하게 된다면 명백한 답변에 도달할 수 없다. 두 모형이 모두 기각되는 경우에는 Y의 행태를 설명하는 데 어떤 모형도 도움이 되지 못한다. 이와 유사하게 두 모형이 모두 채택된다면 Kmenta가 언급하였듯이 "자료는 명백히 두 가설[모형]을 차별하는 데 충분할 만큼 풍부하지 못하다."[37]

J 검정의 또 다른 문제점은 모형 (13.8.5)와 (13.8.6)에서 추정된 Y 변수의 유의성을 검정하기 위해 t 통계량을 사용할 때 t 통계량은 근사적으로, 즉 대표본에서, 만 표준정규분포를 한다. 따라서 소표본에서는 J 검정은 (통계적 의미에서) 그다지 강력하지 않을 수 있는데 그 이유는 그것은 그래야 할 때보다 더 흔하게 진정한 가설 또는 모형을 기각하는 경향이 있기 때문이다.

예제 13.4

개인 소비지출과 가처분 개인소득

J 검정을 예시하기 위해 표 13.3에 주어진 자료를 보자. 이 표는 1970~2005년까지 미국의 1인당 개인 소비지출(PPCE)과 1인당 가처분 개인소득(PDPI)에 대한 자료를 보여주는데 모두 2008년도 경상가격으로 측정된다. 다음 경쟁적 모형들을 보자.

모형 A: $$\text{PPCE}_t = \alpha_1 + \alpha_2 \text{PDPI}_t + \alpha_3 \text{PDPI}_{t-1} + u_t \tag{13.8.7}$$

모형 B: $$\text{PPCE}_t = \beta_1 + \beta_2 \text{PDPI}_t + \beta_3 \text{PCPE}_{t-1} + u_t \tag{13.8.8}$$

모형 A는 PPCE가 당해 연도와 바로 전 연도의 PDPI에 의존하고 있는 것으로 **분포시차 모형**(17장 참조)으로 알려진 것의 한 예이다. 모형 B는 PPCE가 전 연도의 PPCE는 물론 당해 연도의 PDPI에 의존하고 있다고 가정하는 것으로 **자기회귀 모형**으로 알려진 형태이다(역시 17장 참조). 이 모형에 PPCE의 시차값을 포함시킨 이유는 관성 또는 습관의 지속성을 반영하기 위한 것이다.

이 모형들을 추정한 결과는 각각 다음과 같다.

모형 A: $$\begin{aligned}\widehat{\text{PPCE}}_t &= -606.6347 + 0.6170\,\text{PDPI}_t + 0.3530\,\text{PDPI}_{t-1} \\ t &= \quad (-3.8334) \qquad (2.5706) \qquad\quad (1.4377) \\ & R^2 = 0.9983 \qquad d = 0.2161\end{aligned} \tag{13.8.9}$$

37. J. Kmenta, op. cit., p.597.

예제 13.4 (계속)

모형 B:
$$\widehat{PPCE}_t = 76.8947 + 0.2074\,PDPI_t + 0.8104\,PPCE_{t-1}$$
$$t = (0.7256) \quad (2.6734) \quad (9.7343) \qquad \textbf{(13.8.10)}$$
$$R^2 = 0.9996 \qquad d = 0.9732$$

표 13.3 미국의 1인당 개인 소비지출(PPCE)과 1인당 개인 가처분 소득(PDPI), 1970-2005

Year	PPCE	PDPI	Year	PPCE	PDPI
1970	3,162	3,587	1988	13,685	15,297
1971	3,379	3,860	1989	14,546	16,257
1972	3,671	4,140	1990	15,349	17,131
1973	4,022	4,616	1991	15,722	17,609
1974	4,364	5,010	1992	16,485	18,494
1975	4,789	5,498	1993	17,204	18,872
1976	5,282	5,972	1994	18,004	19,555
1977	5,804	6,517	1995	18,665	20,287
1978	6,417	7,224	1996	19,490	21,091
1979	7,073	7,967	1997	20,323	21,940
1980	7,716	8,822	1998	21,291	23,161
1981	8,439	9,765	1999	22,491	23,968
1982	8,945	10,426	2000	23,862	25,472
1983	9,775	11,131	2001	24,722	26,235
1984	10,589	12,319	2002	25,501	27,164
1985	11,406	13,037	2003	26,463	28,039
1986	12,048	13,649	2004	27,937	29,536
1987	12,766	14,241	2005	29,468	30,458

출처: *Economic Report of the President*, 2007.

만일 차별 접근법에 기초하여 가장 높은 R^2 기준을 이용하여 두 모형 중 하나를 선택하고자 한다면 아마도 모형 B (13.8.10)을 선택할 것인데 그 이유는 그것이 모형 A (13.8.9)보다 R^2 값이 약간 높기 때문이다. 또한 모형 B (13.8.10)에는 두 변수들이 개별적으로 통계적으로 유의한 반면 모형 A (13.8.9)는 당해 연도의 PDPI만 통계적으로 유의하다(그러나 공선성 문제가 존재할 수 있다). 그러나 예측 목적을 위해서는 두 추정된 R^2 값 간에 큰 차이는 없다.

J 검정을 적용하기 위해서 가령 모형 A가 귀무가설 또는 주장되는 모형이라고 하고 모형 B는 대립가설이라 가정하자. 앞에서 논의된 J 검정 단계를 따라 모형 (13.8.10)으로부터 추정된 PPCE 값을 모형 A의 추가 회귀변수로 사용한다. 다음은 이 회귀결과이다.

$$\widehat{PPCE}_t = -35.17 + 0.2762\,PDPI_t - 0.5141\,PDPI_{t-1} + 1.2351\,\widehat{PPCE}_t^B$$
$$t = (-0.43) \quad (2.60) \quad (-4.05) \quad (12.06)$$
$$R^2 = 1.00 \quad d = 1.5205 \qquad \textbf{(13.8.11)}$$

여기서 식 (13.8.11) 우변에 있는 $\widehat{PPCE}_t^B$는 원래 모형 B (13.8.10)으로부터 추정된 PPCE값을 나타낸다. 이 변수의 계수가 12.06이라는 매우 높은 t 통계량을 가져 통계적으로 유의하므로 J 검정 절차를 따라 모형 A는 기각되고 모형 B가 채택된다.

이제 모형 B가 주장되는 가설이고 모형 A는 대립가설이라고 가정한다. 정확히 동일한 절차를 따라서 다음의 결과를 얻는다.

예제 13.4 (계속)

$$\widehat{\text{PPCE}}_t = -823.7 + 1.4309\,\text{PDPI}_t + 1.0009\,\text{PPCE}_{t-1} - 1.4563\,\widehat{\text{PPCE}}_t^A$$
$$t = \quad (-3.45) \quad (4.64) \quad (12.06) \quad (-4.05)$$
$$R^2 = 1.00 \qquad d = 1.5205 \tag{13.8.12}$$

여기서 식 (13.8.12)의 우변에 있는 $\widehat{PPCE}_t^A$는 원래의 모형 A (13.8.9)로부터 추정된 PPCE값이다. 이 회귀에서 $\widehat{PPCE}_t^A$의 계수 역시 t 통계량이 −4.05로 통계적으로 유의하다. 이 결과는 모형 A를 채택하고 모형 B를 기각해야 한다는 것을 의미한다.

이 모든 내용들이 시사하는 것은 1970~2005년간 미국의 1인당 개인 소비지출의 행태를 설명하는데 있어서 어떤 모형도 특별히 유용하지 않다는 점이다. 물론 우리는 단지 두 경쟁적 모형만을 살펴보았다. 현실에서는 모형이 둘 이상 존재할 수 있다. 비록 분석은 빠르게 복잡해질 수 있지만 *J* 검정 절차는 복수 모형의 비교로 확장될 수 있다.

이 예는 CLRM이 분석에 이용되는 회귀모형이 올바르게 표기되어야 한다고 가정하는 이유를 매우 분명하게 보여주고 있다. 명백히 모형을 개발하는데 있어서 모형화되는 현상에 매우 조심스럽게 주의를 기울이는 것이 중요하다.

기타 모형선정에 대한 검정

방금 논의된 *J* 검정은 모형선정에 대한 일련의 검정방법 가운데 하나일 따름이다. Cox 검정, JA 검정, P 검정, Mizon–Richard 포괄적 검정, 그리고 이 검정법들의 변형들이 존재한다. 명백히 우리는 이들 특화된 검정방법들을 논의하기를 바랄 수 없고, 이에 대해서는 독자가 여러 각주에 인용된 참고문헌들을 볼 수 있다.[38]

13.9 모형선정 기준

이 절에서는 경쟁적 모형들 중에서 선택하기 위해 이용되어 왔거나 예측 목적으로 모형을 비교하기 위해 이용되어 왔던 몇 가지 기준들에 대해 논의한다. 여기서 우리는 표본 내 예측과 표본 외 예측을 구별한다. 표본 내 예측은 본래 주어진 표본 안에서 선택된 모형이 자료에 얼마나 적합한가를 알려준다. 표본 외 예측은 회귀변수들의 값이 주어졌을 때 어떻게 적합된 모형이 피회귀변수의 미래값을 예측하는지를 결정하는 것과 관계된다.

이 목적을 위해 몇 가지 기준들이 사용된다. 특히 다음의 기준들을 논의하기로 한다. 즉 (1) R^2, (2) 조정된 $R^2(=\bar{R}^2)$, (3) Akaike의 정보기준(AIC), (4) Schwarz의 정보기준(SIC), (5) Mallows의 C_p기준, (6) 예측 χ^2(카이자승) 등이다. 이 모든 기준들은 잔차자승합계(RSS)의 극소화(또는 R^2값의 증가)를 목표로

38. 또한 Badi H. Baltagi, *Econometrics*, Springer, New York, 1998, pp.209–222 참조.

하고 있다. 그러나 첫 번째 기준을 제외한 기준 (2), (3), (4), (5)는 점점 더 많은 수의 회귀변수들이 포함되는데 대해 불리한 조건을 부과한다. 이리하여 모형의 적합도와 (회귀변수의 수로 판단된) 모형의 복잡성 간에는 상충관계가 존재한다.

R^2 기준

회귀모형의 적합도 척도 가운데 하나가 R^2인데, 이것은 우리가 알고 있듯이 다음과 같이 정의된다.

$$R^2 = \frac{\text{ESS}}{\text{TSS}} = 1 - \frac{\text{RSS}}{\text{TSS}} \tag{13.9.1}$$

이렇게 정의된 R^2은 당연히 0과 1 사이의 값을 갖는다. 이것이 1에 가까울수록 더 잘 적합되는 것이다. 그러나 R^2에는 문제점들이 존재한다. 첫째, 추정된 Y값이 주어진 표본 내의 실제값과 얼마나 가까운지를 본다는 점에서 이것은 표본 내 적합도를 측정한다. 표본 외 관찰치들을 잘 예측하리라는 보장이 없다. 둘째, 둘 이상의 R^2들을 비교할 때 종속변수 또는 피회귀변수는 동일해야 한다. 셋째, 보다 중요한 점으로 변수가 모형에 추가될 때 R^2값은 하락할 수 없다. 따라서 단지 모형에 변수들을 더 추가함으로써 "R^2을 극대화하는" 계략을 꾸밀 모든 유혹이 존재한다. 물론 모형에 변수들을 추가하면 R^2은 증가할 수 있지만 예측오차의 분산도 증가할 수 있다.

조정된 R^2

R^2값을 증가시키기 위해 회귀변수들을 추가하는 데 대한 벌칙으로서 Henry Theil은 $\bar{R}^2$로 표기되는 조정된 R^2을 개발하였는데 우리는 이에 대해 7장에서 공부하였다.

$$\bar{R}^2 = 1 - \frac{\text{RSS}/(n-k)}{\text{TSS}/(n-1)} = 1 - (1 - R^2)\frac{n-1}{n-k} \tag{13.9.2}$$

이 공식에서 볼 수 있듯이 $\bar{R}^2 \leq R^2$인데 이는 조정된 R^2이 회귀변수를 추가하는 데 대해 불리하게 되는 것을 보여주고 있다. 8장에서 언급하였듯이 R^2과는 달리 조정된 R^2은 추가된 변수의 t값이 1보다 클 때에만 증가한다. 따라서 비교를 위해서는 $\bar{R}^2$이 R^2보다 더 나은 척도이다. 그러나 또한 비교가 타당하기 위해서는 피회귀변수가 동일해야만 한다는 것을 명심해야 한다.

Akaike의 정보기준(AIC)

모형에 회귀변수들을 추가하는데 대한 벌칙을 부과한다는 생각은 AIC 기준에서 더 진행되었는데 이것은 다음과 같이 정의된다.

$$\text{AIC} = e^{2k/n}\frac{\sum \hat{u}_i^2}{n} = e^{2k/n}\frac{\text{RSS}}{\text{n}} \quad \textbf{(13.9.3)}$$

여기서 k는 (절편을 포함한) 회귀변수의 수이고, n은 관찰치의 수이다. 수학적 편의를 위해 식 (13.9.3)은 다음과 같이 쓸 수 있다.

$$\ln \text{AIC} = \left(\frac{2k}{n}\right) + \ln\left(\frac{\text{RSS}}{n}\right) \quad \textbf{(13.9.4)}$$

여기서 ln AIC = AIC의 자연로그이고, $2k/n$ = 벌칙 요소이다. 몇몇 교재와 소프트웨어 패키지는 AIC를 로그변환된 형태로만 정의하고 있으므로 AIC 앞에 로그를 붙일 필요가 없다. 이 공식에서 볼 수 있듯이 AIC는 변수 추가에 대해 $\bar{R}^2$보다 더 가혹한 벌칙을 부과한다. 둘 이상의 모형을 비교할 때 가장 낮은 AIC값을 갖는 모형이 선호된다. AIC가 가진 한 가지 이점은 회귀모형의 표본 내 예측성능뿐만 아니라 표본 외 예측성능에 대해서도 유용하다. 또한 그것은 내포모형이나 비내포모형 모두에 대해 유용하다. 이것은 또한 AR(p) 모형에서 시차 길이를 정하기 위해서도 사용되어 왔다.

Schwarz의 정보기준(SIC)

취지상 AIC와 유사한 것으로 SIC 기준은 다음과 같이 정의된다.

$$\text{SIC} = n^{k/n}\frac{\sum \hat{u}^2}{n} = n^{k/n}\frac{\text{RSS}}{n} \quad \textbf{(13.9.5)}$$

또는 로그 형태로

$$\ln \text{SIC} = \frac{k}{n}\ln n + \ln\left(\frac{\text{RSS}}{\text{n}}\right) \quad \textbf{(13.9.6)}$$

여기서 $[(k/n)\ \ln n]$은 벌칙 요소이다. 식 (13.9.6)과 (13.9.4)를 비교해 보면 명확한 것처럼 SI는 AIC보다 더 가혹한 벌칙을 부과한다. AIC와 마찬가지로 SIC의 값이 작으면 작을수록 더 나은 모형이다. 또한 AIC와 같이 SIC는 모형의 표본 내 또는 포본 외 예측성능을 비교하는 데 사용될 수 있다.

Mallows의 C_p 기준

가령 절편을 포함하여 k개의 회귀변수들을 갖는 모형이 있다고 하자. 보통 때와 같이 $\hat{\sigma}^2$은 진정한 σ^2의 추정량이라 하자. 그러나 우리는 단지 $p\,(p \le k)$개의 회귀변수만 선택하여 이 p개의 회귀변수를 이용한 회귀로부터 RSS를 얻는다 하자. RSS_p는 p개의 회귀변수를 이용하여 구한 잔차자승합계라 하자. 이제 C. P. Mallows는 모형선정을 위한 다음과 같은 기준을 개발하였는데 이를 C_p기준이라 한다.

$$C_p = \frac{\text{RSS}_p}{\hat{\sigma}^2} - (n - 2p) \tag{13.9.7}$$

여기서 n은 관찰치의 수이다.

우리는 $E(\hat{\sigma}^2)$이 진정한 σ^2의 불편추정량이라는 것을 안다. 이제 만일 p개의 회귀변수들을 가진 모형이 적합이 부족하지 않다는 점에서 적절하다면 $E(RSS_p) = (n-p)\sigma^2$을 증명할 수 있다.[39] 그 결과 근사적으로 다음이 성립한다.

$$E(C_p) \approx \frac{(n-p)\sigma^2}{\sigma^2} - (n - 2p) \approx p \tag{13.9.8}$$

C_p기준에 따라 모형을 선정할 때 C_p값이 낮아 대략 p와 같은 모형을 찾을 것이다. 환언하면 최절약원리에 따라 자료에 꽤 잘 적합하는 $p\,(p < k)$개의 회귀변수

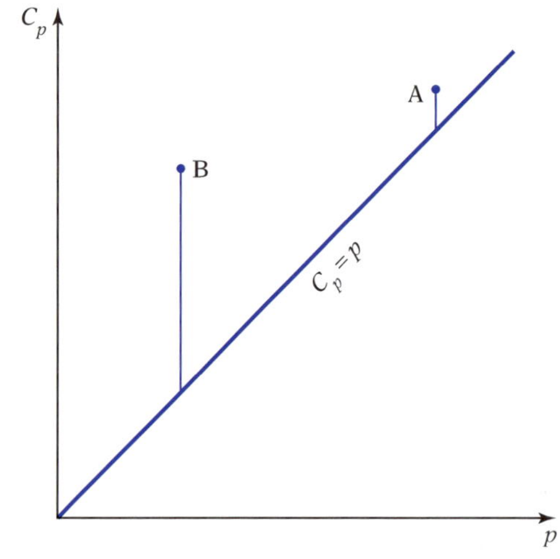

그림 13.3
Mallows의 C_p 플롯

들을 갖는 모형을 선택할 것이다.

실제로 보통 식 (13.9.7)에서 계산된 C_p를 p에 대해 산포도를 그린다. 그림 13.3에서 볼 수 있듯이 "적절한" 모형은 $C_p = p$선에 가까운 점으로 나타날 것이다. 이 그림이 보여주듯이 모형 A는 모형 B에 비해 $C_p = p$선에 더 가까우므로 더 선호될 수 있다.

모형선정 기준에 대한 주의 한마디

지금까지 몇 가지 모형선정 기준들이 논의되었다. 그러나 이 기준들은 이 장에서 논의된 다양한 표기검정 방법에 부수적인 것으로 간주되어야 한다. 위에서 논의된 몇 가지 기준들은 순전히 묘사적이어서 강한 이론적 속성들을 가지고 있지 못할 수 있다. 심지어 이들 중 몇몇은 자료 캐기라는 비난을 받을 수도 있다. 그럼에도 불구하고 이것들은 연구자들에 의해 너무 자주 이용되므로 독자는 이 점을 깨달아야 한다. 이 기준들 가운데 어떤 것도 다른 것보다 반드시 우월하지는 않다.[40] 오늘날 대부분의 현대 소프트웨어 패키지들은 R^2, 조정된 R^2, AIC와 SIC를 포함하고 있다. Mallows의 C_p는 그것의 정의로부터 쉽게 계산될 수 있지만 통상적으로 주어지지는 않는다.

예측 카이자승(χ^2)

가령 n개의 관찰치에 기초한 회귀모형이 있고, 추가적인 t개의 관찰치들에 대한 피회귀변수의 (평균)값을 예측하기 위해 그것을 사용하려고 한다고 하자. 어디에선가 언급하였듯이 추정된 모형이 모형에 포함되지 않은 관찰치, 사후표본기간들을 어떻게 예측하는지를 보기 위해 표본자료의 일부를 남겨두는 것은 좋은 생각이다.

이제 예측 χ^2 검정은 다음과 같이 정의된다.

$$\text{예측}\ \ \chi^2 = \frac{\sum_{n+1}^{n+t} \hat{u}_i^2}{\hat{\sigma}^2} \tag{13.9.9}$$

여기서 $\hat{u}_i$은 사후표본기간의 회귀변수들의 값과 적합된 회귀로부터 얻은 모수들을 이용한 기간 $i(= n+1, n+2, ..., n+t)$에 대한 예측오차이다. $\hat{\sigma}^2$은 적합된 회귀에 기초한 σ^2의 통상적인 OLS 추정량이다.

만일 우리가 표본기간과 사후표본기간 간 모수값이 변하지 않았다고 가설을

39. Norman D. Draper and Harry Smith, *Applied Regression Analysis*, 3d ed., John Wiley & Sons, New York, 1998, p.332. C_p에 대한 가공한 예를 보기 위해서는 이 책 참조.

40. 이 주제에 대한 유용한 논의에 대해서는 Francis X. Diebold, *Elements of Forecasting*, 2d ed., South Western Publishing, 2001, pp.83–89 참조. 결국은 Diebold는 SIC 기준을 권한다.

세운다면 식 (13.9.9)에 주어진 통계량은 자유도가 t(여기서 t는 예측이 이루어지는 기간의 수임)인 카이자승 분포를 따르는 것을 증명할 수 있다. Charemza와 Deadman이 언급하였듯이 예측 χ^2 검정은 약한 통계적 검정력을 가지고 있는데 이는 검정이 잘못된 귀무가설을 올바르게 기각할 확률이 낮다는 의미이고 따라서 이 검정은 결정적인 검정이라기보다는 하나의 신호로 이용되어야 한다.[41]

13.10 계량경제 모형설정에 대한 추가 논제들

이 장의 서론에서 언급하였듯이 계량경제 모형설정과 진단적 검정에 대한 논제는 매우 광범위하고 계속 발전하므로 이 논제에 대해 특화된 저서들이 나오고 있다. 전 절에서는 이 분야의 몇몇 주요 주제에 대해 언급하였다. 이 절에서는 실제로 연구자들이 쓸모 있다고 여길 몇몇 추가적 측면들을 살펴볼 것이다. 특히 다음 논제들을 다룰 것이다. 즉 (1) 이상점, 레버리지, 그리고 영향, (2) 축차 최소자승, (3) Chow의 예측실패 검정 등이다. 당연히 이 논제 각각에 대한 논의는 간략할 것이다.

이상점, 레버리지, 그리고 영향[42]

잔차자승합계(RSS)를 극소화하는데 있어서 OLS는 표본의 각 관찰치에 대해 동일한 가중치를 준다는 것을 상기하라. 그러나 모든 관찰치는 회귀결과에 동일한 영향을 주지 않을 수 있는데 그 이유는 이상점, 레버리지, 그리고 영향점이라 불리는 세 가지 유형의 특수한 자료점들 때문이다. 그것들이 무엇인지를 알고 그것들이 어떻게 회귀분석에 영향을 미치는지를 아는 것은 중요하다.

회귀 측면에서 이상점은 "큰 잔차"를 가진 관찰치로 정의될 수 있다. $\hat{u}_i = (Y_i - \hat{Y}_i)$, 즉 잔차는 피회귀변수의 실제값과 회귀모형으로부터 추정된 그것의 값 간의 (양 또는 음의) 차이를 나타낸다는 것을 상기하라.
우리가 잔차가 크다고 말할 때는 다른 잔차들과 비교해서이고, 그러한 큰 잔차는 종종 즉각적으로 우리의 관심을 끄는데 왜냐하면 추정된 회귀선으로부터 좀 큰 수직거리를 가지고 있기 때문이다. 자료 집합에서는 하나 이상의 이상점이 존재할 수 있다는 점에 주목하라. 우리는 이미 이런 예를 연습문제 11.22에서 마주했는데 거기에서는 20개 국가 표본을 가지고 소비자 가격의 백분비 변동(X)에

41. Wojciech W. Charemza and Derek F. Deadman, *New Directions in Econometric Practice: A General to Specific Modelling, Cointegration and Vector Autoregression*, 2d ed., Edward Elgar Publisgers, 1997, p.30. 또한 다양한 모형선정기준에 대한 그들의 견해에 대해서는 pp.250–252도 참조.

42. 다음의 논의는 Chandan Mukherjee, Howard White, and Marc Wyuts, *Econometrics and Data Analysis for Developing Countries*, Routledge, New York, 1998, pp.137–148에 의해 영향 받았다.

그림 13.4 각각의 그림에서 실선은 전체 자료에 대한 OLS 선이고 점선은 ▣으로 표시된 이상점을 생략한 OLS 선이다. (a)에서는 이상점이 *X*의 평균값 가까이 있어서 회귀계수에 대해 낮은 레버리지를 갖고 거의 영향을 미치지 않는다. (b)에서는 이상점이 *X*의 평균값과 멀리 떨어져 있어서 회귀계수에 상당한 영향을 미칠 뿐만 아니라 높은 레버리지를 갖는다. (c)에서 이상점은 높은 레버리지를 갖지만 낮은 영향을 갖는데 왜냐하면 그것은 나머지 관찰치들과 조화되기 때문이다.

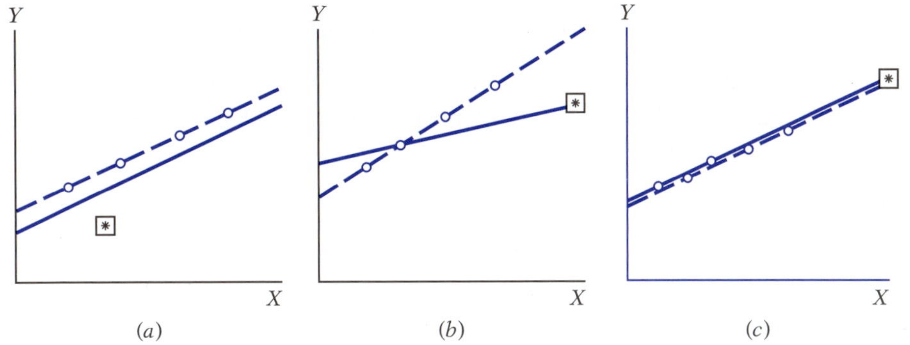

출처: John Fox, op. cit., p.268로부터 개작됨.

대해 주식가격의 백분비 변동(Y)을 회귀하도록 요구되었다. 칠레에 해당하는 한 관찰치가 이상점이었다.

하나의 자료점이 회귀변수(들)의 다량의 값들로부터 불균형적으로 멀리 있다면 그것은 (높은) 레버리지를 행사한다고 말한다. 왜 레버리지 점이 중요한가? 그것은 회귀선을 자기 쪽으로 끌어당겨 회귀선의 기울기를 왜곡할 수 있기 때문에 중요하다. 만일 이 같은 일이 실제로 발생하면 우리는 그러한 레버리지 (자료)점을 영향점이라 한다. 표본으로부터 그러한 자료점을 제거하면 회귀선에 상당히 영향을 줄 수 있다. 연습문제 11.22로 돌아가서 칠레에 대한 관찰치를 포함하여 X에 대해 Y를 회귀하면 기울기계수는 양(+)이고 "매우 통계적으로 유의"한 것을 볼 것이다. 그러나 만일 칠레에 대한 관찰치를 제외하면 기울기계수는 실제로 0이다. 따라서 칠레에 대한 관찰치는 레버리지를 가지고 있고 또한 영향력있는 관찰치이다.

이상점, 레버리지, 그리고 영향점의 본질을 더 명확히 하기 위해 그림 13.4의 도형을 살펴보면 설명이 필요 없다.[43]

그러한 자료점들을 어떻게 다룰 것인가? 그것들을 그냥 버리고 나머지 자료점들에만 우리의 관심을 국한시킬 것인가? Draper와 Smith를 인용하면 다음과 같다.

> 이상점들을 자동적으로 버리는 것은 항상 현명한 절차는 아니다. 종종 이상점은, 그것이 지극히 흥미 있고 버리기보다는 더 조사가 필요한 유별난 환경의 조합으로부터 발생한다는 사실로 인해 다른 자료점들에게는 불가능한 유용한 정보를 제공해 준다.

43. John Fox, *Applied Regression Analysis, Linear Models, and Related Methods*, Sage Publications, California, 1997, p.268로부터 개작됨.

> 보편적 규칙으로서 이상점들은 그것들이 관찰치를 기록하거나 (물리적 실험에서) 기구 설치에 있어서의 잘못에 기인하는 것으로 판명될 수 있을 때에만 즉시 버려져야 한다. 그렇지 않으면 조심스런 조사가 바람직하다.[44]

이상점과 레버리지점들을 탐지하기 위해 이용할 수 있는 검정방법은 무엇이 있나? 문헌에서 논의되는 몇 가지 검정방법들이 있는데 여기서는 너무 벗어나므로 그것들에 대해 논의하지 않기로 한다.[45] SHAZAM과 MICROFIT와 같은 소프트웨어 패키지들은 이상점, 레버리지, 그리고 영향점들을 탐지하는 루틴을 가지고 있다.

축차 최소자승

8장에서 시계열 자료를 포함한 회귀모형의 구조적 안정성 문제를 검토하였고 Chow 검정이 이 목적을 위해 어떻게 이용될 수 있는지를 보았다. 구체적으로 8장에서 1970~2005년간 미국의 단순한 저축함수(소득의 함수로서의 저축)에 대해 논의한 것을 기억할 것이다. 거기서 저축 소득 관계가 대략 1982년 주변에서 변한 것을 보았다. 구조적 단절점을 알면 Chow 검정으로 그것을 확인할 수 있었다.

그러나 만일 우리가 구조적 단절점(들)을 모른다면 어떻게 되나? 이때가 우리가 축차 최소자승(recursive least squares: RELS)을 쓸 수 있는 때이다. RELS에 내재하는 기본 인식은 매우 단순하여 저축–소득 회귀로 설명될 수 있다.

$$Y_t = \beta_1 + \beta_2 X_t + u_t$$

여기서 $Y=$ 저축, $X=$ 소득이고, 표본은 1970~2005년에 대한 자료이다.(표 8.11의 자료 참조)

가령 1970~1974년의 자료를 먼저 이용하여 저축함수를 추정하고 β_1, β_2의 추정치를 구했다고 하자. 그리고 나서 1970~1976년의 자료를 이용하여 저축모형을 재추정한다. 이런 식으로 전체 표본을 다 이용할 때까지 Y와 X에 대한 추가적 자료점들을 더해 계속한다. 만일 각 반복에 대해 이 모수들의 추정된 값들을 점으로 표시하면 추정된 모수값들이 어떻게 변하는지를 볼 수 있을 것이다. 지금 사용되고 있는 모형이 구조적으로 안정되어 있다면 두 모수들의 추정값의 변동은 작고 본질적으로 확률적일 것이다. 그러나 만일 모수의 추정값들이 의미심장하게 변한다면 그것은 구조적 단절을 나타낼 것이다. 이리하여 RELS는 시

44. Norman R. Draper and Harry Smith, op. cit., p.76.

45. 여기 몇 가지 이해하기 쉬운 자료들이 있다. Alvin C. Rencher, *Linear Models in Statistics*, John Wiley & Sons, New York, 2000, pp.219–224; A. C. Atkinson, *Plots, Transformations and Regression: An Introduction to Graphical Methods of Diagnostic Regression Analysis*, Oxford University Press, New York, 1985, 3장; Ashis Sen and Muni Srivastava, *Regression Analysis: Theory, Methods, and Applications*, Springer–Verlag, New York, 1990, 8장; John Fox, op. cit., 11장.

계열 자료에 대해 유용한 루틴인데 왜냐하면 시간은 연대순으로 정렬되기 때문이다. 그것은 기업의 고용이나 자산규모와 같이 어떤 "규모" 또는 "등급"에 의해 정렬된 횡단면 자료에서도 역시 유용한 진단도구이다. 연습문제 13.30에서는 표 8.11에 주어진 저축 자료에 대해 RELS를 적용하도록 요구된다.

SHAZAM, EViews, MICROFIT와 같은 소프트웨어 패키지들은 오늘날 기계적으로 축차 최소자승 추정을 수행한다. 또한 RELS는 몇몇 진단적 검정의 기초가 되는 축차 잔차를 생성시킨다.[46]

Chow의 예측실패 검정

이미 8장에서 구조적 안정성에 대한 Chow 검정에 대해 논의되었다. Chow는 그 검정이 회귀모형의 예측력을 검정하기 위해 수정될 수 있다는 것을 증명하였다. 1970~1995년간 미국의 저축–소득 회귀로 돌아가자.

가령 우리가 1970~1981년에 대해 저축–소득 회귀식을 추정하여 추정된 절편과 기울기계수인 $\hat{\beta}_{1,70-81}$과 $\hat{\beta}_{2,70-81}$을 얻었다고 하자. 이제 1970~1981년에 대한 절편과 기울기계수와 1982~1995년의 실제 소득값을 이용하여 1982~1995년 각각에 대해 저축값을 예측한다. 여기서의 논리는 만일 모수값에 심각한 구조적 변동이 없다면 이전 기에 대한 모수 추정치를 기초로 1982~1995년에 대해 추정된 저축값은 나중 기의 실제 저축값과 크게 다르지 않아야 한다는 것이다. 물론 나중 기의 저축에 대한 실제값과 예측값 간의 차이가 크다면 전체 기간에 대한 저축–소득 관계의 안정성에 대해 의심을 품게 될 것이다.

실제와 추정된 저축값 간 차이의 대소 여부는 다음과 같이 F검정으로 검정될 수 있다.

$$F = \frac{\left(\sum \hat{u}_t^{*2} - \sum \hat{u}_t^2\right)/n_2}{\left(\sum \hat{u}_t^2\right)/(n_1 - k)} \tag{13.10.1}$$

여기서 $n_1 =$ 초기 회귀가 수행되는 첫 번째 기간(1970~1981)의 관찰치의 수, n_2 = 두 번째 또는 예측기간의 관찰치의 수, $\sum \hat{u}_t^{*2} =$ 모든 관찰치($n_1 + n_2$)에 대해 회귀식이 추정될 때의 RSS, $\sum \hat{u}_t^2 =$ 첫 번째 n_1 관찰치에 대해 회귀식이 추정될 때의 RSS, k는 추정되는 모수의 수(현재의 예에서는 2)이다. 만일 오차항들이 독립적으로, 동일하게 정규분포하면 식 (13.10.1)의 F 통계량은 자유도가 각각 n_1, n_2 인 F 분포를 따른다. 연습문제 13.31에서는 저축–소득 관계가 실제로 변하였는지를 알아보기 위해 Chow의 예측실패 검정을 적용할 것이 요구된다. 추가적으로 이 검정과 앞에서 논의된 χ^2검정과의 유사성에 주목하라.

46. 자세한 내용은 Jack Johnson and John DiNardo, *Econometric Methods*, 4th ed., McGraw-Hill, New York, 1997, pp. 117–121 참조.

결측 자료

응용 작업을 수행할 때 종종 표본자료에서 관찰치들이 결측된 것을 발견하는 것은 드물지 않은 일이다. 예를 들어 시계열자료에서 특수한 환경으로 인해 자료에 빈 곳이 있을 수 있다. 2차 세계대전 동안 전략적 이유로 몇몇 거시 변수들이 이용가능하지 않거나 공개되지 않았다. 횡단면 자료에서는 몇몇 개인에 대해 특정 변수에 대한 자료가 결측되어 있는 일이 드물지 않다. 특히 설문지 형태의 서베이로부터 수집한 자료의 경우에는 더욱 그렇다. 패널 자료의 경우에도 시간이 감에 따라 몇몇 응답자들은 중도 탈락하거나 모든 질문에 대해 정보를 제공하지 않는다.

그 이유가 무엇이든 결측 자료는 모든 연구자가 종종 직면하는 문제이다. 질문은 우리가 어떻게 결측 자료를 다룰 것인가 하는 것이다. 결측된 관찰치에 값을 귀속시키는 방법은 있나?

이것은 답하기 쉽지 않은 질문이다. 문헌에서 제안되는 몇몇 복잡한 해법들이 존재하지만 그 복잡성 때문에 여기서는 그것들을 다루지 않을 것이다.[47] 그러나 여기서는 두 가지 경우를 논의할 것이다.[48] 첫 번째 경우로 결측 자료에 대한 이유는 이용 가능한 관찰치들과 독립적인데, 이를 Darnell은 "무시할 수 있는 경우"라고 부른다. 두 번째 경우로 이용 가능한 자료가 불완전할 뿐만 아니라 결측된 관찰치들이 이용 가능한 자료와 체계적으로 관련되어 있을 수 있다. 이것이 더 심각한 경우인데 왜냐하면 그것은 **자기선택 편의**, 즉 관찰된 자료들이 정말로 무작위로 수집된 것이 아니다, 의 결과일 수 있기 때문이다.

무시할 수 있는 경우에는 우리는 단지 결측 관찰치들을 무시하고 이용 가능한 관찰치들을 사용하면 된다. 대부분의 통계 패키지들은 자동적으로 이렇게 작업을 수행한다. 물론 이 경우 표본크기가 줄어들어서 정확한 회귀계수의 추정치를 얻지 못할 수 있다. 그러나 우리는 결측 관찰치들에 대해 가능성을 부여하기 위해 이용 가능한 자료를 이용할 수도 있다. 세가지 가능성을 생각해 보자.

1. 총 관찰치 N으로부터 각각 Y_1과 X_1으로 표기되는 피회귀변수와 k개의 회귀변수들에 대한 $N_1(N_1 < N)$개의 완전한 자료를 가지고 있다. (Y_1은 N_1개 관찰치 벡터이고, X_1은 k개 회귀변수의 행벡터이다).
2. 몇몇 관찰치에 대해 $(N_2 < N)$ Y_2로 표시되는 피회귀변수에 대한 완전한 자료가 존재하나, 몇몇 X_2에 대해서는 불완전한 관찰치가 존재한다. (Y_2, X_2

47. 이 주제에 대한 철저한 그러나 좀 상급의 논의를 위해서는 A. Colin Cameron and Pravin K. Trivedi, *Microeconometrics: Methods and Applications*, Cambridge University Press, New York, 2005, 27장, pp.923–941 참조.
48. 다음의 논의는 Adrian C. Darnell, *A Dictionary of Econometrics*, Edward Elgar Publishing, Lyne, U.K., 1994, pp.256–258에 기초하고 있다.

도 벡터이다).

3. 몇몇 관찰치에 대해 $(N_3 < N)$ Y에 대한 자료는 없지만 X에 대해서는 완전한 자료(X_3로 표기)가 있다.

첫 번째 경우에는 X_1에 대한 Y_1의 회귀에 따른 회귀계수의 추정치들은 불편추정치이지만 효율추정치는 아닌데 그 이유는 N_2와 N_3 관찰치들을 무시하고 있기 때문이다. 다른 두 경우는 좀 복잡하므로 그 해법에 대해서는 독자에게 참고문헌을 따르도록 맡겨둔다.[49]

13.11 결론적 예

우리는 이 장에서 제기된 하나 또는 그 이상의 요점들을 예시하는 두 가지 예를 들면서 이 장을 끝내기로 한다. 임금 결정에 대한 첫 번째 예는 횡단면 자료를 사용하고 두 번째 예는 미국의 실질 소비함수에 대한 것으로 시계열자료를 사용한다.

1. 시간당 임금결정 모형

어떤 요소들이 시간당 임금을 결정하는지를 조사하기 위해 노동경제학자들에게 유명하게 된 Mincer형의 임금 모형을 보자. 이 모형의 형태는 다음과 같다.[50]

$$\ln \text{wage}_i = \beta_1 + \beta_2 \text{Edu}_i + \beta_3 \text{Exp}_i + \beta_4 \text{Fe}_i + \beta_5 \text{NW}_i + \beta_6 \text{UN}_i + \beta_7 \text{WK}_i + u_i \tag{13.11.1}$$

여기서 ln wage = 시간당 임금의 자연로그($), Edu = 교육기간(연), Exp = 노동시장 경험, Fe = 여성이면 1, 그렇지 않으면 0, NW = 백인이 아니면 1, 백인이면 0, UN = 노동조합원이면 1, 그렇지 않으면 0, WK = 시간당 임금을 받는 근로자가 아니면 1, 그렇지 않으면 0이다. 시간당 임금을 받는 근로자가 아닌 경우의 시간당 임금은 주당 임금을 통상적인 근로시간으로 나눈 값으로 계산된다.

이 모형에 추가될 수 있는 훨씬 더 많은 변수들이 존재한다. 이러한 변수 가운데에는 출신국, 결혼 여부, 6세 이하의 자녀수, 부 또는 비근로소득 등이 있다. 지금은 식 (13.11.1)에 주어진 모형으로 작업하기로 한다.

자료는 미국 통계국(Census Bureau)에 의해 정기적으로 수행되는 *Current Population Survey(CPS)*의 일부로서 1985년 3월에 면담한 1,289명에 대한 것이

49. 이미 인용한 참고문헌 외에 A. A. Afifi and R. M. Elashoff, "Missing Observations in Multivariate Statistics," *Journal of the American Statistical Association*, vol.61, 1966, pp.595–604 그리고 vol.62, 1967, pp.10–29 참조.

50. J. Mincer, *School, Experience and Earnings*, Columbia University Press, New York, 1974 참조.

다. 이 자료는 원래 Paul Rudd에 의해 수집되었다.[51]

선험적으로 교육과 경험은 임금에 양(+)의 영향을 줄 것이 예상된다. 만일 일종의 차별이 존재한다면 가변수 Fe와 NW는 임금에 음(−)의 영향을 미칠 것으로 예상되고 UN은 소득의 불확실성으로 인해 양(+)의 영향을 미칠 것으로 생각된다.

모든 가변수들이 0의 값을 가질 때 식 (13.11.1)은 다음과 같이 된다.

$$\ln \text{wage}_i = \beta_1 + \beta_2 \text{Edu}_i + \beta_3 \text{Exp}_i + u_i \qquad \textbf{(13.11.2)}$$

이것은 시간당 임금을 받는 노동조합원이 아닌 백인 남성 근로자에 대한 임금함수이다. 이것이 기준 또는 참조 범주이다.

회귀결과를 제시하고 그것에 대해 논의하기로 하자.

표 13.4 식 (13.11.1)에 기초한 EViews 회귀 결과

Dependent Variable: LW
Method: Least Squares
Sample: 1-1,289
Included observations: 1,289

	Coefficient	Std. Error	*t* Statistic	Prob.
C	1.037880	0.074370	13.95563	0.0000
EDU	0.084037	0.005110	16.44509	0.0000
EXP	0.011152	0.001163	9.591954	0.0000
FE	-0.234934	0.026071	-9.011170	0.0000
NW	-0.124447	0.036340	-3.424498	0.0006
UN	0.207508	0.036265	5.721963	0.0000
WK	0.228725	0.028939	7.903647	0.0000

R-squared	0.376053	Mean dependent var.	2.342416
Adjusted *R*-squared	0.373133	S.D. dependent var.	0.586356
S.E. of regression	0.464247	Akaike info criterion	1.308614
Sum squared resid.	276.3030	Schwarz criterion	1.336645
Log likelihood	-836.4018	Hannan-Quinn criter.	1.319136
F-statistic	128.7771	Durbin-Watson stat.	1.977004
Prob. (*F*-statistic)	0.000000		

첫 번째 주목할 것은 모든 추정된 계수들이 **개별적으로** 매우 유의한데 왜냐하면 p-값들이 매우 낮기 때문이다. F값 또한 매우 높아서 모든 계수들이 집합적으로 통계적으로 중요하다는 것을 시사한다.

기준 근로자와 비교할 때 여성 근로자와 백인이 아닌 근로자의 평균 임금은

51. Paul A. Rudd, *An Introduction to Classical Econometric Theory*, Oxford University Press, New York, 2000. 우리는 연령에 대한 자료는 포함하지 않았는데 그 이유는 이것이 직장 경험과 매우 공선적이기 때문이다.

더 낮다. 평균적으로 노동조합원인 근로자와 주당 임금을 받는 근로자들이 더 많은 임금을 받는다.

우리가 고려하고 있는 변수들이 주어진 상황에서 모형 (13.11.1)은 얼마나 적절한가? 백인 아닌 여성 근로자들이 백인 근로자들보다 더 많이 받는 것이 가능한가? 백인이 아니고 노동조합원이 아닌 여성 근로자들이 노동조합원이 아닌 백인 여성 근로자들보다 덜 받는 것이 가능한가? 달리 말하면 정량적 회귀변수들과 가변수들 간에 상호작용효과가 존재하나?

통계 패키지들은 그러한 질문에 대해 답변하는 루틴을 가지고 있다. 예를 들어 EViews는 그러한 장치를 가지고 있다. 어떤 모형이 추정된 후에 몇몇 변수들이 추가될 수 있다고 생각하지만 그것들의 중요성에 대해서는 확신이 서지 않는다면 생략된 변수에 대한 검정을 수행할 수 있다.

이를 보기 위해 가령 우리가 식 (13.11.1)을 추정하고 나서 설명변수들 간의 상호작용을 고려하기 위해 Fe와 NW, FE와 UN, FE와 WK의 곱들이 모형에 추가되어야 하는지를 알고자 한다고 하자. Eviews 6 루틴을 이용하여 다음과 같은 답변을 얻는다. 즉 **귀무가설**은 이들 세 추가변수들이 추정된 모형에 아무 영향도 미치지 않는다는 것이다.

어렴풋이 알아채겠지만 추가되는 변수들의 증가적 또는 한계 기여를 평가하기 위해서 (8장에서 논의된) F 검정을 이용하여 귀무가설을 검정할 수 있다. 우리의 예에서 그 결과는 다음과 같다.

표 13.5 상호작용을 이용한 부분적 EViews 결과

Omitted Variables: FE*NW FE*UN FE*WK			
F-statistic	0.805344	Prob. *F*(3,1279)	0.4909
Log likelihood ratio	2.432625	Prob. chi-square (3)	0.4876

여성과 비백인, 여성과 조합원, 여성과 주급 근로자들 간의 상호작용이 표 13.4에 주어진 추정된 모형에 집단적으로 아무 유의한 영향을 미치지 못한다는 귀무가설을 기각할 수 없는데 그 이유는 0.8053이라는 추정된 F값은 p-값이 약 49%로 통계적으로 유의하지 못하기 때문이다.

회귀변수들의 다른 조합들이 원래의 모형에 기여하는지 평가를 시도하는 것은 독자에게 맡겨둔다.

더 진도가 나아가기 전에 모형 (13.11.1)은 로그 임금에 대한 경험의 영향은 선형, 즉 다른 변수들이 일정할 때 임금의 상대적 증가 (피회귀변수가 로그 형태라는 것을 기억할 것)는 매년의 직장 경험에 대해 동일, 이라는 것을 의미한다. 이 가정은 몇 년의 경험에 대해서는 맞을지 모르지만 기초 노동경제학에서 제시되고 있듯이 근로자의 나이가 증가하면 임금증가율이 감소한다. 우리의 예에서

이렇게 되는지를 보기 위해 초기의 모형에 경험 자승항을 추가하여 다음 결과를 얻었다.

표 13.6 경험 자승항이 들어간 EViews 결과

Dependent Variable: LW
Method: Least Squares
Sample: 1-1,289
Included observations: 1,289

	Coefficient	Std. Error	*t* Statistic	Prob.
C	0.912279	0.075151	12.13922	0.0000
EDU	0.079867	0.005051	15.81218	0.0000
EXP	0.036659	0.003800	9.647230	0.0000
FE	-0.228848	0.025606	-8.937218	0.0000
NW	-0.121805	0.035673	-3.414458	0.0007
UN	0.199957	0.035614	5.614579	0.0000
WK	0.222549	0.028420	7.830675	0.0000
EXP*EXP	-0.000611	8.68E-05	-7.037304	0.0000

R-squared	0.399277	Mean dependent var.	2.342416
Adjusted *R*-squared	0.395995	S.D. dependent var.	0.586356
S.E. of regression	0.455703	Akaike info criterion	1.272234
Sum squared resid.	266.0186	Schwarz criterion	1.304269
Log likelihood	-811.9549	Hannan-Quinn criter.	1.284259
F-statistic	121.6331	Durbin-Watson stat.	1.971753
Prob. (*F*-statistic)	0.000000		

경험 자승항은 음(−)의 부호를 가질 뿐만 아니라 통계적으로도 매우 유의하다. 이것은 또한 시간이 감에 따라 임금상승율이 감소하는 $\left(\frac{\partial lw}{\partial \mathrm{EXP}} = 0.0366 - 0.0012\ \mathrm{EXP}\right)$ 노동시장 행태와도 부합된다.

우리는 이 기회를 Akaike와 Schwarz 기준을 논의하는 기회로 삼겠다. R^2과 마찬가지로 이것들은 추정된 모형의 적합도에 대한 검정인데, 차이는 R^2 기준 하에서는 그 값이 크면 클수록 모형은 피회귀변수의 행태를 더 잘 설명한다. 그러나 Akaike와 Schwarz 기준 하에서는 이 통계량의 값이 작을수록 모형은 더 좋은 것이다.

물론 우리가 둘 이상의 모형들을 비교한다면 이 기준들은 의미가 있다. 이리하여 만일 표 13.4에 있는 모형과 추가적 회귀변수로 경험 자승항을 가진 표 13.6의 모형을 비교한다면 이 세 가지 기준에 기초하여 표 13.6의 모형이 표 13.4의 모형보다 더 선호된다.

부수적으로 두 모형 모두 R^2값이 "낮게" 보이지만 그러한 낮은 값은 다수의 관찰치를 갖는 횡단면자료에서 전형적으로 관찰된다는 것을 주목하라. 그러나 이 "낮은" R^2값은 통계적으로 유의한데 왜냐하면 두 모형 모두 계산된 F 통계량은 매우 유의적이기 때문이다 (8장에서 논의된 F와 R^2의 관계를 상기하라).

표 13.6에 주어진 확장모형을 가지고 계속 하자. 비록 모형이 만족스러운 것으로 보이지만 몇 가지 점들을 검토하자. 첫째, 우리가 횡단면자료를 다루고 있으므로 모형이 이분산에 시달릴 가능성이 존재한다. 그래서 우리는 이렇게 되는지를 알아낼 필요가 있다. 우리는 11장에서 논의된 몇 가지 이분산 검정법을 적용하여 모형이 사실상 이분산에 시달린다는 것을 알았다. 독자는 이 주장을 입증해야 한다.

관찰된 이분산을 교정하기 위해 11장에서 논의된 **White의 이분산 일치 표준오차**를 구할 수 있다. 결과가 다음 표에 제시되고 있다.

표 13.7 White의 교정된 STD 오차를 이용한 EViews 결과

Dependent Variable: LW
Method: Least Squares
Sample: 1-1,289
Included observations: 1,289
White's Heteroscedasticity-Consistent Standard Errors and Covariance

	Coefficient	Std. Error	*t* Statistic	Prob.
C	0.912279	0.077524	11.76777	0.0000
EDU	0.079867	0.005640	14.15988	0.0000
EXP	0.036659	0.003789	9.675724	0.0000
FE	-0.228848	0.025764	-8.882625	0.0000
NW	-0.121805	0.033698	-3.614573	0.0003
UN	0.199957	0.029985	6.668458	0.0000
WK	0.222549	0.031301	7.110051	0.0000
EXP*EXP	-0.000611	9.44E-05	-6.470218	0.0000

R-squared	0.399277	Mean dependent var.	2.342416
Adjusted *R*-squared	0.395995	S.D. dependent var.	0.586356
S.E. of regression	0.455703	Akaike info criterion	1.272234
Sum squared resid.	266.0186	Schwarz criterion	1.304269
Log likelihood	-811.9549	Hannan-Quinn criter.	1.284259
F-statistic	121.6331	Durbin-Watson stat.	1.971753
Prob. (*F*-statistic)	0.000000		

예상하였듯이 비록 상대적 임금의 행태를 설명하는 데 있어서 이것이 모든 회귀변수들이 집합적으로나 개별적으로 중요하다는 결론을 변동시키지는 않지만 추정된 표준오차에는 약간의 변동이 있다.

이제 오차항이 정규분포를 하는지 여부를 검토하자. 표 13.7에 있는 모형으로부터 얻은 잔차의 히스토그램이 그림 13.5에 있다. Jarque–Bera 통계량은 오차가 정규분포를 한다는 가설을 기각하는데 그 이유는 JB 통계량이 높아 p값은 사실상 0이기 때문이다. 정규분포 변수의 경우 왜도와 첨도 계수들은 각각 0과 3이라는 것에 주목하라.

그림 13.5 표 13.7의 회귀로부터 얻은 잔차의 히스토그램

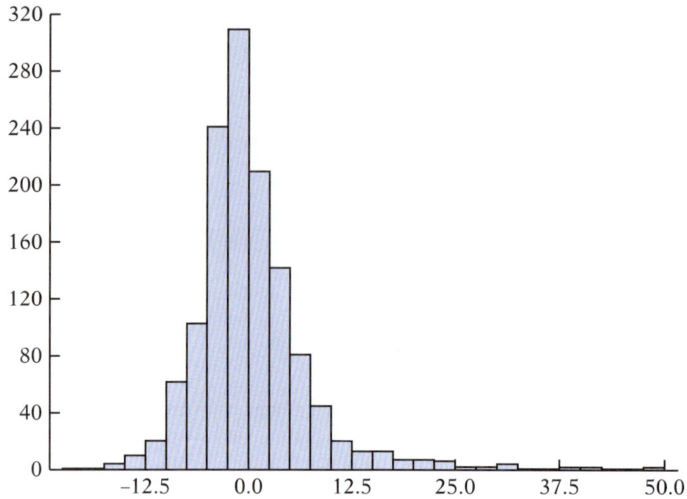

Series: RESID	
Sample: 1–1,289	
Observations: 1,289	
Mean	–9.38e-09
Median	–0.850280
Maximum	48.92719
Minimum	–20.58590
Std. Dev.	6.324574
Skewness	1.721323
Kurtosis	10.72500
Jarque–Bera	3841.617
Probability	0.000000

이제 무엇을 하나? 지금까지 우리의 가설검정 절차는 회귀모형의 교란 또는 오차항이 정규분포를 한다는 가정에 기초해 왔다. 이것은 우리의 임금 회귀에서 가설을 검정하기 위해 t와 F 검정을 정당하게 사용할 수 없다는 것을 뜻하나?

답변은 아니오이다. 이 장에서 언급하였듯이 오차항이 유한한 분산, 즉 동분산이고 설명변수의 값이 주어졌을 때 오차항의 평균값이 0이라는 단서 하에 OLS 추정량은 점근적으로 정규분포를 한다. 그 결과 표본이 상당히 크다는 전제 하에 우리는 계속 통상적인 t와 F 검정을 사용할 수 있다. 추가적으로 OLS 추정량을 얻기 위해서는 정규분포 가정이 필요하지 않다는 것을 주목할 필요가 있다. 정규분포 가정 없이도 OLS 추정량은 Gauss–Markov 가정 하에서 최량선형불편추정량(BLUE)이다.

얼마나 커야 대표본인가? 이 질문에 대한 명확한 답변은 존재하지 않지만 우리의 임금 회귀에서 1,289 관찰치라는 표본크기는 꽤 큰 것으로 보인다.

임금 회귀에서 "이상점"이 존재하나? 이것에 관한 몇 가지 인식을 그림 13.6의 그래프로부터 찾아낼 수 있는데 그 그림은 종속변수 (ln wage)의 실제값과 추정값 그리고 피회귀변수의 실제값과 추정값 간의 차이인 잔차를 보여주고 있다.

비록 잔차의 평균값은 항상 0이지만(그 이유는?) 그림 13.6을 보면 잔차들의 무리와 비교할 때 (절대값으로) 크게 보이는 잔차들이 존재한다. 그래서 자료에 이상점들이 존재할 가능성이 있다. 실제로 이상점들이 존재하는지를 독자가 결정하는데 도움을 주기 위해 표 13.8에 있는 세 정량적 변수들에 대한 요약 통계량들을 제공한다.

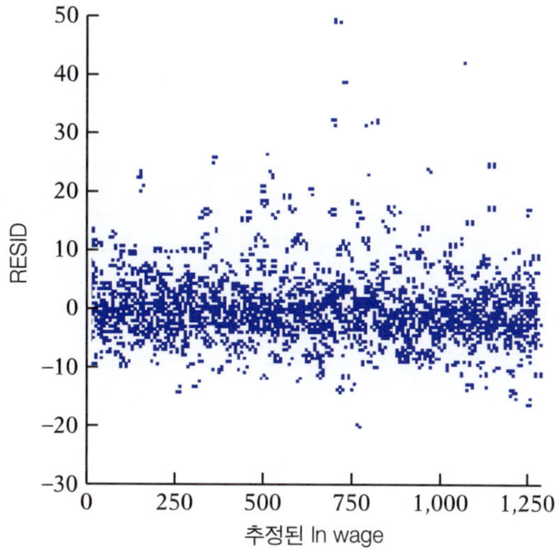

그림 13.6
잔차 대 종속변수 ln wage의 추정값

표 13.8

Sample: 1-1,289			
	W	EDU	EXP
Mean	12.36585	13.14507	18.78976
Median	10.08000	12.00000	18.00000
Maximum	64.08000	20.00000	56.00000
Minimum	0.840000	0.000000	0.000000
Std. Dev.	7.896350	2.813823	11.66284
Skewness	1.848114	-0.290381	0.375669
Kurtosis	7.836565	5.977464	2.327946
Jarque-Bera	1990.134	494.2552	54.57664
Probability	0.000000	0.000000	0.000000
Sum	15939.58	16944.00	24220.00
Sum Sq. Dev.	80309.82	10197.87	175196.0
Observations	1,289	1,289	1,289

2. 1947~2000년간 미국의 실질소비함수

10장에서 1947~2000년간 미국의 소비함수를 살펴보았다. 우리가 살펴본 소비함수의 구체적 형태는 다음과 같다.

$$\ln \mathrm{TC}_t = \beta_1 + \beta_2 \ln \mathrm{YD}_t + \beta_3 \ln \mathrm{W} + \beta_4 \mathrm{Interest}_t + u_t \qquad (13.11.3)$$

여기서 TC, YD, W, Interest는 각각 총소비지출, 개인 가처분소득, 부, 이자율로서 모두 실질가격이다. 우리의 자료에 기초한 결과는 다음과 같다.

표 13.9 회귀식 (13.11.3)의 결과

Method: Least Squares
Sample: 1947-2000
Included observations: 54

	Coefficient	Std. Error	*t* Statistic	Prob.
C	-0.467711	0.042778	-10.93343	0.0000
LOG(YD)	0.804873	0.017498	45.99836	0.0000
LOG(WEALTH)	0.201270	0.017593	11.44060	0.0000
INTEREST	-0.002689	0.000762	-3.529265	0.0009

R-squared	0.999560	Mean dependent var.	7.826093
Adjusted *R*-squared	0.999533	S.D. dependent var.	0.552368
S.E. of regression	0.011934	Akaike info criterion	-5.947703
Sum squared resid.	0.007121	Schwarz criterion	-5.800371
Log likelihood	164.5880	Hannan-Quinn criter.	-5.890883
F-statistc	37832.59	Durbin-Watson stat.	1.289219
Prob. (*F*-statistic)	0.000000		

TC, YD와 부는 로그 형태로 들어가므로 YD와 부의 추정된 기울기계수들은 각각 소득과 부 탄력성이다. 예상한대로 이 탄력성들은 양(+)이고 통계적으로 매우 유의하다. 수치로 보면 소득과 부 탄력성은 약 0.80과 0.20이다. 이자율 변수의 계수는 준탄력성을 나타낸다(그 이유는?). 다른 변수들이 일정하다고 하면 결과가 의미하는 것은 이자율이 1%p 증가하면 평균적으로 실질소비지출은 약 0.27% 하락한다. 추정된 준탄력성도 통계적으로 매우 유의하다는 것을 주목하라.

몇몇 요약 통계량을 보라. R^2 값은 매우 커서 거의 100%에 도달하고 있다. F 값도 역시 통계적으로 매우 유의하여 모든 설명변수들이 개별적으로 뿐만 아니라 집합적으로도 소비지출에 상당한 영향을 미치는 것을 시사한다.

그러나 Durbin-Watson 통계량은 모형의 오차항이 계열상관되어 있다는 것을 시사한다. Durbin-Watson 표(부록 D의 표 D.5)를 참고하면 55(54에 가장 가까운 수)개의 관찰치와 3개의 설명변수를 가진 경우 5% d값 임계치 하한과 상한은 1.452와 1.681이다. 우리의 예에서 관찰된 d는 1.2892로서 d값 임계치 하한보다 작아서 소비함수 안의 오차는 양(+)의 상관을 갖는다고 결론내릴 수 있다. 이것은 놀랄만한 결과가 아닌데 왜냐하면 대부분의 시계열 회귀는 자기상관에 시달리기 때문이다.

그러나 이 결론을 받아들이기 전에 혹시 표기오차가 존재하는지를 알아보자. 우리가 알고 있듯이 종종 자기상관은 명백한데 왜냐하면 우리는 몇몇 중요한 변수들을 생략하기 때문이다. 이렇게 되는지를 보기 위해 표 13.10에서 구한 회귀를 살펴보자.

표 13.10

Dependent Variable: LTC
Method: Least Squares
Sample: 1947-2000
Included observations: 54

	Coefficient	Std. Error	*t* Statistic	Prob.
C	2.689644	0.566034	4.751737	0.0000
LYD	0.512836	0.054056	9.487076	0.0000
LW	-0.205281	0.074068	-2.771510	0.0079
INTEREST	-0.001162	0.000661	-1.759143	0.0848
LYD*LW	0.039901	0.007141	5.587986	0.0000

R-squared	0.999731	Mean dependent var.	7.826093
Adjusted *R*-squared	0.999709	S.D. dependent var.	0.552368
S.E. of regression	0.009421	Akaike info criterion	-6.403689
Sum squared resid.	0.004349	Schwarz criterion	-6.219524
Log likelihood	177.8996	Hannan-Quinn criter.	-6.332663
F-statistic	45534.94	Durbin-Watson Stat.	1.530268
Prob. (*F*-statistic)	0.000000		

이 모형에서 추가 변수는 가처분소득과 부에 대한 로그의 상호작용항이다. 이 상호작용항은 매우 유의하다. 이제 이자율 변수는 비록 음의 부호는 계속 유지하고 있지만 덜 유의해졌다(약 8%의 p값)는 것에 주목하라. 그러나 이제 Durbin–Watson d값은 약 1.28에서 약 1.53으로 증가했다.

이제 d값의 5% 임계치는 1.378과 1.721이다. 1.53이라는 관찰된 d값은 이들 값 사이에 위치하여 자기상관이 존재하는지 여부를 결정할 수 없다. 그러나 관찰된 d값은 d값의 상한에 더 가깝다. 자기상관에 대한 장에서 논의되었듯이 몇몇 저자들은 d 통계량의 상한을 근사적으로 진정한 유의 한계로 이용할 것을 제안하고 있는데 이에 따르면 만일 계산된 d값이 상한 밑에 있다면 양의 자기상관의 증거가 존재한다. 이 기준에 의해 현재의 예의 경우 우리의 모형이 양의 자기상관에 시달린다고 결론내릴 수 있다.

우리는 또한 12장에서 논의된 자기상관에 대한 Breusch–Godfrey 검정을 적용하였다. 식 (12.6.15)의 추정된 잔차의 두 시차항들을 표 13.9의 모형에 추가하여 다음 결과를 얻었다.

제일 위의 검정에서 보고된 F는 모형에 포함된 두 시차 잔차들이 0의 값을 갖는다는 가설을 검정한다. F가 약 5% 수준에서 유의하므로 이 가설은 기각된다.

요약하면 오차항에 자기상관이 존재하는 것으로 보인다. 자기상관을 제거하기 위해 12장에서 논의된 하나 또는 그 이상의 절차를 적용할 수 있다. 그러나 지면을 절약하기 위해 그 임무를 독자에게 남겨둔다.

표 13.12에는 자기상관을 감안한 HAC 또는 Newey–West 표준오차를 보여주는 회귀분석 결과가 나와 있다. 54개 관찰치라는 우리의 표본크기는 HAC 표준오차를 이용하기에 충분할 정도로 크다.

표 13.11

Breusch-Godfrey Serial Correlation LM Test:

F-statistic	3.254131	Prob. *F*(2,48)	0.0473
Obs*R-squared	6.447576	Prob. chi-square (2)	0.0398

Dependent Variable: RESID
Method: Least Squares
Sample: 1947-2000
Included observations: 54
Presample missing value lagged residuals set to zero.

	Coefficient	Std. Error	*t* Statistic	Prob.
C	-0.006514	0.041528	-0.156851	0.8760
LYD	-0.004197	0.017158	-0.244619	0.8078
LW	0.004191	0.017271	0.242674	0.8093
INTEREST	0.000116	0.000736	0.156964	0.8759
RESID(-1)	0.385190	0.151581	2.541147	0.0143
RESID(-2)	-0.165609	0.154695	-1.070556	0.2897

R-squared	0.119400	Mean dependent var.	-9.02E-17
Adjusted *R*-squared	0.027670	S.D. dependent var.	0.011591
S.E. of regression	0.011430	Akaike info criterion	-6.000781
Sum squared resid.	0.006271	Schwarz criterion	-5.779782
Log likelihood	168.0211	Hannan-Quinn criter.	-5.915550
F-statistic	1.301653	Durbin-Watson Stat.	1.848014
Prob. (*F*-statistic)	0.279040		

만일 이 결과와 표 13.9의 결과를 비교한다면 회귀계수는 계속 동일하지만 표준오차가 다소 상이한 것을 볼 것이다.

이 장에서 우리는 Chow의 예측실패 검정에 대해 논의하였다. 우리는 1947년부터 2000년까지의 표본기간을 가지고 있다. 이 기간 동안 우리는 몇 번의 경기변동을 겪었는데 대부분은 짧은 지속기간을 가진 것이었다. 예를 들어 1990년에 경기침체가 있었고 2000년에도 있었다. 경기침체기에는 소득, 부, 이자율 등과 연관된 소비지출의 행태가 다른가?

이 질문에 대한 도움을 주기 위해 1990년의 경기침체를 고려하여 Chow의 예측실패 검정을 적용해 보자. 이 검정의 상세한 내용은 이미 이 장에서 논의되었다. EViews, 6판에서 Chow의 예측실패 검정을 이용하여 얻은 결과가 표 13.13과 같다.

표 13.13의 윗부분에 주어진 F 통계량은 아마도 1990년 이전과 이후의 소비함수에 큰 차이가 없다는 것을 시사하는데 왜냐하면 5% 수준에서 p-값이 유의하지 않기 때문이다. 그러나 만일 10%의 유의수준을 선택하면 F값은 통계적으로 유의하다.

우리는 이 문제를 다른 각도에서 볼 수 있다. 8장에서 우리는 모수 안정성 검정에 대해 논의하였다. 소비함수 회귀계수에 어떤 통계적으로 유의한 변동이 있었는지 여부를 보기 위해 우리는 8장의 8.7절에서 논의된 Chow 검정을 이용하

표 13.12

Dependent Variable: LTC
Method: Least Squares
Sample: 1947-2000
Included observations: 54
Newey-West HAC Standard Errors and Covariance (lag truncation = 3)

	Coefficient	Std. Error	*t* Statistic	Prob.
C	-0.467714	0.043937	-10.64516	0.0000
LYD	0.804871	0.017117	47.02132	0.0000
LW	0.201272	0.015447	13.02988	0.0000
INTEREST	-0.002689	0.000880	-3.056306	0.0036

R-squared	0.999560	Mean dependent var.	7.826093
Adjusted *R*-squared	0.999533	S.D. dependent var.	0.552368
S.E. of regression	0.011934	Akaike info criterion	-5.947707
Sum squared resid.	0.007121	Schwarz criterion	-5.800374
Log likelihood	164.5881	Hannan-Quinn criter.	-5.890886
F-statistic	37832.71	Durbin-Watson Stat.	1.289237
Prob. (*F*-statistic)	0.000000		

표 13.13 예측실패에 대한 Chow 검정

Chow's Forecast Test: Forecast from 1991 to 2000

F-statistic	1.957745	Prob. *F* (10,40)	0.0652
Log likelihood ratio	21.51348	Prob. chi-square (10)	0.0178

Dependent Variable: LTC
Method: Least Squares
Sample: 1947-1990
Included observations: 44

	Coefficient	Std. Error	*t* Statistic	Prob.
C	-0.287952	0.095089	-3.028236	0.0043
LYD	0.853172	0.028473	29.96474	0.0000
LW	0.141513	0.033085	4.277239	0.0001
INTEREST	-0.002060	0.000804	-2.562790	0.0143

R-squared	0.999496	Mean dependent var.	7.659729
Adjusted *R*-squared	0.999458	S.D. dependent var.	0.469580
S.E. of regression	0.010933	Akaike info criterion	-6.107640
Sum squared resid.	0.004781	Schwarz criterion	-5.945441
Log likelihood	138.3681	Hannan-Quinn criter.	-6.047489
F-statistic	26430.49	Durbin-Watson Stat.	1.262748
Prob. (*F*-statistic)	0.000000		

여 표 13.14와 같은 결과를 얻었다.

분명히 1990년 이전과 이후의 소비함수는 통계적으로 상이한 것으로 보이는데 왜냐하면 식 (8.7.4)에 따라 계산된 F 통계량의 p값이 단지 0.0052로 통계적으로 매우 유의하기 때문이다.

표 13.14 모수 안정성에 대한 Chow 검정

```
Chow Breakpoint Test: 1990
Null Hypothesis: No breaks at specified breakpoints
Varying regressors: All equation variables
Equation Sample: 1947-2000
```

F-statistic	4.254054	Prob. *F*(4,46)	0.0052
Log likelihood ratio	16.99654	Prob. chi-square (4)	0.0019
Wald statistic	17.01622	Prob. chi-square (4)	0.0019

독자는 2000년 이전과 이후의 소비함수가 변하였는지를 결정하기 위해 Chow의 모수 안정성 검정과 예측실패 검정을 적용해 보기 바란다. 이것을 하기 위해서는 자료를 2000년 이후로 확장해야 한다. 또한 이 검정을 적용하기 위해서는 관찰치의 수가 추정되는 계수의 수보다 커야 한다는 것에 유의하라.

우리의 소비 자료에 적용할 수 있는 진단적 검정을 모두 사용하였다. 그러나 지금까지 제공된 분석은 우리가 어떻게 다양한 검정법을 적용하는지에 대한 꽤 훌륭한 이해를 제공해 준다.

13.12 정규분포를 하지 않는 오차와 확률적 회귀변수

이 절에서는 다소 상급 속성을 갖는 두 가지 논제인 오차항의 비정규분포와 확률적 또는 무작위적 회귀변수들 그리고 그것들의 실질적 중요성에 대해 논의하기로 한다.

1. 만일 오차항이 정규분포를 하지 않으면 어떻게 되나?

4장에서 논의된 고전적 정규분포 선형회귀모형(CNLRM)에서 우리는 오차항 u가 정규분포를 따른다고 가정하였다. 우리는 정규분포 가정을 정당화하기 위해 중심극한정리(central limit theorem; CLT)에 의지하였다. 이 가정 때문에 OLS 추정량 역시 정규분포를 한다는 것을 입증할 수 있었다. 그 결과 표본크기에 관계없이 t와 F 검정을 이용하여 가설검정을 할 수 있었다. 우리는 또한 실제 적용시 추정된 오차가 정규분포를 하는지를 알아내기 위해 Jarque-Bera와 Anderson-Darling 정규분포 검정을 이용하는 데 대해 논의하였다.

만일 오차가 정규분포를 하지 않는다면 어떻게 되나? OLS 추정량은 계속 BLUE, 즉 불편추정량이고 선형추정량 가운데에서 최소분산을 갖는다, 라고 말할 수 있다. 직관적으로 이것은 놀랄 일이 못 되는데, 왜냐하면 Gauss-Markov 정리를 증명하기 위해 우리는 정규분포 가정을 필요로 하지 않기 때문이다.

그러면 무엇이 문제인가?

문제는 우리가 OLS 추정량의 표본 또는 확률분포를 필요로 한다는 것이다. 그것이 없이는 이 추정치들의 진정한 값에 대한 어떠한 종류의 가설 검정도 수행할 수 없다. 3장과 7장에서 보았듯이 OLS 추정량은 종속변수 Y의 선형함수이고 Y 자체는 설명변수들이 비확률적 또는 반복표본추출에서 고정되어 있다고 가정할 때 확률적 오차항 u의 선형함수이다. 그러면 궁극적으로 우리는 u의 확률분포를 필요로 한다.

위에서 언급한 바와 같이 **고전적 정규분포 선형회귀모형(CNLRM)**은 오차항이 (평균이 0이고 일정한 분산을 갖는) 정규분포를 따른다고 가정한다. 오차항의 정규성을 정당화하기 위해 중심극한정리(CLT)를 이용하면 OLS 추정량 자체가 4장과 7장에서 논의된 평균과 분산을 갖는 정규분포를 한다는 것을 보일 수 있었다. 또한 이로 인해 대표본에서 뿐만 아니라 유한 또는 소표본에서도 가설을 검정할 때 t와 F 통계량을 사용할 수 있다. 따라서 정규분포 가정의 역할은 특히 소표본에서 매우 중대하다.

그러나 만일 다양한 정규성 검정에 기초하여 정규성 가정을 지속할 수 없다면? 그 때는 무엇을 하나? 두 가지 선택대안이 있다. 첫 번째는 부트스트래핑(bootstrapping)이고 두 번째는 대표본 또는 점근적 표본이론에 호소하는 것이다.

서서히 응용 계량경제학에 침투하고 있는 부트스트래핑에 대한 논의는 본 교재의 수준과는 멀리 떨어져 있다. 부트스트래핑에 내재하는 기본 인식은 주어진 표본을 계속 되풀이하여 **뒤섞어서**(또는 역류시켜) 관심 있는(우리의 목적으로는 OLS 추정량) 모수들의 표본분포를 얻는 것이다. 실제로 이것이 어떻게 수행되는지는 참고문헌에 맡긴다.[52] 그런데 부트스트래핑이라는 용어는 흔히 쓰는 표현인 "자력으로 일을 처리하는"에서 유래되었다.

비정규분포 오차항을 다루는 또 다른 접근법은 점근적 또는 대표본 이론을 이용하는 것이다. 사실상 3장의 부록 3A.7절에서 이것에 대해 힐끗 보았는데 거기서 우리는 OLS 추정량이 일치추정량이라는 것을 보였다. 부록 A에서 논의되듯이 만일 어떤 추정량이 표본크기가 증가하면 할수록 그 추정량의 진정한 값에 접근한다면 그것은 일치추정량이다(부록 A의 그림 A.11 참조).

그러나 그것은 가설검정에서 어떻게 도움이 되나? 우리는 계속 t와 F 검정을 사용할 수 있나? Gauss-Markov 가정 하에서 OLS 추정량은 4장과 7장에서 논의된 평균과 분산을 갖는 점근적 정규분포를 한다는 것이 증명되었다.[53] 그 결과 정규분포 가정 하에 개발된 t와 F 검정은 대표본에서 **근사적으로** 유효하다. 표본이 증가함에 따라 근사는 꽤 훌륭해진다.[54]

52. 비공식적 논의에 대해서는 Christopher Z. Mooney and Robert D. Duval, *Bootstrapping: A Nonparametric Approach to Statistical Inference*, Sage University Press, California, 1993 참조. 보다 공식적인 교과서 논의에 대해서는 Russell Davidson and James G. MacKinnon, *Econometric Theory and Methods*, Oxford University Press, New York, 2004, pp.159–166 참조.

2. 확률적 설명변수

3장에서 몇몇 단순화 가정 하에서 고전적 (모수에 대해) 선형회귀모형을 소개하였다. 그 가정들 가운데 하나가 설명변수 또는 회귀변수들이 고정되어 있거나 또는 비확률적이거나 또는 만일 확률적이라면 그것들은 오차항과 독립적이어야 한다는 것이었다. 앞의 경우를 **고정된 회귀변수의 경우**라고 부르고 뒤의 경우를 **확률적 회귀변수의 경우**라 부른다.

고정된 회귀변수의 경우에 우리는 이미 OLS 추정량의 속성을 알고 있다(5장과 8장 참조). **확률적 회귀변수의 경우**에는 만일 우리의 분석이 회귀변수들의 주어진 값을 **조건부로 한다**는 가정을 가지고 진행한다면 고정된 회귀변수 경우 하에서 우리가 살펴본 OLS 추정량의 속성들은 계속 유효하다.

만일 확률적 회귀변수의 경우에 우리가 이 회귀변수들과 오차항이 독립적으로 분포한다고 가정하면 OLS 추정량은 계속 불편추정량이지만 더 이상 효율추정량은 아니다.[55]

만일 오차항이 정규분포를 하지 않는다면 또는 회귀변수들이 확률적이면 또는 둘 다이면 문제는 복잡해진다. 여기서는 OLS 추정량의 유한표본 속성에 대해 어떠한 보편적 진술도 하기 어렵다. 그러나 특정 조건 하에서 OLS 추정량의 점근적 정규분포를 증명하기 위해 중심극한정리에 호소할 수 있다. 비록 이 책의 범위를 벗어나지만 증명은 다른 데서 찾아볼 수 있다.[56]

13.13 연구자에 대한 한 마디

이 장에서는 많은 논제들이 논의되었다. 모형 설정은 과학일 뿐만 아니라 기술이라는 데 대해 의문의 여지가 없다. 실제 연구자는 이론적 정밀함과 진단적 도구의 정렬에 당황해할 지 모른다. 그러나 "이론가들과 마찬가지로 응용 계량경제학자들은 경험으로부터 유용한 모형은 '올바르거나' 또는 '현실적인' 것이 아니라 알뜰하고 그럴싸하며 정보를 주는 것이라는 것을 곧 발견한다"[57]는 Martin Feldstein의 주의를 명심하는 것이 좋다.

---

53. Gauss-Markov 가정, 즉 오차항의 기대치는 0이고, 오차항과 각 설명변수는 독립이며 오차분산은 동분산이고, 오차항에는 자기상관이 없다는 가정,을 상기하라. 또한 설명변수들의 분산-공분산행렬은 유한하다고 가정한다. 우리는 또한 오차항과 회귀변수들 간의 독립성 조건을 완화하여 그것들이 상관되지 않는다는 더 약한 조건을 가정할 수 있다.
54. OLS 추정량의 점근적 정규분포 증명은 이 책의 범위를 벗어난다. James H. Stock and Mark W. Watson, *Introduction to Econometrics*, 2d ed., Pearson/Addison Wesley, Boston, 2007, pp.710-711 참조.
55. 기술적으로 상세한 내용에 대해서는 William H. Greene, *Econometric Analysis*, 6th ed., Pearson/Prentice-Hall, New Jersey, 2008, pp.49-50 참조.
56. Greene, op. cit. 참조.

캐나다에 소재한 Simon Fraser 대학교의 Peter Kennedy는 다음과 같이 주장하였다. 즉 "응용 계량경제학의 10계명"은 다음과 같다.[58]

1. 상식과 경제이론을 이용하라.
2. 올바른 질문을 하라. (즉 수학적 고상함보다 적절함을 우선하라)
3. 상황을 알라 (무지한 통계분석을 행하지 말라).
4. 자료를 점검하라.
5. 복잡함을 숭배하지 마라. KISS 원리, 즉 그것을 확률적으로 단순하게 유지하라,를 이용하라.
6. 결과를 오래 그리고 자세히 보라.
7. 자료 캐기의 비용을 경계하라.
8. 기꺼이 타협하라 (교과서 처방을 숭배하지 말라).
9. 유의함과 실체를 혼동하지 말라 (통계적 유의성과 실제 중요성을 혼동하지 말라).
10. 민감성의 존재를 인정하라 (즉 비판을 예상하라).

그가 위의 10계명을 주장한 신념을 확실히 판단하기 위해 Kennedy의 논문을 읽기 원할지 모른다. 이 십계명 중 몇몇은 놀림조로 들릴지 모르지만 각각에는 약간의 진리가 존재한다.

요약 및 결론

1. 분석에 사용된 계량경제모형이 정확히 표기되었다는 CLRM의 가정은 두 가지 의미가 있다. 첫째, 방정식 표기오차가 없고, 둘째, 모형 표기오차가 없다는 것이다. 이 장에서는 방정식 표기오차에 주요 초점을 맞추고 있다.
2. 이 장에서는 논의된 방정식 표기오차는 (1) 주요 변수들의 생략, (2) 불필요한 변수들의 포함, (3) 잘못된 함수형태의 채택, (4) 오차항 u_i의 부정확한 표기, 그리고 (5) 회귀변수와 피회귀변수에 대한 측정오차를 들 수 있다.
3. 적절한 변수가 모형에서 생략되었을 때 그 결과는 심각할 수 있다. 모형 내에 남아있는 변수들의 계수들에 대한 OLS 추정량은 편의가 존재할 뿐만 아니라 불일치추정량이 된다. 또한 이 계수들의 분산과 표준오차도 잘못 추정되어 통상적인 가설검정절차를 손상시킨다.
4. 모형에 불필요한 변수를 포함시킨 결과는 다행히도 덜 심각하다. "부적절한" 변수뿐만 아니라 적절한 변수들의 계수에 대한 추정량은 불편성을 유지하면서 일치추정량이기도 하며 오차분산 σ^2은 올바로 추정된다. 단 한

---

57. Martin S. Feldstein, "Inflation, Tax Rules and Investment: Some Econometric Evidence," *Econometrica*, vol.30, 1982, p.829.
58. Peter Kennedy, op. cit., pp.17–18.

가지 문제점은 추정된 분산이 필요이상으로 커져서 이에 따라 신뢰 구간이 필요 이상으로 커지게 되어 모수의 측정이 덜 정확해진다는 것이다.

5. 방정식 표기오차를 탐지하기 위하여 여러 가지 검정을 고려하였다. 예를 들어 (1) 잔차의 조사, (2) Durbin–Watson d 통계량, (3) Ramsey의 RESET 검정, 그리고 (4) 라그랑지 승수 검정 등이 그것이다.
6. 특별한 종류의 표기오차는 피회귀변수와 회귀변수 값에 대한 측정오차를 들 수 있다. 피회귀변수에만 측정오차가 있다면 OLS 추정량은 불편추정량일 뿐만 아니라 일치추정량이지만, 효율적 추정량은 아니다. 만약 회귀변수에 측정오차가 있다면 OLS 추정량은 편의되어 있을 뿐만 아니라 일치추정량도 아니다.
7. 측정오차가 탐지되거나 의심스럽다 해도 교정방법은 가끔 쉽지 않을 수가 있다. 도구 또는 대리변수의 사용은 이론적으로 바람직하나, 실제 수행하기는 어렵다. 실제에 있어 연구자들은 사용한 자료원, 자료를 수집한 방법, 자료에 대한 정의 등을 꼼꼼히 서술하여야 한다. 정부기관에 의해 수집된 자료는 여러 개의 각주와 함께 발표되는데 연구자들은 각주를 독자들에게 주지시켜야 한다.
8. 모형 오표기오차는 식의 표기오차만큼 심각할 수 있다. 특히 우리는 내포모형과 비내포모형을 구별하였다. 적절한 모형에 대해 결정하기 위해 우리는 비내포 또는 포괄적 F 검정과 Davidson–MacKinnon J 검정에 대해 논의하였고, 각 검정의 한계를 지적하였다.
9. 실제로 실증모형을 선택할 때 연구자들은 다양한 기준들을 사용해 왔다. 우리는 Akaike와 Schwarz 정보기준, Mallows의 C_p 기준, 예측 χ^2 기준 들을 살펴보았다. 우리는 이들 기준들의 이점과 불리한 점들에 대해 논의하였고 독자에게 이 기준들은 절대적이 아니라 조심스런 표기분석에 보조적이라고 경고하였다.
10. 우리는 또한 다음과 같은 추가적 논제에 대해 논의하였다. (1) 이상점, 레버리지 그리고 영향, (2) 축차 최소자승, (3) Chow의 예측실패 검정 등이다. 우리는 응용작업을 할 때 이들 각각의 역할에 대해 논의하였다.
11. 우리는 두 가지 특수한 경우에 대해 논의하였는데 즉 확률적 오차항의 비정규성과 확률적 회귀변수들 그리고 OLS 추정량의 소표본 또는 유한표본 속성들이 성립할 수 없는 상황에서 점근적 또는 대표본 이론의 역할 등이다.
12. 우리는 Peter Kennedy의 "응용 계량경제학의 10계명"에 대해 논의하면서 이 장을 끝냈다. 이 계명들의 요점은 연구자에게 계량경제학의 순전히 기술적인 측면 너머를 보도록 요구하는 것이다.

연습문제 질문

13.1. 식 (8.6.23)에서 추정된 수요함수를 보고 13.1절에서 논의된 좋은 모형의 속성을 참작할 때 이 수요함수가 "올바로" 표기되었다고 할 수 있는가?

13.2. 가령 올바른 모형이 다음과 같다고 하자.

$$Y_i = \beta_1 X_i + u_i \quad (1)$$

그러나 원점을 통과하는 위의 회귀를 하지 않고 절편이 있는 통상적인 회귀를 수행했다고 하자. 즉

$$Y_i = \alpha_0 + \alpha_1 X_i + v_i \quad (2)$$

이 표기오차의 결과를 평가하라.

13.3. 연습문제 13.2에서 이제 올바른 모형이 (2)라고 가정하자. 오표기모형 (1)을 회귀한 결과에 대해 논하라.

13.4. "올바른" 모형이 다음과 같다고 하자.

$$Y_i = \beta_1 + \beta_2 X_{2i} + u_t \quad (1)$$

그러나 우리는 "부적절한"(X_3의 계수 β_3의 올바른 값이 0이라는 의미에서) 변수 X_3를 추가하여 다음 식을 추정하였다.

$$Y_i = \beta_1 + \beta_2 X_{2i} + \beta_3 X_{3i} + v_i \quad (2)$$

a. 모형 (2)에서의 R^2과 조정된 R^2이 모형 (1)에서보다 클 것인가?
b. 모형 (2)으로부터 구한 β_1과 β_2의 추정치가 불편성을 갖고 있나?
c. "부적절한" 변수 X_3를 포함시키면 $\hat{\beta}_1$과 $\hat{\beta}_2$의 분산이 영향을 받나?

13.5. 다음과 같은 "올바른" (Cobb–Douglas) 생산함수를 보자.

$$\ln Y_i = \alpha_0 + \alpha_1 \ln L_{1i} + \alpha_2 \ln L_{2i} + \alpha_3 \ln K_i + u_i$$

여기서 Y =생산량
L_1=생산직 노동
L_2=비생산직 노동
K =자본

그러나 실증분석에 실제로 사용된 회귀는 다음과 같다.

$$\ln Y_i = \beta_0 + \beta_1 \ln L_{1i} + \beta_2 \ln K_i + u_i$$

이들 분석에 필요한 횡단면 자료를 갖고 있다고 가정할 때
a. $E(\hat{\beta}_1) = \alpha_1$, $E(\hat{\beta}_2) = \alpha_3$이 성립하나?
b. 만일 L_2가 생산함수에서 부적절한 투입물이라는 것을 알게 된다면 (a)에서의 답변은 어떻게 되나? 구체적으로 도출하라.

13.6. 식 (13.3.4)와 (13.3.5)에서 $\hat{\alpha}_2$은 비록 편의가 있지만 불편인 $\hat{\beta}_2$에 비해 그

분산이 작다. 편의와 소분산간의 상충관계에 대해 어떻게 결정내릴 수 있는가? 힌트: 두 추정량에 대한 MSE(평균자승오차)는 다음과 같이 표현된다.

$$\text{MSE}(\hat{\alpha}_2) = \left(\sigma^2 \Big/ \sum x_{2i}^2\right) + \beta_3^2 b_{32}^2$$
$$= \text{표본 분산} + \text{편의 자승}$$
$$\text{MSE}(\hat{\beta}_2) = \sigma^2 \Big/ \sum x_2^2 \left(1 - r_{23}^2\right)$$

MSE에 대해서는 부록 A 참조.

13.7. 식 (13.5.1)이나 (13.5.3)으로부터 추정된 β가 올바른 β의 불편추정치임을 보여라.

13.8. Friedman의 영구소득가설에 따라 다음과 같이 쓸 수 있다.

$$Y_i^* = \alpha + \beta X_i^* \qquad \textbf{(1)}$$

여기서 Y_i^*= "영구" 소비지출, X_i^*= "영구" 소득.

"영구" 변수들을 관찰하는 대신 다음을 관찰하게 된다.

$$Y_i = Y_i^* + u_i$$
$$X_i = X_i^* + v_i$$

여기서 Y_i나 X_i는 관찰되거나 측정될 수 있는 값들이고, u_i와 v_i는 각각 Y^*와 X^*의 측정오차이다.

관찰 가능한 값들을 이용하여 소비함수를 다음과 같이 쓸 수 있다.

$$Y_i = \alpha + \beta(X_i - v_i) + u_i$$
$$= \alpha + \beta X_i + (u_i - \beta v_i) \qquad \textbf{(2)}$$

(1) $\text{E}(u_i) = E(v_i) = 0$, (2) $\text{var}(u_i) = \sigma_u^2$, $\text{var}(v_i) = \sigma_v^2$, (3) $\text{cov}(Y_i^*, u_i) = 0$, $\text{cov}(X_i^*, v_i) = 0$, (4) $\text{cov}(u_i, X_i^*) = \text{cov}(v_i, Y_i^*) = \text{cov}(u_i, v_i) = 0$으로 가정할 때 대표본에서 식 (2)로부터 추정된 β는 다음과 같이 됨을 보여라.

$$\text{plim}(\hat{\beta}) = \frac{\beta}{1 + \left(\sigma_v^2 / \sigma_{X^*}^2\right)}$$

a. $\hat{\beta}$에 내재하는 편의의 속성에 대해 설명하라.

b. 표본크기가 무한히 커진다면 추정된 β가 진정한 β와 같아질 것인가?

13.9. **자본자산가격모형(Capital asset pricing model).** 현대 투자이론의 자본자산가격설정 모형(CAPM)에서는 유가증권(보통주)의 특정기간 동안의 평균수익율과 베타계수라 부르는 유가증권의 변동성(변동성은 위험의 척도) 간에 다음과 같은 관계를 상정하고 있다.

$$\bar{R}_i = \alpha_1 + \alpha_2(\beta_i) + u_i \qquad \textbf{(1)}$$

여기서 $\bar{R}_i$ = 유가증권 i의 평균수익율,

β_i = 유가증권 i의 진정한 베타계수,

u_i = 확률적 교란항.

진정한 β_i를 직접 관찰할 수는 없으나 다음과 같이 측정할 수는 있다.

$$r_{it} = \alpha_1 + \beta^* r_{m_t} + e_t \quad \textbf{(2)}$$

여기서 r_{it}= 유가증권 i의 t기의 수익률

r_{m_t}= t기의 시장수익율(이것은 산업내의 유가증권에 대한 S&P지수와 같이 광범위한 시장지수에 대한 수익률 이다),

e_t=잔차항.

여기서 β^*는 "진정한" 베타계수의 추정치이다. 실제로 식 (1)을 추정하는 대신 식 (3)을 추정한다.

$$\bar{R}_i = \alpha_1 + \alpha_2(\beta_i^*) + u_i \quad \textbf{(3)}$$

여기서 β_i^*는 식 (2)의 회귀로부터 구한다. 그러나 β_i^*가 추정되기 때문에 올바른 β와 β^*간의 관계는 다음과 같이 쓸 수 있다.

$$\beta_i^* = \beta_i + v_i \quad \textbf{(4)}$$

여기서 v_i는 측정오차라 할 수 있다.

a. α_2의 추정치에 대해 이 측정오차는 어떤 영향을 미치는가?

b. 식 (3)으로부터 추정된 α_2가 올바른 α_2의 불편추정치인가? 만일, 그렇지 않다면 이것이 α_2의 일치추정치인가? 만일, 아니라면 이에 대한 처방은 어떤 것이 있을 수 있나?

13.10. 다음의 모형을 고려하여 보자.

$$Y_i = \beta_1 + \beta_2 X_{2i} + u_i \quad \textbf{(1)}$$

이 모형에서 X_3변수가 생략되었기 때문에 오표기되었는지 확인하기 위해 모형 (1)에서 얻은 잔차를 X_3에만 회귀하기로 하였다. (주: 이 회귀에는 절편이 있다). 그러나 라그랑지 승수(LM) 검정은 모형 (1)에서 얻은 잔차를 X_2와 X_3, 그리고 상수에 회귀하도록 되어 있다. 당초에 취했던 검정절차가 왜 부적절한 것인가?*

13.11. 다음 모형을 보자.

$$Y_i = \beta_1 + \beta_2 X_i^* + u_i$$

실제로 X_i^*를 다음과 같은 X_i로 측정하였다.

a. $X_i = X_i^* + 5$

b. $X_i = 3X_i^*$

c. $X_i = (X_i^* + \varepsilon_i)$

여기서 ε_i는 통상적인 특성을 지닌 순수확률 오차이다.

* Maddala, op. cit., p.447 참조.

이러한 측정오차가 진정한 β_1과 β_2의 추정치에 미치는 영향은 무엇인가?

13.12. 회귀식 (13.3.1)과 (13.3.2)를 보자. 식 (13.3.3)과 유사한 방법으로 다음 식이 성립하는 것을 보여라.

$$E(\hat{\alpha}_1) = \beta_1 + \beta_3(\bar{X}_3 - b_{32}\bar{X}_2)$$

여기서 b_{32}는 생략된 변수 X_3를 포함된 변수 X_2에 회귀하였을 때의 기울기 계수이다.

13.13. Leamer가 말한 다음과 같은 견해를 비판적으로 평가하라.*

> 변형통계학(즉 실제 자료로부터 도출한 추론이론)에 대한 나의 관심은 경제학자들의 작업을 내가 관찰한데서 유래한다. 계량경제학 이론이 부적절하다는 견해는 난처하게도 경제학자들 가운데 다수가 지지한다. 계량경제학 이론과 계량경제 현실간의 큰 괴리는 직업적 긴장상태를 야기할 것으로 예상될 수도 있다. 실제로 조용한 균형이 우리 학술지와 [전문가] 회의에 스며들고 있다. 우리는 편안하게 우리 자신을 한편으로는 통계 이론가라는 독신의 사제로 분류하고 다른 한편으로는 다수의 상습적 죄인인 자료 분석가로 분류한다. 사제들은 죄악의 명단을 작성할 권한을 부여받고 그들이 과시하는 특별한 재능에 대해 존경받는다. 죄인들은 죄를 회피할 것으로 기대되지 않고 그들은 단지 그들의 과오를 공개적으로 자백할 필요가 있다.

13.14. Henry Theil의 다음과 같은 말을 평가하라.**

> 주어진 상황에서 신뢰구간과 검정 통계량이 회귀 전략의 마지막 회귀로부터 전형적인 방법으로 계산될 때 가장 현명한 절차는 신뢰계수들과 유의한계를 관대하게 해석하는 것이다. 즉 95% 신뢰계수는 실제로 80% 신뢰계수일 수도 있고, 1% 유의수준은 실제로 10% 수준일 수 있다.

13.15. 1950년대와 1960년대 초에 사용되던 계량경제학 방법론에 대해 논평하면서 Blaug는 다음과 같이 말하였다.***

> ...그것(즉 실증 연구)의 대다수는 그물을 내리고 테니스 경기를 하는 것과 같다. 검정가능한 예측에 대해 이의를 제기하는 대신 현대 경제학자들은 모두 실제 세상이 그들의 예측과 부합한다는 것을 보이는데 너무 자주 만족하여 하기 어려운 (Popper에 따라) 허위임을 밝히는 입증 대신 하기 쉬운 진술이 맞다는 입증으로 대체한다.

---

* Edward E. Leamer, *Specification Searches: Ad Hoc Inference with Nonexperimental Data*, John Wiley & Sons, New York, 1978, p. vi.

** Henry Theil, *Principles of Econometrics*, John Wiley & Sons, New York, 1971, pp.605–606.

*** M. Blaug, *The Methodology of Economics. Or How Economists Explain*, Cambridge University Press, New York, 1980, p.256.

이 견해에 동의하나? 그의 견해에 대해 더 배우기 위해서는 Blaug의 책을 읽기를 원할 수 있다.

13.16. Blaug에 의하면 "증명에 대한 논리는 없고, 반박에 대한 논리는 존재한다."* 이 말은 무슨 의미인가?

13.17. 교재에서 논의된 St. Louis 모형을 보자. 내포적 F 검정과 연관된 문제점들을 염두에 두면서 회귀 (13.8.4)에 나온 결과를 비판적으로 평가하라.

13.18. 가령 진정한 모형이 다음과 같다.

$$Y_i = \beta_1 + \beta_2 X_i + \beta_2 X_i^2 + \beta_3 X_i^3 + u_i$$

그러나 실제로 추정한 모형은 다음과 같다.

$$Y_i = \alpha_1 + \alpha_2 X_i + v_i$$

만일 $X = -3, -2, -1, 0, 1, 2, 3$에서의 Y의 관찰치들을 사용하고 "틀린" 모형을 추정한다면 이 추정치들에 어떤 편의가 초래되나?**

13.19. 모형 $Y_i = \beta_1 + \beta_2 X_i + u_i$에 변수 X_i^2이 속하는지를 보기 위해 Ramsey의 RESET 검정은 선형 모형을 추정하고 이 모형[즉 $\hat{Y}_i = \hat{\beta}_1 + \hat{\beta}_2 X_i$]으로부터 추정된 Y_i를 얻은 다음 모형 $Y_i = \alpha_1 + \alpha_2 X_i + \alpha_3 \hat{Y}_i^2 + v_i$를 추정하여 α_3의 유의성을 검정한다. 만일 앞의 (RESET) 식에서 $\hat{\alpha}_3$이 통계적으로 유의한 것으로 판명된다면 모형 $Y_i = \beta_1 + \beta_2 X_i + \beta_3 X_i^2 + u_i$를 직접 추정하는 것과 동일하다는 것을 증명하라. (힌트: RESET 회귀에서 $\hat{Y}_i$ 대신 대체하라).***

13.20. 다음 진술이 맞는지 틀리는지를 이유와 함께 답변하라.

a. 한 관찰치는 영향력이 있을 수는 있지만 이상점은 될 수 없다.

b. 한 관찰치는 이상점은 될 수 있지만 영향력은 있을 수 없다.

c. 한 관찰치는 영향력도 있고 이상점도 될 수 있다.

d. 만일 모형 $Y_i = \beta_1 + \beta_2 X_i + \beta_3 X_i^2 + u_i \hat{\beta}_3$가 통계적으로 유의한 것으로 판명된다면 설령 $\hat{\beta}_2$이 통계적으로 유의하지 않더라도 선형항 X_i는 존속시켜야 한다.

e. 만일 모형 $Y_i = \beta_1 + \beta_2 X_{2i} + \beta_3 X_{3i} + u_i$나 모형 $Y_i = \alpha_1 + \beta_2 x_{2i} + \beta_3 x_{3i} + u_i$를 OLS로 추정한다면 추정된 회귀선은 동일하다. 여기서 $x_{2i} = (X_{2i} - \bar{X}_2)$, $x_{3i} = (X_{3i} - \bar{X}_3)$이다.

* Ibid., p.14.

** G. A. F. Sebeir, *Linear Regression Analysis*, John Wiley & Sons, New York, 1977, p.176에서 개작되었음.

*** Kerry Peterson, op. cit., pp.184–185로부터 개작되었음.

실증문제

13.21. 연습문제 7.19에 주어진 닭에 대한 수요의 자료를 이용하기로 하자. 가령 다른 사람이 올바른 수요함수가 다음과 같다고 말한다고 하자.

$$\ln Y_t = \beta_1 + \beta_2 \ln X_{2t} + \beta_3 \ln X_{3t} + \beta_6 \ln X_{6t} + u_t \qquad \textbf{(1)}$$

그러나 당신은 다르게 생각하여 다음과 같은 수요함수를 추정한다고 하자.

$$\ln Y_t = \alpha_1 + \alpha_2 \ln X_{2t} + \alpha_3 \ln X_{3t} + v_t \qquad \textbf{(2)}$$

여기서 $Y = 1$인당 닭고기 소비(파운드)

$X_2 = 1$인당 실질 가처분소득

$X_3 =$ 닭고기의 실질 소매가격

$X_6 =$ 닭고기와 대체적인 재화들의 실질복합 가격

a. 수요함수 (1)이 맞다는 가정 하에 표기오차에 대한 RESET와 LM을 검정하라.

b. 식 (1)에서의 $\hat{\beta}_6$이 통계적으로 유의하지 않은 것으로 나왔다고 하자. 이 사실로 인해 모형 (2)를 회귀할 때 표기오차가 없다고 말할 수 있나?

c. $\hat{\beta}_6$이 통계적으로 유의하지 않은 것으로 나왔다면, 이 사실로 인해 수요함수의 변수로 대체재의 가격이 도입되어서는 안 된다고 말할 수 있나?

13.22. 연습문제 13.21을 계속하기로 한다. 이제 모형 (2)가 올바른 수요함수라고 가정하자.

a. 이제 모형 (1)을 추정한다면 어떤 종류의 표기오차를 범하게 되나?

b. 이 표기오차로 인해 어떠한 이론적 결과가 야기되나? 자료를 가지고 설명하라.

13.23. 올바른 모형은 다음과 같다.

$$Y_i^* = \beta_1 + \beta_2 X_i^* + u_i \qquad \textbf{(1)}$$

그러나 측정오차로 인해 다음 식을 추정하였다.

$$Y_i = \alpha_1 + \alpha_2 X_i + v_i \qquad \textbf{(2)}$$

여기서 $Y_i = Y_i^* + \varepsilon_i$, $X_i = X_i^* + w_i$, ε_i와 w_i는 측정오차.

표 13.2의 자료를 이용하여 올바른 모형 (1)대신 (2)를 추정했을 때의 결과를 기술하라.

13.24. **Monte Carlo실험.*** 10명이 다음과 같은 주당 영구소득이 있다. $200, 220, 240, 260, 280,300, 320, 340, 380, 400. 영구소비 (Y_i^*)는 영구소득 (X_i^*)에 다음과 같이 관련되어 있다.

$$Y_i^* = 0.8X_i^* \qquad \textbf{(1)}$$

---

* Christopher Dougherty, *Introduction to Econometrics*, Oxford University Press, New York, 1992, pp.253–256으로부터 개작됨.

각 개인은 일시적 소득을 가지고 있는데 일시적 소득은 평균이 0이고 분산이 1인 정규분포 모집단에서 추출된 확률변수 u_i에 100을 곱한 만큼의 크기이다. 소비에는 일시적 요소가 없다고 가정하자. 따라서 측정(표준정규변수)된 소비와 영구소비는 동일하다.

a. 표준정규분포를 따르는 모집단으로부터 10개의 난수를 추출하고 측정된 소득 $X_i (= X_i^* + 100u_i)$를 구하라.

b. (a)에서 얻은 자료를 사용하여 영구(=측정된) 소비를 측정된 소득에 회귀하고 그 결과를 식 (1)의 결과와 비교하라. 선험적으로 절편은 0이 되어야 하는데 (그 이유는?) 이 식이 그러한 경우인가? 그 이유는?

c. (a)를 100번 반복하여 (b)에서 행한 것과 같이 100개의 회귀결과를 구한 후 진정한 회귀 (1)과 결과를 비교하라. 어떠한 결론을 유도할 수 있는가?

13.25. 연습문제 8.26을 보자. 거기에 주어진 변수들의 정의에 따라 Y를 설명하는 다음 두 모형을 보자.

$$\text{모형 A:} \quad Y_t = \alpha_1 + \alpha_2 X_{3t} + \alpha_3 X_{4t} + \alpha_4 X_{6t} + u_t$$

$$\text{모형 B:} \quad Y_t = \beta_1 + \beta_2 X_{2t} + \beta_3 X_{5t} + \beta_4 X_{6t} + u_t$$

내포적 F 검정을 이용하여 두 모형 가운데 어느 모형을 선택할 것인가?

13.26. 연습문제 13.25를 계속하자. J 검정을 이용하여 두 모형 가운데 어떻게 결정할 것인가?

13.27. 연습문제 7.19는 미국의 닭고기에 대한 수요와 관련된 것인데 이것을 보자. 거기에는 5가지 모형이 주어져 있다.

a. 모형 1과 모형 2 간의 차이는 무엇인가? 만일 모형 2가 옳은데 모형 1을 추정하였다면 어떤 종류의 오차를 범했나? 식 표기오차 또는 모형선택 오차 가운데 어떤 검정을 적용해야 하나? 필요한 계산을 보여라.

b. 모형 1과 모형 5 가운데 어느 것을 선택할 것인가? 어떤 검정방법(들)을 이용할 것인가? 그 이유는?

13.28. 1970~2005년간 개인 저축(Y)과 개인 가처분소득(X)에 대한 자료가 주어진 표 8.11을 보자. 이제 다음 모형들을 보자.

$$\text{모형 A:} \quad Y_t = \alpha_1 + \alpha_2 X_t + \alpha_3 X_{t-1} + u_t$$

$$\text{모형 B:} \quad Y_t = \beta_1 + \beta_2 X_t + \beta_3 Y_{t-1} + u_t$$

이 두 모형 가운데 어떻게 선택하나? 사용하는 검정절차를 명확히 기술하고, 모든 계산을 보여라. 가령 누군가가 이자율 변수가 저축함수에 속한다고 주장한다고 하자. 이것을 어떻게 검정할 것인가? 이자율에 대한 대리변수로 3개월 재무성 단기채권 이자율에 대한 자료를 수집하여 답변을 제시하라.

13.29. 연습문제 13.28에 있는 자료를 이용한다. 축차 최소자승과 익숙해지기 위해 1970~1981, 1970~1985, 1970~1990, 1970~1995년에 대한 저축함수를 추정하라. 저축함수에서 추정된 계수의 안정성에 대해 논평하라.

13.30. 연습문제 13.29를 계속하되, 이제는 표 8.10에 있는 최신의 자료를 이용한다.

a. 가령 1970~1981년간의 저축함수를 추정한다고 하자. 그렇게 추정된 모수와 1982~2000년간의 개인 가처분소득 자료를 이용하여 나중 기의 예측된 저축을 추정하고 Chow의 예측실패 검정을 이용하여 두 기간 간의 저축함수가 변하지 않았다는 가설을 기각할 수 있는지 알아내라.

b. 이제 2000~2005년의 자료로 저축함수를 추정한다. 그 결과를 위에서와 동일한 방법(Chow의 예측실패 검정)을 이용하여 1982~2000년에 대한 함수와 비교하라. 두 기간 간 저축함수에 심각한 변동이 있나?

13.31. K-변수 회귀모형에서 한 변수의 생략. 식 (13.3.3)을 보면 모형 $Y_i = \beta_1 + \beta_2 X_{2i} + \beta_3 X_{3i} + u_i$에서 변수 X_3가 생략되었을 때의 편의를 보여준다. 이것은 다음과 같이 일반화될 수 있다. k-변수 모형 $Y_i = \beta_1 + \beta_2 X_{2i} + \ldots + \beta_k X_{ki} + u_i$에서 가령 우리가 변수 X_k를 생략했다고 하자. 그러면 포함된 변수 X_j의 기울기계수의 생략된 변수 편의는 다음과 같다.

$$E(\hat{\beta}_j) = \beta_j + \beta_k b_{kj} \qquad j = 2, 3, \ldots, (k-1)$$

여기서 b_{kj}는 모형에 포함된 모든 설명변수에 대한 제외된 변수 X_k의 보조회귀에서의 X_j의 (부분) 기울기계수이다.*

연습문제 13.21을 보자. 만일 우리가 모형으로부터 변수 $\ln X_6$을 제외했다면 식 (1)에서의 계수의 편의를 구하라. 이러한 제외가 심각한가? 필요한 계산을 보여라.

부록 13A

13A.1 $E(b_{12}) = \beta_2 + \beta_3 b_{32}$[식 (13.3.3)]의 증명

편차형으로 3-변수 모집단 회귀모형은 다음과 같이 쓸 수 있다.

$$y_i = \beta_2 x_{2i} + \beta_3 x_{3i} + (u_i - \bar{u}) \tag{1}$$

첫째 x_2를 곱하고 다시 x_3을 곱하면 통상적인 정규방정식은 다음과 같다.

$$\sum y_i x_{2i} = \beta_2 \sum x_{2i}^2 + \beta_3 \sum x_{2i} x_{3i} + \sum x_{2i}(u_i - \bar{u}) \tag{2}$$

$$\sum y_i x_{3i} = \beta_2 \sum x_{2i} x_{3i} + \beta_3 \sum x_{3i}^2 + \sum x_{3i}(u_i - \bar{u}) \tag{3}$$

* 이것은 모형으로부터 하나 이상의 적절한 X 변수가 제외된 경우로 일반화될 수 있다. 이에 대해서는 Chandan Mukherjee et al., op. cit., p.215 참조.

식 (2)의 양변을 $\sum x_{2i}^2$ 으로 나누면 다음과 같다.

$$\frac{\sum y_i x_{2i}}{\sum x_{2i}^2} = \beta_2 + \beta_3 \frac{\sum x_{2i} x_{3i}}{\sum x_{2i}^2} + \frac{\sum x_{2i}(u_i - \bar{u})}{\sum x_{2i}^2} \tag{4}$$

이제 다음이 성립하므로

$$b_{12} = \frac{\sum y_i x_{2i}}{\sum x_{2i}^2}$$

$$b_{32} = \frac{\sum x_{2i} x_{3i}}{\sum x_{2i}^2}$$

식 (4)는 다음과 같이 쓸 수 있다.

$$b_{12} = \beta_2 + \beta_3 b_{32} + \frac{\sum x_{2i}(u_i - \bar{u})}{\sum x_{2i}^2} \tag{5}$$

식 (5)의 양변에 기대치를 취하면 다음이 성립한다.

$$E(b_{12}) = \beta_2 + \beta_3 b_{32} \tag{6}$$

여기서 (a) 주어진 표본에 대해 b_{32}는 알려진 고정된 값이고, (b) β_2와 β_3는 상수이며, (c) u_i는 (X_{3i}는 물론) X_{2i}와 상관되지 않는다는 사실을 이용하였다.

13A.2 부적절한 변수포함의 결과: 불편성

올바른 모형 (13.3.6)에서 다음의 추정량은 불편추정량이다.

$$\hat{\beta}_2 = \frac{\sum y x_2}{\sum x_2^2} \tag{1}$$

모형 (13.3.7)로부터

$$\hat{\alpha}_2 = \frac{\left(\sum y x_2\right)\left(\sum x_3^2\right) - \left(\sum y x_3\right)\left(\sum x_2 x_3\right)}{\sum x_2^2 \sum x_3^2 - \left(\sum x_2 x_3\right)^2} \tag{2}$$

올바른 모형을 편차형으로 다시 쓰면

$$y_i = \beta_2 x_2 + (u_i - \bar{u}) \tag{3}$$

식 (3)의 y_i를 식 (2)에 대입해서 정돈하면

$$E(\hat{\alpha}_2) = \beta_2 \frac{\sum x_2^2 \sum x_3^2 - \left(\sum x_2 x_3\right)^2}{\sum x_2^2 \sum x_3^2 - \left(\sum x_2 x_3\right)^2} = \beta_2 \tag{4}$$

즉, $\hat{\alpha}_2$은 불편추정량이다. 또한

$$\hat{\alpha}_3 = \frac{\left(\sum y x_3\right)\left(\sum x_2^2\right) - \left(\sum y x_2\right)\left(\sum x_2 x_3\right)}{\sum x_2^2 \sum x_3^2 - \left(\sum x_2 x_3\right)^2} \tag{5}$$

식 (3)의 y_i를 (5)에 대입하여 정리하면

$$E(\hat{\alpha}_3) = \beta_2 \frac{\left[\left(\sum x_2x_3\right)\left(\sum x_2^2\right) - \left(\sum x_2x_3\right)\left(\sum x_2^2\right)\right]}{\sum x_2^2 \sum x_3^2 - \left(\sum x_2x_3\right)^2} \tag{6}$$

$$= 0$$

이것이 올바른 모형에서의 값인데 그 이유는 올바른 모형에는 X_3가 없기 때문이다.

13A.3 식 (13.5.10)의 증명

다음과 같은 식이 있다.

$$Y = \alpha + \beta X_i^* + u_i \tag{1}$$

$$X_i = X_i^* + w_i \tag{2}$$

따라서 편차형으로 다시 쓰면

$$y_i = \beta x_i^* + (u_i - \bar{u}) \tag{3}$$

$$x_i = x_i^* + (w_i - \bar{w}) \tag{4}$$

이제 식 (5)를 사용하면

$$Y_i = \alpha + \beta X_i + u_i \tag{5}$$

다음을 얻을 수 있다.

$$\hat{\beta} = \frac{\sum yx}{\sum x^2}$$

$$= \frac{\sum[\beta x^* + (u - \bar{u})][x^* + (w - \bar{w})]}{\sum[x^* + (w - \bar{w})]^2} \qquad \text{(3), (4) 이용}$$

$$= \frac{\beta \sum x^{*2} + \beta \sum x^*(w - \bar{w}) + \sum x^*(u - \bar{u}) + \sum(u - \bar{u})(w - \bar{w})}{\sum x^{*2} + 2\sum x^*(w - \bar{w}) + \sum(w - \bar{w})^2}$$

우리는 이 식에 기대치를 취할 수 없는데, 그 이유는 두 변수의 비율의 기대치는 각 변수의 기대치의 비율과 상이하기 때문이다.(주: 기대치 연산자 E는 선형연산자이다). 그래서 분자와 분모의 각 항들을 n으로 나누어서 확률극한, plim(이에 대해서는 부록 A 참조)을 취해 보기로 한다.

$$\hat{\beta} = \frac{(1/n)\left[\beta \sum x^{*2} + \beta \sum x^*(w - \bar{w}) + \sum x^*(u - \bar{u}) + \sum(u - \bar{u})(w - \bar{w})\right]}{(1/n)\left[\sum x^{*2} + 2\sum x^*(w - \bar{w}) + \sum(w - \bar{w})^2\right]}$$

이제 두 변수의 비율의 확률극한은 그들의 확률극한의 비율이 된다. 이 규칙을 적용하여 각 항에 대해 확률극한을 취하면 다음과 같다.

$$\text{plim}\,\hat{\beta} = \frac{\beta\sigma_{X^*}^2}{\sigma_{X^*}^2 + \sigma_w^2}$$

여기서 $\sigma_{x^*}^2$과 σ_w^2은 표본크기가 무한히 증가할 때의 X^*와 w의 분산이고, 또한 위 식에서는 표본 크기가 무한히 커짐에 따라 u와 w는 상관되지 않고 이들과 진정한 X^*도 상관되지 않는다는 사실을 이용하고 있다. 이 식으로부터 다음을 얻을 수 있다.

$$\operatorname{plim} \hat{\beta} = \beta \left[\frac{1}{1 + \left(\sigma_w^2 / \sigma_{X^*}^2 \right)} \right]$$

이것이 원하는 결과다.

13A.4 식 (13.6.2)의 증명

모형에 절편항이 없으므로 원점을 통과하는 회귀에 대한 공식에 의하면 α 의 추정치는 다음과 같다.

$$\hat{\alpha} = \frac{\sum X_i Y_i}{\sum X_i^2} \tag{1}$$

진정한 모형 (13.2.8)로부터 Y를 대체하면 다음을 얻는다.

$$\hat{\alpha} = \frac{\sum X_i (\beta X_i u_i)}{\sum X_i^2} = \beta \frac{\sum X_i^2 u_i}{\sum X_i^2} \tag{2}$$

통계이론에 의하면 만일 $u_i \sim N(0, \sigma^2)$이면 다음이 성립한다.

$$u_i = \text{log normal} \left[e^{\sigma^2/2},\ e^{\sigma^2} \left(e^{\sigma^2 - 1} \right) \right] \tag{3}$$

따라서

$$E(\hat{\alpha}) = \beta E \left(\frac{\sum X_i^2 u_i}{\sum X_i^2} \right)$$

$$= \beta \left(E \frac{\left(X_1^2 u_1 + X_2^2 u_2 + \cdots + X_n^2 u_n \right)}{\sum X_i^2} \right)$$

$$= \beta e^{\sigma^2/2} \left(\frac{\sum X_i^2}{\sum X_i^2} \right) = \beta e^{\sigma^2/2}$$

여기서 X들은 비확률적이고, 각 u_i는 기대치가 $e^{\sigma^2/2}$이라는 사실을 이용하였다. $E(\hat{\alpha}) \neq \beta$ 이므로 $\hat{\alpha}$은 β의 편의추정량이다.

계량경제학의 논제들 3부

1부에서는 고전적 선형회귀모형을 그것의 가정들과 함께 소개하였다. 2부에서는 하나 또는 그 이상의 가정들이 만족되지 않을 때 초래되는 결과와 그 경우 무엇을 할 수 있는지에 대해 상세하게 살펴보았다. 3부에서는 몇 가지 정선된 그러나 흔히 마주치게 되는 계량경제학 기법들을 공부한다. 특히 다음의 논제들을 논의하기로 한다. 즉 (1) 모수에 대해 비선형인 회귀모형, (2) 정성적 반응 회귀모형, (3) 패널자료 회귀모형, (4) 동태 회귀모형 등이다.

14장에서는 모수에 대해 **본질적으로** 비선형인 모형을 살펴본다. 소프트웨어 패키지가 당장 이용 가능하므로 그러한 모형을 추정하는 것은 더 이상 어려운 일이 아니다. 설령 내재하는 수학이 몇몇 독자들을 곤란하게 할지 모르지만 모수에 대해 비선형인 회귀모형의 기본 인식은 직관적으로 설명될 수 있다. 적절한 예를 가지고 이 장에서는 어떻게 그러한 모형이 추정되고 해석되는지를 보여준다.

15장에서는 종속변수가 사실상 정성적인 회귀모형을 살펴본다. 그러므로 이 장은 설명변수가 사실상 정성적인 모형에 대해 논의했던 9장과 보완적이다. 이 장의 기본 취지는 피회귀변수가 예 또는 아니오 형태인 모형을 개발하는 데 있다. 통상최소자승법(OLS)은 그러한 모형을 추정하는 데 몇 가지 문제점에 봉착하므로 몇 가지 대안들이 개발되었다. 이 장에서는 두 대안들을 살펴보는데 로지트 모형과 프로비트 모형이다. 이 장에서는 또한 토비트 모형과 포아송 회귀모형과 같이 정성적 반응모형의 몇 가지 변형들에 대해서도 논의된다. 배열된 프로비트, 배열된 로지트, 그리고 다항 로지트와 같이 정성적 반응모형의 몇몇 확장모형에 대해서도 간략하게 논의된다.

16장에서는 패널자료 회귀모형에 대해 논의된다. 그러한 모형은 시계열과 횡단면 관찰치들을 합한 것이다. 설령 그러한 관찰치들을 합해 표본규모가 증가하였다고 할지라도 패널자료 회귀모형은 몇 가지 추정상의 어려운 점들에 봉착한다. 이 장에서는 단지 그 모형의 필수요소만 논의하고 후속연구를 위해서 독자에게 적절한 자료를 안내할 것이다.

17장에서는 설명변수의 하나로 종속변수의 시차값을 포함하는 모형뿐만 아니라 설명변수의 현재값은 물론 과거 또는 시차값도 포함하는 회귀모형을 살펴본다. 이러한 모형들을 각각 자기회귀모형과 분포시차모형이라 부른다. 비록 그러한 모형들은 실증 계량경제학에서 극히 유용하지만 그것들은 몇 가지 특별한 추정 문제에 봉착하게 되는데 그 이유는 그것들은 고전적 회귀모형의 하나 또는 그 이상의 가정을 위배하기 때문이다. 우리는 이 특별한 문제들을 Koyck, 적응적 기대(AE), 부분조정모형의 상황에서 살펴볼 것이다. 또한 소위 합리적 기대(RE)학파의 옹호자들이 AE모형에 퍼부은 비판에도 주목할 것이다.

14장

비선형 회귀모형

이 책에서 주로 강조하고 있는 것은 선형회귀모형, 즉 모수에 대해 선형인 모형이나 변환되어 모수에 대해 선형이 되는 모형들에 대해서이다. 그러나 이따금 이론적이나 실증적 이유로 모수에 대해 비선형인 모형을 고려해야만 한다.[1] 이 장에서는 그러한 모형을 살펴보고 그것들의 특징에 대해 공부한다.

14.1 본질적으로 선형인 모형과 비선형인 모형

2장에서 선형회귀모형에 대한 논의를 시작했을 때 이 책에서의 우리의 관심은 기본적으로 모수에 대해 선형인 모형이라고 말했다. 그것들은 변수에 대해 선형일 수도 비선형일 수도 있다. 표 2.3을 보면 변수뿐만 아니라 모수에 대해서도 선형인 모형이 선형회귀모형이고 모수에 대해서는 선형이지만 변수에 대해서는 비선형인 모형도 선형회귀모형이라는 것을 볼 것이다. 반면에 어떤 모형이 모수에 대해 비선형이면 그 모형의 변수들이 선형이든 아니든 그것은 (모수에 대해) 비선형인 회귀모형이다.

그러나 여기서 조심해야 하는데 왜냐하면 어떤 모형들은 모수에 대해 비선형으로 보이지만 본래 또는 본질적으로 선형인데 그 이유는 적절한 변환을 통해 모수에 대해 선형인 회귀모형이 될 수 있기 때문이다. 그러나 만일 그러한 모형들이 모수에 대해 선형으로 될 수 없다면 그것들은 본래 비선형 회귀모형이라 부른다. **지금부터 우리가 비선형 회귀모형에 대해 말할 때에는 우리는 그것이 본래 비선형인 것을 의미한다.** 간략하게 우리는 그것들을 NLRM이라고 부른다.

둘 간의 구분을 납득시키기 위해 연습문제 2.6과 2.7로 다시 돌아가자. 연습문제 2.6에서 모형 a, b, c와 e는 선형 회귀모형인데 왜냐하면 그것들은 모두 모

1. 4장에서 정규분포 오차항 가정 하에서는 OLS 추정량은 BLUE일 뿐만 아니라 선형이든 아니든 전체 추정량 부류에서 BUE(최량 불편추정량)이라는 것에 주목하였다. 그러나 Davidson과 MacKinnon이 주목하였듯이 만일 정규분포 가정을 제외하면 OLS 추정량보다 더 나은 성능을 갖는 비선형이고(이거나) 편의추정량을 얻는 것이 가능하다. Russell Davidson and James G. MacKinnon, *Estimation and Inference in Econometrics*, Oxford University Press, New York, 1993, p.161 참조.

수에 대해 선형이기 때문이다. 모형 d는 잡종인데 왜냐하면 β_2는 선형이나 $\ln \beta_2$는 아니기 때문이다. 그러나 만일 $\alpha = \ln \beta_1$이라고 하면 이 모형은 α와 β_2에 대해 선형이다.

연습문제 2.7에서 모형 d와 e는 본래 비선형인데 왜냐하면 그것들을 선형화할 단순한 방법이 없기 때문이다. 모형 c는 분명히 선형 회귀모형이다. 모형 a와 b는 어떤가? a의 양변에 로그를 취하면 $\ln Y_i = \beta_1 + \beta_2 X_i + u_i$가 되는데 이것은 모수에 대해 선형이다. 이리하여 모형 a는 **본래** 선형 회귀모형이다. 모형 b는 로지스틱 (확률)분포함수의 예인데, 이것에 대해 15장에 배울 것이다. 겉보기에는 이것은 비선형 회귀모형으로 보인다. 그러나 간단한 수학적 묘기를 통해 그것은 선형 회귀모형으로 바뀐다. 즉

$$\ln\left(\frac{1 - Y_i}{Y_i}\right) = \beta_1 + \beta_2 X_i + u_i \tag{14.1.1}$$

따라서 모형 b는 본래 선형이다. 다음 장에서 식 (14.1.1)과 같은 모형이 유익하다는 것을 볼 것이다.

이제 유명한 Cobb–Douglas(C–D) 생산함수를 보자. $Y =$ 산출량, $X_2 =$ 노동투입양, $X_3 =$ 자본투입량이라 하고 이 함수를 세 가지 다른 방법으로 기술할 것이다.

$$Y_i = \beta_1 X_{2i}^{\beta_2} X_{3i}^{\beta_3} e^{u_i} \tag{14.1.2}$$

또는

$$\ln Y_i = \alpha + \beta_2 \ln X_{2i} + \beta_3 \ln X_{3i} + u_i \tag{14.1.2a}$$

여기서 $\alpha = \ln \beta_1$이다. 이리하여 이 형태로는 C–D함수는 본래 선형이다.

이제 C–D함수의 다음과 같은 형태를 보자.

$$Y_i = \beta_1 X_{2i}^{\beta_2} X_{3i}^{\beta_3} u_i \tag{14.1.3}$$

또는

$$\ln Y_i = \alpha + \beta_2 \ln X_{2i} + \beta_3 \ln X_{3i} + \ln u_i \tag{14.1.3a}$$

여기서 $\alpha = \ln \beta_1$이다. 이 모형 역시 모수에 대해 선형이다.

그러나 이제 C–D함수의 다음과 같은 형태를 보자.

$$Y_i = \beta_1 X_{2i}^{\beta_2} X_{3i}^{\beta_3} + u_i \tag{14.1.4}$$

금방 언급하였듯이 C–D형태인 (14.1.2a)와 (14.1.3a)는 본래 (모수에 대해) 선형인 회귀모형이지만 식 (14.1.4)의 경우 변환된 모형이 모수에 대해 선형이 될 수 있도록 변환할 방법이 없다.[2] 따라서 식 (14.1.4)는 본래 비선형 회귀모형이다.

또 다른 잘 알려져 있지만 본래 비선형인 함수는 CES 생산함수인데, Cobb–Douglas 생산함수는 이것의 특수한 경우이다. CES 생산함수는 다음과 같은 형태를 갖는다.

$$Y_i = A\left[\delta K_i^{-\beta} + (1-\delta)L_i^{-\beta}\right]^{-1/\beta} \tag{14.1.5}$$

여기서 Y= 산출량, K= 자본투입량, L= 노동투입량, A= 규모 모수, δ = 분배 모수 $(0 < \delta < 1)$, β= 대체 모수 $(\beta \geq -1)$이다.[3] 생산함수에 확률적 오차항 u_i가 어떠한 형태로 들어가든 (모수에 대해) 선형인 회귀모형으로 만들 방법이 없다. 그것은 본래 비선형 회귀모형이다.

14.2 선형 및 비선형 회귀모형의 추정

선형 및 비선형 회귀모형을 추정하는 데 있어서의 차이점을 보기 위해 다음 두 모형을 고려하자.

$$Y_i = \beta_1 + \beta_2 X_i + u_i \tag{14.2.1}$$

$$Y_i = \beta_1 e^{\beta_2 X_i} + u_i \tag{14.2.2}$$

지금쯤은 이미 식 (14.2.1)은 선형 회귀모형인 반면 식 (14.2.2)는 비선형 회귀모형이라는 것을 안다. 식 (14.2.2)는 지수회귀모형으로 알려져 있는데 종종 인구, GDP, 또는 통화공급과 같은 변수의 성장을 측정하는 데 사용된다.

가령 우리가 OLS로 두 모형의 모수들을 추정할 것을 고려한다고 하자. OLS에서는 잔차자승합계(RSS)를 극소화하는데 모형 (14.2.1)의 경우

$$\sum \hat{u}_i^2 = \sum (Y_i - \hat{\beta}_1 - \hat{\beta}_2 X_i)^2 \tag{14.2.3}$$

여기서 $\hat{\beta}_1$과 $\hat{\beta}_2$은 진정한 β들의 OLS 추정량이다. 위 식을 두 개의 미지수로 미분하면 식 (3.1.4)와 (3.1.5)에서와 같은 정규 방정식을 얻는다. 이 식들을 동시에 풀면 식 (3.1.6)과 (3.1.7)에 주어진 OLS 추정량들을 얻는다. 이 상황에서 미지수들(β들)은 좌변에 있고 기지수(X와 Y)는 우변에 있다는 것을 조심스럽게 관찰

---

2. 모형의 로그 변환을 시도하면 제대로 되지 않는데 왜냐하면 $\ln(A + B) \neq \ln A + \ln B$이기 때문이다.

3. CES 생산함수의 속성에 대해서는 Michael D. Intriligator, Ronald Bodkin, and Cheng Hsiao, *Econometric Models, Techniques, and Applications*, 2d ed., Prentice Hall, 1996, pp.294~295 참조.

하라. 그 결과 두 미지수에 대한 명시적 해를 우리 자료의 함수로 얻는다.

이제 식 (14.2.2)의 RSS를 극소화한다면 어떻게 되는지를 본다. 부록 14A의 14A.1절에서 볼 수 있듯이 식 (3.1.4)와 (3.1.5)에 상응하는 정규 방정식들은 다음과 같다.

$$\sum Y_i e^{\hat{\beta}_2 X_i} = \beta_1 e^{2\hat{\beta}_2 X_i} \tag{14.2.4}$$

$$\sum Y_i X_i e^{\hat{\beta}_2 X_i} = \hat{\beta}_1 \sum X_i e^{2\hat{\beta}_2 X_i} \tag{14.2.5}$$

선형 회귀모형에서의 정규 방정식들과는 달리 비선형 회귀의 정규 방정식은 식의 좌변과 우변에 모두 미지수들(β들)을 가지고 있다. 그 결과 우리는 **미지수에 대한 명시적 해를 알고 있는 수량의 함수로 구할 수 없다**. 달리 표현하면 미지수들은 그들 자신과 자료의 함수로 표현된다! 따라서 비선형 회귀모형의 모수들을 추정하기 위해 최소자승법을 적용할 수 있다고 하더라도 미지수에 대한 명시적 해를 얻을 수 없다. 부수적으로 비선형 회귀모형에 적용되는 OLS는 비선형 최소자승법(NLLS)이라 부른다. 그러면 해는 무엇인가? 바로 다음에 이 질문에 응한다.

14.3 비선형 회귀모형의 추정: 시행착오법

이를 준비하기 위해 구체적 예를 보자. 표 14.1의 자료는 미국의 선도적 상호투자신탁회사가 그 자산을 관리하는 투자상담사들에게 지급하는 자문료와 연관된다. 지급되는 자문료는 자금의 순자산가치에 의존한다. 자금의 순자산가치가 높으면 높을수록 자문료는 더 낮아지는데 이것은 그림 14.1에서 분명하게 볼 수 있다.

식 (14.2.2)의 지수회귀모형이 표 14.1에 주어진 자료에 얼마나 적합한지를 보기 위해 시행착오를 진행할 수 있다. 가령 우리가 처음에 $\beta_1 = 0.45$, $\beta_2 = 0.01$

표 14.1
청구되는 자문료와 자산 규모

	자문료, %	자산*
1	0.520	0.5
2	0.508	5.0
3	0.484	10
4	0.46	15
5	0.4398	20
6	0.4238	25
7	0.4115	30
8	0.402	35
9	0.3944	40
10	0.388	45
11	0.3825	55
12	0.3738	60

*자산은 순자산가치를 나타낸다(10억 달러).

그림 14.1
자문료와 자금 자산

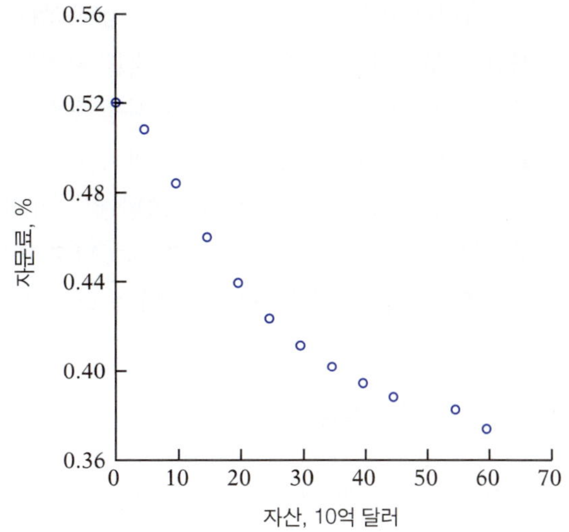

로 가정한다고 하자. 이것들은 순전히 추측인데 종종 이전의 경험이나 이전의 실증작업에 기초하거나 또는 비록 적절치 않더라도 선형회귀모형을 추정해서 얻은 값들일 수 있다. 이 단계에서는 이 값들이 어떻게 얻어진 것인지에 대해 걱정할 필요가 없다.

β_1과 β_2의 값을 알고 있으므로 식 (14.2.2)를 다음과 같이 쓸 수 있다.

$$u_i = Y_i - \beta_1 e^{\beta_2 X_i} = Y_i - 0.45e^{0.01X_i} \tag{14.3.1}$$

따라서

$$\sum u_i^2 = \sum (Y_i - 0.45e^{0.01X_i})^2 \tag{14.3.2}$$

Y, X, β_1과 β_2를 알고 있으므로 식 (14.3.2)에서 쉽게 오차자승합계를 구할 수 있다.[4] OLS에서 우리의 목표는 오차 자승합계를 가능한 한 가장 작게 만드는 미지의 모수들에 대한 값을 찾는 것이라는 것을 기억하라. 만일 모형으로부터 추정된 Y값이 실제 Y값과 최대한 가까울수록 이것이 달성된다. 주어진 값으로 $\sum u_i^2 = 0.3044$를 얻는다. 그러나 이것이 우리가 얻을 수 있는 가장 작은 오차 자승합계라는 것을 어떻게 아나? 만일 우리가 β_1과 β_2에 대해 각각 다른 값, 예를 들어 0.50과 −0.01을 선택한다면 어떻게 되나? 금방 계획한 절차를 반복하면 이제 $\sum u_i^2 = 0.0073$을 얻게 된다. 분명히 이 오차 자승합계가 이전에 얻은 0.3044보다 훨씬 작다. 그러나 만일 우리가 또 다른 β들의 값의 집합을 선택하여 또 다른 오차 자승합계를 얻게 된다면 우리는 가능한 가장 작은 오차 자승합계에 도달했다는 것을 어떻게 아나?

---

4. $\sum u_i^2$을 통상적인 잔차 자승합계가 아니라 오차 자승합계라고 부르고 있는데 그 이유는 모수값들을 아는 것으로 가정했기 때문이라는 것에 주목하라.

이러한 시행착오 또는 반복적 과정은 쉽게 수행될 수 있다. 그리고 만일 어떤 사람이 무한한 시간과 무한한 인내를 가지고 있다면 시행착오 과정은 궁극적으로 가능한 가장 낮은 오차 자승합계를 보장하는 β_1과 β_2의 값을 **생산해 낼 수 있을 것**이다. 그러나 어떻게 ($\beta_1 = 0.45$; $\beta_2 = 0.01$)에서 ($\beta_1 = 0.50$; $\beta_2 = -0.01$)로 갔는지 궁금할 것이다. 분명히 어떻게 하나의 미지수 값 집합에서 다른 미지수 값 집합으로 이동했는지를 알려주는 일종의 알고리즘이 필요하다. 다행히도 그러한 알고리즘이 이용 가능한데 다음 절에서 그것에 대해 논의된다.

14.4 비선형 회귀모형 추정방법

NLRM에 대한 몇 가지 접근법 또는 알고리즘이 존재하는데 (1) 직접적 탐색 또는 시행착오, (2) 직접적 최적화, (3) 반복적 선형화 등이다.[5]

직접적 탐색 또는 시행착오 또는 도함수가 없는 방법

전절에서 이 방법이 어떻게 작동하는지를 보았다. 설령 이 방법이 다른 방법들처럼 수학의 사용을 필요로 하지 않아서 직관적으로 매력있게 보일지 모르겠지만 이 방법은 대개 사용되지 않는다. **첫째**, 만일 NLRM이 몇 개의 모수들을 포함하고 있다면 이 방법은 매우 부담이 되고 계산상 돈이 많이 든다. 예를 들어 만일 NLRM이 5개의 모수를 가지고 있고 각 모수에 대해 25개의 다른 값들이 고려된다면 오차 자승합계를 $(25)^5 = 9{,}765{,}625$번 계산해야 한다! **둘째**, 마지막으로 선정된 모수값 집합이 반드시 절대적인 최소 오차 자승합계를 달성한다는 보장이 없다. 미적분학 용어로 절대적 극소가 아니라 국소적 극소를 얻을 수 있다. 사실상 어떤 방법도 전체적 극소를 보장하지 못 한다.

직접적 최적화

직접적 최적화에서는 오차 자승합계를 미지의 각 계수 또는 모수로 미분한 식을 0으로 놓고 그 결과로 생긴 정규 방정식의 해를 동시에 구한다. 우리는 이미 식 (14.2.4)와 (14.2.5)에서 이것을 보았다. 그러나 이 식에서 볼 수 있듯이 그것들은 명시적으로 또는 **분석적으로** 풀릴 수 없다. 따라서 일종의 반복적 루틴이 요구된

5. 이어지는 논의는 다음의 자료들에 많이 의존하고 있다. 즉 Robert S. Pindyck and Daniel L. Rubinfeld, *Econometric Methods and Economic Forecasts*, 4th ed., McGraw-Hill, 1998, 10장; Norman R. Draper and Harry Smith, *Applied Regression Analysis*, 3d ed., John Wiley & Sons, 1998, 24장; Arthur S. Goldberger, *A Course in Econometrics*, Harvard University Press, 1991, 29장; Russell Davidson and James MacKinnon, op. cit., pp.201~207; John Fox, *Applied Regression Analysis, Linear Models, and Related Methods*, Sage Publications, 1997, pp.393~400; Ronald Gallant, *Nonlinear Statistical Models*, John Wiley & Sons, 1987.

다. 한 가지 루틴이 최대경사법이라 불린다. 우리는 여기서 그것의 전문적 세부사항을 논의하지 않는데 그 이유는 그것이 다소 복잡하기 때문인데 독자는 참고문헌에서 상세한 내용을 볼 수 있다. 시행착오법과 마찬가지로 최대경사법도 미지의 모수에 대한 초기 시행값을 선정하는 과정이 포함되어 있지만 마구잡이 또는 시행착오법 보다는 더 체계적으로 진행된다. 이 방법의 한 가지 단점은 모수의 최종값에 매우 느리게 수렴할 수 있다는 것이다.

반복적 선형화법

이 방법에서는 비선형 회귀식을 모수의 몇몇 초기값 주위에서 선형화한다. 그리고 선형화된 식이 OLS로 추정되고 처음에 선택된 값들이 조정된다. 이 조정된 값들은 모형을 **재선형화**하는 데 사용되고, 또 그것을 OLS로 추정하고 추정된 값을 재조정한다. 마지막 몇 번의 반복에서 추정된 값에 큰 변화가 없을 때까지 이 과정은 계속된다. 비선형식을 선형화하는 데 사용되는 주요 기법은 미적분학에 나오는 Taylor 급수 전개이다. 이 방법의 초보적 세부내용은 부록 14A의 14A.2절에 나와 있다. Taylor 급수 전개를 이용하여 NLRM을 추정하는 것은 Gauss-Newton 반복법과 Newton-Raphson 반복법으로 알려진 두 알고리즘으로 체계화되어 있다. 이 방법들 중 하나 또는 둘 다 여러 컴퓨터 패키지에 포함되어 있고, 이들에 대한 전문적 상세 내용은 이 책의 범위를 벗어나므로 여기서 그것들을 길게 논의할 필요가 없다.[6] 다음 절에서는 이들 방법을 사용한 예 몇 가지를 논의하기로 한다.

14.5 설명 예

예제 14.1

상호 투자신탁회사의 자문료

표 14.1에 있는 자료와 NLRM (14.2.2)를 보자. 선형화 방법을 사용하는 EViews 6 비선형회귀 루틴을 이용하여[7] 다음의 회귀결과를 얻었다. 계수와 표준오차, 그것들의 *t*값은 표의 형태로 주어져 있다.

변수	계수	표준오차	*t*값	*p*값
Intercept	0.5089	0.0074	68.2246	0.0000
Asset	−0.0059	0.00048	−12.3150	0.0000

$$R^2 = 0.9385 \qquad d = 0.3493$$

이 결과로부터 추정된 모형을 다음과 같이 쓸 수 있다.

6. **Marquard 방법**이라 불리는 또 다른 방법이 종종 사용되는데 이것은 최대경사법과 선형화(또는 Taylor 급수) 방법 간의 절충법이다. 흥미가 있는 독자는 이 방법의 세부 내용에 대해 참고문헌을 참고할 수 있다.

예제 14.1

(계속)

$$\widehat{\text{Fee}}_i = 0.5089\ \text{Asset}^{-0.0059} \quad \textbf{(14.5.1)}$$

이 결과에 대해 논하기 전에 선형화 과정을 시작하기 위해 모수의 초기값을 제공하지 않는 경우 EViews는 스스로 그것을 한다는 것에 주목할 필요가 있다. 식 (14.5.1)에 보이는 결과를 얻기 위해 EViews는 5번의 반복을 수행하였다. 그러나 이 과정을 시작하기 위해 우리 자신의 초기값을 부여할 수 있다. 이를 보여주기 위해 우리는 초기값으로 $\beta_1 = 0.45$, $\beta_2 = 0.01$을 선택하였다. 그리고는 식 (14.5.1)과 동일한 결과를 얻었지만 8번의 반복을 수행하였다. **만일 초기값이 최종값과 그다지 많이 떨어져 있지 않다면 더 적은 반복이 필요할 것이라는 점에 주목하는 것이 중요하다.** 어떤 경우에는 단순히 비선형성을 무시하고 회귀변수(들)에 대해 피회귀변수를 OLS로 회귀하여 얻은 값을 모수의 초기값으로 선택할 수도 있다. 예를 들어 표 14.1의 자료를 사용하여 만일 자산에 대해 자문료를 회귀한다면 β_1의 OLS 추정치는 0.5028, β_2의 경우 −0.002가 나오는데 이것들은 식 (14.5.1)에 주어진 최종값과 훨씬 더 가깝다. (전문적 세부사항에 대해서는 부록 14A의 14A.3절 참조)

이제 비선형 최소자승(NLLS) 추정량의 속성에 대해 알아보자. 정규분포를 하는 오차항을 갖는 선형 회귀모형의 경우 대표본 뿐만 아니라 소표본의 경우에도 t, F, χ^2 검정을 이용하여 정확한 추론 절차(즉 가설 검정)를 개발할 수 있었다는 것을 기억할 것이다. 불행하게도 NLRM의 경우에는 오차항이 정규분포를 하더라도 이렇게 되지 않는다. **NLLS 추정량은 정규분포를 하지 않고, 불편추정량이 아니며 유한 또는 소표본일 때 최소분산을 갖지도 않는다.** 그 결과 우리는 (개별 계수의 유의성을 검정하기 위한) t 검정이나 (추정된 회귀의 총체적 유의성을 검정하기 위한) F 검정을 이용할 수 없는데 왜냐하면 추정된 잔차로부터 오차분산 σ^2의 불편추정치를 구할 수 없기 때문이다. 더욱이 잔차(실제 Y값과 NLRM으로 추정된 Y값의 차이)의 합계가 반드시 0이 안 되고, ESS와 RSS의 합이 반드시 TSS가 되지 않으며 따라서 $R^2 = \text{ESS}/\text{TSS}$는 그런 모형에 대한 의미 있는 기술통계량이 되지 못할 수 있다. 그러나 우리는 R^2을 다음과 같이 계산할 수 있다.

$$R^2 = 1 - \frac{\sum \hat{u}_i^2}{\sum (Y_i - \bar{Y})^2} \quad \textbf{(14.5.2)}$$

여기서 $Y =$ 피회귀변수이고 $\hat{u}_i = Y_i - \hat{Y}_i$인데 $\hat{Y}_i$은 (적합된) NLRM으로 추정된 Y값이다.

따라서 비선형 회귀에서의 회귀 모수에 대한 추론은 대개 대표본 이론에 기초하고 있다. 이 이론에 의하면 정규분포 오차항을 갖는 비선형 회귀모형에 대한 최소자승과 최우 추정량은 표본크기가 클 때 근사적으로 정규분포를 하고 거의 불편추정량이며 거의 최소분산을 갖는다. 오차항이 정규분포를 하지 않을 때에도 이 대표본 이론이 역시 적용된다.[8]

요컨대 NLRM에서 모든 추론 절차들은 대표본 또는 점근적이다. 예 14.1로 돌아가서 식 (14.5.1)에 주어진 t 통계량은 대표본 상황에서 해석될 때에만 의미가 있다. 그런 면에서 식 (14.5.1)의 추정된 계수들은 개별적으로 통계적으로 유의하다고 말할 수 있다. 물론 현재의 예에서 우리의 표본은 좀 작다.

식 (14.5.1)로 돌아가서 X(자산 규모)에 대한 Y(=자문료)의 변동률을 어떻게 찾아내

7. EViews는 세 가지 선택대안을 제공한다. 즉 quadratic hill crimbing, Newton–Raphson, Hall–Hall–Hausman 등이다. 기본 옵션은 quadratic hill crimbing인데, 이것은 Newton–Raphson 방법의 한 변형이다.

8. John Neter, Michael H. Kutner, Christopher J. Nachtsheim, and William Wasserman, *Applied Regression Analysis*, 3d ed., Irwin, 1996, pp.548~549.

예제 14.1

(계속)

나? 도함수의 기본 법칙을 이용하면 X에 대한 Y의 변동률은 다음과 같다.

$$\frac{dY}{dX} = \beta_1 \beta_2 e^{\beta_2 X} = (-0.0059)(0.5089)e^{-0.0059X} \quad \textbf{(14.5.3)}$$

여기서 볼 수 있듯이 자문료의 변동률은 자산의 가치에 달려 있다. 예를 들어 만일 $X=$ 20(백만달러)이면 부과되는 자문료의 예상 변동률은 식 (14.5.3)으로부터 약 −0.0031%인 것으로 나타난다. 물론 이 답은 계산에 사용되는 X의 값에 따라 달라질 것이다. 식 (14.5.2)로 부터 계산된 R^2에 의하면 0.9385라는 R^2값은 선택된 NLRM이 표 14.1의 자료에 꽤 잘 적합하다는 것을 의미한다. 추정된 Durbin-Watson값이 0.3493이라는 것은 자기상관이나 어쩌면 모형 표기오차가 존재할 수 있다는 것을 시사한다. NLRM에서 이분산 문제뿐만 아니라 이 문제를 다룰 절차들이 존재하지만 여기서는 이들 논제를 다루지 않기로 한다. 관심 있는 독자는 참고문헌을 참고할 수 있다.

예제 14.2

멕시코 경제에 대한 Cobb-Douglas 생산함수

연습문제 14.9에 주어진 자료(표 14.3)를 보자. 이 자료는 1955~1974년간 멕시코 경제에 대한 것이다. 식 (14.1.4)에 주어진 NLRM이 자료에 적합한지를 볼텐데 $Y=$ 산출량, $X_2=$ 노동투입량, $X_3=$ 자본투입량이다. EViews 6를 사용하여 32번의 반복 후에 다음과 같은 회귀결과를 얻었다.

변수	계수	표준오차	t값	p값
Intercept	0.5292	0.2712	1.9511	0.0677
Labor	0.1810	0.1412	1.2814	0.2173
Capital	0.8827	0.0708	12.4658	0.0000

$$R^2 = 0.9942 \qquad d = 0.2899$$

따라서 추정된 Cobb-Douglas 생산함수는 다음과 같다.

$$\widehat{\text{GDP}_t} = 0.5292\text{Labor}_t^{0.1810}\text{Capital}_t^{0.8827} \quad \textbf{(14.5.4)}$$

점근적으로 해석하면 이 식은 이 모형에서 자본투입량의 계수만 유의한 것으로 나타난다. 연습문제 14.9에서는 이 결과와 식 (14.1.2)에 주어진 곱하기 형태의 Cobb-Douglas 생산함수로부터 얻은 결과를 비교하도록 요구된다.

예제 14.3

미국 인구의 성장, 1970~2007년

연습문제 14.8에 있는 표는 1970~2007년간 미국의 총인구에 대한 자료를 보여준다. 다음 형태의 로지스틱 모형이 인구, 박테리아 등의 성장을 측정하는 데 종종 이용된다.

$$Y_t = \frac{\beta_1}{1 + e^{(\beta_2 + \beta_3^t)}} + u_t \quad \textbf{(14.5.5)}$$

여기서 $Y=$ 인구(백만명), $t=$ 연대순으로 측정된 시간, β들은 모수이다.

이 모형은 모수에 대해 비선형이다. 즉 모수에 대해 선형인 모형으로 변환할 방법이 없다. 따라서 모수를 추정하기 위해 비선형 추정법 중 하나를 이용할 필요가 있다. 이 모형의 재미있는 특징 하나를 주목하라. 비록 모형에 단지 두 변수(인구와 시간)만 존재하지만 세 개의 미지의 모수가 존재하는데 이는 NLRM에서 변수보다 더 많은 모수들이 존재할 수 있

예제 14.3 (계속)

그림 14.2 인구 대 연도

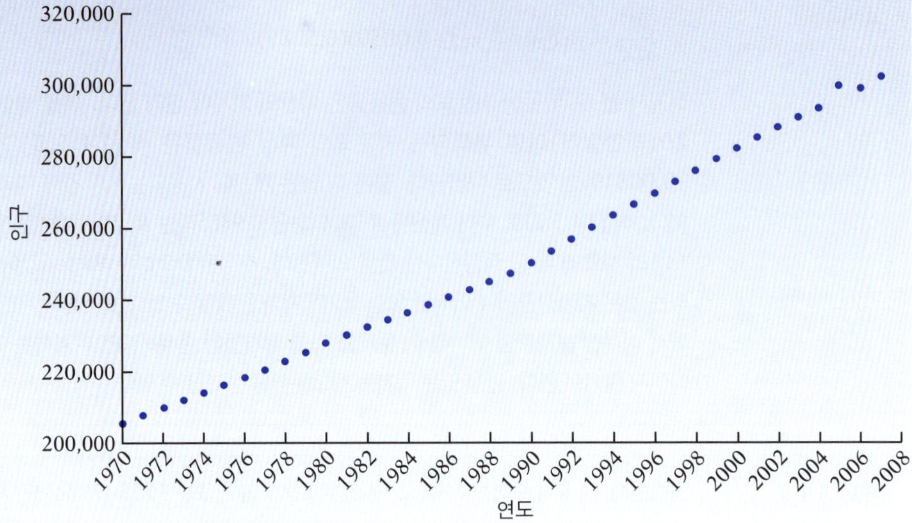

다는 것을 보여준다.

우리 자료에 식 (14.5.5)를 적합시키려고 시도한 결과 추정된 계수들 모두 통계적으로 유의하지 않았다. 아마도 이런 결과는 놀랄 것이 못 되는데 왜냐하면 인구를 시간에 대해 점으로 표시하면 우리는 그림 14.2를 얻기 때문이다.

이 그림은 두 변수 간에 거의 선형 관계가 존재한다는 것을 보여준다. 만일 우리가 시간에 대해 인구의 로그를 점으로 표시하면 다음 그림을 얻게 된다.

이 그림의 기울기(곱하기 100)는 인구성장률을 나타낸다(그 이유는?).

사실 만일 시간에 대해 인구의 로그를 회귀하면 다음 결과를 얻는다.

그림 14.3 인구의 로그 대 연도

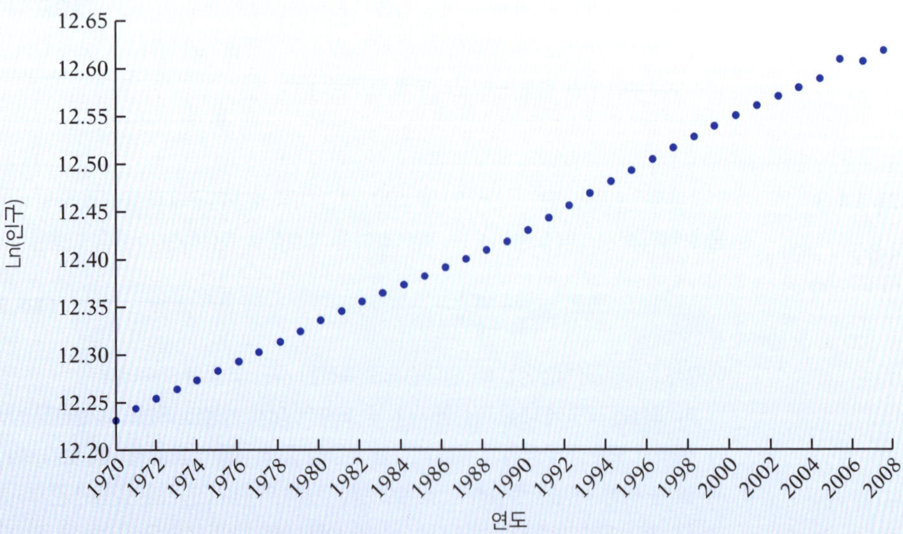

예제 14.3

(계속)

```
Dependent Variable: LPOPULATION
Method: Least Squares
Sample: 1970-2007
Included observations: 38
```

	Coefficient	Std. Error	t-Statistic	Prob.
C	-8.710413	0.147737	-58.95892	0.0000
YEAR	0.010628	7.43E-05	143.0568	0.0000

R-squared	0.998244	Mean dependent var.	12.42405
Adjusted R-squared	0.998195	S.D. dependent var.	0.118217
S.E. of regression	0.005022	Akaike info criterion	-7.698713
Sum squared resid.	0.000908	Schwarz criterion	-7.612525
Log likelihood	148.2756	Hannan-Quinn criter.	-7.668048
F-statistic	20465.26	Durbin-Watson stat.	0.366006
Prob. (F-statistic)	0.000000		

이 표는 1970~2007년간에 걸쳐 미국 인구는 연간 약 1.06%의 비율로 성장해 왔다는 것을 보여준다. 0.998인 R^2값은 거의 완벽하게 적합되고 있다는 것을 시사한다.

이 예는 종종 (모수에 대해) 선형인 모형이 (모수에 대해) 비선형인 모형에 비해 더 선호될 수도 있다는 중요한 점을 분명히 하고 있다.

예제 14.4

Box-Cox 변환: 미국의 인구, 1970~2007년

부록 6A.5절에서 우리는 Box-Cox 변환에 대해 간략하게 살펴보았다. 예 14.3을 계속하되 다음 모형을 가정한다.

$$\text{인구}^{\lambda} = \beta_1 + \beta_2 \text{ 연도} + u$$

부록 6A.5절에서 언급한 바와 같이 λ의 값에 따라 다음과 같은 가능성이 존재한다.

λ의 값	모형
−1	$\dfrac{1}{\text{인구}} = \beta_1 + \beta_2 \text{ 연도} + u$
0	$\ln \text{인구} = \beta_1 + \beta_2 \text{ 연도} + u$
1	$\text{인구}_i = \beta_1 + \beta_2 \text{ 연도} + u$

첫 번째는 역함수 모형이고, 두 번째는 반로그 모형(우리는 이미 연습문제 14.3에서 추정하였다), 세 번째는 (변수에 대해) 선형인 모형이다.

인구 자료에 대해 이들 중 어느 모형이 적절한가? STATA(Version 10)의 Box-Cox 루틴이 이 질문에 답하기 위해 사용될 수 있다.

Test H0:	Restricted Log likelihood	LR statistic chi^2	p-value Prob > chi^2
$\theta = -1$	−444.42475	0.14	0.707
$\theta = 0$	−444.38813	0.07	0.794
$\theta = 1$	−444.75684	0.81	0.369

예제 14.4 (계속)

주: 우리의 표기에서 θ는 λ와 동일하다. 표에 의하면 우도비(LR) 검정에 기초할 때 인구의 지수로 이들 λ값 중 어느 것도 가능한 값이라는 것을 기각할 수 없다. 즉 현재의 예에서 1970~2007년의 동일한 기간에 대해 선형, 역함수, 반로그 모형 모두 인구의 행태를 묘사하는 동등한 후보들이다. 따라서 세 모형의 결과를 모두 제시한다.

Dependent variable	Intercept	Slope	R^2
1/ 인구	0.000089	−4.28e-08	0.9986
	t (166.14)	(−1568.10)	
ln 인구	−8.7104	0.0106	0.9982
	t (−58.96)	(143.06)	
인구	−5042627	2661.825	0.9928
	t (−66.92)	(70.24)	

이 모형 모두에서 추정된 계수들은 모두 통계적으로 매우 유의하다. 그러나 세 모형의 종속변수들이 상이하기 때문에 R^2값들은 직접적으로 비교할 수 없다는 것에 주의하라.

이 예는 구체적 상황에서 어떻게 비선형 회귀 기법들이 적용될 수 있는지를 보여주고 있다.

요약 및 결론

이 장에서 논의된 요점들은 다음과 같이 요약될 수 있다.

1. 비록 선형 회귀모형이 이론과 실제를 지배하지만, 모수에 대해 비선형인 회귀모형(NLRM)이 쓸모 있는 경우도 존재한다.
2. 선형 회귀모형에 내재하는 수학은 그 모형의 계수들에 대한 명시적이거나 분석적 해를 얻을 수 있다는 점에서 비교적 단순하다. 그러한 모형의 소표본 및 대표본 이론은 잘 정립되어 있다.
3. 이와 대조적으로 본래 비선형인 회귀모형(NLRM)에 있어서는 모수값들이 명시적으로 구해질 수 없다. 그것들은 수치적으로, 즉 반복절차에 의해, 추정되어야 한다.
4. (1) 시행착오, (2) 비선형 최소자승(NLLS), (3) Taylor 급수 전개를 통한 선형화 등과 같이 NLRM의 추정치를 얻는 몇 가지 방법들이 존재한다.
5. 오늘날 컴퓨터 패키지들은 Gauss-Newton, Newton-Raphson, Marquard와 같은 내장 루틴을 가지고 있다.
6. NLLS 추정량은 유한 표본일 때 최적 속성들을 가지고 있지 않지만 대표본일 때에는 그러한 속성들을 가지고 있다. 따라서 소표본일 때 NLLS의 결과는 조심스럽게 해석되어야 한다.
7. 선형 회귀모형에서와 마찬가지로 NLRM도 자기상관, 이분산, 모형 표기 문제들로 시달릴 수 있다.
8. 우리는 NLLS의 몇 가지 예를 보았다. 사용자 친화적 소프트웨어 패키지의

즉각적인 이용 가능성으로 인해 NLRM의 추정은 더 이상 고통이 아니다. 따라서 독자는 이론적 또는 실질적 이유가 그것의 사용을 지시할 때에는 언제나 그러한 모형으로부터 뒷걸음질쳐서는 안 된다. 사실 연습문제 12.10을 보면 식 (1)로부터 추정되어야 하는 것은 본래 비선형인 회귀모형이라는 것을 볼 것이다.

연습문제

질문

14.1. 본래 선형인 회귀모형과 본래 비선형인 회귀모형은 무엇을 의미하나? 몇 가지 예를 제시하라.

14.2. Cobb–Douglas 생산함수에서 오차항은 곱하기 형태나 더하기 형태로 들어갈 수 있는데 이들 중 어떻게 결정을 하나?

14.3. OLS와 비선형 최소자승(NLLS)추정 간의 차이는 무엇인가?

14.4. 포화상태가 된 증기 내의 기압과 온도 간의 관계는 다음과 같이 표현될 수 있다.*

$$Y = \beta_1(10)^{\beta_2 t/(\gamma+t)} + u_t$$

여기서 $Y=$ 기압, $t=$ 온도이다. 비선형 최소자승(NLLS)법을 이용하여 이 모형에 대한 정규 방정식을 구하라.

14.5. 다음의 내용이 참인지, 거짓인지를 밝히고 그 이유를 적어라.

a. NLLS 회귀에서 설령 오차항이 정규분포를 한다고 가정되더라도 통상적인 t, F, χ^2 검정에 기초한 통계적 추론은 수행될 수 없다.

b. 결정계수(R^2)는 NLRM에서 특히 의미 있는 수치가 아니다.

14.6. 이 장에서 논의된 CES 생산함수를 어떻게 선형화하나? 필요한 절차를 보여라.

14.7. 시간에 걸친 변수의 행태를 묘사하는 모형을 성장모형이라 부른다. 그러한 모형은 경제학, 생물학, 식물학, 생태학, 인구통계학 등과 같이 다양한 분야에서 사용된다. 성장모형은 선형이나 비선형 등 다양한 형태를 취할 수 있다. 다음 모형을 보자. 여기서는 Y는 그것의 성장을 측정하고자 하는 변수이고 t는 연대순으로 측정되는 시간, u_t는 확률적 오차항이다.

a. $Y_t = \beta_1 + \beta_2 t + u_t$

b. $\ln Y_t = \beta_1 + \beta_2 t + u_t$

c. 로지스틱 성장모형: $Y_t = \dfrac{\beta_1}{1+\beta_2 e^{-\beta_3 t}} + u_t$

d. Gompertz 성장모형: $Y_t = \beta_1 e^{-\beta_2 e^{-\beta_3 t}} + u_t$

* Draper and Smith, op. cit., p.554로부터 개작됨.

시간에 따른 Y의 성장을 고려할 때 이들 모형의 특성을 찾아내라.

실증문제

14.8. 표 14.2의 자료는 1970~2007년간 미국의 인구(백만명)를 나타낸다. 연습문제 14.7에 주어진 성장모형을 적용하고 어느 모형이 더 적합한지를 결정하라. 모형의 모수들을 해석하라.

14.9. 표 14.3은 1955~1974년간 멕시코의 실질 GDP, 노동과 자본에 대한 자료를 보여준다. 식 (14.1.2a)에 주어진 곱하기 형태의 Cobb–Douglas 생산함수가 자료에 적합한지를 검토하라. 이 결과와 식 (14.1.4)에 주어진 더하기 형태의 Cobb–Douglas 생산함수를 적용하였을 때 얻은 예 14.2의 결과와 비교하라. 어느 것이 더 적합한가?

표 14.2
미국의 인구(백만명)

출처: *Economic Report of the President*, 2008.

연도	인구	연도	인구
1970	205,052	1989	247,342
1971	207,661	1990	250,132
1972	209,896	1991	253,493
1973	211,909	1992	256,894
1974	213,854	1993	260,255
1975	215,973	1994	263,436
1976	218,035	1995	266,557
1977	220,239	1996	269,667
1978	222,585	1997	272,912
1979	225,055	1998	276,115
1980	227,726	1999	279,295
1981	229,966	2000	282,407
1982	232,188	2001	285,339
1983	234,307	2002	288,189
1984	236,348	2003	290,941
1985	238,466	2004	293,609
1986	240,651	2005	299,801
1987	242,804	2006	299,157
1988	245,021	2007	302,405

표 14.3 멕시코 경제에 대한 생산함수 자료

관찰치	GDP	노동	자본	관찰치	GDP	노동	자본
1955	114,043	8,310	182,113	1965	212,323	11,746	315,715
1956	120,410	8,529	193,749	1966	226,977	11,521	337,642
1957	129,187	8,738	205,192	1967	241,194	11,540	363,599
1958	134,705	8,952	215,130	1968	260,881	12,066	391,847
1959	139,960	9,171	225,021	1969	277,498	12,297	422,382
1960	150,511	9,569	237,026	1970	296,530	12,955	455,049
1961	157,897	9,527	248,897	1971	306,712	13,338	484,677
1962	165,286	9,662	260,661	1972	329,030	13,738	520,553
1963	178,491	10,334	275,466	1973	354,057	15,924	561,531
1964	199,457	10,981	295,378	1974	374,977	14,154	609,825

주: GDP는 1960년 가격 기준임(백만 페소).
노동은 1,000명 단위임.
자본은 1960년 가격 기준임(백만 패소).

출처: Victor J. Elias, *Sources of Growth: A Study of Seven Latin American Economies*, International Center for Economic Growth, ICS Press, San Francisco, 1992, Tables E–5, E–12, E–14.

부록 14A

14A.1 식 (14.2.4)와 (14.2.5)의 도출

식 (14.2.2)를 다음과 같이 쓴다.

$$u_i = Y_i - \beta_1 e^{\beta_2 X_i} \tag{1}$$

따라서

$$\sum u_i^2 = \sum \left(Y_i - \beta_1 e^{\beta_2 X_i}\right)^2 \tag{2}$$

이리하여 오차 자승합계는 β_1과 β_2의 함수인데 왜냐하면 Y와 X의 값은 알고 있기 때문이다. 따라서 오차 자승합계를 극소화하기 위해서는 두 미지수에 대해 편미분하여야 한다. 그 결과

$$\frac{\partial \sum u_i^2}{\partial \beta_1} = 2\sum \left(Y_i - \beta_1 e^{\beta_2 X_i}\right)\left(-1 e^{\beta_2 X_i}\right) \tag{3}$$

$$\frac{\partial \sum u_i^2}{\partial \beta_2} = 2\sum \left(Y_i - \beta_1 e^{\beta_2 X_i}\right)\left(-\beta_1 e^{\beta_2 X_i} X_i\right) \tag{4}$$

최적화의 1계조건에 의해 위의 식들을 0으로 놓고 동시에 풀면 식 (14.2.4)와 (14.2.5)를 얻는다. 오차 자승합계를 미분할 때 연쇄법칙을 사용했다는 것에 주목하라.

14A.2 선형화 방법

미적분학에 익숙한 학생들은 Taylor 정리를 기억할 것인데, 이것은 연속적이고 계속적인 n계 도함수를 갖는 임의의 함수 $f(X)$는 점 $X = X_0$에서 다음과 같이 다항함수와 나머지로 근사될 수 있다는 내용이다.

$$f(X) = \frac{f(X_0)}{0!} + \frac{f'(X_0)(X - X_0)}{1!} + \frac{f''(X_0)(X - X_0)^2}{2!} + \cdots$$

$$+ \frac{f^n(X_0)(X - X_0)^n}{n!} + R \tag{1}$$

여기서 $f'(X_0)$는 $X = X_0$에서 구한 $f(X)$의 1차 도함수이다. $f''(X_0)$는 $X = X_0$에서 구한 $f(X)$의 2차 도함수이고 $n!$(n 팩토리알이라고 읽음)은 $n(n-1)(n-2)\ldots 1$을 의미하는데 규칙상 $0! = 1$이고 R은 나머지를 뜻한다. 만일 $n = 1$을 택하면 우리는 선형 근사를 얻고, $n = 2$를 택하면 2차 다항 근사를 얻는다. 우리가 예상할 수 있듯이 다항식의 차수가 높아질수록 원래의 함수에 대해 더 정확한 근사가 된다. 식 (1)에 주어진 급수를 $f(X)$의 $X = X_0$에서의 Taylor 급수 전개라 부른다. 한 예로 다음 식을 보자.

$$Y = f(X) = \alpha_1 + \alpha_2 X + \alpha_3 X \ + \alpha_4 X$$

가령 우리가 $X = 0$에서의 근사를 원한다고 하자. 이제 우리는 다음을 얻는다.

$$f(0) = \alpha_1 \qquad f'(0) = \alpha_2 \qquad f''(0) = 2\alpha_3 \qquad f'''(0) = 6\alpha_4$$

그리하여 다음과 같은 근사식을 얻을 수 있다.

$$1\text{차}: \quad Y = \alpha_1 + \frac{f'(0)}{1!} = \alpha_1 + a_2 X + \text{remainder}\left(= \alpha_3 X^2 + \alpha_4 X^3\right)$$

$$2\text{차}: \quad Y = f(0) + \frac{f'(0)}{1!}X + \frac{f''(0)}{2!}X^2$$
$$= \alpha_1 + \alpha_2 X + \alpha_3 X^2 + \text{remainder}\left(= \alpha_4 X^3\right)$$

$$3\text{차}: \quad Y = \alpha_1 + \alpha_2 X + \alpha_3 X^2 + \alpha_4 X^3$$

3차 근사는 정확히 원래의 식을 재생하고 있다.

Taylor 급수 근사의 목적은 보통 나머지 항이 대수롭지 않다는 희망 하에 낮은 차수의 다항식을 선택하는 것이다. 이것은 종종 비선형 함수를 고차항은 제외하고 선형 함수로 근사하는 데 이용된다.

Taylor 급수 근사는 하나 이상의 X를 포함한 함수로도 쉽게 확장될 수 있다. 예를 들어 다음 함수를 보자.

$$Y = f(X, Z) \tag{2}$$

가령 우리가 이것을 $X = a$와 $X = b$에서 전개하기를 원한다고 하자. Taylor 정리에 의하면

$$\begin{aligned} f(x,z) &= f(a,b) + f_x(a,b)(x-a) \\ &\quad + f_z(a,b)f(z-b) + \frac{1}{2!}[f_{xx}(a,b)(x-a)^2 \\ &\quad - 2f_{xz}(a,b)(x-a)(z-b) + f_{zz}(a,b)(z-b)^2] + \cdots \end{aligned} \tag{3}$$

여기서 f_x =함수의 X에 대한 편도함수, f_{xx} =함수의 X에 대한 2차 편도함수이고 함수 Z에 대해서도 유사하다. 만일 우리가 함수에 대한 선형 근사를 원한다면 식 (3)의 앞의 세 항을 사용하면 된다.

14A.3 식 (14.2.2)에 주어진 지수함수의 선형 근사

고려되고 있는 함수는 다음과 같다.

$$Y = f(\beta_1, \beta_2) = \beta_1 e^{\beta_2 X} \tag{1}$$

주: 쉬운 조작을 위해 관찰치를 나타내는 하첨자를 생략하였다.

이 함수에서 미지수들은 β 계수라는 것을 기억하라. 이 함수를 $\beta_1 = \beta_1^*$, $\beta_2 = \beta_2^*$에서 선형화하자. 여기서 별표가 붙은 것은 **주어진 고정된 값**이다. 이것을 **선형화**하기 위해 다음과 같이 진행한다.

$$Y = f(\beta_1, \beta_2) = f(\beta_1^*, \beta_2^*) + f_{\beta_1}(\beta_1^*, \beta_2^*)(\beta_1 - \beta_1^*) + f_{\beta_2}(\beta_1^*, \beta_2^*)(\beta_2 - \beta_2^*) \tag{2}$$

여기서 f_{β_1}과 f_{β_2}는 함수 (1)의 미지수에 대한 편도함수이고 이 도함수들은 미지의 모수들의 (가정된) 별표값에서 구해진다. 우리가 함수를 선형화하고 있기 때문에 앞의 식에서는 1차 도함수만 사용되고 있다는 것에 주목하라. 이제 $\beta_1^* = 0.45$, $\beta_2^* = 0.01$이라 가정하는데, 이것들은 진정한 계수에 대한 순전한 추측 추정치들이다. 표준적인 미분 법칙에 의해

다음 식이 성립한다.

$$f(\beta_1^* = 0.45, \beta_2^* = 0.01) = 0.45e^{0.01X_i}$$
$$f_{\beta_1} = e^{\beta_2 X_i} \qquad \text{and} \qquad f_{\beta_2} = \beta_1 X_i e^{\beta_2 X_i} \tag{3}$$

이 도함수들을 주어진 값에서 구하여 식 (2)에 대입하면 다음과 같다.

$$Y_i = 0.45e^{0.01X_i} + e^{0.01X_i}(\beta_1 - 0.45) + (0.45)X_i e^{0.01X_i}(\beta_2 - 0.01) \tag{4}$$

이것은 다시 다음과 같이 쓸 수 있다.

$$(Y_i - 0.45e^{0.01X_i}) = e^{0.01X_i}\alpha_1 + 0.45X_i e^{0.01X_i}\alpha_2 \tag{5}$$

여기서

$$\alpha_1 = (\beta_1 - 0.45) \qquad \text{and} \qquad \alpha_2 = (\beta_2 - 0.01) \tag{6}$$

이제 $Y_i^* = (Y_i - 0.45e^{0.01Xi})$, $X_1 = e^{0.01Xi}$, $X_{2i} = 0.45X_i e^{0.01Xi}$라고 하자. 이 정의를 이용하고 오차항 u_i를 더하면 식 (5)를 최종적으로 다음과 같이 쓸 수 있다.

$$Y_i^* = \alpha_1 X_{1i} + \alpha_2 X_{2i} + u_i \tag{7}$$

이건 또 어찌된 일인가? 이제 우리는 선형 회귀모형을 가지고 있다. Y_i^*, X_{1i}, X_{2i}들은 자료로부터 쉽게 계산될 수 있으므로 우리는 식 (7)을 OLS로 쉽게 추정하여 α_1, α_2값을 얻을 수 있다. 그러면 식 (6)으로부터 우리는 다음을 얻게 된다.

$$\beta_1 = \hat{\alpha}_1 + 0.45 \qquad \beta_2 = \hat{\alpha}_2 + 0.01 \tag{8}$$

이 값들을 각각 β_1^{**}와 β_2^{**}라 부르자. 이 (수정된) 값을 사용하여 식 (2)에 주어진 반복 과정을 시작하여 β계수 값의 또 다른 집합을 얻을 수 있다. β계수 값에 커다란 변동이 없을 때까지 이런 식으로 반복(또는 선형화)을 계속할 수 있다. 예 14.1에서는 5회 반복하였으나 멕시코의 Cobb–Douglas 예(예 14.2)에서는 32회 반복하였다. 그러나 이러한 반복에 내재하는 논리는 금방 예시된 절차이다.

14.3절의 상호신탁 자문료 구조의 예에 대해서는 식 (6)에 주어진 Y^*, X_1, X_2가 표 14.4, 즉 표 14.1에 주어진 기초 자료,에서 보이는 것과 같다. 이 값으로부터 식 (7)에 상응하는 회귀결과는 다음과 같다.

Dependent variable: Y*
Method: Least squares

Variable	Coefficient	Std. Error	t-Statistic	Prob.
X_1	0.022739	0.014126	1.609705	0.1385
X_2	-0.010693	0.000790	-13.52990	0.0000

R^2 = 0.968324 Durbin-Watson *d* statistic = 0.308883

이제 식 (8)을 이용하여 독자는 다음을 입증할 수 있다.

$$\beta_1^* = 0.4727 \qquad \beta_2^* = -0.00069 \tag{9}$$

표 14.4

Y^*	X_1	X_2
0.067744	1.005013	0.226128
0.034928	1.051271	2.365360
−0.013327	1.105171	4.973269
−0.062825	1.161834	7.842381
−0.109831	1.221403	10.99262
−0.154011	1.284025	14.44529
−0.195936	1.349859	18.22309
−0.236580	1.419068	22.35031
−0.276921	1.491825	26.85284
−0.317740	1.568312	31.75832
−0.397464	1.733253	42.89801
−0.446153	1.822119	49.19721

이 숫자들을 두 모수에 대해 초기 추측값인 0.45, 0.01과 비교하라. 식 (9)에 주어진 새로운 추정치들을 사용하여 반복 절차를 한번 더 시작하여 마지막 회의 추정치들이 바로 전 회의 추정치들과 크게 다르지 않다는 점에서 "수렴"이 될 때까지 반복을 계속할 수 있다. 물론 만일 초기 추측이 최종값에 더 가깝다면 더 적은 횟수의 반복을 필요로 할 것이다. 또한 우리는 Taylor 급수 전개에서 단지 선형 형태만 사용했다는 것을 주목하라. 만일 전개에서 2차 또는 더 고차 항을 사용하고자 한다면 아마 최종값에 더 빨리 도달할 것이다. 그러나 다수의 응용에서 선형 근사가 꽤 좋은 것으로 입증되었다.

15장

정성적 반응 회귀모형

지금까지 논의된 모든 회귀모형에서 설명변수들은 양적이나 또는 질적변수 (또는 가변수) 둘의 혼합인데 반해, 피회귀변수, 종속변수, 또는 **반응**변수 Y는 양적변수로 가정했었다. 사실 9장에서 가변수에 대해 우리는 가변수인 회귀변수들이 회귀모형에 어떻게 포함되고 구체적 상황에서 그것들이 어떤 역할을 하는지를 보았다.

이 장에서는 피회귀변수 자체가 성격상 정성적인 몇몇 모형을 논의한다. 비록 사회과학의 다양한 분야와 의학 연구에서 점점 더 많이 사용되지만 정성적 반응 회귀모형은 흥미있는 추정 및 해석상의 난제들로 궁지에 빠진다. 세부적 내용은 보다 전문적인 책에 맡기고, 이 장에서는 몇몇 주요 주제들을 단지 간단히 언급하기로 한다.[1]

15.1 정성적 반응모형의 본질

가령 성인 남자의 경제활동참가(LFP)결정을 연구하고자 한다고 하자. 어떤 사람은 경제활동인구에 속할 수도 있고 아닐 수 있다. 따라서 종속변수인 경제활동참가는 단지 두 값을 취할 수 있다. 즉 그 사람이 경제 활동인구에 속하면 1 그렇지 않으면 0이다. 환언하면 피회귀변수는 이분적 또는 양분 변수이다. 노동경제학 연구에서 LFP 결정은 실업률, 평균 임금률, 교육, 가구소득 등의 함수라고 제시한다.

또 다른 예로 미국의 대통령 선거를 보자. 민주당과 공화당 등 두 정당이 존재한다고 가정한다. 여기서 종속변수는 두 정당 간에 투표의 선택이다. 가령 만일 민주당 후보에게 투표하면 $Y = 1$, 공화당 후보에게 투표하면 $Y = 0$이라 한다고 하자. 예일 대학교의 경제학자인 Ray Fair와 몇몇 정치학자들이 이 주제에 대

1. 초보 수준에서 독자는 다음 자료들이 매우 유익한 것을 알게될 것이다. Daniel A. Powers and Yu Xie, *Statistical Methods for Categorical Data Analysis*, Academic Press, 2000; John H. Aldrich and Forrest Nelson, *Linear Probability, Logit, and Probit Models*, Sage Publications, 1984; Tim Futing Liao, *Interpreting Probability Models: Logit, Probit and Other Generalized Linear Models*, Sage Publications, 1994. 문헌에 대한 보다 포괄적인 재검토를 위해서는 G. S. Maddala, *Limited-Dependent and Qualitative Variables in Econometrics*, Cambridge University Press, 1983 참조.

해 많은 연구를 수행해 왔다.[2] 투표 선택에서 사용된 변수들 중 몇 가지는 GDP 성장률, 실업률과 물가상승률, 후보가 재선에 도전하는지 여부 등이다. 현재의 목적을 위해서 주목할 필요가 있는 중요사항은 피회귀변수가 정성적 변수라는 것이다.

피회귀변수가 성격상 정성적인 몇 가지 다른 예들을 생각해 볼 수 있다. 어떤 가구가 집을 소유할 수도 있고, 그렇지 않을 수도 있다. 장애보험에 가입하였을 수도 있고 그렇지 않을 수도 있다. 부부가 모두 경제활동인구일 수도 있고, 부부 중 한 사람만 경제활동인구일 수 있다. 이와 유사하게 어떤 약은 특정 질병을 치료하는 데 효과적일 수도 있고 그렇지 않을 수도 있다. 한 기업이 주식배당을 선언하기로 결정할 수도 있고 그렇지 않을 수도 있다. 한 상원의원이 조세삭감에 대해 찬성표를 던질 수도 있고 그렇지 않을 수도 있다. 미국 대통령이 한 법안에 거부권을 행사할 수도 있고, 그대로 수용할 수도 있다.

우리는 반응 변수를 예/아니오 또는 양분 범주로만 국한시킬 필요가 없다. 대통령 선거 예로 돌아가서 가령 민주당, 공화당, 독립당 등 세 정당이 있다고 하자. 여기서 반응변수는 삼분적이다. 일반적으로 우리는 다분(또는 다수–범주) 반응변수를 가질 수 있다.

우리가 하고자 하는 것은 먼저 양분 피회귀변수를 살펴보고 나서 기본 모형의 다양한 확장을 살펴볼 것이다. 그러나 그렇게 하기 전에 피회귀변수 Y가 정량적인 회귀모형과 그것이 정성적인 모형 사이의 근본적 차이를 아는 것이 중요하다.

Y가 정성적인 모형에서 우리의 목표는 회귀변수들의 값이 주어졌을 때 Y의 기대값 또는 평균값을 추정하는 것이다. 2장에서의 용어로 표현하면 우리가 원하는 것은 $E(Y_i | X_{1i}, X_{2i}, \ldots, X_{ki})$인데 여기서 X들은 정량적이거나 정성적인 회귀변수들이다. Y가 정성적인 모형에서 우리의 목표는 민주당 후보에게 투표한다든지, 집을 소유한다든지, 노동조합에 가입한다든지, 어떤 스포츠에 참가한다든지 등등과 같이 어떤 일이 일어날 확률을 찾는 것이다. 이리하여 정성적 반응 회귀모형은 종종 확률모형으로 알려져 있다.

이 장의 나머지 부분에서는 다음 질문에 대한 답을 구한다.

1. 정성적 반응 회귀모형을 어떻게 추정하나? 단순히 통상적인 OLS 절차로 그것을 추정할 수 있나?
2. 특별한 추론 문제가 존재하나? 환언하면 가설검정 절차가 지금까지 우리가 배운 것과 조금이라도 다른가?
3. 만일 피회귀변수가 정성적이라면 그러한 모형의 적합도를 어떻게 측정할

2. 예를 들어 Ray Fair, "Econometrics and Presidential Elections," *Journal of Economic Perspective*, Summer 1996, pp.89–102와 Michael S. Lewis-Beck, *Economics and Elections: The Major Western Democracies*, University of Michigan Press, Ann Arbor, 1980 참조.

수 있나? 그러한 모형에서 상투적으로 계산된 R^2이 어떤 가치가 있나?

4. 일단 양분 피회귀변수의 경우를 넘어서는 경우 다분 회귀모형을 어떻게 추정하고 해석하나? 또한 피회귀변수가 서수인, 즉 학교교육(8년 이하, 8년~11년, 12년, 13년 이상)과 같이 정렬된 범주 변수, 또는 인종(흑인, 백인, 스페인계, 아시아계, 그리고 기타)과 같이 고유의 배열이 존재하지 않는 피회귀변수가 명칭상인 모형을 어떻게 다룰 것인가?
5. 연간 의사방문 횟수, 특정 연도에 기업이 받은 특허수, 대학교수가 1년간 발간한 논문수, 5분간 받은 전화수, 5분간 요금정산소를 통과한 자동차 대수 등과 같은 현상을 어떻게 모형화하나? 빈도 자료 또는 띄엄띄엄 발생하는 사상 자료라 부르는 그런 현상들은 포아송 (확률)과정의 한 예이다.

이 장에서는 초보적 수준에서 이들 질문에 대한 답변을 제시하고자 하는데 그 이유는 논제 중 몇몇은 상당히 고급이어서 이 책에서 가정하고 있는 것보다 더 많은 수학 및 통계학 기초지식을 필요로 하기 때문이다. 여러 각주에 인용된 참고문헌들은 더 상세한 부분에 대해 참고가 될 것이다.

우선 이분적 반응 회귀모형을 살펴봄으로써 정성적 반응모형에 대한 공부를 시작하기로 한다. 이분적 반응 변수에 대한 확률모형을 개발하는 네 가지 접근법들이 존재한다.

1. 선형확률모형(linear probability model: LPM)
2. 로지트 모형(logit model)
3. 프로비트 모형(probit model)
4. 토비트 모형(tobit model)

비교적 단순하고 최소자승법(OLS)으로 추정될 수 있기 때문에 먼저 LPM을 살펴보고 다른 두 모형은 그 다음 절에서 다루기로 한다.

15.2 선형확률모형(LPM)

다음과 같은 모형을 보자.

$$Y_i = \beta_1 + \beta_2 X_i + u_i \qquad \textbf{(15.2.1)}$$

여기서 $X =$ 가구소득
$Y = 1$ 만일 가구가 집을 소유하고 있으면
$= 0$ 만일 가구가 집을 소유하고 있지 않으면

모형 (15.2.1)은 전형적인 선형 회귀모형으로 보이나 피회귀변수가 이분적

또는 양분적이기 때문에 선형 확률모형(linear probability model: LPM)이라 부른다. 그 이유는 X_i가 주어졌을 때 Y_i의 조건부 기대치인 $E(Y_i|X_i)$는 X_i가 주어졌을 때 그 사상이 발생할 **조건부 확률(conditional probability)**, 즉 $\Pr(Y_i = 1|X_i)$로 해석될 수 있기 때문이다. 따라서 앞의 예에서 $E(Y_i|X_i)$는 소득이 X_i로 주어진 가구가 집을 소유할 확률이 된다.

식(15.2.1)과 같은 모형은 LPM이라고 명명한 근거는 다음과 같다. (불편추정량을 얻기 위해) 지금까지와 마찬가지로 $E(u_i) = 0$으로 가정하면

$$E(Y_i \mid X_i) = \beta_1 + \beta_2 X_i \qquad (15.2.2)$$

이제 P_i는 $Y_i = 1$(즉 사상이 발생할)인 확률이고 $(1 - P_i)$는 $Y_i = 0$(즉 사상이 발생하지 않는)인 확률이라고 하면 변수 Y_i는 다음과 같은 분포를 한다.

Y_i	확률
0	$1 - P_i$
1	P_i
계	1

즉 Y_i는 베르누이 확률분포를 따른다.

이제 수학적 기대치의 정의에 의해

$$E(Y_i) = 0(1 - P_i) + 1(P_i) = P_i \qquad (15.2.3)$$

식 (15.2.2)와 (15.2.3)을 비교하면 다음을 얻게 된다.

$$E(Y_i \mid X_i) = \beta_1 + \beta_2 X_i = P_i \qquad (15.2.4)$$

즉 모형 (15.2.1)의 조건부 기대치는 사실상 Y_i의 조건부 확률로 해석할 수 있다. 일반적으로 베르누이 확률변수의 기대치는 확률변수가 1이 될 확률이다. 추가적으로 만일 각각의 성공 확률이 p이고, 실패확률이 $(1 - p)$인 n번의 독립적인 시행이 있고 이 시행에서 X는 성공하는 횟수라고 하면 X는 베르누이 분포를 따른다는 것에 주목하라. 이항분포의 평균은 np이고 그것의 분산은 $np(1 - p)$이다. 성공이라는 용어는 문제의 상황에 따라 정의된다.

$$0 \le E(Y_i \mid X_i) \le 1 \qquad (15.2.5)$$

즉 조건부 기대치(또는 조건부 확률)는 0과 1 사이에 있어야 한다.

앞의 논의로부터 OLS는 이분적 종속변수 회귀모형으로 쉽게 확장될 수 있을 것으로 보인다. 그래서 여기에는 새로운 것이 없을 것으로 보이지만 불행하게도 그렇지가 않다. 왜냐하면 LPM은 몇 가지 문제로 궁지에 빠뜨리는데, 그것들

은 다음과 같다.

교란항 u_i의 비정규분포성

비록 OLS는 교란항이 정규분포하는 것을 필요로 하지는 않지만 통계적인 추론을 위해 정규분포하는 것으로 가정했다.[3] 그러나 LP 모형에서는 u_i가 정규분포한다는 가정은 더 이상 지속될 수 없는데, 그 이유는 Y_i와 마찬가지로 교란항 u_i도 단지 두 값만 취하기 때문이다. 즉 그것들도 역시 베르누이 분포를 따른다. 이를 보기 위해 식 (15.2.1)을 다시 보자.

$$u_i = Y_i - \beta_1 - \beta_2 X_i \quad \textbf{(15.2.6)}$$

u_i의 확률분포는

	u_i	확률
$Y_i = 1$ 일 때	$1 - \beta_1 - \beta_2 X_i$	P_i
$Y_i = 0$ 일 때	$-\beta_1 - \beta_2 X_i$	$(1 - P_i)$

(15.2.7)

명백히 u_i는 정규분포하는 것으로 가정할 수 없고 그것은 베르누이 분포를 따른다.

그러나 정규분포 가정을 충족시키지 못한다는 것은 생각보다 덜 심각한데, 그 이유는 OLS 점추정치는 계속 불편추정치(만일 점추정이 목적이라면 정규분포 가정은 필수적이 아니다)이기 때문이다. 더욱이 표본크기가 무한히 증가함에 따라 OLS 추정량은 일반적으로 정규분포하는 경향이 있다.[4] 따라서 대표본에서는 LPM의 통계적 추론은 정규분포 하에서의 통상적인 OLS 절차를 따른다.

교란항의 이분산

비록 $E(u_i) = 0$이고 $\text{cov}(u_i, u_j) = 0, i \neq j$(즉 계열상관이 없다)이더라도 LPM에서 교란항이 더 이상 동분산일 수 없다. 그러나 이것은 놀랄 일이 아니다. 통계이론에서 보여 주듯이 베르누이 분포에서 이론적 평균과 분산은 각각 p와 $p(1-p)$인데, 여기서 p는 성공(즉 무엇인가 일어날) 확률이고, 분산은 평균의 함수라는 것을 보여준다. 이리하여 오차분산은 이분산이다.

3. 실제 적용을 할 때 정규분포 가정은 Jarque–Bera 검정과 같은 적절한 정규성 검정으로 점검되어야 한다는 것을 권고했다는 것을 상기하라.

4. 이것의 증명은 중심극한정리에 기초하고 있고 이에 대해서는 E. Malinvaud, *Statistical Methods of Econometrics*, Rand McNally, Chicago, 1966, pp.195–197 참조. 회귀변수들이 확률적이고 결합 정규분포를 따른다면, 교란항이 정규분포가 아니라도 F 검정과 t 검정은 여전히 사용할 수 있다. 또한 표본크기가 무한히 증가함에 따라 이항분포는 정규분포에 수렴한다는 것을 명심하라.

식 (15.2.7)에 주어진 오차항의 분포에 대해 분산의 정의를 적용하면 다음 식이 성립한다(연습문제 15.10 참조).

$$\text{var}(u_i) = P_i(1 - P_i) \qquad \textbf{(15.2.8)}$$

즉 LPM에서 오차항의 분산은 이분산이다. $P_i = E(Y_i | X_i) = \beta_1 + \beta_2 X_i$이므로 u_i의 분산은 궁극적으로 X의 값에 의존하여 동분산이 아니다.

이분산이 존재할 때 OLS 추정량은 불편추정량이기는 하지만 효율적이 아니다. 즉 최소분산을 갖지 못한다는 것을 알고 있다. 그러나 이분산 문제는 비정규성 문제처럼 해결할 수 있다. 11장에서 이분산 문제를 다루는 몇 가지 방안들이 논의되었다. u_i의 분산이 $E(Y_i | X_i)$에 의존하므로 이분산 문제를 해결하는 한 가지 방법으로 모형 (15.2.1)의 양변을 다음과 같이 나누어서 자료를 변환시키면 된다.

$$\sqrt{E(Y_i|X_i)[1 - E(Y_i|X_i)]} = \sqrt{P_i(1 - P_i)} = \sqrt{w_i} \text{ 라고 하자}$$

즉

$$\frac{Y_i}{\sqrt{w_i}} = \frac{\beta_1}{\sqrt{w_i}} + \beta_2 \frac{X_i}{\sqrt{w_i}} + \frac{u_i}{\sqrt{w_i}} \qquad \textbf{(15.2.9)}$$

식 (15.2.9)의 변환된 오차항은 이제 동분산을 갖는다. 따라서 식 (15.2.1)을 추정한 다음 식 (15.2.9)를 OLS로 추정할 수 있는데 그것은 다름이 아니라 w_i가 가중치의 역할을 하는 **가중최소자승법**이다.

이론적으로는 지금까지 우리가 설명한 것은 괜찮다. 그러나 실제로는 올바른 $E(Y_i | X_i)$는 알 수 없다. 따라서 가중치 w_i를 추정하기 위해 다음과 같이 2단계 절차를 사용하면 된다.[5]

단계 1. 이분산 문제와 관계없이 식 (15.2.1)을 OLS로 회귀하여 올바른 $E(Y_i | X_i)$의 추정치인 $\hat{Y}_i$을 구한 다음 w_i의 추정치인 $\hat{w}_i = \hat{Y}_i(1 - \hat{Y}_i)$을 구한다.

단계 2. 추정된 w_i를 이용하여 식 (15.2.9)에서와 같이 자료를 변환하여 변환된 식을 OLS로 추정한다.(즉 가중최소자승)

비록 우리의 예에 대해 이 절차를 곧 예시하겠지만 표본이 꽤 크다는 전제 하에 우리는 이분산을 다루기 위해 White의 이분산 교정 표준오차를 사용할 수 있다는 것에 주의해야 한다.

설령 우리가 이분산에 대해 교정하더라도 LPM을 괴롭히는 또 다른 문제를 우선

5. 이 절차의 정당성에 대해서는 Arthur S. Goldberger, *Econometric Theory*, John Wiley & Sons, New York, 1964, pp.249-250 참조. 정당성은 기본적으로 이분산에 대한 장에서 실행가능한 또는 추정된 일반화 최소자승 논제 하에서 논의하였던 대표본 이론이다(11.6절 참조).

다룰 필요가 있다.

$0 \le E(Y_i | X_i) \le 1$의 위배

선형확률모형에서 $E(Y_i|X_i)$는 X가 주어졌을 때 사상 Y의 조건부 확률을 나타내므로 꼭 0과 1사이에 있어야 한다. 비록 이것이 선험적으로는 맞지만 $E(Y_i|X_i)$의 추정량인 $\hat{Y}_i$이 제약을 꼭 만족시키리라는 보장이 없으며 **이것이 LPM을 OLS로 추정할 때의 중대한 문제이다.** 이러한 일이 발생하는 것은 OLS는 $0 \le E(Y_i) \le 1$이라는 제약(부등식 제약)을 감안하지 않기 때문이다. 추정된 $\hat{Y}_i$이 0과 1사이에 있는지를 알아보는 두 가지 방법이 있다. 하나는 LPM을 통상적인 OLS로 추정하여 추정된 $\hat{Y}_i$이 0과 1 사이에 있는지를 알아보는 것이다. 만일 몇몇 값이 0보다 작으면 (즉, 음이면) 그 경우에는 $\hat{Y}_i$을 0인 것으로 가정한다. 또한 만일 1보다 큰 값이 나오면 이것들은 1로 가정한다. 두번째 방법은 추정되는 조건부 확률 $\hat{Y}_i$이 0과 1사이에 있도록 보장할 수 있는 추정기법을 고안해 내는 것이다. 후에 논의될 로지트와 프로비트 모형들은 추정되는 확률이 실제로 논리적 경계인 0과 1 사이에 있는 것이 보장된다.

적합도 척도 R^2의 의심스러운 값

전형적으로 계산되는 R^2은 이분적 반응모형에서는 그 가치가 별로 없다. 그 이유를 알기 위해 그림 15.1을 보자. 주어진 X에 상응하는 Y는 0 또는 1이다. 따라서 모든 Y값들은 X축을 따라 있든지 또는 1에 상응하는 선을 따라 놓이게 된다. 따라서 비제약 LPM(그림 15.1a)이든 또는 논리적 범위인 0과 1 밖으로는 나가지 못하도록 하여 추정된 LPM인 절단된 또는 제약 LPM(그림 15.1b)이든 어떤 LPM도 그와 같은 형태에 잘 들어맞지 못한다. 그 결과 전형적으로 계산되는 R^2은 이와 같은 모형에서는 1보다 훨씬 작게 될 것이다. 실제 대부분의 적용예에서 R^2은 0.2와 0.6 사이이다. 이와 같은 모형에서 R^2의 값이 예를 들어 0.8이 넘는 높은 값을 갖는 유일한 경우는 실제 값들이 점 A와 B 주위에 가까이 몰려 있어서(그림 15.1c) 실제의 관찰점들이 점 A와 B를 연결하는 직선을 결정하기가 쉽기 때문이다. 이 경우에 예측되는 Y_i는 0이나 1에 매우 밀접한 값이 될 것이다.

이와 같은 이유로 John Aldrich 와 Forrest Nelson은 "정성적 종속변수가 있는 모형에서는 결정계수를 요약 통계량으로 사용해서는 안된다"고 주장하고 있다.[6]

---

6. Aldrich and Nelson, op. cit., p.15. 가변수 피회귀변수를 포함한 모형에서 다른 적합도 측정에 관해서는 T. Amemiya, "Qualitative Reponse Models," *Journal of Economic Literature*, vol.19, 1981, pp.331–354 참조

그림 15.1
선형확률모형

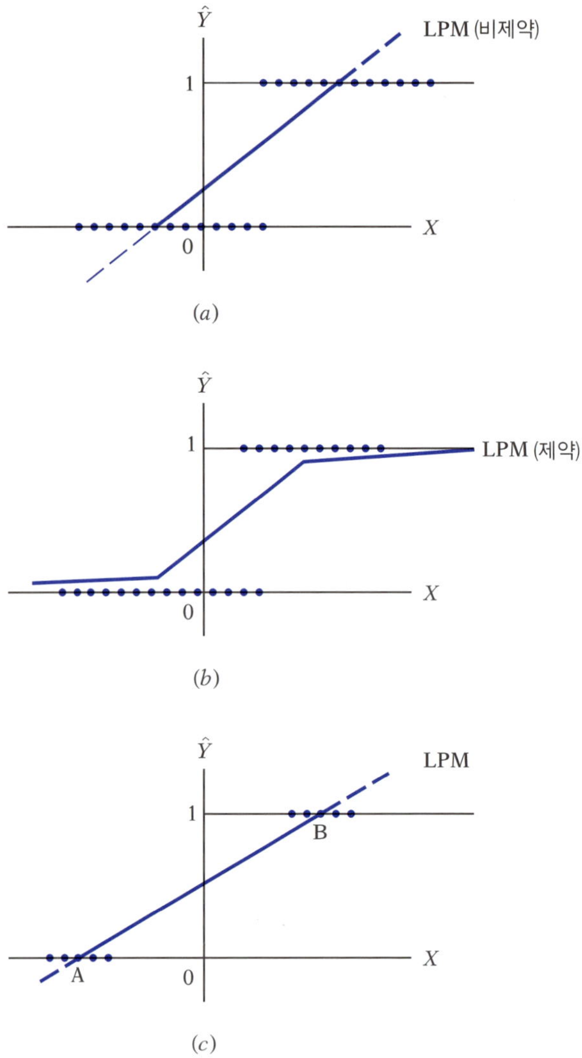

예제 15.1
LPM: 수치예

지금까지 LPM에 대해 지적된 점들을 수치예로 보기로 하자. 표15.1에는 집소유 Y(소유하면 1, 그렇지 않으면 0)와 가구소득 X(천달러)에 관한 40가구의 가상적 자료가 나와 있다. 이 자료를 토대로 OLS에 의해 추정된 LPM은 다음과 같다.

$$\hat{Y}_i = -0.9457 + 0.1021X_i$$
$$(0.1228) \quad (0.0082) \qquad \textbf{(15.2.10)}$$
$$t = (-7.6984) \quad (12.515) \qquad R^2 = 0.8048$$

우선, 이 회귀식을 해석해 보자. 절편 -0.9457은 소득이 0인 가구가 집을 소유할 "확률"이다. 이 값은 음이고 확률은 음이 될 수 없으므로 이 값을 0으로 취급하도록 하는데 지금의 예에서는 그리 무리가 안 된다.[7] 기울기의 값 0.1021은 소득 1단위(여기서는 1000달러)

7. 음의 큰 값은 소득이 0일 때 집을 소유한다는 것이 불가능하다는 것을 뜻한다고 해석할 수 있다.

예제 15.1
(계속)

표 15.1 집소유 (소유하면 $Y=1$, 소유하고 있지 않으면 $Y=0$)와. 소득 X(천달러)에 대한 가상적 자료

가구	Y	X	가구	Y	X
1	0	8	21	1	22
2	1	16	22	1	16
3	1	18	23	0	12
4	0	11	24	0	11
5	0	12	25	1	16
6	1	19	26	0	11
7	1	20	27	1	20
8	0	13	28	1	18
9	0	9	29	0	11
10	0	10	30	0	10
11	1	17	31	1	17
12	1	18	32	0	13
13	0	14	33	1	21
14	1	20	34	1	20
15	0	6	35	0	11
16	1	19	36	0	8
17	1	16	37	1	17
18	0	10	38	1	16
19	0	8	39	0	7
20	1	18	40	1	17

변화에 대해 집을 소유할 확률은 평균적으로 0.1021 또는 약 10% 증가한다는 것을 뜻한다. 물론 소득수준이 주어졌을 때 식 (15.2.10)으로부터 집을 소유할 실제 확률을 추정할 수 있다. 예를 들어 $X = 12$(12,000)일 때 집을 소유할 확률을 추정하면

$$\begin{aligned}(\hat{Y}_i \mid X = 12) &= -0.9457 + 12(0.1021) \\ &= 0.2795\end{aligned}$$

즉, 소득이 12,000달러인 가구가 집을 소유할 확률은 약 28%이다. 표 15.2에는 표에 수록된 다양한 소득에 대한 확률의 추정치 $\hat{Y}_i$이 계산되어 있다. 표에서 가장 눈에 띄는 특징은 추정된 값 가운데 6개가 음이고 또 6개가 1을 넘어서 앞에서 지적한 대로 비록 $E(Y_i|X)$는 양이고 1보다 작더라도 그것의 추정량인 $\hat{Y}_i$은 꼭 양수이거나 1보다 작은 것은 아니라는 것을 분명히 보여주고 있다. 이것이 바로 종속변수가 이분적일 때 LPM을 추천하지 않는 이유이다.

비록 추정된 Y_i가 모두 양이고 1보다 작다고 할지라도 LPM은 식 (15.2.8)에서 볼 수 있는 바와 같이 이분산 문제가 계속 존재한다. 그 결과 식 (15.2.10)에 나와 있는 추정된 표준오차를 신뢰할 수 없게 된다(그 이유는?). 그러나 표준오차의 보다 효율적인 추정치를 얻기 위하여 이전에 논의된 가중최소자승법(WLS)을 사용할 수 있다. WLS를 적용하는데 필요한 가중치인 $\hat{w}_i$은 표 15.2에 나와 있다. 그러나 몇몇 Y_i가 음이고, 또 몇몇은 1을 넘으므로 이러한 값들에 상응하는 $\hat{w}_i$은 음이 될 것이다. 이것은 WLS에서는 이러한 관찰치들을 사용할 수 없다는 것을 뜻한다(그 이유는?). 따라서 현재의 예에서 사용가능한 관찰치의 수는 40개에서 28개로 줄어든다.[8] 이 관찰치들을 생략하고 WLS를 행하면

8. 자유도의 상실을 막기 위해서 추정된 Y_i가 음인 경우에는 $\hat{Y}_i = 0.01$, 그것이 1을 넘을 때는 $\hat{Y}_i = 0.99$로 놓을 수가 있다. 연습문제 15.1 참조

예제 15.1 (계속)

표 15.2 집소유 예에 대한 실제 Y, 추정된 Y, 가중치 W_i

Y_i	$\hat{Y}_i$	$\hat{w}_i$‡	$\sqrt{\hat{w}_i}$	Y_i	$\hat{Y}_i$	$\hat{w}_i$‡	$\sqrt{\hat{w}_i}$
0	−0.129*			1	1.301†		
1	0.688	0.2146	0.4633	1	0.688	0.2147	0.4633
1	0.893	0.0956	0.3091	0	0.280	0.2016	0.4990
0	0.178	0.1463	0.3825	0	0.178	0.1463	0.3825
0	0.280	0.2016	0.4490	1	0.688	0.2147	0.4633
1	0.995	0.00498	0.0705	0	0.178	0.1463	0.3825
1	1.098†			1	1.097†		
0	0.382	0.2361	0.4859	1	0.893	0.0956	0.3091
0	−0.0265*			0	0.178	0.1463	0.3825
0	0.076	0.0702	0.2650	0	0.076	0.0702	0.2650
1	0.791	0.1653	0.4066	1	0.791	0.1653	0.4055
1	0.893	0.0956	0.3091	0	0.382	0.2361	0.4859
0	0.484	0.2497	0.4997	1	1.199†		
1	1.097†			1	1.097†		
0	−0.333*			0	0.178	0.1463	0.3825
1	0.995	0.00498	0.0705	0	−0.129*		
1	0.688	0.2147	0.4633	1	0.791	0.1653	0.4066
0	0.076	0.0702	0.2650	1	0.688	0.2147	0.4633
0	−0.129*			0	−0.231*		
1	0.893	0.0956	0.3091	1	0.791	0.1653	0.4066

*확률이 음이 되는 것을 막기 위해 0으로 취급함.

†확률이 1이 넘는 것을 막기 위해 1로 취급함.

‡ $\hat{Y}_i(1-\hat{Y}_i)$

$$\begin{aligned}\frac{\hat{Y}_i}{\sqrt{\hat{w}_i}} &= -1.2456\frac{1}{\sqrt{\hat{w}_i}} + 0.1196\frac{X_i}{\sqrt{\hat{w}_i}} \\ &\qquad (0.1206) \qquad\qquad (0.0069) \\ t &= (-10.332) \qquad\quad (17.454) \qquad R^2 = 0.9214\end{aligned} \tag{15.2.11}$$

식 (15.2.10)과 이 결과를 비교하면 추정된 표준오차가 더 작아지고 따라서 추정된 t값은 (절대적으로) 더 커진 것을 알 수 있다. 그러나 이 결과를 과신해서는 안되는데, 그 이유는 식 (15.2.11)을 추정하는데 있어서 12개의 관찰치를 상실하였다. w_i 또한 가 추정되므로 대표본의 경우 통상적인 통계적 가설검정 절차는 엄밀히 말해 유용하다(11장 참조).

15.3 LPM의 적용

(곧 논의될) 로지트와 프로비트 모형을 쉽게 추정할 통계 패키지가 이용가능하기 전까지는 그 단순성으로 인해 LPM이 광범위하게 사용되었다. 이제 이들 적용 예를 보도록 하자.

예제 15.2

Cohen-Rea-Lerman 연구[9]

미 노동성 주관의 연구에서 Cohen, Rea 그리고 Lerman은 다양한 범주의 노동력의 경제활동참가를 몇몇 사회경제적-인구학적 변수들의 함수로 보아 이를 조사하였는데 그들의 회귀에서 종속변수는 가변수로 경제활동인구이면 1, 비경제활동인구이면 0의 값을 취한다. 표15.3에는 그들의 종속변수가 가변수인 회귀분석 결과의 일부가 나와 있다.

결과를 해석하기 전에 다음과 같은 특징에 유의할 필요가 있다. 이 회귀식은 OLS를 사용하여 추정되었다. 이분산을 수정하기 위하여 저자들은 회귀 가운데 일부를 이전에 언급된 2단계 절차를 사용하였는데, 이 때의 추정치의 표준오차들이 이분산을 수정하지 않고 얻은 표준오차와 실제 그리 상이하지 않았다. 아마도 그 이유는 약 25,000이 되는 표본크기 때문일지 모른다. 이러한 대표본으로 말미암아 비록 오차항이 이분적인 값을 취하더라도 추정된 t값은 통상적인 OLS 절차에 의해 검정될 수 있을 것이다. 추정된 R^2값은 0.175로 낮은 것으로 생각되나, 대표본이므로 F검정에 기초하면 계속 유의하다(8.4절 참조) 마지막으로 저자들이 양적, 질적 변수들을 섞어 넣은 방법이라든가 상호작용을 고려한 방법들에 유의하라.

결과의 해석측면에서 각 기울기계수는 설명변수 값의 단위변화에 대해 발생하는 사상의 조건부 확률의 변화율을 나타낸다. 예를 들어 변수 "나이 65세 이상"의 계수 −0.2753은 다른 모든 요인들이 일정할 때, 이 연령집단에 속한 여자들의 경제활동참가 확률이(기준범주인 나이 22세에서 54세까지의 여성에 비하여) 약 27% 작다는 것을 뜻한다. 이와 같이 변수 "교육받은 년수16년 이상"의 계수 0.3061은 다른 모든 요인들이 일정할 때 이 정도로 많은 교육을 받은 여성들의 경제활동 참가 확률이 (기준범주인 5년 미만의 교육을 받은 여성에 비해) 약 31% 더 높다는 것을 뜻한다.

이제 **상호작용항** 결혼여부와 연령을 생각해보자. 표에 따르면 결혼하지 않은 여성의 경제활동참가 확률이(기준범주에 비해) 약 29% 정도 더 높고 65세 이상의 여성의 확률이 (기준범주에 비해) 약 28% 가량 더 낮다. 이것은 65세 이상이지만 결혼하지 않은 여성이 65세 이상이면서 결혼한 상태이거나 "기타" 범주에 속하는 여성에 비해 경제활동참가 가능성이 높다는 것을 뜻한다.

이 절차에 따라 독자들은 표 15.3에 있는 나머지 계수들을 쉽게 해석할 수 있을 것이다. 이러한 정보로부터 다양한 범주의 노동력의 경제활동참가 조건부 확률의 추정치를 구할 수 있다. 따라서 결혼하고(기타 범주에 속하고) 나이는 22세에서 54세 사이이고 12년에서 15년 사이의 교육을 받았으며, 실업율은 2.5~3.4% 사이이고 고용변화율은 3.5~6.49% 사이이며 상대적 고용기회는 74% 이상이며 FILOW는 7500달러 이상인 여성에 대한 확률을 구하면 다음과 같다.

$$0.4368 + 0.1523 + 0.2231 - 0.0213 + 0.0301 + 0.0571 - 0.2455 = 0.6326$$

다시 말하면, 앞에서 기술한 특징을 갖는 여성의 경제활동참가 확률은 약 63%로 추정된다는 것이다.

9. Malcolm S. Cohen, Samuel A, Rea, Jr., and Robert I. Lerman, *A Micro Model of Labor Supply*, BLS Staff Paper 4, U.S. Department of Labor, 1970.

예제 15.2 (계속)

표 15.3 경제활동참가 96개 SMSA에 거주하는 22세 이상의 여성에 대한 회귀 (종속변수 : 1966년 경제활동 인구인지의 여부)

설 명 변 수		계 수	t값
상수		0.4368	15.4
결혼여부			
결혼하였고 배우자와 동거		–	–
결혼하였으나 기타		0.1523	13.8
결혼하지 않음		0.2915	22.0
연령			
22~54		–	–
55~64		-0.0594	-5.7
65세이상		-0.2753	-9.0
교육년수			
0~4		–	–
5~8		0.1255	5.8
9~11		0.1704	7.9
12~15		0.2231	10.6
16년 이상		0.3061	13.3
실업율(1966),%			
2.5미만		–	–
2.5~3.4		-0.0213	-1.6
3.5~4.0		-0.0269	-2.0
4.1~5.0		-0.0291	-2.2
5.1이상		-0.0311	-2.4
고용변화율(1965~1966),%			
3.5미만		–	–
3.5~6.49		0.0301	3.2
6.5이상		0.0529	5.1
상대적 고용기회,%			
62미만		–	–
62~73.9		0.0381	3.2
74이상		0.0571	3.2
FILOW,$			
1500미만이거나 음(-)		–	–
1500~7499		-0.1451	-15.4
7500이상		-0.2455	-24.4
상호작용(결혼여부와 연령)			
결혼여부	연령		
기타	55~64	-0.0406	-2.1
기타	65이상	-0.1391	-7.4
결혼하지 않음	55~64	-0.1104	3.3
결혼하지 않음	65이상	-0.2045	-6.4
상호작용(연령과 교육받은 연수)			
연령	교육년수		
65이상	5~8	-0.0885	-2.8
65이상	9~11	-0.0848	-2.4
65이상	12~15	-0.1288	-4.0
65이상	16이상	-0.1628	-3.6

$R^2 = 0.175$

관찰치 수 = 25,143

주: –는 기준 또는 생략된 범주를 뜻한다. FILOW: 가구소득 – 임금소득

출처: Malcolm S. Cohen, Samuel A. Rea, Jr., and Robert I, Lerman, *A Mlicro Model on Labor Supply*, BLS Staff 4, U.S. Deportment of Labor, 1970. Table F–6, pp.212–213.

예제 15.3

사채등급의 예측

1961년부터 1966년까지의 200여종의 Aa(고품질)와 Baa(중품질)사채에 대한 시계열 및 횡단면 합동자료에 기초하여 Joseph Cappelleri는 다음과 같이 사채등급 예측모형을 추정하였다.[10]

$$Y_i = \beta_1 + \beta_2 X_{2i}^2 + \beta_3 X_{3i} + \beta_4 X_{4i} + \beta_5 X_{5i} + u_i$$

여기서 Y_i = 만일 사채등급이 Aa(무디의 등급)이면 1
= 만일 사채등급이 Baa(무디의 등급)이면 0
X_2 = 레버리지의 척도로서의 부채 자본화 비율
$= \dfrac{\text{장기부채의 화폐가치}}{\text{총자본화의 화폐가치}} \text{x100}$
X_3 = 이윤율
$= \dfrac{\text{납세후 소득의 화폐가치}}{\text{순 총자산의 화폐가치}} \text{x100}$
X_4 = 이윤율 가변성의 척도로서의 이윤율의 표준편차
X_5 = 규모의 척도로서의 순 총자산의 화폐가치(단위 : 1000달러)

선험적으로 β_2와 β_4는 음의 값으로 예상되고(그 이유는?) β_3와 β_5는 양의 값으로 예상된다.

Cappelleri는 이분산과 1차 자기상관에 대한 수정을 한 후에 다음과 같은 결과를 얻었다.)[11]

$$\begin{aligned}\hat{Y}_i = \;& 0.6860 - 0.0179X_{2i}^2 + 0.0486X_{3i} + 0.0572X_{4i} + 0.378(E\text{-}7)X_5 \\ & (0.1775) \quad (0.0024) \quad (0.0486) \quad (0.0178) \quad (0.039)(E\text{-}8) \\ & R^2 = 0.6933\end{aligned} \tag{15.3.1}$$

주: 0.378(E−7)은 0.0000000378을 의미한다.

X_4의 계수만 제외하고는 부호가 모두 올바로 나왔다. 다른 조건들이 일정하다면 이윤의 가변성이 크면 클수록 무디의 등급이 Aa가 될 가능성이 작아지므로, 이 이윤율 계수의 부호가 양(+)으로 나온 것에 대한 합리화는 경영학 전공 학생들에게 맡기기로 한다.

회귀결과의 해석은 간단하다. 예를 들어 X_3의 계수 0.0486은 다른 조건들이 동일할 때 이윤율 1%P 증가로 인해 사채가 Aa등급을 받을 확률이 평균적으로 0.05 증가한다는 것을 뜻한다. 이와 유사하게 레버리지 비율의 자승이 클수록 이 비율 1단위 증가당 Aa 사채로 분류될 확률은 0.02만큼 낮아진다.

---

10. Joseph Cappelleri, "Prediciting A Bond Rating" 미발표 과제물. 이 논문에서 사용된 모형은 다음의 논문에서 이용된 모형을 변형시킨 것이다. Thomas F. Pogue and Robert M. Soldofsky, "What Is In a Bond Rating?" *Journal of Finanacial and Quantitative Analysis*, June 1969. pp.201–228.

11 이분산에 대한 수정을 하기 전에 추정된 확률 가운데 몇몇은 음(−)이었고, 또 몇몇은 1이 넘었는데 이와 같은 경우 가중치 w_i의 계산이 가능하도록 하기 위해 각각 0.01과 0.99로 가정하였다.

예제 15.4

누가 직불카드를 보유하나?

오늘날 신용카드와 마찬가지로 직불카드도 소비자들에 의해 광범위하게 사용되고 있다. 상인들은 그것을 선호하는데 왜냐하면 우리가 직불카드를 사용하면 우리의 구입액은 자동적으로 우리의 요구불 또는 기타 지정된 계좌로부터 인출되기 때문이다. 어떤 요인들이 직불카드의 사용을 결정하는지를 찾아내기 위해 60명의 고객에 대한 자료를 가지고 다음 모형을 적용하였다.[12]

$$Y_i = \beta_1 + \beta_2 X_{2i} + \beta_3 X_{3i} + \beta_4 X_{4i} + u_i$$

여기서 Y=직불카드 보유자는 1, 그렇지 않으면 0; X_2=계좌 잔고(달러); X_3=ATM 거래횟수; X_4=계좌에 대한 이자를 받으면 1, 그렇지 않으면 0이다.

선형 회귀모형(LPM)은 이분산을 보이므로 통상적인 OLS 결과와 이분산을 교정한 OLS 결과를 표의 형태로 제시한다.

변수	계수	계수*
상수	0.3631	0.3631
	(0.1796)**	(0.1604)**
잔고	0.00028**	0.00028**
ATM	(0.00015)	(0.00014)
	−0.0269	−0.0269
이자	(0.208)	(0.0202)
	−0.3019**	−0.3019**
R^2	(0.1448)	(0.1353)
	0.1056	(0.1056)

주: *는 이분산 교정 표준오차임.
**5% 수준에서 유의함.

이 결과가 보여주듯이 잔고를 더 많이 가지고 있는 사람들이 직불카드를 보유할 경향이 있다. 계좌 잔고에 지불되는 이자율이 높을수록 직불카드를 보유하는 경향이 낮다. 비록 ATM 변수는 유의하지 않지만 음의 부호를 가지고 있다는 것을 주목하라. 이것은 아마 ATM 거래요금 때문인 것으로 보인다.

이분산을 교정한 것과 교정하지 않은 추정된 표준오차 간에는 큰 차이가 없다. 지면을 절약하기 위해 추정값(즉 추정된 확률)은 제시하지 않았지만 그것들은 모두 0과 1 사이에 있었다. 그러나 모든 경우에 이렇게 되리라는 보장은 없다.

15.4 LPM에 대한 대안들

우리가 본 바와 같이 LPM은 (1) u_i의 비정규분포성, (2) u_i의 이분산, (3) $\hat{Y}_i$이 0–1 범위 밖에 있을 가능성, (4) 일반적으로 낮은 R^2값 등과 같은 문제들이 존재하고 있다. 그러나 이 같은 문제들은 극복할 수 있다. 예를 들어, 이분산 문제를 해결하기 위하여 WLS를 사용할 수 있고 비정규분포 문제를 극소화하기 위하여 표

12. 분석에 사용된 자료는 Douglas A. Lind, William G. Marchal, and Robert D. Mason, *Statistical Techniques in Business and Economics*, 11th Ed., McGraw-Hill, 2002, Appendix N, pp.775–776으로부터 얻었다. 우리는 저자들이 사용한 변수들을 모두 사용하지는 않았다.

본크기를 증가시킬 수 있다. 심지어 제약최소자승법이나 수학적 프로그램 기법을 이용하여 추정된 확률이 0–1구간 내에 있게 할 수도 있다.

그러나 LPM의 근본적 문제는 이것이 논리적으로 그리 합리적인 모형이 아니라는 것인데 그 이유는 $P=E(Y=1|X)$가 X에 대해 선형으로 증가한다, 즉 X의 한계 효과가 계속 일정하다고 가정하기 때문이다. 이리하여 앞의 주택소유에 대한 예에서 X가 1단위(1000달러) 증가함에 따라 집을 소유할 확률은 동일한 규모 0.10만큼 증가한다. 이것은 소득수준이 8,000달러이든 10.000달러이든 18,000달러, 22,000달러이든 모두 같다. 이는 명백히 비현실적이다. 실제로 P_i는 X_i와 비선형으로 연관될 것으로 예상된다. 즉 저소득가구의 경우는 집을 소유하지 못할 것이지만, 상당히 높은 소득수준, 예를 들어 X^*에서는 집을 소유할 가능성이 높을 것이다. 또한 X^* 이상으로 소득이 증가하면 집을 소유할 확률에는 별로 영향이 없을 것이다. 이리하여 소득분포의 양쪽 끝에서는 집을 소유할 확률은 X의 소규모 증가에 대해 사실상 영향 받지 않을 것이다.

따라서 다음과 같은 두 가지 특성을 가지고 있는 (확률)모형이 필요하다. 즉 (1) X_i가 증가함에 따라 $P_i=E(Y=1|X)$는 증가하지만 0–1 구간 밖으로 나가지는 않고, (2) P_i와 X_i간의 관계는 비선형으로 "X_i가 작아짐에 따라 P_i는 점차 느리게 0에 접근하고, X_i가 아주 커지게 되면 P_i는 점차 느리게 1에 접근한다."[13]

기하학적으로 우리가 원하는 모형은 그림 15.2와 같다. 이 모형에서는 확률이 0과 1사이에 존재하고 그 확률이 X에 대해 비선형으로 변하는 것에 유의하라.

우리는 그림의 S자형 곡선이 확률변수의 누적분포함수(cumulative distribution function: CDF)와 매우 유사하다는 것을 깨닫게 된다.[14] 따라서 반응

그림 15.2
누적분포함수(CDF)

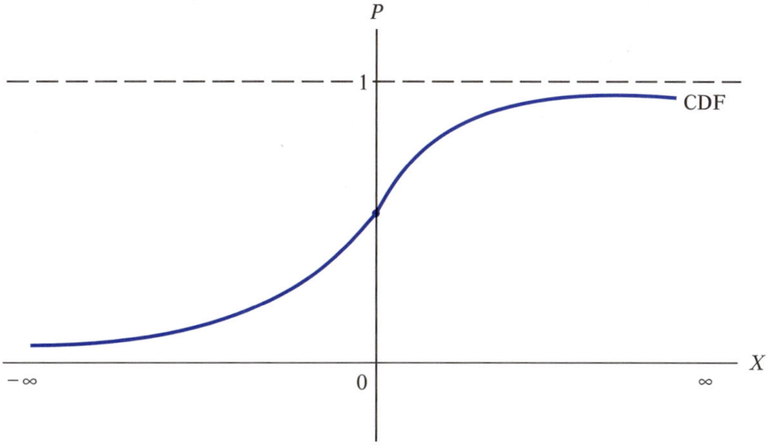

13. John Aldrich and Forrest Nelson, op. cit., p. 26
14. **부록 A**에서 논의되듯이 확률변수 X의 CDF는 X가 어떤 구체적 수치 x_0이하일 확률이다. 다시 말해 $F(X=x_0)=P(X\le x_0)$, 여기서 $F(X)$는 X의 CDF이다.

변수가 이분적이어서 0–1의 값을 취하는 회귀를 모형화하는 데 CDF를 사용할 수 있다. 이제 실제적인 문제는 어떤 CDF를 사용할 것인가 하는 것이다. 왜냐하면 비록 모든 CDF의 형태가 S자형이더라도 각 확률변수에 대한 CDF는 독특하기 때문이다. 실용성 등의 이유로 0–1 반응모형을 대표하는 데 일반적으로 선택되는 CDF는 (1) 로지스틱 분포와 (2) 정규분포인데 전자로부터는 로지트(logit)모형이 나오고 후자로부터는 프로비트(probit)(또는 노미트(normit))모형이 나온다.

비록 로지트와 프로비트 모형에 대한 자세한 논의는 이 책의 범위를 벗어나지만 여기서는 비공식적으로 그러한 모형을 추정하는 방법과 결과를 해석하는 법에 대해 설명하도록 한다.

15.5 로지트 모형

이전의 주택소유 예를 이용하여 로지트 모형의 기본 개념을 설명해보자. 소득과 관련하여 주택소유를 설명하기 위해 LPM을 사용하면 다음과 같다.

$$P_i = \beta_1 + \beta_2 X_i \tag{15.5.1}$$

여기서 X는 소득이고 $P_i = E(Y_i = 1 \mid X_i)$은 해당 가구가 집을 소유하고 있음을 뜻한다. 그러나 이제 주택소유를 다음과 같이 표기하여 보자.

$$P_i = \frac{1}{1 + e^{-(\beta_1 + \beta_2 X_i)}} \tag{15.5.2}$$

위의 식 (15.5.2)를 단순화하여 다음과 같이 쓰자.

$$P_i = \frac{1}{1 + e^{-Z_i}} = \frac{e^Z}{1 + e^Z} \tag{15.5.3}$$

여기서 $Z_i = \beta_1 + \beta_2 X_i$이다.

식 (15.5.3)은 소위 (누적적)로지스틱 분포함수(logistic distribution function)를 나타낸다.[15]

Z_i가 $-\infty$에서 $+\infty$까지 분포함에 따라 P_i는 0과 1사이에 분포하게 되고, 또 P_i는 Z_i(즉, X_i)와 비선형으로 연관되어서 앞의 두 필수조건을 충족시킨다는 것은 쉽게 입증될 수 있다.[16] 그러나 이 필수조건을 충족시키기는 하나 추정상의 문

15. 로지스틱 모형은 인구, GNP, 통화공급 등의 증가현상을 분석하는 데 광범위하게 사용되어 왔다. 로지트 모형과 프로비트 모형의 구체적인 이론 측면과 실제 적용에 관해서는 J. S. Kramer, *The Logit Model for Economists*, Edward Arnold Publishers, London, 1991과 G. S. Maddala, op. cit. 참조.

제가 새롭게 야기되는 것으로 생각되는데, 그 이유는 식 (15.5.2)로부터 알 수 있듯이 P_i가 X에 대해서 비선형일 뿐만 아니라 β에 대해서도 비선형이기 때문이다. 이것은 모수를 추정하는데 OLS 절차를 사용할 수 없다는 것을 뜻한다.[17] 그러나 식 (15.5.2)는 다음에서 보는 바와 같이 선형화가 될 수 있다.

만일 주택을 소유할 확률인 P_i가 식 (15.5.3)으로 주어졌다면 집을 소유하지 못할 확률인 $(1-P_i)$는 다음과 같다.

$$1 - P_i = \frac{1}{1 + e^{Z_i}} \tag{15.5.4}$$

따라서

$$\frac{P_i}{1 - P_i} = \frac{1 + e^{Z_i}}{1 + e^{-Z_i}} = e^{Z_i} \tag{15.5.5}$$

이제 $P_i/(1-P_i)$는 단지 집을 소유하는데 대한 승산비, 즉 가구가 집을 소유하지 못할 확률에 대한 집을 소유할 확률의 비율이다. 따라서 만일 $P_i = 0.8$이면 그 가구가 집을 소유할 가능성은 소유하지 못할 가능성의 4배가 된다.

만일 식 (15.5.5)에 자연대수를 취하게 되면 매우 흥미로운 결과가 나타난다.

$$\begin{aligned} L_i = \ln\left(\frac{P_i}{1 - P_i}\right) &= Z_i \\ &= \beta_1 + \beta_2 X_i \end{aligned} \tag{15.5.6}$$

즉 로그 승산비(odds ratio) L은 X에 대해 선형일 뿐만 아니라 (추정 측면에서는) 모수에 대해서도 또한 선형이다.[18] L은 로지트(logit)라 불리고 따라서 식 (15.5.6)과 같은 모형을 로지트 모형(logit model)이라 부른다.

다음과 같은 로지트 모형의 특징에 유의하라.

1. P가 0에서 1로 접근함에 따라 (즉 Z가 $-\infty$에서 ∞로 변함에 따라) 로지트 L은 $-\infty$에서 ∞로 접근하다. 즉 비록 확률은 0과 1사이에 분포하지만 로지트는 그 범위가 그와 같이 한정되지 않는다.
2. 비록 L은 X에 대해 선형이지만 확률 그 자체는 그렇지 않다. 따라서 확률이 X에 대해 선형으로 증가하는 모형(15.5.1)의 LPM모형과 대조가 된다.[19]

---

16. $Z_i \to +\infty$ 임에 따라 e^{-Z_i}는 0에 수렴하고 $Z_i \to -\infty$ 임에 따라 e^{-Z_i}는 무한히 증가한다. e=2.71828임을 상기하라.
17. 물론 14장에서 논의된 비선형추정기법을 사용할 수 있다. 15.8절도 참조.
18. OLS의 선형가정은 변수 X가 꼭 선형이어야 한다는 것은 아니다. 그래서 회귀변수로 X^2, X^3 등이 모형 안에 있을 수 있다. 모수에 대해 선형이라는 점이 중요하다.

3. 비록 앞의 모형에서 단지 하나의 X 변수 또는 회귀변수를 포함하고 있지만 내재하는 이론에 의해 얼마든지 더 많은 회귀변수들이 추가될 수 있다.
4. 만일 로지트 L이 양의 값이면 이것은 회귀변수(들)의 값이 증가할 때 피회귀변수가 1이 될 (관심 있는 어떤 사상이 발생하는 것을 의미) 가능성이 증가하는 것을 의미한다. 만일 L이 음의 값이면 X의 값이 증가함에 따라 피회귀변수가 1이 될 가능성은 줄어든다. 달리 표현하면 승산비가 1에서 0으로 감소하면 로지트는 음수가 되고 그 크기가 점점 커지고 승산비가 1에서 무한대로 증가하면 로지트는 양의 값으로 점점 커진다.[20]
5. 보다 공식적으로 식(15.5.6)에 주어진 로지트 모형의 해석은 다음과 같다. 기울기 β_2는 X 한 단위 변화에 대한 L의 변화, 즉 소득이 한 단위, 예를 들어 1,000달러 변함에 따라 주택소유에 대한 로그 승산비가 어떻게 변하는가를 측정한다. 절편 β_1은 소득이 0일 때의 주택소유에 대한 로그 승산비의 값이다. 절편에 대한 대부분의 해석과 마찬가지로 여기서의 해석도 실제적 의미가 별로 없다.
6. 어떤 소득수준, 예를 들어 X^*에서 우리가 집을 소유할 승산을 추정하고자 하지 않고 집을 소유할 확률 자체를 추정하고자 한다면 이것은 β_1과 β_2의 추정치를 알고 있으며 식 (15.5.3)으로부터 직접 구할 수 있다. 그러나 가장 중요한 문제는 우리가 우선 어떻게 β_1과 β_2를 추정하느냐 하는 것이다. 이에 대한 답은 다음 절에 나온다.
7. LPM은 P_i가 X_i에 선형으로 연관된다고 가정하는데 반해 로지트 모형은 승산비의 로그가 X_i에 선형으로 연관된다고 가정한다.

15.6 로지트 모형의 추정

추정을 위해 식 (15.5.6)을 다음과 같이 쓰도록 한다.

$$L_i = \ln\left(\frac{P_i}{1-P_i}\right) = \beta_1 + \beta_2 X_i + u_i \qquad \textbf{(15.6.1)}$$

확률적 오차항 u_i의 속성에 대해서는 곧 논의될 것이다.

식 (15.6.1)을 추정하기 위해서는 X_i 외에 피회귀변수 또는 로지트 L_i의 값이 필요하다. 이것은 우리가 분석을 위해 가지고 있는 자료의 형태에 달려 있다. 우

19. 수학을 이용하면 $dP/dX = \beta_2 P(1-P)$가 되는데 이로부터 X에 대한 확률의 변화율은 β_2뿐만 아니라 변동이 측정되는 확률 수준 그 자체에도 의존한다는 것을 알 수 있다.(이에 대한 자세한 내용은 15.7절을 참조할 것). 이와 아울러 X_i가 1단위 변화할 때 P에 미치는 영향은 $P = 0.5$일 때 가장 크고, P가 0이나 1에 근접했을 때 가장 작아진다.

20. 이 점은 David Garson이 지적해 주었다.

리는 두 종류의 자료를 구분하는데 (1) **개별 또는 마이크로 수준의 자료**, (2) **집단 또는 반복추출자료** 등이다.

개별 수준의 자료

만일 표 15.1과 같이 개별 가구에 대한 자료가 있다면, 식 (15.6.1)의 OLS 추정은 수행 불가능하다. 이것은 쉽게 볼 수 있다. 표 15.1에 주어진 자료에서 그 가구가 주택을 소유하고 있으면 $P_i = 1$, 그렇지 않으면 $P_i = 0$이 된다. 그러나 만일 우리가 이들 값을 로지트 L_i에 직접 대입하면 다음과 같이 된다.

$$L_i = \ln\left(\frac{1}{0}\right) \qquad \text{만일 그 가구가 주택을 소유하고 있으면}$$

$$L_i = \ln\left(\frac{0}{1}\right) \qquad \text{만일 그 가구가 주택을 소유하고 있지 않으면}$$

분명히 이러한 표현은 아무 의미가 없다. 따라서 만일 개별자료가 있다면 표준적인 OLS 절차에 의해 식(15.6.1)을 추정할 수 없다. 이 경우에는 모수를 추정하기 위해 최우추정법(ML)을 사용해야만 할 것이다. 비록 이 방법의 기초가 4장의 부록에서 논의되었지만 현재의 상황에 대한 적용은 부록 15A의 15A.1절에서 논의될 것인데 왜냐하면 그것에 대해 더 많은 것을 배우고자 하는 독자들을 위해서이다.[21] MICROFIT, EViews, LIMDEP, SHAZAM, PC-GIVE, STATA, MINITAB 등과 같은 소프트웨어 패키지들은 개별 수준에서 로지트 모형을 추정하는 자동적 루틴을 가지고 있다. 이 장의 후반부에 ML방법의 이용에 대해 예시할 것이다.

집단 또는 반복추출 자료

가령 표 15.4와 같은 자료가 있다고 하자. 이 표는 각 소득수준에서 집을 소유한 가구의 수와 소득수준에 따라 **집단화** 또는 **반복추출된**(관측보고를 되풀이함) 몇몇 가구에 대한 자료를 보여주고 있다. 각 소득수준 X_i에 상응하는 N_i가구가 존재하고 또 그 가운데 n_i가구는 주택을 소유하고 있다($n_i \leq N_i$). 따라서 다음과 같이

$$\hat{P}_i = \frac{n_i}{N_i} \qquad \textbf{(15.6.2)}$$

상대적 빈도(relative frequency)를 계산하면 이것을 각 X_i에 상응하는 진정한 P_i의 추정치로 사용할 수 있다. 만일 N_i가 크게 되면 $\hat{P}_i$은 P_i의 추정치가 될 것이

21. 로지트 모형 환경에서 최우추정에 대한 비교적 단순한 논의에 대해서는 John Aldrich and Forrest Nelson, op. cit., pp.49–54 참조. 또한 Alfred Demarsi, *Logit Modelling: Practical Applications*, Sage Publications, Newbury Park, Calif., 1992 참조.

표 15.4
X_i(소득), N_i(소득이 X_i인 가구의 수), n_i(주택을 소유하고 있는 가구의 수)에 대한 가상적 자료

X 1천달러	N_i	n_i
6	40	8
8	50	12
10	60	18
13	80	28
15	100	45
20	70	36
25	65	39
30	50	33
35	40	30
40	25	20

다.[22] 추정된 P_i를 사용하면 추정된 로지트를 다음과 같이 구할 수 있다.

$$\hat{L}_i = \ln\left(\frac{\hat{P}_i}{1 - \hat{P}_i}\right) = \hat{\beta}_1 + \hat{\beta}_2 X_i \tag{15.6.3}$$

만일 각 X_i에 대해 관찰치의 수 N_i가 크면 위의 추정된 로지트는 진정한 로지트 L_i의 훌륭한 추정치가 된다.

간략히 말해 표 15.4와 같이 **집단(grouped)** 또는 **반복추출(replicated)**자료가 주어졌을 때 모형 (15.6.1)을 추정하기 위하여 종속변수에 대한 자료를 구할 수 있다. 그러면 식 (15.6.3)에 OLS를 적용하여 통상적인 방법으로 모수를 추정할 수 있나? 그렇지 않다. 왜냐하면 아직 확률적 교란항의 속성에 대해 아는 것이 없기 때문이다. 만일 N_i가 상당히 크고 주어진 소득계급 X_i 내의 각 관찰치가 독립적으로 이항분포하면 다음이 성립한다는 것이 입증되어 있다.

$$u_i \sim N\left[0, \frac{1}{N_i P_i(1 - P_i)}\right] \tag{15.6.4}$$

즉, u_i는 평균이 0이고, 분산이 $1/[N_i P_i(1 - P_i)]$인 정규분포를 따른다.[23]

따라서 LPM의 경우에서와 같이 로지트 모형에서의 교란항은 이분산적이다. 따라서 OLS 대신 WLS를 사용해야만 한다. 그러나 추정하기 위해서 미지의 P_i 대신 $\hat{P}_i$를 대체한 다음 σ^2의 추정량으로 다음과 같이 $\hat{\sigma}^2$을 사용한다.

$$\hat{\sigma}^2 = \frac{1}{N_i \hat{P}_i(1 - \hat{P}_i)} \tag{15.6.5}$$

22. 기초통계학에 의하면 어떤 사상의 확률은 표본크기가 무한히 커지는데 따른 상대적 빈도의 극한값이다.
23. 기초확률 이론에 나오듯이 성공(여기서는 주택을 소유하는 것)비율 P_i은 평균이 진정한 P_i이고 분산이 $P_i(1 - P_i)/N_i$인 이항분포를 따르고, N_i가 무한히 증가함에 따라 이항분포는 정규분포에 근사적으로 수렴한다. 식 (15.6.4)에 있는 u_i의 분포적 속성은 이 기초이론에 따르고 있다. 자세한 내용은 Henry Theil, "On the Relationships involving Qualitative Variables," *American Journal of Sociology*, vol.76, July 1970, pp.103–154 참조.

이제 로지트 회귀식 (15.6.1)을 추정하는 절차는 다음과 같다.

1. 각 소득수준 X에 대하여 집을 소유할 확률의 추정치를 $\hat{P}_i = n_i/N_i$로 계산한다.
2. 각 X_i에 대한 로지트를 다음과 같이 구한다.[24]

$$\hat{L}_i = \ln[\hat{P}_i/(1-\hat{P}_i)]$$

3. 이분산 문제를 해결하기 위해 식 (15.6.1)을 다음과 같이 변환한다.)[25]

$$\sqrt{w_i}L_i = \beta_1\sqrt{w_i} + \beta_2\sqrt{w_i}X_i + \sqrt{w_i}u_i \qquad \textbf{(15.6.6)}$$

이 식은 다음과 같이 쓸 수 있다.

$$L_i^* = \beta_1\sqrt{w_i} + \beta_2 X_i^* + v_i \qquad \textbf{(15.6.7)}$$

여기서 가중치 $w_i = N_i\hat{P}_i(1-\hat{P}_i)$; $L_i^* =$ 변환된 또는 가중된 L_i; $X_i^* =$ 변환된 또는 가중된 X_i; $v_i =$ 변환된 오차항이다. 원래의 오차분산은 $\sigma_u^2 = 1/[N_iP_i(1-P_i)]$이지만 변환된 오차항 v_i는 동분산이다.
4. 식 (15.6.6)을 OLS로 추정한다. WLS는 변환된 자료에 대한 OLS라는 것을 기억하라. 또한 식 (15.6.6)에는 절편항이 없다는 것에 유의하라(그 이유는?). 따라서 식 (15.6.6)을 추정하기 위해서는 원점을 통과하는 회귀절차를 이용해야 한다.
5. 통상적인 OLS 구조 내에서 신뢰구간을 설정하고 가설검정을 한다. **그러나 유의할 것은 엄밀히 말해 표본크기가 클 때에만 모든 결론이 유효하다** (그 이유는?). 따라서 소표본에서 추정된 결과는 조심스럽게 해석되어야 한다.

---

24. $\hat{P}_i = n_i/N_i$이므로 $\hat{L}_i$는 다음과 같이 쓸 수 있다. $\hat{L}_i = \ln n_i/(N_i - n_i)$. 또한 $\hat{P}_i$이 0이나 1의 값을 취하는 것을 방지하기 위해 실제로는 $\hat{L}_i$을 다음과 같이 측정한다.

$$\hat{L}_i = \ln(n_i + 1/2)/(N_i - n_i + 1/2) = \ln(\hat{P}_i + 1/2N_i)/(1 - \hat{P}_i + 1/2N_i)$$

경험적으로 각 X_i값에 대해 N_i는 최소한 5이상이 되어야 할 것을 권한다. 추가적 세부내용에 대해서는 D. R. Cox, *Analysis of Binary Data,* Methuen, London, 1970, p.33 참조.

25. 만일 이분산을 무시하고 식 (15.6.1)을 추정하면 11장에서 본 바와 같이 그 추정량은 불편추정량이기는 하나 효율적이 아니다.

15.7 집단화 로지트(Glogit)모형: 수치 예

방금 논의된 이론을 예시하기 위해 표 15.4에 주어진 자료를 사용하기로 한다. 표에 있는 자료는 집단자료이므로 이 자료에 기초한 로지트 모형은 집단 로지트 모형 또는 줄여서 glogit라 불릴 것이다. 필요한 원자료와 glogit를 수행하는 데 필요한 적절한 계산은 표 15.5에 주어져 있다. 표 15.5에 주어진 자료를 토대로 한 가중최소자승회귀 (15.6.7)의 결과는 다음과 같다. 식 (15.6.7)에는 절편이 없다는 것을 주목하라. 이리하여 여기서는 원점을 통과하는 회귀절차가 적절하다.

$$\begin{aligned} \hat{L}_i^* &= -1.59474\sqrt{w_i} + 0.07862X_i^* \\ \text{se} &= \quad (0.11046) \qquad\quad (0.00539) \\ t &= (-14.43619) \qquad (14.56675) \qquad R^2 = 0.9642 \end{aligned} \tag{15.7.1}$$

R^2은 L_i^*의 실제값과 추정값 간의 상관계수의 제곱이다. L_i^*, X_i^*는 식 (15.6.6)에서 볼 수 있듯이 가중된 L_i, X_i이다. 비록 우리는 교육적 이유로 표 15.5에 있는 집단 로지트의 계산을 보여주었지만 이것은 STATA에서 **glogit(grouped logit)** 명령을 하면 쉽게 수행될 수 있다.

추정된 로지트 모형의 해석

식 (15.7.1)을 어떻게 해석하나? 다양한 방법이 존재하는데 어떤 것은 직관적이고, 어떤 것은 그렇지 않다.

로지트 해석

식 (15.7.1)에서 추정된 기울기계수는 소득의 한 단위(1000달러) 증가에 대해 주택을 소유할 승산의 가중된 자연대수가 약 0.08 증가한다는 것을 뜻한다. 그러나 이 기계적인 해석은 그리 흥미를 끌지 못한다.

가능성 해석

$L_i = \ln[P_i/(1-P_i)]$이라는 것을 기억하라. 추정된 로지트에 역로그를 취하면 $P_i/(1-P_i)$, 즉 승산비가 된다. 이리하여 식 (15.7.1)에 역로그를 취하면 우리는 다음 식을 얻는다.

$$\begin{aligned} \frac{\hat{P}_i}{1-\hat{P}_i} &= e^{-1.59474\sqrt{w_i}+0.07862X_i^*} \\ &= e^{-1.59474\sqrt{w_i}} \cdot e^{0.07862X_i^*} \end{aligned} \tag{15.7.2}$$

표 15.5 주택 소유에 대한 로지트 모형 추정을 위한 자료

X 1천 달러 (1)	N_i (2)	n_i (3)	$\hat{P}_i$ (4) = (3) ÷ (2)	$1-\hat{P}_i$ (5)	$\frac{\hat{P}_i}{1-\hat{P}_i}$ (6)	$\hat{L}_i = \ln\left(\frac{\hat{P}_i}{1-\hat{P}_i}\right)$ (7)	$N_i\hat{P}_i(1-\hat{P}_i)$ $= w_i$ (8)	$\sqrt{w_i} =$ $\sqrt{N_i\hat{P}_i(1-\hat{P}_i)}$ (9) = $\sqrt{(8)}$	$\hat{L}_i^* =$ $\hat{L}_i\sqrt{w_i}$ (10) = (7)(9)	$\hat{X}_i^* =$ $\hat{X}_i\sqrt{w_i}$ (11) = (1)(9)
6	40	8	0.20	0.80	0.25	−1.3863	6.40	2.5298	−3.5071	15.1788
8	50	12	0.24	0.76	0.32	−1.1526	9.12	3.0199	−3.4807	24.1592
10	60	18	0.30	0.70	0.43	−0.8472	12.60	3.5496	−3.0072	35.4960
13	80	28	0.35	0.65	0.54	−0.6190	18.20	4.2661	−2.6407	55.4593
15	100	45	0.45	0.55	0.82	−0.2007	24.75	4.9749	−0.9985	74.6235
20	70	36	0.51	0.49	1.04	0.0570	17.49	4.1816	0.1673	83.6506
25	65	39	0.60	0.40	1.50	0.4054	15.60	3.9497	1.6012	98.7425
30	50	33	0.66	0.34	1.94	0.6633	11.20	3.3496	2.2218	100.4880
35	40	30	0.75	0.25	3.0	1.0986	7.50	2.7386	3.0086	95.8405
40	25	20	0.80	0.20	4.0	1.3863	4.00	2.000	2.7726	80.0000

표 15.6 Lstar, Xstar, 추정된 Lstar, 확률과 확률의 변동*

Lstar	Xstar	추정된 Lstar	Logit	확률 $\hat{P}$	확률과 확률의 변동†
−3.50710	15.1788	−2.84096	−1.12299	0.24545	0.01456
−3.48070	24.15920	−2.91648	−0.96575	0.27572	0.01570
−3.48070	35.49600	−2.86988	−0.80850	0.30821	0.01676
−2.64070	55.45930	−2.44293	−0.57263	0.36063	0.01813
−0.99850	74.62350	−2.06652	−0.41538	0.39762	0.01883
0.16730	83.65060	−0.09311	−0.02226	0.49443	0.01965
1.60120	98.74250	1.46472	0.37984	0.59166	0.01899
2.22118	100.48800	2.55896	0.76396	0.68221	0.01704
3.00860	95.84050	3.16794	1.15677	0.76074	0.01431
2.77260	80.00000	3.10038	1.55019	0.82494	0.01135

* Lstar와 Xstar는 표 15.5로부터 나옴. ELstar는 추정된 Lstar임. 로지트는 가중되지 않은 로지트임. 확률은 추정된 집을 소유할 확률임. 확률의 변동은 소득 1단위 변동에 따른 변동임.

† $\hat{\beta}_2 \hat{P}(1-\hat{P}) = 0.07862\hat{P}(1-\hat{P})$로부터 계산됨

계산기를 이용하여 $e^{0.07862} = 1.0817$이라는 것을 쉽게 확인할 수 있다. 이것은 가중된 소득의 1단위 증가에 대해 집을 소유할 (가중된) 가능성은 1.0817 또는 8.17%만큼 증가한다는 것을 의미한다. **일반적으로, j번째 기울기 계수의 역로그를 취한 후 1을 빼고 다시 100을 곱해주면, 그 값은 j번째 회귀가 1단위 증가할 때 승산의 퍼센트 변화를 의미한다.**

부수적으로 만일 가중되지 않은 로지트의 형태로 분석을 수행하고자 한다면 추정된 L_i^*를 $\sqrt{w_i}$로 나누어 주기만 하면 된다. 표 15.6은 각 관찰치와 우리가 곧 논의할 또 다른 자료에 대해 추정된 가중 및 가중되지 않은 로지트를 보여주고 있다.

확률의 계산

몇몇 사람들에게는 로지트와 승산비라는 용어가 낯설을 수 있으므로 우리는 항상 특정소득 수준에서 집을 소유할 확률을 계산할 수 있다. 가령 $X = 20$($20,000)일 때 이 확률을 계산하기를 원한다고 하자. 식 (15.7.1)에 이 값을 대입하면 $\hat{L}_i^* = -0.09311$이 된다. 이것을 $\sqrt{w_i} = 4.1816$(표 15.5 참조)로 나누어 주면 $\hat{L}_i = -0.02226$이 된다. 따라서 $20,000의 소득 수준일 때 다음 식이 성립한다.

$$-0.02199 = \ln\left(\frac{\hat{P}_i}{1-\hat{P}_i}\right)$$

따라서

$$\frac{\hat{P}_i}{1-\hat{P}_i} = e^{-0.02199} = 0.97825$$

이 식을 풀면

$$\hat{P}_i = \frac{e^{-0.02199}}{1+e^{-0.02199}}$$

독자는 추정된 확률이 0.4945라는 것을 볼 수 있을 것이다. 즉 $20,000의 소득이 주어졌을 때 어떤 가구가 집을 소유할 확률은 약 49%이다. 표 15.6은 다양한 소득 수준에 대해 그와 같이 계산된 확률을 보여주고 있다. 이 표가 보여주듯이 집 소유 확률은 소득에 따라 증가하지만 LPM모형에서와 같이 선형은 아니다.

확률 변동률의 계산

표 15.6으로부터 얻을 수 있듯이 집 소유 확률은 소득 수준에 달려 있다. 소득이 변하는데 따라 확률의 변동률은 어떻게 계산할 수 있나? 각주 19에서 이미 지적되었듯이 그것은 추정된 기울기계수 β_2에 의존할 뿐만 아니라 변동이 측정되는 확률수준 그 자체에도 의존하는데 후자는 또한 확률이 계산되는 소득수준에 의존한다.

이를 예시하기 위해 가령 소득수준 $20.000에서 주택을 소유할 확률의 변동을 측정하고자 한다고 하자. 각주 19로부터 소득수준 20(x1,000달러)으로부터 1단위 증가에 따른 확률의 변동은 $\hat{B}(1-\hat{P})\hat{P} = 0.07862(0.5056)(0.4944) = 0.01965$이다.

소득 수준 $40,000일 때 확률 변동이 0.01135라는 것을 증명하는 것은 독자에게 연습문제로 남겨 놓겠다. 표 15.6은 다양한 소득수준일 때 집 소유 확률의 변동을 보여주고 있는데 이 확률은 그림 15.3에도 그려져 있다.

로지트 모형에 대한 논의를 끝맺기 위하여 주택소유 예에 대한 OLS 또는 가중되지 않은 회귀결과를 보면 다음과 같다.

그림 15.3
다양한 소득수준에서의 주택을 소유할 확률의 변동

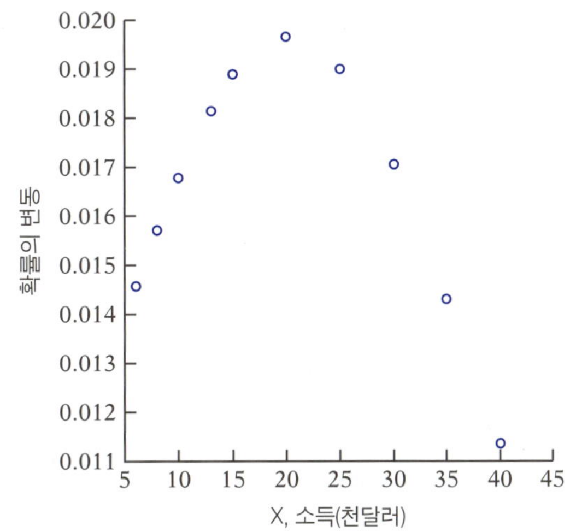

$$\hat{L}_i = -1.6587 + 0.0792X_i$$
$$\text{se} = (0.0958) \quad (0.0041) \qquad \textbf{(15.7.3)}$$
$$t = (-17.32) \quad (19.11) \qquad r^2 = 0.9786$$

WLS에 의한 식 (15.7.1)의 결과와 위의 결과와의 비교는 독자들이 시도해 볼 것.

15.8 비집단 또는 개별 자료에 대한 로지트 모형

설명을 준비하기 위해 표 15.7에 있는 자료를 보자. 한 학생의 중급미시경제학 과목의 최종 학점이 A이면 $Y=1$이고, 학점이 B 또는 C이면 $Y=0$이라고 하고 Spector와 Mazzeo는 성적 예언인자로 학점 평균(GPA), TUCE, 개인별 교육체계(PSI)를 사용하였다. 여기서 로지트 모형은 다음과 같이 쓸 수 있다.

$$L_i = \ln\left(\frac{P_i}{1-P_i}\right) = \beta_1 + \beta_2\text{GPA}_i + \beta_3\text{TUCE}_i + \beta_4\text{PSI}_i + u_i \quad \textbf{(15.8.1)}$$

15.6절에서 언급하였듯이 단순히 만일 어떤 가구가 집을 소유하고 있다면 $P_i = 1$, 집을 소유하고 있지 않다면 0을 취할 수는 없다. 여기서는 OLS도 가중최소

표 15.7 과목 성적에 대한 개인별 교육체계(PSI)의 효과에 대한 자료

관찰치	GPA 성적	TUCE 성적	PSI	성적	문자성적	관찰치	GPA 성적	TUCE 성적	PSI	성적	문자성적
1	2.66	20	0	0	C	17	2.75	25	0	0	C
2	2.89	22	0	0	B	18	2.83	19	0	0	C
3	3.28	24	0	0	B	19	3.12	23	1	0	B
4	2.92	12	0	0	B	20	3.16	25	1	1	A
5	4.00	21	0	1	A	21	2.06	22	1	0	C
6	2.86	17	0	0	B	22	3.62	28	1	1	A
7	2.76	17	0	0	B	23	2.89	14	1	0	C
8	2.87	21	0	0	B	24	3.51	26	1	0	B
9	3.03	25	0	0	C	25	3.54	24	1	1	A
10	3.92	29	0	1	A	26	2.83	27	1	1	A
11	2.63	20	0	0	C	27	3.39	17	1	1	A
12	3.32	23	0	0	B	28	2.67	24	1	0	B
13	3.57	23	0	0	B	29	3.65	21	1	1	A
14	3.26	25	0	1	A	30	4.00	23	1	1	A
15	3.53	26	0	0	B	31	3.10	21	1	0	C
16	2.74	19	0	0	B	32	2.39	19	1	1	A

주: 성적 Y = 1 만일 최종성적이 A이면
= 0 만일 최종성적이 B나 C이면
TUCE = 신고한 거시경제학 지식을 테스트하기 위해 학기초에 치른 시험의 성적
PSI = 1 새로운 교수방법이 사용되면
= 0 그렇지 않으면
GPA = 신고한 성적 평균

출처: L. Spector and M. Mazzeo, "Probit Analysis and Economic Education," *Journal of Economic Education*, vol.11, 1980, pp.37–44.

표 15.8
식 (15.8.1)의 회귀결과

Dependent Variable: Grade
Method: ML-Binary Logit
Convergence achieved after 5 iterations

Variable	Coefficient	Std. Error	Z Statistic	Probability
C	-13.0213	4.931	-2.6405	0.0082
GPA	2.8261	1.2629	2.2377	0.0252
TUCE	0.0951	0.1415	0.67223	0.5014
PSI	2.3786	1.0645	2.2345	0.0255

McFadden $R^2 = 0.3740$ LR statistic (3 df) = 15.40419

자승법(WLS)도 도움이 되지 않는다. 최우추정법을 사용하는 비선형 추정절차에 의지해야 한다. 이 방법의 세부 내용은 부록 15A의 15A.1절에 나와 있다. 대부분의 현대 통계 패키지들이 비집단 자료에 기초해 로지트 모형을 추정하는 루틴을 가지고 있으므로 표 15.7에 주어진 자료를 사용하여 모형 (15.8.1)의 결과를 제시하고 어떻게 그 결과를 해석하는지를 보여준다. 결과가 표 15.8에 주어져 있는데 EViews 6을 이용하여 얻은 것이다. 이 결과를 해석하기 전에 몇 가지 일반적 견해를 정리한다.

1. 우리가 일반적으로 대표본 방법인 최우추정법을 사용하고 있으므로 추정된 표준오차는 점근적이다.
2. 그 결과 계수의 통계적 유의성을 평가하기 위해 t 통계량을 사용하는 대신 (표준정규) Z 통계량을 사용한다. 따라서 추론은 정규분포표에 기초한다. 만일 표본크기가 꽤 크다면 t분포는 정규분포에 수렴한다는 것을 상기하라.
3. 앞에서 언급하였듯이 전형적인 적합도 척도인 R^2은 이분 피회귀변수 모형에서는 특히 의미가 없다. R^2과 유사한 척도인 **의사** R^2들은 이용 가능한데 다양한 종류가 존재한다.[26] EViews는 그러한 척도 중 하나인 McFadden R^2(R^2_{McF}으로 표기)을 제시하는데 우리의 예에서 그 값은 0.3740이다.[27] R^2과 마찬가지로 R^2_{McF}도 0과 1 사이의 값을 갖는다. 또 다른 비교적 간단한 적합도 척도가 **카운트** R^2인데 이것은 다음과 같이 정의된다.

$$\text{카운트 } R^2 = \frac{\text{올바른 예측치의 수}}{\text{총 관찰치 수}} \tag{15.8.2}$$

26. 이해하기 쉬운 논의를 위해서는 J. Scott Long, *Regression Models for Categorical and Limited Dependent Variables*, Sage Publications, Newbury Park, California, 1997, pp.102–113 참조.

27. 전문적으로 이것은 $1 - (\text{LLF}_{\text{ur}}/\text{LLF}_{\text{r}})$로 정의되는데 여기서 LLF_{ur}은 모형 안에 모든 회귀변수들이 포함된 비제약 로그 우도함수이고, LLF_{r}은 모형에 절편항만 포함된 제약 로그 우도함수이다. 개념상 LLF_{ur}은 선형 회귀모형의 RSS와 동등하고 LLF_{r}은 TSS와 동등하다.

로지트 모형에서 피회귀변수는 1 또는 0의 값을 취하므로 예측된 확률이 0.5보다 크다면 우리는 그것을 1로 분류하고 만일 그것이 0.5보다 작으면 우리는 그것을 0으로 분류한다. 그리고 올바른 예측치의 수를 세고 식 (15.8.2)와 같이 R^2을 계산한다. 이것을 곧 예시할 것이다.

그러나 이분 피회귀변수 모형에서 적합도는 별로 중요하지 않다는 것을 주목해야 한다. 중요한 것은 회귀계수의 예상 부호와 그것들의 통계적 또는 실제적 유의성이다.

4. 모든 기울기계수들이 동시에 0이라는 귀무가설을 검정하기 위해 선형 회귀모형에서의 F 검정에 상당하는 것은 **우도비(likelihood ratio: LR) 통계량**이다. 귀무가설이 주어졌을 때 LR 통계량은 자유도가 설명변수의 수(현재의 예에서 3)인 χ^2 분포를 따른다. (주: 자유도를 계산할 때 절편항을 제외할 것.)

이제 식 (15.8.1)에 주어진 회귀결과를 해석하자. 이 식에서 각 기울기계수는 편기울기 계수인데 (다른 회귀변수들은 일정하게 유지한 채) 주어진 회귀변수값의 1단위 변동에 대한 추정된 로지트 변동을 측정한다. 따라서 GPA 계수가 2.8261이라는 것의 의미는 다른 변수들은 일정하게 유지한 채 만일 GPA가 1단위 증가하면 평균적으로 추정된 로지트는 약 2.83단위 증가하여 둘 간의 양의 관계를 나타낸다. 비록 통계적으로 TUCE의 효과는 유의하지 않지만 모든 다른 회귀변수들은 로지트에 양의 효과를 가진다. 그러나 모든 회귀변수들은 함께 최종 성적에 유의한 효과를 갖는데, 왜냐하면 LR 통계량이 15.40으로 p값은 0.0015로 매우 작기 때문이다.

앞에서 언급하였듯이 보다 의미 있는 해석은 가능성으로 표현하는 것인데 이것은 다양한 기울기계수에 역로그를 취해 얻어진다. 이리하여 만일 PSI 계수인 2.3786에 역로그를 취하면 10.7897($\approx e^{2.3786}$)을 얻는다. 이것은 다른 조건들이 동일하다면 새로운 교수법을 접하게 된 학생들은 그렇지 않은 학생들에 비해 A를 받을 가능성이 10배가 넘는다는 것을 의미한다.

가령 우리는 성적 A를 받은 학생의 실제 확률을 계산하기를 원한다고 하자. 표 15.7에서 10번 학생을 보자. 표 15.8에 주어진 추정된 로지트 모형에 이 학생의 실제 자료를 대입하면 이 학생의 추정된 로지트 값은 0.8178이라는 것을 독자는 점검할 수 있다. 식 (15.5.2)를 이용하여 추정된 확률이 0.69351이라는 것을 독자는 쉽게 점검할 수 있다. 이 학생의 실제 최종 성적은 A이었고 우리의 로지트 모형은 A를 맞은 학생에게 1의 확률을 부여하므로 0.69351이라는 확률은 정확히 1은 아니지만 1에 가깝다.

앞에서 정의된 카운트 R^2을 상기하라. 표 15.9는 우리의 예에 대한 피회귀변수의 실제값과 예측값을 보여준다. 이 표로부터 32개 관찰치 중에 6개의 틀린 예

표 15.9
표 15.8의 회귀에 기초한 실제값과 추정값

관찰치	실제	추정된	잔차
1	0	0.02658	−0.02658
2	0	0.05950	−0.05950
3	0	0.18726	−0.18726
4	0	0.02590	−0.02590
5	1	0.56989	0.43011
6	0	0.03486	−0.03486
7	0	0.02650	−0.02650
8	0	0.05156	−0.05156
9	0	0.11113	−0.11113
10	1	0.69351	0.30649
11	0	0.02447	−0.02447
12	0	0.19000	−0.19000
13	0	0.32224	−0.32224
*14	1	0.19321	0.80679
15	0	0.36099	−0.36099
16	0	0.03018	−0.03018
17	0	0.05363	−0.05363
18	0	0.03859	−0.03859
*19	0	0.58987	−0.58987
20	1	0.66079	0.33921
21	0	0.06138	−0.06138
22	1	0.90485	0.09515
23	0	0.24177	−0.24177
*24	0	0.85209	−0.85209
25	1	0.83829	0.16171
*26	1	0.48113	0.51887
27	1	0.63542	0.36458
28	0	0.30722	−0.30722
29	1	0.84170	0.15830
30	1	0.94534	0.05466
*31	0	0.52912	−0.52912
*32	1	0.11103	0.88897

잔차 플로트

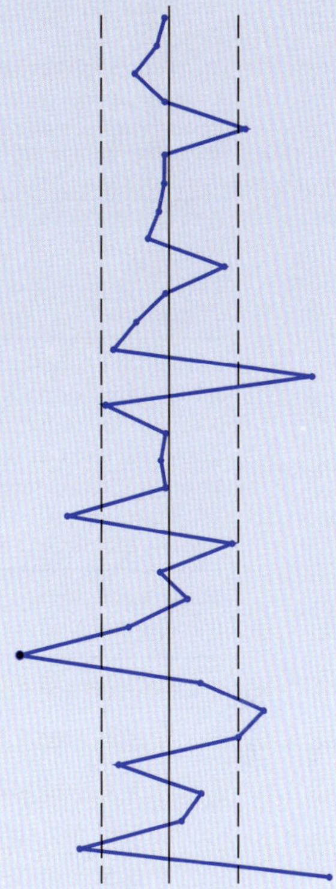

*틀린 예측치들임.

측치들(14번, 19번, 24번, 26번, 31번, 32번 학생)이 있다는 것을 관찰할 수 있다. 이리하여 카운트 R^2값은 $26/32 = 0.8125$인 한편 McFadden R^2값은 0.3740이다. 비록 이 두 값들이 직접 비교 가능하지는 않지만 그것들은 크기의 정도에 대해 알게 한다. 그 밖에 피회귀변수가 양분적인 모형에서 적합도의 중요성을 너무 강조해서는 안 된다.

예제 15.5

누가 직불카드를 보유하나? 로지트 분석

우리는 이미 은행의 직불카드 자료에 적용된 선형 확률모형(LPM)의 결과를 보았으므로 로지트 모형은 어떤지를 보자. 그 결과는 다음과 같다.

예제 15.5 (계속)

```
Dependent Variable: DEBIT
Method: ML-Binary Logit (Quadratic hill climbing)
Sample: 1-60
Included observations: 60
Convergence achieved after 4 iterations
Covariance matrix computed using second derivatives
```

Variable	Coefficient	Std. Error	z-Statistic	Prob.
C	-0.574900	0.785787	-0.731624	0.4644
Balance	0.001248	0.000697	1.789897	0.0735
ATM	-0.120225	0.093984	-1.279205	0.2008
Interest	-1.352086	0.680988	-1.985478	0.0471

McFadden *R*-squared	0.080471	Mean dependent var.	0.433333
S.D. dependent var.	0.499717	S.E. of regression	0.486274
Akaike info criterion	1.391675	Sum squared resid.	13.24192
Schwarz criterion	1.531298	Log likelihood	-37.75024
Hannan-Quinn criter.	1.446289	Restr. log likelihood	-41.05391
LR statistic	6.607325	Avg. log likelihood	-0.629171
Prob. (LR statistic)	0.085525		
Obs. with Dep = 0	34	Total obs.	60
Obs. with Dep = 1	26		

비록 우리가 두 모형을 직접 비교할 수는 없지만 잔고의 양의 부호와 ATM과 이자의 음의 부호는 LPM과 유사하다. 로지트 모형에서 계수에 대한 해석은 LPM과는 상이하다. 예를 들어 여기서는 다른 변수들이 일정한 채 만일 이자율이 1%p 올라가면 로지트는 약 1.35 만큼 하락한다. −1.352086에 역로그를 취하면 약 0.2587이 된다. 이것은 만일 이자율이 계좌 잔고에서 지불되면 평균적으로 고객의 약 1/4만 직불카드를 보유할 가능성이 있다는 것을 의미한다.

추정된 LR 통계량으로부터 약 8.5% 수준에서 세 변수들은 집합적으로 통계적으로 유의하다는 것을 알 수 있다. 만일 우리가 전형적인 5% 유의수준을 사용한다면 이 변수들은 단지 한계적으로 유의하다.

McFadden R^2값은 꽤 낮다. 자료를 이용하여 독자는 카운트 R^2값을 찾아낼 수 있다.

앞에서 언급한 바와 같이 LPM과는 달리 기울기계수들은 회귀변수 1단위 변동에 대한 확률의 변동률을 의미하지 않는다. 우리는 표 15.6에 보이고 있는 것처럼 그것들을 계산해야 한다. 다행히도 이 수작업은 불필요한데 왜냐하면 STATA와 같은 통계 패키지들이 통상적으로 이 작업을 할 수 있기 때문이다. 우리의 예에서 그 결과는 다음과 같다.

로지트에 따른 한계효과

$$Y = \Pr(\text{debit})(\text{predict})$$
$$= .42512423$$

Variable	dy/dx	Std. Error	z	p > |z|	[95% C.I.]		x
Balance	.000305	.00017	1.79	0.073	-.000029	.000639	1499.87
Interest*	-.2993972	.12919	-2.32	0.020	-.552595	-.046199	.266667
ATM	-.0293822	.02297	-1.28	0.201	-.074396	.015631	10.3

*dy/dx는 가변수가 0에서 1로의 이산적 변동에 대한 것임.

예제 15.5 (계속) 0.000305인 계수는 많은 잔고를 갖고 있는 고객들은 직불카드를 보유할 확률이 0.03% 더 높다는 것을 의미하나 만일 이자율이 1%p 증가하면 직불카드를 보유할 확률은 약 30% 하락한다. ATM의 계수는 비록 통계적으로 유의하지는 않지만 만일 ATM 거래가 1단위 증가하면 직불카드를 보유할 확률은 약 2.9% 하락하는 것을 의미한다.

15.9 프로비트 모형

이미 언급하였듯이 이분적 종속변수의 행태를 설명하기 위해서는 적절히 선택된 누적분포함수(CDF)를 사용해야 한다. 로지트 모형은 식 (15.5.2)에서 볼 수 있듯이 누적 로지스틱 함수를 사용한다. 그러나 이것만이 유일하게 이용 가능한 CDF인 것은 아니다. 어떤 경우에는 정규분포 CDF를 사용하는 것이 더 유용할 수도 있다. 정규분포 CDF[28]로부터 도출되는 추정모형은 프로비트(probit) 모형으로 널리 알려져 있지만 때로는 노미트(normit) 모형이라 하기도 한다. 원칙적으로 식 (15.5.2)의 로지스틱 CDF 대신 정규분포 CDF로 대체하여 16.5절에서와 같이 논의를 진행할 수 있다. 그러나 이 방법을 따르지 않고 McFadden에 의하여 개발된 바 효용이론, 또는 합리적 선택에 기초한 프로비트 모형을 설명하기로 한다.[29]

프로비트 모형을 유도하기 위하여 이전의 주택소유 예에서 i번째 가구가 주택을 소유할 것인지 여부에 대한 결정은 관찰할 수 없는 효용지수(unobservable utility index) I_i(잠재변수라고도 함)에 의존한다고 가정하는데 이 지수는 하나 이상의 설명변수, 예를 들어 소득 X_i에 의해 결정된다고 본다. 구체적으로 지수 I_i의 값이 클수록 그 가구가 주택을 소유할 확률은 크다. 이제 지수 I_i를 다음과 같이 나타내자.

$$I_i = \beta_1 + \beta_2 X_i \qquad \textbf{(15.9.1)}$$

여기서 X_i는 i번째 가구의 소득이다.

어떻게 (관찰할 수 없는) 지수가 주택소유에 관한 실제 결정과 연관되나? 전과 마찬가지로 그 가구가 주택을 소유하고 있으면 $Y = 1$, 그렇지 않으면 $Y = 0$이

28. 정규분포 CDF에 대해서는 **부록 A**를 참조할 것. 간략히 소개하면 만일 변수 X가 평균, μ,분산 σ^2인 정규분포를 따른다면 그것의 PDF는

$$f(X) = \frac{1}{\sqrt{2\sigma^2 \pi}} e^{-(X-\mu)^2/2\sigma^2}$$

이고 그것의 CDF는

$$F(X) = \int_{-\infty}^{X_0} \frac{1}{\sqrt{2\sigma^2 \pi}} e^{-(X-\mu)^2/2\sigma^2}$$

여기서 X_0는 X의 특정값이다.

29. D. McFadden, "Conditional Logit Analysis of Qualitative Choice Behavior," in P. Zarembka(ed.), *Frontiers in Econometrics*, Academic Press, New York,1973.

라 하자. 이제 지수의 유의 또는 임계수준(critical or threshold level) I_i^*가 있어서 만일 I_i가 I_i^*를 능가하면 그 가구는 주택을 소유할 것이라고 가정하기로 한다. 임계수준 I_i^*는 I_i와 마찬가지로 관찰할 수 없지만, 만일 그것이 동일한 평균과 분산을 갖는 정규분포를 한다고 가정하면 식 (15.9.1)에 주어진 지수의 모수들을 추정할 수 있을 뿐만 아니라 관찰할 수 없는 지수 자체에 대한 정보도 얻을 수 있다. 이 계산은 다음과 같다.

정규분포 가정 하에서 I_i^*가 I_i 이하일 확률은 표준화 정규분포 CDF로부터 다음과 같이 계산될 수 있다.[30]

$$P_i = P(Y = 1 \mid X) = P(I_i^* \leq I_i) = P(Z_i \leq \beta_1 + \beta_2 X_i) = F(\beta_1 + \beta_2 X_i) \tag{15.9.2}$$

여기서 $P(Y=1 \mid X)$는 X, 또는 설명변수의 값(들)이 주어졌을 때 어떤 사상이 일어날 확률을 의미하고 Z_i는 표준화 정규분포 변수, 즉 $Z \sim N(0, \sigma^2)$이다. F는 표준정규분포 CDF인데 현재의 상황에서 명시적으로 쓰면 다음과 같다.

$$\begin{aligned} F(I_i) &= \frac{1}{\sqrt{2\pi}} \int_{-\infty}^{I_i} e^{-z^2/2}\, dz \\ &= \frac{1}{\sqrt{2\pi}} \int_{-\infty}^{\beta_1+\beta_2 X_i} e^{-z^2/2}\, dz \end{aligned} \tag{15.9.3}$$

P는 어떤 사상이 발생할 확률, 여기서는 주택을 소유할 확률이므로 그림 15.4a에서 보는 바와 같이 표준 정규분포곡선에서 $-\infty$부터 I_i까지의 면적이 된다.

이제 β_1과 β_2뿐만 아니라 효용지수 I_i에 대한 정보를 얻기 위해서 식 (15.9.2)의 역함수를 구하면 다음과 같다.

$$\begin{aligned} I_i &= F^{-1}(I_i) = F^{-1}(P_i) \\ &= \beta_1 + \beta_2 X_i \end{aligned} \tag{15.9.4}$$

여기서 F^{-1}은 정규분포 CDF의 역함수이다. 이것이 의미하는 바는 그림 15.4를 보면 명백해진다. 이 그림의 (a)에서는 $I_i^* \leq I_i$일 때 주택을 소유할 (누적)확률을 종축에서 구할 수 있는 반면, (b)에서는 P_i의 값이 주어졌을 때 I_i의 값을 횡축에서 구할 수 있는데 이것은 단지 전자의 반대방향이다.

30. 평균이 0이고 분산이 1인 정규분포는 표준 또는 표준화 정규분포라 부른다(**부록 A** 참조).

그림 15.4 프로비트 모형 : (a) I_i가 주어졌을 때 종축에서 P_i를 읽는다. (b) P_i가 주어졌을 때 횡축에서 I_i를 읽는다.

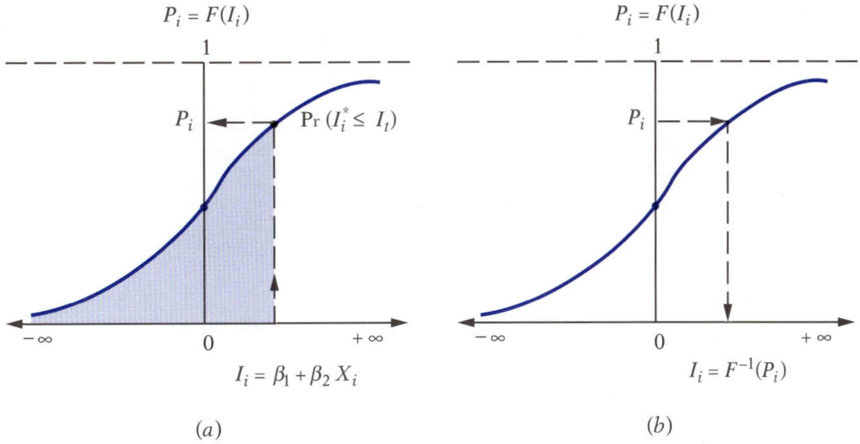

그러나 우리는 실제로 어떻게 지수 I_i를 구하고 또 β_1, β_2를 추정할 것인가? 로지트 모형의 경우와 마찬가지로 답변은 우리가 집단자료를 가지고 있느냐 또는 비집단자료를 가지고 있느냐에 달려 있다. 우리는 이 두 경우를 개별적으로 살펴본다.

집단자료를 가지고 있을 때의 프로비트 추정: gprobit

우리가 glogit에 대해 사용한 것과 동일한 자료를 사용할 것인데, 그것은 표 15.4에 주어져 있다. 우리는 표 15.5에서와 같이 다양한 소득 수준에서 집을 소유할 상대적 빈도 (확률의 실증적 측도) $\hat{P}_i$을 이미 알고 있기 때문에 표 15.10 또는 그림 15.5에서 볼 수 있듯이 정규분포 CDF로부터 I_i를 구하는 데 이 확률값을 이용할 수 있다.

일단 우리가 I_i를 추정하게 되면 곧 보겠지만 β_1과 β_2를 추정하는 것은 용이하다. 참고로 프로비트 분석 용어로 관찰할 수 없는 효용지수 I_i는 정규분포 등가편차(normal equivalent deviater: n.e.d.)또는 단지 노미트(normit)라 부른다.

표 15.10 표준정규분포 CDF로부터의 지수 I_i의 추정

$\hat{P}_i$	$I_i = F^{-1}(\hat{P}_i)$
0.20	−0.8416
0.24	−0.7063
0.30	−0.5244
0.35	−0.3853
0.45	−0.1257
0.51	0.0251
0.60	0.2533
0.66	0.4125
0.75	0.6745
0.80	0.8416

주: (1) $\hat{P}_i$은 표 15.5에서 인용하였고, (2) I_i는 표준정규분포 CDF표로부터 추정하였음.

그림 15.5
정규분포 CDF

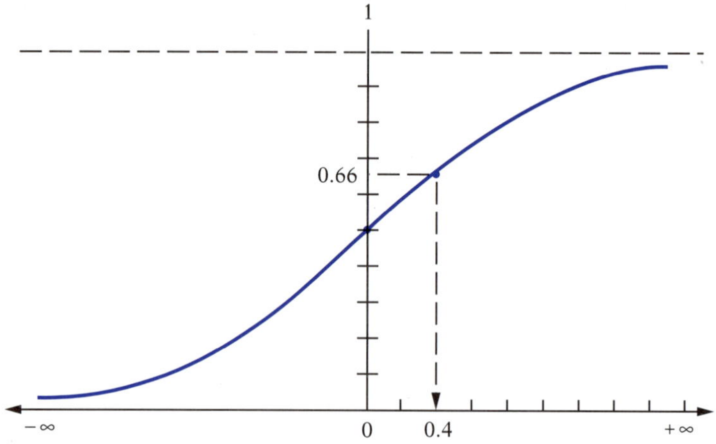

$P_i < 0.5$ 이면 n.e.d. 또는 I_i는 음수가 되기 때문에 실제로 숫자 5를 더해준 결과를 프로비트(probit)라 부른다.

예제 15.6
주거 예를 사용한 gprobit의 예시

주거 예를 계속 사용하자. 우리는 이미 이 예에 대한 glogit 모형의 결과를 제시하였다. 동일한 자료에 대한 집단 프로비트(gprobit) 결과는 다음과 같다.

표 15.10에 주어진 n.e.d. (= I)를 이용하여 회귀결과는 표 15.11에서 보는 바와 같다.[31] 프로비트(= n.e.d. + 5)에 기초한 회귀결과는 표 15.12에 나와 있다.

절편항을 제외하고는 이 결과는 앞의 표에 제시된 결과와 동일하다. 그러나 이것은 놀랄 일이 아니다. (그 이유는?)

표 15.11

Dependent Variable: *I*

Variable	Coefficient	Std. Error	*t*-Statistic	Probability
C	-1.0166	0.0572	-17.7473	1.0397E-07
Income	0.04846	0.00247	19.5585	4.8547E-08

$R^2 = 0.97951$ Durbin-Watson statistic = 0.91384

표 15.12

Dependent Variable: Probit

Variable	Coefficient	Std. Error	*t*-Statistic	Probability
C	3.9833	0.05728	69.5336	2.03737E-12
Income	0.04846	0.00247	19.5585	4.8547E-08

$R^2 = 0.9795$ Durbin-Watson statistic = 0.9138

31. 이어지는 결과는 이분산에 대해 교정되지 않았다. 이분산을 교정하기 위한 적절한 절차에 대해서는 연습문제 15.12를 참조할 것.

표 15.11의 프로비트 추정치에 대한 해석

앞의 결과를 어떻게 해석하나? 가령 우리가 $Y=1$인, 즉 한 가구가 집을 구입할, 확률에 대한 X(소득, 천달러) 1단위 변동의 효과를 알기를 원한다고 하자. 이것을 하기 위해 식 (15.9.2)를 보자. 우리는 이 함수의 X에 대한 도함수(즉 소득에 대한 확률 변동률)를 구하기를 원한다. 이 도함수는 다음과 같다.

$$\frac{dP_i}{dX_i} = f(\beta_1 + \beta_2 X_i)\beta_2 \qquad \textbf{(15.9.5)}^{32}$$

여기서 $f(\beta_1+\beta_2 X_i)$는 $\beta_1+\beta_2 X_i$일 때 구한 표준정규분포 확률밀도함수이다. 알 수 있듯이 이 값은 X 변수의 특정값에 달려 있다. 표 15.5로부터 $X=6$(천달러)의 값을 택하자. 표 15.11에 주어진 모수의 추정값을 이용하여 $f[-1.0166+0.04846(6)]=f(-0.72548)$에서 정규분포 밀도함수를 구하기를 원한다. 정규분포표를 참고하면 $Z=-0.72548$에서 정규분포 밀도는 약 0.3066이다.[33] 이제 이 값에 추정된 기울기계수인 0.04846을 곱해주면 0.01485를 얻는다. 이것은 $6,000의 소득수준에서 시작하여 만일 소득이 $1,000만큼 증가하면 한 가구가 집을 구입할 확률은 약 1.4%만큼 올라간다는 것을 의미한다. (이 결과와 표 15.6의 결과를 비교하라.)

이전의 논의에서 알 수 있듯이 LPM 및 로지트 모형과 비교할 때 프로비트 모형을 사용하여 확률의 변동을 계산하는 것은 약간 지루하다.

확률 변동을 계산하는 대신 가령 측정된 gprobit 모형으로부터 추정된 확률을 구하기를 원한다고 하자. 이것은 쉽게 될 수 있다. 표 15.11의 자료를 이용하고 표 15.5로부터 X의 값을 삽입하면 독자는 추정된 n.i.d. 값(소수점 두 자리)이 다음과 같다는 것을 점검할 수 있다.

X	6	8	10	13	15	20	25	30	35	40
추정된 n.i.d.	−0.72	−0.63	−0.53	−0.39	−0.29	−0.05	0.19	0.43	0.68	0.92

오늘날 MINITAB과 같은 통계 패키지들은 다양한 n.i.d.와 연관된 (누적)확률을 쉽게 계산할 수 있다. 예를 들어 n.i.d.값 −0.63에 상응하는 추정된 확률은 0.2647이고 n.i.d.값 0.43에 상응하는 추정된 확률은 0.6691이다. 만일 이 추정치들을 표 15.5에 주어진 실제값과 비교하면 이들 둘은 꽤 가까운 것을 발견하여 모형이 꽤 잘 들어맞는 것을 나타낸다. 우리가 이제 막 설명한 것이 이미 그림 15.4에 그려져 있다.

32. 우리는 도함수의 연쇄법칙을 이용한다.

$$\frac{dP_i}{dX_i} = \frac{dF(t)}{dt} \cdot \frac{dt}{dX}$$

여기서 $t=\beta_1+\beta_2 X_i$

33. 표준정규분포 Z는 $-\infty$에서 $+\infty$ 값을 가질 수 있지만 밀도함수 $f(Z)$는 항상 양의 값이다.

표 15.13

Dependent Variable: grade
Method: ML—Binary probit
Convergence achieved after 5 iterations

Variable	Coefficient	Std. Error	*Z*-Statistic	Probability
C	-7.4523	2.5424	-2.9311	0.0033
GPA	1.6258	0.6938	2.3430	0.0191
TUCE	0.0517	0.0838	0.6166	0.5374
PSI	1.4263	5950	2.3970	0.0165

LR statistic (3 df) = 15.5458 McFadden R^2 = 0.3774
Probability (LR stat) = 0.0014

표 15.14

Dependent Variable: grade

Variable	Coefficient	Std. Error	*t*-Statistic	Probability
C	-1.4980	0.5238	-2.8594	0.0079
GPA	0.4638	0.1619	2.8640	0.0078
TUCE	0.0104	0.0194	0.5386	0.5943
PSI	0.3785	0.1391	2.7200	0.0110

R^2 = 0.4159 Durbin-Watson *d* = 2.3464 *F*-statistic = 6.6456

비집단 또는 개별 자료에 대한 프로비트 모형

32명의 중급미시경제학 과목에서의 최종 성적과 이와 연관된 변수 GPA, TUCE, 그리고 PSI에 대한 32명의 자료를 보여주는 표 15.7을 다시 보자. 로지트 회귀 결과가 표 15.8에 나와 있다. 프로비트 결과는 어떤지 보자. 개별 자료에 대한 로지트 모형의 경우와 같이 최우추정법에 기초한 비선형 회귀절차를 사용해야 한다는 것에 유의하라. EViews 6에 의해 계산된 회귀 결과가 표 15.13에 나와 있다.

"정성적으로" 프로비트 모형의 결과는 GPA와 PSI가 개별적으로 통계적으로 유의하다는 점에서 로지트 모형에서 얻은 결과와 비교 가능하다. 집합적으로 모든 계수들은 통계적으로 유의한데 그 이유는 LR 통계량의 값이 15.5458로 p값이 0.0014이기 때문이다. 다음 절에서 논의될 이유로 인해 우리는 로지트와 프로비트 회귀계수들을 직접적으로 비교할 수 없다.

비교를 위해 표 15.14의 성적 자료에 대한 선형 확률모형(LPM)에 기초한 결과를 제시한다. 역시 정성적으로 LPM 결과는 GPA와 PSI가 개별적으로 통계적으로 유의하지만 TUCE는 그렇지 않다는 점에서 로지트 및 프로비트 모형과 유사하다.

다양한 회귀모형에서 회귀변수 값의 1단위 변동의 한계효과

선형 회귀모형에서 기울기계수는 다른 모든 변수들이 일정할 때 회귀변수 값의 1단위 변동에 대한 피회귀변수의 평균값의 변동을 측정해 주고 있다.

*LPM*에서는 기울기계수는 다른 모든 변수들의 효과가 일정할 때 회귀변수 값의 1단위 변동의 결과로서 사상이 발생할 확률의 변동을 직접적으로 측정한다.

로지트 모형에서는 한 변수의 기울기계수는 다른 모든 변수들이 일정할 때 해당 변수의 1단위 변동과 연관된 가능성의 로그의 변동을 측정한다. 그러나 앞에서 언급되었듯이 로지트 모형에서 한 사상이 발생할 확률의 변동률은 $\beta_j P_i(1-P_i)$인데 여기서 β_j는 j번째 회귀변수의 (편회귀) 계수이다. 그러나 P_i를 계산할 때에는 분석에 포함된 모든 변수들이 관련된다.

프로비트 모형에서는 우리가 이미 보았듯이 확률의 변동률이 다소 복잡한데 그 값은 $\beta_j f(Z_i)$로, 여기서 $f(Z_i)$는 표준정규변수의 밀도함수이고, $Z_i = \beta_1 + \beta_2 X_{2i} + \ldots + \beta_k X_{ki}$, 즉 분석에 사용된 회귀모형이다.

따라서 로지트 모형과 프로비트 모형에서는 확률의 변동을 계산하는 데 모든 회귀변수들이 포함되는데 반해 LPM에서는 j번째 회귀변수만 포함된다. STATA와 같은 통계 패키지들은 로지트와 프로비트 모형에서 확률 변동률을 구하는 작업을 훨씬 쉽게 할 수 있다. 그래서 오늘날에는 단순하다는 이유만으로 LPM을 선택할 필요가 없다.

15.10 로지트와 프로비트 모형

비록 우리의 성적 예에서 LPM, 로지트 그리고 프로비트 들이 정성적으로 유사한 결과를 가져 왔지만 우리는 관심을 로지트와 프로비트 모형으로만 제한할 텐데 그 이유는 앞에서 언급한 LPM이 가진 문제점 때문이다. 로지트와 프로비트 중에 어느 모형이 더 선호되나? 대부분의 응용에서 두 모형은 꽤 유사하지만 주요 차이점은 로지스틱 분포가 약간 굵은 꼬리를 가지고 있다는 것인데 이것은 그림 15.6에서 볼 수 있다. 좀 더 정확히 말하면 조건부 확률 P_i는 프로비트보다 로지트의 경우 더 느린 속도로 0 또는 1에 접근한다. 이것은 표 15.15에서 더 명확하게 볼 수 있다. 따라서 둘 중 어느 하나를 선택할 강력한 이유가 없다. 실제로 많은 연구자들은 로지트 모형을 선택하는데 왜냐하면 그것이 비교적 수학적으로 간단하기 때문이다.

비록 두 모형은 유사하지만 각 모형에 의해 추정된 계수들을 해석할 때에는 주의해야 한다. 예를 들어 우리의 성적 예에서 프로비트 모형의 GPA 계수 1.6258(표 15.13 참조)과 로지트 모형의 2.8261(표 15.8 참조)은 직접적으로 비교될 수 없다. 그 이유는 비록 표준 로지스틱(로지트의 토대)과 표준 정규분포(프로비트의 토대)는 모두 평균값이 0이지만 분산은 상이하다. 즉 (우리가 이미 알고 있듯이) 표준정규분포의 경우 1이고 로지스틱 분포의 경우 $\pi^2/3$인데, 여기서 $\pi \approx 22/7$이다. 따라서 만일 프로비트 계수에 약 1.81(이것은 대략$=\pi/\sqrt{3}$)을 곱하면 대략 로지트 계수를 얻게 된다. 우리의 예에서 GPA의 프로비트 계수는

그림 15.6
로지트 및 프로비트 누적분포

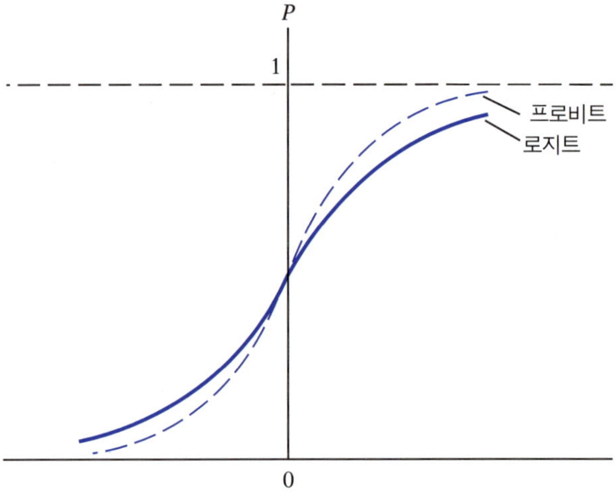

표 15.15
누적확률 함수의 값

Z	누적 정규분포 $P_1(Z) = \frac{1}{\sqrt{2\pi}}\int_{-\infty}^{z} e^{-s^2/2}ds$	누적 로지스틱 $P_2(Z) = \frac{1}{1+e^{-z}}$
−3.0	0.0013	0.0474
−2.0	0.0228	0.1192
−1.5	0.0668	0.1824
−1.0	0.1587	0.2689
−0.5	0.3085	0.3775
0	0.5000	0.5000
0.5	0.6915	0.6225
1.0	0.8413	0.7311
1.5	0.9332	0.8176
2.0	0.9772	0.8808
3.0	0.9987	0.9526

1.6258이다. 이 값에 1.81을 곱하면 2.94가 되는데 이것은 로지트 계수와 가깝다.

그 대신 로지트 계수에 0.55(= 1/1.81)을 곱하면 프로비트 계수를 얻게 된다. 그러나 Amemiya는 더 나은 대응 프로비트 추정치를 얻기 위해서는 로지트 추정치에 0.625를 곱해줄 것을 제안하고 있다.[34] 반대로 프로비트 계수에 1.6(= 1/0.625)을 곱해 주면 대응 로지트 계수를 얻는다.

부수적으로 Amemiya는 LPM과 로지트 모형의 계수들은 다음과 같이 연관된다는 것도 증명하였다.

$$\beta_{\text{LPM}} = 0.25\beta_{\text{logit}} \qquad \text{절편을 제외하면}$$

그리고

$$\beta_{\text{LPM}} = 0.25\beta_{\text{logit}} + 0.5 \qquad \text{절편에 대해}$$

34. T. Amemiya, "Qualitative Response Model: A Survey," *Journal of Economic Literature, vol.*19, 1981, pp.481–536.

이러한 근사가 우리의 성적 예에도 성립하는지 여부를 검토하는 것은 독자에게 맡긴다.

LPM, 로지트, 프로비트 모형에 대한 논의를 마무리하기 위해 확장 예를 보기로 한다.

예제 15.7

흡연 또는 금연

어떤 사람이 흡연자가 되는지 또는 아닌지를 결정하는 요인을 찾아내기 위해 1,196명에 대한 자료를 얻었다.[35] 각 개인에 대해 교육, 연령, 소득, 1979년의 담배 가격에 대한 정보가 있다. 종속변수는 흡연자인데, 흡연자이면 1 비흡연자이면 0이다. 추가 분석은 연습문제 15.20에서 검토될 것이고 자료는 교재 웹사이트의 표 15.28에서 볼 수 있다. 비교를 위해 표의 형태로 LPM, 로지트, 프로비트 모형에 기초한 결과가 제시되고 있다(표 15.16 참조). 이 결과들은 STATA version 10으로 구했다.

표 15.16

변수	LPM	로지트	프로비트
상수	1.1230	2.7450	1.7019
	(5.96)	(3.31)	(3.33)
연령	−0.0047	−0.0208	−0.0129
	(−5.70)	(−5.58)	(−5.66)
교육	−0.0206	−0.0909	−0.0562
	(−4.47)	(−4.40)	(−4.45)
소득	1.03e–0.6	4.72e–06	2.72e–06
	(0.63)	(0.66)	(0.62)
Pcigs79	−0.0051	−0.0223	−0.0137
	(−1.80)	(−1.79)	(−1.79)
R^2	0.0388	0.0297	0.0301

주: 괄호 안의 숫자는 LPM의 경우 t값, 로지트와 프로비트의 경우 z값임. 로지트와 프로비트의 경우 R^2값은 의사 R^2값임.

비록 세 모형의 계수들은 직접적으로 비교할 수 없지만 정성적으로 그것들은 유사하다. 연령, 교육과 담배가격 등은 흡연에 음의 영향을 미치고 소득은 양의 영향을 미친다. 통계학적으로 소득효과는 0이고 가격효과는 8% 수준에서 유의하다. 연습문제 15.20에서는 다양한 계수들을 비교 가능하도록 표현하기 위해 변환 인자를 적용할 것이 요구된다.

표 15.17에는 각 모형에 대해 흡연 확률에 대한 각 변수의 한계효과가 제시되고 있다.

표 15.17

변수	LPM	로지트	프로비트
연령	−0.0047	−0.0048	−0.0049
교육	−0.0206	−0.0213	−0.0213
소득	1.03e–06	1.11e–06	1.03e–06
Pcigs79	−0.0051	−0.0052	−0.0052

주: 소득을 제외하고 연령과 교육의 경우 통계적으로 매우 유의하며 담배가격의 경우 약 8% 수준에서 유의함.

35. 이 자료의 출처는 Michael P. Murray, *Econometrics: A Modern Introduction*, Pearson/Addison-Wesley, Boston, 2006이고, www.aw-bc.com/murray로부터 다운로드 받을 수 있다.

예제 15.7 (계속)

LPM의 경우 흡연 확률에 대한 한 변수의 한계효과는 추정된 회귀계수로부터 직접적으로 구해지지만 로지트와 프로비트 모형의 경우 앞에서 논의된 바와 같이 이것들은 계산되어야 한다.

세 모형의 경우 한계효과가 꽤 유사한 것은 흥미롭다. 예를 들어 만일 교육 수준이 증가하면 평균적으로 누군가가 흡연자가 되는 확률은 약 2%만큼 하락한다.

15.11 토비트 모형

프로비트 모형을 확장하여 노벨경제학상 수상자인 James Tobin이 토비트 모형을 개발하였다. 이 모형을 설명하기 위해 주택구입 예를 계속 보자. 프로비트 모형에서 우리의 관심사는 집을 보유할 확률을 몇몇 사회경제적 변수들의 함수로 추정하는 것이었다. 토비트 모형에서 우리의 관심은 사회경제적 변수와 관련하여 한 사람 또는 한 가구가 주택에 대해 지출하는 화폐 규모를 찾는 데 있다. 이제 우리는 다음과 같은 문제에 직면하게 된다. 소비자가 주택을 구입하지 않는다면 그러한 소비자에 대한 주택구입 지출에 대한 자료가 없다.

즉 주택을 실제로 구입하는 소비자에 해당하는 자료만 가지고 있다. 이리하여 소비자는 두 집단으로 나뉘어진다. 첫째 집단은 회귀변수(소득, 주택담보 이자율, 가구원의 수 등)와 피회귀변수 (주택 구입 지출액) 모두에 대한 정보가 구비되어 있는 n_1명의 소비자로 이루어져 있고, 두 번째 집단은 회귀변수에 관한 정보만 있고 피회귀변수에 관한 정보는 없는 n_2명의 소비자로 이루어져 있다. 피회귀변수에 관한 정보가 있는 관측치로만 이루어져 있는 표본을 중도절단된 표본(censored sample)이라고 부른다.[36] 그러므로 토비트 모형은 중도절단된 모형이라고 부른다. 어떤 저자들은 피회귀변수가 취하는 값에 가해진 제약 때문에 그러한 모형들을 제한종속변수 회귀모형(limited dependent variable regression models)이라고 부른다.

통계학적으로 토비트 모형을 다음과 같이 표현할 수 있다.

$$\begin{aligned} Y_i &= \beta_1 + \beta_2 X_i + u_i && \text{if RHS} > 0 \\ &= 0 && \text{그렇지 않으면} \end{aligned} \tag{15.11.1}$$

여기에서 RHS = 등호의 우변. 주 : 추가적인 X변수들도 모형에 쉽게 더해질 수 있다.

36. 중도절단된 표본은 절단된 표본(truncaterd sample)과 구분된다. 절단 표본은 피회귀변수가 관측되는 경우에만 회귀변수에 대한 정보가 가능한 표본이다. 우리는 이 논제에 대해 여기서 더 이상 다루지 않을 것이지만 관심있는 독자는 William H. Greene, *Econometric Analysis*, Prentice Hall, 4th ed., Englewood Cliffs, NJ, 19장을 참고할 것. 직관적 논의를 위해서는 Peter Kennedy, *A Guide to Econometrics,* The MIT Press, Cambridge, Mass, 4th ed., 1998. 16장을 참조할 것.

그림 15.7
주택구입에 소비자가 지출하는 화폐량을 소득에 대비한 산포도

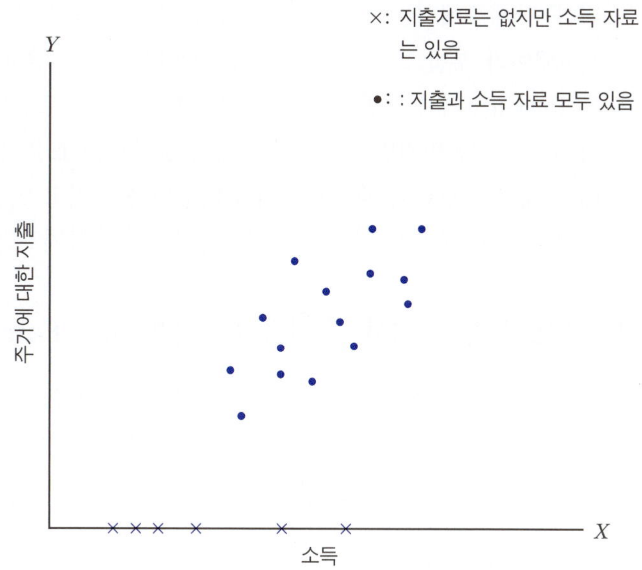

n_2개의 관측치를 무시한 채 단지 n_1개의 관측치만을 가지고 (15.11.1)의 회귀를 추정할 수 있는가? 대답은 아니오이다. 그 이유는 n_1개의 관측치로 이루어진 부차표본으로부터 구한 모수의 OLS추정치는 **불편추정치도 아니고 일치추정치도 아니다.** 즉 심지어 점근적으로도 그것들은 편의를 가지고 있다.[37]

이것을 보기 위해 그림 15.7을 고려하여 보자. 이 그림이 보여주듯이 중도절단으로 인해 Y를 관측할 수 없다면 이러한 경우에 해당하는 X로 표시된 모든 변수 $(=n_2)$는 수평선에 놓이게 된다. 한편 Y를 관측할 수 있다면 이러한 경우에 해당하는 점으로 표시된 모든 변수 $(=n_1)$는 $X-Y$ 공간에 놓이게 된다. n_1 관측치에만 기초하여 회귀를 추정하면 (n_1+n_2)의 모든 관측치를 고려한 경우와는 절편계수와 기울기계수가 다를 수 밖에 없다는 것이 직관적으로 명확하다.

그렇다면 (15.11.1)과 같은 토비트 모형, 혹은 중도절단된 회귀모형을 어떻게 추정할 것인가? 실제 테크닉은 최우추정법을 필요로 하는데 이것은 좀 복잡하여 이 책의 범위를 벗어난다. 그러나 독자는 참고문헌으로부터 ML방법에 대한 더 많은 정보를 얻을 수 있다.[38]

James Heckman은 ML 방법에 대한 대안을 제시하였는데 그것은 비교적 단순하다.[39] 이 대안은 2단계 추정절차로 구성되어 있다. 단계 1에서는 우선 한 소비자가 집을 보유할 확률을 추정하는데 이것은 프로비트 모형에 기초하여 수행

37. n_1 개의 관측치만을 고려하고 다른 관측치들을 생략한다면, $E(u_i)$가 꼭 0이 되리라는 것을 보장할 수 없기 때문에 편의가 발생한다. 그리고 $E(u_i)=0$ 없이 OLS추정치가 불편추정치임을 보장할 수 없다. 이 편의를 부록 3A의 식 (4)와 식 (5)로부터 쉽게 알 수 있다.

38. Greene, op. cit. 참조. 약간 덜 전문적인 논의는 Richard Breen, *Regression Models: Censored, Sample Selected or Truncated Data*, Sage Publications, Newbury Park, California, 1996에서 찾을 수 있다.

39. J. J. Heckman, "Sample Selection Bias as a Specification Error," *Econometrica*, vol.47, pp.153–161.

된다. 단계 2에서는 프로비트 추정치로부터 도출된 한 변수(역 Mills 비율 또는 사고율이라 부름)를 추가하여 모형 (15.11.1)을 추정한다. 실제 테크닉에 대해서는 Heckman의 논문을 참조하라. Heckman 절차로 식 (15.11.1)의 모수에 대한 일치추정치를 얻지만 그것들은 ML 추정치만큼 효율적이지는 않다. 대부분의 현대 통계 소프트웨어 패키지들이 ML 루틴을 가지고 있으므로 Heckman 2단계 절차보다는 이 패키지들을 사용하는 것이 바람직할지 모른다.

토비트 모형의 예시: 혼외정사에 대한 Ray Fair 모형[40]

흥미롭고 이론적으로 창의적인 한 논문에서 Ray Fair는 처음 결혼한 601명의 남녀에 대한 표본을 수집하여 혼외정사에 관한 질문에 대한 그들의 반응을 분석하였다.[41] 이 연구에 사용된 변수들은 다음과 같이 정의된다.

Y = 과거 혼외정사의 수, 0, 1, 2, 3, 4–10(7로 지정)
Z_1 = 남자는 1, 여자는 0
Z_2 = 연령
Z_3 = 결혼기간(연)
Z_4 = 자녀: 자녀가 있으면 1, 없으면 0
Z_5 = 신앙심 깊음: 1에서 5까지, 1은 반종교
Z_6 = 교육, 연: 초중등학교=9; 고등학교=12; 박사 또는 기타=20
Z_7 = 직업, "Hollingshead" 척도, 1–7
Z_8 = 결혼에 대한 자기평가, 1=매우 불행, 5=매우 행복

601명의 응답자들 가운데 451명은 혼외정사를 하지 않았고, 150명은 한번 또는 그 이상의 혼외정사를 하였다.

그림 15.7의 형태로 혼외정사의 수를 수직축에 그리고 예를 들어 교육을 수평축에 두고 점으로 표시하면 451개의 관찰치들이 수평축에 놓여있게 된다. 따라서 우리는 중도절단된 표본을 가지고 있어서 토비트 모형이 적절할 것이다.

표 15.18은 (적절치 않은) OLS와 (적절한) ML 절차를 사용하여 구한 앞의 모형의 추정치들을 보여준다. OLS는 혼외정사를 하지 않은 451명과 한번 이상의 혼외정사를 한 150명을 모두 포함하고 있다. ML 방법은 이것을 명시적으로 감안하지만 OLS 방법은 그렇지 않아서 두 추정치들 간에 차이가 존재한다. 이미 논의된 이유들로 인해 OLS 추정치가 아니라 ML 추정치에 의존해야 한다. 두 모

40. Ray Fair, "A Theory of Extramarital Affairs," *Journal of Political Economy*, vol.86, 1978, pp.45–61. 논문 및 자료에 대해서는 http://fairmodel.econ.yale.edu/rayfair/pdf/1978DAT.ZIP 참조.

41. 1969년에 *Psychology Today*는 섹스에 대한 101개의 질문 서베이를 발간하여 독자들에게 답변을 메일로 부쳐줄 것을 요청하였다. 이 잡지의 1970년 7월호에는 전자 형태로 수집된 약 2,000개의 답변에 기초한 서베이 결과가 논의되었다. Ray Fair는 이 답변으로부터 601개의 표본을 추출하였다.

표 15.18 혼외정사의 OLS와 토비트 추정치

설명변수	OLS 추정치	토비트 추정치
절편	5.8720 (5.1622)*	7.6084 (1.9479)†
Z_1	0.0540 (0.1799)	0.9457 (0.8898)
Z_2	−0.0509 (−2.2536)	−0.1926 (−2.3799)
Z_3	0.1694 (4.1109)	0.5331 (3.6368)
Z_4	−0.1426 (−0.4072)	1.0191 (0.7965)
Z_5	−0.4776 (−4.2747)	−1.6990 (−4.1906)
Z_6	−0.0137 (−0.2143)	0.0253 (0.1113)
Z_7	0.1049 (1.1803)	0.2129 (0.6631)
Z_8	−0.7118 (−5.9319)	−2.2732 (−5.4724)
R^2	0.1317	0.1515

*괄호 안의 수치는 t값임.

†괄호 안의 수치는 Z(표준정규분포)값임.

주: 601개 관찰치 가운데에서 451개의 경우 종속변수(혼외정사 횟수)가 0의 값을 갖고, 150개의 경우 0이 아닌 값을 가짐.

형의 계수들은 여타 회귀계수들처럼 해석될 수 있다. Z_8(결혼의 행복 정도)의 계수가 음수라는 것은 결혼의 행복도가 높을수록 혼외정사의 발생률이 더 낮다는 의미인데 그리 놀랍지 않은 결과이다.

추가적으로 만일 우리가 혼외정사의 횟수가 아니라 혼외정사의 확률에 관심이 있다면 혼외정사를 하지 않은 사람에게는 $Y=0$을 부여하고, 혼외정사를 한 사람에게는 $Y=1$을 부여하여 프로비트 모형을 사용할 수 있는데 그 결과가 표 15.19에 나와 있다. 프로비트 모형 설정에 대한 지식을 이용하여 독자들은 이 표

표 15.19

Dependent Variable: YSTAR
Method: ML—Binary probit
Sample: 1-601
Included observations: 601
Convergence achieved after 5 iterations

Variable	Coefficient	Std. Error	Z Statistic	Probability
C	0.779402	0.512549	1.520638	0.1284
Z_1	0.173457	0.137991	1.257015	0.2087
Z_2	-0.024584	0.010418	-2.359844	0.0183
Z_3	0.054343	0.018809	2.889278	0.0039
Z_4	0.216644	0.165168	1.311657	0.1896
Z_5	-0.185468	0.051626	-3.592551	0.0003
Z_6	0.011262	0.029517	0.381556	0.7028
Z_7	0.013669	0.041404	0.330129	0.7413
Z_8	-0.271791	0.053475	-5.082608	0.0000

Mean dependent var.	0.249584	S.D. dependent var.	0.433133
S.E. of regression	0.410279	Akaike info criterion	1.045584
Sum squared resid.	99.65088	Schwarz criterion	1.111453
Log likelihood	-305.1980	Hannan-Quinn criter.	1.071224
Restr. log likelihood	-337.6885	Avg. log likelihood	-0.507817
LR statistic (8 df)	64.98107	McFadden R-squared	0.096215
Probability (LR stat)	4.87E-11		
Obs. with Dep = 0	451	Total obs.	601
Obs. with Dep = 1	150		

에 주어진 프로비트 결과를 스스로 해석할 수 있어야 한다.

15.12 카운트 자료에 대한 모형 설정: 포아송 회귀모형

피회귀변수가 카운트 형태인 현상들이 많은데 예를 들어 어떤 가구의 연간 휴가 수, 기업이 연간 획득하는 특허 수, 치과나 병원의 연간 방문 수, 1주간 식품가게 방문 수, 연간 받는 주차위반 또는 속도위반 딱지 수, 주어진 기간 동안 병원에 머무는 날짜 수, 일정 기간 예를 들어 5분간 요금정산소를 통과하는 차량 수 등을 들 수 있다. 각 경우에 기초가 되는 변수는 단지 유한한 값을 취하는 이산적인 성격이다. 종종 카운트 자료는 1주 동안에 벼락을 맞는 것, 2주 내에 한번 이상 로또에 당첨되는 것, 4주 동안 두 번 이상의 심장 발작이 일어나는 것과 같이 **드문** 또는 **희귀한** 발생에 적용될 수도 있다. 그러한 현상에 대해 어떻게 모형을 설정하나?

선형 회귀모형에서 예/아니오 결정을 모형화하기 위해 베르누이 분포가 선택되었듯이 카운트 자료에 특별히 적합한 확률분포는 포아송 확률분포이다. 포아송 분포의 pdf는 다음과 같다.[42]

$$f(Y_i) = \frac{\mu^Y e^{-\mu}}{Y!} \qquad Y = 0, 1, 2, \dots \qquad \textbf{(15.12.1)}$$

여기서 $f(Y)$는 변수 Y가 비음인 정수값을 취할 확률을 나타내고 $Y!$(Y 팩토리알이라 읽음)는 $Y! = Y \times (Y-1) \times (Y-2) \times 2 \times 1$을 나타낸다. 다음 식이 증명될 수 있다.

$$E(Y) = \mu \qquad \textbf{(15.12.2)}$$

$$\operatorname{var}(Y) = \mu \qquad \textbf{(15.12.3)}$$

포아송 분포의 재미있는 특징에 주목하라. 즉 **그것의 분산은 그것의 평균값과 같다.**

포아송 회귀모형은 다음과 같이 쓸 수 있다.

$$Y_i = E(Y_i) + u_i = \mu_i + u_i \qquad \textbf{(15.12.4)}$$

여기서 Y들은 각 개인에 대해 평균 μ_i를 갖는 포아송 확률변수로 독립적으로 분포하는데 다음과 같이 표현된다.

$$\mu_i = E(Y_i) = \beta_1 + \beta_2 X_{2i} + \beta_3 X_{3_i} + \cdots + \beta_k X_{ki} \qquad \textbf{(15.12.5)}$$

42. 이 분포의 세부 내용에 대해서는 통계학에 대한 서적 참조.

여기서 X들은 평균값에 영향을 미칠 수 있는 몇몇 변수들이다. 예를 들어 우리의 카운트 자료가 특정 연도에 뉴욕의 메트로폴리탄 예술 박물관의 방문객 수라면 이 수는 소비자의 소득, 입장료, 박물관으로부터의 거리, 주차료 등에 의존할 것이다.

추정을 위해 우리는 모형을 다음과 같이 쓴다.

$$Y_i = \frac{\mu^Y e^{-\mu}}{Y!} + u_i \qquad \textbf{(15.12.6)}$$

여기서 μ는 식 (5.12.5)로 대체된다. 금방 알 수 있듯이 결과로 나오는 회귀모형은 모수에 대해 비선형이어서 앞 장에서 논의된 비선형 회귀 추정을 필요로 한다. 이 모든 것이 어떻게 작동하는지 보기 위해 구체적 예를 보자.

예 15.8

예: 노인의 넘어지는 빈도에 대한 연구

여기서 사용되는 자료는 Neter et al.에 의해 수집된 것이다.[43] 자료는 65세 이상된 100명에 대한 것이다. 연구의 목적은 이 사람들이 고생하는 넘어지는 횟수($= Y$)를 성별($X_2 =$ 남성이면 1, 여성이면 0), 균형 지수(X_3), 근력 지수(X_4)와 연관시키는 것이다. 균형 지수가 높을수록 대상자는 더 안정적일 것이고, 근력 지수가 높을수록 대상자는 더 강할 것이다. 교육 또는 교육 더하기 에어로빅 운동이 넘어지는 횟수에 어떤 영향을 미치는지 찾아내기 위해 저자들은 조정 변수라 불리는 추가 변수(X_1)를 도입하였는데 만일 교육뿐이면 $X_1 = 0$이고 교육과 에어로빅 운동이면 $X_1 = 1$의 값을 취한다. 대상자들에게는 이 두 조정법이 무작위로 지정된다.

EViews 6을 사용하여 표 15.20의 결과를 얻었다.

표 15.20

Dependent Variable: *Y*
Sample: 1-100
Convergence achieved after 7 iterations
Y=EXP(*C*(0)+*C*(1)**X*1+*C*(2)**X*2+*C*(3)**X*3+*C*(4)**X*4)

	Coefficient	Std. Error	*t*-Statistic	Probability
C(0)	0.37020	0.3459	1.0701	0.2873
C(1)	-1.10036	0.1705	-6.4525	0.0000
C(2)	-0.02194	0.1105	-0.1985	0.8430
C(3)	0.01066	0.0027	3.9483	0.0001
C(4)	0.00927	0.00414	2.2380	0.0275

$R^2 = 0.4857$ Adjusted $R^2 = 0.4640$
Log likelihood = -197.2096 Durbin-Watson statistic = 1.7358

주: EXP( ) mean e (the base of natural logarithm) raised by the expression in ( ).

43. John Neter, Michael H. Kutner, Christopher J. Nachtsheim, and William Wasserman, *Applied Regression Models*, Irwin, 3d ed., Chicago, 1996. 자료는 책에 포함된 자료 디스크로부터 얻었고, 연습문제 14.28 참조.

예 15.8
(계속)

결과의 해석. 표 15.20에서 우리가 구한 것은 i번째 개인에 대한 추정된 평균값 $\hat{\mu}_i$, 즉 우리가 추정한 것은 다음 식이라는 것을 명심하라.

$$\hat{\mu}_i = e^{0.3702-1.100366X_{1i}-0.02194X_{2i}+0.0106X_{3i}+0.00927X_{4i}} \quad \textbf{(15.12.7)}$$

i번째 대상자에 대한 실제 평균값을 찾아내기 위해서는 그 대상자의 다양한 X변수들의 값들을 대입할 필요가 있다. 예를 들어 대상자 99는 다음 값들을 가지고 있다. $Y=4$, $X_1=0$, $X_2=1$, $X_3=50$, $X_4=56$이다. 이 값들을 식 (15.12.7)에 대입하면 99번째 대상자에 대한 추정된 평균값으로 $\hat{\mu}_{i99}=3.3538$이 나온다. 이 개인의 실제 Y값은 4이었다.

이제 만일 대상자 99와 유사한 한 대상자가 1년에 5번 이하로 넘어질 확률을 구하기를 원한다면 다음과 같이 구할 수 있다.

$$\begin{aligned} P(Y<5) &= P(Y=0)+P(Y=1)+P(Y=2)+P(Y=3)+P(Y=4) \\ &= \frac{(3.3538)^0 e^{-3.3538}}{0!}+\frac{(3.3538)^1 e^{-3.3538}}{1!}+\frac{(3.3538)^2 e^{-3.3538}}{2!} \\ &\quad +\frac{(3.3538)^3 e^{-3.3538}}{3!}+\frac{(3.3538)^4 e^{-3.3538}}{4!} \\ &= 0.7491 \end{aligned}$$

우리는 또한 다음과 같이 Y의 평균값에 대한 한 회귀변수의 한계 또는 부분 효과를 찾아낼 수 있다. 우리의 예에서 가령 평균 Y에 대한 근력 지수(X_4) 1단위 증가의 효과를 알아내고자 한다.

$$\mu = e^{C_0+C_1X_{1i}+C_2X_{2i}+C_3X_{3i}+C_4X_{4i}} \quad \textbf{(15.12.8)}$$

우리는 $\partial\mu/\partial X_4$를 구하고자 한다. 미분의 연쇄 법칙을 이용하면 다음 식을 얻게 된다.

$$\frac{\partial\mu}{\partial X_4} = C_4 e^{C_0+C_1X_{1i}+C_2X_{2i}+C_3X_{3i}+C_4X_{4i}} = C_4\mu \quad \textbf{(15.12.9)}$$

즉, 한 회귀변수에 대한 평균값의 변동률은 그 회귀변수의 계수에 평균값을 곱해준 것과 같다. 물론 평균값 μ는 모형 안의 모든 회귀변수들이 취하는 값들에 의존한다. 이것은 앞에서 논의된 로지트와 프로비트 모형과 유사한데, 거기서도 한 변수의 한계 기여는 모형 안의 모든 변수들이 취하는 값에 의존하였었다.

개별 계수들의 통계적 유의성으로 돌아가면 절편과 변수 X_2가 개별적으로 통계적으로 유의한 것을 알 수 있다. 그러나 표에 주어진 표준오차는 점근적이어서 t값은 점근적으로 해석되어야 한다는 것에 주의하라. 앞에서 언급되었듯이 모든 비선형 반복 추정절차들의 결과는 단지 대표본에서만 타당성을 갖는다.

포아송 회귀모형에 대한 논의를 끝내면서 포아송 과정의 평균과 분산이 동일하고 한 사상이 발생할 확률이 어느 시점에서나 동일하다는 점에서 제약적 가정을 하고 있다는 것에 주의할 필요가 있다.

15.13 정성적 반응 회귀모형에 대한 추가 논제들

처음에 언급하였듯이 정성적 반응 회귀모형의 논제들은 다양하다. 이 장에 제시된 것은 이 분야의 몇 가지 기본모형들이다. 이 논제에 대해 더 알고 싶어 하는 사람들을 위해 이 분야의 몇몇 다른 모형들을 매우 간략하게 논의하기로 한다. 여기서 이것들을 계속 논의하지는 않을 텐데 왜냐하면 그것들은 이 책의 범위를 훨씬 벗어나기 때문이다.

서수 로지트 및 프로비트 모형

이변량 로지트 및 프로비트 모형에서 예/아니오 반응 변수를 모형화하는 데 관심이 있었다. 그러나 종종 반응함수 또는 피회귀변수는 둘 이상의 결과를 가질 수 있고 자주 이 결과들은 성격상 서수적이다. 즉 그것들은 구간 척도로 표현될 수 없다. 종종 서베이 형태의 연구에서 그 반응은 “매우 동의”, “다소 동의”, “매우 의견이 다른” 등과 같이 Likert 형 척도이다. 또는 교육에 대한 서베이에서 반응은 “고졸 미만”, “고졸”, “대졸”, “대졸 이상” 등일 수 있다. 종종 이러한 반응은 0(고졸 미만), 1(고졸), 2(대졸), 3(대졸 이상) 등으로 부호가 부여된다. 이것들은 범주 간 분명한 서열이 존재하지만 2(대졸)가 1(고졸)의 두 배이거나 3(대졸 이상)이 1(고졸)의 세 배라고 말할 수 없다는 점에서 서수 척도이다.

앞에서와 같은 현상을 연구하기 위해서는 다중 서열 범주를 감안하기 위해 이변량 로지트 및 프로비트 모형을 확장할 수 있다. 다양한 서열 범주를 허용하기 위해 다단계 정규 및 로지스틱 확률분포를 사용해야 하므로 계산은 꽤 복잡해진다. 내재하는 수학과 몇 가지 적용에 대해서는 독자는 앞에서 인용된 Greene과 Maddala의 책을 참고할 수 있다. 비교적 직관적 수준으로는 독자는 Liao의 저서를 참고할 수 있다.[44] LIMDEP, EViews, STATA, SHAZAM과 같은 소프트웨어 패키지들은 서수 로지트 및 프로비트 모형을 추정하는 루틴을 가지고 있다.

다항 로지트 및 프로비트 모형

서수 로지트 및 프로비트 모형에서 반응함수는 둘 이상의 순서가 정해진 또는 서열 범주를 가지고 있다. 그러나 피회귀변수가 순서가 정해지지 않는 상황이 존재한다. 예를 들어 직장 통근수단의 선택을 보자. 선택대상들은 자전거, 오토바이, 자동차, 버스, 또는 기차 등이다. 비록 이것들은 범주적 반응들이지만 여기에는 서열이나 순서가 존재하지 않는다. 그것들은 본질적으로 성격상 명칭이다. 또 다른 예로 비숙련, 반숙련, 매우 숙련 등과 같이 직업상의 분류를 보자. 역시 여기에는 순서가 존재하지 않는다. 이와 유사하게 자영업자, 민간기업 근로자, 지방정부 공무원, 연방정부 공무원 등과 같은 직업 선택의 경우도 본질적으로 성격상 명칭이다.

다항 로지트 또는 프로비트 모형의 테크닉은 그러한 명칭상의 범주를 연구

44. Tim Futing Liao, op. cit.

하는 데 사용될 수 있다. 역시 수학은 약간 복잡해진다. 앞에서 인용된 참고문헌들이 이 테크닉의 요점들을 제시할 것이다. 그리고 구체적 경우에 그것들의 사용이 필요하다면 앞에서 인용된 통계 패키지들이 그러한 모형들을 수행하는 데 이용될 수 있다.

지속기간모형

다음과 같은 질문을 생각해 보자. (1) 무엇이 실업기간의 지속을 결정하나? (2) 무엇이 전구의 수명을 결정하나? (3) 어떤 요인들이 파업의 지속을 결정하나? (4) 무엇이 HIV-양성 반응 환자의 생존기간을 결정하나?

이러한 주제들은 생존분석 또는 사상 발생시간 자료 분석으로 잘 알려진 지속기간모형의 논제들이다. 위에 인용된 각각의 예에서 핵심 변수는 시간의 길이 또는 기간 길이인데 이것이 확률변수로 모형화된다. 역시 적절한 확률분포의 CDF와 PDF에 수학이 들어간다. 비록 기술적 세부사항들은 지루할 수 있지만 이 주제에 대해 이해하기 쉬운 책들이 존재한다.[45] STATA와 LIMDEP과 같은 통계 패키지들은 그러한 지속기간모형을 쉽게 추정할 수 있다. 이 패키지들은 연구자가 그러한 모형을 이용하는 데 도움을 주기 위해 작업이 이루어진 예를 제공하고 있다.

요약 및 결론

1. 정성적 반응 회귀모형은 반응변수 또는 피회귀변수가 정량적이 아니거나 구간 척도가 아닌 모형을 가리킨다.
2. 가능한 한 가장 단순한 정성적 반응 회귀모형은 피회귀변수가 예/아니오 또는 존재/부재 형태인 이분 모형이다.
3. 가능한 한 가장 단순한 이분 회귀모형은 표준적인 OLS 방법을 사용하여 이분 반응변수가 적절한 설명변수들에 회귀되는 선형 확률모형(LPM)이다. 여기서 단순함은 미덕이 아닐 수 있는데 왜냐하면 LPM은 여러 추정 문제로 시달리기 때문이다. 설령 몇몇 추정 문제들이 극복될 수 있다고 하더라도 LPM의 근본적 약점은 그것이 무엇인가 발생할 확률은 회귀변수의 수준에 대해 선형으로 증가한다고 가정하는 것이다. 우리가 로지트 및 프로비트 모형을 사용하면 이 매우 제약적인 가정을 피할 수 있다.
4. 로지트 모형에서 종속변수는 승산비의 로그인데, 이것은 회귀변수들의 선형함수이다. 로지트 모형에 내재하는 확률함수는 로지스틱 분포이다. 만일 자료가 집단 형태로 이용 가능하다면 우리가 오차항의 이분산 성격을 명시적으로 감안한다는 전제 하에 로지트 모형의 모수들을 추정하는 데 OLS를 사용할 수 있다. 만일 자료가 개별 또는 마이크로 수준에서 이용

45. 예를 들어 David W. Hosmer, Jr., and Stanley Lemeshow, *Applied Survival Analysis*, John Wiley & Sons, New York, 1999 참조.

가능하다면 모수에 대해 비선형인 추정절차가 요구된다.

5. 만일 우리가 정규분포를 적절한 확률분포로 선택한다면 우리는 프로비트 모형을 사용할 수 있다. 이 모형은 적분을 포함하고 있어서 수학적으로 약간 어렵다. 그러나 모든 실제적인 적용에서 로지트와 프로비트 모형은 유사한 결과를 가져온다. 그러므로 실제로는 선택이 계산의 용이성에 달려 있는데 그것도 오늘날 세련된 통계 패키지들이 언제든지 이용 가능하기 때문에 심각한 문제가 안 된다.
6. 만일 반응변수가 카운트 형태라면 실제 적용시 가장 흔히 사용되는 모형이 포아송 회귀모형인데, 이것은 포아송 확률분포에 기초하고 있다.
7. 프로비트 모형과 가장 밀접하게 연관된 모형이 중도절단 회귀모형으로도 알려진 토비트 모형이다. 이 모형에서는 특정 조건(들)이 충족될 때에만 반응변수가 관찰된다. 이리하여 한 사람이 자동차에 얼마나 지출하는가에 대한 질문은 그 사람이 자동차를 구입하기로 결정한 때에만 의미가 있다. 그러나 Maddala는 토비트 모형은 "원칙적으로 잠재변수[즉 현상에 내재하는 기본변수]가 음의 값을 갖고 관찰된 0의 값은 중도절단과 관찰 불가능성의 결과인 경우에 대해서만 적용가능하다"고 언급하였다.[46]
8. 이분 반응 회귀모형에 대한 다양한 확장 모형들이 존재한다. 여기에는 서수 프로비트 및 로지트, 명칭상의 프로비트와 로지트 모형들이 있다. 비록 수학은 더 복잡해지지만 이러한 모형들에 내재하는 철학은 더 단순한 로지트 및 프로비트 모형과 동일하다.
9. 마지막으로 우리는 간략하게 실업 또는 질병과 같은 현상의 지속이 몇 가지 요인들에 의존하는 소위 지속기간 모형을 살펴보았다. 그러한 모형에서 지속의 길이 또는 기간은 연구 관심사가 되는 변수이다.

연습문제

질문

15.1. 표 15.2의 자료를 참고로 만일 $\hat{Y}_i$이 음이면 0.01로 가정하고 그것이 1보다 크면 0.99로 가정한다. 가중치 w_i를 다시 계산하고 WLS를 사용하여 LPM을 추정하라. 그 결과를 식 (15.2.11)의 결과와 비교하고 논평하라.

15.2. 표 15.1의 주택소유 자료에 대한 로지트 모형의 최우추정치는 다음과 같다.

$$\hat{L}_i = \ln\left(\frac{\hat{P}_i}{1-\hat{P}_i}\right) = -493.54 + \quad 32.96 \text{ income}$$
$$t = \quad (-0.000008)(0.000008)$$

46. G. S. Maddala, *Introduction to Econometrics,* 2d ed., Macmillan, New York, 1992, p.342.

소득이 16(단위:1천달러)이상의 값에 대해서는 $Y=1$, 16 이하인 값에 대해서는 $Y=0$이라는 것을 염두에 두면서 이 결과를 논평하라. 선험적으로 이러한 경우에 무엇을 예상할 수 있나?

15.3. 총 762가구를 대상으로 몇몇 변수들의 함수로서의 내구재 Y의 구입에 대한 연구에서(구입하면 $Y=1$, 구입하지 않으면 $Y=0$) Janet A. Fisher*는 다음과 같은 LPM 결과를 얻었다.

설명변수	계수	표준오차
상수	0.1411	-
1957년도 가처분소득, X_1	0.0251	0.0118
(가처분소득=X_1)^2, X_2	-0.0004	0.0004
당좌예금, X_3	-0.0051	0.0108
저축예금, X_4	0.0013	0.0047
미국 저축채권, X_5	-0.0079	0.0067
주거상태: 임대, X_6	-0.0467	0.0937
주거상태: 자가, X_7	0.0136	0.0712
1개월당 집세, X_8	-0.7540	1.0983
1개월당 저당 지불금, X_9	-0.9809	0.5162
개인적 비분할불 부채, X_{10}	-0.0367	0.0326
연령, X_{11}	0.0046	0.0084
연령 자승, X_{12}	-0.0001	0.0001
결혼여부, X_{13}(1=)	0.1760	0.0501
자녀의 수, X_{14}	0.0398	0.0358
(자녀의 수=X_{14})^2, X_{15}	-0.0036	0.0072
구입계획, X_{16}(1:계획했으면, 0: 그렇지않으면)	0.1760	0.0384
	$R^2 = 0.1336$	

주: 모든 금융 변수들의 단위는 천달러.
주거상태 : 임대(임대이면 1, 그렇지 않으면 0)
주거상태 : 자가(자가이면 1, 그렇지 않으면 0)
출처: Janet A. Fisher, "An Analysis of Consumer Good Expenditure." *The Review of Economics and Statistics*, vol. 64. no. 1, Table 1. 1962. p.67.

a. 회귀식 전반에 대하여 논평하라.

b. 당좌예금 변수의 계수 −0.0051을 어떻게 해석할 것인가? 이 변수의 부호가 음인 것을 어떻게 합리적으로 해석할 것인가?

c. 연령 자승과 자녀수 변수를 도입한 이론적 근거는 무엇인가? 왜 이들

* "An Analysis of Consumer Good Expenditure," "*The Review of Economics and Statistics*, vol. 64, no. 1, 1962, pp. 64–71.

둘의 부호가 모두 음인가?

d. 소득을 제외한 모든 변수들의 값을 0으로 가정할 때 소득이 \$20,000인 가구가 내구재를 구입할 조건부 확률을 구하라.

e. 다음과 같은 경우에 내구재를 구입한 조건부 확률을 추정하라. $X_1 =$ \$15,000, $X_3 =$ \$3,000, $X_4 =$ \$5,000, $X_6 = 0$, $X_7 = 1$, $X_8 =$ \$500, $X_9 =$ \$300, $X_{10} = 0$, $X_{11} = 35$, $X_{13} = 1$, $X_{14} = 2$, $X_{16} = 0$.

15.4. 표 15.3의 경제활동 참가 회귀에서 R^2의 값은 0.175로 낮은 값이다. 이 값의 통계적 유의성을 검정할 수 있나? 어떤 검정방법을 사용하나? 또 그 이유는? 그와 같은 모형에서 R^2의 값에 관한 보편적인 논평을 하라.

15.5. 회귀식 (15.7.1)을 가지고 다양한 소득수준에서 주택을 소유할 확률을 추정하라. 이소득을 축으로 하여 그림을 그리고 나타나는 관계에 대해 논평하라.

*15.6. 표 15.11의 프로비트 회귀식에서 절편은 $-\mu_X/\sigma_X$이고, 기울기는 $1/\sigma_X$임을 증명하라. 여기서 μ_X와 σ_X는 X의 평균과 표준편차이다.

15.7. 54개 표준대도시 통계지역(SMSA) 자료를 대상으로 Demaris는 높은 살인률 대 낮은 살인률의 비율을 설명하기 위해 다음의 로지트 모형을 추정하였다.**

$$\ln \hat{O}_i = 1.1387 + 0.0014P_i + 0.0561C_i - 0.4050R_i$$
$$\text{se} = \qquad (0.0009) \qquad (0.0227) \qquad (0.1568)$$

여기에서 $O =$ 높은 살인율 승산, $P =$ 1980년 인구규모(단위:1,000명), $C =$ 1970년부터 1980년까지 인구증가율, $R =$ 글자를 읽을 수 있는 능력(문맹의 반대개념)을 표현한 지수이고, se는 점근적인 표준오차이다.

a. 다양한 계수들을 어떻게 해석할 것인가?

b. 어떤 계수들이 개별적으로 통계적으로 유의한가?

c. 살인률이 더 높아질 가능성에 대한 독서 지수 1단위 증가의 효과는 무엇인가?

d. 살인률이 더 높아질 가능성에 대한 인구성장율 1%p 증가의 효과는 무엇인가?

15.8. 회귀식 (15.7.3)과 (15.7.1)의 OLS와 WLS를 비교하고 이를 논평하라.

실증문제

15.9. 네델란드 통계청의 1980년도 가구 생활비 서베이로부터 J. S. Cramer는 2,820가구의 표본을 토대로 다음과 같은 로지트 모형을 얻었다.(여기에 주어진 결과는 최우추정법에 기초한 것인데 3번 반복 후에 얻은 것이다.)† 로지트 모형의 목적은 자동차 소유를 소득 로그의 함수로 결정하는 것이었다.

* 본 문제는 선택과제임.

** Demaris, op. cit, p. 46.

† J. S. Cramer, *An Introduction to the Logit Model for Economist*, 2d ed., published and distributed by Timberlake Consultants Ltd., 2001, p.33. 이 결과는 Timberlake Consultants에 의해 출판된 통계 패키지 PC-GIVE 10, p.20으로부터 재생되었다.

자동차 소유는 이분 변수인데, 어떤 가구가 자동차를 소유하고 있으면 $Y=1$, 그렇지 않으면 0이다.

$$\hat{L}_i = -2.77231 + 0.347582 \ln \text{Income}$$
$$t = (-3.35) \qquad (4.05)$$
$$\chi^2(1 \text{ df}) = 16.681 \ (p \text{ value} = 0.0000)$$

여기서 $\hat{L}_i$=추정된 로지트이고 ln Income은 소득의 로그이다. χ^2은 모형의 적합도를 측정한다.

a. 추정된 로지트 모형을 해석하라.

b. 추정된 로지트 모형으로부터 자동차를 소유할 확률에 대한 표현을 어떻게 구하나?

c. 소득이 $20,000인 가구가 자동차를 소유할 확률은 무엇인가? $25,000의 소득 수준에서는? $20,000의 소득 수준에서 확률의 변동률은 무엇인가?

d. 추정된 로지트 모형의 통계적 유의성에 대해 논평하라.

15.10. 식 (15.2.8)을 증명하라.

15.11. 모든 고등학교 대학 입학자들과 흑인만의 대학 입학자들을 대상으로 대학 졸업율에 대한 중요한 연구에서 Bowen과 Bok은 로지트 모형에 기초하여 표 15.21에 제시된 결과를 얻었다.*

a. 전체 대학 입학자들과 흑인 대학 입학자들의 졸업률에 대한 보편적 결론은 무엇인가?

b. **승산비**는 두 가능성의 비율이다. 모든 대학 입학자들 가운데에서 SAT 점수가 1,299점이 넘는 집단과 1,000점 이하인 집단(기준 범주) 등 두 집단을 비교하라. 승산비가 1.393이라는 것은 첫 번째 범주에 속한 대학 입학자들이 나중 범주의 대학 입학자들보다 졸업할 가능성이 39% 더 높다는 것을 의미한다. 표에 나타난 다양한 승산비들이 선험적 예상과 부합하나?

c. 추정된 모수들의 통계적 유의성에 대해 무엇이라 할 수 있나? 추정된 모형의 총체적 유의성은 어떤가?

15.12. 표 15.11의 프로비트 모형에서 오차항 u_i의 분산은 다음과 같다.

$$\sigma_u^2 = \frac{P_i(1-P_i)}{N_i f_i^2}$$

여기서 f_i는 $F^{-1}(P_i)$에서 구한 표준 정규분포 밀도함수이다.

a. 위와 같이 u_i의 분산이 주어졌을 때 오차항을 동분산으로 만들기 위하여 표 15.10의 모형을 어떻게 변환시킬 것인가?

b. 표 15.10의 자료를 이용하여 변환된 자료를 구하라.

---

* William G. Bowen and Derek Bok, *The Shape of the River: Long Term Consequences of Considering Race in College and University Admissions,* Princeton University Press, Princeton, NJ, 1998, p.381.

표 15.21 졸업률을 예측하는 로지스틱 회귀모형, 1989년 입학자 대상

변수	전체 대학 입학자			흑인 대학 입학자		
	모수추정치	표준오차	승산비	모수추정치	표준오차	승산비
절편	0.957	0.052	—	0.455	0.112	—
여성	**0.280**	0.031	1.323	**0.265**	0.101	1.303
흑인	**−0.513**	0.056	0.599			
라틴 아메리카계	**−0.350**	0.080	0.705			
아시아계	**0.122**	0.055	1.130			
다른 인종	**−0.330**	0.104	0.719			
SAT> 1,299	**0.331**	0.059	1.393	0.128	0.248	1.137
SAT 1,200-1,299	**0.253**	0.055	1.288	0.232	0.179	1.261
SAT 1,100-1,199	**0.350**	0.053	1.420	0.308	0.149	1.361
SAT 1,000-1,099	**0.192**	0.054	1.211	0.141	0.136	1.151
SAT 이용 불가능	**−0.330**	0.127	0.719	0.048	0.349	1.050
고등학교 반에서 상위 10%	**0.342**	0.036	1.407	**0.315**	0.117	1.370
고등학교 반에서 서열 이용 불가능	−0.065	0.046	0.937	−0.065	0.148	0.937
높은 사회경제적 지위(SES)	**0.283**	0.036	1.327	**0.557**	0.175	1.746
낮은 SES	**−0.385**	0.079	0.680	**−0.305**	0.143	0.737
SES 이용 불가능	**0.110**	0.050	1.116	0.031	0.172	1.031
SEL-1	**1.092**	0.058	2.979	**0.712**	0.161	2.038
SEL-2	**0.193**	0.036	1.212	**0.280**	0.119	1.323
여자 대학	**−0.299**	0.069	0.742	0.158	0.269	1.171
관찰치 수	32,524			2,354		
-2 로그 우도						
제약된	31,553			2,667		
비제약	30,160			2,569		
카이 자승	1,393 with 18 d.f.			98 with 14 d.f.		

주: 굵은 활자로 된 계수들은 0.05 수준에서 유의하고, 다른 변수들은 그렇지 않음. 모형에서 생략된 범주들은 백인, 남자, SAT<1,000, 고등학교 반에서 하위 90%, 중간 SES, SEL−3, 남녀 공학 등임. 졸업률은 부록의 표 D.3.1의 주에 정의된 6년, 첫 번째 학교 졸업률임. 대학 입학난이도는 부록의 표 D.3.1의 주에 정의된 바와 같음. 사회경제적 지위(SES)의 정의에 대해서는 **부록 B** 참조.

SEL−1 = 평균 종합 SAT 점수가 1,300점 이상인 학교

SEL−2 = 평균 종합 SAT 점수가 1,150−1,299점인 학교

SEL−3 = 평균 종합 SAT 점수가 1,150점 미만인 학교

출처: Bowen and Bok, op. cit., p.381.

c. 변환된 자료에 기초하여 프로비트 모형을 추정하고 원래 자료에 기초한 회귀결과와 비교하라.

15.13. 이분적 종속변수 모형에 있어서는 적합도의 척도로서의 R^2이 그리 적합지 않으므로, 그 대안으로 제시될 수 있는 것이 다음과 같은 χ^2 검정이다.

$$\chi^2 = \sum_{i=1}^{G} \frac{N_i(\hat{P}_i - P_i^*)^2}{P_i^*(1 - P_i^*)}$$

여기서 N_i = I번째 칸에 있는 관찰치의 수

$\hat{P}_i$ = 사상이 발생될 실제 확률($= n/N_i$)

P_i^* = 추정된 확률수준

G = 칸의 수(즉, X_i가 측정되는 수준의 수, 예를 들면 표 15.4에서 10)

표 15.22
국화 진디물에 대한 살충제의 독성연구

출처: D. J. Finnet, *Probit Analysis*, Cambridge University Press, London, 1964.

농도 (1리터당 밀리그램)		전체수	사망수	
X	$\log(X)$	N_i	n_i	$\hat{P}_i = n_i/N_i$
2.6	0.4150	50	6	0.120
3.8	0.5797	48	16	0.333
5.1	0.7076	46	24	0.522
7.7	0.8865	49	42	0.857
10.2	1.0086	50	44	0.880

표 15.23
GRE 점수

출처: Donald M. Morrison, *Applied Linear Statistical Methods*, Prentice-Hall, Inc.. Englewood Cliffs, N.J., 1983, p.279(조정됨).

	GRE 적성검사 점수		대학원입학 허가여부
학생번호	수리(Q)	언어(Y)	(예=1, 아니오=0)
1	760	550	1
2	600	350	0
3	720	320	0
4	710	630	1
5	530	430	0
6	650	570	0
7	800	500	1
8	650	680	1
9	520	660	0
10	800	250	0
11	670	480	0
12	670	520	1
13	780	710	1

대표본에서 χ^2은 자유도가 $(G-k)$인 χ^2분포를 따르는데, 여기서 k는 추정 모형에서의 모수의 수이다($k < G$).

회귀식 15.7.1에서 이 χ^2검정을 적용하고 그 결과로서 적합도에 관해 논평한 다음 앞의 R^2값과 비교하라.

15.14. 표 15.22에는 약 50마리의 국화 진디물에 대해 상이한 농도의 살충제를 뿌린 결과에 대한 자료가 나와 있다.

진디물을 죽일 확률을 $\log(X)$, 즉 약 투여량에 로그를 취한 값의 함수로 표현한 적절한 모형을 개발하고 그 회귀결과를 논평하라. 또한 연습문제 15.13에서 논의된 χ^2검정을 행하라.

15.15. 13명의 대학원 지원자들의 수리 및 언어능력에 대한 GRE 시험점수가 표 15.23에 정리되어 있다. 6명의 학생들의 입학이 허가되었다.

a. GRE에서의 수리 및 언어능력 점수에 기초하여 입학허가 확률을 예측하기 위해 LPM 모형을 이용하라.

b. 그것은 만족스러운 모형인가? 만일 그렇지 않다면 어떤 대안(들)을 제시할 수 있나?

15.16. 음료수 6병이 들어있는 상자에 대한 가격할인 쿠폰의 효과를 연구하기 위해 Montgomery와 Peck은 표 15.24와 같은 자료를 수집하였다.

표에서 볼 수 있는 바와 같이 5500명의 소비자를 대상으로 그들을 11개의

표 15.24
할인쿠폰과
음료수의 가격

출처: Douglas C Montgomery and Elizabeth A. Peck, *Introduction to Linear Regression Analysis*, John Wiley & Sons. Inc., New york, 1982, p 243(표기를 바꿈).

가격할인 X(센트)	표본크기 N_i	상환된 쿠폰수 n_i
5	500	100
7	500	122
9	500	147
11	500	176
13	500	211
15	500	244
17	500	277
19	500	310
21	500	343
23	500	372
25	500	391

할인 범주에 범주당 500명씩 무작위로 할당하였다. 응답변수는 소비자가 1개월 이내에 그 쿠폰을 상환했는지 여부이다.

a. 상환율을 종속변수로 취급하고 가격할인을 설명변수로 한 로지트 모형이 자료에 적합한지를 검토하라.

b. 로지트 모형뿐만 아니라 프로비트 모형도 적합한지를 검토하라.

c. 가격할인이 17센트일 때 예상되는 상환율은 얼마인가?

d. 쿠폰의 70%가 상환될 가격할인 규모를 추정하라.

15.17. 누가 은행계좌(당좌, 저축 등)를 가지고 있고, 누가 가지고 있지 않은지를 알아내기 위해 John Caskey와 Andrew Peterson은 미국 가계 자료를 이용하여 1977년과 1989년에 대해 프로비트 모형을 추정하였다. 그 결과가 표 15.25에 주어져 있다. 표에 주어진 기울기계수의 값들은 한 가계가 은행계좌를 가질 확률에 대한 한 회귀변수의 1단위 변동의 효과를 측정한다. 이 한계효과는 모형에 포함된 회귀변수들의 평균값에서 계산된다.

a. 1977년의 경우 은행계좌 소유에 대한 결혼상태의 효과는 무엇인가? 1989년은 어떤가? 이 결과는 경제학적으로 이치에 맞나?

b. 왜 1977년이나 1989년 모두 소수민족에 대한 계수가 음의 값인가?

c. 자녀수 변수에 대한 부호가 음의 값인데 대해 어떻게 합리화할 수 있나?

d. 표에 주어진 카이자승 통계량은 무엇을 의미하나?(힌트: 연습문제 15.13 참조)

15.18. **몬테 칼로 연구.** 프로비트 모형을 이해하는 데 도움을 주기 위해 William Becker와 Donald Waldman은 다음을 가정하였다.*

$$E(Y \mid X) = -1 + 3X$$

그리고 $Y_i = -1 + 3X + \varepsilon_i$라고 놓았는데 여기서 ε_i는 표준 정규분포(즉 평균 0, 분산 1)로 가정하여 표 15.26에 나와 있는 것과 같이 35개 관찰치 표본을 생성하였다.

* William E. Becker and Donald M. Waldman, "A Graphical Interpretation of Probit Coefficients," *Journal of Economic Education*, vol.20, no.4, Fall 1989, pp.371–378.

표 15.25 종속변수가 예금계좌의 소유인 프로비트 회귀

	1977 자료		1989 자료	
	계수	함축된 기울기	계수	함축된 기울기
상수	−1.06 (3.3)*		−2.20 (6.8)*	
소득(천달러, 1991년 가격)	0.030 (6.9)	0.002	0.025 (6.8)	0.002
기혼	0.127 (0.8)	0.008	0.235 (1.7)	0.023
자녀 수	−0.131 (3.6)	−0.009	−0.084 (2.0)	−0.008
가장의 연령(HH)	0.006 (1.7)	0.0004	0.021 (6.3)	0.002
HH의 교육	0.121 (7.4)	0.008	0.128 (7.7)	0.012
남성 HH	−0.078 (0.5)	−0.005	−0.144 (0.9)	−0.011
소수민족	−0.750 (6.8)	−0.050	−0.600 (6.5)	−0.058
고용된	0.186 (1.6)	0.012	0.402 (3.6)	0.039
자기 집 소유	0.520 (4.7)	0.035	0.522 (5.3)	0.051
로그 우도	−430.7		−526.0	
카이 자승 통계량 (H_0: 절편을 제외한 모든 계수들이 0)	408		602	
관찰치 수	2,025		2,091	
올바른 예측을 한 표본의 비율	91		90	

*괄호 안의 숫자는 t 통계량임.

출처: John P. Caskey and Andrew Peterson, "Who Has a Bank Account and Who doesn' t: 1977 and 1989," Research Working Paper 93-10, Federal Reserve Bank of Kansas City, October 1993.

표 15.26
모형$=Y=-1+3X+\varepsilon$ 과 $Y>1$이면 $Y^*=1$에 의해 생성된 가상적 자료

출처: William E. Becker and Donald M. Waldman, "A Graphical Interpretation of Probit Coefficients," *Journal of Economic Education*, Fall 1989, Table 1, p. 373.

Y	Y^*	X	Y	Y^*	X
−0.3786	0	0.29	−0.3753	0	0.56
1.1974	1	0.59	1.9701	1	0.61
−0.4648	0	0.14	−0.4054	0	0.17
1.1400	1	0.81	2.4416	1	0.89
0.3188	1	0.35	0.8150	1	0.65
2.2013	1	1.00	−0.1223	0	0.23
2.4473	1	0.80	0.1428	1	0.26
0.1153	1	0.40	−0.6681	0	0.64
0.4110	1	0.07	1.8286	1	0.67
2.6950	1	0.87	−0.6459	0	0.26
2.2009	1	0.98	2.9784	1	0.63
0.6389	1	0.28	−2.3326	0	0.09
4.3192	1	0.99	0.8056	1	0.54
−1.9906	0	0.04	−0.8983	0	0.74
−0.9021	0	0.37	−0.2355	0	0.17
0.9433	1	0.94	1.1429	1	0.57
−3.2235	0	0.04	−0.2965	0	0.18
0.1690	1	0.07			

* William E. Becker and Donald M. Waldman, "A Graphical Interpretation of Probit Coefficients," *Journal of Economic Education*, vol. 20, no. 4, Fall 1989, pp. 371–378.

a. 이 표에 주어진 Y와 X에 대한 자료로부터 LPM을 추정할 수 있나? 진정한 $E(Y|X) = -1 + 3X$라는 것을 기억하라.

b. $X = 0.48$로 주어졌을 때 $E(Y|X = 0.48)$을 추정하고 이것과 진정한 $E(Y|X = 0.48)$을 비교하라. 주 $\bar{X} = 0.48$임.

c. 표 15.26의 Y^*와 X를 이용하여 프로비트 모형을 추정하라. 원하는 어떤 통계 패키지도 사용할 수 있다. 저자들이 추정한 프로비트 모형은 다음과 같다.

$$\hat{Y}_i^* = -0.969 + 2.764X_i$$

$P(Y^*=1|X=0.48)$, 즉 $P(Y_i > 0|X = 0.48)$을 구하라. 여기서 구한 답이 저자들의 답인 0.64와 일치하는지를 검토하라.

d. 표 15.26에 주어진 X값의 표본 표준편차는 0.31이다. 만일 X가 평균값보다 1 표준편차만큼 크다면 확률의 예측된 변동은 얼마인가? 즉 $P(Y^*=1|X=0.79)$는? 저자들의 답은 0.25이다.

15.19. 교재 웹사이트에 있는 표 15.27은 근로(여성이 일하면 1, 그렇지 않으면 0), 연령, 결혼 상태(결혼 상태이면 1, 그렇지 않으면 0), 자녀 수, 교육(학교교육 연수)에 관한 2,000명의 여성에 대한 자료이다. 2,000명 중에서 657명은 임금근로자가 아닌 것으로 기록되었다.

a. 이 자료를 사용하여 선형 확률모형(LPM)을 추정하라.

b. 동일한 자료를 사용하여 로지트 모형을 추정하고 다양한 변수들의 한계효과를 구하라.

c. 프로비트 모형에 대해 (b)를 반복하라.

d. 어떤 모형을 선택할 것인가? 그 이유는?

15.20. 교재에서 논의된 흡연자 예(15.10절 참조)에 대해 교재 웹사이트의 표 15.28로부터 자료를 다운로드 받아라. 교육과 소득의 곱(즉 상호작용 효과)이 흡연자가 되는 확률에 어떤 영향이 있는지 검토하라.

15.21. 교재 웹사이트로부터 표 15.29인 자료집합 Benign을 다운로드 받아라. 변수인 암은 가변수로서 유방암에 걸렸으면 1, 그렇지 않으면 0이다.* 변수 연령(=대상자의 연령), HIGD(=학교에서 끝마친 최종학년), CHK(만일 대상자가 정규 의료점검을 받지 않았으면 0, 정규점검을 받았으면 1), AGPI(=첫번째 임신 연령), 유산(=유산 횟수), 몸무게(=대상자의 몸무게) 등을 사용하여 한 여인이 유방암에 걸릴지 여부를 예측하는 데 이 변수들이 통계적으로 유용한지를 결론내기 위해 로지스틱 회귀를 수행하라.

---

* 자료는 양성 유방병을 가진 것으로 진단된 50명의 여성에 대해 제공되었는데 1경우당 세 대조기준을 가진 150개의 연령과 조화된 대조기준들을 가진 자료이다. 훈련받은 상담자들은 각 대상자로부터 정보를 수집하기 위해 표준화된 구조적 질문을 수행하였다(Pastides, et al.[1983]과 Pastides, et al.[1985] 참조).

부록 15A

15A.1 개별(비집단) 자료에 대한 로지트 및 프로비트 모형의 최우추정†

교재에서와 같이 개인의 소득 X가 주어졌을 때 그 개인이 집을 소유할 확률을 추정하는데 관심이 있다고 가정한다. 이 확률은 로지스틱 함수 (15.5.2)로 표현될 수 있다고 가정하는데 그것은 편의상 아래와 같이 재생된다.

$$P_i = \frac{1}{1 + e^{-(\beta_1 + \beta_2 X_i)}} \tag{1}$$

우리는 실제로 P_i를 관찰하지 못 하고 단지 한 개인이 집을 소유하고 있으면 $Y = 1$, 집을 소유하고 있지 않으면 $Y = 0$이라는 결과만 관찰한다.

각 Y_i는 베르누이 확률변수이므로 다음과 같이 쓸 수 있다.

$$\Pr(Y_i = 1) = P_i \tag{2}$$

$$\Pr(Y_i = 0) = (1 - P_i) \tag{3}$$

가령 n개의 확률 표본을 가지고 있다고 하자. $f_i(Y_i)$는 $Y_i = 1$ 또는 0일 확률을 나타낸다고 하면 n개의 Y값에 대한 결합확률, 즉 $f(Y_1, Y_2, ..., Y_n)$은 다음과 같다.

$$f(Y_1, Y_2, \ldots, Y_n) = \prod_1^n f_i(Y_i) = \prod_1^n P_i^{Y_i}(1 - P_i)^{1 - Y_i} \tag{4}$$

여기서 Π는 곱하기 연산자이다. 결합확률밀도함수를 개별 밀도함수의 곱으로 표현할 수 있는데 왜냐하면 각 Y_i는 독립적으로 추출되고 각 Y_i는 동일한 (로지스틱) 밀도함수를 가지기 때문이다. 식 (4)에 주어진 결합확률은 우도함수(LF)로 알려져 있다.

식 (4)는 조작하기가 약간 힘들다. 그러나 만일 그것에 자연대수를 취하면 소위 로그 우도함수(LLF)라 불리는 것을 얻게 된다.

$$\begin{aligned} \ln f(Y_1, Y_2, \ldots, Y_n) &= \sum_1^n [Y_i \ln P_i + (1 - Y_i) \ln(1 - P_i)] \\ &= \sum_1^n [Y_i \ln P_i - Y_i \ln(1 - P_i) + \ln(1 - P_i)] \\ &= \sum_1^n \left[Y_i \ln\left(\frac{P_i}{1 - P_i}\right)\right] + \sum_1^n \ln(1 - P_i) \end{aligned} \tag{5}$$

식 (1)로부터 다음을 증명하는 것은 쉽다.

$$(1 - P_i) = \frac{1}{1 + e^{\beta_1 + \beta_2 X_i}} \tag{6}$$

또한

$$\ln\left(\frac{P_i}{1 - P_i}\right) = \beta_1 + \beta_2 X_i \tag{7}$$

† 이어지는 논의는 John Neter, Michael H. Kutner, Christopher J. Nachsteim, and William Wasserman, *Applied Linear Statistical Models*, 4th ed., Irwin, 1996, pp.573–574에 많이 의존하고 있다.

식 (6)과 (7)을 이용하여 LLF (5)를 다음과 같이 쓸 수 있다.

$$\ln f(Y_1, Y_2, \ldots, Y_n) = \sum_1^n Y_i(\beta_1 + \beta_2 X_i) - \sum_1^n \ln\left[1 + e^{(\beta_1 + \beta_2 X_i)}\right] \qquad \textbf{(8)}$$

식 (8)로부터 볼 수 있듯이 X_i를 알고 있기 때문에 로그 우도함수는 모수 β_1, β_2의 함수이다.

ML에서 우리의 목적은 LF(또는 LLF)를 극대화하는 것, 즉 주어진 Y들을 관찰할 확률을 가능하면 가장 높도록(최대) 하는 방법으로 미지의 모수의 값을 구하는 것이다. 이러한 목적을 위해 우리는 식 (8)을 각 미지수에 대해 편미분하여 그 결과로 도출된 식을 0으로 놓고 그 해를 구한다. 그리고 나서 우리가 얻은 모수들의 값이 정말로 LF를 극대화하는지 입증하기 위해 극대화의 2계 조건을 적용할 수 있다.

그래서 식 (8)을 β_1, β_2에 대해 미분하여 앞에 지시한대로 진행해야 한다. 곧 알아채겠지만 결과로 도출된 식은 모수에 대해 극히 비선형이어서 아무런 명시적 해도 얻을 수 없다. 이것이 바로 수치 해를 얻기 위해 앞장에서 논의된 비선형 추정법 중 하나를 이용해야만 하는 이유이다. 일단 β_1, β_2의 수치값이 구해지면 우리는 쉽게 식 (1)을 추정할 수 있다.

프로비트 모형에 대한 ML절차는, 식 (1)에서 로지스틱 CDF 대신 정규분포 CDF를 사용한다는 것만 제외하고는 로지트 모형에 대한 절차와 유사하다. 그로부터 도출되는 식은 좀 복잡하지만 일반적 착상은 동일하다. 그래서 우리는 그것을 더 이상 다루지 않기로 한다.

16장

패널자료 회귀모형

1장에서 실증분석을 위해 보편적으로 이용 가능한 자료의 유형, 즉 시계열, 횡단면, 패널 등에 대해 간략하게 논의하였다. 시계열 자료에서는 시간에 걸쳐 하나 또는 그 이상의 변수들의 값(예를 들면 몇 분기 또는 몇 년에 걸친 GDP)을 관찰한다. 횡단면 자료에서는 동일시점에서 몇몇 표본 단위 또는 대상에 대한 하나 이상의 변수들의 값(예를 들어 특정연도의 미국 50개 주의 범죄율)이 수집된다. 패널 자료에서는 동일한 횡단면 단위(예를 들어 가구 또는 기업 또는 국가)가 시간에 걸쳐 관찰된다. 간단히 말해 패널 자료는 시간 및 공간 차원을 가지고 있다.

우리는 이미 이것에 대한 예를 표 1.1에서 보았는데 그것은 1990년과 1991년을 대상으로 미국의 50개 주에서 생산된 달걀과 그것의 가격에 대한 자료이었다. 어느 특정연도에 대해 달걀과 그것의 가격에 대한 자료는 횡단면 표본을 나타낸다. 어느 특정 주에 대해 달걀과 그것의 가격에 대한 두 시계열 관찰치들이 존재한다. 이리하여 우리는 생산된 달걀과 그것의 가격에 대한 모두 100개의 (합동)관찰치들을 가지고 있다.

패널 자료의 또 다른 예는 표 1.2에 주어져 있는데 그것은 1935~1954년간 4개 회사에 대한 투자, 기업의 가치, 자본 스톡에 대한 자료를 보여주고 있다. 1935~1954년간 각 회사에 대한 자료는 20개의 관찰치를 가진 **시계열 자료**이면서 특정연도에 대한 4개 회사에 대한 자료는 단지 관찰치가 4개인 **횡단면 자료**의 예이다. 모든 연도의 모든 회사에 대한 자료는 총 80개의 관찰치를 갖는 **패널 자료**의 예이다.

패널 자료는, 합동 자료(시계열과 횡단면 관찰치의 합동), 시계열과 횡단면 자료의 결합, 미시패널 자료, 추적 자료(한 변수나 피조사자 집단에 대한 시간에 걸친 연구), 사건사 분석(연속적인 상태 또는 조건에 걸친 피조사자의 시간에 걸친 움직임을 연구), 동세대 분석(예를 들어 어떤 비즈니스 스쿨의 1965명 졸업생들의 직업 경로를 추적) 등과 같은 다른 이름들이 존재한다. 비록 미묘한 차이가 존재하지만 이 명칭들은 모두 본질적으로 횡단면 단위의 시간에 걸친 움직임을 의미한다. 따라서 우리는 패널 자료라는 용어를 이들 명칭들을 하나 이상 포함하는 포괄적 의미로 사용할 것이다. 그리고 그러한 자료에 기초한 회귀모형을 패널 자료 회귀모형이라 부를 것이다.

오늘날 패널 자료는 경제학 연구에서 점점 더 많이 사용되고 있다. 몇몇 잘 알려진 패널 자료 집합들은 다음과 같다.

1. 미시간 대학교의 사회연구소가 주도하는 소득변동의 패널 연구(PSID). 1968년에 시작하여 매년 연구소는 다양한 사회경제적 및 인구통계적 변수들에 대해 약 5,000가구에 대한 자료를 수집한다.
2. 상무부의 통계국은 PSID와 유사한 서베이를 수행하는데 소득과 프로그램 참여에 관한 서베이(SIPP)라고 부른다. 1년에 4번 응답자들은 그들의 경제적 상태에 대해 면접을 한다.
3. 독일 사회경제 패널(GESOEP)은 1984년부터 2002년까지 매년 1,761명을 조사하였다. 1984년부터 2002년까지 각 개인에 대해 태어난 연도, 성별, 삶의 만족, 결혼 상태, 개인의 근로소득, 연간 근로시간 등에 대한 정보가 수집되었다.

다음과 같이 다양한 정부기관에 의해 수행된 많은 다른 서베이들이 존재한다.

호주 서베이에서의 가계, 소득, 노동 변동(HILDA)
영국의 가계 패널 서베이(BHPS)
한국의 노동 및 소득 패널 연구(KLIPS)

시작하는 시점에서 한 가지 경고가 바람직하다. 패널 자료 회귀에 관한 논제는 광범위하고, 관련되는 몇몇 수학과 통계학은 꽤 복잡하다. 우리는 세부 내용은 참고문헌에 맡기고 단지 패널 자료 회귀모형의 몇몇 진수만을 취급하기를 바란다.[1] 그러나 이들 중 몇몇 참고문헌들은 매우 전문적이라는 것을 미리 알려둔다. 다행히도 LIMDEP, PC-GIVE, SAS, STATA, SHAZAM, *EViews*와 같이 사용하기 쉬운 소프트웨어 패키지들은 실제로 패널 자료 회귀를 수행하는 일을 매우 용이하게 만들었다.

1. 참고문헌들은 G. Chamberlain, "Panel Data," in *Handbook of Econometrics*, vol. II; Z. Griliches and M. D. Intriligator, eds., North-Holland Publishers, 1984, 22장; C. Hsiao, *Analysis of Panel Data*, Cambridge University Press, 1986; G. G. Judge, R. C. Hill, W. E. Griffiths, H. Lütkepohl, and T. C. Lee, *Introduction to the Theory and Practice of Econometrics*, 2d ed., John Wiley & Sons, New York, 1985, 11장; W. H. Greene, *Econometric Analysis*, 6th ed., Prentice-Hall, Englewood Cliffs, NJ, 2008, 9장; Badi H. Baltagi, *Econometric Analysis of Panel Data*, John Wiley & Sons, New York, 1995; J. M. Wooldridge, *Econometric Analysis of Cross Section and Panel Data*, MIT Press, Cambridge, Mass., 1999 등이다. 실제 적용과 함께 주제에 대한 상세한 내용에 대해서는 Edward W. Frees, *Longitudinal and Panel Data: Analysis and Applications in the Social Sciences*, Cambridge University Press, New York, 2004 참조.

16.1 왜 패널 자료인가?

횡단면 자료나 시계열 자료에 비해 패널 자료의 이점은 무엇인가? Baltagi는 다음과 같이 패널 자료의 이점들을 열거하고 있다.[2]

1. 패널 자료는 시간에 걸친 개인, 기업, 주, 국가들과 연관되므로 이 단위들 내에 필연적으로 이질성이 존재한다. 패널 자료 추정기법은 우리가 곧 보겠지만 피실험대상 특유의 변수들을 허용함으로써 그러한 이질성을 명시적으로 감안할 수 있다. 우리는 피실험대상이라는 용어를 개인, 기업, 주, 국가 등과 같은 세부단위를 포함하는 포괄적 의미로 사용한다.
2. 횡단면 관찰치들의 시계열을 결합함으로써 패널 자료는 "보다 유익한 자료, 변수들 간 보다 다양하고 덜 공선적이며, 자유도가 더 많고 더 효율적이 된다."
3. 관찰치들의 반복되는 횡단면을 연구함으로써 패널 자료는 변동의 형태를 연구하는 데 더 적합하다. 실업 기간, 직장 이동, 노동 이동 등은 패널 자료로 더 잘 연구된다.
4. 패널 자료는 순수한 횡단면이나 시계열 자료에서 관찰될 수 없는 효과를 더 잘 탐지하고 측정할 수 있다. 예를 들어 만일 연방 또는 주 최저임금 증가의 연속적 파급을 포함할 수 있다면 고용과 임금에 미치는 최저임금법의 효과는 더 잘 연구될 수 있다.
5. 패널 자료는 보다 복잡한 행태 모형을 연구할 수 있도록 해 준다. 예를 들어 규모의 경제와 기술 변동과 같은 현상은 순수한 횡단면 또는 시계열 자료에 의해서보다는 패널 자료로 더 잘 다루어질 수 있다.
6. 수천 단위의 자료가 이용 가능하게 됨으로써 패널 자료는 만일 우리가 개인이나 기업들을 광범위한 집합으로 합계할 때 초래할 수 있는 편의를 극소화할 수 있다.

결국 만일 우리가 횡단면 또는 시계열 자료만 사용한다면 가능하지 않을 방법으로 패널 자료는 실증 분석을 풍부하게 만들 수 있다. 이것은 패널 자료 모형화에는 아무 문제도 없다는 것을 의미하는 것은 아니다. 약간의 이론과 예를 소개한 후에 그 문제들에 대해 논의할 것이다.

16.2 패널 자료: 예시

설명을 시작하기 위해 구체적 예를 보자. 교재 웹사이트에 있는 표 16.1은 원래

2. Baltagi, op. cit., pp.3–6.

Moshe Kim 교수에 의해 수집된 것인데 William Greene에 의해 재생되었다.[3] 자료는 총 90개 패널 자료 관찰치로 되어 있는 1970~1984년간 6개 항공사의 비용을 분석하고 있다.

변수들의 정의는 다음과 같다. I = 항공사 id; T = 연도 id; Q = 산출, 유상여객마일로 계산, 하나의 지수; C = 총비용, \$1,000; PF = 연료 가격; LF = 부하율, 항공기 기단의 평균 가동률.

가령 우리는 총비용(C)이 산출(Q), 연료가격(PF), 부하율(LF) 등과 연관되어 어떻게 변하는지를 알아내는 데 관심이 있다고 하자. 요컨대 우리는 항공사 비용함수를 추정하고자 한다.

우리는 어떻게 이 함수를 추정하나? 물론 우리는 1970~1984년간 각 항공사의 자료를 이용하여 비용함수를 추정할 수 있다(즉 시계열 회귀). 이것은 보통의 통상최소자승(OLS) 절차로 수행될 수 있다. 우리는 각 항공사별로 하나씩 6개의 비용함수를 갖게 된다. 그러나 이렇게 되면 우리는 동일한 (규제)환경에서 활동하는 다른 항공사들에 대한 정보를 무시하는 것이 된다.

우리는 또한 횡단면 비용함수(즉 횡단면 회귀)를 추정할 수 있다. 각 연도별로 하나씩 모두 15개의 횡단면 회귀를 갖게 된다. 그러나 이것은 현재의 상황에서 그다지 납득이 안 되는데 왜냐하면 우리는 1년에 단지 6개의 관찰치만 가지고 있고 3개의 설명변수(더하기 절편항)가 존재하기 때문이다. 즉 의미 있는 분석을 하기에는 너무 적은 자유도를 갖게 된다. 또한 우리는 자료의 패널 성격을 "이용하지" 못하게 된다.

부수적으로 우리의 패널 자료 예는 균형 패널이라 불리는데, 만일 각 피실험대상(기업, 개인 등)이 동일한 수의 관찰치를 가지고 있다면 그 패널은 균형적이라 부른다. 만일 각 실체가 상이한 수의 관찰치를 가지고 있으면 우리는 불균형 패널을 가지고 있다. 이 장의 대부분에서 우리는 균형 패널을 다룰 것이다. 패널자료 문헌에서 우리는 또한 단기 패널과 장기 패널이라는 용어를 만나게 될 것이다. 단기 패널의 경우는 횡단면 피실험대상의 수 N이 시간의 길이 T보다 크다. 장기 패널에서는 T가 N보다 크다. 나중에 논의하겠지만 추정기법은 우리가 단기 패널을 가지고 있는지 또는 장기 패널을 가지고 있는지에 따라 달라질 수 있다.

그렇다면 선택대상은 어떤 것이 있나? 4개의 가능성이 존재한다.

1. **합동 OLS 모형.** 우리는 단순히 90개 관찰치 모두를 합동하여 자료의 횡단면 및 시계열 성격을 무시한 채 "대규모" 회귀를 추정한다.
2. **고정효과 최소자승 가변수(LSDV) 모형.** 여기서도 우리는 90개 관찰치 모두를 합동하지만 각 횡단면 단위가 자신의 (절편) 가변수를 갖도록 허용한다.

3. William H. Greene, *Econometric Analysis*, 6th ed., 2008. 자료는 다음 주소에 있다. http://pages.stern.nyu.edu/~wgreen/Text/econometricanalysis.htm.

3. **고정효과 집단 내 모형.** 여기서도 우리는 90개 관찰치 모두를 합동하지만 각 항공사에 대해 각 변수를 그것의 평균값으로부터의 편차로 표현하여 그러한 평균 교정된 또는 "평균을 뺀" 값에 대해 OLS 회귀를 추정한다.
4. **확률효과 모형(REM).** 각 항공사가 자신의 (고정된) 절편값을 갖도록 허용하는 LSDV 모형과는 달리 절편값들이 더 큰 항공사 모집단으로부터 무작위로 추출된 값이라고 가정한다.

이제 표 16.1에 주어진 자료를 이용하여 이 방법들 각각에 대해서 논의한다.(교재 웹사이트 참조)

16.3 합동 OLS 회귀 또는 불변 계수 모형

다음 모형을 보자.

$$C_{it} = \beta_1 + \beta_2 Q_{it} + \beta_3 PF_{it} + \beta_4 LF_{it} + u_{it} \qquad \textbf{(16.3.1)}$$
$$i = 1, 2, \ldots, 6$$
$$t = 1, 2, \ldots, 15$$

여기서 i는 i번째 피실험대상이고, t는 앞에서 정의된 변수의 시간이다. 예시 목적으로 우리는 선형 비용함수를 선택했지만 연습문제 16.10에는 로그 선형 또는 이중 로그 함수를 추정하도록 요구되는데 후자의 경우 기울기 계수는 탄력성 추정치이다.

우리는 관찰치 90개를 모두 합동하였다는 것에 유의하라. 그러나 우리는 회귀계수들이 모든 항공사에 대해 동일한 것으로 가정하고 있다는 것을 주목하라. 즉 항공사 간에 차이가 없다. 즉 한 항공사는 다른 항공사만큼 좋다는 것으로서 유지하기 어려운 가정이다.

설명변수들은 비확률적이라고 가정된다. 만일 그것들이 확률적이면 그것들은 오차항과 상관되지 않는다. 때때로 설명변수들은 협의로 외생적이라고 가정된다. **만일 한 변수가 오차항 u_{it}의 현재, 과거, 그리고 미래값에 의존하지 않는다면 그것은 협의로 외생적이라고 한다.**

또한 오차항은 $u_{it} \sim iid(0, \sigma_u^2)$, 즉 평균이 0이고 일정한 분산을 갖고 독립적이고 동일하게 분포하는 것으로 가정한다. 가설검정을 위해 오차항은 또한 정규분포를 하는 것으로 가정될 수 있다. 식 (16.3.1)에서 이중 하첨자가 붙은 표기 이유는 설명이 필요 없다.

먼저 식 (16.3.1)의 추정 결과를 보고 이 모형이 가지고 있는 몇 가지 문제점들을 논의하기로 한다. EViews, Version 6에 기초한 회귀결과는 표 16.2에 나와 있다.

표 16.2

Dependent Variable: *C*
Method: Least Squares
Included observations: 90

	Coefficient	Std. Error	*t* Statistic	Prob.
C (intercept)	1158559.	360592.7	3.212930	0.0018
Q	2026114.	61806.95	32.78134	0.0000
PF	1.225348	0.103722	11.81380	0.0000
LF	-3065753.	696327.3	-4.402747	0.0000

R-squared	0.946093	Mean dependent var.	1122524.
Adjusted *R*-squared	0.944213	S.D. dependent var.	1192075.
S.E. of regression	281559.5	*F*-statistic	503.1176
Sum squared resid.	6.82E+12	Prob. (*F*-statistic)	0.000000
		Durbin-Watson	0.434162

합동 회귀의 결과를 조사하고 전형적인 기준을 적용하면 모든 회귀계수들이 통계적으로 매우 유의할 뿐만 아니라 선험적 예상과 부합하고 R^2값이 매우 높은 것을 알 수 있다. 유일한 "옥에 티"는 추정된 Durbin–Watson 통계량이 꽤 낮아서 자료에 자기상관 또는 공간 상관이 존재할 수 있다는 것을 시사한다. 물론 우리가 알다시피 낮은 Durbin–Watson은 표기오차 때문일 수도 있다.

이 모형의 주된 문제는 다양한 항공사 간 구별도 못 하고 시간에 걸친 설명변수들에 대한 총비용의 반응이 모든 항공사 간 동일한지 여부를 알려주지도 못한다는 것이다. 환언하면 상이한 시간에 상이한 항공사들을 함께 취급함으로써 우리는 항공사들 간 존재할 수 있는 이질성(개성 또는 독특함)을 **위장한다**. 이 말을 다른 식으로 표현하면 각 피실험대상의 개성은 오차항 u_{it} 안에 포함된다. 그 결과 오차항이 모형에 포함된 몇몇 회귀변수들과 상관될 가능성이 있다. 만일 이렇게 된다면 식 (16.3.1)의 추정된 계수들은 일치 추정량이 아닐 뿐 아니라 편의 추정량일 수 있다. 고전적 선형 회귀모형의 중요한 가정 중 하나는 회귀변수들과 교란 또는 오차항 간에 상관관계가 없다는 것이라는 것을 상기하라.

오차항이 어떻게 회귀변수들과 상관될 수 있는지를 보기 위해 모형 (16.3.1)을 다음과 같이 수정한 것을 보자.

$$C_{it} = \beta_1 + \beta_2 PF_{it} + \beta_3 LF_{it} + \beta_4 M_{it} + u_{it} \qquad \textbf{(16.3.2)}$$

여기서 추가된 변수 M= 경영 철학 또는 경영의 질이다.식 (16.3.2)에 포함된 변수들 가운데 변수 M만 시간 불변(또는 시간 일정)인데 왜냐하면 그것은 피실험대상 간에는 변하지만 주어진 한 대상(항공사)의 경우에는 시간에 걸쳐 일정하기 때문이다.

비록 그것은 시간 불변이지만 변수 M은 직접 관찰할 수 없고 따라서 우리는 비용함수에 대한 그것의 기여를 측정할 수 없다. 그러나 우리는 식 (16.3.2)를 다음과 같이 표현하면 이것을 간접적으로 측정할 수 있다.

$$C_{it} = \beta_1 + \beta_2 PF_{it} + \beta_3 LF_{it} + \alpha_i + u_{it} \qquad \textbf{(16.3.3)}$$

여기서 관찰되지 않는 효과 또는 이질성 효과라고 불리는 α_i는 비용에 대한 M의 영향을 반영한다. 그러나 현실에서는 그러한 관찰되지 않는 효과가 더 많을 수 있는데 예를 들면 소유의 성격(민간 소유 또는 공공 소유), 그것이 소수민족이 소유한 회사인지 여부, CEO가 남성인지 여성인지 여부 등이다. 비록 그러한 변수들은 피실험대상(항공사) 간 차이가 있을 수 있지만 표본 기간 동안 특정 피실험대상에 대해서는 아마도 동일하게 유지될 것이다.

α_i는 직접 관찰할 수 없으므로 그것을 확률적이라고 간주하여 오차항 u_{it}에 포함하여 복합 오차항 $v_{it} = \alpha_i + u_{it}$를 감안하면 안 되나? 이제 식 (16.3.3)을 다음과 같이 쓴다.

$$C_{it} = \beta_1 + \beta_2 PF_{it} + \beta_3 LF_{it} + v_{it} \qquad \textbf{(16.3.4)}$$

그러나 만일 오차항 v_{it}에 포함된 α_i항이 식 (16.3.4)에 있는 어느 회귀변수와 상관된다면 고전적 선형 회귀모형의 주요 가정 가운데 하나인 오차항이 회귀변수들과 상관되지 않는다는 가정을 위배하게 된다. 이 상황에서 우리가 알고 있듯이 OLS 추정치는 편의가 있을 뿐만 아니라 일치추정치가 아니다.

관찰하지 못 하는 α_i가 하나 또는 그 이상의 회귀변수들과 상관될 가능성이 실제로 존재한다. 예를 들어 한 항공사의 경영진이 매우 기민하여 심한 가격 변동을 막기 위해 연료 가격에 대한 장래 계약을 맺었다고 하자. 이것은 항공사 서비스의 비용을 낮추는 효과를 가져올 것이다. 이 상관의 결과 $\text{cov}(v_{it}, v_{is}) = \sigma_u^2$; $t \neq s$는 0이 아니고 따라서 (관찰되지 않는) 이질성이 **자기상관**을 유발하여 우리는 그것에 관심을 기울여야 한다. 우리는 나중에 이 문제가 어떻게 다루어지는지 볼 것이다.

그러므로 문제는 우리가 어떻게 관찰할 수 없는 효과 또는 이질성 효과를 밝혀서 주된 관심사인 변수들, 우리의 경우 산출, 연료가격, 부하율 등,의 모수에 대한 일치 그리고/또는 효율 추정치를 얻을 수 있는가이다. 우리의 주된 관심은 관찰할 수 없는 변수의 영향을 구하는 데 있지 않을 수 있는데 왜냐하면 그것들은 주어진 피실험대상에 대해 동일하게 유지되기 때문이다. 이것이 바로 관찰할 수 없는 효과 또는 이질성 효과를 장애 모수라 부르는 이유이다. 그러면 우리는 어떻게 진행하나? 우리가 이제 하는 것이 이 질문에 대한 답이다.

16.4 고정 효과 최소자승 가변수(LSDV) 모형

최소자승 가변수(LSDV) 모형은 모형 (16.4.1)에서 볼 수 있듯이 각 실체가 자기 자신의 절편값을 갖도록 허용함으로써 피실험대상들 간의 이질성을 허용한다.

다시 항공사 예를 계속하자.

$$C_{it} = \beta_{1i} + \beta_2 Q_{it} + \beta_3 PF_{it} + \beta_4 LF_{it} + u_{it} \qquad \textbf{(16.4.1)}$$
$$i = 1, 2 \ldots, 6$$
$$t = 1, 2, \ldots, 15$$

우리는 절편항에 하첨자 i를 넣었는데 이는 6개 항공사의 절편들이 상이하다는 것을 시사한다. 그 차이는 경영 형태, 경영 철학, 또는 각 항공사가 종사하는 시장의 유형 등과 같은 특성에 기인할 수 있다.

관계 문헌에서는 모형 (16.4.1)은 고정효과 (회귀)모형(FEM)으로 알려져 있다. "고정효과"라는 용어는 비록 피실험대상(여기서는 6개 항공사)간 절편은 다를 수 있지만 각 실체의 절편은 시간에 걸쳐 변하지 않는다는, 즉 시간 불변이라는, 사실에 기인한다는 것에 유의하라. 식 (16.4.1)에 주어진 FEM은 회귀변수들의 (기울기) 계수들이 개체 간 또는 시간에 걸쳐 변하지 않는 것으로 가정한다는 것을 주목할 필요가 있다.

더 진도가 나아가기 전에 합동 회귀모형과 LSDV 모형 간 차이를 그림으로 보는 것은 유용할 것이다. 단순하게 하기 위해 우리는 총비용을 오로지 산출에 대해서만 회귀하기를 원한다고 가정한다. 그림 16.1에서 두 항공사 각각에 대해 추정된 이 비용함수 뿐만 아니라 두 회사의 자료를 합동한 경우, 즉 고정효과를 무시한 경우[4],에 대한 비용함수도 보여주고 있다. 그림 16.1로부터 어떻게 합동 회귀로 기울기 추정치가 편의를 갖게 되는지 볼 수 있다.

우리는 실제로 어떻게 항공사 간 (고정효과) 절편이 변하게 허용할 수 있나?

그림 16.1
고정효과를 무시하는데서 오는 편의

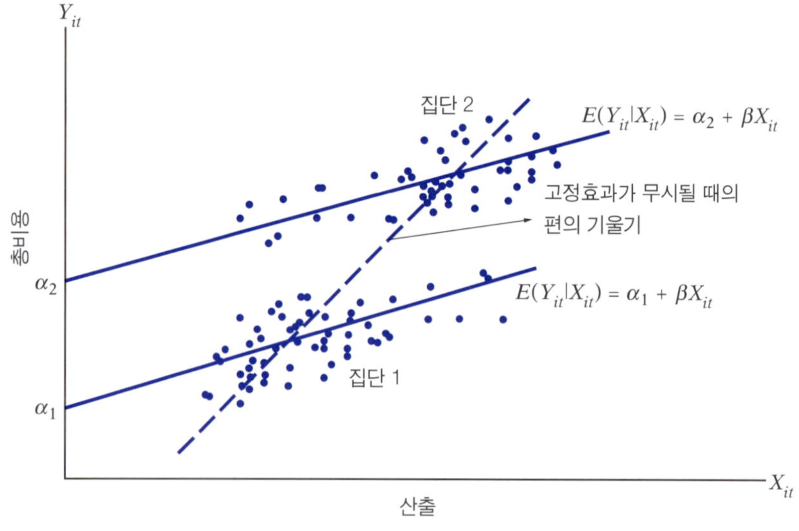

4. Alan Duncan의 출간되지 않은 노트로부터 개작됨.

우리는 이것을 가변수 기법을 이용하여 쉽게 할 수 있는데, 특히 9장에서 배운 차이를 나타내는 절편 가변수 기법을 이용한다. 식 (16.4.1)을 다음과 같이 쓴다.

$$C_{it} = \alpha_1 + \alpha_2 D_{2i} + \alpha_3 D_{3i} + \alpha_4 D_{4i} + \alpha_5 D_{5i} + \alpha_6 D_{6i} + \beta_2 Q_{it} + \beta_3 PF_{it} + \beta_4 LF_{it} + u_{it} \tag{16.4.2}$$

여기서 D_{2i} = 항공사 2면 1, 그렇지 않으면 0; D_{3i} = 항공사 3이면 1, 그렇지 않으면 0 등등이다. 6개의 항공사가 존재하므로 가변수 함정(즉 완전 공선성 상황)에 빠지는 것을 피하기 위해 단지 5개의 가변수들이 도입되었다는 것에 유의하라. 여기서 우리는 항공사 1을 기준 또는 참조 범주로 취급하고 있다. 물론 어떤 항공사도 참조점으로 선택할 수 있다. 그 결과 α_1은 항공사 1의 절편값이고 다른 α 계수들은 다른 항공사들의 절편이 첫 번째 항공사의 절편값과 얼마나 다른지를 나타낸다. 이리하여 α_2는 두 번째 항공사의 절편값이 α_1과 얼마나 다른지를 말해준다. 합계 $(\alpha_1+\alpha_2)$는 항공사 2의 실제 절편값을 나타낸다. 다른 항공사의 절편값들도 유사하게 계산될 수 있다. **만일 각 항공사에 대해 가변수를 도입하기를 원한다면 (공통의) 절편을 제외해야 한다는 것을 명심하라. 만일 그렇게 하지 않으면 가변수 함정에 빠지게 된다.**

우리 자료에 대한 모형 (16.4.2)의 결과가 표 16.3에 나타나 있다.

이 결과와 관련하여 첫 번째 주목할 것은 모든 차이를 나타내는 절편 계수들이 개별적으로 매우 통계적으로 유의하여 6개 항공사들이 이질적이고 따라서 표 16.2에 주어진 합동 회귀 결과는 의심스럽다는 것을 시사한다. 표 16.2와 16.3에 주어진 기울기 계수의 값들도 또한 상이하여 표 16.2에 주어진 결과에 대해 의심

표 16.3

Dependent Variable: TC
Method: Least Squares
Sample: 1-90
Included observations: 90

	Coefficient	Std. Error	t Statistic	Prob.
C $(=\alpha_1)$	-131236.0	350777.1	-0.374129	0.7093
Q	3319023.	171354.1	19.36939	0.0000
PF	0.773071	0.097319	7.943676	0.0000
LF	-3797368.	613773.1	-6.186924	0.0000
DUM2	601733.2	100895.7	5.963913	0.0000
DUM3	1337180.	186171.0	7.182538	0.0000
DUM4	1777592.	213162.9	8.339126	0.0000
DUM5	1828252.	231229.7	7.906651	0.0000
DUM6	1706474.	228300.9	7.474672	0.0000

R-squared	0.971642	Mean dependent var.	1122524.
Adjusted R-squared	0.968841	S.D. dependent var.	1192075.
S.E. of regression	210422.8	F-statistics	346.9188
Sum squared resid.	3.59E+12	Prob. (F-statistic)	0.000000
Log likelihood	-1226.082	Durbin-Watson stat.	0.693288

이 가게 된다. 모형 (16.4.1)이 모형 (16.3.1)보다 더 나은 것으로 보인다. 추가적으로 고정효과 모형에 적용된 OLS는 고정효과 추정량이라 불리는 추정량을 생산해낸다.

우리는 두 모형에 대한 공식적 검정방법을 제시할 수 있다. 모형 (16.4.1)에 비해 모형 (16.3.1)은 모든 항공사에 대해 공통의 절편을 부여한다는 점에서 제약된 모형이다. 그러므로 우리는 8장에서 논의된 제약된 F 검정을 이용할 수 있다. 공식 (8.6.10)을 이용하여 독자는 현재의 경우 F값이 다음과 같이 되는 것을 점검할 수 있다.

$$F = \frac{(0.971642 - 0.946093)/5}{(1 - 0.971642)/81} \approx 14.99$$

주: 제약된 R^2값과 비제약 R^2값은 표 16.1과 16.2로부터 얻을 수 있다. 또한 제약의 수는 5라는 것에 유의하라(그 이유는?).

여기서 귀무가설은 모든 차이를 나타내는 절편들이 0이라는 것이다. 분자의 자유도 5, 분모의 자유도 81일 때 계산된 F값은 통계적으로 매우 유의하다. 따라서 모든 (차이를 나타내는) 절편들이 0이라는 귀무가설을 기각한다. 만일 F값이 통계적으로 유의하지 않다면 6개 항공사의 절편에 차이가 없다고 결론내릴 것이다. 이 경우 표 16.2에 주어진 합동 회귀에서 한 것과 같이 90개 관찰치 모두를 합동하게 될 것이다.

모형 (16.4.1)은 일방향 고정효과 모형으로 알려져 있는데 왜냐하면 항공사 간 절편들이 상이하도록 허용하였기 때문이다. 그러나 만일 우리가 기술 변동, 정부규제의 변동, 조세정책의 변동 등등과 같은 요인 때문에 비용함수가 시간에 걸쳐 변한다고 믿는다면 시간효과도 허용할 수 있다. 만일 우리가 1970년부터 1984년까지 각 연도에 대해 하나씩 시간 가변수를 도입하면 그러한 시간효과는 쉽게 감안될 수 있다. 우리의 예에서는 15년에 대한 자료이므로 14개의 시간 가변수를 도입하여(그 이유는?) 모형 (16.4.1)을 확장할 수 있다. 이렇게 하여 출현하는 모형을 양방향 고정효과 모형이라 부른데 왜냐하면 개체효과와 시간효과를 모두 허용하기 때문이다.

현재의 예에서 만일 우리가 시간 가변수들을 추가하면 공통의 절편, 5개의 항공사 가변수, 14개 시간 가변수, 세 기울기 계수 등 모두 23개의 추정할 계수들이 존재한다. 따라서 몇몇 자유도를 소모하게 된다. 더욱이 만일 우리가 회사들 간 기울기 계수들이 상이하도록 허용한다면 각각 3개의 설명변수를 갖는 5개 기업(항공사)이 상호작용을 할 수 있게 차이를 나타내는 기울기 가변수 계수들을 도입할 수 있다. 그러면 우리는 추가로 15개 계수(세 설명변수들과 상호작용하는 5개 가변수)를 추정해야 한다. 이것으로 충분치 않다면 3개의 설명변수를 14개 시간 가변수와 상호작용하게 하면 모두 42개의 추정할 계수들이 추가된다. 그렇게 되면 더 이상 자유도가 남아 있지 않게 된다.

고정효과 LSDV 모형 사용시의 주의사항

앞에서의 논의가 시사하듯이 LSDV 모형은 명심할 필요가 있는 몇 가지 문제를 가지고 있다.

첫째, 만일 너무 많은 가변수들을 도입하게 되면 자유도 문제에 부딪치게 된다. 즉 의미 있는 통계분석을 수행하기에 충분한 관찰치에 미달하게 된다.

둘째, 모형에 개별적이고 상호작용적 또는 곱하기 형태의 가변수들이 많으면 항상 다중공선성의 가능성이 존재하는데 이로 인해 하나 또는 그 이상의 모수들의 정확한 추정이 어렵게 될 수 있다.

셋째, 어떤 경우에는 LSDV가 시간 불변 변수의 영향을 인식하지 못할 수 있다. 가령 우리가 패널 자료를 사용하여 일단의 근로자들에 대한 임금함수를 추정하고자 한다고 하자. 임금 외에도 임금함수는 설명변수로 연령, 경험, 교육 등을 포함할 수 있다. 가령 우리가 모형에 추가 변수로 성별, 피부색, 인종 등도 포함시키기로 결정한다고 하자. 이들 변수들은 개별 대상에 대해 시간에 걸쳐 변하지 않을 것이므로 LSDV 접근법은 그러한 시간 불변 변수들이 임금에 미치는 영향을 인식하지 못할 수 있다. 환언하면 대상에 고유한 절편이 종속변수와 설명변수에 존재할 수 있는 모든 이질성을 흡수한다. 부수적으로 시간 불변 변수들은 종종 장애변수 또는 잠복변수라 불린다.

넷째, 오차항 u_{it}에 대해 조심스럽게 생각해야 한다. 식 (16.3.1)과 (16.4.1)에 제시된 결과는 오차항이 고전적 가정, 즉 $u_{it} \sim N(0, \sigma^2)$에 기초하고 있다. 지수 i가 횡단면 관찰치를, t가 시계열 관찰치를 나타내므로, u_{it}에 대한 고전적 가정은 수정되어야 할 것이다. 다음과 같은 몇 가지 가능성이 존재한다.

1. 우리는 오차분산이 모든 횡단면 단위에 대해 동일하다고 가정하거나 오차분산이 이분산이라고 가정할 수 있다.[5]
2. 각각의 실체에 대해 시간에 걸쳐 자기상관이 없다고 가정할 수 있다. 이리하여 우리의 예에서 항공사 #1에 대한 비용함수의 오차항은 자기상관이 없다고 가정하거나 예를 들어 AR(1) 형태의 자기상관이 존재한다고 가정할 수 있다.
3. 특정 시점에서 항공사 #1의 오차항이 예를 들어 항공사 #2의 오차항과 상관되어 있을 수 있다.[6] 또는 그러한 상관이 존재하지 않는다고 가정할 수 있다.

5. STATA는 패널 자료 회귀모형에서 이분산 교정 표준오차를 제공한다.
6. 이 경우 처음에 Arnold Zellner가 제안한 소위 보기에 무관한 회귀(SURE) 모형을 수행하게 된다. A. Zellner, "An Efficient Method of Estimating Seemingly Unrelated Regressions and Tests for Aggregation Bias," *Journal of the American Statistical Association*, vol.57, 1962, pp.348–368 참조.

또한 오차항에 대한 다른 조합과 치환이 존재한다. 곧 깨닫게 되겠지만 이러한 가능성들의 하나 또는 그 이상을 허용하게 되면 분석은 훨씬 더 복잡해진다. (지면과 수학적 소요로 인해 모든 가능성을 고려할 수 없다. 각주 1의 참고문헌들은 이들 논제 중 몇몇에 대해 논의된다.) 그러나 만일 우리가 다음 두 절에서 논의될 대안들을 고려하면 이들 문제 중 몇 가지는 해결될 수 있다.

16.5 고정효과 집단 내(WG) 추정량

합동 회귀를 추정하는 한 가지 방법은 각 항공사에 대한 종속변수와 설명변수의 값을 각각의 평균값으로부터의 편차로 표시함으로써 고정효과 β_{1i}를 제거하는 것이다. 이리하여 항공사 #1에 대해서는 TC, Q, PF, LF의 표본 평균값(각각 $\overline{TC}, \bar{Q}, \overline{PF}, \overline{LF}$)을 구해 이들 변수의 개별값에서 이 값을 빼준다. 그 결과로 나오는 값은 소위 "평균을 뺀" 또는 평균 교정된 값이라 부른다. 각 항공사에 대해 이렇게 한 다음 (90개의) 평균 교정된 값들을 합동하여 OLS로 회귀한다.

$tc_{it}, q_{it}, pf_{it}, lf_{it}$ 등이 평균 교정된 값을 나타낸다고 하고 이제 다음 식을 회귀한다.

$$tc_{it} = \beta_2 q_{it} + \beta_3 pf_{it} + \beta_4 lf_{it} + u_{it} \qquad \textbf{(16.5.1)}$$

여기서 $i = 1, 2, ..., 6$이고 $t = 1, 2, ..., 15$이다. 식 (16.5.1)은 절편항이 없다는 것에 유의하라(그 이유는?).

우리의 예로 돌아가서 표 16.4에 있는 결과를 얻었다. 주: 접두사 DM은 그 값들이 평균 교정된 또는 표본평균으로부터의 편차로 표현된 값이라는 의미이다.

표 16.4

Dependent Variable: DMTC
Method: Least Squares
Sample: 1-90
Included observations: 90

	Coefficient	Std. Error	*t* Statistic	Prob.
DMQ	3319023.	165339.8	20.07396	0.0000
DMPF	0.773071	0.093903	8.232630	0.0000
DMLF	-3797368.	592230.5	-6.411976	0.0000

R-squared	0.929366	Mean dependent var.	2.59E-11
Adjusted *R*-squared	0.927743	S.D. dependent var.	755325.8
S.E. of regression	203037.2	Durbin-Watson stat.	0.693287
Sum squared resid.	3.59E+12		

7. 그 이유는 우리가 평균값으로부터의 편차 형태로 변수를 표현하면 평균 교정된 값의 변동은 원래 변수값의 변동보다 훨씬 작게 되기 때문이다. 이 경우 교란항 u_{it}의 변동은 상대적으로 크게 되어 추정된 계수의 표준오차가 커지게 된다.

그림 16.2
집단 내 추정량

출처: Alan Duncan, "Cross-Section and Panel Data Econometrics," 미출판 강의노트(개작됨).

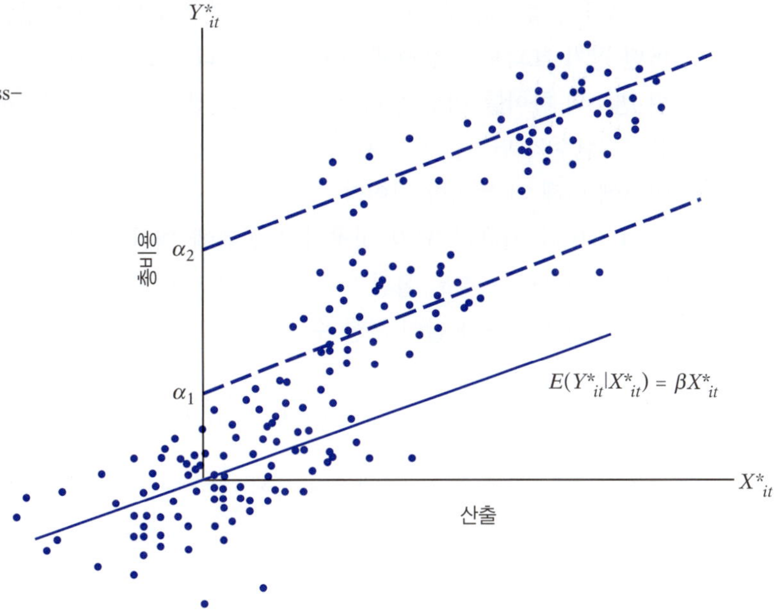

표 16.2에 주어진 합동 회귀와 표 16.4에 주어진 합동 회귀 간의 차이에 유의하라. 전자는 6개 항공사 간의 이질성을 단순히 무시한데 반해 후자는 가변수 방법이 아니라 표본 관찰치를 그것의 표본평균을 중심으로 한 차이로 표시하여 이질성을 제거함으로써 그것을 감안하고 있다. 그림 16.2에서 볼 수 있듯이 둘 간의 차이는 명백하다.

WG 추정량은 기울기 계수의 **일치 추정치**를 생산하는 반면 통상적인 합동 회귀는 그렇지 않다는 것을 증명할 수 있다. 그러나 WG 추정량은 통상적인 합동 회귀결과와 비교할 때 비록 일치 추정량이긴 하나 효율 추정량은 아니다(즉 더 큰 분산을 가짐).[7] 표 16.3과 16.4에서 Q, PF, LF의 기울기 계수들이 동일한 것을 잘 보라. **이것은 수학적으로 두 모형이 동일하기 때문이다.** 부수적으로 WG 방법으로 추정된 회귀계수들을 WG 추정량이라 부른다.

WG 추정량의 한 가지 불리한 점은 다음의 임금회귀모형으로 설명될 수 있다.

$$W_{it} = \beta_{1i} + \beta_2 \text{Experience}_{it} + \beta_3 \text{Age}_{it} + \beta_4 \text{Gender}_{it} + \beta_5 \text{Education}_{it} + \beta_6 \text{Race}_{it} \quad (16.5.2)$$

이 임금함수에서 성별, 교육, 인종과 같은 변수들은 시간 불변이다. 만일 우리가 WG 추정량을 사용한다면 이 시간 불변 변수들은 (차이로 표시하는 것 때문에) 없어진다. 그 결과 우리는 임금이 시간 불변 변수들에 어떻게 반응하는지를 모른다.[8] 그러나 이것은 오차항(v_{it} 안에 포함된 α_i)과 설명변수 간의 상관관계를 피하기 위해 치러야 하는 대가이다.

8. LSDV 모형도 마찬가지이다.

WG 추정량의 또 다른 불리한 점은 **"…그것은 모수값을 왜곡시킬 수 있고 어떤 장기 효과도 확실하게 제거할 수 있다."**[9]는 것이다. **일반적으로 우리가 어떤 변수의 차이를 내면 우리는 그 변수의 장기 요소를 제거하는 것이다.** 남는 것은 그 변수의 단기값이다. 이 책의 뒷부분에서 시계열 계량경제학을 논의할 때 이것에 대해 더 논의할 것이다.

LSDV를 사용하면 각 항공사의 절편에 대한 직접 추정치들을 얻는다. WG 방법을 사용하는 경우 절편의 추정치들은 어떻게 얻을 수 있나? 항공사 예에 대해 그것들은 다음과 같이 구할 수 있다.

$$\hat{\alpha}_i = \overline{C}_i - \hat{\beta}_2\overline{Q}_i - \hat{\beta}_3\overline{PF}_i - \hat{\beta}_4\overline{LF} \qquad \textbf{(16.5.3)}$$

여기서 변수 위의 줄은 i번째 항공사에 대한 변수의 표본 평균값을 나타낸다.

즉 i번째 항공사의 절편값을 종속변수의 평균값에서 그 항공사의 설명변수의 평균값에 WG 추정량으로부터 추정된 기울기 계수를 곱한 값을 빼서 구한다. 표 16.4에서 볼 수 있듯이 추정된 기울기계수들은 모든 항공사에 대해 동일하다는 것에 유의하라. 식 (16.5.3)에서 추정된 절편은 표준적인 선형 회귀모형에서 추정한 절편(식 (7.4.21)에서 볼 수 있음)과 유사한 것에 유의할 필요가 있다. 지금 설명한 방법으로 6개 항공사의 절편을 찾아내고 이것들이 표 16.3에서 도출된 절편값과 반올림 오차를 제외하고는 동일하다는 것을 입증하는 것은 독자에게 맡긴다.

각 항공사의 추정된 절편은 각 항공사 고유의 특징을 나타내지만 이 특징을 개별적으로 인식할 수는 없다는 것에 유의할 필요가 있다. 이리하여 항공사 #1에 대한 α_1 절편은 그 항공사의 경영 철학, 이사회의 구성, CEO의 성격, CEO의 성별 등을 나타낸다. 이러한 모든 이질성 특징들이 절편값에 포함되어 있다. 곧 보게 되겠지만 그러한 특징들이 확률효과 모형에 포함될 수 있다.

추가적으로 WG 추정량에 대한 대안은 1차 차분 방법이라는 것을 언급하였다. WG 방법에서는 각 변수를 그 변수의 평균값으로부터의 편차형으로 표현한다. 1차 차분 방법에서는 각 대상에 대해 변수의 연속적 차이를 취한다. 이리하여 항공사 #1의 경우 TC의 두 번째 관찰치로부터 첫 번째 관찰치를 차감하고, 세 번째 관찰치로부터 두 번째 관찰치를 차감하는 등등의 방법을 사용한다. 나머지 변수 각각에 대해서도 이렇게 하고 나머지 다섯 항공사에 대해서도 이 절차를 반복한다. 이 절차가 끝나면 우리는 각 항공사에 대해 단지 14개 관찰치만 갖게 되는데 왜냐하면 첫 번째 관찰치는 이전 값이 없기 때문이다. 그 결과 처음의 90개 관찰치 대신 84개의 관찰치를 갖게 된다. 그러면 우리는 다음과 같이 설명변수들

---

9. Dimitrios Asteriou and Stephen G. Hall, *Applied Econometrics: A Modern Approach*, Palgrave Macmillan, New York, 2007, p.347.

의 1차 차분값에 대해 TC 변수의 1차 차분값을 회귀한다.

$$\Delta TC_{it} = \beta_2 \Delta Q_{it} + \beta_3 \Delta PF_{it} + \beta_4 \Delta LF_{it} + (u_{it} - u_{i,t-1})$$
$$i = 1, 2, \ldots, 6 \qquad \textbf{(16.5.4)}$$
$$t = 1, 2, \ldots, 84$$

여기서 $\Delta TC_{it} = (TC_{it} - TC_{i,t-1})$이다. 11장에서 언급되었듯이 Δ는 1차 차분 연산자라고 부른다.[10]

추가적으로 원래의 교란항은 교란항의 현재값과 이전값의 차이로 대체된다는 것에 유의하라. 만일 원래의 교란항이 자기상관되어 있지 않다면 변환된 교란항은 자기상관되고 따라서 11장에서 우리가 논의했던 종류의 추정 문제로 궁지에 빠지게 된다. 그러나 만일 설명변수들이 협의로 외생적이면 설명변수의 값이 주어졌을 때 1차 차분 추정량은 불편 추정량이다. 또한 1차 차분 방법은 한 개체에 대해 시간에 걸쳐 고정된 채 일정한 설명변수들이 1차 차분 변환을 통해 없어진다는 점에서 WG 방법과 동일한 불리한 점을 갖는다는 것에 유의하라.

우리가 단지 두 기간만 가지고 있을 때에는 1차 차분 추정량과 고정효과 추정량은 동일하지만 만일 두 기간 이상 존재할 때에는 이 추정량들은 다르다는 것을 지적할 필요가 있다. 그 이유는 좀 복잡해서 관심 있는 독자는 참고문헌을 보기 바란다.[11] 우리의 항공사 예에 1차 차분 방법을 적용하여 다른 고정효과 추정량과 그 결과를 비교하는 것은 독자에게 연습문제로 남겨 둔다.

16.6 확률효과 모형(REM)

고정효과 또는 LSDV 모형설정에 대해 언급하면서 Kmenta는 다음과 같이 서술한다.[12]

> 공분산(즉 LSDV) 모형과 연관된 분명한 질문은 가변수를 포함시키는 것-그리고 결과적인 자유도 수의 손실-이 정말로 필요한 것인가 하는 것이다. 공분산 모형에 내재하는 논거는 모형을 구체화할 때 시간에 걸쳐 변하지 않는 적절한 설명변수(그리고 시간에 걸쳐 변하지만 모든 횡단면 단위들에 대해 동일한 값을 갖는 다른 것들)들을 포함시키는 데 실패하였다는 것이고 가변수를 포함한 것은 우리의 무지를 은폐하는 것이라는 것이다.

10. 식 (16.5.3)은 절편항이 없는데 유의하라(그 이유는?). 그러나 원래 모형에 추세 변수가 존재한다면 그것을 포함시킬 수 있다.
11. 특히 Jeffrey M. Wooldridge, *Econometric Analysis of Cross Section and Panel Data*, MIT Press, Cambridge, Mass., 2002, pp.279–283 참조.
12. Jan Kmenta, *Elements of Econometrics*, 2d ed., Macmillan, New York, 1986, p.633.

만일 실제로 가변수들이 (진정한) 모형에 대한 지식의 부족을 나타낸다면 왜 이 무지를 교란항을 통해 표현하지 않나? 이것이 정확히 소위 오차성분모형(ECM) 또는 확률효과 모형(REM)의 제안자들에 의해 제시된 접근법인데 우리의 항공사 비용함수로 설명하도록 한다.

기본적 개념은 식 (16.4.1)로 시작된다.

$$TC_{it} = \beta_{1i} + \beta_2 Q_{it} + \beta_3 PF_{it} + \beta_4 LF_{it} + u_{it} \tag{16.6.1}$$

β_{1i}를 고정된 것으로 취급하는 대신 우리는 그것이 평균값이 β_1(여기에는 하첨자 i가 없음)인 확률변수라고 가정한다. 개별 기업에 대한 절편값은 다음과 같이 표현될 수 있다.

$$\beta_{1i} = \beta_1 + \varepsilon_i \tag{16.6.2}$$

여기서 ε_i는 평균이 0이고 분산이 σ_ε^2인 확률오차항이다.

본질적으로 우리가 말하고 있는 것은 우리의 표본에 포함된 6개 회사들은 훨씬 더 많은 그런 회사들 모집단으로부터 추출되고 있고 그것들은 절편에 대해 공통의 평균값(= β_1)을 갖는다는 것이다. 각 회사의 절편값의 개별적 차이는 오차항 ε_i에 반영된다.

식 (16.6.2)를 식 (16.6.1)에 대입하면 다음 식이 된다.

$$\begin{aligned} TC_{it} &= \beta_1 + \beta_2 Q_{it} + \beta_3 PF_{it} + \beta_4 LF_{it} + \varepsilon_i + u_{it} \\ &= \beta_1 + \beta_2 Q_{it} + \beta_3 PF_{it} + \beta_4 LF_{it} + w_{it} \end{aligned} \tag{16.6.3}$$

여기서

$$w_{it} = \varepsilon_i + u_{it} \tag{16.6.4}$$

복합 오차항 w_{it}는 두 성분으로 구성되는데, ε_i는 횡단면 또는 개체별로 고유한 오차 성분이고 u_{it}는 시계열과 횡단면이 결합된 오차 성분으로 종종 특이항이라고 불리는데 왜냐하면 그것은 시간뿐만 아니라 횡단면(즉 피실험대상)에 대해서도 변하기 때문이다. **오차성분모형(ECM)**은 복합 오차항이 두(또는 그 이상) 오차성분으로 구성되기 때문에 그렇게 이름이 지어졌다.

ECM에 대한 통상적 가정들은 다음과 같다.

$$\begin{aligned} &\varepsilon_i \sim N(0, \sigma_\varepsilon^2) \\ &u_{it} \sim N(0, \sigma_u^2) \\ &E(\varepsilon_i u_{it}) = 0; \quad E(\varepsilon_i \varepsilon_j) = 0 \quad (i \neq j) \\ &E(u_{it} u_{is}) = E(u_{ij} u_{ij}) = E(u_{it} u_{js}) = 0 \quad (i \neq j; t \neq s) \end{aligned} \tag{16.6.5}$$

즉 개별 오차성분들은 서로 상관되지 않고 횡단면이나 시계열 단위들 간 자기상관되지 않는다. w_{it} **는 모형에 포함된 어떤 설명변수와도 상관되지 않는다는 것에 유의하는 것 역시 매우 중요하다.** ε_i는 w_{it}의 한 성분이므로 후자가 설명변수들과 상관되는 것은 가능하다. 만일 실제로 그것이 사실이라면 ECM은 회귀계수의 불일치 추정을 초래하게 된다. 이제 곧 Hausman 검정을 논의할텐데 그것은 우리에게 w_{it}가 설명변수들과 상관되는지 여부, 즉 ECM이 적절한 모형인지 여부를 알려준다.

FEM과 ECM 간의 차이를 조심스럽게 주목하라. FEM에서는 각 횡단면 단위는 자신의 (고정된) 절편값을 가져서 N개의 횡단면 단위에 대해 모두 N개의 값이 존재한다. 한편 ECM에서는 (공통의) 절편은 모든 (횡단면) 절편의 평균값을 의미하고 오차성분 ε_i는 개별 절편의 평균값으로부터의 (무작위) 편차를 나타낸다. 그러나 ε_i는 직접 관찰할 수 없어서 관찰할 수 없는 변수 또는 잠재변수라 불린다는 것을 명심하라.

식 (16.6.5)에 기술된 가정의 결과 다음이 성립한다.

$$E(w_{it}) = 0 \tag{16.6.6}$$

$$\operatorname{var}(w_{it}) = \sigma_\varepsilon^2 + \sigma_u^2 \tag{16.6.7}$$

이제 만일 $\sigma_\varepsilon^2 = 0$이면 모형 (16.3.1)과 (16.6.3) 간에 차이가 없으므로 우리는 단지 모든 (횡단면과 시계열) 관찰치들을 합동하여 식 (16.3.1)에서 했던 것처럼 합동회귀를 수행할 수 있다. 이 상황에서는 개체 고유의 영향이 없거나 그것들이 모두 설명변수들에 떠맡겨지기 때문에 이것이 사실이다.

식 (16.6.7)이 보여주듯이 오차항은 동분산이다. 그러나 w_{it}와 w_{is} $(t \neq s)$는 상관되어 있다, 즉 두 상이한 시점에서 주어진 횡단면 단위의 오차항들은 상관되어 있다는 것을 증명할 수 있다. 상관계수, $\operatorname{corr}(w_{it}, w_{is})$는 다음과 같다.

$$\rho = \operatorname{corr}(w_{it}, w_{is}) = \frac{\sigma_\varepsilon^2}{\sigma_\varepsilon^2 + \sigma_u^2}; \quad t \neq s \tag{16.6.8}$$

앞의 상관계수가 가진 두 특징에 유의하라. **첫째**, 어떤 주어진 횡단면 단위에 대해서도 두 상이한 시점의 오차항 간 상관계수의 값은 두 시점이 얼마나 멀리 떨어져 있는가에 상관없이 계속 동일하게 유지되는데 이는 식 (16.6.8)을 보면 명백하다. 이것은 우리가 12장에서 논의하였던 1계 [AR(1)] 구조와 크게 대조가 되는데, 이 경우에는 시점간의 상관이 시간이 감에 따라 감소한다는 것을 보았다. **둘째**, 식 (16.6.8)에 주어진 상관 구조는 모든 횡단면 단위에 대해 동일하게 유지된다. 즉 그것은 모든 대상에 대해 동일하다.

만일 우리가 이 상관구조를 감안하지 않고 OLS로 식 (16.6.3)을 추정하면 결

표 16.5

```
Dependent Variable: TC
Method: Panel EGLS (Cross-section random effects)

Sample: 1-15
Periods included: 15
Cross-sections included: 6
Total panel (balanced) observations: 90
Swamy and Arora estimator of component variances
```

	Coefficient	Std. Error	*t* Statistic	Prob.
C	107429.3	303966.2	3.534251	0.0007
Q	2288588.	88172.77	25.95572	0.0000
PF	1.123591	0.083298	13.48877	0.0000
LF	-3084994.	584373.2	-5.279151	0.0000

Effects Specification	S.D.	Rho
Cross-section random	107411.2	0.2067
Idiosyncratic random	210422.8	0.7933

	Firm	Effect
1	1.000000	-270615.0
2	2.000000	-87061.32
3	3.000000	-21338.40
4	4.000000	187142.9
5	5.000000	134488.9
6	6.000000	57383.00

과로 나온 추정량은 비효율적이 된다. 여기서 가장 적절한 방법은 일반화 최소자승(GLS) 방법이다.

현재의 상황에서는 그 복잡성 때문에 GLS의 수학적 부분에 대해 논의하지 않기로 한다.[13] 오늘날 대부분의 소프트웨어 패키지들은 (FEM은 물론) ECM을 추정하는 루틴을 가지고 있기 때문에 우리의 예에 대해서만 결과를 제시하겠다. 그러나 그것을 하기 전에 시간에 걸친 변화를 감안하기 위해 확률오차 성분을 허용하도록 식 (16.4.2)를 쉽게 확장할 수 있다는 것에 유의할 필요가 있다(연습문제 16.6 참조).

항공사 비용함수에 대한 ECM 추정결과가 표 16.5에 나와 있다. REM의 이런 특징에 유의하라. (평균) 절편값은 107429.3이다. 6개 항공사의 (차이를 나타내는) 절편값은 회귀결과의 밑에 나와 있다. 예를 들어 기업 #1은 공통의 절편값 107429.3보다 270615단위 더 낮아서 이 항공사의 실제 절편값은 −163185.7이다. 한편 기업 #6의 절편값은 공통의 절편값보다 57383단위만큼 더 높아서 이 항공사의 실제 절편값은 (107429.3+57383) 또는 164812.3이다. 다른 항공사들에 대한 절편값도 유사하게 도출될 수 있다. 그러나 만일 6개 항공사들의 (차이를 나타내는) 절편값들을 모두 더한다면 당연히 그 합계는 0이라는 것에 주목하

13. Kmenta, op. cit., pp.625–630 참조.

표 16.6

Correlated Random Effects—Hausman Test Equation: Untitled Test cross-section random effects			
Test Summary	Chi-Sq. Statistic	Chi-Sq. d.f.	Prob.
Cross-section random	49.619687	3	0.0000

Cross-section random effects test comparisons:

Variable	Fixed	Random	Var(Diff.)	Prob.
Q	3319023.28	2288587.95	21587779733.	0.0000
PF	0.773071	1.123591	0.002532	0.0000
LF	-3797367.59	-3084994.0	35225469544.	0.0001

라(그 이유는?).

만일 고정효과와 확률효과 회귀결과를 비교한다면 둘 사이에 상당한 차이가 존재하는 것을 발견할 것이다. 이제 중요한 질문은 다음과 같다. 어떤 결과를 더 신뢰할 수 있나? 또는 환언하면 두 모형 중 어느 것을 선택해야 하나? 이 질문에 대한 답을 구하기 위해 우리는 **Hausman 검정**을 적용할 수 있다.

Hausman 검정에 내재하는 귀무가설은 FEM과 ECM 추정량들이 크게 다르지 않다는 것이다. Hausman에 의해 개발된 검정 통계량은 점근적 χ^2분포를 갖는다. 만일 귀무가설이 기각된다면 결론은 ECM은 적절치 않은데 왜냐하면 확률효과가 하나 또는 그 이상의 회귀변수들과 상관될 가능성이 있기 때문이다. 이 경우 FEM이 ECM보다 우월하다. 우리의 예에서 Hausman 검정 결과가 표 16.6에 나와 있다.

Hausman 검정 결과 귀무가설이 분명히 기각되는데 왜냐하면 자유도 3일 때 추정된 χ^2값은 매우 유의하기 때문이다. 만일 귀무가설이 맞다면 χ^2값이 49.62 또는 그 이상의 값을 얻을 확률은 사실상 0이 될 것이다. 그 결과 우리는 ECM(REM)을 기각하고 FEM을 채택할 수 있다. 부수적으로 앞의 표의 마지막 부분은 각 변수의 고정효과 계수와 확률효과 계수를 비교하는데 마지막 열이 보여 주듯이 현재의 예에서 그 차이는 통계적으로 유의하다.

Breusch와 Pagan의 라그랑지 승수 검정[14]

Hausman 검정 외에 확률효과가 없다는, 즉 식 (19.6.7)에서 σ_u^2은 0, 가설을 검정하기 위해 Breusch–Pagan(BP) 검정을 또한 이용할 수 있다. 이 검정은 STATA와 같은 소프트웨어 패키지에 들어가 있다. 귀무가설 하에서 BP는 자유도 1인 카이자승 분포를 따른다. 자유도가 1뿐인데 왜냐하면 우리는 $\sigma_u^2=0$이라는 단일 가

14. T. Breusch and A. R. Pagan, "The Lagrange Multiplier Test and Its Application to Model Specification in Econometrics," *Review of Economic Studies*, vol.47, 1980, pp.239–253.

설을 검정하고 있기 때문이다. 우리는 그 검정에 내재하는 공식이 좀 복잡하므로 제시하지 않기로 한다.

우리의 항공사 예로 돌아가서 BP검정을 적용하면 χ^2값이 0.61로 나온다. 자유도가 1일 때 χ^2값이 0.61 또는 그 이상을 얻을 p값은 약 43%이다. 그러므로 우리는 귀무가설을 기각하지 못한다. 환언하면 현재의 예에서 확률효과 모형은 적절치 못하다. 이리하여 BP 검정은, 확률효과 모형이 우리의 항공사 예에서 적절치 못하다는 Hausman 검정을 강화한다.

16.7 여러 추정량들의 속성[15]

우리는 지금까지 합동 추정량, 최소자승 가변수(LSDV) 추정량, 고정효과 집단 내 추정량, 1차 차분 추정량 등을 포함하는 고정효과 추정량과 확률효과 추정량 등 (선형) 패널 회귀모형을 추정하는 여러 방법들에 대해 논의하였다. 이들의 통계적 속성은 무엇인가? 패널 자료는 대개 다수의 관찰치를 가지고 있으므로 우리는 이 추정량들의 일치성 속성에 집중할 것이다.

합동 추정량

대상들 간 기울기 계수들이 일정하다고 가정할 때 만일 식 (16.3.1)의 오차항이 회귀변수들과 상관되지 않는다면 합동 추정량은 일치추정량이다. 그러나 앞에서 언급되었듯이 주어진 대상에 대해 오차항들은 시간에 걸쳐 상관될 수 있다. 따라서 가설 검정을 위해서는 패널 교정된 표준오차가 사용되어야 한다. 당신이 사용하는 통계 패키지가 이 기능을 가지고 있는지 확인하라. 만일 그렇지 않다면 계산된 표준오차는 과소추정될 수 있다. 만일 고정효과 모형이 적절하지만 우리가 합동 추정량을 사용한다면 추정된 계수는 일치추정량이 아닐 것이다.

고정효과 추정량

비록 내재하는 모형이 합동 또는 확률효과라 가정되더라도 고정효과 추정량은 항상 일치추정량이다.

확률효과 추정량

설령 진정한 모형이 합동 추정량이라 할지라도 확률효과 모형은 일치추정량을 가져온다. 그러나 만일 진정한 모형이 고정효과라면 확률효과 추정량은 일치추정량이 아니다.

15. 이어지는 논의는 다음 문헌에서 인용되고 있다. A. Colin Cameron and Pravin K. Trivedi, *Microeconometrics: Methods and Applications,* Cambridge University Press, Cambridge, New York, 2005, 21장.

이러한 속성에 대한 증명과 추가적 세부사항에 대해서는 각주에 인용된 Cameron and Trivedi, Greene, Wooldridge의 교과서들을 참고하라.

16.8 고정효과 대 확률효과 모형: 몇 가지 지침

연구자가 직면하는 도전은 다음과 같은 것이다. FEM과 ECM 중 어느 모형이 더 좋은가? 이 질문에 대한 답은 개별적 또는 횡단면 고유의 오차성분 ε_i와 X 회귀변수들 간의 있음직한 상관에 대해 우리가 하는 가정 여하에 달려 있다.

만일 ε_i와 X들이 상관되지 않는 것으로 가정되면 ECM이 적절할 것이고 반면에 ε_i와 X들이 상관된다면 FEM이 적절할 것이다.

ECM에 내재하는 가정은 ε_i는 보다 더 큰 모집단으로부터의 무작위 추출이라는 것이지만 종종 이렇지 않을 수 있다. 예를 들어 가령 우리가 미국 50개 주에 대한 범죄율을 연구하고자 한다고 하자. 분명히 이 경우에 50개 주가 확률표본이라는 가정은 지지할 수 없다.

두 접근법의 근본적 차이를 염두에 두면서 FEM과 ECM 간의 선택에 대해 무엇을 더 말할 수 있나? 여기서 Judge 등의 의견이 도움을 줄 수 있다.[16]

1. 만일 T(시계열 자료의 수)가 크고 N(횡단면 단위의 수)이 작으면 FEM과 ECM으로 추정되는 모수값에는 별 차이가 없을 수 있다. 이리하여 여기서 선택은 계산상의 편의에 기초한다. 이 점 때문에 FEM이 선호될 수 있다.
2. N이 크고 T가 작을 때(즉 단기 패널) 두 방법으로 얻은 추정치들은 크게 다를 수 있다. ECM에서 $\beta_{1i}=\beta_1+\varepsilon_i$, 여기서 ε_i는 횡단면 확률 성분인 반면 FEM에서 우리는 β_{1i}를 확률적이 아니라 고정된 것으로 취급한다는 것을 상기하라. 후자의 경우 통계적 추론은 표본 내의 관찰되는 횡단면 단위를 조건으로 한 것이다. 만일 우리가 표본 내의 개별적 또는 횡단면 단위들이 더 큰 표본으로부터의 무작위 추출이 아니라고 강하게 믿는다면 이것이 적절하다. 이 경우 FEM이 적절하다. 그러나 만일 표본 내의 횡단면 단위들이 무작위 추출로 여겨진다면 그 경우 통계적 추론은 무조건적이다.
3. 만일 개별 오차성분 ε_i와 하나 또는 그 이상의 회귀변수들이 상관된다면 ECM 추정량은 편의가 존재하는 한편 FEM으로 얻은 추정량은 불편추정량이다.
4. 만일 N이 크고 T가 작으면 그리고 ECM에 내재하는 가정들이 충족된다면 ECM 추정량은 FEM보다 더 효율적이다.
5. FEM과 달리 ECM은 성별, 인종과 같은 시간 불변 변수의 계수를 추정할

16. Judge et al., op. cit., pp.489–491.

수 있다. FEM은 그러한 시간 불변 변수들을 제어하지만 LSDV 또는 집단 내 추정량 모형에서 명백하듯이 그것들을 직접 추정할 수 없다. 한편 FEM은 모든 시간 불변 변수들을 제어하는 반면(그 이유는?) ECM은 그러한 시간 불변 변수들을 모형에 명시적으로 도입된대로만 추정할 수 있다.

Hausman 검정에도 불구하고 Johnston과 DiNardo가 강조한 경고를 명심하는 것이 중요하다. 고정효과나 확률효과 모형 중에 결정을 할 때 그들은 주장하기를 "...고정효과와 측정오차 그리고 자동선택이라는 진퇴유곡을 연구자가 빠져 나가는 것을 도울 단순한 규칙은 존재하지 않는다. 비록 패널 자료는 횡단면 자료에 비해서 개선된 것이지만 그것이 모든 계량경제학 문제들에 대한 만병통치약을 제공하는 것은 아니다."[17]

16.9 패널 자료 회귀: 몇 가지 결론적 해설

시작할 때 언급한 바와 같이 패널 자료 모형설정에 대한 논제는 광범위하고 복잡하다. 우리는 간신히 겉만 만졌다. 우리가 다루지 않은 많은 논제들 가운데 다음과 같은 것들이 있다.

1. 패널 자료인 경우의 가설 검정
2. ECM의 이분산과 자기상관
3. 불균형 패널 자료
4. 피회귀변수의 시차값(들)이 설명변수로 등장하는 동태적 패널 자료 모형
5. 패널 자료가 포함된 연립방정식
6. 정성적 종속변수와 패널 자료
7. 패널 자료에서의 단위근(단위근에 대해서는 21장 참조)

이들 중 하나 또는 그 이상의 논제는 이 장에서 인용된 참고문헌에서 찾을 수 있고 이 논제에 대해 더 많이 배울 수 있도록 독자가 그것들을 참고하기를 권한다. 이 참고문헌들은 또한 패널 자료 회귀모형을 이용한 다양한 경영학 및 경제학 분야의 실증 연구들을 인용하고 있다. 초보자의 경우 어떻게 연구자들이 실제로 그러한 모형들을 회귀 분석하는지에 대한 요령을 익히기 위해 몇몇 이러한 적용 예들을 읽을 것을 권한다.[18]

17. Jack Johnston and John DiNardo, *Econometric Methods*, 4th ed., McGraw-Hill, 1997, p.403.
18. 더 상세한 내용과 구체적 적용에 대해서는 Paul D. Allison, *Fixed Effects Regression Methods for Longitudinal Data, Using SAS*, SAS Institute, Cary, North Carolina, 2005 참조.

16.10 몇 가지 예

예제 16.1

생산성과 공공 투자

왜 생산성이 하락했는지 그리고 공공 투자의 역할이 무엇인지를 알아내기 위해 Alicia Munnell은 1970년부터 1986년까지 17년간의 북미 대륙의 48개 주의 생산성 자료, 총 816개의 관찰치를 연구하였다.[19] 이 자료를 이용하여 우리는 표 16.7의 합동 회귀를 추정하였다. 이 회귀는 자료의 패널 속성을 감안하지 않는다는 것을 주목하라.

이 모형에서 종속변수는 GSP(총주생산)이고 설명변수들은 PRIVCAP(민간 자본), PUBCAP(공공 자본), WATER(수도시설 자본), UNEMP(실업률) 등이다. 주: L은 자연로그를 뜻한다.

모든 변수들이 예상되는 부호로 나왔고 고전적 선형 회귀모형의 가정들이 모두 충족된다고 가정하면 변수들이 모두 집합적으로는 물론 개별적으로도 통계적으로 유의하다.

자료의 패널 특징을 감안하기 위해 표 16.8에서 우리는 가변수 함정에 빠지는 것을 피하기 위해 48개 주에 대해 47개의 가변수를 사용한 고정효과 모형을 추정하였다. 지면을 절약하기 위해 우리는 단지 추정된 회귀계수들만 제시하고 개별 가변수 계수들은 제시하지 않고 있다. 그러나 47개 주의 가변수들 모두 개별적으로 통계적으로 매우 유의하다는 것을 추가할 필요가 있다.

합동 회귀와 고정효과 회귀 간 상당한 차이가 존재하는 것을 볼 수 있어서 합동 회귀의 결과에 의심이 든다.

이 경우 확률효과 모형이 더 적절한지를 보기 위해 표 16.9에 확률효과 회귀모형의 결과를 제시하고 있다.

두 모형 중에 선택을 하기 위해 우리는 Hausman 검정을 사용하였는데 표 16.10에 그 결과가 나와 있다.

표 16.7

Dependent Variable: LGSP
Method: Panel Least Squares

Sample: 1970-1986
Periods included: 17
Cross-sections included: 48
Total panel (balanced) observations: 816

	Coefficient	Std. Error	*t* Statistic	Prob.
C	0.907604	0.091328	9.937854	0.0000
LPRIVCAP	0.376011	0.027753	13.54847	0.0000
LPUBCAP	0.351478	0.016162	21.74758	0.0000
LWATER	0.312959	0.018739	16.70062	0.0000
LUNEMP	-0.069886	0.015092	-4.630528	0.0000

R-squared	0.981624	Mean dependent var.	10.50885
Adjusted *R*-squared	0.981533	S.D. dependent var.	1.021132
S.E. of regression	0.138765	*F*-statistic.	10830.51
Sum squared resid.	15.61630	Prob. (*F*-statistic)	0.000000
Log likelihood	456.2346	Durbin-Watson stat.	0.063016

19. Munnell 자료는 www.aw-bc.com/murray에서 찾을 수 있다.

예제 16.1 (계속)

표 16.8

Dependent Variable: LGSP
Method: Panel Least Squares

Sample: 1970-1986
Periods included: 17
Cross-sections included: 48
Total panel (balanced) observations: 816

	Coefficient	Std. Error	*t* Statistic	Prob.
C	-0.033235	0.208648	-0.159286	0.8735
LPRIVCAP	0.267096	0.037015	7.215864	0.0000
LPUBCAP	0.714094	0.026520	26.92636	0.0000
LWATER	0.088272	0.021581	4.090291	0.0000
LUNEMP	-0.138854	0.007851	-17.68611	0.0000

Effects Specification

Cross-section fixed (dummy variables)

R-squared	0.997634	Mean dependent var.	10.50885
Adjusted *R*-squared	0.997476	S.D. dependent var.	1.021132
S.E. of regression	0.051303	*F*-statistic	6315.897
Sum squared resid.	2.010854	Prob. (*F*-statistic)	0.000000
Log likelihood	1292.535	Durbin-Watson stat.	0.520682

표 16.9

Dependent Variable: LGSP
Method: Panel EGLS (Cross-section random effects)

Sample: 1970-1986
Periods included: 17
Cross-sections included: 48
Total panel (balanced) observations: 816
Swamy and Arora estimator of component variances

	Coefficient	Std. Error	*t* Statistic	Prob.
C	-0.046176	0.161637	-0.285680	0.7752
LPRIVCAP	0.313980	0.029740	10.55760	0.0000
LPUBCAP	0.641926	0.023330	27.51514	0.0000
LWATER	0.130768	0.020281	6.447875	0.0000
LUNEMP	-0.139820	0.007442	-18.78669	0.0000

Effects Specification

	S.D.	Rho
Cross-section random	0.130128	0.8655
Idiosyncratic random	0.051303	0.1345

추정된 카이자승 값이 통계적으로 매우 유의하므로 두 모형의 추정된 계수들에 상당한 차이가 없다는 가설을 기각한다. 오차항과 하나 또는 그 이상의 회귀변수들 간에 상관관계가 존재하는 것으로 보인다. 이리하여 우리는 확률효과 모형을 기각하고 고정효과 모형을 채택할 수 있다. 그러나 표 16.10의 마지막 부분이 보여 주듯이 두 모형에서 모든 계수들이 다른 것은 아니라는 것에 주목하라. 예를 들어 두 모형에서 LUNEMP의 값에는 통계적으로 유의한 차이가 없다.

예제 16.1 (계속)

표 16.10

Test Summary	Chi-Sq. Statistic	Chi-Sq. d.f.	Prob.
Cross-section random	42.458353	4	0.0000

Cross-section random effects test comparisons:

Variable	Fixed	Random	Var (Diff.)	Prob.
LPRIVCAP	0.267096	0.313980	0.000486	0.0334
LPUBCAP	0.714094	0.641926	0.000159	0.0000
LWATER	0.088272	0.130768	0.000054	0.0000
LUNEMP	-0.138854	-0.139820	0.000006	0.6993

예제 16.2

미국에서 전기에 대한 수요

Maddala 등은 그들의 논문에서 1970~1990년간 미국의 49개 주의 주거용 전기와 천연가스에 대한 수요를 살펴보았다. 하와이는 분석에 포함되지 않았다.[20] 그들은 몇몇 변수들에 대한 자료를 수집하였다. 이 자료들은 책의 웹사이트에서 찾을 수 있다. 이 예에서는 단지 주거용 전기에 대한 수요만 살펴볼 것이다. 우선 고정효과 추정에 기초한 결과(표 16.11)를 제시하고 나서 확률효과 추정(표 16.12)을 제시한 다음 두 모형이 비교된다.

표 16.11

Dependent Variable: Log(ESRCBPC)
Method: Panel Least Squares

Sample: 1971-1990
Periods included: 20
Cross-sections included: 49
Total panel (balanced) observations: 980

	Coefficient	Std. Error	*t* Statistic	Prob.
C	-12.55760	0.363436	-34.55249	0.0000
Log(RESRCD)	-0.628967	0.029089	-21.62236	0.0000
Log(YDPC)	1.062439	0.040280	26.37663	0.0000

Effects Specification

Cross-section fixed (dummy variables)

R-squared	0.757600	Mean dependent var.	-4.536187
Adjusted *R*-squared	0.744553	S.D. dependent var.	0.316205
S.E. of regression	0.159816	Akaike info criterion	-0.778954
Sum squared resid.	23.72762	Schwarz criterion	-0.524602
Log likelihood	432.6876	Hannan-Quinn criter.	-0.682188
F-statistic	58.07007	Durbin-Watson stat.	0.404314
Prob. (*F*-statistic)	0.000000		

여기서 Log(ESRCBPC)=1인당 주거용 전기소비의 자연로그(10억 btu), Log(RESRCD)=1987년 실질 전기가격의 자연로그, Log(YDPC)=1987년 실질 1인당

20. G. S. Maddala, Robert P. Trost, Hongyi Li, and Frederick Joutz, "Estimation of Short-run and Long-run Elasticities of Demand from Panel Data Using Shrinkage Estimators," *Journal of Business and Economic Statistics*, vol.15, no.1, January 1997, pp.90–100.

예제 16.2 **표 16.12**

(계속)

Dependent Variable: Log(ESRCBPC)
Method: Panel EGLS (Cross-section random effects)

Sample: 1971-1990
Periods included: 20
Cross-sections included: 49
Total panel (balanced) observations: 980
Swamy and Arora estimator of component variances

	Coefficient	Std. Error	*t* Statistic	Prob.
C	-11.68536	0.353285	-33.07631	0.0000
Log(RESRCD)	-0.665570	0.028088	-23.69612	0.0000
Log(YDPC)	0.980877	0.039257	24.98617	0.0000

Effects Specification

	S.D.	Rho
Cross-section random	0.123560	0.3741
Idiosyncratic random	0.159816	0.6259

Weighted Statistics

R-squared	0.462591	Mean dependent var.	-1.260296
Adjusted *R*-squared	0.461491	S.D. dependent var.	0.229066
S.E. of regression	0.168096	Sum squared resid.	27.60641
F-statistic	420.4906	Durbin-Watson stat.	0.345453
Prob. (*F*-statistic)	0.000000		

Unweighted Statistics

R-squared	0.267681	Mean dependent var.	-4.536187
Sum squared resid.	71.68384	Durbin-Watson stat.	0.133039

가처분소득의 자연로그이다.

이것은 이중로그 모형이므로 추정된 기울기계수들은 탄력성을 나타낸다. 이리하여 여타 변수들이 동일하게 유지된다면 만일 1인당 실질소득이 1%만큼 증가하면 평균 전기소비는 약 1%만큼 올라간다. 이와 유사하게 여타 변수들이 동일하게 유지된다면 만일 실질 전기가격이 1%만큼 올라가면 평균 전기소비는 약 0.6%만큼 내려간다. 추정된 모든 탄력성들은 통계적으로 유의하다.

확률효과 모형의 결과가 표 16.12에 나와 있다.

두 모형에서 큰 차이는 없는 것으로 보인다. 그러나 정말로 그런지 보기 위해 Hausman 검정을 이용할 수 있다. 이 검정 결과가 표 16.13에 나와 있다.

비록 표 16.11과 16.12의 두 모형의 계수들이 꽤 유사한 것으로 보이지만 Hausman 검정 결과 그렇지 않은 것으로 나타났다. 카이자승 값이 통계적으로 매우 유의하다. 그러므로 확률효과 모형 대신 고정효과 모형을 선택할 수 있다. **이 예는 우리의 경우 980개의 관찰치와 같이 표본규모가 클 때 두 모형의 추정된 계수에 있어서 심지어 작은 차이도 통계적으로 유의할 수 있다는 중요한 점을 보여준다.** 이리하여 두 모형에서 변수 Log(RESRCD)의 계수들은 꽤 가깝게 보이지만 통계적으로는 그렇지 않다.

예제 16.2 **표 16.13**

(계속)

```
Correlated Random Effects—Hausman Test
Equation: Untitled
Test cross-section random effects
```

Test Summary	Chi-Sq. Statistic	Chi-Sq. d.f.	Prob.
Cross-section random	105.865216	2	0.0000

Cross-section random effects test comparisons:

Variable	Fixed	Random	Var (Diff.)	Prob.
Log(RESRCD)	-0.628967	-0.665570	0.000057	0.0000
Log(YDPC)	1.062439	0.980877	0.000081	0.0000

예제 16.3

맥주 소비, 소득과 맥주세

맥주 소비에 대한 맥주세의 영향을 평가하기 위해 Philip Cook은 소득의 영향을 허용한 후 둘 간의 관계를 조사했다.[21] 그의 자료는 1975~2000년간 50개 주와 워싱턴 D.C에 관한 것이다. 이 예에서 우리는 주 수준에서 1인당 맥주 매상과 세율 및 소득과의 관계를 연구한다. 표 16.14에 합동 OLS, 고정효과와 확률효과 모형의 결과가 나와 있다. 종속변수는 1인당 맥주 매상이다.

이 결과는 흥미 있다. 경제학 이론에 따라서 우리는 맥주 소비와 맥주세 간에 음의 관계를 예상하는데 세 모형의 경우 그렇게 나왔다. 맥주 소비에 대한 음의 소득 효과는 맥주가 **열등재**라는 것을 시사한다. 열등재란 소비자들의 소득이 증가함에 따라 그 수요가 감소하는 재화이다. 아마도 소비자들의 소득이 증가하면 그들은 샴페인을 선호한다!

우리의 목적을 위해 흥미 있는 것은 추정된 계수들의 차이이다. 명백히 FEM과 ECM 간에는 추정된 계수들에 큰 차이가 없다. 사실상 Hausman 검정 결과 카이자승 값이 3.4가 나왔는데 이것은 자유도가 2일 때 5% 수준에서 유의하지 않다. 이것의 p값은 0.1783이다.

그러나 OLS에 기초한 결과는 크게 다르다. 절대값으로 볼 때 맥주세 변수의 계수는

표 16.14

변수	OLS	FEM	REM
상수	1.4192	1.7617	1.7542
	(24.37)	(52.23)	(39.22)
맥주세	−0.0067	−0.0183	−0.0181
	(−2.13)	(−9.67)	(−9.69)
소득	$-3.54(e^{-6})$	−0.000020	−0.000019
	(−1.12)	(−9.17)	(−9.10)
R^2	0.0062	0.0052	0.0052

주: 괄호 안의 수치는 추정된 t값임. −3.54(e−6) = −0.00000354.

21. 여기 사용된 자료는 다음 서적의 웹사이트에서 얻었다. Michael P. Murphy, *Econometrics: A Modern Introduction*, Pearson/Addison Wesley, Boston, 2006. 그러나 본래의 자료는 Philip Cook이 그의 책인 *Paying the Tab: The Costs and Benefits of Alcohol Control*, Princeton University Press, Princeton, New Jersey, 2007을 위해 수집하였다.

예제 16.3
(계속)

FEM이나 ECM으로 얻은 값보다 훨씬 작다. 소득 변수는 비록 음의 부호를 갖고 있지만 통계적으로 유의하지 않은 한편 다른 두 변수들은 매우 유의한 것을 보여주고 있다.

이 예는 만일 우리가 자료의 패널 구조를 무시하고 합동 회귀를 추정하면 무슨 일이 벌어질 수 있는지를 매우 뚜렷하게 보여준다.

요약 및 결론

1. 패널 회귀모형은 패널 자료에 기초한 것이다. 패널 자료는 여러 기간에 걸친 동일한 횡단면 또는 개별 단위에 대한 관찰치로 구성되어 있다.
2. 패널 자료를 사용하는 것에 대해 몇 가지 이점들이 존재한다. 첫째, 표본 규모가 상당히 증가한다. 둘째, 반복적인 횡단면 관찰치들을 연구함으로써 패널 자료는 변동의 형태를 연구하는 데 보다 적합하다. 셋째, 패널 자료로 인해 보다 복잡한 행태모형을 연구하는 것이 가능하다.
3. 상당한 이점들이 존재함에도 불구하고 패널 자료는 몇 가지 추정 및 추론 문제로 곤경에 빠진다. 그러한 자료는 횡단면 및 시간 차원을 모두 포함하고 있으므로 횡단면 자료(예를 들어 이분산)와 시계열 자료(예를 들어 자기상관)를 괴롭히는 문제들이 역점을 두어 다루어질 필요가 있다. 동일한 시점에서 개별 단위의 교차상관과 같은 몇 가지 추가적 문제들도 존재한다.
4. 이러한 문제 중 하나 또는 그 이상을 역점을 두어 다룰 수 있는 몇 가지 추정기법들이 존재한다. 가장 두드러진 두 가지는 (1) 고정효과 모형(FEM)과 (2) 확률효과 모형(REM) 또는 오차성분 모형(ECM)이다.
5. FEM에서는 각 개별 또는 횡단면 단위가 자기 자신의 어떤 특성을 보유할 수 있다는 사실을 인식하여 회귀모형의 절편이 상이하도록 허용된다. 상이한 절편을 감안하기 위해 가변수를 사용할 수 있다. 가변수를 사용하는 FEM은 최소자승 가변수(LSDV) 모형으로 알려져 있다. FEM은 개체 고유의 절편이 하나 또는 그 이상의 회귀변수들과 상관될 수 있는 상황에서 적절하다. LSDV의 불리한 점은 횡단면 단위의 수 N이 매우 클 때 상당한 자유도를 소모한다는 것인데, 그 경우 우리는 N개의 가변수를 포함시켜야 한다(그러나 공통의 절편항은 뺀다).
6. FEM에 대한 대안이 ECM이다. ECM에서는 개별 단위의 절편이 일정한 평균값을 갖는 훨씬 더 큰 모집단으로부터의 무작위 추출이라고 가정된다. 그러면 개별 절편은 이 일정한 평균값으로부터의 편차로 표현된다. FEM에 비해 ECM의 한 가지 이점은 N개의 횡단면 절편들을 추정할 필요가 없으므로 자유도 면에서 경제적이라는 것이다. 우리는 단지 절편의 평균값과 분산만 추정할 필요가 있다. 각 횡단면 단위의 (무작위) 절편이 회귀변수들과 상관되지 않는 상황에서는 ECM이 적절하다. ECM의 또 다른 이점은 주어진 대상에 대해 일정하게 지속되는 성별, 종교, 인종 등과 같

은 변수들을 도입할 수 있다는 것이다. FEM에서는 모든 그러한 변수들이 대상 고유의 절편과 공선적이기 때문에 그렇게 할 수 없다. 더욱이 만일 우리가 집단 내 추정량 또는 1차 차분 추정량을 사용한다면 그러한 모든 시간 불변성은 사라지게 된다.

7. Hausman 검정은 FEM과 ECM 간에 결정을 하는 데 이용될 수 있다. 또한 ECM이 적절한지 여부를 검토하기 위해 Breusch-Pagan 검정을 이용할 수 있다.
8. 응용 연구에서 인기가 증가하는데도 불구하고, 그리고 그러한 자료의 이용 가능성이 증가하는데도 불구하고 패널 자료 회귀는 모든 상황에서 적절하지 않을 수 있다. 각 경우에 대해 어떤 실용적 판단을 사용해야 한다.
9. 명심할 필요가 있는 몇 가지 패널 자료의 구체적 문제들이 존재한다. 가장 심각한 것은 감소의 문제로서 어떤 이유에서든 패널의 대상들이 시간이 감에 따라 탈락하여서 연이은 서베이(또는 횡단면들)에서 패널 안에 원래의 대상들이 점점 적게 남게 된다. 설령 감소가 없다고 하더라도 시간이 감에 따라 대상들은 몇몇 질문들에 답하기를 거부하거나 답하고 싶지 않을 수 있다.

연습문제

질문

16.1. (a) 횡단면 자료, (b) 시계열 자료, (c) 패널 자료의 특성들은 무엇인가?

16.2. 고정효과 모형(FEM)은 무슨 뜻인가? 패널 자료는 시간과 공간 차원을 모두 가지고 있으므로 FEM은 두 차원을 어떻게 허용하나?

16.3. 오차성분 모형(ECM)은 무슨 뜻인가? 이것은 FEM과 어떻게 다른가? 언제 ECM이 적절한가? 그리고 언제 FEM이 적절한가?

16.4. LSDV와 집단 내 추정량, 1차 차분 모형 간 차이가 존재하나?

16.5. 언제 패널 자료 회귀모형이 적절한가? 예를 제시하라.

16.6. 시간 오차성분을 허용하기 위해 어떻게 모형 (16.4.2)를 확장할 것인가? 모형을 명시적으로 기술하라.

16.7. 표 1.1에 주어진 생산된 계란과 그것의 가격에 대한 자료를 참조한다. 여기서 어느 모형이 적절한가? FEM인가? 또는 ECM인가? 그 이유는?

16.8. 표 1.2에 주어진 투자 자료에 대해 어떤 모형을 선택할 것인가? FEM인가 또는 REM인가? 그 이유는?

16.9. 미시간 소득변동 연구에 기초하여 Hausman은 6년의 기간 동안 추적된 629명의 고등학교 졸업자 표본, 총 3774 관찰치를 사용하여 임금 모형의 추정을 시도하였다. 이 연구에서 종속변수는 임금의 로그이고, 설명변수들은 연

령(몇 개의 연령 집단으로 구분), 전년도에 실업상태, 전년도에 나쁜 건강상태, 자영, 거주 지역(졸업생 대상 남부 = 1, 그렇지 않으면 0), 거주 지구(시골 = 1, 그렇지 않으면 0) 등이다. Hausman은 FEM과 ECM 모두를 이용하였다. 그 결과가 표 16.15에 주어져 있다(괄호 안의 수치는 표준오차임).

표 16.15
임금함수
(종속변수: 임금 로그)

출처: Cheng Hsiao, *Analysis of Panel Data,* Cambridge University Press, 1986, p.42로부터 재생되었음. 원래 출처: J. A. Hausman, "Specification Tests in Econometrics," *Econometrica,* vol.46, 1978, pp.1251~1271.

변수	고정효과	확률효과
1. Age 1 (20–35)	0.0557 (0.0042)	0.0393 (0.0033)
2. Age 2 (35–45)	0.0351 (0.0051)	0.0092 (0.0036)
3. Age 3 (45–55)	0.0209 (0.0055)	−0.0007 (0.0042)
4. Age 4 (55–65)	0.0209 (0.0078)	−0.0097 (0.0060)
5. Age 5 (65–)	−0.0171 (0.0155)	−0.0423 (0.0121)
6. Unemployed previous year	−0.0042 (0.0153)	−0.0277 (0.0151)
7. Poor health previous year	−0.0204 (0.0221)	−0.0250 (0.0215)
8. Self-employment	−0.2190 (0.0297)	−0.2670 (0.0263)
9. South	−0.1569 (0.0656)	−0.0324 (0.0333)
10. Rural	−0.0101 (0.0317)	−0.1215 (0.0237)
11. Constant	— —	0.8499 (0.0433)
S^2	0.0567	0.0694
Degrees of freedom	3,135	3,763

a. 결과가 경제학적으로 이치에 맞나?

b. 두 모형에서 나온 결과에 커다란 차이가 존재하나? 만일 그렇다면 이 차이를 어떻게 설명할 수 있나?

c. 표에 주어진 자료에 기초할 때 어느 모형을 선택할 것인가?

실증문제

16.10. 교재에서 논의된 항공사 예를 참고하자. 식 (16.4.2)에 주어진 선형 모형 대신 로그 선형 회귀모형을 추정하고 이것과 표 16.2에 주어진 결과를 비교하라.

16.11. 표 1.1의 자료를 참고하자.

a. Y = 생산된 계란(100만개), X = 계란가격(12개당 센트)라 하자. 1990년과 1991년 각각에 대해 모형을 추정하라.

b. 2개 연도에 대한 관찰치들을 합동하여 합동 회귀를 추정하라. 자료 합동을 할 때 어떤 가정을 하고 있나?

c. 2개 연도를 구별하는 고정효과 모형을 사용하고 회귀결과를 제시하라.

d. 50개 주를 구별하는 고정효과 모형을 사용할 수 있나? 그 이유는?

e. 주 효과와 연도 효과를 구별하는 것이 이치에 맞나? 만일 그렇다면 가변수를 얼마나 포함시켜야 하나?

f. 오차성분 모형이 계란 생산을 모형화하는 데 적절한가? 그 이유는? 예를 들어 EViews를 사용하여 그러한 모형을 추정할 수 있는지를 검토하라.

16.12. 연습문제 16.11을 계속 한다. 합동 회귀를 수행하기로 결정하기 전에 자료가 "합동 가능한지" 여부를 알고자 한다. 이를 위해 8장에서 논의된 Chow

검정을 사용하기로 결정한다. 필요한 계산들을 보이고 합동 회귀가 이치에 맞는지를 결정하라.

16.13. 표 1.6의 투자 자료를 사용한다.

a. 각 회사에 대해 개별적으로 Grunfeld 투자함수를 추정하라.

b. 이제 모든 회사의 자료를 합동하고 OLS로 Grunfeld 투자함수를 추정하라.

c. 투자함수를 추정하기 위해 LSDV를 이용하고 이 결과와 (b)에서 추정된 합동 회귀 결과와 비교하라.

d. 합동 회귀와 LSDV 회귀 간에 어떻게 결정할 것인가? 필요한 계산을 보여라.

16.14. 표 16.16은 1980~2006년간 캐나다, 영국, 미국의 미국 달러화로 표시한 제조업의 시간당 임금률 Y와 민간 실업률 X(지수, 1992=100)에 대한 자료를 보여준다. 다음 모형을 보자.

$$Y_{it} = \beta_1 + \beta_2 X_{it} + u_{it} \tag{1}$$

a. 선험적으로 Y와 X 간에 예상되는 관계는 어떤 것인가? 그 이유는?

b. 각 나라에 대해 식 (1)에 주어진 모형을 추정하라.

표 16.16 미국, 캐나다, 영국의 제조업에서의 실업률과 시간당 임금, 1980~2006년

출처: *Economic Report of the President*, January 2008, Table B-109.

Year	COMP_U.S.	UN_U.S.	COMP_CAN	UN_CAN	COMP_U.K.	UN_U.K.
1980	55.9	7.1	49.0	7.3	47.1	6.9
1981	61.6	7.6	53.8	7.3	47.5	9.7
1982	67.2	9.7	60.1	10.7	45.1	10.8
1983	69.3	9.6	64.3	11.6	41.9	11.5
1984	71.6	7.5	65.0	10.9	39.8	11.8
1985	75.3	7.2	65.0	10.2	42.3	11.4
1986	78.8	7.0	64.9	9.3	52.0	11.4
1987	81.3	6.2	69.6	8.4	64.5	10.5
1988	84.1	5.5	78.5	7.4	74.8	8.6
1989	86.6	5.3	85.5	7.1	73.5	7.3
		5.6				
1990	90.5		92.4	7.7	89.6	7.1
1991	95.6	6.8	100.7	9.8	99.9	8.9
1992	100.0	7.5	100.0	10.6	100.0	10.0
1993	102.0	6.9	94.8	10.8	88.8	10.4
		6.1				
1994	105.3		92.1	9.6	92.8	8.7
1995	107.3	5.6	93.9	8.6	97.3	8.7
1996	109.3	5.4	95.9	8.8	96.0	8.1
1997	112.2	4.9	96.7	8.4	104.1	7.0
1998	118.7	4.5	94.9	7.7	113.8	6.3
1999	123.4	4.2	96.8	7.0	117.5	6.0
2000	134.7	4.0	100.0	6.1	114.8	5.5
2001	137.8	4.7	98.9	6.5	114.7	5.1
2002	147.8	5.8	101.0	7.0	126.8	5.2
2003	158.2	6.0	116.7	6.9	145.2	5.0
2004	161.5	5.5	127.1	6.4	171.4	4.8
2005	168.3	5.1	141.8	6.0	177.4	4.8
2006	172.4	4.6	155.5	5.5	192.3	5.5

주: UN = 실업률, %
COMP = 미국 달러화로 표시한 시간당 임금의 지수
CAN = 캐나다

c. 81개 관찰치 모두를 합동하여 모형을 추정하라.

d. 고정효과 모형을 추정하라.

e. 오차성분 모형을 추정하라.

f. 어느 것이 더 나은 모형인가? FEM인가 또는 ECM인가? 답변을 정당화하라(힌트: Hausman 검정을 적용하라).

16.15. Baltagi와 Griffin은 다음과 같은 휘발유에 대한 수요함수를 고려하였다.*

$$\ln Y_{it} = \beta_1 + \beta_2 \ln X_{2it} + \beta_3 \ln X_{3it} + \beta_4 \ln X_{4it} + u_{it}$$

여기서 Y = 자동차 1대당 휘발유 소비, X_2 = 1인당 실질소득, X_3 = 실질 휘발유 가격, X_4 = 1인당 자동차 수, i = 국가 코드, 18개 OECD 국가 모두에 대해, t = 시간(1960~1978년간 1년마다의 관찰치)이다. 주: 표에 있는 수치들은 로그가 취해진 값들임.

a. 18개 국가의 자료를 합동(총 342개 관찰치)하여 위의 수요함수를 추정하라.

b. 동일한 자료를 사용하여 고정효과 모형을 추정하라.

c. 동일한 자료를 사용하여 확률적 성분 모형을 추정하라.

d. 위의 분석으로부터 어떤 모형이 18개 OECD 국가들의 휘발유 수요를 가장 잘 묘사하나? 답변을 정당화하라.

16.16. Subhayu Bandyopadhyay와 Howard J. Wall의 논문, "The Determinants of Aid in the Post-Cold War Era," *Review*, Federal Reserve Bank of St. Louis, November/December 2007, vol.89, number 6, pp.533~547에서 이들은 원조가 수혜국들의 경제적 및 물질적 필요, 시민의/정치적 권리, 그리고 정부의 효과성 등에 미치는 영향을 추정하기 위해 패널 자료를 사용하였다. 자료는 3년간의 135개 국가에 대한 것이다. 논문과 자료는 November/December Vol.89, No.10 절에 있는 http://research.stlouisfed.org/publications/review/past/2007에서 찾을 수 있다. 또한 자료는 교재 웹사이트 표 16.18에서 찾을 수도 있다. 확률효과 추정량을 사용하여 저자들의 모형(그들 논문의 534쪽에 주어짐)을 추정하라. 이 결과와 저자들의 논문 표 2에 주어진 합동 추정량과 고정효과 추정량의 결과를 비교하라. 어느 모형이 적절한가? 여기에서의 것인가, 고정효과인가 또는 확률효과인가? 그 이유는?

16.17. 교재에서 논의된 항공사 예를 참고하자. 각 항공사에 대해 시계열 로그 비용함수를 추정하라. 이 회귀는 고정효과 및 확률효과 모형과 어떻게 비교되나? 15개의 횡단면 로그 비용함수도 추정할 것인가? 그 이유는?

* B. H. Baltagi and J. M. Griffin, "Gasoline Demand in the OECD: An Application of Pooling and Testing Procedures," *European Economic Review*, vol.22, 1983, pp.117-137. 1960-1978년간 18개 OECD 국가에 대한 자료는 http://www.wiley.com/legacy/wileychi/baltagi/supp/Gasoline.dat나 또는 교재 웹사이트 표 16.17에서 구할 수 있다.

17장

동태 계량경제모형: 자기회귀 및 분포시차 모형

시계열자료에 대한 회귀분석에서 회귀모형에 설명변수(X)의 현재값 뿐만 아니라 시차(과거)값들도 포함되어 있을 때 이를 분포시차 모형(distributed-lag model)이라 부른다. 모형의 설명 변수에 종속변수의 하나 이상의 시차 값들이 포함되어 있을 때 이를 자기회귀 모형(autoregressive model)이라 부른다. 즉

$$Y_t = \alpha + \beta_0 X_t + \beta_1 X_{t-1} + \beta_2 X_{t-2} + u_t$$

이것은 분포시차 모형을 나타내고 다음 식은 자기회귀 모형의 한 예이다.

$$Y_t = \alpha + \beta X_t + \gamma Y_{t-1} + u_t$$

이러한 자기회귀 모형은 종속변수가 그 과거값(들)과 연관된 시간경로를 표현하기 때문에 동태 모형(dynamic model)으로도 알려져 있다.

자기회귀모형과 분포시차 모형은 경제분석에서 광범위하게 사용되는데 이 장에서는 다음과 같은 측면에서 이 모형들을 살펴보기로 한다.

1. 경제학에서는 시차의 역할이 무엇인가?
2. 시차가 존재하는 이유는 무엇인가?
3. 실증 계량경제학에서 흔히 시차모형이 사용되는데 대해 이론적으로 정당화되나?
4. 자기회귀 모형과 분포시차 모형 간에는 어떤 관계가 존재하나? 한 모형으로부터 다른 모형이 도출될 수 있나?
5. 그와 같은 모형들을 추정하는 데 내재하는 통계적 문제에는 어떤 것이 있나?
6. 변수 간의 시차관계(lead-lag relationship)가 인과관계를 의미하는가? 그렇다면, 어떻게 측정하는가?

17.1 경제학에서의 "시간" 또는 "시차"의 역할

경제학에서는 한 변수 Y(종속변수)의 다른 변수(들) X에 대한 종속성이 대부분 즉각적이 아니다. 종종 Y는 시간이 경과한 후에 X에 반응한다. 그와 같은 시간의 경과를 시차(lag)라 한다. 시차의 본질을 파악하기 위해 몇 가지 예를 보기로 한다.

예제 17.1

소비함수

가령 어떤 사람의 연봉이 $2000 증가했다고 하자. 그리고 이와 같은 봉급 증가가 지속된다는 점에서 "영구적" 증가라 하자. 이러한 소득증가가 그 사람의 연간 소비지출에 어떠한 영향을 미칠 것인가?

그러한 소득증가에 대해 사람들은 대개 그 증가분을 서둘러 다 소비하지는 않는다. 이리하여 이 사람은 소득증가에 따라 첫해에는 소비지출을 $800 늘리고, 다음 해에는 $600 늘리며, 또 그 다음 해에는 소비를 $400 늘리면서 나머지는 저축을 할 것이다. 3년 후까지 이 사람의 연간 소비지출은 $1,800 증가할 것이다. 따라서 소비함수를 다음과 같이 쓸 수 있다.

$$Y_t = \text{constant} + 0.4X_t + 0.3X_{t-1} + 0.2X_{t-2} + u_t \tag{17.1.1}$$

여기서 Y는 소비지출이고, X는 소득이다.

식 (17.1.1)은 $2000의 소득증가의 효과가 3년에 걸쳐 분포되어 있는 것을 보여주고 있다. 따라서 식 (17.1.1)과 같은 모형을 **분포시차 모형(distributed-lag models)**이라고 부르는데, 그 이유는 주어진 원인(소득)이 여러 기간에 걸쳐 퍼져있기 때문이다. 기하학적으로는 분포시차 모형 (17.1.1)은 그림 17.1 또는 그림 17.2에서 보는 바와 같다.

그림 17.1

분포시차의 예

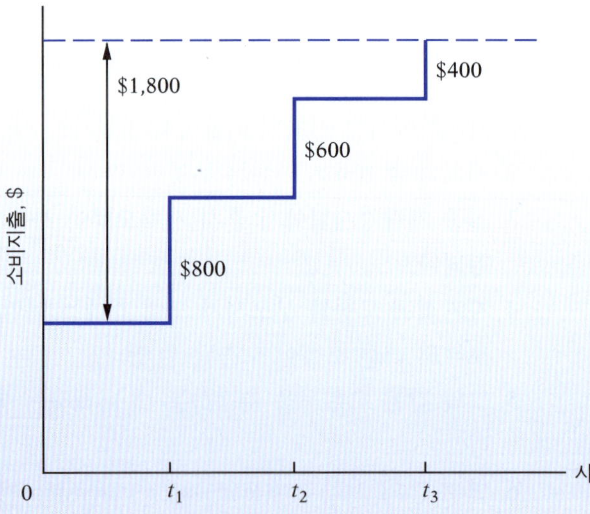

예제 17.1

(계속)

그림 17.2 t기와 그 이후의 Y에 대한 t기의 X 한 단위 변화의 효과

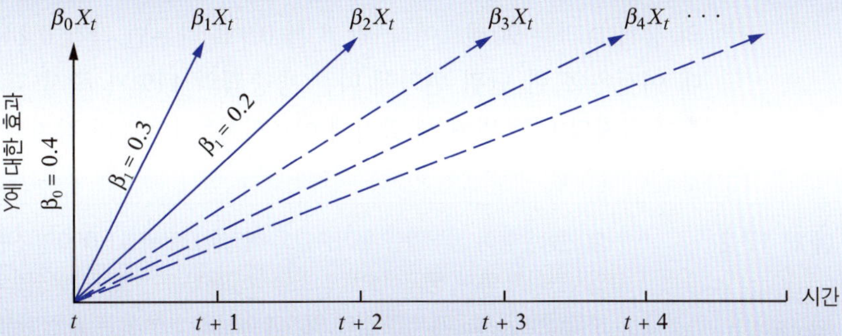

보다 일반적으로 다음과 같이 k기의 유한한 시차를 갖는 분포시차모형으로 쓸 수 있다.

$$Y_t = \alpha + \beta_0 X_t + \beta_1 X_{t-1} + \beta_2 X_{t-2} + \cdots + \beta_k X_{t-k} + u_t \qquad \textbf{(17.1.2)}$$

계수 β_0는 단기 또는 충격승수(shot-run or impact multiplier)라 부르는데, 그 이유는 이것은 동일 기간에 X의 한 단위 변화에 따른 Y의 평균값의 변화를 나타내기 때문이다.[1] 만일 X의 변화가 동일한 수준에서 그 이후에도 지속된다면 $(\beta_0+\beta_1+\beta_2)$는 그 다음 기의 변화를 나타낸다. 이와 같은 부분합을 임시 또는 중간승수(interim or intermediate multiplier)라고 한다. 마침내 k기 후에는 다음 식이 성립한다.

$$\sum_{i=0}^{k} \beta_i = \beta_0 + \beta_1 + \beta_2 + \cdots + \beta_k = \beta \qquad \textbf{(17.1.3)}$$

이것은 합계 β가 존재하는 경우(다른데서 논의될 것임) 장기 또는 전체 분포시차승수(long-run or total distributed-lag multiplier)라 한다.

다음 식과 같이 "표준화된" β_i를 구할 수 있다.

$$\beta_i^* = \frac{\beta_i}{\sum \beta_i} = \frac{\beta_i}{\beta} \qquad \textbf{(17.1.4)}$$

표준화 β_i의 부분합은 특정 기간에 감지되는 장기 또는 전체 충격의 일부를 나타낸다.

소비 회귀식 (17.1.1)에서 보면 단기 승수, 즉 한계소비성향(MPC)은 0.4인 반면, 장기 한계소비성향인 장기 승수는 $0.4 + 0.3 + 0.2 = 0.9$이다. 그 의미는 소득

1. 수학적으로는 β_0는 X_t에 대한 Y의 편도함수, β_1은 X_{t-1}, β_2는 X_{t-2}에 대한 편도함수이다. 기호로는 $\partial Y_t / \partial X_{t-k} = \beta_k$이다.

이 $1 증가하게 되면 소비자는 그 해에 소비수준을 40센트 증가시키고, 다음 해에는 30센트, 그 다음 해에는 20센트 증가시킨다는 것을 뜻한다. 따라서 $1증가의 장기 효과는 90센트이다. 각 β_i를 0.9로 나누면 각각 0.44, 0.33, 0.23이 되는데 이것은 X 한 단위 변화에 따른 총충격의 44%가 즉시 감지되고, 77%가 1년 후에 감지되며 두 번째 해 말기에 이르러서는 100%가 감지된다는 것을 뜻한다.

예제 17.2

예금통화의 창조 (요구불예금)

가령 연방은행이 정부발행 유가증권을 매입함으로써 $1.000의 신통화를 은행 체체내에 유입시켰다고 하자. 궁극적으로 창조될 예금통화 또는 요구불예금의 규모는 얼마나 되나?

지불준비금제도에 따라 법에 의하여 예금의 20%를 지불준비금으로 보유해야 한다고 가정하면 잘 알려진 승수과정에 의해 총요구불예금 창조액은 $1.000[1/(1−0.8)] = $5.000이다. 물론 요구불예금 $5.000이 밤새 창조되는 것은 아니다. 이 과정은 그림 17.3에서 볼 수 있는 바와 같이 시간이 소요된다.

그림 17.3 은행예금의 누적적 확장(초기의 준비금 $1,000, 20% 법정 지불준비율)

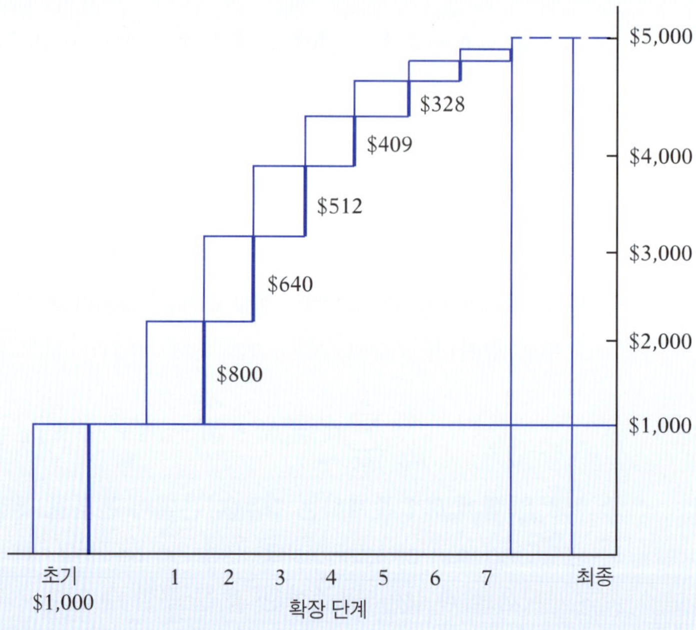

예제 17.3

통화와 물가 간의 연관

통화주의학파에 따르면 일반물가수준의 계속적 증가가 경제주체에 의해 실제로 수요되는 통화량을 초과한 통화공급의 팽창율에 기인한다는 점에서 물가상승은 본질적으로 화폐적 현상이다. 물론 이러한 물가상승과 통화공급의 변동 간의 관계가 즉각적인 것은 아니다. 이에 대한 연구에 따르면 이들 둘 사이의 시차는 3 내지 20사분기 사이이다. 그와 같은 연구 가운데 하나의 결과가 표 17.1에 나와 있다.[2] 이 표에서 볼 수 있듯이 M1B 통화공급

2. Keith M. Carlson, "The Lag from Money to Prices," *Review*, Federal Reserve Bank of St. Louis, October 1980, Table 1, p.4.

예제 17.3

(계속)

표 17.1 통화-물가방정식의 추정치 : 원래의 표기

표본기간 : 55년 1사분기 -69년 4사분기: $m_{21}=0$

$$\dot{P} = -0.146 + \sum_{i=0}^{20} m_i \dot{M}_{-i}$$
$$(0.395)$$

	계수	|t|		계수	|t|		계수	|t|
m_0	0.041	1.276	m_8	0.048	3.249	m_{16}	0.069	3.943
m_1	0.034	1.538	m_9	0.054	3.783	m_{17}	0.062	3.712
m_2	0.030	1.903	m_{10}	0.059	4.305	m_{18}	0.053	3.511
m_3	0.029	2.171	m_{11}	0.065	4.673	m_{19}	0.039	3.338
m_4	0.030	2.235	m_{12}	0.069	4.795	m_{20}	0.022	3.191
m_5	0.033	2.294	m_{13}	0.072	4.694	$\sum m_i$	1.031	7.870
m_6	0.037	2.475	m_{14}	0.073	4.468	평균시차	10.959	5.634
m_7	0.042	2.798	m_{15}	0.072	4.202			

$\bar{R}^2$ 0.525 se 1.066 D.W. 2.00

표기: $\dot{P}$=디플레이터의 연간 복합 변화율
$\dot{M}$=M1B의 연간 복합변화율

출처: Keith M. Carlsen, "The Lag from Money to Prices." *Review*, Federal Reserve Bank of St. Louis, October 1980, Table 1, p.4.

(=현금통화+금융기관에서의 저축예금)의 1% 변화의 효과가 20사분기에 걸쳐 감지된다. 인플레이션에 대한 통화공급 1% 변화의 장기효과는 약 1 ($=\sum m_i$)인데 이것은 통계적으로 유의한 반면, 단기효과는 약 0.04로 유의하지 않고 증가 승수는 보편적으로 유의한 것으로 보인다. 한편 *P*와 *M*이 모두 모두 백분비형태이므로 m_i(통상적인 표기로는 β_i)는 *M*에 대한 *P*의 탄력성, 즉 통화공급 1% 증가에 대한 물가의 백분비 반응을 나타낸다. 따라서 $m_0=0.041$이 뜻하는 것은 통화공급이 1% 증가하면 물가의 단기 탄력성은 약 0.04%라는 것이다. 장기 탄력성은 1.03%인데 이는 장기적으로 통화공급 1% 증가가 물가에 있어서 거의 같은 백분비의 증가로 반영된다는 것을 의미한다. 간단히 말해 장기적으로 통화공급 1% 증가는 물가상승율 1% 증가를 수반한다.

예제 17.4

R&D 지출과 생산성 간의 시차

R&D 지출에 대한 투자결정과 생산성의 증진이라는 면에서의 궁극적인 보상 간에는 상당한 시차가 존재하는데, 이를 구체적으로 설명하자면 "자금의 투자와 실제로 발명품이 나오는 시간과의 시차, 아이디어나 도구의 개발과 그것이 상업적으로 적용 가능하게 되는 단계까지의 발전간의 시차, 보급과정에 있어서 시차 등과 같은 제반 시차가 존재하고 또한 모든 낡은 기계들을 더 나은 새로운 것으로 교체하는 데에도 시간이 소요된다."[3]

예제 17.5

국제경제학에서의 *J* 곡선

국제경제학을 배운 학생들은 소위 ***J* 곡선**이라 불리는 것에 익숙할 것인데, 그것은 무역수지와 통화가치의 하락과의 관계를 보여준다. 한 나라 통화의 가치가 하락하면(예를 들어 평가절하 때문) 다른 것들이 일정하다고 가정할 때 처음에는 무역수지는 악화되지만 결국 개선된다. 그 곡선이 그림 17.4에 그려져 있다.

3. Zvi Griliches, "Distributed Lags : A Survey," *Econometrica*, vol.36, no.1, January 1967, pp.16–49.

예제 17.5 (계속)

그림 17.4 J 곡선

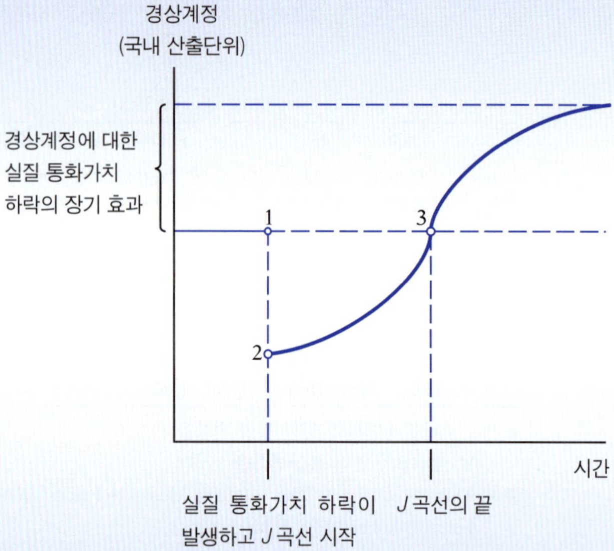

출처: Paul R. Krugman and Maurice Obstfeld, *International Economics: Theory and Practice*, 3d ed., Harper Collins, New York, 1994, p.465.

예제 17.6 투자의 가속도 모형

가장 단순한 형태로 투자이론의 가속도 원리는 투자가 산출의 변동에 비례한다고 기술한다. 기호로 보면

$$I_t = \beta(X_t - X_{t-1}) \qquad \beta > 0 \qquad \textbf{(17.1.5)}$$

여기서 I_t는 t기의 투자, X_t는 t기의 산출, X_{t-1}은 $(t-1)$기의 산출이다.

앞에서의 예들은 단지 경제학에서 시차가 사용되는 경우의 표본에 불과하다. 의심할 여지없이 독자들도 자신의 경험으로부터 또 다른 예들을 찾아낼 수 있을 것이다.

17.2 시차의 존재이유[4]

비록 17.1절에서 인용된 예들이 시차 현상의 본질을 나타내고 있지만 그것들은 왜 시차가 존재하는지를 충분히 설명하지 못하고 있다. 주요 이유로 다음과 같이 세 가지를 들 수 있다.

4. 이 부분은 다음 문헌에 많이 의존하고 있다. Marc Nerlove, *Distributed Lags and Demand Analysis for Agricultural and Other Commodities*, Agricultural Handbook No.141, U.S. Department of Agriculture, June 1958.

1. **심리적 이유.** 습관(관성)으로 인해 사람들은 물가하락이나 소득증가에 따라 즉각적으로 그들의 소비습관을 변경하지 않는데, 그 이유는 변화과정이 즉각적인 비효용을 초래할 수 있기 때문이다. 이리하여 복권이 당첨되어 갑자기 백만장자가 된 사람도 그들이 오랫동안 지내온 생활습관을 바꾸지 않을지 모르는데 그 이유는 그들이 그러한 횡재에 대해 어떻게 즉각적으로 반응을 해야 할지 모르기 때문이다. 물론 충분한 시간이 지나면 그들은 새로운 환경에 적응하여 살아갈 수 있을 것이다. 또한 사람들은 변화가 "영구적"인지 또는 "일시적"인지를 잘 모를 수 있다. 따라서 나의 소득증가에 대한 나의 반응은 그 증가가 영구적인지 또는 일시적인지 여부에 달려 있다. 만일 그것이 단 한번만의 증가이고 그 다음부터 내 소득이 이전의 수준으로 돌아간다면 나는 증가액 전부를 저축할 수도 있고 나와 같은 상황에서 어떤 사람은 그 돈을 다 써버리기로 작정할 수도 있다.
2. **기술적 이유.** 가령 노동에 대한 자본의 상대가격이 하락하였고 노동 대신 자본으로의 대체가 경제적으로 가능하다고 하자. 물론 자본을 추가하는 데에는 시간(회임기간)이 소요된다. 더욱이 가격하락이 일시적인 것으로 예상되고 특히 일시적인 가격하락 후에 자본의 가격이 이전 수준보다 더 증가할 것으로 예상된다면 기업들은 서둘러 노동 대신 자본으로 대체하지는 않을 것이다. 때로는 불완전한 지식이 시차의 존재이유가 되기도 한다. 지금 현재는 개인 컴퓨터에 대한 시장은 다양한 특징과 상이한 가격의 각종 컴퓨터들로 과다 공급 상태에 있다. 더욱이 1970년대 말 그것들이 도입된 이래 대부분의 컴퓨터의 가격은 상당히 하락하였다. 그 결과 컴퓨터의 잠재 구입자들은 모든 경쟁제품들의 특성과 가격을 살펴볼 수 있을 때까지 그들의 구입을 연기할 것이다. 또한 그들은 가격이 더 하락한다거나 또는 새로운 발명이 있을 것을 기대하여 구입을 주저할 수도 있다.
3. **제도적 이유.** 이러한 이유들도 시차에 기여한다. 예를 들면 계약상의 의무조항으로 인해 기업들이 노동이나 원자재의 공급경로를 변경시키지 못하는 경우가 있다. 또 다른 예로 1년, 3년, 7년 등 정해진 기간 동안 장기예금 자금을 예금시킨 사람들의 경우 설령 다른 금융상품의 수익이 더 높더라도 그 자금은 사실상 부동화(不動化)되어 있는 것이다. 또한 고용주들은 종종 근로자들에게 몇몇 건강보험 대안들 가운데 하나를 선택하기를 요구하는데 일단 하나가 선택되면 최소한 1년간은 다른 대안으로 전환할 수 없다. 비록 이것은 행정상의 편의를 위해 정해진 것이지만 이로 인해 근로자들은 1년 동안 불편함을 감수해야 한다.

이상과 같은 이유로 시차는 경제학에서 중요한 역할을 수행한다. 이 같은 사실은 경제학에서의 단기-장기 방법론에 잘 반영되고 있다. 우리가 단기의 가격이나 소득탄력성이 일반적으로 장기 탄력성보다 (절대값으로) 작다고 하는 것이나 또는 단기의 한계소비성향이 장기 한계소비성향보다 일반적으로 작다고 하는 것은 바로 이러한 이유 때문이다.

17.3 분포시차 모형의 추정

분포시차 모형이 경제학에서 매우 유용한 역할을 한다는 것을 인정할 때 그럼 그와 같은 모형들을 어떻게 추정할 것인가? 구체적으로 설명변수가 하나인 다음과 같은 분포시차 모형이 있다고 하자.[5]

$$Y_t = \alpha + \beta_0 X_t + \beta_1 X_{t-1} + \beta_2 X_{t-2} + \cdots + u_t \qquad \textbf{(17.3.1)}$$

여기서 우리는 시차의 길이, 즉 과거로 얼마나 멀리까지 거슬러 올라가고자 하나를 정의하지 않았다. 이 같은 모형은 무한(시차)모형(infinite (lag) model)이라 부르는데 반해, 식 (17.1.2)와 같은 형태의 모형은 유한(시차)분포시차 모형(finite (lag) distributed-lag model)이라 부르는데, 그 이유는 시차의 길이 k가 정해져 있기 때문이다. 우리는 계속해서 식 (17.3.1)을 사용할 예정인데 그 이유는 곧 보게 되겠지만 수학적으로 다루기가 용이하기 때문이다.[6]

식 (17.3.1)의 α와 β들을 어떻게 추정할 것인가? 두 가지 방법을 채택할 수가 있다. (1) 주먹구구식 추정과 (2) β들이 어떤 체계적인 양상을 보인다고 가정함으로써 β들에 대한 선험적 제약을 가하는 것이다. 우선 이 절에서는 주먹구구식 추정을 먼저 다루고 17.4절에서 다른 방법을 다루기로 한다.

분포시차 모형의 주먹구구식 추정(Ad Hoc Estimation)

설명변수 X_t는 비확률적으로(또는 최소한 교란항 u_t와 상관되지 않는 것으로) 가정하고 있으므로 X_{t-1}, X_{t-2} 등도 역시 비확률적이다. 따라서 원칙적으로는 식 (17.3.1)에 OLS가 적용될 수 있다. 이것이 Alt[7]와 Tinbergen[8]이 취한 방법이다. 그들은 식 (17.3.1)을 추정하는 데 축차적으로(sequentially) 진행할 것, 즉 처음에 X_t에 대해 Y_t를 회귀하고 그 다음에 X_t와 X_{t-1}에 Y_t를 회귀하며 그 다음으로는 X_t, X_{t-1}, X_{t-2}에 Y_t를 회귀하는 것 등등을 제안하고 있다. 이 축차절차는 시차변수의 회귀계수들이 통계적으로 유의하지 않게 되고(되거나) 최소한 하나의 변

5. 만일 모형 안에 둘 이상의 설명변수가 존재하면 각 변수는 Y에 대해 시차효과를 가지고 있을 수 있다. 단지 단순화를 위해 설명변수 하나만을 가정하기로 한다.

6. 그러나 실제로 멀리 떨어진 X값의 계수들은 Y에 대한 효과가 미약할 것으로 예상된다.

7. F. F. Alt, "Distributed Lags," *Econometrica*, vol. 10, 1942 pp.113–128.

8. J. Tinbergen, "Long-Term Foreign Trade Elasticities," *Metroeconomica*, vol.1, 1949, pp.174–185.

수의 계수의 부호가 바뀔 때 멈춘다. 이 방침에 따라 Alt는 연료용 기름 소비 Y를 새로운 주문 X에 대해 회귀하였다. 1930~1939년의 분기별 자료에 기초한 회귀 결과는 다음과 같다.

$$\hat{Y}_t = 8.37 + 0.171X_t$$
$$\hat{Y}_t = 8.27 + 0.111X_t + 0.064X_{t-1}$$
$$\hat{Y}_t = 8.27 + 0.109X_t + 0.071X_{t-1} - 0.055X_{t-2}$$
$$\hat{Y}_t = 8.32 + 0.108X_t + 0.063X_{t-1} + 0.022X_{t-2} - 0.020X_{t-3}$$

Alt는 두 번째 회귀식을 가장 "나은"것으로 선택하였는데, 그 이유는 마지막 두 식에서는 X_{t-2}의 부호가 일관되지 못하고 마지막 식에서는 X_{t-3}의 부호가 음인데, 이는 경제학적으로 해석하기가 힘들기 때문이다.

외관상으로는 간단하지만 이 주먹구구식 회귀에는 다음과 같은 결함이 존재한다.

1. 시차의 최대 한도에 대한 선험적 지침이 존재하지 않는다.[9]
2. 계속적인 시차들을 추정함에 따라 자유도는 점차 작아지게 되어 통계적 추론이 다소 불안정하게 된다. 경제학자들은 대개 긴 시계열 자료를 보유하는 경우가 드물어 다수의 시차를 추정할 수 없다.
3. 보다 중요한 것은 경제 시계열 자료에서는 계속적인 값(시차)들이 매우 높게 상관되는 경향이 있다. 따라서 다중공선성이 출연하게 된다. 10장에서 언급되었듯이 다중공선성으로 인해 추정이 부정확해진다. 즉 추정된 계수에 비해 표준오차가 커지는 경향이 있다. 그 결과 일상적으로 계산된 t값에 기초하면 시차계수가 통계적으로 유의하지 않은 것으로 (잘못) 판단할 가능성 있다.
4. 시차 길이에 대한 연속적인 탐색은 연구자로 하여금 자료캐기라는 비난에 개방되게 한다. 또한 우리가 13.4절에서 언급하였듯이 통계적 가설을 검정하기 위한 명목상 및 진정한 유의수준은 그러한 연속적 탐색에서 중요한 이슈가 된다(식 (13.4.2) 참조).

이상의 문제점으로 인해 주먹구구식 추정절차는 별로 권장되지 않는다. 분명한 것은 우리가 추정문제를 진척시키고자 한다면 β에 대한 선험적이거나 이론적인 고려가 있어야 할 것이다.

9. 만일 시차길이 k가 잘못 표기되면 13장에서 논의된 오표기오차 문제에 직면하게 된다. 아울러 **자료캐기**에 관한 경고도 염두에 두어야 한다.

17.4 분포시차 모형에 대한 Koyck 접근법

Koyck은 분포시차 모형을 추정하는 독창적인 방법을 제안하였다. 가령 우리가 무한 시차 분포시차모형 (17.3.1)에서 시작한다고 하자. **β들이 모두 동일한 부호를 갖는다고 가정하면서** Koyck은 그것들이 다음과 같이 기하적으로 감소하는 것으로 가정한다.[10]

$$\beta_k = \beta_0 \lambda^k \qquad k = 0, 1, \ldots \tag{17.4.1}$$ [11]

여기서 λ는 $0<\lambda<1$로 분포시차의 **하락율(rate of decline, or decay)**이라 하며 $1-\lambda$는 **조정속도(speed of adjustment)**라 한다.

식 (17.4.1)이 가정하고 있는 것은 뒤에 나오는 β계수가 앞에 나오는 β계수보다 그 값이 작다(이것은 $\lambda<1$이기 때문)는 것인데, 이는 먼 과거로 거슬러 올라감에 따라 Y_t에 대한 그 시차의 영향은 점진적으로 작아진다는 것으로 매우 그럴 듯한 가정이다. 기하적으로는 Koyck구조가 그림 17.5에 나와 있다.

이 그림에서 볼 수 있듯이 시차계수 β_k의 값은 공통적인 β_0외에 λ의 값에 의존한다. λ가 1에 가까울수록 β_k의 하락율은 줄어드는 반면, 그것이 0에 가까울수록 더 급속도로 β_k가 하락한다. 전자의 경우에는 X의 먼 과거값이 Y_t에 꽤

그림 17.5
Koyck구조(하락하는 기하분포)

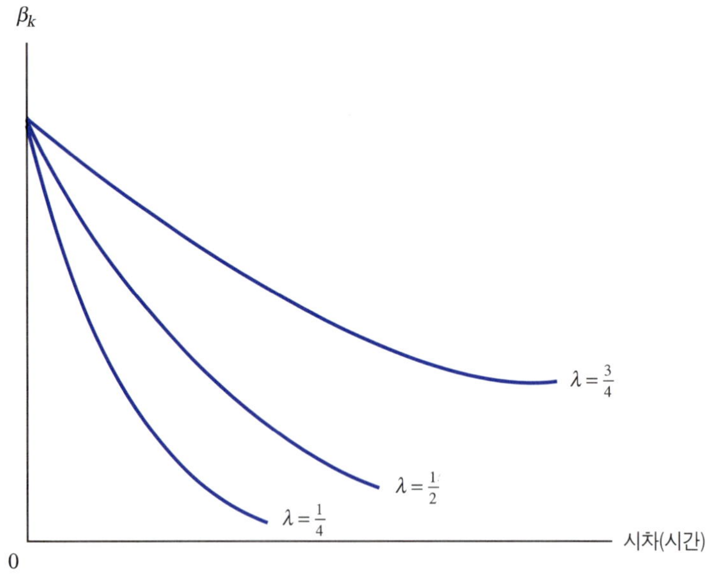

10. L. M. Koyck *Disributed Lags and Investment Analysis*, North-Holland Publishing Company Amsterdam. 1954.

11. 각주 12에 나와 있는 이유로 종종 $\beta_k = \beta_0(1-\lambda)\lambda_k \qquad k = 0, 1, \cdots$로 쓰기도 한다.

큰 영향을 미치나 후자의 경우 Y_t에 대한 그것의 영향은 빠르게 소멸한다. 다음의 예로부터 이 같은 양상을 분명히 볼 수 있다.

λ	β_0	β_1	β_2	β_3	β_4	β_5	$\cdots$	β_{10}
0.75	β_0	$0.75\beta_0$	$0.56\beta_0$	$0.42\beta_0$	$0.32\beta_0$	$0.24\beta_0$	$\cdots$	$0.06\beta_0$
0.25	β_0	$0.25\beta_0$	$0.06\beta_0$	$0.02\beta_0$	$0.004\beta_0$	$0.001\beta_0$	$\cdots$	0.0

Koyck구조의 다음과 같은 특성들에 유의하라. (1) λ의 값이 음수가 아니라고 가정함으로써 Koyck은 β의 부호가 바뀌는 것을 배제하고 있다 (2) λ<1로 가정함으로써 현재의 값보다 과거의 β에 작은 가중치를 주고 있다 (3) β의 합계, 즉 장기승수가 유한한 값을 가진다는 것을 보장한다. 즉

$$\sum_{k=0}^{\infty} \beta_k = \beta_0 \left(\frac{1}{1-\lambda} \right) \qquad \textbf{(17.4.2)}^{12}$$

식 (17.4.1)의 결과 무한시차 모형 (17.3.1)은 다음과 같이 쓸 수 있다.

$$Y_t = \alpha + \beta_0 X_t + \beta_0 \lambda X_{t-1} + \beta_0 \lambda^2 X_{t-2} + \cdots + u_t \qquad \textbf{(17.4.3)}$$

보는 바와 같이 모형은 아직도 쉽게 추정할 수가 없는데, 그 이유는 추정되어야 할 모수의 수가 많고(사실상 무한대), 모수 λ가 매우 비선형인 형태로 모형에 들어가기 때문이다. 따라서 엄밀히 말하면 그와 같은 모형에 (모수에 대해)선형회귀분석 방법이 적용될 수 없다. 그러나 Koyck은 기발한 방법으로 탈출구를 제시하고 있다. 그는 식 (17.4.3)을 한 시차 앞으로 당겨서 다음 식을 구하였다.

$$Y_{t-1} = \alpha + \beta_0 X_{t-1} + \beta_0 \lambda X_{t-2} + \beta_0 \lambda^2 X_{t-3} + \cdots + u_{t-1} \qquad \textbf{(17.4.4)}$$

식 (17.4.4)에 λ를 곱해 주면 다음과 같다.

$$\lambda Y_{t-1} = \lambda\alpha + \lambda\beta_0 X_{t-1} + \beta_0 \lambda^2 X_{t-2} + \beta_0 \lambda^3 X_{t-3} + \cdots + \lambda u_{t-1} \qquad \textbf{(17.4.5)}$$

식 (17.4.5)에서 식 (17.4.3)를 빼면

$$Y_t - \lambda Y_{t-1} = \alpha(1-\lambda) + \beta_0 X_t + (u_t - \lambda u_{t-1}) \qquad \textbf{(17.4.6)}$$

---

12. 우변의 괄호 안의 표현은 $0 < \lambda < 1$일 때 그 합이 $1/(1-\lambda)$인 무한기하급수이므로 다음 식이 성립한다.

$$\sum \beta_k = \beta_0(1 + \lambda + \lambda^2 + \lambda^3 + \cdots) = \beta_0 \left(\frac{1}{1-\lambda} \right)$$

추가로 만일 β_k가 각주 11에 정의된 것과 같다면 $\sum \beta_k = \beta_0(1-\lambda)/(1-\lambda) = \beta_0$가 되어 가중치 $(1-\lambda)\lambda^k$의 합이 1이 되는 것이 보장된다.

이를 다시 정리하면

$$Y_t = \alpha(1-\lambda) + \beta_0 X_t + \lambda Y_{t-1} + v_t \qquad (17.4.7)$$

여기서 $v_t = (u_t - \lambda u_{t-1})$, 즉 u_t와 u_{t-1}의 이동평균이다.

지금까지 기술된 절차를 Koyck 변환(Koyck transformation)이라 한다. 식 (17.4.7)과 (17.3.1)을 비교해 보면 Koyck에 의해 모형이 상당히 단순하게 되었음을 알 수 있다. 이전에는 α와 무수히 많은 β들을 추정해야 했지만, 이제는 단지 세 개의 미지수들, 즉 α, β_0, λ만을 추정하면 된다. 이제는 다중공선성이 예상될 이유가 없다. 어떤 면에서는 X_{t-1}, X_{t-2}, ⋯ 등을 단일변수 Y_{t-1}로 대체함으로써 다중공선성이 해결되었다고 할 수 있다. 그러나 다음과 같은 Koyck변환의 특성에 유의하라.

1. 우리는 처음에 분포시차 모형으로 시작했으나 자기회귀 모형에 이르렀는데, 그 이유는 Y_{t-1}이 설명변수 가운데 하나로 등장하기 때문이다. 이로부터 우리는 분포시차 모형이 어떻게 자기회귀모형으로 "전환"되는지를 보게 된다.
2. Y_{t-1}의 등장으로 통계적 문제가 야기될 수 있다. Y_t와 마찬가지로 Y_{t-1}도 확률적인데, 이는 모형 안에 확률적 설명변수가 들어가 있음을 뜻한다. 고전적 최소자승이론은 설명변수들이 비확률적이든가 또는 확률적이면 교란항과 독립적인 분포를 한다는 가정에 기초하고 있음을 기억하라. 따라서 우리는 Y_{t-1}이 이 가정을 만족하는지를 알아보아야 한다(이 점에 대해서는 17.8절에서 다루기로 한다).
3. 원래의 모형 (17.3.1)에서 교란항은 u_t인 반면, 변환된 모형에서의 교란항은 $v_t = (u_t - \lambda u_{t-1})$이다. v_t의 통계적 속성은 u_t의 통계적 속성에 대한 가정에 의존한다. 왜냐하면 이후에 보겠지만 만일 원래의 u_t들이 계열 상관되지 않는다면 v_t들은 계열상관된다. 따라서 우리는 확률적인 설명변수 Y_{t-1}의 문제와 더불어 계열상관 문제에 직면하게 된다. 이에 대한 논의는 17.8절에서 다루기로 한다.
4. 시차 Y의 존재는 Durbin–Watson d 통계량에 내재하는 가정 가운데 하나에 위배된다. 따라서 시차 Y가 존재하는 경우 계열상관에 대한 검정을 하기 위하여 새로운 대안이 개발되어야 한다. 이러한 대안을 Durbin의 *h* 검정이라고 하는데 이에 대해서는 17.10절에서 다루기로 한다.

식 (17.1.4)에서 보았듯이 표준화된 β_i의 부분합은 장기 또는 총효과 가운데 특정 기간에 감지되는 부분을 나타낸다. 그러나 실제로 분포시차 모형의 시차구조의 속성을 특징 짓기 위해 종종 사용되는 것은 평균 또는 중위시차이다.

중위시차

이것은 X 한 단위의 지속적 변화에 따른 Y의 총변화의 첫 번째 반 또는 50%가 발생하는 데 소요되는 시간을 말한다. Koyck모형에서의 중위시차는 다음과 같다(연습문제 17.6 참조).

$$\text{Koyck 모형 : 중위시차} = -\frac{\log 2}{\log \lambda} \tag{17.4.8}$$

따라서 만일 $\lambda = 0.2$이면 중위시차는 0.4306이지만, $\lambda = 0.8$이면 중위시차는 3.1067이다. 이를 말로 표현하면 전자의 경우 Y의 총변화의 50%가 한 기간의 절반도 못되어 달성되지만 후자의 경우에는 50%의 변화를 달성하는 데 3기 이상이 소요된다. 그러나 이 같은 사실은 그리 놀라운 것이 못 되는데, 그 이유는 이미 우리가 알고 있듯이 λ의 값이 높으면 높을수록 조정속도는 더 낮아지고 λ의 값이 낮을수록 조정속도가 빨라지기 때문이다.

평균시차

모든 β_k가 양의 값이라는 전제 하에 이것은 다음과 같이 정의된다.

$$\text{평균시차} = \frac{\sum_0^\infty k\beta_k}{\sum_0^\infty \beta_k} \tag{17.4.9}$$

이것은 단지 포함된 모든 시차들의 가중평균인데 각 β계수들이 가중치의 역할을 한다. 즉 이것은 시간의 시차 가중평균이다. Koyck모형에 있어서의 평균시차는(연습문제 17.7참조) 다음과 같다.

$$\text{Koyck 모형 : 평균시차} = \frac{\lambda}{1-\lambda} \tag{17.4.10}$$

따라서 만일 $\lambda = 1/2$이면 평균시차는 1이다.

지금까지의 논의로부터 중위시차와 평균시차는 X에 대해 Y가 반응하는 속도에 대한 요약척도가 됨을 알았다. 표 17.1의 예에서 평균시차는 약 11사분기로서, 통화공급의 변화로 인해 가격변화에 대한 효과가 감지될 때까지는 평균적으로 어느 정도 시간이 소요된다는 것을 보여주고 있다.

예제 17.7

1인당 개인 소비지출(PPCE)과 1인당 가처분소득(PPDI)

이 예는 1959~2006년간 미국의 PPDI와 연관된 PPCE를 조사하는 것인데, 모두 2000년 불변가격으로 표현된다. Koyck 모형의 예로 표 17.2에 주어진 자료를 보자. PPDI와 시차 PPCE에 대한 PPCE의 회귀결과가 표 17.3에 나와 있다.

이 표에서 소비함수는 단기 소비함수라고 불릴 수 있다. 곧 장기 소비함수를 도출할 것이다.

λ의 추정값을 사용하여 분포시차계수를 계산할 수 있다. 만일 $\beta_0 \approx 0.2139$이면, $\beta_1 = (0.2139)(0.7971) \approx 0.1704$, $\beta_2 = (0.2139(0.7971)^2 \approx 0.0231$ 등등인데 이것들은 단기 및 중기 승수들이다. 마지막으로 식 (17.4.2)를 이용하여 우리는 장기승수, 즉 모든 시차 효과들이 감안된 후에 소비에 대한 소득변동의 총효과를 얻을 수 있는데 현재의 예에서는 다음과 같다.

$$\sum_0^\infty \beta_k = \beta_0\left(\frac{1}{1-\lambda}\right) = (0.2139)\left(\frac{1}{1-0.7971}\right) \approx 1.0537$$

말로 하면 PPDI 1달러의 지속되는 증가는 결국 약 1.05달러의 PPCE 증가를 초래하는데 즉각적인 또는 단기효과는 단지 21센트이다.

이제 장기 소비함수는 다음과 같이 쓸 수 있다.

$$\text{PPCE}_t = -1247.1351 + 1.0537\text{PPDI}_t$$

이것은 표 17.3에 주어진 단기 소비함수의 양변을 0.2029로 나누고 시차 PPDI 항을 제외

표 17.2
PPCE와 PPDI, 1959~2006년

연도	PPCE	PPDI	연도	PPCE	PPDI
1959	8,776	9,685	1983	15,656	17,828
1960	8,873	9,735	1984	16,343	19,011
1961	8,873	9,901	1985	17,040	19,476
1962	9,170	10,227	1986	17,570	19,906
1963	9,412	10,455	1987	17,994	20,072
1964	9,839	11,061	1988	18,554	20,740
1965	10,331	11,594	1989	18,898	21,120
1966	10,793	12,065	1990	19,067	21,281
1967	10,994	12,457	1991	18,848	21,109
1968	11,510	12,892	1992	19,208	21,548
1969	11,820	13,163	1993	19,593	21,493
1970	11,955	13,563	1994	20,082	21,812
1971	12,256	14,001	1995	20,382	22,153
1972	12,868	14,512	1996	20,835	22,546
1973	13,371	15,345	1997	21,365	23,065
1974	13,148	15,094	1998	22,183	24,131
1975	13,320	15,291	1999	23,050	24,564
1976	13,919	15,738	2000	23,860	25,469
1977	14,364	16,128	2001	24,205	25,687
1978	14,837	16,704	2002	24,612	26,217
1979	15,030	16,931	2003	25,043	26,535
1980	14,816	16,940	2004	25,711	27,232
1981	14,879	17,217	2005	26,277	27,436
1982	14,944	17,418	2006	26,828	28,005

주: PPCE = 2000년 불변가격으로 표시한 1인당 개인 소비지출
PPDI = 2000년 불변가격으로 표시한 1인당 개인 가처분소득

출처: *Economic Report of the President*, 2007, Table B-31.

예제 17.7 (계속)

표 17.3

```
Dependent Variable: PPCE
Method: Least Squares
Sample (adjusted): 1960-2006
Included observations: 47 after adjustments
```

	Coefficient	Std. Error	t Statistic	Prob.
C	-252.9190	157.3517	-1.607348	0.1151
PPDI	0.213890	0.070617	3.028892	0.0041
PPCE(-1)	0.797146	0.073308	10.87389	0.0000

R-squared	0.998216	Mean dependent var.	16691.28
Adjusted R-squared	0.998134	S.D. dependent var.	5205.873
S.E. of regression	224.8504	Akaike info criterion	13.73045
Sum squared resid.	2224539.	Schwarz criterion	13.84854
Log likelihood	-319.6656	Hannan-Quinn criter.	13.77489
F-statistic	12306.99	Durbin-Watson stat.	0.961921
Prob. (F-statistic)	0.000000	Durbin h = 3.8269*	

*The calculation of Durbin *h* is discussed in Section 17.10.

해서 얻을 수 있다.[13]

장기에는 한계소비성향(MPC)은 약 1이다. 이것은 소비자들이 PPDI 1달러 증가에 대해 조정할 시간을 가지고 있다면 그들의 PPCE를 거의 1달러 증가시킬 것이라는 것을 의미한다. 그러나 단기에는 표 17.3에서 볼 수 있듯이 MPC는 겨우 약 21센트이다. 단기와 장기 MPC 간의 그러한 차이에 대한 이유는 무엇인가?

이에 대한 답은 중위 및 평균 시차에서 찾을 수 있다. $\lambda = 0.7971$로 주어졌을 때 중위 시차는

$$-\frac{\log(2)}{\log\lambda} = -\frac{\log(2)}{\log(0.7971)} = 3.0589$$

그리고 평균 시차는

$$\frac{\lambda}{1-\lambda} = 3.9285$$

실질 PPCE는 실질 PPDI에 상당한 시차를 가지고 조정되는 것으로 보인다. λ의 값(0과 1 사이)이 크면 클수록 종속변수에 대해 느껴지는 설명변수 값의 변동의 총효과에 걸리는 시간은 점점 길어진다.

17.5 Koyck모형의 합리화: 적응적 기대 모형

비록 식 (17.4.7)의 Koyck모형은 훌륭하기는 하지만, 그것이 순수히 수학적 과정에 의해 도출되었다는 점에서는 자의적이라고 할 수 있다. 즉 이것은 이론적 토

13. 균형에서 모든 PPCE값들은 동일해진다. 따라서 $PPCE_t = PPCE_{t-1}$.이것을 대입하면 장기 소비함수를 얻는다.

대가 결여되어 있다. 그러나 우리가 다른 관점에서 출발하면 이러한 공백은 메워질 수 있다. 가령 다음과 같은 모형을 가정해 보자.

$$Y_t = \beta_0 + \beta_1 X_t^* + u_t \tag{17.5.1}$$

여기서 Y = 통화에 대한 수요(실질 현금잔고)
X^* = 예상되는 장기 또는 정상 이자율, 또는 균형 이자율, 적정 이자율.
μ = 오차항

식 (17.5.1)에서는 통화에 대한 수요가 **예상** 이자율의 함수로 가정되고 있다.

예상변수 X^*는 직접 관찰할 수 없으므로 예상이 형성되는 과정에 대해 다음과 같은 가설을 제시해 보자.

$$X_t^* - X_{t-1}^* = \gamma(X_t - X_{t-1}^*) \tag{17.5.2}$$ [14]

여기서 γ는 $0<\gamma \le 1$로 기대계수(coefficient of expectation)라 부른다. 가설 (17.5.2)는 적응적 기대, 점진적 기대, 또는 오차학습가설(adaptive expectation, progressive expectation, or error learning hypothesis) 등으로 알려져 있는데 Cagan[15]과 Friedman[16]에 의해 대중화 되었다.

식 (17.5.2)가 뜻하는 바는 "경제주체들은 과거의 경험에 비추어서 그들의 기대를 적응시켜 나가고 그들은 특히 실수로부터 배워 나간다는 것이다."[17] 보다 정확하게 말하면 식 (17.5.2)는 변수의 현재값과 그것에 대한 이전의 기대값 사이의 격차의 γ비율만큼 매기마다 기대가 수정된다는 것을 뜻한다. 이리하여 우리의 모형에 있어서는 이자율에 대한 기대는 현재 관찰되는 이자율과 바로 전기의 예상값과의 차이의 γ비율만큼 매기마다 수정된다는 것을 의미한다. 식 (17.5.2)는 다음과 같이 표현될 수 있다.

$$X_t^* = \gamma X_t + (1-\gamma) X_{t-1}^* \tag{17.5.3}$$

이것은 t기의 이자율의 기대치는 t기의 실제이자율 수준과 그 이전 기의 기대값과의 가중평균으로 가중치는 각각 γ와 $1-\gamma$이라는 것을 보여준다. 만일 $\gamma=1$이

14. 종종 모형은 다음과 같이 표현된다.

$$X_t^* - X_{t-1}^* = \gamma(X_{t-1} - X_{t-1}^*)$$

15. P. Cagan, "The Monetary Dynamics of Hyper Inflations." in M. Friedman (ed.), *Studies in the Quantity Theory of Money*, University of Chicago Press, Chicago. 1956.
16. Milton Friedman, *A Theory of the Consumption Function*, National Bureau of Economic Research, Princeton University Press, Princeton, NJ, 1957.
17. G. K. Shaw, *Rational Expectations: An Elementary Exposition*, St. Martin' s Press, New York, 1984, p.25.

면 $X_t^* = X_t$인데, 이것은 같은 기에 기대가 즉각적으로, 완전히 실현된다는 것을 뜻한다. 반면에 만일 $\gamma = 0$이면 $X_t^* = X_{t-1}^*$인데, 이것은 기대가 정학적, 즉 "오늘의 상황이 앞으로도 계속 유지될 것이므로 예상되는 미래의 값은 현재의 값으로 인식된다"[18]는 것이다.

식 (17.5.3)을 (17.5.1)에 대입하면 다음과 같다.

$$\begin{aligned} Y_t &= \beta_0 + \beta_1[\gamma X_t + (1-\gamma)X_{t-1}^*] + u_t \\ &= \beta_0 + \beta_1\gamma X_t + \beta_1(1-\gamma)X_{t-1}^* + u_t \end{aligned} \tag{17.5.4}$$

이제 식 (17.5.1)에서 한 시차를 뒤로 한 다음 $1-\gamma$를 곱해 준 것을 식 (17.5.4)에서 빼게 되면 다음 결과가 나온다.

$$\begin{aligned} Y_t &= \gamma\beta_0 + \gamma\beta_1 X_t + (1-\gamma)Y_{t-1} + u_t - (1-\gamma)u_{t-1} \\ &= \gamma\beta_0 + \gamma\beta_1 X_t + (1-\gamma)Y_{t-1} + v_t \end{aligned} \tag{17.5.5}$$

여기서 $v_t = u_t - (1-\gamma)u_{t-1}$

논의를 더 진행시키기 전에 식 (17.5.1)과 식 (17.5.5) 간의 차이를 살펴보도록 하자. 전자에서는 β_1이 X의 균형 또는 장기 값인 X^*의 한 단위 변화에 따른 Y의 평균 반응을 측정한다. 한편, 식 (17.5.5)에서 $\gamma\beta_1$은 실제 또는 관찰되는 X의 값 한 단위 변화에 따른 Y의 평균 반응을 측정한다. 물론 $Y = 1$, 즉 현재의 X값과 장기 X값이 동일하지 않으면 이들 두 반응은 일치하지 않는다. 실제로 우리는 식 (17.5.5)를 먼저 추정한다. 일단 시차 Y의 계수로부터 Y의 추정치를 구하게 되면 X_t의 계수 ($=\gamma\beta_1$를 γ로 나누어 줌으로써 β_1을 쉽게 계산할 수 있다.

비록 두 모형에서 계수들에 대한 해석은 상이하더라도 적응적 기대 모형 (17.5.5)와 Koyck 모형 (17.4.7)은 유사하다. 유의할 점은 Koyck 모형과 마찬가지로 적응적 기대 모형도 자기회귀적이고 그 오차항은 Koyck의 오차항과 유사하다. 17.8절에서는 적응적 기대모형의 추정을 다루게 되고, 17.12절에서는 그에 대한 예를 살펴볼 것이다. 이제 적응적 기대(AE)모형을 대략적으로 설명하였는데, 이것은 얼마나 현실적인가? 이것이 전적으로 수학적인 Koyck모형보다는 분명히 낫기는 하지만 AE가설이 과연 합리적인가? AE가설을 지지하는 쪽에서는 다음과 같이 말할 수 있다.

> 그것은 경제이론에서의 예상을 모형화하는 단순한 수단이면서 경제주체의 합리적 행태를 가정하고 있다. 사람들이 경험으로부터 배운다는 생각은 사람들은 전적으로 기억이 결여되어 있다는 암묵적 가정(정태적 기대 명제의 특징)보다 분명히 훨씬 더

18. Ibid., pp. 19–20.

> 합리적인 출발점이다. 더욱이 멀리 떨어진 경험이 최근의 경험에 비해 그 영향력이 작다는 주장은 상식과 부합되고 단순한 관찰로도 충분히 확인될 수 있을 것이다.[19]

처음에는 J. Muth에 의해 제시되었고 그 후에 Robert Lucas와 Thomas Sargent에 의해 널리 보급된 합리적 기대(rational expectations: RE)가설이 출현하기 전까지는 실증경제학에서 AE가설이 매우 유명하였다. RE가설의 지지자들의 주장에 따르면 AE가설은 기대를 형성하는데 있어서 오직 변수의 과거 값에만 의존하기 때문에 부적절한 반면,[20] RE가설에서는 "개별 경제주체들이 그들의 기대를 형성하는데 있어서 **현재의 이용가능하고 적절한** 정보를 사용하고 단지 과거의 경험에만 의존한다고는 가정하지 않고 있다."[21]는 것이다. 간단히 말해 RE가설에서는 단지 과거의 정보가 아니라 "기대가 형성되는 시점에서 이용가능한 모든 정보들이 효율적으로 결합된다는 점에서 기대가 '합리적'이다."[22]라고 주장한다.

RE지지자들의 AE가설에 대한 비판은 근거가 있지만 RE가설 자체에 대한 비판자들도 다수 존재한다.[23] 여기서는 이같은 측면에 대해서는 더 이상 언급하지 않겠다. "기껏해야 적응적 기대 가정은 보다 복잡하고 계속 변해가는 기대 형성구조를 대신하는 하나의 '실행상의 가설'로서만 그 가치가 인정될 수 있다."[24]는 McNees의 말이 맞을지 모른다.

예제 17.8
예 17.7의 재고찰

Koyck 변환은 적응적 기대모형의 기초가 되므로 표 17.3에 제시된 결과는 식 (17.5.5)에 의해서도 해석될 수 있다. 이리하여 $\hat{\gamma}\hat{\beta}_0 = -252.9190$; $\hat{\gamma}\hat{\beta}_1 = 0.21389$, $(1-\hat{\gamma}) = 0.797146$이다. 그래서 기대계수 $\hat{\gamma} \approx 0.2028$이고 AE모형에 대한 앞에서의 논의에 따라 실제와 예상 PPDI 간 격차의 약 20%가 1년 내에 제거된다고 말할 수 있다.

17.6 Koyck 모형의 또 다른 합리화: 스탁조정 또는 부분조정 모형

적응적 기대모형은 Koyck모형을 합리화하는 한 방법이다. 또 다른 합리화 방법으로는 Nerlove가 제시한 소위 스탁조정 또는 부분조정모형(stock adjustment or

19. Ibid., p.27.
20. Koyck 모형과 마찬가지로 AE 하에서는 한 변수의 예상치는 그 변수의 과거 값들의 지수적 가중평균인 것을 증명할 수 있다.
21. G. K. Shaw, op. cit., p.47. RE 가설에 대한 추가적 세부내용에 대해서는 Steven M. Sheffrin, *Rational Expectations*, Cambridge University Press, New York, 1983 참조.
22. Stephen K McNees, "The Phillips Curve : Foward or Backward-Looking?" *New England Economic Review*, July-August 1979, p.50.
23. RE 가설에 대한 최근의 비판적 평가에 대해서는 Michael C. Lovell, "Test of the Rational Expectations Hypothesis," *American Economic Review*, March 1986, pp.110-124 참조.
24. Stephen K. McNees, op. cit., p.50.

partial adjustment model: PAM)이 있다.[25] 이 모형을 예시하기 위해 주어진 기술과 이자율 등등 하에서 주어진 산출량을 생산하는데 소요되는 **균형**, **적정**, **바람직한**, 또는 **장기(equilibrium, optimal, desired, or long-run)** 자본스탁 규모가 존재한다는 경제이론의 신축적 가속도 모형을 생각해보자. 단순하게 하기 위해 이 바람직한 자본수준 Y는 다음과 같이 산출량 X의 선형함수로 가정하기로 한다.

$$Y_t^* = \beta_0 + \beta_1 X_t + u_t \tag{17.6.1}$$

바람직한 자본수준은 직접적으로 관찰할 수 없으므로, Nerlove는 부분조정(partial adjustment) 또는 스탁조정(stock adjustment) 가설로 알려진 다음과 같은 가설을 가정하고 있다.

$$Y_t - Y_{t-1} = \delta(Y_t^* - Y_{t-1}) \qquad \textbf{(17.6.2)}^{26}$$

여기서 δ는 $0 < \delta \leq 1$로 조정계수(coefficient of adjustment)라 부르고 $Y_t - Y_{t-1}$ = 실제변동, $(Y_t^* - Y_{t-1})$ = 바람직한 변동이다.

$Y_t - Y_{t-1}$, 즉 두 기간 사이의 자본스탁의 변동은 투자이기 때문에 식 (17.6.2)는 다시 다음과 같이 쓸 수 있다.

$$I_t = \delta(Y_t^* - Y_{t-1}) \tag{17.6.3}$$

여기서 $I_t = t$기의 투자이다.

식 (17.6.2)에서는 주어진 기간 t에서의 자본스탁의 실제변동(투자)은 그 기간의 바람직한 변동의 δ비율로 가정하고 있다. 만일 $\delta = 1$이면 실제 자본스탁이 바람직한 스탁규모와 동일하다. 즉 실제 스탁이 (동일 기간에서) 즉시 바람직한 스탁규모로 조정된다는 것을 뜻한다. 그러나 만일 $\delta = 0$이면 t기의 실제 스탁이 그 전기에 관찰된 규모와 동일하므로 아무 변동이 없다는 것을 뜻한다. 전형적으로 δ는 이 두 극단적인 값 사이에 놓일 것으로 예상되는데, 그 이유는 경직성, 관성, 계약상의 의무 등으로 인하여 바람직한 자본스탁으로의 조정이 불완전할 것이기 때문이다. 이리하여 그 이름이 부분조정 모형(partial adjustment model)이다. 조정구조 (17.6.2)는 다음과 같이 쓸 수 있다.

25. Marc Nerlove, *Distributed Lags and Demand Analysis for Agricultural and Other Commodities*, op. cit.

26. 몇몇 저자들은 식 (17.6.1)에 확률적 교란항 u_t를 더하지 않는 대신 이 식에 더하는데 그 이유는 만일 전자가 정말로 균형 관계라면 오차항이 존재할 여지가 없는 반면 조정 메카니즘은 불완전할 수 있어서 교란항이 필요할지 모른다고 믿기 때문이다. 추가적으로 식 (17.6.2)는 다음과 같이 쓸 수도 있다는 것에 주목하라.

$$Y_t - Y_{t-1} = \delta(Y_{t-1}^* - Y_{t-1})$$

$$Y_t = \delta Y_t^* + (1-\delta)Y_{t-1} \tag{17.6.4}$$

이것은 t기에 관찰되는 자본스탁은 동일 기간의 바람직한 자본스탁과 그 이전 기에 존재하는 자본스탁의 가중평균이라는 것이고 이 때 가중치는 각각 δ와 $(1-\delta)$이다. 이제 식 (17.6.1)을 (17.6.4)에 대입하면 다음과 같다.

$$\begin{aligned} Y_t &= \delta(\beta_0 + \beta_1 X_t + u_t) + (1-\delta)Y_{t-1} \\ &= \delta\beta_0 + \delta\beta_1 X_t + (1-\delta)Y_{t-1} + \delta u_t \end{aligned} \tag{17.6.5}$$

이 모형을 부분조정 모형(partial adjustment model: PAM)이라 한다.

식 (17.6.1)은 자본스탁에 대한 장기 또는 균형수요를 나타내므로 식 (17.6.5)는 자본스탁에 대한 **단기(short-run)**수요함수라 부를 수 있는데, 그 이유는 단기에는 실제의 자본스탁이 꼭 장기 수준과 같을 수는 없기 때문이다. 일단 단기함수 (17.6.5)를 추정하여 조정계수 δ의 추정치를(Y의 계수로부터) 구하게 되면 $\delta\beta_0$와 $\delta\beta_1$을 δ로 나누고, 시차 Y 항을 생략함으로써 장기함수를 도출할 수 있는데 그것이 식 (17.6.1)이다.

기하적으로 부분조정 모형은 그림 17.6에서와 같다.[27] 이 그림에서 Y는 바람직한 자본스탁이고, Y^*은 현재의 실제 자본 스탁이다. 예를 들어 $\delta = 0.5$라 하자. 이것은 기업이 매기마다 실제와 바람직한 자본스탁 간의 격차의 절반을 메울 계획을 한다는 것을 뜻한다. 이리하여 처음 기에는 Y_2로 이동하는데, 이 때 $(Y_2 - Y_1)$만큼이 투자가 되고, 이것은 $(Y^* - Y_1)$의 절반이다. 그 이후에도 각 기마다 그 기의 초기의 자본스탁과 바람직한 자본스탁 Y^*간의 격차의 절반을 메운다.

그림 17.6
자본스탁의 점진적 조정

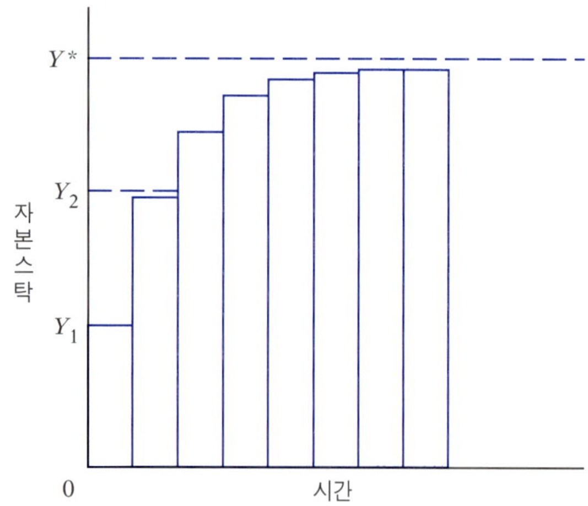

27. 이 그림은 다음 문헌의 그림 7.4로부터 인용되었다. Rudiger Dornbusch and Stanley Fisher, *Macroeconomics*, 3d ed., McGraw-Hill, New York, 1984. p.216.

부분조정 모형은 그것이 자기회귀적이라는 점에서 Koyck모형이나 적응적 기대모형과 유사하다. 그러나 이것의 교란항은 원래의 교란항 u_t에 상수 δ를 곱해준 것으로 다른 모형에 비해 훨씬 단순하다. 그러나 유의할 점은 비록 모양으로는 유사하나 적응적 기대모형과 부분조정 모형은 개념적으로는 매우 상이하다. 전자는 (미래의 가격, 이자율 추이 등등에 관한) 불확실성에 기초한 것인 반면, 후자는 기술적 또는 제도적 경직성, 관성, 변화 비용 등에 기인한다. 그러나 이들 모형 등은 이론적으로는 Koyck모형보다 모두 더 건실하다.

외견상 적응적 기대와 부분조정모형을 구별할 수 없기 때문에, 이 예제의 경우 부분조정모형이 적용될 수 있다고 가정한다면(즉, 현재의 PDPI에 선형 관계에 있는 것이 바람직한 또는 기대된 PPCE라면) 모형의 γ 계수값 0.2028은 스탁조정모형의 δ 계수로 해석될 수도 있다.

Koyck모형과 적응적 기대모형, 그리고 스탁조정모형–오차항의 형태는 다르다 해도–등 세 모형이 동일한 최종 추정모형을 갖기 때문에 연구자가 어떤 모형을 사용하고 있고, 그 이유는 무엇인지를 논문을 읽는 사람들에게 밝히는데 극히 조심하여야 한다는 것을 명심하여야 한다. 따라서 연구자들은 그들의 모형의 이론적 토대를 구체적으로 밝혀야 한다.

*17.7 적응적 기대 모형과 부분조정 모형의 결합

다음 모형을 생각해 보자.

$$Y_t^* = \beta_0 + \beta_1 X_t^* + u_t \tag{17.7.1}$$

여기서 Y_t^* =바람직한 자본스탁 규모, X_t^* =예상 산출량 수준.

Y_t^*와 X_t^*는 모두 직접적으로 관찰할 수 없으므로 다음과 같은 추정방정식에 이르기 위해서는 Y_t^*에 대해서는 부분조정 구조를 X_t^*에 대해서는 적응적 기대모형을 사용할 수 있다(연습문제 17.2참조).

$$\begin{aligned} Y_t &= \beta_0\delta\gamma + \beta_1\delta\gamma X_t + [(1-\gamma)+(1-\delta)]Y_{t-1} \\ &\quad -(1-\delta)(1-\gamma)Y_{t-2} + [\delta u_t - \delta(1-\gamma)u_{t-1}] \\ &= \alpha_0 + \alpha_1 X_t + \alpha_2 Y_{t-1} + \alpha_3 Y_{t-2} + v_t \end{aligned} \tag{17.7.2}$$

여기서 $v_t = \delta[u_t - (1-\gamma)u_{t-1}]$. 이 모형도 역시 자기회귀적이고 순수한 적응적 기대 모형과의 유일한 차이는 설명변수로 Y_{t-1}과 함께 Y_{t-2}도 나타난다는 점이

*선택적임.

다. Koyck이나 AE모형과 마찬가지로 식 (17.7.2)의 오차항은 이동 평균 과정을 따르고 있다. 이 모형의 또 다른 특징은 비록 모형이 α들에 대해서는 선형이지만 원래의 모수들에 대해서는 비선형이라는 것이다.

식 (17.7.1)의 유명한 적용 예가 Friedman의 영구소득가설인데 이는 "영구" 또는 장기적 소비는 "영구"또는 장기 소득의 함수라는 것이다.[28]

식 (17.7.2)를 추정하는데 있어서도 Koyck이나 AE모형에서와 마찬가지로 자기회귀적이고, 유사한 오차 구조를 갖고 있기 때문에 동일한 문제가 발생한다. 이에 덧붙여서 식 (17.7.2)에는 비선형 추정문제가 내재되어 있는데 이에 대해서는 연습문제 17.10에서 간략하게 다루고 깊이 있는 논의는 하지 않기로 한다.

17.8 자기회귀 모형의 추정

지금까지 우리는 다음과 같은 세 모형에 대해 논의하였다.

Koyck

$$Y_t = \alpha(1-\lambda) + \beta_0 X_t + \lambda Y_{t-1} + v_t \tag{17.4.7}$$

적응적 기대

$$Y_t = \gamma\beta_0 + \gamma\beta_1 X_t + (1-\gamma)Y_{t-1} + [u_t - (1-\gamma)u_{t-1}] \tag{17.5.5}$$

부분조정

$$Y_t = \delta\beta_0 + \delta\beta_1 X_t + (1-\delta)Y_{t-1} + \delta u_t \tag{17.6.5}$$

이 모형들은 모두 다음과 같은 보편적인 행태를 취하고 있다.

$$Y_t = \alpha_0 + \alpha_1 X_t + \alpha_2 Y_{t-1} + v_t \tag{17.8.1}$$

즉 이것들은 사실상 모두 자기회귀적이다. 따라서 이제 이 모형들의 추정문제를 고찰해야만 하는데, 그 이유는 고전적 최소자승법이 이 모형들에 직접적으로 적용 안 될 수 있기 때문이다. 그 이유는 두 가지인데 확률적 설명변수의 존재와 계열상관의 가능성이다.

이전에 언급한 바와 같이 고전적 최소자승 이론을 적용하기 위해서는 확률적 설명변수 Y_{t-1}이 교란항 v_t와 독립적으로 분포한다는 것을 보여야만 한다. 이를 위해서는 v_t의 속성을 아는 것이 필수적이다. 만일, 원래의 교란항 μ_t가 $E(\mu_t)=0$, $\text{var}(u_t)=\delta^2$(동분산가정), $s\neq 0$일 때 $\text{cov}(u_t, u_{t+s})=0$(非자기상

28. Milton Friedman, *A Theory of Consumption Function*, Princeton University Press, Princeton, N.J., 1957.

관 가정) 등과 같은 모든 고전적 가정들을 만족시키는 것으로 가정하면 v_t는 이러한 속성들을 모두 이어 받지 못할 수가 있다. 예를 들어, Koyck모형의 오차항 $v_t = (u_t - \lambda u_{t-1})$을 생각해 보자. μ_t에 대한 가정이 주어졌을 때 v_t는 다음과 같이 계열상관되고 있다는 것을 알 수 있다.

$$E(v_t v_{t-1}) = -\lambda\sigma^2 \qquad \textbf{(17.8.2)}^{29}$$

이것은 (λ가 0이 아닌 한) 0이 아니다. Y_{t-1}이 Koyck모형에서 설명변수로 나타나기 때문에 이것은 v_t와(그 안의 μ_{t-1}의 존재를 통해) 상관될 수밖에 없다. 이를 구체적으로 기술하면

$$\text{cov}\,[Y_{t-1}, (u_t - \lambda u_{t-1})] = -\lambda\sigma^2 \qquad \textbf{(17.8.3)}$$

이것은 식 (17.8.2)와 같다. 독자들은 적응적 기대 모형에서도 동일한 결과가 나오는 것을 확인해 보라.

적응적 기대모형 뿐만 아니라 Koyck모형에서도 확률적 설명변수 Y_{t-1}이 오차항 v_t와 상관되고 있다는 것의 함축적 의미는 무엇인가? 이전에 논의하였듯이, 만일 회귀모형 안의 설명변수가 확률적 교란항과 상관된다면 OLS추정량은 편의가 존재할 뿐만 아니라 효율추정량도 아니다. 즉 표본크기가 무한대로 커져도 추정량은 진정한 모집단 값으로 수렴하지 않는다.[30] 따라서 통상적인 OLS절차에 의해 Koyck과 적응적 기대모형을 추정하는 경우 아주 그릇된 결과를 초래할 수 있다.

그러나 부분조정모형은 상이하다. 이 모형에서는 $v_t = \delta u_t$인데 이때 $0 < \delta \le 1$이다. 따라서 만일 u_t가 앞에서 논의된 고전적 선형회귀모형의 가정들을 만족시킨다면 δu_t도 마찬가지이다. 따라서 부분조정 모형의 OLS추정으로 (유한 또는 소표본에서) 편의추정치가 되는 경향이 있지만 일치추정치가 된다.[31] 직관적으로 일치추정치가 되는 이유는 다음과 같다. 비록 Y_{t-1}은 u_{t-1}과 그 이전의 모든 교란항들에 의존하지만 현재의 오차항 u_t와는 연관되지 않고 있다. 따라서 u_t

---

29. u들 간의 공분산은 가정에 의해 0이므로

$$\begin{aligned} E(v_t v_{t-1}) &= E(u_t - \lambda u_{t-1})(u_{t-1} - \lambda u_{t-2}) \\ &= -\lambda E(u_{t-1})^2 \\ &= -\lambda\sigma^2 \end{aligned}$$

30. 이것의 증명은 이 책의 영역을 벗어난다. 이에 대해서는 Griliches, op. cit., pp.36–38 참조. 다른 측면에서의 증명의 개요가 18장에 나와 있다. 또한 Asatoshi Maeshiro, "Teaching Regressions with a Lagged Dependent Variable and Autocorrelated Disturbances," *The Journal of Economic Education*, Winter 1996, vol.27, no.1, pp.72–84 참조.

31. 이것의 증명은 J. Johnston, *Econometric Methods,* 3d ed. McGraw-Hill Book Company, New York, 1984, pp.360–362 참조. 또한 H. E. Doran and J. W. B. Guise, *Single Equation Methods in Econometrics: Applied Regression Analysis*, University of New England Teaching Monograph Series 3, Armidale, NSW, Australia, 1984, pp.236–244 참조.

가 계열적으로 독립인 한 Y_{t-1}도 u_t와 독립이거나 적어도 상관되지 않게 되어 OLS의 주요한 가정, 즉 "설명변수와 확률적 교란항 사이에 상관관계가 없다"를 충족시킨다.

비록 스탁 또는 부분조정 모형에서의 오차항의 단순한 구조로 인하여 OLS 추정으로 일치추정치를 얻을 수 있기는 하지만, 이와 같은 사실이 Koyck이나 적응적 기대 모형에도 적용되는 것으로 가정해서는 안 된다.[32] 독자는 그렇게 하지 않기를 강하게 권한다. 모형은 단지 통계적 추정이 용이하기 때문에 선택되어서는 안 되고, 튼튼한 이론적 토대 위에서 선택되어야 한다. 각 모형은 그 안에 나타나는 확률적 교란에 적절한 주의를 기울이면서 그 나름대로의 장점이 고려되어야 한다. 만일 Koyck이나 적응적 기대 모형에서 OLS가 직접적으로 적용될 수 없다면 이러한 추정상의 문제를 해결할 수 있는 방법이 고안될 필요가 있다. 대안적 추정방법들이 몇 가지 존재하는데 그들 중 일부는 계산상 복잡하다. 다음 절에서는 그중 하나를 논의하기로 한다.

17.9 도구변수(IV) 방법

Koyck이나 적응적 기대모형에 OLS가 적용될 수 없는 이유는 설명변수 Y_{t-1}이 오차항 v_t와 상관되기 때문이다. 만일 어떻게든 이 상관관계가 제거될 수 있다면 이전에 기술하였듯이 일치추정치를 얻기 위해 OLS를 적용할 수 있다.(주: 소표본 편의가 존재할 것이다.) 이를 어떻게 달성할 것이가? Liviatan은 다음과 같은 방법을 제시하였다.[33]

가령 Y_{t-1}과는 매우 높게 상관되면서 Koyck이나 적응적 기대 모형에 나타나는 오차항인 v_t와는 상관되지 않는 Y_{t-1}의 대리변수를 찾았다고 하자. 그와 같은 대리변수를 도구변수(instrumental variable: IV)라 부른다.[34] Liviatan은 Y_{t-1}에 대한 도구변수로 X_{t-1}을 제안하고 있고 회귀식 (17.8.1)의 모수들은 다음과 같은 정규방정식에 의해 구할 수 있다고 제안하고 있다.

$$\begin{aligned}\sum Y_t &= n\hat{\alpha}_0 + \hat{\alpha}_1 \sum X_t + \hat{\alpha}_2 \sum Y_{t-1} \\ \sum Y_t X_t &= \hat{\alpha}_0 \sum X_t + \hat{\alpha}_1 \sum X_t^2 + \hat{\alpha}_2 \sum Y_{t-1} X_t \\ \sum Y_t X_{t-1} &= \hat{\alpha}_0 \sum X_{t-1} + \hat{\alpha}_1 \sum X_t X_{t-1} + \hat{\alpha}_2 \sum Y_{t-1} X_{t-1}\end{aligned} \tag{17.9.1}$$

32. 또한 Johnston이 기술하였듯이(op. cit., p.350) "[부분조정 모형이 시사하는] 조정 양상은 때로는 받아들이기 어려운 경우도 있다"

33. N. Liviatan, "Consistent Estimation of Distributed Lags," *International Economic Review*, vol. 4, January 1963, pp.44-52.

34. 이러한 도구변수들은 연립방정식 모형에서 흔히 사용된다(20장 참조).

만일 식 (17.8.1)에 직접적으로 OLS를 적용한다면 통상적인 OLS 정규방정식은 다음과 같을 것이다(7.4절 참조).

$$\begin{aligned}\sum Y_t &= n\hat{\alpha}_0 + \hat{\alpha}_1 \sum X_t + \hat{\alpha}_2 \sum Y_{t-1} \\ \sum Y_t X_t &= \hat{\alpha}_0 \sum X_t + \hat{\alpha}_1 \sum X_t^2 + \hat{\alpha}_2 \sum Y_{t-1} X_t \\ \sum Y_t Y_{t-1} &= \hat{\alpha}_0 \sum Y_{t-1} + \hat{\alpha}_1 \sum X_t Y_{t-1} + \hat{\alpha}_2 \sum Y_{t-1}^2\end{aligned} \tag{17.9.2}$$

두 정규방정식 집합의 차이는 명백하다. 식 (17.9.1)로부터 추정된 α들은 일치추정치들이지만, 식 (17.9.2)로부터 추정된 값들은 그렇지 않을 수 있다는 것이 Liviatan에 의해 증명되었다. 그 이유는 Y_{t-1}과 $v_t[= u_t - \lambda u_{t-1}$ 또는 $\mu_t - (1-\gamma)\mu_{t-1}]$는 상관될 수 있지만 X_t와 X_{t-1}은 v_t와 상관되지 않기 때문이다.(그 이유는?).

일단 적절한 대리변수를 찾아내기만 하면 Liviatan의 방법을 실제로 적용하기는 쉽지만, (17.9.1)의 정규 방정식 내에 들어가는 X_t와 X_{t-1}이 높게 상관될 수 있기 때문에 다중공선성 문제가 발생할 가능성이 크다(12장에서 언급하였듯이 대부분의 경제 시계열에서는 전형적으로 연속적인 값들 사이에는 높은 상관관계를 보인다). 따라서 Liviatan의 절차에 따르면 일치추정치를 얻을 수 있지만 그 추정량이 비효율적일 가능성이 높다.[35]

논의를 더 진행시키기에 앞서 발생하는 의문점은 Y_{t-1}과는 높게 상관되면서 v_t와는 상관되지 않는 Y_{t-1}에 대한 "훌륭한" 대리변수를 어떻게 찾아낼 것인가 하는 것이다. 문헌들에는 몇 가지 방법들이 제시되고 있는데, 이들에 대해서는 연습문제를 통하여 다룰 예정이다(연습문제 17.5참조). 그러나 명심할 것은 좋은 대리변수를 언제나 찾아낼 수 있는 것은 아니고, 그와 같은 경우에는 IV방법의 실용성이 거의 없어서 최우추정기법에 의존하여야 하는데 이에 대해서는 다루지 않기로 한다.[36]

선택된 도구가 타당한지를 알아내기 위해 사용할 수 있는 검정법이 존재하나? 이 목적을 위해 SARG 검정이라 불리는 검정법을 Dennis Sargan이 개발하였다. 이 검정은 부록 17A의 17A.1절에 설명되고 있다.

35. 추정량의 효율성이 어떻게 증진될 수 있는가를 알아보기 위해서는 Lawrence R. Klein, *A Textbook of Econometrics*, 2d ed., Prentice-Hall, Englewood Cliffs, NJ, 1974, p.99 참조. 또한 William H. Greene, *Econometric Analysis*, Macmillan, 2d ed., New York, 1993, pp.535-538 참조.

36. ML 방법에 대한 요약은 부록 4A와 부록 15A 뿐만 아니라 J. Johnston, op. cit., pp. 366-371 참조.

17.10 자귀회귀 모형에서의 자기상관 탐지 : 더빈의 *h* 검정

이미 논의되었듯이 자기회귀 모형의 추정문제를 복잡하게 만드는 것은 오차 v_t의 계열상관 가능성이다. 원래 모형의 오차항 μ_t가 계열상관되지 않는다면 스탁 조정 모형에서의 오차항 v_t는 (1차)계열상관되지 않는 반면, Koyck과 적응적 기대 모형에서는 μ_t가 계열적으로 독립이더라도 v_t는 계열상관된다. 그러면 의문점은 자기회귀 모형에 있는 오차항에 계열상관이 존재하는지를 어떻게 알 수 있는가 하는 것이다.

12장에서 언급하였듯이 Durbin–Watson d 통계량은 자기회귀 모형에서의 (1차)계열상관을 탐지하기 위해서는 사용될 수 없는데, 그 이유는 그와 같은 모형에서 계산된 d값은 정말로 확률적인 계열에서 예상되는 d값인 2에 가까워지는 경향이 있기 때문이다. 환언하면, 만일 우리가 그 같은 모형에서 통상적으로 d를 계산하면 (1차)계열상관이 존재하지 않는 것으로의 편의가 있게 된다. 이러한 점에도 불구하고, 많은 사람들은 더 나은 척도가 없기 때문에 d값을 계산하고 있다. 그러나 Durbin 자신이 자기회귀 모형에서의 1차 계열상관에 대한 **대표본 (large-sample)**검정방법을 제시하였다.[37] 이 검정방법은 *h* 통계량이라 부른다.

우리는 연습문제 12.36에서 이미 Durbin h 검정을 논의하였다. 편의상 h 통계량을 다시 쓰면 다음과 같다(기호가 약간 바뀜).

$$h = \hat{\rho}\sqrt{\frac{n}{1 - n[\text{var}(\hat{\alpha}_2)]}} \qquad \textbf{(17.10.1)}$$

여기서 n은 표본크기, $\text{var}(\hat{\alpha}_2)$은 식 (17.8.1)에서 시차변수 $Y_t(=Y_{t-1})$의 계수의 분산, $\hat{\rho}$은 12장에서 논의된 1차 계열상관 ρ의 추정치이다.

연습문제 12.36에서 보았듯이 대표본인 경우 만일 귀무가설 $\rho = 0$하에서 Durbin은 식 (17.10.1)의 h 통계량은 표준정규분포를 따른다는 것을 증명하였다. 즉

$$h_{\text{asy}} \sim N(0, 1) \qquad \textbf{(17.10.2)}$$

여기서 asy는 점근적이란 의미이다.

실제로는 12장에서 언급하였듯이 ρ를 다음과 같이 추정할 수 있다.

$$\hat{\rho} \approx 1 - \frac{d}{2} \qquad \textbf{(17.10.3)}$$

37. J. Durbin, "Testing for Serial Correlation in Least–Squares Regression When Some of the Regressors Are Lagged Dependent Variables," *Econometrica*, vol. 38, 1970, pp.410–421.

자기회귀모형에서 자기상관에 대해 검정하기 위해 Durbin의 d를 사용할 수 없더라도 h 통계량을 계산하는 데 그것을 하나의 투입요소로 사용할 수 있다는 것을 보는 것은 흥미롭다.

우리의 예 17.7로 h 통계량을 사용하는 것을 보자. 이 예에서 $n = 47$, $\hat{\rho} \approx (1 - d/2) = 0.5190$ (주: $d = 0.9619$), 그리고 $\text{var}(\hat{\alpha}_2) = \text{var}(\text{PPCE}_{t-1}) = (0.0733)^2 = 0.0053$이다. 식 (17.10.1)에 이 값을 대입하면 다음을 얻는다.

$$h = 0.5190\sqrt{\frac{47}{1 - 47(0.0053)}} = 4.1061 \qquad \textbf{(17.10.4)}$$

이 h 값은 귀무가설 하에서 표준정규분포를 따르므로 그러한 높은 h값을 얻는 확률은 매우 적다. 표준정규변량이 ±3의 값을 초과할 확률은 극히 적다는 것을 상기하라. 현재의 예에서 우리의 결론은 (양의) 자기상관이 존재한다는 것이다. 물론 h는 점근적으로 표준정규분포를 따른다는 것에 유의하라. 우리의 47개 관찰치 표본은 상당히 크다.

h 통계량의 이러한 특징에 주목하라.

1. 회귀모형에 포함되는 X 변수들과 Y의 시차값들의 수는 관계가 없다. h를 계산하기 위해서는 단지 시차 Y_{t-1}계수의 분산만이 필요하다.
2. 만일 $[n\,\text{var}(\hat{\alpha}_2)]$이 1보다 크면 이 검정을 적용할 수 없다.(그 이유는?) 그러나 실제로 이와 같은 일은 대개 발생하지 않는다.
3. 이 검정이 대표본을 대상으로 한 검정이기 때문에 Inder[38]과 Kiviet[39]가 밝힌 바와 같이 이 검정을 소표본에 적용하는 것은 엄격한 의미에서 정당화될 수는 없다. 12장에서 논의된 라그랑지 승수검정이라고도 알려진 Breusch–Godfrey(BG)검정이 대표본에서 뿐만 아니라 소표본 혹은 유한표본에서도 통계적으로 더 강력하므로 h 검정보다는 나은 것으로 추천되어 왔다.[40]

h 검정에 기초하여 우리의 모형이 자기상관에 시달린다는 결론은 Breusch–Godfrey(BG) 검정으로 확인되는데 그것은 식 (12.6.17)에 나와 있다. 표 17.3에 제시된 회귀로부터 추정된 잔차들의 7개 시차값을 사용하여 식 (12.6.18)에 있는 BG 검정으로 15.3869의 카이자승 값을 얻었다. 자유도 7(BG 검정에 사용된 시

38. B. Inder,"An Approximation to the Null Distribution of the Durbin–Watson Statistic in Models Containing Lagged Dependent Variables," *Econometric Theory*, vol.2, no.3, 1986, pp.413–428.
39. J. F. Kiviet, "On the Vigour of Some Misspecification Tests for Modelling Dynamic Relationship," *Review of Economic Studies*, vol.53, no.173, 1986, pp.241–262.
40. Gaber Korosi, Laszlo Matyas, and Istvan P. Szekely, *Practical Econometrics*, Ashgate Publishing Company, Brookfield, Vermont, 1992, p.92.

표 17.4

Dependent Variable: PCE
Method: Least Squares
Sample (adjusted): 1960-2006
Included observations: 47 after adjustments
Newey-West HAC Standard Errors & Covariance (lag truncation = 3)

	Coefficient	Std. Error	*t* Statistic	Prob.
C	-252.9190	168.4610	-1.501350	0.1404
PPDI	0.213890	0.051245	4.173888	0.0001
PPCE(-1)	0.797146	0.051825	15.38148	0.0000

R-squared	0.998216	Mean dependent var.	16691.28
Adjusted *R*-squared	0.998134	S.D. dependent var.	5205.873
S.E. of regression	224.8504	Akaike info criterion	13.73045
Sum squared resid.	2224539.	Schwarz criterion	13.84854
Log likelihood	-319.6656	Hannan-Quinn criter.	13.77489
F-statistic	12306.99	Durbin-Watson stat.	0.961921
Prob.(*F*-statistic)	0.000000		

차 잔차의 수)일 때 카이자승 값 15.38 이상을 얻을 확률은 약 3%로 꽤 낮다.

이러한 이유로 표 17.3에 보이는 표준오차를 교정할 필요가 있는데 이것은 12장에서 논의된 Newey-West HAC 절차에 의해 수행될 수 있다. 그 결과는 표 17.4에서 보는 바와 같다.

OLS는 회귀계수의 표준오차를 과소추정하는 것으로 보인다.

17.11 수치 예: 캐나다의 통화에 대한 수요, 1979-I ~ 1988-IV

지금까지 논의한 모형의 사용을 예시하기 위해 앞에 나온 실증 적용 예 가운데 하나인 통화에 대한 수요(또는 실질 화폐잔고)를 보자. 특히 다음 모형을 보자.[41]

$$M_t^* = \beta_0 R_t^{\beta_1} Y_t^{\beta_2} e^{u_t} \qquad \textbf{(17.11.1)}$$

여기서 M_t^*= 통화(실질 화폐잔고)에 대한 바람직한 또는 장기수요

R_t= 장기 이자율, %

Y_t= 총 실질 국민소득

통계적 추정을 위해 식 (17.11.1)은 다음과 같이 편리하게 로그 형태로 표현될 수 있다.

$$\ln M_t^* = \ln \beta_0 + \beta_1 \ln R_t + \beta_2 \ln Y_t + u_t \qquad \textbf{(17.11.2)}$$

41. 유사한 모형에 대해서는 Gregory C. Chow, "On the Long-Run and Short-Run Demand for Money," *Journal of Political Economy*, vol.74, no.2, 1966, pp.111-131 참조. 곱하기 형태 함수의 한 가지 이점은 변수의 지수가 탄력성의 직접 추정치가 된다는 것이다(6장 참조).

바람직한 수요 변수는 직접 관찰할 수 없으므로 스탁 조정가설을 가정하자. 즉

$$\frac{M_t}{M_{t-1}} = \left(\frac{M_t^*}{M_{t-1}}\right)^{\delta} \qquad 0 < \delta \le 1 \qquad \textbf{(17.11.3)}$$

식 (17.11.3)은 실제와 바람직한 실질 화폐잔고 간의 격차의 일정 비율(그 이유는?)은 한 기간(1년) 내에 제거된다는 것을 말한다. 식 (17.11.3)은 로그 형태로 다음과 같이 표현될 수 있다.

$$\ln M_t - \ln M_{t-1} = \delta(\ln M_t^* - \ln M_{t-1}) \qquad \textbf{(17.11.4)}$$

식 (17.11.2)의 $\ln M_t^*$를 식 (17.11.4)에 대입하고 재정리하면 다음 식을 얻는다.

$$\ln M_t = \delta \ln \beta_0 + \beta_1 \delta \ln R_t + \beta_2 \delta \ln Y_t + (1-\delta)\ln M_{t-1} + \delta u_t \qquad \textbf{(17.11.5)}$$[42]

이것은 통화에 대한 **단기 수요함수**라 부를 수 있다.(그 이유는?)

실질 화폐잔고에 대한 단기 및 장기 수요의 예시로서 표 17.5에 주어진 자료를 보자. 이 분기별 자료는 1979년부터 1988년까지 캐나다에 대한 것이다. 변수들은 다음과 같이 정의된다. M[$M1$ 통화 공급으로 캐나다 달러(백만C$)], P(잠재가격 디플레이터, 1981 = 100), GDP(1981년 불변가격(백만C$)), R(90일 우대기업 금리, %)[43] 등이다. 실질 화폐잔고에 대한 수치를 얻기 위해 M1은 P로 수축시켰다. 선험적으로 실질 통화수요는 GDP와 양으로 연관될 것(양의 소득효과)으로 예상되고, R과는 음으로 연관될 것(금리가 높을수록 M1 통화는 이자를 거의 지불하지 않으므로 통화보유의 기회비용이 높아진다)으로 예상된다.

회귀결과는 다음과 같다.[44]

$$\begin{aligned}
\widehat{\ln M_t} &= \underset{(0.5101)}{0.8561} - \underset{(0.0131)}{0.0634}\ln R_t - \underset{(0.0366)}{0.0237}\ln \text{GDP}_t + \underset{(0.0414)}{0.9607}\ln M_{t-1}
\end{aligned}$$

$$\begin{array}{lcccc}
 & \widehat{\ln M_t} = 0.8561 & -\ 0.0634 \ln R_t - & 0.0237 \ln \text{GDP}_t + & 0.9607 \ln M_{t-1} \\
\text{se} = & (0.5101) & (0.0131) & (0.0366) & (0.0414) \\
t = & (1.6782) & (-4.8134) & (-0.6466) & (23.1972) \\
\end{array}$$

$$R^2 = 0.9482 \qquad d = 2.4582 \qquad F = 213.7234 \qquad \textbf{(17.11.6)}$$

42. 추가적으로 이 모형은 본질적으로 모수에 대해 비선형이라는 것에 주목하라. 그러므로 비록 OLS는 예를 들어 $\beta_1\delta$의 불편 추정치를 가져올 수 있더라도 특히 표본이 적을 때에는 β_1과 δ의 불편추정치를 개별적으로 가져오지는 못할 수 있다.

43. 이 자료들은 B. Bhaskar Rao, ed., *Cointegration for the Applied Economist*, St. Martin's Press, New York, 1994, pp.210–213에서 구한 것이다. 원래의 자료는 1956–I부터 1988–IV까지이지만 예시 목적을 위해 우리의 분석은 1979년 1사분기부터 시작한다.

표 17.5
통화, 이자율, 가격지수와 GDP, 캐나다

출처: Rao, op. cit., pp.210–213.

관찰치	M1	*R*	*P*	GDP
1979–1	22,175.00	11.13333	0.77947	334,800
1979–2	22,841.00	11.16667	0.80861	336,708
1979–3	23,461.00	11.80000	0.82649	340,096
1979–4	23,427.00	14.18333	0.84863	341,844
1980–1	23,811.00	14.38333	0.86693	342,776
1980–2	23,612.33	12.98333	0.88950	342,264
1980–3	24,543.00	10.71667	0.91553	340,716
1980–4	25,638.66	14.53333	0.93743	347,780
1981–1	25,316.00	17.13333	0.96523	354,836
1981–2	25,501.33	18.56667	0.98774	359,352
1981–3	25,382.33	21.01666	1.01314	356,152
1981–4	24,753.00	16.61665	1.03410	353,636
1982–1	25,094.33	15.35000	1.05743	349,568
1982–2	25,253.66	16.04999	1.07748	345,284
1982–3	24,936.66	14.31667	1.09666	343,028
1982–4	25,553.00	10.88333	1.11641	340,292
1983–1	26,755.33	9.616670	1.12303	346,072
1983–2	27,412.00	9.316670	1.13395	353,860
1983–3	28,403.33	9.333330	1.14721	359,544
1983–4	28,402.33	9.550000	1.16059	362,304
1984–1	28,715.66	10.08333	1.17117	368,280
1984–2	28,996.33	11.45000	1.17406	376,768
1984–3	28,479.33	12.45000	1.17795	381,016
1984–4	28,669.00	10.76667	1.18438	385,396
1985–1	29,018.66	10.51667	1.18990	390,240
1985–2	29,398.66	9.666670	1.20625	391,580
1985–3	30,203.66	9.033330	1.21492	396,384
1985–4	31,059.33	9.016670	1.21805	405,308
1986–1	30,745.33	11.03333	1.22408	405,680
1986–2	30,477.66	8.733330	1.22856	408,116
1986–3	31,563.66	8.466670	1.23916	409,160
1986–4	32,800.66	8.400000	1.25368	409,616
1987–1	33,958.33	7.250000	1.27117	416,484
1987–2	35,795.66	8.300000	1.28429	422,916
1987–3	35,878.66	9.300000	1.29599	429,980
1987–4	36,336.00	8.700000	1.31001	436,264
1988–1	36,480.33	8.616670	1.32325	440,592
1988–2	37,108.66	9.133330	1.33219	446,680
1988–3	38,423.00	10.05000	1.35065	450,328
1988–4	38,480.66	10.83333	1.36648	453,516

주: M1 = 백만C$
P = 잠재가격 디플레이터(1981=100)
R = 90일 우대기업 금리, %
GDP = 백만C$(1981년 가격)

추정된 단기 수요함수에 의하면 단기 이자 탄력성은 올바른 부호를 가지고 있고 p값이 거의 0에 가까우므로 통계적으로 꽤 유의하다. 단기 소득 탄력성은 비록 통계적으로는 0과 다르지 않지만 놀랍게도 음의 값이 나온다. 조정계수는 $\delta = (1-0.9607) = 0.0393$으로 바람직한 실질 화폐잔고와 실제값 간의 격차의 단

44. 추정된 표준오차의 이 특성에 주목하라. 예를 들어 ln Rt의 계수의 표준오차는 $\beta_1\delta$의 추정량인 $\widehat{\beta_1\delta}$의 표준오차를 말한다. 특히 표본이 상대적으로 작을 경우에는 $\widehat{\beta_1\delta}$의 표준오차로부터 $\hat{\beta}_1$과 $\hat{\delta}$의 표준오차를 개별적으로 구하는 단순한 방법이 없다. 그러나 대표본의 경우 $\hat{\beta}_1$과 $\hat{\delta}$의 개별 표준오차는 근사적으로 얻을 수 있지만, 계산이 복잡하다. Jan Kmenta, *Elements of Econometrics*, Macmillan, New York, 1971, p. 444 참조

지 약 4%만 1분기 내에 제거된다는 것을 의미하여 꽤 느린 조정을 시사한다.

장기 수요함수 (17.11.2)로 돌아가기 위해서는 단기 수요함수를 δ로 나누고 (그 이유는?) $\ln M_{t-1}$항을 제외하기만 하면 된다. 그 결과는 다음과 같다.

$$\widehat{\ln M_t^*} = 21.7888 - 1.6132 \ln R_t - 0.6030 \ln \text{GDP} \qquad \textbf{(17.11.7)}^{45}$$

볼 수 있는 바와 같이 통화에 대한 수요의 장기 이자 탄력성은 단기 이자 탄력성에 비해 (절대값으로 볼 때) 훨씬 크고 비록 현재의 경우 경제적 그리고 통계적 유의성은 의심스럽더라도 소득 탄력성의 경우도 마찬가지이다.

추정된 Durbin–Watson d 통계량은 2.4582로 2에 가깝다는 것에 주목하라. 이것은 자기회귀모형에서 계산된 d는 대개 2에 가깝다는 앞에서의 언급을 실증하는 것이다. 따라서 우리 자료에 계열상관이 존재하는지를 알아내기 위해 계산된 d를 신뢰해서는 안 된다. 우리의 경우 표본 크기는 40개 관찰치인데 h 검정을 적용할 수 있을 만큼 꽤 큰 것이다. 현재의 경우 독자는 추정된 h값이 -1.5008인 것을 확인할 수 있는데, 이것은 5% 수준에서 유의하지 않아 오차항에 1차 자기상관이 존재하지 않는다는 것을 시사한다.

17.12 설명을 위한 예

여기서는 연구자들이 실증연구에 분포시차 모형을 어떻게 사용하였는가를 파악하기 위하여 몇 가지 예를 보기로 한다.

예제 17.9

연방은행과 실질이자율

Aaa사채의 실질이자율 척도에 대한 M_1(현금+당좌 예금) 성장의 효과를 평가하기 위해 G.J Santoni와 Courtenay C. Stone[46]은 미국에 대한 월별 자료를 이용하여 다음과 같은 분포시차 모형을 추정하였다.

$$r_t = \text{constant} + \sum_{i=0}^{11} a_i \dot{M}_{t-i} + u_i \qquad \textbf{(17.12.1)}$$

여기서 r_t= Aaa사채 이익배당율에서 이전의 36개월에 걸친 계절조정된 소비자 물가지수의 평균 연간변화율을 뺀 값의 Moody지수인데, 이것은 실질이자율의 척도로 사용되며 $\dot{M}_t$=월별 M_1성장률이다.

"통화의 중립성 학설" 에 따르면 산출량, 고용, 경제성장, 실질이자율 등과 같은 실질 경제 변수들은 통화증가에 의해 영구적으로는 영향받지 않고, 따라서 본질적으로 통화정책에 의해 영향받지 않는다. 이 주장에 따라 연방은행은 실질이자율에 대해 영구적 영향을 주

45. 각주 44에서 논의된 이유로 인해 추정된 계수의 표준오차를 제시하지 않았다는 것을 주목하라.
46. "The Fed and the Real Rate of Interest," *Review*, Federal Reserve Bank of St. Louis, December 1982, pp.8–18.

예제 17.9

(계속)

표 17.6 Aaa 사채의 실질이자율 척도에 대한 월별 M1 증가의 영향: 1951년 2월~ 1982년 11월

$$r = \text{constant} + \sum_{i=0}^{11} a_i \dot{M}1_{t-1}$$

	1951년 2월~ 1979년 9월		1979년 10월~ 1982년 11월	
	계수	|t|*	계수	|t|*
Constant	1.4885†	2.068	1.0360	0.801
a_0	−0.00088	0.388	0.00840	1.014
a_1	0.00171	0.510	0.03960†	3.419
a_2	0.00170	0.423	0.03112	2.003
a_3	0.00233	0.542	0.02719	1.502
a_4	−0.00249	0.553	0.00901	0.423
a_5	−0.00160	0.348	0.01940	0.863
a_6	0.00292	0.631	0.02411	1.056
a_7	0.00253	0.556	0.01446	0.666
a_8	0.00000	0.001	−0.00036	0.019
a_9	0.00074	0.181	−0.00499	0.301
a_{10}	0.00016	0.045	−0.01126	0.888
a_{11}	0.00025	0.107	−0.00178	0.211
$\sum a_i$	0.00737	0.221	0.1549	0.926
$\bar{R}^2$	0.9826		0.8662	
D-W	2.07		2.04	
RH01	1.27†	24.536	1.40†	9.838
RH02	−0.28†	5.410	−0.48†	3.373
NOB	344.		38.	
SER (= RSS)	0.1548		0.3899	

* |t| = t값의 절대값

† 0.05수준에서 유의함

출처: G.J Santoni and Courtenay C. Stone, "The Fed and the Real Rate of Interest," *Review*, Federal Reserve Bank of St. Louis, December 1982, p.16.

지 못한다.[47]

만일 이 학설이 유효하다면 분포시차 계수 a_i와 그것들의 합계는 통계적으로 0과 다르지 않은 것으로 예상된다. 이를 알아보기 위해 저자들은 각각 상이한 두 기간, 1951년 2월부터 1979년 9월까지와 1979년 10월부터 1982년 11월까지로 나누어 식 (17.12.1)을 추정하였는데, 그 이유는 이전에는 이자율이 연방은행의 통화정책의 목표이었으나 1979년 10월 이후 통화공급 증가율로 연방은행의 정책이 바뀐 것을 참작하기 위해서이다. 회귀분석 결과가 표 17.6에 나와 있다. 1951년 2월부터 1979년 9월까지의 기간 동안에 대해서 과거의 통화공급 뿐만 아니라 현재의 통화공급도 실질이자율에 대해 통계적으로 유의한 영향을 주고 있지 않으므로 "통화의 중립성 학설"이 지지되는 것으로 여겨진다. 나중 기간에 대해서도 중립성 학설은 지지되는 것으로 여겨지는데, 그 이유는 Σ_{ai}가 통계적으로 0과 다르지 않기 때문이다. 단지 계수 a_1만이 유의하지만 부호가 잘못되었다.(그 이유는?)

47. Ibid. p.15.

예제 17.10

스리랑카의 단기 및 장기 총소비, 1967-1993

가령 소비 C는 영구소득 X^*와 선형으로 연관된다고 하자.

$$C_t = \beta_1 + \beta_2 X_t^* + u_t \tag{17.12.2}$$

X_t^*는 직접적으로 관찰할 수 없기 때문에 영구소득을 창출해 내는 구조를 규정할 필요가 있다. 가령 식 (17.5.2)에 규정된 적응적 기대 가설을 채택한다고 하자. 식 (17.5.2)를 이용하여 단순화하면 다음과 같은 추정식을 얻게 된다(17.5.5와 비교).

$$C_t = \alpha_1 + \alpha_2 X_t + \alpha_3 C_{t-1} + v_t \tag{17.12.3}$$

여기서 $\alpha_1 = \gamma\beta_1$

$\alpha_2 = \gamma\beta_2$

$\alpha_3 = (1-\gamma)$

$v_t = [u_t - (1-\gamma)u_{t-1}]$

β_2는 영구소득 $1 증가에 따른 소비의 평균 반응규모를 나타내는데 비해, α_2는 현재소득의 $1 증가에 따른 소비의 평균 반응규모를 나타낸다.

표 17.7에 있는 1967~1993년까지의 스리랑카에 대한 연간 자료를 토대로 다음과 같은 회귀결과를 얻었다.[48]

$$\begin{aligned} \hat{C} &= 1038.403 \quad + 0.4043X_t + 0.5009C_{t-1} \\ \text{se} &= (2501.455) \quad (0.0919) \quad (0.1213) \\ t &= \quad (0.4151) \quad (4.3979) \quad (4.1293) \\ R^2 &= 0.9912 \quad d = 1.4162 \quad F = 1298.466 \end{aligned} \tag{17.12.4}$$

여기서 C = 민간 소비지출, X = GDP인데 둘 다 불변가격 표시이다. 우리는 또한 모형에 실질이자율을 포함하였는데 그것은 통계적으로 유의하지 않았다.

표 17.7
민간 소비지출과 GDP, 스리랑카

출처: 각주 48 참조.

관찰치	PCON	GDP	관찰치	PCON	GDP
1967	61,284	78,221	1981	120,477	152,846
1968	68,814	83,326	1982	133,868	164,318
1969	76,766	90,490	1983	148,004	172,414
1970	73,576	92,692	1984	149,735	178,433
1971	73,256	94,814	1985	155,200	185,753
1972	67,502	92,590	1986	154,165	192,059
1973	78,832	101,419	1987	155,445	191,288
1974	80,240	105,267	1988	157,199	196,055
1975	84,477	112,149	1989	158,576	202,477
1976	86,038	116,078	1990	169,238	223,225
1977	96,275	122,040	1991	179,001	233,231
1978	101,292	128,578	1992	183,687	242,762
1979	105,448	136,851	1993	198,273	259,555
1980	114,570	144,734			

주: PCON = 민간 소비지출
GDP = 국내총생산

48. 자료는 Chandan Mukherjee, Howard White, and Marc Wuyts, *Econometrics and Data Analysis for Developing Countries*, Routledge, New York, 1999의 자료 디스크로부터 구해진다. 원래의 자료 출처는 World Bank's Tables이다.

표 17.7
(계속)

- 회귀결과에 따르면 단기한계소비성향(MPC)은 0.4043인데, 이는 경상 또는 관찰되는 (실질 GDP로 측정된) 실질소득의 1루피 증가가 평균소비를 약 0.40루피 증가시킨다는 것을 시사한다. 그러나 만일 이러한 소득증가가 지속된다면 결국 영구소득으로부터의 MPC는 $\beta_2=\gamma\beta_2/\gamma=0.4043/0.4991=0.8100$, 또는 약 0.40루피이다. 환언하면 소비자들이 소득 1루피 변화에 대하여 적응할 시간이 있을 때에는 그들은 소비를 결국 약 0.81루피 더 증가시킬 것이다.

이제 우리의 소비함수가 다음과 같다고 하자.

$$C_t^* = \beta_1 + \beta_2 X_t + u_t \tag{17.12.5}$$

이 식에 의하면 영구 또는 장기 소비 C_t는 현재 또는 관찰되는 소득의 선형함수이다. C_t^*가 직접적으로 관찰될 수 없으므로 부분조정 모형 (17.6.2)를 이용하기로 하자. 이 모형을 수학적으로 조작하면 다음을 얻게 된다.

$$\begin{aligned} C_t &= \delta\beta_1 + \delta\beta_2 X_t + (1-\delta)C_{t-1} + \delta u_t \\ &= \alpha_1 + \alpha_2 X_t + \alpha_3 C_{t-1} + v_t \end{aligned} \tag{17.12.6}$$

외관상으로는 이 모형은 적응적 기대모형 (17.12.3)과 구별할 수 없다. 따라서 식 (17.12.4)의 회귀결과가 여기서도 똑같이 적용될 수 있다. 그러나 자기회귀 모형과 계열상관이 존재 가능한 모형 (17.12.3)과는 추정상의 문제점은 말할 것도 없고, 해석상에도 큰 차이가 존재한다. 모형 (17.12.5)는 장기 또는 균형 소비함수인데 비해, (17.12.6)은 단기 소비함수이다. β_2는 장기 MPC를 측정하는데 반해, $\alpha_2(=\delta\beta_2)$는 단기 MPC를 나타내고 전자는 후자를 조정계수인 δ로 나누어서 얻을 수 있다.

식 (17.12.4)로 돌아오면 0.4043을 단기 MPC로 해석할 수 있다. $\delta=0.4991$이므로 장기 MPC는 0.81이다. 조정계수의 값이 약 0.50이라는 것은 어떤 주어진 기간 동안에 소비자들은 그들 소비를 절반만 바람직한 또는 장기수준을 향해 조정한다는 뜻이다.

이 예는 중요한 점을 시사하고 있는데, 적응적 기대 모형과 부분조정 모형 또는 Koyck 모형들이 외관상으로는 매우 유사하여 식 (17.12.4)와 같이 추정된 회귀식만 보아서는 어떠한 것이 올바른 표기인지를 알 수 없다. 이것이 바로 실증분석을 위해 선택된 모형의 이론적 토대를 명확히 하고 그에 따라 적절히 진행해 나아가는 것이 매우 중요한 이유이다. 만일 소비행태를 특징짓는 것이 습관 또는 관성이라면 부분조정 모형이 적절하다. 한편 소비행태가 예상 미래소득에 기초한다는 점에서 미래 지향적이라면 적응적 기대 모형이 적합하다. 후자의 경우에는 일치추정량을 얻기 위하여 보다 세심한 주의를 요할 필요가 있다. 전자의 경우 통상적인 OLS 가정들이 만족된다면 OLS로 일치추정량을 얻을 수 있다.

17.13 분포시차 모형에 대한 Almon접근법 : Almon또는 다항분포시차[49]

Koyck 분포시차 모형은 비록 실제로 광범위하게 사용되기는 하지만 시차가 길어짐에 따라 β계수들이 기하적으로 감소한다는 가정에 기초하고 있다(그림 17.5

49. Shirley Almon, "The Distributed Lag Between Capital Appropriation and Expenditures," *Econometrica*, vol.33, January 1965, pp.178–196.

참조). 어떤 경우에는 이 가정이 지나치게 제약적일 수 있다.

예로 그림17.7을 보기로 한다. 그림17.7a에서는 β가 처음에는 증가하다가 나중에는 감소하는 것으로 가정되고 있는 반면, 그림 17.7c에서는 순환적 양상을 보이는 것으로 가정된다. 명백히 이들 경우에는 분포시차 모형의 Koyck구조가 맞지 않다. 그러나 그림17.7 a와 c를 보면 β_i를 시차의 길이인 i의 함수로 표현하여 이들 둘 사이의 함수관계를 반영하는 곡선을 그림17.7 b와 d에서와 같이 그릴 수 있을 것이다. 이것이 바로 Shirley Almon에 의해 제시된 방법이다. 그녀의 기법을 설명하기 위하여 이전에 살펴본 유한 분포시차 모형으로 돌아가 보자.

$$Y_t = \alpha + \beta_0 X_t + \beta_1 X_{t-1} + \beta_2 X_{t-2} + \cdots + \beta_k X_{t-k} + u_t \qquad \textbf{(17.1.2)}$$

그림 17.7
Almon 다항시차 구조

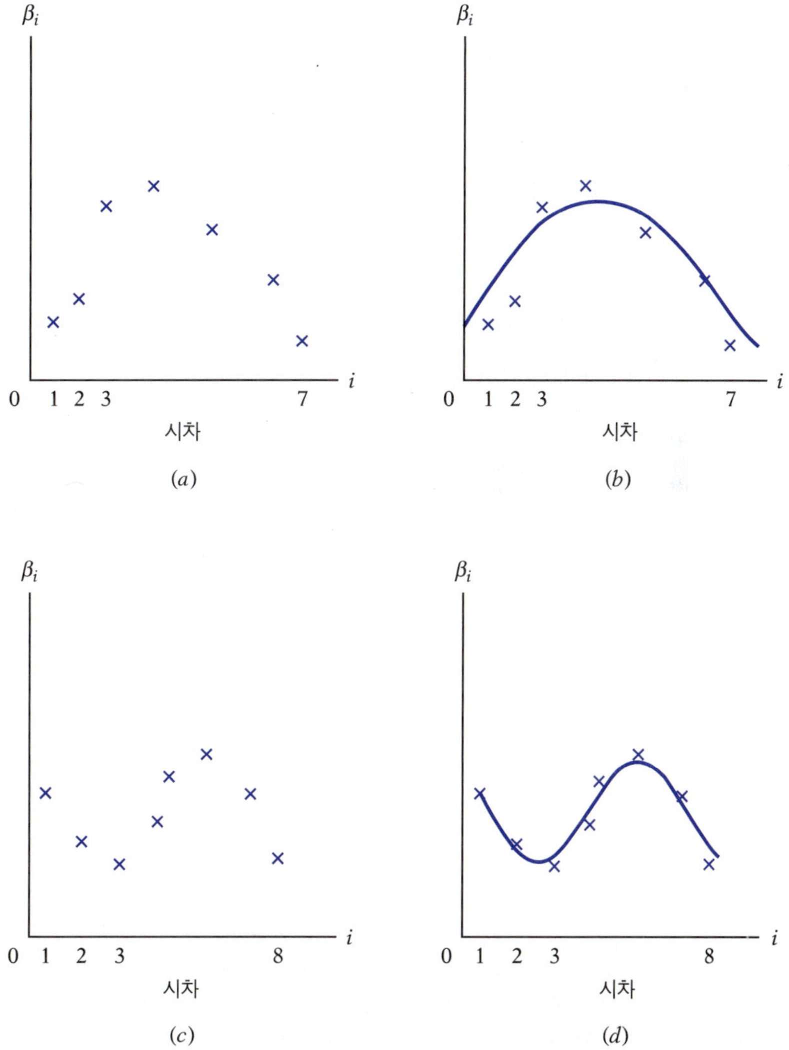

이 식은 다시 다음과 같이 쓸 수 있다.

$$Y_t = \alpha + \sum_{i=0}^{k} \beta_i X_{t-i} + u_t \tag{17.13.1}$$

Weierstrass정리로 알려진 수학 정리에 따라 Almon은 β_i가 시차의 길이인 i의 적절한 차수의 다항식으로 근사될 수 있는 것으로 가정하고 있다.[50] 예를 들어, 만일 그림 17.7 a에 보이는 시차 구조에 적용하면 다음과 같이 쓸 수 있다.

$$\beta_i = a_0 + a_1 i + a_2 i^2 \tag{17.13.2}$$

이것은 i에 대한 2차 다항식이다(그림 17.7b 참조). 그러나 만일 β들이 그림 17.7c의 양상을 따른다면 다음과 같이 쓸 수 있다.

$$\beta_i = a_0 + a_1 i + a_2 i^2 + a_3 i^3 \tag{17.13.3}$$

이것은 i에 대한 3차 다항식이다(그림 17.7d 참조). 보다 일반화하면

$$\beta_i = a_0 + a_1 i + a_2 i^2 + \cdots + a_m i^m \tag{17.13.4}$$

이것은 i에 대한 m차 다항식이다. m(다항식의 차수)은 k(최대 시차수)보다 작은 것으로 가정된다.

Almon 구조가 어떻게 그 기능을 하는지 보기 위하여 β가 그림 17.7a에서와 같은 형태를 따라서 2차 다항근사가 적절한 것으로 가정하자. 식 (17.13.2)를 (17.13.1)에 대입하면

$$\begin{aligned} Y_t &= \alpha + \sum_{i=0}^{k} (a_0 + a_1 i + a_2 i^2) X_{t-i} + u_t \\ &= \alpha + a_0 \sum_{i=0}^{k} X_{t-i} + a_1 \sum_{i=0}^{k} i X_{t-i} + a_2 \sum_{i=0}^{k} i^2 X_{t-i} + u_t \end{aligned} \tag{17.13.5}$$

위와 같이 정의하면

$$\begin{aligned} Z_{0t} &= \sum_{i=0}^{k} X_{t-i} \\ Z_{1t} &= \sum_{i=0}^{k} i X_{t-i} \\ Z_{2t} &= \sum_{i=0}^{k} i^2 X_{t-i} \end{aligned} \tag{17.13.6}$$

50. 광범위하게 말하면 이 정리의 내용은 유한 폐구간에서 어떠한 연속함수도 모두 적절한 차수의 다항식으로 한결 같이 근사될 수 있다는 것이다.

식 (17.13.5)는 다음과 같다.

$$Y_t = \alpha + a_0 Z_{0t} + a_1 Z_{1t} + a_2 Z_{2t} + u_t \qquad \textbf{(17.13.7)}$$

Almon 구조에서 Y는 원래의 X 변수들이 아닌 만들어진 변수 Z에 대해 회귀된다. 식 (17.13.7)은 통상적인 OLS절차로 추정될 수 있다는 것을 주목하라. 확률적 교란항 u가 고전적 선형회귀모형의 가정들을 만족시키면 이렇게 구해진 α와 a_i의 추정치들은 바람직한 통계적 속성을 갖게 될 것이다. 이러한 점에서 Almon 기법은 Koyck방법보다 확실히 우월한데, 그 이유는 후자의 경우 확률적 설명변수 Y_{t-1}의 존재와 이것과 교란항간의 상관가능성으로 인한 심각한 추정상의 문제가 존재하기 때문이다.

일단 식 (17.13.7)로부터 a들이 추정되면 다음과 같이 식 (17.13.2)로부터(또는 보다 보편적으로 식 [17.13.4)로부터]) 원래의 β들이 추정될 수 있다.

$$\begin{aligned}
\hat{\beta}_0 &= \hat{a}_0 \\
\hat{\beta}_1 &= \hat{a}_0 + \hat{a}_1 + \hat{a}_2 \\
\hat{\beta}_2 &= \hat{a}_0 + 2\hat{a}_1 + 4\hat{a}_2 \\
\hat{\beta}_3 &= \hat{a}_0 + 3\hat{a}_1 + 9\hat{a}_2 \\
&\cdots\cdots\cdots\cdots \\
\hat{\beta}_k &= \hat{a}_0 + k\hat{a}_1 + k^2\hat{a}_2
\end{aligned} \qquad \textbf{(17.13.8)}$$

Almon 기법을 적용하기 전에 다음과 같은 실용적 문제들을 해결해야 한다.

1. 최대의 시차길이 k가 우선적으로 정해져야 한다. 이점에 관하여 Davidson과 Markinnon의 충고는 다음과 같다.

   > 최선의 접근법은 아마도 시차의 문제를 해결해 놓는 것일 것이다. 그 방법은 우선 q값(시차길이)을 넉넉히 큰 값으로 설정해 놓고 분포시차의 형태에 어떠한 제약도 가하지 않은 상태에서 시차길이를 줄여나갈 때 자료에 대한 모형의 적합도가 심하게 훼손되는지 여부를 살펴보면 된다.[51]

   만약 어떤 "진정한" 시차길이가 존재한다면, 이 시차길이보다 짧은 시차를 선정한다는 것은 "적절한 변수의 생략으로부터 초래된 편의"를 유발하게 되는데, 그 결과는 13장에서 살펴본 바와 같이 매우 심각하다. 한편, 필요한 시차보다 더 긴 시차를 선정하는 경우 "부적절한 변수의 포함"이라는 문제를 유발하게 되는데, 그 결과는 상대적으로 덜 심각한 편이어서 OLS로 추정하는 경우 계수의 분산이 덜 효율적이기는 하지만 계수자체의 추

51. Russell Davidson and James G. MacKinnon, *Estimation and Inference in Econometrics*, Oxford University Press, New York, 1993, pp.675–676.

정치는 일치추정량이다.

적절한 시차 길이를 선택하기 위해 13장에서 논의된 Akaike 또는 Schwarz 정보기준을 사용할 수 있다. 이 기준들은 2에서의 논의에 추가하여 다항식의 적절한 차수를 논의하기 위해서도 사용될 수 있다.

2. k 가 정해진 다음에는 다항식의 차수 m 이 또한 정해져야 한다. 일반적으로 다항식의 차수 β_i와 i를 연관시키는 곡선의 전환점의 수보다 최소한 하나 더 많아야 한다. 이리하여 그림17.7a에서는 전환점이 단 하나이므로 2차 다항식이 적절한 근사가 될 것이다. 그림 17.7c에서는 전환점이 두 개이고, 따라서 3차 다항식이 적절한 근사가 될 것이다. 그러나 선험적으로는 전환점이 몇 개인지 모를 수 있으므로 m 의 선택은 대개 주관적이다. 그러나 몇몇 경우에는 이론상으로 특정한 형태를 알 수도 있다. 실제로 낮은 차수(예를 들어 $m = 2$ 또는 3)의 다항식으로 좋은 결과를 얻기를 원할 것이다. 특정한 m 의 값이 선택되고 나서, 만일 이보다 고차 다항식으로 더 나은 결과를 얻을 수 있는지를 알아보고자 한다면 다음 절차를 따르면 된다.

2차와 3차 다항식 가운데 하나를 선택하는 경우를 생각해 보자. 2차 다항식의 경우 추정방정식은 식 (17.13.7)과 같다. 3차 다항식인 경우의 방정식은

$$Y_t = \alpha + a_0 Z_{0t} + a_1 Z_{1t} + a_2 Z_{2t} + a_3 Z_{3t} + u_t \qquad \textbf{(17.13.9)}$$

여기서 $Z_{3t} = \sum_{t=0}^{k} i^3 X_{t-i}$. 식 (17.13.9)를 회귀한 결과 a_2는 통계적으로 유의하나 a_3는 그렇지 않은 것으로 나타나면 2차 다항식이 더 나은 근사라고 가정할 수 있다.

대안으로서 Davidson과 Mackinnon은 "시차길이인 q가 정해진 후 다항 차수인 d를 결정할 수 있는데, 이 경우에도 넉넉히 큰 값에서 시작하여 줄여나가는 방법을 사용할 수 있다."고 방법을 제시하였다.[52]

그러나, 여기서 다중공선성문제를 조심해야 하는데, 그 이유는 식 (17.13.6)(또한 식 (17.13.10)참조)에서 보는 바와 같이 Z들이 X로부터 만들어졌기 때문이다. 10장에서 보았듯이 다중공선성이 심각한 경우 $\hat{a}_3$는 통계적으로 유의하지 않을 수가 있는데, 그 이유는 진정한 a_3가 0이라서가 아니라 표본으로는 Y에 대한 Z_3의 영향을 따로 평가할 수 없기 때문이다. 따라서 우리의 예에서는 3차 다항식이 올바른 선택이 아니라고 결론 내리기 전에 10장에서 논의된 기법을 적용하여 다중공선성 문제가 심각하지 않다는 것을 확인해야만 한다.

52. Ibid., pp.675–676.

3. 일단 m과 k가 결정되면 Z들은 용이하게 만들어질 수 있다. 예를 들어 $m=2$, $k=5$라 하면 Z들은 다음과 같다.

$$Z_{0t} = \sum_{i=0}^{5} X_{t-i} = (X_t + X_{t-1} + X_{t-2} + X_{t-3} + X_{t-4} + X_{t-5})$$

$$Z_{1t} = \sum_{i=0}^{5} i X_{t-i} = (X_{t-1} + 2X_{t-2} + 3X_{t-3} + 4X_{t-4} + 5X_{t-5}) \tag{17.13.10}$$

$$Z_{2t} = \sum_{i=0}^{5} i^2 X_{t-i} = (X_{t-1} + 4X_{t-2} + 9X_{t-3} + 16X_{t-4} + 25X_{t-5})$$

Z들은 원래의 X들의 선형결합이라는 것을 주목하라. 또한 왜 Z들에 다중공선성이 존재할 수 있는지에 유의하라.

수치 예를 보기 전에 Almon방법의 장점에 유의할 필요가 있다. 첫째, 이것은 다양한 시차구조를 결합시키는 융통성 있는 방법이다(연습문제 17.17 참조). 한편, Koyck기법은 β들이 기하적으로 감소한다고 가정한다는 점에서 상당히 경직적이다. 둘째, Koyck기법과는 달리 Almon기법에서는 모형에서 설명변수의 하나로 시차종속변수가 존재하는 것과 이로 인해 야기되는 추정 문제에 대해 걱정할 필요가 없다. 마지막으로 상당히 낮은 차수의 다항식이 적용될 수 있다면 추정될 계수(a들)의 수는 원래 계수(β들)의 수보다 상당히 줄어든다.

그러나 Almon기법에 있어서의 문제점들을 다시 강조하도록 하자. 첫째, 최대 시차수 뿐만 아니라 다항식의 차수도 주로 주관적으로 결정된다. 둘째, 이전에 언급한 이유로 인해 Z변수들은 다중공선성을 보일 가능성이 크다. 따라서 모형 (17.13.9)에서와 같이 추정된 a들은(이 계수들의 값에 비해) 큰 표준오차를 갖게 될 가능성이 높아서 전형적인 t검정에 따를 때 하나 또는 그 이상의 계수들이 통계적으로 유의하지 않게 나타날 수 있다. 그러나 이 같은 사실이 하나 또는 그 이상의 원래의 $\hat{\beta}$계수들이 반드시 통계적으로 유의하지 않다는 것을 의미하지 않는다(이 기술에 대한 증명은 다소 복잡하지만 연습문제 17.18에 제시되고 있다). 그 결과 다중공선성은 흔히 생각할 수 있는 것보다 덜 심각할 수 있다. 그 외에 우리가 알고 있듯이 다중공선성의 경우 설령 우리가 개별 계수들을 정확하게 추정할 수 없더라도 그러한 계수들의 선형 결합(추정 가능한 함수)은 보다 정확하게 추정될 수 있다.

예제 17.11

Almon 분포시차 모형의 예

Almon 기법을 예시하기 위하여 표17.8에서는 1954~1999년까지 미국에서의 재고 Y, 매상 X에 대한 자료가 나와 있다.

재고가 다음과 같이 금년도와 그 이전 3개 연도의 매상에 의존한다고 가정하자.

$$Y_t = \alpha + \beta_0 X_t + \beta_1 X_{t-1} + \beta_2 X_{t-2} + \beta_3 X_{t-3} + u_t \qquad \textbf{(17.13.11)}$$

더욱이 β_i가 식 (17.13.2)에서 보는 바와 같이 2차 다항식으로 근사될 수 있다고 가정하면 식 (17.13.7)에 따라 다음과 같이 쓸 수 있다.

표 17.8

미국제조업에서의 재고 Y와 매상 X, 그리고 만들어진 Z

출처: *Economic Report of the President*, 2001, Table B-57, p.340. Z들은 식 (17.13.13)에서 보는 바와 같다.

관찰치	재고	매상	Z_0	Z_1	Z_2
1954	41,612	23,355	NA	NA	NA
1955	45,069	26,480	NA	NA	NA
1956	50,642	27,740	NA	NA	NA
1957	51,871	28,736	106,311	150,765	343,855
1958	50,203	27,248	110,204	163,656	378,016
1959	52,913	30,286	114,010	167,940	391,852
1960	53,786	30,878	117,148	170,990	397,902
1961	54,871	30,922	119,334	173,194	397,254
1962	58,172	33,358	125,444	183,536	427,008
1963	60,029	35,058	130,216	187,836	434,948
1964	63,410	37,331	136,669	194,540	446,788
1965	68,207	40,995	146,742	207,521	477,785
1966	77,986	44,870	158,254	220,831	505,841
1967	84,646	46,486	169,682	238,853	544,829
1968	90,560	50,229	182,580	259,211	594,921
1969	98,145	53,501	195,086	277,811	640,003
1970	101,599	52,805	203,021	293,417	672,791
1971	102,567	55,906	212,441	310,494	718,870
1972	108,121	63,027	225,239	322,019	748,635
1973	124,499	72,931	244,669	333,254	761,896
1974	157,625	84,790	276,654	366,703	828,193
1975	159,708	86,589	307,337	419,733	943,757
1976	174,636	98,797	343,107	474,962	1,082,128
1977	188,378	113,201	383,377	526,345	1,208,263
1978	211,691	126,905	425,492	570,562	1,287,690
1979	242,157	143,936	482,839	649,698	1,468,882
1980	265,215	154,391	538,433	737,349	1,670,365
1981	283,413	168,129	593,361	822,978	1,872,280
1982	311,852	163,351	629,807	908,719	2,081,117
1983	312,379	172,547	658,418	962,782	2,225,386
1984	339,516	190,682	694,709	1,003,636	2,339,112
1985	334,749	194,538	721,118	1,025,829	2,351,029
1986	322,654	194,657	752,424	1,093,543	2,510,189
1987	338,109	206,326	786,203	1,155,779	2,688,947
1988	369,374	224,619	820,140	1,179,254	2,735,796
1989	391,212	236,698	862,300	1,221,242	2,801,836
1990	405,073	242,686	910,329	1,304,914	2,992,108
1991	390,905	239,847	943,850	1,389,939	3,211,049
1992	382,510	250,394	969,625	1,435,313	3,340,873
1993	384,039	260,635	993,562	1,458,146	3,393,956
1994	404,877	279,002	1,029,878	1,480,964	3,420,834
1995	430,985	299,555	1,089,586	1,551,454	3,575,088
1996	436,729	309,622	1,148,814	1,639,464	3,761,278
1997	456,133	327,452	1,215,631	1,745,738	4,018,860
1998	466,798	337,687	1,274,316	1,845,361	4,261,935
1999	470,377	354,961	1,329,722	1,921,457	4,434,093

주: Y와 X는 100만 달러 단위이고, 계절 조정됨.

예제 17.11

(계속)

$$Y_t = \alpha + a_0 Z_{0t} + a_1 Z_{1t} + a_2 Z_{2t} + u_t \tag{17.13.12}$$

여기서

$$\begin{aligned} Z_{0t} &= \sum_{i=0}^{3} X_{t-i} = (X_t + X_{t-1} + X_{t-2} + X_{t-3}) \\ Z_{1t} &= \sum_{i=0}^{3} i X_{t-i} = (X_{t-1} + 2X_{t-2} + 3X_{t-3}) \\ Z_{2t} &= \sum_{i=0}^{3} i^2 X_{t-i} = (X_{t-1} + 4X_{t-2} + 9X_{t-3}) \end{aligned} \tag{17.13.13}$$

이와 같이 계산된 Z 변수들이 표 17.8에 나와 있다. Y와 Z에 대한 자료를 이용하여 다음과 같은 회귀결과를 얻게 된다.

$$\begin{aligned} \hat{Y}_t &= 25{,}845.06 \quad + 1.1149Z_{0t} \quad - 0.3713Z_{1t} \quad - 0.0600Z_{2t} \\ \text{se} &= (6596.998) \quad (0.5381) \quad (1.3743) \quad (0.4549) \\ t &= (3.9177) \quad (2.0718) \quad (-0.2702) \quad (-0.1319) \\ & R^2 = 0.9755 \quad d = 0.1643 \quad F = 517.7656 \end{aligned} \tag{17.13.14}$$

주: 우리는 3년의 시차를 사용하고 있기 때문에 관찰치의 수는 46에서 43으로 줄어든다.

앞의 결과에 대해 간략한 논평을 하면 다음과 같다. 3개의 Z 변수들 가운데 Z_0만 5% 수준에서 개별적으로 통계적으로 유의하나 다른 것들은 그렇지 않다. 그러나 F값은 매우 높아서 집합적으로 Z들은 Y에 영향을 미치지 않는다는 귀무가설을 기각할 수 있다. 이것은 당연히 다중공선성 때문일 수 있다. 또한 계산된 d값이 매우 낮다는 것을 주목하라. 이것은 잔차가 자기상관에 시달린다는 것을 반드시 의미하지는 않는다. 낮은 d값이 우리가 사용한 모형이 잘못 표기되었다는 것을 시사할 수도 있다. 우리는 곧 이것에 대해 언급할 것이다.

식 (17.13.3)에 주어진 추정된 α계수들로부터 식(17.13.8)의 관계를 이용하여 다음과 같이 원래의 β계수들을 쉽게 추정할 수 있다. 현재의 예에서 결과는 다음과 같다.

$$\begin{aligned} \hat{\beta}_0 &= \hat{a}_0 = 1.1149 \\ \hat{\beta}_1 &= (\hat{a}_0 + \hat{a}_1 + \hat{a}_2) = 0.6836 \\ \hat{\beta}_2 &= (\hat{a}_0 + 2\hat{a}_1 + 4\hat{a}_2) = 0.1321 \\ \hat{\beta}_3 &= (\hat{a}_0 + 3\hat{a}_1 + 9\hat{a}_2) = -0.5394 \end{aligned} \tag{17.13.15}$$

따라서 식 (17.13.11) 에 상응하여 추정된 분포시차 모형은

$$\begin{aligned} \hat{Y}_t &= 25{,}845.0 \quad + 1.1150X_0 + 0.6836X_{t-1} + 0.1321X_{t-2} - 0.5394X_{t-3} \\ \text{se} &= (6596.99) \quad (0.5381) \quad (0.4672) \quad (0.4656) \quad (0.5656) \\ t &= (3.9177) \quad (2.0718) \quad (1.4630) \quad (0.2837) \quad (-0.9537) \end{aligned} \tag{17.13.16}$$

기하적으로 추정된 β_i는 그림17.8과 같다.

예제 3.1

그림17.8 수치 예의 시차구조

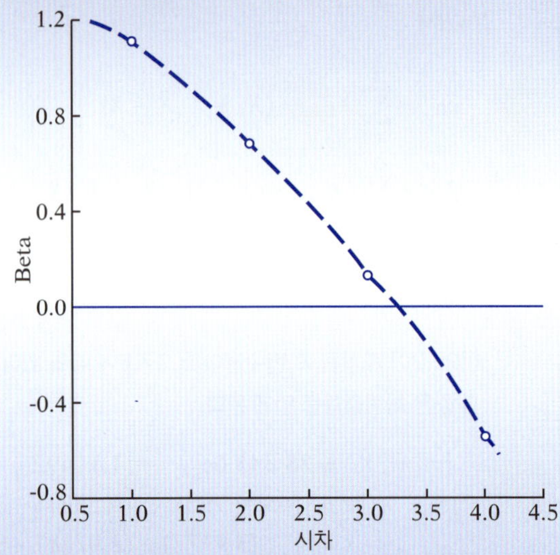

이 수치 예로부터 Almon 시차 절차의 몇 가지 추가적인 특징을 도출해 낼 수 있다.

1. a 계수들의 표준오차는 OLS 회귀식 (17.13.14)로부터 직접 구할 수 있지만 주요관심 대상인 몇몇 $\hat{\beta}$계수들의 표준오차는 그와 같이 구할 수 없다. 그러나 이 표준오차들은 통계학에서 잘 알려져 있는 공식을 이용하면 추정된 a계수들의 표준오차로부터 쉽게 계산될 수 있는데 이에 대한 것이 연습문제 17.18에 나와 있다. 물론 대부분의 통계 패키지들이 이것을 기계적으로 수행할 수 있으므로 손으로 계산할 필요가 없다. 식 (17.13.15)에 주어진 표준오차는 EViews 6으로 얻은 것이다.
2. 식 (17.13.16)에서 구한 $\hat{\beta}$들은 사전적인 제약이 가해지지 않았다는 점에서 제약받지 않은 추정치(unrestricted estimates)라고 부른다. 그러나 어떤 경우에는 β_0와 β_k(현재와 k 번째 시차 계수)가 0이라고 가정함으로써 β들에 대한 소위 끝점 제약을 가하고자 할 때가 있다. 심리적이거나 제도적 또는 기술적 이유로 현재의 설명변수의 값이 피회귀변수의 현재값에 영향을 주지 않을 수 있으므로 $\beta_0 = 0$가 정당화 될 수 있다. 똑같은 이유로 특정 시점 k를 넘어서게 되면 설명변수가 피회귀변수에 영향을 주지 않을 수가 있게 되어 $\beta_k = 0$의 가정이 지지될 수 있다. 우리의 재고 예(예 17.11)에서 X_{t-3}의 계수는 음의 부호를 갖는데 이것은 경제학적으로 이치에 맞지 않을 수 있다. 이리하여 그 계수의 값을 0으로 제약하기를 원할 수도 있다.[53] 물론 양 끝에 제약을 가할 필요는 없고 가까운 끝 제약이라고 불리는 첫 번째 계수에 대해서만 제약을 가하든지 또는 먼 끝 제약이라고 불리는 마

지막 계수에만 제약을 가할 수 있을 것이다. 우리의 재고 예에서는 이것이 연습문제 17.28에서 예시된다. 때때로 β들은 모두 β계수들의 합이 1이라는 제약 하에서 추정되기도 한다. 그러나 아무 생각 없이 그러한 제약들을 가해서는 안 되는데 왜냐하면 그러한 제약들도 다른 (제약받지 않는) 시차 계수들의 값에 영향을 미치기 때문이다.

3. 다항식의 차수는 물론 시차 계수들 수의 선택도 모형을 만드는 사람의 재량에 달려 있으므로 자료 캐기의 경험은 말할 것도 없고 시행착오가 불가피하다. 이 때 13장에서 논의된 Akaike 및 Schwarz 정보기준이 여러 모로 편리할 수 있다.
4. 우리가 식 (17.13.16)을 3개 시차와 2차 다항식을 사용하여 추정하였으므로 그것은 제약 최소자승 모형이다. 가령 우리가 3개 시차를 사용하기로 결정하였으나 Almon 다항 접근법을 사용하지 않기로 결정하였다고 하자. 즉 우리는 식 (17.13.11)을 OLS로 추정한다. 그러면 어떻게 되나? 우선 결과를 보자.

$$\begin{aligned}
\hat{Y}_t &= 26{,}008.60 \quad + 0.9771X_t \; + 1.0139X_{t-1} \; - \; 0.2022\,X_{t-2} \; - \; 0.3935X_{t-3} \\
\text{se} &= \; (6691.12) \quad (0.6820) \quad (1.0920) \quad (1.1021) \quad (0.7186) \\
t &= \quad (3.8870) \quad (1.4327) \quad (0.9284) \quad (-0.1835) \quad (-0.5476) \\
& \qquad R^2 = 0.9755 \qquad d = 0.1571 \qquad F = 379.51
\end{aligned} \tag{17.13.17}$$

만일 이 결과와 식 (17.13.16)에 주어진 결과를 비교한다면 비록 (17.13.17)에서의 시차 양상이 식 (17.13.16)에 의해 보이는 것보다 더 구부러진 형태를 보여주지만 총체적인 R^2은 사실상 동일한 것을 볼 것이다. 식 (17.13.16)으로부터의 R^2 값을 증명하는 것은 독자에게 맡긴다.

이 예가 보여 주듯이 결과가 다항식의 차수와(또는) 시차계수의 수의 선택에 민감하므로 Almon 분포시차 기법을 사용할 때에는 주의해야만 한다.

17.14 경제학에서의 인과관계 : Granger 인과관계 검정[54]

1.4절로 돌아가면 비록 회귀분석이 한 변수의 다른 변수에 대한 종속성을 다루는 것이지만, 그것이 꼭 인과관계를 의미하는 것은 아니라고 언급한 바 있다. 환

53. 구체적 적용에 대해서는 D. B. Batten and Daniel Thornton, "Polynomial Distributed Lags and the Estimation of the St. Louis Equation," *Review*, Federal Reserve Bank of St. Louis, April 1983, pp.13–25 참조.

54. 종종 이용되는 또 다른 인과관계 검정법이 있는데 소위 **인과관계의 Sims** 검정이라 한다. 우리는 연습문제를 통해 그것에 대해 논의할 것이다.

언하면 변수들 간에 관계가 존재한다는 것이 인과관계나 영향의 방향을 입증하는 것은 아니다. 그러나 시계열 자료를 포함한 회귀에서는 한 저자가 말했듯이 상황은 다소 달라질 수 있다.

> ... 시간은 뒤로 흐르지 않는다. 즉 만일 사상 A가 사상 B 앞에서 발생하면 A가 B를 야기하고 있는 것은 **가능하다**. 그러나 B가 A를 야기하는 것은 **불가능하다**. 환언하면 과거의 사상은 사상들이 오늘 발생하도록 야기할 수 있다. 미래의 사상들은 그렇게 할 수 없다.[55] [강조가 추가됨.]

이것이 대략 소위 Granger 인과관계 검정에 내재하는 인식이다.[56] 그러나 인과관계 문제는 모든 종류의 논쟁을 포함하고 있으면서 철저히 철학적이라는 것을 분명히 주목해야 한다. 한쪽 극단에는 "모든 것은 모든 것을 야기한다"고 믿는 사람들이 있는 한편 다른 쪽 극단에는 그것이 무엇이든 인과관계의 존재를 부인하는 사람들이 있다.[57] 계량경제학자인 Edward Leamer는 인과관계보다 선행관계라는 용어를 선호한다. Francis Diebold는 예상적 인과관계라는 용어를 선호한다. 그는 다음과 같이 기술하고 있다.

> ..."y_i가 y_j를 야기한다"고 말하는 것은 "(선형 최소자승 측면에서) y_j를 예측하는 데 있어서 체계 내의 다른 변수들의 과거 역사보다 y_i가 더 유용한 정보를 가지고 있다." 는 보다 정확하지만 지루한 말에 대한 속기일 따름이다. 지면을 절약하기 위해 우리는 단순히 y_i가 y_j를 야기한다고 말한다.[58]

그랜저 검정(Granger Test)

Granger 검정을 설명하기 위해 거시경제학에서 종종 묻는 문제를 살펴보자. 통화공급 M을 야기하는 것이 GDP인가(GDP→M)? 혹은 GDP를 야기하는 것이 통화공급 M인가(M→ GDP)? (여기서 화살표는 인과관계의 방향을 나타낸다).
Granger 인과관계 검정은 각각의 변수 GDP와 M의 예측에 적절한 정보는 단지 이들 변수의 시계열자료에만 포함되어 있다고 가정한다. 이 검정은 다음 한쌍의 회귀식을 추정하는 것이다.

55. Gary Koop, *Analysis of Economic Data*, John Wiley & Sons, New York, 2000, p.175.

56. C. W. J. Granger, "Investigating Causal Relations by Econometric Models and Cross-Spectral Methods," *Econometrica*, July 1969, pp.424–438. 비록 Granger 인과관계 검정으로 널리 알려져 있지만 그것을 **Wiener-Granger 인과관계 검정**으로 부르는 것이 적절한데 왜냐하면 그것은 Wiener에 의해 더 이전에 제안되었기 때문이다. N. Wiener, "The Theory of Prediction," in E. F. Beckenback, ed., *Modern Mathematics for Engineers*, McGraw-Hill, New York, 1956, pp.165–190.

57. 이 논제에 대한 훌륭한 논의에 대해서는 Arnold Zellner, "Causality and Econometrics," *Carnegie-Rochester Conference Series*, 10, K. Brunner and A. H. Meltzer, eds., North Holland Publishing Company, Amsterdam, 1979, pp.9–50 참조.

58. Francis X. Diebold, *Elements of Forecasting*, South Western Publishing, 2d ed., 2001, p.254.

$$\mathrm{GDP}_t = \sum_{i=1}^{n} \alpha_i M_{t-i} + \sum_{j=1}^{n} \beta_j \mathrm{GDP}_{t-j} + u_{1t} \qquad \textbf{(17.14.1)}$$

$$M_t = \sum_{i=1}^{n} \lambda_i M_{t-i} + \sum_{j=1}^{n} \delta_j \mathrm{GDP}_{t-j} + u_{2t} \qquad \textbf{(17.14.2)}$$

여기서 교란항 u_{1t}, u_{2t}는 상관되지 않는 것으로 가정된다. 추가적으로 우리는 두 변수를 가지고 있으므로 우리는 양방향 인과관계를 취급하고 있다는 것에 유의하라. 시계열 계량경제학에 대한 장에서 이것을 벡터 자기회귀(VAR)라는 기법을 통해 다변수 인과관계로 확장할 것이다.

식 (17.14.1)에서는 현재의 GDP가 GDP 자체의 과거값 뿐만 아니라 M의 과거값과도 연관되는 것으로 가정하고 있고 식 (17.14.2)에서도 M에 대해 비슷한 행태가 가정되고 있다. 이 회귀식들은 성장률 형태인 $\dot{\mathrm{GDP}}$과 $\dot{M}$으로도 표현될 수 있다. 여기서 변수위에 점을 찍은 것은 성장률을 나타낸다. 이제 다음과 같이 네 가지 경우를 구별하기로 한다.

1. 식 (17.14.1)에서 M의 시차 변수에 대한 추정계수들이 전체적으로 통계상 0이 아니고 GDP의 시차변수에 대한 추정계수들 집합이 통계적으로 0과 상이하지 않으면 M에서 GDP로의 일방적 **인과관계(unidirectional causality)**를 나타낸다.
2. 반대로 만일 식 (17.14.1)에서 M의 시차변수 계수 집합들이 통계적으로 0이 아니면, GDP에서 M으로의 일방적 인과관계를 나타낸다.
3. 어느 회귀식에서도 M과 GDP 계수들의 집합이 통계적으로 유의하게 0과 다르면 **환류** 또는 **양방향 인과관계**를 나타낸다.
4. 마지막으로 두 회귀식에서 M과 GDP계수들의 집합이 통계적으로 유의하지 않으면 **독립(independence)**을 나타낸다.

보다 일반적으로 말하면, 미래가 과거를 예측할 수 없으므로 변수 X가 변수 Y의(그랜저 의미에서) 원인이 된다면, X의 변화가 Y의 변화보다 선행되어야 한다. 그러므로 Y를 다른 변수들(Y의 과거값도 포함)에 회귀하는 경우, X의 과거값을 포함하는 것이 Y에 대한 예측을 유의하게 개선시킨다면 X가 (그랜저 의미에서) Y의 원인이 된다고 할 수 있다. Y가 X의 원인이 된다면 이에 대하여도 같은 방법으로의 정의가 적용된다.

그랜저 인과관계 검정의 시행절차는 다음과 같다. 여기에서는 식 (17.14.1)의 GNP–통화의 경우를 예로 들고자 한다.

1. 현재의 GDP를 모든 GDP 시차값과 다른 변수들에 회귀한다. 그러나 이 회귀에 M 변수의 시차변수는 포함시키지 않는다. 8장에서의 논의처럼 이것은 제약 하에서의 회귀이다. 이 회귀로부터 제약된 잔차자승합 RSS_R을 얻

는다.

2. M의 시차항을 포함하여 회귀를 한다. 8장에서 정의된 용어를 사용하자면, 이는 제약되지 않은 모형이라 할 수 있다. 이 회귀로부터 제약되지 않는 잔차자승합 RSS_{UR}를 얻는다.
3. 이 때 검정하고자 하는 귀무가설은 $H_0: \alpha_i = 0,\ i = 1, 2, \cdots, n$으로서 M의 시차항이 이 회귀에 포함되지 않는다는 것이다.
4. 이 가설을 검정하기 위해 식 (8.7.9)의 F검정을 적용한다. 즉,

$$F = \frac{(\text{RSS}_R - \text{RSS}_{\text{UR}})/m}{\text{RSS}_{\text{UR}}/(n-k)} \tag{8.7.9}$$

이 통계량은 자유도가 m과 $(n-k)$인 F분포를 따른다. 현재의 경우 m이 M의 시차항의 개수와 같고 k는 제약되지 않는 모형에서 추정할 모수의 개수이다.

5. 계산된 F값이 선택된 유의수준에서 임계치 F값보다 크면 귀무가설을 기각한다. 이는 M 시차항이 회귀에 포함된다는 것이다. 이것은 M이 GDP의 원인이 된다는 것을 달리 표현하는 방식이다.
6. 모형 (17.14.2), 즉 GDP가 M의 원인이 되는지를 검정하기 위해서는 1단계부터 5단계까지 반복하면 된다.

Granger 인과관계 검정을 예시하기 전에 주목할 필요가 있는 몇 가지 사항들이 존재한다.

1. 두 변수 GDP와 M은 정상적인 것으로 가정된다. 우리는 전에 이미 직관적인 표현으로 정상성 개념에 대해 논의하였고 21장에서는 보다 공식적으로 그것을 논의할 것이다. 만일 변수들이 본래의 형태에서 이미 정상적이 아니라면 종종 그 변수들을 1차 차분하면 정상적이 된다.
2. 인과관계 검정에서 포함되는 시차항의 수는 중요한 실제 문제이다. 분포시차 모형의 경우에서와 같이 선택을 하기 위해 **Akaike** 또는 **Schwarz 정보기준**을 사용해야 할 것이다. 그러나 **인과관계의 방향은 포함되는 시차항의 수에 결정적으로 의존할 수 있다**는 것을 덧붙여야 한다.
3. 우리는 인과관계 검정에 포함되는 오차항들은 상관되지 않는다고 가정하였다. 만일 이렇지 않으면 12장에서 논의된 것과 같이 적절한 변환이 이루어져야 할 수도 있다.[59]
4. 우리의 관심은 인과관계에 대한 검정에 있으므로 (지면을 절약하기 위해)

59. 더 상세한 내용에 대해서는 Wojciech W. Charemza and Derek F. Deadman, *New Directions in Econometric Practice: General to Specific Modelling, Cointegration and Vector Autoregression*, 3d ed., Edward Elgar Publishing, 1997, 6장 참조.

모형 (17.14.1)과 (17.14.2)의 추정된 계수들을 명시적으로 제시할 필요가 없다. 단지 식 (8.7.9)에 주어진 F검정의 결과면 충분하다.

5. "허위의" 인과관계를 예방해야 한다. 우리의 GDP–통화 예에서 가령 우리가 예를 들어 단기 이자율을 고려한다고 하자. 통화가 이자율을 "Granger 야기"할 가능성이 있고 이번에는 이자율이 GDP를 "Granger 야기"할 가능성이 있다. 따라서 만일 우리가 이자율에 대해 감안하지 않고 GDP를 야기하는 것이 통화라는 것을 얻는다면 GDP와 통화 간 관찰된 인과관계는 허위일 수 있다.[60] 이미 언급하였듯이 이것을 다루는 한 가지 방법은 벡터 자기회귀(VAR)와 같이 다중함수 체계를 고려하는 것인데 우리는 22장에서 이것을 어느 정도 논의할 것이다.

예제 17.12

통화와 소득간의 인과관계

R.W Hafer는 1960년 1사분기부터 1980년 4사분기까지의 미국 자료를 가지고(GDP가 아니라) GNP와 M간의 인과 관계의 본질을 알아내기 위해 그랜저 검정을 사용하였다. 이 변수들의 총체값을 사용하는 대신 그는 그것들의 성장률인 $\dot{GNP}$와 $\dot{M}_t$을 사용하였고, 위에서의 두 회귀식에서 두 변수들의 4개 시차값들을 사용하여 다음과 같은 결과를 얻었다.[61] 각 경우의 귀무가설은 고려가 되는 변수가 다른 변수를 "Granger 야기" 하지 않는다는 것이다.

인과관계 방향	F값	결정
$\dot{M} \rightarrow \dot{GNP}$	2.68	기각
$\dot{GNP} \rightarrow \dot{M}$	0.56	기각하지 못함

이로부터 추정된 F값이 5%수준에서 유의하므로(자유도 4, 71에서 F 임계치는 2.50) 통화 성장으로부터 GNP성장으로의 인과관계가 존재한다고 할 수 있다. 반면에 GNP에서 통화성장으로 "반대 방향으로의 인과관계"는 존재하지 않는데, 그 이유는 계산된 F값이 통계적으로 유의하지 않기 때문이다.

예제 17.13

캐나다에서의 통화와 이자율 간의 인과관계

표 17.5에 주어진 캐나다 자료를 참고하자. 가령 우리가 캐나다의 1979~1988년간 분기별 자료를 가지고 통화공급과 이자율 간에 인과관계가 존재하는지 여부를 알아내고자 한다고 하자. Granger 인과관계 검정은 모형에 들어가는 시차항의 수에 결정적으로 의존한다는 것을 보이기 위해 몇 개의 (분기) 시차를 사용한 F검정의 결과를 아래에 제시하고 있다. 각 경우 귀무가설은 이자율이 통화공급을 (Granger-) 야기하지 않는다(그리고 반대의 경우)는 것이다.

60. 이것에 대해서는 J. H. Stock and M. W. Watson, "Interpreting the Evidence on Money–Income Causality," *Journal of Econometrics*, vol.40, 1989, pp.783–820 참조.

61. R. W. Hafer, "The Role of Fiscal Policy in the St. Louis Equation," *Review*, Federal Reserve Bank of St. Louis, January 1982, pp.17–22. 상세한 절차에 대해서는 그의 각주 12 참조.

예제 17.13

(계속)

인과관계 방향	시차의 수	F값	결정
$R \rightarrow M$	2	12.92	기각
$M \rightarrow R$	2	3.22	기각
$R \rightarrow M$	4	5.59	기각
$M \rightarrow R$	4	2.45	기각(7%에서)
$R \rightarrow M$	6	3.5163	기각
$M \rightarrow R$	6	2.71	기각
$R \rightarrow M$	8	1.40	기각 못 함
$M \rightarrow R$	8	1.62	기각 못 함

앞의 *F* 검정 결과의 특징에 주목하라. 6개 시차까지는 통화공급과 이자율 간 양방향의 인과관계가 존재한다. 그러나 8개 시차일 때 두 변수 간 통계적으로 식별할 수 있는 관계가 존재하지 않는다. 이것은 Granger 검정의 결과가 모형에 들어가는 시차의 수에 민감하다고 앞에서 기술한 것을 강화시켜 준다.

예제 17.14

9개 동아시아 국가에서의 GDP 성장률과 총저축률 간의 인과관계

GDP 성장률(g)과 총저축률(s) 간의 양방향 인과관계에 대한 연구 결과가 표 17.9에 나와 있다.[62] 비교를 위해 미국에 대한 결과도 표에 나와 있다. 대체로 표 17.9에 제시된 결과는 대부분의 동아시아 국가에서 인과관계가 GDP 성장률에서 총저축률 방향으로 존재한다. 이와 대조적으로 1950~1988년간 미국의 경우 시차 3까지는 양방향 인과관계가 존재하

표 17.9 실질 1인당 GDP 성장률과 총저축률 간의 이변량 Granger 인과관계 검정

경제, 연도	시차햇수	시차 우변 변수 저축	성장	경제, 연도	시차햇수	시차 우변 변수 저축	성장
홍콩, 1960~88	1	Sig	Sig	필리핀, 1950~88	1	NS	Sig
	2	Sig	Sig		2	NS	Sig
	3	Sig	Sig		3	NS	Sig
	4	Sig	Sig		4	NS	Sig
	5	Sig	Sig		5	NS	Sig
인도네시아, 1965	1	Sig	Sig	싱가포르, 1960~88	1	NS	NS
	2	NS	Sig		2	NS	NS
	3	NS	Sig		3	NS	NS
	4	NS	Sig		4	Sig	NS
	5	NS	Sig		5	Sig	NS
일본, 1950~88	1	NS	Sig	타이완, 1950~88	1	Sig	Sig
	2	NS	Sig		2	NS	Sig
	3	NS	Sig		3	NS	Sig
	4	NS	Sig		4	NS	Sig
	5	NS	Sig		5	NS	Sig
대한민국, 1955~88	1	Sig	Sig	태국, 1950~88	1	NS	Sig
	2	NS	Sig		2	NS	Sig
	3	NS	Sig		3	NS	Sig
	4	NS	Sig		4	NS	Sig
	5	NS	Sig		5	NS	Sig
말레이시아, 1955~88	1	Sig	Sig	미국, 1950~88	1	Sig	Sig
	2	Sig	Sig		2	Sig	Sig
	3	NS	NS		3	Sig	Sig
	4	NS	NS		4	NS	Sig
	5	NS	Sig		5	NS	Sig

Sig: 유의한; NS: 유의하지 않은

주: 성장은 1985년 국제가격으로 환산한 실질 1인당 GDP 성장임.

출처: World Bank, *The East Asian Miracle: Economic Growth and Public Policy,* Oxford University Press, New York, 1993, p.244, (Table A5-2). 원래의 출처는 Robert Summers and Alan Heston, "The Penn World Tables(Mark 5): An Expanded Set of International Comparisons, 1950-88," *Quarterly Journal of Economics*, vol.105, no.2, 1991.

예제 17.14 (계속)

나 시차 4와 5에서는 GDP 성장률에서 저축률 방향으로 인과관계가 존재하나 반대 방향으로는 아닌 것으로 나온다.

Granger 인과관계에 대한 우리의 논의를 끝마치기 위해서는 우리가 검토하고 있는 질문은 두 변수 간 시간적으로 선행-지체 관계가 존재할 때 인과관계의 방향을 통계적으로 탐지할 수 있는지 여부라는 것을 명심하라. 만일 인과관계가 입증된다면 그것은 A라는 변수를 더 잘 예측하기 위해 단지 A 변수의 과거 내력보다는 B라는 변수를 이용할 수 있다는 것을 시사한다. 동아시아 경제의 경우 단지 총저축률의 시차값보다는 GDP 성장률의 시차값들을 고려함으로써 총저축률을 더 잘 예측할 수 있을 것으로 보인다.

인과관계와 외생성에 대한 주석*

이 교재 4부의 연립방정식 모형에 대한 장에서 공부하겠지만 경제 변수들은 종종 내생적과 외생적 등 두 가지 넓은 범주로 분류된다. 대략 말하면 내생변수들은 단일 방정식 회귀모형에서 종속변수와 동일한 것이고 외생변수들은 X 변수들이 그 식에 있는 오차항과 상관되지 않는다는 전제 하에 그러한 모형 안에 있는 X 변수 또는 회귀변수와 동일한 것이다.[63]

이제 한 가지 흥미로운 질문을 제기한다. 가령 Granger 인과관계 검정에서 우리가 하나의 X 변수가 하나의 Y 변수를 (Granger-) 야기하고 그 반대 방향은 성립하지 않는 것(즉 양방향 인과관계가 아님)으로 나왔다고 하자. 그러면 우리는 X 변수를 외생적인 것으로 취급할 수 있나? 환언하면 우리는 외생성을 입증하기 위해 Granger 인과관계(또는 비인과관계)를 사용할 수 있나?

이 질문에 답하기 위해 우리는 세 가지 유형의 외생성을 구별할 필요가 있다. (1) 약한, (2) 강한, (3) 극도의 외생성 등이다. 설명을 간단하게 하기 위해 가령 우리는 단지 두 변수인 Y_t와 X_t만 고려하고 Y_t를 X_t에 회귀한다고 하자. 만일 Y_t도 X_t를 설명하지 못 한다면 X_t는 **약하게 외생적**이라고 한다. 이 경우 회귀모형의 추정과 가설검정은 X_t값에 대한 조건부로 수행될 수 있다. 사실상 2장으로 돌아가면 우리의 회귀모형 설정은 X 변수의 값에 조건부이었다는 것을 인식할 것이다. 만일 현재와 시차 Y값들이 X를 설명하지 못 한다면(즉 피드백 관계가 아님) X_t는 **강하게 외생적**이라고 한다. 그리고 만일 X값들이 변해도 X에 대한 Y의 회귀에서의 모수들이 변하지 않는다면, 즉 모수값들은 X값의 변동에 대해 불변이면 X_t는 **극도로 외생적**이라 한다. 사실 이러한 경우가 되면 유명한 "Lucas 비판"은 그 설득력을 잃을 수도 있다.[64]

62. 이 결과의 출처는 *The East Asian Miracle: Economic Growth and Public Policy*, published for the World Bank by Oxford University Press, 1993, p.244이다.

* 선택적임.

63. 물론 만일 설명변수들이 내생변수의 하나 또는 그 이상의 시차항들을 포함하고 있다면 이러한 필요조건은 충족되지 않을 수도 있다.

세 가지 유형의 외생성을 구별하는 이유는 "일반적으로 추정 및 가설검정을 위해 필요한 것은 약한 외생성이 전부이고 예측을 위해서는 강한 외생성이 필요하고 정책 분석을 위해서는 극도의 외생성이 필요"[65]하기 때문이다.

Granger 인과관계로 돌아가서 만일 한 변수, 예를 들어 Y가 다른 변수, 예를 들어 X를 야기하지 않는다면 후자가 외생적이라고 가정할 수 있나? 불행히도 답변은 일관되지 못 하다. 만일 우리가 약한 외생성에 대해 말하고 있다면 **Granger 인과관계는 외생성을 입증하기 위한 필요조건도 충분조건도 아니라는 것**을 증명할 수 있다. 한편 Granger 인과관계는 강한 외생성에 대한 필요조건(그러나 충분조건은 아님)이다. 이러한 기술에 대한 증명은 이 책의 범위를 벗어난다.[66] 우리의 목적을 위해서는 Granger 인과관계와 외생성 개념을 별개로 보고 전자는 시계열 자료에 대한 유용한 묘사 도구로 취급하는 것이 더 낫다. 19장에서는 한 변수가 외생적으로 취급될 수 있는지를 알아내는 데 이용될 수 있는 검정방법을 논의할 것이다.

요약 및 결론

1. 심리적 요인, 기술적 요인, 그리고 제도적 요인 때문에 피회귀변수가 시차를 두고 회귀변수에 반응한다. 시차를 고려한 회귀모형을 동태 또는 시차 회귀모형이라고 부른다.
2. 두 가지 형태의 시차모형이 있다. 분포시차모형과 자기회귀모형이다. 전자에서는 회귀변수의 현재값과 시차값이 설명변수가 되고 후자에서는 피회귀변수의 시차변수가 설명변수에 포함된다.
3. 순수한 분포시차모형을 OLS로 추정할 수 있지만, 이러한 경우에 회귀변수의 연속적인 시차변수가 상관관계를 갖게 되는 경향이 있기 때문에 다중공선성의 문제가 발생할 수 있다.
4. 그 결과 간단한 방식이 개발되었다. 예를 들어, Koyck, 적응적 기대, 그리고 부분조정방식이 그것인데, 첫 번째 방식은 순수히 대수적인 접근법인 데 반해, 다른 두 가지 방식은 경제적 원칙에 기초하고 있다.
5. Koyck, 적응적 기대, 그리고 부분조정모형의 독특한 특성은 그들 모형 모두 피회귀변수의 시차값이 설명변수의 하나로서 모형에 포함된다는 점에서 본질상 자기회귀라는 것이다.

---

64. 노벨상 수상자인 Robert Lucas는 경제 변수들 간의 기존 관계는 정책이 변하면 바뀔 수도 있다는 명제를 발표하였다. 이 경우 회귀모형에서 추정된 모수들은 예측을 하는 데 별 가치가 없게 된다. 이것에 관해서는 Oliver Blanchard, *Macroeconomics*, Prentice Hall, 1997, pp.371–372 참조.
65. Keith Cuthbertson, Stephen G. Hall, and Mark P. Taylor, *Applied Econometric Techniques*, University of Michigan Press, 1992, p.100.
66. 비교적 단순한 논의에 대해서는 G. S. Maddala, *Introduction to Econometrics*, 2d ed., Macmillan, New York, 1992, pp.394–395와 David F. Hendry, *Dynamic Econometrics*, Oxford University Press, New York, 1995, 5장 참조.

6. 자기회귀의 구조는 추정상 문제를 야기한다. 즉 시차 피회귀변수가 오차항과 상관관계를 가지면, OLS 추정량은 불편추정량도 일치추정량도 모두 아니다. 편의와 불일치성은 Koyck모형과 적응적 기대모형의 경우 발생하나 부분조정모형의 경우 시차 피회귀변수가 존재함에도 불구하고 OLS 추정량이 일치추정량이 될 수 있다는 점에서 앞의 두 경우와 다르다.
7. Koyck모형과 적응적 기대모형에 대한 일치추정량을 구하기 위한 방법으로서 가장 널리 사용 되는 방법이 도구변수방법이다. 도구변수는 시차피회귀변수의 대리변수로서 오차항과는 상관관계가 없어야 한다.
8. 방금 논의한 시차회귀모형의 대안으로서 Almon 다항분포시차 모형이 있는데, 이 방법을 사용하면 자기회귀모형으로 야기된 추정의 문제를 피할 수 있다. 그러나 Almon 접근법의 주요 문제점은 시차의 길이와 다항식의 차수를 사전에 설정하여야 한다는 것이다. 시차의 길이와 다항식의 차수의 문제를 해결하는 방법으로서 정형화된 방법과 비정형화된 방법이 모두 있다.
9. 추정상의 문제에도 불구하고 분포시차 모형과 자기회귀 모형은 실증경제학에서 매우 유용한 것으로 판명되는데, 그 이유는 이들 모형이 시간의 역할을 명시적으로 고려함으로써 정태적 경제 이론을 동태적 이론으로 전환시키기 때문이다. 그같은 모형들로 인해 설명변수 값의 1단위 변화에 대한 종속변수의 단기와 장기 반응이 구별된다. 따라서 단기와 장기의 가격, 소득, 대체 탄력성 등을 추정하는데 있어서 이러한 모형들이 매우 유용하다.*
10. 포함된 시차 때문에 분포시차모형 그리고 자기회귀모형은 경제변수들에 있어 인과관계의 주제를 불러일으킨다. 응용분야에 있어 그랜저 인과관계 모형화는 상당한 관심을 끌었다. 그러나 그랜저 검정은 모형에 사용되는 시차길이에 민감하기 때문에 그랜저 방법론을 사용하는 데 크게 주의를 기울여야 한다.
11. 설령 한 변수(X)가 다른 변수(Y)를 "그랜저 야기하더라도", 이것이 X가 외생적이라는 것을 의미하는 것은 아니다. 우리는 약한, 강한, 극도의 외생성 등 세 유형을 구별하였고, 그 구별이 중요하다는 것을 지적하였다.

* 이들 모형들의 적용에 대해서는 Arnold C. Harberger, ed., *The Demand for Durable Goods*, The University of Chicago Press, Chicago. 1960 참조

연습문제 질문

17.1. 다음의 내용이 참인지, 거짓인지, 아니면 불확실한지 밝히고 그 이유를 설명하여라.

a. 모든 계량경제모형은 본래 동학적이다.

b. 분포시차모형의 계수 중 일부는 양의 값을 갖고 일부는 음의 값을 가진다면, Koyck모형은 적합하지 않다.

c. Koyck모형과 적응적 기대모형을 OLS로 추정한다면 추정량은 불편추정량이 아니나 일치추정량이다.

d. 부분조정모형에서 표본의 크기가 유한한 경우 OLS추정량은 편의추정량이다.

e. 확률적 회귀변수와 자기상관된 오차항이 존재하는 경우 도구변수의 방법을 사용하면 추정치는 불편성과 일치성을 모두 지니게 된다.

f. 시차 피회귀변수가 회귀변수에 포함되는 경우 자기상관을 탐지하기 위한 Durbin의 통계량은 실질적으로 쓸모가 없다.

g. Durbin의 h 검정은 표본이 대표본이든 소표본이든 유효하다.

h. 그랜저 검정은 인과관계의 검정이 아니라 절차에 대한 검정이다.

17.2. 식 (17.7.2)을 유도하여라.

17.3. 식 (17.8.3)을 증명하여라.

17.4. 가령 물가가 다음과 같은 적응적 기대가설에 의해 형성된다고 하자.

$$P_t^* = \gamma P_{t-1} + (1-\gamma) P_{t-1}^*$$

여기서 P^*는 예상 물가이고, P는 실제 물가이다.

$\gamma = 0.5$로 가정하여 다음 표를 완성하라.*

기간	P^*	P
$t-3$	100	110
$t-2$		125
$t-1$		155
t		185
$t+1$		—

17.5. 다음과 같은 모형이 있다.

$$Y_t = \alpha + \beta_1 X_{1t} + \beta_2 X_{2t} + \beta_3 Y_{t-1} + v_t$$

가령 Y_{t-1}과 v_t가 상관되어 있다고 하자. 이 상관을 제거하기 위해 다음과 같이 도구 변수 방법을 사용한다고 하자. 우선 Y_t를 X_{1t}와 X_{2t}에 대해 회귀하여 이 회귀식으로부터 $\hat{Y}_t$을 구한다. 그리고는 다음 식을 회귀한다.

* G. K Shaw, op. cit., p.26에서 인용함.

$$Y_t = \alpha + \beta_1 X_{1t} + \beta_2 X_{2t} + \beta_3 \hat{Y}_{t-1} + v_t$$

여기서 $\hat{Y}_{t-1}$은 1단계 회귀로부터 추정된다.

a. 이 절차로 인해 원래의 모형에서의 Y_{t-1}과 v_t간의 상관관계가 어떻게 제거되나?

b. Liviatan의 접근법에 비해 이 방법의 이점은 무엇인가?

*17.6. a. 식 (17.4.8)을 증명하라.

b. λ =0.2, 0.4, 0.6, 0.8에 대한 중위시차를 구하라.

c. λ 의 값과 중위시차의 값 사이에는 어떤 체계적 관계가 존재하나?

17.7. a. Koyck 모형에서 중위시차가 식 (17.4.10)임을 증명하라.

b. 만일 λ가 상대적으로 크다면 이것은 무엇을 의미하나?

17.8. 식 (17.4.9)에 주어진 평균시차에 대한 공식을 이용하여 표 17.1의 평균시차는 10.959 분기임을 증명하라.

17.9. 가령 다음과 같은 모형이 있다.

$$M_t = \alpha + \beta_1 Y_t^* + \beta_2 R_t^* + u_t$$

여기서 M= 실질 현금잔고에 대한 수요, Y^* = 예상실질소득, R^* = 예상이자율이다. 그리고 다음과 같이 기대가 형성되는 것으로 가정한다.

$$Y_t^* = \gamma_1 Y_t + (1-\gamma_1) Y_{t-1}^*$$
$$R_t^* = \gamma_2 R_t + (1-\gamma_2) R_{t-1}^*$$

여기서 γ_1과 γ_2는 예상계수로 0과 1사이의 값이다.

a. M_t를 관찰 가능한 값으로 표현하라.

b. 어떤 추정문제를 예상할 수 있나?

**17.10. 만일 식 (17.7.2)를 OLS로 추정하면 원래 모수들의 추정치를 도출할 수 있나? 어떤 문제점들을 예상하게 되나?(자세한 것은 Roger N. Waud 참조).[†]

17.11. **계열상관 모형(serial correlation model).** 다음과 같은 모형이 있다.

$$Y_t = \alpha + \beta X_t + u_t$$

u_t는 12장에서 논의된 Markov 1차 자기회귀 구조를 갖는다고 가정한다. 즉

$$u_t = \rho u_{t-1} + \varepsilon_t$$

여기서 ρ는 (1차) 자기상관 계수이고, u_t는 고전적 OLS의 모든 가정들을 만족시킨다. 그러면 12장에서 보는 바와 같이 다음 모형에서는 오차항이 계열 상관되지 않으므로 OLS추정이 가능해진다.

---

* 본 문제는 선택과제임

** 본 문제는 선택과제임.

† "Misspecification in the 'Partial Adjustment' and 'Adaptive Expectations' Models," *Internatinal Economic Review*, vol.9, no.2, pp.204–217 June 1968 참조.

$$Y_t = \alpha(1-\rho) + \beta(X_t - \rho X_{t-1}) + \rho Y_{t-1} + \varepsilon_t$$

그러나 계열상관 모형(serial correlation model)이라고 불리는 이 모형은 Koyck. 적응적 기대, 부분조정 모형과 매우 유사하다. 어떤 주어진 상황에서 이들 가운데 어느 모형이 적합한지를 어떻게 알 수 있는가?*

17.12. 식 (17.4.7)의 Koyck (또는 적응적 기대)모형을 보자. 즉

$$Y_t = \alpha(1-\lambda) + \beta_0 X_t + \lambda Y_{t-1} + (u_t - \lambda u_{t-1})$$

가령 원래의 모형에서 u_t는 1차 자기회귀 구조 $u_t - \rho u_{t-1} = \varepsilon_t$를 따르는데, 여기서 ρ는 자기상관계수이고 ε_t는 모든 고전적 OLS 가정들을 만족시킨다.

a. 만일 $\rho = \lambda$이면 Koyck 모형이 OLS에 의해 추정될 수 있나?

b. 그렇게 구한 추정치들이 불편인가? 일치추정치인가? 그 이유는?

c. $\rho = \lambda$로 가정하는 것이 얼마나 합리적인가?

17.13. **삼각형**, 또는 **산술적 분포시차 모형(triangular, or arithmetic, distributed-lag modles).**† 이 모형에서는 현재 기의 설명변수가 가장 큰 영향력을 행사하고 과거로 갈수록 그 영향이 동일한 비율로 감소한다고 가정한다. 기하학적으로는 그림17.9와 같다. 이 분포에 따라 다음과 같은 식을 연속적으로 회귀한다고 하자.

$$Y_t = \alpha + \beta\left(\frac{2X_t + X_{t-1}}{3}\right)$$

$$Y_t = \alpha + \beta\left(\frac{3X_t + 2X_{t-1} + X_{t-2}}{6}\right)$$

$$Y_t = \alpha + \beta\left(\frac{4X_t + 3X_{t-1} + 2X_{t-2} + X_{t-1}}{10}\right)$$

여기서 R^2이 가장 높은 회귀식을 "최상의" 회귀식으로 선택한다고 하자. 이 전략에 대해 논평하라.

17.14. 1950~1960년까지의 분기별 자료에 기초하여 F. P. R Brechling은 영국에서의 노동에 대한 수요함수를 다음과 같이 추정하였다(괄호 안의 숫자는 표준오차).**

$$\begin{aligned}\widehat{E}_t = {} & 14.22 + 0.172Q_t - 0.028t - 0.0007t^2 - 0.297E_{t-1}\\ & (2.61) \quad (0.014) \quad (0.015) \quad (0.0002) \quad (0.033)\\ & \bar{R}^2 = 0.76 \qquad d = 1.37\end{aligned}$$

* 계열상관 모형에 관한 논의로는 Zvi Griliches, "Distributed lags: A Survey," *Econometrica*, vol. 35, no. 1, January 1976, p. 34 참조.

† 이 모형은 Irving Fisher에 의해 제안되었다. "Note on a Short-Cut Method for Calculating Distributed Lags," *International Statistical Bulletin*, 1937, pp.323-328.

** F. P. R. Brechling, "The Relationship Between Output and Employment in British Manufacturing Industries," *Review of Economic Studies*, vol.32, July 1965.

그림 17.9
삼각형 또는 산술적 시차 구조(Fisher)

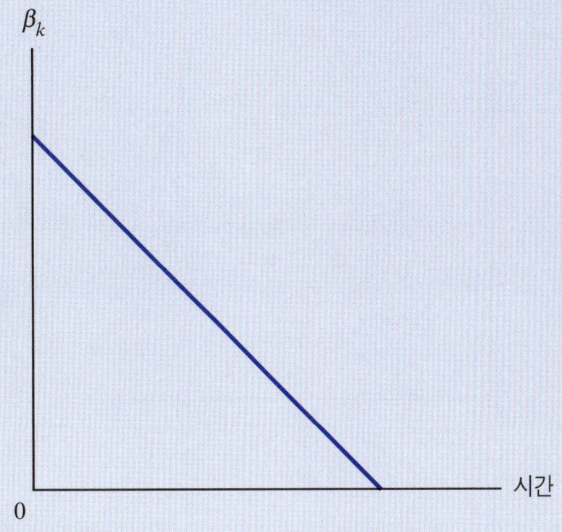

여기서 $\dot{E}_t = (E_t - E_{t-1})$,
Q = 산출량,
t = 시간

이 식은 바람직한 고용수준 E_t^*가 산출량과 시간, 시간 제곱의 함수라는 것과 가설 $E_t - E_{t-1} = \delta(E_t^* - E_{t-1})$(여기서 조정계수 δ는 0과 1사이에 있다)에 기초하고 있다.

a. 이 회귀 결과를 해석하라

b. δ의 값은 얼마인가?

c. 추정된 단기 수요함수로부터 노동에 대한 장기 수요함수를 도출하라.

d. 이 모형에서 계열상관에 대한 검정은 어떻게 수행하나?

17.15. 트랙터에 대한 농촌의 수요를 연구하기 위해 Griliches는 다음과 같은 모형을 이용하였다.[†]

$$T_t^* = \alpha X_{1,t-1}^{\beta_1} X_{2,t-1}^{\beta_2}$$

여기서 T^* = 바람직한 트랙터 규모,
X_1 = 트랙터의 상대가격,
X_2 = 이자율

1921~1957년의 자료를 토대로 스탁조정 모형을 이용하여 다음과 같은 결과를 얻었다.

$$\widehat{\log T_t} = \text{constant} - \underset{(0.051)}{0.218} \log X_{1,t-1} - \underset{(0.170)}{0.855} \log X_{2,t-1} + \underset{(0.035)}{0.864} \log T_{t-1}$$
$$R^2 = 0.987$$

† Zvi Griliches, "The Demand for a Durable Input: Farm Tractors in the United States, 1921–1957," in Arnold C. Harberger, ed., *The Demand for Durable Goods*, The University of Chicago Press, Chicago, 1960.

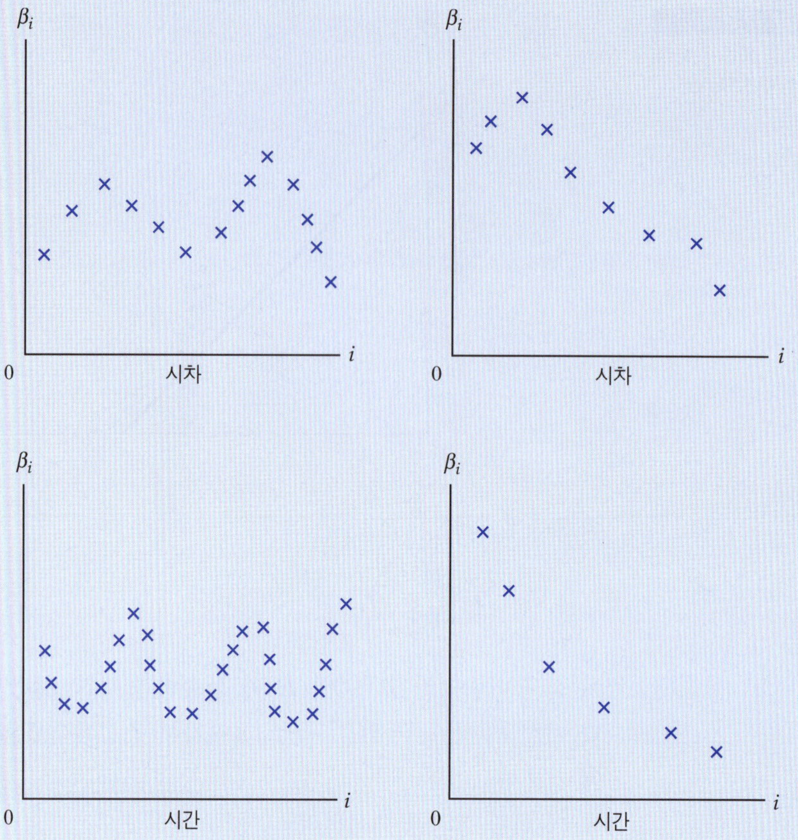

그림 17.10
가상적인 시차 구조

여기서 괄호 안의 숫자들은 추정된 표준오차이다.

a. 추정된 조정계수의 값은 얼마인가?

b. 단기 및 장기 가격탄력성은 얼마인가?

c. 단기 및 장기 이자율 탄력성은 얼마인가?

d. 현재 모형에서 높거나 낮은 조정율이 나타나는 이유는 무엇인가?

17.16. 시차 종속변수가 설명변수로 포함될 때에는 그렇지 않을 때에 비해 언제나 R^2이 대개 더 높다. 그 이유는 무엇인가?

17.17. 그림17.10의 시차 형태를 볼 때 몇 차 다항식이 적합할 것으로 생각되나? 그 이유는?

17.18. 식 (17.13.4)를 보자.

$$\beta_i = a_0 + a_1 i + a_2 i^2 + \cdots + a_m i^m$$

$\hat{a}_i$의 분산으로부터 $\hat{\beta}_i$의 분산을 구하기 위하여 다음의 공식을 사용한다.

$$\begin{aligned}\operatorname{var}(\hat{\beta}_i) &= \operatorname{var}(\hat{a}_0 + \hat{a}_1 i + \hat{a}_2 i^2 + \cdots + \hat{a}_m i^m) \\ &= \sum_{j=0}^{m} i^{2j} \operatorname{var}(\hat{a}_j) + 2\sum_{j<p} i^{(j+p)} \operatorname{cov}(\hat{a}_j \hat{a}_p)\end{aligned}$$

a. 앞의 공식을 이용하여 다음과 같이 표현된 $\hat{\beta}_i$의 분산을 구하라.

$$\hat{\beta}_i = \hat{a}_0 + \hat{a}_1 i + \hat{a}_2 i^2$$
$$\hat{\beta}_i = \hat{a}_0 + \hat{a}_1 i + \hat{a}_2 i^2 + \hat{a}_3 i^3$$

b. 만일 $\hat{a}_i$의 분산이 그 자체에 비해 크다면 $\hat{\beta}_i$의 분산도 역시 클 것인가? 그 이유는?

17.19. 다음과 같은 분포시차 모형이 있다.

$$Y_t = \alpha + \beta_0 X_t + \beta_1 X_{t-1} + \beta_2 X_{t-2} + \beta_3 X_{t-3} + \beta_4 X_{t-4} + u_t$$

β_i가 다음과 같이 2차 다항식으로 적절히 표현될 수 있다고 가정하자.

$$\beta_i = a_0 + a_1 i + a_2 i^2$$

만일 우리가 $\beta_0 = \beta_4 = 0$이라는 제약을 가한다면 β들을 어떻게 추정할 것인가?

17.20. **역V자 분포시차 모형(the inverted V distributed-lag model)**.다음과 같이 k기 유한 시차분포 모형을 보자.

$$Y_t = \alpha + \beta_0 X_t + \beta_1 X_{t-1} + \beta_2 X_{t-2} + \cdots + \beta_k X_{t-k} + u_t$$

F. Deleeuw는 그림 17.11과 같은 β에 대한 구조를 제안하였는데 여기서 β는 역 V자 형태를 따르고 있다. 단순화를 위해 k(최대 시차길이)가 짝수이고, β_0와 β_k가 0이라고 가정한 다음 Deleeuw는 다음과 같은 β구조를 제안하고 있다.*

$$\begin{aligned} \beta_i &= i\beta & 0 \le i \le \frac{k}{2} \\ &= (k-i)\beta & \frac{k}{2} \le i < k \end{aligned}$$

그림 17.11
역 V자 분포시차 모형

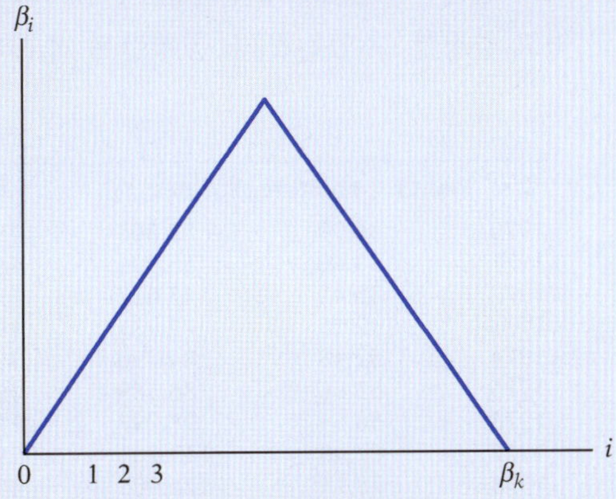

* 그의 논문 "The Demand for Capital Goods by Manufacturers: A Study of Quarterly Time Series," *Econometrica*, vol.30, no.3, July 1962, pp.407–423 참조.

앞의 k기 분포시차 모형의 모수들을 추정하기 위하여 DeLeeuw구조가 어떻게 이용될 수 있나?

17.21. 연습문제 12.15를 참조하라. 거기에서 d값은 (1차)자기상관을 탐지하는데 거의 도움이 되지 못하는데 (그 이유는?) 이 경우에 어떻게 자기상관을 검정할 것인가?

실증문제

17.22. 다음과 같은 모형이 있다.

$$Y_i^* = \alpha + \beta_0 X_t + u_t$$

여기서 Y^* = 새로운 공장과 시설에 대한 기업의 바람직한 또는 장기 지출수준, X_t = 매상, t = 시간이다. 스탁조정 모형을 이용하여 표17.10으로부터 새로운 공장과 시설에 대한 지출의 장기 및 단기 수요함수의 모수들을 추정하라.

자료에 계열상관이 존재한다면 어떻게 찾아낼 것인가?

17.23. 연습문제 17.22의 자료를 이용하되 다음의 모형을 고려해 본다.

$$Y_i^* = \beta_0 X_t^{\beta_1} e^{u_t}$$

스탁조정 모형에 기초하여(그 이유는?) 매상에 대한 새로운 설비에 드는 지출의 단기 및 장기 탄력성을 추정하라. 이 결과를 연습문제 17.22와 비교하라. 어느 모형을 선택할 것인가? 그 이유는? 자료에 계열상관이 존재하나? 어떻게 알 수 있나?

17.24. 연습문제 17.22의 자료를 사용하되 다음과 같이 가정하기로 한다.

$$Y_t = \alpha + \beta X_t^* + u_t$$

여기서 X_t^*는 바람직한 매상규모이다. 이 모형의 모수들을 추정하고 그 결과를 연습문제 17.22에서 얻은 것과 비교하라. 어느 것이 더 적절한 모형이라고 결정할 수 있는가? h 통계량에 기초하여 자료에 계열상관이 존재한다

표 17.10
제조업에서의 고정설비에 대한 투자 Y 매상 X 1970-1984년까지의 계절조정된 미국 자료 (단위 : 백만 달러)

연도	Plant Expenditure, Y	Sales, X_2	연도	Plant Expenditure, Y	Sales, X_2
1970	36.99	52.805	1981	128.68	168.129
1971	33.60	55.906	1982	123.97	163.351
1972	35.42	63.027	1983	117.35	172.547
1973	42.35	72.931	1984	139.61	190.682
1974	52.48	84.790	1985	152.88	194.538
1975	53.66	86.589	1986	137.95	194.657
1976	58.53	98.797	1987	141.06	206.326
1977	67.48	113.201	1988	163.45	223.541
1978	78.13	126.905	1989	183.80	232.724
1979	95.13	143.936	1990	192.61	239.459
1980	112.60	154.391	1991	182.81	235.142

출처: *Economic Report of the President*, 1993. Y에 대한 자료는 Table B-52, p.407; X_2 에 대한 자료는 Table 8-53, p.408에서 구함.

고 결론내릴 것인가?

17.25. 가령 새로운 설비에 대한 기업의 지출과 매상간의 관계가 다음과 같다고 하자.

$$Y_t^* = \alpha + \beta X_t^* + u_t$$

여기서 Y^*는 바람직한 지출규모이고 X^*는 바람직한 또는 예상 매상고이다. 문제 17.22에 주어진 자료를 이용하여 이 모형을 추정하고 그 결과를 논평하라.

17.26. 연습문제 17.22에 주어진 자료를 사용하여 고정설비에 대한 투자가 그랜저 의미에서 매상고의 원인인지 아니면 매상고가 그랜저 의미에서 고정설비 투자의 원인인지를 결정하여라. 시차를 6개로 정하고 결과에 대해 논평하여라. 이 연습으로부터 어떠한 중요한 결론을 유도해 낼 수 있는가?

17.27. 연습문제 17.22에서 보듯이 판매량이 고정설비 투자지출에 분포시차 효과를 갖는다고 가정하였다. 자료에 적절한 Almon 시차모형을 설정하라.

17.28. (1) 가까운 끝 제약, (2) 먼 끝 제약, (3) 양쪽 끝 제약 등을 부과하여 식 (17.13.16)을 다시 추정하고 식 (17.13.16)에 주어진 결과와 비교하라. 어떤 보편적 결론을 도출하나?

17.29. 표 17.11은 정보처리 장비에 대한 민간 고정투자(Y, 10억 달러), 총제조업과 교역 매상(X_2, 100만 달러), 이자율(X_3, Moody의 Aaa 회사채 금리, %)

표 17.11 미국의 투자, 매상, 이자율, 1960~1999년

관찰치	투자	매상	이자율	관찰치	투자	매상	이자율
1960	4.9	60,827	4.41	1980	69.6	327,233	11.94
1961	5.2	61,159	4.35	1981	82.4	355,822	14.17
1962	5.7	65,662	4.33	1982	88.9	347,625	13.79
1963	6.5	68,995	4.26	1983	100.8	369,286	12.04
1964	7.3	73,682	4.40	1984	121.7	410,124	12.71
1965	8.5	80,283	4.49	1985	130.8	422,583	11.37
1966	10.6	87,187	5.13	1986	137.6	430,419	9.02
1967	11.2	90,820	5.51	1987	141.9	457,735	9.38
1968	11.9	96,685	6.18	1988	155.9	497,157	9.71
1969	14.6	105,690	7.03	1989	173.0	527,039	9.26
1970	16.7	108,221	8.04	1990	176.1	545,909	9.32
1971	17.3	116,895	7.39	1991	181.4	542,815	8.77
1972	19.3	131,081	7.21	1992	197.5	567,176	8.14
1973	23.0	153,677	7.44	1993	215.0	595,628	7.22
1974	26.8	177,912	8.57	1994	233.7	639,163	7.96
1975	28.2	182,198	8.83	1995	262.0	684,982	7.59
1976	32.4	204,150	8.43	1996	287.3	718,113	7.37
1977	38.6	229,513	8.02	1997	325.2	753,445	7.26
1978	48.3	260,320	8.73	1998	367.4	779,413	6.53
1979	58.6	297,701	9.63	1999	433.0	833,079	7.04

주: 투자 = 정보처리 장비와 소프트웨어에 대한 민간 고정투자, 10억 달러, 계절 조정됨.
매상 = 총제조업과 교역 매상, 100만 달러, 계절 조정됨.
이자율 = Moody의 Aaa 회사채 금리, %

출처: *Economic Report of the President*, 2001, Tables B-18, B-57, B-73.

등에 대한 자료를 보여준다. Y와 X_2에 대한 자료는 계절 조정되었다.

a. 시차 길이에 조심스럽게 주의를 기울이면서 Y와 X_2 간의 양방향 인과관계를 검정하라.

b. 시차 길이에 조심스럽게 주의를 기울이면서 Y와 X_3 간의 양방향 인과관계를 검정하라.

c. 투자에 대한 매상의 분포시차 효과를 허용하기 위해 가령 Almon 시차 기법을 사용하기로 결정했다고 하자. 다항식의 차수뿐만 아니라 시차 길이에도 적절한 주의를 기울이면서 추정되는 모형을 보여라.

17.30. 표 17.12는 1960~1999년 간 미국 기업부문의 시간당 실질임금 지수(Y)와 시간당 산출 지수(X_2)로(두 지수 모두 1992 = 100으로 산출), 동일 기간 동안의 민간 실업률(X_3)에 대한 자료를 보여준다.

a. 노동 생산성을 결정하는 것이 임금인지 아니면 반대인지를 어떻게 판단할 수 있나?

b. (a)에서의 추측을 검정할 적절한 모형을 개발하고 통상적 통계량을 제시하라.

c. 실업률이 임금에 어떤 영향을 미칠 것으로 생각하나? 만일 그렇다면 그것을 어떻게 감안할 것인가? 필요한 통계분석을 보여라.

17.31. Granger 인과관계 검정에서 Christopher Sims는 미래가 현재의 원인이 될

표 17.12 미국의 임금, 생산성 및 실업률, 1960-1999년

관찰치	COMP	PRODUCT	UNRate	관찰치	COMP	PRODUCT	UNRate
1960	60.0	48.8	5.5	1980	89.5	80.4	7.1
1961	61.8	50.6	6.7	1981	89.5	82.0	7.6
1962	63.9	52.9	5.5	1982	90.9	81.7	9.7
1963	65.4	55.0	5.7	1983	91.0	84.6	9.6
1964	67.9	57.5	5.2	1984	91.3	87.0	7.5
1965	69.4	59.6	4.5	1985	92.7	88.7	7.2
1966	71.9	62.0	3.8	1986	95.8	91.4	7.0
1967	73.8	63.4	3.8	1987	96.3	91.9	6.2
1968	76.3	65.4	3.6	1988	97.3	93.0	5.5
1969	77.4	65.7	3.5	1989	95.9	93.9	5.3
1970	78.9	67.0	4.9	1990	96.5	95.2	5.6
1971	80.4	69.9	5.9	1991	97.5	96.3	6.8
1972	82.7	72.2	5.6	1992	100.0	100.0	7.5
1973	84.5	74.5	4.9	1993	99.9	100.5	6.9
1974	83.5	73.2	5.6	1994	99.7	101.9	6.1
1975	84.4	75.8	8.5	1995	99.3	102.6	5.6
1976	86.8	78.5	7.7	1996	99.7	105.4	5.4
1977	87.9	79.8	7.1	1997	100.4	107.6	4.9
1978	89.5	80.7	6.1	1998	104.3	110.5	4.5
1979	89.7	80.7	5.8	1999	107.3	114.0	4.2

주: COMP = 시간당 실질임금 지수(1992=100)
PRODUCT = 시간당 산출 지수(1992=100)
UNRate = 민간 실업률, %
출처: *Economic Report of the President*, 2001, Table B-49, p.332.

수 없다는 사실을 이용하였다.* 변수 Y가 변수 X를 야기하는지를 결정하기 위해 Sims는 다음 한 쌍의 방정식을 추정할 것을 제안한다.

$$Y_t = \alpha_1 + \sum_{i=1}^{i=n} \beta_i X_{t-i} + \sum_{i=1}^{i=m} \gamma_i Y_{t-i} + \sum_{i=1}^{i=p} \lambda_i X_{t+i} + u_{1t} \quad (1)$$

$$X_t = \alpha_2 + \sum_{i=1}^{i=n} \delta_i X_{t-i} + \sum_{i=1}^{i=m} \theta_i Y_{t-i} + \sum_{i=1}^{i=p} \omega_i Y_{t+i} + u_{2t} \quad (2)$$

이 회귀는 회귀변수의 시차값, 현재값, 그리고 미래 또는 리드(lead)값을 포함하고 있다. X_{t+1}과 X_{t+2}과 같은 항을 리드항(lead terms)이라고 한다.

만일 Y가 X를 Granger 야기한다면 Y와 X의 선행 또는 미래값 간에는 어떤 관계가 존재해야 한다. 따라서 $\sum \beta_i = 0$을 검정하는 대신 식 (1)에서 $\sum \lambda_i = 0$을 검정해야 한다. 만일 우리가 이 가설을 기각한다면 인과관계는 X에서 Y로가 아니라 Y에서 X로 존재하는데 왜냐하면 미래는 현재를 야기할 수 없기 때문이다. 유사한 설명이 식 (2)에도 적용된다.

Sims 검정을 수행하기 위해 선행 항 없이 식 (1)을 추정하고(그것을 제약 회귀라 부름), 선행 항과 함께 식 (1)을 추정한다(그것을 비제약 회귀라 부름). 그리고는 식 (8.7.9)에서 지시하는 바와 같이 F검정을 수행한다. 만일 F 통계량이 유의하다면(예를 들어 5% 수준에서), 우리는 X를 Granger 야기하는 것은 Y라고 결론내린다. 식 (2)에 대해서도 유사한 설명이 적용된다.

Granger 혹은 Sims 중 어느 검정을 택할 것인가? 우리는 두 검정법을 모두 적용할 수 있다.** Granger 검정에 유리한 한 가지 요인은 그것은 선행 항들을 사용하지 않으므로 자유도를 덜 쓴다는 것이다. 만일 표본이 충분히 크지 않다면 우리는 Sims 검정을 조심스럽게 사용해야 할 것이다.

연습문제 12.34에 주어진 자료를 보자. Sims의 인과관계 검정을 적용하여 공장 지출을 결정하는 것이 매상인지 아니면 그 반대인지를 결정하라. 분석시 마지막 4개 연도의 자료를 선행 항으로 사용하라.

17.32. 표 17.13은 1960~1995년 간 그리스의 몇 가지 거시경제 자료를 보여준다.

다음 소비함수를 보자.

$$\ln \mathrm{PC}_t^* = \beta_1 + \beta_2 \ln \mathrm{PDI}_t + \beta_3 \mathrm{LTI}_t + u_t$$

여기서 PC_t^**는 t기의 바람직한 실질 민간 소비지출, PDI_t는 t기의 실질 민간 가처분소득, LTI_t는 t기의 장기 이자율이고 ln은 자연로그를 의미한다.

a. 표 17.13에 주어진 자료로부터 앞의 소비함수를 추정하고 바람직한 실

*C. A. Sims, "Money, Income, and Causality," *American Economic Review*, vol.62, 1972, pp.540–552.

** Granger와 Sims 인과관계 검정 간의 선택은 분명치 않다. 이들 검정법에 대한 추가적 논의에 대해서는 G. Chamberlain, "The General Equivalence of Granger and Sims Causality," *Econometrica*, vol.50, 1982, pp.569–582 참조.

표 17.13
그리스 경제에 대한 거시경제 자료, 1960-1995년
출처: H. R. Seddighi, K. A. Lawler, and A. V. Katos, *Econometrics: A Practical Approach*, Routledge, London, 2000, p.158.

연도	PC	PDI	Grossinv	GNP	LTI
1960	107808	117179	29121	145458	8
1961	115147	127599	31476	161802	8
1962	120050	135007	34128	164674	8
1963	126115	142128	35996	181534	8.25
1964	137192	159649	43445	196586	9
1965	147707	172756	49003	214922	9
1966	157687	182366	50567	228040	9
1967	167528	195611	49770	240791	9
1968	179025	204470	60397	257226	8.75
1969	190089	222638	71653	282168	8
1970	206813	246819	70663	304420	8
1971	217212	269249	80558	327723	8
1972	232312	297266	92977	356886	8
1973	250057	335522	100093	383916	9
1974	251650	310231	74500	369325	11.83
1975	266884	327521	74660	390000	11.88
1976	281066	350427	79750	415491	11.5
1977	293928	366730	85950	431164	12
1978	310640	390189	91100	458675	13.46
1979	318817	406857	99121	476048	16.71
1980	319341	401942	92705	485108	21.25
1981	325851	419669	85750	484259	21.33
1982	338507	421716	84100	483879	20.5
1983	339425	417930	83000	481198	20.5
1984	345194	434696	78300	490881	20.5
1985	358671	456576	82360	502258	20.5
1986	361026	439654	77234	507199	20.5
1987	365473	438454	73315	505713	21.82
1988	378488	476345	79831	529460	22.89
1989	394942	492334	87873	546572	23.26
1990	403194	495939	96139	546982	27.62
1991	412458	513173	91726	566586	29.45
1992	420028	502520	93140	568582	28.71
1993	420585	523066	91292	569724	28.56
1994	426893	520728	93073	579846	27.44
1995	433723	518407	98470	588691	23.05

주: 모든 명목 자료들은 1970년 불변시장가격으로 표현되었음. 100만 드라크마임. 민간 가처분소득은 소비가격 디플레이터로 축소됨.

질 민간 소비지출을 어떻게 측정하였는지를 명확히 기술하라.

b. 앞의 소비함수를 추정할 때 어떤 계량경제학 문제에 직면하였나? 어떻게 그 문제를 해결하였나? 충분하게 설명하라.

17.33. 표 17.13의 자료를 이용하여 1960~1995년 간 그리스 경제에서 총 실질투자의 행태를 설명할 수 있는 적절한 모형을 개발하라. 투자의 가속도 모형에 대해 거시경제학 교재를 살펴보라.

부록 17A

17A.1 도구의 타당성에 대한 Sargan 검정

가령 오차항과 상관되어 있는 설명변수(들) 대신 도구변수(들)를 사용한다고 하자. 도구변수는 얼마나 타당한가, 즉 선택된 도구가 오차항과 독립인지 어떻게 아나? Sargan은 도구변수(IV)에 사용되는 도구의 타당성을 검정하기 위해 SARG라고 이름을 붙인 통계량을 개발하였다.* SARG의 절차는 다음과 같다.†

1. 회귀식에 포함되어 있는 변수들을 오차항과 독립인 집단(예를 들어 $X_1, X_2, ..., X_p$)과 오차항과 독립이 아닌 집단(예를 들어 $Z_1, Z_2, ..., Z_q$)으로 나눈다.
2. $W_1, W_2, ..., W_s$를 1에서 Z 변수들을 위해 선택된 도구들이라 하자. 여기서 $s > q$.
3. Z 대신 W로 대체하여 원래의 회귀식을 추정한다. 즉 원래의 회귀를 IV로 추정하여 잔차 $\hat{u}$을 얻는다.
4. $\hat{u}$을 상수, 모든 X 변수들과 모든 W 변수들에 대해 회귀하되 모든 Z 변수들은 제외한다. 이 회귀로부터 R^2을 얻는다.
5. 이제 다음과 같이 정의되는 SARG 통계량을 계산한다.

$$\text{SARG} = (n-k)R^2 \sim \chi^2_{s-q} \tag{17A.1.1}$$

   여기서 n은 관찰치의 수, k는 원래의 회귀식에서의 계수의 수이다. 도구가 외생적이라는 귀무가설 하에 Sargan은 SARG 검정이 점근적으로 자유도가 $(s-q)$인 카이자승 분포를 하는 것을 증명하였는데 여기서 s는 도구(즉 W에 있는 변수)의 수이고 q는 원래의 식에서의 회귀변수의 수이다. 만일 실제 적용시 계산된 카이자승 값이 통계적으로 유의하다면 우리는 도구의 타당성을 기각한다. 만일 그것이 통계적으로 유의하지 않다면 선택된 도구가 타당한 것으로 받아들일 수 있다. $s > q$, 즉 도구의 수는 q보다 커야만 한다는 것을 강조할 필요가 있다. 만일 그렇지 않다면(즉 $s \le q$), SARG 검정은 타당하지 않다.
6. 귀무가설은 모든 (W) 도구들이 타당하다는 것이다. 만일 계산된 카이자승이 임계치 카이자승을 능가하면 우리는 귀무가설을 기각하는데, 이는 적어도 하나의 도구는 오차항과 상관되므로 선택된 도구에 기초한 IV 추정치는 타당하지 않다는 것을 의미한다.

---

* J. D. Sargan, "Wages and Prices in the United Kingdom: A Study in Econometric Methodology," in P. E. Hart, G. Mills, and J. K. Whitaker (eds.) *Econometric Analysis for National Economic Planning*, Butterworths, London, 1964.

† 다음의 논의는 H. R. Seddighi, K. A. Lawler, and A. V. Katos, *Econometrics: A Practical Approach*, Routledge, New York, 2000, pp.155–156에 의존하고 있다.

연립방정식모형과 시계열 계량경제학

4부

경영학과 경제학분야의 발표된 실증분석을 살펴보면 많은 경제적 관계가 단일방정식 형태라는 것을 알 수 있다. 그렇기 때문에 이 책 앞부분의 3개 장을 단일방정식 회귀모형에 할애하였다. 단일방정식모형에서는 1개의 변수(종속변수 Y)가 1개 또는 그 이상의 다른 변수(설명변수, X들)의 선형함수로 표현된다. 그러한 모형에서는 Y와 X사이의 원인-효과(cause-and-effect) 관계가 일방적이라고 암묵적으로 가정하고 있다: 설명변수는 원인이고 종속변수는 **효과**이다.

그러나 경제변수 사이의 영향에 쌍방 흐름이 존재하는 경우가 있다; 즉, 한 경제변수가 다른 경제변수에 영향을 미치지만 반대로 다른 변수로부터 영향을 받기도 한다. 통화 M를 이자율 r에 회귀하는 경우 단일방정식 방법론은 이자율이 (말하자면, Federal Reserve System에 의하여) 고정되어 있다고 암묵적으로 가정한 뒤 이자율 수준의 변화에 대한 화폐수요의 반응을 분석하고자 한다. 그러나 이자율이 화폐에 대한 수요에 의존한다면 어떤 일이 발생할 것인가? 이 경우 지금까지 이 책에서 진행되어온 조건부 회귀분석이 부적절할 수도 있다. 왜냐하면 M이 r에 의존하고 r이 M에 의존하기 때문이다. 따라서 우리는 M을 r에 연결시키는 식과 r을 M에 연결시키는 식 등 두 개의 방정식을 고려할 필요가 있다. 이 때문에 연립방정식 모형을 고려하게 되는데, 연립방정식 모형이란 각각의 상호의존적 변수에 한 개씩 2개 이상의 회귀방정식이 있는 모형이다.

4부에서는 연립방정식모형이라는 복잡한 주제에 대하여 아주 초보적인, 그리고 때때로 교육적인 입문내용을 소개하는데, 상세한 내용은 참고문헌을 참조하여야 한다.

18장에서 연립방정식모형의 몇 가지 예제를 설명하고 앞에서 고려한 통상최소자승법이 모형내 각 방정식의 모수를 추정하는데 부적절한지 그 이유를 보여줄 것이다.

19장에서 소위 식별의 문제를 고려한다. 2개 또는 그 이상의 방정식을 포함한 연립방정식모형 체계에서 방정식들이 **관측상 구별불가능**하거나 서로 너무 유사하기 때문에 각 방정식의 모수에 대한 수치적 값을 구할 수 없다면 우리는 식별의 문제를 안게되는 것이다. 수량 Q를 가격 P에 회귀하는데 있어 해당 방정식이 수요함수인가 혹은 공급함수인가(왜냐하면 Q와 P가 모두 두 함수에 포함되기 때문임)? 그러므로 Q와 P에 대한 자료만 있고 다른 정보는 없다면 수요함수 또는 공급함수로 회귀를 식별하는 것이 불가능하지는 않아도 매우 어려워질 것이다. 추정의 단계로 넘어가기 전에 식별의 문제를 먼저 해결하는 것이 필수적이다. 왜냐하면 우리가 무엇을 추정하는지 모른다면 추정자체의 의미가 없기 때문이다. 19장에서 식별의 문제를 해결하는 다양한 방법을 제공할 것이다.

20장에서는 연립방정식모형을 추정하도록 특별히 개발된 몇 가지 추정방법과 그 방법들의 장점과 한계를 고려할 것이다.

18장

Basic Econometrics

연립방정식 모형

이 장과 후속 두 개 장에서는 연립방정식 모형을 논의하고자 한다. 특히 연립방정식 모형과 관련한 특징, 그들의 추정문제와 몇 가지 통계적 문제들을 논의할 것이다.

18.1 연립방정식 모형의 본질

본서의 제 1부에서 3부에 이르기까지 우리는 단일방정식 모형들을 집중적으로 논의해 왔다. 즉 단일 종속변수 Y와 하나 혹은 그 이상의 설명변수 X들을 고려한 모형이었다. 그와 같은 모형에서는 X 변수가 고정되어 있다는 조건하에서 Y의 평균값을 추정하거나 혹은 예측하는 일에 초점을 맞추었다. 따라서 인과관계는 X들로부터 Y로 흘러가는 것이었다.

그러나 일방통행 혹은 단일방향으로 인과 관계가 흐른다는 가정이 무의미한 상황이 존재하고 있다. Y가 X들에 의하여 결정되고 X들의 일부가 역으로 Y에 의하여 결정되는 경우가 발생할 수 있는 것이다. 요약해서 Y와 X들은 **종속변수**와 **설명변수**로서 분명히 식별이 가능하다고 말하는 것이 불가능한 쌍방으로의 혹은 연립적 상관관계가 존재할 수 있는 것이다. 다른 변수들 집단에 의하여 결정되는 변수집단을 총괄하여 처리하는 것이 좋은 방안인데, 연립방정식 모형에서는 이와 같은 작업을 하게된다. 그와 같은 연립방정식 모형에서는 1개 이상의 방정식이 있게 되는데, 상호의존적, 또는 **연립적**으로 의존되어 있는 또는 내생변수들 각각에 대하여 하나의 방정식이 존재한다.[1] 그래서 단일방정식과는 상이하게, 연립방정식 체계에서는 연립방정식 체계의 다른 방정식에 나타나는 변수들을 고려하지 않고서는 한 방정식의 모수를 추정할 수 없을 수도 있다.

만약 연립방정식체계의 다른 방정식들을 무시해 버린채, 예컨대 통상 최소자승법으로 각 방정식의 모수들을 추정한다면 어떠한 결과가 나타날 것인가? 통상 최소자승법의 결정적 가정의 하나는 설명변수 X가 비확률변수이거나 혹은 확률변수이더라도 확률적 교란항과는 독립적으로 분포되어 있다는 가정이었다.

1. 연립방정식 모형에서 상호의존적으로 결정되는 변수를 내생변수(endogenous variables)라고 지칭하며 진실로 비확률 변수이거나 혹은 그렇게 취급되는 변수를 외생변수(exogenous) 혹은 선결변수(predetermined variable)라고 불리워진다(이점에 대해서는 19장에서 자세히 논의).

만약 이 가정 중에 어느 하나라도 성립되지 않는다면 뒤에서 증명이 되지만 최소자승 추정량은 편의를 지니고 있을 뿐만 아니라 불일치 추정량이 될 수 밖에 없는 것이다. 다시 말하여 표본의 크기가 무한대로 늘어난다고 하더라도 추정량들은 모집단의 참값에 수렴되지 않는 것이다. 아래에서 가상적인 연립방정식 체계를 고려해 보자.[2]

$$Y_{1i} = \beta_{10} + \beta_{12} Y_{2i} + \gamma_{11} X_{1i} + u_{1i} \quad \textbf{(18.1.1)}$$
$$Y_{2i} = \beta_{20} + \beta_{21} Y_{1i} + \gamma_{21} X_{1i} + u_{2i} \quad \textbf{(18.1.2)}$$

위에서 Y_1과 Y_2는 상호 의존적 혹은 내생변수이며, X_1은 외생변수이고 u_1과 u_2는 확률적 교란항들이다. 물론 Y_1과 Y_2는 확률변수들이다. 그러므로 식 (18.1.1)의 설명변수 Y_2가 u_1과 통계적으로 독립이고 식 (18.1.2)에서 설명변수 Y_1이 u_2와 통계적으로 독립이라는 것을 보여주지 않은 채 고전적 통상 최소자승법을 이들의 방정식에 적용할 때는 불일치 추정량이 나타날 수 밖에 없는 것이다.

이 장의 나머지 부문에서는 연립방정식 모형의 몇 가지 사례를 제시하고 그와 같은 모형들에 최소자승법을 바로 적용했을 때 야기되는 편의성을 보여주고자 한다. 19장에서 소위 식별의 문제를 논의한 후 20장에서 연립방정식 모형을 처리할 수 있는 특수한 방법론들을 논의하고자 한다.

18.2 연립방정식 모형의 예제

예제 18.1
수요-공급모형

주지하는 바와 같이 한 상품가격 P와 판매량 Q는 그 상품에 대한 수요 공급곡선의 교차점에서 결정된다. 수요공급곡선이 선형이고 확률적 교란항 u_1과 u_2가 추가된 단순한 체계를 가정하면 수요공급에 대한 실증적 함수는 다음과 같이 기록될 수 있다.

수요함수 $\quad Q_t^d = \alpha_0 + \alpha_1 P_t + u_{1t} \quad \alpha_1 < 0 \quad$ **(18.2.1)**

공급함수 $\quad Q_t^s = \beta_0 + \beta_1 P_t + u_{2t} \quad \beta_1 > 0 \quad$ **(18.2.2)**

균형조건 $\quad Q_t^d = Q_t^s$

여기에서 Q^d = 수요량
Q^s = 공급량
t = 시간

그리고 α들과 β들은 모수이다. 사전적으로 α_1은 음의 값을(우하향하는 수요곡선) β_1은 양의 값을(우상향하는 공급곡선) 가질 것으로 기대된다.

2. 이와 같은 간략하고 스스로 설명되는 표기법들은 19장에서 두 개 이상의 방정식들에 대하여 더욱 일반화될 것이다.

예제 18.1

(계속)

지금 P와 Q가 상호 의존되어 값이 결정되는 변수라고 하는 것을 쉽게 볼 수 있다. 만약 Q_t^d에 영향을 미치는 다른 변수들의 변화(예컨대 소득, 부, 기호) 때문에 식(18.2.1)의 u_{1t}가 변화한다면 수요곡선은 상향이동(u_{1t}가 양의 값일 때)을 하거나 하향이동(u_{1t}가 음의 값일 때)을 하게 될 것이다. 곡선의 이와 같은 이동은 그림 18.1에 나타나고 있다.

그림이 나타내는 바와 같이 수요곡선의 이동은 P와 Q를 변화시킨다. 같은 논리로 u_{2t}의 변화(파업, 기상변화, 수출입에 대한 제약 등)는 공급곡선을 이동시키게 될 것이며, 결과적으로 P와 Q에 영향을 미치게 될 것이다. Q와 P 사이의 상호의존성 때문에 u_{1t}와 P_t(18.2.1), u_{2t}와 P_t(18.2.2)들은 상호간에 독립적일 수가 없다. 그러므로 식 (18.2.1)에 나타나는 바와 같이 P에 대한 Q의 회귀식은 고전적 선형 회귀모형에 나타나는 중요한 가정 즉, 설명변수들과 확률적 교란항 사이에 상관관계가 없다는 가정을 위배하는 결과를 초래하게 되는 것이다.

그림 18.1
가격과 수량의 상호의존

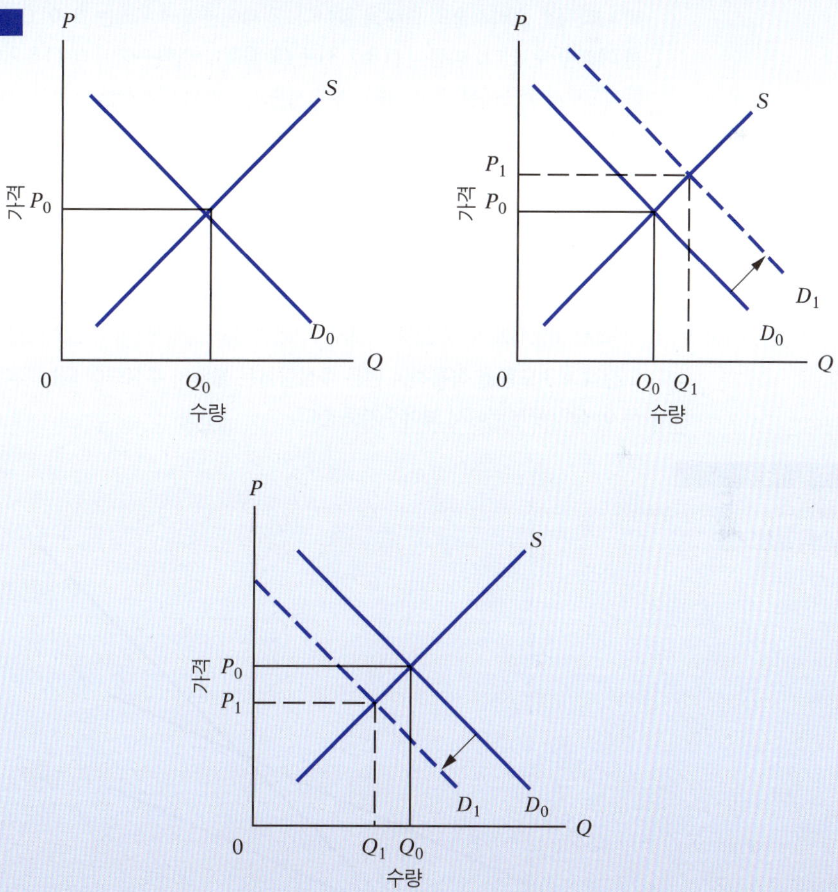

예제 18.2 케인즈의 소득결정모형

케인즈의 단순한 소득 결정모형을 상정해 보자.

소비함수: $$C_t = \beta_0 + \beta_1 Y_t + u_t \qquad 0 < \beta_1 < 1 \tag{18.2.3}$$

소득항등식: $$Y_t = C_t + I_t (= S_t) \tag{18.2.4}$$

여기에서 C = 소비지출
Y = 소득
I = 투자(외생이라고 가정)
S = 저축
t = 시간
u = 확률적 교란항
β_0와 β_1 = 모수

모수 β_1은 **한계소비성향**(MPC)으로 불리워지고 있다. 즉 소득이 한 단위 증가됨으로써 나타나는 소비지출의 증분을 말한다. 경제이론에서 우리는 β_1이 0과 1사이에 존재함을 예상할 수 있다. 방정식 (18.2.3)은 (확률적)소비함수이며 식 (18.2.4)은 국민소득항등식으로서 총소득은 소비지출과 투자지출의 합계와 일치함을 뜻한다. 그리고 투자지출은 결과적으로 총저축과 일치하게 됨을 이해할 필요가 있다. 이들 관계는 그림 18.2에 나타나고 있다.

가정된 소비함수와 그림 18.2로부터 C와 Y는 상호 의존적이라고 하는 것이 자명하다. 그리고 식 (18.2.3)의 Y_t는 확률적 교란항과 독립이라는 것을 기대할 수 없다. 왜냐하면 u_t가(확률적 교란항에 포함된 각종 요인들에 영향을 받아) 이동하게 되면 그 결과 소비함수 역시 이동하게 되어 그것이 다시 Y_t에 영향을 미치게 된다. 그러므로 여기서도 또다시 고전적 회귀모형을 적용하여 얻은 추정량들은 불일치 추정량이 되는 것이다. 이러한 결론은 이 장의 뒷부분에서 보여주기로 한다.

그림 18.2 케인즈 소득결정모형

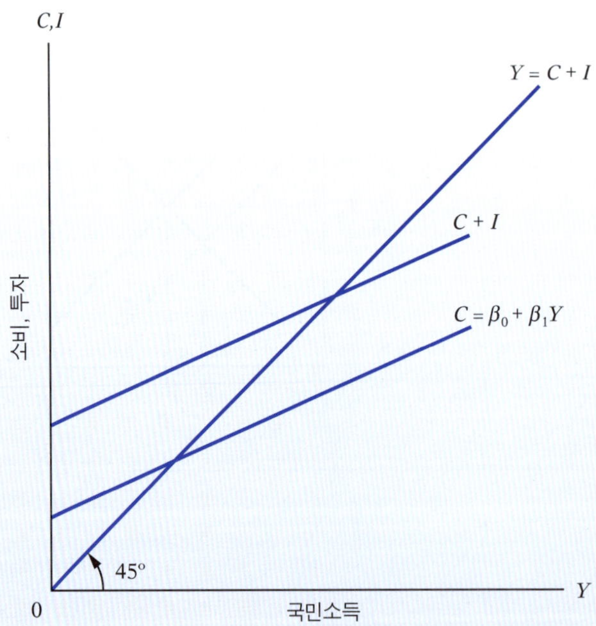

예제 18.3

임금-물가모형

화폐임금과 가격결정에 관한 Phillips형의 모형을 다음과 같이 상정해 보자.

$$\dot{W}_t = \alpha_0 + \alpha_1 \text{UN}_t + \alpha_2 \dot{P}_t + u_{1t} \quad \textbf{(18.2.5)}$$

$$\dot{P}_t = \beta_0 + \beta_1 \dot{W}_t + \beta_2 \dot{R}_t + \beta_3 \dot{M}_t + u_{2t} \quad \textbf{(18.2.6)}$$

여기에서 $\dot{W}$ = 화폐임금변화율
UN = 실업률, %
$\dot{P}$ = 물가변화율
$\dot{R}$ = 자본비용변화율
$\dot{M}$ = 수입원자재가격 변화율
t = 시간
u_1, u_2 = 확률적교란항

가격변수 $\dot{P}$가 임금방정식에 나타나고 임금변수 $\dot{W}$가 가격방정식에 나타나기 때문에 이들 두 변수는 상호 의존적이다. 그러므로 이들 확률적 설명변수들은 각기 그들에 대응하는 확률적 교란항들과 상관관계가 있게 될 것이며, 따라서 결국 고전적 통상 최소자승법은 두 방정식의 모수들을 개별적으로 추정하는데 적용될 수가 없다.

예제 18.4

거시경제학에서의 IS 모형

거시경제학에서 유명한 IS 즉, 실물시장의 균형모형은 비확률적 형태로는 다음과 같이 표시될 수가 있다.[3]

소비함수: $$C_t = \beta_0 + \beta_1 Y_{dt} \qquad 0 < \beta_1 < 1 \quad \textbf{(18.2.7)}$$

조세함수: $$T_t = \alpha_0 + \alpha_1 Y_t \qquad 0 < \alpha_1 < 1 \quad \textbf{(18.2.8)}$$

투자함수: $$I_t = \gamma_0 + \gamma_1 r_t \quad \textbf{(18.2.9)}$$

정의: $$Y_{dt} = Y_t - T_t \quad \textbf{(18.2.10)}$$

정부지출: $$G_t = \bar{G} \quad \textbf{(18.2.11)}$$

국민소득항등식: $$Y_t = C_t + I_t + G_t \quad \textbf{(18.2.12)}$$

위에서 Y = 국민소득, C = 소비지출, I = 계획된 혹은 바람직한 순투자,
$\bar{G}$ = 정부지출의 일정 수준, T = 조세, Y_d = 가처분소득, r = 이자율.

만약 식(18.2.10)과 식 (18.2.8)을 식 (18.2.7)에 대입하고 그 결과로 나타나는 식을 C에 대입하고 방정식 (18.2.9)과 (18.2.11)을 식 (18.2.12)에 대입하면 다음의 결과를 얻을 수 있다.

$$Y_t = \pi_0 + \pi_1 r_t \quad \textbf{(18.2.13)}$$

$$\pi_0 = \frac{\beta_0 - \alpha_0\beta_1 + \gamma_0 + \bar{G}}{1 - \beta_1(1-\alpha_1)} \qquad \pi_1 = \frac{1}{1 - \beta_1(1-\alpha_1)} \quad \textbf{(18.2.14)}$$

3. 실물시장 균형예정 혹은 IS는 의도된 지출이 국민소득과 균형을 이루게 만드는 이자율과 산출량들의 배합점들을 표시한다. Rudiger Dornbusch and Stanley Fischer, *Macroeconomics*. 3d ed., McGraw–Hill, New York,1984, p.102.참조. 모형을 단순화하기 위하여 대외 무역부문을 제외시켰음을 주목하기 바람.

예제 18.4
(계속)

방정식 (18.2.13)은 IS 방정식 혹은 실물시장 균형을 나타내는 식이다. 즉 실물시장에서 수요와 공급을 일치시키는, 즉 균형에 이르게 하는 것을 보장하는 이자율과 국민소득수준과의 배합점들을 나타내는 것이다. 기하학적으로 IS곡선은 그림 18.3에 나타나고 있다.

그림 18.3
IS곡선

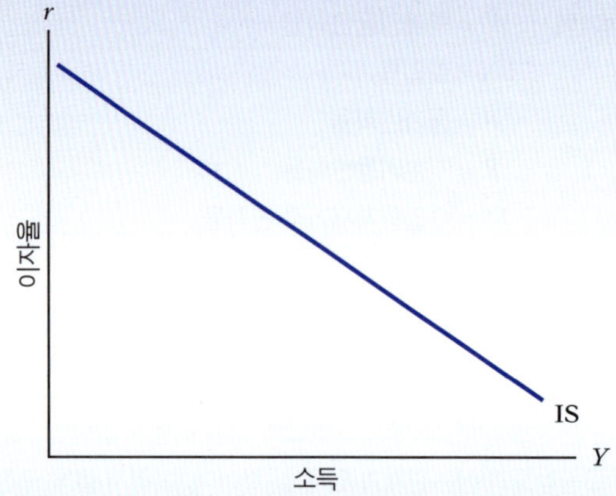

만약 우리가 소비함수 (18.2.7)을 고립하여 추정하려고 하면 어떠한 결과가 나타날 것인가? 우리는 β_0와 β_1에 대한 불편성과 일치성을 지닌 추정량을 획득할 수 있을 것인가? 불가능하다. 왜냐하면 소비는 가처분소득에 의존하고 가처분소득은 국민소득에 의존하게 되며 그리고 국민소득은 이자율 r과 $\bar{G}$, 그리고 π_0에 등장하는 여타 모수에 의존하게 되기 때문이다. 따라서 이와 같이 변수들 사이의 모든 영향력 관계들을 고려하지 않는다면, C를 Yd에 회귀시키는 단순회귀식은 β_0와 β_1의 편의 추정량 뿐만 아니라 불일치 추정량을 얻게 만드는 것이다.

예제 18.5
LM 모형

거시경제학에서 유명한 IS-LM체계의 다른 한쪽은 LM곡선이다. 즉 화폐시장의 균형을 나타내며, 이것은 화폐시장에서 통화에 대한 수요와 공급이 일치하는 것을 보장하는 이자율과 소득수준의 배합점들을 표시한다. 수학적으로 LM모형은 다음과 같이 표시된다.

화폐수요함수: $$M_t^d = a + bY_t - cr_t \qquad \textbf{(18.2.15)}$$

화폐공급함수: $$M_t^s = \bar{M} \qquad \textbf{(18.2.16)}$$

균형조건 $$M_t^d = M_t^s \qquad \textbf{(18.2.17)}$$

위에서 $Y=$ 소득, $r=$ 이자율, $\bar{M}=$ 통화량의 일정수준(예컨대 연방준비은행에 의하여 결정). 통화수요와 공급방정식을 일치시키고 이를 단순화하면 우리는 다음 LM방정식을 얻게 된다.

$$Y_t = \lambda_0 + \lambda_1 \bar{M} + \lambda_2 r_t \qquad \textbf{(18.2.18)}$$

$$\begin{aligned} \lambda_0 &= -a/b \\ \lambda_1 &= 1/b \\ \lambda_2 &= c \ \ b \end{aligned} \qquad \textbf{(18.2.19)}$$

예제 18.5

(계속)

주어진 $M=\bar{M}$ 에 대하여 식 (18.2.18)의 관계식을 나타내는 LM곡선은 그림 18.4와 같이 표시된다.

IS-LM곡선은 각기 실물시장의 균형과 그에 상응하는 화폐시장의 균형과 일치되는 일련의 이자율들을 표시하는 것이다. 물론 두 시장의 균형과 일치하는 이자율과 국민소득 수준은 단 하나의 값으로만 존재한다. 이 균형값을 얻기 위해서는 방정식 (18.2.13)과 (18.2.18)을 등식으로 일치시키면 된다. 연습문제 18.4에서는 실물과 화폐시장의 균형을 동시에 달성케하는 소득수준을 계산하는 문제가 제시되어 있다.

그림 18.4

LM곡선

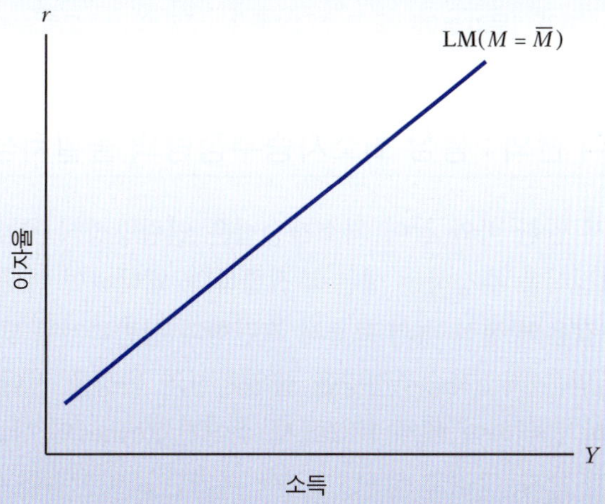

예제 18.6

계량경제 모형

몇몇 계량경제학자들은 계량경제 모형에서 연립방정식 모형을 많이 사용하였다. 이 분야의 초기 개척자는 펜실베니아대학 와튼스쿨의 Klein교수였다. 그의 초기 모형은 클라인모형 I로 알려져 있으며 다음과 같다.

$$
\begin{aligned}
&\text{소비함수:} && C_t = \beta_0 + \beta_1 P_t + \beta_2 (W + W')_t + \beta_3 P_{t-1} + u_{1t} \\
&\text{투자함수:} && I_t = \beta_4 + \beta_5 P_t + \beta_6 P_{t-1} + \beta_7 K_{t-1} + u_{2t} \\
&\text{노동수요:} && W_t = \beta_8 + \beta_9 (Y + T - W')_t \\
& && \quad + \beta_{10} (Y + T - W')_{t-1} + \beta_{11} t + u_{3t} \qquad \textbf{(18.2.20)} \\
&\text{항등식:} && Y_t + T_t = C_t + I_t + G_t \\
&\text{항등식:} && Y_t = W'_t + W_t + P_t \\
&\text{항등식:} && K_t = K_{t-1} + I_t
\end{aligned}
$$

여기에서, $C=$소비지출, $I=$투자지출, $G=$정부지출, $P=$이윤, $W=$민간부문 임금, W' $=$정부부문 임금, $K=$자본저량, $T=$조세, $Y=$조세 후 소득, $t=$시간이다.

u_1, u_2 그리고 $u_3=$확률적 교란항[4]

4. L.R.Klein, *Economic Fluctuations in the United States*, 1921–1941, John Wiley & Sons, New York. 1950.

예제 18.6 (계속)

위의 모형에서 변수 C, I, W, Y, P 그리고 K는 상호 의존적 내생변수로 처리되고 변수 P_{t-1}, K_{t-1}, Y_{t-1}들은 선결변수로 취급되었다.[5] 모두 세 개의 항등식을 포함해서 6개의 방정식이 존재하며 이들로써 6개의 내생변수들 상호간의 의존관계를 검토할 수 있는 것이다.

20장에서 우리는 그와 같은 계량모형들이 어떻게 추정되는가를 공부하게 될 것이다. 당분간, 내생변수 상호간에 존재하는 상호의존관계 때문에 이들 내생변수들이 확률적 교란항과 독립적이지 못하다는 사실을 주목하고 따라서 클라인 모형의 개별방정식에 통상 최소자승법을 적용하는 것이 부적절하다는 사실에 유의하자. 18.3절에서 이미 보여준 바와 같이 통상 최소자승법을 이용하여 얻은 추정량들은 불일치성을 지니고 있다. 즉 표본의 크기가 아무리 늘어나도 그 추정치들은 모집단의 참값으로 수렴하지 않는다는 것이다.

18.3 연립방정식 편의 : 통상 최소자승추정량의 불일치성

앞에서 말한 바와 같이 최소자승법은 연립방정식 체계속에 포함되어 있는 하나의 방정식을 추정하는 데는 부적합하다. 왜냐하면 하나 혹은 그 이상의 설명변수들이 같은 방정식 내의 확률적 교란항과 상관관계를 맺고 있으며 그러한 상황 아래서 얻은 최소자승추정량은 불일치성의 특성을 지니고 있기 때문이다. 이것을 증명하기 위하여 예제 18.2에서 주어진 Keynes의 단순 국민소득 결정모형으로 돌아가 보자. 그리고 식 (18.2.3)에 나타난 소비함수를 추정한다고 가정하자. 고전적 회귀모형에서 가정하고 있는 $E(u_t)=0$, $E(u_t^2)=\sigma^2$, $E(u_t u_{t+1})=0$(모든 $j\neq 0$) 그리고 $\text{cov}(I_t, u_t)=0$이 성립한다고 할 때, 식 (18.2.3)에 나타나는 Y_t와 u_t는 서로 상관관계를 가지고 있으며 $\hat{\beta}_1$은 β_1의 불일치 추정량임을 증명할 수 있다.

Y_t와 u_t가 상관되어 있다는 것을 다음과 같이 증명할 수 있다. 식 (18.2.3)을 식 (18.2.4)에 대입하면 다음 결과를 얻을 수 있다.

$$Y_t=\beta_0+\beta_1 Y_t+u_t+I_t$$

즉

$$Y_t=\frac{\beta_0}{1-\beta_1}+\frac{1}{1-\beta_1}I_t+\frac{1}{1-\beta_1}u_t \qquad \textbf{(18.3.1)}$$

이제

$$E(Y_t)=\frac{\beta_0}{1-\beta_1}+\frac{1}{1-\beta_1}I_t \qquad \textbf{(18.3.2)}$$

여기에서 $E(u_t)=0$ 이라는 사실과 외생적 또는 선결변수인(사전에 고정되었기 때문에) I_t의 기대치가 I_t라는 사실을 이용하였다.

5. 모형을 만드는 사람들은 모형내에서 어떠한 변수가 내생변수이고 어떠한 변수가 선결변수인가를 반드시 확정하여야 한다. K_{t-1} 그리고 Y_{t-1}은 선결변수로 분류된다. 왜냐하면 시점 t에서 이들의 값은 이미 알고 있기 때문이다(이에 대한 구체적 내용은 제 19장 참조).

$$Y_t - E(Y_t) = \frac{u_t}{1-\beta_1} \tag{18.3.3}$$

Moreover,

$$u_t - E(u_t) = u_t \qquad \text{(그 이유는?)} \tag{18.3.4}$$

whence

$$\begin{aligned} \operatorname{cov}(Y_t, u_t) &= E[Y_t - E(Y_t)][u_t - E(u_t)] \\ &= \frac{E\left(u_t^2\right)}{1-\beta_1} \qquad \text{식 (18.3.3) 과 (18.3.4)로부터} \\ &= \frac{\sigma^2}{1-\beta_1} \end{aligned} \tag{18.3.5}$$

σ^2이 가정에서 양의 값을 가지기 때문에(그 이유는?) 식 (18.3.5)에 주어진 Y와 u의 공분산은 0과는 다른 값을 가진다.[6] 그 결과 식 (18.2.3)에 있는 Y_t와 u_t는 서로 상관관계를 가지게 될 것이며, 이는 결국 확률적 교란항이 설명변수와는 통계적으로 독립이거나 적어도 상관관계가 없다는 가정을 위반하게 되는 것이다. 이미 지적한 바와 같이, 이와 같은 상황에서 최소자승 추정량은 일치성을 갖지 못한다. Y_t와 u_t 사이의 상관관계 때문에 β_1에 대한 최소자승추정량 $\hat{\beta}_1$이 불일치 추정량임을 다음과 같이 증명할 수가 있다.

$$\begin{aligned} \hat{\beta}_1 &= \frac{\sum(C_t - \bar{C})(Y_t - \bar{Y})}{\sum(Y_t - \bar{Y})^2} \\ &= \frac{\sum c_t y_t}{\sum y_t^2} \\ &= \frac{\sum C_t y_t}{\sum y_t^2} \end{aligned} \tag{18.3.6}$$

위에서 소문자로 표시된 변수들은 그들의 평균치로부터의 편차를 나타낸다. 식 (18.2.3)으로부터 C_t에 대입하면 우리는 다음의 식을 얻을 수 있다.

$$\begin{aligned} \hat{\beta}_1 &= \frac{\sum(\beta_0 + \beta_1 Y_t + u_t) y_t}{\sum y_t^2} \\ &= \beta_1 + \frac{\sum y_t u_t}{\sum y_t^2} \end{aligned} \tag{18.3.7}$$

위의 식 마지막단계에서는 $\sum y_t = 0$ 그리고 $(\sum Y_t y_t / \sum y_t^2) = 1$의 사실을 이용하였다(그 이유는?).

6. 이것은 β_1, 즉 MPC가 0과 1사이의 값을 가지는 한 양의 값을 나타낼 것이며 β_1이 1보다 더 큰 경우에는 음의 값을 가질 것이다. 물론 1보다 더 큰 한계소비성향의 값은 경제적으로 별 의미가 없다. 따라서 현실적으로는 Y_t와 u_t사이의 공분산은 양의 값을 가진다고 보아야 할 것이다.

식 (18.3.7)의 양변에 기대치를 취하면 다음 식을 얻을 수 있다.

$$E(\hat{\beta}_1) = \beta_1 + E\left[\frac{\sum y_t u_t}{\sum y_t^2}\right] \tag{18.3.8}$$

유감스럽게도 E($\sum y_t u_t / \sum y_t^2$)을 평가할 수 없다. 왜냐하면 기대치는 선형연산자이기 때문이다[주: $E(A/B) \neq E(A)/E(B)$.] 그러나 직관적으로 보더라도 ($\sum y_t u_t / \sum y_t^2$)의 항이 0의 값을 갖지 않으면 $\hat{\beta}_1$은 β_1의 편의 추정량임이 분명해진다. 우리는 이미 식 (18.3.5)에서 Y와 u의 공분산이 0이 아님을 보여 주었으므로, $\hat{\beta}_1$이 편의추정량이 아니라고 할 수 있는가? 반드시 그렇지는 않다. cov(Y_t, u_t)는 모집단 개념이기 때문에 표본의 지표인 $\sum y_t u_t$와 반드시 동일하지는 않다. 비록 표본의 크기가 무한대로 늘어나면 후자는 전자에 수렴하여 간다고 해도, 표본의 크기가 무한대로 늘어날 때 우리는 일치 추정량의 개념을 이용할 수가 있고 표본의 크기 n이 무한대로 늘어날 때 $\hat{\beta}_1$이 어떻게 변화되는지를 살펴볼 필요가 있다. 요약해서, 한 추정량의 기대치를 식 (18.3.8)에서처럼 명시적으로 평가를 할 수가 없을 때 우리는 표본의 크기가 늘어날 때 그 추정량이 어떻게 변화되는가를 우리의 관심을 돌릴 수 있다.

어떤 추정량의 확률적 극한, 혹은 간략하게 plim이 그의 모집단의 참값과 동일하게 될 때 그 추정량은 일치성을 지니고 있다고 한다.[7] 그러므로 식 (18.3.7)의 $\hat{\beta}_1$이 불일치 추정량이라고 하는 사실을 보여주기 위해서는 $\hat{\beta}_1$의 plim이 진정한 β_1과 동일하지 않다는 것을 보여주면 된다. 식 (18.3.7)에 확률극한의 운영원리를 적용하면 다음의 수식을 얻을 수 있다.[8]

$$\begin{aligned}
\text{plim}\,(\hat{\beta}_1) &= \text{plim}\,(\beta_1) + \text{plim}\left(\frac{\sum y_t u_t}{\sum y_t^2}\right) \\
&= \text{plim}\,(\beta_1) + \text{plim}\left(\frac{\sum y_t u_t / n}{\sum y_t^2 / n}\right) \\
&= \beta_1 + \frac{\text{plim}\left(\sum y_t u_t / n\right)}{\text{plim}\left(\sum y_t^2 / n\right)}
\end{aligned} \tag{18.3.9}$$

위의 식 두 번째 단계에서 $\sum y_t u_t$와 $\sum y_t^2$은 표본의 크기 n으로 나누기 때문에 괄호속의 분자와 분모는 각각 Y와 u의 표본 공분산, Y의 표본분산이 된 것이다.

식 (18.3.9)은 다른 말로 표현하면 $\hat{\beta}_1$의 확률극한은 β_1의 참값에 Y와 u의 표본공분산 확률극한값을 Y의 표본분산의 확률 극한값으로 나눈 비율을 더해준 값

7. 확률극한의 정의에 관해서는 부록 A 참조

8. 부록 A에 정의된 바와 같이 상수의(예컨대 β_1) plim은 상수자신과 같으며 plim (A/B) = plim(A)/plim(B)이다. 그러나 $E(A/B) \neq E(A)/E(B)$임을 주목해야 한다.

이다. 지금 표본의 크기 n이 무한대로 늘어나게 되면 Y와 u의 표본공분산은 모집단 공분산의 참값 $E[Y_t - E(Y_t)][u_t - E(u_t)]$에 근사적으로 수렴해 가며 그 값은 식 (18.3.5)로부터 구한 $[\sigma^2/(1-\beta_1)]$과 동일하게 된다. 같은 방법으로 n이 무한대로 증가함에 따라 Y의 표본 분산 역시 모집단의 분산 즉, σ_Y^2으로 접근해 간다. 따라서 식 (18.3.9)은 다음과 같이 표시될 수 있다.

$$\begin{aligned} \text{plim}\,(\hat{\beta}_1) &= \beta_1 + \frac{\sigma^2/(1-\beta_1)}{\sigma_Y^2} \\ &= \beta_1 + \frac{1}{1-\beta_1}\left(\frac{\sigma^2}{\sigma_Y^2}\right) \end{aligned} \tag{18.3.10}$$

$0 < \beta_1 < 1$이 성립하고 σ^2과 σ_Y^2이 각기 양의 값을 가질 때 식 (18.3.10)에 있는 plim $(\hat{\beta}_1)$은 항상 β_1보다 더 크게 될 것이다. 결국 $\hat{\beta}_1$은 참값 β_1의 과대 추정량이 될 것이다.[9] 바꾸어 말하면 $\hat{\beta}_1$은 편의 추정량이며 그 편의는 아무리 표본의 크기가 증대하더라도 없어지지 않는다.

18.4 연립방정식 편의 : 수량적 예제

앞절에서 지적된 몇 가지 문제점을 보여주기 위하여 18.2의 예제에서 제시된 케인즈의 단순국민소득 결정모형을 다시 원용해 보기로 하며 다음과 같은 몬테칼로 실험을 하기로 하자.[10] 투자의 수치가 표 18.1의 세 번째 열에 제시되어 있는 것으로 가정하자. 나아가서 다음 사항도 성립하는 것으로 가정하자.

$$\begin{aligned} E(u_t) &= 0 \\ E(u_t u_{t+j}) &= 0 \qquad (j \neq 0) \\ \text{var}\,(u_t) &= \sigma^2 = 0.04 \\ \text{cov}\,(u_t, I_t) &= 0 \end{aligned}$$

이렇게 하여 생성된 u_t의 값들이 표 18.1의 네 번째 열에 제시되어 있다.

식 (18.2.3)에 나타나는 소비함수에 대하여 모수들의 참값은 $\beta_0 = 2$, $\beta_1 = 0.8$이라고 가정하자.

가정된 β_0와 β_1의 값으로부터 각각 생성된 u_t값들로부터 우리는 소득 Y_t의 값을 식 (18.3.1)로부터 도출할 수 있으며, 그 값은 표 18.1의 첫 번째 열에 표시되어 있다. 일단 Y_t의 값이 알려지고 β_0, β_1 그리고 u_t의 값들이 주어지면 식 (18.2.3)으로부터 소비수준, 즉 C_t를 쉽게 도출해 낼 수 있다. 이와 같은 방법으

9. 일반적으로 편의의 방향은 특정모형의 구조와 회귀계수의 참값들에 의해서 영향을 받는다.

10. 이 실험은 Kenneth J. White, Nancy G. Horsman, and B. Wyatt, *SHAZAM :Computer Handbook for Use with Damodar Gujarati : Basic Econometrics,* McGraw-Hill, New York, 1985, pp.131–134 참조할 것.

로 도출된 C들은 두 번째 열에 표시되어 있다. β_0와 β_1의 값을 알고 있기 때문에 그리고 표본오차가 정확하게 오차의 참값과 같기 때문에(왜냐하면 몬테칼로 실험 자체를 이와 같이 설계했기 때문이다) 만약 우리가 C_t를 Y_t에 회귀하기 위하여 표 18.1의 자료를 이용한다면, 그리고 통상 최소자승추정량이 불편추정량이라면 $\beta_0 = 2$ 그리고 $\beta_1 = 0.8$을 얻을 것이다. 그러나 만약 설명변수 Y_t와 확률적 교란항 u_t가 서로 상관관계를 지니고 있다면 이러한 결과를 얻을 수 없을 것이라는 점을 식 (18.3.7)로부터 알고 있다. 지금 우리들의 자료들로부터 Y_t와 u_t 사이의 표본분산이 $\sum y_t u_t = 3.8$, 그리고 $\sum y_t^2 = 184$를 확인하는 것은 그러게 어려운 일이 아니다. 식 (18.3.7)이 보여주듯이 우리는 다음의 추정량을 얻게 된다.

$$\begin{aligned}\hat{\beta}_1 &= \beta_1 + \frac{\sum y_t u_t}{\sum y_t^2} \\ &= 0.8 + \frac{3.8}{184} \\ &= 0.82065\end{aligned} \tag{18.4.1}$$

우리는 이 추정량으로부터 결론적으로 $\hat{\beta}_1$은 0.02065만큼 상향 편의가 일어났음을 알수가 있다.

표 18.1

Y_t (1)	C_t (2)	I_t (3)	u_t (4)
18.15697	16.15697	2.0	−0.3686055
19.59980	17.59980	2.0	−0.8004084E-01
21.93468	19.73468	2.2	0.1869357
21.55145	19.35145	2.2	0.1102906
21.88427	19.48427	2.4	−0.2314535E-01
22.42648	20.02648	2.4	0.8529544E-01
25.40940	22.80940	2.6	0.4818807
22.69523	20.09523	2.6	−0.6095481E-01
24.36465	21.56465	2.8	0.7292983E-01
24.39334	21.59334	2.8	0.7866819E-01
24.09215	21.09215	3.0	−0.1815703
24.87450	21.87450	3.0	−0.2509900E-01
25.31580	22.11580	3.2	−0.1368398
26.30465	23.10465	3.2	0.6092946E-01
25.78235	22.38235	3.4	−0.2435298
26.08018	22.68018	3.4	−0.1839638
27.24440	23.64440	3.6	−0.1511200
28.00963	24.40963	3.6	0.1926739E-02
30.89301	27.09301	3.8	0.3786015
28.98706	25.18706	3.8	−0.2588852E-02

출처: Kenneth J. White, Nancy G. Horsman, and Justin B. Wyatt, *SHAZAM: Computer Handbook for Econometrics for Use with Damodar Gujarati: Basic Econometrics*, September 1985, p. 132.

표 18.1에 있는 자료를 이용하여 이제 Y_t에 대한 C_t를 회귀분석하여 보자. 회귀분석의 결과는 다음과 같다.

$$\hat{C}_t = 1.4940 \quad + \quad 0.82065Y_t$$
$$\text{se} = (0.35413) \quad (0.01434) \qquad \textbf{(18.4.2)}$$
$$t = (4.2188) \quad (57.209) \qquad R^2 = 0.9945$$

예상했던 대로 추정된 β_1은 정확하게 (18.4.1)에 의하여 예측되었던 것과 동일하게 나타났다. 그리고 추정된 β_0 역시 편의를 지니고 있음을 지적하고자 한다.

$\hat{\beta}_1$관한 편의의 정도는 일반적으로 β_1, σ^2 그리고 var(Y)의 값에 의존하고, 특히 Y와 u사이의 공분산 정도에 크게 의존한다.[11] White 등의 저자들이 지적한 바와 같이 "이것이 바로 연립방정식 편의에 관한 모든 것"이다. 단일 방정식 경우와는 상이하게 방정식의 등호 오른쪽에 있는 변수들이 확률적 교란항과 상관관계가 없다는 것을 더 이상 가정할 수가 없다.[12] 이러한 편의는 아무리 표본의 크기가 늘어나더라도 그대로 잔존하고 있음을 유의해야 한다.

연립방정식 모형에서 OLS를 적용할 때 발생할 수 있는 심각한 결과의 관점에서, 어떤 주어진 상황에서 연립성문제가 있는지 없는지를 알려주는 연립성 검정이 존재하는가? Hausman 표기검정(specification test)이 이러한 목적으로도 사용될 수 있는데, 19장에서 논의할 것이다.

요약 및 결론

1. 단일방정식 모형과 대조적으로 연립방정식모형에서는 한 개 이상의 종속변수 혹은 내생변수가 포함되는데, 필수적으로 내생변수의 개수와 동일한 수의 방정식이 있어야 한다.
2. 연립방정식모형의 독특한 특성은 한 방정식의 내생변수가 연립방정식 체계내의 다른 방정식의 설명변수로 될 수 있다는 것이다.
3. 결과적으로 내생적 설명변수는 확률변수이고, 설명변수로 나타나는 방정식의 오차항과 일반적으로 상관관계를 갖는다.
4. 이러한 상황에서 OLS추정량이 일치추정량이 아니기 때문에, 즉, 표본의 크기가 아무리 커져도 진정한 모집단 값으로 수렴하지 않기 때문에 고전적 OLS추정량을 적용할 수 없다.
5. 설명변수와 오차항과 상관관계를 갖는 회귀방정식(전형적인 연립방정식 모형의 경우) 의 모수를 추정하기 위해 OLS방법을 적용하는 경우 발생하는 편의의 성격을 이 책에서 소개된 몬테칼로 예제가 보여준 바 있다.
6. 특히 계량경제 모형에서 연립방정식 모형이 자주 사용되기 때문에, 여러 연구자들이 대체적인 추정기법을 개발하였다. 이 추정법들은 19장에서 논리적으로 추정에 앞서 고려되어야 하는 식별의 문제를 논의한 후 20장에서 다룰 것이다.

11. 식 (18.3.5) 참조
12. op cit., pp133–134.

연습문제

질문

18.1 미국에서 적용될 수 있는 치과의사의 공급과 수요에 관한 연립방정식 모형을 정립하라. 모형의 내생변수와 외생변수를 구분하여라.

18.2 미국에서 적용될 수 있는 통화에 대한 수요 공급의 단순모형을 제시하고, 이를 Brunner와 Meltzer가 개발한 모형*, 그리고 Teigen이 개발한 모형† 과 비교하라.

18.3 a. 예제 17.1의 수요 공급모형에서 $\hat{\alpha}_1$의 확률극한을 구하라.

b. 어떠한 조건하에서 확률극한의 값이 참값 a_1과 동일하게 되는가?

18.4 본문에서 논의된 IS-LM모형에서 실물시장과 화폐시장의 균형을 동시에 달성케 하는 이자율과 소득수준을 구하라.

18.5 인플레이션과 보통주의 수익률과의 관계를 연구하기 위하여 Oudet는 다음의 모형을 이용하였다.‡

$$R_{bt} = \alpha_1 + \alpha_2 R_{st} + \alpha_3 R_{bt-1} + \alpha_4 L_t + \alpha_5 Y_t + \alpha_6 \text{NIS}_t + \alpha_7 I_t + u_{1t}$$
$$R_{st} = \beta_1 + \beta_2 R_{bt} + \beta_3 R_{bt-1} + \beta_4 L_t + \beta_5 Y_t + \beta_6 \text{NIS}_t + \beta_7 E_t + u_{2t}$$

위에서 L = 1인당 실질 본원통화

Y = 1인당 실질소득

I = 예상 인플레이션율

NIS = 신규발행 주식 변수

E = 기말 예상 주당수익, 이것은 시차 주가비율로 대체표시됨

R_{bt} = 채권수익

R_{st} = 보통주수익

a. 이 모형에 대한 이론적 근거를 제시하고 당신의 논리가 Oudet의 이론과 일치하는 가를 검토하라.

b. 모형에서 어느 변수가 내생변수인가? 그리고 외생변수는 어느 것인가?

c. R_{bt}의 시차변수를 어떻게 처리할 것인가–내생 또는 외생?

18.6 "자마이카에서 상표가 부착된 개인 용품의 분배모형"이라는 논문에서 Farley와 Levitt는 다음과 같은 모형을 정립하였다(개인용품에는 면도용 크림, 피부용 크림, 위생 네프킨 그리고 치약 등이 포함됨).**

---

* "Some Further Evidence on Supply and Demand Functions for Mney," *Journal of Finance*, vol.19, May 1964, pp. 240–283

† "Demand and Supply Functions for Money in the United States", *Econometrica*, vol. 32, no. 4, October 1964, pp. 476–509

‡ Bruno A. Oudet, "The Variation of the Return on Stocks in Periods of Inflation ," *Journal of Financial and Quantitative Analysis*, March 1973, pp.247–258.참조

** *Journal of Marketing Research*, November 1968, pp.362–368.

$$Y_{1i} = \alpha_1 + \beta_1 Y_{2i} + \beta_2 Y_{3i} + \beta_3 Y_{4i} + u_{1i}$$
$$Y_{2i} = \alpha_2 + \beta_4 Y_{1i} + \beta_5 Y_{5i} + \gamma_1 X_{1i} + \gamma_2 X_{2i} + u_{2i}$$
$$Y_{3i} = \alpha_3 + \beta_6 Y_{2i} + \gamma_3 X_{3i} + u_{3i}$$
$$Y_{4i} = \alpha_4 + \beta_7 Y_{2i} + \gamma_4 X_{4i} + u_{4i}$$
$$Y_{5i} = \alpha_5 + \beta_8 Y_{2i} + \beta_9 Y_{3i} + \beta_{10} Y_{4i} + u_{5i}$$

위에서 Y_1=본 제품을 판매하는 상점의 비율

Y_2=월별 판매량

Y_3=본제품의 수입업자 혹은 제조업자와 직접 접촉하는 회수에 대한 지수

Y_4=지역별 도매 활동지수

Y_5=제품의 상표별 재고 보유지수(각 상점에서 본 제품을 재고로 보유하고 있을 때 상표의 평균계수)

X_1=제품에 대한 판매대상 고객수

X_2=지역이 소속된 교구에서의 1인당 소득

X_3=킹스턴까지의 각 인구밀집 지역으로부터 거리

X_4=인구밀집 지역으로부터 가장 가까운 도매 도시까지의 거리

a. 위의 모형에서 내생변수와 외생변수를 식별하라

b. 위의 모형에서 하나 혹은 그 이상의 방정식이 최소자승법으로 추정될 수 있는가? 그 이유는?

18.7 담배판매와 광고비 지출 사이의 관계를 연구하기 위해서 Frank Bass는 다음의 모형을 사용하였다.*

$$Y_{1t} = \alpha_1 + \beta_1 Y_{3t} + \beta_2 Y_{4t} + \gamma_1 X_{1t} + \gamma_2 X_{2t} + u_{1t}$$
$$Y_{2t} = \alpha_2 + \beta_3 Y_{3t} + \beta_4 Y_{4t} + \gamma_3 X_{1t} + \gamma_4 X_{2t} + u_{2t}$$
$$Y_{3t} = \alpha_3 + \beta_5 Y_{1t} + \beta_6 Y_{2t} + u_{3t}$$
$$Y_{4t} = \alpha_4 + \beta_7 Y_{1t} + \beta_8 Y_{2t} + u_{4t}$$

위에서 Y_1=필터 담배개비수를 20세 이상 인구수로 나눈 비율의 대수값.

Y_2=필터 없는 담배개비수를 20세 이상 인구수로 나눈 비율의 대수값.

Y_3=필터 담배의 광고비를 20세 이상 인구수로 나눈 후 이를 다시 광고비지수로 나눈 비율의 대수값.

Y_4=필터가 없는 담배의 광고비를 20세 이상 인구수로 나눈 후

* "A Simultaneous Eguation Regression Study of Advertising and Sales of Cigarettes," *Journal of Marketing Research*, vol.6, August 1969, pp.291–300.

이를 다시 광고비지수로 나눈 비율의 대수값.

X_1=가처분소득을 20세 이상 인구수로 나눈 후 이를 다시 소비자 물가지수로 나눈 비율의 대수값.

X_2=필터없는 담배 한갑의 가격을 소비자 물가지수로 나눈 비율의 대수값.

a. 위의 모형에서 Y들은 내생변수이고 X들은 외생변수이다. 왜 저자는 X_2를 외생변수로 가정하였는가?

b. 만약 X_2가 내생변수로 처리될 경우 위의 모형은 어떻게 수정되어야 하는가?

18.8 G. Menges는 구 서독경제에 대하여 다음과 같은 계량경제 모형을 정립하였다.*

$$Y_t = \beta_0 + \beta_1 Y_{t-1} + \beta_2 I_t + u_{1t}$$
$$I_t = \beta_3 + \beta_4 Y_t + \beta_5 Q_t + u_{2t}$$
$$C_t = \beta_6 + \beta_7 Y_t + \beta_8 C_{t-1} + \beta_9 P_t + u_{3t}$$
$$Q_t = \beta_{10} + \beta_{11} Q_{t-1} + \beta_{12} R_t + u_{4t}$$

위에서 Y=국민소득
I=순자본형성
C=개인소비
Q=이윤
P=생계비 지수
R=산업 생산성
t=시간
u들=확률적 교란항

a. 위의 문제에서 어떠한 변수들을 내생변수와 외생변수로 간주할 것인가?

b. 단일방정식 최소자승법으로 추정될 수 있는 방정식이 위의 모형에서 존재하는가?

c. 소비함수에서 변수 P가 포함된 이유는 무엇인가?

18.9 L. E. Gallaway와 P. E. Smith는 미국경제에 관한 단순모형을 다음과 같이 정립했다.**

* G. Menges, "Ein Ökonometriches Modell der Bundesrepublik Deutschland (Vier Strukturgleichungen)," I.F.O. Studien, vol. 5, 1959, pp. 1 –22.

** "A Quarterly Econometric Model of the United States." *Journal of American Statisical Association*, vol.56. 1961, pp. 379–383.

$$Y_t = C_t + I_t + G_t$$
$$C_t = \beta_1 + \beta_2 \mathrm{YD}_{t-1} + \beta_3 M_t + u_{1t}$$
$$I_t = \beta_4 + \beta_5(Y_{t-1} - Y_{t-2}) + \beta_6 Z_{t-1} + u_{2t}$$
$$G_t = \beta_7 + \beta_8 G_{t-1} + u_{3t}$$

위에서 Y=국민총생산
C=개인소비지출
I=국내 민간총투자
G=정부지출+순해외투자
YD=가처분 혹은 납세후 소득
M=매분기 통화공급
Z=납세전 재산소득
t=시간
u_1, u_2 그리고 u_3=확률적 교란항

모든 변수는 1차 차분형태로 측정되었다.

1948-1957기간동안 분기별 자료들을 이용하여 저자들은 위에 나타나는 각각의 방정식에 최소자승법을 사용하여 다음과 같은 결과를 얻었다.

$$\hat{C}_t = 0.09 + 0.43\mathrm{YD}_{t-1} + 0.23M_t \qquad R^2 = 0.23$$
$$\hat{I}_t = 0.08 + 0.43(Y_{t-1} - Y_{t-2}) + 0.48Z_t \qquad R^2 = 0.40$$
$$\hat{G}_t = 0.13 + 0.67G_{t-1} \qquad R^2 = 0.42$$

a. 이 문제의 경우 단일 방정식 최소자승법을 사용한 것에 대해서 어떻게 정당화할 것인가?
b. R^2의 값이 왜 비교적 낮은가?

실증문제

18.10 표 18.2에는 1970-2006 기간 동안 10억 달러 단위로 Y(GDP), C(개인소비지출), I(국내총민간투자)의 자료가 제시되어 있다.
예제 (18.2)의 케인즈의 단순국민소득 결정모형과 같이 C는 Y에 선형으로 연결되어 있다고 가정하자. 소비함수의 모수를 통상 최소자승법을 이용하여 추정하라(위의 자료들에 대하여 제 20장에서 제시될 방법론으로 다시 추정하고자 하니 이 결과를 보존할 것).

18.11 연습문제 18.10의 자료를 사용하여 국내 총투자 I를 GDP에 회귀하고 다음 장에서 추가적으로 분석할 것에 대비해 결과를 저장해 놓아라.

18.12 거시경제학에서의 항등식을 고려하자.

$$C + I = Y \qquad (= \mathrm{GDP})$$

표 18.2 미국 개인 소비지출, 민간 총 국내 투자, GDP, 1970-2006(1996년 10억달러)

관측년도	C	I	Y	관측년도	C	I	Y
1970	2,451.9	427.1	3,771.9	1989	4,675.0	926.2	6,981.4
1971	2,545.5	475.7	3,898.6	1990	4,770.3	895.1	7,112.5
1972	2,701.3	532.1	4,105.0	1991	4,778.4	822.2	7,100.5
1973	2,833.8	594.4	4,341.5	1992	4,934.8	889.0	7,336.6
1974	2,812.3	550.6	4,319.6	1993	5,099.8	968.3	7,532.7
1975	2,876.9	453.1	4,311.2	1994	5,290.7	1,099.6	7,835.5
1976	3,035.5	544.7	4,540.9	1995	5,433.5	1,134.0	8,031.7
1977	3,164.1	627.0	4,750.5	1996	5,619.4	1,234.3	8,328.9
1978	3,303.1	702.6	5,015.0	1997	5,831.8	1,387.7	8,703.5
1979	3,383.4	725.0	5,173.4	1998	6,125.8	1,524.1	9,066.9
1980	3,374.1	645.3	5,161.7	1999	6,438.6	1,642.6	9,470.3
1981	3,422.2	704.9	5,291.7	2000	6,739.4	1,735.5	9,817.0
1982	3,470.3	606.0	5,189.3	2001	6,910.4	1,598.4	9,890.7
1983	3,668.6	662.5	5,423.8	2002	7,099.3	1,557.1	10,048.8
1984	3,863.3	857.7	5,813.6	2003	7,295.3	1,613.1	10,301.0
1985	4,064.0	849.7	6,053.7	2004	7,561.4	1,770.2	10,675.8
1986	4,228.9	843.9	6,263.6	2005	7,803.6	1,869.3	11,003.4
1987	4,369.8	870.0	6,475.1	2006	8,044.1	1,919.5	11,319.4
1988	4,546.9	890.5	6,742.7				

주: C=개인소비지출
I=민간 총 국내투자
Y=GDP
출처: *Economic Report of the President*, 2008, Table B-2

전과 마찬가지로 다음을 가정하자.

$$C_t = \beta_0 + \beta_1 Y_t + u_t$$

그리고 거시경제학의 가속도 모형에 따라

$$I_t = \alpha_0 + \alpha_1(Y_t - Y_{t-1}) + v_t$$

라고 하자. 이때, u와 v는 오차항이다. 연습문제 18.10에서 주어진 자료를 사용하여 가속도모형을 추정하고 추가적인 분석에 대비해 결과를 저장하여 놓아라.

18.13 **가스의 공급과 수요.** 이 교과서의 website에 있는 표18.3은 1978년 1월부터 2002년 8월까지 미국의 휘발유 수요와 공급을 결정하는 몇몇 변수를 담고 있다.* 변수들은 다음과 같다: pricegas(갤런 당 센트); quantgas(1000 배럴/일, 무연); persincome(개인소득, 10억 달러); 그리고 car sales(백만대/년).

a. 휘발유 소비를 위한 적절한 공급-수요모형을 개발하여라.

b. (a)의 모형에서 어느 변수가 내생변수이고 어느 변수가 외생변수인가?

* 이 자료의 출처는 Stephen J. Schmidt, *Econometrics*, McGraw-Hill, New York, 2005 임. www.mhhe.com/economics를 참조할 것.

c. 위에서 개발한 모형을 OLS로 추정한다면 그 결과를 믿을만한가? 그 이유는?

d. 20장에서 토론할 내용을 위하여 추정결과를 저장하여라.

18.14 이 교과서의 website에 있는 표18.4는 1951-I부터 2000-IV까지 미국경제에 관한 몇몇 거시경제변수 자료를 담고 있다. 변수들은 다음과 같다: *Year*=일자; *Qtr*=분기; *Realgdp*=실질GDP(10억 달러); *Realcons*=실질 소비지출; *Realinvs*=민간기업부문 실질투자; *Realgovt*=실질 정부지출; *Realdpi*=실질 개인가처분소득;*CPI_U* = 소비자물가지수;*M*1=명목통화 저량;*Tbilrate*=월말 90일몰 공채수익률의 분기평균; *Pop*=인구, 백만명, 분기별 불변성장률을 사용한 연말 인구의 내삽치; *Infl*=인플레이션율(첫번째 관측치는 없음); 그리고 *Realint* = 사후 실질이자율= *Tbilrate*-*Infl*(첫번째 관측치는 없음).

이 자료를 사용하여 미국경제에 관한 간단한 거시경제 모형을 개발하여라. 이 모형을 20장에서 추정하여야 한다.

19장

식별의 문제

이 장에서는 식별의 문제에 관한 특성과 중요성을 고찰하기로 한다. 식별문제의 핵심은 다음과 같다. 18.2절에 소개한 수요 공급모형을 상기하여 보자. 우리가 P와 Q에 대한 시계열 자료만 있고 소비자의 소득, 지난 시기의 타재화의 가격, 기상조건 등과 같은 여타의 정보가 없다고 가정하자. 이러한 경우 식별의 문제는 다음의 질문에 대한 해답을 구하는 것으로 요약될 수 있다. 주어진 P와 Q에 관한 자료만으로 우리는 수요함수 혹은 공급함수 가운데서 어느 것을 추정한다고 말할 수 있는가? 다른 말로, 만약 우리가 수요함수를 피트(fitting)시킨다고 생각을 한다면 우리가 실제로 수요함수를 측정하고 있다고 어떻게 보증할 수 있는가? 그렇지 않으면 다른 함수를 추정한다고 말할 수 있는가?

수요함수의 모수를 추정하기 이전에 잠시만 사려 깊게 생각하더라도 위에서 제기한 질문에 대한 해답이 필요하다는 것을 알게 될 것이다. 이 장에서는 식별의 문제가 어떻게 해결될 수가 있는가를 보여주고자 한다. 우리는 먼저 몇 개의 부호와 정의를 소개하고 몇 가지 사례로써 식별의 문제를 설명하고자 한다. 그리고 연립방정식 모형에서 하나의 방정식이 식별이 되었는가 여부를 판정하는 원칙을 제시하고자 한다. 즉 우리가 실제로 추정하는 방정식이 수요함수인가, 공급함수인가 혹은 다른 어떤 것인지를 나타내는지를 확실하게 밝히는 것이다.

19.1 부호와 정의

우리는 논의를 쉽게 하기 위하여 다음의 부호와 정의를 소개하기로 한다.

M개의 내생변수 혹은 상호 의존적인 변수들에 의해 나타나는 M개의 방정식 모형은 일반적으로 (19.1.1)로 표시될 수 있다.

$$\begin{aligned}
Y_{1t} &= \qquad\qquad \beta_{12}Y_{2t} + \beta_{13}Y_{3t} + \cdots + \beta_{1M}Y_{Mt} \\
&\qquad + \gamma_{11}X_{1t} + \gamma_{12}X_{2t} + \cdots + \gamma_{1K}X_{Kt} + u_{1t} \\
Y_{2t} &= \beta_{21}Y_{1t} \qquad\quad + \beta_{23}Y_{3t} + \cdots + \beta_{2M}Y_{Mt} \\
&\qquad + \gamma_{21}X_{1t} + \gamma_{22}X_{2t} + \cdots + \gamma_{2K}X_{Kt} + u_{2t} \\
Y_{3t} &= \beta_{31}Y_{1t} + \beta_{32}Y_{2t} \qquad + \cdots + \beta_{3M}Y_{Mt} \\
&\qquad + \gamma_{31}X_{1t} + \gamma_{32}X_{2t} + \cdots + \gamma_{3K}X_{Kt} + u_{3t} \\
&\cdots\cdots\cdots\cdots\cdots\cdots\cdots\cdots\cdots\cdots \\
Y_{MT} &= \beta_{M1}Y_{1t} + \beta_{M2}Y_{2t} + \cdots + \beta_{M,M-1}Y_{M-1,t} \\
&\qquad + \gamma_{M1}X_{1t} + \gamma_{M2}X_{2t} + \cdots + \gamma_{MK}X_{Kt} + u_{Mt}
\end{aligned} \tag{19.1.1}$$

여기에서 $Y_1, Y_2, \ldots, Y_M$ $= M$ 개의 내생변수
$X_1, X_2, \ldots, X_K$ $= K$ 개의 선결변수(X들 중 1개는 각 방정식에서의 절편항이므로 1로 이루어짐)
$u_1, u_2, \ldots, u_M$ $= M$ 개의 확률적 교란항
$t = 1, 2, \ldots, T$ $=$ 총 관측치수
β $=$ 내생변수의 계수들
γ $=$ 선별변수의 계수들

위의 체계에서 등장하는 모든 변수가 각 방정식에 모두 등장할 필요가 없다는 사실을 유의해야 한다. 사실상 19.2절에서 하나의 방정식이 식별되기 위해서는 반드시 이 사실이 성립되어야 함을 보여주게 될 것이다.

방정식 (19.1.1)이 보여 주듯이 연립방정식 체계에 등장하는 변수들은 두 가지 형태를 지니고 있다. 즉 모형내부에서 그 값이 결정되는 "내생변수(endogenous)"와 모형 밖에서 결정되는 "선결변수(predetermined)"로 구성되는 것이다. 내생변수는 확률변수로 취급되는 반면에 선결변수는 비확률변수로 취급된다.

선결변수는 두 가지 종류로 분류된다. 현재 및 시차 외생변수와 시차 내생변수가 그것이다. 그래서 X_{1t}는 현재 외생변수인 반면에, $X_{1(t-1)}$은 시차 외생변수로서 1期의 시차를 지니고 있다. $Y_{1(t-1)}$은 시차 내생변수로 1期의 시차를 가진 시차 내생변수이다. 그러나 $Y_{1(t-1)}$은 현재 시점에서 그 값을 이미 알고 있기 때문에 비확률적 변수 즉, 선결변수로 취급될 수 있는 것이다.[1] 요약해서 현재의 외생변수, 시차 외생변수, 시차 내생변수들은 이미 그 값이 결정된 선결변수로 간주될 수 있는 것이다. 다시 말하여 그들의 값은 현재 시점에서 모형에 의하여 결정 되는 것이 아니다.

어떠한 변수를 내생으로 처리하며 어떠한 변수를 선결변수로 규정할 것인가의 문제는 모형 설계자에 달려 있다. 비록 온도, 강우량과 같은 비경제적 변수들은 분명히 외생 혹은 선결변수들이지만 모형설계자는 일반적인 경제변수들을 내생과 선결변수로 분류하는데 각별히 조심해야 한다. 즉 모형설계자는 변수들의 분류를 사전적 혹은 이론적 근거를 바탕으로 반드시 정당화할 수 있어야 한다. 식 (19.1.1)에 나타나는 방정식들은 "구조방정식(structural)" 혹은 "행동방정식(behaviral)"으로 알려지고 있다. 왜냐하면 그들은 경제모형 혹은 한 경제의 구조를 설명하거나, 혹은 경제주체(소비자 혹은 생산자)의 행동을 설명하기 때문이다. β들, γ들과 같은 모수들은 "구조적 모수(structural parameter)" 혹은 "구

1. 확률적 교란항 u들은 묵시적으로 시계열상 상관관계가 없는 것으로 가정되고 있다. 만약 이것이 성립하지 않으면 Y_{t-1}은 現期의 확률적 교란항 u_t와 상관관계를 갖게될 것이다. 따라서 우리는 이 경우에 Y_{t-1}을 선결변수로 처리할 수가 없다.

조적 계수(structural coefficient)"로 알려지고 있다.

구조방정식으로부터 M개의 내생변수 값에 대한 해를 구할 수 있으며 "축약형(reduced-form) 방정식"과 그와 관련된 축약형 계수(reduced-form coefficient)를 도출할 수 있다. 축약형 방정식이라고 하는 것은 하나의 내생변수가 선결변수와 확률적 교란항의 함수만으로 표현된 것을 지칭한다. 이 점을 설명하기 위하여 18장에서 인용된 케인즈의 국민소득결정모형을 다시 검토하여 보자.

$$\text{소비함수:} \quad C_t = \beta_0 + \beta_1 Y_t + u_t \qquad 0 < \beta_1 < 1 \tag{18.2.3}$$

$$\text{소득 항등식:} \quad Y_t = C_t + I_t \tag{18.2.4}$$

위의 모형에서 C(소비)와 Y(소득)은 내생변수이고, I(투자지출)은 외생변수로 처리되었다. 위의 방정식들은 모두 구조 방정식이고 (18.2.4)는 항등식이다. 통상 MPC인 β_1은 0과 1사이의 값을 갖는 것으로 가정된다. (18.2.3)을 (18.2.4)에 대입하여 그 결과를 다시 정리하면 우리는 다음의 식을 얻을 수 있다.

$$Y_t = \Pi_0 + \Pi_1 I_t + w_t \tag{19.1.2}$$

여기에서

$$\begin{aligned} \Pi_0 &= \frac{\beta_0}{1-\beta_1} \\ \Pi_1 &= \frac{1}{1-\beta_1} \\ w_t &= \frac{u_t}{1-\beta_1} \end{aligned} \tag{19.1.3}$$

식 (19.1.2)는 축약형 방정식이다. 왜냐하면 내생변수 (Y)가 외생변수 (I)와 확률적 교란항 (u)만의 함수로 표시되었기 때문이다. Π_0와 Π_1은 축약형 계수라고 한다. 축약형 계수는 구조방정식 계수들의 비선형 결합으로 되어 있음을 유의할 필요가 있다.

식 (19.1.2)로부터 얻은 y의 값을 방정식(18.2.3)의 C에 대입하면 우리는 또 하나의 축약형 방정식을 얻을 수 있다.

$$C_t = \Pi_2 + \Pi_3 I_t + w_t \tag{19.1.4}$$

여기에서

$$\Pi_2 = \frac{\beta_0}{1-\beta_1} \qquad \Pi_3 = \frac{\beta_1}{1-\beta_1}$$
$$w_t = \frac{u_t}{1-\beta_1} \tag{19.1.5}$$

Π_1과 Π_3와 같은 축약형 계수는 충격(impact)승수 혹은 단기 승수(short-run multipliers)라고 하기도 한다. 왜냐하면 Π_1과 Π_3는 외생변수값의 한 단위 변화가 내생변수에 즉각 미치는 영향을 측정할 수 있기 때문이다.[2] 앞에 제시한 케인즈 모형에서 투자지출이, 예컨대 1달러 증가하고 한계소비성향이 0.8이라고 가정하면 방정식 (19.1.3)에서 $\Pi_1 = 5$가 됨을 알 수 있다. 이것은 투자가 1달러 증가할 경우에 현기에서 소득수준이 투자의 5배에 해당하는 5달러나 증가됨을 뜻한다. 위의 가정하에서 방정식 (19.1.5)는 $\Pi_3 = 4$임을 나타내며 이것은 투자지출이 1달러 증가하였을 때 소비지출은 즉시 4달러나 증대됨을 의미한다.

계량경제모형의 관점에서 방정식 (18.2.4) 혹은 $Q_t^d = Q_t^s$(수요량 = 공급량)은 균형조건으로 알려지고 있다. 식 (18.2.4)에 나타나는 항등식은 총국민소득(Y)이 반드시 총소비(소비지출+투자지출)와 같게 된다는 것을 말한다. 균형이 달성될 때에는 내생변수가 그들의 균형값을 갖게 된다.[3]

축약형 방정식에 흥미로운 측면을 주목해 보자. 축약형 방정식 등호의 오른쪽에는 항상 선결변수와 확률적 교란항이 나타나고 선결변수는 확률적 교란항과 상관관계가 없기 때문에 통상 최소자승법을 사용하여 축약형 방정식의 계수(Π들)를 추정할 수 있다. 추정된 축약형 계수로부터 우리는 구조 방정식의 계수(β들)를 뒤에 보여 주는 바와 같이 추정할 수 있다. 이러한 절차를 "간접 최소자승법"(ILS)이라고 부르며 이와 같은 방식으로 추정된 구조방정식의 계수를 간접 최소자승 추정치라고 부른다.

제 20장에서 우리는 간접 최소자승법에 대하여 자세히 공부하게 될 것이다. 그때까지 축약형 계수가 통상 최소자승법에 의하여 추정될 수 있으며, 이러한 계수들은 구조계수들의 결합이기 때문에 구조방정식의 계수를 축약형 계수들로부터 다시 찾아낼 수 있는 가능성이 존재하고, 우리가 궁극적으로 관심을 가지고 있는 것은 구조방정식의 모수를 추정하는 데 있다는 점을 유의하자. 추정계수로부터 구조방정식을 어떻게 검색할 수 있는가? 이 질문에 대한 해답은 19.2절에서 제시되고 있으며 그 해답이 바로 식별문제의 본질이 되는 것이다.

2. 계량경제모형에서 외생변수는 중요한 역할을 한다. 외생변수들은 흔히 정부의 직접적 통제하에 있는 변수들이다. 예를 들어서 개인 소득세 및 법인세율, 보조금 실업수당 등이 외생변수에 속한다.

3. 자세한 내용은 Jan Kmenta, *Elements of Econometrics*, 2d ed., Macmillan, Company, New York, 1986, pp.723–731. 참조.

19.2 식별의 문제

식별의 문제란 구조방정식 모수의 수량적 추정치가 추정된 축약형 계수로부터 도출될 수 있는가의 여부를 의미한다. 만약 그것이 가능하다면 연립방정식 체계에서 특정방정식이 **"식별이 된다."**고 말한다. 만약 이것이 불가능하면 연립방정식 체계의 한 방정식은 **"식별 불능"** 혹은 **"과소식별"**이라고 말한다.

연립방정식 체계 속의 한 방정식은 **"적도식별"** 되거나 혹은 **"과다식별"**이 될 수가 있다. 구조방정식 모수의 값이 단 하나로 유일하게 결정된다면 우리는 그 구조방정식은 적도식별되었다고 말한다. 그러나 구조방정식의 모수에 대하여 두 개 이상의 수치가 도출될 수 있으면 과다식별되었다고 부른다. 이와 같은 경우가 발생하는 상황이 이하에서 논의된다.

식별의 문제는 동일한 일련의 자료에 대하여 상이한 구조방정식 계수의 집합이 유도될 수 있기 때문에 발생하는 것이다. 이러한 사실을 다른 관점에서 서술하면 주어진 축약형 방정식이 상이한 구조방정식 혹은 상이한 가설(모형)과 상호 일치될 수 있다는 것이다. 이러한 경우 우리는 어느 가설(모형)을 조사하려고 하는지 말하기가 어렵게 된다. 이 절의 나머지 부문에서 우리는 식별의 문제에 관한 본질을 명확하게 보여주기 위하여 몇 가지 사례를 검토하고자 한다.

과소식별(Underidentification)

다시 한번 방정식 (18.2.1)과 (18.2.2)에 나타난 수요 공급모형을 시장균형조건과 더불어 고려해 보기로 하자. 균형조건을 이용하여 우리는 다음의 식을 얻을 수가 있다.

$$\alpha_0 + \alpha_1 P_t + u_{1t} = \beta_0 + \beta_1 P_t + u_{2t} \tag{19.2.1}$$

식 (19.2.1)을 풀면, 균형가격을 구한다.

$$P_t = \Pi_0 + v_t \tag{19.2.2}$$

여기에서

$$\Pi_0 = \frac{\beta_0 - \alpha_0}{\alpha_1 - \beta_1} \tag{19.2.3}$$

$$v_t = \frac{u_{2t} - u_{1t}}{\alpha_1 - \beta_1} \tag{19.2.4}$$

식 (19.2.2)의 P_t를 식 (18.2.1) 또는 (18.2.2)에 대입하면, 다음의 균형 값을 구한다.

$$Q_t = \Pi_1 + w_t \tag{19.2.5}$$

여기에서

$$\Pi_1 = \frac{\alpha_1\beta_0 - \alpha_0\beta_1}{\alpha_1 - \beta_1} \quad \textbf{(19.2.6)}$$

$$w_t = \frac{\alpha_1 u_{2t} - \beta_1 u_{1t}}{\alpha_1 - \beta_1} \quad \textbf{(19.2.7)}$$

부수적으로, 오차항 v_t와 w_t는 본래의 오차항 u_1과 u_2의 선형결합임을 주목하여라.

식 (19.2.2)와 (19.2.5)는 축약형 방정식들이다. 지금 우리의 수요 및 공급방정식들은 4개의 구조방정식 계수, 즉 α_0, α_1, β_0 그리고 β_1을 포함하고 있다. 그렇지만 이들을 추정할 수 있는 단 한가지의 방법도 존재하지 않는다. 왜 그러한가? 해답은 방정식 (19.2.3)과 (19.2.6)에 주어진 두 개의 축약형 계수 때문이다. 이들 축약형 계수들은 모두 4개의 구조방정식 계수들을 포함하고 있다. 그러나 4개의 구조방정식들의 미지수들이 단지 2개의 축약형 계수로부터 절대로 추정될 수 없는 것이다. 고등학교 대수학에서 이미 우리는 4개의 미지수를 추정하기 위해서는 반드시 4개의(독립된) 방정식이 필요하다는 것을 배웠다. 즉 일반화하여 k개의 미지수를 추정하기 위하여 우리는 k개의 (독립된) 방정식이 필요함을 잘 알고 있다. 만약 우리가 식 (19.2.2)와 (19.2.5)에 있는 축약형 회귀식을 추정하면 우리는 설명변수들이 존재하지 않고, 단지 상수만이 존재하며 그리고 이들 상수들은 P와 Q에 대한 평균값을 제공해 줄 수 있음을 알 수 있다.(그 이유는?).

이와 같은 모든 사실이 의미하는 것은 P와 Q에 관한 시계열자료만 주어지고 다른 정보가 없을 때, 연구자가 수요방정식을 추정하는가 혹은 공급방정식을 추정하는가를 알 수 있는 방법이 전혀 존재하지 않는다. 왜냐하면 주어진 P_t와 Q_t는 단지 수요곡선과 공급곡선의 교차점을 나타내고 이 교차점, 즉 균형에서 수요와 공급은 항상 일치하기 때문이다. 이 점을 더욱 명확하게 보기 위하여 그림 19.1에 나타난 산포도를 관찰하기로 하자.

그림 19.1(a)는 P와 연관된 Q의 몇몇 점들을 제시해 주고 있다. 각각 산포도의 점들은(그림 19.1(b)에 나타난 바와 같이) 수요곡선과 공급곡선의 교차점을 표시할 따름이다. 이제 그림 19.1(c)에서 나타난 하나의 교차점을 고찰해 보자. 우리는 많은 수요–공급곡선군 가운데서 어느 수요와 공급곡선이 그 점을 생성하게 되었는지를 알 수가 없다. 따라서 분명히 수요와 공급곡선의 성격에 대한 추가적인 정보가 필요하게 된다. 예를 들어 수요곡선이 시간의 흐름과 함께 소득의 변화나 기호의 변화 때문에 이동하지만 공급곡선은 그림 19.1(d)에 나타난 바와 같이 비교적 안정되어 있다면 그 산포점들로부터 공급곡선을 추정해 낼 수가 있다. 이러한 경우에 우리는 공급곡선이 식별되었다고 말한다. 같은 논리로, 공급곡선이 기상조건의 변화 (농산물의 경우) 혹은 기타 요인에 의해서 이동하지만, 그

그림 19.1 가상적 수요-공급함수와 식별의 문제

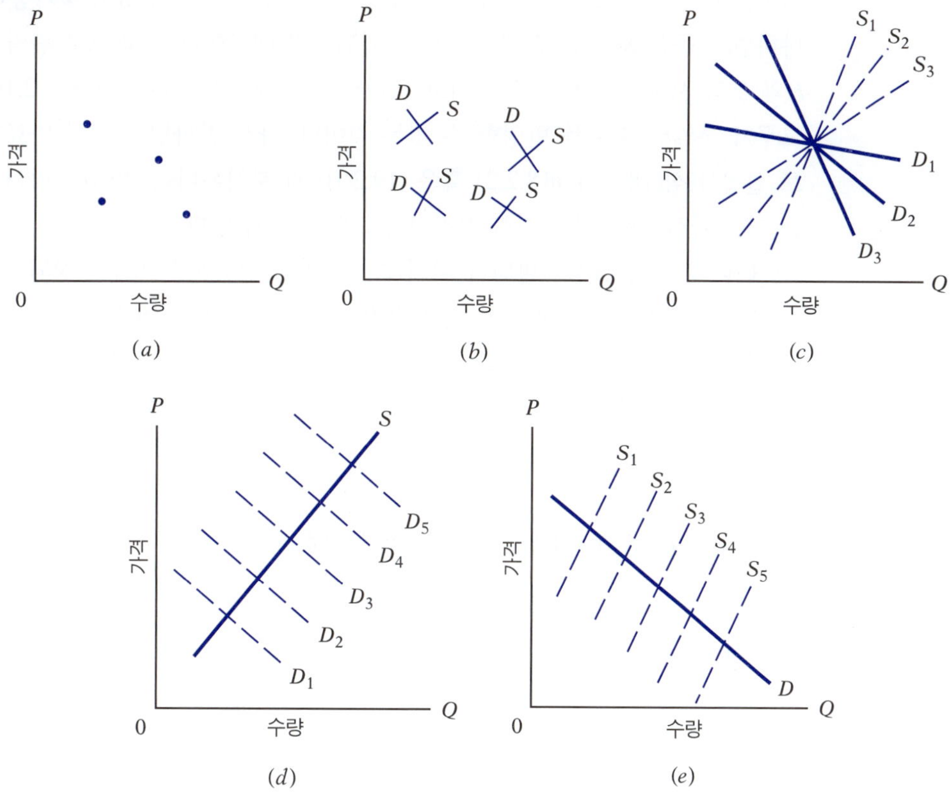

림 19.1(e)에 나타난 바와 같이 수요곡선은 비교적 안정된 상태에 머물러 있다면 우리는 산포점으로부터 수요곡선을 추적할 수 있는 것이다. 이러한 경우 우리는 수요곡선이 식별되었다고 말한다.

이 외의 다른 방법으로도 식별의 문제를 검토할 수 있다. 식 (18.2.1)에 $\lambda (0 \le \lambda \le 1)$를 곱하고 식 (18.2.2)에 $(1-\lambda)$를 곱하여 다음 방정식을 얻었다고 가정하자(Q에 상첨자를 표시하지 않았음을 주목할 것).

$$\lambda Q_t = \lambda\alpha_0 + \lambda\alpha_1 P_t + \lambda u_{1t} \quad \textbf{(19.2.8)}$$

$$(1-\lambda)Q_t = (1-\lambda)\beta_0 + (1-\lambda)\beta_1 P_t + (1-\lambda)u_{2t} \quad \textbf{(19.2.9)}$$

(19.2.8)과 (19.2.9)를 더하면 다음과 같은 본래의 수요–공급식의 선형결합을 구하게 된다:

$$Q_t = \gamma_0 + \gamma_1 P_t + w_t \quad \textbf{(19.2.10)}$$

여기에서

$$\begin{aligned} \gamma_0 &= \lambda\alpha_0 + (1-\lambda)\beta_0 \\ \gamma_1 &= \lambda\alpha_1 + (1-\lambda)\beta_1 \\ w_t &= \lambda u_{1t} + (1-\lambda)u_{2t} \end{aligned} \quad \textbf{(19.2.11)}$$

이렇게 얻은 방정식 (19.2.10)은 "가짜(bogus)" 혹은 "잡종(mongrel)"으로써 이 식이 식 (18.2.1)인지 혹은 식(18.2.2)인지 눈으로는 **구별이 불가능하다**. 왜냐하면 그들은 모두 P에 대하여 Q를 회귀하기 때문이다. 그러므로 만약 우리가 P와 Q의 시계열 자료만을 지니고 있다면, 식 (18.2.1), (18.2.2), (19.2.10) 들은 모두가 동일한 자료를 반영할 수 있는 것이다. 다시 말하면 동일한 자료가 가설로 설정한 식(18.2.1), (18.2.2) 혹은 (19.2.10)과 부합된다는 것이다. 따라서 우리는 이들 가설 중에 어느 것을 검정한다고 말할 수가 없다.

하나의 방정식이 식별되기 위해 즉, 그 방정식의 모수들이 추정되기 위해서는 주어진 통계자료가 관심이 있는 방정식과 그 모양에 있어 비슷한 구조방정식을 만들지 않는다는 것을 반드시 확인하여야 한다. 즉 우리가 수요함수를 추정하려고 하면 주어진 자료가 공급방정식이나 혹은 기타 유사한 잡종방정식과 상호 일치하지 않는다는 것을 보여주어야 한다.

적도식별(Just, or Exact, Identification)

앞에서 제기한 수요방정식 혹은 공급방정식을 식별할 수 없는 이유는 동일한 변수 P와 Q가 두 개의 방정식에 모두 나타나고 있을 뿐만 아니라 그림 19.1(d)와 그림 19.1(e)에 지적된 것과 같은 추가적인 정보가 없기 때문이다. 그러나 다음의 수요와 공급모형을 고찰해 보자.

수요함수: $$Q_t = \alpha_0 + \alpha_1 P_t + \alpha_2 I_t + u_{1t} \qquad \alpha_1 < 0, \alpha_2 > 0 \qquad \textbf{(19.2.12)}$$

공급함수: $$Q_t = \beta_0 + \beta_1 P_t + u_{2t} \qquad \beta_1 > 0 \qquad \textbf{(19.2.13)}$$

위에서 I는 외생변수로서 소비자의 소득을 표시하며 여타 모든 변수들은 앞에서 정리한 바와 같다.

바로 앞에서 제시한 모형과 그리고 원래의 수요 공급모형 사이에 존재하는 유일한 차이점은 수요방정식 내에 소득이라는 추가적 변수가 존재한다는 사실이며, 우리는 수요이론으로부터 소득이 대부분의 재화와 용역에 대한 수요를 결정하는 중요한 요인이라는 것을 알고 있다. 그러므로 수요방정식에 소득변수를 포함시키게 되면 우리는 소비자 행동에 관한 어떤 새로운 정보를 얻을 수 있게 된다. 대부분의 상품에 대하여 소득은 그 상품의 소비를 증가시키는데 양의 효과를 발휘한다 ($\alpha_2 > 0$).

시장균형에 이르는 장치, 즉 수요량=공급량의 조건을 이용하여 우리는 아래와 같은 관계를 얻을 수 있다.

$$\alpha_0 + \alpha_1 P_t + \alpha_2 I_t + u_{1t} = \beta_0 + \beta_1 P_t + u_{2t} \qquad \textbf{(19.2.14)}$$

식 (19.2.14)를 풀면 P_t의 균형값을 다음과 같이 구할 수 있다:

$$P_t = \Pi_0 + \Pi_1 I_t + v_t \tag{19.2.15}$$

여기에서 축약형 계수는 다음과 같다.

$$\begin{aligned} \Pi_0 &= \frac{\beta_0 - \alpha_0}{\alpha_1 - \beta_1} \\ \Pi_1 &= -\frac{\alpha_2}{\alpha_1 - \beta_1} \end{aligned} \tag{19.2.16}$$

그리고

$$v_t = \frac{u_{2t} - u_{1t}}{\alpha_1 - \beta_1}$$

P_t의 균형값을 위의 수요함수와 공급함수에 대입하면, 다음의 균형량을 구하게 된다:

$$Q_t = \Pi_2 + \Pi_3 I_t + w_t \tag{19.2.17}$$

여기에서

$$\begin{aligned} \Pi_2 &= \frac{\alpha_1\beta_0 - \alpha_0\beta_1}{\alpha_1 - \beta_1} \\ \Pi_3 &= -\frac{\alpha_2\beta_1}{\alpha_1 - \beta_1} \end{aligned} \tag{19.2.18}$$

그리고

$$w_t = \frac{\alpha_1 u_{2t} - \beta_1 u_{1t}}{\alpha_1 - \beta_1}$$

식 (19.2.15)와 (19.2.17)은 모두 축약형 방정식이기 때문에 그들의 모수를 추정하기 위하여 통상최소자승법을 적용할 수 있다. 식 (19.2.12)와 (19.2.13)에 나타난 수요방정식과 공급방정식들은 5개의 구조방정식 계수 즉, $\alpha_0, \alpha_1, \alpha_2, \beta_0$ 그리고 β_1를 포함하고 있다. 그렇지만 식(19.2.16)과 (19.2.18)에 주어진 4개의 축약형 계수 즉 Π_0, Π_1, Π_2 그리고 Π_3를 추정하기 위하여 4개의 방정식만이 있을 뿐이다. 그러므로 구조방정식 계수에 대한 단 하나의 해는 존재할 수 없다. 그렇지만 공급방정식의 모수는 즉시 식별되어 추정될 수 있다. 왜냐하면

$$\begin{aligned} \beta_0 &= \Pi_2 - \beta_1 \Pi_0 \\ \beta_1 &= \frac{\Pi_3}{\Pi_1} \end{aligned} \tag{19.2.19}$$

그러나 수요방정식의 모수를 추정할 수 있는 유일한 방법은 존재하지 않는다. 그러므로 수요방정식의 모수를 추정하는 것은 불가능하게 된다. 다만 구조방정식

의 계수 β_1은 축약형 계수의 비선형 함수임을 주목할 필요가 있으며, 이것은 제 20장에서 논의하는 바와 같이 추정된 β_1의 표준오차를 추정하려고 할 때 약간의 문제를 제기하게 된다.

식 (19.2.12)의 수요함수가 식별(추정)될 수 없다는 사실을 확인하기 위하여 수요함수의 양변에 $\gamma\,(0 \le \gamma \le 1)$를 곱하고, 식 (19.2.13)은 $(1-\gamma)$를 곱한 후에 서로 더하게되면 우리는 아래와 같은 제 3의 "잡종형"방정식을 얻게 된다:

$$Q_t = \gamma_0 + \gamma_1 P_t + \gamma_2 I_t + w_t \tag{19.2.20}$$

여기에서

$$\begin{aligned} \gamma_0 &= \lambda\alpha_0 + (1-\lambda)\beta_0 \\ \gamma_1 &= \lambda\alpha_1 + (1-\lambda)\beta_1 \\ \gamma_2 &= \lambda\alpha_2 \end{aligned} \tag{19.2.21}$$

그리고

$$w_t = \lambda u_{1t} + (1-\lambda)u_{2t}$$

식 (19.2.20)은 (19.2.12)의 수요함수로부터 관측상 구별이 불가능하지만 (19.2.13)에 나타나는 공급방정식으로부터는 구별이 가능하다. 공급방정식은 설명변수로서 변수 I를 포함하고 있지 않음을 주목해야 한다. 따라서 수요함수는 식별이 되지 않은 채로 남아있는 것이다.

다음의 흥미있는 사실에 주목하자. 공급방정식의 식별을 가능케 하는 것은 공급함수가 포함하고 있지 않은 추가적 변수가 수요함수에 존재하고 있기 때문이다. 그 이유는? 수요방정식에 소득 변수가 포함됨으로써 그림 19.1(d)에 표시된 바와 같이 함수의 변동에 대한 추가적 정보를 우리는 얻을 수 있기 때문이다. 그림 19.1(d)는 소득의 변화를 반영하여 이동하고 있는 수요곡선과 안정적인 공급곡선의 교차점들로부터 공급곡선을 추적(식별)할 수 있음을 나타내주고 있다. 곧 알게 되겠지만, 한 방정식의 식별여부는 그 방정식이 모형의 다른 방정식에 포함하고 있는 변수들 가운데 하나 혹은 그 이상이 제외되고 있는가의 여부에 달려 있다.

그러나 아래의 수요 공급모형을 고찰해보자.

수요함수: $$Q_t = \alpha_0 + \alpha_1 P_t + \alpha_2 I_t + u_{1t} \qquad \alpha_1 < 0, \alpha_2 > 0 \tag{19.2.12}$$

공급함수: $$Q_t = \beta_0 + \beta_1 P_t + \beta_2 P_{t-1} + u_{2t} \qquad \beta_1 > 0, \beta_2 > 0 \tag{19.2.22}$$

위에서 수요함수는 전과 동일하나 공급함수는 시차변수인 가격변수를 추가적 설명변수로 포함하고 있다. 공급함수는 상품의 공급량이 현기와 전기의 가격에 의존하는 모형을 제시하고 있다. 이러한 모형은 많은 농산물의 공급을 설명하는데 흔히 사용된다. 그리고 P_{t-1}은 t 시점에서 그 값을 알고 있기 때문에 선결변수임을 주목할 필요가 있다.

시장균형 메카니즘에 의하여 우리는 다음과 같이 등식을 쓸 수 있다.

$$\alpha_0 + \alpha_1 P_t + \alpha_2 I_t + u_{1t} = \beta_0 + \beta_1 P_t + \beta_2 P_{t-1} + u_{2t} \quad \textbf{(19.2.23)}$$

이 식을 풀면, 다음의 균형가격을 얻는다:

$$P_t = \Pi_0 + \Pi_1 I_t + \Pi_2 P_{t-1} + v_t \quad \textbf{(19.2.24)}$$

여기에서

$$\begin{aligned} \Pi_0 &= \frac{\beta_0 - \alpha_0}{\alpha_1 - \beta_1} \\ \Pi_1 &= -\frac{\alpha_2}{\alpha_1 - \beta_1} \\ \Pi_2 &= \frac{\beta_2}{\alpha_1 - \beta_1} \\ v_t &= \frac{u_{2t} - u_{1t}}{\alpha_1 - \beta_1} \end{aligned} \quad \textbf{(19.2.25)}$$

균형가격을 수요방정식이나 공급방정식에 대입하면, 다음의 균형량을 얻는다:

$$Q_t = \Pi_3 + \Pi_4 I_t + \Pi_5 P_{t-1} + w_t \quad \textbf{(19.2.26)}$$

여기에서 축약형 계수들은 다음과 같다:

$$\begin{aligned} \Pi_3 &= \frac{\alpha_1\beta_0 - \alpha_0\beta_1}{\alpha_1 - \beta_1} \\ \Pi_4 &= -\frac{\alpha_2\beta_1}{\alpha_1 - \beta_1} \\ \Pi_5 &= \frac{\alpha_1\beta_2}{\alpha_1 - \beta_1} \end{aligned} \quad \textbf{(19.2.27)}$$

그리고

$$w_t = \frac{\alpha_1 u_{2t} - \beta_1 u_{1t}}{\alpha_1 - \beta_1}$$

식 (19.2.12)와 (19.2.22)에 주어진 수요 공급모형은 6개의 구조방정식 계수 α_0, α_1, α_2, β_0, β_1, β_2를 포함하고 있으며 그리고 그들을 추정하기 위하여 6개

의 축약형 계수 $\Pi_0, \Pi_1, \Pi_2, \Pi_3, \Pi_4$ 그리고 Π_5가 존재한다. 그러므로 우리는 6개의 방정식과 6개의 미지수를 가지고 있으며 이러한 경우 보통 유일한 추정치들을 얻을 수 있다. 따라서 수요와 공급의 방정식에 나타나는 모든 모수들이 식별될 수 있으면 체계 전체로서도 식별될 수 있다(연습문제 19.2에서 독자들은 모형의 단 한 값에 의한 추정가능을 보여주기 위하여 앞에 제시된 6개의 구조방정식 계수를 6개의 축약형 계수로 표현하는 문제를 접하게 된다).

앞에서 제기한 수요와 공급함수들이 식별되었다는 것을 검토하기 위하여 우리는 식 (19.2.12)의 수요방정식에 $\gamma(0 \le \gamma \le 1)$을 곱하고, 식 (19.2.22)에 나타나는 방정식을 $(1-\gamma)$로 곱한 후 합계하여 잡종형 방정식을 구하는 방법을 채택할 수 있다. 이와 같은 잡종형 방정식은 I_t와 P_{t-1}과 같은 선결변수를 포함하고 있다. 그러므로 이 잡종형 방정식은 수요방정식은 물론 공급방정식과도 관측상 상이하게 나타나는 것이다. 왜냐하면 수요방정식 P_{t-1}을 포함하고 있지 않고 공급방정식은 I_t를 포함하고 있지 않기 때문이다.

과다식별(Overidentification)

어떤 재화나 용역에 대해서 소비자의 소득은 물론 부까지도 소비의 중요한 선결변수가 될 수 있다. 그러므로 우리는 (19.2.12)에 나타나는 수요함수를 아래와 같이 추정하고 공급함수는 종전과 같이 유지하기로 하자.

$$\text{수요함수:}\quad Q_t = \alpha_0 + \alpha_1 P_t + \alpha_2 I_t + \alpha_3 R_t + u_{1t} \tag{19.2.28}$$

$$\text{공급함수:}\quad Q_t = \beta_0 + \beta_1 P_t + \beta_2 P_{t-1} + u_{2t} \tag{19.2.22}$$

위에서 이미 정의한 변수 이외에 R은 富를 나타낸다. 대부분의 상품과 서비스에 대하여 소득과 마찬가지로 富도 소비에 대하여 陽의 효과를 발휘할 것으로 기대된다.

공급과 수요를 일치시킴으로써 우리는 다음과 같은 균형가격과 균형거래량을 얻을 수 있다:

$$P_t = \Pi_0 + \Pi_1 I_t + \Pi_2 R_t + \Pi_3 P_{t-1} + v_t \tag{19.2.29}$$

$$Q_t = \Pi_4 + \Pi_5 I_t + \Pi_6 R_t + \Pi_7 P_{t-1} + w_t \tag{19.2.30}$$

여기에서

$$\begin{aligned} \Pi_0 &= \frac{\beta_0 - \alpha_0}{\alpha_1 - \beta_1} & \Pi_1 &= -\frac{\alpha_2}{\alpha_1 - \beta_1} \\ \Pi_2 &= -\frac{\alpha_3}{\alpha_1 - \beta_1} & \Pi_3 &= \frac{\beta_2}{\alpha_1 - \beta_1} \\ \Pi_4 &= \frac{\alpha_1\beta_0 - \alpha_0\beta_1}{\alpha_1 - \beta_1} & \Pi_5 &= -\frac{\alpha_2\beta_1}{\alpha_1 - \beta_1} \end{aligned} \tag{19.2.31}$$

$$\Pi_6 = -\frac{\alpha_3\beta_1}{\alpha_1 - \beta_1} \qquad \Pi_7 = \frac{\alpha_1\beta_2}{\alpha_1 - \beta_1}$$

$$w_t = \frac{\alpha_1 u_{2t} - \beta_1 u_{1t}}{\alpha_1 - \beta_1} \qquad v_t = \frac{u_{2t} - u_{1t}}{\alpha_1 - \beta_1}$$

앞에서 제시된 수요 공급모형은 7개의 구조방정식 계수를 포함하고 있다. 그러나 그들을 추정하기 위하여 8개의 방정식, 즉 식(19.2.31)에 주어진 8개의 축약형 계수가 존재하는 8개의 방정식이 있는 것이다. 다시 말하여 방정식의 개수가 미지수의 숫자보다도 더 많게 되었다. 그 결과 우리의 모형이 가지고 있는 모든 모수들이 유일한 값을 가질 수 있는 추정방법은 불가능하게 된다. 이 사실은 쉽게 확인할 수가 있다. 앞에서 제시한 축약형 계수로부터 우리는 다음 식을 얻을 수 있다.

$$\beta_1 = \frac{\Pi_6}{\Pi_2} \tag{19.2.32}$$

또는

$$\beta_1 = \frac{\Pi_5}{\Pi_1} \tag{19.2.33}$$

즉 공급방정식에 나타나는 가격계수에 대하여 두 개의 추정량이 있다는 것이다. 그리고 이들 두 개의 값 혹은 解들은 반드시 동일하다는 보장이 없다.[4] 더구나 β_1은 모든 축약형 계수의 분모에 나타나고 있기 때문에 β_1의 추정과 관련되는 혼란이 다른 추정량에도 전파되고 있는 것이다.

왜 식 (19.2.12)와 (19.2.22)의 모형에서는 공급방정식이 식별되었으나 식 (19.2.28)과 (19.2.22)에서는 공급방정식이 식별이 되지 못하였는가? 두 경우, 공급방정식이 동일한데도 불구하고 이러한 현상이 일어났다. 이에 대한 해답은 우리가 공급곡선을 식별하는데 "너무 많은" 혹은 "너무나도 충분한" 정보를 가지고 있기 때문이다. 이것은 식별불능의 경우와는 정반대의 현상이다. 식별불능의 경우는 정보가 너무 적기 때문에 야기되었다. 모형 (19.2.12)와 (19.2.22)의 공급방정식으로부터 소득변수가 제외된 것으로 충분히 식별이 될 수 있음에도 불구하고 모형 (19.2.28)과 (19.2.22)에서 공급방정식은 소득변수는 물론 富 의 변수까지도 누락하고 있기 때문에 정보의 과다공급현상이 나타나게 된 것이다. 환언하면, 후자의 모형에서 공급함수의 식별에 필요한 변수보다도 더 적은 변수를 포함함으로써 공급함수에 대한 "너무 많은" 제약을 준 것이다. 그러나 과다식별이 제 20장에서 보는 바와 같이 반드시 나쁘다는 것을 의미하지는 않는다. 20장에서 우리는 너무 많은 정보 혹은 너무 많은 제약조건들을 어떻게 처리해야 할 것

4. 과소 및 과다 식별의 차이점을 주시할 필요가 있다. 전자의 경우 구조방정식의 모수들을 추정하는 것은 불가능 하지만 후자는 하나 또는 그 이상의 구조방정식의 모수의 추정치가 여러개 존재할 수 있다.

인가를 논의하게 될 것이다.

이제 우리는 식별에 관한 모든 검토를 하였다. 앞에서 논의한 바와 같이 연립 방정식 모형에서 한 방정식은 식별 불능이거나 혹은 식별 가능(적정 혹은 과다 식별의 경우 모두 포함)한 경우로 분류된다. 모형 안에 있는 각각의 방정식이 모두 식별이 될 때 모형 전체는 식별이 가능해 진다. 식별을 하기 위하여 우리는 축약형 방정식이 식별가능한가 혹은 불가능한가의 여부를 판단하기 위하여 대안적이고 시간이 덜 소요되는 방법론을 검토하기로 한다.

19.3 식별의 원칙

19.2절의 사례에서 본 바와 같이 연립방정식 체계에 속하는 한 방정식의 식별여부를 결정하기 위하여 우리는 축약형 방정식을 원칙적으로 활용할 수 있다. 다행스럽게도 이와 같은 절차를 반드시 활용할 필요는 없다. 소위 식별에 대한 "위수(位數) 및 계수(階數)"의 조건을 체계적으로 활용하면 식별의 문제를 훨씬 쉽게 해결할 수 있다.

위수 및 계수조건을 이해하기 위하여 우리는 아래와 같은 부호를 소개할 필요가 있다.

M= 모형내부에 있는 내생변수의 수
m= 주어진 방정식에 포함된 내생변수의 수
K= 모형내부에 포함된 선결변수의 수
k= 주어진 방정식 내부에 포함된 선결변수의 수

식별을 위한 위수조건(Order Condition)[5]

식별을 위한 필요조건(반드시 충분조건이 성립하는 것은 아님)은 "위수조건"이라고 알려져 있으며 아래와 같이 두 개의 상이한 방법으로 정의되나 그 내용에 있어서는 동일하게 표현될 수 있다(식별에 관한 필요충분조건은 곧 이어 논의될 것이다).

정의 19.1 M개의 연립방정식 모형에서 한 방정식이 식별되려면 그 방정식이 모형에 나타나 있는 적어도 $M-1$개의변수(내생변수 및 선결변수)를 배제하여야 한다. 정확히 $M-1$개의 변수를 배제한다면, 그 방정식은 적도식별된다. $M-1$보다 많은 변수를 배제한다면, 그 방정식은 과다식별된다.

5. 위수라는 용어는 행렬의 크기를 말하는 것이다. 즉 주어진 행렬에서 행과 열의 수를 말한다. 부록 B를 참조할 것.

정의 19.2 M개의 연립방정식 모형에서 한 방정식이 식별되려면, 그 방정식에서 제외된 선결변수의 개수가 그 방정식에 포함된 내생변수의 개수에서 1을 뺀 것보다 작으면 안된다. 즉,

$$K - k \geq m - 1 \quad \textbf{(19.3.1)}$$

만약 $K-k=m-1$이면 그 방정식은 적도식별이 되고, 만약 $K-k>m-1$이면 그 방정식은 과다 식별이 된다.

연습문제 19.1에서 앞에서 제시한 두 개의 식별의 정의가 내용에 있어서 동일한 것임을 증명하는 문제를 접하게 된다. 차수조건을 설명하기 위하여 앞에 나온 예제로 돌아가자.

예제 19.1

$$\text{수요함수:} \quad Q_t^d = \alpha_0 + \alpha_1 P_t + u_{1t} \quad \textbf{(18.2.1)}$$

$$\text{공급함수:} \quad Q_t^s = \beta_0 + \beta_1 P_t + u_{2t} \quad \textbf{(18.2.2)}$$

이 모형은 P와 Q의 두 개의 내생변수를 지니고 있으나 선결변수는 포함하고 있지 않다. 이 모형이 식별되기 위해서는 이들 각각의 방정식이 적어도 $M-1=1$의 변수가 누락되어야 한다. 그러나 위의 두 식은 이러한 경우에 해당하지 않기 때문에 모두가 식별불능에 해당한다.

예제 19.2

$$\text{수요함수:} \quad Q_t^d = \alpha_0 + \alpha_1 P_t + \alpha_2 I_t + u_{1t} \quad \textbf{(19.2.12)}$$

$$\text{공급함수:} \quad Q_t^s = \beta_0 + \beta_1 P_t + u_{2t} \quad \textbf{(19.2.13)}$$

이 모형에서 Q와 P는 내생변수이고, I는 외생변수이다. 식 (19.3.1)에 제시된 위수조건을 적용하면 우리는 수요방정식은 식별 불능이지만 공급방정식은 적도 식별을 할 수 있다. 왜냐하면 공급방정식은 정확하게 $M-1=1$의 변수인 I_t를 포함하고 있지 않기 때문이다.

예제 19.3

$$\text{수요함수:} \quad Q_t^d = \alpha_0 + \alpha_1 P_t + \alpha_2 I_t + u_{1t} \quad \textbf{(19.2.12)}$$

$$\text{공급함수:} \quad Q_t^s = \beta_0 + \beta_1 P_t + \beta_2 P_{t-1} + u_{2t} \quad \textbf{(19.2.22)}$$

P_t와 Q_t는 내생변수이고 I_t와 P_{t-1}은 선결변수라는 조건 하에서는 방정식 (19.2.12)는 정확하게 한 개의 변수인 P_{t-1}을 배제하고 있으며 방정식 (19.2.22) 역시 정확하게 1개의 변수 I_t를 누락하고 있다. 그러므로 각 방정식은 위수조건에 의하여 식별될 수 있는 것이다. 따라서 모형 전체로도 식별이 된다.

예제 19.4

$$\text{수요함수:} \quad Q_t^d = \alpha_0 + \alpha_1 P_t + \alpha_2 I_t + \alpha_3 R_t + u_{1t} \quad \textbf{(19.2.28)}$$

$$\text{공급함수:} \quad Q_t^s = \beta_0 + \beta_1 P_t + \beta_2 P_{t-1} + u_{2t} \quad \textbf{(19.2.22)}$$

이 모형에서 P_t와 Q_t는 내생변수이고 I_t, R_t, P_{t-1}은 선결변수다. 수요함수는 정확하게 1개의 변수, P_{t-1}이 제외되고 있으므로 차수조건에 의하여 적도식별이 되는 것이다. 그러나 공급함수는 두 개의 변수 I_t와 R_t를 배제하고 있으므로 과다식별이 되고 있다. 이미 지적한 바와 같이 이러한 경우 가격변수의 계수인 β_1을 추정하는 방법은 두 가지가 있다.

예제 19.4 (계속)

여기에 약간 복잡한 문제가 있음을 주목해야 한다. 위수조건에 의하면 수요함수는 적도 식별이 되는 것이다. 그러나 만약 방정식 (19.2.31)에서 주어진 축약형 계수로부터 수요 방정식의 변수를 추계하려고 시도하면 그 모수들은 유일한 값을 가질 수가 없다. 왜냐하면 계산에 필요한 β_1은 두 개의 값을 가지게 되며, 우리는 이 두 개의 값들 중 어느 것이 더 적절한 것인가를 결정해야 하기 때문이다. 그러나 이와 같은 문제는 극복할 수 있는 것이다. 20장에서 보여주는 바와 같이 과다식별의 경우 간접최소자승법은 부적절한 것이며, 다른 방법을 이용할 필요 때문에 간접최소자승법은 사용하지 않아야 한다. 그와 같은 방법의 하나가 **2단계 최소자승법**으로 제 20장에서 충분히 논의될 것이다.

앞의 예제에서 보여준 바와 같이 연립방정식 모형에 속하는 한 방정식의 식별은 그 방정식이 모형 안의 다른 방정식에 등장하고 있는 한 개 혹은 두 개 이상의 변수들이 제외되고 있을 때 가능한 것이다. 이것은 변수의 "**제외기준**(exclusion criterion) 혹은 "**영(零)의 제약조건기준**"(zero restriction criterion)(한 방정식에 등장하지 않는 변수의 계수는 0의 값을 가진다고 가정되어지는 것이다)으로 알려져 있다. 이와 같은 기준은 지금까지 한 방정식의 식별을 결정하는데 가장 보편적으로 사용되는 것이다. 그러나 영(零)의 제약조건 기준은 사전적으로 혹은 이론적으로 어떠한 변수가 주어진 방정식에 나타나지 않는다는 사실에 근거하고 있음을 주목할 필요가 있다. 그래서 모형의 설계자는 어떤 방정식에 어떠한 변수가 왜 나타나야 하고 또 다른 방정식에는 등장하지 않아야 하는가를 분명히 밝혀야 한다.

식별의 계수조건(Rank Condition)[6]

앞에서 논의한 위수조건은 식별을 위한 **필요조건은 될지언정 충분조건은 안된다**. 즉 위수조건이 충족된다 하더라도 한 방정식이 식별불능일 경우가 있는 것이다. 그러므로 19.2절의 예제에서 위수조건에 의하여 공급방정식은 식별이 되었다. 왜냐하면 공급방정식에는 수요방정식에 등장했던 소득변수 I_t가 제외되었기 때문이다. 그러나 수요방정식에 나타나는 I_t의 계수 α_2가 0이 아닐 때, 즉 소득변수가 등장할 가능성이 아니라 실제로 수요함수에 등장하는 경우에만 위의 사실이 성립하는 것이다.

더욱 일반화해서 비록 위수조건 $K-k \geq m-1$이 한 방정식에 의하여 충족된다 하더라도, 식별불능일 수도 있다. 왜냐하면 이 방정식으로부터 선결변수들이 배제되었으나 모형에 등장하는 선결변수들이 모두가 독립적이지 않을 수도 있기 때문이다. 그 결과 구조방정식의 계수(β들)와 축약형 계수(Π들) 사이에는 1:1의

6. 계수라는 용어는 행렬에서의 계수(rank)를 뜻하고, 이는 행렬식이 0이 아닌 가장 큰 위수의 정방행렬에 의해 주어진다. 달리 표현하면 한 행렬의 계수는 그 행렬의 선형독립인 행 또는 열의 최대수이다. 부록 B를 참조할 것.

대응관계가 존재하지 않을 수도 있기 때문이다. 즉 곧이어 증명하겠지만, 축약형 계수로부터 구조방정식의 모수들을 추정할 수 없을 수도 있는 것이다. 그러므로 우리는 식별을 위하여 필요충분조건이 모두 필요한 것이다. 식별에 관한 필요충분조건은 아래에 **정의된 계수조건**에 의하여 제시될 수 있는 것이다.

식별의 계수조건

M개의 내생변수들이 있고 M개의 방정식으로 구성된 모형으로부터 임의의 한 방정식은 다음의 경우에 한해서만 식별이 가능하다. 식별의 대상이 되는 방정식에는 포함되어 있지 않으나, 체계 속 여타의 방정식에는 포함되고 있는 변수들의(내생변수와 선결변수) 계수로부터 행렬식의 값이 0이 아닌 $(M-1)(M-1)$크기의 행렬을 도출해 낼 수 있는 경우이다.

식별을 위한 계수조건을 설명하는 예제로 다음의 가상적인 연립방정식 체계를 고찰해 보자. 이 연립방정식에는 Y변수들이 내생변수로 있으며 X변수들은 선결변수들이다.[7]

$$Y_{1t} - \beta_{10} - \beta_{12}Y_{2t} - \beta_{13}Y_{3t} - \gamma_{11}X_{1t} = u_{1t} \quad \textbf{(19.3.2)}$$

$$Y_{2t} - \beta_{20} - \beta_{23}Y_{3t} - \gamma_{21}X_{1t} - \gamma_{22}X_{2t} = u_{2t} \quad \textbf{(19.3.3)}$$

$$Y_{3t} - \beta_{30} - \beta_{31}Y_{1t} - \gamma_{31}X_{1t} - \gamma_{32}X_{2t} = u_{3t} \quad \textbf{(19.3.4)}$$

$$Y_{4t} - \beta_{40} - \beta_{41}Y_{1t} - \beta_{42}Y_{2t} - \gamma_{43}X_{3t} = u_{4t} \quad \textbf{(19.3.5)}$$

식별을 용이하게 하도록 앞에 있는 방정식 체계를 표 19.1에 표현하기로 하자.

표 19.2에 나타난 바와 같이 식별의 위수조건을 먼저 적용하여 보자. 각 방정식은 위수조건에서 볼 때 식별 가능한 것이었다. 그러나 계수조건으로 다시 확인하여 보자. Y_4, X_2 그리고 X_3 등의 변수를 포함하고 있지 않은 (이것은 표 19.1의 첫 번째 행에서 0의 값으로 표시되고 있다.) 첫 번째 방정식을 검토해보자. 이 방정식이 식별되기 위하여 우리는 이 방정식으로부터는 제외되어 있지만 다른 방

표 19.1

식 번호	변수의 계수							
	1	Y_1	Y_2	Y_3	Y_4	X_1	X_2	X_3
(19.3.2)	$-\beta_{10}$	1	$-\beta_{12}$	$-\beta_{13}$	0	$-\gamma_{11}$	0	0
(19.3.3)	$-\beta_{20}$	0	1	$-\beta_{23}$	0	$-\gamma_{21}$	$-\gamma_{22}$	0
(19.3.4)	$-\beta_{30}$	$-\beta_{31}$	0	1	0	$-\gamma_{31}$	$-\gamma_{32}$	0
(19.3.5)	$-\beta_{40}$	$-\beta_{41}$	$-\beta_{42}$	0	1	0	0	$-\gamma_{43}$

7. 식 (19.1.1)에서의 연립방정식체계는 다음과 같이 나타낼 수도 있는데 이것의 행렬조작이 더 용이하기 때문이다.

표 19.2

식 번호	배제된 선결변수의 개수 $(K-k)$	포함된 내생변수의 개수-1 $(m-1)$	식별여부
(19.3.2)	2	2	적도식별
(19.3.3)	1	1	적도식별
(19.3.4)	1	1	적도식별
(19.3.5)	2	2	적도식별

정식에는 나타나는 변수의 계수로부터 행렬식 값이 0이 아닌 3×3행렬을 먼저 도출해야 한다. 본문제의 경우 그와 같은 행렬은 유일하게 하나밖에 존재하지 않으며 우리는 그것을 A라고 부르고 다음과 같이 정의한다.

$$\mathbf{A} = \begin{bmatrix} 0 & -\gamma_{22} & 0 \\ 0 & -\gamma_{32} & 0 \\ 1 & 0 & -\gamma_{43} \end{bmatrix} \qquad \textbf{(19.3.6)}$$

이 행렬의 행렬식이 0임을 쉽게 보일 수 있다:

$$\det \mathbf{A} = \begin{vmatrix} 0 & -\gamma_{22} & 0 \\ 0 & -\gamma_{32} & 0 \\ 1 & 0 & -\gamma_{43} \end{vmatrix} \qquad \textbf{(19.3.7)}$$

행렬식의 값이 0이기 때문에 (19.3.6)에 표시된 행렬의 계수는 $\rho(A)$로 표시한 3보다 작다. 그러므로 식 (19.3.2)는 계수조건을 충족하지 못하고 있으며, 따라서 식별이 불가능하게 된 것이다.

이미 지적한 바와 같이 계수조건은 식별을 위한 필요충분조건이 되는 것이다. 그러므로 비록 차수조건으로 따질 때 방정식 (19.3.2)가 식별이 된다고 하더라도 계수조건은 식별이 될 수 없음을 나타내고 있는 것이다.

보다시피 식 (19.3.6)에 주어진 행렬 **A**의 행과 열들은 선형독립관계를 지니고 있지 않다. 다시 말하여 그리고 Y_4, X_2 그리고 X_3 사이에는 어떠한 함수관계가 성립하고 있음을 뜻한다. 그 결과 우리는 방정식 (19.3.2)의 모수들을 추정할 충분한 정보를 가지고 있지 못하다. 즉 앞에 제시된 모형의 축약형 방정식들은 축약형 계수로부터 구조방정식 계수의 추정은 불가능함을 나타내고 있다. 독자들은 방정식 (19.3.3)과 (19.3.4)가 계수조건에서 따져볼 때 역시 식별불능이 되지만 방정식 (19.3.5)는 식별이 됨을 반드시 확인해야 한다.

앞에서의 논의가 보여주듯이, **계수조건은 고려중인 방정식이 식별가능한지의 여부를 말해주는데 반해, 위수조건은 그 식이 적도식별인지 또는 과다식별인지의 여부를 알려준다.**

계수조건을 적용하기 위하여 우리는 다음과 같은 절차로 진행할 수 있다.

1. 방정식 체계를 표 19.1에 나타난 형태의 표로 작성해야 한다.
2. 검토대상이 되는 방정식의 각 계수들의 行을 가려내야 한다.

3. 2단계에서 0의 값이 아닌 계수들에 상응하는 열을 가려내야 한다.
4. 표에 남아있는 모든 숫자들은 방정식 체계 전체에 포함된 변수들의 계수만을 나타낼 뿐이며 식별의 대상이 되는 방정식의 계수들은 표시되고 있지 않다. 크기 $(M-1)$의 $\boldsymbol{A}$와 같이 이들 숫자로부터 모든 가능한 행렬을 구성하고 그에 상응하는 행렬식의 값을 구하자. 만약 행렬식의 값이 0이 아닌 행렬을 적어도 하나 구할 수 있으면 문제의 방정식은 적정 혹은 과잉 식별이 되는 것이다. 즉, A의 계수는 이 경우 정확하게 $(M-1)$이 되는 것이다. 만약 모든 가능한 $(M-1)(M-1)$크기의 행렬식이 0의 값을 가진다면 행렬 A의 계수는 $(M-1)$보다 작고 문제의 방정식은 결과적으로 식별 불능이 되는 것이다.

위수와 계수조건에 대한 지금까지의 논의로부터 M개 방정식으로 구성된 임의의 구조방정식을 식별하기 위한 일반적 원칙은 다음과 같이 정리될 수 있다.

1. 만약 $K-k>m-1$이 성립하고 행렬 $\boldsymbol{A}$의 계수가 $M-1$이면 그 방정식은 과다식별이 된다.
2. 만약 $K-k=m-1$이 성립하고 행렬 $\boldsymbol{A}$의 계수가 $M-1$이면 그 방정식은 적도식별이 된다.
3. 만약 $K-k \geq m-1$이 성립하고 행렬 $\boldsymbol{A}$의 계수가 $M-1$이면 그 방정식은 식별불능이 된다.
4. 만약 $K-k<m-1$이 성립하고 구조방정식이 식별 불능이 되면 행렬 $\boldsymbol{A}$의 계수는 $M-1$보다 작게된다(그 이유는?).

앞으로 식별의 문제를 논의할 때 우리는 적도식별이 되었거나 혹은 과다식별이 된 경우만을 염두에 두자. 식별불능이나 혹은 과소식별인 경우를 고려한다는 것은 아무런 의미가 없다. 왜냐하면 아무리 자료가 방대하다 할지라도 구조방정식의 모수가 추정될 수 없기 때문이다. 그러나, 20장에서 설명되는 바와 같이 과다식별이 되었거나 적도식별이 된 방정식의 모수들은 언제나 추정될 수가 있다.

실제에 있어서는 어떠한 조건을 사용하여야 하는가? 위수조건인가 혹은 계수조건인가? 대규모의 연립방정식 모형에서는 계수조건을 사용한다는 것이 방대한 작업이다. 따라서 Harvey는 다음과 같이 지적을 하였다.

> 다행히, 위수조건은 통상적으로 식별성을 확신시키기에 충분하다. 그리고 계수조건을 확인하는 것이 중요함에도 불구하고 계수조건을 입증할 수 없다고 해도 크게 낭패를 보는 경우는 드물다.[8]

*19.4 연립성(simultaneity)의 검정[9]

연립방정식 또는 연립성의 문제가 존재하지 않는다면, OLS추정량이 일치추정량

* 선택적인 절임

8. Andrew Harrey, *The Econometric Analysis of Tme Series*, 2d ed., The MIT Press Cambridge, Mass., 1990. p.328
9. 다음의 논의는 Robert S. Pindyck and Daniel L. Rubinfeld, *Econometric Model and Economic Forecasts*, 3d. 2d., MaGraw-Hill, New York, 1991, pp.303-305에서 발췌하였음.

과 효율적 추정량이 될 것이다. 한편, 연립성이 존재한다면 OLS추정량은 일치추정량 조차 아니다. 연립성이 존재하는 경우 20장에서 보여주듯이, 2단계 최소자승법(2SLS)과 도구변수방법(IV)을 사용하면 일치성과 효율성이 있는 추정량을 얻을 수 있다. 흥미로운 사실은 연립성이 없을 때 이 방법들을 사용하는 경우 그 결과는 일치추정량이기는 하나 효율성은 상실하게 된다. 이러한 논의가 주는 교훈은 연립방정식을 다룰 때 OLS 대신 위에서 언급한 다른 방법들을 사용하기 전에 연립성이 존재하는지를 확인하여야 한다는 것이다.

앞에서 보여주었듯이, 설명변수중의 일부가 내생적이고, 따라서 오차항과 상관관계를 가지고 있기 때문에 연립방정식의 문제가 발생한다. 그러므로 **연립성의 검정은 근본적으로(내생적) 설명변수가 오차항과 상관관계가 있는지의 여부를 검정하는 것이다**. 만약 상관관계가 되어 있다면 연관성의 문제가 존재하는 것이고 OLS를 대신할 수 있는 추정법이 개발되어야 한다 : 만약 상관관계가 존재하지 않다면, OLS를 사용할 수 있다. 구체적인 상황에서 어느 경우에 해당되는지를 확인하기 위해 Hausman의 표기오차 검정을 사용할 수 있다.

Hausman 표기검정(Specification Test)

연립방정식 문제를 검정하는데 사용되기도 하는 Hausman 표기오차 검정은 다음과 같이 설명될 수 있다:[10]

$$\text{수요함수:}\quad Q_t^d = \alpha_0 + \alpha_1 P_t + \alpha_2 I_t + \alpha_3 R_t + u_{1t} \qquad \textbf{(19.4.1)}$$

$$\text{공급함수:}\quad Q_t^s = \beta_0 + \beta_1 P_t + u_{2t} \qquad \textbf{(19.4.2)}$$

여기에서, P=가격, Q=수량, I=소득, R=부, u=오차항이다.
I와 R을 외생변수라고 가정하자. 물론 P와 Q는 내생변수이다.

먼저 공급함수 (19.4.2)를 고려하자. 연립성 문제가 존재하지 않는다면(즉, P와 Q가 상호 독립적임), P_t와 u_{2t}사이에 상관관계가 없어야 한다(이유는?). 한편, 연립성이 존재한다면, P_t와 u_{2t}사이에 상관관계가 있어야 한다. 어느 경우에 해당하는지 확인하기 위해 Hausman의 검정을 다음과 같이 진행하자 :

우선, (19.4.1)과 (19.4.2)로부터 다음의 축약형 방정식을 구한다 :

$$P_t = \Pi_0 + \Pi_1 I_t + \Pi_2 R_t + v_t \qquad \textbf{(19.4.3)}$$

$$Q_t = \Pi_3 + \Pi_4 I_t + \Pi_5 R_t + w_t \qquad \textbf{(19.4.4)}$$

여기에서 v와 w는 축약형 오차항이다. (19.4.3)을 OLS로 추정한 결과는 다음과

10. J. A. Hausman, "Specification Tests in Econometrics," *Econometrica*, vol. 46, November 1976, pp. 1251–1271. 또한 A. Nakamura and M. Nakamura, "On the Relationship among Several Specification Error Tests Presented by Durbin, Wu, and Hausman," *Econometrica*, vol. 49, November 1981, pp. 1583–1588.

같다.

$$\hat{P}_t = \hat{\Pi}_0 + \hat{\Pi}_1 I_t + \hat{\Pi}_2 R_t \qquad \textbf{(19.4.5)}$$

$$P_t = \hat{P}_t + \hat{v}_t \qquad \textbf{(19.4.6)}$$

여기에서 $\hat{P}_t$는 추정된 P_t이고, $\hat{v}_t$는 추정된 잔차이다. 이 식과 원래의 공급방정식의 차이는 회귀(19.4.3)으로부터 구한 잔차인 $\hat{v}_t$를 추가적으로 포함하고 있다는 것이다.

$$Q_t = \beta_0 + \beta_1 \hat{P}_t + \beta_1 \hat{v}_t + u_{2t} \qquad \textbf{(19.4.7)}$$

주: 식(19.4.7)에서 P_t와 v_t의 계수가 동일하다. 이 식과 본래의 공급방정식의 차이는 이 식이 (19.4.3)의 회귀에서 나온 잔차 $\hat{v}_t$을 추가하고 있다는 것이다.

연립성이 없다는 귀무가설 하에서, 즉, P_t가 내생변수가 아니라는 가설 하에서 $\hat{v}_t$와 u_{2t}간의 상관관계는 점근적으로 0이어야 한다. 따라서 (19.4.7)의 회귀를 하여 (19.4.7)의 계수가 통계적으로 0이라면 연립성의 문제는 없다고 결론내릴 수 있다. 물론 이 결론은 계수가 통계적으로 유의하다면 뒤집어질 수 있다. 또한, Hausman의 연립성 검정을 **Hausman의 내생성 검정**이라고 부르기도 한다. 현재의 예제에서 우리는 P_t가 내생변수인지를 알고자 한다. 만약 그렇다면, 우리는 연립성문제를 지니게 된다.

근본적으로 Hausman의 검정은 다음과 같은 단계를 포함하고 있다.

단계 1. P_t를 I_t와 R_t에 회귀하여 $\hat{v}_t$를 구한다.

단계 2. Q_t를 $\hat{P}_t$와 $\hat{v}_t$에 회귀하고 $\hat{v}_t$의 계수에 대해 t검정을 한다. 만약 계수가 유의하다면 연립성의 가설을 기각할 수 없다 : 그렇지 않다면 귀무가설을 기각한다.[11] 효율적 추정을 위해 Pindyck과 Rubinfeld는 Q_t를 P_t와 $\hat{v}_t$에 회귀하도록 권하고 있다.[12]

Hausman 검정을 적용하는 다른 방식이 있는데, 이를 연습문제로 해볼 것이다.

예제 19.5

공공지출에 관한 Pindyck-Rubinfeld 모형[13]

미국의 주정부지출과 지방자치단체의 정부지출 행위를 분석하기 위해 저자들은 다음과 같은 연립방정식 모형을 개발하였다 :

$$\text{EXP} = \beta_1 + \beta_2\text{AID} + \beta_3\text{INC} + \beta_4\text{POP} + u_i \qquad \textbf{(19.4.8)}$$

$$\text{AID} = \delta_1 + \delta_2\text{EXP} + \delta_3\text{PS} + v_i \qquad \textbf{(19.4.9)}$$

여기에서, EXP=지방정부의 공공지출, AID=연방정부의 지원금, INC=주정부 조세, POP=주 인구, PS=초등 및 중등학교, u와 v=오차항이다.

11. 한 개 이상의 내생적 설명변수가 존재하는 경우 F검정을 사용하여야 한다.

12. Pindyck and Rubinfeld, op. cit., p. 304. (주:설명변수가 P_t이지 $\hat{P}_t$가 아니다.)

13. Pindyck and Rubinfeld, op. cit., pp. 176–177. 변수의 표기가 본래의 문헌과는 다소 변경되었다.

예제 19.5 (계속)

이 모형에서 INC, POP, PS는 외생변수로 간주된다.

EXP와 AID간에 연립성이 존재할 수 있으므로, 저자들은 먼저 AID을 INC, POP, 그리고 PS에 회귀(즉, 축약형 회귀)하였다. 이 회귀의 오차항을 w_t라고 표기하자. 이 회귀로부터 계산된 잔차는 $\hat{w}_t$이다. 저자들은 EXP를 AID, INC, POP그리고 $\hat{w}_t$에 회귀하여 다음의 결과를 얻었다.

$$\widehat{\text{EXP}} = -89.41 + 4.50\text{AID} + 0.00013\text{INC} - 0.518\text{POP} - 1.39\hat{w}_i$$

$$t = (-1.04) \quad (5.89) \quad (3.06) \quad (-4.63) \quad (-1.73) \qquad \textbf{(19.4.10)}$$[14]

$$R^2 = 0.99$$

5% 유의수준에서 $\hat{w}_t$의 계수는 통계적으로 유의하지 않고, 그러므로 이 유의수준에서 연립성문제는 발생하지 않는다. 그러나 10% 유의수준에서는 통계적으로 유의하여 연립성 문제가 존재할 수 있다는 가능성을 야기한다.

$$\widehat{\text{EXP}} = -46.81 + 3.24\text{AID} + 0.00019\text{INC} - 0.597\text{POP}$$

$$t = (-0.56) \quad (13.64) \quad (8.12) \quad (-5.71) \qquad \textbf{(19.4.11)}$$

$$R^2 = 0.993$$

(19.4.10)과 (19.4.11)에 나타난 결과의 흥미로운 특성을 주목할 필요가 있다 : 연립성이 명시적으로 고려된 때에는 AID변수의 크기에 있어서는 더 커지지만, 통계적으로는 덜 유의해진다.

*19.5 외생성의 검정

어느 변수가 내생변수이고 어느 변수가 외생변수인지를 표기하는 것은 연구자의 책임이라고 앞에서 지적한 바 있다. 이는 경우에 따라서 달라질 수 있고, 아울러 연구자가 지니고 있는 선험적 정보에 의존한다. 그러나 그랜저의 인과관계 검정과 같은 방식으로 외생성을 검정할 수 있는 통계적 검정을 개발할 수 있는가?

이 질문에 답하기 위해 19.4절에서 논의한 Hausman검정을 사용할 수 있다. 가령 3개의 내생변수 Y_1, Y_2, Y_3을 지닌 3개의 방정식 모형을 고려한다고 하자. 아울러 3개의 외생변수 X_1, X_2, X_3이 있다고 하자. 나아가서 모형의 첫 번째 방정식은 다음과 같다고 하자.

$$Y_{1i} = \beta_0 + \beta_2 Y_{2i} + \beta_3 Y_{3i} + \alpha_1 X_{1i} + u_{1i} \qquad \textbf{(19.5.1)}$$

만약 Y_2, Y_3가 진정으로 내생적이라면 (19.5.1)을 OLS로 추정할 수 없다(이유는?). 그러나 내생적인지의 여부를 어떻게 확인할 수 있는가? 구체적인 절차는 다음과 같다. Y_2와 Y_3에 관한 축약형 방정식을 구한다(주: 축약형 방정식은 우측

14. 각주 12와 같이, $\widehat{AID}$ 대신 AID를 회귀자로 사용하고 있다.

* 선택적인 절임

변수로서 선결변수만을 포함하고 있다). 이 축약형 방정식으로부터 Y_{2i}와 Y_{3i}의 예측값인 $\hat{Y}_{2i}$과 $\hat{Y}_{3i}$를 각각 구한다. 앞에서 논의한 Hausman검정의 개념을 따라 다음의 식을 OLS로 추정한다 :

$$Y_{1i} = \beta_0 + \beta_2 Y_{2i} + \beta_3 Y_{3i} + \alpha_1 X_{1i} + \lambda_2 \hat{Y}_{2i} + \lambda_3 \hat{Y}_{3i} + u_{1i} \qquad \textbf{(19.5.2)}$$

F검정을 사용하여 $\lambda_2 = \lambda_3 = 0$의 가설을 검정한다. 이 가설이 기각되면 Y_2와 Y_3가 내생변수일 것으로 판단되나, 가설이 기각되지 않으면 외생변수로 취급될 수 있다. 구체적인 예제는 연습문제 19.16에서 다룰 것이다.

요약 및 결론

1. 식별의 문제는 추정의 문제보다 먼저 고려되어야 한다.
2. 식별의 문제는 추정된 축약형 계수로부터 구조적 계수의 유일한 추정치를 구할 수 있는지의 여부에 관한 문제이다.
3. 이것이 가능하다면, 연립방정식 체계내의 방정식이 식별되는 것이다. 그렇지 않은 경우 해당 방정식은 과소 식별된다.
4. 식별된 방정식은 적도식별이거나 과다식별에 해당된다. 전자의 경우 구조적 계수의 유일한 값을 구할 수 있다. 후자의 경우 하나 또는 그 이상의 구조적 모수에 대해 둘 이상의 값이 존재하게 된다.
5. 동일한 자료가 상이한 여러 개의 구조적 계수, 즉 여러 개의 다른 모형과 부합될 수 있기 때문에 식별의 문제가 발생한다. 따라서 가격을 수량에만 회귀하는 경우 공급함수를 추정하는 것인지 아니면 수요함수를 추정하는 것인지를 구별하기 쉽지 않다. 왜냐하면 두 함수 모두에 가격과 수량이 들어있기 때문이다.
6. 구조적 방정식의 식별여부를 판정하기 위해 내생변수를 선결변수만의 함수로 나타내는 선형 방정식 기법을 사용할 수 있다.
7. 그러나, 이 기법이 시간을 소모하는 기법이기 때문에, 그 대신 위수조건이나 계수조건들 사용할 수 있다. 위수조건이 적용하기는 쉬우나 이는 단지 식별을 위한 필요조건에 불과하다. 한편, 계수조건은 필요충분조건이다. 그러므로 계수조건이 충족되면 위수조건도 충족된다. 그러나 그 역은 성립하지 않는다. 그러나 실제에 있어, 위수조건이 식별가능성을 확신하기 위한 방법으로서 일반적으로 적절한 방법이라 하겠다.
8. 연립성이 존재하는 경우, 18장에서 보인 바와 같이 OLS를 적용할 수 없다. 그러나 그럼에도 불구하고 OLS를 사용하고자 한다면 연립성을 명백히 검정하는 것이 절대적으로 필요하다. Hausman의 표기검정을 이 목적을 위해 사용할 수 있다.
9. 한 변수가 내생적인지 외생적인지의 결정이 실제에 있어 판단의 문제라고

해도 외생성의 판단을 위해 Hausman의 표기검정을 사용할 수 있다.

10. 인과관계의 개념과 외생성의 개념이 비록 동일한 개념의 범주에 속한다고 하여도 두 개념은 분명히 다른 것이고 하나의 개념이 꼭 다른 개념을 의미할 필요는 없다. 실제에 있어서는 두 개념들을 별도로 취급하는 것이 바람직하다. (17.14절 참조)

연습문제

질문

19.1 식별을 위한 차수조건의 두 가지 정의가 서로 동일함을 보여라.

19.2 방정식 (19.2.25)와 (19.2.27)에 주어진 축약형 계수로부터 구조방정식 계수를 도출하라.

19.3 아래 모형의 축약형을 구하고 각각의 구조방정식들이 식별불능, 적도식별 혹은 과다식별이 되었는가를 결정하라.

a. 18장 예제 18.2

b. 18장 예제 18.3

c. 18장 예제 18.6

19.4 연습문제 19.3에 나타나는 모형들을 식별의 위수 및 계수조건을 적용하여 식별여부를 검정하라.

19.5 교재에 나타난 (19.2.22)와 (19.2.28)의 모형에서 공급방정식이 과다식별되었음을 보여주었다. 이 방정식이 적도식별되기 위하여 구조방정식의 계수들에 대하여 어떠한 제약조건을 제시할 수 있을 것인가? 그리고 왜 그와 같은 제약조건이 제시되어야 하는가라를 정당화하라.

19.6 아래 모형으로부터

$$Y_{1t} = \beta_{10} + \beta_{12}Y_{2t} + \gamma_{11}X_{1t} + u_{1t}$$
$$Y_{2t} = \beta_{20} + \beta_{21}Y_{1t} + \gamma_{22}X_{2t} + u_{2t}$$

다음의 축약형 방정식이 도출되었다.

$$Y_{1t} = \Pi_{10} + \Pi_{11}X_{1t} + \Pi_{12}X_{2t} + w_t$$
$$Y_{2t} = \Pi_{20} + \Pi_{21}X_{1t} + \Pi_{22}X_{2t} + v_t$$

a. 구조방정식들이 식별되었는가?

b. 만약 사전적으로 $\gamma_{11} = 0$이라는 사실을 알고 있다면 식별의 문제는 어떻게 바뀌는가?

19.7 위의 문제 19.6으로부터 추정된 축약형 방정식은 다음과 같다고 가정하자.

$$Y_{1t} = 4 + 3X_{1t} + 8X_{2t}$$
$$Y_{2t} = 2 + 6X_{1t} + 10X_{2t}$$

a. 구조방정식의 모수 값을 구하라.

b. 귀무가설 $\gamma_{11} = 0$을 어떻게 검정하겠는가?

19.8 아래 모형으로부터

$$Y_{1t} = \beta_{10} + \beta_{12}Y_{2t} + \gamma_{11}X_{1t} + u_{1t}$$
$$Y_{2t} = \beta_{20} + \beta_{21}Y_{1t} + u_{2t}$$

다음과 같은 축약형방정식이 도출되었다고 가정하자.

$$Y_{1t} = 4 + 8X_{1t}$$
$$Y_{2t} = 2 + 12X_{1t}$$

a. 축약형 계수로부터 어느 구조방정식 계수가 추정될 수 있는가? 독자의 의도를 설명하라.

b. 만약, 사전적으로 $\beta_{12} = 0$, $\beta_{10} = 0$라는 사실이 알려지면 위의 질문 (a)에 대한 해답이 어떻게 바뀌는가?

19.9 앞장의 문제 18.8로부터 어느 구조방정식이 식별되는가를 찾아라.

19.10 연습문제 18.7에서 어느 구조방정식의 식별되는가를 찾아라.

19.11 다음은 5개의 내생변수 Y와 4개의 내생변수 X로 구성된 5개의 방정식 체계의 모형이다.

표 19.3

방정식 번호	변수의 계수								
	Y_1	Y_2	Y_3	Y_4	Y_5	X_1	X_2	X_3	X_4
1	1	β_{12}	0	β_{14}	0	γ_{11}	0	0	γ_{14}
2	0	1	β_{23}	β_{24}	0	0	γ_{22}	γ_{23}	0
3	β_{31}	0	1	β_{34}	β_{35}	0	0	γ_{33}	γ_{34}
4	0	β_{42}	0	1	0	γ_{41}	0	γ_{43}	0
5	β_{51}	0	0	β_{54}	1	0	γ_{52}	γ_{53}	0

각 방정식을 위수조건과 계수조건을 이용하여 식별하라.

19.12 다음은 케인즈의 확장된 소득결정모형이다.

소비함수 : $C_t = \beta_1 + \beta_2 Y_t - \beta_3 T_t + u_{1t}$

투자함수 : $I_t = \alpha_0 + \alpha_1 Y_{t-1} + u_{2t}$

조세함수 : $T_t = \gamma_0 + \gamma_1 Y_t + u_{3t}$

소득항등식 : $Y_t = C_t + I_t + G_t$

위에서 $C =$ 소비지출

$Y =$ 소득

$I =$ 투자

$T =$ 조세

u들 $=$ 확률적 교란항

위의 모형에서 내생변수는 C, I, T, 그리고 Y이고 선결변수는 G와 Y_{t-1}이다.

위수조건을 적용하여 각각의 방정식에 대한 식별여부를 확인하고 체계 전체로서의 식별여부도 결정하라. 만약 r_t, 즉 이자율이 외생변수라고 가정한 후, 위에 나타나는 투자함수의 등호 오른쪽에 등장한다면 투자함수의 식별여부는 어떻게 될 것인가?

19.13 제18장 표 18.1에 나타난 자료를 이용하여 축약형 방정식의 회귀식 (19.1.2)와 (19.1.4)를 추정하라. β_0와 β_1을 추정할 수 있는가? 학생들은 계산절차를 보여라. 그리고 모형은 식별되었는가? 그 이유는?

19.14 우리가 식별을 위한 위수조건의 또 다른 정의를 다음과 같이 제안했다고 가정하자. $K \geq m+k-1$, 즉 체계안에 등장하는 선결변수의 숫자가 식별을 하려고 하는 방정식의 미지수의 두 가지 다른 정의와 동일함을 보여라.

19.15 수박시장에 관한 Suits모형의 단순화된 형태가 다음과 같다고 가정하자.*

수요방정식 : $P_t = \alpha_0 + \alpha_1(Q_t/N_t) + \alpha_2(Y_t/N_t) + \alpha_3 F_t + u_{1t}$

곡물 공급방정식 : $Q_t = \beta_0 + \beta_1(P_t/W_t) + \beta_2 P_{t-1} + \beta_3 C_{t-1} + \beta_4 T_{t-1} + u_{2t}$

위에서 $P =$ 가격, $(Q/N) =$ 1인당 수요량, $(Y/N) =$ 1인당 소득, $F_t =$ 운임비용, $(P/W) =$ 농촌임금에 상응하는 가격, $C =$ 면화의 단위당 가격, $T =$ 여타 채소작물 가격, $N =$ 인구

P와 Q는 내생변수이다.

a. 축약형을 구하라.

b. 수요방정식, 공급방정식 혹은 두 방정식 모두가 식별되었는가를 결정하라.

실증문제

19.16 다음의 화폐에 대한 수요–공급 모형을 고려하자.

화폐수요 : $M_t^d = \beta_0 + \beta_1 Y_t + \beta_2 R_t + \beta_3 P_t + u_{1t}$

화폐공급 : $M_t^s = \alpha_0 + \alpha_1 Y_t + u_{2t}$

단, $M =$ 화폐
$Y =$ 소득
$R =$ 이자율
$P =$ 가격
$u =$ 오차항

R과 P는 외생변수이고, M과 Y는 내생변수로 가정한다. 다음의 표는 1970–2006 기간 동안 미국의 $M(M_2)$, Y(GNP), R(3–개월만기 공채 이자율), P(소비자 물가지수)에 관한 자료이다.

*. Suits. DB., "An Econometric Model of the Watermeleon Market," *Journal of Farm Economics*, vol.37, 1955, pp.237–251.

표 19.4
미국, 화폐, GDP, 이자율 및 소비자 물가지수, 1970-2006

출처: *Economic Report of the President*, 2007, Tables B-2, B-60, B-69, B-73

관측년도	M_2	GDP	TBRATE	CPI
1970	626.5	3,771.9	6.458	38.8
1971	710.3	3,898.6	4.348	40.5
1972	802.3	4,105.0	4.071	41.8
1973	855.5	4,341.5	7.041	44.4
1974	902.1	4,319.6	7.886	49.3
1975	1,016.2	4,311.2	5.838	53.8
1976	1,152.0	4,540.9	4.989	56.9
1977	1,270.3	4,750.5	5.265	60.6
1978	1,366.0	5,015.0	7.221	65.2
1979	1,473.7	5,173.4	10.041	72.6
1980	1,599.8	5,161.7	11.506	82.4
1981	1,755.5	5,291.7	14.029	90.9
1982	1,910.1	5,189.3	10.686	96.5
1983	2,126.4	5,423.8	8.63	99.6
1984	2,309.8	5,813.6	9.58	103.9
1985	2,495.5	6,053.7	7.48	107.6
1986	2,732.2	6,263.6	5.98	109.6
1987	2,831.3	6,475.1	5.82	113.6
1988	2,994.3	6,742.7	6.69	118.3
1989	3,158.3	6,981.4	8.12	124.0
1990	3,277.7	7,112.5	7.51	130.7
1991	3,378.3	7,100.5	5.42	136.2
1992	3,431.8	7,336.6	3.45	140.3
1993	3,482.5	7,532.7	3.02	144.5
1994	3,498.5	7,835.5	4.29	148.2
1995	3,641.7	8,031.7	5.51	152.4
1996	3,820.5	8,328.9	5.02	156.9
1997	4,035.0	8,703.5	5.07	160.5
1998	4,381.8	9,066.9	4.81	163.0
1999	4,639.2	9,470.3	4.66	166.6
2000	4,921.7	9,817.0	5.85	172.2
2001	5,433.5	9,890.7	3.45	177.1
2002	5,779.2	10,048.8	1.62	179.9
2003	6,071.2	10,301.0	1.02	184.0
2004	6,421.6	10,675.8	1.38	188.9
2005	6,691.7	11,003.4	3.16	195.3
2006	7,035.5	11,319.4	4.73	201.6

주: M_2 = M_2 통화공급(10억달러)
GDP = 국내총생산(10억달러)
TBRATE = 3개월 재무성 공채이자율, %
CPI = 소비자물가지수(1982–1984=100)

a. 수요함수가 식별되는가?

b. 공급함수가 식별되는가?

c. M과 Y에 대한 축약형 방정식의 표현을 구하여라.

d. 공급함수에 대한 연립성을 검정하여라.

e. 화폐공급함수에서 Y가 실제로 내생변수인지를 어떻게 확인할 수 있는가?

19.17 교과서에서 논의된 Hausman 검정은 다음과 같은 방식으로도 실행될 수 있다. 식 (19.4.7)을 고려하자.

$$Q_t = \beta_0 + \beta_1 P_t + \beta_1 v_t + u_{2t}$$

a. P_t와 v_t가 같은 계수를 가지고 있는데, 실제의 활용에서 정말로 이러한지를 어떻게 검정하려는가?

b. P_t가 설계에 의해 u_{2t}와 상관관계가 없는데, P_t가 외생적인지를 확인하는 한 방법은 v_t가 u_{2t}와 상관되어있는지를 확인하는 것이다. 이를 어떻게 검정하려는가? 어떤 검정방식을 사용하려는가?(힌트: [19.4.6]의 P_t를 식 [19.4.7]에 대입하여라)

20장

연립방정식 방법론

제 18장과 19장에서 연립방정식 모형의 특성에 관하여 논의하였으므로 제 20장에서는 그러한 모형의 추정문제를 논의하기로 한다. 우선 연립방정식의 추정문제는 상이한 통계적 특성을 가진 여러 가지 추정방법들이 연립방정식 모형을 위하여 존재하기 때문에 복잡한 성격을 띠고 있다. 그러나 본서는 기본입문서이므로 이들 방법론 가운데서 몇 가지 중요한 방법론만을 취급하기로 한다. 따라서 우리의 논의는 단순하며 자명한 기법을 이용할 것이고 더욱 심층적인 측면들은 참고문헌을 참조하기 바란다.

20.1 추정에 대한 접근법

식 (19.1.1)에서 주어진 바와 같이 M개의 내생변수로 구성된 M개의 방정식 일반모형을 고려할 때 구조방정식을 추정하기 위하여 두 가지 접근법을 시도할 수 있다. 이들 두 가지 접근법은 "제한정보방법(limited information methods)"으로 알려진 단일방정식 방법론과 "완전정보 방법(full information methods)"으로 알려진 체계방법론을 말하는 것이다. 곧이어 고찰하게 될 단일방정식 방법론에서는 연립방정식 체계의 개별방정식을 추정할 때 체계안에 나타나는 다른 방정식에 주어진 제약조건들[1]에 관해서는 고려를 하지 않고 오직 그 방정식에 주어진 모든 제약조건(예컨대 어떠한 변수의 누락)만을 고려하는 이른바 **제한정보법**을 이용한다. 그러나 체계방법론에서는 모형안에 있는 모든 방정식을 동시에 추정할 때 체계안에 있는 누락된 변수(식별을 하기 위해서 그와 같은 제약조건이 필요했음을 상기하라)들에 대한 모든 제약조건을 동시에 고려하는, 즉 **완전정보법**을 이용한다.

하나의 예제로서 다음과 같이 4개의 방정식으로 구성된 모형을 고려해보자.

$$
\begin{aligned}
Y_{1t} &= \beta_{10} + \qquad + \beta_{12}Y_{2t} + \beta_{13}Y_{3t} + \qquad + \gamma_{11}X_{1t} + \qquad\qquad + u_{1t} \\
Y_{2t} &= \beta_{20} + \qquad\qquad + \beta_{23}Y_{3t} \qquad + \gamma_{21}X_{1t} + \gamma_{22}X_{2t} \qquad + u_{2t} \\
Y_{3t} &= \beta_{30} + \beta_{31}Y_{1t} + \qquad\qquad + \beta_{34}Y_{4t} + \gamma_{31}X_{1t} + \gamma_{32}X_{2t} + \qquad + u_{3t} \\
Y_{4t} &= \beta_{40} + \qquad + \beta_{42}Y_{2t} \qquad\qquad\qquad\qquad + \gamma_{43}X_{3t} + u_{4t}
\end{aligned}
\tag{20.1.1}
$$

1. 그러나 식별을 위해서는 여타 방정식이 제공하고 있는 모든 정보가 반드시 고려되어야만 하는 것이다. 19장에서 지적한 바와 같이, 한 방정식이 적도 혹은 과다식별이 된 경우에 한해서만 추정이 가능했다. 20장에서는 19장에서 제시한 방법을 이용하여 식별의 문제가 모두 해결된 경우만을 취급한다는 것을 가정하자.

위에서 Y들은 내생변수이며 X들은 외생변수이다. 만약 우리가 예컨대 세 번째 방정식을 추정하는데 관심이 있다면 단일방정식 접근법은 Y_2와 X_3를 배제하고 있는 세 번째 방정식만을 고찰하는 것이다. 그러나 체계접근법에서는 모든 방정식내에 부과된 모든 제약조건들을 고려하면서 4개의 방정식을 동시에 추정하는 것이다.

연립방정식 모형의 기본정신에 충실하기 위하여 우리는 이상적으로 "완전정보 최우추정법(FIML)"[2]과 같은 체계방법론을 이용하여야 할 것이다. 그러나 실제에 있어서는 그와 같은 방법론들이 여러 가지 이유 때문에 그렇게 흔히 사용되지는 않는다. 첫 번째 이유는 계산부담이 엄청나기 때문이다. 예를 들어서 미국경제에 관한 Klein-Goldberger의 1955년도 모형은 비교적 적은 것으로 20개의 방정식을 포함하고 있었으며 151개의 계수들만이 0이 아닌 값을 지니고 있었다. 그러나 이들 0이 아닌 계수들 가운데서 저자들은 시계열 자료를 활용하여 오직 51개의 계수들만을 추정하였다. 1965년에 출판된 미국 경제에 대한 "부르킹스 사회과학 연구소(SSRC)"의 모형은 원래 150개의 방정식을 지니고 있었다.[3] 비록 그와 같이 정교한 모형들은 한 나라의 경제의 각 부문에 대한 자세한 내용을 제공할 수 있지만 비용을 논외로 하더라도 오늘날과 같은 고성능 컴퓨터 시대에서도 그 계산량은 엄청난 부담이 되는 것이다. 둘째, FIML방법론과 같은 체계방법론들은 그 모수들이 고도로 비선형 성격을 지닌 解를 요구하고 있기 때문에 모수값을 결정하는 일이 어려울 때가 많다. 셋째, 모형표기오차(예컨대 잘못된 함수형태나 필요한 변수들의 누락 등)가 한 개 혹은 그 이상의 방정식에 나타날 때 그러한 착오는 체계의 전영역으로 확대되는 것이다. 그 결과 체계방법론은 모형설정상의 착오에 대단히 민감하게 된다.

> 그래서 실제로는 단일방정식방법이 자주 사용된다. Klein은 다음과 같이 지적하였다. 연립방정식 체계에서 단일방정식 접근법은 다음의 이유 때문에 모형표기오차에 대하여 훨씬 덜 민감하게 된다. 즉 모형의 표기가 올바르게 된 체계의 방정식들은 모형의 다른 부문에서 일어난 모형표기오차에 의하여 크게 영향을 받지 않기 때문이다."[4]

20장 이하 소절에서는 단일방정식 방법론만을 취급하기로 한다. 구체적으로 우리는 다음과 같은 단일방정식을 논의하기로 한다.

---

2. 완전정보 최우추정법에 대한 서론적 논의는 Carl F. Christ, *Econometric Models and Methods*, John Wiley & Sons, New York, 1966, pp.395-401.
3. James S.Duesenberry, Gary Fromm, Lawrence R.Klein, and Edwin Kuh, eds., *A Quarterly Model of the United States Economy*, Rand McNally, Chicago, 1965.
4. Lawrence R. Klein, A *Textbook of Econometrics*, 2d ed., Prentice-Hall, Englewood Cliffs, N.J., 1974, p.150.

1. 통상 최소자승법(OLS)
2. 간접 최소자승법(ILS)
3. 2단계 최소자승법(2SLS)

20.2 축차모형 및 통상 최소자승법

우리는 제 18장에서 확률적 교란항과 설명변수들 사이에 존재하는 상호의존관계 때문에 연립방정식체계의 한 방정식을 추정함에 있어서 OLS방법론은 부적절함을 보았다. 만약, OLS방법을 적용한다면 18.3절에서 본 바와 같이 OLS추정치들은 비록 소표본에서도 편의를 지니고 있을 뿐만 아니라 불일치 추정량들이었다. 다시 말하여 표본의 크기가 아무리 늘어나더라도 편의의 문제는 사라지지 않는 것이었다. 그러나 연립방정식 체계일지라고 OLS가 적용될 수 있는 한가지 상황이 존재한다. 이른바 "축차적(recursive)", "삼각형(triangular)", 혹은 "인과형(causal)" 모형들이 이 경우에 속한다. 이러한 모형의 특성을 고찰하기 위하여 다음 과 같이 3개의 방정식으로 구성된 체계를 고찰하자.

$$\begin{aligned} Y_{1t} &= \beta_{10} & &+ \gamma_{11}X_{1t} + \gamma_{12}X_{2t} + u_{1t} \\ Y_{2t} &= \beta_{20} + \beta_{21}Y_{1t} & &+ \gamma_{21}X_{1t} + \gamma_{22}X_{2t} + u_{2t} \\ Y_{3t} &= \beta_{30} + \beta_{31}Y_{1t} + \beta_{32}Y_{2t} & &+ \gamma_{31}X_{1t} + \gamma_{32}X_{2t} + u_{3t} \end{aligned} \qquad \textbf{(20.2.1)}$$

위에서 지금까지와 마찬가지로 Y들과 X들은 각각 내생과 외생변수를 나타낸다. 그리고 확률적 교란항은 다음과 같다.

$$\text{cov}(u_{1t}, u_{2t}) = \text{cov}(u_{1t}, u_{3t}) = \text{cov}(u_{2t}, u_{3t}) = 0$$

위에서 각각 다른 방정식에 나타난, 같은 시점의 교란항들은 상호간에 아무런 상관관계를 가지고 있지 않는 것이다(기술적으로 이것은 동시상관성이 0이라는 가정을 말하는 것이다).

이제 (20.2.1)의 첫 번째 방정식을 고찰해 보기로 하자. 이 방정식은 등호 오른쪽에 외생변수들만을 포함하고 있으며, 이들 변수들은 가정들에 의하여 확률적 교란항 u_1과는 관계가 없기 때문에 이 방정식은 고전적 OLS의 결정적 가정, 즉 설명변수와 확률적 교란항간의 무상관성을 충족하고 있는 것이다. 그러므로 이 방정식에서는 OLS가 바로 적용될 수가 있다. (20.2.1)의 두 번째 방정식을 고려해 보자. 이 방정식은 비확률변수인 X들과 함께 설명변수로서 내생변수인 Y_1을 지니고 있다. 지금 Y_{1t}와 u_{2t}가 상관관계가 없다는 것을 전제로 OLS가 역시 적용될 수가 있는 것이다. 정말로 그러한가? 그렇다. 왜냐하면 Y_1에 영향을 주는 u_1이 u_2와는 상관관계가 없다는 가정 때문이다. 그러므로 모든 실질적 관점에서 볼 때 Y_2에 관한 한 Y_1은 하나의 선결변수인 셈이다. 이러한 논의를 한 단계 더 발전시키면 OLS가 (20.2.1)에 나타나는 세 번째 방정식에도 적용될 수 있는 것이다. 왜냐하면 Y_1과 Y_2는 u_3와 무관하기 때문이다.

그러므로 이와 같은 축차적 모형에서는 OLS가 각각의 방정식에 개별적으로 적용될 수 있다. 실제로 이와 같은 상황에서는 연립방정식 문제가 전혀 나타나지 않는 것이다. 그와 같은 체계의 구조로부터 우리는 내생변수들 사이에 아무런 상호의존관계가 존재하지 않는다는 것을 분명히 알 수 있다. 즉 Y_1이 Y_2에 영향을 미치지만 반대로 Y_2가 Y_1에는 영향을 미치지 않는다. 같은 논리로 Y_1과 Y_2는 Y_3에 영향을 미치지만 Y_3로부터 영향을 받지는 않는다. 다른 말로 표현하면 각각의 방정식은 일방적 인과관계를 나타내고 있으며 따라서 우리는 이를 인과형 모형이라고 명명한다.[5] 이러한 관계를 체계적으로 표현하면 우리는 그림20.1을 얻을 수가 있다.

그림 20.1
축차모형

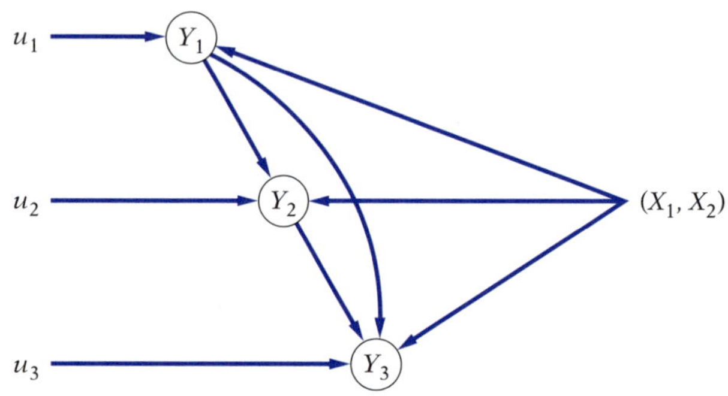

축차적 모형의 한 예제로서 다음의 임금-가격결정모형을 상정하여 보자.

$$\text{가격 방정식:}\quad \dot{P}_t = \beta_{10} + \beta_{11}\dot{W}_{t-1} + \beta_{12}\dot{R}_t + \beta_{13}\dot{M}_t + \beta_{14}\dot{L}_t + u_{1t}$$
$$\text{임금 방정식:}\quad \dot{W}_t = \beta_{20} + \beta_{21}\text{UN}_t + \beta_{32}\dot{P}_t + u_{2t} \qquad \textbf{(20.2.2)}$$

위에서 $\dot{P}$ = 산출 1 단위당 가격의 변화율
$\dot{W}$ = 고용 1인당 임금의 변화율
$\dot{R}$ = 자본가격 변화율

5. 삼각형체계라는 이름은 다음의 사실에 연유하고 있다. (20.2.1)에 나타나는 내생변수들의 계수행렬을 만들면 우리는 다음과 같은 삼각형행렬을 얻을 수 있다.

$$\begin{array}{r} \\ \text{방정식1} \\ \text{방정식2} \\ \text{방정식3} \end{array}\begin{array}{c} \begin{array}{ccc} Y_1 & Y_2 & Y_3 \end{array} \\ \begin{bmatrix} 1 & 0 & 0 \\ \beta_{21} & 1 & 0 \\ \beta_{31} & \beta_{32} & 1 \end{bmatrix} \end{array}$$

행렬의 대각선 상단의 원소들이 모두 0으로 나타나고 있음을 주목하라(그 이유는?).

$\dot{M}$ = 수입물가 변화율
$\dot{L}$ = 노동생산성 변화율
UN = 실업률, %[6]

가격방정식은 현재 기에서의 가격변화율이 前期에서 일어난 자본가격 변화율, 원자재 가격변화율, 임금변화율의 함수로 표시되고 있음을 상정하고 있다. 임금방정식은 현재 기의 임금변화율이 현재 기의 가격변화율과 실업률에 의하여 결정되고 있음을 나타내고 있다. 따라서 인과관계는 $\dot{W}_{t-1} \rightarrow P_t \rightarrow \dot{W}_t$로 흐르고 있음을 나타내고 있으며 따라서 두 방정식의 모수를 개별적으로 추정하는데 OLS가 적용될 수 있음이 분명해진다.

비록 축차적 모형의 유용성이 증명되었다 하더라도 대부분의 연립방정식모형들은 이와 같이 한쪽 방향으로만 흐르는 관계를 나타내어 주지 않는다. 그러므로 일반적으로 OLS는 연립방정식 모형을 단일방정식으로 추정하는 데는 부적절할 수 밖에 없다.[7]

연립방정식에 일반적으로 OLS방법이 불가능하더라도 비교를 위한 하나의 표준으로서 OLS를 적용할 수 있다고 주장하는 사람도 있다. 즉 구조방정식의 추정에 편의성, 불일치성 등의 문제점을 지니고 있는 OLS접근법을 이용할 수 있다. 그 다음에, 연립방정식 문제를 해결하기 위하여 특별히 고안된 다른 방법론으로 같은 구조방정식을 추정할 수 있으며 양자의 차이를 적어도 질적으로 비교할 수 있는 것이다. 뒤에 제시되는 많은 적용사례에서 보듯이 부적절하게 적용된 OLS의 결과가 더욱 정교화된 방법을 통하여 얻은 추정량들과 크게 다르지 않다는 사실을 흔히 볼 수 있다. 원론적으로 연립방정식 모형을 위하여 고안된 여타 방법론들의 결과와 함께 OLS에 기초한 결과를 제시하는 것을 크게 거부할 필요는 없다. 사실 이렇게 함으로써 우리는 OLS가 부적절하게 사용된 경우에 얻은 결과가 얼마나 나쁘게 나타나고 있는가에 대하여 어느 정도 알 수 있게 해주기 때문이다.[8]

---

6. 점찍은 부호는 "시간에 관하여 미분"을 의미한다. 예를 들어, $\dot{P} = dp/dt$ 이다. 불연속 시계열에서는 dp/dt를 $\Delta p/\Delta t$ 도 대체한다. 단, Δ부호는 1차 차분 연산자인데, 앞의 12장에서 소개한 바있다.
7. 각각의 방정식을 통하여 확률적 교란항이 동시적으로 상관관계가 없다는 가정을 기억하는 것이 중요하다. 만약 이것이 성립하지 않는다면 축차적 체계의 모수들을 추정하기 위하여 "Zellner 추정법"을 이용하지 않으면 안된다. A Zellner, "An Efficient Method of Estimating Seemingly Unrelated Regressions and Tests for Aggregation Bias," *Journal of the American Statistical Association*, vol.57, 1962, pp. 348-368을 참조할 것.
8. 소표본에서 OLS추정량과 같은 대안적 추정치들은 편의를 역시 지니고 있음을 주목해야 할 것이다. 그러나 OLS추정량은 이들 대안적 추정량들 가운데서 최소의 분산이라는 "장점"을 가지고 있다. 그러나 이것은 소표본에 한해서만 성립하는 것이다.

20.3 적도식별된 방정식의 추정 : 간접 최소자승법(ILS)

적도식별된 방정식에 대하여 축약형 계수의 통상 최소자승 추정치로부터 구조방정식 계수의 추정치를 얻는 방법을 간접 최소자승법(Indirect Least Squares) 이라고 부르고 있으며 이러한 방식으로 얻은 추정치는 간접 최소자승 추정치로 부르고 있다. ILS는 다음의 3단계를 거친다.

제 1 단계. 먼저 축약형방정식을 구한다. 제19장에서 지적한 바와 같이 축약형 방정식은 구조방정식으로부터 각 방정식에 등장하는 종속변수가 유일한 내생변수이며 이 내생변수는 오로지 선결변수(외생 및 시차내생변수)와 확률적 교란항의 함수로만 표시되는 것이다.

제 2 단계. 축약형 방정식에 대하여 개별적으로 OLS를 적용한다. 이들 축약형 방정식들에 대하여 OLS를 적용하는 것은 설명변수가 선결변수이며 확률적 교란항과는 상관관계가 없기 때문에 가능한 것이다. 이와 같이 얻은 추정치들은 일치 추정치가 되는 것이다.[9]

제 3 단계. 제 2단계로부터 얻은 추정된 축약형 계수로부터 원래의 구조방정식 계수의 추정치를 구한다. 19장에서 지적한 바와 같이 한 방정식이 적도식별이 되면 구조방정식과 축약형 계수사이는 1:1의 대응관계가 성립한다. 즉 축약형 계수로부터 단 한 개의 구조방정식 계수를 도출해낼 수 있는 것이다.

이상 3단계에 걸친 절차가 나타내는 바와 같이 간접 최소자승법이라는 이름은 축약형 계수의 OLS추정치로부터 구조방정식 계수들이 (대부분의 경우 주로 알고자 하는 값) 간접적으로 얻어질 수 있다는 사실에 유래하고 있다.

설명을 위한 예제

19.2절에 소개된 수요공급모형을 고찰해 보기로 하자. 편의상 표기를 약간 변경하여 다음과 같이 표시하기로 한다.

$$\text{수요함수:} \quad Q_t = \alpha_0 + \alpha_1 P_t + \alpha_2 X_t + u_{1t} \qquad \textbf{(20.3.1)}$$

$$\text{공급함수:} \quad Q_t = \beta_0 + \beta_1 P_t + u_{2t} \qquad \textbf{(20.3.2)}$$

위에서

Q = 수량, P = 가격, X = 소득 또는 지출

9. 일치 추정치의 특성 이외에 이와 같은 추정치는 다음의 조건에 따라서 최량 불편추정치가 될 수 있거나, 점근적으로 효율 추정치가 될 수가 있다. 이와 같은 조건들은 (1) z들(= X들)이 외생변수이며 단순히 선결변수가 아니며(즉 시차 내생변수를 포함하고 있지 않다), 그리고 (2) 확률적 교란항이 정규분포를 이루고 있다는 사실이 성립하고 있어야 한다(W. C. Hood and Tjalling C. Koopmans, *Studies in Econometric Method*, John Wiley & Sons, New York, 1953, p.133.).

X는 외생변수라고 가정하자. 이미 지적된 대로 공급방정식은 정확하게 식별된 반면에 수요방정식은 식별불능이다.

위에 제시된 구조방정식으로부터 축약형 방정식을 다음과 같이 도출할 수 있다.

$$P_t = \Pi_0 + \Pi_1 X_t + w_t \tag{20.3.3}$$

$$Q_t = \Pi_2 + \Pi_3 X_t + v_t \tag{20.3.4}$$

위에서 Π들은 축약형 계수이며 식 (19.2.16)과 (19.2.18)에 나타난 바와 같이 구조방정식 계수의 (비선형)결합이며 w와 v는 구조방정식의 확률적 교란항 u_1과 u_2의 선형결합으로 표시된 것이다.

각각의 축약형 방정식은 단 하나의 내생변수를 포함하고 있으며 이것은 종속변수일 뿐만 아니라 X(소득)와 확률적 교란항만의 함수를 표시되고 있는 것이다. 그러므로 위에서 제시된 축약형 방정식의 모수들은 OLS에 의하여 추정될 수 있으며 이들 추정치들은 아래와 같다.

$$\hat{\Pi}_1 = \frac{\sum p_t x_t}{\sum x_t^2} \tag{20.3.5}$$

$$\hat{\Pi}_0 = \bar{P} - \hat{\Pi}_1 \bar{X} \tag{20.3.6}$$

$$\hat{\Pi}_3 = \frac{\sum q_t x_t}{\sum x_t^2} \tag{20.3.7}$$

$$\hat{\Pi}_2 = \bar{Q} - \hat{\Pi}_3 \bar{X} \tag{20.3.8}$$

위에서 소문자로 표시된 부호들은 전과 같이 표본평균치로부터 편차를 나타내며 $\bar{Q}$와 $\bar{P}$는 Q와 P의 표본 평균치들이다. 앞에서 지적한 바와 같이 $\hat{\Pi}_i$들은 일치 추정량이며 일정한 가정조건 아래서는 최소의 분산을 가질 뿐만 아니라, 불편성 그리고 점근적 효율성을 만족하고 있는 것이다(각주 9 참조).

우리들의 기본목적이 구조방정식 계수를 결정하는 것이기 때문에 축약형 계수로부터 구조방정식 계수를 추정해낼 수 있는가의 여부를 살펴보기로 하자. 19.2절에서 보여준 바와 같이 공급방정식은 정확하게 식별되었다. 그러므로 공급방정식의 모수들은 축약형 계수로부터 아래의 같이 단 한가지 값으로 추정될 수 있는 것이다.

$$\beta_0 = \Pi_2 - \beta_1 \Pi_0 \qquad \text{그리고} \qquad \beta_1 = \frac{\Pi_3}{\Pi_1}$$

그러므로 이들 모수들의 추정치들은 축약형 계수의 추정치들로부터 얻을 수 있는 것이다.

$$\hat{\beta}_0 = \hat{\Pi}_2 - \hat{\beta}_1 \hat{\Pi}_0 \tag{20.3.9}$$

$$\hat{\beta}_1 = \frac{\hat{\Pi}_3}{\hat{\Pi}_1} \tag{20.3.10}$$

위에 나타난 추정치들이 바로 간접 최소자승추정량인 것이다. 그러나 수요함수의 모수들은 이와 같은 방법으로 추정될 수 없음을 주시하라.

우리는 실제 수량적 결과를 제시하기 위하여 표 20.1에 나타난 자료들을 획득했다. 먼저 우리는 가격과 수요량을 별도로 1인당 소비지출에 대하여 회귀식을 추정한 후 다음과 같은 결과를 얻었다.

$$\begin{aligned} \hat{P}_t &= 90.9601 + 0.0007X_t \\ \text{se} &= (4.0517) \quad (0.0002) \\ t &= (22.4499) \quad (3.0060) \qquad R^2 = (0.2440) \end{aligned} \tag{20.3.11}$$

$$\begin{aligned} \hat{Q}_t &= 59.7618 + 0.0020X_t \\ \text{se} &= (1.5600) \quad (0.00009) \\ t &= (38.3080) \quad (20.9273) \qquad R^2 = 0.9399 \end{aligned} \tag{20.3.12}$$

식 (20.3.9)와 (20.3.10)을 이용하여 우리는 간접 최소자승추정량을 다음과 같이 얻을 수 있다.

$$\hat{\beta}_0 = -183.7043 \tag{20.3.13}$$

$$\hat{\beta}_1 = 2.6766 \tag{20.3.14}$$

그러므로 추정된 ILS 회귀는[10]

$$\hat{Q}_t = -183.7043 + 2.6766P_t \tag{20.3.15}$$

비교하기 위하여, (잘못 적용한) OLS 회귀결과를 제시하자:

$$\begin{aligned} \hat{Q}_t &= 20.89 + 0.673P_t \\ \text{se} &= (23.04) \quad (0.2246) \\ t &= (0.91) \quad (2.99) \qquad R^2 = 0.2430 \end{aligned} \tag{20.3.16}$$

위의 결과는 OLS추정량이 적용불가능한 상황에서 사용되었을 때 구조방정식의 실상을 얼마나 왜곡시킬 수 있는가를 잘 나타내 준다.

10. 추정된 구조적 계수의 표준오차를 제시하지 않았다. 그 이유는 앞에서 발긴 바와 같이 이 계수들이 축약형 계수의 비선형 함수이고 축약형 계수의 표준오차로부터 표준오차를 추정할 수 있는 간단한 방법이 없기 때문이다. 그러나 대표본에서는 구조적 계수의 표준오차를 근사값으로 구할 수 있다. 상세한 내용은, Jan Kmenta, *Elements of Econometrics*, Macmillan, New York, 1971, p. 444.를 참조할 것.

표 20.1
미국 농작물 생산, 농작물 가격, 1인당 개인소비지출, 2007 달러, 1974-2004

출처 : *Economic Report of the President*, 2007. Q자료(Table B–99) P자료(Table B–101), X자료(Table B–31).

관측년도	농작물 생산지수 (1996 = 100), *Q*	농부 수령 농산물가격지수 (1990–1992 = 100), *P*	1인당 실질개인 소비지출, *X*
1975	66	88	4,789
1976	67	87	5,282
1977	71	83	5,804
1978	73	89	6,417
1979	78	98	7,073
1980	75	107	7,716
1981	81	111	8,439
1982	82	98	8,945
1983	71	108	9,775
1984	81	111	10,589
1985	85	98	11,406
1986	82	87	12,048
1987	84	86	12,766
1988	80	104	13,685
1989	86	109	14,546
1990	90	103	15,349
1991	90	101	15,722
1992	96	101	16,485
1993	91	102	17,204
1994	101	105	18,004
1995	96	112	18,665
1996	100	127	19,490
1997	104	115	20,323
1998	105	107	21,291
1999	108	97	22,491
2000	108	96	23,862
2001	108	99	24,722
2002	107	105	25,501
2003	108	111	26,463
2004	112	117	27,937

ILS추정량의 특성

지금까지 축약형 계수의 추정치들이 일치성을 보유하고 있고 일정한 가정조건 하에서 최량 불편추정량이며 점근적 효율성을 가지고 있음을 보았다. 이와 같은 특성들이 ILS추정량에도 적용될 수가 있는가? ILS추정량들은 축약형 계수의 모든 점근적 특성인 일치성이나 점근적 효율성을 구비하고 있음을 보여줄 수 있다. 그러나 불편성과 같은 (소표본)특성은 일반적으로 성립하지 않는다. 부록 20.A에서는 앞에 주어진 공급함수의 $\hat{\beta}_0$와 $\hat{\beta}_1$의 ILS추정량들이 편의를 지니고 있으나 표본의 크기가 무한대로 증가하면서 그와 같은 편의가 사라지고 있음을 보여주고 있다(즉 추정량은 일치성을 보유하고 있다).[11]

---

11. 직관적으로 이 사실은 다음과 같이 보여줄 수 있다. 만약 $E(\hat{\Pi}_3/\hat{\Pi}_1) = (\hat{\Pi}_3/\hat{\Pi}_1)$이면, $E(\hat{\beta}_1) = \beta_1$이 된다. 비록 $E(\hat{\Pi}_3) = \hat{\Pi}_3$ 그리고 $E(\hat{\Pi}_1) = \Pi_1$이 성립할 지라도 $E(\hat{\Pi}_3/\hat{\Pi}_1) = E(\hat{\Pi}_3/E(\hat{\Pi}_1)$이 성립하지는 않는다. 왜냐하면, 두 변수의 대한 비율에 대한 기대치는 두 변수의 각각의 기대치 비율과는 일치하지 않기 때문이다. 그러나 부록 20.A.1에서 보여주는 바와 같이 $\text{plim}(\hat{\Pi}_3/\hat{\Pi}_1) = \text{plim}(\hat{\Pi}_3)/\text{plim}(\hat{\Pi}_1) = (\Pi_3/\Pi_1)$이다. 왜냐하면 $\hat{\Pi}_3$와 $\hat{\Pi}_1$는 일치추정량이기 때문이다.

20.4 과다식별 방정식의 추정 : 2단계 최소자승법(2SLS)

다음모형을 고찰하자.

소득함수: $$Y_{1t} = \beta_{10} + \qquad + \beta_{11}Y_{2t} + \gamma_{11}X_{1t} + \gamma_{12}X_{2t} + u_{1t} \tag{20.4.1}$$

화폐공급함수: $$Y_{2t} = \beta_{20} + \beta_{21}Y_{1t} \qquad + u_{2t} \tag{20.4.2}$$

위에서 Y_1 = 소득
Y_2 = 화폐저량
X_1 = 투자지출
X_2 = 재화와 용역에 대한 정부지출

변수 X_1과 X_2는 외생변수이다.

화폐수량설과 국민소득결정에 대한 케인즈모형의 혼합형태로 표현된 소득방정식에서 소득은 통화공급, 투자지출 그리고 정부지출에 의하여 결정되고 있음을 나타내고 있다. 한편, **화폐공급 방정식**은 화폐 저량이 소득수준에 의하여 결정되고(연방준비은행에 의하여) 있음을 나타내고 있다. 위의 모형에서 분명히 우리는 연립방정식 문제를 안고 있는 것이다.

소득 식별을 위한 위수조건을 적용하면 소득방정식은 식별이 불가능하나 통화의 방정식은 과다식별이 되고 있다. 소득방정식에 대하여 모형의 틀 자체를 바꾸지 않고서는 변경할 가능성이 없는 것 같다. 과다식별된 통화의 공급방정식은 ILS에 의하여 추정될 수가 없다. 왜냐하면 β_{21}에 대한 추정치가 두 개나 존재하고 있기 때문이다(독자는 축약형 계수를 이용하여 이 점을 확인하여 보라).

실제에 있어서는 화폐공급방정식에 OLS를 적용할 수도 있으나 그렇게 얻은 추정치들은 확률적 설명변수 Y_1과 확률적 교란상 u_1사이에 존재할 수 있는 상관관계 때문에 불일치 추정량이 될 수 있는 것이다. 그러나 확률적 설명변수 Y_1을 "닮고"(Y_1과는 높은 상관관계를 맺고 있다는 뜻에서) u_2와는 상관관계가 없는 "대리변수(poxy)"를 찾을 수 있다고 가정하자. 그와 같은 대리변수를 우리는 도구변수(instrumental variable) (제17장 참조)라고 부른다. 만약 우리가 그와 같은 도구변수를 구할 수가 있다면 통화의 공급방정식을 추정하기 위하여 OLS는 직접적으로 활용될 수 있다. 그러면 우리는 어떻게 그와 같은 도구변수를 얻을 수 있을까? 그에 대한 해답은 Theil[12]과 Basmann[13]이 각각 독립적으로 개발한 2단계 최소자승법(2SLS)에 의하여 구할 수 있다. 2단계 최소자승법의 이름이 나

12. H.Theil, "Repeated Least-Squqres Applied to Complete Equation Systems,"The Hague : The Central Planning Bureau, The Netherlands, 1953(mimeographed).
13. R.L. Basmann, " A Generalized Classical Method of Linear Estimation of Coefficients in a Structural Equation," *Econometica*, vol.25, pp77-83. 1957.

타내는 바와 같이 이 방법은 최소자승법을 두 차례에 걸쳐 연속적으로 적용하는 절차이다. 그 과정은 다음과 같다.

제 1 단계 Y_1과 u_2 사이에 존재하는 상관관계를 제거하기 위하여 Y_1을 포함하고 있는 방정식 뿐만 아니라, 체계전체에 등장하고 있는 모든 선결변수에 대하여 Y_1을 종속변수로 하여 먼저 회귀식을 추정한다. 현 예제의 경우 X_1과 X_2에 대하여 아래와 같이 Y_1을 회귀시키는 것을 의미한다.

$$Y_{1t} = \hat{\Pi}_0 + \hat{\Pi}_1 X_{1t} + \hat{\Pi}_2 X_{2t} + \hat{u}_t \tag{20.4.3}$$

위에서 $\hat{u}_t$는 통상최소자승법에 등장하는 오차항이다. 방정식 (20.4.3)으로부터 우리는 다음 식을 얻는다.

$$\hat{Y}_{1t} = \hat{\Pi}_0 + \hat{\Pi}_1 X_{1t} + \hat{\Pi}_2 X_{2t} \tag{20.4.4}$$

위에서 $\hat{Y}_{1t}$은 고정된 상수 X들을 조건으로 하는 Y의 평균치에 대한 추정치이다. 식(20.4.3)은 결국 축약형 회귀식임을 주목할 필요가 있다. 왜냐하면 외생변수나 선결변수가 등호의 오른쪽에 나타나고 있기 때문이다.

방정식 (20.4.3)은 다음과 같이 표기될 수 있다.

$$Y_{1t} = \hat{Y}_{1t} + \hat{u}_t \tag{20.4.5}$$

위에서 확률변수 Y_1은 다음 두 가지 요소로 구성되어 있음을 알 수 있다. 즉 비확률 변수인 X들의 선형결합으로 표시되는 $\hat{Y}_{1t}$와 $\hat{u}_t$는 상호간에 상관관계가 없다(그 이유는?).

제 2 단계 과다식별된 화폐공급 방정식은 다음과 같이 표현될 수 있다.

$$\begin{aligned} Y_{2t} &= \beta_{20} + \beta_{21}(\hat{Y}_{1t} + \hat{u}_t) + u_{2t} \\ &= \beta_{20} + \beta_{21}\hat{Y}_{1t} + (u_{2t} + \beta_{21}\hat{u}_t) \\ &= \beta_{20} + \beta_{21}\hat{Y}_{1t} + u_t^* \end{aligned} \tag{20.4.6}$$

where $u_t^* = u_{2t} + \beta_{21}\hat{u}_t$.

식 (20.4.6)과 식 (20.4.2)를 비교하면 우리는 두 개의 방정식이 대단히 비슷함을 알 수가 있으며 유일한 차이점은 Y_1 대신에 $\hat{Y}_1$으로 대체되었다는 사실이다. 방정식(20.4.6)의 장점은 무엇인가? 원래의 통화 공급방정식에서 Y_1이 확률적 교란항 u_2와 상관관계를 가지고 있거나 가지고 있을 가능성이 높을지라도(따라서 OLS적용을 부적절하게 만든다) 식 (20.4.6)에 나타나는 $\hat{Y}_{1t}$은 표본의 크기가 늘어남에 따라(더욱 정확하게 말해서 표본의 크기가 무한대로 증가함에 따라) **점근적으로** u_t^*와 상관관계가 없게 되는 것이다. 그 결과 OLS는 방정식(20.4.6)에 적용될 수 있으며 그것을 통화공급방정식 모수에 대한 일치 추정량을 얻을 수 있게 해주는 것이다. [14]

2단계 최소자승법이 나타내는 바와 같이 2단계 최소자승법의 배후에 있는 기본적인 논점은 확률적 설명변수인 Y_1에 대하여 확률적 교란항 u_2의 영향력을 "씻어주는데" 있는 것이다. 이러한 작업은 Y_1을 모형안에 등장하는 모든 선결변수에 대하여 회귀시킨 축약형 회귀방정식 (1단계)으로 추정치 $\hat{Y}_{1t}$을 구하여 원래 방정식에 있는 Y_{1t} 대신에 $\hat{Y}_{1t}$으로 대체하고 다시 최소자승법을 적용(2단계)함으로서 가능한 것이다. 이러한 방법으로 얻은 추정량은 일치추정치로서의 특성을 가지게 되는 것이다. 즉 표본의 크기가 무한대로 늘어날수록 그 추정치들은 모집단의 참값으로 수렴한다.

2SLS를 더욱 자세히 설명하기 위하여 소득–화폐공급모형을 아래와 같이 수정하기로 하자.

$$Y_{1t} = \beta_{10} + \beta_{12}Y_{2t} + \gamma_{11}X_{1t} + \gamma_{12}X_{2t} + u_{1t} \qquad (20.4.7)$$

$$Y_{2t} = \beta_{20} + \beta_{21}Y_{1t} + \gamma_{23}X_{3t} + \gamma_{24}X_{4t} + u_{2t} \qquad (20.4.8)$$

위에서 이미 정의를 내린 변수 이외에 X_3= 전기의 소득, X_4= 전기의 화폐공급을 나타낸다. 그리고 X_3와 X_4는 선결변수들이다.

식 (20.4.7)과 (20.4.8)은 모두 과다식별되고 있음을 즉시 확인할 수 있다. 2SLS를 적용하기 위하여 우리는 다음과 같이 진행할 수가 있다. 1단계에서 각각의 내생변수를 모형안에 등장하는 모든 선결변수에 대하여 회귀시킨다. 그리하여 다음 식을 얻는다.

$$Y_{1t} = \hat{\Pi}_{10} + \hat{\Pi}_{11}X_{1t} + \hat{\Pi}_{12}X_{2t} + \hat{\Pi}_{13}X_{3t} + \hat{\Pi}_{14}X_{4t} + \hat{u}_{1t} \qquad (20.4.9)$$

$$Y_{2t} = \hat{\Pi}_{20} + \hat{\Pi}_{21}X_{1t} + \hat{\Pi}_{22}X_{2t} + \hat{\Pi}_{23}X_{3t} + \hat{\Pi}_{24}X_{4t} + \hat{u}_{2t} \qquad (20.4.10)$$

2단계에서 우리는 원래 구조 방정식에 나타나는 Y_1과 Y_2 대신에 바로 위에 나타난 두 개의 회귀식으로부터 얻은 추정치들로 대체한 후 OLS를 다음 식에서 보는 바와 같이 적용한다.

---

14. 그러나 소표본에서는 $\hat{Y}_{1t}$이 u_i^*와 상관관계를 가질 가능성이 있음을 주목해야 한다. 그 이유는 다음과 같다. 방정식 (20.4.4)로부터 우리는 $\hat{Y}_{1t}$이 선결변수 X들의 가중선형결합이라는 것을 알 수가 있으며 그 가중치는 $\hat{\Pi}$들인 것이다. 비록 선결변수가 진실로 비확률변수라고 할지라도 $\hat{\Pi}$들은 추정량이기 때문에 확률변수의 성질을 지니고 있다. 그러므로 $\hat{Y}_{1t}$는 역시 확률변수인 셈이다. 축약형 계수와 간접 최소자승추정법에 관한 논의로부터 축약형 계수인 $\hat{\Pi}$들은 u_2와 같은 확률적 교란항의 함수인 사실이 분명하다. 그리고 $\hat{Y}_{1t}$가 $\hat{\Pi}$들에 의존하고 있기 때문에 $\hat{Y}_{1t}$은 u_t^*의 한 구성요소인 u_2와 상관관계가 있을 가능성이 있다. 그러나 이미 지적한 바와 같이 이와 같은 상관관계는 표본의 크기가 무한대로 늘어남에 따라 소멸되는 것이다. 이러한 논의의 요체는 표본의 크기가 작을 경우 2단계 최소자승법도 결국 편의를 지닌 추정치를 도출해 낼 수 있다는 점이다.

$$Y_{1t} = \beta_{10} + \beta_{12}\hat{Y}_{2t} + \gamma_{11}X_{1t} + \gamma_{12}X_{2t} + u^*_{1t} \qquad (20.4.11)$$

$$Y_{2t} = \beta_{20} + \beta_{21}\hat{Y}_{1t} + \gamma_{23}X_{3t} + \gamma_{24}X_{4t} + u^*_{2t} \qquad (20.4.12)$$

위에서 $u^*_{1t} = u_{1t} + \beta_{12}\hat{u}_{2t}$ 그리고 $u^*_{2t} = u_{2t} + \beta_{21}\hat{u}_{1t}$이다. 이와 같은 방법으로 얻은 추정치들은 일치 추정치가 되는 것이다.

2SLS에 관한 다음의 특성을 주시하여야 한다.

1. 모형에 등장하는 여타 방정식을 직접적으로 고려하지 않고 모형 안에 있는 각각의 개별 방정식에 적용될 수 있다. 그러므로 방정식의 수가 많은 계량모형의 解를 구함에 있어서 2SLS는 지극히 경제적인 방법을 제시해 주는 것이다. 바로 이러한 방법 때문에 이 방법론은 실제에 있어서 광범하게 적용되고 있다.
2. 과다식별된 방정식에서 모수들에 대한 복수의 추정치들을 제공하여 주었던 ILS와는 상이하게 2SLS는 각각의 모수에 대한 단 한 가지 값만을 제시해 준다.
3. 2SLS는 응용하기가 쉽다. 왜냐하면 우리가 필요한 것은 모형안에 있는 여타 어느 변수에 대해서 알 필요없이 단지 외생변수 혹은 선결변수들의 숫자만 알면 되는 것이다.
4. 비록 과다식별된 방정식을 처리하기 위하여 고안되었지만 2SLS는 적도식별된 방정식에 대하여서도 적용될 수 있다. 그러한 경우 ILS와 2SLS는 동일한 추정치를 제공하여 준다(그 이유는?).
5. 만약 (제 1 단계 회귀식인) 축약형 회귀식에 나타나는 R^2의 값이 예컨대 0.8을 초과할 만큼 대단히 클지라도 고전적 OLS추정치와 2SLS추정치들은 상호간에 대단히 비슷한 값을 가지게 된다. 그러나 이것을 놀랄만한 것이 못된다. 왜냐하면 1단계에서 R^2의 값이 대단히 크다면 내생변수의 추정치들이 그들의 실제값에 대단히 가깝다는 것을 의미한다. 따라서 내생변수의 추정량들은 원래의 구조방정식에 나타나는 확률적 교란항과 상관관계를 가질 가능성이 적은것이다(그 이유는?).[15] 그러나 1단계 회귀식에서 R^2들의 값이 대단히 작다면 2SLS추정치들은 실질적으로는 의미가 없게 될 것이다. 왜냐하면 우리는 2단계에서 원래의 Y들 대신에 1단계 회귀추정에서 추정된 $\hat{Y}$들로 대체하는 것인데, 이런 경우의 $\hat{Y}$은 본질적으로 확률적 교란항일 뿐이기 때문이다. 바꾸어 말하면 이러한 경우 $\hat{Y}$들은 원래의 Y들에 대단히 부적절한 대리변수가 되는 것이다.
6. 방정식 (20.3.15)에서 IS회귀식들을 제시할 때 (각주10에 설명된 이유 때

15. 극단적인 경우 $R^2 = 1$이라는 사실이 제 1 단계 회귀식에서 성립하면 원래(과다식별된) 방정식에서 내생설명변수들은 실질적으로 비확률적 변수가 되는 것이다(그 이유는?).

문에) 추정된 계수의 표준오차를 명기하지 않았음을 유의하자. 그러나 표준오차는 2SLS추정치에 대해서는 제시될 수 있다. 왜냐하면 구조방정식 계수가 2단계 최소자승법으로부터 직접적으로 추정될 수 있기 때문이다. 그러나 한 가지 주의를 요하는 사항이 있다. 2단계 최소자승법 회귀식에서 추정된 표준오차는 수정되어야만 한다. 왜나하면 방정식 (20.4.6)에서 본 바와 같이 확률적 교란항 u_t^*는 실제에 있어서 원래의 오차항 u_{2t}와 $\beta_{21}\hat{u}_t$을 합한 것이다. 그러므로 u_t^*의 분산은 원래의 u_t의 분산과는 동일하지 않다. 그러나 분산에 필요한 수정은 부록 20.A의 20.A.2에서 제시된 공식에 의하여 쉽게 이루어질 수 있다.

7. 2SLS를 이용함에 있어서 Theil이 이야기한 다음의 평가를 명심하여야 할 것이다.

> "2SLS"의 통계적 정당성은 대표본 모형과 관련하여 부여될 수 있다. 시차 내생변수가 존재하지 않을 때, ... 2SLS계수의 추정량들은 만약 외생변수들의 표본추출을 반복할 때마다 상수값을 가지고, 만약 그 확률적 교란항들이(다양한 행동 내지 구조방정식에 나타나는) ... 독립적으로 동일하게 평균값 0을 가지고 그리고 확정된 분산을 가지고 있다면 2SLS계수의 추정량들은 일치성을 지니게 되는 것이다. ... 만약 이들 두 가지 조건들이 충족된다면 2SLS의 추정량들이 가지는 표본분포는 표본의 크기가 클 때에 대체적으로 정규분포를 이루게 된다.
>
> 만약 모형들에 나타나는 방정식이 시차 내생변수를 포함하고 있다면 2SLS계수 추정량이 일치성과 대표본 정규분포성을 지니기 위해서는 또 하나의 조건이 필요하다. 즉 표본의 크기가 증가함에 따라 각 시차 내생변수가 취하는 값들의 평균치의 자승이 확률적으로 陽의 극한값으로 수렴된다는 조건이 피요하다. ...만약 각각의 구조방정식에 나타나는 확률적 교란항들이 독립적으로 분포되어 있지 않으면 시차내생변수는 그 방정식의 현시점 운용에서 독립적이지 못하다. ...그것은 이들 변수들이 실질적으로 선결변수가 아니라는 것을 의미한다. 만약 이들 변수가 그럼에도 불구하고 2SLS절차에서 선결변수로 취급된다면 그 추정량들은 일치추정량이 아니다.[16]

20.5 2SLS : 수치적 예제

2SLS방법론을 설명하기 위하여 앞에서 제시한 방정식 (20.4.1)과 (20.4.2)의 소득−화폐공급 모형을 고찰해 보자. 이미 보여준 바와 같이 화폐공급방정식은 과다식별되고 있다. 이 방정식의 모수들을 추정하기 위하여 2단계 최소자승법을 사용하였다. 분석에 필요한 자료들은 표 20.2에 제시되고 있다; 이 표는 연습문제에서 요구되는 몇 개의 질문에 대하여 해답을 도출하는데 필요한 자료들도 포함하고 있다.

16. Henri Theil, *Introduction to Econometrics,* Prentice−Hall, Englewood Cliffs, N.J, 1978, pp.341−342

표 20.2
미국 GDP, M2, FEDEXP, TB6, USA, 1970-2005

출처 : *Economic Report of the President*, 2007. Tables B-2, B-69, B-84, B-73.

Observation	GDP (Y_1)	M2 (Y_2)	GPDI (X_1)	FEDEXP (X_2)	TB6 (X_3)
1970	3,771.9	626.5	427.1	201.1	6.562
1971	3,898.6	710.3	475.7	220.0	4.511
1972	4,105.0	802.3	532.1	244.4	4.466
1973	4,341.5	855.5	594.4	261.7	7.178
1974	4,319.6	902.1	550.6	293.3	7.926
1975	4,311.2	1,016.2	453.1	346.2	6.122
1976	4,540.9	1,152.0	544.7	374.3	5.266
1977	4,750.5	1,270.3	627.0	407.5	5.510
1978	5,015.0	1,366.0	702.6	450.0	7.572
1979	5,173.4	1,473.7	725.0	497.5	10.017
1980	5,161.7	1,599.8	645.3	585.7	11.374
1981	5,291.7	1,755.4	704.9	672.7	13.776
1982	5,189.3	1,910.3	606.0	748.5	11.084
1983	5,423.8	2,126.5	662.5	815.4	8.75
1984	5,813.6	2,310.0	857.7	877.1	9.80
1985	6,053.7	2,495.7	849.7	948.2	7.66
1986	6,263.6	2,732.4	843.9	1,006.0	6.03
1987	6,475.1	2,831.4	870.0	1,041.6	6.05
1988	6,742.7	2,994.5	890.5	1,092.7	6.92
1989	6,981.4	3,158.5	926.2	1,167.5	8.04
1990	7,112.5	3,278.6	895.1	1,253.5	7.47
1991	7,100.5	3,379.1	822.2	1,315.0	5.49
1992	7,336.6	3,432.5	889.0	1,444.6	3.57
1993	7,532.7	3,484.0	968.3	1,496.0	3.14
1994	7,835.5	3,497.5	1,099.6	1,533.1	4.66
1995	8,031.7	3,640.4	1,134.0	1,603.5	5.59
1996	8,328.9	3,815.1	1,234.3	1,665.8	5.09
1997	8,703.5	4,031.6	1,387.7	1,708.9	5.18
1998	9,066.9	4,379.0	1,524.1	1,734.9	4.85
1999	9,470.3	4,641.1	1,642.6	1,787.6	4.76
2000	9,817.0	4,920.9	1,735.5	1,864.4	5.92
2001	9,890.7	5,430.3	1,598.4	1,969.5	3.39
2002	10,048.8	5,774.1	1,557.1	2,101.1	1.69
2003	10,301.0	6,062.0	1,613.1	2,252.1	1.06
2004	10,703.5	6,411.7	1,770.6	2,383.0	1.58
2005	11,048.6	6,669.4	1,866.3	2,555.9	3.40

주: Y_1=GDP=국내총생산(2000년 달러기준, 10억 달러)
Y_2=M_2=M_2화폐공급(10억 달러)
X_1=GDPI=총 민간국내투자(2000년 달러기준, 10억 달러)
X_2=FEDEXP=연방정부지출(10억 달러)
X_3=TB6=6개월 재무성 공채 이자율(%)

1단계 회귀식

먼저 확률적 설명변수이며 GDP로 표시되고 있는 소득변수 Y_1을 선결변수인 민간투자 X_1과 정부지출 X_2에 회귀하여 다음 결과를 얻었다.

$$\begin{aligned}\hat{Y}_{1t} &= 2689.848 \quad + \quad 1.8700X_{1t} + \quad 2.0343X_{2t}\\ \text{se} &= \quad (67.9874) \qquad (0.1717) \qquad (0.1075) \\ t &= \quad (39.5639) \qquad (10.8938) \qquad (18.9295) \qquad R^2 = 0.9964\end{aligned} \tag{20.5.1}$$

2단계 회귀식

(20.4.2)에 나타나는 통화공급방정식을 추정하기 위하여 (20.5.1)에서 추정된

$(=\hat{Y}_1)$으로 Y_1을 대체하여 다음의 결과를 얻었다.

$$\begin{aligned}\hat{Y}_{2t} &= -2440.180 \quad + \quad 0.7920\hat{Y}_{1t} \\ \text{se} &= \quad (127.3720) \qquad (0.0178) \\ t &= \quad (-19.1579) \qquad (44.5246) \qquad R^2 = 0.9831\end{aligned} \tag{20.5.2}$$

우리는 앞에서 방정식 (20.5.2)에 제시되고 있는 추정된 표준오차들은 부록 20.A의 20.A.2에서 제안된 것과 같은 방법으로 수정되어야 한다는 것을 지적한 바 있다.

$$\begin{aligned}\hat{Y}_{2t} &= -2440.180 \quad + \quad 0.7920\hat{Y}_{1t} \\ \text{se} &= \quad (126.9598) \qquad (0.0212) \\ t &= \quad (-17.3149) \qquad (37.3057) \qquad R^2 = 0.9803\end{aligned} \tag{20.5.3}$$

부록 20.A에서 지적했듯이, (20.5.3)의 표준오차는 (20.5.2)의 표준오차와 그리 크게 다르지 않다. 그 이유는 1 단계에서 R^2가 매우 높았기 때문이다.

OLS회귀식

비교를 하기 위하여 확률적 교란항의 영향으로부터 확률변수 Y_1이 받고 있는 확률적 교란항의 영향을 "씻어내지 않은 채" 식 (20.4.2)에 제시된 소득변수에 대한 통화저량을 회귀하였다.

$$\begin{aligned}\hat{Y}_{2t} &= -2195.468 \quad + \quad 0.7911Y_{1t} \\ \text{se} &= \quad (126.6460) \qquad (0.0211) \\ t &= \quad (-17.3354) \qquad (37.3812) \qquad R^2 = 0.9803\end{aligned} \tag{20.5.4}$$

잘못 적용된 OLS결과와 제 2단계 최소자승법에 의한 회귀식의 결과와 비교해 보면 두 회귀식의 결과들이 사실상 거의 동일함을 알 수 있다. 그렇다면 이 사실은 2SLS절차가 쓸모없다는 것을 뜻하고 있는가? 전혀 그러하지 않다. 위의 문제에서 두 방법으로 얻은 결과가 사실상 동일하다고 하는 것은 결코 놀랄 일이 아니다. 왜냐하면 이미 지적된 바와 같이 제 1단계 회귀식에서 얻은 R^2의 값이 대단히 높기 때문에 추정된 $\hat{Y}_{1t}$은 실제값 Y_{1t}와 사실상 동일했기 때문이다. 그러므로 이러한 경우에 OLS와 2단계 최소자승회귀식의 결과가 다소 비슷할 수밖에 없는 것이다. 그러나 이와 같은 결과가 모든 경우에 일어난다는 보장은 없다. 따라서 이러한 결과가 우리에게 의미하는 바는 과다식별된 방정식에서 우리는 2단계 최소자승법의 결과를 확인하지 않고 고전적 OLS결과를 수용해서는 안된다는 점이다.

GDP와 화폐공급간의 연립성

GDP(Y_1)와 화폐공급(Y_2)이 서로 의존적인지 확인하여 보자. 이를 위해 19장에서 논의한 Hausman의 연립성 검정을 사용한다.

우선, GDP를 체계내의 외생변수 X_1(투자지출)과 X_2(정부지출)에 회귀한다(즉, 축약형 회귀를 추정하는 것이다.) 식 (19.4.7)에서 제시한 바와 같이 이 회귀로부터 추정된 GDP의 추정된 잔차 $\hat{v}_t$를 구한다 그리고 나서 화폐공급을 추정된 GDP와 v_t에 회귀하여 다음의 결과를 구한다.

$$\begin{aligned} \hat{Y}_{2t} &= -2198.297 \quad + \quad 0.7915\hat{Y}_{1t} + \ 0.6984\hat{v}_t \\ \text{se} &= \quad (129.0548) \qquad (0.0215) \qquad (0.2970) \\ t &= \quad (-17.0338) \quad (36.70016) \quad (2.3511) \end{aligned} \tag{20.5.5}$$

$\hat{v}_t$의 t값이 통계적으로 유의하기 때문에(p값이 0.0263임) 화폐공급과 GDP간의 연립성에 관한 가설을 기각할 수 없는데, 이 결과는 그리 놀라운 일이 아니다(주: 엄격히 말해서, 표본이 클 때에만 이 결론이 유효하다 : 기술적으로는 표본의 크기가 무한히 증가할 때를 의미한다).

가설검정

소득이 화폐수요에 아무런 영향도 미치지 않는다는 가설을 검정하고자 한다고 하자. 통상적인 t 검정을 가지고 추정된 회귀 (20.5.2)로부터 이 가설을 검정할 수 있는가? 표본의 크기가 크다는 전제하에서 그리고 (20.5.3)에 나타난 표준오차를 교정한다는 전제 하에서 개별적인 계수의 유의성은 t 검정을, 그리고 두 개 이상의 계수의 결합 유의성은 공식 (8.4.7)의 F 검정을 사용하면 된다.[17]

구조적 방정식의 오차항이 자기상관되어 있거나 체계내 다른 구조방정식의 오차항과 상관관계가 있다면 어떠한 일이 발생할 것인가? 이 질문에 대한 충분한 답은 이책의 수준을 넘기 때문에 참고문헌으로 남기는 것이 나을 것이다(각주 7의 참고문헌을 참조할 것). 그럼에도 불구하고 이러한 복잡함을 다루기 위한 추정기법(Zellner의 SURE 기법과 같은 방법)이 존재한다.

이 예제를 마치면서 추가할 것은, 2SLS를 적용하는데 있어 다양한 단계는 STATA나 EViews와 같은 통계패키지가 기계적으로 처리한다는 것이다. 2SLS의 구체적인 내용을 보여준 것은 단지 교육적 이유 때문이다. 연습문제 20.15를 참조하여라.

---

17. 그러나 조심을 해야한다 : 분자에 있는 제약받는 RSS와 제약받지 않는 RSS를 예측된 Y를 사용하여 계산하여야 하고 (2SLS의 2 단계와 같이) 그리고 분자에 있는 RSS는 설명변수의 예측치가 아니라 실제값을 사용하여 계산하여야 한다. 이 점에 관하여는 T. Dudley Wallace and J. Lew Silver, *Econometrics : An Introduction,* Addison-Wesley, Reading, Mass., 1988, Sec. 8.5를 참조할 것.

20.6 설명을 위한 예제

이 절에서 우리는 연립방정식 방법론에 대한 몇 가지 응용을 고려하고자 한다.

예제 20.1

광고, 집중율, 가격마진

광고와 집중율 그리고 가격비용의 마진 사이에 상관관계를 연구하기 위하여 Strickland와 Weiss는 다음의 세 가지 방정식으로 구성된 모형을 정립했다.[18]

광고함수:

$$Ad/S = a_0 + a_1 M + a_2(CD/S) + a_3 C + a_4 C^2 + a_5 Gr + a_6 Dur \quad \textbf{(20.6.1)}$$

집중함수:

$$C = b_0 + b_1(Ad/S) + b_2(MES/S) \quad \textbf{(20.6.2)}$$

가격-비용 마진 함수:

$$M = c_0 + c_1(K/S) + c_2 Gr + c_3 C + c_4 GD + c_5(Ad/S) + c_6(MES/S) \quad \textbf{(20.6.3)}$$

여기에서 Ad = 광고비지출, S = 출하량, C = 4개 기업의 집중률, CD = 소비자 수요, MES = 최소효율규모, M = 가격/비용마진, Gr = 산업생산의 연간 증가율, Dur = 내구재 산업 가변수, K = 자본저량, GD = 산출의 지리적 분산 척도

식별을 위한 위수조건에 의하면 방정식 (20.6.2)는 과다식별이 된 반면에, 방정식 (20.6.1)과 (20.6.3)은 적도식별이 되었다.

분석자료들은 1963년도 제조업 센서스로부터 얻은 것이며 417개 4단위 제조업종들 가운데서 408개의 업종들을 포함하고 있다. 3개의 방정식이 먼저 OLS에 의하여 추정되었고 그 결과는 표 20.3에 제시되었다. 연립방정식 편의를 수정하기 위하여 저자들은 위의 모형을 2SLS로 다시 추정하였으며 그 결과는 표 20.4에 나타나고 있다. 독자들이 스스로 두 결과를 상호 비교하여 보라.

표 20.3
3개 방정식에 대한 OLS 추정치 (괄호안의 값은 t비율임

	종속변수		
	Ad/S Eq. (20.6.1)	C Eq. (20.6.2)	M Eq. (20.6.3)
Constant	−0.0314 (−7.45)	0.2638 (25.93)	0.1682 (17.15)
C	0.0554 (3.56)	—	0.0629 (2.89)
C^2	−0.0568 (−3.38)	—	—
M	0.1123 (9.84)	—	—
CD/S	0.0257 (8.94)	—	—
Gr	0.0387 (1.64)		0.2255 (2.61)
Dur	−0.0021 (−1.11)	—	—
Ad/S	—	1.1613 (3.3)	1.6536 (11.00)
MES/S	—	4.1852 (18.99)	0.0686 (0.54)
K/S	—	—	0.1123 (8.03)
GD	—	—	−0.0003 (−2.90)
R^2	0.374	0.485	0.402
df	401	405	401

18. "Advertising, Concentration, and Price-Cost Margins," *Journal of Political Economy,* vol. 84, no. 5, 1976, pp. 1109-1121..

예제 20.1

(계속)

표 20.4 3개 방정식에 대한 2-단계 최소자승 추정치(괄호안의 값은 *t*비율임)

	종속변수		
	Ad/S Eq. (20.6.1)	*C* Eq. (20.6.2)	*M* Eq. (20.6.3)
Constant	−0.0245 (−3.86)	0.2591 (21.30)	0.1736 (14.66)
C	0.0737 (2.84)	—	0.0377 (0.93)
C^2	−0.0643 (−2.64)	—	—
M	0.0544 (2.01)	—	—
CD/*S*	0.0269 (8.96)	—	—
Gr	0.0539 (2.09)	—	0.2336 (2.61)
Dur	−0.0018 (−0.93)	—	—
Ad/*S*	—	1.5347 (2.42)	1.6256 (5.52)
MES/*S*	—	4.169 (18.84)	0.1720 (0.92)
K/*S*	—	—	0.1165 (7.30)
GD	—	—	−0.0003 (−2.79)

예제 20.2

Klelin모형 I

예제 18.6에서 우리는 Klein의 선구자적 모형을 간단히 논의한 바 있다. 원래 이 모형은 1920-41년의 기간에 대하여 추정된 것이었다. 이 모형과 관련된 자료는 표 20.5에 수록되고 있으며 OLS, 축약형, 그리고 2SLS 추정치들이 표 20.6에 제시되고 있다. 이들 결과에 대하여 독자들이 스스로 해석하기를 바란다.

표 20.5 Klein 모형 I에 대한 자료

Year	*C**	*P*	*W*	*I*	K_{-1}	*X*	*W′*	*G*	*T*
1920	39.8	12.7	28.8	2.7	180.1	44.9	2.2	2.4	3.4
1921	41.9	12.4	25.5	−0.2	182.8	45.6	2.7	3.9	7.7
1922	45.0	16.9	29.3	1.9	182.6	50.1	2.9	3.2	3.9
1923	49.2	18.4	34.1	5.2	184.5	57.2	2.9	2.8	4.7
1924	50.6	19.4	33.9	3.0	189.7	57.1	3.1	3.5	3.8
1925	52.6	20.1	35.4	5.1	192.7	61.0	3.2	3.3	5.5
1926	55.1	19.6	37.4	5.6	197.8	64.0	3.3	3.3	7.0
1927	56.2	19.8	37.9	4.2	203.4	64.4	3.6	4.0	6.7
1928	57.3	21.1	39.2	3.0	207.6	64.5	3.7	4.2	4.2
1929	57.8	21.7	41.3	5.1	210.6	67.0	4.0	4.1	4.0
1930	55.0	15.6	37.9	1.0	215.7	61.2	4.2	5.2	7.7
1931	50.9	11.4	34.5	−3.4	216.7	53.4	4.8	5.9	7.5
1932	45.6	7.0	29.0	−6.2	213.3	44.3	5.3	4.9	8.3
1933	46.5	11.2	28.5	−5.1	207.1	45.1	5.6	3.7	5.4
1934	48.7	12.3	30.6	−3.0	202.0	49.7	6.0	4.0	6.8
1935	51.3	14.0	33.2	−1.3	199.0	54.4	6.1	4.4	7.2
1936	57.7	17.6	36.8	2.1	197.7	62.7	7.4	2.9	8.3
1937	58.7	17.3	41.0	2.0	199.8	65.0	6.7	4.3	6.7
1938	57.5	15.3	38.2	−1.9	201.8	60.9	7.7	5.3	7.4
1939	61.6	19.0	41.6	1.3	199.9	69.5	7.8	6.6	8.9
1940	65.0	21.1	45.0	3.3	201.2	75.7	8.0	7.4	9.6
1941	69.7	23.5	53.3	4.9	204.5	88.4	8.5	13.8	11.6

*변수 설명은 예제 18.6에 있음

출처: G. S. Maddala, *Econometrics*, McGraw-Hill, New York, 1977, p.238

예제 20.2

(계속)

표 20.6 Klein 모형 I에 대한 OLS, 축약형, 2SLS 추정치

OLS:

$$\hat{C} = 16.237 + 0.193P + 0.796(W+W') + 0.089P_{-1} \qquad \bar{R}^2 = 0.978 \quad DW = 1.367$$
$$(1.203) \quad (0.091) \quad (0.040) \quad (0.090)$$

$$\hat{I} = 10.125 + 0.479P + 0.333P_{-1} - 0.112K_{-1} \qquad \bar{R}^2 = 0.919 \quad DW = 1.810$$
$$(5.465) \quad (0.097) \quad (0.100) \quad (0.026)$$

$$\hat{W} = 0.064 + 0.439X + 0.146X_{-1} + 0.130t \qquad \bar{R}^2 = 0.985 \quad DW = 1.958$$
$$(1.151) \quad (0.032) \quad (0.037) \quad (0.031)$$

축약형:

$$\hat{P} = 46.383 + 0.813P_{-1} - 0.213K_{-1} + 0.015X_{-1} + 0.297t - 0.926T + 0.443G$$
$$(10.870) \quad (0.444) \quad (0.067) \quad (0.252) \quad (0.154) \quad (0.385) \quad (0.373)$$
$$\bar{R}^2 = 0.753 \quad DW = 1.854$$

$$\widehat{W+W'} = 40.278 + 0.823P_{-1} - 0.144K_{-1} + 0.115X_{-1} + 0.881t - 0.567T + 0.859G$$
$$(8.787) \quad (0.359) \quad (0.054) \quad (0.204) \quad (0.124) \quad (0.311) \quad (0.302)$$
$$\bar{R}^2 = 0.949 \quad DW = 2.395$$

$$\hat{X} = 78.281 + 1.724P_{-1} - 0.319K_{-1} + 0.094X_{-1} + 0.878t - 0.565T + 1.317G$$
$$(18.860) \quad (0.771) \quad (0.110) \quad (0.438) \quad (0.267) \quad (0.669) \quad (0.648)$$
$$\bar{R}^2 = 0.882 \quad DW = 2.049$$

2SLS:

$$\hat{C} = 16.543 + 0.019P + 0.810(W+W') + 0.214P_{-1} \qquad \bar{R}^2 = 0.9726$$
$$(1.464) \quad (0.130) \quad (0.044) \quad (0.118)$$

$$\hat{I} = 20.284 + 0.149P + 0.616P_{-1} - 0.157K_{-1} \qquad \bar{R}^2 = 0.8643$$
$$(8.361) \quad (0.191) \quad (0.180) \quad (0.040)$$

$$\hat{W} = 0.065 + 0.438X + 0.146X_{-1} + 0.130t \qquad \bar{R}^2 = 0.9852$$
$$(1.894) \quad (0.065) \quad (0.070) \quad (0.053)$$

*변수의 설명은 예제 18.6에 있음(괄호안의 값은 표준오차임)

예제 20.3

축차적 체계로서 표시된 자본자산가격 결정 모형

축차적 연립방정식 모형을 특이하게 응용한 연구에서 Cheng F. Lee와 W. P. Lloyd[19]는 석유산업에 대하여 다음의 모형을 추정하였다.

$$R_{1t} = \alpha_1 + \gamma_1 M_t + u_{1t}$$
$$R_{2t} = \alpha_2 + \beta_{21}R_{1t} + \gamma_2 M_t + u_{2t}$$
$$R_{3t} = \alpha_3 + \beta_{31}R_{1t} + \beta_{32}R_{2t} + \gamma_3 M_t + u_{3t}$$
$$R_{4t} = \alpha_4 + \beta_{41}R_{1t} + \beta_{42}R_{2t} + \beta_{43}R_{3t} + \gamma_4 M_t + u_{4t}$$
$$R_{5t} = \alpha_5 + \beta_{51}R_{1t} + \beta_{52}R_{2t} + \beta_{53}R_{3t} + \beta_{54}R_{4t} + \gamma_5 M_t + u_{5t}$$
$$R_{6t} = \alpha_6 + \beta_{61}R_{1t} + \beta_{62}R_{2t} + \beta_{63}R_{3t} + \beta_{64}R_{4t} + \beta_{65}R_{5t} + \gamma_6 M_t + u_{6t}$$
$$R_{7t} = \alpha_7 + \beta_{71}R_{1t} + \beta_{72}R_{2t} + \beta_{73}R_{3t} + \beta_{74}R_{4t} + \beta_{75}R_{5t} + \beta_{76}R_{6t} + \gamma_7 M_t + u_{7t}$$

R_1 = 주식1(= Imperial Oil)에 대한 수익률
R_2 = 주식2(= Sun Oil)에 대한 수익률
⋮
R_7 = 주식7(= Standard of Indiana)에 대한 수익률
M_t = 시장지수에 대한 수익률
u_{it} = 교란항(i=1, 2, ..., 7)

19. "The Capital Asset Precing Model Expressed as a Recursive System An Empirical Investigation," *Journal of Financial and Quantittiative Analysis,* June 1976, pp.237–249. 참조할 것.

예제 20.3

(계속)

결과를 제시하기 이전에 당연히 제기되는 질문이 있다. 우리는 어느 것이 주식1이고 어느 것이 주식 2인가 등에 대한 선택을 어떻게 할 수 있는가? Lee와 Lloyd는 이 질문에 대하여 순전히 실증적 관점에서 대답을 하고 있다. 그들은 주식 i에 대한 수익률을 나머지 6가지 주식에 대한 수익률에 대하여 회귀추정을 하고, 그 결과로 나타난 R^2을 검토하였다. 따라서 그와 같은 방법으로 추정된 7가지의 회귀식이 있을 수 있는 것이다. 그렇게 한 연후 그들은 추정된 R^2의 값을 가장 낮은 값으로부터 가장 높은 값으로 배열하였다. 가장 낮은 R^2의 값을 가진 주식은 주식 1로 지정되었고, 가장 높은 R^2의 값을 가진 주식은 주식 7로 지정되었다. 이와 같은 평가방법의 뒷 배경에 놓여 있는 개념은 직관적으로 보더라도 단순한 것이다. 만약, 예컨대 Imperial Oil의 주식 수익률에 대한 R^2의 값이 다른 6가지 주식에 비교하여 가장 낮다면 그것은 이 주식이 여타 주식들의 수익률 변동으로부터 가장 적게 영향을 받고 있음을 의미한다. 그러므로 이와 같은 원칙에 따르는 배열이 한 주식에서 다른 주식으로 흘러가고 여타 주식으로부터 역으로 영향을 받는 일은 없게 되는 것이다.

비록 이와 같은 원칙에 따른 임의의 배열을 위하여 이용한 순수한 실증적 접근에 반대할지라도 표 20.7에 주어진 바와 같이 그들의 실증적 결과를 제시하여 보자.

예제 5.5에서 우리는 시장수익률에 대하여 특정주식 i의 수익률을 단순 회귀한 현대 투자이론의 기본적 계보를 소개하였다. "계수"로 알려진 기울기계수는 주식수익율의 변동폭에 대한 하나의 지표를 나타내는 것이다. Lee와 Lloyd회귀분석의 결과가 암시하는 것은 시장 포트폴리오에 의하여 나타나는 보통 주식시장의 영향으로부터 벗어난 주식의 수익률 사이에는 산업 내부의 관계에서 유의성을 지니고 있다는 사실이다. 그러므로 Standard of Indiana주식의 수익은 시장수익률에 의존할 뿐만 아니라 Shell oil, Phillips Petroleum, Union Oil에도 의존하고 있는 것이다. 이와 같은 사실을 다른 각도에서 표현하면, Standard of Indiana주식의 수익률 변동은 만약 시장수익율 이외에 우리가 Shell oil, Phillips Petroleum, Union Oil 의 수익률까지도 고려할 때 훨씬 더 잘 설명될 수 있는 것이다.

표 20.7
석유산업에 대한 축차적 체계 추정치

	선형 종족변수						
	Standard of Indiana	Shell Oil	Phillips Petroleum	Union Oil	Standard of Ohio	Sun Oil	Imperial Oil
Standard of Indiana							
Shell Oil	0.2100* (2.859)						
Phillips Petroleum	0.2293* (2.176)	0.0791 (1.065)					
Union Oil	0.1754* (2.472)	0.2171* (3.177)	0.2225* (2.337)				
Standard of Ohio	−0.0794 (−1.294)	0.0147 (0.235)	0.4248* (5.501)	0.1468* (1.735)			
Sun Oil	0.1249 (1.343)	0.1710* (1.843)	0.0472 (0.355)	0.1339 (0.908)	0.0499 (0.271)		
Imperial Oil	−0.1077 (−1.412)	0.0526 (0.6804)	0.0354 (0.319)	0.1580 (1.290)	−0.2541* (−1.691)	0.0828 (0.971)	
Constant	0.0868 (0.681)	−0.0384 (1.296)	−0.0127 (−0.068)	−0.2034 (0.986)	0.3009 (1.204)	0.2013 (1.399)	0.3710* (2.161)
Market index	0.3681* (2.165)	0.4997* (3.039)	0.2884 (1.232)	0.7609* (3.069)	0.9089* (3.094)	0.7161* (4.783)	0.6432* (3.774)
R^2	0.5020	0.4658	0.4106	0.2532	0.0985	0.2404	0.1247
Durbin–Watson	2.1083	2.4714	2.2306	2.3468	2.2181	2.3109	1.9592

*:양측검정에서 10% 또는 그 보다 강한 유의성을 지님
주: t값은 계수 바로 아래의 괄호안에 있음
출처: Cheng F. Lee and W. P. Lloyd, op. cit., Table 3b.

예제 20.4

수정된 St. Louis 모형[20]

유명한 그러나 가끔 논란의 대상이 되는 세인트 루이스 모형은 원래 1960년대 개발되었으나 몇 차례 수정된 바 있다. 수정된 세인트 루이스모형의 한 유형이 표 20.8에 제시되고 있으며 그 모형의 실증적 결과가 표 20.9에 나타나고 있다(주:변수 위의 점(·)은 그 변수의 성장률을 표시한다). 이 모형은 기본적으로 표20.8에 나타난 방정식 (1), (2), (4), 그리고 (5)의 방정식으로 구성되었다. 그리고 나머지 방정식들은 정의식을 표현한다. 방정식 (1)은 OLS에 의하여 추정되었고 방정식 (1), (2), (4)는 계수들에 대한 (종점) 제약조건을 가진 알몬의 시차분배모형에 의하여 추정되었다. 언제나 적절성이 있을 때, 제1차 정차(ρ_1) 및 혹은 제2차 정차(ρ_2)의 시계열 상관을 가지고 있는 경우 방정식들은 모두 수정된 것이다.

위의 결과를 검토하여 보면 (명목)GNP성장률을 결정하는 것은 기본적으로 화폐공급 증가율이며, 높은 고용창출을 위한 정부지출 증가율이 아니라는 사실을 간파할 수 있다. M 계수의 합계는 1.06으로서 통화공급의 1% (지속적)증가가 명목 GNP를 평균 1.06%의 증가로 유도했다는 사실을 의미한다. 그러나 E계수의 합계는 0.05로서 높은 고용창출을 위한 정부지출은 명목 GNP증가율에 실질적으로 영향을 미치지 못했음을 의미하고 있는 것이다. 표 20.9에 수록된 여타 회귀분석의 결과는 독자들이 스스로 해석하여 보라.

표 20.8

St. Louis 모형

(1) $$\dot{Y}_1 = C1 + \sum_{i=0}^{4} CM_i(\dot{M}_{t-i}) + \sum_{i=0}^{4} CE(\dot{E}_{t-i}) + \varepsilon 1_t$$

(2) $$\dot{P}_t = C2 + \sum_{i=1}^{4} \text{CPE}_i(\dot{\text{PE}}_{t-i}) + \sum_{i=0}^{5} CD_i(\dot{X}_{t-i} - \dot{\text{XF}}^*_{t-i1}) + \text{CPA}(\dot{PA}_t) + \text{CDUM1(DUM1)} + \text{CDUM2(DUM2)} + \varepsilon 2_t$$

(3) $$\dot{\text{PA}}_t = \sum_{i=1}^{21} \text{CPRL}_i(\dot{P}_{t-i})$$

(4) $$\text{RL}_t = C3 + \sum_{i=0}^{20} \text{CPRL}_i(\dot{P}_{t-i}) + \varepsilon 3_t$$

(5) $$U_t - \text{UF}_t = CG(\text{GAP}_t) + CG1(\text{GAP}_{t-1}) + \varepsilon 4_t$$

(6) $$Y_t = (P_t/100)(X_t)$$

(7) $$\dot{Y}_t = [(Y_t/Y_{t-i})^4 - 1]100$$

(8) $$\dot{X}_t = [(X_t/X_{t-i})^4 - 1]100$$

(9) $$\dot{P}_t = [(P_t/P_{t-i})^4 - 1]100$$

(10) $$\text{GAP}_t = [(\text{XF}_t/X_t)/\text{XF}_t]100$$

(11) $$\dot{\text{XF}}^*_t = [(\text{XF}_t/X_{t-1})^4 - 1]100$$

Y =명목 GNP	XF =잠재 산출량(Rasche/Tatom)
M =화폐저량(MI)	RL =회사채 수익률
E =고(高) 고용지출	U =실업률
P =GNP 디플레이터(1972=100)	UF =완전고용실업률
PE =에너지 상대가격	DUM 1 =통제가변수(1971-Ⅲ에서 1973-I까지 1, 나머지 기간 0)
X =1972년 달러 기준 산출량	DUM 2 =사후통제가변수(1973-Ⅱ에서 1975-I까지 1, 나머지 기간 0)

출처: Federal Reserve Bank of St. Louis, *Review*, May 1982, p. 14.

20. Federal Reserve Bank of St. Louis, *Review,* May 1984. p.14.

예제 20.4

(계속)

표 20.9 표본내 추정: 1960-I 에서 1980-IV(괄호안에 t의 절대값)

출처: Federal Reserve Bank of St. Louis, *Review*, May1982, p. 14.

(1)
$$\hat{Y}_t = \underset{(2.15)}{2.44} + \underset{(3.38)}{0.40\dot{M}_t} + \underset{(5.06)}{0.39\dot{M}_{t-1}} + \underset{(2.18)}{0.22\dot{M}_{t-2}} + \underset{(0.82)}{0.06\dot{M}_{t-3}} - \underset{(0.11)}{0.01\dot{M}_{t-4}}$$
$$+ \underset{(1.46)}{0.06\dot{E}_t} + \underset{(0.63)}{0.02\dot{E}_{t-1}} - \underset{(0.57)}{0.02\dot{E}_{t-2}} - \underset{(0.52)}{0.02\dot{E}_{t-3}} + \underset{(0.34)}{0.01\dot{E}_{t-4}}$$
$$R^2 = 0.39 \qquad se = 3.50 \qquad DW = 2.02$$

(2)
$$\hat{P}_t = \underset{(2.53)}{0.96} + \underset{(0.75)}{0.01\dot{PE}_{t-1}} + \underset{(1.96)}{0.04\dot{PE}_{t-2}} - \underset{(0.73)}{0.01\dot{PE}_{t-3}} + \underset{(1.38)}{0.02\dot{PE}_{t-4}}$$
$$- \underset{(0.18)}{0.00(\dot{X}_t - \dot{XF}^*_t)} + \underset{(1.43)}{0.01(\dot{X}_{t-1} - \dot{XF}^*_{t-1})} + \underset{(4.63)}{0.02(\dot{X}_{t-2} - \dot{XF}^*_{t-2})}$$
$$+ \underset{(3.00)}{0.02(\dot{X}_{t-3} - \dot{XF}^*_{t-3})} + \underset{(2.42)}{0.02(\dot{X}_{t-4} - \dot{XF}^*_{t-4}} + \underset{(2.16)}{0.01(\dot{X}_{t-5} - \dot{XF}^*_{t-5})}$$
$$+ \underset{(10.49)}{1.03(\dot{PA}_t)} - \underset{(1.02)}{0.61(DUM1_t)} + \underset{(2.71)}{1.65(DUM2_t)}$$
$$R^2 = 0.80 \qquad se = 1.28 \qquad DW = 1.97 \qquad \hat{\rho} = 0.12$$

(4)
$$\widehat{RL}_t = \underset{(3.12)}{2.97} + \underset{(5.22)}{0.96} \sum_{i=0}^{20} \dot{P}_{t-i}$$
$$R^2 = 0.32 \qquad se = 0.33 \qquad DW = 1.76 \qquad \hat{\rho} = 0.94$$

(5)
$$\widehat{U_t - UF_t} = \underset{(11.89)}{0.28(GAP_t)} + \underset{(6.31)}{0.14(GAP_{t-1})}$$
$$R^2 = 0.63 \qquad se = 0.17 \qquad DW = 1.95 \qquad \hat{\rho}_1 = 1.43 \qquad \hat{\rho}_2 = 0.52$$

요약 및 결론

1. 연립방정식 모형에서 임의의 한 방정식이 식별이 되었음을(적도 혹은 과다) 전제로 할 때, 그 방정식을 추정하기 위하여서는 몇 가지 방법이 존재한다.
2. 이와 같은 방법론들은 **단일방정식과 체계 접근법**의 두 가지 형태로 분류될 수 있다.
3. 경제성과 모형표기오차 등의 이유 때문에 지금까지 단일방정식 접근법들이 널리 활용되어 왔다. 이 단일방정식의 중요한 특징은 연립방정식에 등장하는 여타 방정식에 관하여 고려를 하지 않으면서도 주어진 임의의 한 방정식을 추정할 수 있다는 점이다(주:그러나 식별을 위해서는 연립방정식 체계내의 다른 방정식을 고려해야 한다).
4. 통상적으로 사용되는 세 가지의 단일방정식으로 OLS, ILS, 그리고 2SLS가 있다. 선결변수의 선형결합이 내생적 설명변수의 도구변수 혹은 대리변수의 역할을 한다는 의미에서 2SLS는 도구변수방법과 유사하다.
5. 연립방정식 모형에서 일반적으로 OLS는 부적절하지만 설명변수들 상호간에 확정적이고 그 인과관계가 오로지 한 방향으로만 흘러가는 이른바 축차적 모형에서 적용될 수 있다.
6. ILS방법은 적도식별이 된 방정식에 적용할 수 있다. 이 방법으로 축약형

방정식에 대하여 OLS를 적용하고 그로부터 얻은 축약형 계수에서 원래 구조방정식의 계수를 추정할 수 있는 것이다.

7. 2SLS방법은 과다식별된 방정식을 위하여 설계되었지만 적도식별된 방정식에 대해서도 적용할 수 있다. 그러나 그 경우 ILS와 2SLS의 결과는 동일하게 나타난다. 2SLS의 기본개념은 모형에 나타나는 확률적 설명변수를 선결변수들의 선형조합으로 대체하고, 이러한 조합을 원래의 변수 대신에 설명변수로 사용하는 방법이다. 따라서 2SLS방법은 선결변수의 선형결합이 내생적 설명변수의 대리변수 역할을 한다는 의미에서 도구변수 방법과 유사하다.
8. ILS와 2SLS에 관한 주목할 만한 특성은 추정치가 일치성이 있다는 것, 즉 표본의 크기가 무한히 커질수록 추정치는 진정한 모집단 값에 수렴한다는 것이다. 이 추정치들이 불편성과 최소분산과 같은 소표본 특성을 만족하지 않을 수 도 있다. 그러므로 이 방법들을 소표본에 적용하여 얻은 결과와 추론들을 해석할 때에는 조심스럽게 해야 한다.

연습문제

질문

20.1 다음의 내용이 참인지, 거짓인지 밝혀라.

a. 연립방정식 모형에서 구조적 방정식을 추정하는 OLS방법을 적용할 수 없다.

b. 한 방정식이 식별되지 않는 경우에는 2SLS를 사용할 수 없다.

c. 연립성의 문제는 반복적 연립방정식 모형에서는 발생하지 않는다.

d. 연립성의 문제와 인과관계의 문제는 동일한 것을 의미한다.

e. 구조적 방정식을 추정하는데 2SLS와 다른 방법들은 단지 대표본에서만 바람직한 통계적 특성을 지닌다.

f. 연립방정식 모형에 대해서는 R^2와 같은 것이 전반적으로 없다

*g. 방정식의 오차가 자기상관되어 있거나 다른 방정식의 오차항과 상관관계가 있다면 구조적 방정식을 추정하는데 2SLS와 다른 방법들을 적용할 수 없다.

h. 한 방정식이 적도식별된다면 ILS와 2SLS로부터 동일한 결과를 얻는다.

20.2 적도식별된 방정식에 대하여 2단계 최소자승법을 왜 적용하지 않아도 되는가를 설명하라.

---

* 본 문제는 선택과제임

20.3 다음과 같은 케인즈의 국민소득 결정모형을 고찰하자.

$$
\begin{aligned}
C_t &= \beta_{10} + \beta_{11} Y_t + u_{1t} \\
I_t &= \beta_{20} + \beta_{21} Y_t + \beta_{22} Y_{t-1} + u_{2t} \\
Y_t &= C_t + I_t + G_t
\end{aligned}
$$

위에서 $C =$ 소비지출

$I =$ 투자지출

$Y =$ 소득

$G =$ 정부지출

G_t와 Y_{t-1}는 선결변수로 가정됨

a. 축약형 방정식을 구하고 위의 구조방정식 가운데서 어느 방정식이 (적도 혹은 과다)되었는가를 결정하라.

b. 과다식별된 방정식과 적도식별된 방정식의 모수를 추정하기 위하여 독자는 어느 방법론을 사용할 것인가? 이에 대한 해답에 대하여 이유를 설명하라.

20.4 아래의 결과를 검토해 보자.*

$$
\begin{aligned}
&OLS:\ \widehat{\dot{W}}_t = 0.276 + 0.258\dot{P}_t + 0.046\dot{P}_{t-1} + 4.959V_t && R^2 = 0.924 \\
&OLS:\ \widehat{\dot{P}}_t = 2.693 + 0.232\dot{W}_t - 0.544\dot{X}_t + 0.247\dot{M}_t + 0.064\dot{M}_{t-1} && R^2 = 0.982 \\
&2SLS:\ \widehat{\dot{W}}_t = 0.272 + 0.257\dot{P}_t + 0.046\dot{P}_{t-1} + 4.966V_t && R^2 = 0.920 \\
&2SLS:\ \widehat{\dot{P}}_t = 2.686 + 0.233\dot{W}_t - 0.544\dot{X}_t + 0.246\dot{M}_t + 0.046\dot{M}_{t-1} && R^2 = 0.981
\end{aligned}
$$

위에서 $\dot{W}_t$, $\dot{P}_t$, $\dot{M}_t$, 그리고 $\dot{X}_t$는 소득, 가격, 노동생산성에 대한 백분비 변화율을 나타낸다(모든 백분율 변화는 전년도에 대비한 것이다). 그리고 V_t는 채워지지 않은 고용을 표시한다(총고용에 대한 비율).

"OLS와 2SLS는 실제로 동일한 결과를 나타내고 있기 때문에 2SLS는 아무런 의미가 없다." 이에 대하여 논평하라.

†20.5 아래와 같이 콥 더글라스의 생산함수를 지니고 있는 생산활동을 가정하자.

$$Q_i = AK_i^{\alpha} L_i^{\beta}$$

위에서 $Q =$ 산출량

$K =$ 자본요소

$L =$ 노동요소

$A, \alpha, \beta =$ 모수

$i = i$번째 기업

---

* 자료 : *Prices and Earnings in 1951-1969 : An Econometric Assessment,* Department of Employment, U, K., Her Majesty's Stationery Office, London, 1971, p.30.

† 본문제는 선택과제임.

기업최종산출량의 가격 P, 노동의 가격 W, 자본의 가격 R이 주어지고 이윤극대화를 가정할 때 우리는 다음과 같은 생산의 실증모형을 얻을 수 있다.

생산함수 :

$$\ln Q_i = \ln A + \alpha \ln K_i + \beta \ln L_i + \ln u_{1i} \tag{1}$$

노동의 한계생산물 함수 :

$$\ln Q_i = -\ln \beta + \ln L_i + \ln \frac{W}{P} + \ln u_{2i} \tag{2}$$

자본의 한계생산물 함수 :

$$\ln Q_i = -\ln \alpha + \ln K_i + \ln \frac{R}{P} + \ln u_{3i} \tag{3}$$

(위에서 u_1, u_2, u_3는 확률적 교란항이다)

앞의 모형에서 세 개의 내생변수 Q, L, 그리고 K와 두 개의 외생변수 R및 W로 구성된 3개의 연립방정식이 존재하고 있다.

a. 만약 $\alpha+\beta=1$, 즉 규모에 대한 보수불변일 때 위의 모형을 추정하려면 어떠한 문제점에 봉착하게 되는가?

b. 비록 $\alpha+\beta\neq 1$일지라도 위의 방정식들을 추정할 수 있는가? 식별의 문제를 고려하면서 해답을 하라.

c. 만약 위의 모형이 식별이 되지 않았다면 식별이 가능하도록 위의 방정식을 어떻게 바꿔야 하는가?

(주:방정식 (2)와 (3)은 Q를 노동과 자본에 관하여 각기 편미분을 한 후 그 값들이 W/P 및 R/P와 동일하게 한 후 그 결과를 대수로 변환한 값에 확률적 교란항(대수값)을 추가한 것이다.)

20.6 아래와 같은 통화에 대한 수요 공급방정식을 고찰하자.

화폐수요방정식 : $M_t^d = \beta_0 + \beta_1 Y_1 + \beta_2 R_t + \beta_3 P_t + u_{1t}$
화폐공급방정식 : $M_t^s = \alpha_0 + \alpha_1 Y_t + u_{2t}$

위에서 $M=$ 화폐
$Y=$ 소득
$R=$ 이자율
$P=$ 물가

R과 P는 선결변수라고 가정하자.

a. 수요함수는 식별되었는가?

b. 공급함수는 식별되었는가?

c. 적도식별된 방정식(들)의 모수를 추정하기 위하여 어느 방정식을 사용할 것인가? 그 이유는?

d. 화폐공급방정식에 새로운 설명변수 Y_{t-1}과 M_{t-1}을 추가하였다고 가정하자. 그러면 식별의 문제는 어떻게 되는가? 독자는 (c)에서 사용한 방법을 그대로 이용할 것인가? 그 이유는?

20.7 문제 18.10에 등장하는 2개의 방정식에 대하여 축약형 방정식을 구하고 그들의 모수를 추정하라. 간접 최소자승법으로 소득에 대한 소비를 추정한 연후 OLS에 의한 추정결과와 비교하라.

실증문제

20.8 아래 모형을 검토하자.

$$R_t = \beta_0 + \beta_1 M_t + \beta_2 Y_t + u_{1t}$$
$$Y_t = \alpha_0 + \alpha_1 R_t + u_{2t}$$

위에서 M_t는 외생적으로 주어졌다. R_t는 금리 이고, Y_t는 GDP이다.

a. 위의 모형을 어떻게 정당화하겠는가?

b. 방정식들은 식별이 되는가?

c. 표 20.2에 주어진 자료들을 활용하여 적도식별된 방정식의 모수들을 추정하라. 그리고 독자가 사용한 방법론(들)에 대한 사용이유를 설명하라.

20.9 위의 20.8을 다음과 같이 변경하였다고 가정하자.

$$R_t = \beta_0 + \beta_1 M_t + \beta_2 Y_t + \beta_3 Y_{t-1} + u_{1t}$$
$$Y_t = \alpha_0 + \alpha_1 R_t + u_{2t}$$

a. 연립방정식 체계가 식별이 되었는가?

b. 표 20.2에 제시된 자료를 활용하여 적도식별된 방정식(들)의 모수를 추정하라.

20.10 아래 모형을 검토하기로 하자.

$$R_t = \beta_0 + \beta_1 M_t + \beta_2 Y_t + u_{1t}$$
$$Y_t = \alpha_0 + \alpha_1 R_t + \alpha_2 I_t + u_{2t}$$

위에서 변수들은 연습문제 20.8에서 이미 정의되었다. I(투자지출)와 M이 외생적으로 주어졌다고 가정한 후 모형의 식별여부를 결정하라. 표 20.2에 주어진 자료를 이용하여 식별된 방정식(들)의 모수들을 추정하라.

20.11 위의 문제 20.10의 모형을 아래와 같이 바꾸었다고 가정하자.

$$R_t = \beta_0 + \beta_1 M_t + \beta_2 Y_t + u_{1t}$$
$$Y_t = \alpha_0 + \alpha_1 R_t + \alpha_2 I_t + u_{2t}$$
$$I_t = \gamma_0 + \gamma_1 R_t + u_{3t}$$

M은 외생적으로 결정되었다고 가정하자.

a. 방정식들이 식별되었는가의 여부를 판정하라.

b. 표 20.2에 주어진 자료들을 활용하여 적도식별된 방정식(들)의 모수들을 추정하라. 독자의 방법론에 대한 사용근거를 설명하라.

20.12 식 (20.5.3)에 수록된 표준오차를 확인하라.

20.13 식 (20.3.1)과 (20.3.2)의 수요-공급모형을 다시 고려하자. 가령 공급함수가 다음과 같이 변형되었다고 하자.

$$Q_t = \beta_0 + \beta_1 P_{t-1} + u_{2t}$$

여기에서 P_{t-1}은 전기의 가격이다.

a. 만약 X(지출)와 P_{t-1}이 선결변수라면, 연립성의 문제가 있는가?

b. 연립성의 문제가 존재한다면, 수요함수와 공급함수가 각각 식별되는가? 만약 식별된다면 축약형방정식을 구하고 표 20-1의 자료를 사용하여 추정하여라.

c. 이 축약형 계수로부터 구조적 계수를 도출할 수 있는가? 필요한 계산과정을 밝혀라.

20.14. **학급내 연습**: 예컨대 1960–1999 기간 동안 미국경제를 대상으로 한 다음의 간단한 거시경제모형을 고려하자.*

개인소비함수:

$$C_t = \alpha_0 + \alpha_1 Y_t + \alpha_2 C_{t-1} + u_{1t} \qquad \alpha_1 > 0, 0 < \alpha_2 < 1$$

개인 총투자함수:

$$I_t = \beta_0 + \beta_1 Y_t + \beta_2 R_t + \beta_3 I_{t-1} + u_{2t} \qquad \beta_1 > 0, \beta_2 < 0, 0 < \beta_3 < 1$$

화폐수요함수:

$$R_t = \lambda_0 + \lambda_1 Y_t + \lambda_2 M_{t-1} + \lambda_3 P_t + \lambda_4 R_{t-1} + u_{3t}$$
$$\lambda_1 > 0, \lambda_2 < 0, \lambda_3 > 0, 0 < \lambda_4 < 1$$

소득함수:

$$Y_t = C_t + I_t + G_t$$

여기에서 $C=$ 실질민간소비; $I=$ 실질 총 민간투자, $G=$ 실질정부지출, Y = 실질 GDP, $M=$ M2 통화공급(명목), $R=$ 장기이자율(%), $P=$ 소비자물가지수이다. 내생변수는 C, I, R 과 Y이다. 선결변수는: C_{t-1}, I_{t-1}, M_{t-1}, P_t, R_{t-1}, G_t와 절편항이다. u들은 오차항들이다.

a. 식별을 위한 위수조건을 사용하여 4개의 식 중에서 어느 것이 식별 – 적도식별 또는 과다식별–되는지 결정하여라.

---

* H.R.Seddighi, K.A. Lawler, and A.V.Katos, *Econometrics: A Practical Approach,* Routledge, New York, 2000, P.204.

b. 식별된 방정식을 추정하는데 어떤 방법을 사용하려는가?

c. 정부 및 민간부문에서 적절한 자료를 얻은 위 모형을 추정하고 결과를 논평하여라.

20.15. 이 연습문제에서는 1985년도 Current Population Survey(CPS)로부터 추출한 534명의 근로자 자료를 분석한다. 이 자료는 교과서 website에 있는 표 20.10에 있다.* 표에 있는 변수는 다음과 같이 정의되어 있다:

W = 시간당 임금, \$; occup = 직업; sector = 1(제조업의 경우), 2(건설업의 경우), 3(그 외의 경우);union = 1(노조원인 경우), 0(그 외의 경우); educ = 교육년수; exper = 근무년수; age = 연령; sex = 1(여성의 경우); marital status = 1(기혼의 경우); race = 1 (기타의 경우), 2(히스패닉의 경우), 3(백인의 경우); region = 1 (남부에 사는 경우).

다음의 단순한 임금결정모형을 고려하자:

$$\ln W = \beta_1 + \beta_2 \text{Educ} + \beta_3 \text{Exper} + \beta_4 \text{Exper}^2 + u_i \qquad \textbf{(1)}$$

a. 임금과 같이 교육이 내생변수라고 하자. 식(1)에서 교육이 정말로 내생변수인지 어떻게 확인할 수 있는가? 이를 분석하는데 표의 자료를 사용하여라.

b. Hausman 검정이 (a)의 분석결과와 부합되는가? 충분히 설명하여라.

20.16. **학급내 연습문제**: 상업은행의 기업대출에 대한 다음의 수요–공급모형을 고려하자.

$$\text{수요:}\quad Q_t^d = \alpha_1 + \alpha_2 R_t + \alpha_2 \text{RD}_t + \alpha_4 \text{IPI}_t + u_{1t}$$

$$\text{공급:}\quad Q_t^s = \beta_1 + \beta_2 R_t + \beta_3 \text{RS}_t + \beta_4 \text{TBD}_t + u_{2t}$$

여기에서 Q = 총 상업은행 대출(10억달러); R = 평균 우대금리; RS = 3–개월 재무성 공채수익률; RD = AAA 급 회사채 수익률; IPI = 산업생산지수; TBD = 총 은행예금액이다.

a. www.economagic.com, St. Louis 연방은행 등과 같은 자료원에서 위 변수들에 대한 1980–2007기간의 자료를 수집하여라.

b. 수요곡선과 공급곡선이 식별되는가? 어느 변수가 내생변수이고 어느 변수가 외생변수인지 열거하여라.

c. 위의 수요함수와 공급함수를 어떻게 추정하려고 하는가?

d. 왜 R과 RS가 모두 모형에 포함되어 있는가? 모형에서 IPI의 역할은 무엇인가?

* 자료는 Web 상의 http://lib.stat.cmu.edu/datasets/cps_85_wages에 있음

부록 20A

20A.1 간접최소자승추정량에서의 편의

비록 ILS가 일치추정량이지만 편의추정량이라는 것을 보이기 위하여 식(20.3.1)과 (20.3.2)에 주어진 수요-공급모형을 사용하자. 식(20.3.10)로부터 다음의 결과를 얻는다.

$$\hat{\beta}_1 = \frac{\hat{\Pi}_3}{\hat{\Pi}_1}$$

이제

$$\hat{\Pi}_3 = \frac{\sum q_t x_t}{\sum x_t^2} \qquad \text{from Eq. (20.3.7)}$$

그리고

$$\hat{\Pi}_1 = \frac{\sum p_t x_t}{\sum x_t^2} \qquad \text{from Eq. (20.3.5)}$$

이다. 따라서, 대입하면

$$\hat{\beta}_1 = \frac{\sum q_t x_t}{\sum p_t x_t} \tag{1}$$

를 얻는다. 식(20.3.3)과 (20.3.4)를 사용하면

$$p_t = \Pi_1 x_t + (w_t - \bar{w}) \tag{2}$$

$$q_t = \Pi_3 x_t + (v_t - \bar{v}) \tag{3}$$

를 얻는데, 여기에서 $\bar{w}$와 $\bar{v}$는 각각 w_t와 v_t의 평균값이다.

식(2)와 (3)을 식(1)에 대입하면

$$\begin{aligned}\hat{\beta}_1 &= \frac{\Pi_3 \sum x_t^2 + \sum(v_t - \bar{v})x_t}{\Pi_1 \sum x_t^2 + \sum(w_t - \bar{w})x_t} \\ &= \frac{\Pi_3 + \sum(v_t - \bar{v})x_t / \sum x_t^2}{\Pi_1 + \sum(w_t - \bar{w})x_t / \sum x_t^2}\end{aligned} \tag{4}$$

를 얻는다. 기대연산자 E가 선형연산자이므로, 식(4)에 대하여 기대치를 구할 수 없지만, 일반적으로 $\hat{\beta}_1 \neq (\Pi_3/\Pi_1)$임은 명백하다.(그 이유는?)

그러나 표본의 개수가 무한대로 접근하면,

$$\text{plim}\,(\hat{\beta}_1) = \frac{\text{plim}\,\Pi_3 + \text{plim}\,\sum(v_t - \bar{v})x_t / \sum x_t^2}{\text{plim}\,\Pi_1 + \text{plim}\,\sum(w_t - \bar{w})x_t / \sum x_t^2} \tag{5}$$

를 얻을 수 있는데, 여기에서 우리는 다음과 같은 plim 의 특성을 사용하였다.

$$\text{plim}\,(A + B) = \text{plim}\,A + \text{plim}\,B \text{ and plim}\left(\frac{A}{B}\right) = \frac{\text{plim}\,A}{\text{plim}\,B}$$

이제 표본의 크기가 무한대로 커짐에 따라, 식(5)의 분모와 분자의 두 번째 항은 0으로 접근하여,

$$\text{plim}\,(\hat{\beta}_1) = \frac{\Pi_3}{\Pi_1} \tag{6}$$

를 얻게되는데, 이는 비록 편의가 있으나 $\hat{\beta}_1$은 β_1의 일치추정량임을 보여준다.

20A.2 2SLS 추정량의 표준오차의 추정

이 부록의 목적은 OLS 추정공식을 사용하여 2SLS의 2단계 회귀로부터 구한 추정치의 표준오차가 "진정한" 표준오차의 "적절한" 추정치가 아니라는 것을 보여주는 것이다. 이를 보기 위하여, 식(20.4.1)과 (20.4.2)의 소득–화폐공급 모형을 사용한다. 우리는 2단계 회귀에서 과다 식별된 화폐공급함수의 모수를 다음과 같이 추정한다.

$$Y_{2t} = \beta_{20} + \beta_{21}\hat{Y}_{1t} + u_t^* \tag{20.4.6}$$

여기에서,

$$u_t^* = u_{2t} + \beta_{21}\hat{u}_t \tag{7}$$

그런데 회귀(20.4.6)을 추정하는데, $\hat{\beta}_{21}$의 표준오차는 다음의 표현으로 구한다.

$$\text{var}\,(\hat{\beta}_{21}) = \frac{\hat{\sigma}_{u^*}^2}{\sum \hat{y}_{1t}^2} \tag{8}$$

여기에서

$$\hat{\sigma}_{u^*}^2 = \frac{\sum(\hat{u}_t^*)^2}{n-2} = \frac{\sum(Y_{2t} - \hat{\beta}_{20} - \hat{\beta}_{21}\hat{Y}_{1t})^2}{n-2} \tag{9}$$

그러나 $\sigma_{u^*}^2$은 $\hat{\sigma}_{u_2}^2$과 동일하지 않은데, 후자는 u_2의 진정한 분산에 대한 불편추정량이다. 두 추정량 사이의 차이는 식(7)로부터 쉽게 입증될 수 있다. 진정한 (앞에서 정의된 대로) $\hat{\sigma}_{u_2}^2$를 얻으려면

$$\hat{u}_{2t} = Y_{2t} - \hat{\beta}_{20} - \hat{\beta}_{21}Y_{1t}$$

의 과정을 밟아야 한다. 여기에서 $\hat{\beta}_{20}$와 $\hat{\beta}_{21}$은 2단계 회귀로부터의 추정치이다. 따라서,

$$\hat{\sigma}_{u_2}^2 = \frac{\sum(Y_{2t} - \hat{\beta}_{20} - \hat{\beta}_{21}Y_{1t})^2}{n-2} \tag{10}$$

이 된다. 식(9)와 (10) 사이의 차이를 주목하여라: 식(10)에서 우리는 1단계 회귀에서 추정된 Y_1 대신 실제 Y_1을 사용하였다.

식(10)을 추정하면, 2단계 회귀에서 추정된 계수의 표준오차를 수정하는 쉬운 방법은 각각을 $\hat{\sigma}_{u2}/\hat{\sigma}_{u_t^*}$로 곱해주면 된다. 만약 Y_{1t}과 $\hat{Y}_{1t}$이 아주 가까운 값이라면, 즉 1 단계에서의 R^2이 매우 높다면, 교정요소 $\hat{\sigma}_{u_2}/\hat{\sigma}_{u^*}$가 1에 가까울 것이고, 이때에는 2 단계 회귀에서 추정된 표준오차를 진정한 추정치로 취급하여도 된다. 그러나 다른 경우에는 위에서 지적한 교정요소를 사용하여야 한다.

21장

시계열 계량경제학: 기초개념

실증분석에서 사용되는 자료의 형태로서 두 가지가 있다고 하고 그 중의 하나가 시계열자료라고 제1장에서 지적한 바 있다. 이 장과 다음 장에서 시계열 자료에 대해 보다 자세히 살펴볼 것인데, 그 이유는 실제 응용에서 시계열자료를 자주 사용할 뿐만 아니라 계량경제학자들이 여러 가지 도전할 만한 문제를 시계열자료가 제시하기 때문이다.

첫째, 시계열자료에 기초한 실증분석은 내재하고 있는 시계열이 안정적(stationary)이라고 가정한다. 1장에서 이미 안정성(stationarity)에 대해 직관적으로 소개했음에도 불구하고 이 장에서 좀더 완벽하게 설명할 것이다. 구체적으로 말하자면, 안정성이 무엇을 의미하는지 그리고 시계열이 안정적이 아니면 왜 문제가 되는지 이 장에서 알아볼 것이다.

둘째, 자기상관을 다룬 12장에서 자기상관을 초래하는 몇가지 원인을 논의하였다. 시계열이 불안정적이기 때문에 자기상관이 발생하는 경우도 있다.

셋째, 하나의 시계열변수를 다른 시계열변수에 회귀할 때 두 변수간에 의미있는 관계가 없음에도 불구하고 가끔 매우 높은 R^2(0.9를 초과함)을 갖게 된다. 때때로 두 변수 사이에 아무런 관계도 기대하지 않지만 한 변수를 다른 변수에 회귀하는 경우 가끔 유의한 관계를 보이는 수가 있다. 이러한 상황을 허구적 회귀 혹은 비상식적 회귀라고 하는데 이들의 특성은 잠시 후에 찾아볼 것이다. 그러므로 경제변수들 간의 관계가 진정한 관계인지 혹은 허구적 관계인지를 확인하는 것이 매우 중요하다. 우리는 이 장에서 시계열이 안정적이 아닌 경우 허구적 회귀가 어떻게 발생하는지를 배울 것이다.

넷째, 주식가격과 같은 일부 재무시계열은 임의행보현상이라고 하는 특성을 보인다. 이는 예컨대 내일의 IBM 주식가격의 최선의 예측은 오늘 주식가격에 순수한 확률적 충격(또는 오차항)을 더한 값이다 라는 것을 의미한다. 정말로 이러한 경우가 맞다면, 자산가격의 예측은 허망한 연습일 뿐이다.

다섯째, 시계열 자료를 포함하고 있는 회귀모형은 가끔 예측목적으로 사용된다. 위의 논의의 관점에서 보면, 시계열이 안정적이 아니라도 그러한 예측이 유효한지 확인해보고자 한다.

끝으로, 인과관계 검정(17장에서 논의한 Granger와 Sims의 인과관계 검정을 돌이켜 볼 것.)은 시계열이 안정적임을 가정하고 있다. 그러므로 안전성 검정을 인과관계 검정보다 먼저 하여야 한다.

시계열분석 주제는 너무 방대하고 진화하고 있는 중이며 시계열 분석기법에 사용되는 수학의 수준이 매우 높아서, 이 책과 같은 초급교과서에서 얻을 수 있는 최대의 목적은 학생들에게 시계열 분석의 기초개념을 소개하는 정도일 것이다.[1]

21.1 미국 시계열 경제변수 중 일부에 대한 고찰

본격적으로 논의를 시작하기 위하여, 그리고 이 장에서 개발될 시계열 분석의 어려운 개념의 느낌을 학생들에게 전해주기 위하여, 일반적인 관심을 끄는 몇 가지 미국 경제 시계열을 고려하는 것이 유용할 것이다. 우리가 고려할 시계열은 다음과 같다 :

DPI ＝실질 개인 가처분소득 (10억 달러)
GDP ＝국내 총생산 (10억 달러)
PCE ＝실질 개인 소비지출 (10억 달러)
CP ＝기업이윤 (10억 달러)
Dividend ＝배당 (10억 달러)

시계열의 기간은 1947－Ⅰ부터 2007－Ⅳ까지이고, 총 244분기인데 모든 자료는 연율로 계절조정되었다. 모든 자료는 St. Louis의 연방준비은행(FRB)의 경제 웹사이트인 FRED에서 추출되었다. GDP, DPI, PCE는 2000년 기준 불변가격이다. CP와 Dividend는 명목가격이다.

1. 입문수준에서, 다음의 참고문헌이 도움이 될 수 있다 : Gary Koop, *Analysis of Economic Data,* John, Wiley & Sons, New York, 2000 ; Jeff B. Cromwell, Walter C. Labys, and Michael Terraza, *Univariate Tests for Time Series Models,* Sage Publications, California, Ansbury Park, 1994; Jeff B. Cromwell, Michael H. Hannan, Walter C. Labys, and Michel Terraza, *Multivariate Tests for Time Series Models,* Sage Publications, California, Ansbury Park, 1994; H.R. Seddighi, K.A. Lawler and A.V.Katos, *Economerics: A Practical Approach,* Routledge, New York, 2000. 중급수준에서는, Walter Enders, *Applied Econometric Time Series,* John, Wiley & Sons, New York, 1995; Kerry Patterson, *An Introduction to Applied Econometrics: A Time Series Approach,* St. Martin/s Press, New York,2000; T.C.Mills, *The Econometric Modelling of Financial Time Series,* 2d ed., Cambridge University Press, New York, 1999; Marno Verbeek, *A Guide to Modern Econometrics,* John, Wiley & Sons, New York, 2000; Wojciech W. Charemza and Derek F. Deadman, *A New Directions in Econometric Practice: General to Specific Modelling and Vector Autoregression,* 2d ed.,Edward Elgar Publisher, New York, 1997. 을 참조할 것. 고급수준에서는, J.D. Hamilton, *Time Series Analysis,* Princeton University Press, Princeton, HJ, 1994; G.S. Maddala and In-Moo Kim, *Unit Roots, Cointegration, and Structural Change,* CAmbridge University Press, 1998을 참조할 것. 응용을 위한 참고문헌으로는 , Bhaskara Rao, ed., *Cointegration for Applied Economists,* St.Martin' s Press, New York, 1994; Chandan Mukherjee, Howard White, and Marc Wuyts, *Econometrics and Data Analysis for Developing Countries,* Routeledge, New York, 1998이 있음.

책의 분량을 줄이기 위하여, 원 자료는 이 책의 웹사이트에 게시하였다. 그러나 이 자료에 대한 정보를 어느 정도 얻기 위하여 다음의 두 그림에 자료를 그려 놓았다. 그림 21.1은 로그취한 GDP, DPI, PCE 자료를 그린 것이고, 그림 21.1는 다른 두 시계열(CP와 Dividend)의 로그값을 보여준다. 이러한 시계열의 증가율을 잠깐 살펴보기 위하여 시계열의 로그값을 산포도로 그려보는 것이 통상적인 작업이다. 시각적인 자료의 산포도는 항상 시계열분석에 있어서 첫 번째 단계이다. 이러한 그림에서 L문자는 자연로그를 의미한다.

이 두 그림에서 우리가 얻게 되는 첫 번째 느낌은 시계열들이 변동하는 가운데 상향으로 추세가 있는 것처럼 보인다는 것이다. 가령 표본기간 밖, 즉 2008년도 4개분기 동안 이 곡선들의 형태를 알아보고자 한다.[2] 만약 이 곡선을 생성해

그림 21.1
미국 실질 GDP, DPI, PCE의 로그값, 1947-2007 (분기별, 10억$)

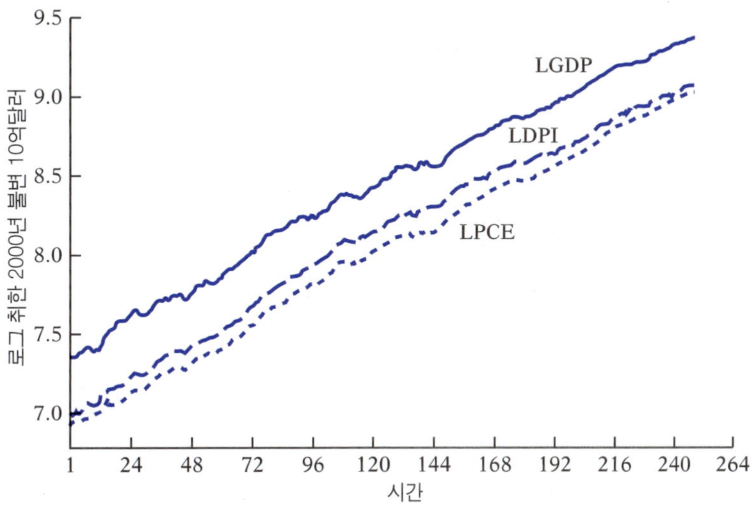

그림 21.2
미국 기업이윤(cp), 배당금, 1947-2007(분기별, 10억불)

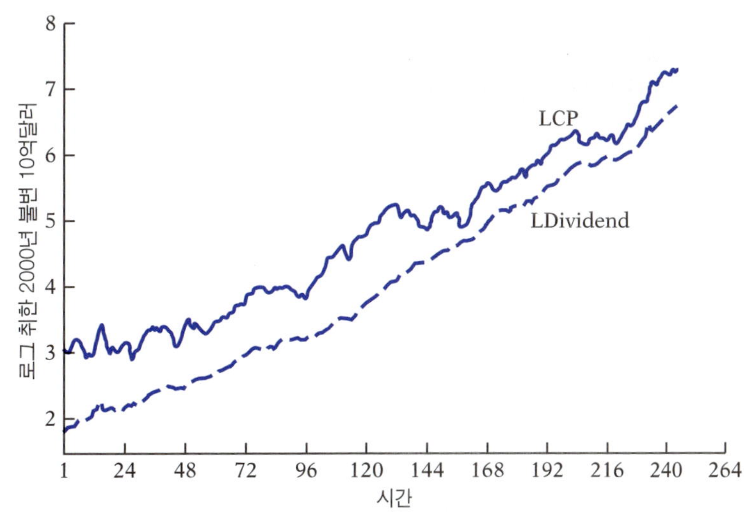

2. 물론, 지금은 이 기간동안의 실제 자료가 있고, 앞의 기간에 기초하여 "예측된" 자료와 실제 자료를 비교할 수 있다.

내는 통계적 또는 확률적 메카니즘, 또는 자료생성과정(data generating progress : DGP)을 알 수 있다면 이 작업을 할 수 있다. 그러나 그 메카니즘이 무엇인가? 이 질문 및 관련 질문들에 답하기 위하여 시계열 분석을 하는 학자들에 의해 개발되어 온 "새로운" 용어들을 공부하여야 하는 바, 이제 그 용어들을 배울 것이다.

21.2 핵심개념[3]

이 용어란 무엇인가? 용어들은 다음과 같은 개념으로 구성되어 있다 :

1. 확률과정(Stochastic processes)
2. 안정적 과정(Stationary processes)
3. 순수 임의과정(Purely random processes)
4. 불안정적 과정(Nonstationary processes)
5. 적분된 과정(Integrated processes)
6. 임의행보모형(Random walk models)
7. 공적분(Cointegration)
8. 확정적 추세와 확률적 추세
9. 단위근 검정(Unit root tests)

아래에서 이러한 개념들을 하나씩 논의할 것이다. 우리의 논의는 가끔 교육적인 측면에 치우칠 수 있다. 가능한 그리고 도움이 되는 부분에서는 언제든지 적절한 예제를 제공할 것이다.

21.3 확률과정(Stochastic processes)

확률과정이란 시간으로 순서가 매겨진 확률변수들의 집합이다.[4] 만약, Y를 확률변수라 하면, 그리고 연속이라면 이를 $Y(t)$라고 쓰지만 이산(discrete)이라면 이를 Y_t라고 표기한다. 전자의 예로서 심전도를 들 수 있고, 후자의 예로서 GDP, DPI 등을 들 수 있다. 대부분의 경제자료들이 불연속적인 시점에서 수집되기 때문에 $Y(t)$보다는 Y_t 라는 표기를 사용할 것이다. Y가 GDP를 의미한다면 우리의

3. 다음의 논의는 다음의 문헌에 기초하고 있다 : Maddala et al., op. cit., Charemza et al., op. cit., and Carol Alexander, *Market Models: A Guide to Financial Data Analysis,* John Wiley & Sons, New York, 2001.

4. "확률적(stochastic)"이라는 용어는 표적 또는 황소의 눈을 의미하는 그리스 단어 "stochos"에서 유래하였다. 다트경기를 할 때 황소의 눈을 맞추고자 다트판에 다트를 던지면 얼마나 자주 황소의 눈을 맞추는가? 100번 시도 중에서 단지 몇 번만 맞혀도 운이 좋다고 여길 것이다; 그 이외의 경우 다트는 황소의 눈 주위에 임의로 퍼져버릴 것이다.

자료에서는 $Y_1, Y_2, Y_3, \cdots, Y_{242}, Y_{243}, Y_{244}$가 될 것인데, 하첨자 1은 첫 번째 관측(즉, 1947년 1분기의 GDP), 하첨자 244는 마지막 관측(즉, 2007년 4분기의 GDP)을 나타낸다. **명심할 것은 이 Y들의 개별 Y는 확률변수라는 것이다.**

어떤 의미에서 GDP를 확률과정으로 간주하는가? 예를 들어, 1970년 1분기의 실질 GDP $3,759,997 십억달러를 고려해 보자. 이론적으로 1970년 1분기의 GDP는 당시의 경제적 · 정치적 환경에 따라 어떤 숫자라도 될 수 있다. 3,759.997라는 숫자는 그러한 모든 가능성 중에서 한번 특정한 값으로 실현된 값이다.[5] 그러므로 GDP는 확률과정이고 1947-Ⅰ부터 2007-Ⅳ까지 우리가 관측한 실제 값들은 그 과정의 특정한 실현값(또는 표본)이다. 확률과정과 실현 사이의 차이는 횡단면 자료에서 모집단과 표본의 차이와 유사하다. 모집단에 관한 추론을 끌어내기 위하여 표본을 사용하는 것처럼, 시계열에서는 내재하고 있는 확률과정에 관한 추론을 끌어내기 위하여 실현값을 사용한다.

안정적 확률과정(Stationary Stochastic Processes)

여러 가지 형태의 시계열중 시계열 분석가들의 큰 관심을 끈 시계열의 형태가 소위 안정적 확률과정이라는 것이다. 광의로 설명하자면, **확률과정의 평균과 분산이 해당기간동안 일정하고 두 시점간의 공분산값이 공분산이 계산되는 실제시간에 의존하는 것이 아니라 두 시점간의 거리 혹은 시차에만 의존한다면** 그러한 확률과정은 약 안정적(weakly stationary) 또는 공분산 안정적(covariance stationary), 또는 2차 안정적(second-order stationary), 또는 광의로 안정적이라 할 수 있다.[6]

이러한 기술내용을 설명하기 위해 Y_t가 이러한 성격을 지는 확률적 시계열이라고 하자 :

$$\text{평균:} \qquad E(Y_t) = \mu \tag{21.3.1}$$

$$\text{분산:} \qquad \operatorname{var}(Y_t) = E(Y_t - \mu)^2 = \sigma^2 \tag{21.3.2}$$

$$\text{공분산:} \qquad \gamma_k = E[(Y_t - \mu)(Y_{t+k} - \mu)] \tag{21.3.3}$$

여기에서 시차 k인 공분산(또는 자기공분산), γ_k은 Y_t와 Y_{t+k}의 값, 즉 k기간만큼 떨어져 있는 두 Y값 간의 공분산이다. 만약 $k=0$이면 γ_0가 되는데, 이는 단순히 Y의 분산($=\sigma^2$)이다 : 만약 $k=1$이면 γ_1은 인접한 두 Y값 사이의 공분산이

5. 3,759.997 십억 달러라는 숫자를 1970년 1분기에 있어 모든 가능한 GDP값의 평균값으로 이해하여도 된다.

6. 모든 시점에 있어 확률분포의 최초 두 적률(즉, 평균과 분산)뿐만 아니라 모든 적률이 불변이라면 시계열은 강 안정적(strictly stationary)이다. 그러나 안정적 과정이 정규분포라면, 약 안정적 확률과정은 강 안정적이다. 왜냐하면 정규 확률과정은 평균과 분산의 두 적률에 의하여 완전히 설정되기 때문이다.

되는데, 이러한 형태의 공분산은 자기상관의 문제를 설명할 때 12장에서 이미 다루어진 바 있다.

가령 Y의 원점을 Y_t에서 Y_{t+m}으로 이동한다고 하자. 만약 Y_t가 안정적이 되려면 Y_{t+m}의 평균, 분산, 자기공분산이 Y_t의 경우와 같아야만 한다. **간단히 말해서, 어떤 시계열이 안정적이면, 그 시계열의 평균, 분산, 그리고 자기공분산(다양한 시차에서)이 어디에서 측정하건 일정해야 한다.** 즉, 그들은 시간불변적(time invariant)이다. 그러한 시계열은 평균으로 돌아가려는 (평균회귀(mean reversion)라고 부름)성향이 있고 이 평균 주변에서의 변동(분산으로 측정함)은 대략적으로 일정한 진폭이 있다.[7] 다른 말로 표현하자면, 안정적 과정은 유한한(finite) 분산 때문에 평균값으로부터 아주 멀리 떠나갈 수는 없다. 잠시 후에 보게 되듯이, 불안정적 확률과정의 경우는 이와 다르다. 확률과정에 대하여 평균복귀의 속도는 자기공분산(autocovariances)에 따라 결정된다; 잠시 후에 보게 되듯이, 자기공분산이 작으면 속도가 빠르고, 자기공분산이 크면 속도는 느리게 된다.

만약 시계열이 방금 정의한 의미에서 안정적이 아니라면 불안정적 시계열(nonstationary time series)이라고 부른다(여기에서 약안정성에 관하여 논의하고 있다는 것을 명심해야 한다). 다른 말로 하자면, 불안정적 시계열은 **시간변동(time-varying)**평균, 또는 **시간변동분산**, 또는 둘 모두를 갖게 된다.

안정적 시계열은 왜 그렇게 중요한가? 시계열이 불안정적이면 고려중인 그 기간에 대해서만 분석을 할 수 있기 때문이다. 각 개별 시계열 자료 집합은 특정한 역사적 사건을 대표하고 있다. 결과적으로, 다른 기간으로 이를 일반화시키는 것은 불가능하다. 그러므로 예측을 목적으로 할 때, 그러한 (불안정적)시계열은 실용적 가치가 거의 없다 하겠다.

특정 시계열이 안정적인지 아닌지 어떻게 알 수 있는가? 특히, 그림 21.1과 21.2의 시계열들은 안정적인가? 우리는 이 중요한 주제를 21.8절과 21.9절에서 다룰 것인데, 그 때 몇 가지 안정성 검정을 공부할 것이다. 그러나 상식에 비추어 볼 때 그림 21.1과 21.2의 시계열들이 최소한 평균값에 있어서 불안정적인 것처럼 보인다. 그러나 이를 나중에 더 논의할 것이다.

더 나가기 전에, 특별한 형태의 확률과정(또는 시계열), 말하자면 순수 임의과정(purely random processes) 또는 백색잡음과정(white noise process)을 설명해보자. 우리는 확률과정의 평균이 0이고 분산이 σ^2으로 일정하다면 그 확률과정을 순수 임의적(purely random)이라고 부른다.[8] 이 책의 1부에서 공부한 고전적 정규선형회귀모형에 포함된 u_t가 백색잡음과정이라고 가정하였고 이를

7. Keith Cuthbertson, Stephen G. Hall, and Mark P. Taylor, *Applied Econometric Techniques,* The University of Michigan Press, 1995, p.130에서 이러한 점을 주장하였다.

8. 이 확률과정이 독립적이기도 하다면, 이 과정을 강 백색잡음(strictly white noise)라고 부른다.

u_t~IIDN(0, σ^2)이라고 표기했던 것을 기억하면 된다; 즉, u_t는 독립이고, 평균이 0이면서 분산이 일정한 정규분포와 동일한 분포를 따른다는 것이다. 그러한 과정을 가우스적 백색잡음과정(Gaussian white noise process)이라고 부른다.

불안정적 확률과정(Nonstationary Stochastic Processes)

비록 안정적 시계열에 관심이 있지만, 가끔 불안정적 시계열을 만나게 되는데, 고전적 예제가 임의행보모형(random walk model : RWM)이다.[9] 주식가격이나 환율과 같은 자산가격이 임의행보를 따른다고 알려져 있다; 즉, 불안정적 확률과정이다. 우리는 두가지 형태의 임의행보를 구분한다 : (1) 표류경향이(drift) 없는 임의행보(즉, 상수항이나 절편항이 없음)와 (2) 표류경향이 있는 임의행보(즉, 상수항이 존재함)가 그것이다.

표류경향이 없는 임의행보

u_t가 평균이 0이고 분산이 σ^2이 백색잡음 오차항이라 하자. Y_t가 다음과 같다면 임의행보라고 부른다.

$$Y_t = Y_{t-1} + u_t \qquad (21.3.4)$$

식(21.3.4)이 보여주듯이, 임의행보모형에서는 시점 t에서의 Y값은 시점 $(t-1)$에서의 Y값에 확률적 충격을 더한 값이다; 따라서 이는 12장과 17장의 언어로 표현하자면 AR(1) 모형이다. 시점 t에서의 Y를 1기 시차값에 회귀하는 것이라고 식(21.3.4)를 생각할 수도 있다. 효율적 자본시장가설을 추종하는 사람들은 주식가격이 본질적으로 임의행보를 따르고, 주식시장에서 수익적 투기의 가능성이 없다고 주장한다 : 사람들이 오늘 주식가격에 비추어 내일 가격을 예측할 수 있다면, 우리 모두는 백만장자가 될 것이다.

이제 식(21.3.4)로부터 다음과 같이 쓸 수 있다.

$$Y_1 = Y_0 + u_1$$
$$Y_2 = Y_1 + u_2 = Y_0 + u_1 + u_2$$
$$Y_3 = Y_2 + u_3 = Y_0 + u_1 + u_2 + u_3$$

일반적으로, 그 과정이 0기에 Y_0의 값으로 시작했다면

9. 임의행보(random walk)는 술주정뱅이의 걸음에 종종 비교되기도 한다. 술집을 나선 후 술 주정뱅이는 시점 t에 있어서 u_t의 거리를 임의로 움직인다. 그리고 주정뱅이가 무한정 계속해서 걷는다면 궁극적으로 술집에서 점점 더 멀리 떠돌게 된다. 동일한 논리가 주식가격에 적용될 수 있다. 오늘의 주식가격은 어제의 주식가격에 확률적 충격(random shock)을 더한 것과 같다.

$$Y_t = Y_0 + \sum u_t \qquad \textbf{(21.3.5)}$$

이 된다. 그러므로

$$E(Y_t) = E\left(Y_0 + \sum u_t\right) = Y_0 \quad (\text{그 이유는?}) \qquad \textbf{(21.3.6)}$$

이다. 유사한 방식으로 다음을 보일 수 있다.

$$\operatorname{var}(Y_t) = t\sigma^2 \qquad \textbf{(21.3.7)}$$

앞의 표현이 보여주듯이, Y의 평균은 불변인 초기 값과 같지만, 그 분산은 무한하게 증가하여 안정성 조건을 위배하게 된다. 간단히 말하자면, 표류경향이 없는 RWM은 불안정적 확률과정이다. 실용에 있어서 Y_0는 가끔 0으로 정해지는데, 이 경우 $E(Y_t) = 0$이다.

RWM의 재미있는 특성은 **확률적 충격(즉, 확률적 오차)의 지속성**인데, 이는 식(21.3.5.)에 명확하게 보인다: Y_t는 초기의 Y_0와 확률적 충격의 합을 더한 것이다. 결과적으로, 특정한 충격의 영향은 사라져버리지 않는다. 예를 들어, $U_2 = 0$이 아니라 $U_2 = 2$라면 Y_2이후의 모든 Y_t들은 2단위만큼 높아질 것이고 이 충격의 효과는 결코 사라지지 않는다. 이것이 임의행보가 무한기억(infinite memory)을 지닌다고 말하는 이유이다. Kerry Patterson이 지적했듯이, 임의행보는 충격을 영원히 기억한다;[10] 즉, 임의행보는 무한기억을 갖는다. 합 $\sum u_t$는 확률적 추세(stochastic trend)라고도 하는데, 이에 대하여 잠시 후에 더 논의할 것이다.

흥미로운 사실은 식(21.3.4.)를 다음과 같이 쓴다면,

$$(Y_t - Y_{t-1}) = \Delta Y_t = u_t \qquad \textbf{(21.3.8)}$$

(여기에서 Δ는 12장에서 논의했던 1차 차분연산자임.) Y_t가 불안정적이라면 1차 차분은 안정적임을 쉽게 보일 수 있다. 다른 말로 하자면, 임의행보시계열의 1차 차분은 안정적이다. 그러나 이것에 대하여 나중에 더 논의할 것이다.

표류경향이 있는 임의행보

식(21.3.4)를 다음과 같이 변형시키자 :

$$Y_t = \delta + Y_{t-1} + u_t \qquad \textbf{(21.3.9)}$$

10. Kerry Patterson, op.cit., Chapter 6.

여기에서 δ를 표류경향모수(drift parameter)라고 부른다. 표류경향(drift)이라는 이름은 위의 식을 다음과 같이 쓴다면

$$Y_t - Y_{t-1} = \Delta Y_t = \delta + u_t \tag{21.3.10}$$

δ가 양이거나 음인지에 따라 Y_t가 상향 또는 하향으로 떠다닌다는 것을 이 식이 보여준다는 사실에서 왔다. 모형(21.3.9) 또한 AR(1) 모형임을 주목하여라.

표류경향이 없는 임의행보에 대하여 논의되었던 절차를 따라보면, 표류경향이 있는 임의행보모형(21.3.9)에 대하여 다음을 보일 수 있다.

$$E(Y_t) = Y_0 + t \cdot \delta \tag{21.3.11}$$

$$\text{var}(Y_t) = t\sigma^2 \tag{21.3.12}$$

위에서 보듯이, 표류경향이 있는 RWM에 대하여 평균과 분산 모두 시간에 따라 증가하는데, 이는 (약)안정성조건을 위배하는 것이다. 줄여서 말하자면, 표류경향이 있건 없건 RWM은 불안정적 확률과정이다.

표류경향이 있는 임의행보와 표류경향이 없는 임의행보에 대하여 잠깐 살펴보기 위하여, 다음과 같이 두 가지 시뮬레이션을 실시하였다 :

$$Y_t = Y_0 + u_t \tag{21.3.13}$$

여기에서 u_t는 각각의 $u_t \sim N(0, 1)$인 백색잡음 오차항이다 : 즉, 각 u_t는 표준정규분포를 따른다. 임의 수 생성장치(random number generator)를 사용하여 500개의 u 실현값을 만들고 식(21.3.13)에 따라 Y_t를 생성하였다. $Y_0 = 0$이라고 가정하였다. 따라서 식(21.3.13)은 표류경향이 없는 RWM이다.

이제 다음 식을 고려하자 :

$$Y_t = \delta + Y_0 + u_t \tag{21.3.14}$$

이 식은 표류경향이 있는 RWM이다. u_t와 Y_0를 식(21.3.13)과 같이 가정하였고 $\delta = 2$라고 가정하였다.

모형(21.3.13)과 모형(21.3.14)에 대한 그림은 각각 그림 21.3과 그림 21.4에 나타나 있다. 학생들은 표류경향이 있는 RWM과 없는 RWM에 대한 지금까지의 논의에 비추어 두 그림을 비교할 수 있을 것이다.

임의행보모형은 단위근 과정(unit root process)이라고 여러 문헌에서 부르는 것이 한 예제이다. 이 용어가 시계열 문헌에서 엄청난 성과를 구가하고 있기 때문에, 우리는 다음 절에서 단위근 과정을 설명할 것이다.

그림 21.3
표류경향이 없는 임의행보

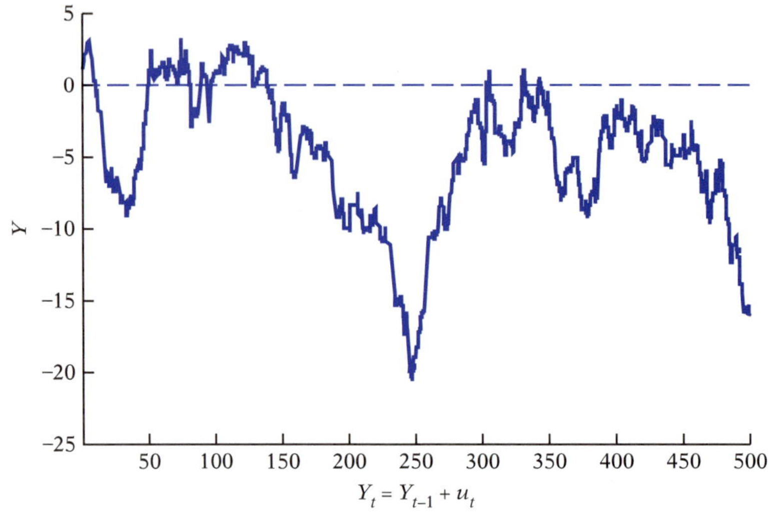

그림 21.4
표류경향이 있는 임의행보

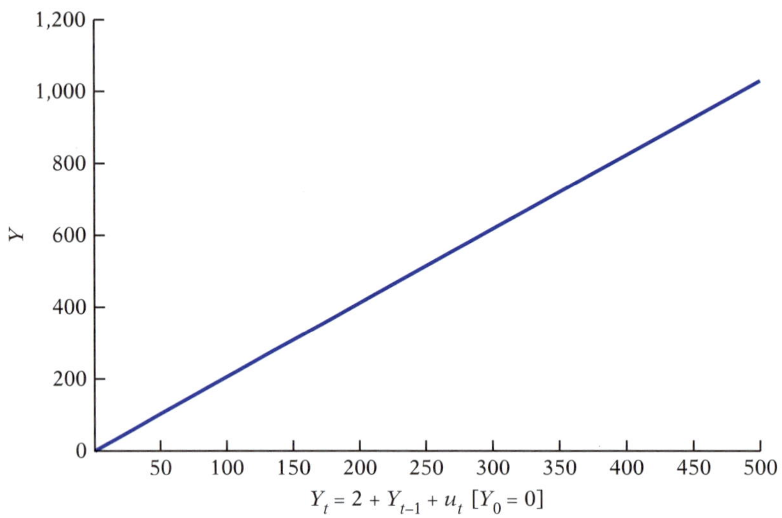

21.4 단위근 확률과정(Unit Root Stochastic Process)

RWM(21.3.4.)를 다음과 같이 표현하자 :

$$Y_t = \rho Y_{t-1} + u_t \qquad -1 \leq \rho \leq 1 \tag{21.4.1}$$

이 모형은 자기상관에 관한 장에서 논의했던 마코프 1차 자기상관모형과 비슷한 형태이다. 만약 $\rho = 1$이라면 식(21.4.1)은 (표류경향이 없는) RWM이 된다. ρ가 실제로 1이라면 단위근 문제, 즉 불안정성의 상황에 봉착하게 된다; 우리는 이 경우 Y_t의 분산이 안정적이 아님을 이미 알고 있다. 단위근이라는 이름은 $\rho = 1$라는 사실에 기인한다.[11] **따라서 불안정성, 임의행보, 단위근, 그리고 확률적 추**

세 등의 용어는 모두 동의어로 취급된다.

그러나 $|\rho|< 1$, 즉, ρ의 절대값이 1보다 작으면 앞에서 정의한 의미에서 Y_t 시계열이 안정적임을 보일 수 있다.[12]

실제로 사용할 때 시계열이 단위근 과정인지 알아내는 것이 중요하다.[13] 21.9절에서 단위근 검정, 즉 안정성 검정을 몇 가지 공부할 것이다. 또한 그 절에서 그림 21.1과 21.2의 시계열들이 과연 안정적인지 결정할 것이다. 아마도 그 시계열들이 안정적이 아닐 것이라 학생들이 의심하고 있을 것이다. 그러나 그 결과를 두고 보자.

21.5 추세안정적(TS)과 차분안정적(DS) 확률과정

안정적 확률과정과 불안정적 확률과정의 구분은 그림 21.3과 21.4의 생성된 시계열 또는 그림 21.1과 21.2의 실제 시계열에서 관측된 추세(고려중인 시계열의 완만한 장기적 진화)가 확정적(deterministic)인지 확률적(stochastic)인지 여부에 결정적으로 관련이 있다. 대략적으로 얘기하면, 시계열의 추세가 시간의 확정적 함수, 즉 t 또는 t^2 등과 같은 함수이면, 이를 확정적 추세라고 부르지만, 예측할 수 없는 경우 이를 확률적 추세라고 부른다. 더 형식에 맞게 구분하기 위하여 Y_t 시계열에 관한 다음의 모형을 고려하자 :

$$Y_t = \beta_1 + \beta_2 t + \beta_3 Y_{t-1} + u_t \tag{21.5.1}$$

여기에서 u_t는 백색오차항이고 t는 시간연대순으로 측정된 시간이다. 우리는 다음과 같은 가능성을 가지고 있다 :

순수임의행보 식(21.5.1)에서 $\beta_1 = 0, \beta_2 = 0, \beta_3 = 1$이면

$$Y_t = Y_{t-1} + u_t \tag{21.5.2}$$

을 얻는데, 이는 표류경향이 없는 RWM에 불과할 뿐이고, 따라서 불안정적이다. 그러나 식(21.5.2)를 다음과 같이 표현하면,

---

11. 기술적인 사항 : $\rho = 1$이면 식(21.4.1)을 $Y_t - Y_{t-1} = u_t$로 쓸 수 있다. $LY_t = Y_{t-1}$, $L^2 Y_t = Y_{t-2}$ 등의 성격을 지닌 **시차 연산자(lag operator)** L을 사용하면 식(21.4.1)을 $(1-L)Y_t = u_t$로 쓸 수 있다. 단위근이라는 용어는 시차연산자 다항식의 근에서 기인한다. $(1-L) = 0$으로 놓으면 $L = 1$을 얻는데 여기에서 단위근의 이름이 출발한다.

12. 식(21.4.1)에서 Y의 초기값$(= Y_0)$이 0이고 u_t가 평균 0, 분산이 1인 정규분포를 따르는 백색잡음이라면, $E(Y_t) = 0$이고 $\text{var}(Y_t) = 1/(1-\rho^2)$이 된다. 이 두 값은 상수이기 때문에, 약 안정성의 정의에 의하여 Y_t는 안정적이다. 반면, $\rho = 1$이면 Y_t는 임의행보 또는 불안정적이다.

13. 시계열은 1개 이상의 단위근을 가질 수 있다. 우리는 이에 관하여 이 장의 후반부에 논의할 것이다.

$$\Delta Y_t = (Y_t - Y_{t-1}) = u_t \tag{21.3.8}$$

이는 앞에서 지적한 바와 같이 안정적이 됨을 주의하여라. 따라서 표류경향이 없는 RWM은 차분안정적 과정(Difference Stationary Process : DSP)이다.

표류경향이 있는 임의행보 식(21.5.1)에서 $\beta_1 \neq 0, \beta_2 = 0, \beta_3 = 1$이면

$$Y_t = \beta_1 + Y_{t-1} + u_t \tag{21.5.3}$$

을 얻는데, 이는 표류경향이 있는 임의행보이고 따라서 불안정적이다.
이를 다음과 같이 표현하면,

$$(Y_t - Y_{t-1}) = \Delta Y_t = \beta_1 + u_t \tag{21.5.3a}$$

이는 Y_t가 양의($\beta_1 > 0$) 추세 혹은 음의 ($\beta_2 < 0$) 추세를 보일 것이라는 것을 의미한다(그림 21.4를 참조할 것). 그러한 추세를 확률적 추세라고 부른다. 식(21.5.3a)는 Y_t의 불안정성이 시계열의 1차 차분에 의하여 제거될 수 있기 때문에 DSP과정이 된다. 식(21.5.3a)의 u_t가 백색잡음 오차항이라는 것을 명심하여야 한다.

확정적 추세 식(21.5.1)에서 $\beta_1 \neq 0, \beta_2 \neq 0, \beta_3 = 0$이면

$$Y_t = \beta_1 + \beta_2 t + u_t \tag{21.5.4}$$

을 얻는데 이를 추세안정적 과정(Trend Stationary Process : TSP)이라고 부른다. Y_t의 평균이 $\beta_1 + \beta_2 t$, 즉 일정하지 않음에도 불구하고, 분산은 ($= \sigma^2$)으로 일정하다. β_1과 β_2의 값을 알기만 하면 평균을 쉽게 예측할 수 있다. 그러므로 Y_t에서 Y_t의 평균을 빼면 그 결과는 안정적일 것인데, 그 때문에 이를 추세 안정적이라 부르는 것이다. (확정적)추세를 제거하는 과정을 추세제거(detrending)라 부른다.

표류경향과 확정적 추세를 지닌 임의행보 식(21.5.1)에서 $\beta_1 \neq 0$, $\beta_2 \neq 0$, $\beta_3 = 1$이면

$$Y_t = \beta_1 + \beta_2 t + Y_{t-1} + u_t \tag{21.5.5}$$

을 얻는데, 이 경우는 표류경향과 확정적 추세를 모두 지닌 임의행보에 해당하고, 이 식을 다음과 같이 표현하면 이를 쉽게 확인할 수 있는데,

$$\Delta Y_t = \beta_1 + \beta_2 t + u_t \tag{21.5.5a}$$

그림 21.5
확정적추세 VS
확률적 추세

출처: Charemza et al., op. cit., 91.

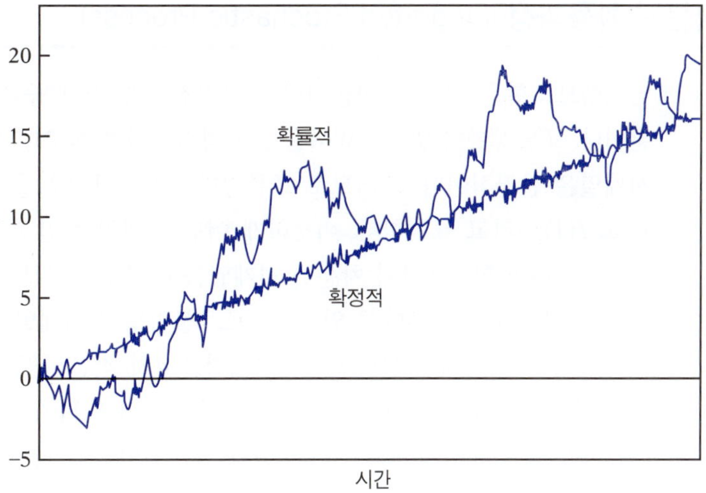

이는 Y_t 가 불안정적임을 의미한다.

안정적 AR(1) 요소를 지닌 확정적 추세 식(21.5.1)에서 $\beta_1 \neq 0$, $\beta_2 \neq 0$, $\beta_3 < 1$이면

$$Y_t = \beta_1 + \beta_2 t + \beta_3 Y_{t-1} + u_t \qquad \textbf{(21.5.6)}$$

을 얻게 되는데, 이는 확정적 추세 주변에서 안정적이다.

확률적 추세와 확정적 추세 사이의 차이를 확인하기 위하여, 그림 21.5를 고려하자.[14] 이 그림에서 확률적이라고 부르는 시계열은 다음과 같은 표류경향이 있는 RWM에 의하여 생성된 시계열이다 : $Y_t = 0.5 + Y_{t-1} + u_t$, 단 500개의 u_t값은 표준정규분포에서 생성되었고 Y 의 초기값은 1로 설정하였다. 확정적이라고 이름을 붙인 시계열은 다음과 같은 모형으로 생성되었다 : $Y_t = 0.5t + u_t$, 단 u_t는 위의 경우와 같고 t는 시간연대순으로 측정된 시간변수이다.

그림 21.5에서 볼 수 있듯이, 확정적 추세의 경우에 추세선(불안정적 평균을 나타냄)으로 부터의 편차가 순수하게 확률적이고 빠르게 소멸된다; 그들은 시계열의 장기적 발전에 기여하지 못하고 장기적 추세는 추세요소 $0.5t$에 의해 결정된다. 반면, 확률적 추세의 경우, 확률적 요소 u_t 가 Y_t 계열의 장기적 움직임에 영향을 미치고 있다.

14. 다음의 논의는 Wojciech W. Charemz et al., op. cit., pp.89–91에 기초하고 있다.

21.6 적분된 확률과정(Integrated Stochastic Process)

임의행보모형은 적분된 과정이라고 알려진 확률과정 중 특수한 경우에 해당할 뿐이다. 표류경향이 없는 RWM은 불안정적이지만 식(21.3.8)과 같이 1차 차분된 시계열은 안정적이다. 그러므로 표류경향이 없는 RWM을 1차 적분되었다고 부르고, $I(1)$ 이라고 표기한다. 비슷하게 어떤 시계열을 안정적으로 만들기 위하여 2번 차분해야 한다면(1차 차분된 시계열을 다시 1차 차분함), 그러한 시계열을 2차 적분되었다고 부른다.[15] 일반적으로, (불안정적)시계열을 안정적으로 만들기 위하여 d번 차분해야 한다면, 그 시계열을 d차 적분되었다고 부른다. d차 적분된 시계열 Y_t를 $Y_t \sim I(d)$라고 표기한다. 만약 시계열 Y_t가 처음부터 안정적이라면 (즉, 차분이 필요하지 않는 경우), 0차 적분되었다고 하고 $Y_t \sim I(0)$로 표기한다. 그러므로 "안정적 시계열"이라는 용어와 "0차 적분된 시계열"이라는 용어는 동일하다.

대부분의 경제시계열은 일반적으로 $I(1)$ 이다; 즉, 단지 1차 차분 후에는 안정적이 된다는 것이다. 그림 21.1과 21.2의 시계열은 $I(1)$ 인가 아니면 고차의 적분시계열인가? 이들 시계열들은 21.8절과 21.9절에서 살펴볼 것이다.

적분된 시계열의 특성

적분된 시계열의 다음과 같은 특성에 주의를 기울이자 : X_t, Y_t, Z_t를 시계열이라 하자.

1. $X_t \sim I(0)$ 이고 $Y_t \sim I(1)$ 이면, $Z_t = (X_t + Y_t) = I(1)$ 이다; 즉, 안정적 시계열과 불안정적 시계열의 선형결합은 불안정적이다.
2. $X_t \sim I(d)$ 이면, $Z_t = (a + bX_t) = I(d)$ 이다. 단, a와 b는 상수이다. 다시 말해서, $I(d)$ 계열의 선형결합은 역시 $I(d)$ 이다. 따라서 $X_t \sim I(0)$ 이면, $Z_t = (a + bX_t) \sim I(0)$ 이다.
3. $X_t \sim I(d_1)$ 이고 $Y_t \sim I(d_2)$ 이면, $Z_t = (aX_t + bY_t) \sim I(d_2)$ 이다. 단, $d_1 < d_2$ 이다.
4. $X_t \sim I(d)$ 이고 $Y_t \sim I(d)$ 이면, $Z_t = (aX_t + bY_t) \sim I(d^*)$ 이다; d^*는 일반적으로 d 이나, 일부 경우에서는 $d^* < d$ 이다. (21.11 절의 공적분 주제를 참조할 것)

앞의 설명에서 볼 수 있듯이, 각각 다른 차수로 적분된 2개 이상의 시계열을 결합시킬 때 조심스러운 주의를 기울여야 한다.

이것이 왜 중요한지 보기 위하여, 3장에서 논의한 2-변수 회귀모형 $Y_t = \beta_1 + \beta_2 X_t + u_t$를 고려해보자. 고전적 OLS 가정하에서 우리는

15. 예를 들어, Y_t가 $I(2)$이면 $\Delta\Delta Y_t = \Delta(Y_t - Y_{t-1}) = \Delta Y_t - \Delta Y_{t-1} = Y_t - 2Y_{t-1} + Y_{t-2}$가 안정적이 될 것이다. 그러나 $\Delta\Delta Y_t = \Delta^2 Y_t \neq Y_t - Y_{t-2}$가 아님을 명심하여야 한다.

$$\hat{\beta}_2 = \frac{\sum x_t y_t}{\sum x_t^2} \tag{21.6.1}$$

임을 알고 있다. 여기에서 늘 그랬듯이 소문자는 평균값으로부터의 편차를 나타낸다. 가령 Y_t가 $I(0)$이지만 X_t는 $I(1)$이라 하자; 즉, 전자는 안정적이고 후자는 불안정적이다. X_t가 불안정적이기 때문에 그 분산이 무한대로 증가할 것이고 식 (21.6.1)에서 분자를 압도하면서 $\hat{\beta}_2$이 점근적으로(즉, 대표본에서) 0으로 접근하는 결과를 초래할 것이고 $\hat{\beta}_2$이 점근적 분포조차 갖지 않게 될 것이다.[16]

21.7 허구적 회귀(Spurious Regression) 현상

안정적 시계열이 왜 그렇게 중요한지 보기위하여, 다음의 두 임의행보모형을 고려하자 :

$$Y_t = Y_{t-1} + u_t \tag{21.7.1}$$

$$X_t = X_{t-1} + v_t \tag{21.7.2}$$

여기에서 $u_t \sim N(0, 1)$에서 u_t관측치 500개를, $v_t \sim N(0, 1)$에서 v_t관측치 500개를 생성하였고 Y와 X의 초기값이 모두 0이라고 가정하였다. 또한 u_t와 v_t가 계열적으로 무상관(serially uncorrelated)이고 상호무상관(mutually uncorrelated)이다. 이제는 알고 있는 것처럼, 두 시계열은 모두 불안정적이다; 즉, 그들은 $I(1)$ 또는 확률적 추세를 지니고 있다.

Y_t를 X_t에 회귀한다고 하자. Y_t와 X_t가 무상관인 $I(1)$ 과정이므로, Y를 X에 회귀시킬 때의 R^2는 0이 되는 경향이어야 한다; 즉, 두 변수 사이에 어떠한 관계도 있어서는 안된다. 그러나 회귀결과를 볼 때까지 기다려라.

변수	계수	표준오차	t통계량
C	-13.2556	0.6203	-21.36856
X	0.3376	0.0443	7.61223
	R^2 = 0.1044	d = 0.0121	

위에서 볼 수 있듯이, X의 계수는 통계적으로 매우 유의하고 R^2값이 작음에도 불구하고 통계적으로 유의하게 0이 아니다. 이러한 결과로부터, Y와 X사이에 통계적으로 유의한 관계가 있다고 결론내리고 싶을지도 모르지만, 선험적으로 두 변수 사이에 어떤 관계도 없다. 이를 짧게 말해서 허구적 회귀의 현상, 또는 터무니없는 회귀(nonsense regression)현상이라고 하는데, 처음으로 Yule이

16. 이 점은 Maddala et.al., op.cit., p.26에서 도움을 받았음.

발견하였다.[17] Yule은 표본의 크기가 아주 크다고 해도 불안정적 시계열에서 (허구적)상관관계가 지속될 수 있음을 보였다. 위의 회귀에서 무엇인가 잘못되었다는 점은 극히 낮은 Durbin–Watson d값으로 알 수 있는데, 낮은 d값은 아주 강한 1차의 자기상관이 존재한다는 것을 알려준다. Granger와 Newbold에 의하면, $R^2 > d$는 추정된 회귀가 허구적이라고 의심할 수 있는 좋은 경험법칙이 된다. 그러한 허구적 회귀로부터 구한 R^2와 t통계량은 잘못된 것이고, t통계량은 t분포를 따르지 않기 때문에 모수에 관한 가설을 검정하는데 사용될 수 없다.

위에 제시된 회귀결과가 무의미하다는 것은 Y_t의 1차 차분($= \Delta Y_t$)을 X_t의 1차 차분($= \Delta X_t$)에 회귀하면 쉽게 확인될 수 있다; Y_t와 X_t가 불안정적이라고 해도, 1차 차분은 안정적이라는 것을 기억하라. 이러한 회귀에서 당연히 그래야하듯이 R^2이 실질적으로 0이고 Durbin–Watson d는 약 2이다. 연습문제 21.24에서 이 회귀를 실행하여야 하고 지금의 주장을 입증하게 될 것이다.

극적이긴 하지만, 이 예제는 우리가 확률적 추세를 보이는 시계열에 기초하여 회귀분석을 할 때 극히 신중해야 한다는 것을 강하게 깨우쳐주고 있다. 그리고 $I(1)$변수에 기초한 회귀결과를 읽는데 극히 조심스러워야 한다. 예제로서 연습문제 21.26을 참조하여라. 어느정도 확정적 추세를 지닌 시계열에도 똑같이 적용되는데, 이에 대한 예제는 연습문제 21.25에 주어져 있다.

21.8 안정성 검정

지금쯤이면 학생들이 안정적 확률과정의 성격과 그 중요성을 잘 이해하고 있을 것이다. 실제에 있어서 두 가지 중요한 질문에 봉착한다 : (1) 주어진 시계열이 안정적인지 여부를 어떻게 확인하는가? (2) 주어진 시계열이 안정적이 아니라면 안정적으로 만드는 방법은 있는가? 이 절에서는 첫 번째 질문을 다루고 두 번째 질문은 21.10절에서 논의할 것이다.

진도를 나가기 전에 우리의 주된 관심은 약 안정성 혹은 공분산 안정성에 있다는 것을 명심하여라.

몇 가지 종류의 안정성 검정이 존재함에도 불구하고, 우리는 문헌에서 현저하게 자주 논의되는 검정방식만 공부할 것이다. 이 절에서 두 가지 검정을 논의한다 : (1) 그래프 분석 (2) 상관도표(Correlogram) 분석이 그것이다. 최근 중요성이 커지고 있기 때문에 **단위근 검정**은 다음 절에서 논의할 것이다. 적절한 예제를 통하여 이 검정법들을 소개한다.

---

17. G. U. Yule, "Why Do We Sometimes Get Nonsense Correlations Between Time Series? A Study in Sampling and the Nture of Time Series," *Journal of the Royal Statistical Society,* vol,89, 1926, pp.1–64. 허구적 회귀에 관한 Monte Carlo 의태분석의 참고문헌으로 C.W.J. Granger and P. Newbold, "Spurious Regressions in Econometrics," *Journal of Econometrics*, vol.2, 1974, pp.111–120.

1. 그래프 분석

앞에서 지적한 것처럼, 정형화된 검정을 하기에 앞서 분석중인 시계열의 그림을 그려보도록 항상 충고하게 된다. 이러한 그림은 책의 웹사이트에 있는 미국경제 시계열 자료에 대하여 그림 21.1과 그림 21.2에서 그려본 바 있다. 예를 들어 그림 21.1의 GDP시계열을 선택하자. 분석기간에 대하여 로그취한 GDP는 증가하고 있다. 즉, 상향추세를 보이면서 로그취한 GDP의 평균이 변화하고 있음을 볼 수 있다. 이는 아마도 로그취한 GDP계열이 안정적이 아님을 의미한다고 할 수 있다. 아울러 그림 21.2의 다른 미국 경제시계열도 다소 같은 결과를 보일 것이다. 그러한 직감이야말로 전형적인 안정성 검정의 출발점이 될 것이다.

2. 자기상관함수와 상관도표

안정성을 검정하는 간단한 방법은 자기상관함수(Autocorrection Function : ACF)에 기초하고 있다. 시차 k의 ACF는 ρ_k라고 표기하는데

$$\begin{aligned}\rho_k &= \frac{\gamma_k}{\gamma_0} \\ &= \frac{\text{시차 } k \text{ 의 공분산}}{\text{분산}}\end{aligned} \tag{21.8.1}$$

로 정의된다. 여기에서 시차 k에서의 공분산과 분산은 앞에서 정의된 것과 같다. 만약 $k = 0$이면 $\rho_0 = 1$임을 주목하라(그 이유는?)

공분산과 분산은 동일한 측정단위로 측정되기 때문에 ρ_k는 단위가 없는 숫자 또는 순수한 숫자이다. 이는 다른 상관계수와 마찬가지로 −1과 1사이에 놓여 있다. ρ_k를 k에 대하여 그리면, 우리는 그 그림을 모집단 상관도표(Population Correlogram)이라 부른다.

실제에 있어 우리는 확률과정의 실현값(즉, 표본)만을 가지고 있기 때문에, 단지 표본자기상관함수(SAFC), $\hat{\rho}_k$만을 계산할 수 있다. 이를 계산하기 위하여 시차 k에서의 표본공분산 $\hat{r}_k$과 표본분산 $\hat{r}_0$을 먼저 계산하여야 하는데 이들은 다음과 같이 정의된다 :[18]

$$\hat{\gamma}_k = \frac{\sum(Y_t - \bar{Y})(Y_{t+k} - \bar{Y})}{n} \tag{21.8.2}$$

$$\hat{\gamma}_0 = \frac{\sum(Y_t - \bar{Y})^2}{n} \tag{21.8.3}$$

18. 엄격하게 말해서, n(표본크기)으로 나누는 대신 시차 k에서의 표본공분산을 $(n-k)$로 나누고, 표본분산을 $(n-1)$로 나누어야 한다. (그 이유는?)

여기에서 n은 표본의 크기이고, $\bar{Y}$는 표본평균이다.

그러므로 시차 k에서의 표본자기상관함수는 :

$$\hat{\rho}_k = \frac{\hat{\gamma}_k}{\hat{\gamma}_0} \tag{21.8.4}$$

과 같은데, 이는 단순히 (시차 k에서의)표본공분산과 표본분산의 비율이다. $\hat{\rho}_k$을 k에 대하여 그림으로 그리면, 우리는 표본상관도표를 구하게 된다.

표본상관도표를 통하여 특정시계열이 안정적인지 여부를 어떻게 확인할 수 있는가? 이를 알기 위하여, 순수 백색잡음 임의과정의 상관도표와 임의행보과정의 상관도표를 우선 살펴보자. 표류경향이 없는 RWM(21.3.13)으로 돌아가보자. 거기에서 표준정규분포를 따르는 u로부터 500개의 오차항 표본을 생성하였다. 이 500개의 순수임의오차항의 상관도표는 그림 21.6에 보인다; 이 상관도표를 30개의 시차까지 나타냈다. 이 시차길이를 어떻게 선택하는지 잠시 후에 논평할 것이다.

그림 21.6
백색잡음 오차항 u의 상관도표.
AC=자기상관
PAC=편자기상관(partial autocorrelation) (22장 참조)
Q-Stat=Q통계량
Prob=확률

표본: 2500
포함된 관측치: 499

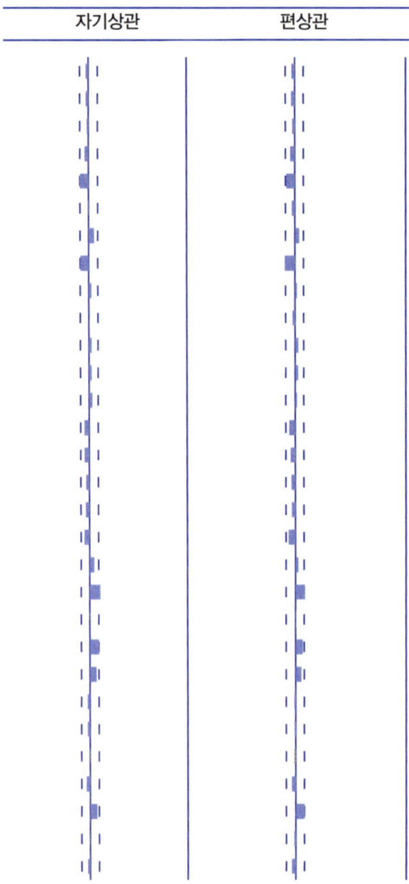

	AC	PAC	Q-Stat	Prob
1	−0.022	−0.022	0.2335	0.629
2	−0.019	−0.020	0.4247	0.809
3	−0.009	−0.010	0.4640	0.927
4	−0.031	−0.031	0.9372	0.919
5	−0.070	−0.072	3.4186	0.636
6	−0.008	−0.013	3.4493	0.751
7	0.048	0.045	4.6411	0.704
8	−0.069	−0.070	7.0385	0.532
9	0.022	0.017	7.2956	0.606
10	−0.004	−0.011	7.3059	0.696
11	0.024	0.025	7.6102	0.748
12	0.024	0.027	7.8993	0.793
13	0.026	0.021	8.2502	0.827
14	−0.047	−0.046	9.3726	0.806
15	−0.037	−0.030	10.074	0.815
16	−0.026	−0.031	10.429	0.843
17	−0.029	−0.024	10.865	0.863
18	−0.043	−0.050	11.807	0.857
19	0.038	0.028	12.575	0.860
20	0.099	0.093	17.739	0.605
21	0.001	0.007	17.739	0.665
22	0.065	0.060	19.923	0.588
23	0.053	0.055	21.404	0.556
24	−0.017	−0.004	21.553	0.606
25	−0.024	−0.005	21.850	0.644
26	−0.008	−0.008	21.885	0.695
27	−0.036	−0.027	22.587	0.707
28	0.053	0.072	24.068	0.678
29	−0.004	−0.011	24.077	0.725
30	−0.026	−0.025	24.445	0.752

그림 21.7

임의 행보 시계열의 상관도표, 정의에 대한 설명은 그림 21.6을 참조할 것.

표본: 2500
포함된 관측치: 499

자기상관 편상관

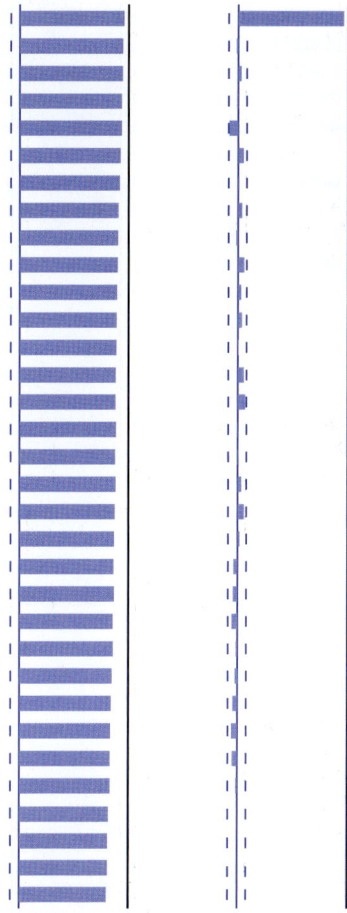

	AC	PAC	Q-Stat	Prob
1	0.992	0.992	493.86	0.000
2	0.984	0.000	980.68	0.000
3	0.976	0.030	1461.1	0.000
4	0.969	0.005	1935.1	0.000
5	0.961	−0.059	2402.0	0.000
6	0.953	0.050	2862.7	0.000
7	0.946	0.004	3317.3	0.000
8	0.939	0.040	3766.4	0.000
9	0.932	−0.009	4210.1	0.000
10	0.927	0.055	4649.1	0.000
11	0.921	0.018	5083.9	0.000
12	0.916	0.039	5514.9	0.000
13	0.912	0.002	5942.4	0.000
14	0.908	0.056	6367.0	0.000
15	0.905	0.061	6789.8	0.000
16	0.902	0.000	7210.6	0.000
17	0.899	0.006	7629.4	0.000
18	0.896	0.030	8046.7	0.000
19	0.894	0.053	8463.1	0.000
20	0.892	0.013	8878.7	0.000
21	0.890	−0.041	9292.6	0.000
22	0.886	−0.040	9704.1	0.000
23	0.882	−0.044	10113.	0.000
24	0.878	−0.012	10518.	0.000
25	0.873	−0.023	10920.	0.000
26	0.867	−0.041	11317.	0.000
27	0.860	−0.055	11709.	0.000
28	0.853	−0.045	12095.	0.000
29	0.846	−0.010	12476.	0.000
30	0.839	0.008	12851.	0.000
31	0.832	−0.006	13221.	0.000
32	0.825	0.003	13586.	0.000
33	0.819	−0.006	13946.	0.000

잠시동안, AC라고 이름붙인 열을 보면, 이 열이 표본자기상관함수이고 좌측에 자기상관(autocorrelation)이라고 이름붙인 첫 번째 그림에 해당된다. 이 그림에서 연속인 수직선은 0축을 나타낸다; 이 선의 우측에 있는 관측치는 양의 값이고 이 선의 좌측에 있는 관측치는 음의 값이다. 이 그림에서 매우 명백하듯이, 순수백색잡음 과정의 경우 다양한 시차에서 자기상관이 0주변을 떠돌고 있다. **이것이 안정적 시계열의 상관도표 그림이다.** 따라서, 실제 (경제)시계열의 상관도표가 백색잡음시계열의 상관도표를 닮았다면, 그 시계열이 아마 안정적일 것이라고 말할 수 있다.

이제 식(21.3.13)에 의해 생성된 임의행보시계열의 상관도표를 살펴보자. 이 상관도표는 그림 21.7에서 볼 수 있다. 이 상관도표에서 가장 충격적인 현상은 다양한 시차에서의 자기상관계수가 심지어 33분기 시차까지도 매우 높다는 것이다. 사실, 60분기까지 시차를 고려한다해도 자기상관계수는 아주 높다; 60시차

그림 21.8
미국, LGDP의 상관도표, 1947. I-2007. IV.
정의에 대한 설명은 그림 21.6 참조

표본: 1947-I 2007-IV
포함된 관측치: 244

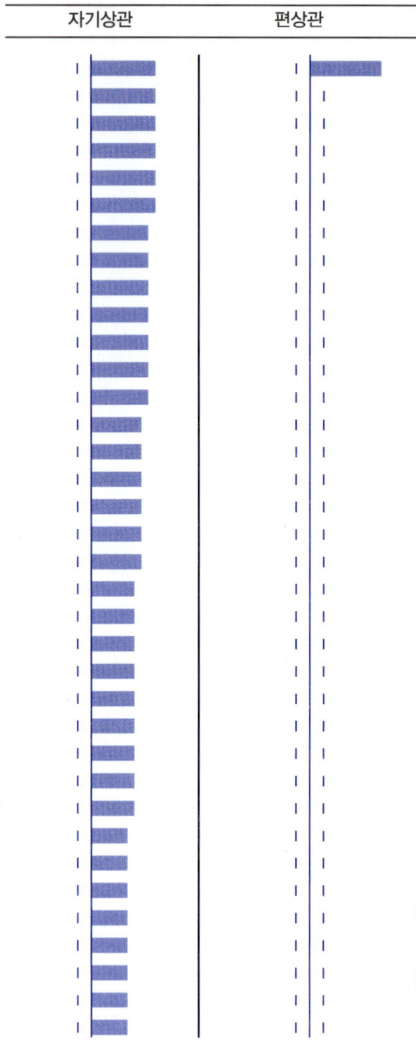

	AC	PAC	Q-Stat	Prob
1	0.977	0.977	235.73	0.000
2	0.954	−0.009	461.43	0.000
3	0.931	−0.010	677.31	0.000
4	0.908	−0.006	883.67	0.000
5	0.886	−0.003	1080.9	0.000
6	0.864	−0.001	1269.3	0.000
7	0.843	−0.006	1449.3	0.000
8	0.822	−0.006	1621.0	0.000
9	0.801	−0.010	1784.6	0.000
10	0.780	−0.004	1940.6	0.000
11	0.759	−0.007	2089.0	0.000
12	0.738	−0.013	2230.0	0.000
13	0.718	0.003	2364.1	0.000
14	0.699	−0.005	2491.5	0.000
15	0.679	−0.001	2612.4	0.000
16	0.660	−0.004	2727.2	0.000
17	0.642	−0.002	2836.2	0.000
18	0.624	0.002	2939.6	0.000
19	0.607	0.003	3037.8	0.000
20	0.590	−0.003	3130.9	0.000
21	0.573	−0.003	3219.3	0.000
22	0.557	−0.003	3303.1	0.000
23	0.541	−0.001	3382.5	0.000
24	0.526	0.007	3457.9	0.000
25	0.511	0.002	3529.4	0.000
26	0.496	−0.005	3597.2	0.000
27	0.482	−0.011	3661.4	0.000
28	0.467	−0.009	3722.0	0.000
29	0.453	−0.005	3779.2	0.000
30	0.438	−0.006	3833.1	0.000
31	0.424	−0.005	3883.9	0.000
32	0.411	0.004	3931.6	0.000
33	0.398	0.004	3976.7	0.000
34	0.385	−0.001	4019.1	0.000
35	0.373	−0.009	4058.9	0.000
36	0.360	−0.010	4096.3	0.000

에서 계수는 약 0.7이다. 그림 21.7은 불안정적 시계열의 전형적인 상관도표이다 : 자기상관계수가 매우 높은 값으로 출발하고 시차길이가 길어짐에 따라 계수값이 아주 천천히 0으로 감소해 간다.

이제 구체적인 경제적 예제를 들어보자. 이 책의 웹사이트에 있는 미국 경제 시계열자료를 사용한 LGDP시계열의 상관도표를 조사해보자(21.1절 참조). 36시차까지의 상관도표가 그림 21.8 에 나타나 있다. 36시차까지의 LGDP 상관도표 역시 그림 21.7의 임의행보모형의 상관도표와 비슷한 패턴을 보이고 있다. 자기상관계수는 1시차에서 매우 높은 값(0.997)으로 출발하고 매우 서서히 감소해 간다. 따라서 LGDP시계열이 불안정처럼 보인다. 그림 21.1과 21.2의 다른 미국 경제시계열의 상관도표를 그려보면 비슷한 패턴을 보일 것이고 이 모든 시계열이 불안정적이라고 결론을 내리게 된다; 평균에 대하여 불안정적 이거나 분산에 대하여 불안정적 이거나 또는 둘 모두에 대하여 불안정적일 것이다.

두 가지 실용상의 질문을 이 부분에서 할 수 있다. 첫째, ACF를 계산하기 위한 시차길이를 어떻게 선택하는가? 둘째, 일정 시차에서의 상관계수가 통계적으로 유의한지 여부를 어떻게 결정하는가? 이에 대한 답은 다음과 같다.

시차 길이의 선택

이 질문은 기본적으로 경험과 관련된 질문이다. 경험법칙을 따르자면 전체 시계열의 1/4에서 1/3까지 ACF를 계산하면 된다. 지금 다룬 경제자료의 경우 244분기의 관측치로 구성되어 있으므로, 이 경험법칙대로라면 61~81분기가 적당할 것이다. 책의 지면을 줄이기 위하여 그림 21.8에서는 ACF 그림에 36개의 시차만 정리하였다. 실제 활용측면에서 가장 좋은 충고는 충분히 긴 시차로 시작하고 나서 **Akaike information criterion**이나 **Schwarz information criterion** (13장에서 이미 논의하였음)과 같은 통계적 기준에 의하여 시차를 줄여나가라고 권하고자 한다. 그 대안으로 다음의 통계적 검증을 이용할 수도 있다.

자기상관계수의 통계적 유의성

예를 들어 그림 21.8의 LGDP시계열의 상관도표를 고려해보자. 시차 10(분기)에서의 상관계수 0.780이 통계적으로 유의한지 어떻게 결정하는가? 어떠한 $\hat{\rho}_k$의 통계적 유의성도 자신의 표준오차에 의해 판단할 수 있다. 만약 시계열이 순수하게 확률적이라면, 즉, 백색잡음이라면 (그림 21.6참조), 표본자기상관계수, $\hat{\rho}_k$은 **점근적**으로 다음과 같은 분포임을 Bartlett이 보였다.[19]

$$\hat{\rho}_k \sim N(0, 1/n) \qquad \textbf{(21.8.5)}$$

즉, 대표본에서 표본자기상관계수는 평균이 0이고 분산이 $1/n$인 정규분포를 따른다는 것이다. 현재 예제에서 관측치가 244개이므로 분산은 $1/244 \approx 0.0041$이고, 표준오차는 $\sqrt{0.0041} \approx 0.0640$이다. 표준정규분포의 특성을 따라서, 임의의 (모집단) ρ_k의 95% 신뢰구간은 :

$$\hat{\rho}_k \pm 1.96(0.0640) = \hat{\rho}_k \pm 0.1254 \qquad \textbf{(21.8.6)}$$

다른말로 하자면,

$$\text{Prob}\,(\hat{\rho}_k - 0.1254 \le \rho_k \le \hat{\rho}_k + 0.1254) = 0.95 \qquad \textbf{(21.8.7)}$$

19. M. S. Bartlett," On the Theoretical Specification of Sampling Properties of Autocorrelated Time Series," *Journal of the Royal Statistical Society*, Series B, vol.27, 1946, pp.27–41.

만약 위의 구간이 0을 포함한다면 진정한 ρ_k가 0이라는 가설을 기각하지 않지만, 이 구간이 0을 포함하지 않으면 진정한 ρ_k가 0이라는 가설을 기각한다. 본 예제에 적용하면, $\hat{\rho}_{10} = 0.873$이므로 진정한 ρ_{10}의 95% 신뢰구간은 (0.873 ± 0.1254) 또는 (0.7476, 0.9984)이다.[20] 명백히 이 구간이 0을 포함하고 있지 않으므로, 진정한 ρ_{10}이 0과 유의하게 다르다고 주장하는데 95%정도 신뢰가 있다.[21] 학생들이 확인할 수 있듯이, 시차 20에서 추정된 ρ_{20}도 5%수준에서 통계적으로 유의하다.

개별 자기상관계수의 통계적 유의성을 검정하는 대신, 일정시차까지 모든 $\hat{\rho}_k$이 동시에 0이라는 **결합가설**을 검정할 수 있다. 이 검정은 Box와 Pierce가 개발한 다음과 같은 Q통계량으로도 가능하다[22]

$$Q = n\sum_{k=1}^{m}\hat{\rho}_k^2 \tag{21.8.8}$$

여기에서 n=표본크기, m=시차길이이다. Q통계량은 한 시계열이 백색잡음인지 여부를 검정하는데 사용되기도 한다. 대표본에서 이 통계량은 df가 m인 카이자승분포를 **점근적으로** 따른다. 실제 적용에 있어서 계산된 Q가 정해진 유의수준에서 카이자승분포의 임계치보다 크면 모든(진정한) ρ_k가 0이라는 가설을 기각할 수 있다; 적어도 ρ_k중 몇 개는 0이 아니어야 한다.

Box–Pierce Q의 변형된 검정으로서 Ljung–Box(LB)통계량을 들 수 있는데, 이는 다음과 같이 정의된다.[23]

$$\text{LB} = n(n+2)\sum_{k=1}^{m}\left(\frac{\hat{\rho}_k^2}{n-k}\right) \sim \chi^2 m \tag{21.8.9}$$

대표본에서 Q와 LB통계량 모두 자유도가 m인 카이자승분포를 따르고 있음에도 불구하고, LB통계량이 Q통계량보다 더 좋은(통계적 의미에서 더 강력한)

---

20. 표본크기 244관측치는 정규분포 근사치를 사용하기에 충분히 큰 규모이다.

21. 대안으로서, 어떤 ρ_k의 추정치를 표준오차 $\sqrt{1/n}$으로 나눈다면, n이 충분히 클 때, 표준 Z값을 얻을 수 있고, 이때의 확률은 표준정규분포에서 쉽게 구할 수 있다. 따라서 추정된 ρ_{10}=0.780에 대하여, Z값은 0.78/0.1066=7.32(근사치임)이다. 만약 진정한 ρ_{10}이 실제로 0이라면, Z값 7.32. 혹은 그 이상의 값을 얻게 될 확률은 매우 작고, 따라서 진정한 ρ_{10}이 0이라는 가설을 기각한다.

22. G.E.P. Box and D.A.Pierce,"Distribution of Tesidual Autocorrelation in Autoregressive Integrated Moving Average Time Series Models," *Journal of the American Statistical Association,* vol.65, 1970, pp.1509–1526.

23. G.M.Ljung and G.E.P.Box, "On a Measure of Lack of Fit in Time Series Models," *Biometrika,* vol.66,1978, pp.66–72.

소표본 특성을 가지고 있다.[24]

그림 2.18의 LGDP예제로 돌아가보면, 36개 시차까지 고려한 Q통계량의 값이 약 4096이다. 36개의 추정된 자기상관 계수의 제곱의 합이 0이라는 귀무가설하에서 그러한 Q값을 얻을 확률은 실질적으로 0인데, 이는 그림 21.8의 마지막열에 해당한다. 그러므로 LGDP시계열이 아마 불안정적이라고 결론을 내릴 수 있고, 이 결론은 LGDP시계열이 불안정적일 수 있다는 그림 21.1로 부터의 예감을 확인시켜주는 것이다. 연습문제 21.16에서, 다른 4개의 미국 경제시계열도 또한 불안정적이라는 것을 확인하는 연습을 할 것이다.

21.9 단위근 검정(Unit Root Test)

지난 수년간 폭넓게 대중화된 안정성(또는 불안정성) 검정은 단위근 검정이다. 이를 먼저 설명하고, 예제를 보여주고, 이 검정의 몇몇 한계를 고려할 것이다.

출발점은 21.4절에서 논의했던 단위근(확률)과정이다. 우리는 다음의 모형으로 출발하는데

$$Y_t = \rho Y_{t-1} + u_t \qquad -1 \leq \rho \leq 1 \tag{21.4.1}$$

여기에서 u_t는 백색잡음 오차항이다.

만약 $\rho = 1$이면, 즉 단위근의 경우라면 식 (21.4.1)은 표류경향 없는 임의행보 모형이 되고 이 모형이 불안정적임을 이미 알고 있다. 그러므로 Y_t를 자신의 (1기) 시차값 Y_{t-1}에 단순히 회귀한 후 추정된 ρ가 통계적으로 1인지 여부를 확인하면 안되는가? 만약 1이라면, Y_t는 불안정적이다. 이것이 안정성에 관한 단위근 검정에 깔린 일반적 생각이다.

그러나 우리는 식 (21.4.1)을 OLS로 추정하고 일상적인 t검정으로 $\rho = 1$이라는 가설을 검정할 수는 없는데, 그 이유는 단위근의 경우 검정이 심각하게 편의되기 때문이다. 그러므로 식 (21.4.1)을 다음과 같이 조정한다. 식 (21.4.1)의 양쪽에서 Y_{t-1}을 빼서

$$\begin{aligned} Y_t - Y_{t-1} &= \rho Y_{t-1} - Y_{t-1} + u_t \\ &= (\rho - 1) Y_{t-1} + u_t \end{aligned} \tag{21.9.1}$$

를 얻는데, 이는 다시 아래와 같이 표현될 수 있다:

$$\Delta Y_t = \delta Y_{t-1} + u_t \tag{21.9.2}$$

24. Q와 LB통계량이 모든 경우에 적합하지 않을 수 있다. 비판을 보려면, Maddala et. al., op.cit, p19를 참조할 것.

여기에서 $\delta = (\rho - 1)$이고 Δ는 늘 하던대로 1차 차분연산자이다. 실제에 있어서 식 (21.4.1)을 추정하는 대신 식 (21.9.2)를 추정하고 $\delta = 0$이라는 (귀무)가설을 검정하는데, 이때 대립가설은 $\delta < 0$이 된다. (각주 25를 볼 것) 만약 $\delta = 0$이고 따라서 $\rho = 1$이라면, 단위근이 되고 고려중인 시계열이 불안정적이라는 것을 의미한다.

식 (21.9.2)를 추정하기전에, 만약 $\delta = 0$이면 식 (21.9.2)가 다음과 같이 되는 것을 주의하여야 한다.

$$\Delta Y_t = (Y_t - Y_{t-1}) = u_t \tag{21.9.3}$$

u_t가 백색잡음 오차항이므로 이는 안정적이고, 임의행보시계열의 1차 차분이 안정적임을 의미하며 이는 우리가 이미 강조했던 것이다.

이제 식 (21.9.2)의 추정으로 돌아가자. 이는 충분히 단순하다; 우리가 해야 할 일이라고는 Y_t의 1차 차분을 구한 후 이를 Y_{t-1}에 회귀하고 추정된 기울기 계수$(=\hat{\delta})$가 0인지 아닌지만 확인하면 된다. 0이라면, Y_t가 불안정적이고 결론을 내린다. 그러나 음이라면, Y_t가 안정적이라고 결론짓는다.[25] 유일한 질문은 식 (21.9.2)의 Y_{t-1}의 추정계수가 0 인지 아닌지 확인하기 위하여 어떤 검정을 사용하는가 하는 것이다. 불행히도, $\delta = 0$(즉, $\rho = 1$)라는 귀무가설하에서 Y_{t-1}의 추정계수의 t값이 표본이 크다해도 t분포를 따르지 않는다; 즉, 이 통계량은 점근적으로 정규분포를 따르지 않는다.

그렇다면 대안은 무엇인가? Dickey와 Fuller는 $\delta = 0$이라는 귀무가설 하에서 식 (21.9.2)에서 Y_{t-1}의 계수의 추정된 t값이 τ(tau) 통계량을 따른다는 것을 보였다.[26] 이들 두 학자는 몬테칼로 시뮬레이션에 기초하여 tau통계량의 임계치를 계산하였다. 이 임계치가 부록 D의 표 D.7에 정리되어 있다. 이 표는 제한적인데, Mackinnon이 더 확장된 표를 만들었고 그 결과들은 몇몇 계량경제 팩키지에 실려있다.[27] 문헌에서 보면, 최초 발견자들의 이름을 기리기 위하여 tau통계량 또는 tau검정이 Dickey-Fuller(DF) 검정으로 알려져 있다. 흥미로운 사실은, $\delta = 0$이라는 가설이 기각되면 (즉, 시계열이 안정적이면), 일상적인 (학생의) t 검정을 사용할 수 있다. Dickey-Fuller검정은 대립가설이 $\delta < 0$(또는 $\rho < 1$)이므로 편측검정임을 명심하여야 한다.

---

25. $\delta = (\rho - 1)$이므로, 안정적이 되려면 ρ가 1보다 작아야한다. 이렇게 되려면 δ가 음의 값이어야 한다.
26. D. A. Dickey and W. A. Fuller, "Distribution of the Estimators for Autoregressive Time Series with a Unit Root," *Journal of the American Statistical Association,* vol.74, 1979, pp.427-431. 또한 W.A. Fuller, *Introduction to Statistical Time Series,* John, Wiely & Sons, New York, 1976.을 참조할 것.
27. J. G. Mackinnon, "Critical Values of Cointegration Tests, " in R.E.Engle and C.W.J.Granger,eds., *Long-run Economic Relationships : Readings in Cointegration,* Chapter 13, Oxford University Press, New York, 1991.

DF검정을 시행하는 실제 과정은 몇 가지 의사결정을 거쳐야 한다. 21.4절과 21.5절에서 단위근 과정의 성격을 논의할 때, 임의행보과정에 표류경향이 없을 수도, 있을 수도 혹은 확정적 추세와 확률적 추세 모두가 있을 수 있음을 주목하였다. 이러한 다양한 가능성을 허용하기 위하여, DF검정은 3가지 다른 형태 즉, 3가지 다른 귀무가설하에서 추정된다.

임의 행보: $\Delta Y_t = \delta Y_{t-1} + u_t$ **(21.9.2)**

표류경향 있는 임의 행보: $\Delta Y_t = \beta_1 + \delta Y_{t-1} + u_t$ **(21.9.4)**

확정적 추세 주변
표류경향이 있는 임의 행보: $\Delta Y_t = \beta_1 + \beta_2 t + \delta Y_{t-1} + u_t$ **(21.9.5)**

여기에서 t는 시간 또는 추세변수이다. 각 경우에 있어 가설들은:

귀무가설: H_0: $\delta = 0$(즉, 단위근이 있다 또는 시계열이 불안정적이다 또는 확률적 추세를 갖는다)

대립가설: H_1: $\delta < 0$(즉, 시계열이 아마 확정적 추세 주변에서 안정적이다.)[28]

만약 귀무가설이 기각되면 (1) 식 (21.9.2)의 경우 Y_t가 평균이 0이고 안정적이거나 또는 (2) 식 (21.9.4)의 경우와 같이 Y_t가 평균이 0이 아니면서 안정적이라는 것을 의미한다. 식 (21.9.5)의 경우 $\delta < 0$ (즉 확률적 추세가 없음)과 $\alpha \neq = 0$ (즉 확정적 추세가 존재함)에 대한 검정을 F검정을 이용하여 동시에 할 수 있다. 다만, 이 경우 Dickey와 Fuller의 임계치를 사용하여야 한다. 시계열이 확률적 추세와 확정적 추세를 모두 포함하고 있을 수 있음을 유념하자.

$\delta = 0$ 의 가설을 검정하기 위한 tau 검정의 임계치는 DF 검정의 세가지 유형에 따라 각각 달라진다는 것은 매우 중요한 사항인데, 이는 부록 D의 표 D.7에 명확하게 나타나있다. 게다가 (21.9.4)의 표기가 정확한 상황에서 식 (21.9.2)를 추정한다면 우리는 표기오차를 저지르게 될 것인데 그 결과는 13장에서 이미 확인한 바 있다. 식 (21.9.5)대신에 식 (21.9.4)를 추정하는 경우도 같은 논리가 성립된다. 물론 어떤 표기가 정확한지 처음부터 알 수 있는 방법은 없다. 자료 채굴(data mining)은 말할 것도 없고 약간의 시행착오도 불가피하다.

실제 추정과정은 다음과 같다 : 식 (21.9.2) 또는 식 (21.9.3) 또는 식 (21.9.4)를 OLS로 추정한다; 각 경우에 있어 τ(tau)통계량을 계산하기 위하여 Y_{t-1}의 추정된 계수를 자신의 표준오차로 나눈다; 계산 결과를 DF표 (또는 통계팩키지)에 조회한다. 만약, 계산된 tau 통계량의 절대값($|\tau|$)이 DF나 MacKinnon의 tau 임계

28. $\delta > 0$ 의 가능성을 배제하였는데, $\rho > 1$ 이면 시계열이 확산되어 버리기 때문이다.

치의 절대값보다 크다면, $\delta = 0$이라는 가설을 기각하게 되고 이 경우 시계열은 안정적이다. 반면에 계산된 $|\tau|$가 임계치의 절대값보다 크지 않다면, 귀무가설은 기각하지 않는데, 이 경우 시계열이 불안정적이다. 적절한 τ임계치를 사용하고 있음을 확인하여야 한다. 대부분의 적용사례에 있어서 tau값은 음이다. 그러므로 위와 같이 말하는 대신, 만약 계산된 (음의) tau값이 tau임계치보다 작다면(즉, 더 음이라면), 귀무가설을 기각하고(즉, 시계열이 안정적임), 그렇지 않은 경우 가설을 기각하지 않는다(즉, 시계열이 불안정적임).

미국 GDP시계열로 돌아가보자. 이 시계열에 대하여 세가지 회귀식 (21.9.2), (21.9.4), (21.9.5)의 결과가 다음과 같다 : 각 경우 종속변수는 $\Delta Y_t = \Delta \text{LGDP}_t$인데, LGDP는 로그취한 실질 GDP이다.

$$\widehat{\Delta \text{LGDP}}_t = 0.000968\text{LGDP}_{t-1} \qquad t = (12.9270) \quad R^2 = 0.0147 \quad d = 1.3194 \tag{21.9.6}$$

$$\widehat{\Delta \text{LGDP}}_t = 0.0221 - 0.00165\text{LGDP}_{t-1} \qquad t = (2.4342) \quad (-1.5294) \quad R^2 = 0.0096 \quad d = 1.3484 \tag{21.9.7}$$

$$\widehat{\Delta \text{LGDP}}_t = 0.2092 + 0.0002t - 0.0269\text{LGDP}_{t-1} \qquad t = (1.8991) \quad (1.7040) \quad (-1.8102) \quad R^2 = 0.0215 \quad d = 1.3308 \tag{21.9.8}$$

우리의 주된 관심은 LGDP_{t-1}계수의 $t(=\tau)$값이다. 부록 D의 D.7표를 보면, 표본크기 250인 경우 (우리의 표본개수 244에 가장 가까운 숫자임) 5% tau임계치는 −1.95(절편없고 추세없는 경우), −2.88(절편은 있으나 추세만 없는 경우), −3.43(절편과 추세 모두 있는 경우)이다. **EViews**와 다른 통계팩키지는 분석에 사용된 표본크기에 해당하는 임계치를 제공해 준다.

결과를 분석하기 전에, 세가지 모형중 어느 것이 적절한지 결정해야 한다. 모형 (21.9.6) 의 경우 LGDP_{t-1}의 계수 δ가 양의 값이므로 (21. 9. 6)을 배제하여야 한다. $\delta = (\rho - 1)$이므로 양의 δ가 $\rho > 1$임을 의미한다. 이론적으로는 이런 경우도 가능하지만, 이런 경우 LGDP시계열이 확산되어 버리기 때문에 배제하는 것이다.[29] 이제 (21.9.7)모형과 (21.9.8)이 남는다. 두 경우 모두 추정된 δ값이 음이므로 추정된 ρ가 1보다 작다는 것을 의미한다. 이 두 모형에 대하여, 추정된 ρ값이 각각 0.9984와 0.9731이다. 유일하게 남은 질문은 GDP시계열이 안정적이라고 주장할 수 있도록 이 값들이 통계적으로 유의하게 1보다 작은가 하는 것이다. 모형 (21.9.7)에 대하여 추정된 τ값이 −1.5294인데, 5%의 τ임계치는 위에서 지적했듯이 −2.88이다. **절대값으로** 볼 때 전자가 후자보다 작으므로 LGDP 시계열

29. 더 수학적으로, 식 (21.9.2)가 1차 차분방정식이므로 소위 안정성 조건은 $\rho < 1$을 필요로 한다.

은 안정적이 아니라고 결론을 내리게 된다.[30]

동일한 설명이 모형 (21.9.8)에도 적용된다. 계산된 τ값이 −1.8102이고, 절대값으로 5% 임계치 −3.43보다 작다. 그러므로 그래프 분석에, 상관도표, 그리고 Dickey-Fuller검정에 기초하여, 1947부터 2007의 분석기간에 대하여 미국 LGDP시계열은 불안정적, 즉 단위근을 지닌다 또는 확률적 추세를 갖는다고 결론내리게 된다.

추가된 Dickey-Fuller(ADF)검정

식 (21.9.2), (21.9.4), 그리고 (21.9.5)에서 DF검정을 하는데 있어, 오차함 u_t가 무상관이라고 가정하였다. 그러나 u_t가 상관관계를 갖는 경우에 대하여 Dickey와 Fuller는 추가된 (augmented) Dickey-Fuller(ADF)검정이라고 부르는 또다른 검정을 개발하였다. 이 검정은 종속변수 ΔY_t 의 시차변수를 추가함으로써 위의 3개 회귀식에 "가미"하는 것이다. 구체적으로 보기위하여 식 (21.9.5)를 사용한다고 하자. ADF 검정은 다음의 회귀식을 추정하는 것이다:

$$\Delta Y_t = \beta_1 + \beta_2 t + \delta Y_{t-1} + \sum_{i=1}^{m} \alpha_i \Delta Y_{t-i} + \varepsilon_t \qquad \textbf{(21.9.9)}$$

여기에서 ε_t는 순수백색 잡음 오차항, $\Delta Y_{t-1} = (Y_{t-1} - Y_{t-2})$, $\Delta Y_{t-2} = (Y_{t-2} - Y_{t-3})$ 등이다. 포함되는 시차 차분항의 개수는 경험적으로 결정되는데, 기본적인 개념은 식 (21.9.9)의 오차항이 계열 무상관이 되고 시차 Y_{t-1}의 계수 δ의 불편추정치를 얻을 수 있도록 충분한 차분항의 개수를 포함여야 한다는 것이다. EViews6는 Akaike정보기준, Schwarg정보기준 그리고 다른 기타 정보기준에 기초하여 시차길이를 자동적으로 선택하게 해주는 옵션을 가지고 있다. ADF에서 $\delta = 0$인지를 검정하는데 ADF검정은 DF통계량과 동일한 점근적 분포를 따르므로 동일한 임계치를 사용한다.

이 과정에 대하여 간단히 살펴보기 위하여, LGDP시계열에 대하여 추정하였다. 분기자료를 가지고 있으므로, 4개의 시차를 사용하기로 하였다. ADF회귀의 결과는 아래와 같다.[31]

$$\widehat{\Delta \mathrm{LGDP}}_t = 0.2677 + 0.0003t - 0.0352\mathrm{LGDP}_{t-1} + 0.2990\Delta\mathrm{LGDP}_{t-1} + 0.1451\Delta\mathrm{LGDP}_{t-2} - 0.0621\Delta\mathrm{LGDP}_{t-3} - 0.0876\Delta\mathrm{LGDP}_{t}$$

$$t = (2.4130) \quad (2.2561) \quad (-2.3443) \qquad (4.6255) \qquad (2.1575) \qquad (-0.9205) \qquad (-1.3438)$$

$$R^2 = 0.1617 \qquad d = 2.0075 \qquad \textbf{(21.9.10)}$$

30. 다른 방식으로 설명하자면, 계산된 τ값이 τ임계치보다 더 음이어야 하는데, 우리의 예제는 이에 해당하지 않는다. 그러므로 결론은 성립한다. 일반적으로 δ가 음일 것이라 예상하기 때문에, 추정된 τ통계량도 음의 부호를 갖는다. 그러므로 τ값이 음으로 트다면 이는 안정성을 가리킨다고 할 수 있다.

31. 고차의 시차 차분도 고려할 수 있었지만, 그들 변수들은 유의하지 않았다.

시차 $LGDP_{t-1}$계수($=\delta$)의 $t(=\tau)$값이 -2.3443이므로, 절대값에서 10% τ 임계치인 -3.1378보다도 훨씬 작고, 그 결과 오차항에 있을 수 있는 자기상관을 처리한 후에도 LGDP는 불안정적이다. (주: 의 @trend 명령문은 자동적으로 시간 또는 추세변수를 생성해낸다)

위의 결과가 ΔLGDP의 4개 시차변수만 선택하였기 때문에 얻은 것은 아닐까? Schwarg 기준에 의해 ΔLGDP의 14개 시차변수를 사용하였는데, δ의 tau값이 -1.8102이었다. 이 경우에도 이 tau값은 10% 수준에서 유의하지 않았다(10% 수준에서 tau임계치는 -3.1376임). 따라서 로그취한 GDP는 불안정적인 듯하다.

1개 이상의 계수의 유의성 검정: *F* 검정

모형(21.9.5)를 추정하고 $\beta_1=\beta_2=0$, 즉 모형이 표류경향도 없고 추세도 없는 RWM이라는 가설을 검정한다고 하자. 이 결합가설을 검정하기 위하여 8장에서 배운 제약받는 *F*검정을 사용할 수 있다. 즉, 식 (21.9.5) (제약받지 않는 회귀)를 취정하고 나서, 절편과 추세를 없앤 후 식 (21.9.5)를 다시 추정한다. 그러면 우리는 식 (8.6.9)의 제약을 받는 *F*검정을 사용하면 된다. 다만, *F* 임계치를 얻기 위하여 통상적인 *F*표를 사용할 수는 없다. Dickey와 Fuller가 이러한 상황에 대비하여 F임계치를 개발하였고, 그 중 일부가 부록 D의 표D.7에 정리되어있다. 예제는 연습문제 21.27에 있다.

Phillips-Perron(PP) 단위근 검정[32]

DF검정의 중요한 가정은 오차항 u_t가 독립이고 동일한 분포를 갖는다는 것이다. ADF검정은 종속변수의 시차차분항을 추가함으로써 오차항에 발생할 수 있는 계열상관을 처리하는 방식으로 DF검정을 조정한다. Phillips와 Perron은 시차차분항을 추가하지 않고서도 오차항의 계열상관을 처리하는 **비모수통계법 (nonparameric statistical methods)**을 이용한다. PP검정의 점근적 분포가 ADF 검정통계량과 동일하기 때문에 이 주제를 여기에서 더 다루지 않는다.

구조변화 검정

21.1절에 소개된 거시경제 자료는 1947-2007의 총 61년에 걸쳐있다. 이 기간중 미국경제는 지속기간이 변동하는 몇 개의 경기순환을 겪었다. 경기순환은 침체기와 확장기로 기록된다. 하나의 경기순환은 다른 경기수환과 다를 것이고, 이는 경제의 구조적 단절 또는 구조적 변화를 반영할 수도 있다.

32. P.C.B. Phillips and P.Perron, "Testing for a Unit Root in Time Series Regression," *Biometrika,* vol.75,1988, pp.335-346. pp 검정은 몇몇 통계팩키지에 포함되어 있다.

예를 들어, 1973년의 제 1차 석유파동을 예로 들자. 석유가격이 4배가 되었다. 가격은 1979년 제 2차 석유파동후에도 상당히 상승하였다. 그러므로 개인소비지출(PCE)을 개인 가처분소득(DPI)에 회귀한다면, 절편, 기울기 또는 둘 다 한 경기 순환과 다른 경기순환에 있어 변화하기 쉽다.(구조적 단절의 Chow 검정을 돌이켜볼 것) 구조적 변화란 이런 것을 의미한다.

예를 들어, Perron은 구조적 변화가 있다면 표준적인 단위근 가설은 신뢰할 수 없게 된다고 주장하였다.[33] 구조적 변화를 검정하는 방법이 많이 있고, 구조변화를 설명하기 위해 가장 단순한 방법은 가변수를 포함하는 것이다. 그러나 구조적 단절에 대한 다양한 검정을 논의하는 것은 이 책의 범주 밖이므로 참고문헌을 참조하기를 권한다.[34] 그러나, 연습문제 21, 28을 확인하여라.

단위근 검정에 대한 비판[35]

지금까지 몇몇 단위근 검정을 논의하였고 몇 가지 검정이 더 있다. 질문은 이것이다 : 왜 그렇게 많은 단위근 검정이 존재하는가? 해답은 이 검정들의 규모와 검정력에 있다. 검정의 규모란 유의수준(즉, 제 1종 오류를 저지를 확률)을 의미하고 검정력이란 귀무가설이 틀렸을 때 이를 기각할 확률을 의미한다. 검정력은 1에서 제 2종 오류를 빼면 된다 ; 제 2종 오류란 틀린 귀무가설을 채택할 확률이다. 최대의 검정력은 1이다. 대부분의 단위근 검정은 시계열이 단위근을 가지고 있다는 귀무가설에 기초하고 있다 ; 즉, 시계열이 불안정적이라는 것이다. 대립가설은 시계열이 안정적이다라는 것이다.

검정의 규모(Size of Test)

13장에서 명목적 유의수준과 진정한 유의수준을 구별했던 것을 기억해보자. DF 검정은 실행하는 방식에 민감하다. 앞에서 논의한 3가지 다양한 DF검정은 다음과 같다 : (1)순수 임의 행보 (2)표류경향이 있는 임의 행보 (3)표류경향과 추세가 모두 있는 임의 행보. 예를 들어 진정한 모형이 (1)이지만 (2)를 추정하고 그 결과 유의수준 5%에서 시계열이 안정적이라고 결론내릴 수 있다. 이러한 경우의 진정한 유의수준이 5%보다 훨씬 더 크기 때문에 이 결론은 틀릴 수 있다.[36] 규모의 왜곡은 모형에서 이동평균(moving average : MA) 요소를 배제해서 발생

---

33. P. Perron, "The Great Crash, the Oil Price Shock and the Unit Root Hypothesis,"*Econometrica*, vol. 57, 1989, pp. 1361 –1401.
34. 접근 가능한 논의를 위하여, James H. Stock and Mark W. Watson, *Introduction to Econometrics*, 2d ed., Pearson/Addison–Wesley, Boston, 2007, pp. 565 –571. 더 충분한 논의를 보려면 G. S. Maddala and In–Moo Kim, Unit Roots, Cointegration, and Structural Change, Cambridge University Press, New York, 1998을 참조할 것.
35. 상세한 논의를 보려면, Terrence C, Mills, op. cit. pp.87–88을 참조할 것.
36. 이에 관한 Monte Carlo 실험에 대하여 Charemga et. al., op. cit., p.114

할 수도 있다(이동평균에 대하여, 22장을 참조할 것).

검정력(Power of Test)

대부분의 DF형태의 검정은 낮은 검정력을 갖는다 ; 즉, 이들 검정은 보증된 경우보다 훨씬 더 자주 단위근의 귀무가설을 채택하는 경향이 있다. 즉, 이들 검정들은 단위근이 없을 때에도 단위근을 관측할 수 있다. 여기에는 몇 가지 이유가 있다. **첫째**, 검정력은 단순한 표본의 크기가 아니라 자료가 전개된 (시간)**길이**에 의존한다. 주어진 표본크기 n에 대하여, 검정력은 시간길이가 길어질수록 커진다. 따라서 30년에 걸친 30개의 관측치에 기초한 단위근 검정이 100일간에 걸친 100개의 관측치에 기초한 단위근 검정보다 검정력이 더 크다. **둘째**, $\rho \approx 1$이면서 정확히 1은 아니라면, 단위근 검정은 그러한 시계열이 불안정적이라고 결론내릴 것이다. **셋째**, 이러한 형태의 검정은 단위근이 1개 있는 경우를 가정한다; 즉, 주어진 시계열이 $I(1)$이라고 가정한다. 그러나 시계열이 1보다 큰 차수로 적분되었다면, 예컨대 $I(2)$, 단위근이 1개 이상 존재한다. 이러한 경우 Dickey-Pantula 검정을 사용하면 된다.[37] **넷째**, 예컨대 OPEC의 석유수출금지와 같은 이유로 시계열에 구조적 단절이 존재한다면(가변수에 관한 장을 참조할 것) 단위근 검정이 구조적 단절을 포착할 수 없다.

단위근 검정을 적용하는데 있어, 검정의 한계를 명심하여야 한다. 물론 Perron과 Ng, Elliot, Rothenberg와 Stock, Fuller, 그리고 Leybounre 등에 의하여 이러한 검정이 다듬어져 왔다.[38] 이 때문에, Maddala와 Kim은 전통적인 DF, ADF 그리고 PP검정은 사용되어서는 안된다고 주장하고 있다. 계량경제학 소프트웨어 팩키지가 새로운 검정을 장착할수록, 그렇게 될 수도 있다. 그러나 아직까지는 단위근 가설에 대한 획일적으로 강력한 검정은 없다는 것을 끝으로 첨언하고자 한다.

21.10 불안정 시계열의 변환

불안정적인 시계열이 지니고 있는 문제를 알았으므로, 다음의 실용적인 질문은 무엇을 할 것인가 이다. 불안정한 시계열을 1개 이상의 불안정 시계열에 회귀함으로써 야기되는 허구적 회귀를 회피하기 위하여 안정적 시계열로 만들기 위하여 불안정 시계열을 변환시켜야 한다. 변환 방법은 시계열이 차분안정적(DSP)인지 추세안정적(TSP)인지에 따라 다르다. 각 방법을 하나씩 고려해보자.

37. D. A. Dickey and S. Pantula, "Determing the Order of Differencing in Autoregressive Process," *Journal of business and Economic Statistics,* vol.5, 1987, pp.455-461.

38. 이러한 검정에 대한 논의는 Maddala et al., op. cit., 4장을 참조할 것

차분 안정적 과정(DSP)

시계열이 단위근을 가지고 있다면, 이러한 시계열의 1차 차분은 안정적이다.[39] 그러므로, 여기에서의 해법은 시계열을 한번 차분하는 것이다.

미국의 LGDP 예제로 돌아오면, 이미 단위근이 1개 있다는 것을 알고 있다. 만약 LGDP 계열을 1차 차분하면 어떤 일이 벌어지는지 확인해보자.

$\Delta \text{LGDP}_t = (\text{LGDP}_t - \text{LGDP}_{t-1})$이라고 하자. 편의상 $D_t = \Delta \text{LGDP}_t$라고 하자. 이제 다음의 회귀를 고려하자 :

$$\begin{aligned} \widehat{\Delta D_t} &= 0.00557 - 0.6711 D_{t-1} \\ t &= (7.1407) \quad (-11.0204) \\ R^2 &= 0.3360 \qquad d = 2.0542 \end{aligned} \tag{21.10.1}$$

1% DF I 임계치는 −3.4574이다. 계산된 $\tau(=t)$가 −11.0204가 임계치보다 더 큰 음의 값이므로 1차 차분된 LGDP이 안정적이라고 결론을 내린다 ; 즉, 이는 $I(0)$이다. 이 결과는 그림 21.9에 보인다. 그림 21.9와 그림 21.1을 비교하면, 두 그림 사이에 명백한 차이를 보게 될 것이다.

추세안정적 과정(TSP)

그림 21.5에서 봤듯이, TSP는 추세선 주위에서 안정적이다. 그러므로 그러한 시계열을 안정적으로 만드는 가장 간단한 방법으로서 시계열을 시간에 회귀하면

그림 21.9
로그 취한 미국 GDP의 1차 차분, 1947-2007(분기)

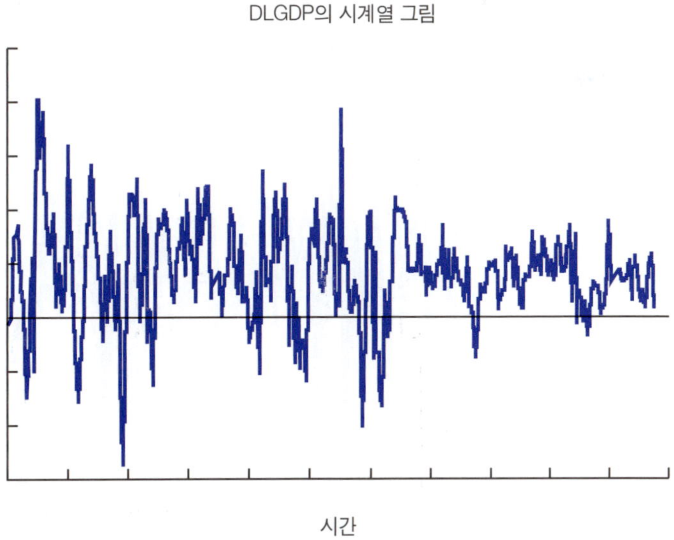

---

39. 시계열이 $I(2)$이면, 두 개의 단위근을 가지고 있는 것이고, 이 경우 시계열을 두 번 차분해야 할 것이다. 만약 $I(d)$라면, d번 차분해야 한다. 단, d는 임의의 정수(integer)이다.

이 회귀로부터 구한 잔차가 안정적이 될 것이다. 다른 말로 설명하면, 다음의 회귀를 실행한다:

$$Y_t = \beta_1 + \beta_2 t + u_t \qquad \textbf{(21.10.2)}$$

여기에서 Y_t는 고려중인 시계열이고 t는 시간 연대순으로 측정된 추세변수이다.

이제

$$\hat{u}_t = (Y_t - \hat{\beta}_1 - \hat{\beta}_2 t) \qquad \textbf{(21.10.3)}$$

는 안정적이 될 것이다. $\hat{u}_t$은 (선형)추세 제거된 시계열로 알려져 있다.

추세가 비선형 일수도 있음을 주목하여라. 예를 들어,

$$Y_t = \beta_1 + \beta_2 t + \beta_3 t^2 + u_t \qquad \textbf{(21.10.4)}$$

의 형태가 될 수 있는데, 이 경우 2차 함수 형태의 시계열이다. 만약 이 경우라면, 식 (21.10.4)로 부터의 잔차는 (2차형태)추세 제거된 시계열이 될 것이다.

만약 시계열이 DSP인데 TSP로 취급한다면, 이경우를 과소차분(underdifferencing)이라고 부른다는 것을 지적하여야 한다. 반면에, 시계열이 TSP인데 DSP로 취급하면, 이 경우는 과다차분(overdifferencing)이라고 부른다. 이러한 형태의 표기오차의 결과는 오차항의 계열 상관 특성을 어떻게 취급하는가에 따라 심각해질 수 있다.[40]

TSP시계열과 DSP시계열을 혼동하는 경우 어떤 일이 발생하는지 보기 위하

그림 21.10 로그 취한 GDP에 대하여 1차차분(Delta LGDP)과 추세로부터의 잔차(RESI 1), 1947-2007 (분기)

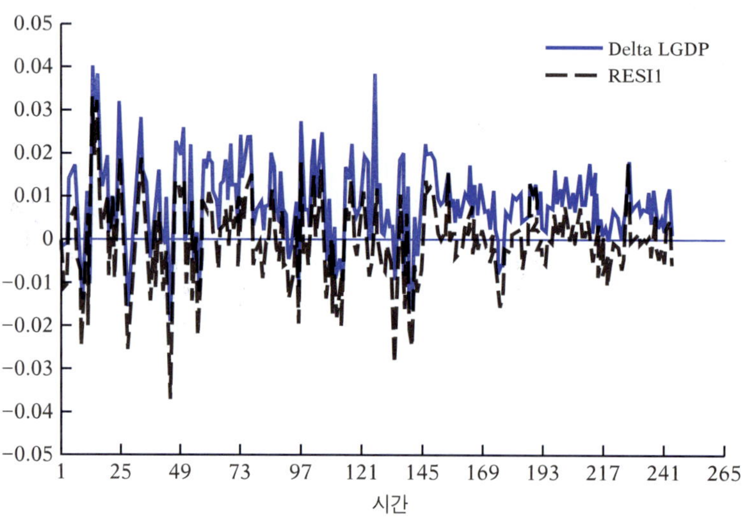

40. 상세한 논의는 Maddala et al., op.cit., Section 2.7을 참조할 것

여, 그림 21.10에 1차 차분된 LGDP와 TSP회귀(21.10.2)로 추정된 LGDP의 잔차를 함께 그려놓았다. 이 그림을 보면 로그취한 실질 GDP의 1차 차분이 (회귀 (21.10.1)에서 확인한 바와 같이) 안정적이고 추세선으로부터의 잔차(RESI1)는 안정적이 아님을 알 수 있다.

요약하자면, "… 시계열이 이미 안정적이 아니라면, 올바른 종류의 안정성 변환을 적용하는 것이 매우 중요하다. 대부분의 재무시장은 확정적 추세가 아니라 확률적 추세 때문에 불안정적인 가격, 비율(rate) 등 각종 자료를 만들어낸다. 추세선을 적용하고 편차를 구하여 추세를 제거하는 것은 거의 적절하지 않다. 그 대신, 로그취한 가격이나 비율의 1차 차분을 하여 추세를 제거하여야 한다. 왜냐하면, 변환된 안정적 자료는 시장수익(Market returns)에 합당하기 때문이다."[41]

21.11 공적분(Cointegration) : 단위근 시계열을 다른 단위근 시계열에 회귀

하나의 불안정적 시계열을 다른 불안정적 시계열에 회귀시키는 것은 허구적 회귀를 초래할 수 있다고 경고했었다. 21.1절에서 소개된 LPCE시계열과 LDPI시계열 자료를 고려해보자(실제 자료는 책의 웹사이트에 있음). 이 두 시계열에 대하여 개별적으로 단위근 검정을 해보면, 두 시계열 모두 $I(1)$이다 ; 즉, 확률적 추세를 가지고 있다. 두 시계열이 **동일한 공통추세(common trend)를 공유**하고 있어 한 시계열을 다른 시계열에 회귀하는 것이 꼭 허구적은 아닐 수 있다.

구체적으로, 미국 경제시계열자료(21.1절과 책의 웹사이트를 참조)를 사용하여 LPCE를 LDPI에 회귀하면 :

$$\text{LPCE}_t = \beta_1 + \beta_2 \text{LDPI}_t + u_t \qquad \textbf{(21.11.1)}$$

을 얻는데, L은 로그를 나타낸다. β_2는 실질개인가처분소득에 관한 실질개인소비지출 탄력성이다. 설명을 하기 위한 목적으로, 이를 **소비탄력성**이라고 부르자. 위 식을 다음과 같이 표현하자 :

$$u_t = \text{LPCE}_t - \beta_1 - \beta_2 \text{LDPI}_t \qquad \textbf{(21.11.2)}$$

가령 u_t에 대하여 단위근 검정을 하였고 그 결과 안정적이라고 하자 ; 즉, u_t는 I(0)이다. 이는 매우 흥미로운 상황인데, 왜냐하면 LPCE_t와 LDPI_t가 개별적으로 $I(1)$임에도 불구하고, 즉, 두 시계열이 확률적 추세를 지니고 있음에도 불구하고, (21.11.2)과 같이 그들의 선형 결합은 $I(0)$가 되기 때문이다. 말하자면, 선형 결합이 두 시계열에 있는 확률적 추세를 제거해버린 것이다. 소비와 소득을 두

41. Carol Alexander, op. sit., p.324.

$I(1)$ 변수로 취급하면, (소득−소비)로 정의된 저축은 $I(0)$가 될 것이다. 결과적으로, 식(21.11.1)과 같이 소비를 소득에 회귀하는 것이 의미가 있게 된다(즉, 허구적이 아니다). 이 경우 두 변수가 공적분되어 있다(cointegrated)고 한다. 경제학적으로 말하면, 두 변수가 두 변수 사이에 장기관계 또는 균형관계를 가지고 있으면 두 변수가 공적분되어 있을 것이다. 경제이론은 여러 사례중 예를 들라면 Fisher의 화폐수량이론 또는 구매력평가(purchasing power parity ; ppp) 이론 등과 같이 균형의 개념으로 표현되는 경우가 많다.

간단히 줄이면, (21.11.1)과 같은 회귀로부터의 잔차가 $I(0)$ 또는 안정적이라면 지금까지 광범위하게 고려하였던 전통적 회귀방법(t검정과 F검정을 포함하여)을 (불안정적) 시계열을 포함한 자료에 적용할 수 있다. 단위근, 공적분 등의 개념들의 중요한 기여는 우리로 하여금 회귀잔차가 안정적인지 여부를 확인하게 한 것이라 하겠다. Granger가 지적한 바와 같이, "공적분 검정은 '허구적 회귀' 상황을 피해갈 수 있는 사전 검정(pre−test)로 간주될 수 있다."[42]

공적분 이론의 용어에서, 식(21.11.1)과 같은 회귀를 공적분회귀라고 하고, 기울기 모수 β_2를 공적분 모수(cointegrating parameter)라고 한다. 공적분의 개념은 k개의 설명변수를 포함하는 회귀 모형으로 확대될 수 있는데, 이 경우 k개의 공적분 모수를 갖게 된다.

공적분 검정(Testing for Cointegration)

수많은 공적분 검정방법이 문헌에서 제시되어왔다. 여기에서는 비교적 단순한 방법, 즉 공적분회귀로 추정된 잔차에 대한 DF 또는 ADF 검정을 고려할 것이다.[43]

Engle-Granger(EG) 또는 추가된 Engle-Granger(AEG) 검정

우리는 DF검정 또는 ADF검정을 어떻게 적용하는지 이미 알고 있다. 우리가 할 일이라고는 식(21.11.1)과 같은 회귀를 추정하고, 잔차를 구하고, DF검정이나 ADF검정을 사용하면 된다.[44] 그러나 이렇게 진행하는데 경고가 하나 있다. 추정된 u_t가 **추정된** 공적분 모수 β_2에 기초하고 있으므로, DF와 ADF의 임계치가 그리 적절하지는 않다. Engle과 Granger는 적절한 임계치를 계산하였고 이를 참고

42. C. W. J. Granger, "Developments in the Study of Co−Integrated Economic Variables," *Oxford Bulletin of Economics and Statistics,* vol.48, 1986, p.226.

43. 단위근검정과 공적분검정의 차이가 여기에 있다. David A. Dickey, Dennis W. Jansen, 그리고 Daniel I. Thornton이 관측한 것과 같이, "단위근검정은 1변수 시계열에 대하여 하는 것이다. 대조적으로, 공적분은 변수 집단 사이의 관계를 다루는 것인데, 각 변수는 (무조건적으로) 단위근을 갖는다." 그들의 논문, "…"를 참조하여라. 논문제목이 말해주듯이, 이 논문은 공적분 검정에 대한 훌륭한 입문자료이다.

44. PCE와 DPI가 공적분되어 있지 않다면, 임의의 선형결합이 불안정적일 것이고, 따라서 u_t도 역시 불안정적일 것이다.

문헌에서 찾아볼 수 있다.[45] 그러므로 현재의 맥락에서의 DF검정과 ADF검정은 Engle–Granger(EG) 검정과 추가된 Engle–Granger(AEG) 검정이라고 알려져 있다. 몇몇 통계 팩키지들은 다른 출력물과 함께 이 임계치를 제공해준다.

예를들어 이 검정을 설명하자. 21.1절에 소개된 자료를 사용하여 LPCEC를 LDPIC에 회귀하여 다음의 결과를 얻었다. :

$$\begin{aligned}\widehat{\text{LPCE}}_t &= \quad -0.1942 \quad + \quad 1.0114\text{LDPI}_t \\ t &= \quad (-8.2328) \quad (348.5429) \\ &\qquad R^2 = 0.9980 \qquad d = 0.1558\end{aligned} \tag{21.11.3}$$

LPCE와 LDPI가 개별적으로 불안정적이어서 이 회귀가 허구적일 가능성이 있다. 그러나 식(21.11.3)에서 얻은 잔차에 대하여 단위근 검정을 할 때, 다음의 결과를 얻는다 :

$$\begin{aligned}\widehat{\Delta\hat{u}_t} &= -0.0764\hat{u}_{t-1} \\ t &= (-3.0458) \\ &\qquad R^2 = 0.0369 \qquad d = 2.5389\end{aligned} \tag{21.11.4}$$

Engle–Granger의 점근적인 5%와 10% 임계치가 각각 약 −3.34와 −3.04이다. 그러므로, 회귀로부터의 잔차는 5% 수준에서 안정적이 아니다. 경제이론에 의하면 PCE와 PDI사이에 안정적인 관계가 있어야 하기 때문에 이러한 검정결과를 받아들이기 어려울 것이다.

식(21.11.3)에 추세변수를 추가하여 다시 추정하고 잔차가 안정적인지 살펴보자. 결과를 먼저 제시하고 어떤 일이 벌어지는지 논의하기로 하자.

$$\begin{aligned}\widehat{\text{LPCE}}_t &= \quad 2.8130 + \quad 0.0037_t \; + \quad 0.5844\text{LDPI}_t \\ t &= (21.3491) \quad (22.9394) \quad (31.2754) \\ &\qquad R^2 = 0.9994 \qquad d = 0.2956\end{aligned} \tag{21.11.3a}$$

이 회귀로부터의 잔차가 안정적인지 보기 위하여, 다음의 결과를 얻었다(이를 식 [21.11.4]와 비교할 것) :

$$\begin{aligned}\widehat{\Delta u_t} &= -0.1498\hat{u}_{t-1} \\ t &= (-4.4545) \\ &\qquad R^2 = 0.0758 \qquad d = 2.3931\end{aligned} \tag{21.11.4a}$$

45. R. F. Engle and C. W. Granger, "Co–Integration and Error Correction: Representation, Estimation and Testing," *Econometrica,* vol.55, 1987, pp.251–276.

주 : $\hat{u}_t$은 식(21.11.3a)에서 얻은 잔차이다.

DF 검정은 이 잔차가 안정적임을 보여준다. 몇 개의 시차를 포함한 ADF를 사용해도 잔차는 여전히 안정적이다.

무슨 일이 일어난 것인가? 회귀(21.11.4a)의 잔차가 안정적임에도 불구하고, 즉, $I(0)$ 임에도 불구하고, 이들 잔차는 확정적 시간 후에 주변에서 안정적이다(여기에서 확정적 추세는 선형이다).즉, 잔차는 $I(0)$에 선형 추세를 더한 것이다. 앞에서 보았듯이, 시계열은 확정적 추세와 확률적 추세를 모두 가지고 있을 수 있다.

더 나아가기 전에, 우리의 시계열 자료가 오랜 시간(61년)에 걸쳐 있음을 주목하여야 한다. 이 기간동안의 미국 경제의 구조적 변화 때문에 우리의 결과와 결론이 달라질 가능성이 매우 크다. 연습문제 21.28에서 이 가능성을 확인해 볼 것이다.

공적분과 오차수정장치(Error Corretion Mechanism : ECM)

우리는 방금 LPCE와 LPDI가 공적분 되어 있음을, 즉 두 변수간에 장기균형 관계가 있음을 보였다. 물론 단기에 있어서는 불균형 상태가 있을 수 있다. 그러므로 아래 식의 오차항을 "균형오차"(equilibercum error)라고 취급할 수 있다. 그리고 PCE의 단기적 행태를 장기적 PCE값에 연결시켜주는데 이 오차항을 사용할 수 있다. :

$$u_t = \text{LPCE}_t - \beta_1 - \beta_2\text{LDPI} - \beta_3 t \qquad \textbf{(21.11.5)}$$

오차수정장치(error correction mechanism : ECM)는 Sargan이 최초로 사용하였고,[46] 그 후에 Engle과 Granger에 의해 유행하였는데, ECM이란 불균형을 수정해주는 것이다. Granger representation theorem으로 알려져 있는 중요한 이론은 두 변수 Y와 X가 공적분 되어 있다면 두 변수 사이의 관계는 ECM으로 표현 될 수 있다는 것이다. 이것이 의미하는 바를 보기 위하여, PCE–DPI 예제를 돌이켜보다. 다음의 모형을 고려하자 :

$$\Delta\text{LPCE}_t = \alpha_0 + \alpha_1\Delta\text{LDPI}_t + \alpha_2 \text{u}_{t-1} + \varepsilon_t \qquad \textbf{(21.11.6)}$$

여기에서 ε_t는 백색잡음 오차항이고 u_{t-1}은 식(21.11.5)의 오차항의 시차변수이다.

ECM 식(21.11.5)는 ΔLPCE가 ΔLDPI 뿐만 아니라 균형오차항에 의존한다

46. J. D. Sargan, "Wages and Prices in the United Kingdom: A Study in Econometric Methodology," in K.F.Wallis and D.F.Hendry, eds., *Quantitative Economics and Econometric Analysis,* Basil Blackwell, Ocford, U.K., 1984.

는 것을 설명하고 있다.[47]

오차항이 0이 아니라면 모형은 균형을 벗어나있는 것이다. 가령 ΔLDPI가 0이고 u_{t-1}이 양이라 하자. 이는 LPCE_{t-1}이 너무 높아서 균형에서 벗어나 있고, 즉, LPCE_{t-1}이 균형값($\alpha_0 + \alpha_1 \text{LDPI}_{t-1}$)보다 위에 위치하고 있음을 의미한다. α_2가 음이기를 기대하기 때문에, $\alpha_2 u_{t-1}$항은 음이고, 따라서 ΔLPCE_t는 음이되어 균형을 회복해간다. 즉, LPCE_t가 균형값보다 크다면, 다음 기에는 균형오차를 수정하기 위하여 하락하기 시작한다 ; 따라서 ECM이란 명칭이 붙은 것이다. 마찬가지로, u_{t-1}이 음이면(즉, LPCE가 균형값보다 작으면), $\alpha_2 u_{t-1}$은 양이 될 것이고 ΔLPCE_t가 양이 되도록하여 t기에는 LPCE_t가 오르도록 유도한다. 따라서 α_2의 절대값이 얼마나 빨리 균형이 회복되는지 결정한다. 실제에 있어서, 우리는 $\hat{u}_{t-1} = (\text{LPCE}_t - \hat{\beta}_1 - \hat{\beta}_2 \text{LDPI} - \hat{\beta}_3 t)$에 의하여 u_{t-1}을 추정한다. 오차수정계수 α_2는 음일 것이라 기대됨을 명심하여라(그 이유는?).

우리의 예제로 돌아와서, 식(21.11.6)의 실증 결과는 :

$$\begin{aligned} \widehat{\Delta\text{LPCE}}_t &= 0.0061 + 0.2967\Delta\text{LDPI}_t - 0.1223\hat{u}_{t-1} \\ t &= (9.6753) \quad (6.2282) \quad (-3.8461) \\ R^2 &= 0.1658 \quad d = 2.1496 \end{aligned} \tag{21.11.7}$$

이다. 통계적으로 ECM항이 유의한데 이는 PCE가 시차를 두고 DPI에 적응함을 의미한다 ; 장기 PCE와 단기 PCE의 불일치 가운데 단지 약 12%만 1분기 안에 수정된다는 것이다.

회귀(21.11.7)로부터, 단기 소비탄력성이 약 0.29라는 것을 보았다. 장기 탄력성은 식(21.11.3a)에서 보듯이 약 0.58이다.

이 절을 마치기에 앞서 S. G. Hall이 제기한 다음의 주의사항을 명심할 가치가 있다.

> 공적분 개념이 명백히 오차수정 모형의 중요한 이론적 지주이나 실제 적용에 있어서는 수많은 문제가 여전히 남아있다. 임계치와 많은 검정방법의 소표본 특성이 광범위한 모형에 대해 알려지지 않고 있다. 상관도표를 살펴보는 것이 여전히 중요한 방법일 수 있다.[48]

47. 다음의 논의는 Gray Koop, op. sit., pp.159–160과 Kerry Peterson, op. cit., 8.5절에 기초하고 있음

48. S. G. Hall, "An Application of the Granger and Engle Two-Step Estimation Procedure to the United Kingdom Aggregate Wage Data," *Oxford Bulletin of Economics and Statistics,* vol.48, no.3, August 1986, p.238. 또한 John Y. Campbell and Pierre Perron,"Pitfalls and Opportunities: What Macroeconomists Should Know about Unit Roots," NBER(National Bureau of Economic Research) *Macroeconomic Annual* 1991, pp.141–219.

21.12 경제학적 응용

이 장을 마감하면서 몇 가지 구체적 예제를 고려해보자.

예제 21.1

1959년 1월 ~ 2008년 3월 동안 미국의 M1 월별 화폐공급

그림 21.11은 1959년 1월부터 2008년 3월까지 미국의 M1 화폐공급을 보여주고 있다. 안정성에 관한 지식에 의하면, M1 화폐공급 시계열은 불안정적인 것으로 보이는데, 이는 단위근 분석에 의해 확인 될 수 있다.(주 : 지면을 아끼기 위하여, 실제 자료는 제공하지 않는다. 이들 자료는 FRB 또는 FRB of St.Louis에서 구할 수 있다.)

그림 21.11
미국화폐공급,
1959:01-2008:03

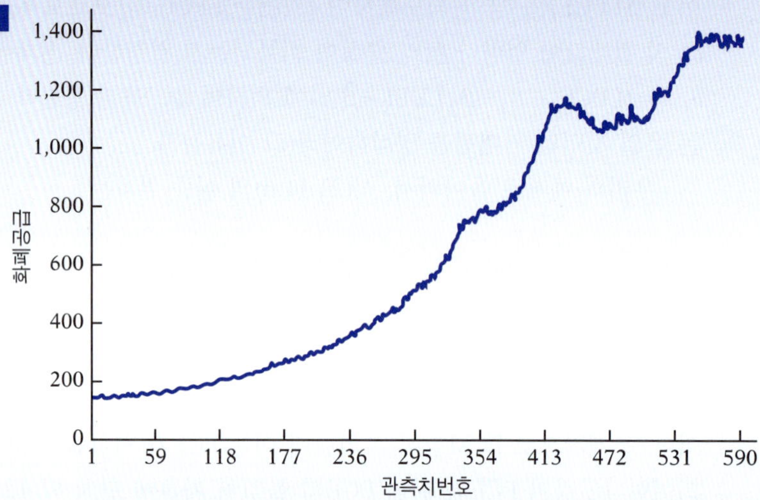

$$\Delta\hat{M}_t = -0.1347 + 0.0293t - 0.0102M_{t-1}$$
$$t = (-0.14) \quad (2.62) \quad (-2.30) \qquad \textbf{(21.12.1)}$$
$$R^2 = 0.0130 \qquad d = 2.2325$$

1, 5, 10% τ 임계치는 각각 -3.9811, −3.4210, 그리고 −3.1329이다. t값 −2.30이 어떤 임계치보다 덜 음이므로(less negative), M1 시계열은 불안정적이라고 결론 내린다; 즉 시계열에 1개의 단위근이 있다, 또는 $I(1)$이다. ΔM_t의 시차변수를 몇 개 포함해도 (ADF검정) 결론에 변함은 없다. 한편, M1 통화공급의 1차 차분은 안정적임을 확신하였다(이를 확인할 것).

예제 21.2

미국/영국 환율 : 1971년 1월 ~ 2008년 4월

그림 21.12는 1971년 1월부터 2008년 4월까지 ($/£)환율 총 286개 관측치를 보여주고 있다. 이제는 이 시계열을 불안정적이라고 정확히 알아맞출 수 있어야 한다. 단위근 검정을 한 결과 다음의 τ 통계량을 구했다. : −0.82(절편없고 추세도 없는 경우), −1.96(절편만 있는 경우), −1.33(절편과 추세 모두 있는 경우). 이들 모두 절대값에서 적절한 DF 상의 τ 임계치보다 작으므로 미국/영국 환율시계열이 불안정적이라는 그림 상의 느낌을 확인할 수 있다.

예제 21.2 (계속)

그림 21.12 미국/영국 환율 1971년 1월-2008년 4월

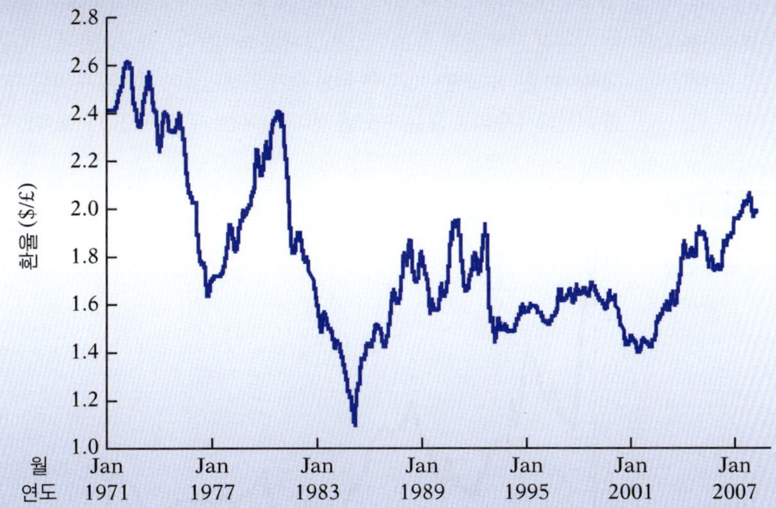

예제 21.3

미국 소비자물가지수, 1947년 1월~2008년 3월

그림 21.13은 1947년 1월부터 2008년 3월까지 미국 CPI 시계열 총 733 관측치를 보여주고 있다. 위에서 본 M1 시계열처럼 CPI 시계열도 지속적인 상향 추세를 보인다. 단위근 검정 결과는 다음과 같다. :

$$\widehat{\Delta \text{CPI}_t} = -0.01082 + 0.00068t - 0.00096\text{CPI}_{t-1} + 0.40669\Delta\text{CPI}_{t-1}$$
$$t = (-0.54) \quad (4.27) \quad (-1.77) \quad (12.03) \qquad \textbf{(21.12.2)}$$
$$R^2 = 0.3570 \qquad d = 1.9295$$

그림 21.13 미국 CPI, 1947:01-2008:03

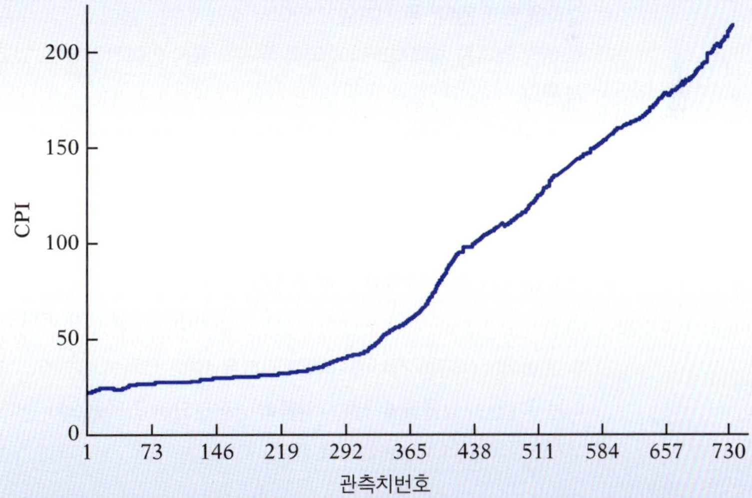

$\text{CPI}t_{-1}$의 $t(=\tau)$값은 −1.77이고 10% 임계치는 −3.1317이다. 절대값으로 계산된 τ가 τ 임계치보다 작기 때문에 CPI가 안정적 시계열은 아니다. 이 시계열이 확률적 추세를 가진 것으로 특징지을 수도 있다(이유는?). 그러나 CPI 시계열의 1차 차분을 해보면 차분된 시계열이 안정적이라는 것을 관측할 것이고, 따라서 CPI는 차분안정적(DS) 시계열이다.

예제 21.4

3개월 공채수익률과 6개월 공채수익률은 공적분 되어 있는가?

그림 21.14는 1982년 1월부터 2008년 3월까지 미국의 3개월과 6개월 공채수익률 총 315개 관측치를 그린 것이다. 그래프를 볼 때 두 수익률이 공적분 된 것처럼 보이는가; 즉, 두 시계열 간에 균형 관계가 있는 것처럼 보이는가? 재무이론에 의하면 그럴 것이라고 기대되기는 한다. 그렇지 않다면 금융 중개 거래인들이 장단기 수익률 차이가 있기만 하면 이를 이용해서 수익을 챙길 수 있을 것이다. 우선, 두 시계열이 안정적인지 살펴보자.

그림 21.14
3개월과 6개월 재무성 공채 수익률 (constant maturity)

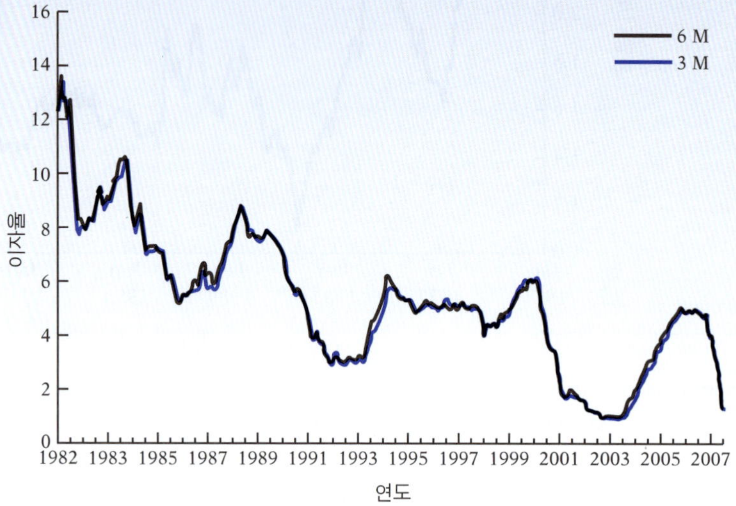

순수임의행보모형(절편과 추세가 모두 없음)에 기초하여, 두 수익률은 안정적이다. 절편, 추세, 그리고 1개의 시차 차분변수를 포함하면, 두 수익률이 추세 안정적일 수 있다는 결과를 얻게 된다; 두 시계열에 있어서 추세계수는 음이고 7% 수준에서 유의하다. 그러므로 어떤 결과를 채택하느냐에 따라 두 수익률은 안정적일 수도 있고 추세안정적일 수도 있게 된다.

6개월 공채수익률(TB6)은 3개월 공채수익률(TB6)에 회귀하면 다음의 회귀 결과를 얻는다.

$$\begin{aligned} \widehat{\text{TB6}}_t &= 0.0842 + 1.0078\text{TB3}_t \\ t &= (3.65) \quad (252.39) \\ & \qquad R^2 = 0.995 \qquad d = 0.4035 \end{aligned} \tag{21.12.3}$$

위의 회귀에서 구한 잔차에 단위근 검정을 하면, 잔차가 안정적이라는 결과를 얻게 되는데, 이는 3개월 수익률과 6개월 수익률이 공적분되어 있음을 의미한다. 이에 기초하여 다음의 오차수정모형(ECM)을 얻었다. :

$$\begin{aligned} \Delta\widehat{\text{TB6}}_t &= -0.0047 + 0.8992\Delta\text{TB3}_t - 0.1855\hat{u}_{t-1} \\ t &= (-0.82) \quad (47.77) \quad (-5.69) \\ & \qquad R^2 = 0.880 \qquad d = 1.5376 \end{aligned} \tag{21.12.4}$$

예제 21.4 (계속)

여기에서 $\hat{u}_{t-1}$은 전기로부터의 오차수정항의 시차값이다. 이 결과가 보여주듯이, 전월에 발생한 두 수익률 간의 괴리 중 0.19가 이번 달에 제거 된다는 것이다.[49] 게다가, 3개월 공채수익률의 단기변화가 6개월 공채수익률에 빠르게 반영되는데, 이는 기울기계수 0.8992로부터 알 수 있다. 이는 미국 화폐시장의 효율성에 비추어 볼 때 놀라운 일은 아니다.

요약 및 결론

1. 시계열 자료를 사용해 회귀분석을 하는 경우 기반에 깔린 시계열이 안정적이라는 것을 암묵적으로 가정하고 있다. 고전적인 t검정, F검정 등은 이 가정에 기초하고 있다
2. 실제에 있어 대부분의 경제 시계열은 불안정적이다.
3. 어떤 확률과정의 평균, 분산, 그리고 자기공분산이 여러 시점에 걸쳐 일정하다면(즉, 시간불변적이라면)그 확률과정을 약 안정적이라고 부른다.
4. 약 안정성 여부는 시계열의 상관도표를 통해 약식으로 검정할 수 있다. 여기에서 상관 도표란 자기상관을 다양한 시차에서 그래프로 표시한 것이다. 시계열이 안정적인 경우 상관도표에서의 자기 상관의 크기가 급격히 작아지는데 반해, 불안정적인 경우 서서히 작아진다. 확률과정이 순수임의 과정(purely ramdom)이라면, 1차 이상의 시차에서 자기상관은 모두 0이다.
5. 한편, 정식으로 안정성을 검정하는 방법은 시계열에 단위근이 있는지 여부를 확인하면 된다. 이러한 검정방법으로서 Dickey-Fuller(DF)검정과 추가된 Dickey-Fuller(ADF)검정이 있다.
6. 어떤 경제시계열은 추세안정적(TS)나 차분안정적(DS)일 수 있다. TS시계열이 확정적 추세를 갖는 시계열인데 반해 DS시계열은 변화하는 혹은 확률적인 추세를 갖는다. 회귀모형에서 시간변수나 추세변수를 포함하여 자료의 추세를 없애는 일반적인 방법은 시계열이 TS시계열일 경우에만 정당화 될 수 있다. 시계열이 TS인지 DS인지 결정하는데 DF검정과 ADF검정을 적용 할 수 있다.
7. 하나의 시계열을 하나 또는 그 이상의 시계열변수에 회귀하면 종종 상식에 어긋나거나 허구적인 결과를 낳게 된다. 이러한 현상을 허구적 회귀라고 한다. 이 현상을 예방하는 한 방법은 시계열이 공적분되어 있는지를 확인하는 것이다.

49. 공채수익률이 퍼센트 형식이므로 다음과 같이 해석할 수 있다. 6개월 공채수익률이 지난달에 3개월 공채수익률보다 선험적으로 예상했던 것보다 높았다면, 이번 달에 두 이자율 사이의 장기균형관계를 회복하기 위하여 0.19퍼센트 포인트만큼 6개월 수익률이 하락할 것이다. 장단기 수익률 사이의 관계를 설명하는 이론을 보려면, 어떤 화폐금융책을 선택하든 가능하고 그 책에서 이자율의 기간구조에 관하여 공부하면 된다.

8. 공적분이란 두 개 이상의시계열변수들이 각각으로는 불안정적이지만 이들의 선형 결합이 안정적이 되는 것을 의미한다. 공적분 검정을 위해 Engle-Granger 검정(EG검정)과 추가된 Engle-Granger (AEG) 검정이 사용된다.
9. 두 개 이상의 시계열이 공적분되어 있다는 것은 그 변수들간의 장기적 관계 또는 균형관계가 존재함을 의미한다.
10. Engle과 Granger가 개발한 오차수정장치(ECM)은 경제변수의 단기적 행위와 장기적 행위를 조화시키는 방법이다.
11. 시계열 계량경제학 분야는 지속적으로 발전되고 있다. 어떤 경우에는 분석결과와 검정이 임시적일 수도 있고 매우 많은 연구가 아직도 남아있는 경우도 있다. 이 시점에서 해답을 요하는 중요한 질문은 왜 어떤 경제시계열은 안정적이고 다른 경제시계열은 불안정적인지에 관한 것이다.

연습문제

질문

21.1 약 안정성의 의미는?

21.2 적분된 시계열의 의미는?

21.3 단위근의 의미는?

21.4 어떤 시계열이 $I(3)$이라면, 그 시계열을 안정적으로 만들기 위해 몇 번이나 차분을 해야 하는가?

21.5 Dickey-Fuller(DF)검정과 추가된 Dickey-Fuller(ADF)검정은 무엇인가?

21.6 Engle-Granger(EG)검정과 추가된 Engle-Granger(ADF)검정은 무엇인가?

21.7 공적분의 의미는?

21.8 단위근 검정과 공적분검정의 차이점은?

21.9 허구적 회귀란 무엇인가?

21.10 공적분과 허구적 회귀의 관계는 무엇인가?

21.11 확정적 추세와 확률적 추세의 차이는 무엇인가?

21.12 추세안정적 과정(TSP)과 차분안정적 과정(DSP)의 의미는?

21.13 임의행보(모형)이란 무엇인가?

21.14 "임의행보과정의 분산은 무한대이다"라는 주장에 동의하는가? 그 이유는?

21.15 오차수정장치(ECM)란 무엇인가? 공적분과의 관계는 무엇인가?

실증문제

21.16 책의 웹사이트에 있는 미국 경제 시계열을 사용하여 LPCE, LPDI, LCP(이윤)과 LDIVIDENDS 시계열의 36개 시차까지 표본 상관도표를 구하여라. 어떤 일반적인 패턴이 있는가? 직관적으로 어느 시계열이 안정적인 것처럼 보이는가?

21.17 위 21.16의 문제에서 고려된 각 시계열에 대하여 이 시계열들이 단위근을 가졌는지 DF검정을 사용하여 확인하여라. 단위근이 존재한다면, 그러한 시계열의 특성을 어떻게 나타내겠는가?

21.18 위 21.17문제의 연속문제이다. ADF검정이 DF검정보다 더 적합한지 어떻게 결정하겠는가?

21.19 책의 웹사이트에 게시된 미국 경제시계열 자료인 Dividends시계열과 Profits시계열을 고려하여 보자. 배당금(Dividends)은 이윤(Profits)에 의존하므로 다음의 단순한 모형을 고려하자 :

$$\text{LDIVIDENDS}_t = \beta_1 + \beta_2 \text{LCP} + u_t$$

a. 이 회귀가 허구적 회귀현상을 보일 것이라고 기대하는가? 그 이유는?

b. Dividends 시계열과 Profits 시계열은 공적분되어 있는가? 공적분 여부를 명시적으로 검정하는 방법은 무엇인가? 검정 후에 공적분을 발견하였다면, (a)의 답은 변할 것인가?

c. 오차수정장치(ECM)를 사용하여 배당금의 장 · 단기행위와 이윤간의 관계를 설명하여라

d. LDIVIDENDS와 LCP 시계열을 개별적으로 분석한 결과, 이 시계열들이 확률적 추세를 가지고 있는지 확정적 추세를 가지고 있는지 알 수 있는가? 어떤 검정을 사용하는가?

*e. LDIVIDENDS와 LCP가 공적분되었다고 하자. 이때, 배당금을 이윤에 회귀하는 대신 이윤을 배당금에 회귀한다면, 이러한 회귀는 유효한가?

21.20 책의 웹사이트에 게시된 미국 경제시계열을 1차 차분하여 산포도로 그려라. 또한 각 시계열의 상관도표를 36시차까지 구하여라. 이 상관도표에 관하여 무엇을 생각할 수 있는가?

21.21 배당금을 이윤에 수준변수상태로 회귀하는 대신, 배당금의 1차 차분을 1차 차분한 이윤에 회귀시킨다고 하자. 이 회귀에서 절편항을 포함하려는가? 포함한다면 그 이유는? 또는 포함하지 않는 경우 그 이유는? 계산과정을 보여라.

21.22 앞의 문제를 계속 고려하자. 이 모형에서 안정성을 어떻게 검정하는가? 안정성에 관해 사전적으로 어떠한 결과를 기대하며, 그 이유는? 모든 계산과정을 밝히시오.

21.23 1948년에서 1984년까지 영국의 민간부문 주택착공변수(X)를 분석하여 Terence Mills는 다음의 회귀결과를 얻은 바 있다 : **

$$\begin{aligned} \widehat{\Delta X}_t &= \quad 31.03 \quad - \quad 0.188X_{t-1} \\ \text{se} &= \quad (12.50) \qquad\; (0.080) \\ (t =)\tau & \qquad\qquad\qquad\quad (-2.35) \end{aligned}$$

(주: 5% τ임계치는 −2.95이고 10% τ임계치는 −2.60임.)

---

* : 선택적 문제임

** : Terence Mills, op. cit., P 127. 부호는 조금 바뀌었음

a. 이 결과에 비추어 볼 때, 주택착공시계열은 안정적인가, 불안정적인가? 다르게 표현하여, 이 시계열에 단위근이 있는가? 그 여부를 어떻게 알 수 있는가?

b. 통상적인 t검정을 사용한다면, t값은 통계적으로 유의한가? 이 결과에 비추어 시계열이 안정적이라고 결론을 내릴 수 있는가?

c. 다음의 회귀결과를 고려해 보자 :

$$\widehat{\Delta^2 X_t} = 4.76 \quad - 1.39\Delta X_{t-1} + 0.313\Delta^2 X_{t-1}$$
$$\text{se} = (5.06) \quad (0.236) \qquad (0.163)$$
$$(t =)\tau \qquad (-5.89)$$

단 Δ^2는 2차 차분연산자로서 1차차분의 1차 차분을 의미한다. 추정된 τ 값이 이번에는 통계적으로 유의하다. 시계열의 안정성에 관해 무엇이라고 말할 수 있는가?

(주: 이번 회귀의 목적은 시계열에 두 번째 단위근이 있는지 확인하는 것이다.)

21.24 식(21.7.1)과 (21.7.2)가 보여주는 것과 같은 두 임의행보 시계열을 만들어서, 한 시계열은 다른 시계열에 회귀하여라. 차분된 시계열을 사용하여 이를 다시 반복하여 실행하고, R^2값이 거의 0이지만 Durbin–Watson d가 2에 가까운 것을 보여라.

21.25 각각 확정적 추세를 지닌 두 변수가 허구적 회귀를 초래할 수 있다는 것을 보이기 위하여, Charemga et al.은 30개 관측치로 다음의 회귀를 얻었다.*

$$\hat{Y}_t = 5.92 + 0.030X_t$$
$$t = (9.9) \quad (21.2)$$
$$R^2 = 0.92 \qquad d = 0.06$$

여기에서 $Y_1 = 1, Y_2 = 2, \cdots, Y_n = n$이고 $X_1 = 1, X_2 = 4, \cdots, X_n = n^2$이다.

a. Y는 어떤 종류의 추세를 보이는가? X는?

b. 두 변수의 산포도를 그리고 회귀선을 그려보아라. 이 그림에서 어떤 일반적 결론을 끌어낼 수 있는가?

21.26 1971–Ⅰ부터 1988–Ⅳ기간 중 캐나다 자료를 보면, 다음의 회귀결과를 얻을 수 있다. :

1. $$\widehat{\ln \text{M1}_t} = -10.2571 + 1.5975 \ln \text{GDP}_t$$
$$t = (-12.9422) \quad (25.8865)$$
$$R^2 = 0.9463 \qquad d = 0.3254$$

* Charemga et al., op. cit., p.93

2. $$\widehat{\Delta \ln \mathrm{M1}_t} = 0.0095 + 0.5833\Delta \ln \mathrm{GDP}_t$$
$$t = (2.4957) \quad (1.8958)$$
$$R^2 = 0.0885 \qquad d = 1.7399$$

3. $$\Delta\hat{u}_t = -0.1958\hat{u}_{t-1}$$
$$(t = \tau) \; (-2.2521)$$
$$R^2 = 0.1118 \qquad d = 1.4767$$

여기에서 M1=M1 통화공급, GDP=국내총생산이고, 두 변수 모두 10억 캐나다 달러로 측정되었다. ln은 자연로그이고 $\hat{u}_t$은 회귀 (1)에서 얻은 추정된 잔차이다.

a. 회귀 (1)과 (2)를 해석하여라.
b. 회귀 (1)이 허구적이라고 의심하는가? 이유는?
c. 회귀 (2)가 허구적인가? 어떻게 알 수 있는가?
d. 회귀 (3)의 결과에 비추어 (b)에서 내린 결론을 바꾸겠는가? 이유는?
e. 다음의 회귀를 고려하자.

$$\widehat{\Delta \ln \mathrm{M1}_t} = 0.0084 + 0.7340\Delta \ln \mathrm{GDP}_t - 0.0811\hat{u}_{t-1}$$
$$t = (2.0496) \quad (2.0636) \qquad (-0.8537)$$
$$R^2 = 0.1066 \qquad d = 1.6697$$

이 회귀가 시사하는 바는 무엇인가? 회귀 (1)이 허구적인지 아닌지 결정하는데 이 회귀 결과가 도움을 주는가?

21.27 다음의 회귀는 1960~2007기간 미국의 CPI자료(총 48개 연간자료)에 기초하고 있다. :

1. $$\widehat{\Delta \mathrm{CPI}_t} = 0.0334\mathrm{CPI}_{t-1}$$
$$t = (12.37)$$
$$R^2 = 0.0703 \qquad d = 0.3663 \qquad \mathrm{RSS} = 206.65$$

2. $$\widehat{\Delta \mathrm{CPI}_t} = 1.8662 + 0.0192\mathrm{CPI}_{t-1}$$
$$t = (3.27) \qquad (3.86)$$
$$R^2 = 0.249 \qquad d = 0.4462 \qquad \mathrm{RSS} = 166.921$$

3. $$\widehat{\Delta \mathrm{CPI}_t} = 1.1611 + 0.5344t - 0.1077\mathrm{CPI}_{t-1}$$
$$t = (2.37) \qquad (4.80) \qquad (-4.02)$$
$$R^2 = 0.507 \qquad d = 0.6071 \qquad \mathrm{RSS} = 109.608$$

여기에서 RSS=잔차자승합이다.

a. 위의 회귀를 조사했을 때, CPI 시계열의 안정성에 관하여 무엇이라 말할 수 있는가?

b. 세 모형 가운데 어떻게 선택하려고 하는가?

c. 식(1)은 식(3)에서 절편과 추세를 뺀 모형이다. 이러한 (1)모형의 암묵적 제약이 유효한지 결정하려면 어떤 검정을 사용하겠는가? (Hint : Dickey–Fuller t 검정과 F 검정을 사용한다. 부록 D의 표 D.7에 있는 근사치를 사용하여라.)

21.28 이 책에서 지적했듯이, 21.1절에 소개된 미국 경제 시계열 자료에 구조적 단절이 몇 번 존재할 수도 있다. 가변수야 말로 자료상에 있는 이와 같은 이동을 포착하는 아주 좋은 방법이다.

a. 가변수들을 사용하여 1973과 1979의 석유파동과 관련된 3개의 기간으로 설정한 후, 로그취한 개인소비지출(LPCE)을 로그취한 개인가처분소득(LDPI)에 회귀하여라. 회귀 결과를 볼 때 구조변화가 있었는가? 단위근 가설에 관하여 의사결정을 하여라.

b 여러 웹사이트들은 21.1절의 미국 경제 시계열 자료에 영향을 미칠 수 있는 공식적인 경제순환을 제시하고 있다. 예를 들어 http://www.nber. org/cycles/cyclesmain.html을 찾아보아라. 이 사이트에 있는 정보를 이용하여, 몇몇 주요 순환을 나타내는 가변수를 만들고, LPCE를 LDPI에 회귀한 결과를 점검하여라. 구조변화가 있었는가?

22장 시계열 계량경제학: 예측

이 책의 **서론**에서 예측이 계량분석의 중요한 부분이라고 지적한 바 있는데, 일부 사람들에게는 아마도 가장 중요한 부분이라고 할 수 있다. GDP, 인플레이션, 환율, 주식가격, 실업률, 그리고 무수히 많은 다른 경제변수들을 어떻게 예측할 것인가? 이 장에서 아주 보편적인 두 가지 예측방법을 논의한다: (1) ARIMA(autoregressive integrated moving average) 즉, Box-Jenkins 방법론이라고 널리 알려진 방법[1] (2) **벡터자기회귀**(vector autoregression; VAR)이 그것이다.

이 장에서 우리는 주식가격과 같은 금융자산의 가격 및 환율 등을 예측하는데 있어서의 특별한 문제를 또한 논의한다. 이 변수들은 그 변수들이 상대적으로 조용한 시기를 지낸 후 큰 폭의 진동을 보이는 기간인 **변동성 집중**(volatility clustering)이라는 현상을 보인다는 특징을 지니고 있다. 이를 보려면 최근의 Dow Jones Index를 보면 된다. 소위 **자기회귀조건부이분산**(autoregressive conditional heteroskedasticity; ARCH) 또는 **일반화 자기회귀조건부이분산**(generalized autoregressive conditional heteroskedasticity; GARCH)모형이 그러한 변동성집중을 포착할 수 있다.

경제예측의 주제는 매우 당대하고 이 분야에 특화된 책들이 이 주제를 다루어 왔다. 이 장에서 우리의 목적은 학생들에게 이 주제에 관한 안목만을 넓혀주는데 있다. 관심있는 학생들은 추후 연구에 대한 참고문헌을 참고하면 된다. 다행히, 대부분의 현대 통계팩키지는 이 장에서 다룰 몇 가지 기법에 대한 사용자-편의를 위한 입문내용을 다루고 있다.

이 장과 앞의 장과의 관계은 다음과 같다. 예측방법은 다루는 시계열이 안정적이라는 것 도는 적절한 변환에 의하여 안정적으로 될 수 있다는 가정을 하고 있다. 이 장을 통해 내내 전 장에서 소개한 개념의 활용내용을 보게 될 것이다.

22.1 경제예측을 위한 접근법

폭넓게 말해서, 시계열 자료에 기초한 경제 예측을 하는 4가지 접근법이 있다 : (1)지수평활법 (2) 단일 방정식 회귀모형, (3) 연립방정식 회귀모형, (4)ARIMA 모형, (5)VAR모형이 그것이다.

1. G .P. E Box and G.M.Jenkins *Time Series Analysis :Forecasting and Control,* revised ed., Holden Day, San Francisco, 1978

지수평활법(Exponential Smoothing Method)[2]

기본적으로 주어진 시계열의 과거 자료에 적절한 곡선을 부합시키는 방법이 있다. **단일 지수평활법, Holt의 선형방법(Holt's linear method), Holt-Winter의 방법** 그리고 이들의 변형된 방법들 등과 같이 아주 다양한 방법들이 있다. 경영과 경제예측의 다방면에서 여전히 사용되지만, 다음에 설명할 네 가지 방법에 보조방법(또는 밀려난 방법?)이 되어 버렸다. 여기에서는 지수평활법을 다루지 않는다. 왜냐하면 이 책의 범위가 아니기 때문이다.

단일방정식 회귀모형

이 책의 많은 부분을 단일방정식 회귀모형에 할애했다. 단일 방정식 회귀모형의 예로서, 자동차의 수요함수를 고려해 보자. 경제이론에 비추어보면, 자동차 수요를 자동차 가격, 광고비 지출, 소비자의 소득(구입자금 융자비용의 척도로서),이자율, 그리고 다른 적당한 변수들의 함수로서 상정 할 수 있다. 시계열 자료를 사용하여 자동차 수요 모형을 추정하고, 미래의 자동차 수요를 예측하는데 이 추정모형을 사용할 수 있다. 물론, 5장에서 지적했듯이, 예측하고자 하는 미래가 멀면 멀수록 예측오차는 빠르게 증가한다.

연립방정식 회귀모형[3]

18장, 19장, 20장에서 연립방정식 모형을 고려하였다. 1960년대와 1970년대는 연립방정식에 기초한 미국경제의 정교한 모형이 경제 예측을 지배했던 전성기였다. 그러나 부진한 예측성과 때문에 그러한 예측의 마술은 퇴색되어 버렸는데, 그 이유는 특히 1973년과 1979년의 석유가격 충격(OPEC의 석유수출금지로 인한)과 Lucas 비판 때문이다.[4] 이 비판은 계량경제 모형으로 추정된 모수는 그 모형이 추정된 시점의 정책에 의존하게 되는 바, 정책이 변화하면 모수도 변화할 것이라는 점을 강하게 지적하고 있다. 간단히 말해, 정책변화가 있는 경우 추정된 모수가 변화하게 된다는 것이다.

예를 들어, 1979년 10월에 미국 연방준비은행 (Fed)에서 통화정책을 극적으로 변화시켰다. 이자율 조정을 목표로 삼는 대신, 앞으로는 통화공급 증가율을

2. 이 방법을 비교적 쉽게 다룬 문헌으로서, Spyros Makridakis, Steven C. Wheelwright, and Rob J. Hyndman, *Forecasting Methods and Application,* 3ed ed., John Wiley & Sons, New York, 1998.

3. 예측에 있어서 연립방정식 모형을 사용하는 것을 교과서 수준에서 다룬 책은 Robert S. Pindyck, and Daniel L. Rubinfeld, *Econometric Models & Economic Forecasts,* 4th ed., McGraw-Hill, New York, 1998, Part III.

4. Robert E. Lucas, "Econometric Policy Evaluation : A Critique, " in Carnegie-Rochester Conference Series, *The Philips Curve,* North-Holland, Amsterdam ,1976 pp.19-46. 다른 논문도 있지만, 특히 이 논문으로 Lucas는 노벨 경제학상을 수상하였다.

감시하겠다고 Fed는 발표하였다. 이와 같이 현격한 변화가 발생하는 경우 과거 자료에 의해 추정한 계량경제모형을 새로운 제도에서의 미래 값을 예측하는데 사용한다면 그 예측치는 별로 의미가 없을 것이다. 최근에는 연방준비은행이 화폐공급 조절에서 단기이자율(연방기금 이자율) 조절로 Fed의 정책운용이 변화되었다.

ARIMA 모형

G.P.E Box와 G.M Jenkins의 저서 **Time Series Analysis** : Forecasting and Control(전게서)는 예측도구의 새로운 시대를 열은 바 있다. 통상적으로 Box-Jenkins(BJ)방법론으로 널려 알려져 있지만, 기술적으로는 ARIMA방법론이라고 부르는 이 새로운 예측방법은 단일 방정식 모형이나 연립방정식 모형을 구축하는 것이 아니라 **"자료로 하여금 스스로 말하게 하라"**라는 철학에 입각해 경제 시계열의 확률적 특성분석을 강조하고 있다. Y_t가 k개의 설명변수 $X_1, X_2, X_3, \cdots X_k$에 의해 설명된다는 회귀모형과는 달리, BJ형태의 시계열모형에서는 Y_t가 Y 자신의 과거값 혹은 시차값과 확률적 오차항에 의해 설명된다. 이러한 이유 때문에 ARIMA모형을 가끔 비이론적(atheoretic) 모형이라고 부르기도 하는데, 그 이유는 어떠한 경제이론에서도 ARIMA모형을 유도해 낼 수 없기 때문이다.

이 장에서는 단일 시계열을 다루는 ARIMA인 **단일변수** ARIMA를 강조하고 있음을 주목하여라. 그러나 이 분석은 다변수 ARIMA로 확대될 수 있다.

VAR모형

VAR방법론은 겉으로는 여러 개의 내생변수를 함께 고려한다는 점에서 연립방정식 모형화 방법과 유사하다. 그러나 각 내생변수는 자신의 과거 혹은 시차값과 모형내 모든 다른 내생변수들의 시차 값에 의해 설명된다; 일반적으로, VAR 모형 내에 외생변수는 없다.

이 장에서는 경제예측을 위한 Box-Jenkins접근법과 VAR접근법의 기본지식을 논의한다. 이 책에서의 논의는 초보단계이고 교육목적을 위한 것이다. 이 주제를 더 추구하고자 하는 학생들은 참고문헌을 추가로 참조하여야 한다.[5]

5. Pindyck and Rubinfeld, 전게서, part 3를 참조할 것; Alan Pankratz, *Forecasting with Dynamic Regression Models,* John Wiley & Sons, New York 1991 (이 책은 응용을 위한 책임) ; 그리고 Andrew Harry, *The Econometric Analysis of Time Series,* The MIT Press, 2d,ed, Cambridge Mass, 1990(이 책은 고급단계의 책임), 완전한 내용을 담았으면서도 이해가 가능한 책으로는 Terence C. Mills, Time Series Techniques for Economists, Cambridge University Press New York ,1990을 꼽을 수 있다.

22.2 시계열자료의 AR, MA, ARIMA모형

일부는 오래되었고, 일부는 새로운 몇몇 개념을 소개하기 위해 표 21.1에 주어진 미국의 GDP시계열 자료를 다시 고려해보자. 이 시계열의 산포도는 그림 21.1에 (차분되지 않은 GDP), 그리고 그림 21.9에 (1차 차분된 LGDP)이미 나타나 있다; LGDP가 수준변수형태로는 불안정적이나 (1차) 차분형태로는 안정적임을 상기하자.

시계열이 안정적이라면, 시계열을 다양한 방법으로 모형화 할 수 있다.

자기회귀(Autoregressive ; AR)과정

Y_t가 시점 t에서의 GDP라고 하자. 만약 Y_t를 다음과 같이 모형화할 수 있다면

$$(Y_t - \delta) = \alpha_1(Y_{t-1} - \delta) + u_t \qquad \textbf{(22.2.1)}$$

단 δ는 Y의 평균이고 u_t는 평균이 0이고 분산이 σ^2으로 일정하면서 서로 상관관계가 없는 확률오차항(즉, 백색오차임) 인데, 이 때 Y_t가 1차 자기회귀 또는 AR(1)확률과정을 따른다고 한다(이 자기회귀확률과정은 이미 12장에서 논의된 바 있다). 여기에서 시점 t에서의 Y값은 바로 전 시점의 Y값과 임의오차항에 의존한다 ; Y값은 평균값으로부터 편차로 나타나 있다. 다시 말해서, 이 모형이 의미하는 바는 시점 t에서의 Y 예측치는 단순히 시점 $(t-1)$에서의 Y값의 일정비율 $(=\alpha_1)$과 시점 t에서의 확률적 충격 또는 교란의 합으로 이루어진다는 것이다 ; Y값은 평균값 주변으로 나타나 있음을 거듭 밝힌다.

그러나 다음의 모형을 고려한다면

$$(Y_t - \delta) = \alpha_1(Y_{t-1} - \delta) + \alpha_3(Y_{t-2} - \delta) + u_t \qquad \textbf{(22.2.2)}$$

Y_t가 2차의 자기회귀 또는 AR(2) 과정을 따른다고 한다. 즉, t시점에서의 Y값은 직전 과거 두 기간에서의 Y값들에 의존하는데, Y값은 평균값 δ 주변으로 표현되어 있다.

일반적으로,

$$(Y_t - \delta) = \alpha_1(Y_{t-1} - \delta) + \alpha_2(Y_{t-2} - \delta) + \cdots + \alpha_p(Y_{t-p} - \delta) + u_t \qquad \textbf{(22.2.3)}$$

으로 표현 할 수 있는데, 이때 Y_t가 p차의 자기회귀 또는 AR(p)과정을 따른다고 한다.

여기에서 주의할 것은 위의 모든 모형에는 현재와 과거의 Y값 만이 포함되어 있다는 것이다. 즉 다른 설명변수는 포함되어 있지 않다는 것이다. 이러한 의미에

서, "자료가 스스로 말을 한다"라고 하는 것이다. 이 모형들은 연립방정식모형에서 논의한 적이 있는 **축약형 모형(reduced form model)**의 일종이라 하겠다.

이동평균(Moving Average ; MA)과정

방금 논의했던 AR과정만이 Y를 생성할 수 있는 장치는 아니다. 가령 Y를 다음과 같이 모형화했다고 하자.

$$Y_t = \mu + \beta_0 u_t + \beta_1 u_{t-1} \qquad \textbf{(22.2.4)}$$

여기에서 μ는 상수이고 u는 백색잡음 확률적 오차항이다. 시점 t에서 Y값은 상수와 현재 및 과거 오차항의 이동평균의 합과 같다. 따라서, 이 경우 Y가 1차의 이동평균 또는 MA(1)과정을 따른다고 한다. 그러나 Y가 다음의 표현을 따른다면

$$Y_t = \mu + \beta_0 u_t + \beta_1 u_{t-1} + \beta_2 u_{t-2} \qquad \textbf{(22.2.5)}$$

이를 MA(2)과정이라 부른다. 보다 일반적으로

$$Y_t = \mu + \beta_0 u_t + \beta_1 u_{t-1} + \beta_2 u_{t-2} + \cdots + \beta_q u_{t-q} \qquad \textbf{(22.2.6)}$$

을 MA(q)과정이다. 간단히 말해서, 이동평균과정은 단순히 백색잡음 오차항의 선형결합이다

자기회귀 이동평균(Autoregressive and Moving Average ; ARMA)과정

물론 Y가 AR과 MA의 특성 모두를 지닐 수 있고, 이 경우 ARMA라 한다. 따라서, Y_t를 다음과 같이 쓸 수 있다면

$$Y_t = \theta + \alpha_1 Y_{t-1} + \beta_0 u_t + \beta_1 u_{t-1} \qquad \textbf{(22.2.7)}$$

Y_t가 ARMA(1,1)을 따른다고 한다. 왜냐하면 1개의 자기회귀항과 1개의 이동평균항이 동시에 존재하기 때문이다. (22.2.7)에서 θ는 상수항을 나타낸다.

일반적으로, ARMA(p, q) 과정에는 p개의 자기회귀항과 q개의 이동평균항이 존재한다.

적분된 ARMA(Autoregressive Integrated Moving Average ARIMA)과정

지금까지 논의된 시계열모형은 21장에서 정의된 의미에서 시계열이 (약)안정적

이라는 가정에 기초하고 있다. 요약하자면, 약 안정적인 시계열의 불안정적, 즉 시계열이 누적 또는 적분(integrated)되어 있다는 것을 알고 있다 ; 예를 들어 21.1절의 경제시계열들은 적분되어 있다.

그러나 21장에서 이미 보았듯이, 어떤 시계열이 1차 적분되어 있다면(즉, $I(1)$이라면). 1차 적분은 $I(0)$, 즉 안정적이 된다. 유사한 방법으로, 시계열이 $I(2)$이면 2차 차분이 $I(0)$가 되고, 일반적으로 시계열이 $I(d)$이면 d차 차분후 $I(0)$을 얻게 된다.

그러므로 어떤 시계열을 안정적 시계열로 만들기 위해 d번 차분해야 하고, 그리고나서 ARMA(p,q)모형을 적용, 본래의 시계열을 ARIMA$(p,\ d,\ q)$라고 부른다. 다시 말해서, 이 시계열은 적분된 ARMA시계열로서 p는 자기회귀항의 개수, d는 안정적으로 만들기 위해 차분해야 하는 횟수, 그리고 q는 이동평균항의 개수를 각각 의미한다. 따라서 ARIMA(2,1,2)시계열은 안정적이 되기 위해 1번 차분해야 하며($d=1$),(차분되어)안정적인 시계열은 ARMA(2,2)즉 2개의 AR항과 2개의 MA항을 가진 시계열로 모형화될 수 있다. 물론, $d=0$이면 (즉 처음부터 시계열이 안정적이면), ARIMA$(p,d=0,q)=$ ARMA(p,q)이다. 주의할 것은 ARIMA$(p,0,0)$과정은 순수한 AR(p)의 안정적 과정을 의미한다는 것이다 ; ARIMA$(0,0,q)$는 순수한 MA(q)의 안정적 과정을 의미한다. p, d, q값이 주어진다면 어느 과정을 모형화하고 있는지 알 수 있다.

Box-Jenkins 방법론을 사용하기 위해서는 시계열이 원래부터 안정적이거나 1차 이상의 차분 후에 안정적이 되는 시계열이어야 한다는 점을 명심하여야 한다. 이와 같은 안정성을 가정하는 이유는 다음과 같이 설명 될 수 있다.

> B-J(Box-Jenkins)의 목적은 표본자료를 생성해 온 것으로 여겨지는 통계적 모형의 식별과 추정이다. 이 추정된 모형을 예측목적으로 사용하려면 이 모형의 특징이 어느 시점에서나 특히 미래에 있어서 일정하다고 가정하여야 한다. 따라서 안정적 자료를 요구하는 단순한 이유는 이 자료로부터 추측된 어떤 모형도 안정적이라고 받아들여질 수 있고, 따라서 예측을 위해 유효한 기반을 제공할 수 있다는데 있다.[6]

22.3 Box-Jenkins(BJ)방법론

이 시점에서 매우 중요한 질문은 이제 명확하다 하겠다. 시계열을 보고(예를 들어 그림 21.1의 미국 LGDP시계열),시계열이 순수 AR과정을 따를지(그렇다면 p값은 무엇인지),또는 순수 MA과정을 따를지(그렇다면 q값은 무엇이지),또는 ARMA과정을 따르는지(그렇다면 p,q값은 무엇인지) 또는 ARIMA 과정을 따르는지(이 경우에는 p,d,q값을 알아야 한다) 어떻게 구분할 수 있는가? BJ방법론

6. Michael Pokorny, *An Introduction to Econometrics,* Basil Blackwell , New York ,1987, P.343

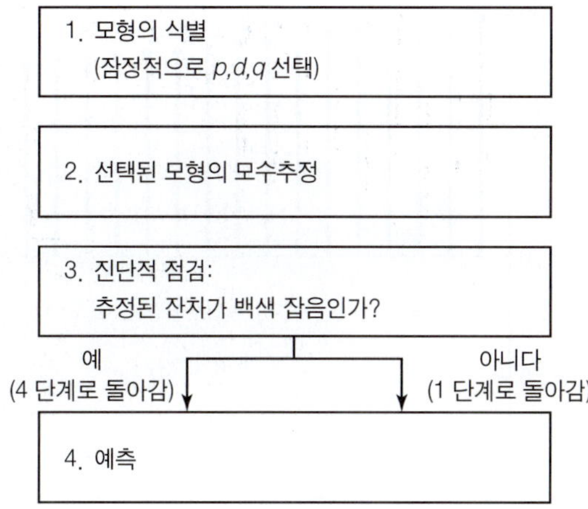

그림 22.1 Box-Jenkins 방법론

은 이 질문에 답할 수 있는 손쉬운 방법을 제시하고 있다. 그 방법은 4단계로 구성되어 있다 ;

1 단계. 식별 즉, 적절한 p, d, q값을 찾는다. 이를 위해 상관도표와 편상관도표를 어떻게 사용해야 하는지를 곧 설명할 것이다.

2단계 추정. 적절한 p와 q값을 식별한 후, 다음 단계는 모형에 포함된 자기회귀항과 이동평균항의 모수를 측정하는 것이다. 어느 경우에는 단순한 최소자승법을 사용할 수 있지만,(모수에 대해)비선형 추정법을 사용해야만 하는 경우도 있다. 이 작업은 여러 통계팩키지들이 정형화하여 잘 처리하고 있기 때문에 실제 추정을 위한 수학적 개념을 걱정하지 않아도 된다. 다만 뛰어난 학생이라면 수학적 배경에 대해 참고문헌을 참조하여도 될 것이다.

3단계 진단적 검정. 특정 ARIMA모형을 선택하고 모수를 추정한 후, 선택한 모형이 자료와 잘 들어맞는지 여부를 점검한다. 왜냐하면 다른 ARIMA모형도 자료와 비슷하게 들어맞을 수 있기 때문이다. 이 때문에 Box-Jenkins ARIMA모형작업을 과학이라기보다 기술(art)이라고 부른다 정확한 ARIMA 모형을 고르기 위해 상당항 수준의 기술이 필요하기 때문이다. 선택한 모형에 대한 단순한 검정은 모형으로부터 추정된 잔차가 과연 백색잡음(white noise)인지 확인해보는 것이다. 만약 백색잡음이라면, 선택된 모형을 받아들일 수 있지만, 그렇지 않은 경우 처음부터 다시 시작해야 한다. 따라서 BJ방법론은 반복적으로 수행해야 하는 방법이다.(그림 22.1을 참조)

4단계 예측. ARIMA 모형화가 크게 인기를 끌고 있는 이유중의 하나는 ARIMA모형이 예측에 있어 성공적이기 때문이다. 많은 경우에 있어 이 방법으로 구한 예측은 전통적인 계량경제 모형에서 얻은 예측보다 더 믿을 만하고, 그 정도는 단기 예측에 있어 더욱 차이가 난다. 물론 각 개별적인 경우에 따라 점검되어야한다

그림 22.2
미국 LGDP의
(a) 상관도표
(b) 편상관도표,
1947.I-2007.IV

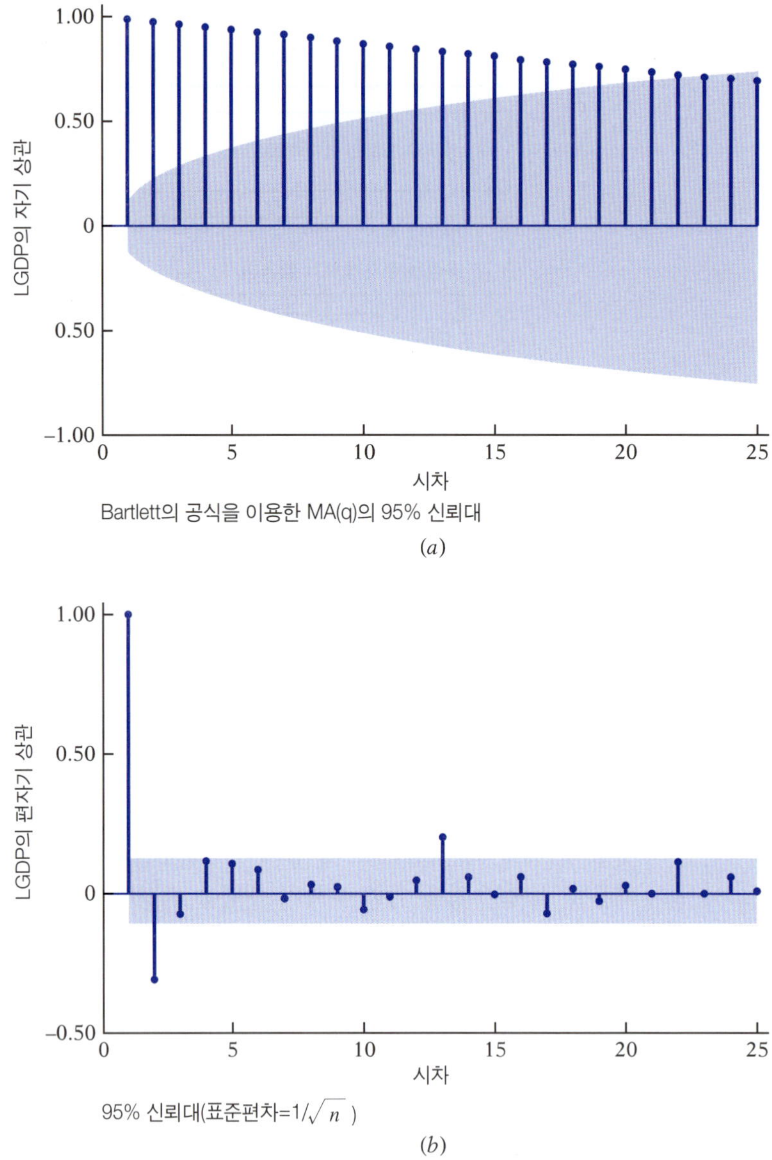

이와 같은 일반적인 논의를 염두에 두고, 이 4개의 단계를 좀더 구체적으로 살펴보자. 지금부터 여러 가지 착안점을 사례로 들기 위해 21.1절에 주어진 GDP 자료(책의 웹사이트에 실제 자료가 게시되어 있음)를 사용한다.

22.4 식별(identification)

식별을 위해 사용되던 주된 도구는 자기상관함수(Autocorrclation Function: ACF), 편자기상관함수(Partial Autocorrelation Function: PACF), 그리고 이들

ACF와 PACF의 시차길이를 횡축에 놓고 그린 각각의 상관도표 등이다.

앞의 장에서 (모집단)ACF(ρ_k)와 표본ACF($\hat{\rho}_k$)을 정의하였다. 편자기상관의 개념은 편회귀계수의 개념과 유사하다. k-변수 다중회귀 모형에서, k번째 회귀계수 β_k는 k번째 설명변수를 제외한 모든 다른 설명변수의 영향력을 고정시켜 놓은 상태에서 k번째 설명변수 X_k의 1단위 변화에 대해 종속변수의 평균치의 변화율을 포착한다.

단순하게 말해, 편자기상관 ρ_{kk}는 k시기만큼 떨어진(시계열)관측치들간의 상관관계를 포착하는데, 이때 중간시차들(즉,시차가 k보다 작은 경우)에서의 상관관계는 통제된 상태이다. 다시 말해서, 편자기상관은 Y_t와 Y_{t-k} 사이에 놓인 중간값들간의 영향력을 제거한 후 Y_t와 Y_{t-k}간의 상관관계이다.[7] 7.11절에서 회귀에서의 편회귀계수개념을 소개한 바 있고 단순상관과의 관계를 보였다. 이러한 편상관계수는 대부분의 통계 팩키지에서 기계적으로 계산된다.

그림 22.2는 LGDP계열의 상관도표와 편상관도표이다. 이 그림에서 두 가지 사실이 뚜렷이 드러난다 : 첫째, ACF가 서서히 감소한다 ; 그림 21.8에서 보인 바와 같이, 22시차까지 ACF가 각각 통계적으로 0이 아니다. 왜냐하면 그 값들이 모두 95%신뢰구간 밖에 존재하기 때문이다. 둘째, 2차 시차 후에 PACF는 급격하게 떨어져서 2차 시차 후의 모든 PACF는 통계적으로 유의하지 않은데, 대략 13 시차까지 저장해 놓아라.

미국 LGDP 시계열이 안정적이 아니기 때문에, Box-Jenkins 방법론을 적용하기 전에 안정적인 시계열로 만들어야 한다. 그림 21.9는 1차 차분된 LGDP를 그린 그림이다. 그림 21.1과는 달리, 시계열에 어떠한 추세도 발견할 수 없고, 이는 1차 차분된 LGDP시계열이 안정적이라는 사실을 제시해주는 것처럼 보인다.[8] Dickey-Fuller 단위근 검정을 정식으로 적용해보면 실제로 이 경우에 해당된다는 것을 알 수 있다. 이러한 결과는 그림 22.3에 나타난 추정된 ACF상관도표와 PACF상관도표를 보면 외관상 알 수 있다. ACF형태와 PACF형태는 매우 다르다. ACF는 시차 1,2,5에서 통계적으로 유의한 것처럼 보인다 : 21장에서 ρ_k의 95% 신뢰구간 근사치의 양끝이 −0.1254와 +0.1254이었던 것을 상기해 보자(21장에서 논의되었듯이, 이 신뢰구간은 점근적이기 때문에, 그 값을 근사치로 간주할 수 있다). 그러나, 모든 다른 시차에서, ACF는 유의하지 않았다. 편상관관계에 대하여, 1시차와 12시차가 유의하게 0과 다른 것처럼 보인다.

그렇다면 그림 22.3의 상관도표로부터 LGDP시계열의 ARMA형태를 어떻게 찾을 수 있는가? (주: 1차 차분된 LGDP시계열이 안정적이기 때문에 우리는 1차

7. 시계열자료에서 Y_t와 Y_{t-k}간의 상관관계중 큰 비율이 이들 변수와 중간 시차 변수 $Y_{t-1}, Y_{t-2}, \cdots, Y_{t-k-1}$ 들의 상관관계에 기인할 수 있다. 편상관 ρ_{kk}는 이러한 중간시차변수들의 영향을 없앤 것이다.

8. 이 시계열의 분산이 안정적인지 여부는 구분하기 어렵다. 특히 1979~1980년경에 더욱 그러하다. 1979년 석유수출금지와 1979년에 Fed가 취한 통화정책의 심각한 변화가 이 어려움과 관계가 있는 것 같다.

그림 22.3
1차 차분한 LGDP의
(a) 상관도표
(b) 편상관도표, 미국
1947.I-2007.IV

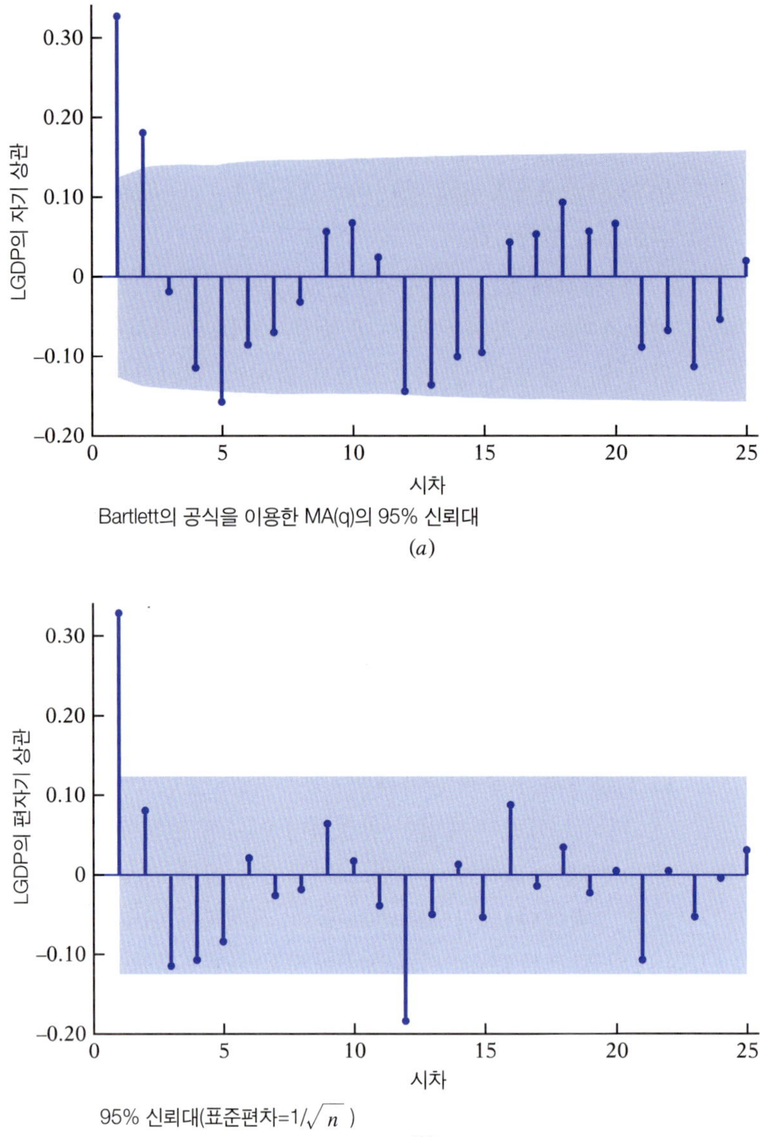

차분된 LGDP계열만을 고려할 것이다) 이를 찾는 방법은 후보가 될 만한 여러 개의 ARMA과정(예를 들어, AR(1), AR(2), MA(1) , MA(2), ARMA(1,1), ARIMA(2,2)의 ACF, PACF, 관련된 상관도표를 고려하는 것이다. 이들 확률과정 중 각 과정은 고유의 형태의 ACF와 PACF를 가지고 있기 때문에, 고려중인 시계열이 이 형태중 어느 하나와 일치한다면, 그 시계열이 바로 그 확률과정으로 식별할 수 있다는 것이다. 물론, 선택된 ARMA모형이 합리적으로 정확한지 여부를 확인하기 위해 진단적 점검을 거쳐야만 한다.

다양한 표준적 ARIMA과정의 특성을 공부하는 것은 많은 공간을 소비하게 된다. 여기에서는 각 ARIMA과정의 특성에 대한 일반적 지침만을 제시하고자 한

표 22.1
ACF와 PACF의 이론적 유형

모형의 형태	ACF의 전형적유형	PACF의 전형적유형
AR(*p*)	지수적 또는 스러지는 사인파 유형으로 작아짐	p시차까지 유의한 막대
MA(*q*)	q시차까지 유의한 막대	지수적인 소멸형태
ARMA(*p, q*)	지수적인 소멸형태	지수적 소멸

주: 지수적 소멸이라는 용어와 기하적 소멸이라는 용어는 같은 것이다.(Koyck분포시차의 내용을 돌이켜 볼 것.)

그림 22.4 다음의 확률과정에 대한 ACF와 PACF
(a) AR(2): $\alpha_1=0.5$, $\alpha_2=0.3$; (b) MA(2); $\beta_1=0.5$, $\beta_2=0.3$; (c) ARMA(1,1); $\alpha_1=0.5$, $\beta_2=0.5$

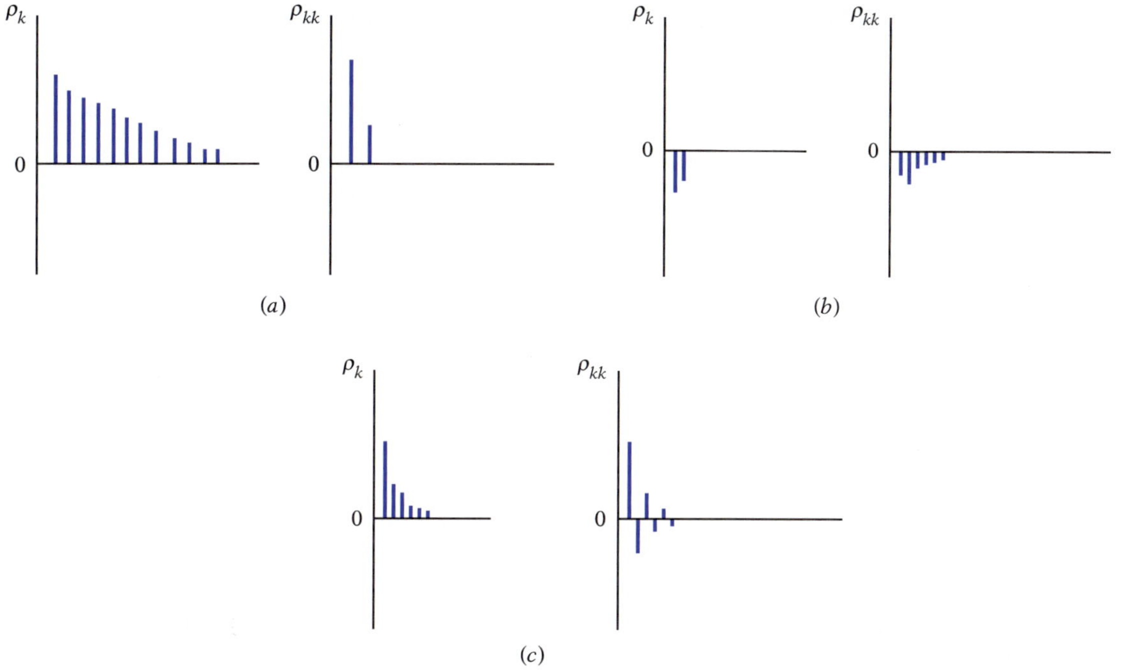

다 (표22.1을 볼 것) ; 다양한 확률과정에 대한 상세한 내용은 참고문헌을 참조하면 된다.

AR(p)와 MA(q)의 ACF와 PACF는 서로 정반대의 행태를 보이고 있음을 주의하자 : AR(p)경우에 ACF는 기하급수적으로 또는 지수적으로 감소하나, PACF는 일정시차 후에 사라져 버린다. 반면 MA(q)과정의 경우에는 반대의 현상이 나타난다. 이러한 형태는 그림 22.4에 그림으로 표현되어 있다.

경고

이론적 ACF와 PACF를 실제로 관측할 수 없는 상태에서 표본 ACF와 표본 PACF에 의존하기 때문에, 추정된 ACF와 PACF가 이론적 ACF와 PACF에 정확히 일치하지는 않는다. 우리는 이론적 ACF, PACF와 표본 ACF, PACF간에 유사점을 찾고 있는데, 그들 ACF와 PACF는 ARIMA 모형을 구축하는데 옳은 방향을 제시해 줄 수 있다. 그리고 이 점이 ARIMA 모형화 작업에 엄청난 기술이 필요한 이유인데, 물론 그 기술이라는 것도 연습을 통해 얻어지는 것이다.

미국 GDP의 ARIMA식별

그림22.3에 있는 1947-Ⅰ~2007-Ⅳ까지 안정적인 미국 LGDP(1차 차분 후)의 상관도표 및 편상관도표를 다시 살펴보면, 어떠한 사실을 찾을 수 있는가?

그림상의 ACF와 PACF가 표본으로부터 구한 것임을 감안한다면, 표22.1에 제시된 것과 같은 멋있는 형태를 얻을 수 없다. 자기상관(패널 *a*)은 최초 시차 2까지 감소하다가 시차5를 제외하고 나머지는 모두 0과 유의하게 다르지 않다(그림상의 회색부분은 95% 신뢰구간 양끝의 근사치를 나타낸다). 시차 1과 12에서 편자기상관(패널 *b*)이 통계적으로 유의해 보이나 나머지는 유의하지 않다: 만약 편상관계수가 시차 1에서만 유의했다면, 이 시계열을 AR(1)모형이라고 식별할 수 있었을 것이다. 그러므로 (1차 차분된) LGDP를 생성한 과정이 MA(2)과정이라고 가정하자. ACF와 PACF가 잘 정의되지 않는다면 시행착오없이 모형을 선택하기 어렵다. 학생들은 1차 차분된 LGDP에 대하여 다른 ARIMA 모형을 시도해보길 바란다.

22.5 ARIMA모형의 추정

Y_t^*가 미국 GDP를 1차 차분한 변수라고 하자. 잠정적으로 식별한 MA모형이 다음과 같다.

$$Y_t^* = \mu + \beta_1 u_{t-1} + \beta_2 u_{t-2} \qquad \textbf{(22.5.1)}$$

MINITAB을 이용하여 다음의 추정치를 얻었다 :

$$\begin{aligned} \hat{Y}_t^* &= \ 0.00822 + 0.2918u_{t-1} + 0.2024u_{t-2} \\ \text{se} &= (0.00088) \quad (0.0633) \qquad (0.0634) \\ t &= (9.32) \qquad (4.61) \qquad (3.20) \\ & \qquad\qquad R^2 = 0.1217 \qquad d = 1.9705 \end{aligned} \qquad \textbf{(22.5.2)}$$

1차 차분된 LGDP 계열에 대하여 다른 ARIMA모형을 추정하는 연습은 학생들에게 남겨둔다.

22.6 진단적 점검

식 (22.5.2)의 추정결과가 자료와 적절히 잘 들어맞는지 어떻게 판정할 수 있는가? 간단한 진단방법으로서 (22.5.2)에서 잔차를 구해 잔차의 ACF와 PACF를, 말하자면 25시차까지 계산하는 방법이 있다. 추정된 AC와 PACF가 그림 22.5에 정리되어 있다. 그림에서 알 수 있듯이, 자기상관(패널 *a*)과 편자기상관(패널 *b*)의 어느 것도 통계적으로 유의하지 않다. Box-Pierce *Q*와 Ljung-Box LB통계량(21장 참조)이 보여주듯이, 25개의 자기상관 자승합도 유의하지 않다. 다시 말해서, 자기상관과 편자기상관의 상관도표가 의미하는 바는 식(22.5.2)에서 추정된 잔차가 순수임의(purely random)과정이라는 것이다. 그러므로 다른 형태의 ARIMA모형을 찾을 필요가 없다 하겠다.

22.7 예측

GDP자료가 1947-Ⅰ분기에서 2007-Ⅳ분기까지 걸쳐 있음을 염두에 두자. 모형(22.5.2)에 기초해서 2008년의 4개 분기에서의 LGDP를 예측하고자 한다고 하자. 그러나 식(22.5.2)의 종속변수는 전 분기대비 LGDP변화이다. 따라서 식(22.5.2)를 그대로 사용한다면, 우리가 얻을 예측내용은 2008년Ⅰ분기와 2007년 Ⅳ 분기 사이의 LGDP변화, 2008년 Ⅱ분기와 2008년 Ⅰ분기 사이의 LGDP 변화 등에 대한 예측을 할 수 있다.

변화량이 아닌 LGDP수준에 대한 예측을 얻기 위해 변화량을 구하고자 사용해야 했던 1차 차분 변환을 "해체"하면 된다(좀더 기술적으로 표현하자면, 1차 차분된 계열을 적분한다).따라서, 2008.Ⅰ분기의 ΔLGDP가 아닌 LGDP의 예측치를 구하기 위해서는 모형(22.5.1)을 다음과 같이 정리하면 된다.

$$Y_{2008-\text{I}} - Y_{2007-\text{IV}} = \mu + \beta_1 u_{2007-\text{IV}} + \beta_2 u_{2007-\text{III}} + u_{2008-\text{I}} \qquad \textbf{(22.7.1)}$$

즉,

$$Y_{2008-\text{I}} = \mu + \beta_1 u_{2007-\text{IV}} + \beta_2 u_{2007-\text{III}} + u_{2008-\text{I}} + Y_{2007-\text{IV}} \qquad \textbf{(22.7.2)}$$

u, β_1, β_2의 값은 추정된 회귀식(22.5.2)에 이미 알려져 있다. $u_{2008-\text{I}}$의 값은 0으로 가정한다(그 이유는?). 그러므로 Y_{2008-I}의 예측치를 쉽게 얻을 수 있다. 이 예측치의 계산값은 다음과 같다.[9]

$$\begin{aligned} Y_{2008-\text{I}} &= 0.00822 + (0.2918)u_{2007-\text{IV}} + (0.2024)(u_{2007-\text{III}}) + Y_{2007-\text{IV}} \\ &= 0.00822 + (0.2918)(0.00853) + (0.2024)(-0.00399) + 9.3653 \\ &= 9.3741(\text{approx.}) \end{aligned}$$

9. 표준적인 컴퓨터 패키지가 이러한 계산을 해주고 있지만, 계산과정상의 과정을 사례로서 보여주고자 상세한 계산을 보여준다.

그림 22.5
1차 차분된 LGDP의 MA(2) 모형으로부터 구한 잔차의 (a) 상관도표 (b) 편상관도표, 미국, 1947-I-2007-IV

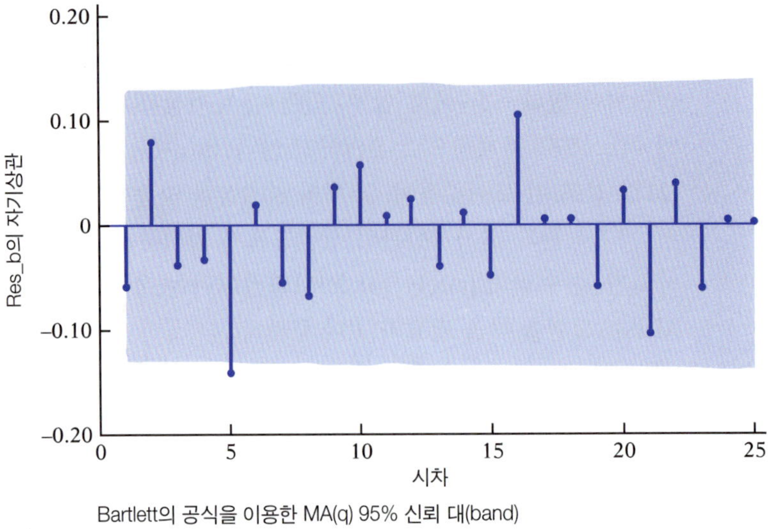

(a)

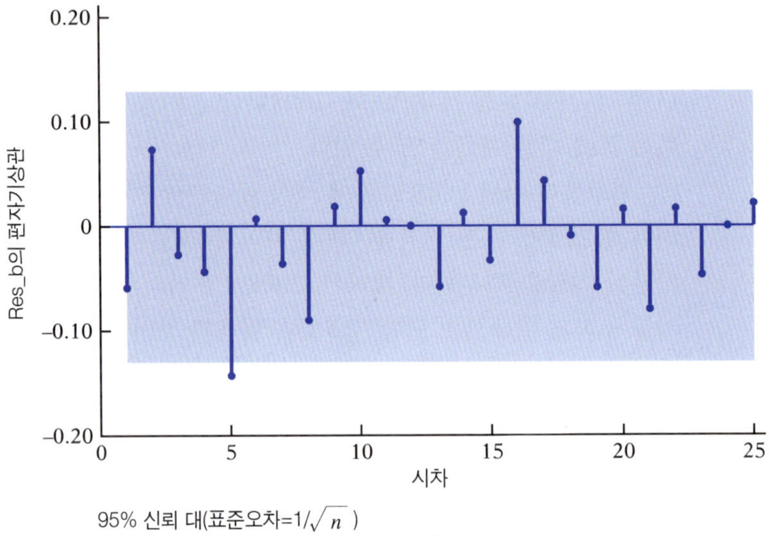

(b)

따라서 2008-I분기 LGDP의 예측치는 약 9.3741~11,779 십억달러(2000년 가격기준)이다. 덧붙여 말하자면, 2008. I분기 실질 GDP의 실제값은 11,693.097 십억달러이고, 예측오차는 과다 추정된 86 십억달러이다.

22.8 BJ방법론의 추가적 내용

앞의 논의는 BJ모형화에 대한 윤곽적 입문정도를 제시하는데 불과하다. 지면 부족 등의 이유 때문에 소개하지 않은 많은 내용이 있는데, 예를 들자면 계절성(seasonality)을 들 수 있다. 많은 시계열은 계절성의 특성을 보이고 있다. 예를 들면 크리스마스 등 중요한 공휴일기간동안의 백화점 매출, 아이스크림의 계절적 소비, 공휴일동안의 여행 등을 들 수 있다. 분기별 백화점 판매 자료를 살펴보면, 매년 4분기에 판매가 급증하는 것을 발견할 수 있다. 이러한 경우에는 4분기 판매에 대해 1차 차분을 하여 계절성을 없앤 후 어떤 ARIMA모형이 적합한지 결정하면 된다.

지금까지는 한 번에 한 개의 시계열만을 고려해 왔다. 그러나 BJ방법론은 2변수 이상의 시계열을 다루는 연립형 분석으로 확장될 수 있다. 이 주제를 본격적으로 다루는 것은 학부수준을 넘어서기 때문에 본 책에서는 다루지 않는다.

다만 관심있는 학생들은 참고문헌[10]을 참조하면 될 것이다. 그러나 다음 절에서 벡터자기회귀 모형의 맥락에서 이 주제를 논의할 것이다.

22.9 벡터자기회귀(Vector Autoregression ; VAR)

18장부터 20장까지에서 연립 혹은 구조적 방정식 모형을 고려한 바 있다. 연립방정식 모형에서는 몇몇 변수는 내생변수로 취급되고 다른 변수들은 외생변수 혹은 선결변수(외생변수 및 시차내생변수)로 취급된다. 그러한 모형들을 추정하기 전에 모형내의 방정식들이 식별(적정식별이거나 과잉식별)되는지 확인해야 한다. 식별이 되도록 하기 위해 선결변수 중 몇몇 변수들이 일부 방정식에만 포함되어 있다고 가정하는 경우도 있다. 가정에 대한 결정은 종종 주관적이고, 그 때문에 Christopher Sims가 이를 격렬하게 비판해 왔다.[11]

Sims에 의하면, 변수들 간에 진정한 연립성이 존재한다면, 그 변수들은 공평하게 취급되어야 마땅하다는 것이다 : 내생변수와 외생변수 간에 어떠한 선험적인 구별도 있어서는 안된다는 것이다. 이것이 바로 Sims가 VAR모형을 개발한 기본취지이다.

이 모형의 기본적인 형태는 17장에서 Granger 인과검정을 설명할 때 이미 소개한 바 있다. 식 (17.14.1)과 (17.14.2)에서 현재의 LGDP를 과거의 화폐공급과 과거의 LGDP로 설명하였고, 현재의 화폐공급을 과거의 화폐공급과 과거의 LGDP로 설명하였는데, 이러한 모형은 기본적으로 LGDP와 화폐공급을 한 쌍의 내생변수로 취급하고 있는 것이다. 이러한 모형에는 외생변수가 존재하지 않는다.

유사한 예로써, 예제 17.13에서 캐나다의 통화와 이자율의 특성을 분석하였다. 통화방정식에서는 단지 통화의 시차항과 이자율의 시차항만 보이고, 이자율식에서는 이자율의 시차항과 통화의 시차항만 보인다.

10. 이 주제를 다룬 책 중에서 이해가 용이한 책으로서 Terenu C. Mills, Time Series Techniques for Economists, Cambridge University Press New York,1990, PartⅢ를 참조할 것.

11. C.A.Sims, "Macroeconomics and Reality," *Econometrica*, vol.48, 1980, pp 1–148.

이 예제는 벡터자기회귀모형의 본보기라 하겠다: 자기회귀라는 용어는 종속변수의 시차변수가 등호 오른쪽에 나타나고 있고, 벡터라는 용어는 두 개 이상의 변수 벡터를 다루고 있기 때문이다.

VAR추정

캐나다의 화폐-이자율의 예로 돌아와서, 각 변수의 시차항 6개를 설명변수로 포함할 때, 통화(M1)와 이자율(90일 회사채 수익률) 간의 쌍방적 인과관계가 있다는 가설을 기각할 수 없었다. 즉 M1은 R에, 반대로 R은 M1에 영향을 미친다. 이러한 종류의 경우가 이상적으로 VAR을 적용하기에 적합한 경우이다.

VAR모형을 어떻게 추정할 것인가를 설명하기 위해 위의 예를 계속해서 고려하자. 각각의 방정식은 M (M_1으로 측정)과 R의 시차변수 k개 씩을 설명변수로 지니고 있다고 가정하자. 이 경우 각 방정식을 OLS로 추정할 수 있다.[12]

$$M_{1t} = \alpha + \sum_{j=1}^{k} \beta_j M_{t-j} + \sum_{j=1}^{k} \gamma_j R_{t-j} + u_{1t} \tag{22.9.1}$$

$$R_t = \alpha' + \sum_{j=1}^{k} \theta_j M_{t-j} + \sum_{j=1}^{k} \gamma_j R_{t-j} + u_{2t} \tag{22.9.2}$$

여기에서 u는 확률적 오차항으로서 VAR용어로는 충격(impulses)또는 혁신(innovation)이라 부른다.

식(22.9.1)과 (22.9.2)를 추정하기 전에, 최대시차길이 k를 결정해야 한다. 자료의 관측치 개수는 40개이다. 시차항을 너무 많이 포함하면 다중공선성이 심해질 가능성이 있을 뿐만 아니라 자유도가 없어질 것이다. 너무 적게 시차항을 포함하면 표기오차를 초래할 수도 있다. 이 문제를 결정하는 한 가지 방안은 Akaike나 Schwaz 같은 기준을 사용하는 것이고 이 기준에 비추어 가장 작은 값을 주는 모형을 선택하는 것이다. 이런 과정에서 약간의 시행착오는 불가피하다.

위의 과정을 설명하기 위하여, 처음에 각 변수에 4개의 시차($k=4$)를 사용하였고, Eviews6를 사용하여 두 방정식의 모수를 추정하였는데, 그 결과는 표 22.2에 정리되어 있다. 우리의 표본이 1979-Ⅰ에서 1988-Ⅳ이지만, 1980-Ⅰ부터 1987-Ⅳ까지의 표본을 사용하며 추정된 VAR의 예측 정확도를 점검하고자 마지막 4개의 관측치를 예비해 놓았다.

위의 식이 OLS회귀이기 때문에, 표 22.2의 회귀결과를 일상적인 방식으로

12. 두 방정식을 동시에 추정하기 위해 **SURE**(Semingly unrelated regression)기법을 사용할 수 있다. 그러나 각 회귀방정식에 동일한 개수의 시차내생변수를 포함하기 때문에 각 방정식을 개별적으로 OLS로 추정하여도 동일한(그리고 효율적인)추정치를 얻을 수 있다.

표 22.2
4 시차에 기초한 벡터 자기회귀 추정치

Sample (adjusted): 1980–I to 1987–IV
Included observations: 32 after adjusting endpoints
Standard errors in ( ) and *t* statistics in [ ]

	M_1	R
M_1 (−1)	1.076737 (0.20174) [5.33733]	0.001282 (0.00067) [1.90083]
M_1 (−2)	0.173433 (0.31444) [0.55157]	−0.002140 (0.00105) [−2.03584]
M_1 (−3)	−0.366465 (0.34687) [−1.05648]	0.002176 (0.00116) [1.87699]
M_1 (−4)	0.077602 (0.20789) [0.37329]	−0.001479 (0.00069) [−2.12855]
R (−1)	−275.0293 (57.2174) [−4.80675]	1.139310 (0.19127) [5.95670]
R (−2)	227.1750 (95.3947) [2.38142]	−0.309053 (0.31888) [−0.96917]
R (−3)	8.511851 (96.9176) [0.08783]	0.052361 (0.32397) [0.16162]
R (−4)	−50.19926 (64.7554) [−0.77521]	0.001076 (0.21646) [0.00497]
C	2413.827 (1622.65) [1.48759]	4.919000 (5.42416) [0.90687]

	M_1	R
R^2	0.988154	0.852890
Adj. R^2	0.984034	0.801721
Sum square residuals	4820241.	53.86233
SE equation	457.7944	1.530307
F statistic	239.8315	16.66815
Log likelihood	−236.1676	−53.73716
Akaike A/C	15.32298	3.921073
Schwarz SC	15.73521	4.333311
Mean dependent	28514.53	11.67292
SD dependent	3623.058	3.436688

Determinant residual covariance	490782.3
Log likelihood (df adjusted)	−300.4722
Akaike information criterion	19.90451
Schwarz criterion	20.72899

해석할 수 있다. 물론, 한 변수에 여러 개의 시차변수를 포함하였는데, 각 추정된 계수가 통계적으로 유의하지 않을 수 있다. 아마도 이러한 이유는 다중공선성 때문일 수도 있다. 그러나 집단적으로 보면 표준적 F검정에 기초하여 모수 집단은 유의할 것이다.

표 22.2의 결과를 조사해 보자. 먼저 M_1 회귀를 고려하자. 개별적으로 추정계수를 보면, 시차 1의 M_1과 시차 1과 2인 R만 통계적으로 유의하다. 그러나 F값은 매우 커서 총체적으로 볼 때 모든 시차항이 통계적으로 유의하다라는 가설을 기각할 수 없다. 이자율 회귀의 경우 개별적 모수의 경우 4개의 통화 시차항 모두가 통계적으로 유의한 반면(10%또는 이보다 나은 유의 수준에서), 이자율 변수는 단지 1차 시차항만 유의하다.

비교목적으로, 각 변수의 단지 2개의 시차항들만 포함시킨 VAR결과를 표 22.3에 제시하였다. 통화식에서 1기 통화변수 시차항과 1기와 2기의 이자율 시차항이 개별적으로 유의하다. 이자율 회귀에서는 2개의 시차 통화항 모두 (5% 유의수준에서)와 1개의 시차이자율항이 개별적으로 유의하다.

표 22.2의 모형과 표 22.3의 모형 중 선택을 해야한다면 어느 것을 선택하겠는가? 표 22.2의 모형에 대한 Akaike 기준과 Schwarz 기준의 값은 각각 15.32와

표 22.3
2 시차에 기초한 벡터 자기회귀 추정치

Sample (adjusted): 1979–III to 1987–IV
Included observations: 34 after adjusting endpoints
Standard errors in ( ) and *t* statistics in [ ]

	M_1	R
$M_1(-1)$	1.037537 (0.16048) [6.46509]	0.001091 (0.00059) [1.85825]
$M_1(-2)$	−0.044661 (0.15591) [−0.28646]	−0.001255 (0.00057) [−2.19871]
$R(-1)$	−234.8850 (45.5224) [−5.15977]	1.069081 (0.16660) [6.41708]
$R(-2)$	160.1560 (48.5283) [3.30026]	−0.223364 (0.17760) [−1.25768]
C	1451.977 (1185.59) [1.22468]	5.796434 (4.33894) [1.33591]
R^2	0.988198	0.806660
Adj. R^2	0.986571	0.779993
Sum square residuals	5373510.	71.97054
SE equation	430.4573	1.575355
F statistic	607.0720	30.24878
Log likelihood	−251.7446	−60.99215
Akaike A/C	15.10263	3.881891
Schwarz SC	15.32709	4.106356
Mean dependent	28216.26	11.75049
SD dependent	3714.506	3.358613
Determinant residual covariance	458485.4	
Log likelihood (df adjusted)	−318.0944	
Akaike information criterion	19.29967	
Schwarz criterion	19.74860	

15.73인데, 표 22.3의 경우는 각각 15.10과 15.33이다. Akaike 통계량과 Schwarz 통계량은 작을수록 좋기 때문에, 모수가 절약적으로 포함된 표 22.3의 모형을 더 선호할 것 같다. 아울러, 각 내생변수의 시차항을 6개씩 포함한 모형을 고려하였는데 이 경우 Akaike 통계량과 Schwarz 통계량은각각 15.37과 15.98이었다. 다시한번, 각 내생변수의 시차항을 2개씩 포함한 표 22.3의 모형을 선택하게 된다.

VAR을 이용한 예측

표 22.3의 모형을 선택하였다고 하자. M_1과 R의 값을 예측하는데 이 모형을 사용할 수 있다. 본래 자료는 1979–Ⅰ부터 1988–Ⅳ까지인데 추정하는데 1988년의 자료는 사용하지 않았다. 이제 1988–Ⅰ의 M_1값을 예측하고자 한다. 1988–Ⅰ의 예측치는 다음과 같이 구할 수 있다 :

$$\hat{M}_{1988-\text{I}} = 1451.977 + 1.0375M_{1987-\text{IV}} - 0.0446M_{1987-\text{III}} \\ - 234.8850R_{1987-\text{IV}} + 160.1560R_{1987-\text{III}}$$

여기에서, 추정된 계수는 표 22.3에서 추출하였다. 표 17.5에 있는 M_1과 R의 각 해당 값들을 사용하면, 1988년 1분기의 통화 예측치는 36,996(백만 캐나다달러)임을 알 수 있다. 1988–Ⅰ의 M_1 실제 값은 36,480인데, 이는 우리의 모형이 실제 값을 약 516(백만 캐나다달러) 즉, 실제 M_1의 1.4%만큼 과다예측했음을 의미한다. 물론, VAR모형에 몇 개의 시차변수를 고려하는가에 따라 이 추정치는 변할 것이다. 1988년 1분기의 이자율 값을 예측하고 이를 실제 값과 비교하는 것은 학생들의 과제로 남겨둔다.

VAR과 인과관계

17장에서 인과관계를 논의했던 것을 기억할 것이다. 거기에서 우리는 Granger와 Sims의 인과관계 검정을 고려했었다. 그렇다면 VAR과 인과관계 사이에 어떠한 연결이 있는 것인가? 17장(17.14절)에서 2, 4, 6 시차까지는 M_1과 R사이에 쌍방 인과관계가 있었으나, 8시차에서는 두 변수 사이에 아무런 인과관계도 없었다. 따라서, 결과는 뒤섞여 버렸다. 이제 21장에서 배운 Granger 표현정리(representation theorem)를 돌이켜 보자. 이 정리의 함의는, 두 변수 X_t와 Y_t가 공적분되어 있고 각 변수가 $I(1)$, 즉 1차 적분되어 있으면(즉, 각 변수가 개별적으로 불안정적)이면, X_t가 Granger의미에서 Y_t의 원인이 되거나, Y_t가 Granger 의미에서 X_t의 원인이 되어야 한다는 것이다.

우리의 예제에서 보면, M_1과 R이 각각 $I(1)$이고, 공적분되어 있으면 M_1이 Granger 의미에서 R의 원인이 되거나 R이 Granger 의미에서 M_1의 원인이 되어야 한다. 이는 두 변수가 개별적으로 $I(1)$인지 우선 확인하여야 하고 그리고 나서 공적분되어 있는지 확인해봐야 한다는 것을 의미한다. 만약 이 경우가 아니라면 인과관계에 관한 모든 질문이 미결로 남아버릴 것이다. 연습문제 22.22에서 두 변수가 불안정적인지 그러나 공적분되어 있는지 학생들이 확인하는 연습을 할 것이다. 연습문제를 풀 때, M_1과 R사이의 공적분 증거가 약하게 보일 것인데, 이것이 17.14절의 인과관계 검정이 확실하지 않았던 이유이다.

VAR 모형화의 문제점

VAR의 옹호론자들은 이 방법의 장점을 강조한다 : (1) 이 방법은 단순하다 ; 어느 변수가 내생변수이고 어느 변수가 외생변수인지를 걱정할 필요가 없다. VAR 내의 모든 변수는 내생적이다[13]. (2) 추정이 단순하다. 즉, 통상적인 OLS방법이 각 개별 회귀식에 대해 적용될 수 있다. (3) 많은 경우에 있어 이 방법으로 구한 예측결과가 더 복잡한 연립방정식 모형으로 구한 예측결과보다 더 낫다.[14]

그러나 VAR모형화에 대하여 다음과 같은 문제점이 지적되고 있다 :

1. 연립방정식 모형과는 달리, VAR모형은 사전적인 정보를 덜 안고 있기 때

13. 가끔 추세와 계절성 요소를 감안하기 위하여 순수하게 외생적인 변수를 포함하기도 한다.

14. 예를 들어, T.Kinal and J.B.Ratner, "Regional Forecasting Model with Vector Autoregression : The Case of New York State." Discussion Paper # 155, Department of Economics, State University of New York at Albany .1982

문에 **비이론적(a-theroretic)**이다. 이 점을 더 잘 이해하기 위해서는 연립 방정식모형에서 어떤 변수를 포함할 것인가 혹은 배제할 것인가가 모형의 식별에 결정적인 역할을 하고 있음을 상기하면 된다.

2. 예측을 강조하기 때문에, VAR모형은 정책분석에 적합하지 않다.
3. VAR모형화에 있어서 가장 큰 실제 운용상의 난관은 적절한 시차길이의 선택이다. 예를 들어 3-변수 VAR모형에서 각 방정식에 있어 변수들이 8개의 시차변수를 포함한다고 하자. 따라서 각 방정식은 24개의 시차모수와 상수항까지 포함하여 모두 25개의 모수를 포함하게 된다. 표본의 크기가 크지 않다면, 그렇게 많은 모수를 추정하는 것은 많은 수의 자유도를 잃게 되고, 그에 따른 모든 문제점에 직면하게 된다.[15]
4. 엄격하게 말해, m-변수 VAR모형에서 모든 $\boldsymbol{m}$ **개**의 변수들이 (결합적으로) 안정적이어야 한다. 그렇지 않다면, 자료를 적절히 즉 1차 차분 등의 방법으로 변형시켜야만 한다. Harvey는 변형된 자료로부터 얻은 결과가 만족스럽지 않을 수도 있다고 지적하였다. 나아가 Harvey는 "그러므로 VAR**신봉자**들이 채택한 통상적인 접근법은 일부 시계열이 불안정적이라 해도 그대로 수준변수를 사용하는 것이다. 이러한 경우, 단위근의 존재가 추정량의 분포에 미친 영향을 인식하는 것이 중요하다"라고 지적하고 있다.[16] 더 나쁜 점은, 만약 모형이 $I(0)$변수와 $I(1)$변수를 혼합하여 포함하고 있다면, 즉, 안정적 시계열과 불안정적 시계열의 혼합으로 구성되어 있다면 자료의 변환이 쉽지 않을 것이다.

   그러나 Cuthbertson은 $I(1)$시계열 사이에 공적분 벡터가 존재한다면 공적분 분석은 1차 차분만의 VAR은 잘못 표기된 것임을 가리킨다. 다른 말로 하자면, 1차 차분만으로 이루어진 VAR은 잠재적으로 중요한 안정적 변수(즉, 오차수정, 공적분 벡터)를 생략하게 되고, 따라서 모수추정치들은 생략변수 편의를 보이게 된다.[17]
5. VAR모형의 개별 추정계수를 해석하기가 의미를 찾기 쉽지 않기 때문에, 이 기법을 사용하는 사람들은 가끔 소위 충격반응 함수(impulse response function : IRF)를 추정하기도 한다. IRF는 식(22.9.1)과 식 (22.9.2)의 u_1과 u_2 같은 오차항의 충격에 대한 VAR체계 내 종속변수의 반응을 찾아낸다. 가령, M_1식의 u_1이 1표준편차만큼 증가하였다고 하자. 이러한 충격 혹

15. m개의 변수를 p개의 시차를 지닌 m-방정식 VAR모형을 설정한다면, 모두 $(m+pm^2)$개의 모수를 추정해야만 한다.
16. Andrew Harvey, *The Econometric Analysis of Time Series* The MIT Press, 2d,ed.Cambridge Mass, 1990. p.93
17. Keith Cuthberton, *Quantitative Financial Economics : Stocks, Bonds, and Foreign Exchange,* John Wiley & Son, New York, 2002, p.436

은 변화는 현재의 M_1뿐만 아니라 미래의 M_1도 변화시킨다. 그러나 M_1이 R 식에도 포함되어 있어, u_1의 변화는 R에도 충격을 주게 된다. 같은 방법으로 R 식의 u_2가 1표준편차만큼 변화하는 것은 M_1에도 영향을 미친다. IRF는 그러한 충격이 미래의 일정기간 동안 미칠 영향을 추적하는 방법이다. 그러한 IRF분석의 유용성에 대해 많은 학자들이 의문을 제기했음에도 불구하고, 이 방법은 여전히 VAR분석의 핵심이라 하겠다.[18]

VAR과 다른 예측방법의 성과를 비교하고자 하는 학생들은 참고문헌을 참조하면 된다.[19]

VAR의 응용 : Texas경제에 대한 VAR모형

"석유가격이 올라가면 Texas경기도 올라간다."라는 정형화된 지식을 검정하기 위해 Thomas Tomby and Joseph Hirschberg는 1974-Ⅰ에서 1988-Ⅰ에 걸친 기간 동안 Texas경제에 대한 3-변수 VAR모형을 개발하였다.[20] 고려대상인 변수는 (1) 실질석유가격의 퍼센트 변화 (2) Texas비농업분야 고용의 퍼센트 변화 (3) 미국 다른 지역의 비농업분야 고용 퍼센트 변화이다. 연구자들은 각 방정식에 상수항과 각 변수당 2개의 시차변수를 포함하였다. VAR모형의 OLS추정결과가 표 22.4에 주어져 있다. 표 상의 F검정은 다양한 시차계수들이 모두 0이라는 귀무가설을 검정하는 것이다. 따라서, x 변수 (실질 석유가격의 변화율)에 대한 F검정은 x 변수의 두 시차항 모두 0과 유의하게 다르다는 것을 알려주고 있다. 두 항 모두 동시에 0이라는 귀무가설 하에서 F값 12.5536을 얻을 확률은 약 0.00004로서 매우 낮다. 반면, Y변수(Texas 비농업 고용의 퍼센트 변화)의 두 시차변수는 x를 설명하는 데 있어 0과 유의하게 다르지 않다. F값이 단지 1.36에 불과하다. 모든 다른 F통계치들도 동일한 방식으로 해석될 수 있다.

이 결과와 그들의 연구논문에 실린 다른 결과들에 기초해 볼 때, Fomby와 Hirschberg는 Texas경제에 관한 정형화된 지식이 옳지 않은데, 그 이유는 OPEC의 석유파동으로 인해 발생한 불안정성 이후 Texas 경제는 석유가격의 반동에 덜 민감하게 되었기 때문이라고 결론을 내렸다.

---

18. D.E.Runkle, "Vector Autoregression and Reality," *Journal of Business and Economic Statistics*, vol.5, 1987, pp. 437-454
19. S.McNees, "Forescating Accuracy of Alternative Techniques: A Comparison of U.S. Macreoeconomic Forcecasts," *Journal of Business and Economic Statistics*, vol.4, 1986, pp.5-15; E, Mahmoud, "Accuracy in Forecating : A survey," Journal Forecasting, vol. 3, 1984,pp.139-159.
20. Thomas B. Fomby and Joseph G.Hirschberg, "Texas in Transition : Dependence on Oil and the National Economy," *Economic Review,* Federal Reserve Bank of Dallas, January 1989, pp.11-283.

표 22.4
2-차 Texas VAR 체계에 대한 추정 결과

출처: *Economic Review*, Federal Reserve Bank of Dallas, January 1989, p. 21.

Dependent variable: x (percentage change in real price of oil)

Variable	Lag	Coefficient	Standard error	Significance level
x	1	0.7054	0.1409	0.8305E−5
x	2	−0.3351	0.1500	0.3027E−1
y	1	−1.3525	2.7013	0.6189
y	2	3.4371	2.4344	0.1645
z	1	3.4566	2.8048	0.2239
z	2	−4.8703	2.7500	0.8304E−1
Constant	0	−0.9983E−2	0.1696E−1	0.5589

$\bar{R}^2 = 0.2982$; $Q(21) = 8.2618$ ($P = 0.9939$)

Tests for joint significance, dependent variable = x

Variable	F-statistic	Significance level
x	12.5536	0.4283E−4
y	1.3646	0.2654
z	1.5693	0.2188

Dependent variable: y (percentage change in Texas nonagricultural employment)

Variable	Lag	Coefficient	Standard error	Significance level
x	1	0.2228E−1	0.8759E−2	0.1430E−1
x	2	−0.1883E−2	0.9322E−2	0.8407
y	1	0.6462	0.1678	0.3554E−3
y	2	0.4234E−1	0.1512	0.7807
z	1	0.2655	0.1742	0.1342
z	2	−0.1715	0.1708	0.3205
Constant	0	−0.1602E−2	0.1053E−1	0.1351

$\bar{R}^2 = 0.6316$; $Q(21) = 21.5900$ ($P = 0.4234$)

Tests for joint significance, dependent variable = y

Variable	F-statistic	Significance level
x	3.6283	0.3424E−4
y	19.1440	0.8287E−6
z	1.1684	0.3197

Dependent variable: z (percentage change in nonagricultural employment in rest of United States)

Variable	Lag	Coefficient	Standard error	Significance level
x	1	−0.8330E−2	0.6849E−2	0.2299
x	2	0.3635E−2	0.7289E−2	0.6202
y	1	0.3849	0.1312	0.5170E−2
y	2	−0.4805	0.1182	0.1828E−2
z	1	0.7226	0.1362	0.3004E−5
z	2	−0.1366E−1	0.1336	0.9190
Constant	0	−0.2387E−2	0.8241E−3	0.5701E−2

$\bar{R}^2 = 0.6503$; $Q(21) = 15.6182$ ($P = 0.7907$)

Tests for joint significance, dependent variable = z

Variable	F-statistic	Significance level
x	0.7396	0.4827
y	8.2714	0.8360E−3
z	27.9609	0.1000E−7

*각 변수에 2개의 시차항

22.10 재무 시계열의 변동성 측정 : ARCH모형과 GARCH모형

이 장의 서문에서 언급했듯이, 주식가격, 환율, 인플레이션율 등의 재무시계열은 가끔 변동성 군집(Volatility clustering)현상 즉, 가격이 한동안 큰 폭으로 변화하다가 상대적으로 조용한 기간이 따라오는 현상이 보인다. Philip Franses는 다음과 같이 지적하였다 :

> 그러한 [재무 시계열]자료는 예를 들어 주식시장에서 매도인과 매수인 사이의 교역의 결과를 반영하기 때문에 다양한 뉴스원과 다른 외생적 경제 사건들이 자산가격의 시계열적 패턴에 영향을 미치게 된다. 뉴스가 다양한 해석을 낳게하고 석유위기와 같은 특정 경제 사건이 상당기간 지속될 수 있다는 전제하에 재무시계열에서는 큰 양의 관측치와 큰 음의 관측치가 군집에 나타나는 경향이 있다.[21]

변동성에 관한 지식은 여러 영역에서 매우 중요하다. 예를 들어, 인플레이션 변동성을 연구하는데 상당한 거시계량경제 작업이 이루어져 왔다. 의사결정자에게 인플레이션 자체가 나쁘지 않을 수 있지만, 그 변동성이 재무계획을 어렵게 만든다는 이유 때문에 변동성은 나쁜 것이다.

같은 사실이 수출업자, 수입업자, 그리고 외환시장의 거래자들에게도 적용된다. 왜냐하면 환율의 변동성은 엄청난 손실 또는 이윤을 의미하게 되기 때문이다. 주식시장의 투자자들은 분명히 주식가격의 변동성에 관심이 있을 것이다. 왜냐하면, 높은 변동성은 엄청난 손실 또는 이익을 의미하고 그 결과 더 큰 불확실성을 의미하기 때문이다. 변동이 심한 시장에서는 기업들이 자본시장에서 자본을 모금하기 어렵게 된다.

이러한 변동성을 겪고 있는 재무시계열을 어떻게 모형화 할 수 있는가? 예를 들어, 주식가격, 환율, 인플레이션 등의 시계열을 어떻게 모형화 하는가? 대부분의 이러한 재무시계열의 특성은 수준형태에서 임의행보를 따른다는 것이다; 즉, 불안정적이다. 다른 한편으로, 앞의 장에서 본 GDP(물론, GDP가 엄격하게 재무시계열은 아니지만)의 경우 우리가 관측했던 것처럼 차분형태로는 일반적으로 안정적이다.

그러므로 재무시계열을 수준형태로 모형화하는 대신 1차 차분으로 모형화 하면 왜 안되는가? 이 1차 차분은 큰 폭의 변화, 또는 변동성을 보이는데, 이는 재무시계열의 분산이 시간에 따라 변화해가는 것을 알려준다 하겠다. 이러한 "변동분산(Varying Variance)"을 어떻게 모형화하는가? 이것이 Enle이 최초로 개발한 소위 자기회귀 조건부 이분산(autoregressive conditional heteroscedasticity; ARCH) 모형을 편리하게 사용할 수 있는 영역이다.[22]

---

21. Philip Hans Franses, *Time Series Models for Business and Economic Forecasting,* Cambridge University Press, New York, 1998, p. 155.
22. R. Engle, "Autoregressive Conditional Heteroscedasticity with Estimates of the Variance of United Kingdom Inflation," *Econometrica,* vol. 50. no. 1, 1982, pp. 987–1007. See also A. Bera and M. Higgins, "ARCH Models: Properties, Estimation and Testing," *Journal of Economic Surveys,* vol. 7, 1993, pp. 305–366.

이름이 말해주듯이, 여러 기간동안 관측된 이분산이 자기상관되어 있다는 의미에서 이분산이 자기회귀적 구조를 지니게 된다. 이것이 의미하는 바를 보기 위하여, 구체적 예제를 고려하자.

예제 22.1

미국/영국 환율

그림 22.6은 1971-2007동안 로그취한 월별 미국/영국 환율(파운드 당 달러)자료 (총 관측치는 444개임)를 보여주고 있다. 이 그림에서 보듯이 표본기간동안 상당한 정도로 상향/하향 움직임이 있다. 이를 더 생생하게 보기 위하여, 그림 22.7에 로그취한 환율의 변화를 그려 놓았다; 로그취한 변수의 변화는 상대적 변화를 나타내므로 100을 곱하면 퍼센트 변화가 될 것이다. 우리가 관측할 수 있듯이, 미국/영국 환율의 상대적 변화는

그림 22.6 로그 취한 u.s/u.k 환율, 1971-2007(월별)

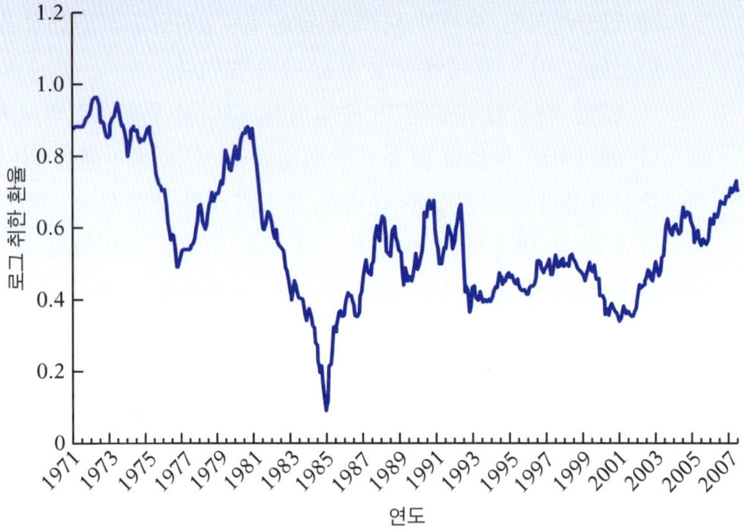

그림 22.7 로그 취한 u.s/u.k 환율의 변화

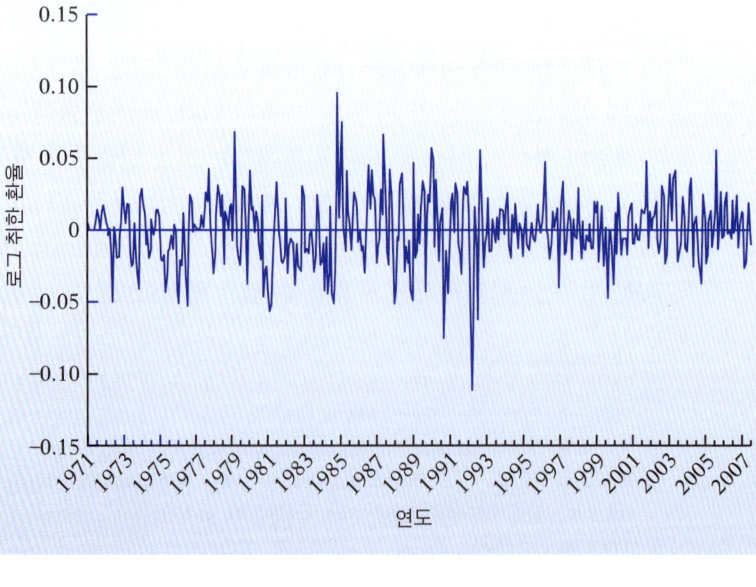

예제 22.1 (계속)

어떤 시간기간(time periods)동안 큰 폭의 변화기간(periods of wide swing), 그리고 다른 시간기간 동안에는 오히려 완만한 변화기간(periods of rather moderate swing)을 보여줌으로써 변동성 군집현상을 예로서 보여주고 있다.

이제 다음과 같은 실용적 질문을 하자 : 통계적으로 변동성을 어떻게 측정하는가? 환율 예제로 예를 들어보자.

Let $Y_t =$ U.S./U.K. 환율
$Y_t^* =$ 로그 취한 Y_t
$dY_t^* = Y_t^* - Y_{t-1}^* =$ 환율의 상대적 변화
$d\bar{Y}_t^* = dY_t^*$ 의 평균
$X_t = dY_t^* - d\bar{Y}_t^*$

따라서, X_t는 환율의 평균-조정된 상대적 변화이다. 이제 변동성의 척도로서 X_t^2을 사용할 수 있다. 제곱을 했기 때문에, 자산가격에 큰 변화가 있을 때 그 값이 커질 것이고, 재무자산 가격에 완만한 변화가 발생했을 때 상대적으로 그 값이 작아질 것이다.[23]

X_t^2은 변동성의 척도로 채택하면, 이것이 시간에 따라 변화하는지 어떻게 아는가? 가령 다음의 AR(1) 또는 ARIMA(1,0,0) 모형을 고려한다고 하자 :

$$X_t^2 = \beta_0 + \beta_1 X_{t-1}^2 + u_t \tag{22.10.1}$$

이 모형은 현재의 변동성이 전기의 변동성과 백색잡음 오차항을 더한 것임을 상정하고 있다. β_1이 양이면, 전기에 변동성이 컸다면 이번 기에도 계속 클 것임을 의미하고 따라서 변동성 군집을 의미한다. β_1이 0이면, 변동성 군집은 존재하지 않는다. 추정된 β_1의 통계적 유의성은 일상적인 t검정으로 판정할 수 있다.

다음과 같은 AR(p)의 변동성 모형을 일반적으로 고려할 수 있다 :

$$X_t^2 = \beta_0 + \beta_1 X_{t-1}^2 + \beta_2 X_{t-2}^2 + \cdots + \beta_p X_{t-p}^2 + u_t \tag{22.10.2}$$

이 모형은 이번 기의 변동성이 과거 p기 동안의 변동성에 관련되어 있음을 나타내는데, p의 값은 경험적 문제이다. 이 경험적 질문은 13장에서 논의했던 모형선택기준 가운데 하나 또는 그 이상(예컨대, Akaike 정보기준)을 사용하여 해결할 수 있다. 개별 β계수의 유의성을 t검정으로, 둘 이상의 계수에 대한 집단적 유의성을 일상적인 F검정으로 검정할 수 있다.

모형 (22.10.1)은 **ARCH(1)** 모형의 예이고 식(22.10.2)는 **ARCH(p)**모형이라 불리는데, p는 모형 내 자기회귀항의 개수이다.

더 나아가기 전에, 미국/영국 환율자료로 ARCH 모형의 예를 들어보자. ARCH(1) 모형의 결과는 다음과 같다.

$$\begin{aligned} X_t^2 &= 0.00043 + 0.23036 X_{t-1}^2 \\ t &= (7.71) \qquad (4.97) \\ &\qquad R^2 = 0.0531 \qquad d = 1.9933 \end{aligned} \tag{22.10.3}$$

여기에서 X_t^2은 앞에서 정의된 것과 같다.

23. $X_t = \sum X_t^2 / n$이라는 분산을 변동성의 척도로 왜 사용하지 않는지 의아할 것이다. 그 이유는 시간에 따라 자산가격의 변화하는 변동성을 고려하고 싶기 때문이다. X_t 의 분산을 사용하면, 주어진 전체 자료에서 1개의 값만 구하게 될 것이다.

예제 22.1
(계속)

시차항의 계수가 매우 유의하므로(p값이 약 0.0000임), 현재의 예에서는 변동성 군집이 존재하는 것처럼 보인다. 다시 더 차수가 높은 ARCH 모형을 시도하였으나, 단지 ARCH(1) 모형만 유의하게 나타났다.

그렇다면 시계열 자료에 기초한 회귀모형에서 일반적으로 ARCH 효과를 어떻게 검정하는가? 더 구체적으로, k-변수 선형 회귀모형을 고려하자 :

$$Y_t = \beta_1 + \beta_2 X_{2t} + \cdots + \beta_k X_{kt} + u_t \tag{22.10.4}$$

그리고, 시간($t-1$)에 가용한 정보에 기초하여 교란항은 다음과 같이 분포된다.

$$u_t \sim N\left[0, \left(\alpha_0 + \alpha_1 u_{t-1}^2\right)\right] \tag{22.10.5}$$

즉, u_t는 평균이 0이고 분산이

$$\text{var}(u_t) = \left(\alpha_0 + \alpha_1 u_{t-1}^2\right) \tag{22.10.6}$$

인 정규분포를 따르는데, u_t의 분산은 ARCH(1) 구조이다.

u_t의 정규성은 새로운 사실이 아니다. 새로운 것이라면, t시점에서 u_t의 분산이 ($t-1$)기의 교란항 제곱에 의존하여 계열상관의 형태를 보인다는 것이다.[24] 물론, 오차분산은 오차자승합제곱의 1차 시차값 뿐만 아니라 여러 개의 자승항제곱에 다음과 같이 의존할 수도 있다 :

$$\text{var}(u_t) = \sigma_t^2 = \alpha_0 + \alpha_1 u_{t-1}^2 + \alpha_2 u_{t-2}^2 + \cdots + \alpha_p u_{t-p}^2 \tag{22.10.7}$$

오차 분산에 자기상관이 없다면,

$$H_0\text{: } \alpha_1 = \alpha_2 = \cdots = \alpha_p = 0 \tag{22.10.8}$$

이 성립될 텐데, 이 경우 var(u_t)= α_0이고 더 이상 ARCH 효과는 없게 된다.
σ_t^2을 직접 관측할 수 없으므로, 다음의 회귀를 시행하면 위의 귀무가설을 쉽게 검정할 수 있음을 Engle이 보였다.

$$\hat{u}_t^2 = \hat{\alpha}_0 + \hat{\alpha}_1 \hat{u}_{t-1}^2 + \hat{\alpha}_2 \hat{u}_{t-2}^2 + \cdots + \hat{\alpha}_p \hat{u}_{t-p}^2 \tag{22.10.9}$$

여기에서 $\hat{u}_t$은 본래의 회귀모형(22.10.4)에서 구한 OLS잔차이다.

일상적인 F검정에 의해 또는 nR^2을 계산함으로써 (R^2는 보조적 회귀(22.10.9)에서 구한 결정계수임) 귀무가설을 검정할 수 있다. 그리고 다음을 보일 수 있는데

$$nR^2_{\text{asy}} \sim \chi_p^2 \tag{22.10.10}$$

즉, 대표본에서 nR^2은 자유도가 보조적 회귀의 자기회귀항의 개수와 같은 카이자승분포를 점근적으로 따른다.

예제를 더 다루기 전에 12장에서 논의한 오차항의 자기상관과 ARCH 모형을 혼동하면 안된다. ARCH 모형에서 (제곱한)과거 오차항에 의존하는 것은 u_t의 (조건부)분산이고, 따라서 자기상관의 인상을 주는 것일 뿐이다.

---

24. 기술적인 주의사항: 고전적 선형모형에서 u_t의 분산이 σ^2이라고 가정하였는데, 현재의 논의 맥락에서 이는 무조건부 분산이다. 만약 $\alpha_1 < 1$이면, (안정성 조건이 충족되면) $\sigma^2 = \alpha_0 + \alpha_1 \sigma^2$으로 표현할 수 있다; 즉, $\sigma^2 = \alpha_0 (1 - \alpha_1)$이다. 이로부터 u의 무조건부 분산이 시간 t에 의존하지 않으며 ARCH 모수 α_1에 의존한다는 것을 알 수 있다.

예제 22.2
뉴욕주식시장 가격변화

ARCH 효과에 대한 또 하나의 예제로서, 그림 22.8은 1966-2002 기간 동안 NYSE(New York Stock Exchange) 지수의 월별 퍼센트 변화를 보여주고 있다.[25] 이 그래프를 보면 NYSE 지수의 퍼센트 가격변화가 상당한 정도의 변동성을 보이고 있다. 특별히 1987년 주식가격의 폭락 주변의 폭넓은 변화를 주목하여라.

그림에 보이는 주식 수익의 변동성을 포착하기 위하여 다음의 단순한 모형을 고려하자:

$$Y_t = \beta_1 + u_t \tag{22.10.11}$$

그림 22.8
NYSE 가격지수의 월별 퍼센트 변화

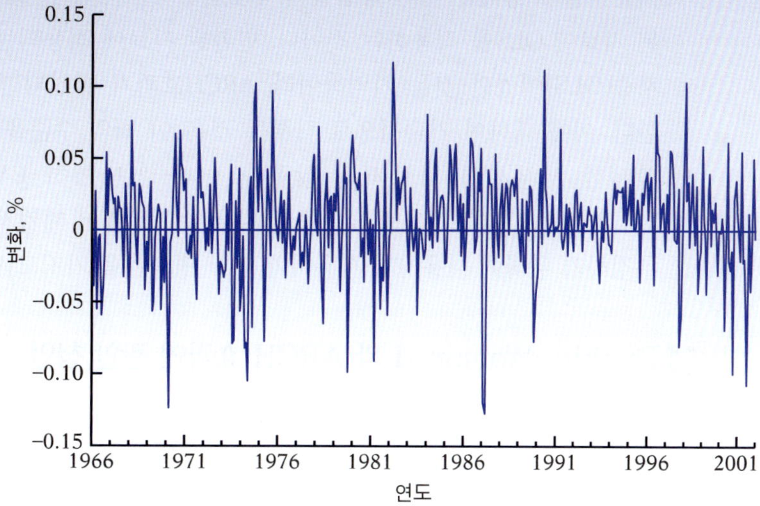

여기에서 Y_t= NYSE 주가지수의 퍼센트 변화, u_t=임의 오차항(random error term)이다.

절편을 제외하고 모형에 다른 설명변수는 없다는 것을 주목하여라. 자료를 사용하여 다음의 OLS 회귀결과를 얻었다:

$$\begin{aligned} \hat{Y}_t &= 0.00574 \\ t &= (3.36) \\ d &= 1.4915 \end{aligned} \tag{22.10.12}$$

이 절편이 표시하는 것은 무엇인가? 이는 단순히 NYSE 지수의 평균 퍼센트 수익률 또는 Y_t의 평균값(이를 증명할 수 있는가?)을 나타낸다. 따라서 표본기간에 걸쳐 NYSE 지수에 대한 평균 월별수익은 약 0.00574 퍼센트이다.

이제 위의 회귀로부터 잔차를 구하고 ARCH(1) 모형을 추정하면 다음과 같은 결과를 얻을 수 있다:

$$\begin{aligned} \widehat{u_t^2} &= 0.000007 + 0.25406\hat{u}_{t-1}^2 \\ t &= (0.000) \qquad (5.52) \\ & \qquad R^2 = 0.0645 \qquad d = 1.9464 \end{aligned} \tag{22.10.13}$$

여기에서 $\hat{u}_t$은 회귀(22.10.12)로부터 추정된 잔차이다.

25. 여기에 제시된 그림과 회귀결과는 Cary Koop, *Analysis of Economic data,* John, Wiley & Sons, New York, 2000 (자료는 자료 disk에서 추출하였음)에서 수집한 자료에 기초하였다. 주식가격지수의 월별 퍼센트 변화는 지수에 대한 수익률로 간주될 수 있다.

예제 22.2 (계속) 잔차 제곱항의 시차항이 통계적으로 유의(p 값이 약 0.000)하므로 오차분산은 상관관계를 지니고 있는 것 같다; 즉, ARCH효과가 존재한다. 더 높은 차수의 ARCH 모형을 시도하였지만 단지 ARCH(1)만 통계적으로 유의하였다.

ARCH가 존재한다면 해야할 것

이분산을 교정하는 여러 방법을 공부했음을 돌이켜보면 그 기본적 방향은 변환된 자료에 OLS를 적용하는 것이다. 변환된 자료에 적용되는 OLS를 일반화최소자승(GLS)이었던 것을 기억하여라. ARCH효과가 발견되면 GLS를 사용하여야 한다. 이에 대하여 기술적으로 다루는 것은 이 책의 수준을 넘는 것이기 때문에 상세한 부분까지 다르지는 않을 것이다.[26] 다행히 **EViews**, SHAZAM, MICROFIT, 그리고 PC-GIVE 등과 같은 소프트웨어 패키지들은 이러한 모형을 추정하기 위하여 사용자가 사용하기 편한 명령문을 가지고 있다.

Durbin-Watson d 와 ARCH 효과에 관한 첨언

d 통계량이 유의하다고 해도 지금 다루고 있는 자료에 유의한 자기상관이 있다는 것을 항상 의미하지는 않을 수도 있다고 학생들에게 여러 차례 복습을 시켰다. 아주 자주 유의한 d 값이 13장에서 다룬 모형표기오차의 징조일 수도 있다. 이제 ARCH 효과 때문에 발생하는 또다른 형태의 표기오차를 갖게된다. 그러므로 시계열회귀에서 유의한 d 값이 구해졌다면, d 통계량을 액면 그대로 받아들이기 전에 ARCH 효과를 검정하여야 한다. 그 예제를 연습문제 22.23에서 다루어보자.

GARCH 모형에 관한 Note

1982년 ARCH를 발견한 이후 본래의 모형에 모든 종류의 변화를 주면서 ARCH 모형이 성장해왔다. 그 중에 유명해진 모형이 일반화 자기상관 조건부 이분산(Generalized autoregressive conditional heteroskedasticity: GARCH) 모형인데, Bollerslev에 의하여 최초로 제안되었다.[27] 단순한 GARCH 모형은 GARCH(1,1)모형인데 다음과 같이 쓸 수 있다:

$$\sigma_t^2 = \alpha_0 + \alpha_1 u_{t-1}^2 + \alpha_2 \sigma_{t-1}^2 \tag{22.10.14}$$

26. Russel Davidson and James G. MacKinnon, *Estimation and Inference in Econometrics,* Oxford University Press, New York, 1993, Section 16.4 와 William H. Greene, *Econometric Analsys,* 4th ed., Prentice Hall, Englewood Cliffs, NJ, 2000, Section 18.5 를 참조할 것.

27. T. Bollerslev, "Generalized Autoregressive Conditional Heteroskedasticity," *Journal of Econometrics,* vol.31, 1986, pp.307–326.

이 모형은 시점 t에서의 u의 조건부 분산이 지난 시점에서의 오차제곱항 뿐만 아니라(ARCH[1]과 같음) 지난 시점에서의 조건부 분산에 의존한다고 말하고 있다. 이 모형은 GARCH(p,q)로 일반화시킬 수 있는데, 이 모형은 p개의 오차제곱항의 시차항들과 q개의 시차 조건부분산항을 포함하고 있다.

우리는 여기에서 수학적으로 어렵기 때문에 이 모형의 기술적인 부분을 상세히 다루지는 않을 것이다. 다만, GARCH(1,1)이 ARCH(2)와 동등하고, GARCH(p,q)는 ARCH($p+q$)와 동등하다는 것은 지적하고자 한다.[28]

우리의 미국/영국 환율과 NYSE 주식수익 예제에서, ARCH(2) 모형이 유의하지 않다고 이미 밝힌 바 있는데 이는 GARCH(1,1) 모형이 이들 경우에는 적합하지 않다는 것이다.

22.11 최종 예제

이 장에서 논의한 몇몇 논점들에 대한 추가적 예제를 고려함으로써 이 장을 마감하고자 한다.

예제 22.3

1969년 1월부터 2000년 1월까지 구인률(Help-Wanted Index: HWI)과 실업률(UN)

미국의 노동시장조건의 주요 지표인 HWI와 UN 사이의 인과관계를 분석하고자. Marc A. Giammatteo 는 다음의 회귀모형을 고려하였다:[29]

$$\mathrm{HWI}_t = \alpha_0 + \sum_{i=1}^{25} \alpha_i \mathrm{UN}_{t-i} + \sum_{j}^{25} \beta_j \mathrm{HWI}_{t-j} \tag{22.11.1}$$

$$\mathrm{UN}_t = \alpha_0 + \sum_{i=1}^{25} \lambda_i \mathrm{UN}_{t-i} + \sum_{j=1}^{25} \delta_j \mathrm{HWI}_{t-j} \tag{22.11.2}$$

지면을 줄이기 위하여 여기에서 실제 회귀결과를 제시하지는 않은다. 다만, 이 분석에서 나타난 주요 결론은 두 노동지표 사이에 쌍방향 인과관계가 존재하고 이 결론은 시차길이를 조정해보아도 변하지 않는다는 것이다. HWI와 UN에 대한 자료는 이 책의 웹사이트의 표22.5에 정리되어 있다.

예제 22.4

엔/달러 환율에 대한 ARIMA 모형작업: 1971년 1월~2008년 4월

엔/달러 환율(¥/$)은 핵심 환율이다. 로그취한 월별 ¥/$로부터, 수준변수 형태로는 전형적인 불안정적 시계열을 보여주고 있다. 그러나 1차 차분을 검토해보면 이들 변수는 안정적이다; 여기에서 그래프는 그림 22.8과 매우 유사하다.

단위근 분석은 로그취한 ¥/$의 1차 차분이 안정적임을 확인해준다. 로그취한 변수의 1차 차분의 상관도표를 조사한 후 다음의 MA(1) 모형을 추정하였다.

---

28. 상세한 논의는 Davidson and MacKinnon, op.cit., pp.558–560 을 참조할 것.

29. Mark A. Giammatteo (West Point, 2000년 학급), " The Rlationship between the Help Wanted Index and the Unemployment Rate," 미발표 학기말 논문. (우리의 부호와 일치시키기 위하여 부호를 변경하였음)

예제 22.4

(계속)

$$\hat{Y}_t = -0.0028 - 0.3300u_{t-1}$$
$$t = (-1.71) \quad (-7.32) \qquad \textbf{(22.11.3)}$$
$$R^2 = 0.1012 \qquad d = 1.9808$$

여기에서 Y_t= 로그취한 ¥/$의 1차 차분, u = 백색잡음 오차항이다.

공간을 줄이기 위하여, 위 분석에 깔려있는 자료를 웹사이트의 표22.6에 게재하였다. 이 자료를 사용하여 학생들은 다른 모형을 시도하여 보고 예측의 성과를 비교하여라.

예제 22.5

미국 인플레이션율의 ARCH 모형 : 1947년 1월 ~ 2008년 3월

CPI로 측정된 미국 인플레이션율에 ARCH 효과가 존재하는지 보기 위하여, 1947년 1월부터 2008년 3월까지 CPI 자료를 수집하였다. 로그취한 CPI 그림을 통하여 시계열이 불안정적임을 볼 수 있다. 그러나 그림 22.9에서 볼 수 있듯이 1차 차분된 시계열이 안정적이라고 해도 로그취한 CPI의 1차 차분은 상당한 변동성을 보인다.

회귀(22.10.12)와 (22.10.13)의 회귀에 나타난 절차를 따라, 로그취한 CPI의 1차 차분을 상수에 회귀한 후 이 식의 회귀로부터 잔차를 구한다. 이 잔차를 제곱하여 다음의 ARCH(2)모형을 얻는다:

$$\widehat{u_t^2} = 0.000028 + 0.12125\hat{u}_{t-1}^2 + 0.08718\hat{u}_{t-2}^2$$
$$t = (5.42) \qquad (3.34) \qquad (2.41) \qquad \textbf{(22.11.4)}$$
$$R^2 = 0.026 \qquad d = 2.0214$$

그림 22.9

로그 취한 CPI의 1차 차분

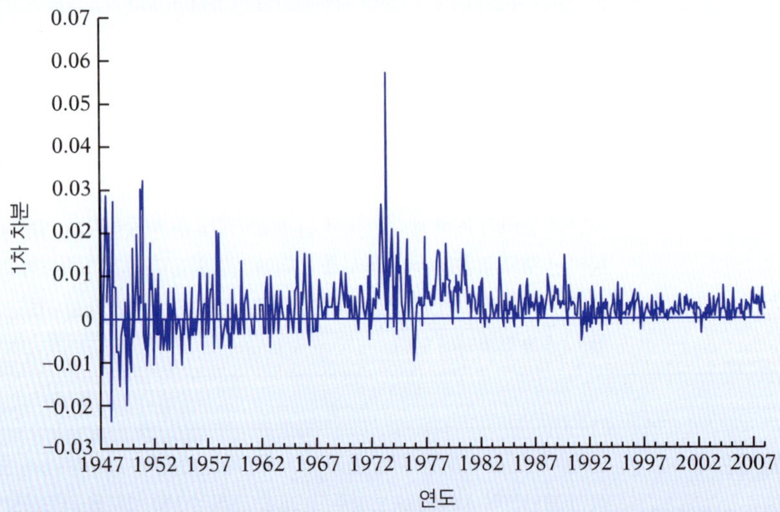

위에서 보이듯이, 현재의 변동성이 앞의 2개월 변동성에 의존하는 등 변동성에 아주 큰 정도의 지속성이 존재한다. 학생들은 정부 자료원에서 CPI 자료를 구한 후 다른 모형, 아마 GARCH 모형이 될 수 있는데, 이 더 좋은 추정결과를 도출하는지 확인하여라.

요약 및 결론

1. Box-Jenkins 접근법과 VAR접근법은 전통적인 계량경제 방법인 단일방정식모형과 연립방정식모형에 대한 대안으로서 사용되는 방법이다.
2. 시계열의 미래값을 예측하기 위한 기본적인 Box- Jenkins방법은 다음과 같다 :
   a. 우선 시계열의 안정성을 검사한다. 자기상관함수(ACF)와 편자기상관함수(PACF)에 의해, 또는 정형적인 단위근 분석에 의해 안정성을 검사할 수 있다. ACF와 PACF의 상관 도표가 때로는 훌륭한 시각적인 진단도구가 될 수 있다.
   b. 시계열이 안정적이 아니라면, 안정성을 확보하기 위해 한번 또는 그 이상 차분을 한다.
   c. 시계열이 순수한 자기회귀 형태인지, 순수한 이동평균형태인지, 혹은 두 가지의 혼합인지를 알아내기 위해 안정적인 시계열의 ACF와 PACF를 계산한다. 표22.1에 주어진 폭넓은 지침에 근거해 적합한 ARMA과정의 p와 q 값을 결정할 수 있다. 이 단계에서 선택된 ARMA(p, q)모형은 잠정적인 것이다.
   d. 잠정적인 모형을 추정한다.
   e. 잠정적인 모형의 추정결과 구한 잔차가 백색잡음인지를 확인하기 위해 잔차를 검사한다. 만약, 잔차가 백색잡음이라면 잠정적으로 설정한 모형은 잠재되어 있는 확률과정에 대한 훌륭한 근사형태가 될 것이다. 만약 백색잡음이 아니라면, 앞의 절차를 처음부터 다시 시작한다. 그러므로 Box-Jenkins 모형은 반복적이다.
   f. 최종적으로 선택된 모형은 예측목적으로 사용될 수 있다.
3. 예측을 위한 VAR접근법은 여러 개의 시계열을 동시에 고려한다. VAR의 특징적 형태는 다음과 같다.
   a. 체계내의 모든 변수가 내생변수로 간주된다는 점에서 이 방법은 진정한 연립적 체계이다.
   b. VAR모형에서 한 변수의 값은 그 변수와 모형에 포함된 모든 다른 변수들의 과거 또는 시차값의 선형함수이다.
   c. 체계내의 각 방정식이 동일한 수의 시차변수를 포함하도 있다면, 2단계 최소자승법(2SLS)이나 SURE와 같은 어떠한 체계적 추정방법에 의존하지 않더라도 OLS로 각 방정식을 추정할 수 있다.
   d. VAR모형화의 단순함은 오히려 결점이 될 수도 있다. 대부분의 경제분석의 경우 사용가능한 관측치의 수가 한정되어 있다는 점에서, 각 변수에 여러 개의 시차를 포함하는 것이 많은 수의 자유도를 상실할 수 있다.[30]

30. 베이지안 통계학을 추종하는 학자들은 이 문제가 최소화 될 수 있다고 믿는다. 참고자료로서, R.Litterman,“A Statistical Approacht to Economic Forecasting,” *Journal of Business and Economic Statistics,* vol 14, 1986, pp.1-4를 참조할 것

e. 각 방정식에 여러 개의 시차를 포함하는 경우, 각 계수의 의미를 해석하는 것이 항상 쉬운 일은 아니다. 특히 계수의 부호가 음에서 양으로, 혹은 양에서 음으로 교차하는 경우 더욱 그러하다. 이 때문에 체계내의 1개 혹은 그 이상의 방정식의 충격에 대해 종속변수가 어떻게 반응하는지를 알기 위해 VAR모형화에서는 충격반응함수(IRF)를 분석한다.

f. 다양한 예측방법 중 어느 것이 우월한가에 대해 심각한 논쟁과 토의가 이루어지고 있다. 단일방정식방법, 연립방정식방법, Box–Jenkins방법, VAR방법등을 지지하는 사람도 있고 비판하는 사람들도 있다. 모든 상황에 적합한 유일한 방법은 존재하지 않는 것만을 말 할 수 있다. 만약 유일한 방법이 존재한다면 다양한 대안들을 논의할 필요가 없을 것이다. 한 가지 확실한 것은 Box–Jenkins방법론과 VAR방법론이 이제 계량경제학에서 절대적으로 필요한 부분이 되고 있다는 점이다.

4. 이 장에서 ARCH와 GARCH 등 특별한 형태의 모형을 고려하였는데, 이들 모형은 주식가격, 인플레이션율, 환율 등 금융시계열을 분석하는데 특히 유용하게 사용된다. 이 변동성 집중현상 때문에 오차분산이 시간에 걸쳐 상관관계를 갖는다는 것이 이 모형의 독특한 특성이다. 이런 점에서 유의한 Durbin–Watson d가 실제로 ARCH효과나 GARCH 효과때문일 경우도 많이 있다는 점을 지적하였다.

5. ARCH와 GARCH모형의 변형들이 존재하지만, 공간의 제약 때문에 이 장에서는 이들을 다루지 않았다. 이러한 모형들 중의 일부는 다음과 같다: GARCH–M (GARCH–mean), TGARCH(threshold GARCH), EGARCH(지수적(exponential) GARCH). 이들 모형에 대한 논의는 참고문헌에서 확인하여라.[31]

연습문제

질문

22.1 경제 예측의 주된 방법은 무엇인가?

22.2 경제예측을 위한 연립방정식 접근법과 Box–Jenkins 접근법의 주된 차이점은 무엇인가?

22.3 예측을 위한 Box–Jenkins 접근법을 적용하는 데 있어 주된 절차를 서술하여라.

22.4 불안정한 시계열에 Box–Jenkins기법을 적용한다면 어떠한 문제가 발생할 것인가?

31. Walter Enders, *Applied Econometric Time Series,* 2d ed., John Wiley & Sons, New York, 2004를 참고할 것. 실용위주의 논의를 위해서는 Dimitrios Asteriou and Stephen Hall, *Applied Econometrics: A Modern Approach,* revised edition, Palgrave/Macmillan, New York, 2007, Chaper 14를 참조할 것.

22.5 경제예측을 위한 Box-Jenkins 접근법과 VAR접근법의 차이는 무엇인가?

22.6 어떤 의미에서 VAR이 비이론적인가(atheoretic)?

22.7 "근본적인 목적이 예측이라면, VAR이 적절한 방법이다." 라는 주장을 비판적으로 평가하여라.

22.8 VAR모형에서 시차를 몇 개나 포함할 것인가의 결정이 주관적인 문제라면, 구체적으로 응용하는 경우 몇 개의 시차를 포함할 것인가를 어떻게 결정하는가?

22.9 "Box-Jenkins와 VAR은 이론 없이 측정만을 하는 계량경제학 방법 중 주요 본보기이다." 라는 주장에 대해 논평하여라.

22.10 그랜저 인과검정과 VAR 모형화의 연결고리가 있다면 무엇인가?

실증문제

22.11 21.1절에 주어진 로그취한 DPI(개인가처분소득)자료를 고려해보자(실제 자료는 책의 웹사이트에 게시되어 있음). 가령 이 자료에 적합한 ARIMA모형을 찾고자 한다고 하자. 이를 위한 과정을 단계별로 나열하여라.

22.12 22.11절에 주어진LPCE(개인소비지출)자료에 대해 22.1의 연습을 반복하여라.(실제 자료는 책의 웹사이트에 게시되어 있음).

22.13 LCP 자료에 대해 22.11의 연습을 반복하여라.

22.14 LDIVIDENDS 자료에 대해 22.11의 연습을 반복하여라.

22.15 13.9절에서 시차길이를 결정하는 Schwarz 정보기준(SIC)을 소개한 바 있다. VAR모형에서 적절한 시차길이를 결정하는데 이 기준을 어떻게 사용하겠는가?

22.16 21.1절에 있는 LPCE와 LDPI자료를 사용하여, 1970-Ⅰ에서 2006-Ⅳ 기간동안의 2 변수 VAR모형을 설정하여라.(실제 자료는 책의 웹사이트에 게시되어 있음). 이 모형을 이용하여 2007년 4개 분기 동안의 변수값들을 예측하고, 그 결과를 dataset에 주어진 실제값과 비교하여라.

22.17 LDIVIDENDS와 LCP 자료를 사용하여 연습문제 22.16을 반복하여라.

*22.18 연습문제 22.16에서 개발한 VAR모형에 대해 통계팩키지를 사용하여 8시차까지의 충격반응함수를 계산하여라.

22.19 연습문제 22.17에서 개발된 VAR모형에 대해 연습문제 22.18을 반복하여라.

22.20 표 22.4에 제시된 VAR회귀결과를 참조하자. 3개의 회귀식에 주어진 다양한 F검정으로부터 3변수간 인과관계에 대해 무엇이라 말할 수 있는가?

22.21 연습문제 22.20을 계속 고려하자. 연구자들이 변수들의 수준이 아닌 퍼센트 변화의 형태로 변수를 나타낸 이유가 무엇이라 짐작하는가?(힌트: 안정성)

22.22 표 17.5의 캐나다 자료를 사용하여 M_1과 R이 안정적인 확률변수인지 확인

* 본 문제는 선택과제임

하여라. 안정적이 아니라면, 공적분되어 있는가? 필요한 계산과정을 보여라.

22.23 표 17.5의 자료를 계속 사용하자. 캐나다의 화폐수요에 관한 다음의 단순한 모형을 고려하자.

$$\ln M_{1t} = \beta_1 + \beta_2 \ln \text{GDP}_t + \beta_3 \ln R_t + u_t$$

a. 이 모형의 모수를 어떻게 해석하려는가?

b. 이 모형으로부터 잔차를 구해서 ARCH 효과가 존재하는지 확인하여라.

22.24 식(22.11.4)의 ARCH(2) 모형을 참조하여라. 동일한 자료를 사용하여 다음의 ARCH(1) 모형을 추정하였다.

$$\widehat{u_t^2} = 0.00000078 + 0.3737\hat{u}_{t-1}^2$$
$$t = (7.5843) \qquad (10.2351)$$
$$R^2 = 0.1397 \qquad d = 1.9896$$

두 모형 사이에 어떠한 모형을 선택하겠는가? 필요한 계산과정을 보여라.

22.25 표 22.7은 1982년 1월부터 2008년 3월까지 3개월(TB3M)과 6개월(TB6M) 공채수익률을 보여준다(총 315개 월별 자료임). 자료는 이 책의 웹사이트에 있다.

a. 두 변수를 하나의 그림에 그려라. 어떠한 현상을 관측하였는가?

b. 두 시계열이 안정적인지 확인하기 위하여 단위근 분석을 하여라.

c. 두 시계열이 공적분되어 있는가? 어떻게 알 수 있는가? 필요한 계산과정을 보여라.

d. 현재의 맥락에서 공적분에 대한 경제적 의미는 무엇인가? 두 변수가 공적분되어 있지 않다면 경제적 함의는 무엇인가?

e. 각 변수에 4개의 시차항이 있는 VAR 모형을 추정하려고하면, 두 시계열의 1차 차분을 사용해야 하는가 아니면 두 시계열의 수준변수로 분석할 수 있는가? 정당화된 답변을 제시하여라.

22.26 **학급연습문제**: 주식시장 지수를 본인의 선택대로 골라서 5년간 지수 값의 일별 자료를 구한 후, 주식지수가 ARCH효과 특징을 지니고 있는지 확인하여라.

22.27 **학급연습문제**: 1980–2007 동안 미국의 인플레이션율과 실업률 분기자료를 수집하여 두 변수에 대한 VAR 모형을 설정하고 추정하여라. 인플레이션 율을 계산하기 위하여 CPI를 사용하고 실업률을 구하기 위하여 민간실업률을 사용하여라. 이 변수들의 안정성에 관하여 세심한 주의를 기울여라. 그리고 한 변수가 Granger 의미에서 다른 변수의 원인이 되는지 확인하여라. 모든 계산과정을 제시하여라.

부록 A

주요 통계학 개념에 대한 복습

이 부록 A는 본서에 등장하는 몇 가지 통계학 개념에 대한 간략한 소개를 담고 있다. 통계학에 대하여 훌륭한 교과서들이 다수 있기 때문에 이 부록에서는 개념을 개괄적으로 소개하며 증명은 하지 않기로 한다. 이들 통계학 교과서 가운데 몇 가지는 이 부록 말미에 수록되어 있다.

A.1 합산 및 곱셈연산자

그리스 대문자 $\sum$는 합산을 표시하기 위하여 사용된다. 예컨대,

$$\sum_{i=1}^{n} x_i = x_1 + x_2 + \cdots + x_n$$

합산연산자 $\sum$이 몇 가지 중요한 특성은 다음과 같다.

1. $\displaystyle\sum_{i=1}^{n} k = nk$, 여기에서 k는 상수임. 따라서 $\sum_{i=1}^{4} 3 = 4 \cdot 3 = 12$.
2. $\sum_{i=1}^{n} kx_i = k\sum_{i=1}^{n} x_i$, 단 k는 상수임.
3. $\sum_{i=1}^{n}(a + bx_i) = na + b\sum_{i=1}^{n} x_i$, 단 a와 b는 상수이고 위의 특성 1과 2를 사용하였음.
4. $\sum_{i=1}^{n}(x_i + y_i) = \sum_{i=1}^{n} x_i + \sum_{i=1}^{n} y_i$.

합산연산자는 다중 합산에도 적용될 수 있다. 따라서, $\sum\sum$, 즉 이중합산부호는 다음과 같이 정의된다.

$$\begin{aligned}\sum_{i=1}^{n}\sum_{j=1}^{m} x_{ij} &= \sum_{i=1}^{n}(x_{i1} + x_{i2} + \cdots + x_{im}) \\ &= (x_{11} + x_{21} + \cdots + x_{n1}) + (x_{12} + x_{22} + \cdots + x_{n2}) \\ &\quad + \cdots + (x_{1m} + x_{2m} + \cdots + x_{nm})\end{aligned}$$

이중 합산연산자 $\sum\sum$는 다음의 특성을 지니고 있다.

1. $\sum_{i=1}^{n}\sum_{j=1}^{m}x_{ij}=\sum_{j=1}^{m}\sum_{i=1}^{n}x_{ij}$; 즉, 이중 합이 시행되는 순서는 바꿀 수 있다.
2. $\sum_{i=1}^{n}\sum_{j=1}^{m}x_iy_j=\sum_{i=1}^{n}x_i\sum_{j=1}^{m}y_j$.
3. $\sum_{i=1}^{n}\sum_{j=1}^{m}(x_{ij}+y_{ij})=\sum_{i=1}^{n}\sum_{j=1}^{m}x_{ij}+\sum_{i=1}^{n}\sum_{j=1}^{m}y_{ij}$.
4. $\left[\sum_{i=1}^{n}x_i\right]^2=\sum_{i=1}^{n}x_i^2+2\sum_{i=1}^{n-1}\sum_{j=i+1}^{n}x_ix_j=\sum_{i=1}^{n}x_i^2+2\sum_{i<j}x_ix_j$.

곱셈연산자 Π는 다음과 같이 정의된다.

$$\prod_{i=1}^{n}x_i=x_1\cdot x_2\cdots x_n$$

그러므로

$$\prod_{i=1}^{3}x_i=x_1\cdot x_2\cdot x_3$$

A.2 표본공간(Sample Space), 표본점(Sample Point), 그리고 사상(Event)

어떤 임의의 실험에서 나타날 수 있는 모든 가능한 결과의 조합을 "모집단"(Population) 혹은 "표본공간"이라고 부르며 표본공간속에 있는 각각의 구성원을 "표본점"이라고 말한다. 따라서 두 개의 동전을 던지는 실험에서 표본공간은 4가지의 가능한 결과로 구성되어 있다. 즉 HH, HT, TH, 그리고 TT로서 HH는 첫 번째 토스에서 앞면이 나타나고, 두 번째 토스에서도 역시 앞면이 나타남을 뜻한다. HT는 첫 번째 토스에서 앞면에 두 번째 토스에서는 뒷면이 나타남을 뜻한다. 앞에서 제기한 출현들의 각각을 표본점이라고 볼 수 있다.

하나의 "사상"은 표본공간 안에 존재하는 하나의 부분집합을 말한다. 그러므로 만약 앞면 한번과 뒷면 한번이 출현하는 것을 A로 표시하면 앞에 열거한 가능한 결과들 가운데서 두 개의 표본점이 A에 속하게 되는 것이다. 즉 HT와 TH가 이에 해당된다. 이 경우 A는 하나의 사상을 구성하게 되는 것이다. 같은 방법으로 두 개의 동전을 한번 던지는 실험에서 앞면이 두 개가 나타나는 경우도 사상이 되는 것이다. 하나의 사상이 일어나게 되면 또 하나의 다른 사상이 일어날 수 없게 될 경우 우리는 이 사건들을 "상호배반적"이라고 부른다. 만약 앞의 예에서 HH가 일어난다면 HT라는 사상이 동시에 일어날 수가 없는 것이다. 한 실험에서 모든 가능한 사상들이 모두 열거될 때에 우리는 사상들이(집합적으로) "망라"되었다고 한다. 그러므로 위의 예에서 두 개의 앞면, 두 개의 뒷면, 한 개의 뒷면, 한 개의 앞면은 모든 가능한 결과를 망라하는 것이다. 그러므로 그들은 "집합적"으로 망라된 사상이라고 한다.

A.3 확률(Probability)과 확률변수(Random Variables)

확률

하나의 표본공간 속에 존재하는 한 사상을 A라고 하자. 사상 A의 확률을 $P(A)$로 표시하며 한 실험에서 반복되는 시행을 통하여 사상 A가 일어나는 횟수의 비율을 의미한다. 다른 표현으로 한 실험에서 모두가 균등하게 출현할 수 있는 n가지의 결과 가운데서 만약 m의 결과가 사상 A로서 출현된다면 우리는 m/n의 비율을 A의 상대빈도라고 정의한다. n의 값이 크게 되면 이와 같은 상대빈도는 A의 확률에 아주 근사적으로 가깝게 되는 것이다.

확률의 특성

$P(A)$가 실수값을 갖는 함수이고 다음과 같은 특성을 지니고 있다.[1]

1. 모든 A에 대해 $0 \le P(A) \le 1$의 값을 갖는다.
2. 만약 $A, B, C, \cdots$가 사상들의 망라된 집합이라고 한다면 $P(A+B+C+\cdots)=1$이다. 단, $A+B+C$는 A 혹은 B 혹은 C를 의미한다.
3. 만약 $A, B, C, \cdots$가 상호배반적 사상이면 $P(A+B+C+\cdots)=P(A)+P(B)+P(C)+\cdots$이다.

예제 1 1에서 6까지 숫자가 표시된 주사위를 던지는 실험을 가정하자. 표본공간은 1, 2, 3, 4, 5, 6의 결과로 구성되어 있다. 이들 6개의 사상은 표본공간내의 모든 사상을 망라하게 되는 것이다. 6개의 동일하게 가능한 결과들이 있기 때문에 이들 숫자들 가운데서 어느 하나가 나타날 확률은 1/6이 되는 것이다. 그리고 이들 가운데서 어느 숫자도 동일하게 나타날 가능성을 지니고 있다. 1, 2, 3, 4, 5, 6은 사상을 모두 망라한 집합이기 때문에 P(1+2+3+4+5+6)=1이 되는 것이다. 여기서 1, 2, 3은 숫자 1 혹은 2 혹은 3이 출현할 확률을 말한다. 그리고 1, 2, ... 6은 상호배반적 사상이며 두 개의 숫자가 동시에 나타날 수 없기 때문에 P(1+2+3+4+5+6)=P(1)+P(2)+P(3)+P(4)+P(5)+P(6)=1이다.

확률변수

한 실험에서 나타나는 결과에 의하여 그 값이 결정되는 변수를 확률변수(random variable)라고 부른다. 확률변수는 보통 X, Y, Z 등과 같이 대문자로 표시되며 그들이 취하는 값은 x, y, z와 같이 소문자로 표시한다.

1. 정의역과 치역이 실수의 부분집합인 함수는 보통 실수값을 갖는 함수라고 지칭되고 있다. 자세한 것은 Alpha C. Chiang, *Fundamental Method of Mathematical Economics,* 3d ed., Mcgraw-Hill, 1984, Chap.2를 참조할 것.

확률변수는 이산형(discrete)이거나 혹은 연속형(continuous) 형태를 취한다. 이산형 확률변수는 유한(혹은 헤아릴 수 있는 무수히 많은) 수치들만을 취한다.[2] 그러므로 1에서 6까지 각각 표시된 2개의 주사위를 던지는 실험에서 확률변수 X를 두 주사위에 나타나는 숫자의 합계로 정의한다면 X는 2, 3, 4, 5, 6, 7, 8, 9, 10, 11, 12의 값들 가운데 어느 하나를 취할 수 있을 것이다. 따라서 그것은 이산형 확률변수가 되는 것이다. 반면에 연속형 확률변수는 어떠한 수치의 구간내에서 어느 값도 취할 수 있다. 그러므로 한 개인의 키는, 예컨대 60인치에서 65인치 사이에 존재한다면 측정기기의 정밀도에 따라서 그 구간 안에 어느 값도 취할 수 있는 연속형 변수가 되는 것이다.

A.4 확률밀도함수(Probability Density Function : PDF)

이산 확률변수의 확률밀도함수

확률변수 X를 $x_1, x_2, \cdots, x_n$의 상호구별되는 값을 취하는 이산 확률변수라고 하자. 이때 다음의 함수를

$$\begin{aligned} f(x) &= P(X = x_i) \qquad \text{for } i = 1, 2, \ldots, n, \ldots \\ &= 0 \qquad \text{for } x \neq x_i \end{aligned}$$

X의 이산 확률밀도함수(PDF)라고 부르는데, $P(X = x_i)$는 이산 확률변수 X가 x_i의 값을 취할 확률을 의미한다.

예제 2 이미 지적한 바와 같이 두 개의 주사위를 던지는 실험에서 두 주사위의 숫자의 합을 확률변수 X라고 할 때 X는 아래 있는 11개의 값들 가운데서 어느 하나를 취할 수가 있다. 이 확률변수의 PDF는 아래와 같이 표시될 수 있다.(그림 A.1 참조)

$$\begin{array}{lccccccccccc} x = & 2 & 3 & 4 & 5 & 6 & 7 & 8 & 9 & 10 & 11 & 12 \\ f(x) = & \left(\frac{1}{36}\right) & \left(\frac{2}{36}\right) & \left(\frac{3}{36}\right) & \left(\frac{4}{36}\right) & \left(\frac{5}{36}\right) & \left(\frac{6}{36}\right) & \left(\frac{5}{36}\right) & \left(\frac{4}{36}\right) & \left(\frac{3}{36}\right) & \left(\frac{2}{36}\right) & \left(\frac{1}{36}\right) \end{array}$$

앞에서 제시한 이 확률들은 쉽게 확인될 수 있다. 모두 36가지의 가능한 결과가 존재하는데 그 가운데서 2의 값을 갖는 경우는 한가지 밖에 없으며 3의 값을 가질 수 있는 경우는 2가지(왜냐하면 합계 3은 첫 번째 주사위에 1의 값이 나타나고, 두 번째 주사위에 2의 값이 나타나는 경우와 첫 번째 주사위와 두 번째 주사위에 반대로 값이 나타나는 경우가 있기 때문이다)이다.

2. 무한대로 헤아릴 수 있는 집합들의 개념에 대한 간략한 논의는 R. G. D. Allen *Basic Mathematics*, Macmillan, London, 1964, p.104를 참조할 것.

예제 2 (계속)

그림 A.1 예제 2의 이산 확률변수의 밀도함수

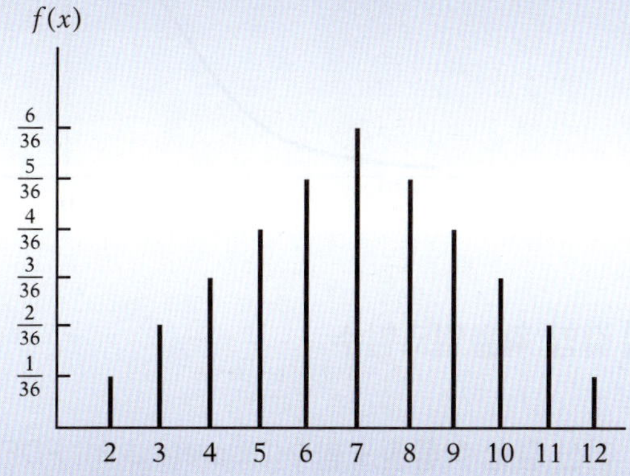

연속 확률변수의 확률밀도함수

X를 연속 확률변수라고 하자. 그러면 다음의 조건을 충족할 때 $f(x)$를 X의 PDF라고 부른다.

$$f(x) \geq 0$$

$$\int_{-\infty}^{\infty} f(x)\,dx = 1$$

$$\int_{a}^{b} f(x)\,dx = P(a \leq x \leq b)$$

위에서 $f(x)\,dx$는 **확률원소**(연속 확률변수의 작은 구간과 관련된 확률)로 알려지고 있으며 $P(a \leq x \leq b)$는 X가 a와 b의 구간사이에 존재하는 확률을 의미한다. 기하학적으로 그림 A.2에 나타난 바와 같이 (a, b)와 같은 구간에서만 측정될 수 있는 것이다.

이산적인 확률변수와 대조적으로 연속적인 확률변수에 대하여 X가 특정한 값을 가질 확률은 0이다.[3]

예제 3

아래 밀도함수를 고려하자.

$$f(x) = \frac{1}{9}x^2 \qquad 0 \leq x \leq 3$$

$f(x) \geq 0$은 0과 3의 범위에 속하는 모든 X의 값에 대해서 성립하며 $\int_0^3 \frac{1}{9} X^2\,dx = 1$이 또한 성립함을 즉시 확인할 수 있다(주:위 문제의 적분은 $(\frac{1}{27} x^3|_0^3)$이다). 만약에 위 식의 PDF 값을 0과 1사이의 범위에서 평가하면 우리는 다음과 같이 구할 수 있다. 즉 $\int_0^1 \frac{1}{9} x^2\,dx = (\frac{1}{27} x^3|_0^1)$이며, 이것은 x가 0과 1사이에 존재할 확률이 1/27임을 뜻한다.

3. 주: $\int_a^a f(x)\,dx = 0$.

그림 A.2
연속확률변수의 밀도함수

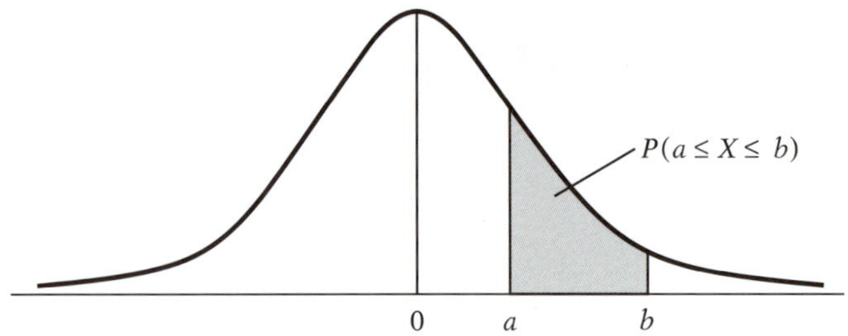

결합 확률밀도함수

이산 결합 확률밀도함수(Discrete Joint PDF)

확률변수 X와 Y를 두 개의 이산 확률변수라고 하자. 그러면 함수

$$\begin{aligned} f(x, y) &= P(X = x \text{ and } Y = y) \\ &= 0 \qquad \text{when } X \neq x \text{ and } Y \neq y \end{aligned}$$

를 이산 결합밀도함수라고 부르는데, 이는 X는 x의 값을 취하고, Y는 y의 값을 취하는 (결합)확률을 표시해 주는 것이다.

예제 4

아래 표는 이산 확률변수 X와 Y의 결합 PDF를 표시하여 주고 있는 것이다.

		−2	0	2	3
Y	3	0.27	0.08	0.16	0
	6	0	0.04	0.10	0.35

그러므로 이 표는 X가 -2값을 취하고 동시에 Y가 3의 값을 취하는 확률은 0.27이라는 것을 표시한다. 또, X가 3의 값을 취하고 동시에 Y가 6의 값을 취하는 확률은 0.35라는 것을 말해 주고 있다.

주변 확률밀도함수(Marginal PDF)

$f(x, y)$와 관련하여 $f(x)$와 $f(y)$는 개별 혹은 주변(Marginal) 확률밀도함수라고 부른다. 이들 주변 확률밀도함수는 다음과 같이 유도된다:

$$f(x) = \sum_y f(x, y) \quad X\text{의 주변 PDF}$$

$$f(y) = \sum_x f(x, y) \quad Y\text{의 주변 PDF}$$

위에서 예컨대 $\sum_y$는 Y의 모든 값에 대한 합산을 의미하며 $\sum_x$는 X의 모든 값에 대한 합산을 나타낸다.

예제 5

예제 4에서 제시된 자료를 검토하자. X의 주변 PDF는 다음과 같이 얻을 수 있다.

$$f(x=-2)=\sum_y f(x,y)=0.27+0=0.27$$
$$f(x=0)=\sum_y f(x,y)=0.08+0.04=0.12$$
$$f(x=2)=\sum_y f(x,y)=0.16+0.10=0.26$$
$$f(x=3)=\sum_y f(x,y)=0+0.35=0.35$$

같은 방법으로 Y의 PDF 역시 아래와 같이 구할 수 있다.

$$f(y=3)=\sum_x f(x,y)=0.27+0.08+0.16+0=0.51$$
$$f(y=6)=\sum_x f(x,y)=0+0.04+0.10+0.35=0.49$$

이 예제가 나타내는 바와 같이 X의 주변 PDF를 구하기 위하여 우리는 行의 숫자를 합계한다. X와 모든 값에 대한 $\sum_x f(x)$는 1이며 Y의 모든 값에 대한 $\sum_y f(y)$도 역시 1이다(그 이유는?).

조건부 확률밀도함수(Conditional PDF)

제2장에서 주목된 바와 같이 회귀분석에서 우리는 한 변수의 주어진 값을 조건으로 하여 다른 한 변수의 행태를 연구하는데 가끔 관심을 가지고 있다. 이러한 관심은 조건부 PDF를 검토함으로써 해명될 수 있다. 다음의 함수는

$$f(x \mid y)=P(X=x \mid Y=y)$$

X의 조건부 PDF를 나타내고 있으며 이것은 Y가 y라는 값을 가진다는 것을 주어진 조건으로 하여 X가 x라는 값을 취하는 확률을 말하는 것이다. 같은 방법으로 이것은 Y의 조건부 PDF를 표시하고 있다.

$$f(y \mid x)=P(Y=y \mid X=x)$$

조건부 PDF는

$$f(x \mid y)=\frac{f(x,y)}{f(y)} \qquad X\text{의 조건부 PDF}$$
$$f(y \mid x)=\frac{f(x,y)}{f(x)} \qquad Y\text{의 조건부 PDF}$$

위의 수식이 보여주는 바와 같이 한 변수의 조건부 PDF는 다른 변수의 주변 PDF에 대하여 결합 PDF의 비율로 표시된다.

예제 6 위의 예제 4와 5를 연장하여 다음의 조건부 확률을 계산하자.

$$f(X=-2 \mid Y=3)=\frac{f(X=-2, Y=3)}{f(Y=3)}=0.27/0.51=0.53$$

$f(x=-2)$의 무조건부 확률은 0.27이다. 그러나 Y는 3의 값을 가지고 X는 -2의 값을 가질 때의 확률은 0.53임을 주의해 볼 필요가 있다.

$$f(X=2 \mid Y=6)=\frac{f(X=2, Y=6)}{f(Y=6)}=0.10/0.49=0.20$$

다시 한번 X가 2의 값을 취하는 무조건부 확률은 0.26이며, 이것은 0.20과는 상이하고 또한 Y가 6의 값을 취한다는 사실을 알고 난 이후의 확률이라는 사실을 주목해야 한다.

통계적 독립(Statistical Independence)

두 확률변수 다음의 조건이 필요충분적으로 성립할 때만 통계적으로 상호 독립이라고 부른다.

$$f(x, y)=f(x)f(y)$$

즉 결합 PDF가 주변 PDF의 곱으로 표현될 수 있는 경우이다.

예제 7 자루 속에 1, 2, 3의 숫자를 각기 지니고 있는 3개의 공이 들어있다. 1개의 공을 임의로 자루에서 추출한 연후 다시 자루 속에 집어넣은 후, 또 다시 두 번째 공을 임의로 추출했다. 이때 X는 첫 번째 끄집어 낸 공에 적힌 숫자를 나타내며, Y는 두 번째로 끄집어 낸 공에 표시된 숫자를 표시한다. 다음 표는 X와 Y의 결합 PDF를 표시하고 있다.

		X		
		1	2	3
	1	$\frac{1}{9}$	$\frac{1}{9}$	$\frac{1}{9}$
Y	2	$\frac{1}{9}$	$\frac{1}{9}$	$\frac{1}{9}$
	3	$\frac{1}{9}$	$\frac{1}{9}$	$\frac{1}{9}$

지금 $f(X=1, Y=1)=1/9$, 그리고 $f(X=1)=1/3$첫 번째 열의 값을 합산하여 얻음) 그리고 $f(Y=1)=1/3$(첫 번째 행의 값을 합산하여 얻음). 이 예에서 $f(X, Y)=f(X)=f(Y)$이기 때문에 두 확률변수는 통계적으로 상호 독립이라고 말할 수 있다. 이것은 위의 표에서 주어진 X와 Y값의 모든 조합에 대해서도 결합 PDF는 개별 PDF들로 분해될 수 있음을 쉽게 이해할 수 있기 때문이다.

예제 4에서 주어진 X와 Y의 변수들은 통계적으로 독립이 아님을 보여줄 수 있다. 왜냐하

예제 7 (계속)

면, 두 주변확률변수의 곱이 결합 PDF와 동일하지 않기 때문이다(주: $f(X, Y) = f(X)f(Y)$는 X와 Y의 모든 조합에 대하여 성립할 때 두 확률변수는 통계적으로 독립이 될 수 있는 것이다).

연속 결합 확률밀도함수(Continuous Joint PDF)

연속결합 PDF 두 연속 확률변수 X와 Y의 PDF $f(x,y)$가 다음의 조건을 충족할 때 연속결합 PDF라고 말한다.

$$f(x,y) \geq 0$$

$$\int_{-\infty}^{\infty}\int_{-\infty}^{\infty} f(x,y)\,dx\,dy = 1$$

$$\int_{c}^{d}\int_{a}^{b} f(x,y)\,dx\,dy = P(a \leq x \leq b, c \leq y \leq d)$$

예제 8

아래에 제시된 PDF를 고려하여 보자.

$$f(x,y) = 2 - x - y \qquad 0 \leq x \leq 1; 0 \leq y \leq 1$$

이때 $f(X, Y) \geq 0$이 자명하다. 더구나[4]

$$\int_0^1\int_0^1 (2 - x - y)\,dx\,dy = 1$$

X와 Y의 주변 PDF는 다음과 같이 얻어질 수 있다.

$$f(x) = \int_{-\infty}^{\infty} f(x,y)\,dy \qquad X\text{의 주변 PDF}$$

$$f(y) = \int_{-\infty}^{\infty} f(x,y)\,dx \qquad Y\text{의 주변 PDF}$$

4.
$$\int_0^1\left[\int_0^1 (2 - x - y)\,dx\right]dy = \int_0^1\left[\left(2x - \frac{x^2}{2} - xy\right)\Big|_0^1\right]dy$$
$$= \int_0^1\left(\frac{3}{2} - y\right)dy$$
$$= \left(\frac{3}{2}y - \frac{y^2}{2}\right)\Big|_0^1 = 1$$

주: $(\frac{3}{2}Y - Y^2/2)|_0^1$는 괄호 안의 표현이 상한값 1과 하한값 0에서 평가되어야 한다는 것을 의미한다; 적분의 값을 구하기 위하여 전자의 값에서 후자의 값을 뺀다. 따라서 위의 예제에서 Y=1에서의 값은 $(\frac{3}{2} - \frac{1}{2})$이고 Y=0에서의 값은 0이기 때문에 적분값은 1이다.

예제 9 예제 8에서 주어진 결합 PDF는 다음과 같다.

$$f(x) = \int_0^1 f(x, y)dy = \int_0^1 (2 - x - y)dy$$

$$\left(2y - xy - \frac{y^2}{2}\right)\Bigg|_0^1 = \frac{3}{2} - x \qquad 0 \le x \le 1$$

$$f(y) = \int_0^1 (2 - x - y)dx$$

$$\left(2x - xy - \frac{x^2}{2}\right)\Bigg|_0^1 = \frac{3}{2} - y \qquad 0 \le y \le 1$$

예제 8의 두 변수가 통계적으로 독립임을 보이기 위하여 우리는 $f(X, Y) = f(X)f(Y)$가 성립하는 것을 확인하면 된다. $(2-x-y) \neq (\frac{3}{2} - x)(\frac{3}{2} - y)$ 이기 때문에 두 확률변수는 통계적으로 독립이 아니다.

A.5 확률분포의 특성

확률분포는 분포의 "모멘트" 또는 "적률"이라고 알려진 몇 가지 특성의 관점에서 흔히 요약되고 있다. 가장 널리 이용되고 있는 모멘트의 두 가지는 "평균" 혹은 "기대치" 그리고 "분산"이다.

기대치(Expected Value)

이산 확률변수 X의 기대치는 $E(X)$라고 표시되며 다음과 같이 정의된다.

$$E(X) = \sum_x x f(x)$$

위에서 $\sum_x$는 X의 모든 값에 대한 합산을 의미하며 $f(x)$는 X의 (이산)PDF이다.

예제 10 예제 2에서 주어진 두 개의 주사위를 던질 때 나타나는 두 숫자의 합에 관한 확률분포를 고려해 보자(그림 A.1 참조). 여기에 나타나는 상이한 X값을 그들의 확률로 곱한 후 모든 관측치에 대하여 합하면 우리는 다음 식을 얻을 수 있다.

$$E(X) = 2\left(\tfrac{1}{36}\right) + 3\left(\tfrac{2}{26}\right) + 4\left(\tfrac{3}{36}\right) + \cdots + 12\left(\tfrac{1}{36}\right)$$
$$= 7$$

위의 식에서 7의 값은 두 주사위를 던질 때 관찰할 수 있는 두 숫자 합의 평균치에 해당하는 것이다.

예제 11 예제 4에서 제시된 자료를 이용하여 $E(X)$와 $E(Y)$의 값을 추정해보자. 우리는 다음 사실을 보았다.

x	-2	0	2	3
$f(x)$	0.27	0.12	0.26	0.35

그러므로,

$$\begin{aligned} E(X) &= \sum_x x f(x) \\ &= (-2)(0.27) + (0)(0.12) + (2)(0.26) + (3)(0.35) \\ &= 1.03 \end{aligned}$$

같은 방법으로

y	3	6
$f(y)$	0.51	0.49

$$\begin{aligned} E(Y) &= \sum_y y f(y) \\ &= (3)(0.51) + (6)(0.49) \\ &= 4.47 \end{aligned}$$

연속 확률변수의 기대치는 아래와 같이 정의된다.

$$E(X) = \int_{-\infty}^{\infty} x f(x) dx$$

연속 확률변수와 이산 확률변수 기대치와의 차이점은 합산부호 대신에 적분부호로 대체되었다는 점이다.

예제 12 예제 3에서 주어진 연속 확률변수의 기대치를 구하여 보면 아래와 같다.

$$\begin{aligned} E(X) &= \int_0^3 x\left(\frac{x^2}{9}\right) dx \\ &= \frac{1}{9}\left[\left(\frac{x^4}{4}\right)\right]_0^3 \\ &= \frac{9}{4} \\ &= 2.25 \end{aligned}$$

기대치의 특성

1. 상수의 기대치는 상수 자신이다. 그리하여 b가 상수일 때 $E(b) = b$
2. a와 b가 상수이면,

$$E(aX + b) = aE(X) + b$$

이 원칙은 더욱 일반화 될 수 있다. 만약 $X_1, X_2, \cdots, X_N$들이 N개의 확률변수이고 $a_1, a_2, \cdots, a_N$ 그리고 b가 상수이면,

$$E(a_1X_1 + a_2X_2 + \cdots + a_NX_N + b) = a_1E(X_1) + a_2E(X_2) + \cdots + a_NE(X_N) + b$$

3. X와 Y가 **상호독립**인 확률변수이면,

$$E(XY) = E(X)E(Y)$$

즉 XY의 곱에 대한 기대치는 X와 Y의 개별 기대치의 곱과 같다.

그러나 X와 Y가 독립이라도

$$E\left(\frac{X}{Y}\right) \neq \frac{E(X)}{E(Y)}$$

임을 주의하여야 한다.

4. 확률변수 X가 PDF $f(x)$를 지니고 있으며, $g(X)$가 X의 함수일 때, 다음의 관계가 성립한다.

$$\begin{aligned} E[g(X)] &= \sum_x g(X)f(x) && X\text{가 이산인 경우} \\ &= \int_{-\infty}^{\infty} g(X)f(x)\,dx && X\text{가 연속인 경우} \end{aligned}$$

그리하여 만약 $g(X) = X^2$이면

$$\begin{aligned} E(X^2) &= \sum_x x^2 f(X) && X\text{가 이산인 경우} \\ &= \int_{-\infty}^{\infty} x^2 f(X)\,dx && X\text{가 연속인 경우} \end{aligned}$$

예제 13 아래 PDF를 고찰해 보자.

x	-2	1	2
$f(x)$	$\frac{5}{8}$	$\frac{1}{8}$	$\frac{2}{8}$

그러면,

$$\begin{aligned} E(X) &= -2\left(\tfrac{5}{8}\right) + 1\left(\tfrac{1}{8}\right) + 2\left(\tfrac{2}{8}\right) \\ &= -\tfrac{5}{8} \end{aligned}$$

그리고

$$\begin{aligned} E(X^2) &= 4\left(\tfrac{5}{8}\right) + 1\left(\tfrac{1}{8}\right) + 4\left(\tfrac{2}{8}\right) \\ &= \tfrac{29}{8} \end{aligned}$$

분산(Variance)

X를 확률변수라고 하고 $E(X) = \mu$라고 하자. 기대치를 중심으로 X값이 분포 혹은 퍼져 있는 정도는 분산에 의하여 측정될 수 있으며 다음과 같이 정의된다.

$$\text{var}(X) = \sigma_X^2 = E(X-\mu)^2$$

σ_X^2의 양의 평방근, σ_X는 X의 표준편차라고 정의된다. 분산과 표준편차는 X의 개별 값들이 그들의 평균을 중심으로 얼마나 조밀하게 혹은 넓게 확산되어 있는가를 나타내는 지표이다.

앞에서 정의한 분산은 다음과 같이 계산된다.

$$\begin{aligned}\text{var}(X) &= \sum_x (X-\mu)^2 f(x) && X\text{가 이산 확률 변수일 때}\\ &= \int_{-\infty}^{\infty} (X-\mu)^2 f(x)\,dx && X\text{가 연속 확률 변수일 때}\end{aligned}$$

계산을 간편하게 하기 위하여 위에 제시된 분산의 공식은 다음과 같이 표현될 수도 있다.

$$\begin{aligned}\text{var}(X) = \sigma_x^2 &= E(X-\mu)^2\\ &= E(X^2) - \mu^2\\ &= E(X^2) - [E(X)]^2\end{aligned}$$

이 공식을 이용하여 예제 13에서 제시된 확률변수의 분산은 $\frac{29}{8} - (-\frac{5}{8})^2 = \frac{207}{64} = 3.23$ 같이 계산된다.

예제 14

예제 3에 제시된 확률변수의 분산을 구해보자.

$$\text{var}(X) = E(X^2) - [E(X)]^2$$

이때

$$\begin{aligned}E(X^2) &= \int_0^3 x^2\left(\frac{x^2}{9}\right)dx\\ &= \int_0^3 \frac{x^4}{9}dx\\ &= \frac{1}{9}\left[\frac{x^5}{5}\right]_0^3\\ &= 243/45\\ &= 27/5\end{aligned}$$

예제 14 (계속)

$E(X)=\frac{9}{4}$ (예제 12 참조)이기 때문에 다음과 같이 X의 분산을 얻을 수 있다.

$$\begin{aligned} \text{var}(X) &= 243/45 - \left(\frac{9}{4}\right)^2 \\ &= 243/720 = 0.34 \end{aligned}$$

분산의 특성

1. 위에서 지적된 바와 같이 $E(X-\mu^2) = E(X^2) - \mu^2$.
2. 상수의 분산은 0이다.
3. a와 b가 상수일 때,

$$\text{var}(aX+b) = a^2\,\text{var}(X)$$

4. X와 Y가 독립된 **확률변수**이면,

$$\text{var}(X+Y) = \text{var}(X) + \text{var}(Y)$$
$$\text{var}(X-Y) = \text{var}(X) + \text{var}(Y)$$

이러한 원리는 변수가 2개 이상일 경우에도 적용될 수 있다.

5. X와 Y가 **상호독립**인 확률변수이고 a와 b가 상수이면,

$$\text{var}(aX+bY) = a^2\,\text{var}(X) + b^2\,\text{var}(Y)$$

공분산(Covariance)

X와 Y가 2개의 확률변수이며 각각 그 평균으로 μ_x와 μ_y를 지니고 있다고 하자. 그러면 두 확률변수 사이의 공분산은 아래와 같이 정의된다.

$$\text{cov}(X,Y) = E\{(X-\mu_x)(Y-\mu_y)\} = E(XY) - \mu_x\mu_y$$

확률변수의 분산은 그 자신과의 공분산임을 쉽게 알 수 있다.

이산 확률변수인 경우 공분산은 아래와 같이 계산된다

$$\begin{aligned} \text{cov}(X,Y) &= \sum_y\sum_x (X-\mu_x)(Y-\mu_y)f(x,y) \\ &= \sum_y\sum_x XYf(x,y) - \mu_x\mu_y \end{aligned}$$

만약 X와 Y가 연속 확률변수이면다음과 같다.

$$\begin{aligned}\operatorname{cov}(X, Y) &= \int_{-\infty}^{\infty}\int_{-\infty}^{\infty}(X-\mu_x)(Y-\mu_y)f(x, y)\,dx\,dy \\ &= \int_{-\infty}^{\infty}\int_{-\infty}^{\infty} XYf(x, y)\,dx\,dy - \mu_x\,\mu_y\end{aligned}$$

공분산의 특성

1. X와 Y가 상호독립이면 그들의 공분산은 0이다. 왜냐하면

$$\begin{aligned}\operatorname{cov}(X, Y) &= E(XY) - \mu_x\mu_y \\ &= \mu_x\mu_y - \mu_x\mu_y \qquad E(XY) = E(X)E(Y) = \mu_x\mu_y \text{ 이므로 } X\text{와 }Y\text{가 독립일 때} \\ &= 0\end{aligned}$$

2. $$\operatorname{cov}(a + bX, c + dY) = bd\operatorname{cov}(X, Y)$$

단, a, b, c 그리고 d는 상수이다.

예제 15 이산 확률변수 X와 Y의 결합 PDF가 예제 4에서 제시된 것과 같을 때 X와 Y의 공분산을 구해보자. 예제 11로부터 우리는 이미 $\mu_x = E(X) = 1.03$ 그리고 $\mu_y = E(Y) = 4.47$를 알고 있다.

$$\begin{aligned}E(XY) &= \sum_y\sum_x XYf(x, y) \\ &= (-2)(3)(0.27) + (0)(3)(0.08) + (2)(3)(0.16) + (3)(3)(0) \\ &\quad + (-2)(6)(0) + (0)(6)(0.04) + (2)(6)(0.10) + (3)(6)(0.35) \\ &= 6.84\end{aligned}$$

그러므로

$$\begin{aligned}\operatorname{cov}(X, Y) &= E(XY) - \mu_x\mu_y \\ &= 6.84 - (1.03)(4.47) \\ &= 2.24\end{aligned}$$

상관계수(Correlation Coefficient)

(모집단)상관계수는 아래와 같이 정의된다.

$$\rho = \frac{\operatorname{cov}(X, Y)}{\sqrt{\{\operatorname{var}(X)\operatorname{var}(Y)\}}} = \frac{\operatorname{cov}(X, Y)}{\sigma_x\sigma_y}$$

이와 같이 정의된 ρ는 두 변수 사이의 선형상관관계를 측정하는 지표이며 −1과 1

사이에 그 값이 존재한다. −1은 완벽한 負의 상관관계를 나타내며 1은 완벽한 正의 관계를 나타낸다. 앞의 공식으로부터 우리는 다음 사실을 알 수 있다.

$$\operatorname{cov}(X, Y) = \rho\sigma_x\sigma_y$$

예제 16 예제 4에 제시된 자료에 대하여 상관계수를 추정하라. 예제 11에 주어진 PDF들로부터 σ_x= 2.05이며 σ_y= 1.50임을 쉽게 보여줄 수 있다. 우리는 이미 cov(X, Y)=2.24임을 보여준 바 있다. 그러므로 앞의 공식을 응용하여 ρ를 2.24/(2.05)(1.50) = 0.73의 방식으로 추정할 수 있다.

상관관계를 지닌 변수들의 분산

X와 Y는 2개의 확률변수이다. 그러면

$$\begin{aligned}
\operatorname{var}(X+Y) &= \operatorname{var}(X) + \operatorname{var}(Y) + 2\operatorname{cov}(X, Y)\\
&= \operatorname{var}(X) + \operatorname{var}(Y) + 2\rho\sigma_x\sigma_y\\
\operatorname{var}(X-Y) &= \operatorname{var}(X) + \operatorname{var}(Y) - 2\operatorname{cov}(X, Y)\\
&= \operatorname{var}(X) + \operatorname{var}(Y) - 2\rho\sigma_x\sigma_y
\end{aligned}$$

가 성립한다.

만약 X와 Y가 독립이고, cov(X, Y)가 0이라면 var($X+Y$)와 var($X-Y$)는 이미 지적된 바와 같이 각각 var (X) + var (Y)와 동일하게 된다.

앞의 결과는 다음과 같이 일반화 될 수 있다. $\sum_{i=1}^{n} X_i = X_1 + X_2 + \cdots + X_n$이면, 선형결합 $\sum X_i$의 분산은 다음과 같다.

$$\begin{aligned}
\operatorname{var}\left(\sum_{i=1}^{n} x_i\right) &= \sum_{i=1}^{n}\operatorname{var} X_i + 2\sum_{i<j}\sum\operatorname{cov}(X_i, X_j)\\
&= \sum_{i=1}^{n}\operatorname{var} X_i + 2\sum_{i<j}\sum\rho_{ij}\sigma_i\sigma_j
\end{aligned}$$

위에서 ρ_{ij}는 X_i와 X_j사이의 상관관계를 나타내며 σ_i와 σ_j는 X_i와 X_j의 표준편차를 나타낸다.

그러므로

$$\begin{aligned}
\operatorname{var}(X_1 + X_2 + X_3) &= \operatorname{var} X_1 + \operatorname{var} X_2 + \operatorname{var} X_3 + 2\operatorname{cov}(X_1, X_2)\\
&\quad + 2\operatorname{cov}(X_1, X_3) + 2\operatorname{cov}(X_2, X_3)\\
&= \operatorname{var} X_1 + \operatorname{var} X_2 + \operatorname{var} X_3 + 2\rho_{12}\sigma_1\sigma_2\\
&\quad + 2\rho_{13}\sigma_1\sigma_3 + 2\rho_{23}\sigma_2\sigma_3
\end{aligned}$$

위에서 σ_1, σ_2와 σ_3은 각각 X_1, X_2, X_3의 표준편차를 나타내며, ρ_{12}는 X_1과 X_2사이의 상관계수를 표시하고 ρ_{13}는 X_1과 X_3사이의 상관관계를, ρ_{23}는 X_2와 X_3사이의 상관관계를 나타낸다.

조건부 기대치(Conditional Expectation)와 조건부 분산(Conditional Variance)

$f(x, y)$는 확률변수 X와 Y의 결합 PDF이다. $Y = y$의 조건하에서 X의 조건부 기대치는 아래와 같이 정의된다.

$$E(X \mid Y = y) = \sum_x x f(x \mid Y = y) \qquad X\text{가 이산인 경우}$$

$$= \int_{-\infty}^{\infty} x f(x \mid Y = y)\, dx \qquad X\text{가 연속인 경우}$$

여기서 $E(X \mid Y = y)$는 $Y=y$의 조건하에서 X의 조건부 기대치를 의미하며 $f(x \mid Y = y)$는 X의 조건부 PDF이다. Y의 조건부 기대치, $E(Y \mid X=x)$는 같은 방법으로 정의될 수 있다.

조건부 기대치

$E(X \mid Y)$는 조건부 변수 Y의 함수이기 때문에 확률변수임을 주목해야 한다. 그러나 y 가 Y의 특정한 값일 때 $E(X \mid Y=y)$는 상수이다.

조건부 분산

$Y=y$를 조건으로 X의 조건부 분산은 아래와 같이 정의된다.

$$\text{var}(X \mid Y = y) = E\{[X - E(X \mid Y = y)]^2 \mid Y = y\}$$

$$= \sum_x [X - E(X \mid Y = y)]^2 f(x \mid Y = y) \qquad X\text{가 이산인 경우}$$

$$= \int_{-\infty}^{\infty} [X - E(X \mid Y = y)]^2 f(x \mid Y = y)\, dx \qquad X\text{가 연속인 경우}$$

예제 17 $E(Y \mid X=2)$와 $var(Y \mid X=2)$를 예제 4에 제시된 자료를 이용하여 계산하라.

$$E(Y \mid X = 2) = \sum_y y f(Y = y \mid X = 2)$$

$$= 3f(Y = 3 \mid X = 2) + 6f(Y = 6 \mid X = 2)$$

$$= 3(0.16/0.26) + 6(0.10/0.26)$$

$$= 4.15$$

예제 17
(계속)

Note: $f(Y=3|X=2)=f(Y=3, X=2)/f(X=2)=0.16/0.26$, and
$f(Y=6|X=2)=f(Y=6, X=2)/f(X=2)=0.10/0.26$, so

$$\begin{aligned}\text{var}(Y \mid X=2) &= \sum_{Y}[Y-E(Y \mid X=2)]^2 f(Y \mid X=2)\\ &= (3-4.15)^2(0.16/0.26)+(6-4.15)^2(0.10/0.26)\\ &= 2.13\end{aligned}$$

조건부 기대치와 조건부 분산의 특성

1. 만약 $f(X)$가 X의 함수이면, $E(f(X)|X)=f(X)$, 즉 X가 주어졌을 때 $f(X)$의 기대치를 계산하는 경우 $f(X)$는 상수처럼 취급된다. 그러므로 $[E(X^3|X)]=E(X^3)$, 즉 X를 알고 있으면 X^3도 또한 알 수 있다는 것이다.
2. 만약 $f(X)$와 $g(X)$가 X의 함수이면,

$$E[f(X)Y+g(X) \mid X]=f(X)E(Y \mid X)+g(X)$$

가 성립한다. 예를 들어, $E[XY+cX^2|X]=XE(Y|X)+cX^2$ 이다. 단, c는 상수이다.

3. 만약 X와 Y가 독립이면 $E(Y|X)=E(Y)$이다. 즉, 만약 X와 Y가 독립인 확률변수이면, X가 주어졌을 때 Y의 조건부 기대치는 Y에 관한 무조건부 기대치와 같다.
4. 반복 기대의 법칙. 확률변수 Y의 무조건부 기대, $E(Y)$와 다른 확률변수 X에 기초한 Y의 조건부 기대, $E(Y|X)$ 사이에 다음과 같은 관계가 성립하는 것은 흥미롭다하겠다:

$$E(Y)=E_X[E(Y \mid X)]$$

이 관계는 반복 기대의 법칙이라고 부르는데, Y에 관한 주변 기대(marginal expectation) 또는 무조건부 기대는 Y의 조건부 기대의 기대와 동일하다. 단, 부호 E_X는 X의 값 전반에 대하여 기대치를 취했다는 것을 의미한다. 간단하게 설명하자면, 우선 X의 함수로서 E(Y|X)를 구하고 X값 전반에 걸쳐 E(Y|X)의 기대를 취하면 그 결과는 Y의 무조건부 기대 E(Y)가 되어버린다는 것을 말하고 있다. 학생들은 예제 4에 있는 자료를 이용하여 이 법칙을 증명할 수 있을 것이다.

반복 기대의 법칙은 X가 주어졌을 때 Y의 조건부 평균(즉, E[Y|X])이 0이면 Y의 (무조건부) 평균도 역시 0이라는 것을 의미한다. 이는 다음의 경우가 성립되기 때문에 즉각적으로 성립한다.

$$E[E(Y|X)]=E[0]=0$$

5. 만약 X와 Y가 독립이면 $\text{var}(Y|X) = \text{var}(Y)$ 이다.
6. $\text{var}(Y) = E[\text{var}(Y|X)] + \text{var}[E(Y|X)]$; 즉, Y의 (무조건부) 기대는 Y의 조건부 분산의 기대치와 Y의 조건부 기대치의 분산의 합과 같다.

확률분포의 고차 적률(Higher Moments)

평균, 분산, 그리고 공분산이 1변수 PDF와 다변수 PDF의 가장 자주 사용되는 특성 요약 지표이나 우리는 때때로 PDF의 고차적률, 예를 들어 3차 또는 4차 적률 등을 고려해야할 필요가 있다. 1변수 PDF $f(x)$의 평균(μ) 주변의 3차 적률 및 4차 적률은 다음과 같이 정의된다.

$$\text{3차 적률:} \qquad E(X-\mu)^3$$
$$\text{4차 적률:} \qquad E(X-\mu)^4$$

일반적으로 평균 주변의 r차 적률은 다음과 같이 정의된다.

$$r\text{차 적률:} \qquad E(X-\mu)^r$$

한 분포의 3차 및 4차 적률은 가끔 확률분포의 "모양", 특히 왜도, S(즉 대칭이 안 되는 것)과 첨도, K(높음과 평평함)를 분석하는데 사용되고 그림 A.3에 나타나 있다.

왜도의 측정은 다음과 같이 정의된다.

$$S = \frac{E(X-\mu)^3}{\sigma^3} = \frac{\text{평균주위의 3차 적률}}{\text{표준편차의 3제곱}}$$

일상적으로 사용되는 첨도 측정은 다음과 같다.

$$K = \frac{E(X-\mu)^4}{[E(X-\mu)^2]^2} = \frac{\text{평균주위의 4차 적률}}{\text{2차 적률의 제곱}}$$

K값이 3 미만인 PDF를 platykurtic(뚱뚱하거나 양쪽 꼬리가 짧은), 3보다 큰 경우 leptokurtic(가늘거나 꼬리가 긴)이라고 부른다. 그림 A.3를 참조하여라. 첨도값이 3인 PDF를 mesokurtic이라고 하는데 정규분포가 이 경우에 해당하는 예이다. (A.6절의 정규분포 논의를 참조할 것)

우리는 어떤 확률변수가 정규분포를 따르는지 결정하는데 왜도와 첨도가 어떻

그림 A.3
(a) 왜도
(b) 첨도

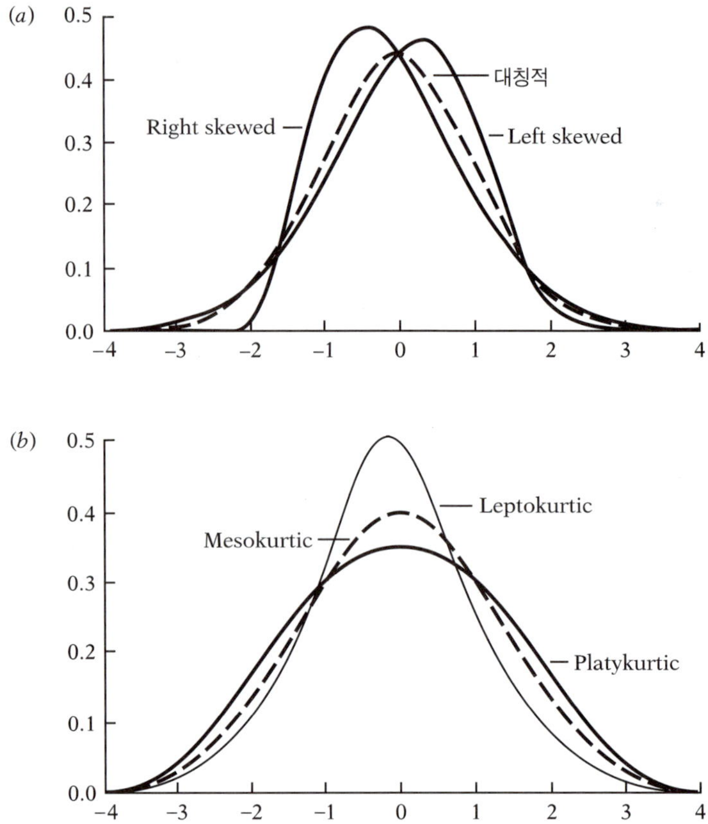

게 연결될 수 있는지를 보여줄 것이다. t검정과 F검정과 같은 가설검정과정은 확률변수(또는 표본 통계량)가 (적어도 소표본 혹은 유한표본에서) 정규분포를 따른다는 것을 가정하고 있음을 상기하여라. 그러므로 실제 응용에 있어서 이 가정이 충족되는지를 확인하는 것은 매우 중요하다.

A. 6 주요 이론적 확률분포모형

본서에서는 다음의 확률분포모형을 광범위하게 활용하였다.

정규분포(Normal Distribution)

모든 이론적 확률분포 가운데서 가장 잘 알려진 것은 정규분포이다. 정규분포는 종의 모양을 하고 있으며 통계학에 대한 약간의 지식을 가지고 있는 모든 사람들에게 잘 알려져 있다.

어떤 (연속)확률변수 X는 다음 형태의 PDF를 가지고 있을 때 정규분포를 이루

$$f(x) = \frac{1}{\sigma\sqrt{2\pi}} \exp\left(-\frac{1}{2}\frac{(x-\mu)^2}{\sigma^2}\right) \qquad -\infty < x < \infty$$

그림 A.4
정규분포곡선 아래의 면적

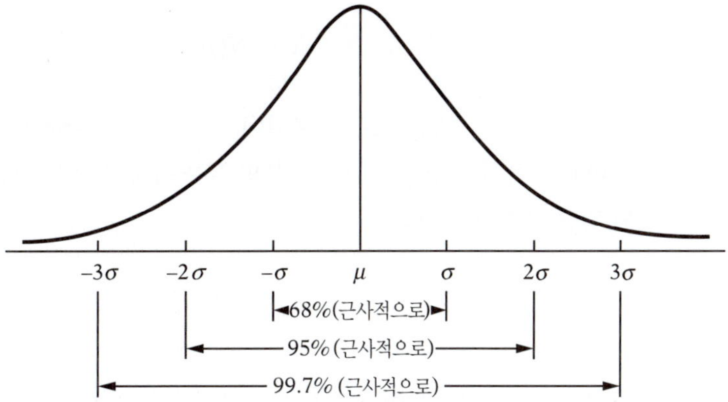

고 있다고 말한다.

위에서 μ와 σ^2은 **분포의 모수**로 각각 알려져 있으며 정규분포의 평균과 분산을 나타낸다. 정규 분포의 특성은 아래와 같다.

1. 정규분포는 평균을 중심으로 좌우대칭이다.
2. 정규분포곡선 아래 면적 가운데서 그림 A.4에 나타난 바와 같이 약 68%는 $\mu \pm \sigma$ 값들 사이에 존재하고 있으며, 면적의 약 95%는 $\mu \pm 2\sigma$ 사이에 존재하고 있고, 면적의 약 99.7%는 $\mu \pm 3\sigma$ 사이에 존재하고 있다.
3. 정규분포는 2개의 모수 μ와 σ^2 에 의존하고 있기 때문에 이들 값이 일단 확정되면 정규분포의 PDF를 이용하여 X의 값이 어떠한 구간안에 존재할 수 있는 확률을 계산할 수 있다. 그러나 이와 같은 작업은 부록 D에 나타난 표 D.1을 활용함으로써 크게 계산부담을 덜 수 있다. 이표를 활용하기 위하여 우리는 μ와 σ^2 을 지니고 있는 정규분포 확률변수 X를 다음의 변환과정을 통하여 표준 정규분포 확률변수 Z로 바꿀 수 있다.

$$Z = \frac{x-\mu}{\sigma}$$

표준정규분포 확률변수의 가장 중요한 특성은 평균은 0이고 분산은 1이라는 사실이다. 그리하여 Z는 평균이 0이고 분산이 1이다. 앞에서 제시된 정규분포 PDF에 Z를 대입하면 다음 식을 얻을 수 있다.

$$f(Z) = \frac{1}{\sqrt{2\pi}} \exp\left(-\frac{1}{2}Z^2\right)$$

위의 식은 표준정규분포 확률변수의 PDF이다. 부록 D의 표 D.1은 표준정규분포 확률변수의 확률들을 표시하고 있다. 일반적 관행으로 정규분포 확률변수를 다음과 같이 표시한다.

$$X \sim N(\mu, \sigma^2)$$

위에서 ~는 "무엇으로 분포되어" 있다는 것을 뜻하며, N은 정규분포를 의미하며 (　)안의 수량들은 정규분포의 두개의 모수들인 평균과 분산을 말한다. 이와 같은 표기법에 따라서

$$X \sim N(0, 1)$$

와 같이 표현하는데, 이 표기는 X는 정규분포를 이루고 있으며 평균은 0이고 분산은 1이라는 것을 뜻한다. 다른 말로 바꿔서 말하면 이는 표준 정규분포를 따르는 확률변수 Z를 말하는 것이다.

예제 18

X~N(8, 4)를 이루고 있다고 가정하자. X가 $X_1=4$와 $X_2=12$사이에 값을 취할 확률은 얼마인가? 이 확률을 계산하기 위하여 우리는 Z의 값을 다음과 같이 계산한다.

$$Z_1 = \frac{X_1 - \mu}{\sigma} = \frac{4-8}{2} = -2$$

$$Z_2 = \frac{X_2 - \mu}{\sigma} = \frac{12-8}{2} = +2$$

이제 표 D.1으로부터 $Pr(0 \le Z \le 2 = 0.4772$임을 관찰할 수 있다. 그러면 상호대칭성에 의하여 우리는 $Pr(-2 \le Z \le 0 = 0.4772$이 성립함을 알 수 있다. 따라서 우리가 구하고자 하는 확률은 0.4772+0.4772=0.9544이다<그림 A.4 참조〉).

예제 19

위의 문제에서 X가 12를 초과하는 확률은 얼마인가? X가 12를 초과하는 확률은 Z가 2를 초과하는 확률과 동일하다. 그러므로 표 D.1로부터 우리가 구하고자 하는 확률은 (0.5–0.4772) 즉 0.0228임이 자명하다.

4. $X_1 \sim N(\mu_1, \sigma_1^2)$ 그리고 $X_2 \sim N(\mu_2, \sigma_2^2)$를 이루고 있고 상호독립이라고 가정하자.
이제 다음과 같은 선형결합을 상정하자

$$Y = aX_1 + bX_2$$

위에서 a와 b는 상수이다. 그러면 우리는 다음 식을 보여줄 수 있다.

$$Y \sim N\left[(a\mu_1 + b\mu_2), \left(a^2\sigma_1^2 + b^2\sigma_2^2\right)\right]$$

정규분포를 이루고 있는 두 확률변수들의 선형결합은 그 자체가 정규분포를 이루고 있다는 결과를 우리는 3개 이상의 정규분포를 이루고 있는 확률변수들의 선형결합으로 쉽게 일반화 할 수 있다.

5. 중심극한 정리(Central Limit Theorem). $X_1, X_2, \cdots, X_n$은 n개의 독립된 확률변수를 표시하고 이들 모든 확률변수들은 평균$=\mu$ 그리고 분산$=\sigma^2$을 지닌 동일한 PDF를 가지고 있다고 가정하자. $\bar{X} = \sum X_i / n$(즉, 표본평균이라고 두자.), 그리고 n이 무한대로 증가하면(즉, $n \to \infty$)

$$\underset{n\to\infty}{\bar{X}} \sim N\left(\mu, \frac{\sigma^2}{n}\right)$$

즉 $\bar{X}$는 평균 μ와 분산 σ^2/n을 지닌 정규분포로 수렴하여 간다. 이와 같은 결과는 PDF의 형태에 상관없이 언제나 성립함을 주목하라. 그 결과 다음의 사실이 성립한다.

$$z = \frac{\bar{X} - \mu}{\sigma/\sqrt{n}} = \frac{\sqrt{n}(\bar{X} - u)}{\sigma} \sim N(0, 1)$$

즉, Z는 표준화된 정규분포를 따른다.

6. 정규분포의 평균값 주변 3차 적률과 4차 적률은 다음과 같다:

$$\text{3차 적률:} \quad E(X - \mu)^3 = 0$$
$$\text{4차 적률:} \quad E(X - \mu)^4 = 3\sigma^4$$

주: 정규분포 변수의 평균값 주변의 모든 홀수 승 적률은 0이다.

7. 결과적으로 그리고 앞에서 논의한 왜도와 첨도 정의를 따라서 정규PDF의 왜도$=0$이고 첨도$=3$이다; 즉, 정규분포는 대칭이고 중앙첨도(mesokurtic)이다. 그러므로 정규분포인지 간단하게 검정하는 방법은 왜도와 첨도의 계산값이 0과 3으로부터 떨어져있는지를 확인하면 된다. 이것이 본문에서 논의한 Jarque-Bera(JB) 정규성검정의 기본 논리이다.

$$\text{JB} = n\left[\frac{S^2}{6} + \frac{(K-3)^2}{24}\right] \qquad \textbf{(5.12.1)}$$

여기에서 S는 왜도, K는 첨도를 나타낸다. 정규분포의 귀무가설하에서 JB는 df가

2인 카이자승통계량처럼 분포되어 있다.

8. 정규분포를 따르는 확률변수의 평균과 분산은 하나가 다른 하나의 함수가 아니라는 의미에서 서로 독립이다.
9. X와 Y가 결합 정규분포를 따를 때 두 변수 사이의 공분산 [즉, $\text{cov}(X, Y)$이 0이라는 것이 X와 Y가 독립일 필요충분조건이다.(연습문제 4.1을 참조할 것)

χ^2(카이자승) 분포

$Z_1, Z_2, \ldots Z_k$들이 상호독립인 표준 정규분포 확률변수(즉, 0의 평균과 1의 분산을 지니고 있는 정규분포 확률변수)라고 하자. 그러면 다음 수량

$$Z = \sum_{i=1}^{k} Z_i^2$$

는 자유도(df)가 k인 χ^2를 따른다고 말한다. 자유도 (df)는 위의 합산에서 독립적인 항의 숫자를 말한다. χ^2분포를 이루고 있는 확률변수는 χ_k^2로 표시되고 하첨자 k는 자유도를 나타낸다. 기하학적으로 χ^2분포는 그림 A.5에 나타나고 있다.

χ^2분포의 특성은 다음과 같다:

1. 그림 A.5가 보여주는 바와 같이 χ^2분포는 한쪽으로 치우친 분포를 이루고 있으며 치우침의 정도는 자유도에 달려 있다. 자유도가 비교적 적을 때에는 χ^2분포는 오른쪽으로 크게 치우쳐 있으나 자유도가 늘어남에 따라 확률분포는 좌우대칭으로 되어간다. 실제로 자유도가 100을 넘어서면 다음의 변수는

그림 A.5
χ^2확률변수의 밀도함수

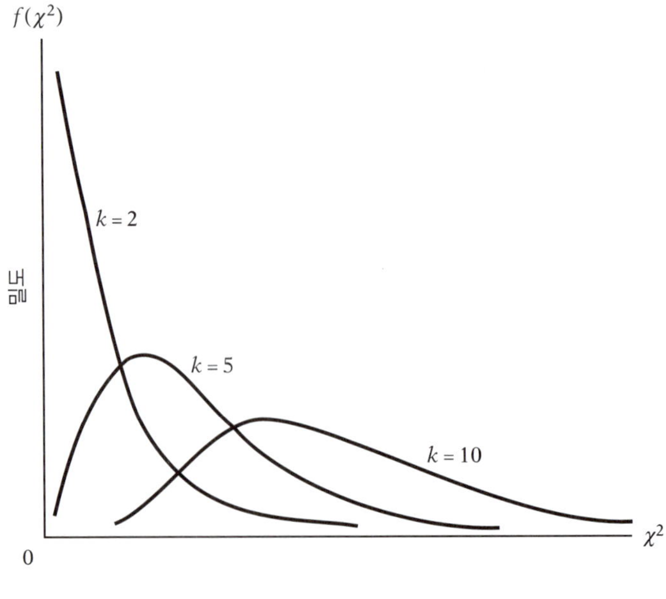

$$\sqrt{2\chi^2} - \sqrt{(2k-1)}$$

표준정규분포와 같이 취급될 수 있는데, 여기에서 k는 df이다.

2. χ^2분포의 평균은 k이고, 그 분산은 $2k$이다. 물론 k는 자유도를 말한다.
3. Z_1과 Z_2가 자유도 k_1과 k_2를 지니고 있는 2개의 독립된 χ^2확률변수라고 한다면 Z_1+Z_2의 합 역시 자유도 k_1+k_2를 가진 χ^2분포를 이루고 있다.

예제 20 자유도 20이 주어졌을 때 χ^2값이 40혹은 그 이상이 될 확률은 얼마인가? 표 D.4가 나타내는 바와 같이 χ^2의 값이 39.9968(자유도 20)될 확률은 0.005이다. 그러므로 χ^2의 값이 40일 확률은 0.005보다 작을 수 밖에 없다. 이 확률값은 상대적으로 작은 값이라고 볼 수 있다.

t분포

만약 Z_1이 표준정규분포를 이루고 있는 확률변수이고〔즉, $Z_1 \sim N(0,1)$〕, 또 하나의 확률변수 Z_2는 자유도가 k인 χ^2분포를 따르고 Z_1과 상호독립일 때 아래와 같이 정의된 확률변수는

$$t = \frac{Z_1}{\sqrt{(Z_2/k)}} = \frac{Z_1\sqrt{k}}{\sqrt{Z_2}}$$

자유도가 k인 (학생의) t분포를 따른다고 한다. t분포를 이루고 있는 확률변수는 t_k로 표시된다. 여기서 k는 자유도를 나타낸다. 기하학적으로 t분포는 그림 A.6과 같이 나타낼 수 있다.

t분포의 특성은 다음과 같다:

1. 그림 A.6이 나타내듯이 정규분포와 마찬가지로 t분포는 좌우대칭형을 이루고 있으며 정규분포보다 훨씬 완만하게 곡선이 나타난다. 그러나 자유도가 증가함에 따라 t분포는 정규분포로 접근하여 간다.
2. t분포의 평균은 0이고 분산은 $k/(k-2)$이다. t분포는 부록 D의 표 D–2에 표시되어 있다.

예제 21 자유도 13이 주어졌을 때 (a) t 값이 3 혹은 그 이상의 값을 가질 확률은 얼마인가? (b) t 값이 -3 혹은 그 보다 적을 확률은 얼마인가? (c) t 값의 절대치가 3 혹은 그 이상이 되는 확률은 얼마인가?

해답. 표 D.2로부터 문제 (a)에 대한 해답은 대략 0.005이며, (b)에 대한 해답은 t분포의 대칭성 때문에 0.005이다. 그리고 (c)의 해답은 0.01＝2(0.005)이다.

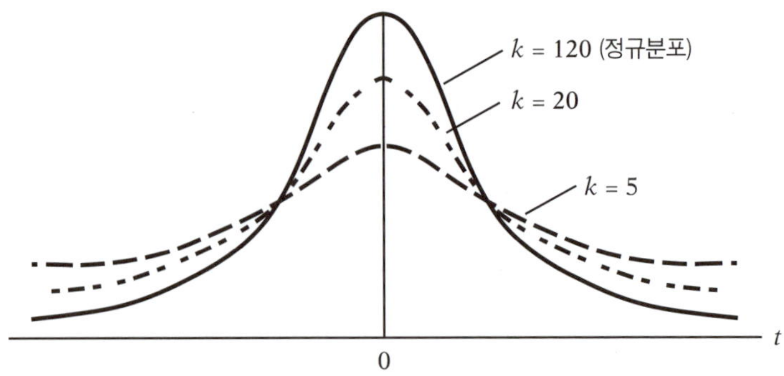

그림 A.6
몇 개의 선별된 자유도에 대한 t분포

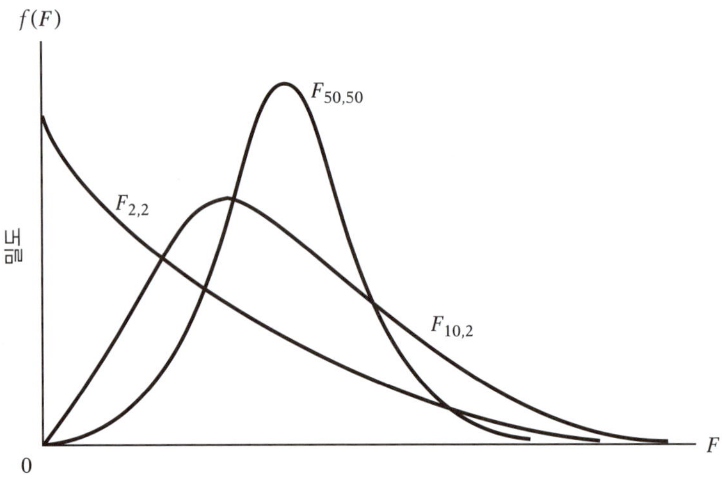

그림 A.7
상이한 자유도에 대한 F 분포

F 분포

만약 Z_1과 Z_2가 상호독립이고 자유도가 각각 k_1과 k_2인 χ^2분포를 이루고 있을 때 다음의 확률변수는

$$F = \frac{Z_1/k_1}{Z_2/k_2}$$

(피셔의) k_1과 k_2의 자유도를 지닌 F 분포를 따른다고 한다. F 분포를 이루고 있는 확률변수는 F_{k_1,k_2}로 표시한다. **여기서 k_1은 분자의 χ^2분포의 자유도를 나타내고 k_2는 분모의 χ^2분포의 자유도를 표시한다.** 기하학적으로 F 분포는 그림 A.7과 같다.

F 분포의 특성은 다음과 같다:

1. χ^2분포와 같이 F 분포 역시 오른쪽으로 치우쳐 있다. 그러나 k_1와 k_2의 값이 커짐에 따라 F 분포는 정규분포를 향하여 수렴됨을 보여줄 수 있다.
2. F 분포를 이루는 확률변수의 평균치는 $k_2/(k_2-2)$이며(단, $k_2>2$이어야 함), 분산은

$$\frac{2k_2^2(k_1+k_2-2)}{k_1(k_2-2)^2(k_2-4)}$$

인데 분산의 경우 $k_2 > 4$에 대하여 정의된다.

3. 자유도 k인 t분포를 이루는 확률변수의 자승의 분자의 자유도는 1, 분모의 자유도가 k인 F 분포가 된다. 부호로 다음과 같이 표시한다.

$$t_k^2 = F_{1,k}$$

예제 22 k_1=10 그리고 k_2=8이 주어졌을 때 (a)F의 값이 3.4 혹은 그 보다 더 클 확률을 구하라. (b) 5.8 혹은 그 보다 더 클 확률을 구하라.

해답. 표 D.3가 보여주는 바와 같이 이들 확률은 대략 (a) 0.05이고 (b) 0.01이다.

4. 만약 분모 df인 k_2가 상당히 크다면, F와 카이자승분포 사이에 다음의 관계가 성립한다.

$$k_1F \sim \chi_{k1}^2$$

즉, 상당히 큰 분모 df에 대하여 분자 df와 F값의 곱은 df가 분자 df인 카이자승값과 근사적으로 같다.

예제 23 k_1=20이고 k_2=120이라고 하자. 이 df에서 F의 5퍼센트 임계치는 1.48이다. 그러므로 k_1F=(200(1.48)=29.6이다. df가 20인 카이자승분포로부터 5퍼센트 임계치는 약 31.41이다.

자유도가 클 때에 t, χ^2 그리고 F분포들은 모두 정규분포로 수렴하기 때문에 이들 세 가지분포는 **정규분포와 연관된 분포로 알려지고 있음을 주목하라**.

베르누이 이항분포(Bernoulli Binomial Distribution)

확률변수 X의 확률밀도함수(PDF)가 다음과 같다면 (스위스 수학자의 이름을 따서) 베르누이 분포를 따른다고 한다:

$$P(X=0) = 1-p$$
$$P(X=1) = p$$

여기에서 $p, 0 \le p \le 1$은 어떤 시행이 "성공"(예컨대, 동전던지기에서 앞면이 나오는 경우)할 확률이다. 그러한 변수에 대하여 다음의 관계가 성립한다.

$$E(X) = [1 \times p(X=1) + 0 \times p(X=0)] = p$$
$$\text{var}(X) = pq$$

여기에서 $q = (1-p)$, 즉 "실패"할 확률이다.

이항분포

이항분포는 베르누이분포를 일반화시킨 것이다. n이 독립적 시행의 회수라고 하자. 이때 각 시행의 결과는 확률이 p인 "성공"과 확률이 $q = (1-p)$인 "실패"로 나타난다. 만약 X를 n 번의 시행 중에서 성공하는 횟수라고 하면 X는 PDF가 다음과 같은 이항분포를 따른다고 한다:

$$f(X) = \binom{n}{x} p^x (1-p)^{n-x}$$

여기에서 x는 n번의 시행 중에서 성공하는 횟수를 나타내고,

$$\binom{n}{x} = \frac{n!}{x!(n-x)!}$$

인데 $n!$는 n 팩토리알이라고 읽고 그 의미는 $n(n-1)(n-2) \cdots 1$ 이다.

이항분포는 n과 p 두 개의 모수로 구성된 분포이다. 이 분포는

$$E(X) = np$$
$$\text{var}(X) = np(1-p) = npq$$

과 같은 평균과 분산을 갖는다. 예를 들어 동전을 100번 던지는데 60번 앞면이 나올 확률을 구하고자 한다면 $p=0.5$, $n=100$, x=60을 위 공식에 대입하면 된다. 컴퓨터 팩키지는 그러한 확률을 계산할 수 있다.

포아송분포(Poisson Distribution)

확률변수 X가 다음의 PDF를 갖는다면 포아송분포를 따른다고 한다:

$$f(X) = \frac{e^{-\lambda}\lambda^x}{x!} \qquad \text{for } x = 0, 1, 2, \ldots, \lambda > 0$$

포아송분포는 한 개의 모수 λ에 의존한다. 포아송분포의 눈에 띄는 특성은 분산이

기대치, λ와 같다는 것이다. 즉,

$$E(X) = \text{var}(X) = \lambda$$

비선형모형을 다룬 장에서 봤던 것처럼 포아송분포는 일정 기간(예컨대 5분 동안)에 받게 되는 전화회수, 1시간 동안 받게될 속도위반 딱지, 기업이 1년동안 받게될 특허의 개수 등과 같이 잘 발생하지 않는 현상을 모형화하는데 사용된다.

A.7 통계적 추론(Statistical Inference) : 추정(Estimation)

위의 A.6절에서 우리는 몇 가지 이론적 확률분포 모형을 고찰하였다. 아주 흔히 확률변수 X가 특정 확률분포를 따르고 있지만 그 분포의 모수들의 값을 모르고 있다는 사실을 우리는 알고 있거나 혹은 그렇게 기꺼이 가정하려고 한다. 예를 들어서 X가 정규분포를 따른다면, 우리는 평균과 분산이라는 두 모수들의 값을 알기 원한다. 이와 같은 미지수를 추정하기 위하여 통상적으로 활용하는 절차는 우리가 이미 알고 있는 확률분포로부터 추출된 크기 n인 확률표본을 가지고 있다고 가정하고 그 표본을 이용하여 미지의 모수를 추정하는 것이다.[5] 이러한 절차를 추정의 문제라고 한다. 본 절에서는 이 문제를 자세히 검토하기로 한다. 추정의 문제는 2가지 범주 즉, 점추정과 구간추정으로 분류될 수 있다.

점추정(Point Estimation)

점추정에 대한 개념을 정리하기 위하여 X는 *PDF* $f(x:\theta)$를 가지고 있는 확률변수라고 하자. 이 *PDF*에서 θ는 분포의 모수이며, 논의를 간단히 하기 위하여 오직 단 하나의 미지의 모수가 있다고 가정하자. 물론 우리들의 논의는 즉시 일반화될 수 있다. 우리가 함수형태 예컨대, t분포와 같은 이론적 *PDF*를 알지만 θ값은 모른다고 가정하자. 그러므로 이 알고 있는 PDF로부터 크기 n인 확률표본을 추출하고 다음과 같은 표본값의 함수를 유도하는데

$$\hat{\theta} = f(x_1, x_2, \ldots, x_n)$$

이 함수는 참값 θ에 대한 추정치를 우리에게 제공해 준다. $\hat{\theta}$은 통계량 혹은 추정량으로 일컬어지고 있으며, 추정량이 취하는 특정한 수량적 값은 추정치라고 알려져 있다. $\hat{\theta}$은 표본자료의 함수이기 때문에 하나의 확률변수로 처리될 수 있음을 주목

---

5. $X_1, X_2, \cdots, X_n$을 결합 *PDF* $f(x_1, x_2, \cdots, x_n)$를 가진 n개의 확률변수라고 하자. 만약 우리가 아래와 같이 표시할 수 있다면, 여기서 $f(x)$는 각 X의 공통 *PDF*이다. 그러면 $x_1, x_2, \cdots, x_n$은 *PDF* $f(x_n)$를 가진 모집단으로부터 추출된 크기 n인 확률표본을 구성하고 있다고 말한다.

해야 한다. $\hat{\theta}$은 진정한 값 θ를 어떻게 추정할 수 있는가를 알려 주는 규칙 또는 공식을 제공해 준다. 만약

$$\hat{\theta} = \frac{1}{n}(x_1 + x_2 + \cdots + x_n) = \bar{X}$$

이라고 하면(단, $\bar{X}$는 표본의 평균), 이때 $\bar{X}$는 모집단의 진정한 평균값에 대한 하나의 추정량이 되는 것이다. 구체적인 예로서 $\bar{X}=50$이면 이 값은 μ에 대한 하나의 추정치가 되는 것이다. 이와 같은 방법으로 획득한 추정량 $\hat{\theta}$은 θ에 대한 단 하나의 (점)추정치를 제공하고 있기 때문에 이를 점추정량이고 부른다.

구간추정(Interval Estimation)

θ에 대한 단 한 가지 추정치를 구하는 대신에 θ에 대해서 두 가지 추정량들 즉, $\hat{\theta}_1(x_1, x_2, \cdots, x_N)$ 그리고 $\hat{\theta}_2(x_1, x_2, \cdots, x_n)$을 설정함으로써 두 개의 추정치를 얻었다고 가정하자. 그리고 이들 $\hat{\theta}$과 $\hat{\theta}_2$사이의 구간 안에 진정한 값 θ를 포함할 어떤 신뢰성(즉, 확률)을 부여할 수 있다고 가정하자. 따라서 구간추정에서는 점추정과는 대조적으로 진정한 값 θ가 존재할 수 있는 범위, 즉 구간을 설정하는 것이다.

구간추정을 설명하는 주요 개념은 추정량의 표본추출 혹은 확률분포의 개념이다. 예를 들면 X가 정규분포를 이루고 있으면, 표준평균 $\bar{X}$ 역시 평균 $=\mu$, 분산 $=\sigma^2/n$(n은 표본의 크기)의 정규분포를 이루고 있다는 것을 보여줄 수 있다. 다시 말하면 추정량 $\bar{X}$의 표본 추출 혹은 확률분포는 $\bar{X} \sim N(\mu, \sigma^2/n)$이다. 그 결과 다음과 같이 구간을 구축하면

$$\bar{X} \pm 2\frac{\sigma}{\sqrt{n}}$$

이러한 구간이 진정한 값 μ를 포함할 수 있는 확률은 대략 0.95 혹은 95%가 됨을 말하는 것이다. 따라서 우리는 사실상 μ에 대한 하나의구간 추정량을 설정한 셈이다. 앞에서 설정한 구간은 표본에 따라서 그 값이 변하는 X에 기초를 두고 있기 때문에 하나의 확률변수임을 주시해야 한다.

더욱 일반화하여 구간추정에서는 두 개의 추정량 $\hat{\theta}_1$과 $\hat{\theta}_2$을 설정하는 것이다. 이들은 모두 다음의 성질을 지닌 표본 X값의 함수들이다.

$$\Pr(\hat{\theta}_1 \le \theta \le \hat{\theta}_2) = 1 - \alpha \qquad 0 < \alpha < 1$$

즉, 이 식은 $\hat{\theta}_1$에서부터 $\hat{\theta}_2$을 사이의 구간이 진정한 값 θ를 포함하는 확률은 $1-\alpha$라는 것을 말하는 것이다. 이와 같은 구간을 θ에 대하여 크기 $1-\alpha$의 신뢰구간이

라 부르는데 $1-\alpha$를 신뢰계수라고 부른다. 만약 $\alpha = 0.05$이면 $1-\alpha = 0.95$가 되는 것이다. 그 의미는 만약 우리가 신뢰계수 0.95의 신뢰구간을 설정하면 표본추출을 반복하여, 그에 따른 구간의 설정을 반복할 때, 설정된 구간이 진정한 값 θ를 포함하고 있다고 주장한다면 100번 중 95번은 주장이 맞을 것이라는 의미이다. 일반적으로 신뢰계수는 $1-\alpha$이고 우리는 $100(1-\alpha)$의 신뢰구간을 가지고 있다고 말한다. 이 논의를 끝내면서 α는 유의수준 혹은 제1종 오류를 범할 확률이라고 말함을 주목해야 한다. 이 주제 A.8에서 다시 논의된다.

예제 24 한 모집단에서 사람의 키는 정규분포를 이루고 있으며, 평균 $=\mu$인치이고 $\sigma = 2.5$인치라고 가정하자. 지금 이 모집단으로부터 100명의사람을 임의로 추출하여 평균키 67인치를 얻었다. 모집단 전체에 대하여 모평균키($=\mu$)에 대한 95%의 신뢰구간을 설정하라.

해답. 이미 지적한 대로 $\bar{X} \sim N(\mu, \sigma^2/n)$이고, 이 경우에는 $\bar{X} \sim N(\mu, 2.5^2/100)$ 지금 표 D.1로부터 우리는

$$\bar{X} - 1.96\left(\frac{\sigma}{\sqrt{n}}\right) \le \mu \le \bar{X} + 1.96\frac{\sigma}{\sqrt{n}}$$

위의 구간이 표준정규 분포곡선 아래 면적 95%를 포함하게 된다는 것을 알고 있다. 그러므로 위에 제시된 구간은 μ에 대한 95%의 신뢰구간이 되는 것이다. 위의 식에 X, σ 그리고 N을 대입하여 우리는 95%의 신뢰구간을 다음과 같이 구할 수 있다.

$$66.51 \le \mu \le 67.49$$

이러한 측정을 반복하여 얻은 구간들은 진정한 값 μ를 95%의 신뢰성을 가지고 포함하게 될 것이다. 하나의 기술적인 관점이 여기서 지적되어야만 한다. 비록, 임의구간 $[\bar{X} - 1.96(\sigma/\sqrt{n})]$이 μ를 포함할 확률이 95%라고 말할 수 있을지라도 우리는 특정구간 [66.51, 67.49]가 μ를 포함하는 확률이 95%라는 것을 말할 수는 없다. 특정구간이 확정되면 μ가 이 구간 내부에 존재하는 확률이 0이거나 혹은 1이다. 우리가 말 할 수 있는 것은, 만약 그와 같은 구간을 우리가 100번에 걸쳐 설정 할 때 100번 가운데서 95번은 진정한 값 μ를 포함하고있다는 것이다. 즉 우리는 어느 특정구간이 반드시 μ를 포함하고 있다고는 보장할 수 없다.

추정방법

넓게 말해서, 3가지 모수추정방법이 있다: (1) 최소자승(LS), (2) 최우추정(ML), (3) 적률법(Method of Moments; MOM)과 이 방법을 확장한 일반화 적률법(Generalized method of moments: GMM)이 있다. 우리는 LS방법을 설명하는데 상당한 시간을 쏟아부었다. 4장에서는 회귀분석 맥락에서 ML 방법을 소개하였다. 그러나 이 방법의 응용범위는 훨씬 더 넓다.

ML의 배경이 되는 기본개념은 우도함수이다. 이를 설명하기 위하여 확률변수

X가 PDF $f(X,\theta)$를 갖는다고 하자. 즉, 이 PDF는 1개의 모수에 의존한다. 우리는 PDF(예컨대, 베르누이분포 또는 이항분포)를 알고 있지만 모수값을 모른다. 가령 n 개의 X값으로 구성된 확률표본을 구했다고 하자. 이 n 개의 값들의 결합 PDF는 :

$$g(x_1, x_2, \ldots, x_n; \theta)$$

과 같다. 이 표본이 확률표본이기 때문에 다음과 같이 위의 결합PDF를 개별적인 PDF의 곱으로 표현할 수 있다:

$$g(x_1, x_2, \ldots, x_n; \theta) = f(x_1; \theta) f(x_2; \theta) \cdots f(x_n; \theta)$$

결합PDF에는 두 가지 해석이 가능하다. θ를 안다면 이를 주어진 표본값을 얻게되는 결합확률이다. 다른 한편으로는, 주어진 값 $x_1, x_2, \ldots, x_n$에 대하여 θ의 함수로 취급할 수 있다. 뒤의 해석에 대하여 결합 PDF를 우도함수(LF)라고 부르고 다음과 같이 표현한다

$$L(\theta; x_1, x_2, \ldots, x_n) = f(x_1; \theta) f(x_2; \theta) \cdots f(x_n; \theta)$$

결합PDF와 우도함수에서의 θ의 상반된 역할을 주목하여라

θ에 대한 ML 추정량은 (표본) 우도함수, L을 최대화시키는 θ값이다. 수학적 편의를 위하여 가끔 우도함수에 로그를 취하는데 이를 로그-우도함수(log L)이라고 부른다. 극대화를 위한 미분규칙을 따라, 로그-우도함수를 미지의 값에 대하여 미분한 후 이를 0으로 놓는다. 최대화의 결과를 최우추정량이라고 부른다. 그리고 최대화 과정으로 구한 값이 진정한 최대값인지 확신하기 위하여 최대화를 위한 2계 조건를 확인할 수도 있다.

1개 이상의 미지의 모수가 있는 경우 로그-우도함수를 각 미지의 모수에 대하여 미분하고 이들 표현들을 0으로 놓은 후 미지의 모수값을 구하기 위하여 이들 식들을 연립적으로 푼다. 우리는 다중회귀모형에 대하여 이를 보인 바 있다(4장, 부록 4A.1을 참조할 것).

예제 25 확률변수 X가 평균값 λ인 포아송분포를 따른다고 가정하자. 그리고 $x_1, x_2, \cdots, x_n$이 각각 평균이 λ의 독립인 포아송분포를 따른다고 하자. 이때 λ에 관한 ML 추정량을 찾고자 한다. 우도함수는

$$\begin{aligned} L(x_1, x_2, \ldots, x_n; \lambda) &= \frac{e^{-\lambda}\lambda^{x_1}}{x_1!} \frac{e^{-\lambda}\lambda^{x_2}}{x_2!} \cdots \frac{e^{-\lambda}\lambda^{x_n}}{x_n!} \\ &= \frac{e^{-n\lambda}\lambda^{\Sigma x_i}}{x_1! x_2! \cdots x_n!} \end{aligned}$$

과 같다. 위의 식은 아주 다루기 어려운 표현이지만, 로그를 취하는 경우

예제 25
(계속)

$$\log(x_1, x_2, \ldots, x_n; \lambda) = -n\lambda + \sum x_i \log \lambda - \log c$$

로 된다. 여기에서 $log\ c = \Pi x_i!$ 이다. 위의 표현을 λ에 관하여 미분하면 $(-n + (\Sigma x_i)/\lambda)$를 구한다. 이 마지막 표현을 0으로 놓으면 $\lambda_{ml} = (\Sigma x_i)/n = \bar{X}$, 즉 미지의 모수 λ에 대한 ML추정량을 얻는다.

적률법(Method of Moments)

표본 적률은 모집단 적률의 특성을 복제하려고 한다는 소위 유사성 원리를 연습문제 3.4에서 다루면서 적률법을 잠깐 엿보았었다. MOM를 일반화시킨 일반화 적률법(GMM)은 요즘 매우 잘 알려져 있지만 아직 입문수준에서는 잘 다루지 않는다. 그러므로 여기에서 이들을 다루지 않기로 한다.

점추정량의 특성: 점추정량의 바람직한 특성은 두 가지 범주로 분류된다. 즉 소표본 혹은 유한표본 특성과 대표본 혹은 점근특성으로 분류된다. 이 두가지 특성들을 설명하는 주요 개념은 하나의 추정량이 표본추출 혹은 확률분포를 이루고 있다는 사실이다.

소표본(Small-Sample Properties)의 특성

불편성(Unbiasedness)

만약 한 추정량의 $\hat{\theta}$의 기대치가 진정한 값 θ와 동일하게 될 때 $\hat{\theta}$을 θ의 불편 추정량이라고 부른다. 즉

$$E(\hat{\theta}) = \theta$$

혹은

$$E(\hat{\theta}) - \theta = 0$$

만약 이와 같은 등식관계가 성립하지 않는다면 그 추정량은 편의성을 지니고 있다고 한다. 그러므로 $\text{Bias}(\hat{\theta}) = E(\hat{\theta}) - \theta$이면 불편 추정량이 되며 편의는 0가 되는 것이다.

기하학적으로 그림 A.8에 묘사되어 있다. 이 그림으로부터 불편성은 표본추출을 반복할 때 나타나는 특성이며, 어느 주어진 표본의 특성이 아님을 주목해야 한다. 표본의 크기가 고정되어 있다면 우리는 여러 개의 표본을 추출할 수 있으며 매 추출때마다 미지의 모수에 대한 추정치를 얻을 수 있는 것이다. 만약 그 추정량이 불편성을 지니고 있다면, 반복된 표본추출에서 얻은 이들 추정치들의 평균값이 진정한 값과 같아진다고 기대할 수 있는 것이다.

그림 A.8
편의성을 지닌 추정량과 불편 추정량

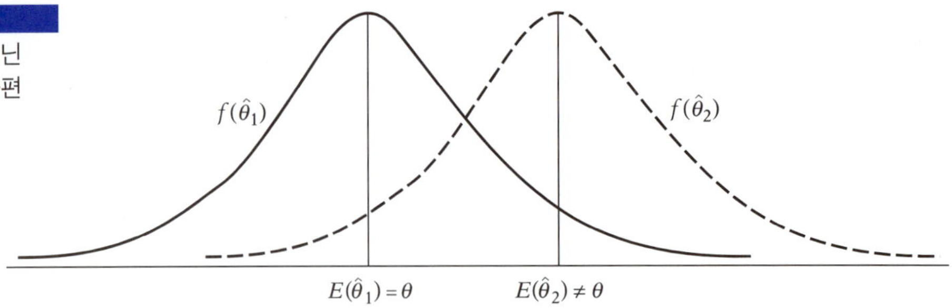

그림 A.9
θ에 대한 3개 추정량의 확률분포

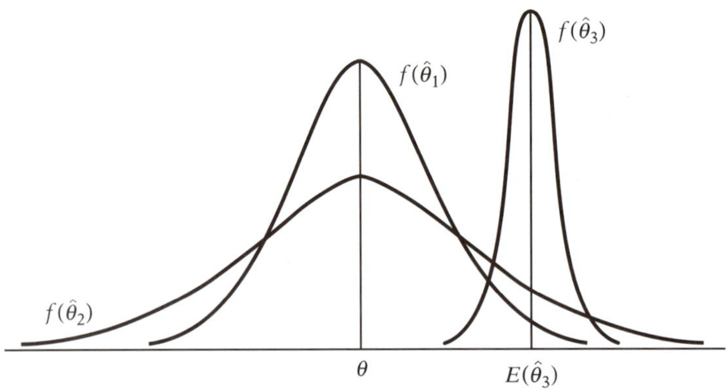

최소분산(Minimum Variance)

만약 $\hat{\theta}_1$의 분산이 또 하나의 다른 추정량인 $\hat{\theta}_2$분산과 적어도 같거나 더 적다면 $\hat{\theta}_1$은 θ의 최소분산 추정량이라고 말한다. 기하학적으로 표현된 그림 A.9에서 우리는 θ에 대한 3개의 추정량 즉, $\hat{\theta}_1, \hat{\theta}_2$, 그리고 $\hat{\theta}_3$과 그들의 확률분포를 볼 수 있다. 그러므로 우리가 3가지 가능한 추정량을 가정한다면, $\hat{\theta}_3$이 최소의 분산을 가진 추정량임을 알 수가 있다. 그러나 $\hat{\theta}_3$은 편의를 지닌 추정량임을 주목해야 한다(그 이유는?)

최량 불편(Best Unbiased) 혹은 효율적(Efficient) 추정량

만약 $\hat{\theta}_1$과 $\hat{\theta}_2$가 θ에 대한 2개의 **불편추정량**이라고 하고 $\hat{\theta}_1$의 분산이 $\hat{\theta}_2$의 분산보다도 작거나 또는 기껏해야 같을 때, $\hat{\theta}_1$은 최소분산과 불편성을 지니고 있다고 말하거나 혹은 최량 불편 혹은 효율적 추정량이라고 부른다. 그래서 그림 A.9에서 $\hat{\theta}_1$과 $\hat{\theta}_2$의 불편추정량 가운데서 $\hat{\theta}_1$이 최량 불편 혹은 효율적 추정량이 되는 것이다.

선형성(Linearity)

한 추정량이 $\hat{\theta}$이 만약 표본 관측치들의 선형함수로 표시될 때 우리는 그것을 선형 추정량이라고 부른다. 그리하여 아래와 같이 정의된 표본평균은

$$\bar{X} = \frac{1}{n}\sum X_i = \frac{1}{n}(x_1 + x_2 + \cdots + x_n)$$

X값들의 선형함수이기 때문에 선형추정량이라고 부를 수 있다.

최량선형불편추정량(BLUE)

만약 $\hat{\theta}$이 선형이며 불편성을 지니고 θ의 모든 선형불편추정량의 집합 가운데서 최소의 분산을 가지고 있다면, 그 $\hat{\theta}$을 최량선형불편추정량 혹은 줄여서 BLUE라고 부른다.

최소평균자승오차(Minimum Mean-Square-Error; MSE) 추정량

한 추정량 $\hat{\theta}$의 MSE는 아래와 같이 정의된다.

$$\text{MSE}(\hat{\theta}) = E(\hat{\theta} - \theta)^2$$

MSE는 다음과 같이 정의되는 $\hat{\theta}$의 분산과는 비교가 된다.

$$\text{var}(\hat{\theta}) = E[\hat{\theta} - E(\hat{\theta})]^2$$

이들 두 개념 사이의 차이는 var($\hat{\theta}$)은 $\hat{\theta}$가 그의 평균 혹은 기대치를 중심으로 퍼져 있는 정도를 측정하는 것이며 MSE($\hat{\theta}$)는 모수의 진정한 값을 중심으로 $\hat{\theta}$이 퍼져있는 정도를 말한다. 두 개념 사이의 관계는 다음과 같다:

$$\begin{aligned}
\text{MSE}(\hat{\theta}) &= E(\hat{\theta} - \theta)^2 \\
&= E[\hat{\theta} - E(\hat{\theta}) + E(\hat{\theta}) - \theta]^2 \\
&= E[\hat{\theta} - E(\hat{\theta})]^2 + E[E(\hat{\theta}) - \theta]^2 + 2E[\hat{\theta} - E(\hat{\theta})][E(\hat{\theta}) - \theta] \\
&= E[\hat{\theta} - E(\hat{\theta})]^2 + E[E(\hat{\theta}) - \theta]^2 \qquad \text{마지막 항이 0 이므로}^6 \\
&= \text{var}(\hat{\theta}) + \text{bias}(\hat{\theta})^2 \\
&= \text{variance of } \hat{\theta} \textit{ plus } \text{square bias}
\end{aligned}$$

물론 편의가 0이라면 $MSE(\hat{\theta}) = var(\hat{\theta})$이다.

최소 MSE기준은 몇 개의 서로 경합이 되는 추정량 가운데서 MSE가 가장 적은 추정량을 선택하는 방법이다. 그러나 그와 같은 추정량을 찾을 수 있다 하더라도 상충관계의 존재, 즉 최소의 분산을 얻기 위하여 어느 정도의 편의를 수용하지 않으면 안된다는 사실을 주목해야 한다. 기하학적으로 그와 같은 상황은 그림 A.10에 제시되어 있다. 이 그림에서 $\hat{\theta}_2$은 약간의 편의를 지니고 있으나 그 분산은 불편추정량 $\hat{\theta}_1$보다 적게 나타나고 있다. 실제에 있어서 최소 MSE기준은 적은 분산을 가지고 있는 추정량을 구함에 있어서 최량 불편성 기준을 적용하기가 불가능할 때 사용된다.

---

6. 마지막 항은 $2\{[E(\hat{\theta})]^2 - [E(\hat{\theta})]^2 - \theta E(\hat{\theta}) + \theta E(\hat{\theta})\} = 0$로 쓸 수 있다. 또한 $E[E(\hat{\theta}) - \theta]^2 = [E(\hat{\theta}) - \theta]^2$임을 주의하여라. 왜냐하면 상수의 기대치는 상수 자신이기 때문이다.

그림 A.10
편이와 분산
사이의 상충관계

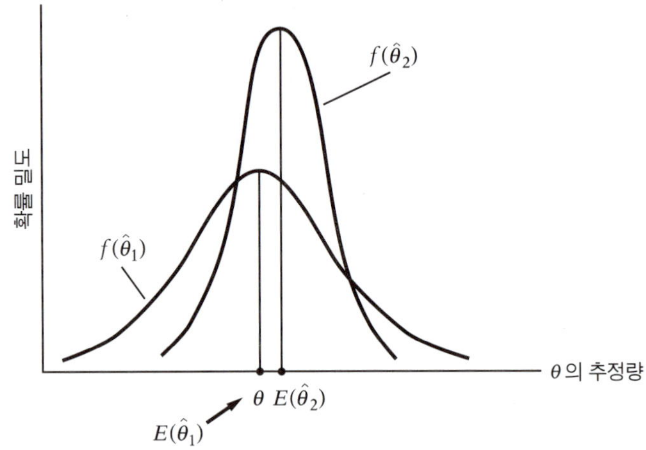

대표본 특성(Large-Sample Properties)

때때로 하나의 추정량은 소표본의 추정량으로 갖추어야 할 특성 가운데서 하나 혹은 둘 이상을 만족하지 못하는 경우가 있다. 그러나 표본의 크기가 무한대로늘어나면서 추정량들은 몇 개의 바람직한 통계적 특성들을 갖추게 된다, 이러한 특성을 대표본 혹은 점근적 특성(asymptotic properties)이라고 말한다.

점근적 불편성

통계적 추정량 $\hat{\theta}$은 다음의 조건이 만족되면 점근적 불편추정량이라고 말한다.

$$\lim_{n\to\infty} E(\hat{\theta}_n) = \theta$$

여기서 $\hat{\theta}_n$은 통계량이 n의 크기를 가진 표본에 기초하고 있으며 lim은 극한을 의미하고 $n \to \infty$은 n이 무한대로 증가함을 의미한다. 다른 말로 표현하면, 만약 표본의 크기가 계속 증가함에 따라서 그의 기대치 즉 평균이 모집단의 진정한 값으로 수렴할 때 $\hat{\theta}$은 θ의 점근불편 추정량이라고 한다. 한 예로서 확률변수 X의 표본 분산을 아래와 같이 측정키로 하자.

$$S^2 = \frac{\sum(X_i - \bar{X})^2}{n}$$

이것을 다음과 같이 나타낼 수 있다.

$$E(S^2) = \sigma^2\left(1 - \frac{1}{n}\right)$$

위에서 σ^2은 모분산의 진정한 값을 표시한다. 소표본에서 S^2은 편의를 가지고 있으나 n이 무한대로 증가함에 따라, 즉 기대치 $E(S^2)$은 진정한 값 σ^2으로 접근하는 것이 자명하게 나타난다. 그러므로 S^2은 점근불편성을 지니고 있다.

일치성(Consistency)

만약 표본의 크기가 점점 늘어날 때, $\hat{\theta}$이 진정한 값 θ로 수렴하면 $\hat{\theta}$을 θ의 일치성 추정량이라고 말한다. 그림 A.11은 이와 같은 특성을 잘 설명해 주고 있다.

이 그림에서 표본의 크기가 25, 50, 80 그리고 100이 될때 $\hat{\theta}$의 분포를 설명해 주고 있다. 그림이 보여주는 바와 같이 N=25일 때 표본분포가 진정한 값 θ를 중심으로 형성되지 않기 때문에 편의를 지니고 있다고 볼 수 있다. 그러나 N의 크기가 늘어남에 따라 $\hat{\theta}$의 분포는 θ를 중심으로 한 분포에 더욱 가까이 접근(즉, $\hat{\theta}$은 점점 편의성이 없어져 가는 것이다)하며 그 분산 역시 점점 적어지는 경향을 나타내고 있다. 만약 극한에서(즉, N이 무한대로 증가할때) $\hat{\theta}$분포가 단 하나의 점 θ가 되어버리면 다시 말하여 $\hat{\theta}$의 분포에서 확산 또는 분산이 0이라면 $\hat{\theta}$은 θ의 일치 추정량이라고 말한다.

더욱 공식적으로 표현하여 만약 $\hat{\theta}$과 θ사이에 존재하는 차이의 절대값이 δ(임의의 작은 양의 값)보다 적을 확률이 1에 수렴할 때 추정량 $\hat{\theta}$과 θ의 일치추정량이라고 부른다. 수학적 부호로는

$$\lim_{n\to\infty} P\{|\hat{\theta}-\theta|<\delta\}=1 \qquad \delta>0$$

위에서 P는 확률을 의미한다. 이것은 때때로 다음과 같이 표시된다.

$$\operatorname*{plim}_{n\to\infty} \hat{\theta}=\theta$$

그림 A.11
표본의 크기가 증가함에 따른 θ의 분포

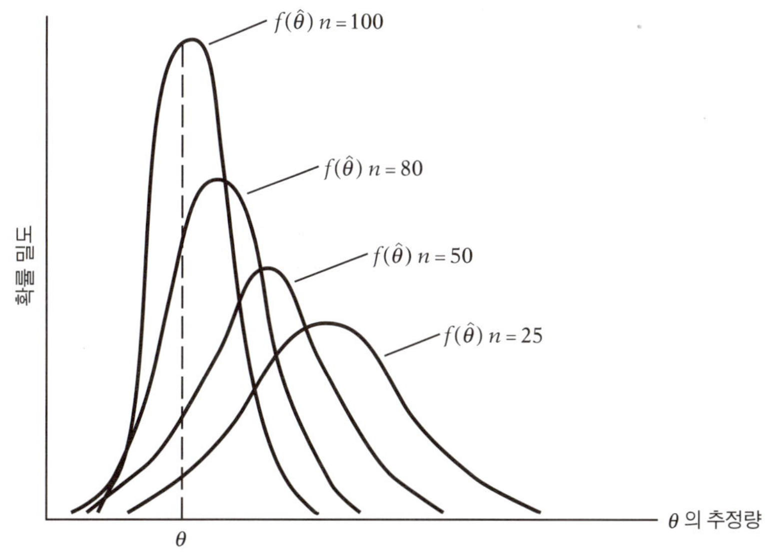

위에서 plim은 확률극한을 의미한다.

불편성과 일치성의 특성은 개념적으로 대단히 상이한 것임을 주목하여야 한다. 불편성의 특성은 표본의 크기에 불문하고 성립될 수 있는 반면에 일치성은 엄밀하게 대표본의 특성인 것이다. 일치성을 위한 충분조건은 표본의 크기가 무한대로 늘어남에 따라 편의와 분산 모두가 0으로 수렴되는 것을 말한다.[7]

다른 표현으로 **일치성에 대한 충분조건**은 n이 무한대로 증가함에 따라 $MSE(\hat{\theta})$가 0으로 수렴되는 것을 말한다 ($MSE(\hat{\theta})$)에 대하여 앞의 논의를 참조할 것.).

예제 26 $X_1, X_2, \cdots, X_n$은 평균 μ와 분산 σ^2을 가진 분포로부터 얻은 확률표본이라고 하자. 표본평균 $\bar{X}$가 μ의 일치추정량이 됨을 보여라.

해답. 통계학의 기초이론으로부터 $E(\bar{X}) = \mu$, $var(\bar{X}) = \sigma^2/n$은 잘 알고 있다. 표본의 크기에 상관없이 $E(\bar{X}) = \mu$,이기 때문에 그것은 불편성을 지니고 있는 것이다. 또한 n이 무한대로 증가함에 따라서 $var(\bar{X})$는 0으로 향하므로 $\bar{X}$는 μ의 일치추정량이 되는 것이다.

확률극한에 대한 다음의 원칙은 주목할 가치가 있다.

1. **일관성(Slutsky특성)**. 만약 $\hat{\theta}$가 θ의 일치 추정량이고 나아가서 $h(\hat{\theta})$이 $\hat{\theta}$의 임의의 연속함수이면 다음과 같이 표시할 수 있다.

$$\operatorname*{plim}_{n\to\infty} h(\hat{\theta}) = h(\theta)$$

이것이 의미하는 바는 만약 $\hat{\theta}$가 θ의 일치 추정량이라면 $1/\hat{\theta}$ 역시 $1/\theta$의 일치추정량이 되며 또는 $log(\hat{\theta})$이 $log(\theta)$의 일치추정량임이 됨을 말한다. 이와같은 특성은 기대치 연산자 E에 대하여 성립하지 않음을 주목해야 한다. 다시 말하면 $\hat{\theta}$이 θ의 불편추정량이 되면, [즉 $E(\hat{\theta})=\theta$], $1/\hat{\theta}$은 $1/\theta$의 불편추정량이 되지 않는 것이다. 다시 말하여, $E(1/\hat{\theta}) \neq 1/E(\hat{\theta}) \neq 1/\hat{\theta}$.

2. 만약 b가 상수이면

$$\operatorname*{plim}_{n\to\infty} b = b$$

즉 상수의 확률극한은 같은 상수가 되는 것이다.

3. 만약 $\hat{\theta}_1$과 $\hat{\theta}_2$이 일치추정량이라고 한다면

$$\text{plim}(\hat{\theta}_1 + \hat{\theta}_2) = \text{plim}\,\hat{\theta}_1 + \text{plim}\,\hat{\theta}_2$$
$$\text{plim}(\hat{\theta}_1\hat{\theta}_2) = \text{plim}\,\hat{\theta}_1\,\text{plim}\,\hat{\theta}_2$$
$$\text{plim}\left(\frac{\hat{\theta}_1}{\hat{\theta}_2}\right) = \frac{\text{plim}\,\hat{\theta}_1}{\text{plim}\,\hat{\theta}_2}$$

7. 더욱 엄밀하게, $\lim_{n\to\infty} E(\hat{\theta}_n) = \theta$ 그리고 $\lim_{n\to\infty} \text{var}(\hat{\theta}_n) = 0$

일반적으로 마지막 두 가지 특성은 기대치연산자 E에 대하여 성립하지 않는 것이다. 그리하여 $E(\hat{\theta}_1/\hat{\theta}_2) \neq E(\hat{\theta}_1)/E(\hat{\theta}_2)$이다. 같은 방법으로 $E(\hat{\theta}_1\hat{\theta}_2) \neq E(\hat{\theta}_1)E(\hat{\theta}_2)$. 그러나 $\hat{\theta}_1$과 $\hat{\theta}_2$이 상호독립적으로 분포를 이루고 있으면 이미 지적한 바와 같이 $E(\hat{\theta}_1\hat{\theta}_2) = E(\hat{\theta}_1)E(\hat{\theta}_2)$이다.

점근적 효율성

$\hat{\theta}$를 θ의 추정량이라 하자. $\hat{\theta}$의 점근적 분포의 분산을 $\hat{\theta}$의 점근적 분산이라고 부른다. 만약 $\hat{\theta}$가 일치추정량이고 점근적 분산이 θ에 관한 모든 다른 일치추정량들의 점근적 분산보다 작다면 $\hat{\theta}$을 점근적으로 효율적이라 한다.

점근적 정규분포(Asymptotic Normality)

하나의 추정량 $\hat{\theta}$은 표본의 크기 n이 무한대로 증가함에 따라 그의 표본분포가 정규분포로 수렴하여 갈 때, 점근적 정규분포를 이루고 있다고 말한다. 예를 들어서, 통계이론에서는 만약 $X_1, X_2 ..., X_n$이 각기 같은 평균 μ와 같은 분산 σ^2을 가진 독립된 정규분포를 이루고 있다면 표본평균 $\bar{X}$도 또한 평균 μ와 분산 σ^2/n을 가진 정규분포를 이루고 있음을 말하고 있다. 그러나 X_i가 평균 μ와 분산 σ^2을 가진 독립된 확률변수이나, 반드시 정규분포로서 추출되지 않았다고 하더라도 표본평균 $\bar{X}$는 표본의 크기 n이 무한대로 늘어남에 따라 평균 μ와 분산 σ^2/n을 가진 점근적 정규분포를 이루게 되는 것이다. 이것은 사실상 앞에서 논의한 중심극한정리를 말하는 것이다.

A.8 통계적 추론 : 가설검정(Hypothesis Testing)

추정과 가설검정은 고전적 통계추론에서 쌍둥이 영역을 구성하고 있다. 추정의 문제를 검토했기 때문에 이제 우리는 통계적 가설검정의 문제를 간략히 살펴보기로 한다.

가설 검정의 문제는 다음과 같이 설명될 수 있다. 우리가 이미 알고 있는 PDF $f(x;\theta)$를 지닌 하나의 확률변수 X를 가정하자. 여기서 θ는 확률분포의 모수이다. n의 크기를 가진 확률표본을 얻은 후 점추정량 $\hat{\theta}$을 구했다. 진정한 값 θ는 흔히 알려지고 있지 않기 때문에 우리는 다음의 질문을 제기한다: θ^*을 θ의 특정한 값이라 할 때 θ가 θ^*의 값을 가진다고 가설을 세운다면 $(\theta = \theta^*)$, 추정된 $\hat{\theta}$이 이 가설과 부합되는가? 가설검정의 용어를 빌리면 $\theta = \theta^*$는 귀무(주장된)가설이라고 부르며 일반적으로 H_0으로 표현한다. 귀무가설은 $\theta \neq \theta^*$를 뜻하는 대립가설 H_1과 대립되어 검정된다 (주:어떤 교과서에서는 H_0과 H_1을 각각 H_1과 H_2로 표시하고 있다.).

귀무가설과 대립가설은 단순가설 혹은 복합가설이 될 수 있다. 한 가설이 확률분포의 모수(들)의 값(들)을 구체적으로 확정할 때 **"단순"**가설이라고 하며 그렇지 않은 경우에는 **복합**가설이라고 말한다. 그리하여 만약$X \sim N(\mu, \sigma^2)$이고 다음과 같이 표현하면

$$H_0\colon \mu = 15 \qquad \text{and} \qquad \sigma = 2$$

이는 단순가설이 되는 것이다. 그러나 만약 아래와 같이 표현되면

$$H_0\colon \mu = 15 \qquad \text{and} \qquad \sigma > 2$$

이 경우에는 σ의 값이 확정되지 않았기 때문에 복합가설이 되는 것이다.

귀무가설을 검정하기 위하여(즉, 그의 정당성을 검정하기 위하여) 우리는 검정통계량으로 알려지고 있는 것을 구하기 위해서 표본의 정보를 활용한다. 흔히 이와 같은 **검정통계량의 확률분포**를 구하여 신뢰구간 혹은 유의도 검정법으로 귀무가설을 검정하는 것이다. 구체적 절차는 아래와 같이 설명할 수 있다. 이 절차를 구체적으로 설명하기 위하여 모집단이 사람의 키 (X)와 관련된 예제 24로 돌아가 보자. 우리는 다음 사실을 알고 있다.

$$X_i \sim N(\mu, \sigma^2) = N(\mu, 2.5^2)$$
$$\bar{X} = 67 \qquad n = 100$$

이제 다음을 가정하자

$$H_0\colon \mu = \mu^* = 69$$
$$H_1\colon \mu \neq 69$$

위의 질문은 다음과 같다. 통계량 $\bar{X}=67$을 가진 표본은 평균 69를 가진 모집단으로부터 추출되었는가? 우리는 직관적으로 만약 $\bar{X}$가 μ^*에 "충분히 가까우면" 귀무가설을 수락하고, 그렇지 않은 경우에는 귀무가설을 기각하여 대립가설을 받아들이게 되는 것이다. 그렇다면 우리는 어떻게 $\bar{X}$가 μ^*에 "충분히 가깝다"는 것을 결정할 수 있는가? 우리는 이 문제에 대하여 두 가지 접근법을 채택할 수 있다. (1) 신뢰구간과 (2) 유의도 검정의 방법이 그것인데 이들 두 방법에 따르면 어떠한 특정 문제에 응용하더라도 동일한 결론을 얻게 된다.

신뢰구간 접근방법(Confidence Interval Approach)

$X_i \sim N(\mu, \sigma^2)$이기 때문에 우리는 통계량 $\bar{X}$가 다음과 같은 분포를 이루고 있음을 알고 있다.

$$\bar{X} \sim N(\mu, \sigma^2/n)$$

$\bar{X}$의 확률분포를 알고 있기 때문에 $\bar{X}$에 기초하여 μ에 대한 $100(1-\alpha)$ 신뢰구간을 설정하여 이 신뢰구간 안에 $\mu=\mu^*$가 존재하는가를 조사할 수 없을까? 만약 그 구간 안에 존재한다면 우리는 귀무가설을 기각할 수 없고, 그 신뢰구간안에 존재하지 않는다면 우리는 귀무가설을 기각할 수 있을 것이다. 그리하여 만약 $\alpha=0.05$이면 우리는 95%의 신뢰구간을 가지고 있으며, 그리고 만약 μ^*가 이와 같은 신뢰구간 내부에 있다면 우리는 귀무가설을 채택할 수 있다(적어도 귀무가설을 기각하지는 않는다.). 즉 이와 같은 방법으로 설정된 100개의 신뢰구간들 가운데서 95개는 μ^*를 포함하게 되는 것이다.

실질적 절차는 다음과 같다. $X \sim N(\mu, \sigma^2/n)$이기 때문에 다음식이 성립한다.

$$Z_i = \frac{\bar{X}-\mu}{\sigma/\sqrt{n}} \sim N(0, 1)$$

즉, 이것은 표준정규분포 확률변수이다. 그러면 표준정규분포표로부터 다음 확률을 알 수 있다.

$$\Pr(-1.96 \le Z_i \le 1.96) = 0.95$$

즉,

$$\Pr\left(-1.96 \le \frac{\bar{X}-\mu}{\sigma/\sqrt{n}} \le 1.96\right) = 0.95$$

위 식을 재정돈하면 다음을 얻을 수 있다.

$$\Pr\left[\bar{X} - 1.96\frac{\sigma}{\sqrt{n}} \le \mu \le \bar{X} + 1.96\frac{\sigma}{\sqrt{n}}\right] = 0.95$$

이것은 μ에 대한 95%의 신뢰구간인 것이다. 이와 같은 구간을 설정한 이후 귀무가설을 검정하는 일은 손쉬운 일이다. 우리가 해야 할 것은 단지 $\mu=\mu^*$가 이들 구간 안에 존재하고 있는가를 알아보는데 있다. 만약 그 구간 안에 있다면 우리는 귀무가설을 채택할 수 있을 것이고, 그렇지 않다면 귀무가설을 기각할 수 있다.

우리의 예제 24로 돌아가서 μ에 대한 95%의 신뢰구간을 다음과 같이 이미 설정하였다.

$$66.51 \le \mu \le 67.49$$

이 구간은 분명히 $\mu=69$를 포함하고 있지 않다. 그러므로 우리는 95%의 신뢰계수를 가지고 μ의 진정한 값이 69라는 귀무가설을 기각할 수 있는 것이다. 기하학적으

그림 A.12
μ에 대한 95% 신뢰구간

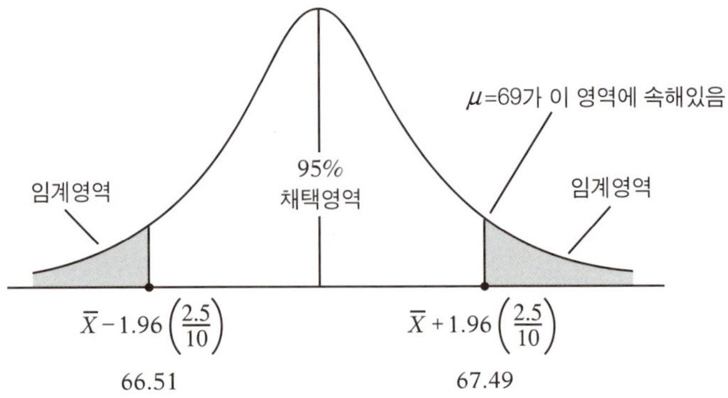

로 이와 같은 상황은 그림 A.12에 묘사되어 있다.

가설검정의 용어에서 우리가 설정한 신뢰구간을 채택영역이라고 부르며 채택영역 밖의 영역(들)은 귀무가설을 기각하는 임계영역(들) 혹은 기각영역(들)이라고 부른다. 채택영역의 하한값과 상한값(기각영역으로 분리되는)들을 임계치라고 부른다. 가설검정에서 만약 가설로 설정된 값이 수락영역 내부에 있을 때는 귀무가설을 채택하고 그렇지 않는 경우에는 기각하게 되는 것이다.

H_0를 채택하느냐, 기각하느냐를 결정함에 있어서 우리는 두 종류의 오차를 범할 가능성에 주목하는 것이 중요하다. (1) 사실상 귀무가설이 진실인데도 불구하고 귀무가설을 기각하는 경우 이를 우리는 제1종 오류(Type I error)라고 부른다. (앞에 나온 예에서 $\bar{X}=67$은 평균치 69를 가진 모집단으로부터 추출될 수도 있는 것이다) 혹은 (2) 실제로는 진실이 아닌데도 불구하고 귀무가설을 채택하는 것이다. 이러한 오차를 제2종 오류(Type II error)라고 부른다. 그러므로 가설검정은 μ의 진정한 값을 설정하지는 않는다. 그것은 단지 우리가 $\mu=\mu^*$처럼 행동할 수 있는가에 대한 결정을 할 수 있는 수단만을 제공할 뿐이다.

제 I 종 오류와 제 2종 오류

그림으로 나타내면 다음과 같이 정리할 수 있다.

	상황	
결정	**H_0가 옳음**	**H_0가 틀렸음**
기각	1종 오류	오류 없음
기각하지 않음	오류없음	2종오류

이상적으로 우리는 제 1종오류와 제2종오류 모두를 극소화하려고 한다. 그러나 불행하게도 어떤 주어진 표본에 대하여 2가지의 오류를 동시에 최소화한다는 것은 불가능한 일이다. 이러한 문제에 대한 고전적 접근은 Neyman과 Pearson의 연구에 잘 나타나고 있으며, 이 방법은 실제로 제2종오류 보다도 제 1종오류가 훨씬 더 중대하다는 것을 가정하고 있다. 그러므로 우리는 제 1종오류를 범할 확률을

0.01 혹은 0.05와 같은 아주 낮은 수준의 확률로 유지한 채 제2종 오류를 최소화하려고 노력해야 한다.

문헌에서는 제1종 오류를 α라고 표기하고 유의수준이라 부르는 한편, 제 2종오류를 β라고 표기한다. 제2종오류를 범하지 않을 확률은 $1-\beta$로 표시되고 흔히 검정력이라고 부른다. 다른 말로 하자면, **검정력이란 틀린 귀무가설을 기각하는 능력**이다. 가설검정에 대한 고전적 접근법은 α의 값을 0.01이나 0.05와 같은 수준에 고정시키고 검정력을 극대화하는데 있다. 다시 말하여 β의 값을 극소화하는 것이다.

학생들은 검정력의 개념을 이해하는 것이 중요한데 이는 예제에 잘 설명되어 있다.[8]

$X \sim N(\mu, 100)$라고 하자: 즉, X는 평균이 μ이고 분산이 100인 정규분포를 따른다. $\alpha = 0.05$라고 가정하자. 25개의 관측치로 구성된 표본이 있는데, 표본평균 값은 $\bar{X}$라고 하자. 나아가서, $H_0: \mu = 50$이라는 가설을 검정하고자 한다. X가 정규분포를 따르므로 표본평균도 다음과 같은 정규분포를 따른다: $\bar{X} \sim N(\mu, 100/25)$. 따라서 $\mu = 50$로 제시된 귀무가설 하에서 $\bar{X}$의 95% 신뢰구간은 $(\mu \pm 1.96\sqrt{100/25}) = \mu \pm 3.92$, 즉 (46.08에서 53.92)이다. 그러므로 임계영역은 46.08보다 작거나 53.92보다 큰 모든 X값으

그림 A.13 $N = 25, \sigma = 10, \mu = 48, 50, 52, 56$인 경우의 X의 분포. $H: \mu = 50$하에서 $\alpha = 0.05$인 임계영역은 $\bar{X} < 46.1$과 $\bar{X} > 53.9$이다. 색칠된 영역은 $\bar{X}$가 각 임계영역에 포함될 확률을 나타낸다. 이 확률은 각각 :

0.17 if $\mu = 48$ 0.17 if $\mu = 52$
0.05 if $\mu = 50$ 0.85 if $\mu = 56$

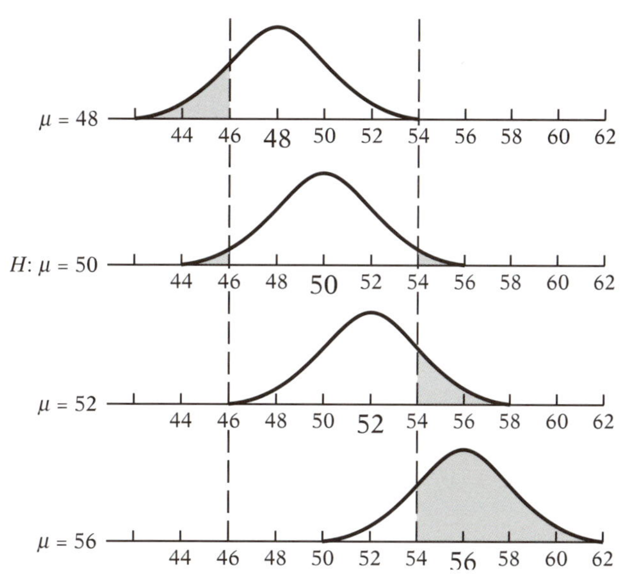

8. 이하의 논의와 그림은 Helen M. Walker and Joseph Lev, *Statistical Inference*, Holt, Rinehart and Winston, New York, 1953, pp.161–162 에 기초하고 있음.

로 구성되어 있다. 다시 말해서, 표본평균값이 46.08보다 작거나 53.92보다 크다면 진정한 평균이 50이라는 귀무가설을 기각할 것이다.

그러나 진정한 μ가 50이 아니라면 위의 임계영역에 $\bar{X}$가 포함될 확률은 얼마인가? 가령 3개의 가설이 있다고 하자: $\mu=48, \mu=52, \mu=56$. 이들 가설 중에 어느 것이 참이라면 이는 $\bar{X}$의 분포의 실제 평균이 될 것이다. σ^2을 100이라고 가정하였으므로 3개의 가설에 대하여 표준오차는 일정하다.

만약 각 가설이 참인 경우 $\bar{X}$가 임계영역에 포함될 확률을 그림 A.13의 색칠된 부분이 보여준다. 쉽게 확인할 수 있듯이, 이 확률은 0.17($\mu=48$의 경우), 0.05($H_0: \mu=50$의 경우), 0.17($\mu=52$의 경우),0.85($\mu=56$의 경우)이다. 이 그림에서 볼 수 있듯이, μ의 진정한 값이 고려중인 가설(여기에서는 $\mu=50$)과 상당히 다를 때 가설을 기각할 확률이 높지만 진정한 값이 귀무가설 하에서의 값과 많이 다르지 않을 때 기각할 확률이 작다. 의미상으로 볼 때 귀무가설과 대립가설이 아주 가깝게 뭉쳐있다면 이는 매우 일리가 있다.

나아가 검정력함수를 나타낸 그림 A.14를 고려한다면 또 다른 사실을 볼 수 있다; 이 곡선은 검정력 곡선이라고 부른다.

독자들은 앞에서 논의한 신뢰계수$(1-\alpha)$가 단지 1에서 1종오류를 범할 확률을 뺀 것이라는 사실을 이제 인식하게 될 것이다. 그리하여 95%의 신뢰계수라고 하는 것은 우리가 제1종오류를 범할 확률이 5%가 된다는 것을 받아들일 준비가 되어 있다는 것을 의미하는 것이다. 즉 우리는 가설이 참된 것인데도 불구하고 100번 가운데서 5번 이상은 기각하지 않기를 원하고 있음을 의미하는 것이다.

p값, 또는 정확한 유의수준

α를 1, 5, 10%와 같이 임의로 미리 정하는 대신 검정통계량의 p(확률)값, 혹은 정확한 유의수준을 구할 수 있다. **p값은 귀무가설이 기각될 수 있는 가장 낮은 유의수준**이라고 정의된다.

가령 20 df를 가진 실제 응용사례에서 t 값이 3.552라고 하자. 3.552 또는 그 이상의 t 값을 얻을 p값 혹은 정확한 확률은 표 D.2에 0.001(편측검정), 또는 0.002(양측검

그림 A.14
N=25, σ=10, α=0.05일 때 가설 μ=50의 검정력 함수

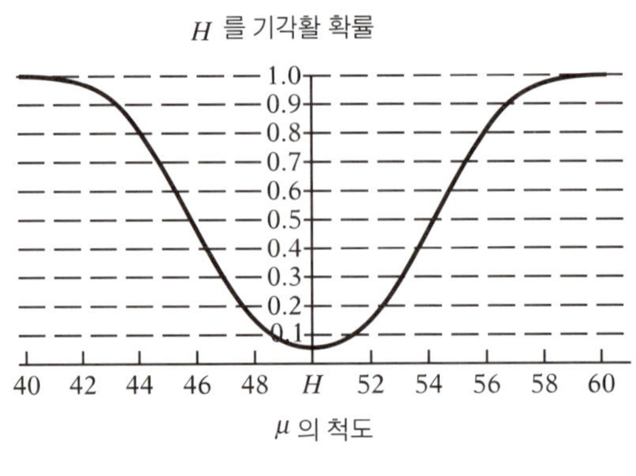

정)이다. 이때 관측된 t 값 3.552가 0.001 또는 0.002 수준에서 통계적으로 유의하다라고 말한다.(편측검정인지 양측검정인지에 따라 달라진다)

요즘 통계팩키지들은 추정된 검정통계량의 p값을 자동적으로 출력한다. 그러므로 학생들은 가능한 경우에는 언제든지 p 값을 제시하는 것이 좋다.

표본 크기와 가설검정

수백개의 관측치를 포함하고 있는 설문조사 형태의 자료에서는 소표본의 경우보다 귀무가설이 더 빈번하게 기각되는 것처럼 보인다. 이에 대하여 Angus Deaton의 말을 인용할 가치가 있다:

> 우리가 일치 추정과정을 사용한다면 표본의 크기가 커짐에 따라 추정치가 점점 더 참값에 가까워질 것이고 표본 주위에 덜 퍼져 나타날 것이어서 소표본에서는 찾아낼 수 없었던 편차들을 대표본이 기각하게 유도할 것이다. 대표본은 망원경의 영상 분해력이 더 커지는 것과 같다; 배율이 커질수록 먼 거리에서 보이지 않던 사물들의 윤곽이 점점 더 선형하게 나타날 것이다.[9]

Leamer와 Schwarz와 같이 Deaton도 F검정과 χ^2검정의 표준 임계치를 다음과 같이 조정하기를 권하고 있다: **계산된 F값이 로그취한 표본크기, 즉 ln 보다 크면 귀무가설을 기각하여라. 그리고 q 제약을 검정하기위하여 계산된 χ^2 통계량이** qln **보다 클 때 귀무가설을 기각하여라. 단 l 은 자연로그이고 n은 표본크기이다.** 이 임계치들을 Leamer–Schwarz 임계치라고 부른다.

Deaton의 예를 사용하면 만약 n=100인 경우 계산된 F 값이 4.6보다 크다면 귀무가설이 기각될 것이다. 그러나 n=10,000일 때 계산된 F값이 9.2보다 큰 경우 귀무가설이 기각될 것이다.

유의도 검정 접근법(Test of Significance Approach)

다음의 공식을 상기하자.

$$Z_i = \frac{\bar{X} - \mu}{\sigma/\sqrt{n}} \sim N(0, 1)$$

위의 공식을 어떠한 문제에 응용할 때 $\bar{X}$와 n은 알고 있는 값이지만(혹은 추정될 수 있지만) 모집단 평균 μ와 표준편차 σ는 알 수 없다. 그러나 만약 σ의 값이 확정되고 μ가 μ^*라는 특정한 값이라는 것($\mu = \mu^*$)을 (귀무가설 아래서) 가정한다면 Z_i의 값을 직접 계산할 수 있으며, 계산된 Z의 값을 얻을 수 있는 확률을 구하기 위

9. Angus Deaton, *The Analysis of Household Survey: A Microeconometric Approach to Development Policy*, The Jphns Hopkins University Press, Baltimore, 2000, p.130.

하여 우리는 쉽게 정규분포표를 찾아볼 수 있다. 만약 확률이 예컨대 5% 이하거나 1%와 같이 아주 작다면 우리는 귀무가설을 기각할 수 있다. 만약 귀무가설이 참이라면 Z의 특정한 값을 얻을 수 있는 가능성은 대단히 높은 것이다. 이것이 가설검정을 위한 유의도 검정법의 뒷 배경에 깔려있는 근본논리이다. 즉 여기서 기본적 개념은 검정통계량(여기에서는 Z 통계량)과 $\mu=\mu^*$라는 가정된 값 아래서 Z통계량의 확률분포이다. 위와 같은 경우의 검정을 Z검정이라고 부르고 있다. 왜냐하면 우리는 Z(표준정규분포)값을 이용하고 있기 때문이다.

우리의 예제로 돌아가서 만약 $\mu=\mu^*=69$이면 통계량 Z는 아래와 같다.

$$\begin{aligned} Z &= \frac{\bar{X}-\mu^*}{\sigma/\sqrt{n}} \\ &= \frac{67-69}{2.5/\sqrt{100}} \\ &= -2/0.25 = -8 \end{aligned}$$

만약 표 D.1의 정규분포를 참조하면 우리는 그와 같은 Z값을 얻을 확률이 지극히 작다는 사실을 알 수 있다(주: Z의 값이 3 혹은 −3을 초과하는 확률은 약 0.001이다. 그러므로 Z가 8을 초과할 수 있는 확률은 이것보다 더욱 적은 것이다). 그러므로 $\mu=69$라는 귀무가설을 기각할 수 있다. 다시 말하여 69라는 주어진 값에 대하여 $X=67$을 얻을 수 있는 가능성은 지극히 적은 것이다. 따라서 우리의 표본들이 모평균 69를 가지고 있는 모집단으로부터 추출되었다는 사실을 의심할 수밖에 없는 것이다. 이러한 상황은 그림 A.15에 나타나 있다.

유의도 검정의 용어로 표기하면 "검정(통계량)이 유의하다"라고 말할 때 일반적으로 귀무가설을 기각할 수 있음을 의미한다. 그리고 만약 우리가 검정통계량을 얻을 확률이 제1종오류를 범할 확률 α보다 작거나 같다면 검정통계량은 유의하다고 간주된다. 그리하여 만약 $\alpha=0.05$ 이면 Z 값 −1.96 혹은 1.96을 얻을 수 있는 확률은 5%라는 것을 우리는 알고 있다(표준화 정규분포의 양 측면에서 2.5%의 확률을 지니게 되는 것이다). 우리는 설명예제에서 Z의 값은 −8이었다. 그러므로 −8의

그림 A.15
통계량의 분포

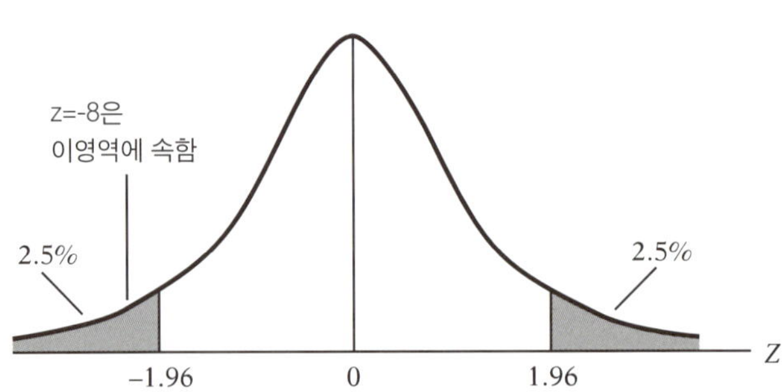

Z값을 얻을 수 있는 확률은 2.5%보다 훨씬 작은 것이며 이것은 우리가 제1종오류를 범할 확률로서 미리 정하여 놓은 수준보다 훨씬 낮은 것이다. 이것이 $Z=-8$이라는 계산된 값이 통계적으로 유의성을 지니고 있다고 말하는 이유이다. 물론 우리는 가설검정을 위한 신뢰구간 접근법을 이용하여서도 동일한 결론에 도달할 수가 있다.

이제 통계적 가설을 검정하는데 필요한 단계를 요약하여 보자.

1단계. 귀무가설 H_0과 대립가설 H_1(예컨대, $H_0: \mu=69$ 그리고 $H_1: \mu \neq 69$)을 설정한다.

2단계. 검정통계량을 선택한다(예를 들어서 $\bar{X}$).

3단계. 검정통계량의 확률분포를 결정한다(예컨대, $\bar{X} \sim N(\mu, \sigma^2/n)$).

4단계. 유의수준α를 선택한다(즉, 제1종오류를 범할 확률).

5단계. 검정통계량의 확률분포를 이용하여 $100(1-\alpha)$의 신뢰구간을 설정한다. 만약 귀무가설 아래서 모수의 값이 (예컨대 $\mu=\mu^*=69$) 이와 같은 신뢰구간안에 존재한다면 귀무가설을 기각하지 말아야 한다. 그러나 이 구간밖에 모수의 값이 존재하게 되면(즉, 기각영역에 소속하게 되면) 귀무가설을 기각할 수 있는 것이다. 귀무가설을 기각하지 않거나 기각함에 있어서 귀하는 단지 α%의 회수만큼 착오를 범할 가능성이 있음을 유념해야 한다.

참고문헌

본 부록에 망라된 내용들을 자세하게 공부할 독자들은 아래 참고문헌들을 참고하기 바란다.

Heel, Paul G., *Introduction to Mathematics,* 4th ed., John Wiley & Sons, New York. 1974. 이 책은 수리통계학의 다양한 측면을 간단히 소개하고 있다.

Freund, John E. and Ronald E. Walpole, *Mathematics Statistics*. 3d ed., Prentice–Hall, Englewood Cliffs, N.J., 1980. 수리통계학에서 또 하나의 입문서이다.

Mood, Alexander M., Franklin A. Graybill, and Duane C. Boes, *Introduction to the Theory of Statistics,* 3d ed., Mcgraw–Hill, New York, 1974. 이 책은 통계이론에 관해 포괄적으로 설명하고 있지만, 앞의 두 책보다는 다소 어렵다.

Newbold Paul, *Statistics for Business and Economics,* Prentice–Hall, Englewood Cliffs. N.J., 1984. 포괄적이고 비수학적인 통계학 입문서로 예제가 많이 수록되어 있다.

행렬대수의 기초

이 부록은 부록 C와 제 18장의 일부내용을 이해하는데 필요한 행렬대수의 기초를 제공하고 있다. 여기서 전개되는 논의는 수학적 엄밀성을 따르지 않고 또한 증명을 하지도 않는다. 증명과 더욱 자세한 내용을 이해하기 위하여 독자들은 참고문헌들을 참조하기 바란다.

B.1 정의

행렬

행렬은 사각형으로 구성된 행과 열에 정돈된 원소나 숫자들의 배열을 말한다. 더 엄밀하게 정의하면 $M \times N$의 크기 혹은 차원을 가진 행렬은 M개의 행과 N개의 열 속에 배열된 $M \times N$ 원소들의 집합을 말한다. 굵게 표시된 문자로서 행렬을 나타내면 $M \times N$ 행렬 $\mathbf{A}$는 다음과 같이 표시된다.

$$\mathbf{A} = [a_{ij}] = \begin{bmatrix} a_{11} & a_{12} & a_{13} & \cdots & a_{1N} \\ a_{21} & a_{22} & a_{23} & \cdots & a_{2N} \\ \cdots & \cdots & \cdots & \cdots & \cdots \\ a_{M1} & a_{M2} & a_{M3} & \cdots & a_{MN} \end{bmatrix}$$

위에서 a_{ij}는 $\mathbf{A}$ 행렬의 i번째 행과 j번째 열에 나타나는 원소를 표시하고 $[a_{ij}]$는 그의 전형적 원소가 a_{ij}인 행렬에 대한 약식표기이다. 행렬의 크기 혹은 차원은 행과 열의 숫자로서 표시되며 흔히 행렬아래 쉽게 판별될 수 있도록 표기된다.

$$\underset{2\times3}{\mathbf{A}} = \begin{bmatrix} 2 & 3 & 5 \\ 6 & 1 & 3 \end{bmatrix} \qquad \underset{3\times3}{\mathbf{B}} = \begin{bmatrix} 1 & 5 & 7 \\ -1 & 0 & 4 \\ 8 & 9 & 11 \end{bmatrix}$$

스칼라

스칼라는 단일 (실수) 값을 말한다. 다른 표현으로 스칼라는 1×1행렬이라고 볼 수 있다.

열벡터

M개의 행들과 단 하나의 열로 구성된 행렬을 열벡터라고 부른다. 굵은 소문자로서 벡터를 표시하고 이것에 대한 예는 다음과 같다.

$$\underset{4\times 1}{\mathbf{x}} = \begin{bmatrix} 3 \\ 4 \\ 5 \\ 9 \end{bmatrix}$$

행벡터

단하나의 행과 N개의 열들로서 구성된 행렬을 행벡터라고 부른다.

$$\underset{1\times 4}{\mathbf{x}} = [1 \quad 2 \quad 5 \quad -4] \qquad \underset{1\times 5}{\mathbf{y}} = [0 \quad 5 \quad -9 \quad 6 \quad 10]$$

전치(轉置)

$M\times N$의 행렬 $\mathbf{A}$의 전치는 $\mathbf{A}'$으로 ($\mathbf{A}$ 프라임 혹은 $\mathbf{A}$의 전치로 읽음)표시되고 $\mathbf{A}$의 행들과 열들을 서로 바꿈으로서 얻을 수 있는 $N\times M$의 행렬을 말한다. 즉, $\mathbf{A}$의 i번째 행은 $\mathbf{A}'$의 i번째 열이 되는 것이다. 예를 들면

$$\underset{3\times 2}{\mathbf{A}} = \begin{bmatrix} 4 & 5 \\ 3 & 1 \\ 5 & 0 \end{bmatrix} \qquad \underset{2\times 3}{\mathbf{A}'} = \begin{bmatrix} 4 & 3 & 5 \\ 5 & 1 & 0 \end{bmatrix}$$

벡터들은 행렬들의 특수한 형태이기 때문에 행벡터의 전치는 열벡터가 되며 열벡터의 전치는 행벡터가 되는 것이다. 그리하여

$$\mathbf{x} = \begin{bmatrix} 4 \\ 5 \\ 6 \end{bmatrix} \quad \text{and} \quad \mathbf{x}' = [4 \quad 5 \quad 6]$$

우리는 관행에 따라서 행벡터들을 프라임으로 표시하기로 한다.

부분행렬

주어진 $M\times N$ 행렬 $\mathbf{A}$에서 r개의 행렬과 s개의 열들을 남겨놓고 다른 모든 행과 열들을 $\mathbf{A}$로부터 제외시킨 후, 그 결과로 얻은 크기 $r\times s$의 행렬을 $\mathbf{A}$의 부분행렬이라고 부른다. 그리하여 만약

$$\underset{3\times 3}{\mathbf{A}} = \begin{bmatrix} 3 & 5 & 7 \\ 8 & 2 & 1 \\ 3 & 2 & 1 \end{bmatrix}$$

이고 앞에 나온 행렬 제 3행과 3열을 제거한 후

$$\underset{2\times 2}{\mathbf{B}} = \begin{bmatrix} 3 & 5 \\ 8 & 2 \end{bmatrix}$$

우리는 다음의 2×2크기의 A의 부분행렬을 구할 수 있다.

B.2 행렬의 유형

정방행렬

행과 열의 숫자가 동일한 행렬을 정방행렬이라고 부른다.

$$\mathbf{A} = \begin{bmatrix} 3 & 4 \\ 5 & 6 \end{bmatrix} \quad \mathbf{B} = \begin{bmatrix} 3 & 5 & 8 \\ 7 & 3 & 1 \\ 4 & 5 & 0 \end{bmatrix}$$

대각행렬

정방행렬에서 주대각선 상에 0이 아닌 실수값을 갖는 원소가 적어도 하나 존재하고(좌측 상단구석에서 출발하여 우측 하단구석으로 내려가는), 여타 영역에서는 모두 0의 값이 존재하는 행렬을 대각행렬이라고 부른다.

$$\underset{2\times 2}{\mathbf{A}} = \begin{bmatrix} 2 & 0 \\ 0 & 3 \end{bmatrix} \quad \underset{3\times 3}{\mathbf{B}} = \begin{bmatrix} -2 & 0 & 0 \\ 0 & 5 & 0 \\ 0 & 0 & 1 \end{bmatrix}$$

스칼라 행렬

대각행렬에서 대각선상에 나타나는 모든 원소들의 값들이 모두 동일할 때 스칼라 행렬이라고 부른다. 하나의 예로서 C.2.3에 주어진 고전적 선형회귀모형의 모집단 교란항의 분산과 공분산행렬을 들 수 있다. 즉,

$$\text{var-cov}\,(\mathbf{u}) = \begin{bmatrix} \sigma^2 & 0 & 0 & 0 & 0 \\ 0 & \sigma^2 & 0 & 0 & 0 \\ 0 & 0 & \sigma^2 & 0 & 0 \\ 0 & 0 & 0 & \sigma^2 & 0 \\ 0 & 0 & 0 & 0 & \sigma^2 \end{bmatrix}$$

항등 혹은 단위행렬

대각행렬에서 대각선상에 나타나는 모든 원소가 1의 값을 가질 때 항등 혹은 단위행렬이라고 부르며 **I**로 표시된다. 이것은 대각선의 원소가 모두 1의 값을 가지는 스칼라 행렬의 특별 형태라고 볼 수 있다.

$$\underset{3\times 3}{\mathbf{I}} = \begin{bmatrix} 1 & 0 & 0 \\ 0 & 1 & 0 \\ 0 & 0 & 1 \end{bmatrix} \qquad \underset{4\times 4}{\mathbf{I}} = \begin{bmatrix} 1 & 0 & 0 & 0 \\ 0 & 1 & 0 & 0 \\ 0 & 0 & 1 & 0 \\ 0 & 0 & 0 & 1 \end{bmatrix}$$

대칭행렬

정방행렬 가운데서 대각선 위에 있는 원소들이 대각선 밑에 나타나는 원소들과 상호 대응되는 거울이미지를 가지고 있을 때 대칭행렬이라고 부른다. 다른 표현으로 대칭행렬은 그 전치가 자신과 동일한 경우에 해당된다. 즉 $\boldsymbol{A}=\boldsymbol{A}'$, 즉 $\boldsymbol{A}$의 원소 a_{ij}는 $\boldsymbol{A}'$의 원소 a_{ji}와 같은 경우이다. 한 예로서 식 (C.2.2)에 주어진 분산과 공분산 행렬을 들 수 있다. 또 하나의 예로서는 식 (C.5.1)에 주어진 상관계수 행렬이다.

영행렬

모든 원소가 모두 0을 지니고 있는 행렬을 영행렬이라고 부르고 **0**으로 표시한다.

영벡터

모든 원소가 0을 지니고 있는 행이나 열벡터를 우리는 영벡터라고 부르며, 역시 **0**으로 표시된다.

등위행렬

두 행렬 **A**와 **B**는 만일 그것들의 차수가 동일하고 대응하는 원소들이 동일하다면, 즉 모든 i와 j에 대해 $a_{ij}=b_{ij}$이면 이들은 동일하다고 한다.

$$\underset{3\times 3}{\mathbf{A}} = \begin{bmatrix} 3 & 4 & 5 \\ 0 & -1 & 2 \\ 5 & 1 & 3 \end{bmatrix} \quad \text{and} \quad \underset{3\times 3}{\mathbf{B}} = \begin{bmatrix} 3 & 4 & 5 \\ 0 & -1 & 2 \\ 5 & 1 & 3 \end{bmatrix}$$

그러면 $\boldsymbol{A}=\boldsymbol{B}$.

B.3 행렬의 연산

행렬의 덧셈

$A=[a_{ij}]$이고 $B=[b_{ij}]$라고 하자. 만약 A와 B가 같은 크기를 가지고 있으면 두 행렬의 합은 다음과 같이 정의된다.

$$\mathbf{A}+\mathbf{B}=\mathbf{C}$$

여기서 C는 A와 B와 같이 동일한 크기를 지니고 있으며 모든 i와 j에 대하여 $c_{ij}=a_{ij}+b_{ij}$가 성립한다. 즉 C는 A와 B의 상호 대응하는 원소들을 합계함으로써 얻어질 수 있다. 만약 그와 같은 합산이 가능하다면 A와 B는 합산을 위해서 **수용가능하다**고 말한다.

$$\mathbf{A}=\begin{bmatrix} 2 & 3 & 4 & 5 \\ 6 & 7 & 8 & 9 \end{bmatrix} \quad \text{and} \quad \mathbf{B}=\begin{bmatrix} 1 & 0 & -1 & 3 \\ -2 & 0 & 1 & 5 \end{bmatrix}$$

그리고 $C=A+B$이면,

$$\mathbf{C}=\begin{bmatrix} 3 & 3 & 3 & 8 \\ 4 & 7 & 9 & 14 \end{bmatrix}$$

행렬의 뺄셈

행렬의 뺄셈은 $C=A-B$라는 점 이외에는 행렬의 덧셈에 적용되었던 원리와 동일하다. 우리는 C를 얻기 위하여 A의 원소들로부터 B의 대응하는 원소들을 빼는 것이다. 물론 이때 A와 B는 같은 크기를 가져야 한다.

스칼라 곱하기

행렬 A에 스칼라(실수)를 곱하는 것은 A의 모든 원소에 λ를 곱하는 것이다.

즉,

$$\lambda\mathbf{A}=[\lambda a_{ij}]$$

예를 들어 만일 $\lambda=2$이면

$$\mathbf{A}=\begin{bmatrix} -3 & 5 \\ 8 & 7 \end{bmatrix}$$

그러면

$$\lambda \mathbf{A} = \begin{bmatrix} -6 & 10 \\ 16 & 14 \end{bmatrix}$$

행렬의 곱셈

행렬 A는 $M \times N$크기를 가지고 있고 B는 $N \times P$를 가지고 있다고 하자. 그러면 두 행렬의 곱 AB(그와 같은 순서로)는 크기 $M \times P$를 가진 행렬 C로 정의되며, C 행렬의 원소는 다음과 같이 얻어진다.

$$c_{ij} = \sum_{k=1}^{N} a_{ik} b_{kj} \qquad \begin{array}{l} i = 1, 2, \ldots, M \\ j = 1, 2, \ldots, P \end{array}$$

즉 C 행렬의 i행과 j열의 원소는 A의 i행과 그에 대응하는 B의 j열들의 원소들을 상호 곱하여 모든 항에 대해서 합계를 함으로써 얻어지는 것이다. 이것은 행렬의 곱셈에 있어서 행과 열의 원칙이라고 알려지고 있다. 이와 같은 방법으로 C 행렬의 첫 번째 행과 첫 번째 열에 있는 원소 C_{11}을 얻기 위하여 우리는 A의 1행에 있는 모든 원소들을 B의 1열에 대응하는 원소들과 곱하여 모든 항의 값들을 합계한다. 같은 요령으로 C_{12}를 얻기 위하여 A의 1행과 B의 두 번째 열에 대응하여 나타나는 모든 원소들을 곱한 후, 각 항들을 합계하면 되는 것이다.

행렬의 곱셈이 가능케 되기 위해서는 행렬 A와 B는 곱셈에 관하여 상호 수용적이어야 한다는 것, 즉 A의 열의 숫자와 B의 행의 숫자가 반드시 일치해야 함을 주목해야 한다. 만일 예를 들어

$$\underset{2\times 3}{\mathbf{A}} = \begin{bmatrix} 3 & 4 & 7 \\ 5 & 6 & 1 \end{bmatrix} \quad \text{and} \quad \underset{3\times 2}{\mathbf{B}} = \begin{bmatrix} 2 & 1 \\ 3 & 5 \\ 6 & 2 \end{bmatrix}$$

$$\mathbf{AB} = \underset{2\times 2}{\mathbf{C}} = \begin{bmatrix} (3\times 2)+(4\times 3)+(7\times 6) & (3\times 1)+(4\times 5)+(7\times 2) \\ (5\times 2)+(6\times 3)+(1\times 6) & (5\times 1)+(6\times 5)+(1\times 2) \end{bmatrix}$$

$$= \begin{bmatrix} 60 & 37 \\ 34 & 37 \end{bmatrix}$$

그러나 만일

$$\underset{2\times 3}{\mathbf{A}} = \begin{bmatrix} 3 & 4 & 7 \\ 5 & 6 & 1 \end{bmatrix} \quad \text{and} \quad \underset{2\times 2}{\mathbf{B}} = \begin{bmatrix} 2 & 3 \\ 5 & 6 \end{bmatrix}$$

A와 **B**가 곱셈을 하기 위하여 상호 수용적이지 못한 경우에는 **AB**는 정의되지

않는다.

행렬곱셈의 특성

1. 행렬의 곱셈은 반드시 교환적이지 못하다. 즉 대개 $\mathbf{AB} \neq \mathbf{BA}$, 따라서 곱셈을 하려는 두 행렬의 크기가 대단히 중요하다. **AB**는 $\boldsymbol{A}$가 $\boldsymbol{B}$에 의하여 뒤에서 곱해졌다고 하며 $\boldsymbol{B}$는 $\boldsymbol{A}$에 의하여 앞에서 곱하여졌다고 말한다.
2. 비록 **AB**와 **BA**가 존재한다 할지라도 그 결과로 나타나는 행렬들이 반드시 동일한 크기는 아니다. 그리하여 $\boldsymbol{A}$가 $M \times N$이고 $\boldsymbol{B}$가 $N \times M$일 때 **AB**는 크기 $M \times M$을 가지나 **BA**는 $N \times N$을 지니게 된다. 결과적으로 각기 다른 크기의 행렬이 되는 것이다.
3. 비록 $\boldsymbol{A}$와 $\boldsymbol{B}$가 각기 정방행렬이어서 **AB**와 **BA**가 공히 정의될 수 있다 하더라고 결과로 나타나는 행렬은 반드시 동일하지는 않다. 예를 들어

$$\mathbf{A} = \begin{bmatrix} 4 & 7 \\ 3 & 2 \end{bmatrix} \quad \text{and} \quad \mathbf{B} = \begin{bmatrix} 1 & 5 \\ 6 & 8 \end{bmatrix}$$

이면

$$\mathbf{AB} = \begin{bmatrix} 46 & 76 \\ 15 & 31 \end{bmatrix} \quad \text{and} \quad \mathbf{BA} = \begin{bmatrix} 19 & 17 \\ 48 & 58 \end{bmatrix}$$

이다. 그리하여 $\mathbf{AB} \neq \mathbf{BA}$이다. $\mathbf{AB} = \mathbf{BA}$가 성립하는 예는 $\boldsymbol{A}$와 $\boldsymbol{B}$가 모두 항등행렬일 때이다.
4. 행벡터가 열벡터에 의하여 뒤에서 곱하여지면 우리는 스칼라의 값을 얻게 된다. 예컨대 통상최소자승잔차 $\hat{u}_1, \hat{u}_2, \ldots, \hat{u}_n$을 보자. 그리고 u를 열벡터로 두며 u'를 행벡터라고 할 때 우리는 다음을 얻을 수 있다.

$$\begin{aligned} \hat{\mathbf{u}}'\hat{\mathbf{u}} &= [\hat{u}_1 \quad \hat{u}_2 \quad \hat{u}_3 \quad \cdots \quad \hat{u}_n] \begin{bmatrix} \hat{u}_1 \\ \hat{u}_2 \\ \hat{u}_3 \\ \vdots \\ \hat{u}_n \end{bmatrix} \\ &= \hat{u}_1^2 + \hat{u}_2^2 + \hat{u}_3^2 + \cdots + \hat{u}_n^2 \\ &= \sum \hat{u}_i^2 \qquad \text{스칼라 [식(C.3.5) 참조]} \end{aligned}$$

5. 하나의 열벡터가 행벡터에 의하여 뒤에서 곱하여지면 하나의 행렬을 얻게 된다. 한 예로써 고전적 선형회귀모형의 모집단 교란항들, 즉 $u_1, u_2, \cdots, u_n$을 고려해 보자. $\boldsymbol{u}$를 열벡터라고 하며 $\boldsymbol{u}'$를 행벡터라고 할 때 우리는 다음을 얻을

수 있다.

$$\mathbf{uu}' = \begin{bmatrix} u_1 \\ u_2 \\ u_3 \\ \vdots \\ u_n \end{bmatrix} [u_1 \quad u_2 \quad u_3 \quad \cdots \quad u_n]$$

$$= \begin{bmatrix} u_1^2 & u_1u_2 & u_1u_3 & \cdots & u_1u_n \\ u_2u_1 & u_2^2 & u_2u_3 & \cdots & u_2u_n \\ \cdots & \cdots & \cdots & \cdots & \cdots \\ u_nu_1 & u_nu_2 & u_nu_3 & \cdots & u_n^2 \end{bmatrix}$$

이것은 $N \times N$의 크기를 가진 행렬이 되는 것이다. 앞에서 얻은 행렬이 대칭행렬임을 주목하라.

6. 한 행렬이 열벡터에 의하여 뒤에서 곱하여지면 열벡터가 된다.
7. 행벡터가 하나의 행렬에 의해서 뒤에서 곱하여지면 행벡터가 되는 것이다.
8. 행렬곱셈의 순서는 **교환적**일 수 있다. 즉 (AB)C=A(BC). 여기서 A는 $M \times N$이고, B는 $N \times P$이고. 그리고 C는 $P \times K$이다.
9. 행렬곱셈은 덧셈과 관련하여 분배법칙을 따른다. 즉, A(B+C)=(AB)+(AC), 그리고 (B+C)A=BA+CA.

행렬의 전치

우리는 이미 행렬의(혹은 벡터) 행들과 열들을 상호 바꿈으로써 행렬의 전치를 정의하였다. 전치에 관한 몇 가지 특성을 설명하고자 한다.

1. 전치된 행렬의 전치는 원래의 행렬과 같게 된다. 그리하여 $(\mathbf{A}')' = \mathbf{A}$.
2. 만약 A와 B가 더해질 수 있도록 수용적이면 $\mathbf{C}=\mathbf{A}+\mathbf{B}$가 되고, $\mathbf{C}' = (\mathbf{A}+\mathbf{B})' = \mathbf{A}'+\mathbf{B}'$, 즉 두 행렬의 합을 전치한 것은 각각의 행렬을 전치하여 합하는 것과 같다.
3. 만약 AB가 정의된다면 $(\mathbf{AB})' = \mathbf{B}'\mathbf{A}'$이 된다. 즉 두 행렬의 곱의 전치는 각 행렬의 전치를 역순으로 곱한 것과 같다. 이것을 더욱 일반화하면 $(\mathbf{ABCD})' = \mathbf{D}'\mathbf{C}'\mathbf{B}'\mathbf{A}'$ 이다.
4. 단위행렬 I의 전치는 단위행렬 자신이다. 즉 $\mathbf{I}' = \mathbf{I}$.
5. 스칼라의 전치는 스칼라 자신이다. 그리하여 만약 λ는 스칼라이면 $\lambda' = \lambda$.
6. $(\lambda\mathbf{A})'$의 전치는 $\lambda\mathbf{A}'$이다. 여기에서 λ는 스칼라이다. [주: $(\lambda\mathbf{A})' = \mathbf{A}'\lambda' = \mathbf{A}'\lambda = \lambda\mathbf{A}'$.]
7. 만약 A가 정방행렬이고 $\mathbf{A}=\mathbf{A}'$이 성립되면 A는 대칭행렬이 된다.(B.2절에서 제시한 대칭행렬의 정의 참조)

역행렬

정방행렬 $\mathbf{A}$의 역행렬은 $\mathbf{A}^{-1}$로 표시되고(A inverse로 읽음) 만약 그것이 존재한다면 $\mathbf{A}$의 역행렬은 단 하나의 행렬로 표시된다.

$$\mathbf{AA}^{-1} = \mathbf{A}^{-1}\mathbf{A} = \mathbf{I}$$

위에서 $\mathbf{I}$는 단위행렬을 표시하며 그 크기는 A와 같다.

$$\mathbf{A} = \begin{bmatrix} 2 & 4 \\ 6 & 8 \end{bmatrix} \quad \mathbf{A}^{-1} = \begin{bmatrix} -1 & \frac{1}{2} \\ \frac{6}{8} & -\frac{1}{4} \end{bmatrix} \quad \mathbf{AA}^{-1} = \begin{bmatrix} 1 & 0 \\ 0 & 1 \end{bmatrix} = \mathbf{I}$$

$\mathbf{A}^{-1}$는 우리가 행렬식을 공부하고 난 후에 계산될 수 있다. 그러나 그 이전에 역행렬의 특성들을 주목해야 한다.

1. $(\mathbf{AB})^{-1} = \mathbf{B}^{-1}\mathbf{A}^{-1}$, 즉 두 행렬곱의 역행렬은 각각의 역행렬을 역순으로 곱한 것과 같다.
2. $(\mathbf{A}^{-1})' = (\mathbf{A}')^{-1}$ 즉, A 역행렬의 전치는 A 전치의 역행렬과 같다.

B.4 행렬식

모든 정방행렬 $\mathbf{A}$에 대하여 행렬식이라고 알려진 하나의 실수값(스칼라)이 존재하며 이는 det $\mathbf{A}$ 혹은 $|\mathbf{A}|$로 표시된다. 위에서 $|\ |$는 "~의 행렬식"을 의미한다. 행렬자체는 실수치를 갖지 않으며 행렬식만이 하나의 실수임을 주목해야 한다.

$$\mathbf{A} = \begin{bmatrix} 1 & 3 & -7 \\ 2 & 5 & 0 \\ 3 & 8 & 6 \end{bmatrix} \quad |\mathbf{A}| = \begin{vmatrix} 1 & 3 & -7 \\ 2 & 5 & 0 \\ 3 & 8 & 6 \end{vmatrix}$$

이 예에서 $|\mathbf{A}|$는 크기가 3인 행렬식이라 부르는데, 왜냐하면 크기가 3×3인 행렬과 연관되기 때문이다.

행렬식의 계산

행렬식의 값을 구하는 과정은 행렬식의 **계산**, **확장**, 혹은 **축약**이라고 일컬어진다. 이것은 행렬의 모든 원소를 잘 정의된 방법에 따라 조작함으로써 가능하다.

2×2 행렬식의 계산

만일

$$\mathbf{A} = \begin{bmatrix} a_{11} & a_{12} \\ a_{21} & a_{22} \end{bmatrix}$$

이것의 행렬식은 다음과 같이 계산된다.

$$|\mathbf{A}| = \begin{vmatrix} a_{11} & a_{12} \\ a_{21} & a_{22} \end{vmatrix} = a_{11}a_{22} - a_{12}a_{21}$$

위의 절차는 화살표의 표시대로 A 행렬의 주대각선에 있는 원소들을 상호 곱한 연후에 A 행렬의 반대 대각선상의 원소들을 상호 곱하여 마이너스를 함으로써 얻을 수 있는 것이다.

3×3 행렬식의 계산

만일

$$\mathbf{A} = \begin{bmatrix} a_{11} & a_{12} & a_{13} \\ a_{21} & a_{22} & a_{23} \\ a_{31} & a_{32} & a_{33} \end{bmatrix}$$

그러면

$$|\mathbf{A}| = a_{11}a_{22}a_{33} - a_{11}a_{23}a_{32} + a_{12}a_{23}a_{31} - a_{12}a_{21}a_{33} + a_{13}a_{21}a_{32} - a_{13}a_{22}a_{31}$$

3×3행렬식을 조심스럽게 검토하면 다음 사항을 알 수 있다.

1. 행렬식을 전개할 때 각 항들은 각 열과 행으로부터 단 하나 즉 유일한 원소로 구성되어 있다.
2. 각 항에 나타나는 원소들의 숫자는 각 행들(열들)의 숫자와 동일하다. 그리하여 2×2 행렬식은 평가의 과정에서 각 항들은 두 개의 원소를 포함하고 있으며 3×3행렬식은 3개의 원소를 포함하고 있다.
3. 행렬식을 전개할 때 각 항들의 부호는 +에서 −로 교대한다.
4. 2×2행렬식은 전개에서 2개의 항을 지니고 있으면 3×3행렬식은 6개의 항을 지니고 있다. 따라서 일반적인 규칙은 다음과 같다. 즉 $N \times N$ 크기의 행렬식은 $N! = N(N-1)(N-2)(N-3)\cdots 3 \cdot 2 \cdot 1$개의 항을 지니고 있다. 이 원칙에 따르면 5×5의 행렬식을 평가할 때 $5 \cdot 4 \cdot 3 \cdot 2 \cdot 1 = 120$개의 항이 존재하게 된다.[1]

---

1. $N \times N$ 을 가진 행렬 $\mathbf{A}$ 의 행렬식을 평가하는 방법에 관하여 참고문헌을 참조할 것.

행렬식의 특성

1. 행렬식의 값이 0인 행렬을 특이행렬이라고 부르며, 행렬식의 값이 0이 아닌 경우를 비특이행렬이라고 부른다. 특이행렬의 경우 앞에서 정의한 역행렬은 존재하지 않는다.
2. A의 어느 행에 있는 모든 원소가 0의 값을 가지면 그 행렬식은 0이 된다. 그리하여

$$|\mathbf{A}| = \begin{vmatrix} 0 & 0 & 0 \\ 3 & 4 & 5 \\ 6 & 7 & 8 \end{vmatrix} = 0$$

3. $|\mathbf{A}'| = |\mathbf{A}|$이다. 즉, A의 행렬식은 A 전치의 행렬식과 같은 값을 가진다.
4. 행렬 A의 어느 두 행들이나 혹은 두 열들을 상호 교환하면 $|\mathbf{A}|$의 부호는 바뀌게 된다.

예제 1 만일

$$\mathbf{A} = \begin{bmatrix} 6 & 9 \\ -1 & 4 \end{bmatrix} \quad \text{and} \quad \mathbf{B} = \begin{bmatrix} -1 & 4 \\ 6 & 9 \end{bmatrix}$$

여기서 **B**는 **A**의 행을 서로 바꾸어서 얻어진다. 그러면

$$|\mathbf{A}| = 24 - (-9) \quad \text{and} \quad |\mathbf{B}| = -9 - (24)$$
$$= 33 \qquad\qquad\qquad = -33$$

5. 만약 A의 한 열이나 한 행의 모든 원소가 스칼라 λ에 의하여 곱해지면 $|\mathbf{A}|$가 λ로 곱하여지는 것과 같다.

예제 2 만일

$$\lambda = 5 \quad \text{and} \quad \mathbf{A} = \begin{bmatrix} 5 & -8 \\ 2 & 4 \end{bmatrix}$$

여기서 **A**의 첫 번째 행에 5를 곱하면

$$\mathbf{B} = \begin{bmatrix} 25 & -40 \\ 2 & 4 \end{bmatrix}$$

$|\mathbf{A}| = 36$이고 $|\mathbf{B}| = 180$인데, 이것은 $5|\mathbf{A}|$이다.

6. 한 행렬에서 두 개의 행들이나 두 개의 열들이 동일하면 그의 행렬식은 0의

값을 가지게 된다.

7. 만약 한 행렬의 한 행이나 한 열이 그 행렬의 다른 행과 다른 열의 배수가 같다면 그 행렬식의 값은 0이 된다. 따라서 만일

$$\mathbf{A} = \begin{bmatrix} 4 & 8 \\ 2 & 4 \end{bmatrix}$$

여기서 A의 첫 번째 행은 두 번째 행의 두 배이고, $|\mathbf{A}| = 0$이다. 보다 일반적으로 만일 한 행렬의 어떤 행(열)이 다른 행(열)들의 선형 결합이면 그것의 행렬식은 0이다.

8. $|\mathbf{AB}| = |\mathbf{A}|\,|\mathbf{B}|$, 즉 두 행렬의 곱의 행렬식은 각각의 행렬식들을 서로 곱한 것과 같다.

행렬의 階數

행렬의 계수는 행렬식의 값이 0이 되지 않는 최대의 부분정방행렬의 크기와 같다.

예제 3

$$\mathbf{A} = \begin{bmatrix} 3 & 6 & 6 \\ 0 & 4 & 5 \\ 3 & 2 & 1 \end{bmatrix}$$

$|\mathbf{A}|=0$을 알 수 있다. 다른 말로 표현하면 **A**는 특이행렬이다. 그러므로 그 크기가 3×3이더라도 행렬의 계수는 3보다 작다. 실제로 행렬의 계수는 2가 된다. 왜냐하면 우리는 행렬식이 0이 되지 않는 2×2의 부분행렬을 찾을 수 있기 때문이다. 예를 들어서 우리가 첫 번째 행과 첫 번째 열을 A로부터 제거하면

$$\mathbf{B} = \begin{bmatrix} 4 & 5 \\ 2 & 1 \end{bmatrix}$$

위의 행렬에서 행렬식은 −6, 즉 0이 아닌 값이 나타난 것이다. 그러므로 **A**의 계수는 2가 된다. 이미 지적한 바와 같이 특이행렬의 역행렬은 존재하지 않는다. 그러므로 $N\times N$크기의 행렬 A에 대하여 그 역행렬이 존재하기 위해서는 **A**의 계수가 반드시 N이 되어야 한다. 만약 A의 계수가 N보다 작다면, **A**는 특이행렬이다.

소행렬식

$N\times N$의 크기를 지닌 행렬 $\mathbf{A}$로부터 i번째 행과 j번째 열을 제거하면 그 결과로 남는 부분행렬식을 원소 a_{ij}(i번째 행과 j번째 열의 교차점에 있는 원소)의 소행렬식이라고 부르며, $|\mathbf{M}_{ij}|$로 표시한다.

예제 4

$$\mathbf{A} = \begin{bmatrix} a_{11} & a_{12} & a_{13} \\ a_{21} & a_{22} & a_{23} \\ a_{31} & a_{32} & a_{33} \end{bmatrix}$$

a_{11}의 소행렬식은

$$|\mathbf{M_{11}}| = \begin{vmatrix} a_{22} & a_{23} \\ a_{32} & a_{33} \end{vmatrix} = a_{22}a_{33} - a_{23}a_{32}$$

이와 유사하게 a_{21}의 소행렬식은

$$|\mathbf{M_{21}}| = \begin{vmatrix} a_{12} & a_{13} \\ a_{32} & a_{33} \end{vmatrix} = a_{12}a_{33} - a_{13}a_{32}$$

A의 다른 원소들의 소행렬식도 이와 유사하게 구할 수 있다.

여인수

$N \times N$ 크기의 **A** 로부터 원소 a_{ij}의 여인수는 c_{ij}로 표시되고 다음과 같이 정의된다.

$$c_{ij} = (-1)^{i+j} |\mathbf{M_{ij}}|$$

다른 말로 하면 여인수는 부호가 부착된 소행렬식이라고 볼 수 있으며, 그 부호는 만약 $i+j$가 짝수이면 양의 값을 가지며, $i+j$가 홀수이면 음의 값을 가진다. 그리하여 3×3크기의 A 로부터 a_{11} 원소에 대한 여인수는 앞에서 제시된 바와 같이 $(a_{22}a_{33} - a_{23}a_{32})$이며, a_{21}원소의 여인수는 $-(a_{12}a_{33} - a_{13}a_{32})$이다. 왜냐하면 하첨자 2와 1의 합계는 3이 되며 홀수이기 때문이다.

餘因數 행렬

행렬 **A** 의 원소 a_{ij} 를 그들의 여인수로 대체하면 우리는 **A** 의 여인수 행렬을 구할 수 있다. 여인수 행렬은 (cof **A**)로 표시된다.

Adjoint 행렬

(adj **A**)로 표시되는 Adjoint 행렬은 여인수행렬의 전치인 것이다. 즉 (adj **A**)= (cof **A**)′.

B.5 정방행렬의 역행렬을 구하는 방법

만약 **A**가 정방행렬이며 동시에 정칙행렬일 때(즉, $|\mathbf{A}| \neq 0$)이면, $\mathbf{A}^{-1}$는 아래와 같이 구할 수 있다.

$$\mathbf{A}^{-1} = \frac{1}{|\mathbf{A}|}(\text{adj } \mathbf{A})$$

이러한 정의에 나타난 계산절차와 관련된 각 단계는 다음과 같다.

1. A의 행렬식을 구한다. 만약 그 값이 0이 아니면 2단계로 진행한다.
2. A의 각 원소 a_{ij}를 그 여인수로 대체하여 여인수 행렬을 구한다.
3. 여인수 행렬을 전치하여 Adjoint행렬을 구한다.
4. Adjoint행렬의 각 원소를 |**A**|로 나눈다.

예제 5

다음 행렬의 역행렬을 구한다.

$$\mathbf{A} = \begin{bmatrix} 1 & 2 & 3 \\ 5 & 7 & 4 \\ 2 & 1 & 3 \end{bmatrix}$$

1 단계. 행렬의 행렬식을 먼저 구한다. 이미 앞에서 제시한 방법대로 a 3×3행렬식을 계산하는 원칙을 적용하여 $|\mathbf{A}| = -24$를 얻는다.

2 단계. 우리는 여인수 행렬 **C**를 아래와 같이 얻을 수 있다.

$$\mathbf{C} = \begin{bmatrix} \begin{vmatrix} 7 & 4 \\ 1 & 3 \end{vmatrix} & -\begin{vmatrix} 5 & 4 \\ 2 & 3 \end{vmatrix} & \begin{vmatrix} 5 & 7 \\ 2 & 1 \end{vmatrix} \\ -\begin{vmatrix} 2 & 3 \\ 1 & 3 \end{vmatrix} & \begin{vmatrix} 1 & 3 \\ 2 & 3 \end{vmatrix} & -\begin{vmatrix} 1 & 2 \\ 2 & 1 \end{vmatrix} \\ \begin{vmatrix} 2 & 3 \\ 7 & 4 \end{vmatrix} & -\begin{vmatrix} 1 & 3 \\ 5 & 4 \end{vmatrix} & \begin{vmatrix} 1 & 2 \\ 5 & 7 \end{vmatrix} \end{bmatrix}$$

$$= \begin{bmatrix} 17 & -7 & -9 \\ -3 & -3 & 3 \\ -13 & 11 & -3 \end{bmatrix}$$

3 단계. 앞에서 얻은 여인수 행렬을 전치하여 다음과 같은 Adjoint 행렬을 구한다.

$$(\text{adj } \mathbf{A}) = \begin{bmatrix} 17 & -3 & -13 \\ -7 & -3 & 11 \\ -9 & 3 & -3 \end{bmatrix}$$

4 단계. (adj **A**)의 모든 원소를 행렬식의 값 −24로 나누어 다음 역행렬을 구한다.

$$\mathbf{A}^{-1} = -\frac{1}{24}\begin{bmatrix} 17 & -3 & -13 \\ -7 & -3 & 11 \\ -9 & 3 & -3 \end{bmatrix}$$

$$= \begin{bmatrix} -\frac{17}{24} & \frac{3}{24} & \frac{13}{24} \\ \frac{7}{24} & \frac{3}{24} & -\frac{11}{24} \\ \frac{9}{24} & -\frac{3}{24} & \frac{3}{24} \end{bmatrix}$$

위의 역행렬은 즉시 확인될 수 있다.

$$\mathbf{AA}^{-1} = \begin{bmatrix} 1 & 0 & 0 \\ 0 & 1 & 0 \\ 0 & 0 & 1 \end{bmatrix}$$

이것은 단위행렬이다. 독자들은 부록 C(C.10절 참조)에서 주어진 예에서 행렬 $X'X$의 역행렬이 식 (C.10.5)에 제시된 것과 동일함을 반드시 확인하여 보라.

B.6 행렬의 미분

부록 CA의 CA.2절에 제시된 내용들을 이해하기 위하여 우리는 행렬의 미분법에 관한 몇 개의 규칙을 숙지할 필요가 있다.

규칙 1 만약, $\mathbf{a}' = [a_1,\ a_2,\ a_3,\ \ldots,\ a_n]$가 실수로 구성된 행벡터이고

$$\mathbf{x} = \begin{bmatrix} x_1 \\ x_2 \\ \vdots \\ x_n \end{bmatrix}$$

X는 변수 $x_1,\ x_2,\ \ldots,\ x_n$으로 구성된 열벡터이면

$$\frac{\partial(\mathbf{a}'\mathbf{x})}{\partial \mathbf{x}} = \mathbf{a} = \begin{bmatrix} a_1 \\ a_2 \\ \vdots \\ a_n \end{bmatrix}$$

규칙 2 다음과 같은 행렬 $\mathbf{x}'\mathbf{A}\mathbf{x}$를 고려하자.

$$\mathbf{x}'\mathbf{A}\mathbf{x} = [x_1 \quad x_2 \quad \cdots \quad x_n] \begin{bmatrix} a_{11} & a_{12} & \cdots & a_{1n} \\ a_{21} & a_{22} & \cdots & a_{2n} \\ \cdots & \cdots & \cdots & \cdots \\ a_{n1} & a_{n2} & & a_{nn} \end{bmatrix} \begin{bmatrix} x_1 \\ x_2 \\ \vdots \\ x_n \end{bmatrix}$$

그러면

$$\frac{\partial(\mathbf{x}'\mathbf{A}\mathbf{x})}{\partial \mathbf{x}} = 2\mathbf{A}\mathbf{x}$$

이것은 n개의 원소로 구성된 열벡터이다.

$$\frac{\partial(\mathbf{x}'\mathbf{A}\mathbf{x})}{\partial \mathbf{x}} = 2\mathbf{x}'\mathbf{A}$$

혹은 n개의 원소로 구성된 행벡터이다.

참고문헌

Chiang, Alpha C., *Fundamental Methods of Mathematical Economics*, 3d ed., McGraw-Hill, New York. 1984, 4장과 5장. 본서는 기초과정에 해당됨.

Hadley, G., *Linear Algebra*, Addison-Wesley. Reading, Mass., 1961. 본서는 고급과정에 해당됨.

선형 회귀모형에 대한 행렬 접근법

이 부록은 k개의 변수(Y와 $X_2, X_3, \ldots, X_k$)를 포함하고 있는 고전적 선형 회귀모형을 행렬 대수 표기로 나타낸다. 개념상 k변수 모형은 이 교재에서 지금까지 살펴본 2변수 및 3변수 모형의 논리적 확장이다. 따라서 이 부록은 행렬 표기를 제외하고는 거의 새로운 개념을 제시하지 않는다.[1] 스칼라 대수(스칼라 혹은 실수를 다루는 초보 대수)에 비해 행렬대수가 갖는 가장 큰 이점은 회귀모형에서 변수의 수가 몇 개가 되든 이를 다루는 간결한 방법을 제공한다는 것이다. 일단 행렬 표기로 k변수 모형이 공식화되고 해를 구하게 되면 그 해는 변수가 하나, 둘, 셋, 혹은 어떤 수라도 적용된다.

C.1 k변수 선형 회귀모형

만일 우리가 2변수 및 3변수 선형 회귀모형을 일반화한다면 종속변수 Y와 $(k-1)$개의 설명변수 $X_2, X_3, \ldots, X_k$를 포함하는 k변수 모집단 회귀함수(PRF) 모형은 다음과 같이 쓸 수 있다.

$$\text{PRF:}\quad Y_i = \beta_1 + \beta_2 X_{2i} + \beta_3 X_{3i} + \cdots + \beta_k X_{ki} + u_i \qquad i = 1, 2, 3, \ldots, n \tag{C.1.1}$$

여기서 $\beta_1 =$ 절편, $\beta_2 \sim \beta_k =$ 편기울기계수, $u =$ 확률적 교란항, $i = i$번째 관찰치, n은 모집단의 크기이다. PRF (C.1.1)은 통상적인 방법으로 해석된다. 즉 이것은 $X_2, X_3, \ldots, X_k$의 고정된 (반복추출에서) 값을 조건부로 한 Y의 평균 또는 기대치 $E(Y \mid X_{2i}, X_{3i}, \ldots, X_{ki})$를 준다.

식 (C.1.1)은 다음 n개의 연립방정식 집합에 대한 속기 표기법이다.

$$\begin{aligned}
Y_1 &= \beta_1 + \beta_2 X_{21} + \beta_3 X_{31} + \cdots + \beta_k X_{k1} + u_1 \\
Y_2 &= \beta_1 + \beta_2 X_{22} + \beta_3 X_{32} + \cdots + \beta_k X_{k2} + u_2 \\
&\cdots\cdots\cdots\cdots\cdots\cdots\cdots\cdots\cdots\cdots \\
Y_n &= \beta_1 + \beta_2 X_{2n} + \beta_3 X_{3n} + \cdots + \beta_k X_{kn} + u_n
\end{aligned} \tag{C.1.2}$$

1. 행렬대수에 익숙하지 않은 독자들은 더 진행하기 전에 부록 B를 복습해야 한다. 부록 B는 이 부록을 이해하기 위해 필요한 행렬대수의 필수요소들을 제공한다.

방정식 체계 (C.1.2)를 다르지만 보다 분명한 방법으로 다음과 같이 기술하자.[2]

$$\begin{bmatrix} Y_1 \\ Y_2 \\ \vdots \\ Y_n \end{bmatrix} = \begin{bmatrix} 1 & X_{21} & X_{31} & \cdots & X_{k1} \\ 1 & X_{22} & X_{32} & \cdots & X_{k2} \\ \vdots & \vdots & \vdots & \ddots & \vdots \\ 1 & X_{2n} & X_{3n} & \cdots & X_{kn} \end{bmatrix} \begin{bmatrix} \beta_1 \\ \beta_2 \\ \vdots \\ \beta_k \end{bmatrix} + \begin{bmatrix} u_1 \\ u_2 \\ \vdots \\ u_n \end{bmatrix} \qquad \text{(C.1.3)}$$

$$\underset{n \times 1}{\mathbf{y}} = \underset{n \times k}{\mathbf{X}} \quad \underset{k \times 1}{\boldsymbol{\beta}} + \underset{n \times 1}{\mathbf{u}}$$

여기서 $\mathbf{y}$=종속변수 Y에 대한 관찰치의 $n\times 1$ 열벡터

$\mathbf{X}$=X_2에서 X_k까지 $(k-1)$개 변수의 n개 관찰치와 절편항을 나타내는 1로 된 첫 번째 열로 구성된 $n\times k$ 행렬(이 행렬은 또한 자료 행렬로 알려져 있음)

β=미지의 모수 $\beta_1, \beta_2, \ldots, \beta_k$의 $k\times 1$ 열벡터

$\mathbf{u}$=n개의 교란항 u_i의 $n\times 1$ 열벡터

행렬 곱셈과 덧셈 법칙을 이용하여 독자는 (C.1.2)와 (C.1.3)이 동일하다는 것을 증명해야 한다.

(C.1.3)은 **일반 (k-변수) 선형 회귀모형의 행렬 표현**으로 알려져 있다. 이것은 다음과 같이 보다 간결하게 표현될 수 있다.

$$\underset{n \times 1}{\mathbf{y}} = \underset{n \times k}{\mathbf{X}} \quad \underset{k \times 1}{\boldsymbol{\beta}} + \underset{n \times 1}{\mathbf{u}} \qquad \text{(C.1.4)}$$

행렬 X와 벡터 $\mathbf{y}$, $\boldsymbol{\beta}$, $\mathbf{u}$의 차원이나 차수에 대한 혼동이 없으면 식 (C.1.4)는 다음과 같이 단순하게 쓸 수 있다.

$$\mathbf{y} = \mathbf{X}\boldsymbol{\beta} + \mathbf{u} \qquad \text{(C.1.5)}$$

행렬 표현의 예시로서 3장에서 본 2변수 소비-소득 모형 $Y_i = \beta_1 + \beta_2 X_i + u_i$를 보자. 여기서 Y는 소비지출이고, X는 소득이다. 표 3.2에 주어진 자료를 이용하여 다음과 같이 행렬의 형태로 쓸 수 있다.

2. 부록 B에 소개된 표기법에 따라 벡터는 굵은 활자로 된 소문자로, 행렬은 굵은 활자로 된 대문자로 나타낸다.

$$\begin{bmatrix} 70 \\ 65 \\ 90 \\ 95 \\ 110 \\ 115 \\ 120 \\ 140 \\ 155 \\ 150 \end{bmatrix} = \begin{bmatrix} 1 & 80 \\ 1 & 100 \\ 1 & 120 \\ 1 & 140 \\ 1 & 160 \\ 1 & 180 \\ 1 & 200 \\ 1 & 220 \\ 1 & 240 \\ 1 & 260 \end{bmatrix} \begin{bmatrix} \beta_1 \\ \beta_2 \end{bmatrix} + \begin{bmatrix} u_1 \\ u_2 \\ u_3 \\ u_4 \\ u_5 \\ u_6 \\ u_7 \\ u_8 \\ u_9 \\ u_{10} \end{bmatrix} \tag{C.1.6}$$

$$\underset{10 \times 1}{\mathbf{y}} = \underset{10 \times 2}{\mathbf{X}} \quad \underset{2 \times 1}{\boldsymbol{\beta}} + \underset{10 \times 1}{\mathbf{u}}$$

2변수 및 3변수 경우에서와 같이 우리의 목표는 가지고 있는 자료로부터 다중회귀 (C.1.1)의 모수를 추정하고 그것들에 대한 추론을 하는 것이다. 행렬 표기로는 이것은 $\boldsymbol{\beta}$를 추정하고 이 $\boldsymbol{\beta}$에 대한 추론을 하는 것이다. 추정 목적을 위해 통상최소자승법(OLS) 또는 최우추정법(ML)을 사용할 수 있다. 그러나 앞에서 언급하였듯이 이 두 방법은 동일한 회귀계수 추정치를 가져온다.[3] 따라서 우리는 우리의 관심을 OLS 방법에 국한할 것이다.

C.2 고전적 선형 회귀모형 가정의 행렬 표기

고전적 선형 회귀모형에 내재하는 가정들은 표 C.1에 주어져 있는데 그것들은 스칼라 표기와 행렬 표기로 나와 있다. 식 (C.2.1)에 주어진 가정 1은 교란 벡터 **u**, 즉 그것의 각 원소들의 기대치는 0이라는 것이다. 보다 명시적으로 $E(\mathbf{u}) = \mathbf{0}$, 즉

$$E \begin{bmatrix} u_1 \\ u_2 \\ \vdots \\ u_n \end{bmatrix} = \begin{bmatrix} E(u_1) \\ E(u_2) \\ \vdots \\ E(u_n) \end{bmatrix} = \begin{bmatrix} 0 \\ 0 \\ \vdots \\ 0 \end{bmatrix} \tag{C.2.1}$$

가정 2(식 [C.2.2])는 스칼라 표기로 식 (3.2.5)와 (3.2.2)에 주어진 두 가정을 표현하는 간편한 방법이다. 이를 보기 위해 우리는 다음과 같이 쓸 수 있다.

$$E(\mathbf{uu}') = E \begin{bmatrix} u_1 \\ u_2 \\ \vdots \\ u_n \end{bmatrix} [u_1 \quad u_2 \quad \cdots \quad u_n]$$

3. k-변수의 경우 이렇게 되는 것에 대한 증명은 4장의 각주에 있는 참고문헌에서 찾을 수 있다.

표 C.1
고전적 선형 회귀 모형의 가정

스칼라 표기		스칼라 표기행렬 표기
1. 각 i에 대해 $E(u_i)=0$	(3.2.1)	1. $E(u)=0$ 여기서 u와 0은 n×1 열벡터, 0은 영벡터
2. $E(u_iu_j)=0 \quad i \neq j$ $=\sigma^2 \quad i=j$	(3.2.5) (3.2.2)	2. $E(uu')=\sigma^2$ I 여기서 I는 $n \times n$ 단위행렬
3. $X_2, X_3, \ldots, X_k$는 비확률적 또는 고정적		3. n×k 행렬 X는 비확률적, 즉 고정된 수의 집합으로 구성되어 있음
4. X변수 간 정확한 선형관계는 존재하지 않음. 즉 다중공선성 없음	(7.1.9)	4. X의 계수는 p(X) = k, 여기서 k는 X의 열의 수이고 k는 관찰치 수 n보다 작음
5. 가설검정을 위해 $u_i \sim N(0, \sigma^2)$		5. 벡터 u는 다변량 정규분포를 함. 즉 $\mathbf{u}_i \sim N(\mathbf{0}, \sigma^2\mathbf{I})$

여기서 $\mathbf{u}'$는 열벡터 $\mathbf{u}$의 전치 또는 행벡터이다. 곱하기를 하면 다음을 얻는다.

$$E(\mathbf{uu}') = E\begin{bmatrix} u_1^2 & u_1u_2 & \cdots & u_1u_n \\ u_2u_1 & u_2^2 & \cdots & u_2u_n \\ \cdots & \cdots & \cdots & \cdots \\ u_nu_1 & u_nu_2 & \cdots & u_n^2 \end{bmatrix}$$

앞에 있는 행렬의 각 원소에 기대치 연산자 E를 적용하면 다음을 얻는다.

$$E(\mathbf{uu}') = \begin{bmatrix} E(u_1^2) & E(u_1u_2) & \cdots & E(u_1u_n) \\ E(u_2u_1) & E(u_2^2) & \cdots & E(u_2u_n) \\ \cdots & \cdots & \cdots & \cdots \\ E(u_nu_1) & E(u_nu_2) & \cdots & E(u_n^2) \end{bmatrix} \tag{C.2.2}$$

동분산 가정과 계열상관이 없다는 가정으로 인해 행렬 (C.2.2)는 다음과 같이 된다.

$$\begin{aligned} E(\mathbf{uu}') &= \begin{bmatrix} \sigma^2 & 0 & 0 & \cdots & 0 \\ 0 & \sigma^2 & 0 & \cdots & 0 \\ \cdots & \cdots & \cdots & \cdots & \cdots \\ 0 & 0 & 0 & \cdots & \sigma^2 \end{bmatrix} \\ &= \sigma^2\begin{bmatrix} 1 & 0 & 0 & \cdots & 0 \\ 0 & 1 & 0 & \cdots & 0 \\ \cdots & \cdots & \cdots & \cdots & \cdots \\ 0 & 0 & 0 & \cdots & 1 \end{bmatrix} \qquad \text{(C.2.3)} \\ &= \sigma^2\mathbf{I} \end{aligned}$$

여기서 $\mathbf{I}$는 $n \times n$ 단위행렬이다.

행렬 (C.2.2)는 (그리고 식 [C.2.3]에 주어진 표현) 교란항 u_i의 분산–공분산 행렬이라 부른다. 이 행렬의 (왼쪽 위로부터 오른쪽 아래로 이어지는) 주대각원소들은 분산이고, 주대각원소 밖의 원소들은 공분산이다.[4] 분산-공분산 행렬은 대칭이라는 것에 유의하라. 즉 주대각원소 위와 아래에 있는 원소들은 서로 반사이다.

표 C.1의 가정 3은 $n \times k$ 행렬 **X**가 비확률적, 즉 고정된 수로 구성되어 있다는 것을 말한다. 앞에서 언급하였듯이 우리의 회귀분석은 X 변수의 고정된 값을 조건부로 하는 조건부 회귀분석이다.

가정 4는 **X** 행렬이 완전한 열 계수인 k, 즉 행렬의 열의 수를 갖는다는 것을 말한다. 이것은 X 행렬의 열은 선형으로 독립, 즉 X 변수들 간 정확한 선형관계가 존재하지 않는다는 것이다. 스칼라 표기로 이것은 다음 식(cf. 식 [7.1.8])이 성립하는 모두 0은 아닌 $\lambda_1, \lambda_2, \ldots, \lambda_k$의 집합이 존재하지 않는다고 말하는 것과 동일하다.

$$\lambda_1 X_{1i} + \lambda_2 X_{2i} + \cdots + \lambda_k X_{ki} = 0 \qquad \text{(C.2.4)}$$

여기서 모든 i에 대해 $X_{1i}=1$(X 행렬에 1로 된 열을 허용하기 위해). 행렬 표기로는 식 (C.2.4)는 다음과 같이 표현될 수 있다.

$$\boldsymbol{\lambda}'\mathbf{x} = 0 \qquad \text{(C.2.5)}$$

여기서 $\boldsymbol{\lambda}'$는 $1 \times k$ 행벡터이고 $\mathbf{x}$는 $k \times 1$ 열벡터이다.

만일 식 (C.2.4)와 같은 정확한 선형관계가 존재한다면 변수들은 공선적이라고 말한다. 한편 만일 식 (C.2.4)가 $\lambda_1 = \lambda_2 = \lambda_3 = \ldots = 0$일 때만 성립한다면 X 변수들은 선형 독립이라 말한다. **다중공선성이 없다**는 가정에 대한 직관적 이유는 7장에서 언급되었고, 10장에서는 이 가정에 대해 더 논의되었다.

C.3 OLS 추정

β의 OLS 추정치를 구하기 위해 우선 k-변수 표본 회귀함수(SRF)를 쓰자.

$$Y_i = \hat{\beta}_1 + \hat{\beta}_2 X_{2i} + \hat{\beta}_3 X_{3i} + \cdots + \hat{\beta}_k X_{ki} + \hat{u}_i \qquad \text{(C.3.1)}$$

이것은 다음과 같이 행렬 표기로 더 간략하게 쓸 수 있다.

$$\mathbf{y} = \mathbf{X}\hat{\boldsymbol{\beta}} + \hat{\mathbf{u}} \qquad \text{(C.3.2)}$$

그리고 행렬 형태로는 다음과 같이 쓸 수 있다.

4. 정의상 u_i의 분산은 $E[u_i - E(u_i)]^2$이고 u_i와 u_j의 공분산은 $E[u_i - E(u_i)][u_j - E(u_j)]$이다. 그러나 각 i에 대한 가정 $E(u_i)=0$으로 인해 분산-공분산 행렬은 (C.2.3)이 된다.

$$\begin{bmatrix} Y_1 \\ Y_2 \\ \vdots \\ Y_n \end{bmatrix} = \begin{bmatrix} 1 & X_{21} & X_{31} & \cdots & X_{k1} \\ 1 & X_{22} & X_{32} & \cdots & X_{k2} \\ \cdots & \cdots & \cdots & \cdots & \cdots \\ 1 & X_{2n} & X_{3n} & \cdots & X_{kn} \end{bmatrix} \begin{bmatrix} \hat{\beta}_1 \\ \hat{\beta}_2 \\ \vdots \\ \hat{\beta}_k \end{bmatrix} + \begin{bmatrix} \hat{u}_1 \\ \hat{u}_2 \\ \vdots \\ \hat{u}_n \end{bmatrix} \tag{C.3.3}$$

$$\underset{n \times 1}{\mathbf{y}} = \underset{n \times k}{\mathbf{X}} \; \underset{k \times 1}{\hat{\boldsymbol{\beta}}} + \underset{n \times 1}{\hat{\mathbf{u}}}$$

여기서 $\hat{\beta}$은 회귀계수에 대한 OLS 추정량의 k-원소 열벡터이고 $\hat{\mathbf{u}}$은 n개 잔차들의 $n \times 1$ 열벡터이다.

2변수 및 3변수 모형에서와 같이 k-변수 경우에 OLS 추정량은 다음 식을 극소화하여 구한다.

$$\sum \hat{u}_i^2 = \sum (Y_i - \hat{\beta}_1 - \hat{\beta}_2 X_{2i} - \cdots - \hat{\beta}_k X_{ki})^2 \tag{C.3.4}$$

여기서 $\sum \hat{u}_i^2$은 잔차 자승합계(RSS)이다. 행렬 표기로 이것은 $\hat{\mathbf{u}}'\hat{\mathbf{u}}$를 극소화하는 것인데 왜냐하면

$$\hat{\mathbf{u}}'\hat{\mathbf{u}} = [\hat{u}_1 \quad \hat{u}_2 \quad \cdots \quad \hat{u}_n] \begin{bmatrix} \hat{u}_1 \\ \hat{u}_2 \\ \vdots \\ \hat{u}_n \end{bmatrix} = \hat{u}_1^2 + \hat{u}_2^2 + \cdots + \hat{u}_n^2 = \sum \hat{u}_i^2 \tag{C.3.5}$$

이제 식 (C.3.2)로부터 우리는 다음을 얻는다.

$$\hat{\mathbf{u}} = \mathbf{y} - \mathbf{X}\hat{\boldsymbol{\beta}} \tag{C.3.6}$$

따라서

$$\begin{aligned} \hat{\mathbf{u}}'\hat{\mathbf{u}} &= (\mathbf{y} - \mathbf{X}\hat{\boldsymbol{\beta}})'(\mathbf{y} - \mathbf{X}\hat{\boldsymbol{\beta}}) \\ &= \mathbf{y}'\mathbf{y} - 2\hat{\boldsymbol{\beta}}'\mathbf{X}'\mathbf{y} + \hat{\boldsymbol{\beta}}'\mathbf{X}'\mathbf{X}\hat{\boldsymbol{\beta}} \end{aligned} \tag{C.3.7}$$

여기서 행렬의 전치의 속성을 이용한다. 즉 $(\mathrm{X}\hat{\boldsymbol{\beta}})' = \hat{\boldsymbol{\beta}}'\mathrm{X}'$이다. $\hat{\boldsymbol{\beta}}'\mathrm{X}'\mathbf{y}$는 스칼라(실수)이므로 이것은 $\mathbf{y}'\mathrm{X}\hat{\boldsymbol{\beta}}$와 동일하다.

식 (C.3.7)은 (C.3.4)의 행렬 표현이다. 스칼라 표기로는 OLS 방법은 가능한 한 $\sum \hat{u}_i^2$을 가장 적게 하는 $\beta_1, \beta_2, ..., \beta_k$를 추정하는 것이다. 이것은 식 (C.3.4)를 $\hat{\beta}_1, \hat{\beta}_2, ..., \hat{\beta}_k$로 편미분하여 그 결과 식을 0으로 놓아 구할 수 있다. 이 과정은 최소자승 이론의 정규방정식인 k개 미지수에 대한 k개의 연립방정식으로 구성된다. 부록 CA의 CA.1절에서 보이고 있듯이 이 방정식들은 다음과 같다.

$$
\begin{aligned}
n\hat{\beta}_1 + \hat{\beta}_2 \sum X_{2i} + \hat{\beta}_3 \sum X_{3i} + \cdots + \hat{\beta}_k \sum X_{ki} &= \sum Y_i \\
\hat{\beta}_1 \sum X_{2i} + \hat{\beta}_2 \sum X_{2i}^2 + \hat{\beta}_3 \sum X_{2i}X_{3i} + \cdots + \hat{\beta}_k \sum X_{2i}X_{ki} &= \sum X_{2i}Y_i \\
\hat{\beta}_1 \sum X_{3i} + \hat{\beta}_2 \sum X_{3i}X_{2i} + \hat{\beta}_3 \sum X_{3i}^2 + \cdots + \hat{\beta}_k \sum X_{3i}X_{ki} &= \sum X_{3i}Y_i \\
\cdots\cdots\cdots\cdots\cdots\cdots\cdots\cdots\cdots\cdots\cdots\cdots\cdots\cdots\cdots\cdots\cdots\cdots \\
\hat{\beta}_1 \sum X_{ki} + \hat{\beta}_2 \sum X_{ki}X_{2i} + \hat{\beta}_3 \sum X_{ki}X_{3i} + \cdots + \hat{\beta}_k \sum X_{ki}^2 &= \sum X_{ki}Y_i
\end{aligned}
\tag{C.3.8}
$$

[5]

행렬 형태로 식 (C.3.8)은 다음과 같이 표현된다.

$$
\underbrace{\begin{bmatrix}
n & \sum X_{2i} & \sum X_{3i} & \cdots & \sum X_{ki} \\
\sum X_{2i} & \sum X_{2i}^2 & \sum X_{2i}X_{3i} & \cdots & \sum X_{2i}X_{ki} \\
\sum X_{3i} & \sum X_{3i}X_{2i} & \sum X_{3i}^2 & \cdots & \sum X_{3i}X_{ki} \\
\cdots & \cdots & \cdots & \cdots & \cdots \\
\sum X_{ki} & \sum X_{ki}X_{2i} & \sum X_{ki}X_{3i} & \cdots & \sum X_{ki}^2
\end{bmatrix}}_{(\mathbf{X}'\mathbf{X})}
\underbrace{\begin{bmatrix} \hat{\beta}_1 \\ \hat{\beta}_2 \\ \hat{\beta}_3 \\ \vdots \\ \hat{\beta}_k \end{bmatrix}}_{\hat{\boldsymbol{\beta}}}
=
\underbrace{\begin{bmatrix}
1 & 1 & \cdots & 1 \\
X_{21} & X_{22} & \cdots & X_{2n} \\
X_{31} & X_{32} & \cdots & X_{3n} \\
\cdots & \cdots & \cdots & \cdots \\
X_{k1} & X_{k2} & \cdots & X_{kn}
\end{bmatrix}}_{\mathbf{X}'}
\underbrace{\begin{bmatrix} Y_1 \\ Y_2 \\ Y_3 \\ \vdots \\ Y_n \end{bmatrix}}_{\mathbf{y}}
\tag{C.3.9}
$$

혹은 보다 간결하게

$$(\mathbf{X}'\mathbf{X})\hat{\boldsymbol{\beta}} = \mathbf{X}'\mathbf{y} \tag{C.3.10}$$

(X′X) 행렬의 다음과 같은 특징에 주목하라. (1) 그것은 X 변수들의 그대로의 자승 합계와 교차곱이고, 이중 하나는 각 관찰치에 대해 1의 값을 갖는 절편항이다. 주대각원소들은 그대로의 자승의 합계이고 주대각 밖의 원소들은 교차곱의 그대로의 합계이다(여기서 그대로는 원래의 측정단위를 말함). (2) X_{2i}와 X_{3i}의 교차곱은 X_{3i}와 X_{2i}의 교차곱과 동일하므로 이것은 대칭적이다. (3) 이것의 차수는 $(k \times k)$, 즉 k개의 행과 k개의 열로 되어 있다.

식 (C.3.10)에서 알고 있는 값은 (X′X)와 (X′y)(X 변수와 y 간의 교차곱)이고 미지수는 $\hat{\boldsymbol{\beta}}$이다. 이제 행렬 대수를 이용하여 만일 (X′X)의 역행렬, 즉 $(\mathbf{X}'\mathbf{X})^{-1}$이 존재한다면 식 (C.3.10)의 양변에 이 역행렬을 전승하면 다음을 얻게 된다.

$$(\mathbf{X}'\mathbf{X})^{-1}(\mathbf{X}'\mathbf{X})\hat{\boldsymbol{\beta}} = (\mathbf{X}'\mathbf{X})^{-1}\mathbf{X}'\mathbf{y}$$

---

5. 이 방정식들은 쉽게 기억될 수 있다. 식 $Y_i = \hat{\beta}_1 + \hat{\beta}_2 X_{2i} + \hat{\beta}_3 X_{3i} + \ldots + \hat{\beta}_k X_{ki}$로부터 시작한다. 이 식을 n개의 값에 대해 더해주면 (C.3.8)의 첫 번째 식이 된다. 이 식의 양변을 X_2로 곱하고 n에 대해 더해주면 두 번째 식이 된다. 이것의 양변을 X_3로 곱하고 n에 대해 더해주면 세 번째 식이 된다. 추가적으로 (C.3.8)의 첫 번째 식은 $\hat{\beta}_1 = \bar{Y} - \hat{\beta}_2 \bar{X}_2 - \cdots - \hat{\beta}_k \bar{X}_k$(cf. [7.4.6])이 되는 것에 유의하라.

그러나 $(\mathbf{X}'\mathbf{X})^{-1}(\mathbf{X}'\mathbf{X})=\mathbf{I}$, 즉 차수가 $k\times k$,인 단위행렬이므로 다음이 성립한다.

$$\mathbf{I}\hat{\boldsymbol{\beta}} = (\mathbf{X}'\mathbf{X})^{-1}\mathbf{X}'\mathbf{y}$$

또는

$$\underset{k\times 1}{\hat{\boldsymbol{\beta}}} = \underset{k\times k}{(\mathbf{X}'\mathbf{X})^{-1}} \underset{(k\times n)}{\mathbf{X}'} \underset{(n\times 1)}{\mathbf{y}} \tag{C.3.11}$$

식 (C.3.11)은 행렬로 표기한 OLS 이론의 기본 결과이다. 그것은 어떻게 $\hat{\boldsymbol{\beta}}$이 주어진 자료로부터 추정될 수 있는지를 보여준다. 비록 식 (C.3.11)이 식 (C.3.9)로부터 구해지지만 식 (C.3.7)로부터 $\hat{\mathbf{u}}'\hat{\mathbf{u}}$을 $\hat{\boldsymbol{\beta}}$으로 미분해서도 직접 구해질 수 있다. 증명은 부록 CA의 CA.2절에 나와 있다.

예시

지금까지 논의된 행렬 방법의 예시로서 식 (C.1.6)에 있는 자료를 사용한 소비-소득 예를 가지고 진행하기로 한다. 2변수의 경우 다음이 성립한다.

$$\hat{\boldsymbol{\beta}} = \begin{bmatrix} \hat{\beta}_1 \\ \hat{\beta}_2 \end{bmatrix}$$

$$(\mathbf{X}'\mathbf{X}) = \begin{bmatrix} 1 & 1 & 1 & \cdots & 1 \\ X_1 & X_2 & X_3 & \cdots & X_n \end{bmatrix} \begin{bmatrix} 1 & X_1 \\ 1 & X_2 \\ 1 & X_3 \\ \cdots & \\ 1 & X_N \end{bmatrix} = \begin{bmatrix} n & \sum X_i \\ \sum X_i & \sum X_i^2 \end{bmatrix}$$

그리고

$$\mathbf{X}'\mathbf{y} = \begin{bmatrix} 1 & 1 & 1 & \cdots & 1 \\ X_1 & X_2 & X_3 & \cdots & X_n \end{bmatrix} \begin{bmatrix} Y_1 \\ Y_2 \\ Y_3 \\ \vdots \\ Y_n \end{bmatrix} = \begin{bmatrix} \sum Y_i \\ \sum X_i Y_i \end{bmatrix}$$

식 (C.1.6)에 주어진 자료를 이용하면

$$\mathbf{X}'\mathbf{X} = \begin{bmatrix} 10 & 1700 \\ 1700 & 322000 \end{bmatrix}$$

그리고

$$\mathbf{X}'\mathbf{y} = \begin{bmatrix} 1110 \\ 205500 \end{bmatrix}$$

부록 B의 B.3절에 주어진 역행렬 법칙을 사용하여 구한 앞의 (**X′X**) 행렬의 역행렬은 다음과 같다.

$$\mathbf{X}'\mathbf{X}^{-1} = \begin{bmatrix} 0.97576 & -0.005152 \\ -0.005152 & 0.0000303 \end{bmatrix}$$

따라서

$$\begin{aligned} \hat{\boldsymbol{\beta}} = \begin{bmatrix} \hat{\beta}_1 \\ \hat{\beta}_2 \end{bmatrix} &= \begin{bmatrix} 0.97576 & -0.005152 \\ -0.005152 & 0.0000303 \end{bmatrix} \begin{bmatrix} 1110 \\ 205500 \end{bmatrix} \\ &= \begin{bmatrix} 24.4545 \\ 0.5079 \end{bmatrix} \end{aligned}$$

컴퓨터를 이용하면 $\hat{\beta}_1 = 24.4545$, $\hat{\beta}_2 = 0.5091$을 얻었다. 두 추정치 간의 차이는 반올림 오차 때문이다. 추가적으로 계산기를 가지고 작업을 할 때 반올림 오차를 최소화하기 위해 유의한 몇 자리까지 결과를 얻는 것이 필수적이라는 것에 유의하라.

$\hat{\beta}$의 분산–공분산 행렬

행렬 방법으로 $\hat{\boldsymbol{\beta}}$의 어느 한 요소인 $\hat{\beta}_i$의 분산에 대한 공식도 개발할 수 있을 뿐 아니라 $\hat{\boldsymbol{\beta}}$의 어느 두 요소, 예를 들어 $\hat{\beta}_i$와 $\hat{\beta}_j$ 간의 공분산에 대한 공식도 개발할 수 있다. 우리는 이 분산과 공분산이 통계적 추론의 목적을 위해 필요하다.

정의상 $\hat{\boldsymbol{\beta}}$의 분산–공분산 행렬은 다음과 같다(식 [C.2.2]와 비교).

$$\text{var-cov}\,(\hat{\boldsymbol{\beta}}) = E\{[\hat{\boldsymbol{\beta}} - E(\hat{\boldsymbol{\beta}})][\hat{\boldsymbol{\beta}} - E(\hat{\boldsymbol{\beta}})]'\}$$

이것은 다음과 같이 명시적으로 쓸 수 있다.

$$\text{var-cov}\,(\hat{\boldsymbol{\beta}}) = \begin{bmatrix} \text{var}\,(\hat{\beta}_1) & \text{cov}\,(\hat{\beta}_1, \hat{\beta}_2) & \cdots & \text{cov}\,(\hat{\beta}_1, \hat{\beta}_k) \\ \text{cov}\,(\hat{\beta}_2, \hat{\beta}_1) & \text{var}\,(\hat{\beta}_2) & \cdots & \text{cov}\,(\hat{\beta}_2, \hat{\beta}_k) \\ \cdots & \cdots & \cdots & \cdots \\ \text{cov}\,(\hat{\beta}_k, \hat{\beta}_1) & \text{cov}\,(\hat{\beta}_k, \hat{\beta}_2) & \cdots & \text{var}\,(\hat{\beta}_k) \end{bmatrix} \tag{C.3.12}$$

부록 CA의 CA.3절에는 앞의 분산–공분산 행렬이 다음 공식으로부터 구해질 수 있다는 것이 증명되고 있다.

$$\text{var-cov}(\hat{\boldsymbol{\beta}}) = \sigma^2(\mathbf{X}'\mathbf{X})^{-1} \tag{C.3.13}$$

여기서 σ^2은 u_i의 동분산이고 $(\mathbf{X}'\mathbf{X})^{-1}$는 식 (C.3.11)에 나오는 역행렬인데 이것이 OLS 추정량 $\hat{\boldsymbol{\beta}}$이다.

2변수 및 3변수 선형 회귀모형에서 σ^2의 불편 추정량은 각각 $\hat{\sigma}^2 = \sum \hat{u}_i^2/(n-2)$, $\hat{\sigma}^2 = \sum \hat{u}_i^2/(n-3)$이다. k-변수 경우에는 대응하는 공식은

$$\begin{aligned}\hat{\sigma}^2 &= \frac{\sum \hat{u}_i^2}{n-k} \\ &= \frac{\hat{\mathbf{u}}'\hat{\mathbf{u}}}{n-k}\end{aligned} \tag{C.3.14}$$

여기서 자유도는 이제 $(n-k)$이다. (그 이유는?)

비록 원칙적으로는 $\hat{\mathbf{u}}'\hat{\mathbf{u}}$는 추정된 잔차로부터 계산될 수 있지만 실제로는 다음과 같이 직접 구해질 수 있다. 2변수 경우에 $\sum \hat{u}_i^2$ (=RSS) = TSS − ESS인 것을 상기하면 다음과 같이 쓸 수 있다.

$$\sum \hat{u}_i^2 = \sum y_i^2 - \hat{\beta}_2^2 \sum x_i^2 \tag{3.3.6}$$

그리고 3변수 경우에는

$$\sum \hat{u}_i^2 = \sum y_i^2 - \hat{\beta}_2 \sum y_i x_{2i} - \hat{\beta}_3 \sum y_i x_{3i} \tag{7.4.19}$$

이 원리를 확장함으로써 k-변수 모형에 대해서는

$$\sum \hat{u}_i^2 = \sum y_i^2 - \hat{\beta}_2 \sum y_i x_{2i} - \cdots - \hat{\beta}_k \sum y_i x_{ki} \tag{C.3.15}$$

행렬 표기로는

$$\text{TSS: } \sum y_i^2 = \mathbf{y}'\mathbf{y} - n\bar{Y}^2 \tag{C.3.16}$$

$$\text{ESS: } \hat{\beta}_2 \sum y_i x_{2i} + \cdots + \hat{\beta}_k \sum y_i x_{ki} = \hat{\boldsymbol{\beta}}'\mathbf{X}'\mathbf{y} - n\bar{Y}^2 \tag{C.3.17}$$

여기서 $n\bar{Y}^2$은 평균에 대한 교정으로 알려진 항이다.[6] 따라서

6. $\sum y_i^2 = \sum (Y_i - \bar{Y})^2 = \sum Y_i^2 - n\bar{Y}^2 = \mathbf{y}'\mathbf{y} - n\bar{Y}^2$. 따라서 교정항이 없으면 $\mathbf{y}'\mathbf{y}$는 편차자승합계가 아니라 그대로의 자승합계일 따름이다.

$$\hat{\mathbf{u}}'\hat{\mathbf{u}} = \mathbf{y}'\mathbf{y} - \hat{\boldsymbol{\beta}}'\mathbf{X}'\mathbf{y} \tag{C.3.18}$$

일단 $\hat{\mathbf{u}}'\hat{\mathbf{u}}$를 구하면 σ^2은 식 (C.3.14)로부터 쉽게 구할 수 있고, 이로써 분산–공분산 행렬 (C.3.13)을 추정할 수 있게 된다.

우리의 예시의 경우

$$\begin{aligned}\hat{\mathbf{u}}'\hat{\mathbf{u}} &= 132100 - [24.4545 \quad 0.5091]\begin{bmatrix}1110\\205500\end{bmatrix}\\&= 337.373\end{aligned}$$

이리하여 $\hat{\sigma}^2 = (337.273/8) = 42.1591$인데 이것은 대략 전에 3장에서 구한 값이다.

OLS 벡터 $\hat{\beta}$의 속성

2변수 및 3변수 경우 우리는 OLS 추정량이 선형 불편 추정량이고 모든 선형 불편 추정량들 가운데 최소 분산을 갖는다(Gauss–Markov 속성)는 것을 알고 있다. 간략히 말해 OLS 추정량은 최량 선형 불편 추정량(BLUE)이다. 이 속성은 전체 $\hat{\boldsymbol{\beta}}$ 벡터로 확장된다. 즉 $\hat{\boldsymbol{\beta}}$은 선형(그 원소 각각은 종속변수인 Y의 선형함수)이다. $E(\hat{\boldsymbol{\beta}}) = \boldsymbol{\beta}$, 즉 $\hat{\boldsymbol{\beta}}$의 각 원소의 기대치는 진정한 $\boldsymbol{\beta}$의 대응하는 원소와 동일하다. 그리고 $\boldsymbol{\beta}$의 모든 선형 불편 추정량 중에서 OLS 추정량 $\hat{\boldsymbol{\beta}}$이 최소 분산을 갖는다.

이에 대한 증명이 부록 CA의 CA.4절에 나와 있다. 서론에서 언급한 것처럼 대부분의 경우 k–변수 경우는 2변수 및 3변수 경우의 직접적 연장이다.

C.4 결정계수 R^2의 행렬 표기

결정계수 R^2은 다음과 같이 정의된다.

$$R^2 = \frac{\text{ESS}}{\text{TSS}}$$

2변수의 경우

$$R^2 = \frac{\hat{\beta}_2^2 \sum x_i^2}{\sum y_i^2} \tag{3.5.6}$$

그리고 3변수의 경우

$$R^2 = \frac{\hat{\beta}_2 \sum y_i x_{2i} + \hat{\beta}_3 \sum y_i x_{3i}}{\sum y_i^2} \tag{7.5.5}$$

일반화하면 k−변수 경우에 대해서는 다음과 같다.

$$R^2 = \frac{\hat{\beta}_2 \sum y_i x_{2i} + \hat{\beta}_3 \sum y_i x_{3i} + \cdots + \hat{\beta}_k \sum y_i x_{ki}}{\sum y_i^2} \tag{C.4.1}$$

식 (C.3.16)과 (C.3.17)을 이용하면 식 (C.4.1)은 다음과 같이 쓸 수 있다.

$$R^2 = \frac{\hat{\boldsymbol{\beta}}'\mathbf{X}'\mathbf{y} - n\bar{Y}^2}{\mathbf{y}'\mathbf{y} - n\bar{Y}^2} \tag{C.4.2}$$

이것이 R^2의 행렬 표현이다.

우리의 예의 경우

$$\begin{aligned}\hat{\boldsymbol{\beta}}'\mathbf{X}'\mathbf{y} &= [24.3571 \quad 0.5079]\begin{bmatrix} 1{,}110 \\ 205{,}500 \end{bmatrix} \\ &= 131{,}409.831 \\ \mathbf{y}'\mathbf{y} &= 132{,}100\end{aligned}$$

그리고

$$n\bar{Y}^2 = 123{,}210$$

이 값들을 식 (C.4.2)에 대입하면 $R^2 = 0.9224$가 되는데 이것은 반올림 오차를 제외하면 전에 구한 값과 동일하다.

C.5 상관행렬

앞의 장에서 우리는 0차 또는 단순 상관계수 r_{12}, r_{13}, r_{23}과 편 또는 1차 상관계수 $r_{12.3}$, $r_{13.2}$, $r_{23.1}$과 그들의 상호연관을 보았다. k−변수의 경우 우리는 모두 $k(k-1)/2$개의 0차 상관계수를 갖는다. (그 이유는?) 이 $k(k-1)/2$개의 상관계수들은 다음과 같이 상관행렬 R이라 불리는 하나의 행렬에 넣을 수 있다.

$$R = \begin{bmatrix} r_{11} & r_{12} & r_{13} & \cdots & r_{1k} \\ r_{21} & r_{22} & r_{23} & \cdots & r_{2k} \\ \cdots & \cdots & \cdots & \cdots & \cdots \\ r_{k1} & r_{k2} & r_{k3} & \cdots & r_{kk} \end{bmatrix} = \begin{bmatrix} 1 & r_{12} & r_{13} & \cdots & r_{1k} \\ r_{21} & 1 & r_{23} & \cdots & r_{2k} \\ \cdots & \cdots & \cdots & \cdots & \cdots \\ r_{k1} & r_{k2} & r_{k3} & \cdots & 1 \end{bmatrix} \quad \text{(C.5.1)}$$

여기서 전과 마찬가지로 하첨자 1은 종속변수 Y를 가리키고 (r_{12}는 Y와 X_2 간의 상관계수를 의미함), 한 변수의 자기 자신과의 상관계수는 항상 1이라는 사실이 적용된다 ($r_{11} = r_{22} = \ldots = r_{kk} = 1$).

상관행렬 **R**로부터 1차(7장 참조) 및 $r_{12.34...k}$와 같이 고차(연습문제 C.4 참조) 상관계수를 구할 수 있다. 많은 컴퓨터 프로그램들이 **R** 행렬을 자동적으로 계산한다. 우리는 10장에서 상관행렬을 이용하였다.

C.6 개별 회귀계수에 대한 가설검정의 행렬 표기

앞 장에서 설명된 이유로 만일 우리의 목표가 추정뿐만 아니라 추론이라면 교란항 u_i가 어떤 확률 분포를 따른다고 가정해야 한다. 또한 전에 제시한 이유로 인해 회귀분석에서 보통 우리는 각 u_i가 평균이 0이고 일정한 분산 σ^2인 정규분포를 따른다고 가정한다. 행렬 표기로는

$$\mathbf{u} \sim N(\mathbf{0}, \sigma^2\mathbf{I}) \quad \text{(C.6.1)}$$

여기서 **u**와 **0**은 $n \times 1$ 열벡터이고 **I**는 $n \times n$ 단위행렬이며 **0**은 영벡터이다.

정규분포 가정 하에 2변수 및 3변수 선형 회귀모형에서 (1) OLS 추정량 $\hat{\beta}_i$과 ML 추정량 $\tilde{\beta}_i$은 동일하지만 ML 추정량 $\tilde{\sigma}^2$은 편의 추정량인데 이 편의는 불편 OLS 추정량 $\hat{\sigma}^2$을 이용하면 제거될 수 있다. (2) OLS 추정량 $\hat{\beta}_i$은 또한 정규분포한다는 것을 알고 있다. k-변수 경우로 일반화하면 우리는 다음을 증명할 수 있다.

$$\hat{\boldsymbol{\beta}} \sim N[\boldsymbol{\beta}, \sigma^2(\mathbf{X}'\mathbf{X})^{-1}] \quad \text{(C.6.2)}$$

즉, $\hat{\boldsymbol{\beta}}$의 각 원소는 평균이 진정한 $\boldsymbol{\beta}$의 대응 원소와 동일하고 분산은 σ^2에 역행렬 $(\mathbf{X}'\mathbf{X})^{-1}$의 적절한 대각원소를 곱한 값인 정규분포를 한다.

실제로 σ^2은 그 값을 모르므로 $\hat{\sigma}^2$으로 추정된다. 그리고 나서 통상적인 t분포로의 전환에 의해 $\hat{\boldsymbol{\beta}}$의 각 원소는 자유도 $(n-k)$인 t분포를 따른다. 기호로는

다음과 같다.

$$t = \frac{\hat{\beta}_i - \beta_i}{\text{se}(\hat{\beta}_i)} \tag{C.6.3}$$

자유도는 $(n-k)$이고, $\hat{\beta}_i$은 $\hat{\boldsymbol{\beta}}$의 한 원소이다.

그러므로 t 분포는 진정한 β_i에 대한 가설검정에 사용될 수 있을 뿐만 아니라 그것에 대한 신뢰구간을 설정할 수 있다. 실제 테크닉은 이미 5장과 8장에서 제시되었다. 완전히 작업이 된 예에 대해서는 C.10절 참조.

C.7 회귀의 총체적 유의성에 대한 검정: 분산분석의 행렬 표기

8장에서 우리는 (1) 추정된 회귀의 총체적 유의성을 검정하기 위해, 즉 진정한 (편) 기울기 계수들이 동시에 0과 같다는 귀무가설을 검정하기 위해, (2) 설명변수의 추가적 기여를 평가하기 위해 ANOVA 기법을 개발하였다. ANOVA 기법은 쉽게 k-변수 경우로 확장될 수 있다. ANOVA 기법은 TSS를 ESS와 RSS 등 두 성분으로 분해하는 것으로 구성되어 있다는 것을 상기하라. 이 세 자승합계에 대한 행렬 표현은 이미 각각 식 (C.3.16), (C.3.17)과 (C.3.18)에 주어져 있다. 이 자승합계와 연관된 자유도는 각각 $n-1$, $k-1$, $n-k$이다. (그 이유는?) 그러면 8장의 표 8.1을 따라 표 C.2를 작성할 수 있다.

교란항 u_i가 정규분포를 하고 귀무가설이 $\beta_2 = \beta_3 = \dots = \beta_k = 0$이라고 가정하고 8장에 의하면 다음을 증명할 수 있다.

$$F = \frac{(\hat{\boldsymbol{\beta}}'\mathbf{X}'\mathbf{y} - n\bar{Y}^2)/(k-1)}{(\mathbf{y}'\mathbf{y} - \hat{\boldsymbol{\beta}}'\mathbf{X}'\mathbf{y})/(n-k)} \tag{C.7.1}$$

이것은 자유도 $k-1$과 $n-k$를 갖는 F 분포를 따른다.

8장에서 앞에 언급한 가정들 하에서 F와 R^2 간 밀접한 관계가 있다는 것을 보았다. 즉

$$F = \frac{R^2/(k-1)}{(1-R^2)/(n-k)} \tag{8.4.11}$$

따라서 ANOVA 표 C.2는 표 C.3으로 표현될 수 있다. 표 C.2에 비해 표 C.3이 갖는 이점은 전체 분석이 R^2으로 수행될 수 있어서 $(\mathbf{y}'\mathbf{y} - n\bar{Y}^2)$ 항을 고려할 필요가 없다는 것인데 왜냐하면 이것은 F 비율에서 없어지기 때문이다.

표 C.2 k-변수 선형 회귀모형에 대한 ANOVA 표의 행렬 공식화

변동의 원천	SS	df	MSS
회귀에 기인 (즉, $X_2, X_3, \ldots, X_k$에 기인)	$\hat{\boldsymbol{\beta}}'\mathbf{X}'\mathbf{y} - n\bar{Y}^2$	$k-1$	$\dfrac{\hat{\boldsymbol{\beta}}\mathbf{X}'\mathbf{y} - n\bar{Y}^2}{k-1}$
잔차에 기인	$\mathbf{y}'\mathbf{y} - \hat{\boldsymbol{\beta}}'\mathbf{X}'\mathbf{y}$	$n-k$	$\dfrac{\mathbf{y}'\mathbf{y} - \hat{\boldsymbol{\beta}}'\mathbf{X}'\mathbf{y}}{n-k}$
합계	$\mathbf{y}'\mathbf{y} - n\bar{Y}^2$	$n-1$	

표 C.3 R^2으로 표현한 k-변수 ANOVA 표의 행렬 형태

변동의 원천	SS	df	MSS
회귀에 기인 (즉, $X_2, X_3, \ldots, X_k$에 기인)	$R^2(\mathbf{y}'\mathbf{y} - n\bar{Y}^2)$	$k-1$	$\dfrac{R^2(\mathbf{y}'\mathbf{y} - n\bar{Y}^2)}{k-1}$
잔차에 기인	$(1-R^2)(\mathbf{y}'\mathbf{y} - n\bar{Y}^2)$	$n-k$	$\dfrac{(1-R^2)(\mathbf{y}'\mathbf{y} - n\bar{Y}^2)}{n-k}$
합계	$\mathbf{y}'\mathbf{y} - n\bar{Y}^2$	$n-1$	

C.8 선형 제약의 검정: 행렬 표기를 이용한 일반적 *F* 검정

8.6절에서 우리는 k-변수 선형 회귀모형의 하나 또는 그 이상의 모수에 부과된 선형 제약의 타당성을 검정하기 위해 일반적 F 검정을 소개하였다. 적절한 검정은 (8.6.9)(또는 그것과 동일한 식 [8.6.10])에 주어졌다. (8.6.9)의 행렬 표기는 쉽게 도출될 수 있다.

$\hat{\mathbf{u}}_{\mathrm{R}}$ = 제약 최소자승 회귀로부터의 잔차 벡터
$\hat{\mathbf{u}}_{\mathrm{UR}}$ = 제약되지 않은 최소자승 회귀로부터의 잔차 벡터라 하자.

그러면

$\hat{\mathbf{u}}'_{\mathrm{R}}\hat{\mathbf{u}}_{\mathrm{R}} = \sum \hat{u}^2_{\mathrm{R}}$ =제약 회귀로부터의 RSS
$\hat{\mathbf{u}}'_{\mathrm{UR}}\hat{\mathbf{u}}_{\mathrm{UR}} = \sum \hat{u}^2_{\mathrm{UR}}$ =제약되지 않은 회귀로부터의 RSS
m = 선형 제약의 수
k = 제약되지 않은 회귀의 (절편을 포함한) 모수의 수
n = 관찰치의 수이다.

식 (8.6.9)의 행렬 표기는 다음과 같다.

$$F = \frac{(\hat{\mathbf{u}}'_{\mathrm{R}}\hat{\mathbf{u}}_{\mathrm{R}} - \hat{\mathbf{u}}'_{\mathrm{UR}}\hat{\mathbf{u}}_{\mathrm{UR}})/m}{(\hat{\mathbf{u}}'_{\mathrm{UR}}\hat{\mathbf{u}}_{\mathrm{UR}})/(n-k)} \qquad \text{(C.8.1)}$$

이것은 자유도 $(m, n-k)$인 F 분포를 따른다. 평소와 같이 만일 식 (C.8.1)로부터 계산된 F값이 F 값의 임계치를 초과하면 우리는 제약된 회귀를 기각할 수 있다. 그렇지 않으면 우리는 그것을 기각하지 않는다.

C.9 다중회귀를 이용한 예측: 행렬 공식화

8.8절에서 우리는 스칼라 표기를 사용하여 X 회귀변수의 값이 주어졌을 때 Y의 (1) 평균과 (2) 개별값을 예측하기 위해 추정된 다중회귀가 어떻게 사용될 수 있는지에 대해 논의하였다. 이 절에서는 이 예측을 행렬 형태로 어떻게 표현하는지 보여준다. 또한 예측값의 분산과 표준오차를 추정하는 공식을 제시한다. 8장에서 이 공식들은 행렬 형태로 더 잘 다루어질 수 있다고 언급했는데 왜냐하면 이 공식을 스칼라 또는 대수적으로 표현하는 것은 꽤 다루기 힘들기 때문이다.

평균 예측

$$\mathbf{X_0} = \begin{bmatrix} 1 \\ X_{02} \\ X_{03} \\ \vdots \\ X_{0k} \end{bmatrix} \qquad \text{(C.9.1)}$$

위의 식은 우리가 Y의 평균 예측치인 $\hat{Y}_0$을 예측하는데 필요한 X 변수값들의 벡터라고 하자.

이제 추정된 다중회귀의 스칼라 형태는 다음과 같다.

$$\hat{Y}_i = \hat{\beta}_1 + \hat{\beta}_2 X_{2i} + \hat{\beta}_3 X_{3i} + \cdots + \hat{\beta}_k X_{ki} + u_i \qquad \text{(C.9.2)}$$

이것은 행렬 표기로 간략하게 다음과 같이 쓸 수 있다.

$$\hat{Y}_i = \mathbf{x}_i' \hat{\boldsymbol{\beta}} \qquad \text{(C.9.3)}$$

여기서 $\boldsymbol{x}'_i = [1 X_{2i}\ X_{3i}\ \dots\ X_{ki}]$이고

$$\hat{\boldsymbol{\beta}} = \begin{bmatrix} \hat{\beta}_1 \\ \hat{\beta}_2 \\ \vdots \\ \hat{\beta}_k \end{bmatrix}$$

식 (C.9.2) 또는 (C.9.3)은 물론 주어진 $\boldsymbol{x}'_i$에 상응하는 Y_i의 평균 예측이다.

만일 $\boldsymbol{x}'_i$이 식 (C.9.1)에 주어진 것과 같다면 식 (C.9.3)은 다음과 같다.

$$(\hat{Y}_i \mid \mathbf{x}_0') = \mathbf{x}_0' \hat{\boldsymbol{\beta}} \qquad \text{(C.9.4)}$$

여기서 물론 $\mathbf{x}_0$의 값은 주어져 있다. $E(\boldsymbol{x}'_0 \hat{\boldsymbol{\beta}}) = \boldsymbol{x}'_0 \hat{\boldsymbol{\beta}}$이므로 식 (C.9.4)는

$E(Y_i \mid \mathbf{x}'_0)$의 불편 예측치이다. (그 이유는?)

평균 예측치의 분산

$(\hat{Y}_0 \mid \mathbf{x}'_0)$의 분산을 추정하는 공식은 다음과 같다.[7]

$$\operatorname{var}(\hat{Y}_0 \mid \mathbf{x}'_0) = \sigma^2 \mathbf{x}'_0(\mathbf{X}'\mathbf{X})^{-1}\mathbf{x}_0 \qquad \text{(C.9.5)}$$

여기서 σ^2은 u_i의 분산이고, $\mathbf{x}'_0$은 우리가 예측하는 데 필요한 $\mathbf{X}$ 변수들의 주어진 값이며, $(\mathbf{X}'\mathbf{X})$는 식 (C.3.9)에 주어진 행렬이다. 실제로 우리는 σ^2대신 그것의 불편추정량인 $\hat{\sigma}^2$으로 대체한다.

다음 절에서 평균 예측치와 그것의 분산에 대한 예를 보기로 한다.

개별 예측치

5장과 8장에서 지적하였듯이 Y의 개별 예측치($=Y_0$)는 또한 식 (C.9.3)에 의해서 또는 보다 구체적으로 식 (C.9.4)에 의해 주어진다. 평균 예측치와 개별 예측치 간의 차이는 그것의 분산에 있다.

개별 예측치의 분산

개별 예측치의 분산에 대한 공식은 다음과 같다.[8]

$$\operatorname{var}(Y_0 \mid \mathbf{x}_0) = \sigma^2[1 + \mathbf{x}'_0(\mathbf{X}'\mathbf{X})^{-1}\mathbf{x}_0] \qquad \text{(C.9.6)}$$

여기서 $\operatorname{var}(Y_0 \mid \mathbf{x}_0)$는 $E[Y_0 - \hat{Y}_0 \mid X]^2$을 의미한다. 실제로 우리는 σ^2대신 그것의 불편추정량인 $\hat{\sigma}^2$으로 대체한다. 다음 절에서 이 공식을 예로 본다.

C.10 행렬 접근법의 요약: 예

표 C.4에 주어진 자료를 보자. 이 자료는 1인당 개인 소비지출(PPCE), 1인당 개인 가처분소득(PPDI), 그리고 시간 또는 추세변수에 대한 것이다. 모형에 추세변수를 포함시킴으로써 추세 없이(이것은 기술, 기호의 변화 등 다수의 다른 요인들을 나타낼 수 있음) PPDI에 대한 PPCE의 관계를 찾아내고자 시도하는 것이다.

따라서 실증적 목적을 위해 회귀모형은 다음과 같다.

7. 이 공식의 도출에 대해서는 J. Johnston, *Econometric Methods,* McGraw-Hill, 3d ed., New York, 1984, pp.195-196 참조.

8. Ibid.

$$Y_i = \hat{\beta}_1 + \hat{\beta}_2 X_{2i} + \hat{\beta}_3 X_{3i} + \hat{u}_i \quad \text{(C.10.1)}$$

여기서 Y= 1인당 소비지출, X_2 =1인당 가처분소득, X_3 =시간이다. 회귀 (C.10.1)을 수행하는 데 필요한 자료는 표 C.4에 주어져 있다.

행렬 표기로 우리의 문제는 다음과 같이 쓸 수 있다.

$$\begin{bmatrix} 1673 \\ 1688 \\ 1666 \\ 1735 \\ 1749 \\ 1756 \\ 1815 \\ 1867 \\ 1948 \\ 2048 \\ 2128 \\ 2165 \\ 2257 \\ 2316 \\ 2324 \end{bmatrix} = \begin{bmatrix} 1 & 1839 & 1 \\ 1 & 1844 & 2 \\ 1 & 1831 & 3 \\ 1 & 1881 & 4 \\ 1 & 1883 & 5 \\ 1 & 1910 & 6 \\ 1 & 1969 & 7 \\ 1 & 2016 & 8 \\ 1 & 2126 & 9 \\ 1 & 2239 & 10 \\ 1 & 2336 & 11 \\ 1 & 2404 & 12 \\ 1 & 2487 & 13 \\ 1 & 2535 & 14 \\ 1 & 2595 & 15 \end{bmatrix} \begin{bmatrix} \hat{\beta}_1 \\ \hat{\beta}_2 \\ \hat{\beta}_3 \end{bmatrix} + \begin{bmatrix} \hat{u}_1 \\ \hat{u}_2 \\ \hat{u}_3 \\ \hat{u}_4 \\ \hat{u}_5 \\ \hat{u}_6 \\ \hat{u}_7 \\ \hat{u}_8 \\ \hat{u}_9 \\ \hat{u}_{10} \\ \hat{u}_{11} \\ \hat{u}_{12} \\ \hat{u}_{13} \\ \hat{u}_{14} \\ \hat{u}_{15} \end{bmatrix} \quad \text{(C.10.2)}$$

$$\underset{15 \times 1}{\mathbf{y}} = \underset{15 \times 3}{\mathbf{X}} \quad \underset{3 \times 1}{\hat{\boldsymbol{\beta}}} + \underset{15 \times 1}{\hat{\mathbf{u}}}$$

표 C.4 미국의 1인당 개인 소비지출(PPCE)과 1인당 개인 가처분소득(PPDI), 1956-1970, 1958년 가격

출처: *Economic Report of the President*, January 1972, Table B-16.

PPCE, Y	PPDI, X_2	Time, X_3	PPCE, Y	PPDI, X_2	Time, X_3
1673	1839	1 (= 1956)	1948	2126	9
1688	1844	2	2048	2239	10
1666	1831	3	2128	2336	11
1735	1881	4	2165	2404	12
1749	1883	5	2257	2487	13
1756	1910	6	2316	2535	14
1815	1969	7	2324	2595	15 (= 1970)
1867	2016	8			

앞의 자료로부터 다음 수치를 얻는다.

$$\bar{Y} = 1942.333 \qquad \bar{X}_2 = 2126.333 \qquad \bar{X}_3 = 8.0$$

$$\sum (Y_i - \bar{Y})^2 = 830{,}121.333$$

$$\sum (X_{2i} - \bar{X}_2)^2 = 1{,}103{,}111.333 \qquad \sum (X_{3i} - \bar{X}_3)^2 = 280.0$$

$$\mathbf{X'X} = \begin{bmatrix} 1 & 1 & 1 & \cdots & 1 \\ X_{21} & X_{22} & X_{23} & \cdots & X_{2n} \\ X_{31} & X_{32} & X_{33} & \cdots & X_{3n} \end{bmatrix} \begin{bmatrix} 1 & X_{21} & X_{31} \\ 1 & X_{22} & X_{32} \\ 1 & X_{23} & X_{33} \\ \vdots & \vdots & \vdots \\ 1 & X_{2n} & X_{3n} \end{bmatrix}$$

$$= \begin{bmatrix} n & \sum X_{2i} & \sum X_{3i} \\ \sum X_{2i} & \sum X_{2i}^2 & \sum X_{2i}X_{3i} \\ \sum X_{3i} & \sum X_{2i}X_{3i} & \sum X_{3i}^2 \end{bmatrix}$$

$$= \begin{bmatrix} 15 & 31,895 & 120 \\ 31,895 & 68,922.513 & 272,144 \\ 120 & 272,144 & 1240 \end{bmatrix} \tag{C.10.3}$$

$$\mathbf{X'y} = \begin{bmatrix} 29,135 \\ 62,905,821 \\ 247,934 \end{bmatrix} \tag{C.10.4}$$

부록 B에 주어진 역행렬 법칙을 이용하면 다음이 성립한다.

$$(\mathbf{X'X})^{-1} = \begin{bmatrix} 37.232491 & -0.0225082 & 1.336707 \\ -0.0225082 & 0.0000137 & -0.0008319 \\ 1.336707 & -0.0008319 & 0.054034 \end{bmatrix} \tag{C.10.5}$$

따라서

$$\hat{\boldsymbol{\beta}} = (\mathbf{X'X})^{-1}\mathbf{X'y} = \begin{bmatrix} 300.28625 \\ 0.74198 \\ 8.04356 \end{bmatrix} \tag{C.10.6}$$

이제 잔차자승합계는 다음과 같이 계산될 수 있다.

$$\begin{aligned} \sum \hat{u}_i^2 &= \hat{\mathbf{u}}'\hat{\mathbf{u}} \\ &= \mathbf{y'y} - \hat{\boldsymbol{\beta}}'\mathbf{X'y} \\ &= 57,420,003 - [300.28625 \quad 0.74198 \quad 8.04356] \begin{bmatrix} 29,135 \\ 62,905,821 \\ 247,934 \end{bmatrix} \\ &= 1976.85574 \end{aligned} \tag{C.10.7}$$

그러므로 다음을 얻는다.

$$\hat{\sigma}^2 = \frac{\hat{\mathbf{u}}'\hat{\mathbf{u}}}{12} = 164.73797 \tag{C.10.8}$$

따라서 $\hat{\boldsymbol{\beta}}$에 대한 분산-공분산 행렬은 다음과 같다.

$$\text{var-cov}(\hat{\boldsymbol{\beta}}) = \hat{\sigma}^2(\mathbf{X}'\mathbf{X})^{-1} = \begin{bmatrix} 6133.650 & -3.70794 & 220.20634 \\ -3.70794 & 0.00226 & -0.13705 \\ 220.20634 & -0.13705 & 8.90155 \end{bmatrix} \tag{C.10.9}$$

이 행렬의 대각원소들은 각각 $\hat{\beta}_1$, $\hat{\beta}_2$, $\hat{\beta}_3$의 분산들이고 그것들의 양의 제곱근이 표준오차이다.

앞의 자료로부터 다음 내용은 쉽게 입증될 수 있다.

$$\text{ESS: } \hat{\boldsymbol{\beta}}'\mathbf{X}'\mathbf{y} - n\bar{Y}^2 = 828{,}144.47786 \tag{C.10.10}$$

$$\text{TSS: } \mathbf{y}'\mathbf{y} - n\bar{Y}^2 = 830{,}121.333 \tag{C.10.11}$$

따라서

$$\begin{aligned} R^2 &= \frac{\hat{\boldsymbol{\beta}}'\mathbf{X}'\mathbf{y} - n\bar{Y}^2}{\mathbf{y}'\mathbf{y} - n\bar{Y}^2} \\ &= \frac{828{,}144.47786}{830{,}121.333} \\ &= 0.99761 \end{aligned} \tag{C.10.12}$$

조정된 결정계수인 식 (7.8.4)를 적용하면 다음과 같다.

$$\bar{R}^2 = 0.99722 \tag{C.10.13}$$

지금까지의 결과를 모으면 다음과 같다.

$$\begin{aligned} \hat{Y}_i = {} & 300.28625 \quad + \quad 0.74198X_{2i} \quad + 8.04356X_{3i} \\ & (78.31763) \quad (0.04753) \qquad (2.98354) \\ t = {} & (3.83421) \quad (15.60956) \qquad (2.69598) \\ & R^2 = 0.99761 \qquad \bar{R}^2 = 0.99722 \qquad \text{df} = 12 \end{aligned} \tag{C.10.14}$$

식 (C.10.14)의 해석은 다음과 같다. 만일 X_2와 X_3가 0의 값으로 고정되어 있다면 1인당 개인 소비지출의 평균값은 약 $300로 추정된다. 평상시와 같이 절편에 대한 이런 기계적 해석은 에누리해서 받아들여져야 한다. 편회귀계수가 0.74198이라는 것은 모든 다른 변수들을 일정하게 유지한 채 1인당 소득이 1달러 증가하면 평균 1인당 개인 소비지출이 약 74센트 증가한다는 것을 의미한다. 간단히 말해 한계소비성향이 약 0.74 또는 74%로 추정된다. 이와 유사하게 모든 다른 변수들을 일정하게 유지한 채 평균 1인당 개인 소비지출은 연구기간인 1956–1970년 동안 1년에 약 $8의 비율로 증가하였다. R^2값이 0.9976이라는 것

표 C.5
표 C.4의 자료에 대한 ANOVA 표

변동의 원천	SS	df	MSS
X_2, X_3에 기인	828,144.47786	2	414,072.3893
잔차에 기인	1,976.85574	12	164.73797
합계	830,121.33360	14	

은 두 설명변수들이 1956–1970년에 걸쳐 미국의 1인당 소비지출 변동의 99% 이상을 설명했다는 것을 보여준다. 비록 $\bar{R}^2$은 약간 줄어들었지만 그래도 매우 높은 값이다.

추정된 계수들의 통계적 유의성을 보면 식 (C.10.14)로부터 추정된 각 계수는 5% 유의수준에서 개별적으로 통계적으로 유의한 것을 볼 수 있다. 즉 표준오차에 대한 추정된 계수의 비율(즉 t값)은 각각 3.83421, 15.61077, 2.69598이다. 5% 유의수준에서 양측 t검정을 사용하면 자유도 12일 때 임계치 t값은 2.179이다. 계산된 t값이 모두 이 임계치를 능가한다. 이리하여 개별적으로 우리는 해당 계수의 진정한 모집단 값이 0이라는 귀무가설을 기각할 수 있다.

앞에서 언급하였듯이 우리는 $\beta_2 = \beta_3 = 0$이 동시에 성립한다는 가설을 검정하기 위해 통상적인 t 검정을 적용할 수 없는데 왜냐하면 t 검정 절차는 t 검정이 적용될 때마다 독립적인 표본이 추출되는 것으로 가정하기 때문이다. 만일 β_2와 β_3에 대한 가설을 동시에 검정하기 위해 동일한 표본이 사용된다면 추정량 $\hat{\beta}_2$과 $\hat{\beta}_3$이 상관될 가능성이 높아 t 검정 절차에 내재하는 가정에 위배된다.[9] 사실상 식 (C.10.9)에 주어진 $\hat{\boldsymbol{\beta}}$의 분산–공분산 행렬을 보면 추정량 $\hat{\beta}_2$과 $\hat{\beta}_3$는 음으로 상관된 것(둘 간의 공분산은 −0.13705)을 알 수 있다. 이리하여 $\beta_2 = \beta_3 = 0$이라는 귀무가설을 검정하기 위해 t 검정을 사용할 수 없다.

그러나 동시에 $\beta_2 = \beta_3 = 0$과 같은 귀무가설은 분산분석 기법과 8장에서 소개된 부수적 F 검정으로 검정될 수 있다. 우리 문제의 경우 분산분석표는 표 C.5이다. 통상적 가정 하에서 우리는 다음을 얻는다.

$$F = \frac{414,072.3893}{164.73797} = 2513.52 \tag{C.10.15}$$

이것은 자유도가 2와 12인 F 분포를 따른다. 계산된 F값은 분명히 매우 유의적이다. 따라서 우리는 귀무가설 $\beta_2 = \beta_3 = 0$, 즉 1인당 개인 소비지출은 1인당 가처분소득과 추세와 선형으로 연관되지 않는다는 가설을 기각할 수 있다.

C.9절에서는 개별값은 물론 평균값에 대한 예측기법에 대해 논의하였다. 1971년에 PPDI의 값이 \$2,610이고 이 값에 상응하는 PPCE를 예측하고자 한다고 가정하자. 그러면 1971년의 PPCE의 개별 예측값은 물론 평균은 동일하고 다음과 같다.

9. 자세한 내용은 8.4절 참조.

$$
\begin{aligned}
(\text{PPCE}_{1971} \mid \text{PPDI}_{1971}, X_3 = 16) &= \mathbf{x}'_{1971}\hat{\boldsymbol{\beta}} \\
&= [1 \quad 2610 \quad 16]\begin{bmatrix} 300.28625 \\ 0.74198 \\ 8.04356 \end{bmatrix} \qquad \text{(C.10.16)} \\
&= 2365.55
\end{aligned}
$$

여기서 식 (C.9.3)이 이용되었다.

C.9절에서 보았듯이 $\hat{Y}_{1971}$과 Y_{1971}의 분산은 다른데 다음과 같다.

$$
\begin{aligned}
\text{var}(\hat{Y}_{1971} \mid \mathbf{x}'_{1971}) &= \hat{\sigma}^2[\mathbf{x}'_{1971}(\mathbf{X}'\mathbf{X})^{-1}\mathbf{x}_{1971}] \\
&= 164.73797[1 \quad 2610 \quad 16](\mathbf{X}'\mathbf{X})^{-1}\begin{bmatrix} 1 \\ 2610 \\ 16 \end{bmatrix} \qquad \text{(C.10.17)}
\end{aligned}
$$

여기서 (X′X)−1는 식 (C.10.5)에서 보는 바와 같다. 이것을 식 (C.10.17)에 대입하면 독자는 다음을 증명할 수 있다.

$$
\text{var}(\hat{Y}_{1971} \mid \mathbf{x}'_{1971}) = 48.6426 \qquad \text{(C.10.18)}
$$

따라서

$$
\text{se}(\hat{Y}_{1971} \mid \mathbf{x}'_{1971}) = 6.9744
$$

우리는 식 (C.9.6)을 이용하여 다음을 증명하는 것을 독자에게 맡긴다.

$$
\text{var}(Y_{1971} \mid \mathbf{x}'_{1971}) = 213.3806 \qquad \text{(C.10.19)}
$$

그리고

$$
\text{se}(Y_{1971} \mid \mathbf{x}'_{1971}) = 14.6076
$$

주: $\text{var}(Y_{1971} \mid \mathbf{x}'_{1971}) = E[Y_{1971} - \hat{Y}_{1971} \mid \mathbf{x}'_{1971}]^2$.

C.5절에서 우리는 상관행렬 R을 소개하였다. 우리 자료의 경우 상관행렬은 다음과 같다.

$$
R = \begin{matrix} & Y & X_2 & X_3 \\ Y & 1 & 0.9980 & 0.9743 \\ X_2 & 0.9980 & 1 & 0.9664 \\ X_3 & 0.9743 & 0.9664 & 1 \end{matrix} \qquad \text{(C.10.20)}
$$

식 (C.10.20)에서 모형의 변수로 상관행렬의 테를 둘러서 우리는 상관계수의 계산에 어느 변수들이 관여되는지를 쉽게 인식할 수 있다는 것에 유의하라. 이리하여 행렬 (C.10.20)의 첫 번째 행의 계수 0.9980은 이것이 Y와 X_2 간의 상관계수(즉 r_{12})라는 것을 알려준다. 상관행렬 (C.10.20)에 주어진 0차 상관계수로부터 1차 상관계수를 쉽게 도출할 수 있다. (연습문제 C.7 참조)

C.11 일반화 최소자승법(GLS)

몇 가지 경우에 우리는 OLS가 GLS의 특수한 경우라고 언급하였다. 이를 보기 위해 식 (C.2.2)로 돌아가자. 오차항의 이분산(식 [C.2.2]의 주대각원소)과 자기상관(식 [C.2.2]의 비대각원소)을 감안하기 위해 다음과 같이 가정한다.

$$\mathrm{E}(\mathbf{uu}') = \sigma^2\mathbf{V} \qquad \textbf{(C.11.1)}$$

여기서 $\mathbf{V}$는 알려진 $n \times n$ 행렬이다.

따라서 만일 우리 모형이 다음과 같다면

$$\mathbf{y} = \mathbf{X}\boldsymbol{\beta} + \mathbf{u}$$

여기서 $E(\mathbf{u}) = 0$이고 var–cov$(\mathbf{u}) = \sigma^2\mathbf{V}$이다. σ^2을 모르는 경우 이것이 전형적인 경우인데 $\mathbf{V}$는 확률오차 u_i 간의 분산과 공분산의 가정된 구조를 나타낸다.

오차항의 분산–공분산에 대한 기술된 조건 하에서 다음을 증명할 수 있다.

$$\boldsymbol{\beta}^{\text{gls}} = (\mathbf{X}'\mathbf{V}^{-1}\mathbf{X})^{-1}\mathbf{X}'\mathbf{V}^{-1}\mathbf{y} \qquad \textbf{(C.11.2)}$$

$\boldsymbol{\beta}^{\text{gls}}$는 $\boldsymbol{\beta}$의 일반화 최소자승(GLS) 추정량으로 알려져 있다.

또한 다음을 증명할 수 있다.

$$\text{var-cov}(\boldsymbol{\beta}^{\text{gls}}) = \sigma^2(\mathbf{X}'\mathbf{V}^{-1}\mathbf{X})^{-1} \qquad \textbf{(C.11.3)}$$

$\boldsymbol{\beta}^{\text{gls}}$는 $\boldsymbol{\beta}$의 최량 선형 불편추정량이라는 것을 증명할 수 있다.

만일 각 오차항의 분산이 동일한 값인 σ^2이고 오차항들이 서로 상관되지 않는다고 가정하면 $\mathbf{V}$ 행렬은 식 (C.2.3)에서 볼 수 있듯이 단위행렬이 된다. 만일 오차항들이 서로 상관되지 않지만 상이한 분산(즉 이분산)을 가지고 있다면 $\mathbf{V}$ 행렬은 주대각선을 따라 동일하지 않은 분산을 갖는 대각행렬이 된다. 물론 만일 이분산 뿐만 아니라 자기상관도 존재한다면 $\mathbf{V}$ 행렬은 주대각원소 뿐 아니라 비대각원소들도 갖게 된다.

실제로 정말 문제가 되는 것은 우리는 σ^2뿐만 아니라 진정한 분산과 공분산 (즉 **V** 행렬의 구조)을 모른다는 것이다. 하나의 해법으로서 우리는 추정된 (또는 실행가능한) 일반화 최소자승법(EGLS)을 이용할 수 있다. 여기서 우리는 먼저 이분산 또는/과 자기상관 문제를 무시한 채 모형을 OLS로 추정한다. 이 모형으로부터 잔차를 구해서 추정된 u, 즉 $\hat{u}$으로 앞의 식 (C.2.2)의 원소들을 대체하여 오차항의 (추정된) 분산–공분산 행렬을 만든다. EGLS 추정량은 GLS의 일치추정량이라는 것을 증명할 수 있다. 기호로 보면 다음과 같다.

$$\boldsymbol{\beta}^{\text{egls}} = (\mathbf{X}'\hat{\mathbf{V}}^{-1}\mathbf{X})^{-1}(\mathbf{X}'\hat{\mathbf{V}}^{-1}\mathbf{y}) \quad \textbf{(C.11.4)}$$

$$\text{var-cov}\,(\boldsymbol{\beta}^{\text{egls}}) = \sigma^2(\mathbf{X}'\hat{\mathbf{V}}^{-1}\mathbf{X})^{-1} \quad \textbf{(C.11.5)}$$

여기서 $\hat{\mathbf{V}}$는 **V**의 추정치이다.

C.12 요약 및 결론

이 부록의 주요 목적은 고전적 선형 회귀모형에 대한 행렬 접근법을 소개하는 것이었다. 비록 회귀분석의 새로운 개념은 별로 소개되지 않았지만 행렬 표기로 변수의 수가 몇 개가 되든지 상관없이 선형 회귀모형을 간편하게 다룰 수 있게 되었다.

이 부록을 끝마치면서 만일 Y와 X 변수들이 편차형, 즉 그것들의 표본평균으로부터의 편차로 측정된다면 앞에 제시된 공식에 약간의 변화가 생긴다. 이 변화가 표 C.6에 정리되어 있다.[10] 이 표가 보여 주듯이 편차형에서는 TSS와 ESS

표 C.6 원래의 단위와 편차형에서의 k-변수 회귀모형*

원래의 단위		편차형	
$\mathbf{y} = \mathbf{X}\hat{\boldsymbol{\beta}} + \hat{\mathbf{u}}$	(C.3.2)	$\mathbf{y} = \mathbf{X}\hat{\boldsymbol{\beta}} + \hat{\mathbf{u}}$ X 행렬에서 1로 된 열은 생략됨. (그 이유는?)	
$\hat{\boldsymbol{\beta}} = (\mathbf{X}'\mathbf{X})^{-1}\mathbf{X}'\mathbf{y}$	(C.3.11)	동일	
$\text{var-cov}\,(\hat{\boldsymbol{\beta}}) = \sigma^2(\mathbf{X}'\mathbf{X})^{-1}$	(C.3.13)	동일	
$\hat{\mathbf{u}}'\hat{\mathbf{u}} = \mathbf{y}'\mathbf{y} - \hat{\boldsymbol{\beta}}'\mathbf{X}'\mathbf{y}$	(C.3.18)	동일	
$\sum y_i^2 = \mathbf{y}'\mathbf{y} - n\bar{Y}^2$	(C.3.16)	$\sum y_i^2 = \mathbf{y}'\mathbf{y}$	(C.12.1)
$\text{ESS} = \hat{\boldsymbol{\beta}}'\mathbf{X}'\mathbf{y} - n\bar{Y}^2$	(C.3.17)	$\text{ESS} = \boldsymbol{\beta}'\mathbf{X}'\mathbf{y}$	(C.12.2)
$R^2 = \dfrac{\hat{\boldsymbol{\beta}}'\mathbf{X}'\mathbf{y} - n\bar{Y}^2}{\mathbf{y}'\mathbf{y} - n\bar{Y}^2}$	(C.4.2)	$R^2 = \dfrac{\hat{\boldsymbol{\beta}}'\mathbf{X}'\mathbf{y}}{\mathbf{y}'\mathbf{y}}$	(C.12.3)

*비록 두 경우 모두 행렬과 벡터에 대한 기호가 동일하지만 편차형에서는 행렬과 벡터의 원소들이 원래의 자료가 아니라 편차형인 것으로 가정된다는 것에 유의할 것. 또한 편차형에서는 $\hat{\beta}$의 차수가 $k-1$이고 var − cov $(\hat{\beta})$의 차수는 $(k-1)(k-1)$이라는 것에 유의할 것.

10. 빠른 속도의 컴퓨터가 존재하는 오늘날에는 편차형이 필요 없을 수도 있다. 그러나 만일 계산기로 작업을 하고 많은 수를 다룬다면 편차형은 공식과 계산을 단순하게 해 준다.

로부터 평균에 대한 교정항 $n\bar{Y}^2$이 생략된다. (그 이유는?) 이로 인해 R^2에 대한 공식이 변한다. 다른 점에서는 원래의 측정단위로 전개된 대부분의 공식들은 편차형에 대해서도 성립한다.

연습문제

질문

C.1. C.10절에서 논의된 예에 대해 편차형 자료를 사용한 $\mathbf{X}'\mathbf{X}$와 $\mathbf{X}'\mathbf{y}$는 다음과 같다.

$$\mathbf{X}'\mathbf{X} = \begin{bmatrix} 1{,}103{,}111.333 & 16{,}984 \\ 16{,}984 & 280 \end{bmatrix}$$

$$\mathbf{X}'\mathbf{y} = \begin{bmatrix} 955{,}099.333 \\ 14{,}854.000 \end{bmatrix}$$

a. β_2와 β_3을 추정하라.

b. β_1은 어떻게 추정하나?

c. $\hat{\beta}_2$과 $\hat{\beta}_3$의 분산과 공분산을 구하라.

d. R^2과 $\bar{R}^2$을 구하라.

e. 이 결과와 C.10절에 주어진 결과를 비교하라. 편차형의 이점은 무엇인가?

C.2. 연습문제 22.23을 보자. 거기에 주어진 자료를 사용하여 ($\mathbf{X}'\mathbf{X}$) 행렬과 ($\mathbf{X}'\mathbf{y}$) 벡터를 작성하고 모수 벡터와 그것의 분산–공분산 행렬을 추정하라. 또한 R^2을 구하라. GDP와 이자율 R에 대한 M1의 탄력성이 수치상 동일하다는 가설을 어떻게 검정할 것인가?

C.3. **두 회귀계수의 동일성 검정.** 가령 다음과 같은 회귀모형이 주어졌다고 하자.

$$Y_i = \beta_1 + \beta_2 X_{2i} + \beta_3 X_{3i} + u_i$$

그리고 $\beta_2 = \beta_3$라는 가설을 검정하기를 원한다고 하자. 만일 우리가 u_i가 정규분포를 한다고 가정하면

$$t = \frac{\hat{\beta}_2 - \hat{\beta}_3}{\sqrt{\operatorname{var}(\hat{\beta}_2) + \operatorname{var}(\hat{\beta}_3) - 2\operatorname{cov}(\hat{\beta}_2, \hat{\beta}_3)}}$$

위 식은 자유도가 $n-3$인 t 분포를 따른다는 것을 증명할 수 있다 (8.5절 참조). (일반적으로 k변수의 경우 df는 $n-k$임) 따라서 귀무가설 $\beta_2 = \beta_3$을 검정하기 위해 t 검정을 사용할 수 있다.

회귀식 (C.10.14)에서 β_2와 β_3의 진정한 값이 동일하다는 가설을 검정하기 위해 위의 t 검정을 적용하라.

힌트: 식 (C.10.9)에 주어진 $\boldsymbol{\beta}$의 분산–공분산 행렬을 이용하라.

C.4. **저차 상관계수를 이용한 고차 상관계수의 표현.** 차수 p인 상관계수는 다음과 같은 축소공식에 의해 $p-1$차의 상관계수로 표현될 수 있다.

$$r_{12.345\ldots p} = \frac{r_{12.345\ldots(p-1)} - [r_{1p.345\ldots(p-1)} r_{2p.345\ldots(p-1)}]}{\sqrt{[1 - r^2_{1p.345\ldots(p-1)}]}\sqrt{[1 - r^2_{2p.345\ldots(p-1)}]}}$$

이리하여

$$r_{12.3} = \frac{r_{12} - r_{13}r_{23}}{\sqrt{1 - r_{13}^2}\sqrt{1 - r_{23}^2}}$$

이것은 7장에서 본 바와 같다.

다음과 같은 상관행렬이 주어졌다고 하자.

$$\mathbf{R} = \begin{matrix} & Y & X_2 & X_3 & X_4 & X_5 \\ Y & 1 & 0.44 & -0.34 & -0.31 & -0.14 \\ X_2 & & 1 & 0.25 & -0.19 & -0.35 \\ X_3 & & & 1 & 0.44 & 0.33 \\ X_4 & & & & 1 & 0.85 \\ X_5 & & & & & 1 \end{matrix}$$

다음을 구하라.

a. $r_{12.345}$ b. $r_{12.34}$ c. $r_{12.3}$

d. $r_{13.245}$ e. $r_{13.24}$ f. $r_{13.2}$

C.5. **저차 회귀계수를 이용한 고차 회귀계수의 표현.** 차수가 p인 회귀계수는 다음과 같은 축소공식에 의해 차수 $p-1$인 회귀계수로 표현될 수 있다.

$$\hat{\beta}_{12.345\ldots p} = \frac{\hat{\beta}_{12.345\ldots(p-1)} - [\hat{\beta}_{1p.345\ldots(p-1)}\hat{\beta}_{p2.345\ldots(p-1)}]}{1 - \hat{\beta}_{2p.345\ldots(p-1)}\hat{\beta}_{p2.345\ldots(p-1)}}$$

이리하여

$$\hat{\beta}_{12.3} = \frac{\hat{\beta}_{12} - \hat{\beta}_{13}\hat{\beta}_{32}}{1 - \hat{\beta}_{23}\hat{\beta}_{32}}$$

여기서 $\beta_{12.3}$은 X_3를 일정하게 유지한 채 X_2에 대한 Y의 회귀의 기울기계수이다. 이와 유사하게 $\beta_{12.34}$는 X_3와 X_4를 일정하게 유지한 채 X_2에 대한 Y의 회귀의 기울기계수이다.

앞의 공식을 이용하여 다음 회귀계수들을 차수가 낮은 회귀계수로 표현 하라. $\hat{\beta}_{12.3456}$, $\hat{\beta}_{12.345}$, $\hat{\beta}_{12.34}$.

C.6. 다음 항등식을 증명하라.

$$\hat{\beta}_{12.3}\hat{\beta}_{23.1}\hat{\beta}_{31.2} = r_{12.3}r_{23.1}r_{31.2}$$

C.7. 식 (C.10.20)에 주어진 상관행렬 $\boldsymbol{R}$에 대해 1차 편상관계수를 모두 구하라.

C.8. 미국의 어떤 대도시들 내에서의 범죄율의 변화를 연구하기 위해 Ogburn은 다음 자료를 얻었다.*

$$\bar{Y} = 19.9 \quad S_1 = 7.9$$
$$\bar{X}_2 = 49.2 \quad S_2 = 1.3$$
$$\bar{X}_3 = 10.2 \quad S_3 = 4.6$$
$$\bar{X}_4 = 481.4 \quad S_4 = 74.4$$
$$\bar{X}_5 = 41.6 \quad S_5 = 10.8$$

$$\boldsymbol{R} = \begin{array}{c} \\ Y \\ X_2 \\ X_3 \\ X_4 \\ X_5 \end{array} \begin{array}{c} \begin{array}{ccccc} Y & X_2 & X_3 & X_4 & X_5 \end{array} \\ \begin{bmatrix} 1 & 0.44 & -0.34 & -0.31 & -0.14 \\ & 1 & 0.25 & -0.19 & -0.35 \\ & & 1 & 0.44 & 0.33 \\ & & & 1 & 0.85 \\ & & & & 1 \end{bmatrix} \end{array}$$

여기서 Y = 범죄율, 인구 천명당 알려진 범죄의 수
X_2 = 남성 주민의 비율
X_3 = 전체 주민 중 외국에서 태어난 남성이 차지하는 비율
X_4 = 15~44세 기혼여성 천명당 5세 이하 자녀수
X_5 = 기독교인, 13세 이상 전체 인구당 13세 이상 기독교인 수; S_1에서 S_5는 변수 Y에서 X_5까지의 표본 표준편차이고 $\boldsymbol{R}$은 상관행렬임

a. Y를 종속변수로 취급하여 네 개의 X 변수에 대한 Y의 회귀식을 구하고 추정된 회귀를 해석하라.

b. $r_{12.3}$, $r_{14.35}$, $r_{15.34}$를 구하라.

c. R^2을 구하고 모든 편기울기계수들이 동시에 0이라는 가설을 검정하라.

C.9. 다음 표는 단기의 산출량과 총생산비에 대한 자료를 보여준다. (예 7.4 참조)

산출량	총비용 $
1	193
2	226
3	240
4	244
5	257
6	260
7	274
8	297
9	350
10	420

앞의 자료가 단기에 전형적인 U자 형태의 평균 및 한계비용곡선을 시사하는지 여부를 검정하기 위해 다음 모형을 이용할 수 있다.

$$Y_i = \beta_1 + \beta_2 X_i + \beta_3 X_i^2 + \beta_4 X_i^3 + u_i$$

여기서 Y = 총비용, X = 산출량이다. 추가적 설명변수인 X_i^2, X_i^3은 X로부터 도출된 것이다.

* W. F. Ogburn, "Factors in the Variation of Crime among Cities," *Journal of American Statistical Association,* vol.30, 1935, p.12.

a. 편차형으로 자료를 표현하고 $(\mathbf{X}'\mathbf{X})$, $(\mathbf{X}'\mathbf{y})$, $(\mathbf{X}'\mathbf{X})^{-1}$를 구하라.

b. β_2, β_3, β_4를 추정하라.

c. $\hat{\boldsymbol{\beta}}$의 분산–공분산 행렬을 추정하라.

d. β_1을 추정하라. 문제의 맥락에서 $\hat{\beta}_1$을 해석하라.

e. R^2, $\bar{R}^2$을 구하라.

f. 선험적으로 β_2, β_3, β_4의 부호는 무엇인가? 그 이유는?

g. 앞에 주어진 총비용함수로부터 한계비용함수와 평균비용함수에 대한 식을 구하라.

h. 평균비용곡선과 한계비용곡선을 자료에 적합시키고 그것에 대해 논평하라.

i. 만일 $\beta_3 = \beta_4 = 0$이라면 한계비용곡선의 특징은 무엇인가? 어떻게 가설 $\beta_3 = \beta_4 = 0$을 검정할 것인가?

j. 주어진 자료로부터 어떻게 총가변비용함수와 평균가변비용함수를 도출할 것인가?

C.10. 도시 빈곤 가구(1969년에 가구소득 \$3,943 이하)의 경제활동참가를 연구하기 위해 1970년 인구조사로부터 표 C.7에 있는 자료를 얻었다.

a. 회귀모형 $Y_i = \beta_1 + \beta_2 X_{2i} + \beta_3 X_{3i} + \beta_4 X_{4i} + u_i$를 이용하여 회귀계수의 추정치를 구하고 결과를 해석하라.

b. 선험적으로 앞의 모형에서 회귀계수들의 부호는 어떻게 예상되나? 그 이유는?

c. 표에 주어진 인구조사표준지역의 도시 빈곤층의 노동력 참가에 대해 전반적 실업률이 아무 영향을 미치지 않는다는 가설을 어떻게 검정할 것

표 C.7
도시 빈곤층의 경제활동참가 경험, 인구조사표준지역, 뉴욕시, 1970
출처: Census Tracts: New York, Bureau of the Census, U.S. Department of Commerce, 1970.

지역번호	참가율(%), Y^*	평균 가구소득, $X_2^{\dagger}$	평균 가구규모, X_3	실업률, $X_4^{\ddagger}$
137	64.3	1,998	2.95	4.4
139	45.4	1,114	3.40	3.4
141	26.6	1,942	3.72	1.1
142	87.5	1,998	4.43	3.1
143	71.3	2,026	3.82	7.7
145	82.4	1,853	3.90	5.0
147	26.3	1,666	3.32	6.2
149	61.6	1,434	3.80	5.4
151	52.9	1,513	3.49	12.2
153	64.7	2,008	3.85	4.8
155	64.9	1,704	4.69	2.9
157	70.5	1,525	3.89	4.8
159	87.2	1,842	3.53	3.9
161	81.2	1,735	4.96	7.2
163	67.9	1,639	3.68	3.6

$^*Y$ = 65세 이하의 가장
$^{\dagger}X_2$ = 달러
$^{\ddagger}X_4$ = 민간 실업률

인가?

d. 앞의 모형에서 어떤 변수가 제거되어야만 하나? 그 이유는?

e. 모형에 다른 어떤 변수가 포함되어야 하는 것으로 생각하나?

C.11. Cobb–Douglas 생산함수를 적용하여 다음 결과를 얻었다.

$$\widehat{\ln Y_i} = 2.3542 + \underset{(0.3022)}{0.9576} \ln X_{2i} + \underset{(0.3571)}{0.8242} \ln X_{3i}$$

$$R^2 = 0.8432 \qquad \text{df} = 12$$

여기서 Y = 산출, X_2 = 노동 투입, X_3 = 자본 투입이고 괄호 안의 숫자는 추정된 표준오차이다.

a. 7장에서 언급되었듯이 앞의 식에서 노동과 자본 투입의 계수들은 노동과 자본에 대한 산출 탄력성을 나타낸다. 이 탄력성들이 개별적으로 1과 같다는 가설을 검정하라.

b. 다음을 가정하여 노동과 자본 탄력성이 동일하다는 가설을 검정하라.
(i) 추정된 노동과 자본 계수 간의 공분산은 0이다 (ii) 그것은 −0.0972다.

c. 앞의 회귀식의 전반적 유의성에 대해 어떻게 검정하나?

*C.12. k−변수 회귀모형의 우도함수를 행렬 표기로 표현하고 최우추정량 벡터인 $\tilde{\boldsymbol{\beta}}$는 k−변수 회귀모형의 OLS 추정량 벡터인 $\hat{\boldsymbol{\beta}}$과 동일하다는 것을 증명하라.

C.13. **표준화 변수를 이용한 회귀.** 다음과 같은 표본 회귀함수(SRF)를 보자.

$$Y_i = \hat{\beta}_1 + \hat{\beta}_2 X_{2i} + \hat{\beta}_3 X_{3i} + \hat{u}_i \qquad \textbf{(1)}$$

$$Y_i^* = b_1 + b_2 X_{2i}^* + b_3 X_{3i}^* + \hat{u}_i^* \qquad \textbf{(2)}$$

여기서

$$Y_i^* = \frac{Y_i - \bar{Y}}{s_Y}$$

$$X_{2i}^* = \frac{X_{2i} - \bar{X}_2}{s_2}$$

$$X_{3i}^* = \frac{X_{3i} - \bar{X}_3}{s_3}$$

여기서 s들은 표본 표준편차이다. 6장의 6.3절에서 언급하였듯이 위의 별표가 된 변수들은 **표준화 변수**로 알려져 있다. 이 변수들은 평균이 0이고 표준편차는 1이다. 모든 변수들을 편차형으로 표현하여 모형 (2)에 대한 다음 표현을 증명하라.

*본 문제는 선택과제이다.

a. $\mathbf{X}'\mathbf{X} = \begin{bmatrix} 1 & r_{23} \\ r_{23} & 1 \end{bmatrix} n$

b. $\mathbf{X}'\mathbf{y} = \begin{bmatrix} r_{12} \\ r_{13} \end{bmatrix} n$

c. $\mathbf{X}'\mathbf{X}^{-1} = \dfrac{1}{n\left(1 - r_{23}^2\right)} \begin{bmatrix} 1 & -r_{23} \\ -r_{23} & 1 \end{bmatrix}$

d. $\hat{\boldsymbol{\beta}} = \begin{bmatrix} b_2 \\ b_3 \end{bmatrix} = \dfrac{1}{1 - r_{23}^2} \begin{bmatrix} r_{12} - r_{23}r_{13} \\ r_{13} - r_{23}r_{12} \end{bmatrix}$

e. $b_1 = 0$

또한 b들과 $\hat{\boldsymbol{\beta}}$들 간의 관계를 증명하라.

(앞의 관계에서 n은 표본크기, r_{12}, r_{13}, r_{23}은 각각 Y와 X_2, Y와 X_3, X_2와 X_3 간의 상관을 나타낸다는 것에 유의하라.)

C.14. 식 (C.10.18)과 (C.10.19)를 증명하라.

*C.15. **구속 최소자승.** 다음을 가정한다.

$$\mathbf{y} = \mathbf{X}\boldsymbol{\beta} + \mathbf{u} \tag{1}$$

이 식을 다음의 등식 제약 집합 하에서 추정하고자 한다.

$$\mathbf{R}\boldsymbol{\beta} = \mathbf{r} \tag{2}$$

여기서 $\mathbf{R}$은 차수 qxk인 $(q \le k)$ 알고 있는 행렬이고 $\boldsymbol{r}$은 원소 수가 q인 알고 있는 행렬이다. 설명을 위해 우리 모형은 다음과 같다고 하자.

$$Y_i = \beta_1 + \beta_2 X_{2i} + \beta_3 X_{3i} + \beta_4 X_{4i} + \beta_5 X_{5i} + u_i \tag{3}$$

그리고 다음 제약 하에서 이 모형을 추정하고자 한다고 하자.

$$\begin{aligned} \beta_2 - \beta_3 &= 0 \\ \beta_4 + \beta_5 &= 1 \end{aligned} \tag{4}$$

우리는 이 제약들을 합치기 위해 8장에서 논의된 몇몇 기법을 사용(예를 들어 $\beta_2 = \beta_3$ 그리고 $\beta_4 = 1 - \beta_5$, 따라서 모형에서 β_2와 β_4가 제거됨)하여 거기서 논의된 F 검정에 의해 이 제약의 타당성을 검정할 수 있다. 그러나 추정 절차에 직접적으로 제약 (4)를 합쳐 식 (3)을 추정하는 직접적 방법은 먼저 식 (2)의 형태로 제약들을 표현하는 것인데 현재의 경우 다음과 같다.

$$\mathbf{R} = \begin{bmatrix} 0 & 1 & -1 & 0 & 0 \\ 0 & 0 & 0 & 1 & 1 \end{bmatrix} \qquad \mathbf{r} = \begin{bmatrix} 0 \\ 1 \end{bmatrix} \tag{5}$$

*본 문제는 선택과제이다.

β^*를 제약된 최소자승 또는 구속 최소자승 추정량이라 하면 β^*는 다음 공식에 의해 추정될 수 있다는 것을 증명할 수 있다.*

$$\hat{\boldsymbol{\beta}}^* = \hat{\boldsymbol{\beta}} + (\mathbf{X}'\mathbf{X})^{-1}\mathbf{R}'[\mathbf{R}(\mathbf{X}'\mathbf{X})^{-1}\mathbf{R}']^{-1}(\mathbf{r} - \mathbf{R}) \qquad \textbf{(6)}$$

여기서 $\hat{\boldsymbol{\beta}}$은 통상적인 공식 $(\mathrm{X}'\mathrm{X})^{-1}\mathrm{X}'\mathbf{y}$로 추정된 통상적인(구속되지 않은) 추정량이다.

a. 식 (3)에서 β 벡터는 무엇인가?

b. β 벡터가 주어졌을 때 식 (5)에 주어진 **R** 행렬과 **r** 벡터는 사실상 식 (4)의 제약을 통합하는 것이라는 것을 증명하라.

c. 다음의 경우에 해당하는 **R**과 **r**을 기술하라.

(i) $\beta_2 = \beta_3 = \beta_4 = 2$

(ii) $\beta_2 = \beta_3$ 그리고 $\beta_4 = \beta_5$

(iii) $\beta_2 - 3\beta_3 = 5\beta_4$

(iv) $\beta_2 + 3\beta_3 = 0$

d. 언제 $\hat{\boldsymbol{\beta}}^* = \hat{\boldsymbol{\beta}}$가 성립하나?

부록 CA

CA.1 k개 정규 또는 연립방정식의 유도

다음 식을 보자.

$$\sum \hat{u}_i^2 = \sum (Y_i - \hat{\beta}_1 - \hat{\beta}_2 X_{2i} - \cdots - \hat{\beta}_k X_{ki})^2$$

위 식을 $\hat{\beta}_1, \hat{\beta}_2, \ldots, \hat{\beta}_k$에 대해 편미분하면 다음 식을 얻는다.

$$\frac{\partial \sum \hat{u}_i^2}{\partial \hat{\beta}_1} = 2\sum (Y_i - \hat{\beta}_1 - \hat{\beta}_2 X_{2i} - \cdots - \hat{\beta}_k X_{ki})(-1)$$

$$\frac{\partial \sum \hat{u}_i^2}{\partial \hat{\beta}_2} = 2\sum (Y_i - \hat{\beta}_1 - \hat{\beta}_2 X_{2i} - \cdots - \hat{\beta}_k X_{ki})(-X_{2i})$$

$$\cdots\cdots\cdots\cdots\cdots\cdots\cdots\cdots\cdots\cdots$$

$$\frac{\partial \sum \hat{u}_i^2}{\partial \hat{\beta}_k} = 2\sum (Y_i - \hat{\beta}_1 - \hat{\beta}_2 X_{ki} - \cdots - \hat{\beta}_k X_{ki})(-X_{ki})$$

앞의 편도함수를 0으로 놓고, 항들을 재배열하면 식 (C.3.8)에 주어진 k개의 정규 방정식을 얻는다.

---

* J. Johnston, op. cit., p.205 참조.

CA.2 정규 방정식의 행렬 유도

식 (C.3.7)로부터 다음 식을 얻는다.

$$\hat{\mathbf{u}}'\hat{\mathbf{u}} = \mathbf{y}'\mathbf{y} - 2\hat{\boldsymbol{\beta}}'\mathbf{X}'\mathbf{y} + \hat{\boldsymbol{\beta}}'\mathbf{X}'\mathbf{X}\hat{\boldsymbol{\beta}}$$

부록 B의 B.6절에 주어진 행렬 미분법칙을 이용하면 다음 식을 얻는다.

$$\frac{\partial(\hat{\mathbf{u}}'\hat{\mathbf{u}})}{\partial\hat{\boldsymbol{\beta}}} = -2\mathbf{X}'\mathbf{y} + 2\mathbf{X}'\mathbf{X}\hat{\boldsymbol{\beta}}$$

앞의 방정식을 0으로 놓고 풀면

$$(\mathbf{X}'\mathbf{X})\hat{\boldsymbol{\beta}} = \mathbf{X}'\mathbf{y}$$

따라서 역행렬이 존재한다는 전제 하에 $\hat{\boldsymbol{\beta}} = (\mathbf{X}'\mathbf{X})^{-1}\mathbf{X}'\mathbf{y}$이다.

CA.3 $\hat{\boldsymbol{\beta}}$의 분산-공분산 행렬

식 (C.3.11)로부터 다음을 얻는다.

$$\hat{\boldsymbol{\beta}} = (\mathbf{X}'\mathbf{X})^{-1}\mathbf{X}'\mathbf{y}$$

$\mathbf{y} = \mathbf{X}\hat{\beta} + \mathbf{u}$를 위의 식에 대입하면

$$\begin{aligned}\hat{\boldsymbol{\beta}} &= (\mathbf{X}'\mathbf{X})^{-1}\mathbf{X}'(\mathbf{X}\boldsymbol{\beta} + \mathbf{u}) \\ &= (\mathbf{X}'\mathbf{X})^{-1}\mathbf{X}'\mathbf{X}\boldsymbol{\beta} + (\mathbf{X}'\mathbf{X})^{-1}\mathbf{X}'\mathbf{u} \\ &= \boldsymbol{\beta} + (\mathbf{X}'\mathbf{X})^{-1}\mathbf{X}'\mathbf{u}\end{aligned} \tag{1}$$

따라서

$$\hat{\boldsymbol{\beta}} - \boldsymbol{\beta} = (\mathbf{X}'\mathbf{X})^{-1}\mathbf{X}'\mathbf{u} \tag{2}$$

정의상

$$\begin{aligned}\text{var-cov}(\hat{\boldsymbol{\beta}}) &= E[(\hat{\boldsymbol{\beta}} - \boldsymbol{\beta})(\hat{\boldsymbol{\beta}} - \boldsymbol{\beta})'] \\ &= E\{[(\mathbf{X}'\mathbf{X})^{-1}\mathbf{X}'\mathbf{u}][(\mathbf{X}'\mathbf{X})^{-1}\mathbf{X}'\mathbf{u}]'\} \\ &= E[(\mathbf{X}'\mathbf{X})^{-1}\mathbf{X}'\mathbf{u}\mathbf{u}'\mathbf{X}(\mathbf{X}'\mathbf{X})^{-1}]\end{aligned} \tag{3}$$

여기서 마지막 단계에서는 $(\mathbf{AB})' = \mathbf{B}'\mathbf{A}'$이 이용되었다.

X들이 비확률적이라는 것에 주의하면서 식 (3)에 기대치를 취하면 다음 식을 얻는다.

$$\begin{aligned}\text{var-cov}(\hat{\boldsymbol{\beta}}) &= (\mathbf{X}'\mathbf{X})^{-1}\mathbf{X}'E(\mathbf{u}\mathbf{u}')\mathbf{X}(\mathbf{X}'\mathbf{X})^{-1} \\ &= (\mathbf{X}'\mathbf{X})^{-1}\mathbf{X}'\sigma^2\mathbf{I}\mathbf{X}(\mathbf{X}'\mathbf{X})^{-1} \\ &= \sigma^2(\mathbf{X}'\mathbf{X})^{-1}\end{aligned}$$

이것은 식 (C.3.13)에 주어진 결과이다. 위의 결과를 도출할 때 가정 $E(\mathbf{uu}')=\sigma^2\mathbf{I}$가 이용되었다는 것을 주목하라.

CA.4 OLS 추정량의 BLUE 속성

식 (C.3.11)로부터 우리는 다음을 얻는다.

$$\hat{\boldsymbol{\beta}} = (\mathbf{X}'\mathbf{X})^{-1}\mathbf{X}'\mathbf{y} \tag{1}$$

$(\mathrm{X}'\mathrm{X})^{-1}\mathrm{X}'$ 은 고정된 수로 된 행렬이므로 $\hat{\beta}$은 Y의 선형 함수이다. 이리하여 정의상 이것은 선형 추정량이다.

PRF는 다음과 같다는 것을 상기하라.

$$\mathbf{y} = \mathbf{X}\boldsymbol{\beta} + \mathbf{u} \tag{2}$$

이것을 식 (1)에 대입하면 다음 식이 된다.

$$\hat{\boldsymbol{\beta}} = (\mathbf{X}'\mathbf{X})^{-1}\mathbf{X}'(\mathbf{X}\boldsymbol{\beta} + \mathbf{u}) \tag{3}$$

$$= \boldsymbol{\beta} + (\mathbf{X}'\mathbf{X})^{-1}\mathbf{X}'\mathbf{u} \tag{4}$$

왜냐하면 $(\mathrm{X}'\mathrm{X})^{-1}\mathrm{X}'\mathrm{X}=\mathbf{I}$이기 때문이다.

식 (4)에 기대치를 취하면 다음과 같다.

$$E(\hat{\boldsymbol{\beta}}) = E(\boldsymbol{\beta}) + (\mathbf{X}'\mathbf{X})^{-1}\mathbf{X}'E(\mathbf{u})$$

$$= \boldsymbol{\beta} \tag{5}$$

왜냐하면 $E(\beta)=\beta$(그 이유는?) 그리고 $E(\mathbf{u})=0$이기 때문이다. 따라서 $\hat{\boldsymbol{\beta}}$은 $\boldsymbol{\beta}$의 불편 추정량이다.

$\hat{\boldsymbol{\beta}}^*$ 는 $\boldsymbol{\beta}$의 어떤 다른 선형 추정량이라 하면 다음과 같이 쓸 수 있다.

$$\boldsymbol{\beta}^* = [(\mathbf{X}'\mathbf{X})^{-1}\mathbf{X}' + \mathbf{C}]\mathbf{y} \tag{6}$$

여기서 C는 상수로 된 행렬이다.

식 (2)를 식 (6)에 대입하면 다음 식이 된다.

$$\hat{\boldsymbol{\beta}}^* = [(\mathbf{X}'\mathbf{X})^{-1}\mathbf{X}' + \mathbf{C}](\mathbf{X}\boldsymbol{\beta} + \mathbf{u})$$

$$= \boldsymbol{\beta} + \mathbf{CX}\boldsymbol{\beta} + (\mathbf{X}'\mathbf{X})^{-1}\mathbf{X}'\mathbf{u} + \mathbf{Cu} \tag{7}$$

이제 만일 $\hat{\boldsymbol{\beta}}^*$ 이 $\boldsymbol{\beta}$의 불편 추정량이 되기 위해서는 다음이 성립해야 한다.

$$\mathbf{CX} = 0 \qquad \text{(그 이유는?)} \tag{8}$$

식 (8)을 이용하면 식 (7)은 다음과 같이 쓸 수 있다.

$$\hat{\boldsymbol{\beta}}^* - \boldsymbol{\beta} = (\mathbf{X}'\mathbf{X})^{-1}\mathbf{X}'\mathbf{u} + \mathbf{Cu} \tag{9}$$

정의상 var-cov($\hat{\boldsymbol{\beta}}^*$)는 다음과 같다.

$$E(\hat{\boldsymbol{\beta}}^* - \boldsymbol{\beta})(\hat{\boldsymbol{\beta}}^* - \boldsymbol{\beta})' = E[(\mathbf{X}'\mathbf{X})^{-1}\mathbf{X}'\mathbf{u} + \mathbf{Cu}][(\mathbf{X}'\mathbf{X})^{-1}\mathbf{X}'\mathbf{u} + \mathbf{Cu}]' \tag{10}$$

역행렬과 전치 속성을 이용하고 수학적으로 단순화를 시키고 나면 다음을 얻게 된다.

$$\begin{aligned} \text{var-cov}\,(\hat{\boldsymbol{\beta}}^*) &= \sigma^2(\mathbf{X}'\mathbf{X})^{-1} + \sigma^2\mathbf{CC}' \\ &= \text{var-cov}\,(\hat{\boldsymbol{\beta}}) + \sigma^2\mathbf{CC}' \end{aligned} \tag{11}$$

이것은 또 다른 불편 선형 추정량 $\hat{\boldsymbol{\beta}}^*$의 분산–공분산 행렬은 OLS 추정량 $\hat{\boldsymbol{\beta}}$의 분산–공분산 행렬에 σ^2 곱하기 CC′를 더해준 것과 같은데 CC′는 양의 준정부호 행렬이다.* 이리하여 $\hat{\boldsymbol{\beta}}^*$의 한 원소의 분산은 반드시 $\hat{\boldsymbol{\beta}}$의 대응원소의 분산과 같거나 그보다 커야 한다. 이는 $\hat{\boldsymbol{\beta}}$이 BLUE라는 것을 보여주는 것이다. 물론 만일 **C**가 영행렬이라면, 즉 $\mathbf{C} = \mathbf{0}$이면 $\hat{\boldsymbol{\beta}}^* = \hat{\boldsymbol{\beta}}$인데 이는 만일 우리가 BLUE 추정량을 찾았다면 그것은 최소자승 추정량 $\hat{\boldsymbol{\beta}}$임에 틀림없다고 하는 것을 달리 말하는 것이다.

* 부록 B의 참고문헌 참조.

부록 D

각종 통계표

표 D.1
표준 정규분포 곡선 아래 면적

예

$Pr(0 \leq Z \leq 1.96) = 0.4750$

$Pr(Z \geq 1.96) = 0.5 - 0.4750 = 0.025$

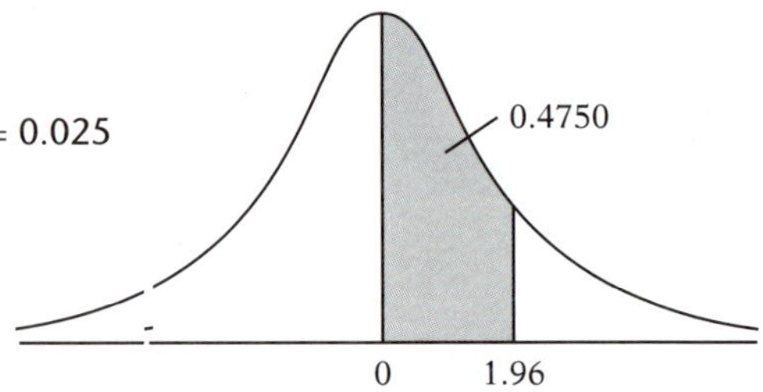

Z	.00	.01	.02	.03	.04	.05	.06	.07	.08	.09
0.0	.0000	.0040	.0080	.0120	.0160	.0199	.0239	.0279	.0319	.0359
0.1	.0398	.0438	.0478	.0517	.0557	.0596	.0636	.0675	.0714	.0753
0.2	.0793	.0832	.0871	.0910	.0948	.0987	.1026	.1064	.1103	.1141
0.3	.1179	.1217	.1255	.1293	.1331	.1368	.1406	.1443	.1480	.1517
0.4	.1554	.1591	.1628	.1664	.1700	.1736	.1772	.1808	.1844	.1879
0.5	.1915	.1950	.1985	.2019	.2054	.2088	.2123	.2157	.2190	.2224
0.6	.2257	.2291	.2324	.2357	.2389	.2422	.2454	.2486	.2517	.2549
0.7	.2580	.2611	.2642	.2673	.2704	.2734	.2764	.2794	.2823	.2852
0.8	.2881	.2910	.2939	.2967	.2995	.3023	.3051	.3078	.3106	.3133
0.9	.3159	.3186	.3212	.3238	.3264	.3289	.3315	.3340	.3365	.3389
1.0	.3413	.3438	.3461	.3485	.3508	.3531	.3554	.3577	.3599	.3621
1.1	.3643	.3665	.3686	.3708	.3729	.3749	.3770	.3790	.3810	.3830
1.2	.3849	.3869	.3888	.3907	.3925	.3944	.3962	.3980	.3997	.4015
1.3	.4032	.4049	.4066	.4082	.4099	.4115	.4131	.4147	.4162	.4177
1.4	.4192	.4207	.4222	.4236	.4251	.4265	.4279	.4292	.4306	.4319
1.5	.4332	.4345	.4357	.4370	.4382	.4394	.4406	.4418	.4429	.4441
1.6	.4452	.4463	.4474	.4484	.4495	.4505	.4515	.4525	.4535	.4545
1.7	.4454	.4564	.4573	.4582	.4591	.4599	.4608	.4616	.4625	.4633
1.8	.4641	.4649	.4656	.4664	.4671	.4678	.4686	.4693	.4699	.4706
1.9	.4713	.4719	.4726	.4732	.4738	.4744	.4750	.4756	.4761	.4767
2.0	.4772	.4778	.4783	.4788	.4793	.4798	.4803	.4808	.4812	.4817
2.1	.4821	.4826	.4830	.4834	.4838	.4842	.4846	.4850	.4854	.4857
2.2	.4861	.4864	.4868	.4871	.4875	.4878	.4881	.4884	.4887	.4890
2.3	.4893	.4896	.4898	.4901	.4904	.4906	.4909	.4911	.4913	.4916
2.4	.4918	.4920	.4922	.4925	.4927	.4929	.4931	.4932	.4934	.4936
2.5	.4938	.4940	.4941	.4943	.4945	.4946	.4948	.4949	.4951	.4952
2.6	.4953	.4955	.4956	.4957	.4959	.4960	.4961	.4962	.4963	.4964
2.7	.4965	.4966	.4967	.4968	.4969	.4970	.4971	.4972	.4973	.4974
2.8	.4974	.4975	.4976	.4977	.4977	.4978	.4979	.4979	.4980	.4981
2.9	.4981	.4982	.4982	.4983	.4984	.4984	.4985	.4985	.4986	.4986
3.0	.4987	.4987	.4987	.4988	.4988	.4989	.4989	.4989	.4990	.4990

주: 이 표는 분포의 우측절반 면적 가운데서 빗금친 면적을 표시하고 있다(즉, $z \geq 0$). 그러나 정규분포는 $Z=0$에서 좌우대칭이기 때문에 좌측절반의 면적은 우측절반의 면적과 동일하다. 예를 들어서 $P(-1.96 \leq z \leq 0) = 0.4750$, 그러므로 $P(-1.96 \leq Z \leq 1.96) = 2(0.4750) = 0.95$.

표 D.2
*t*분포의 백분비점

예

Pr $(t > 2.086) = 0.025$

Pr $(t > 1.725) = 0.05$ 자유도 $= 20$ 인 경우

Pr $(|t| > 1.725) = 0.10$

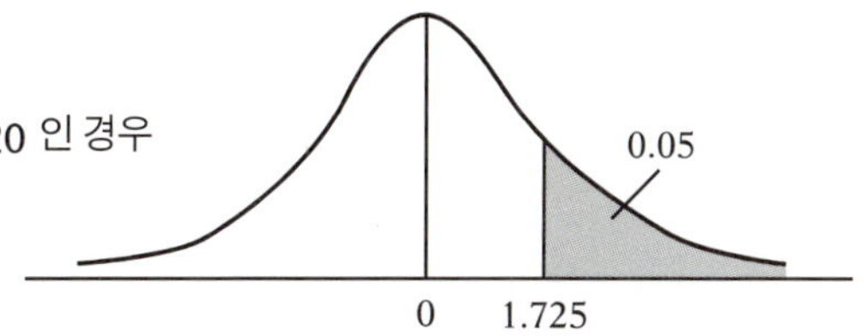

df \ Pr	0.25 0.50	0.10 0.20	0.05 0.10	0.025 0.05	0.01 0.02	0.005 0.010	0.001 0.002
1	1.000	3.078	6.314	12.706	31.821	63.657	318.31
2	0.816	1.886	2.920	4.303	6.965	9.925	22.327
3	0.765	1.638	2.353	3.182	4.541	5.841	10.214
4	0.741	1.533	2.132	2.776	3.747	4.604	7.173
5	0.727	1.476	2.015	2.571	3.365	4.032	5.893
6	0.718	1.440	1.943	2.447	3.143	3.707	5.208
7	0.711	1.415	1.895	2.365	2.998	3.499	4.785
8	0.706	1.397	1.860	2.306	2.896	3.355	4.501
9	0.703	1.383	1.833	2.262	2.821	3.250	4.297
10	0.700	1.372	1.812	2.228	2.764	3.169	4.144
11	0.697	1.363	1.796	2.201	2.718	3.106	4.025
12	0.695	1.356	1.782	2.179	2.681	3.055	3.930
13	0.694	1.350	1.771	2.160	2.650	3.012	3.852
14	0.692	1.345	1.761	2.145	2.624	2.977	3.787
15	0.691	1.341	1.753	2.131	2.602	2.947	3.733
16	0.690	1.337	1.746	2.120	2.583	2.921	3.686
17	0.689	1.333	1.740	2.110	2.567	2.898	3.646
18	0.688	1.330	1.734	2.101	2.552	2.878	3.610
19	0.688	1.328	1.729	2.093	2.539	2.861	3.579
20	0.687	1.325	1.725	2.086	2.528	2.845	3.552
21	0.686	1.323	1.721	2.080	2.518	2.831	3.527
22	0.686	1.321	1.717	2.074	2.508	2.819	3.505
23	0.685	1.319	1.714	2.069	2.500	2.807	3.485
24	0.685	1.318	1.711	2.064	2.492	2.797	3.467
25	0.684	1.316	1.708	2.060	2.485	2.787	3.450
26	0.684	1.315	1.706	2.056	2.479	2.779	3.435
27	0.684	1.314	1.703	2.052	2.473	2.771	3.421
28	0.683	1.313	1.701	2.048	2.467	2.763	3.408
29	0.683	1.311	1.699	2.045	2.462	2.756	3.396
30	0.683	1.310	1.697	2.042	2.457	2.750	3.385
40	0.681	1.303	1.684	2.021	2.423	2.704	3.307
60	0.679	1.296	1.671	2.000	2.390	2.660	3.232
120	0.677	1.289	1.658	1.980	2.358	2.617	3.160
∞	0.674	1.282	1.645	1.960	2.326	2.576	3.090

주: 각 열의 상단에 나타나는 더 적은 확률값은 한쪽 절반의 꼬리면적을 나타내며, 더 큰 확률 값은 양쪽절반의 꼬리면적을 동시에 나타내는 것이다.

출처: E. S. Person, H. O. Hartley, eds., *Biometrika Tables for Statisticians,* vol. 1, 3d ed., table 12, Cambridge University Press, New York. 1966. *Biometrika*의 편집자들로부터 허락을 취득 후 재인용.

표 D.3 F분포의 상한백분비점

예

$Pr(F > 1.59) = 0.25$

$Pr(F > 2.42) = 0.10$ 자유도 $N_1=10$,

$Pr(F > 3.14) = 0.05$ $N_2=9$일 때

$Pr(F > 5.26) = 0.01$

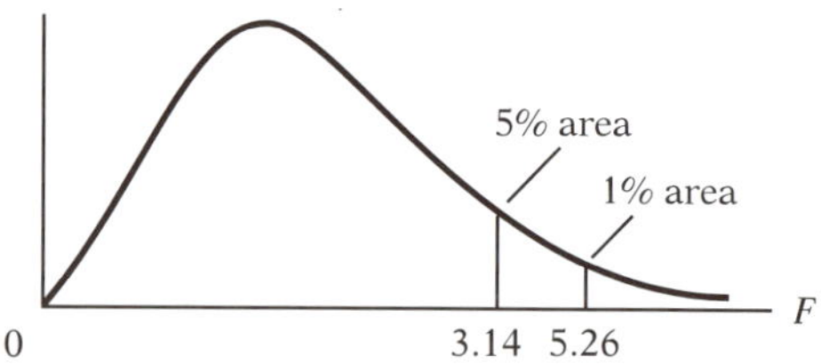

분모의 자유도 N_2	분자의 자유도 N_1												
	Pr	1	2	3	4	5	6	7	8	9	10	11	12
1	.25	5.83	7.50	8.20	8.58	8.82	8.98	9.10	9.19	9.26	9.32	9.36	9.41
	.10	39.9	49.5	53.6	55.8	57.2	58.2	58.9	59.4	59.9	60.2	60.5	60.7
	.05	161	200	216	225	230	234	237	239	241	242	243	244
2	.25	2.57	3.00	3.15	3.23	3.28	3.31	3.34	3.35	3.37	3.38	3.39	3.39
	.10	8.53	9.00	9.16	9.24	9.29	9.33	9.35	9.37	9.38	9.39	9.40	9.41
	.05	18.5	19.0	19.2	19.2	19.3	19.3	19.4	19.4	19.4	19.4	19.4	19.4
	.01	98.5	99.0	99.2	99.2	99.3	99.3	99.4	99.4	99.4	99.4	99.4	99.4
3	.25	2.02	2.28	2.36	2.39	2.41	2.42	2.43	2.44	2.44	2.44	2.45	2.45
	.10	5.54	5.46	5.39	5.34	5.31	5.28	5.27	5.25	5.24	5.23	5.22	5.22
	.05	10.1	9.55	9.28	9.12	9.01	8.94	8.89	8.85	8.81	8.79	8.76	8.74
	.01	34.1	30.8	29.5	28.7	28.2	27.9	27.7	27.5	27.3	27.2	27.1	27.1
4	.25	1.81	2.00	2.05	2.06	2.07	2.08	2.08	2.08	2.08	2.08	2.08	2.08
	.10	4.54	4.32	4.19	4.11	4.05	4.01	3.98	3.95	3.94	3.92	3.91	3.90
	.05	7.71	6.94	6.59	6.39	6.26	6.16	6.09	6.04	6.00	5.96	5.94	5.91
	.01	21.2	18.0	16.7	16.0	15.5	15.2	15.0	14.8	14.7	14.5	14.4	14.4
5	.25	1.69	1.85	1.88	1.89	1.89	1.89	1.89	1.89	1.89	1.89	1.89	1.89
	.10	4.06	3.78	3.62	3.52	3.45	3.40	3.37	3.34	3.32	3.30	3.28	3.27
	.05	6.61	5.79	5.41	5.19	5.05	4.95	4.88	4.82	4.77	4.74	4.71	4.68
	.01	16.3	13.3	12.1	11.4	11.0	10.7	10.5	10.3	10.2	10.1	9.96	9.89
6	.25	1.62	1.76	1.78	1.79	1.79	1.78	1.78	1.78	1.77	1.77	1.77	1.77
	.10	3.78	3.46	3.29	3.18	3.11	3.05	3.01	2.98	2.96	2.94	2.92	2.90
	.05	5.99	5.14	4.76	4.53	4.39	4.28	4.21	4.15	4.10	4.06	4.03	4.00
	.01	13.7	10.9	9.78	9.15	8.75	8.47	8.26	8.10	7.98	7.87	7.79	7.72
7	.25	1.57	1.70	1.72	1.72	1.71	1.71	1.70	1.70	1.69	1.69	1.69	1.68
	.10	3.59	3.26	3.07	2.96	2.88	2.83	2.78	2.75	2.72	2.70	2.68	2.67
	.05	5.59	4.74	4.35	4.12	3.97	3.87	3.79	3.73	3.68	3.64	3.60	3.57
	.01	12.2	9.55	8.45	7.85	7.46	7.19	6.99	6.84	6.72	6.62	6.54	6.47
8	.25	1.54	1.66	1.67	1.66	1.66	1.65	1.64	1.64	1.63	1.63	1.63	1.62
	.10	3.46	3.11	2.92	2.81	2.73	2.67	2.62	2.59	2.56	2.54	2.52	2.50
	.05	5.32	4.46	4.07	3.84	3.69	3.58	3.50	3.44	3.39	3.35	3.31	3.28
	.01	11.3	8.65	7.59	7.01	6.63	6.37	6.18	6.03	5.91	5.81	5.73	5.67
9	.25	1.51	1.62	1.63	1.63	1.62	1.61	1.60	1.60	1.59	1.59	1.58	1.58
	.10	3.36	3.01	2.81	2.69	2.61	2.55	2.51	2.47	2.44	2.42	2.40	2.38
	.05	5.12	4.26	3.86	3.63	3.48	3.37	3.29	3.23	3.18	3.14	3.10	3.07
	.01	10.6	8.02	6.99	6.42	6.06	5.80	5.61	5.47	5.35	5.26	5.18	5.11

출처: E. S. Pearson, H.O. Hartley. eds, *Biometrika Tables for Statiscians,* vol.1, 3d ed., table 18, Cambridge University Press, New York. 1966. *Biometrika*의 편집자들로부터 허락을 취득 후 재인용.

분자의 자유도 N_1													분모의 자유도 N_2
15	20	24	30	40	50	60	100	120	200	500	∞	Pr	
9.49	9.58	9.63	9.67	9.71	9.74	9.76	9.78	9.80	9.82	9.84	9.85	.25	1
61.2	61.7	62.0	62.3	62.5	62.7	62.8	63.0	63.1	63.2	63.3	63.3	.10	
246	248	249	250	251	252	252	253	253	254	254	254	.05	
3.41	3.43	3.43	3.44	3.45	3.45	3.46	3.47	3.47	3.48	3.48	3.48	.25	2
9.42	9.44	9.45	9.46	9.47	9.47	9.47	9.48	9.48	9.49	9.49	9.49	.10	
19.4	19.4	19.5	19.5	19.5	19.5	19.5	19.5	19.5	19.5	19.5	19.5	.05	
99.4	99.4	99.5	99.5	99.5	99.5	99.5	99.5	99.5	99.5	99.5	99.5	.01	
2.46	2.46	2.46	2.47	2.47	2.47	2.47	2.47	2.47	2.47	2.47	2.47	.25	3
5.20	5.18	5.18	5.17	5.16	5.15	5.15	5.14	5.14	5.14	5.14	5.13	.10	
8.70	8.66	8.64	8.62	8.59	8.58	8.57	8.55	8.55	8.54	8.53	8.53	.05	
26.9	26.7	26.6	26.5	26.4	26.4	26.3	26.2	26.2	26.2	26.1	26.1	.01	
2.08	2.08	2.08	2.08	2.08	2.08	2.08	2.08	2.08	2.08	2.08	2.08	.25	4
3.87	3.84	3.83	3.82	3.80	3.80	3.79	3.78	3.78	3.77	3.76	3.76	.10	
5.86	5.80	5.77	5.75	5.72	5.70	5.69	5.66	5.66	5.65	5.64	5.63	.05	
14.2	14.0	13.9	13.8	13.7	13.7	13.7	13.6	13.6	13.5	13.5	13.5	.01	
1.89	1.88	1.88	1.88	1.88	1.88	1.87	1.87	1.87	1.87	1.87	1.87	.25	5
3.24	3.21	3.19	3.17	3.16	3.15	3.14	3.13	3.12	3.12	3.11	3.10	.10	
4.62	4.56	4.53	4.50	4.46	4.44	4.43	4.41	4.40	4.39	4.37	4.36	.05	
9.72	9.55	9.47	9.38	9.29	9.24	9.20	9.13	9.11	9.08	9.04	9.02	.01	
1.76	1.76	1.75	1.75	1.75	1.75	1.74	1.74	1.74	1.74	1.74	1.74	.25	6
2.87	2.84	2.82	2.80	2.78	2.77	2.76	2.75	2.74	2.73	2.73	2.72	.10	
3.94	3.87	3.84	3.81	3.77	3.75	3.74	3.71	3.70	3.69	3.68	3.67	.05	
7.56	7.40	7.31	7.23	7.14	7.09	7.06	6.99	6.97	6.93	6.90	6.88	.01	
1.68	1.67	1.67	1.66	1.66	1.66	1.65	1.65	1.65	1.65	1.65	1.65	.25	7
2.63	2.59	2.58	2.56	2.54	2.52	2.51	2.50	2.49	2.48	2.48	2.47	.10	
3.51	3.44	3.41	3.38	3.34	3.32	3.30	3.27	3.27	3.25	3.24	3.23	.05	
6.31	6.16	6.07	5.99	5.91	5.86	5.82	5.75	5.74	5.70	5.67	5.65	.01	
1.62	1.61	1.60	1.60	1.59	1.59	1.59	1.58	1.58	1.58	1.58	1.58	.25	8
2.46	2.42	2.40	2.38	2.36	2.35	2.34	2.32	2.32	2.31	2.30	2.29	.10	
3.22	3.15	3.12	3.08	3.04	2.02	3.01	2.97	2.97	2.95	2.94	2.93	.05	
5.52	5.36	5.28	5.20	5.12	5.07	5.03	4.96	4.95	4.91	4.88	4.86	.01	
1.57	1.56	1.56	1.55	1.55	1.54	1.54	1.53	1.53	1.53	1.53	1.53	.25	9
2.34	2.30	2.28	2.25	2.23	2.22	2.21	2.19	2.18	2.17	2.17	2.16	.10	
3.01	2.94	2.90	2.86	2.83	2.80	2.79	2.76	2.75	2.73	2.72	2.71	.05	
4.96	4.81	4.73	4.65	4.57	4.52	4.48	4.42	4.40	4.36	4.33	4.31	.01	

(계속)

표 D.3 *F* 분포의 상한백분비점 *(계속)*

분모의 자유도 N_2	분자의 자유도 N_1												
	Pr	1	2	3	4	5	6	7	8	9	10	11	12
10	.25	1.49	1.60	1.60	1.59	1.59	1.58	1.57	1.56	1.56	1.55	1.55	1.54
	.10	3.29	2.92	2.73	2.61	2.52	2.46	2.41	2.38	2.35	2.32	2.30	2.28
	.05	4.96	4.10	3.71	3.48	3.33	3.22	3.14	3.07	3.02	2.98	2.94	2.91
	.01	10.0	7.56	6.55	5.99	5.64	5.39	5.20	5.06	4.94	4.85	4.77	4.71
11	.25	1.47	1.58	1.58	1.57	1.56	1.55	1.54	1.53	1.53	1.52	1.52	1.51
	.10	3.23	2.86	2.66	2.54	2.45	2.39	2.34	2.30	2.27	2.25	2.23	2.21
	.05	4.84	3.98	3.59	3.36	3.20	3.09	3.01	2.95	2.90	2.85	2.82	2.79
	.01	9.65	7.21	6.22	5.67	5.32	5.07	4.89	4.74	4.63	4.54	4.46	4.40
12	.25	1.46	1.56	1.56	1.55	1.54	1.53	1.52	1.51	1.51	1.50	1.50	1.49
	.10	3.18	2.81	2.61	2.48	2.39	2.33	2.28	2.24	2.21	2.19	2.17	2.15
	.05	4.75	3.89	3.49	3.26	3.11	3.00	2.91	2.85	2.80	2.75	2.72	2.69
	.01	9.33	6.93	5.95	5.41	5.06	4.82	4.64	4.50	4.39	4.30	4.22	4.16
13	.25	1.45	1.55	1.55	1.53	1.52	1.51	1.50	1.49	1.49	1.48	1.47	1.47
	.10	3.14	2.76	2.56	2.43	2.35	2.28	2.23	2.20	2.16	2.14	2.12	2.10
	.05	4.67	3.81	3.41	3.18	3.03	2.92	2.83	2.77	2.71	2.67	2.63	2.60
	.01	9.07	6.70	5.74	5.21	4.86	4.62	4.44	4.30	4.19	4.10	4.02	3.96
14	.25	1.44	1.53	1.53	1.52	1.51	1.50	1.49	1.48	1.47	1.46	1.46	1.45
	.10	3.10	2.73	2.52	2.39	2.31	2.24	2.19	2.15	2.12	2.10	2.08	2.05
	.05	4.60	3.74	3.34	3.11	2.96	2.85	2.76	2.70	2.65	2.60	2.57	2.53
	.01	8.86	6.51	5.56	5.04	4.69	4.46	4.28	4.14	4.03	3.94	3.86	3.80
15	.25	1.43	1.52	1.52	1.51	1.49	1.48	1.47	1.46	1.46	1.45	1.44	1.44
	.10	3.07	2.70	2.49	2.36	2.27	2.21	2.16	2.12	2.09	2.06	2.04	2.02
	.05	4.54	3.68	3.29	3.06	2.90	2.79	2.71	2.64	2.59	2.54	2.51	2.48
	.01	8.68	6.36	5.42	4.89	4.56	4.32	4.14	4.00	3.89	3.80	3.73	3.67
16	.25	1.42	1.51	1.51	1.50	1.48	1.47	1.46	1.45	1.44	1.44	1.44	1.43
	.10	3.05	2.67	2.46	2.33	2.24	2.18	2.13	2.09	2.06	2.03	2.01	1.99
	.05	4.49	3.63	3.24	3.01	2.85	2.74	2.66	2.59	2.54	2.49	2.46	2.42
	.01	8.53	6.23	5.29	4.77	4.44	4.20	4.03	3.89	3.78	3.69	3.62	3.55
17	.25	1.42	1.51	1.50	1.49	1.47	1.46	1.45	1.44	1.43	1.43	1.42	1.41
	.10	3.03	2.64	2.44	2.31	2.22	2.15	2.10	2.06	2.03	2.00	1.98	1.96
	.05	4.45	3.59	3.20	2.96	2.81	2.70	2.61	2.55	2.49	2.45	2.41	2.38
	.01	8.40	6.11	5.18	4.67	4.34	4.10	3.93	3.79	3.68	3.59	3.52	3.46
18	.25	1.41	1.50	1.49	1.48	1.46	1.45	1.44	1.43	1.42	1.42	1.41	1.40
	.10	3.01	2.62	2.42	2.29	2.20	2.13	2.08	2.04	2.00	1.98	1.96	1.93
	.05	4.41	3.55	3.16	2.93	2.77	2.66	2.58	2.51	2.46	2.41	2.37	2.34
	.01	8.29	6.01	5.09	4.58	4.25	4.01	3.84	3.71	3.60	3.51	3.43	3.37
19	.25	1.41	1.49	1.49	1.47	1.46	1.44	1.43	1.42	1.41	1.41	1.40	1.40
	.10	2.99	2.61	2.40	2.27	2.18	2.11	2.06	2.02	1.98	1.96	1.94	1.91
	.05	4.38	3.52	3.13	2.90	2.74	2.63	2.54	2.48	2.42	2.38	2.34	2.31
	.01	8.18	5.93	5.01	4.50	4.17	3.94	3.77	3.63	3.52	3.43	3.36	3.30
20	.25	1.40	1.49	1.48	1.46	1.45	1.44	1.43	1.42	1.41	1.40	1.39	1.39
	.10	2.97	2.59	2.38	2.25	2.16	2.09	2.04	2.00	1.96	1.94	1.92	1.89
	.05	4.35	3.49	3.10	2.87	2.71	2.60	2.51	2.45	2.39	2.35	2.31	2.28
	.01	8.10	5.85	4.94	4.43	4.10	3.87	3.70	3.56	3.46	3.37	3.29	3.23

분자의 자유도 N_1													분모의 자유도 N_2
15	**20**	**24**	**30**	**40**	**50**	**60**	**100**	**120**	**200**	**500**	**∞**	**Pr**	
1.53	1.52	1.52	1.51	1.51	1.50	1.50	1.49	1.49	1.49	1.48	1.48	.25	10
2.24	2.20	2.18	2.16	2.13	2.12	2.11	2.09	2.08	2.07	2.06	2.06	.10	
2.85	2.77	2.74	2.70	2.66	2.64	2.62	2.59	2.58	2.56	2.55	2.54	.05	
4.56	4.41	4.33	4.25	4.17	4.12	4.08	4.01	4.00	3.96	3.93	3.91	.01	
1.50	1.49	1.49	1.48	1.47	1.47	1.47	1.46	1.46	1.46	1.45	1.45	.25	11
2.17	2.12	2.10	2.08	2.05	2.04	2.03	2.00	2.00	1.99	1.98	1.97	.10	
2.72	2.65	2.61	2.57	2.53	2.51	2.49	2.46	2.45	2.43	2.42	2.40	.05	
4.25	4.10	4.02	3.94	3.86	3.81	3.78	3.71	3.69	3.66	3.62	3.60	.01	
1.48	1.47	1.46	1.45	1.45	1.44	1.44	1.43	1.43	1.43	1.42	1.42	.25	12
2.10	2.06	2.04	2.01	1.99	1.97	1.96	1.94	1.93	1.92	1.91	1.90	.10	
2.62	2.54	2.51	2.47	2.43	2.40	2.38	2.35	2.34	2.32	2.31	2.30	.05	
4.01	3.86	3.78	3.70	3.62	3.57	3.54	3.47	3.45	3.41	3.38	3.36	.01	
1.46	1.45	1.44	1.43	1.42	1.42	1.42	1.41	1.41	1.40	1.40	1.40	.25	13
2.05	2.01	1.98	1.96	1.93	1.92	1.90	1.88	1.88	1.86	1.85	1.85	.10	
2.53	2.46	2.42	2.38	2.34	2.31	2.30	2.26	2.25	2.23	2.22	2.21	.05	
3.82	3.66	3.59	3.51	3.43	3.38	3.34	3.27	3.25	3.22	3.19	3.17	.01	
1.44	1.43	1.42	1.41	1.41	1.40	1.40	1.39	1.39	1.39	1.38	1.38	.25	14
2.01	1.96	1.94	1.91	1.89	1.87	1.86	1.83	1.83	1.82	1.80	1.80	.10	
2.46	2.39	2.35	2.31	2.27	2.24	2.22	2.19	2.18	2.16	2.14	2.13	.05	
3.66	3.51	3.43	3.35	3.27	3.22	3.18	3.11	3.09	3.06	3.03	3.00	.01	
1.43	1.41	1.41	1.40	1.39	1.39	1.38	1.38	1.37	1.37	1.36	1.36	.25	15
1.97	1.92	1.90	1.87	1.85	1.83	1.82	1.79	1.79	1.77	1.76	1.76	.10	
2.40	2.33	2.29	2.25	2.20	2.18	2.16	2.12	2.11	2.10	2.08	2.07	.05	
3.52	3.37	3.29	3.21	3.13	3.08	3.05	2.98	2.96	2.92	2.89	2.87	.01	
1.41	1.40	1.39	1.38	1.37	1.37	1.36	1.36	1.35	1.35	1.34	1.34	.25	16
1.94	1.89	1.87	1.84	1.81	1.79	1.78	1.76	1.75	1.74	1.73	1.72	.10	
2.35	2.28	2.24	2.19	2.15	2.12	2.11	2.07	2.06	2.04	2.02	2.01	.05	
3.41	3.26	3.18	3.10	3.02	2.97	2.93	2.86	2.84	2.81	2.78	2.75	.01	
1.40	1.39	1.38	1.37	1.36	1.35	1.35	1.34	1.34	1.34	1.33	1.33	.25	17
1.91	1.86	1.84	1.81	1.78	1.76	1.75	1.73	1.72	1.71	1.69	1.69	.10	
2.31	2.23	2.19	2.15	2.10	2.08	2.06	2.02	2.01	1.99	1.97	1.96	.05	
3.31	3.16	3.08	3.00	2.92	2.87	2.83	2.76	2.75	2.71	2.68	2.65	.01	
1.39	1.38	1.37	1.36	1.35	1.34	1.34	1.33	1.33	1.32	1.32	1.32	.25	18
1.89	1.84	1.81	1.78	1.75	1.74	1.72	1.70	1.69	1.68	1.67	1.66	.10	
2.27	2.19	2.15	2.11	2.06	2.04	2.02	1.98	1.97	1.95	1.93	1.92	.05	
3.23	3.08	3.00	2.92	2.84	2.78	2.75	2.68	2.66	2.62	2.59	2.57	.01	
1.38	1.37	1.36	1.35	1.34	1.33	1.33	1.32	1.32	1.31	1.31	1.30	.25	19
1.86	1.81	1.79	1.76	1.73	1.71	1.70	1.67	1.67	1.65	1.64	1.63	.10	
2.23	2.16	2.11	2.07	2.03	2.00	1.98	1.94	1.93	1.91	1.89	1.88	.05	
3.15	3.00	2.92	2.84	2.76	2.71	2.67	2.60	2.58	2.55	2.51	2.49	.01	
1.37	1.36	1.35	1.34	1.33	1.33	1.32	1.31	1.31	1.30	1.30	1.29	.25	20
1.84	1.79	1.77	1.74	1.71	1.69	1.68	1.65	1.64	1.63	1.62	1.61	.10	
2.20	2.12	2.08	2.04	1.99	1.97	1.95	1.91	1.90	1.88	1.86	1.84	.05	
3.09	2.94	2.86	2.78	2.69	2.64	2.61	2.54	2.52	2.48	2.44	2.42	.01	

(계속)

표 D.3 *F* 분포의 상한백분비점 *(계속)*

분모의 자유도 N_2	분자의 자유도 N_1												
	Pr	**1**	**2**	**3**	**4**	**5**	**6**	**7**	**8**	**9**	**10**	**11**	**12**
22	.25	1.40	1.48	1.47	1.45	1.44	1.42	1.41	1.40	1.39	1.39	1.38	1.37
	.10	2.95	2.56	2.35	2.22	2.13	2.06	2.01	1.97	1.93	1.90	1.88	1.86
	.05	4.30	3.44	3.05	2.82	2.66	2.55	2.46	2.40	2.34	2.30	2.26	2.23
	.01	7.95	5.72	4.82	4.31	3.99	3.76	3.59	3.45	3.35	3.26	3.18	3.12
24	.25	1.39	1.47	1.46	1.44	1.43	1.41	1.40	1.39	1.38	1.38	1.37	1.36
	.10	2.93	2.54	2.33	2.19	2.10	2.04	1.98	1.94	1.91	1.88	1.85	1.83
	.05	4.26	3.40	3.01	2.78	2.62	2.51	2.42	2.36	2.30	2.25	2.21	2.18
	.01	7.82	5.61	4.72	4.22	3.90	3.67	3.50	3.36	3.26	3.17	3.09	3.03
26	.25	1.38	1.46	1.45	1.44	1.42	1.41	1.39	1.38	1.37	1.37	1.36	1.35
	.10	2.91	2.52	2.31	2.17	2.08	2.01	1.96	1.92	1.88	1.86	1.84	1.81
	.05	4.23	3.37	2.98	2.74	2.59	2.47	2.39	2.32	2.27	2.22	2.18	2.15
	.01	7.72	5.53	4.64	4.14	3.82	3.59	3.42	3.29	3.18	3.09	3.02	2.96
28	.25	1.38	1.46	1.45	1.43	1.41	1.40	1.39	1.38	1.37	1.36	1.35	1.34
	.10	2.89	2.50	2.29	2.16	2.06	2.00	1.94	1.90	1.87	1.84	1.81	1.79
	.05	4.20	3.34	2.95	2.71	2.56	2.45	2.36	2.29	2.24	2.19	2.15	2.12
	.01	7.64	5.45	4.57	4.07	3.75	3.53	3.36	3.23	3.12	3.03	2.96	2.90
30	.25	1.38	1.45	1.44	1.42	1.41	1.39	1.38	1.37	1.36	1.35	1.35	1.34
	.10	2.88	2.49	2.28	2.14	2.05	1.98	1.93	1.88	1.85	1.82	1.79	1.77
	.05	4.17	3.32	2.92	2.69	2.53	2.42	2.33	2.27	2.21	2.16	2.13	2.09
	.01	7.56	5.39	4.51	4.02	3.70	3.47	3.30	3.17	3.07	2.98	2.91	2.84
40	.25	1.36	1.44	1.42	1.40	1.39	1.37	1.36	1.35	1.34	1.33	1.32	1.31
	.10	2.84	2.44	2.23	2.09	2.00	1.93	1.87	1.83	1.79	1.76	1.73	1.71
	.05	4.08	3.23	2.84	2.61	2.45	2.34	2.25	2.18	2.12	2.08	2.04	2.00
	.01	7.31	5.18	4.31	3.83	3.51	3.29	3.12	2.99	2.89	2.80	2.73	2.66
60	.25	1.35	1.42	1.41	1.38	1.37	1.35	1.33	1.32	1.31	1.30	1.29	1.29
	.10	2.79	2.39	2.18	2.04	1.95	1.87	1.82	1.77	1.74	1.71	1.68	1.66
	.05	4.00	3.15	2.76	2.53	2.37	2.25	2.17	2.10	2.04	1.99	1.95	1.92
	.01	7.08	4.98	4.13	3.65	3.34	3.12	2.95	2.82	2.72	2.63	2.56	2.50
120	.25	1.34	1.40	1.39	1.37	1.35	1.33	1.31	1.30	1.29	1.28	1.27	1.26
	.10	2.75	2.35	2.13	1.99	1.90	1.82	1.77	1.72	1.68	1.65	1.62	1.60
	.05	3.92	3.07	2.68	2.45	2.29	2.17	2.09	2.02	1.96	1.91	1.87	1.83
	.01	6.85	4.79	3.95	3.48	3.17	2.96	2.79	2.66	2.56	2.47	2.40	2.34
200	.25	1.33	1.39	1.38	1.36	1.34	1.32	1.31	1.29	1.28	1.27	1.26	1.25
	.10	2.73	2.33	2.11	1.97	1.88	1.80	1.75	1.70	1.66	1.63	1.60	1.57
	.05	3.89	3.04	2.65	2.42	2.26	2.14	2.06	1.98	1.93	1.88	1.84	1.80
	.01	6.76	4.71	3.88	3.41	3.11	2.89	2.73	2.60	2.50	2.41	2.34	2.27
∞	.25	1.32	1.39	1.37	1.35	1.33	1.31	1.29	1.28	1.27	1.25	1.24	1.24
	.10	2.71	2.30	2.08	1.94	1.85	1.77	1.72	1.67	1.63	1.60	1.57	1.55
	.05	3.84	3.00	2.60	2.37	2.21	2.10	2.01	1.94	1.88	1.83	1.79	1.75
	.01	6.63	4.61	3.78	3.32	3.02	2.80	2.64	2.51	2.41	2.32	2.25	2.18

분자의 자유도 N_1													분모의 자유도 N_2
15	20	24	30	40	50	60	100	120	200	500	∞	Pr	
1.36	1.34	1.33	1.32	1.31	1.31	1.30	1.30	1.30	1.29	1.29	1.28	.25	22
1.81	1.76	1.73	1.70	1.67	1.65	1.64	1.61	1.60	1.59	1.58	1.57	.10	
2.15	2.07	2.03	1.98	1.94	1.91	1.89	1.85	1.84	1.82	1.80	1.78	.05	
2.98	2.83	2.75	2.67	2.58	2.53	2.50	2.42	2.40	2.36	2.33	2.31	.01	
1.35	1.33	1.32	1.31	1.30	1.29	1.29	1.28	1.28	1.27	1.27	1.26	.25	24
1.78	1.73	1.70	1.67	1.64	1.62	1.61	1.58	1.57	1.56	1.54	1.53	.10	
2.11	2.03	1.98	1.94	1.89	1.86	1.84	1.80	1.79	1.77	1.75	1.73	.05	
2.89	2.74	2.66	2.58	2.49	2.44	2.40	2.33	2.31	2.27	2.24	2.21	.01	
1.34	1.32	1.31	1.30	1.29	1.28	1.28	1.26	1.26	1.26	1.25	1.25	.25	26
1.76	1.71	1.68	1.65	1.61	1.59	1.58	1.55	1.54	1.53	1.51	1.50	.10	
2.07	1.99	1.95	1.90	1.85	1.82	1.80	1.76	1.75	1.73	1.71	1.69	.05	
2.81	2.66	2.58	2.50	2.42	2.36	2.33	2.25	2.23	2.19	2.16	2.13	.01	
1.33	1.31	1.30	1.29	1.28	1.27	1.27	1.26	1.25	1.25	1.24	1.24	.25	28
1.74	1.69	1.66	1.63	1.59	1.57	1.56	1.53	1.52	1.50	1.49	1.48	.10	
2.04	1.96	1.91	1.87	1.82	1.79	1.77	1.73	1.71	1.69	1.67	1.65	.05	
2.75	2.60	2.52	2.44	2.35	2.30	2.26	2.19	2.17	2.13	2.09	2.06	.01	
1.32	1.30	1.29	1.28	1.27	1.26	1.26	1.25	1.24	1.24	1.23	1.23	.25	30
1.72	1.67	1.64	1.61	1.57	1.55	1.54	1.51	1.50	1.48	1.47	1.46	.10	
2.01	1.93	1.89	1.84	1.79	1.76	1.74	1.70	1.68	1.66	1.64	1.62	.05	
2.70	2.55	2.47	2.39	2.30	2.25	2.21	2.13	2.11	2.07	2.03	2.01	.01	
1.30	1.28	1.26	1.25	1.24	1.23	1.22	1.21	1.21	1.20	1.19	1.19	.25	40
1.66	1.61	1.57	1.54	1.51	1.48	1.47	1.43	1.42	1.41	1.39	1.38	.10	
1.92	1.84	1.79	1.74	1.69	1.66	1.64	1.59	1.58	1.55	1.53	1.51	.05	
2.52	2.37	2.29	2.20	2.11	2.06	2.02	1.94	1.92	1.87	1.83	1.80	.01	
1.27	1.25	1.24	1.22	1.21	1.20	1.19	1.17	1.17	1.16	1.15	1.15	.25	60
1.60	1.54	1.51	1.48	1.44	1.41	1.40	1.36	1.35	1.33	1.31	1.29	.10	
1.84	1.75	1.70	1.65	1.59	1.56	1.53	1.48	1.47	1.44	1.41	1.39	.05	
2.35	2.20	2.12	2.03	1.94	1.88	1.84	1.75	1.73	1.68	1.63	1.60	.01	
1.24	1.22	1.21	1.19	1.18	1.17	1.16	1.14	1.13	1.12	1.11	1.10	.25	120
1.55	1.48	1.45	1.41	1.37	1.34	1.32	1.27	1.26	1.24	1.21	1.19	.10	
1.75	1.66	1.61	1.55	1.50	1.46	1.43	1.37	1.35	1.32	1.28	1.25	.05	
2.19	2.03	1.95	1.86	1.76	1.70	1.66	1.56	1.53	1.48	1.42	1.38	.01	
1.23	1.21	1.20	1.18	1.16	1.14	1.12	1.11	1.10	1.09	1.08	1.06	.25	200
1.52	1.46	1.42	1.38	1.34	1.31	1.28	1.24	1.22	1.20	1.17	1.14	.10	
1.72	1.62	1.57	1.52	1.46	1.41	1.39	1.32	1.29	1.26	1.22	1.19	.05	
2.13	1.97	1.89	1.79	1.69	1.63	1.58	1.48	1.44	1.39	1.33	1.28	.01	
1.22	1.19	1.18	1.16	1.14	1.13	1.12	1.09	1.08	1.07	1.04	1.00	.25	∞
1.49	1.42	1.38	1.34	1.30	1.26	1.24	1.18	1.17	1.13	1.08	1.00	.10	
1.67	1.57	1.52	1.46	1.39	1.35	1.32	1.24	1.22	1.17	1.11	1.00	.05	
2.04	1.88	1.79	1.70	1.59	1.52	1.47	1.36	1.32	1.25	1.15	1.00	.01	

표 D.4
카이자승 분포의 상한 백분비점

예

$\Pr(\chi^2 > 10.85) = 0.95$
$\Pr(\chi^2 > 23.83) = 0.25$ 자유도 20인 경우
$\Pr(\chi^2 > 31.41) = 0.05$

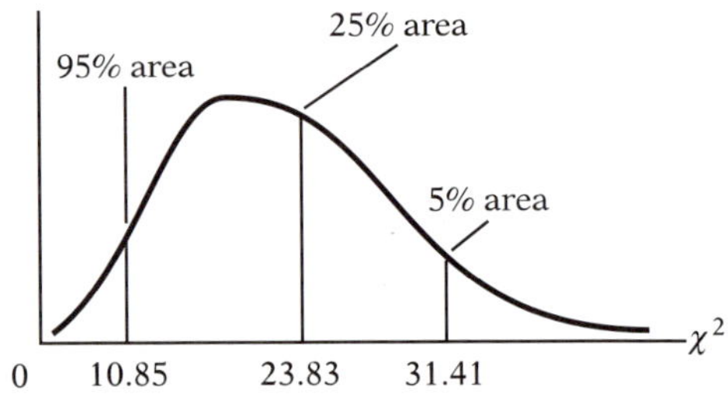

Degrees of freedom \ Pr	.995	.990	.975	.950	.900
1	392704×10^{-10}	157088×10^{-9}	982069×10^{-9}	393214×10^{-8}	.0157908
2	.0100251	.0201007	.0506356	.102587	.210720
3	.0717212	.114832	.215795	.351846	.584375
4	.206990	.297110	.484419	.710721	1.063623
5	.411740	.554300	.831211	1.145476	1.61031
6	.675727	.872085	1.237347	1.63539	2.20413
7	.989265	1.239043	1.68987	2.16735	2.83311
8	1.344419	1.646482	2.17973	2.73264	3.48954
9	1.734926	2.087912	2.70039	3.32511	4.16816
10	2.15585	2.55821	3.24697	3.94030	4.86518
11	2.60321	3.05347	3.81575	4.57481	5.57779
12	3.07382	3.57056	4.40379	5.22603	6.30380
13	3.56503	4.10691	5.00874	5.89186	7.04150
14	4.07468	4.66043	5.62872	6.57063	7.78953
15	4.60094	5.22935	6.26214	7.26094	8.54675
16	5.14224	5.81221	6.90766	7.96164	9.31223
17	5.69724	6.40776	7.56418	8.67176	10.0852
18	6.26481	7.01491	8.23075	9.39046	10.8649
19	6.84398	7.63273	8.90655	10.1170	11.6509
20	7.43386	8.26040	9.59083	10.8508	12.4426
21	8.03366	8.89720	10.28293	11.5913	13.2396
22	8.64272	9.54249	10.9823	12.3380	14.0415
23	9.26042	10.19567	11.6885	13.0905	14.8479
24	9.88623	10.8564	12.4011	13.8484	15.6587
25	10.5197	11.5240	13.1197	14.6114	16.4734
26	11.1603	12.1981	13.8439	15.3791	17.2919
27	11.8076	12.8786	14.5733	16.1513	18.1138
28	12.4613	13.5648	15.3079	16.9279	18.9392
29	13.1211	14.2565	16.0471	17.7083	19.7677
30	13.7867	14.9535	16.7908	18.4926	20.5992
40	20.7065	22.1643	24.4331	26.5093	29.0505
50	27.9907	29.7067	32.3574	34.7642	37.6886
60	35.5346	37.4848	40.4817	43.1879	46.4589
70	43.2752	45.4418	48.7576	51.7393	55.3290
80	51.1720	53.5400	57.1532	60.3915	64.2778
90	59.1963	61.7541	65.6466	69.1260	73.2912
100*	67.3276	70.0648	74.2219	77.9295	82.3581

주: 100보다 더 큰 자유도에 대해서는 $\sqrt{2\chi^2} - \sqrt{(2k-1)} = Z$ 표준화정규분포를 따른다. 수식에서 k는 자유도를 나타낸다.

.750	.500	.250	.100	.050	.025	.010	.005
.1015308	.454937	1.32330	2.70554	3.84146	5.02389	6.63490	7.87944
.575364	1.38629	2.77259	4.60517	5.99147	7.37776	9.21034	10.5966
1.212534	2.36597	4.10835	6.25139	7.81473	9.34840	11.3449	12.8381
1.92255	3.35670	5.38527	7.77944	9.48773	11.1433	13.2767	14.8602
2.67460	4.35146	6.62568	9.23635	11.0705	12.8325	15.0863	16.7496
3.45460	5.34812	7.84080	10.6446	12.5916	14.4494	16.8119	18.5476
4.25485	6.34581	9.03715	12.0170	14.0671	16.0128	18.4753	20.2777
5.07064	7.34412	10.2188	13.3616	15.5073	17.5346	20.0902	21.9550
5.89883	8.34283	11.3887	14.6837	16.9190	19.0228	21.6660	23.5893
6.73720	9.34182	12.5489	15.9871	18.3070	20.4831	23.2093	25.1882
7.58412	10.3410	13.7007	17.2750	19.6751	21.9200	24.7250	26.7569
8.43842	11.3403	14.8454	18.5494	21.0261	23.3367	26.2170	28.2995
9.29906	12.3398	15.9839	19.8119	22.3621	24.7356	27.6883	29.8194
10.1653	13.3393	17.1170	21.0642	23.6848	26.1190	29.1413	31.3193
11.0365	14.3389	18.2451	22.3072	24.9958	27.4884	30.5779	32.8013
11.9122	15.3385	19.3688	23.5418	26.2962	28.8454	31.9999	34.2672
12.7919	16.3381	20.4887	24.7690	27.5871	30.1910	33.4087	35.7185
13.6753	17.3379	21.6049	25.9894	28.8693	31.5264	34.8053	37.1564
14.5620	18.3376	22.7178	27.2036	30.1435	32.8523	36.1908	38.5822
15.4518	19.3374	23.8277	28.4120	31.4104	34.1696	37.5662	39.9968
16.3444	20.3372	24.9348	29.6151	32.6705	35.4789	38.9321	41.4010
17.2396	21.3370	26.0393	30.8133	33.9244	36.7807	40.2894	42.7956
18.1373	22.3369	27.1413	32.0069	35.1725	38.0757	41.6384	44.1813
19.0372	23.3367	28.2412	33.1963	36.4151	39.3641	42.9798	45.5585
19.9393	24.3366	29.3389	34.3816	37.6525	40.6465	44.3141	46.9278
20.8434	25.3364	30.4345	35.5631	38.8852	41.9232	45.6417	48.2899
21.7494	26.3363	31.5284	36.7412	40.1133	43.1944	46.9630	49.6449
22.6572	27.3363	32.6205	37.9159	41.3372	44.4607	48.2782	50.9933
23.5666	28.3362	33.7109	39.0875	42.5569	45.7222	49.5879	52.3356
24.4776	29.3360	34.7998	40.2560	43.7729	46.9792	50.8922	53.6720
33.6603	39.3354	45.6160	51.8050	55.7585	59.3417	63.6907	66.7659
42.9421	49.3349	56.3336	63.1671	67.5048	71.4202	76.1539	79.4900
52.2938	59.3347	66.9814	74.3970	79.0819	83.2976	88.3794	91.9517
61.6983	69.3344	77.5766	85.5271	90.5312	95.0231	100.425	104.215
71.1445	79.3343	88.1303	96.5782	101.879	106.629	112.329	116.321
80.6247	89.3342	98.6499	107.565	113.145	118.136	124.116	128.299
90.1332	99.3341	109.141	118.498	124.342	129.561	135.807	140.169

출처: E. S. Pearson and H. O. Hartley, eds., *Boimetrika Tables for Statisticians,* vol. 1, 3d ed., table 8, Cambridge University Press, New York, 1966로부터 요약하였음. *Biometrika*의 편집자들로부터 허락을 취득 후 재인용.

표 D.5A Durbin-Watson d 통계량: 유의수준 0.05에서 d_L과 d_U의 임계치

	$k'=1$		$k'=2$		$k'=3$		$k'=4$		$k'=5$		$k'=6$		$k'=7$		$k'=8$		$k'=9$		$k'=10$	
n	d_L	d_U	d_L	d_U	d_L	d_U	d_L	d_U	d_L	d_U	d_L	d_U	d_L	d_U	d_L	d_U	d_L	d_U	d_L	d_U
6	0.610	1.400	—	—	—	—	—	—	—	—	—	—	—	—	—	—	—	—	—	—
7	0.700	1.356	0.467	1.896	—	—	—	—	—	—	—	—	—	—	—	—	—	—	—	—
8	0.763	1.332	0.559	1.777	0.368	2.287	—	—	—	—	—	—	—	—	—	—	—	—	—	—
9	0.824	1.320	0.629	1.699	0.455	2.128	0.296	2.588	—	—	—	—	—	—	—	—	—	—	—	—
10	0.879	1.320	0.697	1.641	0.525	2.016	0.376	2.414	0.243	2.822	—	—	—	—	—	—	—	—	—	—
11	0.927	1.324	0.658	1.604	0.595	1.928	0.444	2.283	0.316	2.645	0.203	3.005	—	—	—	—	—	—	—	—
12	0.971	1.331	0.812	1.579	0.658	1.864	0.512	2.177	0.379	2.506	0.268	2.832	0.171	3.149	—	—	—	—	—	—
13	1.010	1.340	0.861	1.562	0.715	1.816	0.574	2.094	0.445	2.390	0.328	2.692	0.230	2.985	0.147	3.266	—	—	—	—
14	1.045	1.350	0.905	1.551	0.767	1.779	0.632	2.030	0.505	2.296	0.389	2.572	0.286	2.848	0.200	3.111	0.127	3.360	—	—
15	1.077	1.361	0.946	1.543	0.814	1.750	0.685	1.977	0.562	2.220	0.447	2.472	0.343	2.727	0.251	2.979	0.175	3.216	0.111	3.438
16	1.106	1.371	0.982	1.539	0.857	1.728	0.734	1.935	0.615	2.157	0.502	2.388	0.398	2.624	0.304	2.860	0.222	3.090	0.155	3.304
17	1.133	1.381	1.015	1.536	0.897	1.710	0.779	1.900	0.664	2.104	0.554	2.318	0.451	2.537	0.356	2.757	0.272	2.975	0.198	3.184
18	1.158	1.391	1.046	1.535	0.933	1.696	0.820	1.872	0.710	2.060	0.603	2.257	0.502	2.461	0.407	2.667	0.321	2.873	0.244	3.073
19	1.180	1.401	1.074	1.536	0.967	1.685	0.859	1.848	0.752	2.023	0.649	2.206	0.549	2.396	0.456	2.589	0.369	2.783	0.290	2.974
20	1.201	1.411	1.100	1.537	0.998	1.676	0.894	1.828	0.792	1.991	0.692	2.162	0.595	2.339	0.502	2.521	0.416	2.704	0.336	2.885
21	1.221	1.420	1.125	1.538	1.026	1.669	0.927	1.812	0.829	1.964	0.732	2.124	0.637	2.290	0.547	2.460	0.461	2.633	0.380	2.806
22	1.239	1.429	1.147	1.541	1.053	1.664	0.958	1.797	0.863	1.940	0.769	2.090	0.677	2.246	0.588	2.407	0.504	2.571	0.424	2.734
23	1.257	1.437	1.168	1.543	1.078	1.660	0.986	1.785	0.895	1.920	0.804	2.061	0.715	2.208	0.628	2.360	0.545	2.514	0.465	2.670
24	1.273	1.446	1.188	1.546	1.101	1.656	1.013	1.775	0.925	1.902	0.837	2.035	0.751	2.174	0.666	2.318	0.584	2.464	0.506	2.613
25	1.288	1.454	1.206	1.550	1.123	1.654	1.038	1.767	0.953	1.886	0.868	2.012	0.784	2.144	0.702	2.280	0.621	2.419	0.544	2.560
26	1.302	1.461	1.224	1.553	1.143	1.652	1.062	1.759	0.979	1.873	0.897	1.992	0.816	2.117	0.735	2.246	0.657	2.379	0.581	2.513
27	1.316	1.469	1.240	1.556	1.162	1.651	1.084	1.753	1.004	1.861	0.925	1.974	0.845	2.093	0.767	2.216	0.691	2.342	0.616	2.470
28	1.328	1.476	1.255	1.560	1.181	1.650	1.104	1.747	1.028	1.850	0.951	1.958	0.874	2.071	0.798	2.188	0.723	2.309	0.650	2.431
29	1.341	1.483	1.270	1.563	1.198	1.650	1.124	1.743	1.050	1.841	0.975	1.944	0.900	2.052	0.826	2.164	0.753	2.278	0.682	2.396
30	1.352	1.489	1.284	1.567	1.214	1.650	1.143	1.739	1.071	1.833	0.998	1.931	0.926	2.034	0.854	2.141	0.782	2.251	0.712	2.363
31	1.363	1.496	1.297	1.570	1.229	1.650	1.160	1.735	1.090	1.825	1.020	1.920	0.950	2.018	0.879	2.120	0.810	2.226	0.741	2.333
32	1.373	1.502	1.309	1.574	1.244	1.650	1.177	1.732	1.109	1.819	1.041	1.909	0.972	2.004	0.904	2.102	0.836	2.203	0.769	2.306
33	1.383	1.508	1.321	1.577	1.258	1.651	1.193	1.730	1.127	1.813	1.061	1.900	0.994	1.991	0.927	2.085	0.861	2.181	0.795	2.281
34	1.393	1.514	1.333	1.580	1.271	1.652	1.208	1.728	1.144	1.808	1.080	1.891	1.015	1.979	0.950	2.069	0.885	2.162	0.821	2.257
35	1.402	1.519	1.343	1.584	1.283	1.653	1.222	1.726	1.160	1.803	1.097	1.884	1.034	1.967	0.971	2.054	0.908	2.144	0.845	2.236
36	1.411	1.525	1.354	1.587	1.295	1.654	1.236	1.724	1.175	1.799	1.114	1.877	1.053	1.957	0.991	2.041	0.930	2.127	0.868	2.216
37	1.419	1.530	1.364	1.590	1.307	1.655	1.249	1.723	1.190	1.795	1.131	1.870	1.071	1.948	1.011	2.029	0.951	2.112	0.891	2.198
38	1.427	1.535	1.373	1.594	1.318	1.656	1.261	1.722	1.204	1.792	1.146	1.864	1.088	1.939	1.029	2.017	0.970	2.098	0.912	2.180
39	1.435	1.540	1.382	1.597	1.328	1.658	1.273	1.722	1.218	1.789	1.161	1.859	1.104	1.932	1.047	2.007	0.990	2.085	0.932	2.164
40	1.442	1.544	1.391	1.600	1.338	1.659	1.285	1.721	1.230	1.786	1.175	1.854	1.120	1.924	1.064	1.997	1.008	2.072	0.952	2.149
45	1.475	1.566	1.430	1.615	1.383	1.666	1.336	1.720	1.287	1.776	1.238	1.835	1.189	1.895	1.139	1.958	1.089	2.022	1.038	2.088
50	1.503	1.585	1.462	1.628	1.421	1.674	1.378	1.721	1.335	1.771	1.291	1.822	1.246	1.875	1.201	1.930	1.156	1.986	1.110	2.044
55	1.528	1.601	1.490	1.641	1.452	1.681	1.414	1.724	1.374	1.768	1.334	1.814	1.294	1.861	1.253	1.909	1.212	1.959	1.170	2.010
60	1.549	1.616	1.514	1.652	1.480	1.689	1.444	1.727	1.408	1.767	1.372	1.808	1.335	1.850	1.298	1.894	1.260	1.939	1.222	1.984
65	1.567	1.629	1.536	1.662	1.503	1.696	1.471	1.731	1.438	1.767	1.404	1.805	1.370	1.843	1.336	1.882	1.301	1.923	1.266	1.964
70	1.583	1.641	1.554	1.672	1.525	1.703	1.494	1.735	1.464	1.768	1.433	1.802	1.401	1.837	1.369	1.873	1.337	1.910	1.305	1.948
75	1.598	1.652	1.571	1.680	1.543	1.709	1.515	1.739	1.487	1.770	1.458	1.801	1.428	1.834	1.399	1.867	1.369	1.901	1.339	1.935
80	1.611	1.662	1.586	1.688	1.560	1.715	1.534	1.743	1.507	1.772	1.480	1.801	1.453	1.831	1.425	1.861	1.397	1.893	1.369	1.925
85	1.624	1.671	1.600	1.696	1.575	1.721	1.550	1.747	1.525	1.774	1.500	1.801	1.474	1.829	1.448	1.857	1.422	1.886	1.396	1.916
90	1.635	1.679	1.612	1.703	1.589	1.726	1.566	1.751	1.542	1.776	1.518	1.801	1.494	1.827	1.469	1.854	1.445	1.881	1.420	1.909
95	1.645	1.687	1.623	1.709	1.602	1.732	1.579	1.755	1.557	1.778	1.535	1.802	1.512	1.827	1.489	1.852	1.465	1.877	1.442	1.903
100	1.654	1.694	1.634	1.715	1.613	1.736	1.592	1.758	1.571	1.780	1.550	1.803	1.528	1.826	1.506	1.850	1.484	1.874	1.462	1.898
150	1.720	1.746	1.706	1.760	1.693	1.774	1.679	1.788	1.665	1.802	1.651	1.817	1.637	1.832	1.622	1.847	1.608	1.862	1.594	1.877
200	1.758	1.778	1.748	1.789	1.738	1.799	1.728	1.810	1.718	1.820	1.707	1.831	1.697	1.841	1.686	1.852	1.675	1.863	1.665	1.874

	k′ = 11		k′ = 12		k′ = 13		k′ = 14		k′ = 15		k′ = 16		k′ = 17		k′ = 18		k′ = 19		k′ = 20	
n	d_L	d_U	d_L	d_U	d_L	d_U	d_L	d_U	d_L	d_U	d_L	d_U	d_L	d_U	d_L	d_U	d_L	d_U	d_L	d_U
16	0.098	3.503	—	—	—	—	—	—	—	—	—	—	—	—	—	—	—	—	—	—
17	0.138	3.378	0.087	3.557	—	—	—	—	—	—	—	—	—	—	—	—	—	—	—	—
18	0.177	3.265	0.123	3.441	0.078	3.603	—	—	—	—	—	—	—	—	—	—	—	—	—	—
19	0.220	3.159	0.160	3.335	0.111	3.496	0.070	3.642	—	—	—	—	—	—	—	—	—	—	—	—
20	0.263	3.063	0.200	3.234	0.145	3.395	0.100	3.542	0.063	3.676	—	—	—	—	—	—	—	—	—	—
21	0.307	2.976	0.240	3.141	0.182	3.300	0.132	3.448	0.091	3.583	0.058	3.705	—	—	—	—	—	—	—	—
22	0.349	2.897	0.281	3.057	0.220	3.211	0.166	3.358	0.120	3.495	0.083	3.619	0.052	3.731	—	—	—	—	—	—
23	0.391	2.826	0.322	2.979	0.259	3.128	0.202	3.272	0.153	3.409	0.110	3.535	0.076	3.650	0.048	3.753	—	—	—	—
24	0.431	2.761	0.362	2.908	0.297	3.053	0.239	3.193	0.186	3.327	0.141	3.454	0.101	3.572	0.070	3.678	0.044	3.773	—	—
25	0.470	2.702	0.400	2.844	0.335	2.983	0.275	3.119	0.221	3.251	0.172	3.376	0.130	3.494	0.094	3.604	0.065	3.702	0.041	3.790
26	0.508	2.649	0.438	2.784	0.373	2.919	0.312	3.051	0.256	3.179	0.205	3.303	0.160	3.420	0.120	3.531	0.087	3.632	0.060	3.724
27	0.544	2.600	0.475	2.730	0.409	2.859	0.348	2.987	0.291	3.112	0.238	3.233	0.191	3.349	0.149	3.460	0.112	3.563	0.081	3.658
28	0.578	2.555	0.510	2.680	0.445	2.805	0.383	2.928	0.325	3.050	0.271	3.168	0.222	3.283	0.178	3.392	0.138	3.495	0.104	3.592
29	0.612	2.515	0.544	2.634	0.479	2.755	0.418	2.874	0.359	2.992	0.305	3.107	0.254	3.219	0.208	3.327	0.166	3.431	0.129	3.528
30	0.643	2.477	0.577	2.592	0.512	2.708	0.451	2.823	0.392	2.937	0.337	3.050	0.286	3.160	0.238	3.266	0.195	3.368	0.156	3.465
31	0.674	2.443	0.608	2.553	0.545	2.665	0.484	2.776	0.425	2.887	0.370	2.996	0.317	3.103	0.269	3.208	0.224	3.309	0.183	3.406
32	0.703	2.411	0.638	2.517	0.576	2.625	0.515	2.733	0.457	2.840	0.401	2.946	0.349	3.050	0.299	3.153	0.253	3.252	0.211	3.348
33	0.731	2.382	0.668	2.484	0.606	2.588	0.546	2.692	0.488	2.796	0.432	2.899	0.379	3.000	0.329	3.100	0.283	3.198	0.239	3.293
34	0.758	2.355	0.695	2.454	0.634	2.554	0.575	2.654	0.518	2.754	0.462	2.854	0.409	2.954	0.359	3.051	0.312	3.147	0.267	3.240
35	0.783	2.330	0.722	2.425	0.662	2.521	0.604	2.619	0.547	2.716	0.492	2.813	0.439	2.910	0.388	3.005	0.340	3.099	0.295	3.190
36	0.808	2.306	0.748	2.398	0.689	2.492	0.631	2.586	0.575	2.680	0.520	2.774	0.467	2.868	0.417	2.961	0.369	3.053	0.323	3.142
37	0.831	2.285	0.772	2.374	0.714	2.464	0.657	2.555	0.602	2.646	0.548	2.738	0.495	2.829	0.445	2.920	0.397	3.009	0.351	3.097
38	0.854	2.265	0.796	2.351	0.739	2.438	0.683	2.526	0.628	2.614	0.575	2.703	0.522	2.792	0.472	2.880	0.424	2.968	0.378	3.054
39	0.875	2.246	0.819	2.329	0.763	2.413	0.707	2.499	0.653	2.585	0.600	2.671	0.549	2.757	0.499	2.843	0.451	2.929	0.404	3.013
40	0.896	2.228	0.840	2.309	0.785	2.391	0.731	2.473	0.678	2.557	0.626	2.641	0.575	2.724	0.525	2.808	0.477	2.892	0.430	2.974
45	0.988	2.156	0.938	2.225	0.887	2.296	0.838	2.367	0.788	2.439	0.740	2.512	0.692	2.586	0.644	2.659	0.598	2.733	0.553	2.807
50	1.064	2.103	1.019	2.163	0.973	2.225	0.927	2.287	0.882	2.350	0.836	2.414	0.792	2.479	0.747	2.544	0.703	2.610	0.660	2.675
55	1.129	2.062	1.087	2.116	1.045	2.170	1.003	2.225	0.961	2.281	0.919	2.338	0.877	2.396	0.836	2.454	0.795	2.512	0.754	2.571
60	1.184	2.031	1.145	2.079	1.106	2.127	1.068	2.177	1.029	2.227	0.990	2.278	0.951	2.330	0.913	2.382	0.874	2.434	0.836	2.487
65	1.231	2.006	1.195	2.049	1.160	2.093	1.124	2.138	1.088	2.183	1.052	2.229	1.016	2.276	0.980	2.323	0.944	2.371	0.908	2.419
70	1.272	1.986	1.239	2.026	1.206	2.066	1.172	2.106	1.139	2.148	1.105	2.189	1.072	2.232	1.038	2.275	1.005	2.318	0.971	2.362
75	1.308	1.970	1.277	2.006	1.247	2.043	1.215	2.080	1.184	2.118	1.153	2.156	1.121	2.195	1.090	2.235	1.058	2.275	1.027	2.315
80	1.340	1.957	1.311	1.991	1.283	2.024	1.253	2.059	1.224	2.093	1.195	2.129	1.165	2.165	1.136	2.201	1.106	2.238	1.076	2.275
85	1.369	1.946	1.342	1.977	1.315	2.009	1.287	2.040	1.260	2.073	1.232	2.105	1.205	2.139	1.177	2.172	1.149	2.206	1.121	2.241
90	1.395	1.937	1.369	1.966	1.344	1.995	1.318	2.025	1.292	2.055	1.266	2.085	1.240	2.116	1.213	2.148	1.187	2.179	1.160	2.211
95	1.418	1.929	1.394	1.956	1.370	1.984	1.345	2.012	1.321	2.040	1.296	2.068	1.271	2.097	1.247	2.126	1.222	2.156	1.197	2.186
100	1.439	1.923	1.416	1.948	1.393	1.974	1.371	2.000	1.347	2.026	1.324	2.053	1.301	2.080	1.277	2.108	1.253	2.135	1.229	2.164
150	1.579	1.892	1.564	1.908	1.550	1.924	1.535	1.940	1.519	1.956	1.504	1.972	1.489	1.989	1.474	2.006	1.458	2.023	1.443	2.040
200	1.654	1.885	1.643	1.896	1.632	1.908	1.621	1.919	1.610	1.931	1.599	1.943	1.588	1.955	1.576	1.967	1.565	1.979	1.554	1.991

주: n = 관찰치의 수, k′ = 상수항을 제외한 설명변수의 수

출처: 이 표는 원래의 Durbin-Watson 표의 확장이며 N. E. Savin and K. J. White, "The Durbin-Watson Test for Serial Correlation with Extreme Small Samples or Many Regressors," *Econometrica*, vol.45, November 1977, pp 1989–96과 R. W. Farebrother, *Econometrica*, vol.48, September 1980, p.1554에 의해 수정된 것을 재인용하였다. 계량경제학회로부터 허락을 받아서 재인용.

예제 1

만약 n=40 그리고 k'=4이면 d_L=1.285 그리고 d_U =1.721이다. 만약 계산된 d 값이 1.285보다 작다면 正의 제1차 상관관계가 존재하고, 만약 그것이 1.721보다 크다면 正의 제1차 상관관계가 존재하지 않는다고 평가한다. 그러나 만약 d 가 하한과 상한사이에 존재한다면 正의 제1차 상관관계에 대해 결론을 내리기가 힘들다.

표 D.5B Durbin-Watson d 통계량: 유의수준 0.01에서 d_L과 d_U의 임계치

	$k'=1$		$k'=2$		$k'=3$		$k'=4$		$k'=5$		$k'=6$		$k'=7$		$k'=8$		$k'=9$		$k'=10$	
n	d_L	d_U	d_L	d_U	d_L	d_U	d_L	d_U	d_L	d_U	d_L	d_U	d_L	d_U	d_L	d_U	d_L	d_U	d_L	d_U
6	0.390	1.142	—	—	—	—	—	—	—	—	—	—	—	—	—	—	—	—	—	—
7	0.435	1.036	0.294	1.676	—	—	—	—	—	—	—	—	—	—	—	—	—	—	—	—
8	0.497	1.003	0.345	1.489	0.229	2.102	—	—	—	—	—	—	—	—	—	—	—	—	—	—
9	0.554	0.998	0.408	1.389	0.279	1.875	0.183	2.433	—	—	—	—	—	—	—	—	—	—	—	—
10	0.604	1.001	0.466	1.333	0.340	1.733	0.230	2.193	0.150	2.690	—	—	—	—	—	—	—	—	—	—
11	0.653	1.010	0.519	1.297	0.396	1.640	0.286	2.030	0.193	2.453	0.124	2.892	—	—	—	—	—	—	—	—
12	0.697	1.023	0.569	1.274	0.449	1.575	0.339	1.913	0.244	2.280	0.164	2.665	0.105	3.053	—	—	—	—	—	—
13	0.738	1.038	0.616	1.261	0.499	1.526	0.391	1.826	0.294	2.150	0.211	2.490	0.140	2.838	0.090	3.182	—	—	—	—
14	0.776	1.054	0.660	1.254	0.547	1.490	0.441	1.757	0.343	2.049	0.257	2.354	0.183	2.667	0.122	2.981	0.078	3.287	—	—
15	0.811	1.070	0.700	1.252	0.591	1.464	0.488	1.704	0.391	1.967	0.303	2.244	0.226	2.530	0.161	2.817	0.107	3.101	0.068	3.374
16	0.844	1.086	0.737	1.252	0.633	1.446	0.532	1.663	0.437	1.900	0.349	2.153	0.269	2.416	0.200	2.681	0.142	2.944	0.094	3.201
17	0.874	1.102	0.772	1.255	0.672	1.432	0.574	1.630	0.480	1.847	0.393	2.078	0.313	2.319	0.241	2.566	0.179	2.811	0.127	3.053
18	0.902	1.118	0.805	1.259	0.708	1.422	0.613	1.604	0.522	1.803	0.435	2.015	0.355	2.238	0.282	2.467	0.216	2.697	0.160	2.925
19	0.928	1.132	0.835	1.265	0.742	1.415	0.650	1.584	0.561	1.767	0.476	1.963	0.396	2.169	0.322	2.381	0.255	2.597	0.196	2.813
20	0.952	1.147	0.863	1.271	0.773	1.411	0.685	1.567	0.598	1.737	0.515	1.918	0.436	2.110	0.362	2.308	0.294	2.510	0.232	2.714
21	0.975	1.161	0.890	1.277	0.803	1.408	0.718	1.554	0.633	1.712	0.552	1.881	0.474	2.059	0.400	2.244	0.331	2.434	0.268	2.625
22	0.997	1.174	0.914	1.284	0.831	1.407	0.748	1.543	0.667	1.691	0.587	1.849	0.510	2.015	0.437	2.188	0.368	2.367	0.304	2.548
23	1.018	1.187	0.938	1.291	0.858	1.407	0.777	1.534	0.698	1.673	0.620	1.821	0.545	1.977	0.473	2.140	0.404	2.308	0.340	2.479
24	1.037	1.199	0.960	1.298	0.882	1.407	0.805	1.528	0.728	1.658	0.652	1.797	0.578	1.944	0.507	2.097	0.439	2.255	0.375	2.417
25	1.055	1.211	0.981	1.305	0.906	1.409	0.831	1.523	0.756	1.645	0.682	1.776	0.610	1.915	0.540	2.059	0.473	2.209	0.409	2.362
26	1.072	1.222	1.001	1.312	0.928	1.411	0.855	1.518	0.783	1.635	0.711	1.759	0.640	1.889	0.572	2.026	0.505	2.168	0.441	2.313
27	1.089	1.233	1.019	1.319	0.949	1.413	0.878	1.515	0.808	1.626	0.738	1.743	0.669	1.867	0.602	1.997	0.536	2.131	0.473	2.269
28	1.104	1.244	1.037	1.325	0.969	1.415	0.900	1.513	0.832	1.618	0.764	1.729	0.696	1.847	0.630	1.970	0.566	2.098	0.504	2.229
29	1.119	1.254	1.054	1.332	0.988	1.418	0.921	1.512	0.855	1.611	0.788	1.718	0.723	1.830	0.658	1.947	0.595	2.068	0.533	2.193
30	1.133	1.263	1.070	1.339	1.006	1.421	0.941	1.511	0.877	1.606	0.812	1.707	0.748	1.814	0.684	1.925	0.622	2.041	0.562	2.160
31	1.147	1.273	1.085	1.345	1.023	1.425	0.960	1.510	0.897	1.601	0.834	1.698	0.772	1.800	0.710	1.906	0.649	2.017	0.589	2.131
32	1.160	1.282	1.100	1.352	1.040	1.428	0.979	1.510	0.917	1.597	0.856	1.690	0.794	1.788	0.734	1.889	0.674	1.995	0.615	2.104
33	1.172	1.291	1.114	1.358	1.055	1.432	0.996	1.510	0.936	1.594	0.876	1.683	0.816	1.776	0.757	1.874	0.698	1.975	0.641	2.080
34	1.184	1.299	1.128	1.364	1.070	1.435	1.012	1.511	0.954	1.591	0.896	1.677	0.837	1.766	0.779	1.860	0.722	1.957	0.665	2.057
35	1.195	1.307	1.140	1.370	1.085	1.439	1.028	1.512	0.971	1.589	0.914	1.671	0.857	1.757	0.800	1.847	0.744	1.940	0.689	2.037
36	1.206	1.315	1.153	1.376	1.098	1.442	1.043	1.513	0.988	1.588	0.932	1.666	0.877	1.749	0.821	1.836	0.766	1.925	0.711	2.018
37	1.217	1.323	1.165	1.382	1.112	1.446	1.058	1.514	1.004	1.586	0.950	1.662	0.895	1.742	0.841	1.825	0.787	1.911	0.733	2.001
38	1.227	1.330	1.176	1.388	1.124	1.449	1.072	1.515	1.019	1.585	0.966	1.658	0.913	1.735	0.860	1.816	0.807	1.899	0.754	1.985
39	1.237	1.337	1.187	1.393	1.137	1.453	1.085	1.517	1.034	1.584	0.982	1.655	0.930	1.729	0.878	1.807	0.826	1.887	0.774	1.970
40	1.246	1.344	1.198	1.398	1.148	1.457	1.098	1.518	1.048	1.584	0.997	1.652	0.946	1.724	0.895	1.799	0.844	1.876	0.749	1.956
45	1.288	1.376	1.245	1.423	1.201	1.474	1.156	1.528	1.111	1.584	1.065	1.643	1.019	1.704	0.974	1.768	0.927	1.834	0.881	1.902
50	1.324	1.403	1.285	1.446	1.245	1.491	1.205	1.538	1.164	1.587	1.123	1.639	1.081	1.692	1.039	1.748	0.997	1.805	0.955	1.864
55	1.356	1.427	1.320	1.466	1.284	1.506	1.247	1.548	1.209	1.592	1.172	1.638	1.134	1.685	1.095	1.734	1.057	1.785	1.018	1.837
60	1.383	1.449	1.350	1.484	1.317	1.520	1.283	1.558	1.249	1.598	1.214	1.639	1.179	1.682	1.144	1.726	1.108	1.771	1.072	1.817
65	1.407	1.468	1.377	1.500	1.346	1.534	1.315	1.568	1.283	1.604	1.251	1.642	1.218	1.680	1.186	1.720	1.153	1.761	1.120	1.802
70	1.429	1.485	1.400	1.515	1.372	1.546	1.343	1.578	1.313	1.611	1.283	1.645	1.253	1.680	1.223	1.716	1.192	1.754	1.162	1.792
75	1.448	1.501	1.422	1.529	1.395	1.557	1.368	1.587	1.340	1.617	1.313	1.649	1.284	1.682	1.256	1.714	1.227	1.748	1.199	1.783
80	1.466	1.515	1.441	1.541	1.416	1.568	1.390	1.595	1.364	1.624	1.338	1.653	1.312	1.683	1.285	1.714	1.259	1.745	1.232	1.777
85	1.482	1.528	1.458	1.553	1.435	1.578	1.411	1.603	1.386	1.630	1.362	1.657	1.337	1.685	1.312	1.714	1.287	1.743	1.262	1.773
90	1.496	1.540	1.474	1.563	1.452	1.587	1.429	1.611	1.406	1.636	1.383	1.661	1.360	1.687	1.336	1.714	1.312	1.741	1.288	1.769
95	1.510	1.552	1.489	1.573	1.468	1.596	1.446	1.618	1.425	1.642	1.403	1.666	1.381	1.690	1.358	1.715	1.336	1.741	1.313	1.767
100	1.522	1.562	1.503	1.583	1.482	1.604	1.462	1.625	1.441	1.647	1.421	1.670	1.400	1.693	1.378	1.717	1.357	1.741	1.335	1.765
150	1.611	1.637	1.598	1.651	1.584	1.665	1.571	1.679	1.557	1.693	1.543	1.708	1.530	1.722	1.515	1.737	1.501	1.752	1.486	1.767
200	1.664	1.684	1.653	1.693	1.643	1.704	1.633	1.715	1.623	1.725	1.613	1.735	1.603	1.746	1.592	1.757	1.582	1.768	1.571	1.779

	$k'=11$		$k'=12$		$k'=13$		$k'=14$		$k'=15$		$k'=16$		$k'=17$		$k'=18$		$k'=19$		$k'=20$	
n	d_L	d_U	d_L	d_U	d_L	d_U	d_L	d_U	d_L	d_U	d_L	d_U	d_L	d_U	d_L	d_U	d_L	d_U	d_L	d_U
16	0.060	3.446	—	—	—	—	—	—	—	—	—	—	—	—	—	—	—	—	—	—
17	0.084	3.286	0.053	3.506	—	—	—	—	—	—	—	—	—	—	—	—	—	—	—	—
18	0.113	3.146	0.075	3.358	0.047	3.357	—	—	—	—	—	—	—	—	—	—	—	—	—	—
19	0.145	3.023	0.102	3.227	0.067	3.420	0.043	3.601	—	—	—	—	—	—	—	—	—	—	—	—
20	0.178	2.914	0.131	3.109	0.092	3.297	0.061	3.474	0.038	3.639	—	—	—	—	—	—	—	—	—	—
21	0.212	2.817	0.162	3.004	0.119	3.185	0.084	3.358	0.055	3.521	0.035	3.671	—	—	—	—	—	—	—	—
22	0.246	2.729	0.194	2.909	0.148	3.084	0.109	3.252	0.077	3.412	0.050	3.562	0.032	3.700	—	—	—	—	—	—
23	0.281	2.651	0.227	2.822	0.178	2.991	0.136	3.155	0.100	3.311	0.070	3.459	0.046	3.597	0.029	3.725	—	—	—	—
24	0.315	2.580	0.260	2.744	0.209	2.906	0.165	3.065	0.125	3.218	0.092	3.363	0.065	3.501	0.043	3.629	0.027	3.747	—	—
25	0.348	2.517	0.292	2.674	0.240	2.829	0.194	2.982	0.152	3.131	0.116	3.274	0.085	3.410	0.060	3.538	0.039	3.657	0.025	3.766
26	0.381	2.460	0.324	2.610	0.272	2.758	0.224	2.906	0.180	3.050	0.141	3.191	0.107	3.325	0.079	3.452	0.055	3.572	0.036	3.682
27	0.413	2.409	0.356	2.552	0.303	2.694	0.253	2.836	0.208	2.976	0.167	3.113	0.131	3.245	0.100	3.371	0.073	3.490	0.051	3.602
28	0.444	2.363	0.387	2.499	0.333	2.635	0.283	2.772	0.237	2.907	0.194	3.040	0.156	3.169	0.122	3.294	0.093	3.412	0.068	3.524
29	0.474	2.321	0.417	2.451	0.363	2.582	0.313	2.713	0.266	2.843	0.222	2.972	0.182	3.098	0.146	3.220	0.114	3.338	0.087	3.450
30	0.503	2.283	0.447	2.407	0.393	2.533	0.342	2.659	0.294	2.785	0.249	2.909	0.208	3.032	0.171	3.152	0.137	3.267	0.107	3.379
31	0.531	2.248	0.475	2.367	0.422	2.487	0.371	2.609	0.322	2.730	0.277	2.851	0.234	2.970	0.196	3.087	0.160	3.201	0.128	3.311
32	0.558	2.216	0.503	2.330	0.450	2.446	0.399	2.563	0.350	2.680	0.304	2.797	0.261	2.912	0.221	3.026	0.184	3.137	0.151	3.246
33	0.585	2.187	0.530	2.296	0.477	2.408	0.426	2.520	0.377	2.633	0.331	2.746	0.287	2.858	0.246	2.969	0.209	3.078	0.174	3.184
34	0.610	2.160	0.556	2.266	0.503	2.373	0.452	2.481	0.404	2.590	0.357	2.699	0.313	2.808	0.272	2.915	0.233	3.022	0.197	3.126
35	0.634	2.136	0.581	2.237	0.529	2.340	0.478	2.444	0.430	2.550	0.383	2.655	0.339	2.761	0.297	2.865	0.257	2.969	0.221	3.071
36	0.658	2.113	0.605	2.210	0.554	2.310	0.504	2.410	0.455	2.512	0.409	2.614	0.364	2.717	0.322	2.818	0.282	2.919	0.244	3.019
37	0.680	2.092	0.628	2.186	0.578	2.282	0.528	2.379	0.480	2.477	0.434	2.576	0.389	2.675	0.347	2.774	0.306	2.872	0.268	2.969
38	0.702	2.073	0.651	2.164	0.601	2.256	0.552	2.350	0.504	2.445	0.458	2.540	0.414	2.637	0.371	2.733	0.330	2.828	0.291	2.923
39	0.723	2.055	0.673	2.143	0.623	2.232	0.575	2.323	0.528	2.414	0.482	2.507	0.438	2.600	0.395	2.694	0.354	2.787	0.315	2.879
40	0.744	2.039	0.694	2.123	0.645	2.210	0.597	2.297	0.551	2.386	0.505	2.476	0.461	2.566	0.418	2.657	0.377	2.748	0.338	2.838
45	0.835	1.972	0.790	2.044	0.744	2.118	0.700	2.193	0.655	2.269	0.612	2.346	0.570	2.424	0.528	2.503	0.488	2.582	0.448	2.661
50	0.913	1.925	0.871	1.987	0.829	2.051	0.787	2.116	0.746	2.182	0.705	2.250	0.665	2.318	0.625	2.387	0.586	2.456	0.548	2.526
55	0.979	1.891	0.940	1.945	0.902	2.002	0.863	2.059	0.825	2.117	0.786	2.176	0.748	2.237	0.711	2.298	0.674	2.359	0.637	2.421
60	1.037	1.865	1.001	1.914	0.965	1.964	0.929	2.015	0.893	2.067	0.857	2.120	0.822	2.173	0.786	2.227	0.751	2.283	0.716	2.338
65	1.087	1.845	1.053	1.889	1.020	1.934	0.986	1.980	0.953	2.027	0.919	2.075	0.886	2.123	0.852	2.172	0.819	2.221	0.786	2.272
70	1.131	1.831	1.099	1.870	1.068	1.911	1.037	1.953	1.005	1.995	0.974	2.038	0.943	2.082	0.911	2.127	0.880	2.172	0.849	2.217
75	1.170	1.819	1.141	1.856	1.111	1.893	1.082	1.931	1.052	1.970	1.023	2.009	0.993	2.049	0.964	2.090	0.934	2.131	0.905	2.172
80	1.205	1.810	1.177	1.844	1.150	1.878	1.122	1.913	1.094	1.949	1.066	1.984	1.039	2.022	1.011	2.059	0.983	2.097	0.955	2.135
85	1.236	1.803	1.210	1.834	1.184	1.866	1.158	1.898	1.132	1.931	1.106	1.965	1.080	1.999	1.053	2.033	1.027	2.068	1.000	2.104
90	1.264	1.798	1.240	1.827	1.215	1.856	1.191	1.886	1.166	1.917	1.141	1.948	1.116	1.979	1.091	2.012	1.066	2.044	1.041	2.077
95	1.290	1.793	1.267	1.821	1.244	1.848	1.221	1.876	1.197	1.905	1.174	1.934	1.150	1.963	1.126	1.993	1.102	2.023	1.079	2.054
100	1.314	1.790	1.292	1.816	1.270	1.841	1.248	1.868	1.225	1.895	1.203	1.922	1.181	1.949	1.158	1.977	1.136	2.006	1.113	2.034
150	1.473	1.783	1.458	1.799	1.444	1.814	1.429	1.830	1.414	1.847	1.400	1.863	1.385	1.880	1.370	1.897	1.355	1.913	1.340	1.931
200	1.561	1.791	1.550	1.801	1.539	1.813	1.528	1.824	1.518	1.836	1.507	1.847	1.495	1.860	1.484	1.871	1.474	1.883	1.462	1.896

주: n=표본(관측치)의 개수.

k' =상수항을 제외한 설명변수의 계수

출처: Savin and White, op cit., 계량경제학회의 허락에 의해 재인용.

표 D.6A 연속부호 검정에서 연속부호의 임계치

	N_2																		
N_1	2	3	4	5	6	7	8	9	10	11	12	13	14	15	16	17	18	19	20
2											2	2	2	2	2	2	2	2	2
3					2	2	2	2	2	2	2	2	2	3	3	3	3	3	3
4				2	2	2	3	3	3	3	3	3	3	3	4	4	4	4	4
5			2	2	3	3	3	3	3	4	4	4	4	4	4	4	5	5	5
6		2	2	3	3	3	3	4	4	4	4	5	5	5	5	5	5	6	6
7		2	2	3	3	3	4	4	5	5	5	5	5	6	6	6	6	6	6
8		2	3	3	3	4	4	5	5	5	6	6	6	6	6	7	7	7	7
9		2	3	3	4	4	5	5	5	6	6	6	7	7	7	7	8	8	8
10		2	3	3	4	5	5	5	6	6	7	7	7	7	8	8	8	8	9
11		2	3	4	4	5	5	6	6	7	7	7	8	8	8	9	9	9	9
12	2	2	3	4	4	5	6	6	7	7	7	8	8	8	9	9	9	10	10
13	2	2	3	4	5	5	6	6	7	7	8	8	9	9	9	10	10	10	10
14	2	2	3	4	5	5	6	7	7	8	8	9	9	9	10	10	10	11	11
15	2	3	3	4	5	6	6	7	7	8	8	9	9	10	10	11	11	11	12
16	2	3	4	4	5	6	6	7	8	8	9	9	10	10	11	11	11	12	12
17	2	3	4	4	5	6	7	7	8	9	9	10	10	11	11	11	12	12	13
18	2	3	4	5	5	6	7	8	8	9	9	10	10	11	11	12	12	13	13
19	2	3	4	5	6	6	7	8	8	9	10	10	11	11	12	12	13	13	13
20	2	3	4	5	6	6	7	8	9	9	10	10	11	12	12	13	13	13	14

주: 표 D.6A와 D.6B는 N_1(+부호)의 N_2(−부호)의 상이한 값들에 대하여 *n*개의 연속부호의 임계치를 제시해 주고 있는 것이다. 단일 표본 연속부호를 검증하기 위하여 표 D.6A에 나타난 값들과 같거나 혹은 적은 값들과 동일한 *n*의 값과 표 D.6B에 제시된 값들과 같거나 더 큰 *n*의 어떤 값들도 0.05수준에서 유의성을 지니고 있다.

출처: Sidney Siegel, *Nonparametric Statistics for the Behavioral Sciences,* McGraw–Hill Book Company, New York, 1956, table F, pp.252–253. 표는 Siegel에 의해 개작되었는데 원래의 출처는 Frieda S. Swed and C. Eisenhart, "Tables for Testing Randomness of Grouping in a Sequence of Alternatives," *Annals of Mathematical Statistics,* vol.14, 1943이다. McGraw–Hill Book Company와 *Annals of Mathematical Statistics*의 허락을 받고 사용됨.

표 D.6B 연속부호 검정에서 연속부호의 임계치

	N_2																		
N_1	2	3	4	5	6	7	8	9	10	11	12	13	14	15	16	17	18	19	20
2																			
3																			
4				9	9														
5			9	10	10	11	11												
6			9	10	11	12	12	13	13	13	13								
7				11	12	13	13	14	14	14	14	15	15	15					
8				11	12	13	14	14	15	15	16	16	16	16	17	17	17	17	17
9					13	14	14	15	16	16	16	17	17	18	18	18	18	18	18
10					13	14	15	16	16	17	17	18	18	18	19	19	19	20	20
11					13	14	15	16	17	17	18	19	19	19	20	20	20	21	21
12					13	14	16	16	17	18	19	19	20	20	21	21	21	22	22
13						15	16	17	18	19	19	20	20	21	21	22	22	23	23
14						15	16	17	18	19	20	20	21	22	22	23	23	23	24
15						15	16	18	18	19	20	21	22	22	23	23	24	24	25
16							17	18	19	20	21	21	22	23	23	24	25	25	25
17							17	18	19	20	21	22	23	23	24	25	25	26	26
18							17	18	19	20	21	22	23	24	25	25	26	26	27
19							17	18	20	21	22	23	23	24	25	26	26	27	27
20							17	18	20	21	22	23	24	25	25	26	27	27	28

예제 2 20개의 +부호($=N_1$)와 10개의 - 부호($=N_2$)로 구성된 30개의 관측치의 배열에서 유의수준 0.05에서 평가한 연속부호의 임계치들은 표 D.6A와 D.6B에 각기 제시된 바와 같이 9와 20임을 나타내고 있다. 그러므로 응용을 하는 데 있어서 연속부호의 숫자가 9보다 작거나 같거나 20보다 크거나 같으면 관측된 배열들이 임의적이라는 가설을 유의수준 0.05 수준에서 기각할 수 있는 것이다.

표 D.7 단위근 검정을 위한 1%와 5% 임계 Dickey-Fuller t($=\tau$)와 F값

Sample Size	t_{nc}^*		t_c^*		t_{ct}^*		$F^\dagger$		$F^\ddagger$	
	1%	5%	1%	5%	1%	5%	1%	5%	1%	5%
25	−2.66	−1.95	−3.75	−3.00	−4.38	−3.60	10.61	7.24	8.21	5.68
50	−2.62	−1.95	−3.58	−2.93	−4.15	−3.50	9.31	6.73	7.02	5.13
100	−2.60	−1.95	−3.51	−2.89	−4.04	−3.45	8.73	6.49	6.50	4.88
250	−2.58	−1.95	−3.46	−2.88	−3.99	−3.43	8.43	6.34	6.22	4.75
500	−2.58	−1.95	−3.44	−2.87	−3.98	−3.42	8.34	6.30	6.15	4.71
∞	−2.58	−1.95	−3.43	−2.86	−3.96	−3.41	8.27	6.25	6.09	4.68

*하첨자 nc, c, ct는 각각 회귀식 (21.9.5)에 상수가 없고, 상수가 있고, 상수와 추세항이 있는 것을 가리킴.

임계치 F값은 식 (21.9.5)의 상수와 δ항이 동시에 0이라는 결합가설에 대한 것이다.

임계치 F값은 식 (21.9.5)의 상수와 추세, 그리고 δ항이 동시에 0이라는 결합가설에 대한 것이다.

출처: W. A. Fuller, *Introduction to Statistical Time Series,* John Wiley & Sons, New York, 1976, p.373(τ 검정에 대해)와 D. A. Dickey and W. A. Fuller, "Likelihood Ratio Statistics for Autoregressive Time Series with a Unit Root," *Econometrica,* vol.49, 1981, p.1063에서 개작됨.

부록 E

EViews, MINITAB, Excel, 그리고 STATA의 컴퓨터 출력

이 부록에서는 회귀 및 관련 통계 루틴을 위해 널리 이용되는 통계 패키지들 중 몇몇인 EViews, MINITAB, Excel, STATA의 컴퓨터 출력을 보이도록 한다. 우리는 이들 패키지의 산출을 보이기 위해 교재 웹사이트의 표 E.1에 있는 자료를 사용한다. 표 E.1은 1980년부터 2002년까지 미국에서의 민간 경제활동참가율(CLFPR), 민간 실업률(CUNR), 1982년 가격의 실질 평균 시간당 임금(AHE82)에 대한 자료를 보여준다.

비록 여러 측면에서 기본적 회귀 출력은 모든 패키지들이 유사하지만 결과를 나타내는 방법에 있어서는 차이가 존재한다. 몇몇 패키지들은 여러 자리 숫자로 결과를 제시하는 한편 다른 것들은 4내지 5자리로 근사하기도 한다. 몇몇 패키지들은 직접 분산분석(ANOVA)표를 제시하는 한편 다른 패키지들에서는 그것이 도출될 필요가 있다. 다양한 패키지들이 제시하는 요약 통계량에도 차이가 존재한다. 이들 통계 패키지 간 차이를 일일이 열거하는 것은 이 부록의 범위를 벗어난다. 더 많은 정보를 얻기 위해서는 이들 패키지의 웹사이트를 참조할 수 있다.

E.1 *EViews*

EViews의 Version 6을 사용하여 CUNR과 AHE82에 대해 CLFPR을 회귀하여 그림 E.1과 같은 결과를 얻었다.

이것은 EViews 결과가 표현되는 표준적인 방식이다. 이 그림의 첫 번째 부분은 회귀계수와 그것들의 추정된 표준오차, 이 계수들에 대응이 되는 모집단 값이 0이라는 귀무가설 하에서의 t값과 이 t값의 p값들이 나와 있다. 그 뒤에는 R^2과 조정된 R^2이 나온다. 첫 번째 부분의 또 다른 요약 출력은 회귀의 표준오차, 잔차자승합계(RSS), 모든 기울기 계수들의 (진정한) 값이 동시에 0이라는 가설을 검정하기 위한 F값과 연관된다. 경쟁적 모형 간 선택을 위해 종종 Akaike 및 Schwarz 정보기준이 이용된다. 이 기준의 값이 낮으면 낮을수록 모형은 더 좋은 것이다. 최우추정법(ML)은 최소자승법에 대한 대안이다. 오차자승합계를 극소화

그림 E.1
민간 경제활동 회귀에 대한 EViews 출력

Dependent Variable: CLFPR
Method: Least Squares
Sample: 1980–2002
Included observations: 23

Variable	Coefficient	Std. Error	*t*-Statistic	Prob.
C	80.90133	4.756195	17.00967	0.0000
CUNR	−0.671348	0.082720	−8.115928	0.0000
AHE82	−1.404244	0.608615	−2.307278	0.0319

R-squared	0.772765	Mean dependent var	65.89565
Adjusted R-squared	0.750042	S.D. dependent var	1.168713
S.E. of regression	0.584308	Akaike info criterion	1.884330
Sum squared resid	6.828312	Schwarz criterion	2.032438
Log likelihood	−18.66979	*F*-statistic	34.00731
Durbin–Watson stat	0.787625	Prob(*F*-statistic)	0.000000

Obs	Actual	Fitted	Residual	Residual Plot
1980	63.8000	65.2097	−1.40974	
1981	63.9000	65.0004	−1.10044	
1982	64.0000	63.6047	0.39535	
1983	64.0000	63.5173	0.48268	
1984	64.4000	64.9131	−0.51311	
1985	64.8000	65.1566	−0.35664	
1986	65.3000	65.2347	0.06526	
1987	65.6000	65.8842	−0.28416	
1988	65.9000	66.4103	−0.51027	
1989	66.5000	66.6148	−0.11476	
1990	66.5000	66.5819	−0.08186	
1991	66.2000	65.8745	0.32546	
1992	66.4000	65.4608	0.93923	
1993	66.3000	65.8917	0.40834	
1994	66.6000	66.4147	0.18530	
1995	66.6000	66.7644	−0.16441	
1996	66.8000	66.8425	−0.04251	
1997	67.1000	67.0097	0.09032	
1998	67.1000	66.9974	0.10263	
1999	67.1000	67.0443	0.05569	
2000	67.2000	67.1364	0.06355	
2001	56.9000	66.4589	0.44105	
2002	66.6000	65.5770	1.02304	

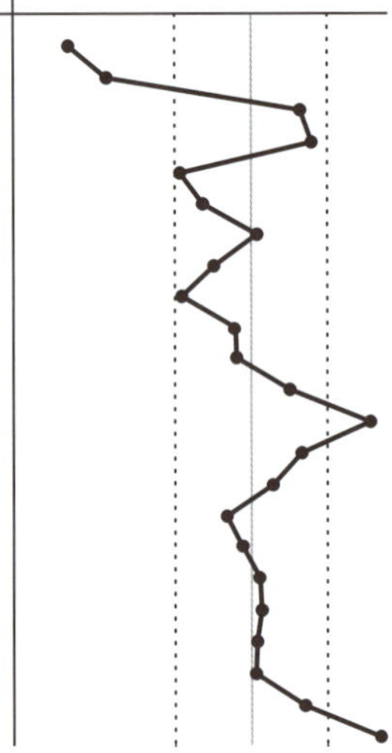

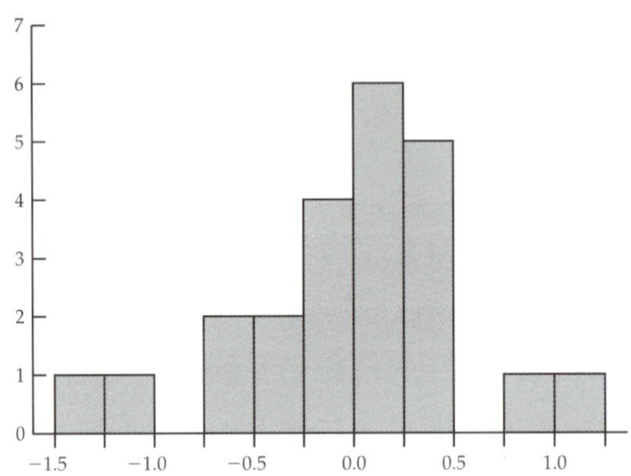

Series: Residuals
Sample 1980–2002
Observations 23

Mean	−1.39e-14
Median	0.063552
Maximum	1.023040
Minimum	−1.409735
Std. Dev.	0.557116
Skewness	−0.593013
Kurtosis	3.752631
Jarque–Bera	1.890898
Probability	0.388505

하는 추정량을 OLS에서 찾는 것과 같이 ML에서는 가지고 있는 표본을 관찰할 확률을 극대화하는 추정량을 찾고자 한다. 오차항의 정규분포 가정 하에서 OLS와 ML은 회귀계수의 동일한 추정치를 가져온다. 오차항에 1차 계열상관이 존재하는지 여부를 알아내기 위해 Durbin–Watson 통계량이 이용된다.

EViews 출력의 두 번째 부분은 종속변수의 실제값과 추정값, 그리고 잔차를 나타내는 이들 간의 차이가 제시된다. 이 잔차들이 이 출력 옆에 그려지는데 여기서 수직선은 0을 나타낸다. 수직선 오른쪽에 있는 점들은 양의 잔차들이고 왼쪽에 있는 점들은 음의 잔차를 의미한다.

출력의 세 번째 부분은 요약 통계량과 함께 잔차의 히스토그램이 제시된다. 오차항의 정규성에 대한 검정을 위한 Jarque–Bera(JB) 통계량과 그 통계량을 얻을 확률이 제시된다. 관찰되는 JB 통계량을 얻을 확률이 높을수록 오차항이 정규분포를 한다는 귀무가설에 유리한 증거가 더 커진다.

EViews는 분산분석(ANOVA)표를 직접 제시하지는 않지만 잔차자승합계, 총자승합계(이것은 종속변수의 표준편차로부터 도출되어야 함), 그리고 그것들과 연관된 자유도에 대한 자료로부터 쉽게 만들어질 수 있다. 이 연습으로부터 주어진 F값은 표의 첫 번째 부분에서 보고된 *F*값과 동일해야 한다.

E.2 MINITAB

MINITAB의 Version 15를 사용하고 동일한 자료를 사용하여 그림 E.2에 보이는 회귀결과를 얻었다.

MINITAB은 처음에 추정된 다중회귀를 보고한다. 그 다음으로는 예측(즉 설명)변수, 추정된 회귀계수, 그것들의 표준오차, $T(=t)$값, 그리고 p값들이 제시된다. 이 출력에서 S는 추정치의 표준오차를 의미하고, R^2과 조정된 R^2은 % 형태로 제시된다.

그 다음으로 통상적인 ANOVA 표가 제시된다. ANOVA표의 한 가지 특징은 예측변수들 간에 회귀 또는 설명된 자승합계를 분류한다는 것이다. 이리하여 총 회귀자승합계 23.226 가운데 CUNR의 몫은 21.404이고 AHE82의 몫은 1.822로 상대적으로 CUNR이 AHE82보다 CLFPR에 더 큰 영향을 미친다는 것을 시사한다.

MINITAB 회귀 출력의 독특한 특성은 그것이 "유별난" 관찰치, 즉 표본에서 나머지 다른 관찰치들과는 다소 다른 관찰치를 보고한다는 점이다. EViews 출력에서 주어진 잔차 그래프에서 이것에 대한 기미를 알아챌 수 있는데 왜냐하면 그것은 관찰치 1과 23이 0을 표시하는 선에서 상당히 떨어져 있는 것을 보여주기 때문이다. MINITAB도 역시 EViews 잔차 그래프와 유사한 잔차 그래프를 보여

그림 E.2
민간 경제활동참가율의 MINITAB 출력

```
Regression Analysis: CLFPR versus CUNR, AHE82

The regression equation is
CLFPR = 81.0 − 0.672 CUNR − 1.41 AHE82

Predictor        Coef    SE Coef       T       P
Constant       80.951      4.770   16.97   0.000
CUNR         −0.67163    0.08270   −8.12   0.000
AHE82         −1.4104     0.6103   −2.31   0.032

S = 0.584117    R-Sq = 77.3%    R-Sq(adj) = 75.0%

Analysis of Variance
Source            DF        SS       MS       F       P
Regression         2    23.226   11.613   34.04   0.000
Residual Error    20     6.824    0.341
Total             22    30.050

Source   DF   Seq SS
CUNR      1   21.404
AHE82     1    1.822

Unusual Observations
Obs   CUNR    CLFPR      Fit   SE Fit   Residual   St Resid
  1   7.10   63.800   65.209    0.155     −1.409     −2.50R
 23   5.80   66.600   65.575    0.307      1.025      2.06R
R denotes an observation with a large standardized residual.

Durbin–Watson statistic = 0.787065
```

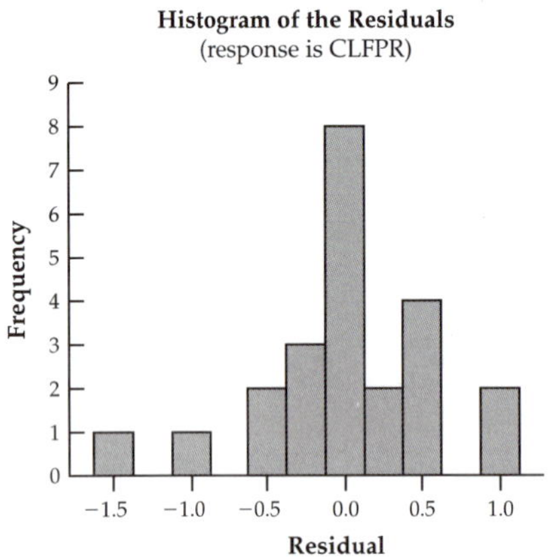

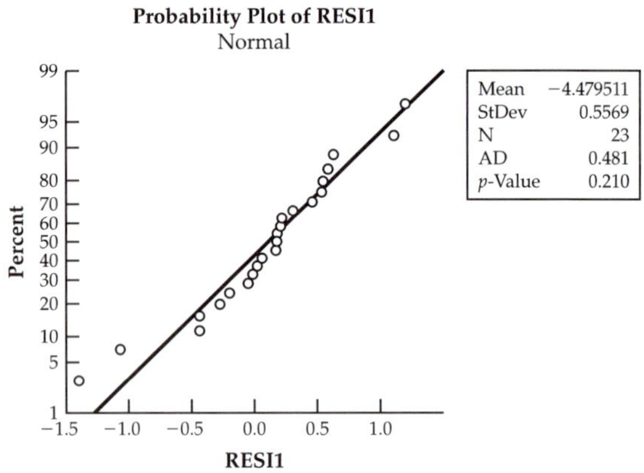

준다. 이 출력에서 St Resid는 표준화 잔차, 즉 추정치의 표준오차인 S로 나눈 잔차이다.

EViews와 같이 MINITAB도 Durbin–Watson 통계량과 잔차의 히스토그램을 보고한다. 히스토그램은 시각적 그림이다. 만일 그것의 형태가 정규분포를 닮았다면 잔차는 아마 정규분포를 할 것이다. 정규 확률 플롯도 동일한 목적을 수행한다. 만일 추정된 잔차들이 대략 직선을 따라 놓이면 그것들이 정규분포를 한다고 말할 수 있다. 정규 확률 플롯의 보조 역할을 하는 Anderson–Darling(AD) 통계량은 고려되고 있는 변수(여기서는 잔차)가 정규분포를 한다는 가설을 검정한다. 만일 계산된 AD 통계량의 p값이 꽤 높으면, 예를 들어 0.10을 초과하면, 변

표 E.2
민간 경제활동참가율의 Excel 출력

Summary Output	
Regression Statistics	
Multiple R	0.879155
R Square	0.772914
Adjusted R	0.750205
Standard E	0.584117
Observation	23

ANOVA

	df	SS	MS	F	Significance F
Regression	2	23.22572	11.61286	34.03611	3.65E-07
Residual	20	6.823846	0.341192		
Total	22	30.04957			

	Coefficient	Standard Err	t Stat	p-value	Lower 95%	Upper 95%
Intercept	80.95122	4.770337	16.96971	2.42E-13	71.00047	90.90196
CUNR	−0.671631	0.082705	−8.120845	9.24E-08	−0.84415	−0.499112
AHE82	−1.410432	0.610348	−2.310867	0.031626	−2.683594	−0.13727

수가 정규분포를 한다고 결론내릴 수 있다. 우리의 예에서 AD 통계량의 값은 0.481로 p값은 약 0.21 또는 21%이다. 그래서 회귀모형으로부터 얻은 잔차는 정규분포를 한다고 결론내릴 수 있다.

E.3 Excel

마이크로소프트 Excel을 사용하여 표 E.2와 같은 회귀결과를 얻었다.

Excel은 처음에 R^2, 다중 R(이것은 R^2의 (양의) 제곱근), 조정된 R^2, 추정치의 표준오차 등 요약 통계량을 제시한다. 그리고는 ANOVA표를 제시한다. 그 다음에 추정된 계수, 그것들의 표준오차, 추정된 계수들의 t값, 그것들의 p값들을 제시한다. 그것은 또한 종속변수의 실제값과 추정된 값, 정규 확률 플롯, 잔차 그래프 등을 제시한다.

Excel의 독특한 특성은 추정된 계수의 진정한 값에 대한 95%(또는 어떤 구체적 백분비) 신뢰구간을 제시한다는 점이다. 이리하여 CUNR의 계수의 추정된 값은 −0.671631이고 CUNR 계수의 진정한 값에 대한 신뢰구간은 (−0.84415에서 −0.499112)이다. 이 정보는 가설검정에 매우 유용하다.

E.4 STATA

STATA를 사용하여 우리는 표 E.3에 보이는 회귀결과를 얻었다.

STATA는 처음에 R^2, 조정된 R^2, 평균자승오차의 제곱근(MSE)(회귀의 표

표 E.3
민간 경제활동참가율의 STATA 출력

STATA tm
Statistics/Data Analysis
Project: Data of Table E.1

STATA tm
Statistics/Data Analysis

8.0 Copyright 1984–2003
Stata Corporation
4905 Lakeway Drive
College Station, Texas 77845 USA
800-STATA-PC http://www.stata.com
979-696-4600 stata@stata.com
979-696-4601 (fax)

gress clfpr cunr ahe82

Source	SS	df	MS
Model	23.2256929	2	11.6128465
Residual	6.82384072	20	.341192036
Total	30.0495337	22	1.36588789

Number of obs = 23
F(2, 20) = 34.04
Prob > F = 0.0000
R-squared = 0.7729
Adj R-squared = 0.7502
Root MSE = .58412

clfpr	Coef.	Std. Err.	t	$p > \|t\|$	[95% Conf. Interval]	
cunr	−.6716305	.0827045	−8.12	0.000	−.8441491	−.4991119
ahe82	−1.410433	.6103473	−2.31	0.032	−2.683595	−.1372707
_cons	80.95122	4.770334	16.97	0.000	71.00048	90.90197

준오차임) 등과 같은 요약 통계량과 함께 분산분석표를 제시한다.

그리고는 추정된 계수들의 값, 그것들의 표준오차, 그것들의 t값, t 통계량의 p값, 그리고 Excel 출력과 유사하게 각 회귀계수에 대한 95% 신뢰구간을 제시한다.

E.5 결론

우리의 예에 대해 이 패키지들의 기본 출력만을 제시하였다. 그러나 EViews와 STATA와 같은 패키지들은 매우 포괄적이어서 이 교재에서 논의된 다양한 계량경제 기법들을 포함하고 있다는 것에 주목하라. 일단 이 패키지들에 접근하는 법을 알면 다양한 서브루틴을 수행하는 것은 다반사이다. 만일 계량경제학을 더 깊이 배우기를 원한다면 이 패키지들을 하나 또는 그 이상 구입할 것을 원할 수 있다.

참고문헌

www.evies.com

www.stata.com

www.minitab.com

Microsoft Excel

R. Carter Hill, William E. Griffiths, George G. Judge, *Using Excel for Undergraduate Econometrics,* John Wiley & Sons, New York, 2001.

부록 F

World Wide Web에서의 경제 자료[1)]

Economic Statistics Briefing Room: 산출, 소득, 고용, 실업, 임금, 생산과 기업활동, 물가와 통화, 채권 및 유가증권 시장, 국제 통계 등에 대한 자료의 탁월한 출처

http://www.whitehouse.gov/fsbr/esbr.html

Federal Reserve System Beige Book: 연방준비은행 구역별로 현재의 경제 여건에 대한 요약을 제공. 12개의 구역이 존재.

http://www.federalreserve.gov/FOMC/BEIGEBOOK

National Bureau of Economic Research (NBER) Home Page: 이 매우 존경받는 민간 경제연구소는 자산가격, 노동, 생산성, 통화공급, 경기변동지표 등에 대한 포괄적인 자료를 가지고 있다. NBER은 다른 웹사이트와 많은 연계를 가지고 있다.

http://www.nber.org

Panel Study: 미국의 개인과 가구의 대표적 표본에 대한 장기 서베이에 대한 자료 제공. 이 자료는 1968년부터 매년 수집되고 있다.

http://psidonline.isr.umich.edu/

Resources for Economists on the Internet: 다수의 웹사이트와 연계를 가지고 다양한 경제활동에 대한 자료와 정보의 매우 포괄적인 출처. 경제학자들에게 매우 가치있는 자료의 출처.

http://rfe.org/

American Stock Exchange: 2번째로 큰 주식시장에 상장된 700개 기업에 대한 자료.

http://www.amex.com/

*Bureau of Economic Analysis (BEA) Home Page: Survey of Current Business*를 출판하는 미국 상무부의 이 기관은 모든 종류의 경제활동에 대한 자료의 훌륭한 출처이다.

---

1) *Annual Editions: Microeconomics* 98/99, ed. Don Cole, Dushkin/McGraw-Hill, Connecticut, 1998에서 개작됨. 이 목록이 결코 총망라한 것은 아니라는 것에 유의해야 한다. 여기에 나열된 자료들은 계속적으로 업데이트된다.

http://www.bea.gov/

CIA Publications: 이 출처는 *World Fact Book*(연간)과 *Handbook of International Statistics*를 포함한다.

http://www.cia.gov/library/publications

Energy Information Administration (DOE): 각 연료 분류에 대한 경제정보와 자료.

http://www.eia.doe.gov/

FRED Database: 세인트 루이스 연방준비은행은 이자율, 통화 및 기업 지표, 환율 등에 대한 역사적 경제 및 사회 자료를 발간한다.

http://research.stlouisfed.org/fred2/

International Trade Administration: 교역 통계, 국가간 제도 등에 대한 다수의 웹 연계 제공.

http://trade.gov/index.asp

STAT-USA Databases: National Trade Data Bank는 국제교역 자료와 수출 촉진 정보에 대한 가장 포괄적인 출처를 제공한다. 몇몇 국가에 대한 인구통계학적, 정치적, 사회경제적 여건에 대한 광범위한 자료도 존재한다.

http://www. stat-usa.gov/

Statistical Resources on the Web/Economics: 다양한 연방정부 사무소, 경제지표, 연준 이사회, 소비자 물가에 대한 자료, 다른 출처에 대한 웹 링크로부터 합쳐진 통계들의 훌륭한 출처.

http://www.lib.umich.edu/govdocs/stats.html

Bureau of Labor Statistics: 홈페이지는 다른 통계 웹사이트는 물론 고용, 실업, 임금에 대한 다양한 측면과 관련된 자료를 제공한다.

http://www.stats.bls.gov/

U.S. Census Bureau Home Page: 소득, 고용, 소득분배, 빈곤에 대한 사회적, 인구통계적, 경제적 자료의 훌륭한 출처.

http://www.census.gov/

General Social Survey: 1972년에 시작된 미국 가계에 대한 연간 개인 면담 서베이 자료. 다양한 자료를 포괄하는 약 2,500개의 상이한 질문에 대해 35,000명 이상이 응답함.

http://www.norc.org/GSS+website/

Institute for Research on Poverty: 비정치적, 비영리적인 대학교에 설립된 연구소가 빈곤과 사회적 불평등과 연관된 다양한 질문에 대해 수집한 자료.

http://www.irp.wisc.edu/

Social Security Administration: 다양한 자료를 제공하는 미국 사회보장국의 공식 웹사이트.

http://www.ssa.gov/

참고문헌 Selected Bibliography

초급

Frank, C. R., Jr., *Statistics and Econometrics*, Holt, Rinehart and Winston, New York, 1971.

Goldberger, Arthur S., *Introductory Econometrics*, Harvard University Press, 1998.

Gujarati, Damodar N., *Essentials of Econometrics*, 3d ed., McGraw-Hill, New York, 2006.

Halcoussis, Dennis, *Understanding Econometrics*, Thomson, 2005.

Hill, Carter,William Griffiths, and George Judge, *Undergraduate Econometrics*, JohnWiley & Sons, NewYork, 2001.

Hu, Teh-Wei, *Econometrics: An Introductory Analysis*, University Park Press, Baltimore, 1973.

Katz, David A., *Econometric Theory and Applications*, Prentice Hall, Englewood Cliffs, NJ, 1982.

Klein, Lawrence R., *An Introduction to Econometrics*, Prentice Hall, Englewood Cliffs, NJ, 1962.

Koop, Gary, *Analysis of Economic Data*, John Wiley & Sons, New York, 2000.

Schmidt, Stephen J., *Econometrics*, McGraw-Hill, New York, 2005.

Walters, A. A., *An Introduction to Econometrics*, Macmillan, London, 1968.

중급

Aigner, D. J., *Basic Econometrics*, Prentice Hall, Englewood Cliffs, NJ, 1971.

Dhrymes, Phoebus J., *Introductory Econometrics*, Springer-Verlag, New York, 1978.

Dielman, Terry E., *Applied Regression Analysis for Business and Economics*, PWS-Kent, Boston, 1991.

Dougherty, Christopher, *Introduction to Econometrics*, 3d ed., Oxford University Press, Oxford, 2007.

Draper, N. R., and H. Smith, *Applied Regression Analysis*, 3d ed., John Wiley & Sons, New York, 1998.

Dutta, M., *Econometric Methods*, South-Western Publishing Company, Cincinnati, 1975.

Goldberger, A. S., *Topics in Regression Analysis*, Macmillan, New York, 1968.

Griffiths, William E., R. Carter Hill, and George G. Judge, *Learning and Practicing Econometrics*, John Wiley & Sons, New York, 1993.

Harris, Richard, and Robert Sollis, *Applied Time Series Modelling and Forecasting*, John Wiley & Sons, England, 2003.

Heij, Christiaan, Paul deBoer, Philip Hans Franses, Teun Kloek, and Herman K. van Djik, *Econometric Methods with Applications in Business and Economics*, Oxford University Press, New York, 2004.

Huang, D. S., *Regression and Econometric Methods*, John Wiley & Sons, New York, 1970.

Judge, George G., R. Carter Hill, William E. Griffiths, Helmut Lütkepohl, and Tsoung-Chao Lee, *Introduction to the Theory and Practice of Econometrics*, John Wiley & Sons, New York, 1982.

Kelejian, H. A., and W. E. Oates, *Introduction to Econometrics: Principles and Applications*, 2d ed., Harper & Row, New York, 1981.

Koutsoyiannis, A., *Theory of Econometrics*, Harper & Row, New York, 1973.

Maddala, G. S., *Introduction to Econometrics*, 3d ed., John Wiley & Sons, New York, 2001.

Mark, Stewart B., and Kenneth F. Wallis, *Introductory Econometrics*, 2d ed., John Wiley & Sons, New York, 1981. A Halsted Press Book.

Murphy, James L., *Introductory Econometrics*, Richard D. Irwin, Homewood, IL., 1973.

Nachane, Dilip M., *Econometrics: Theoretical Foundations and Empirical Perspectives*, Oxford University Press, New Delhi, 2006.

Netter, J., and W. Wasserman, *Applied Linear Statistical Models*, Richard D. Irwin, Homewood, IL., 1974.

Pindyck, R. S., and D. L. Rubinfeld, *Econometric Models and Econometric Forecasts*, 4th ed., McGraw-Hill, NewYork, 1990.

Sprent, Peter, *Models in Regression and Related Topics*, Methuen, London, 1969.

Stock, James H., and MarkW.Watson, *Introduction to Econometrics*, 2d ed., Pearson/Addison-Wesley, Boston, 2007.

Tintner, Gerhard, *Econometrics*, John Wiley & Sons (science ed.), New York, 1965.

Valavanis, Stefan, *Econometrics: An Introduction to Maximum-Likelihood Methods*, McGraw-Hill, NewYork, 1959.

Verbeek, Marno, *A Guide to Modern Econometrics*, John Wiley & Sons, New York, 2000.

Wonnacott, R. J., and T. H. Wonnacott, *Econometrics*, 2d ed., John Wiley & Sons, New York, 1979.

Wooldridge, Jeffrey M., *Introductory Econometrics*, 3d ed., South-Western College Publishing, 2006.

고급

Cameron, A. Colin, and Pravin K. Trivedi, *Microeconomics: Methods and Applications*, Cambridge University Press, New York, 2005.

Chow, Gregory C., *Econometric Methods*, McGraw-Hill, New York, 1983.

Christ, C. F., *Econometric Models and Methods*, John Wiley & Sons, New York, 1966.

Davidson, James, *Econometric Theory*, Blackwell Publishers, Oxford, U.K., 2000.

Dhrymes, P. J., *Econometrics: Statistical Foundations and Applications*, Harper & Row, New York, 1970.

Fomby, Thomas B., Carter R. Hill, and Stanley R. Johnson, *Advanced Econometric Methods*, Springer-Verlag, New York, 1984.

Goldberger, A. S., *Econometric Theory*, John Wiley & Sons, New York, 1964.

Goldberger, A. S., *A Course in Econometrics*, Harvard University Press, Cambridge, MA., 1991.

Greene, William H., *Econometric Analysis*, 4th ed., Prentice Hall, Englewood Cliffs, NJ, 2000.

Harvey, A. C., *The Econometric Analysis of Time Series*, 2d ed., MIT Press, Cambridge, MA., 1990.

Hayashi, Fumio, *Econometrics*, Princeton University Press, Princeton, NJ, 2000.

Johnston, J., *Econometric Methods*, 3d ed., McGraw-Hill, New York, 1984.

Judge, George G., Carter R. Hill, William E. Griffiths, Helmut Lütkepohl, and Tsoung-Chao Lee, *Theory and Practice of Econometrics*, John Wiley & Sons, New York, 1980.

Klein, Lawrence R., *A Textbook of Econometrics*, 2d ed., Prentice Hall, Englewood Cliffs, NJ, 1974.

Kmenta, Jan, *Elements of Econometrics*, 2d ed., Macmillan, New York, 1986.

Madansky, A., *Foundations of Econometrics*, North–Holland, Amsterdam, 1976.

Maddala, G. S., *Econometrics*, McGraw–Hill, NewYork, 1977.

Malinvaud, E., *Statistical Methods of Econometrics*, 2d ed., North–Holland, Amsterdam, 1976.

Mills, Terence C., and Kerry Patterson, *Palgrave Handbook of Econometrics*, Vol. 1: Econometric Theory, Palgrave/Macmillan, New York, 2006.

Mittelhammer, Ron C., George G. Judge, and Douglas J. Miller, *Econometric Foundations*, Cambridge University Press, New York, 2000.

Peracchi, Franco, *Econometrics*, John Wiley & Sons, New York, 2001.

Theil, Henry, *Principles of Econometrics*, John Wiley & Sons, New York, 1971.

세부 분야

Belsley, David A., Edwin Kuh, and Roy E. Welsh, *Regression Diagnostics: Identifying Influential Data and Sources of Collinearity*, John Wiley & Sons, New York, 1980.

Dhrymes, P. J., *Distributed Lags: Problems of Estimation and Formulation*, Holden–Day, San Francisco, 1971.

Diebold, Francis X., *Elements of Forecasting*, 2d ed., South–Western Publishing, 2001.

Goldfeld, S. M., and R. E. Quandt, *Nonlinear Methods of Econometrics*, North–Holland, Amsterdam, 1972.

Gourieroux, Christian, *Econometrics of Qualitative Dependent Variables*, Cambridge University Press, New York, 2000.

Graybill, F. A., An *Introduction to Linear Statistical Models*, vol. 1, McGraw–Hill, New York, 1961.

Hamilton, James D., *Time Series Analysis*, Princeton University Press, Princeton, NJ, 1994.

Maddala, G. S., and Kim In–Moo, *Unit Roots, Cointegration, and Structural Change*, Cambridge University Press, New York, 1998.

Mills, T. C., *Time Series Techniques for Economists*, Cambridge University Press, 1990.

Rao, C. R., *Linear Statistical Inference and Its Applications*, 2d ed., John Wiley & Sons, New York, 1975.

Zellner, *A., An Introduction to Bayesian Inference in Econometrics*, John Wiley & Sons, New York, 1971.

응용

Berndt, Ernst R., *The Practice of Econometrics: Classic and Contemporary*, Addison–Wesley, 1991.

Bridge, J. I., *Applied Econometrics*, North–Holland, Amsterdam, 1971.

Charemza, Wojciech W., and Derek F. Deadman, *New Directions in Econometric Practice: General to Specific Modelling, Cointegration and Vector Autoregression*, 2d ed., Edward Elgar Publisher, New York, 1997.

Cramer, J. S., *Empirical Econometrics*, North–Holland, Amsterdam, 1969.

Desai, Meghnad, *Applied Econometrics*, McGraw–Hill, NewYork, 1976.

Kennedy, Peter, A *Guide to Econometrics*, 4th ed., MIT Press, Cambridge, MA., 1998.

Leser, C. E. V., *Econometric Techniques and Problems*, 2d ed., Hafner, London, 1974.

Mills, T. C., The *Econometric Modelling of Financial Time Series*, Cambridge University Press, 1993.

Mukherjee, Chandan, Howard White, and Marc Wuyts, *Econometrics and Data Analysis for Developing Countries*, Routledge, New York, 1998.

Patterson, Kerry, *An Introduction to Applied Econometrics: ATime Series Approach*, St. Martin' s Press, NewYork, 2000.

Rao, Potluri, and Roger LeRoy Miller, *Applied Econometrics*,Wadsworth, Belmont, CA., 1971.

주: 이 책에서 논의된 다양한 토픽에 대한 다수의 독창적 논문들에 대해서는 위에 언급된 Fomby 등의 저서의 각 장 뒤에 나열된 광범위한 참고문헌들을 참조하기 바란다.

인명 찾아보기 | Name Index

A

B

C

Y

Z

찾아보기 | Subject Index

Basic Econometrics

E

F

G

L

M

N

O

P

Q

R

ㄱ

ㅅ

ㅈ

ㅋ

ㅌ